THE RULE
OF
ENGLAND

**THE HISTORY AND REALITY
OF THE ENGLISH PUBLIC LAW**

英国是如何治理的
英国公法的历史与现状

I

英国法理与英国宪法

张越 著

THE RULE
OF
ENGLAND

THE HISTORY AND REALITY
OF THE ENGLISH PUBLIC LAW

图书在版编目(CIP)数据

英国是如何治理的：英国公法的历史与现状：全四卷 / 张越著. -- 北京：北京大学出版社，2025.1.
ISBN 978-7-301-35753-8

Ⅰ.D956.19

中国国家版本馆 CIP 数据核字第 2024KQ9337 号

书　　　名	英国是如何治理的：英国公法的历史与现状（全四卷） YINGGUO SHI RUHE ZHILI DE：YINGGUO GONGFA DE LISHI YU XIANZHUANG（QUANSIJUAN）
著作责任者	张　越　著
策 划 编 辑	刘海蛟（特约）
责 任 编 辑	陈　康
标 准 书 号	ISBN 978-7-301-35753-8
出 版 发 行	北京大学出版社
地　　　址	北京市海淀区成府路 205 号　100871
网　　　址	http://www.pup.cn　http://www.yandayuanzhao.com
电 子 邮 箱	编辑部 yandayuanzhao@163.com　总编室 zpup@pup.cn
新 浪 微 博	@北京大学出版社　@北大出版社燕大元照法律图书
电　　　话	邮购部 010-62752015　发行部 010-62750672 编辑部 010-62117788
印 刷 者	南京爱德印刷有限公司
经 销 者	新华书店
	965 毫米×1300 毫米　16 开本　150.75 印张　2542 千字 2025 年 1 月第 1 版　2025 年 1 月第 1 次印刷
定　　　价	498.00 元（全四卷）

未经许可，不得以任何方式复制或抄袭本书之部分或全部内容。
版权所有，侵权必究
举报电话：010-62752024　电子邮箱：fd@pup.cn
图书如有印装质量问题，请与出版部联系，电话：010-62756370

张越的这部英国公法继承了一个很好的传统，开创了一个很好的体例，体系相当完整。祝张越学有所成。

王名扬
2005.10.28.

王名扬先生对本书的评价

ADMINISTRATIVE LAW

Mr Zhang Yue
With best wishes
HWRWade
29-11-02

With Best Wishes
Christopher Forsyth
29-11-02

Dr Christopher Forsyth

cff1000@cam.ac.uk

《行政法》（*Administrative Law*）的作者韦德爵士、福赛给作者的签名

序一
应松年

进入 21 世纪,中国的法治建设明显开始提速。特别是 2014 年《中共中央关于全面推进依法治国若干重大问题的决定》发布后,作为国家战略,中国建设法治国家的目标和方向都已经明确,进一步需要落实的,就是路径选择,即具有中国特色的、确保法律的治理顺畅运行的、具有自我创新能力的法治体系。

但法治确非哪个部门法独力所能支,必须建立在一个体系化的结构之中,公法是能够包容这个体系的最小的法律概念域,也是张越这本书对英国法治运行机理系统探究的结果,大致可归纳为以下五个方面。

第一,宪法搭建英国法治的结构框架。法治首先是一种治理结构,是由法律、法规、规章及具体法条搭起来的框架体系,所有的法官、行政官员、行政管理相对人就在这个框架内按照自己对法律的理解从事符合自己意愿的行为,但终不能摆脱法律的羁束。这样的结构框架,在英国是由不成文的宪法搭建的。张越研究英国宪法的着眼点,集中于对英国法与政治的治理结构的解构,特别是对英国民主政治如何沿着选举体系、议会道路迈向宪法之治的剖析,由此得出的结论是行政法总论、部门行政法及行政诉讼法中遇到的许多终极命题的答案所系。

第二,司法体制构筑英国法治的基础。系统分析英国体制不难发现,英国可以没有宪法,但不能没有司法体制;英国可以没有议会,但不能没有法院;英国甚至可以没有政府,只要有法院就可以了——英国资产阶级革命前的相当长的历史时期就是这样过来的。对于其他国家来说,英国之治难于效法,最困难的不是其成文法,也不是其判例制度本身,而是由形成判例制度的法官所组成的团队以及他们所具备的独特素养、专业能力和共同遵循的司法理念等综合因素。英国的法治,在某种意义上就是英国的法官之治,最终落脚于司法在处理与立法、行政的关系时,始终恪守司法权的自我克制,努力通过司法践行公正。

第三,行政管理体制构成法治的经脉。英国的行政管理体制,承载了其国脉近千年来不断改革、不断适应国家治理现代化的历史成果,既是英国法治现代化的制度体现,也是现当代英国法治得以顺畅运行的体制平台。这些内容,恰恰是我们在建设具有中国特色的法治国家的过程中,在国家治理的具体结构层面必须不断完善的行政管理体制的可借鉴模板。

第四,行政法关注国家行政法治问题。英国的宪法建立在法治原则的基础之上,而行政法显然是该原则最能动地运作的领域。宪法是法治的根本大法,行政法则是动态的宪法。宪法的原则、制度需要部门法落实,而在国家治理意义上,最主要的就是行政法。从内容上看,当代英国行政法的关注点不再是行政行为是否违法,而是对行政行为的是非甚至价值判断,这种更高级的需求及现实的产生背景,显然不完全甚至不主要来自行政系统内部的良心发现,议会民主政治不时从民间输入的活力和要求,无疑是促成这种变化更为原创性的主因。

第五,行政诉讼法解决法治监督问题。从比较和借鉴的角度着眼,对英国行政诉讼制度的研究应当本着一个基本的出发点,就是必须具体,即按照行政诉讼的步骤;同时,一定要结合宪法、行政法中的公法基本内容,特别是英国司法体系中对于法官之所以本性从良的基础性分析,除此之外的技术性成果的介绍,只能算现成的"海产品",而非"渔人之道"。

以上五个方面,是我和张越这些年在交流本书涉及的英国法治时达成的初步共识。但要想精研英国的法治,仍有大量的工作可做。其中的一个缺口,就是英国具体的部门法,英国的土地法、环保法、劳保法、警察法等部门法中许多细致、精准的制度,恰恰是我们在现行立法逐渐深入技术层面后迫切希望洞悉的所在。

本书的写作,始于2002年张越被公派到英国访学,他出国前特意到我家专门和我探讨访英期间的计划,其中就提及更新王名扬先生的《英国行政法》的想法。2005年,当张越将其初稿送到我办公室时,书稿装满了一个拉杆箱,着实把我吓了一跳。从那时起,我们分头找出版社出版,他则一边在法制实务部门从事实践联系理论的具体工作,一边利用业余时间继续追踪英国法治的最新进展并据此不断修订本书。如今,历经近二十年的不断修订、校勘,本书终于要面世了,衷心希望本书的出版能够吸引我国行政法领域有志于此者,在本书内容的基础上继续深耕,在具体制度层面构建对英国法制的工笔式描绘;衷心希望这本奉献给中国法治的理论探索者和实务践行者的力作,能够助力中国法治更上层楼。

2024 年 2 月 6 日

序二
姜明安

受张越盛情之邀,为其新书作序。

张越的这本书,在简单介绍了英国的大致情况以及作为英国法治文字载体的英语的一些必备知识之后,重点介绍了英国法治的基本概念、基本观念、基本原则。这些概念、观念及原则本身蕴含的法治思维习惯,是本书各卷介绍的具体制度的产生渊源,同时也是英国法治几百年来生生不息、始终不让人觉得陈旧的根本原因,当然也是我们最难移植的所在。

本书开创了一个很好的体系。本书从实现我国"依法治国""建设社会主义法治国家"的宏伟目标和建设具有中国特色的社会主义法治体系的实际需要出发,用中国法学的研究方法,按照中国法治的理论体系,以英国法理、宪法、司法体制、行政体制、行政法总论、行政法分论、司法审查等七大版块为基础,构建了本书四卷本的宏大结构和自成体系的完整框架。

本书解构了英国的公法系统。人类进入 21 世纪以来,英国的国际地位断崖式下跌,但对英国的法律体制特别是由其发端的英美法系的了解仍然很有必要。本书对作为英美法系代表国家的英国的公法,进行了系统、全面的梳理和归纳,形成了中国人易于理解和便于把握的比较借鉴英国公法的知识系统。目前,我国对国外法律制度的译介,多从某一国家的宪法、行政法、行政诉讼法等某个具体的部门法入手,对各国法律体系进行局部解剖式的介绍,缺乏从整体上的把握。本书作者不辞辛劳,二十余年持续跟踪英国公法制度的发展变化,完成了这一系统性的整理工作,开创了我国系统性研究他国法律制度的先河。

本书引用了翔实的一手资料。英格兰的地域只相当于中国一个中等省份的规模，其法律体系尽管源远流长，但内容还是比较单薄的。更重要的是，英国国内介绍公法体系的各个领域的图书实际上屈指可数。作者在写作本书过程中参考的 25 本英文著作，已经涵盖了英国当代宪法、行政法和法律制度体系方面最重要的专著，足以在可能的范围内提供英国当下公法领域准确、全面的系统性知识。

本书紧跟英国的最新变革。本书在系统介绍英国法律体系近现代以来的重大变革的同时，也在历次修改过程中不断汲取英国近年来公法体系变革的最新资讯。如针对英国脱欧的最新变化，大幅压缩了前些年英国公法特别是宪法、行政法中大量引述欧共体法及欧盟法的相关内容；同时，针对英国上议院司法委员会改为英国最高法院的最新动态，系统介绍了法律贵族等法律界权威人士的前后身份、职能及定位的变化。当然，在可以预见的将来，英国还将可能面临新的变化，但本书主要是介绍英格兰法，英国国体的这种巨变对本书的内容影响不大。

本书梳理了英国的法律术语。英国法律体系中的术语体系非常庞杂，但是目前国内对于英国法律体系的介绍，除王名扬老先生及张越的《英国行政法》（中国政法大学出版社 2004 年版）外，主要是几本单独的译作，很难对英国法律体系中的术语体系作系统、全面的深入解析。本书在旁征博引英文文献资料的过程中，不可避免地要对英国法律的术语体系进行体系化的梳理，由此额外产出了对英国法律术语体系的全新认识和比较识读的系统化成果。这是单独翻译一本英文著作所无法成就的。

本书引领了比较法研究的新方向。希望本书的出版，能够承前启后，促进我国学界或者实务界更多同仁继续承担起介绍各国法治真情实况、解析各国法治运行机理、精研具体部门法治精义的大任。届时，我们对世界民主法治实践各分支的运行机理的了解，就会超越时下的管中窥豹，能够更有把握地进行制度比较、更有针对性地选择移植，切实推动中国特色社会主义法治体系不断完善、健康发展。

2024 年 5 月 10 日

序三
马怀德

张越的这本书初成稿时,中国正处在法治建设的起步阶段,其最初的想法是以文会友、以义理通达各方文明,形成规模优势,营造比较法制研究和煦之风,最终能够在对不同国家的法治进行研究之后,得出类似此处对于英国法治的"经验之谈":历数英国法治的经验,真正能够称得上国策的,无非持续创新和司法最终两端。

一、英虽旧邦,其命维新

一个社会,只有不断创新,才有活力;一个国家,只有法治作担保,才会有创新体制和平台;一个民族,只有确保持续不断地创新,才会生生不息、历久弥新。张越在2005年出版的《英国行政法》中,曾感喟英国法治的传统与生机,并以此作为本书的主题。

回首二十余年与张越的交往,我时常挂念他的这本"大"书的创作进展,顺带也会对英国法治的历史演变与最新成果加以探究与思索。通过对英国法治进程的持续追踪,我更加确信,英国以其几千万的人口、二十余万平方公里的国土,至今能够稳居GDP总额尤其是人均GDP全球十强,得益于法治为其营造的稳健而激励创新的基础氛围;英国法的精义,亦在于其不断创新的冲动和潜力;但很难说究竟是法治创新支撑了国家创新,还是国家创新引领了法治创新。但有一点最重要:无论从哪个方面,英国基本上都可以说与世界创新的最新潮流同步。

近二十年间,英国公法领域发生了许多世界瞩目的大事:司法部总算成立了,大法官的职权重叠现象终于被消减(2005年),行政裁判所体制不断完善(2007年),最高法院实至名归(2009年),苏格兰差点独立(2014

年),脱欧及加入欧元区等选举热门话题尘埃落定。但英国公法学界依然如其先辈一样,极力跟上变革的步伐,然而,诚如已故的韦德爵士所言:也只能是给这个不断移动的目标来个定格。

二、万变求易,司法最终

人类社会的重大制度性选择,都不是科学论证的结论,而是信仰的结果。民主政治如此,宪法体制如此,法治亦如此。而对法治的信仰最集中的体现、最基本的判据,单就英国而言,系对司法最终的坚信不移、彻底维护!事实上,无论司法任命体制如何改革,只要作为英国法中流砥柱的英国高级法官只能出自英国司法界的精英的格局不改变,英国司法体制的根基就屹立不倒。

英国法治的特点可以简单地归结为以下三点:一是所有纠纷尽可能纳入法律渠道解决,除此之外不保证有求必应;二是培养一支国民高度信赖的法官队伍,由他们处理各种社会纠纷;三是营造捍卫法官判决权威的社会氛围,用立法手段事后弥补缺憾。

据此,英国的法治就是,基于对法治的信仰,选择由法官处理所有的社会纠纷;为了确保纠纷的解决,始终强调法官必须独立于利益、独立于法外权威、独立于当事人,由此引申出法官独立意义上的司法独立;为了捍卫司法独立,必须维护司法的权威;确保司法最终是对司法独立最好的维护;确保了司法最终,就确保了所有社会纠纷都止于法官的审判,从而确保了全社会处于法律的治理之下。

三、大道至简,奉行不易

总结英国的法治历程,千言万语化成一句话:信仰法治、信任法官,让他们成为社会中坚,守住道德底线,其他所有人守法而行可矣。但问题是,怎样才能培养出值得信赖的法官?值得庆幸的是,在这个问题上,我们已经走出了彷徨。

我们的最终目标,应当是在进一步深入了解中国实际,特别是人民群众的最根本利益和意愿的前提下,在进一步开放、包容、深入地了解、分析、体会域外法治国家的法律观念、制度框架、机制设计深层次的经验和方法的基础上,通过建立我们自己的概念、原则和述理、推理体系,奠定我们自己的具有自主创新能力的法治思维体系和法律制度的根基,最终创造出足以为世界所景仰、所钦佩、所效仿的中国特色社会主义法治体系。

这是我们的目标,是当代法律人的使命和担当,是大国法治体系应当达到的境界和高度。

进入21世纪第二个十年,中国法治进程明显提速:十八大提出要提高运用法治思维和法治方式化解矛盾、深化改革的能力,十八届三中全会进一步强调要依法改革,十八届四中全会更是史无前例地将全面依法治国作为唯一主题,十八届五中全会又进一步将全面依法治国纳入"四个全面"战略布局中。二十届三中全会站在党和国家事业发展全局的战略高度,着眼于以中国式现代化推进强国建设、民族复兴伟业,对完善中国特色社会主义法治体系作出新的重大决策部署。

欣逢盛世,又赶上法治的春天,实为人生的一大幸事。这本洋洋洒洒两百余万言的著作终能出版,正是中国法治欣欣向荣的写照,也是矢志于献身法治的我辈最大的荣耀!

是为序。

2024年7月22日

前言

从 2002 年赴英访学至今,我一直在时断时续地做着一件事,就是本书的文献搜集、翻译比对、分类汇总、编纂集成、修改更新……一晃,二十多年过去了,其中所付出的艰辛和努力,难以言表。值得高兴的是,多年努力的成果终于要和读者见面了!然而,高兴之余难免心有惴惴,因写作过程漫长,又经过多次修订,恐书中有所疏漏,让读者产生误解,故为了方便阅读,特将本书的写作思路及阅读方法作一说明。

一、写作思路与方法

本书原拟名为《英国公法》,后考虑到本书的整体风格,在编辑的建议下改为《英国是如何治理的:英国公法的历史与现状》。

从我在英国构想本书的体系及功能之初,就没有将其定位为一本仅介绍英国宪法、行政法的普通读物。因此,无论是资料的搜集、分析问题的视角,还是本书的覆盖领域、总体布局及内容取舍、篇章结构,都是为了一个目标:务必使中国读者能够真正跨越语言障碍,了解英国宪法、行政法及作为其基础的宪法政治体制的全面、真实、具体的运行机理及操作过程,为在此基础上的自主变法创造条件。

中英两国学者学术著作的写作方法明显不同。中文写作要求作者必须将所有内容分门别类地归纳、整理,既要有完整的体系,又要有分明的层次;英文著作的铺陈手法显然不符合中国人的思维习惯,也极易给人一个不得要领的印象。当然,按原文次序编著会比较容易,根本性的麻烦在于,这样做只能解决翻译问题,不能解决学术问题。尤其是在出现了前后文或者不同著作之间不一致或者难以理解的内容时,照译某一英文著作只能反映一家之言,不能通过解释不同出处的英文著作之间的不一致,形成关于英国制度的结构性的、超脱语言沟通障碍的学术成果。我国既有的法学单一译作的确不会遇到这些问题,我并没有选择这条捷径,而是不畏烦难,遵循王名扬先生开创的中国比较法研究方法,向着既定方向努力良多。

为便于国内学者比较研究,我特意按照我国行政法的体系对英国的文献资料进行了梳理,以便最大限度地为比较研究与借鉴提供方便。这对我是一个莫大的考验,因为这意味着必须对英国的行政法著作进行全面的解构,并按中国行政法的体系进行重组,实际操作起来难度之大,超出了我的预想。

英国是现实主义的故乡。英国法的研究方法在很大程度上就是取现实主义的立场解决法律实践中出现的现实问题的过程。韦德爵士在其在英国最具影响力的《行政法》一书中明确指出:只关心当前立法、行政与司法的现实,并以有助于法律执业者的方法对它们加以分析。这也是本书的目标。

英国是一个典型的判例法国家,而在我国,任何法院的判决在法律上都没有判例效力。由此产生的一个问题便是,作为一本研究、介绍英国宪法、行政法的著作,究竟应当采取什么样的写作方法?答案无非两个:其一是按英国人的方法,即英国人适用英国法的方法。这种方法对于著作者而言好处最大,因为此时的研究过程在很大程度上就是翻译、类比和综合的过程,博采众家之说,择其要者而述之。这种方法的优点是向国内的研究者系统地介绍判例法的研究方法,但缺点是缺乏与我们的制度进行对比的公共平台,因而也很难在我们最需要结论的制度论证的焦点问题上找到答案。其二是按我们自己的方法演绎英国法及其方法。这需要几个前提:一是要有我们自己的体系,即我国宪法、行政法的基本框架,这个问题目前已经解决;二是要有我们自己的方法,这也不成问题,如果我们暂且搁置我国究竟应当在多大程度上吸取判例法的精华的学理之争,将现有的法律解释技术与形式逻辑相结合的方法运用到选择、分析、比较、判断、归纳、总结英国宪法、行政法的现有结论与理论研究成果的过程中去,是完全可以得到足以令我们满意并且对我们的制度创新有益的借鉴性的结论的。

鉴于此,本书的研究方法是,按照我国宪法、行政法的基本框架,重构英国的宪法、行政法;将英国宪法、行政法的判例结论及研究成果,与我国宪法、行政法的研究成果相比对,取彼之长,补己之短,在中英宪法、行政法的差异之处着力,以期从二者的不同中,探寻我国宪法、行政法理论研究与实际操作诸领域中现有的不足及矫治的途径,在比较基础上得出一些结论,裨益于我国的法治化进程。

二、内容取舍与说明

本书内容的取舍基于三个原则:全面、务实、及时。

首先是全面。为确保本书内容的全面性,二十余年来,我曾数次拒绝其他出版社想拆分出版的美意,坚持整体出版,称本书为英国宪法、行政法乃至公法体制的小百科全书,应该也不为过。

行政法专业的读者阅读本书时可能会产生这样的疑问:本书对行政实体法的内容,如行政许可、行政处罚、行政强制等,介绍得偏少;而对行政组织、行政诉讼方面的内容介绍得偏多。这有两个原因:一是英国与我国的行政法的内涵不完全对位,例如,英国没有行政处罚、行政强制执行,行政许可的种类也非常有限,而其行政组织的运转很大程度上是靠严密的组织结构体制及良好的道德规范的约束,而不是靠法律的强制。在这种情况下,我们迫切需要知道的许多内容,如被收容人员被打致死现象如何防范、如何救济的问题等,在英国行政法中找不到答案。二是英国的法治近千年来绵延不绝,其中定有些合理的地方,但却隐蔽在一系列古老的机构、传统及名义之下,使走马观花者很难明其就里。我写作本书的目的之一,就是要透过英国法治的浮光掠影,探寻其内在的运作机制与机理。为此,我不厌其烦地对英国许多古老的机构、制度进行了系统的研究,并将研究的素材及成果一并呈现给读者。

其次是务实。从我国行政法实务的角度出发,我搜集了有关英国行政管理方面特别是行政执法方面的内容,这些内容在英国的行政法专著中没有突出的地位,原因无非是,这些专著都是总论性质的,不涉及部门行政法;同时,即使是在我国行政法总论中居于特别重要地位的行政处罚、行政许可、行政强制、行政合同等内容,在英国行政法中也只是作为行政权行使的方式或者对行政权实施控制时举例用的。而在我国,这方面的内容具有特殊的重要性,是具体、实际地指导行政执法、提升行政执法品位的一个重要突破口,因此,我将英文文献资料中分散在各处的行政执法方面的零星内容作了归纳、梳理。

从比较法角度介绍域外法制,都会面临这样的问题:介绍某一制度的篇幅与其对于其所在法治体系的重要性不成比例,许多我们非常熟悉的内容在国外的资料中介绍得很少,而我们很不注意的方面介绍得却很多。

这至少说明，这些内容的重要程度或者当前受关注程度存在明显的国别差异，即便本国学者介绍时也难免分量、比重不完全一致，至于对他国法律制度的移植或者借鉴的权重的把握就更莫衷一是了。但似乎有一点是必须明确的，那就是，我们绝不能只研究那些我们已经熟悉的制度，尤其是在其母国已经不那么重要的制度。当然我们也必须考虑发展差异的问题，在其母国已经成为常识或者惯例，无须法律特别调整，也引不起学术研究的兴趣的制度，在我国却可能成为一个影响整个法治体系运作的关键环节。

与之相反的情形则是，我国目前的制度中尚没有触及的领域。例如，英国1994年颁布《规制缓和及外包合同法》，该法第二部分建立了部长和行政官员的某些职能可以委派给私人合同方的新机制。类似这样的情况都发生在王名扬先生的《英国行政法》出版之后，我国行政法学界几乎没有人介绍，着实令人感到遗憾。那些我们囿于观念（根本上拒斥或者自以为已经完全了解了而不再努力跟踪）、经济条件（买不起）、技术手段（没有互联网）或者法律限制（著作权或者其他知识产权）等诸多因素而无法触及的信息，都有可能成为我们落后的根源。这个过程是随着国外的发展及我们的进步同时进行的。正如我们认为自己正处在一个加速发展的时期一样，外国人也会得出这样一个时代中心主义的结论，我们要防范停滞不前、落后或者被边缘化的危险。

最后是及时。本书介绍的是现当代的英国宪法、行政法，旨在给予读者尽可能多的新鲜知识。我的一切努力的初衷，就是要使中国的读者特别是研究者，能够了解英国宪法、行政法最近已经发展到什么程度了。诚然，这一目标即使是对于一本中国行政法的著作而言，也不是很容易做到的。至于许多老生常谈的内容，如英国的议会立法至上原则等，除非其至今仍具有重要意义，或者其原有的重要性在今天面临挑战，本书的篇幅确实不允许过多地重复前人已有的介绍。另外，对于前人已经不厌其烦地加以介绍的内容，如果我在英国的当代著作中发现了与之大相径庭的说法，也会义无反顾地介绍给读者。但出于对译介者的尊敬，具体的对比工作只能略而不谈了。因此，对英国资料的国内介绍部分有相当了解的读者看到本书后，如果对自己既有的知识体系产生了动摇，这并不奇怪，更不足以成为对本书内容提出质疑的理由。因为我们原有的知识体系主要是建立在王名扬先生《英国行政法》一书所介绍的1987年以前的英国法知识的基础之上的。在本书付梓之际，我可以毫不谦虚地说：本书的面世将使我们对于英国宪法、行政法的系统性、体系化的了解推进三十年。三十年时间不短,如果读者有机会将我国三十年前的法学著作与今天的作一对比,会得出同样的结论。通过三十年间整个世界的跨越式发展,我们对英国宪法、行政法的了解也从现代跨越到了当代。仅此一点,本书对我国宪法、行政法现代化的意义就可想而知。

三、文献搜集与引注

本书建立在两个知识体系的基础之上:一是我国宪法、行政法的知识,关键是对我国宪法、行政法的前沿领域及现实问题的洞察,我几十年兼跨学术界及实务界的丰富经历奠定了这方面的知识基础;二是对英国宪法、行政法的了解。我在研习英国宪法、行政法时常常感到,对于专业性极强的学术研究而言,好的英文基础只能说具备了三分功力,而七分的发挥则需要专业背景的支撑,特别是在英文本身没有什么难度时,如何从专业角度理解其特殊含义及制度价值。

本书是一本以英文文献为参考资料的比较宪法、行政法论著。写作本书的主要出发点,就是为我国当代宪法、行政法理论与实务界现存的困惑寻找英国式解决方案。这种搜寻并没有完全取得成功,既因为许多问题是人性所共生的,我国的问题也有其英伦的版本,他们同样为此而苦恼;同时也因为有些问题的解决需要系统性的对策,不是宪法、行政法独力所能完成的,如宪法体制的支撑、行政体制的铺垫等,我在力所能及的范围内作了适当的提醒。

为此目的,我搜集了英国近年来正式出版以及英国本土高校图书馆馆藏的英国宪法、行政法、公法、行政组织、行政管理方面的权威著作,总计15000多页。在丰厚的文献资料的基础上,最终形成了这本资料与见解并重的专著。

在一本研究或者介绍英国法律制度的书中,是不可能完全消除对英国的陌生感的,因为某些专门的表述实在难以用汉语完美表达。但我能做到的一点是,尽我所能地提供了所需要的全部背景资料。即使不借助其他参考书、不看本书引注及正文中夹杂的比对用的英文,也不影响对本书的理解。

此外,本书的引注缩略语表(参考书目)列明了我参考的全部书目,部分资料还有两个版本(以年份区分),其简称用于本书正文的脚注,从而大大节省了排版空间;其更为重要的学术价值是:可以帮助读者查找本书引文原著的出处,并通过原文找到原著引文(主要是判例)的案号或者档案号,进而可以查找原始引文。

四、主要结论与成果

本书以探究英国的法律之治为基本出发点,所得出的主要结论和成果有六:

一是英国法制的完整体系。我不厌其烦地从有关法律体系、宪法、行政法、地方政府法等浩如烟海的英国资料中,梳理出英国法律的法律渊源、组织架构、基本概念、观念体系、基本原则、宪政结构,以及君主制度、议会制度、选举制度、立法制度、司法体制、行政体制、司法审查等的具体细节。这些内容,兼具内容的历史性和形式的文化性,既介绍制度实体,又比较表述形式;既概括历史脉络,又比较众家差异。此类工作,只有采取本书这样的比较法研究方法才能完成,是仅仅查阅、翻译某一特定外文原著所无法成就的。

二是英国法治的运行机制。英国法治的本质是法律的治理,它从议会立法至上开始,在理论上赋予议会立法至上的效力、无限的管辖范围的同时,却在实践中赋予法官确定议会立法的范围进而作出解释的权力,避免议会立法偏差在个案中产生极端判决等系统性失误或者结构性错误。在法律治理的结构化过程中,议会立法至上的本质,就是英国式的人民主权、人民至上,选举制度在其中起到了承上启下的重要作用;而法官由于不是民选而是行政任命的,因此必须自我约束,以免"手伸得太长"而被议会"报复"性的立法矫正其过于离奇的判决。议会与法官之间的这种动态的平衡是历史性的,法官在英王权力还没有如今天这般完全消亡时,就敢于宣告英王的官员的行为违法,其底气在于法官群体历经千百年时间的考验,一直沿袭由出庭律师出任法官并始终保持谨慎、理性、无偏私的传统。

三是判例法的运作机理。判例法的核心要旨不在于先前的案件的判决结论,而是其推理过程(reason for deciding)。法官在判决中对其据以作出决定的法律原则的解释,构成了具有约束力的判例。从表面上看,判例法是法官造法,甚至有溯及既往之嫌,但实际上,由于判例的拘束力在其推理部分而不在其结论部分,成为判例的案件的当事人往往并不能在该案中受益,反而是法官在该案判决中强调的判决理由成为后来的案件当事人争取权利的判例之法。不仅如此,主审法官对判例的选择性运用也具有相当大的裁量权,只要其言之有理,就可以规避先前的判例,就如同其规避议会立法的明文规定一样。如果说英国法治的运作机理的精义在于议会与法官在管辖权限领域的横向斗法,那么判例法的精义则在于前后案件的主审法官在历史维度的纵向斗法,英国的法治就是在这种纵横交错的斗争中,不断实现其没有人在法律之上、没有人在法律之外的理想的。可见,判例法的生命力或者说其底层逻辑,就在于其高度的灵活性:不但后来的法官在适用时可以"篡改"性地解释此前的判例中的法理和原则,从而避免适用判例;作为最终裁判者的最高法院(原贵族院)也随时可以更改先前的判例,因为这个最高审级的法院是不受判例拘束的。

四是基于公开的极致细节追求。英国法治对细节的极致追求,在其现当代的理论著作中已经很难发现踪迹了。但从其判例法的描述中,可间接管窥其已经深深地植根于每个参与司法活动的法律专业人士的职业素养中,如对回避、期间、送达、宣誓证据的把握,无论是法官、出庭律师还是诉状律师,所持的标准都是一致的,即便是贵族院常任上诉贵族法官,也要对其是否违反回避规则反复斟酌。当然,这一切对细节的追求,都是建立在充分公开的基础之上的,规范的表述就是,公正不仅应当实现,而且应当以让人看得见的方式无可置疑地实现。

五是司法化的普及与影响。本书以相当的篇幅,介绍了英国的法院体系、法律职业群体、法官中立的保障以及司法化程序在行政领域的延伸及推广。由此得出的基本结论是,英国法治的运行历史性地是由法官极其熟练地驾驭的司法化程序保障和推进的,法官的独立性及其保障既是法治运行的根基,也日益成为各级政府的公务员及行政工作人员的行为准则和工作保障。行政领域广泛的司法化程序的引入,如公开调查(听证)、调查裁判所、司法属性越来越重的各类裁判所,都预示并实质性地指向一个共同的发展方向:法治的运行就是公正的施行,而施行公正的过程既是司法的本质,也是行政管理的方向和要求,行政与司法的这种融合倾向,正是法律的治理向行政管理领域深度渗透的直观体现。

六是英国法治创新的源泉。英国法绵延千余年,却生生不息、常改常新,其根源在于议会立法至上原则支撑的选举制度基础上的议行合一。英国的政府体制,无论是中央还是地方层面,都广泛实行议行合一,中央一级的议会、权力下放地区的议会、最为普遍的地方议事会及其各自内部的委员会,构成了英国治理的核心组织架构,但它们都是通过各种选举产生的,都是与选民直接沟通、密切联系的,保证了民众的心愿在还没变成呼声之前，就已经为各级议事机构的代表所感知，从而成为整个国家自下而上、绵延不绝的持续改良运动的内生动力，推动英国的治理体系不断适应时代的发展、满足民众的需求。在这个过程中，行政方面的作为隐没在议行合一的表象之后，如在中央政府层面，首相、内阁成员及政府各主要部门的首长，都另有一个基于党派属性的众议院议员的身份，这种双重身份使得基于政党轮替的英国政府的持续改革，很难说是政党、议会或者政府推动的，但可以肯定地说是回应执政党所代表、所应允的民众的需求。

五、阅读提醒与深化

由于本书内容的特殊性，一般读者和专业读者在阅读本书时可有所侧重。

对于一般读者，本书是一个很好的知识来源。虽然本书主要是写给我国宪法、行政法学者或者法律专业研究者的，但我仍希望一般读者也能获益，因为本书确实提供了许多最新的英国方面的法律基础资料。

宪法、行政法是所有现代法律体系中最活跃的学科，它所研究的许多问题不仅仅是学术界讨论的热点问题，也是民众、媒体关注的焦点。希望本书提供的资料能够帮助更多读者参与到这些讨论中去，并形成自己关于宪法、行政法应当如何发展的独立观点。通过阅读本书或许会发现，我国现行法制中的许多要素，可以在其他法律体系中找到渊源；本书中的其他许多内容，也有可能成为我们未来法律体制的一个组成部分，特别是当读者通过自己的理性分析和比较，发现其中的合理成分及应然性的时候。

研究英国法需要一些历史知识。对此，英国的职官制度可以给出最好的例证。如果要专门编一本供宪法、行政法学者使用的英国历届职官及其演变的手册，其将包括英国整个宪法及政治制度史。出于精确研究及介绍英国公法法律制度的需要，对于宪法、行政法中难以回避的英国公法机构及职官之设，甚至包括某些重要机关及职位的沿革，本书都有介绍，目的是给读者建立一个知识平台，以避免读者翻查其他资料之苦，更避免纠缠于不同资料之间翻译不统一的问题。例如，对英国法院体系的介绍之于理解英国行政案件的上诉途径、对总检察长职能之介绍对于理解英国式的公益诉讼、对英国陪审团制度的介绍之于行政赔偿中的陪审团审理程序等，都有非常明确的针对性。即使从了解英国历史的角度，或者全面了解普通法的母国的角度，也需要这些知识。

一般法律专业人士可以通过本书了解英国宪法、英国行政法、英国法制及英国政制的最新情况。本书前半部分系统、全面、及时地介绍了英国的立法系统、司法系统及行政系统的基本情况,读者从中可以了解英国在这些方面近年的概况。之所以不惜笔墨介绍英国司法体制、法院体系、司法解释规则,是因为通过研究发现,要想读懂、领会英国的宪法、行政法制度,必须在这些事关法治的基础方面,构筑相当广泛的知识面,否则就只能"知其然而不知其所以然"。

宪法、行政法专业人士,可以通过本书前半部分的内容了解英国当代的法律制度;通过本书后半部分的内容,系统、全面地了解英国当代公法制度,特别是行政诉讼法律制度。这些内容比国内一般同类资料有三十年的时差,因此,在阅读时建议不要轻易根据"国内权威资料"否定本书介绍的内容。

本书各卷、编体系大致统一:每编第一章简单概述,扼要介绍该编涉及的主题的概念、特征、分类、历史发展及未来趋势等。为了兼顾各卷、编体系的完整性及避免不必要的重复,共同的内容具体放在哪一卷、编,主要是根据各卷、编篇幅的平衡。每一章的章名下都有明确的指引和说明。作了类似处理后,体现在目录上可能会有非常明显的重复,如公法的基本原则、宪法的基本原则和行政法的基本原则,也包括权力下放等读者或许较不容易发现的内容,同样按照这一思路安排的内容还包括地方政府机关的行政管理职能与部门行政法中的具体职能。

能够通读完本书的读者或许会发现,本书中的许多细节被反复地强调,这有两个方面的原因:一是英国法中的许多内容过于复杂,必须从不同的角度介绍,因此,本书中的许多节甚至章的标题是类似的,如行政职能问题,至少会在四个部分涉及:在公法基础部分,会介绍英国公法有关政府职能的观念;在行政法总论部分,会涉及行政职能的法律属性;在行政管理体制部分,则重在介绍具体的行政职能的设定、分布情况;在行政法分论部分则会涉及各个具体部门或者部门行政法中的具体职能。二是为了顾全各卷、编体系的完整性。我不敢奢望读者会在短时间内通读完本书,而是估计读者会从目录入手,各取所需,选择其中某部分重点阅读,为了使各卷、编中的内容不因其他部分介绍过而作过多的转引,对于其中涉及其他卷、编中已经出现的内容,并没有作严格的删减,只是为了避免过于严重的重复而结合主题作了有所侧重的突出。希望这会对各个研究领域的读者都有所助益。

本书中的许多内容，特别是地方财政管理中的具体制度，对我国行政法律体制的现状而言，确有可能显得过于遥远，因为我们的地方财政甚至中央财政，主要还是"吃饭财政"，财政控制手段在地方行政中的控制功能微不足道。在这种情况下，我仍不吝笔墨详加介绍，是想为那些对我国行政法治的未来充满远虑的读者，提前思考我国行政管理体制治本之策提供一些素材。

本书的写作过程既是我了解英国法的过程，更是了解英国语言的过程，更准确地说是了解英国法律英语及方法体系的过程。在这个过程中，我有许多的感悟，作为其成果，形成了本书英国法制地理、英国法制语文等节，其价值在于，可以为其他同样具有相当的法律知识但缺乏必要的英国法律基础的学者，提供进一步深入前行的门径和指引。

张越

2024 年 10 月 8 日

简目

第一卷　英国法理与英国宪法

第一编　英国法理

第一章　英国法理基础 / 003

第二章　英国公法的基本概念和观念 / 081

第三章　英国公法的基本原则 / 153

第四章　英国法制变革 / 229

第二编　英国宪法

第一章　宪法导论 / 253

第二章　民权与君权 / 276

第三章　选举制度 / 306

第四章　议会制度 / 387

第五章　立法制度 / 493

第六章　政府制度 / 567

第七章　宪法监察制度 / 573

第二卷　英国司法与行政

第一编　英国司法体制

　　第一章　英国的法院 / 003

　　第二章　法律职业 / 047

　　第三章　法律服务 / 132

　　第四章　司法体制 / 166

第二编　英国行政体制

　　第一章　英国行政体制概述 / 207

　　第二章　行政体制的控制机制 / 235

　　第三章　中央政府组织 / 255

　　第四章　非政府组织 / 303

　　第五章　地方政府组织 / 341

　　第六章　中央与地方的关系 / 422

　　第七章　公务员制度 / 469

第三卷　英国行政法

第一编　英国行政法总论

　　第一章　行政法与公民权 / 003

　　第二章　行政权及其控制 / 033

　　第三章　行政行为 / 081

第四章　行政程序 / 231

第二编　英国行政法分论

第一章　部门行政管理概述 / 291

第二章　政府财政体制 / 293

第三章　经济管理部门 / 390

第四章　环境资源部门 / 419

第五章　教科文部门 / 468

第六章　公共服务部门 / 497

第七章　社会福利部门 / 506

第八章　社会管理部门 / 544

第四卷　英国司法审查

第一章　行政救济总论 / 001

第二章　司法救济概述 / 048

第三章　司法审查原理 / 124

第四章　司法审查基础 / 179

第五章　司法审查主体 / 266

第六章　司法审查程序 / 314

第七章　判决、赔偿及其他 / 432

目录

第一卷　英国法理与英国宪法

第一编　英国法理

第一章　英国法理基础

第一节　英国法制地理 / 003

一、英国概况 / 004

二、不列颠 / 005

三、国中之国 / 006

四、英格兰 / 008

五、威尔士 / 010

六、苏格兰 / 012

七、北爱尔兰 / 014

八、伦敦 / 018

九、白厅、威斯敏斯特与老法院 / 019

十、地方政府体制 / 020

十一、英国联邦 / 022

十二、英国法与英格兰法 / 024

第二节　英国法制语文 / 025

一、英国英语 / 026

二、英语词法 / 026

三、英语语法 / 038

四、在英语中学习英语 / 041

五、在法律中学习英语 / 044
　　六、在英语中学习法律 / 047
　　七、在法律中学习法律 / 048
　　八、法律模型与法律文化差异 / 051
第三节　英国公法正义 / 052
　　一、本国人的误解 / 053
　　二、形式意义的法 / 054
　　三、实质意义的法 / 055
　　四、英国法的功能 / 057
　　五、英国法的特点 / 059
　　六、公法与私法的划分 / 063
　　七、公法相关机构 / 068
第四节　英国法的渊源 / 068
　　一、法律渊源的概念 / 068
　　二、议会制定法 / 070
　　三、附属立法 / 072
　　四、法院制定的审判程序规则 / 072
　　五、普通法（判例法）/ 074
　　六、英王保留的特权 / 075
　　七、权威学说 / 075
　　八、习惯法 / 077
　　九、衡平法 / 078
　　十、国际条约 / 078
　　十一、英国法的法典化 / 079

第二章　英国公法的基本概念和观念

第一节　权利 / 083
　　一、基本语词 / 083
　　二、权利分类 / 086
　　三、民权与人权 / 088
　　四、权利与自由 / 088
　　五、权利与权力 / 089

第二节　权力 / 090

一、基本语词 / 091

二、权力分类 / 094

三、紧急状态权 / 098

四、权力与法律 / 098

五、权力与权威 / 099

六、权力与职责 / 099

七、权力与义务 / 100

八、公共服务的权力属性 / 101

九、权力的有限性 / 101

十、权力的裁量属性 / 101

第三节　职能 / 102

一、职能与权力 / 102

二、职能的分类 / 103

三、服务性职能与规制性职能 / 105

四、职能与组织 / 107

第四节　职责 / 108

一、基本语词 / 108

二、职责与权力 / 110

三、职责与职能 / 111

四、职责与责任 / 112

五、职责必须行使 / 112

第五节　义务 / 113

一、基本语词 / 114

二、义务分类 / 116

三、公正行事的义务 / 116

四、义务与责任 / 116

第六节　责任 / 117

一、基本语词 / 118

二、说明责任与过错责任 / 119

三、责任观念 / 119

四、责任设计举例 / 120
第七节 公法基本观念 / 124
一、普通人的观念 / 124
二、普通法的观念 / 127
三、怀疑的态度 / 128
四、务实的作风 / 129
五、权利观 / 130
六、英国人的城堡 / 132
七、经济观 / 132
八、自由观 / 133
九、平等观 / 134
十、民主观 / 135
十一、公正观 / 137
十二、独立观 / 137
十三、变革观 / 139
十四、监督观 / 140
十五、控权观 / 145
十六、对"越权"的理解 / 146
十七、法治观念 / 146
十八、行政国家的理念 / 147
十九、公共服务观 / 148
二十、司法观 / 149
二十一、判例主义 / 150
二十二、纠纷止于诉讼——司法最终原则 / 151

第三章 英国公法的基本原则
第一节 议会立法至上原则 / 155
一、议会立法至上的训诂 / 155
二、议会立法至上原则的本义 / 157
三、议会立法至上的历史 / 159
四、议会立法至上的理由 / 161
五、议会立法至上与制宪权 / 162

六、议会立法至上的制约因素 / 165

七、议会立法至上与违宪审查 / 172

八、欧盟与议会立法至上 / 176

九、人权立法与议会立法至上 / 176

十、权力下放与议会立法至上 / 178

十一、国际法与议会立法至上 / 179

十二、议会立法至上与行政法 / 180

第二节　法律的治理原则 / 181

一、法律的治理原则的多义性 / 182

二、戴西关于法律的治理原则 / 183

三、戴西的观点对现代的影响 / 187

四、当代学者对戴西观点的评判 / 191

五、现代意义上的法律的治理 / 193

六、法律的治理原则的内涵的现代争鸣 / 197

七、韦德心目中的法律的治理 / 203

八、法律的治理原则的功能 / 210

九、法律的治理原则的实现 / 213

第三节　分权原则 / 216

一、分权原则的历史脉络 / 216

二、分权的必要性 / 218

三、对分权的理解 / 219

四、立法职能 / 220

五、行政职能 / 221

六、司法职能 / 222

七、权力重叠现象 / 224

八、大法官与分权 / 225

九、英式分权之辩 / 226

第四章　英国法制变革

第一节　法制变革动向 / 229

一、对英国法的常见误解 / 230

二、英国法制巨变的写照 / 231

三、法制维新的进展 / 233
第二节 政府主导变法 / 237
　　一、变法之势头 / 237
　　二、变法之动力 / 238
　　三、皇家委员会的作用 / 239
　　四、大法官事务部的贡献 / 241
　　五、法律委员会的作用 / 242
　　六、内政部的贡献 / 245
　　七、法律服务理事会的贡献 / 246
　　八、其他中央政府部门的贡献 / 248
　　九、英国对司法体制改革运动的反思 / 249

第二编　英国宪法

第一章　宪法导论

第一节　宪法概述 / 253
　　一、宪法的概念 / 253
　　二、宪法的分类 / 254
　　三、宪法的个性 / 259
　　四、英国宪法的实在性 / 260
　　五、宪法的价值 / 261
　　六、宪法的根基 / 263
　　七、宪法意识形态 / 264

第二节　英国宪法结构 / 266
　　一、英国政体结构 / 266
　　二、立宪君主与英王特权 / 267
　　三、议会内阁制与部长责任制 / 268
　　四、全民公决 / 268
　　五、民主的成本 / 269

第三节　宪法惯例 / 270
　　一、宪法惯例的概念与分类 / 270

二、宪法惯例的确认与效力 / 272

三、宪法惯例的判例 / 273

四、宪法惯例的立法 / 274

五、宪法惯例与权力下放 / 275

第二章 民权与君权

第一节 英国公民 / 276

一、法律上的人 / 276

二、英国公民 / 277

三、各国公民 / 277

四、英国选民 / 278

五、英国移民 / 278

六、英国犯人 / 279

七、精神病犯 / 281

第二节 英国民权 / 282

一、人权的具体内涵 / 283

二、人权法概要 / 284

三、与《欧洲人权公约》的关系 / 284

四、对《欧洲人权公约》的保留 / 287

五、《人权法》与英王特权 / 289

六、《人权法》的应用领域 / 291

七、英国人权研究 / 295

八、英国人权理念 / 295

第三节 君主制度与英王特权 / 297

一、君主制度的理论 / 297

二、君主制度的实际 / 298

三、英王特权的定性 / 299

四、英王特权的法律化 / 299

五、英王特权与法院 / 300

六、英王特权制度改革 / 305

第三章　选举制度

第一节　政党制度 / 306

一、政党登记 / 306

二、主要政党 / 312

三、政党基金 / 313

四、国家的支持 / 316

五、党务津贴 / 318

六、压力集团 / 318

第二节　选举制度 / 320

一、选举与最高权威 / 321

二、选举的基本理论 / 322

三、选举的基本制度 / 323

四、选举的分类 / 324

五、选举权扩张史 / 325

六、选举权的范围 / 327

七、选举权的确定 / 328

八、选区的分配 / 331

九、确定选区边界的机制 / 332

十、选区边界普查 / 335

十一、选举周期 / 337

十二、选举的组织 / 338

十三、选举委员会的角色 / 341

十四、补缺选举 / 343

十五、选举体制 / 345

十六、选举体制改革 / 352

第三节　选举程序 / 354

一、选民登记 / 354

二、竞选提名 / 357

三、竞选基金及其控制 / 362

四、竞选活动 / 369

五、投票行为 / 373

六、选票计数 / 378

七、宣告结果 / 378

八、监督体制 / 379

九、竞选犯罪 / 380

第四章　议会制度

第一节　议会制度概述 / 387

一、议会的由来 / 388

二、议会至上 / 389

三、议会中的国王——三位一体的组织架构 / 390

四、议会特权 / 391

五、议会任期 / 393

六、议会年度 / 393

第二节　英国贵族院 / 393

一、贵族院的名分 / 394

二、贵族院的构成 / 395

三、贵族院的职能 / 401

第三节　英国众议院 / 402

一、众议院与政府 / 403

二、众议院的构成 / 403

三、众议院的官员 / 404

四、众议院的会期 / 408

五、众议院的表决 / 409

第四节　地方议事会 / 412

一、议行合一 / 412

二、会议分类 / 414

三、特色人物 / 416

四、开会传票 / 417

五、会议公告 / 418

六、与会权 / 419

七、知情权 / 420

八、议事规程 / 421

九、会议决定的送达 / 423

十、议事公开 / 428

第五节 委员会制度 / 429

一、委员会的体系 / 429

二、委员会的设置 / 435

三、委员会内部的政治平衡 / 436

四、委员的资格 / 442

五、委员的投票权 / 445

六、决策主要由委员会作出 / 446

七、委员会体制的改革思路 / 448

第六节 议员制度概述 / 450

一、议员的分类 / 450

二、议员任职资格 / 451

三、丧失资格 / 461

四、丧失与会资格 / 466

五、丧失议员职务 / 468

第七节 议员的权利 / 470

一、查阅履行职务必需的信息的权利 / 470

二、成为委员会或者分委员会成员的权利 / 471

三、不被歧视的权利 / 471

第八节 议员的津贴 / 472

一、规范津贴的依据 / 472

二、津贴的规范体制 / 472

三、主要津贴的类型 / 473

四、差旅费及招待费 / 476

五、津贴的落实 / 476

六、津贴的公开 / 478

第九节 议员的利益宣示义务及行为准则 / 478

一、利益宣示的一般要求 / 479

二、利益宣示的具体要求 / 480

三、应当宣示利益的分类 / 482

四、《地方政府(议员)全国良好行为规范》/ 484

第五章 立法制度

第一节 立法制度概述 / 493

一、立法权 / 494

二、议会法律的分类 / 495

三、公法案、私法案与混合法案 / 496

四、议员个人议案 / 497

五、票决议案 / 498

六、十分钟规则议案 / 499

七、普通代表议案 / 500

八、贵族议员议案 / 500

九、法律汇编议案 / 501

第二节 议会立法程序 / 502

一、立法规划 / 502

二、提案程序 / 503

三、预备阶段 / 504

四、立法前的仔细审议 / 505

五、一读 / 506

六、二读 / 507

七、委员会审议 / 507

八、向议会报告 / 509

九、三读 / 509

十、英王本人同意 / 509

十一、贵族院审议 / 510

十二、英王认可 / 511

十三、正式生效 / 513

十四、流产法案 / 513

十五、私法案 / 514

十六、混合法案 / 516

十七、议员个人议案 / 517

十八、票决议案 / 517

十九、十分钟规则议案 / 518

二十、普通代表议案 / 518

二十一、贵族议员议案 / 518

二十二、法律汇编议案 / 518

第三节 委任立法概述 / 519

一、委任立法的历史 / 521

二、委任立法的必要性 / 525

三、委任立法的分类 / 528

四、成文法律规范 / 536

五、中央委任立法 / 539

六、地方委任立法 / 540

七、规制改革令 / 542

第四节 委任立法监督 / 545

第五节 英国立法技术 / 545

一、术语解释 / 545

二、无歧义分类 / 546

三、用词严谨 / 547

四、法不厌细 / 548

五、法律但书 / 551

六、法案限期通过 / 551

七、运用私法律处理局部重大权益纷争 / 552

八、运用立法排除技术合理划分权利与义务 / 552

九、法不溯及既往 / 553

十、公布后择期实施 / 554

十一、责任落到实处 / 555

十二、法律推定技术 / 555

十三、促进决策合理化的程序 / 557

十四、定向信息收集权的设定 / 559

十五、巧用蔑视法庭罪 / 559

十六、立法先行 / 559

十七、议会立法授权国务大臣制定条例 / 561

十八、成文法律规范为议会立法探路 / 562

十九、良习变良法 / 563

二十、空白授权 / 564

二十一、条例对法律的有限变通权 / 564

二十二、排斥议会立法权的宪法性条款 / 566

第六章　政府制度

第一节　首相的任命 / 567

第二节　内阁的组成 / 569

第三节　内阁集体责任制 / 570

第七章　宪法监察制度

第一节　违宪审查制度 / 573

第二节　议会行政监察专员制度 / 574

主题词索引 / 575

引注缩略语表（参考书目） / 581

第一编
英国法理

第一章
英国法理基础

通说认为,英国是典型的判例法国家。

在经过多年细致研究英国法之后,重温这一经典表述时忽然意识到,英国式的判例法与成文法之间的根本不同,或者说产生这种不同的原因,是二者的法理存在显著差异。

如果说成文法是建立在德国古典哲学的形式逻辑基础之上的概念、判断、推理体系,那么判例法实际上是建立在作出判决的法官的观念、概念、原则体系之上的。因此,在系统地梳理英国法的基本概念、基本观念及基本原则之前,有必要首先对产生这些意识层面的人类成果的思维环境及法律语言、法律渊源等形而下的背景作一简单描述,这就是本章宗旨所在。

第一节 英国法制地理

本节的目的,旨在使读者了解英国。

对于没有去过英国或者没有关注过英国的人来说,很难想象一个如中国青海省的几分之一大小的地方,会有多少与法律有关的地理知识可言。但就旨在供读者全方位了解英国公法制度的著作而言,英国的自然地理及其内部的法与地理结构,无疑是系统揭示英国公法最基础的平台。

本节名为英国法制地理,实际上介绍的是在英国法律体系中具有法律意义的几个地理概念的法律地位变迁史。这些地理概念会在诸如英国地方政府体制、权力下放等领域频繁地出现;英国的宪法、行政法著作中,往往会在诸如"联合王国的结构与权力下放"[①]中提到本节介绍的内容。

---

① Neil Parpworth, p.156.

从某种意义上讲,英国也是一个实行"一国两制"甚至"多制"的国家,而且是世界上较早实行"一国多制"的国家。

一、英国概况①

英国全称"大不列颠及北爱尔兰联合王国"(The United Kingdom of Great Britain and Northern Ireland),位于欧洲大陆以西,是由大不列颠岛、爱尔兰岛东北部及附近许多岛屿组成的岛国。英国东隔北海、多佛尔海峡(Dover Strait,法国称加莱海峡)与欧洲大陆的挪威、丹麦、德国、比利时、荷兰等国相望;南与法国共临英吉利海峡,与法国相距最近处33公里;西邻爱尔兰共和国(大不列颠岛与爱尔兰岛之间隔乔治海峡,但爱尔兰共和国在爱尔兰岛上,因此英国与爱尔兰共和国是陆上邻国),隔着大西洋与美国、加拿大遥遥相望;北面是大西洋,向北可达冰岛。

英国面积24.41万平方公里,相当于我国江苏和安徽两省面积之和;分四个主要的大区:英格兰、威尔士、苏格兰和北爱尔兰;海岸线总长11450公里;全境分为四部分:英格兰东南部平原、中西部山区、苏格兰山区、北爱尔兰高原和山区。主要河流有塞文河(354公里)和泰晤士河(346公里)。北爱尔兰的讷湖(396平方公里)面积居全国湖泊之首。

英国位于北纬50°至60°之间,比我国的黑龙江省还要靠北,但气候却很温和,冬无严寒,夏无酷暑。这种温和的气候首先要归功于来自热带的墨西哥湾暖流。墨西哥湾暖流宽达数百公里,浩浩荡荡流向欧洲西北岸后改称大西洋暖流。在这股暖流的长期滋润下,英国基本上属于海洋性温带阔叶林气候,终年温和湿润:一月份平均气温约为5~7℃,七月份为16~24℃;英国四季多雨雾,秋冬尤甚。年降水量西北部山区超过1100毫米,东部、东南部只有550毫米,北部和西部山区则超过2000毫米。此外,受高纬度影响,英国昼夜长短的变化特别明显。冬季日短夜长,下午还不到三点,天色已暗;夏季则晚上十点多天才黑。

英语是英国的官方语言和通用语言,也是世界上许多国家的官方语言和通用语言。威尔士北部还使用威尔士语,苏格兰西北高地及北爱尔兰部分地区仍使用盖尔语。

英国国旗为"米"字旗,一般称Union Jack。Jack是海军用语,指悬挂在舰首的旗帜,英国军舰舰首都悬挂国旗,因而得名。Union Flag是英国

---

① 有关英国的最新情况的权威资料,详见中华人民共和国外交部网站。

国旗的正式名称,意为"联合旗帜"。国旗呈横长方形,长与宽之比为2∶1,由深蓝底色和红、白色"米"字组成。此旗产生于1801年,是由原英格兰的白底红色正十字旗、苏格兰的蓝底白色交叉十字旗和北爱尔兰的白底红色交叉十字旗重叠组合而成。旗中带白边的红色正十字代表英格兰守护神圣乔治,白色交叉十字代表苏格兰守护神圣安德鲁,红色交叉十字代表爱尔兰守护神圣帕特里克。国旗上没有代表威尔士地区的符号,因为设计国旗时威尔士早已与英格兰合并了。

英国的国徽即英王徽,中心图案为一枚盾徽,盾面的左上角和右下角为红底上三只金狮,象征英格兰;右上角为金底上半站立的红狮,象征苏格兰;左下角为蓝底上金黄色竖琴,象征北爱尔兰。盾徽的周围用法文写着一句格言,意为"心怀恶念者可耻"。盾徽两侧各有一只头戴王冠、代表英格兰的狮子和一只代表苏格兰的独角兽,支扶着盾徽。盾徽上端为镶有珠宝的金银色头盔、帝国王冠和头戴王冠的狮子。盾徽周围是嘉德勋章,饰带上写着"天有上帝,我有权利"(DIEU ET, MON DROIT)。

英国的国歌为《天佑国王》(God Save the Queen),如在位的是男性君主,国歌改为"God Save the King";国花是玫瑰花,国鸟为红胸鸽,国石为钻石。

1950年1月,英国政府宣布承认中华人民共和国。1954年6月17日,中英达成互派代办的协议。1972年3月13日,两国签订升格为大使级外交关系的联合公报。1982年9月,时任英国首相撒切尔夫人作为英国第一位在职首相访华。1986年10月,英国女王伊丽莎白二世(Elizabeth Ⅱ)对中国进行国事访问。这是历史上英国国家元首第一次访华。

二、不列颠

根据1978年《法律解释法》的规定,不列颠诸岛(British Islands)指的是联合王国及海峡群岛(Channel Islands)和马恩岛(Isle of Man,直译为人类岛、男人岛)。不列颠诸岛在法律上不包括爱尔兰共和国,该国已经独立于联合王国。在法律上,联合王国(United Kingdom,简称UK)指的是大不列颠及北爱尔兰联合王国,并不包括海峡群岛及马恩岛。然而在涉及国际关系的时候,海峡群岛及马恩岛又是由联合王国政府来代表的。英国的海外殖民地及其他未独立的区域亦是如此。① 也就是说,不

---

① Bradley & Ewing, p. 34.

列颠诸岛是一个与联合王国范围交叉的地理概念,二者在地理上的共同之处在于不列颠岛,差别就在海峡群岛、马恩岛和北爱尔兰。海峡群岛、马恩岛这两个离英国非常近的地区在英国的法律上竟然不属于联合王国意义上的英国,体现出曾经是日不落帝国的英国的独特之处。

上述复杂的地理关系不单外国人搞不清楚,英国学者自己也不得不经常自我辩解:这个国家从国际关系的角度讲,应当被称为联合王国,但却常常被习惯性地错误地称为不列颠(Britain)、大不列颠(Great Britain)或者英格兰(England)。①

不列颠是个纯地理概念,即我们通常称为英伦三岛的地方。其实那里本没有三个岛,而是因英格兰、苏格兰、威尔士都在这个岛上而得名。但也确有英国学者将不列颠视为英国的代称。② 至于大不列颠,则是一个政治地理概念,指的是英格兰(当时已含威尔士)和苏格兰根据1706年(英格兰)《与苏格兰合并法》(Union with Scotland Act)第1条的规定在1707年组成的一个王国③,是今天的联合王国的前身。所谓联合王国,也是从该法及其促成的王国说起的。而不列颠作为限定词时,则用于一般称谓与大不列颠或者联合王国有关的事务,特别是国籍等。④

三、国中之国

英国由英格兰、苏格兰、威尔士、北爱尔兰四个国家(country)组成。⑤ 读者大可不必为笔者此处将四者称为国家而担心本书会成为另一本引发国际政治纷争的《撒旦的诗篇》。将这四个地理单元称为国家,是英国国内通行的做法,1969年的一个官方委员会的报告中就已经出现了将四者称为组成联合王国的四个国家的说法。⑥ 在英国英语或者英国法律英语中,国家一般用State这个词,例如,在提到英格兰与苏格兰通过签订《合并法》(Acts of Union)而组成一个新的国家——大不列颠时⑦,用的就是这个词。而country则不然,可以用来指称英国的四大地理分区。

---

① Phillips & Jackson, p. 16.
② Elliott & Quinn, p. 1.
③ Bradley & Ewing, p. 34.
④ Bradley & Ewing, p. 35.
⑤ Phillips & Jackson, p. 104.
⑥ Bradley & Ewing, p. 34.
⑦ Neil Parpworth, pp. 74-75.

英国的全称是大不列颠及北爱尔兰联合王国。因为在历史上,英格兰、苏格兰、威尔士、爱尔兰这四个地区分别建立了各自的王国,后来相继合并成今天的英国(其中爱尔兰只并入了一部分,即北爱尔兰)。就这四个组成部分而言,它们分别有自己的语言、民族甚至议会,其差异性之大,甚至彼此以国家相称。联合王国国名之由来,虽然历史的成分是主要的,但更多的原因还在于这种国家级的区分依然是当地人心中挥之不去的传统。

但是作为国际法意义上的国家,英国始终是以王国(Kingdom)指代的,一般意义的国家(country)则常常被用来分别指称这四个地区。在欧盟的英语文本的根本性宪法文献中,则是用 state 来称各成员国(member states)的,如《马斯特里赫特条约》《阿姆斯特丹条约》规定各成员国必须遵循根据《罗马公约》建立的机构制定的欧洲法原则[①],其中就涉及英国法律英语的刻意措辞,即当英国以一个整体作为欧盟的成员国时,用的是 state。而我们所翻译的州,如美国的州,英文中也是 state。由于欧洲国家中只有英国以英语为官方语言,欧盟文件的英文译本都是英国政府认可的官方语言文本,从中可以看出英国人有意将 country 一词保留下来用以指称其国内的四个"国家"。

从英国形成史上联合王国合并的历史看,联合王国(United Kingdom)确实是几个王国先后联合的结果,因此,将其理解为诸王国的联合(United Kingdoms,复数)似乎并无不妥。在英文中,联合王国与王国的联合的区别因单复数的区别而更为明显。值得注意的是,英国学者在讨论英国宪法时,用的是联合王国宪法(UK constitution)的表述,而在讨论行政法时,则一般强调其内容局限于英格兰而不包括苏格兰。原因在于,宪法制度是涉及国家整体层面的制度,而行政法则未必。但更主要的是,在总体上描述英国的宪法特征,如非成文、柔性等要素时,是可以就全英国而言,但落实到具体的制度,特别是涉及地方事务时,仍有强调不同地区特点的必要。

除英格兰之外,英国其他的三个具有同等重要性的部分分别是苏格兰、威尔士及北爱尔兰。这一点,从 2015 年苏格兰可以举行脱离英国的全民公决可见一斑。事实上,在绝大多数苏格兰人看来,他们脱离的是英格兰,其次才是英国。除此之外,还有更多在英国法中具有不同法律地位

---

① Martin Partington, p. 35.

的地理单位。① 如海峡群岛及马恩岛等。虽然早在 1640 年,议会即废除了枢密院对国内案件的司法管辖权,但它接受来自海峡群岛及马恩岛的上诉请求的权力此后依然存在。② 正是这一点使这两个地理概念在法律上与英格兰等地域更大的地理概念区分开来,虽然这种法律上的差异实质上微不足道,恰如其在英国本土的地位一样。

四、英格兰

英格兰面积 13.04 万平方公里,占不列颠岛的大部分,占英国的 53.4%。英格兰地区自西向东分为四部分:以塞文河流域为中心的米德兰平原;海拔 200 米左右的高地;伦敦盆地;威尔德丘陵。没有亲临英国的人,尤其是来自中国这样幅员辽阔的地理大国的人,很难了解英国这样一个岛国,竟然会有如此复杂的地理内涵。事实上,我们一般所了解的英国,包括我们对英国的语言、民族及文化等国家基本征候的了解,其实仅仅是作为一般意义上的国际法主体的英国的一个主要组成部分:英格兰(England)。③ 英格兰位于不列颠岛南部,不是一个独立的法律实体,因此没有自己的首府,伦敦曾经是英格兰王国的首都,但自从其成了联合王国的首都之后,连英格兰人似乎也不再提这事了。

一般而言,英国学者所说的国内法,是指由英格兰及威尔士的法院共同或者分别强制适用的法律,有时也包括那些可以在全联合王国适用的法律。④ 中国国内绝大多数英语老师告诉我们应当将其书名译为《英国法律体系》(English Legal System)的书中,英国作者往往开宗明义:"本书介绍英格兰及威尔士的法律体系(legal system of English and Wales)。"⑤ 事实上,在英国(联合王国)并没有英国法(British law),我们所熟悉的英国的法律体系,其实是绝大部分可以适用于威尔士、大部分可以适用于北爱尔兰、少部分可以适用于苏格兰的英格兰法律体系。正如英格兰和苏格兰可以分别组队参加足球世界杯赛一样,英格兰和苏格兰也是两个基本上不同的法域,甚至分属于不同的法系。

不仅我们会犯这种认识上的错误,当代的英国学者认为他们的前辈

---

① Phillips & Jackson, p.767.
② Bradley & Ewing, p.366.
③ Phillips & Jackson, p.767.
④ Penny Darbyshire, p.5.
⑤ Elliott & Quinn, p.1.

们也是如此：早先的英国法学家也习惯于用"英格兰的"（English）来谈论英国的宪法体制，这固然是一个实用的标签，但却极容易给人以英格兰法通行于整个联合王国的印象。例如，戴西（Dicey）和巴杰特（Bagehot）在其著作中所说的英格兰宪法实际上指的是大不列颠宪法，更准确地说是当时的大不列颠及爱尔兰联合王国宪法。随着19世纪以来爱尔兰政治意识的普遍觉醒，以及苏格兰及威尔士的效仿，都预示着宪法方面的法律学者必须慎用其地理概念。①

在英国的宪法、行政法教材中，通常只介绍英格兰的法律体系；英国作者往往会提醒读者：除非明确指出，否则不能想当然地认为所有叙述对于联合王国的（另外）三个部分也是同样真实的。② 笔者也提醒本书的读者注意同样的问题。

就本书的主要内容而言，除另有说明外，仅介绍英格兰的法律体系，也就是说，此后所说的英国主要是指英格兰。如高等法院、上诉法院等，都是指英格兰的高等法院、上诉法院。至于贵族院、枢密院等机构，虽然都属于联合王国的中央一级的机构，但从历史上讲，它们又都是英格兰王国的机构，并且仍然是现代英格兰法律体系的组成部分，即其最高立法机构、司法机构及行政机构。例如，就贵族院的最终上诉权而言，它既是英格兰的上诉法院的最高上诉法院，同时也是苏格兰的季审法院的最高上诉法院。也就是说，贵族院作为最高上诉法院既属于英格兰法律体系，同时也是苏格兰法律体系的一个组成部分，二者在这一点上是共同的，但并不影响二者在其他方面存在显著的差异，也不影响本书在介绍时将贵族院作为英国国内的最高上诉法院加以介绍。至于本书中特别提到联合王国，而不用英国的情形，一般表示这部分内容适用于英国全境，而不限于英格兰。

总之，需要特别提醒读者注意的是，本书的所有内容一般不能推及其他几个大的地理分区，这正是本书专设一节介绍英国法制地理的原因。本书中，除另有说明外，我们所介绍的内容充其量只能说是英格兰法，但为了简便起见，笼统地称之为英国法。笔者只能保证这些资料至少可以适用于英格兰，其中的绝大部分也可以适用于威尔士，但除非特别说明，是否能够适用于苏格兰及北爱尔兰，则不能妄推。

---

① Bradley & Ewing, p.34.
② Phillips & Jackson, p.417.

五、威尔士

威尔士（Wales），首府加的夫（Cardiff）；面积2.08万平方公里，占英国的8.5%；位于不列颠岛西南部，即英格兰以西，隔乔治海峡与北爱尔兰相望；境内多山，地势崎岖，有四分之一的土地被列为国家公园及自然保护区。

同英国国内的其他几个国家相比，威尔士与英格兰关系最近，二者法律制度的融合也是最充分的，以至于在英国，"英格兰法律体系"与"英格兰及威尔士法律体系"几乎是同义语。威尔士多少个世纪以来就是一个由为数众多的小王国通过共同的语言和文化整合在一起的一个国家（country）。许多威尔士领导人试图通过军事征服统一这个国家，但都以失败告终。①对威尔士的军事征服，至少就威尔士公国所控制的那一部分而言，是由英王爱德华一世于1283年实现的。②

1284年，英王爱德华一世宣布威尔士并入英格兰王国，英王亨利八世完成了将英格兰的法律及行政管理体系引入威尔士的使命。③ 1283年以后，威尔士公国即在名义上由英王的王子统治着，而威尔士的其他部分也分别由英王的王子及贵族们统治着。此后的两百年间，英格兰对威尔士的影响不断加强。直到英王亨利八世统治时期，两国才真正合并在一起。④

1536年，英格兰议会（English Parliament）通过了《与威尔士合并法》，该法保证威尔士人能够享有英王的臣民在其治域内享有的所有自由、民权、权利和特权（这四个词何以并列，本章第二节有详细说明）。威尔士选区选举产生的代表可以进入众议院。这是威尔士人具有公民权最根本的表现，即最高立法机关的选举权与被选举权。《与威尔士合并法》还规定，英语将是与法律有关事项的官方语言。⑤ 值得重视的是，该法是英格兰议会的立法，而非英格兰议会与威尔士地区议会的联合立法，其性质与《与苏格兰合并法》不同。

1543年，另一部议会法决定进一步在威尔士的每一个郡设立一个郡

---

① Neil Parpworth, p. 156.
② Neil Parpworth, pp. 156-157.
③ Phillips & Jackson, p. 16.
④ Neil Parpworth, p. 157.
⑤ Neil Parpworth, p. 157.

法院(County Court)、一名治安官(Sheriff)、一名验尸官(Coroner)以及多名治安法官(Justices of the Peace)。同时,还在威尔士建立了大法庭法院(Courts of Great Sessions)以施行英格兰法。该法规定各大法庭法院受威尔士议事会(Council of Wales)管辖,即由各大法庭法院上诉来的案件,由威尔士议事会管辖。① 但另有资料介绍,1536年《威尔士法律法》(Laws in Wales Act)将威尔士与英格兰在法律上联合为一体,并赋予威尔士人所有英格兰人所享有的权利及特权。1830年,英格兰与威尔士的司法体系合并。②

从1284年到1967年,威尔士基本上处于一种不断并入英格兰的过程之中,甚至在1746—1967年,凡议会立法中提到英格兰的,都包含威尔士在内。③ 这是1746年《威尔士及贝里克郡法》规定的:在此后的议会立法中,凡使用英格兰表述之处,都自然地包含威尔士的领土以及贝里克郡。但是1967年《威尔士语言法》(Welsh Language Act)第4条规定,自此以后,凡立法中提及英格兰之处,将不再包括威尔士。④

19—20世纪发生的几起重大事件促成了向威尔士下放权力的演化。19世纪,威尔士民族主义与威尔士兴起的宗教分离运动的关系越来越密切。他们的愿望并非实现威尔士的地方自治,而是瓦解威尔士领域内的英格兰教会(Church of England),这一目标最终在1914年实现了。然而从威尔士被视为一个独立的政治实体的意义上讲,这种承认则是在第二次世界大战以后才出现的。⑤

1948年,工党政府成立了一个新的威尔士议事会,承担咨议职能。1955年,加的夫正式被承认为威尔士的首府。1964年,威尔士事务部(Welsh Office)作为一个独立的政府部门出现了,同时还设立了威尔士事务大臣。1967年,议会通过了《威尔士语言法》,该法规定,任何法律程序的参加人,包括证人,都可以在任何法律程序中讲威尔士语;政府部长有权颁布威尔士语版或者部分威尔士语、部分英语版的官方文件的政府令。在20世纪70年代,向威尔士下放权力成为一个重要的政治议题。⑥

---

① Neil Parpworth, p.157.
② Phillips & Jackson, p.16.
③ Phillips & Jackson, p.16.
④ Bradley & Ewing, p.35.
⑤ Neil Parpworth, p.157.
⑥ Neil Parpworth, p.157.

1998年《威尔士政府法》(Government of Wales Act)将有限的权力下放给该法所设立的威尔士地区议会(Welsh Assembly)。① 如果说从1967年开始,威尔士的独立地位在形式上得到了初步体现的话,1998年《威尔士政府法》则赋予了其实质性的内容。而英国学者所说的威尔士所获得的权力的有限性,是与苏格兰相对而言的。②

六、苏格兰

苏格兰(Scotland)位于不列颠岛北部,首府是爱丁堡(Edinburgh);面积77080平方公里,占英国的32.3%,全境均属山岳地带,只有中部较为低平。

许多人可能分不清英国与英格兰的关系,但对于苏格兰风物及土特产的了解似乎多于英格兰,如威士忌、百龄坛(Ballantine)、爱丁堡、斯诺克、高尔夫球(许多地方简称高球)等。

与威尔士不同,在整个中世纪,苏格兰都在努力抵御英格兰的征服。③ 1603年以前,英格兰与苏格兰是两个彼此独立的王国,分别由各自的统治者统治着。④ 1603年,苏格兰王詹姆斯六世(James Ⅵ)在英王伊丽莎白一世(Elizabeth Ⅰ)死后继承英格兰王位⑤,成为英王詹姆斯一世(James Ⅰ)。⑥ 当然,他同时还是苏格兰王詹姆斯六世。从那以后,英格兰王位与苏格兰王位就结合在一起了。⑦ 这种一人身兼两国国王的现象在此后因王位继承的缘故延续了下去,但这仅仅是王权的联合。⑧ 其重要表现形式之一是,尽管有此王权的统一,但苏格兰仍保留了自己的议会。1688年,苏格兰地区议会及与其对应的英格兰议会准备将王位分别授予威廉(Willian)和玛丽(Mary),只要新君主从此以后承认议会至上(Parliament was supreme)。1688年以后,苏格兰地区议会与英格兰议会的关系越来越紧张,但是通过这两个议会的代表们的谈判,双方达成的共识却是:苏格兰地区议会和英格兰议会都应当废除,并建立大不列颠议

---

① Phillips & Jackson, p. 16.
② Phillips & Jackson, p. 17.
③ Neil Parpworth, p. 158.
④ Phillips & Jackson, p. 16.
⑤ Neil Parpworth, p. 158.
⑥ Phillips & Jackson, p. 16.
⑦ Neil Parpworth, p. 158.
⑧ Phillips & Jackson, p. 17.

会(Parliament of Great Britain)。这一目标是通过1706年《与苏格兰合并法》(这是一部英格兰制定法)和1707年《与英格兰合并法》(Union with England Act,这是一部苏格兰制定法)实现的,两部法合称《合并法》(Acts of Union,注意此处是复数)。① 也就是说,直到1707年,英格兰王国才根据《与苏格兰合并法》,与苏格兰王国联合组成大不列颠联合王国。② 该法规定,大不列颠王位的传承按照英格兰《王位继承法》(Act of Settlement)。③如果安妮女王(Queen Anne)身后没有继承人,则王位传给汉诺威家族(House of Hanover)。④

需要特别提醒的是,苏格兰与英格兰的《合并法》有两部,各由该国议会通过后,再合并为一个国家。根据《合并法》建立的大不列颠议会的贵族院包括16名苏格兰贵族、众议院包括45名苏格兰选举产生的代表。⑤ 由于苏格兰没有宪法传统,因此,合并后宪法惯例的发展仍然延续英格兰一脉。⑥ 保留苏格兰的私法(Scottish private law)和苏格兰的法院;原苏格兰及英格兰王国中的任何法律,如与《合并法》的条文相抵触或者不一致,则自动废除。⑦ 也就是说,与《合并法》一致的苏格兰法继续有效,除非被大不列颠议会的法律所修正。苏格兰法中的公法部分可以被吸收,但其私法部分除非对苏格兰地区的居民明确有利,否则不得变易。苏格兰有自己的法院系统,民事案件可以上诉至英国贵族院,而刑事案件则不得上诉至英国贵族院。⑧ 有关苏格兰法律体系的上述内容,在本书后续介绍英国的司法体制时还会介绍,届时读者应当还记得,其与英格兰现行体制的差异都是由上述《合并法》规定或者保障的。如果我们联想再丰富一些,也许就不会再为美洲13个殖民地的人民联合起来建立一个新的国家并取名为合众国(United States)而感到惊奇了,因为这仅仅是他们的祖国或者宗主国70年前(还可以说是18世纪初、同一世纪)刚刚发生的事。

1707年英格兰与苏格兰的合并一直延续到现在(但确实不断经受着

---

① Neil Parpworth, p. 158.
② 此时威尔士已经并入英格兰。
③ Phillips & Jackson, p. 17.
④ Neil Parpworth, p. 158.
⑤ Neil Parpworth, p. 158.
⑥ Phillips & Jackson, p. 17.
⑦ Neil Parpworth, p. 158.
⑧ Phillips & Jackson, p. 17.

苏格兰公投脱英的冲击)。其间不时有一些危及合并的事件发生,如1745年的詹姆士二世党人(Jacobite)起义,但并没有影响到合并状态的维系。其中部分原因应当归功于合并并没有采取大一统的模式:在某些重要的领域,如法律体系、教育和地方政府,苏格兰仍保留着与英格兰截然不同的体制。①

为了维护这些差别,设在威斯敏斯特的英国议会(Westminster Parliament)不得不通过一些只适用于苏格兰的法律。② 这些法律可以从其限定短语识别出来,如1999年《苏格兰公司法》(Scottish Enterprise Act 1999);有时,这些法律将苏格兰括在括号里,如1998年《苏格兰公司登记法》[Registered Establishments (Scotland) Act 1998]。③ 相应的,议会的立法也可以明确表示不适用于苏格兰。④

为在政府层面上代表苏格兰利益,早在合并后成立的第一届政府中就设立了苏格兰事务大臣。不过在1745年事件(即詹姆士二世党人起义)之后,这一职位不再延续,而其所享有的实际的政治权力则由苏格兰的总检察长(Lord Advocate)行使,总检察长是苏格兰最主要的法律官员。1885年,苏格兰事务大臣之职恢复,到了1928年,该职位也拥有了与原来的苏格兰事务大臣一样的内阁成员地位。从取得这些发展的年代开始,苏格兰事务部(Scottish Office)即开始在与苏格兰有关的事务中发挥越来越重要的作用。在1998年《苏格兰法》(Scotland Act 1998)之前,实际上已经发生了相当数量的权力下放,具体表现在苏格兰事务部已经负责主管诸如高等教育和艺术等领域。当然,这只是行政管理权力的下放,还不是立法权力的下放。⑤

1998年《苏格兰法》设立的苏格兰地区议会比威尔士地区议会的权力要大一些。⑥ 但这个新成立的苏格兰地区议会已不能与1706年以前的苏格兰地区议会相比,新议会尽管具有相当的权力,但依然从属于英国议会。

七、北爱尔兰

北爱尔兰与爱尔兰共和国共处一岛,隔海与不列颠岛相望;面积

---

① Neil Parpworth, p. 158.
② Neil Parpworth, p. 158.
③ Neil Parpworth, pp. 158-159.
④ Neil Parpworth, p. 159.
⑤ Neil Parpworth, p. 159.
⑥ Phillips & Jackson, p. 17.

1.41万平方公里,占英国的 5.7%;首府贝尔法斯特。北爱尔兰气候属海洋性温带阔叶林气候。最热月份(7月)平均气温 13～17℃,最冷月份(1月)平均气温 4～7℃。北爱尔兰地势较低,平均年降水量 830 毫米,西部、北部山区降水量较大,最高可达 4000 毫米。

中国人或许不太熟悉北爱尔兰,但许多人似乎还记得伦敦德里(Londonderry),以及那首《伦敦德里小调》(London derry Air)。在英国公法中,这同样是非常著名的地方,英国人权法史和北爱尔兰史上,都不会忽略血色星期天发生在该地的那起镇压案件。

北爱尔兰作为一个独立的实体存在,是 1922 年爱尔兰自由邦(Irish Free State)成立之后的事。在此之前,它是爱尔兰的一部分,而爱尔兰则是英国的一部分。早在 12 世纪,来自不列颠的影响就已经开始了。英格兰与苏格兰合并后,进一步加强了这种影响。例如,1720 年,不列颠议会(British Parliament)通过了《宣言法》(Declaratory Act),其中宣布:不列颠议会有权为爱尔兰立法。该法在 1782 年被废除,但在 18 世纪末,不列颠与爱尔兰却在立法层面上实现了合并。①

1800 年以前的数百年间,爱尔兰王国都是英格兰(1707 年以后是大不列颠)王国的附属国,但对其臣属的程度,英国学者之间存在争议。有的认为,当时的爱尔兰王国不仅拥有自己的英格兰式的议会,也有自己的英格兰式的法院系统,但对于由这些爱尔兰的法院上诉的案件究竟是上诉至英格兰贵族院还是爱尔兰贵族院,在英国国内也存在疑问。然而在行政方面,爱尔兰毫无疑问是通过爱尔兰总督(Lord Lieutenant)受英格兰政府的控制。②

1800 年《与爱尔兰合并法》(Union with Ireland Act 1800)将大不列颠及爱尔兰两个王国合并为大不列颠及爱尔兰联合王国(United Kingdom of Great Britain and Ireland)。该法与 1706 年《与苏格兰合并法》类似,只是达成的过程不是通过代表各自国家的谈判专员的谈判,而是由两国议会分别通过法律以实现合并。③ 由不列颠议会通过的法律是 1800 年《与爱尔兰合并法》,其第 1 条规定,建立大不列颠及爱尔兰联合王国。

---

① Neil Parpworth, p. 159.
② Phillips & Jackson, p. 17.
③ Phillips & Jackson, p. 17.

爱尔兰人在联合王国议会中的代表权则是该法第3—4条规定的。①

在整个19世纪,爱尔兰问题从来就没有远离过英国最要紧的政治议题的范围。天主教的复位、爱尔兰政教分离以及地方自治等议题,经常在议会中讨论,为达到这些目的的立法议案也时常被提起。但所有的地方自治议案无一例外地以失败告终。②

1920年,英国议会通过了《爱尔兰政府法》(Government of Ireland Act),其立法宗旨是为了"给爱尔兰创立一个更好的政府"。为了达到这一目的,该法分别设立了南爱尔兰地区议会(Southern Ireland Parliament)和北爱尔兰地区议会(Northern Ireland Parliament)。北爱尔兰包括安特里姆郡(Antrim)、阿马郡(Armagh)、唐郡(Down)、弗马纳郡(Fermanagh)、伦敦德里郡(Londonderry)和蒂龙郡(Tyrone)六个议会郡(parliamentary counties)以及贝尔法斯特(Belfast)和伦敦德里两个自治市(borough)。南爱尔兰则由爱尔兰的其他部分组成。③ 1920年《爱尔兰政府法》第4条规定了爱尔兰议会(Irish Parliaments)的立法权。该法还规定某些事项联合王国议会无权立法。1921年,英国与爱尔兰签署的《英爱条约》(Anglo-Irish Treaty),促成了爱尔兰自由邦(Irish Free State)的建立。④ 随后,爱尔兰的绝大部分因《爱尔兰自由邦协议法》[Irish Free State (Agreement) Act 1922]而不再是联合王国的一部分。⑤ 在1922年后相当长的一段时间里,英国政府只承认该自由邦具有自治领的法律地位(dominion status),尽管爱尔兰(Eire)在1937年已通过宪法宣布自己是一个主权独立的国家(sovereign independent state)。⑥

在维持了一段时间的自治领状态之后,爱尔兰于1949年成为一个脱离英联邦(不仅仅是脱离英国)的共和国。⑦ 爱尔兰改称爱尔兰共和国(The Republic of Ireland)。英国议会在当年的《爱尔兰法》(Ireland Act 1949)中承认先前的爱尔兰已经不再是英王的自治领。不仅如此,该法第2条还宣布,尽管爱尔兰共和国已经独立,但英国并不将其视为外国

---

① Neil Parpworth, p. 159.
② Neil Parpworth, p. 159.
③ Neil Parpworth, p. 160.
④ Neil Parpworth, p. 160.
⑤ Phillips & Jackson, p. 18.
⑥ Neil Parpworth, p. 160.
⑦ Phillips & Jackson, p. 18.

(foreign country)。① 从好的一面想，不免觉得英国大度；从不好的一面揣测，实际上英国并没有在其法律中正式承认爱尔兰的独立。

北爱尔兰的自治领地位并未因爱尔兰共和国的独立而受到影响。② 由阿尔斯特(Ulster)地区的九个郡中的六个组成的北爱尔兰继续留在联合王国内。③ 这使得这一地区得以在1920年以后的半个世纪中立法和行政权力逐步完善，以至于最终拥有了自己的议会和政府部门。这个大行政区(Province)还拥有自己的法院系统，但是所有民事和刑事案件最终都上诉至英国议会贵族院。④ 北爱尔兰地区议会继续按照1920年《爱尔兰政府法》赋予的权力从事立法活动，直到这一权力于1972年被设在威斯敏斯特的英国议会收回为止。⑤ 1972年，延续至当时的宪法安排因《北爱尔兰临时约法》[Northern Ireland (Temporary Provisions) Act]而告一段落，由一名北爱尔兰事务大臣负责管理这个大区。⑥ 这一变故是英国议会对20世纪60年代末、70年代初北爱尔兰发生的持续增加的暴力事件所作出的反应。1973年，英国议会通过了《北爱尔兰议会法》(Northern Ireland Assembly Act)，就北爱尔兰地区议会的设立及其选举作了规定。⑦

1973年，英国议会还通过了《北爱尔兰基本法》(Northern Ireland Constitution Act)，规定了北爱尔兰地区政府的设置。该法第1条规定："在任何情况下，北爱尔兰及其任何一部分都不得改变其作为英王自治领及联合王国的一个组成部分的法律地位，除非经北爱尔兰居民投票表决后多数人同意这样做。"北爱尔兰的地位是非常清楚的。然而，上述规定同样没有实施太久，北爱尔兰地区议会次年即由《北爱尔兰法》(Northern Ireland Act 1974)解散了。⑧ 在此后的1974—1985年间，英国政府致力于缓和北爱尔兰地区的统一主义者社团与民族主义者社团之间的紧张状态。1985年，英国政府与爱尔兰政府签署了《英爱协定》(Anglo-Irish Agreement)，表达了力促围绕北爱尔兰问题进行建设性对话的意愿。随

---

① Neil Parpworth, p. 160.
② Neil Parpworth, p. 160.
③ Phillips & Jackson, p. 18.
④ Phillips & Jackson, p. 18.
⑤ Neil Parpworth, p. 160.
⑥ Phillips & Jackson, p. 18.
⑦ Neil Parpworth, p. 160.
⑧ Neil Parpworth, p. 160.

后,在保障北爱尔兰的和平方面确实取得了相当可观的成就。1994年,爱尔兰共和军和统一主义者的准军事化部队宣布停火。随后,英国政府努力将各政治党派劝到谈判桌边,最终促成了《贝尔法斯特协定》(Belfast Agreement)。①

八、伦敦

伦敦是英国的首都(有人说是英格兰的首都,这在过去是,现在似乎不完全是,将来可能是),是英国的政治、经济、文化和交通中心,位于英格兰东南部,跨泰晤士河下游两岸,距河口88公里;最热月份(7月)气温介于13~22℃;最冷月份(1月)气温在2~6℃,河湖极少结冰;年降水量约600毫米,不算太多,但分布比较均匀,以雾代雨比较普遍。至于伦敦常见的浓雾,并不完全是自然现象。后因重视环境保护,出现浓雾的次数已大大减少。

伦敦号称世界十大都市之一,交通很发达,是英国的铁路中心,十几条铁路干线从这里伸向不列颠岛上各主要城镇。伦敦也是英国公路网的中心。伦敦还是世界上著名的国际港口,世界上主要航运、造船和租船公司在这里设有代表机构。伦敦的西郊还有一座欧洲客运量排名居前的国际机场——希思罗机场。

伦敦的伦敦城以外的12个市区,称内伦敦;内伦敦以外的20个市区,称外伦敦。伦敦城加上内、外伦敦,合称大伦敦。伦敦城面积2.9平方公里,大伦敦面积则达1577平方公里。没有去过伦敦的人可能很难理解大伦敦和伦敦城是什么关系,学习行政法或者行政管理的人见了伦敦城的市长可能也不清楚他是哪一级的官员。这提醒我们,学习英国法需要一些历史知识。在英语中,城市(city)这个词来自伦敦城,至少City仅指伦敦城。伦敦城在英国法中具有独立的法律地位,许多英国制定法是专门针对伦敦城制定的或者将伦敦城单列。

伦敦城有自己独立的议事会,这种独立性形式上的表现是该议事会有其独一无二的名称——伦敦城公共议事会(Common Council of the City of London)。伦敦城公共议事会不像其他英格兰的地方政府机关那样设立通用基金,而是设立其独有的伦敦城基金(City Fund)。伦敦城基

---

① Neil Parpworth, p. 161.

金除适用仅针对该基金的规定外,准用规范通用基金的规定。① 此即特别法优于一般法的原则:有针对伦敦城基金的特别规定,则优先适用;如没有,则适用调整通用基金的规定。由此可见其在英国特殊的法律地位。

在英国,除伦敦(当然是指大伦敦)外,还有其他一些大城市(metropolitan)。笔者起初曾经怀疑 metropolitan 就是指伦敦,但后来经多方考证是指伦敦以外的中心城市。例如,1984 年《地方政府法》就建立了具有实质上完全相同职能的雇员委员会,以解决因该法提议的撤销大伦敦议事会(Greater London Council)及大城市的郡议事会(metropolitan county councils)所引起的雇员分流问题。②

九、白厅、威斯敏斯特与老法院

(一) 白厅(White Hall)

正如美国的白宫是其中央政府的象征一样,英国的白厅是英国中央政府部门集中办公地,英国学者往往用这个词直接指代英国的中央政府。早在 1928 年出版的《司法与行政法》一书中,罗布森(Robson)就有"由白厅的中央政府部门实施的审理活动已经在英国的宪法中发展起来"③的表述。

(二) 威斯敏斯特(Westminster)

与白厅具有同样甚至更显赫地位的另一个地名是威斯敏斯特,是英国议会所在地,其标志性建筑就是议会大厦,即威斯敏斯特宫(Palace of Westminster):占地 8 英亩,里面有 11 个庭院、100 座楼梯和长达数公里的走廊。整个威斯敏斯特宫就是一座巨大的博物馆,里面的东西都是真品,包括独特的建筑、雕塑、园林、代表英国财富的羊毛凳及其他各式桌椅、各个朝代君主的油画像……研究公法或者学习英国公法者前往英国,似乎没有比这里更值得一去的地方了。

英国众议院(House of Commons)和贵族院(House of Lords)都在威斯敏斯特宫举行例会,但是这两个议院分别开会。④ 于是,威斯敏斯特常用来指英国议会及议会的大臣们。例如,英国学者会说,北爱尔兰地区议

---

① Andrew Arden, p. 511.
② Andrew Arden, p. 351.
③ Bradley & Ewing, p. 666.
④ Bradley & Ewing, p. 147.

会继续按照1920年《爱尔兰政府法》赋予的权力从事立法活动,直到这一权力于1972年被威斯敏斯特收回为止。① 事实上,这里说的威斯敏斯特指英国议会,而其实际过程是英国议会于1972年通过了《北爱尔兰临时约法》,派遣一名北爱尔兰事务大臣负责管理这个大区。② 类似的情况在英语中非常常见,比如,Beijing 指的是中国政府,那么英国为什么不用 London 来指代英国政府呢?其实是为了更准确地区分英国议会和政府。

(三)老法院

最后值得一提的地方是皇家司法法院(Royal Courts of Justice),位于伦敦老皇家法院的建筑内。其本身已经是地标性建筑了,不用告诉英国人其门牌号也会有人告诉你它在什么地方。类似的地方在英国还有白金汉宫、温莎堡等。

十、地方政府体制

英国的地方政府由层级制的郡、区、教区等地理单元构成,只有伦敦另有安排。几乎所有地方政府机关都是由其所在地区的居民直接选举产生的,只有某些诸如联合消防局之类的组织,是打破郡、区的界限并有自己的治理结构的。③

笔者在研究英国行政法的过程中悟出一个道理:没有对英国地方政府体制的了解,就弄不懂英国的整个政府体制。虽然英国学者经常告诫我们,学习英国法需要一些历史知识,但了解英国的地方政府体制,仅有一些历史知识是不够的,还需要一些地理知识、一些语言知识以及必要的幽默技巧,因为英国的许多法律现象让外国人哭笑不得。在这些知识和技巧的基石上,笔者对英国地方政府体制有了如下探索性的发现:

(一)国家级

英国的全称是大不列颠及北爱尔兰联合王国,在历史上,是由四个王国(Kingdom)依次合并而成的,这四个地区直至目前仍是研究英国地方政府体制的最基本单位。不仅如此,随着权力下放进程的不断深入,除英格兰以外的其他三个地区都已经建立了自己的地区议会和执行机构④,

---

① Neil Parpworth, p. 160.
② Phillips & Jackson, p. 18.
③ Wade & Forsyth 2014, p. 89.
④ Andrew Arden, p. 4.

从这个意义上说,这三个地区实际上已经存在享有相当实在权力的地方政府了,只是其实际职能不多,发挥的作用也较小罢了。英国的所谓王国层面上对联合王国内四个主要区域的分类,可以类比中华人民共和国成立初期按方位设置的省以上的大区级建制单位,如西南局、东北局等。

(二) 地区级

英国的地区一级政府相当于我国的地区行署。虽然二者有许多实质性差异,但仔细揣摩发现,这种译法有神通之妙。类似的译法还有下文提到的郡、区镇、村社。英国政府推行的权力下放政策不仅催生了苏格兰地区议会、威尔士地区议会,还产生了(非官方的)区域性议会[(voluntary) Regional Chambers]与区域发展代办处(Regional Development Agencies)相结合履行职能的现象,区域发展代办处由中央政府机构赋予其职能。①

这些机构是郡以上比国家一级的三个地区政府更虚的区域联合,基本上都是一些议事协调机构,并不履行具体职能,充其量只能通过会议的形式,为促进各郡地方政府之间的合作提供一个论坛,相当于中国的区域协作会。其中自愿(voluntary)一词很好地说明了这一非官方属性。

(三) 郡县级

经常有人将英国的郡译为县,这种译法是不准确的。英国有的郡非常大,如大伦敦和大城市郡。

1972年《地方政府法》废除了早先的地方政府机关,将除大伦敦以外的英格兰及威尔士的地方组织重组为由郡、区两级基本地方政府机关构成的二级系统。在英格兰,除大伦敦以外,郡分为大城市郡和非大城市郡。② 于是,英格兰的郡一级地方政府分为三类:一是大伦敦地方政府;二是大伦敦以外的大城市地方政府;三是非大城市地方政府。这三类地方政府之下,有区级政府。

(四) 区镇级

区议事会(District councils)还可以进一步分为自治市议事会性质的区议事会与非自治市议事会性质的区议事会。自治市议事会是指很早以前向英王申请并取得特许状(charter)后具有特定法律地位(status)的一

---

① Andrew Arden, p. 4.
② Andrew Arden, p. 10.

类区议事会。①

英国的自治市(borough)历史非常久远,英国历史上最早的具有独立法律人格的地方政府就被称为 borough,其正确的译法应当是"古市"。这种建制如今在大伦敦依然存在,从级别或者范围上讲,比镇(town)要高或者大一些。这一点,从英国学者的下列表述中可以看出来:具有自治市法律地位的区议事会的主席和副主席,以及具有镇的法律地位的教区或者社区的主席或者副主席,可以称之为市长(mayors)和副市长(deputy mayors),或者镇长(town mayors)和副镇长(deputy town mayors)。②但从其他资料看,只有经过合伙的教区或者社区,才能具有镇的法律地位。因此,此处的镇的法律地位显然是通过合伙取得的,但合伙而成的教区或者社区的联合体并不是镇本身,是合伙使每一个参加合伙的教区或者社区具有了镇的法律地位。

可见,在英格兰地区,存在设区的市(大城市或者非大城市)的区议事会和大伦敦的自治市议事会;而威尔士地区的郡以下只有自治市议事会。③

(五)村社级

英国最基层的地方组织形式是村社一级的地方政府,包括社区、教区。这类社区、教区一般都非常小,只有自然村规模,而英国的自然村比中国村以下的小组的人还要少很多,一般只有十几户、几十人的规模,连英国学者似乎也不把这一级别的议事会作为一级政府看待,他们所列的英格兰的三级地方政府、威尔士的二级地方政府,都没有提到社区。④

十一、英国联邦

下面讨论英国的国体,并非英联邦,更不要误以为笔者将英联邦误译为英国联邦。

英国究竟是一个单一制国家还是一个联邦制国家?这个问题,要是放在中学及以下的课本中,答案是非常明确的;放在大学及以上的教材中则是值得讨论的。而对于笔者而言,写作过程中最大的担心就是,一不留

---

① Andrew Arden, p. 10.
② Andrew Arden, p. 15.
③ Andrew Arden, p. 2.
④ Andrew Arden, p. 2.

神英国又通过了一部议会法律,宣布建立英格兰议会及相应政府机构——在本书送到读者手中时英国已经是一个联邦制国家了。

传统上,人们一直将英国描述为一个单一制国家,因为这里没有联邦制的结构。然而,通过对联合王国各组成部分的简单历史回顾就会发现,其中存在宪法性的差异,而联合的本身是政治、经济上的差异性与一致性的整合。① 在英国学者看来,在联合王国境内的四个地区存在三个独立的法律体系(或者说司法区域),即英格兰的法律体系(通行于威尔士)、苏格兰的法律体系以及北爱尔兰的法律体系。② 贵族院在其中发挥着重要的凝聚作用,因为它是这三个相对独立的司法区域共同的最终上诉法院,但苏格兰的刑事审判是例外。③

英国议会既可以对整个联合王国立法,例如涉及所得税或者移民的法律;或者仅对大不列颠立法,如在社会保障或工会方面;也可以单独对一个或更多的联合王国内的国家(country)立法。④ 此处的国家就是指苏格兰、英格兰、威尔士及北爱尔兰,而不是指英联邦国家。

传统的甚至经典的有关英国宪法体制的资料中,一直将英国描述为典型的单一制,以区别于美国的联邦制。但是英国当代学者显然不这样认为:自从1997年大选以来所施行的地方权力下放和其他宪法改革,已经在某种程度上提醒人们,英国的宪法体制已经是准联邦制了。⑤

英格兰是联合王国境内唯一没有自己单独的政府机构的国家。⑥ 也就是说,在英格兰地区尚没有重新出现以英格兰议会或者英格兰政府名义存在的议会和政府,而这类机构已经在苏格兰、威尔士及北爱尔兰设立良久了。于是,英格兰成了完全遵从设在威斯敏斯特的联合王国议会(即英国议会)的唯一区域。

正因为如此,英国学者认为,一旦宣告设立英格兰自己的、独立的区域性议会及政府,将使英格兰置于与苏格兰、威尔士及北爱尔兰完全相同的地位。这一举措将是英国迈向联邦制的一个转折点。而在这一联邦中,英格兰以其规模将居于支配地位,并成为设在威斯敏斯特的联合王国

---

① Bradley & Ewing, p. 41.
② Phillips & Jackson, p. 417.
③ Bradley & Ewing, p. 41.
④ Bradley & Ewing, p. 41.
⑤ Phillips & Jackson, p. 16.
⑥ Phillips & Jackson, p. 104.

议会的竞争者。正是由于这些原因，1973年的一个委员会得出结论：一个联邦制的、由四个国家组成的联合王国，且有一个联邦议会及四个区域性议会，这种设想是不现实的。① 尽管如此，英国国内还是提出了许多关于在英格兰境内实施地方权力下放的方案。② 但1998年《区域发展代办处法》(Regional Development Agencies Act)可以被视为在英格兰推行地方权力下放的第一步。③

总之，英国没有成文宪法的后果之一便是，成文宪法国家中存在的对于权力行使的制约在英国是不存在的。只要议会的最高立法权保持不变，就不可能存在真正的联邦体制。例如，1920年《爱尔兰政府法》授权北爱尔兰实行自治，但1972年议会可以通过新的立法取消前法而对北爱尔兰直接实施统治。因为联邦体制的建立必须有一部成文宪法，以限制诸如英国议会这样的立法机关的权力，避免其将已经授出的权力重新攫回自己的手中。同样道理，苏格兰地区议会及威尔士地区议会的权力也完全有可能被以后的英国议会立法削减或者废止，因为能够对此予以担保的，不是法律上的法治机制，而是政治。④

十二、英国法与英格兰法

国际法意义上的英国是联合王国，而其所谓联合，是就英格兰王国与其他诸王国（如苏格兰王国）合并而言的。尽管英国议会的立法权限及于整个联合王国，英国国内的确没有一个统一的法律体系，而是有三个截然分开的法律体系，每个体系内都有其各自的法院、法律职业团体。⑤

英格兰和苏格兰的法律体系在1707年以前彼此独立发展，而且在此之后仍然保持着相当大的区别。1998年《苏格兰法》确保这种区别继续存在。英格兰与北爱尔兰的法律体系之间的区别，没有英格兰与苏格兰的那样明显。有的学者认为，爱尔兰是第一个冒险适用普通法的国家。英格兰与爱尔兰合并后，其法律体系基本上是沿着同样的轨迹发展的。⑥ 因此，英国法中的许多制度，首先是适用于英格兰及威尔士境内的法律制

---

① Phillips & Jackson, p. 104.
② Phillips & Jackson, pp. 104-105.
③ Phillips & Jackson, p. 105.
④ Bradley & Ewing, p. 7.
⑤ Bradley & Ewing, p. 41.
⑥ Phillips & Jackson, p. 417.

度(因威尔士与英格兰合并较早,其制度与英格兰的融合更为充分一些,因此二者的一致性更多一些),至于这些制度在苏格兰及北爱尔兰的情况如何,读者切不可想当然。一般情况下是有区别的,包括官员的名称。但在许多书中,包括英国的法律教材中,都不过多提及与苏格兰及北爱尔兰的差别所在。当然,由于我们所说的英国主要是指英格兰地区,笔者上文所说的英国的法律教材,也是指英格兰地区的法律教材。了解英格兰的情况就已经达到了比较法研究的目的。至于对苏格兰的特殊情形的了解,就没有求全的必要。

许多英文资料在提及英国法时,其实指的是英格兰法(English law),更确切地说是指英格兰及威尔士法(English and Welsh law)。[1] 行政法也不例外,作为本书资料来源的宪法、行政法方面的著作,也都是如此。例如,有的学者会强调说:其主要介绍英格兰法,但苏格兰法中司法审查的原则与此非常相似。[2] 因此,英国学者在正式介绍时使用的地理或者地域概念更多的是英格兰而不是联合王国,特别是在提到英国的法院时。[3] 这是英国法院的特殊性决定的,因为在联合王国,并没有联合王国法院,而只有英格兰、苏格兰或者威尔士的法院。如我们耳熟能详的高等法院、上诉法院、分庭法院等,在没有特别说明时,都是指前面省略了英格兰的相应法院。即使从其名称本身也可以分出其与苏格兰对应法院的区别,如苏格兰的季审法院(Court of Session)是苏格兰具有民事管辖权的高级法院,其外院(Outer House)类似于英格兰的高等法院。外院的法官被称为大推事(Lord Ordinary),对大推事的判决不服,可以上诉至季审法院的内院(Inner House)。[4] 而季审法院的内院其实相当于英格兰的上诉法院。

第二节 英国法制语文

本节主要介绍与英国宪法、行政法有关的语言问题及学习英国法的语言方面的感受。笔者认为,研究英国法的学者不能不知道有关法律英语的一些核心内容。更为重要的是,笔者通过英汉对译,确实发现了许多

---

[1] Penny Darbyshire, p. 19.
[2] Bradley & Ewing, p. 697.
[3] Neil Parpworth, p. 33.
[4] Phillips & Jackson, p. 423.

说汉语的人可能不易发现的问题,如"和""或"及"兼或"的区别等。这些内容对于使我们的立法语言更加严谨,或许会有一定的帮助。在有关英国公法、英国宪法或者英国行政法的课程中,如果能够将有关的英文例句拿出来给学习法律的学生分析一下,对于他们理解英国法治的实质,无疑具有建设性的意义。

一、英国英语

对于"什么是英语"这个问题,不同学识的人的答案是不同的。笔者在此提出这一问题,显然不是想得到"英国人及原英属殖民地人民的官方语言或者主要语言"这一貌似学术的答案,而是想告诉读者,在足够专业的层面上,这种说法是不准确的。正如汉语有方言一样,英语也不例外,不同国家的英语的差异或许没有英国内部英语的差异那么大(这一点许多读者或许不会相信,甚至可能会忽略。但听过苏格兰人、威尔士人讲英语的人,比听过印度人、巴基斯坦人讲英语的人,对此更会有同感),但就公法领域而言,这种差异已经到了需要引起读者注意的程度。

笔者参考的著作都是用英国英语写作的,更准确地说是英国的英格兰地区甚至伦敦附近比较通行的英语。而在我国国内目前通行的英语是美国英语[English(US)],对此笔者是从 Word 的自动拼写校正功能中发现的,例如,externalise 通常会被标记为拼写错误,因为这是一个英国英语用法,切换到英国英语[English(UK)]后就没有问题了。类似的问题在其他语词中也会遇到,相信对英语有足够了解的读者是不会感到奇怪的。

二、英语词法

(一)构词法

英语是由 26 个字母组成的拼音文字,每个字母有大小写两种写法,单词间以空格分隔。这三项形式要素,与汉语有非常大的不同。如英语构词上的灵活性,是汉语望尘莫及的。特别是,这种灵活性不是就简易程度而言,而是指词素不经特别解释就可以直接无障碍应用的可能性。如在英国,执行机构干脆被俗称为"下一步"机构("Next Steps" agencies)。之所以有这样的名称,源于 1988 年的一份名为《改善政府的管理:下一步》的公开报告。①

---

① Wade & Forsyth, p. 48.

(二) 关键名词——法律术语

英语学得再好的人,遇到法律术语也应该谦虚起来,正如生物学老师进了标本馆一样。因为普通英国人都是这样谦虚地对待他们的法律以及研究他们法律的本国人和外国人的。笔者在英国访学期间打过交道的人,绝大多数都受过高等教育,按照我们的标准也算是见过世面的人了。但对于不是学法律的人来说,每当听说笔者是来英国研究法律的,他们总是无法掩饰他们的惊讶。

英国宪法方面的学者在很大程度上受到英国法中一些不得不使用但却已经严重不切合实际的传统法律术语(Legal Latin)的掣肘。有关英王特权的陈述往往给人一种陈旧落后或者意在赋予君主专制的权力的印象。事实上,所谓英王特权真正指代的恰恰是由部长(大臣)、公务员(文官)及其他臣仆(国王的臣仆)行使的政府权力而已。[①] 以下列举的,就是一些传统法律术语的新旧用法,左为旧用法,括号内为其语义解释;右为新用法。

旧用法	新用法
Writ (to commence a case)	Claim form
Pleading (reason for complaint)	Statement of case
Plaintiff (party with complaint)	Claimant
Minor/infant (person under 18)	Child
In camera (public excluded from proceedings)	In private
Ex parte (application to court without notice to other party)	Without notice
Next friend/guardian ad litem (adult supporter required when child makes a claim or defends one)	Litigation friend
Mareva injunction (to keep assets within jurisdiction)	Freezing injunction
Anton Piller order (to compel search of defendant's premises)	Search order

当然,在英国,即使有了这些术语的改革,也仅能用于正文表述部分,

---

① Bradley & Ewing, p. 30.

对于许多引注中专用的词语,仍必须用拉丁文,例如 ex parte,意思是未告知对方而起诉,是行政诉讼中以英王或其代表人名义起诉的案件中指明真实原告的引语,如 Bloggs v. Snooks, ex parte Brown。为了便于读者找到这些早期的案件,英国作者一般仍沿用拉丁文表述。

另以令状(Writ)为例,这个词在现代法律英语中非常常见,但在日常生活中是一个非常大而无当的词。现称起诉书(claim form)的令状,最初是由大法官办公室的职员签发的,那时的大法官是高级神职人员,同时也是英王的私人牧师和议会的首脑。① 令状是以英王名义签发的、封好的信,命令某人,如庄园主(Lord of the Manor)、郡治安法官(Sheriff of the County)或者被告,做令状所要求的任何事。② 为了在英王的法院提起诉讼,希望起诉的当事人必须从大法官那里得到一份令状,当然,当事人是要为此花钱的。③ 于是,古代英王的私信就成了现代诉状的源头,并一直延续到今天,即使制定法已经明令用新词取而代之了,仍不能将其从英国法律教科书中清除。这正如中国的繁体字一样,许多字已经有了简体字,但简化的过程也是异体字、异义字合并的过程,除非你绝对放弃几千年来形成的古文,否则,要想看懂古文,你就必须认识足够多的繁体字。而 Writ 等古英语词(或古英语义)以及诸多拉丁法律术语,就是英国法律英语中的"繁体字",不识这些语词者,就很难真正了解英国法律文化。

英语中的许多法律术语只有当它们并列在一起时,才能意识到它们的区别,例如,1536 年英格兰议会通过的《与威尔士合并法》保证威尔士人能够享有英王的臣民在其治域内享有的所有自由(freedoms)、民权(liberties)、权利(rights)和特权(privileges)。④ 从学习英语的角度讲,此处并列的 freedoms、liberties、rights 和 privileges 肯定是指四种不同的东西,但其细微的区别却殊难领会。当然这已经不完全是英语本身的问题了,本书将在英国公法的基本概念中,从法律角度予以具体分析。

不仅如此,完善的术语体系还是一个学科发达的标志。莎士比亚之所以成为伟大的文学家,就是其可以使用比常人甚至一般作家更丰富的词汇。而一国语言要想成为世界文化的载体,就需要涌现一些这样的作

---

① Denis Keenan, p. 8.
② Denis Keenan, p. 9.
③ Denis Keenan, pp. 8-9,这可能是诉讼费的最早形式。
④ Neil Parpworth, p. 157.

家丰富其词汇。同样,一个学科要想成为显学,也必须具有足够数量的专业术语,以表达非此不足以精确的思想。不妨举一个英国诉讼法方面的例子:

> 申请人诉状律师应当准备一份标注页码并附索引的案件材料(paginated and indexed bundle of documents),并将此材料送交申请人的出庭律师(send it to counsel),随附要求出庭律师准备其他文件的正式指示(formal instructions to counsel)。①

此处的送交(send)不同于递交(lodge)和送达(serve),说明英国司法体制已经细化到不但用不同的术语指代当事人及案件参加人(如申请人、被申请人、诉状律师、出庭律师),而且用不同的术语指代不同的文件交换方式。这似乎没有必要,但却为准确性提供了双重保障。正如一门发达的语言总是会有两个以上的词指代人们最常用的指称对象一样,英国法律英语似乎也出现了这种结果。与公共英语不同的是,对于同一指称对象所用的名词尽管可以有多个,但这些名词肯定不完全是绝对的同义词,法律英语对于各指称对象之间实施的行为所用的动词,具有相当准确的对位性,即术语化。

真正使英国英语与其他国家的英语区分开来的,是其术语体系,这一点在科技、文化等领域的表现显然没有法律那样明显,其中尤以公法最为突出,因为这是各国政体及公法组织体系的差异的最直接体现。英国君主立宪的政体与美国的总统共和政体的差异,使得英国的英王、首相、大臣、枢密院、平民院、贵族院、高等法院等名词,与美国的总统、部长、众议院、参议院、联邦最高法院等术语,很多已经无法对译了。

更有甚者,英语中的许多机构的名称(表现为首字母大写),如果仅从拼写无法确定其具体所属国家的话,其被误译或者误解的后果就要严重得多。例如最高法院(Supreme Court),在英格兰的法院体系中,有三个涉及法院层级的易混淆的概念:英格兰高级法院(Superior English Courts)、高等法院(High Court)和最高司法法院(Supreme Court of Judicature)。英格兰高级法院简称高级法院,是与低级法院和裁判所相对的,不是一个严格意义上的法律概念。② 最高司法法院一般简称最高法

---

① Bridges & Cragg, p. 145.
② Phillips & Jackson, p. 422.

院,但这个最高法院显然不具有像美国最高法院的终审管辖权,也不是一个单独的法院,而是某一级别的法院的总称。从历史上看,当英格兰高级法院根据1863年《最高法院司法法》改称最高法院的时候,只包括上诉法院和高等法院,现在还包括皇家法院。①② 这是1971年《法院法》创立皇家法院(Crown Court)时规定的。③ 根据1863年《最高法院司法法》,贵族院并不在最高法院之列。④

(三)动名词

动名词在英国法律英语中比比皆是,通过分析与之有关的语法现象,以解析语法结构,是理解以长句见长的英国法律英语必不可少的工具。例如,韦德爵士在其《行政法》一书中提到1998年《数据保护法》(Data Protection Act)第32条及第33条的例外规定:

> The exemptions allowing processing for journalistic, literary and artistic purposes and for the purpose of research may be noted.⑤(这些例外规定允许为了新闻、写作及艺术的目的以及为了研究的目的而进行的数据处理。)

对于本句的理解很值得回味,原文是一个超长主语的主谓结构,而主语则是一个由动名词作后置定语的名词短语,笔者初读时,将这个名词短语中的动名词误以为是谓语,但读到最后时出现了一个简单的动词note,它不该是一个特别的术语,但又不知道怎么理解,最后,借助语法分析,才明白了这句话的准确内涵。这是一个典型的语法分析帮助译解的例子。

(四)慎用代词

英语的代词都是有单复数的,而中文的代词则分为单数代词(你、我、他、它)、复数代词(标志为词尾加"们",相当于英语中的词尾加"s")和不定数代词(其、该)。就中国法律语言而言,由于只能使用"其""该"等不定代词,而这些代词同时又是不定数代词,这就使得英语中可以简化的东西到了汉语里就简化不了了,硬要简化的结果只能以言简"义不赅"为代价。举一个前文提到过的较为简单的例子:1536年英格兰王国《与威尔士合

---

① Elliott & Quinn, p. 99.
② Bradley & Ewing, p. 365.
③ Phillips & Jackson, p. 422.
④ Denis Keenan, p. 17.
⑤ Wade & Forsyth, p. 62.

并法》中保证威尔士人能够享有英王的臣民在其治域内享有的所有自由、民权、权利和特权。① 这种译法略微有点不妥。按照现在的译法，其当指"英王"，但得出这一结论的根据不是语言本身的逻辑结构使之成为唯一的指代可能，而是语言之外的制度背景知识使我们确信只有这一种指代可能。因为从语言本身的逻辑结构看，"其"既可以指代英王，也可以指代"英王的臣民"甚至"威尔士人"，我们之所以不会这样理解，是因为根据制度背景常识，能够"治"的只有英王。

再举一个复杂的例子，介绍英国土地登记制度有这样一句话：

> Where land is included on the Secretary of State's register of unused and underused publicly owned land, he may direct the authority, to take such steps as are necessary to take—and are within their power to take-in order to dispose of their interest in the land, or any lesser interest in it, including by way of the grant of an interest in it.②

笔者译为："如果某块公有土地载入国务大臣编制的未利用或者未充分利用土地登记簿，国务大臣可以指令地方政府机关在其职权范围内采取国务大臣认为适当的措施，以便处置地方政府机关在该土地上的权益或者较为次要的利益，其中包括承认本机关在该土地上的权益。"此处的翻译或许显得过于冗长，主要是为了避免使用"其"所引起的歧义，英语原文中不存在这个问题，虽然用的是"their"，但由于地方政府机关是复数名词，而国务大臣是单数名词，不存在误解的可能。而在中文中，"国务大臣可以指令地方政府机关在其职权范围内"中的"其"指谁，不是确定无疑的，至少从"排除合理怀疑"的标准考虑是如此，笔者认为，法律用语至少应当努力达到这种标准，因此选择了宁拙务达的译法。从另一个角度看，这也显示出复数名词在语言中的作用。英国法律英语正是充分利用了这一语法技术，在追求精确的前提下尽可能保持简洁。

以上所举的例子都是我们可以理解或者可以通过我们已有的常识的判断不会出现严重误解的情形，是否存在错用代词致使对于原文的理解产生根本性误判的可能呢？多年来研读英文法律著作给笔者留下的印象

---

① Neil Parpworth, p. 157.
② Andrew Arden, p. 565.

是,英国立法原文在使用代词时非常谨慎。例如:

> 根据规范过渡性信用安排(transitional credit arrangements)的规定(provisions governing),信用安排这一术语(term)并不适用于(apply to)1989年《地方政府及安居法》(Local Government and Housing Act)实施前一年,即1990年4月1日以来成立(came into being)的信用安排。①

在这里,原文的表述经简化后就成了:(1990年4月1日之前的)"信用安排不适用于(本法有关)信用安排"(的规定)("credit arrangement" does not apply to a credit arrangement)。类似的语义表达需要,在各国法律语言中都不可避免,而这种看似不合逻辑的表述,并非法律语言中绝对不可容忍之所在,关键是要正视这种现象,务实地采取可理解(under standable)的法律语言,避免不必要地使用代词,扰乱视听。我国法律的表述一般是"本法所指信用安排限于1990年4月1日后成立者",这种表述是否没有问题呢?

读者或许会发现,笔者有时非常"啰唆",例如经常会有这样的话:1990年《政府商业基金法》(Government Trading Funds Act)在某种程度上对1973年《政府商业基金法》所确立的体制进行了细化(elaborate),但并没有改变1973年《政府商业基金法》所确立的一般原则。而其原文为:

> The 1990 Act "somewhat elaborated the 1973 regime, but did not change its general principles".②

按照原文直译应是"1990年法律在某种程度上对1973年法律所确立的体制进行了细化(elaborate),但并没有改变其所确立的基本原则"。如果在上文不远的地方提到1990年《政府商业基金法》和1973年《政府商业基金法》,简译似乎也无可厚非;至于"其"所指代的内容也一目了然,但笔者不以为然。因为这是建立在对"细化"及"原则"的法律含义的固定组合的理解基础上的,严格来讲,从逻辑上并不是当然的。为了稳妥起见,特别是为了明确某某年的法律的具体指代,笔者往往采取辞达为先的原则,甚至在原文已经简化时仍避简就繁。

汉语是一门古老的语言,许多来源于春秋战国时代的似是而非的表

---

① Andrew Arden, p.467.
② Bradley & Ewing, pp.350-351.

述,迄今仍十分流行,如"道可道,非常道"。非但是流行,甚至在某种程度上已经成为文化的标签。这种思维取向也在某种程度上渗透到法律语言中,形成了一种能简则简的语法倾向。其结果是法律条文有产生歧义的空间。立法者、执法者、法学者、守法者、违法者的理解不同,同一语言环境下不同地位、角色的人对法律规范的理解并不同一。这难免给法律规范的实施带来诸多障碍,使研究、解释、使用、操纵法律的人有了腾挪的空间。

笔者的上述印象在很大程度上来源于研究英国法时吃过的苦头——对于汉语无法理解的法条,我们可以自信地有自己的解释,但对于英语,确实没有这种自信。例如有这样一句话:

> As related later, the Parliamentary Commissioner Bill was opposed on the ground that it was inconsistent with ministerial responsibility, but the truth was that it remedied some of its defects and made it work better.

对于上述原文,笔者确实不敢肯定自己的理解是否正确,尤其是 the truth was that it remedied some of its defects and made it work better,因为其中的 it 肯定不可能是指同一个事物,即不是单指议会行政监察专员或者部长责任制,这种在一个句子中用同一个代词交替指代不同的事物的用法,确实容易混淆。但如果对法律特别是英国议会行政监察专员制度与部长责任制有一定的了解后,就可以理解这句话的意思。

(五) 关键介词

英国法律英语中的许多意思是通过一些特定的精当的介词表达的。从比较语言学的角度分析,介词在法律英语中的含义比在中文中要明确,搭配比在中文中要固定,作用也比在中文中显要,确实起到了推动法律英语言简意赅的作用。例如,英国学者称英国法律体系是法律规范在其中制定和实施的外部框架(framework within which rules of law are made and utilized)。[①] 此处的 within 是理解英国法、英国法制及英国法治(此处复数的 rules of law 是指法律规则,不是指法治 rule of law,但这句话的意思确与法治有关)之间的关系,以及英国学者对于这种关系的理解的关键所在。在他们看来,法律体系不是法律的内在结构,而是法律规则得

---

① Martin Partington, p. 11.

以形成并付诸实施的外部架构,这一点与我们的理解有所不同。因为他们对法律体系外部结构化的认识,解决了立法者的定位及法律的权威来源等法治的根本问题,其结论是,所有的法律都是在法律体系的内部生成并在法律体系内部运作的——没有人在法律之外,也没有人在法律之上。而如果将法律体系理解为法律的内部结构,则法律就是包容法律体系的,而不是法律体系包容法律。于是从逻辑上分析,就有可能存在部分法律游离于法律体系之外,至少从其产生或者从立法者的角度看是如此。这样的法制就有可能在部分领域实现不了法治,法治本身不是周延的,即总体上不可能实现严格的法律治理。类似的例子还有:对社区法律服务的资助应当遵从《公共财政资助良好行为规范》的规定(is under the terms of a Funding Code),该行为规范明确了提供法律服务的具体框架(sets out the detailed framework within which legal services will be delivered)。①

英语介词的另一用途是结构性的,既帮助构句,又辅助理解。英国法律英语的结构有时非常复杂,这种复杂性突出地表现在大量的 and 和 or 以及","等混用在一起时,即便所有的单词都是你熟悉的,但整个句子就是看不出个眉目。例如有这样一个句子:

> The CIPFA Code suggests that authorities adopt a Treasury Policy Statement on strategy and procedures, thereafter delegating implementation and monitoring to a Committee or the chief finance officer and executive decisions on borrowing, investment or finance to the chief finance officer, with regular reports to the Committee and an annual report for presentation by September 30th in the following financial year.②

这个句子的头尾还好理解,但中间部分(thereafter 至 finance officer)由于采取的是非谓语结构,几个 and 和 or 混排在一起、动名词和名词混用的结果,让人一时不知从何理解。此时,笔者所能想到的唯一路径,就是介词搭配,即 delegating... to。按照这一线索,可以发现该句的复杂之处在于 delegating... to 由 and 连接用了两次,一次是直接用

---

① Martin Partington, p. 256.
② Andrew Arden, p. 409.

(delegating implementation and monitoring to),名词(implementation)和动名词(monitoring)混排的词组作 delegating 的直接宾语；另一次只用了一个 to(and executive decisions on borrowing, investment or finance to the chief finance officer)，省略了 delegating，但却没有省略 delegating 与 to 之间的直接宾语 executive decisions on borrowing, investment or finance，加之该直接宾语又是动名词(borrowing)与名词(investment or finance)混用，并且与前一个动名词、名词混排词组(implementation and monitoring)的排列次序都是反的，更使得该句的结构显得非常复杂。但如果能够从这些复杂的乱象中发现作为其语脉的 delegating…to，则所有的问题都会迎刃而解。

另如：

> A person found guilty of a corrupt or illegal practice is also incapable of being elected to the House of Commons and of holding any elective office for five years.①（被认定曾经实施了选举腐败犯罪或者选举违法行为者，将在 5 年内失去被选入英国众议院以及担任任何选举任命的官职的资格。）

对原文的理解，笔者起初没有十足把握的是，5 年禁令是否适用于并列在前的国会议员(Member of Parliament, MP)。根据对原文上下文的理解，似乎国会议员的丧失资格是终身的，因为如果发现任何当选的众议院议员有腐败行为，则被要求腾出其席位；而在讨论非国会议员的当选资格时，才进一步区分具体期限。但从英语语法上分析，此处的关键就是分别出现于 and 前后的两个介词 of，据此可以将本句的结构拎出来：incapable of…and of…for five years。

（六）趣味连词

不知读者是否注意到，英语中或者英国法律英语中的"或"(or)与我们一般理解的不同，甚至与数理逻辑上的"或"也不同。数理逻辑中的"或"是指参与"或"的各方至少具备其一即可，英文中的"or"则要求只取其一，例如：1997 年《地方政府（合同）法》中有这样的规定："authorities have power to enter into contracts with others for the provision or

---

① Bradley & Ewing, p. 163.

making available of assets, services or both."①意思是,地方政府机关为了其职能的目的或者为了与其职能相联系的目的,有权与他人签订合同以提供或者保证提供资产、服务或者二者兼而有之。这是对英文中"or"的用法的一个绝好的说明。它表明,在英语中,"or"本身的意思是它所连接的几个单词中任选其中之一,而不是多选其中至少其一。因此"A,B or C"的意思是要么A,要么B,要么C,而不包括AB、AC、BC、ABC。这一点与我们汉语以及我们的法律用语中的用法明显不同。

英语中的"和"(and)、"或"(or)与汉语不同,最有意思的表现形式莫如下面这句话:地方政府机关可以获取或者提供(含装修)(may acquire or provide and furnish)在其辖区内或者外(within or outside of their areas)的礼堂、办公室以及其他建筑物,以便用于举行公共会议或者集会(public meetings and assemblies)。② 此处的may acquire or provide and furnish属于一种特殊的用法,即前二者是二者选其一的可能性,最后的装修只适用于后一种选择,即不是acquire and furnish or provide and furnish。

不过笔者以为最值得注意的一个语法现象,是英语中"and/or"的用法:善后法律开支保险提供的保险费,覆盖诉状律师费用兼或(and/or)在诉讼不成功时对方的开支。③ 兼或(and/or)是一个纯逻辑概念,无论是中文中还是英文中都不存在,这就是为什么英文中用"and/or"、中文中笔者用"兼或"的原因。事实上,据笔者分析,兼或的概念在中文中被包括在"或者"之中。因为中文的"A或者B"包括三种情况:A、B、AB;而英文中的"A and/or B"也是包括这三种情况。之所以令中国人费解,只是因为英文中的"and"仅指AB(中文的意思是指"得兼",而不完全与中文的"和"通义);英文中的"or"仅指"A、B只取其一",不包括"A、B兼而有之"的情况。于是,为了表述"A、B只取其一"和"A、B兼而有之"这两种情况都有可能发生,英文中就必须用"and/or"。表面上看,我们仅用少数几个字就把所有的内容都表达出来了,但问题是我们表达的意思即使在中国人自己看来也总是"仁者见仁,智者见智"。法律语言是一个需要精确的术语体系,如果作为法律语言的母语的通用语言无法精准地表达,则在适用法

---

① Andrew Arden, p. 641.
② Andrew Arden, p. 562.
③ Martin Partington, p. 267.

律时必然面临巨大的解释上的压力。这种局面最集中的体现就是，在现实生活中对于同一法律规范"知法者见法、违法者见不法"，受伤的总是知法且守法的"书呆子"或者知法而判案的"法呆子"。如此一来，说某人可以"玩法于股掌之间"或许过分，但说其可以"弄法于唇齿之间"则是毫不夸张的。为此，确实应当统一中国法律语言的术语体系，其中最基本的要从基本逻辑术语开始，即从"与""或""非"的法律定义开始。当然统一的标准不是向英语靠拢，而是向数理逻辑靠拢。在数理逻辑中，"A 与 B"指"二者兼而有之""A 或 B"是指"A、B，A 与 B，三者有其一"。"非 A"是指"绝对没有 A"。不要小看这最后一点，我们的法律上有许多"禁止"，但都不是"绝对"的，就很能说明问题。

此外，在法律英语中，也同样存在以上、以下的问题，其解决办法是"本数及以上或者以下"的表达方式，如一年或者以上（one year or more）。① 这种方法比较笨拙，但绝对不再需要另行解释。

（七）时间副词

英国法律英语中有许多区别于普通公共英语或者在普通公共英语看来没有必要的表述，但却恰如其分地应用在法律条文中，例如，按照英国财政法的规定，如果地方政府机关的信用安排最终不得不通过延期支付的方式以其支付时的实际成本（at their then actual cost）践约（to be discharged），则此项费用（expenditure）就可以由地方政府机关的资本账户（capital account）列支（be charged to），而无须从其财政账户（revenue account）列支。② 当然，地方政府机关将这笔费用列支于其财政账户也是可以的，但通常地方政府机关不愿意这样做，因为资本账户上的资金对于类似信用安排这样的中长期资金运作项目而言，要比财政账户上的资金更便利。

此处比较集中地涉及英国法律英语中的一些专业性的表述，而其用词却是最普通的，如 at their then actual cost 和 may therefore。类似这样的表述在公共英语中却很少见，甚至在一般书面语中都很少用到。而在法律英语中，必须强调不同给付时间的不同法律效果，如果没有 then 这个修饰词，就无法区分实际成本究竟是承诺时的对价、支付时的实际成本，还是说话时的成本。法律语言是书面语中要求最严格的一种，撰写人

---

① Andrew Arden, p.397.
② Andrew Arden, pp.467-468.

必须尽可能将其所要表达的真实意思以语言表述出来，而任何人类语言较之非此即彼的数理逻辑语言都是不完善、不严谨的。因此，即使尽了这样的努力，仍不免出现立法语言表述不明，有需要法律解释以及相应的法律解释机制的必要。从一个国家的法治水平最根本地体现在其法律解释机制的完善程度这一点上看，对于立法语言，再严谨的要求都是不过分的。

（八）情态动词

情态动词是法律语言中常用的祈使句的主要构成要素。但此处介绍的是除此之外的延伸用法。根据英国财政法的规定，如果地方政府机关未支付的资本项目借款（outstanding principal of money borrowed）加上其本财政年度应付信用安排的费用总额（aggregation of its cost），将要超过（would exceed）其本年度总信贷限额（current aggregate credit limit），就不能再签订信用安排。① 如果在为自己设定信用负担时缺乏精确的计算，更不知其是否会导致本年度财政赤字的后果，地方政府机关非破产不可。须知，在英国，地方政府机关是一个与公司一样的法定机构，从理论上讲是可以破产的。

三、英语语法

（一）大小写

能否正确地使用大小写是英语民族衡量一个人文化素养的重要指标，这大致类似于我们以前乃至现在仍在适用的朗读时是否能够正确断句的判断标准。

在任何一门语言中，法律都是最大限度地使用该语言表现形式的学科之一。大小写这一拼音文字的重要变换手法，在英国法律英语中得到了最充分的运用。例如，英国宪法学中对宪法的一种区分就是（首字母C）大写宪法（Capital-C constitutions）和小写宪法（small-c constitutions）。金教授（Professor King）将以文件或者法典形式存在的某一国家的宪法性规则的书面声明称为大写宪法，以区别于未曾成文化的小写宪法。② 这在一定程度上增加了理解英文单词中大小写区别的难度，而这种区分在拼音文字系统中是一个非常重要的文化现象，许多我们必须用

---

① Andrew Arden，p. 468.
② Neil Parpworth，p. 4.

引号、书名号、下划线或者异体字表达的意思,在这些语言中仅仅用大小写就完全可以区分。当然,此处英国学者所讨论的,不是一般意义上的大小写宪法,而是形式意义上的宪法与实质意义上的宪法的区分。因为按照英语书面语的习惯,大写宪法是指成文的以宪法命名的宪法法典,这在英国是不存在的,也是无所指的;而小写宪法则是实质意义上的宪法规则,这在英国是存在的。

另如,在英国议会立法程序中有两个涉及英王表态的立法程序,一个是 Monarch's consent(注意:consent 小写)笔者将其译为"英王本人同意";另一个则是 Royal Assent(注意:Assent 大写)笔者将其译为"英王认可"。在英国议会立法程序中,英王本人同意与正式的对于立法议案的英王认可具有显著的区别,英王认可是在立法议案完成各议会阶段后由英王赋予该立法议案以正式法律形式的必经程序;而英王本人同意则并非英国普通议会立法的必经程序,而是在某一议案可能影响到英王时,该议案在获得通过之前必须取得英王本人的同意。① 对于英语国家的读者而言,一看到这两种英王表态制度的文字表述,就会意识到二者的区别,大小写正是对这种认识的最直观的指引。

英语中没有书名号,书名只需要大写或用斜体,即足以标记清楚。例如,英国学者在介绍巴杰特(Walter Bagehot)的《英国宪制》一书时,用的就是 The English Constitution。②

(二) 单复数

从理解原文的角度讲,单复数是一种非常重要的语法分析手段。错误地或者过失地没有注意到单复数,可能导致严重的误解。例如,众所周知法律的治理(rule of law)与法律规则或者法律规范(rules of law),区别仅在单复数形式,但意义天壤之别。同样,"Laws"是什么意思?这个词在英国公法著作中经常出现,是一位著名法官的名字,他因担任上诉法院法官(LJ)并在一些颇有影响力的案件中作出判决,而成为公法著作引述的热门,于是其名字也时常出现在英国公法著作中,初看起来确实挺"蒙"人的,尤其是当其做主语时。

从语义表述的角度看,英语中的单复数确实有其简约的优势,例如,1920年《爱尔兰政府法》第 4 条规定了爱尔兰议会(Irish Parliaments)的

---

① Neil Parpworth, p. 188.
② Neil Parpworth, p. 12.

立法权。①此处的爱尔兰议会兼指南爱尔兰地区议会和北爱尔兰地区议会,故用复数。而在中文中,就不太可能用这种简便的表述,于是在翻译该法时所有涉及爱尔兰议会的地方,都必须区分是北爱尔兰地区议会、南爱尔兰地区议会还是二者兼具。

(三) 时态

时态也是英语或者拼音文字的一大特点或者说语法技术,这一技术在英国法律英语中也得到了充分的应用。许多表述中对于时态的选择显然经过了深思熟虑,甚至可以说是英国学者学术观点的新颖性所在,而不完全是学术思想的表述方式。例如,英国学者在讨论宪法的修订时提到,宪法修订的必要性在于反映社会中已经发生的变化(changes that have occurred),以免其脱离时代。② 此处,英国学者使用了现在完成时态,以表明宪法的修订从来就是每个时代都应当进行而不能停止的;同时,宪法的修订也总是滞后于社会发展的。由此可以推断出的一个结论是,宪法的修订从来就不应当是超前的,也不应当是溯及既往的。而所有这些意思,都通过现在完成时态体现出来。

(四) 语态

英语,特别是英国法律英语中被动语态的应用确实是其一大特色,依笔者的经验,如果英语中取消被动语态,估计英国 80% 的成文法、100% 的判例都得改写,因为几乎所有的判例中都有这样的表述:it was held。究竟是谁 held 呢?英国人心照不宣。在英语中,被动语态的运用确实发挥到了极致,故可以有这样的表述:如果某一案件出现在候审案件清单第二部分或者第五部分(in Part B or Part E),但该案的任何一方当事人(any party)尚未做好听审的准备(ready to be heard)。此处被动语态的用法,非常值得我国的诉讼制度领会——庭审的核心是当事人"被听",而不是法官审。因此,在英国法律英语中,主动语态与被动语态在绝大多数情况下是不可以互换的。而在我国公共英语的教学中,二者的互换则是基本的语法练习内容,并推定经互换后意思不变。实际上,在英国法律英语中,二者之间确有细微的不同。即使在中国法律语言中,主动与被动的表述所体现的语境也是不同的。这是普通汉语与专业术语的区别,不可等闲视之。

---

① Neil Parpworth, p. 160.
② Neil Parpworth, p. 5.

此处需要特别强调的是，在语言表达基础之上对法律观念的进一步领会。这一点，从我国诉讼听审制度和行政听证制度迄今的制度设计和实际运行结果来看，已经出现了令人难以接受的曲解和误用。听证制度不是中国原生态的事物，而是引进的产物。对于听证这种译介的制度，如果仅从汉语习惯来理解，确实只能理解为"听""证据"，法官是主体。但在英国，听证的原词的用法则是"被听"，当事人是主体。主体地位认同上的差异，必然导致制度设计及实际运行出发点的不同。

四、在英语中学习英语

研究英国法律著作有这样一种感受，许多概念的理解需要不断深入地研究后才能洞明，当然这与中西方法律文化之间的差异有关，在英国人看来习以为常的概念，我们并不熟悉，需要在不断地阅读中体会其内涵。

在原文中学习新词、发现生词的解释，是学习语言的一个重要途径，甚至可以说是不同语种的人最初学会相互交流的唯一手段。不同民族、使用不同语言的人，之所以能够跨越语言而理解、领会进而学习、借鉴其他民族的法律制度（最根本的原因在于各民族之间基于人的共同本性的共通性），没有这种共通的基础，也就没有领会的必要，更没有借鉴的可能。这种办法虽然原始，但却可靠，经得起语境的考验，跟得上语言进化的步伐。例如，英国大法官事务部下面设有一个 The Judicial Studies Board，笔者起初将该单位译为"司法研究委员会"。因为 Board 可以译为委员会，当然也可以译为部、局、处等；Studies 可以理解为研究，这种用法在研究类的文章中用得多一些，但也可以理解为学习。我们最初说学英语就是 studying English。但后来看了下文才发现，The Judicial Studies Board 的主要职能是对英国法官进行培训，并且确实出现了司法培训（judicial training）这个词："司法培训局"（The Judicial Studies Board, JSB），是英格兰司法体制中另一个发展相当迅猛的部门。长期以来，许多法官想当然地认为他们知道所有应当知道的法律和法律程序，因此，对他们而言，法律培训是没有必要的。① 于是没有什么可商榷的了，就应译为司法培训局。

另如，1970 年《地方政府机关（商品及服务提供）法》[Local Authority (Goods and Services) Act 1970]允许地方政府机关签订（enter into con-

---

① Martin Partington, p. 77.

tract)向其他地方政府机关或者公共机构提供某种商品或者服务的合同。① 英国学者进一步指出,"如果某地方政府机关签订了这种协议(such agreement)……"这句话是具体说明协议或者安排就是合同的一个极好的例证。没有这种在真实书面法律语言环境下的历练,对诸如英国房地产强制收购制度的理解就有可能是错误的,甚至会直接误导我们对中国强制征用、强制征购、强制拆迁等制度发展方向的判断。

一般以为,英国法律语言的复杂性,在于其使用了一些生僻的字词、拉丁文、古语,但在笔者看来,这都不是最困难的,英国法律语言中最困难者大致有三:一是句子结构,英国法律语言以长句见长,多重复句、多角度限定、多位置修饰,给人的感觉是英国学者总想在一个句子里说明所有的意思。二是代词,由于英语中数的变化体现在词形上,而汉语中则体现在构词上,因此,英文中对于不同数的同一类事物可能都用同一类代词表示,只能用词形区分,稍有不慎就会造成指代理解上的错误,而译成汉语就更加困难了。三是越简单的单词越不容易理解,宪法、行政法著作中最易混淆的几个词是 rule,law,justice。这几个词都有一系列的衍生词,本身也有数的变化,还有个相当著名的法官也叫 Laws。在相当一段时间里,"法律(Laws)"所说的话令笔者百思不得其解。

笔者不得不承认,作为自认的行政法学者,最没有把握的是 administer 这个词,因为它的构词能力非常强,例如 justice is administered, administer the law, administration justice 以及 administer of justice。一般将其理解为管理、执行等,套用到有关法律与正义的论述的上下文中,都多多少少有点说不过去。于是,笔者想到了学习语言的最高境界和方法:在语言中学习语言。例如,在讨论英国的司法独立时有这样一句话:

> The modern significance of the independence of the judges is that they are free from control or influence by the Government in the administration of justice.②

正确理解这句话,对于研究英国的司法独立,特别是法官独立于行政控制,具有强烈的导向性。因为,如果把此处的 administration of justice 理解为司法行政,则可能对英国的司法独立产生截然相反的认识。从字

---

① Andrew Arden, p. 524.
② Phillips & Jackson, p. 26.

面上看,administration of justice可以有两种理解,一种理解是我们熟悉的广义的司法行政①,即对司法的外围事务的管理,如法官的任命、薪资的配给等。由于在英国这类事务是由大法官事务部负责的,并以大法官的名义向英王推荐法官或者由首相咨询大法官后向英王推荐高级法官。于是,上引英文的意思就是,英国的法官独立于执掌法官任命等司法行政职能的行政机关。administration of justice的另外一种意思是公正的实现,类似的用法在英国公法中俯拾皆是,如 administer of justice(与 administration of justice意思最近的同义词),administer justice(动词词组,实现公正,可简译为司法),administer the law(执掌法律,指法院的司法活动,但不包括适用衡平法,故外延较 administer of justice 窄),administer equity(实施衡平法)等。由此看来,单独分析上引英文这句话本身,可能确实莫衷一是,但是从英文的上下文中,特别是从不同的资料中,就会发现原文更合理的意思,从而达到在语言中学习语言的境界。

将administer justice误解为司法行政,将 administer the law 误解为行政法,已经是说不通了,但 administer equity 误解为衡平行政就更说不通了,衡平行政是什么意思?难道是指英国的平衡论?administration of criminal justice更是如此。通过归谬法就会发现错误的原因在于对 administer 一词的误解,这个词除了我们通常理解的行政、管理之意外,还有经营、打理、照料等含义。用于法律上,就是实现公正的司法。而且汉语中的"司"本身就是一个动词,与此处的 administer 有异曲同工之妙。如果这一点还不足以说明,在另外一个语境中得出的结论,基本上就可以消除所有的顾虑了。在介绍英国地方基金的管理规定时,有这样一句话:

> 养老金基金的设立及管理(establishment and administration of superannuation funds)、对此类基金所有的资产(assets of such funds)的经营和利用(management and application)、此类养老金基金的全部或者部分的相互合并(amalgamation)、此类养老金基金的终止(winding up of)及其他处理(dealing with)。②

此处同时使用了两个平常比较难以区别的词:administration 和 management,这两个词都有管理的意思,但从原文中与其搭配的近义动

---

① justice在英文中虽与司法密切相关,但从不单指司法,而是指司法所要实现的公正。
② Andrew Arden, p.512.

词及相应的宾语看,二者的区别还是比较明显的。administration 所说的管理,侧重于行政事务性,不以营利为主要目的;而 management 所指的管理,则强调经营性,以保值、增值为主要目的。二者的这种区别在下文介绍养老金基金的具体管理制度时有更进一步的体现,行政事务性管理(administration)主要由地方政府机关为之,重在把握养老金制度总体方向;而经营性管理(management)则通常可以委托给其他机构,通过相应的行政合同,对地方政府机关承担保值增值的义务,同时获得相应的报酬。笔者对英国法及其所涉及的英国法律英语的理解,正是通过这种不断地印证、证伪得以强化的。

五、在法律中学习英语

英国学者已经意识到避免法律成为困难对象的必要性,他们认为,这种困难主要表现在法律用语的词汇量之大及法律教科书的文风之繁。为此,需要尽可能地使用"朴素的英语"(Plain English),并尽可能地解释复杂的法律术语。[1] 因此,对当代法律英语中的许多概念的解释,在其原文中就可以找到。

英国财政法提到,落实适度财政管理的制定法上的义务有三个方面的要求[2],其中之一是官员安全(security for officers)。这个词起初是作为一级标题出现的,符合专有名词或者术语的一般属性,但对其具体内容的理解就具有相当大的不确定性,只能通过正文部分的内容反过来揣摩其准确的含义。类似的过程在制定法中也同样存在和必要,而且严谨的制定法立法者已经考虑到了这种必要性,而在其立法中专门设定一章或者一些条款,明确界定"本法"中适用的术语的具体所指,从而为我们创造了在"法律中学习语言"的机会。这甚至已经成为英国的一项立法技术,即在法律中设专门条款或者单独设立一章、一节,专门介绍"本法"中出现的术语的特定所指。当然,此种用法律语言解释规范性文件中使用的术语的做法本身相当复杂,包括一系列的相互转引,其实反而成了外国人或者外行人学习英国法的一个障碍。

在本章介绍英国法律英语中的连词部分,我们已经领教了理解多个连词连用的困难。对于此类语句的理解,从语言学上所能得到的指引,显

---

[1] Elliott & Quinn, Preface.
[2] Andrew Arden, pp. 407-409.

然不如来自逻辑学及英国政治—法律现状方面的多。例如,英国2000年《政党选举及全民公决法》第六部分规定,第三方在选举中的受限开支为:在英格兰最高不超过1万英镑,在苏格兰、威尔士则分别不超过5000英镑,而在北爱尔兰则不受限制。原文如下:Under Part VI of the 2000 Act, third parties may incur "controlled expenditure" of up to £10000 in England and £5000 in each of Scotland, Wales and Northern Ireland without restraint.①

从语言学上看,each 指每个,可以同时指苏格兰、威尔士和北爱尔兰;但从逻辑上则说不通,因为后面还有一个没有限制。而从政治上分析,由于北爱尔兰是英国的多事之地,有许多的政党派别、宗教团体、人权组织并不参加竞选,但却参加围绕选举的广告战。因此,对北爱尔兰的第三方的竞选开支不加限制,符合英国政府在北爱尔兰采取的怀柔策略,政治逻辑上是说得通的。以这种政治逻辑来理解法律规范,显然是比语义逻辑更好的指引。

在另外一处原文中有这样的表述:与财政租赁相对的经营性租赁(operating lease),不涉及资本项目开支,其租金的支付应由财政资金在租赁期间负担。无论何种情况下,只要涉及实施租赁的权力(power to enter into leases),就要受规范信用安排(credit arrangements)规则的约束。② 由此可以进一步加深对信用安排的理解:对于租赁特别是财政租赁而言,由于地方政府机关作为承租人将承担租赁物所有的风险和收益,因此,一旦出险,地方政府机关将以租赁物全部的残值对出租人承担赔偿义务,而这种义务相当于出租人基于地方政府机关的信用而给地方政府机关贷款等值资产。从这个角度看租赁与借款之信用特征最清楚不过了。

在法律中学习英语,与在英语中学习法律,有时是交互的过程,如果不能准确地在英语中学习法律,其结果必然是对异国制度的曲解,这样的例子屡见不鲜。例如:

> The principal way of challenging an election is by way of an e-lection petition. This can be done only to challenge the election of a candidate: there is no way by which a general election result can be

---

① Bradley & Ewing, p.160.
② Andrew Arden, p.457.

challenged。①

这两句话的意思是：对选举提出挑战的最主要途径是选举诉讼。但通过选举诉讼只能对某一候选人的当选提出挑战，而不能对某次大选的结果提出挑战。此处的关键在于，对于某次大选的结果是否没有任何可以提出挑战的途径？或者说，这两句话是否意味着不可以采取任何方式对大选的结果提出异议？从字面上看，似乎确实是不能，但这两句话放在一个完整的被冒号隔开的句子的下半段，而其上半段说的是通过选举诉讼可以干什么，因此，按照常理分析，这里说的应当还是选举诉讼，即只限于通过选举诉讼不能干什么，而不是指所有其他的方式一律行不通。第一句话的表述似乎也提示了这一点。而且从英国法本身的知识体系，特别是其救济体系分析，也不可能存在对某种公法活动没有任何救济的可能。因此，简单地从字面上分析法律英语的句子，正如用现代汉语语法分析我国法律中法条的意思一样，是行不通的——法律规范是以语言为载体的，但不是语言本身。

在更为专门化的财政法中，对许多专有名词的含义的准确把握确实需要用比英语水平更高的法律水平作支撑。例如，涉及资金控制的英国法律规范中有这样的制度：

> Again reversing the position in relation to the collection fund, all receipts of a relevant authority must be met from the authority's general fund, other than those payments which are required to be paid from the collection fund and which have accordingly already been described in that context, or those required to be paid from a trust fund.②

从原文看，all receipts of a relevant authority 可能有两种含义：一是某一相关地方政府机关所有的或者应当取得的附加税；二是由该相关政府机关征收的附加税。考虑到相关地方政府机关也是一个征收机关，其本身是不应当设立并征收附加税的，因此，此处的意思应当是第二种，否则就解释不通了。而且附加税征收机关从其通用基金中将其附加税取出，也不合情理：附加税征收机关获得的附加税是用于其本身开支的，不

---

① Bradley & Ewing, p. 162.
② Andrew Arden, p. 511.

应当再提取出来给其他地方政府机关了;只有征收机关存在这种提取的必要,因为它们都是为附加税征收机关代征此笔税收的。如果没有上述有关英国地方政府机关的相互关系及财政体制方面的相关知识,恐怕很难准确理解此处 all receipts of a relevant authority 究竟是什么意思。英国学者的著作中都是推定读者具有这些常识的,因此写作比较随意,以表述这些常识之上的更进一步的含义。如果我们不能通过在法律中学到的英语理解其进一步的含义,就很难跟上作者的思路。

六、在英语中学习法律

对于学习英国法的学生而言,学习英国法的主要途径,是在英语中学习英国法。当然此时学习的已经不是普通的英语,而是英国法律英语。

举一个简单的例子,precept 是个非常普通的英语单词,但在英国法律英语中却频繁出现,按其公共英语词义根本解释不通,其准确的法律含义令笔者思索良久,直到找到下面这句话:

> 只有在有关估计地方议事会税的税基的规定期限届满之后,或者在征收机关已经实际通知附加税征收机关有关其附加税的计算结果之后,附加税征收机关才能确定所要征收的附加税(precept)。①

由此可以确定,precept 在现代英国指的是一种附加税,该税种不是由作为基本地方政府机关(一般为区一级地方政府机关)及基本地方税的征收机关征收的,而是由特定的地方政府机关或者机构征收的。

在英语中学习法律的直接收获,是对英国法律制度的准确理解,这实际上恰恰是法学者学习英语的直接目的所在。没有设身处地地学习英国的法律英语、阅读英国的法律原文、揣摩英国法律文本的立法本意、推敲英国判例中法官认定的法律适用原则,法学者就很难把握英国法律的精髓。而在这一过程中固然可以借助英语专家对英国法的移译,但正如排除合理怀疑的证明标准不允许采信传闻证据一样,基础性的法学研究也不允许借助二手资料。对此,可以英国房地产强制购买权(compulsory purchase powers)为例加以阐释(其国内背景是,有许多人希望英国的房地产强制购买制度比我国更随意、强制购买的范围更大、强制购买的价格更低,我国现行的房地产强制购买制度比世界上其他国家好得多,根本不需

---

① Andrew Arden, p. 419.

要结构性调整;与此相关的社会问题,都是被强制征购者自己的认识问题、觉悟问题,或者对国外的强制购买制度不了解所致)。

确实,英国有许多议会立法规定了房地产强制购买权,其中包括1972年《地方政府法》。该权力可以用于授权法或者其他法律所规定的任何法定目的,而不能仅仅以地方政府辖区内的利益或者本地区的改善与发展为强制购买的唯一目的。① 原文如下:

> Under the 1972 Act, the powers can be used for any of the purposes of that Act or any other Act, but not "merely" for the benefit, improvement or development of the authority's area, nor for the purposes of the general building powers of the Local Authorities (Land) Act 1963.

此处的 but not "merely",笔者起初以为是指"而不局限于",即地方政府辖区内的利益或者本地区的改善与发展,是所有强制购买都可以借用的目的,但除此之外,如果其他授权强制购买的议会立法还为此权力的行使规定了其他的目的,亦可以作为强制购买的正当事由。但看到下文后发现有点不对。经核对原文,特别是其脚注,才发现了两个原文本身提供的判断标志。首先,在该句后面出现了一个 nor,按照英国英语的普通语法,此处的 nor 提示前面的内容也是一个否定性的判断分句,即英国法律英语中的但书分句;而中文中的"而不局限于"则是肯定判断。除此之外,根据脚注的指引,"地方政府辖区内的利益或者本地区的改善与发展"这一法定目的是用于原书前文介绍的协议征购的,是赋予地方政府机关出面与地产主谈判获得协议出让的地产的条件之一。因此,此处的 but not "merely"应译为"而不能仅仅以……为目的"。这说明,英国的强制购买与协议征购的区别在于,协议征购可以基于比较宽泛的"地方政府辖区内的利益或者本地区的改善与发展"为其行为的法定目的,并以此为已足;而强制购买则除此之外必须具备授权强制购买的议会立法规定的其他目的。这是在英语语法实践中领会英国法律的一个较好的例子。

七、在法律中学习法律

在英语中学习英语的至高境界,不仅仅是技术层面上的精益求精,而

---

① Andrew Arden, p.549.

必须跳出语言技术的圈子,在语言之外寻找他山之石,来印证对语言的理解,开拓专业化的术语体系。当我们对英国法律制度的了解达到一定程度之后,单纯从语言层面已经无法解决法律中存在的问题了,语言此时就仅仅是一个工具。要想进一步越过语言的樊篱,去探索语言之外的法律制度问题,唯一的途径就是在法律中学习法律。

在法律中学习法律,是比较法研究的理想境界。当然,这里的学习显然不是同一法律体系内的学习,而是不同法律体系之间的比较研究,对于秉有谦逊美德的国人而言,自然就是只说比较法学习,而不说比较法研究了,亦即在法律(外国法的本国母语)中学习法律(该国母语记载的外国法)了。

衡量在法律中学习法律的水平的一个重要指标就是对法律问题的预见性。例如在学习英国地方政府财政法过程中,英国有学者指出,地方政府机关的开支(local authority spending)构成(forms)了所有公共开支(public spending)的一个非常重要的部分(substantial part of),因而有必要由中央政府实施严密的规制(closely regulated),但是中央政府对地方政府财政的其他任何部分的控制总体上都没有其对地方政府机关的资本项目开支的控制(control of capital spending)严厉。为了达到此等强化控制的目的,同时也为了避免对那些根据已经被证明是必不可少的资本控制先例(predecessor capital controls)制定的初级立法(primary legislation)过于频繁地修订(extensive amendment of),对地方政府机关的资本财政实施控制的手段有许多是由根据条例(pursuant to regulations)制定的附属立法予以调整的(governed by subordinate legislation)。① 这无形中似乎造成了一种矛盾,即一方面需要对地方政府机关的资本财政实施更为严密的控制,相应地就要求不断地采取因时而化的新的控制手段;另一方面,从立法的时效性上考虑,这显然无法通过正式的立法程序及时完成相应的立法,从而造成了规范层级不足的结果。对此,该英国学者也承认,给研究者造成了一种进退维谷的局面(dilemma)。② 实际上,英国学者的这种认识,笔者在阅读英文著作时也意识到了,并作了如上评述。而能否做到这一点,是检验研究者对外国法中的某些问题是否能够发现并领会的一个证据。这一要求对于研究本国法而言并不难做到,但对于在

---

① Andrew Arden, p.450.
② Andrew Arden, p.451.

法律中学习法律而言却是必需的,非此,不足以形成对于外国法的认知的合理怀疑,以及在澄清这种怀疑过程中逐步达到谙熟的程度。

以英国学者解读政府公文为例,内阁委员会的一份报告中的原文是:

> While Ministers may delegate much of the day to day work of their departments, often now to agencies, they remain ultimately accountable to Parliament for all that is done under their power.

意思是:尽管现在部长们通常将其部门中大量的日常事务的处理工作委托给执行机构,但部长们仍然要对所有基于其权力而实施的行为最终向议会承担报告的责任。但原文中没有用应受责备意义上的负责(responsible for all the actions of civil servants in the sense of being blameworthy),而是使用了报告形式的负责。英国学者抓住了这一点,即政府有意规避用词的问题,从而对部长责任制的官方态度提出了自己的见解。这就是英国学术研究的一个常用方法。当然,从这个例子看,真正的法学学术研究是需要对语言及义理的双重精准理解和把握的。

在法律中学习法律的另一个典型的例子,当推对 the King can do no wrong 的解译。此前,包括王名扬先生的《英国行政法》在内的许多著作中,都将这句话译为"英王不得为非",笔者在初涉法学时对此百思不得其解,因为从中文字面上看,"英王不得为非"是一个禁止性的法律规范,与"张越不得作歹"并没有本质的区别,更无法使人与主权豁免联系起来。实际上,从原文看,其字面意思是"英王不可能做错事",也就是说所有的错事都不是英王干的,因为他是正义的源泉。从普通法的逻辑体系看,这一信条与英王是正义的源泉等价,是一个作为逻辑推理大前提之用的价值推断或者假设,是普通法上英王的法律责任体系的基础,是为了在英国法的正义体统(即英王是正义的源泉)内建立英王的过错赔偿责任体系的需要而确立的。如果非要给这句话找一个简短的中文译法,可借用孔子所言"七十而随心所欲不逾矩",即"王不逾矩"。由于英王从不具体经办某事,都是由其臣仆代劳,因此,将所有的过错推到臣仆身上,在世间创造一个正义的化身,其意义可能并不仅仅是为了维持统治的正统,而至少有三重意义:第一,能够建立纯洁的正义观和正义的源流体系;第二,承认以英王名义所为但并非英王躬亲之事是可能有错的;第三,这些错误可以不归于英王名下,却可能归于其代理人名下,重要的是,如此一来可以最终使受其不利影响者获得救济,从而建立起国家赔偿制度。

八、法律模型与法律文化差异

这个题目比较怪异,特别是后者。英汉法律文化差异的实质,是英汉法律文化的动态差异。对于这个题目,笔者只想写在那里,并不想作太多的展开。目的则是提醒读者,我国与英国法律传统的差异是文化式的、传统型的、历史性的,这种差异在思维观念上更直接地表现为语言符号上的差异,必须正视这种差异,更重要的是认识到这种差异的顽固程度。语言文字是流动的、现象化的思维及其传统,要想改变思维定式,就不能不考虑作为思维介质的语言本身的定式在其中所扮演的刚性角色。

(一) 法律模型

笔者在研究英国公法时发现,英国法中的许多用词,其实反映的是一种法律文化模型。例如作为监督模型的 check 与 keep an eye on 的物理模型。另一个则是法治的物理模型。

法治的物理模型是直线尺(rule),它是一维的、开放的。而我国的规范,虽然也是一种物理模型,但却是多维的、封闭的。规、矩(规指圆规,画圆之用;矩指角尺,画直角之用)都是平面的、封闭的;而模、范都是铸造用语,都是三维的,并且是更加严格封闭的。

韦德爵士在讨论复合动机(duality of purpose)时提到,公共机构的一个行为有时会服务于两个以上的目的,这些目的的有的是该公共机构获得授权的正当目的,有的则不是。此时,他提到了一个习语"一石二鸟"(kill two birds with one stone)。① "一石二鸟"在英语中是指不可能的事,意义是消极的;而在中文语境中,则具有积极的意义,似乎从来没有人怀疑过其现实性。由此反映出一种心态上的差别,即现实主义与理想主义的分野。这种认识上的差异长久积淀的结果,可能对民族性格的塑造产生了一些影响,那就是一个严肃地否定不现实的小概率事件而将着眼点集中于真实性的民族和一个不严肃的、总是希望奇迹发生却又从不研究其发生的概率的民族。

当然并非所有的中英法律模型都是对立的,例如我们所说的基础、根据,与英国行政诉讼中的诉讼事由、根据基本上就是语义贯通的。类似的法律模型的例子(同质的、异质的)还有很多,在此不一一列举。通过中英法律模型的对照,相信读者会有一些心得。

---

① Wade & Forsyth, p.410.

(二) 法律模型与法律文化差异

英汉法律文化的动态差异，是笔者在研究中发现并提醒读者注意的另外一个无须展开的话题。

这个话题的发现是从英汉对译的法治文化背景开始的，即我们的许多法律专业译名，其出现得越早，则存在差异的可能就越大。有两种可能：一是英文本身发展了，其当时的意思已经与现在的意思有了差异；二是中文发展了，原来的中文意思现在有了新的理解。当然，对于后者的产生，最主要的原因是因为整个汉语言文化中法治概念的移植和深化。鉴于上述两种变化，我们必须面对两个问题：一是有必要基于现有的汉语言文化圈层的法治观念，重新审校我们原来的译法的适当性；二是根据现代英国法律文化的变迁，将其赋予传统的法学术语的新的义项纳入我们的译法当中。如果单纯地从研究英国现当代法的角度考虑，则这两个问题或者两个过程可以合二为一。正是基于这种考虑，本书对英国法的理解基本是取材于对英文著作的考据研究，而没有借助中文翻译辅助工具。这样做的好处是，本书作为一部直接取材于英文著作的学术研究著作，可以成为一个完全独立于现有法学英汉辞典的中文翻译辅助工具。读者可以通过比较，发现两个渠道得出的结论的差异，而真理只有一个，凡是有差异的地方，必是需要我们仔细甄别、悉心研究的地方。

第三节　英国公法正义

想从英国法学著作中找到公法的概念，那是妄想。皓首穷经，充其量能够得到这样的描述：概括性地描述宪法和行政法的一个便利的术语是公法。许多受罗马法影响的法律体系都对公法和私法有明确的划分。公法的事宜可能会由与私法事宜的主审法院不同的法院处理。当事方的权利或者救济可能依其提起的诉讼是公法诉讼还是私法诉讼而有所不同。英国法也引入了公法概念，但是正如威尔伯福斯法官（Lord Wilberforce）所言，公法的表述无疑便于表达，但在英国使用时必须谨慎，因为法律的基本原则依然原封不动，除非有明确的规定，否则公共管理机构及公务人员就必须因其对个人所实施的错误行为由普通法院确定其应承担的责任。[①]

[①] Phillips & Jackson, p.10.

在英国,冠以"英国公法"之名的书不多,介绍的内容也不限于宪法、行政法;但以"英国法律体系"命名的书,笔者却看到了不少,并从中引用了不少内容。这类书不同于我们的法学概论,它们并不分析特别的法律规则,如何谓谋杀或者合同拘束力的条件(contract legally binding)。用英国学者的话说,"英国法律体系"之类的书是介绍英国法律规范得以制定和应用的外部框架(framework within which rules of law are made and utilized)的。① 因此,英国学者的英国法律体系中的许多内容,实际上正是笔者在本书英国法理部分所关心的内容,自然成为本书引注的重点。

一、本国人的误解

正如英国学者所言,即便是法律入门著作的读者,对法律也会颇有"见识"(a good deal of "knowledge");但是这些形成于个人的经验(personal experience)或者从媒体上读到或听到的知识,大多是错的。② 本书的读者或许不经常阅读法律入门著作,但也存在同样的问题,只不过我们误解的对象,不再是法律,而是法律的一支"方言"——英国法。

几乎所有阅读到此处的读者,都不会不知道英美法系、陪审团、议会民主制,但绝大多数人对这些制度的准确了解,仅限于术语层面上可以接受的程度,对于本书中谈到的许多内容,可能不太了解或者存在一些误解。这是笔者最担心的,也是笔者写作的时候时时挂念于心的。英国学者列数了英国一般读者对于法律意象及成见(images and preconceptions)的五个最突出的表现,笔者将其引录如下,亦供读者自警③:

1. 法律体系的范围(scope of the legal system)

许多人通过发生在刑事审判法庭(criminal trial courts)上的事来界定法律及法律体系(law and the legal system)的范围。事实上,刑事审判法庭上审理的仅仅是那些谋杀案或者其他严重的刑事案件(如盗窃、欺诈等)。首先,刑事司法体制中绝大多数的关键判决不是由法院作出的,而是由诸如警察局或者假释委员会(Parole Board)等其他机构作出的。其次,只注意到刑事司法程序的结果势必会低估英国法律体系中的其他组成部分,如民事司法体制、行政司法体制(administrative justice sys-

---

① Martin Partington, p.11.
② Martin Partington, p.2.
③ Martin Partington, pp.2-3.

tems)、家事司法体制等。①

2. 法律服务的提供者(providers of legal services)

如果问及谁是法律服务的提供者，多数人会认为是律师。这显然不全面，许多没有职业律师资格的人也可以向公众提供法律服务。②

3. 英国法律体系拒绝变革(resistance to change)

4. 低效、高价和拖沓(inefficiency，expense and delay)

5. 公正的陨落(miscarriages of justice)

二、形式意义的法

从法律的表现形式分析，英国法有形式意义的法与实质意义的法。形式意义的法就是普通法。英国法的基本运行结构都是建立在普通法的结构体系之上或者之内的，而制定法所规定的，与其说是一些法律的原则，不如说是法律的一些政策适用指南，真正根本性的、决定公民基本权利的所谓法治的框架，不是由制定法而是由普通法构建的，并在制定法成熟完善后依然发挥着基础性的作用。例如，立法体制的结构和运作、行政管理体制的基本架构、司法体制的运作、法官独立于待决案件双方的中立机制、法律的解释规则及将既存的英语词汇特有的法律意思解释出来的成果等，基本上都是普通法中已经存在并且制定法未涉足或者无须涉足的领域。

英国在形成全国统一的行政管理体系之前，一直是由法院来贯彻国王的意志、维持全国的统一的。在这一过程中，普通法厥功至伟。正是普通法所依存的全国统一的层级制的法院体系，在全国统一的行政管理体系出现之前，通过调卷令等手段，实施对下级法院及地方政府机关的监督和控制，维护着英王治下的国家的法制统一和政治统一。因为在英国人看来，相同的事实应当相同地对待，这显然要比允许法官分别解释法律公正得多，而且这样还会使法律具有预见性，从而使人民易于生活在法律中(live within the law)。③ 在英国，任何人都应当生活在法律中，是一个非常有深意的常识性的信念。人民生活在法律中，可以使人民受到最好的保护；官员生活在法律中，可以有耻且格。

---

① Martin Partington, p. 2.
② Martin Partington, p. 2.
③ Elliott & Quinn, p. 7.

英国的普通法，是指统治整个国家、统一适用并能够用来预见法院在某个特别案件中的判决的一套规则体系。它蕴含了许多目前英国法中最基本的要点，如谋杀是一种犯罪。普通法背后的遵循先例原则直到今天依然用于创制判例法。① 但此处的普通法不完全等同于法律渊源意义上的判例法，而是指"统治整个国家、统一适用并能够用来预见法院在某个特别案件中的判决的一套规则体系"。在这个意义上，所有的英国法都是普通法，判例法仅仅是其一个渊源或者一种形式。而且，英国法的各种法律渊源形式，都可以通过判决转化为判例法。以制定法为例，如果某一高级法院引用了某一制定法的规定作出了一个判决，则该判决就同时成为一个判例，此后的下级法院包括一定条件下该高级法院本身，都要受该判例的拘束。在这个意义上，制定法已经通过判例成为英国普通法的一个组成部分了。这种意义上的判例法就成了与制定法相对称的一个独立的法律渊源，而且往往也被称为普通法。此后的法官在判决与该案相同的案件时，适用该判例的倾向似乎比适用制定法还要强烈。这在一定程度上反映出英国人对于判例法的心理依赖程度。

三、实质意义的法

英国学者所谓实质意义的法，是指法院强制施行的规则：就实质意义上的法而言，在英国宪法、行政法学者看来，国家的法律（state law）是指由该国正当地建立的法院（duly constituted courts）强制施行的行为规则（rules of conduct）。英国学者承认，这一定义对于法理学或者一般的法律科学而言显然是不够的。因为该定义并没有解释清楚法院享有的能够制定法律的权威性的来源，而仅仅是说，法律之所以是法律，因为法院宣告其为法律。而且，法律可以由法院强制执行的属性，仅仅是一个判别法律规则与非法律规则的简便标准，正如可以用石蕊试纸判别酸性或者碱性溶液一样。②

就宪法和行政法而言，以法院的强制执行作为判断法律的标准的缺陷更为明显。首先，英国行政法上的许多决定都是由行政裁判所而非普通法院作出的。行政裁判所是由议会的法律创设的，它们的管辖范围、组成及权力都是由制定法规定的，它们所作出的判决无论是否可以向法院

---

① Elliott & Quinn, p.7.
② Phillips & Jackson, p.3.

上诉,都是为法院所认可并由法院强制执行的。其次,英国的法律虽然可以针对作为政府成员的个人强制执行,但是不能针对中央政府强制执行。法律也不可以对议会或者议会的任何一院强制执行,但是法院可以宣告仅与议会的任何一院有关的法律无效。而且法院也可以针对议会任何一院的成员个人实施强制;可以对代表英王的中央政府部门提起侵权或者合同之诉,但是其作出的判决却不能强制执行。除此之外,议会可以宣布某一制定法上的义务不得由法院强制执行,例如邮政局(Post Office)根据1981年《电信法》(Telecommunications Act)第59条的规定提供邮政服务(Postal Service)的义务。①

既然把是否可以由法院强制执行作为检验法律规则的标准,那么英国的法律中不能由法院强制执行的部分又说明了什么呢?对此,中国学者可能很难理解。在英国,其理由是,英国的中央政府名义上都是英王的政府,而法院也是英王的法院,因此有法院不得对英王及英王的政府实施强制执行措施的惯例,但这一惯例现在已经仅仅局限于英王本人了。对这一唯一的例外,英国学者的解释是,法律是不可能针对英王本人强制执行的,但这在实践中没有什么实际意义。② 这倒不是因为英王不可能为非(King can do no wrong)③,更不是如此一来法院的判决就彻底不能落实,而是这类判决以自动履行为主要方式,在绝大多数情况下没有强制执行的可能或者必要。而且在现代英国,特别是1947年《王权诉讼法》(Crown Proceeding Act)实施之后,所有英王可能为之找到了一个以上的替代性的被告,从而在避免英王本人直接被诉的前提下,使所有在名义上或者实际上代表英王所为的行为,都可以在某种诉讼程序中找到强制执行的对象。

尽管关于实质意义的法的上述定义在英国学者看来不是那么尽善尽美,但从比较法的角度看,仍有以下几点值得我们注意:一是该定义强调由正当建立的法院强制实施的规则是法律。也就是说,法院必须是正当建立的法院,这样的法院强制实施的规则才是国家的法律。反之,如果设立法院的正当性值得怀疑,则法律强制执行的合法性就同样值得怀疑。这一点在《欧洲人权公约》上也有体现,该公约第6条所保障的公正听审

---

① Phillips & Jackson, p.3.
② Phillips & Jackson, p.3.
③ 此前国内将其译为"国王不得为非",但恐与原意相悖。

权，就对法院的正当性提出了更为具体的要求。二是该定义对规则本身的实体属性没有提出要求，只是强调这些规则是与行为有关的。三是该定义没有强调规则本身的正当性。后两点说明，在现代法治国家的英国，对于实体规则的标准的把握已经让位于规则设定及执行程序的正当性。因为实体问题可能见仁见智，而程序问题则不能含糊，也易于达成认识上的一致。正是在这个意义上，英国宪法、行政法中最重要的法律原则是议会立法至上原则，而非法律至上原则。

四、英国法的功能

英国学者对于法律的功能的理解是与法律的目的和功能（purposes and functions of law）联系在一起的。但在英国，法律的目的有某种法律自身具有的价值取向的意思，法律的功能也可以理解为法律本身对外能够发挥的作用。也就是说，英国法律英语可以将法律人格化，从而使法律成为一种超乎于人及社会之上、之外的实在。而在中国或者中文中，法律就是一种制度体系，是物，不具有人格性，只能为人所用，或者为人所役使，从而只具有工具价值。对于中、英法律体系中是否存在这种区别，笔者也是揣测，唯一能够站得住脚的，可能就是法律的治理（rule of law）。对此，我们将在本编第三章第二节法律的治理原则中详述。

英国有学者将法律的功能分为宏观功能与微观功能。法律的宏观功能是指法律在社会的运行和秩序方面发挥的普遍作用。而法律的微观作用则是由其宏观作用派生出来的，涉及法律在其所适用的领域的更有针对性的运用。[1]

法律的宏观功能涉及的核心议题是法律与秩序（law and orders）。法律能够发挥作用的秩序类型包括公共秩序、政治秩序、社会秩序、经济秩序、国际秩序以及道德秩序。[2] 首先，法律塑造这些不同的秩序的程度是受限制的，法律本身就是由法律在其中发挥作用的社会中的政治或者其他力量共同作用的结果。因此，在不同的社会中，法律所扮演的角色是不同的。[3] 但同时也得提醒一句，许多人显然高估了英国法在其社会中发挥的作用，低估了与英国法具有相当同一性的英国文化的精神或者说

---

[1] Martin Partington, p. 11.
[2] Martin Partington, p. 11.
[3] Martin Partington, p. 12.

英国人文传统在其中发挥的作用。有心的读者会从本书的其他地方领悟到：即使废除英国所有的制定法，但只要保留英国的法院，英国的法治就几乎毫发无损；如果撤销了英国所有的法院，英国人首先会想到的就是建立其他的裁决机构，而这些机构建立的同时，英国法就几乎原封不动地回到英国。其次，法律并不是只致力于社会构建的中立力量（neutral force），因而无法将法律从社会中分离出去。对于任何给定的社会中法律职能的理解，都不可能脱离对作为该社会的基础的政治、社会和经济意识形态的理解。因为这些因素构成了法律发挥其职能的前因后果。①

（一）法律与公共秩序

维护公共秩序（public order）并非决然是法律的使命；诸如来自家庭、朋友或者同事的压力，也发挥着重要的作用。毋庸置疑，法律设置了可接受行为的范围，并规定了突破这些边界的惩戒后果，当然这主要是刑法的功能，法律的这一职能对于维护公共秩序有显著的贡献。②

与维护公共秩序的职能相伴而生但并非协调一致的另一个职能是：保护公民的民权和人权。在英国学者看来，信仰自由仅仅是人们自由讨论他们的信仰的一种能力而已，只不过这种能力是一个民主社会生活中的一个重要方面。③

（二）法律与政治秩序

法律的另一个根本职能是巩固国家的政治秩序（political order），也就是法律的宪法性功能。英国学者不无调侃地说，在法律的宪法功能方面，英国有点怪模怪样。因为英国是极少数没有成文宪法的国家之一。英国政府体制组织方面的许多最重要的部分是完全游离于法律之外的。更主要的是它们建立在政治理论的基础上，而非法律规则的基础上。④从英国宪法正在日益成为一个快速发展的法律部门的角度看，英国国内出现了应当迈出关键性的一步、颁行成文宪法的议论，即将英国目前所有的宪法性规范编纂成一部单一的立法性法律文件。⑤

英国学者特别介绍说，具有讽刺意味的是，英国留给它的绝大多数前殖民地的重要遗产之一是一部成文宪法，其中包括(美国的)《权利法案》，

---

① Martin Partington, p. 12.
② Martin Partington, p. 12.
③ Martin Partington, p. 12.
④ Martin Partington, p. 13.
⑤ Martin Partington, p. 14.

而这样的法律文件在联合王国至今还没有出现。① 显然,此处所说的成文宪法以及《权利法案》的突出代表就是美国,但更重要的信息是,作为秉承英国判例法传统的这些前殖民地国家,由于采信了成文宪法,其法律结构体系由此出现了向大陆法系靠近的基础,由此预示了这一世界法治史上最现代的进展的普遍性基础。

(三)法律与社会秩序

对于何谓社会秩序(social order),英国学者也承认存在重大的意见分歧。在英国以及其他西方传统民主国家,个人之间因能力、收入、财富以及出身方面的不同而存在实质性的差异。这些差异反映在许多法律条文中,特别是那些界定财产和合同的概念的条文中。目前的社会秩序以及支撑该社会秩序的法律,具有保护那些拥有财产和经济权利的人订立并实施合同的作用。许多刑事法规则也寻求保护财产权利。据此,可以认为法律与社会秩序的关系是相对保守的,也就是说旨在保护现有的社会安排。② 与法律同公共秩序的关系一样,还可以从另外的角度思考法律与社会秩序的关系。③ 故英国学者断言,英国法律的一个根本目标就是推动建立一个更有活力的经济秩序,以确保整个社会不被禁锢在维护不平等的结构之中,而是建立在平等原则的基础之上,以防止社会排斥(social exclusion)。④

五、英国法的特点

(一)英国学者的观点

英国学者对于英国法的特点的认识,与我们的视界有所不同。他们认为,英国法的特点可以概括为四点:普通法、对抗制(adversarial procedure)、陪审制、治安法官。⑤

1. 普通法

英国的普通法实际上就是一个逐渐将权利普遍化,将所有人在法律上的权利普通化的法律体系。例如,关于公务员的法律地位,就是通过承

---

① Martin Partington, p. 14.
② Martin Partington, p. 14.
③ Martin Partington, pp. 14-15.
④ Martin Partington, p. 15.
⑤ Penny Darbyshire, pp. 8-10.

认公务员也可以得到雇佣合同条款的强制力的保护①，将国王的法律地位转变为普通私法中承担普通的民事雇主所应承担的责任的英国最大的雇主，从而取消了国王在公务员雇佣领域存在的特权。这可以说是英国普通法领域在当代最显然的拓展。

在普通法形成初期，普遍化的过程主要表现在地域上的普适化，即所有地区适用同样的法律；在其发展的中期，则致力于将所有人的权利普遍化，即面向福利社会的法律转型。在这个过程中，国王的特权也逐渐被普通化了。而其现当代的发展，则可能是国际化，即将普通法院所适用的程序规则及实体依据日益向国际化标准看齐。当然在这个过程中，英国也输出了自己的法律文化，如对于《欧洲人权公约》的制定及欧洲人权法院的判例方法体系的建立。从某种意义上说，如果我们不得不承认欧共体法或者欧盟法的判例性质，我们就几乎可以推定其中不可或缺来自英国法律体系方面的思想上、方法上及人力上的贡献。而考虑到统一的或者说普通的欧洲法的建立过程在现阶段所表现出来的与英国普通法建立初期的类似性，则无法回避这样一个或许不太容易被接受的现实：尽管英国已脱离了欧盟，这种在多元文化及多元法律体制交织的背景下建立一个统一的法律体系的努力，除了普通法的道路，似乎别无他途。

2. 对抗制

对抗制是英国法及所有普通法系国家基本的审理方式。其含义是，法官放手让诉讼当事人尽其所能自己准备材料并在法庭上展示而不给予任何帮助。②

3. 陪审制

陪审制自1215年起，便成为英国法律体系的核心内容，无论是刑事诉讼程序还是民事诉讼程序。但是在民事诉讼中适用的情形已经罕见，即使在刑事诉讼中也仅适用于最严重的案件。③ 虽然司法审查及属于行政法范畴的由制定法规定的上诉适用民事诉讼程序，但笔者所接触的资料中，还没有发现其中有适用陪审团的迹象。其中最主要的一个原因是，这些案件中的绝大多数都是就法律问题提起的，而陪审团审理的对象恰恰局限于事实方面。

---

① Bradley & Ewing, pp. 272-273.
② Penny Darbyshire, p. 9.
③ Penny Darbyshire, p. 9.

4. 治安法官

英国大多数刑事案件是在治安法院审理的,其中绝大多数又是由非法律专业的治安法官审理的。没有任何一个法律体系像英国这样倚重非法律专业人士作为裁判者。如果再加上非法律专业的仲裁员(arbitrator)、行政裁判所的在册裁判官以及陪审员,此时,人们也许才意识到,在英国法律体系中竟然有那么多重要的裁决出自非法律专业人士之手。①

(二) 与公法有关的特点

除以上所述在英国得到公认的英国法的特点之外,英国法还有以下几个对行政法学研究而言不能回避的特点:

1. 选举制度

如果说英国的宪法政治制度或者说公法制度有什么特点的话,笔者认为,答案是基于选举制度之上的议会制度。在英国,议会至上意义上的议会的底气从何而来?来自选民!

2. 不成文性

英国宪法的不成文性的第一层意思是指其没有写在一部法律文件之中。② 但即使拥有几个写有宪法原则的法律文件,一个国家的宪法仍然可能是不成文法,英国就是典型的例子。当然,英国没有成文宪法,仅是其法律非成文化的一个具体体现。英国不仅宪法是不成文的,许多重要的法律部门,如行政法、家事法、合同法、土地及租赁法、证据法、侵权法等,也都没有成文法典。为此,英国专门成立了一个法律委员会(Law Commission)试图解决这个历史难题,但没有成功。③

英国是一个典型的判例法国家,虽然这一特点比起五十年前或更久以前有所弱化,但英国无疑是世界上拥有最悠久判例法传统的国家,而且判例法至今仍然发挥着重要的不可替代的作用。但是,成文法的作用已经日益凸显,不仅在立法领域议会的立法不断涌现,在行政领域也出现了大量的委任立法,即使是在司法领域,法院的判决中作为判决理由的成文法的分量,也有了实质性的增长。而在传统的成文法系国家,判例的影响与日俱增,法国的行政法院的例子自不待言,德国民法中判例的作用也已经不可忽视,而且这些传统的大陆法系国家现在都受欧洲法院(ECJ)和

---

① Penny Darbyshire, p. 10.
② Elliott & Quinn, p. 1.
③ Elliott & Quinn, p. 90.

欧洲人权法院(ECtHR)的判例的拘束,正是这些判例所具有的超国家主权的拘束力正在逐渐影响着这些国家的立法、行政与司法部门的决策,改变着这些国家的法律体系乃至法律研究方向。从这个意义上说,判例法已经不再是以英国为代表的英美法的一个鲜明的特征了。尽管如此,英国法的判例法特征仍然是最突出的。

3. "概念不清"

此处的"概念不清",不是贬义,而只是想说明,在英国法中,并不强调对概念给予一个准确的定义,简单的列举往往成了下定义的标准程式。由此造成的直接后果是,英国法中许多在我们看来必须有一个明确界限的领域,往往没有一个确切的分类。英国学者的分类技术与我们不同,他们强调的是不同现象之间内在的理性的一致性,而不是现象表面的线性关联。更确切地说,英国学者对于分类的理解与我们不同,他们的许多分类在我们看来,并不是在同一层面上进行的。例如,在讨论行政行为的非理性的种种表现时,英国学者分别提到了惩罚、社会救济、许可及规划。①英国学者将不同行政管理领域的非理性现象分别予以罗列、讨论,而不是对非理性的表现形式进行分类。

当然,我们对于英国法概念不清的最直接的感触是其公法与私法不分、宪法与行政法不分。但认为英国法公法与私法不分的看法,以前可能是正确的,现在至少英国学术界已经普遍开始重视这个问题了。在英国学者看来,私法是支配私人或私人组织相互之间的关系的法律,而公法则适用于受公共行为规范的约束并且通常因公共事务的需要而设立的公共机构(public bodies),如中央或者地方政府部门、诸如公路管理局(Highway Agency)之类的公共服务机构(public services)等。②

4. "名不副实"

此处的"名不副实",同样不是贬义,而只是对英国法中大量存在的形式与内容不一致现象的简单概括。这种现象存在的最直接好处是,使一个民族变得深沉,可以微笑着面对那些肤浅的望文生义者。类似的例子不少,其最典型者,当属英国议会众议院的发言人。

众议院发言人是该院负责主持院会的官员。③ 发言人一旦被选任,

---

① Wade & Forsyth, p. 401.
② Penny Darbyshire, p. 4.
③ Neil Parpworth, p. 109.

则必须停止在现世的政治议题中扮演任何积极的角色。发言人必须超然于政治纷争(political controversy)之外,彻底地以一种中立和无偏私的(completely independent and impartial)态度履行其发言人的职责。① 发言人的中立及无偏私原则限制了发言人本人的发言权,使其成为众议院实际上最沉默的人。这也算是英国宪法体制中"名不副实"的极致吧。

六、公法与私法的划分

(一)语义溯源

笔者在研究中体会到,研究英国公法与私法的划分,必须首先从英语中的"公""私"的原词及相应的观念入手,这个再简单、再普通不过的道理如果被忽略了,对于英国公法与私法分界的理解,可以说难以切中肯綮。例如,英国法规定,任何人如果想不靠政府资助独自(privately)养育儿童,必须通知地方政府机关。② 此处的 privately 的用法提示我们,在据说是私权观念的母国英国的英语中,与私(privately)有关的这个词还有一层我们不太注意的意思,即与政府相对称的非政府或者不靠政府的意思。从这种用法看,公私的对立对于说英语的人来说,并非完全是所有制层面的对立,同时也是公权与私权的对立,以及政府事务与私人事务的对立。将公私观念引入界定政府事务与私人事务的意义在于,在政府可以从事活动的领域,同样存在私人不靠政府而独立行事的空间。对此,政府只有资助的义务,但如果私人拒绝了政府的善意,并且私人在从事此项活动时并未出格到严重偏离政府提供此项服务的标准的程度,则政府不应干预私人从事此项活动。由此建立的制度模式是,即使是在政府承担着绝大多数社会服务职能的现代社会,仍然存在有能力的私人与政府分担该项服务的可能。

对于历史上公法与私法不分的原因,以前英国学者自恃这是法律平等保护原则的重要体现。对此,现代英国学者有不同的看法:英国历史上所谓对公法与私法不加区分、所有的公共机构都平等地受可以由普通法院予以强制执行的当地普通法拘束的说法,有自夸的成分。③

---

① Neil Parpworth, p. 110.
② Andrew Arden, p. 104.
③ Penny Darbyshire, p. 4.

(二) 公法成为显学

虽然以前认为,英国法上公法与私法的划分不甚分明。但在20世纪,特别是1981年以来,规范公共机构的行为的法律部门得到了巨大的发展,形成了所有律师都称之为公法的法律部门。对公法的研究已经成为从事法律职业的入门要求。①

于是,了解英国学者心目中的公法的确切所指的另外一个途径,就是看一下他们所指的公法律师都在研究些什么。英国学者指出,公法律师们研究的政府权力领域中,涉及经济管理的手段还包括:货币政策、控制借款、对工商业的财政援助、采取诸如私有资金激励机制之类的手段与私营部门建立提供和分配公共服务的合伙等。这些不同的经济管理手段是伴随着政府的新结构体制和管理方法的出现一并产生的。②

(三) 民法与公法、私法的划分

在英国,民法(civil law)与私法几乎同义,都是指规范私人及私人组织之间的关系的法律,但民法的用法显然没有私法普遍,仅在与刑法对称的意义上使用,而且还要作特别的限定,更确切地说是指民事私法(private civil law)。③ 这种用法非常恰当地说明英国学者不太接受民法这个词。有的英国学者甚至非常自信地说,所有法律研究中的基本问题,例如侵权法、合同法、土地法、衡平法、绝大多数的公法和欧共体法,都是民法的基本议题。④

但是需要特别注意的是,英国的民法与公法之间,或者说私法与公法之间在很多涉及对公民私权的保护方面是并行的。例如,如果某一私人被另一私人不公正地解雇了,他可以到就业裁判所去请求赔偿,当然,如果他选择放弃民法所保护的法律上的权利,那也是他的特权,国家是不会介入的。但是,诸如政府部门之类的国家机构享有大量的制定法上的和普通法上的援用民法起诉私人的权力;当然,个人同样也可以援用民法对国家机构提起民事诉讼(civil court action),例如就被警察拘禁期间所造成的死亡对警察提起的诉讼。但是公民与国家之间的所有这些诉讼也同时受到公法的调整。⑤ 例如,对于就业裁判所的裁判不服的,可以提起

---

① Penny Darbyshire, p. 5.
② Bradley & Ewing, p. 360.
③ Penny Darbyshire, p. 5.
④ Penny Darbyshire, p. 6.
⑤ Penny Darbyshire, p. 5.

司法审查；警察致死案也可以通过司法审查的途径得到与民事诉讼相同的结果。更准确地说，二者的差别可能仅限于起诉的案由及管辖法院，具体的审理程序都是民事诉讼程序。

另如，财产领域的许多争议（如涉及强制征购的争议）发生在个人的私权与公共机构的权力及责任之间的交界面上。① 在这种困难的情况下，有必要考虑两点：一是公法与私法之间的不同层次上的划分；二是将这种分析的结果用于法院在行政法领域的广泛实践之中。英国学者认为，世界各国公私法的相互关系主要有以下四种②：

（1）公法与私法最显著的区别是分别由分立的法院和法官根据分立的实体和程序规则分别实施。

（2）当私法与公法是由同一个法院系统中不同分支机构中的接受过同等训练的法官适用截然不同的实体或者程序规则予以适用的时候，区别不那么明显。

（3）更不明晰的一种区别是公法和私法由同一法院施行，但是根据案件所涉的争议是否产生于私人之间以及是否形成了涉及公共权力的问题等而适用不同的实体或者程序规则。

（4）对于那些根本不考虑诉讼双方当事人以及所涉及的法律问题的场合，则公法与私法之间根本就没有什么区别。

（四）司法审查与公法、私法

如今，公法与私法的划分是英国司法审查机制的一个重要的技术手段。这一点在确定司法审查范围时具有特殊的意义。英国公法专家甚至断言，如果其决定受到挑战的某机构本身是一个制定法设立的机构，并从立法那里得到其作出该决定的权力，则几乎可以肯定该决定属于司法审查的范围，除非该决定属于私法的范畴(realm of private law)。③

但是，如果受委屈的人与公共机构签订了合同，则该机构作出的任何与该人有关的行为或者决定都要受私法而非公法的调整。④ 这进一步说明了公法与私法的划分对英国司法审查范围的影响。

有英国学者认为，按照传统的方法，确定某一事项的公法要素一般是

---

① Bradley & Ewing, pp. 643-644.
② Bradley & Ewing, p. 644.
③ Bridges & Cragg, p. 4.
④ Bridges & Cragg, p. 5.

从确定决定者是一个公法主体还是一个私法主体入手,因为司法审查仅针对公共机构的决定。一般而言,公共机构从制定法、基于制定法的委任立法或者诸如英王特权之类的非制定法渊源获得权力。按照这一标准,地方议事会显然是一个公共管理机构,因为它是由制定法设立的,其所行使的许多权力(但并非所有权力)是由制定法授予的。私人机构的权力或者权威(power or authority)则不是来自法律,而是来自那些愿意臣服于其管辖权(subject to their jurisdiction)的人们的同意(agreement)。[①] 这种同意的本质是一种自愿的合同或者协议,但其表意的方式可以是正式的或者要式的,也可以是非正式的、实践性的。

但另有学者则反其道而行,他们认为,判断某一案件是涉及公法问题还是私法问题并非易事,在某种程度上取决于被挑战的机构的类型,更取决于其在特定的案件中所履行的职能。[②] 例如,英国学者讨论的法律服务的财政基础,是指向社会提供公共法律服务是如何得到报酬的。[③] 按照我们的一般理解,这包括法律服务界从社会获得报酬的各种途径,如法律顾问费、按件收费、按小时收费等。但在英国法中,这个问题主要是从公法角度分析的,即受政府聘任或者雇佣向公众提供法律服务的人,是如何获得政府的资助的。也就是说,英国学者讨论这个问题的出发点或者说着眼点,就是我们的公益性或者说机关型法律援助所要讨论的内容,而不是他们的经营性法律服务如何在社会中生存的问题。后者是私法讨论的领域,而且早在几百年前就已经落实了具体的解决思路——自由竞争。

1993 年 R. v. Disciplinary Committee of the Jockey Club, ex p. Aga Khan 一案中的原告拥有一匹赢得 1989 年锦标赛的赛马。后该马因尿样中查出违禁药物而被取消参赛资格。原告试图通过司法审查挑战赛马俱乐部纪律委员会的这一决定。高等法院王座分庭关于该案的一个前置性要件(preliminary issue)的认定是:该委员会的决定不能接受司法审查。[④] 原告上诉至上诉法院。上诉法院认定:尽管赛马俱乐部在全国范围内规制着相当数量的体育活动,并在这一过程中拥有广泛的权力,但从其产生、历史、章程及成员等方面看,它不是一个公共机构,而是仅在制

---

① Neil Parpworth, p. 263.
② Bridges & Cragg, p. 6.
③ Martin Partington, p. 253.
④ Neil Parpworth, p. 263.

定法上偶有提及但并没有纳入政府的控制体系。① 该俱乐部拥有的权力是那些自愿服从竞赛规则(rules of racing)的各参加方授予的,因此,它是一个私法机构,从而不能对其决定实施司法审查。②

在英国,区分公法与私法可以用于不同的目的,排他性适用司法审查的程序规则问题是其中之一。尽管法院已越来越多地采取灵活的态度来对待司法审查的排他性适用问题,使得区分公法与私法的必要性在这一领域大为衰减,但司法审查中仍有区分公法事项与私法事项的必要。但英国学者强调,区分公法事项和私法事项无论如何都绝非易事。例如,在1996年的 *R. v. Legal Aid Board ex p. Donn & Co.* 一案中,主审该案的高等法院法官奥格纳尔(Ognall J.)即指出,确定某一案件中的公法要素(public law element)并没有普遍的标准可循。但是,从实用的角度出发,对于无法从本质上判断某一事项究竟属于公法要素还是私法要素时,1998年的 *Trustees of the Dennis Rye Pension Fund v. Sheffild City Council* 一案对于原告的一个建设性的意见是,寻求司法审查而非普通民事诉讼,因为这样一来不会构成滥用司法程序。③

自贵族院在1983年的 *O'Reilly v. Mackman* 一案中确立如下基本原则——公法的决定应当在司法审查中接受挑战,而私法事项则应当通过普通民事诉讼程序处理——以后,法院就一直努力在公法事项与私法事项之间划出明确的界限。④ 这显然是推动英国公法与私法差异性研究的动力,而在英国这样一个私法高度发达的国家,这一动力无疑就成了推动公法发展或者说推动公法与私法比肩发展的动力。但从其他资料中得到的信息看,英国学者一直认为区分公法与私法是一件出力不讨好的事,因此,英国学者说英国法院以此为己任,在某种程度上暗含着对法院处境的同情,而这种处境又完全是由贵族院的判决造成的。

福德姆(Fordham)在《司法审查手册》(*Judicial Review Handbook*,1994)一书中说,司法审查的排他性规则(exclusivity rule)似乎已经把公法与私法的划分问题,从可能性问题("can" question,即该事项可否通过司法审查予以挑战)提升到必然性问题("must" question,即对该问题的

---

① Neil Parpworth, pp. 263-264.
② Neil Parpworth, p. 264.
③ Neil Parpworth, p. 263.
④ Neil Parpworth, p. 258.

法律挑战只能通过司法审查）。①

法律委员会在论证这种坚持将《最高法院规则》53号令排他性地用于纯公法案件的正当性时认为：在那些仅涉及公法议题的案件中，在作出行政决定时确保速度和确定性的公共政策的利益，可能要比诉讼当事人获得实质性听审以及在适当时获得实在的公法救济的私人利益更重要，而且一般认为这样做是正当的，特别是在非常短的时间内。②

七、公法相关机构

据英国学者介绍，英国已经有相当数量的独立的公法研究机构，这里的独立首先是指经济上独立——不靠国家养活。这其实是一个非常重要的文明指标，我国现在已经有许多非官方的艺术团体，说明我国的经济已经发达到了能够养活比较高雅的艺术团体的程度。同时，我国也有了非官方的法学团体。英国学者列举了司法审查领域具有专长的机构，详见本书第四卷第六章第二节中的选择合适的代理人部分的相关内容。

第四节 英国法的渊源

英国法是历史的产物，不仅是几百年历史的产物，也不仅是有文字记载的历史的产物，而是可以上溯到无文字记载的历史时期的习惯、传统及后世记载的各种法律渊源的大杂烩。

一、法律渊源的概念

尽管在英国，法律渊源（sources of law）一语有多重含义，但英国法上所说的法律渊源主要是指法律得以产生的方式（means）。英国法来源于不同的途径，各种来源的重要性差异悬殊③，包括成文法、委任立法、普通法、（英国脱欧前还包括）欧共体法、《欧洲人权公约》、国际条约、英王保留的特权、目前已经不太显著的权威学说和习惯。某些威尔士法还来源于威尔士地区议会根据1998年《威尔士政府法》所授予的权力而颁布的权

---

① Bridges & Cragg, p.7.
② Bridges & Cragg, p.7.
③ Elliott & Quinn, p.7.

力下放立法。① 此外，还有学者提到衡平法。② 至于制定法（legislation）、成文法律解释（statutory interpretation）③则是与成文法和委任立法交叉的法律概念。法律的这种多源性所产生的后果是，大量法律冲突及法律易获性的丧失，即使对律师及法官而言也是如此。普通法上著名的"所有人都知道法律"的假定已经荡然无存。④ 值得注意的是，英国学者在介绍英国法的渊源时，将英国参加的条约列在习惯法及衡平法等次要渊源之列，虽然他们认为其中包括英国对《欧洲人权公约》所承担的义务，但显然不包括欧盟法，（在英国脱欧前）欧盟法被视为一个在效力上甚至优于作为国内位阶最高的立法的议会法的独立的法律渊源。⑤ 这正是最终导致英国脱欧的最主要原因之一。

鉴于公法是一个范围非常广泛的部门法的类名，加之英国的普通法传统使得英国的公法在本质上具有回归普通私法的倾向或者以普通私法为本位，因此，英国的公法渊源与英国法的法律渊源没有实质的区别。英国的宪法、行政法由三类规则构成：成文（制定）法、普通法和习惯（特别是议会习惯）。而这些规则的渊源与私法一样，也是由成文法、司法判例、习惯（特别是议会的习惯）及权威学说等构成的。⑥ 更为重要的是，由于法律渊源属于法学常识的范畴，因此，在英国的宪法、行政法等公法著作中对于英国公法的法律渊源的介绍，都是标志性的，即只介绍英国宪法中比较值得称道的法律渊源类型，而不作全面的介绍。但英国公法学者仍提醒读者在把握英国公法的渊源时注意以下三点：

首先，由于英国宪法不像美国或者澳大利亚宪法那样是成文的，可以直接阅读，因此，英国宪法的内容必须从不同的渊源获得。⑦

其次，许多公认的法律渊源在宪法学领域是否仍是英国宪法的渊源是有争议的。例如，一般认为，英国的宪法渊源包括议会的法律、法院的判决、英王特权和宪法惯例，但收录在《法令全书》（Statute Book）中的许多议会法律能否称得上宪法性的法律还是值得商榷的，涉及这一问题的

---

① Penny Darbyshire, p. 19.
② Elliott & Quinn, p. 7.
③ Penny Darbyshire, pp. 19-44.
④ Penny Darbyshire, p. 19.
⑤ Elliott & Quinn, p. 7.
⑥ Phillips & Jackson, p. 18.
⑦ Neil Parpworth, p. 13.

判例包括：*Hunt v. Hackney London Borough Council*；*Thoburn v. City of Sunderland*；*Harmon v. Cornwall County Council*；以及 *Collins v. Sutton London Borough Council*（2002）。在 *Collins v. Sutton London Borough Council*（2002）一案中，首席法官劳斯（Laws）将成文法区分为普通成文法（ordinary statutes）与宪法性成文法（constitutional statutes）。①

最后，欧共体法（EC law）（曾经）也是英国宪法的渊源，某些由欧洲共同体（EC）制定的法律（曾经）可以无可争议地成为英国宪法的组成部分。② 在英国脱欧之后，英国法与欧盟法（其前身为欧共体法）的关系，比英国与欧盟的关系更难以割舍，这正是英国脱欧久拖不决的一个重要原因。

以上介绍的都是法律的形式渊源，即法律的表现形式。英国学者也偶尔提到法律的实质渊源问题，即法律的实质性规则的来源或者其得以在现实社会中具有规范力的根源。对此，可参阅本编第二章第二节权力中的内容。

英国法律渊源的形式可能是世界诸法治国中最丰富的，多达十种之多。分别介绍如下。

二、议会制定法

在英国学者的著作中，成文法与普通法是并列的两种法律渊源，也是最常被提到的。因此，虽然说英国是一个普通法国家，但其制定法与普通法并行，其重要性并不逊于普通法。

英国学者对于成文法的分类有不同的表述，一种表述认为，成文法包括议会的法律（Acts of Parliament）及成文法律规范（Statutory Instruments）。③ 其中的成文法律规范是指由政府制定、报议会备案的法律规范。按照该学者的说法，似乎制定法包括成文法律规范，但不包括委任立法。而按照我国的标准，这种意义上的制定法和委任立法都属于成文法或者说制定法。如果成文法不仅包括议会制定的法律而且包括成文法律规范，则法院对于这两类规范都是不能实施司法审查的。而成文法律规

---

① Neil Parpworth, p. 14.
② Neil Parpworth, p. 14.
③ Penny Darbyshire, p. 19.

范在很大程度上具有与我国的行政法规相同的性质和制定程序。但受1998年《人权法》及《欧洲人权公约》的立法用语的影响,就宪法、行政法领域而言,将制定法理解为包括议会的法律和附属立法(subordinate legislation)的分类表述更通用一些。

英国宪法(British Constitution)中的有些原则和具体规则是包含在一些表面上看没有任何关联的议会法律中的,例如1701年《王位继承法》(Act of Settlement)①、1911年和1949年《议会法》(Parliament Acts)、1947年《王权诉讼法》、1981年《最高法院法》(Supreme Court Act)、1981年《英国国籍法》(British Nationality Act)等。旨在拘束议会两院自身的立法都以法律的形式通过,例如《临时税收法》(Provisional Collection of Taxes Acts)、1948年《向议会提交文件法》[Laying of Documents before Parliament (Interpretation) Act]、1967年《英王认可法》(Royal Assent Act)等。还有一些重要的文件具有准立法(quasi legislative)的性质,例如1215年《大宪章》及其由国王或者议会重新发布或者批准的各个版本、1689年《权利法案》(Bill of Rights)。② 此外,1706年《与苏格兰合并法》和1931年《威斯敏斯特成文法》(Statute of Westminster)在英国宪法上具有特殊的法律地位。③ 而我们现在看到的英国议会立法的引注形式,是1963年才开始的,此前,英国议会立法的引注规则还是以英王纪年表示的。④

在英国,根据议会立法至上原则,议会的法律在国内具有最高的法律权威。这一原则的确立是18世纪以后的事:《王位继承法》反映了这样一个历史事实——普通法的律师们站到了反对国王要求的依据其特权进行统治的英国议会的一边。由此人们经常提到这样的说法:普通法律师们自此接受了议会立法在诸法律渊源中所具有的压倒性权威。⑤ 全面接受这一原则所导致的指导思想的转变,是司法界此后不断通过判例来维护议会的至上权威,同时刻意削减国王特权的范围的真正原因。

英国的议会立法由御书房[Her Majesty's Stationery Office(HM-

---

① 该法于1700年制定,1701年颁布施行,英文著作中通常写为1700年。
② 虽然这一法案是由所谓习惯议会("convention" Parliament)通过的,但一般公认其具有制定法的效力。
③ Phillips & Jackson, p. 19.
④ Penny Darbyshire, pp. 21-22.
⑤ Bradley & Ewing, p. 52.

SO)]负责公布。该机构由一名主事(Controller)领导,属于内阁办公室的一个组成部分。御书房负责公布联合王国所有的立法文件和命令。在实践中,负责在立法文件得到英王认可后尽早交付印刷并向公众销售。但自1988年以来的所有公开的法律都可以在HMSO网站上免费获得。而政府的其他出版物,如《公路法典》(Highway Code)以及调查庭的报告等,则由1996年被私有化的公务印有限公司(Stationery Office Ltd.)负责出版。①

三、附属立法

附属立法主要包括那些获得议会委任的权力的个人或者机构所制定的法律。议会授权枢密院以枢密院令(Orders in Council)的形式进行立法的权力,已经成为一种用途广泛的为议会法律所规定的原则填充重要的具体内容以便执行的手段,同时这一手段在议会闭会期间遇有紧急状态时也是非常有用的。议会还经常将立法权委任给部长本人、地方政府以及公法人。由部长颁布的委任立法采取命令、规章或者条例的形式,而这些内容中的绝大部分都以成文法律规范的形式公布。由地方政府机关制定的委任立法一般被称作条令,由有关的地方政府机关公布。②

附属立法中,与我们关系最大也最熟悉的,是委任立法,对此,本卷第二编英国宪法有系统的介绍。

四、法院制定的审判程序规则

英国法学家对于程序的认识与我们最大的不同在于,他们认为程序不是法,或者说程序不一定是法。而且从程序的制定主体看,主要的也不是议会,而是法院。这一点很值得玩味。因为,一般认为,英国法是最讲程序的,但英国法千百年演化的结果,却没有成就一部统一的程序法,甚至没有一部完整的诉讼法,而且英国的判例法中也没有专门讨论程序法的内容,只是附带地提及。那么,英国的司法程序是怎样承载和传承的呢?这个问题,只能从英国的司法界寻找答案。即英国的执业律师体系,特别是出庭律师界的体制,以及法官主要从执业出庭律师中产生的制度,借此传递的法院司法程序成了一种非常重要的人类口头文化遗产。当

---

① Penny Darbyshire, p. 22.
② Phillips & Jackson, p. 19.

然，此处特别值得比较的是，千万不要以为没有程序法典，就表明英国人不重视程序；也千万不要以为，有些国家制定了程序法，其对程序的重视程度就会超过英国。这进一步说明，法治不是形式上的法条和制度，必得将法律融会到人们的精神和信仰中去，法治才会自然地体现在人们的言行中。

在研究英国司法体制以及部门法时都会遇到的一个问题是：英国法院的审判程序规则是由谁制定的。对此的简要答案是，主要是由法院制定的，但也有部分是由议会通过立法制定的。于是，对上述问题的完整回答显然要比表面上作答时的答案复杂得多，尤其是涉及议会的立法与法院制定的程序规则之间有矛盾或者冲突的时候。

以公法领域最为常见的公法诉讼或者更具体的司法审查程序为例，在英国学者看来，1981年《最高法院法》和《民事诉讼规则》中对于时限的规定都有缺陷，特别是当人们意识到二者之间的规定并不一致的时候。例如，《最高法院法》第31条规定的时间延误包括申请许可阶段的延误和实体救济阶段的延误，而《民事诉讼规则》第54条第5款第1项的规定仅涉及申请许可阶段的延误。更重要的是，在决定是否应当延展时限时，《最高法院法》第31条的规定主要考虑的是延长时限的决定对于任何人的个人权利的影响以及是否会损害良好行政（good administration），而《民事诉讼规则》第54条的规定则从原告的角度以及是否存在造成原告起诉拖延的合理理由等方面进行考虑。① 可见，《最高法院法》的规定更强调对第三人及被告行政机关的影响，而《民事诉讼规则》的着眼点则是直接保护原告方的现实利益。

另外，《最高法院法》和《民事诉讼规则》都有规定，如果制定法的规定或者某一诉讼程序规则作了相反的规定，则从其规定。② 换句话说，根据《民事诉讼规则》第54条第5款第3项的规定以及《最高法院法》第31条的规定，如果另有规范规定了少于3个月的寻求司法审查的期限，则从其规定。③ 当然，这里的规范应当限于法院制定的程序规则和议会制定的法律，其他的非初级立法是不能作这样的规定的。由此产生的一个问题是，英国学者对英国法的法律渊源中没有提到各种程序规则并不感到意

---

① Neil Parpworth, p. 281.
② Neil Parpworth, pp. 281-282.
③ Neil Parpworth, p. 282.

外。他们没有意识到他们的行文中已经将《民事诉讼规则》摆在了与议会立法同等的地位。

五、普通法（判例法）

判例法（case law）又称司法先例（judicial precedents），在与制定法对称的意义上，有时亦被称为普通法。有英国学者认为，今天的英国法的基础是判例法，即大量由法官作出的设定了未来的案件中应当遵循的规则的判决。许多世纪以来，这是法律的主要形式，而且直到目前仍然非常重要。① 但是判例的这种重要性只是相对而言的，因为同一学者同时又认为，从效力优于所有其他法律渊源形式的意义上说，英国最重要的法律形式是制定法，或者说是议会的法律，同时这也是承载当今英国法律变革的最主要的法律渊源。② 按照我们所熟悉的表达思路，英国学者认为英国的法律渊源体制是：判例法为体，制定法为用。

除了判例法这种称谓，法官造法（judge-made law）也常被用来指称英国的法官们通过判例所宣告的法律。例如有英国学者认为，法官造法显然是宪法的一种合法渊源。③ 笔者凭语感分析，英国学者在用法官造法指代判例法时，多少有点亲民的故意——主要是为了不想使法律的描述性语言过于书面化。

由于法院经常不得不解释制定法的规定，而且这样得出的判决将设定新的判例，因此，英国学者也将司法对制定法的解释理解为制定法对判例法的贡献。④ 这种态度进一步证明了笔者所谓"判例法为体，制定法为用"的英国传统观念的影响。进而言之，这种贡献表现在两个方面：一是制定法归纳了判例法既有的原则，使之成文化；二是制定法的规定直接为判决所应用并形成新的判例，丰富了判例的来源，提升了判例的权威性。事实上，对于英国法院来说，一旦制定法为判决所采纳而成为判例，其贡献似乎即告完结，法院此后所适用的就是该判例，而不再是原制定法了。

英国宪法、行政法的许多原则是由法院在特定案件中的判决引申出

---

① Elliott & Quinn, p. 7.
② Elliott & Quinn, p. 7.
③ Neil Parpworth, p. 229.
④ Elliott & Quinn, p. 7.

来的，例如通过公民与行政机关的纠纷的裁决确定公民自由的范围。这类案件最常见的出处是王座分庭（Queen's Bench Division）[先前是王座法院（Court of King's Bench）]。①

六、英王保留的特权

这是君主制国家特有的现象，详见本卷第二编相关内容。

七、权威学说

英国法院普遍适用的一个规则是，凡现当代的教科书，无论其作者地位多么显赫、是否法官，都不可能成为权威学说。仅有某些早期的教科书被法院认定为对当时的法律的权威陈述，因而也就自然而然地成为当时的法律（假如没有迹象表明这些法律已经发生了改变的话），并可以由法院基于对作者权威性的信赖而在判决中引用。这些陈述被法院推定为已经失传的早期判决存在的证据，并因此在没有相反理由的情况下被法院接受。权威学说解决了确定早期法律的难题，自然也只能适用于缺乏制定法或者缺乏以已报告的判决作为审判根据的案件中。在这种特殊的意义上，某一教科书是否能够被视为权威学说取决于法律职业传统及法院的实践，同时也有赖于作者的名望、写作时间等因素。②

可见，权威学说之所以能够成为判决根据的真实理由，就在于权威学说与判例之间的推定关系。如果已经有足够的文字记录了当时的判例，有制定法或者已经报告的判例，则表明法院已经掌握了法律存在的第一手资料，自然就不会使用权威学说这样的"传闻证据"了。正因为如此，1769年以后就再也没有什么权威学说了。布莱克斯通（Blackstone）对英国法的评论应当是最普遍、最基础、最晚近的，但也正因为这最后一个原因，其在某些具体问题上的权威性反而不如黑尔（Hale）、霍金斯（Hawkins）及福斯特（Foster）等人。③

对于哪些著作应当列入权威学说之列，英国学者的意见并不统一。在被列为权威学说的书籍中，作为英国宪法、行政法渊源的最为重要的著

---

① Phillips & Jackson, p.19.
② Phillips & Jackson, p.21.
③ Phillips & Jackson, p.21.

作包括①(另一资料列举了 9 本,最早的作于 1189 年②):

(1) Fitzherbert's *Abridgment*(1516);

(2) Brooke's *Abridgment*(1568);

(3) Glanvill's *Tractatus de Legibus et Consuetudinibus Angliae*(1189);

(4) Bracton's *Treatise of the Same Name*(1250);

(5) Littleton's *Tenures*(1470);

(6) Fitzherbert's *Natura Brevium*(1543);

(7) Coke's *Institutes of the Laws of England*(1628-1644);

(8) Hale's *History of the Pleas of the Crown*(published in *1736,60 years after the author's death*);

(9) Hawkins' *Pleas of the Crown*(1716);

(10) Foster's *Crown Cases*(1762);

(11) Blackstone's *Commentaries on the Laws of England*(1765-1769)。

正如英国学者反复提醒的,作为英国法渊源之一的权威学说是有严格限定的。出生晚于布莱克斯通的英国学者,即便其权威甚于韦德爵士(Sir Wade),其学说都不可能成为英国法的渊源了。也就是说,英国法渊源意义上的权威学说,不是因为作者学说见解的权威性,而是因其所述反映了当时的司法制度,更准确地说,后代的英国学者认为他们的学说反映了当时存在的、现已失传的判例;他们的著述之所以成为法律渊源,不是因为其观点,而是因为其中的可能反映了古代判例的史实。因此,权威学说只能算作是失传判例的替代品。这也就是为什么自连续可查的法律报告制度完善之后,即不再有著作可以跻身权威学说之列的原因。

尽管任何现当代的法律教科书都不可能作为法律渊源,但是,仍有一些著名的法律教科书受到推崇。这是因为法院认为它们准确地复述了通过立法或者先前的法院判例确定了的法律。当一部成文法还没有出现过司法解释,或者法院还没有就普通法上的某一事项作出权威宣告的时候,这些法学教科书的作者及其他学者的意见,就有可能对某一待决案件的判决产生特别重要的影响。戴西的《宪法》一书就一直深刻地影响着司法

---

① Phillips & Jackson, p. 21.
② Penny Darbyshire, pp. 43-44.

判决中说理部分的内容,而行政法的发展则极大地得益于此后的史密斯及韦德爵士的著述。① 现代教科书并不被视为权威法律文献,尽管在法庭上它们经常被引用。有时法官甚至会作出决定,认为某一教科书在某一特别问题上的观点是错误的。贵族院在1985年的 R. v. Moloney 一案中即指出,阿奇博尔德(Archbold)的著作中对故意的定义是难以令人满意的,甚至可能会引起误导,而该书一直被奉为英国刑事诉讼法庭实务的经典。②

八、习惯法

在当代英国学者看来,习惯法(Custom)仍是一种法律渊源。③ 私法上的习惯是指某一行为规则,虽然没有被法院以判决的形式予以确认,但普遍为人们所接受,而且一旦提交到法院必将得到法院的强制执行。④ 英国学者此处适用的标准,是实质意义的法的检验标准:国家的法律是指由该国正当地建立的法院强制施行的行为规则。⑤ 但也必须看到,习惯一旦提交法院裁决后,就不再是习惯而是判例了。同时,习惯之为法律原则的标准还是相当高的,除非那些大家普遍习以为常的行事规则,否则绝难以其惯性成为具有司法强制力意义上的习惯。因为上述原因,习惯之转化为法院的判决的现象是非常罕见的,尤其是到了近现代。

就宪法、行政法而言,习惯的痕迹更多。即使在绝大多数的成文宪法国家,也或多或少地存在宪法惯例。如美国宪法体制中有关总统选举的惯例以及总统的内阁班子的挑选过程等。⑥

在英国公法领域,特别是宪法方面,习惯有一个更为正式的称谓——宪法惯例。惯例这个词一般是指国家间的条约等约束机制,在英国法律英语中与宪法连用时,指英国特有的具有宪法地位的习惯。但其效力并不因其与"宪法性"联系在一起而具有更高的层级,英国学者依然认为:宪法惯例不是宪法的合法渊源。⑦

---

① Bradley & Ewing, p. 30.
② Penny Darbyshire, p. 44.
③ Elliott & Quinn, p. 7.
④ Phillips & Jackson, p. 20.
⑤ Phillips & Jackson, p. 3.
⑥ Phillips & Jackson, p. 25.
⑦ Neil Parpworth, p. 229.

仅从篇幅看,英国的公法一点都不比私法缺少习惯法的素材,甚至可以说,其不成文宪法的体制注定了公法领域的法律规则处处折射出习惯法的影子。欲进一步了解英国公法领域的习惯法,可参阅本卷第二编第一章第三节宪法惯例的内容。

九、衡平法

在当代英国学者看来,衡平法也是一种法律渊源,根据《欧洲人权公约》所承担的义务对于英国法的改革发挥了举世瞩目的贡献。① 欧洲人权法院根据该公约所下的判决,具有相当大的裁量性,与衡平法类似,故有此说。对宪法、行政法而言,虽然本书在介绍英国的法院及法官时将提到大法官庭(即原衡平法庭),但大法官庭只在历史上与衡平法有着密切的联系,而且即使在那时,衡平法都不是宪法、行政法的有价值的渊源。

十、国际条约

英国法比许多国家更有个性的表现形式之一,是国际条约不是其国内法(municipal,即 national law)的渊源。② 在当代英国学者看来,与国际条约的规定有关的义务等,都不是英国直接的法律渊源。③ 但值得注意的是,此处是在该学者将欧盟法列为一种单独的法律渊源并特别强调了其优先于英国议会的制定法的法律效力④之后所作的表述(因英国已经脱欧,本书未再将欧盟法及其前身欧共体法列为英国的法律渊源)。因此,不能说英国不重视其条约义务,只能说英国(在脱欧前)将其参加的某些条约(如欧盟的条约)所设定的义务的法律地位摆得比其宪法还高。

对于与国际条约有关的义务,英国采取的原则是,国际条约原则上不具有域内适用效力,但议会立法特别规定者除外。因此,英国是通过议会制定专门的国内立法来确定特定国际条约的国内适用效力的。

与一般的理解不同,(脱欧前)英国(以及其他的许多欧洲国家,特别是欧盟及欧共体的成员国)议会在通过有关国际条约的国内效力的法律时,并不限于确立其具有与国内法相同的法律效力,而是往往赋予其比国

---

① Elliott & Quinn, p. 7.
② Phillips & Jackson, p. 18.
③ Elliott & Quinn, p. 7.
④ Elliott & Quinn, p. 7.

内法更高的效力。这一点从立法技术上也提醒我们,如果宣称国际法与国内法具有同等的效力,其实与宣布其在国内没有效力没有太大的区别。因为这种宣布并没有确立国际条约与国内法相抵触时的冲突规范。此时,国内法院一般会优先适用国内法,于是国际条约义务遂告落空。

十一、英国法的法典化

英国是无可争议的判例法的母国。与绝大多数国家将某一领域的全部法律都包括在一部单行法典中的做法不同,英格兰的法律分为来源于几个世纪以来的法官判决的普通法和议会的制定法。① 但英国试图使自己的法律体系法典化的努力却一直没有中断过。如根据1965年《法律委员会法》成立法律委员会②,其首要职能是法典编纂(codification),但总体而言,这一任务是不成功的。③

法律委员会始终怀有用一系列制定法典统领英格兰法律的理想,以使法律更亲近公民、更易于为法院及诉讼当事人理解和适用。④

法律委员会成立当年宣布的计划也曾豪气干云:着手家事法、合同法、土地及租赁法、证据法等的法典化。但前三项已经宣布放弃:1970年放弃了家事法,1973年放弃了合同法,1978年放弃了土地及租赁法。而证据法项目则根本就没有启动过。赞德(Zander)于1988年得出的结论是,法典化的失败既有观念保守方面的原因,也有法律起草者、立法者甚至法官方面的现实原因,总之法典化根本就不适合英国的立法。⑤

但也有学者介绍,从1968年开始,法律委员会着手拟定一部刑法典,并确实在1989年公布了一个《刑法典草稿》(Draft Criminal Code),但该草稿并没有进入立法程序。因此,只能称之为草稿,而不能称之为草案(Bill)。无独有偶,英国政府后来宣布,作为其刑事司法体制改革的主要内容的一部分,将更加重视刑法典的起草。在家事法领域,法律委员会的大量工作已经促成了一部实际意义上的法典的产生,虽然其内容包含在

---

① Martin Partington, p. 80.
② Elliott & Quinn, p. 88.
③ Elliott & Quinn, p. 90.
④ Martin Partington, p. 80.
⑤ Elliott & Quinn, p. 90.

一系列彼此分立的议会立法之中。① 按照这种说法,似乎法律委员会的工作并不是完全徒劳无功。

值得注意的是,英国确有不同于我们一般所说的法典编纂或者法典化的法律汇编,甚至还有专门为此动议的一类议会立法提案,即法律汇编议案(Consolidation Bills)。

---

① Martin Partington, p. 80.

第二章
英国公法的基本概念和观念

英国的宪法体制与我国迥异,其根本原因,除了在公法领域的基本观念、基本原则等方面认识上的差异,对权力/权利、职能/职责/义务、责任等公法基本概念的理解也与我国有根本的不同。本章介绍英国法或者英国公法中的几个基本概念,涉及公法语境下的权力(公权力或公共权力)、权利、义务、职责、职能、责任等。笔者将从用语差异入手,针对相应的英国术语,比较其语义;再对其中反映的法律观念进行对比分析,廓清这些概念在构建英国公法结构中的基本义项及相互关系;通过中英公法基本概念上的认识差异,分析两国公法体系差异的根源。

对于比较法研究而言,对不同法律制度的区别及其原因的剖析,必须从最根本处入手,尤其是对中英两国现行公法体制的比较研究,由于语言文字、文化传统、意识形态、政治制度、法律体系、法律制度等层面上都表现出明显的不同,使得对于许多基本概念的界定存在本质的区别。如果不在系统性论述展开之前,先建立统一的语义体系和对译通道,则随着制度介绍的不断具体、深入,分歧只能越积越多,甚至有可能导致系统性、结构性的判读错误。

由于上述六个公法基本概念,在我国法律体系内的界定并不统一,在英国也存在同样的现象,因此,不免存在译名交叉、重叠的问题。例如,我们理解的权力是公共权力,或者说由公共管理机构而非私人执掌并行使的权力,是一个比较单纯并具有一定共识的概念。但是在英文中,这个概念却同时对应着多个我们认为不应混同的概念,如普通法确立的公共主体的权利(right)、权威(authority)、权能(capacity)、权利能力(vires)等。

笔者在研究中越来越明显地感到,理解或者把握一个核心概念的关键同时也是其难点在于,把握该概念与其他相关概念的关联——对于同义词或者近义词,这种难度突出地表现在它们并列出现的场合,如 1536

年《与威尔士合并法》中,一句话中同时提到了自由(freedoms)、民权(liberties)、权利(rights)和特权(privileges)。[①] 这一认识反过来又提示我们,单纯从一个概念本身分析、阐述,并不能完全确定概念的内涵和外延。唯有通过与其他概念的分析比较,包括对其反义词、对偶词的用法的分析、判断,并放在上下文语境中系统化地理解,才能够更直观地建立这个概念存在的语言环境,从而形成这个概念真正可以理解的概念域。正是在这种方法的指引下,笔者将英国学者对英国公法基本概念的介绍,集中在对这些概念的总体把握以及相互关系的分析上。

总之,本章对英国公法各基本概念的界定,实际上既是对英国公法中同一概念的分析、界定,也是对该概念的英国法律译义的正名,同时还是对我国法律体系内该概念的准确含义及相互关系的比较、反思与建议性语义重构。由此得出的结论可能具有很大的争议,这是不可避免的。对此,笔者不打算也不太可能再在其他场合作任何补充说明,只是努力做到:本书中对于同一基本法律概念的中文界定、英文界定及中英对译,是笔者在写作过程中进行了反复剖析、对比、推敲、印证了的,是在笔者现有水平和研究程度上认为最为接近逻辑周延的合理认定。

作为英国公法的制度基础及渊源的基本观念,对于理解英国公法制度之所以然,无疑具有重要意义。当然,严格来说,其中涉及的内容,都已经不是停留在思辨层面上的形而上学了,而是建立在现实的制度设计实例基础上的成果,从这个意义上看,不应当称之为公法基本观念,而应当称之为公法基本观念的制度形态。

英国公法的基本观念的内容不是英国学者为我们准备的,而是需要我们从其法律书籍的字里行间领会的。由于每个人的出发点不同,会意、领悟的能力不等,结果可能会有不小的偏差,与英国普通民众个体的法律观念的差异可能更加明显。读者也许会发现本章介绍的英国公法基本观念与其熟识的某个盎格鲁-撒克逊血统的英国公民对同类问题的认识差别较大,毕竟本章的内容不是建立在英国全民法律意识普查的经验数据的基础之上的,而是建立在英国知识界对法律特别是公法有相当精深研究的法律学者、司法者的议论基础之上的。这些英国的法学精英,或许不能代表英国民众普遍的法律意识,但却把握着英国法治的脉搏和前进方向,英国法治可以预见的未来,就是在他们的头脑中借助本章介绍的基本

[①] Neil Parpworth, p. 157.

观念,酝酿、生发出来的。

英国公法的基本观念部分的内容是笔者专门为中国读者准备的,理解本章介绍的观念在英国法中的含义,的确并不完全是法学一门学科所需要的,也不完全是法学者所必需的。如果有一天,当有英国人对我们的表达发出会心的微笑时,可能是因为我们在本章涉及的观念上与他们建立了某种心灵的沟通。

第一节 权 利

本节我们讨论英国法及英国人的权利观念,这些观念包括:
(1) 权利是拥有自由意志(freedom)的体现。[①]
(2) 自由是权利能力(ability)的结果和表现。[②]
(3) 民权和人权是权利的基本构件。[③]
(4) 权利需要法律来保护[④],自力不足以救济。
(5) 国家有义务通过法律保护权利的实现。[⑤]
(6) 个人在处理其事务时享有绝对的自由裁量权。个人所享有的处理其个人事务的绝对的自由裁量权[⑥],只有在与公共管理机构享有的有限的自由裁量权相比照时,才显示出其意义。
(7) 宪法的产生应当先于某一政府的存在,而政府仅仅是宪法的产物。宪法不是政府的一项法令,而是人民缔造一个政府的结果;没有宪法的政府就是一个没有权利获得权力的政府(power without a right)。[⑦]

一、基本语词

1536 年《与威尔士合并法》保证威尔士人能够享有英王的臣民在其治域内享有的所有自由(freedoms)、民权(liberties)、权利(rights)和特权(privileges)。[⑧] 这四个词都可以指一般意义上的权利,但它们之间有细

[①] Andrew Arden, p. 25.
[②] Martin Partington, p. 12.
[③] Martin Partington, p. 12.
[④] Martin Partington, p. 12.
[⑤] Martin Partington, p. 12.
[⑥] Andrew Arden, p. 154.
[⑦] Neil Parpworth, p. 13.
[⑧] Neil Parpworth, p. 157.

微的区别。除了这几个词,英国法中还有许多权利是专用一词的,这使得英国法中涉及权利的词很多。

（一）Right

Right 无疑是权利最基本的语词,其针对私人的各种用法已经无须赘述,值得一提的是其用于英王的场合。英国学者在介绍英王权利时提到,英王拥有被咨询的权利、建议权和警告权。然而这些权利显然都是有限的。它们与英王可以对政府施加的影响有关,而与君主权力（monarchical power）的行使无关。[①] 此处使用了 right 和 power,可以这样理解：现代的英王所行使的权利,已经不再与传统的统治权力同质了；而是协助统治的权利,这就与一般的民众的此类权利没有太大本质的区别了。

（二）Privileges

Privileges 是严格意义上的特权或者特免,许多与英王相联系,以区别于普通平民的权利（rights）或者民权（civil liberties）,目前前者与后二者的含义已经没有可比性。不过笔者隐约觉得,这个词现在与英国公民基于制定法所享有的经济和社会权利有关,但这显然已经与该词基于普通法具有的传统含义有了质的区别,笔者将这种现象理解为古词今用、老树新花。

除英王以外,"议会中的国王"（King in Parliament）的另一组成部分英国众议院有使用 privilege 一词的"权利",此时,privilege 与 right 实质上是互通的：由于众议院认为议员的构成直接影响众议院自身,过去它一直声称裁决选举方面的争议问题属于其特权（privilege）。自 1604 年至 1868 年的 265 年间,裁决此类自身内部问题的权利（exercised the right）均由众议院行使。[②] 由于众议院不是制定法设立的,因此不是制定法主体,而是一个私法主体,其在私法上享有的权能,属于权利的范畴,而为其所独有的私法上的权利,英国为其另设了一个专有名词,即特权,是指英国法域内令人尊敬的主体（通常与英王有关,如议会中的国王）享有的私权或者说私法上的权利。

（三）Liberties

Liberties 是指更为基本的权利（rights）和自由（freedoms）,我们现在一般称之为人权,而在介绍英国法律时则一般译为民权,是英国土生土

[①] Neil Parpworth, p.12.
[②] Bradley & Ewing, p.162.

长、不同于欧洲大陆的人权概念,但意思却差不太多。笔者在研究中发现,虽然英国学者已经越来越多地用人权概念取代他们原来习惯的民权(liberties 或者 civil liberties)概念,甚至他们的《人权法》已经改用人权(human right),但一些学者的著作,特别是有关民法、私法的著作中,仍在大量使用 liberties。其原因在于,英国传统的基本权利保障体制是建立在保障基本财产权利,特别是不动产权利的基础之上的,只是后来才逐渐扩展到人身权利、政治权利和社会权利。这种演化脉络留给英国私法的印迹是,民权制度对财产权或者私权的保障更为看重也更为充分;而在公法领域,《人权法》显然更为侧重政治权利及社会权利的保障。

(四)Franchise

Franchise 这个专用名词是英国选举权最正统的称谓,而其通用称谓 entitlement to vote 是介绍英国选举制度时常见的标题用词。[1] 在 1985 年的 *Hipperson v. Newbury District Electoral Registration Officer* 一案中,上诉法院认定,那些在格林汉姆空军基地(Greenham Common Air Base)的公路或者公共用地宿营超过两年之久,并在那里接收其邮件的妇女,符合 1983 年《人民代表法》(Representation of People Act)所要求的居住条件的要求。[2] 这个案子如果发生在中国,估计此前先要有一个诉邮政局不作为的案件作为铺垫,因为在同等情况下,很难想象我国的邮局职工们会给这样的一帮人送邮件:他们因此也就不可能符合相应的居住条件,从而无选举权。必得等到邮局的服务能够普及人民长期居住的每一个地点时,选举权才有可能普及邮局的服务所能抵达的地方居住的人民。

(五)Freedom

这种用法是笔者在英国乡间的垃圾处理场发现的:在已经废除了郡行政建制的大城市郡中,郡内各区议事会有权(freedom)就垃圾处理职能相互之间建立联合机构,即使有关地方政府机关没有这样做,国务大臣也保留建立此类联合机构的权力。[3] 此处的拥有自由(freedom),就是我们通常所说的有权的意思,且这里的"权"是权利的"权"。这种观念显然是建立在承认地方政府机关具有某种类似于自然人的本位权利的基础之

---

[1] Andrew Arden, p. 300.
[2] Neil Parpworth, p. 102.
[3] Andrew Arden, p. 25.

上的。

（六）Statutory Entitlement

在英国,失去职位的地方政府机关组成人员可以通过制定法规定的多种渠道获得补偿。1996年《就业权利法》(Employment Rights Act)第135条确立了获得冗余补偿金的制定法上的权利。①

在英国法律英语中,制定法上的权利多用 entitlement,即制定法赋予的一项资格。与之对应的动词结构则是 is entitled to。而普通法或者自然法上的权利则用 right。笔者有充分的英文材料能够说明,is entitled to 以及 must 都是用于授予私人制定法上权利的法律规范用语。例如,1998年《审计委员会法》(Audit Commission Act)规定,对公开的信息感兴趣者有权(is entitled to)在任何合理的时间免费查阅并复制此类文件的全部或者一部分。②

此外,英国还有一种尚未定型的权利:知情权。在英国,知情权是由多部制定法分别予以明确保障的获得实实在在的书面信息记录的权利。例如,1990年《查阅健康记录法》(Access to Health Records Act)规定,健康服务记录可以根据该法的规定,从医生、牙医、眼科医生、药剂师、护士、临床心理医生以及儿童心理医生那里获得。查阅健康服务记录的条件类似于获取社会服务和安居记录。③

有关英国公民知情权的范围、知情的程度以及获取信息的便利性等方面的详细介绍,参见本书第三卷第一编第四章第一节行政公开与隐私信息保护中的内容。

二、权利分类

笔者试图罗列一下英国学者认同的权利的主要分类或者表现形式。当然,正如笔者反复强调的,英国学者非常不屑于分类工作,因此以下内容是笔者整理的。同时,权利的分类势必牵涉权利与基本权利形态或者用语的关系,这些内容在上文以及下文都有讨论。

（一）基本权利与非基本权利

这是我国的分类标准。我国称人权为基本权利,余者为非基本权利。

---

① Andrew Arden, p. 389.
② Andrew Arden, p. 545.
③ Bridges & Cragg, p. 96.

在英国法中，人权和民权肯定属于权利的范围，但这两个概念与权利的关系究竟密切到什么程度，取决于究竟有多少权利被视为人权或者民权。笔者认为，英国学者心中的人权或者民权的范围比我们想象的要大得多，甚至可以说在量上与权利并没有太大的差别。

此外，划分基本权利与非基本权利的目的是想强调对权利的特别保护，或者说保护程度。而实际效果不好直观地判断，凭感觉只能大致地估计一下言论自由与作为广播器材的扩音器分别受保护的现实程度。而在英国，既然没有这种基本与否的划分，也就没有二者名义上和实质上保护程度或者保护力度的区别。这主要表现在一个人游行的权利、获得公费医疗的权利、获得合法工资收入的权利，以及对被损坏的鱼缸有获得赔偿的权利，都是由同一司法系统按照近乎相同的程序予以近乎相同的保护，并不存在人为地强调某种权利的基本属性而将其置于法律之外严加保护的现实。

（二）实体权利与程序权利

笔者几乎没有看到英国学者对于此种分类展开过讨论，但在具体行文中却不乏关于二者相互关系的精彩论述。例如英国司法审查程序赋予申请人一种再申请的权利(liberty to reapply)。如果在有些情况下，法院认为调卷令已经足以确保公共管理机构依法重新考虑其决定，此时，法院是不太愿意向公共管理机构下达强制令或者宣告令的。但在法院下达其认为适当的命令时，申请人也有可能请求法院授予申请人事后申请包括强制令在内的适当救济令状的权利，以防公共管理机构未按法院预想的方式行事。①这种情况的出现通常是在法院采取怀柔政策，没有对行政主体施以重手，或者被告在法庭上动之以情、晓之以理的出色辩护，使法官们相信行政主体是善良的，没有必要给予严厉的强制令或者宣告令。但是如果行政主体最终背信弃义，辜负了法官们的信任，此时，就有必要为申请人保留进一步寻求法院本来应当给予的严厉救济措施的权利。特别应当注意的是，此处的原文用的是基本权利或者民权(liberty)，这种权利在英国就是人权，是普通法上的概念，是人与生俱来、制定法不得剥夺的权利。从这个意义上讲，此处讨论的再申请的权利，其实回归了特权令状最初形成时期的设立本意。

---

① Bridges & Cragg, p. 152.

三、民权与人权

民权与人权在英国法的权利体系中是最基本的也是最重要的概念。在此我们不讨论其具体内容,只谈其相互关系以及与权利的关系。从英国学者的使用实例看,民权与人权并不是完全等同的概念,例如,与法律维护公共秩序的职能相伴而生的另一个但并非协调一致的职能是:保护公民的民权和人权。① 而且,这种差异不完全是基于二者产生的先后顺序,更主要的是二者范围上的不同。民权是英国普通法的传统保护对象,而人权则是现代欧洲法特别是《欧洲人权公约》签署后出现的权利形态。虽然英国是该公约最早的缔约国之一,并且经 1998 年《人权法》而将该公约实质性地引入英国,但英国学者在英国脱欧后或许依然认为,英国法对于英国公民民权保护的范围大于其对英国公民人权的保护范围,尽管英国政府的许多行为经常被欧洲人权法院撤销。

四、权利与自由

在现代汉语中讨论权利与自由是比较困难的。当然这肯定不是因为在《说文解字》或者《康熙字典》中都难以找到和这两个词语的现代意义沾得上边的出处。但在英国,因自由归于人权(人的基本权利和自由),而人权属于人与生俱来、使人之所以为人的不可剥夺的基本权利和尊严。因此,按照英国人发明的逻辑学(数理逻辑),自由属于权利。例如,在英国学者看来,信仰自由仅仅是人们自由讨论他们的信仰(beliefs)的能力(ability),这种能力是民主社会生活的重要方面。② 而从英国学者对自由权的使用来看③,在他们的观念中,权利就是一种无法律拘束但由法律保障的自由意志的外在表现形式。

有关政治权利与自由的内容,是英国宪法、其他所有国家的宪法乃至公法中一个非常重要的部分。考虑到本书主要从法律技术层面介绍英国宪法体制,对于这方面的内容,笔者没有过多地涉猎。但为了弥补这方面的缺憾,笔者统计了作为本书主要参考书的十几本英国著作中各章节所占的篇幅,由此可以大致推断英国宪法对这些内容的重视程度。除了上

---

① Martin Partington, p. 12.
② Martin Partington, p. 12.
③ Andrew Arden, p. 25.

述技术性的考虑，笔者还有一个信念，那就是政治权利和自由的取得与行使的程度只是民主化的一个量化指标，民主化越深入，政治权利和自由就越广泛，对政治权利和自由的要求和重视程度就会越高，反过来又会期望、要求并促成更广泛、更深入、更具有现实性的民主化。脱离了民主化的方向和前提，背离民主的宪法体制基础及其法治化实现渠道谈论政治权利和自由，往往是政治学家们研究的领域，通常不属于传统法学研究的范畴。

五、权利与权力

英国法对于权利与权力的特殊关系的理解，突出表现在下面这句话中：地方政府机关的组成人员构成其议事会，地方政府机关的所有决定形式上都必须通过议事会作出；虽然除作为其中的一员参加并构成议事会全体会议的权力以外，就单独某一名地方议事会成员而言，其本身的权利中没有多少权力（has few powers in his own right）。①请注意这种表述的弦外之音，这是英国法对于权利与权力的关系的一种非常精准的解释。

英国学者非常认同托马斯·潘恩（Thomas Paine）在《人的权利》（The Rights of Man）一书中的观点，这些观点可以作为英国宪法符合其所描述的宪法特征中的前两个特征的例证："宪法的产生应当先于某一政府的存在，而政府仅仅是宪法的产物。宪法不是政府的一项法令（act），而是人民缔造一个政府的结果；没有宪法的政府就是一个没有权利获得权力的政府。"②"没有权利获得权力"的政府的表述值得深思之处在于，或许权力是自然的权利外化的产物。

例如，公共管理机构采取的一项落实1970年《慢性病及残疾人法》（Chronically Sick and Disabled Persons Act）中规定的帮助残疾人度假的政策，被法院判定为违法，该公共管理机构的政策是仅仅以补助残疾人在度假过程中因其残疾而发生的额外费用（即扣除基本的开支），以此来行使制定法规定的上述权力，而法院认为这种做法限制了公共管理机构的自由裁量权。③ 也就是说，尽管该公共管理机构已经采取了一些补助措施，但法院依然认为其没有做到位。立法本意似乎不限于资助差额部分，而是为了保障残疾人能够克服其残障，与正常人一样享受度假的快

---

① Andrew Arden, p. 285.
② Neil Parpworth, p. 13.
③ Andrew Arden, p. 180.

意。如果仅仅是弥补所谓因残疾而引起的额外的费用的话，可能还不足以使残疾人下定决心去度假，因为实际发生的许多开支可能难以计算到"因残疾而发生的额外费用"的项目中去，例如必要的陪护人员的费用等。从英国法院对该案的判决看，司法界对于严格落实制定法赋予公民的权利的指导思想是非常明确的，而绝没有为公共管理机构省钱的意思。他们的想法是，只要是制定法规定该花或者在他们看来属于制定法规定该花的钱，都是正当的开支，应当尽可能地花出去。至于是否会由此造成财政紧张，那不是司法界考虑的问题，而是政治家或者议员们需要抉择的事项。当然，这都是英国国力处于鼎盛时期的做法，那时的他们确实很大度。

第二节 权　　力

权力是公法最基础、最具标志性的概念。就其根本而言，公法之所以有别于私法，就在于其讨论的客体及内容都是围绕权力这个轴心展开的，不同的权力观确立了不同性质的公法体系。本节介绍英国法中的如下权力观念：

（1）权力需要一个正当的来源。在英国宪法中，英王特权就是这样一个重要的权力来源。①

（2）宪法性安排最终取决于被统治者的同意。这种同意更主要的是基于当然的推定。自由且定期的选举通常被视为获得被统治者持续同意（continuing consent）的主要手段。②

（3）宪法治理的政府就是有权利获得权力的政府。"宪法……是人民缔造一个政府的结果；没有宪法的政府就是一个没有权利获得权力的政府。"③ 建立在暴力基础上的权力不能在法律上获得其自然的权利，而只有行使建立在人民认可的基础上的权力的人才有相应的资格，即权利。

（4）暴力在法律之内。暴力与法律的关系，隶属于立法过程中的权力、合法性与权威问题④，是法律赋予暴力以正当性。

---

① Neil Parpworth, p. 43.
② Martin Partington, p. 31.
③ Neil Parpworth, p. 13.
④ Martin Partington, p. 30.

(5) 法律不重自威。这涉及法律权威的渊源问题,即立法者基于什么宣称他们有权制定法律。① 在成文宪法国家,这个渊源就是宪法,当然也进一步面临宪法的权威渊源问题。在非成文宪法的英国,对于这个问题的回答则更为局促。英王曾被认为是法律权威的渊源②,但英王在法律内活动的现实使这种说法因循环论证而没有立足之地。唯一说得通并在实践中站得住脚的说法是,法律的权威来自其自身,即来自民选的立法机关的立法过程,也就是最终来自民众的民主过程。因此,凡是依民主立法程序制定的法律,就具有当然的权威性和执行力。法律不需要外在的暴力帮助其落实,法律本身就可以产生并应当蕴含自我实现的机制,这就是法律的自治,即法治。

(6) 权力必须在法律框架内运作。法律提供了许多(如果不是全部的话)权力得以在其中行使的法律框架。③ 在法律与权力的关系中,权力必须在法律的框架内运作。

(7) 权力总是相对的,而不是绝对的。行政主体不存在与个人所享有的处理自己事务的权利同等的、绝对的自由裁量权④。

一、基本语词

在英国法律英语中,与权力有关的常用语词包括:权力(power)、能力(capacity)、权威(authority)⑤、权利能力(vires)⑥等。英国公法作为涉及公权力主体、行为及监督的规范体系,其涉及权力的内容很多,笔者大致整理如下。

(一)权力(Power)

这是英国最通俗也是最常见的权力标签。英国学者认为,在英国公法中,"权力(power)"有两重含义,但这两重含义并不总是那么容易区分清楚:一是以某种方式作为的能力(capacity)(例如,提供图书馆服务的权力或者通过协议购买土地以用于公众消遣的权力);二是限制或者剥夺他人的权利的权威(authority)(例如,规制城市出租车运营的权力,或者出

---

① Martin Partington, p. 9.
② Neil Parpworth, p. 43.
③ Martin Partington, p. 30.
④ Andrew Arden, p. 154.
⑤ Bradley & Ewing, p. 640.
⑥ Andrew Arden, p. 545.

于公共目的强制购买土地,不论所有者是否愿意出卖的权力)。①

权力的第一种含义,即以某种方式作为的能力,在我国不认为是一种权力,而只承认其属于一种职责或者义务,因为它是不需要强制力来保障的,也就是没有暴力因素在其中。但英国学者在讨论某些含有强制因素的能力时,用的却是权利,特别是涉及英王时。例如,在英国行政救济领域对有关被救济人诚信情况的收集中,有关条例授权(empower)地方政府机关收集与相应的权利声请有关的信息和证据。补助管理机构有权任命补助巡查官(benefits inspectors),该巡查官享有广泛的进入住所、查验文件以及实施调查、进行探询的权利。② 此处之所以称之为权利,是因为这是一种依附于地方安居部门对其租出去的房屋的所有者权利的一种委托授权。这种表述同时表明,在英国学者看来,这种授权所涉及的主要是一种普通法上的基于物权的权利,而非公法上的权力。

再从英国学者所举的两个例子看,提供图书馆服务和根据协议购买土地这两种情况说明,英国行政法中的权力,指的是一种不同于普通私人的行为能力,虽然这类行为私人也是能够做的,但即便他们做了,也不叫权力。至于私人能不能做,显然是一个不同于他们愿不愿意做的问题。英国学者显然不怎么关心私人愿不愿意做,而是认为私人根本就没有或者没有必要有这种能力,因此也就没有必要赋予其这种能力。私人基于其财产权的自主处分权已经是相当充分的权利了,无须再赋予私人权力。私人愿意对公众开放其私有财产的使用权,公众又愿意接受,没有公权力干预的必要,也没有立法额外赋予权力的必要。公权力则不同,因为公权力的主体都是法律拟制的,本身并不拥有任何固有权利或者权力,因此需要法律单独、明确地赋权。

根据协议购买土地以用于公众消遣的权力,并不是我们所理解的需要强制力保障的强制购买,而是土地买卖双方在协商一致基础上的自愿行为,不是指为了公共消遣所作的具有规划性质的安排。在一个土地私有、所有者同时也是消遣活动的享受者的地方,采取强制措施征购土地的做法,正如强制某个老同学出钱请大家吃饭一样,是完全没有必要的。类似这样的事情,谈得拢则起而行之,谈不拢又何必勉强呢? 在一个可以民主地讨价还价的地方,如果当初的目的仅仅是供当地居民消遣,而不是为

---

① Bradley & Ewing, p.640.
② Andrew Arden, p.529.

了当地官员的政绩,那又何必搞得大家不愉快呢？其实,许多打着公共利益操办的事项,都可以从这个角度考虑一下:除非官员的利益(如政绩)与居民的利益是对立的,而官员的去留又与居民的意志是脱离的。

权力的第二种含义,从限制或者剥夺他人的权利的角度出发,这是我们比较熟悉的权力表现形式。但从英国学者这种独特表述的出发点看,显然是将此种意义的权威建立在首先承认被限制者或者被剥夺者所享有的权利的前提下。也就是说,如果没有行政权力,这些人本可以不受限制地享有或者行使其权利。这是一种典型的基于权利本位主义的权力观。这种权力存在的前提显然是权利,即先肯认某种本位意义上的权利,然后才有权对权利进行限制或者剥夺。按照这种思路,对于出租车运营者,如果没有政府的规制,他们至少是可以合法运营的,政府是否规制并不涉及运营者权利是否存在的问题,而只涉及他们的权利是否受到限制的问题。这一结论在行政许可的设定方面具有指导意义。

(二) 权利能力(Vires)

Vires 是个拉丁词,单独使用时读者或许感到陌生,Word 自带的拼写校正软件甚至将其视为一个错字,但如果和 ultra 连用(ultra vires),却几乎是中国行政法领域人人皆知的。从英国学者的使用实例及越权无效(ultra vires)原则的具体表述看,vires 在现代英国公法中的语义就是权力(powers),至少是指制定法规定的权力[1],但显然并不限于制定法赋予的权力。这一点从本书第四卷第三章第一节有关司法审查的越权无效原则的讨论中可以得到充分的证明,因为司法审查制度显然不是依据制定法的规定确立的。

(三) 职能(Functions)

具体内容将在下一节展开。

(四) 权威(Authority)

这是权力(power)一词在英语中最常用的一个同义词,又译为权限。二者的关系,将在下文"权力与权威"部分讨论。

(五) 英王特权(Royal Prerogative)

将在本卷第二编第二章第三节君主制度与英王特权专门讨论。

(六) 特权、特免(Privileges)

Privileges 是指严格意义上的特权或者特免,但与 prerogative 类似,

---

[1] Andrew Arden, p. 546.

常用来指英王及其相关的权利,已在上文讨论过。

(七)(英王的)权利(Right)

在英国法早期,为了阐述并强调英王特权的特殊性,有时会将英王的特权称为英王本人所特有的权利。例如,英王仍保留拒绝作出英王认可的权利(right to refuse Royal Assent)。① 对此,布莱克斯通在其《英格兰法律评论》(Commentaries on the Laws of England)一书中写道:英王特权是"那种英王所享有的特别出众的权利,超出并且高于(over and above)所有其他人等,游离于普通法的程序之外,是基于英王尊严的权利(in right of his regal dignity)"。从布氏对英王特权的界定看,英王特权在本质上是一种法律权力,并且是由英王所独享的(unique to the Crown)。这种独占性表现在"一旦英王的任何一项特权能够与其臣民共享,就不能再称其为英王特权了"②。

二、权力分类

(一)默示权力(Implied Powers)

默示权力理论曾经在相当长的时间内支配着英国法学界关于市政商贸行为(municipal trading)的态度。英国公法学界对于地方政府机关作为一个实体参与商贸活动的态度在最近一个世纪发生了微妙的变化,在议会立法至上原则的指引下正在逐渐从否定态度向默许态度转变。按照传统观点,地方政府机关就其本质而言不是一个商业或者营利性(profit-making)组织;用汉沃思法官(Lord Hanworth)在1932年的 Att. Gen. v. Smethwick Corporation 一案中的说法,地方政府机关"不能采取为公众备办膳食等方式在市场中逐利"。因为以当地纳税人的税收作为后盾进入市场,并不是设立地方政府机关的初衷,无论是从给纳税人上缴的税款所带来的风险的角度看,还是从如此一来地方政府机关相对于那些没有公众的钱包支撑的普通私人企业所具有的优势的角度讲,这样做都是不公平的。③ 上述主张反映了默示权力理论的影响,同时也是越权无效原则的必然结果。因为是否有权介入某一特殊行业,这是立法设定的问题,即这种介入企业活动的行为是否超出了议会立法授权的范

---

① Neil Parpworth, p. 54.
② Neil Parpworth, p. 43.
③ Andrew Arden, p. 74.

围,是否公平、合理,是否考虑到了该权力的适当行使以及如此行使权力的目的等。① 营利活动即使是通过合法的活动并利用其过剩产能(surplus capacity)产生的,也难以成为地方政府机关附属的或者适当的目标;同样,地方政府机关所拥有的一般优势以及其某一分内的工作能够便利地与另一营利活动一并完成等,都不能作为地方政府机关从事营利活动的正当理由。②

这方面的观念已经有所改变,从议会立法至上的原则出发,如果制定法授予地方政府机关这样的权力,英国学者认为也是完全可以的。从这个方面看,如果地方政府机关确实具有提供设施并收费的权力,当然可以在不违反对其权力的运用所设置的限制的前提下谨慎地运用其权力,并考虑其所提供的设施或者服务的使用与付费之间的收支平衡。例如提供安居房并收取房租,以及其他更为专门性的服务。③ 凡是市政商贸行为依法被允许的,则地方政府机关所拥有的相关权力就应当与其他拥有此等权力的主体的权力作同样的解释。④ 如此,地方政府机关与私人之间在权力的性质和范围等方面,就不再有本质的区别了。例如,某地方政府机关为了某种正当的目的而拥有一批机器、设备并保持着良好的使用状态。尽管人们已经承认地方政府机关可以在过剩资产使用寿命结束时按照等价有偿原则处置这些过剩资产,但对于地方政府机关直接将过剩资产作为其财产的一部分对外交付使用,并收取适当费用的问题,在英国仍存在争论。也就是说,对于地方政府机关而言,仅仅以其过剩资产拥有者的身份,尚不足以使其将这些过剩资产投入商业运用的行为合法化。⑤

（二）明示权力

对于地方政府机关的市政商贸行为的法律认同问题,已经因制定法的明确规定而得到显著改善。⑥ 从英国法传统法理上看,地方政府机关之制定法拟制机构的法律地位使之不能随便参与市场化行为,这一基本原则这些年来并没有根本性的改变;但地方政府机关作为一个制定法拟制机构,其一切权限依制定法的规定的法理也没有根本动摇;特别是议会

---

① Andrew Arden, p. 74.
② Andrew Arden, p. 74.
③ Andrew Arden, p. 74.
④ Andrew Arden, p. 74.
⑤ Andrew Arden, p. 75.
⑥ Andrew Arden, p. 75.

立法至上原则依然是英国法的最高原则。在上述三个原则不变的情况下，是什么改变了英国地方政府机关的市场行为能力？当然是制定法的规定。英国现当代的行政法，特别是第二次世界大战后更为强调政府的服务职能的行政法理念，拓展了成文法的下述思路，即赋予地方政府机关更多服务职能，使其更广泛地参与公共服务，表现在法律条文上则是以更多的篇幅规定地方政府机关参与经济活动，与其他市场经济主体一起提供公共服务的内容。其结果是，现当代的英国地方政府机关拥有了更多参与市场经济活动的权力，但从法理上讲，这些权力都是法律明确规定的结果，而非地方政府机关固有权力的自然延伸。例如，根据1947年《公民食堂法》（Civic Restaurants Act）的规定，地方政府机关有权建立、经营餐馆，并可附带地收费，而且必须尽其所能地保证收回投资。由于此项权力主要是与地方政府机关的其他职能或者提供的服务一并行使，如在市民活动中心（civic centre）为举行婚礼的人提供膳食等，该法对此项权力并没有作严格的限制。[①]

制定法规定的其他明示权力包括提供休闲或者相关服务的权力，例如，1976年《地方政府（杂项规定）法》[Local Government（Miscellaneous Provisions）Act]第38条规定，授权地方政府机关签订合同，将其富余的计算机资源投入商业用途，其中包括出租计算机或者提供计算机服务，并明确规定了地方政府机关可以收费的权力，当然地方政府机关也必须承担其他提供同样设施或者服务者所应承担的合理的合同义务。[②]

与此类似的是，地方安居部门可以与那些根据1996年《安居资助、安居房建设及重建法》（Housing Grants, Construction and Regeneration Act）第1章的规定有资格获得安居资助（grant-aid）的人签订合同，以执行相应的安居房的建设、重建工程，确保安居资助能够兑现。[③]

排水职能部门可以与地方政府机关签订合同，以解除地方政府机关所承担的与当地的排水服务有关的职能[④]，并将这些职能转由排水职能部门提供。地方教育部门可以依据自己的权利提供高等教育，也可以作为高等教育基金理事会（Higher Education Funding Council）的代理人，

---

① Andrew Arden, p. 75.
② Andrew Arden, p. 75.
③ Andrew Arden, pp. 75-76.
④ Andrew Arden, p. 76.

根据与该理事会签订的合同,提供由该理事会资助的高等教育服务。①此处提到的地方教育部门享有的提供高等教育的权利,具有私法权利或者私人权利的属性,因此是一种当然的权利,或者说是普遍的、保留的权利,与之相对的则是其作为制定法拟制的法人而享有的由制定法赋予的权力、权利。

郡议事会可以同国务大臣签订合同,并作为后者的代理人承担辖区内的有关公路工程。区议事会也可以通过签订合同,成为其所在的郡的公路部门的委托代理人,承担相应的工程。②

允许地方政府机关参与本质上应当归于市政商贸性质的活动的法定基本权力,是由1970年《地方政府机关(商品及服务提供)法》授予的。③这进一步说明,在英国学者看来,地方政府机关的一切权力,正如其身份一样,是由制定法赋予的。这一点在地方政府机关没有多少商贸权力时就已经确立了,而且至今依然是英国地方政府制度的基石。所不同的是,在英国行政法的早期,罕有制定法赋予地方政府机关商贸性质的权力,而现当代议会立法则在这方面作了大量的规定,这些规定之所以必需,恰恰是这一原则的地位依然稳固并得到进一步加强的表现。

地方政府机关参与商品或者服务提供的权力是明示的法定权力,该权力不因1970年《地方政府机关(商品及服务提供)法》以外的其他法律规定的地方政府机关可行使的权力的存在而受到克减。据此:① 其他法律规定的地方政府机关的明示权力显然不受1970年《地方政府机关(商品及服务提供)法》的规定的影响;② 如果与地方政府机关的商业性行为有关的默示权力与其他权力有牵连,则这些权力不应当受到影响;③ 1970年《地方政府机关(商品及服务提供)法》无意成为规范政府商业性行为的全能法。因此,依该法获得的权力不应当作限制性的解释。④

1970年《地方政府机关(商品及服务提供)法》赋予地方政府机关的权力包括购买和贮存地方政府机关认为需要由其向该法规定的其他机构提供的货物和原材料。地方政府机关行使这一权力时并不一定已经签订了供货合同,也不必以需方已经下了特定订单为前提。⑤ 故地方政府机

---

① Andrew Arden, p.76.
② Andrew Arden, p.76.
③ Andrew Arden, p.76.
④ Andrew Arden, p.77.
⑤ Andrew Arden, p.77.

关提供商品或者原材料的权力仍是一种自由裁量权,只要其认为可能会有人提出供应的要求,就可以先采购相应的商品,至于是否有确切的需求,则不是其行使此项采购权力的先决条件。在此情况下,地方政府机关可能会购买一些最终没有供应出去的商品,从而造成公共资源的浪费,但这种结果不是地方政府机关越权的直接证据,而只能是追究其当初所作决定是否合理、适当的事由。

三、紧急状态权

英国公法中提到的紧急状态权首先是一种特别的财政救助权,而不是在紧急状态时期损害他人权利的权力。例如,英国《地方政府法》规定,对于那些给当地或当地居民的生命和财产造成破坏或危险,或者对于那些有合理理由预见其发生的紧急情势或灾难可能给本地区、当地全体或者部分居民造成影响,地方政府机关在其认为必要时,可以单独或者与其他当地的、英国其他地方的甚至海外的机构联合采取谨慎的行为,以转移、减轻或消除实际发生的或迫切的紧急情况或灾难。地方政府机关对此等紧急状态或者灾难所拥有的权力,主要体现在为这些行为动用财政开支的权力。[①] 英国行政法之所以将财政救助权放在紧急状态权的首位,主要是因为地方政府都是制定法设立的机构,本身没有自主财权,一切开支必须依据制定法的规定,紧急状态下的财政救助权也不例外。所不同的是,在紧急状态下,制定法赋予行政主体更多的自由裁量实施紧急救助行为并为这些行为提供财政担保的权力。而其主要的出发点显然首先是为了维护在紧急状态下的生命及财产安全,其次才是公共秩序。在英国人看来,只要能够保证当地居民基本的生命和财产安全,公共秩序就没有混乱的理由和可能。

四、权力与法律

据说,英国曾举办过一次征文比赛,要求不超过 10 个字,但要涉及宗教、王权、性及法律,答案是:Oh! My God! The Queen is pregnant! Who did it? 对于权力与法律的关系的讨论,也有一个类似的答案:立法权。详见本卷第二编第五章第一节立法制度概述。

[①] Andrew Arden, p.69.

五、权力与权威

从语言学上讲，authority 基本上是 power 的同义词，但通过对英国法律体系，特别是公法制度的深入研究发现，权力与权威的关系牵涉英国法制中许多根本性的问题。例如，立法权威的渊源问题，立法过程中的权力、合法性与权威问题等。

作为宪法理论研究的重要课题，英国学者始终在寻找权力之外的更本质或者更高级的东西，笼统地称之为权威。在他们看来，权力是需要基础的，宪法（更准确地说应当是成文宪法）是权力的来源之一，而英王特权则是权力的另一来源。这一点如果运用到成文宪法和非君主制的美国会一目了然——美国没有君主这一权威来源，宪法就成了其公共权力的唯一来源。由此反推英国，在这个没有成文宪法的国家，必然要找一个恰当的权威，那就是他们的君主。英国尽管已经相当现代化了，但在其成文宪法层次上的新的权威确立之前，废除君主后所留下的真空确实是个严重的宪法问题，这也是他们迟迟犹豫不决的原因所在。

六、权力与职责

在英国公法中，权力与职责是两个密不可分的概念。英国学者对于权力与职责概念的区分看得很重，但同时也非常务实地承认，二者在实践中是难以区分清楚的，尤其是对于作为公法权力与职责享有者的公共行政主体而言。英国学者强调，虽然权力和职责之间有明确的界限，而且这一区分的结果具有极为重要的现实意义，但涉及权力或者责任的许多基本原理却是既可以用于权力，又可以用于职责的。① 从职责的角度看权力与职责的关系，重在职责与权力的另一个近义词"职能"的关系的讨论；而从权力的角度看职责与权力的关系，则重在权力的行使。

在英国学者看来，职责就是必须行使权力的义务。被授予某项权力的地方政府机关必须考虑行使该权力，尽管它们可能决定不行使该权力。权力的拥有者至少有一项职责，就是考虑是否行使其权力，而这种考虑必须是适当的：行政主体不存在与个人所享有的处理其个人事务的权利同等的、绝对的自由裁量权。② 决定不行使与考虑是否行使显然是两回事。

---

① Andrew Arden，p.154.
② Andrew Arden，p.154.

权力的拥有者的职责是考虑是否行使其权力,而不是必须行使其权力。此处涉及两种观念:一是个人在处理其自己事务时享有绝对的自由裁量权;二是公共管理机构作为公共事务的处理者,处理的不是自己的事务,因此,也就不享有同等的、绝对的自由裁量权。

有些职责仅在地方政府机关确实感到某种相关的前提条件存在时才会出现,而这些前提条件是否存在应由地方政府机关决定,当然这也要受某些原则的限制。从这个意义上说,职责就不那么绝对或者无限制了。① 这是英国学者认为行政主体所享有的必须考虑行使其权力的绝对职责并不绝对的例子。但这本身就是考虑是否行使其权力的另一种类型而已。

七、权力与义务

英国学者在讨论公共权力时强调权力主体行使权力的义务。以收费权为例,他们认为,收费权的本质,必须像其他制定法上的权力一样,将其解释为一种必须行使的权力;因此,收费权的行使也必须建立在对有关制定法的规定进行系统理解的基础上,而不能仅对授权法作片面的理解;地方政府机关作出的任何放弃收费义务的决定以及行使自由裁量权进行收费的决定,都必须建立在充分考虑其信托义务(fiduciary duties)的基础之上。当然,在实践中这意味着最终的决定还是要由地方政府机关通过自己的分析作出最终的判断,如某一政策目标是否值得本地的纳税人付出相应的财政成本。不仅如此,地方政府机关所作出的任何决定还必须基于对相关因素有足够的考虑。②

也就是说,收费权的本质涉及该权力究竟在多大程度上是权力所有者的义务(duty,即必须履行该权力的义务)或者其自由裁量权(此时则进一步涉及其自由裁量的范围)。③ 从这一认识看,所谓权力的本质,就是其羁束性及自由裁量性的相对比例。就前者而言,掌权者必须行使该权力,因此具有义务的性质;就后者而言,则主要涉及自由裁量的范围问题。这样一来,英国公法对于权力的探讨实际上主要不在于是否应当行使权力,而是在必须行使权力的前提下,在何种自由裁量范围内行使权力。于是,所有行政权的本质问题,都转化成自由裁量权的行使问题,或者说自

---

① Andrew Arden, p. 154.
② Andrew Arden, p. 447.
③ Andrew Arden, p. 447.

由裁量权行使的适当性问题。

八、公共服务的权力属性

英国学者对于公共权力的理解与我们最大的不同在于,他们把基于财产或者以财产用益权的分配为表现形式的公共行为方式,视为一种权力行为,而非我们以为的当然的权利行为。例如,在英国公法中经常有这样的表述:地方政府机关有权为了与其法定职能相关的任何目的借钱①,或者地方政府机关有权提供计算机设备及服务。② 让地方政府机关普遍提供免费的计算机服务似乎是一个太过于福利化的要求,地方政府机关一般是无力承担的,赋予其这样的权力也就没有意义。注意,此处强调的是权力,而不是权利,因为英国学者对于此种意义上的权力有特殊的理解,他们认为这是一种支配公共资源的能力,是一种需要制定法额外授予的权力,而不是基于行为主体的普通财产权利而产生的可以自由支配的权利。

九、权力的有限性

公共管理机构不能将自己的权力视为绝对的权力。也许很少有人会反对:个人、地方议事会及弱势群体的社团在其面对国家强制权力的时候,都拥有受法律保护的权利。③ 此处强调的地方议事会,就是作为与中央政府相对的地方政府机关,而其受保护的权利就是宪法有关地方自治与分权条款赋予地方的、保护其免受中央干预的权利。然而在确定这些保护的形式和范围以及应当基于何种基础来解决由此产生的纷争时,困难就产生了。④ 这种纷争就地方议事会而言,就是中央与地方分权的界限及解决纠纷的程序及实体规则。中央与地方权力的这种调和机制,因1998年《人权法》的实施显得愈发重要。⑤

十、权力的裁量属性

基于权力的特质,英国学者认为,权力的本质决定了权力可以不同的

---

① Andrew Arden, p. 486.
② Andrew Arden, pp. 562-563.
③ Bradley & Ewing, p. 632.
④ Bradley & Ewing, p. 632.
⑤ Bradley & Ewing, p. 456.

方式行使,因此,权力的行使不可避免地要求自由裁量权的存在。甚至权力的享有者有时还有行使自由裁量权的义务。① 这一点是指,在某些情况下,权力拥有者不考虑案件的特别情况,一概教条式地"照章办事",这在英国行政法中有时也是不符合法律规定的职权行使方式的。这种情况包括某些法律规定的权力享有者必须在其认为必要时酌定的情形,放弃行使这种具体案件具体分析的权力,教条式地照章办事,正是此处确立的原则所禁止的。例如在韦德爵士提到的一个判决②中,法院就要求执法者不得在案件听审结束之前先行拟就判决草稿,即执法者不对案件进行听审、不具体问题具体处理,也是违反法定的授权条款的,这样行使职权就会因不符合必须行使自由裁量权的要求而被法院认定为不合法。

当行政官员决定以某种方式履行某一职责、行使某一权力或者自由裁量权时,这种选择权应当交由对外承担政治责任的人行使,而不能由法官行使。③

从比较法研究的角度看,对于一国的裁决者或者决定者如何行使自由裁量权的问题,显然没有该国的法律是否授予该决定者自由裁量权重要。因为即使在同样授予自由裁量权的情况下,不同文化、法律背景下的裁决者即使受同一自由裁量权行使标准约束,其实际行使的尺度和结果也可能是完全不同的。例如,"在其认为必要"的标准,很容易被理解为"我认为必要",而在英国则会被实际操作者(行政决策者)和监督者(裁判官、行政监察专员、法官等)共同理解为"一般正常人认为必要时"。

第三节 职　　能

英国学者对于职能的理解,与其对权力的理解一脉相承。显然,这是与上一节刚刚讨论过的权力的两种含义或者说形态对应的。

一、职能与权力

在英国学者看来,公共管理机构的职能和权力是同义词。以地方政府为例,一方面,任何行政主体都不可能脱离其行为而孤立地存在。行政

---

① Bradley & Ewing, p. 640.
② Wade & Forsyth, p. 462.
③ Bradley & Ewing, p. 640.

主体也不能与其一般权力或者职能相分离,这是构成其本质和特征的要素。①

另一方面,英国法上的所有公权力机关履行的职能,都被称为服务,包括审判活动、执法活动,都被称作法院或者行政机关提供的相应服务。就中央政府而言,英国中央政府所提供的资金不仅用于法院所提供的服务[其中包括支付给司法官(judiciary)的工资和费用开支],也用于公共财政资助的法律服务(publicly funded legal services)。②

按照我们的理解,既然是服务,就不应当是一种强制性的权力。正直的服务者应当持有的一般心态是,既然是服务,就应当以服务对象主动申请或者自愿接受为前提。这突出地表现在英国几乎所有的公共福利都是依申请的,收住的流浪人员也是完全自愿的,保留了流浪者流浪的权利。

二、职能的分类

(一)按性质分类

这是具有法律意义的一种区分:将政府的职能分为权力性职能与义务性职能。③ 权力和义务作为法律的基本术语是我们所熟悉的,但将政府职能区分为权力性职能和义务性职能,则是我们不太习惯的。我们更愿意接受政府的职能都是权力性的,但英国学者强调的侧重点则是地方政府机关的职能首先是义务性的。这就是他们为什么反复强调"地方政府机关的设立是用来履行职能"④的原因。

(二)按来源分类

具有法律意义的另外一种区分是按职能的来源,即源于立法的法定职能与源于宪法惯例的英王特权。参见本卷第二编第二章第三节君主制度与英王特权。

(三)功能性分类

英国学者将地方政府机关的职能依其性质分为两大类:提供服务或者设施职能,以及规制性职能。这种分类并不涉及地方政府机关行使的职能的具体内容,只是大致勾勒出地方政府机关究竟做些什么。⑤

---

① Andrew Arden, p.1.
② Martin Partington, p.69.
③ Andrew Arden, p.78.
④ Andrew Arden, p.78.
⑤ Andrew Arden, p.78.

有英国学者认为这也是法律上的分类。这种分类将行政主体的职能分为基本上不涉及提供服务或者设施的职能,和以提供服务或者设施为主的职能。以提供服务或者设施为主的职能主要包括教育、安居、社会服务、垃圾收集与处理、公路维护与管理、公用事业、公园与公共空间、小农场资助、丧葬、休闲与体育设施、博物馆与图书馆、娱乐设施等。①

与上述服务性职能相对的是规制性职能(regulatory functions)。规制性职能基本上不涉及服务职能,虽然在英国行政法中规制活动本身就被视为一种服务。② 规制性职能包括规划的落实、许可、环境健康控制、交通规制、贸易标准控制等。③ 按照我国的分类标准,已经很难说这些不属于权力的范围了。因此,从这种分类可以得出的结论是,英国的公共权力在本质上表现为职能的一种实现手段,其设计的基础是职能,或者说是履行职能所必需。

(四)事务性分类

从具体管辖事项的角度,地方政府机关的职能包括④:

(1) 国土开发与建筑控制;

(2) 环境与环境健康;

(3) 消费者权益保护;

(4) 健康事务;

(5) 社会服务;

(6) 儿童事务;

(7) 教育;

(8) 安居;

(9) 公路及交通管理;

(10) 交通运输;

(11) 警察与紧急状态服务;

(12) 文化、体育与休闲;

(13) 动物、植物保护;

(14) 其他杂务。

---

① Andrew Arden, p. 78.
② Andrew Arden, p. 79.
③ Andrew Arden, p. 79.
④ Andrew Arden, p. 79.

单纯从以上列举的职能看,似乎没什么问题,但如果与同一学者所列举的地方政府机关的权力对比一下,就会发现二者并不完全一致①:

(1) 促进经济发展权;
(2) 推动旅游发展;
(3) 规划权;
(4) 土地管理权;
(5) 信息与信息公开服务;
(6) 法律诉讼服务;
(7) 条令及地方性立法;
(8) 刑事与维持秩序权;
(9) 紧急状态权;
(10) 剩余权力;
(11) 附属性权力;
(12) 提供商品及服务。

正如我们通常所理解的,权力与职能的基本关系是,职能是地方政府机关所能发挥的功效,是地方政府机关应当完成的分内的职责;而权力则是法律赋予地方政府机关履行职能的一种手段。为了确保职能的有效履行,必须赋予相应的权力,从这个意义上说,职能与权力并没有严格的区分。但英国学者在认识上与我们最大的不同在于,他们将提供商品及服务视为一种权力,而这种权力显然是地方政府机关实现诸多服务性职能的一项重要保障。至于为什么他们会把这种服务性的职能视为一种权力,根源在于他们对地方政府机关这类法律拟制的主体的财务要求,即只有法律明确规定可为的行为才有花钱的权力,此类法人不具有自然人所享有的对于自己的财产当然的、排他的、保留的处分权,而必须以法律规定为前提。地方政府机关的这种权力,与其对公共财产的信托义务是紧密联系在一起的。赋予其提供服务的权力的核心是赋予其为提供服务而花钱的权力。

三、服务性职能与规制性职能

服务性职能与规制性职能,是英国公法学者讨论公共职能时使用最多的职能分类方法。例如,在讨论地方政府职能时,所用的表述是"服务

---

① Andrew Arden, pp. 41—42.

与规制职能"(service and regulatory functions)。他们的理解是,设立地方政府机关是来履行职能的,这是地方政府机关本质属性的核心。地方政府机关对于其职能全然不知或者消极不作为都是对其角色的根本性背叛,因而也是违法的。换一个角度说,地方政府机关不是为设立而设立,而是为其职能而设立,所有的地方政府机关都是职能机关。地方政府机关既是负责提供服务和设施的政府机关部门,包括安居部门、教育部门、社会服务部门、公路部门、垃圾收集或者处理部门等;同时也具有相当重要的规制其他人的行为的职能,这一职能同样涉及广泛的事项,此时,地方政府机关又是规划部门、环境健康部门以及许可部门。①

按照我们的理解,政府的规制性职能似乎是天经地义的,而服务性职能迄今还仅仅停留在政治或者观念层面上,距离政府将普遍服务职能作为其基本职能仍有相当的距离。而英国学者在讨论政府职能时将规制与服务职能并列,反映的则是另外一种姿态或者观念,即地方政府机关实施的任何规制或者管理方面的职能,本身就是其履行服务性职能的一部分。所有的公共职能都是服务,或者说"一切都是为人民服务"的观念在英国行政管理领域是相当牢固的。所不同的是,这里的服务不同于建立在商业或者双方意思表示一致基础上的服务,多少带有强制性的韵味,但其强制的程度又远在我国的行政行为之下。

值得注意的是,英国学者对于规制性职能(regulatory)所用的词也可以译为管理,但为了与在服务性职能中所用的经营(management,也可以译为管理)相区分,笔者特译为规制,而且这种译法与条例(Regulations)同词根,显然更贴切一些。至于管理(management)一词,在英文中则主要是指对物的经营活动,保护、维护、保养以及保值、增值、盈利等,属于商业性活动,与我们一般理解的行政法上的管理不同。此外,行政法上的管理(administration)与行政法(administrative law)同词根,但正如对行政法及其所涉及的行政主体的职能的理解,英国的行政管理既包括经营性活动,又包括规制性活动,是外延更为广泛的术语。

此外,地方政府机关还有许多职能属于既涉及提供服务或者设施,又涉及在提供服务时对其他人的规制,如文物保护(classically)、安居、教育、社会服务等。在有些情况下,地方政府机关还通过提供便利的方式,行使具有某种程度上的支助性质的职能,如资助或者其他形式的支持,这

---

① Andrew Arden, p. 78.

类职能有时被称为支助职能("enabling" functions）。但有英国学者认为，这种支助职能实质是一种提供服务或者设施的职能，没有单独分类的必要。①

四、职能与组织

行政组织，就是单个的自然人与一定的行政职能相结合的组织结构形式，包括那些非制定法设立但履行制定法规定的职能的机构。

即使有的机构并非由立法取得权力，但仍有可能履行公共职能。在1987年的 *R. v. Panel on Take-overs and Mergers*，ex p. Datafin plc 一案中，法院认定，控制股票交易所的自律机构履行公共职能。②

法院这一认定更深层次的含义是，通过组织的职能确定该组织在司法审查中的被告地位：所有履行公共职能的行为，都将接受司法审查。例如，一个教会组织履行制定法规定的兴办公助学校的职能的行为，应当接受司法审查；但同一机构履行纯粹的内部职能的活动，如购买教会财产或者雇用、解雇员工，则不应当受到司法审查。③

在一起涉及大法官行使将法院的书记业务外包出去的权力的案件中，法院认定，尽管大法官行使诸如修订法律援助制度等更为公法化的职能时应当受到司法审查，但是大法官的外包决定缺乏足够的应司法审查的公法因素。④ 我国学者最应当注意的或许不是英国法院已经将法院的书记员变成了打工仔，而是大法官的行为成了由其遴选、推荐、监督的高等法院的法官们监督的对象。重要的差异在于，不同于其他国家的司法部部长，英国的大法官还负责除审判之外几乎法院所有其他的事务，相当于司法部部长身兼行使组织职能的最高人民法院院长。

按照上述原则，履行公共职能的行为应当接受司法审查的机构包括⑤：

（1）中央政府的部长；

（2）地方政府机关；

（3）健康服务部门；

---

① Andrew Arden, p. 79.
② Bridges & Cragg, p. 4.
③ Bridges & Cragg, p. 5.
④ Bridges & Cragg, p. 5.
⑤ Bridges & Cragg, p. 5.

(4) 警察局长；

(5) 监狱总管；

(6) 验尸官；

(7) 某些制定法设定的裁判所(statutory tribunals)，但不包括那些可以向高级裁判所或者上诉法院上诉的裁判所。

第四节 职 责

即使在中国法中，职责与职能、职权、权力、责任、义务等的内涵与外延，也是互相交叉重叠的。英国的情况也是如此，但这究竟是因为我们存在这方面的问题，而只有使同一个英语词汇译为不同的汉语词汇，语义才通畅；还是因为即使在英语中，也存在不同的词拥有同一个含义，而不同的含义也可以用同一个词来表述。英国学者似乎从来不担心这方面的问题，用词非常随意，但表述也并不会产生歧义。于是，笔者也只能放弃对这些概念进行法理上的界定，只作一些现象性的描述。

一、基本语词

（一）Responsibility

该词常见的译法是责任。但确有一些场合，笔者认为应当译为职责，或者只有将其译为职责才说得通。例如，准备地方政府机关的财务账目(prepare the accounts)的职责(responsibility)，应由其首席财务官承担。① 1991年《地方政府机关（成员津贴）条例》[Local Authorities (Members' Allowances) Regulations]规定，地方政府机关每年的津贴计划还可规定特殊职务津贴，该津贴适用于在本地方政府机关担任该津贴计划中列明的特殊职务者。②

另外一个例证是剩余雇佣职责(residual employment responsibility)。从此处的用法看，还真不能说这个词只能用于对不利后果的事后追究意义上的法律责任。因为在剩余雇佣职责的名下，包括许多地方官员，如验尸官、验租官，他们并不履行地方政府机关的职能或者代表地方政府

---

① Andrew Arden, p. 531.
② Andrew Arden, pp. 335-336.

机关履行职能,地方政府机关仅仅是充当"剩余雇主"(residual employer)。①

Responsibility 与 duty,中文都可以译为职责,笔者在反复比较二者的语义后发现,二者最主要的区别是:responsibility 是指公权力机关抽象的职责,中文最恰当的译法其实是职掌,即主管与职责相结合的一个词;而 duty 则是指具体的必须切实履行的职责,诸如在个案中行政机关在对申请人进行行为能力评估后向其提供服务的职责,此时与义务已经没有区别。

由此可见,之所以存在对于英国法律英语中 responsibility 与 duty 两词译法上难以信达的原因,是因为在中国法律语文中并不区分公权力机关的普遍职责(职掌)与具体职责(义务),或者不区分一般公民的法定义务与公权力机关的法定职责(义务)。笔者通过对英国法律英语的研究发现,在英国法中,作为私人,与其权利(right)、基本权利和自由(liberty)相对的,是其义务(duty),而一般不存在职责(responsibility),其违反法定义务的行为后果是法律责任(liability 或 accountability)。对于公权力机关而言,在其权能方面,存在权力(power)、制定法上的权利[(statutory) entitlement]与普通法上的权利(privileges)三种不同的状态,而在其职责上则区分为普遍性的职责(responsibility)与具体的职责(duty),而其所承担的违反职责、义务的法律后果又区分为过错责任(responsibility)与说明责任(accountability)(如部长责任制中的责任)。

以上内容,是笔者在学习英国法律英语过程中总结的,对于理解或者构建中国法律概念的基本体系也许会有一定的借鉴作用。在我们已经译介、学习、借鉴外国法律多年后的今天,再回过头去重新梳理外国基本法律概念的译名可能有点匪夷所思,但即便是中国的法律概念体系,又何尝不需要这种梳理呢?

(二) Duty

究竟将 duty 译为什么?这个词通常译为义务,但在下面的例子中,显然不太恰当。韦德爵士认为,与权力相对的是职责,英国行政法同样关注如何在公共管理机构不履行职责时迫使其履行职责的问题。此时,法律提供了强制性的救济手段,以应付诸如消极行政(negative)以及与之相

---

① Andrew Arden, p. 375.

关的不良行政(maladministration)。①

Duty 译为职责最好的例句是:到了 1868 年,议会将裁决选举纠纷的职责委托给了普通法院(entrusted the duty of deciding disputed elections to the courts)。② 此处的 duty 显然有职权的意思,好在中文的职责也有这层含义。但如果是 obligation,显然没有这层含义。因此,英国法律英语中的 duty 兼有职责与义务的意思:作为义务时,与 obligation 是同义词;作为职责时,与 responsibility 同义。

(三) Obligation

这个词在私法中通常被译为义务,但在公法中,也可以译为职责,至少在下面这个例子中是如此:选举登记官必须每年准备并公布其所服务的区域内的地方政府的选民登记册,其中包括为此目的而获取其所要求的信息的职责(obligation to obtain information)。从准备选民登记册的角度看,选举登记官必须对那些应当予以登记的选民挨家挨户进行寻访(house-to-house inquiry)。③ 从英文著作原文看,表面上这纯粹是一项职责,而没有任何权力属性。但实际上蕴含着授权的成分。挨家挨户地寻访——这是英国普通官员的工作方式。但从其实际履行的角度讲,为了获得其所需要的信息,必要的权力是不可或缺的,但这种权力绝非表现为破门而入的权力,也不是要求选民到其办公地点登记、逾期视为放弃选举权或者罚款若干的权力,其最强硬的表现,无非是申请法院签发强制令,要求某人提供其选民信息而已。

二、职责与权力

正如韦德爵士所言,英国行政法是从公共管理机构不履行职责时如何迫使其履行职责的角度认识权力(power)与职责(duty)的对应关系的。④ 也就是说,对于公权力主体而言,并不存在普通意义上的与私权利对应的义务。或者说,对于私权利主体而言,与其私权相对的是义务;对于公权力主体而言,则只有职责,没有上述意义上的义务。笔者当然还记得最初学习法律时就必须记住的"与权利相对的是义务"的考训,但随着

---

① Wade & Forsyth, p. 5.
② Bradley & Ewing, p. 162.
③ Andrew Arden, p. 299.
④ Wade & Forsyth, p. 5.

考试离自己渐行渐远,笔者时常不自觉地发现自己对这个金科玉律越来越不敬了,尤其是看了韦德的这句话之后。但在公法中与权力相对的,似乎只有权力,要不就是行使权力的义务、违法行使权力的责任或者适当地行使权力以履行法定的职责。只有在履行职责的意义上,权力勉强可以与义务相对,即职责有必须行使的义务,为此可能不得不运用权力以克服履行职责过程中的阻力。但此时强调的显然不是权利与义务对应时的两个对象,而是一个对象的两面。

英国地方政治的用权机制或者说权力运作机制,是建立在权力与其履行义务(即职责)的关系的基础上的。英国学者强调,虽然职责和权力(duty and power)之间有明确的界限,而且这一区分的结果具有极为重要的现实意义,但在这方面讨论的许多原理却基本上都是既可以用于职责,又可以用于权力的。① 因此,可以断言,英国学者把权力与职责概念的区分看得很重,但同时也非常务实地承认,二者在实践中难以区分,对于作为公法权力与公法职责享有者的公共管理机构而言,尤其如此。

三、职责与职能

职责和职能是我们描述公共管理机构的功能、作用、主管事项等内容的一个概括性指标。英国公法著作中,职能(function)和职责(responsibility)基本上是同义词,在用法上职责更专业、更书面化,而职能较为通俗。例如,英国学者在讨论英国大法官事务部对英国法制变革的作用时提到,该部的主要职责(responsibilities)是负责推进范围广泛但显然不属于其他任何中央政府部门管辖范围的法律和社会政策的发展,尽管提供司法体制内的服务仍是其基本职能(principal function)。② 注意,此处的职能(function)与职责(responsibility)显然是同义词。而从有关部长责任制等其他资料中得到的佐证是,职责(responsibility)一词现在已经不再用来指法律后果意义上的责任,至少在部长责任制意义上更常用的是accountability。

以下内容则进一步说明,英国法设定职责以及授予权力的目的在于履行提供服务的职能:所谓地方政府机关提供的服务是指运用或者提供该地方政府机关所拥有的资源,借此满足以赋予地方政府机关职责或者

---

① Andrew Arden, p. 154.
② Martin Partington, p. 70.

授予其权力（conferring of a power）的形式表现出来的要求其提供某项服务的需要。①

四、职责与责任

考虑到法治对于公权力主体的责任的特殊要求，从制度设计的角度分析，运行良好的法治政府治下的公权力主体的法定职责，必定是在授予时即与其法定责任紧密呼应的。在英国，地方议事会成员的至高职责（over-riding duty）是对整个本地社区负责，对自己本选区的选民（constituents），包括在选举中没有投他票的选民，负有特别的职责。②在这里，duty的基本含义是义务和职责。在严格意义上，义务包含职责，但从行政管理的角度讲，职责显然是公法义务更准确的说法。

对整个地方社区的职责是公共职责，是公民对其社会负责的一部分，也是地方议事会成员作为公职人员的公众责任的一部分；而对选民的职责则是代表职责，是地方议事会成员自身具体的政治责任的组成部分。一般情况下，二者并不矛盾；如果出现矛盾，则由作为选民选举的代表的地方议事会成员自己裁量决定。其最终的决定可能与投票选他的选民的决定并不一致，但这并不违反其职责，而其作为公众的代表或者本选区所有选民的代表依其公正观念及对法律、《地方政府（议员）全国良好行为规范》（National Code of Local Government Conduct）的理解而作出的决定，将由他本人为该决定的累积效果承担政治责任，但他不会因其参与某一具体的集体决策活动时的投票行为承担法律后果。

五、职责必须行使

"职责是必须行使权力的义务"的观念③，在英国法中根深蒂固。公权力主体的职责之一就是必须行使权力，在这个意义上，笔者愿意借用义务来强化这种观念：职责是公权力主体必须行使权力的义务。

我们通常认为，权力是职责行使的必要保障，这是从立法角度而言的；而英国学者则是从执法角度讨论这个问题：既然已经授予了权力，这对权力的拥有者意味着什么？从他们的角度看，至少就权力的行使而言，

---

① Andrew Arden, p.541.
② Andrew Arden, pp.327-328.
③ Andrew Arden, p.154.

所有的权力的拥有者都拥有一项一般的公权力性质的义务或者职责,即必须考虑是否需要行使该权力的义务,这是公权力行使的绝对性;但也仅限于此,而不是必须行使该权力,公权力的所有者在有充分的理由不应当行使其权力时,可以作出不行使该权力的决定,这就是公权力的履行义务或者行使职责的相对性。

第五节 义 务

本节的取舍笔者颇费心思。主要原因是,从我们接受的传统法理的术语体系看,义务是与权力/权利对应的一个概念,至少就权利与义务的关系而言。但笔者在研究中发现,或许是英国公法学者普遍认为公法是研究如何对公权力加以制约的缘故,在他们的基本术语体系中,权力处于中心位置,与之类同的概念是职能,与之对应的概念是职责而不是义务,即他们认为,对于公权力主体而言,他们应当做什么的问题,主要是职责问题,而不是义务问题。

对于公民而言,或许是过于强调权利本位的缘故,英国学者在介绍公民的权利、民权、人权等权利词族的概念及其内容的同时,并没有为我们希望他们讨论的义务留出足够的空间。给人的印象是,英国是一个民主的、权利泛滥的自由主义国家,公民的义务在法律上没有得到足够的重视。对此,笔者的解释是,英国学者都不是平衡论者,凡事都希望简单化,执其一端可把握的事决不搞平衡。

就其公法术语体系而论,对于公权力主体,英国学者论述的是其权力,以及必须行使该权力的义务即职责,强调的重点显然只有一个,就是权力;对于公民或者私人而言,英国学者叙述的重点是权利,至于守法的义务、尊重他人权利的义务、不损害他人权利的义务,则是建立在每个私权利者维护自己的权利不受侵犯、公权力者协助私权利者维护相应的权利不受其他公/私方侵犯的基础之上的。具体而言,如果某一私人认为另一私人侵犯了自己的权利,他可以宽宥,也可以向法院提起民事侵权或者合同违约之诉,还可以请求行政主体行使行政权予以紧急救济,如报警。每个私人都能够这样做或者尽可能这样做的结果是,不用强调他们与权利相对应的守法循良、无害他人的义务,也可以事实上使彼此的权利和义务都得到基本落实。如果某一私人认为某一公法主体(主要是行政主体)侵犯了自己的权利,他也可以采取默认、向有权行政主体申请救济、向法院请求司法救济、向议会行政监察专员寻求对不良行政的监察等手段,维护自己的权利。在这一过程中,也不必提及私人的义务和公法主体的义务,在审查相关案件的过程中,只需要明确公法主体是否依法履行其权力就可以对其行为是否侵犯私人的利益作出判断。

有鉴于此,本节介绍的内容很大程度上只是为了读者索引便利的需要——笔者仅将在英国公法中为英国学者重点强调的有关义务的内容挑选出来予以强调,而同样的内容完全可以放在职责一节中一并讨论。因为笔者发现,英语中职责与义务常常共用一个词(duty),这种现象在公法中对公法主体而言尤其如此。笔者之所以能将有关义务的内容不留痕迹地放到职责一节中去,只因这个核心语词(duty)的翻译问题。

一、基本语词

(一) Duty

英国法律英语中,义务的基本用词是 duty,但这个词也可以译为职责或者责任。例如地方议事会成员的至高职责(over-riding duty)。[①] 此处的 duty 就只能译为职责,或者说对于公共管理机构而言,职责显然是对其公务义务更准确的说法。

(二) Obligation

Obligation 所指的义务,更多的是指债务。例如,英国制定法界定借款票据(loan instrument)是直接或与另一文件相结合后能够满足以下条件之一的任何文件[②]:"……(4) 该文件特别规定了该文件所设定的权利或者义务(rights or obligations under the instrument)是否可以转让以及转让的方法。"从此处的实际用法看,obligations 所指的义务是与权利对称的债务性义务,一般是指私人义务。由于英国普通法并不严格区分私人义务与公法主体的义务,公法主体签订的合同中涉及的义务也用 obligations。

Obligation 与 duty 的同义关系在下面一段话中表现得淋漓尽致:政府寻求通过立法途径摆脱其根据 1949 年及 1958 年《众议院(席位重新分配)法》的规定所负的义务(obligations)。事实上,这一义务更明确地规定在 1986 年《议会选区法》(Parliamentary Constituencies Act)第 3 条第

---

① Andrew Arden, pp. 327-328.
② Andrew Arden, pp. 487-488.

5款中,"在某一地方政府边界委员会提交了报告后",接受报告的国务大臣必须将该报告与一份赋予相应的选区调整建议以效力的枢密院令的代拟稿,一并呈送议会①,一名恩菲尔德自治市的选民请求高等法院通过训令,迫使国务大臣履行制定法规定的将地方政府边界委员会的报告连同相应的枢密院令的代拟稿呈送议会的制定法义务(statutory duty)。②

(三) Responsibility

Responsibility普遍用于法律后果意义上的责任,但有时也指义务。例如,英国制定法在界定借款票据时提到:"……(6)如果某一借款票据是由两个或者更多地方政府机关联合签发的,该文件应当指明每一地方政府机关承担的支付或者偿还义务(responsibility)的比例。"③此处的义务属于一种合同约定的法律后果。由此看来,英国法律英语中对于义务和责任的区分也是不严格的。

Responsibility指代义务的另外一个例子是,按照普通法传统,地方政府机关与其行政官员或者职员的关系是雇主与雇员的关系。因此,除非另有例外的规定,地方政府机关受规范其他雇主的义务(responsibility)的一般劳资关系法的拘束。而英国学者接下来提到的就是普通法上的义务(common law duty):雇主负有对其雇员的安全尽合理注意,以使其雇员免于暴露于不必要的危险中的个人义务(personal duty)。④

从以上两个例子看,即使在只能理解为义务的场合,responsibility所指的义务都是公法主体承担私法义务的场合,而且这种义务主要还含有合同约定的法律后果的意思,但由于这种后果只是可预期而未必当然的(如履约),因此还不能等同于责任。

(四) Bound

从表述方式上看,英国法对义务的表述不限于名词,而是如汉语一样有多种可能,其中最常见的就是系表结构的表述,如"依制定法必须遵循"(statutorily bound to)。bound是bind的过去分词,bind据说来自挪威语的带子(binda),古英语时为bindan,中古英语时为binden,本义是拘束,bound则是受拘束,用在法律上就是受法律规范的拘束。在用法上通

---

① Bradley & Ewing, p. 152.
② Bradley & Ewing, p. 154.
③ Andrew Arden, pp. 487-488.
④ Andrew Arden, p. 377.

常用系表结构(be bound to)。

二、义务分类

(一)法定义务与非法定义务

同我国一样,法定义务和非法定义务也是英国法的一种最基本的分类。但英国法的特殊渊源体系决定了其法定义务包括制定法规定的义务和普通法上的义务;而非制定法规定的义务显然也不包括普通法上的义务。非制定法规定的义务中,英国学者经常提到的是非制定法规定的良好行为规范(non-statutory proper practices)①:指那些制定法要求地方政府机关必须遵循,或者那些被视为与此同等重要的、必须参照的、虽非制定法但业内普遍接受的规范。当然,在制定法的要求与业内普遍接受的规范相冲突时,制定法的要求优先(prevails)。②

(二)强制性义务与非强制性义务

英国行政法上的义务也有强制性义务与非强制性义务之分,这种分类甚至是法定义务与非法定义务的另一种说法。但其中的非强制性义务并非建议性的,而是与良好行政(其反面则是作为议会行政监察专员监督对象的不良行政甚至肆意行政)相对的。不遵循良好行政规范的后果不完全是道义谴责性的,而是与不遵循强制性义务具有基本类似的后果。

三、公正行事的义务

公正行事的义务(duty to act judicially)是英国上诉法院法官阿特金(Atkin LJ)早在1924年即提出的一项对现代行政的要求。③ 这一要求在赋予现代行政管理者额外义务的同时,丰富了公法义务的内涵,也为现代更高标准的行政法治唱响了新声。详见本书第四卷第三章第五节司法公正中的相关内容。

四、义务与责任

义务的一种表述(responsibility)涉及合同约定的法律后果。这不禁使笔者怀疑,在法律术语层面区分义务与责任究竟有没有意义。进而言

---

① Andrew Arden, p.456.
② Andrew Arden, p.456.
③ Neil Parpworth, p.329.

之,就涉及汉语本身对于义务与责任两个概念的区分是否清晰的问题。关键在于,我们对以下两个判断是否能够达成共识:义务就是法律规定或者双方约定的应当实现的某种客观状态;而责任则是不依法行使权力/权利,或者说违反了任何权力/权利主体都应当在法定范围内、无害他人行事的义务的法律后果。就合同行为而言,双方约定彼此承担各自的义务(债务),以及不履行债务的法定后果(责任),这是没有问题的。对于侵权行为而言,侵权法确立的一个基本前提是,每一方当事人都有本身固有并受法律保护以及法律明确赋予的权利,任何人都有必须尊重、维护、避免侵犯这些权利的义务,违者将承担相应的侵权赔偿责任。

那么,在某些情况下,法定的或者约定的客观状态与违反法律规定的条件而行事的后果之间,是否有同一性的可能呢?或者说,是否存在这样的可能:即使我们能够就有关义务和责任的上述两个判断达成共识,我们依然不能解决义务和责任的划分问题?

第六节 责 任

本节对于责任的讨论有两个亮点:一个亮点是当代英国公共管理机构的概括责任或者说政治责任的核心是说明责任。这个内容虽然应当在部长责任制中讨论,但英国议行合一的国家治理结构所影响的任何一个行政组织环节,例如地方政府机关的行政长官,都不可能摆脱这一原则。之所以强调这一点,是因为笔者越来越确信,在英国法律制度纷繁复杂的实体规则与程序表象之后,英国宪法体制中发挥着基础性作用的部长责任制,更准确地说是首长责任制,始终潜在地、隐形地悬在每个行政主体及其工作人员的头上,不良行政的纠察、良好行政规范的适用、行政首长主动改正错误的热情,这一切,都是这一原则潜移默化地化育的结果。而选举的轰轰烈烈与选举过后的冷冷清清、无为而治的对比,也正是在这一原则的基础已经夯实、运行机制已经疏通、预期效果实质性可期的外在表现。因此,在我们深入研究英国公法的具体法律问题之前,认真端详一下作为英国宪法与行政法连接纽带的首长责任制问题,无疑是一个非常重要的心理准备。

本节的另外一个亮点是英国法在责任设计方面体现出的智慧。一个好的法律体系首先应当是一个责任能够合理地设置、有效地追究但只偶尔为之的系统。多数人违法的社会,其根源不是人人违法,而是因为法本身违背了多数人的意愿而将多数人不必要地设置成违法者。在很多人违法但没有多少人被追究的社会,没有人会尊重法律。法律既然将某些行为设置为违法,就应当确保足够的执法力度以使违法者普遍地受到追究,追究的比例如果因执法者太少而太低的话,首先应当考虑的不是增加执法者,而是如何减少违法者,特别是如何在法律上减少违法者。很多人违法,但执法者违法尤甚的社会,不是一个法治的社会。此时,与其扬汤止沸,不如釜底抽薪,应当先从执法者、所执的法中设置的违法责任上找原因。所以,这一切都是法律责任的设计问题。但需要提醒的是,本节介绍的英国法的某些设计成果,仅是一点皮毛——这有两层意思:一层意思是内容太少,仅为九牛一毛;另一层意思则是,这里说的只是现象,而不涉及能够营造这种结果的立法体制。更深入地挖掘,还需要从本卷英国宪法中介绍的英国立法制度的字里行间去揣摩。

一、基本语词

(一) Responsibility

Responsibility 来自 responsible。responsible 是由前缀 re-、词根 spons 及后缀 -ible 构成的。由前缀及词根构成的动词 response 的意思是回答、响应,其物理意义是对某项刺激的反应、反响或者响应。转化为形容词的 responsible 的意思是有响应的,其法律含义则是负责任的。进一步转化为名词的 responsibility 是责任,通常指过错责任、问责责任,部长责任制的旧用法用的就是这个词。但 responsibility 有时译为职责才能说得通[①],详见本章第四节职责。responsibility 还可以指义务[②],详见本章第五节义务。

(二) Accountability

Accountability 最容易联想到的词是 account(会计),account 最经常用到的词组 account for 的意思就是说明、解释、负罪责。

Accountability 所指的责任可用于各个领域。部长责任制的新用法用的就是 accountability。英国法官在判决作出过程中的独立性,就表现在法官仅对上诉审法院的法官负责(accountable to)。[③] 此处的用语,同

[①] Andrew Arden, p. 375.
[②] Andrew Arden, p. 377.
[③] Elliott & Quinn, p. 104.

当代英国中央政府的部长对议会负责时的用词完全相同。

英国学者在介绍地方政府官员时提到制定法设定的非主要行政官员（Non-Statutory Chief Officers）的分类时，提到了两类官员：一类是直接对受薪行政官的首脑负责者（directly responsible）；另一类是其职责（duties）的全部或者绝大部分要求他们直接向受薪行政官的首脑报告工作（report）或者对其承担责任（directly accountable）的行政官员。① 此处同时使用了责任的两种用法：responsible 和 accountable，再次说明英国现代责任制度的核心，已从承担惩戒责任向承担说明责任过渡——中央政府的内阁承担的是这种新型的责任，地方政府机关的官员也是如此。

二、说明责任与过错责任

说明责任与过错责任代表着两种不同的政府责任，其在英国的表现，就是不同时期对部长责任制的理解和把握。详见本书第二卷第二编英国行政体制中的相关内容。

三、责任观念

英国法中有许多笔者认为非常传神的制度设计，反映了英国法律体系中对于责任的理解，笔者在此列举几处，未必全面，仅供管中窥豹。笔者希望读者思考的是，英国何以会设计出这样的责任机制？

（一）公开本身也是一种责任形式

英国学者认为，决定及决策过程的公开（transparency of decisions and decision-making）本身，构成一种责任形式（form of accountability），并将强化议会所能进行的仔细审议的力度。②

（二）法律责任体系必须完善

英国在行政刑罚责任（由于英国没有行政处罚，其行政刑罚责任的设定，几乎就是其行政法律责任设定的全部）的设定方面，已经建立了比较完善的责任追究体系，该体系的诸要素包括：违法行为的罪状、相应的刑罚、追诉的程序、认定的机关以及追诉期等。例如，英国《选举法》特别规定，对于选举犯罪的追诉期为一年，即必须在指称的选举犯罪实施后一年

---

① Andrew Arden, p. 362.
② Bradley & Ewing, p. 347.

内启动追诉程序，否则即不得再予追究。①

（三）民主政治是责任落实的根本保障

英国学者一针见血地指出，英国地方政府机关责任制（local authority accountability）的基本手段是传统的选举制。② 这一基础性的认识使笔者相信，选举制确实是英国政治与法律制度的核心。

四、责任设计举例

（一）蔑视法庭

英国法律责任体制最精巧的设计，恐怕就是蔑视法庭了。任何需要追究责任的行为，都可以为其设计成蔑视法庭罪适用的情形：第一，在某种需要管理的事项中为某人或者某组织设定一种权利或者权力；第二，当该人的权利被他人侵犯或者权力的行使遇到阻力的时候，规定该人或者组织可以请求法院保障其权利或者维护其权力；第三，法院经审理下达命令，或者未经审理先下达传被告到庭的传票；第四，违反法院的命令者，将构成蔑视法庭罪。

在1994年的 $M v. Home Office$ 一案中，贵族院最终认定内政大臣履行职务的行为构成蔑视法庭罪。作出该案的核心判决的伍尔夫法官（Lord Woolf）认为，认定蔑视法庭的主要目的之一，应当是确保"法院的命令能够得到遵循"；类似该案的实践目的"主要不是惩罚某一个人，而是通过认定一项蔑视法庭的罪行来维护法律的治理"③。

（二）组织偷渡者承担遣返路费

未取得居留权的外国人或者英联邦国家的公民，在被法院认定后，将被驱逐出境。除此之外，如果内政大臣认为驱逐出境将有益于公共利益，也可以对这样的人下达驱逐出境的命令。④ 偷渡是各发达国家面临的一个棘手的问题。之所以如此，责任并不完全在发达国家，如果这些国家也像偷渡者的祖国对待其国民那样对待偷渡者的话，这个问题将会非常简单——不但没有人会偷渡来，自己的人民可能也会偷渡到其他国家去。但问题是如何在维护自己作为一个文明国家、一个值得偷渡的目标国的

---

① Bradley & Ewing, p. 163.
② Andrew Arden, p. 542.
③ Neil Parpworth, p. 39.
④ Wade & Forsyth, p. 83.

声望的同时,又使自己的国家免于被偷渡者填满之患。此时,设计合理的法律责任是必要的。严刑自然是不能考虑了,英国已经废除了死刑,监狱里的待遇也相当不错,怎么办呢？英国法规定,承运人将没有适当文件的旅客或者秘密进入者带入英国的,可能被罚款并且要承担将他们送回去的费用。①

（三）公共管理机构责无旁贷

英国法,甚至英国刑法,不会因公共管理机构本身是公权力机构而在法律责任的设计上予以特别优惠。相反,由于法律赋予公共管理机构的许多职责是可以委托的,在这种情况下发生的损害,公共管理机构责无旁贷。例如,英国法规定,如果某人因法院下达的儿童照看令（care order）而对该儿童负有责任,一旦该儿童被控有罪,法院有权对该责任人科处罚金,而且这类责任人也包括地方政府机关自身。② 这是我们理解英国的法律责任特别是公法责任的一个非常重要的例子,由此可以洞悉英国法中责任的本义:公平负担。

（四）通过责任分立确保地位独立

2000年《政党、选举及全民公决法》规定,对于任何未向选举委员会提交本党的竞选开支申报表或者竞选开支申报表的内容存在任何虚假申报的行为,政党的财务官个人都要承担相应的刑事责任,而政党本身并不对此承担责任。③ 就刑事法律责任或者说法律责任设计的原理而言,这种责任分立的设计形态,实际上赋予各政党的财务官对自己负责的单独责任,即财务申报及其内容的担保责任。这一独立于政党及其领导人的财务责任的确立,有助于保持政党内部的财务制约机制,使政党内部的财务官并不完全依附于政党的领导人,而是具有相对的独立性。这种责任设计模式使得财务官只有两种选择:要么严格为自己的责任着想,保证本党的竞选开支完全依法运行;要么严格从本党的利益出发,甘愿承担个人责任。在英国体制下,后一种情况比较少见,因为这要以牺牲该财务官的个人政治前途为前提,而能够成为一党财务官的人在政治上都具有仅次于本党领袖的政治身份,一般的政党领袖没有足够的能力为其设计具有足够吸引力的退路;而且这种牺牲本身也不见得就是为了本党的根本

---

① Wade & Forsyth, p. 83.
② Andrew Arden, p. 102.
③ Bradley & Ewing, p. 164.

利益。

(五) 雇主雇工时的注意义务及相应责任

如果某一雇主雇用了一名不具备履行其受雇义务所必需的足够经验或者训练(sufficient experience training)的雇员,并且因此造成了另外一名工人受伤,雇主雇用该雇员的行为将会构成违反采取适当注意(reasonable care)以配备称职雇员(competent staff)的义务(duty)。[①] 这一义务是由雇主承担的,而不是由不称职的雇员承担的。从某种意义上说,这或许可以称得上是一种代理义务,因为雇员是受雇主的指使从事相应的行为,其善意行为的法律后果应当由其雇主承担。当然,接下来的问题是,立法是将称职与否的识别义务转移给雇主,还是由雇员承担诚实应聘的义务,这就是英国法所讨论的配备称职雇员的义务。立法政策选择的结果,要么是让雇员承担在应聘时诚实申报自己是否称职的义务,并在事后承担不如实申报的法律责任,即对因其不称职而受伤害者负个人责任;要么是让雇主承担配备称职雇员的义务,并在事后因雇员不称职而对被伤害者承担雇主责任。英国法最终选择了后一种责任形式,其合理性有三:首先,要求雇员如实申报与要求雇主自己掌握受雇人员是否称职的难度几乎是一样的,而且雇主应当更了解其雇用的员工所从事工作的性质,更能够准确地掌握员工是否称职的标准;其次,雇主的实力一般要强于雇员,对受伤害者的赔偿更有效;最后,便于与雇主的其他安全责任结合在一起,以强化雇主对雇员的安全保护职责。

如果某一雇员被另一雇员袭击或者在雇员间危险打闹(dangerous horseplay)时受伤,雇主也要承担违反配备称职雇员的义务的法律责任(be liable for)。[②] 作为一个资本主义国家,英国的劳工法竟然有这样的规定。在有些国家,不仅这样的情况下国有企业或者私营企业不会为被打伤的员工负任何法律责任(咎由自取,没准还会与打人者一起被开除),即使是在另外一种更为恶劣的情况下,如看守所的非正式员工打死了被非法拘禁的人,该看守所的负责人似乎也不必为此承担多么严重的法律责任。

(六) 上下级间决策责任的明确

在行政组织中,下级服从上级是基本的行政纪律,但真理并不总是掌

---

① Andrew Arden, p. 377.
② Andrew Arden, p. 377.

握在级别高的人手中,特别是当制度设计的初衷就是想用特定职能的下级来监督上级特定领域的行为的时候,上下级之间的责任分担就是责任设计时不容忽视的热点、难点、敏感点。对此,英国中央政府各部门财务官(副部级)与其部长在财务决策方面的责任分担机制的设计,或许是可资借鉴的他山之石。

如果中央政府部门的部长预谋实施的某项举措在财务官看来将违反适当性及规范管理的要求,财务官应当书面提出自己对拟议中的举措的反对意见、反对理由,并声明自己享有在自己的意见被驳回后向总会计师兼总审计长报告的职责。①

按照我们的理解,这相当于最后通牒:"部长,你有权这样做,但我觉得不妥;如果你执意要这样做,我将报告总会计师兼总审计长。"在每个要害部门都安排一个在关键时刻敢于说不的人,在英国似乎已经不再困难,但在有的国家可能就不那么容易。英国的制度的单纯性在于,许多制度设计都是建立在人性独立、人格独立与人身独立的基础之上的,在这样的民族文化环境氛围中设计监督型的制度最为简便,因为随便找个人并赋予他监督别人的职责就可以了。

如果部长一意孤行,则财务官应当要求执意行事的部长出具书面的付款指示,并随后遵照执行,但应当同时知会财政部所发生的一切,并将部长的书面指示毫不迟疑地送交总会计师兼总审计长,如此之后,财务官即对发生的一切不承担任何个人责任。如果财务官严格遵照上述程序行事,可以预见,公共会计委员会(Public Accounts Committee)将承诺该财务官对该笔业务不承担任何责任。②由于公共会计委员会是众议院的委员会,既然该委员会承诺了,则基本上可以肯定财务官就摆脱了该项开支的政治责任,但也仅限于此,不包括其他责任,如刑事责任。但既然已经与政治责任、行政责任都没有什么关系了,显然也很难再与刑事责任挂上钩。总的说来,这个规定还是比较人道的,它并不要求财务官犯颜直谏,而只要求他们点到为止;但是同时也留有"请君入瓮"的伏笔,执意行事的部长想不承认都不行。当然,这一制度设计最主要的控制机理不在于事后责任的追究,因为无论写不写书面指示,都会有这样的结果,而在于"引而不发"之机,通过要求行政首长将其命令书于纸上,决策者本身也就有

---

① Bradley & Ewing, p. 357.
② Bradley & Ewing, p. 357.

了一个最直观的反思自己的决策的正确性及内心确信程度的机会。人性中感性或者说软弱的一面往往会在此刻显露出来,阻止人性中任性或者恣肆、强蛮的一面,而英国高级财务准则中所要求的谨慎、理性,正是通过这一程序给决策者留下了最后一次观照自己内心的机会。从高层次善意执法的角度看,这已经相当人性化地满足了劝诫的所有基本要求。

第七节 公法基本观念

细心的读者或许觉得奇怪,行文至此,笔者竟然没有提到平等。这显然不是因为疏忽,而是基于英国的现实。笔者发现,英国人不是不具备平等观念,而是表现形式与我们想象的不同。英国学者对于平等观念的探讨比较集中地反映在两个议题中:一是从最基础的层面上探讨平等观念,这体现在其法律体系的基础上,即普通法以及作为普通法观念基础的普通人的观念;二是公正观念。

一、普通人的观念

稍微了解一点儿英国法的人都不会不知道普通法,但要想深入地理解普通法,首先得理解普通人。英国学者,包括那些可以书写成为判例的判词的高级法院的法官们(与我们一般的观念最不一致的地方在于,在英国人看来,这些高级法院的法官们比法学教授更专业、权威)的难能可贵之处在于,他们虽然"身居高位",在其判决和对判决的解析中仍能站在一个普通人的角度考虑问题。

普通人的观念是与普通法观念密切联系的,依笔者的理解,英国普通法就是将所有的人(包括其组织)视为彼此在法律上无差别的人,并平等地适用相同的法律的制度体系。简言之,普通法就是把人普通化后而均等适用的法。在英国法律英语中,人(person)是指法律上的人格者,包括法人及其他在法律上拥有权利能力者。例如,英国学者会说,法律服务体系的服务对象不包括商号及其他类型的非个人法人(如合伙或者俱乐部)。[①] 将个人排除在法人之外,符合普通形式逻辑,但不符合法理,除非我们将法人理解为法律拟制的非人,这显然没有必要。

---

① Martin Partington,p.257.

戴西主义法治原则的一个主要内容是，任何人不能在法律之上（no man was above the law），即每一个人，无论其地位如何，都应当遵守这个国家的普通法律（ordinary law），并且服从普通的裁判机构（ordinary tribunals）的管辖权。因此，法治原则适用于每一位官员，上至首相下及治安法官或者征税官，他们都应当与其他公民一视同仁。这种意义上的法治原则追求的是确保法律面前的平等。①

按照英国普通法的一般观念，英国法律英语中的人（person）应该还包括英王。例如，英国法规定，中央政府的国务大臣可以对地方政府机关作出明确指示，禁止地方政府机关将指示中指明的土地处置给特定的人、属于某一特定范围的人或者与此等人有联系的人，如另一地方政府机关或者某一地方政府机关的公司。② 而另一地方政府机关或者某一地方政府机关的公司显然是作为法律上的人（person）的一种形式出现的。英国法中主体观念的这层意思的意义在于，确保了英国法的普通化，为法律均等地适用于上至英王、中至各类法人或者机构、下至个体公民，创造了法律意识基础。这样一来，英国的法律原则上适用于所有的法律主体，仅在法律有例外规定时才适用于法律明确指向的主体，从而有助于从观念层面避免为国家内部的某些人、某些机构游离于法律之外、凌驾于法律之上创造条件。

英国法中的这种主体观念来源于英国普通法之平民化思想，但却绝不仅仅是一种思想观念而已。因为在整个英国法律体系中，最执着、最坚决、最踏实甚至可以说是最顽固地坚持这一观念的，恰恰是其本身的法律观念和意识对英国法的实现和发展具有最直接能动作用的英国法官们，这一点，可以从英国法历史上以及现当代的判例中得到有力佐证。

例如，《公务员良好行为规范》提醒公务员注意，既不能不正当地利用其职位或者在其职务活动中接触到的信息，谋取本人或者其他人的私人利益；也不能将自己置于一种有充分的理由使人相信将会影响其判断或者正直的境地。③ 而此处之所谓"有充分的理由使人相信"的意思，就是一般的普通人"有充分的理由相信"，普通人的观念在此悄无声息地流露在纸上。如果说上述例子对于严肃的读者来说有些牵强附会，下面几个

---

① Neil Parpworth, p. 36.
② Andrew Arden, p. 565.
③ Bradley & Ewing, p. 278.

例子笔者则觉得无可挑剔。

(一) 人都是普通人

英国法上的许多标准不完全是由法院把握的,至少首先不是由法官把握的,而是由作为普通人的个人自行对自己应当遵循的标准予以把握。例如,英国《地方组织法》规定,如果存在某种非金钱利益,则地方议事会成员必须自己判断该利益是否属于明显的、实质性的利益。如果尚不属于明显的、具有实质性影响的非金钱利益,则该成员仍可以继续参与讨论和投票;否则就不应当继续介入有关程序,除非是在《地方政府(议员)全国良好行为规范》所规定的特殊情况下。如果某一地方议事会成员认为,某一公众成员一旦知道某种关系存在的事实,就会合理地认为自己可能会被与这一关系联系的利益所影响,则该地方议事会成员就应该将这种利益视为明显的、实质性的利益。[1] 此处给出的是一个理性人的判断标准,即地方议事会成员在判断某一非金钱利益是否属于明显的、实质性的利益,进而决定自己是否应当从决策程序中退出时,应当首先考虑普通公众在同样的情况下会怎么想。如果普通人认为自己在同样情况下可能会受到该利益因素的影响,则地方议事会成员就应当得出该利益属于明显的、实质性的利益的结论,并决然退出自己正在参与的决策或者投票程序。

此处值得提醒中国读者注意的是,英国的《地方政府(议员)全国良好行为规范》给出的标准不是从地方议事会成员本身出发得出的,而是必须按普通人的标准予以认定,即便地方议事会成员认为自己在同样的情况下尚不至于受这种关系影响。这就是普通理性人标准的基本建立模式。之所以会确立这样的标准,还有一个重要的原因,即免得被普通人猜疑:如果一般人认为在存在这种利益关系的情况下可能会影响自己作出公正判断,此时,即使对于某些或者绝大多数地方议事会成员并不会产生这种影响,但普通人仍然难以相信这些地方议事会成员所作出的决定真的没有受到这种影响。也就是说,英国《地方政府(议员)全国良好行为规范》所要达到的目标显然不限于我们所谓实质公正之类的客观标准,而是要达到令人无可置疑的公正这一更高的目标,这种可能引起公众猜疑的现象,也是其极力要求地方议事会成员尽力避免的。当然,这种标准在有些人看来可能多少具有主观唯心主义的成分。

---

[1] Andrew Arden, p. 328.

（二）警察是普通人

英国的警察主要是地方性的,其基本主体是警察管委会。警察管委会是一个由地方的相关议事会成员组成的委员会制的议事、决策机构;警察管委会任命警察局长,警察局长组织、领导的警察组织是警察管委会的执行机构。因此,将英国的警察管委会译为警察局不妥,正如将英国议行合一的地方议事会译为地方政府不甚妥当一样。

如果某人被警察错误地逮捕了,他可以提起一个普通的侵权之诉,诉请法院向关押或者留置他的警察或者按照其命令采取此类行为的警察,追索因被错误地投入监狱及由此所受侵害的赔偿金,就像这些警察是普通人一样。[①] 由于警察不是英王的臣仆,因此并不适用《王权诉讼法》的规定。当然,现代的法人责任理论适用于警察,如果警察的行为属于职务行为,最终承担赔偿责任的是其所属的警察机关;而如果其行为属于个人行为,则由警察本人承担责任。

（三）行政主体也是普通人

英国法不仅将普通的自然人、法人视为普通人,也将我们认为"不一般"的行政主体视为普通人。韦德认为,法院以及调整诉诸法院的涉及政府及公共管理机构的争端的规则,都尽可能适用"普通法律",除非有成文法调整,概将公共管理机构视同享有所有通常法律义务和责任的普通人。[②]

二、普通法的观念

普通法的观念是与普通人的观念相因应,并进一步建立在公法与私法对立与统一的基础之上的。如果一定要给出个原则的话,可以归纳为"将公比私"原则。这个原则在普通法系的公法领域经常出现,即公法人、公法资助的行为人都应当是理性的人,他们的行为标准和方式应当是同一的,也就是说应当符合一般的理性人行为模型。例如,在英国公法的法律服务领域有这样一项要求:当事人获得社区法律服务对其官司的资助的一般前提是,一个理性的当事人愿意自己出钱打这个官司。[③] 表面上看,这是讲行为人的行为模式,但从制度角度看,则是公法主体的行为规

---

① Wade & Forsyth, pp. 31-32.
② Wade & Forsyth, pp. 31-32.
③ Martin Partington, p. 259.

范与私法主体的行为规范的统一,即公法与私法的统一,这就是普通法。从这个意义上说,英国的普通法本质上还有这样一层含义,即公法规范应当以私法为体,以公法例外为辅,公法仅仅是私法原则的例外而已。

这就是英国学者反复强调的:适用普通法律,将行政主体视为普通人,并由普通的法院以普通案件受理涉及公共管理机构的案件。这一切都被视为英国法律传统的真谛,是韦德爵士及英国学者引以为傲并刻意维护的。①

英国学者心目中的普通法的观念还有另外一层我们不易察觉的心理定式,即对于政府介入的戒惧和警惕。这一点突出地表现在对于英国政府通过立法介入传统法律职业领域分类的态度上。1990年之前,具有职业资格的律师(professionally qualified lawyers,此处的英文强调的是职业,这是本书中笔者刻意区分职业与执业的重要论据)拥有的最重要的权利是出庭辩护或者为庭审准备材料。这两项权利是由出庭律师协会(Bar Council)和诉状律师协会(Law Society)的职业行为规则(professional rules of conduct)规制的。但根据1990年《法院及法律服务法》(Courts and Legal Services Act)的规定,政府开始为这些权利确立制定法上的基础。② 从普通法的法律渊源的角度讲,这实际上就是我们通常所说的将习惯成文化的过程。而从这些权利与政府的关系来讲,则是政府介入的过程。因此,出于对英国普通法传统的迷恋或者说信赖,对于这种具有干预性质的法律基础的塑造活动,英国学者是怀有很深的疑虑的:没有成文化,并不一定说明这些习惯就不具有法律效力;成文化也不一定为律师权利的保障缔造更坚实的基础。

三、怀疑的态度

本书经常会有一些不确定的表述,其中绝大部分是转述英国学者的不确定性表述,少部分是笔者"露怯"(有些是因为资料冲突,有些是对孤证的怀疑)。笔者此处所要表述的,是作为英国知识界代表的英国法学家们的谦和,而其最直接的体现就是不确定性表述。

例如,在讨论调卷令时提到的撤销决定的溯及力问题,英国学者指出:调卷令具有撤销申请人所挑战的决定的效力。但有时会出现这样的

---

① Wade & Forsyth, pp. 31-32.
② Martin Partington, p. 228.

难题,被撤销的决定自其作出至撤销期间是否无效,或者说该决定在调卷令作出前是否始终合法。对此,英国学者不是很有把握地说(seems to be),非法的决定是完全无效的,但这一判断只能在司法审查之后并由调卷令予以撤销后才能得出。①

英国学者在哲学上是实用主义的不可知论者,在法学上则是经验主义的怀疑论者。于是,除了引述法条、判例及他人著述,其实就没有多少篇幅是自己的了,而在这硕果仅存的自留天地中,主要的内容不是怀疑就是自我辩解(argue)。研究这样的著作,是不可能不受其影响的,这就是本书中经常出现不确定的表述的主要原因。

对于中国的读者,笔者的唯一建议是,在阅读本书时,务请保留你的独立的怀疑。虽然笔者自信其中的大部分是可能通过进一步的阅读和佐证消除的,但如果能够通过这个过程发现其中的几个确有根据的疑点,无疑对培养自己敢于怀疑的自信和勇气是非常必要的。这种勇气是真正的英国知识分子所具有的秉性——以一种建立在怀疑基础上的判断力,建设性地批判既存社会秩序和价值观念。当然,在英国,他们并不觉得坚持这一点需要什么勇气,他们唯一觉得缺乏的,仅仅是作为批评基础的知识和见识。

四、务实的作风

临时性宣告令(interim declaration)并非英国法固有的救济,对此,1994 年的 *Riverside Mental Health NHS Trust v. Fox* 一案中有明确的说明。② 之所以会出现这种现象,伍尔夫法官在 2001 年的 *Governor and Company of the Bank of Scotland v. A Ltd. and others* 一案中指出,主要是因为英国人认为临时性宣告令不会有什么实际效果(practical purpose)。

一个实用主义盛行的民族总是不免存在实用主义的理由。说得通俗一点,一个务实的民族总是追求务实的目标。而英国之所以改变了这种立场,是因为其他法域(jurisdictions)的司法实践表明事实并非如此,这促成了英国在这一领域的改革。③ 这是英国法借鉴比较法成果的一个例

---

① Bridges & Cragg, p.24.
② Neil Parpworth, pp.334-335.
③ Neil Parpworth, p.335.

证。英国法尽管具有极强的自我生长能力,但从其现当代的发展轨迹看,它并不排斥在其他国家证明行之有效的做法。但作为一个实用主义或者务实精神根深蒂固的民族,他们比较借鉴的首要考虑是实际效果。于是,根据《民事诉讼规则》第 25 条第 1 款第 2 项的规定,法院有权在任何时候颁发临时性宣告令,包括在诉讼程序开始前及判决作出后。当然,在诉讼开始前颁发临时性宣告令的情形,限于情势危急,或者出于公正的利益确需如此。①

五、权利观

(一) 权利本位观念

在英国,没有权利本位观念的直接表述,但其剩余权利或者说保留自由的观念,几可取而代之。因为其所谓保留或者剩余,都是就法律明确规定之后,在法律规定之外而为公民所保留的权利,或者说剩余的留给公民享用的自由。而剩余归己而不归公的结果,显然只能建立在私权利本位的基础之上。

按照普通法传统,个人在英国法上的权利,是经立法及行政权予以限定后保留的自由(residue of freedom),这种权利范围的界定,只能通过检查法律对个人行为及个人对其自有财产的享用所实施的限制予以确定。英国法的上述传统态度,随着英国《人权法》对《欧洲人权公约》中权利的认可,以及公共管理机构必须以与公约人权相一致的方式行事的义务的确立,而不得不作出相应的调整。②也就是说,在英国传统法治观念中,权利或者自由都是建立在保留或者剩余模型之上的:除依法被明确限制的以外,其余皆为公民的权利;而且,公民的权利与自由在这个意义上是没有区别的(都是 liberty),权利就是法定的自由,而自由则是未受法律限制的权利。在这种传统观念体系中,并不强调法律明文规定的权利或者自由的地位,宪法层面上的权利宣言或者人权宣言也不存在。但英国加入《欧洲人权公约》后,特别是通过《人权法》将《欧洲人权公约》的法律效力国内化之后,《欧洲人权公约》事实上成了英国的人权宣言,《欧洲人权公约》所确立的公约人权,成了英国宪法性的基本权利,这对缺乏成文宪法传统的英国法律与权利体系的影响,显然非成文宪法国家所能比。

---

① Neil Parpworth, p. 335.
② Phillips & Jackson, p. 36.

(二) 没有救济就没有权利

韦德爵士说,提到权利,通常会想到"没有救济就没有权利"。也就是说,权利离不开救济(rights depend upon remedies)。① 可见,英国学者对权利的定义,不是从正面就其存在的充分条件作肯定性的描述,而是从反面就其必要条件作否定性的阐述。他们认为,不是权利存在时或者享有时的状态如何,而是其失去时或者被剥夺时的状态如何。其给概念下定义的这种思路,颇有点类似现代经济学给成本下定义的方式:边际成本。

由此自然推出这样一个结论:个人的受影响的权利越是基本,保护的程度就越要增强。② 这又是一个非常具有启发性的意见。正是这个意见决定了英国法救济的优先序列。易言之,权利和救济不能分离,并且救济的属性(nature)决定着权利的属性。③ 由于没有救济就没有权利的观念根深蒂固,对行政行为的救济是英国行政法中标志性的内容。任何类型的政府所真正需要的,是通过某种经常性的、顺畅运行的机制,针对对政府不满的人的反映作出必要的反馈,并经过无偏私的对抱怨的评价后,校正任何可能已经犯下的错误。④

1949年,丹宁(Alfred Denning)在其名为《法律下的自由》(*Freedom under the Law*)的专题演讲中阐述了以下精辟的结论:"任何人都不应当想当然地以为,行政机关永远不会犯我们每个人都有可能犯下的罪愆(guilty of the sins)。可以断言,行政机关有时会做其不该做的事,有时则会不做其该做的事。但是,如果我们之中的任何人受到了行政机关的过错的戕害,我们可以寻求的救济何在?在我们国家,保护我们的个人自由的程序非常有效,但阻止权力滥用的程序却远非如此。正如锄与铲(pick and shovel)已经不再是开采煤矿的适宜工具一样,训令、调卷令的程序以及相应的诉讼手段,也不再是新时代捍卫自由的有力武器。这些程序和手段必须为诸如宣告令、强制令及过错责任诉讼等新的、更适应时代的机制取而代之。而完成这一使命的,不应当是议会,必须是法院。在我们的法院未来所面临的所有使命中,这是最重大的。"⑤

---

① Wade & Forsyth, p. 551.
② Bradley & Ewing, p. 632.
③ Wade & Forsyth, p. 31.
④ Wade & Forsyth, p. 87.
⑤ Neil Parpworth, p. 332.

六、英国人的城堡

首先对竟然以"英国人的城堡"这个不伦不类的名字作为标题,恳请读者原谅。之所以知其不可为而为之,是因为这个概念属于人身权与身份权交叉的领域,将其归入任何一支都不妥。不同的民族、语言的交流应当宽容这种现象,就像英语继将"gongfu"(功夫)引入之后,也引入了"three representatives"(三个代表)一样,我们也不妨先不带任何成见地瞻仰一下英国人的城堡。

英国普通法传统中有所谓"英国人的城堡"(Englishman's castle)之说,即任何人的住宅(house)对其本人而言就是其城堡,既是其休息的地方,也是其抵御侵害及暴力的防御工事。[①] 进一步讲,英国人的城堡,英王也不得随便进入。例如,对于警察干预私生活的行为,当事人可以非法侵入为由提起诉讼,作为对警察的非正常干预私生活行为的救济,警察必须在事后的诉讼程序中证明其进入私人领地是合法的。[②]

如果某一当事人被警察扣留,则有权获得扣留记录和搜查记录的副本,这一请求权可以在其被拘留后的12个月内的任何时候提起。同样的道理,某一物业的占有者也有权查阅任何针对其物业的搜查令(search warrant)的副本,期限从该搜查令被执行搜查任务的人员送回治安法院起计算。[③] 英国人的房产一般人是不能随便进入的,除非有法定的搜查令。搜查令由治安法院发放,但这种令状有点类似于中国古代的令牌,搜查完毕后应当连同搜查结果一起送回发放令状的法院。

七、经济观

英国是古典经济学的故乡,经济就是节俭,而这层意思在英语经济(economy)一词的本义中已经包括了,英国的经济学无非就是把这层意思发扬光大为一门学科罢了。反映到治国理念上,英国人处处非常算计,自19世纪以来,总审计长的审计职能就已经包括发现浪费及奢侈现象(instances of waste and extravagance)的内容。[④] 也就是说,总审计长不

[①] Phillips & Jackson, p. 561.
[②] Phillips & Jackson, p. 561.
[③] Bridges & Cragg, p. 98.
[④] Bradley & Ewing, p. 358.

仅审查资金去向的合法性,即符合议会批准的流向,同时也要审查资金使用的合理性,即资金有没有得到最合理、最经济、最有效的利用,是否实现了资金到资产的最大转化率,是否存在浪费现象。

但是英国学者不无忧患意识地提醒我们,任何公共审计体制都不能保证有争议的政治决定所引发的重大开支,例如,开支巨大的协和号客机(Concorde aircraft);无论是对政治家还是公务员来说,节约(economies)并不总是那么心甘情愿的。① 从英国学者的警示可以看出,他们骨子里认为,公开财政问题根本上就是一个政治问题。这一点其实也不难理解,在英国,议会是个坐而论道的地方,讨论的问题都是政治问题。将财政问题提高到政治高度,是他们讲政治的一个体现,也是他们泛政治化的结果,根源在于他们并不认为将某个问题从政治角度考虑就是对这个问题境界的提升,回避某个问题的政治属性反而会失去解决这些问题最便宜的思路——政治问题只能用政治手段解决,因政治决策错误导致的后果自然服从政治责任原则,这就是协和号客机的例子所要说明的问题。

至于为什么认为政治家或者公务员都不把节约、经济性当回事,估计是因为西方所谓人性的恶:人们总是倾向于糟践别人的东西,不珍惜共有的东西,而只把精力放在自己可以支配或者说所有的东西上。因此,西方一个常见的道德感化口号是,爱你的邻人像爱你自己一样。为了避免这种恶性的膨胀,英国人想出来的办法就是尽可能减少人人都不太愿意操心(至少不像对自己的东西那样操心)的财产的范围。这就是本书讨论英国政府对于经济的管理的篇幅如此之少、内容如此有限的原因所在。

八、自由观

据语言学家研究,人过了 7 岁以后再学一种语言,就很难达到如其母语的程度。其中的一个关键性指标,就在于已经无法理解语言中的某些关键词汇的根本用法。自由也许就是这样的一个词。

英国的自由(liberty)观念的表现形式不限于个人自由,而是作为一种行为认知方式存在于有关各类主体行为内容的规范中。在这些具体的实例中所表现出的自由观念的总和,才是英国社会为法律所感知的自由观的全部。例如,英国法中规定,地方政府机关不能向自己送达通知。英国法认为,任何人都不可能对其自身设置合同性义务。任何法律上的人

---

① Bradley & Ewing, p.360.

格者概莫能外,其中当然也包括属于法人的地方政府机关。① 或许这是英国法中理解的自由的一个组成部分,即任何人不受自我约束。

英国学者认为,在一个自由、民主的社会,个人自由的中心地位是很难被夸大的②,即无论多么强调个人自由的中心地位都是不过分的。正如欧洲人权法院所提醒的那样,保护个人自由免受国家的武断干预是一项基本人权,正因为如此,这一基本人权受《欧洲人权公约》第5条规定的保护。这一基本人权因1998年《人权法》的实施而显得愈发重要。③

那么,是不是一项权利或者自由被纳入基本人权或者《人权法》所保护的范围,就会当然地具有高于一般权利的优越地位呢?笔者认为,这样的权利或者自由一旦被确认,则其所有者即拥有诉诸欧洲人权法院讨回公道的程序性权利,而欧洲人权法院为此宣告英国政府违反《欧洲人权公约》的判例每年都有。尽管如此,当笔者发现英国学者的下述观念时,仍被吓了一跳:他们认为,维护法律与秩序,预防并侦查犯罪,对于维系有组织的政府而言都是非常重要的事项。但同样重要的是,这些方面的考虑不应当用以证明必须赋予警察超过绝对必要的权力以外的更多的权力,因为赋予警察的任何权力都将不可避免地意味着个人自由的相应减少。④ 这些意识无疑是非常重要的。但其对于一个国家的重要程度,则与这个国家究竟有多少人相信警察权与自由的负相关关系有关,或者说与相信者的人口比重以及相信者的表决权重呈正相关关系。许多警察相信自由越多,越需要警察;没有多少警察相信自由多了,警察就会减少;但几乎所有的警察都不能容忍关于自由与警察的关系的应然与实然的判断可以不由警察说了算。

九、平等观

讨论英国的平等观念,特别是现当代的平等观念,不能忘记以下判例:在1996年的 *Jepson v. Labour Party* 一案中,法院认定,为参加议会选举而提出的候选人推荐名单全部由女性组成的做法,违反1975年《反性别歧视法》(Sex Discrimination Act)。⑤ 该案的要点在于,这种做法实

---

① Andrew Arden, p. 283.
② Bradley & Ewing, p. 456.
③ Bradley & Ewing, p. 456.
④ Bradley & Ewing, p. 456.
⑤ Bradley & Ewing, p. 155.

际上构成对男性的歧视,而按照《反性别歧视法》的立法本意,这种做法本身并不应当被视为歧视,只不过从《反性别歧视法》的字面上看不出这层意思,当时的立法者还没有考虑到会出现歧视男性的行为。于是,在该案发生后,就出现了修订《反性别歧视法》的动议,以修正实践中歧视男性的行为。①

十、民主观

民主政治有两个值得欢呼的方面:其一是因为它承认多样性;其二是因为它允许批评。这或许就是英国人追求民主的两大动机,但具体的细节则比较复杂。

(一)民主的自我纠偏本能

英国学者非常明确地承认,议会如何行使其立法权对于有关议会立法至上原则的存亡兴废的讨论至关重要。② 但克雷格(Craig)认为,戴西对议会立法至上原则的解释,是建立在代议制民主假设的前提之上的。按照克雷格的观点,这一制度早在1885年就已经沦丧了,而今已难以再现。克雷格在其《公法与民主》(Public Law and Democracy)一书的第二章辩驳说,戴西有关议会主权的观念是牢固地建立在自我纠偏的多数人的民主观念之上的,用戴西的话说,选民们总是可以在最后关头强制落实自己的意思;现如今,英国政治体制已经变成了一个由上流社会、行政官僚和政党政治统治的社会,因而总是存在向多数人的暴政演化的可能性。③

议会立法至上是英国宪法体系中一个有着持续而强有力的影响的突出特征,特别是,该原则始终威胁着法院的地位,自然也促使法官们在把持其对行政的态度时倾向于采取谨慎的态度,因为议会是完全处在行政的有效控制之下的。④ 这是英国议会民主的现实所造成的一个自然结果。将议会民主制与此处的议会立法至上原则结合起来便是,尽管从理论上讲,英国存在可以称为议会立法至上的宪法性原则,但是在实际操作中,由于政府是由议会多数党把持的,政府的所有决策同时也就是议会多

---

① Bradley & Ewing, p. 155.
② Bradley & Ewing, pp. 53-54.
③ Bradley & Ewing, p. 54.
④ Wade & Forsyth, p. 25.

数党的决策;反过来,政府想要采取的决策在正常情况下也总是可以转化为议会的决策、取得议会的支持或者在议会不表示异议的情况下视为得到议会的默许而可以畅行无阻。从这个意义上说,议会表面上看是完全被政府有效控制的。但是必须看到,这种有效控制的前提是建立在政府是由议会中处于有效多数席位的单个政党组成的;否则,如果某党在某届议会中占少数,靠与其他党团的联合而建立起一届政府,在这种情况下,政府政策的推行将随时面临议会的挑战,甚至在议会不置可否时也会受到公众的怀疑。此时,就不能说政府能够有效地控制议会。在相反的情况下,议会对于政府的决定性影响则充分地表现出来了。此时,也正是议会立法至上原则发挥其决定性作用的时候。可见,对议会立法至上原则的理解必须从表面深入到英国宪法体制的历史层面上去。尽管从表面上看,英国在近现代的绝大多数时期都是政府有效地控制着议会,但是这些时期同时也是政府所属的政党处于议会中的压倒性多数的时期。在这些时期,议会立法至上原则并不是不发生作用,而是隐藏于英国当时的宪法事实背后,只要没有人敢于挑战这一原则,这个原则就会在每届政府及每届议会选举时浮出水面,使执政党及在任政府明确:没有议会的多数党地位,就面临下野的局面,更遑论对议会的控制了。

(二)宪法性安排取决于民意

宪法性安排(Constitutional arrangements)最终取决于被统治者的同意(consent of the governed)。① 这一论断同样适用于民主与非民主的社会,王朝更迭取决于被统治者的同意,民选政府的换届也是如此。在联合王国及其他许多发达国家,这种同意更主要的是基于当然的推定而不是主动求证,除非那些需要交付全民公决的特殊议题。自由且定期的选举通常被视为获得被统治者持续同意的主要手段。②

(三)不必太在乎民主的成本

当民主成为一种生活习惯或者生活方式时,其成本基本可以忽略不计,正如没有人计算家长制的成本一样。

更重要的是,英国式的民主非常"小气":据笔者估计,英国一次全国大选的成本平均到每个国民,只相当于几个鸡蛋的价值。详见本卷第二编第三章第三节选举程序中的相关内容。

---

① Martin Partington, p. 31.
② Martin Partington, p. 31.

十一、公正观

（一）公正是现代行政促成的一种需要

对此,韦德爵士的论证堪称经典:随着行政权的扩张,自由受到了削减,公正就必须扩张①;政府掌握的权力越多,公众舆论对越权或者不公的反应就越敏感②。而政府对于公共舆论的及时反应,就是政府感知现实公正的主要途径。

有关这个问题的更深入的讨论,参见本书第四卷第三章第五节中公正的现代需求部分。

（二）公正地行事

所谓公正地行事,就是无可挑剔的行政。这固然是个很高的标准,但也是个现实的标准,每个理性的人都可以就此有所作为。

有关这个问题的更深入的讨论,参见本书第四卷第三章第五节司法公正中公正行事的要求部分。

（三）公正要以令人不容置疑的方式实现

这涉及公正的实现标准,参见本书第四卷第三章第五节司法公正中公正实现的标准部分。

十二、独立观

在介绍英国法治时,经常会发现"独立"二字:律师的独立、法官的独立、行政官员的独立。其所反映的,就是英国法中的独立观。

（一）咨询者的独立性

在中国的现行体制内,不乏咨询机制及相应职位的设置。但与我国的不同之处在于,英国要求所有的咨询人员必须独立地发表意见,而且这些咨询人员也确实努力这样做,并基本令人满意。

例如,国务大臣有权通过其制定的条例,要求地方政府中负责职员任命的主体(包括地方政府机关及其委员会、分委员会或者任何代表其行事的个人),在解除地方政府机关的行政官员的职务或者科处其他任何纪律处分时,必须遵循某一中立人士(independent person)的建议。③ 此处的

---

① Wade & Forsyth, p. 7.
② Wade & Forsyth, pp. 7-8.
③ Andrew Arden, p. 356.

中立人士,关键在于其中立性,至于此种中立性的具体内涵究竟是指独立于该地方政府机关的各政治社团、独立于地方政府机关本身还是独立于受纪律处分的个人,英国立法者没有挑明。这种情况在英国立法中非常普遍,最终的解释权在法院,法院会非常胜任地将任何因之而引发的争议通过判例予以个别突破。因此,在这一点上笔者觉得没有介绍的必要。倒是其中提到的另外一个问题,即由该中立人士提出建议,并且地方政府机关的官员必须遵循的制度,很值得思考。

(二)法律执业者的独立性

此处讨论的独立性不是法官的独立性、司法的独立性,而是法律执业者的独立性。虽然英国学者也强调,这种独立性包括主张自己有权提供独立于政府的意见。这是司法界的独立性的根本要素,但其更主要的内容,或者说从法律服务提供者的角度着眼的内容,还是律师的一项职业义务(professional obligation),即承担那些普遍认为有争议、棘手的案件。[①] 英国学者之所以将这一内容与独立性扯在一起,或者说我们之所以会觉得英国学者提示的这种关联匪夷所思,主要是因为我们对"独立"的理解可能与英国人不同。我们的理解集中于自主,也就是英国学者提到的 independence 的前一层意思,而英语中 independence 还有另一层意思就是不相关,特别是指逻辑上不以另一事物为前提(dependence)。从后一层意思上考虑,就是要求法律执业者考虑其提供法律服务的唯一出发点是案件与法律是否相关,而不考虑其他与法律无关的事项,如是否有争议、棘手等。在英国法律服务领域已经成为约定俗成的要求的这种独立性,仍具有十分现实的新颖性。

法律执业者独立性原则在现实中运行得最贴切的例子,应该是出庭律师适用的出租车规则("cab-rank" principle):出庭律师负有必须接手下一个找上门来的案件的职业义务。独立性的确立还意味着,这个职业应当按执业规则来规制其职业活动,政府不能横加干涉。[②]

(三)法官的独立性

英国学者对于法官独立的态度异常鲜明,与其对成文宪法的暧昧态度形成鲜明的对比。在英国学者看来,如果说严格的分权并非宪制政府的一个必要的先决条件,那么法官独立却完全不能这么说,法官独立涉及

---

① Martin Partington, p. 227.
② Martin Partington, p. 227.

法治原则一些非常重要的问题。如果要使政府遵循法律行事,那么就必须保障尽可能独立的司法,否则,就会出现这样的危险:法律将服务于政府的目的而非公正的利益,因为政府的目的与公正的利益并不总是同义的。①

英国学者高度重视司法的独立性,并将其置于司法体制中心位置。他们认为,从宪法、行政法的角度研究英国的司法体制,主要涉及三个方面的问题:① 法官的任命方式以及为保障法官独立而设计的制度保障措施,以及那些可能危及法官独立、需要克服或避免的体制阻碍;② 确保诉讼当事人获得公平听审的权利的举措,以及主要通过蔑视法庭方面的法律规范建立起来的获得公平听审的权利与自由表达的权利之间的平衡;③ 行政部门在实现公正(administration of justice,也就是司法)方面的角色,主要是大法官的角色,以及对于违反公正的行为进行追诉的程序。② 按照中国读者的直觉,这三个问题中,至少有两个与司法独立有直接的关系;从英国法的观念出发,第三个问题才是司法独立的核心,因为英国学者觉得,所谓违反公正的行为,就是侵犯司法独立的行为或其结果,而行政在这方面既可以扮演推进者的角色,也可以成为破坏司法独立的元凶,在英国学者看来,司法者或者司法活动的参与者有权提供独立于政府的意见,这是司法独立的根本性要素。③

英国学者特别强调,司法独立因 1998 年《人权法》而得以再度复兴,因为《欧洲人权公约》第 6 条要求保证当事人能够获得由一个"独立且不偏不倚的裁判者"予以公平、公开听审的权利。④ 司法独立对于英国宪法、行政法的意义,就像法国的行政法院之对于法国行政法的意义。因为在任何现代国家中,司法独立首先是司法相对于行政的独立,没有这种独立性,就没有真正意义的行政法。

十三、变革观

"周虽旧邦,其命维新。"英国法制的历史上并不缺乏变革。以用法律服务取代法律援助的变革为例,作为 1999 年通过的《接近正义法》(Ac-

---

① Bradley & Ewing, p. 364.
② Bradley & Ewing, p. 364.
③ Martin Partington, p. 227.
④ Bradley & Ewing, p. 371.

cess to Justice Act)的成果之一,法律援助局(Legal Aid Board)被废除了,法律服务理事会(Legal Services Commission)取而代之,并被赋予两项新的职责:刑事辩护计划(criminal defence scheme)和社区法律服务(community legal service)。① 当然,1999年《接近正义法》另一个不言自明的变革就是,以接近正义取代了法律援助,法律援助的概念也被正式废除了,但新的接近正义的体制仍建立在既存的法律援助体制之上。这种变革的特征不是革命式的而是进化式的。②

类似这样貌似"新瓶装旧酒"的变革在英国的历史上络绎不绝。英国人对于变革甚至革命的理解,其实与我们并没有本质的区别,唯一的差别在于我们或许认为革命是可以一劳永逸地解决所有问题的,但是他们显然没有这么乐观,他们务实地放弃了革命,而以维新者或者改革者的宿命观,将自己推上了一条永无止境的修正主义路线。当然,我们在这里讨论英国人其命维新的民族性时,更需要注意的是其维新动力的民源性,几百年来,建立在民主基础上的保守地和平进化的民族性格,促成这个民族及其所经营的国家让人常看常新。

曾经由私人或者慈善机构(private individuals or charitable bodies,注意:英国的私人包括自然人和私法人,而不限于自然人)履行的职能后来成为公众关注的事项。对此,英国法采取的策略不是拆除既有结构,而是不时地通过制定法的规定,要么增加某种上层权力或者义务结构,要么使既有的私人机构融入其履行职能的既有的制定法结构体系之中(within the statutory framework)。③ 这种做法具有典型的维新或者英国渐进式改革的特点,但或许是因为这样的例子看多了的缘故,笔者认为,这种变革方式或许是法治化进程最值得推崇的模式。跨越式的革命适用于一无所有的地区,选择这种模式时需要附带选择"砸碎一个旧世界"的成本。当一个国家富裕到一定程度后,革命的成本就会高出所有理性人的想象而变得恐怖。如果这个国家还是一个普通人或者理性人占多数并且理性能够有效表达的民主国家,则革命的主张很难通过议会道路取得成功。

十四、监督观

如何才能建立起对于某种可能的恶的有效率且低成本的监督?这是

---

① Martin Partington, p. 83.
② Martin Partington, p. 83.
③ Bridges & Cragg, p. 4.

许多读者想从英国得到答案的一个问题。但笔者找到的结论或许会令人失望——只要监督者确实在有效地监督！因为任何监督的失效不是被监督者出了问题,而是监督者失去了监督的动力！知道怎样保证监督者有效地监督,自然就有了有效的监督。英国的结论,确实如此。

（一）让法律去做恶人

监督制度设计需要逾越的一个根本性伦理障碍是,谁来做恶人。在许多民族的古代直至当代,"同居相为隐""父为子隐,子为父隐"的民风淳朴。何为隐？不发为隐。于是监督制度的触角往往赶不上"亲情"延伸的速度和广度,并在各种纽带、裙带建立起来的关系面前,心照不宣地卷而怀之了。曾经盛行清教的英国人据说至今比较喜欢清静,相互之间也比较疏远——住都不喜欢扎堆儿,喜欢独居于低矮的乡间别墅,不喜欢住闹市的高楼大厦。反映到他们的监督制度上,似乎人人不乏"我不入地狱谁入地狱"的勇气。但从制度上看,因其人性化的设计,避免了让监督者去做恶人的尴尬。这一点在通过专门立法单独设立的总会计师兼总审计长的职位上,可以看得比较分明。

总会计师兼总审计长的职责包括两个方面：首先,作为总会计师(Comptroller),他必须确保所有的财政收入都能够妥当地划拨到国家常年基金(Consolidated Fund)及国家借贷基金的账户上,而财政部如要从两项基金中撤回资金,则需要总会计师兼总审计长对英格兰银行的授权。其次,在履行总会计师职能时,总会计师兼总审计长必须确保总开支不突破由议会授权的总开支限额。① 英国的英格兰银行兼为英国国库,掌管英国政府的基本基金账户及其账上资金,包括这里提到的两项重要基金。财政收入自财政部(实为从其下设的国内税务及关税局)划入国家常年基金及国家借贷基金之后,实际上就是转入了英格兰银行的相应账户上,对此,总会计师的职责是督促财政部确保资金足额到位；如果财政部觉得某笔拨款超额了,想收回来,财政部直接给英格兰银行说是不行的,必须通过总会计师。事实上,在这个过程中英格兰银行什么也不管,法律让它听谁的,它就听谁的,因此谁也不得罪。唯一的恶人就是法律,但谁也不能拿法律怎么样,因为法律是受人民的委托监管那些可能作恶的人的。

（二）监督是制度设定的职责

人们已经普遍认识到,预防和侦查欺诈及其他不法行为是管理体制

---

① Bradley & Ewing, p.358.

的职责。① 也就是说,有效的监督需要通过管理体制的合理设计来完成,而不是单纯通过对具体操作的人提出的道德要求所能成就的。这是对人性的弱点的清醒认识——任何掌权者都必须受到制约,不受制约的权力必然导致腐败。这一重大发现对于人类进步所起的作用,可能不比发现万有引力定律逊色。而且笔者想强调的是,这一规律适用于所有民族、所有时代,而不以建立某种制度或者加入某种党派为转移。

为此,不妨看一下土地登记基金借贷中的监督机制的设计,这是一个比较专业的例子:英国的土地登记基金会掌管及经营该基金会使用或者分配给其使用的自有不动产及租赁土地,制定法授权该基金会在法定限额下借款,但指定国家借贷基金(National Loans Fund)为其唯一的贷款人。② 也就是说,为了实施对土地登记基金会借款行为的有效控制,制定法在规定其可借款额上限的同时,还规定了其借贷的对象,即只能从国家借贷基金贷款。而按照一般的借贷财务规则,国家借贷基金在放款时必须审核土地登记基金会申请每笔贷款时的资产负债情况,评估其相应的偿付能力,从而实现对土地登记基金会借款行为的有效制约。当然,这种制约在有些国家可能会因为二者同属于行政系统或者都是国有单位而形同虚设,这主要是因为这些国家的人情观念重于法治观念。在英国则不会这样,他们人口相对稀少,人与人之间比较疏远,胆子也比较小,比较迷信教条,问责体制也比较健全,于是这样简单明了、廉价的制约体制仍然能够发挥作用。

(三) 公开本身就是一种责任形式

决定及决策过程的公开,本身就构成一种责任形式。③ 这种认识的意义在于,所有的不公开的理由都可以按照这一思路朝着不负责的方向去想。当然,这种思路难免给人以人心惟危的不良印象,但这里讨论的是监督,如果人人都是天使,就不必担心他们钻进钱眼里出不来了。

(四) 必须始终保持监督者的独立性

此处有两点需要事先说明:首先,此处强调的是始终保持,不是永葆,后者要求的是先进者,前者要求的则是意志薄弱者,他们身处监督者的位置,但随时可能被被监督者拉下水。要求保持太久并没有用,成本也太

---

① Andrew Arden, p.536.
② Bradley & Ewing, p.351.
③ Bradley & Ewing, p.347.

高。最好是坚持不住了就赶紧换人,以确保在位期间能够善始善终。其次,独立性并非无组织、无信仰、无党性,而只是独立于被监督者,天使与魔鬼的后代,就是独立性灭失者的投胎。

这方面的具体例子仍与财务有关,众议院公共会计委员会(其主席依惯例是一名资深的反对党议员①)的审查工作的通常方式是,传唤选定的政府部门的财务官到该委员会公开说明该部门行为的方式,对该部门的审计报告进行追查。在个别情况下,该部门的部长也要到会向委员会解释某一特别开支项目的原委。② 显然,只有当委员会的主席是外人的时候,才会毫不客气地请政府的财务官甚至部长到会解释本部门开支的理由,如果委员会主席是自己人,委员中也多数是自己人,即使偶有个别异己委员提出要传某某部门的人,这种声音也不容易被主席听到,听到了也会以种种理由拒绝,甚至有可能安排那些比较"强硬"的部门来搪塞。这进一步体现出委员会主席由反对党担任的利弊。

另外一个更为具体的例子是,英国法要求地方政府机关的首席财务官必须确保足够有效的内部审计,但对内部审计本身及范围未作进一步的规定。英国学者认为,审计员遵循那些获得公认的非制定法的审计守则的行为,一般被视为制定法所谓实施"足够和有效"的内部审计的一部分。③ 对这一法律概念的解释,实际上将相当数量的非制定法的审计行规纳入首席财务官对地方政府机关进行内部审计时的行为依据中来。地方政府机关不能以首席财务官遵循这些行规进行的审计没有制定法依据为由拒绝接受审计,否则就将侵犯首席财务官依据制定法获得的对地方政府机关实施"足够和有效"的审计的权力。这是英国立法解释技术一个非常好的应用实例。

这种立法解释的意义在于,赋予作为行政主体内部行政人员的首席财务官以独立的法律地位。依据这种法律地位,对作为其雇主以及其下属的工作成果的地方政府机关的财务制度及账目进行仔细审查,在英国被认为是天经地义的,没有人会从伦理上、情理上指责,首席财务官也不会面临任何人情上的压力。在英国,这方面的成本很低,仅在罕见的情况下才需要外部审计介入。

---

① Bradley & Ewing, p. 359.
② Bradley & Ewing, p. 359.
③ Andrew Arden, p. 535.

此外,英国法关于总会计师兼总审计长的下属职员不再是公务员(他们是由总会计师兼总审计长本人任命并对其本人负责)①的制度设计,也反映了英国制度设计者为力保专司监督之职者的独立性的良苦用心:监督人员过于稳定,与被监督部门之间会形成过于密切的关系,有可能被俘获,不便于监督。

(五)维持监督者与被监督者的对抗性

英国众议院公共会计委员会主席的设置传统,是对抗性制度设计的一个极好的例证。

没有什么监督比敌人或者对手的监督更有效,或者说没有什么人比敌人或者对手更了解或者更渴望了解你的缺点。了解你的敌人或者对手对你的了解,是一个便捷地了解你的缺点的机会。英国议会之所以能够将这一传统保留下来,根本在于,这是从监督的本意出发最合理的。因为众议院公共会计委员会设立的宗旨,就是为了监督政府中存在的"经济问题"。而最想发现这些问题的,显然是反对党,其中的资深议员又往往是能够发现这些问题的最佳人选——无论是愿望还是能力方面都是如此。当然,由于议会民主制的存在,主席之设只是象征性的,因为按照政党比例原则,各特别委员会中委员的党派比例要与各议会党团在议会中的比例大致相当。在这种情况下,众议院公共会计委员会委员中的多数是由执政党出任的,该委员会主席所在党的委员仅占少数。因此在表决时,通常情况下还是执政党说了算。但从程序上说,由于该委员会的主席是由反对党议员担任的,因此在主持会议的过程中,主席至少可以充分地利用其程序性权力,让反对党把话说完、把理说清,从而最大限度地实现程序公正,即以不容置疑的方式实现公正。这种程序公正的合理性类似于两个人分一个西瓜,据说西方人认为比较合理的分法是,让一个负责切瓜,让另一个人先挑,这样可以保证分瓜的两人之间实现程序与实质的双赢。

(六)监督回避

1983年《国家审计法》(National Audit Act)第2条规定,国家审计署不能审查自己的会计账目,须由公共会计协会(Public Accounts Commission)审查。② 也就是说,总会计师兼总审计长能够审查所有中央政府部门及法律规定范围内的其他机构的会计账目,唯独不能审查本部门的会

---

① Bradley & Ewing, pp. 359-360.
② Bradley & Ewing, p. 359.

计账目,何也？避瓜田李下之嫌也。同时,从另一个角度看,公共会计协会不同于众议院的公共会计委员会,是一个民间机构,负责制定并维系一定的会计准则。由一个民间机构审核有权审核国家所有部门会计账目的机构的会计账目,充分体现了英国公共财政领域观念及实务的开放、开明、务实。

十五、控权观

控制论是工程技术领域对人类知识与方法体系的一大贡献,其影响已经远远越过了工程领域,深入人类生活的各个方面。其创立者有多人,但将其系统引入现代行政的集大成者,是一个英国人——维纳(Wienner)。

控制理论的基本物理模型是一台机器,它本身具有一定的执行功能、自控功能,唯独没有目标;人为其设定目标,机器遂借助自身的控制功能调节其执行功能,以达到人所设定的目标。最典型的就是汽车的驾驶。这一模型在行政法中的应用,正如韦德爵士所说的,将整个行政系统比作一台机器:其每一部分都是由行政法的规则创造和调整的。[①] 国家行政管理机器中的每一部分都由行政法创造的说法,很能说明问题。此前我们也有国家机器之称,但需要仔细理解的一个观念上的差别是,机器本身是没有目标的,也不可能自我设定目标,因此对机器好坏的评价标准,并不以机器本身之好坏定论,更主要的是以机器之能实现人为其设定的目标的能力为圭臬。强大的行政系统本身绝对不是任何民主国家追求的目标,而能够在机器的主人(主权者)有效控制之下以实现全体国民的意志的行政机器,才是最佳的。于是,主权者或者全体国民如何保证对于行政目标的设定权、调整权,如何对行政机器进行有效的控制,遂成为行政法需要研究的首要问题。

英国控权观体系内,有关法律与权力的关系中,权力必须在法律的框架内运作的概念非常重要。法律提供了许多(如果不是全部的话)权力得以在其中行使(within which power is exercised)的法律框架(legal framework)。[②] 所有公共管理主体,无论国王及其大臣,还是地方政府机关或者其他公共团体的权力,都必须服从法律。因为所有这些从属性的

[①] Wade & Forsyth, p. 75.
[②] Martin Partington, p. 30.

权力都必须受法律的拘束,而不可能存在绝对的或者不受拘束的行政权。① 这是英国行政法学界的一个基本的共识。

韦德爵士认为,关于权力必须由法律予以控制以免滥用的法治原则,是英国行政法的一个基本原则。基于这一原则,才有了控制行政权的行政法及司法审查制度;同时,司法权与行政权一样也是需要由法律予以限制的,并且是没有自由裁量权的。② 但是,这一原则在历史上有一个例外,议会作为立法者可以不受法律的控制,这就是所谓议会立法至上原则,但是这个例外(在英国脱欧前)又有了例外,即欧共体的法律(European Community law,即 EC law,略不同于并且是 EU law 的前身)对英国议会立法的控制。③

十六、对"越权"的理解

韦德爵士反复强调说,任何权力都存在滥用(abuse)的可能。但是,在英国行政法的语境中,"越权"这个词本身并没有任何恶意(malice)或者奸佞(bad faith)的意味,而完全是一个仅就超越权限的结果而言的客观描述性用语。由此看来,如果将越权翻译为僭越,委实有中国式的上纲上线之嫌。但是,政府部门并不比普通百姓更容易摆正自己在法律上的位置,因为政府部门负责执行的法律往往结构复杂且内容模糊。因而越权是不可避免的④,从而更需要法律提供的各种手段对此加以监控⑤。

有关英国法对"越权"的法律意义的全面理解,详见本书第四卷第三章第一节中的相关内容。除此之外,在本书的很多地方亦会有有关越权的内容,这也是意料之中的。

十七、法治观念

在英国学者看来,依法从事某事的要点,不是从事某事,而是是否依法。以下几层意思就是英国法对于依法的理解:① 检验是否依法的机制不应当由从事某事者把握,而应当由其他无利害关系人衡量;② 启动这种衡量机制者,也不能是从事某事者,而必须是有利害关系的一切人;

---

① Wade & Forsyth, p. 5.
② Wade & Forsyth, p. 4.
③ Wade & Forsyth, p. 4, p. 205.
④ 英国行政法学界普遍存在对行政主体的批判精神,许多结论是基于诸如此类的假定。
⑤ Wade & Forsyth, p. 5.

③ 当然最关键的是，要使违法者真正依法受到相应的制裁，至少要使其最终收益小于当初不依法从事某事时的所得。例如，选举要想依法顺利地进行，就必须有查处违法行为的有效机制，并对违法行为实施相应的制裁。①

法治观念是英国法律人的核心观念，不是三言两语就能说明白的。从某种意义上说，本书至少有一半内容与英国的法治有关，而笔者撰写本书的出发点，无非从不同的侧面，全面地、有说服力地向中国的读者宣介英国的法治、英国人的法治观念。

当然，其中最直接、最集中的，当数本编第三章第二节法律的治理原则。

十八、行政国家的理念

英国政治法律观念中并没有多少无政府主义的土壤。这里要说明的一个基本问题是，英国学界并不排斥行政扩张，甚至认为这是必要的，但强调在其扩张的同时予以更为有效的监督和制约，以防止权力被滥用。权力本身是必要的，所应预防的仅仅是被滥用。

英国学界的一个共识是，福利国家应当是国家的一种基本存在形态，甚至是国家存在的主要职能形式。福利国家的存在、发展与完善的前提必须是一个行政国家，即政府扮演重要职能的国家。但与福利国家不同，行政国家不具有目的性，仅具有工具价值。但这并不影响其对于行政功能的扩张及行政机构的膨胀的接受，因为现代行政国家有许多职能，履行这些职能需要一个庞大而复杂的行政机器。②

行政国家是韦德爵士提出的一个行政法概念，但正如英国法上的许多概念一样，韦德爵士没有为其下一个明确的定义，只是明确指出：现代行政国家的出现，反映了这样一种感觉，即矫治社会及经济方面的各种痼疾，应当是政府的职责（duty of government），而这种感觉是19世纪采取的一系列宪法改革的必然结果。③

现代行政国家的起源，是20世纪的标志性事件，在19世纪已初具形

---

① Bradley & Ewing, p.162.
② Wade & Forsyth, p.75.
③ Wade & Forsyth, p.3.

态①,而非如某些历史学家所言,在1914年8月之前,除了邮差和警察,一个悉心守法的英国人穷其一生也不会感觉到国家的存在。②

在韦德看来,行政国家与福利国家如影随形,福利国家的出现当然要稍早一些,其标志性事件是一些涉及公共服务的议会立法,比较典型的是1911年《社会保险法》(National Insurance Act),但是更早的1902年《教育法》(Education Act)和1908年《养老金法》(Old Age Pensions Act)也属此类。由此可以一直追溯到1854年,因为截至那时,中央政府已经至少在16个领域建立了巡查官(Inspectorates)制度。因此,到了1914年,有大量迹象表明,传统的政府观念已经发生了深刻的变革:矫治社会及经济方面的各种痼疾,已经被视为政府责无旁贷的职责,也正是在这个时候,现代行政国家形成了。③

行政国家就是对公民的呵护一直从摇篮到墓地的福利国家:保护他们生存的环境,提供终身教育,提供工作、培训、医疗、养老金直至满足衣食住(甚至行、娱)等最基本的生活需要。为此,势必要建立庞大的行政保障体制。更重要的是,这些功能的实现是不可能简单地通过议会立法并由法院保障其落实的,因为其间涉及太多的具体细节,不可能有任何一部原则性的法律能够涵盖各个具体情况,自由裁量权的存在遂不可避免,而要使自由裁量权存在于可容忍的范围内,则必须将其置于两种控制之下:通过议会实施的政治控制以及通过法院实施的司法控制。④

十九、公共服务观

在英国公法的字里行间,有着一种公众是公共服务的顾客的观念,笔者称之为公共服务观念,简称公共服务观。这种观念体现的是一种民本主义的执政观念。正如韦德爵士所言,任何类型的政府所真正需要的,是通过某种经常性的、顺畅运行的机制,针对对政府不满的人的反映作出必要的反馈,并经过无偏私的对抱怨的评价后,校正任何可能已经犯下的错误。⑤ 此处有关政府的顾客的提法,充分体现了政府的服务职能,英国连

---

① Wade & Forsyth, p. 3.
② A. J. P. Taylor, English History, 1914-1945, p. 1, in: Wade & Forsyth, p. 3.
③ Wade & Forsyth, p. 3.
④ Wade & Forsyth, p. 4.
⑤ Wade & Forsyth, p. 87.

情报部门都被称为安全服务部门(Security Service)。①

另一个有趣的例子是,在介绍英国众议院中的"爸爸议员"(Father of the House)时,英国学者提到,"爸爸议员"的头衔是授予众议院最资深的议员的,其资深的程度取决于其不间断地在议会中服务的年限。② 此处的服务(service)更准确的译法似乎应当意译为任职,笔者之所以将其直译,主要是为了凸显英国宪法制度中的服务意识,所有的任职及相应职能的行使在形式上都被称为服务。

英格兰地区的地方行政监察委员会(Commission for Local Administration in England)在1993年8月推出了名为《公共行政良好行为规范》(Good Administrative Practice)的指南,其中设立了42条良好行政的行为准则(axioms of good administration)。虽然此处的英格兰地方行政监察委员会实际上只是英国议会设在英格兰当地的地方行政监察委员会,更准确地说,这一行为规范仅适用于英格兰地方行政监察委员会职权范围内的地方政府机关。但英国学者仍然认为,对于那些不愿意提供信息的地方政府机关而言,下列准则值得一提③:① 向公共行政服务的顾客(customers)传达相关的政策和规则方面的信息;② 为受到不利决定影响的公共行政服务的顾客准备书面的理由;③ 向公共行政服务的顾客提供与其有切身利害关系的充分而准确的信息、解释和建议;④ 通知公共行政服务的顾客提起上诉或者寻求申诉的渠道。

不难发现,英国学者强调的以上几点,都与公共行政服务直接相关,而其根源又在于地方行政监察委员会所确立的良好行政行为准则将服务行政提到足够的高度。如果有一天,行政法的主要研究对象不再是如何避免警察打人、警察打死人或者警察打死警察,而是如何提高公共服务的水平,那时的行政法恐怕已经不是严格意义上的行政法,至少不再是带有专政色彩的法律意义上的行政法,笔者将那时的行政法称作为人民服务的行政法。

二十、司法观

英国的司法观,就是司法即"公正的经营与分配"的观念。这种司法

---

① Bradley & Ewing, p. 359.
② Neil Parpworth, p. 110.
③ Bridges & Cragg, p. 93.

观的新奇之处在于,在他们看来,司法就是司公正。例如,英国学者会说,司法任命必须基于良知,被任命者必须以严格遵循司法誓词(judicial oath①)的态度分配公正(dispense justice)②。此处的 dispense justice,即司法,这是可以与公正的经营(administer justice)相提并论的英国法律中对于司法的另一种表述。如果简单地将其译为司法,对于某些读者而言,就如同把大闸蟹提取成蛋白质后食用一样无味。

对司法更本质的认识,可进一步参阅本书关于英国司法性质的讨论。

二十一、判例主义

英国学者在介绍英国的法律制度时,如果仅有制定法的规定作论据,往往会觉得不足以服人,只有找到引用制定法的相关规定的司法判决,他们才认为该规则有了正当性。他们常表述为"经司法认定为正当的"(justified judicially),意思是说,仅仅有成文法的规定,某项规则只是具有权威性,只有经过司法判例予以引用并相应得到认可之后,该项规则才具有正当性,才足以服人。

据英国学者介绍,英国的许多经典判例是通过挑战制定法的规定的临界点的诉讼确立的。③ 所谓制定法的规定的临界点,其实就是我们常说的法律的外部边界或者法律的边缘。法治化的英国强调没有人在法律之外,因此,其所有立法或者执法,以及围绕法律争议的焦点,就在于寻找可以触及法律的外部边界的典型判例。微积分是一个英国人的成果,边界在某些情况下可以理解为连续函数的拐点,即不可求导的点。按照这种数学模型,法律的外部边界就是那些不能称之为合法的判例所确立的连续的曲线。而之所以要不断地寻求这样的判例,并不是因为法律在不断地变化,而是因为法律的外部边界需要一个个离散的判例作为确定其存在的点——因为连续的曲线是离散的点的集合,微积分就是将连续的曲线不断地微分,直至无限接近其中的每一个点,然后再将其积分的过程。或许这一点对于学过高等数学的人来说,只能算是微积分初步,但对于整个民族而言,理解这个精微与宽宏的精确的辩证统一,却不是一件容易的事。正是在这一点上,我们许多人不太理解判例之所以成为法,亦很

---

① Without fear or favour, affection or ill-will.
② Neil Parpworth, p. 24.
③ Martin Partington, p. 242.

难明了判例法的精义所在。

二十二、纠纷止于诉讼——司法最终原则

司法最终原则,可以作为法治原则或者其他原则的一个特例。司法最终首先表现为英国司法界一个根本共识:解决争议属于法院当然的使命。① 几乎在所有国家,法官们都会接受"司法最终"原则,但并不都愿意(遑论能够)承担起解决一切纠纷的使命。于是出现了这样的二律悖反:法官一方面强调判决结论是最终的,另一方面又强调判决结论仅在有限的领域内是最终的。如果这个有限领域的划定不在司法界的权限范围之内倒也罢了,真正的矛盾是法官们只愿意宣称在他们自己划定的领域内的最终性。这倒不完全是出于法官们的自我克制,而更有可能是出于法官们总想像常人一样"为其所欲为""不为其所不欲为"的心态。

令笔者感兴趣的是,在研究英国法的过程中发现了一个以原理命名的类似的原则——纠纷最终终结于诉讼原则(principle of finality in litigation),这是在司法审查的上诉阶段讨论的:上诉法院仅享有有限的考虑进一步证据的自由裁量权。那些应当在一审时向法院提交的证据材料,与那些在先前的听审后才出现的证据材料有严格的区分:应当在一审时向法院提交的证据材料,仅在特别事由存在时才具有可采性。②

在 1984 年的 *R. v. Secretary of State for the Home Department, ex p. Momin Ali* 一案中,法院认定,在民事上诉案件中通常采取的确定"特别事由"的特定规则,在公法案件中并不适用。③ 但上诉法院同时认定,纠纷最终终结于诉讼原则是一个基本原则,虽然法院享有出于公正的需要而接受新的证据的自由裁量权,但在接受新的证据方面仍有一个基本的法律推定作为前提:在例外的情况下,否则不得接受新的证据。④

笔者之前以为 principle of finality in litigation 就是"诉讼最终原则",也就是我们常说的司法最终原则的英语原文。但是在阅读了大量英文著作后,特别是发现这一原则是与不得继续接受证据的要求结合在一起讨论时,笔者又有点动摇了。或许诉讼中的最终原则仅仅是指一个案

---

① Neil Parpworth, p. 342.
② Bridges & Cragg, p. 150.
③ Bridges & Cragg, pp. 150-151.
④ Bridges & Cragg, p. 151.

件在审理时不能没完没了地接受证据,必须有一个关闭证据的时间点,在此之后,除非有例外(而且是越往上上诉对例外的要求越严苛),否则不能再接受任何新的证据。不过,如果将这个原则推而广之,亦不失之为司法最终原则的一个必要的中间环节。试想,如果一个诉讼中的案件必须有一个关闭证据的时间点,则对于给定的案件,其法律问题总会有唯一的答案,而这个答案肯定就是最终的答案。不过这样推论会有两个明显的漏洞:一是法律问题可以不断地更新,从而使案件久拖不决或者一决再决;二是在诉讼程序之外,似乎还有其他的救济渠道。

因此,所谓司法最终原则,是指在诉讼中的案件必须有一个最终的结论,这个结论是最终的,是不能再通过进一步的诉讼程序变更的。而要保证这一点,就必须给证据的采信一个关门的时间点;同时也要给法律结论一个终了时间。在此之后,既然不能再采信新的证据,而法律又不能溯及既往,于是一个案件就可以定论了。当然,这样理解仍难以达到我们预期的司法最终的效果,因为诉讼最终只能解决一个在诉讼程序体系内实现案件最终结论的目的,无法解决在诉讼程序体系之外其他权威的问题。但这个原则在英国已经可以等同于我们所理解的司法最终了。因为他们大致做到了没有人在法律之外、没有人在法律之上。而所有人都在法律之内的结果,必须是所有人都受判决的约束,于是最终的判决就是所有人必须接受的最终结论。而且,英国也存在最后的正义或者迟来的正义的问题,即对一个司法最终的案件或者已经无法进入司法程序的案件,也存在类似我国的不断上访的情形。其议会行政监察专员制度就是针对这一客观社会现实设立的。

据此,英国的 principle of finality in litigation 就是我们希望建立的司法最终原则;并且可以认为我们所说的"司法最终"在英国法律英语中的本义,就是纠纷终于诉讼。这个观念是理解英国司法体制的核心,英国的整个司法体制就是围绕这一核心生长出来的人类智慧的结晶体。但英国的经验告诉我们,诉讼是否能够最终虽然可以主要由法院系统决定,然而在通向司法最终的道路上,任何国家都有相当长的一段路要走。

第三章
英国公法的基本原则

何谓公法的基本原则？韦德爵士给出过一个英国式的定义：如果按照非成文法的要求，许多部长和地方政府机关都必须基于相关性和理性来行使他们各自享有的不同种类的成文法上的权力的话，这就是一项行政法上的基本原则。① 当然，韦德爵士也只是说说而已，并没有将上述内容作为其讨论的行政法的基本原则。而在另一个场合他又指出，贯穿英国司法体制的一个固有的根本性的原则就是，权力只有真正在其界限内行使才是有效的。权力行使的这一界限是通过一系列原则得以确立并保障其贯彻实施的，这些基本原则是行政法真正的精髓。② 类似这样的定义，其他英国学者也有提及，但显然不是我们所能接受的。

本章需要明确的是，如何将英国文献中对公法基本原则的分类归纳为我们可以接受的内容，而又不失其本义。一方面，类似遵循先例原则，显然属于英国法的基本原则，而不是宪法或者行政法的基本原则；另一方面，诸如自然公正原则作为行政法的原则，应当归入比较具体的原则，或者说是仅适用于程序性审查或者司法审查的原则。

由于英国行政法与宪法的区别不明显，尤其是在基础理论方面，行政法的基本原则与宪法的基本原则是互通的。一些英国学者认为，英国宪法有三个基本原则，即分权原则、议会立法至上原则、法治原则。③ 另有英国学者则将议会立法至上、法治以及权力分立视为英国宪法主义的三

---

① Wade & Forsyth, p.6.
② Wade & Forsyth, p.34.
③ Elliott & Quinn, p.2.

个基本特征,是英国宪法据以立足的原则基础。① 韦德爵士的《行政法》一书提到了四个原则:法治原则、议会立法至上原则、政府服从法律原则(government subject to law)、越权无效原则(doctrine of ultra vires)。② 笔者注意到,这四项原则都是在法院权力的宪法基础一章中讨论的,可见也是从宪法角度着眼的。另有英国学者将君主立宪制政体(constitutional monarchy)、英王特权(prerogative powers)、议会内阁制和集体责任制(cabinet government and collective responsibility)、部长责任制(individual ministerial responsibility)并称为议会立法至上、法治以及权力分立三大宪法基本原则下的英国宪法四大惯例。③ 英国宪法、行政法教材中提到的宪法、行政法的基本原则主要也就是这些。其中,议会立法至上原则、法治原则、分权原则是宪法与行政法共通的原则;而部长责任制原则、自然公正原则和越权无效原则,则是比较具有行政法特色的行政法基本原则。

英国法是一个相当发达的法律体系,行政法尽管是其中发展较晚的,但是建立在英国法、英国宪法的深厚基础之上的,也相当完备。这一点最突出体现是,在英国行政法中,无论是理论研究还是实际操作,对于基本原则都是不遗余力地重视,由此形成的学术成果和判例成为英国行政法的一个非常重要的组成部分。特别是就英国行政法学研究而言,英国学者显然已经超越了对现行制定法及判例进行注释说明的阶段,更重视对现当代英国法进展的研究,而这主要就体现在对涉及公法基本原则的新判例的关注上。

有鉴于此,笔者认为公法的基本原则是我们理解英国法条文及判例的门径。英国的公法基本原则分为两个层次介绍:一是在宪法上具有重要性的原则,这些原则同时也是统辖行政法各个组成部分的全局性的原则,即行政法与宪法互通共用的基本原则,如分权原则、法治原则、议会立法至上原则;二是适用于行政法某一部分的重要原则,如英国司法体制中至关重要的司法独立原则、行政组织法中的部长责任制原则、行政行为法中的自然公正原则、救济法中的越权无效原则等。对于前一类原则,在本编讨论;对于后一类原则,则在本书其他编中讨论。

---

① Martin Partington, p. 31.
② Wade & Forsyth, pp. 20-42.
③ Martin Partington, p. 32.

第一节　议会立法至上原则

虽然英国学者告诫我们,不能武断地说议会立法至上原则将继续以英国宪法的首要原则的形式存在①,但这等于说,该原则迄今仍然是英国宪法中的首要原则。因为另有英国学者指出,英国宪法最重要的特征是联合王国的议会立法至上原则。该原则一方面的意思是指,议会可以合法地通过任何类型、任何内容的法律;另一方面的意思则是,任何个人或者机构都没有与之竞争或者凌驾于其上的立法权。这是英国宪法中唯一的基本法律,也是英国议会不能修改的唯一原则。②

当然,也许有人会说,所谓议会立法至上原则事实上在英国已经不存在了,因为每届政府都实际上有效地控制议会,因此应当改称政府至上或者行政至上原则。笔者认为,这种观点显然只注重表面现象而未分析其内在原因。尽管议会立法至上原则在英国的表现主要是潜在的、事后的及威慑性的,但这正是规律或者本质原则的特有属性的表现,否则就与表面的现象没有根本的区别了。

一、议会立法至上的训诂

议会(立法)至上原则在英国行政法中的表述,比较传统的学者用议会主权(sovereignty of parliament)。③ 在经典的英国宪法或者行政法著作中,对于这一原则的描述用的也是议会主权,最著名的当数戴西。④ 在通行的许多宪法和行政法的教材中,基本上都会有名为"议会主权"或者诸如此类名头的一章。

英国学者至今仍不得不承认,戴西有关议会主权的观点,直到今天仍具有影响力。⑤ "主权"(sovereignty)一词,当初是戴西用来表述"没有任何法律限制的制定法律的权力"(power of law-making unrestricted by any legal limit)这一概念的。戴西本人当时就知道该词所包含的政治意

---

① Bradley & Ewing, p.75.
② Phillips & Jackson, p.22.
③ Wade & Forsyth, p.25.
④ Bradley & Ewing, p.52.
⑤ Bradley & Ewing 2015, p.81.

蕴,例如,可以用来指一国享有的政治权力。① 之所以要强调这一点,是因为这个词在此之前通常的用意是指英王至上的主权权力,因此它主要是一个政治概念,是戴西将其引入宪法领域,并用于指代"不受法律限制"这样一个法律概念。

从翻译的角度看,"议会主权"这个词在原文中只是"议会"与"主权"的复合,如果直译就是"议会的主权"。但是考虑到光明日报出版社 1988 年版《牛津法律大辞典》中关于主权的解释,即主权是一个国家的最高权力,则这个词更信达的译法也许应当是议会至上,但比较勉强。而在现当代的英国同类著作中,只有议会立法至上原则。② 也就是说,这种翻译上的纷争已经由英国当代学者帮我们解决了,他们现在通用的说法是立法至上。③

由于无论是在戴西当时使用 sovereignty 一词时,还是现在,sovereignty 本身都含有国家的政治权力的意思,为了避免混淆,英国当代学者一般用"立法至上"的表述来指代议会的立法权力。④ 因为许多国家,包括美国,在国际法上都有主权的概念,但其国家内部并没有英国意义上的立法主权的概念。英国学者遂用至上立法权来取代主权立法("sovereign" legislature),以避免其与国家主权相混淆。⑤

当然,以上介绍的还都是议会立法至上原则的简称,议会立法至上原则的全称是:议会立法至上的法律原则(legal doctrine of the legislative supremacy of parliament)。⑥ 当然,还有更全面的版本:联合王国议会的立法权至上原则。⑦

可见,在中文教科书中争论英国这一原则的准确译法是没有意义的,因为英国学者对此也没有一个统一的称谓。笔者姑且将英国学者的说法统一,将该原则的全称译为:联合王国议会立法至上的法律原则[legal doctrine of the legislative supremacy(sovereignty) of the United Kingdom Parliament]。从这一全称不难看出,既可以将该原则简称为议会立

---

① Neil Parpworth, p. 61.
② Bradley & Ewing, p. 49.
③ Phillips & Jackson, p. 22.
④ Neil Parpworth, p. 61.
⑤ Bradley & Ewing, p. 53.
⑥ Bradley & Ewing, p. 52.
⑦ Phillips & Jackson, p. 22.

法至上原则,也可以简称为立法至上原则,还可以简称为议会至上原则。

二、议会立法至上原则的本义

议会立法至上原则的本义是,议会(即英王、贵族院及众议院所组成的三位一体的整体)能够通过涉及任何议题、影响任何人的法律,从而没有禁止议会按照普通立法程序予以修订或者废止的基本法(fundamental laws,即英国人所说的宪法)。如此界定的议会立法至上原则是一个法律概念。这一原则被称作英国宪法的基本法之一,因为其特异之处在于,它是不能由普通的制定法所改变的。[1] 这里确实有一点矛盾,但其合理之处在于,议会确实不能修改这一法律原则,但除此之外的都可以。当然,似乎看不出有足够的动力促使议会放弃这一至上的地位,因为这样做的效果与让人民放弃主权一样不可思议。

议会的至上立法权指的是,议会的立法权能没有任何法律上的限制。但是此处的议会不是单独就议会两院中的某一个而言的,因为任何一院都无权单独行使立法权;此处的议会是就英国宪法中的一个特殊现象,即"议会中的国王"这个包括众议院、贵族院和英王三位一体的复合体而言的,更确切地说是就英国议会的立法程序的总体而言的,按照这一程序,某一议案必须经两院分别通过,再取得国王的认可后,才成为"议会的法律"。[2] 这一过程中的每一参与机构本身并不是议会,而只有其共同组成的总体才构成可以制定"议会的法律"的主体。

按照戴西的说法,议会立法至上原则的定义是,基于英国宪法的规定,议会有权制定或者废除任何法律;进言之,在英国法中,任何人或者任何机构都无权超越或者摆脱议会的立法。议会有权就任何事项立法,而且也不存在任何竞争性的权力试图为联合王国立法或者限制议会的权能。戴西的上述定义的积极意义和消极意义都十分明显。[3] 戴西关于议会立法至上原则的定义的优点是简洁明了,这种便宜使英国学者受益了将近一个世纪;但其消极的一面则出现在欧洲一体化的过程中,由此带来的维护历史传统的责难已经使英国学者自 20 世纪 70 年代以来苦恼不已,并几经波折终于在脱欧后得到解脱。

---

[1] Phillips & Jackson, p.47.
[2] Bradley & Ewing, p.53.
[3] Bradley & Ewing, p.53.

议会立法至上原则有几层意思①：一是议会的立法范围不受限制，包括制宪权。二是议会的立法权只能由议会享有，不存在其他与之竞争的权力。三是所有英国法域内的个人或者机构都不能超越或者摆脱议会立法；即便法院也只能适用议会的法律，不能对其进行违宪审查。四是只有"议会的法律"才享有至上的法律地位，即具有至上性。但不得不承认，这种至上性仅限于立法，在更广的维度上，议会立法必须置身于英国法制的基础之上，普通法及执掌普通法的司法体制总是会最终发挥更为基础性的作用，如解释议会立法。

将这些意思归纳起来，议会立法至上原则的大致内涵是：

（一）议会立法的广泛性

议会有权就任何事项立法，议会有权制定或者废除任何法律。②

（二）议会立法的独占性

不存在任何竞争性的权力试图为联合王国立法或者限制议会的权能。③ 议会立法至上原则不仅包括对法律进行调整的权力，而且包含其他任何人都不得行使该权力的独占性。17世纪的一系列冲突，从处死查理一世（Charles Ⅰ）到克伦威尔（Cromwell）摄政，再到1660年恢复帝制，其间争执的核心就是对于国王是否可以摆脱议会、仅依据其特权进行统治的问题，答案是不确定的。因为直到1603年，国王的特权仍是不确定的。尽管那时已经有了议会和普通法法院，国王仍然可以通过他的枢密院来行使立法与司法权之外的剩余权力。议会通过的任何旨在废除"不可分割"的国王特权的立法都被认为是非法的。议会为此进行了长期的斗争。而这些冲突直接导致了英国内战。④ 但是，英国之加入欧盟引入了一种新的竞争性的至上权力：一方面是议会的至上立法权，另一方面则是欧共体法（及其后的欧盟法）的至上性或者优先适用性（primacy）。⑤ 这种竞争的不可调和性最终使英国脱离欧盟。

（三）议会立法的至上性

议会立法的至上性是指，在英国法中，任何人或者任何机构都无权超

---

① Bradley & Ewing, p.54.
② Bradley & Ewing, p.53.
③ Bradley & Ewing, p.53.
④ Bradley & Ewing, p.50.
⑤ Bradley & Ewing, p.53.

越或者摆脱议会的立法。① 议会立法至上原则中的议会，是"议会中的国王"意义上的议会，而不是其三位一体特殊结构中的任何一个组成部分。议会两院与王权的关系，既是一个宪法问题，又因为议会立法至上原则在行政法中的突出地位而成为行政法的内容。对此，本卷第二编英国宪法部分有细致的说明。

按照传统规则，议会的任何先前的法律都可以被后来的法律所废止，既包括后法明示的废止，也包括在新旧法冲突时不言而喻的废止。诸如1679年《人身保护法》（Habeas Corpus Act）、1689年《权利法案》（Bill of Rights）、1701年《王位继承法》、1931年《威斯敏斯特成文法》和有争议的1972年《欧共体法》（European Communities Act）等绝大多数基本的立法，从法律角度看它们被废止的容易程度与1967年《南极条约法》（Antarctic Treaty Act）没有什么两样，无须绝对多数同意或者特别的程序。尽管如此，普通的、日常形式的议会立法也是主权性立法，并能产生任何意义上的法律后果。②

三、议会立法至上的历史

议会立法至上原则，既是英国的一项法律原则，同时也是英国政治史发展的结果，该原则最终还是建立在人民及法院的普遍认可的基础之上的。因此，该原则既是一个法律原则，也是一个政治原则。③ 从这个意义上讲，只要不斩断议会与民众之间联系的纽带，则议会立法至上原则与作为一个政治原则的人民主权原则就没有太多区别。

在"议会中的国王"取得至上立法权之前，存在一个"枢密院中的国王"（King in Council）行使至上权力的时期。④ 英国近现代宪法政治制度的发展史，可以说是议会异军突起进而确立其在英国宪法中的中心地位的历史。英国学者对此简要概括如下⑤。

第一步，议会与国王平权。《权利法案》及《王位继承法》确立了英国议会与国王平起平坐的立法权力，同时保留了国王在未涉及的事项方面的特权。尽管行政方面仍然由英王领导并且在英王的名义下行事，但民

---

① Bradley & Ewing, p. 53.
② Wade & Forsyth, p. 26.
③ Phillips & Jackson, p. 48.
④ Bradley & Ewing, p. 50.
⑤ Bradley & Ewing, p. 52.

主政府还是从此建立起来了。这种局面可以归结为：从1714年开始，一切都变了。过去是国王通过大臣们统治，现在是大臣们借助王权这一手段来进行统治了。

第二步，普选权的扩大与众议院地位的上升。1714年以后的内阁政府及部长责任制的发展，始终与选举体制的转变相因应：从1832年的第一次议会改革开始一直持续到1928年英国全体成年公民取得公民权。随着众议院认为行政方面必须服从选民的意愿的态度变得越来越坚定，众议院的政治权力也在不断增加。

第三步，确立众议院在英国议会中的主导地位。众议院与贵族院冲突的标志性成果，是1911年《议会法》确立了众议院在英国议会的主导地位。至此，在选民对选举产生的众议院中拥有多数席位的政党的政治支持的基础之上确立了议会的立法权。

根据1911年《议会法》以及依据该法规定的程序制定的1949年《议会法》，贵族院无权修改或者拖延通过任何所涉及的期限超过1个月的金钱法案（money Bills）（涉及税收、举债、公共资金和贷款）。其他公法案（public Bills）如果已经由众议院在两个相连的会期内通过，并且自第一个会期进入二读程序到第二个会期正式通过之间的时间间隔如果超过1年（1911年《议会法》规定为2年），也可以直接请求英王认可，而无论其是否被贵族院拒绝过。① 当然，英国也有学者认为，从某种意义上说，由于议会是由英王、众议院与贵族院组成的，根据1911年和1949年《议会法》通过的法律属于议会将其立法权限委托给一个"从属的"（subordinate）仅仅由英王和众议院组成的议会制定的法律。②

虽然根据《议会法》的立法程序通过的议会立法只有非常少的几部，除1991年《战争罪法》（War Crimes Act）以外，还有1914年《爱尔兰政府法》、1915年《威尔士政教分离法》、1949年《议会法》、2000年《性侵犯法》[Sexual Offences（Amendment）Act]等，它们都是按照《议会法》规定的特别程序制定的。上述立法并未受到法院的挑战，因此英国学者也不确定一旦提起对这类议会立法的挑战，法院将会作何反应。③ 但这也恰恰证明，英国司法界未对如此重大的宪法性事件作出反应。考虑到1949年

---

① Neil Parpworth, p.73.
② Neil Parpworth, p.74.
③ Neil Parpworth, p.74.

的立法也是通过 1911 年《议会法》规定的特别程序通过的,进一步说明,包括贵族院法律地位的调整在内的诸多重大事项,已经可以越过贵族院而由众议院与英王决定,而英王本身又是一个摆设,因此,可以说,贵族院以及整个议会的命运,现在已经完全掌握在众议院手中了。从这个意义上说,英国的议会立法至上原则现在已经纯化为众议院立法权至上原则了。

四、议会立法至上的理由

议会立法至上原则适宜于中央集权的单一制政府体制,这一体制需要行政方面与在议会中居于支配地位的政党保持密切的联系;而且在这一体制中,司法扮演着重要的角色。①

尽管在英国法律中,议会所享有的广泛的权力都是归于"议会中的国王"名下的,但为了支持这一论点,却有两种截然不同的说法。保皇派的观点是将立法权建立在君权的基础之上,认为立法权是国王作为君主所行使的神授君权的一部分,只不过需要获得两院的认可罢了。与此相对的观点则强调议会两院是为了人民的利益而行使作为主权权力之一的立法权的。②

在一个存在成文宪法的国家,对于立法权的限制可以在宪法条文中列明。在没有成文宪法的地方,有没有对于立法权的限制呢?如果有,这些限制的渊源何在?而且议会采取的措施是否就应当高于其他所有的法律规则?③ 对于上述问题,英国法的回答是,在一个民主政体中,一个经选举产生的代表人民的议会理应受到特别的尊重。由立法机关制定的法律,包括征税的法案,势必影响每一个人,但这并不意味着立法机构就应当行使绝对的立法权。④ 这是现当代英国对于民主的代议制立法权的基本认识。

正是因为立法成果将影响每一个人,立法权力不应当绝对化。因此,英国的议会立法至上原则中,议会至上的地位还受到法治原则的节制,即至上的立法权并不包括制定恶法的权力,对此,将在本章第二节法律的治

---

① Bradley & Ewing, p. 75.
② Bradley & Ewing, p. 49.
③ Bradley & Ewing, p. 49.
④ Bradley & Ewing, p. 49.

理原则中论及。

英国确立议会立法至上原则的根本理由,是基于国家对于权力与法律的关系的理性、历史的理解,参见本卷第二编第五章第一节立法制度概述。

五、议会立法至上与制宪权

在英国,议会立法至上原则是作为根本性的宪法性原则出现的,而且这种至上性本身包括就宪法性事项进行立法的权力。即便早先的某一议会立法包含了宪法性规范,也并不意味着议会因此就不能再通过新的立法来废除或者修正之。即便是诸如《权利法案》这样的宪法性法律文件,也是可以由普通的"议会的法律"予以废除或者修正的。1996年《诽谤法》第13条即对《权利法案》第9条有关在议会中的言论自由的规定进行了修正。英国议会的宪法性立法还有1998年《苏格兰法》、1998年《人权法》和1999年《贵族院法》。[①]

在英国,立法机关的地位高于宪法。有权修改宪法或者其他法律规范的机构是"议会中的国王",其修改宪法的程序与其他立法程序并无二致。没有什么法律是不得以这种方式废除或者改变的,也就是说,没有什么内容是"牢不可破的"(entrenched)。英国宪法的柔性特征,是由于没有一部成文宪法或者更高级别的法律拘束议会这一事实造成的,也是议会立法至上原则的必然结果。[②] 正因为如此,英国学者认为,英国是一个缺少有关公民个人权利的宪法性担保的国家。[③] 英国学者往往将宪法对于公民权利的保障理解为一种形式上的或者说宪法典形式上的书面的东西。在他们的脑海中,每当浮起宪法性的保证之类的概念时,他们总是想到一些实在的东西,虽然他们确实缺少这些东西,但这并不是说他们怀疑他们的体制中缺乏发挥同样功能的机制,而只是说他们越来越感觉到因与其他成文宪法国家在这方面的比较所产生的心理上的压力。换言之,议会立法至上原则的一个必然结果是,在这个国家没有对于公民权利的宪法保障(constitutional guarantees)。英国没有美国式的宪法,美国宪法只能通过特别程序才能修改。在其他国家,也都有一部成文宪法,具体

---

① Bradley & Ewing, p. 55.
② Phillips & Jackson, p. 22.
③ Bradley & Ewing, p. 98.

表现为一份正式的文件,像基本法律那样得到应有的保护,不能轻易地由立法机关中的简单多数而修改。①

然而在英国,从来没有出现过一个由一部新宪法开创的新时代,尽管在 17 世纪法院接受了一些主权方面的革命性变化。更有甚者,按照英国的经典理论,他们不仅不能拥有任何宪法保障,甚至永远也不能创造它。由于任何一部普通的议会立法都可以废止既存的任何一部法律,因此,议会不得制定任何不能废止或者必须按照某些特殊程序才能废止的成文法。② 表面上看,"不仅不能拥有任何宪法保障,甚至永远也不能创造它"多少有些荒诞的成分,但是,如果从"任何新的议会立法都可以废止既存的旧法,因此,议会不得制定任何不能废止或者必须按照某些特殊程序才能废止的成文法"的角度看,却又并不违反逻辑。因为宪法保障与没有宪法保障二者都是有风险的。就宪法保障而言,按照英国的传统理论,这等于制定了一部议会的后续立法不能轻易更改的超法律,如果这部法律很糟糕,议会又不能轻易地修改它,其危害也可能更深远。因此,有宪法保障的体制为良的前提是,这个起保障作用的宪法必须是良法。但是英国人担心的是可能不会有这种好事,因此,他们宁愿接受没有宪法保障的现实。从人性的角度分析,有宪法保障的理论是建立在人性始终向善的伦理前提之上的,因此,过去人们可能通过努力建立一部为万世开太平的圣法,并以此作为宪法;而没有宪法保障的英国式的理论,则是建立在更相信未来人自己的判断的基础之上的,即每一代人的权利应当由每一代人通过自己的努力来保障,而不要寄希望于前辈开创的所谓圣明的良性宪法。对于一个理性的、倾向于保守的遵循传统的民族而言,英国式的无宪法保障的体制并没有什么问题;而对于一个缺乏理性基础的、总是以不断的翻天覆地的变革为历史特征的民族而言,有一个良性的宪法可能会好一点,因为这样的民族是很容易形成新的绝对多数而变革任何先王成宪的。由此看来,法治、宪治,都不是一些理论性的条文所能保障的,而是植根于某个国家、某个民族的民族性的基础之上的,没有法治、宪治及信仰传统的民族,即使有再好的宪法、再完善的宪法保障,都难保这种宪法不随着领导人的世代更替而改变。如果真是这样的话,那还真的是只能靠外界的感化甚至压迫才能达到法治或者宪治的境界,自身的修炼看来是

---

① Wade & Forsyth, p. 27.
② Wade & Forsyth, p. 27.

不会得出什么好结果了。民族性如同世风,世风不移,要想建立新的政治体制也难。

或许正因为有如此的民风,英国才出了一个属于他们民族的无成文宪法的代言人——戴西,他将法官立法誉为比宪法更好的公民自由保障。但是在英国,人们已经充分地认识到,应当制定一部像美国成文宪法那样的受尊敬的法律来规定有价值的安全保障,而这种安全保障正是英国的宪法体制中所缺乏的。好几位杰出的法官(Lord Woolf MR,Laws,Sedley 以及 Lord Cooke of Thorndon)也确实提出过,诸如法治、司法独立(judicial independence)及司法审查等宪法基本原则,应当是超出议会的废除法律的权力的。[①] 也就是说,在英国,已经有几位有影响力的法官提议制定一部议会不能废除的法律文件,将英国不成文宪法在历史上形成的一些不可动摇的重要原则,如法治原则、司法独立原则、司法审查原则等囊括其中。但如此一来,一个最直接的后果便是,这将从根本上否定议会立法至上原则,因为在议会的立法权力之外,还有议会所不能撼动的法律原则存在,这些原则是议会必须遵守的,也就是说是超越议会的权力之上的更高的权力。这说明,在英国确实有一股要求制定一部美国式的成文宪法的力量,但从现实的实际情况看,这股力量充其量也就是鼓噪而已,距离一部真正能够提上议会议事日程的成文宪法的立法进程,还有相当的距离。

从英国1950年成为《欧洲人权公约》的创始会员国以及1973年加入欧共体起,英国人的许多基本的权利已经得到有效保障。[②] 可见,即使是英国这样的国家,许多基础性宪法权利的根本保障,也是不能仅仅依靠本国的力量的,国际一体化的趋势在最基础的层面上也在影响甚至改变着这个在几百年的历史中始终向外输出民主政治思想和制度的国家。想到这一点,我们就更应当有理由相信国际化的趋势对于发展中国家的必要性了。

但是,已经有人在关注尊重议会立法至上原则的问题了,只有这样才能保障新的《人权法》不被赋予特殊的宪法地位,同时,也能够保障议会在法律上拥有不受限制地补充及废止这些人权的权力。[③] 显然,这种主张

---

① Wade & Forsyth, p.28.
② Wade & Forsyth, p.28.
③ Wade & Forsyth, p.28.

还是希望维持议会的至上权力。可见,英国学者介绍的仅仅是各种观点而已,他们自己都没有得出一个定论。议会立法至上原则依然有效,并且扮演着重要的宪法角色,但也面临挑战。

六、议会立法至上的制约因素

议会立法至上的制约因素在英国法律体系中具有的重要性甚至超过了前面几部分的内容。按照英国传统的法律观念,原则的例外比原则本身还要重要,当然这是基于他们认为任何原则都伴有无数的例外,而对这些例外的介绍是厘清原则本身必不可少的环节。

在英国国内,人们对纯粹的议会权力多有微词,因为对立法的控制权已经有效地转移给政府。由于现行的政党体制,议会的独立控制权已被日益削弱;同时,各个领域都要求议会通过更多的法律,但这已经超过了它可以仔细审议的实际能力。[1] 议会立法至上原则实际上确立了议会凌驾于国内所有其他国家机构之上的地位,这显然有悖于现代分权理论的制度设计构想。事实上,议会立法至上原则的适用有诸多限制,如对其适用范围的限制、法院特别是作为国内最高上诉法院同时又是议会相对弱势的贵族院对议会立法的解释权等。

实践中当然存在某些因素限制议会随意通过其喜欢的法律,或者说限制议会对政府交付表决的议案的选择权。这些限制性的因素是政治学家而非宪法学者考虑的范畴[2],例如执政党的竞选承诺、公众意见、压力集团的意见、国际法、(脱欧前的)欧共体法(和欧盟法)、人权法等[3]。

(一)选举制度的控制

诚如戴西所提到的,选举制度构成对议会权力进行监督的一个重要方面,但是其所能实施的控制通常是非常粗疏和散乱的,而且这种监督的效力也要依次受到政党、舆论、经济、社会利益集团以及公众意见形成和表达的其他方式的影响。[4]

(二)法院限制议会立法至上原则的适用范围

英国法院仅将议会立法至上意义上的法律赋予"议会的法律"的效

---

[1] Wade & Forsyth, p. 28.
[2] Phillips & Jackson, p. 53.
[3] Phillips & Jackson, pp. 53-55.
[4] Bradley & Ewing, p. 75.

力,但却不愿意将同样的法律效力赋予基于某种理由达不到"议会的法律"要求的其他规范性文件。以下各项规范性文件不享有立法至上的法律效力,法院可以在其认为必要时审查它们是否具有法律效力[①]:

(1) 众议院的决定；

(2) 英王基于其特权发布且声明具有法律效力的宣告；

(3) 政府基于国王特权加入的旨在改变英国法域内的法律的条约；

(4) 通过制定次级立法程序,由部长或者政府部门根据某一"议会的法律"受权发布的规范性文件,即使已经议会两院的决定予以认可；

(5) 苏格兰地区议会或者北爱尔兰地区议会等次级立法机关的行为；

(6) 由公法人或者地方政府机关制定的规则；

(7) 独立领地总督基于枢密院令的授权而制定的规范性文件。

第(1)项中众议院的决定不是议会的决定,自然不属于"议会的法律"。通过第(4)项以下各项内容可以得出这样的结论:两个不是"议会的法律"的行为相互叠加后,并不能产生比其中的任何一个行为更高的法律效力。

上述做法,是一种非常典型的英国式的法律逻辑,通过这种结构或者但书,英国的法院就可以通过限制"议会的法律"的范围来扩大司法审查的范围,因此,说英国没有对议会立法行为进行违宪审查的说法是不严格的。严格的说法是,英国的法院不能对"议会的法律"是否违宪进行审查,但对于不属于"议会的法律"规定的议会的其他行为,包括制定规范性文件的行为,英国的法院有权审查这些文件的合法性。

更重要的是,英国的法院据此当然地拥有审查某一个法律文件是不是"议会的法律"的权力,也就是说,并不存在对议会行为进行审查的门槛,这一点是非常重要的。正因为没有这道门槛,即便法院经过最长可达数年的审查,最后不得不承认某一法律文件属于"议会的法律",但整个审查的过程已经足以使该文件中那些为原告一方发现或者旨在宣扬的不合理之处暴露无遗了。如果被审查的法律文件确实存在瑕疵,原告一方乃至法院方面的目的就都已经达到了。

如果我们再仔细研究一下这些被法院排除在"议会的法律"范围之外的文件的清单,更会对英国的司法审查的范围之广产生深刻的印象。因

---

① Bradley & Ewing, p. 54.

为在所有上述情况下,法院都必须仔细考虑那些声称具有立法性效力的规范性文件是否具有法律约束力。同样的道理,如果诉讼中的一方当事人的申请是基于某一"议会的法律",法院在必要时必须决定此时作为案件前提条件的该规范性文件是否属于"议会的法律",进而确定其是否具有如当事人指称的效力。"议会的法律"与较不重要的其他规范性文件的区别,就是 1998 年《人权法》提出的"初级立法"与"次级立法"的差别。然而遗憾的是,1998 年《人权法》所确立的标准与此前的分类标准并不吻合。结果,许多措施,包括基于英王特权的枢密院令,都被该法纳入初级立法的范畴了。① 这从另一个方面说明,法院及学者极力缩小不受司法审查的"议会的法律"的范围,而议会在立法时显然与之相反。二者之间观念上的张力是无法掩饰的,而且这种张力或许恰恰是英国法发展的动力。

(三) 自然法观念的限制

任何欧洲国家的法律观念体系中都有自然法观念的影子。有英国学者将其称为较高的法(Higher Law)②,以与议会的至上的法相区别。也就是说,曾经盛行的对自然法的理解,仅仅是一种在议会立法尚没有确立至高地位时的较高的法而已,而不是最高的法。然而,直至 17 世纪,自然法或者理智法(law of nature or reason)优于议会立法的古训仍然流行于英国的普通法院中。③ 将自然法理解为理智法,是对自然法的一种定义。这种定义有助于解决自然法这个概念的译名在中文中字义上的不确定性。

有英国学者认为,某些自然法规则是不能改变的,即使是对议会中的国王而言亦复如是。反驳这一观点的例证在于,在判例报告及政论著作中有许多权威认为,法院并没有审查议会的立法是否合法的权力。④ 此处英国学者所要表达的英式逻辑是,由于存在某些议会的立法不应当也不能够改变的自然法规则,因此,需要对议会的立法是否改变了这些自然法规则进行审查,于是就有了对议会立法进行司法审查的基础。但是,从大量的判例报告及政论著作中可以看出,那些坚持议会立法至上原则的

---

① Bradley & Ewing, p. 54.
② Phillips & Jackson, p. 45.
③ Phillips & Jackson, p. 45.
④ Bradley & Ewing, p. 49.

人却在反复暗示或者论证,法院是无权对议会的立法进行司法审查的,包括对议会的立法是否违反自然法规则的情况所可能进行的审查。

关于自然法的现代观点比较经典的表述,是1871年威尔斯法官(Willes)在 *Lee v. Bude & Torrngton* 一案中指出:"人们一度认为,如果议会的立法赋予一个人自己裁判自己案件的权力[①],法院可以不认可这种授权。但是,这种观念只能作为一种格言警句,而不再是必须遵循的权威学说。难道我们可以有凌驾于议会所颁布的经过英王、贵族院及众议院同意的法律之上的权力吗?我不认为我们有这样的权力。"[②]也就是说,至少在1871年,英国的议会立法至上原则已经确立了超越自然法之上的权威地位。

在1974年的 *Pickin v. British Railways Board* 一案中,里德法官(Lord Reid)指出:"早期的许多有学识的律师似乎相信,议会的法律只要与神法(law of God)或者自然法(law of nature)、自然公正原则相抵触,则可以不予考虑。但是,自从1688年的革命最终确立了议会立法至上原则之后,这种想法遂成了陈词滥调。"[③]

据此,英格兰法院至少自1688年以来,即不再准备接受议会的立法权力存在法律上的限制的观点。这种态度是比较明确的。同样,法院也拒绝了有关法院是否享有裁决议会的法律效力的司法管辖权限的问题,是一个国内法(domestic law)议题的观点。尽管如此,有关苏格兰的法律地位问题,却是相当模糊的。[④]

1995年,英国理论界重新对限制议会立法至上原则表现出了兴趣,提出了通过强调法治原则及一整套宪法原则限制议会立法至上原则。但遭到欧文法官(Lord Irvine)的严词反驳。[⑤]

可见,自然法对英国的影响是在议会立法至上原则之前的事,在议会立法至上原则成势之后,已经失去了影响。尽管如此,英国学者还是提到了两个足以对议会立法至上原则产生一定影响的原则:议会不能束缚继任者原则、立法不得溯及既往原则。从广义上分析,这两个原则属于自然法的范畴。

---

① 此处是举例,因为自己裁判自己的案件违背自然公正原则。
② Phillips & Jackson, p.46.
③ Phillips & Jackson, p.46.
④ Neil Parpworth, p.74.
⑤ Phillips & Jackson, p.47.

（四）议会不能束缚继任者原则的限制

议会不能束缚继任者或者议会不受其前任立法的拘束的原则，通常被引作限制议会立法至上原则的例证。① 据此，议会不能调整或者损害其自有的连续不断的主权，因为法院总是要遵循议会最新的命令。当然，这种状态可能通过某种形式的革命而得以改观，此处的"革命"（revolution)意指巨大的、不连续的、根本性的变革，在此期间既有的法律规则受到公然违抗，但这种状态却得到法院的认可，如 1688 年詹姆斯二世（James Ⅱ）由威廉和玛丽（Willian and Mary）继位。② 有关革命意味着巨大的不连续性的认识，对我们来说可能很新鲜，而对于尊重传统价值的英国人来说，革命不总是一件令人觉得很自在的事。

在两部法律相互冲突的场合，法院适用新法，任何与新法不一致的旧法都被视为已为新法默示废除。在此没有考虑遵循先例的必要，也没有必要顾忌其与先前立法的不一致。因为每部立法的目的要么是改变旧的法律，要么是更好地表述之。③ 可见，对于这种情况，法院当仁不让地具有司法审查的权限。尽管立法有至上的权威，但司法却要将至上法律适用于等而下之的具体事务，此时，法官就有了更主要的发言权，而这种发言权有时就可以用来对立法本身说三道四，这已经就是司法审查的全部了。这颇有点类似于"县官不如现管"的味道。

默示废除原则普遍存在于所有的法律体系中，但是在英国，这一原则的适用有时会具有某种特殊的宪法意义。④ 说明默示废止原则的判例，一直以来也被用于声援另一普遍的宪法性原则，即议会不能束缚继任者。⑤ 当然，这一原则只能算是议会立法至上原则的一个推论或者派生原则。由此可以推导出的一个更为普遍性的原则便是：新法优于旧法。当然，从英国法的上下文看，这显然主要是指制定法而言的，对于判例，其秉承的遵循先例原则恰恰强调的是：旧法才是法。

相当数量的苏格兰律师主张，英格兰与苏格兰之间签订的《合并法》（将原来彼此独立的两个王国合并为一个新的国家：大不列颠）中包含着相当数量的立法意图就是要求立法机关的组成者予以保护的规定。例

---

① Bradley & Ewing, p. 60.
② Wade & Forsyth, p. 27.
③ Bradley & Ewing, p. 59.
④ Bradley & Ewing, p. 59.
⑤ Bradley & Ewing, p. 60.

如,该法第 1 条规定,苏格兰与英格兰的合并应当地久天长(last for ever after)。苏格兰律师的意见显然倾向于《合并法》具有不同于一般议会立法的效力:其内容中有许多应当是不能由后继立法随意更改的。但是,另有英国学者认为,尽管对此存在争议,但通过对《合并法》更为仔细的研究发现,《合并法》中的许多规定已经由后来的联合王国议会的立法予以调整、修订和废除了。表面上看,这似乎提示:当初设计的任何试图拘束 1707 年以后的议会的尝试都失败了。① 因为在英国学者看来,所谓立法中存在不可变更的内容的说法,这些不可变更的部分只能视为拘束后来的立法。而议会立法至上原则恰恰体现在:不能为在位的议会的立法权设定任何法律上的限制。

(五) 立法不得溯及既往原则的限制

早在 1870 年,英国的一位法官即在一个案件中指出,溯及既往的法律是与规范人类行为的法律应当仅调整未来的行为而不应当改变基于对既存法律的信赖实施交易的基本原则相违背的。因此,除非既有的立法已经明确规定或者作出了必要的暗示,否则法院不应当赋予影响公民权利的新法以溯及既往的效力。也就是说,存在这样的一个司法解释规则,即制定法不能被解释为具有溯及既往的影响既存的权利或者义务的效力,除非这种影响是既有的法律已经规定了的。例如,法院认为,虽然 1971 年《移民法》授权内政部驱逐违反早先的《移民法》而进入英国的英联邦公民,但在该法生效之前不得采取此类行为;而且法院还认为,该法并未对该法通过之前发生的行为规定刑事制裁。②

尽管《欧洲人权公约》第 7 条明确规定,不得因行为当时的法律不认为构成犯罪的行为而治人以罪,根据议会立法至上原则,议会有权制定溯及既往的法律将违背这一规定。但是,正如韦德爵士所说,很难想象任何政府部门会提议或者议会会通过溯及既往的刑事立法。③

虽然有这样的一般性原则,但是据英国学者介绍,议会通过行使其至上的立法权,曾确认过非法的立法,也制定过溯及既往的法律。议会行使这种权力的原因,往往是议会中占有足够多数的行政方面的力量为了推翻法院方面作出的使行政方面感到不便的判决。例如,1965 年《战争赔

---

① Neil Parpworth, p. 75.
② Bradley & Ewing, p. 56.
③ Bradley & Ewing, p. 56.

偿法》修正了 *Burma Oil v. Lord Advocate* 一案的判决所确立的原则。此类溯及既往的立法都是为了保护战争期间基于国家利益而实施的各类违法行为[①],摆脱战后对此类非法行为提起追诉的案件。英国学者提到这些的出发点,显然表明他们还是反对这些溯及既往的立法,虽然这些立法是为了本国的"国家利益"。

当然,授权就过去发生的某些事件而给个人以赔偿的立法也属于溯及既往的立法,但是通过这类立法往往没有多少人反对。[②] 这就是授益立法与科以义务立法的最大区别。由此得出的结论是,立法不得溯及既往原则应当只是限制科以义务的立法,而不能因此限制授益立法。现代福利国家的许多立法都具有溯及既往的授益立法的属性,如规定某人此前的工作年限相当于按一定数额缴纳养老保险金的年限。这一规定对于自该法实施后才开始与"老人"们一起缴纳养老保险的"新人"而言,可能是不公平的,因为这些"老人"此前并没有向统一的养老基金机构实际交付养老金,而其最终领取的养老金的数额将会因上述溯及既往的规定而明显增加,这些增加的数额主要是由"新人"们贡献的。类似这样的立法,按理应当属于溯及既往的立法,但并不在被限制之列。

（六）议会的自我限制

英国学者在讨论议会立法至上原则时,偶有提到议会的自我限制(self-limitation)的。他们认为,除非明确或者默示地授权立法机关接受某些非由立法机关自己制定的较高的法(higher law)的限制,否则希望立法机关能够对其应当制定或者废除法律的活动加以自我限制是不现实的。英国学者同时指出,能够限制议会的三种可能的较高的法是:① 至上的非由立法机关自己制定且含有禁止议会制定的普通法律对其加以修改的自卫条款(provisions entrenched 或者 entrenched provisions)的成文宪法;② 居于优先地位的国际法,包括欧共体条约（及后来的欧盟法）;③ 自然法。但在这三种可能的较高的法中,包含有自卫条款的成文宪法在英国不存在,而英国的司法机关又强烈反对包括条约在内的国际法的国内优先性。同时,现在也没有司法判决支持自然法了。[③] 由此可见,只有由议会通过的《欧共体法》之类的法律所认可的国际条约（及后来的欧

---

① Bradley & Ewing, p. 56.
② Bradley & Ewing, p. 56.
③ Phillips & Jackson, p. 56.

盟法），对议会有一定的约束作用，但英国脱欧后，这一约束也不复存在。

七、议会立法至上与违宪审查

议会立法至上原则蕴含一个统御法院与立法机关之间相互关系的至关重要的法律原则，即法院有义务适用议会制定的成文法，而不能认定某一议会立法非法或者违宪。按照英国的权威说法，尽管人们基于道德的、政治的或者其他的理由强烈反对英国议会做某些事，但这并不意味着议会的所作所为超越了其职权。如果议会真的决定去做这些事情，法院是不能认定议会的立法违法的。[①] 这种观点的英国法律文化背景是，英国对于议会行为的法律性、政治性、道德性及各标准的把握主体的严格区分。之所以能够在强调人们对议会的某些行为持强烈的道德上或者政治上的反对理由的情况下，依然敢于得出议会有权这样做而法院不能得出议会的立法违法的结论，理由在于，英国的议会是一个多元化的机构，既有一个政治性与道德性兼备的民选代议机构（众议院），又有英国的最高上诉法院（贵族院），还有一部分则是作为国家象征的王权。对于这种多元要素复合机构的评判标准也只能是多维的，法院所掌握的法律标准只能是其中之一，而非唯一。正因为如此，基于议会立法至上原则，该观点持有者认为议会有权做任何事，法院甚至不能说这些是违法的。但这绝不是说议会摆脱了法院的监督就万事大吉了，还有政治手段等着它们，如果议会所做的事严重违背了民意，按照代议制民主的政治责任原则，议会将至迟在下一次大选后承担因此而应当承担的政治责任，例如，力主或者主持作出该行为的执政党将因此而在选举后下野，当然前提是议会的该行为确实已经引起了大多数民众强烈的不满，否则，即使有人提出最强烈的反对，因其为数不多不足以倒阁，在代议制民主体制下也只能发发牢骚而已。不要以为最长 5 年的时间太长，许多由法院作出的判决的用时比这还要长。

议会立法至上是英国宪法体制一个有着持续而强有力的影响的突出特征。特别是，该原则始终威胁着法院的地位。[②] 议会立法至上原则将英国与那些在其成文宪法中对立法设置限制并委托普通法院或者宪法法

[①] Bradley & Ewing, p. 53.
[②] Wade & Forsyth, p. 25.

院裁决立法行为是否违宪的国家区分开来。① 也就是说,英国的法院没有审查议会立法进而宣告其违宪的权力。②

尽管英国传统上强烈反对法院拥有对初级立法的合法性进行审查的权力,但是法院仍然无法摆脱对某一声称具有立法效力的规范性文件进行审查以确定其是否属于"议会的法律"。③ 事实上,这等于宣告:英国的法院尽管不能对议会的立法的合宪性进行审查,但却可以对议会通过的某一立法是否"议会的法律"进行审查。这种表面上看自相矛盾的结论的价值在于,从逻辑上看显然是错误的结论并不当然地没有制度价值,而英国法中恰恰不乏这样的制度。同时,英国法院在这一问题上所表现出来的倔强态度、执着精神,只能产生于独立的、无所畏惧也无所企求的头脑之中。

不仅如此,在现代法律体系中,业已颁行的法律在其被废止或者被修订之前持续有效,除非在该法颁布时即明确宣告其有效期间。如果立法机关希望改变某一先前的立法,最简便的方法是在新法中明确宣告废止旧法,或者明确指出旧法被修订的部分。假设立法机关没有这样做,新法通过了,却没有明确废止与之相互冲突的旧法,于是就同时存在两部相互冲突的立法,如何纠正此等明显的冲突? 由谁来纠正?④ 这就是违宪审查或者对立法的司法审查的必要性。它并不一定只解决与上位法相互冲突的问题,更主要的是解决同位阶法之间的冲突问题。后者显然有更大的难度。

基于此,英国学者进一步指出,议会立法至上原则既是一个普通法方面的议题,同时也是一个重要的政治现实,但现有的判例均不能证明在任何情况下该原则都不得由司法判决予以评价,更不能说该原则不可能被法院改变。⑤ 笔者认为,英国学者说这话的时候,信仰的成分多于经验的成分,因为他们始终也举不出足够的使人确信不疑的例子,证明英国现在确实存在可以感知的法院对于立法的司法审查。虽然从其他方面我们可以相信这种审查是存在的,但都是围绕一个中心问题而采取的迂回策略,对于中心问题总是回避,没有旗帜鲜明的答案。

---

① Bradley & Ewing, p. 55.
② Phillips & Jackson, p. 22.
③ Bradley & Ewing, p. 74.
④ Bradley & Ewing, p. 59.
⑤ Bradley & Ewing, pp. 74-75.

但是，对于法院来说，"拒不适用"议会的立法同时还颁发强制令以禁止部长服从这一法律，是一项革命性的变革。关于这一变化是否具有真正的革命性的问题，劳斯法官在1995年提出，议会立法至上的权力仍然毫无疑问地由议会所享有的废止1972年《欧共体法》以及使英国退出欧盟的权力予以保护。① 确实，这种可能的权力，在经过全民公决后，退出欧盟已经成为现实。

由于议会立法至上原则目前仍然存在，因此，它深刻地影响着法官的地位。法官们不像美国最高法院法官那样是指定的有权宣告成文立法违宪的公民宪法权利的守护者。②

即使法官的司法管辖权也不再是绝对神圣的。如果他们飞得太高，议会就会修剪他们的羽翼。③ 如果法官们通过判决将司法管辖权的范围进行过分扩张，说得直白点就是手伸得太长，议会就会通过立法予以反制。英国学者之所以提到这些，主要是认为议会立法至上原则对法官有影响力，即在议会立法至上原则下，法官的权力受到议会的严密监视和有效控制。法官虽然名义上享有独立裁判权，但是一旦判决成为既有判例，议会在不否定该判例的既判力的情况下，受社会舆论对该判例的批评意见的影响，就可能通过一个与该判例确定的原则相反的法律，而消除某一在议会看来超出法官的司法管辖权的判例。当然，法治原则、司法独立原则及既判力原则这一自成体系的原则序列的存在，足以保障法官的绝大多数既判案件的既判效果。因为即使议会通过了否定法官既有判例的法律，该法律也因法不得溯及既往原则而不适用于该判例，从而也影响不了该判例本身的既判力。

总之，英国的法官显然没有美国同行所拥有的那种不可动摇的宪法地位。尽管如此，通过一个个判例，摸索着自己前进的道路，自我设定自己的权力。在这样做的过程中，他们充分利用了经久的传统和自己的声望，凭借这些资源，法官们确实大有可为。④

英国法官们的某些大胆的判决表明，他们并未因为脆弱的宪法地位而故步自封。即使是在英国纯粹的议会立法至上的宪法体制下，法院依

---

① Wade & Forsyth, p.28.
② Wade & Forsyth, p.29.
③ Wade & Forsyth, p.29.
④ Wade & Forsyth, p.29.

然是所有法律问题的最终定夺者(last word on any question)。①

当上诉法院在 1969 年的 *Anisminic Ltd. v. Foreign Compensation Commission* 一案中将某一议会立法的含义解释得与其字面意思完全相反时,议会采取的态度非但不是报复性的,而是对贵族院的这一法律观点作出了让步。② 此处的内容非常重要,因为它解决了一个根本性的问题,即法院的解释是否可以从根本上扭转已经成文的立法现实。在这个案件中,贵族院作为英国的最高上诉法院,是可以对任何案件作出英国法体系内的最高的也是最终的判决的,而这一判决将成为英国所有法院都必须遵循的判例。同时,对该判例的理解还必须注意英国宪法体制的一个事实,即英国的贵族院同时又是英国议会的一院。但是同样应当注意的是,英国的议会立法至上原则在很大程度上是众议院至上的原则,即只要众议院通过的法律,贵族院一般是不能作原则性的修改的。甚至贵族院的整个组成体制也是由众议院通过立法而予以调整的。因此,英国议会的贵族院在此处所扮演的角色已经不是议会的一院,而是英国的最高法院。由于贵族院的这类判决都是在该院那些德高望重的所谓法律贵族的共同参与下作出的,其法律观点是没有人会质疑的。因此,尽管英国的议会立法至上实际上是众议院至上,但是当英国的贵族院作为最高上诉法院行使其职权时,其宪法地位以及其中的十余位常任上诉贵族法官们的无人比肩的法律权威地位,使得该院完全可以其法律观点及司法性判决否定众议院已经成文的立法。这就是英国的宪法体制中一个非常奇怪、在英国人看来又非常合理的现象。这一体制的存在使英国的各个宪法主体或者权力形态更为错综复杂地交织在一起,并在彼此之间形成一种非常难以说清的多维度制衡关系。这种复杂的网式的多维度制衡关系,正是英国式宪法权力制约机制的一个特点。当然,可以肯定的是,类似该案的判例是非常少见的。但是法律原则往往是这样,只要是可能发生的,那它就是在法律上存在的,统计上的比重对此是毫无意义的,用现实中发生的可能性来否定某一法律原则的现实性,是对法律的无知。

正因为如此,韦德爵士得出的结论是:只要法院始终追随公众的意见,其在宪法上的辅助地位就不会阻止其富有想象力地发展行政法。③

---

① Wade & Forsyth, p. 29.
② Wade & Forsyth, p. 29, p. 706.
③ Wade & Forsyth, p. 29.

由于议会立法至上原则的基础是如此的雄厚,它很少在法院受到挑战。当卡农·塞尔温(Canon Selwyn)于 1872 年以违反《加冕誓词》(Coronation Oath)及《王位继承法》为由,提出了一项旨在质疑 1869 年《爱尔兰政教分离法》(Irish Church Disestablishment Act)的合法性申请时,法院拒绝了这一申请并详细地说明了理由。法官科伯恩(Cockburn)和布莱克本(Blackburn)指出,在这个国家没有哪个司法机构能够质疑议会的立法。议会的立法的权威高于任何法院的管辖权,因而也就没有哪个法院能够作出一项涉及议会的法律的合法性的判决。① 值得注意的是,尽管法院没有受理该案,但仍给出了详细的、有针对性的说明。在英国,对议会立法至上的描述太多了,法院形成一种标准表述或者说格式文书并不难,但法院并没有这样做,因为这将在很大程度上使法院失去一个裁判机构的特色,因为司法的案件性要求法院对于哪怕在表面上看来完全相同的案件,也要进行实质性的审理,否则,就是滥用司法权,并构成对当事各方接受公正听审权的侵害。

八、欧盟与议会立法至上

此处讨论的核心问题,其实是因英国脱欧前的欧盟成员国(Membership of the European Union)地位,而使其不得不适用欧盟及其前身欧共体所形成的大量规则,即所谓欧洲法,这种局面不可避免地产生国内立法者、主权者如何应对来自域外的法权者的挑战的问题。这个问题在英国脱欧前的数十年间,为英国公法所热议,英国脱欧后也不会马上停止。因为欧盟法已经渗透到英国法中,但本书就不再讨论了。

九、人权立法与议会立法至上

此处的人权立法至少包括两个方面内容:《欧洲人权公约》及赋予该公约本土法律效力的英国 1998 年《人权法》。② 前者是一部 1950 年由英国等少数几个缔约国家签署的欧洲的区域性国际条约,现在已经有多达 50 个成员国。因是否具有该公约的成员国身份已经成为加入欧盟的一个隐含的先决条件,许多国家争相加入该公约。土耳其尽管已经加入多年,并且几乎年年因库尔德人方面的案件而受到依据《欧洲人权公约》判

---

① Phillips & Jackson, p.48.
② Martin Partington, p.36.

案的欧洲人权法院的判决的斥责,而且也根据这些判决对本国的司法体制、行政管理体制甚至政治体制进行了相应的调整,但加入欧盟似乎仍需努力。《人权法》则是英国于 1998 年通过的将《欧洲人权公约》正式本土化的法律,该法也并非通过后立即全部生效,而是授权国务大臣相机决定各部分的生效日期。

1998 年《人权法》于 1998 年 11 月 9 日获得英王认可。根据该法第 22 条的规定,该法第 18 条、第 20 条、第 22 条及第 21 条第 5 款自该法通过时实施;该法的其他规定则根据国务大臣通过行政命令指定生效日期,而且可以基于不同的目的对不同的条款指定不同的生效日期。① 由此可以看出该法实施的难度。在此之前的几十年间,英国作为《欧洲人权公约》的缔约国并没有太把欧洲人权法院的判决当回事,并且该法院也确实没有太把英国这一最早的创始会员国当回事,总是在北爱尔兰问题上不时地敲打一下英国政府,英国在立法层面上始终不承认《欧洲人权公约》及其相应司法判决的域内强制效力,只是习惯性地通过自觉履行欧洲人权法院的判决以避免直接冲突。按照英国的说法,只要在英国国内的法院不能强制执行,这些规则就不是法律。这是英国学者所谓实质意义的法的检验标准:国家的法律(state law)是指由该国正当地建立的法院(duly constituted courts)强制施行的行为规则。②

1998 年《人权法》将《欧洲人权公约》移植入英国,也使英国的立法程序产生了与将欧洲法引入英国时遇到的同样的问题。根据该法的要求,所有提交议会的立法议案都必须附一份声明:在该立法议案的提案人看来,该立法议案与《欧洲人权公约》的条文并不抵触。③

尽管设置了这样的预防手段,但仍不可避免的是,就像欧洲人权法院不时所做的那样,英国的法院也不时宣告制定法的某些规定违反了《欧洲人权公约》。尽管英国自己制定的《人权法》严格禁止英国的法院宣告议会立法确定的原则无效,并希望借此捍卫议会立法至上的信念。但实际上,英国《人权法》确实授权英国法院发出不一致宣告令(declaration of incompatibility),而该宣告令实际上是指令在任政府(government of the

---

① Neil Parpworth, p. 196.
② Phillips & Jackson, p. 3.
③ Martin Partington, p. 36.

day)必须修订某一制定法的规定,使之与《欧洲人权公约》的规定保持一致。①

十、权力下放与议会立法至上

权力下放(devolution)产生了许多重要的议题。它对英国议会立法至上原则的影响如何？为了回答这个问题,首先有必要明确的是,分权立法赋予各权力下放地区议会多大的权能。② 相应的,由于权力下放地区议会没有制定初级立法的权力,联合王国议会依然拥有至上的立法权,并因此可以继续给威尔士立法。③ 尽管如此,1998年《威尔士政府法》规定,把威尔士事务大臣的绝大多数行政管理职能移交给威尔士地区议会。④

1998年至2012年的一系列《苏格兰法》,以及1998年至2006年的一系列《威尔士政府法》,分别设立并健全了苏格兰地区议会和威尔士地区议会,以及与之配套的部长及行政系统。其中苏格兰地区议会的情况比较特殊：它被赋予初级立法权,从而意味着其拥有了选择立法主题事项等相当大的立法权；相形之下,威尔士地区议会的立法权就要受到很多限制。⑤

苏格兰地区议会、北爱尔兰地区议会的情况有所不同,因为它们都有权制定初级立法。不过1998年《苏格兰法》及1998年《北爱尔兰法》均规定,联合王国议会保留为这两个国家(countries)立法的权力。联合王国议会立法的至上性因1999年英国政府与权力下放地区政府的谅解备忘录而得到进一步的强调。更重要的是,苏格兰地区议会与北爱尔兰地区议会的附属性质还因它们所制定的法律都可以由法院宣布违法而更加明确突出。⑥

苏格兰地区议会的表述(Scottish Parliament)实际上是恢复了其1707年的称谓,因其当时与英格兰议会合并组成大不列颠议会,即如今的英国议会,而不复存在。自那时起,英语中的Parliament专指英国议会,其他各国、各地的议会都选用其他用语,如威尔士地区议会用Assem-

---

① Martin Partington, p. 36.
② Neil Parpworth, p. 78.
③ Neil Parpworth, p. 79.
④ Neil Parpworth, pp. 78-79.
⑤ Wade & Forsyth 2014, p. 104.
⑥ Neil Parpworth, p. 79.

bly。苏格兰地区议会恢复旧称，必然伴随着其权力复辟的浪潮，这正是英国国内闹得不可开交的苏格兰公投独立的最根本的法律缘由。

尽管如此，英国学者仍然坚称，从技术角度讲，苏格兰、威尔士由此制定的所有立法，都是基于1998年及以后的英国议会立法的委任立法，议会立法至上原则并未逆转。这一点由法官霍普（Lord Hope）在2011年 AXA General Insurance Ltd. v. Lord Advocate 一案中进一步确认。据此，英国议会可以随时废除或者修订这些议会立法，无须特别声明；英国也没有因此而搭建出一个联邦体系。总之，位于威斯敏斯特的英国议会为苏格兰及威尔士的完整立法权，明确地得到了保留。[1]

十一、国际法与议会立法至上

此处的国际法在英国脱欧前主要是指欧洲法以外的国际法，因为欧洲法特别是欧共体法、欧盟法及欧洲人权法已经英国本国立法而整体地国内化，不再是一般意义上的国际法了。

英国法并不总能跟得上英国国际义务转变的步伐。尽管英国政府基于英王特权有权批准英国签订国际条约，但是，这些条约必须经过"议会的法律"的认可或者接受才能使英国的国内法作出相应的改变。通常经英国批准的国际条约可以产生某种法律上的合理预期，即该条约的批准将会继之以赋予该条约域内效力的议会立法活动。但是，这仅仅是一种可能而已，议会也有可能通过制定法而作出完全相反的规定。[2] 因此，这是一个国际法或者涉及国际关系的国内法调整的问题，只能通过国内法加以解决，而不可能参照国际法的一般原则加以解决；更重要的是，英国学者由此暗示了一个国际法上的基本原则，即只有那些可能通过国内立法与国际法的冲突与协调来发展国内法的国家，才是真正意义上的国际法的制定者或者主要参与者，英国就是这样一个国家，或者说，英国通过其国内法对国际法有选择地接受、保留甚至针锋相对，保持了或者意欲保持其国际法的制定者的国际地位。而这一目标是否能达成，似乎不完全是一个法律理论或者逻辑思辨的问题，更主要的是一个综合国际影响力的问题，没有国力的支撑，仅靠行事上的特立独行是疏于合众、难以长久、更不宜效仿的。

---

[1] Wade & Forsyth 2014, pp. 104-105.
[2] Bradley & Ewing, p. 57.

议会立法至上原则并不受国际法的约束。法院不会基于违反国际法基本原则的理由而认定某一法律无效。① 法院也不能因某一议会立法与英国加入的条约冲突而认定其非法。英国法官对此提出的理由是,制定法的规定本身就是法律,而且是这个国家法律中的最高形式。② 按照他们的逻辑或者语言,法(law)是不可能非法(unlawful)的:既然议会的制定法本身就是英国法的最高形式,怎么可能说其不是法呢？这种逻辑所反对的,显然不是"白马非马",而是"指鹿为马"。从逻辑本身看,似乎确实没有什么问题,而实际的做法也确实如此。

英国立法中的错误如何校正呢？其一是限制议会立法的范围,如前文提到的对"议会的法律"的几类排除；其二是对明显的违法之处解释为不是议会的立法本意,或者不按其字面解释,如对溯及既往立法的解释；其三是通过政治途径加以解决,法院只是弥补议会疏漏的一个补丁,而不是保证英国宪法体制完善、顺畅发展的唯一依靠。政治的解决手段对于主要作为政治组织存在的议会的影响力,在任何情况下都不应当忽略,否则就无法避免在表面上圆融的英国法制中存在的结构上的不对称。

十二、议会立法至上与行政法

议会立法至上原则固然主要是一个宪法性原则,但是在行政法领域对其加以研究的必要性却是不容忽视的。英国无成文宪法是造成学术研究方面宪法与行政法的界限不清的一个重要原因,但更重要的原因还在于,英国的议会民主制的现实使得议会与政府之间存在几近于议行合一的表象和实际运作形态。既然行政法是研究行政权的控制及救济的,那么,对于作为最高层级行政权的中央政府的权力的控制就不应当游离于行政法的视野之外,在英国这样一个地方权力因地方自治而分散弱化、中央政府权力实际上相对较强的国家,尤其要注意对中央政府行政权的研究。因是之故,在行政法领域,对于议会立法至上原则的研究遂提升到如何界定及约束中央政府行政权的高度上。进而言之,议会与政府、议会立法与中央政府立法之间的这种杂糅的关系,很难在实质上区分清楚,政府可以很轻易地假道议会通过立法而实施对其政策的推行至为重要的法律,同时绕过法院的司法审查。

---

① Bradley & Ewing, p. 56.
② Bradley & Ewing, p. 57.

除上述宪法方面的价值以外，议会立法至上原则也是在行政法领域居于显著地位的越权无效原则的理论基础。① 二者的关系是，正是由于议会立法至上原则的存在，使得法院对于行政的监督必须与议会通过的法律保持一致，在这种情况下，对执行法律的行政主体的行为提出质疑的唯一正当理由，就是该行为超越了议会立法中明确授予其行使权力的范围，该行为遂因没有法律上的存在依据而经司法审查予以撤销或者宣告无效。由此可以得出这样的结论：正是由于议会立法至上原则的存在，政府的所有行为在法律上的正当性的渊源才完全系于议会，没有或者超越了议会直接或者间接的授权，一切行政行为均没有法律上存在的理由，而应当归于无效。这不正是越权无效原则的另一种表述吗？

第二节　法律的治理原则

提到法律的治理（rule of law）原则，不能不提到戴西。但在正式介绍戴西的理论之前，笔者想提醒读者注意，戴西在导入其法律的治理原则体系时提到的被基尔（Keir）和劳森（Lawson）誉为"或许是英格兰宪法的中心判例"的 *Entick v. Carrington*（1765）一案。该案的具体内容及其意义，下文会有交代，笔者希望阅读本书的读者能够记住的，是该案主审法官卡姆登（Lord Camden）的一句话："如果是法律，就应当在我们的法律书中找得到；如果找不到，就不是法律。"（If it is law, it will be found in our books. If it is not to be found there, it is not law.）② 本书将不止一次用到该案及这句著名的话。任何学过 30 天英语的人恐怕都不难记住这句话，但似乎任何学过 3 年法律的人都难以理解这句话，而要保证一个国家能够做到这一点，则恐怕需要更长的时间。

此外，笔者希望读者领会以下内容，用"法律的治理"的译法来取代更为通俗化的"法治"（rule of law 中的 rule 显然是个名词，因此可译为法律的治理，而"法治"中的"治"显然是个动词。笔者考虑的是，"法治"的译法固然可以在字数上作为"法律的治理"的简化，但这种简化的过程很可能也简化了我们对于法律的治理本身更为丰富的内涵的思考与关切。本书多次提到法律的治理原则，而本书数千页文字的唯一目的，就是想使中国

---

① Wade & Forsyth, p. 25.
② Neil Parpworth, p. 38.

的读者了解——什么是"法律的治理"。如果读者(相信其中绝大部分都太熟悉法治的说法了,以至于笔者担心许多人可能淡忘了对于该原则的精髓的反思)在每次看到这种多少显得有点多余的表述的时候,能够意识到我们所熟悉的法治原则或许与英国的"法律的治理"多少有些不同,并在本书中发现笔者所强调的些许差异,那笔者的努力就算得到了最好的回报。

一、法律的治理原则的多义性

虽然法律的治理常常被称为英国宪法的一项根本性的理论或者原则,但英国学者也不得不承认,准确地界定法律的治理(rule of law)的含义是非常困难的。困难的根源在于,法律的治理对于不同的人意味着不同的事物。艾伦(Allan)曾经提到,在英国宪法律师看来,法律的治理似乎主要意味着某些根本性的原则或者价值组成的一个整体,它们从总体上"借"给(lend)法律秩序以某种稳定性和一致性。[①] 此处英文文献中使用了借力的概念,由于涉及对某一法律原则的基础理解,笔者提醒读者英国学者讨论这一问题的视角,即跳出法律秩序体系看法律的治理原则体系,将法律的治理原则视为独立于法律体系之外的一种实在。这一视角表明,法律的治理原则存在于某些法律体系中,也可能没有或者根本不可能为另外一些法律体系所包容。这些法律体系既不能自己产生法律的治理原则,又拒绝引入这样的原则。但从另一个角度看,法律的治理原则的外化特征为那些本体中无法产生或者尚未产生法律的治理原则的根本理念的民族改革自己的现行法律体系提出了建议:可以通过嫁接的方式将其移入,也就是借入,而不必再为本土法律传统之未能产生法律的治理原则而扼腕叹息了。

尽管法律的治理原则的重要性被突出到这种地步,而且如此频繁地被提及,但连戴西也认为,法律的治理原则的概念依然"充满了含糊和暧昧"(full of vagueness and ambiguity)。[②] 在英国学者看来,法律的治理是一种含义非常笼统的表述,对于不同的作者可能意味着截然不同的事物。[③] 在政治家的眼里,法律的治理原则成了攻击其他政体的标签。以

---

① Neil Parpworth, p. 31.
② Neil Parpworth, p. 36.
③ Phillips & Jackson, p. 29.

1989 年《战争罪调查庭报告》(Report of the War Crimes Inquiry)为例，这一成文于 1991 年《战争罪法》之前的报告提出，审理在外国所犯的战争罪的司法管辖权可以及于英国法院。①

虽然 2005 年《宪制改革法》(Constitutional Reform Act)第 1 条仍没有给法治下一个明确的定义，但议会声明，其制定该法完全无意变更既存的宪法性的法治原则。② 之所以这么说，是因为该法是一部宪政体制方面的改革法。而这样的一部改革法却不损益既存的宪法性的法治原则，更能说明法治原则是英国宪政的根基，再怎么改革也绝少会深入到这个层面。

英国学者对于法律的治理原则的诠释与其他原则截然不同：对于其他原则，英国学者基本上都有大体一致的意见，至少有共同的倾向，因此有可能将各家之言综合为我们可以理解的前后一致的体系；但对于法律的治理原则，则是各有各的体系，很难统一在一个体系中阐述。基于此，笔者主要介绍三位较有影响力的学者的观点，在此基础上兼及其他。

二、戴西关于法律的治理原则

英国宪法是建立在法律的治理原则基础之上的。对此最经典的诠释来自戴西的《宪法》(Law of the Constitution)第四章。③ 对戴西而言，法律的治理原则是英格兰生活中最值得铭记的特色之一；在他看来，法律的治理原则是自诺曼征服(Norman Conquest)以来英格兰政治制度的两个标志性的特征之一。④ 1885 年，戴西的《宪法研究导论》(An Introduction to the Study of the Law of the Constitution)第一次正式出版。戴西的目的是向学生们介绍宪法两三个纲领性的原则，其中最重要的就是法律的治理原则，也正是在该书的第二部分，戴西提出了著名的、后世广为引证的法律的治理原则的三要素。⑤

按照戴西的说法，法律的治理原则包括三要素(three elements)⑥：

---

① Neil Parpworth, pp. 31-32.
② Bradley & Ewing 2015, p. 81.
③ Wade & Forsyth, p. 20.
④ Neil Parpworth, p. 35.
⑤ Bradley & Ewing, p. 93.
⑥ Neil Parpworth, p. 36.

(一) 任何惩罚得有法律依据

除非是因为明显地违反这个国家的普通法院按照普通的做法建立起来的法律,不得惩罚任何人。做到这一点有助于避免将武断(arbitrary)、任意(discretionary)和特权的权力委任给行政机关。简单地说,戴西认为,法律的治理原则强化了普通法在反抗武断的权力方面的突出地位。① 这就要求必须首先确立普通法的绝对的权威或优势,以反对专断的权力。为此,要排除恣意、特权甚至政府部门中宽泛的自由裁量权的存在。一个人可能因触犯法律而受惩罚,但仅此而已,决不能因其他任何理由惩罚他。也就是说,除非明显地违反了普通法院已知的法律,否则任何人都不应受到惩罚。在这层意思上,戴西使法律的治理原则与那些行使宽泛而武断的强制权(如未经审判即予关押)的政府体制所依靠的原则对立起来。②

(二) 任何人不能在法律之上

戴西主义法律的治理原则的第二个要素是,任何人不能在法律之上(no man was above the law),即每一个人,无论其地位如何,都应当遵守这个国家的普通法律(ordinary law)并且服从普通裁判机构(ordinary tribunals)的管辖。因此,法律的治理原则应同样适用于每一位官员,上至首相下及治安法官或者征税官,与其他公民一视同仁。这种意义上的法律的治理原则追求的是确保法律面前的平等。③ 或者说在这个国家,所有阶层的人都应当平等地接受普通法院所适用的普通法的拘束。这将意味着:没有人在法律之上;所有的官员都像普通的公民一样负有遵守同样的法律的义务;没有专门设立的行政法院来裁决由公民对国家及其官员提起的诉讼请求。④ 不设行政法院作为最具戴西标志的预断,甚至可以说已成为英国行政法最经典的标签。

在有关法律的治理原则的法律面前人人平等方面,戴西考虑到两个例外:士兵及牧师。在他看来,这两类主体也服从法律,但这些法律并不涉及本国的其他人,而且这两类主体也受裁判机构管辖权的管辖,即军事法庭(courts martial)和教会法院(ecclesiastical courts),虽然这两类法院

---

① Neil Parpworth, p. 36.
② Bradley & Ewing, p. 93.
③ Neil Parpworth, p. 36.
④ Bradley & Ewing, p. 93.

对于普通人确实没有管辖权。尽管如此,戴西认为,士兵及牧师的地位并不违背法律的治理原则,因为他们仍然需要履行普通公民应当承担的义务。英国学者认为,戴西的推理缺陷在于,他只注意到了那些应当承担额外义务的主体,也就是那些像士兵或者牧师一样在普通公民所承担的义务之外承担额外义务的人,而没有考虑那些特别的规定或者豁免的情形。例如,刑法针对儿童的规定就有别于成人,外交官也免于刑事诉讼。一种更为有限的豁免则是法官所享有的不得因其对于某一案件的审理而被诉的豁免,以及议员不得因其在威斯敏斯特宫区域内(precincts of the Palace of Westminster)所说的话而以诽谤罪被追诉的豁免。① 戴西论述过程中所忽略的上述诸点显然都不是十分重要的内容,但从逻辑上讲,还是有瑕疵的,后世英国学者在这些方面对戴西的苛责可谓严厉。

戴西从英国的《法律报告》(Law Reports)中获得对其"在英国没有人在法律之上"的断言的支持。② 因为他发现,法院审理的许多案件认定,官员们也必须服从这个国家的法律。③ 戴西提到的案件之一,就是被誉为"或许是英格兰宪法的中心判例"的 *Entick v. Carrington*(1765)一案。国王的信使(King's Messengers)闯入原告(Entick)的房屋并将某些纸张搜走作为资产阶级自由化言论(seditious writings)的证据(当时,法国大革命还没有开始,英国的不彻底资产阶级革命尚在进行中,故有此罪名)。原告遂以此举构成非法侵入(trespass)提起诉讼。被告方辩称,他们的行为因为有国务大臣的授权令状而是合法的。该案的焦点遂转为确定该授权行为的合法性。法院认定:国务大臣所主张的发出授权令状的权力缺乏现有判例法(law books,可直译为法律书)的支持。法官卡姆登强调:"如果是法律,就应当在我们的法律书中找得到;如果找不到,就不是法律。"最终,国务大臣的授权令状被宣告非法和无效。④

(三)法官独立、司法最终

戴西有关法律的治理原则的第三个要素是:宪法的基本原则[此处他所指的宪法基本原则是指个人的基本自由权(right to personal liberty)而非议会立法至上]是,对于诉至法院的案件,应当由司法判决决定私人

---

① Neil Parpworth, p. 37.
② Neil Parpworth, p. 37.
③ Neil Parpworth, pp. 37-38.
④ Neil Parpworth, p. 38.

的权利。简言之,宪法是法官缔造(judge made)的,它与生俱来的所有特征,无论优劣,都是法官造法(judge-made law)使然。① 法律的治理原则还意味着,那些在其他国家当然地成为宪法典的组成部分的基本原则,在英国宪法中恰恰不是个人权利之源,而是由法院予以确认并强制实施的个人权利的必然结果。因此,个人权利不是由写在一个正式的法律文件中的保证来担保的,而是由私法所提供的普通救济途径来保证的,这些救济途径可以用来对抗那些非法妨害个人权利的人,无论侵害人是普通公民还是官员。② 这一点正是我们在讨论宪法性原则乃至所有的法律权利时无法回避的问题,即所谓法律上的权利究竟是法律予以确认的权利,还是源于法律规定的实在权利?抑或是在法律存在之前即存在的由法律予以阐明并加以维护的自然权利?这些问题对于宪法及行政法的意义在于,如果权利是宪法或者法律创设的,而不是由宪法或者法律明确表达的话,那么,权利的主体就没有保留的权利可言,任何没有为宪法和法律规定的权利,就不是法律上的权利。换成著名的法谚便是,法无明文规定即无自由,而不是法无禁止即自由。因为所谓法无禁止包括两种可能:一种是法律规定了作为或者不作为的权利,此时,法无明文禁止即自由是可以成立的;另一种则是法律虽未禁止,但也没有规定作为或者不作为的权利,因此也就没有自由可言。显然,戴西的观点与此相左:英国没有成文的宪法,因此英国人的权利也绝不局限于任何成文法所规定的范围。

尽管英国学者对戴西的语言已经作了反复的解说,但笔者仍想提醒读者,戴西对于法律的治理原则的第三个要素的理解,应当从司法独立、司法最终等角度去理解。法官造法的说法显然不是为了突出法官的立法者地位而引入的,而是为了强调其司法者地位。因为在英国普通法的观念中,只有记录在法院的判决中的才是真正意义上的法律。言外之意,写在法律文件中的文字,如果最终不可能、不能够落实为法院的判决,仍不是法律。这对于处于立法勃兴时期的国家的启示在于,立法之所以得不到执行的原因至少有二:一是立法文件所表述的法本身尚没有达到成为现实的法的标准;二是保证立法文件中的法律实现的制度基础还没有确立,特别是适用这些法律以形成判决的体制链条中还有某些环节是彼此脱节的。如果不能弥补制度设计在这两个方面的先天不足,则立法的实

---

① Neil Parpworth, p. 36.
② Bradley & Ewing, p. 93.

施就存在严重的滞后,甚至永远都不可能实现。

三、戴西的观点对现代的影响

当代英国学者认为,戴西关于法律的治理原则的观点,正如其关于议会主权的观点一样,都是基于其对英国旧政府体制的认知,其中的许多方面现在已经无法适用了。①

（一）行政法之于英国

宾厄姆法官(Lord Bingham)将法律的治理原则称为戴西的宪法大厦中第二伟大的基石。②（第一伟大的基石是议会立法至上。）但英国学者也特别指出,尽管法律的治理观念可以称作行政法的主要精神或者主动力(mainspring),戴西在其《宪法》一书中对行政法的归纳却给英国的行政法投下了经久难消的阴影。③对此,韦德打圆场说,之所以会有以上明显的自相矛盾(paradox)的结论,其根源乃在于语言上的误解。④

戴西认为,行政法对于英国的宪法而言绝对是个陌生的概念,行政法与英国学者所理解的法律的治理原则、普通法和宪法性自由等难以调和。但是事实上,戴西提到的"行政法"是译自法语的"行政法",他公开谴责的仅此而已,而非对行政法的任何英国式的理解。⑤ 在他看来,所有的案件都诉诸普通法院,以及相同的基本原则既适用于针对政府的诉讼案件也适用于针对普通私人的诉讼案件,这就是法律的治理原则最重要的美德。⑥

但是在法国的行政法体系中,由于其特殊的行政法院的存在,针对政府官员及国家的案件在许多情况下是诉诸一个相对独立的司法系统。戴西所指的"行政法"是指一个专门为行政案件设立的特别的法院系统。即便是在戴西时代,这也是一种不常用的表述方式。但是,一旦这种表述方式所表达的真实意思为人们所接受,前述自相矛盾的现象也就不复存在了。⑦ 所谓自相矛盾是指,一方面戴西认为法律的治理原则是英国行政

---

① Bradley & Ewing, p. 95.
② Neil Parpworth, p. 36.
③ Wade & Forsyth, p. 23.
④ Wade & Forsyth, pp. 23-24.
⑤ Wade & Forsyth, p. 24.
⑥ Wade & Forsyth, p. 24.
⑦ Wade & Forsyth, p. 24.

法的主动力,同时又认为法国的行政法观念与英国的是无法调和的。另一方面,韦德爵士的意思是,其实英国学者错解了戴西的本意,戴西当时所说的仅仅是,由一个独立的法院系统审理行政案件,而不是由普通法院审理行政案件的法国式做法,是与英国的由普通法院审理所有案件,包括行政案件的做法不相同的。至于两国在行政法观念上的差别,以及行政法是否真如原来理解的一样为英国的宪法原则所不容等,都不是戴西所要表达的原意。这样就解决了有关戴西根本上否定英国应当建立行政法的历史性误解。

韦德此处的说法有替戴西说好话之嫌。考虑到戴西在英国宪法及行政法领域不容回避的重要影响力和地位,将戴西的观点视为与英国现代行政法的基本观念相对立,的确对戴西本人及英国现当代行政法事业都是不利的。从语言学的角度将戴西的观点重新诠释一番,以求得其观点与现当代英国行政法理念的内在统一,无疑是一个更能使所有人接受的解决方案,韦德所做的,就是将这一方案具体化。

(二) 法国的行政法院

戴西认为,法国的行政法院(其极致是作为最高行政法院的国家参事院)仅仅是为了赋予行政官员以"超出普通公民之上的一整套的特殊权利和特权(privilege or prerogative)",以便于为他们自己制定专门的法律而设立的,而戴西对法国行政法体制的谴责正是基于这一错误的结论。其实,人们早就意识到戴西的上述认识是错误的,但却成了一个习惯性的谬误。即使在今天,英国的法官们仍然会误认为法国的行政法无非是将行政部门置于法律之外的一种法律体系而已。这也就是为什么丹宁勋爵(Lord Denning MR)会说:"我们英国法绝不允许任何一个政府官员得到法国式的行政法的庇护。"[①]

从上述有关法国行政法及英国法官们对于其理解或者误解的介绍看,在英国法官们的内心深处始终有这样一种根深蒂固的意识,即所谓受法律监督在很大程度上就是受普通法院监督。如果某一权力可能不受普通法院监督,如在法国最高行政法院的情况下,在英国法官们看来,这就等于在这些行政法院审理的案件中的被告没有得到法律的有效监督。归纳起来就是,所谓法律的治理(rule of law)就是普通法院之治(rule of ordinary courts)。

---

① Wade & Forsyth, p. 24.

但是韦德承认,法国的行政法中蕴含着一套对公共行政官员的行为予以救济的体系,而且这套体系所提供的救济在某些方面比英国法还要慷慨。① 这种对英法两国行政法在救济方面的比较,其实也就是两者在主要方面的比较。实际情况是,法国的国家参事院得到了广泛的尊重,英国的布朗(Brown)及贝尔(Bell)所著的《法国行政法》(*French Administrative Law*)也对其给予了很高的评价。同时,这一体制还成为其他许多国家模仿的对象,甚至欧洲法院也概莫能外。当英国行政法处于低潮时,有人曾主张将法国的体制引入英国。毫无疑问,法国最高行政法院在对行政部门实施真正的司法控制和提高行政管理的水平方面,已经取得了成功。从最充分的意义上说,法国最高行政法院是公正和客观的。尽管法国最高行政法院的法官是政府的行政雇员,但是这些法官对于行政系统的批评态度,一点都不比英国司法系统中的法官逊色。法国最高行政法院是如此受欢迎,以至于一度险些被汹涌而至的诉讼案件压垮。自1953年开始,法国最高行政法院的工作得到转移和下派,所有案件首先交由在全国系统设置的地方行政法院一审。②

一个主要接受私法训练并主要实施更为司法化的司法控制的英国法官,相对于法国最高行政法院的法官而言,可能在开创新领域方面有些放不开,但是公法中的新问题又确实需要为其提供新的解决方案。③ 法国行政法体制的一个有趣的方面是,行政系统成功地从其内部发展起自己的自律机制,尽管这种机制最初是从行政方面发展起来的,但也充满了法律技巧。与此相对应的是,英国的行政官员在一个远离法律影响的环境中工作,司法控制完全由对行政工作一点也不熟悉的其他机构承担。这种状况放大了司法与行政方面的裂痕,从而阻碍了以下目标的实现:通过在行政管理中注入公正的司法标准来提高行政管理水平。在英国,法院的标准很高,而且几乎没有人希望看到法院放弃其保护公民免受非法的政府活动侵犯的历史使命。但是,也不能想当然地认为行政法院就必然弱化法律的治理原则。④

(三)行政自由裁量权的必要性

詹宁斯教授(Professor Jennings)将戴西的理论运用到一系列事项

---

① Wade & Forsyth, p. 24.
② Wade & Forsyth, p. 24.
③ Wade & Forsyth, p. 25.
④ Wade & Forsyth, p. 25.

中，并得出了法律的治理原则与现存的自由裁量权不一致或者相违背的结论。① 在其《法与宪法》(Law and the Constitution)一书中，詹宁斯教授列举了大量在戴西出版其著作时不但存在而且能够行使的自由裁量权。并且自此以后，授予行政主体的自由裁量权也在数量及范围上不断增长。② 詹宁斯教授对戴西之所以会忽视自由裁量权存在的解释是，这是由戴西的政治观点决定的，戴西是一个自由主义者(liberal subscriber)。按照詹宁斯教授的观点，戴西想象宪法是由法律的治理原则"支配"的，于是他仅从个人权利的角度探讨了这一原则，而没有考虑与个人权利相对的由行政主体拥有的权力。③ 这是英国近代学者"为尊者讳"的另一个例子。

如果说赋予中央政府部门或者公共行政官员以自由裁量权的做法违背了法律的治理原则，那么法律的治理原则就无法适用于英国当代的宪法体制。现代国家以各种各样的方式规制国家生活，自由裁量权在绝大多数政府管理领域是不可缺少的。尽管仍有一些权力我们是不愿意委托给行政机关行使的（如未经审判拘禁公民个人的权力），除非是在国家出现了紧急状态而提出相反要求的情况下，但是我们的着眼点不应当更多地停留在对于既存的自由裁量权的攻击上，而应当放在如何建立一个法律的和政治的安全保障机制上，借此控制此类权力的行使。无疑，戴西把社会保障和经济管理所依靠的许多政府权力视为武断的权力。④ 确实，如果按照戴西那个年代的标准来衡量，现代英国行政机关所享有的自由裁量权肯定会被认为过于宽泛，因为在戴西的时代是没有《社会保障法》《反种族歧视法》或者《反恐怖、犯罪及安全法》的，正是这些现代的社会管理立法的大量涌现，极大地拓展了政府行政权的领域，行政权本身的自由裁量属性也不可避免地扩大了，而这恰恰是现代英国学者认为属于现代行政管理必然要求的内容。

但是，无论人们希望政府的自由裁量权受到规范和控制的意愿多么强烈，只要政府还负有促进国家的经济发展及管理社会事务的职责，这种愿望就总是无法实现。⑤ 英国学者的意思是说，法律的预见性是与自由

---

① Neil Parpworth, pp. 36-37.
② Neil Parpworth, p. 37.
③ Neil Parpworth, p. 37.
④ Bradley & Ewing, p. 94.
⑤ Bradley & Ewing, p. 101.

裁量权存在一定的冲突的,自由裁量权在一定程度上使政府的行为失去了规则的控制,也就是其行为的后果或者公民因政府的行为所受的影响存在一定的不可预见性,这是严格意义上的法律的治理原则所不能容许的。但这种自由裁量权,恰恰是以促进经济和社会的发展为己任的现代国家履行所担负的职责所必需的。

四、当代学者对戴西观点的评判

在当代行政法学者看来,戴西提出的法律的治理原则的三个要素存在相当多的问题。戴西所说的"普通法"是指什么?是否包括《社会保障法》《反种族歧视法》以及 2001 年《反恐怖、犯罪及安全法》?专断的权力又是指什么?①

例如,戴西的第二个要素强调所有人都平等地受普通法的拘束。事实上,立法不可避免地要经常参考人们的经济或社会状况以及法律地位来区分各色人等。② 法律永远是一个划分权利与义务的规则体系,自然不可能排除对于权利主体差异性的考虑,这正是法律的平等对待或者平等保护的真谛所在。

房主与房客、雇主与雇员、公司经理与股东、英国公民与外侨等,诸如此类的分类标准为不同的法律规则所采用。可以通过使那些基于不相关、无法容忍或者令人气恼的考虑(例如,基于性别、种族、出身或者肤色等)对公民进行区分的立法归于无效的方式,建立法律面前人人平等的宪法保障。在当代英国学者看来,戴西显然没有考虑这么多。戴西特别强调的法律面前人人平等仅仅是指任何公民(包括官员)如果违反了他们应当遵守的法律的话,都应当受普通法院的管辖,而不应当由类似法国的行政法院审理对于官员的违法行为提起的诉讼。他认为法国的行政法院偏向官员,而英国的法院通过诸如 *Entick v. Carrington* 等案件的判决,给予公民更好的保护。戴西的这种观点长期以来阻碍了英国学者对于行政法的理解,而今,对于行政法的需求已经是一个民主社会不可否认的事实。英国没有法国式的行政法院系统,但是 2000 年 10 月,英格兰高等法院设立了一个新的分庭叫行政法庭。这一命名反映了自 1977 年确立了

---

① Bradley & Ewing, p. 93.
② Bradley & Ewing, p. 94.

新的司法审查程序以来,公法诉讼在英国不断扩增。①

戴西对于法律的治理原则的第三个要素的表述,反映了一种希望以法官所宣告的普通法原则作为公民权利和自由的基础的强烈偏好。诸如个人人身自由、言论自由、结社自由等基本的政治自由,深深地植根于戴西的观念中。那些自由受到侵害的公民可以在法院寻求救济,而不需要成文宪法式的保证书。②确实,一项法律意义上的保障如果只是印在纸质的媒介上,是不可能具有对权利与自由予以现实保障的功能的。在戴西的观念中,是否写在纸上是次要的,重要的是可以真正在法院找到对公民权利与自由的主张足够的法律支持。非此,宪法真的不过是写着堂皇许诺的纸而已。

戴西相信,普通法能够向公民提供比成文宪法更好的保障。正如戴西所言,从实际效果看,能够有效地为遭受非法拘禁的公民提供救济以使其重获自由的人身保护令,其价值与千百条保障公民权利的宪法条文不相上下。但如今,英国学者承认,已经很难认同戴西将普通法作为最基本的确保公民自由不受国家侵害的法律手段的观点了。③

首先,公民在普通法上的基本自由可能会受到议会的侵犯,但英国的现实是这种可能还没有成为普遍的现实,公民的基本权利和自由,使其具有某种剩余权利的特征,也就是说,公民的基本权利就是议会制定法有效限制以外的自由和权利。其次,普通法并不能保障公民的经济和社会福利。最后,尽管法律救济实际上仍然居于基础性的地位,但像《欧洲人权公约》那样正式宣告公民的基本权利,并建立旨在保障这些权利的司法程序,这些做法本身仍然具有其独立的价值。④ 显然,在当代英国学者看来,尽管法律救济在英国的司法实践中确实非常有效,并仍然居于基础性地位,表面上看,将基本权利与自由加以宣告似乎没有太多的必要,但这种宣告本身仍有其独立的价值。也就是说,当代英国学者不太赞同戴西等人基于英国传统的实用主义的价值体系,对基本权利的保护所采取的只干不说的做法。

在当代英国学者看来,尽管戴西没有令人满意地解决法律的治理与

---

① Bradley & Ewing, p. 94.
② Bradley & Ewing, p. 95.
③ Bradley & Ewing, p. 95.
④ Bradley & Ewing, p. 95.

议会立法至上这两大原则可能出现的冲突,但有关这两个原则之间关系的发展,揭示的恰恰是和谐而不是冲突:从各个方面讲,在一个自由的社会,法律的治理原则的维系是与民主权利同等重要的。在英国,法律的治理原则的确立基于两大前提:一是拥有至上权力的议会负责制定法律,二是拥有至上权威的法院解释并适用法律。① 这个描述非常精准地解决了议会立法至上原则与法律的治理原则的关系。由此引出司法独立与分权原则的不可或缺的支撑作用。戴西当时可能根本就没有意识到这两个原则之间的关系,因此也就没有考虑如何解决二者之间的冲突问题。事实恰恰是,二者之间不但没有冲突,反而相互和谐一致地共存着。

五、现代意义上的法律的治理

按照当代英国学者的理解,法律的治理原则另有三层意思:

(一)法律与秩序优于政府

从狭义上理解法律与秩序,则法律的治理似乎既可能通过独裁统治或者军事占领得以实现,也可以通过民主政府加以维护。在一个非经自由选举产生的政府,法院仍可能发挥作用,解决公民之间以及经当前政体所允许的公民与政府官员之间的纠纷。但是,如果不能对政府施以法律的控制,宪法体制与法律的治理原则都是不可能真正发达的。法律与秩序的状态同政治自由并不是相互排斥的,而是互相依存的。正如加拿大最高法院所言,民主在任何现实的意义上都不能脱离法律的治理而存在。② 也就是说,在英国学者的观念中,政治自由是与民主同义域的(类似这种细微的基于上下文才能推断出来的观念上的东西,笔者认为是本书应当揭示给读者的最宝贵的信息)。这个观念非常重要,这是国家政治改革决策中必须面对的一个根本性的前提。那些反对政治变革的人提出的最主要理由是反对政治自由,并以政治自由必然破坏法律秩序、二者截然对立作为其立论的基础。而其实质的用心在于,法律的治理与秩序的存在恰恰是那些反对政治自由的人所痛恨的,因为一旦法律与秩序建立了,则他们的非法行为、建立在不公正基础之上的超占利益以及他们彼此之间的利益纽带,都将面临公开的、普遍的民主制的再评价。这是他们因缺乏足够的民众基础而绝对不希望发生的。

---

① Bradley & Ewing, p. 95.
② Bradley & Ewing, p. 96.

（二）政府应当依法行政（Government According to Law）

合法性原则要求政府机构通过法律得以运作（operate through law），即法律是政府发挥作用的手段。① 当然，这只是英国学者所说的法律的治理原则的一个方面，即法律的工具主义方面。合法性原则是法律的治理原则的一个必要的前提，但是仅仅能够做到依法对政府进行管理并不足以确保国家权力的行使符合自由、正当法律程序等基本价值观念。② 因此，认为英国学者将合法性原则功利化、工具化，不符合实际。

例如，如果需要拘禁一个人或者征税，有关的行政官员必须能够拿出他们具有实施该行为的法律权限的依据，有关公民也可以就此向法院提出对此等权限的挑战。如果公共管理机构的行为超越了他们的权限，就可能被法院宣告为越权无效。在2001年的一个引人注目的案件中，高等法院在事后大约30年后认定，强制搬迁居住在印度洋迭戈加西亚岛（Diego Garcia）的1500名英国公民为美国的军事基地让路的做法，缺乏任何法律权限。③

如果公共管理机构及其官员偏离了法律的规矩，必须有足够有效的制裁机制。通常，这种制裁表现为他们的行为被法院宣告为违法。但另一种制裁则是赔偿权利受到损害的公民。④ 尽管当代的英国学者仍然强调，英国式的政府必须遵循的法律传统是，只有从普通法院才能获得对于政府违法行为的救济；但他们已经不再像戴西那样一味地排斥法国式的行政法院了，因为只要这些法院是独立的和不偏不倚的，司法对于行政的控制就是有保障的。⑤

在英国，根据1947年《王权诉讼法》，中央政府部门开始可以因其违法行为而被诉。该法保留了君主的豁免权，这一豁免权在其他国家的司法体制中是其国家元首享有的。⑥

政府必须依法行政的原则⑦强调了司法权及司法机构对于政府行为的重要性。但是，在一个议会立法至上、内阁又由众议院的多数支持的体

---

① Bradley & Ewing, p. 96.
② Bradley & Ewing, p. 96.
③ Bradley & Ewing, p. 96.
④ Bradley & Ewing, p. 97.
⑤ Bradley & Ewing, p. 97.
⑥ Bradley & Ewing, p. 97.
⑦ The doctrine of government according to law 可以译为"依法行政原则"，这是合法性原则的另一种表述，或者说是合法性原则的本义所在。

制中,行政决定很容易披上法律的外衣。在缺少对公民个人权利的宪法性担保的英国,对于司法权威的需要并不足以保护这些权利免受立法的侵害:如果政府已经有预谋地从顺从的立法机关那里取得了必要的拘禁权,赋予被拘禁的人就针对其本人实施的拘禁行为的合法性在法院进行诉讼的权利,并没有什么实质价值。① 因为其本义是,司法的权威并不足以抑制恶法。如果英国的法律的治理原则单纯靠法院或者法官来维护,估计就是一句空话。笔者的担心不是没有意义的,从前文提到的《欧洲人权公约》对英国立法的制约看,确实存在这种至上的议会制定恶法的可能。

在英国,议会可以授权行政机关行使有可能严重地损害公民个人自由的权力:例如拘禁涉嫌恐怖犯罪者的权力等。如果法律的治理意味着所有的公务行为都必须披上法律的外衣,并不能绝对地担保其不侵害其他基本的价值。② 1998年《人权法》有可能减少与《欧洲人权公约》不一致的立法出台的可能,但却不能为这些立法不出台提供担保③,即不能拘束后来的立法者制定这方面的立法。关于这一点,本书此前已有讨论。

最根本的保障还在于作为代议制根基的选举制度的有效运行,如果这一最根本的环节也发生断裂,如希特勒上台后的德国,那么议会立法至上原则就有可能成为暴政最好的护身符。从这个角度看,英国的议会民主有其脆弱的软肋,这个弱点容易被发现,但不容易被攻克或者为敌方所利用,毕竟议会是一个几百人的群体。当然,要真正洞悉英国如何保护这一民主的软弱之处的机理所在,须研究其选举制度甚至政党制度。

从以上的内容看,仅仅要求政府必须遵循法律的所谓合法性原则,并不是一个完全充分的法律的治理的担保条件,其最主要的局限性在于法律的形式化。这在立法与行政充分融合的英国确实是令英国学者深为忧虑的达摩克利斯之剑。英国学者的这种忧虑,以及英国文化及社会中充满容许怀疑或者说居安思危的气氛,值得注意。

(三)法律的治理原则是一个宽泛的政治原则

如果单纯从字面上看,法律的治理作为一个普遍的政治原则的含义,是作为立法者的议会必须顾及法律的治理中的最根本价值,同时,作为议

---

① Bradley & Ewing, p. 98.
② Bradley & Ewing, p. 98.
③ Bradley & Ewing, p. 98.

会的实际操纵者的政府也必须将维护法律的治理原则作为一项政治使命来完成,因为政府恰恰是所有的国家机构中唯一承担政治决策使命及政治责任的机构。法律的治理原则作为一个普遍的政治原则的上述含义,强调政府不仅仅通过守法在形式上遵守该原则,更重要的是要维护这一原则实质性的存在,即决不动议制定任何可能在根本上掏空法律的治理原则的根基的专制立法。

英国学者所说的政治原则的准确含义是什么?在他们的讨论中没有提到过政治,更主要的是讨论法律政策,如是否需要一部成文宪法等。政治原则的意思是指,法律的治理原则的确立,如果仅仅停留在依法行政的层面上,考虑到议会制民主中议会的顺从性,是难以保证法律的治理的实际效果的。只有将法律的治理原则建立在民众的价值信念的基础上,并在此基础上形成符合自然律的正义之法,依法行政原则才有其存在的价值。从这个意义上说,依法行政原则中还蕴含着价值因素。而公众普遍认可的社会价值的发现,需要选举等政治的过程。这样看来,英国学者将法律的治理原则理解为一个政治原则是可以理解的。这也是法律的治理原则的制度价值高于议会立法至上原则的原因之所在。议会立法至上原则是一个呆板的操作性原则,法律的治理原则则赋予法律本身必须是良法的道德属性和价值内涵。只有通过法律的治理的这层意义的升华,才有可能解决议会立法至上原则本身没有价值取向的盲目性,使整个英国宪法、行政法的基本原则体系具有明确的目标和追求。

如果法律不仅仅是某一特定政府实现其无论何等不可告人的目的的手段的话,那么法律的治理原则必须超然于合法性原则之上。任何法律体系的既有经验和价值取向都与以下两个问题有关:一是政府采取某种行为的法定权力是什么?二是政府应当拥有哪些权力?[1] 正确理解这一论述的逻辑思路在于,不仅要有法律,而且还要有正当的法律,即良法。但有关良法与否的问题,不是法律本身所能解决的,即从一个系统内部是无法得出外部对于这个系统的评价的,从语义逻辑上分析是如此,放到实际生活中去考察也是这样。

例如,如果政府想引入对于违反其经济或者社会政策的行为的刑事制裁,那么新的立法就必须尊重公正的刑事程序的有关原则。如果政府的议案背离了这些原则,反对方依据法律的治理原则所作的争辩就会出

---

[1] Bradley & Ewing, p.98.

现在有关该议案的辩论中。这些意见因《欧洲人权公约》第 6 条对于正当法律程序的保护的规定而得到了进一步的加强。① 此处所说的辩论自然是指议会在立法时所进行的讨论,这一讨论仍然是由议会中的多数党控制的,即便反对党提出了辩驳意见,但最终的表决仍可能会使这种辩解归于徒劳。因此,从这个方面看,这种意见的存在本身似乎并不足以成为支持这种意见进而使反映这种意见的所谓公正的立法成为现实。唯一的希望在于,由于议会的辩论是公开进行的,倾听这些辩论的不仅有其他的议员,也包括所有的选民,至少他们可以在对此感兴趣的时候听得到。不但如此,他们还知道他们的议员是如何看待这些问题以及如何最终表决的,他们甚至可以不必等到表决的最后时刻就提前从议员那里了解到议员本人的倾向,并可以向议员表达自己的建议以便议员参考甚至采纳。如果最终的结果严重地违背了相当比例的选民的意愿,选民还可以通过选举机制将这一比例表现到议会的构成上去,最迟在下一届政府中再次将这一问题提请讨论,甚至有可能在本届政府中启动不信任表决而提前进行大选。上述整个运作过程显然已经超出了行政法的界限,而更多地融入宪法甚至议会政治斗争的成分,但法律或者立法的正当性问题本身就不是通过法律本身可以推导出来的,更不可能由法律本身来自我证明。这个校验的过程必须涉及政治因素。

以上对于法律的治理原则的政治根基的分析,还需要进一步细化,但需要结合英国的选举制度、政党制度及当代历史资料来完成。从英国学者在讨论这一问题时的具体表述看,他们也无心解释为什么只要有议员强调需要在立法中考虑法律的治理原则的辩论意见,就可以构成对立法中恶法的诞生的有效屏障。英国学者淡化处理这个问题是因为英国在这方面确实没有出现严重的问题。

六、法律的治理原则的内涵的现代争鸣

作为一个影响新的立法内容的普遍原则,法律的治理原则的内涵也是聚讼不已。② 对此,英国学者开导说,与其徒劳地试图给法律的治理下定义,不如退而发掘构成该原则的基本原则和价值。

拉兹(Joseph Raz)在英国宪法、行政法学界有一定的影响力,其他学

---

① Bradley & Ewing, p. 98.
② Bradley & Ewing, p. 98.

者的引注中经常会提到他的主张:应当将法律的治理原则的内涵限定在那些与法律体系相联系的法律的传统价值取向上。① 但正如拉兹所提醒的,没有办法穷尽有关的原则和价值,因为在不同的社会中这些原则和价值的内容和重要性是不同的。尽管如此,拉兹还是指出了某些重要的方面②:

(1) 所有法律都应当是可预期(prospective)、公开和清楚的;

(2) 法律应当是相对稳定的(relatively stable);

(3) 法律的制定应当遵循公开、稳定、清楚和普遍的规则;

(4) 司法的独立性(independence of the judiciary)得到保障;

(5) 自然公正原则(principles of natural justice)必须得到遵守,诉讼当事人应当能够得到公正的听审;

(6) 法院应当有权复审法律的治理原则所包含的其他原则落实的情况;

(7) 法院应当容易亲近(accessible);

(8) 犯罪预防机构(crime preventing agencies)的自由裁量权不能滥用。此处特别强调的犯罪预防机构,应当包括警察,但不限于警察。

英国当代学者在引述拉兹的论点时也指出,尽管拉兹认为这些标准应当与法律的治理原则相统一,但拉兹强调,无论是法律的治理原则本身还是这些标准,都不足以以法律的现实满足人们的要求,而对于法律的价值的趋同是一个度的问题,只能是各种相互竞争的主张的妥协。③

(一) 法律应当是可预期的——法不溯及既往

本书讨论议会立法至上原则时,提到过议会不得制定溯及既往的法律的原则。④ 在不同的公法基本原则的讨论中出现对同一具体原则的探讨说明,英国公法的原则体系在字面上、纸面上尽管可以描绘为参天大树,但在其基础部分或者说应用到具体的细节时,却是盘根错节。法律原则之间的这种交叉、重叠的好处,显然要比不讲原则、仅依据人与人之间的社会关系的关联处事的社会形态要优越得多。其中最突出的一点是,各原则殊途同归于一个本源,即可以通过民主方式表述的民意及其所代

---

① Bradley & Ewing, p. 99.
② Neil Parpworth, p. 32.
③ Bradley & Ewing, p. 99.
④ Bradley & Ewing, p. 56.

表或者捍卫的民权。

在英国学者逐一讨论拉兹给法律的治理原则列举的八个方面的内容时,将法律的可预期性放在了最前面。① 考虑到拉兹曾经特别叮嘱:在不同的社会,这些原则和价值的内容和重要性是不同的②,其排列的顺序也会因对其内容和重要性认识的不同而产生显著差异。法律的可预期性的排位反映出我们对于法律可预期及其重要性,以及其与法律的治理原则的关系的认识,都与英国学者存在明显的分歧。

英国学者强调,如果法律是可预期的,那将意味着法律绝不能是溯及既往的。溯及既往的法律在英国受到了广泛的批评,特别是在刑事立法方面,因为这将导致那些在行为时合法的行为在审判时变得不合法。在1870年的 *Phillips v. Eyre* 一案中,法官威尔斯强调:"溯及既往的法律显然是基于有问题的政策,并且明显地与规范人类行为的立法在最初颁布时应当只涉及未来的行为,而不应当改变基于对当时存在的法律的信赖(faith)而实施的行为的属性的普遍原则相违背。"③ 对于本书的读者而言,此处引述的关于立法不得溯及既往原则的表述可能是老生常谈,但这是英国1870年的表述,甚至有可能是英国普通法最初确立法不得溯及既往原则的第一个判例。

就当代而言,溯及既往的立法还与《欧洲人权公约》第7条的规定相悖。因此,在解释议会立法时,英国法院假定议会的立法没有溯及既往的效力。④ 一般理解,英国法院虽然没有审查议会立法的权力,但是却具有当然的解释议会立法的权力,而且这被视为英国宪法分权原则的集中体现。⑤ 于是,法院通过判例对议会立法的解释,特别是基于诸如法律的治理原则及其包含的立法不得溯及既往原则而对议会立法的"曲解",这些实际的做法使得英国法院不得宣告议会立法违宪的表象只能是表面上的一团和气而已。

但是,议会不会制定溯及既往的法律的假定可能会被立法中表意明确的措辞推翻,如1965年《战争赔偿法》第1条废除了普通法对该法颁布

---

① Neil Parpworth, p. 33.
② Neil Parpworth, p. 32.
③ Neil Parpworth, p. 33.
④ Neil Parpworth, p. 33.
⑤ Neil Parpworth, p. 26.

前及颁布后发生的战时财产损害予以赔偿的权利。①

尽管人们认为溯及既往的立法违背法律的治理原则,但这样的立法却相当普遍。由于法院可以在案件事实发生后发展及表述法律,在这个意义上,普通法本身就是溯及既往的。例如,在著名的 R. v. R. (1992) 一案中,作为强奸了自己妻子的被告根据其结婚时的法律并不构成犯罪,但是贵族院还是认定丈夫在其结婚后不再拥有免于强奸追诉的豁免。法官艾伦辩解道:"普通法在其运作过程中并不完全是溯及既往的。因为普通法总是试图将先前表述得非常清楚的原则适用到新的情势中去。在普通法发展的早期,它只不过是具体地表达那些在先前的实践中默示的或者已经达成但此前尚未权威性地表述出来的谅解。"②作为普通法对外反复强调的一种说辞,它总是强调其所阐述的法律是既存的,也就是普通法院判决中所表达的法律原则只是对既有但未明确表述出来的法律的权威性的重述而已。这种姿态固然是非常符合中庸之道的谦逊之举,但不客气地说,其中不乏对法官造法的文过饰非和虚情假意。

欧洲人权委员会(European Commission of Human Rights)认为,1992 年 R. v. R. 一案的判决并没有违背《欧洲人权公约》第 7 条的规定,其作出这一判断的依据是,早在贵族院作出这一判断之前,已经有明确迹象表明法律在这个方面有了新进展,即对婚内强奸(marital rape)设定了刑事责任。③

(二) 法律应当是公开的、清楚的(Open and Clear)

这一要求与法律应当是可预期的密切联系。为了使人民理解法律要求他们应当怎样做、不应当怎样做,有必要保证法律免于模糊(ambiguity)和不确定(uncertainty)。在 1983 年的 *Merkur Island Shipping Corpn v. Laughton* 一案中,上诉法院民庭庭长唐纳森(Lord Donaldson)指出:"维护法律的治理原则的存在及其有效性是任何议会民主制度的基础,而要做到这一点,至少需要两个前提条件:首先,人民必须懂得为了他们自己的利益也为了作为一个整体的社会共同体的利益,他们应当过一种遵循一定规则的生活。其次,他们应该知道他们必须遵循的那些规则

---

① Neil Parpworth, p. 33.
② Neil Parpworth, p. 33.
③ Neil Parpworth, p. 34.

是什么。这两点同样重要。"① 当该案上诉至贵族院时,迪普洛克法官(Lord Diplock)进一步表示:"不明不白的法律是对法律的治理原则的戕害,也是对那些希望维护法律的治理原则的人的不公平,而只能鼓励那些妄图破坏法律的治理原则的人们。"②

法律的确定性是与法律应当是公开的、清楚的要求密切联系的。没有公开,法律自然谈不上清楚;而公开了、清楚了也不见得确定。但如果没有公开,肯定谈不上确定。谁也不敢担保在暗箱中操作的就是操作者声称的;即使操作者三令五申,由于空口无凭,仍摆脱不了合理的怀疑。

法律的确定性及不溯及既往原则,被欧洲法院视为欧共体法(欧盟成立变成欧盟法)的基本原则。在 *Officier van Justitie v. Kolpinghuis Nijmegen*(1987)一案中,欧洲法院认为,各国国内法院所肩负的按照欧共体法的字面意思的指引去解释其国内法的义务,还应当受到"构成欧共体法的组成部分的普遍原则,特别是法律的确定性及不溯及既往原则的限制"③。

(三) 自然公正(Natural Justice)

自然公正的经典意思是指,个人拥有获得公平听审的权利,而且在作出决定的过程中应当避免偏私;其现代意思是指"公正行事的义务"。④ 乔韦尔教授(Professor Jowell)认为,自然公正原则是法律的治理原则的一个中心特征,在 *R. v. Secretary of State for the Home Department ex p. Pierson*(1998)一案中,赛思法官认可了上述观点:"除非有最明确的相反的规定,否则必须推定议会的立法是不可以违反法律的治理原则的。而法律的治理原则所要实现的是最低公平标准,既包括实体方面的,也包括程序方面的。"⑤ 即该原则不仅仅涉及程序公平,也及于实体公正,从这个意义上讲,自然公正并不完全是程序性的。

法院已经以其实际行动(通过判例)表明,法官们希望自然公正等原则能够在现实生活中得到遵循,即使是在制定法并没有对应当遵循的程序作出规定的场合。法院的这一态度无疑极大地强化了自然公正原则的

---

① Neil Parpworth, p. 34.
② Neil Parpworth, p. 34.
③ Neil Parpworth, pp. 34-35.
④ Neil Parpworth, p. 35.
⑤ Neil Parpworth, p. 35.

重要性。①

(四) 法律面前的平等

法律正如民主过程一样,可以用来保护弱者和底层民众,使其免受那些能够行使物质的或者经济力量的强者的伤害。② 但是,如果法律面前的平等没有保障,则法律就很难绕开强者去保护弱者。戴西关于法律的治理原则的第二个要素强调了这一内容。对此的经典判例是,政府部长的行为是否也要受蔑视法庭罪的拘束,贵族院在著名的 M v. Home Office (1994) 一案中,从正面回答了这一问题:即使是政府部长在其职务权能范围内所作出的决定,也能够构成蔑视法庭罪。

(五) 合法性原则(Principle of Legality)

除法律的治理原则以外,英国行政法中还有合法性原则或称依法行政原则。有英国学者甚至认为,依法行政原则是法律的治理原则的精髓。这一原则的要求是,政府应当依法进行管理(government be conducted according to law)。③ 该原则原意不是政府必须依法进行管理或者行政行为必须依法,而是对政府的管理必须依法,因为原文是被动语态。

关于合法性原则与法律的治理原则的关系,英国学者认为,合法性原则是法律的治理原则的一个必要前提,但是仅仅能够做到依法对政府进行管理并不足以确保国家权力的行使符合自由、正当法律程序等基本价值观念。④ 这就更深入一步了,即法律的治理原则所要求的,已经不仅是政府也必须受法律的约束,而是要在这一基础上,进一步保障政府的行为能够符合维护公民的权利与自由,符合正当法律程序等更高、更基础的法律内在价值要求。

Entick v. Carrington (1765) 一案确立的原则是,干涉个人权利的唯一合法基础,是某种合法的权威(lawful authority)。⑤ 换句话说,进入一个人的房屋或者扣押其财产必须有法律授权,无论这一授权是来自制定法还是普通法。这一原则有时被称为合法性原则。⑥

合法性原则仅仅是广义的法律的治理原则的一个方面。但合法性原

---

① Neil Parpworth, p. 35.
② Bradley & Ewing, p. 102.
③ Bradley & Ewing, p. 96.
④ Bradley & Ewing, p. 96.
⑤ Neil Parpworth, pp. 39-40.
⑥ Neil Parpworth, p. 40.

则的存在仍然有助于确保法律的治理原则能够承担起捍卫个人权利免受侵犯的使命。用艾伦的话说,合法性原则是法律的治理原则"宪治之锦(tapestry)上至关重要的保护自由的底线(crucial strand):它通过排除有权者强加于无权者的武断的或者任意的行为,而在有权者与无权者之间建立起一道由普通法律构筑的保护弱者的壁垒或者屏障"[1]。

法律的治理原则所能提供的保护显然是有限的。假使干涉个人权利的行为有合法授权,则法律的治理原则只能是法官手中掌握的一件没什么火力的武器。法律的治理原则要求必须有合法的授权,但却并没有对这种授权的质量提出明确的要求。当遇到根据制定法或者普通法取得授权的情况时,法院所能做的仅仅是将这些权力解释为只能最低限度地干预个人的权力。而且当涉及制定法规定的权力时,法院不能阻止或者限制立法机关的活动。[2]

不管怎么说,法律的治理原则显然是政府权力行使的制约。在联合王国,法律的治理原则的这一职能具有特殊的重要性,因为英国没有成文宪法,也就是没有据以评判政府行为的标尺。[3] 伍尔夫法官曾经提出过一个激进的观点:议会的法律如果违反法律的治理原则可能会被法院拒绝执行。艾伦在其有关法律的治理原则的学术探讨中也曾表述过类似的观点。[4]

七、韦德心目中的法律的治理

韦德爵士对法律的治理原则给予了极高评价:英国宪法是建立在法律的治理原则基础之上的,尽管法律的治理原则是公认的英国宪法的基石,但是该原则得到最广泛应用的还是在行政法领域;英国宪法是建立在法律的治理原则基础之上的,对此最经典的诠释来自戴西的《宪法》第四章。[5]

韦德爵士认为,法律的治理原则有多重含义,也可以得出多个推论。根据他的总结,法律的治理原则包括四层含义:

---

[1] Neil Parpworth, p. 40.
[2] Neil Parpworth, p. 40.
[3] Neil Parpworth, p. 41.
[4] Neil Parpworth, p. 42.
[5] Wade & Forsyth, p. 20.

(一) 依法行政原则或者合法性原则

法律的治理原则最本质的含义是,凡事必须依法而行。在这个意义上,法律的治理原则就是合法性原则,当然,法律的治理原则的含义不限于此,也不能完全等同于合法性原则。对于政府权力而言,要求政府机关保证其作出的任何行为必须有法律的授权,也就是说任何政府行为都必须有直接或者间接的议会立法的授权,否则该行为就是错误的(例如取得某人的土地),或者侵犯了个人自由(例如拒绝某人的规划许可申请)。①

每一个政府权力行为,也就是说每一个影响公民法定权利、义务或者自由的行为,都必须经得起严格的合法性检验。受该行为影响的当事人可以随时诉诸法院,一旦发现其合法性方面难以达到完美无缺的程度,法院将宣告该行为无效。

当然,这仅是合法性原则的要求。法律的治理原则的要求更多。否则的话,赋予政府未受严格限制的自由裁量权,以使政府所做的任何事都在法律的范围内,这种做法也可以满足该原则。君主的意志具有法律效力,这是一个完美的法律原则,但是该原则表达的是不可预知的独裁权力的规则,而不是按照可预知的法律确立的原则。② 反过来说,宽泛授权以使政府的自由裁量行为包括在法律之内的做法,是不符合法律的治理原则的。

(二) 严格限制行政自由裁量权

法律的治理原则的第二个含义是,政府必须在一个由确定的严格限制自由裁量权行使的规则和原则组成的框架内行事。③

行政法上的许多规则都是用来限制议会立法非常随意地赋予部长及其他行政主体广泛权力的。④ 由此推断,真正的法律的治理原则确实不仅仅是合法性原则所能涵盖的,合法性原则仅仅涉及法律的治理原则的最基础的层面,即政府必须在表面上符合议会的立法,如果连这一点都做不到,那第二点自然就免谈了。但是,对于一个已经超越了原始形态的知法的政府而言,仅仅停留在这个层面上还是太原始了,必须提出更高的要求,即与司法审查相结合并且只有在司法审查中才能够体现出来的一些

---

① Wade & Forsyth, p. 20.
② Wade & Forsyth, p. 20.
③ Wade & Forsyth, p. 20.
④ Wade & Forsyth, p. 20.

保守的、不随议会的立法频繁变化的基本的原则。这些原则具有不确定性，它们由法官们把握，政府及其雇员甚至议会的议员们也不完全明了。甚至法官们自己在案件发生之前、判决作出之前也未必知道某一判例所宣告的原则是否已经存在。这的确为法律的确定性增加了一些难度。但笔者认为，英国的法律的治理原则的精妙之处恰在于此。正是在议会、政府与法院三者之间就政府行为之原则的三重博弈中，英国的行政法不断地发展，政府则在这种发展中忽快忽慢、深一脚浅一脚地前行着。但对于公民而言，他们并不比法官、议员、政府官员们更了解这些规则，但这套原则体系的灵活性为公民提供了随时向法院提出新的诉讼的机会，从而使公民的权利可以随着政府权力的扩张而不断地得到与以前基本同等强度和广度的保障。由此看来，对于成熟的法治国家或者周密的法律的治理原则而言，法律的确定性并不是其刻意维护的价值，反而极有可能成为保全其灵活性的祭品，成为追求良法所作出的牺牲。

在英国行政法领域，法律的治理原则的这种灵活性，确实赋予法官们很大的自由裁量权，即使是议会立法也会受到这种自由裁量权的矫正。同时，这种机制也给法官们提出了推动行政法发展的使命。也就是说，假使法官们在旧有的原则上止步不前，行政及为其提供法律保障的议会立法总是要向前发展的，行政权也会由此而扩张，此时司法界的停滞不前就将构成行政法相对倒退的主因。这就说明了为什么韦德在介绍行政法的历史时，在对行政法历史上的几次衰退进行评价时，对英国司法界提出了那么剀切的批评。

对此，有必要介绍一下英国学者经常提到的一个关于电视收视许可的例子。在英国，收看某些电视节目是需要领取许可证并交费的，在一次资费全面调整之前，有些人知道了风声并提前续展了自己的电视收视许可证的期限。于是，内政部就对这些人说，如果不补交 6 英镑的话，就吊销他们的许可证。[①] 这是一个能够比较恰当地说明行政、立法与司法三方之间互动关系的英国版本。韦德爵士对该案评价道：内政部名义上拥有取消任何电视收视许可的无限权力，就如同地方规划部门可以在其认为需要时颁发规划许可证一样。但是，法院是不会听任这些权力以这种方式行使的，因为没有人会相信议会在当初立法时会赞同自由裁量权以这种其所不欲的方式行使（in ways which parliament is not thought to

---

① Bradley & Ewing, p. 701.

have intended)。① 这里,法官成为揣摩议会心思的灵魂工程师,而他们的这种对于一般人心态的洞察虽然具有某种专断的成分,但也不排除某些法律专业背景因素在其中所起的作用。也就是说,多年的法律专业训练使他们具有比常人更能洞察一般人的普遍心态或者说常识的能力,对于绝大多数案件来说,这种普遍心态或者说常识在很大程度上正是正义或者公正之所在。

相应的,法律的治理原则的一个基本的组成部分,便是一个阻止自由裁量权滥用的原则体系。② 也就是说,尽管议会可以通过立法赋予行政主体很大的自由裁量权,但只要是自由裁量权,其行使就必须符合一整套既有的行政法上的规则,而这些规则是由法院在其既有判例中形成并在新的判例中不断丰富的。因此,尽管议会可以不受限制地给行政机关授权,但作为一种自由裁量的权力一旦被授出,就必须接受基于法律的治理原则产生的限制所有自由裁量权随意行使、控制自由裁量权不致滥用的司法原则的制约。这样,对于行政权的控制依然是有效存在的。这就是行政法对行政权实施有效控制的作用机理。一个强有力的现代政府的运行离不开大量的自由裁量权,由于议会立法实际上是由当时的政府操纵的,因此,这些自由裁量权常常是以一种过于宽泛的语言授予的。③ 议会多数派执掌政权固然是英国议会民主制的宪法体制的最本质特点,由此决定了英国议会与政府的这种非同一般的关系。这种关系对于总统制国家来说可能比较难以对应,但与我国的现行体制倒是有很多相似之处。这也就是我们研究英国行政法之便宜性的一个很重要的理由。法律的治理原则要求法院应当阻止上述权力的滥用,为此,法院已经进行了许多引人注目的探索:在成文法的字里行间寻找和发展使行政权力保持在适当的限度内的实体性或者程序性的普遍原则。④

合法性原则是一项清晰的原则,但是对自由裁量权的种种限制却是一个度的问题。面对议会随意地授出自由裁量权却几乎不考虑其滥用的可能性的立法现实,法院必须努力在公正、有效的行政和保护公民免受政府压迫这两种需要之间取得平衡。在此,法院只能依靠自己的判断,满足

---

① Wade & Forsyth, pp. 20-21.
② Wade & Forsyth, p. 21.
③ Wade & Forsyth, p. 21.
④ Wade & Forsyth, p. 21.

宪法对于权力控制所提出的要求。①

　　法律的治理原则涉及度的权衡的事实有时会招致批评家们的贬损，将其仅仅视为一种反映政府的某一特定行政哲学的政治现象。这种看法仅在以下意义上是正确的：每一法律体系都必须确立自由裁量权滥用的标准。② 韦德爵士似乎将所有与政治沾边的事都视为不光彩的，并指出这种看法存在的基础。按照这种基础，每一个国家用于裁判自由裁量权被滥用的标准是不一致的，也因此使得法律的治理原则在不同国家存在不同的适用情形。韦德爵士显然是以归谬法来证明这种认识是错误的，其真实的意思是，法律的治理原则在各个法律体系中都应当有一致的内涵，其对于自由裁量权被滥用的评判标准也应当是基本统一的，而不应当是不同法律体系中存在不同标准。在法律的治理原则这类涉及法律的基本精神及对法律基本理念的理解的问题上，各个法律体系不应当存在本质的区别，应当统一，这种统一性是法律自身统一性所要求的。没有这种初级层面上的统一性，则法律存在的合理性基础就会动摇，诸如自然公正原则、自然法等对于法律及法律的治理的基本信仰就有可能动摇。

　　韦德爵士特别强调，英国的法律为此而设计的一系列法律原则都是客观的、非政治性的，都是基于司法公正的本性的，并且能够不偏不倚地适用于任何种类的立法，无论其具体的政治内容如何；如果没有这些原则，任何类型的权力滥用都有可能发生，而法律的治理原则本身就将被独裁权力统治原则所替代。因此，这些原则的存在对于法律的治理原则而言是至关重要的，它们本身就是法律原则而非政治原则。③

　　（三）法律面前人人平等（Equality before the Law）

　　法律的治理原则的第三层含义是指，有关政府活动的合法性的争端应当由独立于行政主体的法官来裁决，尽管这是其第一层含义的必然结果。④ 对于政府而言，一旦其某一活动的合法性受到了相对方的质疑，或者说产生了一个关于其活动是否合法的争议，则这个争议应当由一个中立的第三方来裁决，从而使得争议双方在法律面前是平等的。从逻辑上说，中立的第三方应当既独立于行政系统，又独立于相对方。之所以强调

---

① Wade & Forsyth, p. 21.
② Wade & Forsyth, p. 21.
③ Wade & Forsyth, p. 21.
④ Wade & Forsyth, p. 21.

至少要独立于政府或者行政执行部门,其道理很简单:相对方对法官施加影响使其失去中立的能力显然不能与行政系统相比。如果连这一点都表示怀疑,那么对这个问题的讨论就失去了常识基础。就像讨论保护老虎的一个基本出发点就是老虎被人消灭的可能性已经远远超出了其消灭人的可能性。

在英国,当然也包括主要的英联邦国家和美国,此类争端也是由普通法院裁决的。① 从这个意义可以说:"尽管英国宪法不是成文宪法,但它是严格地建立在权力分立原则基础之上的刚性宪法。"② 不成文宪法往往被描述为与柔性宪法如影随形,但韦德爵士此处要强调的是,尽管英国宪法在形式上不成文,但是在权力分立这一基础性的原则上,它与其他成文宪法国家没有丝毫区别。虽然许多争端必须诉诸某些特殊的裁判所(有时称行政裁判所,administrative tribunals),但是这些裁判所本身是受普通法院监督的,由此使法律的治理原则得以维护。

在诸如法国、意大利和德国等国家,则存在一些分层级组织的分立的行政法院,当然,由此并不能必然得出它们没有完全独立于政府的结论。③ 韦德的态度是比较客观的,尽管大陆法系诸国的行政法院是独立于普通法院的,但显然不能由此得出它们相对于政府的独立性就更差的结论。事实上,由于韦德没有提到大陆法系国家的行政法院与其行政系统的关系,因此,仅仅从这一段描述确实也得不出其独立性方面的任何倾向性的结论。因为行政法院与普通法院的分立,在实质上并不影响其与行政系统的关系,也就不会影响其独立性。只要其不是从普通法院分立后与行政系统合二为一就行。但问题恰恰出在这里。韦德此处没有深究,只是说大陆法系国家的行政法院与其普通法院分立,而没有提及其与行政系统的关系,这肯定不是因为资料欠缺的原因(尽管其著作中并没有引用法文,而是用英文的法国行政法作注),更可能的原因是,韦德确实并不认为或者不想评价大陆法系国家的行政法院与英国普通法院在监督自由裁量权滥用的有效性方面的优劣。

尽管如此,韦德还是认为,至少在英国,任何人都有权将其与政府的争议诉诸普通法院,并由享有最高独立性的法官来审理,这是英美法系中

---

① Wade & Forsyth, pp.21-22.
② Wade & Forsyth, p.21.
③ Wade & Forsyth, p.22.

有关法律的治理原则观念的重要组成部分。① 在他看来,英国法官的独立性是最高的,与大陆法系国家行政法院法官的独立性比较,自然也不输于斯。

(四) 法律的平等对待

法律的治理原则的第四层含义是法律必须平等地对待(even-handed between)政府与公民。② 考虑到 even-handed 的意思是公平的,原句直译是必须在政府与公民之间保持公平。

对于政府与公民双方而言,法律不可能是相同的,或者说,不可能意味着同样的东西。正因为如此,韦德强调指出,很明显,法律对于政府和公民而言肯定是不完全相同的,因为每一个政府都必须具备某些必要的特别的权力。而法律的治理原则所要求的是,政府不应当从一般的法律中享受太多不必要的特权或者例外。③

但是,直到 1947 年,国王在法律上仍然享受着普通法律中有关雇主对于其雇员的不当行为所应承担的责任的例外,这被视为"法律的治理原则上的一个瑕疵",因为没有必要赋予国王这一豁免权,而且实际上国王也从来没有主张过这种豁免权。④ 关于国王从未主张过这种豁免权的内容,笔者以前确实没有看到过,特别是其中所说的"实际上",因为英国是一个判例法国家,从来没有主张过就是指事实上从来就没有享有过,即自雇主责任豁免原则确立之后,就没有国王主张过这种豁免权,但更可能的是从来没有人要求国王承担雇主责任。这个信息从小处显示出我们对于英国法一知半解的程度,而且只要是在这种状况下,我们就很难说真正理解了法律的治理的精妙之处。

从原则上说,所有的公共管理机构都应当承担与一般人相同的法律义务和责任,除非这些义务和责任与其政府职能不一致。⑤ 也就是说,政府在一般法律上与普通公民不应当有实质意义上的区别。

除上述四项中心含义以外,法律的治理原则还包容了大量外围的多有争议的方面。只要独裁政府将独断的权力赋予某些独裁者或者立法机关,在这种情况下就可以断言:没有代议制民主就不可能存在真正的法律

---

① Wade & Forsyth, p. 22.
② Wade & Forsyth, p. 22.
③ Wade & Forsyth, p. 22.
④ Wade & Forsyth, p. 22.
⑤ Wade & Forsyth, p. 22.

的治理。甚至有人宣称个人独立也属于法律的治理原则的范畴,并表述为"最低限度干涉原则"[①]。关于这些"危言耸听"的外围原则,韦德没有进一步展开。确实,这些原则委实不是我们所熟悉的,但换一个角度看,如果我们总是保持对这些"危言耸听"的外围原则的惊讶,韦德会以为我们已经了解了英国的法律的治理原则了吗?

八、法律的治理原则的功能

由于法律的治理原则意味着对于权力滥用的控制,其在宪法领域的重要性不容忽视。[②] 英国学者普遍承认,严格意义上的法律的治理的发扬光大,只能伴随着人格尊严、自由与民主等基本价值的实现。[③] 艾伦指出,法律的治理原则还包括程序公平(procedural fairness)原则、合法性(legality)原则、平等(equality)原则以及比例原则(proportionality)。根据他的分析,法院通过发展普通法而赋予这些原则以实质性的内容。[④] 如今,确定性和可预见性已经成为经常与法律相联系的价值,迪普洛克曾经说过,将法律的治理作为一个宪法性的原则接受,要求每一个公民在其决定实施某一行为时,能够知道由此产生的法律后果。[⑤]

(一)法律的治理与议会立法至上

正是由于合法性原则的要求,立法才必须经过议会通过,例如,在警察需要增加新的权力以便打击恐怖分子时。[⑥] 也就是说,合法性原则与议会立法至上原则在此建立起了一定的关联,正是由于议会立法的至上性,才使得政府行为必须受法律的管束。从另一个角度看则是,正是由于议会立法的至上性,才能赋予政府行为以法律上的权威性和正当性。所有的权力都来自议会,或者说议会是法律与正义之源,这就是议会立法至上原则赋予法律体系以形式上或者逻辑上的完美的表面价值所在。

英国学者还进一步指出,尽管很少有人怀疑政府应当遵守法律,但对于政府应当拥有哪些权力却从来就没有过一致的意见。[⑦] 这是指,尽管

---

① Wade & Forsyth, p. 22.
② Neil Parpworth, p. 31.
③ Bradley & Ewing, p. 99.
④ Neil Parpworth, p. 32.
⑤ Bradley & Ewing, p. 101.
⑥ Bradley & Ewing, pp. 96-97.
⑦ Bradley & Ewing, p. 96.

人们都认为政府应当遵守法律,但在现实中政府是否能够确实做到这一点,却没有足够的把握,因此,对于政府应当拥有哪些权力或者可以赋予政府哪些权力就存在很大的分歧。有些权力是可以通过法律赋予政府的,而有些权力则不然,至少有人认为不然,这就产生了分歧。这种分歧实质上是应然性与实然性的差别认识。

从立法角度看,法律的治理原则是高于具体的法律条文的。也就是说,除非有非常明显的相反规定,议会绝不应当制定与法律的治理原则相抵触的法律。法律的治理原则的全部功效就在于强化最低限度的实体的和程序的公正标准。[①] 此处关于法律的治理原则的功效或者功能、作用的分析很到位。法律的治理原则就是设立并保证最低限度的公正的实现标准,这个标准既包括实体性的,也包括程序性的。也可以说,法律的治理原则最根本的功能,就在确保最低限度的实体公正和程序公正。

(二)法律的治理与分权原则

在成文宪法国家,中央与地方政府的权力分配是由宪法规定的,同时宪法也在中央和地方两个层面上对政府的权力加以限制,而且这种限制是可以在法律上予以强制落实的;也可以通过宪法保护公民的某些权利,这些权利是依宪法设立的政府组织无法触及的,并通过在宪法中规定修订这些基本权利的特别程序或者直接规定这些基本权利不可更改的方式,对这些基本权利加以特别保护;还有一些国家的宪法通过立法权、行政权和司法权的分立,寻求避免将政府的权力集中在一个政府组织的途径。在英国,由于没有成文宪法作为整个法律体系的基础,也就无法保障这些目标的实现。由此产生的空缺是由议会立法至上原则和法律的治理原则来弥补的,因此,对这两个原则的解释是英国公法的中心问题。[②]

(三)法律的治理与行政法

就法律的治理与行政法的关系而言,韦德强调,法律的治理观念可以称作行政法的主要精神或者主动力(mainspring)。[③] mainspring(本义是钟表的主弹簧,即贮藏主要驱动力的所在)或可译作精髓,但精髓是一个静态的概念,只能解决法律的治理原则之于行政法的关系中某些静力学方面的问题;而主动力则至少从逻辑上的因果关系的角度,解决了法律的

---

① Wade & Forsyth, p. 23.
② Bradley & Ewing, p. 7.
③ Wade & Forsyth, p. 23.

治理原则与行政法在发展上的逻辑关系,即法律的治理原则在推进行政法的发展中所起的作用。精髓说有一个隐含的意味,即行政法中当然地存在法律的治理原则,而事实上这是不符合实际的,法律的治理原则固然也在发展,但行政法在其发展的不同地域及不同阶段所蕴含的法律的治理原则的比例,恰恰是各国行政法发展的主要标尺。从这个意义上说,并非所有国家的行政法在其不同的历史阶段都必然包含法律的治理原则,法律的治理原则并不是行政法当然的精髓,专制国家的行政法中很可能就仅含有极少量的法律的治理原则,如果还能勉强承认这些国家也有行政法的话。当然,主动力的译法也存在表意不明的问题,但译出原词的原始意,从英语及英国行政法的特点看,这种平实的词的本义,正是英国学者想表达的法律的治理原则最准确的含义。

韦德曾就形式意义的法律的治理原则和实质意义的法律的治理原则作过一番对比,前者仅包括合法性原则,后者则涉及更广泛的范围和更积极的内涵。① 法律的治理原则既有形式意义的一面,也有实质意义的一面,不应当将这两个方面对立起来。作为一个法律原则,只要我们对法律的治理原则的理解不过分地脱离作为其核心和基础的合法性、规律性和公正性,始终着眼于其对专断权力的拒斥,那么,法律的治理原则就可以发挥其最大的价值。② 绝大多数的律师们应当承认,法律的治理原则的这些中心要素,才是最有价值的。③

在公共行政之外,法律的治理原则还有其他意义,例如,有关任何人只能在法律规定为犯罪时才能被科以刑罚的原则,以及任何权利都不得被溯及既往的立法所侵犯的原则等。如果公正的取得被不正当地拖延或者成本太高,则法律的治理原则也将黯然失色。④

尽管寄希望于"政府应当是一个法治的政府而非人治的政府"⑤未免有点堂吉诃德式幻想的意味,但这丝毫不妨碍法律的治理原则依然是公正和正当的政府性命攸关的必要条件。政府权力的扩张使得对法律的治理原则的维护变得更为重要。从某种意义上说,本书的一切都致力于阐

---

① Wade & Forsyth, pp. 22-23.
② Wade & Forsyth, p. 23.
③ Wade & Forsyth, p. 23.
④ Wade & Forsyth, p. 23.
⑤ Constitution of Massachusetts(1783), pt. I, art. 30, in: Wade & Forsyth, p. 23.

释法律的治理原则是如何实现的。①

九、法律的治理原则的实现

法律的治理原则被视为西方自由民主制度(western liberal democracies)的标志性特征,但是正如拉兹所观察到的:"不应当将法律的治理原则与民主、公正、平等、所有人的人权或者尊重人的尊严等混为一谈。在一个没有民主化的法律体系,建立在否定基本人权、广泛贫困、种族隔离、性别歧视以及宗教迫害基础上的国家,从原理上讲,能够做得比较为开化的西方民主社会更符合法治的要求。"② 从教条主义的角度看,如果能够归纳出法律的治理原则的某些基本要求,然后严格按照这些要求去做,从理论上讲似乎是可能的,但是,拉兹恐怕只看到了表面现象或者表面形式,而没有看到该法律体系本身是否能够不断地自我创造并更新其法治的标准和要求,以及是否能够从深层次解决法律的治理原则的系统性、基础性动力问题。片面地满足法律的治理原则的个别甚至绝大多数要求似乎并不难,难的是在关键时候、对于关键问题、针对普通人,能够不折不扣地施行法律的治理。

法律的治理原则是民主制度的支柱,因为政府的所有新的权力都只能由议会授予。③ 在韦德的《行政法》一书中,法律的治理是作为法院的权力的宪法性基础加以讨论的④,而不是我们以为的作为行政权的基础加以讨论的。法律的治理原则在当今英国的适用涉及三个相互关联而又彼此分立的观念⑤:首先,对于法律的治理原则的表述包含一种在有组织的社会中、对有秩序的生活方式(即法律与秩序)的偏好,与此形成对照的则是个人安全、社会福利或者个人财产没有保障的一种无政府或者相互冲突的状态。一定程度的社会稳定是法律体系存在的必要前提。其次,法律的治理原则表达了一个具有根本重要性的原则,即政府必须依法行政,而一旦出现纠纷,关于是否依法行政的问题只能取决于司法判决。最后,法律的治理原则是由一系列规则构成的一个整体,既包括政府应当拥有什么样的权力,也包括国家在采取行动时应当遵循的程序(例如刑事审

---

① Wade & Forsyth, p.23.
② Neil Parpworth, p.32.
③ Bradley & Ewing, p.97.
④ Wade & Forsyth, pp.20-25.
⑤ Bradley & Ewing, p.95.

判中为保障嫌疑人获得公平审判的权利而设定的各项程序)。

英国学者认为,在保护公民免受政府武断与严厉的行为的侵害方面,尤其显现出遵循法律的治理原则的必要性,对1971年北爱尔兰地区政府采取的大规模拘押行为的处理,则是说明此等必要性的一个最好的例子。无论爱尔兰共和军的行为如何非法,也无论这些行为对生命和自由造成了何等严重的侵害,政府都不能采取既不合法也没有足够的道德和政治基础使之合法化的报复措施。① 这些拘押行为都是根据1922年《北爱尔兰民事特别权力法》有关收容权力的规定实施的。② 在英国学者看来,该法是一个典型的恶法,同时也是立法机关有可能制定恶法的一个证据。③

当人们受各自的道德判断的驱使而有意地拒绝某个他们认为不公正或者不道德的法律的时候,有组织的群体(无论是公共管理机构、私人机构、个人组成的群体或者商业组织)拒不遵守特定法律的现象日积月累的结果,会产生一种没有遵守法律的一般义务而只有遵守自己赞成的法律义务的极其危险的暗示。④ 英国学者的意思,是对前面所讨论的所谓恶法的一种反思,即人们根据自己的价值观而得出某些道德评价,并在这些道德评价的基础上拒斥某些法律或者作为自己不守法的借口,这确实是一种危险的侵蚀法律的治理的根基的暗流,其恶性程度,堪与恶法相提并论。

事实上,现代社会生活的维系有赖于绝大多数公民在绝大多数情况下愿意遵守法律,即便是在他们并不完全赞成这些法律的情况下。⑤ 使社会形成这种普遍的、经常性的遵守既定规则的传统和习惯,是一个法治社会得以维系的最根本的民众基础。否则,一个绝大多数人在绝大多数情况下都不遵守法律,法律所应当制裁的是绝大多数人而不是极少数人的个别行为的社会,其混乱的状态既谈不上秩序,也就根本谈不上有真正的法律,更勿奢谈法律的治理了。

任何社会都不应亏待对个别法律条文不满但又不否定整个法律体系的理智的人,对他们来说,总是遵守法律难免会构成一种伤害(至少是心理上的)。秩序的沦丧所带来的可怕后果可能会吓退他们,但却不能阻止

---

① Bradley & Ewing, p. 91.
② Bradley & Ewing, p. 90.
③ Bradley & Ewing, p. 98.
④ Bradley & Ewing, p. 102.
⑤ Bradley & Ewing, p. 102.

那些缺乏起码社会生活常识的人,而这些人通常又是很难感觉到法律本身的是与非的,这些对法律的异己性持强烈的抵触情绪的人,可能只是随机地但完全游离于社会主流之外的。因此,在一个缺乏法律的治理的社会,真正可能出现的往往是三种危象:

一是人们习惯性地不愿意遵守所有的规则,而没有理性地分析是否赞成这些规则,甚至根本就没有用心智去分辨这些规则的善恶。这种懒散的传统是法律的治理的大敌,因为具有这种传统的人还没有养成在文明的、有组织的社会中积极有效地生活的习惯,甚至根本没有这方面的体验。他们习惯于在一个相对封闭、不强调效率的狭隘圈子里过一种消极的生活,在这种生活状态中,人与人之间的冲突、对立与敌视所形成的不合作、不服从是生活方式的一部分,根本不可能建立起任何以有效的、积极的生活为主要追求目标的法治化的生活规则与秩序。

二是有组织地不遵守法律。这会形成一种群体行为,使法律的遵守面临群体违法的挑战,使个人面对其所在群体集体违法的压力。

三是不公正的立法形成的不公正的法。由于法律既没有在制定过程中获得民众的普遍参与,又与民众的一般行为模式或者价值标准有较大的出入,由此造成一般民众在法律规则的把握上难以凭直觉,无形中形成巨大的规则识别上的难度,增加了自觉遵守的成本。加之规则的制定过程缺乏亲和力,使民众的抵触情绪很大,使法律难以执行。这样的法律一多,就会形成一种恶性循环,从根本上动摇人们对法律的信念、守法的自觉意识和道德压力。

在上述全民不愿意守法、难以守法或者有意违法的共同作用下,要想建立法律的治理的难度是可想而知的。在一个社会中,人们要想和睦而有效率地相处,必须作出一定的忍让甚至牺牲,对于自己不甚赞同的法律的遵守就可以视为这种忍让的基础形式,这是必需的牺牲精神(马克斯·韦伯所强调的清教伦理,其核心正是对现世的约束的忍让)的客观表现。正如交通规则的存在使每一个人在任何时候只能利用一半的马路一样,放弃另一半马路就是为建立正常的交通秩序所作出的必要的忍让。如果没有这种必要的忍让,人人都要在马路中间走,走的人少还没有关系,绝大多数人的忍让可以成全少数的违反规则者,但这个比例一高,就无法保证必要的秩序了。

第三节 分权原则

分权原则(doctrine of the separation of powers)在英国公法中的地位,似乎没有在美国宪法、行政法领域那样显赫。

英国分权原则是英国版本的反对三权分立的一个写照:最纯粹意义上的分权不是英国宪法的特征。[①] 英国人民在这一点上甚至比我们还要坚决——他们反对三权分立的历史不是几十年,而是几百年。直到今天,谁要是当着英国人的面说他们的反对三权分立的标兵——英王的坏话,仍是非常不礼貌的。

一、分权原则的历史脉络

分权是一个曾经激荡过无数头脑的原则。千百年来,古代的哲学家、政治理论家和政治科学家、宪法的缔造者、法官及学者都曾经思考过这一原则。英国对于分权原则的讨论,焦点集中在英国的不成文宪法是否建立在权力分立的基础之上。[②]

(一)古代哲学家的贡献

虽然已经不太可能准确地找到分权理论的源头,但在古希腊哲学家亚里士多德的著作中,仍有可能发现分权理论的最初形态。在其《政治学》一书中,亚里士多德指出,每一部宪法中都有三个基本的要素,出于对每一个要素的尊重,每一个严肃的立法者必须明了其优点何在;如果这些要素能够得到合理的配置,则宪法就是一部设计得很好的宪法。对这三种要素的不同摆布,就是不同宪法的区别。三个要素:第一是协商,负责讨论具有公共重要性的每一事项;第二是政府官员;第三是司法。[③]

(二)洛克的三分法

英格兰的政治理论家约翰·洛克(John Locke)也提出了权力的三分法,在其《政府论》[*The Second Treatise of Government* (1689)]一书中,洛克明确了立法(legislative)、行政(executive)与外交(federative)三种类型权力的划分标准。按照洛克的分析,立法权是至上的,但他同时强调,

---

① Neil Parpworth, p. 21.
② Neil Parpworth, p. 18.
③ Neil Parpworth, p. 19.

虽然行政权与外交权的界限是清楚的（前者涉及在国内执行国内法，后者则涉及国家安全与对外关系），但这两种权力往往总是融合在一起并集中于一个主体。①

在洛克对于三权分立的讨论中，唯独没有提到司法权分立。更有甚者，在洛克看来，这些权力的适当行使不是通过权力的确立实现的，而是基于信赖，即社会共同体将政治权力委托（entrust）给政府行使。严格来说，洛克的分析并不能视为对分权理论的描述。要想获得有关分权理论的明确表述，还必须关注孟德斯鸠的著作。②

（三）孟德斯鸠之集大成

孟德斯鸠对政治理论的经久贡献《论法的精神》（*The Spirit of the Laws*）是基于其 1728—1731 年间在欧洲旅行中的发现完成的，但该书直到 1748 年才出版。孟德斯鸠的欧洲之旅绝大部分时间是在英国度过的。③ 在此期间他接触了英国政治生活及政府运行方式，该书中许多观点的形成显然受其在英国的经历的影响。④

英国学者认为，《论法的精神》是一本折中主义的著作。涉及法律及政府的许多方面：一国的法律受该国的禀赋的影响很大，如各国的气候、地形及风俗等。在该书的序言中，孟氏请求读者对此书的褒贬能够建立在将该书作为一个整体，而不是对其中的某几句话加以评判的基础之上。该书第二卷第六章介绍英格兰宪法部分，集中了孟氏关于分权理论的核心思想："当立法权与行政权集中在一个人或者一个单一的由集权者（magistracy）构成的机构手中的时候，就不会有自由存在。因为人们有理由担心，由同一个君主（monarch）或者参议院（senate）制定的残暴的法律，将会由同一君主或者机构残暴地执行。如果司法裁判的权力与立法权力、执行权力不能相互分离，那也不会有自由。如果司法权与立法权合二为一，则凌驾于公民的生命与自由之上的权力将是专断的（arbitrary），因为法官将是立法者。如果司法权与行政权融合，则法官将拥有一位压迫者（oppressor）所享有的暴力。如果同一个人或者寡头们（principal men）组成的同一机构（无论是贵族还是人民组成的）集中行使这三项权

---

① Neil Parpworth，p. 19.
② Neil Parpworth，p. 19.
③ Neil Parpworth，p. 19.
④ Neil Parpworth，pp. 19-20.

力(立法权、执行公众决议权与裁决刑事或者个人之间纠纷的权力),那么人民就什么也没有了。"①

分权学说本身所蕴含的防止权力滥用的基本原理,无疑贯穿孟氏上述观点的始终。人们曾经反复争论在孟氏的《论法的精神》第二卷第六章中所描述的宪法性的结构究竟是其在英格兰看到的情形,还是他为宪法的应然性开出的处方。② 维尔(Vile)曾经将孟德斯鸠称为"现代宪制主义(constitutionalism)之父"。③

二、分权的必要性

在英国,一般认为分权原则起源于孟德斯鸠,而孟德斯鸠对分权原则的钻研,又是建立在对洛克的著作《政府论》的研究及对18世纪的英国不甚准确的理解基础之上的。④ 英国人在这个问题上很谦虚,他们之所以认为孟氏对18世纪的英国的理解存在偏差,是因为他们直到现在也不承认英国是一个完全践行分权原则的国家。从某种意义上说,他们甚至认为,分权本来就不是什么好东西。英国法的一个最显著的特征就是"不分":不成文法导致的公法与私法不分、宪法与行政法不分、普通法院与宪法法院不分,而在政府权力上,其所推行的议会民主制更是立法与行政不分,甚至连最高司法权与立法权也不分。正因为如此,他们对祖先在分权原则上所作的贡献并不十分热衷,甚至还没有美国人对此的热情高。

分权理论最早由英国人洛克于1690年提出,但真正使之发展完善的是法国的孟德斯鸠,孟氏根据其对英国18世纪早期宪法体制的理解,确立了这一原则。但是其对分权形态的分类仅在名义上符合传统的分类方法,如其对行政的划分只包括战争、媾和、建立秩序等国家事务。⑤

孟氏的出发点在于保护政治自由:"政治自由只存在于权力没有被滥用的地方。但是日常经验显示,每个被赋予权力的人都有滥用权力的倾向,直至其权力受到阻碍为止。为了防止权力的这种滥用,从事物的自然需要出发,必须以一种权力制约(check)另一种权力。"⑥

---

① Neil Parpworth, p. 20.
② Neil Parpworth, p. 20.
③ Neil Parpworth, p. 21.
④ Phillips & Jackson, p. 12.
⑤ Bradley & Ewing, p. 81.
⑥ Phillips & Jackson, p. 12.

尽管戴西等著名学者往往有弱化分权原则在英国法律体系中的地位的倾向，但随着人们越来越清楚地认识到司法在公法领域的作用，分权原则的意义正在逐渐得到人们的认可。分权的必要性不仅表现在政治决策的制定方面，也表现在法律体系中，独立的司法是法律的治理原则得以确立的客观前提。穆斯迪尔法官（Lord Mustill）在1995年的一个案件中指出，议会、行政与法院各自拥有其明确的甚至在某种程度上排他的权限范围的观念，是英国法固有的特征。在很大程度上议会拥有不可改变的就其认为正确的事项制定任何法律的权力，行政方面依据法律授予的权力对国家实施管理，而法院则解释法律并确保法律得到遵守。①

三、对分权的理解

（一）分权不是一个法律原则

英国学者特别强调，在讨论这一原则的过程时，我们已经从对于法律原则的讨论转移到对政治原则的讨论。因为分权是一种学说（doctrine）而不是一个法律原则（legal principle）。② 学说与法律原则的区别在于，学说的采信是一个政治决策的问题，只有依据某种政治意志的形成机制而将其以法律的形式表达出来之后，分权才能成为一个法律原则。

（二）只有同级分权才有意义

英国学者强调分权，是指通过同一层面上的权力分配，以一种权力节制另一种权力。这一点他们并没有点透，但可以间接地推断出来。例如，英国学者普遍赞同巴伦特教授（Professor Barendt）"涉及分权的议题总是在讨论宪法改革时被忽视"的结论，而他们所举的例证，就是工党政府自1997年5月选举上台后即着手落实其宪法改革的重大规划，但所有已经实施的改革都没有真正涉及对行政权的行使施加控制或者制约的分权改革。③

地方分权至少就是一项非常重要的节制中央政府权力的手段。作为这些改革计划之一，为落实苏格兰、威尔士及北爱尔兰的权力下放而在1998年通过的单独立法④，从弱化权力集中的更为广泛的意义上理解，未

---

① Bradley & Ewing, p. 78.
② Neil Parpworth, p. 18.
③ Neil Parpworth, p. 29.
④ Bradley & Ewing, p. 41.

尝不是一种分权思路。只是由于这种节制手法采取的是釜底抽薪的办法，可能不完全符合英国学者所强调的通过权力的分配、在同一层面上以一种权力制约另一种权力的分权思路。

四、立法职能

立法职能包括制定有关公共管理机构的结构和职权的基本规则，以及规范公民及私法组织的行为的普通规则。在英国，新法通常由政府提出议案，经贵族院和众议院通过，再经国王认可即告完成。根据1911年和1949年《议会法》，贵族院的否决不影响立法议案最终成为法律。①

尽管立法权应当由"议会中的国王"行使，以下几点仍值得注意②：

（1）根据议会法，立法权可以委托给其他机构行使，例如，可以授予部长、政府部门以及地方政府机关。尽管此类次级立法是基于某一法律的授权，但毕竟不是直接由议会制定的。苏格兰地区议会、威尔士地区议会及北爱尔兰地区议会也行使着权限大小不同的立法职能。

（2）尽管17世纪英国宪法冲突的主要成果是非常严厉地限制了国王未经议会批准而制定新法的权力，但是国王仍有某些立法权限被保留了下来。正是这些保留下来的权力及其行使，才导致贵族院于1995年作出了有关分权原则的重要判例。

（3）尽管初级立法权是授予英国议会的，但是议会的两院还有许多其他的与立法无关的工作。真正投入立法中的时间很少超过会期的一半。议会将其他时间都用在讨论政府的政策及其他国内议题上，当然也包括对政府行为的监督。

（4）政府议案占议会议案的支配性多数，有关大臣则负责各议案通过每一议院的辩论，在议案通过并取得国王的认可而成为法律后负责该法律的实施。因此，行政方面对于立法过程的参与是积极的，甚至是决定性的，特别是在政府拥有众议院的多数席位时。

（5）议会的法律一经制定，对其解释就成为法院的事。对于制定法的解释是法律的制定过程中一个生死攸关的环节，因为只有在解释之后，人们才能知道法律的制定者确立法律规范的真实意图。

上述情形表明，作为英国立法职能行使者的议会与政府的关系非同

---

① Bradley & Ewing, p. 79.
② Bradley & Ewing, p. 79.

一般。特别是，众议院掌握着对行政的最终控制权，因为众议院可以在政府失去对众议院的多数控制时，通过不信任案来解散政府。①

只要内阁保有众议院的信任，它就可以对议会的工作产生决定性的影响。1978年，（众议院的）特别程序委员会得出结论："议会与政府之间在日常的宪制工作方面的均势，现在已经向政府方面倾斜了，这已经引起了广泛的焦虑，也不利于我们的议会民主体制的运行。"从1979年开始至1997年的保守党统治，以及自此以后的工党统治，政府都是建立在可靠的众议院多数的基础之上的。连续的议会多数不但没有对立法机关构成限制，反而扩张了议会在促使政府对其政策和决定负责方面的力度。政府在议会中保持的可靠的多数，虽然不至于与部分议员对政府行政部门的工作实施仔细的审议相互矛盾，但确实难以确保政府是一个全面负责的政府。② 也就是说，尽管有作为少数派的反对党议会党团存在，但要使一个多数党政府成为一个真正的对议会负责的政府，却几乎是不可能的。当然，此处的标准显然不是对议会负责，因为在这种情况下，议会与政府几乎融为一体，议会包容政府的所作所为，从形式上实现政府对议会绝对地负责。但英国学者所强调的全面责任的政府，则是就政府全面地就其行为客观地负责而言的，客观上没有适格的主体落实这种责任或者适格的主体不愿意追究这种责任，则另当别论。

五、行政职能

与立法职能相比，要给行政职能一个简要的概括显然要困难得多。行政职能大致包括作为一个整体的政府中除议会的立法职能及法院的司法职能以外的其他所有职能。③ 这是一种不得已的界定方法。

政府的职能一般包括倡议立法、维持秩序、推动经济与社会福利、规范公共服务以及处理对外关系等，因此，行政职能具有某种剩余职能的特征，其范围从主要政策的形成直到具体的对日常服务的管理。在历史上，行政方面与君主是视为一体的，而且直到今天，许多行为仍然是以国王的名义由首相或者其他大臣实施的。从广义上说，行政方面包括所有的行使政府职能的行政官员和公共管理机构，包括公务员和军队。警察、地方

---

① Bradley & Ewing, pp. 84-85.
② Bradley & Ewing, p. 85.
③ Bradley & Ewing, p. 80.

政府机关以及许多制定法设立的机构行使的也是行政职能,在苏格兰、威尔士和北爱尔兰的行政机构行使的下放的权力,也是行政职能。

行政职能与立法职能交叉的现象已经是世界各国的通例,英国也不例外。行政方面行使立法职能最充分的表现在于委任立法领域。在英国,对于议会将其立法权限委托给行政方面行使并没有明确的限制。尽管从民主制的本义出发,最重要的法律原则应当由议会的立法规定,但是对于行政方面而言,由部长或者行政部门行使初级立法权并制定行政法规无疑是非常方便的。此时,英国法所提供的最重要的保证便是议会的仔细审议程序可以随时用来对委任权力的行使进行仔细审议。①

六、司法职能

在谈及法治原则下的职能分立时,英国学者特别强调,就司法分支而言,司法独立离不开以下两大部类之间强有力的分立:法院在一边,立法及执行部门在另一边。② 这一通俗易懂的表述,参透了分权与法治的精髓:没有司法与立法及行政的分立,就没有司法的独立,在英国议行合一体制下已经混同的立法权与行政权,就有进一步吞并司法权从而使三种权力彻底融合的风险,届时,就是英国学者最为担心的法治荡然无存的时候。可见,一定程度地违背分权原则并不实质性地破坏法治原则,但就英国而言,以司法独立为标杆的分权,则是维护法治的最后堡垒,失去了司法独立,英国还是不是一个法治国家就难说了。

(一) 司法的基本职能

英国学者认为,在英国宪法中,司法权是所有三项政府权力中最弱的一项。斯泰恩法官(Lord Steyn)则认为司法也是政府部门中最没有危险的一个。③ 司法职能最主要表现在依据议会制定并由法院解释的法律、裁断争议的事实或者法律问题。这一职能主要是由民事或者刑事法院的职业法官来完成的。民事裁判权的范围涉及诸如合同或者财产等内容的私法,同时也涉及公法方面的问题。非法律专业的治安法官在低级法院行使了许多刑事方面的司法权,普通公民则通过在刑事审判中担任陪审员参与刑事司法公正的发现过程。民事或者刑事法院均不享有垄断的司

---

① Bradley & Ewing, p. 85.
② Bradley & Ewing 2015, p. 93.
③ Neil Parpworth, p. 24.

法职能。许多因政府的活动而产生的争议是由行政裁判所调处的,这些行政裁判所是司法公正的体制中一个非常引人注目的组成部分,当然这些行政裁判所的裁判活动要受到较高层级的民事法院的监督。①

司法部门可以为议会所驯服,因为法院意识到并且接受议会是最高立法机关的事实。尽管如此,司法权仍是一项不容忽视的权力。在现代社会,随着行政决定的大量增加,对于行使行政自由裁量权的节制愈发显得重要。通过诉求于法院,特别是通过提请司法审查,就可以提供对于行政决定的合法性(如果还不是合理性的话)的节制。行政决定可能会被法院宣布为合法或者非法,这一权力在后《人权法》时代显得尤为重要。②

与其最基本的解决法律纠纷的职能相对应,法院也行使某些次要的立法职能(例如,制定诉讼程序规范)和行政职能(如管理已故者财产)。③

(二) 司法独立(Judicial Independence)及其保障

为了保证司法界能够妥善地履行节制行政行为的职责以及其他职责,司法界独立于其他两个分支就显得特别必要。对此保持警觉是大法官的职责之一。在这些方面,大法官的角色之一是保护司法界免受舆论界、公众及大法官的同事们不切实际的批评和冤枉。④

1. 任命保障

司法任命是英国学者讨论司法独立的保障时提到的第一项保障。在英国,司法任命主要是由大法官完成的,虽然重要的司法职务在名义上是由首相提请英王任命的,大法官可以通过任命无党派人士出任法官的方式进一步强化司法独立。虽然大法官有时会知道某一候选人具有强烈的政治倾向,但大法官必须保证这一考虑不应当成为影响法官选拔过程的决定性因素。司法任命必须基于良知,而且那些被任命者必须以一种严格遵循司法誓词⑤的态度分配公正(dispense justice)。⑥

2. 职位保障

法官一旦被任命,司法独立就进一步由法官所享有的任期保障予以

---

① Bradley & Ewing, p. 80.
② Neil Parpworth, p. 24.
③ Bradley & Ewing, p. 80.
④ Neil Parpworth, p. 24.
⑤ Without fear or favour, affection or ill-will.
⑥ Neil Parpworth, p. 24.

维护。① 司法官的任期保障(security of judicial tenure)是由《王位继承法》规定的,其晚近的表述,至少就上诉法院、高等法院及皇家法院[合称高级法院(Superior Court)]而言,1981年《最高法院法》第11条规定,最高法院的法官只要品行良好(during good behaviour)就可保有其位,除非经议会两院同时提请英王后,根据英王的授权予以罢免。②

一项刑事定罪可以成为免职的事由,但这种情况下更常见的是法官主动辞职。根据1981年《最高法院法》第11条第8项和第9项的规定,如果大法官认为某法官因身体虚弱不能履行其职务或者因无能(incapacity)而不宜工作到退休,法官也可以被迫辞职③,根据1993年《司法人员养老金及退休法》(Judicial Pensions and Retirement Act),法官的退休年龄为70岁,但如果公共利益需要,个别法官的退休年龄可以延长至75岁。④

3. 法官的报酬及诉讼豁免

法官除职位保障外,还有收入保障(security of remuneration)。具体是指,法官的报酬不能因政府的行为予以扣减。除此之外,法官履行司法职能的活动还受诉讼豁免的保护。⑤

七、权力重叠现象

通过对英国三种权力的检视发现,在英国宪法中,立法与行政存在广泛的重叠,首相及其内阁阁僚们是这两个方面的成员,而且英国的宪法传统要求他们必须如此。⑥ 以下是英国政府体制中一些比较显著但并非全部的职能重叠的例子⑦。

（一）法律贵族(Law Lords)

他们在贵族院的上诉委员会及枢密院的司法委员会坐堂,同时又是作为立法机构的贵族院的成员。

（二）议会

行使立法职能的议会同时还承担着其内部事务的司法职能。议会的

---

① Neil Parpworth, p. 24.
② Neil Parpworth, pp. 24-25.
③ Neil Parpworth, p. 25.
④ Neil Parpworth, p. 25.
⑤ Neil Parpworth, p. 25.
⑥ Neil Parpworth, p. 21.
⑦ Neil Parpworth, pp. 21-22.

这种司法职能并非指前述审理来自法院的上诉案件,而是指审理本院的案件,如贵族资格案件。①

(三) 部长

部长作为行政方面的成员同时又行使立法职能,而且不仅因其议员身份在议会中行使,还通过制定委任立法的方式行使。

(四) 法院

除了履行司法职能,法院还在发展普通法原则的意义上行使立法职能。

(五) 内政大臣(Home Secretary)

在行使立法职能和行政职能的同时,内政大臣还行使准司法职能,因为他有权决定裁量性终身监禁的最终服刑期限。

(六) 受薪的常任治安法官(magistrates)

常任治安法官行使行政职能和司法职能,因为他们还颁发许可证。②

八、大法官与分权

大法官是英国政治与法律体系中代表传统的图腾、现代司法的象征和权力兼职的标志,其身跨立法、行政及司法的多重角色,使之成为英国公法诸领域共同研究的对象。本书几乎每一编都会涉及大法官的内容特别是有关大法官的角色冲突的内容。

大法官身份、地位及职能的变化,是近年来英国宪政体制中变化最大、焦点最集中的领域:基本趋势是消减,特别是其司法职能③;而其绝大部分的行政职能也移交法务大臣了;至于作为司法界领袖的位置,则让给首席上诉法官了,首席上诉法官相应地拥有了代表司法实务界向议会提交书面报告的权力(power,注意,不是权利,而是权力,这一细微的差别在英国法中很重要)。④ 不过需要提醒的是,大法官与法务大臣的关系很微妙:这是两个不同的职位,但可以由一人兼任。这在英国现实中很普遍,因为英国的大臣在严格意义上职责不分。

在 2005 年《宪制改革法》剔除大法官的司法角色之前,英国国内确实

---

① Neil Parpworth, p. 21.
② Neil Parpworth, p. 22.
③ Wade & Forsyth 2014, p. 53.
④ Wade & Forsyth 2014, p. 53.

存在大法官作为一位政府部长,是否还适宜作为一名法官在贵族院听审上诉案件的问题。英国学者承认,这个问题是不确定的。① 现有好了,大法官司法角色的剔除,意味着身居此职位者,不再作为自 2005 年《宪制改革法》后设立、2009 年正式运行的英国最高上诉法院的法官之一,英国宪政体制中一个多年来搅扰法学家心神的职能混同现象,终于不复存在了。当然,认真思考这个问题,特别是进一步了解大法官保留的司法职务任命方面的权力,仍然会发现,英国的这项改革并不彻底,象征意义大于实质意义:大法官在此之前就极少在贵族院上诉委员会听审案件,如今的改革只是卸掉了其多年不用的冗余权力而已。

九、英式分权之辩

英国学者认为,在一个基于法律设立的政府体系中,存在立法、行政与司法三方面职能的行使,而行使这些职能最基本的机构是立法机关、行政机关及法院。② 正如一位法律史学家所指出的,立法工作者、行政官员及独立的法官这三者之间的分工,是现代社会法律的治理原则得以确立的一个必要前提,也是民主政府存在的前提。③

但英国学者同时也认为,完全的权力分立,即将这三方面的职能分配给三个彼此独立的机构,彼此之间没有重叠与协调,这种做法即使在理论上是可行的,在实践中必将使政府陷于停顿。④ 有的学者甚至认为,国家层面的经验表明,过于集中地将权力授予政府的任何一个机构对自由构成的威胁,远甚于非正式的分权所造成的损害。⑤ 这显然是在为英国的非正式的分权辩解,但从英国分权实践的实际效果看,这种辩解是有说服力的,分权是否充分、形式是否彻底看来都不是最重要的,最重要的是要切实建立起权力制约权力的对抗机制,否则,如果无法实质性地避免形式上的分权,而是将权力集中授予政府的某个机构,分权所要克服的专制并不足以避免。

分权原则真正值得推崇的是其能够避免将过分的权力授予任何一个

---

① Bradley & Ewing 2015, p. 21.
② Bradley & Ewing, pp. 79-80.
③ Bradley & Ewing, p. 81.
④ Phillips & Jackson, p. 12.
⑤ Bradley & Ewing, p. 89.

人或者组织,以及能够切实保障由一种权力制约另一种权力。正是这种意义上的分权原则被美国宪法全盘吸收了。① 在英国学者看来,美国人对分权及洛克的热情反而要甚于产生这一原则的母国的人们。

毋庸置疑,政府职能的某些方面有时是难以明确区分的,各职能之间及行使这些职能的政府机构之间也往往缺乏一种精致的协同。作为历史事实,英国的议会、法院以及中央政府都可以溯源至国王;在这些机构发展成为独立的法律实体之前,国王通过其枢密院实施统治,同时实施立法机关、行政机关及司法机关的某些工作。现如今,这些工作仍然在国王的名下实施,但是对于一个成熟的民主体制而言,最为重要的是,法官必须独立于议会和政府,而议会也不仅仅是内阁的一个橡皮图章。②

如果从严格意义上理解,即政府的三大职能或者组织(立法、行政和司法)彼此之间互不重叠,则英国宪法体制中不存在权力的分立。③ 英国的宪法体制中现在没有、过去也没有将立法权、行政权与司法权分配给不同机构的做法,亦没有在理论研究的基础上建立对三种权力的制衡关系。④

围绕英国宪法是否存在分权的争论,导致芒罗教授(Professor Munro)提到两大对立阵营。第一阵营主要是学院派宪法学者,他们的基本共识是英国宪法没有分权。如史密斯教授(Professor Smith)即否认分权是现代英国宪法的一个中心特征。罗布森(Robson)曾将分权理论比作一架古老而摇摆的战车。⑤

与学院派宪法学者相对的阵营是司法界。在很多场合,资深法官们表达了这样的观点:英国宪法是建立在权力分立的基础之上的。在 Duport Steels Ltd. v. Sirs(1980)一案中,迪普洛克指出:"虽然英国宪法的大部分不是成文形式的,但却是牢固地建立在分权基础之上的;议会制定法律,司法界解释它们。对此,无论怎么强调都不过分。"⑥ 这个表述非常经典。显然,英国学者将司法界对法律的解释权之独立于立法权,视为

---

① Phillips & Jackson, p. 12.
② Bradley & Ewing, p. 81.
③ Neil Parpworth, p. 21.
④ Phillips & Jackson, p. 26.
⑤ Neil Parpworth, p. 25.
⑥ Neil Parpworth, pp. 25-26.

英国实践分权理论最值得彰炳的部分。

值得注意的是,英国学者不但不把违宪审查视为司法权与立法权分立并彼此制约的结果,反而将英国未建立对议会立法的司法审查视为一种分权的结果。当然,他们也承认,这种结果显然不是由分权理论产生的,而是由议会立法至上原则产生的。① 他们或许认为,一旦法院具有了对议会立法的违宪审查权,法院宣告议会的法律违宪的实质,是赋予法院否定性的立法权,这反而成了立法与司法融合的罪证。

至于在实际条件许可的情况下,分权(将不同的权力分配给不同的政府组织)是否合乎需要的问题,以及在何种程度上分权的问题,完全是一个政治理论问题,而且这一问题必须与特定宪法体制下是否确实存在分权以及程度如何的问题区分开来。事实上,分权原则无论是在其原产国还是其他欧洲国家,都没有被广泛地接纳。② 此处英国学者所说的分权原则的原产国指法国,而非英国。但其表述的意思,还是在为英国之未充分分权找借口。当然,英国学者对于分权原则的理解有别于美国之处在于,英国学者更强调如何在实际运作中避免权力的集中,而不看重在形式上将权力划分给不同的机关。笔者将这种重实际而不重形式的现象称为英国式的"表里不一"。诸如此类的内容与形式不一,在本书中屡见不鲜。

英国学者将英国分权方面表里不一的原因,归因于缺乏一部成文宪法。在英国,立法职能与行政职能密切关联,部长们则是两类组织中的共同成员。没有一部议会的法律会因为其试图以违反分权原则的方式授出权力而被法院认定为违宪。③

---

① Phillips & Jackson, p.27.
② Phillips & Jackson, p.12.
③ Bradley & Ewing, p.88.

第四章
英国法制变革

在系统地接触英国法之前,笔者认为,英国是一个保守的国度,其法律制度绵延千余年而很少变化,这与实际情况显然大相径庭。研究英国法需要一些历史知识;每一个时代的人都有突出自己所处时代的重要性的倾向,强调自己的时代是历史的一个转折点就是这种倾向的表达方式之一。但是笔者在研究过程中深受震撼的是,英国法中所蕴含的生生不息的变革冲动和绵绵不绝的维新历程。"周虽旧邦,其命维新"(《诗·大雅·文王》)——如果三千多年前的这句话在现代西方国家还有可能一用的话,这个国家首推英国。英国近现代在宪法、行政法方面的长足进步,特别是其入欧又脱欧的反反复复,提醒我们必须重新认识英国法的现代化势头。

第一节 法制变革动向

贵族院在政府通信指挥部($GCHQ$)一案中得出的结论是,如果不是出于国家安全利益的考虑,法院本来是要支持该案原告方提出的在其任职待遇调整之前进行咨询的合法性期待的。[①] 合法性期待的具体表述不是该案中首次出现的,但其精神实质首次在该案判决中体现出来。这种新的法律概念或者原则在英国法中出现,基本不是法律移植的结果,而主要是自我繁衍的成就。这一点很值得我们深思:如何形成本国法律体制的自我生发能力或创新能力。没有这一点,就像一个国家的科技没有自主知识产权研发能力、一个人没有自我造血机能一样。

---

① Neil Parpworth,p.313.

一、对英国法的常见误解

英国学者也承认,英国人对英国法律及法律体系的一个常见的误解,是其非常恋旧(backward looking)。这或许是因为与英国法的存在及运行有关的许多外在象征或者形式,迄今依然保持着其久远过去的影子:维多利亚时代的标志性法律建筑物,如旧堡(Old Bailey,皇家刑事法院所在地)、伦敦的皇家法院(Royal Court of Justice in London),回荡着久远时代的声音;出庭时法官的长袍和律师们穿着的旧式装束。这一切都助长了人们关于法律界保守和拒绝变革的普遍印象。[1]

确实,英国法的历史,不是其曾经的历史,而是现行法中依然有效的规则的形成时间可以上溯到1000年以前。在诺曼征服之前,英格兰的不同地区由不同的法律体系所统治,通常由入侵者吸收当地的习惯而形成。大致说来,丹麦法(Dane law)在英格兰北部被采纳,麦西亚[2]法(Mercian law)为英格兰中部所采纳,而南部和西部则采纳了韦塞克斯法(Wessex law)。每个地区的法都主要是根据当地的习惯形成的,即使是在同一个较大的地区,地方不同,习惯以及因此而形成的法也各不相同。在这种情况下,英王几乎无法控制整个国家,当时也不存在能够对英格兰实施有效控制的中央政府。[3]

征服者威廉(William the Conqueror)1066年获得英格兰王位后,建立了一个强有力的中央政府,并开始统一法律。国王的代理人被派往全国各地以监视地方政府机关,同时给他们安排了根据当地法律裁决纠纷的工作。当这些巡回法官(itinerant justices)回到威斯敏斯特后,往往会凑在一起讨论各地的习惯,然后通过仔细审议,删除其中不合理的,接受合理的,从而形成一个协调一致的规则体系。在这一大约延续了两个世纪的过程中,遵循先例的原则(stare decisis,字面意思是让决定持久:let the decision stand)逐渐形成。按照这一原则,就任何一个法律问题作出判决之后,该判决就形成一个所有类似案件都必须遵循的先例,从而使法更具有预见性。这一切发展的结果是,到了1250年,统治整个国家、统一适用并能够用来预见法院在某个特别的案件中的判决的普通法已经初步

---

[1] Martin Partington, p. 3.
[2] 中世纪早期英格兰七国时代时的七国之一,位于英格兰中部。
[3] Elliott & Quinn, p. 7.

成形。① 有学者特别强调了这一历史期间的英王亨利二世（Henry Ⅱ，1154—1189）时期，并认为英国现行的法律体制就是从那个时期开始的。②

在英国学者看来，英国的政府体制是柔韧的，这倒并不是说英国的政府体制不稳固，而是说它的绝大多数原则和规则可以通过议会的立法或者确立新的惯例加以改变。也许正是因为这种柔韧性，反而使英国自1688年以来，得以摆脱那些虽然拥有更具刚性的宪法但政治体制较不稳定的国家所经历的革命性的动乱，英国政府体制经历了无数次变革，其中固然有不少是妥协的产物，但很多是政治斗争的结果。在400年间，英国实现了从君主的个人统治到首相处于支配地位的转变。在这个过程中，许多旧的形式和组织被保留下来，并被当作历史连续性的代表被容忍甚至被尊崇而继续存在。③ 英国学者此处所强调的一个核心论点是，英国宪制体制的稳定性或者其本身的存在，更多的不是有赖于法律的规定，而是受益于深深植根于英国社会中的政治传统的支撑。

二、英国法制巨变的写照

英国法律的发展是如此迅速，以至于英国学者这样告诫读者：像所有法律图书一样，当你开始阅读一本书时，它就已经落伍，为此他们建议④：

(1) 千万别买过期的法律书，它们的危险性就像上周的蛋糕一般；
(2) 常去法院放松一下自己；
(3) 经常浏览法律期刊；
(4) 经常登录法律网站；
(5) 经常读每本书的最新更正。

事实上，英国法及法律程序经历了巨变，其中有许多是非常剧烈的。⑤ 由于1997年选举上台的工党政府允诺进行史无前例的宪法改革⑥，

---

① Elliott & Quinn, p.7.
② Denis Keenan, p.5.
③ Bradley & Ewing, p.31.
④ Penny Darbyshire, p.17.
⑤ Martin Partington, p.3.
⑥ Gabriele Ganz, Understanding Public Law, 3th, edn, 2001, Sweet & Maxwell(London), p.1.

因此,英国的宪法和行政法制度确实发生了史无前例的变化,从而使此前出版的有关英国宪法和行政法的著作在很大程度上面临着不改版就无以追随当代英国的宪制实务的现实压力。正因为如此,自 1997 年以来,英国坊间流行的各种版本的宪法和行政法著作,都在以史无前例的速度不断地进行更新。正如韦德在其《行政法》一书的序言中提到的,英国的行政法正在经历着重大变化。以笔者所见的几个版本为例,韦德所著《行政法》初版于 1961 年,分别于 1967 年、1971 年、1977 年、1982 年、1988 年[①]、1994 年、2000 年、2004 年、2009 年及 2014 年修订,一般每五六年修订一版。笔者于 2002 年 11 月 16 日面晤韦德时其本人透露,牛津大学出版社已经多次希望尽快再版该书,当时他正着手进行第九版的修订工作。但此后不久,韦德于 2004 年去世,其《行政法》一书由其合作者福赛思继续传承,该书第十一版于 2014 年出版。

英国宪法与行政法体制的改革是如此迅速,以至于有英国学者描述当代英国宪法体制时与移动靶射击相类比——目标始终处在运动之中。[②] 詹宁斯的《内阁政府》(Cabinet Government)一书 1936 年初版时,使用的宪法先例始自 1841 年。此后政府变革的速度大大加快了,以至于已经很少有必要再去回溯 1979 年以前的先例,更不用说 1945 年以前的了。[③] 韦德强调,我们正处在一个由政府深入的改革计划主导的立法活动所创造的新的宪法时代。所有这些新的发展的核心,还是出于赋予法律更多的公平与正义的现实需要。[④] 另有学者甚至将政府在 20 世纪的扩张称为爆炸性的扩张,它是如此迅速,以至于没有给律师及学者留出太多的时间去思考以获得对行政法的理解。[⑤]

当然,对既有的现行法的分析与对现行法的进一步改进毕竟不是一码事。英国学者对此有清醒的认识,并认为将两者区分得越清楚越好。[⑥] 前者涉及的是实然性问题,讨论的中心在于一个地域内特定时间点附近法律的现实状态,此时关键在于真实性,全面、准确、及时是第一要务。对

---

① 中国大百科全书出版社译本基于此本。
② Gabriele Ganz, *Understanding Public Law*, 3th, edn, 2001, Sweet & Maxwell(London), p. 2.
③ Bradley & Ewing, p. 30.
④ Wade & Forsyth, preface, 9, June, 2000.
⑤ Bradley & Ewing, p. 636.
⑥ Bradley & Ewing, p. 54.

于现行法的改进,则是见仁见智,涉及的主要是应然性的推断,需要的是超越时间的前瞻性,考验的是知识、智力、灵感和勇气。

三、法制维新的进展

正如英国学者安东尼·塞尔登(Anthony Seldon)所言,每一位首相都是政治环境的牺牲品。相对而言,布莱尔是个幸运儿。① 1997—2001年布莱尔政府总体上是一个温和的改革政府。但在此期间,来自唐宁街的控制却加强了。② 这届政府给英国历史留下的最显著的印象,在于其宪法改革,其中最引人注目的内容包括:权力下放、《人权法》、比例代表制以及贵族院的改革等。③

2010年5月未决出胜负的英国大选,导致产生了英国自第二次世界大战结束以来的第一个联合政府。但绝大多数人都认为不可避免的宪政改革延宕却没有出现:联合政府甚至声称要进行彻底的政治改革。尽管最终没有兑现多少改革承诺,联合王国与欧洲的关系还是发生了很大变化。但让英国学者依然揪心的两件大事依然存在:一是英国与欧洲的关系,另一个则是2014年9月的苏格兰独立公投给英国自身的结构造成的不确定性。④ 应该让英国学者松一口气的是,2015年5月的英国大选中,卡梅伦领导的保守党以压倒性优势击败米利班德领导的工党。

英国的宪法改革除涉及贵族院、权力下放、人权和情报自由等基本宪法制度外,还包括众议院、公务员、地方政府、裁判所及调查庭、议会行政监察专员、民事和刑事司法体系、司法审查、英格兰银行、出口许可、通信侦听与拦截、警察诉愿体制以及涉恐怖主义法律等众多领域。⑤

在英国学者看来,近年来,英国法在如下几个领域发生了巨大的变化,其中最为重要者是由2005年《宪制改革法》引入的:首先是法官的任命程序,以及旨在保障他们独立的措施;其次是确保诉讼当事人拥有获得公平听审的权利的举措;最后是行政方面在实现司法公正方面的角色,特别是大法官及司法部长的职能定位。当然最值得的注意的是该法设立的

---

① Anthony Seldon, p. 597.
② Anthony Seldon, p. 594.
③ Anthony Seldon, p. 593.
④ Bradley & Ewing 2015, p. reface, p. xiii.
⑤ Gabriele Ganz, *Understanding Public Law*, 3th, edn, 2001, Sweet & Maxwell(London), p. 1.

英国最高法院。①

(一) 贵族院改革

在英国,对首相在贵族院议员的任命程序中所享有的推荐权存在许多批评,认为首相拥有给一个立法机关增加新成员的权力是不适当的,这使得首相拥有了太多的权限。为了回应这些批评,布莱尔首相采取了削减首相的授予权限的举措,即成立了贵族院任命委员会,该委员会是一个既非立法性又非行政性的公共组织,附属于内阁办公室。②

有关贵族院的组成及权力之争在过去 100 年间从来没有停止过。1997 年大选选出的工党政府的承诺就是要改革贵族院,其结果则是 1999 年通过的《贵族院法》,这是对英国议会的这个第二院所承诺进行彻底改革的第一步。为了推动该法的实施,政府发布了名为《议会现代化:改革贵族院》(Modernising Parliament: Reforming the House of Lords)白皮书,并成立了一个皇家委员会,就贵族院的角色、职能以及组成一个改革了的第二院等内容提出建议。该委员会于 2000 年 1 月提出了报告,建议也在两院进行了讨论。2001 年 1 月的英王致辞强调,按照咨询意见,立法将启动第二轮改革。③

1999 年《贵族院法》最显著的功效是大大缩减了贵族院的规模:议员从 1999 年的 1295 名,缩减至 2000 年 10 月的 695 名。尽管如此,贵族院仍然是欧洲第二大的议院,而且该院自此以后即持续扩张,其原因就是当时的联合政府极力通过大量的任命,扯平此前工党政府执政时期形成的该院政党比例。④ 因为终身贵族的任命没有数量限制,每位首相都会出于本党利益,向着扯平党团平衡的方向任命更多的终身贵族,从而引发了对于贵族院规模不可持续地扩张的不断增长的关切。而且,根据 1958 年《终身贵族法》的规定,与世袭贵族不同,终身贵族的名号不得自行宣告放弃⑤,也成为终身贵族数量增长的一个原因。

(二) 英国司法体制改革

在英国,宪法与行政法的密切关系突出地表现为,宪制上的任何改革都会在行政法领域或者说必须在行政法领域得到具体落实。例如,

---

① Bradley & Ewing 2015, p. 322.
② Bradley & Ewing, p. 173.
③ Phillips & Jackson, p. 174.
④ Bradley & Ewing 2015, pp. 180-181.
⑤ Bradley & Ewing 2015, p. 177.

2003年6月,英国政府宣布实施一项宏大的司法体制改革计划,这项本属于宪制改革的计划的结果是,成立了替代原来的大法官事务部的宪法事务部,以负责所有司法机关的行政管理事务。作为英国宪制进一步改革的成果,2007年6月,英国政府新的司法部成立,取代了刚设立不久的宪法事务部。这些宪制改革的内容,无一不是行政法必须研究的重点。

2009年10月1日开始运行的英国最高法院(Supreme Court of the United Kingdom),系依据2005年《宪制改革法》第三章设立,是英格兰、威尔士及北爱尔兰三个司法管辖地区的最高上诉法院,并拥有对相关法律事务的终审权;审理由1998年《苏格兰法》、1998年《北爱尔兰法》及2006年《威尔士政府法》界定的有关"权力下放事务"(Devolution Issues)的案件;审理对海外33个国家和地区拥有海外司法管辖权的案件;但对苏格兰的法律事务只享有有限管辖权,如无权审理苏格兰的刑事案件,但有权审理来自苏格兰季审法院的上诉案件。

英国最高法院的前身是贵族院上诉委员会。该委员会由12位同时拥有贵族院议员身份的常任上诉贵族法官(Lord of Appeal in Ordinary)组成。2009年10月1日最高法院正式成立时,12位法官中有10位就是由原来的贵族院常任上诉贵族法官转任的。

最高法院法官的遴选程序由英国2005年《宪制改革法》确立:最高法院法官一旦出缺,将设立遴选委员会负责遴选工作。遴选委员会由最高法院正副院长和英格兰及威尔士法官遴选委员会、苏格兰法官遴选委员会及北爱尔兰法官遴选委员会各派1名委员组成;候选人必须具有至少2年法官或者至少15年执业律师经验。遴选委员会最终提名的法官人选由司法大臣送交首相审核,由首相送呈英王正式任命。

2013年《犯罪及法院法》取消了最高法院法官12人的人数限定;同时对遴选委员会成员的多元化作出专门规定:确定法官遴选委员会成员时,若存在同等条件的两名候选人,选择标准应该有利于形成法官遴选委员会成员的多元化,最高法院副院长不再是法官遴选委员会的成员,最高法院院长有权提名1位法官担任法官遴选委员会成员,但是这位法官不能来自最高法院。

随着2005年《宪制改革法》和2007年《裁判所、法院及强制执行法》的实施,有关英国裁判所性质的争议或者讨论已不复存在。因为这两部"宪法性法律"均宣布,裁判所是英国司法体系的一部分,受司法独立原则的保障。自此以后,英国的裁判所与法院已没有实质区别,彻底不再是行政裁判所。

尽管大法官的角色和地位已经明显式微,但他仍是号称最大的政府部门之一的司法部的头儿,负有广泛的职责。这主要归因于司法这个概念在广泛意义上包括法院、监狱、缓刑服务,以及诸如人权方面的宪法性事务。这不免使英国的法官们担心,大法官领导的司法部同时为法院、裁判所、法律援助及监狱等提供财政支持,有陷入利益冲突的风险。为摆脱这一僵局,大法官与首席上诉法官达成协议,建立了一个合伙制的执行机构:皇家法院服务局(Her Majesty's Courts Service)。2008年,设置该机构的框架协议提交议会批准。2011年,该机构被皇家法院与裁判所服务局(Her Majesty's Courts and Tribunals Service)替代,成为大法官、首席上诉法官及裁判所总裁三方共同成立的合伙机构。[①] 该机构的角色定位是,运营一个兼具经济效率和业务效能的法院与裁判所系统,以确保法治原则得到切实维护,并向全体国民提供便利的接近正义服务。[②] 将法院与行政裁判所的后勤保障服务,安排由一个统一的机构提供,进一步说明英国裁判所的司法化程度。

除此之外,上述合伙协议本身明确规定,该协议每三年审议一次,在此之前的任何修订也需要三方一致认同。其中特别强调,大法官必须确保这种合伙形式能够足以履行2003年《法院法》及2007年《裁判所、法院及强制执行法》赋予大法官的职责。[③] 通过公对公的合伙协议的形式,履行法律赋予的职责,这是英国法最新的创新,也暗示着,为了实现其"兼具经济效率和业务效能"的目标,这可能是唯一现实的手段。

(三)执行机构的建立

执行机构的建立仅仅是行政管理模式方面重大转变的一个例证。[④] 自1983年以来,英国的行政管理模式也在发生重大转变。有关执行机构的具体含义、组织机构、运作机制等,参见本书第二卷第二编第四章第一节非政府部门公共机构。

(四)行政活动引入竞争机制

英国行政法领域现代化的另外一个例子,是以前完全由国家承担的

---

① Bradley & Ewing 2015,p. 344.
② Bradley & Ewing 2015,pp. 344-345.
③ Bradley & Ewing 2015,p. 345.
④ Wade & Forsyth,p. 50.

政府行为的私有化(privatisation)日益普遍以及在可能的情况下引入某种形式的竞争机制。① 1994年《规制缓和及外包合同法》(Deregulation and Contracting Out Act)第二部分建立了一种机制:部长和行政官员的某些职能可以委派给私人合同方。② 笔者参观英国监狱时了解到,有些监狱的管理和配套服务,委托给了私人公司。

第二节 政府主导变法

变革是阻止生活乏味(prevents life becoming boring)的良药。③ 英国人似乎也像我们有些人呼唤盛唐一样,对维多利亚时代的"不落的太阳"怀有美好的回忆,但似乎又没有人愿意回到清教盛行时的刻板生活中去。于是,选民选择的执政党都是那些力主变法、维新的党。其结果是,英国近现代直至现当代的法律巨变,主要是历届政府相延推动的结果。

一、变法之势头

英国学者评论道,英国司法体制(justice system)中几乎没有哪个方面是没有发生过变化的。民事司法体制的进展始于伍尔夫的《关于接近正义的报告》(Lord Woolf's report on Access to Justice)公布之后的1999年,并成为英国政府近来公布的白皮书④中预示将进一步发展的主题之一。⑤

刑事司法体制的主要改革在公布了奥尔德委员会2001年的报告(Auld committee report)⑥以及2002年的中央政府有关刑事司法体制改革的白皮书⑦后,已经告一段落。⑧

---

① Wade & Forsyth, p. 50.
② Wade & Forsyth, pp. 50-51.
③ Martin Partington, p. 3.
④ 即 Modernising justice: The Government's Plan for Reforming Legal Services and the Court(London, The Lord Chancellor's Department, December 1998)。
⑤ Martin Partington, pp. 70-71.
⑥ 即 A Review of the Criminal Courts of England and Wales (London, Stationery Office, 2001),与之相关的是 Making Punishments Work: Report of a Review of the Sentencing Framework for England and Wales (London, Home Office, 2001)。
⑦ 即 Justice for All (London, Stationery Office, 2002)。
⑧ Martin Partington, p. 71.

英国中央政府的司法体制改革方面的政策现在都由一些专业机构负责具体执行,如法院服务局(Court Service)、法律服务理事会以及司法培训局(Judicial Studies Board)等。但制定这些政策的工作仍由大法官事务部即后来的宪法事务部、现在的司法部负责。①

英国学者认为,英国中央政府积极介入英国司法体制改革的努力并没有得到足够的赞赏,无论是从英国司法体制外的人对此的理解看,还是从英国司法体制内的人对此的欢迎程度看,都不免如此。尽管如此,英国学者仍然相信,正是由于大法官事务部等部门主动采取的一系列新政策,及其在司法体制改革方面的不懈努力,已经在事实上使人们对英国司法体制的许多想法和偏见得以克服或者根本转变。② 此外,作为影响英国司法体制的根本原因并且本身构成英国司法体制变革的一个重要组成部分的法官任命程序的改革,也是英国司法体制变革的一项重要内容。

二、变法之动力

英国是一个议会制国家,这一体制建立的时间比我们想象得要早,因为这一体制在初期经历了相当长的混沌时间。再往前追溯,英国是一个君主制国家,国家权力至少在名义上悉归英王。这两项史实结合的结果是,英国政府在英国法的历史演进过程中扮演了举足轻重的角色。如果说英国的司法界或者法官们曾经在英国法律的发展史上留下了自己的名字,那么英国政府或者行政方面对于英国法的推动则是系统化的、结构性的、根本性的,但却是匿名的。

英国学者认为,促成英国司法体制发生变化的一个重要原因,就是政府对于法律体系改革与重构的热情不断高涨。英国中央政府所提供的资金不仅用于法院所提供的服务、公共财政资助的法律服务的运转③,还包括属于司法体制组成部分的其他服务的大宗开支,如警察、监狱、缓刑服务以及裁判所的行政管理等。④

由于所有的政府都会考虑将其公共开支控制在一定水平之下,并确保所支出的资金的使用价值(securing value for money),因此不可避免

---

① Martin Partington, p. 71.
② Martin Partington, p. 71.
③ 其中包括支付给司法官的工资和费用开支。
④ Martin Partington, p. 69.

的是,政府介入法律体系的规划以及司法服务的提供等方面的程度日益加深。① 此处的因果关系是,随着福利国家的推进,司法服务及与之相关的其他服务成为政府提供的公共服务的重要内容,相应的资金投入势必显著增加,在这种情况下,中央政府不可避免地要关注其资金的利用效果、重视其资助的服务效果,从而需要对不合时宜的司法体制进行改革,这是中央政府越来越热衷于司法体制改革的原因所在。其动力还在于民主制下司法服务的普及。如果司法服务不是因为民众的呼声而成为日益普及的公共服务,特别是对公民免费的公共服务之一种的话,政府不会过多地介入,也就不会关心司法体制中投入的资金的运转情况,更不会热衷于司法体制改革了。考虑到这一点,就可以理解为什么有些国家的政府并不积极进行司法体制改革的原因了——其本身与这种体制没有太大的利害关系。

因此,任何对英国法律体系内部的变革动力的探究,都离不开对政府在其中扮演的角色的分析。特别需要注意的几个主要角色是②:

(1) 大法官事务部(The Lord Chancellor's Department);
(2) 内政部(The Home Office);
(3) 法律服务理事会(The Legal Services Commission);
(4) 其他中央政府部门。

而在所有这些部门背后都隐藏着财政部(The Treasury)的身影。

三、皇家委员会的作用

皇家委员会的工作机理是,组织一个委员会,开展全面调查,公布结论性报告,付诸立法。这个委员会的影响力会促使议会通过根据其建议起草的议案,并以法律形式固定下来,从而改进相应的制度。

皇家委员会是英国议会制度的一个插曲。在英国法的现代化转折时期不时出现的皇家委员会的专门报告,使笔者相信此类委员会的设立及有效工作,在一定程度上可以称之为英国法现代化的先声,即使称之为英国法现代化的组织保障、机制保障或者体制保障,亦不为过。事实上,英国行政法的改革,甚至英国几乎所有的重大立法,都是以这种调研性委员会的报告为基础的。

---

① Martin Partington, p. 69.
② Martin Partington, p. 69.

英国行政法在 20 世纪 20 年代开始的犹豫不决的发展势态，可以由大法官任命调查这一主题的三个皇家委员会对这件事加以说明。第一个委员会审议的是保护英国及政府部门免于被诉的古老法律，结果是没有取得值得一提的成果。旨在调查部长权力的第二个委员会被任命于 1929 年，正赶上一场由法官、出庭律师、牛津的学者型律师以及一小部分议员发起的对政府部门的批判风暴。事实上，当时的首席上诉法官休厄特出版了一本名为《新沮丧》(*The New Despondent*)的言辞激烈的书，认为英国正经历一个缺乏行政法的时代，而不是一个法治的时代。① 该委员会维护公务员的声望，否定了针对公务员的官僚暴政的指责，从宪法原则的角度分析了委托给部长行使的立法权及司法权，并建议改善委任立法及司法行政。没有任何一届政府采纳该委员会的建议，直到 1944 年，众议院才成立了一个特别委员会来审议委任立法。②

1955 年，当政府运行机制再次成为被攻击的靶子时，成立了行政裁判所及调查庭委员会，负责调查：① 任何由部长提交议会通过的法律设立的或者为部长履行职能而设立的裁判所的构成及工作；② 这些裁判所的工作程序，包括由部长或者代表部长举行的、因提起异议或者提出请求而举行的调查庭或者听证，特别是有关强制征购土地的程序。这个委员会就是著名的弗兰克斯委员会(Franks Committee)，其 1957 年作出的报告审议了行政裁判所及调查庭的工作情况。该委员会与此前的部长权力委员会一样，都涉及对部长作出或者代表部长作出的司法或者准司法决定的审查问题，但与前一委员会不同，该委员会发现司法决定与行政决定有许多显著的不同。该委员会采取了更注重实际的调查方法，逐一审议了其所要调查的范围内的每个程序，并且调查了任何一个程序中落实公开性、公平性以及中立性的程度。据此得出结论：无论通过直接上诉至法院的司法控制，还是通过特权令状进行的司法审查，都应当予以保留并在必要时予以扩充。这些建议直接导致 1958 年《裁判所及调查庭法》(Tribunals and Inquiries Act)，该法设立了裁判所委员会(Council on Tribunals)并在其他方面实现了该报告的内容。③

弗兰克斯委员会的着眼点限于那些已经可以寻求行政裁判所或者公

---

① Bradley & Ewing, p. 636.
② Bradley & Ewing, p. 636.
③ Bradley & Ewing, p. 637.

开调查的事项,但不可能考虑那些并不存在对政府权力的防范机制的领域,也不可能考虑创设对个人遭受的不良行政予以救济的规定。这两个方面的问题由 1961 年成立的一个委员会进行了审议,该委员会所作的名为《公民与行政》的报告建议:除涉及对政府政策的不必要的重新考虑之外,所有公民都有权就政府部门的决定中的自由裁量事项向一个中立的行政裁判所提出上诉,因此应当建立一个总的上诉行政裁判所来审理针对自由裁量决定提出的上诉,而不是建立许多新的行政裁判所;应当设立议会行政监察专员,以调查对不良行政的申诉。对于前一建议,没有结果,为了回应后一建议,在 1967 年任命了第一个议会行政监察专员。议会行政监察专员的设立并没有影响行政法治。① 英国学者之所以提到设立议会行政监察专员会影响行政法治,是因为该职位属于议会方面而非行政系统,但却监督行政系统,有可能因监督或者说干预过度而影响行政法治。英国学者的这种顾虑是没有必要的,英国的各类官员都非常克制,并不会过分地滥用自己手中的权力,正如司法审查的存在并没有影响行政法治一样,议会行政监察专员的存在也不会影响行政法治,而且事实上也确实没有。

四、大法官事务部的贡献

大法官事务部如今已为司法部所取代,但其历史功勋不容遗忘。大法官事务部在有关司法体制政策的形成过程中扮演着主角。② 大法官事务部是所有英国中央政府部门中规模和重要性同步显著增长的部门。20 世纪 20 年代,其常务部长(Permanent Secretary),即该部常任文官的首长(head civil servant)曾经记录过,一天也收不到一份邮件(这或许就是英国人所谓门可罗雀了)的日子早已一去不复返了(are now long gone)。③

从大法官事务部的职能不难发现其之所以会繁荣的原因。但这只能算是表面原因,更准确地说,应当是繁荣的结果而非原因。因为大法官事务部的职能不是自其成立时即取得的,而是在英国法的发展过程中不断获取的。事实上,正是由于大法官在英国司法体制中发挥着不可替代的作用,需要有一个强大的中央政府部门来辅佐他完成这一艰巨的历史使命,由此才有了大法官事务部。

---

① Bradley & Ewing, p.637.
② Martin Partington, p.69.
③ Martin Partington, p.70.

大法官事务部的主要职能分为两类,这些职能都是大法官事务部在推进英国法这些方面的进展的同时,无形中为自己添附的职能。详见本书第二卷第一编第四章第一节司法行政体制中有关大法官事务部的职能的内容。

五、法律委员会的作用

（一）法律委员会(Law Commission)的设立

法律委员会是为了对英格兰及威尔士的法律进行不断地反省,而由1965年的一部议会法律设立的。[①] 该委员会专为英格兰及威尔士而设（通常简称英格兰法律委员会,或者法律委员会）,与该委员会同时设立的,还有一个苏格兰法律委员会。

专门为一个组织（更具体地说是一个仅有5名成员的机构）的设立制定一部法律,这在许多国家的立法史上还是不可想象的,但对于英国而言则是家常便饭。由此设立的组织就是所谓制定法设立的组织。从这一名称不难得出结论:英国设立的所有此类组织后面,都有一部制定法支撑着。这就是法治国家。

（二）法律委员会的地位

法律委员会是一个议会法律单独设立的委员会,而不是一个按照议会运行机制由议会内部设立的委员会。也就是说,法律委员会并非皇家委员会,而是一个根据1965年《法律委员会法》成立的法定委员会。英国学者对此非常清楚,并可以从其将法律委员会与皇家委员会并列上得到佐证:在政府提交议会的政府议案中,有些议案会包括某一皇家委员会（Royal Commission）、法律委员会或者某一特别设立的委员会的建议。[②]

英国学者认为,法律委员会是致力于法律改革问题的最重要的常设机构(standing body)。该委员会虽然在性质上是独立的,但属于大法官事务部的全部职责之内。法律委员会实施的工作项目要由大法官批准。[③]

更具有权威性的判断在于:1969年,政府决定不再设立皇家委员会来调查整个行政法,而是要求英格兰和苏格兰法律委员会研究英格兰和

---

① Martin Partington, p. 79.
② Neil Parpworth, p. 184.
③ Martin Partington, p. 79.

苏格兰行政法救济的有效性。① 由此可看出,法律委员会这种跨公共权力界别的委员会在英国司法体制改革中发挥了重要作用。

1976年,法律委员会提交了《关于行政法上的救济制度的报告》(Report on Remedies in Administrative Law),指出了改革行政法中的现有救济类型的主要理由。根据这些理由,法律委员会起草了立法议案,以创立新的申请司法审查的程序。法律委员会强调,新的程序将不再是一个排他性的救济类型,原告如果选择提起禁止令或者宣告令将仍然是免费的。② 法律委员会提出的重要程序改革方面的建议在1977年至1981年间付诸实施,从而改革了英格兰的司法审查程序。类似的程序在1985年引入苏格兰法。③

1994年,法律委员会提出有关司法审查机制及制定法规定的由下级法院、行政裁判所及其他机构向高等法院上诉的程序等的研究报告。该报告提议在程序及命名方面进行某些有限的改革,其中包括利益集团基于公共利益直接对官员的决定提起挑战的公益诉讼机制。④ 直到2000年10月,在对法院实际做法的新的一轮审议之后,司法审查的程序才经历了有限的变革,包括重新命名历史上的救济方法,出现了以行政庭命名的新的高等法院分庭等。⑤

(三)法律委员会的组成

法律委员会是一个5人组成的常设机构,分别来自司法界(judiciary)、法律职业界(legal profession)和法律学术界(legal academics)。⑥ 主席通常由1名高等法院法官担任。⑦

法律委员会的主席由4名委员辅佐⑧,这4名成员中包括1名熟悉刑法的英王法律顾问(King's Council,KC 或 Queen's Council,QC;为出庭律师中之佼佼者),1名具有土地及衡平法经验的诉状律师,2名法律学者。他们由具有法律资格的公务员辅助。⑨ 具体而言,法律委员会的每

---

① Bradley & Ewing, p. 637.
② Bradley & Ewing, p. 734.
③ Bradley & Ewing, p. 637.
④ Bradley & Ewing, p. 638.
⑤ Bradley & Ewing, p. 638.
⑥ Elliott & Quinn, p. 88.
⑦ Martin Partington, p. 79.
⑧ Martin Partington, p. 79.
⑨ Elliott & Quinn, p. 88.

位委员都分别由律师团队、研究助理和一个小型秘书处予以协助。①

(四)法律委员会的职责

根据1965年《法律委员会法》,该委员会的职责:一是编纂法律;二是除去法律中模糊不清之处;三是废除陈旧的已经没有存在必要的立法;四是巩固法律;五是简化法律、法律的标准化。② 在履行其职能时,法律委员会并没有试图不停地审视所有的法律,而是有规律地选择其认为应当实施的项目。在同一时间,法律委员会通常同时实施20~30个项目,每个项目的进展程度错落有致。③

法律委员会实施的项目通常包含两个基本要素④:一是计划,由法律委员会自身拟订;二是参考,有针对性地请求政府部门实施工作。

除此之外,法律委员会试图将那些已经变得异常复杂的法律法典化,同时废止已经不再实际应用的议会立法。⑤

(五)法典编纂(codification)

详见本书本卷第一编第一章第四节英国法的法典化。

(六)法律委员会的工作模式

法律委员会的工作模式是,先认真分析既存的法律,包括考虑其他国家在处理相关问题时的做法;然后起草一份预备咨询报告,历述现存法这一领域需要改革的原因,同时申明该委员会认为该领域的法律变革的初步意见,并将这些初步意见征询公众的意见。通过分析公众对改革初步意见的评价,法律委员会将其改革的初步意见改进成法律变革的建议。为了将这些政策建议成果吸收到立法中来,法律委员会经常被委以起草立法议案的任务。法律委员会的一个显著之处在于,该委员会在受托起草立法议案时,会得到议会法律顾问(Parliamentary Counsel)们的襄助。⑥

但法律委员会参与立法议案起草并不足以确保起草的立法议案成为法律。这样起草的立法议案还必须历经议会的立法程序。而且如果没有在议会期间予以讨论,则该立法议案也不会有任何进展。尽管如此,法律

---

① Martin Partington, p. 79.
② Elliott & Quinn, p. 89.
③ Martin Partington, p. 79.
④ Martin Partington, p. 79.
⑤ Martin Partington, p. 79.
⑥ Martin Partington, p. 80.

委员会三分之二的改革建议最终写进了成文立法。①

六、内政部的贡献

内政部是另一个构建英国法律体制的制度框架的主要角色。内政部在刑事司法体制的发展方面扮演着主角。其为提高刑事司法体制的效能而采取的众多举措，促成了刑事司法程序运作方式的显著变化。②

正是内政部倡议了大量旨在使警察队伍更有效能的措施，例如1997年《警察法》(Police Act)建立的全国刑事情报服务中心(National Criminal Intelligence Service)和国家预防犯罪局(National Crime Squad)。英格兰及威尔士警察体制的一个核心特征，就在于它们没有一支全国性的警察队伍，而只有许多分别由各郡运作的警察队伍。赞成建立一支全国性的警察队伍的意见，总是与认为这将导致警察权过度集中的意见针锋相对。2002年《警察改革法》(Police Reform Act)在提高警察效能方面采取的措施是将某些警察职能交给警察队伍中的文职职员。③ 过分集中的警察权不仅仅造成警察服务成本上升，更重要的是这将不可避免地造成中央政府有恃无恐的违法行为的大量增加，从而增加社会的对立面及其反抗的力度，并进一步增加对于更为强大的警察力量的需求。最终陷入警扰民、民抗警的恶性循环，导致国家因无力承担过分庞大的警力开支或者"有限"的警力无法对抗无限的民力而使政府甚至国家易帜。

相对而言，与拥有比较集中的事权范围的大法官事务部不同，内政部拥有异常广泛的事权范围。除刑事司法体制以外，内政部还负有对相当广泛的事项的领导职责，这些事项都对法律的制定及法律角色的定位有重要的影响，如减少犯罪、移民及国籍、防御毒品、种族平等与多样性④以及包括招募志愿者在内的相当多的社区事务。⑤

英国学者提出，政府部门文化(departmental cultures)对政策的制定和实施有着非常重大的影响，时不时地会发生不同政府部门之间严重的暗战(significant turf wars)。尽管人们一直呼吁政府部门之间更好地合作，但是现实生活中却并非如此。在英国司法体制的大背景下，内政部与

---

① Martin Partington，p. 80.
② Martin Partington，p. 81.
③ Martin Partington，p. 81.
④ 包括反歧视立法(anti-discrimination legislation)。
⑤ Martin Partington，p. 81.

大法官事务部这两个关系密切的部门的合作是至关重要的。①

七、法律服务理事会的贡献

英国政府在构建法律服务的供应体制方面也扮演着重要角色。② 值得注意的是,英国学者在行文中将法律服务理事会与大法官事务部和内政部等部级单位并列讨论,此处又特别强调是政府而不是上述两个部构建了英国的法律服务体系。这意味着,法律服务理事会(Legal Services Commission)并不是某个部的内设机构,而是一个独立机构,至少是一个相对独立的执行机构;更为重要的是,法律服务理事会所承担的职责,在数量上也绝不是某个部的一个下设司局级单位所能承担的,这从一个侧面反映了英国法律服务的广度和深度。

英国有成文立法基础的法律援助计划(statutorily based legal aid scheme),即向律师支付报酬以换取他们向中低收入者(moderate means)提供法律服务的体制,最早是通过《法律援助法》(Legal Aid Act)于1949年建立起来的。起初,英国的法律援助计划的规模也非常有限,其覆盖的范围仅限于民事案件的代理。但是在20世纪60、70年代,其覆盖范围逐渐扩展到刑事审判的代理、提供法律意见和协助等,特别是为那些被拘押在警察局的人提供此类法律服务。③

在这个时期,一直是由大法官事务部制定政策,但这些政策的实施却是通过诉状律师协会。这一体制应当怎样改进的建议是由大法官法律援助与建议咨询委员会提供的。此外,一些影响日益增强的外部压力集团一直在寻求完善法律援助体制,主要是扩大其服务范围。在这些团体中,法律行动组(The Legal Action Group)的作用尤为突出。④

在整个20世纪80年代,认为法律援助的运作完全由诉状律师协会⑤把持的做法并不适当的呼声越来越高。尽管诉状律师协会提供的法律援助工作与诉状律师协会的一般职能是完全分离的,但法律援助体制在别人看来仍然有可能主要是为律师的利益而非公众利益运行的。⑥ 此处的

---

① Martin Partington, p. 82.
② Martin Partington, p. 82.
③ Martin Partington, p. 82.
④ Martin Partington, p. 82.
⑤ 实际是律师工会(Lawyers' Trade Union)。
⑥ Martin Partington, p. 82.

关键在于,英国法律援助体制的运行机制是,英国政府为那些提供法律援助的律师付费,而不是律师义务为当事人提供免费的法律服务。从这个意义上说,法律援助不是律师们在做善事,而是政府为他们揽了一笔大买卖。而与政府谈判这笔买卖的范围的,就是诉状律师协会及其他口口声声要求扩大法律援助范围的人或团体。于是存在这种可能:律师们出于获得更广泛的业务、更丰厚的报酬的需要,会鼓动政府扩大法律援助的范围,这种可能性在诉状律师协会负责运营此事时会变得更大,至少在外人看来有可能如此。

于是根据《法律援助法》的规定,法律援助体制进行了根本性的改革:诉状律师协会关于法律援助的行政管理角色宣告终结,并转移给法律援助局。[1]

在整个20世纪90年代,法律援助局研拟了多项有关不同领域的法律援助服务的基本规范。例如,该局引入了一项计划,即在许可设立诉状律师事务所时,该律师事务所必须证明自身具有与提供法律援助有关的特定水平的专业技能和业务管理水平,实际上是要求律师事务所必须承诺提供称职的法律援助服务。[2] 而这就是法律援助局与诉状律师协会相比取得的最大进展。

英国学者认为,法律援助局在法律服务领域的这些改进的意义不容低估。在20世纪70、80年代,诉状律师协会面临的最大挑战之一是如何设计相应的手段,以确保所有法律执业人员都能够切实胜任提供称职的法律服务的工作。诉状律师协会未能做到这一点,仅就这一目标而言,法律援助局做到了;当然,这使许多执业律师非常不爽。[3]

1999年通过的《接近正义法》(Access to Justice Act)的成果之一,是由法律服务理事会取代法律援助局,该法同时赋予该理事会两项新的职责:刑事辩护(Criminal Defence Scheme)和社区法律服务(Community Legal Service)。[4]

尽管法律援助的概念已在英国制定法中被正式废除,但新的接近正义的体制仍建立在既存的法律援助体制之上。这种变革的特征不是革命

---

[1] Martin Partington, p. 83.
[2] Martin Partington, p. 83.
[3] Martin Partington, p. 83.
[4] Martin Partington, p. 83.

式的而是进化式的(evolutionary)。不仅如此,许多重要的新原则的确立,将会吸引公共基金投资于某些类型的法律服务,从而增强法律服务理事会在构建英国的法律服务供应体制方面的重要性。①

八、其他中央政府部门的贡献

除大法官事务部、内政部以外,其他政府部门对于英国法律体制的影响没有这几个部门集中,但也绝不是可有可无的。②

英国在行政裁判所、公开调查、议会行政监察专员及其他化解不满的机制方面的进展,是由众多不同的政府部门积极推动的结果。但英国学者也指出,恰恰是在这方面,最明显地突出了政府部门之间缺乏统一性。例如,某一政府部门提议的一项有关行政裁判所的改进政策,其他行政部门对此的意见可能完全与之相左。对于许多基本问题,如行政裁判所的经营、所内的办事人员的角色、其成员的任命、是否应当全职、是否应当领工资以及如果领的话该领多少等,不同的部门有不同的答案。③

事实上,与刑事、家事和民事司法体制不同,英国政府在行政司法领域(administrative justice system)没有制定统一战略的传统。④ 不同于我国的司法行政,英国的行政司法是与刑事、家事、民事司法相对称的一个概念,涉及的是行政管理领域的司法化或者法律化问题。

有英国学者非常睿智地指出,从某种意义上讲,缺乏一致性并不一定是坏事,这将促成各部门试验不同的做法和程序。事实证明,行政司法体制已经成为试验不同的纠纷解决程序的试验田。另外,人们完全可以说,行政司法体制的每一部分都有其特定的任务,因而没有必要强求结构的统一。尽管如此,大法官事务部曾声称将在这一领域发挥更大的领导作用。其采取的第一个步骤就是任命安德鲁·莱格特爵士(Sir Andrew Leggatt)调研行政裁判所体制。⑤

行政裁判所体制缺乏统一性,是促使安德鲁·莱格特爵士提出应当建立一个统一的行政裁判所服务体系的建议的主要事实根据。而英国学者认为这将由政府予以推进。统一的行政裁判所服务体系的建立标志着

---

① Martin Partington, p. 83.
② Martin Partington, p. 83.
③ Martin Partington, p. 83.
④ Martin Partington, pp. 83-84.
⑤ Martin Partington, p. 84.

英国司法体制的另一重要的结构变革。①

九、英国对司法体制改革运动的反思

在英国学者看来,政治家及其下属的行政官员对于许多被视为社会问题的议题的反应是,创制更多的法律以寻求规范这些遭到抱怨的行为。这已经被视为正当的或者众望所归的政治反应。② 由此看来,立法运动已经成为世界各国解决社会问题的通行思路。

只有很少的政治家承认:法律已经够多的了,真正需要做的是如何更好地理解以及执行既有的法律。愿意承认解决某一问题的可行思路是废止某一既存的规则,或者推动法律向着使有关的行为合法化的方向演化,这样的政治家就更少了。③ 试图通过法律解决社会问题的一个潜在的但通常是不可避免的后果是,创立新法的结果恰恰不是解决了既有的社会问题,而是制造出一个新的社会问题。其结果是,后一个问题相应地需要日后进一步解决。④ 这种与立法的冲动相对应的立法的顽固,反映了即使在英国这样的社会中,法律进步的障碍主要地表现为旧法的修订,而不是新法的创制。

---

① Martin Partington, p. 84.
② Martin Partington, p. 20.
③ Martin Partington, p. 20.
④ Martin Partington, p. 20.

第二编
英国宪法

第一章
宪法导论

本章是本编的导言部分,包括三节,分别介绍英国宪法的概念(第一节)、英国宪法体制的框架结构(第二节)以及作为宪法渊源之一、在英国具有特殊意义的宪法惯例(第三节)。

第一节 宪法概述

英国学者认为,戴西令人瞩目的成就在于其强调"宪法是法律研究的一个适当的主题",从而将宪法纳入英国法的研究范畴。从这个意义上说,英国法是从那时才开始包括宪法这样一个独立的法律部门的。难怪英国学者强调,英国宪法中的任何问题的讨论,往往都是从戴西教授的著作开始的。[1]

一、宪法的概念

什么是宪法呢?从非宪法专业的角度讲,宪法是关于国家的政府体系的具体规则。[2] 但在英国宪法学者看来,这种说法过于直白,因此可以容许有不止一个答案,需要根据具体的语境来确定"宪法"这一术语的具体所指。[3]

芬纳(Finer)将宪法界定为,旨在调整政府不同机构和官员的职能、权力及义务,界定他们彼此之间以及与公众之间的关系的法典。[4] 金教

---

[1] Neil Parpworth, p. 229.
[2] Elliott & Quinn, p. 1.
[3] Neil Parpworth, p. 3.
[4] Neil Parpworth, p. 3.

授(Professor King)在2000年的一次演讲中如此界定宪法:宪法是调整某一国家的政府的各个组成部分之间,以及这些部分与该国国民之间的相互关系的一整套最重要的规则。①

宪法性的文件往往是某一国家历史上某些重大剧变的结果。促成宪法起草的原因包括战争(无论是国际的还是国内的)、革命、准予独立或者国家统一后形成新的国家等。②

宪法性文件的这种法律地位可以是默示的,更为普遍的是宪法性文件本身对此作出明确的规定。③ 事实上,法院作出的宣告某一法律违宪所导致的法律效果(该法律将被视同无效)本身,就是一项最重要的宪法性原则。该原则赋予法院违宪审查权,从而使法院的判决可以在立法之后成为矫治立法瑕疵、捍卫宪法尊严、维护法制统一的法治卫士。

虽然英国学者认为,在美国,最高法院(Supreme Court)扮演着宪法的监护人的角色,但他们同时强调,这一角色并不是宪法赋予的,而是最高法院通过1803年的 *Marbury v. Madison* 一案自任的。英国学者认为,这是说明金教授有关小写的宪法与大写的宪法的关系以及小写的宪法的规则的一项发展是如何更有力地促进对大写的宪法的保护的一个绝好的例子。④

另外,笔者发现,英文中的宪法(constitution)一词,含有"结构"的意思,与选民(constituent)非常接近,由此强调宪法与选举制度、分权结构的关系,而这层意思在汉语中是不存在的,"先王成宪"中的宪就是法,仅具有君权制度的含义,绝没有民主制、分权结构的影子。这是否或多或少地影响了长期浸淫于古汉语文化下的国人对于宪法体制中这方面因素的理解和包容?

二、宪法的分类

英国学者对于宪法概念的界定,是与对宪法的分类研究相联系的。正如科学家对于植物的研究离不开分类并以分类为基础一样,作为一种研究方法,对于某一事物或者对象的研究的基础,都是与对该对象的类型

---

① Neil Parpworth, p. 4.
② Neil Parpworth, p. 4.
③ Neil Parpworth, pp. 4-5.
④ Neil Parpworth, p. 5.

的研究相影从的。

(一) 大写的宪法与小写的宪法

这种颇具英国特色的宪法分类方式,其实只不过是将成文宪法与不成文宪法、狭义宪法与广义宪法、形式意义的宪法与实质意义的宪法等分类方式更加符号化的结果。这种由金教授命名的分类方式,是按照英语书面语的习惯,将法典化了的以宪法命名的成文宪法法典,称为(首字母C)大写的宪法(Capital-C constitutions),而将未曾成文化的实质意义的宪法称为小写的宪法(small-c constitutions)。大写的以宪法命名的宪法法典,在英国是不存在的,也是无所指的;而小写的宪法则是实质意义上的宪法规则,这在英国是存在的。

在宪法的大小写区分的基础上,金教授进而强调:几乎每个国家都同时拥有大写的宪法和小写的宪法,尽管这两种宪法在某些方面是彼此重叠的,但却从来不会是完全重合的。换句话说,小写的宪法可能会包含某些成文宪法中没有规定的内容,反之亦然。为此,金教授举了许多例证,如一国的选举制度,尽管选举制度显然构成小写宪法的一个组成部分,但成文宪法罕有规定选举政府的具体方法的,也就是并未写入大写宪法。因此,毋庸置疑,在一个拥有成文宪法的国家,该成文宪法可能只反映该国宪法性安排的局部。要想览其全貌,有必要同时观察该国的小写的宪法。但无论如何,在存在宪法性文件的场合,该文件的法律位阶都超过所有其他类型法律。①

(二) 广义宪法与狭义宪法

在最广泛的意义上,宪法可以被界定为调整一个国家内的(广义的)政府系统的规则体系,它建立构成这一系统的组织机构,赋予这些组织机构所行使的权力,决定这些机构的相互关系,当然最重要的是规定有关政府与个人关系方面的内容。②

在较为狭义的意义上,宪法就是以文件或者法典形式存在的某一国家的宪法性规则的书面声明。金教授将这层意义上的宪法称为大写的宪法,以区别于未曾成文化的小写的宪法。③

---

① Neil Parpworth, p. 4.
② Neil Parpworth, p. 3.
③ Neil Parpworth, p. 4.

(三) 形式意义上的宪法与实质意义上的宪法

英国学者对于广义宪法与狭义宪法、大小写宪法的讨论,同时涉及概念层面上的形式意义上的宪法与实质意义上的宪法的区分。狭义宪法所指的以文件或者法典形式存在的某一国家的宪法性规则的书面声明,即金教授所指的大写的宪法,也就是通常所谓的形式意义上的或者法律渊源意义上的宪法;而未曾成文化但却实际有效运行的小写宪法,就是一般所指的实质意义上的宪法。

(四) 成文宪法与不成文宪法

以上三种分类方法在本质上有其相通之处,实际上可以视为一种分类方法。也可以说前三种分类方法都是纯学理性的、供研究之用的分类方法,而只有成文宪法与不成文宪法这一代表性的分类方法在实践中有其具体的所指,使其反而成为英国学者介绍宪法分类方法时的首选:宪法首先可以按是否存在一个成文文件,而将其区分为成文宪法和不成文宪法。但是英国学者强调,这是一种相当粗疏的分类方法,因为它并没有涉及国家内部宪法体制与政府系统的实际情况。更重要的是,这种分类并不足以对宪法进行根本性的划分。因为所有的宪法实际上都是成文的。① 按照这种区分,美国有一部成文宪法,类似的国家还有澳大利亚、加拿大以及除英国和以色列以外的几乎所有国家。②

一般认为,英国没有一部成文宪法。③但英国学者强调,对于英国宪法非成文特色的理解,首先取决于如何理解"非成文"这一概念。如果将不成文理解为没有法典性文件形式,则可以说英国宪法是不成文宪法。但如果认为英国宪法的规则是不成文的,则显然是错误的。英国宪法的许多主要的渊源显然是成文的。议会的法律是成文的,基于法院的判决发展起来的普通法的基本原则以《法律报告》(特指 *Law Reports*)的形式予以公布后,也是成文的。④ 这里提到,有的英国学者将《法律报告》中的判例所包括的法律原则,也视为一种成文法律规范。

此外,英国学者还特别举例说,从历史上看,虽然现在的英国显然不存在一部成文宪法,但英国国内确实有一种观点认为,在英国被称为共和

---

① Neil Parpworth, p. 7.
② Neil Parpworth, p. 4.
③ Neil Parpworth, pp. 12-13.
④ Neil Parpworth, p. 10.

国[此处是指英国共和时期(1649—1660年)的国名,而非现在的英联邦。现在的英联邦显然是套用了英国近代共和时期的国名及理念]的那段时间,英国确实有过一部成文宪法。① 在内战期间,英国也起草过政府文告(Instrument of Government),其中有对政府体制的规范,因此可以被视为一部宪法。但自1660年恢复帝制,该法律文件即寿终正寝。②

(五)柔性宪法与非柔性宪法

这是以修订的难度为区别标准,在我国被称为刚性宪法与柔性宪法。从纯逻辑角度看,英国的这种分类方法能够截然地将宪法分为两类,当然前提是对于柔性宪法的定义必须是明确的。而中国的分类用语从分类逻辑上无法将事物截然分开,除非定义时增加一个前提——刚即是非柔,而这即使在中文中也不是当然的。

一般认为,柔性宪法是指那些修订或者改变相对比较容易的宪法,非柔性宪法则是指那些修订或者改变很困难的宪法,这主要是由于宪法要求其修订必须遵循某一特别的程序。据此,一般倾向于认为,英国宪法属于柔性宪法,因为它可以简单地借助通过一项议会法律的方式予以修订,而没有专门的宪法修订程序可供遵循。但是英国学者强调,即便修订的过程本身可能比较容易,但宪法内容的变革仍然要取决于对于拟议中的变革的支持程度。而这往往是难以预料的。③ 可见,所谓的柔性与非柔性,都是就形式上或者字面上的宪法修订程序而言的,宪法修订的难易主要并不取决于修订的程序,而在于修订的共识。如果拟被修订的内容取得全民一致的或者至少是普遍的共识,再复杂的程序也无法阻挡修订。

虽然成文宪法通常会对自身的修订作出规定④,但切不可认为成文宪法就是非柔性宪法,不成文宪法就是柔性宪法,或者认为成文宪法就一定比不成文宪法具有更大的刚性或者修改难度。甚至不能简单地根据成文宪法本身的规定,来判断其属于刚性宪法还是柔性宪法,正如不能从立法字面上解读一国的法治水平一样。

由于英国没有一部成文宪法法典,所有的宪法性文件都与普通的法律文件的法律地位相同,因此在英国,宪法修订的议题其实是无所指的,

---

① Neil Parpworth, p. 10.
② Neil Parpworth, p. 11.
③ Neil Parpworth, p. 7.
④ Neil Parpworth, p. 5.

英国《人权法》《欧共体法》的颁行和修订都是该国重大的宪法事件,但很少有人从制宪或者修宪的角度讨论。而加入或者退出欧盟及欧元区的讨论也是对英国的基本政治及经济体制具有重大影响的事件,为此还专门举行过全民公决,但也没有人从修订英国宪法的高度强调其重要性。这一切都说明,英国的宪法确实是由不同部分组成的外形松散、内在紧致的耦合体,改变其任一部分,尤其是改变其各部分之间的相互关系,从表面上看都是比较容易的,但要实质性改变其根本结构,哪怕仅仅是对其局部作实质性的调整,实际上并不容易。

(六)君主制宪法与共和制宪法

这显然是一种对于英国而言具有重要意义的分类方法,因为英国宪法属于君主制宪法。① 共和制宪法设立了总统这一职位。在某些国家,总统是实际上的国家元首和政府首脑,如美国和南非。在另外一些国家,总统只是国家元首,但没有任何实际的政治权力。例如,在爱尔兰,总统是国家元首,政府首脑是总理[Taoiseach(Prime Minister)]。②

(七)议会制宪法与总统制宪法

议会制宪法与总统制宪法的分类方法也主要是针对英国自身而言的,因为英国学者自认为英国是议会制政体的一个很好的代表。议会制宪法与总统制宪法的分类方法,与君主制宪法和共和制宪法的分类方法是交叉的。在议会制体系中,政府行政分支的首脑是首相,首相是立法机关的一分子并就政府的行为对该立法机关负责。而美国的体制常常被认为是总统制的典型:选举产生的总统既不是众议院的成员,也不是参议院的成员。在总统制国家,总统既是国家元首,又是政府的行政分支的首脑;然而总统不是立法机关的成员,因此也就不直接对立法机关负责。③或许在英国学者看来,议会制体系中的首相之所以要对议会负责,只是其作为议会成员的自然结果,而不是宪法的特殊制度设计。虽然我们很难想象一个机构的成员竟然可以不对其所隶属的机构负责,但考虑到英国有近100名部长级干部是议会成员的事实,由首相为所有这些人的行为集中对议会负总责,似乎并不能解释集体责任制的根本原因。

---

① Neil Parpworth, p. 7.
② Neil Parpworth, p. 8.
③ Neil Parpworth, p. 8.

（八）联邦制宪法与单一制宪法

联邦制宪法,同时对国家(或者说中央)及州的政府、对国家及州的议会及其各自的立法权限范围予以设定。美国宪法就是这样一种双重联邦体制的宪法,此外还有其他一些国家也采取这种体制,如澳大利亚、加拿大、南非等。与联邦制相对的是,单一制宪法仅对国家层级的政府作出规定。英国学者认为,虽然英国的宪法传统上被描述为单一制宪法,但是随着权力下放,是否应当将英国的政体重新划入联邦制或者准联邦制范畴,已成为一个值得研究的问题了。①

（九）量的分类与质的分类

英国学者认为,上述有关宪法的分类方法,实际上都属于结构性的和以数量为标准的分类方法。② 已经有一些学者开始适用以质量为标准的宪法分类方法,将宪法分为规范的宪法及名义的宪法、稳定的宪法与易变的宪法、公法的宪法与私法的宪法等。但英国学者似乎对此还没有共识,因此不愿意进一步展开。③

以上介绍的九种宪法分类,显然不是穷尽所有可能的分类,也未必能够囊括所有的宪法类型,更不见得彼此相对独立。事实上,某一宪法可以被归入不同的分类中,例如,英国宪法就是不成文的、柔性的、君主制的、议会制的、(存疑的)准联邦制的宪法。④

三、宪法的个性

从同一国宪法或者同一部宪法的不同归类中,可以发现宪法或者宪法体制之间的共性与个性。英国学者断言,世界上没有完全相同的两部宪法,这就是他们所谓的宪法的独特性。按照芬纳的话说,这是因为:"任何宪法都蕴含着某些特异性的元素。不同的历史背景必然产生不同的先入之见(preoccupations),不同的先入之见又会产生不同的侧重点。"⑤ 各个国家及民族因其历史而产生的先入之见,就是这些国家或者民族的基本宪法信念,宪法信念不同,宪法的字里行间所体现的侧重点自然也不同,这就是英国学者所谓的宪法的特异性、独特性或者说唯一性。

---

① Neil Parpworth, p. 8.
② Neil Parpworth, pp. 8-9.
③ Neil Parpworth, p. 9.
④ Neil Parpworth, p. 9.
⑤ Neil Parpworth, p. 9.

英国学者同时强调,尽管知道各国的宪法都有其特点,但芬纳及其他英国学者仍然持这样的观点:从某种普遍的标准看,美国、法国、德国、俄罗斯的宪法的共性多于个性。各国宪法共有的特点包括:民主的基础、保障权力不被滥用的规定、政党的特殊角色、某种形式的分权、一定的制衡体制等。英国学者还特别强调,所有这些宪法本身所固有的内容尚不足以对一国的政体作出全面的描述,因为宪法的每一个文本都是运行在某一由习惯、传统、判例法以及慎重的妥协所构成的矩阵结构之中的。换句话说,各国的大写的宪法仅仅是这些国家宪法全景的一部分,要想尽览这些国家的宪法体制,还必须同时着眼于各个国家小写的宪法。[①]

由于宪法是一国的最高法,因此,宪法的修订似乎不能遵循与其他的法律相同的方法。[②] 但在英国显然不是这样的,宪法性文件的法律地位也仅仅是议会的法律,在议会立法至上的原则下,这些既有的宪法性文件完全是按照与其他议会法律文件相同的方法由此后的议会加以修订的。当然,英国的议会虽然可以行使立法权,但并不意气用事,议会拥有那么大的权力却那样谨慎地行事,这样的对比,恐怕许多国家的读者难以想象。

成文宪法通常会对自身的修订作出规定。宪法修订的必要性在于反映社会中已经发生的变化,以免其脱离时代。[③] 从此处原文使用的完成时态看,英国学者显然认同宪法的修订从来就应当是滞后于社会发展的。宪法的修订从来就不应当也不可能是超前的,更不应当是溯及既往的。

四、英国宪法的实在性

对于这个问题,英国学者指出,虽然人们一般认为英国没有一部成文宪法,但普遍承认英国宪法仍然是一个客观存在的实体。但英国学者同时强调,这种认识只反映了英国比较保守的观点,除此以外还有另一种观点:根本就没有英国宪法。持此种观点的里德利(Ridley)认为,由于不具备宪法的以下四个本质要素,英国没有宪法[④]:① 宪法设立或者建立政府系统;② 宪法代表着一种外在于并且高于其所设立的权力的权威和更高

---

① Neil Parpworth, p. 9.
② Neil Parpworth, pp. 5-6.
③ Neil Parpworth, p. 5.
④ Neil Parpworth, p. 13.

权力;③ 宪法是一种高于其他法律的上位法;④ 宪法受到特别的保护。

托马斯·潘恩(Thomas Paine)在其《人的权利》(*The Rights of Man*)一书中的观点可以作为英国宪法符合上述宪法特征中的前两个特征的例证:"宪法的产生应当先于某一政府的存在,而政府仅仅是宪法的产物。宪法不是政府的一项法令,而是人民缔造一个政府的结果;没有宪法的政府就是一个没有权利获得权力的政府。"①没有权利获得权力的政府的说法很值得深思。权力的取得并不当然是暴力的结果,而应当是自然权利外化的产物。建立在暴力基础上的权力并不能自然地在法律上获得其行使的权力,而只有建立在人民认可的基础上的权力,行使该权力的人才有相应的资格,即权利。当然,英国学者也承认,里德利的上述四个标准对于一部成文宪法或者宪法典,显然是满足的;但对于非成文宪法而言就难以相符了。因此,说英国没有宪法其实也就是说英国没有成文宪法,而成文宪法恰恰被里德利视为宪法存在的唯一适当形式。②

英国虽然没有单一的成文宪法,但却不乏宪法性文件,这或许正是其没有成文宪法的直接原因或者说外在表现。

英国宪法包括八大宪法性法律文件:《大宪章》(1215 年)、《人身保护法》(1679 年)、《权利法案》(1689 年)、《王位继承法》(1701 年)、《与苏格兰合并法》(1706 年)、《议会法》(1911 年、1949 年)、《欧共体法》(1972 年)、《人权法》(1998 年)。这八部法律在本书中都会介绍。其中《欧共体法》比较特殊,该法在英国脱欧前,举足轻重,英国脱欧后淡出英国法律体系。

1997 年起,英国掀起一阵宪政立法的狂飙:1998 年《苏格兰法》、1998 年《人权法》、1999 年《贵族院法》、2005 年《宪制改革法》、2010 年《宪政改革及统治法》(Constitutional Reform and Governance Act)以及 2011 年《议会任期法》(Fixed Term Parliaments Act)。③

五、宪法的价值

成文宪法有没有价值?这是各国宪法学界一个普遍性的设问,而在英国还多了一层意思,即需不需要也制定一部成文宪法?或者说制定一

---

① Neil Parpworth, p. 13.
② Neil Parpworth, p. 13.
③ Bradley & Ewing 2015, p. 52.

部成文宪法究竟有没有价值？由此引出更为悲观的问题则是英国究竟有没有宪法？或者说英国宪法的实在性问题。英国学者认为，对于成文宪法价值问题的简单回答是肯定的。成文宪法的价值在于，它能够为实际发生的事件提供某种指引。宪法行为的实施者可以通过查阅宪法，了解在特定情势下宪法提出的要求是什么。但英国学者很有预见性地提醒我们，无论宪法的条文有多长、结构多复杂，都不可能对所有的问题提供答案。对于那些成文宪法没有载明的特定事项，需要由习惯、传统等来弥补由此产生的空当。虽然成文宪法有其自身的价值及研究意义，但其条文也可能会产生误导。在宪法所规定的应然与现实生活的实然之间，往往存在着巨大鸿沟。① 上述议论或许会使国人联想到鲁迅笔下的阿Q对某些问题的思考方法。但这些议论显然不是个别人一时的有感而发，而是一个催生了多部大国的宪法、能够参与《联合国宪章》《欧洲人权公约》起草的民族，经过数个世纪的反复权衡、考量而得出的理性的结论。在可以预见的将来，这个结论不会有实质性的变化，但英国的宪法体制仍会沿着其既有的道路继续发展，继续作为世界宪法体制的代表，发布其试验的新成果。

宪制主义（constitutionalism），或译为宪法主义、立宪主义、宪治原则，其实是英国学者讨论的、在英国不成文宪法的既成事实前提下，那些在他们看来不容变易或者不会轻易变化的宪法性安排：许多最重要的宪法性原则不是写在成文文件中的，而是包含在非成文的实践（unwritten practice）中的，即所谓宪法性惯例。这些非成文化的原则正被不断增加的大量基础性的制定法的规范所充实。②

英国学者指出，英国宪制主义，即作为英国宪法基础的原则，表现为三个基本特征：议会立法至上、法治以及权力分立。③ 这一认识在英国公法学界具有相当的一致性。正因为如此，笔者将这三项原则选定为英国公法的基本原则，在本卷第一编英国法理第三章讨论。而与上述三大基本原则相匹配的，则是英国的四大宪法惯例：君主立宪的政体、英王特权、议会内阁制和集体责任制、部长责任制。④ 这些都是本编后续各章介绍

---

① Neil Parpworth, p. 10.
② Martin Partington, p. 31.
③ Martin Partington, p. 31.
④ Martin Partington, p. 32.

的重点。

六、宪法的根基

英国学者在讨论立法主体及其运作,亦即主要立法机构及其运作时,提出的首要问题是,立法过程中的权力、合法性与权威①,即立法机构的权威是怎么获得的？或者说,是什么给了立法者合法性(legitimacy)？

虽然法律的功能之一就是为政治秩序提供支持,而且在事实上法律也确实提供了许多(如果不是全部的话)权力得以在其中行使的法律框架(legal framework)。但是英国学者仍然强调,简单地说宪法性原则为政府及其他执行机构提供立法的权力,显然不能回答立法权威的来源问题,因为由此产生的进一步的、更根本性的问题是,这些宪法性的法律原则的权威又是从哪里来的？②

英国学者一再提醒人们,对于这些深层次的宪法性问题,答案显然不会轻易得到。不同的社会为其立法者确立了不同的合法性的理论基础。一般而言,立法者可以从以下两个基本来源获得权威③:① 在一国国内运作的基础性的宪法结构或者宪法安排;② 该国潜在的政治意识形态。

英国学者指出,一般来说人们愿意接受这些基础作为权力行使的根基的确切原因是比较复杂的。原因之一是,一旦国家已经建立起某一权力行使的基础,则无一例外地要创设相应的国家机器:警察、安全部队以及类似机构,这些机构的使命就是确保法律的施行。另外一个原因则是,绝大多数人不希望介入国家的运行,而希望政治家和官僚们从事这项工作。④

但是英国学者也提醒我们,即便是最基本的宪法安排,如果某一特定社会中的重要群体发现宪法性基础已经失效,该宪法安排也将失去作用。⑤这种结局并不一定建立在民主的基础之上,也不一定都表现为和平演变。许多国家的内政是后者发挥作用的形式,而前者则以推倒柏林墙、破除南非的种族隔离为范例。

---

① Martin Partington, p. 30.
② Martin Partington, p. 30.
③ Martin Partington, p. 30.
④ Martin Partington, p. 30.
⑤ Martin Partington, pp. 30-31.

七、宪法意识形态

（一）英国宪法意识形态的基本内容

在英国一般法学者看来，普通法中的许多基本的价值观念，如除非公民违反法律不得对其施以惩罚、某些权利或者自由必须得到保障并且国家不得侵犯等，也应当是宪法的重要组成部分。① 但此处我们讨论的不是作为宪法研究对象的宪法规范，而是产生这些宪法规范的更深层次的意识形态基础。事实上，英国的宪法意识形态有中国人非常熟悉的一个直接译法——政治意识形态（political ideology）。

而恰恰在这一点上，英国学者似乎与我们先前的观点有惊人的相似之处。他们也是在无法简单地回答宪法的权威性基础之后，转到这个问题上来的。他们认为，对于宪法性原则的陈述仍没有回答如下问题：立法者制定法律的权力为政治体制所认可的理论基础是什么？为了回答这一问题，就有必要考虑这个国家潜在的政治意识形态了。在英国以及许多其他国家，目前居主导地位的政治意识形态是通过定期举行的选举表达出来的代议制民主（representative democracy）。②

民主理论提醒人们，如果每个人都保留其自有的权力来控制自身或者他人的话，则社会不可能充分有效地发挥其应有的功能。通过选举议会的议员以代表选民的观点，个人就将其控制权或者主权让渡给这些议员，并由此给予议员为了人民的利益（on behalf of the people）进行统治的权威（authority to govern）。③

掌权者也要受责任原则的制约。例如，政治家本人或其政党就会时常通过普选的形式承担责任。通过选举过程，当选者就获得了为了该国公民的利益立法的权力，同时他们也要时刻牢记，一旦他们的行为得不到选民的认同，他们将在下一次大选时落败。④

除此之外，当选的政治家们还要受到议会内部（如议会辩论或者对部长的质询）以及议会外部的制衡机制（check and balances）的牵制，并由此承担相应的责任。其中包括种类繁多的机构和活动，如新闻及其他大众

---

① Elliott & Quinn, p. 1.
② Martin Partington, p. 33.
③ Martin Partington, p. 33.
④ Martin Partington, p. 33.

传媒，它们通过披露政府内部的丑闻而达到对政府及执掌政府的政治家的监督。①

(二) 英国宪法意识形态的具体实践

英国学者也承认，他们对于英国宪法意识形态的实际运用，并不如理论上那样明晰。具体表现在②：

第一，英国民主体制的现实是，议会程序严格控制在组成现任政府的政党手中。议员独立于其政党投票的情况罕见。在英国议会的历史上，确实有过后座议员偶尔造反、拒不服从本党决定的投票纪律的情形，也偶尔出现过各政党的票监不指导本党议员投票的自由投票的情形。但这些情形都属于例外，而非通行的规则。

第二，英国的所有立法都不是只经由选举产生的众议院即可通过的，还必须经过非选举产生的贵族院表决通过。虽然贵族院极少行使其理论上享有的拖延议案成为法律的权力，但贵族院确实不时地对众议院转来的立法议案进行实质性的修订。英国绝大多数的立法议案是由众议院提议的，其中又以政府提出的居多。而由贵族院动议的立法议案只有《人权法》等为数不多的几件。因此，贵族院在英国议会法中的权力仅限于拖延立法议案或者胁迫众议院撤回立法议案。与众议院存在的民主选举程序和立法程序的产出二者之间的密切联系不同，贵族院不存在这种联系，英国学者预言，即使贵族院改革后也不会有大的改观。

第三，准确把握选举过程、切实代表人民的意愿也不是一件易事。在英国，"赢者通吃"(first past the post)的投票体制③是指每个选区只产生一名议员，该选区内获得最多选票者获得该选区的唯一议席。而一个选区一般有两个以上的候选人，获胜者的得票率不一定超过参加投票人的50%，而参加投票的人本身仅占全体选民的一部分，有时甚至是一小部分，而全体选民又仅占全国国民的一部分。

第四，削弱民主程序的另外一点是，选举中投票率的降低。由此引发了许多更便于人们投票的建议，例如在超市中设立电子投票系统，或者增设邮寄投票。而且一直有人建议像其他许多国家那样设立义务投票制 (voting compulsory, 或译为强制投票制)，澳大利亚是最重要的实例。

---

① Martin Partington, p. 33.
② Martin Partington, pp. 33-35.
③ Martin Partington, p. 34.

第五,除议会立法之外,还有许多重要的法律渊源。在英国式的分权体制之下,高级别法院的法官有权制定新的法律规则。法官们当然不是选举产生的,他们并没有从任何民主理论那里获得其权威。他们的行为的合法性必须建立在其他宪法性原则的基础上,其中最重要的就是分权原则:法官既是统治机制的一部分,又要与之保持相对独立。①

第二节 英国宪法结构

在某种意义上,本节内容是本编的概述,其涉及的主要内容,将在后文中陆续提及。而本节的存在,主要是使读者可以从整体上把握英国宪法体制的基本结构。

本编通篇没有提到英国的司法体制。据笔者了解,英国的宪法、行政法著作中一般不介绍这方面的内容。为弥补这一缺憾,本书第二卷第一编有专门的论述。

一、英国政体结构

英国是一个实行议会民主制、君主立宪制的国家。英国的政治体制在形式上是君主制,但这是一种有限的或者说"立宪"(constitutional)的君主制。也就是说,以法律的形式授予英王的政府权力,在实践中必须依据法律、习惯及宪法传统行使:或者是由英王在其大臣的建议下行使,或者是由大臣以英王的名义行使。②

有英国学者将英国政制的基本特征概括为三大原则基石上的四大传统或宪法惯例,即议会立法至上原则、法治原则和权力分立原则③,以及君主立宪的政体、英王特权、议会内阁制和集体责任制、部长责任制。④

英国政制的主要组成机构是英王、议会、中央政府、地方政府和各级法院。这几个部分的大致关系是:英王是虚位君主,统而不治,但英国所有的政治、法律事务都在名义上与之相关或径用其名义,如每届议会开幕时英王到议会大厦的贵族院发表讲话,所有法律必须由英王认可后才能

---

① Martin Partington, pp. 34-35.
② Phillips & Jackson, p. 22.
③ Martin Partington, p. 31.
④ Martin Partington, p. 32.

生效,首相、内阁成员及其他部长都以英王名义任命并称英王的大臣,各级法官都以英王名义任命等。当然,除到议会讲话外,其他均是形式,真正做主的是向英王提议的人,几百年来英王还从来没有说不。

英国实行典型的议会民主制。议会是三位一体的复合立法机关,众议院由普选产生,掌握议会实权,所有重要的立法议案均由众议院倡议;贵族院由贵族出任,其中主要是终身贵族,世袭贵族比例已很小,贵族院对立法议案仅能作文字调整;在最高法院逐渐从贵族院分立出来之前,贵族院最主要的职能是作为英国的最高上诉法院,这一职能在一定程度上制约着实际上由众议院掌握的立法权。随着议会制有了新发展,例如首相的支配地位、议会委员会的大量使用以及资深公务员不断增长的影响力等,有必要对议会制的概念做一些新的修订。而且对于所谓的"议会制定的政策"的理解也应当建立在政府对其在众议院的本党议员的控制的基础上,也就是说,议会只是制定政府所需要的政策而已。[①]

在行政方面,英国是议会内阁制的代表。中央政府由众议院多数党领袖担任的首相通过内阁领导,首相提名、英王任命的内阁是主要的决策机构,其决策结果由中央政府各部门执行。内阁成员及部长均为议会两院之一的成员,他们也是其所在部门名义上、政治上、非业务上的领导,具体事务由同为议员的政务次长辅佐,政务次长又由各部的常务次长辅佐,常务次长及部内所有其他工作人员属于公务员,不随内阁共进退。

二、立宪君主与英王特权

立宪君主(constitutional monarchy)和英王特权(prerogative powers)这两个术语,都非常具有英国特色。二者互为表里,构成英国君主立宪的政体的骨架,在本编讨论的每个主要议题中会不时出现。

虽然英国理论上的国家首脑仍是君主,但君主立宪体制的原理是,英王并不积极参与国家运行的任何活动。虽然每一议会年度始于英王致辞,每一项议会立法议案都要经过英王认可,但是英王并不参与立法程序中的政治决策。英王已经不再是政治决策或者立法活动的源泉了。[②]

毋庸置疑,英国至今仍有某些政府职能不是建立在立法授权,而是建立在王权的历史性实践的基础之上的。这些权力统称为英王特权。其中

[①] Phillips & Jackson, p. 343.
[②] Martin Partington, p. 32.

最生动的例子就是战争权,该权力由英王名下的大臣行使,但却没有任何议会立法的授权。而内政大臣代表英王行使的减轻法院的刑事判决结果的"仁慈赦免权"(Prerogative of Mercy)则属于另一例。①

三、议会内阁制与部长责任制

议会内阁制和部长责任制,又是一对在英国公法领域形影相随的概念,其在现当代英国政治体制中的作用,也恰可与英国资产阶级革命之前的君主政体相对照。

议会内阁制是与内阁成员及其他政府组成人员的集体责任制联系在一起的。

部长责任制,是与内阁集体责任制(collective cabinet responsibility)相互联系又相互对立的宪法原则,它要求部长应当对其所在的部所发生的所有事承担最终责任。这当然意味着部长必须在议会或其特别委员会中回答有关其所在部门的工作的提问。部长偶尔也会因发生了某些严重的事端而辞职,尽管近来的实践中这种情况已经非常少见。②

四、全民公决

全民公决在有些地区被译为"公投",但自从"公投"成了一个敏感的政治词汇以后,全民公决这个更儒雅的译法反而不被多少人知道了,至少是很少被提及了。

全民公决是直接民主的最直接表现形式,但到了现代,由于涉及者众多,反而成为主要的民主国家慎用的形式。当然,没有建立民主选举制度的非民主国家或者正处在民主制度演进初级阶段的国家,对于宪法的根本问题进行全民公决则是另外一个问题。

在英国,因没有成文宪法而产生的一个宪法性问题是,主要的宪法性变革提议是否应当通过全国性的全民公决来征求选民们的意见。举行此类全民公决的做法自1973年滥觞,英国2011年《全民健康服务法》(European Union Act)要求,每当欧盟法律(EU law)发生变化前,必须举行此类全民公决。但英国学者承认,何时举行此类全民公决,并没有普遍的共识。但有一点是明确的,即如果未来的某届政府想要撤销目前的苏格

---

① Martin Partington,p. 32.
② Martin Partington,p. 32.

兰地区议会或者威尔士地区议会,必须举行全民公决,因为这两个议会都是经相关国家全民公决后设立的。① 注意此处"国家"(countries)的用语:在英国国内,确实将苏格兰甚至威尔士称为国家;与此对应,英国的称谓是联合王国(United Kingdom):没有国家(王国),哪来的联合王国?

关于全民公决的应用,英国学者提到,如果内阁就某一政策事项存在严重分歧,处理这一问题的办法之一就是将内阁集体责任制的宪法惯例束之高阁。这就是哈罗德·威尔逊(Harold Wilson)首相在1975年所选择的不同寻常的决策过程:举行一次全民公决,以决定英国是否应当继续留在当时的欧洲经济共同体(European Economic Community)。② 将棘手问题的决策权交还给全体国民,这无疑是现代民主社会中一个不可或缺的最后的,但同时也不排除是最佳的、最省事的选择。

全民公决是由全体选民参与的一项全国性的政治活动,但已经不属于选举活动的范畴了,其更准确的定位应当是一种全民决策机制。有意思的是,英国的全民公决议题中,有一个非常重要的内容就是对于选举制度改革的全民公决。2002年连任的工党政府曾承诺将在其任期内就选举改革举行一次全民公决。③ 任何一项制度的改革如果到了需要动用全民公决的地步,既说明了改革的难度,更说明了此项改革的重要程度。

2014年苏格兰举行独立公投,55%的投票者支持留在英国。

2016年6月23日,英国举行关于脱欧的全民公决,3000余万人参加,超过选民总数的70%,结果以51.9%超过半数的优势赞成脱欧,但在苏格兰,赞成与反对的比例是38%对62%。

五、民主的成本

英国政体的核心是民主制,这似乎没有论证的必要,笔者关心的是英国式民主的成本及降低成本之道。

民主制与其对立面的最大区别在于,它是从下、从基层开始,并且贯穿至最上、最终的。阶段性的民主,如某些人或者某些组织内部的民主,在任何社会都是可以轻而易举地实现的,如三人共和、五百人大会、贵族

---

① Bradley & Ewing 2015,p. 14.
② Neil Parpworth,pp. 235-236.
③ Neil Parpworth,pp. 104-105.

议会、某某小岛上的金喇叭表决等,都是部分民主制的表现形式,其操作的账面成本显然要比全民民主低许多,但按照英国民主的范式去套,这些便宜的民主都不是真正的民主。英国人理解的真正的英国式民主是建立在最广大范围的普遍、均等选举权基础上的平民的民主,其关怀的重点是基层,而不是议会内部,因为作为议会制核心的内阁制、部长责任制恰恰是最不讲民主的一言堂,甚至有英国学者说英国的首相正在日益向美国式的总统演化。

基层民主必须以大量的基层组织的存在作为依托。这些基层组织的存在,是基层民主的重要体现,但其成本也是可想而知的。为了维护民主而与现实达成必要的妥协,这就是英国式的中庸之道。对此,英国法规定,地方政府机关可以拥有或者对外提供在其辖区内外的礼堂、办公室以及其他建筑物,以便用于举行公共会议或者集会。[①]

第三节 宪法惯例

单纯从字面上看,宪法惯例似乎是英国这样的传统气息掩盖现实表象的国家所独有的现象,但英国学者认为,无论是有成文宪法的国家还是没有成文宪法的国家都有宪法惯例。[②]

正如英国著名公法学者詹宁斯教授所言,宪法惯例为"法律赤裸裸的骨架包裹上肌肉,使得宪法体制得以运作、得以与时代观念同步"[③]。任何国家特别是成文宪法国家的宪法体制,甚至各个国家的整个法律体制,都只不过是詹宁斯教授所说的骨架而已,离开了活生生的肌肉(还包括作为法律形式、程序的皮肤),任何国家的法律体制不仅仅是僵硬的,而是彻底无法正常运作的骷髅而已。正是从这个意义上,我们需要研究英国宪法体制中挂在宪法惯例名下的潜规则。因为这些规则在世界上任何国家,虽然称谓不同,但实质上仅略具差异地存在着。

一、宪法惯例的概念与分类

(一) 宪法惯例的概念

密尔(Mill)在其《代议制政府》(*Representative Government*)中称英

---

① Andrew Arden, p. 562.
② Neil Parpworth, p. 237.
③ Neil Parpworth, p. 236.

国的宪法惯例为宪法的"不成文教条"(unwritten maxims)。戴西在其《宪法研究导论》中主张,宪法与宪法惯例之间存在明显的界限。后世学者詹宁斯虽然对宪法惯例作出了明确的划分,但也承认这种划分绝不是轻而易举的。在《宪法研究导论》一书中,戴西在讨论了议会立法至上原则与法治原则之后,即在该书的第三部分讨论了这两个原则之间的联系及宪法惯例。[①]

(二)宪法惯例的分类

有英国学者将君主立宪的政体、英王特权、议会内阁制和集体责任制、部长责任制并称为议会立法至上、法治以及权力分立三大宪法基本原则下的英国四大宪法惯例。[②]

马歇尔(Marshall)认为,英国宪法惯例本质上涉及宪法中的各行为主体之间的宪法关系,以下惯例"具有典型的宪法特征"[③]:一是内阁与首相的关系;二是政府作为一个整体与议会的关系;三是议会两院之间的关系;四是部长与公务员之间的关系;五是部长与司法机制之间的关系;六是英国与英联邦成员国之间的关系。

就以上六项内容而言,内阁与首相的关系,其实主要就是内阁制的内容;政府作为一个整体与议会的关系,涉及的则是议会制政府;议会两院之间的关系的核心是英国的议会民主制;部长与公务员之间的关系,主要讨论的是部长责任制;部长与司法机制之间的关系,则指向对行政行为的司法审查机制,因为英国行政系统的匿名制运作规则决定了所有中央政府的行为都是以部长的名义作出的,实际承担具体经办事宜的公务员在其中只扮演一个枪手的角色;英国与英联邦成员国之间的关系,对于曾经号称"日不落帝国"的英国,固然是一个非常重要的议题,但对于其他国家而言,尤其是对于我国而言,这部分内容最不具有可比性、可借鉴性。如此看来,除最后一个方面的内容外,英国的宪法惯例所涉及的内容,其实覆盖了英国宪法几乎所有重要的领域,甚至延伸到本书讨论英国司法体制、英国行政体制、英国行政法、英国司法审查等后续各编的内容。换句话说,英国宪法中最核心部分的运作,其实不是按照有文字可查的规则运行的,而是按照某种类似于人类口头文化遗产的形式,由一届届政府口口

[①] Neil Parpworth, p. 229.
[②] Martin Partington, p. 32.
[③] Neil Parpworth, p. 231.

相传。

二、宪法惯例的确认与效力

(一) 宪法惯例的确认标准

宪法惯例的确认标准,是指按照什么标准确认某一做法属于宪法惯例。从英国习惯法确认的一般规则着眼,确立宪法惯例的首要标准是运用。因为习惯的基础在于运用。要使习惯成为法院认可的法律,必须具备以下条件:① 被相关的行为主体视为一种强制性的义务;② 具有确定性;③ 具有合理性;④ 具有悠久的历史;⑤ 必须持续存在。[1]

英国学者认为,落实到某一特定宪法惯例,其演化总是一个相当缓慢的进程,为了界定某一宪法惯例是否已经确立,詹宁斯教授提出了三个检验标准:首先,先例是什么?其次,先例中的行为人是否相信他们受某一规则的拘束?最后,这一规则是否合理?如果某一惯例能够肯定地回答这三个问题,则这一惯例就已经建立起来了。[2] 不过英国学者强调,准确界定某一宪法惯例的确切本质绝非易事。[3]

在 *A-G of Manitoba v. A-G of Canada* (1981) 一案中,加拿大最高法院即适用了詹宁斯教授的上述检验标准,并据此认定了相当数量的惯例的存在。[4] 英国学者强调,这一判例表明了宪法惯例的另一个重要特征:它们不仅仅是联合王国独有的现象。[5]

(二) 宪法惯例的效力

宪法惯例的效力,即其强制力,是其在法院得到强制执行的可能性。这涉及英国法上的一个核心标准——判断某一规则是不是一个法律上的规则的唯一检验标准,就是其是否能够在法院得到强制执行。[6] 据此,有英国学者指出,一方面,宪法惯例不是宪法的合法渊源,但另一方面,如果不提及宪法惯例,则对于英国的宪法渊源的任何分析都将是不完整的。[7]

可见,英国学者对于宪法惯例效力的研究也是按照传统的思路进行

---

[1] Phillips & Jackson, p. 20.
[2] Neil Parpworth, p. 236.
[3] Neil Parpworth, p. 238.
[4] Neil Parpworth, p. 236.
[5] Neil Parpworth, pp. 236-237.
[6] Phillips & Jackson, p. 3.
[7] Neil Parpworth, p. 229.

的,即从宪法的强制执行角度进行研究的。英国学者指出,所有由戴西确认的宪法惯例的一个重要特点是,它们都不能由法院强制执行。据此,他们认为,宪法惯例并非合法的法律渊源。但他们同时强调,作为宪法中的非法律规则,违反某一宪法惯例的制裁是政治性的而非法律性的:通常是部长辞职,以免民怨沸腾,但不会诉诸法律。那么,为什么宪法惯例会被遵守呢?简单的答案是,宪法惯例所适用的对象觉得他们有遵循的义务。如果遵循某惯例的意识已经弱化到对于违反已无所谓的地步,意味着该惯例已经不复存在。因此,旧惯例在没有人再需要时会自行凋亡。同样,新惯例会从实践中产生并发展起来。①

三、宪法惯例的判例

一般而言,宪法惯例,就是宪法领域的习惯法。但习惯一旦提交法院裁决后,就不再是习惯而是判例法了。

有英国学者在介绍英国的宪法惯例时,特意将其与法官造法联系在一起,并且强调,宪法惯例不是宪法的合法渊源,但法官造法显然是。②这反映出英国学者对于宪法惯例——宪法领域的习惯法——上升为法律这种途径的重视程度。

司法界对于宪法惯例的认知表现在法院的判决中。在 1976 年 A-G v. Jonathan Cape Ltd. 一案中,理查德·克罗斯曼(Richard Crossman)在 1964 至 1970 年任内阁部长,他留下一部政治日记,其中记录了在此期间其本人亲历的事件。在其死后,这部日记的第一卷的出版于 1974 年准备就绪。样书呈请内阁秘书批准,但被拒绝,理由是其出版将违背公共利益,因为这将破坏内阁集体责任制原则。此后,日记作者的著述遗嘱执行人同意将日记在《星期日泰晤士报》上摘发。总检察长(Attorney-General,简称 A-G,即该案原告)向法院申请强制令以阻止出版商、遗嘱执行人及报社再出版该日记。上诉法院认定:法院不能颁发强制令。尽管有优势证据证明,内阁集体责任制已经得到普遍的承认,但有同样强势的证据表明这一原则有时也被忽视。法院只能在那些能够证明对某些资料的进一步保密的必要性最为明显的案件中实施干预。但是就该案而言,公开

---

① Neil Parpworth, p. 236.
② Neil Parpworth, p. 229.

出版日记并不妨碍内阁中此后进行的讨论自由而开诚布公地进行。① 这是英国宪法惯例未获得法院认可的一个否定性判例。据此，内阁秘书声称的内阁集体责任制原则没有通过该案成为宪法判例，其仍然是一个不受法律保护的惯例而已。

四、宪法惯例的立法

宪法惯例能否制定成法律？对此的简单回答是：可以。如果议会通过一项法律，对某些宪法惯例予以整合，惯例即不再是惯例，而自此成为法律。这样的例子之一，就是1931年《威斯敏斯特成文法》第4条的规定：“除非英国通过的任何法律在其中明确宣告英国的某一自治领已经要求并且同意，否则，英国的任何法律的实施都不及于也不能视为及于该自治领。”严格说来，这是对英国议会与其自治领关系的宪法惯例进行调整后付诸法律的，即英国议会为这些自治领所制定的法律必须取得该自治领的同意。但该宪法惯例与其成文化后的条文之间的区别是非常微妙的：该法第4条要求议会为各自治领制定的法律必须得到各自治领的同意，而宪法惯例只要求各自治领实际同意即可②，也就是并不明确反对，相当于默示同意。而在事实上，该法实际上意味着，英国的法律在这些自治领就此失效，除非这些自治领主动、明示请求英国对其实施法律的统治。

接下来的问题是，从成文法国家的视角看，既然英国国内普遍承认宪法惯例在其宪法中扮演着重要的角色，那为什么不将它们法典化呢？马歇尔和穆迪（Moodie）曾经列出了一张宪法惯例可以法典化与不可以法典化的各种理由的平衡表。例如，他们认为，法典化并不足以促使宪法惯例比现在被更好地遵守。而且，法典化"无法避免对于宪法惯例中实际包括的规则究竟是什么的争论"。准确地界定某一宪法惯例的确切本质显然不是一件容易的事。成文法中的定义总是不可避免地无法如实反映宪法惯例本身所蕴含的宪法事实，充其量只能反映起草者本人认为的宪法事实，即起草者自己理解的宪法惯例。因此，尽管可以说某一特定的宪法惯例"可以因为将其转化为法律而获得更大的合法性和权威性"，但这一

---

① Neil Parpworth, p. 237.
② Neil Parpworth, p. 238.

说法难以在其普遍适用时具有同样的效力。① 对于个案而言的合理判断,并不因此而具有普遍的合理性,这正是英国没有将宪法惯例普遍法典化的原因所在。

可见,与英国学者对于宪法惯例上升为法律的判例法途径的突出重视形成鲜明对比的是,他们似乎并不愿意承认制定法的道路是宪法惯例法律化的更便捷的渠道。

不但如此,他们对其他国家的类似做法还时不时地冷嘲热讽:澳大利亚已经着手将所有的宪法惯例整合为一个简单的文本,宪法惯例的形式和内容均由《政治家宪法惯例》(Constitutional Convention of Politicians)确立。② 其中涉及的事项很多,如英王在澳大利亚的宪法权力、总督(Governor-General)的任命以及部长的解聘等。桑普福德(Sampford)提到,《政治家宪法惯例》所采纳的认定宪法惯例的标准是,"先例加普遍认可"。显然,这与詹宁斯教授确立的三原则(Jennings test)有某种共通之处。在上述介绍后,英国学者"幸灾乐祸"地补充道:有趣的是,尽管该《政治家宪法惯例》文本具有相当的权威性,但仍没有法律上的拘束力。③ 显然,在该英国学者看来,这一结局无疑为英国非成文的宪法传统的继续存在提供了一个很有说服力的注脚。

五、宪法惯例与权力下放

英国学者认为,权力下放不但没有削弱,反而进一步突出了宪法惯例的重要性。宪法惯例在这个方面发挥作用的领域,主要表现在对于以下四种关系的确认上:一是三个权力下放地区的行政机构与各权力下放地区议会的关系;二是权力下放地区议会的部长与其公务员的关系;三是英国议会与权力下放地区议会的关系;四是英国政府与权力下放地区政府的关系等。例如,就集体责任制原则而言,芒罗(Munro)教授指出,这一原则显然适用于苏格兰和威尔士,而在北爱尔兰则被置于制定法的基础之上(1998年《北爱尔兰法》第4条)。而英国政府与权力下放地区政府的关系,则是由谅解备忘录及各类协定调整的。④

---

① Neil Parpworth, p. 238.
② Neil Parpworth, pp. 238-239.
③ Neil Parpworth, p. 239.
④ Neil Parpworth, p. 239.

第二章
民权与君权

本章分别介绍英国的民权制度和君权制度。其中介绍英国民权制度的内容包括两节:英国的公民(第一节)及英国的民权制度(第二节)。当然,英国的民权制度基本上就是英国的人权制度。

英国君权制度的内容,主要是君主制度以及作为其重要或者说核心要件的英王特权(第三节)。

第一节 英国公民

一、法律上的人

按照英国学者的分类,英国法上的人分为三类:自然人(person)、法人(body corporate)和合伙(partnership)。另一位英国学者在介绍法律援助制度时则提到,只有向个人提供的法律服务才能得到法律服务计划的资助。法律服务体系的服务对象不包括商号及其他类型的非个人法人(如合伙或者俱乐部)。① 可见,英国的法人是指具有法律人格者(legal persona),其中当然包括个人(individual),而不像我国只包括非个人(non-individual)。将个人排除在法人之外符合普通形式逻辑,但不符合法理,除非我们将法人理解为法律拟制的非人,这显然没有必要。

作为法律上的人(legal person),个人和公司都享有申请司法审查的能力。但是英国学者指出,在英国公法中尚不明确的是,在公法中是否也像在私法中一样,法律人格(legal personality)是启动案件的一个必要的

---

① Martin Partington,p.257.

先决条件。① 那么英国是否存在法律上没有人格的主体呢？更准确地说,除个人都具有法律上的人格以外,其他由人组成的法律上的人格者是否都必须取得法律上的认可？是否需要类似我国的登记或者审批制度作为这些非个人获得法律上的人格地位的前提？

1994 年的 *R. v. Darlington B.C., ex p. Association of Darlington Taxi Owners* 一案显示,自该判决之后,非法人组织(unincorporated associations)不能提起司法审查申请。在该案中,司法审查的许可已经授予非法人组织了,但对方提出的申请驳回该许可的申请随后获得了批准,其理由便是非法人组织没有提起诉讼的法律能力。法院认定,法律能力并不仅仅是一个私法或者合同法上的概念,它也及于公法案件。②

二、英国公民

英国公民是 1981 年《英国国籍法》(British Nationality Act)规定的唯一具有在英国生活及出入英国的法律上的权利的公民。根据该法,英国的公民身份分为三种类型：① 英国公民(British Citizenship)；② 英国属地公民(British Dependent Territories Citizenship)；③ 英国海外公民(British Overseas Citizenship)。该法还承认以下两类主体的特殊法律地位：① 受英国保护的人(British protected persons)；② 没有公民身份的英国臣民(British subjects without citizenship)。上述各等人中,只有最狭义的英国公民,才是那些拥有法律上的全部权利并可以主张英国政府提供的全部社会福利和保障的人。

一般来说,取得英国公民身份的条件是：出生在英国且父母至少有一方已经取得英国公民身份或者在英国定居,或者出生在英国以外且父母有一方是英国公民。③ 这还是有区别的,出生在英国不要求父母是英国公民,但要在英国定居。

三、各国公民

没有人否认英国是一个统一的国家,但作为一个法律常识或者社会常识,读者必须清楚,英国国内存在着不同国家(country)的人。

---

① Bridges & Cragg, p. 103.
② Bridges & Cragg, p. 103.
③ Wade & Forsyth, p. 82.

(一) 威尔士人

英格兰议会(English Parliament)1536年通过的《与威尔士合并法》保证威尔士人能够享有英王的臣民(King's subjects)在英王治域内享有的所有自由、民权、权利和特权。① 至少从英格兰角度看,该法是一部赋权法,即赋予威尔士人本来没有的权利和自由,从此以后,他们在法律上即具有了与英格兰人一样的地位和权利。

(二) 爱尔兰人

说爱尔兰人(不是北爱尔兰人,而是爱尔兰共和国人)是英国人,并不是开玩笑,而是有根据的:在1949年《爱尔兰法》(Ireland Act)中,英国议会在承认爱尔兰不再是英王自治领的同时还宣布:尽管爱尔兰共和国已经独立了,但英国并不将其视为外国(foreign country)。② 自然,爱尔兰共和国的公民依据该法仍不被视为外国人。

四、英国选民

英国选民的范围远远大于英国公民的范围,英国的选举权只需要具备以下四个条件即可获得③:① 在有权获得资格的日期(qualifying date)内居住在该地区。② 在居住期间及投票时没有法定的丧失投票能力(年龄除外)的情形。由于此处只要求居住期间及投票时没有丧失投票能力的法定事由,可见其条件比作为候选人的"5年内未认定有罪且没有受过3个月以上拘禁的刑罚"要宽松很多。③ 系英联邦公民、爱尔兰共和国公民。④ 达到投票年龄。

五、英国移民

按照普通法,英王享有拒绝外国人入境的特权,但是目前这个问题主要由制定法调整。相关的法律(主要是但不限于1971年《移民法》)赋予了内政大臣广泛的自由裁量权,并有羁押及驱逐出境的权力为后盾,这对于个人而言后果是异常严重的。移民官可以拒绝移民申请者入境,或者给予其永久的、临时的或者附条件的入境许可。更详细的规则规定在移

---

① Neil Parpworth, p. 157.
② Neil Parpworth, p. 160.
③ Andrew Arden, pp. 300-301.

民规章中。这些规则特别规定了在适用时应当不分种族、肤色和宗教。①适用这些规则的结果是,出现大量的移民案件。

移民案件多是英国行政法领域的一项显著而重要的特征,因这些案件可以通过人身保护令的救济手段予以救济,移民案件遂成为人身保护令发挥其最显著作用的领域。② 随着《人权法》及其观念的普及,非法移民大量涌入,他们在英国享有的权利包括③:

1. 说明理由

内政部以及入境检查官的决定通常会提供至少部分理由,如果该案件上诉至移民裁判所,内政部还会提供一份解释性的意见,更充分地表明内政部的立场。

2. 面谈机会

移民案件的当事人还应当有面谈机会,如果没有收到面谈通知可以要求得到,因为其中包含内政部的政策和实务方面的具体信息。

3. 救济权利

遇到不情愿或者拖延提供面谈通知、入境卡、庇护申请书等文件的情况,一般可以通过向上级官员上诉的方式获得救济。

六、英国犯人

英国犯人并非一定是英国人,但只要成为英国犯人,就可以"享受"英国公民所享有的基本权利,只是没有人身自由。笔者曾参观的诺丁汉监狱是专门关押拥有英国公民身份的犯人的。

诺丁汉监狱位于该市城区北部,距市中心4公里,是该市王座法院及治安法院将要审理或者已经审结的刑事案件的被告人、犯罪嫌疑人和服刑人员的监所。从外面看,高墙壁垒、铁丝网、电视监视器等,与我国的监狱并无二致,所不同的是没有专门的持枪警卫人员。在监狱入口处有一个告示牌,上面摘录了英国刑法有关非法闯入监狱、非法向监狱内运送违禁品及非法协助在押人员脱逃的量刑幅度,一般都在10年以上。诺丁汉监狱并非对外开放的景点,但对本地区从事法律教学与司法实务的人士免费开放。监狱也有专门人员负责对外宣传和接待事宜,我们的参观就

---

① Wade & Forsyth, p. 82.
② Wade & Forsyth, p. 81.
③ Bridges & Cragg, p. 98.

是由一位女狱警负责的,但她没有穿警服,而是着职业套装。

进入监狱要进行严密的安检和搜身。安检区有多个电视摄像头,每次只允许进两个人。通过安检区后,还要经过大约十几道门,才能进入关押区。

关押区包括多个彼此独立的建筑物,按功能分为居住区、劳动区、会见区、审判区等。在押人员通常只能在自己所属的居住区的建筑物内活动,或者在看守人员的带领下前往其他功能区。

居住区是一幢多层建筑,包括监室、食堂、图书馆、心理治疗室、办公室、洗衣房等。整幢建筑内部是一个很大的天井,顶部有天窗。每一层都有一张很大的钢丝网,以防在押人员自己或者将其他人,包括看守人员扔到楼下去。

监室分单人间和双人间,内有简单家具、电视及兼作淋浴间的卫生间。由于公共天井的设计,监室内两面均可自然采光,即使是在阴雨天也不觉得阴暗。在押人员可以在非休息时间自由出入监室,也可以将自己监室的门由外或者由内锁闭,但看守人员掌握的钥匙仍可以将门打开。

监室外环绕天井的走廊是在押人员主要的活动空间,也可以通过两头的楼梯在各楼层活动。看守人员只站在一边,并不干涉。我们就这种关押方式的安全性询问过英方。他们认为,在押人员相互串通闹事的问题并不大,因为看守人员都训练有素,即使现有人员不够,本监狱内其他工作人员可以随时前来支援,如果还不行,可以通知其他监狱甚至地方警察来弹压,但这种情况极少发生。

劳动区是三排标准厂房,主要安排服刑人员参加劳动。这种劳动具有一定的强制性,即只有用劳动所得才能支付监狱内的某些开支,例如监室内电视的使用权、电话费等,拒绝参加劳动者不能使用这些设施。我们参观的被服车间负责为全英7万名在押人员生产囚服。车间内配备有现代化的服装生产设备,并有3名女工作人员负责培训。劳动内容就是将已经裁剪好的囚服布片用电动缝纫机缝在一起。据工作人员介绍,由于囚服式样简单,一个人一上午就可完成30件定额,并得到约20英镑(约合人民币300元)收入,足以支付1个月使用电视和电话的费用,多干了也不多付报酬。

会见区设在距监狱的另一入口比较近的地方,门外有一个约可停400辆车的停车场。会见区像一间大教室,讲台位置上坐着两名看守人员,面前放着一个座次表,写着在场的在押人员的名字。讲台下是大约

20张矮桌,每张桌子边相对摆放着两排长椅,圈出一个封闭区域。在押人员和家属围桌而坐,自由交谈,旁边没有看守人员,但只能面对面坐。有的家属还带来了小孩,小孩在大厅里到处跑。

审判区是供在押人员接受"电视转播审判"用的。按照英国法律及《欧洲人权公约》,接受公正审判是一项基本人权,必须由各国司法制度予以保障。但是将在押人员送至城内的审判现场需要专门的押送人员及专车往返多次,成本非常高。为此,英国在看守场所试行"电视转播审判":被告在监所内的电视转播间内接受审判,而法官及陪审团则在法院内正常开庭;通过双向电视转播,法官及陪审团在开庭现场可以看到被告,被告也可以看到审判现场。由于被告一般有自己聘用或者政府为其聘用的律师代为出庭,因此这种审判方式对被告的实质性影响并不大,政府则可以大大节省开支。

七、精神病犯

实施危害社会行为的精神病人免予刑罚;对社会仍有危险的,为了与社会隔离,被关押在司法精神病院里,24小时有人看护。安普顿医院就是笔者参观过的其中一所司法精神病院。

安普顿医院是英国四所司法精神病院之一,专门关押英国最严重的涉案精神病人。当时在押人员约400人,工作人员1600人。绝大多数在押人员涉及一宗以上的一级谋杀案,若非鉴定为精神病人,这些人都有可能被判处终身监禁(英国已废除死刑)。

医院位于诺丁汉郡东北部靠近林肯郡的牧场上,周围没有大的城镇。从外面看,高墙壁垒、铁丝网、监视器等一应俱全,比诺丁汉监狱更像监狱。不仅如此,进入该医院的安检也是笔者在英国所有参观经历中最严格的(比进英国议会大厦还严),不但所有的金属物品、照相器材、药品等不准带入,连指甲刀都在禁止之列,甚至参观人数也限制在6人以内。

通过安检后进入该医院内部的走廊。所有的建筑物之间都通过封闭的走廊连接,走廊与每一个建筑物之间的门是由工作人员控制的,没有专门的电子钥匙,就只能在有限的一段走廊内活动,走廊上的监视器马上就会发现这一情况,从而避免意外的发生。

医院内设有病房、咖啡厅、商店、图书馆、教堂(分基督教和伊斯兰教)、健身房、木工车间等。所有设施(包括商店)都对在押人员免费开放,当然商店内的物品种类及每次购买的数量是有限制的。健身房由一个器械练习馆、一个多功能球类练习馆和一个恒温游泳馆组成。器械练习馆有几十台多功能健身器械;多功能球类练习馆可以根据不同需要进行篮球、排球、羽毛球及壁球练习或者比赛;恒温游泳馆建在一个大玻璃房子里,里面除了一个标准短池,还有一个戏水池,此外就是几十把沙滩椅,据介绍可供日光浴用。木工车间的墙上挂着一排排从大到小应有尽有的刀、锯、凿、锉等手工工具,车间的中央则安装了一些大型电动机械。在押人员使用这些工具制作木马,并免费赠送给当地幼儿园的孩子们。据介绍,这种木马的实际综合成本非常高。

除个别有攻击倾向的在押人员外,其他人基本上都被允许自由活动,但在病房以外的区域活动时,特别是在前往其他功能区时,都有专人陪伴。该医院保证对每个在押人员实行 24 小时一对一、同性别陪护。我们在参观时就不时看到工作人员与在押人员一起前往图书馆、医务室或者理发室。

安普顿医院给笔者印象最深的是其高额的运营成本,包括人工成本、设备投入、日常消耗品等,其中人工成本是最主要的开支。因为这所医院工作人员与在押人员的比例高达 4∶1。由于在英国人工成本很高,医护人员的平均收入又远高于平均数,精神病医生或护理人员更属于其中的高收入者。于是,仅人工成本一项,每个在押人员的在押成本就是英国职工平均工资的 7 倍左右,而英国的人均 GDP 排在世界前列,其运营成本之高可见一斑。据介绍,英国历史上最严重的一名涉案人员就关押在此,政府每个月在他身上的花销高达 1.9 万英镑(约合当时的人民币 25 万元,相当于每年 300 万元),是英国一般工作人员年薪的十几倍。

第二节 英国民权

英国当代法学界的著述已经达成这样一种共识,如果不在首要的位置强调一下《欧洲人权公约》及英国《人权法》对本部门法的影响,是相当没有学术品位、相当保守的。在公法领域,更是如此。

以《人权法》在英国的重要性为例,在一本综合介绍英国宪法、行政法的著作中,如果不强调《人权法》的重要性,是会被英国学者哂笑的。

《人权法》是英国议会在 1998—1999 年会期内,按照与其他一般公法律相同的程序通过的,这就意味着该法的规定可以按照通常的途径予以修订或者废除,缺乏对人权的根本性维护。然而在实践中,这似乎不会经常发生,其理由则如费尔德曼(Feldman)教授所言:"虽然该法缺乏对基本权利的根本性维护,但它仍然具有特别的地位。作为各政党实用主义政策导向的结果,该法将日益获得某种象征性的地位;对其修订将会产生比其他普通的立法更多的政治上的争论。随着一个时代的公民在该法的规定下受教育并在其影响下长大成人,这一点将越来越明显地成为那些试图限制《人权法》所保障的权利的人的一道障碍。"[1]

一、人权的具体内涵

根据英国1998年《人权法》第1条的规定,该法所要维护的"公约人权"是指下列条款中规定的权利和基本自由:①《欧洲人权公约》第2—12条、第14条;②《欧洲人权公约第一议定书》第1—3条;③《欧洲人权公约第六议定书》第1—2条。具体而言,这些权利包括:

(1) 生命权(《欧洲人权公约》第2条);

(2) 禁止酷刑(《欧洲人权公约》第3条);

(3) 禁止奴役和强制劳役(《欧洲人权公约》第4条);

(4) 自由和安全权(《欧洲人权公约》第5条);

(5) 公正听审权(《欧洲人权公约》第6条);

(6) 罪刑法定(《欧洲人权公约》第7条);

(7) 私人和家庭生活受尊重权(《欧洲人权公约》第8条);

(8) 思想、良心和宗教自由权(《欧洲人权公约》第9条),即信仰自由;

(9) 表达自由权(《欧洲人权公约》第10条);

(10) 集会和结社的自由(《欧洲人权公约》第11条);

(11) 婚姻权(《欧洲人权公约》第12条);

(12) 禁止歧视(《欧洲人权公约》第14条);

(13) 财产的保护(《欧洲人权公约第一议定书》第1条);

(14) 受教育权(《欧洲人权公约第一议定书》第2条);

(15) 自由选举权(《欧洲人权公约第一议定书》第3条);

(16) 死刑的废除(《欧洲人权公约第六议定书》第1条);

(17) 战时死刑(《欧洲人权公约第六议定书》第2条)。

---

[1] Neil Parpworth, p. 80.

二、人权法概要

英国 1998 年《人权法》由正文及附件组成,正文部分仅 22 条,在英国议会立法中算是少的。但由于该法采取的立法技术比较先进,其内容包括《欧洲人权公约》的绝大多数内容(英国保留的除外)。

《人权法》的基本结构是,通过第 1 条总论对"公约人权"的界定,将《欧洲人权公约》的实体部分引入英国。第 2—6 条规定法院、议会及公共机构的行为应当与《欧洲人权公约》保持一致,并对不一致声明的发布及效力作了规定。第 7—13 条规定包括诉讼及相应赔偿在内的人权救济。第 14—17 条规定英国的保留条款。第 18 条规定欧洲人权法院法官。第 19 条规定议会立法程序中必须增加与《欧洲人权公约》一致的声明程序。第 20—22 条为附则。

《人权法》最值得借鉴之处有二:其一是对于基本人权的界定,当然这主要是《欧洲人权公约》的功劳。其二是赋予英国法院全面审理人权案件的权限,包括宣布议会的立法违反《欧洲人权公约》。当然这种规定也是迫不得已——即便英国的法院自己不这样做,如果当事人穷尽了国内的救济手段仍一无所获或者无法消除不满,仍可以上诉到欧洲人权法院,如果欧洲人权法院再判英国败诉,则还不如英国自己早点纠正。

1998 年《人权法》于 1998 年 11 月 9 日获得英王认可。[①] 但对其自身的实施作了多项条件性、裁量性或者称之为授权性的规定,该法除第 18、20、22 条及第 21 条第 5 款外的其他规定根据国务大臣通过行政命令指定生效日期,而且可以基于不同的目的对不同的条款指定不同的生效日期。[②]

三、与《欧洲人权公约》的关系

笔者在拜访韦德爵士时,曾经问他最近在从事哪方面的研究,他的回答是人权法。事实上,在其《行政法》一书中经常出现诸如此类的表述:《欧洲人权公约》(European Convention)的规定已经通过 1998 年《人权法》融入我们的法律之中。[③] 此处的 European Convention 可不是一般意

---

① Neil Parpworth, pp. 79-80.
② Neil Parpworth, p. 196.
③ Wade & Forsyth, p. 28.

义上的欧洲公约,而是特指《欧洲人权与基本自由公约》(European Convention on Human Rights and Fundamental Freedoms),这种直呼其(小)名的做法至少从行政法这样一个国内部门法中折射出《欧洲人权公约》的巨大影响力。这种用法在人权法领域及其他英国法资料中都很常见的现实说明,《欧洲人权公约》对英国法的影响超出许多中国学者的想象。

英国学者普遍承认:英国的法律不断吸收的一个欧洲体系是《欧洲人权公约》。英国早在1950年就成为该公约的创始成员国,但直到2000年,该公约才开始在英国具有国内法效力。在此之前的半个世纪里,英国政府只承认设在斯特拉斯堡的欧洲人权法院所解释的公约义务,但是拒绝使这些义务在英国的法院得到强制执行。这种非正常状态被1998年通过、2000年开始部分生效的英国《人权法》终结了。该法规定,英国的法院应当在落实公约及该法规定的人权的过程中,遵从欧洲人权法院的判决和实践。①

1998年《人权法》将《欧洲人权公约》移植到英国,对英国的立法程序也产生了深刻的影响。所有提交议会的立法议案,都必须附一份声明,即在该立法议案相关的提案人看来,该立法议案与《欧洲人权公约》的条文不抵触。② 提案人一般是提案党派负责该立法议案相关事务的部或者影子内阁的部的部长,私法案则是提案人本人。

尽管设置了这样的预防手段,但仍不可避免的是,就像欧洲人权法院不时所做的那样,英国法院也不时宣告制定法的某些规定违反《欧洲人权公约》。尽管英国自己制定的《人权法》特别禁止英国法院宣告议会立法无效,并希望借此捍卫议会至上的名头,但实际上,英国《人权法》确实给了英国法院发出不一致宣告令(declaration of incompatibility)的权力,而该宣告令实际上是命令在任政府必须修订某一特定的议会立法,以使之与《欧洲人权公约》的规定相一致。③

1998年《人权法》的付诸实施,对行政法产生了相当广泛的影响,因为该法引入了新的制定法解释规则,要求公共管理机构按照与公约人权相一致的方式行事,从而创立了新的司法审查的根据。除了1998年《人权法》,以及1977年创立的司法审查程序,法院在公法的发展过程中所扮

---

① Wade & Forsyth, p. 13.
② Martin Partington, p. 36.
③ Martin Partington, p. 36.

演的角色依然故我,即其对公法变革的影响主要归因于法官的态度转变,而不在于其对法律变革的正式程序的影响。[①] 也就是说,法院在这个行政法变革的过程中所改变的主要还是法官的认识,并且主要是以法官认识的变化来影响法律的变革,而不是通过其直接参与法律变革的过程。因此,英国行政法的变化,当然也包括其他法律制度的变革,都会存在一隐一显两个层面,显的层面是制度层面的,而隐的层面则是观念意识层面的,以及一个稳定的相对封闭而独立的司法队伍,这种封闭主要是指法学教育体系内学术观点的一致性所形成的对于外来观念影响的相对保守的反应,这是法律稳定性的一个重要要求。作为外国人,我们往往只能看到制度层面的变革,但是很难觉察到观念层面的变革,而只有当制度的变革没有效果时,我们才会从司法体系中处于能动地位的所有参与者,特别是法官等裁决者的观念层面去寻找原因。

当然,英国司法界也并不是没有反对的声音,苏格兰季审法院 2001 年审理的 *Hoekstra v. HMA* 一案即涉及某一资深法官对《欧洲人权公约》的评价。该法官刚刚退休但仍作为上诉审法官审理案件,在其发表的一篇文章中,他将《欧洲人权公约》比作赐予异想天开者的开心日、套在法官及立法者颈上的枷锁以及赏给律师的金矿。[②] 当然,这种反对意见并非英国司法界的主流声音,假如该法官没有退休的话,相信他是不会发表这篇文章的。

韦德给予 1998 年《人权法》以极高的评价,认为该法开创了公法的新纪元。因为,尽管设在斯特拉斯堡的欧洲人权法院对于《欧洲人权公约》所规定的人权概念的解释,有时要比按照英国式的妥协精神所理解的宽泛,但是半个世纪以来该公约仅具有条约的一般效力,英国政府在接受该法院判决的拘束力方面享有一定的自由裁量权,这在很大程度上冲抵了公约在英国的影响力。这种局面在《人权法》实施后有很大改观:任何形式的司法功能与行政功能的混同,都很有可能在根据该法实施的司法审查中受到指摘,而在传统的英国式以调和为特征的宪法中,这种混同恰恰是其非常显明的标志,英国的大法官和苏格兰的临时治安法官,就是最突出的两个例证。[③]

[①] Bradley & Ewing, p. 638.
[②] Bradley & Ewing, p. 714.
[③] Wade & Forsyth, preface, 9, June, 2000.

同时,韦德认为,随着《人权法》的实施,法官们得以将司法审查建立在几乎没有边界的管辖权的基础之上,即几乎及于所有的政府活动(governmental activity)。① 韦德的这句话,很值得正在思考我国行政诉讼受案范围改革的中国学者仔细品味:首先,令笔者颇感惊讶的是,他所强调的给英国的司法审查制度带来如此革命性冲击的成文立法,竟然既不是程序法,也不是其他任何一部我们视为典型意义上的单行实体法,而是一部此前我们的行政法学者很少关注的《人权法》。其次,按照他的说法,自该法实施之后,英国法官们的司法审查权几乎达到了不受限制的地步,更遑论所谓抽象行政行为与具体行政行为之争了。最后,也是最令笔者感怀的是,英国行政法学界界定司法审查范围的关键词竟然是简简单单的一个"governmental activity"(可直译为政府的活动),这个词在英文中是一个再普通不过的描述政府活动的词,很难想象其具有任何专业或者学术意味,也正因为如此,其外延也是最为广泛的,但与笔者所用的对译词"政府活动"在汉语中的内涵之平实与外延之广泛相比,只能说是有过之而无不及。这样一个简洁明了的用词,与其说从根本上解决了英国司法审查的范围问题,倒不如说是宣告:这个问题根本不存在。我国行政法学界所探寻的司法权之对于行政权的边界问题在英国已经转化为司法权与行政权,以及司法权与立法权在政治层面上的严格自律、相互制约及彼此妥协,并统一于宪法体制的稳定性的基础之上。一旦司法权对于行政权或者立法权的介入达到当前宪法体制中相互均衡的各种因素难以容忍的地步,各方将诉诸民主政治的解决途径,如 1997 年开始的宪法体制改革甚至全民公决等,就不再是单独在司法或者行政领域内所能解决的问题了。

四、对《欧洲人权公约》的保留

英国《人权法》在将《欧洲人权公约》引入英国时,并不是没有保留的,至少从字面上看是如此。这种保留表现在两个方面:一是只要求所有公共管理机构必须以符合《欧洲人权公约》的权利保护要求的方式行事,而不要求必须以该公约作为行事的法律依据。二是如果英国议会制定的法律作出了与《欧洲人权公约》的权利保护要求不一致的规定,则英国国内的公共机构据此行事,并不违反英国《人权法》。也就是说,根据该法第 6

---

① Wade & Forsyth, preface, 9, June, 2000.

条第 1 款,如果公共管理机构以一种与《欧洲人权公约》不一致的方式行事,就是非法的,除非议会制定的初级立法要求它们这样做。①

也许有人会问(英国人可能不会这样问),如果议会大量地通过此类初级立法,《人权法》岂不形同虚设了吗?对于这个问题,笔者在英国的资料中没有找到现成的答案。据笔者分析,对于这一问题的回答,可以从另一个问题的答案中找到线索,英国既没有成文宪法,也没有高于其他议会法律的《权利法案》,而且议会的立法权至上,为什么其人民的权利基本上还是有保障的呢?英国学者是这样回答这个问题的:由于没有一部成文的宪法,立法权存在的历史背景就具有了至关重要的意义。②归纳这些背景,可以得出以下答案:

首先,《人权法》是议会制定的法律,原则上议会不能约束未来者,因此将来的议会制定的法律如果认为现在的议会制定的《人权法》与《欧洲人权公约》的规定不一致,按照英国的法理是完全说得清楚的,倒是《人权法》如果禁止今后的议会立法作出与《欧洲人权公约》不一致的规定,反而有可能因其违反议会立法权力至上原则而遭到更大的反对。

其次,虽然有这样的规定,但是议会是不会轻易通过与《欧洲人权公约》不一致的法律的。因为《人权法》也是议会制定的法律,除非《欧洲人权公约》的发展(特别是欧洲人权法院以判例形式对此作出的贡献)大大超过了未来的英国议会承受的底线,英国议会一般是不会轻易否定自己先前的立法的。这也可以说是英国议会民主政治的一项传统,虽然这种传统的拘束力比起遵循先例的司法传统要弱得多,但其实际效果却是有目共睹的。最突出的例子就是,英国议会是政党轮流执掌的,而政党在竞选时的主张总是针锋相对的,但还极少发生工党上台后全面否定保守党所立的法律而另起炉灶的情形。即使如保守党 20 世纪 80 年代采取私有化运动,也是通过逐个立法循序进行,并由工党接棒继续完成的。

最后,英国的民权法与欧洲人权法有共同的渊源,据英国人权法学者介绍,《欧洲人权公约》即是由英国人起草的。而且英国人骨子里并不认为自己的民权制度落后于欧洲的人权制度,特别是在《欧洲人权公约》的缔约国多达 50 多个,其中许多国家还没有完全市场化的情况下。因此,英国《人权法》赋予未来的议会以自主决定自己的民权法发展方向的权

---

① Bradley & Ewing, p.697.
② Bradley & Ewing, p.49.

力。如果有一天,英国的议会真的制定了与《欧洲人权公约》不一致的初级立法,也并不能就此得出英国的《人权法》已经落后了的结论,也许是欧洲的人权法变得更加保守了,使英国议会感觉到了与之保持距离的必要。虽然我们经常听说英国人保守,但英国人对自己的自由颇为自珍,他们始终防范着他们认为有专制传统的欧洲大陆,迟迟不愿意掺和得太深。记得王名扬先生曾给笔者讲过一个欧洲人的观点:从英国开始,越往东越保守(越不自由)。说这话的可能就是个英国人。

五、《人权法》与英王特权

法院不断增长的审查英王特权的行使的热情,因《人权法》的施行而得到了进一步加强,该法赋予法院更为强大的司法审查权。根据《人权法》,基于英王特权的授权而发布的枢密院令被划入初级立法的范畴,因而必须保证对其内容的理解及其具体实施效果与《欧洲人权公约》规定的基本人权相一致。如果枢密院令的任何条款侵犯了公约人权,英国《人权法》授权法院将宣告该枢密院令与公约人权相抵触,但是在这些条款被宣告废止或者修改之前仍然有拘束力。[①] 也就是说,法院的废止决定不具有溯及力,被法院宣告与公约人权相违背的条款也不是自始无效,这显然有助于稳定社会关系。

另外一个更可能成为挑战英王特权的行使的权力渊源是《人权法》第6条,该条规定,公共管理机构以违反公约人权的方式实施的行为是违法的行为。这就意味着,公共管理机构必须严格遵循公约人权行使其自由裁量权,并有可能在任何没有做到这一点的地方受到受害者的限制(即受害者提出相应的救济请求而使相应的自由裁量权通过法院的司法审查而受到限制)。而且,受害人通过反对行使英王特权的行为(即通过司法审查)以落实自己享有的公约人权,不再受所涉及的英王特权是否具有司法性的形式上的限制。[②] 因为公约人权已经为这种裁判确立了一个标准,从而解决了司法性的大前提。

对于相当一部分涉及英王特权的案件,如国土防御或者国家安全等,法院会非常谨慎地对待这些根据《人权法》而提出的诉讼请求。[③] 英国贵

---

① Bradley & Ewing, p. 258.
② Bradley & Ewing, p. 258.
③ Bradley & Ewing, p. 258.

族院的 *CCSU v. Minister for the Civil Service* 一案开创了对依据英王特权作出的决定实施司法审查的先河。正如斯卡曼法官（Lord Scarman）所言，决定某一行使英王特权的行为是否应当接受司法审查的决定性因素，不是该权力的来源而是作为诉讼标的的行为。①

一般而言，对国家的外交行为不能进行司法审查。无论是政府与 A 国签订条约的行为，还是在国际法庭起诉 B 国的行为，都不属于英国法院决定的事项。但并不是所有的外交行为都是这样的。即使是在 CCSU 案之前，上诉法院已审查过政府基于其与美国签订的一项航路协定所作出行为的合法性（*Laker Airways v. Department of Trade*［1977］）。② 从 CCSU 案开始，对类似签发护照之类的外交机关的决定就可以进行司法审查了，理由是该行为属于影响公民个人的权利以及旅行自由的行政决定。但是英国学者依然不解的是，哪些情形可以视为与此具有相同的司法性并因此可以申请司法审查。1993 年，一项要求对政府决定批准加入欧盟的行为进行司法审查的申请就被法院拒绝了。③ 法院认为，政府加入欧盟的公共安全与外交政策体系的行为，是行使而不是放弃英王特权。④ 英国有一些人为英国加入欧盟、使英国具有传统稳定象征性的英王特权置于欧盟的节制之下而惋惜，此处所说的就是法院对具有这种心态的人的安抚。这是因为，一旦加入欧盟，英国的许多国家主权事项将受到限制，很多事项原本都是以英王的名义行使的，属于行使英王特权的行为。故加入欧盟可能会导致表面上看来这些英王特权的丧失。但是法院并没有就这一问题作出正面的回答，而是单就加入行为本身说事儿。这种顾左右而言他的做法是英国法院常用的手法之一。

正如韦德所言，司法权的扩张往往与作为对行政的制约机制之一的议会制约职能的弱化联系在一起，议会对行政的制约机制主要是由贵族院而不是众议院扮演 ⑤。由于贵族院传统上是英国国内的最高上诉法院，所谓司法权的扩张，首先是贵族院司法权的扩张。可见，此处的本意应当理解为，英国议会对行政的制约主要是由贵族院完成，而不是由具有更广泛权能，并且直接产生政府的核心内阁及部长的众议院承担的。在

---

① Bradley & Ewing, p. 313.
② Bradley & Ewing, p. 313.
③ Bradley & Ewing, p. 313. Bradley & Ewing, p. 313.
④ Bradley & Ewing, p. 314.
⑤ Wade & Forsyth, preface, 9, June, 2000.

1998年《人权法》中,议会已经为赋予法官们很大的自由裁量权打开了大门,因为按照该法的规定,一种新型的更具有道德判断属性的司法审查体制的建立已指日可待。① 可见,英国学者已经将《人权法》对于司法审查的影响提升到制度转型的高度。

六、《人权法》的应用领域

特别需要提醒的是,英国的脱欧只是退出了欧盟及其相应的欧盟法的法律体系。但英国并没有因脱欧而退出《欧洲人权公约》的法律体系。英国的《人权法》继续有效。以下是《人权法》在英国公法领域引起广泛关注的几个领域:

(一)监犯权利的保护

在押人员一直是司法审查的申请人中非常令人瞩目的一支,而且他们也在许多案件中胜诉。此外,欧洲人权法院也给英国的监狱管理及服刑纪律领域带来了众多引人瞩目的改进。其这样做的动机,在于实现其所秉承的信条:正义不能在监狱的大门外止步。《人权法》实施后进一步强化了这些发展趋势。②

在押犯尽管在押,但仍享有民事权利。但是就救济程序而言,对监狱管理方违反监狱规则的行为,当事人以违反制定法上的义务为由提出的救济不会得到法院的支持(因为监狱规则只是监狱系统的良好行为规范,是监狱系统内部自觉遵守的规章性质的东西,不属于制定法的范围)。但是,当事人可以针对监狱规则中的违法内容,申请法院宣布监狱规则越权无效。例如,如果监狱规则侵犯了在押人犯的宪法性的接受公正审判的权利,其中当然包括向出庭律师咨询的权利,而且,监狱作出的任何企图阻止在押人犯的这项权利的行为都将被视为蔑视法庭。即使是监狱的操作性或者管理性的决定,只要影响了囚犯,就可以提起司法审查。③ 此外,通过国会议员,囚犯可以向议会行政监察专员申诉。④

英国贵族院终审的 R. v. Secretary of State for the Home Department, ex p. Daly (2001)一案,是一起侵犯《欧洲人权公约》第 8 条规定

---

① Wade & Forsyth, p.34.
② Wade & Forsyth, p.79.
③ Wade & Forsyth, p.80.
④ Wade & Forsyth, p.80.

的法律通信保密权(指被告人或者犯罪嫌疑人所享有的受法律保护的与其律师或者法律顾问之间的通信权及通信保密权)的案件。贵族院裁定,内政部的政策(犯人在其拥有法律特权的法律通信被审查时不得在场)非法而且无效。该案也是贵族院审定比例原则(proportionality principle)的适用范围的判例。

(二) 监狱内的纪律处分

任何对囚犯的纪律处分必须有监狱法或者监狱管理规章的授权。① 这说明,在英国,这种处分也是由法律调整的。监狱管理规章规定,轻微的违纪行为由监狱管理者处理,监狱管理者可以对囚犯科处许多种惩罚,统称为裁判,例如最多 14 日的禁闭等,95% 的违纪行为是由监狱管理者处理的(可以视为行政处罚);更为严重的情形,如企图越狱或者袭击监狱官员,则由法院处理。② 因为这已经属于犯罪了。

对监狱管理者的裁判可以提起司法审查。但是也有一套非制定法体系的内部申诉制度。③可以归之为一种行政复议。在向一位地区的监狱管理者上诉后,囚犯可以向一位独立的监狱行政监察专员(Prisons Ombudsman)申诉,监狱行政监察专员可以同时对程序或者合理性问题进行审查。④ 当然,监狱行政监察专员的决定对作为监狱管理机关的内政部并没有拘束力⑤,即只具有建议、规劝性质。

(三) 囚犯的假释

1991 年《刑事公正法》(Criminal Justice Act)规范囚犯的假释。在短期刑囚犯服完一半刑期、长刑期囚犯服完三分之二刑期后,内政大臣有义务为其签发释放证明予以假释。而如果刑期少于 1 年,则宣判后无条件立即假释。长刑期是指期限超过 4 年的刑期。在假释委员会(Parole Board)的指导下,长刑期囚犯可以在服完规定刑期后取得释放许可证。⑥

如果长刑期囚犯和终身监禁的囚犯的释放许可证被取消,并被召回监狱,则他们被赋予知道原因及提出书面异议请求的权利。无论是英国国内还是欧洲的司法政策,都强烈地主张在决定是否应当遵循假释委员

---

① Wade & Forsyth, p. 80.
② Wade & Forsyth, p. 80.
③ Wade & Forsyth, p. 80.
④ Wade & Forsyth, pp. 80-81.
⑤ Wade & Forsyth, p. 81.
⑥ Wade & Forsyth, p. 81.

会的建议方面确立司法标准。因此,有人怀疑,在这个领域今后是否还会有行政自由裁量权存在的可能。①

(四)移民的权利保障

参见本编第二章第一节中"英国移民"部分的内容。

(五)驱逐出境

未取得居留权的外国人或者英联邦国家的公民,在得到法院认定后,将被驱逐出境。除此之外,如果内政大臣认为驱逐出境将有益于公共利益,也可以对这样的人发布驱逐出境的命令。② 也就是说,不是全都通过法院来裁决。实际上,由行政机关直接遣返的人数要多于通过正式的法律程序被驱逐出境者,如非法入境者、超期居留者、违反居留条件者(如以禁止打工为居留条件而违反该条件的打工者)以及上述人等的家属等。这些人可以由移民官直接遣返,而不需要驱逐令,并且可以在等待决定之前被关押,稍后遣返。这些被遣返者还可能面临罚款和坐牢的危险。承运人将没有适当文件的旅客或者偷渡者带入英国的,可能被罚款并且要承担将他们送回去的费用。③

1999年《移民及庇护法》(Immigration and Asylum Act)的改革之一,是简化了救济程序以使之更有效。④ 早先的立法中已经存在上诉的规定,新法只是进行了改革和优化设计。

当事人可以向一位移民裁判官就拒绝入境许可的决定提出申诉。申请人可以就拟将其遣返的目的地国家的情况,在申诉中提出自己的反对意见。⑤ 由此涉及向其他国家遣返的问题。移民裁判官的管辖范围不只限于比内政大臣级别低的官员作出的决定,而是及于包括内政大臣在内的所有官员作出的决定,由此可见其管辖范围之广。

对于移民官或者内政大臣的违法行为,也可以向移民裁判官上诉。但对于基于国家安全方面的公共利益,或者依据英国与其他国家间的协议,或者其他政治性的原因作出的驱逐出境的决定,没有向移民裁判官申诉的权利。⑥ 这表明英国的向移民裁判官申请的行政复议不涉及政治性

---

① Wade & Forsyth, p. 81.
② Wade & Forsyth, p. 83.
③ Wade & Forsyth, p. 83.
④ Wade & Forsyth, p. 83.
⑤ Wade & Forsyth, p. 84.
⑥ Wade & Forsyth, p. 84.

或者政策性很强的领域。

无论是拒绝给予入境许可或者威胁要被驱逐出境的寻求庇护者,都可以对其遣返将违反《有关难民地位的日内瓦公约》(Geneva Convention Relating to the Status of Refugees)为由,向移民裁判官提出上诉。① 由于适用难民公约,则此处的庇护不限于政治避难,而是对于一般流亡者的庇护。或者说,英国的庇护不限于政治庇护,也就是不完全是一个国际政治方面的命题。但如果针对寻求庇护者的决定是基于国家安全的考虑,则此项上诉的权利也将被剥夺。② 基于国家安全的考虑完全是政策考虑,而不是政治考虑。

如果寻求庇护的申请是在申请居留或者在遣返的决定已经作出后提出的,也没有根据该理由上诉的权利。③ 这是因为这个案件的性质已经转向庇护,而非入境,完全可以不必再去管它了。如果内政大臣确信上诉仅仅是为了拖延被遣返的时间,也将丧失上诉的权利。④

除此之外,1999年《移民及庇护法》规定了对生活困难的寻求庇护者及其扶养的人予以资助。这主要是基于道义上的考虑⑤,是对善良行政的一个注脚。

如果发现被提请审查的行政决定与法律或者移民规则不一致,或者认为自由裁量权的行使可能存在问题,移民裁判官必须接受申请,而且他可以审查任何事实认定。对于裁判官的判决还可以进一步向移民服务上诉裁判所上诉。就居留许可问题,对移民服务上诉裁判所的裁决还可以进一步就法律问题向上诉法院上诉。⑥ 可见,经两级行政裁决后依然可以再提起司法审查。

(六)引渡

引渡在行政法上的地位没有移民及驱逐出境那么重要,因为制定法和判例法里关注的是法院的判决而非行政主体的决定。⑦

---

① Wade & Forsyth, p. 84.
② Wade & Forsyth, p. 84.
③ Wade & Forsyth, p. 84.
④ Wade & Forsyth, p. 84.
⑤ Wade & Forsyth, p. 84.
⑥ Wade & Forsyth, p. 85.
⑦ Wade & Forsyth, p. 85.

七、英国人权研究

在英国，《人权法》教科书都是很厚的，而且绝大多数都比《行政法》还厚，涉及人权的课程也很多，笔者上过的课程包括：

1. 国际人权法

主要介绍联合国的人权公约，如《公民权利和政治权利国际公约》《经济、社会及文化权利国际公约》《禁止酷刑公约》《妇女政治权利公约》《儿童权利公约》等。此外，对于区域性人权法，如《美洲人权公约》《非洲人权和民族权宪章》等也有单独介绍，欧洲人权法则另有课程介绍。

2. 欧洲人权法

主要介绍《欧洲人权公约》及欧洲人权法院的判例。其中最值得注意的是该公约对人权的分类，如生命权、健康权、表达自由权、公正听审权等，已经在很大程度上成为包括国际及地区人权法的基本指针。

3. 英国民权法

就是英国的人权法，主要介绍英国宪制结构下民权的基本范围、民权保障措施和救济途径等，其中涉及英国的政治体制、司法体制及权利救济制度等公法基本制度。此外，随着《欧洲人权公约》对成员国立法及司法体制的渗透，欧洲人权法的影响及英国的适应问题，也成为英国民权法的一个新的重要内容。

4. 人权实践

全部以公共讲座形式进行，主讲者均为来自世界各地的人权研究及实践领域的代表性人物，分别介绍诸如苏丹、缅甸的人权状况等。

5. 表达自由法

其最主要内容是言论自由法，但西方学者认为，人权观念的范围不应再局限于言论，而是包括其他表达方式的外延更为广泛的权利，如焚烧国旗以示抗议的行为，就被视为一种行使表达自由权的方式而受到法院的认可，并因其属于宪法性权利的行使而使行为人免受违反国旗法中有关制裁条款的惩罚。

八、英国人权理念

从某种意义上说，《欧洲人权公约》的成员国在人权方面的标准是统一的，英国人权领域的基本态势反映了欧洲人权领域的总体现状。

（一）人权标准国际化

人权标准的国际化是国际一体化大趋势的一部分，主要表现在区域性人权公约的出现及相应的司法保障体制的完善。如《欧洲人权公约》建立了一个涵盖欧洲绝大多数国家的人权联盟，美洲国家则纷纷加入《美洲人权公约》。这些区域性公约促进了各个地区内人权标准的统一，并通过建立相应的司法保障体系，在具体案件审理中使之不断完善和更新。

（二）人权保障司法化

区域性国际人权立法与联合国人权立法有一个基本差异，就是更强调司法保障体制的重要性，并要求各成员国依其本国的法律体制承认区域性人权公约及其司法机构的裁判的优于国内法的地位。如根据《欧洲人权公约》设立的欧洲人权法院（ECtHR），负责解释该公约并据此裁决国家对国家、公民对国家提出的人权诉讼案件，各成员国基本上都在各自国内法体系中承认该法院的判决在本国的强制执行力，本国政府也愿意主动履行欧洲人权法院的判决规定的义务和责任。

（三）司法救济超国界

区域性国际人权立法的另一特点是，强化区域性人权组织所属司法机构的管辖权的超国家地位。例如，按照《欧洲人权公约》，所有成员国都必须保证本国的立法、行政和司法与《欧洲人权公约》所确定的人权标准及人权保障体制的一致性，否则，就有可能面临在欧洲人权法院败诉的尴尬。为此，许多国家在加入时或者加入后，都依本国的法律，将该公约及其法院的判决纳入本国国内法的范畴（如英国1998年通过的《人权法》），事实上承认了《欧洲人权公约》及欧洲人权法院的超国家地位。

（四）人权问题具体化

与上述趋势相联系，人权问题的具体化主要表现在：

一是就事论事，不上纲上线。由于人权救济的司法化倾向日益突出，人权领域的许多问题，均由具体案件反映，对各国人权状况的评价也转向一案一事的具体评价，较少从国家层面上作笼统的概括。

二是强调完善司法体制。人权案件的具体化使得西方人权界认识到，绝大多数侵犯人权的案件并非制度使然，而是错误的动机支配下的人所办的错误的事，大多可以通过司法救济体制的完善予以矫治。

三是淡化政治体制冲突。由于各国政治体制的差异，及这种差异性在各法治国家都得到根深蒂固的宪法体制的保障，使得改变甚至仅仅是评价别国的宪法体制变得徒劳无功。出于对各国民主政治体制多样性的尊重,已经很少从这一较为抽象的层面讨论别国的人权保障。

第三节 君主制度与英王特权

在很多人的印象中,君主总是与封建、专制的黑暗和愚昧的个人崇拜联系在一起。但与民无争、无为且不治的象征国家统一、正义源泉、民族传统精神的君主制度,未尝不是因强调效率而倍感紧张的现代社会的一种疏通渠道、风范潮头、情感归宿。

英国公法领域的资料显示,君主体制在英国的宪法、行政法领域具有极高的地位。这种地位不完全是政治性的、礼仪性的,更重要的是学术性的:君主制度是英国公法中存在的许多法理上不甚明晰的问题的现成的且符合逻辑的答案。

君主立宪的政体、英王特权、议会内阁制和集体责任制、部长责任制一起构成议会立法至上、法治以及权力分立三大宪法基本原则下的四大英国宪法惯例。① 在英国,宪法下的君主地位是宪法的基本问题,其对于英国宪法的重要性显然并不在于英国的君主目前能干些什么,而是对于英国的宪法体制及其宪治传统而言,如何能够以一整套中间看不出明显裂痕的理论,一以贯之地将英国千年来的政治与法律传统连续地描绘下来。

一、君主制度的理论

英国常被称为一个立宪君主国。简单地说,这是指英王是国家元首并且依照宪法实施其统御(reigns)。但自博格达诺(Bogdanor)教授提出来以后,统御更多地被统治一词取代。② 在理论上,英国的国家首脑仍是君主,但君主立宪体制的原理是,英王并不积极参与国家运行的任何活动。③

沃尔特·白哲特(Walter Bagehot)在其《英国宪制》(*The English Constitution*)一书中写道,英王拥有被咨询的权利(right to be consul-

---

① Martin Partington, p. 32.
② Neil Parpworth, p. 11.
③ Martin Partington, p. 32.

ted)、建议(advise)权和警告(warn)权。然而这些权利显然都是有限的。它们与英王可以对政府施加的影响有关,而与君主权力(monarchical power)的行使无关。然而事实上是不可能准确地估计英王在其统治的过程中对于首相的影响程度的。这是因为英王与首相之间的通信是保密的。因此,博格达诺教授认为,一旦这些保密的通信被公开,将对君主构成危险。按照他的观点,君主必须躲在政府决策的面纱之后。①

博格达诺教授还对英王的影响力作了如下推断:首先,英王的影响力似乎随着在位时间的延长而增强,多年的统治积累的政治经验促成了这一点。其次,英王的影响力在对政党的意识形态没有根本影响的领域会更强一些。最后,英王的影响在涉及英联邦事务时表现得最强,这是由其英联邦首脑的地位决定的。②

二、君主制度的实际

每届国会开幕,英王前往致辞,这是英国君主最风光的时刻。英王头戴珠光闪烁的王冠(据说平时不戴,保存在伦敦塔内);随行的王宫女侍都身着白色的长裙礼服;王宫卫士身穿鲜红的短外衣、黄束腰,头戴高筒黑皮帽。伦敦塔楼的卫士着黑帽、黑衣。近卫骑兵是黑衣、白马裤、黑长靴、白手套,头戴银盔。

但是英国君主立宪体制的原则是,虽然每一议会年度始于英王致辞,每一议会立法议案都要经过英王认可,但是英王并不参与立法程序中的政治决策。总之,英王已经不再是政治决策或者立法活动的源泉(source of political decision-taking or law-making)了。③ 英国宪法中还会经常用到"有限的"这个词来表达英王本人实际上几乎不可能运用其个人意志的现实,因为在英国现代宪治实践中,是君主的政府(Majesty's government)而不是君主本人真正地作出重要的决定、行使真正的政治权力。④

尽管存在对英王统治地位有限性的前述描述,英国学者仍然提醒我们,忽视英王在英国宪法中的角色分量显然是不明智的。该英国学者认为,或许金教授走得有点太远了。金教授认为,英王属于最典型的外围事

---

① Neil Parpworth, p. 12.
② Neil Parpworth, p. 12.
③ Martin Partington, p. 32.
④ Neil Parpworth, p. 11.

项的例子,英王很久以前就失去了在英国政治生活中发挥重要作用的机会,而且英王基于宪法所扮演的角色的重要性显然与学者就这一问题所作的讨论在宪法学中所占的篇幅不成比例。① 可见,在英国学者内部分成两派,一派如金教授,认为英王已是明日黄花,不该在英国宪法中占有那么大的篇幅。另一派则认为不应忽视英王的宪法地位。考虑到中国早已不再是一个君主国,英王部分的内容对我们几无可借鉴意义。但在涉及英国中央政府时讨论英王名下的政府及相关制度的内容,显然与英王本身已经没有太大关系了。

三、英王特权的定性

英王特权是英国宪法中一个重要的权力来源(source of power)。② 既然是权力的来源,似乎就不应当再是权力。但英王特权是现代英国权力未分化时的形态,相当于英国现行宪制组织体的干细胞。虽然目前的英国法律体制中已经没有多少英王特权活动的空间了,也没有需要借助英王特权在法理上说服别人的必要,但英王特权在理论上依然存在。

布莱克斯通(Blackstone)在其《英国法评论》(*Commentaries on the Laws of England*)一书中写道:英王特权是"那种英王所享有的特别出众的权利(right),超出并且高于(over and above)所有其他人等,游离于普通法的程序之外,是基于英王尊严的权利(in right of his regal dignity)"。从布氏对英王特权的界定看,英王特权本质上是一种法律权力,并且是由英王独享的(unique to the Crown)。这种独占性表现在"一旦英王的任何一项特权能够与其臣民所共享,就不能再称其为英王特权了"③。

四、英王特权的法律化

正如本卷第一编第一章第四节英国法的渊源所介绍的,英王特权是英国法的渊源之一,但英王特权成为法律上的权力,还需要一个过程。英王特权法律化的过程,是通过英国法对英王特权的吸纳实现的。英国宪法对于王权加以限制的一个基本惯例是,英王不得再创设新的特权。尽

---

① Neil Parpworth, p. 12.
② Neil Parpworth, p. 43.
③ Neil Parpworth, p. 43.

管如此,吸纳既存的英王特权以适应现代的需要仍留有广阔的空间。R. v. Secretary of State for the Home Department exp. Orthumbria Police Authority (1989)一案,就是这方面的一个著名案件。①

内政部的一份通知告诉各地的警察局长(Chief Police Officers),他们可以到某一由国务大臣主管的中央库房领取塑胶警棍和催泪瓦斯。该通知还说,获得这些装备不需要经过警察管委会(Police Authority,PA)的批准。警察管委会遂要求审查这一通知的合法性。国务大臣声称这是根据 1964 年《警察法》第 41 条,履行制定法赋予的主管中央库房的职责,也是行使维护治安的英王特权。而警察管委会则声称,根据 1964 年《警察法》第 4 条第 4 项,警察管委会具有排他性的装备警察队伍的权力。②

地区巡回法院拒绝了警察管委会的申请。它认为,1964 年《警察法》第 4 条第 4 项并没有赋予警察管委会独占的提供装备的权力;虽然国务大臣无权根据 1964 年《警察法》第 41 条提供装备,但他基于英王特权拥有此项权力。上诉法院认定:1964 年《警察法》第 41 条确实授权国务大臣提供装备。即使 1964 年《警察法》第 41 条并未作这样的规定,1964 年《警察法》第 41 条及第 4 条第 4 项也均没有明确地、不容置疑地禁止运用英王所享有的"采取一切必要措施以维护其治域内的和平的英王特权"。既然这一英王特权早在中世纪已存在,而且这一特权也没有采取经英王同意通过设立一支独立的警察队伍的方式明确地予以放弃③,则法院据此认定英王依然享有这一特权,并以此作为其决定的重要根据。这一判例本身就成为英国法接纳英王特权的重要先例之一。之所以要特别强调制定法并没有明确地排斥英王特权的使用,是因为按照英国现代的议会立法至上的基本原则,如果制定法对英王特权作了明确的限制,则英王特权不得以违反制定法的限制的方式行使。

五、英王特权与法院

(一)英国特权接受司法审查

在传统上,法院只认为它们有权裁决英王特权的存在与否及范围大小,但无权规制英王特权行使的方式。英王特权的这一特点与制定法赋

---

① Neil Parpworth, p. 48.
② Neil Parpworth, p. 48.
③ Neil Parpworth, p. 48.

予政府部门行使的制定法上的权力颇为不同。制定法上的权力的行使必须遵循自然公正原则，同时遵循所谓的温斯伯里（Wednesbury）判据（其核心是自由裁量权必须合理地行使，Wednesbury是个地名，该原则因发生于该地的一个著名判例而得名，翻译成中文则非常困难，详见本书第四卷第七章第六节司法审查经典判例相关内容）。对于英王特权则另当别论。因此，法院认为法院无权质问英王是否明智地行使了其自由裁量权（例如军队的部署），法院也不能评论政府是否应当加入某一特定条约，法院还不能评论内政大臣给英王所提的特赦的建议是否适当。[①]

英王特权与法院的关系早在英国于1689年作出宪法性安排[②]之前，就已经导致了许多著名的宪法案件的判决。法官们所表达的传统观点是，随时准备审查英王特权的范围及程度，但不打算质疑这些权力是如何行使的[③]，也就是不准备深究英王特权行使的程序问题。但本书此后将介绍，这种局面已经发生了改变，而此处英国学者特别强调传统观点的言外之意，亦尽系于此。这一重大转折是随着1965年的 *Burmah Oil v. Lord Advocate* 案及其后续判例出现的。

该案案情详见本书第四卷第七章第六节司法审查经典判例。贵族院以3∶2的多数认定，英王特权涉及对军队的支配权，发动战争的权力以及所有那些在战争进行过程中的紧急情势下所必需的权力。如此广泛的剩余权力对于在战时维持统治是必要的，因为议会在战时不可能及时地制定必要的立法。但贵族院认定英缅石油公司有权因其石油设施被破坏而获得相应的赔偿。[④] 在贵族院得出英王战时特权的必要性与该公司应当得到赔偿之间，在逻辑上缺少一个必要的桥梁：英王战时权力的必要性，只能说其作出的破坏石油设施的决定是合理的、必要的，但与依法赔偿之间，还需要一个逻辑的过渡。因为合法决定更有可能不予赔偿，如何就此得出了应当赔偿的结论？按照传统的权力委托理论推导，凡是行使权力的行为所致的损害，就应当由权力主体赔偿；而无权行使权力但却实际作出了某种行为的，该行为不属于英王的行为，应由个人赔偿，因此，英王可以不赔。按照这一思路，该案实际的争议焦点或许不在赔偿的范围，

---

① Bradley & Ewing, p.256.
② 指《权利法案》。
③ Neil Parpworth, p.48.
④ Neil Parpworth, p.49.

而在赔偿的主体。但下文提到的英国议会紧随该案(显然是针对该案)于1965年通过《战争赔偿法》的目的就是要取消该案所确立的英王承担战时损失的赔偿责任。

使该案注定成为英国公法史上经典案例的事件随后发生了——该案的判决效果随后被1965年通过的《战争赔偿法》(War Damage Act)所废止！该法的产生从某种意义上讲完全是为了兑现政府的承诺：在该案的审理过程中，政府即宣告，如果政府在该案中败诉，政府将废除普通法所确立的获得以英王的名义提供的就战争期间的损害赔偿及财产破坏的赔偿的权利。由于该法具有溯及既往的效力，英缅石油公司未能获得赔偿。这生动地说明，在英国，某一不合时宜的司法判决很容易被立法至上的议会所颠覆。① 而议会的操纵权显然控制在政府手中。因此，该案确实是英国现代法治史上令英国学者寝食难安、心有余悸的案例，因为这一判决在违反法不溯及既往原则的同时，还实际上废除了一个最高级别的普通法法院(贵族院)作出的判决。普通法原则和普通法法院的权威同时受到了威胁，这令英国的司法界及学术界战栗不已。好在这仅仅是英国法治史上的一个特例。从英国学者反复提到这一案件，而没有发现第二个、第三个类似案例这一点上，多少令人心安。而反过来说，之所以没有出现第二个、第三个类似的判决，也与该法生效后学术界与司法界一致的口诛笔伐不无关系。

(二) 英王特权的行使方式是否不受司法审查

传统的英王特权的行使方式不能受司法挑战的观点成为许多案件中的焦点问题。例如在 R. v. Criminal Injuries Compensation Board, ex p. Lain(1967)一案中，法院认定，刑事赔偿委员会依英王特权设立的事实并不足以保护其免受法院的管辖。②

而 Laker Airways v. Department of Trade(1977)一案涉及同时取消原告莱克航空公司(Laker Airways)经营到美国的航运服务许可以及根据《百慕大协定》(Treaty of Bermuda，英国政府基于英王特权而与美国签订)作为指定的承运人的资格。丹宁认为，签订条约的英王特权的行使应当能够在法院进行审查，因为这是一项自由裁量的权力，与制定法授予行政机关的制定法上的权力没有什么不同，但与其一同听审该案的其他

---

① Neil Parpworth, p.49.
② Neil Parpworth, p.49.

上诉法院法官们不同意他的意见。①

正统思想的统治直到贵族院在 Council of Civil Service Unions v. Minister for the Civil Service（1985）（又称 GCHQ 案,详见本书第四卷第七章第六节司法审查经典判例中的相关内容）一案中作出里程碑式的判决之后,才宣告结束。② 此处的正统思想恰恰是指传统的"英王特权的行使方式不能受司法挑战"的观点,而从政府通信指挥部（GCHQ）一案之后,这一正统观点即告破产:英王特权的行使方式也可以接受司法审查,从而将这类权力置于与制定法授予的自由裁量权相同的基础之上。但是,并非所有的英王特权就此臣服于法院的优位的管辖权。③

有英国学者认为,就英王特权而言,可以将其截然地区分为由在任政府行使的政治性的英王特权（political Prerogatives）,如外交及国防方面的政策性权力;以及英王本人的特权（Prerogatives personal to the monarch）。④ 相应的,罗斯基尔法官（Lord Roskill）列举了英王特权的一些例外,包括:签订条约的权力、治域内的防务、仁慈赦免权、荣典权、解散议会的权力、任命部长的权力（包括作为首席大臣的首相）。由于这些权力中许多是明显地涉及政治判断力的运用的,属于具有高度政策性的事务,因此,法院很难在不僭越分权原则的情况下审查这些权力的行使。而涉及政治抉择的事项应当由行政机关掌握,不宜由法院介入。⑤

然而在实践中,大量的英王特权是以英王的名义,并由英王根据或者基于政府部长的建议行使的。作为这类英王特权的例外,那些涉及授予某种荣誉的权力的行使方式,是由宪法传统予以调整的。这些依据宪法传统行使的英王特权属于英王个人的权力,用博格达诺教授的话说,则是英王保留的权力,而正是这些权力在某种前提条件下可能会成为有趣的宪法性议题。⑥ 英王的法律认可权将在本编第五章第二节议会立法程序中英王认可部分详细介绍。以下介绍英王保留的权力中比较重要的两项。⑦

---

① Neil Parpworth, p. 49.
② Neil Parpworth, p. 49.
③ Neil Parpworth, p. 50.
④ Neil Parpworth, pp. 53-54.
⑤ Neil Parpworth, p. 50.
⑥ Neil Parpworth, p. 54.
⑦ Neil Parpworth, pp. 54-56.

1. 解散议会权

大选一般在议会解散之前举行。正式的解散议会的请求是由首相本人向英王提出的。但是由于解散议会的决定都是政治性的决断,首相在作出这一决定时似乎不太可能不咨询其资深的部长同事而贸然行事。自第一次世界大战以来,人们普遍认为,是否解散议会最终还是由首相本人定夺的,因而首相也可能完全基于自己的意志作出决定。接到解散议会的请求后,英王往往会根据其私人顾问的建议而表示同意。英王拒绝解散议会,例如在某届议会即将临近其五年任期的终点时,英王的拒绝决定将可能会在证明自己决定的正当性方面存在一定的难度。当然,根据自己的请求解散议会也并不是在任政府享有的一项权力。① 也就是说,尽管英王在一般情况下应当依政府的请求而同意解散议会,并在拒绝这样做时能够证明是正确的,但政府也并不因此而具有了当然的想解散议会就可以解散议会的权力。不过无论是英王方面还是政府方面,其所拥有的只能是基于习惯及政治权衡的合理期待而已,双方都不可能在任何英国法院主张自己的权力:一切都是默契的结果。这就是英国宪法的风格,抑或是现代英国民族的气质。政府或者其首相为什么会热衷于解散议会,是真不想干了,另有企图、别有隐衷,还是仅仅是英国绅士风格的一种体现?但最主要的动机是,趁热打铁,赶在民望较高时提前大选,以谋取继续执政。也就是说,牺牲已经稳妥但较短的剩余任期,换取具有一定风险但较长的下一个完整任期。

英王可以据以拒绝解散议会的请求的情形很多。英国的法律图书中经常提到的一种情形是,一场没有决定性胜负的普选往往会紧跟着要求解散议会的请求。② 所谓决定性胜负,就是选举产生的议会中一个政党的人数居于稳定的多数,不必由几个议会党团组成联盟执政。此时,由于各党派在议会中具有足够的否决票以实现互相牵制,勉强依据规则主政的政党觉得,与其在这种混乱局面中无所事事,不如推倒重来。

在普选没有决定性胜负的情况下,人们普遍相信,英王此时有权拒绝解散议会。英王这样做的正当性在于,政府应当在认输之前首先尝试组织实施行政管理并向议会提出立法规划。于是,当出现"悬空"议会("hung" Parliament),即没有一个政党在众议院中处于压倒性多数时,人

---

① Neil Parpworth,p.55.
② Neil Parpworth,p.55.

们认为英王有权否决首相提出的解散议会的请求,并可以转而邀请另一个党的领袖出面组织政府。一项解散议会的请求还可以因举行新的大选违反国家利益而被拒绝,例如在出现诸如战争威胁的国家紧急状态时期。①

2. 任命部长权

虽然在任政府在名义上被称为英王的政府,而且组成这一政府的部长们相应地被称为英王的大臣,但从本质上说,英王在这些部长们的任命过程中所扮演的角色完全是礼节性的。对于部长的政治任命(political patronage)并非来自英王,而是来自首相。英王对部长的任命主要是根据首相的提名,英王已不再拥有能够否决首相的任命建议的地位;如果英王对部长的任命有不同于首相的想法,这种信息也可以通过英王的顾问传递出来。② 最终自然是传到了首相的耳朵里。不过这一过程极有可能出现在首相正式向英王报告拟任命部长的名单之前的先期咨询中,首相将会主动考虑英王的建议,英王也不会特别固执于自己的意见,更不会硬往首相的部长班子里塞自己的人。这一切都源于政治谦让与妥协。

六、英王特权制度改革

英王特权的改革是一个不时被提起的议题。③ 为此,有必要通过系统检讨英王特权制度,以确定其本质、范围及影响。在 1989 年公布的题为《顺应时变:迎接挑战》(Meet the Challenge: Make the Change)的报告中,工党承诺,在其下一次当权后,将着手检讨英王特权,以确定政府活动中的哪些领域应当由制定法调整或者排除英王特权。④ 此时距其下一次上台(1997 年)还有 8 年。

在英国学者看来,政党在野时其对于英王特权的反对之声总是高于其在任时。上台后的工党政府并不是一个积极的改革者。人们对于部长行使权力的范围直到现在仍不确定这一点颇有微词。而英王特权的行使缺乏议会责任(parliamentary accountability)也是法院准备在政府通信指挥部(GCHQ)一案后对某些英王特权的行使予以审查的原因。⑤

---

① Neil Parpworth, pp. 55-56.
② Neil Parpworth, p. 56.
③ Neil Parpworth, p. 56.
④ Neil Parpworth, p. 57.
⑤ Neil Parpworth, p. 57.

第三章
选举制度

英国的选举制度,是建立在政党制度基础之上的。

英国的选举,不是对个人的选择,而是对作为一个决策群体的政党的选择,也是对成型的中短期(与任期相同)治国方案的选择。

本章重点介绍作为英国选举制度关键的政党制度以及作为选举制度核心的选举程序,选举制度的一般内容穿插其间。从制度角度看,选举制度只是宪法体制内议会制度的组成部分;但就本质而言,选举制度是英国现当代宪法体制的精髓,有必要特别突出其不便言明的重要性。

第一节 政党制度

政党制度主要是一种政治制度,即使勉强往法律制度上靠,至多是宪法惯例的一种形式,世界各国大多如此。对议会民主制度的讨论,特别是对选举制度的讨论,离不开对政党制度的介绍。英国学者认为,政党是现代民主的主角,原因在于:政党提出政府的政策和人事安排,并拥有其他重要职能。即使是反对党也会推举出自己的影子内阁。[①] 从某种意义上讲,以政党为单位进行的竞选,是英国现代民主制的主要形式,也是其对人类政治制度的一大贡献。

一、政党登记

政党登记与开放党禁有一定的联系。在一个开放的社会,通常不会对政党的设置予以法定的禁止,而是设定相应的登记、注册、许可制度。登记制度(无论具体以什么名义)与法定禁止的区别在于,登记是有条件

---

① Bradley & Ewing, p. 155.

但实际上可操作的许可,衡量的标准就是不断有新的政党登记成功;而党禁则是全面禁止,表现为多年来没有实质性地批准过新党设立。

英国的第一次政党登记,是为配合1999年《欧洲选举法》(European Elections Act)而引入的新的选举体制,并在欧洲议会选举之前进行。有关政党登记的成文法规定,第一次出现是在1998年《政党登记法》中,后规定在2000年《政党、选举及全民公决法》(Political Parties, Elections and Referendums Act)中。①

(一) 政党登记的意义

就政党登记制度本身而言,英国法并没有给政党下一个定义。按照英国式的定义模式,任何声称自己有意参加一个或者更多在大不列颠及北爱尔兰联合王国举行的有关竞选的党派(any party)②,就是一个政党(party),英国人甚至连用词都懒得换,足见在他们心目中政党的地位。

表面上看,英国的政党登记制度可能多少有点儿不得要领——其关心的焦点仅仅是避免选民混淆。例如,在1994年的 Sanders and Younger-Ross v. Chichester and Palmer 一案中,某自称"白民党"(Literal Democrat)的候选人参加竞选③,而 Literal Democrat 与 Liberal Democrat(自民党)仅一个字母之差(故笔者将其译为与"自民党"一笔之差的"白民党"),粗心的人很可能误以为是后者,故容易引起混淆。在选举中自由民主党候选人仅以微弱之差排在该"冒牌者"之后,居第二位。法院认定,监选官只能以候选人在提名书中提供的内容违反法律规定为由认定提名书违法。(其中对政党名称的)描述尽管显然是一种干扰策略,尚不足以认定其"不符合法律的要求"。1998年《政党登记法》并没有替代法院的上述立场,但涉及已登记的政党则另当别论。④ 如果自由民主党在英国不是一个登记的政党,这个党照样可以存在。正如未注册的商标一样,谁都可以自称是该党的候选人,而不必取得任何来自该党的证明。1998年《政党登记法》的规定只适用于根据该法登记的党。或者说,该法实际上类似于政党的商标法:商标法是保护注册商标的,《政党登记法》则是保护

---

① Bradley & Ewing, p. 155.
② Bradley & Ewing, p. 156.
③ Bradley & Ewing, p. 155.
④ Andrew Arden, p. 303.

注册政党的。其保护的方法是,规定已经注册的政党别人就不能再注册了;而且使用该党的名义必须有该党注册提名官的证明。由此显然不能得出所有政党必须登记的结论,正如由商标法的存在不能得出所有商品必须使用商标、所有商标必须注册的结论一样。

为了保障1999年《欧洲选举法》确立的政党列表制选举体制的高效运行,一般认为,只有经过登记的政党才能参加选举。除此之外,政党登记现在还因其他原因显得至关重要。例如,只有代表登记过的政党的候选人才可以被认定为某政党的正式候选人;其他的候选人只能作为独立候选人参加竞选,其候选人情况描述部分没有内容,这将意味着候选人无法利用最广为传播的候选人信息系统宣传自己,进而难以为选民所了解,当选的可能性大减。这种政党登记制度的引入,克服了英国旧选举体制中的一个漏洞:某些个人在本人参加竞选时,处心积虑地扰乱视听,例如前述案件中的"白民党"人。

新的政党登记体制之所以重要,还与政党宣传广播有关。在新体制下,广播公司只播放登记的政党制作的竞选广告。①

(二) 政党登记自由

英国学者特别强调,政党登记并非强制性的,但为了享受前述补助却又是必要的。政党登记向任何声称自己有意参加一个或者更多在大不列颠及北爱尔兰联合王国举行的竞选的党派开放,只不过政党登记在大不列颠及北爱尔兰联合王国是分开进行的。② 任何政党都可以申请登记,并不限于全国性政党。政党在登记申请时必须声明:该党旨在某一包括地方选举在内的相关选举中拥有一名或者更多的候选人。③

在英国举行的选举可以不严格地区分为三类:一类是欧洲选举,这是英国作为欧盟的一员,选举其代表参与欧洲事务的过程,最主要的就是选举欧洲议会的议员(这类选举随着英国脱欧而不复存在)。第二类是全国性选举,选举英国议会的议员。第三类是地方选举,地方选举又至少分为三个不同的层次:郡议事会选举、区议事会选举、教区或者社区议事会选举等。

从法律角度看,英国的政党仍是一个自愿成立的协会(voluntary

---

① Bradley & Ewing, pp. 155-156.
② Bradley & Ewing, p. 156.
③ Andrew Arden, p. 303.

associations):是履行公共职能的机构,但是受私法调整。① 事实上,英国政党的登记与公司、合伙甚至个体户的登记并没有实质的区别,都受商法或者说公司法的调整。例如,英国学者经常提及的下面这起涉及性别歧视的案件,实际上涉及的是政党推选候选人的内部操作事宜,但这样的事在英国却可以拿到法院去理论,而其适用的法律既不是选举法也不是其他公法,而是典型的私法——合同法。英国学者认为,制定法的规定可以覆盖成员之间的合同,例如 1996 年的 *Jepson v. Labour Party* 案。工党为了增加本党妇女议员的数量,在推荐本党参加大选的候选人时,引入了对于某些候选人的推荐采取全女性候选人推荐名单的做法。②

从 2000 年开始,规范政党的法律因《政党、选举及全民公决法》而彻底改变,该法对作为自愿性组织的政党设置了大量的制定法上的义务。③

(三) 政党登记的内容

1. 政党名称

政党登记申请必须指定一个名字,作为本党的注册名称(registered name),或者分别以一个威尔士语名称及一个英语名称作为其注册名称。如果指定英语或者威尔士语以外的其他名称,则该名称必须包括一个英语译名。④ 以外语命名的政党或者有外国背景的政党,在名称上就受到了严格的限制。但这对英国民主的影响并不大,因为不用说以外语命名或者有外国背景的政党了,就是英国国内的老牌政党,也只有保守党和工党能够赢得英国议会选举的胜利,其他政党充其量只能获得少数席位。并非保守党和工党垄断了英国的政党政治,而是在一个社会、政治、道德、法律、文化等各个方面相对均衡的成熟社会,只需要为数不多的政党就足以代表选民之间实际不大的差异,也只有这些政党才能以其多年来的实绩,赢得几代选民的信赖。

1998 年《政党登记法》既保护政党的名称,又保护其徽章,从政党登记中获益的候选人可以要求该党的党徽与其提名书中的个人情况摘要一同出现。⑤ 获准登记的政党有权登记三个可以在未来的选举中印在选票

---

① Bradley & Ewing, p. 155.
② Bradley & Ewing, p. 155.
③ Bradley & Ewing, p. 155.
④ Andrew Arden, p. 304.
⑤ Andrew Arden, p. 303.

上的徽章。①

2. 政党主要领导

希望取得政党登记的党必须登记其主要领导,包括党首及司库。②

3. 财政结构

政党还要登记其财政结构。此项登记义务是为了满足制定法的下列要求:政党必须采用某种经选举委员会批准的财政计划,该计划将对政党内部规制自己的财政事务作出安排。③

4. 政党总部及其他

政党登记申请必须指定本党的总部所在地或者通信地址,政党领导人的姓名及其家庭地址,该党还需任命一名负责就该党的候选人名单的提交事宜作出安排的官员④,并将其姓名及其家庭地址作为该政党的登记事项;此外,登记事项还包括该党认同的对该党的描述和徽章。如果某人同时被任命为该党的领导和提名官,则该政党的注册申请书中必须提供该党的某些其他指定职位的领导人的姓名和家庭地址,以及要求提供的其他信息。⑤ 但政党登记中并不包括 1998 年《政党登记法》中所要求登记的各相关官员的家庭地址。⑥ 这些官员的名字是必须登记的,免不了要公开在政党登记簿中,但其家庭地址却不必一并登记,从而免于公开。

(四)政党登记程序

政党登记的申请必须向选举委员会提出,并且必须获得该委员会的同意才能登记。如果拟登记政党提议的政党名称有下列情况之一部分或者全部,将难以获得选举委员会的批准⑦⑧:① 与已经登记的政党的名称相似或者近似,有可能使选民将其与另一已注册的政党混淆;② 政党名称超过 6 个单词;③ 政党名称淫秽或者具有侵犯性;④ 政党名称中的单词如果公开可能构成冒犯;⑤ 政党名称包括任何罗马字母以外的其他字母;⑥ 政党名称中包括任何国务大臣制定的命令中所禁止的单词或者表

---

① Bradley & Ewing, p. 156.
② Bradley & Ewing, p. 156.
③ Bradley & Ewing, p. 156.
④ 该官员就是该党的注册提名官。
⑤ Andrew Arden, p. 304.
⑥ Andrew Arden, p. 305.
⑦ Bradley & Ewing, p. 156.
⑧ Andrew Arden, pp. 303-304.

述。此处的规定,与提名书描述部分的内容不得超过 6 个单词有联系。提名书描述部分就是用来填写候选人的政党属性的,除此之外并没有增加其他内容的空间。这实际上是授权国务大臣制定相应的命令,以规范政党登记时的政党名称。

(五)政党登记的变更

1998年《政党登记法》对政党登记的变更也作了规定,其中涉及登记名称的变更以外的其他特定登记事项的变更,徽章的增加、替代或者除去,在登记时必须明确该党党首等主要领导的登记信息的变动等。但需要特别注意的是,政党登记的变更必须由该政党的领导人和提名官同时签名;如果二者由一人兼任,则由该人与其他登记了的官员会签。①

(六)年度确认

政党登记必须每年进行确认,否则将于上次登记或者上次年度确认15个月后失效。政党登记的年度确认包括一份变更注册内容的申请。但无论是否包括变更申请,年度确认必须缴纳规定的费用。与政党登记申请一样,政党年度确认书也必须由相关官员签署。② 特别值得一提的是,英国的《政党登记法》没有要求申请登记政党的最少党员人数,但从登记的内容看,至少要有两个人,其中一人为党的领导人,另一人为提名官,除此以外,都是普通党员,多少不限。缴纳首次注册费或者年度确认费,这个党就可以维持15个月。《政党登记法》并不要求提供办公地点,倒是要求提供家庭地址,这样规定的好处是,不需要在家庭之外另租办公用房;坏处是,要求党的缔造者至少必须有一点儿中国古代所谓的"恒产",即现代法律所说的不动产,但这似乎并不是一个过于苛刻的条件。

(七)政党登记簿的公开

国务大臣应当制定条例要求政党登记官允许公众查阅政党登记簿及其任何一部分,或者提供其复印件。③ 政党登记簿并不是政党登记申请书及年度确认登记申请中要求提供的信息的全部,有些内容如政党在登记时应当提供政党的领导人、提名官及指定的官员的家庭地址,并不反映在政党登记簿中。这一点从复印政党登记簿与复印全部登记申请书的收费差距可以看出来。这是英国隐私权法在政党登记领域的一个合理延

---

① Andrew Arden, p. 304.
② Andrew Arden, pp. 304-305.
③ Andrew Arden, p. 305.

伸。因为就公众查阅政党登记信息的本意而言,应当是了解该党的政治信息,而与其领导人或者主要官员住在什么地方没有任何关系。因此,这部分信息不对外提供,并不影响与公众的民主权利的落实有关的知情权。

(八)虚假登记责任

某一政党的代表或者自称代表某一政党的人在某件提交给政党登记官的主要材料中,故意或者过失提供虚假信息的,构成犯罪。[①] 这是英国为严肃政党登记制度而规定的法律责任,从其内容看,非常简单,但效果看来不错。当然,此处提到的构成犯罪,在英国只不过是一种与交通违法一样的犯罪而已,但对于英国参与政党活动的政治家而言,这样的罪名已经足以判处其政治生命的死刑,没有人,尤其是主要政党的代表,敢在这个问题上越雷池半步。

二、主要政党

从登记政党的数量看,英国可谓党派林立。但在2001年登记的179个政党中,只有一小部分(75个)能够推选出自己的候选人[②],而其中能够当选议员的就更少了。

(一)保守党(Conservative Party)

保守党从历史政绩(执政次数及年数)看无愧为英国第一大政党,其前身为1679年成立的托利党,1833年改称现名。保守党传统上为右翼或中间偏右至右翼,其支持者一般来自企业界和富裕阶层,主张自由市场经济,通过严格控制货币供应量和减少公共开支等措施来抑制通货膨胀。主张限制工会权利,加强法律和秩序。提出实行"富有同情心的保守主义",关注教育、医疗、贫困等社会问题。强调维护英国主权,反对"欧洲联邦",反对加入欧元区,主张建立"大西洋共同体"以加强英美特殊关系。强调北约仍是英国安全与防务的基石。英国的脱欧进程就是在保守党的推动下完成的。

(二)工党(Labour Party)

工党信仰民主社会主义或者社会民主主义,代表颜色为红色。工党传统上为中间偏左至左翼,由工会、合作社组织和社会主义团体联合组成,党员大多通过上述组织集体加入。

---

① Andrew Arden, p. 305.
② Bradley & Ewing, p. 156.

1868年,英国按行业建立的各种工会组织成立了全国性的统一组织——职工大会(即工联)。1900年2月27日,在工联基础上成立了工人代表委员会,并在1906年2月15日改名为工党。因此,有关英国工党的成立日期有两个说法,1900年2月27日是工党的前身工人代表委员会成立的日期,是工党实质意义上的成立日期;1906年2月15日是工党正式改用现名的日期,是工党名义上的成立日期。

1924年以前,英国一直由自由党和保守党轮流执政。在1923年12月6日举行的大选中,保守党竞选失败,失去众议院绝对多数席位,由麦克唐纳(MacDonald)领导的工党得票数超过自由党,成为众议院第一大党,但距稳定多数仍有96票之差。1924年1月22日,工党领袖麦克唐纳牵头组织英国历史上首届工党政府。麦克唐纳任首相兼外交大臣,内阁成员多数是工人出身。1924年10月,因保守党和自由党针对"坎贝尔案"联合发难,麦克唐纳被迫辞职,第一届工党政府结束。

(三)自由民主党

自由民主党是1988年3月由原自由党和社会民主党内支持同自由党合并的多数派组成,是英国第三大党。自由民主党传统上为中间派或中间偏左,主张继续维持与工党的合作关系,推动工党在地方选举及众议院选举中实行比例代表制,在公共服务、社会公正、环境保护等问题上采取比工党更"进步"的政策。

三、政党基金

英国学者指出,对政党的资助一直以来就是引发争论的一个持久源泉。[①]"黑金政治"的骂名、"政党分肥"的不正之风、贿选的腐败现象、党产问题的纠缠不清等,都与政党的钱、基金以及捐给政党的政治献金相联系。如何在不回避钱的情况下,有效地构建干净的政党制度、选举制度、议会制度,在这方面,英国有数百年的有效经验。

(一)主导机构

2000年《政党、选举及全民公决法》是为了贯彻公共生活标准委员会(Committee on Standards in Public Life)的建议而通过的,该委员会的任期在1997年作了延展,以便其能够继续调查一系列既涉及保守党又涉及

---

① Bradley & Ewing, p.156.

工党的政党捐助案件。①

(二) 政党的义务

1. 透明度义务

2000年《政党、选举及全民公决法》为政党捐助设置了一项透明度义务,并限制政党资助的来源。②

2. 报告的义务

所有向政党提供的超过 5000 英镑的全国性捐助,或者超过 1000 英镑的地方性捐助,都必须按季向选举委员会报告,捐助者姓名以及捐助数额由选举委员会公布。③ 这项义务显然是由政党承担的,必须每季度向选举委员会报告一次本党在该季度收到的超过限额的捐助。

3. 捐助来源方面的义务

政党在捐助方面所承担的义务是,不得单纯依靠党员的捐助生存。④

(三) 来源受限

政党捐助只能来自被允许提供捐助的捐助者,即那些在英国的选民登记册中登记的个人或者政党所在地从事商业或者其他活动的诸如公司或者工会之类的组织。⑤

限制捐助者范围的立法目的在于阻止外国对于英国政党的资助。当然,英国学者也已经意识到了,外国势力的影响并不因此而可以禁绝,因为英国是允许本国选民在国外居住但仍在英国的选民登记册上登记的⑥,从而使这些人仍可以个人名义向英国的政党提供捐助。至于外国或者外国的大公司在英国开办符合捐助条件的公司,再通过这些公司向英国的政党提供捐助的做法,也是英国法律无法禁止的。当然,这种情况并不会恶化到足以影响英国政局的程度,由于政党透明度义务的存在,政党必须按季公开自己接受的政治献金,其中包括捐献者的名字,如果某个公司因其巨额捐献非常明显地频繁出现在某党的捐献者名单上,对于该党的影响反而是负面的,因为选民会在舆论及其他党派的引导下注意到这种动向。须知在英国这样一个现代发达民主国家,要想通过政治献金

---

① Bradley & Ewing, p. 156.
② Bradley & Ewing, p. 156.
③ Bradley & Ewing, p. 156.
④ Bradley & Ewing, p. 156.
⑤ Bradley & Ewing, pp. 156-157.
⑥ Bradley & Ewing, p. 157.

买通英国的选民,继而赢得对捐献者有利的选举结果,没有几百亿英镑是绝对不可能的,而此等数额对于任何公司而言,都是无法承受、有高度风险或者得不偿失的。更重要的是,对政党捐助资金的用途也遏止了这种冲动:这些捐助只能用于政党活动,不能私分。

自1913年《工会法》(Trade Union Act)以来,工会对工党的捐助一直受立法的限制:工会只能追求经其成员投票认可的政治目标,而此等决定工会政治目标的投票必须每10年举行一次;工会的政治献金(political contribution)必须由工会内部设立的一个单独基金账户拨付,但本工会的会员有权不向该基金捐款。① 上述规定解决了两个问题:一是工会的政治方向问题,通过定期对本工会路线方针的表决,确保工会与时俱进,免得追求一些一个多世纪以前的政治目标。二是解决了工会会费与政治献金相互分离的问题,避免了工会会员入会必须间接缴纳政治献金的问题。由于英国的许多工会同时又是行业协会,相关从业人员不入这些行会,将会严重地影响生计,因此,作这样的规定是比较人道的。

2000年对1985年《公司法》的修订要求公司必须确保其股东至少每4年就公司的政治捐助和开支表决一次。②

(四)数额不限

英国选举法并不限制向政党提供的捐助的数额。在英国,人们时常关注的一个问题是对政党的巨额私人捐助,这种捐助常常被指为与政治贿赂有关。英国法对此所设置的义务是——必须按季向选举委员会报告,再由选举委员会公布捐助者的姓名以及捐助的数额。③

公共生活标准委员会拒绝了为捐助设置限额的建议,理由是任何形式的限额都会对那些靠个人会员或者集体会员的会费运行的政党产生不良的暗示。④

捐助数额的限额对于工党而言尤其是个关键问题,因为该党就是一个由个人党员和集体党员组成的党,其中的集体党员包括工会和社会主义者社团;工党的集体党员要支付党费或称会费(membership or affiliation fee),其数额基本是依据各集体党员(工会或者社团)所包含的成员

---

① Bradley & Ewing, p. 157.
② Bradley & Ewing, p. 157.
③ Bradley & Ewing, p. 156.
④ Bradley & Ewing, p. 157.

人数确定的。限制捐助数额的做法将会妨碍类似工党的政党的通行做法,除非能够给党费和捐助之间划一条明确的分界线。①

四、国家的支持

英国政府在处理国家对政党的支持力度时面临的困境,类似于两个绝对的利己主义者分一个西瓜时那个负责动刀的人,他必须保证起码的实质公正,否则,轮到另一个利己主义者挑瓜的时候,切瓜的人总是会拿到挑瓜的人认为比较小或者比较差的那一半。对于英国的执政党而言,也必须考虑到自己下野以后可能会沦落到需要国家资助的地步,因此,并不敢在国家对政党的支持这个领域下黑手。

(一) 各国惯例

据英国学者所作的比较研究,许多国家的政党每年直接从本国政府的公共基金中获取一定的补助金,以便各政党能够更有效地履行其职能,而不必过分地仰仗有钱的私人捐助者。② 这一研究结论说明英国学者对于政党应当主要履行公共职能或者公益职能,而不是为少数富人服务的信念还是很坚定的。

同时,英国学者也指出,在另外一些国家,政党间接受税收优惠体制的帮助:国家对向政党提供的捐助减免所得税③,这一比较研究成果表明,英国学者倾向于认为,应当鼓励政党捐助的多元化、大众化或者社会化,即应当强化现代政党的社会化属性。

(二) 改革的建议

受上述国家做法的影响,早在 1976 年,霍顿委员会(Houghton committee)即提出了一项向政党提供公共财政资助的计划,但此计划从未付诸实施。公共生活标准委员会提出的通过减免所得税以鼓励对政党的小额捐助的建议,也被政府否决了。④ 理由之一是目前在英国能够执政的党都是有几百年历史的老党,不愁捐助问题,而一旦统一为政党提供公共财政捐助,则有可能使小党得以壮大,进而增加执政党连选连任的难度,也增加政治体制的不稳定性。

---

① Bradley & Ewing, p.157.
② Bradley & Ewing, p.157.
③ Bradley & Ewing, p.157.
④ Bradley & Ewing, p.157.

霍顿委员会当初的建议是,向政党提供的公共财政资助应当按照各政党在上一次大选中所获得的选票分配。公共生活标准委员会提议的减免所得税方案的缺点是,它只有利于纳税人以及那些主要由可支配收入高的个人支持的政党。[1] 实际受益对象仍是那些由有钱人支持的政党,这些政党在现行体制下也不缺钱,如此改革仍难根除政党之间在资助来源方面的不平等。

(三) 实际的做法

尽管对上述方案有争论,英国学者仍然认为,在英国并非没有国家对于政党的支持,只是这种支持的力度较之其他国家而言很有限。[2]

1. 免费邮寄宣传品

在英国,议会选举的候选人可以获得一次免费邮寄竞选通信材料的机会,邮寄数量相当可观,涉及约几万人;此外,该候选人还可以免费使用学校的礼堂举行竞选集会。[3] 由于英国的公立学校是公共管理机构维护或者管理的,这也算是对议会选举候选人的公共财政资助。

2. 免费播出竞选广告

各政党都享有在英国广播公司(简称BBC)或者其他独立广播公司的政治节目以及选举节目中的免费时段,不过各政党实际能够取得的播出时间,由广播公司与各政党磋商后确定。其实这属于一种制定法设定的义务[4],因为BBC属于由公共财政资助的法人,独立广播公司则完全是私营企业,不是制定法设定的,它们没有义务提供此种均等地面向所有候选人的免费服务时段。正由于是私营企业,它们为自己支持的政党提供额外的免费播出时间,属于某种形式的政治献金。

3. 对反对党的资助

议会中的反对党还可以获得公共资金,用于实施议会活动;此外,还有一笔200万英镑的小额资金,用于分配给符合条件的政党,以协助它们制定本党的政策,当然这些政党必须在议会中赢得了至少一个席位。[5] 这笔资金的分配对象虽然只是那些在议会中取得了少数席位的小党,但相比于那些仅能推举出自己的候选人,却无法取得一个议席的政党,以及

---

[1] Bradley & Ewing, p. 157.
[2] Bradley & Ewing, p. 157.
[3] Bradley & Ewing, pp. 157-158.
[4] Bradley & Ewing, p. 158.
[5] Bradley & Ewing, p. 158.

那些连候选人都推不出来的更多的登记在册的政党来说，有议会席位的政党已经不能算小党了。但这些政党往往由于没有执政经验，拿不出自己的治国方略，因而不能算能够独立治国理政的大党。为这些有议会席位的政党提供制定政策方面的资助，对于丰富英国的治国和执政理论，为英国人民提供更多的治国方案，具有重要的意义，这笔公共财政投资实可谓惠而不费。

至于向议会中的主要反对党及其他反对党提供的资助（每年超过300万英镑），英国的众议院公共行政委员会（Public Administration Committee）对这笔资金缺乏有效的审查以保障其仅用于议会的目的表示关注。①

此外，在举行全民公决时，英国政府还为支持不同表决意见的各方分别提供60万英镑的公共财政基金。② 可见，英国举行一次全民公决并不比举行一次大选花费更多。对于英国这样的实现了普遍选举权的国家，大选与全民公决在规模上没有实质的区别。相应的，全民公决的权威性或者神圣程度也大打折扣。

五、党务津贴

党务津贴是指担任党内职务依法可以从公共财政中获得的津贴。例如，地方政府机关每年的津贴计划可以就特殊职务津贴作出规定，该津贴适用于在本地方政府机关担任该津贴计划中列明的特殊职责，并属于下列一个以上类别的本地方政府机关的议事会的成员③：① 担任该地方议事会某一政治党团（political group）的主席或者副主席。② 在本地方政府机关的某委员会、分委员会或者本地方政府机关与一个以上的其他地方政府机关组成的地方政府协作委员会、地方政府协作委员会的分委员会中担任主席。③ 在地方政府机关的某一委员会或者分委员会担任某一政治党团的发言人。

六、压力集团

在英国，有相当数量的压力集团提供法律服务。这些压力集团的行

---

① Bradley & Ewing, p. 158.
② Bradley & Ewing, p. 158.
③ Andrew Arden, pp. 335-336.

为动机之一在于,发现能够挑战制定法规定的临界点的典型判例。①

英国学者介绍的压力集团包括:公民权利办公室[Citizens' Rights Office,该机构隶属于儿童贫困行动组织(Child Poverty Action Group)]、公法项目组(Public Law Project)以及大量的环保组织,如绿色和平组织(Greenpeace)。② 从这些压力集团的名称及其活动宗旨看,它们与我们一般人心目中的压力集团差距甚远:与其说它们是政治性的,不如说它们是公益性的。它们因组织起来而形成一定的力量,这种力量用在政治上就成为压力。从这个意义上讲,英国法上的压力集团其实是一个政治中立、道德中立的术语。任何政党首先就是一个压力集团,然后才是一个政治集团。从英国法将绿色和平组织归入压力集团这一点来看,它们并不严格地区分压力集团与结社团体。

在 R. v. HM Inspectorate of Pollution, ex p. Greenpeace (No. 2)(1994)一案中,高等法院王座分庭认定,虽然法院未能发现该案的原告与该案有什么利害关系,但由于诉讼主体资格问题主要是一个自由裁量权的问题,法院的结论是原告绿色和平组织具有原告资格。其判决理由是:绿色和平组织是一个著名的值得尊敬的组织,对本案涉及的焦点问题(核废料处理)具有真诚的兴趣。该组织的成员来自国内外相当广泛的地区,但就本案而言至为重要的是,该组织的成员中有2500人生活在本案核设施所在的郡;由于该组织曾经咨询过科学家及法律专家的意见,因此,该组织所提出的诉讼请求是具有针对性、与本案焦点问题密切相关的,并且论证充分,该组织代表了那些靠一己的力量难以将本案的焦点问题提请司法审查的利害关系人的利益。③

英国学者认为,这些压力集团在扩大其在司法审查的案件中获得授权,以及向法庭陈述意见的案件的范围方面特别成功。④ 这涉及我们非常关心的公益诉讼的代表人资格问题。通过这些公益性的压力集团的努力,在英国的司法审查案件中,由这些公益性的压力集团作为原告的代表,提起司法审查并出庭陈述己方意见的案件范围越来越广。这意味着,英国公益诉讼案件的边界范围,通过这些相对独立的个案的推动,

---

① Martin Partington,p. 242.
② Martin Partington,p. 242.
③ Neil Parpworth,p. 278.
④ Martin Partington,p. 242.

在不断地扩张。而这一点正是英国渐进式变革的最显著的特点,于是几百年不断推进的结果是,其司法审查的范围达到了今天几乎无所不审的境地。

第二节 选举制度

海尔什姆(Lord Hailsham)曾经将英国的政府体制描述为选举专制(elective dictatorship)。[①] 与其说这是对英国政治制度的恶毒污蔑,不如说是对英国民主制度的英式幽默的极端自我颂扬——在这个国家,政府的一切都是由选举决定的,而选举是人民的选举,因此,这个国家的一切都是人民决定的——这是一个人民当家作主的国家。

选举制度是民主制度的基础。所谓民主化其实只不过是落实选举制而已——真正普及的、不受少数人操纵的选举,就是真正的多数人享有的民主。这个道理非常简单,让一个国家的大多数人明白也不难,但要真正地在一个国家实践却很难。英国人民为了说服英王臣服于选举制用了几百年的时间,其间还"牺牲"了好几个不听话的国王。

英国学者承认,在一本宪法或者行政法的著作中是不太可能涉及选举制度的所有方面及其复杂性的。因此,在英国的宪法、行政法教材中主要讨论两个涉及宪法重要性的议题:选举权(franchise)和选举体制(electoral system)。[②] 选举制度的资料主要有两个来源,一是英国议会的选举,一是地方议事会的选举。但笔者将选举制度分成选举制度与选举程序分别介绍,其原因不完全是为了照顾篇幅,更重要的是为了突出选举程序。选举制度的本质就是自由且公开地以无记名方式表达一种概括的信赖。要想保证多数人真实的意思无拘束地表达出来,就必须保证整个表达的过程没有受到、不可能受到、不怕受到少数人秘密而有组织的操纵,因而程序及相应的技术性细节的设计非常重要。

英国选举制度的复杂性在于其同时存在欧洲议会(脱欧前)、英国议会及不同层级的地方议事会三大选举系统。不过特别提醒读者的是,这些选举其实是融合在一个选举体系中的,这不仅表现在理论基础、法律原则、制度设计同宗同源,更直接的原因还在于,这些选举往往

[①] Neil Parpworth, p. 21.
[②] Neil Parpworth, p. 101.

是同时、合并进行的,其中最基础、最经常、最广泛的,显然是地方议事会的选举。

一、选举与最高权威

选举制度的重要性在于其构建了深深地埋藏在英国民主政治制度表象之下的基础,英国宪法政治制度中的许多根本问题的答案最终都归结于其选举制度或者通过选举制度定夺;在其他国家无法解决的许多问题,或者虽有同样的或者类似的制度却在这些国家无法奏效的原因,也在于选举制度方面存在的根本性差异。

英国学者在讨论英国地方政府体制时一针见血地指出,英国地方政府机关责任制的基本手段是传统的选举制。[①] 这一基础性的认识表明,选举制确实是英国政治及法律制度的核心;表面上看,它似乎仅仅象征性地存在,但其影响却直达英国政治及法律体制的根基。英国的许多政治及法律制度,表面上看与其他国家没什么区别,如议行合一,但运行的效果却天壤之别,原因就在于民选制这只看不见的手始终在幕后、台下发挥着潜在的作用。

选举制就是英国政治及法律制度的活动空间,如同物理上的"场"一样,它是无形的,但却是无处不在的、无远弗届的。正是在这种场域中,英国的各种政治、法律元素相互作用,共存于秩序之中。失去了这一前提,如同失去了引力场,这些元素就会飘浮在空中,彼此的关系也成为随机的偶然,制约、责任等秩序描述语亦将失去与这一制度相表里的前提。由此反思其他国家的制度构架,所缺乏的不是此类元素,而是这些元素共存的场域。而营造这种场域的重要性在于,没有这种场域,就没有法律自治所必需的法律的自在或者说自在的法律这一基础性的前提。

英国的选举法(electoral law)是一个范围非常广泛并且曾经非常复杂的法律部门。[②] 可以想象,在民主的初级阶段,选举法的复杂性是不可避免的,由于必须对不同的人参加不同的选举的资格条件,以及丧失这些资格的广泛事由作出细致的规定,同时还要就选举的组织程序、预防选举舞弊的措施、处理选举争议的程序等一一作出规定。但随着普选制的推

[①] Andrew Arden, p. 542.
[②] Neil Parpworth, p. 101.

行,选举成为人民日常生活的重要组成部分,选举的难度大大降低,相应的法律规定中的许多部分也变得多余,选举法反而随着选举的日益增多而大为简化了。

选举制度的重要性是宪法性的,它是英国许多基础性制度安排的合理性、合法性特别是有效性等问题的答案。例如,英国学者在研究立法权时考虑的首要问题是立法权的渊源何在?即立法者基于什么宣称他们有权制定法律?[1] 或者立法机构的立法权是怎么获得的?是什么给了立法者以合法性?[2] 对于这些问题,很多读者可能不以为然,甚至想当然地回答说,宪法性原则为政府及其他执行机构提供了立法的权力。但正如英国学者所指出的,这种答案显然不能回答这一问题,至少是不能根本性地解决这一问题,因为由此产生的进一步的、根本性的问题是,这些宪法性的法律原则又是从哪里获得其权威的呢?[3]

几代英国学者对上述问题进行了深思熟虑。他们认为,不同的社会为其立法者确立了不同的合法性的理论基础,一般而言,立法者可以从以下两个基本来源获得立法权:① 在一国国内运作的基础性的宪法结构或者宪法安排;② 该国潜在的政治意识形态。[4]

二、选举的基本理论

在英国学者看来,民主制主要是一种操作程序运作的结果,而这个程序的主要任务,就是选举出一个可以有效实施统治的政府。正是在这个意义上他们承认联合王国是一个民主国家,这意味着,联合王国的政府是人民选举产生的。[5]

英国人非常务实,虽然有许多的论据可以证明选举制度在英国宪法体制中占据不容撼动的基础性地位,但其专家学者对于选举的基本理论的描述却几乎可以用一片空白来概括。最主要的原因在于,选举已经成为英国人民生活的一种常态。从历史上看,他们不断地通过行动扩大选举权,只是这个过程绵延了几百年。

---

[1] Martin Partington, p. 9.
[2] Martin Partington, p. 30.
[3] Martin Partington, p. 30.
[4] Martin Partington, p. 30.
[5] Neil Parpworth, p. 101.

三、选举的基本制度

英国选举有三大基本制度:一人一票、秘密投票、免费投票。

这三大基本制度的关系是:一人一票是基础,能够实现或者基本实现,民主制就算基本建立了。秘密投票是手段,只有秘密投票才能够保证真实政治意愿的表露。免费投票是前提,选举权的资格制、身份制,一言以蔽之,就是钱。只要钱在选举中起作用,人民就永远不会是自己的主人。

(一)一人一票

选举制度最基本的原则就是一人一票,但几乎没有哪个国家真正实现了一人一票。当然,英国人似乎并不怎么关心这个问题,他们在英国法中讨论这个问题的着眼点在于,如何避免重复投票,实现选举权的平等。在英国,一个人可以在一个以上的选区进行登记,但任何人都不得在一次议会选举中投一次以上的票。[1]

早年,离家上学的学生可以在其家乡的选区进行选民登记,也可以在其就学的选区登记为选民,现在已经废除了因此种重复登记而产生的多重或称复数选举权。[2]

(二)秘密投票

英国选举制度中一个基本的规律性制度设计,就是秘密投票。真正意义上的秘密投票,或许是英国选举制度唯一的合理内核。

英国法律禁止询问某人的投票意向,甚至不能盘问某人的投票权利,除非某一候选人及其选举或者投票助理在某人离开投票站之前,向监票官宣称有足够的理由相信该人构成假冒罪并将进一步在法院启动实质性的追诉程序,此时,监票官可以命令警察逮捕该人。[3]

(三)免费投票

几乎没有一个现代国家的选举是收费的,但并不是每一个国家的选举都是与资产无涉的,例如有的国家不断扩大农民选举权的做法之一,就是使他们尽可能拥有接近八分之一个市民的选举权,然后进一步向四分之一接近。英国的地方政府机关担负着重要的组织选举的职能,选举的

---

[1] Bradley & Ewing, p. 149.
[2] Bradley & Ewing, p. 148.
[3] Andrew Arden, p. 309.

官方开支不同于候选人的竞选开支,选举的官方开支是根据财政部规定的标准由公共基金支付的。① 选民登记和选举服务属于地方政府机关的"杂务"②。这些职能都被列入基本的公共服务的范畴,属于地方政府机关必须提供的基本社会服务,因此不得收取任何费用。英国早年存在的选民财产门槛彻底地销声匿迹了。

四、选举的分类

(一) 按选举结果分类

按选举的目的或者选举产生的结果分类,英国的选举可以分为一般选举(ordinary elections)、大选(general election)等。

1. 大选

大选又译为普选,是产生英国议会众议院议员的选举,在议会民主制的英国,这其实也就是选举新一届英国政府,称其为大选,道理就在于此。由于是选举中央议会议员,全国各地人民都要参加,因此又称普选。

2. 一般选举

又译为普通选举,是指选举地方议事会的选举。这种选举之所以称为一般选举,还有一个原因是区别于特别选举,即补缺选举。某一地方政府机关的一般选举可以采取两种形式之一:一种是一次选举出该地方政府机关的整个议事会,另一种是一次选举其中的三分之一。③

或许是为了节省选举开支,各种选举的选期或者说议员的任期往往是重叠的或者相同的,以使各种选举可同时进行,选民们通过填写不同的选票来行使不同的选举权。

(二) 按选举是否规律分类

按选举是否在正常选举年份或者议员正常退休时进行,可以将选举分为一般选举和补缺选举。

1. 一般选举

此前按选举结果分类的两类选举,以及此后将要介绍的按议事机构分类的六类选举,都属于一般选举。若通过这两大类、六小类选举产生的议员出缺,则必须进行补缺选举。

---

① Bradley & Ewing, p. 151.
② Andrew Arden, p. 449.
③ Andrew Arden, p. 291.

2. 补缺选举

从补缺选举(by-elections)的构词法看,英国的制度设计者显然将这种选举视为一般选举的补充,事实也确实如此。

(三) 按议事机构分类

按选举产生的议员组成的议事机构分类,可以分为英国议会的选举和地方议事会的选举。其中英国议会的选举就是英国议会众议院的选举。地方选举按地方议事会的类型分为[①]:

(1) 郡议事会的选举;
(2) 大城市的区议事会的选举;
(3) 非大城市的区议事会的选举;
(4) 伦敦自治市议事会的选举;
(5) 威尔士的郡议事会、自治市议事会的选举。

五、选举权扩张史

选举权曾经是一种与资格相关联甚至可以说是身份性的权利。[②] 这种权利之所以带有资格色彩,是与其不断淡化身份、财产、性别等资格要素的历史互为因果的。英国选举权的发展史其实就是选举权的扩大史。英国选举权的扩大历程中有两起重要的阶段性事件:取消财产门槛,赋予妇女选举权。财产门槛的破除,赋予了所有成年男子平等的选举权。而赋予妇女选举权则实现了全国范围内所有成年公民选举权的平等。然而在过去,存在名目繁多的与拥有土地或者财产情况相关的资格条件,选举权仅为极少数人所掌握。[③]

(一) 选举权的过去

自1265年的蒙特福德议会(Simon de Montfort's Parliament)开始,在五个多世纪的时间里,英格兰人民在众议院中的代表是由来自每个郡的两名骑士以及来自每个自治市的两名自治市议员(burgesses)担任的。[④]

1295年的"原型国会"开始接纳自治市的代表。各郡选送两名郡选

[①] Andrew Arden, pp. 291-293.
[②] Andrew Arden, p. 300.
[③] Neil Parpworth, p. 101.
[④] Bradley & Ewing, p. 147.

议员,各自治市选送两名自治市市选议员便成为惯例。最初的自治市代表几乎毫无权力;郡选代表也受限制,君主能够随意授予或剥夺自治市的自治及选举权。自治市市选议员如果略显独立,则会导致该自治市在国会中遭到驱逐。郡选议员地位较高,但在一院制的国会中,与他们的对手贵族议员相比,仍显势弱。国会在爱德华三世统治时期分为两部分:郡选议员和自治市市选议员组成众议院,神职议员和贵族议员组成贵族院。

在1832年《改革法》(Reform Act)之前,在各郡中,选举权由每年拥有价值40先令以上的不动产收益的男人们行使。而在各自治市中,选举权则因各自治市的宪章以及当地的习惯而异。① 自治市的宪章由英王与各自治市签订,各地的习惯则由市民自发形成,二者结合决定了自治市居民拥有何种选举权。

事实上,在1832年以前,议会的许多席位是由拥有土地的贵族成员把持的,他们通过购买选票或者其他手段而对最终获得成功的候选人的提名产生足够的影响。②

在1918年之前,投票权主要取决于对财产的所有或者占有。同时,选举权也受古老的郡与自治市的区分的影响。③

在苏格兰,按照"古老的规则",代表权原则上取决于所交的直接税;那些被排除在选举权或者被选举权之外的人,都是那些享受政府提供的福利和保障,但却对此没有直接贡献者。当然,这些被剥夺了选举权或者被选举权的人也不分担其他国家义务,如战时兵役。④

(二) 选举权的扩大

1832年、1867年、1884年、1918年、1928年、1948年和1969年,英国通过了一系列扩大选举权的法律。在此期间,英国平均每20年修订一次选举法,也就是平均每一代人都要扩大一次选举权。当然,早期立法的细节已经成为历史⑤,没有介绍的必要了。

1918年,英国建立起了对于郡及自治市的选民统一的基于居所的选举权制度。也就是在这一年,30岁以上的妇女拥有了选举权;1928年,这一范围扩大到年满21岁的妇女。1918年以后,许多类别的选民因符合

---

① Bradley & Ewing, p.147.
② Bradley & Ewing, p.147.
③ Bradley & Ewing, p.147.
④ Bradley & Ewing, p.147.
⑤ Bradley & Ewing, pp.147-148.

选举法规定的条件而具有了超过一次的投票权：要么是拥有商业用途的土地，要么是因为毕业于有独立代表选区的大学。但这种复数选举权（elements of plural voting）在 1948 年《选举法》中被废除了。①

总之，英国通过的一系列立法改革的主旨就是扩大选举权，但成年人普遍的投票权直到 1928 年给予年龄超过 21 岁的妇女选举权以后，才真正建立起来。② 在财产门槛取消前，英国没有现代意义上的选举。因此，英国人可以问心无愧地说，在他们建立现代意义上的选举制度之前，他们已经取消了所有资格门槛。

如今，有关英国选举权的法律规范，规定在 1983 年《人民代表法》第一节，这一部分的规定巩固了早先的立法。同时，1983 年《人民代表法》也在不断修订之中，如 1985 年将选举权扩展到居住在联合王国以外的英国公民。经 2000 年修订后，《人民代表法》第 1 条规定，在议会选举中的投票权由所有英联邦公民行使，英联邦公民在法律上包括英国公民和英国臣民（British citizens and British subjects）。③

六、选举权的范围

选举权发展到今天，某人是否有权参加议会选举投票由 2000 年《人民代表法》第 1 条规定，英国的选民获得选举权、参加某一选区的选举，只需要具备四个简单的条件：① 在该选区的议会选举登记官（Register of Parliamentary Electors，另一个称谓是 Electoral Registrotion Officer）处登记；② 没有任何法律上禁止参加选举的能力限制（年龄除外）；③ 是英联邦公民（Commonwealth citizen）或者爱尔兰共和国公民；④ 达到投票年龄（18 岁及以上）。④ 对于地方选举而言，某人有权作为选民在地方政府选举的某一选区投票，条件也差不多。

根据上述标准，结合选民登记的具体要求，英国选民资格的标准可以进一步具体为⑤：① 在有权获得资格的日期内居住在该地区；② 在居住期间及投票时没有法定的丧失投票能力的情形，年龄除外；由于此处只要求居住期间及投票时没有丧失投票能力的法定事由，可见其条件比作为

---

① Bradley & Ewing, p. 148.
② Neil Parpworth, p. 101.
③ Bradley & Ewing, p. 148.
④ Neil Parpworth, p. 102.
⑤ Andrew Arden, pp. 300-301.

候选人的 5 年内未被认定有罪且没有受过 3 个月以上拘禁的刑罚,要宽松很多;③ 系英联邦公民、爱尔兰共和国公民;④ 达到投票年龄。

上述选举资格表面上看似非常宽泛,连英联邦、爱尔兰共和国公民也可以参加联合王国议会的选举。英联邦有几十个国家,它们的国民如果都到英国投票,英国的政权岂不易帜? 其实,在作为现代民主国家的英国,真正的选举权资格限制反而又回到了财产上,国籍反而退居其次。其中的奥妙就在于,第一条件中规定的居住条件。由于非英国公民不享有安居福利,要想在英国真正地满足第一条件,没有相当的财力是不可能的。于是,对于第三条件中规定的非英国公民而言,真正的选举权之有无是与其财产的多少有直接关系的。

七、选举权的确定

(一) 禁止行使选举权的情形

即使某人已经在选民登记册上登记,但在某些情况下仍不能参加议会的选举:① 正在监狱服刑或者从监狱逃脱的。② 犯过选举方面的罪的。③ 无表决意志能力的。① 表决意志能力强调的是意志能力,而非行为能力,不完全等同于民事行为能力。只要能够清晰、稳定地表达自己的意志,即属于有意志能力。具体而言,议会选举权禁止以下人行使②:

1. 未成年人

在投票日没有达到法定年龄者(不是登记日,也不是法定投票日,而是实际投票日,因为投票可能有两天以上时间)。

2. 外国人

既不是英联邦公民又不是爱尔兰共和国公民的人。

3. 贵族院的议员

世袭贵族(hereditary peers)先前是没有选举权的,但现在可以在议会选举中投票,当然,如果他们根据 1999 年《贵族院法》的规定在贵族院中保留了一个席位,则仍没有选举权。

4. 在押精神病人

依制定法被关押于精神病院者,其中的制定法包括 1983 年《精神健康法》(Mental Health Act) 和 1964 年《刑事诉讼(精神错乱)法》[Criminal

---

① Neil Parpworth, p. 102.
② Bradley & Ewing, p. 149.

Procedure (Insanity) Act]。

5. 在法律上没有相应能力者

如因精神疾病、醉酒或者体虚而使其在投票时无法理解其所作所为者。英国法没有区分无行为能力的精神病人、限制行为能力的精神病人、醉酒的人以及身体虚弱的人等在我们看来应当严格区分的情形,而是在简单列举后统一限定条件:在投票时无法理解其所作所为。当然,英国的这一标准有一个现场判断的程序及权限问题,这就是其选举诉讼中一大类案件要涉及的。当然其立法出发点是非常明确的,就是不能让那些"在投票时无法理解其所作所为者"投票。

6. 犯有选举罪者

犯有腐败罪行或者在选举中实施非法行为者,其丧失资格的程度要视违法行为的性质而定,主要指除权期限。

7. 在押犯

是刑事犯并被关押在某一刑罚机构以执行刑罚者。但是,已经作了选民登记的在押犯可以投票。据此,英国的刑事在押犯没有选举权,这与"没有剥夺政治权利的犯人有选举权"的规定有很大的不同,对此,应当对照没有判刑者所实际享有的选举权一并考虑。如果二者的实际标准都不高,则这种形式上的扩大选举权意义就不大。英国学者认为,在所有丧失选举资格的情形中,最具争议的就属本项:英国学者承认,不清楚为什么应当剥夺在押犯的选举权。但 2001 年的 R. (Pearson) v. Home Secretary 一案中,法院已经认定这种剥夺选举权的行为不违反 1998 年《人权法》。

(二) 爱尔兰共和国公民选举权的确定

经 2000 年修订后,《人民代表法》第 1 条规定,爱尔兰共和国的公民要想获得在英国参加英国议会选举的投票权,须满足以下条件[①]:① 在其拟参加投票的选区的选民登记册上登记;② 没有法定不得投票的事由;③ 达到法定投票年龄。

(三) 居住地原则的立法要求

从英国法确定的获得选举权的标准看,参加议会选举的选举权是相当宽泛的,而其核心是基于居住地的属地原则,对此,1983 年《人民代表

---

① Bradley & Ewing, p. 148.

法》(2000年修订)第4条另有规定。① 根据1983年《人民代表法》,如果某人在某一选区居住,则有权在该选区登记,并相应地取得投票权。除北爱尔兰以外,其他地区已经没有在某一次选举前必须在某一特定选区居住满合格期限才能作为该选区的选民登记的限制;也没有必须在某一选区居住的起始日期的限制,而在2000年该法修订之前,该日期通常定为每年的10月10日,该日期被称为资格日期,只有在此日期之前居住在该选区的选民才能在此后的选举中作为选民登记。而北爱尔兰地区的限制性规定是,选民必须在该地区居住至少3个月,但不必在某一特定选区居住满3个月。②

与选举有关的居住的含义规定在1983年《人民代表法》第5条及其修正案中。英国学者认为此项规定比较难以理解之处在于,该条规定,在确定某人是否居住在某一特定选区时,除考虑某人在指定日期居住或者离开等事实外,还应当特别考虑该人的目的性及其他因素。如果某人待在某地却并没有长远打算,只要该人在别处没有安家,仍可以认定其居住在该地;但如果该人在别处确实有家,则不能认定其居住在现在所待的地方。③

在某地的居住状态并不因以下原因而中断:因履行公务、服务或者雇佣等产生或者附随的义务而离开;甚至因此等目的临时离开接受教育地的情形,也被视为为履行上述义务而临时离开,从而也不影响当事人基于居住而产生的选举权。④

此外,英国选举法还对下列特殊情况下的选民登记作了特别规定:精神病医院的病人、在押的犯人以及无家可归者。⑤ 无家可归者可以作一项"关系地声明",从而使其得以在其"一般地实际待过一段时间"的地方登记为选民。⑥

(四)居住地原则的具体落实

某人是否居住在英国需要视实际情况确定。在1985年的 *Hipperson v. Newbury District Electoral Registration Officer* 一案中,上诉法

---

① Neil Parpworth, p. 102.
② Bradley & Ewing, p. 148.
③ Bradley & Ewing, p. 148.
④ Bradley & Ewing, p. 148.
⑤ Bradley & Ewing, pp. 148-149.
⑥ Bradley & Ewing, p. 149.

院认定，那些在格林汉姆空军基地的公路或者公共用地宿营超过两年之久，并在那里接收邮件的妇女，符合1983年《人民代表法》的居住条件的要求。①

如果有迹象表明居住是非法（当然在上述判例中并不存在）的，结果将会有所不同。在1970年的 Fox v. Stirk and Bristol Electoral Registration Officer 案中，学生们就其大学所在地的镇的选举登记处拒绝他们登记而提出上诉，上诉法院认可了他们的请求，认为学生们在大学所在地的镇居住的时间具有足够的持久性，可以认为他们在镇上居住。②

八、选区的分配

从政治上或者竞选策略上考虑，选区的分配是有一定的技巧可言的；但从法律上特别是选举法的角度看，选区的分配正如行政区划的划分一样，只是一种既成事实，而且在通常情况下与行政区划也确实存在密切的联系。英国选区划分体制中的自由裁量权，使得这一体制在运行过程中特别有必要确保其公正性，并避免人们对于执政党利用执政优势从本党利益出发操纵选区划分的指摘。③

（一）历史上的选区

在1832年以前，未经改革的英国众议院是按照英格兰及威尔士的每个郡和自治市都有权由两名议员代表的基本原则组建的。同样的原则也适用于苏格兰在英国议会的代表席位的分配，但要受英格兰《与苏格兰合并法》设定的名额的限制，这导致了苏格兰的某些郡及皇家自治领（royal burghs）的组合。④

在这种体制下，各行政区在议会中的代表权取决于该地方政府单位的法律地位而与其各自辖区内的人口数量无关。有些郡，如康沃尔郡，其辖区内包括许多面积很小的自治市，这些自治市产生的代表数与那些拥有迅速增长的产业人口的地区相比就显得太多。⑤

---

① Neil Parpworth, p. 102.
② Neil Parpworth, p. 102.
③ Bradley & Ewing, p. 152.
④ Bradley & Ewing, p. 151.
⑤ Bradley & Ewing, p. 151.

(二) 选区格局

英国选区也是按照所选举的议员的类型进行划分的[①]:

(1) 郡划分为若干选区,每个选区产生 1 名地方议事会成员。

(2) 大城市的区分成若干选区,每个选区产生 3 的整数倍数量的地方议事会成员。这样做是为了给三三制任期的议事会成员提供改选的便利,确保每年改选三分之一。

(3) 非大城市的区也分成若干选区,其中每个区所产生的地方议事会成员的数量可以在 4 种不同的方法中选择一种以命令的形式规定。

(4) 每一个伦敦自治市议事会也区分为若干选区,每个选区能够产生的地方议事会成员的数量由根据 1992 年《地方政府法》的第二部分的规定而作出的命令确定,或者在该命令作出之前,由该自治市的宪章或者根据此前的立法作出的命令的规定决定。

九、确定选区边界的机制

由于选区的划分会在一定程度上影响该选区内选民的政治构成,因此在英国,各党派对于选区的划分及调整都相当重视。因此,研究其确定选区边界的机制,对于考察其民主制度的实际运行机制具有重要意义。

(一) 地方政府边界委员会的组织

1986 年《议会选区法》(Parliamentary Constituencies Act)巩固了此前制定的 1949 年及 1958 年《众议院(席位重新分配)法》[House of Commons (Redistribution of Seats) Acts],为英格兰、威尔士、苏格兰及北爱尔兰设立了 4 个常设的地方政府边界委员会(boundary commissions),由大法官兼任的贵族院的发言人名义上是每个地方政府边界委员会的主席,但实际上是任命某一来自高等法院或者苏格兰的季审法院的法官为每一委员会的代理主席。除主席外,每一地方政府边界委员会还包括另外 2 名成员,英格兰的地方政府边界委员会的这 2 名成员是由部长任命的。每一地方政府边界委员会有 2 名办事人员,英格兰的这 2 名人员是由总选举登记官(Registrar General)和军需总监(Director General of Ordnance Survey)担任的。[②]

[①] Andrew Arden, p. 294.
[②] Bradley & Ewing, p. 152.

（二）地方政府边界委员会的职责

每一地方政府边界委员会必须负责对其所辖的联合王国内的选区进行全面的审核，审核的间隔不得少于 10 年也不得多于 15 年，这一间隔期由 1992 年《地方政府法》调整为 8 至 12 年；但可以根据需要随时提出对某一特定选区进行调整的建议。①

（三）选区边界确定程序

各地方政府边界委员会必须充分注意受其选区调整的建议影响的选区的意见。如果收到来自有利益关系的地方政府机关或者至少包括 100 名选民的组织的反对意见，则相关的地方政府边界委员会应当针对所提的意见举行一次地方调查。在收到调查官调查后提交的就公开调查事项所作的报告之后，有关的地方政府边界委员会必须向国务大臣提交该委员会的报告。②

1986 年《议会选区法》第 3 条第 5 款为国务大臣规定了一项义务，"在某一地方政府边界委员会提交了报告后"，接受报告的国务大臣必须将该报告与一份代拟的赋予相应的选区调整建议以效力的枢密院令一并呈送议会；接受报告的国务大臣在呈送议会前，可以对该报告中提出的建议进行修改，也可以不作改动；如若修改，则必须向议会陈明修改的理由。枢密院令的代拟稿必须经议会两院批准，而最终的命令由英王以枢密院令的形式发布。③

由于导源于议会法律的地方政府边界委员会的程序规范，按理可以由此后的议会立法废除或者修改，这一点会诱使政府在其认为对本党的选举利益有益时，采取相应的立法措施。但正如安奈林·贝文（Aneurin Bevan）所言："很难想象还有什么能比使议会外的人民不可避免地认为众议院得以选举产生的宪法体制是建立在对这个国家的某个党更有利的基础之上这一点更能破坏议会的权威了。"在论证这一点的过程中，英国学者提到了美国的情况。在美国，最高法院积极行动以保护选民个体在州选举中投票权的价值，认定投票者明白无误地拥有直接的、足够的维护其投票的有效性的利益，而且这种利益属于美国宪法所保障的"平等法律保

---

① Bradley & Ewing, p. 152.
② Bradley & Ewing, p. 152.
③ Bradley & Ewing, p. 152.

护"的范畴。①

（四）选区定界决定的终局性

根据1986年《议会选区法》附表2的规定，对于任何声称根据该法的规定作出，并重申经过了英国议会两院批准的枢密院令的合法性，不得在任何法律诉讼程序中提出疑问。② 这是英国立法中一项非常明确的排斥司法审查的规定，考虑到这一规定所涉及的命令是依法并经议会两院分别通过的，等于经历了正式的立法程序，属于我们所理解的议会的法律性决定，因此，对于此种决定不得提出司法挑战，似乎也无可厚非。但英国学者在此强调这一规定的用意在于，英国没有严格意义的宪法诉讼与行政诉讼的区分，对于法律的违宪审查制度是若明若暗地存在于英国的宪法体制中的，故对于这种立法实际排斥司法挑战的表述的效力，是值得研究的，不能简单地一概而论。

（五）选区分配规则

1986年《议会选区法》规定了地方政府边界委员会在重新调整议会席位分配时应当遵循的规则：威尔士的代表席位不得少于35席，北爱尔兰的席位数应介于16至18席，而大不列颠的席位数最多不得超过613席。但根据1998年《苏格兰法》第86条的规定，苏格兰已不必至少保留71个席位。③

但据英国学者介绍，这些规则实际上难以适用，特别是对英格兰而言，其实际的效果是，苏格兰及威尔士每名国会议员所代表的人口数比英格兰要少。例如，1997年，英格兰每个选区的选民人数平均为69578人，威尔士为55563人，苏格兰为55339人。早先的北爱尔兰在英国议会中的代表席位只有12个，1973年以来，北爱尔兰有了自己的涉及地方权力下放事务的议会，但由于代表总数的指导原则继续有效，增加代表的提议在1979年获得了英国议会的批准。④

（六）迈向算术平等

虽然每个选区都只能产生一名议员，但由于各个选区中选民人数的差异，会产生所谓的明显的不合理，这就是算术平等的必要性所在。

---

① Bradley & Ewing, p. 154.
② Bradley & Ewing, p. 152.
③ Bradley & Ewing, p. 152.
④ Bradley & Ewing, p. 153.

从1832年《改革法》开始,英国在重新划分选区方面采取了大量旨在消除非常明显的差异的措施,只不过这些措施通常又可以视为扩大选举权方面的改革的一部分。①

直到1917年,根据选区的人口数量更广泛地实行算术平等原则才被普遍接受,而且直到1945年,英国才建立起选区的界限随时根据变动的人口数量进行调整的长效机制,以避免选区之间人口数量不均衡发展导致严重背离算术平等原则。②

虽然这些立法的宗旨是建立公正的机制,但据英国学者评价,这一体制的实际运行效果并非无可争议。因为新的选区调整体制并不打算实现选区间严格的算术平等,而是仍将强调的重点放在议员的地区代表性方面,放在当选的议员与其选区的联系上,放在议会选区的边界与地方政府的辖区尽量不要冲突的考虑上。③

1973年的一项立法为组成联合王国的4个国家的每个部分分别规定了一个计算选举配额的方法,换句话说,就是该国内部的选民总数除以其在各地方政府边界委员会进行选区普查时既存的选区总数所得的数,就是每个国会议员代表的选民的平均数。④

每一地方政府边界委员会必须尽可能确保每一选区的选民人数接近相关的选举配额,当然,各地方政府边界委员会在这样做的同时还必须考虑其他规则,如议会的选区应当尽可能避免与地方政府的边界不相吻合。当然,如果出于特殊的地理方面的考虑,并不一定要严格适用有关选区配额的上述原则;而且在对选区进行调整时必须考虑因此所致的不便,以及因此项调整而破坏地域间的传统联系的可能性。⑤

总之,英国学者认为,在决定如何实现选区之间的算术平等方面,英国的各地方政府边界委员会拥有广泛的自由裁量权。⑥

十、选区边界普查

英国的4个地方政府边界委员会分别在1954年、1969年、1983年以

---

① Bradley & Ewing, p. 151.
② Bradley & Ewing, pp. 151-152.
③ Bradley & Ewing, p. 152.
④ Bradley & Ewing, p. 153.
⑤ Bradley & Ewing, p. 153.
⑥ Bradley & Ewing, p. 153.

及 1994 年对各自辖区内的选区进行了普查①，2001 年也有一次。

（一）1954 年的选区普查

1954 年，英国政府未经修订即赋予 4 个地方政府边界委员会普查后所提的建议以法律效力。结果有 6 个选区被撤销，同时新设立了 11 个选区，它们均在英格兰，并将众议院的议员人数增加到 630 人。②

（二）1969 年的选区普查

与 1954 年的情况完全不同，1969 年的选区普查结果在取得政府批准方面颇费周折。英格兰的边界委员会提议对 271 个选区进行重大调整，同时建议在英格兰设立 5 个新的选区。当英格兰的边界委员会提交其报告时，在大伦敦以外的英格兰地区及威尔士地区进行大幅度调整的地方政府重组计划已经准备就绪，此时当政的工党政府决定，议会选区调整应当等到地方政府重组完成后进行。于是，政府推迟了将地方政府边界委员会的报告提交议会批准的进程，取而代之的是另外一项议案，即授予未进行地方政府重组的大伦敦及其他地方出现的少数大得非同寻常的选区的调整建议以法律效力。③

（三）1983 年的选区普查

到了第三次选区普查结束后的 1983 年，选区普查再次导致了选区的广泛调整，并导致大不列颠的议席数量增加了 10 个，总数达到 650 个。工党领袖就英格兰选区的调整在高等法院提出挑战，但没有成功。④ 可见，每次选区普查及其后的选区调整，都是议会各党，特别是主要大党争议的焦点。对 1969 年的第二次选区普查结果不服提起的诉讼，是由一名普通公民诉至法院的，而对第三次结果不服提起的诉讼，则直接由工党领袖出面，可见其重视的程度。

（四）1994 年的选区普查

1994 年结束的第四次选区普查进一步将英格兰的席位数从 524 增加到 529，并使众议院的议席总数达到 659。⑤

（五）2001 年的选区普查

2001 年的第五次选区普查涉及减少苏格兰的议席数。当时英国政

---

① Bradley & Ewing, p. 153.
② Bradley & Ewing, p. 153.
③ Bradley & Ewing, p. 153.
④ Bradley & Ewing, p. 154.
⑤ Bradley & Ewing, p. 154.

府议员中苏格兰议员所占的比例较高,减少苏格兰地区的议席数显然会产生争议。① 尽管苏格兰每个议会代表所代表的选区人数低于英格兰,但其当选的议员跻身英国政府,即成为前座议员的比例却较高,这固然可能仅仅是一个时期某一执政党内部的偶然,但从现实性考虑,这些议员在政府中的角色和地位,显然会加重其话语权,从而使针对苏格兰的议席的改革遇到来自执政党内部的阻碍。

十一、选举周期

议员的任期决定了选举周期,但二者也不完全相同,关键看议员的更新方式。如果一次全部更新,则在正常情况下任期与选举周期相同;如果是分次更新,则会出现类似美国的中期选举,而英国人在这方面也像他们的英制计量单位一样,把任期数定得不能被 2 整除,于是出现了极为复杂的任期及选举周期制度。如英国地方议事会分为许多种,每一种议事会由不同年份制定的不同法律调整,相应的选举制度也参差不齐。

(一)郡议事会

自 1973 年开始,郡议事会的选举每四年举行一次。因此,其议员的任期是四年。②

(二)大城市区议事会

大城市区议事会成员的任期也是四年。③ 但其一般选举每四年举行三次,这一做法的首次选举始于 1973 年,随后的选举应当在 1975 年、1976 年举行,然后四年一个循环,从而避免郡议事会与区议事会的选举同年举行。④

英国大城市区议事会的四年三选制具有典型的英国式标新立异的色彩,会让一些读者觉得繁复异常。当然,这种做法也是可以理解的:其基本的出发点是避免郡、区两级议事会同年选举,虽然在这些地区这两级议事会已经基本上互不隶属,没有任何行政上的上下级关系。而从其规定的文字看,由于其选制的复杂,似乎也只能如此规定。具体而言便是:在第一个四年中,1973 年的选举算一次,1975、1976 年各举行一次,总共是

---

① Bradley & Ewing, p. 154.
② Andrew Arden, p. 291.
③ Andrew Arden, p. 292.
④ Andrew Arden, p. 291.

三次选举。第二个四年的第一年即1977年没有选举,随后1978年、1979年、1980年各有一次选举;随后依此类推。由此不难预见,大城市区议事会成员的任期及衔接也是非常麻烦的。

(三) 非大城市区议事会

非大城市区议事会成员的选举体制由"必要决定"(requisite resolution)确定,各非大城市区议事会都有权单独请求国务大臣就其选举事宜在以下两种体制中选择其一作出这种"必要决定":① 议事会全体选举体制,即同时举行区议事会的全体议员的一般选举。② 三三制体制,即每年的一般选举仅选举区议事会成员的三分之一(越接近越好)的体制。如果非大城市区议事会请求选择三三制选举体制,该议事会必须明确指出哪些地区将是应当产生3的整数倍数量的议员的选区,哪些则不必产生3的整数倍数量的议员。①

(四) 伦敦的自治市议事会

伦敦自治市议事会成员的选举自1974年开始每四年举行一次。②

(五) 威尔士的郡议事会、自治市议事会

其一般选举自1994年开始每四年举行一次。③

十二、选举的组织

由谁组织选举,与谁被选举有一定的关系,更与谁会当选存在潜在关联。防止选举舞弊、维护选举秩序是任何民主进程中必须逾越的一道坎,许多国家之所以不敢有所作为,很重要的原因是无法有效遏制或者预防选举舞弊。而事实上,在一个充分公开的社会,在一个对选举舞弊拥有刑罚最终控制手段、司法者又可以相对独立于当选者的环境中,选举舞弊即使存在也不会严重到能够左右一个国家的命运。当然,即便如此,必要的选举管理还是必要的,但仅仅是形式上的必要而已。

英国的地方政府机关担负着重要的组织选举的职能,这些职能主要是通过以下三类选举官员履行的。

(一) 选举登记官

在英格兰及威尔士,选举登记官由每一区议事会或者伦敦的自治市

---

① Andrew Arden, p. 292.
② Andrew Arden, p. 293.
③ Andrew Arden, p. 293.

议事会任命。① 每一区议事会及每一伦敦自治市议事会必须为位于本辖区内的选区、与本辖区相连的选区或者选区的一部分,任命一名本议事会的官员作为选举登记官。②

选举登记官履行包括编制选民登记册在内的职责。③ 选举登记官必须每年准备并公布其所服务的区域的地方政府选民登记册。④

为准备选民登记册,选举登记官必须对那些应当予以登记的选民进行挨家挨户的寻访(house-to-house inquiry)。⑤

选举登记官应当准备并公布在其看来应当予以登记的选民的名单以及他们的有效地址。除此之外,选举登记官还必须裁决所有适时提出的登记申请,并有权裁决在选民登记册中取得登记者反对将其他提出登记申请者登记在选民登记册中的申请。⑥ 也就是说,对他人提出的选民登记申请提出异议的资格条件是,自己必须是已经登记在选民登记册中的合格选民,如果自己也是申请登记者,并且还没有得到选举登记官的裁决结论,则不能反对别人的登记申请。

(二) 监选官

英王还可以在每个郡任命一名郡治安官(sheriff),负责执行法院的判决,并充当当地的监选官。⑦ 每一地方政府机关还必须任命一名本地方议事会的监选官。就伦敦的自治市而言,其监选官就是各地方政府机关的相关官员。⑧ 从任命渠道看,监选官及兼任监选官的郡治安官应当独立于组织选举的地方政府机关,以便各为其主(即希望选举公正的选民、候选人、参选党派),但监选官在绝大多数情况下都是兼职的,即在英王任命郡治安官之后,地方政府机关再将其任命为当地的监选官,这种兼职实际上实现了中央对地方选举的监督。

从计票工作完成后,监选官必须向举行地方选举的地方政府机关的相关官员发送有关选举结果的文件⑨的规定看,监选官并不是地方政府

---

① Bradley & Ewing, p. 149.
② Andrew Arden, pp. 298-299.
③ Andrew Arden, p. 373.
④ Andrew Arden, p. 299.
⑤ Andrew Arden, p. 299.
⑥ Andrew Arden, p. 299.
⑦ Andrew Arden, p. 134.
⑧ Andrew Arden, p. 373.
⑨ Andrew Arden, p. 311.

机关的官员，而是由中央政府或者按照其他程序任命的负责监督地方选举的官员。考虑到各投票站的监票官是由监选官任命的，而参与计票的计票助理又是各候选人的竞选助理，可以说，英国地方政府机关完全无法控制本地的选举，这正是民主制最核心的要求和结论。

在每一选区内对某次选举的官方行为的责任，由该选区的监选官承担。英格兰及威尔士的完全处于郡议事会的辖区内的郡选区，其监选官是由该郡议事会的治安官担任，而完全处于区地方政府辖区内的自治市选区的监选官则由该区议事会的主席担任。①

不过，监选官最主要的职能是由选举登记官或者一名行政任命的代理监选官履行的。但有些职能，如宣布选举结果，则仍由监选官履行。②

（三）监票官（presiding officer）

监选官可以书面形式任命一人或者多人履行其全部或者部分职能。监选官必须为每一个投票站（polling station）任命一名到场监票的监票官，以及组织选举所需要的工作人员，并支付报酬。③

（四）法律责任

过去，操办选举活动的官员并不总能公正地履行其职能。在1703年的 *Ashby v. White* 一案中，艾尔斯伯里市（Aylesbury）市长作为监选官错误地拒绝原告阿什比（Ashby）参加投票，于是，原告阿什比起诉该市长，请求侵权赔偿金。贵族院支持上诉法院刑事分庭庭长霍尔特（Holt）的观点，而上诉法院否决了高等法院王座分庭的意见。贵族院认为，应当给予原告损害赔偿金。用霍尔特法官的话说："承认原告在本案提出的诉讼请求，将使公共官员更谨慎地遵守城市或者自治市的宪章，而不至于如他们现在所习以为常的那样在所有的选举中有失公平。"④这样的要求即使在今天也并非所有国家都能做到。

今天，英国要求所有涉及操办选举活动的官员都要无偏私地履行其职责，否则会面临刑事制裁，但是不能因他们违反应尽的职务义务而诉请损害赔偿。⑤ 英国对于刑罚的倚重，在此有了进一步的体现。民主需要由刑罚来维护，这首先是民主国家的态度问题。至于究竟有多少人会因

---

① Bradley & Ewing, p. 151.
② Bradley & Ewing, p. 151.
③ Andrew Arden, p. 373.
④ Bradley & Ewing, p. 151.
⑤ Bradley & Ewing, p. 151.

此获罪,则是效果问题。在英国现代高度公开的选举活动中,这样的刑事案件并不多见,没有哪个政党敢以此触碰选民敏感的神经。因为如此一来,损失的绝不是一两个被刑事追诉的本党成员,而是在全国范围内政治信用的灭失,可能殃及此后的几届选举。

十三、选举委员会的角色

在英国,没有哪项重要制度体系的运行中没有专门设立的委员会的身影,作为英国民主政治制度的核心,选举制度的运转也离不开专门设立的委员会,这就是英国的选举委员会。

(一)选举委员会的设立

2000年《政党、选举及全民公决法》的主要制度创新是创设选举委员会。该法为了保证选举委员会的中立性可谓煞费苦心,其中的每一分努力都是为了确保该委员会既独立于政府,又独立于各政党。①

(二)成员的资格

如果某人是某一政党的成员、行政官员、在此前10年间曾经担任过选举产生的职务、曾经作为捐献者上过登记捐献者的名单或者担任过某政党的官员、雇员,则该人不得被任命为选举委员会的成员。哪怕仅仅捐献了1001英镑,也将失去任命资格。②

(三)成员的任命

选举委员会成员由英王任命,但只需要经过众议院发言人同意。众议院发言人同意前应当先咨询议会中拥有两名以上议员的登记注册的政党的领袖们的意见。英王对选举委员会成员的任命必须得到众议院的批准;选举委员会的成员只有依据规定的事由并经众议院提议后才能罢免。③

(四)预算安排

另外一项有助于确保选举委员会的独立性的制度安排是对其预算的规定,其财政预算是由2000年《政党、选举及全民公决法》设立的一个众议院发言人的委员会决定的。这个委员会由两名部长、众议院内政委员会主席(chairman of the Home Affairs Committee)和众议院发言人挑选

---

① Bradley & Ewing, p. 164.
② Bradley & Ewing, p. 164.
③ Bradley & Ewing, p. 164.

的 5 名后座议员组成。①

（五）职能设置

1. 一般监督权

选举委员会拥有广泛的职能。该委员会必须公布关于选举和全民公决行为的报告,对一系列选举事项实施密切的监督,其中包括对政党的收入和开支以及在电视广播等传媒领域的政治广告。②

2. 被咨询权

在英国法的权力与职责配置体系中,被咨询权的权利主体是法定的应被咨询的特定机构,而咨询的义务主体则是法定的应咨询有关对象的决策主体。此种制度设计的结果是,被咨询主体被动地等着咨询者上门咨询,未经咨询的决定因程序违法而无效。任何选举法方面的修订都必须咨询选举委员会的意见,选举委员会还被授权给选举登记官、监选官、政党及其他人提供建议和除财政资助以外的其他援助。在竞选期间,有关当事人可以直接向该委员会请求就选举法方面的问题提供法律建议。③ 这是对该委员会履行上述职权的义务性规定,在选举期间不履行该义务,会在司法审查中被宣告为违法,即不作为。

此外,独立广播电视监管机构在制定有关政党政治宣传节目的规则时,必须考虑选举委员会的意见;提供给各政党的用于政策研究的经费在分配时也必须按照选举委员会起草并经内政大臣批准的计划进行。④

3. 监督选举法的落实

选举委员会还在实施有关向政党捐赠以及竞选开支的法律方面发挥着关键性作用。根据 2000 年《政党、选举及全民公决法》第 145 条的规定,选举委员会还有一项一般职责:不仅监督有关方面遵守该法的情况,而且监督其他制定法有关候选人在选举期间的个人开支以及他人为候选人实施的开支的限制或者其他要求的落实情况,只要这些开支明显属于 1983 年《人民代表法》规定的范畴。⑤

4. 调查权

尽管选举委员会拥有广泛的调查权,但却没有起诉违反选举法的犯

---

① Bradley & Ewing, p. 164.
② Bradley & Ewing, pp. 164-165.
③ Bradley & Ewing, p. 165.
④ Bradley & Ewing, p. 165.
⑤ Bradley & Ewing, p. 165.

罪嫌疑人的职责。① 对选举委员会发现的选举违法或者犯罪行为的刑事追诉权,由总检察长直接或者委托他人行使,一般不委托给选举委员会。

十四、补缺选举

(一)地方议事会成员出缺的原因

英国地方议事会成员的出缺分为两类,正常出缺和偶然出缺。区别在于,偶然出缺所空出席位的任期是出缺者正常任期的剩余部分。② 如任期为4年,在已任职3年半时死亡,则其继任者的任期只有半年。许多政治新秀因此不愿意参加偶然出缺后的补缺选举。

1. 正常出缺

地方议事会(包括联合议事会)的成员因下列情况的职位出缺属于正常出缺:① 失去成为该议事会成员的资格;② 非因1998年《审计委员会法》(Audit Commission Act)第二部分的规定而失去作为该地方议事会成员的资格;③ 被定罪或者违反1983年《人民代表法》第二部分的规定;④ 因不出席该地方议事会的会议而不再是该地方议事会成员。③

2. 偶然出缺

指地方议事会的成员遇有如下情形出现职位空缺:① 未能以准备并发表接受其职位的要式声明的方式就职;② 辞职、死亡或者因法院的命令而失去作为该地方议事会成员的资格。④

(二)地方议事会成员出缺的公布

无论是正常出缺,还是偶然出缺,地方议事会(包括联合议事会)都必须发布该议事会成员出缺的通知。⑤ 这既是地方政府机关的义务,也是选举公开的要求,由此拉开了该空缺职位补缺选举的序幕。

(三)确定出缺产生的时间

为了填补偶然出缺,必须准确地认定出缺产生的时间⑥:① 未能以准备并发表接受其职位的要式声明的方式就职的,为指定的发表接受其职位的声明的期限届满时。② 就辞职的情况而言,为指定的接受辞职通知

---

① Bradley & Ewing, p. 165.
② Andrew Arden, p. 295.
③ Andrew Arden, pp. 294-295.
④ Andrew Arden, p. 295.
⑤ Andrew Arden, pp. 294-295.
⑥ Andrew Arden, pp. 295-296.

的个人或者机构收到辞职的通知时。③ 因死亡出缺者,为死亡之时。④ 根据 1998 年《审计委员会法》或者因认定有罪而失去资格者,为通常的上诉或者递交申请的期限届满时;或者在提起上诉或者递交申请后,为最后处理上诉或者申请、自愿放弃或者因未达到不起诉的效果而以失败告终时。⑤ 某一选举因选举诉讼(election petition)被宣布无效的,为选举法院(election court)的报告或者确认之日。⑥ 在某人失去作为该地方议事会成员的资格,或者因前述提到的原因以外的其他原因失去作为该地方议事会成员的资格,或者因未出席会议而不再是该地方议事会的成员等情况下,为其职位被高等法院或者该地方议事会宣布空缺之时。

(四) 补缺选举的时间

如果某一重要地区的地方议事会成员偶然出缺,则填补该空缺的选举应当在宣告出现空缺之日起 35 日内举行,而无论该空缺是由高等法院还是地方政府机关宣布的。①

在其他情况下,地方政府机关的补缺选举也必须在该地方政府机关收到本地的 2 名地方政府的选民提交的职位出缺的书面通知后 35 日内举行。② 这种情况涉及有关地方政府机关未能及时组织补缺选举的情形,即无论地方议事会成员的空缺是什么原因造成的,也无论出缺议员所在的选区是否重要,只要有 2 名当地的选民提出。当然,这类书面通知必须有事实根据,即确实如其所言存在空缺,则地方政府机关必须在收到该书面通知后,组织本地方政府机关的补缺选举。这一规定的最大好处是,避免地方政府机关对于补缺选举的控制,而其启动门槛之低也充分说明了立法者对于维护选民的参与权的决心,如果门槛太高,则地方民主生活就极有可能失去选民的监督。

补缺选举的日期必须由地方政府机关的监选官确定。如果某一补缺选举发生在出缺议员无论如何都要退休(届时将举行一般选举)的半年内,一般不会举行补缺选举,除非与该空缺同时发生的职位空缺总数达到了该地方议事会成员总数的三分之一。③ 如果某一补缺选举未举行,该空缺将在下一次一般选举中一并补充。④ 如果在某空缺出现前虽然也有

---

① Andrew Arden, p. 296.
② Andrew Arden, p. 296.
③ Andrew Arden, pp. 296-297.
④ Andrew Arden, p. 297.

大量空缺,但即使加上该空缺,空缺总数仍不足议员总数的三分之一,仍不会举行补缺选举。这样规定的目的在于,尽量减少不必要的选举,因为少数席位空缺并不足以影响整个地方民主决策的真实性。

（五）补缺选举职位的分配

在实行议员三三制的区议事会中,如果偶然出缺不止一个,并且都是在一次选举中补齐的,则在补缺选举中得票最少的当选者通常被认为应当替代那个如不出缺应当最早退休的前议员,而得票倒数第二的当选者顶替通常情况下应当第二个退休的前议员,依此类推。如果没有竞争性的选举或者有异议产生,则退休的顺序通过抽签决定。① 由于补缺选举中顶替出缺议员的当选者的任期,就是出缺议员剩余的任期,如果被顶替者的任期不等(一般差整数年),就会出现此处讨论的情况的适用时机。而英国方面采取的原则是,谁的民望高,谁的任期就长,这也符合选民的意愿。对于这些十分细微的环节,读者可能因为没有切身的感受,不是很感兴趣,但正是这些细节,决定了民主制度的合理性、真实性、完整性。

如果为填充一个或者几个偶然出缺而举行的补缺选举是在实行三三制的选区进行的,并且与一般选举同时进行,也适用同样的规定。② 由于补缺选举与一般选举同时进行,如果某一选区出缺的议员还有 1 年的任期,而该选区同时要选举产生两名议员(一名补缺,一名正常),此时,如何决定当选者中谁作为正常议员任期 4 年、谁作为补缺议员任期 1 年呢? 比较合理的做法显然是按照得票间接地取信于民:得票多,证明声望高,任较长任期显然更符合民意。当然,如果一般选举的选票与补缺选举的选票区别开来,将能够更准确地反映民意,只是操作的成本更高罢了。

十五、选举体制

英国的选举体制是简单多数制(first-past-the-post system),更形象的说法就是"赢者通吃"。这项制度与比例代表制(proportional representation)是不同的,在全国拥有 20% 选票的政党一样可能仅仅得到区区数个席位。这种选举制度屡遭诟病,在比例代表制下将表现得更好的政党,如自由民主党,对此种选举制度抨击得尤为猛烈。而另一方面,支持者则认为,简单多数制使得英国政治主流之外的极端党派式微、联合政府很少

---

① Andrew Arden, p.297.
② Andrew Arden, p.297.

出现,并且选区同其议员有着较为直接的联系。

(一)"赢者通吃"的英国体制

根据英国的选举体制,每一选区只产生 1 名议员。每名选民只可以投 1 个候选人的票,而获胜的候选人就是那个获得最大数量有效选票的候选人。① 这种运作方式,可以称之为"赢者通吃"。换句话说,胜出的候选人就是赢得选票最多者②,因此又称相对多数制(relative majority system)③,或译为简单多数制。

(二)"赢者通吃"之弊

1. 扭曲当选者的代表性

英国学者认为,这一选举体制比较简单,但作为一种表达议会的代表性的手段是非常粗糙的、不精确的。因为只要选区中有多于两个的候选人,则获胜的候选人就有可能并未获得选票的绝对多数(absolute majority),而仅仅是比第二名拥有相对多的票数。这一选举体制并不能为少数人的利益提供代表性,也不能确保对众议院议席的分配与全国选票的分配成比例。④

因此,选举中经常会出现这种情况:在某一选区被选为英国议会议员者,事实上并没有获得该选区参加投票选民的半数票,虽然也确有某一候选人以远远高于投票者半数的得票当选的情况。⑤ 这种选举制是一种最简单的多数代表制,即只要在该选区得票最多,即可以当选,而不考虑其得票是否超过有效票的半数、参加投票选民的半数、登记选民的半数或者应登记选民的半数。如果当选者的得票数连参加投票的选民的半数都不到,自然也没有超过登记选民的半数。考虑到参加选举的选民的比例可能非常低,则当选者实际获得的选票数占该选区选民总数的比例,可能就会是一个在我们看来低得令人难以忍受以至于对这种民主的代表性深感忧虑的数字。对于这种现象的合理解释是,这是任何选举都不可避免的表意误差,但只要保证选民资格的普遍性、选民登记的易获性、选举意志的自主性以及候选人推举程序的公正性,则相当数量的人不参加选举并不足以危及选举结果的代表性或者选举体制的民主性。

---

① Bradley & Ewing, p. 165.
② Neil Parpworth, p. 103.
③ Bradley & Ewing, p. 165.
④ Bradley & Ewing, p. 165.
⑤ Neil Parpworth, p. 103.

2. 夸大两大政党的代表性

英国选举体制会夸大前两大政党的代表性,削弱这两大政党之外的其他政党;而且即便是对于这两大政党而言,在所获得的选票与实际获得的席位之间也没有固定的关联。① 于是,在这种选举体制下,就全国总体情况而言,会出现一些不符合常理的情形:在大选中获胜并有权组织政府的政党,并不一定必须获得最多的选票。例如,1974 年 2 月选举产生的工党政府获得的选票就比保守党少(1164 万对 1191 万)。②

更有甚者,在 1983 年的选举中,虽然工党和自由及社会民主党联盟(Liberal/Social Democrat Party Alliance)在全国的得票率相差无几,(27.6%对 25.4%),但它们所获得的议席却差别很大(209 比 23)。③ 人们普遍感觉到的这种扭曲现象在 2001 年的大选中得到了进一步反映,工党赢得了众议院 659 个议席中的 412 个,比第二大党多 165 票,但只获得了 41%的选票。④ 显然,工党作为现代英国传统大党,其绝大多数议席的取得,都应当归因于其对于某些选区的有效控制,其所推举的候选人能够比较安全地赢得该选区的最多选票;一些小党虽然拥有数量相当的拥护者,但因为分散在不同的选区,在英国的选举体制下,难以获得足够多的席位。当然,这种异常的局面不能完全归咎于选举体制,因为这种结果在很大程度上恰恰是各政党针对选举体制所采取的竞选策略运作的结果。如果改为全国比例代表制,并不必然保证自由及社会民主党联盟会取得与其此前的得票率相当的议席比例。

上述不正常结果已经使人们认识到英国的选举安排不能恰当地反映选民的观点和意见,特别是少数群体的观点或者意见。相应的,有关选举改革的问题就不时被议及。为了明确地集中有关选举改革的各种意见和讨论,同时也为了将某种替代性的选举体制在某次全民公决中推荐给人民,工党政府于 1997 年 12 月设立了一个由詹金斯(Lord Jenkins)任主席的投票体制改革独立委员会(Independent Commission on the Voting System)。⑤

---

① Bradley & Ewing, p. 165.
② Neil Parpworth, p. 103.
③ Neil Parpworth, p. 103.
④ Bradley & Ewing, p. 165.
⑤ Neil Parpworth, p. 103.

(三)"赢者通吃"之利

为什么这样一个有着明显不足的选举体制却在英国(美国的选举体制与此本质上相同)大行其道,并且几百年下来没有积累起系统性的症结,至少没有产生足以中断这一体制的社会动荡呢?这其实是英国学者所要卖的关子所在——如果现行体制能够保持英国几百年甚至可以预期的千年稳定、持续的发展,为什么要改变呢?一个能够保证国家宪法体制的稳定,同时又具有在关键时刻表现出足够的民意代表性的体制,不正是许多国家孜孜以求的吗?

1."赢者通吃"的优点

据英国学者介绍,英国选举体制有以下优点:① 投票方法简单;② 当选议员与其选区之间能够发展密切关系;③ 能够以明显的少数选票博取议会中的绝对多数席位的可能性。①

上述第三个优点的实质是,使一党更容易获得对议会绝对多数席位的控制权。按照现行体制,只要议会中的两大政党之一能够保证自己在半数以上的选区具有相对的优势(无论这一优势多么微弱,如三党竞争时仅取得34%的选票,但有赢得该选区胜利的绝对把握),则即使在其他的选区一票未得,也足以在议会中赢得多数席位。在这种情况下,老牌的执政党只要能够守住自己的传统选区,或者在与自己的对手直接竞争的选区中获得胜利,用不着扩大战果,就足以获得议会的绝对多数席位。正是这种使大党容易取得对议会多数的绝对控制权的体制,使英国的政坛总是倾向于在某一政党的独立控制之下进行统治,极少出现联合政府。这样做的最大好处是,由于单独执政,执政党容易推行本党的施政纲领,而一旦失败,也无处推卸责任,只能徐图自强,以待下次选举。

2."赢者通吃"与强有力的政府

英国国内流行的一种维护现行选举体制的辩词认为,大选的功能不仅在于选举一个议会,更重要的是选举一个政府,而现行的体制能够产生一个强有力的政府。② 所谓强有力的政府,在一个议行合一的国家,显然是指一个在议会有着压倒性多数支持的政府,或者说与议会中的压倒多数保持一致的政府。这样的政府才能使其提出的议案及时在议会中变成法律,并通过赋予法律的权威,保证其政策纳入具有传统执行力的英国法

---

① Bradley & Ewing, p. 165.
② Bradley & Ewing, pp. 165-166.

律体系中,发挥其最大的效用。

当然,英国传统法律执行体制的中立性,特别是其司法体制的独立性以及中央政府部门的公务员与地方政府机关的公务人员的相互隔离,在保证英国议会法律有效施行的同时,也放大了现政府立法决策的所有不足和失误,从而加速了现政府承担责任的过程——等不到下一次大选,其政策得失已经大白于天下,正好为下一届大选的选民提供了关于本届政府执政业绩的现成答案,供选民在大选时作出自己的选择。由此可见,英国的选举更主要的是对执政党政策体系的选择,每个执政党为了维护自己的执政地位,必须不断完善自己的政策决策体系,尽可能避免大的失误;同时,在野党为了当选,也必须挖空心思找出执政党的政策漏洞,并提出自己个性鲜明的政策体系,一味地模仿是没有出路的,因为在没有显著差异的情况下,选民当然会投现政府的票。于是,现政府足够明显的失误与在野党足够明显的与现政府执政方略上的差异,通过宣传使选民们相信,新政府可以扭转现政府的颓势,在野党就可以利用现行选举体制的放大作用,一举取得竞选中的压倒性胜利。

不过,英国学者客观地指出,对于现行选举体制能够产生强有力的政府的辩词需要仔细校验,因为在选民数量较多的选区相对较少的政党支持率的变化,就会被夸大为多数选民所支持的党派的明显变化。[①] 例如,某执政党比最大在野党多 165 个议席,但在 170 个获胜的选区,该执政党仅以 1% 至 4% 的微弱多数赢得胜利。如果因为该执政党的某些政策失误,该党在这 170 个选区分别至少损失了 5 个百分点的支持率,从而失去了这 170 个席位,于是该党便丧失了作为多数党资本的席位优势,而引起这一颠倒性结果的选民的人数仅占英国选民总数的 1%,即仅约 40 万人;按照英国选区的划分,如果将他们集中到一起,充其量只能选举产生 5 名议员。这就是英国现行选举制度以小博大、以弱胜强的极好写照。

不过值得注意的是,英国一般意义上的强有力的政府是指其在位期间获得议会的强力支持,而不是指该政府执政地位稳固,不容易在下次选举中被推翻。在选举中不容易被推翻的政府不一定强,但稳固。英国选举体制决定了执政党只能追求在位期间的强势政府地位,而无法追求执政长久稳定。因为现行的选举体制更倾向于以小博大,如果一味追求稳定而无所作为,少数选区 1% 选民的倒戈就有可能使江山易帜。从这个

---

① Bradley & Ewing, p.166.

意义上说,英国选举体制中对于少数选民投票意志的变化的放大作用,实际上只发生在敏感选区(胜负差小、仅能以微弱优势当选的选区),这种放大效应实际上是对敏感选区的敏感选民的投票意向的放大,符合清醒者行使权力的法治常态。

(四) 其他方案

詹金斯委员会考虑到的其他替代性投票体制包括:二次投票(second ballot)、辅助投票(supplementary vote)、附加员额制(additional member system,AMS)、单一可传递选票机制(single transferable vote)、政党列表制(party list system)等。该委员会最终选择了双轮混合投票制(two-vote mixed system),将该投票机制描述为一种近乎附加员额制或者选择性补齐投票制(alternative vote top-up)的体制。在该体制下,80%～85%的英国国会议员的选举仍由各选区的选民选举产生,余下的议员则通过矫正性的补齐法(top-up)产生。①

詹金斯委员会已经意识到,选择性补齐投票制本身无法解决"赢者通吃"的投票体制固有的获得议席数与得票数比例失调的问题。② 需要通过补齐机制予以矫正,即赋予投票者第二次投票权,在政党或者政党提供的个人候选人名单中进一步投票,选举一定数量的议员补齐议员总数。而补齐选举的选区应当比传统的选区大得多,即至少要包括多个传统选区,以抵消"赢者通吃"制可能造成的代表比例失调。③

詹金斯委员会建议,补齐选举中各政党所获得的议员数,应当根据其在第二次投票中的得票数进行分配,并考虑每一政党在每一补齐选举选区已经获得的议席数。也就是说,每一补齐选举选区所能产生的议席将取决于各党在第二次投票中的得票总数,除以各政党已经在传统选区选举(即第一次投票)中所获得的议席数所得的商④⑤。

经过上述计算后,所得商值最大的那个党,将分配到第二次投票中某一补齐选区产生的第一个议席。该补齐选区其他补齐选举议席,也按同

---

① Neil Parpworth, p. 104.
② Neil Parpworth, p. 104.
③ Neil Parpworth, p. 104.
④ Neil Parpworth, p. 104.
⑤ 商是被除数除以除数所得的结果,如10除以5的商是2,即10/5=2。选举得票的计算方法所需要的算术知识,小学毕业的学生都不会感到太难。这也从另一个方面表明,民主的精确性是要靠选票的精确计算保障的。

样的方法分配,但是各政党已经取得的补齐选举议席也应当在后续的分配计算时一并予以考虑。① 例如,某一次选举中有 A、B、C 三个政党参加选举,在构成一个补齐选举选区的 10 个传统选区中,按照"赢者通吃"的传统选举体制,三政党分别获得了 5、3、2 个议席。如果这 10 个传统选区所构成的补齐选区中共有 3 个补齐选举议席,而在第二次投票中各政党的总得票数分别是 70 万、50 万、40 万,则 A 政党的商值是 14,B 政党为 16.7,C 政党为 20。C 政党的商值最大,将赢得第一个补齐选举议席。各政党已获得的议席数变成了 5、3、3,各政党的商值分别调整为 14、16.7 和 13.3,B 政党商值最大,并因此而赢得第二个补齐选举议席。各政党已获得的议席数变成了 5、4、3,各政党的商值分别是 14、12.5 和 13.3,A 政党商值最大,并因此赢得第三个补齐选举议席。最终,各政党经第二次投票后所获得的议席数分别是 6、4、3。经过上述复杂但简便的计算所得出的结果是,A 政党的表决优势由原来的半数(5 对 3+2)变成相对少数(6 对 7),而这一比例虽然还不能与第二次选举的投票结果比例(7 对 9)完全一致,但已经能够在一定程度上反映出第二次选举的影响力。考虑到在议会中多数党组阁的宪法传统,就这 10 个选区而言,按照传统选举方式的结果,B、C 两党之一如果不与 A 党结盟,则谁也不可能在议会中成为执政党;但经第二次选举后,B、C 两党可以完全抛开居相对多数的 A 党而联合组阁。这一点的意义非同小可。至于为什么不直接按照第二次选举所形成的比例分配各政党的最终议席? 这就要从英国政治传统追求的稳定性上寻找答案了。确实有许多国家已经在实行比例代表制了,但在英国,只能走一种折中的或者说不彻底的渐进变革的道路。没有一个国家敢于担保在自己的国家实行的、在该国坚信的理论上看来更为合理、公平的选举机制,能够获得比英国更稳定的政局,而在英国的传统观念中,稳定压倒一切。

(五) 对选举体制的抉择

詹金斯委员会的建议引发了相当广泛的评论,但并不是所有的评论都是肯定的。工党政府曾考虑就选举改革举行一次全民公决。② 任何一项制度的改革如果到了需要动用全民公决的程度,既说明了改革的难度,更说明了此项改革的重要程度。

---

① Neil Parpworth, p. 104.
② Neil Parpworth, pp. 104-105.

英国学者认为,英国选举制度之所以未被触动,主要应归因于现行的宪法安排更有利于两个主要的大党,因而几乎没有对现行选举制度进行根本性改革的政治意愿。但另有学者提出这并不足以作为选举改革停顿的基础。①

十六、选举体制改革

英国学者不隐瞒其选举制度在实际运行中存在某些与作为其基础的英国宪法意识形态的原则不甚和谐的表现。②

(一)众议院的支配地位

英国议会两院之间的某些默契,具有宪法上的重要性,而这些默契形成的根源是众议院所代表的选举的力量威逼贵族院。其中最核心的内容是重大的立法事项,如预算案及绝大多数的政府立法,都必须由众议院启动,从而使众议院牢牢地掌控立法的主导权。但对于那些相对而言次要的,或者已经众议院讨论的议案,贵族院仍有一定的立法权。

按照英国议会两院间达成的默契,并非所有的立法经由选举产生的众议院即可表决通过,相当一部分还必须经过非选举产生的贵族院。虽然贵族院极少行使理论上的拖延权,但也确实不时地对来自众议院的立法进行实质性的修订。即便贵族院仅仅威胁要拖延立法议案的通过,也会导致众议院对立法议案进行实质性的修订,甚至撤回立法议案。③

由此产生的问题是,与众议院存在的民主选举程序和立法程序的产出有密切联系不同,贵族院是不存在这种联系的,而且英国学者预言,即使是在贵族院改革后这种情况也不会有大的改变。④贵族院的这种未经选举却影响选举产生议员组成的议院的决策的现象,属于英国学者所谓违背英国选举制度的根本的悖论。英国的贵族院现在已经非常驯服了,从来不越雷池一步,从而基本上缓解了历届政府立即改革贵族院的紧迫感。

(二)选举制度的精确性

自从民主选举的理想初萌以来,一人一票、少数服从多数就成为选举

---

① Neil Parpworth, p. 105.
② Martin Partington, pp. 33-35.
③ Martin Partington, pp. 33-34.
④ Martin Partington, p. 34.

制度的金科玉律。但是准确把握选举过程,以使选举结果切实代表人民的意愿,在实际操作中并不是一件容易的事。目前各国通行的选举体制主要有两种:一种是"赢者通吃",当选者有可能仅仅获得了本选区全体参加投票选民的一小部分、全体选民的小部分甚至全体公民的更小部分的支持。另一种是比例代表制。当然还有上述二者相结合的混合制。

英国学者指出,英国"赢者通吃"选举体制意味着几乎所有近年来当选的各届政府所获得的权力都是建立在少数人投票的基础之上的。于是许多人,特别是那些努力争取当选议会议员的小党的党员们纷纷提出,应当建立一种与比例代表制相结合的更为公正的投票体制,以便使各党实际获得的议席与该党在投票中所获得的选民选票成比例。[①]

反对这一表面上看来很有吸引力的提议的主要论点是,这将有可能更容易促成联合政府,并使少数派的小党由此获得不适当的权力地位。[②]英国议会选举和美国的议会、总统选举,实行的都是"赢者通吃"的选举体制。如果单纯从民主或者代表性的角度看,似乎确实存在代表性不足或者说不成比例的问题,但是如果从与政府的支配性相妥协的折中角度考虑,这种设计并非一无是处。对此,可以比较一下法国、德国、日本等国的情况。一个稳定的政治体制需要两个、最好不超过三个大党就足够了,关键是这两三个党不能存在大的政治纷争,仅在治国技术上有差异、在政治原则上无冲突,则国家的稳定就是有保障的。此时,"赢者通吃"的体制就有利于维护大党在议会中的绝对支配权,也容易使选民更清楚地分析政府的责任——由于没有联合政府,一旦出了问题,肯定是执政党的问题,选民下次选举的时候就知道该怎么投票了。而如果存在联合政府,选举就有可能成为推卸责任的大战,选举后又会成为拉帮结派的江湖,最终使政治难以清明。

(三)投票率的低迷

英国乃至整个西方民主社会面临的一个基本现实是,投票率普遍较低。与此形成对比的是,那些新兴的民主国家的投票率要高得多。投票率本身也是民意的一种表达(用脚投票)。

---

① Martin Partington, p. 34.
② Martin Partington, p. 34.

第三节 选举程序

本节内容是选举制度的一部分,但为了突出选举程序的重要性,还是有必要对其单独讨论。同时,将制度与程序分置,突出了制度强调静态的结构设计、程序侧重动态的操作过程的理念。

英国每次大选以首相请求英王以皇家公告(Royal Proclamation)解散国会为正式开始。各个选区请求大选的正式大选文书(Writs of Election)也同时公布。大选将在公告发布起17个工作日后进行。

一、选民登记

(一)选民登记的意义

选举是由选民参加的投票活动。那么何谓选民? 就地方选举而言,郡、自治市、区、伦敦自治市的议事会成员,由各地方政府辖区内的地方政府选举人选举产生。① 选举人就是选民,但英国法中之所以要区分登记选民与选举人,是为了强调登记选民(register)与实际参加选举者(voters)的区别。事实上,任何民主国家的当选者都是实际参加选举的选民选举的结果,而不是一般意义上的选民或者登记选民选举的结果,登记选民中的相当一部分并没有实际参加选举。

选民的名字应当列在选民登记册(register of electors)上,这是其行使选举权的先决条件。② 如果某人有权在选举中投票,而选民登记册又是为该次选举准备的,则该人就可以作为该次选举的选民在该选民登记册中登记。③

任何人必须登记在某一选区用于某次选举的地方政府选民登记册中,才有权作为选举人参加该次选举的投票。任何人不得在同一选区内投票超过一次,也不能在一次一般选举中在某一地方政府辖区(不是一个单一选区)内的一个以上的选区参加投票。就登记在选民登记册中的某人在获得有效资格期间是否居住在登记册所显示的地址的事实,以及该地址是否属该地方政府的辖区或者其一部分的事实,选民登记册中的记

---

① Andrew Arden, p. 301.
② Bradley & Ewing, p. 149.
③ Andrew Arden, p. 299.

载都是结论性的。① 对于选民登记册中记载的上述内容的怀疑,只能在此前的登记申请及异议阶段提出,并可以提出上诉,但到了选举日,再提这些问题就已经晚了。当然,在英国,没有任何东西是一成不变的,即使是将错就错多年的选民登记册中的记载,如果在下一次选民登记中被发现,照样可以通过登记申请或者异议程序得到纠正。

如果某人将在选民登记册公布之日起 12 个月内达到投票年龄(voting age,投票日满 18 岁),其有权在该选民登记册中登记,但在登记时必须明确告知选举登记官其达到选举年龄的日期,在此日期之前,他不能被视为选民,如果某一选举的日期(polling date)定于其达到选举年龄之后,则可以将其视为该次选举的选民。② 考虑到选民登记册每年公布一次,因此,对于登记时尚未达到选举年龄,但将在下一次登记前达到选举年龄者,只能采取这种预登记的办法。其结果是,某些人虽然已经登记在册,但并不能参加选举。

(二)选举登记官

选民登记册由每一选区的选举登记官(registration officer)准备。③

选举登记官必须对其所在地区进行一次年度选民详查(canvass),以确定谁有资格在选民登记册上登记,为此目的,选举登记官可以进行挨家挨户的访查。④ 不要小看这一点,这在英国法中是一项非常重要的授权,因为在通常情况下,任何人都无权在没有法定事由的情况下敲一个英国公民或者居住在英国的人的家门,即使是警察也不例外。而此项授权赋予选举登记官"为此目的"(落实适格选民)进行此项活动的权力。当然,选举登记官入户调查的范围受其目的的限制,如果其受某个警察的私下指示或委托,了解其他情况,由此得到的证据在法院将受到目的性质疑。

每年的选民详查应当以每年 10 月 15 日的居住情况为依据,而选民登记册的更新版本应当在当年的选民详查后的 12 月 1 日前公布。但是选民也可以在两次年度详查之间增补进选民登记册。⑤

(三)公布选民登记册

地方政府的选民登记册必须每年公布一次,最迟不晚于 2 月 15 日;

---

① Andrew Arden, p. 301.
② Andrew Arden, p. 299.
③ Bradley & Ewing, p. 149.
④ Bradley & Ewing, p. 149.
⑤ Bradley & Ewing, p. 149.

任何年份公布的选民登记册必须用于这一年的 2 月 16 日起的 12 个月内进行的选举。①

2000 年《人民代表法》修正案还授权制定条例,以要求选举登记官编制一份完整的选民登记册及一份公开的选民登记册。但选民有权要求将其姓名和地址从公开的选民登记册中隐去。② 这样多少可以减少选民姓名和地址外露的范围,但要想将其姓名和地址从完整的选民登记册中隐去,则显然是不可能的,而完整的选民登记册本身也是不可能保密的。

(四)"滚动登记册"

2000 年《人民代表法》修正案引入了"滚动登记册"(Rolling Register),旨在清除选民登记及投票中的干扰因素。自此之后,英国的选民登记册即从每年修订的所谓"固定登记册"进化到不断修订的"滚动登记册"。英国学者特别强调,固定登记册更加迎合负有维护选民登记册管理职责者的需要,而滚动登记册则更能够反映选民的利益。③

根据新的立法安排,任何选民都可以在任何时候申请选民登记,而选举登记官必须定期发布选民登记册的变更情况。例如,某人搬家了,可以马上在新家所在地的选区进行登记,而不需要等年度选民详查。④

但是,为了提高选举效率,一份新的选民登记册必须在指定候选人的截止日期前生效,这一措施的正当性在于其本身属于一项旨在预防选举舞弊并方便选举管理的设计。⑤

(五) 自行纠正错误

如果某个适时提出的请求提到,某个未登记在选民登记册的人应当登记(尽管这可能是因为选举登记官已经知道该人,但仍不想将其登记进去),选举登记官在考虑过这一请求后,如果认为该人确实应当予以登记,就应当纠正选民登记册。⑥ 选举登记官有义务纠正选民登记册的选民清单中显示的未包括任何一个应当获得登记的选民的错误,或者应当登记某人达到选举年龄的日期而未登记、不应当登记却登记的错误及日期错误;选举登记官还有义务纠正其本人在赋予就其声称或者反对选民清单

---

① Andrew Arden, p. 300.
② Bradley & Ewing, p. 150.
③ Bradley & Ewing, p. 150.
④ Bradley & Ewing, p. 150.
⑤ Bradley & Ewing, p. 150.
⑥ Andrew Arden, p. 300.

中的有关事项所作的决定以法律效力时发生的错误。① 除上述各种可以纠正选民登记册的情况及在上诉后获得应当修订的决定以外,已公布的选民登记册上的内容不得再更改。②

选举登记官上述义务的核心是,既然他有权登记选民的姓名、地址、出生日期等内容,他就必须保证内容正确;同时,既然其有权决定就选民清单及选民登记中的有关事项提出申请或者反对意见,就必须对此类决定的正确性负责。而这项延伸的义务的法律表现形式就是,选举登记官有义务接受对其登记有误的指控、进行自我审查并作出相应的处理决定。不难想象,对于选举登记官的处理决定,当事人可以诉诸司法救济。

(六) 对登记错误的救济

如果对选举登记官作出的将某人记入或者清除出选民登记册的决定存在异议,可以向郡法院提出上诉,在苏格兰则是向治安法院起诉;此后还可以进一步就法律问题上诉至上诉法院,在苏格兰则是上诉至由3名法官组成的选举登记法院(Electoral Registration Court)。郡法院就选民登记案件所作的判决仍可以基于司法审查的根据提起复审。③

(七) 获取选民登记册

选民登记册是可以由选举登记官提供给第三方的。④

关于因泄露选民信息而可能引发好事者对选民进行滋扰的问题,在英国有专门的滋扰罪。一般意义上的寄信推销商品的活动,英国人并不认为构成滋扰。甚至借此线索去见一个偶像,只要你心中的偶像愿意为你开门并邀请你进去,那也没有什么问题。当然,如果人家不愿意接纳你,而你又不停地敲门,你的偶像会叫警察,警察也真的会来把你请走。

二、竞选提名

(一) 毛遂自荐

任何一个年龄超过21岁的英国公民(例外规定除外)都可以在支付500英镑的保证金之后参与议会的选举。如果参选人获得其所在选区

---

① Andrew Arden, p. 299.
② Andrew Arden, p. 300.
③ Bradley & Ewing, p. 150.
④ Bradley & Ewing, p. 150.

5％以上的选票,这笔保证金将返还给参选人。由于每个选区的选民一般都不到 10 万人,因此,只要获得 5000 张选票,就可以保住保证金,获得 50000 张选票,就可以当选。不要小看这些数据,由于不能贿选,开支还不能超过 10000 英镑,想当选就要有一个好的路线、方针和政策。许多成立多年的想走议会道路的政党奋斗了几十年,还没有在议会中谋到一个席位。个人独立参选而不投靠某个大党,当选的可能性极小。因此,英国绝大多数的候选人都是由各政党提名的。

(二) 政党提名

虽然选民们总是投票选举某个人作为选民在议会中的代表,但典型的候选人都是由政党提名的。罕见的是,候选人不代表某个已经成立的政党也可以被选进议会,同样的情况也适用于独立候选人。①

政党提名并不完全是政党内部的事,英国法院也会在不经意间成为政党内部纷争的调停者,对此,英国法院没有推诿的意思。在 *Jepson v. Labour Party* 一案中,英国法院认定,为参加议会选举而提出的候选人推荐名单全部由女性组成的做法,违反 1975 年《反性别歧视法》。②

(三) 提名书

每一候选人必须在一份单独的提名书上按照规定的格式被提名,提名书应当递送至监选官专门为提名一事而指定的地点;监选官必须是其选区的全部或者主要部分所在的区、伦敦的自治市、郡或者自治市的议事会中的现任官员。提名书必须述明候选人全名、家庭详细地址;如认为必要,还可以用不超过 6 个单词进行简单的描述。提名书必须由作为提案人及支持者的 2 名选民签署,并经 8 名其他选民赞同。③

为了获得合法的提名,候选人必须在递送提名书的最后 1 日之前的 1 个月内,按照规定的格式以书面形式同意对其提名;该同意必须有 1 名证人证明并在规定的期间内递送至递送提名书的相同地点。④ 提名书及候选人的认同书按照规则发送后,候选人即被视为获得提名;但监选官认定提名书是违法的,其根据所获得的证据认定候选人已死亡或者候选人退出竞选,则候选人自该认定作出后失去提名资格。⑤

---

① Bradley & Ewing, p. 155.
② Bradley & Ewing, p. 155.
③ Andrew Arden, p. 301.
④ Andrew Arden, pp. 301-302.
⑤ Andrew Arden, p. 302.

从获得提名的全部程序看,并不复杂;而从失去提名资格的理由看,也并没有太多苛刻的要求。总之,要想获得提名,只需要包括本人在内的 11 名本选区选民的支持,考虑到英国毕竟是一个有数千万选民的国家,因此,其最多可以产生的候选人为数百万人,当然实际情况不至于此。而且考虑到提名书中最多仅可以额外写 6 个单词,成熟的政治人物或者政党的候选人的提名被认定为非法的自由裁量空间非常小,基本上可以说监选官对提名没有干预的余地。这是英国民主制中非常重要的一个细节。

（四）提名公告

监选官必须发表一份声明,公布所有获得提名的候选人、曾经被提名者及其已失去提名资格的原因。① 这些原因包括监选官认定提名书是违法的,监选官根据其所获得的证据认定候选人已死亡或者候选人退出竞选等。

自最后一份提名书递交后至投票日之前,任何人都可以在日常办公时间查阅、复制或者摘录提名书及候选人本人确认同意的认同提名书。②

（五）候选人的选择权

候选人可以放弃竞选资格,为此,候选人需在 1 名证人在场见证的情况下签署告知退出竞选一事的通知,并将该通知送至递送提名书的地址并具名呈交监选官。③ 这并不是说监选官一定在该地址办公,按该地址投送并写明监选官收,可以保证在程序上满足监选官"应当能够收到"的条件,从而满足向监选官通知退出竞选的程序要求。

在同一地方政府辖区内的不止一个选区获得合法提名的候选人,只能保留其中一个选区的候选人身份,放弃其他选区的候选人身份,否则,即被视为放弃所有选区的候选人身份。④ 由此可能产生的问题是,在其不知情的情况下,其竞争对手可能会恶意地在其参加竞选的地方政府辖区内的另外一个以上的选区为其提名,并利用这一规则使其事实上放弃在其自认为被提名的选区的候选人资格,从而最终放弃竞选。为了避免这种情形的发生,获得合法提名必须经候选人本人确认同意,以此作为候

---

① Andrew Arden, p. 302.
② Andrew Arden, p. 302.
③ Andrew Arden, p. 302.
④ Andrew Arden, p. 302.

选人参选以及公开候选人提名情况的前提条件。

如果候选人放弃提名之后获得合法提名的人数超过本选区拟选举产生的地方议事会成员的人数,则必须进行投票选举。否则(即获得合法提名的人数不超过拟选举产生的地方议事会成员的人数),获得合法提名者必须被宣布为当选者。① 但无论是否真有这样的事,从立法的角度考虑,这样的规定都是非常必要的。也就是说,在英国,如果候选人人数少于或者等于拟选出者,则选举就没有必要再举行了。

根据1983年《人民代表法》第二部分的规定,每个候选人都必须任命1名竞选助理,但候选人也可以自己承担此项职能。②

(六)候选人的自述

根据1998年《政党登记法》的规定,被提名的候选人应当制备候选人自述表,其核心内容是对候选人的描述。

制定法并未规定候选人描述的形式或内容,只是要求不得超过6个单词,如果与已经在提名书中提到的其他内容结合起来已足以确认其身份,也不必提及候选人的社会地位、职业或者行业。即使提名书中写错了姓名或者表述不准确,只要对候选人的描述能够为一般人所理解,就不影响提名过程的实际运作效果。③ 但候选人不能以某种方式描述自己,使选民将该候选人与某一根据1998年《政党登记法》登记的政党联系起来;当然,如果这种描述获得了一份由该政党的注册提名官签发或者代表该注册提名官签发的证书的授权,并且监选官在递送提名书的有效期限内已经收到该证书,则另当别论。④ 政党的注册提名官签发虚假证书的,构成选举舞弊行为。⑤

从上述规则看,英国严格限制不正当的选举行为。为此,英国选举法的配套规定涉及三项注册:一是所有政党都必须根据1998年《政党登记法》进行登记。二是所有政党必须对本党的提名官进行注册,使之成为注册提名官。三是所有政党必须向各地方政府机关的监选官备案本党提名的候选人,其具体表现形式就是此处的证明,该证书由本党注册提名官签发或者由其代理人代表注册提名官签发,并将该证书在递送提名书的法

---

① Andrew Arden, p. 302.
② Bradley & Ewing, p. 159.
③ Andrew Arden, p. 302.
④ Andrew Arden, pp. 302-303.
⑤ Andrew Arden, p. 303.

定期限内送交各地方政府机关的监选官。监选官核对政党登记、注册提名官登记及该证书,以确定该证书中提到的候选人即为该注册的政党提名的候选人。如果有其他人以该政党提名的候选人的身份或者以某种足以使选民误认为该候选人为该政党提名的候选人的方式描述自己,将构成不正当竞选行为,并将由监选官视情节作出处理。当然,监选官的处理只需要发布一个公告,表明该候选人不是该政党的候选人,其在候选人自述表中的表述不准确或者错误,该候选人在选举中的结果就可想而知了。

1998年《政党登记法》进而对监选官认定提名书违法的权力范围限定为误导性描述。[①] 监选官不能随随便便地认定某一提名书违法,而只能就提名书中对候选人的描述,认定其属于误导性描述,并据此认定提名书违法。除此之外,监选官不能以其他的理由认定提名书违法,这样做在很大程度上限制了监选官自由裁量的空间,使之不能以莫须有的罪名认定提名书违法。

例如,在1994年的 *Sanders and Younger-Ross v. Chichester and Palmer* 一案中,一次欧洲议会选举的某候选人将自己描述为一名"白民党人"(Literal Democrat[②]),结果自民党候选人以微弱选票之差排在该"白民党"候选人之后居第二位,于是有人提起了选举诉讼。[③] 由于一个欧洲议员选区只能选举产生一名议员,因此,该案涉嫌冒充自民党的候选人获得选区胜利。一旦其描述被认为具有误导性,则其提名书就是违法的,其选举获胜的结果就会被取消,自民党的候选人就有可能取而代之。这正是该案的诉讼动机所在。

法院认定,监选官只能以候选人的提名书中的内容违反法律规定为由认定提名书违法。类似上述案例中的某一描述虽然明显是一种干扰策略,尚不足以认定其不符合法律的要求。监选官没有义务也没有权力审查提名书字面以外的内容。[④] 监选官对提名书的审查,限于表面审查。该案可能受英国法对于文字混淆的理解的影响,即在英国法看来,只要有一个字母不一样,就不足以构成"误导",而这就对法律上所谓"正常人"的判断能力或者辨别真伪的能力提出了较高的要求。类似的认识不仅可以

---

① Andrew Arden,p.303.
② "Literal Democrat"直译为"直白民主党人",英国并没有这样的一个党,但有自由民主党(Liberal Democrat)。该案就是涉及在英文原文中混淆 Literal 与 Liberal。
③ Andrew Arden,p.303.
④ Andrew Arden,p.303.

用于商标、著作权案件的审判中,即使在欺诈案的审判中也有一定的参考价值。

当然,英国选举体制中类似该案的漏洞,已经因英国1998年《政党登记法》及1999年《欧洲选举法》所引入的政党登记制度而基本上被填补了——只有代表登记过的政党的候选人才可以被认定为某次选举的正式候选人;其他的候选人只能作为独立候选人参加竞选,这样一来,其在候选人情况介绍部分连6个英文单词的描述内容都没有。[①]

三、竞选基金及其控制

对民主的恐惧之一,是怕其堕落为金钱的奴隶。在英国,控制选举腐败主要是通过控制竞选资金的募集、管理及使用来实现的。

(一) 控制的目的

竞选基金是民主选举的命脉所系,如果民主政治不能在其最初的成长时期抵制金钱的诱惑,就注定将在金钱的淫威下屈服,并以习惯性屈服而告终。候选人不能因拉选票而为选民花一分钱,当然也不应当向政府交一分钱。提名、投票都不得收费。这些似乎都是选举程序的基本原则,以下介绍的则是其在英国的具体落实。

关于独立候选人的竞选经费从何而来的问题,考虑到其数额不多,只能从其个人财产中支付。而这也是英国选举法要严格限制选举经费开支的一个重要原因。其出发点就是,使稍有点经济实力的人都有可能通过自己的私人开支获得选举的胜利,而不需要依赖政治团体的资助。基于此,英国的选举法,至少从其地方选举看,更多地强调候选人及其代理人的这种单兵作战模式,以确保按这种模式参加竞争者不是完全无望的。

英国法院在1999年的 R. v. Jones 一案中明确表示,竞选行为规制的目标是为候选人构建一个财政方面彼此均衡的竞技场,确保反映到投票结果中的应当是,选民对候选人本人及其所代表的政党的人格及政策的理解,而不是对各政党在当地的选举运营开支的权衡。[②] 这段典型英国判例风格的论述,反映了英国现代法学界对于选举制度中的决定性因素的把握,这种把握可能因其过于实在、过于直白地谈论金钱对于选举的影响,而不完全等同于我们建立在对传统民主制的概念化理解基础之上

---

① Bradley & Ewing, p. 155.
② Bradley & Ewing, p. 158.

的预期。但这确实是对几百年选举实践,特别是实现了全民普选权后百年选举实践的经验之谈,与我们建立在传统的但未经充分实践检验的民主设想有所不同。这种差异提示,应当更注意研究现代民主的实践、操作,而非对民主制的利弊的思辨。

(二)竞选开支限额

1. 法律根据

现行法律对于谁可以向候选人捐献是有限制的,最重要的控制是1983年《人民代表法》第76条对于候选人竞选开支的限制,故意违反此项限制将构成违法。① 地方政府选举的候选人或其竞选助理所举办的有关竞选活动或者竞选筹划活动,无论是在选举前、选举期间还是选举后,均不得在规定的最大限额外花费或者支付任何数额的开支,某一候选人或者竞选助理故意违反该规定的行为,构成犯罪。②

2. 政党开支总限额

对于候选人竞选开支的限制,现在是与对整个政党以及其他人在一次大选中用于全国竞选活动的总开支的限制并行的。而长期以来的一贯做法是,虽然候选人的竞选开支要受到限制,但对于政党在一次全国竞选中的总开支,并没有相应的限制。③

据英国学者介绍,英国的竞选越来越复杂和昂贵:据估计,1997年的大选中,保守党和工党分别花费了2800万英镑和2680万英镑,相比于1992年的大选,每个党的开支都翻了一番还不止。④

于是,公共生活标准委员会提出了如下建议:应当限制政党的全国竞选开支,而这一建议最终形成了2000年《政党、选举及全民公决法》第五部分的基础及第七部分对全民公决开支的相应限制。上述为政党的竞选开支设置的限制,取决于各政党的候选人参加竞选的选区的数目。⑤

如果一个全国性政党在全国的每一个选区都推荐一名候选人,则其为推动本党选举胜利可以花费的上限是2000万英镑。当然,这笔开支是附加在1983年《人民代表法》所规定的每个候选人为实施和管理本人的

---

① Bradley & Ewing, p. 159.
② Andrew Arden, p. 305.
③ Bradley & Ewing, p. 160.
④ Bradley & Ewing, p. 160.
⑤ Bradley & Ewing, p. 160.

竞选而可以开支的 1 万英镑限额之外的。① 以英国众议院 650 个议员计算,每个全国性政党的候选人个人总开支限额为 650 万英镑,加上全党总开支限额 2000 万英镑,与前面提到的英国保守党、工党两大政党在大选中的竞选开支基本吻合。英国学者在估计英国政党的竞选开支时,主要是以法律规定的竞选开支限额为依据的,这说明他们相信,英国的政党在这方面是相当本分的,不会在限额之外乱花钱。分析其中的道理,实际并不复杂:从英国法对竞选行为规范的总体脉络看,其中只有一个单词是贯穿始终的,那就是钱(英镑)。英国的立法者坚定地认为,只要管住了政党及其候选人能够收到的钱、能够花出的钱,就可以维护人民对于选举公正性的信赖,就可以维系英国低成本的民主。按照这一思路,他们将全部立法注意力都放在了钱上,也将人民对选举公正性保障的全部注意力都吸引到了收钱和花钱上,一旦哪个政党或者哪个政党的候选人在这方面有哪怕几便士的账目不清,或者违法收支,对本党都将构成全国范围的毁灭性打击,这是英国老牌政党不愿看到也不敢看到的。正因为如此,英国学者可能确实没有听说过选举收支方面的舞弊案件。

此外,英国法还限制政党围绕全民公决进行的对抗的开支,具体数额是每次全国性全民公决,每个政党最多可以花 500 万英镑。②

虽然 2000 年《政党、选举及全民公决法》规定了政党的全国竞选开支的限额,但是连公共生活标准委员会也认为,仅仅以获胜党超过了全国竞选开支限额的原因要求推翻大选的结果,宣告第二名胜出,根本就不现实。该委员会能够想出的唯一现实的制裁措施就是对违法的政党科处巨额罚金。因此,真正促使该法规定的竞选开支限额得以落实的,是刑罚。当然,在对违法政党科处罚金的同时,也不排除对选举事件中的政党官员给予个人自由刑。③

3. 候选人开支总限额

对候选人竞选开支的限制是 1983 年《人民代表法》首次引入的,一名候选人为了进行竞选活动或者实施与竞选有关的管理活动可以花费的金钱数额,取决于选区内选民的人数,以及该选区是自治市选区还是郡选区。

---

① Bradley & Ewing, p. 160.
② Bradley & Ewing, p. 160.
③ Bradley & Ewing, p. 164.

如果不考虑补缺选举,以一个选区的候选人的花费上限为 1 万英镑、每个选区平均有 3 名候选人参加竞选,并考虑英国众议院 650 名议员的规模,则每次英国大选中候选人方面的总开支也就是 2000 万英镑左右,平均每个英国人花 30 英分,平均到每年则只有 7 英分。如果以这样的成本就能换取英国人民对于未来四至五年英国大政方针的一致认同,并且不得以任何理由冲击执政党的地位,从而保障国家同期的稳定,这一成本确实不算高。

4. 违法后果

虽然法律规定,候选人或者竞选助理故意违反有关候选人竞选开支限额规定的行为构成犯罪。[①] 不过英国学者也承认,对于哪些开支应当纳入竞选开支的范围,仍有相当大的不确定性,因为竞选开支这个术语在 1983 年《人民代表法》中确实没有明确的界定,用英国法官在 1999 年的 *R. v. Jones* 一案中的话说,确实没有简单的、决定性的标准来确定某项开支是否应当属于该法所指的竞选开支。[②]

(三) 助选限制

不仅政党在全国性竞选中的开支受到限制,所谓的第三方,如工会、公司及利益集团(如乡居联盟),在选举中的开支也受到限制。[③]

1. 助选的动因与规制的必要

规范第三方的助选行为是英国选举法的另外一项重要制度,这一制度是 1983 年《人民代表法》第 75 条规定的对于支持或者反对候选人的第三方的竞选开支的限制,这一制度早在 1917 年俄国十月革命时期就已经引入了。第三方可以是本地的商会、工会或者当地的利益集团,它们相信它们的目标将因某一候选人的当选而得到有力的促进或者在他人当选时受到极大的戕害。其结果是,这些第三方愿意投身竞选之中。[④]

这些机构可以通过发布全国性广告的方式参与竞选活动,以促使某些议题引起选民的注意,从而有可能使某个政党从中受益,使其他的政党蒙受不利。[⑤] 以乡居联盟为例,它们倡导乡居生活,要求政府加大对乡村

---

① Andrew Arden, p. 305.
② Bradley & Ewing, p. 159.
③ Bradley & Ewing, p. 160.
④ Bradley & Ewing, p. 159.
⑤ Bradley & Ewing, p. 160.

宜居性的投入，减少对环境、野生生物及其栖居地的破坏等。于是，在大选期间，它们就会发布这方面的广告，宣扬自己的主张。如果某个政党迎合它们的主张，这些广告就间接地成了该党的竞选广告；其他反对它们的主张的政党，显然就会因选民受这些广告的正面影响而遭受选票方面的损失。当然，如果有些此类广告做得太过，引起选民反感，给相应的政党帮倒忙的可能性也是存在的。此时，政党除了私下里叫苦不迭，是不能公开责备第三方的，否则会进一步得罪第三方所代表的选民。政党此时唯一可以做的，就是调整自己的竞选宣传提纲，加大消除影响或者划清界限的宣传力度，来扭转由第三方广告所导致的不利局面。

因此，从理论上分析，如果不加以控制，将会导致第三方对选举的投入超过候选人的开支限额，也就是说，它们花得比候选人还多。①

2. 对助选开支行为的限制

除了候选人的竞选助理，候选人或者任何其他人不得为候选人的利益支付任何预付款或者保证金，当然，个人开支除外。候选人本人以外的其他任何人为竞选开支而提供的任何金钱，必须付给候选人或其竞选助理。② 这一规定表明，任何对竞选的资助必须直接付给候选人或候选人的竞选助理，而不能直接用在候选人所需要的竞选活动中，如不能直接对选民行贿。这一规定与前面关于竞选开支总额的限定，以及候选人竞选开支的支出方式的限制性规定结合起来，就会使所有竞选资助都能够被控制在候选人的名下，并通过对候选人竞选开支的严格监管，保证竞选活动的公平、公正，避免竞选舞弊以及对竞选结果不信任案件的发生。

在某一选举过程中，除候选人、其竞选助理或者经该竞选助理书面授权的人以外，任何人都不得为支持该候选人或者帮助其获得选举胜利的目的，花费任何数额的款项用于举行公开集会或者展示、发布广告和印发传单或者出版物，以及采取其他手段介绍该候选人或者其观点、支持该候选人的选举人、诋毁其他的候选人。③ 这进一步明确了英国选举法的态度，即只有候选人及其竞选助理以及该竞选助理书面授权者，才能资助候选人的竞选活动，其他人不得自行为之。而英国法对候选人及其竞选助理的竞选开支是有明确限额的，如此就能保证切实落实控制竞选的总体

---

① Bradley & Ewing，p. 159.
② Andrew Arden，pp. 305-306.
③ Andrew Arden，p. 306.

成本，避免不必要的恶性竞争。

如果某人产生了一笔必须由候选人的竞选助理授权的竞选开支，则该人必须向举行竞选的地方政府机关的相关官员申报开支的数目，并附一份确认该项申报的声明。故意作不实声明，招致其他人作不实声明，协助、教唆、劝说或者介绍任何其他人为竞选提供资助又不如实申报的，都构成选举舞弊行为。不向相关官员提交声明或者申报的，也是一种违法行为。① 也就是说，不仅必须申报，而且必须如实申报，否则都是违法的。

3. 对助选开支数额的限制

根据 2000 年《政党、选举及全民公决法》第六部分的规定，第三方可以在选举中进行受限的开支，在英格兰最高不超过 1 万英镑，在苏格兰、威尔士则分别不超过 5000 英镑，而在北爱尔兰则不受限制。②

根据 2000 年《政党、选举及全民公决法》第 85 条的规定，"受限的开支"是指，与生产或出版全体公众或任何比例的一部分选民可以得到的竞选材料有关的开支。③

4. 注册助选第三方

如果第三方希望花费更多的钱，则必须在选举委员会登记成为注册助选第三方。一个注册助选第三方可以开支的限额是 100 万英镑，但这笔费用必须按照如下限额在以下区域分别投放：英格兰 79.35 万英镑，苏格兰 10.8 万英镑，威尔士 6 万英镑，北爱尔兰 2.7 万英镑。④ 一个注册助选第三方也必须在选举后提交一份选举情况申报表，列明获得的收入以及实际发生的受限的开支。⑤

在 2001 年大选期间，只有 7 个组织登记为注册助选第三方，数量远少于一般预期，这其中包括几个工会和几个与乡村及欧元议题有关的利益集团。⑥ 一个注册助选第三方的开支上限仅有 100 万英镑，由此看来，英国的竞选开支在这方面也是非常少的。

5. 违法助选的法律责任

为了限制第三方过于热情的助选冲动，根据被法院作了广义解释的

---

① Andrew Arden，p. 306.
② Bradley & Ewing，p. 160.
③ Bradley & Ewing，p. 160.
④ Bradley & Ewing，p. 160.
⑤ Bradley & Ewing，pp. 160-161.
⑥ Bradley & Ewing，p. 161.

1983年《人民代表法》第75条的规定,下列行为属于腐败行为:① 为推动或者获取某一候选人的胜利而支出竞选开支;② 通过举行公开集会、散发广告或者传单等方式向选民介绍某候选人或者其观点;③ 除非上述行为经候选人的授权(此时,经候选人授权后发生的开支纳入候选人的竞选开支的范畴)。① 当然,对于上述限制也有例外,其一是媒体能够确保其发布的新闻或者广播没有被竞选一方掌控;其二是数额小于5英镑。②

但是在1998年的 Bowman v. UK 一案中,欧洲人权法院认定5英镑的标准太低,违反了《欧洲人权公约》第10条。随后,根据2000年《政党、选举及全民公决法》第131条的规定,限额提高到500英镑,这意味着,个人或者支持某一候选人的选战团可以最多花费500英镑,用于推动或者阻击某一候选人,而这笔费用不用任何候选人承担,完全由候选人之外的第三人承担。③ 注意,1998年的 Bowman v. UK 一案是一起英国选民在欧洲人权法院状告英国政府而英国政府败诉的案件,从相关的介绍看,英国政府对于相应法律的修订还算迅速,对于一个奉行议会立法至上原则的国家,能够做到这一点已很不容易了。

(四)禁止支出项目

除对允许的竞选开支的数额限制以外,某些类别的开支也是被禁止的,包括:① 向选民支付为候选人展示竞选海报的费用,除非该选民是一名广告代理商,且此款项是按照正常的商业运作模式支付的对价;② 向选举游说者支付报酬。④

(五)开支账目

尽管竞选开支的限额不大,依然必须有明细账。任何达到或者超过20英镑的开支都必须由载明开支的具体细节和收款方的票据予以证明。⑤ 候选人指定的竞选助理必须在选举结果公布后的35日内,向监选官提交一份候选人的竞选开支申报表。⑥ 其中包括所有开支的清单以及相应的账单和收据。该申报表还应当附有一份竞选助理的声明,以及候

---

① Bradley & Ewing, p. 159.
② Bradley & Ewing, pp. 159-160.
③ Bradley & Ewing, p. 160.
④ Bradley & Ewing, p. 159.
⑤ Andrew Arden, p. 305.
⑥ Bradley & Ewing, p. 159.

选人给该地方政府机关的相关官员的声明。①

如果竞选助理或者候选人的声明有假,将构成竞选舞弊罪。不提供上述申报表或者声明,也是一种违法行为,对这种不作为行为的救济将由法院具体裁定。②

四、竞选活动

前述有关竞选基金及其控制,以及下面对于投票行为的规范,都可以视为广义的竞选活动(conduct of the election)规制法的组成部分。

(一)公平竞选的法治保障

英国学者颇为自豪地说,英国已经建立起了相当完备的既规范地方竞选活动又规范全国性竞选活动的实在的法律部门体系。③ 这一法律部门体系的确立,是英国隔三岔五就要举行一次的全国性或者地方性选举的公正性和效率的最可靠保障。正因为如此,除个别无关大局的选举诉讼以外,英国不会出现对于选举舞弊的指摘。

英国学者指出,规制选举行为的立法所要推进的目标众多,其中最紧要的是维持在选举过程的公平和诚实方面的公众信赖。因此,有必要确保每个选民、每个候选人都不会受到不当的影响或者压力,同时也有必要确保代表各主流意见的候选人能够有公平竞争的平台。④

英国法已经形成了细致、复杂且在某些方面不容妥协的规则,以协助提升在主要政党之间进行的选举的公正性,并减少金钱在选举政治中的影响。⑤

英国的司法判决也对此有了明确的认识,在 1999 年的 *R. v. Jones* 一案中,法院认为,有必要在相互竞争的候选人之间构建一个财政方面彼此均衡的竞技场,并借此避免因竞选投入方面的显著差异,颠覆选民对于同一选区内相互竞争的候选人的选择的民主属性。在选区一级的竞争中,反映到投票结果中的,应当是选民对候选人本人及其所代表的政党的人格及政策的理解,而不是对各政党在当地的选举运营中的开支的权

---

① Andrew Arden, p. 306.
② Andrew Arden, p. 306.
③ Bradley & Ewing, p. 158.
④ Bradley & Ewing, p. 158.
⑤ Bradley & Ewing, p. 158.

衡。① 不要小看这个不起眼的判例,其所解决的问题是,重申了司法界对于选举制度公正性的一般价值尺度,而这一尺度与立法所要建立的目标是一致的。由此实现了英国公法的立法、执行与司法各界在选举公正性标准方面认识的统一。有了这种统一,符合这一标准的立法就能够得到司法界有效的贯彻落实,违反这一标准的选举操作行为将被法院撤销,而试图改变这一标准的立法即使在议会通过也会面临法院善意的曲解。

(二) 竞选广告的播出

英国学者强调,没有哪个政党敢仅凭其雄厚的财政资源,或者能够更好地利用广播、电视,而断言自己拥有选举的胜券。② 相反,竞选期间的政治广播也会带来一些麻烦。③ 现代英国法律英语中使用的broadcasting,是指所有借助常规无线电传送方式进行信息播报的公共媒体,因此是个大概念,包括语音广播(radio stations)和电视(TV)。

1. 主管机构

独立电视委员会(Independent Television Commission)负有的法定义务就是确保新闻节目必须是准确的、公正的,并且在政治节目中也能保持应有的公正性。④

2. 法律的禁止

任何人企图利用设在英国境外的发射台影响某次选举的选民的行为,按照1983年《人民代表法》第92条的规定是非法的。⑤

英国电视1台(1TV,隶属于BBC,相当于中国的中央电视台新闻频道)以及地方的广播电台是禁止播放政治广告的,英国学者认为,这一措施的正当性已经得到了司法判例的认可,英国的司法判例已经将该措施解读为立法对于有钱人扰乱民主过程的风险的回应。⑥ 英国学者在介绍一项英国的法律规则时,如果关于此规则仅有制定法的规定,他们并不会觉得特别踏实,只有经过一个或者几个司法判决引用了制定法的相关规定之后,他们悬着的心才算放下,他们的用词也很让人感动——经司法认定为正当的(justified judicially),意思是说,仅仅有成文法的规定,某项规

---

① Bradley & Ewing, p. 158.
② Bradley & Ewing, p. 158.
③ Bradley & Ewing, p. 161.
④ Bradley & Ewing, p. 161.
⑤ Bradley & Ewing, p. 161.
⑥ Bradley & Ewing, p. 161.

则只是具有了权威性；只有经过司法判例认可之后，该项规则才具有了正当性，才足以服人。如此的逻辑顺序反映了英国司法程序对于法律正义性的加持功能。

3. 免费广告时段的设置

作为国家支持各政党参加竞选活动的举措，各政党都享有在BBC或者独立广播电视公司的政党政治节目以及政党选举节目中的免费时段①，当然，按照新的政党登记体制，广播电视公司只需要广播由登记的政党制作的选举广告。没有登记的政党就丧失了获得这种国家资助的资格。②各政党实际能够取得的播出时间，由各政党与广播电视公司磋商。③

4. 竞选广告时段的分配

如何分配英国的广播电视公司提供的免费播放竞选广告的时间，引发了多起由政党在法院基于不同的事由提起的司法挑战。这些政党对广播电视公司拒绝向它们提供广播时间或者对实际分配给它们的时间不满，认为受到了不公正的对待，但这些诉讼最终都没有成功。④

5. 竞选节目的播出

与广播电视公司播出竞选广告有关的另外一个主要议题是，广播电视公司报道某些特别选区的竞选活动的能力。1983年《人民代表法》第93条的规定所产生的一个离奇效果是，如果某一候选人参加了某一次关于选区竞选活动的广播电视节目，则该节目未经其本人同意不得播出；同时，非经该选区其他候选人的同意，候选人为推动其竞选而参加这类节目的行为构成犯罪。⑤

此处"参加竞选节目"的意思是，积极地参与，例如参加访谈或者讨论节目；当然，任何候选人都不得阻止BBC拍摄自己在街头参加竞选活动的场景。⑥1983年《人民代表法》此项规定的立法本意是，明确限制候选人直接、积极地以主角身份参与广播电视的访谈节目，除非得到同选区其他党派候选人的一致同意，这当然是非常困难的，从而实际上不太可能现

---

① Bradley & Ewing, p. 158.
② Bradley & Ewing, pp. 155-156.
③ Bradley & Ewing, p. 158.
④ Bradley & Ewing, p. 161.
⑤ Bradley & Ewing, p. 161.
⑥ Bradley & Ewing, p. 161.

实地促成此类节目的播出。但是，如果 BBC 在报道竞选活动时播出某个候选人在街头参加竞选活动的画面的话，并不受此项限制的拘束，因为该候选人在这种报道节目中仅是一个客观对象，不是要通过广播电视的播出重点推荐的候选人。更为重要的是，对于任何候选人而言，其竞选活动必须向广播电视公司公开，不得以任何理由阻挠正常的新闻报道。这正是英国学者所讨论的播出者能力问题的要害所在——限于个人能力方面的差异，并非所有的候选人都希望自己的镜头出现在电视上，因为这种机会并不一定会产生好的影响；对于那些具有足够的利用这种机会使自己出人头地的能力的候选人，利用广播电视宣传自己也要受到相应的限制。由此反映出英国立法者在选举立法方面的中庸态度——既要避免金钱在选举中发挥太大的支配作用，使选举沦为有钱人的"赛马大会"；也要避免使广播电视成为巧言令色者充分展示自己光鲜一面的 T 型台。

1983 年《人民代表法》规定的这些措施赋予每个候选人关于广播电视公司播出的竞选节目的否决权，但这一离奇规定受到广泛的批评，并随后在 2000 年《政党、选举及全民公决法》中被修订了。① 新的规定是，每一个广播电视管理机构（broadcasting authority）必须颁布一个良好行为规范（code of practice），规制参加议会或者地方选举的候选人参加与其所在选区有关的报道节目的行为。②

在各广播电视管理机构制定此类良好行为规范之前，各广播电视公司必须在播出此类节目时充分考虑选举委员会就此发表的意见。③ 这些意见在各广播电视管理机构制定此类良好行为规范之前的过渡时期扮演此类规范的法定角色。广播电视公司、广播电视管理机构与选举委员会的关系是，广播电视公司是公立的（公法人，如 BBC）或者私立的公司，广播电视管理机构是主管广播电视的中央或者地方管理机构，选举委员会则主管全国的选举事务，是英国议会设立的一个相对独立的院外委员会。

据此，广播电视公司拥有竞选节目播出的自主权，而不再受制于其他候选人的否决权，英国学者认为，这一结局是 1998 年《人权法》实施后所

---

① Bradley & Ewing, pp. 161-162.
② Bradley & Ewing, p. 162.
③ Bradley & Ewing, p. 162.

不可避免的。① 因为候选人利用广播电视播出自己的竞选节目,以及广播电视公司播出这样的节目,都是候选人表达自由权的实现手段。

(三) 选举中的腐败行为

选举中的腐败行为包括行贿、选举交易以及不正当的影响,如实施恐吓或者试图胁迫选民等,其实施者不限于候选人本人及其竞选助理,第三方的下列行为也属于腐败行为:① 为推动或者获取某一候选人的胜利而支出竞选开支;② 通过举行公开集会、散发广告或传单或者以其他方式向选民介绍某候选人或其观点。②

(四) 不可回避的现实

英国学者承认,由于选举是昂贵的,金钱直到今天仍然在选举中持续发生作用,由此不可避免地会产生对于立法的某些旨在控制金钱影响的规制手段的内容的争议。③

五、投票行为

(一) 竞选活动场所

监选官可以利用地方教育机构维护或者资助的某一学校的教室,或者维护费用出自地方议事会税的某一场所,举行投票或者清点选票。④ 之所以作这样的规定出于两种考虑:一是要避免任何因地方政府机关以外的房产所有者的因素影响选举的公正性,地方教育机构维护或者资助的学校以及其他维护费用出自地方议事会税的场所,显然可以免去许多不必要的猜疑;二是要避免地方政府机关过分干预选举或者给人以过分干预的印象,地方议事会的既有议员为了确保连任,存在利用其现有职务操纵选举的嫌疑,因此,不将选举地点或者点票场所放在地方议事会的办公地点。

(二) 投票站的设置

投票站按选民的居所地设置。⑤ 监选官必须提供其认为最便于投票者投票的足够数量的投票站,同时为每一个投票站任命一名投票站监票

---

① Bradley & Ewing, p. 162.
② Bradley & Ewing, p. 159.
③ Bradley & Ewing, pp. 158-159.
④ Andrew Arden, p. 308.
⑤ Bradley & Ewing, p. 150.

官（presiding officer），并支付该监票官主持投票活动的相应报酬。此外，监选官还应当任命保障竞选活动顺利进行所必需的其他职员，并支付相应的报酬。监选官还应当向每一位竞选人及其代理人及时递送正式的选举工作卡，为每一位投票站主持人提供自己认为能够满足需要的数量的投票箱，能够使投票人标记其选票单（ballot papers），提供在选票单上加盖官方印章（official mark）的必要材料，以及确保除投票人以外的每一个曾经光顾投票站的人获得一份关于保守选举秘密的书面规定的复印件。①

（三）投票公告

监选官必须就选举事宜发布公告，公布投票的日期、期间、所有候选人的基本情况、每一投票站的位置、应当在各投票站投票的选民的划定标准以及寄出的邮寄选票等。② 从前文的介绍看，此处的候选人基本情况，仅是确定候选人身份的最基本的必要信息而已，其描述部分不超过 6 个单词。因此，完整准确地介绍候选人的详细情况，显然不是监选官的职责。由于选举经费有限，一般候选人难以利用有限的金钱有效地介绍自己，从而很难扭转一般选民基于对某一政党的长期信赖所形成的投票惯性。这是非主流党派的候选人之所以不能当选的主要原因。

（四）票箱

在选举投票就要开始前，各投票站的监票官必须向投票站的人展示投票箱是空的，并将投票箱锁闭，加贴监票官的封印，并将投票箱置于视线范围内，以备接收选票单，并保持投票箱处于锁闭和加封状态。③ 后面将提到，开启投票箱是监选官的职责，而不是监票官的职责。空投票箱的展示对象只要是选举开始时在投票站中的人即可。这些人应当是不特定的公众成员。由于选举的时间已经在通知中列明，因此，这些人更应当是为了选举投票而来到投票站所在地点并被允许最先进入投票站的人，因此其党派属性是不确定的，向这些人展示投票箱是空的已经足以保证选举投票在这个环节上不会有什么"猫腻"了。而专门另行设置监票官的做法，增进了选举的公正性。英国法的制定者在此显然采取了更为实用主义的策略，即将选举的公正性建立在充分公开的基础上，通过确保选举的

---

① Andrew Arden，p. 309.
② Andrew Arden，p. 309.
③ Andrew Arden，p. 309.

公开性,使各党派及普通公众参与到监督选举的队伍中来,这种信赖人民的民主觉悟和积极性的思路,其实恰恰是推进人民民主的最好途径,地方政府机关干预得越多,如指派的选举监督人员越多,则越给人操纵选举的感觉。相反,政府不干预,而借助民间各政党间的选举竞争动力保障选举的公正性,委实事半功倍,因为在政府充分中立、无偏私的情况下,任何选举不公正都只不过是来自某一党派的不正当的选举努力,影响了另一党派或者所有其他候选人在选举中的公平参与权而已。只要能够使组织选举的地方政府机关保持足够的中立,使任何党派都不能借助地方政府机关所拥有的公共资源,则选举在各党派之间就是公平的;在此基础上,各党派之间加强对选举对手的选举行为的监督,本党的选民积极地参与选举并监督其他党派的选民的选举活动,选举的公正性基本可以无虞,选举舞弊的可能性基本可以杜绝。

（五）选票单

选票单不能完全等同于选票,有效的选票单才是可以计算得票的选票。每个投票人的选票是一张规定格式的、盖有官方印章的选票单。①

（六）申请选票单

每个投票人可以申请获得一张选票单。监票官可以依职权或者在某一候选人或竞选助理的相应请求下,在选民申请选票单时向其询问规定的两个问题中的一个或者全部,并在该选民无法令人满意地回答提问时,拒绝向该选民颁发选票单。这两个规定的问题分别是:"你是在此次选举的地方政府选民登记册上登记的那个人吗?"(Are you the person registered in the register of local government electors for this election as follows?)"除作为其他人的代理投票人以外,你在此次选举中是否已经在本选区或者其他选区投过票?"(Have you already voted at this election, in this or any other electoral area, otherwise than as a proxy for some other person?)询问代理人的问题与此又有所不同。②

除此之外,监票官不得进一步就诸如某人投票的权利等问题询问投票人。之所以不能再询问某人投票的权利等问题,是因为这是在公布选民名单之后、选举投票开始前所要解决的问题,在选举投票期间,只能核实投票人的身份以及是否重复投票,而不能再核对投票人的投票权了。

---

① Andrew Arden, p. 308.
② Andrew Arden, p. 309.

但是,某一候选人及其选举或者投票助理可以在某人离开投票站之前,向监票官宣称,自己有足够的理由相信某人构成假冒罪并将进一步在法院启动实质性的追诉程序,此时,监票官可以命令警察逮捕该人。①

(七)本人投票

通常,投票是由本人在投票站完成的。②

(八)缺席投票

有时也可以进行缺席投票,即选民并不亲自出现在投票站投票,由代理人投票或者通过邮寄投票。2000年《人民代表法》放松了对这方面的要求,其目的就是促使更多的人在其愿意时通过邮寄投票。③ 英国学者认为,英国选举法在投票程序方面未来的价值取向是更多的灵活性以及更少地拘泥于形式,其中甚至包括网上投票的雄心,以此来鼓励更多的选民投票,以期扭转低得惊人的投票率。④

1. 委托投票

如果提出委托代理人投票的申请者是一名公务选民、盲人、其他身体残疾者,因工作、教育方面所承担的义务无法前往投票站投票,或者非经海上或者空中旅行无法前往投票站(如海外选民)等,选举登记官必须同意其委托投票的申请。⑤ 由此反映出来的立法价值取向是,宁可使更多的选民通过委托方式投票,也不要使他们无法投票或者因难以投票而放弃投票。与失去参加民主过程的结果相比,间接的投票形式显然应当服务于民主的现实需要。

2. 邮寄投票

按照修改前的规则,选举登记官只有在其认为选民已经登记或者符合制定法规定的其他要求时才可以同意选民提出的邮寄投票的申请。⑥

(九)秘密投票

英国议会选举的进程遵循1983年《人民代表法》附表1中的议会选举规则。这些明细规则涉及候选人的提名以及在投票站投票的程序,特

---

① Andrew Arden, p. 309.
② Bradley & Ewing, p. 150.
③ Bradley & Ewing, p. 150.
④ Bradley & Ewing, pp. 150-151.
⑤ Bradley & Ewing, p. 150.
⑥ Bradley & Ewing, p. 150.

别有助于保障秘密投票。①

为了贯彻秘密投票的根本性原则,英国法规定:在任何需要询问选举情况的法律程序中,都不得要求任何已经投票的人陈述其选票投给了谁。② 当然,这样的规定许多国家都有,英国的不同之处仅在于具体地落到了实处。主要通过如下程序保障:

每个投票人提出申请后,可以获得一张选票单,拿到选票单后,投票人必须马上进入一个隔间并秘密标记其选票单,然后对折以便隐藏其投票内容;投票人只向监票官展示选票单背面的官方印章,并在监票官在场的情况下,将选票单保持折叠状态投入投票箱中。③ "投票人只向监票官展示选票单背面的官方印章"虽然只是一个非常具体的技术性细节,但对于一种既要求高度的真实性又要求极度的隐秘性的活动,这一设计或许是兼取二者的关键细节。

每个投票站的监票官必须控制每一时间段内进入投票站的选民的人数。④ 这个人数与秘密隔间的数量成正比,以既不影响选民秘密填写选票(这要求一次进入投票站的人不能太多),又不至于使选民等候的时间太长(这要求同时在投票站内进行投票活动的人不能太少)为标准。

在投票结束后,监票官必须尽可能快地在各候选人的投票助理在场的情况下,将本投票站使用过的每一个投票箱、未用的投票箱、作废的选票单、已投票选民的选票单、已做标记的选民登记册副本、代理投票人名单、已用过的选票单的存根、选举当天雇用的人员的证明、已投票选民的清单、在同伴或者监票官协助下投票的盲人及残疾人投票者的名单等分别打包、封存。⑤ 已做标记的选民登记册副本是在颁发选票单时一并标记的,因为这是监票官核对选民身份的唯一手段。

(十)选举秩序

监票官的另外一项义务是维护其所在的投票站的秩序,其所能采取的最强硬的措施是下令将某个在投票站中行为失当或者不遵守监票官合法命令者强制带离投票站。⑥

---

① Bradley & Ewing, p. 151.
② Andrew Arden, p. 308.
③ Andrew Arden, p. 310.
④ Andrew Arden, p. 309.
⑤ Andrew Arden, p. 309.
⑥ Andrew Arden, p. 309.

六、选票计数

（一）计总数

在投票结束后，监选官必须尽快就清点选票事宜作出适当安排。监选官必须在计票助理在场的情况下，打开每个投票箱，并记录其中的选票数量，校验每一选票，计数并记录收到的邮寄选票单的数量。① 以上计数仅是就选票单总数而言，不是投给每个候选人的选票。

（二）计得票数

只有在邮寄选票单与至少一个投票箱内的选票单混合，并且某一投票箱内的选票单已经与至少一个其他投票箱内的选票单混合后，才能开始计数每个候选人获得的选票。②

（三）重新计票

某一候选人或者其竞选助理可以请求重新计票，但监选官如果认为该请求没有道理，也可以拒绝。③

（四）不分胜负

如果遇到候选人的得票数相等的情况，监选官将通过抽签决定他们的胜负，这相当于中签的那位候选人多得了一票。④ 这一票还不能算是监选官所投的决定票，而是由监选官主持的抽签中由上帝之手投下的一票。因此，争议并不是很大。当然更重要的是，出现这种情况的概率微乎其微。

七、宣告结果

一旦选举的结果已经确定，监选官将立即宣告当选的候选人或者比其他候选人获得更多选票的候选人、当选的地方议事会成员的数目，并将当选候选人的情况通报地方政府机关的相关官员，同时向公众公布每一位当选候选人的姓名、每一位候选人得票的数量（无论是否当选）以及被拒绝的选票单的数量。⑤

---

① Andrew Arden，p. 310.
② Andrew Arden，p. 310.
③ Andrew Arden，p. 310.
④ Andrew Arden，p. 310.
⑤ Andrew Arden，pp. 310-311.

在计票工作完成后,监选官必须将已计数的选票单和被拒绝的选票单分别封存。同时,监选官必须向举行地方选举的地方政府机关的相关官员发送有关选举结果的文件。①

八、监督体制

英国学者认为,选举要想依法顺利进行,就必须有有效的机制调查指称的违法行为,并实施相应的制裁。②

(一)议会的监督

由于众议院对其自身的组成具有直接的利益,因此,过去它一直声称裁决存有争议的选举方面的问题属于其特权。1604 年至 1868 年,均由众议院行使裁决此类问题的权利;在此期间,偶有在普通法院提起指称选举违法的案件,但并不总能胜诉,如 1703 年的 *Ashby v. White*,1704 年的 *R. v. Paty*。③ 英国学者的这种表述其实已经暗示,按照自然公正原则,自己不能做自己案件的法官,众议院的这种声称显然是有问题的。

自 1672 年以来,选举纠纷开始由众议院全院会议决定,但政党政治日益发展使得选举纠纷的解决完全取决于政党投票④,即每个议会党团只投票支持本党提出的解决方案,而选举纠纷通常总是由选举中落败的党提出,其败选的结果导致的少数党地位,使得它们根本不可能在这种全院投票表决的裁决模式中胜诉。于是选举纠纷只能在形式上得到解决,或者说解决纠纷的结论在内容上服从选举的实质结果,选举纠纷所要澄清的选举实质公正问题,仍无法得到根本解决。到了 1868 年,议会将裁决选举纠纷的职责委托给了普通法院。⑤

(二)法院的监督

如今的选举纠纷诉讼程序是由 1983 年《人民代表法》规定的,该法规定了一个选举异议程序以及这些异议由法院处置的程序。

(三)行政监督

英国学者认为,与选举异议程序和法院裁决异议程序等的设置同样重要的是,根据 2000 年《政党、选举及全民公决法》的规定设立的选举委

---

① Andrew Arden, p. 311.
② Bradley & Ewing, p. 162.
③ Bradley & Ewing, p. 162.
④ Bradley & Ewing, p. 162.
⑤ Bradley & Ewing, p. 162.

员会。① 除监控由该法设立的新的选举规制体制外,选举委员会还对选举行为拥有广泛的职责。②

九、竞选犯罪

英国学者认为,对选举犯罪进行刑事追诉可确保选举法得以实施。③ 打击竞选犯罪的重要性是不言而喻的,但重要的不是这一教条本身,而是英国法究竟将哪些行为纳入被打击的范围,因为其中许多行为对于其他国家的许多人来说,出于投鼠忌器或者其他原因,是不忍心去打击的。但恰恰是这些行为,或许足以败坏一国的选举制度。

(一)选举犯罪的分类

英国学者一般将选举犯罪分为两类:选举腐败行为和选举违法行为。对两类选举犯罪的量刑不同,前者丧失选举资格的期限为5年;后者仅为3年。④ 由于英国没有行政处罚制度,违法行为与犯罪几乎是同义词。

(二)选举犯罪的罪状

1. 伪造自述

签发虚假证书以证明某一候选人有资格采用某种表述,以使其与某一登记的政党联系起来的,属于选举腐败行为。⑤

2. 夸大宣传

任何人不得印刷、出版、邮寄或者散发(或者采取任何能够达到同样效果的行为)提及任何一次选举的任何布告、海报或者任何旨在促进某一候选人当选的印制文件。但是,如果具明印刷者或者出版者的名字,则另当别论。候选人或者其竞选助理违反该规定的,将构成行为不当罪,其他任何人实施此类行为,将构成一般违法犯罪。⑥ 在此,我们再一次看到英国选举法所要求的实名制的一种外部表现形式。实名制竞选是与公开选举制度相因应的,也是公开、民主选举的一个主要表现形式及必然结果。有了实名制及违反实名制的刑事制裁后果,就可以在很大程度上遏制匿名诽谤。之所以具名的广告宣传是合法的,不具名的是非法的,是因为具

---

① Bradley & Ewing, p. 162.
② Bradley & Ewing, p. 162.
③ Bradley & Ewing, p. 163.
④ Bradley & Ewing, p. 163.
⑤ Andrew Arden, p. 308.
⑥ Andrew Arden, p. 307.

名者将承担相应的如实宣传的道义责任。按照这一规则，候选人或者其代理人具名印发各种宣传材料是可以的，这也是英国地方选举主要的竞选手段。

为影响某一候选人在选举中的得票数，而在选举前或者选举期间宣扬或者散布关于候选人的人格的不实之词，也是非法行为；除非行为人能够证明其有充分的根据相信相关陈述是真实的。①

然而候选人并不对此类不实宣扬其他候选人的人格的违法行为负责，也不因其竞选助理以外的其他助理的此类违法行为而影响其选举结果；但如果有事实证明该候选人或其竞选助理授权或赞成，或者某一选举法院认定该候选人的当选实质性地得益于此种不实宣扬，则另当别论。②由此得出两点结论：一是回答了前面提到的问题，即故意违规接受付款的行为并不影响接受付款者的选举结果。二是一般人（包括候选人的竞选助理以外的其他一般助理）基于一定的事实根据及内心确信而实施的不实宣传，并不足以影响候选人的选举结果。但如果是候选人本人或者其竞选助理为打击竞选对手，而授权或者同意实施此类不实宣传，则构成一种恶意竞选行为，其性质就十分恶劣了，其后果可能直接导致候选人已经当选的结果被取消。从这个角度看，英国选举法真正要反对的，仍是一些比较严重的不正当竞选行为，如恶意人身攻击等；至于非法收钱等事项，虽然也被认定为违法，但还没有严重到取消当选资格的程度，因此只是确认其违法，并不取消其资格，靠其自觉性或者选民来决定其本次或者下一次是否当选。

更准确地说，英国选举法关于选举中各种违法或者不正当竞选活动的态度的区分标准，可以概括为"实质性影响结果标准"(materially assisted in consequence of)；如果某一违法或者不正当行为实质性地影响了选举的结果，则该行为的后果必须取消，取消的手段自然就是取消因此而产生的选举获胜的结果；反之，虽有违法行为，但尚不足以实质性地影响选举结果，或者最终没有导致选举胜利，则对于那些赔了夫人又折兵的心术不正者，选民已作出了最终的选择，英国法认为已没有再穷追猛打的必要了。

---

① Andrew Arden, p. 307.
② Andrew Arden, p. 307.

3. 利诱选民

为了使选民或其代理人参加或者不参加投票,以达到推动或者实现某个候选人当选的目的,在某次选举前、选举中或者选举后,实施任何付款或者签订付款协议的行为一旦被发现,则实施该付款或者签订该协议的人及接受该付款的人或者明知违反1983年《人民代表法》但仍作为付款协议另一方的人,都将构成行为不端罪。①

任何人采取付款或者许诺付款等舞弊手段,诱使或者力促某一候选人放弃参加某次选举的候选人身份,而该候选人确系为此而放弃选举的,则双方均构成非法付款罪。② 此处一并对不讲原则、给钱就干的候选人给予了刑事制裁。因为英国地方选举中候选人的产生标准很低,最少11个人就可以推选出一个候选人,同时,英国选举法还规定,如果候选人人数少于应当选人数,则不必举行投票,候选人直接当选,因此,贿赂候选人退出竞选委实是一个事半功倍的竞选策略。从英国选举法的这一制裁条款看,英国有不少人看到了这一点,甚至可能在早期还不乏尝试者,但至少在目前,这条路已经被立法堵死了。不仅如此,英国选举法对此采取了双管齐下的策略,既惩治行贿者,又打击受贿者。

4. 非法游说

为获得报酬而从事游说活动或者受雇充当说客,以及促成或者雇用该说客的,双方都构成非法雇用罪。③ 这又是一个同时惩罚双方的罪名。严格来说,是惩罚三方,还包括中间人。

5. 非法赞助

不得就使用任何房屋、土地、建筑物或者不动产以便进行演讲、宣传展示或者公示等事宜,向候选人或其代理人支付任何款项或者签订任何付款协议;但是,候选人或者其代理人的主业就是广告代理,并且付款是按照广告业务的一般规程进行的,则不受前述规定的限制。④ 英国选举法并不禁止候选人或其代理人在其竞选期间同时进行正常的生计活动。因此,广告商如果参加竞选或者作为竞选助理,仍可以正常从事其广告业务;但无论是广告商还是非广告商,凡涉及租用不动产从事竞选推广活动

---

① Andrew Arden, p. 306.
② Andrew Arden, p. 307.
③ Andrew Arden, p. 307.
④ Andrew Arden, p. 307.

的,都不得接受任何人的捐款,这一点是相同的,这与前面提到的在其他竞选事项上不得接受选举捐助的一般原则是一致的。

绝大多数学校不得出租校舍作为旨在促进某一候选人当选的委员会的办公室。任何为竞选目的租赁或者使用此类物业的承租方,或者明知承租人有意将此类物业用于竞选目的仍照租不误的出租方,双方都将构成非法租赁罪。①

6. 选举超支

如果某人故意提供资金支付了违反1983年《人民代表法》规定的款项,或者故意为超过规定的最大限额的开支提供资金或者报销此类开支,都将构成非法支付罪;但是,如果支付的款项或者所发生的开支事先得到高等法院允许的,则另当别论。② 可见,非法支付罪的标准是非常严格的,其例外仅限于高等法院允许一端,要获得这种允许,显然不能基于人情关系,必须有非常充足的特殊事由。

2000年《政党、选举及全民公决法》有关选举违法行为的主要规定在于政党的全国性竞选开支的限额。如果选举的开支超出了制定法规定的最高限额,则政党及其授权实施开支的该党的财务官构成共同犯罪,在这种情况下,对政党的罚金没有限额。③

7. 虚假申报

2000年《政党、选举及全民公决法》规定,对于任何未向选举委员会提交本党的竞选开支申报表或者进行了虚假申报的,政党的财务官个人都要承担相应刑事责任,而政党本身并不对此承担责任。④

(三) 追诉期

选举犯罪的追诉期为1年,即必须在指称的选举犯罪行为实施后1年内启动追诉程序,否则即不得再予追究。⑤ 除字面上关于追诉期的规定外,这一规定的另外一个重要意义是,进一步强调了罪刑法定原则,即无论是对于罪行较重的选举腐败行为,还是对于罪行较轻的选举违法行为,其定罪都必须通过选举法院经审判后确定,而不能由任何人自己指称并大肆宣扬。考虑到英国关于选举犯罪的定罪以及宣告犯罪行为对政治

---

① Andrew Arden, p. 307.
② Andrew Arden, p. 308.
③ Bradley & Ewing, p. 164.
④ Bradley & Ewing, p. 164.
⑤ Bradley & Ewing, p. 163.

人物政治生命的重大影响,对于未经选举法院审理认定的选举犯罪进行宣传的行为,将构成诽谤罪。

(四)量刑幅度

1. 选举腐败行为的量刑

被指控腐败犯罪者被定罪后,将要受到1年以下的有期徒刑或者罚金的刑罚;在辩诉交易(summary conviction)中认罪服判者将受到较轻的惩罚,但仍会导致3个月的监禁。① 此罪刑罚并不是很重,主要的原因是,此处是就单一罪状的罪刑而言的。之所以觉得判得轻,是因为这种罪不可能不附带行贿、受贿及其他腐败行为。这些在英国是要单独惩罚的。仅就选举腐败行为的获罪而言,英国量刑之所以显得较轻还在于,行为人在这方面的胆子确实比较小,腐败的数额及其他情节都显著轻微,在有的国家甚至达不到追诉标准。在英国,其重就重在刑罚本身,哪怕只有3个月,也是刑事案底,对于决心从政者而言,这就相当于其政治生命的完结,今后无论他投奔哪个政党,这条犯罪记录都是罪证,从而绝无可能东山再起。这种一棒子打死的做法,对于干部政策而言才是最重的。

2. 选举不法行为的量刑

在选举中具有不法行为所导致的刑罚只是不超过标准罚金等级3级的罚金。② 在英国,违法与犯罪几乎是同义词,只不过直接说构成犯罪的行为时,其刑罚一般要涉及人身自由罚(即有期徒刑,英国已废除死刑,最高是无期徒刑)。而违法行为,就是显著轻微的只够罚金的罪行。

(五)上诉过程中的席位保留

在2000年的 *Attorney-General v. Jones* 一案中,身为工党党员的被告纽瓦克(Newark)因故意伪造其选举经历,而被认定为构成选举腐败罪。此项有罪认定的结果是,其竞选获得的席位根据1983年《人民代表法》第160条第4款的规定被判决出缺。该有罪认定在上诉过程中被推翻,于是,上诉法院裁定被告原有的席位停止空缺,作为该席位原主人的被告有权恢复其席位。③ 从案名看,该案是刑事案件,是按照刑事诉讼程序以总检察长的名义追诉,而不是按选举诉讼案件提起的,因此是可以上诉的。

在该案之后,法律进行了修订,按照新的规则,如果某个在位的国会

---

① Bradley & Ewing, p.163.
② Bradley & Ewing, p.163.
③ Bradley & Ewing, p.163.

议员或者地方议事会成员被认定犯有选举腐败罪或者具有违法行为,则其占有的席位在其提出旨在推翻该有罪认定的上诉期限终了之前,并不空缺。① 相比于违反1983年《人民代表法》的法律后果而言,违反2000年《政党、选举及全民公决法》的法律后果显然没有那么多的戏剧性,但违反该法的后果也是不容低估的。② 新的规则扩展了无罪推定的期限,但这一延伸并不完全及于上诉审全过程,也就是通常情况下终审判决下达之时,而是仅及于对有罪初审认定提出上诉的法定期限届满之时。在此之前,仍保留被初审认定为有罪的议员的席位。这样有助于避免议员的席位因诉讼过程中的反复而出现不必要的"折腾"。尤其是其在初审被定罪后,如果即认定其席位空缺,则必须按照选举法的规定举行补缺选举,而此时如果上诉程序还没有结束,则新的当选者已选出,上诉的效果就有可能与补缺选举的结果相互冲突。当然,新的规则并不能完全避免这种情况的发生。

如果被初审认定为有罪的议员已经向法院提出了上诉,则其席位在初审定罪后3个月依法出缺。当然,如果被告撤回上诉,或者其上诉没有成功,则其席位立即出缺;如果其上诉在此3个月的期限内被听审并获得成功,其有罪认定被上诉审撤销,则其席位自然也就不会有出缺的理由了。但上诉的进程并不一定总能这么快,如果在上诉判决下达之前,已经因上述3个月的期限届满致使被告的席位依法出缺,并且已经进行了补缺选举,而此后被告又获得了上诉的胜利,被告仍无权要求重新取得其依法出缺的席位。③ 可见,新的规定虽然延缓了被初审认定具有选举罪行的议员的席位的出缺时间,但也仅延长了3个月,在此之前,如果其上诉胜诉,尚可保留其原有席位,否则,如果其没有上诉(放弃上诉权,自认其罪)、撤回上诉(实质上放弃上诉权)、上诉被驳回(败诉,上诉维持其有罪认定)或者上诉判决晚于补缺选举结果,被告仍将失去其既有席位,并且也无权再恢复其席位。

(六)选举治罪的附带后果

选举治罪的附带后果中,影响最深远的是政治信誉的灭失,在此后相当长的期限内,具有选举腐败行为或者选举违法行为者,其事迹将不时被

---

① Bradley & Ewing, pp. 163-164.
② Bradley & Ewing, p. 164.
③ Bradley & Ewing, p. 164.

其竞争对手、助选第三方拎出来说,由此产生的舆论压力可能是灾难性的。与此相比,法律上明确规定的资格限制,则无论在程度上还是在期限上都要更具体、明确,也轻微得多。

1. 丧失刚刚获得的席位

任何当选的众议院议员如果事后被发现具有选举腐败行为,则将被要求腾出其席位。①

2. 丧失选民资格

英国学者在提到与选举有关的犯罪行为的刑罚时,特别强调了与刑罚同等重要的政治影响:选举犯罪的认定将导致某种政治上的无行为能力,即某人一旦被认定从事了选举犯罪或者实施了选举违法行为,将会失去在联合王国的议会选举中或者大不列颠的地方政府选举中登记作为选民或者参加投票的资格。②

对于具有选举腐败行为者而言,其丧失资格的期限为5年;而选举违法行为的丧失资格期是3年。类似的丧失资格也适用于选举法院经对选举诉讼案件审理后认定实施了选举腐败行为或者选举违法行为的任何人,而不限于候选人。③

3. 丧失或者限制候选人资格

被认定为犯有选举腐败罪者将在5年内失去被选入众议院的资格;被认定为具有选举违法行为者将在3年内失去候选人资格。④

---

① Bradley & Ewing, p. 163.
② Bradley & Ewing, p. 163.
③ Bradley & Ewing, p. 163.
④ Bradley & Ewing, p. 169.

第四章
议会制度

英国议会制度的内容在本书中占有相当长的篇幅,究其原因,读者在了解了英国宪法、行政法甚至整个公法领域居于突出地位的议会立法至上原则之后,自然不难理解。

议员制度是议会制度的重要组成部分,因笔者感觉这部分内容在国内受重视的程度不够,已有的资料也不够翔实,有可能导致读者对议会民主制的误解,故详写此部分,特别是议员与选举、选民、政党的关系,议员本人的利益及其公开等。

第一节 议会制度概述

议会制度是英国议会民主政体的枢纽。要透彻地了解英国的行政体制,就不能回避英国的议会制度,因为英国是一个议会制国家,政府与议会之间千丝万缕的联系要比表面上所展现的还要密切。在议会制度部分,有三个内容必须涉及:一是议院制度;二是议员制度;三是委员会制度。对于非宪法、行政法专业的读者来说,这些内容的价值足以替代本书的全部;但对于相关专业读者而言,这只是参透英国议会民主制的第一步。

英国议会制度的核心,就是所谓"议会中的国王"体制。由于这一体制,说英国议会是两院制并不准确。英国议会确实只有两院,但这两院却不是英国议会的全部,其不可或缺的部分,就是英王。

考虑到英国是世界上最典型的议会民主制国家,本节内容是后续研究英国议会民主制的基础,加深对议会立法至上原则的理解及洞悉贵族院司法职能的本质等的素材。没有这些材料的铺垫,对于议会主权、中央政府框架、委任立法甚至法院体系、法官体制等内容的理解,难免会产生因基础信息不真实、不准确、不对称所致的偏差。作为议会制度部分的引子,本节只作简要的介绍,重点是英国议会制度最基本的概念和现象——议会立法至上、三位一体等。

一、议会的由来

在英国,parliament 所指的议会,是指应召集讨论某些重要事项的议事会。直至今天,这层意义对于英国议会讨论政策、质询官员及批评政府等活动,仍是名副其实的。[①] 在英语世界,Parliament 专指英国议会,不包括英国权力下放后在威尔士及北爱尔兰设立的地区议会,这些议会(Assembly)以及其他英语国家中议会的正式名称,在英文原文中都有另外的词,这或许是因为这些国家成立议会时为了表达对英国的嫌恶以示区别,但结果却在某种程度上表达了其他英语国家对于英国议会至上地位的尊重。Parliament 意义上的议会与仅具有集会意义的议会(Assemble)有所不同,前者用于中央,后者用于地方,如威尔士地区议会。

当然这里也有一个明显的例外,就是权力下放在苏格兰的成果——苏格兰地区议会(Scottish Parliament)。从 1978 年《苏格兰法》的立法用词看,当时的 Scottish Assembly 显然不如 Scottish Parliament 响亮,这似乎也就是为什么在该法宣告失败后,1995 年,苏格兰制宪大会发表主旨报告(《苏格兰的议会:苏格兰的权利》)强调苏格兰人的议会应当是一个 Parliament 而非 Assembly 的原因所在,因为在 1707 年苏格兰地区议会与英国议会合并时,用的就是前者。恢复这一称谓对于苏格兰人心理上的安慰,显然是 1978 年《苏格兰法》所不能表达的,也正是其失败的诱因之一。因为该法的失败是苏格兰人全民公决的结果,而不是议会审议的结果。

英国现代议会的祖先是英王议事会(Curia Regis),该机构的职能是司法、行政与立法权的融合。而议会最老的祖先,则是国民大会(Witenagemot),同样行使政府的全部三项职能。[②] 早先的英王议事会的成员包括神职人员、贵族,以及各郡代表(也称为郡选议员,knights of the shire),主要职责是批准由君主提议的税收方案。但是在很多情况下,对税收方案投票之前,需要平衡民众的不满,立法权便由此发展而来。

---

① Phillips & Jackson, p. 153.
② Phillips & Jackson, p. 153.

英国议会起初并不是一个立法机关。即使今天，它也不单纯是一个立法机关。《共同祈祷书》(Book of Common Prayer)中给予议会的称号"议会高等法院"(High Court of Parliament)提醒我们,议会过去是并且现在还是一个法院,而且是这个国家的最高的法院。① 这一点并不因英国贵族院上诉委员会分立为最高法院而有太大的改变,因为从职能定位及人员构成看,二者仍有千丝万缕的联系。其历史上的传承纽带更是无法割裂。

从中世纪开始,英国的议会就沿着两条并行的路线发展着:一条路线是不断的机构分出,如普通法法院的分出;另一条路线则是不断有新的议会并入,如苏格兰地区议会的并入。远在中世纪的早期,普通法法院即从英王议事会中分离了出来。但议会仍然保留的司法职能包括:① 贵族院和众议院各委员会处理私法案的权限;② 贵族院处理有关古老的贵族地位请求的司法职能(这一职能依然存在,1999年《贵族院法》并没有影响世袭封号的存在与延续问题);③ 贵族院关于民事和刑事案件的上诉审管辖权②;④ 贵族院和众议院在其各自的特权范围内所享有的司法职能(包括纪律处分权及对冒犯、蔑视议会行为的惩罚权)③。议会两院均有权实施其各自的特权,并有权处罚那些违抗它们的人。这一权力可能在某些情况下导致与法院的直接冲突。④

另外,英国的议会是通过不断合并形成的。《与苏格兰合并法》经两国议会批准后,两国议会即在将权力移交给大不列颠议会后宣告不复存在。⑤

二、议会至上

英国是一个议会制国家,这一体制建立的时间比我们一般想象得要早。这一体制在初期有一段相当长的混沌时期,算上这段时间,则其历史几乎要上推至中世纪。

如果说英国的宪法政治有什么特点的话,答案唯在于选举制度基础之上的议会制度。从制度角度考虑,议会制度包容选举制度;但是从功能

---

① Phillips & Jackson, p. 153.
② Phillips & Jackson, pp. 153-154.
③ Phillips & Jackson, p. 282.
④ Bradley & Ewing, p. 88.
⑤ Phillips & Jackson, p. 17.

角度分析,选举制度堪称议会制度的基石——没有英国的选举制度,就没有英国的议会制度。因为英国的议会制度无非就是选出一帮人来,然后他们就聚在一起开会,最后一人一票表决而已。除此之外,英国的议会制度似乎并不关心议会的权限范围、议会的议事规程等在我们看来显然更重要的问题。他们自有他们的道理——这些问题是议员们自己的事,想怎么议就怎么议,想议什么就议什么,在英国还有谁管得了他们吗?是的,在英国,议会至上意义上的英国议会完全可以这样说,并且实际上也在这样做。他们的底气从何而来?来自选民!

三、议会中的国王——三位一体的组织架构

英国议会是由众议院、贵族院及英王组成的。但其组成绝不是三者平行站位,而是以英国人精神寄托的存在方式——三位一体——存在的,英国学者一般会说,众议院和贵族院的这种两院制结构(two-chamber structure)是英国议会完整体系的一个组成部分。英王从形式上讲也是议会的一个组成部分。英王宣告每届议会的开幕,同时英王认可也是初级立法的必要条件。当然,英王的这些职能是在政府的建议下履行的,仅在非常个别的情况下,英王可以行使与议会事务有关的个人自由裁量权。[①] 也就是说,严格按照英国正统的说法,仅说英国议会是由两院组成,是不完整的,其中少了英王。英国议会是一个所谓"三位一体"的国家机构。英国历史上的三位一体的国家机构至少有两个:一个是枢密院(枢密院中的国王),一个是议会(议会中的国王)。它们的共同之处也有三:都在英王的名下、依然存在并且在实际意义上仍然发挥着比英王还要重要的作用。可见,在英国的文化中,三是一个非常被看好的数字。三位一体的观念植根于英国国教,并且在其国家的组织机构中有非常重要的体现。

三位一体的"议会中的国王",是英国宪法体制中一个令非基督教文化圈的人们非常不解的概念。英国学者在讨论英国议会时首先提到的就是这个概念,并且明确指出议会所享有的广泛的权力都是归于"议会中的国王"名下的。[②] King in Parliament 亦有译为国王在议会,但这种译法最大的问题在于使这个词无法在汉语中作主语,显然与英语中作为英王封

[①] Bradley & Ewing, p. 147.
[②] Bradley & Ewing, p. 49.

号的原词无法通义。怎样表述这一由三个相对独立的机构分别参与并依特定的程序纽带联系起来的法律现象呢？或者如何赋予这一能动的立法活动一个人格化的身份呢？这就是英国学者所说的独特的宪法现象：议会中的国王。

在英国，至上的法律权力寓于议会中的国王的权威，并通过议会立法得以行使。任何一项议会立法必须同时取得英王、贵族院及众议院的赞成，其中每一议院以到会议员的简单多数通过立法议案。这是英国唯一的主权立法形态，而这些立法的法律效力不受任何限制。① 这种不受限制性，就是所谓至上性。

只有经过英王和两院批准的议会主权立法才具有上述最高法律权威。议会的两院本身，无论是共同还是单独，都无权行使此项权力。议会任何一院或者两院联合作出的任何决定都不具有立法上或者法律上的任何效力，除非一项已经通过的议会立法对此作出了规定。在很多情况下，成文法要求行政命令或者条例必须取得议会的同意。但是，按照越权无效的原则，如果该行政命令或者条例未能严格地遵从法律，上述批准程序丝毫也不能保障行政命令或者条例免受法院的谴责。至于挑战是在送交议会批准之前还是之后则无关紧要。② "议会的批准丝毫也不能保障行政命令或者条例免受法院的谴责"，这一点非常重要。批准程序只能赋予这类经批准的规范性文件以庄严性，但却不能使之具有与议会立法等量齐观的司法免责特权。

四、议会特权

（一）历史由来

最初的议会特权（parliamentary privilege）可以溯源至议会作为一个实体在宪法中拥有其真正的权力之很久以前。议会特权本来是从英王能够在其需要时自由地接近其顾问的基础上演化而来的。根据这一要求，凡是英王的顾问（其中许多是议会的成员），在其前往或者离开议会的旅程中，都应当受到免于被骚扰（molestation）、逮捕和囚禁的保护，以便他们能够随时应国王之召前往提供咨询意见。③

---

① Wade & Forsyth，p.25.
② Wade & Forsyth，p.26.
③ Neil Parpworth，p.129.

(二) 具体内涵

而今,议会特权的内涵已不限于(议员个人)免于骚扰、逮捕或者囚禁的自由了,而是包括诸如在议会随便发言、蔑视议会行为的构成规则及议会内部程序的规制等一系列内容。议会特权事实上已经成为某些特权的合称。①

在议会随便发言是一项特别重要的议会特权,因为这一特权赋予议会中任何一院的成员能够全身心地、无所顾忌地投入议会的事务中去,而不必担心随后而来的司法诉讼。在议会随便发言的特权事实上能够保障那些在威斯敏斯特宫的范围内发表的任何言论都不会被法院认定为诽谤,即便同样的语言在其他场合会被认定为诽谤。② 在议会随便发言的特权是由《权利法案》第9条予以保障的:在议会中享有言论、辩论的自由,议会活动中的言论不得在任何法院或者议会外的任何场所被追诉或者质疑。③

英国学者客观地指出,尽管有大量的阐述,但《权利法案》第9条规定的准确含义仍不是十分清楚。困难集中在对议会活动的理解。*Rost v. Edwards*(1990)一案就涉及对于某一议员的诽谤行为的认定:某一与原告对立的议员写信给众议院的发言人,并在信中对同为议员的原告进行了抱怨,原告试图以该信作为诽谤的证据,法院拒绝采信这一证据,理由是该信属于议会活动的范畴;而另一得自议员利益登记簿(Register of Members' Interests)的证据则是可采信的,因为它来自公共档案。④ 此处提及的作为公共档案的议员利益登记簿,是一个非常重要的公共文献,与此类似的档案还包括政府主要官员的利益登记,这是一项非常有效的监督手段。

(三) 行使主体

最初,施行议会特权的权力掌握在英王手中。在亨利八世统治时期,这一权力逐渐让渡给了议会,并从那时开始一直为议会所保有。但是按照布朗·威尔金森法官(Lord Browne Wilkinson)在 *Hamilton v. Al Fayed*(2001)一案中的说法,议会特权"属于议会而不属于个人"。因

---

① Neil Parpworth, p. 129.
② Neil Parpworth, p. 129.
③ Neil Parpworth, pp. 129-130.
④ Neil Parpworth, p. 130.

此,认定某一议员或者"外人"构成蔑视议会的管辖权是由作为一个整体的议会行使的,而不是由个别的议员行使的。①

五、议会任期

在 1694 年《三年任期法》(Triennia Act)之前,议会的任期是没有限制的,只要英王愿意,议会就可以一直延续。但是 1694 年以后,多部议会立法对议会任期作了规定。1715 年《七年任期法》(Septennial Act)规定的期限是 7 年,1911 年《议会法》减少至 5 年。虽然自此以后,议会的通常任期即变成 5 年,但这是可以通过议会的法律予以延长的。在第一次和第二次世界大战之间组成的议会就将其任期分别延长到 8 年和 10 年。就 1935—1945 年的议会而言,这是 5 年任期届满后在 1940—1944 年通过的一系列逐年《延期法》(Prolongation of Parliament Acts)实现的。将议会的任期限制在 4 年固定期限内的立法议案虽曾提请议会讨论②,但在二读后就没有下文了。

六、议会年度

英国议会及地方议事会都是常设机构,以年度为周期进行活动,称为议会年度③,或称一个议会会期。每年 11 月在正式召开议会之前,首先由王室卫兵对议会大厅进行例行检查,以纪念 1606 年通过搜查而成功解决的火药事件。

第二节 英国贵族院

贵族院(House of Lords,常译为上议院,但这种译法不准确,详见下文说明)是英国议会两院之一,也是英国政治与法律体制中令人难以捉摸的部分。本书对贵族院关注的重点在于其司法职能,对此,本书将在第二卷第一编第一章英国的法院及第二章第二节分别介绍其组织及成员。本节只介绍与贵族院的立法职能相关的组织方面的事宜。

本节对英国议会的这一院的介绍似乎单薄了一点,但从英国政治与

---

① Neil Parpworth, p. 129.
② Neil Parpworth, p. 112.
③ Martin Partington, p. 32.

法律体制的现状看,这样做符合现实。需要一提的是,该院还有一项重要的职能在此没有提及,即作为英国国内的最高上诉法院(这一职能近年来有巨大调整,其成果是最高法院的成立)。对此,本书多处提及。

一、贵族院的名分

以笔者所见,英文中涉及英国议会贵族院的指称至少有三个:

一是 House of Lords。这是最常用的指代词,本义是贵族院,与众议院(House of Commons,本义是普通院或平民院)一样,本没有上下的意思。将 House of Lords 译为"上议院"、将 House of Commons 译为"下议院"这种通行的译法,很不科学。因为如果仅仅从权限角度讲,贵族院除司法职能外,几乎没有什么实质性的可以制约众议院的权力;就立法职能而言,凡是众议院通过的立法议案,贵族院几乎没有说不的先例。因此,正确的译法,直译应译为贵族院;既反映其真实组成又反映其实际权限的译法,则是元老院。

二是 Upper Chamber[①],这才是与"上议院"的译法最贴切的原词。

三是 Second Chamber[②],直译为第二院,这显然是一个不太恭敬却又反映实际的叫法,这一称谓上的落差似乎不仅仅是将贵族院降格为第二院的问题。在削减贵族院权势的 1911 年《议会法》通过之前的 1910 年,在众议院占多数因而执政的自由党,对自己在其中不占多数的贵族院的称谓是"较高级别的议院"(Upper Chamber)。1911 年《议会法》的导言之特别之处在于其明确宣布,该法起草者的意图就在于将贵族院降格为一个建立在名望(popular)而非世袭(hereditary)基础上的议会第二院(Second Chamber)。[③] 1911 年及 1949 年《议会法》的合成效果是,减少贵族院的立法权力[④],并最终使议会的法律在满足一定条件的情况下可以直接由众议院通过并经英王认可后生效,无论贵族院如何反对。[⑤] 如此一来,贵族院经这两部《议会法》联合运作的损失已经不是名分上的,而是实质意义上的了,Second Chamber 这一法律术语的确切所指已经不是简单的字面理解的第二院,更准确地说应当是"第二流的院"。如果说得文

---

① Neil Parpworth, p. 122.
② Neil Parpworth, p. 73.
③ Neil Parpworth, p. 73.
④ Neil Parpworth, p. 72.
⑤ Neil Parpworth, p. 189.

明点,现在的贵族院其实是上流社会的中老年成功人士组成的"第二流的院"。

二、贵族院的构成

(一) 贵族院议员的分类

直到 1999 年 11 月《贵族院法》通过,贵族院一直以来主要是由三部分贵族组成:世袭贵族(Hereditary Peers)、大主教和主教(Archbishops and Bishops)以及终身贵族(Life Peers)。这三部分人合在一起,就形成了某一议会立法中所谓"神明与凡世间的贵族们"(Lords Spiritual and Temporal)。①

根据《贵族院改革法案》,除 92 名留任外,600 多名世袭贵族失去贵族院议员资格,非政治任命的贵族院议员将由专门的皇家委员会推荐。从此以后,贵族院的成员仍是贵族,但贵族不一定都是贵族院议员了。

1999 年《贵族院法》打破了世袭贵族地位与贵族院议员之间的联系:在此之前,所有的世袭贵族都有权在贵族院获得一个席位。尽管 1999 年《贵族院法》和 2005 年《宪制改革法》在努力调整贵族院的构成,贵族院仍继续由以下四类议员构成②:

(1) 根据 1958 年《终身贵族法》授予爵位的终身贵族;
(2) 根据 1876 年《上诉管辖权法》任命的法律贵族;
(3) 教会贵族,即来自英格兰教庭的 26 位资深主教;
(4) 世袭贵族。

此处第(2)项的内容需要特别解释一下。虽然 1876 年《上诉管辖权法》已经被 2005 年《宪制改革法》废止,但直至 2015 年,英国最高法院的法官仍主要是很多年前、根据距今近 150 年的法律任命的,虽然他们已经有了新的头衔:最高法院法官。从组织构成角度看,2009 年设立的最高法院,仍是一个由有资格在退休后回归贵族院的前贵族院成员组成的委员会。

无论上述哪类贵族,其任命都或多或少地控制在执政党手中,可以说政党控制着贵族院的任命。③

---

① Neil Parpworth, p. 121.
② Bradley & Ewing 2015, p. 176.
③ Bradley & Ewing, p. 155.

(二) 世袭贵族

尽管"贵族"(peers)一词的原义是平等(equal),但贵族阶层内部却划分了五个等级:公爵(duke)、侯爵(marquess)、伯爵(earl)、子爵(viscount)和男爵(baron)。世袭贵族通常获得前四个爵位之一。[①] 1958年《终身贵族法》在加强终身贵族地位的同时,削弱了世袭贵族的地位。从此以后,就很少再分封新的世袭贵族了,尽管1983年时任首相撒切尔夫人对怀特洛(Whitelaw)和斯皮克·托马斯(Thomas)的推荐恢复了这一做法。[②]

一般而言,世袭贵族都是通过继承而从其受封的先人那里获得其现在的封号的。但贵族院中也确有一小部分世袭贵族的封号是直接加于其本人的,他们是获得世袭贵族封号的第一代。英国近年来的习惯做法是尽可能限制分封世袭贵族,除非在某些极个别的情况下,如被分封者并没有继承人。[③] 这一招可真够绝的:名义上分封的是世袭贵族,而其获得的实际上仅仅是个终身贵族待遇。

1999年年初(即贵族院进行改革之前),贵族院大约有760名世袭贵族,他们构成了英国议会第二院中的多数,多数世袭贵族支持保守党。[④] 这可能就是工党要力主对贵族院进行改革,特别是限制世袭贵族人数的原因所在。改革的结果是世袭贵族(议员)降为92人。[⑤] 从那以后,英国的世袭贵族也不完全等同于贵族院议员了。是否保留贵族院议员身份,对本人的议会选举权是有影响的。

世袭贵族先前是没有选举权的,但他们现在可以在议会选举中投票,当然,如果他们根据1999年《贵族院法》的规定在贵族院保留了一个席位,则仍没有选举权。[⑥]

(三) 教会贵族

教会贵族(lords spiritual),又译神职贵族,包括大主教和主教,相对而言属于贵族院中的少数派。他们能够出席贵族院的根据是1878年《大主教法》(Bishoprics Act)。该法规定,坎特伯雷(Canterbury)大主教和约

---

① Neil Parpworth, p. 122.
② Bradley & Ewing, p. 173.
③ Neil Parpworth, p. 121.
④ Neil Parpworth, p. 121.
⑤ Bradley & Ewing, p. 173.
⑥ Bradley & Ewing, p. 149.

克(York)大主教,以及伦敦、德拉姆(Durham)和温切斯特(Winchester)的主教,还有其他 21 位最资深的教区主教有权出席贵族院,总数是 26 人。①

与世袭贵族和终身贵族不同的是,主教们都是依职务,即他们所拥有的教职而得以出席贵族院的。如果他们退休,也就不再是贵族院的成员了。不过他们仍可以因被任命为终身贵族而回到贵族院,例如坎特伯雷大主教后来就成了朗西爵士(Lord Runcie)。②

(四)终身贵族

终身贵族是其本人享有被授予的封号,但不能将其封号传承给继承人的贵族。终身贵族之设立是相对晚近的宪法制度发展的结果。其产生可以追溯到 1958 年《终身贵族法》,该法赋予英王授予男性和女性终身贵族爵位的权力。自该法颁行以来,授予终身贵族的权力显然得到了广泛的运用。③

英国的贵族院目前主要由终身贵族组成。终身贵族的级别相当于男爵。④ 1856 年以来,英国的宪法实践形成一个惯例:英王虽然可以独自授予终身贵族封号,但却不能赋予该贵族以贵族院的席位。终身贵族要想取得贵族院的席位,必须通过立法程序。⑤

终身贵族的产生受复杂的背景、利益、职业和政治倾向的影响。能够荣升到贵族院,在政府方面看来是求之不得的事,因为后者认为,新的终身贵族在某些方面具有一定的专业技术、经验和知识,而这些对于贵族院履行其职能都是非常必要的。自 1958 年以来,资深的前政府部长,包括前首相,获得终身贵族封号者并不罕见。⑥

(五)常任上诉贵族法官

常任上诉贵族法官(Lords of Appeal in Ordinary)之设立与贵族院司法职能的演化或者说强化有直接的关系。曾经有一度,贵族院的司法职能是泛泛地由议员担当的,而不考虑其是否为一名受过训练的律师。然而从 19 世纪初开始,"外行"参与审案的事情越来越少见了。但贵族院的

---

① Neil Parpworth, p. 122.
② Neil Parpworth, p. 122.
③ Neil Parpworth, p. 122.
④ Neil Parpworth, p. 122.
⑤ Bradley & Ewing, p. 173.
⑥ Neil Parpworth, p. 122.

司法事务在整个 19 世纪不断扩张,如何解决太少的法官审理太多的上诉案件的问题变得越来越迫切。于是在 1876 年,议会通过了《上诉管辖权法》,该法规定,英王有权任命常任上诉贵族法官,也就是通常所说的法律贵族(Law Lords)。① 法律贵族与贵族院常任上诉贵族法官是一类人,这是一项常识,在英国的宪法、行政法著作中是不言而喻的,但对于如笔者这样的中国学者而言,求证这种同一性却颇费周折。

有英国学者指出,法律贵族属于比常任上诉贵族法官普通一点的法官,他们在贵族院及枢密院坐堂②,如布鲁哈姆(Brougham)、坎贝尔(Campbell)、科特纳姆(Cottenham)和登曼(Denman)等人。③ 法律贵族就是根据 1876 年《上诉管辖权法》明确的,他们是正在担任或者曾经担任高级司法职务的贵族院贵族,他们拥有组成符合法定人数的合议庭并审理贵族院的案件的主审资格。显然,法律贵族不是大法官(大法官是英国的一个专门职务),也不是常任上诉贵族法官(当然也包括常任上诉贵族法官,因为他们的任命恰恰就是奖励他们卓越的司法职业生涯)。但英国学者似乎并不如此刻意区分,他们常常混称常任上诉贵族法官与法律贵族,尤其是用 Lord 作为头衔时。

另有英国学者指出,早在 1958 年《终身贵族法》颁行之前,一种特殊的终身贵族事实上已经存在了,这种封号是授予那些被统称为法律贵族的个人的。④ 常任上诉贵族法官之设立,是因为贵族院中缺少足够的担任过司法职务的贵族做法官。1876 年《上诉管辖权法》规定,可以任命 2 名常任上诉贵族法官,其法定资格条件是,在英国担任高级司法职务 2 年以上或者出庭律师(或苏格兰的辩护律师)执业满 15 年。⑤ 这类贵族是司法界的同人们最感亲切的,对于法学者而言,真正打交道,甚至叫得出名字的贵族院议员,也就是这几个法律贵族,因为他们中有的人是经常可以在各类法律报告记载的判例中找到名字的。这一点很不简单,套用英国权威学者卡姆登法官(Lord Camden CJ)的话,如果是法律,就应当在我们的法律报告中找得到;如果找不到,那就不是法律⑥,他们的名字是与

---

① Neil Parpworth, p. 123.
② Elliott & Quinn, p. 98.
③ Phillips & Jackson, p. 195.
④ Neil Parpworth, p. 123.
⑤ Bradley & Ewing, p. 366.
⑥ Bradley & Ewing, p. 253.

法律并列的,甚至可以说法律是排在他们的名字之后的。

还有英国学者介绍,起初可以任命的法律贵族的限额为 4 人,后来制定法规定的全职承担司法职能的法律贵族限额增加到 12 人。[①] 根据 1876 年《上诉管辖权法》,英国任命了最早的法律贵族,他们的职责是履行贵族院的司法职能,他们的正式称谓是常任上诉贵族法官(Lords of Appeal in Ordinary),他们可以终身听审和表决,当然也可以辞职或者退休。要获得此项任命,他们必须在联合王国获得高等司法职务 2 年以上,通常这意味着必须担任过上诉法院法官(Lord Justice of Appeal)或者高等法院法官,仅在例外的情况下,可以从高等法院或者出庭律师中直接任命法律贵族;或者在英格兰或威尔士拥有在高等法院的所有诉讼程序中出庭的权利,或者在苏格兰做辩护律师(或者在季审法庭出庭的律师)或在北爱尔兰做执业律师,在上述任何一种情况下,至少从业 15 年。事实上,至少有 2 位来自苏格兰、至少有 1 位来自北爱尔兰的实际做法表明,贵族院仍然是这些司法区域的案件的最终上诉法院(虽然苏格兰只限于民事案件)。[②]

虽然有资料介绍,英国共有 12 位常任上诉贵族法官[③],但根据 1994 年《法官最大员额令》的规定,常任上诉贵族法官的最大员额也就是 12 位[④],其中至少有 2 位来自苏格兰,1 位来自北爱尔兰。[⑤]

根据 1993 年《司法人员养老金及退休法》,新任法律贵族的退休年龄从 75 岁降至 70 岁,该法同时规定,除大法官这一例外以外,任何人超过 75 岁以后即不得再从事司法职务。因此,虽然某一法律贵族的退休年龄是 70 岁,但他还可以作为退休的法律贵族合法地听审案件,直到 75 岁。[⑥]

常任上诉贵族法官的职责,就是协助大法官听审上诉至贵族院的上诉案件。如果某一法律贵族参加了某一立法议案的辩论并投票支持这一立法议案的通过,在其随后听审的上诉案件中对该法中的规定予以解释成为该案件的关键时,显然会出现某种因常任上诉贵族法官的职能交叉

---

① Neil Parpworth, p. 123.
② Bradley & Ewing, p. 174.
③ Elliott & Quinn, p. 98.
④ Bradley & Ewing, p. 366.
⑤ Penny Darbyshire, p. 119.
⑥ Neil Parpworth, p. 123.

而产生的问题。① 在实践中,这种冲突已被避免了。作为对改革贵族院皇家委员会的建议的回应,身为资深常任上诉贵族法官的宾厄姆在贵族院发表了如下意见②:

> 作为贵族院的全职成员,常任上诉贵族法官有权参加该院的活动,但是考虑到他们自己的司法角色,法律贵族们在决定是否参与某一特定事务或者表决时,用以下两条原则自我约束:首先,常任上诉贵族法官们认为,介入具有强烈政党纷争的事项是不适当的;其次,法律贵族们应时刻牢记,如果他们对某一事后可能上诉至贵族院的事项表态的话,将可能使其自身在该案中履行司法职能的行为失去合法性。③

正是由于注意到了这两项原则,法律贵族们得以经受得住根据《欧洲人权公约》第 6 条的规定而在 *McGonnell v. United Kingdom*（2000）一案中对他们所扮演的角色的中立性提出的挑战。④

2005 年《宪制改革法》颁行及 2009 年最高法院的正式运行,改变了英国司法界金字塔顶尖的司法大佬的产生方式。在此之前,根据 1876 年《上诉管辖权法》任命以履行贵族院司法职能的贵族,其名头为常任上诉贵族法官。即便已经辞去或者退出司法职位,他们终身可以出席贵族院的会议并投票。最高法院创设后,贵族院不再行使司法职能,最高法院的法官再无资格出席贵族院的会议。在最高法院创设的同时,常任上诉贵族法官们也就成为该院最初的法官,只是他们不再出席贵族院及其委员会会议。⑤

在中国人看来有趣的是,最高法院的现行法官中,凡根据 1876 年《上诉管辖权法》任命为常任上诉贵族法官而转任现职者,在其从司法岗位退休后,仍可以恢复其在贵族院的席位及行为能力。但实际情况是,好几位有权这样做的法律贵族都从贵族院获得了准假许可,这意味着他们实际上退出了贵族院的所有活动。⑥ 这就是英国法在实践中形成的最新惯

---

① Neil Parpworth, p. 123.
② Neil Parpworth, p. 124.
③ HL Debates, 22 June 2000, col. 419.
④ Neil Parpworth, p. 124.
⑤ Bradley & Ewing 2015, p. 177.
⑥ Bradley & Ewing 2015, p. 178.

例：依 1876 年《上诉管辖权法》被任命为法律贵族的司法官们，在最高法院成立后依据新法（2005 年《宪制改革法》）自动转任最高法院法官，新法同时禁止最高法院法官参与贵族院的活动；而根据 1876 年《上诉管辖权法》任命的法律贵族，是有权参与贵族院的活动的。于是二法字面上不冲突的合理解释是，凡是最初根据 1876 年《上诉管辖权法》任命而成为后来的最高法院法官的，自其从最高法院退休后即可以恢复其贵族院的席位及行为能力。但这些法官们都很"自觉"，为了不给议会、政府尤其是英国法治添麻烦，当然也不排除照顾新任同事的感受的考虑，他们自觉在退休后向贵族院告假，不再参与贵族院的任何活动，彻底告老还乡。

根据 2005 年《宪制改革法》任命的最高法院法官，不再因该任命而享有贵族身份，但仍享有"Lord"的封号，如 2012 年森普申（Sumption）被任命后就被称为森普申法官（Lord Sumption）。但英国学者强调，这种头衔属于礼节性的。① 在英国，Lord 是与爵位对应的称谓，之所以要保留最高法院法官这一头衔，也有保持其内部平衡的意味，因为最高法院最初的法官，都是贵族院的法律贵族转任的，他们甚至还保留了 Lords of Appeal in Ordinary 的名号，对外亦冠以 Lord 的头衔。

同时，英国学者也指出，对于从最高法院退休的法官，似乎没有理由不根据 1958 年《终身贵族法》而任命其为终身贵族，只要贵族院全部或者部分保留其由任命的议员组成的组织性质。② 英国学者说这话时，用的是现在时态，原因是在当时（2015 年）似乎还没有出现这样的实例。但从同一作者同书另外一处介绍的情况（好几位根据 1876 年《上诉管辖权法》任命的法律贵族，虽然有权在从最高法院退休后恢复贵族院议员身份，但都选择了退出贵族院的所有活动③）看，新任命的最高法院法官将来退休后，也未必会争取贵族院议员或者终身贵族的身份。

三、贵族院的职能

贵族院的职能主要有：一是立法职能，这一职能与宪法关系更密切一些；二是司法职能，这一职能影响到英国整个的司法体系，自然也包括行政行为的司法审查，因此与行政法的关系更密切一些。

---

① Bradley & Ewing 2015, p. 325.
② Bradley & Ewing 2015, p. 325.
③ Bradley & Ewing 2015, p. 178.

(一)贵族院的立法职能名存实亡

在英国议会中,众议院是承担主导作用的一院。根据 1911 年及 1949 年《议会法》,贵族院在立法方面的正式权力限于对公法议案进行临时性否决,当然这一权力有时也会在有争议的立法中起到有效的制衡作用。①

1911 年《议会法》的出台就是议会两院之间宪法斗争的结果。② 当时的自由党政府曾经打包票说要通过其社会福利方面的立法,除非该议案被保守党控制的贵族院挫败。等到贵族们否决了 1909 年《拨款法案》(Finance Bill,即预算案)时,局势已经发展到了一个紧要关头。随后的 1910 年举行了两次大选,随着选举获胜的自由党威胁要推举足够的自由党贵族进入贵族院,以确保议案能够在该较高级别的议院通过,贵族们终于作出让步,最终通过了 1911 年《议会法》。③

(二)贵族院的司法职能日益加强

这一点似乎无须多说,本书凡是在判例中提到贵族院,都是贵族院对英国法治现实发出声音的所在,这种声音出现的频度,甚至会超过制定法的条文本身,而且越是根本性的、基础性的问题,这种对比越是明显。虽然现在有了相对独立的最高法院,但从某种意义上说,这个最高法院还是贵族院的一部分。

第三节 英国众议院

英国众议院和贵族院,是按照完全不同的原则构建的。众议院是承担主导作用的一院,因为在众议院中掌握多数的能力,才是一届政府得以执政的基础。④ 众议院是英国的民选院,也是英国的实体院;是英国议会制度的集中体现,也是英国民主制度的最高象征。因此,对于英国众议院的介绍显然要着墨更多。有关英国议会制政府的详细内容,在英国中央政府及中央政府部门部分,将会有更为深入的讨论,本书其他部分,也会或多或少地有所涉及。这种格局从一个侧面反映了英国议会民主制对其

---

① Bradley & Ewing, p. 147.
② Neil Parpworth, p. 72.
③ Neil Parpworth, p. 73.
④ Bradley & Ewing, p. 147.

行政管理体制的深刻浸透。

众议院的正式全称为"The Right Honourable the Commons of the United Kingdom of Great Britain and Northern Ireland in Parliament Assembled",直译为"正确光荣的大不列颠及北爱尔兰联合王国众议院。"其中,"Commons"起源于诺曼法语(Norman French)词汇"communes",意为"地区"(localities)。"Commons"往往被误认为"commoners"(平民,同贵族院中贵族相对)的缩写,但这种解释并无历史记载。

在英国,议会两院没有上下之分,下议院的译法是完全错误的:如果能将 House of Commons 译为"下议院",普通法(common law)就应当译成下位法。正确的译法是普通院,译成平民院最为信达;译成众议院则易与美国混同,同样易生歧义;而从其掌握的实权看,译成上议院显然要比译成下议院贴切得多。为避免误解,本书统一用众议院的译法。

一、众议院与政府

众议院是英国真正意义上的实权机关。当然,这也是就形式而言的。由于众议院多数党领袖出任首相并负责组织政府,英国当代真正有实权的人似乎只有一个,就是首相,当然其本人不能以自己的名义发号施令,一般情况下须通过内阁表达自己的意见,重大的事项则要通过众议院。

众议院多数党领袖组阁的宪法惯例产生的另外一个重要政治现实是,众议院议员中有英国最有实权的一批人,包括首相、内阁成员及非内阁部长等约 100 人。1975 年《众议院议员丧失资格法》(House of Commons Disqualification Act)第 2 条将众议院中部长议员的总数限制在 95 人以下,只有这个数目以下的部长们才有权出席众议院院会并参加投票。① 这部分成员的详细情况,在本书第二卷第二编第三章中央政府部分介绍,因为他们同时又是中央政府的组成人员。

二、众议院的构成

以 2002 年工党执政时期为例,由于在 1997 年 5 月举行大选前,某些议会选区的边界作了调整,因此,当时的英国众议院有 659 个席位,各政党及其在议会中拥有席位的情况是:工党(410 席)、保守党(164 席)、自由民主党(53 席)、长衫工会党(Ulster Unionists)(6 席)、苏格兰民族党

---

① Neil Parpworth, p. 21.

(Scottish National Party)(5席)、威尔士民族党(Plaid Cymry)(4席)、社会民主与工人党(Social Democratic & Labour Party)(3席)、长衫民主工会党(Ulster Democratic Unionist Party)(5席)、新芬党(Sinn Fein)(4席)、无党派人士(Independent)(1席)、众议院发言人及其代理人(Speaker and Deputies)(4席)。① 这些数字表明，英国议会中主要有三大政党：工党、保守党和自由民主党，几十年来未曾改变。

三、众议院的官员

此处的众议院的官员都是由议员兼任的，并不包括议会中的非由议员出任的纯内部管理性职位的行政官员。关于这类行政官员，英国的宪法、行政法著作中未见介绍，主要的原因是他们完全是幕后的、真正意义上的服务人员，如果连他们也需要介绍的话，接下来需要介绍的恐怕就是议会大厦的建筑及其总设计师了。

从笔者参观英国议会大厦时的导游在议会中的工作性质（负责清点贵族院议员到会者，并发给他们出席费）看，议会的行政人员往往是身兼多任的，并且人员也不太多。英国的议会大厦比人民大会堂小得多。议会中真正的服务性工作，如保安、保洁等，虽未全都外包给社会服务机构，但这些事项不会花费议会行政官员太多的精力。

（一）发言人

众议院的发言人是该院负责主持院会的官员。尽管以"发言人"命名的第一位此类官员任命于1377年，但该职位的设立可以追溯至公元13世纪。② 众议院发言人的译法是直译。从中国的译文习惯看，译为众议院主席或议长更容易被国人接受些。但在英国学者看来，众议院发言人的角色仅仅是一个议会官员（Officers of the House of Commons）而已，更具体地说是众议院主持院会的官员（chamber's presiding officer），其最主要、最显眼的职能就是作为主持人（chairperson，而不是chairman）主持众议院的辩论，显然不具有处理众议院日常行政事务或者影响其他议员的职权，因为对发言人角色的最主要要求就是脱离当前的政治纷争，完全成为一个无党派的中立的会议主持人。为了避免众议院发言人这一角色的职能被误解或者人为地夸大，发言人就是其最好的称谓。

---

① Neil Parpworth, pp. 105-106.
② Neil Parpworth, p. 109.

1. 发言人的产生

发言人在每一届新议会开始时或者在前任发言人死亡或退休时经选举产生。参加选举的选举人包括众议院的全体现任议员。[1]

众议院发言人的选举由该议院的爸爸议员主持。[2] 爸爸议员是众议院的另一位议会官员,由现任议员中连任时间最长的议员担任,详见下文。发言人和爸爸议员是英国学者在宪法、行政法的范围内介绍到的仅有的两位众议院官员,虽然众议院的官员不限于此,但从该议院的基本组织过程看,似乎没有添加其他人的必要了。可见,英国众议院的组织体系还是相当简约的。

曾任英国众议院发言人的迈克尔·马丁(Michael Martin)的卓著之处在于:他是自英国教改(Reformation,即宗教改革)以来第一位天主教(非英国国教)发言人。其当选颇费周折:和他竞争的还有其他11位候选人,因此,各种提议的提出、讨论和表决耗去了大量的议会时间,从而使整个选举延后。这导致了发言人选举程序的改革,众议院《议事规程》(Standing Orders)的I、IA和IB部分对此作了规定。[3]

2. 发言人的在位条件

要获得发言人选举的胜利,候选人必须是众议院议员并且在任职期间始终保有议员身份。[4] 当然,这种保有不是因其发言人身份而赋予担任该职务的议员特权,而是指为了保有该职位,发言人必须经受各种失去议员资格的情形(如再次大选)的考验,继续保有其议员的职位。否则,一旦失去议员职位,自然也就不再具有担任众议院发言人的资格了。

3. 发言人的职位约束

发言人一旦被选任,则必须停止在当前的政治议题中扮演任何积极的角色。发言人必须超然于政治纷争之外,彻底地以一种中立和无偏私的方式履行其发言人的职责。[5] 发言人的中立及无偏私原则限制了发言人本人的发言权,使其成为众议院实际上最沉默的人。

发言人在履行其职能时有义务保持中立和无偏私,因此,马丁先生在2001年11月29日的议会辩论中引起争论的做派值得关注:在当天的辩

---

[1] Neil Parpworth, p. 110.
[2] Neil Parpworth, p. 110.
[3] Neil Parpworth, p. 110.
[4] Neil Parpworth, p. 110.
[5] Neil Parpworth, p. 110.

论中,马丁先生明确表达支持内政大臣废除为寻求庇护者提供担保的制度。这种明确表达个人政治意见的做法显然违背了发言人的中立和无偏私。然而马丁先生在其辩解中希望各位议员们注意一下他本人所在的选区,该地区刚刚经过一场当地居民与寻求庇护者之间发生的并导致 1 名男性被刺死的紧张状态。① 马丁先生"悍然"违背其中立及无偏私地位而发表上述个人政治观点的政治考虑在于,作为其所在选区选举产生的议员,他必须对其选民负责,而当时正在讨论的议案恰恰又是与其选区的选民最密切相关的一个议题,如果他不站出来为其选民说一句话的话,他的选民在议会中就没有一个代表可以发出声音了。除此之外,从个人角度考虑,作为发言人,他的继续任职有赖于其所在选区选民的支持,如果他失去支持而在下一次大选中落选,亦将失去发言人职位。除此之外,选民们因其在这一问题上默不作声而动议罢免其议员资格进而危及其发言人身份的可能性虽然不是很大,但也是不容忽视的。于是,在进退维谷之际,马丁先生只能作出如上的选择。尽管如此,为了减轻议员们的任何疑惧及对他的批评,马丁先生嗣后还是发表了一份声明,承诺自己将坚决捍卫发言人必须中立和无偏私的原则。②

不仅如此,发言人也必须以中立身份参加随后的大选,因为发言人是以谋求再次当选发言人而非某一政党的成员的身份参加大选的。③ 由于没有政党的支持,这种选举对发言人而言具有相当的风险。但只要发言人通过大选连任议员,则其发言人职位即得以延续;而一旦落选,其发言人职位自然也就丧失了。新一届议会又必须选举一位新的发言人。

发言人履行其职责的中立要求的最直接体现就是,发言人及其代理人都不参加众议院的投票,但发言人有权投决定票。并且经验表明,发言人的这一表决权的行使总是偏向于在任政府一方。④ 这不能不使人对发言人骨子里的中立及无偏私产生怀疑:虽然表面上他们必须恪守这一原则,但到了关键时刻,他们的本来面目就暴露了出来。这也难怪,因为在议会党团制模式下,要想赢得发言人的资格,没有议会多数党的支持是很难成功的,因此,虽然发言人当选后要退出政治活动,但其党性归属仍在

---

① Neil Parpworth, p. 110.
② Neil Parpworth, p. 110.
③ Neil Parpworth, p. 110.
④ Neil Parpworth, p. 111.

议会多数党一边。故而在关键时刻投下这有偏私之嫌的一票也就是自然而然的了。不过,可以想象,就英国的执政党对于议会的控制而言,发言人的一票不会是救命稻草,执政党在议会中居压倒性多数的格局决定了,即使发言人想表忠心,还未必有机会呢。

4. 发言人的职能定位

发言人最主要和最引人注目的角色,就是在众议院辩论过程中担任主持人。①

议员们被发言人叫到才可以发言。政府的现任部长们及坐在对面席位上的"影子"(shadows)政府的"部长"们总是经常被叫到。而后座议员即使对正在讨论的议题很感兴趣,也很难有机会被叫到。② 为此,后座议员们不得不通过从座位上站起来的方式吸引发言人的注意,以表明自己希望在辩论中发言的愿望,但发言人往往视而不见,因为他有权决定叫哪个议员发言。③

在辩论进程中,发言人(或其代理人)负责确保整个辩论的过程符合众议院的议事规程。任何议员如果使用了非议会语言(unparliamentary language),例如说某个议员是骗子或者对某议员出言不逊,发言人可以要求议员收回发言。拒不服从者或者有其他严重蔑视议院的行为者,将被发言人"点名"(named)。一旦被点名,众议院将就暂停该议员资格进行表决,如果表决获得通过,则被点名的议员在指定的期间内将被暂停议会活动。④

发言人并不主持众议院的所有辩论。这一工作实际上是由发言人及其几个代理人分担的。发言人只主持首相答问(Prime Minister's Questions)及其他较为重要的辩论。例如,当众议院听取度支大臣的预算演讲时以及在随后的对《拨款法案》进行的讨论中,由于众议院是以委员会形式进行辩论的,因而是由筹款委员会主席(Chairman of Ways and Means)而非发言人主持的,筹款委员会主席就是一名代理发言人。⑤

(二) 爸爸议员

不用读者提醒,笔者也觉得这个译法幼稚之极,但正如英国议会制度

---

① Neil Parpworth, p. 110.
② Neil Parpworth, p. 110.
③ Neil Parpworth, p. 111.
④ Neil Parpworth, p. 111.
⑤ Neil Parpworth, p. 111.

中经常会出现"浓汤"(Bisque)之类的术语一样,"爸爸议员"(Father of the House)绝对是原汁原味的"英国货"。离开了这些用语,英国公法将索然无味;添加了这些政治俚语,英国人幽默、寡淡的两面就都表现出来了。

"爸爸议员"的头衔是授予众议院中最资深,即在任且连续服务年限最长的议员的。① 此处的服务(service)应当更准确地意译为任职,笔者之所以将其直译,主要是为了如实呈现英国宪法制度中的服务意识,所有的任职及相应职能的行使在形式上都被称为服务,这种形式上的服务意识究竟有多少能够转化为实际上的做法,笔者不打算过多地讨论,但时刻提醒担任公职者自己角色的意义却无论如何也不能低估。

爸爸议员所担负的最主要职能就是,主持发言人的选举。除此之外,爸爸议员还被召来就某些议会正在讨论的具有历史意义的事项或者庆典性事项发表意见。整个20世纪,共有5人拥有过这一头衔,其中包括前自由党首相劳合·乔治(Lloyd George),他拥有这一头衔长达15年。②

四、众议院的会期

尽管英国的众议院和贵族院都在威斯敏斯特宫举行例会,但是这两个议院分别开会。③

(一) 议会日

议会日(Parliamentary day)就是议会的会议日。自议会最初成立,议会日即处在不断的变化之中。例如在16世纪,议会上午开会,而议会的委员会则在下午办公。后来则完全倒了过来。众议院每周一、二、四的下午2:30及每周三、五上午的9:30开始开会。议会通常在半个小时的休会辩论(Adjournment Debate)结束后,于晚上10:30闭会,但如果议会愿意,延长到多晚也没有关系。但是在周五,议会于下午3:00闭会。④ 每周的周一至周四每天都有55分钟向首相提问的时间。

众议院通常不在周末开会。但在20世纪,议会也时不时地在周六开会。这往往是为了应对某些重大事项,如第二次世界大战的爆发或者入

---

① Neil Parpworth, p. 110.
② Neil Parpworth, p. 111.
③ Bradley & Ewing, p. 147.
④ Neil Parpworth, p. 112.

侵福克兰群岛(Falkland Islands)。①

据英国学者统计,1979年以后的一段时期,每个议会日的会议时间平均长达8小时45分钟。② 这个时间可是够长的。

(二)议会年度

如果英国大选按照正常情况在秋季举行,则每一议会年度通常于11月份在英王致辞后开始,直到议会次年秋季休会为止。如果大选不是像通常那样在秋季举行,就会导致一个较短的议会年度,然后是一个较长的议会年度。③

议会年度包含数次休假,如圣诞节、复活节及夏季休假,在休假期间,议会不开会。何时休假完全由议会决定。在议会休假期间,也偶尔会有被召回的情形发生,这都是发生在需要议会开会议决重大事项的时候。如1956年9月,为了讨论苏伊士运河危机(Suez Crisis),众议员们被临时召回开了几天会。④

自1979年以来的一段时期,众议院每一年度平均开会165天。⑤ 这对于一个职业会议团体而言,工作天数倒不是很多,以每年52周计算,平均每周工作3.17天。

五、众议院的表决

(一)投票方式

据英国学者介绍,与包括英国国内的苏格兰地区议会在内的绝大多数其他国家的议会不同,英国议会在威斯敏斯特宫举行的表决尚未采取电子计票方式。⑥ 这本身并不奇怪,但在读者了解了英国众议院使用的表决方式之后,那感觉绝不是"奇怪"两字所能形容,笔者甚至觉得可以将此项仪式申请为人类口头与非物质文化遗产。如果可以选择的话,笔者愿以参观10次白金汉宫门前卫士换岗的机会与目睹一次这种仪式相交换。

众议院采取所谓分列表决仪式(having a division)进行表决。这种

---

① Neil Parpworth, p. 112.
② Neil Parpworth, p. 112.
③ Neil Parpworth, p. 113.
④ Neil Parpworth, p. 113.
⑤ Neil Parpworth, p. 113.
⑥ Neil Parpworth, p. 114.

表决方式就是分别计算走过赞成或者否定廊厅（the Aye or the No lobbies）的议员人数，来对某一动议进行表决。具体而言，就是在开始表决后，当议员们分别走过位于发言人座位两侧赞成或者否定廊厅的计票地点时，议会工作人员就将其名字从分列表决仪式的名册上勾去，以免重复投票。作为监票员的两位议员分别站在两个廊厅重新进入议会大厅的门口处，并计算从他们身边走过的议员的人数。①

分列表决仪式从表决钟（division bells）在威斯敏斯特宫响起后开始。这钟声将提醒那些在辩论的最后阶段未在场的议员们赶回议会大厅投票。自发言人决定将某一议案交付表决 8 分钟后，表决廊厅计票口将关闭。② 赞成或者否定廊厅实际是英国议会大厦众议院会议大厅两侧的抄手走廊，从发言人座位的两侧各有一个门进入这两个廊厅，然后沿着议会大厅的外墙往前走然后拐弯，就来到了发言人对面的议会大厅的门口，并可以由此重新进入议会大厅。这一路线就是议员们在表决的 8 分钟内必须走完的路程，因为计票地点就设在重新进入议会大厅的门口外各廊厅一侧，而关门时间也是以通过此计票点为准的。

表决结束后，监票员将回到议会大厅，面向发言人分别站在议会桌的两边，其中的一位监票员宣布投票数，发言人重复一遍。当发言人宣布"赞成票及反对票已见分晓"（So the Ayes/Noes have it）后，表决结果即告确认。③

（二）点头通过

偶尔也会出现这样的情况，由于健康状况不佳或者身体虚弱，可能会使某位议员难以步行走过表决廊厅以参加投票。此时，如果他们已经来到威斯敏斯特宫，他们可以通过点头通过（Nodding Through）的方式进行表决。前提是他们已经身处威斯敏斯特宫，在其他任何地方都不行。点头通过的意思是，点头表示他们已经走过了某一表决廊厅，并将其一票计入赞成票或者反对票中。具体的计票过程是这样的，在该议员的意思表示得到确认后，票监通知议会工作人员和监票员，该议员在该议案的表决中想要通过的表决廊厅。④

---

① Neil Parpworth, p. 114.
② Neil Parpworth, p. 114.
③ Neil Parpworth, p. 114.
④ Neil Parpworth, pp. 114-115.

点头通过只有在预见到表决结果可能非常接近时才有必要采用。1964—1966年及1976—1979年的两届工党政府都只拥有微弱多数,于是时不时地需要将那些不幸患病的工党议员们用救护车拉到威斯敏斯特宫参加表决。①

（三）结对

与硬拉着某些患病的议员到议会去投票相比,结对(Pairing)显然是一种文明得多的表决方式。从原理上讲,结对就是两个来自对立党派的议员达成的一种安排,这种安排经结对双方所在党的票监认可后,结对的议员即在某些较不重要的表决中不再参加投票。即使他们参加投票,那也不过是两边各加一票而已,因此他们不参加投票并不影响支持或者反对某一动议的表决结果。② 由于英国的议会表决只计实际的赞成票与反对票的差距,不计所占实际参加投票或者应参加投票者的比例,因此,只要意见截然相反的两党各因结对减少一名投票者,并不影响最终的结果。

（四）浓汤

浓汤(Bisque)指议会投票环节,具有压倒性优势的党团采取的投票措施。在这种制度设计下,议员们可以不参加某些不重要的投票,即使他们并没有参加结对。一般发生在该议员所在的党是执政党并在议会中拥有安全多数(sizeable majority)时。③ 这也就是浓汤之名的由来。进而言之,此处所说的可与不可,都是就议员所在党的票监而言的。按照议会立法至上的原则,议员们的表决行为是不受他人左右的,票监的作用也仅仅是劝导性的,票监手里并没有任何处分叛党议员的纪律手段,充其量只能是秋后算账——在下一次大选时(一般安排在秋季),建议本党不推荐该议员为本党的候选人。

（五）弃权

众议院并没有关于议员可以登记为弃权票的正式机制;其表决体制只计算赞成票或者反对票。不过,如果某一议员想弃权,他可以通过在举

---

① Neil Parpworth, p. 115.
② Neil Parpworth, p. 115.
③ Neil Parpworth, p. 115.

行分列表决仪式时待在议会大厅中不动的方式将自己突出出来。①

（六）决定票

在辩论后举行的分列表决仪式中，发言人及其代理人都不参加投票，然而，发言人拥有决定票表决权。即在某一议案的表决出现正反方票数相同的情况时，发言人将有权投下决定性的一票。

第四节　地方议事会

英国的民主，单纯从国家机构层面看，给人的印象是：传统的英王依然显赫，新兴的首相权势膨胀，似乎随时有二者合二为一、整个国家重新退回到专制时代的风险。但深入到其乡间、郡市，会发现地方议事会普遍存在，说明民主深入并植根于英国社会治理结构的筋脉的，已融入并成为英国人民的生活方式了。

一、议行合一

在英国地方政府中，由于普遍实行议行合一，作为行政主管机关意义上的地方政府机关与作为地方立法机关意义上的地方议事会是合二为一的。不仅是机构的合并，人员也大部分重合。英国的地方政府机关虽然也有行政工作人员（officer 或者称 staff），但这些人完全是内部工作人员，既不是地方议事会的组成人员，也不是地方政府机关的组成人员。可以说，在英国地方政府体系中，并没有严格的行政组织体系；说得不严格一点则是，英国的地方政府体制中其实并没有政府。英国学者通常将英国的地方政府称为地方政府机关，仅在必要时使用议事会，但其在使用地方政府机关一语时，当然是包括地方议事会的。因此，在没有严格区分时，地方政府机关、地方议事会、地方市政议会等表述是同一个意思，但在涉及权力主体或者作为一个机关的整体意义上使用时，多用地方政府机关；而在需要进一步提及其个别成员时，则用地方议事会。其实指的都是一个机关，按照我们这边的说法，这叫一套人马、两块牌子。

英国地方议事会的议行合一性质决定了，由地方议事会作出的决定既可以是一个政治性的决定，如地方立法；又可以是一个行政决定，如具

---

① Neil Parpworth, p. 114.

体的规划许可行为。因此,以下介绍的地方议事会决策的正式要求,既是对立法性决策的要求,也是对行政行为的要求。

地方议事会在作出某一决定前,除适用于任何公共决定的关于必须提供与当前正在讨论的决定有关的充分、准确、相关(sufficient, accurate and relevant)的信息的基本要求以外,还有一些正式立法明确提出的正式要求(有时是泛泛的要求,有时则是具体的要求),而且还有可能存在一些根据先例确立的要求或者因某种因素而产生的合法性期待(legitimate expectation),如在相关当事人有机会提供、地方政府机关有机会收集各种意见的信息之前,或者就决定的内容咨询过某一个人、机构或者团体之前,是不会作出决定的。① 这种对于地方政府机关作出决定之前搜集意见或者咨询的合法性期待,属于相当完备的法治层面的现象。它既不需要成文法的明文规定,也不需要判例法的先例,只需要形成一种习惯做法,如曾经在以前的决定中这样做过,即有可能足以成为今后同类决定中的其他相关人的合法性期待。

类似的,决定过程本身也涉及一些正式的要求,无论决定是依据内部授权,还是根据地方议事会议事规程,或者是地方议事会成员层级的决定(member-level decision)的要求作出。② 地方议事会成员层级的决定显然要比地方议事会议事规程的层级低一些,但这种决定程序上的随意性是与成员层级决定的严肃性相联系的。如果地方议事会的成员在作出决定时都具有平等的表决权、真诚的意思表示,则其就委托授权给某一委员会作出决定的程序性安排的权威性还是相当高的,这种权威性也就是地方议事会全体成员的意志转化为被委托授权的委员会的决定所表达的意思的刚性,只要存在这种刚性,则选民的意愿就不会在决定过程中发生严重的失真,从而最终不至于对议会民主制所赖以建立的根基构成根本性的威胁。此外,制定法有关地方政府机关的决策过程的特别规定,数量是非常多的。③

英国地方政府的上述特性决定了,对于英国地方议事会的研究的主要内容,是其议决过程,而不是其决策的具体执行过程。恰恰是以会议方式进行具体的、非立法性的决策过程,是我国公法研究资料比较缺乏的领

---

① Andrew Arden, p. 266.
② Andrew Arden, p. 266.
③ Andrew Arden, p. 278.

域,本书拟从这个角度作适当的弥补。当然本书显然无力涉及每一类决定的决策过程的特别要求,只能探讨一般性地适用于各类决定的特别要求。这些要求都可以在会议行为①的名目下讨论,如会议的主持人、议事规程、会议的通知、公告等。

二、会议分类

地方政府机关组成人员的成员性决定(member decisions)是在各种会议上作出的。地方政府机关的官员性决定(officer decisions)要根据相关的授权以及该地方政府机关议事规程的规定作出。② 成员性决定相当于政治性或者立法性决定,是地方政府机关作为地方议事会履行其权力机关或者立法机关职能而作出的决定;官员性决定则是由地方政府机关的委员会或者官员以地方政府机关的名义作出的执行性或者行政性的决定,是地方政府机关行使其作为地方行政机关的职能而作出的行政行为。前者以抽象行为居多,后者一般限于具体行政行为。当然,这两类行为在英国本土区分的意义并不大,因为没有所谓受案范围的樊篱,也就没有区分具体或者抽象行政行为的必要。

表面上看,地方政府机关的所有会议,无论是全体会议,还是委员会、地方政府协作委员会、分委员会的会议都应当:① 对本地方政府机关组成人员、新闻媒体及公众开放;② 遵循会前通告的要求;③ 允许本地方政府机关组成人员、新闻媒体及公众获知会议的议程、报告及其他传送给举办会议的委员会的信息。当然,对于上述原则,也有一些制定法规定的例外。此外,制定法还对诸如会议行为及决定的文书等作出规定。③

(一) 年会

地方议事会全体(full council)必须在有一般选举(ordinary elections)的那一年举行一次年会(Annual Meeting),会期为地方议事会成员退休后的第 8 日或者地方议事会成员退休后 21 日内由该地方议事会指定的某一日。④ 据此可以得到三个信息:一是这种年会是地方议事会的全体会议,由全体在任的议事会成员参加;二是这种年会在一般选举年必

---

① Andrew Arden, p. 267.
② Andrew Arden, p. 266.
③ Andrew Arden, p. 266.
④ Andrew Arden, p. 267.

须举行;三是一般选举年是地方议事会成员的选举年,与国会议员的选举年并不完全吻合,后者是大选(general election)。年会应当在议事会成员退休后第 8 日或第 21 日内某指定日举行,即在新议员刚刚就任、旧议员刚刚退休后举行。英国地方议事会的年会每年都举行,但在一般选举年则必须在特定的日期举行。在非一般选举年,地方议事会的年会必须在 3—5 月份举行,具体由地方政府机关确定。联合地方政府机关或者联合警察局的年会必须在 3 月 1 日至 6 月 30 日(含当日)举行,具体由其自行决定。①

年会在中午或者地方政府机关确定的其他时间举行。地方议事会的主席或者市长的选举必须是年会的第一项议程。② 这就与地方议事会主席或者市长的任期吻合了,他们的任期是 1 年,因此,无论是不是一般选举年,也就是无论是否有旧议员退休、新议员初任,都要在年会中首先决定地方议事会主席或者市长。这一硬性规定的意义还在于,地方议事会主席或者市长将拥有决定性表决权,而在他们选举产生之前,地方议事会讨论的任何议题在表决时都可能面临双方势均力敌的情况,因此,在年会之初,先选举产生地方议事会主席或者市长,无疑具有多方面的便利。仅此足以看到英国议会民主制在几百年的发展中确实有所积累。

对于教区议事会、社区议事会以及教区会议、社区会议,也有类似规定。③ 由于教区和社区一般没有常设的议事会,因此,教区会议和社区会议既是其年会,又是其一般会议。

(二) 其他会议

地方政府机关可以自行决定举行年会以外的其他会议。地方议事会主席可以在任何时候召集特别会议。5 名及以上地方议事会成员也可以通过递交共同请求的方式,要求地方议事会主席举行会议;如果地方议事会主席拒绝了他们的请求或者在请求提交 7 日内未作出拒绝的明确表示,则提出请求的议事会成员可以径行召集这样的会议。④ 可见,无论地方议事会主席拒绝与否,5 名及以上的地方议事会成员就可以召集地方议事会会议,地方议事会主席所能做的仅仅是:在其同意时以自己的名义

---

① Andrew Arden, p. 267.
② Andrew Arden, p. 267.
③ Andrew Arden, p. 267.
④ Andrew Arden, p. 267.

召集一次会议;在其不同意时,能通过不直接作出拒绝表示的方式,将地方议事会开会的时间拖后7日。

地方议事会的会议可以在地方政府机关指定的地点举行,既可以在其辖区内也可以在其辖区外。① 可见,英国地方政府完全可以在辖区外开会,从法律上讲,即使到别的国家也是完全可以的。最重要的是,会议是向所有的公众、新闻媒体开放的,连会议的议程、报告也是公开的,想借开会游山玩水、大吃大喝、突击花钱,是会被公众或者新闻媒体揭发的。而一旦揭发出来,就将是巨大的丑闻。

三、特色人物

英国的地方政治格局的中枢机构是地方议事会,议行合一在地方政府领域的表现比中央还突出。这种体制产生的直接后果是,在地方政府层面并不存在一个类似中央一级的首相式的中心人物,议事会作为一个整体虽然拥有当地所有的权势,但摊到每个议事会成员头上,大家又是均权的、平等的,因而也是平凡的。尽管如此,由于历史的积淀及现实中履行职能的需要,仍有一些人具有了区别于议事会普通成员的特别之处。

(一) 会议的主持人

地方议事会主席在场时必须主持会议,除非其缺席;一旦其缺席,则由副主席主持,在伦敦的自治市议事会中则由副市长主持会议,但前提是他必须是该议事会的正式议员并且被选任为副市长。②

如果地方议事会主席和副主席都缺席,或者在伦敦的自治市议事会中市长和副市长都缺席(或者副市长虽然在场,但却不是选举产生的),则由地方议事会成员选举产生的另外一名议事会成员主持会议。③

(二) 自由人

伦敦的自治市议事会,具有城市地位(status of a city)、自治市地位或者皇家自治市地位(royal borough)的区议事会,以及教区和社区议事会等,仍有权接纳某一杰出人士或者在地方政府机关看来对当地提供了杰出服务的人为"荣誉自由人"(honorary freeman);但是,授予这一身份并不意味着任何权利,只是地方政府机关可以馈赠的形式给予该人士在

---

① Andrew Arden, p. 267.
② Andrew Arden, pp. 267-268.
③ Andrew Arden, p. 268.

地方政府机关看来适当的报酬。①

威尔士的基本议事会（Welsh principal councils）也享有类似的授予荣誉自由人称号的权利。授予荣耀自由人的权利的行使要求是，必须取得参加地方政府机关专门为此目的召集的该次会议的议员三分之二以上多数的支持，而且该次会议的目的也必须事先予以公告。②

（三）"长老议员"

"长老议员"（alderman）的头衔授予那些过去是但现在已不是地方政府机关组成人员的人，他们都曾为地方政府机关提供过杰出的服务。授予长老议员必须取得参加地方政府机关专门为此目的召集的该次会议的议员三分之二以上多数的支持，而且该次会议的目的也必须事先予以公告。③

荣誉性的长老议员可以出席或者参加地方政府机关不时准予其参加的民事庆典，但他们无权出席地方政府机关的会议或者地方政府机关的委员会、代表地方政府机关的地方政府协作委员会的会议，也不能接受地方政府机关的成员津贴或者其他报酬。④ 从这个角度看，长老议员完全是精神嘉奖。

四、开会传票

英国地方议事会的会议通知是以传票（Notice of Meetings）的形式发送的。在地方议事会的年会或者其他任何全体会议之日的3日之前，必须向每一地方议事会成员发送出席的传票。传票应当由地方政府机关的相关官员签署，并应当写明拟在会议期间处理的事项。⑤ 以传票的形式发出会议通知，不同于不太强调法治的国家所习惯的会议通知方式，这种传票具有相当的法律效力，虽然不能等同于法院的传票。此处的地方政府机关的相关官员与负责政治党团登记的地方政府机关官员的用语相同，都不是大写，是指地方政府机关中有关的事务官。他们通常不是地方议事会的成员，而是受雇在地方政府机关内部从事服务、咨询或者执行性事务的办事人员。

---

① Andrew Arden, pp. 278-279.
② Andrew Arden, p. 279.
③ Andrew Arden, p. 279.
④ Andrew Arden, p. 343.
⑤ Andrew Arden, p. 268.

未能向某一地方议事会成员发送开会传票，尚不足以导致所召开的会议无效。① 从性质上说，未能召集某一地方议事会成员，与被召集的地方议事会成员不出席，完全是两回事。前者属于操作过程的失误，且不排除人为干预的因素；后者则完全是议事会成员及其所在政治党团的自由选择。在民主国家，这种选择本身就是政治决策的一部分。

除在开会传票中列明的事项以外，不得在地方议事会的会议上讨论任何其他事项；但是，在地方议事会的年会中要求讨论的事项或者按照该地方议事会的议事规程提请讨论的紧急事项，也可以不在开会通知中列明而直接讨论。② 类似此等例外可在地方政府机关的议事规程中设定，如须经多少人提议，先进行程序性表决以决定是否列入本次会议的议事日程等。

对于教区议事会、社区议事会以及教区会议、社区会议，也有类似的规定加以规范。③

五、会议公告

地方政府机关必须就其举行的会议的时间和地点发布公告。公告的方式包括：至少在开会3日前将公告张贴在其办公场所；如果会议是临时召集的，应当在其召开时张贴公告。对于地方政府机关的委员会、分委员会的有关会议，也必须发布同样的公告。地方政府协作委员会、咨询委员会及它们的分委员会的会议也是如此。④ 给与会者送达开会传票的期限与张贴公告的期限是一致的，即在发送开会通知的同时，就应当将会议的公告一并发布了。至于临时举行的会议，由于存在没有足够的时间通知所有与会者而产生不够法定开会人数或者不符合议事规程规定的召集会议程序的问题，想通过不发通知封锁消息的做法是不现实的，也没有必要。因为会议所要讨论的内容都要在事前的开会传票中告知与会者，甚至所要讨论的内容也是由各政治党团讨论通过的，任何政治党团都不会放弃通过舆论为自己造势的机会，任何一个政治党团都不希望，也不可能通过封锁会议消息的方式，来达到其目的。因此，关于临时召开的会议的

---

① Andrew Arden, p. 268.
② Andrew Arden, pp. 268-269.
③ Andrew Arden, p. 269.
④ Andrew Arden, p. 269.

公告时间不足所可能造成的问题,不会严重损害公众的根本利益。

在各类委员会开会 3 日前,也必须将会议的通知张贴于地方议事会的办公场所;对于地方政府协作委员会的会议,会议通知应当张贴于各成员在地方政府机关的办公场所,以及举行会议的场所不是成员在地方政府机关的办公场所时的该会议场所。① 如果地方政府协作委员会的会议场所就是其成员在地方政府机关的办公场所之一,因地方政府协作委员会的会议公告必须张贴于各成员在地方政府机关的办公场所,此时自然就不用重复张贴了。

适用 1960 年《公共机构会议公开法》[Public Bodies(Admission to Meetings) Act 1960]的机构,必须依法发布会议公告。公告应包括会议的时间和地点,并张贴于该机构的办公地点(如没有办公地点,则张贴在其辖区内的某一中心或者显眼的地点)。公告应当至少在会议召开 3 日前发布,如果系临时召开,则应当在开会时发布。这些规定同样适用于该机构的成员组成的委员会或者包括该机构所有成员的委员会举行的会议。② 前者指该机构的部分成员组成的委员会;后者则是指该机构的所有成员组成的委员会,但该委员会的成员还不限于此。据此,只要是该机构的成员参与的委员会的会议,一般都要进行公告。当然,前提是该机构的成员参与这些委员会时是以该机构的成员的身份参加的,该机构的成员以私人身份参加的诸如网球俱乐部中的委员会会议,就没有对公众公告的必要了。

六、与会权

地方议事会成员有权出席议事会全体会议,在普通法上,他还有权查阅地方政府机关的会议记录及文件,前提是他这样做的动机是正当的。地方议事会成员的这一权利是基于其必须确保自己能够有效获知其所在的议事会的工作情况的成员义务,而这一义务的有效履行将影响其作为一名被选举的地方议事会成员的角色。③ 既然是经选举获胜而就任的地方议事会成员,其角色就是在地方议事会代表其选民的利益。这一角色的有效完成,与其是否有效把握其所在地方议事会的工作情况有直接的

---

① Andrew Arden, p. 269.
② Andrew Arden, p. 269.
③ Andrew Arden, p. 270.

关系。相应的,能否有效把握其所在地方议事会的工作情况就成了地方议事会成员的一项义务或者职责,而任何为获得此类信息所必需的手段遂成为其权利,如出席会议、列席会议等。

上级委员会["parent" committees,直译为母委员会或(双)亲委员会]的成员可以主张其拥有列席分委员会的权利,即使并没有被任命为这些分委员会的成员;其理由在于履行作为地方议事会成员的职责:如果地方议事会的成员拥有查阅某一委员会或者分委员会的信息的权利,则他也可以主张自己拥有列席该委员会或者分委员会的会议的权利,甚至是参与委员会中非正式工作组的活动的权利,因为在这种情况下普遍认为"知道的必要性"(need to know)非常强。① 也就是很有必要知道,而知道的途径就只有列席有关的会议甚至参与其中的工作组的活动了。当然,列席会议只是为了满足"知道的必要性",因此,非委员会成员的地方议事会成员在其列席的会议中并不享有表决权,甚至没有发言权,即他们只是列席会议,其他权力(权利)不是满足"知道的必要性"所必需的。

当然,如果普通公众有权列席某一地方政府机关的委员会的会议,地方议事会成员作为公众的一员,自然也可以列席。而且根据地方议事会的议事规程,也可以赋予地方议事会成员不同于一般公众的额外的权力。②

七、知情权

某一委员会的成员有权出席其所在的委员会的会议,并且拥有查看与该委员会的责任领域相关的所有文件的表面权利,尽管这种权利可能会受到某种限制。除此之外的所有其他情况下,地方议事会成员获得信息及参加会议的权利,将取决于这对于其适当地履行作为一名地方议事会成员的职责而言是否有"知道的必要性"。③

当然,地方议事会成员的权利也是有限度的。他们不能仅仅出于窥探的好奇心或者愿望,而"随心所欲"地审查地方议事会的会议记录或者文件。看这些文件资料必须有真正纯良的事由。就普通法而言,当选的地方议事会成员没有任何出席其所在地方政府机关的委员会、分委员会

---

① Andrew Arden, pp. 270-271.
② Andrew Arden, p. 270.
③ Andrew Arden, p. 270.

的会议的当然权利,也不具备审查这些委员会的成员才能得到的信息的权利。① 正如前文介绍过的,地方政府机关的各委员会的构成,要严格按照各政治党团在地方议事会中所占席位比例分配,肯定不会是所有的地方议事会成员都会成为某一特定委员会的成员。既然如此,他们就不能出席这些委员会的会议,因而不会按时接到开会传票、出席会议、发言并表决。当然,作为其所在地方议事会的成员,甚至仅仅是其所在地方的普通公众的一员,他们列席或者说旁听这些委员会的会议是完全可以的,此时,他们显然没有发言权,接触有关信息的机会也会受到很大限制。

对于参加会议或者查阅有关信息的请求,如果地方政府机关拒绝,有关当事人可以向法院提起司法救济。此时,法院所要考虑的问题一般是,地方政府机关拒绝当事人参加某会议或者拒绝披露某信息是否非法;审查的标准要么是根据温斯伯里一案中所形成的合理性判据,要么是基于行政法的基本原则,认定地方政府机关是否适当地考虑了这件事。地方政府机关合理的、适当的决定,法院是不会干预的。② 从与会被拒绝可以提起司法救济,并且法院会适用行政法的一般原则或者行政法中著名的温斯伯里判据看,英国法中涉及地方政府机关的行为的法律规范体系中,确实没有将地方政府机关视为一个权力机关或者立法机关,而是毫不犹豫地将其所涉及的案件纳入行政法的范畴,这或许会使行政法学者感到鼓舞,但其更重要的意义在于,英国法中确实将这些以议事会形式存在的地方政权形式视为一种执行性的机构,而非权力性、立法性机构。英国地方自治的不彻底性在此得到了充分的体现,即其所有的自主权都是建立在中央立法规定的权限范围内,除此之外,地方政府机关没有原始的、不可剥夺的、本位性的权力。说得再远一点,则与英国议会立法至上的原则联系在一起了:英国的议会立法至上原则是中央级议会立法的至上,而不是所有议会立法都至上,地方议事会必须服从于中央级议会的意志。

八、议事规程

地方议事会可以(有时则是必须)通过议事规程的形式规定有关委员会、地方政府协作委员会及分委员会的会议的程序。根据诸如此类的议事规程,有关的委员会、地方政府协作委员会或者分委员会可以自行决定

---

① Andrew Arden,p. 270.
② Andrew Arden,p. 270.

会议讨论事项。①

某一当地选民及任何具有足够利益的其他人,都可以通过向法院申请训令的方式,强制地方议事会遵循议事规程。② 这一程序的启动门槛是很低的,只要利害关系人认为地方政府机关作出的与自己有足够的利害关系的决定没有遵循地方议事会的议事规程。虽然训令属于我国国内行政法一般意义上理解的司法审查的范围,但从此处的情形看,其适用范围显然可以及于议行合一的地方议事会作出的决定,而无论其性质是行政性的还是立法性的。

(一) 法定人数

地方议事会全体委员会的会议只有在成员总数的四分之一出席的情况下,才能处理任何事项。地方议事会成员席位空缺并不影响所要求的法定人数。③ 由此可见,地方议事会全体会议的法定人数是以其额定人数为基准,用我们的话说就是编制总数决定的,至于是否满编或者说存在议席的空缺,并不影响法定人数的确定。更重要的是,由于其法定人数基准较低,比较容易满足要求。

(二) 表决规则

地方议事会的委员会会议的法定人数可以由地方政府机关在其制定的议事规程中规定。所有由地方政府机关讨论的问题必须经出席并就该问题投票的成员的多数赞成,才能作出决定。如果投票结果相等,主持会议者即具有二次或决定性投票权。对于会议主席行使其决定性投票权的行为方式,并没有法律上的限制。除政党的政治性考虑以外,决定性投票权的行使也没有可供遵循的原则。④

(三) 休会

从普通法的角度讲,休会的权力是一般性存在的,除非议事规程有相反的限制。休会后重新开始的会议是早先会议的继续,因此并不需要进一步通告,但也不能处理任何新的事项。一旦已经召集了某次会议,在普通法上是没有延期举行的权力的。⑤

---

① Andrew Arden, p. 268.
② Andrew Arden, p. 268.
③ Andrew Arden, p. 277.
④ Andrew Arden, p. 277.
⑤ Andrew Arden, p. 277.

(四) 会议记录

必须事先对会议过程的记录作出安排，将其保存在某一会议过程记录本中或者连续计数的活页上，并在当次会议或者该地方政府机关举行的适当的下次会议上予以签署。①

九、会议决定的送达

地方议事会的许多决定将被落实为行为，这本身就要求地方政府机关将该决定送达另外的人；而另外一些决定则要送达地方政府机关。② 规范地方政府机关发送的任何通知的行为的普遍规定，并不是适用于任何司法程序中向法院递送或者法院发出的任何文件的规定，也不同于基于约定的通知的发送，而是制定法有关通知的发送的规定。③ 地方政府机关和当事人之间，可以就地方政府机关发给该当事人的通知作出特别的约定，地方政府机关在发送任何约定范围内的通知给该当事人时，按照约定的程序发送，不需要遵循制定法关于地方政府机关发送通知的一般规定。

(一) 签署真名

除非制定法对地方政府机关的通知或者文件的签署真名（Authentication）作出硬性的规定，地方政府机关被授权或者被要求签发、作出、下达或者制定的任何通知、命令或者其他文件，都可以由地方政府机关的相关官员代表地方政府机关签署。通知一旦被签署，即推定有关的地方政府机关已经签发，受送达人如欲质疑则需要自行举证。④

通常，制定法并不要求签名必须由本人亲自签署。签名既可以亲手，也可以复写，并且无论以什么形式复写都是可以的。签名也可以采用印刷、打印或者印刷字体等形式。如果某官员的助手根据授权代表该官员签名，该签名也是有效的。作为一种良好的行为习惯，这类签名冠以"代"字，以表明代签人已经获得了这种授权；当然，不写"代"字也并非致命性的问题。⑤

以地方政府机关相关官员本人的签名签发，但没有指明该官员的职

---

① Andrew Arden, pp. 277-278.
② Andrew Arden, pp. 279-280.
③ Andrew Arden, p. 280.
④ Andrew Arden, p. 280.
⑤ Andrew Arden, p. 280.

务或者授权的通知,也是有效的。① 这进一步强调了实质真实的制度价值:无论是以被授权人代权利人签名的形式,还是直接以被授权人自己签名的形式,只要实际存在起初的授权,无论具体签谁的名字都是有效的。

除非有相反的证据,通过加盖签名的橡皮图章而复制的地方政府机关某一相关官员的签名,视为正式签名。如果受送达人已经明知通知的来源及签署者,则通知根本就不需要签署。② 英国可以说是最注重签名的国家,但从其有关政府文件具名的实务看,还是相当灵活的。

(二) 送达

送达(Service)的一般规则是,任何要求、授权或者根据规定应由地方政府机关、地方政府机关的官员或者代表地方政府机关送达任何人的通知、命令或者其他文件,可以通过将其交付该人、留置于该人的适当地址处或者通过邮局寄送至该地址等方式,送达该人。③

交付可以不直接交予指定的受送达人(addressee)本人,而交予承诺将其转交的人,即使指定受送达人后来声称其本人并未收到,也不影响送达的有效性。④ 这当然要建立在承诺转交人对其承诺承担食言的法律后果的基础之上,并由指定的受送达人向承诺人追究因此所造成损失的赔偿责任。至于地方政府机关在送达过程中是否存在轻信承诺人或者其他不够谨慎之处,也会成为指定的受送达人主张地方政府机关送达有瑕疵的一个重要事由。

将拟送达文件投入邮局的信箱也足以构成有效的送达,特别是在送达期限不是很要紧时。即使受送达人声称自己并未收到寄送的送达件,地方政府机关也有可能证明已邮寄送达;但如果信件最终被邮局退回而没有寄出,或者有其他的证据使法院相信确实没有交付受送达人,则该信件即被视为没有送达。如果当事人是法人,则向该机构的秘书送达。如果当事人是合伙机构,则送达针对某一合伙人或者对合伙业务拥有控制或者经营权的人。⑤ 此处间接说明,有关地方政府机关的通知及其他文书的送达事宜,也是可以诉诸法院的。法治就应当是这样,勿以善小而不为。

---

① Andrew Arden, pp. 280-281.
② Andrew Arden, p. 281.
③ Andrew Arden, p. 281.
④ Andrew Arden, p. 281.
⑤ Andrew Arden, p. 281.

任何受送达人的有效地址是其最后告知的地址；如果受送达人是法人，则其注册办公地或者主要办公地是其有效地址；而对于合伙机构，其主要办公地为其有效地址。①

法人注册办公地是其有效地址，体现了注册的价值。事实上，我们经常会讨论法人变更办公地址而不变更登记的问题，为解决此问题甚至设计了相当严厉的行政处罚措施。但英国法为我们提供了一个非常经济、有效的解决方法，即以其登记内容作为唯一合法有效的法定事实加以认定。如果法人不及时变更其注册内容，则其法定权利必将受到严重影响，这是促使其及时变更登记的最好控制手段。当然这一手段的有效实施至少需要两个条件：一是变更登记非常便捷，无须审核、立等可取；二是所有登记内容都向社会公开，任何人查阅登记内容都不收费，这才是真正意义上的登记。

如果当事人明确指定的某一英国国内的地址并非其通常的有效地址，则其本人或者其代理人接收指定的相关文件的地址就将成为其有效地址。② 这就是根据双方约定确定的事宜。

如果众所周知当事人已经离开其最后告知的地址，但只要没有获得其最新的地址，仍可以继续用其最后告知的地址作送达的有效地址。指向有效地址的送达创设了一种不容置疑的推定：送达是有效的。③

（三）受送达人

如果经过合理的查询仍无法确定拟送达的某一文书所指向的某一土地的所有者、承租者或者占有者的姓名和地址，则该文书既可以通过将其留置于居住在或像是居住在、受雇于或像是受雇于该土地的某人处的方式送达，也可以将该文书固定在该土地内的某一建筑物或者物体的显要位置的方式送达。④

通常，地方政府机关通过以下手段确定送达某一通知的地址：

首先，对于土地的所有者。如果某一土地是登记的，以登记地址为准。《土地登记簿》（Lands Registry）向公众开放以供查询，当然也包括对地方政府机关开放。⑤ 英国的土地不是全部登记的，或者说不是强制登

---

① Andrew Arden, p. 282.
② Andrew Arden, p. 282.
③ Andrew Arden, p. 282.
④ Andrew Arden, p. 282.
⑤ Andrew Arden, p. 282.

记的。有的登记了,有的没有登记,而且也不必去登记。因此,《土地登记簿》可以说是残缺不全的。考虑到英国人对于土地的敬重以及英国的地主(landlord)的法律地位的重要性,英国土地登记的这种不严格提示我们,对私有财产的保护并不是行政介入得越充分,保护的力度就越大。从中会发现行政干预与法治之间可能存在的最大的差距。

其次,对于土地的占有者。1976年《地方政府(杂项规定)法》[Local Government (Miscellaneous Provisions) Act]赋予地方政府机关向土地的占有者送达通知的权限,以及要求其在通知指定的时间内告知地方政府机关:其在该宗地上利益的性质,其作为通知的接受人认为属于该宗地的实际占有人的每个人的姓名和地址,以及其认为作为该宗地的所有者、抵押权人、承租人或者经营者的每个人。如果该通知的受送达人不提供所要求的信息,将构成犯罪。① 该法的这一规定,实际上为地方政府机关作出的针对土地的法律文书的送达提供了一个中间人,即地方政府机关首先向有关某宗地上其认为是或者疑似是占有者的人送达一个通知,要求其在该通知指定的时间内向地方政府机关告知指定的情况。由此确立了该受送达人的法定义务,并促使其告知地方政府机关其所知道的情况,其拒不履行该义务将构成犯罪。在此基础上,地方政府机关就可以决定进一步的受送达人的范围,进而可以对这些扩大了范围的受送人继续送达前述试探性的通知,以期通过这些人提供的信息,最终确定该宗地真正的权利人。当然,确实有可能存在这样的情况:地方政府机关认定的有关土地的占有者仅仅是个过路人或者流浪汉,他什么也提供不了,此时当然是不能追究其法律责任的,更不用说治其罪了。地方政府机关只能怪自己认错了人,再通知其他人,如此而已。

错误送达的通知缺乏任何制定法上的效力或者强制力,虽然并不是所有的识别错误(identification error)都是同样致命的,如仅仅是写错了名字等。在1961年的 Davies v. Elsby Brothers Ltd. 一案中,法官德夫林(Devlin LJ)指出:对此的判断标准是,一个理性的人收到该文书后会怎么办? 如果将该文书作为一个整体来看,他无论如何都会对自己说:"这当然是给我的,但他们确实可能把我的名字搞错了。"如果是这样,这就仅仅是一个写错了名字的案件。但如果是另外一种情况,一个理性的人就会说:"从文件本身我看不出他们是不是想给我,该核实一下。"这样的案

---

① Andrew Arden, p. 282.

件对于法官来说,就是一个超出了写错名字范围的案件了。① 普通法就是这样平易近人,法官们娓娓道来,没有正言厉色,没有高谈阔论,却将自己心中的理念化作理性人的言论,融入整个英国法治传统的脉络中,使普通人不能不信服。这就够了,至于学习或者研究法的人是否信服,那就是另外一回事了。只要法官的判决成了判例,就成为英国法的一个组成部分,以及学法、研究法者不能回避的传统和现实。

(四)地方政府机关作为受送达人(recipient)

此处 recipient 与 addressee(二者都有收件人的意思,前者的意思是"应送达人",后者的意思则是"拟送达人")的不同在于,recipient 强调收到的实际结果,而 addressee 则是发送的实际情况,即 addressee 是发送时指定的 recipient。英国法认为,任何人都不可能对其自身设置合同性的义务,任何法律上的人格者概莫能外,其中当然也包括属于法人的地方政府机关。既然普通法如此,除非某一制定法另有规定,任何法律上的个体,无论是自然人还是法人,包括地方政府机关,都不能向其自身送达。②

在 R. V. Cardiff C.C. , ex p. Cross(1981)一案中,按照制定法的规定,地方政府机关并没有就分拆其自有的设施一事不适当地向自身送达,因为法院认定相应的规定并不适用于地方政府机关自己的房屋(因为地方政府机关与其房屋确实不是一码事)。在另外一个案件中(R. v. Norttingham City Council, ex p. Nottingham County Council),法院认定,地方政府机关可以根据 1967 年《财产税法》(General Rate Act)的规定给自己发补贴,虽然该法的相关规定明确限定这只能用于帮助其自身征收租税的目的。③ 该案的原告(Nottingham County Council)是郡议事会,而被告则是市议事会,英国的市比郡的面积小,市不管郡,郡也不带市,双方没有上下级关系,只有法律上的利害关系,因此经常在法庭上见面。

(五)对地方政府机关的通知

这方面的规定对于向行政机关递交申请等文书很有意义。如果任何制定法的规定要求或者授权将任何通知、命令或者其他文书送达地方政府机关、其主席或者其某一官员,则应当以该地方政府机关为对象实施送

---

① Andrew Arden, p. 283.
② Andrew Arden, p. 283.
③ Andrew Arden, p. 283.

达,并将其留置于或者邮寄给该地方政府机关的主要办公场所或者其指明的任何能够接收相应法律文书的办公地点。法院认为,术语"留置于"(leaving it at)不单纯是指将文书放置在地方政府机关的办公场所门口的台阶上,而是指交与其负责官员或者雇员。①

地方政府机关的主要办公场所是地方政府机关处理或者控制其各项工作的场所。如果某一通知将导致刑罚或者其他严重的后果,对于是否必须送达至主要办公场所、地方政府机关是否必须指明另一办公地点或者某一类文书是否对送达地点作了特殊的规定等,制定法都有严格的要求。按照上述要求,送达教区会议或者教区会议主席的通知、命令或者其他文书,应当以教区会议主席为对象实施送达,可以采取将文书交付其本人的方式,也可以采取将文书留置于其最后告知的地址的方式,还可以邮寄至其最后告知的地址。②

十、议事公开

(一)新闻采访与公众参与

在普通法上,无论是新闻机构还是公众都无权参加地方政府机关的会议。这一点在 1908 年得到了部分的矫治,该年的《地方政府(接受媒体采访会议)法》[Local Authorities(Admission of the Press to Meetings)Act]授予媒体参加地方政府机关的会议的权利。调整这一领域的主要立法是 1972 年《地方政府法》。③ 可见,英国的政务公开不是普通法自我演化的结果,而是政府主导的立法的结果,其历史也仅有 100 余年。

议事公开的一般原则是,地方政府机关的会议(含其委员会及分委员会的会议)必须向一般公众开放,除非地方政府机关被授权在特殊情况下将所有公众或其一部分排除在外。④ 只要会议是公开的,就不能将公众成员排除在外,除非是为了阻止扰乱秩序的行为或者其他行为;只要实际条件允许,就应当给予报社派出的可信的代表进行报道所必需的合理设施和电话设施,当然费用要由报社负担。⑤ 但地方政府机关似乎并没有

---

① Andrew Arden, p. 284.
② Andrew Arden, p. 284.
③ Andrew Arden, p. 272.
④ Andrew Arden, p. 272.
⑤ Andrew Arden, pp. 272-273.

允许摄影、录音或者实况直播会议过程的义务。①

（二）议事会决定的公布

英国法要求地方政府机关发布公告的形式是：将公告张贴于本辖区内某些显眼的地方或者地方政府机关认为有助于通知内容公开的其他类似方式。如果公布得不够充分，则法院可以认定其没有效力。②

第五节　委员会制度

委员会制度是议会制度的一个当然组成部分，二者有所区别的是，在英国，议会制度当然地包括委员会制度的内容，甚至可以说议会本身就是一种典型的委员会；但对于我国而言，委员会制度总的来说还是比较陌生的，主要的原因显然不是我们没有这类机构设置，而是我们缺乏这方面的具体实践。

一、委员会的体系

议会民主制的英国，以会议的方式当场议决大事小情，是其最普通的决策模式。这种模式在现代发展的一个最主要特征，就是由全体代表共同议决的早期代议制民主，逐渐由全体议员中产生的代表或"代表的代表"组成的委员会的具体决策所代替或部分代替。于是，代表机构内部产生了为数众多的委员会、分委员会，形成了各议事机构的委员会体系。

以众议院为例，众议院许多重要事务都是由其各委员会完成的，这些委员会数量众多。建立这些委员会的目的，就是让它们履行殊不相同的职能。这些委员会包括全院委员会(Committees of the whole House)、常设委员会[Standing Committees，也可以译为常任委员会，但都解决不了其本身名不副实的问题：其本义是临时(站着的)委员会，但英文的"站着"与中文有本质差异，英文中站着就意味着长远；而中文中只有坐下来，才算比较稳妥和长远]、特别委员会(Select Committees)和联合特别委员会(Joint Select Committees)、部门特别委员会(Departmental Select Committees)以及其他委员会，如商业委员会、宗教委员会等。在上述分

---

① Andrew Arden, p. 273.
② Andrew Arden, p. 283.

类的基础上还可以进一步细分。①

(一) 常设委员会

常设委员会包括公法案常设委员会(Public Bill Standing Committees)、委任立法常设委员会(Standing Committees on Delegated Legislation)。②

以公法案常设委员会为例,它负责对二读后提交其审议的公法案进行仔细的、逐字逐句的审核。③ 从英国学者在同一页中分别对公法案常设委员会使用两个不同的名称(Public Bill Standing Committees, Standing Committees on Public Bills,中文译名分别是公法案常设委员会和常设公法案委员会)这一点看,英国此类宪法机构的名称至少在学理界是并不统一的。而从英文本身看,这仅仅是构成词组的单词在语法允许的范围内重新排列组合而已。

(二) 特别委员会

众议院内有为数众多的不同类型的特别委员会。事实上,众议院的许多特别委员会更准确地说应当描述为联合特别委员会,因为它们是在一位主持人领导下代表众议院和贵族院的各自的特别委员会的联合体。④

虽然特别委员会的差异巨大,但它们依然有许多共同之处:都是永久性委员会。一个特别委员会的成员可以随着时间而改换,委员会可以任命新的成员,已有的成员也可能在某一指定时间退出该委员会,但委员会本身却继续存在。⑤

1. 内务委员会

内务委员会(Domestic Committees)是指一类特别委员会或者特别委员会的分委员会,其职责是就众议院内的内部服务事项为众议院及众议院发言人提供建议。内务委员会同时也考虑众议院内部管理方面的问题。这类委员会包括物业委员会(Accommodation and Works Committee)、管理委员会(Administration Committee)、伙食委员会(Catering Committee)、信息委员会(Information Committee)、传播委员会(Broadcasting

---

① Neil Parpworth, p. 116.
② Neil Parpworth, p. 116.
③ Neil Parpworth, p. 116.
④ Neil Parpworth, p. 116.
⑤ Neil Parpworth, p. 116.

Committee)、联络委员会(Liaison Committee)、选拔委员会(Selection Committee)、众议院现代化委员会(Modernisation of the HC Committee)、行为准则与特免委员会(Standards and Privileges Committee)等。①

(1) 联络委员会

联络委员会旨在就特别委员会的工作及职能向众议院提出建议。联络委员会的成员来自各特别委员会(通常是各委员会的主席),通常由一位资深的执政党后座议员担任主席。对于特别委员会体制的价值的共识正在推行威斯敏斯特议会模式(Westminster-model Parliaments)的英联邦国家中传播开来,从已经建立了议会的大国,如加拿大和澳大利亚,到刚刚推行多党制民主(multiparty democracies)的非洲国家。"②

(2) 行为准则与特免委员会

行为准则与特免委员会可能是所有内务委员会中最著名的一个了。它是在 1995 年 11 月份任命的,其职能之一,就是监督议会行为准则专员(Parliamentary Commissioner for Standards)的工作。该委员会在这方面的工作之所以重要,是因为议会行为准则专员的决定是不能提请司法审查的(意思是说,在这种情况下只能由该委员会对其进行监督)。行为准则与特免委员会还主管授予其本身及议员的行为的特免是否有效等事项。③

2. 仔细审议委员会

在众议院的特别委员会中,有许多是专门负责仔细审议向众议院提出的立法提案的,即仔细审议委员会(Scrutiny Commttees)包括规制缓和与规制改革委员会(Deregulation and Regulatory Reform Committee)、成文法律规范委员会(Statutory Instruments Committee)、法典编纂议案委员会(Consolidation Bills Committee)和人权委员会(Human Rights Committee)。其中成文法律规范委员会、法典编纂议案委员会和人权委员会都属于众议院和贵族院的联合委员会。④

---

① Neil Parpworth, p. 117.
② Neil Parpworth, p. 117.
③ Neil Parpworth, p. 117.
④ Neil Parpworth, p. 118.

(1) 法典编纂议案委员会

法典编纂议案委员会的职责范围涉及对既有法律进行普遍性重述以使其形式上成为更容易令人理解和便于施行的立法议案。①

(2) 人权委员会

人权委员会的职责范围中值得一提的是,有关英国国内人权状况的事项(但不包括对个案的处理)以及根据1998年《人权法》第10条和附表2的规定提出的补救性命令的提案。②

3. 部门特别委员会

在议会中建立与政府部门对应的部门特别委员会(Departmental Select Committees)是英国议会的传统,也是使议员们了解有关行政体系管理方面问题的重要途径。部门特别委员会体系最初是在1979年确立的。当时的众议院领袖将成立部门特别委员会的建议推介到议会中,认为此类委员会是"议会得以对政府实施更有效的仔细审议的必要前提,是更为细致地审核政府政策的一个机会,是对更为开放的政府的一项重大贡献,是与英国的议会安排及宪法传统相吻合的"③。

更为晚近公布的《众议院现代化特别委员会第一次报告》(First Report of the Select Committee on Modernisation of the HC)将部门特别委员会这一角色描述为:部门特别委员会是众议院用来对部长及政府的政策进行仔细审议的一个主要手段。其历史已经成功地证明它是一种非常良好的仔细审议的工具。这些委员会使议员们得以发展其在某一专门性的公共政策领域的专业知识和权威,为更为细致地审议部长们的行为提供了一个论坛,而这一点恰恰是全院大会上难以经常实现的。④

这些委员会的最大优点在于,它们能够使议会中朝野两方面的议员们摆脱游击式审核某一议题的习惯做法,真正从公众的利益而非党团的利害出发去作出正确的评价。⑤

部门特别委员会与中央政府部门一一对应设立。因此,政府部门的结构调整,如与其他部门合并或者分立为多个部门等,都将在部门特别委员会层面反映出来。部门特别委员会包括防务委员会(Defence Committee),

---

① Neil Parpworth, p. 118.
② Neil Parpworth, p. 118.
③ Neil Parpworth, p. 118.
④ Neil Parpworth, p. 118.
⑤ Neil Parpworth, pp. 118-119.

教育和技能委员会(Education and Skills Committee)，环境、食品与乡村事务委员会(Environment, Food and Rural Affairs Committee)，外交事务委员会(Foreign Affairs Committee)，健康委员会(Health Committee)，内政委员会(Home Affairs Committee)，贸易与产业委员会(Trade and Industry Committee)，交通、地方政府与地区事务委员会(Transport, Local Government and the Regions Committee)及财政委员会(Treasury Committee)。①

根据众议院《议事规程》第152条第2—3款，每一特别委员会都有权任命一个分委员会，环境、食品与乡村事务委员会和交通、地方政府与地区事务委员会还有权任命两个分委员会。交通、地方政府与地区事务委员会据此设立了交通和城市事务两个分委员会。②

根据众议院《议事规程》第152条第1款的规定，部门特别委员会的任命，是为了"审核重要的政府部门的开支、管理及政策"。它们通常并不参与立法起草工作，除非众议院将某一处在委员会阶段的立法议案送交该委员会审议。尽管部门特别委员会更着重于立法前的仔细审议，但英国学者认为，它们将来可能会在立法过程中扮演更为重要的角色。③

在实施调查活动的过程中，部门特别委员会根据众议院《议事规程》第154条第4款第(a)项的授权，有权"传唤任何人或者调取任何文件或记录，在议会休会时开会，在不同地点开会，随时向议会报告"④。

部门特别委员会的成员通常主要由后座议员组成，同时考虑各党派在议会中的力量对比。实践做法是，政府部长、议会私人部长(Parliamentary Private Secretaries)以及反对党中座次在前排并且经常代表反对党发言的议员等，都不得被任命为部门特别委员会的成员。⑤

部门特别委员会的主席由各委员会的成员选举产生。这意味着，虽然部门特别委员会的主席可以是执政党议员，但并非必须如此。⑥ 由于部门特别委员会的成员均由后座议员担任，而执政党的头面人物及在野党的主要成员都不得入围，因此这种组成结构有助于部门特别委员会对

---

① Neil Parpworth, p. 118.
② Neil Parpworth, p. 118.
③ Neil Parpworth, p. 118.
④ Neil Parpworth, p. 118.
⑤ Neil Parpworth, p. 118.
⑥ Neil Parpworth, p. 118.

政府部门进行更为具体、严格、细致的审议。后座议员平时很难有在议会中发言的机会,除了听会,没有太多表现的机会,在特别委员会中,他们可以充分发挥自己的才智,细究政府部门的不当或者违法之处,从而可以最大限度地发挥其审议政府部门的职能。尽管执政党因其在议会中的多数,往往在人数上控制着各部门特别委员会,但由于参加这些委员会的执政党成员本身是后座议员,他们与担任部长的本党重要议员的想法会有所不同,而正是这种不同会在一定程度上影响他们与本党保持一致的程度,从而无形中发挥对本党控制的政府实施监督的作用。这种作用既取决于本党在议会中所占优势的大小,更直接地与本党议员在各委员会中的优势有密切关系。因为各委员会都实行少数服从多数的集体决策,反对党议员在其中能够发挥的作用局限于说服,只有说服了相当一部分执政党委员,反对党提议的监督措施才会由该委员会表决通过。

与政府部门相关的特别委员会体制在1979年由众议院确立的时候,无论是大法官的部门还是法律官的部门(Law Officers' Departments),都没有包括在内,因而也没有建立与之相应的委员会。1991年,政府同意将大法官的部门及法律官的部门纳入特别委员会系统,但却将特定案件的审理、司法职位的任命以及法律官对政府的建议和检控政策等方面的事项排除在各特别委员会议事日程之外。① 也就是说,议会设立的与大法官事务部及法律官事务部对应的特别委员会并不讨论这些内容,而这些内容恰恰是涉及司法独立的关键所在。从这个意义上说,这一组织原则的确立,在相当程度上保证了司法事务免受议会的干预,有助于从根本上维护司法独立。

(三) 调查裁判所

此处的调查裁判所(Tribunals of Inquiry),与《裁判所及调查庭法》中涉及的行政裁判所完全不同。

议会任何一院都可以成立特别调查委员会(Select Committee of Inquiry)以调查任何事关公共利益的事项,这样的委员会中可以包括议员以外的成员。这一做法最早出现在1689年,以调查在爱尔兰的战争行为。但由于议会是个政治机构,因此投票一般要遵循政党路线。于是,针对议会委员会调查马科尼(Marconi)丑闻一案的不力及政客不可能调查政治丑闻的现实,促成了1921年《调查裁判所(证据)法》[Tribunals of

---

① Bradley & Ewing, p. 389.

Inquiry(Evidence) Act]。该法规定,根据议会两院对某一具有紧迫的公共重要性的事项的决定,英王或者某一国务大臣可以任命一个调查裁判所。① 此处的国务大臣在指代上很具有现实意义,因为某一方面的具有公共重要性的事项,只有管辖的事权范围与此相关的国务大臣才有发言权;因此很显然,不止一个国务大臣可以行使此项权力。

该法还规定,根据议会两院对某一具有紧迫的公共重要性的事项的决定,英王或者某一国务大臣任命的调查裁判所具有高等法院所享有的有关盘问证人及要求提交文件等方面的一切权力。② 这一规定充分体现了制度体系的重要性,一旦形成某一制度体系,如法院的调查权体系,进一步的相关立法都会从中受益。

二、委员会的设置

本节讨论有关委员会体制方面的一般规定。

(一) 委员会的设置权

地方政府机关有权为履行其职能任命委员会。两个及以上的地方政府机关可以任命联合委员会。委员会还可以任命分委员会。委员会的人数、任期以及辖区都由任命该委员会的地方政府机关、任命地方政府协作委员会的各地方政府机关或者任命分委员会的委员会决定。③

没有单独成立议事会的教区可以在一次该教区的会议上任命由有地方政府选举权的选民组成的委员会,来行使该教区的任何职能或者区议事会授予教区议事会的任何职能,但教区的委员会在行使其职能时必须遵循将本教区与其他教区组合起来的命令中的有关条款。这种组合其实就是以教区为单位的合伙,各入伙教区共同组成一个松散的团体,经办一些自己单独办不了、办不好或者成本太高的教区服务事项。为此,教区必须将其部分职能转移给合伙后成立的机构。

(二) 特别委员会的设立

在某些条件下,地方政府机关还必须设立一些特别委员会以履行以下制定法规定的特殊职能④:1966 年《海洋渔业规制法》(Sea Fisheries

---

① Phillips & Jackson, p. 155.
② Phillips & Jackson, p. 155.
③ Andrew Arden, p. 257.
④ Andrew Arden, pp. 258-259.

Regulation Act),1970 年《地方政府机关社会服务法》(Local Authorities Social Services Act)第 2 条,1972 年《地方政府法》第一部分、附表 17。

这类特别委员会包括:安居补助复议委员会(Housing Benefit Review Boards),地方议事会税复议委员会(Council Tax Review Boards),临时租赁、安置和复议委员会(Introductory Tenancy, Allocations and Review Boards),教育上诉委员会(Education Appeal Committees),伦敦停车裁决联合委员会(Parking Adjudication London Joint Committee)。

(三) 非议员组成的咨询委员会

地方政府机关还可以任命咨询委员会,咨询委员会又可以任命自己的咨询分委员会。咨询委员会和咨询分委员会,与履行地方政府机关职能的委员会和分委员会截然不同,其所有成员都不必是地方政府机关组成人员。咨询委员会或者咨询分委员会的成员也不像职能委员会中的非议事会成员委员那样在投票权上受到限制。[①] 对于执行职能的委员会而言,只能说其所有成员不必都是决定其设立的公共管理机构的成员。由于咨询委员会是咨询性的,其委员投票议决的内容也仅是建议性的,因此,虽然咨询委员会成员的投票权不受限制,但离真正的决策权仍有距离。

三、委员会内部的政治平衡

英国的地方议事会是民主政治的结果,是选举的产物,因此也必然表露出政党政治的突出特征,即议员党派分布上的比例关系。这种比例关系是地方政府机关内部政治力量对比的基本表象,也必然反映到该地方政府机关各委员会的构成中,以实现议会中政党力量的权重与委员会中委员党派比例的平衡,即反映各党派的政党比例。

1989 年《地方政府法》的规定调整相关地方政府机关组成人员任命,其适用的范围及于所有涉及该地方政府机关的普通委员会和下属分委员会的成员的集体行为,而无论这些委员会是以履行职能的目的设立,还是以提供咨询的目的设立。如果某一分委员会本身并不具备适用此规定的资格,但该委员会是由该委员会为之服务的某一机构设立的,则国务大臣可以通过其规章规定上述一般规定是否适用于该下属委员会,国务大臣

---

① Andrew Arden, p. 258.

的规定中可以对一般规定作出调整。①

(一) 政治党团

如果地方议事会的成员希望被视为一个政治党团,并且向该政府机关的相关官员实际发送了一份至少由2名成员签名的书面通知,声明签名的成员希望被视为一个政治党团,声明该政治党团的名称并确定其中的1名签名者为该政治党团的首脑,则该议会党团即宣告成立,如果地方议事会中存在至少一个这样的政治党团,则该地方议事会即应当被视为一个划分了不同的政治党团的地方议事会。②

地方议事会的政治党团的发起人给该地方议事会的通知可以(但不是必须)确定1名代理领导,该领导为此被称作"党代表"(the representative)。政治党团的名称或者其领导、党代表可以由届后的另一通知予以变更。③ 也就是随便再拉几个人就可以随时另支一个摊子,而不存在严格的党团登记制度。

如果某一政治党团中的人数不足2人④,则该政治党团即宣告终止。由于登记标准是至少2人,因此,只要有2人就可以组成一个政治党团,但如果只剩下1人,自然也就不称其为党派了。

地方议事会的成员被视为某一政治党团的成员基于以下两种途径:一是在给地方政府机关负责接受政治党团成立声明的官员的声明中签署自己的名字,这相当于创始成员;二是发表一份自己愿意加入某政治党团的声明,该声明应由其本人签署,并由该政治党团的首脑、党代表或者多数成员签署。⑤ 这就相当于一个入党声明,条件非常宽松,只需要自己签名的一份声明,同时拿到所欲加入的政治党团的首脑、党代表或者多数成员的签名即可。不过不难想象,这三类人都不太可能反对该人的加入,无论该人是否严格遵守该党团的纪律。因为任何政治党团都是地方议事会成员的松散的政治联盟,本身也没有什么党派的严格界限,出入自由,投票自愿,无纪律约束可言。

值得进一步注意的是,由于各政治党团更深地植根于英国政治制度,因此,各地方议事会中的政治党团,与英国议会中的议会党派不可能没有

---

① Andrew Arden, p. 260.
② Andrew Arden, p. 261.
③ Andrew Arden, p. 261.
④ Andrew Arden, p. 261.
⑤ Andrew Arden, p. 261.

牵连,绝大多数地方议事会成员的党派都是非常明确的,并且是在其作为某党的成员参加竞选时已确定了的。因此,绝大多数的议事会新成员都是加入竞选时所属的政治党团,但也不排除个别无党派人士临时组建新的政治党团的可能,至少这扇大门是为他们敞开的。

某地方政府机关组成人员因以下事由终止作为该议事会某政治党团的成员:不再是该议事会的成员,以书面形式通知该地方政府机关负责接受党团登记的官员自己不愿再作为某政治党团的成员,作为签字人之一向该地方政府机关负责接受党团登记的官员呈送成立一个新的政治党团或者加入另一个政治党团的通知,其所在的政治党团中的多数成员签名并向该地方政府机关负责接受党团登记的官员呈送的通知中陈明他们不希望该成员作为其政治党团的成员。① 最后一种情况相当于其所在的政治党团以少数服从多数的形式正式通知负责党团登记的官员已开除该成员的党籍。这对于该成员可能不是一件很体面的事,但这在英国并不常见,因为在此之前,他完全有充分的机会选择其他的方式,如以书面形式通知该地方政府机关负责接受党团登记的官员自己不愿再作为某政治党团的成员,相当于自动退党,这在英国绝不是一件不体面的事。

无论如何,任何人都不能同时作为一个以上的政治党团的成员。② 这种政治上的墙头草在英国不是一个政治道德问题,而是为法律所禁止,正如任何法官都不应当加入任何一个政治党团一样。相应的,如果某一地方议事会内的政治党团中过半数的成员在竞选提名单上对自己的党派属性的登记,与另一政治党团中过半数的成员的登记内容相同或者相当接近,则这两个政治党团将被视为同一个政治党团。③

(二) 政治党团间的席位分配

政治党团的属性对于其成员而言,其实质性的后果,就是确定相应机构中各政治党团所占席位的分配比例,这些机构包括地方议事会的各委员会、分委员会。分配比例的最终落实既可以通过强制性的内部复审,也可以通过其他途径,只要审核的具体操作中不致出现明显不切实际的不合理之处,就应当遵循以下原则④:① 并非所有的席位都分配给某一个政

---

① Andrew Arden, p. 262.
② Andrew Arden, p. 262.
③ Andrew Arden, p. 262.
④ Andrew Arden, p. 262.

治党团。② 地方议事会中居多数席位的政治党团在该地方政府机关任命的所有适用政治党团席位分配规则的机构中都占多数；这没有什么不公平，反而恰恰是政党比例的正常反映，如果地方议事会中居多数席位的政治党团却在某一应适用政党比例原则的机构中不占多数，则该机构通过的决定很可能就会与议事会中居多数席位的党团的意见相左，由此导致的冲突最终会由议事会作为最终决策者否决该机构的决定而了结，届时，地方政府机关设立各机构以期分担决策任务的初衷显然就难以实现了。③ 适用政治党团的席位分配规则的机构中，所有其他席位都按各政治党团在地方议事会的成员比例进行分配。

地方政府机关必须按照政治党团的席位分配规则所确定的义务，分配其任何下设机构的席位，这一点可以通过复审或者诸如出缺等机制予以保障，地方政府机关应当在现实条件允许的情况下，在任命决定作出后尽快启动确保政治党团的席位分配规则得以适用的机制，并充分考虑各相关政治党团的意见。① 也就是说，一旦某一机构出现了空缺或者进行了任命，地方政府机关都要在现实条件具备后尽快启动必要的复审或者其他机制，以确保政治党团的席位分配规则得以落实。当然，地方政府机关在履行这一义务时最好听一下本议事会中有关党团的意见，因为地方政府机关所履行的此项义务正是为这些相关政治党团的利益服务的，如果这些政治党团并不介意其在某一机构中所占比例与其在整个议事会中所占比例不一致的现状或者另有其他愿望，地方政府机关就可以在征求这些政治党团的意见后更有针对性地履行相应义务。

地方议事会中负责接受党团登记的官员必须在实际条件允许后，尽快以书面形式将分配给某一政治党团的席位或者分配给该政治党团的席位出现空缺的情况，通知该政治党团的首脑（或者在该首脑空缺时通知该政治党团的党代表）。②

地方议事会的政治党团的意愿可以通过以下形式向该议事会负责政治党团登记的官员表达：由该政治党团的首脑或者党代表以口头或者书面的形式；由该政治党团中的多数成员签署声明。③

如果某政治党团在某一席位分配机会或者席位空缺的通告发布后 3

---

① Andrew Arden, pp. 262-263.
② Andrew Arden, p. 263.
③ Andrew Arden, p. 263.

周内未能表达其意愿,地方政府机关或者委员会可以其认为适当的方式将该席位分配给另一政治党团。① 当然,从实际操作性考虑,这一席位仍会按各政治党团在地方议事会中的比例分配,只不过此时可能会作一些微调,如某政治党团占比为 3.4%,另一政治党团占比为 4.5%,按四舍五入计算为前者得 3 席,后者得 5 席,如果后者所占的席位出现了空缺却没有在 3 周内表达其递补的意愿,此时就可以考虑将这一空缺给前者,使之拥有 4 席。考虑到这种调整非常细微,反映到由此确定的各机构的政治构成与议事会中各政治党团的实际政治构成的差别并没有根本性的改变,即比例原则仍然得到了接近准确的体现,因此,这些机构作出的决定被地方议事会撤销或者改变的危险并没有显然增加。

由于地方议事会中的某些成员并不是任何一个政治党团的成员,于是政治党团的席位分配规则所产生的义务便是,只能按照各政治党团在地方议事会中所占比例分配各政治党团在各机构中的席位,包括该地方政府机关的各普通委员会及分委员会,其他的席位必须分配给无党派人士。也就是说,在某一机构中属于政治党团的成员与不属于政治党团的成员的比例,应当与该地方议事会中两类成员比例相当。② 这样就保证了地方议事会的成员并不因其未加入某一政治党团而失去在该议事会的某一机构中占有席位的可能,或者说,地方议事会各下属机构的席位并非由结成政治党团的议事会成员所瓜分,不结盟成员仍可能参加某些机构。当然从政治表达的角度看,这些未入党成员的政治意愿的表达,显然不如结成某一政治党团的成员共同的政治意愿表达得充分。

(三) 例外情形

按照各政治党团在地方议事会中所占的比例分配其在该地方政府机关下属机构中席位的规则,适用于郡议事会、区议事会或者伦敦的自治市议事会的普通委员会、咨询委员会以及这两类委员会下属的分委员会,但按该规则对各委员会的席位进行分配并对该规则的适用情况进行审核的要求有一个一般例外:如果地方政府机关的某一委员会是专门为该地方政府机关某一部分辖区设立的,且所占比例不超过五分之二的地理区域,或者该部分地区内的人口不超过该地方政府辖区内估计全部人口的五分

---

① Andrew Arden, p. 263.
② Andrew Arden, p. 263.

之二,或者该委员会、分委员会中所有有投票权的成员代表全部或者部分位于该部分地区内的某一行政单位,那么,上述按比例分配议席的规则即不再适用。① 这一例外的合理性在于,如果某一委员会或者分委员会是专门为特定地区或者特定人群设立的,则该委员会的成员就应当反映其所代表的地区或者人群,而地方议事会全体成员是从全辖区选上来的,不可能代表这部分地区的选民利益,如果按议事会中各政治党团所占的比例分配席位,设立该类特别委员会就毫无意义。

除此之外,还有更进一步的例外是适用于郡或者区议事会之间建立的地方政府协作委员会或者地区政府协作委员会。② 由于这些协作委员会都是由两个以上的地方政府机关联合组建,而不是在某一个地方议事会内部成立的,按地方议事会内部各政治党团所占比例分配席位就没有意义。但不排除各成员地方政府机关按照各自的人口分配其在协作委员会中的席位,然后再按照各地方政府机关内部政治党团的代表比例分配其所获得的协作委员会的席位。

就地方政府机关或者其委员会向其他机构委派成员而言,如果该地方政府机关或者委员会按照国务大臣规定的程序要求已经作出了一个决定,并且没有人反对,则根据该决定作出的向其他机构委派成员的决定也可以不受按代表比例分配席位的规则的限制。③ 因为这是向其他机构委派,而不是任命本地方政府机关的委员会或者分委员会的成员,被委派者代表的是本地方政府机关,而不是其某一政治党团。

此种替代性做法只能延续到下一次出现此种情形时,届时,各地方政府机关或者委员会有义务对适用政党比例原则的情况进行复审。④ 如果上一次没有适用的话,此时就有必要向另一政治党团倾斜或者回到政党比例原则的框架内。考虑到上一次作出的决定是按照国务大臣规定的程序并在全体成员没有人反对的情况下通过的,此类复审遇到的争论并不大。

(四) 无法适用的情形

未能适用政党比例代表原则进行席位分配的要求并不导致相应的委

---

① Andrew Arden, p. 263.
② Andrew Arden, p. 263.
③ Andrew Arden, pp. 263-264.
④ Andrew Arden, p. 264.

员会或者机构作出的决定无效。因为该委员会或者机构的决定都是代表其所在的地方政府机关作出的,地方政府机关拥有足够的否决权,如果地方政府机关没有行使其否决权,或者没有复审该委员会或者机构的代表构成比例,只能说是其默许了其所属委员会或者机构的构成现实及决定结果,由此造成的一切法律后果仍要由地方政府机关承担,没有必要径行宣布此类委员会或者机构作出的决定无效。①

四、委员的资格

(一)成为委员

在政党民主制下,在分配地方议事会各委员会及分委员会中的席位中居于支配地位的政党比例原则在某些情况下可能意味着:为了避免地方政府机关违反该原则,某一地方议事会成员拥有被安置到某一委员会或者分委员会的绝对权利,如孤身一人的反对党(在地方议事会中仅有1名代表的某一反对党)的成员,或者仅有1人的无党派成员。在另外一些情况下,委员会或者分委员会的成员资格属于地方政府机关根据其议事规程自己决定的事。②

从表面上看,反对党或者无党派人士不致失去所有委员会的席位,理论上甚至可以说,在所有的委员会或者分委员会中都可以拥有一个表决席位,但如此一来的结果是非常明显的:由于他们人数太少、分身乏术,即使成为这些委员会或者分委员会的成员,也将因现实的原因而无法、无力甚至不再希望在所有他们能够参加的委员会或者分委员会中传达自己的声音。当然,不排除主要政党运用其人员优势故意在会议日程的安排上使此类成员因顾此失彼而被迫放弃某些委员会或者分委员会的职位的可能。事实上,由于这些成员本身在地方议事会中所占的比例就非常有限,即使勉强能够参加一些重要的委员会,也因为比例太少,始终无法达到控制局面的水平。此类成员的这种境地主要是其在选举中所获得的较少选民支持使然,而不是主要政党故意在委员会或者分委员会席位设置上动手脚之故。要想改变这种局面,长远之计恐怕只有改变党的地位,赢得更多选民支持,获得更多直至绝对多数席位。

---

① Andrew Arden, p. 264.
② Andrew Arden, p. 317.

（二）被任命的成员（appointed member）

除被任命为规制地方政府机关的财政委员会这一例外以外，其他委员会的成员都不必是各委员会所属的地方议事会的成员，而可以由身为该议事会成员的委员会的委员选派或者说任命的成员担任。除了例外的情形，非议事会成员而被选派担任委员者通常没有投票权。① 他们只能参加讨论，而没有在讨论后表决的权力。尽管如此，这已经比单纯召开一个座谈会请他们来清议强多了。以地方议事会为例，被任命的成员是地方政府机关组成人员，但不是地方议事会的成员，或者虽为地方政府机关的某个委员会、分委员会的成员，但不是地方政府机关组成人员。② 在英国地方政府法中，地方议事会的成员包括两种：一种是选举产生的成员，或称地方议员（councillor），另一种则是地方议事会任命的成员，非经选举产生。英国地方政府法中提到的成员，有三种不同的意思：一是狭义的成员，即议员，这一用法相当于英国议会议员（Member of Parliament, MP）；二是中间意义上的成员，指地方政府机关组成人员，其中主要是地方议事会成员，也包括不是地方议事会成员的被任命的成员；三是委员会或者分委员会的成员，包括地方议事会成员，不是地方议事会成员的地方政府机关组成人员，以及不是地方政府机关组成人员的被任命的委员会、分委员会成员。

（三）委员身份的终止

如果委员会的成员在其被任命时是该委员会所在的地方政府机关组成人员，则在其失去该地方政府机关组成人员身份后，也将自动失去作为该委员会成员的身份。③ 这涉及三个方面的背景：一是英国的地方政府比英国的中央政府实行更为普遍的议行合一，地方政府机关的组织形式是地方议事会或称地方议会，其成员就是地方议事会成员，而其所属的各委员会在很大程度上就是其决策、执行机构，或者说是其行政机构。二是此处的委员会都是地方政府机关的委员会，而每一地方政府机关本身又是一个相当于英国议会式的地方议事会，因此，其成员可以兼任其所属的某一委员会的成员。三是地方政府机关所属委员会的成员有两类：一类是地方议事会成员，他们一般都有投票权，并且按其所属政治党团，按政

---

① Andrew Arden，p. 258.
② Andrew Arden，p. 335.
③ Andrew Arden，p. 264.

党比例原则进行任命；另一类则是非地方议事会成员，其本身不是地方议事会的成员，因此其任命也与其是否属于地方议事会无关。

(四) 丧失委员资格

根据1972年《地方政府法》第五部分，如果某人不具备当选为地方政府机关组成人员的资格，就不能被任命为该地方政府机关的委员会或者分委员会的成员，或者被任命为某一地方政府协作委员会、某一地方政府协作委员会的分委员会中代表该地方政府机关的代表，而确定地方政府机关的某一成员丧失资格的程序也可以适用于确认某一委员会或者地方政府协作委员会的成员丧失资格。① 具备当选为地方政府机关组成人员的资格相当于我们所说的被选举权，但显然不同于当选。如果某人不具备当选为地方政府机关组成人员的资格，则不仅不可能成为地方政府机关组成人员，一般也不可能成为其委员会或者其加入的地方政府协作委员会中有表决权的成员。

但是，如果某人是一名教师，则可以不受上述限制而被任命为教育委员会的成员或者某一与1963年《公共图书馆及博物馆法》的宗旨有关的委员会的成员。② 也许有读者会问：对于教师而言，不具备地方政府机关组成人员的当选资格并不影响其被任命为与教育有关的委员会的成员，这是对教师的优待吗？或者说，教师需要这样的优待吗？问题的关键不在于这种例外是不是一种政治待遇，而是在英国，教师一般性地不具备参加地方议事会成员选举的资格，正如公务员不具备这方面的资格一样，在教育方面的委员会中对教师网开一面，就是要利用其职业和专业优势。由此进一步引申出的问题是，教师是否应当政治中立或者远离政治？从学校禁止宗教活动的角度类推，英国并不想让教师在课堂上向学生灌输政治主张。

(五) 委员资格的褫夺

对于被任命为某一委员会或者分委员会的成员而言，不能强制其服务，应允许他们自愿退出。③

假使某一任命有固定的任期，则地方政府机关必须顺从被任命者所在的政治党团对于其是否以及何时终止任期的意愿。这一要求既适用于

---

① Andrew Arden, p. 264.
② Andrew Arden, p. 264.
③ Andrew Arden, p. 264.

该任命是基于地方政府机关秉有的按政党比例原则分配席位的义务，也可以适用于政治党团之间自愿达成协议的情况。① 由此不难发现，政治党团对于其成员在各委员会中的任期是有充分决定权的，如果政治党团想使某成员终止其在某委员会中的任期，该成员一般必须就范，否则，该政治党团就可以通过一个由党团的多数成员赞成的决议而解除该成员的党籍，一旦将这一决定通知地方议事会中负责党团登记的官员，则该成员即失去党籍，而按照政党比例原则，该成员失去党籍将直接导致其所在的委员会中各成员党团比例的失调，地方政府机关有必要就此作出反应。考虑到各政治党团间的代表比例关系因一个人的调整而受影响的幅度，将该退党成员的席位重新分配给其原来所在的党团的可能性极大。如此操作的结果是，如果地方议事会中的政治党团想调整自己的成员在议事会各委员会、分委员会中的任职，即选派最合适的干部到相应的能发挥其作用的委员会中去，对于这种组织安排，被调遣的成员应当积极配合，否则，各政治党团有足够的办法惩处不守规矩者。

表面上看，成员资格是根据各委员会或者分委员会在任命时的任期决定的，因此，除关于允许地方政府机关调整成员的各种规定外，如果某委员会有固定的任期，则其成员在该委员会任期届满前一般不会被调动。但是，如果某委员会是一个没有固定任期的常设委员会，则地方政府机关在不违反政党比例原则的前提下，可以随意调动某一委员会或者分委员会成员。②

地方政府机关调动成员的决定，正如其任何决定一样，也必须遵循通常的要求：必须基于适当的目的、达到程序适当的标准，例如必须遵循议事规程且没有不公正等。从某一委员会调出某一成员的决定只能由地方政府机关作出，而不能由该委员会自己作出。③

五、委员的投票权

对于地方议事会成员而言，如果其是该地方政府机关的某个委员会或者分委员会的成员，其在该委员会表决中的投票权是没有任何问题的。此处讨论的核心其实是不具有地方议事会成员身份，由地方议事会指派

---

① Andrew Arden，p. 265.
② Andrew Arden，p. 265.
③ Andrew Arden，p. 265.

到各委员会或者分委员会成为各委员会或分委员会成员的人的投票资格,即英国地方政府法对这些人投票权的限制。

作为咨询了维德科姆委员会(Widdicombe Committee)的一个成果,由地方议事会选派非地方议事会成员到地方政府机关的委员会、分委员会中任职的权力,已经根据1989年《地方政府法》的规定而受到了很大的限制。这些限制适用于行使以下职能的"相关地方政府机关"[①]:① 委托给委员会、地方政府协作委员会和分委员会的权力;② 设立社会服务委员会的职责。凡委员会或者分委员会行使这些职能或者职责,则其成员中不是任命该委员会的地方议事会成员的,其表决权就将受到相应的限制。

具体的限制是,任何委员会、地方政府协作委员会、分委员会的成员如果不同时又是该地方政府机关组成人员,就没有投票权,也没有决定性投票权。这一限制在许多情况下并不适用。除此之外,如果某人不是某一委员会的成员,则其也不能成为该委员会之分委员会的拥有投票权的成员。[②]

这些限制条件不会阻止某一不是地方教育部门成员的人被任命为下列委员会中有投票权的成员:为全职或者兼职行使该教育部门被授予的职能而设立的委员会或者分委员会,为前述同样目的而设立的地方政府协作委员会,由此类委员会或者地方政府协作委员会任命的下属委员会。[③] 即除地方政府机关本身的成员以外,非该地方教育部门成员的人仍可以被任命为该地方教育部门下属的委员会、该地方教育部门参加的地方政府协作委员会或者这些委员会的分委员会中拥有投票权的委员。这样做的意义在于,它可以使更多的非地方教育部门成员的人加入教育这一重要事业的决策中去。

六、决策主要由委员会作出

由于政党比例原则的存在,现代议会的委员会在很大程度上成为比议会全体会议更具有实质性及具体议决职能的机构。以英国议会立法议案的审议为例,相对于议院程序阶段的其他步骤,委员会审议阶段或许是

---

① Andrew Arden, p. 259.
② Andrew Arden, p. 259.
③ Andrew Arden, p. 260.

对立法议案的形成最具影响力、最有可能对立法议案进行实质性修改的环节。公法案(除了那些涉及财政供给和税收的议案)在通过二读以后,将自动转入向某一常设委员会咨议的程序步骤,除非众议院决定委员会审议阶段将以全院委员会①的形式进行。与其名称正相反,常设委员会通常是根据需要临时设立的。为了区别各个常设委员会,每个常设委员会都用一个字母代表,如常设委员会A、常设委员会B等。某一立法议案送请咨询的某一常设委员会通常拥有大约20名成员,这些成员的来源反映各政党在议会中的力量对比。虽然在任何时期,议会中总会有相当数量的常设委员会,但却不是永久性的,尽管它们秉有此名。②

在非常例外的情况下,某一立法议案也可以由某一适当的特别委员会审议,或者由某一特别常设委员会审议。③那些具有宪法重要性或者需要尽快通过的立法议案,如将英国带入欧共体的议案以及那些随后将欧共体条约纳入英国法律体系的立法议案,都是以众议院院会的形式进行委员会审议的。④

从地方议事会看,原则上说,英国的地方政府机关都是制定法创设的法人,与其他法律拟制的法人一样,只能通过自然人行使其职能。这并不是说地方政府机关是由其每一组成人员单独行使其职能,而是指除依法委托委员会、分委员会、行政官员及其他人行使外,都是以地方议事会全体的形式,按照地方政府机关应当如何作出决定的法律要求,形成地方政府机关的决定。如果议会已经将某一职能授予某特定机构,则该机构必须亲自履行之。由此观之,地方政府机关的每一决定都必须由该地方政府机关以其议事会全体的形式作出,除非现行有效的规范对决策职能的授权或者转移另有规定。⑤

当然,上述表述陈明的只是原则性立场,有关英国地方政府机关决策的法律制度要复杂得多,英国学者在讨论地方政府时,对此辟专章予以讨论,显然不是上述三言两语所能涵盖。英国学者在地方政府的决策过程一章中讨论的具体问题包括:决策权可以或者禁止委托的范围、规范地方

---

① 英国议会的委员会一般在议会大厦楼上的小厅内聚会,而全体会议才在一楼的议会大厅举行。
② Neil Parpworth, p. 187.
③ Neil Parpworth, p. 187.
④ Neil Parpworth, p. 188.
⑤ Andrew Arden, p. 227.

政府机关的委员会及分委员会的构成和权力的规定等。事实上，除较小的地方政府机关以外，地方政府机关的委员会及分委员会承担了绝大多数地方政府机关中应当由其全体成员共同作出的决定，当然这些决定都是可以而且通常也应当由地方议事会批准的。①

近来，也有人建议对地方议事会所属的委员会体制进行改革，以区分地方议事会成员的行政角色与代表角色。这一建议还进一步导致将行政职责授予部分议事会成员，《大伦敦地方政府机关法》(Greater London Authority Bill)的草案中就是这样提议的。②

七、委员会体制的改革思路

英国政府在1998年推出了名为《现代地方政府——密切联系群众》(Modern Local Government—In Touch with the People)的白皮书，对其拟议中的地方政府架构提出了改革的基本思路。

委员会被视为英国地方政府机关决策过程的核心。但委员会体制一直以来都面临着诘责：低效、不透明，从而导致议事会成员将太多的时间花费在没什么效果的会议上，损害了他们作为社区代表的角色定位。有学者指出，委员会体制导致真正的决定是在其他地方、在紧闭的大门里作出的，而不是在委员会开会讨论的现场。针对这些批评，《现代地方政府——密切联系群众》建议：将地方议事会成员的行政职能与其代表职能[或者说"后座议员"职能]分离，其行政职能包括提议和执行政策，其代表职能则是在地方政府机关中代表选民、参与政策及预算决策、建议政策改进以及仔细审议行政方面的职能的履行等。③ 行政职能与政府的行政基本是一个意思，而代表职能就是包括立法职能在内的议会职能。

为实现行政职能与代表职能相区分的目标，《现代地方政府——密切联系群众》还建议，允许地方政府机关在职能分立体系的基础上，动议实行新的管理体制。白皮书对地方政府机关可选择的管理体制提供了三种模式：直接选举产生的市长及其内阁、地方议事会设立的执行性内阁及其领导、直接选举产生的市长及地方议事会任命的管理者。④

---

① Andrew Arden, p. 227.
② Andrew Arden, p. 227.
③ Andrew Arden, p. 256.
④ Andrew Arden, pp. 256-257.

上述三种模式都将允许由此产生的行政方面的特定成员独立承担行政职责，虽然按照传统，诸如规划、许可，还包括审理上诉案件等准司法职能，是不会授予某一部分议事会成员行使的，但这一管理体制仍与英国地方政府体制的做法截然不同①。

直选市长模式是大伦敦所采用的模式；相应的，在正式采用这一模式之前必须举行地方全民公决，为此举行的全民公决不仅可以由地方政府机关召集，也可以由社区的普通成员启动。② 如果当地全民公决的结果同意采用这一模式，设立本地的市长制度，则可以在当地的地方管理体制中采用这一模式，否则就不行。每个地方都必须如此，结果就是，每个地方在采用这一模式之前都要分别举行全民公决。这在英国这样的民主制国家似乎并不是什么难事，充其量是在一次例行的地方议事会选举中增加一个选项而已。

地方政府机关被允许制定各自的实行地方政府体制转变的时间表，但地方政府机关实施转制的核心权力要求是地方政府机关必须举行地方全民公决。市长的选举将按照在大伦敦市长选举中采取的递补投票制（"supplementary vote" system）。③ 只有通过全民公决，地方政府机关才能从当地选民那里得到使地方政府体制向着建立直选市长模式的方向转变的授权。正是在这个意义上才称之为核心权力。

上述任何一种地方政府体制下，地方政府机关都必须建立由议事会后座成员④组成的"仔细审议委员会"。⑤ 仔细审议委员会的一项明确义务，就是复审和质疑行政方面所作的决定及其执行。⑥

这些仔细审议委员会将反映地方政府机关作为一个整体而在其内部存在的政治平衡。⑦ 就是议会党团在整个议事会中所占的议席的比例，将反映到各个仔细审议委员会成员的党派比例上。这样做的结果是，仔细审议委员会的决定就是议事会全体进行决策时的决策意向的等比例反

---

① Andrew Arden, p. 257.
② Andrew Arden, p. 257.
③ Andrew Arden, p. 257.
④ 之所以用"后座议员"这个词，显然是受英国议会术语的影响。英国议会类似的仔细审议委员会是后座议员组成的。英国地方政府改革白皮书中提议在地方政府体制中采用仔细审议委员会，多少也受了英国议会相应体制的影响。
⑤ Andrew Arden, p. 257.
⑥ Andrew Arden, p. 257.
⑦ Andrew Arden, p. 257.

映,因而不会出现仔细审议委员会与议事会全体之间存在分歧的政治问题。而这种建立在议会党团比例基础之上的政治倾向的一致性,也是从根本上保证这些仔细审议委员会能够发挥持久作用的基础。否则,仔细审议委员会的决定经常被议事会全体会议推翻,甚至仅仅是需要议事会重新审议,都将严重影响仔细审议委员会制存在的合理性。

当然,如此一来,组成仔细审议委员会的各党派的后座议员花在议事会全体会议上的时间将不得不减少,而将更多的时间用在其所在委员会的工作中。他们将有意识地成为其所在委员会中的斗士,以此捍卫公共利益,将其选民的怨言、需要和期望导入(又译反映到)仔细审议程序中来。① 后座议员成为其所在委员会的斗士,是因为他们审议其所隶属的地方议事会的行政部门作出的决定,本身就是一个对抗性很强的过程,需要板起脸来才能深入审议;同时,他们还必须反映其选民的怨气;更重要的是,这也是他们能够真正积极发挥作用的地方,比起在议事会全体会议上作为后座议员一言不发或者无缘置喙的配角身份,其在仔细审议委员会中的地位确实有了很大的转变。仔细审议委员会就是为了发挥他们的作用而设立的,每个议员都要在其中扮演积极的角色,而绝不会没有发言、表达的机会。

第六节　议员制度概述

英国的议会包括中央一级的英国议会(其中又包括众议院和贵族院)、权力下放地区议会和各级地方议事会,这些组织的成员都可以称为议员。本节试图从议员这个角度剖析英国的议会制度,相关内容可以与各有关章节参互阅读,包括选举制度、议会制度等,如选举制度中关于换届选举方面的内容。

一、议员的分类

议员,就是议会的组成人员。英国各类议员的总数所占人口比例可能是世界上最高的。除国会议员外,更多的是各级、各类地方层级的议事会的成员,之所以这些地方议事会成员的数量繁多,是因为小至十几人、几十人的教区也会有自己的教区或者社区的议事会成员,其比例之高自

---

① Andrew Arden, p. 257.

然可想而知。议员的分类首先植根于议会的分类。按照这一标准,英国的议员可以分为三大类:

(一) 英国议会的议员

英国议会包括贵族院、众议院两院,其议员也分成了两个阵营。国会议员(MP)指英国议会两院的议员,但是实际上,英国学者常常只用 MP 指众议院议员。

1. 众议院的议员

英国众议院由各党派民选议员组成。

2. 贵族院的议员

贵族院议员的正式称谓是"神明与凡世间的贵族们"。[①] 贵族院的成员都是贵族,但贵族不一定是贵族院议员。贵族院由以下四部分成员组成[②]:① 根据 1958 年《终身贵族法》设立的终身贵族;② 根据 1876 年《上诉管辖权法》任命的常任上诉贵族法官;③ 来自英格兰教会的资深主教的教会贵族;④ 世袭贵族。

(二) 权力下放地区议会的议员

苏格兰、威尔士、北爱尔兰三个地区的议员是权力下放地区议会的议员。

(三) 地方议事会的成员

英国学者关于地方议事会成员的讨论涉及:谁可以成为地方政府机关组成人员,以及如何成为地方政府机关组成人员、何时失去成员资格;此外还有成员的权利和义务,从报酬到利害关系的宣告直至查阅地方政府机关的信息。[③]

二、议员任职资格

所谓任职资格,就是对谁可以成为议员[④]问题的回答。对此,首要的一个问题就是女性议员问题。

1918 年以前,妇女仅仅因其性别而被排除在享有众议院议员资格的群体之外。争取妇女选举权运动(women's suffrage movement)的胜利产生了一个必然的结果:妇女获得了被提名并被选举成为众议院议员的

---

① Neil Parpworth, p. 121.
② Bradley & Ewing, p. 173.
③ Andrew Arden, p. 285.
④ Andrew Arden, p. 286.

资格。于是,1918年《人民代表法》赋予年龄超过30岁的妇女选举的权利,紧接着在同一年颁布的《议会(妇女资格)法》[Parliament (Qualification of Women) Act]赋予年龄超过21岁的妇女当选议员的权利。①

尽管妇女有权当选议员的历史已逾百年,但其在议会任何一院中的人数从来都不是很多。女性议员比例要达到反映其性别比例的平衡状态,还有很长的路要走。②

(一) 众议院议员的资格

根据英国法,下列人等不能在众议院担任议员或参加表决③:

1. 外国人

英国普通法及制定法均规定,外国人是不适格的;英联邦国家的公民及爱尔兰共和国的公民并不是不适格的。④ 也就是说,按照英国法,英联邦国家的公民及爱尔兰共和国的公民并不被视为众议院议员资格意义上的外国人,当然,这种资格只能是名义上的,极少能够当选。

2. 未成年人

未成年人最初是指年龄未满21岁者,这是1695年《议会选举法》(Parliamerttary Elections Act)第7条的规定,这一古老的规定在1969年《家事法改革法》(Family Law Reform Act)的附表2第2段中由一个明确的但书予以保留。⑤ 2006《选举法》生效后,这一年龄限制降为18岁。

3. 贵族

根据1999年《贵族院法》,除该法列举的92名世袭贵族外的其他世袭贵族可以担任众议院议员,根据该法第2条的规定,担任众议员的这类贵族在贵族院的议员资格仍将保留。⑥

4. 破产

根据1986年《破产法》(Insolvency Act)第427条的规定,如果某一债务人被宣判破产,他将失去竞选众议院议员的资格,已经当选为众议院议员者也将失去出席该院及其委员会的会议的资格。当选议员失去出席

---

① Neil Parpworth, p. 107.
② Neil Parpworth, p. 107.
③ Bradley & Ewing, p. 169.
④ Bradley & Ewing, p. 169.
⑤ Bradley & Ewing, p. 169.
⑥ Bradley & Ewing, p. 169.

议会的资格与其议员席位出缺所导致的补缺选举的法律后果还不完全相同,但这种不同只是对于政党议会斗争的优劣之势有影响,对于其本人而言,效果是一样的。事实上,如果某一在任的众议院议员被宣判破产,若此项判决没有在6个月内被撤销,其席位将在6个月的期限届满后出缺。① 当然,在此期限之后,如果宣告该前议员破产的判决被撤销了,其席位因时效已过也覆水难收了。

5. 构成选举犯罪者

如果某人因违反1983年《人民代表法》的规定,被认定为犯有选举腐败罪,则将在5年内失去被选入众议院的资格;任何人如果被认定为具有选举不法行为,将在3年内失去当选资格。② 由于大选一般不超过5年举行一次,对于选举不法行为而言,意味着失去下次大选的参选机会;对于选举腐败行为而言,则可能会失去两次大选机会。但以英国传统关于当选者道德水平的要求而言,这两项定罪有别于别的罪行,对于一般人而言,将意味着终身被排除在议会之外。众议院的席位与英国人口之比是1∶100000,加上较高的连任率,实际的当选比例还要更低。当选比例越低,对选举资格的要求就越高。这是选举犯罪者难以翻身的根本原因。

6. 构成叛国罪者

根据1870年《褫夺公权法》(Forfeiture Act),犯有叛国罪者在刑期终了或者取得赦免之前没有当选资格。③

7. 在押犯

自1981年以来,如果某人犯了罪并被联合王国或者其他地方的法院科处1年以上的徒刑,则其被羁押在不列颠诸岛、爱尔兰共和国或者非法出逃期间,没有被任命为候选人或者当选众议员的资格;已经当选的,其席位将出缺。④

8. 被议会驱逐者

将某名议员驱逐出议会,属于议会每院的纪律处分权,但是被议会开除者并不影响其重新当选。⑤ 也就是说,被议会驱逐者将在在任议会失去议员资格,但并不因此而失去议会议员候选人的资格。因为开除某议

---

① Bradley & Ewing, p. 169.
② Bradley & Ewing, p. 169.
③ Bradley & Ewing, p. 169.
④ Bradley & Ewing, p. 169.
⑤ Bradley & Ewing, p. 169.

员是议会的决定,即便是所有当选议员的共同决定,也无法代表被开除者所在选区的选民,而这个决定恰恰完全排斥了被开除者所在选区选民的参与。这样的被开除者往往是重大政治斗争的牺牲品,对其设置资格限制,显然是不公正的,是否重新当选自有选民选择。

9. 公职人员

在英国,为数众多的公职人员没有众议院议员资格。但在英国学者看来,在1957年以前,英国规范众议员丧失资格的法律中有关公职人员的规定仍是古老的、混乱的、无法令人满意的。这些法律规则都是从过去英王与众议院的久远冲突中衍生出来的。①

(1) 限制公职人员竞选议员的历史成因

在17世纪早期,众议院自己控制该院之组成的权利获得了英王的确认。其中特别值得一提的是,众议院宣称应当确立以下原则:如果在任的众议院议员被英王任命担任某一职务,而该职务的职责要求其必须长时间离开威斯敏斯特宫,则该议员即不能再继续担任议员。②

1660年以后,因害怕英王通过行使恩赐官职的方式对众议院施加过分的影响,众议院转变了自己对众议院议员依英王的恩宠而获得肥缺的态度。③

众议院关于英王过度影响的这种担心导致了1701年《王位继承法》中的一条规定,其结果是,任何担任英王肥缺者不能再担任众议院的议员。这一规定本来应当将部长们统统排斥在众议院之外,但在其生效之前即被撤销了。取而代之的是,1707年《王位合并继承法》(Succession to the Crown Act,该法2013年又有了新修订)使得某些部长们可以继续保留其在众议院中的席位,但在任命后要经受大选对于部长本人的议员资格的考验;同时,将所有担任非政治性官职者排除在众议院之外,例如,被视为公务员的那部分人。④ 也就是说,英国法中有关公务员不得担任议员的规定,是早在300多年前就已经定下来了的。当然,那时英国公务员的范围及数量与现在有霄壤之别,但这不足以否定这一制度的连续性。

---

① Bradley & Ewing, p. 170.
② Bradley & Ewing, p. 170.
③ Bradley & Ewing, p. 170.
④ Bradley & Ewing, p. 170.

(2) 区分公职人员与议员的当代事由

英国学者强调,有必要通过立法进一步区分部长或者说政治性官员与非政治性的不得担任众议院议员的公职人员的界限。更重要的是,有必要限制众议院议员中被任命为部长的人数,以避免行政方面(早先是以国王、现在是以首相的形式存在)通过恩赐官职而对众议院行使过大的控制权。①

于是在 1957 年《众议院议员丧失资格法》(该法于 1975 年重新颁布)将担任英王名下有报酬的官职或者职位者不得担任众议院议员的规定,修订为担任某些指定的职务者不得担任众议院议员。根据 1957 年《众议院议员丧失资格法》,众议院议员丧失资格的理由大致有三个:① 因身体原因不能出席该院在威斯敏斯特宫的会议;② 存在英王恩赐官爵的影响的危险;③ 存在宪法性职责的冲突。②

根据 1975 年《众议院议员丧失资格法》第 1 条的规定,不得担任众议院议员的官职一共有六类③:

① 绝大多数的司法职务,具体列举在该法附表 1 中,其中包括英格兰的高等法院或者苏格兰的季审法院的法官,英格兰及威尔士的巡回法官(circuit judges),苏格兰的治安法官(sheriffs in Scotland,这些职务因由专业法律人士担任并领取薪资,而与英格兰的治安法官不同,故不能担任众议院议员),北爱尔兰的退休治安法官和英格兰的领取薪资的常任治安法官(stipendiary magistrates)。此项资格限制的设置原则是,任何职业政治家不得同时担任全职的司法官。但这一限制性要求并不涉及非法律专业的治安法官。

② 受雇于英王的常任文官,无论是担任常任职务还是临时职务,无论是全职的还是兼职的。这一资格限制条件的适用范围扩展到外交官及北爱尔兰的公务员。根据公务员管理条例的要求,希望参加众议院议员竞选的公务员,必须在成为候选人之前辞职。④

③ 英王正规的武装部队的成员。预备役部队或者辅助部队的成员因应召回部队服役,并不丧失担任众议院议员的资格。像公务员一样,武

---

① Bradley & Ewing, p. 170.
② Bradley & Ewing, p. 170.
③ Bradley & Ewing, pp. 170-171.
④ Bradley & Ewing, pp. 170-171.

装部队的成员在成为参加议会竞选的候选人之前必须辞职，但武装部队成员可以申请退伍以便参加竞选。由于这构成退出现役的一种正当理由，从而有可能成为逃避兵役的一种绝好的遁词。于是，在1962年，由于以参加竞选为由提出退伍的申请大量涌现，不得不成立一个由7名成员组成的咨询委员会，以核查申请者的诚信度及检验他们进入议会愿望的真诚度。

④ 由某一警察管委会设置的任何警察队伍的成员，或者国家刑事情报局（National Criminal Intelligence Service）、国家反犯罪局（National Crime Squad）的成员。

⑤ 英联邦以外的任何国家或者地区的立法机构的成员，但根据2001年《众议院议员丧失资格法》（Disqualification Act 2001），爱尔兰共和国立法机关的成员除外。这些人之所以不能成为英国议会议员的主要原因，不是其立法机关成员的身份，而是其外国人身份。

⑥ 不能担任众议院议员的职务中，许多是因为担任某些委员会、理事会、裁判所、公共管理机构或者公共事业单位的主席或者成员。在某些情况下，众议院议员丧失资格仅仅是与个别选区本身有关。由于这些官职涉及的领域相当广泛，采取的方法是在1975年《众议院议员丧失资格法》的附表中逐个列举每一官职的名称。该附表可以由众议院批准的枢密院令予以修订。这一权力保障了在有新的职位设立时不必对制定法进行修订。英王的出版者被授权出版1975年《众议院议员丧失资格法》经后续的此类枢密院令修订后的版本。

10. 主动请辞者

接受有报酬的职位仍要失去众议院议员身份。对于英国议会来说，这一规则用在了令外人难以想象的场合：从很早的时候（1623年）开始，英国议会的议员在法律上就不能主动辞职，而接受英王手下的一个有报酬的职务是辞去议员职务的唯一合法手段。最常用的达到此目的的官职是奇尔特恩英皇直属领地看守（Steward or Bailiff of the Chiltern Hundreds）或者领主（Manor of Northstead）。根据1975年《众议院议员丧失资格法》，这些官职都是不能兼任众议院议员的。而要任命这样的官职需要由度支大臣依各议员的请求作出相应任命。① 这实际上是英国式传统的一种表现形式：辞职不叫辞职，而是申请担任另一必须放弃现职的

---

① Bradley & Ewing, p.171.

职务；从法律的规定看，这样的申请肯定是会获得批准的。

（三）不影响众议员资格的情形

1. 构成选举罪、叛国罪以外的其他罪者

1967年《刑法》（Criminal Law Act）规定，构成选举罪或者叛国罪以外的其他罪行，即使实际执行了自由刑，也并不影响其获取众议院议员的资格。据此，在北爱尔兰犯有恐怖罪并在押的犯人可以被提名并当选众议院议员，只是他们不能前往威斯敏斯特宫出席众议院的会议。①

英国法对于其他刑事犯罪的这种宽容态度，是从其选举自由等人权观念得出的结论。对于一般的非选举、非叛国的罪行，甚至包括欺诈罪等，都保留其众议院议员资格，唯一可理解的制度背景是，候选人的这些信息都会在选举时公开，否则构成丧失选举资格的选举不法行为。此时，就要由选区的选民来判断是否值得为这个有犯罪前科的人投票了。当然，从刑事犯矫正的角度出发，从制定法上象征性地赋予有犯罪前科者以议员资格（即使选举罪的无资格期限最长也只有5年，叛国罪则仅限于刑期内），并不影响众议院议员的质量，因为该院更主要的职责是代表性。

2. 从英王处得到好处者

早先的英国法曾经规定，与英王签订有公共服务供应合同者没有议员资格。但这一资格禁止规定已在1975年被废除了，随之一并被废除的限制还有从英王处获取退休金的人。②

选举法中的这一变化反映了两种趋势：一是英王法律地位的式微。这一规定的制度史背景，显然是为了避免英王对于英国众议院过分的影响。如今英王的影响已经江河日下，与其签订合同者既无缘一睹英王的尊荣，更无暇与其共商节制众议院的国是，再作这种限制也就没有必要了。二是与名义上的英王、实际上的英国中央政府通过签订合同承包公共服务的现象越来越普遍，涉及的人越来越多，一律剥夺这些人的被选举权，有可能影响这类合同承包人的积极性。同时，由于这些合同日益普遍，合同签订人对英国政局的影响反而被稀释了，加之严格的选举法规定、选举犯罪责任的追究，放松这部分人的选举资格，对于英国选举的公正性及代表性，并没有严重的影响。

至于从英王处获得退休金者的范围，主要就是退休的政务官、公务

---

① Bradley & Ewing, p.169.
② Bradley & Ewing, pp.169-170.

员、法官及其他曾经实际上或者名义上为英王服务过的人。这些人不乏人中俊彦,以前不让他们染指众议院,是为了避免他们与英王结盟,成为英王安插在众议院的"木马"。这对于上升时期的众议院是非常必要的。如今,英王不再有此非分之想,众议院也不再有此后顾之忧,而领取英王退休金者的范围也因现代行政的扩张所导致的现代中央政府的膨胀而急剧扩编,相应地也日趋平民化。在这种情况下,一律剥夺这些人的众议院资格,大可不必。

3. 神职人员

类似从英王处得到好处者的情况,还发生在被任命为神职人员及苏格兰长老教会中的牧师的议员资格限制上。根据1801年《神职人员丧失众议院资格法》[House of Commons (Clergy Disqualification) Act]和1829年《罗马天主教救济法》(Roman Catholic Relief Act)第9条,被任命的神职人员及苏格兰长老教会中的牧师没有众议院议员资格。但类似的禁止性规定并不适用于苏格兰、威尔士以及北爱尔兰地区议会的议员。①规定此种资格限制的原因,与19世纪初的政治、宗教大环境有直接的关系,算是英国议会在与教会的斗争中取得的一个重大的阶段性成果。其直接的效果就是,彻底实现了教职人员退出英国政治决策层。这对于实现严格意义上的政教分离,使英国的世俗政治摆脱教会的影响,无疑是非常重要的。而之所以对苏格兰、威尔士以及北爱尔兰地区议会的议员没有教职限制,则是因为实行权力下放的三个地区议会,都是按照制定法设立的,其候选人资格及范围由制定法分别规定,不适用早年立法对众议院议员资格的限制。

对被任命的神职人员及苏格兰长老教会中的牧师的资格禁止,在2001年被取消了。该年的《众议院(取消神职人员丧失资格)法》[House of Commons (Removal of Clergy Disqualification) Act]是对众议院内政委员会1997—1998年提出的相应建议的落实。不过2001年的该法仍然规定,贵族院的教会贵族(即担任贵族院议员的英格兰教会的主教)仍没有资格担任或者竞选众议院议员。②

(四)贵族担任众议院议员的资格问题

在英国的宪法传统中,有一项约定俗成的长久以来为人们所接受的

---

① Bradley & Ewing, p. 170.
② Bradley & Ewing, p. 170.

惯例,即贵族不能当众议院的议员。据此,如果某一议员被任命为终身贵族,就不能再担任众议院议员了;如果某一议员继承了世袭贵族爵位,也是一样。①

以托尼·本(Tony Benn)为例,其父于1960年逝世后,意味着他就此成为斯坦斯盖特子爵(Viscount Stansgate),从而不再是一位众议院议员。然而他随后又参加了为选举他本人的继任议员而举行的补缺选举,并成功地当选其所在选区的议员而回到了众议院,就像其在1959年的大选中获胜而进入众议院一样。在补缺选举中被他击败的竞争对手向法院提起诉讼,于是在 Re Bristol South East Parliamentally Election (1961) 一案中②,王座分庭认定:托尼·本的贵族身份使其丧失了被选举权,因此,投向他的选票是废票,他的竞争对手遂成为该选区的议员。③

但该案尚有两个余波。

一是1963年通过的《贵族法》(Peerage Act)规定,任何继承某一爵位者都可以宣布终身放弃该贵族爵位。④ 这种宣告仅对其终身有效,并不及于其继承人,因此,在其身后,其继承人仍可继承该爵位。放弃贵族爵位的宣告一旦发出即成覆水,但这一宣告并不影响被宣告放弃的贵族爵位的继承。

为了放弃封号,弃权人必须在继承该爵位或者达到21岁之日起12个月内向大法官提出书面宣告。如果某一议员继承了贵族身份,则宣告放弃的期限为1个月。在这个月内,其本人并不丧失众议院议员身份,但却不能出席众议院的会议或者投票。⑤ 如果在这1个月内作出放弃贵族封号的决定,则其众议员身份得以保留,所有众议员应有的权利和特权亦一并恢复。

英国前首相亚历克·道格拉斯(Alec Douglas)就非常出色地利用了《贵族法》的规定而宣告放弃自己的世袭贵族封号以便自己能够进入众议院进而成为英国的首相。⑥ 这再一次说明,在现代的英国,一届首相任期要强于一生的贵族尊荣。但立法者显然仍然照顾贵族:一是可以隔代继

---

① Neil Parpworth, p. 108.
② 该案件名的意思是:关于某选区议会选举的案件,这是英国选举诉讼的命名方式。
③ Neil Parpworth, p. 108.
④ Neil Parpworth, p. 108.
⑤ Neil Parpworth, p. 108.
⑥ Neil Parpworth, p. 108.

承;二是首相卸任后一般可以终身贵族身份重新进入贵族院,也就是说,可以宣布放弃贵族封号,但不能再赋予其世袭贵族封号。当亚历克·道格拉斯落选首相后,他仍被授予终身贵族并再次回到贵族院。① 表面上看,这一规定只适用于存在封建世袭制的国家,但作为一项立法技术或者法律解释技术,类似的规定也可以用于其他法治国家。例如,如果某人自动辞去公务员职务,或者自动抛弃公职"下海",则待其决定"上岸"时,类似的规定即可以被用于决策权衡时的参考。

另外一个相关的问题,涉及就任众议院议员而又不失去贵族资格的问题。② 从托尼·本的例子看,虽然他当时已经继承了子爵爵位,但这并没有妨碍其参加众议院议员选举的权利,尽管这次选举不是大选而仅仅是补缺选举。据此,确实存在这种可能:某一贵族心血来潮,甘愿放弃贵族封号及贵族院的议席而参加众议院议员的选举,并随时准备在当选后放弃其贵族身份。事实上,英国前首相亚历克·道格拉斯就是这样做的,只是他是在1963年《贵族法》颁布后利用该法的规定而遂愿的。这一问题已经因1999年《贵族院法》给出的一个推论而不复存在了。③

根据该法的规定,失去贵族院议员身份的某一世袭贵族,可以通过参加大选而回到众议院。也就是除担任贵族院议员的92名世袭贵族以外的其他世袭贵族,可以参加众议院议员的选举。但终身贵族仍不能按照同样渠道成为众议院议员。④ 由于终身贵族都是用来奖掖各行业中的成功人士的,其中包括前首相,因此,这些人如果放弃贵族封号而重新开始政党政治生涯,有违终身贵族设立的初衷。

(五)地方议事会成员的资格

关于地方议事会成员候选人资格及作为地方政府机关组成人员资格的基本规则,是由1972年《地方政府法》规定的。⑤

1. 国籍

英国臣民(British subject)、爱尔兰共和国的公民(citizen of the Republic of Ireland)都具有候选人资格。其中英国臣民包括英联邦公民

---

① Neil Parpworth, p. 108.
② Neil Parpworth, p. 108.
③ Neil Parpworth, pp. 108-109.
④ Neil Parpworth, p. 109.
⑤ Andrew Arden, p. 286.

(commonwealth citizens)。①从这一标准看,虽然爱尔兰宣布自己是一个独立的国家,但英国不把爱尔兰人当外国人。而且,就标准本身来说,标准虽然定得不高,但英国国内公民以外的人要想当选,绝对不是一件容易的事,要想获得议会多数更是难上加难,因此,这种宽松的候选人资格条件,有口惠而实不至之嫌。

2. 年龄

候选人必须在相关日满 21 岁(2006 年后降至 18 岁)。某人于出生之日开始满相应的年龄。相关日是指相应的候选人获得候选人提名的那一日;如果只有选举人名单而没有事前的提名程序,则选举日就是相关日。②

3. 本地因素(属地联系)

建立足够的属地联系有四种途径,具备其中任何一种都可③:① 在相关日及以后,是地方政府辖区内的一名地方政府的选举人;② 在相关日前的 12 个月内以所有者或者承租人身份占有有关地方政府辖区内的某一土地或者其他物业;③ 该人在此 12 个月内主要的或者唯一的工作地点位于该地区;④ 该人在此 12 个月内均居住在该地区。

三、丧失资格

那些满足一般资格标准者,仍有可能丧失继续做候选人或者继续拥有其职位的资格。④ 但值得注意的是英国法关于丧失地方议事会成员任职资格的成员的行为效力的规定:某一丧失担任地方议事会成员的资格的人在其担任地方议事会成员时所为的行为,并不是无效的,此类行为视为与该人具有资格时同样合法和有效。⑤ 这是从稳定地方议事会决定的效力的角度作出的制度安排,其现实基础是,不具备议员资格者担任议员并参与议事会活动通常仅是极个别的例外。如果这成了普遍的情况,说明选举系统或者选举过程出现严重问题,此时,消除这种选举结果的原因以及挽回这种局面的对策,需要从政治上而非法律上考虑。

---

① Andrew Arden, p. 286.
② Andrew Arden, p. 287.
③ Andrew Arden, pp. 287-288.
④ Andrew Arden, p. 288.
⑤ Andrew Arden, p. 290.

(一) 国会众议员资格的丧失

根据 1975 年《众议院议员丧失资格法》,拥有某些官职或者职位将导致众议员资格的丧失。这些官职或者职位包括[①]:① 法官(包括上诉法院法官、高等法院法官、巡回法院法官、郡法院法官以及受薪的常任治安法官);② 公务员;③ 军人;④ 警察;⑤ 国家情报人员或者国家刑事侦查人员;⑥ 国外立法机构成员。

细心的读者应当会注意到,上面提到的法官没有贵族院的常任法官,因为他们是贵族院的成员,当然不可能是众议院的成员。除此之外,(英国脱欧前)欧洲议会(European Parliament)不属于 1975 年《众议院议员丧失资格法》中所指的国外立法机构,因此,身兼二任是可以的。[②]

除上述职务以外,担任 1975 年《众议院议员丧失资格法》附件 1 的第二部分、第三部分中所列的官职者,也将失去众议院议员资格。例如,种族平等委员会(Commission for Racial Equality)、裁判所委员会、环境保护代办处(Environment Agency)、机会均等委员会(Equal Opportunities Commission)、法律委员会以及假释委员会的成员等,都没有众议院议员资格,当然,以上列举的只是所有此类机构中的一小部分。类似的丧失资格的规定也适用于苏格兰地区议会及威尔士地区议会的议员。[③]

根据 1983 年《精神健康法》第 141 条,如果某个议员因精神疾病被勒令关押,对于此项关押必须报告众议院发言人。众议院发言人将得到一份来自两名医学专家的关于该被关押议员精神健康情况的报告,并在 6 个月后得到第二份这样的报告。如果届时该议员仍因罹患精神疾病而被关押,则其议会席位将被宣告出缺。[④]

传统上,教职人员也是不具备在众议院担任议员的资格的。[⑤] 但是现在,根据 2001 年《众议院(取消神职人员丧失资格)法》的规定,因教职而取消议员资格的规定不再适用。[⑥] 据此,被任命为牧师的人或者获得宗教任命的大臣,仍可以继续保留其议员资格。[⑦]

[①] Neil Parpworth, p. 106.
[②] Neil Parpworth, p. 106.
[③] Neil Parpworth, p. 106.
[④] Bradley & Ewing, p. 169.
[⑤] Neil Parpworth, p. 106.
[⑥] Neil Parpworth, pp. 106-107.
[⑦] Neil Parpworth, p. 107.

(二) 地方议事会成员资格的丧失

失去地方议事会成员资格的情形与国会议员在原理上相通,但由于地方因素的介入,具体的表现形式有所不同:

1. 担任参政受限职务

英国学者称此项限制为参政受限(political restriction),即在英国的任何地方政府机关内担任"参政受限职务"的人,都没有资格当选成为地方议事会的成员。①

2. 在地方政府机关内担任受薪职位或者受雇用

在地方政府机关内担任受薪职位或者受雇用者没有资格成为地方议事会的成员,该规则排除了地方政府机关本身的雇员成为该地方议事会的成员:担任受薪职位或者受雇用者既包括那些可以由或者实际上由地方政府机关任命或者雇用者,也包括那些经地方政府机关确认而被任命或者雇用者,还包括地方政府机关的任何委员会或者分委员会的成员,某一代表地方政府机关的地方政府协作委员会或者国家公园管理机构的成员、某一同样担任此类受薪或者受雇用职位的官员等。②

在1932年的 R. v. Davies, ex p. Penn 一案中,一名受雇于区议事会但由郡议事会支付报酬的筑路工人,同时失去了在这两个地方议事会担任议员的资格。③ 但是在1994年的 R. v. Tower Hamlets ex p. Jalal 一案中,某一地方议事会的成员被某一委员会任命到某一具有充分独立性的公司担任某一受薪职位;并且作出这一任命的委员会中包括1名在该公司兼职的该地方议事会的雇员,该雇员仍由该地方政府机关支付薪资。但是法院认为,该案中被任命的地方议事会成员并不适用此类丧失资格的规则,并不因此项任命而失去继续作为地方议事会成员的资格。④

1994年的判例有些令人费解。其事实部分是这样的:地方政府机关的某一雇员在领取地方政府机关的薪资的同时,还在另一与该地方政府机关具有相当独立性的公司的某一委员会中兼职,该公司的该委员会作出了一项决定,任命该地方政府机关的某一组成人员担任了一份有报酬的职位。由此产生的法律问题是,对地方政府机关的该名组成人员的这

---

① Andrew Arden, p. 288.
② Andrew Arden, p. 288.
③ Andrew Arden, p. 288.
④ Andrew Arden, p. 288.

一任命是否构成使其丧失成员资格的任命。按照英国地方政府法的规定,地方政府机关本身的雇员不得担任该地方政府机关的组成人员,无论是其担任地方政府机关组成人员之前还是担任地方政府机关组成人员之后。于是,该案需要解决的问题便是,如果某地方政府机关组成人员被该地方政府机关的雇员所在公司有偿雇用,则该地方政府机关组成人员是否属于该地方议事会的雇员。法院的认定结论是不算,其主要的理由有二:一是参与作出对该地方政府机关组成人员的任命的地方政府机关的雇员,其兼职是合法的,虽然其兼职身跨公、私两大部分,但并不为英国法律所禁止,正如英国议员可以同时继续担任其原来在私营部门中的职务一样。二是任命该地方政府机关组成人员的公司与地方政府机关具有足够的独立性,既然允许地方政府机关组成人员在担任议员时继续就职于私营部门,甚至自己开办或者继续经营自己的公司,则任职于其他有报酬的职位就不是什么太大的问题,当然前提是该职位必须与其担任议员的地方政府机关不能有过于密切的关系,否则,就可能因为属于该地方政府机关的雇员而失去议员的资格。

3. 担任受薪兼职官员

如果雇用某一地方政府机关的受薪官员是受该地方政府机关的某一委员会或者分委员会的指示,该委员会、分委员会的任何成员都是由另一地方政府机关任命的,或者是在代表雇主的地方政府机关的协作理事会、协作委员会的指导下任命的,而委员会的成员又是由另一地方政府机关任命的,则受雇用者也将失去担任地方议事会成员的资格。① 这种兼职在我国可能比较少见:某人由某一地方政府机关任命而担任某一受薪职位,但其任命本身不是由实际雇用他的地方政府机关决定的,而是根据另一地方政府机关任命的委员会或者代表另一地方政府机关的委员会的指示任命的,这种实际雇主(即支付薪资者)与决定受雇用者的主体上的不一致,在英国学者看来也属于一种兼职。由此可以推断,在他们的避嫌逻辑中,不仅出工资者要回避,决定提供有工资的职位者同样也有回避的理由。而后者就是此处所说的兼职者失去担任地方议事会成员资格的原因所在。

4. 受雇于地方政府机关控制的公司

如果某人受雇于任何一个受地方政府机关控制的公司,则该人也将

---

① Andrew Arden, p.289.

失去担任地方议事会成员的资格。①

5. 本人破产

因破产原因失去担任地方议事会成员的资格适用于那些已经被宣判破产的人或者已经与债权人达成债务协议或者还款安排者。对于因被宣判破产而失去担任地方议事会成员资格者而言,其资格的丧失至破产令被取消之日告终;如果破产令未提前取消,则其失去担任地方议事会成员资格的状态延续至其破产令被解除之日。如果其丧失资格是因其与债权人的债务协议或者还款安排,则只要该人已经全额偿还了债务,则担任地方议事会成员的资格自清偿日恢复;如果该人未能全额偿还债务,则其失去担任地方议事会成员资格的状态至债务协议或者还款安排中所规定的条件被满足之日起5年的期限届满之日恢复。②

无论是被法院宣告破产,还是通过与债权人签订债务协议或者还款安排而自愿破产,破产人都不会永远背上破产的名声而终生不得翻身。除履行还款义务这种最直接的方式外,在两种破产方式下都可以因到期解除还款义务而脱身。对宣告破产而言,可以因破产被解除而脱身;对于自愿破产的情形,则等到债务协议或者还款安排中规定的条件被满足之日起5年后获得免除。

6. 获罪

如果某人在选举日前的5年内在英国、海峡群岛或者马恩岛被认定有罪,或者虽然在5年内没有犯罪,但因为5年前所犯之罪而承继了不少于3个月的不可以罚金替代的监禁刑罚(无论是否缓期执行),则将失去担任地方议事会成员的资格。③ 至少3个月的不可以罚金替代的监禁刑罚区别于定罪之处在于,定罪是因5年前的犯罪行为,如果所获的刑期不少于3个月,也有可能将其服刑期间延伸至选举日前5年内。例如,因10年前获罪而被判5年零4个月的不可以罚金替代的监禁刑罚,在选举日之前的5年内,该人至少承继了4个月的不可以罚金替代的监禁刑罚,尽管根据英国的缓刑及假释制度,他可能并没有实际被监禁那么久,至少没有在选举日前5年内被监禁,但根据这一条的规定,仍丧失担任地方议事会成员的资格。可见,这一规定的实际要求是,不但不能在5年内定罪,

---

① Andrew Arden, p. 289.
② Andrew Arden, p. 289.
③ Andrew Arden, p. 289.

而且不能在 5 年内戴罪,无论是实刑还是缓刑。

不得被定罪的期限,是自上诉期限届满或者在提起上诉时自上诉请求最后一次被处理、自愿放弃或者未能免于不予起诉之日起开始计算。①

7. 其他法定丧失议员资格事由

如果某人因 1983 年《人民代表法》第三部分或者 1998 年《审计委员会法》(Audit Commission Act)第二部分的规定,不具备成为某相关地方议事会成员的条件,也将失去担任地方议事会成员的资格。②

四、丧失与会资格

议员因个人利害关系而必须回避其本来应当参加并且有权参加的会议,在英国称为丧失与会资格。这是一项涉及议员责任的内容。失去与会资格与失去议员资格显然不可同日而语,但如果违反回避的规定硬要与会,失去议员资格则将成为这种违法行为的法律后果之一。

(一)失去与会资格的情形

如果地方政府机关的某一成员对某项合同、签订合同的承诺或者其他事项拥有任何直接或者间接的金钱方面的利益,而该合同或者其他利益正是其出席的地方政府机关的会议讨论的议题,则该议员必须在会议开始后、实际可能允许的最快时间里,披露这一事实并且不再参与对该事项的考虑、辩论,也不得参加与合同或者其他事实有关的任何投票表决。③

从这个意义上看,如果某地方议事会成员或者其任命的任何人是某一缔约或者提议缔约的公司或机构的员工,或者该公司或机构与正在讨论的事项有其他直接的金钱利益,则该地方议事会成员将被视为与之具有间接的金钱利益;如果地方议事会成员本人是某人的合伙人或者雇员,而会议上正在讨论的合同正是与该人签订或者提议与该人签订的,或者该人与讨论中的事项具有其他直接的金钱利益,也可以得出相同的结论。④ 按照英国人的理解,两个或者以上的直接的金钱关系相叠加构成一个间接的金钱关系。如 A 任命 B 为其代理人,B 又为 C 公司所雇用,

---

① Andrew Arden, pp. 289-290.
② Andrew Arden, p. 290.
③ Andrew Arden, p. 318.
④ Andrew Arden, p. 318.

而 C 公司正与 A 所在的地方政府机关就某一合同进行谈判，A 如果是该地方议事会成员，则其与该合同具有间接的金钱关系。这种判断间接金钱关系的方式比较简单有效，间接的金钱关系一般指两个直接的金钱关系相叠加，两个以上的直接金钱关系的叠加，则构成过于间接的金钱关系。

关于金钱关系的上述定义不适用于公共机构的成员或者雇员的情形；公司或者其他机构的成员如果不拥有其所在公司或者机构的有价证券，也不能仅仅因为其成员身份而被认为其与某项已签订的合同、拟议中的合同或者其他事项具有利害关系。如果两人结婚并共同生活，其中一人的利益视为另一个人的利益，但另一个人必须知道该利益。① 此处有两点值得注意：一是区分了结婚与共同生活，显然，许多人结婚了但却不在一起生活或者不再在一起生活，对此类情形，法律上不便妄加推断；二是区分了知道与不知道，结婚者不但不一定生活在一起，即使生活在一起，也不一定知己知彼，或者虽然在外人看来生活在一起，但并不一定真的就知道对方所有的事。从这两点可以看出英国法的细腻与理性。

（二）普遍回避时的调整权

地方议事会由于地域的局限性，不可避免地会出现这样的情况：议员们因为共同的事由而依法该当回避，如都与当地的某一较大公司有联系，以致地方议事会或者其下设委员会达不到开会的法定人数。此时需要采取措施予以调整，英国法上称之为议席的重新分配。

根据 1972 年《地方政府法》第 94 条，国务大臣在其认为适当的任何情况下，在根据该条规定丧失与会能力的地方议事会成员数量太多以致所占比例已经使地方政府机关无法处理事务时，或者在其看来当地居民的利益明显要求他采取行动时，有权调整地方议事会中依法不能参加会议的成员的数量。②

国务大臣在行使此项权力时，可以让那些因某种利益关系必须回避从而失去参加地方议事会会议的能力的某一议事会成员、某一类议事会成员或者在登记候选人时具有相同的描述措辞的议事会成员，就他们必须回避并由国务大臣确定的事项，不定期或者在一定期限内停止议事会

---

① Andrew Arden，p. 319.
② Andrew Arden，p. 319.

成员活动能力限制。国务大臣拥有一般性调整权的领域包括毛坯房承租人等领域。①

五、丧失议员职务

除任期届满外,地方政府机关的议事会成员可能因很多种原因失去其职务。②

(一) 辞职

1. 地方议事会成员的辞职

经选举出任任何官职者,只需向该地方议事会的相关官员递交书面声明,就可以在任何时候辞去其职务;伦敦的自治市议事会选举产生的社团官员,辞职申请应当向该议事会的相关官员提出。③

辞职者的辞职自依规定该当接受其辞职声明者收到其辞职声明之日起发生效力。被选举或者被任命在联合警察局、联合消防局、联合民防局及联合交通局任职者辞职时,可以向其所在行政机关的相关官员递交书面通知,其辞职声明自该官员收到通知后生效。④

如果某人因辞职而不再是某一地方政府机关组成人员,将被视为失去作为该地方政府机关的一员行事的资格;如果此后该人仍冒充该地方政府机关组成人员或者自称自己有权以此种身份行事,可以在必要时对其提起解除议员资格的诉讼。⑤

2. 众议院议员的辞职

对于众议院议员而言,辞职也是其当然的选择,但看了英国众议院的辞职名目⑥后,还真不得不佩服其特立独行的传统。

众议院议员失去职位的事由包括:获封终身贵族、议会解散、议会被废除或者议员去世。根据1623年3月2日达成的众议院决议,众议院议员在宪法上没有辞去职务的权利。⑦ 如果议员想辞职怎么办呢?

这一问题的答案在英国学者看来都有点离奇:希望辞职的议员必须

---

① Andrew Arden, p. 319.
② Andrew Arden, p. 341.
③ Andrew Arden, p. 341.
④ Andrew Arden, p. 341.
⑤ Andrew Arden, p. 341.
⑥ Neil Parpworth, p. 109.
⑦ Neil Parpworth, p. 109.

履行申请奇尔特恩英皇直属领地看守职位的程序。事实上,英国专门设立了 3 个职位以便那些想辞职的议员们规避辞职禁令,这些职位包括英王服务员(Crown Steward)和奇尔特恩英皇直属领地的看守,以及领主。实践中,希望辞职的议员要向度支大臣申请其中的某一职位。这些职位曾经都是英王掌握的肥缺,虽然现在已经不再有什么薪资了,但一旦申请获准,申请人即丧失议员身份。①

申请奇尔特恩英皇直属领地看守职位的做法已经延续了近 300 年,而且只要申请就一定获准,并且一直拥有这一职位直到这一职位要赐给别人或者本人申请卸去。② 因此,如果某议员想辞去议员职务,并且不愿意惹其他的麻烦,就可以先申请奇尔特恩英皇直属领地看守职位,并在申请获准后马上辞去这一职位。当然,这样做还是没有直接辞去议员职务简便。但英国人就是这样,对于一项保留了近 300 年的制度,他们会像对一座存在了相同时间的老式建筑一样加倍呵护,能说这就是观念保守吗?能说制度传统不是值得保护的人类遗产吗?

(二)不事事

不事事(non-attendance)是指,如果某一地方政府机关组成人员在连续 6 个月的期间内没有参加该地方政府机关的任何会议,除非在此期限届满之前其未能出席的事由得到地方政府机关的认可,该人作为该地方政府机关组成人员的身份即告终止。③

作为地方政府机关组成人员出席委员会或者分委员会的会议,或者出席履行地方政府机关职能的任何地方政府协作委员会、地方政府协作理事会或者其他机构的会议,或者被任命为地方政府机关履行其职能的顾问,或者作为地方政府机关的代表出席任何组织机构所举办的会议,都可以被视为参加此种意义上的地方政府机关的会议。④ 可见,并非只有地方政府机关全体议事会成员参加的会议才属于地方政府机关的会议,凡出席或者代表地方政府机关出席的与地方政府机关的职能履行有关的会议,都属于此种意义上的会议。如果此等广泛意义上的会议该成员尚不能在连续 6 个月的期间内参加其中的任何一个,其就此失去地方议事

---

① Neil Parpworth,p. 109.
② Neil Parpworth,p. 109.
③ Andrew Arden,pp. 341-342.
④ Andrew Arden,p. 342.

会成员资格也并不委屈。

（三）丧失资格

地方政府机关组成人员可以因触犯 1972 年《地方政府法》第 79 条第 1 款规定的情形而失去议员资格，因此而丧失资格者将不得再参加地方议事会成员的竞选；即使不存在该条规定的情形而当选地方议事会成员者，也可能因 1972 年《地方政府法》第 80 条第 1 款限定的情形而失去议事会成员资格。失去议事会成员资格者应当知趣地自动请辞，如果不主动辞职，则地方政府机关可以在必要时对其提起丧失资格的诉讼。①

对于地方政府机关而言，其议员丧失资格最常见的情形规定在 1998 年《审计委员会法》第二部分中，该部分内容适用于因对地方政府机关的账目进行审计而导致地方议事会成员的资格解除及追加罚款。由于剥夺资格本身仅仅是追加罚款的一个附属后果，并且要求追加的罚款必须达到 2000 英镑以上才能适用，因此，英国学者一般将其归入地方政府机关组成人员的法律责任部分予以讨论。因受雇于需辞去原职才能任职的职位、破产、获罪而失去议员资格者，不再赘述。②

第七节 议员的权利

英国议员（包括国会议员和地方议事会的成员）的权利大致包括两大类：一是履行职务的权利，二是获得津贴的权利。前者包括查阅履行职务必需的信息的权利、成为委员会或者分委员会的成员的权利、不被歧视的权利。

一、查阅履行职务必需的信息的权利

议员权利中首当其冲者，乃查阅履行职务所必需的信息。以地方议事会成员为例，无论其被任命到地方政府机关的哪个委员会或者分委员会，都享有查阅信息的权利，以保证其能够履行自己的职责，这既是成文法的规定，也是普通法的要求。③

根据 1972 年《地方政府法》第 100F 条的规定，地方议事会成员拥有

---

① Andrew Arden，p. 342.
② Andrew Arden，p. 342.
③ Andrew Arden，p. 317.

非常广泛的查阅由其所在的地方议事会掌握的信息的机会,特别是当该信息与该地方议事会成员所在的那个委员会有关时。但 1985 年《地方政府法》中增加的 5A 部分并不适用于由地方议事会设立的某一工作部门。在 1991 年的 R. v. Warwickshire C.C. ex p. Bailey 一案中,法院认定,被告地方议事会设立工作组的主观意图是最重要的。除非在该意图背后存在某些非法的因素,否则,地方政府机关可以通过设立一个工作组,有效地将某一事项排除在公开实施的仔细审议程序之外。① 也就是说,通过设立一个工作组,使经由该工作组决策的事项事实上仅由该工作组的成员知道,从而将其他议员排除在外,使之不能获得没有该工作组时本应当获得的信息,这确实是一种回避法定公开信息义务的手段。对此,法院采取的立场是,并不一棒子打死,一切取决于设立工作组的真实目的。如果确实是为了规避制定法规定的公开信息义务,则属非法无疑。

二、成为委员会或者分委员会成员的权利

英国议员最主要的职责就是开会。会议的组织形式通常不是全体会议或者称全院委员会,而是以议会或者议事会下设的委员会,甚至委员会下设的分委员会的形式进行的。因此,成为委员会或者分委员会的成员的权利,就是议员实际参与议事、决策过程的权利基础。

三、不被歧视的权利

英国有种族及性别方面的反歧视法,但英国学者指出,很难说地方议事会挑选其成员组成负责履行某项职能的委员会的具体做法,会构成某种非法的歧视性做法,而且也很难说这种做法就一定会造成对公众中的特定性别或者种族的歧视。② 之所以很难说,是指很难从法律上认定,因为按照各政党在议事会中的议席比例分配各委员会席位的一般做法,各委员会成员的种族及性别比例,与其所在的议事会中各种族及性别的可类比比例不一致,这几乎是不可避免的。当然,正如政党比例原则的实际执行效果在很大程度上取决于各党派的总体实力(最直接地表现为席位的总体比例,各少数党即使有多人因种族平衡原则而进入某委员会并取得支配地位,但如果该委员会通过的决议不符合多数党的意愿,多数党还

---

① Bridges & Cragg, p. 92.
② Andrew Arden, pp. 317-318.

会在全体会议上否决该委员会的决议)一样,反歧视规则的真正落实也最终需要以实力为后盾,否则,再怎么强调反歧视,建立在不均衡实力基础上的反歧视做法,最终还是不能违反代议制民主的根本原则,从而在最终环节表现为实力的对比。通过反歧视条款进入各委员会的受保护群体,还是只能扮演"陪太子读书"的角色。这就是为什么英国学者说"很难说"。

第八节 议员的津贴

一、规范津贴的依据

对绝大多数地方政府机关而言,1989年《地方政府法》、1991年《地方政府机关(成员津贴)条例》及其后续修订,构成有关绝大多数津贴的现行体制的基础;而1972年《地方政府法》继续规范有关差旅费、生活费、参会费及礼节性访问费等方面的津贴的发放。①

此外,英国先前的立法中有关所有地方议事会成员都可以在出场津贴和经济损失津贴二者之间择一要求补偿的规定,仅适用于教区或者社区议事会的成员。②

二、津贴的规范体制

(一)制定法的授权

1989年《地方政府法》第18条授权国务大臣制定条例,由该条例授权或者要求该条例限定范围内的地方政府机关制定有关向其议员提供基本津贴的计划,该条例还可以就地方议事会成员履行职务方面的出场津贴径行作出规定或者限定,该条例亦可以就地方议事会成员履行特殊职责的特殊职务津贴一并作出限定或者规定。③

上述规定赋予了国务大臣一项笼统的权力,即就地方政府机关组成人员的津贴制定条例。在行使该委任立法权时,国务大臣具体享有三项权力:一是限制地方政府机关提供基本津贴的权力,这主要是在一般性地

---

① Andrew Arden, pp. 333-334.
② Andrew Arden, p. 334.
③ Andrew Arden, p. 334.

赋予相应地方政府机关制定基本津贴计划的权力的同时,限定有权制定基本津贴计划的地方政府机关的范围以及明确制定该计划的方式,该权力附随的权力则是,对于据此制定的基本津贴计划,国务大臣具有一定的审查权和建议修改权;二是直接对出场津贴作出规定;三是直接对特殊职务津贴作出规定。

1989年的上述法律的规定允许国务大臣就每个地方议事会成员可以获得的津贴总数或者每种津贴设置限额,同时授权国务大臣就地方政府机关公开本机关支付津贴的情况明确作出要求。① 公开性要求是英国立法设置的通行的基本监督手段。

(二) 依授权制定的条例

1991年《地方政府机关(成员津贴)条例》规定了英国地方政府的津贴体制。该体制适用于作为地方政府机关组成人员的地方议事会成员、大城市的区议事会或者伦敦的自治市议事会任命的联合政府机关的成员、伦敦城公共议事会成员。其主要规定适用于郡议事会、郡的自治市议事会、区议事会、伦敦的自治市议事会、锡利群岛议事会、任何联合政府机关以及国家公园管理机构。②

该条例同时规定,各地方政府机关必须在1991年4月1日之前,制定其本地方的第一个津贴计划,并可以在此后的任何时间里修订这些津贴计划;也可以用一个新计划取代被废止的旧计划,新计划自下一财政年度开始之日起发生效力。③

(三) 被任命成员的津贴

国务大臣同样有权授权或者要求地方政府机关,就地方政府机关中被任命的成员的开支或者收入损失津贴制订计划。所谓被任命的成员,是指某人是地方政府机关组成人员,但不是地方议事会的成员,或者虽为地方政府机关的某个委员会、分委员会的成员,但不是地方政府机关组成人员。④

三、主要津贴的类型

英国地方议事会成员的主要津贴包括基本津贴、特殊职务津贴、出场

---

① Andrew Arden, p. 334.
② Andrew Arden, p. 335.
③ Andrew Arden, p. 335.
④ Andrew Arden, p. 335.

津贴几大类。

(一) 基本津贴

地方政府机关的津贴计划必须就每一财政年度内应当支付给由本地方议事会成员兼任的本地方政府机关组成人员的基本津贴作出规定。每人的津贴数额必须相同。①

(二) 特殊职务津贴

地方政府机关每年的津贴计划还可以就特殊职务津贴作出规定,该津贴适用于在本地方政府机关中担任该津贴计划中列明的特殊职务,并属于下列一个以上类别的本地方议事会成员②:

(1) 担任该地方议事会内某一政治党团的主席或者副主席。

(2) 在本地方政府机关的某委员会、分委员会或者本地方政府机关与一个以上的其他地方政府机关参加的地方政府协作委员会、地方政府协作委员会的分委员会中担任主席。这类职务一般由组成地方议事会的多数党或者主要政党产生,或者由多数党、主要政党的主席提名。

(3) 在其他机构中或者经此类机构指定,代表本地方政府机关。

(4) 出任某一非例行或不定期集会的委员会或者分委员会的成员。

(5) 在某一委员会或者分委员会中担任某一政治党团的发言人。

(6) 其他与履行本地方政府机关的职能有关的、要求某成员付出与以上提及的各项活动相等或者更多的时间和精力的活动,而无论该活动是否在地方政府机关的津贴计划中提及。

英国地方政府机关中的政治党团都是根据 1990 年《地方政府(委员会及政治党团)条例》[Local Government (Committees and Political Groups) Regulations]设立的。如果某一地方政府机关组成人员至少分为两个政治党团,并且该地方政府机关的绝大多数成员属于同一政治党团,则至少要根据该条例之第 9 条第 1 款第 a 项或者第 e 项的规定,给担任反对党的主席、副主席或者在委员会或分委员会中担任反对党发言人的那个不属于最大政治党团的个人支付特殊职务津贴。地方政府机关的津贴计划必须明确特殊职务津贴的数额,但每一位领取者所得到的津贴却不一定相同。③ 由此反映的原则是,凡是为本地方政府机关出力的,本

---

① Andrew Arden, p. 335.
② Andrew Arden, pp. 335-336.
③ Andrew Arden, p. 336.

地方政府机关都会付钱。

（三）出场津贴

如果其他津贴计划并没有规定履行下列职责的地方政府机关组成人员可以获得报酬，地方政府机关的津贴计划还可以就下列职责的履行规定出场津贴①：

（1）参加本地方政府机关的会议、本地方政府机关的委员会或者分委员会的会议、本地方政府机关指派的任何其他机构的会议以及这些机构的委员会或者分委员会的会议。

（2）参加本地方政府机关授权的任何其他会议、本地方政府机关与其他一个以上的地方政府机关组成的地方政府协作委员会以及该委员会的分委员会的会议。但是这类会议必须符合以下条件：如果本地方政府机关的议事会成员分属于两个以上的政治党团，而该会议属于同时邀请了两个以上政治党团的成员参加的会议；如果本地方政府机关的议事会成员没有分立的政治党团，而该会议属于同时邀请了两个以上本地方政府机关组成人员参加的会议。也就是说必须是本地方政府机关派遣两人以上与会的会议。

（3）参加本地方政府机关为其成员之一的任何地方政府机关协会的会议。

（4）按照任何议事规程的要求，在招标文件开标时要求 1 名以上地方政府机关组成人员到场代表本地方政府机关履行职责。

（5）履行本地方政府机关根据任何规定取得的授权或者要求该地方政府机关亲自巡查或者授权其代表巡查某物业的任何职能。

（6）履行诸如照料儿童的职责的津贴。根据 1993 年《教育法》第 188 条[特殊教育学校（special schools）]规定的目的，本地方政府机关为履行此项职责可以拟定安排，要求对学校中需要照料的儿童进行特殊的照料。履行这一职责的津贴就是由此而产生的。

此外，地方政府机关的津贴计划必须明确津贴的数额，可以因履行职责的时间长短而有所不同，但该津贴必须对所有履行该职责的成员一视同仁。② 对于同样一项需要多天才能完成的工作，无论是谁去完成，津贴应当相同，这是同工同酬的要求；干 1 天与干 2 天的报酬不同，这是按劳

---

① Andrew Arden，pp. 336-337.
② Andrew Arden，pp. 337-338.

付酬的要求。至于在1天内不同时段完成工作,所支付的津贴也不同,则是建立在更高层次上的按劳付酬原则的体现,如半夜里照顾1名儿童的报酬应当高于正常上班时间照顾1名儿童的报酬。

四、差旅费及招待费

即便按照我们的理解,差旅费与津贴也是不同的概念。从英国学者的介绍顺序看,二者最主要的区别是,津贴可以自愿放弃,而差旅费则是实报实销的。以地方政府机关为例,其差旅费包括以下几类:

(一)交通费及生活费

地方政府机关可以为其成员支付为履行分内的职责而在英国国内或者国外发生的必要的差旅费及生活费;但有关发生在国外的此类费用的标准不得高于国内。① 事实上,考虑到英国的物价及开支水平,依此标准领取的差旅费和生活费基本上可以不考虑国内外差别。

(二)会议费

地方政府机关还可以为其成员出席英国国内外的各类会议以及前往会场支付交通费和生活费,这些会议可以由任何组织或者个人召集,讨论在本地方政府机关看来与本地区或者居民的任何部分的利益有关的事项。②

(三)招待费

地方政府机关可以为本地方政府机关组成人员或者代表该组成人员报销其代表本地方政府机关的公务访问或者礼仪性访问发生的旅行开支或者其他合理开支,而无论这些开支发生在英国国内还是国外;地方政府机关还可以为招待或款待某一要员、某些代表或者联系地方政府或其他英国内外的公共服务机构的人员访问其辖区,报销公务应酬方面发生的以及为这些人提供信息所发生的费用。③

五、津贴的落实

津贴的落实包含两个方面:一是给也不要,二是如果不给如何要。

---

① Andrew Arden,p.338.
② Andrew Arden,pp.338-339.
③ Andrew Arden,pp.339-340.

（一）婉拒津贴

按照英国《地方政府法》的要求，地方政府机关的津贴计划必须规定：地方政府机关组成人员可以向地方政府机关的相关官员递交书面声明，自愿放弃根据该计划应得的津贴。① 从地方政府机关制定津贴计划的角度讲，必须就地方政府机关组成人员自愿放弃应得津贴的权利作出规定，这是地方政府机关制定规范性文件时的义务；而对于地方政府机关组成人员而言，是否放弃自己根据地方政府机关制定的津贴计划应得的津贴的全部或者一部分，则是其权利。从英国这一立法例看，英国立法者非常重视界定法律关系各方当事人的权利和义务。同时，《地方政府法》的这一规定也说明，英国地方政府机关组成人员放弃自己津贴的现象并不鲜见。

（二）津贴的请求和支付

地方政府机关的津贴计划必须规定请求支付津贴的时间以及支付任何津贴的期限。②

（三）实付津贴的校验

地方政府机关实际支付的津贴应该由有关的机构在其认为合理的限额内根据具体的个案情况或者个案类型予以确定，但不得超过限额③：① 出场津贴限额可以由国务大臣制定的条例规定；② 英国国内举行的会议的差旅费、生活补助费限额可以根据 1972 年《地方政府法》第 74 条制定的相应津贴标准确定。

（四）避免重复支付（duplication）

以上介绍的各项津贴（含差旅费）显然存在相互重叠的可能。1991 年《地方政府机关（成员津贴）条例》相应地包含了避免重复支付的规定。例如，如果申请获得参会费，则无论是根据地方政府机关的津贴计划，还是根据 1972 年《地方政府法》，都需要包括或者附加一份由津贴申请人签署的声明，声明本人从来没有，也不会对其申请中有关的事项另行提出津贴申请。与此类似的是，如果根据地方政府机关的津贴计划已经为其报

---

① Andrew Arden, p. 338.
② Andrew Arden, p. 338.
③ Andrew Arden, p. 339.

销,就不该再因同一事项根据1972年《地方政府法》予以支付。①

六、津贴的公开

(一)津贴计划的公开

每一地方政府机关都应当在制定或者修订津贴计划后尽快就该计划在本地方政府辖区内的公开事宜作出安排。②

(二)津贴发放记录及其公开

每一地方政府机关都应当保存一份本地方政府机关根据依国务大臣的条例制定的津贴计划支付记录。除此之外,任何地方政府机关及其机构和议事会必须保存一份根据1972年《地方政府法》的规定支付津贴的记录。这些记录中都应当标明收款人的姓名、数额及每笔款项的性质,这些记录应当在所有合理的时间内供免费查阅。③

(三)津贴决算的公开

在每一津贴计划相应年度结束后,地方政府机关都必须尽可能早地就其在这一年内根据该计划支付给每一成员的津贴总数在本辖区内的公开事宜作出安排,其中包括基本津贴、特殊职务津贴和出场津贴。④ 这相当于公布津贴计划的决算案,而津贴计划制定或者修订后的公开,则是对标准的公开。此处特别强调的是每一地方政府机关的组成人员在这一年度内得到的津贴的总数,相当于其从地方政府机关领到的年薪,或者是作为地方议事会成员的年收入。公布这一数字的效果是,选民们可以了解他们选举的地方议事会成员挣了多少;是否适当,自然就由选民们自己评判了,但这种评判不是无关痛痒的,选民们最终会通过其投票影响议事会成员们领取津贴的数额。

第九节 议员的利益宣示义务及行为准则

英国议员的义务并不复杂,核心是利益宣示,即议员对私益或者个人

---

① Andrew Arden, p. 340.
② Andrew Arden, p. 340.
③ Andrew Arden, p. 340.
④ Andrew Arden, p. 341.

利益有披露义务,其中利益又分为金钱利益、非金钱利益。除此之外,就是议员私人交游活动的一些限制性规定,集中体现在《地方政府(议员)全国良好行为规范》。该规范中包括了议员权利的内容,但关于地方政府机关给议员买保险时涉及的实质意义上的财产利益的限制性规定①,是在议员的义务部分,而这显然也可以被挑出来作为议员的权利来标榜,只是这样并无意义,议员们自己知道就行了,没有过分张扬的必要。

一、利益宣示的一般要求

根据1989年《地方政府及安居法》的规定,国务大臣可以通过制定条例,要求地方政府机关的每个成员向该地方政府机关的相关官员提交一份简要声明,陈述条例中所规定的、各自的直接或间接金钱利益,或者如实声明自己没有此类利益。条例还可以要求地方政府机关的每个成员按照条例的规定,随时向各地方政府机关的相关官员提交进一步的声明,以便该官员能够掌握这方面的最新信息。② 这些信息显然不是供各地方政府机关的相关官员探寻别人隐私或者排出地方议事会成员财富榜之用的,而是用于公务回避;并且已经申报的这些信息既不是个人隐私,更不是公务秘密,而是任何人都可以在各地方政府机关的有关场所查阅的公共信息。国务大臣根据1989年《地方政府及安居法》制定的条例明确要求相关官员保管的记录必须公开供公众查阅,并且在合理的时间内不能收取任何费用。③ 这种查阅是指翻翻而已,可以记录,复印时才涉及复印费的问题。另外,查阅的时段限于办公时间,当然也不应理解为加班查阅就必须付费。

如果地方议事会的某一成员无正当理由未能遵循此类条例的上述要求,或者在其提交的声明中故意或者过失地提供了错误的或者足以引起实质性误导的信息,则其将构成一般违法罪。此类罪的刑罚是不超过标准幅度4级的罚金;而追诉程序既可以由公诉总监(Director of Public Prosecutions, DPP)单独提起,也可以经其同意后提起。④ 这种由公诉总监直接提起的追诉显然只能适用于较轻的罪,否则就应当以英王的名义

---

① Andrew Arden, p. 330.
② Andrew Arden, p. 324.
③ Andrew Arden, p. 325.
④ Andrew Arden, p. 324.

由总检察长提起。因为公诉总监仅是总检察长的下属,一般情况下不能直接以自己的名义提起公诉案件。这些规定对于行政立法领域中界定刑罚与行政处罚的关系非常重要。即在英国这样没有行政处罚的国家,国务大臣制定的条例也可以规定刑罚条款,这是笔者研究英国行政立法的重要收获。

有关利益宣示的上述规定来自1989年《地方政府及安居法》第19条。该法此处规定的内容是授权国务大臣制定这样的条例。

1972年《地方政府法》第96条关于简要声明(general declaration)的规定,并不适用于根据上述条例的规定提交的有关声明,但是条例可以规定:根据条例要求提交的声明可以视为已经足以满足1972年《地方政府法》第96条的规定。① 由于条例规定的声明是根据1989年《地方政府及安居法》的规定制定的,因此,这种新法规定的声明可以满足旧法要求的做法,反映了英国立法中也同样秉承新法优于旧法的规则。当然,按照议会立法至上原则,议会不能约束其继任者,新法替代旧法是不言而喻的。但在新旧法并行不悖的情况下,关于二者共同提到的内容的兼容性问题,仍是任何法律体系都不容回避的。

此外,国务大臣的条例还可以就地方政府机关的相关官员保管这些记录作出规定。但是,地方政府机关无权对其成员就1972年《地方政府法》第94条、1989年《地方政府法及安居法》第19条以及根据该条的规定制定的条例所规定的范围以外的利益,设置披露义务。②

二、利益宣示的具体要求

根据1989年《地方政府及安居法》的规定而制定的条例,处在不断更新之中,如1992年《地方政府机关(成员利益)条例》[Local Authorities (Members' Interests) Regulations],后又于1996年被修订过。这些条例要求每一位当选的地方议事会成员向其所属地方政府机关的相关官员提交一份简要声明,陈明自己的姓名及自己在应申报的七类利益中是否有相关的利益。如果地方议事会成员在选举日之前不是地方议事会成员(即不是连任议员),则利益声明必须在其接受地方议事会成员职位的声

---

① Andrew Arden, pp. 324-325.
② Andrew Arden, p. 325.

明作出后 1 个月内提交。进一步的利益宣告必须在简要声明中的信息发生任何改变后 1 个月内提交,并陈明改变的细节。①

从这些规定看,在英国,许多重大事项都是以声明的形式对外公开宣告的,但并不强调声明的实质真实。英国的利益申报制度几乎不借助公共机构的审核,但经得起英国式刑事诉讼证明标准(排除合理怀疑)的质疑。刑事制裁手段可能是产生区别的原因之一,但我们的罪刑之重大大超过英国的同类罪犯,因此,最根本的是犯罪总体成本或者刑罚的或然率。罪刑重与否固然是打击力度的指标之一,但抓捕的概率或者惩罚的可能性是更主要的决定性因素。如果人们对造假习以为常,而打击的可能性微乎其微,再重的刑罚又会有多少威慑效果呢?

地方政府机关的相关官员必须保管声明中所包含的信息的记录。这些记录应当包括相关官员收到声明的日期、提交声明的地方议事会成员的姓名、声明的复印件一份或者声明所陈明的信息的内容。就某一地方议事会成员而言,相关官员为其保管利益声明的信息的义务仅限于其地方议事会成员职位存续期间。相关官员保管的记录必须公开供公众查阅,并且在合理的时间内不能收取任何费用。②

此处的义务,原文用的是 duty,并且特别强调是地方政府机关相关官员保管议员声明的信息的义务,这说明,在英国法中,义务并不一定是对法律而言的,即使是公法上的义务,也可以存在于公法关系主体之间,而不一定仅由一个公法主体承担抽象的法律义务。这种义务承担模式的法律意义在于,如果义务人违反了义务,将被起诉,起诉的主体在这种模式下是非常明确的,即该法定义务所服务的对象。如果义务对象是抽象化的法律体系,则必须对每种义务的法定义务主体作出单独的规定,否则就会出现追究不能的尴尬。这对于完善的责任体制的建立,是非常重要的。责任不能仅仅体现为一种后果,更主要的是体现后果得以被追究的过程,能够启动责任追究程序的主体范围越广,责任越有可能切实被追究。这个道理并不复杂,但要在法律条文乃至法律实践中奉行,还需要依靠民众通过民主制度施加动力。

---

① Andrew Arden, p.325.
② Andrew Arden, p.325.

三、应当宣示利益的分类

地方议事会成员必须就其金钱利益提供信息的七类事项是[①]：

（一）就业、职务、行业、专业或者职业

地方议事会成员必须详细说明其获得收入的任何就业或者职务关系，以及其以营利为目的所从事的行业、专业或者职业；必须提供其雇主的姓名、任命其担任某项职务者的姓名、其本人为合伙人的商号名称；但是地方议事会成员没有义务披露他们的收入。

（二）赞助

地方议事会成员必须披露前一年内为其支付担任或者当选为地方议事会成员的开支的任何人或者机构的名称。

（三）合同

地方议事会成员必须就其所知的本地方政府机关与其本人、其担任董事或者股东的公司、其参与合伙的商号等签订的，据以提供货物、服务或者实施一定工程的任何合同的性质和期限作出说明。合同的对价不必披露，也不必提供关于已经完全履行了的合同的信息。

（四）土地

地方议事会成员必须提供其本人享有利益并且位于其担任成员的地方政府辖区内的任何土地的地址或者足以确定该宗地的其他任何描述。需要披露的土地权益有明确的限定，包括住宅、建筑及抵押权益，不包括在他人土地上通行的地役权，其他地役权，在土地内或者土地上由其本人单独或者与他人共同享有但不足以占有该土地或者获得其收益的权利或者利益。可见，在英国法中，土地不是就其地理或者地质学上的物质实体而言，而是就其功能或者附着物所能带来的利益或者可以行使的权力而言的。因此，英国法中土地的名下所讨论的，不是地本身，而是地上的住宅、建筑及抵押权益。也就是说，英国的地产，其房、地、权三者是不可分的。

（五）房产占有许可

如果地方议事会成员拥有占有某项房产 1 个月或者以上期限的许

[①] Andrew Arden, pp. 326-327.

可，并且该房产位于其担任成员的地方政府辖区内，则该成员应当披露该房产的地址或者足以确定该宗地的其他任何描述。

（六）共同租用

如果某地产根据某项租赁协议被租用，地方议事会成员知道该地产的房东是其所在地方政府辖区内的地方政府机关，而承租人则是其本人担任董事、股东的公司，或者其合伙的商号，则地方议事会成员应当披露该房产的地址或者足以确定该宗地的其他任何描述。

（七）有价证券

如果某一法人机构在地方议事会成员所在地方议事会的辖区内拥有一处营业场所，而该成员在该机构中拥有股份或者其他有价证券，则其必须报告该机构的名称。但这一规定仅适用于有价证券的市值超过 2.5 万英镑，或者超过该法人机构全部发行股本 1% 的情形。这两个数值可以视为英国对"重大利益"的理解，即个人资产超过 2.5 万英镑，或者拥有公司 1% 以上的股权。

值得注意的是，英国地方政府法并没有要求地方议事会成员披露其任职辖区外的地产或相关利益方面的信息，这体现的是一种与其任职具有相关利害关系的分寸，正如前面关于接受支付的范围限于因其担任或者当选地方议事会成员的开支一样。利益公示的目的在于揭示与地方议事会成员的任职有利益冲突的社会关系，这些关系仅仅是作为地方议事会成员的个人所拥有的各种直接利益的一部分，如果没有担任公共职务的因素，这些利益本身并不构成与公共利益的冲突；一旦这些利益为拥有地方议事会成员职务者所享有，其就有可能在参与职务决策时，在其职权所及的范围为这些利益或者提供这些利益者给予特别的照顾，从而构成利益冲突。利益公示的目的就是，使负有公示义务的地方政府机关相关官员、地方政府机关内其他地方议事会成员、尽可能多的公众，了解该地方议事会成员的利益所在，监督其回避那些关系到本人利益的决策事项，从而避免个人利益与公共利益的冲突。这是一种预警机制，它不是建立在任何意识形态基础上的道德自律或说教，而是基于对道德自律或说教的不信任所采取的预防性隔离措施：尽可能使每个人远离可能沾湿其名誉的地方；而不仅仅是对其加强思想、道德、觉悟的教育，因为很难保证其"常在河边走，照样不湿鞋"。由此提示两点：一是战略性的、有效的预防必须将战线前移,通过隔离相互冲突的利益,预防利益的冲突;二是技术性的预防必须区分细节,即区分哪些是应当隔绝的利益,哪些是不必过问的个人隐私,如雇佣关系或者合同关系可能构成与其职务的利益冲突,因此应当在披露并隔绝之列,但具体的收入或者合同金额则没有必要披露。

四、《地方政府(议员)全国良好行为规范》

(一)《地方政府(议员)全国良好行为规范》概况

1989年《地方政府及安居法》第31条授权国务大臣颁布、修订或者废止地方议事会成员良好行为规范法典,即所谓《地方政府(议员)全国良好行为规范》。在颁布、修订或者废止该规范之前,国务大臣必须咨询地方政府的代表。地方议事会成员接受职位的声明可以包含其本人在履行其职能时,将按照《地方政府(议员)全国良好行为规范》行事的承诺。①

如果某地方政府行政监察专员(local commissioner)认定某一构成不良行政的行为是因某一位地方议事会成员违反《地方政府(议员)全国良好行为规范》造成的,该地方政府行政监察专员必须指明该地方议事会成员的姓名及其违规行为的细节,除非该地方政府行政监察专员认为这样做是不公正的。②

《地方政府(议员)全国良好行为规范》的内容包括地方议事会成员在任何时候都应在法律范围内活动(act within the law),必须熟悉法律、议事规程及全国良好行为规范的要求,在任何时候都不应当提议或者鼓励任何有违这些行为规范的行为。③ 具体而言,该行为规范涉及三个方面的要求:一是自己要知法;二是自己要守法;三是自己不向其他人提任何从事违法活动的建议,也不鼓励其他人的任何违法活动。对于这三个方面的要求,我们已经注意到了前两个,但对第三个还没有足够重视。要求出谋划策者在知法、守法之余不出违法的"馊主意",其实正是确保依法行政的釜底抽薪之举。

(二)服务本选区选民的首要职责

地方议事会成员的至高职责(over-riding duty)是对整个地方社区

---

① Andrew Arden, p. 327.
② Andrew Arden, p. 327.
③ Andrew Arden, p. 327.

(local community)负责,同时其对自己选区的选民负有特别的职责,其中包括那些在选举中没有投他票的选民。① 对整个地方社区负责是公共职责,是公民对其所在社会负责的一部分,也是地方议事会成员作为公职人员的公众责任的一部分;而对选民的职责则是代表职责,是其自身具体的政治责任的一个组成部分。在一般情况下,二者并不矛盾,如果出现矛盾,则由作为选民代表的地方议事会成员自己裁量决定。这样,其最终的决定可能与投票选他的选民的意愿并不一致,但这并不违背其职责,其作为公众的代表、本选区中所有选民的代表,依其公正观念及对法律、《地方政府(议员)全国良好行为规范》的理解而作出的决定,将由其本人为该决定承担政治责任,但不会为某一次决策中的投票行为承担法律后果。

尽管地方议事会成员有可能受其党派的严重影响,但其职责是:就其必须作出决定的任何问题,自行作出选择。② 政党可以一般性地对本党议员的投票倾向作出普遍性的指示或者规定,但对于在具体问题上议员们最终如何投票,并没有事中、事后的监督、制约机制。这一点恰恰是民主制的生命所在,如果政党能够决定议员的每个具体决策行为,就没有必要选举那么多的议员,只需要选择某个执政党即可。英国的民主制既选择执政党,又将最终的代议制决定权保留给人民的代表,使他们在某些最具争议性的事项抉择的紧要关头,能够有机会背叛其政党而选择人民。事实上,这一过程并不像想象的那样叛逆:政党的投票指令并不是选民的指示,而是党内决策的结果,因此,本党的议员违背本党投票指令可能主要基于该指令不符合自己所代表的选民的利益或者严重违背公共利益的认识。这样一来,对于某一表决事项是否符合公共利益或者最广大选民的根本利益的判断,就建立在两个彼此相对独立但有时又殊途同归的基础上:一是议员们根据自己对该事项的判断决定其投票行为是否符合最广大选民的根本利益,这种判断可能因为其所代表的选民的利益比公众的利益更为明确、具体而受到很大的区域化的影响。二是议员们根据自己所代表的本选区选民的利益或者所代表的尽可能多的选民的利益,来决定其投票倾向。全体议员都以此为出发点作出判断的结果是,大多数议员基于其代表大多数本选区选民的愿望所投下的选票,在绝大多数情

---

① Andrew Arden, pp. 327-328.
② Andrew Arden, p. 328.

况下至少是代表过半数选民的利益的,而其仅代表少数或者极少数选民利益的可能性相对而言要小得多。在上述两种因素共同作用下,只要有足够数量的议员,就会将表决结果倾向于少数选民利益的可能性大大压缩,剩余的就是民主制度的合理空间。

（三）摆脱利益关系的特别要求

地方议事会成员绝不应该参与其具有私益或者个人利益的决定的决策,但有《地方政府（议员）全国良好行为规范》规定的特殊情形的除外；如果地方议事会成员参与了这些决定的决策过程,也不应当受其自身利益的影响。地方议事会成员也不应该做任何他们无法向公众说清道明的事,并且应当避免做任何可能引起猜疑或者看似不妥的事,仅仅避免事实上的不适当是不够的。① 这是一项相当高的标准,类似于"公正不仅应当实现,而且应当令人不容置疑地实现"。

关于披露金钱利益的要求,地方议事会成员必须认真遵循。非金钱利益关系,包括家庭、朋友关系,共同成员关系,或者与俱乐部、社团和其他诸如共济会、工会和志愿者组织等有关的因素而形成的关系,也必须给予与金钱利益关系同样的重视。非金钱利益关系也必须经常被主动披露,除非是那些微不足道或者与普通公众成员共有的一般关系。② 此处的要求是命令性的必须（must）,而不是建议性的应该（should）。原因在于,公开金钱利益关系是法律的要求,属于有法律根据的基本行为标准,是必须遵循的；避免瓜田李下而公开非金钱利益关系则是《地方政府（议员）全国良好行为规范》的建议,属于没有现实法律根据的较高水平的职业道德标准。

（四）回避要求的几项例外

《地方政府全国（议员）良好行为规范》规定的能够使地方议事会成员得以继续参与某一决策程序的特殊情形主要有:地方议事会成员的利益是因其作为某一公共机构的成员的身份而存在的,而公共机构的成员身份本身并不构成间接金钱利益。在这种情况下,该地方议事会成员仍可以在涉及该公共机构的事项的会议上发言并投票表决。③ 据此,地方议

---

① Andrew Arden, p. 328.
② Andrew Arden, p. 328.
③ Andrew Arden, p. 328.

事会成员可以不因其成员身份而丧失继续参与涉及其所在机构的事项的决策过程的特殊情形只有一种,即其所在机构本身是一个公共机构。公共机构的成员本身通常是不足以构成阻止地方议事会成员参与决策的利益的。

这一规定的合理性有二:第一,从大处说,顾名思义,公共机构本身不是为私利或者个人利益设立的,而是为公共利益设立的,因此,维护公共机构利益通常与维护公共利益是并行不悖的;第二,地方议事会成员兼任公共机构的成员,是英国地方政府体制中非常重要而普遍的现象,从英国地方政府机关的职能看,许多专业性的管理机构同时又是当地的基本地方政府机关,其在实际运行中通常是以该地方政府机关的一个内设委员会的形式发挥其职能的,如果排斥作为这类公共机构一员的地方政府机关的组成人员参与讨论与其所在专业性管理机构相关的事项,将违背英国地方政府组织体制的根本原则和实践,也将使其整个地方政府机关体制的正常运转陷于绝境。

同样,如果某一利益是因地方议事会成员被任命为某一慈善机构、志愿者机构或者为某一公共目的成立的其他管理机构的管理人员而产生的,则该议员仍可以在针对该机构有关事项举行的会议上发言并表决。如果地方议事会成员担任该机构成员不是其所在的地方政府机关任命的结果,则该议员可以就与该机构有关的任何事项发言,并参加不直接影响该机构的财政或者财产的任何事项的表决。如果地方议事会成员仅仅是此类机构的支持者或者普通成员,则该议员可以就与该机构的利益相关的任何事项发言并表决。① 此处的分寸把握就比较细了,基本的原则是,有利益关系时应当回避;该原则的例外是,公共机构所引起的利益可以不回避;例外的例外则是,如果作为该公共机构的领导层成员,则需要有限度的回避。

最后,像国务大臣可以准予金钱利益方面的特免一样,地方议事会成员在某种情况下也可以自行决定继续参与某事的讨论,即使自己与该事具有明确的、实质性的非金钱利益关系。② 这个自由裁量权可是够大的,其行使主体是国务大臣并不令人惊奇,但其行使主体是有利害关系的本

---

① Andrew Arden,p. 328.
② Andrew Arden,p. 328.

人则似乎有点过。此时不要忘记的是,这里讨论的是地方议事会成员法定行为规范以外的自律规范。

地方议事会成员在作出这种决定(虽然自己与该事项具有明确的、实质性的非金钱利益关系,仍决定继续参与其讨论)之前,应当就其迈出的这一步是否正当,咨询地方议事会主席及本地方政府机关内适当的资深行政官员的意见。此时他们应当着重考虑的问题是:公众是否会认为该项利益与正在讨论的问题的联系非常紧密,地方议事会成员根本不可能将其抛之于脑后,如果确实如此,则该议员就不应该继续参与讨论或者投票;除此之外,还应当考虑本地方政府机关对此所作的任何指示。① 如果被咨询者的意见与自己拟作的决定相左,该议员一般不宜固执己见。

地方议事会成员可以决定就其具有非金钱利益关系的某一事项发言并投票的特殊情形局限于:至少半数议事会成员或者委员会成员将会因该利益而被要求退出对该事项的考虑过程,或者被要求退出的成员退出后将扰乱因选举所确立的地方议事会或者委员会内的政党间比例关系,从而有可能达到影响最终作出的决定的程度。② 为避免因部分成员的利益而影响其所参与作出的决定的公正性,需要要求这些成员退出相应决策程序,但如果因此而被要求退出的成员的比例超过了半数,就有可能影响作为决策机构的议事会全体或者其委员会最终作出的决定的代表性,而这种代表性是由当地选民政治选择的结果,并通过政党比例原则体现到各委员会的构成上的。破坏了这种比例关系,就有可能最终影响作为一切决策基础的民主制的根基,这是英国宪法制度的一切设计所不能突破的红线。换一个角度看,如果议事会的成员或者委员会的委员有半数以上因某一特定的非金钱利益关系而需要回避,往往说明这种利益至少在选民的代表中已经具有相当的普遍性了,据此可以大致地推断,此种利益更有可能也是多数选民的利益所系,此时,要求这些代表退出就相当于让多数具有同样利益的选民退出,这显然是违反民主制原则的。

如果某地方议事会成员决定继续参与有关事项的决策程序,则他应该在该事项在会上讨论之前,说出自己的决定的内容并解释为什么作出这样的决定。这一指导原则同样适用于各分委员会,但如果某一分委员

---

① Andrew Arden, p. 329.
② Andrew Arden, p. 329.

会成员太少或者多数成员具有某一利益,则通常更适宜的做法是将此事交回其母委员会讨论。① 分委员会本来是为设立各分委员会的母委员会处理某些更为专门的事项的,其人数往往不会太多,至少应当比母委员会要少,因此,因某一利益出现多数委员应当回避的可能性确实是存在的,但作为其起因的利益却并不一定具有普遍性,退回其上级委员会的做法更恰当一些。

如果地方议事会的某成员将不得不经常宣告其具有某种利益关系,以致经常无法参加该委员会的会议而对该委员会没有什么价值,或者因此而削弱公众对该委员会的信赖,则该议员不应当谋求或者接受该委员会或者分委员会的席位。如果地方议事会成员本人或者其参与结社的机构在其所在的地方政府机关内拥有实质性的经济利益或者与该地方政府机关具有密切的业务往来,则该成员也不应当谋求或者接受该地方政府机关的领导职务或者某委员会、分委员会的主席职务。② 这或许是许多成功的商界人士不能在各地方政府机关中任职的一个重要原因,也是英国学者对英国的独立机构吸引商界人士的参与给予相当关注甚至心生嫌恶的根本原因。从成功的商界人士的角度看,一旦涉足地方政府机关,则其许多活动将受到严重约束,特别是其在地方政府机关或者其他公共机构中的活动,更是必须与其个人的营生作相当严格的划分,从而使其在所谓"政界"的活动范围大受限制。正因为如此,英国的政商两界虽然联系密切,但人员交叉并不严重,其密切联系的纽带主要是官方的、公开的联系,而非私人的关系,否则就将被视为极其恶劣的丑闻。

(五) 披露私交信息的要求

地方议事会成员应该按照同样的原则披露其与地方政府机关的行政官员交往的情况,以及与其他议员非正式交往的情况。③ 这个要求在东方人看来近乎不近人情,但在英国人看来是他们的现代民主制的最新目标之一。按照这种要求,议员们几乎应当生活在玻璃房子里,不仅他们的金钱利益必须披露,他们的非金钱利益一般也应该披露,连与朝夕相处的其他同事的私下交往,也是应当披露的。

---

① Andrew Arden, p. 329.
② Andrew Arden, p. 329.
③ Andrew Arden, p. 329.

地方议事会成员应该避免私下与本地方政府机关的行政官员过于亲密，因为这将破坏相互间彼此尊重的关系，而这种相敬如宾的距离感对于良好的地方政府而言至关重要。① 这反映了英国行政组织理念或者地方组织理念中一个非常重要的观念。保持距离是治疗审美疲劳的良方，这确实不是什么太新的理论，许多领导者在处理与追随者的关系时，早已将这一原则运用得炉火纯青。

（六）人事纪律方面的要求

《地方政府（议员）全国良好行为规范》还要求，涉及任命、纪律处分或者解雇地方议事会办事职员的法律及议事规程，必须认真地遵循。当地方议事会成员被召去参与地方政府机关官员的任命的决策时，其应当考虑的唯一问题是哪一名候选人能够最好地服务于整个地方议事会。任何议员都不应当从事怂恿其同事任命某一特定候选人的拉票行为。②

（七）对保密义务的要求

地方议事会成员或者委员会、分委员会委员有必要获得大量的机密信息。泄露这些机密信息的行为构成背信。③ 这显然不同于泄露国家机密罪，在英国法看来，地方政府机关没有什么国家秘密。但确实存在某些信息，其获得或者公开与否的效果是完全不同的，这些信息的占有者或者信息的主体并不愿意将这些信息披露出去，但又愿意或者不得不披露给地方政府机关，如承担某工程的底价，这是建立在对地方政府机关信任的基础之上的。此时，地方政府机关及其成员就拥有了对此信赖予以维护的义务，或者说维护自己的守信名誉的义务；一旦泄露了这些信息，也就出卖了公众对于地方政府机关的信任。这并不构成犯罪，但已经成为《地方政府（议员）全国良好行为规范》要调整的重点。

除此之外，机密信息不应该被披露或者用于谋取地方议事会成员个人或者其认识的人的好处，也不得用于谋取对地方政府机关不利的后果或者损害地方政府机关的信用。④

（八）对接受馈赠的要求

地方议事会成员应该倍加慎重地对待任何馈赠其本人的礼物或者招

---

① Andrew Arden, p. 329.
② Andrew Arden, p. 329.
③ Andrew Arden, p. 329.
④ Andrew Arden, p. 329.

待。这些馈赠包括由个人提供的,也包括由组织提供的,目的是与其所在的地方政府机关做生意或者请求地方政府机关作出某种决定。尽管没有规范接受或拒绝招待或者善意姿态的严格规定,但地方议事会成员仍然必须知晓刑法关于公务腐败方面的基本原则。①

地方议事会成员对所有与接受馈赠或者招待有关的决定,以及避免损害公众对地方政府信赖的风险,承担个人责任。② 即如果因接受馈赠或者招待而作出了相应的决定,则应当承担个人责任,包括受贿罪等针对个人的指控及相应罪责,以及因此可能损害公众对地方政府信赖的风险责任。当然,后一种危险责任,可能并非严格意义上的法律责任,而是更多地以承担政治责任的形式兑现,如主动请辞或者被迫辞职等。这些都是收受馈赠的地方议事会成员本人承担个人责任的形式。

地方议事会成员接受馈赠或者邀请的,应该向本地方政府机关的有关资深行政官员报告。除此之外,有关申请津贴的规则也必须非常小心地遵循。③ 接受津贴虽然不属于前面提到的从其他人或者机构处接受馈赠的行为,但同样涉及金钱获取,而且也确实存在超领、冒取进而构成贪污等腐败行为的可能,因此也属于《地方政府(议员)全国良好行为规范》所力促禁绝之列。

如地方议事会成员因涉及个人事务需要与其所在的地方政府机关打交道时,不应当寻求或者接受优待,并应该避免将其本人置于公众可能会认为他们接受了此类优待的位置上,如在承租地方政府机关的地产时实质性地欠账。④ 即便其他人同样会出现这样的情况,并不足以解脱地方议事会成员的个人责任,因为公众会认为他们这样做是因为得到了地方政府机关的优待,而一旦这种认识产生,反过来就会促使公众有意无意地不还欠地方政府机关的账,与他们认为得到了地方政府机关优待的地方议事会成员攀比。这进一步说明,在现实生活中设定以公众的所思、所想为坐标的行为规范体系,对于规范公共管理机构及其成员的行为的现实意义。由此设定的坐标体系并不是最高的行为规范,但如果要以避免此

---

① Andrew Arden, p. 330.
② Andrew Arden, p. 330.
③ Andrew Arden, p. 330.
④ Andrew Arden, p. 330.

等坐标体系下的嫌疑为目标,仍将会是一个非常高标准的行为规范体系:不仅行为人本人要尽其所能践行公平、正义,而且要使普通人都不怀疑他们确实没有做任何"违仁"的事。做到实质性公正已属不易,要做到使普通人对其公正达到不怀疑的地步,则是难上加难。

地方议事会成员也不应该利用其身份,为其亲朋或者任何其他与其具有个人联系(关系)的机构寻求优待。[1]

(九) 给议员上保险

地方政府机关可以就其成员在从事地方政府机关的事务时可能发生的意外伤害购买保险,并可以就其成员及其私人代表在从事地方政府机关的事务时造成的损害支付赔偿金,但以填平补齐为限[2],不包括惩罚性的赔偿。这一不起眼的规定就是地方政府机关对其成员的行为对外承担赔偿责任的依据。当然,严格说来,这种赔偿责任不是英国法上的国家赔偿责任,而是一种雇主责任,它普遍存在于所有由个人代表雇主从事的事务中,无论被代表者是个人还是机构,是公法机构还是私营机构。对此,英国适用统一的普通法规则,不作公法与私法的区分,甚至连最后的堡垒,即中央政府的公务员也基本上不存在什么例外了,至于作为成文法所拟制的法人机构的地方政府机关,自然没有类似中央政府的特免。

---

[1] Andrew Arden,p. 330.
[2] Andrew Arden,p. 330.

第五章
立法制度

英国的立法制度是其议会制度的延伸。联合王国的立法机构包括：① 英国议会及中央政府；② 欧盟机构（European institutions，脱欧前）；③ 法院；④ 其他法律渊源的立法主体。① 其中最核心的议会立法程序，是在众议院和贵族院共同参与下完成的。②

从立法进程角度分析，英国脱欧前的 20 年，其融入欧洲法的进程呈明显加快的趋势：从 1972 年《欧共体法》（European Communities Act）颁布，到 1993 年才第一次修订，间隔 21 年；但自此之后，1995 年颁布《欧盟（财政）法》[European Union（Finance）Act]，2002 年、2008 年两次修订《欧共体法》（其中 2008 年的修订赋予欧盟新通过的《里斯本条约》以国内法效力），2011 年制定《欧盟法》。③ 如此密集地就某一领域频繁立法，在英国立法史上并不多见。但随后急转直下的，就是英国义无反顾地脱欧了，早年积极融入欧洲的一切努力也都化为了泡影。

本章主要介绍英国议会的立法程序、委任立法的体制与监督，同时作为对英国立法研究的心得，笔者特别归纳总结了英国的立法技术。

第一节 立法制度概述

本节在很大程度上是议会立法程序的导言，由于篇幅较长，另外也因为其中关于英国议会立法议案的分类很有特点，如果不能出现在目录上则有明珠暗投之憾。突出这些内容的主旨还在于使读者意识到，将所有

---

① Martin Partington，p. 36.
② Bradley & Ewing，p. 147.
③ Wade & Forsyth 2014，p. 158.

的议会立法议案不加区分地统一由一个程序予以讨论的做法,类似于农耕时代由一个农户完成所有生活必需品的生产,已经不是高度现代化国家制度建设的常态了。

一、立法权

关于英国的立法制度或者立法权,最应当讨论、最不容回避的议题是议会立法至上原则。前文对此已有详述,此处所要介绍的,只是其重点,即立法权。

英国学者研究立法权时考虑的第一个问题是:立法权威的渊源何在?即立法者基于什么宣称他们有权制定法律。[1] 他们在讨论主要立法机构及其运作时提出的首要问题也是立法过程中的权力、合法性与权威[2],即这些机构的权威是怎么获得的?是什么给了立法者合法性?

从这些问题的提出看,英国法上的立法权其实是一种立法权威。基于这种立法权威产生的法律,或者说依附于这种立法权威的法律,具有法律的强制力。在他们的观念中,法律的执行不是法律自身的问题,而是法律的权威的落实问题。因此,英国学者骨子里不认同国家的强制力、军队为法律提供权威和后盾,恰恰相反,国家的强制力、军队本身需要法律的权威赋予其正当性。在英国,法律的权威是法律内在于自身的,任何暴力都需要借助法律的权威实现其正当化(而不是法律借助暴力以自威),因此,任何暴力都是法律之内的。正是在这一点上,英国法做到了没有任何人在法律之外,任何倡导以暴力颠覆现行法律体制的行为都是非法的。当然现在所有的国家都认识到了这一点,并严格地规定在自己国家的法律,特别是宪法中。

最后值得一提的是,英国的议会立法并非都是强制性的,除专门为某一特定地方制定的私法案以外,还有一些法律是建议性、示范性的,例如,基本地方政府机关和二级制地区的区议事会可以正式采纳 1967 年《私人地点娱乐(许可)法》[Private Places of Entertainment (Licensing) Act]。[3] 这一内容的重要性在于,它再一次突出了立法权力中中央权与地方权的关系。

---

[1]　Martin Partington, p. 9.
[2]　Martin Partington, p. 30.
[3]　Andrew Arden, p. 126.

二、议会法律的分类

此处关于议会法律的分类,仅仅是概述层面的简单介绍。由于英国立法体制的复杂性,有必要分别介绍各类立法文件的立法程序。

(一)中央立法与地方性立法

这是按立法主体、立法权限及适用范围划分的。中央立法主要指英国议会制定的议会法律,根据议会立法由国务大臣制定的条例,以及其他由议会及中央政府部门制定的规范性文件。地方性立法则是由地方制定的、适用于本地方的条令及地方性法律规范。

(二)初级立法与次级立法

按效力层级划分,英国的法律可以分为初级立法(primary legislation)与次级立法(secondary legislation),这一表述及立法分类方法主要是《人权法》引入的。凡议会制定的法律,就是初级立法;或者说,议会的法律是议会通过的初级立法。[①] 而由议会以外的其他个人或者机构制定的法律,都是次级立法。[②] 笔者为了顾及与次级立法的对称,将 primary legislation 译成了初级立法,这个词也可以译为首要立法,类似首相(primary ministry)。事实上,由于没有成文宪法,初级立法就是英国的最高级别立法。

(三)议会立法与委任立法

英国的委任立法固然是与议会立法对称的一个概念,但显然并不限于我们所理解的行政立法,而是指所有由议会通过议会立法授权或者说委任其他立法主体制定规范性文件的立法活动及其成果。据此,国务大臣根据议会立法制定条例的行为属于委任立法,地方政府机关根据议会立法制定条令及地方性立法的行为,也属于委任立法。由于地方政府机关是议行合一的议事机构,其制定的规范性文件属于我们所说的地方性法规和地方政府规章,这一立法活动已经不是我们一般通用的行政立法的范畴了。

值得一提的是,英国学者并不严格区分委任立法(delegated legislation)与次级立法,在用法上可以互换或者混称(如"delegated or seconda-

---

[①] Neil Parpworth, p. 197.
[②] Neil Parpworth, p. 183.

ry legislation")。① 此外,从英国学者提到委任立法及次级立法的同时提到准立法(quasi-legislation)②这一点看,准立法显然与委任立法或者次级立法的关系要疏远得多。

(四)一般公法律与私法律

这是对议会制定的法律的进一步分类,其分类标准是法律案在议会中审议的程序。由于一般公法律(Public General Acts)与私法律(Private Acts)的立法程序之间有条明确的界限③,这种分类方式在研究英国议会立法程序时具有特别重要的价值。英国议会每个议会年度通过的大约70部一般公法律中,大部分都是由政府提议的。④

三、公法案、私法案与混合法案

(一)公法案

在议会立法程序方面首要的划分就是一般公法律与私法律。⑤ 英国学者关于公法案的界定也是从与私法案对应的角度着眼的。公法律适用于所有人,而私法律通常只涉及某一特定的地区或者事项。公法案与私法案的关键性区别还在于,公法案是由某一政府部长或者提案人⑥提议的。⑦ 当然,公法案并不限于政府提议,也不是非由政府提议的立法议案就是私法案;议员以个人或者联合身份也可以提出公法案,而且议员个人议案都是公法案。⑧ 从这个意义上讲,个人议案的提案议员确实需要大公无私的气节。当然除此之外,英国也确实没有为议员们提供立法谋私的机会,即便所谓私法案,与其说是谋私不如说是谋公,即为了局部公共利益而单独立法。考虑到这些私法案并非直接由议员提议,以为私法案就是议员们立法谋私的写照,确实有点委屈英国的MP(国会议员)们了。

(二)私法案

所谓私法案,是就私事(private business)申请议会立法的立法议

---

① Neil Parpworth, p. 183.
② Neil Parpworth, p. 183.
③ Neil Parpworth, p. 183.
④ Neil Parpworth, p. 183.
⑤ Neil Parpworth, p. 183.
⑥ 特指在某一议员提出个人议案(Private Members' Bill)时的发起人。
⑦ Neil Parpworth, p. 190.
⑧ Neil Parpworth, p. 193.

案。① 与普遍适用于所有人的公法律不同,议会私法律的适用范围是有限的,它们通常只涉及某一特定的地区或者事项。在历史上,英国铁路的扩张都是通过大量的议会私法律实现的。与铁路立法相同的情形还出现在建立全民健康服务体系(NHS)的立法出台之前的19世纪的最后25年,那时的健康立法都是由某一地方议事会向议会提出改善本地卫生条件的立法申请并仅适用于各地方。② 私法案既不是由中央政府也不是由议员个人提出的,也就是并非由议会内部的议员提议,但也是英国议会需要讨论的议案。议员个人并不是私法案的提案人或者代理人,私法案是由某一院外的个人或者组织在指定时间之前向议会提出的,这些个人或者组织才是各私法案的提案人,其聘请的立法顾问则是其代理人。

(三) 混合法案

偶尔会有某一立法议案同时呈现出公法案和私法案的特点。这类立法法案尽管可以普遍适用,但却可能对某一特定私人利益产生不同于其他私人利益的影响,从而也可以视为私法案。这就是所谓混合法案(Hybrid Bills)。事实上,混合法案在编号及公布等方面都是按公法案对待的。尽管不能一概而论,但混合法案通常都涉及某一特定地区内兴建的对全国具有重要意义的工程项目,例如,英吉利海峡隧道铁路(Channel Tunnel Rail Link)建设法案,就是混合法案。③

四、议员个人议案

除了讨论政府议案,议会会期中也会有相当一部分时间用来讨论议员个人议案。④ 议员个人议案是由某人或者某组织向议会提出申请的议案。⑤ 需要特别提醒读者注意的是,议员个人议案不同于私法案。

议员个人议案为作为议员的个人提供了通过某一议会立法的实施保护该议员所代表的特别利益的机会。⑥ 当然,这种特别利益绝不能是该议员本人的利益,否则是不会在一个人人为己的议会中通过的;而且也不会是代表议会全体利益的议案,如规定议员可以领取过高工资,否则在议

---

① Neil Parpworth, p. 191.
② Neil Parpworth, p. 190.
③ Neil Parpworth, p. 192.
④ Neil Parpworth, p. 193.
⑤ Neil Parpworth, p. 190.
⑥ Neil Parpworth, p. 193.

会立法至上的英国,这样的议案早就出台了,或者说英国的议会立法至上原则乃至整个议会民主制早就因这样的议案而葬送了。这样的议案如果出台,英国的选民是不会答应的,英国议会民主制存在的现实表明,这样的"恶案"根本就不会有议员提起。议员个人议案都是公法案,英国学者反复提醒人们注意这一点①,因为在英国这也是一个容易为一般人所混淆的常识性问题。

议员个人议案包括以下四种类型:票决议案、十分钟规则议案、普通代表议案以及贵族议员议案。②

五、票决议案

票决议案(Ballot Bills)之得名,缘于这类议案的提案人在每一议会会期开始后不久举行的一次投票表决中赢得了提出此类议案的机会。大约有三分之二的议员会参加这样的投票表决,但只有得票数在前 20 名的议员能够赢得提出议员个人议案的机会。在随后的本届议会会期内专门为讨论此类议案而安排的某一星期五的下午,获得提案机会的议员的个人议案将提请议会讨论。③

议员是否有一个明确的立法动议并不是参加此类投票表决的先决条件,如果某一没有什么特别想法的议员恰恰在投票中赢得了一个比较靠前的位置,当然要在前 20 名以内了,就会有压力集团或者其他组织前来游说,以便由该议员提出一个支持某一特定目标的议案。④ 当然,这种议案也不会是支持该游说者自身利益的立法议案,而主要是指各利益集团提出的一些政策倾向性比较鲜明的议案,如废除死刑的议案、要求增加环境保护力度的议案等。

政府有时也会给某个没什么特别想法的议员一个施舍议案("handout" bill),此类议案都是因为某种原因而无法安排进政府当年的立法规划中。政府施舍议案的优势在于政府的支持,因而有相当把握成为法律。⑤ 其运作过程是,执政党将政府的某个或者某几个实在排不进政府提案名单的较不重要的议案,或者不便排进政府提案名单的争议比较大、

---

① Neil Parpworth, p.193.
② Neil Parpworth, p.193.
③ Neil Parpworth, p.193.
④ Neil Parpworth, p.193.
⑤ Neil Parpworth, p.193.

对是否会对执政党形象造成负面影响没有充分把握的议案,安排给本党的某个或某几个后座议员,让其参加票决议案的竞争性投票。同时,执政党的票监将本党的投票意向传达给本党及友党的议员,请大家投这些人的票,以执政党的议会多数党地位,这些人赢得票决议案提案权的机会是很有把握的。在此后的议会审议、表决过程中,按照同样方法操作,这些票决议案的通过也将具有大致相同的成功率。

更为重要的是,以这种方式帮助政府对于任何议员而言绝不是其职业生涯中的坏事。① 因为参加议员个人议案投票竞争的议员尽管占总人数的三分之二,但不会包括议会中的政府组成人员甚至影子政府的组成人员(执政党议员中担任政府部长的名额上限为 95 人,反对党的影子政府成员也会有大致的人数,这些人刚好占众议院议员总人数的三分之一),绝大多数都是后座议员,因此,利用这种机会提高自己在政府中的地位,也是后座议员求之不得的。毕竟英国的众议院议员有 650 人之众,真正在这一群体中出人头地也不是一件容易的事。因此,对于许多平时默默无闻的后座议员而言,能够争取到票决议案的提案机会,甚至进而争取到政府施舍议案的机会,实在是其个人出人头地迈向前排的一个绝好机会。而这一制度设计本身,就是为后座议员提供脱颖而出的机会,这一制度设计的政治功效比其实际的法律功效还要远大。当初撒切尔夫人就是以其关于众议院应当向媒体适度开放的提议广受舆论好评而声名鹊起,进而进入保守党前排的。

事实证明,通过票决程序提交议会的议案是所有议员个人议案中最有机会获得成功的。当然,这种成功率不全是执政党或者政府施舍议案成功运作的结果。

六、十分钟规则议案

正如其名称所提示的,十分钟规则议案(Ten Minute Rule Bills)并不会占用太多的议会时间。这类议案可以由任何议员在某个星期二或者星期三下午的提问时间之后提出。根据议会《议事规程》第 23 条,这类议案在提出时,提案人可以一并向议院发表一个简短的介绍性的演说,反对方也可以随后发表一个演说。②

---

① Neil Parpworth, p. 193.
② Neil Parpworth, p. 194.

以这种方式提交议会的议案,成功机会不大。1985—1992 年,没有任何一个十分钟规则议案付诸实施。1996—1998 年,每年只有一个这样的议案成为法律:1996 年《公共秩序(修正)法》[Public Order (Amendment) Act]、1997 年《建筑师协会(分配)法》[Building Societies (Distributions) Act]以及 1998 年《动物保健(修正)法》[Animal Health (Amendment) Act]。尽管十分钟规则议案的成功率非常低,但这种程序确实提供了一条使某些特殊议题或者公众关心的事项提请议会讨论的渠道,因而具有知名度。①

七、普通代表议案

议会中的每一名议员都有权根据议会《议事规程》第 57 条的规定就其所关注的议题向议会提出议案。尽管如此,普通代表议案(Ordinary Presentation Bills)比票决议案要少,而且这类议案通常也难以获得足够的议会讨论时间。在 1996—1997 年的议会会期内,23 项普通代表议案都没有获得通过。在大约 35 年间,此类议案通过最多的是 1990—1991 年,48 项此类议案中的 8 项最终变成了法律,其中包括反诱骗(进一步保护)议案、养狗议案(Breeding of Dogs Bill)、反足球(犯罪)议案[Football (Offences) Bill]以及烟雾探测器议案(Smoke Detectors Bill)。②

八、贵族议员议案

贵族议员议案是由某一后座贵族议员于贵族院提出的,并在通过该院的所有立法程序后,才移交众议院审议。在 1996—1997 年的议会年度内,7 件首次在贵族院提出的议案全都变成了法律。英国学者觉得特别有趣的是,在该年度提出的 7 件贵族议员议案中,有 2 件是由法律贵族布郎-威尔金森勋爵(Lord Browne-Wilkinson)和戈夫勋爵(Lord Goff)提出的:土地登记议案(Land Registration Bill)和反盗窃(修正)议案[Theft (Amendment) Bill]。③

英国学者之所以对此深表关注,是因为在他们看来,通常情况下,法律贵族要尽可能避免提出立法议案。按照英国学者引述的某英国法律贵

---

① Neil Parpworth, p. 194.
② Neil Parpworth, p. 194.
③ Neil Parpworth, p. 194.

族的说法,法律贵族甚至还要尽可能限制自己参加立法活动,因为法律贵族在立法议案成为法律之后,有可能以英国最高上诉法院法官的身份听审涉及对该法律进行解释的上诉案件。如此一来,曾经向议会提出立法议案的法律贵族又成了参加对该法律的解释的常任上诉贵族法官,从而面临其行为方式与分权原则相抵触的诘难。①

然而,土地登记议案和反盗窃(修正)议案都没有引起什么争议。其中,土地登记议案提请议会审议是为了赋予法律委员会所提倡的改革建议以法律效力,而反盗窃(修正)议案的通过则弥补了1968年《反盗窃法》就利用欺骗手段获得财产的规定方面存在的漏洞。② 法律委员会关于英国土地登记制度的研究报告,即《土地登记法》的原始建议,对于我们研究和借鉴英国的土地登记制度是一个非常有价值的素材。

九、法律汇编议案

法律汇编议案(Consolidation Bills)不属于议员个人提案。法律汇编也不同于我们一般所说的法典编纂或者法典化。

用西蒙(Simon)法官在 *Farrell v. Alexander*(1977)一案中的话说:法律汇编就是一种旨在将与某一议题有关,并且相互之间频繁参照引用,此前散见于《法令全书》(Statute Book)中的大量法律规范,以一种更为方便、清晰和经济的形式集中在一起的过程。因此,法律汇编与法典编纂有显著差异。法典编纂涉及起草一部既反映某一特定主题领域的成文法原则,又反映该领域的普通法原则的法典。③ 在英国学者的著作中,成文法与普通法是并列的两种法律渊源,通常情况下提到英国法时,二者也是最常被提到的。因此,可以说英国是一个普通法国家,但其制定法与普通法并行且不比普通法次要。

按照英国学者的分类,英国的法律汇编包括以下三类④:一是"纯"汇编,即所提出的议案仅仅是将先前的法律简单地重新颁布实施,而不作任何的修订;二是根据1949年《法律规范汇编(程序)法》[Consolidaton of Enactments (Procedure) Act]进行的汇编,允许对原法"修正某些错误并

---

① Neil Parpworth, pp. 194-195.
② Neil Parpworth, p. 195.
③ Neil Parpworth, p. 195.
④ Neil Parpworth, p. 195.

作细微的改进";三是根据法律委员会的建议所作的汇编。

从立法议案的完整标题可以区分出其属于三类法律汇编中的哪一类。例如,1992年《裁判所及调查庭法》中指明该法属于"一部将1971年《裁判所及调查庭法》及某些与裁判所和调查庭有关的法律规范汇编在一起的议会的法律"。而1993年《健康服务监察专员法》(Health Service Commissioners Act)则是"一部将与英格兰、威尔士及苏格兰的健康服务监察专员有关的法律汇编在一起,并赋予法律委员会及苏格兰法律委员会的修订意见以法律效力的议会法律"[1]。

由于法律汇编涉及对先前法律的重新颁布实施而非颁行新的法律,此类议案的立法过程不同于通常的立法议案。[2]

第二节 议会立法程序

在介绍英国议会立法时用到的最基本的分类就是公法律与私法律,对应的则是公法律议案(公法案)与私法律议案(私法案)立法程序。英国学者认为,可以在议会的一般公法律与私法律的立法程序之间划出一条明确的界限。[3]

用英国学者的话说,在联合王国,并没有规范立法程序的宪法性法律文件。所能得到的与此最接近的是1911年及1949年《议会法》中的程序规定。[4] 英国议会实际的立法过程包括大量的议会内与议会外的程序步骤。[5] 为了便于读者了解和检索,笔者梳理了所有程序。公法案的立法程序大约有17个环节,其中因贵族院的立法程序与众议院的立法程序部分相似而可合并介绍,加上在各环节中夭折的议案的程序性说明,构成了本节的前14部分。第15部分及以后的内容,是对其他类型议案的立法程序的介绍,多与公法案的立法程序相近,故只择其不同而述之。

一、立法规划

由于政党轮替,英国其实并没有严格意义上的立法规划。在竞选时

---

[1] Neil Parpworth, p. 195.
[2] Neil Parpworth, p. 195.
[3] Neil Parpworth, p. 183.
[4] Neil Parpworth, p. 72.
[5] Neil Parpworth, p. 183.

期,政党确实有其执政后立法布局的总体规划,英国学者称之为立法起源①,笔者则会意为立法项目的提起。

英国的每届政府要在上台前的竞选阶段提出自己在五年执政期的立法纲领,并且在每一议会年度开始之前,也会有本年度的立法纲领。某一特定领域的立法项目的起源各不相同。通常,在每次大选之前,主要的政党都会在公开发表的竞选宣言中陈明其立法构想。② 在一个议会民主制国家中,立法是执政党推行其施政纲领的最重要手段,大选期间提出的立法纲领更是其治国方略的法律蓝图,也是争取选民的最重要举措。

一旦选举获胜,政府的立法规划都要在每一议会年度开始时通过英王致辞予以公布,政府议案的详细内容则通常要在此后的立法阶段拟就。而政府在每一议会年度之初所宣告的,只能算是对政府意欲立法的事项的提示。③ 这可以从票决议案中的政府施舍议案得到佐证,因为此类议案都是因为某种原因而无法安排进政府当年的立法规划中④,说明政府在每一议会年度之初确实有一个当年的立法规划。

值得一提的是,英国议会通过的议会法律并不都由政府提议,不是由政府提议的议案通过与否,甚至能否提起,都具有相当大的不确定性,提案人根本没有什么规划,即使有(如反对党的立法规划)也没有太多实质意义。但这并不能冲淡英国立法规划的现实性,因为在英国议会每个议会年度通过的大约70部一般公法律中,大部分都是由政府提议的。⑤ 执政党通过政府制定的年度立法规划对于英国议会立法的导向作用非常明显。

二、提案程序

立法议案可以在贵族院或者众议院中的任何一院提出。虽然较有争议的立法议案总是从众议院启动,但无论从哪一院开始立法历程,所经历的立法阶段基本上是相同的。⑥

政府提交议会的政府议案中,有些会包括某一皇家委员会、法律委

---

① Neil Parpworth, p. 184.
② Neil Parpworth, p. 184.
③ Neil Parpworth, p. 184.
④ Neil Parpworth, p. 193.
⑤ Neil Parpworth, p. 183.
⑥ Neil Parpworth, p. 183.

会或者某一特别设立的委员会的建议。这一类立法议案往往表明,其形式和内容曾被详细论证过。没有包括此类委员会建议的立法议案,则可能没有机会被进行成熟的考虑,而是在促成此类立法的事件催促下尽快出台。因此,为了满足某些压力集团的需要而出台的政府立法,往往从未在某一立法规划宣言或者在英王致辞中被提及。[1]

通过1998年《人权法》将《欧洲人权公约》移植入英国后,所有提交议会的立法议案,都必须附一份声明,即在与该立法议案相关的提案人看来,其与《欧洲人权公约》的条文不抵触。[2]

三、预备阶段

普遍而言,政府议案在提交议会之前往往需要进行大量的准备工作,这就是预备阶段。这些准备工作可以采取各种不同的形式。[3]

(一)通过绿皮书或者白皮书听取民意

政府议案在提交议会之前的准备工作的形式之一,就是现任政府可以通过发表绿皮书或者白皮书的方式,就未来的立法议案中的主题事项听取利害关系方或者利益群体的意见。[4]

(二)部门起草

政府议案的立法历程往往从主管政府部门开始。立法提议首先由该主管部门起草。[5]

(三)议会法律顾问立法技术整合

主管部门起草后,议会法律顾问将受命把这些立法建议整合成立法议案的形式。[6] 议会法律顾问不完全等同于我们的全国人大常委会法工委,其成员既不是议会议员也不是公务员,而是议会聘请的出庭律师。政策事项由主管部门负责,而不是由议会法律顾问负责。但是为了切实体现政府部门的意图,议会法律顾问要对支撑某一拟议中的立法的政策事项有准确的把握。[7]

---

[1] Neil Parpworth,p.184.
[2] Martin Partington,p.36.
[3] Neil Parpworth,p.184.
[4] Neil Parpworth,p.184.
[5] Neil Parpworth,pp.184-185.
[6] Neil Parpworth,p.184.
[7] Neil Parpworth,p.185.

(四)法制办审核

议会法律顾问对立法议案进行立法技术整合后,一个由受过法律训练的资深公务员组成的小团队正式着手政府立法的实际起草过程。[①]

从程序上看,议会法律顾问的介入先于部门立法专家的介入,看似程序倒置。议会法律顾问在这一阶段扮演的角色是根据政府的立法动议搭建立法议案的架子,而资深公务员团队的作用则是为这个骨架增添政策内容,在议会法律顾问介入之前,已经有一个部门起草的过程了,程序上并不悖逆。

(五)程序反复

某些立法议案的起草过程确实是相当耗费时间的,特别是当那些主题事项复杂或者立法议案的条文及附表过长时。立法议案可能要在议会法律顾问与主管部门之间反复多次、数易其稿,才能形成最后的草案。起草过程结束之后,立法议案就可以提交议会了。[②] 起草过程本身就包括了立法提议、议会法律顾问扎架子和主管部门具体起草几个主要的步骤,在正式的草案形成之前,还可能在这些步骤之间进行反复,特别是在议会法律顾问与主管部门之间的周折似乎是不可避免的。

关于上述立法起草程序的一种批评意见认为,在立法议案提交议会之前,这一程序几乎没有提供向议员们或者作为一个整体的议会征询意见的机会。但《众议院现代化委员会第一次报告》的第7段中提到:"一旦立法议案提交议会,该议案已经成了铁板一块。因为在整个英国中央行政官署(Whitehall,即白厅)流行着这样一种政治文化:部长们能否保住自己的位子和名声系于他们的立法议案是否能够无甚改动即顺利通过。其结果是普遍存在着一种抗拒对自己的立法议案进行修改的风气:不仅主要的实体问题不能修改,连细枝末节也不能动。"[③]尽管英国是一个典型的议会民主制国家,部长与议会的关系既亲密又紧张,但众议院现代化委员会的上述发现显然不是英国政府一家独有的风采。

四、立法前的仔细审议

为了对抗政府部门普遍存在的"谁也别动我的蛋糕"的风气,作为对

---

① Neil Parpworth, pp. 184-185.
② Neil Parpworth, p. 185.
③ Neil Parpworth, p. 185.

众议院现代化委员会建议的响应,《立法规程》[Legislation Process (1997—1998)]建立了一种促成与政府所宣告的意图相一致的新型做法:在提交议会之前的起草阶段即公布某些立法议案的草稿。这一做法被众议院现代化委员会称为立法前的仔细审议,在该委员会看来①,这一制度"为作为一个整体的众议院,为单个的后座议员,为反对党提供了一个在随后将出现的实际立法中加入一点真正属于自己的东西的机会,因为部长们总是更愿意在立法议案正式发表之前接受一些修改意见。它为议会向那些受立法影响的人开放打开了一扇门。当然更重要的是,这一举措将有助于提高立法的质量、减少随后的立法修订"②。

拟建立食品标准管理局(Food Standards Agency)的立法议案是第一个为了满足立法前仔细审议的目的而由一个专门设立的议会特别委员会予以审议的立法议案。在通信法草案(Draft Communications Bill)起草过程中,成立了一个专门负责考虑并报告该立法议案的起草工作的联合委员会,该委员会的报告于 2002 年 5 月 7 日提交议会。该委员会起草这个报告花了 3 个月的时间,在此期间,该委员会召开了一系列的会议并进行了公开调查,同时,为了使普通公众能够就该立法议案的规定进一步发表意见,还开设了一个在线论坛。③ 由此可见,现代化的技术手段可以为立法前的仔细审议达到最佳效果提供帮助。事实表明,当朝野两党在议会大厅内拉开架势,准备就立法议案的二读修订进行决战的时候,双方的对立局面意味着已经没有多少仔细推敲的余地了。如果希望议会(作为整体)能够实质性地影响立法的内容,则必须在起草阶段入手。④

五、一读

经过立法前的仔细审议,立法议案即进入了议会程序。⑤ 在一般情况下,立法议案在众议院的辩论是由众议院发言人主持的。议员们被发言人叫到才可以发言。发言人有权决定叫哪个议员发言。⑥ 发言人并不主持众议院的所有辩论。

---

① First Report of the HC Modernisation Committee (HC 190), Para 20.
② Neil Parpworth, p. 185.
③ Neil Parpworth, p. 186.
④ Neil Parpworth, p. 186.
⑤ Neil Parpworth, p. 185.
⑥ Neil Parpworth, p. 111.

在辩论后举行的分列表决仪式中,发言人及其代理人都不参加投票,但发言人拥有决定票表决权。而且经验表明,发言人这一表决权的行使总是偏向于现任政府一方。①

立法议案在议会中的立法过程包括五个阶段:一读、二读、委员会审议、向议会报告和三读。②

一读这一步骤的主要内容是正式将立法议案提交议会。在议会中先宣读该立法议案的标题,随后,所在议院发布交付打印的命令。至此,此步骤宣告结束。在一读程序中,并不针对议案的具体条文进行辩论或者表决。③ 每个议员人手一份草案,回去慢慢看,有什么意见二读时再说。

六、二读

二读是议院首次对立法议案的原则及具体规定进行审议。就此展开的辩论将首先由一名来自该立法议案主管部门的政府部长开头:该部长将宣读并解释立法议案中的条文及其背后所隐含的考虑。如果对该立法议案存在异议,二读程序将为各种反对的声音提供表达的机会。④ 当然,这种机会是按党派或者议会党团分配的,不是按人头分配,不是每个议员都有发言的机会,比如后座议员;也不是每个议员的发言都会对立法议案的修订产生影响。最强有力的声音还是由强有力地组织在一起的政党按照其内部组织序列在常设委员会或者议院全会中传达。在二读中并不提供对个别条文进行修改的机会。立法议案可以在二读期间被整体推翻,但这种情况极少发生,特别是政府在众议院拥有稳定多数席位时。⑤

七、委员会审议

相对于议会程序阶段的其他步骤,委员会审议阶段或许对立法议案的最终形成最具影响力、最有可能对立法议案进行实质性修改。正如联络委员会《关于特别委员会工作情况的报告》所言:"仔细审议行政方面的活动是任何民主制的议会的传统角色之一,同时也是其最重要的角色。对于一个拥有超过650名议员的议会而言,保障这一仔细审议职能能够

---

① Neil Parpworth, p. 111.
② Neil Parpworth, p. 185.
③ Neil Parpworth, p. 187.
④ Neil Parpworth, p. 187.
⑤ Neil Parpworth, p. 187.

实实在在地并且广泛全面地得以履行的唯一有效方式,就是借助于特别委员会体制。"①

公法议案(除那些涉及财政供给和税收的议案)在通过二读以后,将自动转入向某一常设委员会咨议的程序步骤,除非众议院决定委员会程序阶段将以全院委员会的形式进行。

在非常例外的情况下,某一立法议案可以由某一适当的特别委员会审议,或者由某一特别常设委员会审议。无论属于上述哪种情况,各立法议案的审议力度都将比其由一个普通的常设委员会审议时大得多。②

众议院全院会议形式通常适用于那些具有宪法重要性或者需要尽快通过的立法议案。例如,当年将英国带入欧共体的议案以及那些随后将欧共体条约纳入英国法律体系的立法议案,都是以众议院院会的形式进行委员会审议的。③ 由于议会立法至上原则最主要的表现就是众议院至上,而众议院作为一个 650 人组成的集体,其表意的最根本形式是全院会议,而不是委员会;委员会审议只是为了提高效率而采取的。

委员会审议阶段将对立法议案进行逐句审议。在这一阶段可以对立法议案进行修改,委员会的成员、该立法议案的主管政府部门的部长以及反对党的代言人也可以提议添加新的条文或者附表。④ 因此,此阶段中负责审议的委员会的组成就是关键,英国议会法案审议委员会的组成在很大程度上就是一个等比例缩小的众议院,尽管其成员主要由后座议员组成,但其比例反映了各党派在众议院中的比例。由于此类委员会名为常设委员会,实际上是根据立法议案的审议情况一事一设的,因此,各政党不可避免地要根据所讨论议案的重要程度及专业方向,权衡自己派驻该委员会的代表人选,类似田忌赛马的权衡遂不可避免。因为议会中这样的委员会很多,如果顾此失彼,难免会因在关键的委员会上用人不力而在议会斗争中处于下风。在委员会审议期间,各立法议案的主管政府部门的部长一般是要列席会议的。虽然按照惯例,政府部长、议会私人大臣(Parliamentary Private Secretaries)以及反对党中座次在前排并且经常代表反对党发言的议员等,都不得被任命为部门特别委员会的成员⑤,但

---

① Neil Parpworth, p. 117.
② Neil Parpworth, p. 187.
③ Neil Parpworth, p. 188.
④ Neil Parpworth, p. 187.
⑤ Neil Parpworth, p. 119.

是就公法案常设委员会而言,该立法议案的主管政府部门的部长或其代表因说明草案的需要,是该委员会相关审议活动当然的参加者,只是一般没有表决权而已。

八、向议会报告

向众议院报告阶段的主要任务是使议会全院能够有机会就诸如审议委员会所作的修订进行仔细考虑。议院并非必须接受某一负责审议的委员会对立法议案所作的修订,可以进一步进行修订,包括增加新的条款。① 这是英国议会至上立法权的突出表现,各审议委员会所行使的修订权,更确切地说只是建议权,最终的决定权是由议院保留的。各议院拥有不受其本院的审议委员会意见拘束的权力。

如果某一立法议案经过全院会议审议,则该立法议案可以绕过报告程序而直接进入三读。② 这也就是为什么全院委员会形式适用于需要尽快通过的立法议案的原因。

九、三读

三读(Third Reading)是立法议案在议会某一院进行审议的最后一个步骤,旨在为该立法议案的原则以及由审议委员会或者在向议会报告阶段所形成的各种修改意见进行进一步的辩论创造机会。在这一阶段,立法议案已经不能再作实体性的修改了,但却有可能在整体上遭到反对甚至被反对党否决,只要反对方具有足够数量的表决票。③

十、英王本人同意

首先需要提醒的是,"英王本人同意"这一名词略显臃肿,原文(Monarch's Consent)非常简单,但为了区别于英王认可(Royal Assent),笔者不但措辞长一些,而且用语(同意)也比较口语化和随意,着意于与作为英国普通立法必经程序的英王认可的区分。当然,这种区分在英文原文中是通过大小写表现的。

其次需要提醒的是,这一立法程序属于例外的立法程序,并非英国普

---

① Neil Parpworth, p. 188.
② Neil Parpworth, p. 188.
③ Neil Parpworth, p. 188.

通议会立法的必经程序,若某一议案可能影响到英王(Crown)、兰开斯特公爵(Duchy of Lancaster)及康沃尔公爵(Duchy of Cornwall)的特权、传统收益、个人财产或者利益,则这一议案在获得通过之前必须取得英王本人的同意。英王本人同意与正式的对于立法议案的英王认可具有显著的区别,后者是在立法议案完成各议会阶段后由英王赋予其正式法律形式的程序要件①,是该立法议案成为议会的法律的最后一个不可或缺的立法步骤。因为所谓议会立法是"议会中的国王"的立法,英王也是这个三位一体的"议会中的国王"的一个必不可少的组成部分,没有英王认可,该立法议案在形式上就不能称其为真正的议会立法。

英王本人的同意通常是在三读阶段签署的,但也可以在议会审议期间的任何立法程序阶段签署,其效力则是使英王本人的特权或者利益置于议会拟议中的立法的控制之下。②

十一、贵族院审议

立法议案在众议院提出并经过了三读程序,就要进入贵族院审议阶段。贵族院的立法程序与众议院的大同小异。值得注意的不同之处主要有两点③:其一,贵族院的委员会审议阶段通常是以全院大会的形式而非委员会会议的形式进行的。因此,其委员会审议程序与向议院报告程序合二为一的可能性比众议院要大。其二,即使在三读阶段也可以对立法议案进行修订,就如同在委员会审议阶段或者向议院报告阶段一样。

如果贵族院全盘接受已在众议院通过的立法议案,则该立法议案就可以送请英王认可。但是,如果贵族院修订了这一立法议案,则该立法议案的修订稿将退回众议院重新讨论。此时,众议院有三种选择④:一是同意贵族院的修订;二是同意贵族院的修订,但作进一步的修订;三是不同意贵族院的修订。

如果众议院对某一立法议案进行了进一步的修订,该立法议案将随同修正案一并送回贵族院。如果贵族院与众议院无法就该立法议案的最终文本达成一致,就会出现一种僵局。这一僵局可以通过援用1911年和

---

① Neil Parpworth, p. 188.
② Neil Parpworth, p. 188.
③ Neil Parpworth, pp. 188-189.
④ Neil Parpworth, p. 189.

1949年《议会法》所规定的程序予以破解。① 1911年及1949年《议会法》的效果是减少贵族院的立法权力。② 这两部《议会法》确立的程序赋予了立法议案不经贵族院的同意而直接成为议会的法律的途径。但要达到这一目的,该立法议案必须在连续的两个议会年度中均由众议院通过,并且自该立法议案在众议院第一个议会年度中通过的那一次的二读之日,到该立法议案在众议院的第二个议会会期中第二次通过之日之间,必须有1年的间隔。③ 这一规定保证了,如果众议院希望或者不得不通过这一程序越过贵族院而通过某一议会的法律,必须有1年以上的时间间隔,而且时间超过2年也不行:必须在连续2年的议会会期内通过。因此,如果是大选年,这一规则往往会使下野政党无法实现自己的立法目标。至于众议院能否遵循这些规则,在立法至上的英国,法院是无法强制落实的,除众议院自觉遵守外,唯一的监督就只有英王通过英王认可程序了。

就现代英国宪法、行政法而言,1911年及1949年《议会法》的重要性在于:在事实上废除了贵族院的否决权,但众议院试图延长其5年任期的议案除外。④ 如果贵族院此时不行使否决权,那众议院通过立法将自己的任期延长不是没有可能的。只是英国立法程序以外的因素制约着众议院,使其一般不会提出这样的议案,即使提出也不会在贵族院通过。但为什么会有这种效果呢?这就是法律以外的问题了,它们对于法律自身的运作体制起到了避恶作用。这种影响力也恰恰是法治后进国家最需要了解、最需要确立的。

十二、英王认可

要使某一立法议案成为一项议会的法律,在完成各议院的各个步骤之后,还必须获得英王认可。实践中,英王认可由惯例调整,因而在某种程度上已经纯化为一种礼仪。⑤ 但确有某些情况下会被拒绝。⑥ 英国学者这样说是有根据的,英王最后一次拒绝做这种认可还是18世纪安妮女王任上的事,那一次是在其政府的建议下这样做的。

---

① Neil Parpworth, p. 189.
② Neil Parpworth, p. 72.
③ Neil Parpworth, p. 189.
④ Neil Parpworth, p. 73.
⑤ Neil Parpworth, p. 54.
⑥ Neil Parpworth, p. 189.

尽管如此,英王仍保留拒绝作出英王认可的权利。从理论上讲,作为例外,英王能够拒绝认可任何议案。① 在一个议会民主制的国家,之所以会出现政府建议英王拒绝认可一项由议会通过的法律的情形,主要是在特定情况下,政府失去对议会的控制,使得政府所反对的议案成为漏网之鱼,通过了议会的表决。此时,作为最后的手段,政府可以请求英王拒绝认可这一议案,从而最终遂政府所愿。此时,英王的拒绝认可类似于美国总统否决某项国会立法,但由于英王没有美国总统那样的宪法性权力,特别是没有立足于民选的现代民主正义的根基,因此,这种拒绝认可只能偶尔为之,并且是在政府的建议下。政府的民选背景多少为英王的这种保留权力的行使涂抹上一点现代民主的油彩。

正因为如此,英国学者指出,如果英王基于其大臣的建议而拒绝认可某一议案,则这种做法相对而言引起的争议就会少得多。相反,如果英王的拒绝认可直接与政府的意愿相对立,则会招致怨声载道。因此,英王拒绝认可只能是为那些最例外的情形保留的。② 事实上自18世纪最后一次行使这一权利以来,这种例外的情形迄今再未出现过。

虽然每一议会立法议案都要经过英王认可,但是英王并不参与立法程序中的政治决策。英王已经不再是政治决策或者立法活动的源泉了。③

从英国的议会实践看,议会在绝大多数情况下都是在政府控制之下,或者说政府总是由议会多数党把持的,因此,议会通过的绝大多数议案都是在政府的鼓噪或者授意下动议、讨论并通过的。对于这些议案,如果英王时不时地试图否决,则将违背作为英国议会民主制根基的议会立法至上原则,甚至议会民主制本身。此时议会、政府、国民与英王之间表面上的平和将被打破,其后果不堪设想。英国之所以自18世纪以来没有出现这种尴尬,与英王在这方面的克制有很大的关系。但话又说回来了,如果其间某位英王真的不够克制的话,英国可能早就没有英王了。

从长远而言,如果取消君主制不可避免的话,这一重大举措肯定还是要在议会中以议案的方式提出,不过提出这一议案之前,肯定是要告知英王并取得英王认可的。由于这种重大的变革不可能不建立在强大的民主

---

① Neil Parpworth, p. 54.
② Neil Parpworth, p. 54.
③ Martin Partington, p. 32.

意愿的政治基础之上,是不以英王的意志为转移的,真到了那个时候,英王同意也得同意,不同意也得同意。即使其不同意,也绝不会影响此类立法议案最终在议会中提出并且通过。面对国内沸腾的废除帝制的声浪,英王只能选择认可该立法议案而黯然宣告退位。担心英王认可程序会成为英国废除君主制的一个宪法障碍,显然是太把英王当回事了。

根据 1967 年《英王认可法》第 1 条第 2 款,英王保留了在议会中亲自宣告的权利。通行的做法是,由众议院的发言人、大法官或者专员分别向议会两院传达英王认可。①

十三、正式生效

在英国议会法律的尾段,通常会有一条名为"简称、生效日期与有效期间"的规定,确定该法律何时生效。但是,如果该条授权制定生效命令,则需要有关部门据此制定该命令。②

关于议会的法律何时生效的问题,并不是一个容易回答的问题。某一法律已经通过了所有的议会程序阶段并获得英王认可的事实,并不能担保其在事实上具有法律效力。因为有些法律是立即生效的,而有些法律却可能在某一指定日期生效。例如,2002 年《国家艺术遗产法》第 8 条第 2 款规定:"本法将自其通过之日起 2 个月后生效。"③

在另外一种情况下,某一法律可通过发布开始生效命令决定其全部或者部分生效。1998 年《人权法》即多次适用了这种方法。根据该法第 22 条的规定,该法的第 18 条、第 20 条、第 22 条及第 21 条第 5 款自该法通过时起实施;而该法的其他规定则根据国务大臣通过行政命令指定生效日期,而且可以基于不同目的对不同条款指定不同的生效日期。④

十四、流产法案

如果某一立法议案在秋季的议会年度结束前还没有完成其所有程序,意味着该立法议案将胎死腹中,并且也不能在下一个议会会期继续走完该议案未完成的程序。从实践角度看,这一规则表明,几乎没有哪个立

---

① Neil Parpworth, p. 189.
② Neil Parpworth, p. 197.
③ Neil Parpworth, p. 196.
④ Neil Parpworth, p. 196.

法议案会在议会年度末提出；同时还意味着，为了在议会年度之初赶上提请议会审议的早班车，有可能导致立法拥堵，其结果是对于某些立法议案的审议未达到在正常情况下应当达到的细致程度。于是，罗宾·库克议员（Robin Cook MP）在其提交给众议院现代化特别委员会的备忘录中建议：应当建立某种机制以便将议案从上一议会年度移交下一会期，但同时要求如此移交的议案必须在一个指定的时限内完成其所有的议会立法程序。① 英国的这一传统做法，即在一个相对较短的时间内通过立法议案，本身具有优越性。

十五、私法案

就立法议案成立的事由而言，私法案是名副其实的以重大公益为基础的立法决策；从数量及重要性上讲，私法案是仅次于公法案的一类法案。由此决定了，私法案立法程序的主体部分与公法案有共通之处，但其自身的性质所决定的一些特点，使二者的立法程序仍有显著差异。

（一）提前公开

由于私法案可能会比公法案授予某些特定的人更多的权利和权力，因此，有必要将这些立法议案的草案在媒体上予以公开，以使那些可能会受到该私法案影响的人能够有效地了解其中的规定。② 至于具体的公开时间，至少应当在一读之前，或者在私法案申请进入或正式进入议会的立法议事日程之后。因为正式进入议会的立法议事日程的时间是一读决定议案交付打印之后。在有关利害关系人（如铁路公司）在院外进行活动以将其项目纳入私法案之时，该立法议案的草稿已经公之于众，以便公众了解其"司马昭之心"，并基于此形成一定的舆论，以便在议会一读时议员们可以参考舆论的意见，决定自己的投票方向。同时，尽早公开私法案也便于其他利害关系人了解其内容，作出反应，包括游说或者通知相关议员为自己的利益投票。

（二）审议员仔细审议

就私事申请议会通过的私法案必须符合议会《议事规程》中设置的条件。每一申请必须接受特别任命的几位审议员（Examiners）的仔细审议。

---

① Neil Parpworth, p.190.
② Neil Parpworth, p.190.

申请人及其议会代理人必须当面接受审议员的盘问。①

议会代理人是一些对于私法案运作程序具有专门知识和专长的个人。英国有数家这样的议会代理人事务所,可以接受议案申请人的聘用,帮助申请人起草立法议案,并为立法议案通过议会两院的相关立法程序提供服务。②议会代理人并不是私法案的申请人在议会的代理人,而是受委托在议会中代理立法事务的代理人,他们并不是议员,而是具有立法专长的律师或者专家。他们提供的是私营律师事务所性质的议会立法服务,就如同普通律师事务所提供的司法服务一样。这种模式不失为一种减少议会立法成本、提高议会立法质量的思路。

(三)委员会审议阶段的司法化

委员会审议阶段的司法化,是就私法案的议会审议程序中的委员会审议阶段而言的一种特色审议程序。在委员会审议阶段,这一程序很大程度上是按照法院的庭审程序进行的。负责审议的委员会像具有准司法职能一样坐堂,并可以听取私法案的提案方或者反对方的法律顾问的代理意见。③此处提到的反对方,是另一私人或者私人团体,而不是对此私法案持不同意见的反对党议员。以铁路私法案为例,提案方一般是某一铁路公司,反对方则是铁路规划线路途经的地段中对修建该铁路持不同意见的地方政府机关、土地所有者,甚至是认为此项计划可能影响途经或者附近栖息的某种鸟类的环保组织。

如果立法议案的提案人以反对方不具有提出对其提案的反对意见的主体资格为由,对反对方的意见进行反驳,如认为反对方与所讨论的私法案没有利害关系,私法案不会影响反对方的利益,反对方是为了他人的利益而非其本身的利益来反对正在审议的私法案等,则将由仲裁法庭(Court of Referees)裁判。该仲裁法庭是议会中由资深后座议员组成的委员会④,其所行使的职能完全是司法性的,因为是否具有主体资格所涉及的关键问题是反对方是否与其反对的私法案具有直接或者潜在的利害关系。为此,需要调取提案方与反对方双方的证据,必要时还要听取证人或者专家证言,这个过程与司法审查案件中法院对被告方提出的原告不

---

① Neil Parpworth, p. 191.
② Neil Parpworth, p. 191.
③ Neil Parpworth, p. 191.
④ Neil Parpworth, p. 191.

具有主体资格的反对事由的审理过程,具有非常大的相似性。

如果私法案本身是一个反对另一议案的议案,则提出该私法案的提案方的法律顾问必须能够确立该反对案成立的理由。如果提案方及其法律顾问未能使审议委员会相信其立案的理由,该私法案将被整体推翻。如果能够立案,则审议委员会接着将考虑另一议案是否需要修改、需要在多大程度上修改。如果某一私法案在委员会审议阶段没有反对意见,整个审议程序就不会那么司法化,主要由提案方回答审议委员会可能问到的任何问题。①

（四）其他议会审议程序

为了最终成为一部法律,私法案必须通过公法案所应经过的每一个程序阶段。在完成众议院的委员会审议程序之后,私法案如果进行了修改,则需要进一步的审议,也就是要在向议会报告程序阶段进行审议,随后即进入三读。一旦通过了众议院的所有程序阶段,私法案就进入贵族院,并在贵族院履行大致相同的程序。贵族院对私法案的任何修改将由众议院重新考虑。如果私法案的文本在两院之间达成一致意见,就可以呈请英王认可了。②

（五）延期审议

对于私法案至为重要的一点是,与公法案在议会年度末未完成所有的程序步骤即意味着失败不同,私法案可以延期审议,并在下一个新的议会会期内完成其未竟历程。③

十六、混合法案

混合法案的生效所历经的立法程序,是公法案与私法案立法程序的混合体。其中的二读、向议会报告、三读程序与公法案相同,在编号及公布等方面都是按公法案对待的。但是在二读之后,如果收到对其提出的反对申请,则混合法案可以交由一个特别委员会进行审议。如果没有接到反对申请,则该立法议案就将移送某一常设委员会或者以全院会议的形式进行委员会审议程序。④ 接受反对者的申请及随后交由一个特别委

---

① Neil Parpworth, p. 191.
② Neil Parpworth, p. 191.
③ Neil Parpworth, pp. 191-192.
④ Neil Parpworth, p. 192.

员会按照准司法化的方式进行审议的程序步骤,是私法案区别于公法案的审议程序特色。混合法案之混合特点,正是通过这一典型程序表现出来的。

就接到反对申请后由特别委员会进行审议的程序而言,如果混合法案的提案人对反对意见的申请人的主体资格提出疑问,则这一争议将由特别委员会进行审议,而不是像私法案那样,由仲裁法庭裁判。为此,审议委员会将在听取双方代理意见的基础上逐条审议该立法议案。① 与没有遇到反对议案的混合法案将移送某一常设委员会或者全院委员会进行审议的委员会审议程序不同,遇到反对意见的混合法案的委员会审议程序是由某一特别委员会进行的,其审议往往比由常设委员会进行的审议更为细致深入。②

委员会审议程序之后,无论是否有修订,混合法案都将进入向议会报告程序。混合议案向议会报告后,议会将议案转给某一常设委员会或者由全院委员会进行审议。随后的立法程序就与其他公法案一样了。接着,混合议案将被移送贵族院,在那里,如果仍有反对意见,则将由某一特别委员会进行审议。两院都同意的混合法案最后文本将按通常程序呈请英王认可。③

十七、议员个人议案

议员个人议案由某一个人或者组织向议会提出申请。此类申请必须在每年的 12 月 27 日前递交议会。④

十八、票决议案

(一)投票表决

在议会会期之初投票表决前 20 名的议员赢得提案机会。⑤

(二)票决议案的内容

赢得票决议案提名权的议员,会遇到压力集团或者其他组织的游

---

① Neil Parpworth,p.192.
② Neil Parpworth,p.187.
③ Neil Parpworth,p.192.
④ Neil Parpworth,p.190.
⑤ Neil Parpworth,p.193.

说。① 政府也会给某个没什么特别想法的议员一个施舍议案。②

（三）审议时间

每届议会会期内都会专门安排时间讨论票决议案，通常是某一星期五的下午，获得提案机会的议员个人议案将提请议会讨论。③

十九、十分钟规则议案

十分钟规则议案可以由任何议员在某个星期二或者星期三下午的提问时间之后提出。提案人可以一并向议院发表一个简短的介绍性的演说，反对方同样也可以随后发表一个演说。④

二十、普通代表议案

由议会中的任一议员根据议会《议事规则》第57条的规定提出，但这类议案通常难以获得足够的议会讨论时间。⑤

二十一、贵族议员议案

贵族议员议案由某一后座贵族议员于贵族院提出，并在通过该院的所有立法程序后，移交众议院审议。

二十二、法律汇编议案

由于涉及对先前的法律的重新颁布实施而非颁行新的法律，法律汇编议案的立法过程不同于通常的立法议案。⑥

（一）大法官提出备忘录

根据1949年《法律规范汇编（程序）法》第1条第1款，如果大法官认为需要对原有法律规范中的错误进行修正并作出细微的改进，可以向议会提出一项备忘录，就这些修正及细微改进提出立法建议。⑦

（二）公布备忘录

大法官向议会提出备忘录后，必须在作为英国议会及中央政府官方

---

① Neil Parpworth, p. 193.
② Neil Parpworth, p. 193.
③ Neil Parpworth, p. 193.
④ Neil Parpworth, p. 194.
⑤ Neil Parpworth, p. 194.
⑥ Neil Parpworth, p. 195.
⑦ Neil Parpworth, pp. 195-196.

公报的《伦敦公报》(London Gazette)上登载一份启事,说明大法官的这份关于法律汇编的备忘录在哪里能够获得。①

（三）向贵族院提案

法律汇编议案将首先在贵族院提出②,因为大法官是贵族院议员。

（四）交两院联合委员会审议

法律汇编议案在贵族院提出后,即送交某个两院联合委员会对该议案、大法官的备忘录和任何已经收到的相关代理意见进行审议。只有当该联合委员会确实相信,议案中所提议的对既有法律的修正及细微改进并没有改变需要通过专门的立法程序才能予以修订的重要的既有法律,该联合委员会才能同意这些修正和改进意见。③ 因此,只有那些并没有改变既有法律规则的实体内容,而仅仅是将其原来散见于《法令全书》中的需要相互参引的条文的字句整合在一起,以使法律规范更为清楚明了、更便于引用的修改意见,才被允许出现在法律汇编议案中。涉及实体规则修改的,即超出了法律汇编的范畴。

（五）向贵族院报告及三读

法律汇编议案在贵族院的向议会报告程序及三读程序通常不安排辩论,其在众议院的许多步骤也大致如此。④ 因此,联合委员会的审议是此类议案的议会审议程序中最具有实质性意义的关键步骤,其他都是走形式。但这类议案的质量并不因此而失去保障,因为修改意见一般是由法律委员会提议的,这是一个相当专业的权威机构,虽然仅有5名正式成员。除此之外,大法官的审议也非常关键,大法官向议会提供的备忘录已经明确列举了拟修正或者细微改进的部分,该备忘录是向社会公开的,社会上的反馈意见将通过议员反映到联合委员会。联合委员会的议员从专业角度对该立法议案的审议,也是非常重要的把关措施。

第三节　委任立法概述

委任立法(Delegated Legislation),就是委托立法、代理立法,自王名扬先生敲定这一译法之后,已成为非常固定的学术概念。英国学者将与

---

① Neil Parpworth, p.196.
② Neil Parpworth, p.196.
③ Neil Parpworth, p.196.
④ Neil Parpworth, p.196.

议会通过的立法相对的另外一种立法形式,分别称为委任立法、次级立法或者附属立法①,这些名词都是指的同一事物,只是名称不同而已。英语中重复命名的现象非常多,我们关于 mother-in-law 有多少译法,英国人就会在法律方面下多少工夫。

英国学者强调,委任立法这个术语本身表明,制定委任立法的权力是由议会委任给议会以外的个人或者组织的。② 这是在坚持议会立法至上原则的前提下得出的必然结论。据此,除议会以外,任何人都不享有立法权,也就是没有固有的立法权。所有的立法权都属于议会,但可以由议会授予其他人行使。当然,此处的立法权不包括对法律的解释权,英国对于法律解释的理解是,只能通过司法判决形成具有拘束力判例的方式实施,而不能通过制定法律解释文件的方式行使。法院或法官在判决以外以法律文件的形式对法律所作的任何名义上的解释,要么上升为有权的议会立法,要么是连判例效力都没有的学术观点或者个人意见。

讨论委任立法,不可避免地要论及议会立法至上原则。议会立法至上是英国宪法、行政法的一个基本原则,是立法领域的基石。委任立法作为一项立法活动,自然无法摆脱议会立法至上原则的约束。事实上,英国学者对于委任立法的所有担心与批评,主要就是其与议会立法相对的非民主性,以及由此产生的对于议会立法至上地位的冲击。从法律渊源来看,议会立法与委任立法同属于成文法,但在法律效力上却分属于不同的层次。最主要区别在于,委任立法不具有至上权威的议会的意志,因而要受司法审查。③ 制定委任立法的权力是由某一通常被称为授权法(enabling Act)或者母法(parent Act)的议会法律规定的。④ 尽管存在层级上的差别,这两类成文法相互融合的结果是,设立公共机构以履行政府的使命,并赋予这些机构提供公共服务所必需的具体权力。事实上,很少有哪一部议会立法能够包容政府提供某一复杂的服务事项所应具备的所有一般规定,而只能列出主要特征,填充具体细节的任务留给了次级立法。在诸如教育、规划及移民等复杂的政府管理领域,律师必须借助同时收录初级立法和次级立法的出版物,以及良好行为规范、中央政府部门的通知及

---

① Neil Parpworth,p.197.
② Neil Parpworth,p.198.
③ Bradley & Ewing,p.648.
④ Neil Parpworth,p.198.

判例法摘要。① 这些都是英国律师所要查阅的主要的法律渊源。

一、委任立法的历史

（一）成文法的历史发展

早期的英国法几乎没有什么制定法，法律的主要形式是普通法。最早的某种形式的成文立法可以上溯至公元 600 年。诺曼（Norman）时期最早的立法是通过皇家宪章（Royal Charter）的形式。英国法历史上成文立法的第一次勃兴出现在英王亨利二世时期。那时的立法有各种称谓，如法令、宪法、规定以及宪章。当时的立法主要是由枢密院中的国王制定的，有时也由某种形式的议会制定，这时的议会还仅仅是由各郡应召的贵族及牧师组成的临时议事机构②，尚不具有现代议会的庄严形式及实体权力。

到了 14 世纪，议会立法变得越来越普遍。议会起初还请求英王立法，但到了后来，议会就自行草拟议案了。在都铎（Tudor）王朝时期，现代的议会立法程序演化完成，特别是确立了三读通过议案的惯例。从都铎王朝开始，议会越来越独立，通过制定法的形式制定法律的做法日益普遍。③ 与此相对的是法官造法，即通过普通法的判例来形成法律规则的方法。值得注意的是，同是法官造法，普通法与衡平法是不同的，司法中的法并不包括衡平法。④

在少数领域，特别是外交政策方面的行为，政府仍然主要依据英王的特权而不是制定法上的权力，即普通法上为英王所独占的权力。但自 17 世纪以来，普通法对英王特权所持的严格态度使得依英王特权行事早已成为例外而非规则。特别是早在 1611 年，英国普通法即确立了如下原则：英王没有通过立法对人民科以义务或者施加限制的保留权力。尽管如此，这一 300 多年前确立的基本原则并没有影响法院在 300 多年后的 1967 年认定英王有权基于其英王特权给予暴力刑事案件的受害者以经济援助。⑤ 这标志着英国刑事犯罪损害赔偿制度的正式确立。当然，法院的认定只是在普通法上确立了该制度的判例基础，而这一涉及刑事损

---

① Bradley & Ewing, p. 648.
② Denis Keenan, p. 12.
③ Denis Keenan, p. 12.
④ Denis Keenan, p. 18.
⑤ Bradley & Ewing, p. 648.

害赔偿委员会的案件本身就说明,刑事损害赔偿制度在此之前已确立了。

直到20世纪以后,制定法才成为一个重要的法律渊源。然而,即使立法的数量已经相当可观,但就法律的总体而言,制定法仍然只占一小部分。英国学者特别提醒我们,英国法的根基仍然是普通法,即使所有的制定法都被废止,英国仍然拥有一个完整的法律体制,单靠制定法本身不可能提供一个法律体系,而只能提供一些互不相干的规则。①

随着议会对经济及社会事务的介入,相应的制定法需要增加了。由于某些领域的法律过于复杂或者新颖,这种形式的法律只能以立法的方式予以规定;因为在这种情况下,似乎不太可能通过向法院提起诉讼进而形成判例的普通法道路,确立这些领域的完整的法律体系。制定法是最终形式的法律渊源,即使制定法与普通法或者衡平法相冲突,制定法必须具有优位地位。制定法是如此重要的一个法律渊源,以致英国有这样的说法:"制定法除不能将男人变成女人以外,可以无所不能。"② 此前笔者曾见过以此描述英国议会主权的中文译文。但此处的原文确实如此。考虑到议会对外表达意志的主要形式是制定法,而且英国的议会至上实质是议会的立法至上,因此,此处的说法更可信。

整个20世纪呈现给我们的一个事实是,政府的运行在很大程度上不是直接依靠议会的立法,而是通过从议会取得的授权制定的规则。这一系列的规模庞大的规则体系就是所谓委任立法,对应建立在议会的法律基础之上的初级立法法律体系。③

(二) 委任立法的历史发展

议案成为议会的法律的正式立法程序从来就不是唯一的立法方法。早在议会初创的年代,就很难区分议会中的国王颁布的法律与枢密院中的国王颁布的立法之间的区别。④

即使到了议会的立法已经成为一个独立的法律渊源之后,英王仍享有宽泛的通过发布宣告立法令颁行法律的权力。⑤

论及委任立法,英国学者将1539年的亨利八世的《宣告立法令》(Statute of Proclamations)视为史上由议会赋予效力的委任立法中最扎

---

① Denis Keenan, p. 12.
② Denis Keenan, p. 12.
③ Bradley & Ewing, p. 648.
④ Bradley & Ewing, p. 648.
⑤ Bradley & Ewing, pp. 648-649.

眼的,虽然早在1531年就有排水方面的委任立法。①

亨利八世的《宣告立法令》,承认英王有权为了"良好的秩序和统治国家"而发布宣告立法令,并且这样的宣告令应当如议会的法律一样予以执行。其中的理由之一是,某些突发事件的产生所要求的快速的救济不可能等到议会开会时,而且这些法令都包含有保护普通法、生命及自由的保留条款。② 也就是说,这些法令并不是完全专断的。尽管如此,这种做法不久还是被废止。这说明,许多举动并不因为其声称的良好动机而被赋予更多的合法性。如果某些做法不符合法治的基本原则,再冠冕堂皇的理由也难成为其继续存在的基础。

亨利八世的《宣告立法令》于1547年被废除,但这并未影响宣告令的施用,亨利八世的名字也始终与有争议的将补充议会的法律的权力委任给行政方面来行使的实践联系在一起。③ 粗看起来,这些宣告令就是后来作为议会法补充的次级立法。但是从国王宣告立法的实践看,严格说来,其立法权不是议会委任的,而是基于国王的特权,但这种特权已经被现代的议会立法至上原则所取代。因此,现代的英王已经不能再通过宣告令的形式行使立法权了,而名义上的国家行政部门所行使的立法权,则都是由议会授予的,不是得自国王。

事实上,议会委任立法权的实践古已有之,甚至比上述英王宣告立法的历史还要久远。其中授权给排水委员会就河流及土地上的排水事宜进行委任立法的做法,可以追溯至1531年。1689年以后,每年度的《兵变法》授权英王制定法规以便更好地管理军队。可见,委任立法的对象也包括英王。直到19世纪,将广泛的立法权委托出去的做法才变得普遍。1833年通过的英国现代第一部《工厂法》授权根据该法任命巡查官制定命令和规章,并且规定违反就此制定的命令和规章者将被判处刑罚。④

另一项广泛的却在长达100年的时间内为法律所规定的权力,就是最早授予济贫法专员在其认为必要时制定和发布所有涉及对穷人的管理以及保障《济贫法》的执行的规则、命令和规章的权力。⑤ 由此看来,英国最早的《济贫法》的首要目的,也是以控制或者限制穷人的人身自由为代

---

① Wade & Forsyth 2014, p.724.
② Bradley & Ewing, p.649.
③ Bradley & Ewing, p.649.
④ Bradley & Ewing, p.649.
⑤ Bradley & Ewing, p.649.

价的有条件的接济。之所以说这一权力广泛,是因为它可以根据济贫法专员自己的判断,即在其认为适当时采取。

19世纪末的英国,将立法权授予中央政府部门及其他公共机构的现象显著增多,根据需要而零星授权的现象不断增多。1893年《规章出版法》试图控制中央政府部门的权力增长,该法创造了一个种属概念"成文法的规则和命令",并要求公布这些规范性文件。[1] 此处所谓成文法的规则和命令,就是与议会的法律相对应的行政机关通过委任立法而形成的成文法律规范,属于与议会立法并列的两个成文法渊源之一。

在两次世界大战期间,议会以非常宽泛的用语授权政府制定涉及战争事务的立法。1918年以后,许多律师及政治家开始关注中央政府部门的广泛的立法权。然而,一个部长权力委员会举行的公开调查得出的结论却是,除非议会愿意将立法的权限委托出去,否则它就无法通过现代公共舆论所要求的足够种类和数量的立法。这个结论显然对委任立法的大行其道起到推波助澜的作用。但是,该委员会同时也对委任立法的危险性给予了相当的重视,并提出了大量的防止其权力滥用的保障措施。1946年,《成文法律规范法》(Statutory Instruments Act)取代了1893年《规章出版法》,并推动了一场巨大的委任立法程序的统一运动。[2]

对今天的政府而言,它们运用了许多更为不正式的规则制定方法。这些方法有时是由议会的法律直接授权的,但据此制定的规则的法律地位却有可能是相当不确定的,例如,根据1971年《移民法》制定的移民规则。制定法经常授权的两种行政立法文件是,良好行为规范(codes' of practice)和指导意见(notes of guidance)。这两类行政立法文件并不具有委任立法的全部法律效力,而且一般也没有强制执行力;由政府部门来自行选择是遵循还是予以适当变更。但是,地方政府机关必须遵循中央政府部门根据制定法制定的指导意见,除非地方政府机关能够说出一个响当当的不予遵循的理由。[3] 超出我们一般人的想象因而具有法律上予以强调意义的是,地方政府机关提出这些理由的场合,可能是在中央政府部门提起的以相应地方政府机关为被告的行政诉讼中。

---

[1] Bradley & Ewing, p.649.
[2] Bradley & Ewing, p.649.
[3] Bradley & Ewing, p.663.

二、委任立法的必要性

从对日常生活的影响程度看,委任立法是一个极其重要的法律渊源,其数量也远远超过议会的立法,对人数众多的社会成员的日常生活能够产生实质性的影响:如工业方面的安全生活规范、道路交通条例、与国民教育有关的规则等。① 从专业学者的角度看,没有比委任立法更具特色的行政行为了。仅仅从规模上考察,经政府提议通过的立法的数量占了议会立法数量的多数。②

一般英国学者认为,委任立法的必要性在于:一是议会的讨论时间不足;二是议会的立法速度不迅;三是立法事项的技术性强;四是需要地方知识;五是具有灵活性;六是适应未来需要,弥补议会立法无法预见法律的实施所引发的问题。③ 然而,致使议会必须委任立法的两个基本原因是,议会审议时间不足所产生的压力和立法事项的技术特性。如果议会不得不仔细地批准每一成文法律规范的话,委任立法的根本目标将会受挫。④ 就是说,与其仔细地审议并批准每一成文法律规范,议会还不如自己亲自制定同样内容的立法,如果审议的时间和难度相当的话。

多诺莫尔委员会(Donoughmore Committee)在 1932 年《部长权力委员会报告》(Report of the Committee on Ministers' Powers)中提出:为某些特定目的在一定范围内设立一个委任立法体系,并将其置于某些监督保障措施之下,无论其合法性还是合宪性都是值得期待的。⑤ 多诺莫尔委员会报告中提出的设立委任立法体系的前提条件(即在一定范围内、将其置于某些监督保障措施之下),在强调委任立法的必要性的同时,始终没有放松委任立法本质上的从属性以及由此产生的监督的必要性。按照该委员会的思路,如果没有充分的把握确保委任立法之有效地臣服于议会立法之下的谦卑地位,则宁可不要委任立法。

在明确委任立法的前提条件的基础上,多诺莫尔委员会提出了建立这一体系的几大理由⑥:一是某些现代立法的技术性实质使之不适合被

---

① Elliott & Quinn, p.51.
② Wade & Forsyth, p.838.
③ Elliott & Quinn, pp.51-52.
④ Bradley & Ewing, p.656.
⑤ Neil Parpworth, p.197.
⑥ Neil Parpworth, p.197.

容纳于某一立法议案之中,因为与此相关的问题不可能在议会中进行有效的讨论,这主要是指涉及高度专业化、技术性的议题;二是对于庞大而复杂的改革计划而言,行政方面很难及时将其整理出来并写进一部议会立法议案之中,通常这只能在事后的某一时间内完成;三是委任立法具有相当的灵活性,对委任立法的改进可以不需要修订议会立法;四是委任立法可以适应对紧急立法作出反应的需要。

(一) 议会会期的压力

由于在一年内需要议会通过的立法的数量与相对有限的可以用于立法的议会时间之间的矛盾,议会不可能通过所有必要的立法。[①] 如果议会想自己制定所有的法律,立法机器将会崩溃,除非对审议议案的程序进行激烈的变革。将立法权授予某一执掌公共服务的政府部门,自然就消除了产生立法修正案的必要。虽然许多成文法律规范都要提交议会,但只有其中的一小部分能够产生需要议会两院花费非常小的比例的时间来加以考虑的问题。[②] 事实上,议会对于向其提交的法律性文件中的绝大多数是不进行实质性审议的,只保留审议的权力而已,即使审议也只是花费非常有限的时间,占其会期的很小比例。

(二) 立法涉及的实体问题的技术性

通常,成文法律规范一般用于规定细节性的技术性事项,这些事项如果不以这种方式处理,而是塞在一部法案中,难免会把整部法案弄成一锅粥(clutter up a Bill)。[③] 现代立法中,立法的核心问题或者说实体问题往往涉及复杂的技术性因素。就这些技术性问题进行立法,需要先征求专家及利益群体的意见。将立法权授予大臣会便于实施这种咨询活动。立法议案通常被视为秘密文件,其文本直到提交议会讨论并一读时才予以公开,在准备委任立法时则不会因这种秘密的习惯而影响立法的进程,同时这也有助于避免成文法律规范中出现过于专业性的、只有相关方面的专家才容易理解的规定。[④]

例如,1974 年《职业健康及安全法》(Health and Safety at Work Act)为雇主设定了必须确保所有雇员在工作场所的健康、安全和福利的强制

---

① Neil Parpworth, p. 197.
② Bradley & Ewing, p. 650.
③ Neil Parpworth, p. 203.
④ Bradley & Ewing, p. 650.

性义务,并就有关工作场所的健康、安全和福利事宜发表一份政策声明,就其政策如何被遵循及更新作出安排。①

(三) 灵活性的需要

当某一新的公共服务领域创立之时,很难预见其运行过程中所可能产生的操作上的困难,也不可能频繁地求助议会的立法修正案来对其进行调整。委任立法可以满足这种要求。当社会负担费或者说人头税根据1988年《地方政府财政法》开始征收后,仅在1989—1991年,有关政府部门至少制定了47项规章。但尽管有如此大规模的委任立法权力的行使,仍不能避免该法沦于失败。② 此外,英国议会中非常普遍的一种委托给部长的权力就是发布命令而使制定法的全部或者其部分付诸实行。③ 这是授权相关部长审时度势,以决定相关法律付诸实施的恰当时机。这对于那些涉及众多既有法律的调整及前瞻性立法的实施,显然是一项非常实用的立法技术和管理手段。

例如,地方政府机关的开支构成了所有公共开支的一个非常重要的部分,因而有必要由中央政府实施严密的规制,但是中央政府机关对地方政府机关财政的其他任何部分的控制总体上都没有对地方政府机关的资本财政严厉。为了达到此等强化控制的目的,同时也为了避免对那些根据已经被证明是必不可少的资本控制先例制定的初级立法进行过于频繁的修订,对地方政府机关的资本财政实施控制的手段中有许多都是由根据条例制定的次级立法予以调整的。④ 对此,英国学者形象地指出,对于地方政府机关的资本财政的控制而言,可以说存在"小鬼当家"(the devil is in the detail)的局面,因此,这些时常变动的规范就不可避免地与许多立法抵触,其中包括许多故意地仅赋予其有效期限的规定。⑤ 英国学者此处所暗示的,正是中国立法者也比较熟悉的一种立法技术,即故意通过低层级的立法规定一些与上位法抵触的内容,同时限定这些内容的有效期限,在启动相应的限制性措施或者救济手段来制止、纠正这些违法的规定之前,其有效期限已经过。⑥ 解决这一问题的根本还在于,提高次级立

---

① Andrew Arden, p. 379.
② Bradley & Ewing, p. 650.
③ Bradley & Ewing, pp. 650-651.
④ Andrew Arden, p. 450.
⑤ Andrew Arden, p. 450.
⑥ Andrew Arden, pp. 450-451.

法的质量,如果从长期的规范效果看,议会并没有发现中央政府明显的失控或者控制过度问题,地方政府机关也没有对实际上主要由中央政府通过未经议会批准的次级立法实施的控制有过多的不满,各方就可以继续在既有格局内相安无事;但只要议会或者地方政府机关感觉到了明显的不合理,议会就可以直接地或者地方政府机关通过本地方在议会中的议员间接地对次级立法实施干预。干预的方式可以是要求政府修订相应的次级立法,或者直接通过立法程序调整据以作为政府次级立法根据的授权法。

(四)紧急状态

在国家处于紧急状态的时候,政府需要采取快速行动并超出自己通常所享有的权力。许多国家的成文宪法都包括有关紧急状态的规定,其中的重要内容之一就是暂时中止对于个人自由所设置的保障。虽然英王享有某种界定得不十分明确的保留的英王特权供其在国家危难之际使用,但是,1920年《紧急权力法》对此作了永久性的规定,赋予行政主体在某些紧急情势下进行立法,但这种立法要接受议会的事后监督。①

在北爱尔兰于1972年恢复由英国政府直接统治之后,枢密院被赋予了广泛的制定北爱尔兰立法的权力。这使得通过枢密院令为北爱尔兰制定法律成为可能,而这一程序并不需要全面的民主讨论。②

三、委任立法的分类

委任立法的分类,即委任立法的法律形式,是委任立法作为一种法律渊源的具体表现类型。在法律渊源上,委任立法区别于普通法、不成文法,属于成文法的范畴。

(一)按立法主体分类

按立法主体分类,英国的委任立法包括行政立法、议会单独一院的立法、法院的立法以及权力下放地区的立法。行政立法是由行政方面,包括议行合一的地方政府机关及公法人、非政府管理机构实施立法。法院的立法属于司法方面的立法,这些内容下文将详细介绍。议会单独一院的立法、权力下放地区的立法,属于立法机构实施的委任立法,这些内容与我们通常理解的委任立法是有出入的,在此先予介绍。

---

① Bradley & Ewing, p.651.
② Bradley & Ewing, p.651.

1. 议会单独一院的委任立法

根据 1911 年和 1949 年《议会法》规定的程序，法律是可以不经贵族院的批准而通过的。但是该规定授出的仅仅是委托的权力，而非主权权力本身，据此通过的法律的合法性来自授权者的权威，这就是委任立法的特点。① 从某种意义上说，由于议会是由英王、众议院与贵族院组成的，根据 1911 年和 1949 年《议会法》通过的法律属于议会将其立法权限委托给一个"从属的"(subordinate)的、仅仅由英王和众议院组成的议会制定的法律。② 主权立法(sovereign legislation)可以当然地取得自己的合法性而不必依附于其他更高的权力，法院必须毫无保留地接受这一点。更为重要的是，任何按照《议会法》通过的法律（委任立法）的有效期都不得超过议会的任期，也就是最长 5 年③，而主权立法的时间效力则是没有任何限制的。④

据此，根据 1911 年和 1949 年《议会法》规定的程序通过的法律的合法性的基础，与其他经过议会两院及英王（"议会中的国王"）制定的法律不同，并不具有当然的主权权力，只是根据《议会法》的授权而取得了临时的合法性。或者说，《议会法》授权众议院可以在未经贵族院同意的情况下通过法律，但如此通过的法律的权力基础是 1911 年和 1949 年《议会法》委托的权力，不是宪法性的议会立法至上意义上的主权权力。

众议院的此种立法形态不是我们一般意义上所理解的委任立法。如果此种立法形态也属于一种委任立法的话，那么，可以这样理解英国的议会立法至上原则：首先，立法权属于议会，即英王及贵族院、众议院两院共同组成的三位一体的立法主体，而不是单独的某一院，特别是众议院；其次，经上述立法主体通过的立法是主权立法，是至上的，而由议会中某一院行使的立法权力是委托的权力，由此产生的立法结果可以归入委任立法的范畴。

2. 权力下放地区的委任立法

尽管英国中央政府对苏格兰、威尔士及北爱尔兰地区的权力下放具有伟大的宪法重要性，但并没有动摇英国议会立法至上原则的根基。苏

---

① Wade & Forsyth, pp. 25-26.
② Neil Parpworth, p. 74.
③ Parliament Act 1911, s. 2(2).
④ Wade & Forsyth, p. 26.

格兰地区议会的法律确实获得了国王的批准,但是这些法律的权威来自英国议会1998年《苏格兰法》,该法第28条明确保留了英国议会为苏格兰制定法律的权力。① 即尽管在一般情况下苏格兰地区议会可以制定苏格兰范围内的法律,但如果英国议会制定的法律将苏格兰一并纳入其调整范围,也是完全可以的。

除此之外,苏格兰地区议会的立法权力还受到一长串"保留事项"(reserved matters)②的限制,这些保留事项都是在苏格兰地区议会的权力范围之外的,而且中央政府有权通过枢密院令调整保留事项的范围。③苏格兰地区议会的立法属于一种特殊形式的委任立法,基本上类似于政府委任立法。④

1998年《北爱尔兰法》的结构与《苏格兰法》大致相同。1998年《威尔士政府法》仅将次级立法权(powers of secondary legislation)授予威尔士地区议会,具体的授权范围是,中央政府将业已存在的部长权力移交给威尔士地区议会,但是该议会通过的立法议案必须同时取得英国议会两院的同意。⑤ 由此可见,在英国,委任立法与次级立法是两个性质不同但又不易区分、偶尔还混用的概念,不能说次级立法就是委任立法的一种形式,因为次级立法可能包括地方议事会根据中央立法制定本地方实施细则的权力(这是一种职权立法行为,而不是委任立法),或者地方议事会在不与中央立法相抵触的情况下以及在中央立法不管而由地方保留的范围内实施地方立法的权力,因为其不得与上位阶的议会立法(初级立法)相抵触而称为次级立法。

3. 中央委任立法与地方委任立法

这种分类是我们所熟悉的,但英国学者并不从这个角度看问题。如果硬要向我们靠拢的话,则本节讨论的成文法律规范基本上可以划为中央委任立法和与之对应的地方立法。地方性立法未必都是地方立法,因为中央会为某一特定地方立法,地方也会支持或者阻挠中央针对地方的立法。

---

① Wade & Forsyth, p. 26.
② Scotland Act s. p. 30.
③ Wade & Forsyth, p. 26.
④ Wade & Forsyth, pp. 26-27.
⑤ Wade & Forsyth, p. 27.

(二) 按效力层级分类

按效力层级分类的最主要结果是初级立法与次级立法。英国学者认为,成文法这一术语包括两类法律:议会制定的法律和委任立法。成文法卷帙浩繁。1998年,有49部一般公法律(Public General Acts)付诸实施,总计3117页。而同一年中公布的成文法律规范则超过3300页。虽然其中有许多是仅具有地方适用效力的,但当年出版的一般法律文件仍有9卷、总计超过7400页。①

1998年《人权法》明确地将该法所界定的"初级立法"和"次级立法"区分开来。这样区分是为了避免法院以与《欧洲人权公约》规定的权利不一致为由,将议会的立法弃置不顾或者宣告无效。② 因为法院是可以直接对次级立法作出这样的宣判的,而且《人权法》第10条专门授权政府对初级立法中与《欧洲人权公约》规定的权利不一致的内容采取相应的补救措施。英国学者认为,这也属于议会对其初级立法所设定的特别保护。因为在同样的情况下,次级立法就直接被法院废除了。

但是,《人权法》对于初级立法与次级立法的划分界限不甚明确的一点是,许多不是议会立法的措施也被纳入了初级立法的范围③,包括根据初级立法制定并修订议会立法的文件,以及基于英王特权而发布的枢密院令等。对此,英国学者指出,很难弄明白为什么某一部长决定运用亨利八世的语句修订某一制定法就构成了与《欧洲人权公约》确立的公约人权的不一致,而部长的这一决定本身却应当按照议会立法处理。④

之所以出现这种连英国学者也认为奇怪的初级立法与次级立法的混同现象,究其根源,主要是英国的立法体制与欧洲大陆国家的立法体制的区别:许多在欧洲大陆国家应当由议会通过初级立法规定的事项,在英国是由政府以枢密院令规定的。但在英国国内这样做,无论是出于英王特权还是其他现实的理由,从遵循英国加入的《欧洲人权公约》的要求看,如果不给予以枢密院令的形式颁布的成文法律规范以初级立法的地位,英国显然就要承担比其他《欧洲人权公约》成员国更多的义务。为此,英国的《人权法》从实际出发,将那些与其他欧洲国家比较时应当被纳入初级

---

① Bradley & Ewing, p. 648.
② Bradley & Ewing, p. 654.
③ Bradley & Ewing, pp. 654-655.
④ Bradley & Ewing, p. 655.

立法范畴并加以同等保护的规范,在《人权法》中纳入初级立法的范畴,因为这些规范与次级立法的区别要明显多于其与初级立法的区别。

（三）按受权对象分类

所有的委任立法的授权主体都是唯一的,即议会。至于接受授权法授予权力的对象则包括两大类,其中最值得注意的是英王大臣。其他有权制定委任立法的机构包括:有权制定条令的地方政府机关,有权制定与法院的诉讼有关的规则(Rules of Court)的各个法院的规则委员会。①

（四）按授权的宽泛程度分类

委任立法的授权法有宽泛授权与严格授权之分。例如,1993年《清洁空气法》(Clean Air Act)授权国务大臣制定条例以确定在锅炉或者内燃机中使用的燃油的含硫量的上限。②

（五）按立法形式的分类

委任立法的表现形式,严格说来也是有关英国委任立法分类的研究课题,即作为委任立法表现形式的几个法律规范名称的准确译法、具体内涵及相互关系。问题的关键在于,英国学者对于其法律体系中存在的各个法律规范名称的归类既随意又相互龃龉。有英国学者认为,从常识角度看,委任立法包括三种主要形式③:

① 成文法律规范,或可译为成文法律文件,由中央政府部门制定。1946年《成文法律规范法》将其进一步划分为立法性文件和执行性文件。④

② 条令,是由地方政府机关、公共机构及国有化机构制定的,必须经过中央政府的批准。

③ 枢密院令,主要是由政府在紧急状态下制定,由相关的中央政府部门起草,经枢密院批准并由国王签署。

事实上,这三类法律规范之间的区别,有时是非常模糊的。如下文所言,英国学者也必须仔细斟酌,才能确定议会授权政府以枢密院令形式制定的成文法律规范与根据英王特权无须议会授权而由政府颁行的枢密院令之间的区别。条令与成文法律规范之间,有时也难以明确区分。

另有英国学者将委任立法区分为一般类型(general types)的委任立

---

① Neil Parpworth, p. 198.
② Neil Parpworth, p. 198.
③ Elliott & Quinn, p. 51.
④ Bradley & Ewing, p. 641.

法与特殊类型(specific types)的委任立法。其中一般类型的委任立法包括枢密院令(Orders in Council)、条例(Regulations)、命令(Orders)、指示(Directions)、规章(Rules)及条令(Bylaws)。特殊类型的委任立法主要是规制改革令(Regulatory Reform Orders)。① 而按照我们的分类标准,规制改革令绝对不应当成为一种与枢密院令、条例、命令、指示、规章及条令等并列的分类,但笔者研究其内容发现,其核心是一种非常具有开创性、改革性的空白委任立法,值得专门推介。

比较上述两个较有代表性且观点对立最为悬殊的分类方法,第二种分类更符合我们的习惯,而第一种分类虽然在表述上看似与第二种差距极大,但对英国委任立法进一步研究发现,其所谓成文法律规范正是第二种分类中所说的条例、命令、指示、规章,两种分类方法还是基本共通的,当然英国学者对此也有不同的看法。

1. 枢密院令

枢密院令是行使某一授权法赋予的权力以枢密院名义发布的一种委任立法性质的命令。例如,1920 年《紧急权力法》(Emergency Powers Act)第 2 条赋予枢密院在已经宣布紧急状态的情况下制定枢密院令。② 从这个例子看,制定枢密院令的授权范围要宽泛得多,近乎空白授权。

某些立法权要授予枢密院中的国王,而另外一些授予指定的部长,理由在于,某些权力可能需要由中央政府的任何一个部门行使,而其他的则只需要由一个部门行使;当然,枢密院令要正式得多,因而更适合于某些类别的立法活动。③

2. 条例、命令、指示、规章

据英国学者介绍,条例、命令、指示、规章这几个术语在议会的委任立法中往往互换使用。1932 年,多诺莫尔委员会为精确地使用这些术语曾提出如下建议:"条例应当用于命名那些行使制定实体法律的权力而制定的委任立法文件;规章指行使制定程序性立法的权力而形成的委任立法;命令则指行使行政权或者作出司法和准司法决定的权力而形成的委任立法。"④ 该委员会明确区分行使行政权、行政司法权与行使委任的立法权。

---

① Neil Parpworth, pp. 198-202.
② Neil Parpworth, p. 198.
③ Bradley & Ewing, p. 654.
④ Neil Parpworth, p. 199.

因此，在该委员会看来，立法权不是行政权，而是行政机关行使作为立法机关的议会委任的权力；行政权肯定不包括立法权，但可以包括准司法权。

在本书中，笔者将 Regulations 译为条例，国内也是将中文的条例译为 Regulations。但从英国立法的实际，特别是从此处明确表明的立法主体看，Regulations 只是国务大臣制定的规范性文件，但此处的国务大臣不是一般的部长。例如，1984 年《建筑法》(Building Act) 第一部分要求基本地方政府机关以及二级制地区的区议事会必须负责落实由国务大臣制定的《建筑条例》(Building Regulations)。① 1991 年《地方政府机关(成员津贴)条例》编入了英国成文法律规范汇编。英国确实存在国务大臣制定的规范性文件之上的成文法律规范，如以枢密院令形式颁布并提交议会备案的法律规范，就比不以枢密院令形式而以国务大臣令的形式提交议会备案的规范性文件的级别要高一些。这一事实说明，虽然英国学者称 Regulations 是由国务大臣制定的，但就其实际操作而言，其实是由国务大臣制定后报议会备案，议会有权审议甚至否决，但通常并不作实质性审议，而使之具有施行效力；并且，这些法律文件凡编入成文法律规范汇编的，都应当属于法令性质，具有与法律近乎相同的拘束力，因此，还是将其译为条例而不是规章。这样的话，我们将我国国务院的行政法规译为 Regulations 可能使英国人产生误解，应译为枢密院令。中国的国务院(英译为 State Council)不同于英国的枢密院是人所共知的，但唯其如此，才使得这种译法不会让英国人产生概念上的混淆。

制定此类委任立法的权力通常授予政府部长，但法院规则委员会也被授予了制定法院的程序规则的权力。② 因此，不能简单地说部长立法都是以枢密院令的形式，或者以条例、命令、指示、规章的形式颁布的枢密院令以及条例、命令、指示、规章都是部长立法的表现形式，这些还不是我们通常所说的部长立法的全部，因为还没有包括公法人、非政府独立机构的立法(类似于我们的事业单位委任立法)；更不是我们所说的行政立法的全部，因为其中还没有包括地方立法，即条令。从法律授权这一点看，英国的国务大臣制定的条例属于委任立法，而非职权立法(这一点与我们的行政法规不同)，没有议会某一单行立法的单独、明确的授权，

---

① Andrew Arden, p. 85.
② Neil Parpworth, p. 199.

国务大臣并不拥有一般的就其主管事项制定此类条例的权力。因为此类条例是议会立法授权制定的，才相应地产生了须向议会报备的必要性。

3. 条令

条令是由地方政府机关、公法人及某些非政府独立机构制定的委任立法。制定条例的权力也由议会立法授予，但条令生效前必须获得某一国务大臣的确认。① 这一点不同于以枢密院令或者条例、规章、命令、指示形式行使的委任立法权，说明条令的立法权不但是一种委任的立法权，而且是一种受中央政府行政方面节制的双重管束下的立法权。一旦制定了某一条令，该条令将约束所有的当地居民，以及与该条令有关的地区、组织或者个人。例如，某一列车的乘客将受禁止在客车内吸烟的条令的拘束，见 *Boddington v. British Transport Police* (1999)。②

如果某一条令未得到遵守，则制定这一条令的机构可以通过提起刑事诉讼实施该条令。违反某一条令的法律后果通常是科处金钱惩罚，也可以通过强制令以避免对条令的进一步违反。③ 由此看来，制定机关不能直接处罚违反条令者，更不能直接对其采取强制措施，只能通过刑事诉讼起诉违反条令者。违反强制令的后果是被判蔑视法庭罪，可以判处自由刑，拘束力要更强一些。

（六）准立法

准立法（quasi-legislation）又可以译为非议会立法的立法，这是以法律文件的制定主体是否为议会为标准的分类，而且逻辑上可以把法律文件分为议会的法律与非议会的法律，即准立法。但这种分类方式在实践中意义不大，正如将生物界划分为人与非人生物一样，逻辑上很完美，但华而不实，解决不了学术研究与实务领域的具体问题。事实上，在英国学者的著作中极少见到准立法的说法，仅在介绍法律规范的绪论部分偶尔提到。

用英国学者的话说，准立法是一个专门用来指甘兹（Ganz）教授提到的那些"具有不能由法院直接付诸实施的共同特点的范围广泛的规则"。属于此类规则的包括：公告（circulars）、指导规范（codes of guidance）、良

---

① Neil Parpworth, p.199.
② Neil Parpworth, p.199.
③ Neil Parpworth, p.199.

好行为规范(codes of practice)、指导意见(guidance notes)以及规划政策指导意见(planning policy guidance notes)等。但是,由于准立法是一个范围非常宽泛的术语,因此,这些法律文件之间并没有多少共同之处就是情理之中的事了。但甘兹教授还是指出了准立法的某些共同之处①:一是使用易于为非法律专业人士所理解的非技术性语言。二是都比较灵活,因此易于起草和替换。三是一般是为了保障所针对的对象能够以统一的标准行使其享有的权力。四是这些文件的出台都是建立在这样一个信念的基础之上:劝导(persuasion)而非强制(compulsion)更有助于实现目标。从更长远看来,这些目标的实现无疑将有助于权力行使的最终目标的实现,这正是准立法对行政权的行使加以非强制性约束的根本目的所在。五是这些法律文件代表着就某一事项直接进行立法与根本不立法之间可以让人接受的妥协。由于这些指导性的法律文件本身能够有一定的劝导效果,因此不能视为没有立法;但这些文件毕竟没有可以付诸法院强制施行的效力,因此还谈不上是立法,只能算介于二者之间。

四、成文法律规范

成文法律规范(或译为成文法律文件)这个概念在英国公法中经常出现,其编号(S.I.)更是经常出现在许多引注中。但正如下文所要讨论的,对于这类规范的具体所指,或者说涉及的规范性文件的具体范围,英国学者的意见并不统一,他们认为法律对此并没有一个明确的交代,亦可以说他们对法律已经交代的内容理解不一。笔者揣摩,英国的成文法律规范其实就是指刊登在《成文法律规范汇编》(Statutory Instrument,注意是大写,故简写为SI,但用于编号时则为 S.I.)这一官方法律公报上的规范性文件。按照这一简单标准,凡登在上面的就是成文法律规范,否则就不是。因此,成文法律规范并不是一个可以与枢密院令并称的分类概念,因为枢密院令中有许多也会刊登于上,而作为成文法律规范最主要内容的条例、命令、指示、规章等部门立法,却不一定都能刊登于上。当然,这种区别在实践中的意义不大,因为绝大多数情况下,中央政府的行政立法基本上就是成文法律规范,从英国学者介绍议会对政府立法的程序性制约时所讨论的重点正是成文法律规范的立法程序这一点上,可以得到印证。

---

① Neil Parpworth, p.206.

(一)成文法律规范的称谓

不同种类的成文法律规范分别有不同的名称,包括规章、命令、条例、委任状(warrants)、方案(schemes)乃至许可证(licences)、决定(directions)。其中的某几个可能同时出现在议会的同一法律中,以区别运用不同的权力所应采取的不同程序。①

英国议会立法措辞的多样性,从另一个方面反映出英国法官对议会立法用语的宽容,也赋予了法院解释的可能性和空间。当然,主要原因还在于,这些用语在议会立法中的交叉互换并没有引起误解。议会的制定法中使用不同的术语,显然不是为了避免单调和枯燥,而是为了区分不同的权力及其相应的适用程序。

实践中,条例主要指具有广泛而普遍的重要性的事项。在立法事项主要涉及程序问题时制定规章,由法院制定的诉讼程序规范则称规则,例如,民事诉讼规则。命令的用法则不是十分统一,一项枢密院令可以将议会立法的一部分或者全部付诸实施,而在《城镇及乡村规划法》中,一项普遍性的发展命令则包含了许多控制城镇发展的具体规则。②

给以上用语上的多样性添"乱"的是,成文法还有可能授权制定良好行为规范等规则,并针对未履行这些规则的行为规定了各种各样的惩罚。但是,这些措施必须与那些非正式的行政性的规则(指导、通知等)区别开来,后者是不需要成文法明确授权的。③

(二)成文法律规范的立法界定

1946年《成文法律规范法》将制定、确认或者批准命令、行政规则、条例及其他次级立法的权力授予某一部长,此项权力应当通过颁布成文法律规范的形式行使,因此,任何行使此项权力形成的规范都被称为成文法律规范。同样,授予英王的权力形成的枢密院令,也属于成文法律规范的一种形式。因此,成文法律规范是特定类型的委任立法的总称。④ 按照该英国学者的理解,成文法律规范包括两类:一类是议会立法授权部长制定的命令、行政规则、条例及其他次级立法;另一类则是枢密院令。

但其他英国学者则认为,尽管有1946年《成文法律规范法》,英国行

---

① Bradley & Ewing, p. 654.
② Bradley & Ewing, p. 654.
③ Bradley & Ewing, p. 654.
④ Neil Parpworth, p. 202.

政法中的术语统一问题仍然没有彻底解决。"成文法律规范"是一个外延宽泛的术语,可以包容各种形式的受 1946 年的同名法调整的次级立法。该法的调整范围涉及 1946 年以前通过的众多议会立法中授予部长们行使的各项委任立法权。对于此后通过议会立法授权制定的法律文件,则可以分为两类:一类是基于议会授予"枢密院中的国王"的立法权的行使而形成的法律文件,在议会的授权法或者称母法中,明确要求这种立法权要以枢密院令的形式行使;另一类是议会授予英王的某一大臣以委任立法权,并在授权法中明确表示应当以成文法律规范的形式行使该立法权。① 后一类成文法律规范,是狭义的成文法律规范。

(三) 成文法律规范的结构

对于那些以成文法律规范形式公布的委任立法,其序言部分总是阐明其立法权的来源。例如,2002 年《博彩(调整金钱限额)令》[Lotteries (Variation of Monetary Limits) Order]即声明:"国务大臣行使 1976 年《彩票及娱乐法》(Lotteries and Amusements Act)第 18 条第 1 款及第 24 条第 2 款赋予的权力,制定如下命令。"②

成文法律规范的文本中将包括制定时间、提交议会的时间以及付诸实施的时间。为了识别起见,每一成文法律规范除了标题,还有一个编号。成文法律规范的引用由其制定年份与其名字构成。③ 例如,2002 年《博彩(调整金钱限额)令》在引用时可以 S. I. 2002/1410 代替。御书房每年刊布超过 3000 件成文法律规范。④

(四) 成文法律规范枢密院令与英王特权枢密院令

1946 年《成文法律规范法》所指的第一类成文法律规范,即成文法律规范意义上的枢密院令,必须区别于同样采取枢密院令形式的英王特权令,这种特权令根本不是成文法律规范,虽然为了方便起见,其中的某些特权令也收入每年出版的《成文法律规范汇编》中。⑤

(五) 成文法律规范与条令

"成文法律规范"并不包含条令以及对于强制征购令的确认等。⑥ 这

---

① Bradley & Ewing, p. 654.
② Neil Parpworth, p. 198.
③ Neil Parpworth, pp. 202-203.
④ Neil Parpworth, p. 203.
⑤ Bradley & Ewing, p. 654.
⑥ Bradley & Ewing, p. 654.

种确认由中央政府部门实施。

值得注意的是,条令只适用于某些局部的或者特定的公共领域,通常由地方议事会或者制定法的执行者制定,并需要在其生效之前获得部长的批准。① 这样一来,条令的位阶又比经议会批准的成文法律规范低了一级。条令在个别情况下用于中央政府部门的立法文件,如 1990 年国防大臣制定的条令。② 这与英国的分权制传统有很大的关系,由于中央与地方事权存在传统划分,中央立法权与地方立法权也有对应的区分,尽管英国议会因其至上的法律地位可以在所有领域行使立法权,但在其没有行使立法权的领域,地方立法权的存在是受英国普通法保障的。这些立法权制定的主要就是条令,其位阶要比议会的法律低,而其立法的根据可能并不完全是议会立法。由于二者调整对象的不同,一般情况下没有直接对抗的可能性。而附属立法及委任立法,都是与中央立法权及议会立法相对而言的,其立法的根据来自法律,不是传统事权,因此,才有所谓次级与委任之说。

(六) 其他不属于成文法律规范的委任立法

还有其他类型的根据制定法授权制定的规则也不属于成文法律规范,例如,根据 1971 年《移民法》制定的移民规章,由选举委员会根据 2000 年《政党、选举及全民公决法》制定的规章。③

五、中央委任立法

根据 1989 年《地方政府法》第 150 条的规定,国务大臣享有一项通过制定条例设定收费的权力。按照英国学者的理解,这一权力只能用于赋予地方政府机关收费的权力,但不能设置收费的义务。收费的数额可以由地方政府机关裁量,或者规定不能超过某一最高限额。如果采取规定最高收费限额的方式,则既可以采取单一限额制、针对不同情况的比例制,也可以采取固定数额,或者根据某种计算方法确定数额。④

国务大臣制定的这种设定收费权的条例,可以适用于任何相关的地方政府机关。这些条例适用于其所规定的行为,但不适用于那些已经存

---

① Bradley & Ewing, p. 663.
② Bradley & Ewing, p. 662.
③ Bradley & Ewing, p. 654.
④ Andrew Arden, p. 448.

在收费的权力或者义务的职能。如果此类条例既有的规定中仅规定了收费的权力而没有规定收费的义务，则国务大臣有权通过另行制定条例并在新条例规定的范围内废除、修订或者替代既有的规定。特别是，国务大臣制定的这些收费条例不适用于任何其收益全部或者部分划入国家常年基金的收费，也不适用于构成地方税收入的收费。①

国务大臣制定的允许收费或者废除、修订、替代既有的规定收费的条例，不适用于"杂务"(excepted functions)，包括：① 学校教育；② 提供公共图书馆服务；③ 消防；④ 选民登记；⑤ 选举行为。②

国务大臣制定此类旨在为地方政府机关设定收费权的条例，必须提交并获得英国议会每一院的批准，也就是必须走严格的议会确认程序。③

六、地方委任立法

英国的条令及地方性立法，也属于委任立法的范畴，但由于地方组织法如今已经另立门户，不再是宪法、行政法研究的议题，故在宪法、行政法领域中已不是讨论的重点。

（一）条令

1. 立法权限

区议事会、郡议事会、郡自治市议事会以及伦敦的自治市议事会，都享有一项普遍性的制定地方性法规的权力：为了良好地治理和管理所在地区或者该地区某一部分，以及为了阻止或者抑制该地区可能发生的滋扰行为而制定地方性法规。④ 但阻止或者抑制该地区可能发生的滋扰行为是一个选择性的立法目的，并不是所有条令都当然具有的目的。⑤

如果在有关地区可以适用的议会立法中已经为这一立法目的制定了法律，或者根据该议会立法可以制定这样的规定（例如通过次级立法方式），那就不能再制定条令了。⑥

---

① Andrew Arden, p. 449.
② Andrew Arden, p. 449.
③ Andrew Arden, p. 449.
④ Andrew Arden, pp. 64-65.
⑤ Andrew Arden, p. 65.
⑥ Andrew Arden, p. 65.

2. 刑事条款

条令中可以包括刑事制裁,如规定犯罪行为存续期间每日的罚金额。①

3. 公示及批准程序

(1) 批准前的公示

制定条令要向国务大臣提出申请并获得批准,在此之前,条令的草案要在当地流通的一份以上的报纸上公示,并在地方政府机关的办公场所公开以备查,公众在所有合理的时间内都可以免费查阅。公众依申请还可以获得条令的副本,而就此收取的费用不得超过每100字10便士(即每1000字1英镑)②。

(2) 批准权限

国务大臣有权批准或者拒绝批准条令,并可以为其实施指定日期。③

(3) 公开与分送

条令获得批准后即交付印刷并公开摆放以供公众查阅,获得其副本的费用不得超过20便士。这个费用要比草案便宜。在英国,20便士是一份《太阳报》(其第3版非常著名)之类的小报的售价。

条令副本还要分送教区和社区的议事会,以及本地区其他层级的地方政府机关。④

(二) 地方性立法

如果某一地方政府机关认为有必要,可以推动或者阻挠任何在英国议会提出的地方议案或者个人议案,并为此支付相应的开支。地方政府机关作出一项推动或者阻挠此类议案的决定,需要取得该地方政府机关全体成员中多数的支持。这样的决定应当在专门为此举行的会议上作出,在会议之前应当在一份以上当地发行的报纸上公告此项会议及会议目的。推动某一议案的决定还要在进一步为此举行的会议(即第二次会议)上,对第一次会议作出的决定予以确认;第二次会议的召集方式与第一次相同,时间选在议案正式提交议会之日起14日后或者此后的尽可能早的某一时间。如果未获得进一步推进该议案的确认,地方政府机关必

---

① Andrew Arden, p. 65.
② pence,便士,英分。一镑的百为之一为1p。
③ Andrew Arden, p. 65.
④ Andrew Arden, p. 65.

须从议会撤回该议案。① 否则,地方政府机关就没有继续为此事项投入资金的法定事由。而作为制定法设立的法人,没有法定事由开支的费用,就是违法花钱,在英国,这不是一个检讨一下、下不为例的小事,至少构成犯罪。

七、规制改革令

(一) 与规制缓和令的类比

规制改革令不同于规制缓和令(Deregulation Order)。规制改革令属于一种比较特殊并且权限相当宽泛的调整既有议会立法的委任立法,即取消1993—1994议会年度及其以前的议会立法中不适当的许可性限制。这一改革的合理性不言而喻。对于政府而言,所有的许可性限制都是政府自己设置的,并且赋予政府相应的管束权力,如果政府同意自己裁撤该权力,可以通过规制改革令直接完成。

根据1994年《规制缓和及外包合同法》的规定,英王名下的大臣有权修订或者废止1993—1994议会年度及以前实施的初级立法中的任何规定,只要该大臣认为这些规定对任何人所从事的贸易、商业或者其他职业活动构成负担。② 只要能够减轻或者除去对个人的此类负担且并没有除去对个人的任何必要保护,则该权力就可以行使。③ 也就是在不增加对任何个人的负担的情况下,减少既有初级立法规定的不必要负担。

根据1994年《规制缓和及外包合同法》确立的制定规制缓和令的权力,在48个彼此独立的情形中得到了运用,例如,将1949年《婚姻法》(Marriage Act)关于必须在婚礼举行前3个月到登记官处登记的规定延长至12个月;取消了1964年《许可法》(Licensing Act)中关于"大秤"犯(以调整量器刻度的方式超出法定限量卖酒的行为)的规定。但是,规制缓和令的权限只能适用于1994年以前的立法,这促使政府就此项限制的修订征求意见,从而最终导致了2001年《规制改革法》(Regulatory Reform Act)。④

(二) 规制改革令的适用范围

内阁办公室提供的2001年《规制改革法》的立法说明指出了规制改

---

① Andrew Arden, p. 66.
② Neil Parpworth, pp. 199-200.
③ Neil Parpworth, p. 200.
④ Neil Parpworth, p. 200.

革令的适用范围①:一是制定或者重新颁行成文法律规范。规制改革令可以修订或者废除成文法律规范,可以通过对法律的重述取代既有的规范,或者以新的规范调整、取代这些规范。二是如有必要可以设置附加的负担,但这些新设置的负担必须具备以下条件之一:符合比例原则,或者设置新的负担的命令应当在公共利益与受该负担影响的个人利益之间建立公正的平衡关系,或者该命令同时也除去、减少了其他的负担,或者有其他的有益影响促使行政主体作出这样的命令。三是在除去立法中相互矛盾或者不符合常理的内容的同时,在命令中除去、减少了其他的负担。四是处理因制定法未规定做某事而出现的令人感到负担的情形。五是适用于2001年以前通过的议会立法,但这些议会立法必须在规制改革令作出时至少已经通过了两年,而且在规制改革令作出前的两年内没有作过实质性的修订。六是该命令可以减轻任何人的负担,包括大臣或者政府部门的负担,但却不能通过此命令使大臣或者政府部门成为唯一的受益者。七是允许制定辅助性的规范命令对规制改革令作进一步的行政性的或者细节性的修订,但这些辅助性命令的形成要么通过消极的决议程序,要么通过确认程序。

  政府认为,规制改革令潜在的适用范围,特别是其不宜适用范围的确定需要建立在具体问题具体分析的基础上,内阁委员会提供的立法说明确立了如下情形,这些情形易引起政治纷争的本质属性决定了它们只宜于由初级立法处理,不适用于上述行政决定②:一是任何以宪法性的改变为目标的提案,如提案涉及修订权力下放或者人民代表权的法律;二是任何以改革司法体制为初衷的立法提案,如改变某类刑事犯罪的嫌疑人接受陪审团审理的权利;三是提议改革地方政府的结构或者组织的立法议案,如设立直接选举的市长;四是任何涉及具有高度争议性的劳动法的议案,如对就业裁判所或者最低工资的根本性改革等。这些在某种程度上也可以视为增加某些人的负担的领域,被排除在规制改革令的适用范围之外,这反过来说明,在英国立法者看来,规制改革令的适用范围可以非常广泛,甚至可以说是除上述排除范围以外的其他所有涉及给某人增加其认为是负担的领域。

---

① Neil Parpworth,pp. 200-201.
② Neil Parpworth,p. 201.

(三) 规制改革令的适用限制

对规制改革令的滥用也设置了相当有效的防范措施。制定规制改革令的权力受 2001 年《规制改革法》本身所设置的控制措施的节制。与 1994 年《规制缓和及外包合同法》所规定的规制缓和令一样,规制改革令在作出前也必须进行咨询。2001 年《规制改革法》第 5 条为部长设置了在作出规制改革令前必须咨询各相关党派、组织和成文法设立的机构的义务。如果根据咨询意见,部长应当改进其命令草案中部分或者全部,部长必须作进一步的咨询,直到他本人对如何修改才恰当觉得非常有把握时为止。① 这样,就赋予了部长相当广泛的自由裁量权,这样的自由裁量权在许多国家是根本无法被监督的,因此根本不会有这样的内容。但在英国则不然,法院在审查部长作出的决定的适当性时,将以一个理智人的眼光审查,如果经审查法官认为:在一个正常的理智的人看来,部长对前期的咨询意见中所提出的修改意见并没有进行足够的进一步咨询,或者虽然咨询了但并没有作出适当的修改,法院将以部长的决定未符合法律规定的自由裁量权行使标准为由,撤销其决定。因此,尽管是非常灵活的自由裁量权,部长也不敢马虎,因为"站在肩膀上的法官"始终在注视着。

在咨询程序之后,如果部长仍认为有必要继续推进命令起草程序,部长必须向议会提交一份文件,以命令草案的形式提出自己的提议。② 部长向议会提交的法律文件必须附有一系列详细说明,例如,提议中的命令生效后将影响哪些既有的法律所设置的负担,提议中的任何规定是否会妨碍任何人继续行使他们有充分的理由期待(reasonably expect)应当继续行使的权利、自由,如果影响的话,如何保证他们继续行使这些权利和自由。同时,该法律文件还包括 2001 年《规制改革法》第 5 条规定的咨询程序中被咨询方提供的咨询意见,在咨询过程中各方提供的代理意见,以及部长根据各方提供的代理意见对最终的提议所作的任何修改。③ 由此形成规制改革令的立法文件,这些文件是法院对该命令进行审查时的立法背景资料。

---

① Neil Parpworth, p. 201.
② Neil Parpworth, pp. 201-202.
③ Neil Parpworth, p. 202.

对规制改革令的提案的审查,应当在其提交议会起 60 日内进行。①

第四节　委任立法监督

参见本书第四卷第三章第三节相应内容。

第五节　英国立法技术

本节之设置在英国宪法、行政法著作中是没有的。笔者将英国宪法、行政法中有关立法技术的内容搜罗整理出来,目的是梳理一下英国立法体制中现有的合理因素,为中国的读者了解他山之石提供一个瞭望平台。名曰立法技术,实则是其立法中的可取之处。醒目起见,原则上一项立法技术一段。这些立法技术从总体上看分为四类:立法语言技术、篇章结构技术、体例结构技术、制度构建技术。

立法语言技术主要涉及法律条文的遣词造句、术语规范等,是立法技术最基础的内容,其中许多是法律语言本身的一部分,与立法语言,特别是作为英国立法语言载体的英语词法、文法有关。

篇章结构技术是法律文件一级的结构技术,即如何使某一法律文件本身逻辑严谨、结构统一、体系完善、便于适用。

体例结构技术是法律体系层面的立法技术,涉及不同部门的法律文件之间、不同层级的法律文件之间、不同时期的法律文件之间,相互衔接、相互协调、避免矛盾、避免冲突的立法技术。

制度构建技术是法律制度层面的立法技术,其核心涉及一些在英国法中比较成熟、经常采用的法律制度。这些制度并不依附于某一部门法,而是为所有的法律部门共享。

一、术语解释

英国法律中对许多概念的解释,在立法原文中就可以找到。这甚至已经成为英国的一项基本的立法技术,即在法律条文原文中,单独设立一章、一节、一条,专门界定法律中出现的某些术语(通常具有确定但似是而非的意思,普通人的理解可能有分歧)。

---

① Neil Parpworth, p. 202.

例如,根据1986年《公共秩序法》(Public Order Act)第16条的规定,公共集会是指至少20人参加的集会,2003年《反社会行为法》(Anti-social Behaviour Act)第57条将其修正为,公众集会是指2人及以上在全部或者部分露天的公共场所举行的集会。[①] 这一修正显然是为了适应反恐方面的需要,一方面,强调公共集会必须是露天举行的,以区别于封闭空间举行的;另一方面,降低人数标准主要考虑的是为了给负责控制局面的警察更多介入的理由。现代恐怖组织要想搞破坏,根本不需要、也很难等他们凑齐20人。

当然,英国立法中对术语的法律定义,绝不是那种"你不说我还明白,你越说我越糊涂"的形而上学,而是至简至白的大实话。例如,1986年《地方政府法》引入了对地方政府机关运用广告的制定法上的限制。其中规定,此处所说的广告是指针对不确定的公众或者某一部分公众进行的任何形式的交流。[②] 这一界定很具有典型性,其所指的广告,虽然实践中涉及的范围非常广泛,但其含义非常明确,几乎不会产生什么歧义,而这正是英国法律术语解释技术所追求的目标。这有助于克服一般社会用语含义的不确定性。

二、无歧义分类

无歧义分类是法律规范的基本要求,即某一法律规则的适用对象应当是明确的,而这要建立在准确分类的基础上。法律无非是分清"我的"和"你的"的一整套"分家"法则而已。

法律分类的基本要求是必须穷尽。在这方面,英语中的否定性前缀,如in-、im-、un-等的作用不可低估。正是由于语言中早已存在的否定性前缀,才激发了早期的形式逻辑学家对于逻辑非的认识和把握。而所有分类中,唯有这种分类是绝对的、简明的、穷尽的。

例如,我国关于宪法的传统分类有所谓刚性宪法与柔性宪法之分,而在英国对应的则是柔性宪法与非柔性宪法(flexible or inflexible)。英国式分类能够穷尽所有的可能,并且只需要解释一种标准,即何谓柔,就可以从逻辑上截然地解释清楚何谓非柔,甚至根本就无须再作解释。

有读者会说,我们的刚性宪法就是指英国的非柔性宪法。其实更准

[①] Bradley & Ewing 2015, p.483.
[②] Andrew Arden, pp.525-526.

确的说法或许是，我们的刚性宪法就是从英国的非柔性宪法翻译过来的，正是这种基于观念的差异产生了翻译过程中的信息传递误差。我们此处讨论的绝不是翻译的形式问题，而是隐藏在其中的文化观念上的差异对于法律准确性的技术性干扰。除此之外，现实中也存在很多这样的干扰实例，例如工人、农民和知识分子的分类，英国人绝对想不通知识分子怎么又成了工人阶级的一部分，更不明白为什么农民和工人中没有知识分子。

三、用词严谨

（一）明确具体指代

美国及成文法国家的法律解释规则中，有所谓字面解释、黄金解释、立法史解释等，但无论采取哪种解释规则，从立法角度考虑，尽一切可能保证法律条文的无歧义始终是最高标准。这要受许多因素的制约，其中立法者本身的逻辑思路是否清晰固然是最重要的先决条件，但本国语言或者法律语言能否准确表达也是一个重要的限制要素，在逻辑清楚、表达准确的前提下才谈得上简明。在这一点上，并非所有的国家都能够做得得体，当然最糟糕的既不是立法逻辑不清，也不是表达不准确，而是简明却逻辑不清、表达不准确！如果法律条文能够同时达到逻辑清楚、表达准确和简明的标准固然最好，但也最难。退而求其次应当首先力保表述准确，其次保证逻辑清楚，最后再看能否简明。

如英国财政法中规定，如果地方政府机关的信用安排最终不得不通过延期支付的方式以其支付时的实际成本（at their then actual cost）践约，则此项费用就可以由地方政府机关的资本账户列支，而无须从其财政账户列支。① 此处的 at their then actual cost 强调不同给付时间的不同法律效果，如果没有 then 这个修饰词，就无法区分实际成本究竟是承诺时的对价、支付时的实际成本，还是说话时的成本。

（二）明确解释期日

在上诉申请发出后，必须在 7 日内（不包括周末及假日）将上诉的情况在皇家司法法院 E330 室的民事上诉办公室（Civil Appeals Office）进行登记。② 这个立法例表明，在节假日的表述上，英国法要啰唆一些，但

---

① Andrew Arden, pp. 467-468.
② Bridges & Cragg, p. 150.

似乎也精确一些。中国法对此的规定是工作日（不含节假日），显然，周末被算在节假日中了。而在一般中国人的观念中，周末就是一周之末的公休日、非工作日，不是节日也不是假日，因此在理解上述规定时，如果单说"工作日"没有多少人有异议，但强调"工作日（不含节假日）"反而弄不清楚到底包不包括周末了。

（三）准确限定时间

如果地方政府机关未支付资本项目借款加上其本财政年度应付信用安排的费用总额，将要超过（would exceed）其本年度总信贷限额，就不能再签订信用安排。① 在立法技术上应当注意的是"将要"超过的用法，如果没有"将要"的限定，则上述要求就会被人理解为或者实际操作成可以在当时已有的信用负担总额没有超过年度信贷限额上限之前，再签订最后一个，其结果将使本年度信用负担总额超过本年度限额的信用安排，甚至可以理解为这种超支可以不受限制，如此一来，整个信贷限额的制度设计就完全没有意义了。正是加上了"将要"二字，使得地方政府机关在签订任何信用安排之前，都必须估算该信用安排对本年度履行偿付义务的影响，并确保不因该信用安排的确立而突破本年度的信贷限额。这才是信用控制的基本要求。

（四）慎用代词

详见本卷第一编第一章第二节英国法制语文中英语词法部分。

四、法不厌细

研究个案时往往发现，立法并不如想象的那样滴水不漏。例如，英国选举法规定，如果遇到候选人得票相等的情况，监选官将通过抽签决定他们的胜负（decide between them by lot）。② 英国法总是在这些细节上做好了预案，绝不至于事到临头再想办法。一个成熟的法律体系中，经验使之为所有的可能都准备了应对的规定，而对于法治后进国家，其制定法中则往往缺乏关于小概率事件的具体、明确的预见。

另如，英国财政法规定，以下款项必须每年定期记入养老金基金贷方：① 雇员缴存的款项；② 所有基本成员单位缴存的款项，但在此之上额

---

① Andrew Arden, p. 468.
② Andrew Arden, p. 310.

外自愿缴存除外。① 之所以将额外自愿缴存的款项排除在外,是出于立法技术上的考虑,即这笔款项不是成员单位必须每年足额缴存,而是随时自愿缴存的,因此应当排除在规定定期缴存的款项之外。按照我们通行的立法思路,类似这样的规定是"理所当然"应当排除在外的,因此一般不在立法中明确表述。但正因为在"立法者"看来是理所当然的,一般人按常理看来也是理所当然的,没有在立法中明确规定似乎也顺理成章。而问题恰恰就出在这里:一旦有权的利害关系人想违反常理而为之时,法律往往因为没有"明确规定"而被执法者拿来作姑息强者的借口。类似的例子包括对"消费者""机动车"之类通用语的解释:"消费者"被解释为购买"合理"的自用日用品者,电动自行车则被划入自行车而非"机动车"中。在英国普通法中,类似的解释比较难以出现,因为法院关于法律字义的解释与常识保持高度一致。即便如此,作为英国普通法光荣传统的一大遗产,英国制定法仍不厌其烦地对已经明显属于常理或者"理所当然"的内容加以规定,用意就在于使法律尽可能成为可理解的、少歧义的普通人的法。

有关英国立法之法不厌细的例子不胜枚举。当然,真要全面系统地举一个出来,也并不是一件容易的事,需要相当大的篇幅②:

48. (1)(a) in any case where they become the lessees of any property (whether land or goods), and (b) in any case [not falling within paragraph (a) above] where, under a single contract or two or more contracts taken together, it is estimated by the authority that the value of the consideration which the authority have still to give at the end of a relevant financial year for or in connection with the provision to the authority of any land, goods or services or any other kind of benefit is greater than the value of the consideration (if any) which the authority were still to receive immediately before the beginning of that financial year; and (c) in any case where the authority enter into a transaction of a description for the time being prescribed for the purposes of this section by regulations made by the Secretary of State.

---

① Andrew Arden, p. 513.
② Andrew Arden, pp. 464-465.

这一大段文字的意思是界定相关财政年度的含义：相关财政年度（relevant financial year）是指自构成信用安排的一个或者多个合同中的第一个合同成立后开始的那个财政年度。如果不存在这样的财政年度，也就不存在所谓跨年度信用安排的问题。[①] 以提供服务的合同为例，在年初，由于还没有提供服务，地方政府机关是不应该支付报酬的（预付除外）；而在年末，由于已经提供了一年的服务，地方政府机关支付的报酬肯定要多一些。事实上，英国立法的上述表述只是用一种最笨拙但最可靠的方式，描述了一般的信用安排类合同的最本质特征，即合同对方提供某种利益，如土地、货物、服务或者任何其他类型的利益，地方政府机关在期初不付报酬或者仅付少量报酬，而在期末偿付所有剩余报酬。这种合同本质上与借款合同相同：借款合同的对方当事人（贷款方）在期初付给地方政府机关（借款方）的是本金，地方政府机关在期初不付利息或者仅付少量利息，而在期末偿付所有剩余利息及本金。同样，信贷合同与租赁合同在本质上也是一致的。这进一步说明，信用安排其实是实物与资金授信对应的一种授信，二者在本质上是一致的，因此，英国法也将其纳入统一的管理渠道，使其回归本来面目。

只有当某一合同或者合同组合的履行期限横跨不少于三个财政年度时，才存在信用安排。这是因为，根据1989年《地方政府及安居法》第48条第1款第b项的规定，地方政府机关必须对相关财政年度开始前所要接受合同约定的对价的价值进行评估，此项评估的时间应当不迟于合同签订后第一个财政年度的3月31日；同时，按照该条的规定，地方政府机关还要评估其在相关财政年度末支付的对价的价值，此项评估涉及第二个财政年度的3月31日未清偿的对价以及相应的应偿付的价值，而偿付则肯定是在此后第二日开始的第三个财政年度。[②]

上述定义反映了英国立法技术或者说英国法律语言中相当缜密、非常符合数理逻辑的一面。从原文的表述看，相关财政年度的起点是合同成立后的第一个财政年度起点，即4月1日，因此，相关财政年度不是合同的本财政年度，这是该定义中最关键的所在。因此，对于相当比例的合同而言，由于合同期限不长，在本财政年度内已完成，并不存在相关财政年度。从另一个角度看，既然合同已经在本财政年度内完成，也就不是跨

---

① Andrew Arden, p. 464.
② Andrew Arden, pp. 464-465.

年度合同,因此也就不存在仅与跨年度合同有关的相关财政年度的概念了。正是基于以上的理解,才能够得出相应的结论。

五、法律但书

按照英国财政法的规定,地方政府机关的所有开支都应当从其某一财政账户中列支,但制定法另有准予的除外。这些不需要从财政账户中列支的开支,就是所谓例外开支,亦即免除了从财政账户中列支的义务的开支。① 这些例外中最主要的就是投资方面的开支,也就是说,地方政府机关的开支从其财政账户中列支属于普通法上的义务,除非有制定法上的例外,否则都必须履行该义务。而地方政府机关的开支中只有制定法明确规定的开支项目,才可以依各制定法的规定,列入相应的账户中。

虽然例外开支是指不需要从财政账户中列支的开支,但在英国法中,这些开支却并非不可以仍从财政账户中列支。还原为立法语言则是,地方政府机关的所有开支都应当从其某一财政账户中列支,制定法规定的"例外开支"可以不从其财政账户中列支,但也只有这些例外开支可以不从其财政账户中列支。这与我们的直观理解相左,按照我们对于法律例外或者但书的理解,非此即彼;但英国制定法的例外中却包含着一种双向选择性的例外,这种例外虽然也是对原则的排除,但仅仅是就其具有其他选择的可能性而言,并不否定其适用一般原则的可能。

六、法案限期通过

英国议会立法程序的一项优良传统是,任何立法议案必须在一个相对较短的时间内通过,这一传统做法具有值得借鉴的优越性。具体而言,如果某一立法议案在秋天的议会年度结束前还没有完成其所有的程序阶段,意味着该立法议案将胎死腹中,而且也不能在下一个议会会期继续走完该议案未完成的程序阶段。② 与公法案在议会年度末未完成所有的程序步骤即意味着失败不同,私法案可以延期审议,并在下一个新的议会会期内完成其未竟历程。③ 至于议案必须限期通过这一传统产生的原因则是,议会政党制导致轮流坐庄,这使得立法议案不可能跨越政党更替。当

---

① Andrew Arden, p. 459.
② Neil Parpworth, p. 190.
③ Neil Parpworth, pp. 191-192.

然，这只是一个因素，并不是主要因素，主要因素还在于，对于一个职业性的立法机构而言，在一年内未能完成的事，在下一年或者此后几年也未必能完成得更好；而且未在一年内完成立法程序本身说明草案争议太大，在新的议会会期内重新从头再来也许可以修正起草时犯下的错误。当然，最重要的是，英国议会是一个高度议行合一的机构，每一议会年度都会面对一些新的重大事项，如果某一立法议案在新的会期内仍然能够排进议事日程，说明它很重要，从头再来也多费不了什么工夫；但如果不能排进议事日程，则证明其在该年度内不具有相应的重要性，即使继续讨论也未必能够通过。因此，适当限制某一立法议案所经历的议会年度，甚至强制性地将其限制在一年内，与其说是议会立法程序设置中的一项立法技术，不如说是适应英国议会议行合一的特性所得出的必然结论，其本身固有的合理性为比较法研究及制度比较设计提供了值得借鉴的思路。

七、运用私法律处理局部重大权益纷争

据英国学者介绍，与普遍适用于所有人的公法律不同，议会私法律（Private Acts of Parliament）的适用范围是有限的，它们通常只涉及某一特定的地区或者事项。历史上，英国铁路的扩张都是通过大量的议会私法律实现的。① 这与诸如铁路项目的征地有关，由于铁路必须尽可能地取直线，而英国的土地私有制度会使规划的铁路沿线上的人哄抬地价甚至拒不搬迁，因此必须借助议会立法使铁路公司能够以一个比较合理的价格取得铁路规划沿线的土地。这些私法律对铁路公司有益，对沿线居民则未必是福音。类似铁路建设这样的重大事项交由议会讨论的情况在各国都存在，只是讨论的仔细程度不同罢了。关于这种对一部分人有利、对另一部分人不利的情形，如果通过当事人双方协商很难达成一致，则寻求立法解决未尝不是一个值得考虑的手段。但前提是必须通过个案的具体分析，而不能通过空白授权的方式一揽子解决。因为对权利的重视必须通过对权利遭受损害的情形进行个别分析的方式才能体现出来，否则英国不会每修建一条铁路就必须搞一部私法律。

八、运用立法排除技术合理划分权利与义务

立法中经常会遇到这样的问题，保护某些人的权利需要以牺牲另一

---

① Neil Parpworth, p. 190.

部分人的利益为代价,或者以他人义务的履行为条件,此时,需要合理界定利益冲突各方的权利与义务,过分强烈的愿望并不总能得到理想的回报。例如,英国法在保护残疾人方面有这样的规定:如果某人的残疾属于法定类型,则基于残疾而对任何残疾人的歧视是非法的,但是这一规定并不适用于雇员人数少于 20 人的雇主。[①] 值得注意的是,英国立法者对残疾作了明确的限定,并非所有的残疾都被列入反歧视法的保护范围。这一立法技术充分肯定了残疾给本人及其雇主带来的问题,但从另一个方面考虑,英国立法者也充分考虑了那些确实不适宜参与劳动的残疾人的利益,对于这些人而言,如果社会一味地要求雇主不歧视他们是不现实的,通过要求雇主不歧视他们而将其推向自谋生路的险途也是不人道的。合理且人道的做法是,让那些确实或者在一般正常人看来难以谋生者退出与一般正常人竞争的序列,由社会承担起一部分负担和责任。换句话说,反歧视法并不能消除歧视的全部问题,政府的公共服务职能也是一个应当考虑的重要因素,由于即使是法定范围内的残疾人,也会不可避免地因其残疾而影响其本人的职业能力,进而对其雇主的业务造成不利影响,如果这种不利影响分摊到 20 多个人的身上,尚可以忍受,但分担到不足 20 人的头上,对雇主是不公正的。于是,英国立法将为社会负担法定残疾范围内的残疾人的职责,交给了规模较大的公司。

九、法不溯及既往

地方政府机关借的所有钱,连同由此产生的利息,通常都应当由该地方政府机关的收入列支。除了 1934 年 1 月 1 日已存在的偿还优先权或者在此日期之前已设立的某项抵押,地方政府机关确立的其他任何形式的抵押都是同权的(rank equally),彼此之间没有优先偿还的关系。[②] 即在破产或者清算时,所有这类债务都依其未偿还数额,从有关地方政府机关的剩余资产中同时受偿,绝不存在某些借款优先于其他借款获得偿还或者比其他借款获得更高比例偿还的现象。对此唯一的例外就是 1934 年以前已设立的优先权或者抵押。这一点更多的是基于对历史传统的尊重,甚至可以说是 1934 年前后立法的妥协和衔接:当初为了法不溯及既往而对立法的利益调整的内容,被后期的立法顽强地延续了下来。至于

[①] Andrew Arden, p.352.

[②] Andrew Arden, p.487.

究竟有多少未偿还的债务还享有1934年以前已设立的优先权,或者说究竟还有多少1934年以前设立至今尚未偿还的债务,相信读者与笔者一样有个大致的判断。

十、公布后择期实施

英国法律公布后一般不"立即实施",通常择期实施,尤其是那些在立法过程中争议比较大或者对现行法律体制改革比较大的法律,需要有一个缓冲期,以察省民间的反应。英国在这方面通常采取三种方法。

(一)本法明确规定

制定法本身明确规定实施日期。例如,2002年《国家艺术遗产法》第8条第2项规定:"本法将自其通过之日起2个月后生效。"①

(二)制定法限定

制定法明确规定该法或者根据该法制定的规范性文件的最短延迟生效日期。例如,依据英国制定法的授权,国务大臣拥有广泛的通过制定条例对征收基金和通用基金予以规范的权力,但国务大臣制定的此类条例(包括修订先前条例的条例,但不包括废除先前条例的条例)必须在其拟适用的财政年度开始前的1月1日生效。② 有些读者从字面上理解,可能以为这是文不对题,因为此处强调的是最迟生效日期,而不是最短延迟生效日期。对此,需要提醒读者从法律上而不是语言上理解法律:由于英国的财政年度开始于每年的4月1日,上述规定实际上给地方政府机关至少预留了3个月的准备期和适应期,也就是从相关条例生效时起至其实际实施之间确实有一个我们此处所讨论的延时。

(三)授权国务大臣择期

这是一种更具有代表性和独创性的做法:某一法律可以通过发布开始生效令(commencement orders)的方式来决定其全部或者部分生效,1998年《人权法》就对其自身多次适用了这种方法。该法除第18条、第20条、第22条及第21条第5款外,其他规定由国务大臣通过行政命令指定生效日期,而且可以基于不同目的对不同条款指定不同生效日期。③

---

① Neil Parpworth, p.196.
② Andrew Arden, p.507.
③ Neil Parpworth, p.196.

十一、责任落到实处

要使责任落到实处,必须至少从立法上保障权力、义务与责任挂钩,换成法理学上有关法律规范结构的术语,则是假定与后果紧密联系,也就是假定与责任如影随形。这就要求所有的授权性规范、权利性规范、义务性规范所规定的权力与责任、权利与利益、义务与责任应当一一对应、紧密联系,并且尽可能规定在相距不远的地方。

笔者发现,英国学者在著作中介绍英国的法律制度时,其所讨论的权利与责任、义务与违反义务的法律后果之间,距离都在一两个自然段,有的甚至就在一个自然段内。例如,在介绍英国司法审查制度时,英国学者提到:对于被告而言,申请法院撤销授予原告的司法审查许可具有某些技巧上的优点[①]:① 如果申请成功,被告将会很快得到一个对自己相当有益的判决,这比被告等着自己的案件在高等法院皇家办公室长期拖延的候审案件清单上慢慢往前挪显然要快得多。② 即使司法审查许可最终没有撤销,被告也没有失去什么,因为被告还有机会等待其案件在全面听审中解决。如果被告提出的撤销司法审查许可的申请明显出于恶意并且显然是为了早结案、不按顺序排队而提起的,原告应当马上请求法院下达刑事支付令(penal costs orders)。[②] 此处提到的就是一个权利与责任分列在比邻的两个自然段中的例子。强调这一点的用意在于,权利必须与滥用该权利的法律后果、义务必须与违反该义务的法律责任紧密相连,才具有法律意义,权利才不至于成为无限的抑或无用的权利,义务才不至于成为无头的义务,责任也才能落到实处。

十二、法律推定技术

法律推定这一立法技术上的细节,很值得我们深思。我们的立法总是从大处着眼,强调客观真实,而没有考虑到法律的推定技术可以是立法、执法及司法领域不可或缺的重要手段。我们之所以不常使用这种技术,与其说是因为我们更热衷于客观真实,不如说我们还没有参透法律推定技术的精神实质,或者说,我们还没有真正权衡、认真估算过在一个严格的、普遍的法治国家中追求客观真实的实际成本。

---

① Bridges & Cragg, p.132.
② Bridges & Cragg, p.132.

英国立法中的法律推定技术的基本细节是,以某一事实为前提,拟制此种前提下的一种可能作为其法律后果。例如,英国选举法规定,在同一地方政府辖区内的不止一个选区内分别获得合法提名的候选人,只能保留其中一个选区的候选人身份,放弃其他选区的候选人身份,否则,即被视为放弃所有选区的候选人身份。① 例如,获得两个以上选区候选人身份的候选人未明确表示放弃任何选区的候选人身份是一种法律假定,法律为其拟制的后果是放弃所有选区的候选人身份,而无论其真实的意思表示是否如此。

法律推定技术不仅用于立法领域,也间接地应用于执法事实根据的核定。为了确定是否行使以及如何行使自己的指示权,国务大臣有权下达通知要求地方政府机关提供该通知中要求提供的其他信息。② 被通知的地方政府机关必须按照通知中要求的方式和时间,提供任何自己拥有或者控制的信息。如果被通知的地方政府机关未能满足要求,国务大臣可以基于自己认为适当的假定或者估计,动用其指示权。③ 从国务大臣方面看,由于并没有得到其所要求的信息,又不能像我们那样继续反复催要,且必须行使其指示权,则唯一的可能就是根据其自己认为合理的推断或者估计,对被指示的地方政府机关的可能事态进行考虑,然后作出相应的指示。按照我们的观点,这种指示完全是盲目的。但在英国法的考虑中,这种指示本身将带有惩罚性因素,其中一个重要内容就是要对地方政府机关未遵循国务大臣要求提供准确信息作出相应的处理。即国务大臣推定有关地方政府机关隐瞒了一旦提供出来就会受到处罚的信息,进而推定这些该受惩罚的事实确实存在,并根据这些推定的事实作出相应的指示,而指示的内容就是惩罚造成这种事实的地方政府机关。从这个意义上说,英国的立法者不是不了解情况、乱作指示,而是着力要赋予国务大臣相应的对地方政府机关加以约束的权威,而且这种权威从其通知地方政府机关报告有关信息时开始。

如果地方政府机关未能履行依国务大臣的通知提供信息的要求,则国务大臣可以径行作出其本人认为适当的假定或者估计。④ 这是英国立

---

① Andrew Arden, p. 302.
② Andrew Arden, p. 424.
③ Andrew Arden, p. 424.
④ Andrew Arden, p. 456.

法中多见的一种法律责任形式,是对被要求提供信息而未满足要求的义务人的一种惩罚,其实际效果是使义务人无法获得按照其真实情况本来应当获得的利益。当然这是就一般情况而言的,实际上确实可能存在国务大臣不依据义务人提供的信息所作出的判断反而更有利于义务人的情况,对此,国务大臣也并不承担判断失误的责任。从这个角度看,英国立法中的这项技术实际上是赋予决策者不依据其本来应当依据的事实作出决策的权力,因为依法应当提供决策信息的义务人没有履行其义务,这样的判断一般更有可能不利于未提供信息的人。

进而言之,正如法律上的推定是英国法中常用的一种法律执行手段一样,在立法上英国法也采取了类似的制度,即赋予决策者以推断其所需决策事实的权力。对于决策者行使此种推断权力而作出的行为,任何人无权以其推断不符合事实为由对其提出疑问,尤其是那些本来应当提供信息而没有提供的义务人。也就是说,法律在授予决策者事实推断权的同时,也剥夺了义务人相应的就事实问题提起救济的程序性或者救济性权利,这是在程序上对未依要求提供信息的义务人的另一种惩罚。

十三、促进决策合理化的程序

英国制定法常常通过设定决策者应考虑因素的方式,对决策合理化施以程序性限制。例如,养老金基金的管理机构在履行其投资职责时必须考虑以下因素[①]:① 投资范围的广泛性。英国立法者认为,将养老金基金投资于多样化的领域是明智的,因此,有关的条例也限制养老金基金投资于任何一种投资形式的比例,以避免养老金基金管理机构的投资形式过于单一——将所有的鸡蛋都放在一个篮子里。② 某一投资项目或者投资形式的适当性。③ 在合理的间隔期间内定期从有关渠道获得的中肯建议。

中肯的建议是指养老金基金管理机构有合理的理由相信,那些(包括本地方政府机关的行政官员在内)因其在财政事务方面的能力和经验而具有提供中肯建议的能力的人所提供的建议。[②] 英国的立法者一再将此类合理性判断的权力交给应当作出决定的行政主体。但这种授权不是平

---

① Andrew Arden, p. 514.
② Andrew Arden, p. 514.

白无故的,受权者也不可以为所欲为,因为行政主体据此承担了一项程序性公正的义务:必须听取意见、必须听取合理的意见。如此一来,有关行政主体不仅必须听取意见(否则将公然违反该项法定义务),还必须听取合理的意见。至于地方政府机关听取的意见是不是由适格的人提供的真正中肯的意见,评判权并不完全掌握在行政主体一方手中,而是有可能由事后承担司法审查职能的法官作出判断。这就要求行政主体在选择听取意见的对象时,必须遵循与法官们可能采取的大致相同的标准。这样就建立了行政主体的自由裁量判断与一般理智的人的理性判断的大致统一。做到这一点,对于行政主体也就别无他求了。

另如,在基金管理机构任命投资经理以实现其掌管基金的保值、增值时,制定法也有类似的规定:只有当基金管理机构有合理的理由相信某一投资经理具有足够的资质,同时不是本地方政府机关的雇员时,该基金管理机构才能委任其为投资经理。而且基金管理机构在作出此项任命时,还必须考虑将由投资经理经营的基金的总额,就任命一事采纳了适当的意见,确信交由投资经理经营的基金的总额并不太大且已经考虑了保证对基金及资产的经营多样化的立法要求。① 此处要求的不是适当地征求过意见,而是征求并采纳适当的意见,因为英国立法者此处固然强调必须征求意见这一程序性要件,但更强调所征求的意见本身的实质正当性。上述规定表面上看仅仅要求行政主体在作出法定的任命决定时应当考虑这些因素,从我们的法律现状看,这些规定都是非常虚的,不值得也不应该在立法中明示。但英国立法者对此却不厌其烦,这多少反映了英国执法体制已经达到的高度:早期的预防执法违法的阶段已经过去,如今需要考虑的是如何在法律限定的范围内提高行政管理的效率。因此,在行政管理的立法中,加入许多以前只是在企业经营管理领域才会用到的决策指导性规范,以提示行政管理决策者最佳的决策思路。这种立法技术仅适用于执法环境法治化、执法体制和执法主体相当成熟的国家,如果执法者在决策时首先考虑的是从某一具体决定中可以获得多少灰色收入等难以启齿的因素,并且没有足够的机制控制其不作此等下作的考虑,即使在法律中规定其应当正当考虑的因素,也是难入执法者眼的。

---

① Andrew Arden, p. 515.

十四、定向信息收集权的设定

与国务大臣根据 1989 年《地方政府及安居法》第四部分所享有的权力有关的一项权力是,他可以针对某一地方政府机关签发通知,要求其提供指定或者要求的信息,以便决定是否以及如何履行该法授予的职能,判断地方政府机关遵循该法的情况或者可能的态势,以及是否在形成政府的经济政策时对地方政府机关予以帮助。这些信息通常包括有关地方政府机关及其拥有利益的公司的财政和开支计划或者建议方面的信息。[1]这又是一项非常具体、实用的立法技术,即制定法在赋予国务大臣必要的附属立法权的同时,也一并赋予了其获得行使此项权力所必要的信息的强制性手段。如果没有这些手段,国务大臣的判断及行事就是盲目的,其行为也难奏其功。当然,从行政管理的一般规律看,国务大臣应当具有一般的了解下情的渠道,如行政系统内部的通用信息反馈渠道,但其最大的缺点就是缺乏针对性。因此,在立法时赋予执行该法规定的主体适当的特别调查权或者信息采集权,无疑对于获得具有足够针对性、准确性的信息是非常重要的,这也是提高决策质量的重要保障。

十五、巧用蔑视法庭罪

英国《人权法》扩充英国公民权利的表现之一是在押犯待遇的改善。监狱作出的任何企图阻止在押犯宪法性的接受公正审判的权利(其中当然包括向出庭律师咨询的权利)的行为,都将被视为蔑视法庭。[2] 在英国,如果需要强调一项权利或者义务的重要性,只需要将侵犯这项权利或者违反这项义务的行为规定为蔑视法庭罪就够了,这是一项简单快捷的立法技术。特别值得一提的是,这种罪名不限于对法官或者法院的冒犯行为,可以用来赋予特定机构的权威以庄严性,如拒不执行议会行政监察专员或者裁判所的决定也将导致此等后果。

十六、立法先行

凡事预则立,不预则废。对于法治国家而言,立法先行是一个起码的要求:先有宪法,然后依宪法建立一个国家;先有法律,然后依法律解决既

---

[1] Andrew Arden, p.456.
[2] Wade & Forsyth, p.80.

存问题。越是棘手的问题,越要先在国家的政治层面上取得一致,然后通过立法形式将统一意志落实为可操作的方案,再借助既有宪法制度下的行政、司法体制落实法定方案,这就是一个国家立法、行政、司法一体化地解决社会矛盾、实现社会转型的基本套路。对此,发达的法治国家已经轻车熟路了,有的国家则面临政治或社会的阻碍,以致困难丛生。

(一)中央财政领域建立商业基金的立法过程

英国当代政府发现,由议会以年度为单位提供财政供应的体制,事实证明不适合于政府的具有贸易或者商业性质的活动。为此,英国于1973年采取了立法先行的第一个步骤,当年通过的《政府商业基金法》规定,某些由政府提供的公共服务,如皇家铸币厂(Royal Mint)及御书房可以由公款设立的商业基金资助,而不需要每年由议会通过投票决定具体的拨款数额。① 1996年,御书房干脆实现了私有化,其绝大多数功能交给了公务文印有限公司。

随着部分公务管理活动的变化,1990年《政府商业法》(Government Trading Act)对1973年《政府商业基金法》所赋予的权能作了进一步的拓展,在某种程度上对其所确立的体制进行了细化,但并没有改变其确立的基本原则。②

(二)国有企业私有化过程

从1979年开始,相继执政的保守党政府开展了一项将公法人私有化(from public to private ownership)的运动。私有化的目标包括提高相关企业的效率,促进市场经济发展,减少国家债务以及增加财政收入等。在此期间,共有150个英国(国有)企业被私有化,从资产数以10亿英镑计的主要企业到很小的亏损企业,应有尽有。在这个过程中,国有企业的GDP占比从11%降至2%。③

尽管私有化过程需要一系列不同的方法保证其安全,但在某些私有化的个案中,私有化的困难是通过以下简单的方式克服的:法律规定在某一个由国务大臣指定的日期,将公司所有的财产、权利和义务都转移给部长指定的一个公司,该被指定的公司是一个以完全为国王所有的股份为限的有限责任公司。法律授权政府可以在这个后续公司中保留一部分股

---

① Bradley & Ewing, p. 350.
② Bradley & Ewing, pp. 350-351.
③ Bradley & Ewing, p. 290.

权，而将其余股权出售后的收益注入国家常年基金。① 该基金因其为高级法官、议会行政监察专员等提供薪金来源而在本书中反复提及，此处读者看到的是英国是如何保证这一维系英国司法与行政公正的稳定基金成为有源之水的。

一旦国务大臣认为旧公司的清算活动已经停当且没有其他的事可做了，就可以发布命令解散旧公司。这一方法曾被用于英国宇航公司、英国航空、英国电信、英国燃气以及供水、供电公司等的改制。因此，每一个这样的私有化立法几乎仅是一个例行公事的空架子，而没有根据各被私有化的公司的特点作具体的设计②，以一个模式适用于所有按这种模式私有化的公司。

值得注意的是，英国公法人所有制虽然沧海桑田，但有一点却是一成不变，那就是所有的变化都是在法治化的背景下完成的，先立法后改革的思路不但为保守党所秉承，也为锐意改革的工党所维护。就私有化而言，所有的私有化过程都是针对某一行业甚至某一企业，通过单行立法审慎地实现的。如1986年《燃气法》(Gas Act)、1980年《民用航空法》(Civil Aviation Act)、1984年《电信法》(Telecommunications Act)、1993年《铁路法》(Railways Act)以及1994年《煤炭工业法》。其他主要的私有化还涉及供水及供电，分别由1989年《水法》(Water Act)和《电力法》(Electricity Act)予以规范。③ 英国通过立法来实现私有化的思路，是一个非常值得借鉴的经验，法治前提下的私有化要比证券化更为合理，目前的趋势已经非常明显，政府手中确实攒着大量的名义市值的股票，但是其兑现的时机却遥不可及，国有股市场化的门槛前依然有一道无法逾越的鸿沟。

十七、议会立法授权国务大臣制定条例

国务大臣可以通过制定条例的方式，规定由几家具有充分代表性的知名雇员工会来任命雇员权益咨询顾问，这些顾问是雇主们在制定及维护有效的职场健康及安全的安排时必须咨询的对象。④ 类似这样的立法

---

① Bradley & Ewing, p. 296.
② Bradley & Ewing, p. 296.
③ Bradley & Ewing, p. 296.
④ Andrew Arden, p. 379.

例,在英国比较普遍,其基本做法是,由法律赋予国务大臣制定条例的权力,该议会立法同时明确了国务大臣行使此项权力的具体方法和形式,而且制定法对此的规定通常只是程序性的,特别是有关任命相关的咨询者的内容。以此处的职场健康及安全顾问之职为例,1974年《职业健康及安全法》授权国务大臣通过制定条例,对该职位的设立作出规定,该法同时要求国务大臣设立的该职位并不是由国务大臣本身任命,而是通过该条例确立几家具有足够代表性的雇员工会来任命;同时,该法还要求条例中必须明确,雇主们必须就有关事项咨询这些顾问。可见,制定法的授权不是空白授权,而是明确规定所授权力的范围、行使主体、行使方式、方法等。关于作为委任立法母法的授权法应当如何规定委任立法事项,这是一个非常生动的例子。

国务大臣拥有通过制定条例,规范征收基金和通用基金的广泛权力,包括两类基金之间的资金转移义务、如何计算征收基金的盈余和赤字、征收机关与附加税征收机关之间的分配比例、限制征收基金在每一财政年度内的任何时候所能承担的授信额度。① 征收基金在每一财政年度内的任何时候所能承担的授信额度,指地方政府机关以其征收基金为担保借款的规模。这相当于以地方政府机关的征税权作担保举债,并以随后征收入库的地方议事会税偿还这些债务。为了财政安全起见,这项担保也是有限制的。

显然,议会立法授权国务大臣制定条例涉及的关键法律问题是授权的范围。英国学者不无担心地指出,议会授出的规制权力非常宽泛,如2006年《全民健康服务法》(National Health Service Act)授予国务大臣控制医疗机构的供应、确保充分的个性化医疗等方面的权力。英国学者认为,最漫无边际的权力授予出自1972年《欧共体法》:根据该法制定的枢密院令或者部门规章可以任意改变法律,只要是为了落实欧共体法义务或者赋予欧共体权利以效力,以及其他与上述目的相关的事宜;当然,也有极个别的例外排除条款。②

十八、成文法律规范为议会立法探路

成文法律规范往往是议会立法的先导或者试验。1992年《地方政

---

① Andrew Arden, p. 507.
② Wade & Forsyth 2014, p. 745.

府法》涉及英格兰的地方政府，该法由成文法律规范的执行性规定予以落实。1994年《地方政府（威尔士）法》主要针对权力下放的威尔士地区政府，但该法中有关具体适用方面的许多规定，都可以在英格兰为适用1992年《地方政府法》而制定的成文法律规范中找到。① 也就是说，1994年《地方政府（威尔士）法》对其本身的适用作了比较详细的规定，而同样的内容在1992年针对英格兰地方政府的立法中没有规定，而是英国政府以成文法律规范的形式予以具体落实，后来才在针对威尔士制定的1994年《地方政府（威尔士）法》中成为正式法律规范。这样，落实1992年《地方政府（威尔士）法》的成文法律规范，就成了1994年《地方政府（威尔士）法》的试验品、探路石。这反映了英国立法逐渐成熟的过程。

十九、良习变良法

良习之成为良法，不完全是一项立法技术，而是人类立法行为的习惯或者趋势。此处强调的是何谓良习？谁来判断？显然这些都只能是立法者才有权决断的事。英国的传统中有许多善的或者说合理的东西，换句话说，许多善良的、合理的东西渗透到了英国治理结构的核心之中。众议院公共会计委员会主席的设置传统就是一个好例证。这是英国公共财政的议会监督领域一个重要的众议院委员会，其主席依惯例总是由一名资深的反对党议员担任。②

1983年《国家审计法》将总会计师兼总审计长的任命从首相推荐、英王任命，改为英王根据众议院的决议任命。而众议院的此项决议是由首相经众议院公共会计委员会主席同意后提议的。③ 这项改革的意义在于，它使得总会计师兼总审计长的任命不再是首相一个人说了算，也不是执政党一方说了算，而是要由身为反对党的众议院公共会计委员会主席同意后，由首相提议议会表决。也就是说，如果首相最终提名的人连反对党出任的众议院公共会计委员会主席都通不过，则必须换人选。最终的提名人选必须是首相和众议院公共会计委员会主席都同意的人。这个人虽然更可能是执政党的人，而不太可能是反对党的人（否则议会表决时往

---

① Andrew Arden, p. 10.
② Bradley & Ewing, p. 359.
③ Bradley & Ewing, p. 359.

往通不过),但至少是反对党可以接受的人。由于该人一旦被任命即具有相当的独立性,首相或者政府就不能再明目张胆地对其发号施令了,在这种情况下,如果是一个比较温和的、中立的或者与执政党走得不是太近的人被提名出任这一职务,反对党方面显然更愿意接受,并通过众议院公共会计委员会主席表达这种同意。总之,1983年《国家审计法》的规定在某种程度上只是将英国习惯中久已形成的由反对党出任众议院公共会计委员会主席的惯例,予以法律化并赋予其更大的权威罢了。

二十、空白授权

1989年《地方政府法》赋予国务大臣广泛的提供安居财政补贴的权力①,这是地方安居机构履行安居服务职能的重要保障。安居财政补贴的具体计算方法由国务大臣因时制宜、自行确定。虽然从立法的字面上看,国务大臣只能出于环境目的作出安居财政补贴的决定,但是从英国法院的判决看,法院将制定法的授权解释为国务大臣可以基于财政部事先确立的数额决定其补贴数额。②

二十一、条例对法律的有限变通权

议会授予委任立法机构改变议会自身立法,这是完全可能的。在历史上,议会这样授权被认为是不妥的,并且还给这种做法起了一个诨名:亨利八世条款(Henry Ⅷ Clause)。涉及该条款的最新例证,是取代2001年《规制改革法》(Regulatory Reform Act)的2006年《立法及成文法律文件改革法》(Legislative and Regulatory Reform Act)第1条第2款规定,为了减轻负担,英王的部长可以修订包括议会法律在内的任何立法;该法第1条第3款对"负担"的界定非常宽泛,包括财政成本、行政管理方面的不便、阻碍效能或者处罚等。但英国学者认为,上述授权实际上受到严格的限制:只能用于确保"规制职能"按照透明、负责、合理、一贯的原则行使。③

国务大臣有权通过制定条例,将某些本来不应当列入投资目的的开支规定为可以列入其中;而将某些本来应当属于其中的开支剔除出去。

---

① Andrew Arden, p. 523.
② Andrew Arden, p. 523.
③ Wade & Forsyth 2014, p. 746.

换句话说，根据这类规定，国务大臣可以变更制定法对于资本项目开支的界定。① 这是一种相当具有实质性内容的赋权规范。执行这一规范的结果将是，国务大臣制定的条例可以从根本上改变制定法关于地方政府机关资本项目开支的归类体系。至于这种调整对地方财政的影响，则需要综合考虑地方政府机关的资金来源及按照资金用途分类对其资金使用情况的具体影响，并不一定如其字面上表现得那样简单粗暴。但考虑到资本项目开支所具有的长期性是日常财政性开支所不具备的，因此对于此两类开支的会计分类上的区分，作为中央对地方实施控制，特别是中央政府行政方面对地方政府机关的财政开支实施控制的手段，具有相当的潜在影响力。

除制定条例的手段以外，国务大臣还可以通过指示授予地方政府机关将某些开支作为资本项目开支处理的权力，但需要满足以下条件②：① 国务大臣给地方政府机关的指示中应当包括对具体的会计科目调整的描述，并明确指出此项调整的目的；② 该指示所针对的款项是某一特定地方政府机关已经或者即将发生的；③ 没有超出特定的数额；④ 该指示所针对的款项限于在过去或者未来的某一特定时段内发生的款项。

这些要求表明，国务大臣给地方政府机关的指示必须具有明确的针对性，不但涉及的开支数额有要求，开支发生的时间有要求，而且指示所适用的期限也有要求。这就在很大程度上限制了国务大臣指示权的裁量空间，从而使这种表面上看起来有点过分的权力在实际行使时不至于严重违反法律的基本原则。更重要的是，这些限制性条件的确立，使得国务大臣只能在非常特殊的情况下才能非常谨慎地作出此类指示。当然这些指示的质量及这种特别的法律授权制度的履行质量，更主要地依赖于国务大臣本身的素质，而非制定法设置的其他约束机制。试想，如果国务大臣总是倾向于滥用此类权力，英国国会是不会在立法中轻易授予这种在我们看来非常难以控制的法外权力的。

国务大臣所拥有的这项指示权，以及通过这种指示赋予地方政府机关在法律之外另行处理地方政府机关开支分类的权力的意义在于，它赋予了国务大臣在法律的明确规定之外采取例外行动的权力。这一点对于

---

① Andrew Arden, p. 459.
② Andrew Arden, p. 459.

研究行政权的本质及其分配、行政权与立法权的关系、中央与地方的关系等,都具有相当重要的意义。

二十二、排斥议会立法权的宪法性条款

1920年《爱尔兰政府法》采取了一项为后来的权力下放立法所效法的立法技术,即规定对于某些事项,联合王国议会无权立法。① 在奉行议会立法至上原则的英国,这样的规定显然属于另类,是否能够达到成文宪法国家的宪法性规范所具有的效果也是非常值得怀疑的。但从英国立法及相应法律落实的实践看,这些内容还是经得起考验的,尽管这类规范的内容仅仅是依靠议会的诚信而不是成文宪法的明确担保。

---

① Neil Parpworth, p.160.

第六章
政府制度

本章介绍英国的行政体制。有关行政管理方面的内容,在本书的其他卷中有专门介绍,即第二卷第二编英国行政体制、第三卷第一编英国行政法总论和第二编英国行政法分论,其中的许多内容,如首相的职能、部长的分工、部长责任制的具体运作、各部门之间的权力分配及协调等,本身也是宪法的重要内容。有鉴于此,本章只就行政体制部分最重要处着笔,除内阁制度有一些说明外,部长责任制、权力下放的具体内容需参考本书第二卷第二编的相关章节。

内阁制度与部长责任制,构成了英国政府制度的核心。

第一节 首相的任命

1721年,辉格党(Whig)领袖沃波尔爵士(Sir Robert Walpole)被英王乔治一世任命为内阁首脑,是为英国首相一职之始,但职位正式名称并非首相。1905年,坎贝尔-班纳曼爵士(Sir Henry Campbell-Bannerman)被任命为英国首相。在任命他的英王敕令上,首相(Prime Minister)一词首次出现,成为一个正式的英国官衔。

无论是首相还是内阁,都没有得到英国法的承认。因此,按照惯例,英王在行使任命首相的特权时,总是任命那个能够获得众议院中多数议员信任的人为首相。[①] 于是,拥有议会绝对多数席位的政党的党首担任首相事实上成为惯例。即如果一党拥有绝对多数的议员,该党将组成政府,该党党首则成为首相。如果没有任何党派拥有绝对多数席位,则合计拥有绝对多数席位的两个或多个政党将组成联合政府,政党之间通过协

---

① Neil Parpworth, p.231.

商产生首相；或者单独的一党成立政府，并通过与其他党派非正式的联盟和协议而得以延续，只是在缺乏多数席位的众议院通过政府立法是非常困难的。

首相的任命与其他部长的任命略有不同。从理论上讲，英王有权挑选首相，虽然这一选择权受以下两个事实的限制：一是根据宪法惯例，拟选任的候选人必须能够赢得众议院多数议员的信任；二是在英国的现代政治实践中，政党领袖是由该党议会党团选举产生的。就后者而言，虽然布雷齐尔教授(Professor Brazier)辩解说："政党内的选举既不能排斥也不能优于英王基于英王特权的选择，这是一项严格的法律。"① 但英国现代政治实践中的做法却与此恰恰相反，英王并不能诉诸法院以落实此项"严格的法律"。英王甚至不能公开地表达其与政党的选举结果不一致的选择，否则就会被视为极不明智之举，特别是在其必须接受政党的选择而任命那个自己已公开承认不是自己的选择的首相时。其他的英国学者则指出，尽管布雷齐尔教授的这一断言的真理性是不容否认的，但英王不理睬政党选举结果的可能性微乎其微，除非有非常充分的理由这样做。②

现如今，各议会政党都有自己选举产生的党的领导人，因此，选择一位符合上述条件的首相对于英王而言并不是什么难事。但正如布雷齐尔教授所言，即便如此，英王个人的选择有时仍是必要的，例如在国家危难之时或者在议会解散后需要组建联合政府的时候。③

如果某一主要政党的领袖不是严格由议会党团选举产生，而是由该党的一般党员选举产生时，可以认为该党的领袖可能并没有获得该党在议会中的党员的信任，而其同党的另一名同事可能赢得这种信任。在这种情况下，英王基于其特权的选择权就可以否决并选择另一位候选人。④ 但英王选择的可能还是那位在议会党团选举中胜出的人，而否决那个在全党普选中获胜的人。政党选拔党首的原则并未被否定。而且实践中也并不存在在全党普选中获胜而在议会党团选举中落败的可能，因为大选总是在各参选政党已经明确各自的党首并以其为标签投入竞选的情况下进行的。一旦在大选中获胜（占据众议院 650 个议席的半数以上），则领

---

① Neil Parpworth，p. 56.
② Neil Parpworth，p. 56.
③ Neil Parpworth，p. 232.
④ Neil Parpworth，p. 56.

导该党参加竞选的党首自然而然地被推定为首相。实际上，该党首只是众议院多数党领袖，要想成为首相，尚需英王的认可，只是这种形式上的认可几乎不会出现上文所说的理论上的例外。

对于首相，更进一步的要求则必须是一位众议院议员。这句话在英国体制中的意思是：首相绝对不能是贵族院的议员。对此的解释是，19世纪及20世纪的选举改革以及1911年和1949年《议会法》的实施，已经使得众议院成为英国两院制立法机关中具有决定性力量的一院（dominant chamber）。从另一个角度看，民主制也要求首相应当作为民选议院的成员之一，从而直接对选举产生的首相所领导的政府的那个议院负责。① 遵循这一惯例的必要性可以通过1963年的议会选举风波予以说明。当时的首相麦克米伦（Harold Macmillan）因病卸任，在几个潜在的保守党竞选者参加角逐之后，最终决定由霍姆爵士（Lord Home）作为继承人。但是，为了遵循惯例，霍姆爵士不得不根据1963年《贵族法》放弃其爵位，以便其能够在众议院取得一个议席。②

第二节 内阁的组成

内阁是由首相主持、部长组成的核心委员会，负责制定政府的计划。内阁确确实实地存在，不是立法使然，而是英国另一个典型的基于传统的宪法性惯例。与内阁制相关联的集体负责原则，也是基于英国宪法惯例而非成文宪法。该原则要求，如果部长不同意由内阁制定的政府政策，就应当知趣地从政府辞职。③

对于其他内阁大臣，就没有类似首相必须是众议院成员的惯例。然而第二次世界大战以来，绝大多数资深部长的职位，如财政大臣、内政大臣、外交大臣几乎无一例外地是由众议院的议员担任的。比较罕见的一个例外是卡林顿爵士（Lord Carrington）曾出任外交大臣，在其任期内进行的福克兰群岛战争使得这一例外显然非常扎眼——由于是贵族院的成员，他不能就事态的最新进展向众议院报告，这一职责只能落在一位代理

---

① Neil Parpworth, p. 232.
② Neil Parpworth, p. 232.
③ Martin Partington, p. 32.

部长的头上。①

此外，英国还存在一个政府部长必须是议会成员的惯例。因此，如果首相想任命一位议会以外的人为部长，有两种选择：一是由本党的首席票监为其在众议院找一个"安全席位"；二是授予其终身贵族爵位。② 前一种办法的风险在于，即使某一现任的议员经首席票监劝说愿意让出议席，由此造成在议会中其所在选区代表出缺，需要由补缺选举填补，但并没有足够的把握保证被首相指定的部长能够赢得补缺选举从而实现以议员身份出任部长的目标。③ 具体分析，这个过程的风险主要是因为其遂愿需要仰仗至少三拨人的意见一致：一是以首相为首的内阁，然后，这个决定由首席票监负责落实；二是说服让位议员本人，由于这是其所在的政党的最高指示，对于一般的后座议员而言，似乎作出这样的决定并不难，因为其所在的政党是不会亏待他的；三是选民，在民主体制的国家中，他们是最难缠的。因此，所谓安全选区，通常是指选区的选民更相信其拥护的政党，而不相信该党提名的某个具体的议员候选人。一旦选民们拥护的政党作出了抉择，该选区的选民将会以他们在补缺选举中的实际投票行动表达对本党的忠诚。但是这种忠诚至少有点愚忠的成分，从而可能构成对某些选民自由意愿的干涉甚至污辱，如果选民们因此出现逆反心理，补缺选举失败的风险就出现了。因此，除非万不得已，没有哪个成熟的政党愿意用某个政客的政治前途来赌本党的政治生命。

由于相关选区的选民可能并不会如各政党的经营者们所预期的那样听话，如1964年的伦敦莱顿选区即拒绝选举哈罗德·威尔逊挑选的外交大臣帕特里克·戈登·沃克(Patrick Gordon Walker)。这位被指派的外交大臣很不幸地在一年内两度遭受选举失败。因此，保守党和工党都倾向于选择风险较小的将指派的部长任命为终身贵族的策略。④

第三节　内阁集体责任制

内阁集体责任制要求内阁必须最大限度地对外保持统一战线。易言之，那些在政策形成过程中出现于内阁会议讨论时的不同意见，不应当公

---

① Neil Parpworth, p. 232.
② Neil Parpworth, p. 232.
③ Neil Parpworth, p. 232.
④ Neil Parpworth, p. 233.

之于众。一旦某一政策已经在内阁层面上成为定案,只要有必要,所有的内阁成员(当然还包括虽然不是内阁成员,但因为所讨论的事项与其部门有关而参加内阁会议的非内阁部长,甚至包括根本就没有参加内阁会议的低级部长)都有义务在任何时间、任何场合支持并捍卫这一政策。如果内阁成员觉得自己无法履行这一义务,则内阁集体责任制这一宪法惯例的要求便是该成员必须辞职。①

内阁集体责任制的必要性在于避免内阁中存在的分歧动摇现任政府的根基。1986年,时任贸易和工业部大臣(Secretary of State for Trade and Industry)的迈克尔·赫塞尔廷(Michael Heseltine)就在其认为不能支持政府的决定时选择了尽自己的职责:政府的决定是将某直升机公司拍卖,而他认为应当进一步给予财政支持。② 按英国人的理解,部长履行自己职责的最佳方式应当是凭良心吃饭——仗义执言而不是委曲求全。如果部长坚信自己是正确的,而内阁作出的决定是错误的,那么他处在无法说服内阁选择正确的决策,又无法说服自己认同内阁决定的矛盾境地,只能选择一个正直的部长应当做的,即宁可辞职,也不放弃原则。在英国,这样的部长的下场并非都很惨,而且一旦后来的事实证明其是正确的,其同样也可以获取足够的政治资本。

某一部长不同意内阁的政策还可能通过辞职以外的其他方式表达。如采取麦金托什(Mackintosh)所提到的由部长的亲密政治伙伴(political confidante)或者其私人议会秘书(Parliamentary Private Secretary)的行为或者言论进行表达,公众由此可以揣测该部长可能在内阁中被击败了。有时,部长们的不满也有可能通过非正常的泄露给媒体的方式表达。③

但是,如果内阁就某一政策事项存在严重的分歧,处理这一问题的办法之一是将内阁集体责任制的宪法惯例束之高阁。也就是威尔逊首相在1975年所选择的不同寻常的决策过程:举行一次全民公决,以决定英国是否应当继续留在当时的欧共体内。④ 当时的内阁对此存在很大的争议,如果硬要选择其中的某一政策,可能面临相当数量的内阁成员不得不辞职的局面,从而危及在任政府的稳定。通过回避内阁集体责任制的宪

---

① Neil Parpworth, p. 235.
② Neil Parpworth, p. 235.
③ Neil Parpworth, p. 235.
④ Neil Parpworth, pp. 235-236.

法惯例的方法,将这一棘手问题的决策权交还给全体国民,这无疑是现代民主社会中最后的也是最佳、最省事的选择。

　　威尔逊首相的提议付诸实施,内阁的统一性得到了维系,全民公决也得出了一个肯定的结论(英国应当继续留在欧共体内)。① 这一结论的重要性在于,英国刚刚在此之前不久的1972年通过了《欧共体法》,而1975年的这次全民公决的结论既反映出英国在1972年通过《欧共体法》之后国民意志上出现的波动,但同时又进一步坚定了英国继续留在欧洲大家庭内的决心和力量。正是慑于这次全民意志的集中、统一展示,自此之后直到脱欧之前,英国再没有出现大的要求退出欧洲一体化进程的意见。

---

① Neil Parpworth, p. 236.

第七章
宪法监察制度

宪法监察制度,就是对宪法的实施进行监督的制度。一个国家仅仅有成文的宪法,只是拥有了一张写满了权利的纸。没有具体制度的保障,宪法就仅仅停留在纸面上,而不可能具有实际的权威。

本章的内容涉及宪法的实施和监督。英国的实践可能最好不过地说明,没有司法个案式的违宪审查机制,宪法的权威就会在无人质疑的和平表象之下而功能全无。相反,质疑与反对之声不绝于耳,恰恰是宪法实际上取得了并且通过具体的、活生生的案件证明了其具有最高权威。

议会行政监察专员制度是议会制度与宪法体制结合的政治制度,是通过法律之外、之后的政治手段,解决行政领域的争议、纠纷的机制,不完全是一个法律制度。

上述两部分内容与本书其他部分重合,详见相关章节。

第一节 违宪审查制度

英国没有自己的成文宪法,也就没有严格意义上的违宪审查制度。英国的宪制,是建立在议会立法权至上的基础上的,没有狭义的对议会立法的合宪性进行审查的宪法基础。但是,包括议会立法在内的英国成文法律规范,都是有可能在英国的法院受到挑战,并有可能遭到法院"曲解"的,在诸如人权法领域甚至有可能出现因法院作出"不一致"宣告而使原告得到对自己具有相当积极意义的裁判的情况。因此,正如不能仅仅根据宪法性文件的有无这一形式标准,否认英国实质性宪法的存在一样,也不能因为同样的原因,否认英国实质意义上的违宪审查制度的存在。

需要说明的是,违宪审查制度作为维护宪法权威及效力的体系,本应当放在英国宪法部分介绍,但它同时也是英国广义的司法审查制度的有机组成部分。从本书的总体结构考虑,最终还是将其主要内容放在了第四卷英国司法审查部分。

第二节 议会行政监察专员制度

顾名思义,议会行政监察专员制度是议会设立的监督体制的一部分,本应当在英国宪法部分随议会制度一并介绍。但考虑到这一制度的要点是对行政系统绩效的一种法外监督,究竟如何置放,可以进一步探讨。从英国公法著作中的安排看,宪法学者将其放在宪法与行政法书籍的行政法部分之中或者行政法部分之后;而行政法学者则认为这部分内容应列入议会政治职能的范畴,不完全是法律内的救济途径。国内自王名扬先生以来,即形成了将其作为诉讼外的纠纷解决机制或者司法审查的替代性机制予以介绍的惯例,本书亦然。参见本书第四卷第一章第三节相应内容。

主题词索引

B

白厅　019,505
北爱尔兰　004—010,014—020
变革观　139—140
变通权　564—566
补缺选举　324—325,343—345,459—460
不被歧视的权利　471—472
不列颠　004—010,012—015
部长责任制　117—119,266—268

C

成文法律规范　070,524—539,562—563
成文宪法　024,058—059,099,162,255—262,270

D

大法官　107,223—226,236—242
大法官事务部　111,235—248
大写的宪法　254—256,260
但书　048,166,551
党务津贴　318
地方委任立法　530,540—542
地方议事会　101,412—429
地方政府体制　020—022,412,449
独立观　137—139
调查裁判所　434—435

E

二读　430,447,506—508

F

法不溯及既往　198—200,302,553—554
法的功能　057—059
法的特点　059—063
法典化　079—80,274—275,501
法理　003—249
法律的治理　039,181—215
法律服务理事会　140,239,246—248
法律汇编议案　501—502,518—519
法律面前人人平等　184,191,207—210
法律模型　051—052
法律上的人　276—277,427
法律推定　151,555—557
法律委员会　079—080,242—245,501—502
法律文化　028,041,051—052
法律渊源　055,068—080
法制地理　003—025
法治　033—034,051—052,146—147,181—215
分权原则　153—154,211,216—228
服务性职能　104—107
附属立法　071—072,520,539

G

公法　052—069,081—152,153—228

公法案　430,447,496—498
公法与私法的划分　063—068
公共服务　101,148—149
公共会计委员会　123,143—145,563—564
公约人权　130,283—285,289
公正观　124,137,485
公正行事的义务　116,201
规制改革令　533,542—545
规制性职能　103—107
贵族议员议案　498—501,518
贵族院　233—235,389—404,502—503
贵族院审议　510—511
国际法　171,179—180
国际条约　068,078—079,176,179
国中之国　006—008
过错责任　109,118—119

H

衡平法　043,078,521—522
皇家委员会　234,239—242,395
会议公告　418—419
混合法案　497,516—517

J

计票(选票计数)　339—340,378—379;409—410
监督观　140—145
监票官　323,340,374—377
监选官　339—340,358—361,373—374,378—379
紧急状态权　098,105
经济观　132—133
精神病犯　281—282
竞选犯罪　380—386
竞选活动　363—366,369—374

竞选基金　362—369
竞选提名　357—362,438
纠纷止于诉讼　151—152
居住地(原则)　329—331
决策责任　122—124
君权(英王特权)　161,276,297—305
君主制度　297—305

K

开会传票　417—418,421
空白授权　552,562,564
控权观　145—146
老法院　020

L

立法规划　304,498,502—504
立法技术　504—505,527,545—566
立法前的仔细审议　433,505—506
立法权　155—161,216—222,494—495,520—540,566
立法先行　559—561
立法职能　220—228,393—394,401—402
立法制度　493—566
立宪君主　267—268,297
利益宣示　478—484
良好行为规范　116,125—126,484—492
良习变良法　563—564
流产法案　513—514
伦敦城　018—019,473

M

秘密投票　323,376—377
蔑视法庭罪　120,202,559
民法　064—065
民权　082—088,282—297

民主的成本 136,269—270
民主观 135—136
明示权力 095—098
默示权力 094—097

N

内阁 266—271,569—572
内阁集体责任制 268—269,570—572
内政部 245—246

O

欧盟法 069—070,078,176,179
欧洲人权公约 130,176—178,281—297

P

判例法 014,055,061—062,074—075
判例主义 150—151
票决议案 498—500,517—518
平等观 124,134—135
普通代表议案 500,518
普通法 024,054—055,059—060,074,127—128
普通人 124—128,492

Q

权力 081—114,178—179,216—228
权力的裁量属性 101—102
权力的有限性 101
权力下放 020—024,178—179,275
权力重叠 224—225
权利 081—103,130—131,470—472
权利本位 093,113,130—131
权威 075—077,090—091,321—322
权威学说 068—069,075—077,168
全民公决 268—269,318,449

R

人权 083—088,176—178,282—297
人权立法 176—178,296
柔性宪法 208,257—258,546—547

S

三读 507—510,519,521
丧失资格 386,444,454—470
审判程序规则 072—074
生效 177,513,554
十分钟规则议案 498—500,518
实质意义的法 054—057,077
首相 233—235,258,303—305,567—569
术语解释 545—546
说明责任 109,117,119
司法观 149—150
司法审查 065—068,285—292,300—303
司法体制改革 234—239,243,249
司法职能 221—225,389,393—402
司法最终 151—152,185—187
私法案 496—497,514—517,551
苏格兰 004—010,012—015

T

提案程序 503—504
提案人 285,496—499
投票行为 369,373—377;485
投票站 340,373—377

W

威尔士 004—014,021—026
威斯敏斯特 019—020,408—411
违宪审查 166,172—176,573—574

委任立法 493—496,519—545,562—564
委托投票 376
委员的投票权 445—446
委员的资格 442—445
委员会审议 446—450,507—510,515—519
委员会制度 387,429—450
无歧义分类 546—547

X

行政法 145—149,153—155,180—181,187—191,211—213
行政国家 147—148
行政职能 107,221—228,448
习惯法 069,077—078,272—273
宪法 253—275,566,573—574
宪法的分类 254—259
宪法的个性 259—260
宪法的根基 263
宪法的价值 261—263
宪法的实在性 260—262
宪法惯例 077,266—275
宪法监察 573—574
宪法结构 263,266—270,322
宪法事务部 235,238
宪法意识形态 264—266,352
向议会报告 507—509,516—519
小写的宪法 254—255,260
形式意义的法 054—055
选举程序 320,352—386
选举登记官 338—342,355—357
选举权 085,320—331
选举人 354,366;405
选举诉讼 046,384,386
选举体制 307—308,345—353

选举委员会 310,314—315,341—343
选举制度 061,165,254—255,306—386,389—390
选举秩序 338,377
选举周期 337—338
选民 061,110—112,278,354—357
选民登记 110,323—330,354—357
选民登记册 110,339,354—357
选民资格 327,346,386
选区 327—340,344—375,454—459,484—485,556
选区边界 332—337
选区的分配 331—337

Y

压力集团 318—320
一读 506—507,514,526
义务 100—101,108—118,478—484
议行合一 412—414,552
议会行政监察专员 241,573—574
议会立法程序 493,496,502—519
议会立法至上 071,135—136,153—181,210—211
议会内阁制 154,266—268,297
议会年度 298,393,409,503
议会任期 393
议会特权 391—393
议会至上（议会立法至上） 012,155—181,388—390
议会制定法 070—072
议会制度 061,387—493,573—574
议会中的国王 157—162,220,390—391
议事公开 428—429
议事规程 413—414,421—423,433
议员的津贴 472—478
议员个人议案 496—499,517—518

议员任职资格　451—470
议员制度　387,450—492
英格兰　004—015,020—026
英格兰法　008—011,024—025
英国法　024—028,057—064,068—080,
　　229—249
英国法制变革　229—249
英国法制语文　025—052
英国公法的基本原则　153—228,262
英国公民　088,276—282
英国联邦　022—024
英国人的城堡　132
英国移民　278—279
英国政体结构　266—267
英联邦　022—023,257
英王本人同意　039,509—510
英王认可　039,390,509—513
英王特权　027,094,266—268,289—
　　291,297—305
赢者通吃　265,345—353
与会权　419—420
越权　093—094,146,154

Z

责任　050,108—124,268,555,570—572

政党登记　306—312,360—362
政党基金　313—316
政党提名　358—361
政党制度　195—197,306—320
政　府　014—024,147—149,237—249,
　　403,567—572
政治党团　318,437—445,474—475
政治平衡　436—442,449
知情权　086,420—421
职　能　058,096,101—113,220—224,
　　401—402
职责　099—100,108—114,118—119
制宪权　158,162—165
中央委任立法　530,539—540
众议院　084,160,402—412
众议院的表决　409—412
众议院的官员　404—408
众议院的会期　408—409
众议院发言人　062,404—407
注意义务　122
自然公正　168,201—202,379
自　由　028,082—091,130—134
组织　107—108

引注缩略语表(参考书目)

- **Alex Carroll**

Alex Carroll, *Constitutional and Administrative Law*, Longman (an imprint of Pearson Education) 2002, 2nd Edition.

- **Andrew Arden**

Andrew Arden, *Local Government Constitutional and Administrative Law*, Sweet & Maxwell 1999.

- **Anthony Seldon**

Anthony Seldon (Edited by), *The Blair Effect: The Blair Government 1997-2001*, Little, Brown and Company 2001.

- **Bradley & Ewing**

A. W. Bradley, K. D. Ewing, *Constitutional and Administrative Law*, Longman (an imprint of Pearson Education) 2003, 13th Edition.

- **Bradley & Ewing 2015**

A. W. Bradley, K. D. Ewing, and C. J. S. Knight, *Constitutional and Administrative Law*, Longman (an imprint of Pearson Education) 2015, 16th Edition.

- **Bridges & Cragg**

Lee Bridges, Stephen Cragg, Gerald Hyland, Beverley Lang, Thomas Mullen, and Richard Poynter (authors), Richard Poynter (general editor), *The Applicant's Guide to Judicial Review*, Sweet & Maxwell 1995.

- **Carol Harlow & Richard Rawlings**

Carol Harlow, Richard Rawlings, *Law and Administration*, Butterworths 1997, 2nd Edition.

- **Colin Turpin**

Colin Turpin, *British Government and the Constitution: Text, Case and Materials*, Butterworths 1999, 4th Edition.

- **Diane Longley & Rhoda James**

Diane Longley, Rhoda James, *Administrative Justice: Central Issues in UK and European Administrative Law*, Cavendish Publishing Limited 1999.

- **Elliott & Quinn**

Catherine Elliott, Frances Quinn, *English Legal System*, Longman 2002, 4th Edition.

- **Denis Keenan**

Denis Keenan, *Smith & Keenan's English Law*, Longman 2001, 13th Edition.

- **John Alder**

John Alder, *General Principles of Constitutional and Administrative Law*, Palgrave Macmillan 2002, 4th Edition.

- **John Hopkins**

John Hopkins, *Devolution in Context: Regional, Federal & Devolved Government in the Member States of the European Union*, Cavendish Publishing Limited 2002.

- **Lin Feng**

Lin Feng, *Administrative Law Procedures and Remedies in China*, Sweet & Maxwell 1996.

- **Martin Partington**

Martin Partington, *An Introduction to the English Legal System*, Oxford University Press 2003, 2nd Edition.

- **Michael Zander**

Michael Zander, *Cases and Materials on the English Legal System*, Butterworths 1996, 7th Edition.

- **Neil Parpworth**

Neil Parpworth, *Constitutional and Administrative Law*, Butterworths 2002, 2nd Edition.

- **P. P. Craig**

P. P. Craig, *Administrative Law*, Sweet & Maxwell 1999, 4th Edition.

- **Penny Darbyshire**

Penny Darbyshire, *Eddey & Darbyshire on the English Legal System*, Sweet & Maxwell 2001, 7th Edition.

- **Peter Leyland & Terry Woods**

Peter Leyland & Terry Woods, *Textbook on Administrative Law*, Blackstone Press Limited 1999, 3th Edition.

- **Phillips & Jackson**

O. Hood Phillips, Paul Jackson, *Constitutional and Administrative Law*, Sweet & Maxwell 2001, 8th Edition.

- **Rodney Brazier**

Rodney Brazier, *Constitutional Practice*, Oxford 1999, 3th Edition.

- **Wade & Forsyth**

William Wade & Christopher Forsyth, *Administrative Law*, Oxford University Press 2000, 8th Edition.

- **Wade & Forsyth 2014**

William Wade, Christopher Forsyth, *Administrative Law*, Oxford University Press 2014, 11th Edition.

- **Woolf & Jowell**

Woolf, Jeffrey Jowell, *Principles of Judicial Review*, Sweet & Maxwell 1999.

THE RULE OF ENGLAND

THE HISTORY AND REALITY
OF THE ENGLISH PUBLIC LAW

英国是如何治理的
英国公法的历史与现状
II
英国司法与行政

张越 著

THE RULE
OF
ENGLAND

THE HISTORY AND REALITY
OF THE ENGLISH PUBLIC LAW

北京大学出版社
PEKING UNIVERSITY PRESS

简目

第一卷　英国法理与英国宪法

第一编　英国法理

第一章　英国法理基础 / 003

第二章　英国公法的基本概念和观念 / 081

第三章　英国公法的基本原则 / 153

第四章　英国法制变革 / 229

第二编　英国宪法

第一章　宪法导论 / 253

第二章　民权与君权 / 276

第三章　选举制度 / 306

第四章　议会制度 / 387

第五章　立法制度 / 493

第六章　政府制度 / 567

第七章　宪法监察制度 / 573

第二卷　英国司法与行政

第一编　英国司法体制

第一章　英国的法院 / 003

第二章　法律职业 / 047

第三章　法律服务 / 132

第四章　司法体制 / 166

第二编　英国行政体制

第一章　英国行政体制概述 / 207

第二章　行政体制的控制机制 / 235

第三章　中央政府组织 / 255

第四章　非政府组织 / 303

第五章　地方政府组织 / 341

第六章　中央与地方的关系 / 422

第七章　公务员制度 / 469

第三卷　英国行政法

第一编　英国行政法总论

第一章　行政法与公民权 / 003

第二章　行政权及其控制 / 033

第三章　行政行为 / 081

第四章　行政程序 / 231

第二编　英国行政法分论

第一章　部门行政管理概述 / 291

第二章　政府财政体制 / 293

第三章　经济管理部门 / 390

第四章　环境资源部门 / 419

第五章　教科文部门 / 468

第六章　公共服务部门 / 497

第七章　社会福利部门 / 506

第八章　社会管理部门 / 544

第四卷　英国司法审查

第一章　行政救济总论 / 001

第二章　司法救济概述 / 048

第三章　司法审查原理 / 124

第四章　司法审查基础 / 179

第五章　司法审查主体 / 266

第六章　司法审查程序 / 314

第七章　判决、赔偿及其他 / 432

目录

第二卷　英国司法与行政

第一编　英国司法体制

第一章　英国的法院

第一节　法院——法律之院 / 003

一、法院的含义 / 003

二、英王与其法院 / 005

三、普通法院的演化 / 007

四、法院与裁判所 / 008

五、"一国三制" / 010

第二节　英国各级法院 / 012

一、法院的层级 / 013

二、贵族院（最高法院）/ 014

三、枢密院 / 023

四、上诉法院 / 027

五、分庭法院 / 028

六、高等法院 / 033

七、皇家法院 / 034

八、郡法院 / 035

九、治安法院 / 037

第三节　法院管理体制 / 038

一、大法官的法院管理职能 / 038

二、大法官事务部的法院服务局 / 040

三、治安法院的管理 / 041

四、法院业务的外包 / 043

五、效益为司法公正让路 / 043

第二章　法律职业

第一节　法律界 / 047

一、律师界——狭义的法律职业界 / 048

二、法律官 / 051

三、司法界 / 051

四、学术界 / 056

五、"门外汉" / 059

六、法律职业的互通性 / 060

第二节　法官的层级 / 062

一、大法官 / 062

二、常任上诉贵族法官(最高法院法官) / 064

三、法律贵族 / 065

四、上诉法院法官 / 065

五、高等法院全职法官 / 065

六、巡回法官 / 066

七、地区法官 / 066

八、书记官 / 066

九、助理书记官 / 067

十、治安法官 / 067

第三节　法官的任命 / 070

一、资格条件 / 071

二、法官的背景 / 073

三、提名程序 / 075

四、法官的任命权 / 078

五、治安法官的招募 / 079

六、法官的代表性 / 081

七、任命体制的问题 / 082

八、任命体制的改革 / 083
　　九、司法人员任用委员会 / 085
第四节　法官的待遇 / 088
　　一、法官的薪资 / 088
　　二、法官的任职 / 089
　　三、法官的晋升 / 090
　　四、法官的培训 / 090
　　五、职务的解除 / 091
第五节　法官的独立性 / 092
　　一、法官的名分 / 093
　　二、法官的角色 / 093
　　三、司法独立的宪法地位 / 096
　　四、司法独立的准确表述 / 098
　　五、司法独立的内在要求 / 098
　　六、司法独立的历史积淀 / 099
　　七、司法独立的职业传统 / 100
　　八、司法独立的制度风险 / 102
第六节　法官独立的表现 / 102
　　一、法官职业的独立 / 103
　　二、法官独立于行政 / 104
　　三、法官独立于政治 / 105
　　四、法官独立于议会 / 107
　　五、法官独立于所在法院 / 107
　　六、法官独立于上级法院 / 107
　　七、法官独立于当事人 / 108
　　八、法官独立于物质利益 / 109
　　九、法官独立于偏私 / 110
第七节　法官独立的保障 / 112
　　一、任职保障 / 112
　　二、待遇保障 / 116
　　三、免予批评 / 116

四、免予错案追究 / 117

　　五、舆论保障 / 118

　　六、职务豁免 / 119

　　七、人身保护 / 121

　　八、审判程序保障 / 121

第八节　法律官 / **122**

　　一、法律官的范围 / 122

　　二、法律官的由来 / 123

　　三、法律官的职能 / 123

　　四、法律官的独立 / 127

　　五、法律官的禁业 / 128

　　六、皇家公诉服务体系 / 129

　　七、法律官事务部 / 130

第三章　法律服务

第一节　法律服务的基本框架 / **132**

　　一、法律服务体系的起承 / 132

　　二、法律援助及其他资助的必要性 / 137

　　三、法律服务等级 / 138

　　四、法律服务理事会 / 139

　　五、区域法律服务委员会 / 139

　　六、法律服务中的政府角色 / 139

　　七、现行法律服务体制评价 / 140

　　八、应对最新挑战 / 141

第二节　法律服务的主要内容 / **142**

　　一、对象与范围 / 142

　　二、服务优先权 / 144

　　三、基本服务类型 / 144

　　四、刑事辩护服务 / 144

　　五、公共辩护服务 / 146

　　六、社区法律服务 / 147

　　七、资助替代性纠纷解决机制 / 149

第三节　法律服务的财政结构 / 149

　　一、法律服务的财政基础 / 150

　　二、法律服务收费 / 151

　　三、私人资助机制 / 151

　　四、财产状况审核 / 151

　　五、价值检验 / 152

　　六、高成本案件 / 153

　　七、控制开支的制度设计 / 154

　　八、《民事诉讼规则》/ 154

　　九、附条件的收费协议 / 155

　　十、善后法律服务费用保险 / 158

　　十一、法律服务费用保险 / 159

　　十二、固定收费 / 160

第四节　法律服务提供者 / 160

　　一、基本分类 / 160

　　二、职业团体 / 161

　　三、法律执业者的独立性 / 162

　　四、非法律专业职业团体 / 163

　　五、非法律专业的法律顾问及其他法律服务提供者 / 164

第四章　司法体制

第一节　司法行政体制 / 167

　　一、大法官事务部的职能 / 167

　　二、大法官的角色冲突 / 168

　　三、研究职能 / 173

　　四、任命法官 / 174

　　五、招募治安法官 / 174

　　六、培训法官 / 174

　　七、管理法院 / 175

　　八、管理治安法院 / 176

　　九、法律服务职能 / 176

　　十、地方政府机关的司法行政职能 / 176

第二节　司法与立法的关系 / 176

第三节　司法与行政的关系 / 177

　　一、对国家行为的司法救济 / 177

　　二、对英王特权行为的司法救济 / 177

　　三、对抽象行政行为的司法审查 / 177

　　四、对自由裁量权的司法审查 / 177

第四节　法律解释技术 / 177

　　一、判例命名 / 178

　　二、法律报告 / 181

　　三、判例索引 / 182

　　四、报告的判例才是法律 / 184

　　五、遵循先例原则 / 184

　　六、规避判例的方法 / 189

　　七、判例法的优缺点 / 191

　　八、法官造法——判例成为法律 / 193

　　九、法律解释——法律成为判例 / 196

　　十、法律解释规则 / 200

　　十一、司法推定技术 / 202

第二编　英国行政体制

第一章　英国行政体制概述

第一节　行政组织的分类 / 207

　　一、比较公认的分类标准 / 207

　　二、较无争议的分类 / 208

　　三、其他行政机构的分类 / 209

第二节　部长责任制——行政组织法的基本原则 / 211

　　一、内阁集体责任制与部长责任制 / 212

　　二、部长 / 212

　　三、部长责任制的基础观念——谁管理谁负责 / 220

　　四、部长责任制的具体内涵 / 223

五、部长责任制的实现机理——匿名制 / 229

　　六、部长责任制的保障机制 / 232

　　七、部长责任制功能评价 / 233

第二章　行政体制的控制机制

第一节　行政组织的法律控制 / 235

　　一、行政组织的概念 / 236

　　二、公共管理机构的法律地位 / 236

　　三、地方组织立法 / 237

　　四、中央政府部门与地方政府机关的法律关系 / 238

第二节　行政组织的财政控制 / 239

　　一、公共财政管理的必要性 / 240

　　二、公共财政的基本原则 / 241

　　三、政府部门的财务官 / 244

　　四、财政年度 / 246

　　五、公共开支 / 247

　　六、公共开支控制 / 247

　　七、定期开支复审 / 248

　　八、限额预算的创新之处 / 249

　　九、限制开支的公共服务协议 / 249

　　十、成本约束机制与司法审查的经济分析 / 250

　　十一、公共开支的政府责任 / 250

第三节　公共财政基金 / 251

第四节　行政组织良好行为规范 / 251

　　一、信息公开 / 251

　　二、《推荐良好行为规范》/ 252

　　三、《审计良好行为规范》/ 253

第三章　中央政府组织

第一节　中央政府 / 255

　　一、英王 / 255

　　二、枢密院 / 256

三、首相 / 258

四、内阁 / 265

五、部长 / 274

第二节 中央政府部门 / **274**

一、政府部门的设立 / 275

二、政府部门的调整——大部制 / 276

三、政府部门的职权 / 279

四、权力交叉与协调 / 280

五、部门内部的权力再分配 / 281

六、主要政府部门 / 283

第三节 大法官事务部 / **285**

一、大法官事务部的沿革 / 285

二、大法官事务部的职责 / 287

第四节 法律官事务部 / **287**

第五节 财政部 / **287**

一、财政部的领导体制 / 287

二、财政部的正统职能 / 290

三、财政部的新职能 / 292

四、对财政部职权的评价 / 294

第六节 宏观经济管理 / **295**

一、经济管理的领域 / 295

二、社会主义的三三制 / 295

三、改良主义者的社会契约 / 295

四、国家经济发展理事会的兴亡 / 296

五、特别权力的利弊 / 296

六、市场经济的复辟 / 297

七、工会的没落与工党的勃兴 / 297

第七节 英格兰银行 / **298**

一、英格兰银行的定位 / 298

二、英格兰银行的组成 / 298

三、英格兰银行的功能 / 299

四、英格兰银行货币政策委员会的组成 / 300

　　五、英格兰银行货币政策决策权的保留 / 300

　　六、英格兰银行的透明度要求 / 301

　　七、英格兰银行的责任担当 / 302

第四章　非政府组织

第一节　非政府部门公共机构 / 303

　　一、存在的理由 / 304

　　二、设立的依据 / 307

　　三、组成人员的任命 / 307

　　四、与中央政府部门的关系 / 308

　　五、法律地位 / 309

　　六、执行机构 / 311

　　七、咨询机构 / 314

　　八、全民健康服务体系 / 320

第二节　公法人 / 320

　　一、契约政府 / 321

　　二、国有化的反复 / 321

　　三、地方政府机关的公司 / 326

　　四、现行管理体制 / 331

　　五、公法人的管理者 / 337

　　六、消费者权益保护 / 339

　　七、公共服务职责 / 339

　　八、公共服务外包 / 339

　　九、司法救济 / 340

第五章　地方政府组织

第一节　地方政府的法律特征 / 341

　　一、地方政府由法律缔造 / 342

　　二、地方政府是社团法人 / 343

　　三、地方政府的法律规制 / 345

　　四、地方政府的行为标准 / 351

五、地方政府的决策机制 / 351

六、地方政府的用权机制 / 352

第二节　地方政府的演化 / 353

一、早期的治安官时代 / 353

二、治安法官鼎盛时期 / 354

三、城镇建制兴起时期 / 354

四、现行地方政府体制建立 / 356

五、旧城镇的过渡时期 / 357

六、地方政府委员会 / 358

七、地方政府协作关系 / 358

八、地方政府热点议题 / 363

第三节　地方政府的组织要素 / 364

一、地方政府的议事会体制 / 364

二、地方议事会的正式称谓 / 365

三、地方议事会的分类体系 / 366

四、地方议事会成员的分类 / 371

五、地方议事会成员的权能 / 373

六、地方议事会成员的任期 / 373

七、地方议事会成员的纳新 / 375

八、地方议事会成员的补缺 / 375

九、临时任命的议事会成员 / 379

第四节　地方政府的治理结构 / 379

一、地方政府治理基本框架 / 379

二、地方议事会主席和市长 / 381

三、公务员与地方政治决策 / 385

四、决策主要由委员会作出 / 386

第五节　地方政府的权力 / 387

一、地方政府权力的性质 / 387

二、地方政府权力的分类 / 388

三、促进经济发展权 / 389

四、土地开发规划权 / 394

五、土地经营管理权 / 395

　　六、公益诉讼起诉权 / 397

　　七、地方性法规制定权 / 400

　　八、控制犯罪与治安权 / 400

　　九、紧急状态权 / 403

　　十、提供商品及服务权 / 403

第六节　地方政府的职能 / 408

　　一、地方政府职能的含义 / 408

　　二、地方政府职能的分类 / 409

　　三、地方政府的服务职能 / 412

　　四、地方政府职能的归属 / 414

　　五、国土开发与建筑控制 / 414

　　六、其他杂务 / 415

第六章　中央与地方的关系

第一节　中央与地方的关系概述 / 422

　　一、中央与地方的关系的基本定位 / 422

　　二、中央与地方的关系的基本线条 / 424

　　三、中央与地方的权力划分方式 / 426

　　四、中央控制地方的一般手段 / 426

　　五、中央控制地方的财政手段 / 428

　　六、中央对地方的影响手段 / 430

　　七、中央政府部门与地方政府 / 430

　　八、中央政府干预的成本效益分析 / 431

　　九、限制中央政府控制权的措施 / 432

　　十、全国性机构与地方政府 / 434

　　十一、区域开发与地方政府 / 435

　　十二、地方立法权 / 436

第二节　中央支援地方财政 / 438

　　一、中央资助与补贴的形式 / 438

　　二、中央政府的特别资助 / 439

　　三、中央政府的专项资助 / 439

四、中央财政资助的决策程序 / 443

　　五、中央财政资助的具体计算 / 444

　　六、中央财政资助报告的修订 / 445

　　七、中央财政资助的重新计算 / 446

　　八、中央政府的附加资助 / 446

　　九、中央政府的资本项目援助 / 446

　　十、中央财政资助的支付程序 / 447

　　十一、对中央政府资助行为的救济 / 448

　第三节　中央对地方权力下放 / 448

　　一、权力下放的义与译 / 449

　　二、权力下放的基本蕴含 / 450

　　三、权力下放立法 / 451

　　四、权力下放的制度价值 / 451

　　五、英格兰的处境 / 453

　　六、威尔士的权力下放 / 454

　　七、威尔士地区议会 / 455

　　八、威尔士地区议会的委员会 / 456

　　九、威尔士地区议会的立法权 / 457

　　十、苏格兰的权力下放 / 458

　　十一、权力下放与《合并法》的关系 / 460

　　十二、苏格兰地区议会 / 460

　　十三、苏格兰地区议会的立法 / 462

　　十四、苏格兰地区议会的执行机构 / 465

　　十五、北爱尔兰地区议会及其立法权 / 465

　　十六、《贝尔法斯特协定》 / 467

第七章　公务员制度

　第一节　公务员制度概述 / 469

　　一、公务员的范围 / 469

　　二、公务员的概念 / 471

　　三、公务员的特点 / 472

　　四、公务员的管理 / 473

五、公务员的分类 / 477

　　六、公务员的层级 / 477

　　七、公务员的数量 / 478

　　八、公务员雇主的义务 / 479

　　九、公务员雇主的责任 / 479

　　十、公务员法 / 484

第二节　公务员的资格与录用 / 485

　　一、公务员的任职资格 / 485

　　二、公务员的录用 / 486

　　三、公务员的法律素养 / 488

　　四、公务员的兼职 / 490

第三节　公务员的法律地位 / 491

　　一、中央政府公务员——英王的臣仆 / 492

　　二、地方政府公务员——执行人员 / 493

　　三、中央公务员参政受限 / 494

　　四、地方公务员参政受限 / 496

　　五、职业保障与公共利益的冲突 / 500

　　六、职业保障与劳工立法的统一 / 502

　　七、法律上的救济权 / 505

第四节　公务员的经济地位 / 508

　　一、公务员的付酬原则 / 508

　　二、同工同酬 / 509

　　三、法定基本收入 / 509

　　四、法定额外报酬 / 510

　　五、教师工资 / 511

　　六、劳资谈判 / 511

　　七、公务员的雇主 / 512

　　八、公务员工会 / 514

　　九、失去职位的补偿 / 515

　　十、机构重组的补偿 / 516

　　十一、退休补助 / 516

十二、职业养老金计划的会员资格 / 517

十三、公务员的利益限制 / 518

第五节 公务员的义务 / 521

一、义务分类 / 521

二、基本服务义务 / 521

三、称职地谨慎服务的义务 / 522

四、诚实忠诚地服从的义务 / 522

五、检举同事的义务 / 523

六、保密及为公共利益披露信息的义务 / 523

七、不谋取秘密利益及不收额外报酬的义务 / 526

八、财产申报与合同利益披露义务 / 527

九、禁止竞争的义务 / 528

十、参政受限的义务 / 528

第六节 公务员的任命 / 528

一、任命的基本权力 / 529

二、任命主体与程序 / 530

三、任职资格与任人唯贤 / 530

四、反歧视性任命 / 531

五、中央对地方公务员任命的规制 / 532

六、需要任命的主要行政官员 / 533

七、其他依制定法任命的官员 / 535

八、政治助理的任命 / 538

九、参政受限官员的任命 / 541

十、受薪官员的首脑 / 541

十一、首席财务官的任命 / 545

十二、监察官的任命 / 548

十三、职员委员会 / 550

第七节 公务员退出机制 / 551

一、辞职 / 551

二、定期合同到期 / 554

三、解雇 / 554

四、推定解雇 / 557

五、裁冗 / 557

六、神志错乱 / 560

七、开除、死亡 / 560

八、退休与提前退休 / 561

第八节　公务员纪律处分与良好行为规范 / 561

一、纪律处分的分类 / 562

二、纪律处分的程序 / 563

三、《公务员良好行为规范》/ 564

四、应付说客的规则 / 565

主题词索引 / 567

引注缩略语表（参考书目）/ 573

第一编
英国司法体制

第一章
英国的法院

从词源上分析,英国的法院与"司法"一词有密切关系。司法,在英国有一种更为正式的解释,即对公正的经营或实现(administration of justice)。在英国,君主(英王)被视为"正义的源泉"(fountain of justice)及"和平的监护人"(conservator of the peace)。按照布莱克斯通(Blackstone)的解释,相对于正义的源泉,法律本身不是源而是流,不是山泉而是湖泊;权利和公平都起源于正义的源泉,并通过无数的渠道,流布到每一个人。①

第一节　法院——法律之院

英国的法院,名义上是法律之院(court of law),实质上也是。其中的 court 本身并非专指法院,任何带有院子的场所都可以叫 court,如篮球场。

一、法院的含义

在英国,"法院"中的"法",以前主要是指普通法,故英国早先的法院又称普通法法院(common law court),以区别于英国学者所说的普通法院(ordinary court),即与法国式的专门法院(特别是行政法院)相对应、审理所有案件的通审法院,而非英国特指的本质意义上的法律之院;但考虑到英国早年间存在的法院都合并到了普通法法院,故本书以下除个别专门用来解释普通法法院的由来的几处外,统称普通法院。

---

① Phillips & Jackson, p. 417.

(一)法律之院

英国法上的 court(拉丁文:curia)一词,具有多重含义。

1. 英王所在之处①

表面上看,这好像与司法没什么关系,但在英国却不是这样,因为英王是正义的源泉,英王所在之处,自然就是公正之所。这一点在衡平法上具有特别重要的意义,可以说是衡平法的理论基础。

2. 英王任命的负责执掌法律的法官们所在的机构②

这是组织意义上的法院。这层意思与我们对法院的理解最为接近,但仍有三点区别:

首先,我们理解的法院是机关意义上的,先有法院,后有办案人员,即法官,法院可以没有法官,但法官本身不能组成法院;在英国则相反,法院从来都是法官的组织,而不具有机关的内涵,只要达到法定人数,法官们聚在一起就是法院,不一定要有一个具有实体院墙和威严大门的建筑,更不需要参审法官之外的组织机构。

其次,名义上,法官由英王任命,这是其成为法官的唯一条件,也是其组成法院的基本前提。没有名义上的英王的任命,审判活动就难以称实现公正。

最后,法院是法官们执掌法律(administer the law)、实现公正的地方。这既是司法的任务,又是司法的目标,恰恰是这一目标赋予了法官独立性,即他们虽然由英王任命,但却不听命于英王,更不必向英王请示。不必请示于英王,也就更不必请示其他人:法官只对法律负责,对其实现公正的使命负责。英国法上的法官独立,正是建立在这一基础之上。

3. 法官进行审判活动的地方③

此处有三点需要说明:一是"a place where justice is administered"强调的重点,不是法官的审判活动(这只是笔者的意译),而是正义实现的结果(现在时的被动语态,表示完成的事实状态)。二是英国法并不要求法官只有在一个固定的、被称为法院的地方或者建筑内审案,所作出的判决才具有法律效力。三是这里所强调的作为一个处所的法院,不是指法官必须到被称为法院的地方去审案,是指只要达到法定人数的法官聚在一

---

① Phillips & Jackson, p. 153.
② Phillips & Jackson, p. 153.
③ Phillips & Jackson, p. 153.

起并开始审理活动,这个地方就是一个法院。因此,贵族院的常任上诉贵族法官在议会大厅里、议会大厅楼上的小间甚至在旷野中,都可以形成英国的最高上诉法院;而巡回法官一人审理时,将当事人召集在一起或者当事人找到法官那里,也可以形成法院;更具有说服力的是,高等法院甚至上诉法院的法官可以在地区法院的审判中心主持听审,由此形成的法院不再是地区法院,而是高等法院或者上诉法院。

(二) 普通法法院

在英国,法院早年的全称是普通法法院①,这一称谓有两重含义:

一是这样的法院是根据普通法设立的,而非出自制定法,并因此区别于根据制定法设立的裁判所:法院根据普通法享有许多权力或者权利;如果设立裁判所的制定法未予明确,据此设立的裁判所并不当然地享有这些权力或者权利,即便制定法将其命名为法院亦是如此。当然,在英国,各类法院及其管辖权限几乎全部建立在制定法基础之上。② 但这只能说普通法中有关司法体制部分的内容已经相当完整地实现了制定法重述或者法典化,不再是基于判例与惯例的普通法了。

二是法院是法律之院,这不仅表明法院的职能是适用法律裁决案件,更主要的还在于强调法院的独立性:虽然法院的法官名义上是由英王任命的,并由法官组成了法院,但法院并不因此而依附于英王。早在中世纪时,英国即确立了法官拥有的宣示及适用法律的权力是与生俱来的,甚至可以违逆英王的传统。③

二、英王与其法院

按照布莱克斯通的传统观点,所有的司法管辖权均直接或者间接地来源于英王。在英国的封建时代,君主乃正义之源的说法对于确保在与王权竞争的封建领主管辖权之上建立一个统一的司法体制是非常重要的。④ 所谓竞争的封建领主管辖权,是指每一封建领主都在其领地内拥有可与英王的权力相竞争的属地管辖权,在一定条件下可以排除英王的管辖权。但对基于属地管辖权所作出的判决的上诉确立的英王司法管辖

---

① Phillips & Jackson, p. 153.
② Phillips & Jackson, p. 417.
③ Phillips & Jackson, p. 45.
④ Bradley & Ewing, p. 371.

权,可以在某种程度上抵消封建领主管辖权。事实上,在英国的封建时代,真正在和平时期使英国成为一个统一国家的,不是行政系统而是这种意义上的相对统一的司法系统,因为那时国家并没有统一的、管辖权及于封建领主领地的行政系统。

司法是英王的特权之一,但通常不是由英王躬行,而是由法院及法官实施。虽然英国历史上曾有过金雀花王朝(1154—1458年)的英王处理刑事案件的记载,而且英王爱德华四世(Edward IV)还与他的法官们一起坐堂三天以了解他们的工作情况,但英王对法官实施个人干预的情形是比较罕见的。正如英国历史上的著名法学家科克(Coke)对英王詹姆斯一世(James I)所言:你可以莅临法庭,但却不能发表意见。①

早期的英王在自己的法院裁决案件以阐发正义之声。随着政府事务的增多,将此项职责委托给法官遂不可避免,而且法律体系的发展也需要专门的知识。在英格兰,根据1328年《北安普敦法令》,英王不得再干预或者拖延普通法官的审判活动,而且即使英王作出了这样的命令,法官也不应当停止其正确的行动。② 1607年,在 *Prohibitions del Roy* 一案中,英王詹姆斯一世声称自己有权裁决一件普通法院与教会法院的争议,以科克为首的普通法院的法官一致裁定,英王早已没有亲自实现公正的司法职能了:"英王本人不得裁决任何案件。"1607年的判决确立了英国宪法的一项基本原则,这一原则后被1689年《权利法案》及《苏格兰人权利宣言》予以强化,以进一步限制英王干预任何司法活动。③

但英王特权中部分实施公正的司法职能被保留下来,但是英王再也无权根据其特权创设任何法院以实施除普通法之外的其他法律体系。这主要是因为英国的普通法律师对英王的特权法院——星座法院的不信任。这一结果在当代的意义是,任何新的法院或者裁判所只能由议会颁布的制定法设立。④ 由于普通法院是根据英王特权而不是制定法设立的,故有此说。除了已经设立的普通法院,英王不得再设立其他新的法院。

创设法院的英王特权现在不复存在的原因有二:一是维持法院的开

---

① Phillips & Jackson, p. 417.
② Bradley & Ewing, p. 371.
③ Bradley & Ewing, p. 372.
④ Bradley & Ewing, p. 372.

销需要获得议会的批准;二是按照科克的说法,根据英王特权所设立的法院除实施普通法之外,不能实施衡平法(administer equity)或者其他的法律体系。① 现存的法院体系已建立,没有进一步拓展的必要,所有需要创设的实施制定法的法院,都根据制定法创设,也不再需要英王特权。

三、普通法院的演化

位于威斯敏斯特的皇家法院(Royal Courts of Westminster)是从英王议事会[*Curia Regis*(King's Council)]逐渐分化出来并发展而成的。从一般意义上说,英国的所有高级法院都是从英王议事会分化出来的,过程大致是②:从英王议事会分出的第一个法院是财政法院(Court of Exchequer),该法院最初处理涉及皇家税收方面的争议。在英王亨利二世(Henry II)时期,普通民事诉讼法院(Court of Common Pleas)也从英王议事会分化出来,主要裁判英王的臣民之间的纠纷。英王亨利二世时期被称为英国法制的形成时期,因为英国的立法、法院以及整个司法体制,都是从这个时期开始产生的。此处的普通民事诉讼是就其纠纷产生于英王的臣民之间,并请求英王的法官予以裁断的意义上而言,与其对应的是解决臣民与英王之间的纠纷的王座法院,但这些还不是指现代意义上的普通法院,因为现在的英国法院已经没有这种区分了,而且王座分庭也已成为高等法院的一部分了。王座法院是最迟出现的法院,在成立初期是与英王密切联系在一起的,主要听审英王与其臣民的纠纷。事实上,作为现代英国司法审查制度雏形的特权令状制度,在该法院形成之后即开始部分地施行了,当然,当时主要是针对下级法院签发的。随着英国法院体系的发展,专司衡平之职的大法官法院(Court of Chancery)并入皇家法院,而且还有了一个海事法院(Court of Admiralty)。遗嘱法院(Court of Probate)及离婚法院(Divorce Court),皆起源于古老的教会法院(ecclesiastical courts),因为这类案件最初都由教会法院处理。

上述每一个法院都有自己的管辖权,各法院的管辖权有时重叠有时冲突。这种情形在普通法法院与大法官法院之间尤其如此。例如,在1844年的 *Knight v. Marquis of Waterford* 一案中,贵族院在上诉人已经在衡平法法院打了14年官司后告诉上诉人,他的案件很有道理,但是

---

① Phillips & Jackson, p. 418.
② Denis Keenan, p. 17.

他必须在普通法法院重新开始。这就很好地说明了因普通法意义上的司法(administration of law)与衡平法的分离所造成的诉讼迟延。这正是英国法律体系刚进入 19 世纪时的情形。① 此后英国法律体系改革的重点,是消除这种严重形式主义的羁绊,并最终促成了衡平法法院并入普通法法院,最终形成如今的普通法院体系。

正是在这样的法律遗产基础上,维多利亚时代的人们开始将英国法律体系进行合理化改革并最终形成我们现在所熟悉的体制的历程。为了将法院体系合理化,根据 1863—1865 年《最高法院司法法》(Supreme Court of Judicature Acts)设立了最高司法管辖法院(Supreme Court of Judicature),其中的高等法院分为五个部分:王座分庭、普通民事诉讼分庭、财政分庭、大法官分庭以及遗嘱检验、离婚与海事分庭。也就是说,高等法院不是新设立的,是将前述位于威斯敏斯特的皇家法院中相继成立的法院整合而成。根据 1881 年《枢密院令》,普通民事诉讼分庭与财政分庭并入王座分庭。②

四、法院与裁判所

英国的司法系统并不局限于普通的民事或者刑事法院。虽然普通民事或者刑事法院的法官极少介入裁判所的活动,英国学者仍会在讨论司法体系时提到大量的裁判所,在宪法、行政法范围内,一般会对裁判所作较普通法院更为专门而详尽的介绍。③ 例如,就业上诉裁判所就是一个公认的法院,因此,其所长有法官之称。位居其下的就业裁判所在很多方面也具有法院属性,因而被 1995 年的一个判例认定为法院。④

不仅如此,英国学者的著述以及英国议会的立法中,都不明确区分裁判所与法院(包括选举法院、专利法院等特别权限法院)的关系,例如,议会有时会建立特别权限法院而非裁判所,这些特别权限法院可以完全由高级别法院的法官组成(例如选举法院或者专利法院),也可以由法官和非法律专业人士共同组成。就业上诉裁判所就是一个典型的混合制的法院,设立于 1975 年的该裁判所负责审理就法律问题提起的对就业裁判所

---

① Denis Keenan, p. 17.
② Denis Keenan, p. 17.
③ Bradley & Ewing, p. 364.
④ Bradley & Ewing, p. 387.

的裁决的上诉,如雇员不满雇主不正当解聘的案件等。①

那么,如何界定一个司法机构是法院还是裁判所呢?在英国学者看来,对于具有成文宪法的国家而言,某一机构是否为一个享有司法权并有权处理纠纷的法院,是一个非常重大的事项②,也唯其如此,制定法对此都会有比较明确的规定,因此不会出现分类不清的情况。但是,对于不具有成文宪法的英国法,判断某个机构是不是法院却并非易事,即使其名称中含有"法院"两个字。在 1981 年的 *Attorney-General v. BBC* 一案中,贵族院需要裁决的便是,负责裁决对估价官(valuation officers)的估价不服提出上诉的地方估价法庭(local valuation court)是不是法院。贵族院认为它不是一个可以适用《蔑视法庭罪法》的法院。迪尔霍姆(Viscount Dilhome)、费雷泽(Lord Fraser)以及斯卡曼(Lord Scarman)三位常任上诉贵族法官认为,这个法庭仅是一个履行行政职能的法庭,而不是一个法院。常任上诉贵族法官萨蒙(Lord Salmon)虽然认为该法庭是一个"低级法院",但是《蔑视法庭罪法》的适用范围并不包括现代的低级法院和裁判所。常任上诉贵族法官埃德蒙·戴维斯(Lord Edmund-Davies)则认为,估价法庭根本就不是一个法院,尽管其号称法庭;但是他本人也承认,在英国没有准确无误的指导法院定性的试金石,但仍可以归纳出法院的以下基本特征③:一是由国家建立的裁判机构,而非由各方当事人建立的仲裁机构;二是通常裁决两造之间的纠纷;三是其决定是基于当事人提供的证据;四是听审公开进行,除非出于国家安全和公共利益的需要不宜公开;五是其决定是基于法律及法律上的权利;六是其决定是终局的,除非向上一级法院提起上诉。笔者认为,这六个标准同样也适用于裁判所,并不足以作为区分裁判所与法院的确切标准。

尽管英国学者不能给出明确区分法院与裁判所的确切标准,但却提供了三项令人信服的否定性标准:一是裁判机构的名称并不足以解决其是否为一个法院的问题。例如,根据 1996 年《就业裁判所法》第 20 条的规定,就业上诉裁判所(Employment Appeal Tribunal)是一个高级记录法院(superior court of record)。二是其成员是否具有法律资质也不是必要条件,如英格兰的治安法院,就是由不具有法律资质的非法律专业人士

---

① Bradley & Ewing, p. 364.
② Phillips & Jackson, p. 420.
③ Phillips & Jackson, p. 421.

来承担主要的审判任务的。三是机构本身为公共利益行使裁决职能,也不意味着该机构就是司法体系的一部分。例如,在 1998 年的 *General Medical Council v. British Broadcasting Corporation* 一案中,上诉法院即认为,隶属于医学总会(General Medical Council)的职业操行委员会(Professional Conduct Committee)不是一个法院。①

五、"一国三制"

在英国,共有三个界限分明的法院系统:英格兰与威尔士的法院系统、苏格兰的法院系统、北爱尔兰的法院系统。② 但在英国国内法院体系中,有两个法院是这三个法院系统共同的上诉法院:一是贵族院,贵族院上诉委员会对来自这三个法院系统的案件拥有上诉管辖权,但就苏格兰而言仅限于审理民事案件。二是枢密院司法委员会(Judicial Committee of the Privy Council),根据 1998 年《威尔士政府法》(Government of Wales Act)、1998 年《苏格兰法》(Scotland Act)以及 1998 年《北爱尔兰法》(Northern Ireland Act)的规定享有裁决权力下放方面问题的权力。③ 由于英格兰未实行权力下放,枢密院司法委员会并不管辖英格兰的案件,因此不完全是联合王国三个法院系统共同的上诉法院。

不仅如此,三个法院系统中的法律执业者也彼此分离,但是在三个系统内执业的法官和资深律师都有资格被任命为贵族院的常任上诉贵族法官,或者被任命为欧洲法院(脱欧前)、欧共体初审法院(脱欧前)、欧洲人权法院的法官。④ 也就是说,这三个法律职业系统在其顶层互通,在其基础部分则彼此隔绝。

除以贵族院上诉委员会和枢密院司法委员会这两个上级法院为上诉法院并相应地受其判例的约束外,英国境内的其他法院在许多事项上执行制定法的共同规定,而无论这些法院坐落在哪个地区。例如,对某一应当共同适用的议会立法,英格兰的上诉法院可以遵循苏格兰的季审法院的解释。⑤ 但此处的遵循不是强制性的,即苏格兰季审法院的解释所形成的判决,并不是一个拘束英格兰上诉法院的判例。

---

① Phillips & Jackson, p. 421.
② Bradley & Ewing, p. 364.
③ Phillips & Jackson, p. 422.
④ Bradley & Ewing, p. 364.
⑤ Phillips & Jackson, p. 422.

以下简单介绍一下苏格兰及北爱尔兰的法院体系,英格兰的法院体系在本节以后各部分详细介绍。本书自此以后的内容,除另有说明外,所说的英国法院都是指英格兰的法院。

(一)苏格兰的法院体系

在苏格兰,民事管辖权由古老的季审法院(Court of Session)行使,刑事案件的陪审团审理及上诉审的审判权由(苏格兰)高等司法法院(High Court of Justiciary)行使。①

苏格兰的季审法院是苏格兰具有民事管辖权的高级法院,其历史可以上溯至1532年。季审法院的外院(Outer House)类似于英格兰的高等法院,管辖权限也是一审。外院的法官被称为大推事(Lord Ordinary),一般单独审理案件。对大推事的判决不服,可以上诉至季审法院的内院(Inner House),内院有两个分庭(Divisions)审理案件。季审法院的资深法官被称为院长(Lord President),主持法院的工作。② 季审法院的组成及管理事宜,由1988年《季审法院法》及对其加以修正的2000年《苏格兰保释、司法职务任命法》等法律予以调整。③

苏格兰的治安法官(sheriffs)拥有有限但重要的民事和刑事案件管辖权。从1975年开始,受薪的(常任)治安法官(stipendiary magistrates)和非法律专业的治安法官(lay justices of the peace)开始在地区法院(District Courts)审理案件,但是他们的重要性远远不及英格兰的治安法官。④ 对治安法院的裁决不服,可以上诉至季审法院内院的分庭。⑤

苏格兰刑事案件的管辖权由高等司法法院(High Court of Justiciary)行使。该法院与季审法院的法官是同一批法官。⑥ 根据1975年《(苏格兰)地区法院法》建立的地区法院享有刑事案件的初审权。⑦

苏格兰季审法院的法官以及首席治安法官、治安法官,现由英王根据苏格兰首席大臣的推荐任命,此前苏格兰首席大臣必须咨询季审法院院长的意见。季审法院院长及季审法院内院首席法官(Lord Justice Clerk)

---

① Bradley & Ewing, p. 365.
② Phillips & Jackson, p. 423.
③ Bradley & Ewing, p. 365.
④ Phillips & Jackson, p. 423.
⑤ Bradley & Ewing, p. 365.
⑥ Phillips & Jackson, p. 423.
⑦ Bradley & Ewing, p. 365.

由英王根据首相的推荐任命,而首相必须推荐苏格兰首席大臣指派的人。苏格兰首席大臣在作出指派之前,又必须咨询季审法院院长及季审法院内院首席法官的意见。① 与美国不同,英国并不要求行政方面的上述任命建议需要经议会的仔细审议和确认,2005年《宪制改革法》(Constitutional Reform Act)也没有引入这一程序。② 显然,该法是英国学者寄望引入此等议会确认程序的最新可能,但并未如愿。

(二)北爱尔兰的法院体系

北爱尔兰的审判权由(北爱尔兰的)高等法院、上诉法院行使,这些法院形成北爱尔兰的高级法院(Supreme Court of Northern Ireland)。民事审判权由其高等法院(包括王座分庭、衡平分庭及家事分庭)及上诉法院行使。在中间层级,民事审判权则由郡法院行使。而在地方层级(基层),民事和刑事审判权均由治安法院行使,但需要特别强调的是,北爱尔兰治安法院是由常任的具有法律资格的法官主持的。北爱尔兰的民事或者刑事上诉法院的案件,以及在特殊情况下来自其高等法院的案件,可以上诉至英国贵族院。③

可见,北爱尔兰高级法院的结构与英格兰相似。但其治安法院的司法活动主要是由具有法律资质的(受薪的)常任治安法官(Resident Magistrates)承担。非法律专业的治安法官仅负责签署令状、发出传票等工作。④ 这一点与英格兰及威尔士的治安法官迥然有别。

第二节 英国各级法院

本节名为英国各级法院,实际上介绍的是英国法上的法院,二者的区别在于是否将欧洲法院(在英国脱欧前,这显然是十分必要的)、欧洲人权法院等纳入讨论的范围。从"英国的法院"的角度看,欧洲的这些法院不属于这个范畴;从"英国法上的法院"这个角度看,欧洲法院(英国脱欧前)、欧洲人权法院不仅是英国法上的法院,而且是英国法上最高级别的法院。这就是英国法的复杂之处。

---

① Bradley & Ewing 2015,p. 322.
② Bradley & Ewing 2015,p. 323.
③ Bradley & Ewing,p. 365.
④ Phillips & Jackson,p. 423.

一、法院的层级

将法院划分为不同的级别是任何法律体系都不能避免的。所不同的是,英国法院的分级不完全是为了确定管辖权,更主要地是为了确定不同级别法院的判例的拘束效力,以便建立起复杂的遵循先例的体系。英国不同级别法院的判例的拘束力问题,见本编第四章第四节法律解释技术。

在英国,法院的层级是这样排列的[①]:

第一级,欧洲法院(European Court of Justice,ECJ,限脱欧前);

第二级,贵族院(现最高法院);

第三级,上诉法院;

第四级,高等法院(分庭法院);

第五级,皇家法院、郡法院、治安法院。

在英格兰的法院体系中,有三个涉及法院层级的概念易混淆:英格兰的高级法院(Superior English Courts)、高等法院(High Court)和最高司法法院(Supreme Court of Judicature)。英格兰的高级法院,是与低级法院(包括治安法院与郡法院)和裁判所相对的,不是一个严格意义上的法律概念。[②] 最高司法法院一般简称最高法院,但这个最高法院不具有类似于美国最高法院的终审管辖权,也不是一个单独的法院,而是某几个级别法院的总称。

高级法院的说法,出现在诸如1876年《上诉管辖权法》(Appellate Jurisdiction Act)的规定中:常任上诉贵族法官的资格条件之一就是在英国担任高级司法职务[③],其中,高级法院不是一个很严格的说法,从1873年《最高法院司法法》开始,英格兰的高级法院,即上诉法院(Court of Appeal)和高等法院(High Court)就成了其最高司法法院的一个组成部分。[④] 从历史上看,当英格兰高级法院根据1873年《最高法院司法法》改称最高法院的时候,只包括上诉法院和高等法院。后来包括皇家法

---

① Elliott & Quinn, pp. 8-10.
② Phillips & Jackson, p. 422.
③ Bradley & Ewing, p. 366.
④ Phillips & Jackson, p. 422.

院①②，这是1971年《法院法》创立皇家法院时规定的。③

根据1873年《最高法院司法法》的规定，贵族院并不在最高法院之列，因为议会不想融入最高法院的层级体制之中。④ 另有学者指出，最高司法法院毕竟是英格兰的最高法院，而贵族院则是联合王国的贵族院。⑤ 此外，就业上诉裁判所也不属于最高法院，虽然该法院的部分法官由高等法院的法官兼任，而该法院的案件可以直接向上诉法院上诉。⑥

二、贵族院（最高法院）

虽然英国的最高法院根据2005年《宪制改革法》于2009年10月1日最终成立了，但在英国学者看来，这个新设立的联合王国最高法院（Supreme Court of the United Kingdom），只不过是接手了原贵族院及枢密院的司法职能而已⑦，在他们的著作中，在引用原贵族院上诉委员会的判例时，并不用最高法院的表述，而是照旧沿袭贵族院的表述。因为当时主事的确实是贵族院，还没有最高法院。

而且在短期内，英国最高法院对英国行政法的影响也远未显现，以至于在韦德2014年版《行政法》的索引表中，仅有一处提及，还是涉及最高法院法官退休保障的问题⑧，严格说来与行政法几乎没有什么关系。因为依该书判例索引表，在对行政法具有影响的判例中，该最高法院成立6年间也没有产生几个可供引注从而被纳入英国行政法学界权威著作的判例。

（一）贵族院的司法职能——国内最终上诉法院

在英国的《法律报告》及法院判决中经常提到贵族院，绝大多数情况下是就其司法职能而言的。事实上，作为最高上诉法院的贵族院与行使立法职能的贵族院是完全不同的。⑨ 贵族院作为一个整体，本身并不审理上诉案件，其司法职能实际上是由其上诉委员会（Appellate Committee

---

① Elliott & Quinn, p. 99.
② Bradley & Ewing, p. 365.
③ Phillips & Jackson, p. 422.
④ Denis Keenan, p. 17.
⑤ Phillips & Jackson, p. 422.
⑥ Denis Keenan, p. 18.
⑦ Wade & Forsyth 2014, p. 53.
⑧ Wade & Forsyth 2014, p. 53.
⑨ Bradley & Ewing, p. 365.

of the House of Lords)行使,该上诉委员会才是英格兰、威尔士、北爱尔兰所有法院的各类案件,以及苏格兰法院的民事案件的国内最终上诉法院。贵族院根据1876年《上诉管辖权法》获得其管辖权。①

贵族院是英格兰的民事及刑事案件的最高上诉法院,英格兰的所有其他法院都受其拘束。② 对上诉法院的裁判不服或者在某些情况下对高等法院的裁判不服的,可以经贵族院批准,上诉至作为一个法院行使司法职能的贵族院上诉委员会。③

需要强调的是,作为法院的贵族院应当理解为最终上诉法院(final court of appeal),而不是终审法院,二者的区别在于贵族院已经极少审理初审案件。自1666年就 *Skinner v. East India Company* 一案与众议院发生争执以后,贵族院未再行使民事案件的初审管辖权。而其唯一行使的刑事案件一审管辖权仅限于对贵族的叛国罪及重罪的审判,以及审理弹劾案件。④

苏格兰并入后不久,贵族院宣称拥有对苏格兰法院(季审法院)的民事案件的上诉管辖权,虽然这一权限在1706年《与苏格兰合并法》中并没有明确表述。最早引起公众注意的上诉案件是1711年的 *Greenshields v. Magistrates of Edinburgh* 案。1800年《与爱尔兰合并法》赋予贵族院对爱尔兰法院的民事案件的上诉管辖权。⑤

英国最高法院承袭了贵族院的上诉管辖权,以及枢密院(司法委员会)对权力下放案件的管辖权。⑥ 据此,英国最高法院可以审理涉及苏格兰、威尔士、北爱尔兰等权力下放地区的案件。

(二) 历史沿革——迈向专业化的历程

作为最终上诉法院的英国议会贵族院的历史,可以1876年《上诉管辖权法》为界分为前后两部分。⑦

最初的原则是,最终的司法裁决权掌握在"议会中的国王议事会"(King in his Council in Parliament)手中。值得注意的是,关于英王司法

---

① Penny Darbyshire, p. 119.
② Elliott & Quinn, p. 8.
③ Bradley & Ewing, p. 365.
④ Phillips & Jackson, p. 195.
⑤ Phillips & Jackson, p. 195.
⑥ Bradley & Ewing 2015, p. 325.
⑦ Phillips & Jackson, pp. 195-199.

权的"议会中的国王议事会"的表述与立法权的表述[议会中的国王(King in Parliament)]还有所不同,这就是司法裁判权最终归属作为议会一个组成部分的贵族院而非议会的缘由所在。在 15 世纪,英国人开始认为,这种纠错管辖权并非属于作为一个整体的议会,而是属于作为英王议事会的一部分的贵族院。贵族院对于高等法院大法官分庭的衡平法案件的纠错管辖权直到 1675 年的 *Shirley v. Fagg* 案才得以确立。

普通刑事案件不同于按照纠错管辖令状程序由贵族院审理的民事上诉案件,其上诉至贵族院是 1907 年《刑事上诉法》(Criminal Appeal Act)颁布以后的事,该法创设了刑事上诉法院。自 1966 年开始,刑事上诉案件由上诉法院刑事分庭审理,并由该庭上诉至贵族院。自 1922 年起,来自爱尔兰的上诉案件限于北爱尔兰范围内,但是包括刑事案件。①

早些年,只有很少的贵族院贵族拥有足够的法律资质,因此贵族院限制对其审判程序的报告[对贵族院判例的系统报告始于 1812—1818 年间的道氏(Dow)的系列法律报告],正因为如此,在 18 世纪末以前,贵族院很少被视为一个规范和普通的司法法院(regular and ordinary court of justice)。对非法律专业的贵族参与严格的司法审判程序的最后一次报告,是 1844 年来自爱尔兰王座法院的 *O'Connell v. R.* 一案。② 该案件确立了在贵族院作为一个上诉法院开庭审理案件时,非法律专业贵族议员不再参加的惯例。当时的法官林德赫斯特(Lord Lyndhurst)所做的,就是将非法律专业贵族的投票不计入表决结果。由此引发了一场辩论,有法律资质的贵族在辩论中强调,没有参与审判全过程的贵族不应当投票,于是非法律专业贵族们最终作出了让步,同意只有具有法律资格的贵族才能投票。③ 值得注意的是,非法律专业贵族不宜参与案件表决的理由不是其非专业性,而是其没有参与案件的审理。这是一个更充分的将非法律专业贵族议员排除在司法活动之外的理由,同时也是将所有干预司法独立的人为因素排除在外的更令人信服的理由。

到了 19 世纪,人们对贵族院作为一个上诉法院以及双重上诉体系提出的广泛批评,终于促成一位自由党大法官塞尔伯恩(Lord Selborne)于 1873 年提出了《最高法院司法法》议案,该议案最初是要为英格兰设立一

---

① Phillips & Jackson, p. 197.
② Phillips & Jackson, pp. 195-196.
③ Phillips & Jackson, p. 196.

个新的最终上诉法院,而将贵族院的管辖权局限在来自苏格兰及爱尔兰的案件。而对于废除贵族院管辖权的反对之声,主要原因是害怕此举将削弱该世袭议院的权威,另一个原因则是苏格兰及爱尔兰不希望它们的案件上诉至英格兰的上诉法院。于是上述议案在增加了保留贵族院管辖权的条款之后付诸实施,即1873—1875年《最高法院司法法》。① 该法的主要成果是促成了包括英格兰高等法院和上诉法院在内的最高司法法院的出现。

随后,保守党的大法官凯恩思(Lord Cairns)提出了一个新的议案,以解决针对贵族院作为一个上诉审法院的绝大多数批评。这一议案也通过了,即1876年《上诉管辖权法》。② 该法规定,贵族院审理来自英格兰新设立的上诉法院上诉的案件,以及来自苏格兰及爱尔兰的上诉案件。③

1876年《上诉管辖权法》创设了受薪的常任上诉贵族法官(Lords of Appeal in Ordinary),其资格条件是担任高级司法职务至少两年,或者作为出庭律师从业15年以上(第6条)。这类法官的数量起初要求是两人,并由随后的法令不断增加。④ 根据1994年《法官最大员额令》的规定,最多可以同时任命12名常任上诉贵族法官,他们都是领薪资的,有义务审理上诉案件。而其他有审理资格的贵族则尽服务的义务⑤,但不领薪资,会按出席情况发补贴。

1876年《上诉管辖权法》第8条规定,贵族院可以在议会的休会期间听审案件;第9条规定,即使在议会被解散期间也可以作适当安排以保障常任上诉贵族法官以贵族院的名义审理案件。1876年《上诉管辖权法》的效果之一,是增加了贵族院作为法院在英格兰普通法中的重要性。在此之前,贵族院对于苏格兰的上诉案件更重要些,而来自英格兰的上诉案件通常都是衡平法案件。⑥

(三)贵族院上诉委员会

至贵族院上诉委员会成立,贵族院专业化的历程基本可以说大功告成。凯恩思曾经建议成立贵族院上诉委员会,但这一建议直到第二次世

---

① Phillips & Jackson, p. 196.
② Phillips & Jackson, p. 196.
③ Phillips & Jackson, pp. 196-197.
④ Phillips & Jackson, p. 197.
⑤ Bradley & Ewing, p. 366.
⑥ Phillips & Jackson, p. 197.

界大战结束后才成为惯例。1948年,在重建毁于战争的威斯敏斯特宫的呼声下,贵族院决定将司法审判的场所从贵族院的临时辩论大厅转移到更为安静的楼上会议室,为此目的而组成了一个通常包括5名法律贵族(Law Lords)的贵族院上诉委员会(Appellate Committee)。这一临时安排取得了巨大成功,并在1951年被固定下来。① 该上诉委员会就是贵族院的第一上诉委员会。

1960年,贵族院获得在必要时成立第二上诉委员会的授权。② 例如,在皮诺切特将军(General Pinochet)一案中,贵族院最终同意了一项并无先例的动议:将该案交付贵族院的另一上诉委员会重新审理。③ 这透露了英国贵族院上诉委员会的实际分组情况,即两个上诉委员会相对独立地办案,其中一个上诉委员会审理的案件如果需要重审,则由另一个上诉委员会审理。当然,这样的情况极少出现,因为这意味着贵族院必须先推翻自己的判决,这样的情况属于遵循先例原则的例外。至此,贵族院上诉委员会的建制基本上固定下来,该委员会是一个兼有审判庭与合议庭双重身份的相对固定的审判组织,每个上诉委员会都由大法官指定一名常任上诉贵族法官在大法官不在场时担任审判长之职。同时,两个上诉委员会的设立,使得贵族院上诉委员会得以在通常情况下分别行事,不再集体办案,但两个上诉委员会的委员无疑仍然是贵族院上诉委员会的委员,其具体的分组也不会过分僵化。

具有贵族院上诉审案件主审资格者包括:大法官、常任上诉贵族法官,以及那些正在担任或者曾经担任过高级司法职务的贵族院议员(高级司法职务包括在英国的某一高级法院任职)。④ 例如,前任大法官、上诉法院民事分庭庭长以及拥有高级司法职务的贵族。⑤

贵族院上诉委员会可以在议会休会、解散或者议会延期期间照常审理上诉案件,这是作为一个法院的贵族院之常设司法职能的真正体现。贵族院的立法职能可以中止,但司法职能不能轻易停止运转。贵族院的《议事规程》还规定,上诉委员会还负责向贵族院报告其对申请人向贵族

---

① Phillips & Jackson, p. 197.
② Phillips & Jackson, pp. 197-198.
③ Martin Partington, p. 247.
④ Bradley & Ewing, p. 366.
⑤ Penny Darbyshire, p. 119.

院提出的上诉申请的审查情况。① 只有申请获准,案件才可能由贵族院审理。

英国学者强调,法律贵族具有的立法与司法双重身份,值得从《人权法》的角度予以重新审视,特别是在欧洲人权法院(European Court of Human Rights)于 2000 年作出 *McGonnell v. United Kingdom* 一案的判决之后。如果主审案件的法律贵族此前参加了任何涉及人权的立法议案的议会辩论,那么只要该法官此后再参加任何与该项立法有关的案件的审理,就有可能招致违反《欧洲人权公约》第 6 条的指责,因为该第 6 条要求由"一个独立的、不偏不倚的裁判机构主持的公正的、公开的听审"②。

与此相关的一个问题是,贵族院的上诉委员会与枢密院司法委员会是不是英国的宪法法院？上诉委员会和司法委员会都是通审法院(generalist courts),可以在其承担的部分案件中触及宪法方面的问题。至少可以说贵族院与其他英国法院分担了这一角色。随着 1998 年《人权法》的实施,贵族院作为一般宪法法院的角色得到进一步强化,因为《人权法》第 2 条规定,所有法院都必须考虑《欧洲人权公约》的判例法(ECHR case law),因而贵族院所发挥的导向作用将愈发重要。③

(四) 受理程序

由贵族院审理的案件都涉及具有普遍重要性的法律问题,这也是该案件能够获得上诉至贵族院的受理许可的唯一理由。就英格兰的上诉案件而言,受理上诉的许可可以由高等法院或者上诉法院等级别低于贵族院的法院颁发。但是,即使这些级别较低的法院拒绝了案件当事人的上诉申请,希望上诉的一方当事人仍有可能请求贵族院上诉委员会颁发上诉许可。根据 1970 年《司法法》(Adimnstration of Justice Act)的规定,可以越过上诉法院直接向贵族院提起上诉的前提是须同时具备以下条件④:一是以调卷令程序审理该案;二是诉讼当事人同意适用这一程序;三是案件涉及具有普遍重要性的法律问题,这包括涉及某一制定法或者成文法律规范的全部或者其主要结构的法律问题、涉及受上诉法院或者贵族院判例拘束的案件;四是贵族院颁发了受理许可。

---

① Bradley & Ewing, p. 366.
② Phillips & Jackson, p. 198.
③ Phillips & Jackson, p. 199.
④ Penny Darbyshire, pp. 119-120.

由于上述条件苛刻,能够通过这种途径提起上诉的案件并不多,致使贵族院每年审理的案件非常有限。①

(五) 审理程序

关于贵族院行使司法职能的具体程序,在 1844 年之前,是以贵族院普通例会的形式进行的,但自 1844 年 O'Connell v. R. 案件之后,贵族院非法律专业的贵族不得再参与审理工作遂成为英国的宪法惯例。② 也就是说不再需要在全院大会上审理具体的案件了。

凯恩思当初提议成立贵族院上诉委员会的初衷之一,仅仅是为了使贵族院全年能够在一个单独的审判室内审理案件。在此之前,贵族院在该院不从事立法活动期间,在辩论大厅审理案件(贵族院通常在下午 3 时 45 分开始非司法议程,在此之前,司法事务已经告一段落)。1948 年,贵族院决定将司法审判的场所转移到更为安静的楼上会议室。③ 贵族院上诉委员会的设立,使得常任上诉贵族法官们可以在下午较早的时候即开始审理活动。④

案件一般在贵族院位于威斯敏斯特的议会大厦的一个委员会办公室进行审理。虽然常任上诉贵族法官们也穿长袍、戴假发,但审理的气氛不是很正式。⑤ 在贵族院议事大厅审理案件的传统没有完全消失,在夏季休会后至议会新会期开始之间的一个星期内,即在议事大厅听审案件。贵族院《议事规程》允许贵族院在休会期间为审理案件而召集常任上诉贵族法官,而现在,常任上诉贵族法官们在整个司法年度内都能审理案件。⑥

1876 年《上诉管辖权法》第 5 条规定,只有在 3 名以上具有主审资格者坐堂的情况下,贵族院才可以审理上诉案件。⑦ 在重要的案件中,审判法庭通常由 5 名法官组成合议庭⑧,例外的时候由 7 名法官组成合议庭。⑨

---

① Penny Darbyshire, p. 120.
② Bradley & Ewing, pp. 365-366.
③ Phillips & Jackson, p. 197.
④ Phillips & Jackson, p. 198.
⑤ Penny Darbyshire, p. 119.
⑥ Phillips & Jackson, p. 198.
⑦ Bradley & Ewing, p. 366.
⑧ Phillips & Jackson, p. 197.
⑨ Bradley & Ewing, p. 366.

在审理过程中,常任上诉贵族法官以言词形式发表各自的意见。上诉案件的输赢根据投票表决而定。① 当然,除了常任上诉贵族法官,贵族院贵族是不参加投票的,即使参加投票也不计入结果。

大法官可以听审案件,并且在其到场时有权主持听审。② 但由于近年来大法官事务部被赋予越来越多的职能,使得大法官极少直接参加案件的审理活动。③ 按照不参加审判的全过程就没有投票资格的原则,如果大法官没有全程参与某一案件的审理,就没有表决权,而要让同时身兼多项重要职务的大法官全程参与一个案件的审理,在当代的英国已经不太可能。这是大法官极少参与审判活动的根本原因所在。

从1984年开始,为了解决大法官不在场时由谁出任审判长的问题,大法官在法律贵族中指定两人,在其不能到场时,将由其中的1人担任审判长。④ 此处被指派的两人,实际上就是贵族院的两个上诉委员会的审判长。但值得注意的是,担任审判长的不是另行任命的具有审理贵族院上诉案件资格的法律贵族,而是从已经具有资格者中任命,而且除主持案件审理外,审判长对其他法律贵族没有任何行政管理的权力。

如前所述,作为1948年的一项临时措施,贵族院授权一个上诉委员会审理上诉案件。这种做法就此固定下来。一般由法律贵族组成一个或者两个上诉委员会审理上诉案件,但判决仍由上诉委员会的委员在贵族院全体会议上作出。⑤ 上诉委员会的意见在经贵族院同意之前,没有任何拘束力。这一惯例同枢密院司法委员会所采用的规则是一样的。⑥

贵族院上诉委员会所作的决定要在贵族院的议事大厅向贵族院报告(通常被安排在星期二下午),这一做法旨在提醒人们,是议会法院(Court of Parliament)在听审并判决案件。⑦ 虽然这只是名义上的,但对于维护贵族院作为最高上诉审法院的权威性无疑具有重要意义。议会法院是英国议会的另一个称谓,指议会的另一种身份,而不是议会内部另外设立或者下设的法院。

---

① Phillips & Jackson, p. 197.
② Bradley & Ewing, p. 366.
③ Phillips & Jackson, p. 198.
④ Phillips & Jackson, p. 198.
⑤ Bradley & Ewing, p. 366.
⑥ Phillips & Jackson, p. 198.
⑦ Phillips & Jackson, p. 198.

然而自 1962 年形成的惯例是,作为一个普遍的原则,常任上诉贵族法官的意见不再在议会上口头陈述。法律贵族们对自己在议会上口头陈述的内容作了自我限制,即只陈述他们同意或者驳回上诉的结论,因为作出这些决定的理由已经在他们的法律意见中阐述了。但是,法律贵族们也曾允许现场直播他们向议会报告其法律意见的过程。在皮诺切特将军案①中,法律贵族们第一次就其书面陈述的概要,口头向议会进行了说明。

对于疑难案件,常任上诉贵族法官们可以召集高等法院王座分庭的法官(贵族院没有召集大法官分庭法官的权力,除非这些法官本人是贵族)帮忙,但是自 1876 年设立常任上诉贵族法官以来,这种情况仅发生过四次。应召而来的法官的意见通常会被采纳,如 1866 年的 *Mersey Docks and Harbour Board v. Gibbs* 一案;但也不是都能够被采纳,如 1898 年的 *Allen v. Flood* 一案,该案是贵族院召集法官审理的最后一个英格兰的案件。最后一个召集法官审理的苏格兰的上诉案件是 1904 年的 *Free Church of Scotland（General Assembly）v. Lord Overtoun* 一案。② 由于高等法院处于英格兰法律体系之内,其法官应召审理一个苏格兰的上诉案件,即使是仅提供意见,苏格兰方面的上诉人或者原审法院也会有微词。正因为如此,该案召集的高等法院法官的意见未被采纳。

(六) 判决的效力

除了对苏格兰的刑事案件没有管辖权,作为最高级别的法院,通过英国法的判例体制,贵族院具有影响英国法律发展的巨大权力。多年来,贵族院认为自己受其先前作出的决定的拘束,即贵族院也必须遵循先例。但是到了 1966 年,贵族院的常任上诉贵族法官通过大法官发表声明修改了这一原则,第一次提出,过分严格地遵循先例可能会导致某些案件中出现不公正的结果,并且不恰当地限制了法律的正常发展。于是,贵族院将其以前的决定认定为具有通常的拘束力;但当其认为正确时,随时准备背离某一既有的判例。③

作为最高级别的法院,贵族院的判例对所有的低级法院都有拘束力,

---

① 涉及将皮诺切特引渡回国受审、其身体状况是否适于受审以及在其身体状况不适于受审而将其引渡回国是否违反英国的人权法义务等问题。
② Phillips & Jackson, p. 198.
③ Bradley & Ewing, p. 366.

并形成英国本土法律最重要的判例。因此,贵族院的所有判决都要作为判例在《法律报告》中予以报告,因为这些判决都将为英国的法律添加新的原则,或者进一步澄清旧有的原则。①

三、枢密院

枢密院是英国古老的机构,是在漫长的历史中始终陪伴英王直至今天的为数不多的几个古老文化遗产之一,是现代英国许多机构的母体。国人对枢密院的了解较少,甚至有人将其与英国的贵族院混同,至于将其司法职能与贵族院的司法职能混淆的现象,更是普遍。

(一) 枢密院的地位

枢密院是英联邦及国内权力下放地区的案件的最高上诉法院,这一点,即使苏格兰脱离英国,都不会在短时间内改变。枢密院司法委员会是枢密院真正具有实际权力的内部机构之一,同时,又是一个真正意义上的终审上诉法院,其在枢密院的地位如同贵族院的上诉委员会。枢密院兼具多种职能,历史上,它曾经是一个比现在的议会还要风光的机构,其司法职能由枢密院的司法委员会行使。如果严格按照国内法意义上的标准加以衡量,枢密院不是一个国内法院,但英国权力下放方面的宪法改革,使这一机构又具有了某些国内法管辖权限。来自枢密院司法委员会及其他普通法系国家(如加拿大和澳大利亚)的先例,对于英国的法院具有说服效力,而且英国学者也承认从这些外国法域借鉴来的概念促进了英国法的发展。②

虽然早在1640年,议会便废除了枢密院中的国王③对国内案件的司法管辖权,但枢密院仍有接受来自海峡群岛及马恩岛的上诉请求的权力。④ 从我们理解的国内法院的意义上,枢密院此时仍是一个国内法院。

枢密院的角色和地位因权力下放的立法而得以复苏,因为该类立法规定,枢密院是裁决属于苏格兰地区议会、威尔士地区议会及北爱尔兰地区议会的司法管辖权范围内的案件的最终上诉法院。也就是说,根据权力下放立法,英国设立了苏格兰地区议会、威尔士地区议会及北爱尔兰地

---

① Penny Darbyshire, p. 120.
② Penny Darbyshire, p. 39.
③ 这是一种非常英国式的称谓,类似的表述方式是议会中的国王。
④ Bradley & Ewing, p. 366.

区议会,同时也授予它们一定的司法管辖权,凡属于此类司法管辖权范围内的案件,经各有关议会裁决后,如当事人仍不服,则枢密院就是其最终上诉法院。据此,枢密院必须通过对这些属于权力下放地区司法管辖权范围内的事项作出的裁决,保证在全英国各个权力下放地区之间的法制统一。类似的职能也曾根据1920年《爱尔兰政府法》赋予枢密院,但在此后的50年间,枢密院司法委员会仅作出一件案件裁决。[①]

除上述与权力下放有关的职能外,枢密院还从事许多其他司法杂务:直到现在它仍然是海峡群岛及马恩岛的上诉案件的终审法院。[②]

(二) 枢密院司法委员会

该机构最容易且经常与贵族院上诉委员会混淆。

"为了保障英王枢密院能够更好地实施公正的审判",1833年《司法委员会法》(Judicial Committee Act)设立了枢密院司法委员会。[③] 这个委员会与贵族院上诉委员会名称类似、功能相同、人员重叠。

自17世纪起,随着英国逐渐取代其他欧洲列强成为世界帝国,来自殖民地及英王海外属地的上诉案件数量大增。1833年,通过《司法委员会法》成立了枢密院司法委员会,行使枢密院的司法管辖权以裁决来自各殖民地、宗教法庭及海事法院的上诉案件。[④] 可以说,枢密院司法委员会是英国鼎盛时期的标志性机构。在大英帝国的全盛时期,该司法委员会实际上是一个随时有可能针对世界范围内相当广大的土地行使广泛的司法裁决权的帝国法院。[⑤] 如今,虽然仍有相当稳定数量的案件继续涌入,但枢密院司法委员会在英联邦内作为上诉法院的角色已大不如前。[⑥]

从理论上说,枢密院司法委员会并不作出裁决,只是向政府提出建议,按照惯例,这些建议出现在有关的报告中,或者通过发出枢密院令的方式赋予该建议以法律效力。在1966年以前,枢密院司法委员会只公布多数意见,但根据1966年《司法委员会法(异议)令》的规定,此后也可以看到该委员会的少数派意见了。虽然从形式上讲,该委员会仅向英王提

---

① Bradley & Ewing, p. 367.
② Bradley & Ewing, p. 367.
③ Phillips & Jackson, p. 336.
④ Bradley & Ewing, p. 366.
⑤ Bradley & Ewing, pp. 366-367.
⑥ Bradley & Ewing, p. 367.

出建议,但是实际上却遵循非常严格的司法程序。① 也就是说,从形式上看,枢密院司法委员会只有向英王的建议权,然而,这些建议的效力与司法决定没有区别;形成这种建议的过程也是按照严格的司法程序进行的。这是英国法中形式与实质分离的另一个例子。

事实上,与贵族院上诉委员会并称的枢密院司法委员会已经实实在在地成了苏格兰及北爱尔兰的宪法法院,因为涉及权力下放问题的案件可以直接移送至枢密院。枢密院司法委员会有权审理涉及威尔士的权力下放问题的案件。只是由于威尔士的议会并没有初级立法权,因此在这种情况下,将枢密院司法委员会描述为威尔士的宪法法院,就没那么准确。② 当然,对于英格兰的法律体系而言,作为一个上诉法院的枢密院及其司法委员会,基本上与英格兰的法律体系没有什么关系。

(三)枢密院司法委员会的组成

关于枢密院司法委员会的组成,由1833年《司法委员会法》调整:通常由3名或5名常任上诉贵族法官(Lords of Appeal in Ordinary)组成,但该委员会也包括大法官本人、常任上诉贵族法官、枢密院成员中现在或者曾经在英国担任高级司法职务的成员、曾经在那些至今还在向枢密院司法委员会上诉的案件的英联邦成员国或者枢密院决定的任何英国殖民地的高级法院的法官。③ 这个资格条件显然要比贵族院上诉委员会的资格条件宽松许多。至于枢密院司法委员会中的常任上诉贵族法官与贵族院的同名法官是同一批人,正如大法官可以兼任贵族院上诉委员会及枢密院司法委员会的审判事务一样,常任上诉贵族法官在这方面也具有同样的权能。但从1833年《司法委员会法》早于创设了受薪的常任上诉贵族法官的1876年《上诉管辖权法》这一点来看,在枢密院任职的不受薪的常任上诉贵族法官之设立要稍早一些。

对于那些因现代的权力下放立法而上诉至枢密院的案件,主审该案的枢密院司法委员会只能由常任上诉贵族法官及其他在英国正在担任或者担任过高级司法职务的枢密院成员组成。④ 根据1833年《司法委员会法》及后来的制定法,枢密院司法委员会由以下人等组成⑤:一是大法官、

---

① Bradley & Ewing, p. 367.
② Phillips & Jackson, p. 199.
③ Bradley & Ewing, p. 367.
④ Bradley & Ewing, p. 367.
⑤ Phillips & Jackson, p. 337.

并不参与审案的枢密院院长及前院长、常任上诉贵族法官以及极少参与审理活动的上诉法院法官;二是前任大法官及退休的常任上诉贵族法官;三是选拔产生的澳大利亚、新西兰及其他仍向枢密院上诉的英联邦国家的资深法官或者退休法官。

作为上诉法院的枢密院的法定开庭人数为 3 人,其组成人员的范围大于作为一个最终上诉法院的贵族院。①

(四)枢密院司法委员会的管辖权

司法委员会被赋予与枢密院相同的管辖权限,主要审理三类案件②:

1. 特定类型的上诉案件

来自海峡群岛、马恩岛、英属殖民地及英属西印度群岛等法院的上诉案件,以及教会法院、海军法院及后来增设的捕获法院的上诉案件。

2. 职业自律组织的法定上诉案件

现代的许多制定法还赋予当事人对将其成员开除的各类职业团体的裁判所申请裁决后,对该裁判所的裁决不服,向枢密院司法委员会上诉的权利,如 1983 年《医事法》(Medical Act)、1984 年《牙医法》(Dentists Act)、1993 年《正骨医师法》(Osteopaths Act)及 1994 年《按摩师法》(Chiropractors Act)。

3. 权力下放案件

权力下放立法赋予枢密院司法委员会广泛而富有争议的权力,有英国学者认为,这些权力的争议性与该委员会审理来自殖民地的死刑案件一样大。英国已废除死刑,因此,已经没有其他英国法院审理此类案件。

《苏格兰法》《北爱尔兰法》及《威尔士政府法》赋予枢密院司法委员会相当广泛的权力,如在权力下放立法实施前对其合宪性提出建议的权力、审理向其提交的有关权力下放案件中存在的问题、裁决权力下放地区的法院审理的涉及权力下放问题的案件所引起的上诉案件。③

按照《人权法》及《欧洲人权公约》第 6 条关于获得公正听审权的规定,由作为立法机关的贵族院审理此类问题是不适当的(虽然贵族院有审理这类案件的权力)。但由于枢密院司法委员会与行使司法职能的贵族院在人事上严重重叠,特别是大法官,作为英国政府的内阁成员,其地位

---

① Phillips & Jackson, p. 337.
② Phillips & Jackson, p. 337.
③ Phillips & Jackson, pp. 337-338.

尤其易引起争议。但是,立法明确排除了来自英国以外的英联邦司法区的法官参与审理权力下放案件的可能。①

(五)枢密院司法委员会的宿命

英国早就有人建议将枢密院司法委员会的职能与贵族院合并,这个问题在19世纪常被人提起。也有人建议将其改建为一个英联邦巡回法院,但就目前英联邦的发展态势及离心化倾向来看,已经不太现实了。②津巴布韦2003年10月宣布退出英联邦,早在其作出这一宣告之前,英联邦曾因其涉嫌选举舞弊,宣布暂停其英联邦资格一年。这一事件反映了英联邦目前的尴尬:管得不严则不威,管得太严将会众叛亲离。

四、上诉法院

上诉法院是根据1873—1875年《最高法院司法法》的规定,与高等法院共同作为最高司法法院的组成部分而成立的。起初的打算是将上诉法院设置为最终上诉法院,但这一计划后来又发生了改变,于是产生了1876年《上诉管辖权法》,该法规定,贵族院是最终上诉法院。③ 其实这一争议的焦点在于上诉法院是英格兰的最终上诉法院,还是将其也作为苏格兰及爱尔兰的最终上诉法院,后者存在民族心理上的障碍。

上诉法院分为民事和刑事两个分庭。两个分庭所作的判决彼此互不拘束,但都受贵族院判例的拘束。对于是否受自己先前判例拘束的问题,民事分庭在1944年的 *Young v. Bristol Aeroplane Ltd.* 一案中认定,除例外情况,民事分庭通常受其自己判例的拘束。刑事分庭采取比较灵活的原则,理由是其判决往往涉及是否将某人投入监狱的问题,如果刑事分庭认为遵循自己先前的判例可能导致不公正,可以不予遵循。④

上诉法院刑事分庭的庭长又称首席上诉法官(Lord Chief Justice)⑤。

上诉法院民事分庭的庭长可以直译为主簿(Master of the Rolls)。⑥高等法院家事分庭庭长(President of the Family Division)以及副大法官

---

① Phillips & Jackson, p. 338.
② Phillips & Jackson, p. 338.
③ Penny Darbyshire, p. 118.
④ Elliott & Quinn, p. 9.
⑤ Elliott & Quinn, p. 98.
⑥ Elliott & Quinn, p. 98.

偶尔出席该分庭的审理活动。①

上诉法院审理就高等法院(包括分庭法院)、郡法院及某些裁判所的判决的事实问题及法律问题提出的上诉。②

在1999年之前,上诉法院的合议庭通常由3名上诉法院法官组成;但自1999年《接近正义法》(Access to Justice Act)实施之后,改为可以根据案件的重要或者复杂程度,由1名以上的上诉法院法官组成。这样做的理由是1998年的名为《司法的现代化》的政府白皮书中提出的"比例与效率"(proportionality and efficiency)原则,这与1998年《民事诉讼规则》中的基本原则是一致的。③

这个例子给予我们的启示是,英国虽然强调司法独立,但司法体制改革的大方向是由政府掌控的。这固然肇因于英国的议会民主制度,但行政在司法体系改革以及其他宪法体制改革方面具有的立法动议权,无疑是非常重要而有效的。否则,如果政府发现某一行政管理领域存在的问题,仅是整个国家宪法体制方面的系统性症候群的某种表面现象,或者认为彻底地解决某一行政管理方面的问题,需要对国家的司法体制进行结构性的调整,但政府却不能通过动议将自己的意见交付最高权力机关议决,则政府因此所受的限制是可想而知的。当然,从宪法角度看,没有哪个国家会对政府的立法动议权作过多的限制,但囿于认识上的误区而形成的所谓宪法惯例会成为一种事实上的更难逾越的障碍。

五、分庭法院

分庭法院(Divisional Court)是英国的一种独立的法院,不能简单地等同于高等法院的分庭。④ 分庭法院又是一个让英国以外的国家的研究者感觉有点儿匪夷所思的英国法特有的现象:分庭法院的法官就是高等法院的法官,但他们以合议方式审案时组成的分庭法院,是高等法院的上诉审法院。分庭法院的三个分庭,是三类分庭法院的类名,不涉及其与高等法院的关系,其与高等法院的联系,是通过法官建立起来的。简单地说,英国的高等法院如果由一名法官独任审判,作出的判决就是高等法院

---

① Penny Darbyshire, pp. 118-119.
② Penny Darbyshire, p. 119.
③ Penny Darbyshire, p. 119.
④ Bridges & Cragg, p. 151.

的判决;如果由多于一名的法官组成的法庭的判决,就是分庭法院的判决,而且分庭法院的判决的效力高于高等法院的判决。在涉及立案许可的案件中,这种关系更明显地表现为原审与上诉审的关系。

至于分庭法院与分庭法院的法官,是基于高等法院对法官业务所作的划分,法官本人并不直接隶属于某个分庭。由于法官自身具有某种专业特长(如刑事、民事、家事、海事、不动产、司法审查),他们通常审理某一分庭法院管辖范围内的案件,在由不止一名同类法官组成的合议庭作出判决时,就被视为某一分庭法院(通常简称为王座分庭、家事分庭、大法官分庭)作出的判决,并在判例引注号中体现出来。而当这些法官独任审判时,其作出的判决都被视为高等法院的判决,没有庭与庭的区分。

在民事案件中,如果独任法官的决定是拒绝给予立案许可或者以申请人无法接受的条件作为立案的前提,则无论审理过程是书面的还是口头的,申请人都可以向高等法院的分庭法院提出再申请。而所谓的分庭法院就是由多名高等法院的法官组成的法院。① 此处对分庭法院的解释,可谓深入浅出、言简意赅、切中肯綮,廓清了我们对于英国高等法院与分庭法院关系的认识,本书除需要特别讨论分庭法院的特色时,一般简称"分庭"。

一般而言,当高等法院被称为分庭法院时,绝大多数情况下是一个上诉法院。在作为上诉法院时,分庭法院的管辖权限是②:一是审理对治安法官、裁判所及皇家法院的判决就法律问题提起上诉的案件。郡法院的案件直接上诉至上诉法院。二是高等法院对低级法院、裁判所及政府和其他公共机构的监督管辖权,其中最重要的就是对政府及公共机构的监督管辖权。拥有专家法官(specialist judges)的高等法院行政法庭成立于2000年,专门审理申请司法审查的案件。例如,对关闭医院的行为不服,或者对2001年政府处置口蹄疫的措施不服提起的诉讼。行政法庭也在威尔士首府加的夫(Cardiff)开庭,以审理来自威尔士的司法审查案件。三是审理申请人身保护令的案件。四审理对规划事项的申请及上诉案件。

高等法院在初成立时有五个分庭,分别是:王座分庭,大法官分庭,遗嘱检验、离婚与海事分庭,财政分庭,普通民事诉讼分庭。后两个分庭于

---

① Bridges & Cragg, p.125.
② Penny Darbyshire, pp.116-117.

1881年并入了王座分庭,此后这三个分庭再也没有变化,直到1970年《司法法》出台,该法重新分配了遗嘱检验、离婚与海事分庭的职能,并创立了家事分庭(Family Division)[①]。

作为上诉法院时,高等法院分别被称为处理刑事上诉及司法审查的王座分庭法院(全称是 Divisional Court of the Queen's Bench,男性在位时 Queen 改为 King)、审理民事上诉案件的大法官分庭法院、家事分庭法院,前面不加高等法院;作为一般管辖法院时,被称为普通高等法院(Ordinary High Court)。它们都受上诉法院和贵族院判例的拘束。两个民事分庭法院受它们先前的判例的拘束,但王座分庭法院则基于与上诉法院刑事分庭同样的理由,对此较为灵活。特别需要强调的是,分庭法院的判例拘束普通高等法院;而普通高等法院则不受其先前判例的拘束,虽然普通高等法院的判决也成为层级比它低的法院应当遵循的判例,但是其地位显然要比上诉法院或者贵族院的判例的效力低[②],当然,也比高等法院的三个分庭法院所作判决的效力低。

从法官的角度看,高等法院的法官在三个分庭审理案件时,组成三个分庭法院。[③] 但是,这三个分庭的设置是为了业务便利,每个分庭的法官的司法管辖权并不因此而受到限制。[④] 也就是说,英国的分庭法院之间虽然有审理案件的类型上的分工,但法官的管辖权却不受这一分工的限制,即在组织上并不固定地隶属于某一分庭。

总之,分庭法院的实际构成情况是,高等法院的两名及两名以上法官共同审理一个案件时,其所组成的合议庭构成一个分庭法院,从而可以拥有普通高等法院的法官所不拥有的权力,主要是审理上诉案件的权力及司法审查的权力,分庭法院因此在宪法及行政法领域具有特别重要的意义。[⑤] 这样构成的合议庭的判决,以相应的分庭法院的名义宣判,在其生效后,即为各《法律报告》所登载,成为英国判例法的组成部分。除上诉有可能动摇甚至否定组成分庭法院的几个法官所作的判决外,并不存在由高等法院分庭庭长或者高等法院的院长对他们没有参与审理的案件进行审查把关的情形。

---

① Penny Darbyshire, p. 115.
② Elliott & Quinn, p. 9.
③ Bradley & Ewing, p. 365.
④ Phillips & Jackson, p. 422.
⑤ Phillips & Jackson, p. 422.

高等法院的正式办公地点，是坐落于伦敦市中心斯特兰德（Strand）大街的皇家司法法院（Royal Courts of Justice）。为了方便诉讼当事人及其诉状律师，高等法院在英格兰及威尔士的许多大城市设立了地区登记处和审判中心。①

（一）王座分庭

这一普通法上的伟大法院，因其早期在威斯敏斯特的皇家法官审理案件时坐在"长椅子"（bench）上而得名。② 英国有关公民自由的许多宪法原则，都是由法院判决引申出来的，这类案件最常见的出处正是王座分庭法院。该法院不仅可以对侵犯法定权利者判处损害赔偿金，还具有人身保护令（habeas corpus）、调卷令（certiorari）、禁止令（prohibition）、训令（mandamus）方面的特别管辖权。③

王座分庭因高等法院的改革而吸收了普通法上的所有管辖权④：既包括民事又包括刑事，既包括初审又包括上诉审，而且王座分庭也比其他两个分庭法院大得多。就王座分庭的民事管辖权而言，绝大多数案件为侵权及合同方面的案件。⑤ 至于前文介绍的英国学者将王座分庭定性为处理刑事上诉及司法审查的分庭法院，而将其他两个分庭法院定义为审理民事上诉案件的法院⑥的说法，显然与此处所述矛盾，但从以下介绍看，王座分庭法院是通审法院的说法更准确些。

王座分庭审理的案件，要先在皇家法院或者各地方位于郡法院的审判中心的高等法院的地区登记处登记。案件的分办由位于伦敦的高等法院总管（Masters of the High Court）及伦敦以外的巡回法官办理。王座分庭内部又设有商事法庭、海事法庭，还管理技术与建筑法庭（Technology and Construction Court），其前身为官方仲裁法庭（Official Referees Court）。⑦

王座分庭的法官通常独任审判，但审理某些司法审查的案件及涉

---

① Penny Darbyshire, p. 115.
② Penny Darbyshire, p. 115.
③ Phillips & Jackson, p. 19.
④ Penny Darbyshire, pp. 115-116.
⑤ Penny Darbyshire, p. 116.
⑥ Elliott & Quinn, p. 9.
⑦ Penny Darbyshire, p. 116.

商业仲裁的案件时除外。仅五类侵权案件允许使用陪审团审理,并需要由法官自由裁量决定,而极少用于其他案件。陪审团审理的案件最主要的是诽谤案件。① 因此可以肯定,司法审查案件是不需要陪审团审理的,主要原因是其进行法律审,极少涉及事实方面的认定。

绝大多数王座分庭法官将一半的时间用于在伦敦以外巡回审理皇家法院的严重刑事案件或者民事案件。② 这就是说,皇家法院的案件也可以由高等法院王座分庭的法官来审理。但是由此作出的判决只形成具有说服力的判例,虽然皇家法院的法官在此后的审理中对于这类判决必须给予极大的关注,但没有受其拘束的义务。③ 可见,正如本章第一节"法院——法律之院"部分给出的说明,英国的法院与法官的关系是,法官在则法院随。

(二) 行政法庭

在英格兰和威尔士,只有高等法院能够审理针对公共管理机构提起的司法审查案件。④ 2000 年,王座分庭增加了一个专家型的行政法庭(Specialist Administrative Court)⑤,现称为行政法院,司法审查案件现在转由特别任命的法官在行政法院按照特定的程序审查。⑥ 在宪法、行政法意义上,新设立的行政法院具有特别重要的意义,因此单列予以说明,虽然它比其他几个分庭的历史要短很多。从级别上看,该法院仍属于王座分庭法院的一个庭,目前没有英国学者将其与王座分庭等三个分庭法院并称为第四分庭法院。正如王座分庭内设有商事法庭及海事法庭,并管理技术与建筑法庭一样⑦,行政法庭或者行政法院也是一个分庭法院下的二级法院。

由于《欧洲人权公约》自 2000 年 10 月成为英国法的一部分,行政法院的司法审查工作随着与人权有关的诉讼案件的增多而大幅增长。为此,大法官要求议会增加额外的高等法院王座分庭的法官职位以适应工作量的增加。⑧ 这也是一个英国法院管理体制方面的典型例子,法官职

---

① Penny Darbyshire, p. 116.
② Penny Darbyshire, p. 116.
③ Elliott & Quinn, p. 10.
④ Bradley & Ewing, p. 365.
⑤ Penny Darbyshire, p. 116.
⑥ Bradley & Ewing, p. 365.
⑦ Penny Darbyshire, p. 116.
⑧ Penny Darbyshire, p. 117.

位同行政编制一样是动态的,与业务量挂钩。在英国人看来,与其让财政供养的法官去挂职扶贫,不如裁掉这些法官,将相应款项直接用于扶贫。

除司法审查等行政案件外,王座分庭的专家型法官也负责审理特别执业法庭(Restrictive Practices Court)及就业上诉裁判所的案件。① 这进一步说明,英国的法官,尤其是高等法院的法官,不仅审理本法院管辖的案件,也因其公正性和名望而被邀请审理其他法庭或裁判所的案件。

(三)大法官分庭

大法官分庭是由大法官的衡平管辖权直接演化而来的。② 但该分庭实际审理的案件已经与衡平法没有太大关系了。随着衡平法作为一种法律渊源在英国法律体系中的衰退,大法官分庭越来越成为一个名实不符的机构,但这并不影响其作为一个民事上诉法院的审判职能及权威。

(四)家事分庭

家事分庭与治安法院和郡法院分担家事案件。③ 但除此之外,该庭还负责审理相当数量的民事案件,甚至一度成为民事案件的主要审理法院,但现在已经因郡法院的设立而使案件大量分流了。

六、高等法院

高等法院是高等司法法院(High Court of Justice)的简称,也是根据1873—1875年《最高法院司法法》设立的。④ 从审级上讲,高等法院低于分庭法院;而从时间上,是先有高等法院然后才有分庭法院。合理顺序应当是先介绍高等法院,然后再介绍分庭法院,但考虑到本节的排序是基于审级,因此在分庭法院之后介绍高等法院。

关于英格兰的高等法院,国内资料存在重大误解:只将分庭法院理解为高等法院的分庭,而没有注意到对分庭法院的称谓是在强调其上诉审职能。因此,将分庭法院译为分庭本身就是错误的。比较准确的说法是,高等法院有双重身份或者说双重职能:在作为管辖非上诉案件的一般管辖法院时,并不区分其判决是由哪个分庭作出的,而是统一将其视为高等法院,其判决也没有分庭法院的判例的效力高;至于高等法院的分庭之

---

① Penny Darbyshire, p. 116.
② Penny Darbyshire, p. 117.
③ Penny Darbyshire, p. 117.
④ Penny Darbyshire, p. 115.

设,实际上仅仅是构成三个分庭的法官的审判组织。事实上,高等法院的分庭在行使其上诉方面的管辖权时被称为分庭法院(Divisional Court)的做法,连英国学者也觉得有点莫名其妙。① 就行政法而言,分庭法院的重要性在于,司法审查及行政法庭都与分庭法院有关。

七、皇家法院

1971年《法院法》改革了刑事司法(administration of criminal justice)体系,创立了同属于最高司法法院的皇家法院。② 皇家法院居于英国法院层级中的第五级,受所有高层级法院判例的拘束。该法院的判决不形成有拘束力的判例,但是在高等法院的法官在皇家法院审理案件时,其判决形成具有说服力的判例,在此后的审理中必须对这类判决给予极大的关注,但也没有受其拘束的义务。当巡回法官(circuit judge)或者地区法官(district judge)在皇家法院主审时,则不产生具有拘束力的判决。既然不产生有拘束力的判决,自然也就不存在受其自身决定拘束的问题。③

皇家法院主要通过陪审团审理程序行使刑事案件的初审管辖权(与治安法院分享初审管辖权)。④ 故此,皇家法院的正确译法应当是皇家刑事法院,它与英国所有其他法院最大的区别在于,它是唯一一个只审理刑事案件而不审理民事案件的法院。与之相反,郡法院只审理民事案件不审理刑事案件。皇家刑事法院设在伦敦(称为中央刑事法院)及其他90多个地区中心城市,其法官可以是高等法院的法官、巡回法官或者书记官(recorder)。刑事案件的上诉要根据案件的情况及上诉理由,可以向高等法院的王座分庭上诉,由该分庭的2—3名法官共同审理;也可以上诉至上诉法院的刑事分庭。此外,刑事案件还可以就法律问题经贵族院批准后进一步上诉至贵族院。⑤

就宪法、行政法而言,皇家法院在个别情况下可以提供我们一般归类为行政诉讼的救济。例如,在英国,任何人都可以因某一由公共开支维护的公路失修而向公路局提出异议,如果未在1个月内获得该局提供的救

---

① Penny Darbyshire, p. 116.
② Phillips & Jackson, p. 422.
③ Elliott & Quinn, p. 10.
④ Bradley & Ewing, p. 365.
⑤ Bradley & Ewing, p. 365.

济,则可进一步向皇家法院申请一份要求该公路局修路的令状。① 这说明,皇家法院并非仅受理刑事案件。

八、郡法院

与皇家刑事法院同属第五层级的还有治安法院与郡法院,它们被称为低级法院(inferior court),受高等法院、上诉法院及贵族院判例的拘束。郡法院的判决既不报告也不产生有拘束力的判例,甚至没有说服效力,当然也不拘束自身。②

郡法院最初是根据1846年《郡法院法》(County Courts Act)设立的,从其设立之初,就承担起在当地便利地解决本来应当由高等法院解决的民事案件的职能。郡法院的设立并不完全按照行政区划,其名称则是历史使然。英格兰及威尔士大约有220家郡法院(英格兰及威尔士的郡只有46个),每个郡法院至少有一名巡回法官(circuit judge)和一名地区法官(district judge)。③ 郡法院包括五个专门的商事法庭和一个专利法院,都由专门的巡回法官组成。少数巡回法官根据1976年《种族关系法》(Race Relations Act)享有特别的审理这类案件的管辖权。④

一般认为,郡法院是一个只享有有限的民事管辖权的低级法院⑤,其设立的宗旨只是为民事案件的审理提供一种便捷的途径,因此比起设在伦敦的高等法院,其管辖权限受到某些限制。根据1984年《郡法院法》、1990年《法院及法律服务法》(Courts and Legal Services Act),郡法院的管辖权可以由大法官予以扩张。⑥ 显然,只能通过大法官移交管辖权,高等法院等"上级"法院本身无权将自己的主管事务移交郡法院,也就是没有所谓移送管辖之说。

根据1990年《法院及法律服务法》第3条的规定,郡法院被授予几乎所有高等法院的权力,仅有部分限制性的规定。据此,郡法院的巡回法官可以审理所有类型的案件⑦或者审理郡法院中较为重要的案件。巡回法

---

① Andrew Arden, p. 114.
② Elliott & Quinn, p. 10.
③ Penny Darbyshire, p. 114.
④ Penny Darbyshire, p. 115.
⑤ Bradley & Ewing, p. 365.
⑥ Phillips & Jackson, p. 422.
⑦ 由于郡法院只审理民事案件,因此,此处的案件类型是指英国民事法的分类,如土地、侵权等。

官对于损害的估价权限没有限制,除非另有指示。这样一来,郡法院审理了大量的民事案件,例如侵权、合同、物权、无力偿还(insolvency)及破产案件,仅有少数案件是根据 1988 年《民事司法调查报告》和 1996 年《伍尔夫报告》的建议而由高等法院保留的。①

根据 1998 年《民事诉讼规则》的规定,案件被划分为小额诉讼案件、快捷程序(fast track)案件、完全程序(mulit-track)案件。郡法院审理所有的小额诉讼案件、快捷程序案件,以及绝大部分的完全程序案件。事实上,离婚案件几乎都是由郡法院审理的,高等法院仅审理极少数。根据 1989 年《儿童法》的规定,郡法官与高等法院和治安法官分享儿童方面的案件的管辖权。公法所关心的是那些诸如地方政府机关参与的案件而非仅仅有儿童的父母参与的案件,这些案件由被称为监护中心的郡特别法院审理。家事审理中心审理只涉及儿童及其父母的私法方面的家事诉讼案件。②

郡法院有时也会审理行政救济案件。由于郡法院只受理一般民事诉讼案件,不受理司法审查案件,因此原告只是针对一个公共管理机构提起了民事诉讼,没有提起司法审查,但却足以产生对作为被告的公共管理机构的行为进行监督并为原告提供救济的效果。这是一类涉及公共管理机构的法定公共服务义务的案件,应将其作为司法对行政之救济的案件加以认识。例如,根据 1996 年《安居法》的规定,当事人享有在内部复议之后进一步向郡法院就法律问题提起诉讼的权利。③ 更准确地说,当事人根据该法第 202 条的规定,就驱逐临时房客、安置登记、无家可归等事由提起原级复议后,对于安居职能部门作出的决定,当事人有权进一步就其引起的法律问题向郡法院上诉。④ 同时,根据《安居法》第七部分的规定,如果某一无房者的权利受到地方政府机关的决定的侵害,该人必须首先请求该地方政府机关对该决定进行复议,如果对复议结果还不满意,还可以就法律问题上诉至郡法院。⑤ 此处是为数不多的由地方法院审理司法救济案件的例子,主要是因为与案件的地方性有关,但更主要的是案件数量多,不便于统一由高等法院行政庭解决。1996 年《安居法》的这一规定

---

① Penny Darbyshire, p. 114.
② Penny Darbyshire, p. 115.
③ Wade & Forsyth, p. 79.
④ Andrew Arden, p. 254.
⑤ Bradley & Ewing, p. 669.

说明，英国的司法救济并不总是由高等法院提供的，郡法院也可以就法律问题进行审查，这不是基于传统的特权令状意义上的司法审查，而是根据制定法的规定提起的上诉。由于该规定是由1996年《安居法》确立的，这代表着地方事务的司法救济正在向地方法院转移。

九、治安法院

这是由受薪的常任治安法官（不同于非法律专业的治安法官）主持的最基层的法院。

治安法院通过简易程序行使皇家法院管辖范围以外的刑事案件的初审管辖权，仅就个别事项（如与婚姻有关）享有民事管辖权。[1] 英国学者提到的治安法院承担的其他民事工作，包括地方议事会税及增值税的强制征收。[2] 笔者不会将这类案件归入民事范畴。事实上，治安法院审理英国绝大多数轻微刑事案件。由于英国几乎没有行政处罚，轻微刑事案件所涉及的大多数案件与我们的行政处罚相似，从这个意义上讲，英国的治安法院在很大程度上是一个可以与我国的公安机关对应的机构。因此，其在行政法上有特殊的制度比较价值。

除治安法院在行政行为法（有关行政处罚）上具有的上述职能外，在行政诉讼领域，偶尔也会看到治安法院的影子。以1993年的 R. v. Birmingham Council, ex p. Ferrero Ltd. 一案为例，对于地方政府机关为了保护消费者的利益而禁止销售某种不安全的产品的决定，生产者却被要求向治安法院提起上诉而不能寻求司法审查。[3] 这是英国著作中为数不多的由高等法院以外的法院（如治安法院）受理与我国的行政诉讼相类似案件的例子，可见在英国，虽然由高等法院实施的司法审查制度已经在程序上实现了统一，但就制定法（包括地方政府机关制定的条令等）规定的上诉而言，其程序极不统一。这些内容在英国的行政法中是不作为重点介绍的，类似于我国的部门行政法的范畴。这是全面介绍与我国对等的司法审查制度的一个不容忽视的方面，即使不能从数量上全面掌握这些案件在英国实际发生的情况及其与司法审查制度在数量上的对比关系，但从性质上或者范围上作定性的描述还是必要的。

---

[1] Bradley & Ewing, p.365.
[2] Penny Darbyshire, p.114.
[3] Bradley & Ewing, p.741.

第三节 法院管理体制

讨论英国的法院管理体制，不可避免地要涉及另一个相关问题，即英国的司法管理体制。几乎在所有国家，司法体制都以法院体制为核心，因此，这两个部分的内容有些重叠。本卷在介绍完英国的法院、法官及其他法律执业者之后，重点讨论英国的司法体制（重点介绍司法行政机关在英国司法体制改革方面的作用），其中有相当一部分内容涉及英国司法行政管理体制。

一、大法官的法院管理职能

在英国，法院管理体制是从行政与司法机制（executive and the machinery of justice）的相互关系的角度进行研究的，因为法院系统的管理是英国社会整体结构的一个组成部分，它是不能完全与行政分离的。① 对此，应当从两个方面理解：一是法院系统与行政系统同属管理社会的结构体系的组成部分，法院必然与行政不可分离；二是管理社会主要是行政机关的事，对法院的管理也不例外。事实上，英国法院系统与行政系统的密切关联，建立在法院审判职能与其内部管理截然分开的基础之上；法官不参与法院的内部管理，只负责审理案件，法院院长只在其出席庭审时担任审判长，相应的具有庭审组织权、代表合议庭的发言权，而没有对于法院内部事务实施行政管理的权限，更没有任命本院法官或者提拔下级法院法官的权力；即使是表决，也是与其他法官甚至书记官同权的。从另一个角度看，法官与法院管理体制的分离，又是行政系统承担全部管理职能（甚至包括法官的人事任免职能）的结果。例如，应当有些什么法院、法院应当在哪儿办公、法官应当如何开薪等，都不是由法官或者法律职业界决定的问题。② 正是由于这种体制，决定了对英国法院管理体制的研究必须从行政系统与法院系统的关系入手。

英国学者早就注意到，许多国家都拥有一个司法部来管理法院系统。早在1918年，霍尔丹委员会（Haldane committee）就在其有关政府运作机制的报告中提议成立英国的司法部。但是，司法部成立前，该部的职责

---

① Bradley & Ewing, p.388.
② Bradley & Ewing, p.388.

主要是由大法官事务部及内政部行使的。① 英国的(司法部成立前)大法官对于法院(包括其法官)的管理职能主要包括:

(一)法官任命

大法官实际上与英格兰和威尔士的所有司法职位的任命有关:他可以直接任命治安法官,正式向英王建议任命新的巡回法官或者高等法院的法官,非正式地向首相建议任命几乎所有更高级的司法职位。②

(二)法院管理

对上诉法院、高等法院、皇家法院以及郡法院提供行政上的支持,正是作为大法官事务部之执行机构的法院服务局(Court Service)的职责。③除治安法院外,绝大多数法院的内务,由法院服务局负责日常管理,该机构是一个独立的政府机构。主要例外是治安法院,它们由本地的治安法院委员会负责管理。④ 在地方治安法院委员会之外,还有一位英王治安法院服务监察官(HM Magistrates' Courts Service Inspectorate),负责向大法官报告有关治安法院的管理情况,但不包括治安法院的裁判工作情况。⑤ 由此可以看出,被定位为地方法院的治安法院与其他法院的区别。

(三)推动司法改革

大法官的其他职责包括:民事法的改革(根据1965年《皇家法律咨询委员会法》,大法官任命该委员会的委员)、法律服务与刑事辩护、裁判所的内部行政管理事务、民事法院的诉讼程序等。2001年,大法官事务部的职责进一步扩展到包括人权、信息自由、数据保护以及宪法体制改革。数据保护和宪法体制改革此前是内政部的职责。⑥

根据1988年《民事司法研判报告》(Civil Justice Review)的建议,1990年《法院及法律服务法》赋予大法官广泛的重组高等法院及郡法院的民事审判事务的权力。该调查报告建议将高等法院的大量审判工作交予郡法院,因为该报告发现高等法院因这些案件的审理而造成案件阻滞。1996年公布的伍尔夫有关接近正义的报告建议对民事诉讼程序进行彻底的调整。该报告的建议为1998年《民事诉讼程序法》所采纳,《接近正

---

① Bradley & Ewing, p. 388.
② Bradley & Ewing, p. 389.
③ Bradley & Ewing, p. 389.
④ Penny Darbyshire, p. 113.
⑤ Bradley & Ewing, p. 389.
⑥ Bradley & Ewing, p. 388.

义法》也于 1999 年生效。①

二、大法官事务部的法院服务局

（一）法院服务局的设立

大法官事务部的一个重大改革举措，就是 1995 年成立法院服务局，该局是一个政府机构，负有有效地运营法院的职责。这一重大发展是英国政府所采取的系统性战略的一部分，该战略的指导思想是，给予那些运营相关服务项目的经营主体在以商业化模式(business-like fashion)为法院提供服务方面以更大的自主权，从而取代原来由政府承担的这方面的职责，使在政府部门工作的行政官员专心致力于改进现有政策、发展新的政策。②

（二）法院服务局的职能

根据法院服务局的官方文献，该局的首要任务是为司法人员提供适宜的行政管理支援。法院服务局还负责推动及实施重大的政策转变，如落实民事司法体制改革。③

与其他领域的政府部门一样，法院服务局负责按照详细列明的标准，向出入法院的人提供服务，无论这些人是原告、被告、出庭证人、陪审员、当事人的亲属、朋友乃至一般公众。④ 此处没有提到法官，按常理，法官也是"出入法院的人"，应当成为法院服务局服务的对象。但从此处的描述看，我们所理解的法官所享有的服务，在英国不是由法院服务局提供的，甚至根本没有人提供，如法官的住房分配、伙食、司机等。

对于法院服务局的工作的关键性要求是管理效能，其中包括：礼貌待人、公正而迅速地处理事务、尽可能节俭地操办事务以减少成本、在民事法院中从诉讼当事人那里索回因提供法院服务而产生的对应成本。⑤

法院服务局还致力于法院行政管理改革的项目，包括投资建立法院的计算机系统和采用新的信息技术。通过不断发展通信和信息技术以允许例行程序不再需要当事人亲自到庭。职业律师由此可以从浪费时间的纯程序性出庭中解脱出来，参加诉讼的各方当事人也可以远程"出庭"。

---

① Penny Darbyshire, p. 113.
② Martin Partington, p. 71.
③ Martin Partington, p. 71.
④ Martin Partington, p. 71.
⑤ Martin Partington, pp. 71-72.

法院服务局已经建立"网上讨债"向导服务,以使网民可以通过互联网提起债务纠纷诉讼。①

三、治安法院的管理

(一)主管部门

治安法院由本地的治安法院委员会(magistrates' courts committees,MCC)负责管理。② 1997年《治安法官法》(Justices of the Peace Act)第三部分规定了治安法院委员会的建立及功能,其组成人员由大法官从该委员会所在地区的受薪的常任治安法官中挑选。该委员会的职责是确保对其所在地区的治安法院的经济效率和业务效能的有效管理。③

治安法院委员会是一个管理治安法院的地方政府部门,其职责包括治安法官的推荐、对于治安法院的行政管理事项,如行政管理人员的聘任等。治安法院管理委员会通过其聘任的市场化运作的行政管理团队,就可以承担多个治安法院的行政管理事务。此外,中央政府还设立了一个治安法院管理机构,其辖区包括整个大伦敦地区。④

(二)财政来源

治安法院先由地方政府拨款,然后由大法官事务部通过赠款的方式予以偿还。根据1997年《治安法官法》的规定,基本地方政府机关以及二级制地区的郡议事会作为辖区内的治安法院的支付机关,必须为治安法院提供房屋、宿舍、办公用品及治安法官和治安法官委员会履行职能所必需的服务,这一切的所有开支都由治安法官委员会在咨询支付机关后确定。⑤

(三)辖区划分

为了与皇家公诉服务体系(Crown Prosecution Service,CPS)和警察体系相匹配,英国的治安法院辖区重新作了划定。⑥ 相应的,治安法院委员会的数量大幅减少,从105个减少到42个,以使这些委员会能够负责

---

① Martin Partington, p. 72.
② Penny Darbyshire, p. 113.
③ Andrew Arden, p. 135.
④ Martin Partington, p. 75.
⑤ Andrew Arden, p. 135.
⑥ Martin Partington, p. 74.

范围更大的区域内的治安法院管理。① 考虑到 1996 年《警察法》的附表中所列的 41 个警务区以及伦敦市的两个警务区②,英国的治安法院委员会、警务区与皇家公诉管辖区,三者基本是统一的。

英国中央政府还改革了治安法官受权审理案件的辖区。治安法官被任命到委任区(commission areas),只能审理委任区内发生的案件。③

中央政府还调整了委任区的边界,以使之一般地与治安法院委员会的辖区一致。这一调整在确保更高效率的同时,促进了对于治安法官、治安法院工作人员以及相应办公场所的有效利用。例外情况下,各委任区之间也可以相互移送案件。④ 这项权力由各委任区内的治安法官行使,这种建立在当事人便利和自愿基础上的管辖权变更的合法性最终要接受法院的司法审查,但没有事前的审批并不会带来多么严重的后果。

(四) 日常管理(day-to-day management)

治安法院的日常管理委托给首席司法执行官(justices' chief executives),该官职是制定法设立的职位(statutory)。首席司法执行官从治安法院的司法助理(justices' clerks)那里接管许多行政管理职责(administrative responsibilities),通常为法律专业人士的司法助理的首要职责是给非法律专业的治安法官就法律及程序事宜提出建议。⑤ 原来由司法助理承担的许多行政管理职责移交首席司法执行官之后,司法助理即可以更加专注于其首要职责,即就法律及程序事宜提出建议,而不必分神于其并不擅长的治安法院内部的行政管理事务。

(五) 良好行为规范

治安法官的良好行为规范,按理应当放在法官的良好行为规范部分讨论,但本书没有介绍法官良好行为规范的内容,英国对于法官良好行为的要求的特点是崇高而不具体。但治安法官就不同了,之所以要专门为治安法官规定良好的行为规范,这本身就是对这些法律"门外汉"的素质、自制能力不信任的直接表现。当然,更主要的原因是,一个治安法院通常有数百名治安法官,对于这些来自基层、服务社会的治安法官按照全国统一确立的准则加以规束、管理,是完全可以理解的。

---

① Martin Partingtonp, pp. 74-75.
② Bradley & Ewing, p. 457.
③ Martin Partington, p. 75.
④ Martin Partington, p. 75.
⑤ Martin Partington, p. 75.

良好行为规范的另一种表述是治安法官的公共行为标准（common performance standards），涉及许多实务操作领域，如减少案件审理的迟延，确保案件受害人、证人和被告人都有彼此独立的候审区域以及为身体残疾者提供便利等。同时政府热切希望治安法官委员会应当挖掘一切可能的机会，利用治安法院的现有体系和公共服务设施。①

（六）监督机制

对于治安法院委员会所提供服务的效果的监督，是由治安法院服务监察官（Magistrates' Courts Service Inspectorate，MCSI）完成的，该机构是 1994 年设立的一个法定机构。②

四、法院业务的外包

随着对高效与低成本司法服务要求的不断提高，英国法院的管理者不可避免地想到了作为现代工业化基础的分工与专业化协作的经典管理模式，其主要成果就是将法院的部分业务外包（contract out）出去。1993 年的 R. v. The Lord Chancellor, ex p. Hibbit & Saunders 案就是一起涉及大法官行使将法院的书记业务外包出去的权力的案件。法院认定，尽管大法官行使诸如修订法律援助制度等更为公共化的职能时应当受到司法审查，但是大法官的外包决定缺乏足够的可司法审查的公法因素。③ 显然，大法官外包书记业务的行为，主审法官们认为这是法院及法院杂务经营者的私事，而不是司法公正等公共服务的公事。

该案中最应当注意的或许不是英国法院已经将法院的书记员变成了打工仔，而是接受司法监督的大法官除负责遴选、推荐、监督高等法院法官外，还负责法院除了审判之外几乎所有其他的事务。

五、效益为司法公正让路

虽然法院部分业务的外包使得法院多多少少具备了某种商业气氛，但法院部分业务外包后并没有出现法院或者法官贪污、腐败激增的情况。

倒是有一些相反的例子，例如英国的行政系统提供司法系统的后勤保障，但却不能要求司法系统通过简化程序节省开支。英国有一个著名

---

① Martin Partington, p. 75.
② Martin Partington, p. 75.
③ Bridges & Cragg, p. 5.

的公案①，涉及就业上诉裁判所所长［Mr Justice Wood（Sir John Wood），从这个头衔看，他是高等法院的法官，并且是一位爵士，地位非同一般］与大法官在1994年的通信。1994年3月6日的《观察家报》披露了这些信件的细节。这些信件似可表明大法官对该所长施加压力，以督促其加速对积压的上诉案件的审理，确保公共资金不至于浪费在对于本身并不涉及法律问题的上诉案件的初步听审环节。② 因为上诉只能就法律问题进行审理，而此处所说的初步听审，则是指就业上诉裁判所在接到上诉状后，先召集上诉人询问有关情况的程序环节。大法官嫌这一公开庭审程序太费钱，建议就业上诉裁判所通过对上诉状的书面审查，先看看其中有没有可以上诉的法律问题，然后才开始进一步审理；对于没有可上诉的法律问题的，直接驳回上诉。大法官的建议实际是要求就业上诉裁判所在接到上诉状后，先进行书面审，而不是一律严格按照听审程序进行初审。

在咨询了资深的司法界的同事后，就业上诉裁判所所长回绝了大法官的要求，这令大法官非常失望。他马上回信要求就业上诉裁判所不得再在那些上诉状无法证明就业上诉裁判所拥有管辖权的上诉案件的初步审查中适用听审程序。③ 就业上诉裁判所的管辖权仅限于法律问题，对没有法律问题可供审理的案件没有管辖权。上诉状无法证明就业上诉裁判所拥有管辖权，是指通过形式审查发现上诉状中没有表明上诉人具有可上诉的法律理由，亦即不存在可以由就业上诉裁判所审理的法律上的上诉争议。而就业上诉裁判所是解决法律上而非事实上的争议的，因此，这种情况下不能上诉；即使上诉，就业上诉裁判所也没有管辖权。大法官强调的理念在于，对上诉案件是否应当受理的审查是形式审查，应当仅以书面提供的材料为限，上诉人必须为此承担相应的责任，即表述不明致使案件被驳回的责任。

此事最终引发了贵族院的一场辩论，在辩论期间，多名发言者不仅支持就业上诉裁判所所长对其自身法律职责的解释的适当性，同时批评大法官的干预行为。④ 考虑到大法官是贵族院的发言人、贵族院上诉委员会的当然成员和首席法官（仅在其出席庭审时）以及发言者的同事等身

---

① Bradley & Ewing, pp. 387-391.
② Bradley & Ewing, p. 390.
③ Bradley & Ewing, pp. 390-391.
④ Bradley & Ewing, p. 391.

份,除非存在党派差异,否则,如果发生在同党之间,这种辩论确实开诚布公。

这个案件的另外一个值得深思之处在于,大法官虽然是负责法院及裁判所系统服务或后勤保障的行政总负责人,但其提出的裁判所简化程序的建议却遭到普遍的批评。这说明,大法官的这种后勤保障职能,或者说英国行政系统通过司法后勤保障职能而对司法活动实施的节制与影响作用是非常有限的。换一个角度说,英国的行政系统为司法系统提供后勤保障,但却不能要求司法系统通过简化程序节省开支。当然,行政系统肯定有其他的途径控制法院系统的开支,如严格的财务管理制度、严格的行政辅助人员聘用制度等,还可以通过立法对司法程序和司法体制进行改革,从而在根本上解决僵化、过时的司法程序增加司法成本的问题。但有一个前提不可动摇:降低司法成本不能以牺牲司法公正为前提。

贵族院的讨论涉及行政系统(就该案而言就是作为内阁成员的大法官)与法官的关系以及法官之间的关系(因为大法官作为司法界的领袖,其本身也是一名高级法官、上级法官)等重要问题。就前者而言,强调的是因大法官占据的反常职位所引起的实际问题(有人称大法官身兼数职是一种典型的违反公共权力分立的纯粹宪法原则的现象)。因此,如常任上诉贵族法官希尔(Lord Lester of Herne Hill)所言,大法官只有维护法官的独立免受任何不适当的干预才能赢得他的司法界同事的信赖;但是,他又必须推行政府按照民主原则提出的对议会负责的政治计划,以保证对法院适当功能的发挥及法官适当地履行其职责实施行政和财政的控制,只有这样才能获得他的政界同伴的信赖。因此,毫无疑问,在大法官的不同层级的职责当中,维持法官独立的职责显然应当是优先的,而且唯有确保法官独立才有可能保障政府的行为能够遵循法律。在这一事件中,许多资深的法官都表达了他们强烈的意见,认为大法官以一种违宪的方式对一名法官施加了压力。①

常任上诉贵族法官奥利弗则认为,这一事件之所以引起了公众的广泛关注,是因为该案涉及行政压服法官的良知的企图,而这种良知是法官履行其司法职责、行使其自由裁量权所不可或缺的;同时,产生这种压力的原因毫无疑问又是对经济和效率方面的值得嘉许的考虑。② 也就是说,

---

① Bradley & Ewing, p.391.
② Bradley & Ewing, p.391.

尽管该案行政方面对法官施加压力的原因是出于对司法的经济性及效率方面的正当理由,但无论基于何种理由,都不应当试图使法官的良知就范,因为这种良知恰恰是法官履行职务、行使自由裁量权所不可或缺的。

从大法官的角度讲,他坚决否认其行为在任何意义上构成对法官正当的独立性的侵害,但他也很懊悔当时没有将自己的意思表达得更清楚一些。① 大法官要表达的意思是,他本来并无意妨碍作为法官的就业上诉裁判所所长公正地行使司法职能。无论其内心真实意思如何,这种公开表态就已经足够令人钦佩了。从比较法的角度看,这个问题对于比较研究的更有价值之处在于,它基本上反映了英国上下级法官之间独立关系的实况,虽然这个问题在英国学者的著作中鲜有提及。既然代表行政系统的大法官都不能控制一个普通法院法官的独立性,那么普通的上级法院的法官又怎么可能控制下级法官的独立性呢?

---

① Bradley & Ewing, p. 391.

第二章
法律职业

国家的发达程度与其法治化水平有密切的关系,也只有法治国家才会成为发达国家并保持其发达状态;每一个发达的法治国家都有一个发达的法律职业界,法律职业界发达的程度,大致可以用这个职业圈子里人们的收入和社会地位作参照。在英国,有许多人的年收入高于首相,其中相当多的人是法律人。例如,(很多年前)高等法院法官的年薪是123000英镑,但如果他们继续其作为杰出出庭律师的职业生涯的话,其收入比法官还要高。① 出庭律师中,只有极个别出类拔萃者会幸运地成为大法官。所有大法官也都出身于出庭律师。②

第一节 法 律 界

法律界,就是法律职业界。从本节开始,笔者将顺序介绍英国的法律职业从业者,其中的律师、法官、法学教授等,是我们所熟悉的,而法律官、非法律专业的治安法官等,是我们所不熟悉的。为了在介绍之初即对这些概念有一个总体的把握,我们用本节作为引子。

在英国,法律界包括以下三个界别:司法界(judiciary)、法律职业界(legal profession)和法律学术界(legal academics)。③ 司法界主要是指专业法官(judge),上至常任上诉贵族法官,下至地区法官,但不包括治安法官,治安法官不是职业法官,而是非法律专业人士;法律职业界的范围包括出庭律师(barrister)、诉状律师(solicitor)、法律官及具有法律职业资

---

① Elliott & Quinn, p.102.
② Elliott & Quinn, p.99.
③ Elliott & Quinn, p.88.

格的公务员;法律学术界则指法学院的教职人员。这三个界别分工明确,角色几乎没有交叉,也很少存在混业的情况。但是从中国学者的分类习惯评价,其中的法律职业界的划分还应当体现公私之间的分别。鉴于此,笔者将英国的法律界分为五个界别:律师界(在英国属于法律职业界,但这里只作狭义理解)、法律官、司法界(法官)、学术界(学者)、参与司法活动的业余人士。

一、律师界——狭义的法律职业界

英国复杂的司法体制,特别是不同诉讼程序的差异,使得一般人很难了解具体案件应当如何处理,因此必须由律师代劳。这是英国律师业或者说法律服务业发达的重要基础。在英国,法律职业界在狭义上就是指律师界,不包括法官所组成的司法界,而且二者都不包括裁判所中的裁判官,因为这些裁判官中只有极少数是法官或者律师。当然,英国的法律官虽然一般由出庭律师转任,但不再以出庭律师为主业。

与其他绝大多数国家不同,英国的法律职业界包括两个分支:出庭律师与诉状律师。[①] 出庭律师的主要职责是出庭辩护(advocacy),特别是在法庭上代表当事人参与诉讼。诉状律师的任务是案头工作(paperwork),包括起草法律文件以及提供书面法律意见等。按照英国学者的看法,上述划分显然已成为历史,两类律师现在都从事上述工作,只是侧重不同,出庭律师在法庭所花的时间会更多一些。只是基于传统,某些工作只能由某类律师承担。例如,财产转让业务(conveyance)归诉状律师,在高级别法院的出庭归出庭律师。而且,出庭律师一般不直接接受当事人的聘请,当事人必须首先与一名诉状律师打交道。英国大约有诉状律师80000名。[②]

据英国学者介绍,英国的基本法律服务包括两种,即出席庭审和代理诉状,亦即出庭辩护或者为庭审准备办案材料。从法律服务提供者的角度看,这是职业法律服务者拥有的垄断性地提供这两种法律服务的基本权利,即出席庭审的权利与代理诉状的权利。[③] 行使前一种权利者原来

---

① 出庭律师与诉状律师是意译;另有大律师、小律师之说,强调的是地位,一般不采;至于将 solicitor 译为沙律师,将 barrister 译为巴律师,则属音译。而律师则是一个泛称。
② Elliott & Quinn, p. 123.
③ Martin Partington, p. 228.

被称为辩护士（即出庭律师），后者被称为讼师（litigators，即诉状律师）。二者有职业领域的界限，即前者由出庭律师担任，后者由诉状律师担任。但现在这种职业领域的界分已经不存在，只是作为业务上的区分时还这样描述。

在1990年之前，具有职业资格的律师（professionally qualified lawyers）拥有的出庭辩护或者为庭审准备办案材料的权利是由出庭律师协会（Bar Council）和诉状律师协会（Law Society）的职业行为规则规制的。但根据1990年《法院及法律服务法》的规定，政府开始为这些权利确立制定法上的根据。①

与职业团体过去简单地规定出庭代理与诉状业务有关的规则的做法不同，1990年《法院及法律服务法》允许受权职业团体［出庭律师协会、诉状律师协会、法律执行研究会（Institute of Legal Executives）］制定相应规则。该法还规定了一个法定的正式批准新设定或者修订规则的程序。② 由于这一程序规定实质上是给《法院及法律服务法》授予受权机构的规则制定权加上一个须经批准的限制，从而大大降低了各受权机构制定此类规则的便宜性。因此，英国学者指出，事实证明，这一程序规定非常令人费解，有些批准过程费时经年才能完成法律规定的程序。

近年来，英国法律体系的制度结构经历了深刻的变革，英国的法律实务界也有同样的经历。其中最具代表性的就是诉状律师与出庭律师的区分变得模糊。③ 根据1999年《接近正义法》的规定，政府对于法律服务界的介入更深了，该法规定④：

（1）所有出庭律师和诉状律师都有权在各种法庭出庭代理任何诉讼。

（2）皇家公诉官及其他受聘的辩护律师，无论是出庭律师还是诉状律师，都拥有与其私人执业时相同的权利。这是对英国律师大量接受包括皇家公诉服务体系或者法律援助系统的整体或者个案中聘用的现实的承认和支持。因为在英国的律师看来，维护他们在私人执业时相同的权利是保护其最根本权利的最放心方式，因为其私人执业时的权利是受普

---

① Martin Partington, p.228.
② Martin Partington, p.228.
③ Martin Partington, p.227.
④ Martin Partington, pp.228-229.

通法保护的,这让他们觉得自己仍然保持着与普通法的传统联系。

(3)受聘于法律服务理事会(Legal Services Commission)或者法律服务理事会所设立的机构的辩护律师或者诉状律师,有权直接向公众提供法律服务,而不需要接受为委托人服务的某个诉状律师或者其他人的中介服务。这是针对此前的习惯而言的,即许多法律服务必须由出庭律师通过其他人(通常是诉状律师)进行,而不能由出庭律师或者诉状律师直接向委托人提供。

(4)如果某人从诸如出庭律师协会之类的某一职业团体获得了出庭代理的权利,则其有权在加入诉状律师队伍而成为诉状律师协会的成员时保留该项权利。这一点说明,英国的律师在业务上已经没有界限,但身份上仍有区分,只是身份上的区分已经不像原来那样能够影响其业务范围了。

(5)受诉状律师的律师事务所雇用的出庭律师具有与诉状律师相同的执业行为能力。这是与上一条所言出庭律师成为诉状律师后的出庭资格相对的规定,即出庭律师虽然不能通过加入诉状律师协会而成为诉状律师,但仍可以承办诉状律师们组成的某一律师事务所的事务。此时的出庭律师并不因为其身份或者没有加入诉状律师协会,而使其执业行为能力受到任何影响。至于为什么出庭律师要受聘于诉状律师所在的律师事务所,主要原因是出庭律师不能组织成立律师事务所。

(6)出庭律师协会和法律执行研究会获得了赋予其成员从事诉状业务的权利的权力(power to grant their members the right)。这一规定主要是从职业资格管理的角度着眼的。英国的律师职业资格由各受权职业团体授予,这种机构有三个,即出庭律师协会、诉状律师协会和法律执行研究会。按照1999年《接近正义法》出台以前的习惯法,诉状律师协会负责颁发诉状律师职业证书,出庭律师协会负责颁发出庭律师职业证书。1999年《接近正义法》的规定,就是对出庭律师协会的律师资格授予权的进一步扩大,同时也赋予法律执行研究会授予诉状律师资格的权力。

(7)对授予(以及在极端情况下撤销授权)新的职业团体出庭代理以及从事诉状业务的权利、正式批准各职业团体修订旧的或者拟定新的职业行为规范等程序作了改进。

(8)为出庭律师和诉状律师对法院的首要职责,即为了公正的利益独立行事以及遵循其所属的职业团体的行为规则等,奠定了制定法基础。所有获得职业资格的出庭律师和诉状律师必须拒绝做有悖于公正利益的任何事,而无论这一要求是由其委托人还是雇主提出来的。

1999年《接近正义法》的上述规定对于改革法律职业的规范体制的用意是明显的;尽管据此还远不能断言法律职业界现在已经完全由政府直接规制,但有一点是非常清楚的:无论法律职业界是否喜欢,政府正在与法律职业团体以合伙的方式对法律职业界进行管理。① 对政府与法律职业团体的关系的定位非常准确:不仅明确道出了现状,同时也指明了现代政府行业管理行为的方向。

二、法律官

英国没有公职律师制度,法律官(Law Officers)只是政府的临时雇员。有关法律官的详细内容,将在本章第八节法律官部分专门讨论。

三、司法界

在英国,司法界是法官的集合概念,相当于我们所称的法官界。值得注意的是,英国学者在论述司法界时所使用的用语有区别。在高等法院、上诉法院及贵族院等层次上,都可以称为法官,甚至大法官;在较低层次上,则会出现某些裁判所的裁判官、行政监察专员适用法官待遇的情形,而他们是不宜称为法官的,但是可以称之为司法者。② 另有学者称之为裁判者(adjudicators),并认为其中包括裁判者、法官、行政监察专员以及其他争议解决者。③ 从这些不同术语的并列介绍看,英国的司法者大致可以分为高级法官、法官、治安法官、其他裁判者等。

有关司法界的主要成员——法官方面的内容,是本卷讨论的重点,下文有专门介绍。正如英国学者所言,任何人对英国法律体系的介绍中有关法官的内容都会不惜笔墨。通常,绝大部分的篇幅都集中在法官这一相对较少的群体,也就是那些在高等法院、上诉法院或者贵族院听审的人们。毫无疑问,在这些较高级别的法院听审的法官们在英国法的形成方面的影响是毋庸置疑的。④

对法院以外的其他从事裁判工作者,有英国学者称之为裁判官(ad-

---

① Martin Partington,p. 229.
② Wade & Forsyth,p. 75.
③ Martin Partington,p. 243.
④ Martin Partington,p. 243.

judicators),或译为裁判者。英国学者强调说,普通公众能够参加法官们听审的案件的机会是微乎其微的。普通公众更常见的情况是与地区法官、非法律专业的业余治安法官、裁判所的首席裁判官(tribunal chairman)、巡回法官或者其他争议解决者、纠纷处理者(complaints-handlers)队伍中的一员打交道。正是这些裁判者(adjudicators)在实践中成为公众所看到的司法界的外表。①

(一)裁判者的界定

在一般的英国法学著作中,裁判者是指所有根据法律的授权对提交给他们裁决的纠纷作出决定的人。②

解决纠纷(或者说法律上的纠纷)是英国法的一个重要(而非唯一)目的,是包括法官在内的解决纠纷者存在的唯一价值。正是在这一点上,可以看出中国法律与英国法传统的不同。中国历史上没有法官的称谓,推事相当于法官。

纠纷的解决者和抱怨链是英国法中经常出现的制度语汇,二者是严格对位的:不仅在实际发生的案件中如此,更主要地体现在制度设计者的观念上。没有对抱怨的现实承认,就不可能有抱怨链的制度设计,更不会有纠纷解决者的制度定位。纠纷解决者正是为了解决每一个得到法律认可的抱怨而设计的。

(二)裁判者的分类

根据上述定义,裁判者包括所有在高等法院及其他更高级别法院坐堂的资深司法大员们(senior judicial figures),同时还包括③:

(1)巡回法官(circuit judges),在郡法院裁决民事案件、在皇家法院裁决刑事案件。

(2)地区法官(district judges),在郡法院裁决民事案件,主要是小额民事案件。

(3)书记官(recorders),事实上是正在培训中的巡回法官。

(4)受薪的常任治安法官(magistrates),既有非法律专业的,也有获得法律职业资格的,裁决绝大多数在治安法院审理的刑事案件。

(5)仲裁员(arbitrators),裁决根据特别约定的仲裁协议提交给他们

---

① Martin Partington, p. 243.
② Martin Partington, p. 243.
③ Martin Partington, pp. 243-244.

(referred to)的范围广泛的纠纷,主要解决商业纠纷,其中既有国内的,也有国际的。

(6) 裁判所裁判官(tribunal members and chairmen),处理特定法律领域内产生的专门问题,如因获取社会保障补助的权利而产生的纠纷,这类案件需要由社会保障上诉裁判所(Social Security Appeal Tribunals)处理;另如移民身份(immigration status)纠纷,由移民裁判官(Immigration Adjudicators)解决。

(7) 行政监察专员(ombudsmen),他们也有许多种类。

(8) 调解员(midiators)、安民官(conciliators)、纠纷处理者以及提供其他形式的替代性纠纷解决服务的人。

(三) 裁判者的特点

对于那些在英国司法体制中承担裁决职能(adjudicatory functions)的人,英国学者总结了一些共同点。这些共同点,只能说是英国裁判者的共性,无论他们是不是法官,也无论他们是否获得了法律职业资格。但不能就此认为这是在所有不同法域承担裁决职能的人的共性。这些共同特点包括[①]:

(1) 并非所有裁判者都获得了作为律师的职业资格。在英国法中,有职业资格或者业余,是针对法律专业而言的。因为有些裁判者虽然没有作为律师的法律职业资格,并因此而被称为外行,但他们拥有其他专业的职业资格,如会计师(accountants)、测绘师(surveyors)或者医师(doctors)资格。另有一些裁判者什么专业资格都没有。与许多法律服务并不是由取得职业资格的律师提供的一样,许多裁判服务[②]也是由那些没有法律职业资格者提供的。

(2) 许多学者型的律师(academic lawyers)也包括在这一宽泛的定义中。认为具有学术背景的人没有能力以一种公平、适当的方式裁决纠纷,这在英国学者看来只不过是一些没有根据的臆断而已。

(3) 裁判者的总数,要比传统上对司法界的界定所得出的数字多得多。

(4) 许多裁判者是全职的,更多的则是非全职的,但不一定是兼职的。英国的就业并不像我们想象的那样都是全职,许多人从事的是非全

---

① Martin Partington, pp. 244-245.
② 在英国,什么都是服务,包括司法审判在内的裁决也不例外。

职的工作,几个人共事一份工作的现象非常普遍,但这不能说是兼职。

(5) 只有拥有最高级别的司法官,才能按照无过错长期任职的原则拥有其职位。这一原则的设计理念是,只要法官行为端正,则确保其在法定退休年龄前担任法官的权利,通过这种方式强化司法官的根本独立。但除这些高级司法官以外,其他人特别是那些非全职的裁判者,只能按照不确定的任期担任其职务,可以因所在机构的要求而在正式退休年龄届满之前离职。

(6) 只有有限的人能够获得数量可观的非自助型养老金[(non-contributory) pensions],这种养老金是政府为那些全职的司法官们准备的。

(7) 许多法官在一个以上的辖区内审案,例如,一名全职的社会保障裁判所的首席裁判官可以是一名非全职的巡回法官,这有助于其本人获得更多的司法经验。但这仅限于巡回法官转任的情况,不能因为是首席裁判官而安排其兼任巡回法官。因为巡回法官是具备法律专业素养者才能胜任,而社会保障裁判所首席裁判官却不一定必须具备这一前提。

(8) 有许多法官40岁刚出头即开始审案,有些人甚至早在30岁左右就已经这样做了。担任法官职位的妇女比人们估计的要多,但担任高级职务者的人数较少。来自少数族裔的法官人数仍然少得可怜,在英国他们是近年来才出现的,而且也仅限于巡回法官或者地区法官等低级法官。在英国,如果20岁出头即在最高法院任职,并被称为法官,绝对是匪夷所思的。

(9) 绝大多数被任命为法官者都需要接受任职培训,但这种培训随着所任命法官的级别的提高而减少。

(10) 直至目前,对于履行司法职务的监督仍然非常有限。确实有监督的,也是针对非全职司法官员职务的履行情况,并且通常是由全职法官实施监督。尽管英国法律界内部认为,过于严密的监督有可能损害司法独立,但是有些学者仍然认为,某些指标,如法官们礼貌待人或者在规定的期限内作出书面决定的能力,并非不可评估的指标。英国法所考虑的对司法职务履行情况的监督也仅限于此,并且是在不影响司法独立这一根本前提下进行的。换句话说,英国人所理解的司法独立,是建立在每一层级的司法者都独立地根据自己的判断形成判决的基础之上的,即使是来自司法系统内部或者司法程序过程中的监督,也被认为有可能影响司法独立。这进一步验证了对于司法独立的一个简单判据——首先是司法者独立。

（11）如今绝大多数裁决性职位的任命，都是在媒体上发布广告并经过公开竞争后才履新的。

（12）被任命的裁判者所服务的不同裁决体系，程序差异巨大。正式的法院是在一套非常缜密的程序系统内运行，该系统有大量的操作规则，这些操作规则又由数量更多的指示、决议作为补充。而其他的裁决机构则仅有法律规定的一些粗线条的程序，在实际操作过程中对程序事宜具有相当大的自由裁量权。

（13）并非所有的裁判所的运行都建立在必须包括一次由当事人参加的正式听证（formal hearing）这种标准裁决的基础之上。之所以强调这一点，是因为就英国传统法治观念，更具体地说是自然公正原则而言，举行一次正式的听证会听取当事人的意见，是任何公正裁决都不可或缺的组成部分。许多裁判所的决定是在仅提供书面信息的基础上达成的。开庭并非裁判所断案的一般程序。

（14）通常情况下，只要公众愿意，他们就有权参加裁判所举行的听证会，因为通过公开听证审理案件是非常寻常的事；但是仍有许多案件是不允许公众旁听的，特别是在听证会中讨论到敏感的人事或者财政信息时。

（15）司法人员的着装也与通常人们想象的不同。高等法院的高度程式化的程序、法官的制服以及穿长袍、戴假发的出庭律师等，出现这些场景的审理现场，实际上仅占裁判机构很小的比例。绝大多数裁判所不用这些正式的行头。

（16）裁判者的工作地点也有所不同。有些裁判者在法院办公楼或者其他特定的场所工作。但有许多裁决机构是在地方政府机关的办公场所、饭店甚至偶尔还会在普通人家里审案。

可见，如果从总体上看司法裁判界，就会发现，获得裁决的途径要比我们通常所认为的更具有多样性和灵活性。针对不同的裁决机构，已经制定出不同的程序和操作规程以适应每个特定机构的需要。[①]

（四）裁判者的人数

英国学者承认，要想清晰、完整地统计出担任各种各样的裁决职务的人员总数，是不现实的。大法官事务部曾负责发布担任司法性职务者的

---

① Martin Partington，p. 245.

人数统计。① 但担任司法性职务的仅仅是裁判者中的一小部分,司法性职务一般是专职的、常任的,因此,其数量比较容易统计;而除法官等司法性职务以外的其他裁判性职务的担任者,往往是非专职、非常任的,对他们进行统计显然要更困难一些。

在英国,大法官(Lord Chancellor)、首席上诉法官(Lord Chief Justice of England,实为上诉法院刑事分庭庭长)、主簿(Master of the Rolls,实为上诉法院民事分庭庭长)、高等法院家事分庭庭长(President of the Family Division)和副大法官[Vice-Chancellor,实为高等法院大法官分庭(原来的衡平庭)庭长]这五个职位,号称英国顶尖的司法职位。

四、学术界

在英国,法律被称为学者的职业(learned profession)。② 据此,在英国,法律学术界(Legal Scholars)的存在是不争的事实,但就某一法律教科书而言,其中几乎听不到学术界的声音——在世的权威的法学家的观点,没有一个高级法院法官的判词有权威。于是,英国的法学家实际上分为两类:一类是就职高级法院法官的法学实践家,另一类则是委身于法学院的法学理论家。前者以丹宁勋爵为代表,后者则以韦德爵士为代表。至于两类学者的学术造诣之优劣,当在伯仲之间,或许前者稍微强一点。倒不是说英国存在官本位,只是真正在英国法历史上垂名的、在现当代法律实务中发挥重要作用的,以法官中所出的法学家为多。

(一) 法律学者的特点

英国学者指出,在英国被称为学者的除法律咨询者、司法裁判者之外的第三个群体,应当是法学教师及法理学家(law teachers and jurists),他们与裁判者、律师向社会提供的服务完全不同,同时在英国通常也没有受到足够的重视。大学法律系的法学教师,以及在其他提供法学教育机构任职的教师,他们的职能也与前两者有很大的不同③:

首先,法学教育提供法律及法学原理的基本训练,包括向新一代律师提供基本的智力工具,以使他们能够成为律师。顶尖的大学法学院提供传统的通才型的大学教育,并通过这种教育培养学生以批判的精神思考

---

① Martin Partington, p.245.
② Martin Partington, p.248.
③ Martin Partington, p.248.

(think critically)法律及法律对社会的影响的能力。在英国人看来,所谓的知识分子,就是以一种批判的精神思考社会问题的人。当然这个定义要加上一个专业性的前提,即这些人必须具有某一方面的专业知识。但这个前提仅是一个必要条件,而不是一般所认为的首要条件。批判精神的塑造放在知识积累之前,在英国是通才教育或者说学历教育最核心的内容。按英国人的理解,大学教育首先是一种批判性思维体系的塑造过程,这个过程离不开知识的积累,但却并非仅仅是知识的积累。据此可以归纳出英国大学教育的两项基本内容:一是批判精神的确立;二是专业化的批判所必需的知识的积累及思维方式的确立。这两个方面的教育的共同特点在于强调方法的习得,知识在其中仅是方法的作用介质或者对象。

其次,法学教师提供范围广泛的具有职业针对性的课程,这些课程将新毕业的大学生从初级的学术层级转化成一名具有实务界所需要的技能的人。这些课程有些是由大学的法律系提供的,有些则是由法律专科学会(College of Law,是一个与诉状律师协会有着紧密联系的机构 Society)提供的,而且其他私人公司也在这一市场中扮演着重要角色。

再次,法学院以及提供法律培训的私人还提供大量的有关法律新进展的继续教育和培训,这些教育都是法律执业者(legal practitioners)为保证自己能够跟上法律的最新发展以及进入新的法学领域所必需的。

最后,那些在大学里从事法律研究工作的法学教师通过其从事的研究工作、他们的著作、他们给政府或者其他机构提出的建议,促进了法律及法律体系的发展。

(二)学者队伍的扩大

近年来,法律学者的队伍有所扩大,反映了法律本身不断发展的复杂化,其中不仅包括国内法,也包括来自欧洲或者其他地方的法律。[①]

(三)法律学者的贡献

英国学者承认,法律学者对于实务工作者的影响很难估计。早先的关于只有已逝作者的论点才可以在法院引证的规矩早已不复存在。[②] 律师们现在经常在其向法院提交的代理意见中引用学者的文章,而且《法律报告》中的许多案件的法院判决中经常出现采纳或者拒绝法律学者的分

---

① Martin Partington, p. 248.
② Martin Partington, p. 248.

析的情况。① 但这只是冰山一角。许多执业律师为了形成其法律代理意见，为了理解某一法律原则，往往会从法学家的教科书中寻找帮助。②

按照英国学者的说法，学术界对于英国法的贡献主要表现为两种方式：他们的教学活动和写作有助于（或者应当有助于）塑造法律本身和向公众提供法律服务的人。③ 塑造法律本身，显然是指早期的权威学说，以及后世通过法官吸收到判例中去的法学观点。塑造向公众提供法律服务的人，则是指法学教授的教学活动培养了新一代的法律实践者、法律服务者。但需要注意的是，英国新一代的法律实践者、服务者不都是由法律学院培养出来的，有许多特别是严格意义上的法律服务者，即律师，是法律的社会大学——法院及开放式教学的四大律师学院——培养出来的。

学院法学家的教育背景决定了他们只能走上一条以批判的态度描述制定法、阐述判例法的学术道路，而不再可能从事律师职业，进而也几乎没有担任法官的机会。当然，由杰出的法学家出任最高级司法职务不是不可能的。学院法学家与法院法学家之间的职业壁垒，正如作为立法者的议员与作为法律的解释者的法官，以及作为法律的执行者的公务员与法官，其职业生涯的泾渭分明构成英国法制的必要的结构特征。因为这在很大程度上塑造了学院法学家的独立品格，使之能够以一种理性的、客观的、批判的态度，对议会、政府及法院的行为进行理论上的探讨。

法律职业界如今主要由法学专业毕业生执业的现实，极大地促进了法律学术界与法律实务界的关系的本质改变。以前常常以彼此相轻为特征的双方关系，已经为双方更加深入的了解和尊重所取代。④

法学家与法律职业界（律师）及司法界的分工，在英国法学教育的早期已完成。凡有志于成为律师及法官者，必须接受律师学院的系统化实务教育，而不能在法学院追求学位，甚至从来没有接受过法学院的教育也没有关系。因此，一个非法学院出身的法官最终成长为一名知名法学家的道路，在英国一般不作为自学成才的典范大加宣扬，因为律师学院在英国并不完全等同于法官培训中心，要从那里取得一个出庭律师的资格是要费一点工夫和费用的。另外，学院法学家调整课时或者在业余时间兼

---

① Martin Partington, pp. 248-249.
② Martin Partington, p. 249.
③ Martin Partington, p. 223.
④ Martin Partington, p. 249.

职律师的现象，也是绝无仅有的。法学教授甚至高级讲师的职业，已经足以保障其有体面的生活是最基础的原因，法律职业充分分化及由此产生的高度专业化是次要原因。来自律师界及与律师界有着更深入联系的法官界的排斥，还不是主要原因。

总之，英国学者认为，不能低估法学家在帮助执业律师形成法律意见的过程中所发挥的重要作用。同时，这些工作也是法律改革机构的中心工作，对法律委员会（Law Commission）而言尤其如此。英国司法实践近年来取得进展的许多领域，都应当归功于致力于构筑这些领域的法律学者的工作与执业律师们将这些工作成果付诸实践这两方面努力的结合。①

五、"门外汉"

法学著作中出现"门外汉"的称谓，或许不太严肃，但几乎没有哪一本英国法律著作中没有 layman 这个词。

但是需要特别说明，按照专业标准进行划分，英国绝大多数法官应当划分到非专家的阵营中。因为英国学者反复强调，尽管法院系统允许一定程度的法律专业性（judicial specialisation），但是，法官们仍然要审理横跨许多领域的案件，而且法官也不太可能成为提交法院审理的案件的事实方面的专家。② 也就是说，英国的法官习惯性地将所有没有受过系统法律教育及训练的人称为"门外汉"（规范的表述是"参与司法活动的业余人士"），殊不知法官们本身对于法律以外的百科、百工知识也同样是"门外汉"。想提醒读者的是，一味地强调法官的法律以外的专业性，至少在英国司法界看来属于违背普通法之普遍性的"攻乎异端"。至于这种强调法律本身的普遍性，不大理会法律体系内部的专业分工的价值取向，至少值得引起不断鼓吹提高法官的专业化者的注意。

在英国，参与司法活动的业余人士有三类：一是治安法官；二是陪审员；三是非法律专业贵族议员或者枢密院成员。早些年，贵族院和枢密院还允许其各自成员中的非法律专业人士参与该院的司法活动，但目前这种做法已经不存在了。英国学者认为，英格兰司法体制的一个最引人注目之处，是非法律专业人士在其中所扮演的重要角色，无论是他们作为业

---

① Martin Partington, p. 249.
② Neil Parpworth, p. 346.

余性质的治安法官,还是作为陪审员。① 其治安法官多达 30000 人,没有任何一个法律裁判体系像英国这样倚重非法律专业人士。如果再加上非法律专业的仲裁员(arbitrator)、裁判所的在册裁判官以及陪审员,此时,人们也许会意识到,在英国法律体系中竟然有那么多重要的裁决出自非法律专业人士之手。② 但是,从比较法的角度看,说"没有任何一个法律裁判体系像英国这样倚重非法律专业人士"这话的英国学者显然不太了解有些国家法官的业余程度。事实上,无论非法律专业人士从事司法活动的总人数还是其所占人口比例,英国都不一定能拔得头筹。因为在很多国家存在非法律专业人士从事司法工作的情况,只不过他们一般都被直接任命为正式法官甚至高级法官,通常不被任命为初级法官、陪审员罢了。

在英格兰,非法律专业的治安法官负责审理 97% 的刑事案件以及 3% 其他案件的初步审查。除刑事案件管辖权外,治安法官还在因家事提起的民事诉讼中享有重要的民事管辖权。③

六、法律职业的互通性

英国法律界实质上的互通性,显然超过其形式上的职业分工,出庭律师与诉状律师执业范围的区分越来越模糊固然是英国司法体制改革的成果之一,而律师与法官之间的高度互通更具有实质意义。英国有一个建立在律师界基础之上的法律职业群体,这个群体表现出来的许多特点与拥有统一法律职业资格的国家有许多相似之处,例如,英国的法官,甚至最高级别的法官,也有向律师咨询的做法。在 *Roy v Kensington and Chelsea and Westminster Family Practitioner Committee* (1992) 一案中,原告的请求被王座分庭驳回。原告上诉至上诉法院,上诉法院认定原告的诉讼请求成立。被告上诉至贵族院,贵族院认定:该案原告享有一组私法上的权利,包括就其工作取得报酬的权利,以及为寻求对该权利被侵犯的救济而起诉的权利,因此,原告所做的并不构成对诉讼程序的滥用。在作出判决时,主审法官提到了他们就该案向律师咨询后所获得的建

---

① Phillips & Jackson, p. 422.
② Penny Darbyshire, p. 10.
③ Phillips & Jackson, p. 423, p. 36.

议。① 这说明,连法律贵族们审案时,都会向律师咨询。

此外,根据法院方面制定的《民事诉讼规则》第 5 部分的规定制定的司法审查《诉前良好行为规范》(Pre-Action Protocol for Judicial Review),规定了司法审查各方在提起司法审查之前应当普遍遵循的程序步骤。② 其中郑重建议原告在发出诉前问询函或者提起诉讼之前,可寻求适当的法律咨询。③ 显然,这一建议的目的是提高诉前问询函和诉讼的质量,减少不必要的诉讼资源浪费,同时也可减轻原告方的经济负担。当然,前提是法律意见具有足够的参考价值,而不只是怂恿原告涉诉以赚取更多代理费。因此,律师在这一过程中的地位中立就变得非常重要。对此的节制手段是,律师如果一味地给当事人出具没有多少法律价值的咨询建议,会影响律师进一步提供这种意见,进而最终失去代理此类案件的机会。法院在这方面有一定的发言权,直至当庭斥责律师浪费诉讼资源。对于那些希望晋身法官阶层的律师而言,更要注意这些法律咨询意见在法官眼里的法律价值。

显然,诉讼当事人咨询律师所获得的建议,不同于前文所述罗伊(Roy)一案中英国贵族院的常任上诉贵族法官们通过咨询律师所得到的法律意见。但审理案件的法官与诉讼当事人分别向律师咨询的司法实践表明,诉讼规则对当事人提出咨询律师的倡议,不仅仅是司法界的善意建议,同时也是英国司法界的普遍做法。司法界与律师界的这种学术上、业务上的沟通,体现了司法界对律师界的尊重,是律师界在整个社会中良好职业声誉的最具有代表性的体现。

而根据《民事诉讼规则》第 54 条第 7 款的规定,提请司法审查的原告应当按照《民事诉讼规则》第 461 号诉讼文书格式所规定的样式填写起诉状,并自发送之日起 7 日内将该起诉状送达被告。④ 接到起诉状的任何希望参加司法审查的人,必须自收到起诉状之日起 21 日内按照《民事诉讼规则》第 462 号诉讼文书格式规定的样式,向法院提交一份收到该诉状的应诉声明。⑤ 21 日的期限起于起诉状送达之日,故不包括在途时间,而前面提到的起诉状的送达期限是 7 日。对此,英国学者福德姆

---

① Neil Parpworth, pp. 258-259.
② Neil Parpworth, p. 273.
③ Neil Parpworth, p. 274.
④ Neil Parpworth, p. 275.
⑤ Neil Parpworth, pp. 275-276.

(Fordham)认为,司法审查受理许可阶段的这种互动机制,实际上就是在老的诉讼规则运行时许多接受了全面法律咨询的诉讼当事方所采取的做法。① 也就是说,在旧规则运行时期,诉讼各方当事人的律师在给其当事人提供法律建议时,已经推荐当事人相互之间采取新规则所建议的做法。新规则无非是将律师的咨询建议制度化了而已,这反过来说明律师建议的合理性及其对英国司法体制改革的影响力。

第二节 法官的层级

英国的法院系统有其层级之设,英国的法官也有等级之分②:
第一级,大法官;
第二级,常任上诉贵族法官;
第三级,法律贵族;
第四级,上诉法院法官;
第五级,高等法院全职法官;
第六级,巡回法官;
第七级,地区法官;
第八级,书记官;
第九级,助理书记官。
值得注意的是,上述九级法官中,没有提到欧洲法院的法官以及治安法官。欧洲法院的法官不完全是英国的法官,但从其可以作出对英国法院有拘束力的判决(脱欧前)来看,又不完全与英国无关。至于治安法官,不将其归入分级序列,因为没有把这些非法律专业人士当作司法界意义上的法官。

一、大法官

严格意义上说,大法官(Lord Chancellor)不是法官,至少从他们坐堂的时间上说如此。但大法官至少拥有在英国的两个最重要的法庭上坐堂的资格:一个是贵族院,另一个是高等法院大法官分庭。
在其他国家(也包括英国本身),几乎没有哪个职位像英国的大法官

---

① Neil Parpworth, p. 276.
② Elliott & Quinn, p. 98.

这样有如此多的兼职及跨领域从业现象。大法官在司法方面的职务包括：最高法院（包括高等法院、皇家法院和上诉法院）的主席（President of the Supreme Court），但有学者认为这个头衔只是名义上的①；高等法院大法官分庭的庭长，虽然实际上通常是由副大法官扮演这一角色。如果大法官作为一名法官听审时，他只能在贵族院或者枢密院坐堂，不过几乎没有多少大法官经常参与庭审。大法官是通过政治任命就职的。大法官在行政方面的角色则是（原）大法官事务部的部长，并且通常是内阁成员。此外，大法官还有立法方面的职能：他是贵族院的发言人。大法官不仅居于英国法官的顶层，而且是整个英国司法界的首脑，并在事实上任所有其他的法官。除控制司法任命权以外，大法官还拥有指导法院的事务、对法律委员会的行为负责、负责提供制定法规定的法律服务（以前称法律援助）。英国历史上任命的所有大法官都出身于出庭律师，且没有女性。②

作为贵族院的发言人，大法官 14% 的工资由贵族院支付，因为这个职位占用了他相当一部分工作时间。③

作为内阁阁员以及司法界的首脑，占用了大法官大部分工作时间。④ 因此，内阁应当支付其工资的绝大多数。

大法官任期的安全性在理论上并不比其他大臣更有保障，然而事实上，这一职位受内阁变动的影响较小，大法官往往比其他内阁大臣的在位时间更长。⑤ 但这只是就同一政党执政期间的内阁调整而言的。

1876 年之前，大法官常常不止一人，但根据 1876 年《上诉管辖权法》的规定，此后未再有任命多人的情形。⑥

英国学者形象地将大法官职位比作一座联系司法界与政界的桥梁。尽管大法官拥有相当多的司法职能，但该职位参政是受限的。2001 年，因大法官举行了一个由律师参加的工党筹款晚会而备受争议。⑦ 英国学者认为，大法官最主要的职责是作为司法界的首脑而成为内阁的一员，大法官的主要职责应当是司法性的，应当与政治保持相当的距离，特别是不

---

① Bradley & Ewing, p. 388.
② Elliott & Quinn, p. 99.
③ Bradley & Ewing, p. 389.
④ Bradley & Ewing, p. 389.
⑤ Bradley & Ewing, p. 389.
⑥ Bradley & Ewing, p. 366.
⑦ Bradley & Ewing, p. 389.

宜利用职务谋取政治利益。

对于大法官而言，就任前的执业经历并不是必要的资格条件，但是〔在麦凯(Lord Mackay of Clashfern)于1987年被任命为大法官之前〕英国现代的所有大法官都有相当广泛而成功的在英格兰出庭律师界执业的经历；其中有许多人在成为大法官之前已经接受过司法任命，另外一些人则担任过英王的法律官员。① 此处的接受过司法任命是指担任法官，担任英王的法律官员则是指担任政府中负责法律事务的官员，如总检察长、皇家法律咨询委员会委员等，但不包括法官。

二、常任上诉贵族法官(最高法院法官)

常任上诉贵族法官(Lords of Appeal in Ordinary)不是一般的法官。他们通常因其在法律界的成就而晋升英国贵族院，从而有资格成为该院上诉委员会的委员，即常任上诉贵族法官。详见本书第一卷第二编第四章第二节中贵族院的构成部分。

英国最高法院于2009年10月1日成立后，其法官的任命受2005年《宪制改革法》及对其修正内容的约束，但其法官的任命资格条件，类似于该法废止的1876年《上诉管辖权法》。最高法院的创始成员，是该院成立时仍在位的法律贵族，他们得以保留其常任上诉贵族法官的头衔，因为根据1876年《上诉管辖权法》这是不能剥夺的；但作为最高法院的法官，他们不得在立法方面积极从事各种活动，尽管在最高法院成立之前他们基本上已经这样做了。根据2005年《宪制改革法》及后续立法对其的修订，最高法院由权力平等的12位全职法官组成，最高法院除院长、副院长外，其他成员的头衔为最高法院法官(Justices of the Supreme Court)。②

最高法院的法官任命前不需要拥有法官职业经历(judicial experience)。2012年，森普申就是根据现行任命程序，非同寻常地从出庭律师直接被任命为最高法院法官的。这是自1949年拉德克里夫(Lord Radcliffe)被任命到贵族院(上诉委员会)以来，被如此任命到最高级别法院的第一例。③ 需要说明的是，在英国，法官职业经历与律师执业经历分别有不同的表述，正如法官界与律师界的表述用语不同一样。因此，judicial

---

① Bradley & Ewing, p.389.
② Bradley & Ewing 2015, p.325.
③ Bradley & Ewing 2015, p.325.

experience 不能译为法律职业经历,而是指法官职业经历。森普申法官的例子就说明了这一点。

三、法律贵族

法律贵族在贵族院及枢密院坐堂。① 根据笔者的理解,法律贵族是根据 1876 年《上诉管辖权法》的规定,具有组成法定人数的合议庭的主审资格的贵族院贵族,即那些正在担任或者曾经担任过高级司法职务者。显然,法律贵族不是大法官,也不是常任上诉贵族法官。但英国学者并不如此刻意区分,而是常常混称常任上诉贵族法官与法律贵族,尤其是用 Lord 做头衔时。

四、上诉法院法官

上诉法院通常有 35 名法官,称为上诉法院法官(Lords Justices of Appeal)。②

五、高等法院全职法官

高等法院(通常)有 106 名全职法官,他们除在高等法院坐堂外,还在各地方的皇家法院听审最严重的刑事案件。虽然像上诉法院、贵族院的法官一样,高等法院的法官也接受封号,但他们仍以法官先生(Mr. Justice)或者法官女士(Mrs. Justice)加其姓的方式相称。例如 Mr. or Mrs. Justice Smith,简称 Smith J.。③ 另有资料提及,目前高等法院三个分庭中总计任命的法官数为 107 名,其中大法官分庭有 17 名,家事分庭 17 名,其他 73 名均在王座分庭。④

根据《最高法院法》的规定,高等法院的助理法官(通常是由大法官考察合格后任命的退休法官或者特别任命的律师)以及巡回法官也可以经大法官授权,在高等法院兼任审判工作。2000 年,大约有 351 名巡回法官获得了这样的授权,其中 174 人被任命为王座分庭法官和大法官分庭法官,147 人被任命为家事分庭法官;大法官根据《最高法院法》的规定共

---

① Elliott & Quinn, p. 98.
② Penny Darbyshire, p. 118.
③ Elliott & Quinn, p. 98.
④ Penny Darbyshire, p. 115.

任命了201名高等法院的助理法官。①

六、巡回法官

巡回法官(Circuit Judges)在郡法院坐堂,并在皇家法院审理属于中等严重程度的案件。1994年《刑事司法及公共秩序法》规定,巡回法官可以在上诉法院刑事分庭坐堂。② 表面上看,如此审理的上诉案件好像越过了高等法院,但这与上诉法院直接受理来自巡回法院法官审理的案件的上诉程序有关,因为这些案件是直接上诉至上诉法院的。

任何人在担任地区法官至少3年以后,才有资格被任命为巡回法官。而早先规定的诉状律师必须任书记官3年以上才能被任命为巡回法官的要求已经不复存在。③ 从资料来源的年份上能够说明一些问题,而且英国社会的惯性也表现于此:旧的制度尽管在法律条文上已经消除,但实际上通常需要任书记官3年才能担任地区法官,任地区法官3年才有资格担任巡回法官。

七、地区法官

地区法官(District Judges)是负责处理皇家法院轻微刑事案件的非全职法官,通常有150名。在大城市的治安法院还有全职的地区法官,通常有100多名。这些法官先前被称为受薪法官,是具有法律资格的在治安法院工作的法官。④ 治安法院的这些地区法官作为业余性质的治安法官的补充,与治安法官的区别在于,地区法官都具有法律资质;而且根据1999年《接近正义法》对1997年《治安法院法》的补充规定,与业余性质的治安法官不同,地区法官可以单独审理案件,其审理案件的权限也由1999年《接近正义法》作了扩充。⑤

八、书记官

书记官(Recorders)不是严格意义上的法官,或者说不是全职法官,他们由出庭律师或者诉状律师兼任,并且通常仍从事出庭律师或者诉状

---

① Penny Darbyshire, p. 115.
② Elliott & Quinn, p. 98.
③ Elliott & Quinn, p. 100.
④ Elliott & Quinn, p. 98.
⑤ Phillips & Jackson, p. 422.

律师的工作,但书记官通常被视为地区法官的学徒阶段。① 关于书记官到地区法官再到巡回法官的晋级过程,详见上文有关巡回法官的内容。

九、助理书记官

助理书记官是为了应付提交到皇家法院的轻罪案件数量太多的局面而出现的。② 可想而知,他们比书记官的地位还要低一些。

十、治安法官

英国没有行政处罚,与我国的行政处罚、限制人身自由的行政强制措施等行政行为类似的决定,都是由治安法院适用刑法予以裁判的。因此,英国的治安法官从某种意义上讲,就是英国的行政法官。

英格兰大约有28500名非法律专业的治安法官;与之相对的是仅有100多名地区法官和150名非全职地区法官,这些人以前被称为受薪(常任)的治安法官。因此,英国学者认为,非法律专业的治安法官并不会马上消失。③

(一)家史

在中世纪早期、诺曼征服之前,控制地方政府的首要皇家官员是郡治安官(sheriff),受英王议事会的监督。各郡的日常管理事务是由郡议事会负责的,这是由治安官作为主席的自由人大会(assembly of the freeholders)。④ 此处的治安官与作为现当代英国司法体制组成部分的治安法官有很大不同:治安法官目前仍然是英国司法体制的根基,并以数万人、数十倍于法官的规模,在英国的地方治安、行政管理及刑事司法方面发挥着不可替代的作用;治安官已成为历史概念,只在介绍罗宾汉的文学作品中,治安官作为与罗宾汉作对的官方化身偶有提及。

治安法官的历史可以上溯至七百多年前。1285年,英王爱德华一世(Edward Ⅰ)及三世(Edward Ⅲ)颁布的制定法,确认并且推广了委任保民官(commissioning conservators)、看守人(custodians)及治安官(guardians of the peace)等传统做法,从1361年开始,《治安法官法》正式

---

① Elliott & Quinn, p.98.
② Elliott & Quinn, p.98.
③ Martin Partington, p.77.
④ Phillips & Jackson, p.36.

命名为治安法官。① 该法至今仍然有效,其较新修订年份为1997年。

1689年的宪法性安排的效果之一,就是将身处伦敦的英王政府监督地方行政机关的行为的权力授予各郡的治安法官,他们每季聚会一次,裁断刑事案件并管理其领地内的事务。② 此后,制定法还赋予治安法官在济贫法、许可及公路管理等方面的权力。③ 这一时期的治安法官相当于古时中国的县令,是英王派驻地方、集行政与司法职能于一身的官员,与英国现代专司司法职能并由业余士绅担任的治安法官有本质的区别。

当时英国的封建领主势力非常强大,英王也奈何不得。不仅如此,英王对其外派的治安法官也缺乏行政方面的有效控制,甚至有英国学者认为,那时治安法官几乎不受中央的控制。但是治安法官行使权力的行为的合法性,可以在王座分庭受到挑战或者寻求特权救济。特别是1832年以后,议会设立了许多新的机构,如济贫官、公共卫生委员会、学校委员会等。随着现代的地方政府机关的建立以及新的中央政府部门的出现,王座分庭又扩充了自己的管辖权并及于这些机构。这些机构行使的都是制定法上的权力,与其权限的行使有关的争议是由法院按照寻求特权救济程序解决的。基于这种成例,原先用于监督低级法院的司法控制程序,开始用在行政权上,先是针对地方政府机关,后扩展到中央政府部门。虽然,从审查治安法官为修理公路上的桥梁所征的税费,到审查内政大臣作出采用新的、开支更少的对刑事损害的赔偿体系的决定,其间有一个漫长的发展历程。但是,在这两种情况下,法院的角色都是确保那些行使行政权的人必须顾及适当的合法性标准。④ 此处至少涉及两个方面的问题:一是治安法官当时有为修桥征收税费的权力,而且对此项权力的行使是可以进行司法审查的;二是英国确实有刑事损害赔偿制度,而具体的赔偿数额也是可以进行司法审查的,甚至对调整整个赔偿体制的决定也是可以进行司法审查的。在我国,这绝对是一种抽象行政行为,甚至不是行政行为,因此也就没有通过诉讼予以审查的可能。

到达鼎盛时期后,治安官逐渐丧失了所有职能。正因为如此,梅特兰(Maitland)在1885年指出,英国司法与警察的历史可以描述为治安官式

---

① Phillips & Jackson, p. 422.
② Bradley & Ewing, pp. 634-635.
③ Bradley & Ewing, p. 635.
④ Bradley & Ewing, p. 635.

微的历史。① 在经过一系列试验后,地方司法职能在 14 世纪中叶让渡给了治安法官。②

在此后直到 1834 年的将近 500 年的时间里,对于自治市以外的地方政府的控制主要掌握在这些治安法官手中。③ 因为他们是法律纠纷的裁决者,而他们适用法律所作的判决可以上诉至高等法院或者郡法院,从而通过司法渠道实现了中央对地方的控制。治安法院除取代治安官及郡法院和百人法院(hundred courts)所具有的司法职能外,一系列的制定法还赋予其大量的行政管理职责,涉及诸如公路、济贫、工资及许可等诸多领域。④ 考虑到地方议事会的议事机关性质,以及地方政府基本上没有行政执行机构的现实,治安法院在英国的地方行政管理方面所起的作用,显然不是一个一般的下级法院所能取代的。

(二)听审

非法律专业的治安法官通常是三人一起听审,也有两个人听审的情形。但治安法院的地区法官则单独审案,或者在极少数情况下与两名治安法官一起审案。⑤

根据 1989 年《儿童法》及其 1991 年的修订本,主审法庭的名称改为家事法庭,而受过专门训练的治安法官被编入家事法庭法官名单,遇有案件需要审查时即从此名单中抽取相应数量的治安法官组成审判庭进行审理。他们有权决定并强制执行因家庭破裂而必需的日常必要开支,也可以发布保护儿童及成人的命令,但是他们与郡法院及高等法院法官的最大不同在于无权宣告离婚。根据 1989 年《儿童法》的规定,治安法院的家事法庭与高等法院特别是家事分庭、郡法院分享儿童案件的管辖权,具体划分由案件的复杂程度决定。他们还可以作出一系列有关儿童的命令,如保护或者监护命令、收养命令等。⑥

(三)监督

治安法官原来受英王议事会的控制,直到星座法院于 1640 年被废除。在此后的 200 年间,以治安法官为首的地方政府服从地方议事会的

---

① Phillips & Jackson, p. 36.
② Phillips & Jackson, pp. 36-37.
③ Phillips & Jackson, p. 37.
④ Phillips & Jackson, p. 37.
⑤ Penny Darbyshire, p. 113.
⑥ Penny Darbyshire, p. 114.

立法权,各地方政府几乎处于一种完全自治的状态,英王对地方政府唯一现实可行的控制手段就是通过法院适用越权无效原则或者签发特权令状。① 这并不影响地方政府控制在治安法官的手中,因为适用越权无效原则或者签发特权令状的法院,不是地方法院,而是高等法院。

第三节　法官的任命

英国的法官及治安法官在任职时应当就如下司法誓词宣誓:公正为民、循法从良、无私无畏(to do right to all manner of people after the laws and usages of this realm, without fear or favour, affection or ill-will)。② 这一誓词强调了英国对法官的几个基本要求:遵循法律、为民服务、公正行事、无私无畏、无倾向性、无恶意。

在英国,司法人员的任命属于行政事务:英王的法官基于其名下的大臣的意见而任命。最高法院的法官,由英王根据首相的建议任命。根据1981年《高级法院法》(Senior Courts Act)的规定,其他职位(包括首席上诉法官,上诉法院民事分庭的庭长,高等法院家事分庭庭长),由英王根据首相及大法官的建议任命;高等法院法官、巡回法官、书记官(即皇家法院非全职法官)由英王根据大法官的建议任命。特别需要提及的是,上述部长的建议,目前受到司法人员任用委员会的有效节制。③

在英国,不同层级的司法职务的任命程序不尽相同。

首先是英国法律系统中最资深职位的任命,这些职位包括首席上诉法官(Lord Chief Justice,实为上诉法院刑事分庭庭长,简称 LCJ 或者 CJ)、上诉法院民事分庭庭长(Master of the Rolls,可译为主簿,与作为首席上诉法官的刑事分庭庭长平起平坐)、高等法院王座分庭庭长、高等法院家事分庭庭长以及高等法院大法官分庭庭长(Chancellor of the High Court,2005 年《宪制改革法》的有关规定生效之前,该职位又称助理大法官:Vice-Chancellor,即大法官的副手),当这些职位出缺时,大法官将要求司法人员任用委员会组织一个临时选拔委员会,该委员会由 5 名成员组成,其中 2 人必须不能有司法执业资格,2 人必须是法官。该临时委员

---

① Phillips & Jackson, p. 37.
② Phillips & Jackson, p. 432.
③ Bradley & Ewing 2015, p. 322.

会中只需 2 人必须是司法人员任用委员会委员。①

其次是上诉法院法官的任命,其程序类似于上述英国法律系统中资深职位的任命程序,但根据 2013 年《最高法院(司法人员任用)规则》的规定与其又有一些区别。② 主要是对临时选拔委员会构成的不同要求。

至于高等法院法官的任命,已经不再有关于临时选拔委员会构成的强制性要求了,但却要求临时选拔委员会在推荐前,必须咨询首席上诉法官及高等法院任一其他法官的意见。③ 这一要求的意思是,如果要推荐一名高等法院的法官,除了要征询英国司法界领袖的意见外,还要征求该院任何一名法官的意见。选择该法官的随意性,赋予临时选拔委员会很大的自由裁量权,但这看似盲目、随意的权力,在英国足以达到一票否决的效果:如果该临时选拔委员会挑选来咨询的高等法院的法官对某候选人给出了差评,该临时选拔委员会通常不会再推荐该人。

一、资格条件

获得法官任命须满足的基本条件是由制定法规定的,不同级别的法官的资格条件不尽相同。

司法人员任用必须满足的最低资格条件,主要是由 1990 年《法院及法律服务法》(Courts and Legal Services Act)规定的。例如,在该法颁布之前,高等法院的法官必须有 10 年以上出庭律师从业经历;该法之后,拥有在高等法院出庭权利的诉状律师以及拥有至少 2 年从业经历的巡回法官,也有可能被任命为高等法院法官。至于上诉法院法官的任命,此前的规定是必须至少有 15 年出庭律师经历或者已经是高等法院法官,该法颁布之后年限条件降至 10 年、范围推广至诉状律师。④

(一)贵族院常任上诉贵族法官

要想获此任命,需要至少拥有两年以上司法职位或者获得两年以上最高法院的出庭权;但绝大多数常任上诉贵族法官都是从上诉法院法官中选拔的⑤。这里提到的最高法院是传统意义上的,包括上诉法院、高等法院等的最高法院,不是新命名的由贵族院上诉委员会转制而来的最高

---

① Bradley & Ewing 2015,p. 324.
② Bradley & Ewing 2015,p. 324.
③ Bradley & Ewing 2015,p. 324.
④ Bradley & Ewing 2015,p. 323.
⑤ Elliott & Quinn,p. 99.

法院。

(二) 上诉法院法官

要想成为一名上诉法院法官,此前需要有至少15年的出庭律师资历或者已经是高等法院法官。1990年《法院及法律服务法》实施后,出庭律师执业年限标准降低到10年,范围扩展到有权在高等法院出庭的律师、任何已经是高等法院法官的人。这一规定意味着,理论上可以通过任命某人到高等法院做巡回法官的方式,而加速其在英国法官体系中升迁的速度。①

(三) 高等法院法官

在1990年之前,高等法院法官必须有至少10年的出庭律师经历。但自1990年《法院及法律服务法》颁行之后,资格条件变为有权在高等法院出庭的律师及担任巡回法官两年的律师。② 虽然从表面上看,出庭律师条件有所降低,但事实上,拥有10年出庭经历的律师未必有在高等法院出庭的权利。

(四) 巡回法官、书记官、助理书记官

巡回法官、书记官或者助理书记官可以由在皇家法院或者郡法院出庭达10年以上的任何人担任。③ 可见,即使是书记官甚至助理书记官的要求都是很高的。当然,以上所说的都是基本条件,事实上,只有那些成功的法律执业者才有可能被任命到较高级法院任职,他们的平均资历要比法定的最低标准高得多。④

除任命资格外,法官的数量与具备任命资格者之间存在巨大的数量差异。英国巡回法官以上级别的法官仅702人⑤,而英国仅诉状律师就有大约80000名。⑥ 另有资料提及,英格兰和威尔士目前有90000名执业诉状律师,另有约10000名出庭律师。⑦ 无论从哪个资料来源来看,诉状律师的数量都是法官数量的100余倍,出庭律师的数量也是法官数量的十几倍。值得注意的是,英国司法者总人数并不少,其中绝大多数是治安

---

① Bradley & Ewing, p. 368.
② Bradley & Ewing, p. 368.
③ Elliott & Quinn, pp. 99-100.
④ Bradley & Ewing, p. 368.
⑤ Elliott & Quinn, p. 105.
⑥ Elliott & Quinn, p. 123.
⑦ Martin Partington, p. 224.

法官；即使包括业余法官在内，法官的总人数也仅是诉状律师的一半。

更重要的是，英国法官的等级序列与法官所在法院的层级序列密切关联，高级法官主要从下一级法院的资深法官中任命。结果是，低级法官总是任职于低级法院，法官基本上沿着法院之位阶逐级上升，不存在大学毕业或博士毕业后分配到贵族院或者上诉法院，并在几年后被任命为常任上诉贵族法官或者上诉法院法官的可能。

二、法官的背景

仅仅通过资格条件的介绍，还不能对英国法官的任职难度建立起总体的印象，了解一下在职法官的情况会强化这一印象。将这一部分内容称为背景，不是指法官必须具备这些背景条件，而是以现有法官的实际情况说明，拥有这样的背景更有可能得到任职。

在英国学者看来，英国法官的一般特征是白人、男性、中年、接受某公学以及牛津或剑桥的教育，来自中上层社会。① 英国学者也指出，英国法官的这种脸谱化的简单概括大致适用于高级别的司法官，但不是没有例外；如果用来描述种类繁多的负责裁决来自普通民众的纠纷的法官及裁判者，则会产生严重的偏差。② 越是低级别的普通法官及裁判者，他们裁决的纠纷与大众的密切程度越高，他们与民众的差异也越小。

（一）教育

以 1995 年为例，当时 80％的上诉法院法官、高等法院分庭庭长、常任上诉贵族法官以及高等法院法官都是在牛津或者剑桥大学受的教育。这一比例在中级的巡回法官中超过 50％，而低级的地区法官中仅为 12％。1994 年劳动调查组织的一项调查显示，在所调查的 641 名法官中，80％曾在公学读书。③ 故有学者指出，法官们的单一背景使他们有时会与他们所生活的社会惊人地脱节。该学者以 1998 年被迫辞职的 Mr. Justice Harman 法官为例，该法官曾经在三个案件中宣称，他从来没有听说过足球明星加斯科因（Paul Gascoigne）。④ 2003 年加斯科因曾在甘肃天马足球俱乐部短暂效力，这种情形反衬出该英国法官的市井常识显然

---

① Martin Partington，pp. 246-247.
② Martin Partington，p. 247.
③ 此处的公学显然不宜译为公立学校，而是指面向公众招生的私立贵族学校。
④ Elliott & Quinn，p. 105.

欠缺了一点。

(二)性别

英国学者提供的统计数字显示,法官的级别越高,女性所占比例越小:当时贵族院还没有女法官,上诉法院(通常有35名法官)有史以来唯一的一位女法官既是前任大法官的姐姐(或者妹妹),又是一位常任上诉贵族法官的女儿;在高等法院的107名法官中,仅有7名女性;在558名巡回法官中,仅有36名女性。①

但另一资料引述的大法官事务部提供的信息显示,2001年12月在任的12名常任上诉贵族法官中没有一名女性;上诉法院的35名法官中有2名女性;高等法院的107名法官中有6名女性。②

(三)年龄

全职法官的平均年龄多年来保持不变,平均年龄为52岁至53岁。由此不可避免的是,就现有的晋升体制而言,高级别法官的平均年龄还要高。1995年,地区法官的平均年龄为54.3岁,法律贵族的平均年龄为66.5岁。即使最近已经降低法官退休年龄,仍比其他职业高5岁。因此,潘尼克在其《法官》一书中指出,一个由年长公民把持的司法界是不可能希望他们适用当代的标准或者理解当代所关心的问题的。③ 不过这也要看以哪个国家的标准来衡量,从本书介绍的英国贵族院对于同性婚姻(本书第四卷英国司法审查经典判例部分)、脑死亡等案件的态度看,英国法官对于当代所关心的问题,其了解程度显然超过我国相当数量的学者。

(四)种族

如果说妇女在司法职业界缺少代表的话,那么少数族裔的情况更差,高等法院、上诉法院及贵族院上诉委员会中均没有有色人种或者亚裔人。事实上,在英国,从助理地区法官到常任上诉贵族法官的所有3792名法官中,有3280人是男性、3633人为白人。④

(五)职业

在1990年《法院及法律服务法》生效之前,法官几乎无一例外地从执业出庭律师中选拔。由于一般人很难在没有其他私人收入的情况下撑得

---

① Elliott & Quinn, p. 105.
② Bradley & Ewing, p. 370.
③ Elliott & Quinn, p. 105.
④ Bradley & Ewing, p. 370.

过执业的最初几年,因此,成功的出庭律师多来自殷实的家庭,这样的家庭才可能送子女去公学继而去牛津、剑桥读书。①

英国学者对 1990 年《法院及法律服务法》寄予厚望,认为该法扩大了进入司法界的渠道,至少从理论上为诉状律师开拓了与出庭律师一样的继续迈向更辉煌的职业生涯的道路(具体是指诉状律师也可以与出庭律师一样,有机会出任法官)。②③ 而这也许将改变传统司法界的构成,因为诉状律师这一职业群体包括更多的妇女、少数族裔以及其他较少的具有上层社会背景的人。④

三、提名程序

有的国家,如法国,拥有一个职业的司法界,有志于成为法官者在起步阶段即选择法官职业并要通过专门的培训。与这一体制不同,英国的法官是先要从律师职业干起。在法国的体制下,法官从低级职位干起,先审判简单的案件,随着经验的增多逐渐在法官位阶序列中晋升;同时,法国的各级法官都被视为公务员,而不独立于政府。⑤

英国高等法院及以上法院法官的提名程序,专门由一本名为《司法任命》的小册子予以解释,如大法官事务部于 1999 年出版的版本。⑥ 英国法官的提名程序包括:

(一)咨询程序

这是一种磋商与界别推荐相结合的法官提名制度,其历史与法官行政任命的历史不相上下,因为大法官必须而且只能通过这种方式获得有关候选人的信息,以决定其直接任命或者向英王、首相提名的人选。

大法官事务部发表的报告称,大法官在作出任命决定的过程中,非常倚重职业法律社团成员的独立意见。通常,每一个候选人都被告知将被咨询的法官及司法职业界的成员的范围,并要求候选人列出能够评价其本人是否适合就任法官的具体的咨询者名单。⑦ 这个制度很有

---

① Elliott & Quinn, p. 105.
② Elliott & Quinn, p. 99.
③ Phillips & Jackson, p. 431.
④ Elliott & Quinn, p. 106.
⑤ Elliott & Quinn, p. 101.
⑥ Elliott & Quinn, p. 99.
⑦ Bradley & Ewing, p. 369.

创意:不是由大法官事务部或者其他被评价人以外的人去确定评价者,而是由被评价者本人列出可以评价自己是否称职的评价者名单。这样做的一个好处是,至少可以减少评价的盲目性。如果是由被评价人以外的人确定评价人的话,那只能通过一些外在的、已经公开了的社会关系指标确定评价人,如其过往的同事等,而不可能从评价人对被评价人特定事项(如是否适合就任法官)的认知程度确定评价人。事实上,许多对被评价人非常了解的人,并不一定就是最适合评价某一特定事项的人,如其父母一般无法判断其职业能力。当然,自己选评价人肯定会有只找对自己有利的人的倾向,但这没有关系,因为所有的被评价人都会这样做。问题的关键是找谁评价,除此之外则是如何评价搜集到的评价意见,如何在这些意见的基础上形成确有见地的考查结论。

被咨询人随后被要求评价每一个候选人是否符合已经公开的任命标准。当然,这些程序并不适用于高级法官的任命,且在咨询过程中提供的评价意见仍然是保密的,整个过程更有可能被在任或者曾经的司法界成员的判断所左右。①

对于上述咨询程序,英国曾在1999年由皮齐爵士(Sir Leonard Peach)主持进行过一次复审。皮齐爵士对现行的程序非常满意,但也提出了一些建议,包括引入司法人员任用委员会,以便就该程序的实际运作方式提供独立的反思意见。政府接受了这一建议,但同时也非常谨慎地指出,司法人员任用委员会不得就任命提出建议。② 该委员会的职能仅限于监督现有程序的运行,而非对任命提出自己的独立见解。

(二)秘密寻访

秘密寻访(secret soundings)是自1995年开始的改革之一。高等法院法官的选拔程序包括大法官事务部通过一段时间的非正式调查(被称为秘密寻访),从杰出的出庭律师及法官中收集候选人的信息。③ 与前面介绍的由候选人自己划定一定的被咨询人范围的方法不同,秘密寻访是更早期的确定候选人的一个程序步骤,是在候选人不知情的情况下进行的,故称秘密寻访,其收集的只是杰出律师及法官所提供的拟议候选人信息,秘密寻访人根据其日常与下级法官及出庭律师接触的经验、感受,就

---

① Bradley & Ewing, p.369.
② Bradley & Ewing, p.369.
③ Elliott & Quinn, p.100.

其本人所知道的有关候选人的信息以及个人对这些候选人的评价性意见提出建议。这种方法虽然是秘密进行的，但由于是顶级法官、律师的建议，只要具有足够的广泛性，同样具有相当的可信度。

不仅如此，被咨询人提出的任何有关某一特定候选人的个人意见都不会是决定性的。有关候选人的任何信息通常都能够应本人的要求而对其公开，以保障所获得信息的准确性。但是，基于信赖而提供的意见通常是保密的，否则人们不太愿意通过提供个人诚实意见的方式协助大法官。① 这样，通过对客观性事实和主观性意见的严格区分，保障了被咨询人的意见，特别是其身份，不至于被候选人所知，避免彼此熟悉的被咨询人与候选人之间因此而生嫌隙。否则，难免会影响人们为大法官提供建议的热情和真实性。

同时，以上有关秘密寻访程序的介绍，仅仅是1995年以后的事，此后照此程序换任的高级法官的数量才逐渐增多，英国司法界受这种方法的影响是逐步的、渐次的。英国法治运作更深层次的内容是近千年不断演化的结果，不能以近年来的一些改革做法以偏概全。许多改革措施最终能否继续以及效果如何，还需要时间的考验。

上述提名程序中，因其重要性而最受关注因而也最有代表性的是最高法院法官的提名。如果最高法院出现了职位空缺，2005年《宪制改革法》要求，必须设立一个特别的最高法院选拔委员会。该委员会的设立程序，取决于空缺职位的性质，最高法院院长或者副院长职位出缺是一种程序，最高法院其他法官出缺是另一种程序。无论是哪种情况，该委员会都由5名委员组成，其中必有1人是最高法院法官，必有1人是非法律专业人士，其他3人必须分别来自英格兰、苏格兰及北爱尔兰的司法人员任用委员会。② 因为最高法院是英国的最高法院，因此其新任法官必须由权力下放地区的司法人员任用委员会的代表参与任命活动。而本书中常说的司法人员任用委员会，其实是英格兰及威尔士的司法人员任用委员会的简称。

特别选拔委员会应遵循有关其成员及运行程序的进一步要求，即2013年《最高法院（司法人员任用）规则》[Supreme Court（Judicial Appointments）Regulation]。该规则的修订必须先征得最高法院院长同

---

① Elliott & Quinn, p.100.
② Bradley & Ewing 2015, p.325.

意,再报议会批准。①

甚至根据2005年《宪制改革法》设立的司法人员任用委员会,也只不过是改变了高级法官遴选主体而已,但其遴选程序,包括此前的秘密寻访,都与大法官主持此事时没有本质区别;该委员会成员的任命需由大法官向英王推荐。② 这一点,最突出地反映了英国宪政体制改革的妥协性。从另一个方面看,按照新程序选任的法官,与其前辈一样,依然捍卫着英国司法界绵延近千年的传统,从而继续构成英国司法独立的中坚;更重要的是,这些新任法官的前任至少还有20年才陆续退出司法界。

(三)广告招募

另一项主要创新就是将高等法院以下的法官职位空缺广而告之。③与英国一般招聘通过发广告的方式不同,此前英国还没有就司法职位的招聘发过广告。高等法院新任法官的录用已经开始使用招聘广告了,但上诉法院及贵族院仍没有采用这种方法。大法官有权任命的法官仍不需要适用针对候选人的秘密寻访,而是直接参加面试并由大法官作出正式的任命决定。④

四、法官的任命权

在英国,司法任命属于行政事务。英王对法官的任命是基于英王名下的大臣提出的建议。法官的任命并没有诸如司法服务委员会之类的保障机制,以避免司法任命受行政的控制,虽然现在有司法人员任用委员会来监督司法任命。英国的行政方面作出的司法任命不需要任何来自立法方面的审查和批准。⑤ 根据传统,由英王任命的法官有四类:

(1)英王根据首相的建议(首相当然要咨询大法官的意见)任命的法官包括:(贵族院)常任上诉贵族法官、上诉法院刑事分庭庭长、上诉法院民事分庭庭长、高等法院家事分庭庭长、副大法官(Vice-Chancellor,高等法院大法官分庭的常务副庭长)⑥,以及上诉法院法官等⑦。当然,大法官

---

① Bradley & Ewing 2015, p. 325.
② Wade & Forsyth 2014, p. 53.
③ Bradley & Ewing, p. 368.
④ Elliott & Quinn, p. 100.
⑤ Bradley & Ewing, p. 367.
⑥ 因大法官分庭名义上的庭长大法官往往不会到庭,副大法官成为实际上的庭长。该职务与前述大法官事务部作为大法官助手的低级部长不同,副大法官是法官,低级部长则是政客。
⑦ Phillips & Jackson, p. 431.

本人也属于由英王根据首相的建议任命的法官①，但是这种任命不是按照法官的任命程序在相应职位出现空缺后进行的，而是按照部长的任命程序在议会选举结束后成立新一届政府时，或者在任首相对其内阁成员及其他部长进行人事调整时，由首相建议英王任命的。由于大法官职务横跨立法、行政、司法三界的特殊性，使之一旦获得政治任命则同时也成为司法界的领袖，是当然的最高级别的法官。

（2）英王直接根据大法官的建议任命高等法院的陪审法官，而大法官无疑是要咨询首相的。②

（3）英王根据大法官的建议，任命在皇家法院或者郡法院任职的巡回法官、作为皇家法院非全职法官的书记官、治安法院的地区法官。③ 这些任命都是根据1981年《最高法院法》第10条以及1999年《接近正义法》进行的。④

（4）非法律专业的治安法官是由大法官在咨询各地方的咨询委员会以及兰开斯特郡大法官（Chancellor of the Duchy of Lancaster）后提名，由治安法官委员会以英王的名义任命的。

五、治安法官的招募

除个别情况外，英国学者很少将法官与治安法官并称，介绍二者共用一份宣誓誓词⑤之类的场合是比较少见的。原因在于，英国的治安法官实非真正意义上的法官，英国学者称他们为法律"门外汉"。特别是考虑到英国治安法官的人数（接近3万人）数十倍于英国法官的人数（严格说来只有700人左右），这说明，英国法官的任命确非治安法官可同日而语——法官的选任叫任命，而治安法官的选拔只是招募⑥，加之每个治安法院的治安法官都有几百人（笔者参观过的诺丁汉治安法院有400多名在册治安法官），可见其招募量之大。

（一）主管部门

非法律专业的治安法官的招募不是由治安法官委员会负责的，而是

---

① Elliott & Quinn, p. 100.
② Phillips & Jackson, p. 431.
③ Phillips & Jackson, pp. 431-432.
④ Bradley & Ewing, pp. 367-368.
⑤ Phillips & Jackson, p. 432.
⑥ Martin Partington, p. 76.

另外的一套委员会体系,即大法官咨询委员会在地方层面上运作的。该委员会实施一项确定潜在的候选人、确定最终入围名单、面试、向大法官建议的连续性计划,大法官根据这些建议作出最后决定。有些地方则采取在地方媒体发布广告的方式。①

(二)招募标准

在治安法官的选拔过程中,为了确保治安法官合理的年龄分布、适当的性别比例、少数族裔的代表性以及不同政治信仰者的代表性,需要做大量的工作。事实上,每一个潜在的候选人都要被特别问及政治倾向,这样做的目的并不是为了将那些反对现政府的人筛选出来,而是为了确保反映广泛的社会背景的各种意见的代表都能被招募到治安法院的审判工作部门。②

但在1998年《咨询白皮书》(Consultation Paper)发布之后,时任大法官承认,上述做法并不是使治安法官的人员构成具有充分的代表性的最佳途径,并着手寻找替代性机制,如基于职业背景。但是采取替代性选拔方案的难度使大法官相信,至少在可以预见的将来,选拔过程中寻求政治倾向平衡的老办法还会继续沿用。③

(三)程序公开

治安法官招募程序已经大为公开,更多地基于机会均等原则。④

(四)主要问题

尽管有了这些变化,仍然难以招募到年轻人,雇主们不愿意让他们的雇员请假去做相当耗时的治安法官。而自由职业者也会觉得很难投入治安法官工作所要求的大量时间,特别是当其自身的事业尚处于发展期的时候。在有些地方,无论是从受训练的程度还是能够听审的角度看,都已经很难招募到足够的具有相应素质的志愿者担任治安法官了。这使人们担心,非全职的业余治安法官制度并不像政府曾经说的那样能够构建起更为本地化的刑事司法体制,该体制目前的状况有可能向着任命更多全职受薪法官的方向发展。⑤

---

① Martin Partington, p. 76.
② Martin Partington, pp. 76-77.
③ Martin Partington, p. 77.
④ Martin Partington, p. 77.
⑤ Martin Partington, p. 77.

六、法官的代表性

英国学者在介绍本国法官的任命体制时提到：美国的法官选拔有任命制和选举制两种方法，不时还采取折中的办法，美国绝大多数州的法官及地方法官都是选举产生的，在其他许多国家，选举也被用来对任期制法官的续任予以确认。① 英国学者作此陈述的倾向性非常明显，但是，英国建立法官选举制度还没有被提上议事日程。

司法职业界应当代表社会共同体的意见，遭到了内政委员会及大法官事务部的批判，大法官事务部认为：司法职业界的职能不能像民主选举产生的立法机关那样，反映某一特定社会群体的意见②，法官的角色就是按照法律的要求实现公正③。

尽管人们已经意识到司法职业界应当更加准确地反映社会的总体构成，以便为社会各阶层热切希望投身司法职业界的人提供最大限度的平等机会。但是，这要求在教育体制的各阶段以及司法体系中机会均等，而不仅仅是任命程序中的机会均等。④ 因为如果在教育的各阶段无法保证机会均等，或者在司法职业界的进入或者初级任命方面还没有必要的机会均等，其结果必然是有机会受良好教育者更容易取得在司法职业界就职的机会，从而也更有可能成为其中的佼佼者。司法职业任命的高标准，要求被任命者只能是职业圈内的出类拔萃者，因此，单纯强调任命这一最终阶段的机会均等，可能会与职位本身的高素质要求相冲突。

正如大法官在其工作报告中所说，他致力于确保那些最优秀的候选人到司法队伍中去，而不论其性别、种族、婚姻状况、性恋倾向、政治背景、宗教及残疾与否，除非其残疾状况影响其职务履行。大法官致力于任命那些具有高水准的正直和公正品质的人，特别是那些能够作出公正判决的法官，而这被视为一流法官最重要的品质。但也有人指出，大法官的目标应当是确保任命程序能够充分照顾到法官的多元化并促进平等。⑤ 由此反映出两种意见的对立，大法官强调法官必须能够作出公正的判决，而另一种声音则认为，法官应当反映社会的多元构成。于是，当好的法官局

---

① Elliott & Quinn, p. 101.
② Bradley & Ewing, p. 369.
③ Bradley & Ewing, pp. 369-370.
④ Bradley & Ewing, p. 370.
⑤ Bradley & Ewing, p. 368.

限于某一单一人群,如中老年白人男性时,二者的意见冲突就从统计上反映出来了。

表面上看,按照民主的一般原则,什么是公正的判决,可以通过民主表决的方式作出裁判,进而在适用大法官标准的前提下实现法官的多元化并促进平等。但英国没有采取这种方法,如果民主评议某一法官作出的判决,将与从法律角度对该判决所作的评价有较大差异。此时,立法的民主性与法律正义之间的冲突就表面化了。本书第一卷第一编英国法理第三章第一节、第二节讨论的议会立法至上原则、法律的治理原则及二者之间的关系的内容,可以运用于此处。

大法官曾经强调要推进任命法官过程中的平等,重申代表社会并非司法职业界的目标。虽然近年来已经取得了一些改观,但妇女及少数族裔仍然在司法职业界没有多少代表,特别是在高层。①

1976年《种族关系法》(2000年修订)适用于司法职务的任命,那些负责司法任命者有义务推动不同种族的人取得平等的任命机会。但是英国学者认为,不均等的代表状况是否能够单纯通过反歧视措施解决还值得考虑,而且在司法任命领域还没有发生过歧视现象。②

七、任命体制的问题

对法官选拔及任命体制的批评,主要是针对大法官的政府部长身份。因为如此一来,法官的任命就成了一个政治过程,而且直到第二次世界大战结束,法官任命都是以一种秘密的方式进行的。由大法官事务部的公务员通过秘密寻访,从优秀出庭律师及法官中了解拟任法官情况的方式,也存在任人唯亲以及歧视妇女和少数族裔的倾向;过分强调出庭代理能力的做法,将绝大多数诉状律师排除在外;从选拔结果看,高级司法职位的分配不能反映社会构成。③

《欧洲人权公约》第6条有关获得公正审判的权利的规定,强调公正的审判必须首先是由不偏不倚的法官主持的审判。这使得英国法官的行政任命方式受到了来自欧洲人权法院越来越紧迫的压力。该法院在1984年的 *Campell and Fell v. United Kingdom* 一案的判决中认定,英

---

① Bradley & Ewing, p. 370.
② Bradley & Ewing, p. 370.
③ Phillips & Jackson, p. 432.

国现行的由行政方面任命法官的模式,不符合《欧洲人权公约》的规定。①由贸易与工业国务大臣任命就业上诉裁判所②的非法律专业组成人员的做法,也需要根据《欧洲人权公约》的要求予以修改。③ 2000 年,欧洲人权法院对 McGonnell v. United Kingdom 一案的判决更是步步紧逼:法院不仅应当不偏不倚,而且应当让人看起来不偏不倚。④ 英文著作中强调的是观者的感觉,我国的类似说法是公正不仅应当实现,而且应当以看得见的方式实现,更强调程序性效果。

八、任命体制的改革

多年来,法官的任命方法受到相当程度的诟病⑤,大法官事务部的报告经常对法官任命过程存在暗箱操作的指责予以反驳。⑥ 面对批评及压力,英国司法体制也在不断地进行改革:从 1994 年开始,对巡回法官及以下法官的任命即采取发布招聘广告后通过竞争上岗的政策;从 1998 年开始,高等法院法官的任命也采取发布广告后从申请者中择优录用与传统的邀请任职相结合的办法。⑦

1999 年,大法官邀请皮齐爵士研判法官任命程序以及英王法律顾问的选拔程序。皮齐爵士的报告中指出:大法官事务部的许多做法都是根据最佳的人事管理实践,绝大多数的司法任命都做了广告,大法官事务部公布了设计合理的职位说明书和候选人介绍书,并建立了相当完善的对未当选的候选人依申请(on request)进行当选信息反馈的机制。⑧

按照皮齐爵士的观点,法官任命程序最具争议的是其咨询程序。皮齐爵士认为,在咨询程序方面,需要强化目前尚不具备的足够的透明度,以使候选人能够相信在咨询过程中所采用的有关其本人的信息有充分根据,而不是基于道听途说(hearsay)。为了改善目前的状况,皮齐爵士建议⑨:一是为了取得较好的咨询效果,必须重新设计被咨询者的构成;二

---

① Phillips & Jackson, p. 431.
② 这曾经是英国为数不多的以裁判所名义命名,但被公认为是一个法院的裁判所。
③ Phillips & Jackson, p. 432.
④ Phillips & Jackson, p. 437.
⑤ Elliott & Quinn, p. 100.
⑥ Bradley & Ewing, p. 369.
⑦ Phillips & Jackson, p. 432.
⑧ Martin Partington, p. 85.
⑨ Martin Partington, p. 85.

是候选人应当通过自我评价的方式提供更多的信息;三是应当给予那些或许没有被很好了解的人更多的任命为被咨询人的机会。

皮齐爵士并没有如有些人所论证的那样,建议将法官的任命程序从大法官事务部移出,而是建议设立司法人员任用督察专员,该专员同时为不满意法官服务的个人或者机构提供类似议会行政监察专员式的服务,并对现有法官任命程序的实际运行进行简单的、定期的审计,审计获得的数据是提供改善法官任命程序的建议所必需的信息。①

法官任命是一项繁重的行政事务。2000—2001 年度,大法官事务部收到了 3600 份申请、举行了 1800 次面试,任命了 750 人。因此,皮齐爵士建议应当更好地利用人才储备库,即将那些已经证明具有相应资质,但因没有职缺而未被任命的人列入其中。皮齐爵士认为,这将有助于加速任命进程,特别是在诸如裁判所成员的任命等领域,由于对裁判所成员的现实需求的变动不居,需要在较短的时间内填补职缺。② 这说明,绝大多数司法任命并非任命法官,司法任命是指所有具有司法性职能的职务的任命,其中包括裁判所成员的任命。当然,此处的裁判所的成员指的是审理人员(chairman 或者 member),而非办事人员(clerk)。

一度是秘密的法官任命标准已经被公之于众。目前绝大多数的司法任命都要公开发布招聘广告,对申请司法职位者发出邀约。每年都要公布有关司法任命操作过程的年度报告,司法人员任用委员会的第一份报告又对这一做法作出补充。③

英国学者指出,在司法任命体制方面,现在比从前透明得多。而且英国学者相信,在司法任命方面,经由历任大法官任命的人,无论是在外人看来还是在其内心深处,都具备了相当强的独立性。④ 这正是英国司法体制中处于核心地位的司法独立所要追求的目标。虽然这里强调的是被任命的司法官对于任命他们的大法官的独立,但也是对大法官所代表的政府、政府所代表的行政、行政所控制的议会的独立。英国的司法独立在此有了最直接、最单纯的体现。

---

① Martin Partington, p. 85.
② Martin Partington, p. 86.
③ Martin Partington, p. 86.
④ Martin Partington, p. 86.

九、司法人员任用委员会

皮齐爵士的建议之一是成立一个新的委员会,以研判司法任命的过程。该委员会已于 2001 年成立,并于 2002 年 10 月公布了其第一份报告。① 该委员会的准确称谓是司法人员任用委员会(Commission for Judicial Appointments),该委员会的成员被称为督察专员。

司法人员任用委员会的督察专员的职能规定在 2001 年《司法任命枢密院令》(Judicial Appointments Order in Council)中。司法人员任用督察专员负责监督由大法官作出的司法任命(包括英王法律顾问的选拔)或者由大法官建议的任命,但贵族院常任上诉贵族法官以及高等法院分庭的庭长的任命除外;非法律专业的治安法官的任命以及所得税总专员的任命,也不属于其职责范围。②

2001 年《司法任命枢密院令》规定了司法人员任用督察专员的下列职能③:① 在司法任命程序中,应当以他们自己认为最能促进经济、效率、实效以及公正的方式行事,并遵循任人唯贤的原则履行其与司法任命有关的职能。② 应当研判任命程序,以确定司法任命程序的设计是否遵循任人唯贤的原则。③ 司法人员任用督察专员有权调查在申请任命的程序中出现并向他们提起的任何不满。

尽管司法人员任用委员会认为,英国在司法任命过程的公开性方面已经有了长足的进步,但该委员会仍然提出了更高的要求。在该委员会看来,申请司法任命者应了解以下内容④:① 据以评价其申请的标准;② 对其申请进行评价的程序;③ 对于其申请进行评价时,其申请的不同方面的权重;④ 被咨询者在评价过程中所能发挥的作用,特别是那些必须被咨询者的作用;⑤ 被咨询者是如何选拔确定的;⑥ 被咨询者的评议得以考虑的过程。

每个被咨询者应当了解以下内容⑤:① 他们在司法任命过程中所扮演的角色;② 评价申请人的标准;③ 其对申请人的评价对于任命标准的适用的重要性;④ 在任命过程中考虑他们的评价的过程。

---

① 该委员会的第一份报告。
② Martin Partington,p. 87.
③ Martin Partington,p. 87.
④ Martin Partington,p. 87.
⑤ Martin Partington,p. 87.

在 2005 年《宪制改革法》及其后续修订中,英国政府终于对外界不断增长的对司法人员任用程序的关切,特别是对其秘密性和缺少透明度的广泛批评作出回应。这就是司法人员任用委员会的创设,该委员会于 2006 年 4 月正式成立。① 但是早在 2001 年,虽然没有制定法的依据,苏格兰成立了苏格兰司法人员任用委员会,英格兰及威尔士也于同年成立了一个旨在履行司法人员任命职能的委员会。由于是根据枢密院令设立的,当时的司法人员任用委员会仅有对任命的复审权而没有推荐权,而且尽管仅有如此受限的权能,该委员会还是因其有关大法官在某几个司法人员的任命中扮演的角色的报告招致某些人的不悦。② 需要提醒的是,此处提到了两个机构:Judicial Appointments Commission 是依 2005 年《宪制改革法》设立的;Commission for Judicial Appointments 则是此前根据枢密令设立的,而枢密令不是制定法,故该委员会没有制定法上的设立依据。但这两个机构除了都译为"司法人员任用委员会"外,实在想不出更高明的办法,这也正是从事比较法研究的难处:在英文著作中很明显的区分,翻译时却很费心神。

根据 2005 年《宪制改革法》成立的英格兰及威尔士司法人员任用委员会,较其没有制定法根据的前身而言,拥有了远较为广泛的事权范围。③ 该委员会由 14 名经大法官推荐并由英王任命的成员组成,其主席必须是非法律界人士。根据 2005 年《宪制改革法》及 2013 年《犯罪及法院法》(Crime and Courts Act)的补充规定,14 名委员中,5 人是法官(其中至少有 1 名上诉法院法官),5 人是非法律界人士,2 人来自学术界,1 名是治安法官,1 名是裁判所成员。④

2005 年《宪制改革法》规定,司法人员任用委员会应当在任人唯贤原则指导下、在充分考虑大法官的选拔建议及促进法官多元化需要的基础上,履行推荐法官的职责。⑤ 英国司法人员任用体制的这项改革,仅仅是将大法官原来的决策过程中增加了一个 14 人委员会参与或者辅佐推荐的内容,大法官在司法人员任用中依然扮演着重要的角色。由此也可以看出英国式改革的渐进性、妥协性:新制度已经建立,旧制度仍要"扶上

---

① Bradley & Ewing 2015, p. 323.
② Bradley & Ewing 2015, p. 324.
③ Bradley & Ewing 2015, p. 324.
④ Wade & Forsyth 2014, p. 53.
⑤ Wade & Forsyth 2014, pp. 53-54.

马、送一程"。

  2005年《宪制改革法》实施后,法官任用的基本模式是:先由首席上诉法官主持的一个临时委员会向大法官提出任命建议,该委员会的人员构成因其拟议任命的法官的层级而异,拟议任命的法官的层级越高,该委员会中资深法官所占的比例越大;大法官有权裁量向其提出的任命建议,可以否决或者命令该委员会重新提出任命建议;如果其赞同该委员会提出的任命建议,可以根据拟议任命法官的层级,对其有权直接任命的法官,可以直接根据任命建议作出任命决定;对于更高级别的法官,则进一步向首相提出任命建议,进而由首相建议英王任命。① 值得注意的是,由首席上诉法官主持的临时委员会向大法官提出的是任命建议,而前述司法人员任用委员会提出的仅仅是推荐建议。考虑到前文提到的首席上诉法官作为英国司法实务界的领袖的新法律地位,司法人员任用委员会提出的推荐建议是向首席上诉法官主持的临时委员会提出的,是作为首席上诉法官向大法官提出的任命建议的推荐建议。由此不难得出结论,此次英国法有关司法人员任用体制的改革着实力度有限。但无论司法人员任用体制如何改革,作为英国法中流砥柱的英国高级法官只能出自英国司法界的精英的格局不会改变,英国司法体制的根基仍屹立不动。

  对由司法人员任用委员会组织临时选拔委员会任命法官的现行体制,英国学者特别提醒,各层级法官的任命程序都归结为一点,即临时选拔委员会向大法官提交的推荐意见,大法官有权要求该委员会重新考虑或彻底拒绝。由此可见,政府在司法人员任用中依然拥有最终话语权:司法人员任用委员会可以是独立的,但在司法人员任用过程中并不拥有全部决策权。② 对此,英国学者评论道,尽管大法官的权限表面上看有所调整,但现实依然是:尽管大法官不再有选拔候选人向首相推荐的权力(依据1876年《上诉管辖权法》的规定,贵族院常任上诉贵族法官的任命就是如此),但大法官依然就谁可以任命为法官拥有否决权。③

  可见,英国学者对2005年《宪制改革法》设立的司法人员任用委员会也不是十分满意,除了反复强调其主席的非法律专业出身外,还特别强调,该委员会的其他委员是根据大法官在咨询过首席上诉法官(如今取代

---

① Wade & Forsyth 2014,p.54.
② Bradley & Ewing 2015,p.324.
③ Bradley & Ewing 2015,p.325.

大法官成了英格兰及威尔士司法界的领袖)后制定的规章确定人选的。尽管也有法官被任命为该委员会委员,但大多数委员不得兼任司法职务;另外还有关于律师及非律师被任命为委员的规定。2013年《犯罪及法院法》对此的修订还要求上述规章规定一系列事项,包括任命为委员的资质门槛、委员会内部的地区平衡、雇佣期限及条件以及委员的服务年限等。①

第四节 法官的待遇

在英国,论及法官的待遇,既不单纯是社会地位问题,也不仅仅是福利待遇问题,而是一个包括法官的薪资、任职保障、晋升及培训机会在内的全面的保障体系。

但值得一提的是,英国的法官最缺乏的是其政治待遇。出于法官独立的需要,法官不能参加普通公民能够参加的政治活动。详见本章第六节法官独立的表现,特别是法官独立于政治等内容。

一、法官的薪资

在英国学者看来,英国法官的薪资水平很高,高等法院的法官是每年123000英镑,而且不需要议会每年投票议决。这样做是为了保证能够吸引足够的候选人角逐法官任命。事实上,顶尖的出庭律师继续执业的收入比其从事法官职业的收入要高。② 由于只有顶尖的律师才有可能拥有上述"高薪",因此律师不是为了"高薪"而就法官位的,解释其动机的唯一理由可能就是风格了。高等法院驻爱尔兰海事法院的法官巴林顿(Sir Jonah Barrington)因被指控挪用公款922英镑,而于1830年被解除职务③这一近现代以来唯一的例子说明,一些顶尖律师不会放着稳稳当当的百倍于此的律师费不去挣,而去冒这样的风险。

法官薪资的明确保障是通过议会立法实现的,这些立法明确了法官的薪资,并规定其来源为国家常年基金(Consolidated Fund)。④ 这一制

---

① Bradley & Ewing 2015, p.324.
② Elliott & Quinn, p.102.
③ Phillips & Jackson, p.25.
④ Phillips & Jackson, p.25.

度具有非常重要的意义,可以说,英国法律体系的制度建构方面,除委员会之设以外,另一个重要的内容就是基金体系了。

在现代英国,行政方面再也不能以削减薪资相要挟而向法院施加压力了,同时法官的薪资也不必再像其他公共开支一样,由众议院每年进行审查。① 这在很大程度上应当归功于国家常年基金之设。考虑到议会特别是众议院是可以完全由政府控制的,因此,这一建制对于保障更高层次的司法独立于行政,具有更深刻的意义。当然,从另一方面看,这也可以使法院失去因财政受制于政府而必须偏袒政府的借口,这一说法也许在英国的法官们看来羞于启齿,但却可以现实地成为一个别的国家的法官私下换取行政相对方或者舆论同情的堂而皇之的理由。

二、法官的任职

英国现代意义上的法官,是在诺曼征服及金雀花王朝时代逐渐演化形成的。当时的法官被称为皇家法院法官,是真正意义上的英王的臣仆。直到斯图亚特王朝,法官仍与英王的其他臣仆一样,依英王的恩宠而保有其位,并可以由英王随意解雇。②

所有高级法官(superior judges)享有稳定的任期保障,是英国法制的一项根本原则,其中高等法院及上诉法院法官的任期是由1981年《高级法院法》(Senior Courts Act)保障的:只要法官们行为端正就将长期任职,除非议会两院同时向英王提出弹劾;根据2005年《宪制改革法》,最高法院的法官也享受同样待遇。③

1688年光荣革命之后,英国司法体制发生了重大变化,高级法院的法官确立了只要品行端正即可继续任职的地位。但根本的问题依然没有解决,因为良好品行的判断仍然取决于法官与英王的关系。这个问题最终是由1701年《王位继承法》(Act of Settlement)解决的,该法的规定为后来的《最高法院司法法》及1981年《最高法院法》第11条予以重申。常任上诉贵族法官(Lords of Appeal)的任期则由1876年《上诉管辖权法》第6条予以保障。④ 作为法官保有其职位的最低标准,"没有不良行为"

---

① Phillips & Jackson, pp. 25-26.
② Phillips & Jackson, p. 25.
③ Wade & Forsyth 2014, p. 52.
④ Phillips & Jackson, p. 25.

可能比"品行端正"的标准又有所降低,按照"没有不良行为"的标准,即使生活上存在令人难以接受的癖好,只要与职务无关,也不影响其职务。当然,实际情况会因丑闻的轰动效应而使二者没有严格的区分。

有关法官任职方面的更为全面的内容,可参见本章第七节法官独立的保障等内容。

三、法官的晋升

英国的传统观念认为,英国没有系统的法官晋升体制,意在避免晋升因素影响作出司法决定时的中立性。事实上,法官都是从低级法院晋升到高级法院的,要想当书记官(recorders)一般先得通过做助理书记官证明自己,而想做巡回法官先得在书记官岗位上磨炼。高等法院的法官,则通常需要担任过书记官或者高等法院助理法官。法官的晋升程序基本上类似于初任法官的任命,即建立在系统内部秘密寻访的基础之上。[①] 有关法官晋升的具体内容,参见本章第三节法官的任命。事实上,由于没有系统的法官晋升制度,每一层级的法官的任命都是相互独立的,表面上看不出晋升的轨迹。

四、法官的培训

法官的非专业倾向,是英国司法体制的一个非常与众不同的特点,有英国学者认为,这阻碍了英国法特别是行政法的专业化发展。但也有英国学者指出,英国的模式可以使位居最高层的法官能够有机会从高处审视英国的整个法律体系。[②] 此处的非专业性不是指大量运用非法律专业的治安法官,而是指高级法官没有具体的业务范围限制,在700多名高级法官中,没有人会强调自己是行政法专家、侵权法专家,尽管丹宁勋爵因其担任法官期间所作出的大量行政法判例经常被韦德爵士在其著作中引用,而被韦德爵士尊称为著名的行政法专家,但对英国司法体制改革着力颇多的丹宁勋爵的贡献是全方位的,他并非仅仅是行政法方面的专家。

英国学者也指出,尽管法官的工作非常重要,但他们几乎不接受在职后的培训。[③] 但此话并没有苛责的意思。对于平均年龄52岁以上、从事

---

① Elliott & Quinn, p.102.
② Elliott & Quinn, pp.115-116.
③ Elliott & Quinn, p.107.

出庭律师业务二十余年并且百里挑一选出的高级法官而言,他们确实不需要专升本,也不需要在职攻读法律硕士(LLM);而且英国法官不得介入政治,因此,可以对其进行培训的内容非常有限。单纯从其产生的背景看,他们在政治上也是靠得住的——不会因其不成熟而使国家利益、社会公正、私人权益受到损害。

目前这一传统做法已经有所改观。虽然英国的新法官在任命前已经有多年的出庭律师及诉状律师的经验,但是他们还是要接受少得惊人的培训,而且直到不久以前这种培训还是很简要的。培训由司法培训局(Judicial Studies Board)负责。① 随着司法培训局从大法官事务部分出,对于培训的关注加强了。亨利法官(Henry J)曾经指出,对法官的培训应当视为对明显增长的需要的反映,而不是着手设立其他法律体系中所盛行的法官学院制度。② 也就是说,即便英国近些年强调对法官的培训,但也主要局限于适应新需要而进行的知识更新培训等,不是学位、学历等学院教育,更不是普法教育。

由此可以得出一个结论:执掌国家公正天平者,应当是选拔出来的。至于对选拔机制的评价标准也同样简单,就是一个好的选拔机制应当达到这样的效果:无须培训亦足堪重任。如果不在选拔环节多下功夫,木已成舟,再想改良,为时已晚。

五、职务的解除

(一)职务解除的方式

除大法官外,英国的其他法官都有法定的退休年龄规定。英国高级法院的法官非因不良行为,或者犯有(包括可能犯有)某些严重的罪行,不得随意剥夺其职位。③ 由于大法官是政治任期制,因此不存在恋位的可能。

法官职务解除大致通过四种方式④:

一是解雇。除大法官以外,高等法院法官及更高级别的法官的职务解除受1701年《王位继承法》的调整,该法规定,高级法官只能由英王在

---

① Elliott & Quinn, pp. 101-102.
② Elliott & Quinn, p. 102.
③ Phillips & Jackson, p. 25.
④ Elliott & Quinn, p103.

议会两院请求下才能被解除职务。这一机制仅成功地操作过一次,即1830年高等法院驻爱尔兰海事法院法官巴林顿因被指控挪用922英镑而被解除职务。整个20世纪,议会再也没有提出过解除某个法官的职务的请求。因此,对于这种做法是否必要,英国学者也表示怀疑。① 此外,通过行使不再任命任期制法官的权力,也能达到与解雇同样的效果。

二是辞职。通常,对受到严重"行为不检点"指控的法官不是解雇,而是通过大法官建议其辞职。

三是退休。法官退休年龄已降到70岁。英国高级法官的任职通常是从人生的后半段开始的,50岁左右退休算早的,因此,不能太早退休,否则高级法官队伍就没有稳定性了。

四是因难堪其位而被调离。对于那些因长期身体虚弱,不能正常履行职务的法官,以及主动因身体原因提出辞职的法官,大法官有权解除其法官职务。但这种解除职务的方法与前述辞职有所不同。前者是因有过错而被勒令辞职,后者主要是因为身体原因,并没有职务上的过错。

(二)职务解除的原因

大法官可以根据不同的法令,以不称职或者行为不端等为由,免除巡回法官及治安法官的职务。②

根据1971年《法院法》,巡回法官、地区法官以及受薪治安法官可以因"无能及行为不检点"由大法官解除职务。事实上,自该法通过以来,也仅仅适用过一次:巡回法官坎贝尔(Judge Bruce Campbell)在1983年因被认定犯有利用其游船走私酒精、香烟及烟草罪而被解除职务。1994年,大法官明确指出,"行为不检点"可以包括犯有酒后驾驶以及任何涉及暴力、不诚实、存在道德污点的过错。除此之外,"行为不检点"还包括构成犯罪的行为,特别是从宗教及种族角度看构成宗教或者种族歧视的行为,以及构成性侵犯的行为。③

第五节 法官的独立性

英国这样的民主制国家,当然包含类似司法独立的原则及制度。司法是一个体系、一种体制,充其量是一个拟人化的、故意使自己什么也看

---

① Phillips & Jackson, p. 25.
② Phillips & Jackson, p. 25.
③ Elliott & Quinn, p. 103.

不见的女神。但司法独立显然不是简单地通过蒙住正义女神的眼睛就可以实现的。英国的法官不是神,更主要的不是女神,他们是以 700 名左右的中老年男人(平均年龄 60 多岁)为代表的。

一、法官的名分

在英国学者看来,法官可以在以下意义上视为英王的臣仆:他们是"君主的法官"、享有英王准予的职位、受就职宣誓誓词的拘束,而且也确实在其职位上为主权者服务。① 在公法范围内,如对英联邦宪法进行解释的场合,法官及其他承担司法职能的人,就可以适用"英王的臣仆"的称谓或者类似的表述。在 1931 年《国民经济法》中,法官是作为"为英王服务的人"对待的。②

但是实际上,英国的法官与英王的关系并不满足普通法中主人与仆人之间的关系的标准,因为在普通法中,主人是可以支配仆人的。相应的,英王对法官的行为不负任何责任,法官也没有豁免权。然而在宪法意义上,法官在践行公正方面确实为英王提供了最重要的服务。正如枢密院在 20 世纪 70 年代的判决中所指出的,"仆人"一词在英国现代公法中的意义与其在私法上的意义是完全不同的,任命本身就足以达到"控制"的标准;因而"英王的臣仆"就是指"行使国家的政府职能的人"③。枢密院判决的意思是,如何将普通法有关仆人与主人的关系的判断标准适用于英王与其臣仆,进而得出现代公法意义上的"英王的臣仆"这样一个传统称谓,即受任命行使国家的政府职能的人。按照这样的标准,所有的行政系统的文官、军队中的武官、法官及其他可以用传统的"英王的臣仆"相称的人,就是现代意义上的服务国家的人,只不过在名称上套用了一个传统的称谓,但实际上,特别是在职能上,已经完全现代化了。

二、法官的角色

法官在一个社会、一个国家究竟能够充当什么角色,可以成为衡量这个国家许多方面的关键性指标,包括社会的成熟性、文明程度、民主化、自由度等。英国法官的角色定位,从法官的就职誓词中可见一斑:公正为

---

① Wade & Forsyth, pp. 73-74.
② Wade & Forsyth, p. 74.
③ Wade & Forsyth, p. 74.

民、循法从良、无私无畏。①

如今,虽然法院并不会为了某一个仅具有学术价值或者理论意义的案件而给予宣告令的救济,但由于英国的法院有喜欢就实体案件听取当事人全面辩论的传统,因此,宣告令之诉确实拥有某种就范围广泛但不太可能在司法审查案件中提起的公法事项寻求法院救济的灵活性。②

在 1994 年的 R. v. Secretary of State for the Home Department, ex p. Mehari 一案的判决的附言中,法官劳斯(Laws J)评论道:"我一点儿也不怀疑在某些情况下,公法法院确实存在应当行使给予建议性意见的司法权限。"③用英国学者的话说,法院作出宣告性判决的权限几乎与法律本身的范围一样大,除非法官们可能会出于自由裁量方面的考虑而对宣告性判决的适用加以限制。④ 只要涉及法律方面的问题,法院都有权作出宣告性判决。而法官的自我限制是一种自律性的限制,与其本身权限的大小没有直接关系。

对此,法律委员会的意见是,建议性的宣告令对于公共管理机构及个人理解用宽泛的术语起草的复杂的制定法具有相当重要的意义,但同时认为,法院的这种固有权限应当受制定法的规范。⑤

一直以来,英国的法院就会审查政府通知(其本身并不具有直接的法律效力)、人头税宣传单的内容以及成文法律规范草稿的合法性。⑥

法院还会审查行政机关的建议性指示的合法性,而这些建议性指示本身并没有任何的法律效力。⑦ 就司法实践而言,建议性指示可能涉及合法性期待的问题,因此并不完全是没有法律后果的。在 1994 年的 R. v. Secretary of State for Employment, ex p. Equal Opportunities Commission 一案中,贵族院甚至认定法院有权作出初级立法与欧洲共同体(当时还没有欧盟)的法律抵触的宣告令。⑧

当然,法院不会在一个民事诉讼案件中,就一个同时正在进行中的刑事诉讼案件所涉及的事项,给出一个宣告性的建议,即便有总检察长的要

---

① Phillips & Jackson, p. 432.
② Bridges & Cragg, p. 27.
③ Bridges & Cragg, p. 28.
④ Bradley & Ewing, p. 733.
⑤ Bridges & Cragg, p. 28.
⑥ Bridges & Cragg, p. 27.
⑦ Bradley & Ewing, p. 733.
⑧ Bridges & Cragg, p. 27.

求,法院也不会宣告某一行为是犯罪,除非是非常明显的情形。①

但是在 1987 年的 *R. v. Board of Visitors of Dartmoor Prison, ex p. Smith* 一案中,一名在押犯对监狱的督察员委员会的某一纪律处分不满,问题早已在该案上诉到上诉法院前解决,但上诉法院仍决定听审该案,因为法院宣告该案涉及普遍的公共利益。② 虽然持此观点的英国学者或许不会认同将其此处的评论视为对英国上诉法院多事的微词,但从中我们至少可以看出,对于诸如该案这样矛盾已经化解的案件仍继续审理的情形,在英国不是所有人都认为有必要。诉讼最原始的目的就是化解纠纷,但英国级别相当高的上诉法院置此常识于不顾,执意要审这样的案件,显然不是因为案源短缺,对于被关押者人权的保护或许是其更关注的内容,虽然该案发生时英国的人权法还没有出台。

当然,对于中国的读者,需要特别介绍一下的是该案的背景:此处的监狱督察员委员会在我国根本不存在,该委员会是专门为了与监狱的访问者搞好关系而成立的。监狱的访问者是外界了解监狱内情况的重要渠道,如果这些访问者的访问过程受到了不应有的限制(如纪律处分),英国人首先想到的是监狱方面可能想借此隐瞒在押人员在监狱的权利保障情况,而这就是上诉法院执意要审理该案的最根本理由——普遍的公共利益。至于为什么在押人员的权利保障会成为普遍的公共利益,是因为并非所有被关押的人都是应当被关押的,如果一个国家可以漠视被关押者的权利,这个国家也最有可能漠视所有人的权利。

尽管法官们并不经常明说,但英国学者认为,有充分的根据断言,这些由法院不时作出的针对假设性(而非学术性)事实的劝告性宣告,代表法官们希望将这些案件的判决用于将来的案件的愿望。许多法官认为,他们在这些案件中所看到的、规范这些案件的固有的司法管辖权,将在后世发挥更大的作用。③ 这反驳了那些认为法官审理这样的案件属于多管闲事的说法。法官们在审理这些案件时,虽然已经觉察到案件事实并不十分适宜于作出成为最终决定的一部分的宣告令,但该案的审理启发了审案的法官,使他们想象类似的但更为典型的案件不久就会出现,为此,他们预先为这样的案件准备好可以适用的判例。即便是英国的学者也不

---

① Bradley & Ewing, p. 733.
② Bridges & Cragg, pp. 27-28.
③ Bridges & Cragg, p. 28.

见得有多少人知道这样的判决在英国法的历史上究竟占多大的比例,因为这本身没有意义;但可以确定,所有为后世津津乐道的所谓里程碑式的判例的审判法官,没有几个不是已经预见到该案的典型意义,而"故意"为后世开先河的。

三、司法独立的宪法地位

英国学者对于司法独立的态度异常鲜明,与其对于成文宪法的暧昧态度形成极为鲜明的对比:如果说严格的分权并非宪制政府的一个必要的先决条件,对于司法独立却完全不能这么说,司法独立涉及法治原则中一些非常重要的问题。要使政府遵循法律行事,就必须保证要由一个尽可能独立的司法界来执掌法律,否则,就会出现这样的危险:法律将服务于政府的目的而非公正的利益,而政府的目的与公正的利益二者并不总是重叠的。①

英国学者高度重视司法独立,并将其置于司法体制的中心位置。他们认为,从宪法、行政法的角度研究英国的司法体制,主要涉及三个方面的问题:① 法官的任命方式以及为保障法官独立而设计的制度保障措施,以及那些可能危及法官独立、需要克服或避免的体制阻碍;② 确保诉讼当事人获得公平听审权利的举措,以及主要通过蔑视法庭方面的法律规范建立起来的获得公平听审权利与自由表达权利之间的平衡;③ 行政部门在实现公正(administration of justice,也就是司法)方面的作用,主要是大法官的作用,以及对于违反公正的行为进行追诉。② 按照中国读者的直觉,这三个问题中,至少有两个与司法独立有直接的关系;至于第三个方面的内容,可能觉得与司法独立关系不大。但是从英国法的观念出发,第三个问题是司法独立的核心,因为所谓违反公正的行为,就是侵犯司法独立的行为或其结果,而通常作为司法监督对象的行政机关在这方面既可以扮演推进者的角色,也可以成为破坏司法独立的元凶;司法者或者司法活动的参与者有权提供独立于现政府的意见,这是司法独立的根本要素。③

英国学者特别强调,司法独立因1998年《人权法》而得以再度复兴,

---

① Bradley & Ewing, p.364.
② Bradley & Ewing, p.364.
③ Martin Partington, p.227.

因为《欧洲人权公约》第 6 条要求保证当事人能够获得由一个"独立且不偏不倚的裁判者"予以公平、公开听审的权利。① 司法独立对于英国宪法、行政法的意义,就如同法国最高行政法院之对于法国行政法的意义。任何现代国家中,司法独立首先是司法相对于行政的独立,没有这种独立性,就没有真正意义上的行政法。

在英国历史上,司法应当与立法及行政分立的原则,在以下两大制度存续期间,始终被明显地违背着:一是大法官既是内阁的资深部长,又是英格兰及威尔士司法界的领袖;另一个则是贵族院的一个委员会是上诉案件的终审法院。② 2005 年《宪制改革法》改变了这一切。根据该法,首席上诉法官成了英格兰及威尔士司法界的领袖,最高法院于 2009 年取代了贵族院的上诉审职能。

2005 年《宪制改革法》第 3 条第 1 款规定,所有的英王大臣,以及所有对司法相关事项负责的人,都必须继续捍卫司法独立。③ 随着该法的实施,如今在英国,司法独立原则已经正式为立法所确立,该法引入了一项不断巩固司法独立的法定义务。该义务既是加诸大法官、政府其他部长的,也是加诸任何对涉及司法的事务负责或者对公正地实施负责的其他人的。④

根据英国学者的分析,由于 2005 年《宪制改革法》的立法宗旨是既强化法治原则,又强化司法独立,实践证明该法颇有争议,其许多规定引发了热议。该法背后的一个重要驱动因素是坚信这一原则:司法职能应当从根本上与立法职能分离,并且最高级别的法院就不应当由制定法设立。⑤

作为英国式司法独立的典型,在脱欧前对英国议会及英国政府的否定性判例,最能说明英国法院之独立于政治、独立于立法、独立于行政。据英国学者的不完全统计,英国 28 次被宣告违反欧洲法。⑥ 其中英国学者认为最蹊跷的是,贵族院认定,2001 年《反恐怖、犯罪及安全法》(Anti-terrorism, Crime and Security Act)第 23 条规定,即"授权内政大臣无限

---

① Bradley & Ewing, p. 371.
② Bradley & Ewing 2015, p. 93.
③ Bradley & Ewing 2015, p. 93.
④ Bradley & Ewing 2015, p. 327.
⑤ Bradley & Ewing 2015, p. 322.
⑥ Wade & Forsyth 2014, p. 145.

期拘留未经审判的外国人,只要他确信这些人在英国的出现对国家安全构成威胁或者怀疑他们是恐怖分子"的规定,违反了《欧洲人权公约》第 5 条(自由权)及第 14 条(禁止歧视)的规定。[①] 上述内容同时涉及英国公法近年来发展最为迅猛的三个领域:人权法、反恐怖法以及与欧洲法的整合,同时也昭示着反恐怖法与人权之间剪不断、理还乱的世纪纠结。

四、司法独立的准确表述

笔者遍寻英国法律著作,没有看到英国学者将司法独立称为一个原则,而只是在独立性[②]、司法独立[③]或者独立的司法界的名下,讨论诸如法律服务者或者司法者的独立性等内容:司法界之独立于行政,在英国被视为司法独立最重要的组成部分。因为部长们所构成的实体亦即政府,实际上已经扮演了早先君主的角色,因此现代意义上的法官的独立,最重要的一点在于,他们的司法活动应当不受行政方面的控制或者影响。[④] 这提醒我们,所谓法官的独立,主要不是一种需要刻意追逐的目标或者恪守的主义,而是一种现实的存在,正如英国的物理学家不会强调一定要进一步贯彻牛顿定律或者爱因斯坦的相对论一样。

五、司法独立的内在要求

关于司法独立的核心要求,英国学者有如下表述:对所有各类裁决者都必须提出的一个核心要求是,他们不但应当是独立的,而且应当在别人看来确实是独立的。[⑤] 据此,可以将这一要求分解为相对独立、但有递进关系的两项要求:一是应当独立(must be independent);二是在别人看来确实独立(must be seen to be independent)。

英国学者认为,英国法律体系对于裁决者的强烈要求之一是,除极个别的例外,裁决者不但要显得独立,而且他们必须在实践中努力做到独立行事。这不仅要求裁决者不得将其自己对世界的看法带入其作出裁决或者认定事实的行为中,而是要求不能出现针对司法人员存在腐败行为的指控。因为在英国,司法人员的腐败被认为是人们所能想象的危及司法

---

① Wade & Forsyth 2014, p. 145.
② Martin Partington, p. 227.
③ Martin Partington, p. 247.
④ Phillips & Jackson, p. 26.
⑤ Martin Partington, p. 247.

独立的情形中最恶劣的一种。① 颇为意外的是,英国学者将个人利益作为影响司法独立的次要因素。这与我们的认识有本质的区别。英国学者将个人偏私排除在司法独立之外,不将其视为一种影响司法独立的形态。在他们看来,对于裁决者独立地位的影响是全局性的、结构性的,因而是根本性的,而法官的个人偏私则是具体的、表面化的,因而是相对而言危害较轻的。

法官应当独立,这一要求于我们也许并不陌生,但对法官应当让人看起来是独立的,则比较生疏。我们目前所做的是,只在法律上规定"人民法院"独立行使审判权,而不强调法官的独立,更不重视法官们应当在别人看来确实独立。在司法实践中,法官与任何机关都关系融洽——向上诉审法院请示、到下级法院检查工作、向其他国家机关汇报或征求意见。

英国人强调"看似独立"甚于"应当独立",这正是英国学者反复强调的英国法上的一个信念,即休沃特(Lord Hewart)在 1924 年的 *R. v. Sussex Justices, ex p. McCarthy* 一案中强调的:"公正不仅应当实现,而且应当让人明明白白地、不容置疑地看到其实现。"②

六、司法独立的历史积淀

英国法官的独立性源远流长。研究英国法过程中感触最深的,莫过于英国学者对于英国法官独立的历史的介绍:中世纪的法官虽然也是由英王任命的,但他们拥有的宣示及适用法律的权力是与生俱来的,甚至可以违逆英王。③ 这个信息太重要了,这是法官独立人格的历史见证。换句话说,我们对于法官的理解,应当从这一信息中引发深刻反思,英国历史上的法官不是中国历史上的推事,英国法官与生俱来的秉性就是宣示法律并适用法律,至于他们由谁任命,则完全是次要的;而其是否要对任命者负责的问题,则根本连提都不能提。

中世纪的法官所宣示或者适用的法律主要是封建的和习惯性的,而且他们还可以在有限的几种法律渊源范围内发展法律,以适应新的情势。但是法官不能通过引入新的规定的方式改变法律的方向或者废除已经确定的法律,这属于立法的职责范围。美国式根本法之成文宪法要求赋予

---

① Martin Partington, p. 247.
② Bradley & Ewing, p. 713.
③ Phillips & Jackson, p. 45.

法院相应的权限,包括对实体立法进行审查以验证其是否违背至上的宪法的违宪审查权。但是英国的法官不能赋予自己这样的权力。① 从字面上看,该英国学者的意思是说,拥有成文宪法的美国要求法官具有违宪审查权,因此法官赋予自己这种权力是可以的。至于马伯里诉麦迪逊一案究竟是法官对宪法中既有的内容的宣示,还是法官自身赋予自己这样的权力呢? 该英国学者对此没有表态,但至少认为这是可以接受的;但他认为不可以接受的是,英国法官赋予自己同样的违宪审查权。至于为什么会有这种差距,成文宪法的有无不是一个最根本的理由,议会立法至上原则才是最根本的理由。

像其他许多宪法原则一样,司法独立也有许多方面。② 英国能够在行政任命法官的体制下保持司法独立,从表面上看,只能做到司法过程的独立,但实际上,由于大法官对于任命后的绝大多数法官仍有通过进一步的提拔任命进行考核的影响力,因此,很难说司法职业界从人事安排角度看是独立的,唯一独立的也只有个案的审判活动了。

由此看来,英国的司法独立就是法官独立,而英国法官的独立性是历史的、当然的,不是法律赋予的;同时,法官的独立性仅限于法官宣示与解释法律的职能,法官不能独立制定法律或否定既有的法律。

1950年,时任首席上诉法官的丹宁勋爵在霍尔兹沃思俱乐部(Holdsworth Club)所作的题为"法官的独立"(The Independence of the Judges)的著名演讲中,坚决捍卫司法独立,他提醒听众们:"任何政府组成人员(指部长)、议员以及政府部门的官员,都没有指导、影响或者干预法官的决定的权力。"③

在另一篇纪念该演讲的讲话中,他继续说,法官必须接受的一项决定他们是否得到了人民的信赖的关键性考核标准是,他们必须独立于行政之外。然而困难在于,政府对法官的批评一般不会公开表示,更可能采取较为隐蔽的形式来施加压力,因而难以为公众察觉。④

七、司法独立的职业传统

英国学者在系统地介绍英国的法官独立,即英国式的司法独立之前,

---

① Phillips & Jackson, p. 45.
② Bradley & Ewing, p. 370.
③ Bradley & Ewing, p. 390.
④ Bradley & Ewing, p. 390.

通常先介绍一下英国的法律执业者的独立性。英国学者为我们强调的不是法官的独立,而是作为法官预备队的法律执业者的独立性,而且这种独立性几乎与法官独立性的要求是一样的。这让笔者感到很震撼——如果法官在执业之初就开始训练独立地依自己对法律的理解作出判断,而无论自己面临怎样的压力,这种法律文化氛围如果在国家的法律运行体制中能够成功渗透,其结果可能是各种威逼利诱对法官都不起作用。

英国学者不无炫耀地指出,法律职业所要求的一个关键品质就是独立。从宪法角度考虑,这是至关重要的,因为这涉及律师们能够主张自己有权提供独立于现任政府的意见。①

与中国的情况不同,英国的法官广泛地参与司法之外的事务,即出于司法之外的目的利用法官。可能会有读者就此与法官不务正业联系起来,英国学者对此的关注是从保障司法独立的角度着眼的。②

在英国,法官经常应政府之邀主持各类皇家委员会、政府部门的委员会以及根据1921年《调查裁判所(证据)法》(该法已被2005年《调查庭法》取代)而运作的调查裁判所。据英国学者的不完全统计,整个20世纪,比较重要的这类委员会及调查裁判所,30%是由法官负责的。③ 对此需要说明的是,英国的这类委员会、调查裁判所(调查庭),都是针对某些具有公众关注度的事件而组建的,主要作用就是对公众关切的事件展开调查,在查明事实基础上提出解决问题的建议。由于这一过程与司法案件的审理具有高度一致性,同时也为了充分体现政府的中立性,所以才借用素享公正之名的法官来领导这类临时机构。至于其名称,有时称调查裁判所或者调查庭,而在多人参与时就是一个委员会。

这一点,从列举的法官参与的这些事件中就可以知道他们在其中扮演的角色,这些事件涉及:运动场安全、监狱暴动、跨国银行倒闭、出兵伊拉克、反恐怖立法、1972年的血色星期天屠杀事件。④ 类似事件,都是英国国内政治生活中的大事,这些事,在有些国家是通过中央政府直接出面组成调查组的方式查处的。但英国不这样做的直接原因之一是,这些事件恰恰涉及中央政府本身的责任问题,由中央政府出面调查,本身就会招

---

① Martin Partington, p. 227.
② Bradley & Ewing 2015, pp. 327,329.
③ Bradley & Ewing 2015, p. 329.
④ Bradley & Ewing 2015, pp. 329-330.

致一片叫骂。而由素享清誉的资深法官出面,会向英国民众传递一个明确的信号:政府将彻底脱身于调查过程之外,并随时准备接受主持调查的法官提出的任何建议,包括接受指责进而承担相应的道义、政治乃至法律责任。这无疑是从根本上彻底消除这类棘手政治事件的后续影响的最好办法。这也正是英国政府乐此不疲的原因所在。当然,其他国家想学也不容易,主要是要寻找或者培养一批具有如此公正清廉又深孚众望之士,非一日之功。

八、司法独立的制度风险

从法律上讲,严格意义上的、纯粹的司法独立,对于法治本身没有任何危害。因为这种意义上的司法独立就是法律的独立——法官不受任何人的控制、利诱,仅依据法律行事,这就是法律自我运行的状态,就是法律的自治或者说法治的运行状态。

司法独立的最大弊端(这个弊端也是完全的法治不可避免的)是,任何人或者组织,除非严重破坏该体制运行的基本规则或者常态习惯,很难再对司法的结论施加影响力,从而导致一些结构性失控的可能性,如宣告政府的立法议案违宪、宣告某一组织违法甚至违宪等。一旦司法的权威在法治社会与民众的心意结合起来,其判决的权威牢固地、持久地建立在其既往公正、有可预见性的被普遍认同的基础上,对于这样一个深孚众望的独立机构的任何干预,都将是具有高度政治危险性的冒险;如果这样的机构作出的判决恰恰又是一个颠覆性的结论,其后果可想而知。

从对英国的研究中得出的结论是,司法独立乃至整个司法体系,最终是一个需要建立在民主制基础上的,经过不懈努力尚不一定能够成就的事业,在没有形成这种统一认识之前,仅靠少数人的鼓与呼,不可能有什么实质性的影响,更不要说对于现实政治的危险了。

第六节　法官独立的表现

本节讨论英国的司法独立、法官独立的具体表现,也就是英国司法体制中是如何体现司法独立原则、如何保障司法独立的实现。笔者不敢断言这些制度设计就是按照司法独立、法官独立的原则设计的,甚至不能说这些制度设计就是英国学者认为用以保障司法独立的制度形式,而且这里介绍的许多内容也不都是英国学者在介绍司法独立时提到的。

一、法官职业的独立

法官职业的独立在英国表现为混业禁止。从原则上讲，英国是禁止政府不同职能之间的兼业的，例如，所有的专职法官都不得竞选众议院议员。① 但在实践中，法官经常被政府聘请来主持皇家咨询委员会、部门咨询委员会以及根据1921年《调查裁判所(证据)法》的规定主持调查裁判所。从1953年到1973年，不包括在法律改革委员会长期任职的法官，总计有79项这样的任命。20世纪80、90年代，法官们继续在范围广泛的领域为政府所任用，包括处理球场骚乱、监狱暴动、国际银行倒闭、向伊拉克出口武器事件、反恐怖立法等事项。② 此外，在英国的司法体制及其实践中，以下四个领域至少有三个半职位或者组织存在一人或者一个组织身兼不同职能的混业现象。

（一）贵族院

贵族院是议会的一院，同时又是英国国内的最高上诉法院(最高法院分立之前)。除常任上诉贵族法官作为在职的法律贵族以外，贵族院议员中还有一些退休的法律贵族。无论是在职的还是退休的法律贵族，都可以而且实际上也确实参与议会的政治活动，特别是那些与他们的法律经验有关的政治活动。贵族院的法律专业议员积极地参加了著名的法律职业改革与人权立法方面的辩论。不过，由资深的法官作为立法机构成员的做法在英国仍不普遍，尽管这种做法不乏优越性。③

大法官一方面作为贵族院的发言人参与立法活动，同时在情况允许时，他又可以主持贵族院的上诉委员会承担司法职能。而贵族院在上诉委员会作为法官的常任上诉贵族法官们同时也兼任贵族院的一部分立法职能，但他们是以中立议员的身份与闻其事的。常任上诉贵族法官们对贵族院立法活动的参与，是对分权原则的公然违背，一旦英国建立了自己的最高法院(如今已成为现实)，他们就应当不再参与立法活动。非法律专业的贵族院议员按照长期形成的惯例，从不参加对上诉案件的审理。④

（二）枢密院

从形式上看，枢密院的司法委员会是一个行政组织，而实际上它是一

---

① Bradley & Ewing, p.87.
② Bradley & Ewing, p.373.
③ Bradley & Ewing, p.174.
④ Bradley & Ewing, p.87.

个独立的法院。① 当然,枢密院的司法职能也是由其司法委员会行使的,而其行政职能则由其他枢密院成员行使。也就是说,虽然名义上是一个组织,但组织内部的严格分工保障了枢密院司法职能的独立性。

(三) 大法官

从表面上看,大法官是英国乃至世界上兼职现象最严重的:大法官往往是内阁成员,同时也是司法界的领袖,并且还可以主持贵族院的司法工作,而贵族院此时就变成英国的最高上诉法院。事实上,大法官很少参与政府部门是案件一方当事人或者与案件结果有利害关系的上诉案件的审理。而且英国学者也认为,按照1998年《人权法》及《欧洲人权公约》第6条第1款的规定,大法官所在的法院是否属于该规定所要求的独立的裁判机构,尚值得怀疑。②

(四) 法律官员

服务英王的法律方面的官员,特别是英格兰的总检察长,还负有施行刑法的职责,而这在英国法中有时被称为"准司法"。必须强调的一点是,法律官员都是行政机关的公务员,而不是法官。③

二、法官独立于行政

在英国,司法没有彻底地与行政脱钩。从形式上看,司法并不是完全独立于行政的。但是,司法官的独立和不受行政的干预却是英国宪法最为重要的原则。④ 在英国学者看来,司法独立是一个涉及法官在本国政府部门的政策控制之外解释和适用法律的宪法性职能之履行的中心问题。⑤ 在他们看来,法官独立于中央政府部门的行政干预成了司法独立的核心。

英国的司法独立建立在法官独立的基础之上。由于法官强、法院弱,因此,司法独立就是法官独立。在英国法上讨论司法独立,总是开门见山地从讨论法官独立于行政入手⑥,而不讨论法院的独立性,也极少从法院与法官的关系的角度谈论司法的独立性。英国学者在承认形式意义上法

---

① Bradley & Ewing, p. 85.
② Bradley & Ewing, p. 85.
③ Bradley & Ewing, p. 85.
④ Phillips & Jackson, p. 431.
⑤ Martin Partington, p. 247.
⑥ Phillips & Jackson, p. 26.

官是英王的臣仆的同时,特别强调:法官又是独立的,英王在法律上没有给法官下指示的权力;而且英国最强有力的宪法传统之一便是,行政方面对法官施加的任何形式的影响都是不适当的。① 也就是说,英王不能给法官们下指示,行政方面也不能给法官施加任何形式的影响,是英国宪法传统中最根深蒂固的传统。

据英国学者介绍,英王特权与法院的关系早在英国于 1689 年作出宪法性安排②之前,就已经产生许多著名的判例。法官们所表达的传统观点是,他们随时准备审查英王特权的范围及程度,但却不打算质疑这些权力是如何行使的③,也就是不准备深究英王特权行使的程序方面的问题。但这种局面近年来已经发生了改观,英国学者特别强调传统观点的言外之意亦尽系于此。在此需要提醒读者,在英文著作中,powers of the courts 应当是法院的权力,从而明确地将司法性的权力定位为法院的权力,而不是法院以外的其他机关的权力。查一下美国宪法原文,也会得出同样的结论,即我们译为司法权的那些权力在美国也是当然而且唯一隶属于法院的,不可以为法院以外的其他机构所享有。这一点对下文讨论"依法设立的法院"等人权公约术语时将产生实质性影响。

三、法官独立于政治

英国学者认为,在英国法律体系中,法官应当独立的观念具有重要意义。其具体含义,除一般意义上法官应当独立于政府及政治的压力以外,法官的独立性还是宪法性的分权原则的要求。④ 由于司法的一个主要职能就是保护公民免受行政机构及其官员的非法的行政行为的侵害,在依据行政法审理司法审查案件时,法官必须对英国独特的分权原则有足够准确的把握。⑤ 但众所周知,司法不可能游离于政治之外,对此,英国学者并不回避。但是,英国有这样一个宪法传统,即行政部门的成员,无论是大臣还是公务员,对司法界或者司法判决都不予置评。⑥

1982 年,就法院判处一名强奸 6 岁女孩的强奸犯缓刑的判决,时任

---

① Wade & Forsyth, p. 74.
② 指《权利法案》(Bill of Rights, 1689)。
③ Neil Parpworth, p. 48.
④ Elliott & Quinn, p. 104.
⑤ Bradley & Ewing, p. 86.
⑥ Bradley & Ewing, p. 374.

英国首相发表声明认为这是令人难以理解的,于是她通过大法官提议通过了一项要求必须由资深法官审理强奸案件的法律。到了1987年,在议会回答提问时,该首相说,她对某一判决不予置评。议会的发言人则将这一原则归纳为:批评或者质疑某一判决是可以的,但不能批评某一法官;而且对判决的批评或者质疑只能通过在议会提出政府动议的形式。① 因此,该首相说她本人不可以对某一判决妄加评议,但却可以通过启动政府提案机制,在议会对某一判决提出批评或者质疑,并就该判决所暴露出来的司法体制中存在的问题予以不溯及既往的制度性弥补。

韦德爵士指出,无论理论上怎么阐述,实际的情况却是公众舆论似已形成宪法重心业已转移的印象。随着《人权法》的实施及法官们被赋予比以往更大的权力,他们可能会因为未经选举及缺乏合法性而面临更多的挑战。② 此处所说的宪法重心转移,是指行政取代司法的倾向,这是世界各国的一个普遍现象。

英国的司法独立地位,由1701年《王位继承法》确保,因为正是该法将解雇法官的权力由英王移交给了议会。相应的,从理论上讲,法官可以在作出判决时纯粹依据对判例的逻辑推断,而不必受政治或者职业前途方面的考虑的影响。③ 政治方面的影响主要是指政治干预,而职业方面的考虑主要是指待遇或者留住职位及个人升迁的需要。在英国,政治方面的考虑一般不包括政治仕途,因为法官退职后从政的路远不如做律师顺畅;而法官是成功律师的一种归宿。因此,法官从政的可能性不大。至于职业方面的考虑,会涉及个人升迁问题,但这都控制在首相或者大法官手中,而他们不可能就具体的案件要求法官怎么做。在一个上诉不受限制,并且上诉主审法官是谁完全无法预见的体制内,通过操纵法官而操纵案件结果的可能性非常渺茫。而要想完全控制一个案件,就必须控制最终上诉法院的法官,即作为大法官的同事的贵族院常任上诉贵族法官,这种可能性几乎不存在。

确保此等蝇营狗苟之事不可能发生的基础,是英国法官的任职在各层级法官之间几乎是相互独立的,不存在下级法官因表现突出而被"提拔"到上级法院任法官的先例。法官想获得职位提升的唯一途径,就是提

---

① Bradley & Ewing, p.374.
② Wade & Forsyth, preface, 9, June, 2000.
③ Elliott & Quinn, p.11.

高自己在法律学术界的地位及在司法界的影响力。要做到这一点,最好是更富有创造力地理解法律、适用法律,就像我们所熟悉的丹宁的人生历程给我们的启示:虽欲勿用,山川其舍诸。

作为英国法官政治独立性的一种结果,英国最新的动向是,任命资深法官担任监察专员,每年向首相报告根据某些立法(如 2000 年《投资权力规范法》)设立的监督权力的运行情况,即作为监督者的监督者。另外一项重要的任命,则是诺兰(Lord Nolan)在 1994 年受命审查有关公共生活的行为标准。很多法官非常适宜于此类工作,但这也构成了对于司法独立的一种潜在的危险,特别是当政府针对与某些存在严重的政治观点对立的事项,让法官提出不偏不倚的意见的时候。①

四、法官独立于议会

参见本书第四卷第三章第二节"法官独立于议会"部分。

五、法官独立于所在法院

在英国,至少在名义上,法院是英王的法院,但是其司法职能是由法官来行使的。② 司法活动的主体是法官,法院仅仅是一个处所而已。

法官独立于其所在法院,这一点很重要吗?这是司法独立的核心所在,即虽然法院是英王的,但司法判决不是由法院作出,而是由法官作出的。英王即便从形式上掌控着法院,但确实对法官们没有什么控制力。行政及立法也是如此。法官个人独立于各种国家机构,法院也无非是他们的办公或聚会的场所而已。正如英国的议会是"英王所在的议会",而议员们并不是英王的议员而是选民的议员一样。英国的法官只是在名义上与所有的公务员、军人一样,是英王的臣仆,但他们在其他方面的独立性比议员还要强,一经任命即终身任职。

六、法官独立于上级法院

在英国,法官在判决作出过程中的独立性表现在,法官仅对上诉审法院的法官负责(accountable)。③ 英文著作中的"负责"同其他材料中介绍

---

① Bradley & Ewing, p. 373.
② Bradley & Ewing, p. 85.
③ Elliott & Quinn, p. 104.

现当代英国中央政府的部长对议会负责时的用词是完全相同的。考虑到下级法院法官的决定最终是以案卷的形式报送到上诉审法院的法官面前,司法上的这种案卷传递形式所表现出来的下级法官对上级法官的负责制(accountability),可以从另一个方面证明,现当代行政法中部长对议会所承担的责任,在很大程度上类似于身份、工资、晋升、奖惩等独立于上级法院法官的下级法官的责任:部长仅向议会报送其所制定的成文法律规范及具体行政决定,除此之外,议会在绝大多数情况下并没有要部长负责的抓手。

也就是说,现代的对议会负责制已经不再是传统意义上的究问责任(responsibility),而是报告责任(accountability),即主要是一种说明责任,而不再有追究过错的意味。这一点就法官而言最为明显,因为下级法院的法官对于上诉审法院的法官而言,既不由其任命,也不会因判决被撤销而承担任何明确的法律责任。唯一值得一提的是,从长远的晋升角度讲,下级法院法官在判决中所表现出来的水平,是上级法院法官在非正式的"秘密寻访"晋升程序中发表个人意见的依据。因而下级法院法官会考虑迎合上级法院法官的意趣。但从另一方面看,迎合个别法官几乎是不可能的,因为上级法院的法官很多,而且是随机组成合议庭审理案件,下级法院法官根本无法掌握自己的案件在上诉时会落在哪几个法官手中,更无从知道这些法官究竟在经合议作出的判决中是少数还是多数。加之,下级法院法官必须遵循上级法院的判例,即所有上级法院法官的判决都必须遵循,在这种情况下,他们与其说是揣摩某几个法官的心思,不如说只能用心去领会法律的命令,即发现其所判决的案件中应当适用的法律。这一过程从根本上保障了法官只依法律而不受其他影响力干预的独立性。

七、法官独立于当事人

这是对法官最起码的要求,但并不是每个国家的法官都能做到。这也是对法官独立的最狭义、最起码的理解。

英国学者认为,法官应当独立于政府,同时也要独立于案件当事人。① 相对独立于政府而言,独立于当事人是司法独立更重要的方面,尤其是在法治的初级阶段。影响司法独立的干预,多是直接或者间接来自

---

① Bradley & Ewing, pp.370-371.

案件某一方当事人。从这个意义上说，凡是有可能影响到案件公正裁判的干预，都属于影响司法独立的因素。

英国的司法独立包括主审法官相对于当事人的独立及不受当事人的影响。自然公正原则（要求法官不做与自己利害相关的案件的法官、不只听取一方当事人的意思）事实上可以视为一个在具体案件中保证法官独立于双方当事人，进而使其判断案件的出发点完全独立于其与双方当事人的关系，而仅取决于其对法律的理解和把握。自然公正原则强调具体化了的、针对个案的法官独立。

司法独立的另一层含义，是独立于偏见以及可能引起或者外人认为会引起偏见的各种诱因。英国的贵族院带了一个好头：1999年贵族院再审皮诺切特上诉案的原因在于，该院在第一次审理该案时，一名参加审理的法律贵族霍夫曼（Lord Hoffmann）与某人权组织有牵连，而该组织恰恰是一方当事人，这就有可能产生偏见，从而使该案的判决有可能被视为不公正的。[①] 这个案件可以说是对偏见的全新诠释。该案又涉及司法公正，或者说对公正的实现的理解，本书已多次介绍过英国学者的这样一种看法：司法不仅应当实现公正或者让人看到公正的实现，还要以令人不容置疑的方式实现公正。

八、法官独立于物质利益

在英国法中，司法独立方面的议题，极少从法官独立于物质利益的角度着眼。但从比较法的角度，英国法所有关于法官保障的内容，都可以视为促使法官独立于物质利益的根本举措。法官独立于物质利益，不是先使法官成为无产者，再对其进行无产光荣的教育，相反，首先是从有产者中选拔合格者，再给予优厚的待遇。但最重要的是要保证法官在作出任何决定时，与案件本身没有任何物质上的利害关系。由于有了对法官的任期、去职程序、退休年龄及薪金的成文法的限定[②]，英国法官的职位是相当稳固的，这是法官独立，亦即司法独立的物质基础。

值得注意的是，英国在宪法、行政法层面上很少讨论法院的内部管理，如经费的划拨、后勤人员的安排等事宜，原因不仅仅是强调法院应当以法官为中心，而是因为这些事宜在英国整个司法系统内部的分工中，没

---

① Elliott & Quinn, p. 9.
② Phillips & Jackson, p. 25.

有被纳入法院而是由大法官事务部统一协调管理,法院的职能仅限于审判。

　　法院及法官的专业化在此有了突出的体现,专业化赋予法院及法官超然于物外的独立性,这其实是一种更为基础性的独立,即审判活动与审判主体自身的职务、待遇等利害关系的独立。否则,如果法院或者法官在决定是否受理或者如何裁判某一案件时,必须考虑或者使人难以相信其没有考虑其抉择对于法院收入(案件受理费等)的影响,而其工资或者待遇又直接或者间接地取决于法院的收入的话,即使这种物质上的影响非常间接,司法的独立性也已经大打折扣,司法公正性更无从谈起。

　　同样,法官的任命也是如此,如果上下级法院之间除上诉等审判实务方面的关系外,还存在职务任免及升迁上的紧密关联,则初审案件的法官是不可能不顾及上诉审法院及其法官的意见的,尤其是在上诉审的结果与初审法官的个人利害、荣辱之间建立起某种哪怕是最隐晦的关联的时候,初审法院及其法官与上诉审法院及其法官之间的相互独立性将受到严重质疑,上诉的价值将受到严重挑战。

九、法官独立于偏私

　　英国学者认为,与对裁决者独立地位的影响相比,对司法独立具有稍微次要一点的影响的是那些存在司法偏私的情形,这种意义上的司法偏私是指法官对某一特定案件的结果具有直接的个人利益。① 按照我们的理解,这种个人利益应当是非常切近的私利。但这一议题是法官霍夫曼(Lord Hoffmann)在1999年的皮诺切特将军一案中的特殊身份所引起的众多公众议论的核心。在该案中,贵族院常任上诉贵族法官霍夫曼是贵族院审判皮诺切特将军②案件的法官之一,但他同时又是某人权组织的成员,而某人权组织是该案的一方当事人。贵族院最终裁定,霍夫曼法官参与作出的判决不能成立,贵族院最终同意了一项并无先例的动议:将该案交付贵族院的另一上诉委员会重新审理。③ 贵族院指出,如果由于案件当事人本身过错以外的原因而使其遭受不公正的审判,贵族院有权

---

　　① Martin Partington, p. 247.
　　② 皮诺切特系智利前领导人,皮诺切特将军的称谓多少反映了英国政界、法律界对该人在国内所取得的事实政治地位的不置可否或者有意回避。
　　③ Martin Partington, p. 247.

重新审理某一上诉案件。①

此后,上诉法院审理的许多其他案件,虽然不像皮诺切特案那样富有戏剧性,但也引发了同样的议题。上诉法院于是确立了如下标准②:

第一,一般而言,某一职业团体、政治团体或者其他组织的成员身份并不足以成为"认定偏私的理由"(直译为"支持当事人认为法官具有偏私的主张")。

第二,种族或者人种的出身、阶级、额外的司法活动、性爱倾向、先前为当事人或者证人提供司法建议等,也不能作为支持当事人认为法官有偏私的理由。

第三,法官本人认识或者仇视卷入某一案件中的任何个人,特别是当这些个人的可靠性(如其证言是否可信)成为案件的焦点问题时,法官构成偏私的危险就具有现实性。

第四,出庭律师在出庭履行其作为代理人的司法职能时,其独立地位的存在,意味着免除其对其所在的律师事务所的其他成员的利益所负的责任。这一点值得注意,英国的司法独立不仅限于法官,也包括出庭律师,他们也必须在其出庭代理时服从法律而不屈服于其他权力者、其当事人或者其所在律师事务所的利益。因为按照英国的出庭律师执业模式,出庭律师是独立执业的,但其代理行为不是由其自己招揽来的,而是由其所在律师事务所(实为聘任其从业的诉状律师事务所)分配,出庭律师如果不为其当事人谋利益,就会侵犯聘请其出庭的律师事务所的合伙人的利益,间接危害该所其他律师的利益。但为了维护司法独立的公共利益的需要,免除了他们对其他律师的此项责任。

第五,诉状律师仍需对其合伙制律师事务所其他合伙律师的行为承担责任,并对其合伙制律师事务所的客户负有义务,即使其本人没有为该客户行事。也就是说,诉状律师本身并不承担维护自己的独立的义务,因此,他们首先要为在法律上被视为一个整体人格者的合伙制律师事务所的利益服务,也就是对其所在律师事务所全体律师的行为承担连带责任,而无论该客户是否其本人直接服务的客户。这反映了英国诉状律师与出庭律师在律师事务所的组织结构上的差异。诉状律师事务所是合伙制的法人机构,每一个合伙律师都是该所的合伙人,对外共同承担连带责任;而出庭律师单独对外提供服务,彼此之间没有连带责任。

---

① Elliott & Quinn, p. 8.
② Martin Partington, pp. 247-248.

第七节　法官独立的保障

本节重点介绍保障实现司法独立的制度设计。在英国,司法独立于行政是由法律、宪法惯例、职业观念和公众舆论共同维护的。[①] 在宪法、行政法领域研究法官独立的保障,主要涉及司法官的任命、司法职位的任期、法官被纪律处分或者撤职的方式等,除此之外,当代英国学者还开始从《欧洲人权公约》第 6 条有关公正听审权的要素之一,即独立的无偏私的法官这一角度进行研究。[②]

也有学者进一步指出,从宪法、行政法的角度研究英国的司法独立问题,不仅要研究法官的任命方式以及为保障法官独立而设计的措施,而且要研究那些可能危及法官独立的措施。[③] 即从正反两个方面讨论确保法官独立的制度设计,正面的经验固然应当考虑、借鉴,反面的教训也具有同样的甚至更重要的价值,借此有助于及时发现我们现行做法中可能危及法官独立的措施,避免因受这些措施的鼓吹者的诱惑而采取貌似维护法官独立、其实作用有限或者助长法官恣肆的措施。

从内容上分析,司法独立的保障与司法独立的定性、表现特别是法官的待遇等,有着密不可分的关系;但从叙述逻辑的角度考虑,有必要对上述内容进行剖析、重组。司法独立涉及司法组织体系、司法管理体制以及司法与行政、议会、法院及法官、当事人、物质利益等,需要从多层面、多角度、全方位进行分析、探讨。如果笔者构建的这个庞大体系能够使读者对司法独立的各个方面有一个总体印象,哪怕只是意识到司法独立的复杂性、艰巨性、长期性,也不枉笔者的良苦用心。

一、任职保障

可靠的职业保障,是司法独立的重要前提。皮之不存,毛将焉附。但是,直到斯图亚特王朝时期,法官仍与英王的其他臣仆一样,依英王的恩宠而保有其位,可以由英王随意解雇。这一法律地位无疑将影响法官的判决。[④] 在那个时代,法官没有独立性可言。

[①] Bradley & Ewing, p. 86.
[②] Phillips & Jackson, p. 431.
[③] Bradley & Ewing, p. 364.
[④] Phillips & Jackson, p. 25.

英国现代的正统观念认为,只要司法官员的任期需仰仗英王恩宠的状态继续,就不能避免为英王所役使的风险。为确保法官不再仰仗英王恩宠而拥有其位,1701年《王位继承法》规定,法官们只要能保持良好的职业操守就可以拥有其位,除非议会两院共同行使罢免权。①

高级法官与英王其他的臣仆应当享有保有其职位的保障,这是一项基本原则。高等法院及上诉法院的法官们的职位由1981年《最高法院法》保证,该法取代了1701年《王位继承法》的相应规定。《最高法院法》规定,只要高级法官表现良好就可以保住自己的职位,但是英王有权在同时收到议会两院呈请的情况下解雇他们。在贵族院领取薪资的法官,即最高上诉法院常任上诉贵族法官,受1876年《上诉管辖权法》类似条款的保护。唯一经议会两院呈请英王解雇的法官巴林顿(Sir Jonah Barrington)是一名爱尔兰法官,那是1830年的事。②

另一方面,低级别的司法者比起英王的其他官员,几乎没有更多免予解雇的法律上的保障。巡回法院的法官、郡法院的法官、治安法官等可以因不称职或者行为不轨而由法务大臣(大法官)依据制定法的规定解除职务。③ 注意,英国学者此处强调的是法律上的保障,事实上,正如在讨论同样是英王名下的官员的公务员的保障时所提到的,在英国学者看来,法律上的保障并不是英王的臣仆们职业保障的主要内容,英王的臣仆们的职业保障更多地来自非法律传统,法律保障的增多只会使这些非法律的惯例的影响减弱,反而构成对英王名下的官员的职业保障的弱化。这也许不是英王的官员们愿意看到的,但却是大势所趋。

除了制定法,没有任何普通法上的原则保障法官们保有其职位。这是在1953年一个有关被派往马来亚(Malaya)的法官的案件的判决中形成的。该法官主张他应当按照《王位继承法》,或者其与英王的合同,而由英王雇用到退休年龄。这两个请求事由都被拒绝了,前者是根据对该法的解释,后者与公务员的情况相似:英王不能受合同的羁绊。尽管如此,所有级别的司法者的职位实际上所得到的保障,已经达到了私法所能提供的极致。④ 这一点非常重要。也就是说,尽管除制定法明文规定的保

---

① Bradley & Ewing, p.52.
② Wade & Forsyth, p.74.
③ Wade & Forsyth, p.75.
④ Wade & Forsyth, p.75.

障条款外,英国的司法者在普通法上并不存在与英王的合同关系,但是他们实际获得的职业保障的稳定程度,却达到了英国私法所能提供的职业保障的极致,非一般合同的保障可比。类似现象普遍存在于各国的公法领域,公务员权利的法律化对于该群体本身并非福音,道理也在于此。

但不管怎样,自1701年《王位继承法》以来,在英国的高级法院中,法官只要恪守良好行为规范,就可以一直保有其职位,不必仰仗行政方面的好恶。不仅如此,即使是非法律专业的治安法官、低级法官,也有制定法保护其免于被行政方面武断地解除职务。根据1992年《裁判所及调查庭法》,绝大多数裁判所的裁判官都免受任命他的政府部门调离。[1] 根据制定法,高级法院的法官可以在两院分别动议的情况下由英王免职。但自1701年《王位继承法》公布以来仅有一例。[2] 可见,在英国,裁判所的官员也是受到与法官,至少是低级法官同样的职业保障的。他们的职位没有高级法官那样稳固,但也有法律保障。当然,由于行政任命的存在,法官如想以升任更高职位的方式结束自己既有的稳定职业,而不想在低级职位颐养天年,一定的努力仍是必要的。这与法官的任命有关,对此前文已有讨论。

由此可以判断,任何对司法职业保障的干预都将引起一场政治风波。司法者无所畏惧的中立地位,是法治原则不可或缺的根基,而且自1688年光荣革命终结斯图亚特王朝的权力滥用以来,这一原则就一直被尊奉为一项宪法性原则。[3] 这一结论非常重要:英国法官的地位在事实上虽然稳定,但从理性的角度分析,却没有任何可以让他们高枕无忧的实在法的基础,他们的地位既靠成熟的法律体系予以保障,更是靠作为一个整体的良好表现争取到的。因为从理论上说,英王及其他任命者随时可以解雇他们,但都不会轻易这样做,因为法官们深孚众望,任何对他们职业地位的干预都可能引发民众的强烈反感,演化为一场政治风波。因此,可以这样说,英国法官职业的稳定性,不是基于法律基础,而是基于政治背景;不是法律上的条文成就了他们的独立性,而是民众的口碑维系了其职业的基础。这提醒我们,英国法官的独立地位,以及作为这种地位的宪法基础的法官职业保障,本身缺乏成文法的明文规定,也没有普通法上可以依

---

[1] Bradley & Ewing, p. 86.
[2] Bradley & Ewing, p. 87.
[3] Wade & Forsyth, p. 75.

归的原则,而是完全建立在宪法实践基础上的传统惯例。可见英国法治的最核心基础,在法律上是不确定的,英国的法治不是写在纸上,而是沉淀在英国的土地上、弥漫在英国的空气中、渗透在英国的政治体制内、镶嵌在英语的字里行间、流淌在英国民族的血液中。英国的法治,从阳光的一面看,自有其神圣、庄严、不容侵犯的风格;但是用忧郁的心理去体会,却也不乏唯心、莫测、难以驾驭的一面。

法官的任职保障当然包括其任期保障。① 法官任期保障的意义,在于避免法官因行政或者立法机关的一时冲动而被免职②,以确保行政或者立法机关通常很难启动缩短或者终止法官任期的程序,使法官可以如其就职誓词所言,无忧无惧地裁断案件,包括那些涉及行政的司法审查及法律解释的案件,不必担心被秋后算账,也消除了法官以案件结果做交易,讨好行政或者立法机关的可能性。

在英国学者看来,目前英国最重要的保障司法独立的措施,是司法职位拥有者的任职期限保障:他们不会因不受政府欢迎而被革职。高等法院及上诉法院的法官只要品行良好,就不会被革职,但可以因两院的共同提议而被英王撤职。同样的规定也适用于贵族院的常任上诉贵族法官。制定法的这些规则明确地保障了法官不因英王的恩宠而使职位受到影响,当然其具体的含义也不是很明确。由于这一规则是从《王位继承法》中引申出来的,而根据《王位继承法》的规定,议会的本意是只要法官在位期间品行良好,议会就不享有使其去职的权力。③

一般而言,英国法官退休年龄是 70 岁,可以延长至 75 岁。④ 但根据 1993 年《司法人员养老金及退休法》(Judicial Pensions and Retirement Act),所有 1993 年以后任命的法官退休年龄为 70 岁。⑤ 该法还规定,在高等法院以下法院任职的法官,可以根据每年的情况逐年延任,但最高不超过 75 岁。⑥ 根据 1876 年《上诉管辖权法》,作为一种特殊情况,在贵族院上诉委员会拥有高级司法职务的贵族,可以一直工作到 75 岁。⑦ 相对

---

① Bradley & Ewing, p. 371.
② Elliott & Quinn, p. 104.
③ Bradley & Ewing, p. 372.
④ Bradley & Ewing, pp. 372-373.
⑤ Wade & Forsyth, p. 74.
⑥ Wade & Forsyth, pp. 74-75.
⑦ Wade & Forsyth, p. 75.

而言,低级法官所受的保护要弱一些。巡回法官及地区法官可能会因不称职或者不良行为,而由大法官在其认为适当时撤换。①

二、待遇保障

司法独立原则还涉及司法执业人员的报酬。应当保护法官使其免受政府削减工资的威胁(以免他们因作出不受政府欢迎的裁判而受惩罚),并由高级人员工资复审机构予以审查。② 高级法官的工资不属于议会表决的范围③,而是由国家常年基金支付,这在很大程度上杜绝了议会干预司法的可能性。1993年《司法人员养老金及退休法》规定,法官要达到工作到70岁退休并领取全额退休金的标准,须在50岁前获得任命。④

三、免予批评

实践中,对法官的不检点行为进行纪律约束,比调整其职务更为通行,调整其职务往往是最后的手段。法官也可能在议会中受到点名批评,或者受到上诉审法院斥责,有时还会受到舆论的责难。⑤

但是,众议院的《议事规程》(不在议会中讨论、评价具体案件),使得法官们受到免受议会某种方式的批评的保护。⑥ 但这不能保证法官免受政治压力,因此,英国学者强调,法官还应当免受来自政治方面的压力和胁迫⑦,当然这不包括一般的批评。这一点很重要,司法独立并不是要建立司法的独立王国,越是司法独立有充分保障的国家,对于司法的批评才越是普遍而必要的,否则,允许法官利用其手中的诸如蔑视法庭罪等手段对批评者"绳之以法",司法独立了,司法公正的实现却失去了基本的动力。

出庭律师、诉状律师及诉讼当事人都可以在法庭上或者私下里对法官本人进行抱怨。⑧ 但是,肆意辱骂法官却有可能受到蔑视法庭罪的

---

① Bradley & Ewing, p. 373.
② Bradley & Ewing, p. 371.
③ Elliott & Quinn, p. 104.
④ Wade & Forsyth, p. 75.
⑤ Elliott & Quinn, p. 103.
⑥ Bradley & Ewing, p. 87.
⑦ Bradley & Ewing, p. 371.
⑧ Elliott & Quinn, pp. 103-104.

惩罚。①

四、免予错案追究

法官不得因其在履行司法职务过程中所实施的任何行为而被追诉。② 这一原则是指法官免予因其履行司法职能而被提起法律上的诉讼,其意义在于,法官可以自由地运用法律,无所畏惧也别无他求。③ 据此,可以解释为英国没有错案追究制。错案追究制固然能避免法官因个人原因而徇私枉法,但却同样可能造成法官依附于错案追究机关,使司法职能存在体制性的失灵。

认同这一点可能比较困难。但英国在这方面与我国的差距较大,笔者的阅读范围所及,几乎没有看到过法官因徇私舞弊、贪赃枉法而被革职,也没有听说过法官的个人荣辱或者命运,会与其审理的案件在上诉审法院的终审判决结果之间有什么关联。事实上,如果能够保障法官与案件没有物质上的利害关系、法官也不受行政或者议会的干预,法官仅凭自己对法律的理解去裁判案件,判决即使在上诉中被推翻,其后果也谈不上严重,尤其是在终审判决作出之前所有判决都不发生法律效力的意义上,确实没有必要追究诚实断案的法官的责任。

英国司法体系是通过完善的上诉途径,确保司法判决的公正性,而不是通过事后惩戒法官的方式来达到警示的效果。此外,有六个方面的因素使得英国的法官可能承担的赔偿责任非常有限,这进一步构成了彻底免除其赔偿责任的合理性基础:

一是司法判决仅在最终上诉程序完成后才交付执行,即从理论上讲可以上诉至最高法院,但在此之前不执行,不存在错误执行问题。

二是执行手段单一,只有一个蔑视法庭罪,罕见其他的强制手段。

三是司法最终原则具有最高权威,并得到最强有力的保护,一旦终审判决作出,即没有人再试图翻案,也不可能翻案,从而没有错案可言。做到这一点从形式上讲很容易,但实质上很难。实质上做到永不翻案,前提是没有翻案的可能。但由人组成的法院怎么可能不犯错误呢?一方面要维护司法权威,另一方面要确实将错案减少到最低限度。

---

① Elliott & Quinn, p. 104.
② Elliott & Quinn, p. 104.
③ Phillips & Jackson, p. 26.

四是英国的合议制和陪审制发挥了巨大的疏导作用。以合议制为例,不能说3∶2与2∶3之间存在截然的区分,但对于法院的判决而言,就是正反之别。另以陪审为例,对于刑事案件,要求定罪,陪审员的意见必须全体一致,这就将错误定罪的道义责任转移给12个陪审员了。由于这些人都来自民众,即使他们错了,民众也会原谅他们。更重要的是,12个与被告没有利害关系的人一致认定其有罪的标准是非常高的,真正能够做到恪守排除合理怀疑的证明标准,这一制度倾向于宁可放过1000个"坏人",也不能冤枉一个好人。这样一来,至少从被告角度看,错案的可能性是非常低的。至于如何减少犯罪嫌疑人逍遥法外的风险,则主要是通过加强控方责任的方式来克服的,而不是通过降低证明标准的途径。

五是尽可能减少判决前的强制手段,如大量的取保候审、担保等,避免司法超前介入而引发不必要的侵权赔偿的可能性。

六是对司法的政治监督。在英国,没有哪个政客敢于对法院说三道四,不仅是因为法院可以直接以蔑视法庭罪对其制裁,从而宣告其政治生命的死刑,而且政治家都是一般地代表选民而不应为某一个选民冒如此大的风险。另外,英国是一个民主国家,一旦民怨乍起,数以百计的议员中总会有人站出来提出司法方面改革的动议,英国司法体制的不断改革正是民意对于司法不满的促进使然。

综上,在英国,法官不因其正当履行职责时所犯的错误而承担责任,不实行错案追究,甚至根本没有错案之说。《王权诉讼法》不适用于法官个人,法院也不对法官的行为承担雇主责任,因为法院不是法官的雇主,法官的雇主是英王。

五、舆论保障

在英国,来自法官职业团体内部的普遍观念、外部公众的舆论,都形成了法官应当对司法独立负责的道德压力。① 职业观念是作用于法官自身的,法官基于对司法独立与职业尊严的信仰,必须牺牲个人短时利益,而与各种使其丧失独立判案权力的势力作斗争,这些外部势力可以是来自行政方面的过去或者未来的任命者,也可以是来自当事人的直接的利益引诱。公众舆论来自公众对于司法独立的共同期待,从而形成舆论压力,防范影响司法独立的企图和行动。因此,保障司法独立的职业道德约

---

① Bradley & Ewing, p. 86.

束机理,主要在于限制影响司法公正的各种势力产生的根源,使法官很少有机会面对这些压力或者考验。这是一个更为关键的方面。这也提醒我们,对于司法独立的维护,应当重在对司法独立的外部环境的营造,法官应当在一个尽可能与外界少有接触的清静环境中工作。

六、职务豁免

职务豁免,在此处并非指法官免予一切刑事、民事违法责任的豁免特权,不是法官可以贪污、受贿而不受追究的保障,而是指在职务独立方面的必要保障:法官免予因其履行职务而被刑事或者民事追诉。[1]

(一) 免予诽谤追诉

在联合王国,法院的法官免受诽谤法的拘束。[2]

在英国法中,法官判决某人是罪犯,不构成对该人的诽谤。我们也许会认为这是不言自明的。但从法律逻辑上讲,除非法律明确授予某人以特别的权利,否则应当与其他人具有同等权利,因此,如果普通人说别人实施了强奸行为是诽谤的话,法官在没有法律规定其特免时也不能说别人构成强奸。确有一些人会想当然地认为法律根本没有必要多此一举。

(二) 免予民事追诉

正如基于公共利益的要求而赋予议员在议会的自由辩论中所发表的言论以绝对的豁免权,实现公正方面的公共利益也要求对司法过程给予同样的保护。在英国普通法中,不得就法官在法院履行职务时的言行提起诉讼。早在 Scott v. Stansfield (1868) 一案中,英国法律界已有这样的共识:对于所有法院的法官而言,既然任命他们来执行法律,就应当允许他们在得到足够保护的情况下独立、自由、无偏、无畏地保证法律的落实。法律的这一规定不是为了保护某一腐败、有恶行的法官的利益,而是为了公共利益,司法领域的公共利益表现在法官应当能够自由地行使其职能,无须顾虑因其行使职能而产生的后果。[3] 也就是说,法官不能因其裁判是否受某些人的欢迎而受到惩罚,否则就没有法官的独立;更不能因上诉后被改判而被追诉,不能以上诉改判而认定原审法官工作失败予以惩戒。但英国学者将豁免限于民事诉讼,不包括刑事诉讼,主要原因在

---

[1] Bradley & Ewing, p. 371.
[2] Phillips & Jackson, p. 421.
[3] Bradley & Ewing, p. 376.

于,在英国,情节一般的恶意及腐败,对法官而言,这绝对是犯罪。从英国将交通违章视为轻罪的罪刑体制看,法官受贿或者恶意枉法裁判的刑事责任标准很低,至少应当免职。当然,由于法官良好行为规范的约束作用很强,法官还没有沦落到犯罪的地步就已经失去职位了。而且可以想象,在英国的道德标准体系中,因此失职的法官很可能失去一生的机会和幸福,这样的后果太可怕了。对于一个从小受过良好教育、经过几十年律师执业的艰苦努力才步入司法界的法官来说,这种一下子从社会上层跌至为下层民众都不齿的地位落差,是他们不敢腐的主要原因。

高级法院的法官对其履行司法职能过程中的言行不承担责任,但是恶毒、腐败或者暴虐的言行可以成为投诉的对象。不仅如此,对法官的上述豁免也及于陪审团对案件事实的裁决以及参与司法程序的当事人、律师及证人在此过程中的言辞。① 这些都可以视为对司法公共利益的保障。没有这些保障,参与司法活动者的言行就有可能违背其本意,从而使实现公正所要求的内心真实因可能承担后果的顾虑而扭曲,司法公正也就难以实现了。

根据2000年的一个判例,出庭律师已经不能再就在法庭中代理其当事人所产生的过失享受豁免了②,也就是对于其代理过失,不再免予民事追诉。但法官的豁免权却得到了1947年《王权诉讼法》的强化,该法规定,任何人履行或者声称履行赋予其本人的司法职责的活动,以及司法程序的执行活动,都不属于王权诉讼的范围。但是法官的豁免并不及于法官作为自然人的言行。③

司法豁免虽然及于低级法院的工作,例如郡法院或者治安法院,但豁免的范围比高级法院要窄。不过在1975年的 *Sirros v. Moore* 一案中,上诉法院在裁定免除某一郡法院法官的赔偿责任时(该法官在经过一系列冗长的程序后,最终还是裁决警察拘禁一名土耳其人合法),显然将下级法院的法官和高级法院的法官一视同仁了。上诉法院认为,不应当在原则上区分对高级法院法官的保护和低级法院法官的保护。按照丹宁和奥姆罗德的说法,每一名法官,包括治安法官,只要在其执行司法职务时真诚地相信是在自己的管辖权限内行事,就都应当受到免于对其履行职

---

① Bradley & Ewing, p. 376.
② Bradley & Ewing, p. 376.
③ Bradley & Ewing, p. 376.

责的行为追究责任的保护。① 但是该案所确定的免责范围也受到英国学者的质疑,至少就治安法官而言。② 治安法官在其职权范围内的行为受制定法的保护(包括 1997 年《治安法官法》、1999 年《接近正义法》以及 1998 年《人权法》),而对于其越权行为则仅在原告能够证明治安法官存在恶意时才需要承担责任。③

尽管有法官豁免,但是就此将职业法官推定为不受拘束的暴君显然是不恰当的。一方面,非法律专业人士对于公正的实现也发挥着突出的作用:在大多数刑事案件的审判中,陪审团的角色是避免司法专制的一种宪法性保障;剥夺被告接受陪审团审判的权利,是一个非常严重的问题(按照丹宁勋爵 1990 年的说法,英格兰宪法要求被指控犯有严重刑事犯罪的人应当受法官及陪审团的审判)。非法律专业的治安法官在英格兰及威尔士承担着繁重的司法裁决任务。非律师出身的裁决者在特别权限法庭及裁判所中也扮演着令人瞩目的角色。④ 以上介绍的是业余人士对于公正的实现的介入,说明公正的实现(即"司法"的原意)并不完全由职业法律人士所垄断。但另一方面,不能得出这些业余人士据此可以控制职业法官的结论,因为其裁决最终还是要由职业法官就法律问题进行最终认定。但这也提醒我们,由于大量的业余裁判者的存在,他们已经解决了公正的实现中最棘手也最容易产生不公正的事实认定方面的问题,而单纯就法律问题向职业法官上诉,由他们作出最终的裁决,其间的裁量余地已经大为减少,这是英国制约职业法官专断的一个主要而巧妙的着力点。

七、人身保护

在联合王国,法院及审理案件的法官受《蔑视法庭罪法》的保护。⑤ 具体参见本书第四卷第七章第三节司法救济的落实手段——惩治"蔑视法庭"。

八、审判程序保障

英国学者将《欧洲人权公约》第 6 条有关获得公正审判的权利,视为

---

① Bradley & Ewing, p. 376.
② Bradley & Ewing, pp. 376-377.
③ Bradley & Ewing, p. 377.
④ Bradley & Ewing, p. 377.
⑤ Phillips & Jackson, p. 421.

司法公正的最高精神所在,将该条规定视为司法的目标所系。《欧洲人权公约》第6条规定,任何人都有权在合理的时间内接受由一个独立的、无偏私的裁决机构主持的公正、公开的审判。在英国法中,许多诉讼程序规则都是专门用以保持法院的司法公正的。例如,所有的审判都是在公开的法庭上进行的,虽然有例外的情况(根据1911年《公务秘密法》以及1933年《儿童及青少年法》),允许证人匿名作证,而且对于司法程序的报道也会受到某些限制。①

成文的审理程序以及不成文的自然公正原则,都是确保每个当事人获得公正而有序的审判的保障。证据规则,特别是在陪审团审理程序中的刑事诉讼证据规则,排除了所有可能导致对某一被告不公正的歧视性证据材料。②

第八节 法　律　官

法律官全称是"英王的法律官"(Law Officers of the Crown),在英格兰和威尔士指总检察长(Attorney-General)和总法律顾问(Solicitor-General)。英格兰现在的英王法律官,仍是议会两院之一院的议员,而且通常也是英格兰律师协会的成员,作为大臣,他们支持当权政府。③ 他们是政治官员,是由首相建议英王任命的。

法律官是英王及议会的法律顾问,他们占据着部长级的职位,因此与政府共进退。④ 可见,英国法律官的职能定位是隶属于英王,亦即政府的法律顾问,而议会民主的政治体制使其同时是议会的法律顾问,当然,这肯定是就执政党而言的。大法官虽然也是政府组成人员,但其主要职能是司法,也就是说,大法官是司法官而不是法律官。

一、法律官的范围

一般而言,英国的法律官有四位:(英格兰及威尔士)总检察长[根据1973年《北爱尔兰机构设置法》,(英格兰及威尔士)总检察长同时又是北

---

① Bradley & Ewing, p. 377.
② Bradley & Ewing, p. 377.
③ Bradley & Ewing, p. 391.
④ Phillips & Jackson, p. 372.

爱尔兰总检察长]、总法律顾问、苏格兰总检察长以及苏格兰总法律顾问。权力下放以后,对于联合王国政府就苏格兰法律事务的咨询意见,则由新设立的法律官——苏格兰事务法律顾问提供。①

除此之外,还有许多法律官不太知名,包括兰开斯特领地总检察长、巴拉丁伯爵领地总检察长和总法律顾问以及英王储威尔士亲王领地总检察长。②

据此,英国法律官大致有四种,最狭义的只包括总检察长与总法律顾问,他们与政府共进退,属于政务官;狭义的包括总检察长之下的财政部法律顾问等;广义的则包括国家公诉服务体系中的公诉官;最广义的还包括公务员中具有法律资格者以及地方议事会、议会的执行机构、治安法院中的法律顾问等。但是,英国学者无意将公务员中具有法律资格者以及地方议事会、议会的执行机构、治安法院中的法律顾问等归入法律官的范畴。因此,虽然英国政府实际上有许多律师或者有律师资格者,但英国没有公职律师制度。英国所有的法律官都是给政府打短工的高级律师,包括总检察长、总法律顾问。他们要么是与政府共进退的政治官员,如总检察长、总法律顾问;要么是临时聘用、伺机升任高级法官的财政部法律顾问;要么是兼任或者短时全职担任公诉员的执业律师。这样,政府可以临时雇用他们,一旦解除聘用,他们不会给政府提任何条件,不存在下岗分流的压力和额外的财政负担。

二、法律官的由来

总检察长的称谓早在1461年就已存在。总法律顾问之设则始于1515年。最初,法律官是应召给贵族院提供法律意见的,因此人们一度对总检察长是否有权列席众议院心存疑虑。但是自培根时代以来,总检察长列席众议院的权利再也未被质疑过。自17世纪以来,总法律顾问也有权列席众议院,虽然并不严格要求其为众议院议员。总检察长是贵族院议员。③可见,总检察长虽是贵族院的议员,但可以列席众议院。这在英国算是例外。

三、法律官的职能

既然是政治官员,英王的法律官自然要承担为议会服务的职责,如协

---

① Phillips & Jackson, p. 372.
② Phillips & Jackson, p. 372.
③ Phillips & Jackson, p. 372.

助法律案及财政案在众议院通过、给英王特权及公共行为标准委员会提供建议等。总检察长是英格兰律师界的领袖,有时还是内阁成员,但因其公诉职责的缘故,更应当在内阁之外做一名政府的首席法律顾问,仅在某些特别的内阁会议时应召与会。① 总检察长成为英格兰律师界的领袖,主要是因为英国的检察业务限于代表国家或者英王提起公诉,而这种职能,即使是在英国建立了统一的、固定的皇家公诉服务体系之后,仍然是由律师掌控的。

对于许多外国人来说,往往分不清英国的法律官与大法官。为什么这个职务不让大法官兼任?这要从法律官的职能定位入手。英王法律官在历史上的角色是在法院代表英王出庭,现在则主要作为政府的法律顾问,就某些重要的事项提出咨询意见,这些事项一般不宜交由仅在政府部门的日常法律事项方面提供咨询意见的公务员中的律师操办。② 英国的公务员中,确有一部分取得律师资格的人员,为政府的法律事务提供咨询意见,或者直接操办政府的法律事项,但他们的身份是公务员,不是律师,更不是公职律师,因此代表政府出庭甚至自己公私兼顾、接案子出庭,与其公务员身份是不相称的,也是律师公会、法院及英国公民无法认同的。

有一种意见认为,总检察长不应当出任内阁成员,因为其身份具有准司法性,特别是考虑到其公诉职能;另外一个理由则是,应当将提供建议的人与那些决定是否应当采纳这些建议的人分开。③ 过去,许多法律官进一步得到了司法或者政治上的升迁,但是现在,总检察长并不刻意要求成为首席上诉法官④,即使这一职位出现了空缺:因为任何这样的企图都会因休沃特在其1922年担任该职位期间所树立的高标准而却步。工党任命的英王法律官还在1974年推卸掉了传统上与其职位相联系的爵士封号。⑤

总法律顾问是总检察长的下属,但通常与总检察长共同提供法律意见。⑥ 总法律顾问的职责总的来说与总检察长类似,而且一旦总检察长

---

① Bradley & Ewing, p.392.
② Bradley & Ewing, p.391.
③ Phillips & Jackson, p.373.
④ 实为上诉法院刑事分庭的庭长,本身也是上诉法院法官。
⑤ Bradley & Ewing, p.392.
⑥ Phillips & Jackson, p.373.

的职位出缺,通常由总法律顾问继位。① 总法律顾问也可以在总检察长职位空缺时摄行其政,或者在总检察长不在、有病以及总检察长授权时,代理总检察长的职务。②

（一）王权代表人

英王法律官的职责要求他们必须担任广泛的角色,包括在主要的公诉案件(特别是涉及国家安全)或者在英王为一方当事人的民事诉讼案件中代表英王。③ 总检察长在民事诉讼案件中代表英王。④

在叛国罪或者重要的宪法案件中,总检察长实际上常常会引导案件的审理。总检察长还会介入任何影响英王特权的私法案件中。⑤ 所谓影响英王特权的私法案件,实际上是按照私法程序审理的公法案件,至少按我们的理解不应当归入私法案件的范畴,因为英王特权主要体现在公法领域而不是私法领域。因此,这些案件中有许多与行政法有关,甚至在不严格意义上全部都与行政法有关。

（二）政府代理人

在刑事案件中,总检察长、总法律顾问及他们的委托代理人对重要案件提起公诉。由于部内事务的增多,法律官如今在刑事案件中出庭的机会减少了。⑥ 此类案件的原告为英王,如 R. v. Wilkes(1767)案,说明这是以英王的名义起诉的。事实上,英王的法律官代表英王或者政府出庭的现象是非常罕见的。真正代表政府出庭应诉的律师,在英国被称为财政部法律顾问⑦,他们辅助英王的法律官,这些低级顾问都是执业的出庭律师,并不担任任何政治职务。而由其组成的财政部法律顾问办公室,是一个对国王法律官负责的执行机构,它向各政府部门提供诉讼方面的服务、提供法律咨询。⑧ 财政部法律顾问办公室并不是财政部的部门,而是相当于政府法制机构的相对独立的办事机构。之所以得此名,是因为它要从财政部领取经费。

总检察长还可以在法院邀请或者允许的情况下,介入任何可能引起

---

① Phillips & Jackson, pp. 373-374.
② Phillips & Jackson, p. 374.
③ Bradley & Ewing, p. 391.
④ Phillips & Jackson, p. 372.
⑤ Phillips & Jackson, p. 372.
⑥ Phillips & Jackson, p. 372.
⑦ Elliott & Quinn, p. 109.
⑧ Bradley & Ewing, p. 391.

政府关注的公共政策问题并且政府希望法院了解其对此问题之意见的案件。① 在这种情况下,总检察长成了政府介入(但不是干预)法院对行政案件的审理的一个合法渠道,具有相当重要的意义。

(三)公益代表人

总检察长还可以代表公众提起诉讼,以强制实现公共权利。② 这就是我们理解的公益诉讼,但不同于公法诉讼。因为刑事公诉在英国也被理解为一种公法诉讼。总检察长的批准是起诉某些刑事犯罪的必要前提③,例如针对某些违反国家或者公共秩序的行为提起的诉讼,根据制定法的规定,必须征得总检察长的同意。1911—1989 年《公务秘密法》、1986 年《公共秩序法》以及 1968 年《戏剧法》(规定淫秽戏剧作品)等,都有类似的规定。④

作为英王的代表,英王的法律官在许多与公共利益有关的司法或者准司法程序中出庭,例如法定的调查庭的调查活动及蔑视法庭罪的诉讼过程。⑤ 总检察长的同意对于这些案件原告方的起诉是必需的,而且其允许或者拒绝的决定,法院不得审查⑥,即不属于司法审查的范围。但一般情况下,总检察长对于这类起诉会开绿灯,否则会造成严重的司法服务的普及性问题。总检察长在这个问题上把得太严,民众也不会善罢甘休。事实上,正如英国学者所言,只有那些制定法有明确规定的案件才需要总检察长的同意⑦,这就从根本上限制了总检察长的权限,不至于出现总检察长把得太严导致民怨沸腾无处宣泄的局面。

(四)赔偿责任人

根据 1947 年《王权诉讼法》,如果英格兰、苏格兰及威尔士发生的与英王相关的事项找不到一个适当的中央政府部门作为被告,则可以英格兰及威尔士总检察长为被告提起诉讼;但在英王其他领土上实施的行为,则不能以该总检察长为被告。⑧

---

① Phillips & Jackson, p. 372.
② Phillips & Jackson, p. 372.
③ Phillips & Jackson, p. 372.
④ Bradley & Ewing, p. 393.
⑤ Bradley & Ewing, p. 391.
⑥ Bradley & Ewing, pp. 391-392.
⑦ Bradley & Ewing, p. 393.
⑧ Phillips & Jackson, p. 373.

（五）公诉人

除了法律咨询，法律官的主要职能在于刑事追诉及特殊类型案件的起诉。从理论上讲，在英格兰及威尔士，私人可以对任何刑事违法行为提起自诉，除非制定法另有规定。但绝大多数刑事诉讼由警察提起，其余的则是由中央政府部门（例如财政部门对逃税行为的起诉）或者地方政府机关（例如违反次级立法的行为）提起。苏格兰在检控方面的情形非常复杂，其控诉职能由苏格兰检察长控制，私人自诉非常少见。[①]

四、法律官的独立

在公诉总监或者总检察长提起的公诉案件中，政治控制究竟会对他们的自由裁量权施加什么影响？首相或者内阁的控制或者影响是否会左右总检察长的决定？总检察长就其起诉决定对议会承担什么样的责任？这些问题都是由 1924 年的坎贝尔（Campbell）一案引发的，正是该案拖垮了英国历史上第一个工党政府。[②] 那时的工党作为执政党还比较幼稚，其所拥有的支持率不高，根本经不起什么风浪。

该案的大致经过是：时任总检察长黑斯廷斯（Sir Patrick Hastings）批准逮捕了一家亲工党（实为共产党）周刊的执行编辑坎贝尔，因为其发表了一篇明显企图劝诱武装部队放弃对英王效忠的文章。几天后，起诉被撤回。1924 年 8 月 6 日的议会备忘录记载：任何具有政治性质的公诉都必须事先得到内阁的允许才能提起，同时还记有内阁同意接受总检察长提议的程序，亦即撤回对坎贝尔的起诉。在该案中，毫无疑问，内阁决定的实质是声称其有权干预提起公诉的决定，这在宪法上显然是不适当的。这一决定马上就被新上任的内阁撤销了。[③]

目前的原则大致是这样的，总检察长应当依自己的决定提起公诉，不得接受来自内阁或者任何部长同事的指点。但是，如果总检察长认为某一特殊的案件涉及广泛的公共利益或者国家政策方面的问题，他可以从他的部长同事那儿获得信息甚至听取他们的意见。当然，由于内阁文件的保密制度，英国学者也不清楚目前总检察长在内阁会议上是否会索取这样的信息，但英国学者估计不会。因为目前的实际做法强调必须由总

---

① Bradley & Ewing, p. 393.
② Bradley & Ewing, p. 395.
③ Bradley & Ewing, p. 395.

检察长作出决定,由此产生的后果是,总检察长个人对议会负责,而不是与内阁一起对议会集体负责。当然这仅限于公诉一事,对于内阁的其他非法律方面的决策,他照样要承担捆绑式责任。对此,首相最多会承担让一个无能的总检察长恋栈的批评。在众议院,可以就总检察长的某一特别决定向其发问,但怎么回答则是其自由裁量权的范围。① 也就是说,即使是议会,也不能过多地干预总检察长对具体案件的决定,而只能总体上对其工作实施监督,大不了就换人。因此,总检察长的回答技巧是很重要的。但要做到这一点,一是要规则有约在先,二是要公开,至少在这个问题上有不受限制的舆论监督。没有舆论的监督,仅靠法条上规定的官员之间的监督是根本不可能发生作用的,总检察长尚且难以抗拒的压力,还有谁能抗拒?首相显然最有可能,但同时也是最有可能向总检察长施加这种压力的。

法律官在公诉案件方面的独立性,目前仍然存在的一个合法的例外,就是历史上保留下来的所谓英王的仁慈赦免权。英王的仁慈赦免权由英王在内政大臣的建议下对来自英格兰的案件行使,或者在苏格兰大臣的建议下对来自苏格兰的案件行使。这两位大臣都对其给予英王的建议单独承担责任。英王的仁慈赦免权可以用作法律上的阻止刑事追诉的手段。但是在英国,英王的仁慈赦免权只能在罪名成立后才能给予,即基于某种特别的理由不予判刑或者将定罪记录擦除。②

五、法律官的禁业

根据《财政部备忘录》(Treasury Minute)的规定,禁止法律官私人执业,但是对于他们因此而受到的收入损失,会得到一笔相应的津贴。如果他们代表英王参与有关争议的处理,则会得到相应的代理费,但是其津贴也要作相应的扣减。③ 也就是说,英国法律官的收入有两个来源,一是弥补其从业损失的相对固定的津贴,二是其代表英王参与纠纷处理的代理费,但是"二者不可兼得",代理费将冲减其固定津贴。从这一点也可以看出,英国法律对于公务人员收入的管理相当严格,不会让纳税人为公务员多付一分钱。

---

① Bradley & Ewing, p.395.
② Bradley & Ewing, p.399.
③ Phillips & Jackson, p.373.

六、皇家公诉服务体系

关于皇家公诉服务体系(Crown Prosecution Service, CPS)的译法，笔者认为，无论如何，"服务"二字不可或缺，就像全民健康服务体系(National Health Service, NHS)一样。因为这不仅是观念问题，更主要的是职能定位问题，如果翻译时将此类机构名称中的"服务"二字隐去，则我们极有可能在借鉴时疏忽作为其灵魂的服务观念及相应举措，其结果不是引入后如"橘生于淮北则为枳"，就是在论证阶段即以我们古已有之为名而根本不予考虑。

在英格兰及威尔士，涉及刑事公诉的职能都要受1985年《刑事犯罪追诉法》的监管，在该法中，英国引入了皇家公诉服务体系。该法的立法构想是，将属于警察职责范围的调查犯罪的职能，与属于某一单个的国家公诉服务人员的控诉职能相互分离。① 1986年成立的皇家公诉服务体系属于国家政府机关，负责受理所有的由英格兰和威尔士警察机关提交的刑事诉讼案件。

皇家公诉服务体系的主要职能是复审警察提议的起诉决定，并在诉讼过程中代表英王。② 它是一个自治的独立机构，但不是一个社团法人，它是由独立履行制定法赋予的控诉职能的个人组成的集合体，在公诉总监(DPP)的集中指导下开展工作(2000年《皇家公诉服务体系监察官法》还设立了总检察长任命的监察官)。公诉总监是一个早在1879年即设立的职位，但在1983年之前，该职位都是由内政大臣在执业10年以上的出庭律师或者诉状律师中任命的，而今则要由总检察长任命，并在其全面监督下工作。③ 1985年《刑事犯罪追诉法》要求公诉总监公布公诉官的良好行为规范。④

除公诉总监外，皇家公诉服务体系中的其他关键成员，包括皇家首席公诉官(由公诉总监任命以监督地方皇家公诉服务体系的工作)和皇家公诉官(在公诉总监指导下从事刑事诉讼活动的出庭律师或者诉状律师)。⑤ 本书之所以没有用检察官一词指代英国的公诉官，虽然检察官也

---

① Bradley & Ewing, p. 393.
② Bradley & Ewing, p. 394.
③ Bradley & Ewing, p. 393.
④ Bradley & Ewing, p. 394.
⑤ Bradley & Ewing, pp. 393-394.

许令读者更容易接受些,是因为英国的公诉官确实只负责提起公诉,没有其他任何别的职能,很难与我国同时承担着监督法律实施神圣职责的检察官相提并论。

1986年设立的皇家公诉服务体系给英国的刑事司法行政体系带来了两点突出变化:一是扩大了中央政府对地方政府刑事司法体系的影响范围,这一领域此前没有公开性可言;二是对公诉官滥用职权的责任追究。① 但是令英国学者耿耿于怀的是,对解除一名皇家公诉官的决定通常是不能提起司法审查的,这在英国学者看来多少有点令人难以置信。② 这是因为,在英国,公诉官多少有点像政府聘用的法律临时工,他们既不是公务员,也不是法官,更不是国家的法律官员,而仅仅是与执业律师具有同等地位的诉讼一方代理人。他们的法律地位,从其被解除职务却不可以提请司法审查这一点上,很明显地表露出来。当然,他们对此的心态会很平和,因为他们还可以重操旧业,继续律师生涯。试想,如果国家的雇员都能有这样高的就业本领、这样大度的胸怀,对于国家组织体制的改革将是何等重要的促进因素。不过,英国的情况与我们多少有些不同,其律师即使不是政府雇员,许多诉讼的律师费也都是由国家出的,这是国家提供的作为公共服务内容之一的法律服务(准确地说是公正服务,本书统一直译为接近正义服务)的组成部分,考虑到这一点,则公诉官之高风亮节可能要稍打折扣,因为他们所承担的公诉职务无非是国家"批发"给他们的业务而已,在此之前他们就经常享受政府"零售"给他们的业务,去职以后还复如此,还有什么可抱怨的。

七、法律官事务部

从前,总检察长与总法律顾问都是没有部门的部长。但随着安德鲁爵士在1989年提出对政府法律服务的报告,总检察长获得了对如下几个法律官事务部(Law Officers Departments)下属机构负责的职责,并从此被称作法律官事务部。③

(一)法律秘书处

由律师及非法律专业的职员组成的小组,其职责是为法律官提供法

---

① Bradley & Ewing, pp. 395-396.
② Bradley & Ewing, p. 394.
③ Phillips & Jackson, p. 374.

律建议及行使授予法律官的自由裁量权所必需的最基本的支持与服务。

（二）财政部法律顾问办公室

财政部法律顾问办公室成员为出庭律师或者诉状律师，为各中央政府部门提供法律意见及财产转让方面的法律服务。该办公室的资深长官是英王的公诉官及财政部法律顾问（H. M. Procurator-General and Treasury Solicitor），财政部法律顾问还是各政府部门的诉讼事务的诉状律师；此外，财政部法律顾问还被英王任命为海事或者家事案件的代理人。①

通常，每一个主要承担依法管理职能的中央政府部门，都有自己的法律顾问机构，而那些所面临的法律问题主要是决策方面的问题的中央政府部门则有赖于财政部法律顾问，因为其地位独立于部门的政策。②

从1996年开始，财政部法律顾问办公室也变成了一个执行机构，而其涉及财产及权利转让方面的法律事务则由另一个行政执行机构——政府财产律师办公室承担。③ 从这一年开始，财政部法律顾问办公室一分为二，其保留部分继续承担为中央政府各部门提供法律意见的职责，而其原有的涉及财产及权利转让方面的法律事务的职能，由新分出来的政府财产律师办公室承担。

（三）皇家公诉服务体系

皇家公诉服务体系是根据1985年《刑事犯罪追诉法》设立的。该机构的首长是拥有一般的提起刑事诉讼职责的公诉总监。④ 皇家公诉服务体系、公诉总监以及总检察长（A-G），都是英国刑事诉讼法中非常重要的，而由于英国的许多刑事诉讼过程涉及警察权的行使，因此，许多行政案件的案名中也会经常遇到这些简称。

（四）严重欺诈办公室

根据1987年《刑事公正法》的规定设立。⑤

---

① Phillips & Jackson, p.374.
② Phillips & Jackson, p.374.
③ Phillips & Jackson, p.374.
④ Phillips & Jackson, p.374.
⑤ Phillips & Jackson, p.374.

第三章

法律服务

英国学者认为,公众所需要的法律服务能否实际得到满足,对于英国法律体系总体上的有效利用至关重要。① 因为在他们看来,英国的法律体系总体上而言是国家对公众提供的一种公共服务,即接近正义服务。如果公众不能切实获得这种接近正义服务,则英国法律体系就失去了服务的终端用户,即使是部分失去这些用户,也是其法律体系有效性的相应损失。从这个意义上讲,国家不仅应当提供公共的接近正义服务,而且还要为公众提供接近正义服务的配套措施,使国家所提供的接近正义服务能够真正发挥效能。

第一节 法律服务的基本框架

英国现行的法律服务制度,其实是指公共财政资助的法律服务,其体制的沿革,用英国学者的话一言以蔽之,是法律援助的涅槃②——在法律援助的基础上诞生了如今的法律服务体系,这个过程在历史上标记为三个阶段性的概念:法律援助、法律服务、接近正义,并伴之以三个标志性的机构——诉状律师协会、法律援助局、法律服务理事会。

一、法律服务体系的起承

(一)法律援助制度的创立

英国有成文法律基础的法律援助计划,即向律师支付报酬以换取他们为中低收入者提供法律服务,最早是通过1949年《法律援助法》(Legal

---

① Martin Partington,p.253.
② Martin Partington,p.253.

Aid Act)建立起来的。①

随着第二次世界大战结束后福利国家以立法的形式出现,当时的工党政府引入的措施之一就是通过1949年《法律援助法》。英国学者认为,这是英国法制史上具有基础性重要意义的一大发展。②

(二)扩大法律援助的范围

起初,英国法律援助计划的范围非常有限,仅限于民事案件的代理③,即为在民事法庭进行的诉讼提供法律代理服务。④ 至于服务的对象,则是那些需要得到帮助或者无充分实力自力支付诉讼代理费用的人。这些人的范围需要由行政机关认定,但也可以通过公开标准、自我申报、公开申报结果接受公众监督等相结合的方式,以较低的成本实现服务对象的确定化。如人均年收入若干或者家庭年收入若干者,可以获得此项法律援助,这个标准是对社会公开的;凡认为自己符合条件的,可以向法律援助机构提出申请,法律援助机构即将申请人的名单及其本人申报的收入情况公之于众,同时该信息也将一并存入涉及申请人收入情况的信息系统,如税收、公司收益、银行资金管理等系统;经一定期限的异议期,如没有人提出异议,即可认定申请人符合条件,可以获得其所需要的法律援助;如果有人在异议期内或者此后有充分证据证明申请人申报不实,则构成诈骗公共财物的罪名,如果罪名成立,该犯罪记录亦将一并记入涉及申请人信用记录的公共信息系统,如银行信贷、公司开立系统等。这样一套系统的运行成本并不高,与其配套的征信系统也无须单独建设,信息共享的结果是,当事人的申报信息成为其他征信系统的一个重要信息来源,有助于其他征信系统的建立。

20世纪60、70年代,法律援助的覆盖范围逐渐扩展到刑事审判的代理、提供法律意见等,特别是那些被拘押在警察局的人。⑤ 法律援助制度随后的发展包括⑥:

(1)刑事司法援助,资助刑事案件的代理,进而发展为包括在警察局向涉警当事人提供法律咨询的计划;

---

① Martin Partington, p.82.
② Martin Partington, p.253.
③ Martin Partington, p.82.
④ Martin Partington, p.253.
⑤ Martin Partington, p.82.
⑥ Martin Partington, p.253.

(2) 绿色援助计划(green form scheme),该计划旨在允许律师就有关英国法律的任何事项提供法律建议或者帮助;

(3) 通过代理提供帮助['assistance by way of representation'(AB-WOR)],该计划允许在有限的情况下,律师将提供帮助的范围扩展到某些代理活动中。

(三) 法律援助前期实施主体——诉状律师协会

整个这一时期,一直由大法官事务部制定政策,但政策通过诉状律师协会实施。这一体制应当怎样改进的建议是由大法官法律援助与建议咨询委员会(Lord Chancellor's Advisory Committee on legal Aid and Advice)提供的。①

(四) 变革法律援助的呼声

尽管在 20 世纪 60、70 年代有一些发展,但据英国学者介绍,法律援助方面的政策始终是那个年代争议和受到批评最激烈的。法律援助制度存在的问题主要表现在以下六个方面②:

(1) 尽管其可能的覆盖范围很广,但是实际上,提供民事法律援助的前提必须是认定有关的诉讼案件是关于婚姻事务以及个人伤害或者事故,适用范围仍受到一定的限制。其他的社会法领域,如安居或者社会福利的提供,尽管也非常重要,但在实践中往往被提供法律服务的执业律师忽视。

(2) 法律援助的提供需要接受收入核查(means-testing,另一种拼法为 means tests),法律援助只能适用于那些收入或者资产低于某一标准的人。英国学者介绍,刑事法律援助计划中也要进行收入核查,只不过实践中所适用的标准没有民事案件严格。据第一部《法律援助法》通过时的估计,接近 70% 的人口属于有机会获得法律援助的。但随着法律援助开支的增加,政府所采取的抑制法律援助这项公共开支水平的机制之一是严格收入核查;如此一来,法律援助所覆盖人群的百分比骤然减少。

(3) 自 20 世纪 60 年代后期发展起来的新型的法律服务项目,特别是通过法律中心提供的法律服务,是排除在法律援助计划的资助范围之外的,除非该法律中心承揽的个案有资格获得法律援助。

(4) 有许多领域是法律援助本来就无法触及的。特别值得一提

---

① Martin Partington, p. 82.
② Martin Partington, p. 254.

是,在福利国家提供的主要为解决公民与政府之间形成的社会服务方面的纠纷而设立的裁判所所裁决的案件是没有法律援助的。但据英国学者介绍,对此也有例外,例如,提交土地裁判所的案件在裁决过程中就可以提供法律援助,后来的精神健康复审裁判所也是如此。

(5) 从政府的角度,并没有控制公共开支的办法,因为法律援助是一项"按需"提供的服务,政府有义务为符合接受法律援助条件的公民提起的所有案件所需要的法律援助买单。法律援助作为一种"按需"提供的服务,实际上已经成为福利国家普遍的现实,类似的服务项目还包括安居、社会福利、医疗服务、教育、公共安全服务等。这些基本的服务项目,是福利国家基本的公共服务,从这个意义上讲,福利国家已经在相当广泛的领域实现了"按需"分配。

(6) 也有人对律师提供的法律援助的工作质量提出疑问。任何法律执业者都可以从事法律援助工作,而不论其所属律师事务所的其他执业律师对于所涉及议题的专业技术水平。由此可能造成的不利影响是推动了法律援助成本的提高,因为这将导致其他律师事务所不得不比那些在该议题上具有专长的律师事务所花费更长的时间。

在法律援助制度存在及发展过程中,一些影响日益增强的外部压力集团一直在寻求完善法律援助计划,主要是扩大其服务范围。在这些团体中,法律行动组(Legal Action Group)的作用尤为突出。①

在整个 20 世纪 80 年代,认为法律援助的运作完全由诉状律师协会(实际是律师公会)把持的做法不适当的呼声越来越高。尽管诉状律师协会提供的法律援助工作与该协会的一般职能是完全分离的,但仍然存在法律援助计划有可能在别人看来主要是为律师的利益而运行,而非为了公众的利益。②

(五) 1988 年《法律援助法》引入的变革

1988 年《法律援助法》(Legal Aid Act)引进了根本性的改革:诉状律师协会对法律援助的行政管理职能角色宣告终结,并转移给法律援助局(Legal Aid Board)。③ 到了 1989 年,该法实施后引起的第一个变化,就是对法律援助管理体制的改变:该职能不再由诉状律师协会行使,而是转移

---

① Martin Partington, p. 82.
② Martin Partington, p. 82.
③ Martin Partington, p. 83.

给新成立的政府执行机构——法律援助局。①

在整个20世纪90年代,法律援助局研拟了多项有关不同领域的法律援助服务的基本规范。例如,法律援助局引入了一项计划,即在审批诉状律师事务所时,该律师事务所必须证明自身具有与提供法律援助有关的特定水平的专业技能和业务管理水平,这实际上是要求律师事务所必须承诺提供称职的法律援助服务。②

法律援助局致力于解决法律援助服务质量问题的核心是建立一套法律援助服务授权制度。根据这一体制,诉状律师事务所只有通过了特定的质量审计程序,才能获得提供法律援助服务的资格。③ 在英国,由于法律援助服务的范围很广、费用由政府承担、收入也与普通社会法律服务一样可观,遂成为各律师事务所追逐的目标,因而引起因各律师事务所专业倾向不同导致所提供的法律援助服务质量参差不齐的问题。可见,英国建立法律援助资格审查机制是有其现实基础的,即法律援助服务的大众化、营利性。没有这种基础性的利益驱动机制的设计,自然不会有竞相涌入的冲动,也就没有设计资格审核机制的必要性了。

根据这一体制,诉状律师能够获得最多可达十类法律援助的授权,包括:刑事、家事、个人伤害、安居以及社会福利等。④ 从1997年开始,法律援助局开始就提供特定类别的法律服务与授权的律师事务所签订合同。这样做的好处是,可以使签订法律服务合同的律师事务所能以较少的内部行政部门对外提供法律服务。这些律师事务所没有必要再就法律援助工作的每一类型提供法律意见,而只需要提供法律服务合同界定范围内的法律服务。⑤ 这实际上意味着,律师事务所可以更专业化,根据其签订的政府法律服务合同,专注于合同规定范围内的法律服务,不必再对外招揽生意,其内部管理部门得以精简,相应地会降低经营成本,从而降低其提供的法律服务的价格,进而将这种利益传递给最终受益于这些法律服务的公众,以及为公众利益提供法律援助资金的行政机关。

新的授权类型也在不断开发,1999年2月创设了医疗疏忽类法律援助授权。大约2900个诉状律师事务所至少获得了1项可提供法律援助

---

① Martin Partington, p. 255.
② Martin Partington, p. 83.
③ Martin Partington, p. 255.
④ Martin Partington, p. 255.
⑤ Martin Partington, p. 255.

服务的授权。①

除此之外,法律援助局着手进行了一系列先导性研究,以检验将法律援助服务的授权赋予诉状律师事务所以外的机构的可行性,如授予足以提供与诉状律师事务所同样水准的法律咨询和帮助的法律咨询机构。②

法律援助局在法律援助服务领域的这些改进,意义不容低估。在20世纪70、80年代,诉状律师协会面临的最大挑战之一是如何设计相应的手段,以确保所有法律执业人员都能够切实胜任提供称职的法律服务。诉状律师协会未能做到这一点,仅就这一目标而言,法律援助局做到了;当然,这使许多执业律师非常不爽。③

(六) 1999年《接近正义法》的成果

作为1999年通过的《接近正义法》的成果之一,法律援助局被废除,由法律服务理事会(Legal Services Commission)取而代之,并被赋予两项新的职责:刑事辩护计划(Criminal Defence Scheme)和社区法律服务(Community Legal Service)。④ 相当数量的法律援助服务必须以规定的收费标准提供服务,也与传统的按小时收费的私人法律服务不同。⑤ 当然,1999年《接近正义法》的另一个不言自明的变革就是,该法以接近正义之名取代了法律援助。

尽管法律援助的概念正式被废除,但新的接近正义的体制仍建立在既存的法律援助计划之上。这种变革的特征不是革命式的而是进化式的。不仅如此,许多重要的新原则的确立,将会吸引公共基金投资于某些类型的法律服务计划,从而增强法律服务理事会在英国法律体系内构建法律服务供应体系方面的重要性。⑥

二、法律援助及其他资助的必要性

虽然在某些情况下可以获得私人或者自愿渠道的资助,但法律援助显然是资助个人申请司法审查最常见的资金来源。法律援助并不提供给组织。因此,如果某人寻求司法审查,无论是单独提起,还是作为潜在的

---

① Martin Partington, p. 255.
② Martin Partington, p. 255.
③ Martin Partington, p. 83.
④ Martin Partington, p. 83.
⑤ Martin Partington, p. 255.
⑥ Martin Partington, p. 83.

众多申请人中的一员,能否获得法律援助都是在案件的早期阶段需要考虑的关键问题。①

法律援助以及其他形式的财政支持之所以必要,不仅是为了支付申请人自己的法律服务费用,也是为了在其申请不成功时支付被告的费用。②

根据 1988 年《法律援助法》的规定,在实践中,如果申请人通过司法审查获得了法律援助,则法院通常不会作出任何针对该申请人的费用支付令,即使在例外的情况下作出这样的支付令,该人所要承担的费用通常不超过其事先向法律援助机构承诺的捐款额。③ 这样就确保了其不至于赢了官司却赔了钱。

特别值得注意的是,如果被告提出要求,法院可以针对败诉的申请人作出费用支付令,即便该申请人获得了法律援助。这样的支付令不能马上执行,因为该支付令执行的条件是义务人必须具有足够的经济实力,而其能够获得法律援助的财产状况阻止了该决定的执行。但该决定将一直有效,从而有可能在将来的某个时候,随着申请人经济状况的改善而得以执行。这就是所谓的足球彩票式费用支付令,它可以针对未来的任何收入或者财产强制执行。例如,某个学生可以经法律援助,对教育机构招生或者考试程序的合法性提出挑战,如果挑战失败,可以针对该学生作出一个费用支付令,在其获得全职聘用后再予执行。④

三、法律服务等级

英国法律服务的水平有七个等级⑤:

(1) 法律协助[取代了先前的"绿色"咨询和协助计划('green form' advice and assistance scheme)];

(2) 法庭上的协助;

(3) 经批准的家庭法律协助,既包括一般的家庭法律协助,也包括借助调解的法律协助;

(4) 出庭法律代理,既包括侦查阶段的法律协助,也包括全程法律

---

① Bridges & Cragg, p. 49.
② Bridges & Cragg, p. 49.
③ Bridges & Cragg, p. 51.
④ Bridges & Cragg, p. 51.
⑤ Martin Partington, p. 259.

代理;

(5) 费用支持,既包括调查阶段法律服务费用的资助,也包括诉讼阶段法律服务费用的资助;

(6) 家庭调解;

(7) 大法官授权实施的其他法律服务。

四、法律服务理事会

法律服务理事会(Legal Services Commission)负责在既有法律服务体系的基础上,开发由社区法律服务基金以及其他支持者合伙支撑的、事实上服务全国的法律服务系统。①

五、区域法律服务委员会

法律服务理事会在实现其计划的过程中,得到了各区域法律服务委员会的帮助。这些区域法律服务委员会的成立时间早于法律服务理事会。每个法律援助服务区成立一个区域法律服务委员会。法律援助服务区是为推进法律援助计划而划分出来的行政区域,整个英格兰地区分为13个法律援助服务区。各地区的法律服务委员会协助法律援助理事会提供现行的法律服务,帮助法律援助理事会向社区提供新的法律服务。

每个地方政府的辖区内都应当设立一个社区法律服务合伙组织,该合伙组织为地方政府机关、法律服务理事会以及其他机构提供一个共同规划和合作资助法律咨询及其他法律服务组织的平台,以努力向社区提供满足当地需要的法律服务。②

六、法律服务中的政府角色

政府在法律服务体系中的作用表现在四个方面:一是法律服务体系的设计师。英国政府在构建法律服务的供应体制方面扮演着重要的角色。③ 二是法律服务体系的监督者。这一职能主要是由大法官事务部承担,并通过英国法律服务体系在法律援助体制的基础上重生而表现出来。三是法律服务的主要赞助商。四是法律服务的组织者。

---

① Martin Partington, p. 256.
② Martin Partington, p. 256.
③ Martin Partington, p. 82.

七、现行法律服务体制评价

建立社区法律服务的基本思路并无创新。设立全国统一的法律服务或者社区法律服务,多年来一直是许多压力集团或者社会活动家们经常提议的。①

英国在这方面的新进展的重要性在于,政府已经意识到提供法律服务是实现广泛的社会目标的诸多努力的重要组成部分,因为这可以使弱势群体(the powerless,这个词非常关键)通过这些随时可能获得的援助,具有他们本不具有的力量,使他们真正受益于社会立法提供的各种保护。新的社区法律服务体制较之原有体制的改革表明,政府已经接受了提供经济高效的法律服务必须有所规划,以满足明确的社会需要,而不能随意施舍。②

同时,新的社区法律服务体制表明,根本不可能存在真正意义上的全国统一提供的法律服务,即排他性地只由取得职业资格的专业律师提供法律服务,对于社区中那些较不富裕者尤其如此;社区法律服务必须有职业律师以外的其他机构的介入。③ 不仅如此,新的社区法律服务体制还有其他一些非常重要、需要认识的特点④:

第一,绝大多数研究法律服务的学者认为,在案件初始阶段准确提供高质量的法律信息和建议,能够降低成本。新的社区法律服务体制对于早期介入的强调,从原理上讲是正确的。这一规律性的认识非常重要,与其花大量的时间、精力和金钱用于事后补救或者化解已经产生的纠纷,不如提前投入一部分财力,用于事前向有关当事人提供必要的法律信息和咨询,预防矛盾的产生或者恶化。

第二,社区法律服务提供电子或者电话服务(这在早先的法律援助体制中是不存在的),比面对面服务节省费用。但有调查显示,这些电子或者电话设施在社区法律服务的最主要人群中的普及程度不及其他人群。同总人口中其他人群相比,普及比例仍然偏低的原因,已经不仅仅是与这些人群的收入或者财产水平不高有直接关系了。为了避免收入或者财产

---

① Martin Partington,p. 260.
② Martin Partington,p. 260.
③ Martin Partington,p. 260.
④ Martin Partington,p. 261.

水平不高影响这些人群接近正义的能力,英国政府除了提供普通的电话咨询服务以外,还专门开通了法律服务热线。但实际情况是,这些人对于专门设立的服务专线的使用程度,仍然低于可以不唯一依靠这些专线的人群。英国发生的这种统计现象提醒我们,对于那些需要给予特别帮助的人群,他们真正需要的并不仅仅是消除收入或者财产水平所造成的限制,还需要在此之外为他们提供更进一步的关怀,如能动性、参与度的激励等。能动性、参与度等方面的欠缺,或许恰恰是导致这些人收入或者财产水平低下的原因,对于这些因此致贫的人而言,在收入或者财产水平方面的补助并不能完全解决能动性、参与度方面的问题,法律服务热线也同样如此。

八、应对最新挑战

有迹象表明,社区法律服务已经开始出现向反方向发展的苗头。法律服务理事会报告了其对如下现象的关注:许多诉状律师事务所已经离开法律服务体系(特别是从事家庭法律服务工作的律师事务所的减少),数量可观的其他法律服务提供者也考虑放弃从事社区法律服务工作。决定放弃的主要理由是,社区法律服务提供者在从事法律服务工作时必须面对营利方面的困难。事实上,官方数据显示,与诉状律师事务所签订的法律服务合同总数减少,同时每一起法律协助案件的平均花费明显上升。[①]

另外一个引起普遍关注的现象是,考虑到社区法律服务与刑事司法援助的预算是合二为一的,政府采取的优先向刑事司法体制转移的政策,将会掏空社区法律服务的财政基础。[②]

为了扭转上述局面,英国政府采取了一系列应对措施[③]:① 已经在某种程度上放松了申请人财产状况的审核标准,其结果是扩大了社区法律服务受益人群的人口比例;② 法律服务理事会决定,为那些愿意培训法律服务实习生的合作者,提供与其实际培训人数相应的资助;③ 将法律服务资助的范围延伸到非营利性机构的做法,已经使法律服务的提供者

---

① Martin Partington, p. 261.
② Martin Partington, p. 261.
③ Martin Partington, p. 262.

具备多样性。但法律服务理事会提出的进一步提高法律服务提供者的报酬的建议,没有获得大法官的批准。

第二节 法律服务的主要内容

英国法律服务立法对于法律服务对象的界定,采取的不是列举的方式,而是运用排除条款,采取这种立法思路有一个一般性前提,即所有人(或者物、事)都当然地具有某种权利,只有制定法明文排除者除外。此外,英国法对于法律援助范围的规定,是糅合在法律援助对象中的,即不是从案件的类型着眼,而是从提起相应法律援助的当事人入手。

一、对象与范围

(一) 一般范围

就法律服务而言,英国法规定,只有向个人提供的法律服务才能得到法律服务计划的资助。① 获得政府授权提供法律服务的律师事务所,并非不能向非个人提供同样性质的法律服务,只是不能从公共法律服务基金那里得到资助,如非赠送则只能向获得法律服务的单位收费。这说明,法律服务只是律师事务所从政府那里"批发"来的大宗业务,有些律师事务所可能因此丰衣足食而无须再从事其他业务,其他律师事务所仍需要而且也有权向其他人提供其他法律服务,这是法律服务计划本身不能禁止的。

(二) 一般排除

某些类型的法律服务也被排除在法律服务体系之外,主要有四类②:

(1) 与声称因疏忽导致的伤害或者死亡有关的服务,但声称因医疗疏忽而引起的伤害或者死亡案件仍属于法律服务的范畴。英国学者解释,立法者认为这类案件更适合于有条件酬劳协议(conditional fee agreements),也就是我们所说的射幸合同,即赢了由当事人与服务者按约定比例分成,输了当事人不付报酬。这种合同在有些国家是禁止的,以避免律师们过分热衷于维护农民、贫民等低收入者的利益。

(2) 与疏忽导致的损害有关的案件,即使该案件中所提出的诉讼请

---

① Martin Partington, p. 257.
② Martin Partington, p. 257.

求在法律归类上并不属于疏忽的范畴,如在因在公路上被绊摔跤的案件中声称地方政府机关违反了维护公路安全的制定法上的义务。

（3）因被认定不具有足够正当的获得公共财政资助的优先权而被排除在外的案件。这类案件包括:申请对财产的过失损害赔偿的案件、财产过户、界址纠纷、信托法律事务或者遗嘱事宜、与公司或合营以及经营方面的法律问题有关的案件。这些都是有钱人或因有钱才会遇到的法律问题,由于不符合法律援助服务仅面向确有可能因经济原因而被拒之门外的穷人的原则,不属于公共法律援助施救的对象。这与公正的推行无关,就像不能因为社会福利制度只救济穷人、没有按照人人平等原则惠及富人和外国人,就说这种制度不符合正义一样。法律面前人人平等不是人人在所有的法律面前平等,而是每个属于特定法律调整对象的人与同样受该法调整的其他人的平等。

（4）对于涉及诽谤以及恶意中伤案件的诉讼代理。由此并不能得出结论,穷人就该被诽谤或者恶意中伤。这些案件并不实质性地影响原告最基本的生存条件,考虑到公共财政负担的现实性,将这类案件排除在公共法律援助的范围之外。

（三）一般性排除的必然例外

尽管有一般性排除,但是对于有关制作遗嘱的法律援助,在下列情况下仍是可能的:当事人超过 70 岁或者是残疾人,这类当事人的父母或者监护人希望为其提供法律援助时;个别案件中甚至包括年龄小于 16 岁的当事人。[1]

（四）一般性排除的或然例外

即使按一般排除原则应当予以排除,下列两类案件仍有可能获得法律援助[2]:① 某一事项只是偶然成为可以获得法律援助的议题,或者该议题是由未获得法律援助的某个人启动后进入诉讼程序的;② 某一案件包括两个截然不同的诉讼请求,其中之一属于被排除之列,但又不可能对这两个诉讼请求分开处理,并且法律服务理事会认为这两个诉讼请求不可能按附条件的收费协议或者其他方式提供资助。

（五）法律援助对象的调整

英国政府已经表示,随着替代性法律援助资金来源渠道(如附条件的

---

[1] Martin Partington, p. 257.
[2] Martin Partington, p. 257.

收费协议以及法律开支保险)的开发,目前由公共财政资助的某些法律援助工作类型,届时有可能被移出社区法律服务。而其他的法律服务工作,如为某些在裁判所开庭的案件提供法律代理服务,有可能被纳入。但是英国学者也提醒说,为实现上述目标的政治阻碍不容低估。[①]

二、服务优先权

在拟定法律服务体制的细节时,法律服务理事会要考虑大法官所确定的某些类型的案件在获得法律服务资助时的优先权,包括以下六类[②]:

(1) 根据1989年《儿童法》提起的诉讼,这些案件过去获得法律援助,既不需要收入核查也不需要绩效核查;

(2) 当事人的生命或者财产受到威胁的民事诉讼,而这正是导致法律援助扩展到移民服务上诉裁判所(Immigration Appeal Tribunal)听审程序的指导原则;

(3) 能够避免国民被社会遗弃的安居或者其他社会福利案件;

(4) 家庭暴力案件;

(5) 涉及享受社会福利的儿童的案件;

(6) 当事人声称遭受恶劣待遇、侵犯人权以及公共管理机构及其工作人员滥用其地位或者权力的案件。

三、基本服务类型

英国的法律服务包括两大类:一是法律服务理事会直接拨款支持的法律服务;二是为较高级别刑事法庭上的被告提供的法律代理服务。[③]后者属于传统的法律援助范围,也是改革后的法律服务内容之一。前者则是由法律服务理事会负责推进的法律服务,主要表现形式是社区法律服务。

四、刑事辩护服务

(一) 服务内容

为刑事被告提供辩护服务这种传统的法律援助形式,是英国刑事法

[①] Martin Partington, p.258.
[②] Martin Partington, pp.256-257.
[③] Martin Partington, p.261.

律体系的一个重要组成部分。①

刑事辩护服务是1999年《接近正义法》引入的法律服务,取代了被该法废止的刑事法律援助计划。法律服务理事会有权确保向涉嫌刑事犯罪并因此而被侦查或者实际面临法院刑事诉讼程序的当事人提供法律建议、法律协助和法律代理。② 按照1999年《接近正义法》第12条的规定,"刑事诉讼"不仅包括刑事审判、上诉及听取判决,而且包括引渡的听审、为被定罪且已死亡的当事人的利益提起的上诉、在任何法庭所犯的蔑视法庭罪的审理程序等,而且大法官有权扩大上述解释的范围。③

(二) 服务形式

刑事辩护服务包括四个基本要素④:① 通过执行与私人执业的诉状律师事务所签订的合同,在警察局或者治安法院提供刑事辩护服务;② 提供一个全国范围内的警察局及治安法院的义务诉状律师体系;③ 管理针对成本非常高的刑事案件的刑事辩护服务而与辩护律师团签订的个案辩护合同;④ 通过公共辩护服务体系,直接向公众提供辩护服务[Public Defender Service(PDS)]。根据1999年《接近正义法》第16条的规定,在公共辩护服务体系中受雇的受薪的法律服务提供者,要遵守由法律服务理事会制定、由议会批准的良好行为规范。

(三) 按需服务

刑事辩护服务与社区法律服务的关键区别在于,刑事辩护服务仍是一种与早先的法律援助相同的按需提供的服务,不受现金流量的限制。⑤ 从人权保护的角度看,这是理所当然的。

(四) 服务提供者

刑事辩护服务主要由私人执业的诉状律师提供。所有从事这类业务的诉状律师事务所都必须与法律服务理事会签订一个提供此类服务的合同。⑥

(五) 存在的问题

与社区法律服务一样,法律服务理事会也担心签订服务合同的律师

---

① Martin Partington,p. 261.
② Martin Partington,p. 263.
③ Martin Partington,p. 263.
④ Martin Partington,p. 263.
⑤ Martin Partington,p. 263.
⑥ Martin Partington,p. 263.

事务所数量下降的问题。① 除此之外,法律服务理事会还注意到,从事刑事辩护服务的律师的年龄正在上升,几乎没有多少年轻人从事这一职业。② 法律服务理事会预计,法律服务在小镇及农村地区的供应可能存在严重的问题。③

五、公共辩护服务

(一)制度目标

在 2001—2002 年度,法律服务理事会引入了公共辩护服务,其目的是④:

(1)向公众提供独立的、高质量的、物有所值的刑事辩护服务;

(2)树立全国及地方刑事辩护服务的模范样板;

(3)向法律服务理事会提供用于改善私人执业者通过签订合同提供刑事辩护服务之职业水准的基准数据;

(4)提高政府内部(包括大法官事务部以及法律服务理事会的各层级、各地区)对刑事辩护律师为公众提供高质量法律服务时将会面临的问题的理解水平;

(5)向法律服务理事会提供能够确保既有的服务水平不高的地区获得高质量刑事辩护服务的另外一种选择;

(6)根据公共辩护服务的业务需要,招募、培训和开发能够提供高质量刑事辩护服务的人员,以使这些人员组成的机构最终能够提供普遍刑事辩护服务;

(7)与私人执业的刑事辩护服务提供者分享公共辩护服务体系中形成的刑事辩护实务中形式方面或者体制方面的最佳做法,以便整体上提高刑事辩护服务水平。

(二)配套措施

公共辩护服务办公室必须以其提供的高质量的公共刑事辩护服务吸引并留住当事人,并在此基础之上维持其正常运作。这是个客观但很难达到的标准,因为没有任何措施强迫当事人必须使用其所在地区建立的

---

① Martin Partington,p. 263.
② Martin Partington,pp. 263-264.
③ Martin Partington,p. 264.
④ Martin Partington,p. 264.

公共刑事辩护服务,当事人完全有权在公共刑事辩护服务和那些与法律服务理事会签订了合同的诉状律师之间自主选择。① 可见,这一制度设计的指导思想仍然是:没有自主选择,就没有自由竞争。

(三) 创新之处

与先前的刑事法律援助计划不同,公共刑事辩护服务的一个重要特征是,决定是否为某一刑事诉讼案件提供法律代理服务不需要进行资产状况审查。② 原来在刑事法律援助中适用的财产状况审核存在两个问题③:首先是浪费金钱,法律援助体系在财产状况审核程序中花的钱,与根据被告个人的财产情况实际收取的钱差不多。与此对应,在公共刑事辩护服务体系下,法官有权在审判结束时判令被定罪的人支付其所获得的辩护服务的部分或者全部费用。④ 相应的,法律服务理事会亦有权调查每个被告人的财产状况,以协助法官作出此类决定。⑤ 其次是拖延了时间,原因是审判必须在确定诉讼代理人后进行。⑥

六、社区法律服务

(一) 制度构想

社区法律服务体制向提供法律服务的律师给予资助,正如先前的法律援助计划所做的那样,而且社区法律服务范围还扩展到由非律师提供的某些服务。为了保证所提供法律服务的质量,法律服务的提供者必须取得与其提供服务的类型和水平相适应的"质量标志"。⑦ 这相当于一项法律服务资格的认定,但这项法律服务资格认定只是针对那些没有取得职业资格的法律服务提供者,已经取得律师资格的执业律师,不需要另行申请这样的资格。

(二) 设计目标

根据1999年《接近正义法》第4条第2款的规定,社区法律服务大致

---

① Martin Partington, p. 264.
② Martin Partington, p. 264.
③ Martin Partington, pp. 264-265.
④ Martin Partington, p. 264.
⑤ Martin Partington, pp. 264-265.
⑥ Martin Partington, p. 265.
⑦ Martin Partington, p. 259.

有五个方面的内容①:① 提供法律和法律体系的基本信息,例如,提供超市里免费取阅的普法小册子或者建立法律网站;② 通过提供法律适用方面的法律意见帮助某些特定对象,例如,在社区咨询中心或者公民咨询服务局(Community Advice Centre or Citizens' Advice Bureau)提供初步法律意见;③ 协助预防、调处或者以其他方式解决有关法律权利和义务的纠纷,例如,为预防或者解决纠纷提供更为具体化的帮助,如提供电话、信件答复或者直接的律师代理;④ 协助执行已经作出的解决有关法律权利和义务纠纷的决定;⑤ 提供与纠纷无关的涉及法律程序问题的服务。

(三) 服务规模

如今,许多人获得有关法律问题的咨询意见,不是在诉状律师办公室,而是通过公民咨询服务局的1500多个办事处、法律中心及其他独立咨询机构中的某一个,这类服务通常由与这些服务机构联系的律师或者获得其他职业资格的成员提供。②

大约有6000名拥有各类职业资格者在这些服务机构中工作,同时还有接近30000名不收取报酬的志愿者协助他们工作。这些服务机构每年处理超过1000万件询问,同时每年收到25000万英镑来自众多渠道的公共财政资助,其中既包括中央政府提供的,也包括地方政府提供的。相当数量的法律援助服务必须以规定的收费标准收费,与传统的按小时收费的私人法律服务不同。③

(四) 服务合同

社区法律服务体系的一个根本特征是,法律服务是按照法律服务理事会与法律服务提供者签订的合同提供的。在法律援助局最初引入的特别授权和契约合作的基础上,只有获得授权的提供者,才能够获得向公众提供公共财政资助的法律服务的合同。④

(五) 地区差异

这些获得授权的提供者提供的服务具有极大的偶然性,往往与其所在特定地区有极大关系。⑤ 因此,不同地区的服务提供者提供的服务质

---

① Martin Partington, p. 258.
② Martin Partington, p. 255.
③ Martin Partington, p. 255.
④ Martin Partington, p. 256.
⑤ Martin Partington, p. 255.

量参差不齐。① 结果在某些领域，某类服务提供者根本不能提供有效的服务，而另外一些地区却有很多家服务提供者，造成提供的服务雷同、过量供应及相应的稀缺资源的浪费。② 但从另一方面看，没有统一的领导反而成了一种优势，与其服务地区及对象相适应的社区服务才是真正的社区服务。片面强调某一服务提供者全国统一，结果往往是强化了该提供者在全国的影响力，使得该提供者为了其自身存在的需要，最终迷失了其设立之初的服务宗旨。

七、资助替代性纠纷解决机制

只要能够比法院的诉讼程序更有效，替代性纠纷解决机制也可以得到社区法律服务的资助。不仅如此，如果通过行政复议或者议会行政监察专员体制能够更有效地解决问题，则在穷尽这些救济渠道之前，也不会给予法律服务方面的资助。③ 这说明两个问题：英国并没有法律明文规定必须先穷尽所有便捷的救济渠道，而只是间接地通过选择性提供法律服务的方式，鼓励人们优先适用穷尽救济原则；但并不禁止人们在穷尽行政复议和议会行政监察专员等救济之前，使用诉诸法律的解决手段。

第三节 法律服务的财政结构

本节介绍法律服务的财政结构。与法律服务替代的法律援助计划不同，法律服务体制不再是按需供应的，而是受现金流量的限制。英国政府努力寻求对法律服务理事会的预算实施严厉的财政控制。④ 与所有公共开支一样，社区法律服务要受财经纪律（financial discipline）的约束。但现金流量限制不必然意味着无法提供公众所需要的服务，其成功与否的关键，取决于现金流量的限制水平以及有效地利用一切可利用的资源，以提供具有较高投入产出效益的法律服务。⑤

---

① Martin Partington，pp. 255-256.
② Martin Partington，p. 256.
③ Martin Partington，p. 260.
④ Martin Partington，p. 261.
⑤ Martin Partington，p. 261.

一、法律服务的财政基础

法律服务的财政基础,是指向社会提供的法律服务费用是如何支付的。[①] 在英国法中,从公法角度讨论这一问题,就是受政府聘任或者雇用的向公众提供法律服务的人如何获得政府资助。这个问题类似于我国的公益性法律援助,即公共财政资助的法律服务[②],而不是经营性法律服务机构如何在社会中生存的问题。后者是私法讨论的领域,而且早在几百年前就已经落实了具体的解决思路——自由竞争。

对法律服务的财政基础的讨论,并不关注组织或者富裕的个人如何获得法律服务,推定他们有能力负担他们所需要的法律服务的费用。讨论法律服务的财政基础,重点在于财政资助的法律服务的提供,特别是在诉讼中对不太富裕或者贫困者提供法律服务的财政资助。这个问题包括两个不甚均等的部分:篇幅较大的议题涉及公共财政资助的法律服务的变革,另一部分则是政府在促进私人资金资助法律服务方面的发展。[③]

针对法律援助制度存在的问题,英国政府一直试图改革法律服务体制,以便向公众提供更广泛的法律服务,同时又不至于使政府无力负担。[④]

尽管法律援助局在其存在期间推行了大量改革,但人们仍觉得这些改革措施没有有效解决如下矛盾:法律援助服务计划资助的法律服务的范围没有明显扩大,但成本却日益攀升。[⑤] 而社区法律服务的资助应当遵从《公共财政资助良好行为规范》的规定,该行为规范明确了提供法律服务的具体框架。[⑥]

改革后的法律服务体制的另一个关键性、同时在许多方面看来也是最具争议性的特征是,向法律服务理事会提供的基金受每年的现金流量的限制,而不像早先的法律援助计划实行按需供应。[⑦]

---

① Martin Partington, p.253.
② Martin Partington, p.253.
③ Martin Partington, p.253.
④ Martin Partington, p.254.
⑤ Martin Partington, p.255.
⑥ Martin Partington, p.256.
⑦ Martin Partington, p.256.

二、法律服务收费

法律援助,以及后来的法律服务,不是绝对不收费,而是收费较少或者事后收费。相当数量的法律援助服务必须按规定的收费标准收费,与传统的按小时收费的私人法律服务不同①,在改为法律服务之后,按规定的收费标准收费的收费政策没有改变。

此外,如果接受法律服务的当事人的诉讼目的是获得损害赔偿金或者其他财政收益,则该当事人所获得的任何损害赔偿金都要抽取一定比例捐献给社区法律服务基金。② 这符合取之于民、用之于民的宗旨。在这种体制下,社区法律服务实际上是资助权利受到损害的当事人启动维权的法律程序,如果当事人在该程序后并没有收益,则除了根据当事人的财产状况需要支付的费用外,不收取额外费用;如果当事人通过这些程序取得了收益,则社区法律服务基金就要从中抽取一部分。这种类似红捐的财政捐助是社区法律服务基金的重要来源,它铺就了通往正义的道路,让由此获益者为将来寻求正义的人预付一笔费用。

三、私人资助机制

私人资助机制的重点是对诉讼活动的资助,而非对没有争议的商业活动的资助,不予资助的商业活动包括起草遗嘱、打理遗产或者购买及出售财产等。③

在这方面,英国开发了许多新举措,旨在促进私人资金资助参加法律诉讼的成本。④ 这些新进展背后的推动力是不断促进人们更便捷地接近正义的愿望。⑤

四、财产状况审核

财产状况审核(means test)通常是获取法律服务的首要条件。

与法律援助一样,有权获得法律服务资助的当事人,必须证明其本人符合接受法律服务资助的条件,易言之,他们必须接受财产状况审核。但

---

① Martin Partington,p. 255.
② Martin Partington,p. 259.
③ Martin Partington,p. 265.
④ Martin Partington,p. 265.
⑤ Martin Partington,pp. 265-266.

根据 1989 年《儿童法》的规定,获得信息提供及诉讼法律服务者,不受此项限制。① 由于涉及对儿童的保护,1989 年《儿童法》免除了获得相应法律上的帮助的当事人提供财产证明的义务,这体现了该法加强对儿童权益保护的立法取向。

如果法律服务申请人的财产状况低于下限值,将获得免费的法律服务。如果介于上限与下限之间,受资助的当事人有义务提供一定比例的财政捐助。但是,一般法律协助、法庭上的协助以及家庭调解三类法律服务不需要提供财政捐助。② 也就是说,财产状况介于上下限之间的当事人,对第一类(一般法律协助)、第二类(法庭上的协助)、第六类(家庭调解)法律服务仍无须付费,但除此之外的法律服务,需要以提供与开支相等的财政捐助的形式付费。

五、价值检验

价值检验(merits test)是获取法律服务的第二个条件。

当事人获得社区法律服务资助的一般前提是,一个理性的当事人愿意自己出钱打这个官司。③ 这个原则在普通法系的公法领域经常出现,可以归纳为"将公比私"原则,即公法人、公法资助的行为人不应当比普通人更愚钝,而应当是理性的人,他们的行为标准和方式应当是同一的,也就是应当符合一般理性人的行为模式。表面上看,这是在分析行为人的行为模式,但从制度角度看,是将公法主体的行为规范与私法主体的行为规范统一,即公法与私法的统一,这就是普通法。从这个意义上说,英国普通法本质上还有这样一层含义,即公法的行为规范应当以私法为体、以公法上的例外为用,公法仅仅是规范私法原则的例外。

按照上述原则,在决定是否向特定申请人提供社区法律服务时,必须考虑其所涉及案件是否经济,也就是必须对该案件获胜的前景进行评估。④ 但是,这一标准并不适用于许多安居案件,或者涉及公共利益的案件。至于何为公共利益,法律服务理事会在判断时要听取公共利益咨询委员会(Public Interest Advisory Panel)的意见。⑤ 只有有希望获胜的案

---

① Martin Partington,p. 259.
② Martin Partington,p. 259.
③ Martin Partington,p. 259.
④ Martin Partington,p. 259.
⑤ Martin Partington,pp. 259-260.

件,才有必要提供法律服务资助。从这一点来看,英国法律服务是非常功利的,不打无把握之仗。由此不难想象,许多穷苦人的诉求并不都能得到资助,除非这些诉求确实有法律上的依据;从另外一方面看,这一体制也起到了相当重要的过滤无望诉讼、滥诉、缠讼(包括缠访)的功能。当然,对于被拒绝予以资助的当事人的救济有两条途径:一是当事人可以继续其诉讼,如果赢了,找法律服务机构报销;二是按照行政行为的法律救济的一般渠道寻求救济。

价值检验所涉及的成本收益率(Cost-benefit ratios)的确定取决于可能发生的成本与获胜希望之比。例如,如果获胜的希望为 80% 或者更高,则可能获得的损害赔偿只需超过可能的成本即可;如果获胜的希望为 60%~80%,则可能获得的损害赔偿与可能的成本之比应当超过 2∶1;如果获胜的希望为 50%~60%,则可能获得的损害赔偿与可能的成本之比必须超过 4∶1。[①] 也就是说,机会收益必须大于机会成本,而且案件的成功率越低,机会收益与机会成本之比相应的应当越高。

对于完全可以通过商业运作模式获得附条件的收费协议的案件,一般拒绝给予资助。但是,对于因公共管理机构涉及人权问题的行为引起的案件,适用特殊的规则。[②] 这显然不是为了给予公共管理机构特殊保护,而是为了加强对公共管理机构的制约力度,强化人权保护。

当然,也有成本效益的简单判断标准:如果法院在开庭听审之前已经作出了允许司法审查的决定,则推定该案将获得法律服务资助,前提是当事人财产状况处于获得法律援助资助的财产限额范围内[③],即并不因此免除其案件类型是否属于法律服务范围以及财产状况等方面的审核。

六、高成本案件

高成本案件属于获取法律服务的特例。

为了避免社区法律服务基金过多用于数量相对较少但开支巨大的案件,英国政府专门成立了一个特别案件处(Special Cases Unit)来控制对此类案件的开支。如果某一案件的法律服务费用有可能超过 25000 英镑,就要提请特别案件处予以审查。此外,对于为数众多的申请人共同就

---

① Martin Partington, p. 260.
② Martin Partington, p. 260.
③ Martin Partington, p. 260.

某事或者某个案件提出请求的集团诉讼案件,英国政府也会采取特别措施予以应对。①

七、控制开支的制度设计

真正的挑战在于如何通过适当的制度设计,以保证那些本来应当有打官司意愿的人能够打得起官司,不会出现因此承担不成比例的费用的情况。为此,英国设计了三项制度②:① 新的《民事诉讼规则》;② 附条件的收费协议;③ 固定收费。

八、《民事诉讼规则》

伍尔夫将减少审理案件的开支视为其倡导的英国司法体制改革的中心目标之一。为此,他设想了两条基本途径③:

(一) 使开支与案件标的数额成比例

在伍尔夫改革举措实施之前,确定纠纷解决费用的基本原则是,必须证明与所收取的费用相对的开支是合理的。新的《民事诉讼规则》中,仅需证明开支合理的原则已经被修订。根据新规则,所收取的法律服务费用既要合理,又要与案件标的数额成比例。对于标的数额相对较小的案件,将部分法律程序前移到案件的准备阶段就是合理的做法④,因为前期的准备阶段不需要执业律师参与,收费可以低一些,由此降低整个案件的实际开支。

如果采取这些法律程序的开支是刚性的、无法节俭的,总开支尽管合理,仍有可能与案件标的数额不成比例。此时对法官提出的要求是,不能接受那些虽然合理但却与案件标的数额不成比例的开支。但英国学者进而指出,这一原则在施行中面临的问题显而易见:何谓合理、何谓成比例?⑤ 可见,伍尔夫改革所涉及的领域不限于法律服务本身,而是包括法律服务整个操作过程的系统性改革,其中包括作为最终裁决者的法官在对案件作出判决后,应当一并决定案件所需要支付的法律服务费用。

---

① Martin Partington, p. 260.
② Martin Partington, p. 266.
③ Martin Partington, p. 266.
④ Martin Partington, p. 266.
⑤ Martin Partington, p. 266.

(二)案件管理

《民事诉讼规则》中所强调的案件管理,旨在确保案件能够被快速地处理。因为,阻止诉讼程序拖延可以减少开支。[①]

案件管理目标存在的问题是,与《民事诉讼规则》引入的其他变革相冲突。因此,英国学者指出,尽管伍尔夫改革总体上得到了广泛支持,但大量证据表明,其减少成本的目标尚未实现。[②]

九、附条件的收费协议

附条件的收费协议这一概念由保守党政府在1990年引入,其后由执政的工党政府加以扩展。[③]

(一)法律意义

1990年《法院及法律服务法》第58条界定了附条件的收费协议,1999年《接近正义法》第27条第1款将其修订为:一种规定费用与开支或者其中的任何一部分的协议,根据该协议只有在条件成就时才能支付。[④]

附条件的收费协议又称"输了白干(不赢不给钱)"(no win-no fee)协议,它允许诉状律师在明知该案件败诉将无法从被代理人那里拿到全部或者部分工钱的条件下接手一个案件;同时,该协议当事人也同意,如果案件赢了,代理律师可以在通常收费标准之上收取费用,以补偿其所担负的无法获得全部或者部分费用的风险。[⑤]

附条件的收费协议对于资助诉讼活动的重要性,因1999年《接近正义法》而显著增强,因为获得公共财政资助的前提是没有获得包括附条件的收费协议在内的其他替代性资助。[⑥] 这实际上是将附条件的收费协议设置为一种私人之间的法律服务形式,即如果有律师愿意代理某个案件,并且当事人亦不反对,双方就可以就此达成附条件的收费协议,解决当事人打不起官司的问题。这进一步揭示了附条件的收费协议在英国法律服务体系及接近正义运动中所扮演的角色。

[①] Martin Partington, p. 266.
[②] Martin Partington, p. 266.
[③] Martin Partington, p. 267.
[④] Martin Partington, p. 267.
[⑤] Martin Partington, p. 267.
[⑥] Martin Partington, p. 267.

(二) 胜诉费条款

胜诉费(success fee)的计算方法通常是以收费标准乘上一个百分数,其具体数值应当反映该案件所面临的败诉风险,但胜诉费的上限不得超过正常收费标准的两倍,即在最差的情况下,当事人如果赢得诉讼就会比正常情况下多付一些诉讼费,但如果案件输了,则分文不付。考虑到胜诉率,则诉状律师代理案件的胜诉率如果高于 50%,协议对诉状律师有利;如果胜诉率低于 50%,则对当事人有利。

诉状律师协会建议:在任何情况下,诉讼费的上限不应当超过胜诉后所获得赔偿金总额的 25%;如果据此确定的诉讼费上限低于附条件的收费协议中约定的数额,只能按照通常的收费标准收取诉讼费,不应按照附条件的收费协议中约定的数额收费。① 由于诉状律师协会是诉状律师的自治组织,上述规定是该协会对其会员律师的要求,但它反映了《接近正义法》所确立的诉讼费与案件标的成比例的原则。②

(三) 不付费条款

附条件的收费协议中的"不付费"条款(no fee element),只涉及诉状律师本人向其代理人收取的费用,不包括出庭律师的费用(counsel's fees),也不包括案件的附属开支,例如,邀请专家出具法律意见的费用。③ 所谓专家,包括作为法律专家的出庭律师,他们不直接与当事人打交道,而与诉状律师打交道。如果诉状律师在诉讼过程中就法律问题咨询他们的意见,应当向他们支付合理的费用,这些费用不属于附条件的收费协议中输了就不偿付的费用。因此,严格来说,对于签订了附条件的收费协议的当事人,如果赢了官司,所有的费用要从其获得的赔偿金中支付,这比较好办;如果输了,基本的案件费用还是要付的。

诉状律师自愿对这些费用提供资助的,并以此作为附条件的收费协议的一部分,当事人有可能真正做到在败诉时不出一分钱。但更为通行的做法是,诉状律师会为其当事人安排保险措施,将这些费用涵盖在保险条款中。④ 于是出现了下文介绍的两类保险:善后法律服务费用保险(after the event legal expense insurance)和法律服务费用保险(legal

---

① Martin Partington, p. 267.
② Martin Partington, p. 267.
③ Martin Partington, p. 267.
④ Martin Partington, p. 267.

expenses insurance)。根据 1999 年《接近正义法》第 29 条规定的与附条件的收费协议有关的规则，允许胜诉方要求败诉方承担保险费。① 据此，诉状律师只需要出保险费即可，这显然要少于出庭律师费和专家费等案件附属开支；而受益人则可以是其当事人或其本人，因为对保险赔付的具体分成是由收费协议这一主合同确定的。

（四）协议当事人

诉状律师还可以与出庭律师签订附条件的收费协议，或者在极其罕见的情况下由当事人直接与出庭律师签订附条件的收费协议。②

（五）适用范围及签署要求

涉及刑事及绝大多数家事的诉讼中，不能签订附条件的收费协议。附条件的收费协议内容必须符合大法官制定的条例的要求。③

（六）诉讼资助协议

除了附条件的收费协议，1999 年《接近正义法》第 28 条还引入了诉讼资助协议(litigation funding agreement)制度。诉讼资助协议允许一方当事人由不是诉状律师的第三方提供资助，例如，由工会或者其他组织提供资助。此时，资助者支付诉状律师的常规费用。如果案件赢了，资助者有权要求败诉方支付诉讼费，并有权用它清偿其在其他没有胜诉的案件中蒙受的损失。④ 对于工会而言，签订这种协议的目的不是为了营利，但签订这种协议并不禁止以营利为目的。

除非资助的法律活动涉及刑事诉讼、家事诉讼或者其他未列入其适用范围的诉讼，法律服务费用资助协议都应当予以执行。如果某一资助协议涉及适用范围以外的诉讼，或者违反了有关条例的要求，《接近正义法》明确规定该协议不得执行。只有当资助协议符合有关条例的规定、协议不涉及适用范围以外的诉讼，并且胜诉费超出常规法律服务费的百分比没有突破针对特定类型的诉讼所规定的比例时，其中规定的胜诉费才是可执行的。⑤

（七）实践中的问题

英国学者认为，尽管与附条件的收费协议有关的原则可能比较容易

---

① Martin Partington, p. 268.
② Martin Partington, p. 267.
③ Martin Partington, p. 268.
④ Martin Partington, p. 268.
⑤ Martin Partington, p. 269.

确定,但是其实际操作却要复杂得多。虽然附条件的收费协议已经无可争议地提供了一种更加接近正义的渠道,但也面临被滥用的可能①:① 律师既然知道当事人不必付费,不免会收取额外的费用。这种现象本身反映出英国律师的职业道德观念——不做对不起当事人的事,对其他人则另当别论。② 律师确定的胜诉费比一般人基于对案件风险的正常估计的费用要高得多。③ 保险商收取的保险费与风险费用严重不成比例。

由于上述事实作用的结果,加上保险商通常希望减少其保险责任,与法律服务费用有关的"卫星诉讼"大量产生。这些诉讼都是因某一案件的法律服务费用纠纷引起的,这些案件的出现与伍尔夫改革的方向和目标(尽可能使案件远离法院)大相径庭。②

十、善后法律服务费用保险

以下介绍的两个险种,都是附条件的收费协议的衍生产品,实际上是对附条件的收费协议的保险。这样做的根据是 1999 年《接近正义法》第 29 条的规定,根据该条规定制定的与附条件的收费协议有关的规则,允许保险费由败诉方承担。③

善后法律服务费用保险提供的保险费覆盖诉状律师费用以及在败诉时对方的开支。保险费由法律服务提供者支付,其具体数额取决于诸多事实,其中包括案件的胜算、可能获得的赔偿金数额以及承揽该类案件的法律代理人的经验。④ 这些因素是保险公司在与作为投保人的法律服务提供者签订保险合同时需要审核的内容,投保人的法律服务水平越高,其对案件结果估计的精确程度就越高,其投保的保险事项出险的可能性就低,所要支付的保险费相应的就要少一些。

保险费的实际支付数额取决于投保的具体案件。近年来,普通案件的保险费增长得非常快,因为提供这一险种服务的保险商起初低估了在其拟定的保险条款下偿付的成本,以至于在前些年亏了许多钱⑤,现在不得不通过提高此类保险的保险费来弥补亏空。

---

① Martin Partington, p. 269.
② Martin Partington, p. 269.
③ Martin Partington, p. 268.
④ Martin Partington, p. 267.
⑤ Martin Partington, p. 267.

英国司法体制、英国保险业界出现法律服务费用保险,不但说明英国的保险业非常发达,也说明英国司法系统为了给公民提供接近正义的机会所持的开明态度。如果基于"官本位""部门本位"思想,可能就需要相当严格的审批,不仅是确立制度后的审批,更主要的是设立制度时部门之间的协调,尤其是在法院与行政管理部门的意见不一致时,顺利出台难度非常大。但在英国这不是问题,保险业主可以自行决定开设这一险种。

十一、法律服务费用保险

与其他许多国家特别是与德国相比,由商业保险机构提供的法律服务费用保险在英格兰的发展相当迟缓。这主要是由于英格兰的法律服务得到了相当慷慨的政府资助。法律服务费用保险有多种形式:标准型(或称"事前型")、附加型、事后型。①

（一）标准型

标准型(或称"事前型")法律服务费用保险主要由专业化的法律服务费用保险商销售,其服务对象是那些希望获得完全涵盖其在某些方面可能发生的法律服务费用的顾客。虽然这类保险在英国已经出现许多年了,但其销售的普及程度并不如销售者当初想象的那样好。②

（二）附加型

附加型法律服务费用保险通常是作为其他险种的附属权益出现的,例如家居险、旅行险或者机动车险等,一般都包含相关的法律服务费用。但许多拥有这些类型保险的受益人并没有注意到这些权益的存在。其中部分原因在于这部分内容都被保险公司故意用小号字打印在保险合同中,而保险权利人并没有注意到。③

（三）事后型

事后保险是一种相对新型的保险品种,开发这一险种的目的是充分利用有关附条件的收费协议的新规则。这种保险通常由购买者在决定提起法律诉讼后到判决出来前的期间购买,其保险范围涵盖诉状律师费,以避免输掉官司时的付款风险。④

---

① Martin Partington, p. 268.
② Martin Partington, p. 268.
③ Martin Partington, p. 268.
④ Martin Partington, p. 268.

十二、固定收费

有一类案件不受诉讼费用问题困扰,即小额诉讼案件,如道路交通事故所致轻微个人伤害案件。①

伍尔夫的报告建议这类案件应当纳入固定收费案件的范围。但是,政府没有采纳他的建议,与此同时,对于这类案件中所承担的费用的抱怨则日益增多。②

第四节 法律服务提供者

在英国,法官、法院等行使审判职权的行为,本质上也属于法律服务。而本节讨论的是非依职权向社会提供法律服务者。

一、基本分类

英国学者强调,对英国法律体系的制度结构只能在更为广阔的制度建构考量的基础上进行理解,而不能仅仅局限于法院。③ 提供法律服务者包括获取资格的职业律师和其他法律服务者,英国学者也会附带讨论法官和法学学者,认为这两类群体应当被视为负有发展和提供法律服务的职责。④ 按照这一简单分类方法,英国的法律服务提供者包括:法官、法学者、律师以及其他提供法律服务者,这个范围事实上已经扩展到整个法律界。

在上述分类基础上,英国学者进一步将法律执业者分为:取得职业资格的律师、在与法律有关的职业团体中供职者以及非法律专业的法律咨询者。⑤ 其中取得职业资格的律师可进一步划分为出庭律师和诉状律师。⑥ 作为近年来英国法律体系制度结构变革的一部分,法律实务界也经历着同样的变革,其中最具代表性的就是诉状律师与出庭律师的区别

---

① Martin Partington, p. 269.
② Martin Partington, pp. 269-270.
③ Martin Partington, p. 223.
④ Martin Partington, p. 221.
⑤ Martin Partington, p. 223.
⑥ Martin Partington, p. 224.

变得模糊。①

直到现在,英国仍有出庭律师业务和诉状律师业务的明确区分,只是如今律师身份已经不再成为从事这些业务的障碍了。但无论律师的身份如何,在其从事相应的业务时,仍可以称其为诉状律师或者出庭律师,因此,出庭律师和诉状律师在英国还是有更确切的所指。从这个意义上讲,advocates(出庭律师)和litigators(诉状律师)是从业务内容上对英国律师的分类,而barristers(出庭律师)和solicitors(诉状律师)在以前是从律师的身份,准确地说是其所属律师协会的角度对英国律师的分类。这两种分类在当今的英国法律中依然现实且实用地存在着。

英格兰和威尔士约有90000名执业诉状律师,另有约10000名出庭律师。这些律师多数为私人执业,但也有非常小的一部分是在公司、政府部门及政府机构内部工作的受聘律师。②

在过去几十年,不同类型的律师的数量都有显著增长,这反映出经济增长、全球化、融入欧洲然后脱欧的反复及其他更加强调公民权利的社会变革等影响商业世界的结构性变革,对于法律服务需求的影响。③

二、职业团体

英国的职业团体(Professional Organization)就是该职业从业者的工会,但这些业内人士自愿结成的团体通常不称为工会(union),而是称作执业公会。

(一)执业公会

英格兰及威尔士法律职业的职业团体与其他国家非常不同。④ 具体表现为:直到今天,诉状律师和出庭律师仍有重大的职业身份上的区别:诉状律师由诉状律师协会负责职业规制;出庭律师由出庭律师协会负责职业规范。⑤

(二)执业机构

私人执业的诉状律师通常组成合伙制的律师事务所,但仍有少数诉

---

① Martin Partington, p. 227.
② Martin Partington, p. 224.
③ Martin Partington, p. 224.
④ Martin Partington, p. 225.
⑤ Martin Partington, pp. 225-226.

状律师自己执业,这些人被称为独立执业者。① 私人执业的出庭律师组成出庭律师工作室(chambers),但其中每个出庭律师都是自雇的,因此彼此独立,没有形成法人或者合伙。② 直到21世纪初,英国还不允许出庭律师组建合伙制的律师事务所③。

三、法律执业者的独立性

(一)独立的必要性

这里不是讨论法官的独立性、司法的独立性,而是法律执业者的独立性。英国学者强调,这种独立性包括主张自己有权提供独立于现任政府的意见。这是司法独立的根本要素,但从法律服务提供者的角度着眼,更主要的是律师的一项职业义务,即承揽而不躲避那些普遍认为有争议、棘手或者令人讨厌(disagreeable or distasteful)的案件。④ 英国学者将这一内容与独立性相联系,因为independence有"自主""不相关"的含义,特别是指逻辑上不以另一事物为前提。从后一层意思考虑,就是要求法律执业者考虑其提供法律服务的唯一出发点是案件与法律是否相关,而不考虑其他与法律无关的事项,如是否有争议、棘手或者令人讨厌等。

例如,英国学者所理解的无罪推定,是指只有那些被证明有罪的人才是不清白的,这是无罪推定的英国表述(person is innocent until proved guilty)。无罪推定作为一项法律假定,其现实确立有赖律师们愿意为了委托人的利益进行辩护,而无论该委托人是多么令人厌恶。⑤

(二)独立性的具体要求

法律执业者独立性原则在现实中运用的最贴切的例子,要数在出庭律师中适用的"出租车规则"('cab-rank' principle):出庭律师负有必须接手下一个找上门来的案件的职业义务。独立性的确立还意味着,这个职业应当任由执业者按自己的规则来规制他们的执业活动,政府不能横加干涉。⑥

---

① Martin Partington, p. 226.
② Martin Partington, pp. 226-227.
③ Martin Partington, p. 227.
④ Martin Partington, p. 227.
⑤ Martin Partington, p. 227.
⑥ Martin Partington, p. 227.

（三）破坏独立性的情形

近年来，法律职业界的律师免受政府干预的自由被明显削弱。对执业限制的消除、法律援助的改革以及对律师工作质量投诉的处理方式，都可以视为政府介入。[①]

尽管英国学者强调，上述每一种政府介入都可能是正当的，特别是当法律职业界始终不愿意按照公共利益的要求去改革自身的时候；但是，法律服务是协助个人与国家或者其他强力机构的代理人相对立的，如果没有可靠保障，则政府介入的界限问题需要给予持续关注。[②] 这种关注当然不能仅仅表现在熟视的层面上，必须表现为当政府介入足以威胁或者可以威胁法律服务界时，能够站出来说些什么，并足以使国家法律体系产生相应的回应，使政府的干预有所收敛。许多国家存在的问题并不是缺乏一般意义上的关注，而是只有关注，没有行动。

四、非法律专业职业团体

在英国，严格区分法律专业与非法律专业的法律服务提供者，并将后者统称为"门外汉"。但按照我们的标准，这些门外汉仅是法律专业的门外汉，并非毫无专长。其他专业的职业团体被称为与法律职业界联姻的职业团体，并将其进一步区分为法律执行人员与其他专业团体。[③]

（一）法律执行人员

许多受雇于诉状律师事务所的雇员并没有正式取得诉状律师资格，但这并不影响他们向公众提供大量的法律服务。这些雇员统称为法律执行人员（legal executives）。其中有许多是其职业代表机构——法律执行研究会（Institute of Legal Executives，ILEX）的会员。[④]

法律执行研究会举办培训项目和考试，法律执行人员在成为该研究会会员之前，必须通过培训及考试。研究会还有自己的《职业良好行为规范》（Code of Professional Conduct），类似于诉状律师协会的职业操守规范。身为法律执行研究会会员的法律执行人员可以通过参加附加课程学习、参加附加考试，取得诉状律师资格，这样的人每年都有许多。[⑤]

---

① Martin Partington，p. 227.
② Martin Partington，p. 227.
③ Martin Partington，p. 241.
④ Martin Partington，p. 241.
⑤ Martin Partington，p. 241.

法律执行人员在许多法律实务中扮演主角,他们在自己的专业领域常常比取得了法律职业资格的同事(指诉状律师)更加专业。①

(二)其他专业团体

其他提供特定的法律或相关服务的专业团体有②:① 注册不动产经济师(licensed conveyancers),执业活动受注册不动产经济师理事会(Council of Licensed Conveyancers)规范;② 专利代理(patent agents);③ 破产业务代理(insolvency practitioners);④ 税务顾问(tax advisers)。

五、非法律专业的法律顾问及其他法律服务提供者

非法律专业的法律顾问(Lay Advisers)和其他提供法律服务提供者,是排在法律专业服务者、非法律专业服务提供者之后的,但其服务组织和服务形式却最为丰富。

(一)非法律专业的法律顾问

除了取得正式资格者,在英国还有为数众多没有获得法律资质但提供法律服务的人,包括在诸如公民咨询服务局(Citizens' Advice Bureaux)之类的公共咨询服务机构工作的非法律专业的咨询员,如由地方政府机关资助的社会福利权利办公室聘用的维护公民社会福利权利的工作者,在安居服务咨询中心工作的安居服务工作者,以及其他服务于社会福利、环境等范围广泛的公共机构的其他非法律专业的咨询工作者。③

(二)法律中心

另外一个由取得职业资格的律师与非法律专业的公共咨询员共事的职场,是法律中心。建立法律中心的运动始于20世纪70年代,其明确目的是向那些生活在空心化地区的居民,主要是城镇及城市居民,提供法律服务。④

法律中心的境况一度朝不保夕。有些法律中心一直由地方政府机关资助,其他的则由私人慈善机构支撑,仅有一两个法律中心是由中央政府设立的。根据新的《公共财政资助良好行为规范》,由法律服务理事会设立的符合标准的公共咨询机构,其限定范围内的服务工作可以获得公共

---

① Martin Partington, p. 241.
② Martin Partington, p. 241.
③ Martin Partington, p. 242.
④ Martin Partington, p. 242.

财政资助,英国学者认为这将会强化依托法律中心的社区法律服务的供应。① 这样就间接促进了法律中心的复兴。

（三）会员法律服务

许多会员组织也向其会员提供法律服务。这类法律服务要么是一般性的,要么是与其会员身份相关。较为常见的情况是基于工会会员或者其他职业团体[如医学防护工会(Medical Defence Union)]的会员身份提供的法律服务;而比较专门性的法律服务,则是由诸如汽车联合会(Automobile Association)或者皇家汽车俱乐部(Royal Automobile Club)等组织向其会员提供。② 汽车联合会或者皇家汽车俱乐部不是工会性质的松散的非营利性组织,而是一些内部具有较强经济整合力的营利性机构。

（四）压力集团提供的法律服务

除前述以外,还有相当数量的压力集团提供法律服务。压力集团这样做的动机之一,在于发现能够挑战制定法规范临界点的典型案例。

---

① Martin Partington, p. 242.
② Martin Partington, p. 242.

第四章
司法体制

英国学者认为,从宪法、行政法角度研究英国的司法行政体制,主要涉及三个方面:① 法官的任命方式、为保障法官独立而设计的制度保障措施,以及那些可能危及法官独立、需要克服或避免的体制障碍;② 确保诉讼当事人获得公平听审权利的举措,以及主要通过蔑视法庭方面的法律规范建立起来的获得公平听审权利与自由表达权利之间的平衡;③ 行政部门在实现公正(administration of justice,也就是司法)方面的作为,主要是大法官的角色定位,以及对不公正的行为进行追诉的程序。①

据此,有必要将静态的司法体制与动态的司法体制变革结合起来,将司法行政体制与政府主导的司法体制变革结合起来。本章主要有两部分内容:司法行政体制和司法体制变革。

正如英国学者所言,近年来英国司法体制中几乎没有哪个方面没有发生过变化。民事司法体制改革自伍尔夫的有关接近正义的报告发布之后于1999年正式启动,并成为英国政府公布的白皮书②中预示将进一步发展的主题之一。③ 刑事司法体制改革在奥尔德委员会2001年报告④以及2002年的中央政府有关刑事司法体制改革的白皮书⑤后,已经告一段落。⑥ 这些改革的共同特点是,都是由英国中央政府设立的一些专业机

---

① Bradley & Ewing, p. 364.
② 即 Modernising justice: The Government's Plan for Reforming Legal Services and the Court(London, The Lord Chancellor's Department, December 1998).
③ Martin Partington, pp. 70-71.
④ 即 A Review of the Criminal Courts of England and Wales (London, Stationery Office, 2001),与之相关的是 The Halliday Review of Sentencing, Making Punishments Work: Report of a Review of the Sentencing Framework for England and Wales (London, Home Office, 2001)。
⑤ 即 Justice for All(London, Stationery Office, 2002).
⑥ Martin Partington, p. 71.

构负责具体执行,如法院服务局(Court Service)、法律服务理事会(Legal Services Commission)以及司法培训局(Judicial Studies Board)等,而形成这些政策的工作仍由大法官事务部负责。① 关于英国司法体制变革的全面论述,参见本书第一卷第一编第四章第二节政府主导变法。

此外,研究英国的司法体制免不了要触及司法权及其自我克制、司法公正、藐视法庭等内容,详见本书第四卷英国司法审查的相应内容。

第一节　司法行政体制

世纪之交的英国司法体制经历了所有宪法、行政法领域最迅猛的变革,而政府(主要是通过大法官事务部及其后的司法部,当然也包括内政部等其他部门)在其中扮演了相当重要的角色。在这种情况下,英国学者对于英国司法体制的研究,不是停留在对其传统的静态结构的描述上,而是将讨论的重点放在对最新研究进展的介绍上。相关内容包括:法院管理部分主要介绍新设的法院服务局,治安法院部分主要介绍治安法院监察专员,法官培训部分着重介绍司法培训局等。

一、大法官事务部的职能

大法官事务部的主要职责分为两类:一是负责推进范围广泛但显然不属于其他任何中央政府部门管辖范围的法律和社会政策的发展,该部在这方面的职责明显增加。大法官事务部长久以来就是有关家事法及财产法发展的主导部门,还承担发展选举与全民公决法以及人权法的职责。大法官事务部负责信息自由、数据保护、数据共享以及诽谤方面的法律,拥有推进众多宪法性议题的领导职责,特别是贵族院改革。因此,英国学者提醒,大法官事务部关注的焦点已经转移:尽管提供司法体制内的服务仍是其基本职能,但除此之外该部还承担着更为全面的工作。② 二是构建法律得以施行的外部制度框架。为履行这一职责,大法官事务部负责发展以下几个方面的政策③:① 法院的司法程序、刑事司法程序、民事及家事司法体制;② 裁判所及行政司法体制工作及发展;③ 司法官的任命

---

① Martin Partington, p.71.
② Martin Partington, p.70.
③ Martin Partington, p.70.

及培训,包括非法律专业的治安法官以及担任其他司法职务者,如裁判所的裁判官;④ 法律援助及提供法律服务。

大法官事务部在司法体制政策的形成过程中扮演着重要角色①,是英国中央政府部门中规模和重要性都在显著提高的部门②。大法官事务部的职责是在英国法律的发展过程中不断增加的。事实上,正是由于大法官在英国司法体制中不可替代的作用,需要有一个强大的中央政府部门辅佐他完成任务。

英国学者认为,英国中央政府积极介入英国司法体制改革的努力并没有得到足够的赞赏,无论是从英国司法体制外的人对此的理解的角度看,还是从英国司法体制内的人对此的欢迎程度看,都是如此。尽管这样,英国学者仍然相信,正是由于大法官事务部主动采取的一系列新政策,及其在司法体制改革方面的不懈努力,已经在事实上使人们对于英国法律体系的许多想象和先入为主的偏见得以克服或者发生根本转变。③

二、大法官的角色冲突

了解大法官的角色冲突对于英国公法而言确实必要,英国学者承认,在所有的职能重叠中,大法官职位是最常被用来证明英国宪法体制不存在分权的论据。④ 因为在其他国家很少有这样的职位,即使在英国也没有第二个如大法官一样能够出现如此众多的兼业情形。他不但横跨立法、行政与司法三界,而且同时是这三种权力分支的最高层级:他是司法界理论上与事实上的领袖;他是内阁成员,是首相之下为数不多的几个资深内阁成员之一;他是贵族院的发言人,同时又是贵族院上诉委员会首席法官,即身兼普通贵族院贵族与司法贵族之任,而这是其他贵族院议员无法做到的。除此之外,大法官还在英国枢密院担任要职,这个具有更多历史遗存性质的机关,本身就是一个多种权力的混合体,在司法权方面是英国海外领地及部分英联邦国家的最高上诉法院,在行政权方面其发布的枢密院令(其中的规范性文件相当于中国的行政法规)具有仅次于议会立法的法律效力,且许多重要的行政事务及任命都是以这种形式发布的,议

---

① Martin Partington, p. 69.
② Martin Partington, p. 70.
③ Martin Partington, p. 71.
④ Neil Parpworth, p. 22.

会的许多制定法也经常授权中央政府以枢密院令的形式履行这些制定法所设定的特定职能。

大法官的相互冲突的职责有时确实会引发一些难题,不过在英国人看来,大法官职位是一个困难的职位,但在英国的制度基础上却很难找到一种能够捍卫司法独立的良好替代办法。正如一位大法官所言,由司法界的首脑对议会负责可能是我们所能成就的各种安排中最好的一种。但也有人认为,这一职位不值得支持而应当废止。苏格兰的情况就与此不同,其行政系统中设立了司法部(Department of Justice in the Scottish Executive)。① 英国如今也成立了司法部,但更准确地说是将大法官事务部更名为司法部。

(一) 大法官的立法职能

英国学者一般将大法官的立法职能放在其司法职能之后介绍②,但从"地位"上讲,大法官是行使立法职能的贵族院的最重要成员:大法官占据贵族院议事大厅的羊毛凳③! 羊毛在"羊吃人"的历史时期曾经是英国财富的象征,坐在这张由羊毛填充而成的床一般大小的凳子上,寓意为坐在财富上。这一座席放在贵族院议事大厅的中央,英王座席的前下方,位置非常显要。相对于英王的硬木扶手椅而言,无论是大小还是舒适度都要略胜一筹,只是高度略低,以保证无论大法官多高、坐得多直,都不会挡住英王的视线,也不会妨碍贵族们瞻仰英王的尊容。

大法官在贵族院扮演着类似众议院发言人的角色,但是与众议院发言人不同的是,大法官在参与贵族院辩论时朝向政府一方(为此,他必须空出羊毛凳),他甚至可以向贵族院提出法律案,欧文(Lord Irvine)就是这样做的,他提出的议案最终成为1998年的英国《人权法》。大法官还有权参加投票。④

尽管大法官有繁重的部门职责,但直到1992年,大法官事务部才任命了一位低级部长,以便在必要时在议会中代表大法官。这样大法官事务部共有两名议会秘书⑤,其中一人是刚刚提到的低级部长,该低级部长应当是众议院议员,因为大法官是贵族院发言人,是一位贵族,他不能到

---

① Bradley & Ewing, p. 388.
② Neil Parpworth, pp. 22-23.
③ Neil Parpworth, p. 23.
④ Neil Parpworth, p. 23.
⑤ Bradley & Ewing, p. 389.

众议院去,必须指定一人在众议院代表他,而众议院以外的人又不能担当此任,因此唯一的办法就是在众议院议员中选任。既然要在众议院代表大法官,该部长就必须了解大法官及其部门的工作,于是就成为大法官事务部仅次于大法官的政务次长,并且实际上领导大法官事务部的工作。

此外,1986年《议会选区法》规定,英国为英格兰、威尔士、苏格兰及北爱尔兰设立了四个常设的地方政府边界委员会。大法官兼任的贵族院发言人是每个边界委员会的主席,但实际上,大法官并不出席各委员会会议,而由来自高等法院或者苏格兰季审法院的法官担任各委员会的代理主席。①

(二) 大法官的司法职务

大法官作为司法界的首脑,是高等法院大法官分庭的庭长,负责决定贵族院上诉委员会或者枢密院司法委员会的哪一位委员应当具体听审某一案件,同时,作为这两个委员会的委员,他也可以选择自己听审,大法官参与两个委员会的司法事务的程度取决于自己的喜好。②

大法官有权主持贵族院的司法公事以及枢密院司法委员会的工作。麦凯(Lord Mackay)在1987年至1994年担任大法官期间,共参与了67次此类司法活动,而黑尔沙姆(Lord Hailsham)在1979年至1987年的任期内参加了68次司法活动。也就是说,1979年至1994年间,大法官仅仅参与了其可以参与的贵族院及枢密院审理的大约十分之一的案件。③

大法官实际参与审理案件是非常少见的,于是产生了大法官以其内阁成员的身份是否确有必要审理案件的问题。从分权的角度考虑,大法官欧文在1998年强调,大法官在其审理案件过程中行使的自由裁量权,是防止偏见和利益冲突的保障机制之一。④ 如果能够防止偏见及利益冲突,则有助于维护司法公正,但为何大法官就能维护司法公正,欧文没有提到。其实,最主要的原因是,大法官虽然身为司法界领袖,但其政法两界的地位决定了他可以超然于司法之上,从而在司法最高决策层面上,避免出现司法界自身无法克服的偏见以及由此引起的利益冲突。

两位保守党大法官黑尔沙姆和麦凯都是司法事务的积极参与者。工

---

① Bradley & Ewing, p. 152.
② Neil Parpworth, p. 22.
③ Bradley & Ewing, p. 389.
④ Bradley & Ewing, p. 389.

党大法官欧文则极少出庭审理案件,一方面是因为他更积极地参与政治事务,另一方面也考虑到其司法职能的行使可能会受到《欧洲人权公约》第 6 条(获得由独立和无偏私的裁判机构公正听审的权利)的挑战。① 工党政府 1997 年上台,1998 年通过了《人权法》,将《欧洲人权公约》正式引入英国,此后才真正出现了大法官参与司法事务可能导致公正听审权受侵犯的问题,因此大法官对参与司法事务有所顾忌。

但是欧文大法官拒绝作出不参与审理牵涉宪法或者政治议题案件的正式承诺,以及那些涉及 1998 年《人权法》和权力下放立法的案件。② 对于那些因政府或者部长有某种利益或者本身就是诉讼一方当事人的案件,大法官是不会参与审理的,因为这显然是不适当的。③

大法官作为法官的角色随着欧洲人权法院对 *McGonnell v. United Kingdom* (2000)一案的判决,而成为人们激烈争议的焦点。在该案中,欧洲人权法院认为,原告在一项规划上诉案件中未能获得《欧洲人权公约》第 6 条所保障的公正审判,因为主审其上诉案件的司法官同时也行使立法职能,更重要的是该司法官主持了原告的规划申请所涉及的总体发展规划的审定工作。据此,欧洲人权法院认为,这种情况使人们有足够的理由怀疑裁决者的公正地位,并因此裁定对英国违反《欧洲人权公约》的指控成立。④

欧洲人权法院的裁决被批评大法官双重角色的人所利用。但很难说该案对大法官的工作有什么实际影响。⑤ 因为,该案的裁决者是唯一的法官,而大法官参与审理案件都是合议的,虽然大法官有足够的影响力,可能会影响案件的审理,但却不是唯一的决定因素;而且大法官虽然也参与立法及行政活动,但都不具有支配地位,即在所有其参与的活动中,大法官的独立意志都无法与独任制审判中的法官相比,并不足以构成大法官作为一名法官回避的理由,因此,由大法官主持案件审理活动并不违反裁决者必须中立这一核心要求。

欧洲人权法院在该案中明确指出,无论是《欧洲人权公约》第 6 条,还是该公约的其他任何规定,都不要求缔约国必须符合任何诸如分权之类

---

① Neil Parpworth, p. 22.
② Bradley & Ewing, p. 389.
③ Bradley & Ewing, pp. 389-390.
④ Bradley & Ewing, p. 390.
⑤ Bradley & Ewing, p. 390.

的宪法观念,所有的人权案件所要解决的问题总是可以归结为《欧洲人权公约》的要求是否得到了满足。① 也就是说,《欧洲人权公约》并不要求各国必须采取某种宪法结构模式或者观念,而是要求各国的人权实践必须符合该公约的要求。

作为对该案件判决的回应,时任大法官欧文在2000年2月23日发表声明:他将不再审理任何涉及他所直接参与的立法以及任何直接涉及行政方面的利益的案件。② 可见,欧洲人权法院的判决产生了非常直接、迅速的影响,考虑到欧文作为内阁成员、最高司法官员及贵族院发言人的身份,英国行政、司法及立法机关对于欧洲人权法院裁决的尊重由此可见一斑。

并非所有人对于大法官的这一声明都表示满意,尽管大法官自我限制行使其审判权,仍有学者提出由部长任命的法官是否应当审理针对政府的案件的疑问。③ 这里的部长是指作为大法官事务部首长的大法官,而英国所有的法官都是直接或者间接由大法官任命、提名或者举荐的。

(三)大法官的行政职务

大法官作为内阁部长,是政府部门大法官事务部的首长,该部负责与司法(administration of justice)有关的事务,包括法官和治安法官的事务以及推进法律改革等。随着宪法性事务、私人数据保护、信息自由以及人权事务等方面的职责从内政部移入,大法官作为首长的政府部门的职责相应增加了。于是,英国的大法官在行使其行政职能时,就有点类似于欧洲大陆国家的司法部长(Minister of Justice)。④ 但其享有的司法及立法职能,是欧洲大陆的同行无法望其项背的。

欧文大法官非常积极地投身于内阁事务,参加了众多重要的内阁委员会,如经济事务、生产力及竞争力部长委员会,公共服务与开支部长委员会,地方政府部长委员会以及立法项目部长委员会。⑤

(四)大法官的角色定位

英国学者强调,大法官在履行其职责的过程中,最重要的是要保证能够像其过去曾经做到的那样,找准其角色定位。例如,作出司法任命的决

---

① Bradley & Ewing, p. 390.
② Bradley & Ewing, p. 390.
③ Bradley & Ewing, p. 390.
④ Neil Parpworth, p. 23.
⑤ Neil Parpworth, p. 23.

定时,最重要的是要保证政治方面的考虑不能影响任何一个决定。因为英国学者坚信,一个政治化了的司法界是不太可能成为阻止行政权力滥用的有效保障的。①

很难想象一个天天混迹于部长圈子的大法官,如何保证其所任命法官的行为不受部长的影响,更难以想象作为政府内阁部长的大法官所任命的法官,怎么可能撤销部长的越权、滥权行为。但从英国学者的介绍可以看出,他们至少认为,大法官在任命法官、防止司法界政治化的过程中的所作所为,在过去还是让人放心的。其中的原因或许是一个非常重要的制度秘诀,如果能够被破译出来,就可以找到英国成功实现法治的关键所在,但英国学者对此没有足够的热情,这个工作也许只能由其他国家的比较法学者来完成。

用保守党大法官黑尔沙姆的话说:"大法官最重要的宪法性职能仍然是捍卫司法界的诚实正直(integrity)和中立(impartiality)。"黑尔沙姆曾经是一位非常成功的律师、政治家,在被任命为大法官之前曾担任过内阁部长,并在 1963 年麦克米伦(Harold Macmillan)退休后竞选保守党党首,英国学者认为黑尔沙姆(深入地涉足英国政治,却能如此深刻地理解其职位对司法公正的重要性)的上述表态非同一般。②

三、研究职能

鉴于大法官事务部在英国司法体制改革方面所发挥的以及应当发挥的巨大作用,其研究职能是推动这些改革的重要力量,但据英国学者介绍,与其他开支巨大的部门不同,大法官事务部很少从事研究工作。虽然大法官事务部也不时地对外委托进行一些与特定政策有关的研究项目,但是政策形成的主要动力更多地来自传闻证据、个别有影响力的法官或者法官团组的压力、活动能力很强的职业团体③以及政府部长或者议员们的想法甚至偏见。④

大法官事务部内部有一个专门的研究处,该处掌控着一笔非常有限的经费,用于资助某些专门委托的相关政策的研究项目。⑤

---

① Neil Parpworth, p. 23.
② Neil Parpworth, p. 23.
③ 如诉状律师协会和出庭律师协会。
④ Martin Partington, p. 80.
⑤ Martin Partington, pp. 80-81.

所有的研究项目主要是由学术界或者其他研究机构通过签订研究合同承担的。大法官事务部以内部研究单位作为补充。虽然大法官事务部在研究方面的投入无法与内政部或者社会保障部相提并论,但大法官事务部至少已经开始向这方面努力了。①

英国学者认为,通过艰苦研究而不是借助于道听途说来制定影响广大民众生活的政策,这样的思路是正确的。英国政府还是比较好地坚持了基于扎实的证据制定政策的原则。②

四、任命法官

法官的任命(包括提名)等事项,属于大法官事务部的职责,这也是英国司法行政体制的核心内容。详见本编第二章第三节法官的任命。

五、招募治安法官

治安法官的招募(recruitment)虽然不属于大法官直接掌管,但是由大法官咨询委员会(Lord Chancellor's Advisory Committees)具体负责,显然属于英国司法行政体制的范畴。本编第二章第三节法官的任命已有介绍,此处不赘。

六、培训法官

司法培训局(Judicial Studies Board,JSB)是英格兰司法体制中另一个发展相当迅猛的领域。③

(一)设立的必要性

长期以来,许多法官想当然地认为他们知道所有应当知道的法律和法律程序,因此,对他们而言,法律培训是没有必要的。④ 尽管有这类自满的观点,但法官界久已形成这样的认识:某些法律培训是必要的。早在20世纪60年代,英国即举行过旨在消除法官们在审判实践中某些矛盾之处的会议。1979年,随着司法培训局的建立,法官培训的规模有了制度化的保障。⑤

---

① Martin Partington,p.81.
② Martin Partington,p.81.
③ Martin Partington,p.77.
④ Martin Partington,p.77.
⑤ Martin Partington,p.78.

（二）培训的对象

司法培训局自成立以来，在规模和地位上都有显著提升，从事大量的法律培训项目，不仅针对刑事审判中的法官，而且针对那些从事民事审判的法官以及范围广泛的裁判所裁判官，同时也培训治安法官。①

（三）课程设置

司法培训局培训的项目，既有任职培训课程，这些课程必须在法官就任前完成；也有继续教育课程，此类课程一般以 3 年为一个周期。除了这些常规项目，司法培训局还安排了特别项目。例如 1998 年，在英国《人权法》于 2000 年 10 月实施之前介绍该法的课程。②

司法培训局提供的最具争议的项目，是 1995 年至 1996 年向法官们提供种族知识的培训，这一议题肇因于对来自不同种族的人在法庭上应当以不同方式对待的认识。司法培训局通过平等对待咨询委员会③已经提出了一些建议，并根据建议的内容对法官进行了培训，其目的就是要确保在法院或者裁判所出庭的当事人感觉到自己受到了平等对待，没有受到任何形式的歧视。④

除了提供培训课程，司法培训局还在其编写的系列丛书——《法庭用书》(Bench Books)中，就审判过程提供书面指引。《法庭用书》是一种供法官备于案头的活页信息，以便法官在履行其司法职能时随时查阅（easy reference）。司法培训局还发行了一套培训用的光盘。

七、管理法院

将法院的管理放在法官任命与培训后面介绍，这虽然不符合中国人叙事的条理，但却符合英国人的习惯。法院是法律之院，是法官所在的地方，正如讨论王权制度应当首先从英王讲起、讨论议会应当首先从议员讲起一样，对于司法体制的介绍自然应当先从法官说起。有关法院管理方面的内容，详见本编第一章第三节法院管理体制。

---

① Martin Partington，p. 78.
② Martin Partington，p. 78.
③ Equal Treatment Advisory Committee，其前身为少数族裔咨询委员会（Ethnic Minorities Advisory Committee）。
④ Martin Partington，p. 78.

八、管理治安法院

就治安法院而言,政策的制定与施行之间的关系要复杂一些。① 因为治安法院有更多的地方因素,不同于全国统一的法院系统。大法官事务部只负责提供政策框架,治安法院服务计划的施行通常在地方层面进行,主要由治安法院委员会(Magistrates' Courts Committees,MCCs)负责。②

有关治安法院的其他内容,详见本编第一章第三节法院管理体制中治安法院的管理部分。

九、法律服务职能

法律服务职能是英国司法行政体制的重头戏,详见本编第三章。

十、地方政府机关的司法行政职能

英国地方政府机关也承担部分与法院及法律服务有关的司法行政职能,英国学者将此项职能界定为"其他杂务",即由地方政府机关承担的剩余职能。每个郡有一名英王任命的郡治安长官(Lord Lieutenant)作为英王在该郡的代表。英王还可以在每个郡任命一名郡治安官(Sheriff),负责执行法院的判决并充当当地的监选官。同时,在名义上治安法官(Justices of the Peace)也是由英王任命的。但郡治安长官和郡治安官都是行政性职务,不同于行使司法职能的治安法官。基本地方政府机关以及二级制地区的郡议事会,任命各自的验尸官。③

第二节　司法与立法的关系

司法与立法关系的核心,是法院或者法官对议会立法、委任立法的审查,这是广义的违宪审查的内容。但司法与立法的关系的内涵,显然不限于此,还包括议会否决法院判决、法官独立于议会等内容。此外,选举诉讼也属于广义的司法与立法的关系的范畴。

---

① Martin Partington, p. 72.
② Martin Partington, pp. 72-74.
③ Andrew Arden, p. 134.

上述内容,将在本书第四卷第三章第二节违宪审查制度部分专门讨论。

第三节　司法与行政的关系

司法与行政的关系表现在三个方面:一是司法对行政的监督,这一点直接表现为司法对行政行为的审查,即司法审查,这是本书第四卷的主要内容;间接表现为司法对立法行为的审查,即对议会立法的审查,因为英国是一个代议制民主国家,议会与行政的关系是皮与毛的关系,司法对立法的节制实际上就是对行政的间接控制,但这是前文专门讨论的司法与立法的关系的范畴。二是行政对司法的管理,即司法行政,本书对此已有专门介绍(如法院管理体制、司法行政体制)。三是行政主导下的司法体制改革(参见本书第一卷第一编第四章英国法制变革)。从司法权与司法职能的角度着眼,司法对行政的监督与节制包括:

一、对国家行为的司法救济

参见本书第四卷第四章第一节司法救济的受案范围的相应内容。

二、对英王特权行为的司法救济

参见本书第四卷第四章第一节司法救济的受案范围的相应内容。

三、对抽象行政行为的司法审查

参见本书第四卷第三章第二节违宪审查制度的相应内容。

四、对自由裁量权的司法审查

参见本书第四卷第四章第一节司法救济的受案范围的相应内容。

第四节　法律解释技术

法律解释不是英国法独有的,但英国法对这一法律技术的发展贡献殊多。英国立法的基本方法可以概括为,给法院确定一个层级序列,规定下级法院必须服从上级法院的判决;将重要的判例以《法律报告》的形式予以公布;所有的下级法院遵循上级法院已经报告的判例。由此,审判的过程就是适用判例的过程,亦即发现判例、解释判例并适用判例的过程。然而,随着英国议会制民主的发展,议会立法成为重要的法律渊源,于是出现了为适用议会立法而需解释议会立法的问题。但是,英国法的道路并没有因此而转向,法律解释仍然是在既有的判例法体制基础上前行的。因此,对制定法的解释在英国仅仅是法院法律解释活动的一个组成部分,是判例法派生的职能,而非如成文法系国家那样是法院法律解释职能的唯一表现形式。用英国学者的话说,一旦法院对某一制定法或者其一部分作出了解释,则这些解释就成为判例法的一部分。[①] 因此,对于英国法律解释技术的研究,仍必须从其判例法入手。

一、判例命名

在英国,每一个诉至法院的案件都有一个名称。[②] 就法学研究及司法实务而言,此处所指的案件名称,是就作为判例的案件而言的,即出现在《法律报告》中或者为判决所引用的判例名称,而不是指案件在诉讼中由法院指称的名称。对于那些特别著名的判例,英国法学著作通常是直接使用简称,如 Wednesbury,并在书末附判例索引表(Table of Cases)。[③] 由于笔者没有阅读过判例汇编原件,本书中不采用英国通用的判例引注规则,而只引其案名及年份,同时标注引文的英文著作者引注该判例时的页码。需要进一步研究、考证的读者一般通过案名及年份,就可以在任何一本宪法、行政法英文著作的判例索引表中找到该判例的详细索引信息,进而可以在判例汇编中找到判例原文。

判例名称通常根据涉案双方当事人的姓氏来确定。如果一方当事人为两个以上的,只能有一个当事人的名字出现在判例名称中,其他人的名字则省略了。在法学文章中,判例的名称通常是以斜体字、划线或者粗体字表示。[④] 一般而言,从判例名称并不足以确定当事人的身份,而且英国的某些判例在命名时还有意隐匿当事人的名字,如未成年人。

了解英国判例的命名体系,是研究英国法的入门知识,在宪法、行政法学方面,我们所称的英国行政诉讼案件既可以在刑事诉讼中提起(如行

---

① Elliott & Quinn, p. 30.
② Elliott & Quinn, guide XXVIII.
③ Andrew Arden, p. XIX (19)
④ Elliott & Quinn, guide XXVIII.

政处罚案件,在英国则为某些违警罪等轻罪案件,以及刑事领域的特权令状案件),也可以在民事诉讼中提起(如某些公共机构起诉当事人或者当事人起诉公共机构的案件)。由于民事案件与刑事案件的命名略有不同,现分述如下。

(一) 刑事案件的名称

刑事案件的名称由三部分组成,即控方、诉、被告。

1. 控方

如果史密斯女士(Ms. Smith)偷了布朗先生(Mr. Brown)的汽车,则可能提起的刑事诉讼案件之一是由国家对史密斯女士(Ms. Smith)提起公诉,案件的名称将是 *R. v. Smith*。其中的"R."是拉丁文 Rex(国王)或者 Regina(女王)的第一个字母,具体视判决时在位君主之性别而定。①

有时,刑事起诉也由政府的法律官员提起。如果某一案件是由总检察长(Attorney-General, A-G)提起的,将命名为 *A-G v. Smith*。如果是由公诉总监提起的,则称为 *DPP v. Smith*。假设没有以国家的名义提起诉讼,则布朗先生可以选择自诉,此时案件将被称为 *Brown v. Smith*。②

据此,从名称上看,英国的刑事诉讼案件有两类:一类是公诉案件,又可细分为三种,分别是以英王、总检察长及公诉总监的名义提起;另一类是自诉案件。由于自诉案件与下面提到的民事案件没有什么区分,因此,单纯从案件名称本身并不能确定案件的性质。从案件名称可以了解到的最重要信息,是刑事诉讼的追诉主体。三类公诉案件中,都可能涉及所谓的行政诉讼内容,故均有在行政法领域研究的必要。

2. 诉(v 或者 v.)

分割双方当事人名字的"v."指代"versus",这与体育比赛对阵双方的写法是一样的。但读起来却不是"R. versus Smith",而是"The Crown against Smith"。③ 但这种读法限于刑事案件,民事案件另当别论。

3. 被告

如果史密斯女士是未成年人,法院必须对公众隐匿其真实姓名,因而该案件将由其姓氏的简写命名,即 *R. v. S.*。④

---

① Elliott & Quinn, guide XXVIII.
② Elliott & Quinn, guide XXVIII-XXIX.
③ Elliott & Quinn, guide XXVIII.
④ Elliott & Quinn, guide XXVIII.

(二) 民事案件的名称

就民事案件而言，*Brown v. Smith* 读作"Brown and Smith"。在初审案件中，"*v.*"前面的是提起诉讼者即原告的姓，后面的是被告的姓。如果对初审判决提出了上诉，则"*v.*"前面的通常是上诉人，后面的是被上诉人，当然，也有例外。①

在民法中，国家可能会在一类被称为司法审查的案件中成为利害关系方。例如，布朗先生可能对其当地的议事会不太满意，理由是该议事会对其邻居有某个方面的管理职责，在其邻居不听从该议事会的建议时，需要由该议事会申请法院强制落实该议事会作出的行政决定，此时，如果该议事会没有提起诉讼，布朗可以该议事会为被告向法院提起诉讼。该诉讼的名称就是 *R. v. Hardfordshire City Council ex parte Brown*。② 这个案件说明，英国行政不作为之诉的起诉主体范围很广。

某些家庭或者财产方面的民事案件的命名形式可能有所不同。例如，史密斯女士的孩子詹姆斯·史密斯(James Smith)无人监管并且需要看护，在这种情况下所形成的诉讼可能被称为 *Re Smith* 或者 *In re Smith*，其中的 re 是个拉丁词，意思是"就某事而言"或者"关于"。因此，*Re Smith* 的意思便是，"事关 Smith 一案"。③

与刑事诉讼案件一样，民事诉讼案件中有时也需要避免向公众暴露当事方的名字，特别是涉及儿童的案件，这时需要使用儿童名字字首的大写字母，而非其全名。于是上述案件可以被命名为 Re S. 而不是 Re Smith，以保护 James Smith。

(三) 司法审查的案名

司法审查案件的名称，体现了通过司法审查对公共管理机构进行监督的制度安排，特别是其中出现英王的名号，反映了请求君主监控立法所设定的权力以及以君主名义行使特权的制度理念。

司法审查案件的引注形式是：

R. v. [the Respondent] ex parte [the Applicant]。

其中，

R. 指英王(＝Regina＝the Queen＝the Crown)；

---

① Elliott & Quinn, guide XXIX.
② Elliott & Quinn, guide XXIX.
③ Elliott & Quinn, guide XXIX.

v. 指诉(＝versus＝against);

[the Respondent]指被告;

ex parte(简写为 ex p.)指为了(原告或申请人)。

例如:*R. v. Secretary of State for Social Security, ex parte Mary Moffat*①,指玛丽·莫法特诉社会保障部。

二、法律报告

在英国,每年大约有 2000 个案件以法律报告的形式公布。② 英文中法律报告有两种书写方式,小写的(law reports)指一类出版物,首字母大写的(The Law Reports,即《法律报告》)则是指其中最著名的一种。就研究对象而言通常指前者,仅在引注中用到后者,且用首字母缩写如 AC 指《法律报告》系列中的上诉案件分卷(Appeal Cases)。

将判例写成《法律报告》的制度可以追溯至 13 世纪。③ 也就是说,英国历史最悠久的《法律报告》,可以上溯至 700 多年前。④ 最早的《判例摘要》演变成了现在的《法律年报》(Year Books)。⑤

在所有的法律报告中,最受法学界敬重的可能要数 The Law Reports 了,因为在该报告的每一期出版之前,其中的每一个判例报告都要经该案原审法官对其准确性进行核对。而且该判例报告的内容在法庭上被引用时,具有优先于其他判例报告的效力。⑥ 从某种意义上说,法律报告制度是因该《法律报告》而负盛名的,正如罗尔斯·罗伊斯(Rolls-Royce)的另一层意思是最佳一样。该《法律报告》又分为几个子类,分别按照终审法院的名称分类⑦:

(1) 上诉案件卷,收录上诉法院、贵族院及枢密院的判例。

(2) 大法官分庭卷,收录高等法院大法官分庭的判例,以及对于该庭判决上诉至上诉法院后的判例。

(3) 家事分庭卷,收录高等法院家事分庭的判例,以及由该法庭向上

---

① Bridges & Cragg, p.4.
② Elliott & Quinn, guide XXVIII.
③ Penny Darbyshire, p.40.
④ Elliott & Quinn, guide XXVIII.
⑤ Penny Darbyshire, p.40.
⑥ Elliott & Quinn, guide XXVIII.
⑦ Elliott & Quinn, guide XXVIII-XXX.

诉法院上诉的案件。

(4) 王座分庭卷,收录高等法院王座分庭的判例,以及由该法庭向上诉法院上诉的案件。

以上四类是《法律报告》各分卷的名称,而不是彼此独立的《法律报告》。绝大多数英国法学著作中所介绍的案件,都引自《法律报告》的上述四个分卷。

三、判例索引

判例索引(case reference)是判例法国家的法律技术。对于受成文法律传统熏陶的学生具有一定的迷惑力,但仔细研究其编辑方法后,就会发现其不过是一种编辑整理方法而已。

(一) 传统方法

在《法律报告》体系中,每一个判例都被赋予一个或者几个索引地址,以便准确地确定如何在《法律报告》中找到该判例。① 由于英国有多个法律报告系统,每个系统都有自己独特的索引方法,因此,一个判例可能同时被多个法律报告收录,从而会存在多个判例索引地址。但由于除中立引注系统外,各个系统都不是对判例的全文引用,同一判例在不同的系统中被摘登的内容也可能是不同的,这取决于各系统的指导思想,指导思想不同,引用原判决的侧重点亦不同。由于这种差异的存在,在形成竞争的同时,也发展了英国判例法的研究方法。

每一判例索引由案件名称后面的一个字母及数字串组成。每个法律报告体系的索引号都不同。常用索引由以下几部分组成②:

(1) 年份。表示案件的判决年份,通常用小括号以示突出。如果所用的年份为报告案件的年份,则用方括号。如 1978 年的 *Couriet v. Union of Post Office Workers* 一案。

(2) 卷别。并非所有的法律报告都有卷号,许多法律报告的卷号以年份简记。

(3) 法律报告的缩写。每一个法律报告体系都有一个名称缩写。

(4) 页码。案件在法律报告中的开始页码。

例如,*Cocens v. Brutus*〔1973〕*AC* 854,是指该案件是由《上诉案件

---

① Elliott & Quinn, guide XXX.
② Elliott & Quinn, guide XXX.

法律报告》1973年报告的,开始页码为854。*DPP v. Hawkins* [1988] 1 WLR 1166 则是指,该案件是由《法律周报》第一卷于1998年报告的,开始页码为1166。自2001年对上诉法院及行政法庭的判例引入中立引注后,中立引注应当出现在《法律报告》的索引之前。例如:*Brown v. Smith* [2002] *EWCA Civ* 5,[2002] *QB* 432,[2002] 3 *All ER* 21①,也就是说,这个案件除了中立引注外,至少被两个以上彼此独立的法律报告体系所引用。这种几个引注同时出现的情况,一般出现在判决或者法学著作中,就法律著作而言,其目的是给读者提供查阅原判决的多种选择。

这些判例索引可用于在收藏这些《法律报告》的图书馆中查找并阅读判例,因为教科书仅能提供案件的概要,本身并没有法律效力,也就是不能在法庭上直接引用,只有实际的判例才蕴含以判例法形式存在的法律。

(二)中立引注(Neutral Citation)

为了便于引用并在互联网上或者以光盘形式报告,英国于2001年引入了被称为中立引注的新的形式。这是按照《审判实务指南》中《高级法院的判决形式与引注》部分的规定,在上诉法院和高等法院的行政庭率先试行的。②

与《法律报告》不同,这种引注形式的最大特点是公开案件判决的全部,不加任何删节,此即所谓中立之所在,因为任何形式的删节都不可能是完全中立的。此外,中立引注体系中的判例不是以《法律报告》的卷别和页码作为索引,而是给予每一个经核准的判决一个唯一的号码,并将判决中的每一自然段编号。中立引注的类型包括③:

(1)上诉法院民事分庭:[2000] EWCA Civ 1,2,3,等等。
(2)上诉法院刑事分庭:[2000] EWCA Crim 1,2,3,等等。
(3)高等法院行政法庭:[2000] EWHC Admin 1,2,3,等等。

其中,EW指英格兰和威尔士,CA指上诉法院,HC指高等法院。例如,假定 *Brown v. Smith* 是2002年上诉法院民事分庭判决的第五个案件,所要引用的是该判决的第四段,则该引注的形式是:*Brown v. Smith* [2002] *EWCA Civ at* [4]。按照现行引注规则,如果某一属于中立引注适用范围内的判例要在法庭上引用,则至少有一次要采取中立引注方式。

---

① Elliott & Quinn, guide XXXI.
② Elliott & Quinn, guide XXX.
③ Elliott & Quinn, guide XXX.

四、报告的判例才是法律

英国的判例法体系中,《法律报告》的重要性为我们所忽视,主要原因是我们对英国法的研究很少直接取材于《法律报告》,而多是利用第二手研究资料。英国的法学著作中,绝大部分的引注来自《法律报告》,制定法的规定及学者的观点远在其次。

在英国学者看来,有拘束力的判例体系的确立,有赖于对于写成《法律报告》的判例的公开出版。① 按此说法,只有写入《法律报告》的判决,才成为判例法体系的组成部分。那么,没有必要写入报告,或者因为疏漏而没有写入报告的判决,就不具有判例效果?英国学者非常肯定地说:只有实际的判例才能成为法律。② 也就是说,判例法是以判例为基础的,而判例又是记载在《法律报告》中的,正如卡姆登(Lord Camden CJ)所言:如果是法律,就应当在我们的《法律报告》中找得到;如果找不到,那就不是法律。③ 笔者非常喜欢这句话,更喜欢这种简单明了的态度。

五、遵循先例原则

遵循先例是判例法的基本原则,也是英国司法体制的基础性惯例。

(一)判例在哪里?

理解判例法必须破除一个误区,就是将判例等同于先例的判决部分。英国学者在介绍现当代英国行政法中确立司法审查的根据的两个经典判例之一——1948 年的 Associated Provincial Picture Houses Ltd. v. Wednesbury Corpn (1948),简称 Wednesbury case——时指出,与这个经典判例中所衍生出来的司法审查的原则相比,温斯伯里判例的判决内容反而是次要的。④ 这正是判例法的精要所在,不是判决本身,而是由判决的推理部分产生出判例的原则。判决的结果不足以成为判例,而是判决中的说理部分形成判例。更准确地说,形成判例的是其中的法理,而不是结论。判例能够经过历史的荡涤沉淀下来的内容,都是英国人民在司法领域的推理过程中的智慧之光,其核心是思考问题的方法,而不是其结

---

① Penny Darbyshire, p.40.
② Elliott & Quinn, guide XXX.
③ Bradley & Ewing, p.253.
④ Neil Parpworth, p.288.

论。这一点,应当引起我们足够的重视,英国法治的精粹也与此有一定的关系——法治不是法律条文中的文字,而是文字得以实现法律自治的内在运行机制。仅仅模仿法律语言或者文字印在文明传播介质上的符号的过程,是复制不了法治的。

在英国,判决(judgment)通常很长,包括相当多的议论,以及对判决据以作出的法律原则的解释。这些解释,被称为判决理由,正是这一部分被称为具有约束力的先例(binding precedent)构成了判例法。判决的其他部分则被称为叙述部分(obiter dicta,字面意思是如其所述,即 things said by the way),这部分不形成判例,只能视为劝导性先例(persuasive precedent)。① 在以下有关判例的规避的内容中,将看到这个问题的重要性,即不同的法官对于同一个判决中有拘束力的部分的理解是不同的,这种理解上的偏差,恰恰就是规避遵循先例原则之适用的最主要原因之一。

以政府通信指挥部(GCHQ)一案为例,贵族院认定:无论是对英王特权的直接行使(多数参审法官持此议),还是对英王基于其特权而授予的权力的行使,司法审查所涉及的指示都是可以进行司法审查的(reviewable)。但是贵族院同时强调,虽然工会享有接受咨询的合法性期待(legitimate expectation),但是这一权利应当让位于具有压倒性利益的国家安全。② 这个判例说明了英国真正有价值的判例往往都是妥协的结果,该判例的价值在于确立了合法性期待的权利、拓展了合法性原则适用的范围、将英王特权的行使方式纳入司法审查范围。但是,就该案的结论而言,原告并没有从这些拓展中受益,因为在得出上述结论的同时,贵族院通过将其赋予原告的合法性期待的权利与国家利益比较,作出了并非如原告所愿的判决。

(二) 遵循先例的内涵

在英国,没有哪个学者愿意耐心地解释遵循先例原则的具体内涵。归集各家观点得出该原则的核心内涵为:下级法院必须遵循上级法院的判例中所宣示的法律,而不得自己造法。除了受上级法院判例的拘束,下级法院还必须受其自己先前判例的拘束。③ 遵循先例不仅是指遵循那些案件事实与之完全相当的案件的判决,这样的案件极少;更是指遵循那些

---

① Elliott & Quinn, p. 8.
② Neil Parpworth, p. 50.
③ Elliott & Quinn, p. 8.

案件事实本身要求适用上级法院判例的案件中的法律原则。① 另外,判例法来自法官的决定,而非陪审团的决定。②

在英国,法官通常只承认他们不过是在宣示法律或者发现法律,而不是创造法律,并且经常将立法是议会的特权之类的话挂在嘴边。③

英国 18 世纪的法律评论家布莱克斯通(William Blackstone)申明,法官不能造法,而仅仅是按照遵循先例的规则,发现并宣告既存的法律。法官应当始终铭记在心的是,他们既不应当根据自己的个人情感断案,也不应当根据自己的判断断案,而应当按照已知的法律和习惯断案;法官不应当处心积虑地去宣示新的法律,而应当维护、解释原有的法律。布莱克斯通不承认判例会提供对同一法律的两个甚至更多的解释:如果某一案件的判决不妥,则推翻或者否决原判决的新判决并不是新的法律,也不是指出原有判决是一个不好的判决的声明,而只是一项原有判决根本就不是法律的宣告,亦即原判决是对法律问题的错误回答。布莱克斯通假定,对于任何法律问题,总可以从对判例的客观研究中演绎出一个正确的答案。④ 按照布氏的观点,错误的判决不是因为其错误而被废止的,而是因为它根本就不是法律。

但是在现代英国学者看来,布氏的这些观点多少有点不切合实际。如果判例的运作过程如其所说的那样是精确的、科学的,那么就不会有高级别法院中的大部分案件判决。有关的律师只需要看一下相关的判例法就可以预见法院可能的判决,从而就哪一方当事人会输掉官司提出建议,而无须再提起诉讼。在民事诉讼或者任何上诉案件中,好的律师不会建议其当事人提起或者应诉一个他们肯定要输的案件。在实践中,法官的选择可能不会如布氏说的那样中立。⑤

在布氏之后,德沃金(Ronald Dworkin)也认为,法官并没有真正的创制判例法的自由裁量权。他将法律视为一张没有空隙的网,能够为各种案件提供唯一正确的解答。他认为,尽管现有法律规则可以过时而不再适用于今后的案件,但是法律原则从来不会过时,因而法官们不需要运用他们的自由裁量权。但是他在其《法律帝国》一书中的上述观点遭到严厉

---

① Penny Darbyshire, p. 37.
② Elliott & Quinn, p. 7.
③ Elliott & Quinn, pp. 15-16.
④ Elliott & Quinn, p. 11.
⑤ Elliott & Quinn, p. 11.

的批评,被认为不切实际。①

(三)判例的层级

从遵循先例的基本内涵出发,还形成了与现代法院体系相一致的判例层级体系,法官必须遵循层级高于其所在法院的上级法院的判例。这一过程因建立了对高级别法院判例报告的定期出版制度而相对容易。②

法院的层级在英国法上最重要的意义,不在于确定上诉审法院,而在于上级法院的判决对下级法院有拘束力这一判例法原则。英国诉讼案件的上诉不完全是向上一级法院提出,而是存在诸多在我们看来属于越级上诉的情形(如上诉法院直接受理来自皇家法院的刑事上诉案件)。但对于遵循先例原则而言,上级法院的判决对下级法院有拘束力。法院的层级关系问题,本编第一章第一节法院——法律之院中已经有明确的介绍,此处仅就法院对自身判例的拘束力的态度作一补充。

1. 贵族院

就传统而言,贵族院受其自身判例的拘束,但在 1966 年,大法官发布了一项惯例声明,表示贵族院不再受其先前判例的拘束。③ 但自 1966 年以来,这样的例子并不多见。1972 年的 *Herrington v. British Railways Board* 一案中,贵族院修订了一项久已确立的关于非法侵入他人领地的儿童也应承担相应注意义务的法律原则。④ 在 1986 年的 *R. v. Shivpuri* 一案中,贵族院在考虑该案涉及的刑事方面的问题时,背离了其在一年前所确立的原则。⑤ 贵族院推翻自己判例的最著名例子是 1991 年的 *R. v. R.* 案,该案认定婚内强奸属于犯罪,从而推翻了一项建立在传统判例基础之上的延续了多少个世纪的法律原则。⑥

皮诺切特一案可能是英国 20 世纪末甚至整个 20 世纪受到最广泛关注的案件之一,除了当时英国《人权法》刚刚实施而该案涉及人权问题,以及该案的政治因素外,贵族院推翻自己的原有判决而决定重审该案,从而开创了英国法上的一个新的先例,也是其为法学界所津津乐道的原因之一。在 1999 年的 *Re Pinochet Ugarte* 案中,贵族院指出,如果由于案件

---

① Elliott & Quinn, p. 12.
② Elliott & Quinn, p. 7.
③ Elliott & Quinn, p. 8.
④ Penny Darbyshire, p. 37.
⑤ Penny Darbyshire, pp. 37-38.
⑥ Elliott & Quinn, p. 8.

当事人自身过错以外的原因而使其遭受不公正的审判,贵族院有权重新审理某一上诉案件。① 也就是说,对于其已经审理过的案件,可以就同一事实和上诉理由再审一次,而这样做的前提是要推翻其先前审理所作出的判决,也就是不再受自己先前判决的拘束。进而言之,贵族院这一判决所更改的已经不限于对自己判例的拘束力问题,而是涉及一个更深层次的法院判决的既判力问题,这种做法在刑事诉讼中一般是禁止的,即禁止使被告就同一事由承担两次风险,或者说一事不再罚,除非严格地遵循上诉不加刑原则。但对于英国贵族院是否应当遵循其先前判例的讨论,在英国显然是一个比"一事不再理""上诉不加刑"更深层次的问题。对于这两个原则英国法院都应当遵循,贵族院显然不应该不知道。

2. 上诉法院

上诉法院的民事和刑事两个分庭所作的判决彼此互不拘束,但都受贵族院判例的拘束。对于是否受自己先前判例拘束的问题,刑事分庭采取比较灵活的原则,民事分庭则不然。在 1944 年的 *Young v. Bristol Aeroplane Ltd.* 一案中,法院认定上诉法院民事分庭通常受其自己判例的拘束,但有三个例外②:① 贵族院此后有了新的判例;② 贵族院的判决之间存在明显的自相矛盾之处。此时的结果是适用其中的一个判决作为判例,而否定另一个与之矛盾的判决的判例效力;③ 先前的判决因没有考虑相关的判例及制定法的规定而确有错误。这样的例子中最著名的是 1998 年的 *Thai Trading* 一案,因没有引用贵族院在 1983 年的 *Swain v. Law Society* 一案中的权威解释而犯了这种错误。作为上诉法院之下级法院的高等法院的一个分庭,认为该案因此而不具有对于哪怕是一个治安法院的拘束力。③ 这些规则同样适用于行政方面的案件,因为这些案件也是由民事分庭审理的。

上诉法院的先前判例的拘束力也正在被削弱,丹宁(Lord Denning)任上诉法院民事分庭的庭长时就曾避免适用这一原则,认为该庭不应当总是受其先前判例的拘束,特别是当涉及某一公民的民权的时候,如果原先的判决对于法律的理解或者适用是错误的,而背离这一判决对于维护上诉人的利益是必要的,那么该法庭认为自己可以完全不受拘束地推翻

---

① Elliott & Quinn, p. 8.
② Elliott & Quinn, p. 9.
③ Penny Darbyshire, p. 38.

其先前的判决。这样的例子发生在 1996 年的 R. v. Shoult 一案中,由泰勒(Lord Taylor, L.C.J.)任审判长的审判庭在审理一起判处某酒后驾驶者拘禁的上诉案件中,拒绝遵循 1995 年的 R. v. Cook 案的判例。这种情形在 2000 年 10 月以后会更加普遍,因为上诉法院决定根据《欧洲人权公约》调整其适用的法律。①

3. 高等法院

当高等法院以审理上诉案件的法院的身份存在时,其三个分庭法院中的一个分庭的法官所作出的判决,拘束下级法院但不拘束高等法院其他法官。当某一高等法院法官审理的案件涉及高等法院某一先前的案件时,该法官可以将这一先例视为具有说服力(persuasive),但不具有拘束力。②

高等法院作为一般管辖法院(即普通高等法院)时,不受其先前判例的拘束,它可以为其下级法院确立先例,但这种先例比上诉法院或者贵族院所确立的判例的法律地位要低一些。③ 我们平时所看到的高等法院的判例,其实主要是其作为上诉案件审理法院时的分庭法院的判决,就行政法而言,就是王座分庭法院及行政法庭的判决。作为普通管辖法院的高等法院,由于其不受理司法审查案件,且仅仅是一个初审法院,因此,其地位要比各分庭法院低得多。

4. 郡法院、皇家刑事法院及治安法院

这些法院的判决极少报告,也没有判例的拘束力。④

六、规避判例的方法

按照遵循先例的原则,法官可以不认同某一判例,但是不能违反这一原则。尽管如此,法官仍可以规避看起来具有拘束力的不合时宜的判例,大致有以下八种办法⑤:

(1) 区分案件事实与判例的事实。法官可以论辩其正在审理的案件与判例案件存在事实方面的重大区别,因而判例所确立的规则不应当适用于该案。由于案件的事实很难雷同,因此,这是最简单的规避方法,英

---

① Penny Darbyshire, p. 38.
② Penny Darbyshire, p. 38.
③ Elliott & Quinn, p. 9.
④ Penny Darbyshire, p. 39.
⑤ Elliott & Quinn, p. 12.

国法官在许多案件中对案件事实作了极其精确的区分。

(2) 区分法律问题(point of law)。在判决中论证某一判例所回答的法律问题不同于当前案件所提出的法律问题,从而规避判例的适用。

(3) 声明判例已经被更晚近的判例所取代从而过时。

(4) 限制判例判决中说明理由的那部分文字的范围。因为判例真正形成拘束力的部分是其说明理由部分,判例所确立的法律原则是基于这部分内容。由于作出判例判决的法官不可能在其判决中陈明哪一部分是说明理由,于是在该判例的适用过程中,主审法官可以就判决中哪几段文字构成说明理由部分作出自己的判断,从而限定判例判决中具有拘束力的那部分文字的范围。如果法官想规避某一不合时宜的判例,可以将那些看来应当适用于其正在审理的案件的判例的判决排除在说明理由部分之外,而仅仅视为具有说服的效力。

(5) 指出判例中并没有明确的说明理由部分。通常,上诉法院的案件是由3名法官主审的,而贵族院的案件是由五名法官审理。如果某一案件中法官就最终结论给出了不同的理由,如在贵族院的一个3：2通过的判决中,两名法官是基于这种观点而同意判决结论,另一名法官持另外一种观点但也同意,其他两位法官则不同意判决结论,在这种情况下就可以认为该案没有明确的判决理由。

(6) 指出判例与新近的更高层级的判例不一致,从而被默示推翻。

(7) 指出作出判例的法院在审判时没有考虑某些相关的制定法或者判例。这种方法极少采用。

(8) 指出判例已经过时、跟不上现代观念。这种方法也不常用。最著名的是1991年推翻婚内强奸不为罪的普通法规则的 R. v. R. 一案。

上述方法,大致回答了法官认为有拘束力的判例有错时该如何处理的问题。对这一问题,单纯从英国学者对英国法院的分级介绍中是找不到明确答案的。① 在英国学者看来,法官只能遵循先例,没有改变的权力,除非法官能够通过研究发现,有拘束力的判例确实与本案的事实不同,从而不予适用。此时,法官要么在没有其他判例的情况下自创新的判例,要么适用另外的更适合本案案情的判例。如果法官认为某判例错误而作出判决,当事人又没有意见,说明法官的意见得到了当事方的认同,案件没有上诉;但如果任何一方当事人有异议,特别是对法官认为判例有

---

① Elliott & Quinn, pp. 8-10.

错误的判断存在异议的一方,可以将该案上诉至上一级法院,直至贵族院,在这一过程中,上级法院的判决将解决这一问题。因此,总的说来,遵循判例原则的适用,基本前提就是首先必须有判例,其次是判例的案件事实与本案相当,接下来就是适用判例了。至于判例本身的对错,不是遵循判例原则能够解决的问题。对于是否应当适用该判例的争议,在很多情况下正是上诉的理由,而无论上诉至哪一级,最终得出的终审判决中肯定包括该判例正确与否的结论,而这一结论总是可以由任何一级有权推翻原有判例的法院作出的。

提出判例适用问题的出发点,是对那些明显错误的判例如何适用,在英国,这个问题根本上还是通过上诉途径解决的:在此类案件形成判例之前,即可以因其严重颠倒黑白而为当事人所不服,进而逐级上诉直至最高层级的法院。这一过程将极大地减少此类案件的发生。而一旦发生,则第二个案件马上又会进入这样的程序直至最终。而每一个案件走完整个过程都需要若干年时间,在此期间,形成判例的法院的上级法院很可能发生法官的调整,从而有可能在上诉过程中从根本上推翻原有的判例。

七、判例法的优缺点

(一) 优点

英国学者认为,判例法及遵循先例原则的优点在于:一是确定性;二是细致的操作规则;三是为法律观念提供了自由发挥的空间;四是灵活性。[①] 尽管英国学者普遍存在对于判例法的不同理解,但他们依然认可判例法制度是目前最实用的制度。

例如,关于"非理性"的理解,英国学者指出,要想基于非理性事由打赢一场司法审查诉讼,原告必须达到相当高的证明标准。仅仅证明受指摘的行政决定是一个理性的人所不可能作出的是不够的,还必须向法院证明任何理性的人都不会作出这一决定。[②] 从实证研究的角度讲,这种证明标准是永远无法达到的,但在考虑这一问题时必须注意的基本前提是,这不是一个绝对的标准,而是一个相对的标准。特别需要强调的是,这是一个由法官把握的标准,在检验这一标准是否达到的过程中,法官的自由裁量权不仅表现在他对这一标准的抽象的解释权,而且表现在对于

---

① Elliott & Quinn, p. 22.
② Neil Parpworth, p. 300.

这一标准在实际的审判过程中就个案而言是否已经满足要求的具体解释权。判例法的价值就在于,法官的具体解释权分散了法官为裁决案件而权衡其自由裁量权时的压力:因为其决定毕竟是就某一个案件而言的,并不一定具有普遍性(相对于立法而言),尤其在这种仁者见仁、智者见智的高度个性化的判断中,法官的自由裁量权形成的判例的拘束力,是相当随意的或者说不确定的。在这种情况下,个案的决定往往被视为偶然的自由裁量的结果,并不必然具有在意见比较趋同的问题上所形成的判例那样持久的拘束力。

（二）缺点

英国学者认为,判例法的缺点在于:一是体系复杂、卷帙浩繁,成千上万的案件、数千卷的《法律报告》,而且总是在不断增加之中;二是遵循先例成为原则后容易变得僵化,也就是说灵活性与僵化同时存在;三是会发生为了规避判例的适用而实施不合逻辑的对于案件事实的区分;四是不可预见性,与确定性相矛盾;五是随机性,只有当案件提交到法院,才有可能形成判例;六是非系统性;七是就事论事,缺乏系统的研究;八是判例法具有溯及既往的效力,因为通过判例法实施的法律的改变适用于该案件提交到法院之前发生的事,即判例所形成的法律至少要适用于判决之前发生的事;九是不民主。①

值得一提的是判例法的溯及既往问题。这个问题在实践中其实并不存在,因为其具体的表现仅仅是司法界与行政机关对既有法律原则在理解上产生分歧,无论是普通法还是制定法上的法律原则,都存在适用时因适用主体不同而存在理解差异的问题。对于这种差异,不能理解为终局裁决机关更具权威的解释,是对被告提出了在其决定时的法律所没有设定的新的原则;否则,司法审查决定特别是否定行政决定的司法审查决定,就将因为其本身依据的是溯及既往的法律而被陷于不义,进而难以为继。甚而言之,如果说司法审查的否定性决定就是对作出行政决定者规定了溯及既往的法律,也会将作出行政决定者陷于不义,因为如此一来,作出行政决定者就成了立法者。事实上,无论是作出行政决定者还是司法审查者,都是在解释既存的普通法或者制定法,二者只存在解释时间上的前后之别和解释权威性上的差异,不涉及立法上的溯及既往问题。

---

① Elliott & Quinn, pp. 22-24.

八、法官造法——判例成为法律

英国有所谓法官造法之说。英国学者对此不置可否,但从其判例法的传统看,说法官创造了部分英国法是没有错的。于是,判例以及与之相关的法律解释就与英国法的渊源具有了某种难以割舍的联系。但二者毕竟是不同的概念,法律渊源是静态意义上的法律,而法律解释则是动态意义上的法律形成过程,是法官发挥自己的主观能动性参与法律的具体化的过程,是整个司法体制的一个组成部分。

(一)法官造法

关于法官是否造法的问题,英国法官比较敏感。一方面,传统上法官认为他们只是在宣示法律或者发现法律,而不是创造法律,即只遵循先例,并不造法;另一方面,遵循先例原则本身又存在大量可以规避的借口,并且一直为法官所采用。[①] 戴西(Dicey)认为,英国宪法就是法官造法的产物。其他英国学者也认为,在相当长一段时间,法官们急于掩饰他们的造法功能。[②] 里德(Lord Reid)曾经非常幽默地描述了旧式英国法官们的虚伪:一度谈及法官造法简直就是对法官的亵渎:法官们只是宣告法律而已。那时的人们可能会相信,在少年阿拉丁(Aladdin)的某个宝洞里,藏着金光闪闪的普通法,而法官从获任命的那一天起,就在其脑子里感知到了芝麻开门的秘诀。凡是错误的判决都是因为法官记错了秘诀或者找错了门。这一切都是相信童话的人杜撰的,今天的人们已经不再相信这样的童话了。如今,人们已经普遍将法官造法视为当然。法官造法一般采取两种途径,其一是发展普通法,其二是解释制定法。[③]

(二)法官造法的证据

对于法官是否造法,或者说法官在适用判例时的自由裁量权问题,英国学者认为,法官确实在许多领域制定了法律。[④] 普通法是由法院作出的判决中宣告的规则或者原则构成的。举一个法官造法的例子,在 1765 年的 *Entick v. Carrington* 一案中,法官确立了干预个人的财产必须先取得法律的授权的原则,未取得法律的授权就是违法的行为。[⑤] 这个判

---

① Elliott & Quinn, p. 15.
② Neil Parpworth, pp. 239-240.
③ Neil Parpworth, p. 240.
④ Elliott & Quinn, p. 15.
⑤ Neil Parpworth, p. 240.

例,就是我们现在非常熟悉的越权无效原则的来源。普通法中的判例展示了普通法将行政机关置于某种责任体系之中的发展过程,这些判例是法官们履行其保护个人权利的传统角色的反映。①

英国学者认为,法官造法的具体论据是②:

(1) 从历史上看,英国法中的许多内容确实是由司法判决确立的判例法。合同法及侵权法目前仍然主要是法官造法。

(2) 无论是判例法还是制定法,在将其适用于某一特定的案件时,都不是自动完成的。法律表述的言语可能含糊不清、社会生活的发展也需要引起足够的关注、司法程序要求在法律适用的同时予以解释等。司法判例并不总能保证为某一案件的判决提供明确的指引或者强制适用的义务。

(3) 即便是既有的判例没有明确告诉法官在某一案件中应当怎么做,法官仍要作出决定,而不能简单地认为法律规定得不清楚而推给议会。虽然在某些案件中,法官确实指出,他们所判决的案件如果交由议会在改变了的法律的基础上作出决定,也许结果会更恰当。例如,在 1993 年 *Airedale NHS v. Bland* 一案中,贵族院所要考虑的是被告布兰德(Tony Bland,一位在 Hillsborough 球场灾难中昏迷的球迷)的命运。法官所要决定的问题是,停止支撑布兰德生命的治疗和人工给食是否合法,虽然停止这些措施意味着他将很快死亡。好几位常任上诉贵族法官明确表示,这一案件所产生的问题是一个全新的应当由议会来决定的道德和社会议题,而法官的任务应当是适用社会通过民主程序接受的原则,而不是将法官的标准强加给社会。英国法官这项声明的高明之处在于,法官们通过该案确立了所需要的法律原则,即在完成造法的同时,并没有否定议会的立法者地位。当然,法官之所以能够两全其美,还在于英国法中已经建立起来的一个基本刑事法律规则,即罪刑法定原则。按照这一原则,在某项行为被法律宣告为犯罪之后的一个合理时效期间(主要是该法的公告期限)之前,不得对该行为的实施者治罪。由于法官在该案中宣布"所产生的问题是一个全新的应当由议会来决定的道德和社会议题",也就相当于宣布既有的法律并没有对此作出明确的界定,因此,该案涉及的行为(拔掉病人赖以维持生命的输液管)在既有的刑事法律体系中不认为

---

① Neil Parpworth, pp. 240-241.
② Elliott & Quinn, pp. 15-17.

是犯罪。尽管该案法官作出了如上声明,但并没有因此而以无法可依为由拒绝作出判决,法官作出的判决是,原告提起的诉讼所涉及的行为在这种情况下是合法的,因为这是符合病人的利益的。注意,当英国法官说某一个诉讼是合法的或者说胜诉时,是说在法律上原告提出的诉讼请求是站得住脚的,亦即该案原告胜诉。该案给出了回应无法可依的借口的确切答案。它说明,尽管法官可以指明对于某一案件的判决在现行法中缺乏足够的依据,但绝不能因此而拒绝作出判决。法律推定技术可以用来弥补现实生活中法律的空白,就该案而言,推定的结论是,如果法律没有为原告设定强制性义务,原告就没有强制性义务。

(4) 法官们被置于自己决定自己所扮演角色的境地,而且无论法官是否喜欢,法院总是处于政治体系之中。例如,法官们已经赋予自己审查任何公共机构的决定的权力,即使议会已经明确表示这些决定不可以审查。也就是说,即使议会已经通过法律排除了法院对某一事项进行司法审查的可能,但法院仍会将此解释为法院有权对其是否属于排除的范围进行审查,或者说法院仍对虽属于排除范围但违法的行为进行审查。有关这一部分的详细内容,参见本书第四卷第四章第一节有关对排斥司法审查的制定法的反制等内容。

(三) 立法缺位时的法官造法

从司法与议会的关系的角度,法官造法还有另一层含义,即在议会推诿或者政府方面不积极提议议会立法时,法官当仁不让地立法。正如1968年的 *Conway v. Rimmer* 案所表明的,在政府不愿意请求议会立法的场合,司法判决是法律的一个重要渊源。向议会倡议将使自己置于更为有效的司法审查之下的立法建议,行政方面总是动作迟缓。①

可见,由于遵循先例原则的存在,宣告或者适用法律的司法职能中,包含某种"准立法"的效力。法官通过其判决造法的能力显然不能和议会立法相比,因为议会可以随意改变既有的法律原则,无论是制定法中的还是法院判决之中的。尽管如此,司法在涉及个人自由及法律原则的制定方面还是颇有作为的,法院在这些领域的判决起到了更新法律的作用,因而广受人们的好评。例如,改变在法律上已婚男子不可能强奸其妻子的原则,将"家庭"的含义扩大到长期存续的同性恋关系等。当然,如果法院

---

① Bradley & Ewing, p. 88.

未能做到这一点,也将受到批评。①

九、法律解释——法律成为判例

对于普通法而言,英国法官或是在宣告法律或是在创造法律,因此,并不存在解释的问题;只有制定法,才存在对其含义进行解释以便运用的问题。事实上,在英国学者看来,法官对于制定法的解释与判例法及遵循先例原则的运用有很多共同之处,一旦法院对某一制定法或者其一部分作出了解释,则这些解释就成为判例法的一部分。② 英国学者认为,所谓的解释规则其实根本就不是什么规则,而是一些解释的方法而已。法官们并不会将这些方法系统地用于每一案件中,而且在每一案件中,运用这些方法所产生的结论将是结果迥异的,从而不可避免地需要选择性地适用。③

（一）法律解释的必要性

在议会已经立法的领域,议会立法至上原则限制法院对议会法律的合法性进行审查。但是适用法律的任务是由法院承担的,而议会不太可能起草一部明确而不含糊的法律,因此,法院在解释议会制定的法律方面仍扮演着至关重要的角色。④ 本尼恩(Bennion)给出了法律适用过程中存在的不确定性的几种缘由⑤:

(1) 法律起草者遗漏了一个其认为无须赘言的词。例如法律规定禁止具有 A 特征或者 B 特征的人从事某事,那么这是否意味着允许同时具有 A 特征和 B 特征的人从事该事呢？如果法律的起草者使用兼或(and/or)就清楚了。

(2) 法律使用了一个含义广泛的术语,留待法律的使用者来决定其具体内涵。例如法律禁止车辆进入公园,这显然包括小汽车和卡车,但没有明确是否同时也限制滑板(skateboards)、自行车(bikes)、滚轴溜冰鞋(roller skates)等进入公园。

(3) 使用了含义模糊的字或者词,这也许是因为立法中的规定存在政治上的争议。例如,1972 年《欧洲共同体法》即对联合王国立法的法律

---

① Bradley & Ewing, p. 88.
② Elliott & Quinn, p. 30.
③ Elliott & Quinn, p. 40.
④ Neil Parpworth, p. 241.
⑤ Elliott & Quinn, p. 29.

地位语焉不详。

（4）由于打印、起草或者其他错误而造成的措辞失当。

（5）提交到法院的案件在立法时还没有预见到。例如，起草禁止车辆进入公园的立法时，滑板还没有发明出来。

（二）谁来解释法律

议会的法律一经制定，对其解释就成为法院的事。[①] 英国立法权与解释权的这种分立，显然不是基于效率的考虑，但却是步入法治核心的不二法门。在言出法随的时代，没有这种区分，也就没有法治。立法权与解释权的分立是以司法保护为核心的法律之治的结果，对此效率不是首要考虑的，甚至根本就不应当考虑。

不仅如此，从某种意义上说，对制定法的解释是法律制定过程中的一个重要环节，因为只有在解释之后，人们才能知道法律制定者确立法律规范时的真实意图。[②] 按照英国法律界的一般理解，法律解释就是对法律制定者立法意图的推测。人们也许会问，既然如此，那为什么不让制定法律的人自己来表达他们制定法律时的真实意图呢？此处的关键不是如何准确地探明法律制定者当初的意图，而是要从一个相对客观的、从法律普遍适用对象亦即一般守法者的角度，对以文字表述出来的法律规范的真实内容进行客观再现。这个过程，在英国法律界看来，显然不是作为立法者的众议员或者贵族议员就是最高权威。相反，英国学者将制定法的解释过程也视为立法程序的一个组成部分。也就是说，法律经立法程序被制定出来后，对于适用中引发的对法律规范的准确含义的理解的唯一性，亦是法律制定的重要组成部分。此时，法律制定者已经无从置喙，而要由法律的执行者或者监督执行者从一般守法者的角度分析，而其所谓对于立法者本意的揣测，则只不过是法律解释过程中的一种托词。如果法官对于立法的解释真的是要把握立法者的本意或者立法时的真实动机，则只有在庭审中将参与法律制定的有关人等召集到法庭对立法时的心理活动加以陈述。而实际上，没有哪个法院的法官会这样做。此处有意区分立法者与法律制定者，因为二者是有区别的，立法者是谁？主权者；而法律制定者只不过是代行主权权力的议会代表而已。

什么是议会的意图（intention）呢？英国学者也承认，这是一个实际

[①] Bradley & Ewing, p.79.
[②] Bradley & Ewing, p.79.

上非常油滑(slippery)的概念。例如,议会怎么可能在滑板还没有发明之前就对立法应当如何对待它有任何的意图呢?[①] 法官可以将滑板解释为立法禁止进入公园的车辆的一种,并说这是议会的意思,而如果法官直接表明其对法律的解释是按自己的理解,则会背离宪法原则。但实际上,英国法官确实是,而且也只能是揣摩议会的意思。

以贵族院常任上诉贵族法官对起诉时效问题的解释为例,在贵族院1999年的 R. v. Criminal Injuries Compensation Board, ex p. A 一案中,主审法官斯莱恩(Lord Slynn)将《最高法院法》第31条[s 31(6)]以及《最高法院规则》第53号令[RSC Order 53, rule 4(1)]的规定分别归纳为:前者规定"起诉期限延展的合理事由",后者规定"对延期提出的申请作出受理许可的决定可能会对良好行政造成损害"。[②] 但值得注意的是,贵族院在该案判决中适用的是仍然有效的1981年《最高法院法》和已经被英国学者视为老规则的《最高法院规则》第53号令,而没有适用新规则《民事诉讼规则》第54条。其原因与英国的判例法体系有关,即该案涉及的是一个超过起诉期限的司法审查请求,在原告方提出的有合理的延期理由与被告方提出的将损害良好行政之间如何取舍的问题,而超过法定期限并不是该案当事人争议的焦点,即无论是适用1981年《最高法院法》规定的尽快起诉,还是适用新规则《民事诉讼规则》第54条要求的尽快起诉、最迟不能超过3个月,原被告双方对已经耽误了起诉时机是没有争议的,争议的焦点是虽然耽误了但是否仍可以受理的问题。因此,贵族院对该案的判决,特别是主审法官斯莱恩的意见仅涉及《最高法院法》第31条以及《最高法院规则》第53号令的冲突规范的协调,就不足为怪了,而且由此得出的结论并不影响贵族院在 Caswell v. Dairy Produce Quota Tribunal for England and Wales (1990) 一案中,就如何理解尽快起诉而试图协调《最高法院法》与《民事诉讼规则》的规定之间的差异的结论。以上解释过程涉及对英国判例体制的精深理解,如有读者对此感到不知所云,不必过于自责,但如果能够理解这一段的原委,则对英国司法体制的理解至少要上两个层次。

由于英国议会立法具有除欧盟法以外(脱欧前)的最高法律地位,因此,司法界固有的宪法地位决定了法官们要将他们认为议会在制定某一

[①] Elliott & Quinn, p. 30.
[②] Neil Parpworth, p. 282.

特定法律时的真实意图付诸实践，而不是简单地将法官们认为最佳的解释运用于眼前的案件。① 对法律解释的这一理解非常重要，如果对于法官造法或者法官解释法律的理解有偏差，虽然从结果看没有什么不同，但是就法理描述而言，显然是不同的。就如同我们要求法官要依其良知断案一样，这显然要与不作这种要求或者要求其随便断案有很大不同。

当然，英国学者也承认，实际情况可能远不是宪法理论上所假定的这样简单。② 英国法对于法官法律解释权的认识，与其在判例法中对法官造法职能的看法是一脉相承的，因为在判例法中，法官不是以法律的创造者自居，而是法律的宣示者或者发现者，这显然是以假定法律或者法律原则既存为前提的。

过去40年间，司法界实际上已经逐步承认，他们确实在制定法的解释方面拥有某种程度的自由裁量权，但是对于能够或者应当在何种程度上拥有自由裁量权，仍有争议。丹宁在其司法生涯中，始终走在建立一种更令人满意的法律解释方法的运动的前列，该运动的目标是要建立一个能够体现法律精神的判决形成机制。③

（三）法律解释与《人权法》

1998年《人权法》为法院设置的法律解释义务，代表着一种非常值得注意的发展趋势。贵族院在其 R. v. A (No. 2) (2001) 一案中，已经将这种解释义务理解为，该法赋予常任上诉贵族法官将某一规定视为某一议会立法的默示规定的权力。司法界的这一创造性举动引发了传统的法院究竟是在解释法律还是在制定法律的问题，同时也涉及传统上普遍存在的对于法院角色的宪法性认可。④

（四）法律解释的手段与结果——判例法

参见本书第一卷第一编第二章第七节中判例主义部分。

（五）对解释权的限制

法官们在解释法律的过程中，不能挑战立法机关的政治权威，也就是说，不能通过司法判决来认定新的法律应当怎样制定。⑤ 法官们必须通

---

① Elliott & Quinn, p. 30.
② Elliott & Quinn, p. 30.
③ Elliott & Quinn, p. 43.
④ Neil Parpworth, p. 246.
⑤ Bradley & Ewing, pp. 79-80.

过适用普通法有关法律解释的原理来解释法律并裁判争议问题,因为这些原理已经被制定法调整过了。①

十、法律解释规则

在解释议会的法律时,法官们总是竭力保障议会的意志能够得到施行。分权原则要求法官们这样做,而且正如在 Duport Steels Ltd. v. Sirs(1980)一案中所看到的,该原则还不时被用来提醒法官们保持司法克制(judicial restraint)的必要性。②

为了有助于法官们履行其解释制定法的职能,法官们制定了相当数量的制定法解释规则,其中包括:字面含义解释规则(literal rule)、黄金解释规则(golden rule)或者模糊规则(mischief rule)。然而这些规则本身存在的问题是,它们并没有提供对某一特定法律解释问题的决定性答案,更要命的是,这些规则所能提供的答案因所适用的规则不同而有别。③

一般而言,法官们倾向于采取以下两种途径解释议会的法律:一种是适用字面含义解释规则,此时他们将注意力集中在制定法所使用的单词上,并根据这些单词通常和自然的语义来解释法律。另一种则是借用立法目的进行解释,这就要超出制定法的字面意思,而考虑法律的立法目的。④

(一)字面含义解释规则

过去,字面含义解释规则受到盛赞。在 1962 年的 Scruttons Ltd. v. Midland Silicones Ltd. 一案中,西蒙兹(Viscount Simonds)认为,法官的第一职责就是"依法司法(administer justice according to law),而法律要么是由议会确立的,要么就是具有拘束力的判例"。在描述法官的角色时,德夫林(Lord Devlin)认为:我曾经承认,法官负有遵循普通法的责任,对于制定法却没有这样的责任;对于制定法,法官只有解释与适用的义务,但不得妨碍制定法的实施。现在我们依然不认为按照制定法中所用之词的自然的、普通的含义解释它们的原则有什么不妥,但是,必须将制定法中的用词解释成它们真正所要表达的意思,而不是解释者们想让它

---

① Bradley & Ewing, p. 80.
② Neil Parpworth, p. 241.
③ Neil Parpworth, p. 242.
④ Neil Parpworth, p. 242.

们表达的意思——制定法是法院判决的支配者而非奴仆。①

(二) 立法目的解释方法

目前,立法目的解释方法越来越普遍,特别是在解释那些为了使英国所承担的欧共体义务(脱欧前还包括欧盟法)得以落实而制定的法律时。此时,法院更愿意读取制定法中隐含的意思,以保证旨在实施欧共体法的英国法与欧共体法之间的一致性。② 立法目的的解释方法在此普遍适用,是由这些法律规范本身的目的决定的,而不是解释者有意想背离字面解释规则。事实上,所谓的立法目的解释方法,无非是从这些具有特别倾向的法律文件的立法目的出发,将这些法律文件所要遵循、实现的欧共体法,作为解释这些法律文件的基础,用对欧共体法的字面解释,取代对相关国内法律文件的字面解释。

在采取立法目的的解释方法时,法院是在修正国内立法存在的错误和疏漏,而法院承担这一任务的适当性还有争论。为法院这一角色进行辩护的论点包括:法院仅仅是以议会意图赋予的意思解释法律,如果法院发现法律规范的字句确实曲解了议会的意思,立法目的解释方法就成为法院厘清并修订相关成文立法规范的有用工具。③

司法激进派的上述观点并不局限于对于旨在实施欧共体法而颁布的国内立法的解释,法院偶尔也会觉得有必要赋予国内法与其准确的字面含义不一致的意思。④ 1991 年的 *R. v. Registrar-General, ex p. Smith* 一案,就是这种偶然情形的一个例证:原告史密斯是一个间歇性精神病人,他承认自己杀死一个与其素昧平生的陌生人后被关押在司法精神病院。原告很小的时候即被收养,并曾经表示恨其养父母。在一次精神病发作期间,原告把他的监友当作其养母而将其杀死,从而构成在押期间对监友的一般杀人罪。原告不知道其生父母是谁,于是根据 1976 年《收养法》(Adoption Act) 第 51 条的规定,申请披露其出生证明的复印件。⑤ 其中会披露其仇恨的养父母,而原告申请获得此项信息的目的,不排除确定其仇恨但并不知道的养父母身份。如果有这种嫌疑,则是否应当向其披露这种信息就会成为《信息公开法》值得研究的问题。这种情况对于《信

---

① Neil Parpworth, p. 242.
② Neil Parpworth, p. 242.
③ Neil Parpworth, p. 243.
④ Neil Parpworth, p. 243.
⑤ Neil Parpworth, pp. 243-234.

息公开法》的制定者来说,往往是预想不到的,这就是英国司法界那么喜欢判例法的理由——通过判例的不断积累,不断解决前进道路上可能遇到但不能预知的法律问题。

登记总管(Registrar-General)根据医学专家的建议没有向原告提供其申请的信息,原告遂申请对该决定进行司法审查,认为《收养法》赋予自己获得信息的绝对权利。分庭法院拒绝了原告的请求。上诉法院也驳回了原告的上诉请求。上诉法院认定:登记总管的决定并不违法,出于公共政策的考虑,如果履行某一义务将使某人得以实施一项严重的犯罪,则不能将制定法解释为该义务必须履行。① (提醒读者注意:该案中被关押的精神病人被赋予请求司法审查的资格。)

史密斯一案恼人的案情有助于理解为什么上诉法院会得出这一判决结论。事实上,即使没有这样的案情,法官们也认同这样的观点:对于各种动机和目的而言,任何一项绝对的权利都存在一个默示的限制:如果在制定 1976 年《收养法》时知道类似史密斯一案的情势,议会是不会授予该法第 51 条所规定的权利的。②

十一、司法推定技术

法院在解释成文法时,除了适用一般的法律解释规则,还确认了司法推定(presumption)的存在,例如议会不可能制定有意排斥接近法院的法律。③ 这不是法官们在庭前证据交换时的开场白中随便说说的天气情况,而是实实在在的先验的信条、原则,具有等同于宪法惯例的效力。法律解释中的司法推定技术,是法官高举的一面正义的旗帜,被其审查的对象即使对法院心有不满,也只能埋在心里。

(一) 议会不可能有意排斥法院

1920 年的 Chester v. Bateson 一案就是这样的一个判例④:

1917 年《国土防卫条例》(Defence of the Realm Regulations)是根据 1914 年《国土防卫汇编法》(Defence of the Realm Consolidation Act)的授权制定的。《国土防卫条例》第 2A 条第 2 款规定,任何人没有军需部

---

① Neil Parpworth, p. 244.
② Neil Parpworth, p. 244.
③ Neil Parpworth, p. 244.
④ Neil Parpworth, p. 244.

长(Minister of Munitions)的许可,不得为了恢复所有权或者驱逐军需工人宿舍的房客的目的诉诸法院。该条例还规定,房主未事先寻求军需部长的许可而提起诉讼的行为是犯罪行为。原告(Chester)想恢复其对出租给被告(Bateson)作宿舍的房屋的所有权,但事先并没有向军需部长申请提起诉讼的许可。治安法官发现:被告当时受雇于军需部,《国土防卫条例》第2A条第2款有效,原告应当取得军需部长的许可。① 因此认定该案原告构成犯罪,所幸只定轻罪,故可以由治安法官裁决。

高等法院王座分庭认定:支持原告的上诉,原告有权不经向军需部长提出申请而直接提起诉讼。法院认为,个人拥有一项在法院寻求公正的根本性权利。这一权利不得任意剥夺,除非经立法明文规定。由于1914年的议会法律中没有这样的字句,因此根据该法制定的条例无效。② 法院明确提到这一推定的更为晚近的例子包括:*R. v. Secretary of State for the Home Department ex p. Leech*(*No. 2*)(*1994*)以及 *R. v. Lord Chancellor*,*ex p. Witham*(*1998*),在这些案件中更是将这一推定描述为公民的一项宪法性权利。③

在1998年的 *R. v. Lord Chancellor*,*ex p. Witham* 一案中,申请人寻求对大法官根据一项制定法上的权力而制定的命令提起司法审查,该命令增加了颁发司法令状的收费。申请人提出,他是一名收入补助的领取者,大法官的命令剥夺了他接近正义、获得司法救济的机会,因为他负担不起增加的费用,而法律援助也不适用于他所要起诉的诽谤案件。法院作出该部分越权的宣告令,主审法官劳斯(Laws J.)认为,诉诸法院(即接近正义)是一项宪法性权利,只有当政府通过劝说议会通过一项法律,明白无误地允许行政机关将人民从法院门口拽走,这一权利才可剥夺。但在该案中政府并没有做到这一步。④

(二)议会不会制定溯及既往的法律

这一立法推定是法治原则的内容。里德(Lord Reid)在 *Waddington v. Miah*(*1974*)一案中指出:"几乎难以想象任何政府部门会推动或者议会会通过溯及既往的刑事立法。"⑤

---

① Neil Parpworth, pp. 244-245.
② Neil Parpworth, p. 245.
③ Neil Parpworth, p. 245.
④ Neil Parpworth, p. 245.
⑤ Neil Parpworth, p. 245.

(三) 议会不会违反其国际法义务①

另一司法推定是,议会不会制定违反其国际法义务的立法。

(四) 司法推定的适用局限

尽管上述司法推定很重要,但也仅仅是一些假设,只能适用于那些因立法术语含混模糊而使其实际含义不清的场合。当立法本身的含义清晰准确时,再适用这些假设就值得探讨了。② 因此,尽管里德几乎"难以相信"议会会通过一项溯及既往的刑事立法,但是,如果议会真的通过了这样一项立法,并且克服了语义的含混,作为议会立法至上原则的必然结论,法院也只能遵循这一法律。实际上,已经有人认为 1991 年《战争罪法》(War Crimes Act)就是这样的一部立法。③

在 Chester v. Bateson (1920) 一案中,尽管法院认定部长制定取消个人起诉至法院的权利的条例越权无效,但法院同时承认,议会的立法可以合法地剥夺个人寻求司法救济的权利。④ 这一判决的价值在于,它承认议会立法有这方面的权能,但不承认部长的命令具有此等功能。

---

① Neil Parpworth, p. 245.
② Neil Parpworth, p. 245.
③ Neil Parpworth, pp. 245-246.
④ Neil Parpworth, p. 246.

第二编
英国行政体制

第一章
英国行政体制概述

本章概要介绍英国的中央及地方政府、裁判所、执行机构、公法人及其他公共机构,重点介绍构建行政体制的基本原则——部长责任制。

第一节　行政组织的分类

对行政组织的划分并非易事,英国尤甚。对英国的行政组织进行分类,是一件出力不讨好的事,这么说的主要原因当然是英国行政体制的复杂,而这种复杂性又是不可避免的。正如一个发达的语言系统必须有复杂的语法现象和更为庞大的词汇系统一样,治理一个发达的国家需要一个复杂的法律体系。法治的希望不应当建立在"治乱国用重典"之类的简单理念之上,而必须做好在一个永久和平的环境下长治久安的打算。英国在近千年未遭受侵略者占领的历史中发展起来的复杂法律体系,可以作为建立一个稳定的法治社会结构的研究和借鉴对象,因此,研究英国行政法要做好面对复杂体系的准备。

另外一个原因是,要在两个截然不同的法律体系之间建立沟通,必有不容忽视的繁难。中国的行政管理结构固然复杂,而其更为复杂之处不在于表面上的组织法条文,而在于组织法条文之外的行政运作习惯。

一、比较公认的分类标准

此处的所谓公认,乃根据本书写作过程中参考的英文著作中经常使用的分类标准归纳整理而成。这也是本书中经常会提及的英国公法组织特别是行政组织的分类标准。熟悉这些分类技术,对于系统地把握英国行政组织之间的相互关系,显然是非常必要的。

（一）从中央和地方的角度划分

从中央和地方的角度划分，行政组织可以分为中央政府与地方政府，这是世界各国最通行的分类方法。本书对于英国行政体制的介绍，基本上是以这一划分标准布局的。但与我国相比，英国中央政府与地方政府的界限相当模糊，主要原因是中央政府在各地派驻了大量的分支机构。

（二）从司法审查的角度划分

从司法审查的被告角度，按被提请审查的行为是否属于专职履行公共职能的机构、专职履行公共职能的机构是否依法设立的，来划分所有可以成为司法审查被告的机构。按照这种划分标准，许多机构不属于严格意义上的行政机构，而只是兼职、受委托或者事实上履行公共职能的机构。

详见本书第四卷第五章第三节司法审查的被告部分。

（三）地方政府的分类

从英国地方政府演化的历史看，英国的地方政府大致分为四级：

第一级是地区级的权力下放地区政府，即苏格兰地区政府、威尔士地区政府和北爱尔兰地区政府。

第二级是郡、市议事会。

第三级是区、郡自治市、自治市。

第四级是社区及教区的议事会。

大伦敦地区地方政府的结构特殊一些。

二、较无争议的分类

比较没有争议的分类方法，是将英国的行政组织分为以下几个部分。

（一）中央政府及其组成部门

英国中央政府及其组成部门虽然庞杂，但其相互关系还是基本清楚的，将在本编第三章第一节、第二节中央政府及中央政府部门分别介绍。

（二）地方政府

英国的地方政府因地方自治、中央与地方分权以及权力下放而与我国有较大的不同。现在对它的分类较无争议，但英国的警察事务属于地方权限，警察机关按理应当属于地方政府范畴，然而二者的关系不是政府与其组成部门的关系，而是既密切关联又截然独立。个中原委，本编第五章第二节地方政府的演化中将专门介绍。

(三) 其他行政机构

除了中央、地方政府,还有其他大量的行政机构很难按照我们可以理解的标准分类,例如,执行机构、裁判所、公法人以及具有信托概念的全民健康服务体系(NHS)等,这些机构本身及其彼此间的界限,在英国的法律上不明确,在学术界更是莫衷一是。其他行政机构的一个共同特点就是"四不像":既不是中央政府机构,也不是地方政府机构;既不是严格意义上的公法机构,又不能纯粹等同于私人机构;既承担行政管理方面的职责,又负责司法方面的职能;既有固定的职责权限,又承担咨询、调查等冗务。总之,这些机构只能以其他行政机构名之。

英国学者一般用公共机构(public bodies)来指代这些机构[1]。但另有学者指出,公共机构与公共管理机构(public authorities)或者公法人(public corporations)其实是同义词,这种用法上的不统一是制定法措辞的不一致造成的。例如,就邮政局而言,1969年《邮政法》规定其为公共管理机构,而1981年《电信法》(Telecommunications Act)则称其为公法人。[2] 不同时代对同一机构使用不同的称谓,并不完全是立法措辞的疏忽,例如,随着私有化的进程,英国的邮政局确实经历了一个与公有、公营渐行渐远的过程,但1981年邮政局还没有私有化。因此,可以基本上相信,英国立法对于公共机构、公共管理机构以及公法人三个概念,并没有截然的区分。

三、其他行政机构的分类

(一) 按职能分类

有学者据此把具有宪法重要性的全国性公共机构分为以下几类:

1. 工商业管理类

为管理全国性的工业或者商业而设立的执行机构。如:煤炭方面的国家煤炭局;铁路领域的英国铁路局;钢铁系统的全英钢铁公司;电力方面的中央发电局,电力委员会,地区电力局,南苏格兰电力局,北苏格兰水电局;邮政方面的邮政局;金融方面的英格兰银行;原子能方面的联合王国原子能管理局;等等。[3]

---

[1] Bradley & Ewing, p. 291.
[2] Phillips & Jackson, p. 652.
[3] Phillips & Jackson, p. 652.

2. 社会服务管理类

为管理社会服务而设立的执行机构。如:为不同的新城镇发展而设立的公法人,包括国土开发方面的新城镇委员会和各地的城市发展委员会;健康服务方面的全民健康服务体系内的各机构;广播电视领域的英国广播公司;水资源管理局;等等。①

除上述两类机构外,还有规制及咨询类机构。②

(二) 公共机构的分类

公共机构是个普通名词,不完全是个学理概念,有英国学者称,按照政府的分类,有三类公共机构③:

(1) 公法人和国家化企业;

(2) 全民健康服务体系的机构;

(3) 非政府部门公共机构(non-departmental public bodies, NDPBs)。非政府部门公共机构又包括三种:① 执行机构(executive bodies),俗称"下一步"机构("Next Steps" agencies);② 咨询机构(advisory bodies);③ 裁判所(tribunals)。

非政府部门公共机构的数量庞大,1999 年的列表中即包括 1057 个。该类机构包括根据 2000 年《调查权力规范法》设立的裁判所,但还是排除了大量的其他组织,如中央政府的部门、地方政府机关、民事和刑事法院、不属于部的政府部门以及"下一步"机构。不属于部的政府部门包括公用事业管理机构,例如电信局、燃气及电力市场局、供水局。但是,与公用事业管理机构相对应的消费者委员会却包括在公共机构之列。④

在政府内部,"非政府部门公共机构"又被称作"边缘机构"⑤,在政府之外,还有一个非官方的称谓,即准非政府组织(quasi-non-governmental organisations,简称"quangos")。英国学者认为,这种提法会导致更多的误解⑥,因为就其既不直接对英国议会负责,也不直接对地方政府负责而言,他们属于 quangos 的范围。这个首字母缩写词既可以理解为"准自治非政府组织"(quasi autonomous non-governmental organisation),也可

---

① Phillips & Jackson, p. 653.
② Phillips & Jackson, p. 654.
③ Bradley & Ewing, pp. 291-292.
④ Bradley & Ewing, p. 292.
⑤ Bradley & Ewing, p. 287.
⑥ Bradley & Ewing, pp. 287-288.

以理解为"准自治全国政府组织"(quasi autonomous national government organisations)。① 之所以会有这些不统一的称谓,主要是因为目前还没有对于这类组织的统一认可的定义,英国宪法、行政法学者也不清楚究竟有多少这样的机构。②

(三) 其他行政机构的分类

综合以上分类,结合我国学者对英国政府机构关注的侧重点,本书对英国中央及地方政府以外的其他行政机构作如下的划分:

1. 裁判所

裁判所是相对而言比较确定的一类,主要原因是有一部《裁判所及调查庭法》的拘束。确定该法适用范围的必要性,在很大程度上附带解决了确定裁判所范围的问题。将在本书第三卷第一编第三章第十一节行政司法与行政裁判中介绍行政裁判的组织与行为等事项。

2. 公法人

相对而言,公法人的界限要模糊得多,因为在英国法中其原意是社团法人,"公"字是笔者为了将其与一般私法人区别开来而加上去的。行政法中讨论的所谓公法人,在很大程度上包括国有公司、国有化后又转私营的公司、公共事业公司等。虽然公法人与其他行政机构之间也存在一定的交叉,但差异性多于共性。本编第四章第二节公法人将专门介绍。

3. 其他公共机构

其他公共机构包括除公法人和国有化企业、裁判所以外的所有非政府公共机构,如全民健康服务体系机构、非政府部门公共机构以及其中的执行机构和咨询机构等。

需要提醒读者,其他公共机构中包括某些除政府以外的公共机构所共同适用的内容,如职能定位、法律地位等内容适用于裁判所。

第二节 部长责任制——行政组织法的基本原则

部长责任制(ministerial responsibility),与我们熟悉的首长负责制最相匹配,是英国行政体制中的重要制度,是英国行政组织法律体系的拱顶石。无论研究英国宪法、行政管理体制还是部门行政法,都会从不同角度

---

① Phillips & Jackson, p.651.
② Bradley & Ewing, p.288.

涉及这一内容。

一、内阁集体责任制与部长责任制

国内有学者将部长责任制译为内阁责任制,这种译法显然不妥,因为内阁责任另有所指,二者虽有交叉,但内阁责任制无法涵盖部长单独对议会负责的问题。从英文著作的用词看,部长责任制(individual ministerial responsibility)与议会制国家内阁所承担的集体责任(cabinet government and collective responsibility)①是相对的,而不是同一的。

对于首相及内阁制与部长责任制的关系,英国学者的观点可以用一元化和二分法加以概括。一元化观点认为,内阁集体责任制是部长责任制这一宪法惯例的重要组成部分。② 二分法观点认为,二者是居于同一层次的两大制度体系。例如,英国有学者将君主立宪的政体、英王特权、议会内阁制及集体责任制、部长责任制并称为议会立法至上、法治以及权力分立三大宪法基本原则下的四大宪法惯例。③

尽管有以上分歧,但基本的共识是,与内阁集体责任制对立的是部长责任制。之所以说二者是对立的,是因为部长通常既要作为内阁成员(即使不是内阁成员至少也是受某位内阁成员领导)对外集体负责,又要作为部长对外单独负责,而这两种责任有时是不统一的。英国宪法制度史中经常出现部长陷入个人责任与集体责任的夹缝中不能自拔的尴尬境地,最终成为政党集体责任的牺牲品,以个体性的辞职承担责任。

二、部长

在英国,与我国中央政府部门首长对应的职位,可能是世界上称谓最复杂的,其中一个主要原因是某些官职的历史沿革长达千余年,其职能虽几经变迁,但其称谓始终未改。在这些称谓中,比较常见的是大臣(Secretary)和部长(Minister)。将 Secretary 译为大臣之所以必要,与英国的君主制密切相关,而部长的称谓很难与英王、枢密院或者内阁等君主制色彩非常浓郁的词共同出现于同一语境中。Minister 是大臣或者部长的统称,或者说是部级领导的统称,事实上,只有没有什么历史的现代设立的

---

① Martin Partington, p. 32.
② Neil Parpworth, p. 235.
③ Martin Partington, p. 32.

部门才有如此的称谓,古老的部门则各有各的名称。本书并不严格区分这两个称谓,但与英王同时出现时一般用大臣。

在英国,由于部长责任制及行政匿名制的双重影响,部长更像是一个一人机关,我们所理解的部门的概念在英国要弱得多,即使像内政部这样具有广泛管理权限的部门,在行政法著作中讨论得更多的还是内政大臣。所以,可以这样认为,英国的部长与其部门的关系,更主要的是部长及其办公室的关系。但为了比较研究,本节重点讨论人格化的部长,而在本书中央政府部门及其后相关部分,介绍英国政府各部门的情况。

1975年《众议院议员丧失资格法》(House of Commons Disqualification Act)第2条将众议院部长议员的总数限制在95人以下,只有这个数目以下的部长们才有权出席众议院的会议并参加投票。① 本节讨论的部长责任,其实就是这些人在政治上、法律上的责任问题。

(一) 部长的职务

在英国,拥有部长头衔的部级官员的官职都是法律规定的,并由英王在首相的建议下任命。②

英国政府中许多大臣的职位(不严格的译法就是政府部门或者职位)的历史要远比首相悠久,但也有许多是刚刚设立的。大法官之职可以上溯至忏悔者爱德华(Edward the Confessor)统治时期,是一个自诺曼征服(Norman Conquest)后在几个世纪的时间里具有显赫政治和法律地位的官职。掌玺大臣之设则可以追溯至14世纪,并且在此后的岁月中经常由政治领袖担当,但是自1884年以来,传统历史意义上的掌玺职能被废除,这一职位目前已不承担具体的部门管理职能。枢密院院长之职初创于1497年,并在主要通过枢密院进行统治的斯图亚特王朝具有显要的地位。国务大臣之职则与枢密院院长有着同样悠久的历史,并从都铎王朝开始取得了政治上的显著地位,在伊丽莎白一世时达到顶峰,他们逐渐成为英王与臣民们沟通的纽带,并且自17世纪开始,通常会同时任命2—3名国务大臣分担国内及国际事务。③ 从历史意义上说,英国现代行政部门首长意义上的部长之职,是由国务大臣演变来的。因此,即使在英国最现代的官方记载中,如唐宁街10号网站上,也将内阁成员称作国务大臣。

---

① Neil Parpworth, p.21.
② Phillips & Jackson, p.344.
③ Bradley & Ewing, p.268.

1782年，英国政府第一次出现了将行政管理职能进行划分，并分别授予不同的国务大臣的做法，即把国内及殖民地事务授予一名国务大臣，而将外交事务授予另一名国务大臣，由此产生了内政大臣（Home Secretary）及外交大臣（Foreign Secretary）。1794年又有战争国务大臣（Secretary of State for War）之设，并且自此之后，英国的国务大臣即随着实际需要的变化而不断地立废。① 由此可见，在英国，与其说部门的名称决定其首长的称谓，不如说是首长的称谓决定部门的名称。

按照现行制定法的定义，"英王的大臣"（Minister of the Crown）是指任何在联合王国政府担任职务的人，就是那些获得执政党的权力支持并在政府担任某一政治职务的人。他们都是基于首相的举荐而由英王任命并与首相共进退。他们不同于那些不随政府更迭而连续任职的公务员和武装人员，不同于虽然领取薪资但只临时到某一部门工作并随部长离任而去职的部长特别顾问，也不同于公共委员会、协调机构及类似机构的成员。② 与所有这些公职人员不同，部长并不因其任职而失去在众议院的议席。③

根据英王特权，可以创制某些新的职位，例如特别国务大臣等。英王可以任命的部长的数量在法律上并没有限制，只要他们不领取报酬也不是众议院议员。④ 但这样的部长其实是没有什么意思的。

英国的宪法惯例要求，拥有部长职位的人应当是众议院或者贵族院的议员，而且绝大部分应当来自众议院。⑤ 在英国学者看来，这一要求对于确保部长责任制的落实具有重要意义，但没有法律上的依据。如果首相希望任命某一尚不是议员的人为部长的话，就有必要先启动授予这个在任职资格上有问题的人以终身贵族爵位的程序。⑥

但是长期以来有对议员出任部长的人数限制，以免首相拥有的委任权被滥用。现行法有关这方面的规定部分见于1975年《众议院议员丧失资格法》，部分见于1975年《部长及其他人员薪资法》（Ministerial and Other Salaries Act）。1975年《众议院议员丧失资格法》第2条规定，担任

---

① Bradley & Ewing, p. 268.
② Bradley & Ewing, p. 269.
③ Bradley & Ewing, pp. 269-270.
④ Bradley & Ewing, p. 270.
⑤ Bradley & Ewing, p. 171.
⑥ Bradley & Ewing, p. 270.

部长职务的众议院议员人数不得超过 95 人,无论是否领薪;①只有这个数目以下的部长们才有权出席众议院的会议并参加投票。② 从历史上看,这一数额限制先是在 1964 年从 70 调高到 91,又于 1974 年进一步调高到 95。如果超过上述法定限额的众议院议员被任命部长职务,则超过限额之上的那些议员不能出席众议院的会议,也没有投票权。③ 更重要的是,这些部长得不到限额以内的部长们所能领到的薪资,正如英王可以自行任命的大臣一样。硬性的财政机制同时对英王及首相在任命大臣或者部长方面作出了限制。

(二) 几位颇有特色的部长

1. 副首相及第一国务大臣

某一国务大臣可以被任命为第一国务大臣。虽然这对该国务大臣的职位并不会产生任何法律上的差别,但这会决定其在内阁排位上的优先性,在首相未出席的场合,第一国务大臣可以摄相事。2001 年,英国第一国务大臣与副首相的职务是合一的。④

2. 枢密院院长(Lord President of the Council)

枢密院院长主管枢密院办公厅(Privy Council Office),但这个部门的职责很轻。枢密院院长通常是内阁成员,并承担首相任命的特殊使命。自从布莱尔政府 1997 年上台以来,枢密院院长被委以众议院议长的职务。⑤ 首相所担负的组织议会事务的工作就委派给众议院议长。除此之外,枢密院院长要代表政府在辩论中发言、负责回答对政府公共政策、议会未来工作及其他事项的提问⑥,因而可以称得上是政府在议会的代言人,但其显然不是议会的发言人。

3. 掌玺大臣(Lord Privy Seal)

掌玺大臣的职位在中世纪时非常重要。但自 1884 年《国玺法》之后,国玺不再使用。掌玺大臣目前主要由首相委以特殊的使命,虽然他并不总是内阁成员。⑦ 自 1999 年后,掌玺大臣兼任过妇女部长之职。⑧

---

① Bradley & Ewing, p. 171.
② Neil Parpworth, p. 21.
③ Bradley & Ewing, p. 171.
④ Bradley & Ewing, p. 268.
⑤ Phillips & Jackson, p. 368.
⑥ Phillips & Jackson, p. 360.
⑦ Phillips & Jackson, p. 368.
⑧ Phillips & Jackson, p. 369.

4. 兰开斯特领地事务大臣(Chancellor of the Duchy of Lancaster)

兰开斯特领地事务大臣所在部门所管辖的事务,仅限于兰开斯特领地的不动产以及该地区治安法官的任命及免职。① 自 1999 年以来,该大臣还兼任内阁办公室主任(Minister for the Cabinet Office)②。

(三) 部长的职权

英国行政法一般在部长的职权下,讨论中央政府组成部门的权力配置问题,因为部长才是部门权力在法律上的享有者和名义上的行使者。但考虑到中国学者研究的便利,将这一部分内容放在中央政府部门一章中,作为中央政府部门的权力问题予以讨论。

(四) 部长的层级

1. 按重要性分类

即使同为中央政府部门的首长,部长的层级也是不同的,大致可以分为三类:① 内阁大臣,他们不一定必须有部门职责,但却是内阁成员;② 内阁之外的大臣或者国务部长(ministers of state),国务部长一般是在一个由内阁大臣领导的行政部门分担内阁大臣部分职责的部长;③ 财政部议会秘书,他们的职责是协助处理该政府部门在议会中的事务,当然也可能分担部分行政职责。英格兰和威尔士的两个英王法律官员(总检察长和总法律顾问)属于第二层级的部长,而政府在议会中的票监,则没有任何部门职责,他们的级别依其地位及资历而定。③

2. 按名称分

部长可以分为内阁部长(Cabinet Ministers)、非内阁部长(Ministers not in the Cabinet)以及低级部长(Junior Ministers)。④

(1) 国务大臣(Secretaries of State)

国务大臣是各政府部门的政治首脑,是当然的政府组成人员,并随政府共进退,有的也可以成为内阁的成员⑤,但不尽然。

从英国学者的表述看,英王的大臣(Ministers of the Crown)与各类国务大臣是通用的。⑥ 但英国每届政府中部长级别的官员有百余人,他

---

① Phillips & Jackson, p. 368.
② Phillips & Jackson, p. 369.
③ Bradley & Ewing, p. 270.
④ Phillips & Jackson, p. 369.
⑤ Phillips & Jackson, p. 370.
⑥ Bridges & Cragg, p. 26.

们被非正式地分为几个层级,主要的分类标准有两个:重要性和名称,国务大臣用于正部长,英王的大臣用于所有部长,因为英国没有名义上的副部长,但国务大臣只有 20 人左右,并且在立法上只用"国务大臣有权如何如何"的表述。

(2) 议会秘书(Parliamentary Secretaries)

每一政府部门在国务大臣或者部长之下,通常有一名或者几名议会次长(Parliamentary Under Secretaries of State)或者议会秘书。他们都是议会某一院的议员,同时又是随当前政府共进退的低级部长。议会秘书协助其所在部的部长在议会或者政治方面的事务,同时也参与本部门的管理。过去,议会秘书通常选自部长本人不是其议员的议院(因为部长虽然可以身兼不同机构的职务,但却不能兼任议会两院的议员),但是自1945 年以来,议会秘书也与部长一样,主要从众议院产生。①

(3) 低级部长(Junior Ministers)

低级部长是相对于高级部长而言的,正如高级法官与低级法官一样,并不是严格的法律上的区分,而是一种学理分类。一般而言,低级部长包括:议会秘书、(身兼政府票监职位的)财政专员[Treasury Commissioners (Government Whips)]以及英王王室成员(H. M. Household)。②

(五) 部长的薪资

制定法对众议院议员出任部长的数量以及支付给部长们的薪金数目是有限制的。部长的薪金由 1975 年《部长及其他人员薪资法》中规定的一个公式计算,该法在 1997 年作了修订。③ 而大法官的薪金由《部长及其他人员退休金及薪资法》规范,比上诉法院刑事分庭庭长(Lord Chief Justice)多。

1975 年《部长及其他人员薪资法》附表 1 第五部分固定了各种类型受薪部长的人数上限,这些部长包括:国务大臣(Secretary of State)、国务部长(Ministers of State)、财政部秘书(Treasury Secretaries)、财政部低级大臣(Junior Lords of the Treasury)、众议院助理票监(Assistant Government Whips)、候补贵族部长(Lords in Waiting)、议会秘书(Parlia-

---

① Phillips & Jackson, p. 370.
② Phillips & Jackson, p. 370.
③ Bradley & Ewing, p. 270.

mentary Secretaries)。① 该法规定了度支大臣、国务大臣及附表1所列拥有高级部长职位者的薪资。② 当然这个标准可以随时修订。该法的附表1对同一时间内各级别部长可以支取薪资的总职位数作了限制,具体而言,第一类部长(除大法官之外的其他所有内阁成员)的总数为21人,第一类与第二类(国务部长与内阁阁员以外的部长)总计不超50人,第一、第二、第三类部长(议会部长)总计不超过83人。此外,英王的4位法律官员、财政部的5位低级大臣(政府在众议院的票监),以及其他各类王室中的政治职位(其中许多只能由贵族担任),也根据该法领取薪金。③

国务部长应当领取的薪资是在制定法规定的限度内由第一财政大臣决定的数额。由于第一财政大臣由首相兼任,因此国务部长的工资实际上由首相决定。同样的规则还适用于枢密院院长、掌玺大臣、兰开斯特领地事务大臣等在其不是内阁大臣时薪资的确定。议会秘书也按规定领取一定数额的薪资。④

(六) 部长的利益中立

部长不能因其本人的经济利益而影响其职务上的决策。英国学者将部长本人的经济利益称为部长的财政利益,并且认为,由于部长的职位关系,他们作出的许多决定能够对某些特定商业活动、产业部门及土地价值产生相当大的影响,同时他们还有机会接触有关未来决定的机密信息,这些信息往往可以带来经济利益。⑤

1952年,当时有效的一些规则由议会公布,这些规则目前依然在运行中,只是已经成为《部长良好行为规范》的一部分。其中最首要的原则是,部长必须保证其私人利益与其公共职务之间不能存在或者看似存在冲突。⑥ 如果某一当事人是与部长所在部门缔结合同的一方,或者正在向该部门申请许可或者补助金,此时,若部长积极参与到该当事方的某项活动或者在其中具有经济利益,那么就会产生《部长良好行为规范》所规定的冲突。⑦

---

① Phillips & Jackson, p. 370.
② Phillips & Jackson, p. 369.
③ Bradley & Ewing, p. 172.
④ Phillips & Jackson, p. 369.
⑤ Bradley & Ewing, p. 271.
⑥ Bradley & Ewing, p. 271.
⑦ Bradley & Ewing, pp. 271-272.

根据规则，部长自就职开始应当辞去此前所担任的任何领导职务，并处置其在任何公司中所控制的利益，以避免产生上述利益冲突。当出现可疑情形时，如适当保留了在某一关系公司中的股份，则必须知会首相，首相是此类事件的最终裁决者。同时，部长还会收到涉及利益冲突的法律义务规范方面的警示。一般认为，这一规则是为了防范行政法上所说的偏见，而且法院目前对于利益冲突的解释越来越严格了。[①] 这应当理解为利益冲突的范围越来越广，对部长的限制也更加广泛了。

《部长良好行为规范》规定，部长在离任后两年内欲获得任何任命，都必须先咨询商业任职咨询委员会（Advisory Committee on Business Appointments）的意见，但这不包括担任非商业性组织中的无报酬职务以及政府的礼节性任命的职务，如首相任命的在国际组织中的代表职务。[②]

（七）《部长良好行为规范》（Ministerial Code）

部长的行为是由《部长良好行为规范》规制的。该规范最早由阿特利（Attlee）于1945年编制，而其中某些规范的渊源还要早。该规范涉及部长与政府、议会及公务员之间的相互关系的一系列事项，同时也涉及部长的私人利益。该规范曾被称作《部长常见问题及程序手册》（QPM），于1992年由梅杰首相公布，随后又根据公共生活标准委员会的建议进行了修订，并于1997由布莱尔首相重新颁行。该规范的第一部分提醒部长们注意，人们期待他们"在履行自己的职务时，能够按照最高的宪法及个人行为标准行事"。特别是，该规范要求部长们能够遵守下列九项部长行为原则[③]：① 恪守集体责任制原则；② 对其所在的政府部门及执行机构的行为负责；③ 向议会提供准确、真实的信息；④ 在第一时间改正任何疏漏等。[④] 尽管英国学者强调该行为规范不是一个法律文件，仅仅是一些指导方针，但却被认为是英国新型宪法结构中一个不可缺少的组成部分。[⑤] 在1948年的一项涉及贸易委员会许可的案件中，一名部长即因为收受酒类及其他礼物而被迫辞职。而且这类行为还会导致刑事追诉。因此，如果部长要想避免嫌疑，必须采取更为严格的自律措施。[⑥] 从这个实例可

---

① Bradley & Ewing, p. 272.
② Bradley & Ewing, p. 272.
③ Bradley & Ewing, p. 270.
④ Bradley & Ewing, pp. 270-271.
⑤ Bradley & Ewing, p. 271.
⑥ Bradley & Ewing, p. 271.

以说明,根据《部长良好行为规范》认定受贿的标准非常非常低,其刑事追诉的标准也非常低。或者说,在这一问题上,英国法对于受贿行为的着眼点不在于数额,而在于行为的性质,即只要存在受贿行为,就是《部长良好行为规范》所不能容忍的。因此,部长注定将失去首相的信任而只能辞职。这就是该规范第一部分对部长提出的要求:人们期待他们"在履行自己的职务时,能够按照最高的宪法及个人行为标准行事"[1]。⑤ 故意误导议会的部长最好主动向首相请辞。有英国学者认为,此处的故意应当删除。[2] 言外之意,即使是过失造成了误导,后果也是一样,这显然是一个更高的标准。⑥ 强调部长"尽可能地向议会及公众公开"的必要性,只有因公共利益才能拒绝披露信息,而这需要参酌相关制定法的规定(该规范本身并未对此予以明确)以及已由 2000 年《信息自由法》取代的《政府信息公开良好行为规范》(Code of Practice on Access to Government Information)的规定。[3] 在 2000 年《信息自由法》这一正式的成文法出台之前,有关政府信息公开的规范,是由建议性的《政府信息公开良好行为规范》调整的。⑦ 部长应当要求那些代表自己在众议院特别委员会作证的公务员,尽可能地按照《公务员良好行为规范》所要求的义务和职责提供准确、真实、全面、有用的信息。⑧ 涉及部长的利益冲突,禁止将政府资源用于政党的政治目的等。⑨ 要求部长应当维护公务员的政治中立性,同时提醒部长有义务向议会证明其行为的正当性,并且只有在能够使首相维持对其的信任的时候才能继续任职。[4]

三、部长责任制的基础观念——谁管理谁负责

谁实施管理,谁就应当对其被管理者负责。[5] 这是在中央政府的行政管理领域建立部长责任制的观念基础,管理权力的确立直接来源于选民投票,而且其进一步的存在也仰仗选民愿意继续接受当选政府的管理。[6] 这种意愿,不但是立法正当性的基础,也是管理有效性的前提。无论是作为立法结果的法律规范,还是作为管理内容的行政行为或者决定,

---

[1] Bradley & Ewing, p. 270.
[2] Bradley & Ewing, p. 271.
[3] Bradley & Ewing, p. 271.
[4] Bradley & Ewing, p. 271.
[5] Bradley & Ewing, p. 103.
[6] Bradley & Ewing, p. 103.

实现其最终法律效果的主要途径,是作为被管理者的自觉遵守,而不可能建立在反复、经常动用国家强制力的基础之上。这一点,在我国古代就已经有明确的结论,"国之利器,不可以示人",说的就是这个道理。

政府作为管理者对被管理者所负的责任可以分为两类:政治责任和法律责任。政治责任主要涉及政府对议会,包括内阁所代表的作为政府组成人员的所有部长对议会承担的集体责任,以及部长本人作为一个政治家对议会承担的个人责任。法律责任则是部长及行政官员对其行为所承担的法律后果。法律责任由法院强制落实,政治责任由议会追究。政府与议会的关系过于复杂,难以在一部详细的行为规范中加以概括,但是议会责任制的本质内容确立了政府在日常活动中应当遵循的义务。[①]

部长必须通过内阁既单独对议会负责又要集体对议会负责,这是议会立法至上原则在行政组织法领域的重要体现。因为议会是部长们必须唯命是听的宪法实体,没有议会的信任,部长们的任期就无法继续。[②]

按照英国的宪法传统,部长应当就其所在部门对议会负责。实践表明,议会毁誉均系于部长而非公务员,部长不能以其部内的专业顾问和管理人员作为推卸其政策失败之咎的挡箭牌,即便试图这样做也将严重地影响部长的声誉。

谁管理谁负责是否意味着只有部长才可以行使法律赋予并规定由其承担责任的那些权力?1943年的 *Carltona Ltd. v. Commissioners of Works* 一案回答了这个问题。工业部的一名部长助理根据国防法规发布了一项征收某一工厂的命令,原告方以部长本人并没有考虑过这个决定为由对该命令提出疑问。法院的判决支持了部长助理的命令,法官格林(Lord Greene MR)给出的判决理由是,如果助理部长不代表部长作出决定的话,政府根本不可能有效运行。从宪法角度看,类似该案的助理部长作出的决定,当然应当视为部长的决定。因为所有行政官员在部长的权限范围内的行为,都要由部长对议会负责。因此,从法律上讲,部长的权力可以由其下属的公务员行使,而无须正式的委托,即在制定法没有明确要求这种委托的情况下,法院仍然坚持认为部长应当就公务员由此作出的行为向议会负责。[③] 尽管如此,在某些特殊的情况下,诸如因权力的本

---

① Bradley & Ewing, p. 103.
② Wade & Forsyth, p. 29.
③ Bradley & Ewing, p. 116.

质所决定的或者在制定法有明确规定的情况下,上述一般原理并不适用,相应的权力必须由部长本人行使。①

推定应当由部长承担责任的理由在于,公务员尽管要就其行为或者决定对部长负责,但并不直接就政府的政策对议会负责。②

传统的促使部长对其行政管理过程中的错误负责的方法包括,议会质询、休会辩论以及不时发生的类似众议院中针对拨款法案的辩论等。但是,议会不可能通过这些烦琐的程序来控制政府的日常活动,只有那些具有政治上的吸引力的案件,才有可能按照这种程序进入议会的议事日程。③

议会许多活动的形态也是建立在部长责任的基础之上的。政府提案(通常在部长的指导下起草)由对该提案的内容负责的部长向议会作说明。议会中的提问更是强调部长的责任。尽管公务员在绝大多数议会程序中没有发表意见的机会,但是他们也会出现在某些委员会中就其政府部门的政策或者决定作证。在此过程中,这些公务员"必须代表部长,并在其部长的指导下作证",而他们陈述的目的"是为了落实部长责任制,而非就存在政治争论的事项提供个人意见或者判断,否则就将面对违纪调查"④。因此,如果出面作证的公务员不按上述要求去做,就会卷入纪律调查之中。当然这种调查的目的,是追究公务员作证时出言不慎,而不是因其以前的其他行为。

2001年,一个独立的委员会提出的报告强调,议会必须居于对行政进行仔细监督的体制的中心位置,而且要保证仔细审议与更为有效地确保政府负责的方法的共同发展。⑤

而在两次大选之间的选举责任制的职能,是责成在任政府对其行为及政策负责的基础。这既要求政府要为其所作决定的正当性说明理由,以证明其决定的正当性,同时也要保证那些看起来不正当或者错误的决定受到应有的批评。这一过程使得选民们得以在下一次的选举中对政府的所作所为提出卓有见识的评价。一般而言"责任制"有多个方面的含

① Bradley & Ewing, pp.116-117.
② Bradley & Ewing, p.110.
③ Wade & Forsyth, p.30.
④ Bradley & Ewing, p.110.
⑤ Bradley & Ewing, p.103.

义,政府责任的观念也有不同的形式。①

即便在当代,部长责任制依然重要,但是现代政府体制的转变已经影响到了该原则的适用。在整个 20 世纪,随着国家职能的拓展以及大量新的中央政府部门的建立,一般政府官员仍然在以他们的部长的名义行事,但是部长监督下属的能力却减退了。②

国家的经济和社会职能导致建立非部门性的行政机构、公法人及其他代理机构的必要性。许多此类机构(特别是 1945 年以后出现的那些国有化工业委员会)本来是打算在部长责任制的掌控之外运作的,至少是在日常的一般决定方面。事实上却远不是这样,基于"下一步"的倡议而自 1988 年以来成立的那些行政委托组织,其初衷就是要行使有效的委托管理的权力,但并非必然导致部长的一般监控的削弱。③

1996 年,一份由众议院公共服务委员会作出的具有相当影响的报告仍然强调,部长责任制是英国宪法体制的中心原则,但是同时,该报告也检视了适用该原则固有的难处。④

四、部长责任制的具体内涵

部长责任制也是一种宪法惯例,通常有两重含义:一是部长就其本部门的政策及行政管理对议会负责;二是部长作为阁员之一的内阁集体就政府的政策及行政管理对议会、对选民负责。部长责任制可能存在的第三重含义是,部长对自己的私人行为负责。⑤ 以上三重意义上的部长责任,在英国宪法、行政法领域因语境不同而有不同的侧重,需要具体情况具体分析。

(一)过错责任

部长责任制的两个主要方面是:① 给予说明的义务(accountability,笔者译为说明责任);② 承担过错责任的义务(responsibility,笔者译为究问责任或过错责任)。⑥ 两种责任的含义在英国法中是有区别的,虽然理论或者实务中已经逐渐放弃了在概念上将其明确区分的努力,代之以相

---

① Bradley & Ewing, p. 103.
② Bradley & Ewing, p. 110.
③ Bradley & Ewing, p. 110.
④ Bradley & Ewing, p. 103.
⑤ Neil Parpworth, p. 233.
⑥ Bradley & Ewing, p. 115.

提并论,例如 1996 年,众议院的公共服务委员会坚持认为,说明责任和究问责任之间没有明确的界限①,但对于上述政府责任的概括描述中,还可以看出两种不同政府责任的区别。

一般情况下,英国学者提到部长责任制时,通常的用语是部长的过错责任(ministerial responsibility),仅在需要特别说明的时候,才同时使用两者。近来强调的重点是说明责任(accountability)②,但并不包括财政方面的含义(account 的本义是会计)。

部长责任的两种形态在 1992 年至 1997 年的议会中经历了细致的讨论。议会两院就形成了一个决定性的声明,以下原则应当成为调整部长的行为与议会的关系的基本原则③:① 部长有义务就其政策、决定及其部门和委托行政机构的行为,向议会作出说明,并对议会承担责任。② 特别重要的是,部长要向议会提供准确而真实的信息,并尽早纠正因疏忽造成的信息提供方面的错误。③ 部长应当尽可能地向议会公开,对于那种除了在事情终了之后提供信息外,拒绝提供其他信息的做法,议会将参酌实际情况及《政府信息公开良好行为规范》的要求,得出这种对议会的信息不公开不可能是出于公共利益的结论。④ 同样,对于那些为了部长的利益并在部长指导下在议会的委员会作证的公务员,部长应当要求他们按照《公务员良好行为规范》所设定的义务和责任,尽可能提供准确、真实和全面的信息。

以上内容可以作为部长责任制,特别是部长责任的最准确的内容,这是政府依然还在秉承的原则。上述四项原则而今已经被纳入首相发布的《部长良好行为规范》中。尽管这一规范的许多方面具有不确定性,但其陈述的上述原则对政府与议会关系的描述具有绝对的权威性。④

(二) 说明责任

通过部长对议会负责,是英国公务员制度的根本特征。正如内阁办公室 1994 年提交的一份报告中提到:公务员对部长负责,部长对议会负责。⑤ 内阁办公室回避了 responsibility 而用 accountable,这种提法只讲报告工作意义上的责任 accountability,而不是应受责备意义上的责任

---

① Bradley & Ewing, p. 115.
② Bradley & Ewing, p. 116.
③ Bradley & Ewing, p. 115.
④ Bradley & Ewing, p. 115.
⑤ Bradley & Ewing, p. 275.

responsibility。据此，可以这样区分英国宪法体制中不同阶段、不同层次但日趋弥合的两种责任：报告工作的责任是 accountability，应受责备的责任是 responsibility。

部长最优先的责任确实让议会与闻其事，以及避免在这样做的过程中因所提供的信息不准确或者不完整而对议会构成误导。① 因为部长应当知道，误导议会就是蔑视议会，必须引咎辞职。而因为其他行政不良行为，反对派虽然可以要求其辞职，但这通常是不太可能成功的。迈向一个更为公开的政府体制的进程是人们欢迎的，但是困难依然存在，其中之一就是政府对于公务员（包括退休的）向议会的委员会作证时所作的限制。政府向议会承担的说明责任，要比部长责任制更重要。如果二者存在什么冲突的话，前一个原则应当是更主要的。②

部长责任制假定部长将会自愿地满足因其部长职务而需要对议会履行的职责，例如向议会介绍政府提案和回答质询等。通常议会中有一个排班表，每个政府部门都被指定在某一特定的日期回答质询，部长不能拒绝在指定的日期回答质询。③

在议会中指定的回答质询时间，部长也可以拒绝回答某一质询，如他认为不属于自己的职责范围、违反公共利益或者搜集必要信息的成本太高。如果某一部长坚决拒绝回答某一适当的质询，将会带来一定的政治压力。但是即便反对方进一步就此提出一项对该部长予以公开谴责的动议，从组成政府的执政党在议会中的人数占据多数的角度看，成功的可能性微乎其微，但也确实有首相不能或者不愿力保该部长不被免职的情况发生的可能。1986年，贸易与工业大臣（Mr. Brittan）就因为不适当地将一份来自总法律顾问的保密信件透露给媒体而被迫辞职，他拒绝回答贵族院的防务委员会就其在该事件中所起作用的问题。④

近年来，出现了一种值得注意的限定部长责任制含义的倾向，政府采取的新的立场是：部长应当就其部门的工作向议会报告，但并不对公务员的所有行为（在应当受责备的意义上）承担责任。⑤ 我们国家的人民代表大会制度下的政府责任，用的就是报告责任，因是之故才有所谓政府工作

---

① Bradley & Ewing, p. 115.
② Bradley & Ewing, p. 116.
③ Bradley & Ewing, p. 111.
④ Bradley & Ewing, p. 111.
⑤ Bradley & Ewing, p. 275.

报告之说。那么是否可以就此得出英国的部长责任制或者议会责任制，在与我们的人民代表大会制度趋同呢？在英国学者看来，英国政府的这种做法固然是一种新的观念，但显然有避重就轻之嫌。

随着执行机构的建立，责任制问题遂成为议论的焦点。甚至有一种说法，认为目前已经出现了一个责任空当，认为部长已经疏远了他们在传统上对于其部门承担报告责任的做法。① 这种看法随着监狱服务体系(Prison Service)的首长于1995年10月被内政大臣免职而进一步得到强化。② 事后在因此引起的争论中，内政大臣拒绝为该执行机构的过错承担责任，按照内政大臣的观点，政策层面与操作层面是截然不同的，这种区别是在建立监狱服务体系的组织结构文件中明确了的。③

(三) 部长的个人责任

英国的另一个宪法原则是，部长应当对其所在的部所发生的一切事务承担最终责任。这当然意味着部长必须在议会或其特别委员会中回答针对所在部门的工作的提问。部长偶尔也会因发生了某些严重的事端而辞职，但近来这种情况已经非常少见。④

部长就其本部门成员履行职务的行为承担个人责任是一项重要的宪法惯例。部长因部长权力的行使，而被传唤到议会汇报工作，无论是对议院的全体议员，还是对议会某一委员会的委员汇报，都是确保部长权力不被滥用的一项重要手段。⑤ 事实上，在司法界看来，部长责任制的观念正是有些人认为司法审查要么没有必要、要么不适宜的原因之一。不可否认，这种观点在那些认为某一决定不具有司法性的场合是非常普遍的。⑥

正因为如此，在 R. v. Secretary of State for the Home Department, ex p. Hosenabll (1977) 一案中，原告(Hosenabll)是一名喜欢思考的美国记者，他试图通过司法救济对将其驱逐出英国的决定提出挑战。上诉法院认为，该案涉及"国家安全与个人自由之间"的冲突，并据此得出结论：寻求此二者之间的平衡是内政大臣而非法院的事，用时任上诉法院民庭庭长丹宁(Lord Denning MR)的话说，内政大臣对议会负责，而且在

---

① Bradley & Ewing, p. 275.
② Bradley & Ewing, pp. 275-276.
③ Bradley & Ewing, p. 276.
④ Martin Partington, p. 32.
⑤ Neil Parpworth, p. 233.
⑥ Neil Parpworth, pp. 233-234.

此事中也确实做到了这一点，但内政大臣确实在此事上不对法院负责。①于是，最终的结论便是，不能对内政大臣的决定予以司法审查。

部长责任制就是部长对人民选举的议会负责，这是民主制原则的具体体现。同时该原则也是区分部长公开的政治倾向与公务员政治中立（political neutrality）的一种手段。但是，部长责任制原则在实践中落实确实存在某些困难，至少就部长对其部门工作缺失而言如此。②

传统观点认为，政府部门的无效能和职能缺失始终是一个非常重要的议题，并且总是以部长辞职作为交代。时任农业部长的达格代尔（Sir Thomas Dugdale）即因后来为人们所公知的克里切尔高地事件（Crichel Down Affair），而于1954年辞职。虽然他个人与此事毫无牵连，但他领导的农业部在与某一农场的前主人（其农场先是被空军部征用作为投弹练习场，弃用后由空军部转给了农业部）打交道的过程被认定存在不良行政行为（guilty of maladministration）。③这一认定，使人们很容易联想起议会行政监察专员的职责范围，但该案发生在英国议会行政监察专员设立之前，因此，"不良行政"前面有一个非常扎眼的定性词guilty，这个词在英国法律英语中只有犯罪时才用，远超过我们一般所理解的行政越权构成的违法以及还谈不上违法的不良行政行为。这说明在议会行政监察专员对不良行政实施监管之前，英国也有对不良行政的制裁，从现在的标准看，言必称犯罪多少有点上纲上线，只是因为很少适用，才没有引发更严重的行政与司法对立。

贾科内里（Jaconelli）在分析该案时指出，这是部长责任制的宪法惯例在实践中运行的典型案例，因此在该案中作为部长责任制发挥作用的前提条件的行政相关性（governmental consequences）已经非常明显。类似的例子还包括，时任外交大臣卡林顿（Lord Carrington）因公众对其领导的外交部未能准确理解阿根廷军方就福克兰群岛问题发出的警告的准确含义，而于1982年辞职。④

但与以上所举部长辞职的例子形成对照的是，并非所有的部长在类似情况下都会辞职，例如，1968年，外交大臣布朗（George Brown）就没有

---

① Neil Parpworth, p. 234.
② Neil Parpworth, p. 234.
③ Neil Parpworth, p. 234.
④ Neil Parpworth, p. 234.

因为议会行政监察专员在一份报告中认定其部门[在处理根据一项旨在对曾经被关押在德国(Sachsenhausen)集中营中的人予以赔偿的计划而提出的大量申请时]存在不良行政行为而辞职。①

近年来,部长不愿意辞职的倾向越来越明显。1994年,当时的内政大臣霍华德(Michael Howard)拒绝就犯人们从监狱(Whitemore)逃跑的事件辞职。他的辩解理由是,作为一名部长,应当对本部门的政策负责,而操作性事务(operational matters)的责任应当由监狱总监(Director-General of Prisons)承担。但霍华德继续留任的事实至少说明,他既没有失去本党后座议员的信任,更重要的是也没有失去首相的信任。②

(四)部长对其部门不良行政的责任

部长应当就自己的决策和政策以及对其部门的有效管理,对议会负责。这涉及两个问题:① 部长在多大程度上对其部门的不良行政行为负责? ② 如果严重的不良行政行为发生了,部长的责任中是否包括必须辞职的义务?③ 这是英国学者对部长责任制的另一种定义,增加了对部门有效管理的责任,不同于对政策或者决策所负的过错责任,这是一种不作为责任。但英国学者并不十分看重对概念的精准定义,因此,同一作者也会根据所欲说明的问题及上下文的关联,给同一概念以差别较大的定义。

虽然农业部长达格代尔曾因农业部的一件受到议会立案调查的案件而辞职,但是自1954年以来,就再也没有发生过类似的辞职现象。因此,英国学者认为,部长承担的责任中,并不包括因其所在部门发生的不良行政行为而辞职的义务。部长是否应当辞职取决于许多政治性因素,包括首相的态度、政党的态度、部长本人的声誉等。

(五)部长对其下属操作性事务的责任

个别情况下部长对公务员的操作性事务免予承担责任,除非本人也被卷入其中。部长只需向议会说明哪些事做错了,但并不承担究问责任。④ 最典型的例子就是作为执行机构的监狱管理机构的首长被撤职的案件。⑤ 对操作性事务免责,是部长责任制的重要例外。

---

① Neil Parpworth, pp. 234-235.
② Neil Parpworth, p. 235.
③ Bradley & Ewing, p. 111.
④ Wade & Forsyth, p. 58.
⑤ Wade & Forsyth, p. 49.

（六）部长对其个人行为的责任

部长对自己的个人行为负责，是指部长可能会因其私生活的丑闻，如通奸或者不适当的关系而被要求辞职。但有英国学者认为这不属于宪法惯例，因为不符合与政府行为相关这一限制性条件。对此，贾科内里争辩说，个人不当行为确实具有某种宪法属性，原因在于由此可以引发某一个人对此职位是否适格的问题；他还进一步指出，如果承认这一点，则个人责任还包括对其以前的任何个人行为负责。但这一点在实践中显然是做不到的，贾科内里举例说，克拉克议员（Late Alan Clarke MP）就没有因其自己承认与人通奸而影响其就职。[1]

当涉及部长的个人行为时，考虑的因素也会不同：无意中泄露预算秘密导致财政大臣多尔顿（Hugh Dalton）于1947年辞职；就其个人问题向众议院撒谎导致国防大臣于1973年辞职。1973年以后辞职的部长们，除了因与内阁政见不合而辞职的以外，主要都是因为个人处事不当，因为他们很难在媒体持续不断的批评面前继续履行其职务。[2] 也就是说，并不是因法律上有辞职的义务，而是没有继续履行职务的自信。与此相对的是，这一段时间里，还没有发生过因其所在部门的过失而辞职的。[3]

五、部长责任制的实现机理——匿名制

部长所在部门的公务员具体行使部长名义下的权力，以部长名义对外实施行政行为，由部长对外承担责任，部长责任制通过这种职能分离状态及匿名制（anonymity）得以实现。

在英国公务员体系中，之所以能够实现政党政治与公共行政的高度分离，部分取决于部长向议会负责的经典原则。除了因不执行部长命令而实施的以及某些未经授权的违法行为以外，部长必须对其所在部门中发生的一切向议会负责，不能将责任转嫁给部长手下具体经办的官员。[4]

内阁体制及作为其后盾的议会多数构筑了一道安全屏障，在这道屏障面前，公众的汹涌批评潮起潮落，而公务员则受到了很好的保护。但这一经典理论正面临公务员匿名制带来的严峻考验。[5]

---

[1] Neil Parpworth, p. 233.
[2] Bradley & Ewing, p. 115.
[3] Bradley & Ewing, p. 112.
[4] Wade & Forsyth, p. 57.
[5] Wade & Forsyth, p. 58.

部长责任制的上述屏障早已被议会行政监察专员制度戳穿,尽管议会行政监察专员的报告针对的是政府部门内发生的行政不当,并在验明政府官员正身时戛然而止。①

尽管在议会行政监察专员的报告中没有点名是哪个行政官员实施了受指摘的不当行政行为,但是该行政官员的身份还是会在某些例外情况下举行的独立调查庭中得到验明。例如,在斯科特(Scott)有关《武器进入伊拉克事件的调查报告》(Inquiry into the Export of Defence Equipment and Dual Use Goods to Iraq and Related Prosecutions,1995—1996)中,就对政府部门的内部工作进行了仔细审视,进而点名批评了许多公务员。② 按照部长责任制原则,责任是由部长承担的,因此不应当提及作为具体工作人员的公务员,应当进行不点名批评,这才是所谓的匿名制的真实内涵。但是,正如一般的英国法律原则,对例外的表述总是与原则相伴,并构成原则体系中更为重要的内容,这里所讨论的正是匿名制的一个重要例外。

按照内阁办公室《关于政府部门向特别委员会提供证据的指导规程》(Departmental Evidence and Response to Select Committees)的规定,向特别委员会提供证据的公务员应当代表部长并在部长的指导下作证。由此产生的一个问题是,特别委员会是否可以点名传唤某个公务员。③ 一般情况下,公务员代表部长在该委员会作证时,派谁去是部长或者政府部门内部决定的,特别委员会一般不会点名让谁去。

而今,一般是由资深公务员,包括常务次官(Permanent Secretaries),向特别委员会解释并证明自己所在部门的行为。④

作为匿名制的一个当然结论,高级公务员不适宜参与政治辩论、就政治话题给报社写信,抑或对针对他们及其所在部门的指摘进行辩驳,尽管聘用部门公共关系官员的实践已经导致在某种程度上对禁止自卫原则(rule against self-defence)的放松。⑤ 由于这些官员的目的就是对外解释本部门的政策、做法,因此,聘请公共关系官员的实践,事实上赋予了政府部门自我辩白的机会,从而对禁止自卫原则构成突破,成为该原则的

---

① Wade & Forsyth, p. 58.
② Wade & Forsyth, p. 58.
③ Bradley & Ewing, p. 276.
④ Wade & Forsyth, p. 58.
⑤ Wade & Forsyth, p. 58.

例外。

作为一个普遍的原则,凡事必须有自我辩解的权利这一原则只存在于议会辩论中,对于其他指摘,政府部门必须置之不理。① 这被称为禁止自卫原则。由于部长是议会的议员,因此,在议会中面临的指摘通常由在野党发起,作为议会执政党成员的部长必须而且有权予以反击。但是在其他场合下对于政府部门行为的指摘,如报纸上的批评等,该部门只能置之不理,没有自卫权。这样设计可以使政府做到兼听,有则改之,无则加勉。同时,有议会这个更高层次、更专业水平的辩驳场所也就足够了。如果赋予政府部门宽泛的自卫权,那么这些权力很可能被滥用,将精力投入无聊的为自己"涂脂抹粉"的工作中去,或者应付大量的更为无稽的指摘。

出于禁止自卫原则的要求,英国公务员享有谦逊的美誉。尽管公务员不得不经常去应付有关政策以及行政管理方面的问题,但可以完全独立于政治纷争之外。②

在这种与政治相对隔绝的环境中,公务员可以为复杂的政府提供中立的服务。③ 政治中立是公务员提供高度中立服务的重要保障,没有这种中立,就没有国家行政管理体制的稳定,更会因政府构成上出现临时的不稳定因素而使国家行政管理陷入瘫痪。一个庞大的、中立的、保守的因而是稳定的常任公务员体制的存在,保证了政府高层的更替仅触及其表层,不会从根本上影响这个体制的基本运行。当然,这种大基座金字塔结构也很容易演化为一种僵化结构,使政府任何新的政策的推行都需要推动一个巨大的官僚机构一起前进。英国政界意识到了这种情况,每隔几十年就要对原有公务员体制进行改进,以使其适应新的发展需要。但是,这种改进的速度并不是很快,也是为了保持行政管理体制的稳定。

将公务员与政治纷争隔绝的体制,是保证国家能够经受周期性政府更迭而保持稳定与连续的重要因素。匿名制在某些场合下的消退必定会破坏这种体制。英国政府已经在1995年接受了应当有一部强调公务员的政治中立和客观性的《公务员良好行为规范》(Civil Service Code)。④

---

① Wade & Forsyth, p.58.
② Wade & Forsyth, p.58.
③ Wade & Forsyth, p.58.
④ Wade & Forsyth, p.58.

从这一点看,匿名制并不单纯指公务员对外匿名行事,而是指公务员因与政治隔绝而在各种政治纷争中,包括对外承担政治责任时不具名出现的状态。据此,行政程序中常提到的表明身份,其实,应当只表明公务员的身份,而不是表明其本人姓甚名谁。

六、部长责任制的保障机制

(一) 议会监督的保障

英国学者承认,在部长责任制这个问题上,存在理论严重脱离现实的情形:议会政党制度实际上意味着,除非最后关头,是政府控制着议会而不是议会立法至上原则所要求的议会控制政府。① 这一点在立法程序中表现得尤为明显。立法议案由政府部门起草,而且经常在各党派给本党议员发布投票命令的催促下、在本党票监的监督下在议会快速通过,没有足够时间仔细推敲其中的字句。许多行政法中的重要事项,例如对法律救济的限制以及法定裁判所的大量增加等,在付诸实施之前根本没有得到议会中任何一院的充分审议,更没有对由此引发的后果给予足够重视。② 结果是,部长责任制实际上无法有效控制立法,绝大多数成文法律规范是按照与政府预先决定的几乎完全相同的内容付诸实施的。③

(二) 司法保障

议会落实对部长责任制的监督是这样,法院的情况也好不到哪里去,至少以前如此。通常情况下,司法判决不涉及部长责任制的问题,偶有涉及往往是因为某一个人对部长或者某一部门的决定提起司法审查。在诉讼过程中,该决定的合法性可能受到质疑,但是法官们不能以自己的观点来评价部长决定的好坏。如果一项司法审查请求不涉及任何法律问题,那么法官将得出法院不能介入部长对议会负责的事项的结论④,进而以此为理由驳回原告的请求。由此可见,司法审查只审查案件的法律问题,一般不涉及政策事宜。

按照英国的传统理论,部长责任制主要是一种政治责任,政治责任与法律责任的区别在于,法院在决定部长就其本人或其部门向议会所负说

---

① Wade & Forsyth, p. 29.
② Wade & Forsyth, p. 29.
③ Wade & Forsyth, pp. 29-30.
④ Bradley & Ewing, p. 116.

明责任方面没有任何发言权,但是司法判决往往会通过解释议会法律的手段而在实际上发挥一定的作用,因为在立法实务中,行政权通常赋予特定的部长。① 从部长责任制的政治责任方面讲,法院并没有通过司法程序追究部长政治责任的法律手段,但是法院却可以通过对赋予部长行政权的法律的解释,间接发挥司法在落实这种责任方面的功能。

2001 年,贵族院认定有关城镇规划及强制征购方面的立法性决定并不违反《欧洲人权公约》第 6 条的规定。但是,如果仅仅因为部长的决定属于其对议会负责的事项,从而得出结论认为这些决定不能接受司法审查,那就彻底错了。②法院尽管不会对部长责任制说什么,但对部长应当对议会负责的决定进行司法审查却是理所当然的。在此,部长的责任是双重的,既对议会负责,又对法院负责:前者是就其行为的一般情况对议会负政治责任,其后果最严重者就是辞职或者被罢免;后者则是宣布其行为违法,并不影响部长的职务。前面提到"如果一项司法审查请求不涉及任何法律问题,那么法官将得出法院不能介入部长对议会负责的事项的结论"③,因此可以说,并不存在因为部长的决定属于对议会负责的事项,从而不能接受司法审查的限制性要求,因为能否进行司法审查的判断标准在于相应事项是否具有法律性,不在于其是否属于部长向议会负责的事项。如果确实不涉及任何法律问题,法官就可以得出法院不能介入的结论。

英国当代的行政法专家认为,在司法审查达到现有水平之前的 20 世纪的许多年中,由于许多法院假借部长责任制作为不对部长决定的合法性进行司法审查的根据,这种局面阻碍了英国行政法的发展。与此相对应的是,自 20 世纪 80 年代以来,行政法的迅猛发展极有可能是受了议会无法采取有效的措施来落实部长责任制的无奈的影响。而今,人们已经普遍接受了这样的结论,即司法审查与部长责任制服务于不同的目标,不是相互排斥的。④ 法院也不好意思再以部长责任制作为不予司法审查的托词了。

七、部长责任制功能评价

行政公正要求某种正常的、有效的以及非政治性的机制,从而能够对

---

① Bradley & Ewing, p. 116.
② Bradley & Ewing, p. 117.
③ Bradley & Ewing, p. 116.
④ Bradley & Ewing, p. 117.

任何政府行为进行调查,包括对下级官员的行为。就行政公正的目的而言,部长责任制是一种不稳定的、有缺陷的机制。这方面的系统评论,早在 1910 年就由一位卓越的法官提出来了:如果部长责任制能够名副其实,问题也许不会这么严重,但是实际情况恰恰是它难副其实,于是,法院就成了捍卫公民自由、使其免受行政侵权的唯一屏障。戴西也在 1915 年表达了相似的观点,批评司法界过分倚重所谓的部长责任制。①

1981 年,迪普洛克(Lord Diplock)也指出:"按照我的观点,不能仅仅因为中央政府部门及其官员要对其行使职能的方式向议会负责,就得出对其行为进行司法审查没有必要的结论。只要政府部门及其官员的所作所为能够保障有效能并符合正义,就可以视为对议会负责了,对此,议会是唯一的裁决者;同时,政府部门及其官员还要就其所作所为的合法性对法院负责,在这一方面,法院是唯一的裁决者。"②事实上,法院常常能够认识到部长对议会负责制的重要性,但丝毫没有将部长责任制视为司法审查制度替代品之意。

尽管经常会有议员通过启动议会的质询或者休会辩论程序,在为其选民伸张冤情方面取得重大胜利,但这种机制只能起到一种安全阀的作用,不可能成为真正意义上的能够有效控制行政系统的监督机制。③

部长责任制使议会工作在一个高度紧张的环境之中,在这种情况下,如果一名部长承认自己犯了错误,这对于议会而言就是政治上的自杀。这恰恰不是部长责任制所要求的。④ 其道理在于,由于部长都是议会多数党党员,既然部长责任制要求部长就其行政行为向议会负责,那么一旦部长承认自己有错,就应当以辞职的形式向议会谢罪,而对于内阁而言,该议员一人的表态就会成为该议员所代表的党的错误,从而危及内阁的威信,内阁又是议会中多数党议员组成的,这也会波及议会中的多数党及其领导地位,从而对本届议会产生影响。从这个意义上说,一个部长议员的认错虽然从理论上讲是部长责任制所要求的,但在实际操作中会影响内阁甚至整个议会,出于执政党自身地位的考虑,执政党极有可能会尽力掩盖错误事实以避免认错,而这是部长责任制所不希望看到的。

---

① Wade & Forsyth, p. 30.
② Wade & Forsyth, p. 30.
③ Wade & Forsyth, p. 30.
④ Wade & Forsyth, p. 30.

第二章
行政体制的控制机制

韦德爵士认为,现代行政国家有许多职能,履行这些职能需要一个庞大而复杂的行政机器,这个机器中的每一部分都是由行政法的规则创制和调整的。① 以前我们也有国家机器这样的说法,但认为国家行政管理机器中的每一部分都由行政法创制的说法,却并不普及。作为现代大工业资本主义发源地的英国,更加强调对于行政体制的控制机制的作用。

英国没有统一的行政组织法典,但按照先确定职能、再为职能配置相应权力的思路,大量的法令明确了行政机构的组织结构,赋予它们为履行其职能所必需的相应权力[包括委任立法权和行政裁决权(administrative jurisdiction)]。②

针对本章的内容,应松年老师曾对笔者说:组织法在法治的初期有其必要性,但在法治发达之后,反而不是那么重要了。英国的例子可能是一个很好的注脚:许多英国的宪法、行政法教科书已经不再单设地方政府一章了。③

但就中国目前的情况,行政组织法却是行政管理体制改革的重中之重。事实一再证明,许多改革措施没有组织法的策应,是不可能取得实质性进展的。鉴于此,笔者从英国行政法资料中搜集了一些素材,并将本章作为本书重点加以介绍。

第一节 行政组织的法律控制

英国法不太重视概念的界定,对某些至关重要的法学概念,也使用一

---

① Wade & Forsyth, p. 75.
② Phillips & Jackson, p. 28.
③ Phillips & Jackson, p. V.

些最通俗的词汇说明,而且也不作特别的解释。行政组织是其中之一。

一、行政组织的概念

在行政组织法中,行政组织作为承担法律责任的主体,应当有一个明确的定义,并以此为基础确立其外延,即实施行政管理并承担行政管理职责及相应责任的主体的范围。但在英国法中使用的是行政机关(administrative authorities)、公共行政机关(public authorities)或有权机关(authorities)等最普通的词。将 public authorities 译为公共行政机关,主要是为了与有权机关区分,因为英国学者有时也将法院甚至议会称为有权机关。[①]

在英国行政法中,行政机关是一个使用频率最高、指代所有履行行政职能的组织或者机构的词,它可以包括部长、中央政府部门、地方政府机关、公法人以及它们的官员或者公务人员。[②]

二、公共管理机构的法律地位

原则上讲,在英格兰法上,公共管理机构在合同法与侵权等民事领域承担与私人完全相同的责任。并没有一个独立的法律部门专门设定针对违法行政行为的行政责任。[③]

在英国,公共管理机构也要受合同、侵权及财产法等普通法的拘束,自 O'Reilly v. Mackman[1983]一案以来,这些部门法被认为属于私法的范畴,以区别适用于司法审查的公法规则。[④] 在英国行政法中,即使是涉及公共管理机构的合同法、侵权法及财产法,也不属于公法,而被统一并入私法领域。这一点也不奇怪,因为这是英国普通法的传统使然,即统一的法律、统一的法院、统一的程序解决所有主体之间发生的纠纷。从这个意义上说,真正算得上另类的,不是纳入私法领域的规范公共管理机构财产、合同和侵权行为的那部分准公法,而是调整司法审查的公法,因为这些规则与适用于普通私人主体之间的法律具有明显区别。

不能仅仅因为某一合同或者侵权诉讼的被告是公共管理机构,就可

---

① Wade & Forsyth, p. 562.
② Phillips & Jackson, p. 28.
③ Bradley & Ewing, p. 754.
④ Bradley & Ewing, p. 737.

以用请求司法审查替代普通的合同或者侵权诉讼。因此,如果某一公共管理机构解雇了一名雇员,该雇员的首要救济是对不公正的解雇提起的诉讼请求或者基于雇佣合同而提出的请求。尽管如此,根据具体情况,公共管理机构作为雇主可以产生或者涉及公法上的问题。公共部门的雇员,如公务员及全民健康服务体系医院中的员工等,通常必须运用同样适用于他们的劳动法来寻求救济,而不是请求司法审查。但这一点并不适用于公职人员,例如警察和监狱官员,这些人的身份是基于制定法确定的。司法审查可以用于公共就业争议产生的与公共管理机构的权力有关的问题或者其他适合于通过司法审查救济的事宜。①

然而在实践中,公共管理机构需要获得相应的权力以保障其能够提供公共服务、履行规制职能,这些权力通常是普通私人主体所不能享有的。许多新的项目,如高速公路、发电厂等公共工程之所以未能投入建设,就是因为在公共利益方面尚不足以压倒可能受到不利影响的私人权利。议会通常会通过立法授予公共管理机构以特殊权力或者免除其责任。法院已经意识到,公共利益有可能要求将公共管理机构视为不同于私人的实体来对待。② 因此,并不需要在程序上作特别的规定,只要法院意识到这一点,并据此选择其应当适用的实体法,就可以在绝大多数情况下,取得与单独设立行政法院、适用与民事诉讼不同的司法审查程序完全相同的结果。

过去,英王(包括中央政府部门)与其他公共管理机构(如地方政府机关、制定法设立的公法人)存在某些具有重要法律意义的区分。现在许多区分已经不复存在了,特别是在1947年《王权诉讼法》之后。③

三、地方组织立法

英国学者认为,20世纪末的英国地方政府经历了一场百年来最具根本性的变革,地方政府的功能、财政及结构等方面都发生了显著变化。④ 那几年颁布的地方政府法包括⑤:

1972年《地方政府法》(Local Government Act);

---

① Bradley & Ewing, p. 737.
② Bradley & Ewing, p. 754.
③ Bradley & Ewing, p. 754.
④ Andrew Arden, p. Ⅴ, Forward.
⑤ Andrew Arden, p. ⅪⅩ(19).

1980年《地方政府、规划及土地法》(Local Government, Planning and Land Act);

1982年《地方政府财政法》(Local Government Finance Act);

1985年《地方政府法》(Local Government Act);

1988年《地方政府法》(Local Government Act);

1989年《地方政府及安居法》(Local Government and Housing Act);

1992年《地方政府法》(Local Government Act);

1994年《地方政府(威尔士)法》[Local Government(Wales) Act]。

四、中央政府部门与地方政府机关的法律关系

英国地方政府机关扮演着非常重要的仅次于中央政府的角色,在行政法的发展方面也发挥着极为重要的作用。① 需要注意的是,地方政府机关并不是我们所理解的地方政府的全部,至少它不包括警察组织,也不包括其他与中央政府工作部门有更多关系的设在地方的公共机构,更不包括中央政府派驻地方的行政机构。在英国,警察机关作为一类特殊的地方政府机关,大大丰富了行政主体部分的内容,即所有的行政主体,都是行政法研究的对象,也都是司法审查的对象。②

英国是一个联合王国,地方自治的传统根深蒂固。在英国学者看来,经选举产生的地方议事会的宪法重要性表现在,它们加速了地方民主,提供了现实的社会服务(如教育),控制着对地方事务的管理体系(如根据规划法的规定控制着土地开发、公共卫生和许可等)。③

众所周知,中央政府部门由对议会负责的部长领导并由公务员担任。与此不同的是,当公共职能委托给地方政府机关时,地方政府的行政组织结构与中央政府是完全不同的,而且对地方政府机关的政策及地方议事会的决定负政治责任的,是由选举产生的地方议事会成员。④ 因此,地方政府的议事会成员对地方政府负责,与中央政府的首相或者大臣负责的情形并没有太大的区别,不同的是,地方议事会是全体成员负政治责任,

---

① Bradley & Ewing, p.646.
② Wade & Forsyth, p.565.
③ Bradley & Ewing, p.646.
④ Bradley & Ewing, p.287.

众议院则只有首相或者大臣负政治责任。

例如,除非制定法另有规定,中央政府的部门分享英王的法律地位,并可以从专属于英王的某些特权或者豁免中受益。① 但地方政府机关以及为地方的商业目的和私有公司而由制定法设立的机构,不能从英王的法律地位中受益。② 地方政府机关之所以从来没有中央政府部门所享有的任何特权或者豁免,是因为它们与英王完全没有关联③,而中央政府部门是英王名下的大臣所属的部门。

地方政府的官员也不是公务员,管理方法通常也与中央政府部门的管理方法大异其趣。地方议事会的运作方式主要是政治性的,政治党团的合法性也得到了承认。但是,这并不排斥保障公共责任制的机制的运行,以及确保地方政府官员能够有适当的行为标准。④ 之所以如此说,是因为地方议事会的成员大都是有党派的,同时又是具有行政职能的地方政府的官员,而常任文官身份的公务员在中央政府部门中不可能有政党身份。

最后,地方议事会并不是1998年《人权法》所指的公共管理机构。每一个地方政府机关都应当在履行其职能的过程中,维护由英国《人权法》所保护的、《欧洲人权公约》所确定的权利,根据《人权法》有关初级立法的规定,唯一的例外在于,地方政府机关别无选择或者在执行与公约人权不相符合的初级立法的过程中所实施的行为。⑤

第二节 行政组织的财政控制

上一节的内容构成英国行政组织法的主体部分。笔者搜罗多年,确实只得到这些内容。

行政组织法不是英国当代行政法关注的热点,主要的原因不是这一部分不重要,而是英国已经逾越了重视这一问题的时代,进入了行政组织法治化的轨道,主要是通过财政手段控制而不是行政组织法。但是英国的公共财政管的不是钱,而是人。在这一点上,金钱万能论有正名的必

---

① Bradley & Ewing, pp. 292-293.
② Bradley & Ewing, p. 293.
③ Bradley & Ewing, pp. 646-647.
④ Bradley & Ewing, p. 647.
⑤ Bradley & Ewing, p. 647.

要:对于行政机关而言,金钱确实不应该是万能的,但没有钱是万万不能的。在某种意义上,英国公共财政的核心思想就是金钱万能,没有钱就什么也不能干。行政机关需要自己找钱,哀莫大焉,害莫大焉!

公共财政本身是个大题目,涉及财政、金融、税务等许多方面的专门管理内容,后续英国部门行政法部分将专门介绍,本节主要从公共财政对行政管理特别是行政组织的控制角度进行初步的探讨。

一、公共财政管理的必要性

英国议会控制公共财政开支的一个重要方面,是众议院必须能够确保公众的钱用在众议院当初投票表决的项目上。① 这是英国公共财政控制的核心所在,即议会控制,没有议会对财政预算的决定权、否决权,英国财政体制就完全不是现在这个样子。这是英国政治制度的常识,这一根本性政治制度的组织保障,是总会计师兼总审计长。英国国内学者在介绍这一内容之前,先介绍英国政府部门财政控制的一些最新进展,如《政府良好财务规范》、财务官的设置及相应监督程序的保障等。出于对中国读者认知习惯的考虑,笔者没有按英国学者的论述顺序,而是着眼于中国的现实,从我们最需要、最应该关心的内容入手。

英国学者非常重视政府财政问题,认为政府需要拥有筹款及付款的权力。在英国法律体系中,国家财政是由涉及英王与众议院的财政程序规则规范的。众议院的职能是批准绝大部分公共开支、服务的提供以及绝大多数的税收,并确保其批准的财政预算能够合理地运用。② 不仅包括对开支的批准权,而且包括对预算的执行权。

从另一个角度看,政府提供任何新的公共服务都必须由议会授权③,这是议会与行政机关的关系以及行政权产生的基本准则。任何公共服务的提供都必须以相应的财政开支为后盾,而这是议会的权限所在,政府自己无权动用公共财政擅为善事。同样的道理,说行政机关有权提供服务也是可以的,因为能提供这种服务必然是取得了议会的授权及有相应的财政拨款。

每年秋季,各中央政府部门根据由负责该部门的部长决定并获得内

---

① Bradley & Ewing, p.358.
② Phillips & Jackson, p.251.
③ Bradley & Ewing, p.667.

阁批准的政策，准备其下一财政年度的预算。① 部长不得批准不符合议会设定的相关条件的行政开支。② 因为这也是一种越权情形。

贵族院通过判例确立的原则是，任何公共机构在没有制定法明确授权的情况下，不得对公众征收任何税费。由于地方议事会的行为能力以及规范私人活动的能力都源于制定法的规定，因此，该原则可以地方议事会超越授权范围的行为为例予以说明：在1992年的 R. v. Richmond upon Thames Council, ex p. McChrthy Ltd. 一案中，某地方规划职能部门每件收取25英镑咨询费的行为被贵族院认定为违法，因为这种收费并不是依法附属于其职能的。③

当存在严格的开支限制时，就产生了一个困难的问题，公共管理机构必须在决定其是否能够向某一个人提供某项利益，或者必须关闭某些有价值的社会服务的时候，将其预算开支纳入其考虑的范围。此时，法律上的结论（即最终作出的行政行为）要取决于立法的明确规定，而该行政行为所提供的服务或者授益正是基于该规定作出的。制定法可能会规定一项在任何情势下都必须履行的义务，也可能授予行政机关有条件履行的义务或者自由裁量权，而在制定法授予有条件履行的义务或者自由裁量权的情况下，其行使可以根据行为对象的具体情势及其他事由酌定。在这类案件中，法院就不会考虑公共管理机构的政策在政治上的合理性，但必须保护制定法所保障的个体权利。④ 于是，公共管理机构为公共利益或者为社会中的个体提供福利时，必须量力而行，不能不考虑预算所赋予的行为能力。这里又提到了立法授权：不仅要有授权，还要有财政上的保障。英国法治的思路是，议会的授权不可能在没有财政保障的前提下实现法律授权的目的。合理的做法应当是，议会的授权必须同时赋予权力享有者行使其权力所必需的财政支持，不允许权力本身附随创收的职能，不能让执法者通过权力的行使创收以养活自己。

二、公共财政的基本原则

英国公共财政的基本原则有不同的层次，最基本的原则有两条（也可

---

① Phillips & Jackson, p. 253.
② Bradley & Ewing, p. 699.
③ Bradley & Ewing, p. 697.
④ Bradley & Ewing, p. 641.

以说是一条）：一是除非依法不得收费，二是除非依法不得支出。可以表述为，没有议会的正式授权，英王既不能通过征税敛财，也不能支出。① 对于前者，许多国家虽然做得不好，但好像表面上还都遵守；对于后者，许多国家或许是还没有意识到，或许还不太知道怎样做表面文章——那些形象工程、政绩工程的存在恰恰说明，公共财政纪律远没有严格到迫使伪造政绩者有必要在财务上做一些表面文章的地步，更遑论对其严格追究责任了。

一般而言，公共财政应当由议会控制，但这一原则略显粗犷。关于政府的公开财政，需要注意三个方面的原则②：

（一）政府倡议原则

涉及公共服务的提供以及公共财政开支的议案必须由一名部长向议会提出［被称作"英王提议"（royal recommendation）或者"英王要钱"（Crown demands money）］。众议院《议事规程》第48条中规定的这一普通法上的原则，其历史可以上溯至1713年，它表明了政府对于财政开支及税收的控制权，该原则阻止众议院后座议员提出任何涉及财政开支及税收的议案。

尽管财政年度周期的存在确保了议会应当定期批准政府财政预算案，但实际上政府对议会仍有强有力的控制权。根据1713年的一项议会《议事规程》，未经英王在某一部长的提示下提出建议，众议院不得审议新的公共收入或者新的税收。③ 意思是，议会不得自行设立新的税种，或者说，议会只有增税的表决权、否决权，但没有动议权。这其实就是英国历史上议会与英王斗争的一项重要成果——未经议会同意，英王不得收税。表面上看，议会要想收税必须经英王提议，但由于英王要想提议必须经某一部长提示，而部长又是议会中执政党任命的。这样绕了一个大弯子的结果是，英王未经议会多数党领导的政府的提议，不得自行决定收税，甚至不能提议收税。同样，议会本身也是如此，由于没有税收提案权，收税的决定只能由政府提出，由议会表决。正因为如此，英国学者才说政府实际上对议会也拥有很大的控制权。

这一体制进一步强化了政府对所有税收和开支的职责的三个方面：

---

① Bradley & Ewing, p.348.
② Phillips & Jackson, pp.251-252.
③ Bradley & Ewing, p.348.

获得通过税收聚财的法律授权;对税款及其他财政收入应当划入以及财政开支应当从中划出的基金账户的管理;近年来进行了改革的政府财政会计程序。①

(二) 众议院控制原则

众议院对政府财政议案具有绝对的、垄断性的控制权。

1. 财政议案必须经众议院通过

一项有关筹集或者花费公共资金的议案必须向众议院提出(即必须获得众议院的同意)。这是议会的习惯法,是众议院的一项特权,早在1671年及1678年就已确立,在1860年及1910年得到进一步确认,并由1911年《议会法》作了隐含的规定。② 正因为如此,在议会召开、休会及解散时英王所发表的讲话中,涉及筹钱及花钱问题时,会单独提到众议院。这一原则体现为议会每年一度讨论通过的《财政与拨款法》(Finance and Appropriation Acts)。③

2. 财政议案必须首先向众议院提出

英国的立法议案也可以先在贵族院提起。但无论是为了筹钱还是花钱而实施的收费行为,必须获得向众议院最初提议的立法授权。虽然该原则可以由制定法修改,但作为多年议会斗争的成果,很难修改。④

3. 财政议案必须先在众议院审查

为筹钱或花钱而实施的收费,必须首先由众议院审查,如获得通过则以决定的形式授权将该收费项目包括在某一提案中继续讨论。⑤

(三) 贵族院不得修改原则

这是对众议院控制原则的进一步补充。对于涉及财政方面的议案,贵族院不能修改。当然这同样涉及众议院的特权,众议院可以放弃控制而允许贵族院予以修改,这些议案包括:① 供英王日常开支的议案,往往成为国家常年基金议案(Consolidated Fund Bill);② 税收案,即财政议案。虽然从理论上讲,贵族院可以像对其他议案一样根据议会法的规定予以否决,但实际上贵族院从来不这样做。⑥

---

① Bradley & Ewing, p. 348.
② Phillips & Jackson, p. 251.
③ Phillips & Jackson, pp. 251-252.
④ Phillips & Jackson, p. 252.
⑤ Phillips & Jackson, p. 252.
⑥ Phillips & Jackson, p. 252.

三、政府部门的财务官

(一) 财务官的定位

对中央政府的每一部门,财政部都会任命一名财务官(Accounting Officer, AO),按照长久以来形成的惯例,财务官必须得到公共会计委员会(Public Accounts Committee)的认可。财务官是相应部门的常务次官,但执行机构的首长可以指派本机构的财务官。政府官员一旦出任财务官,将扮演复合角色:既有义务服务于主管其所在部门的部长,即向部长负责;同时,财务官又从部长那里获得授权。[①]

(二) 财务官的职能

归纳起来说,财务官在其履行职务的部门的职责限于对五项标准的把握,即确保决策的经济、效能、效率,避免决策的不适当、不合规(economy, efficiency and effectiveness, as well as impropriety or irregularity)。根据2001年的一份财政部备忘录,财务官有权签署自己的任命书中列明的会计报表,并对该报表承担个人责任。同时,财务官还必须作为一名证人,回答公共会计委员会[该委员会是众议院的一个委员会,不同于公共会计协会(Public Accounts Commission)]就这些会计报表以及总会计师兼总审计长根据1983年《国家审计法》(National Audit Act)向议会提交的报告所提出的问题。[②]

财务官对确保本部门遵循开支控制方面的议会要求,尤其是确保那些他们负责监控的基金账户中的资金能够按照议会所要求的程序和目的使用,负有特别的责任。[③]

用财政部备忘录中的话说,财务官必须确保其所在部门的总体财务管理水平高标准运行;本部门的财务系统及程序能够推动本单位高效、经济地运作,并在全部门实现财政的适当性和规范化;在就政策提议进行决策时能够充分考虑各备选方案的财政因素。[④]

财务官必须确保其所在部门的部长能够得到所有有关财务适当性、规范化以及更为广泛的涉及谨慎地管理、经济高效地运营部门业务等方

---

① Bradley & Ewing, p. 357.
② Bradley & Ewing, p. 357.
③ Bradley & Ewing, p. 357.
④ Bradley & Ewing, p. 357.

面的适当建议。①

粗看起来,对于财务官提出的这些要求都是非常笼统的,因为中央政府的部门首长对于本部门的财务管理拥有相当的自由裁量权。当然更重要的是,这里所讨论的政府财务管理及相应责任,不是一般的阻止贪污、渎职、私分国有资产等刑事责任,而是着眼于更有效、更合理、更经济地运营政府部门财政资源的高级要求。

(三)财务官的异议权

财务官的异议权涉及一个核心问题:如果中央政府部门的部长计划实施的某项举措中所涉及的行为在财务官看来将违反适当性及规范管理的要求,财务官该如何应对?这时,财政部的备忘录要求,财务官应当书面提出自己对拟议中的举措的反对意见、理由,并声明自己拥有在意见被驳回后向总会计师兼总审计长报告的职责。②

这相当于某种最后通牒:部长,你有权这样做,但我觉得不妥;如果你执意要这样做的话,我将报告总会计师兼总审计长。英国的许多制度设计建立在人格独立与人身独立的基础上,依此设计监督制度就有了确保践行的可靠基础。

(四)部长出具书面指示的义务

如果部长一意孤行,财务官应当要求执意行事的部长出具书面的拨款指示,并随后遵照执行,但应当同时告知财政部所发生的一切,并将部长的书面指示毫不迟疑地送交总会计师兼总审计长。如此之后,财务官即对发生的一切不承担任何个人责任。如果财务官严格遵照上述程序行事,公共会计委员会将承诺该财务官对该笔业务不承担任何责任。③ 公共会计委员会是众议院的一个委员会,该委员会的承诺,将能保证财务官不承担该项开支政治上的责任,但也仅限于此,不包括其他责任,如刑事责任。总的说来,这个规定还是比较人性化的:并不要求财务官"犯颜直谏",而只要求点到为止;但是同时也留有"请君入瓮"的伏笔,执意行事的部长想不承认都不行。这一制度设计的最主要控制机理,不在于事后责任的追究,因为无论写不写书面指示,都会有这样的结果,而在于"引而不发"之机,通过要求行政首长将其命令书于纸上,决策者有了直观地反

---

① Bradley & Ewing, p. 357.
② Bradley & Ewing, p. 357.
③ Bradley & Ewing, p. 357.

思自己决策的正确性的机会。人性中理性或者说软弱、温柔的一面往往会在此刻站出来,阻止人性中任性或者恣肆、强蛮的一面,而英国高级财务准则中所要求的谨慎、理性,正是通过这一小小的程序细节,给决策者留下了最后一次镜观自己内心的机会。从高层次善意执法的角度看,这已经相当人性化地满足了劝诫的所有基本的要求。

(五) 部长否决财务官建议后

在1991年的一个重要判例中,外交大臣拒绝了财务官的提醒,决定通过海外发展运营署(Overseas Development Administration)为马来西亚的某大坝项目拨款2.34亿英镑。自此之后,只要财务官对任何涉及经济、效能、效率以及不适当、不合规等方面的决策所提建议被部长推翻,财务官都必须未经"任何不合理迟疑"将案卷送交总会计师兼总审计长。①

英国学者认为,部长否决财务官有关资金决策的情形虽然呈缓慢增加的势头,但仍然非常少。② 从前面提到的1991年海外援助项目的金额以及英国的财政预算看,英国每年此类案件的发生率极低。

四、财政年度

英国的政府财政制度实行严格的年度分界。每一财政年度(annual cycle of finance)从4月1日开始到次年3月31日,各财政年度的预算单独议决,上一财政年度获得批准的钱不能用于下一年。虽然有些财政预算根据制定法的授权是长期性的③,但绝大多数预算要受到议会每年一度的审查的控制。由于财政年度与议会会期不完全吻合,因此,每一议会会期都要讨论一个财政年度以上的预算安排。议会对于财政问题的每一个回合的讨论,总是先讨论开支,再讨论收入。④

除通过制定法对某些形式的开支和收入的长期授权外,更大数量的财政开支和税收由议会以年度为单位严格授权。由此导致的结果是,建立了财政部对各政府部门开支需求进行年度调整的体制。⑤

英国学者认为,现行的以年为单位周而复始的财政收支循环制度,是19世纪建立起来的,这种年度周期的运转高度依赖现行的高度集中的财

---

① Bradley & Ewing, p. 357.
② Bradley & Ewing, p. 357.
③ 如涉及法官工资的国家常年基金。
④ Phillips & Jackson, p. 252.
⑤ Bradley & Ewing, p. 348.

政程序体制,而这一体制是由制定法及议会的规则、内阁惯例以及行政管理习惯做法等几方面共同构建起来的。①

五、公共开支

英国的公共开支有两种类型:一是提供一般服务的开支,二是国家常年基金的开支。②

（一）一般服务开支（supply services）

这是公共开支的大头,包括军费、公务员以及政府一般性开支。这些服务项目开支被称为由议会提供资金支付的开支,议会每年一度按照其开支审查程序予以审查控制,其中每项开支都必须有制定法授权。③

（二）国家常年基金开支（Consolidated Fund services）

中国读者需要特别注意此项开支,本书在讨论法官独立的保障（本卷第一编第二章第七节法官独立的保障）时,曾提到这一概念。

国家常年基金开支是由立法长期给予持续授权,并从国家常年基金或者国家借贷基金（National Loans Fund）中拨付。这意味着议会不必每年对其进行议决。④ 这些服务的内容包括国债利息、王室专款以及高级法院法官、议会发言人、审计总长、议会行政监察专员的工资等。⑤

六、公共开支控制

中央一级的公共开支由财政部负责控制。征集财政收入并对财政收入的使用做账,是财政部的公共财政职责之一。财政部扮演的另外一个重要角色,是控制公共开支。英国当今公共开支运作的主要架构,是由政府的财务规则以及政府引入的《财政稳定良好行为规范》（Code of Fiscal Stability）确立的。⑥

（一）政府财务规则

政府财务规则主要包括以下几项基本原则:

---

① Bradley & Ewing, p. 348.
② Phillips & Jackson, p. 252.
③ Phillips & Jackson, p. 252.
④ Phillips & Jackson, p. 252.
⑤ Phillips & Jackson, pp. 252-253.
⑥ Bradley & Ewing, p. 354.

1. 量入而出

第一项规则是所谓的黄金规则(Golden Rule),其具体要求是,政府的借款只能用于投资,不能用于开支。① 这一规则的实质要求是,政府基本运营所需要的资金,只能来自其自有资金,包括税收、非税收收入,不能负债经营。

2. 克制投资

第二项要求是所谓的可承受投资规则(Sustainable Investment Rule),该规则要求,即使黄金规则允许的用于投资的借款也必须维持在一个稳定的、谨慎的与国民生产总值关联的水平上。② 这也就是我们常说的量力而行。除此之外,还含有一层不冒险、拒绝超常规发展的意思,以避免公共财政可能无法担负的风险。

上述两项原则都是市场经济中经济人最可能采取的稳健的行为方式,用这样的行为方式要求政府,当然是不过分的。但却并不是所有的政府都能如此自律的,其中就蕴含着巨大的风险以及由此带来的责任。反之,如果政府的财政开支的决策者们可以不承担相应的责任,则同样的风险只能由公众承担,这在英国人看来,是不公正的。

(二)《财政稳定良好行为规范》

《政府财政稳定良好行为规范》的实现,要建立在公开透明、稳定、负责、公正、效能的决定性原则基础之上。③

七、定期开支复审

早在1961年,普洛登(Plowden)的报告就曾建议,应当将公共支出作为一个整体进行定期反省,每隔几年就进行一次回顾性的、兼及未来预期资源的开支复审;同时,涉及未来的实质性开支的决定,应当充分考虑此等回顾性通盘考虑的成果。④

这一卓有影响力的报告导致一个新的公共开支控制体系的创立,但相应的变革因20世纪70年代的通货膨胀等因素而搁置,直到20世纪80年代才重新启用,以适应实质性削减公共开支的新政。根据一项不具有

---

① Bradley & Ewing, p. 354.
② Bradley & Ewing, p. 354.
③ Bradley & Ewing, p. 354.
④ Bradley & Ewing, p. 354.

制定法效力的安排,政府已经采用了这种定期复审政府开支的做法。①

在对各部门之间以及各部门内部最有效的公共资金的运用进行了广泛的开支复审之后,预算及公共开支控制方面的进一步改革开始了,此前每年一次的公共开支审查被两年一次的复审替代,并在三年期开支复审的基础上确立稳定的预算。②

八、限额预算的创新之处

公共开支限额可以说是公共开支控制最简单、最有效的措施。英国政府在20世纪70年代最引人瞩目的改革,就是1976年引入的现金流量限额制度。在那以前英国公共开支的预算本质上都属于"定量条款"(volume terms),也就是说,都是根据已经批准的项目的规模来确定开支的,如新建多少英里铁路的项目③,其预算就是按照修建这么长的铁路的开支来计算的,其中当然包括在建设过程中因物价上涨等因素造成的溢价,相应地追加预算,以确保项目完成。如此一来,项目是完成了,但当初的预算也就没有什么约束力了,整个项目的投资可能是无底洞,并有可能成为套取预算的"胡子工程"。这正是英国政府后来觉得不妥,而决定用资金限额手段限制这种情况发生的原因所在。

九、限制开支的公共服务协议

不同于行政主体订立的向外提供公共服务的协议,公共服务协议(Public Service Agreements)是指财政部与公共服务提供者签订的节省公共服务开支(即成本)的责任状。用度支大臣的话说,财政部与中央政府各部门之间签订的公共服务协议,就其本质而言就是各政府部门与财政部签订的一份改革公共服务的协议,同时也是一份只有在需要改革的相关公共服务领域进行了改革之后才能换取财政部投资的协议。④ 由此可见,协议属于具有众多行政合同要素的行政合同:双方当事人、目的、效果等全是行政性的,其目的只有一个,就是改革;而手段也只有一个,就是钱、拨款或者说投资。因此,可以称之为"改革换预算"协议。内阁最大限

---

① Bradley & Ewing, p. 354.
② Bradley & Ewing, p. 355.
③ Bradley & Ewing, pp. 354-355.
④ Bradley & Ewing, p. 356.

度地利用公共财政手段,鼓励、督促甚至是迫使需要改革的行政部门进行协议中所要求的改革,否则就不核拨相应的经费。

十、成本约束机制与司法审查的经济分析

英国构建公共财政管理制度的核心目的,是建立对于公共管理机构的成本约束机制。要确保有效的、几乎与私人一样的成本约束机制的建立,并不是一件容易的事。这方面的成果,可以从行政诉讼中被告对于其诉讼成本的评估以及与原告达成交易的权衡上表现出来。

十一、公共开支的政府责任

公共开支的政府责任并不是讨论如果政府乱花钱该如何收拾的问题。这个问题在几百年前就已经触及了,政府公共开支体制建立在内阁对议会责任的基础之上,而财政开支的决策权连同财政收入的设定权,都不是由政府部门自己掌握的,因此即使多花了钱也不是政府的责任,而是议会决策的失误。在这种体制下,政府的公共开支职责仅仅是如何向议会提出公共开支预算草案;而议会的使命则是看管公共财政,别让政府玩惊险、搞大手笔。于是,政府的预算草案到了议会那里总要删减;而政府部门的部长们在议会财政预算案的辩论中的统一口径则是这不宜删、那不能减。但只要议会最终通过了预算案,则无论最后改成了什么样,政府及其组成部门都必须严格遵照执行,超过预算的钱一般是无处筹措的,而且英国严格的账户管理制度也保证了专项资金定向投放,做得细的预算甚至要求专款专用,严禁资金的违规挪用,违者将受刑罚处罚。

上述管理体制和责任体制在英国运行了几百年,已经成为英国社会的常识,从学术研究的角度讲,实在没有什么可介绍的必要。因此,英国学者介绍英国中央政府部门的财政责任时,重点是政府部门如何按照经济、效能、合理、谨慎的原则编制提交给议会的预算案,从源头上做到精打细算;同时,在预算的执行环节,也本着同样的原则,确保细水长流。如此开源节流、双管齐下,就能够在更严格的标准上,确保中央政府部门的财政管理体制更合理、更经济、更有效,实现公共服务的崇高目标。

第三节　公共财政基金

英国对行政组织的财政控制,主要是设立各种基金以及对应的账户,通过依法管理这些基金和账户实现的。

参见本书第三卷第二编第二章第二节公共财政基金部分的内容。

第四节　行政组织良好行为规范

当代英国行政体制已经可以在行政组织的监督控制体系中有效地引入自律的良好行为规范了。本节介绍行政组织的良好行为规范,英国还分别有针对部长①、公务员及其他特定人等、特定行为的良好行为规范。

英国公法引入的良好行为规范,是建议性而非强制性的,这与有些国家古代、现代、当代的道德规范具有形式上的相似性,但二者实质性的差异在于,英国的良好行为规范如果与其行政行为的合理性的司法审查标准结合起来,会具有相当大的强制性;同时,由于其法制比较完备,警察误杀一个人也会成为全世界都知道的新闻,在这种情况下,建议性的规范能够切实起到提升公共服务的水平的作用。

一、信息公开

英国学者介绍的行为标准的第一项内容,就是信息公开(publication of information)。英国学者指出,英国地方政府机关责任制的基本抓手是传统的选举制。为了切实落实这一责任,中央政府引入了要求地方政府机关信息公开的规则。②

信息公开是建立在民主选举制的基础上,并为民主选举提供素材的。没有民主选举这一方向,公开就有可能成为一种做派,或者说不公开并没有什么实质性的损害。在选举制基础之上,公开是对选民的公开,是为选民提供下一次投票的决策依据。有些监督制度,监督的只是"面子",而不是根本;监督只能在被监督者脸皮薄时有效,对于厚黑者无效。这就是这类监督制度与英国的建立在选举基础上的政治与法律体系的最根本

---

① Bradley & Ewing, p. 270.
② Andrew Arden, p. 542.

区别。

信息公开的规则,赋予了选民就地方政府机关的表现形成意见或者根据所获得的信息作出判断的权利。① 地方政府机关的表现,不完全等同于行政执行行为,具有相当的主观性,其正当性基础就在于选举制度本身是基于理性的主观判断,在英国没有哪个政治家或者地方政府机关敢说选民的判断没有理性,除非他本人失去了理性或者已经被选民所抛弃。

英国学者认为,立法关于地方政府机关的表现方面的基本规则,目的在于确保地方政府机关责任的落实以及改善地方政府机关的表现,这些规定主要源自两部法律的规定:① 1980年《地方政府、规划及土地法》第1条;② 1998年《审计委员会法》(Audit Commission Act)第3条。②

二、《推荐良好行为规范》

根据1980年《地方政府、规划及土地法》第1条的规定,国务大臣可以发布《推荐良好行为规范》(Code of Recommended Practice),以规范地方政府机关公开其职能的履行或者国务大臣认为与此有关的其他事项方面的信息。③ 据此,地方政府机关必须公开与其职能的履行有关的几乎所有信息,因为只要是国务大臣发布的《推荐良好行为规范》中明确要求公开的事项,都是国务大臣认为与其职能的履行有关的。

国务大臣制定的《推荐良好行为规范》中可以规定地方政府机关信息公开的方式、频度及形式,如将信息公开的内容与根据1998年《审计委员会法》的规定准备的财务报告一并公开;还可以规定地方政府机关为告知公众获得公开信息的途径所必须采取的举措。如果国务大臣制定的《推荐良好行为规范》涉及地方政府机关履行其职能的成本方面的信息公开,该良好行为规范还可以规定为达到该规范的目的而确定该成本的方法。④

在发布《推荐良好行为规范》或者制定条例之前,国务大臣必须咨询有关的地方政府机关联合会。但如果地方政府机关未遵循《推荐良好行

---

① Andrew Arden, p.542.
② Andrew Arden, pp.542-543.
③ Andrew Arden, p.543.
④ Andrew Arden, p.543.

为规范》的要求,则国务大臣可以通过制定条例,强迫地方政府机关公开《推荐良好行为规范》要求公开的任何信息,或者要求地方政府机关按照《推荐良好行为规范》所要求的方式或者形式公开,甚至可以偶尔直接公开《推荐良好行为规范》中要求公开的信息。[1]

信息公开的例外涉及地方政府机关有关安居房、土地、雇佣或者规划申请等方面职能的履行,以及国务大臣指示地方政府机关不予公开的其他信息。[2]

三、《审计良好行为规范》

根据1998年《审计委员会法》,审计委员会也可以在咨询过地方政府机关联合会之后发布指示,要求相关机构公开其在任何财政年度的活动情况,例如公开那些在审计委员会看来有助于运用支出、经济、效率、效能方面的标准进行适当比较的信息,以便比较:① 不同的相关机构在该财政年度的表现;② 这些相关机构在不同财政年度的表现。[3]

接受此类指示的机构必须作出相应安排,以搜集并记录相关的信息,确保信息公开;同时要尽可能保证根据这些指示公开的信息是完整准确的。[4] 有关机构必须根据指示的要求,在上一财政年度结束后9个月内公开相应信息。[5]

地方政府机关必须保证感兴趣的人(interested persons)能够随时查阅任何包含有根据国务大臣的指示应公开的信息的文件。对公开的信息感兴趣者有权在任何合理的时间免费查阅并复制此类文件的部分或者全部内容,并有权要求有关机关以合理的价格向其寄送此类文件的部分或者全部的复印件。妨碍这些权利的行使将构成犯罪。[6]

审计委员会必须公布自己作出的指示,以引起公众足够的重视,并应当向所有受该指示影响的有关机构送达一份此类指示的文本。[7] 所谓引起公众足够的重视有两层意思:一是审计委员会必须采取足以引起公众

---

[1] Andrew Arden, p. 543.
[2] Andrew Arden, pp. 543-544.
[3] Andrew Arden, p. 544.
[4] Andrew Arden, pp. 544-545.
[5] Andrew Arden, p. 545.
[6] Andrew Arden, p. 545.
[7] Andrew Arden, p. 545.

足够重视的方式,公布其已发布的指示;二是公众可以获得这些信息,但并不意味着所有获得此类信息的人都会对此予以足够的重视。

此外,送达的义务和寄送的义务是不同的。送达的义务针对的是有关的地方政府机关,即指示所针对的地方政府机关应当知道这些指示,因此必须送达;而寄送针对的是提出申请的私人,他们可能受到这些指示的影响,也可能不会,但他们是对指示感兴趣的人,仅此即足以产生地方政府机关向其寄送的义务。除此之外,向有兴趣者寄送是要收取合理工本费的;向有关地方政府机关送达则没有提收费的事,按理也不应当收费。

第三章
中央政府组织

英国行政法著作通常将中央政府组织置于"英王"一章中讨论,因为中央政府及其各组成部分都是"英王"的。英国中央政府体系复杂,从篇幅计,本章分七节予以介绍。

前文"部长责任制——行政组织法的基本原则"中介绍的内容,涉及中央政府的组织原则和工作原则,下文有关行政行为、行政救济、司法救济等内容,与其有重要关联。

第一节 中央政府

本节介绍严格意义上的中央政府,包括英王、枢密院、内阁、首相及部长等的简要历史、组织结构、职能配置及相互关系,提供有关公共管理机构的各种背景信息及其特定功能,从而在一定程度上解释行政法的规则。本节勾勒了有关政府系统的某些基础特征,以便于说明权力授予和行使的机制,同时建立起在后续章节中将要仔细分析的行政行为的基础。[①]

一、英王

英国是世界上主要的君主立宪制国家之一,谈及英国的宪法体制,不可能回避英王的存在。必须交代的是,对英王的理解必须建立在对君主立宪制政体的正确理解之上,君主是宪法体制下一国主权的象征,其形式上的意义固然大于实质上的法律地位,但某些与国家密切相关的重大且现行有效的非成文传统,都寓于英王的名下或者与英王密切相关。正因为如此,英国行政法的每一个重要部分,无论是立法权限、政府组织、还是

---

① Wade & Forsyth, p. 45.

公务员、救济途径等,必然要提到英王。

在英国,现实中存在大量名不副实的现象,在涉及王权的领域尤其如此。就法律方面的事务而言,英王的法律权力,无论是英王特权还是法定权力,都必须由英王本人来行使,例如通过枢密院令、专利许可证或皇家令状(royal warrant)等形式。但在实践中,这些权力是由部长们控制的,因为按照惯例,英王在所有的宪法性事项中都应当依其大臣的建议行事,英王并没有自己的政治意志。从政治角度讲,英王的权力是由其大臣们行使的,而大臣们必须就他们的行为向议会负责。① 大臣们名义上是在行使英王的权力,但并不需要向英王负责。

英王可以依自己意志行事的唯一情形是首相的任命,任何一届政府都是首先由英王任命首相开始运转的。这是启动内阁制政府运转的最初行动;但是即使是这件事,也是由惯例控制的。② 如议会选举结束后承认选举结果的有关惯例等。

二、枢密院

与议会贵族院一样,作为中央政府(行政)组成部分的枢密院多种功能杂糅。对其司法职能,本卷第一编第一章第二节英国各级法院中已有介绍,现讨论其行政方面。

(一)枢密院的历史演进

早年,根据某些封建习惯,英王议事会(Curia Regis)曾经行使最高的立法权、行政权和司法权。随着时间的推移,从议事会中陆续分化出绝大多数重要机构,包括财政部(12世纪)、普通法法院(13—14世纪)和大法官法院(14—15世纪)以及贵族院(14世纪)。枢密院一般被认为是英王议事会在分出上述机构后留下的部分。但确切地说,英王议事会已经不复存在,枢密院是一个13—14世纪诞生的全新机构。在都铎王朝时期,英王将枢密院当作一个强有力的统治工具。枢密院作为一种实用的统治工具的衰落与内阁作为一个政策形成机构和咨议机构的兴起此消彼长。③

英格兰与苏格兰合并的《合并法》规定,英国必须有一个枢密院,1800

---

① Wade & Forsyth, p. 45.
② Wade & Forsyth, p. 45.
③ Phillips & Jackson, p. 333.

年《与爱尔兰合并法》规定,枢密院必须长期为爱尔兰设置一名独立的枢密顾问。1922年《爱尔兰自由邦协议法》专门为北爱尔兰设置了一名枢密顾问。而1973年《北爱尔兰基本法》(Northern Ireland Constitution Act)第32条规定,枢密院的职位不应当继续增加。①

(二)枢密院的组成人员

枢密院有大约300名成员,他们都是由贵族或者其他杰出人士担任的枢密顾问,通过特权证书任命。枢密院由现任或者曾经担任高级政治或者法律职务的贵族、教会高级主教及在职业上取得杰出成就的人组成。枢密院的组成人员包括枢密院院长、按惯例所有的内阁成员、指定的两名大主教,通常包括某些英联邦国家的政治家、英国大使、众议院发言人、常任上诉贵族法官、上诉法院刑事分庭庭长、上诉法院民事分庭庭长、高等法院家事分庭庭长、上诉法院法官。②

(三)枢密院的功能

随着内阁及中央政府部门的发展,枢密院逐渐失去了绝大多数咨议与行政管理职能,如今已经成为一个过气的政府机构。枢密院目前的职能仅限于为赋予根据英王特权及制定法上的权力而实施的某些行为以法律效力的形式而制发枢密院令。③ 枢密院还具有相当的司法职能,但这一职能正如贵族院曾经的司法职能一样,由枢密院司法委员会行使。枢密院以枢密院文告及枢密院令的形式行使其职能。

(四)枢密院文告(Proclamations in Council)及枢密院令(Orders in Council)

英王根据枢密顾问的建议实施的绝大多数重要行为,都以枢密院文告或者枢密院令的形式发布。枢密院文告通常根据枢密院令的授权发布,一般用于宣布议会的休会、解散或者召集,以及宣战或者媾和等需要广为知悉的重要事项。④

枢密院令的发布通常是基于英王特权,当然更普遍的是根据制定法的授权。枢密院令的内容可以是立法性事宜,如为某些海外领地制定法律、根据范围相当广泛的现代成文法制定成文法律规范(Statutory In-

---

① Phillips & Jackson, p.334.
② Phillips & Jackson, p.334.
③ Phillips & Jackson, p.334.
④ Phillips & Jackson, p.334.

struments);也可以是行政性的,例如设立某一新的政府部门、颁布武装部队军令、决定公务员的待遇、宣告或者解除紧急状态等;以及司法性的职能,如赋予枢密院司法委员会的判决(通常是建议性的)以法律效力等。①

（五）枢密院的会议制度

枢密院的会议是以英王召见枢密院顾问(Privy Councillors)的形式举行的。枢密院顾问通常在白金汉宫接受召见,也可以在英王所在的任何地方接受召见。枢密院全体会议除英王的就职典礼外,自1839年以来再未举行过,而最后那次聚会只是宣告维多利亚女王即将到来的婚期。枢密院会议的最少法定人数为3人,英王通常召见4个人,即与会议所讨论的内容有关的部长。与其300人的总人数相比,这个数字显然太少了,这说明枢密院肯定不是以投票表决方式决策的。枢密院顾问们举行的英王或者国事顾问(Counsellors of State)不在场的会议,只能算作枢密院的委员会会议。除了司法委员会,枢密院还有一些咨议性或者特别委员会。②

三、首相

（一）首相(Prime Minister)

首相的本义不过是首席大臣,因此,英国学者常将首相与其他大臣并列说明③,这与首相兼有财政部第一大臣(First Lord of the Treasury)的虚职无关。与内阁一样,首相这一职位是依惯例创设的,并且直至近年来才为法律所认可。④

现代意义上首相职位的出现,始于1721—1742年在位的沃波尔(Sir Robert Walpole)和分别于1783—1801年及1804—1806年在位的小皮特(William Pitt 'the Younger'),其中沃波尔曾放弃过这一称号。这一职位的确立有赖于多个事实,如英王的信赖、在大臣中才能出众、被任命担任财政部第一大臣,特别是能够控制众议院(但不一定是最大政党的领袖)。首相的权威在19世纪后半期因迪斯雷利(Disraeli)及格拉德斯通

---

① Phillips & Jackson, pp. 334-335.
② Phillips & Jackson, p. 335.
③ Bradley & Ewing, p. 261.
④ Phillips & Jackson, p. 358.

(Gladstone)二人的杰出表现而得到了强有力的确立。① 现代的首相都无一例外地兼任财政部第一大臣，并偶尔兼任其他职务，如格拉德斯通曾兼任度支大臣(Chancellor of the Exchequer)②。值得说明的是，财政部第一大臣与度支大臣是两个不同的职位，两个职位偶尔有合并的情形，而在绝大多数岁月里，二者由不同的显贵分享，而且担任这两个职位者必须是内阁成员，但前者总是由首相兼任。

直到 1937 年，第一财政大臣还是首相领取薪资的本职工作。这使首相实际上成为最为重要的政府部门(财政部)的首脑，虽然这一职位只是名义上的，因为该部门的工作实际由度支大臣掌管。18 世纪及 19 世纪早期，在公务员制度改革及议会普选权确立以前，第一财政大臣行使任命许多政府官员的职权，这使得首相能够控制政府部门职务的任命，从而有助于为其所在的党派获得议会多数席位。1937 年《英王大臣法》第一次为"首相及第一财政大臣"规定了薪资。1975 年《部长及其他人员薪资法》也规定了"首相及第一财政大臣"的工资。因此，未来两个职位分离的可能性不大，虽然法律并没有要求这两个职位合二为一。③

(二) 集体责任制原则

按照议会民主制传统，英国首相及其组织的内阁，集体对外特别是对议会承担责任，这一宪法惯例被称为集体责任制原则，或者集体责任原则。这一原则的确立是基于惯例。按照萨利斯伯里(Lord Salisbury)在1878 年的说法，集体责任是指，对于内阁通过的所有决议，内阁所有阁员除非主动辞职，否则必须绝对地承担责任，而且在事后也不能对外宣扬：在某某事项上自己做了妥协，在其他事项上自己是被其他大臣说服的，等等。只有在坚持所有在任阁员都承担绝对责任的基础上，才能够建立起大臣对于议会的连带责任制，使之成为议会责任制中最重要的一个原则。④

集体责任制原则有助于强化首相的权力，原因在于，部长们据此不能公开批评政府的政策，而且还必须随时准备在必要时为政府的政策进行辩解。这将意味着，如果首相对某一政策作出了明确的指导，那么，这一

---

① Phillips & Jackson, p. 358.
② Phillips & Jackson, p. 359.
③ Phillips & Jackson, p. 359.
④ Bradley & Ewing, p. 106.

政策将不会受到来自政府最具有影响力并掌握着最全面信息的部长们的批评。① 而这些人对此是最有发言权的。

但是,这一原则对于平息政府潜在的批评的功能正在削弱,因为政府越来越多的决策不再是由作为一个整体的内阁作出,而是由首相在咨询少数几个幕僚之后作出的。② 由此可以认为,所谓集体责任制,不是指部长必须无条件地支持政府的任何决定,更不是指部长不得批评政府,而是指部长们必须与内阁作出的决定保持一致,不能持批评态度,更不能公开地进行批评。也就是说,政府的部长们集体对内阁作出的决定负责,而无论其是否内阁成员,亦无论其是否参与了讨论。但是,一旦首相未经内阁讨论而作出决定,尽管其征询了有关大臣甚至是资深大臣的意见,由于其决定不是由内阁作出的,不属于应当由部长承担集体责任的范围,部长们可以提出自己的看法和批评意见。

确实存在因首相未经内阁会议作出决定而被其他部长指摘的情形,例如,1997年首相作出将基准利率的确定权移交给英格兰银行的决定。③ 到了2001年,首相对于该原则的表述是,集体责任制要求大臣们在内阁举行的私下辩论中要诚实地表达自己的观点,而一旦形成了决定则必须对外保持一致。这就要求所有在内阁及部长委员会上发表的意见必须对外保密。④

政府向议会负集体责任的问题,主要是政治责任而不是法律责任,因此,从宪法而非行政法角度讨论更为合适。

(三) 首相的职能

在英国,所有部长中最有权势的部长——首相——在法律上拥有的权力却是其同事中最少的,这根源于英国法上一个古怪的做法:不在法律条文中提及首相。不过这种做法日趋式微,近年来的许多立法,如2011年《议会任期法》,首相均同时被赋予权力和义务。⑤

1. 组织政府

首相的首要职能是组建一个政府、选择内阁成员并主持内阁会议。对于未提交内阁讨论的事项,首相给他的部长同仁们提出建议,首相还是

---

① Bradley & Ewing, p. 262.
② Bradley & Ewing, p. 262.
③ Bradley & Ewing, p. 262.
④ Bradley & Ewing, p. 106.
⑤ Wade & Forsyth 2014, p. 36.

沟通内阁与英王的主要渠道(每周拜见一次英王)。首相有权建议英王解散议会。① 特别重要的是,首相建议英王举行大选并不需要事先在内阁进行讨论。人们也许会认为,解散政府的建议是首相借以对其在政府或者议会的同僚们显示权威的一种手段,但这显然不能经常动用。在本党因内部纷争而异常虚弱的情况下,首相怎么可能动议提前大选?特别是当反对者不可能通过大选从议会中清除出去的时候,首相不会力主解散政府进行大选。②

尽管每一位首相都有自己的领导风格,但首相居于对内阁行使支配性影响力的位置,拥有其他部长们没有的权力,无论其他大臣是何等的资深或者富有经验。但这一点也不能夸大,正如一位英国评论员在某首相下台后所写的,"一名首相的政治力量来自内阁和议会党团"。一方面,失去了来自这两个方面的信赖,首相将会处于一种非常易被攻击的位置,尽管首相是选民的选择。另一方面,当这些信任确实存在时,基于以上理由,我们不能低估首相的政治力量。③

因为主持内阁会议,首相可以通过安排所讨论的事项及其顺序的方式,来控制内阁会议的讨论及决策过程。更重要的是,内阁会议的决议不是通过内阁成员的投票表决作出的,而是首相根据其对会议气氛的感觉作出的。④ 不靠投票与计票,而是通过对会议气氛的判断,这样的决策过程表面上看不符合一般的民主程序。但美国总统的决策过程,要更加专断,也许正因为如此,英国越来越多的学者经常提到英国首相的总统化问题。英国首相是以议会多数党领袖的身份执掌相位,为政府的所有行为对议会负总责,而其他大臣,即使是内阁大臣,也是由首相举荐而得以任命的。因此,首相与内阁大臣本来就是不平等的,如果按一人一票制的等权重标准进行投票,只能保证这一环节形式上的周全和民主,而没有考虑内阁制在整个民主体制中所起的作用。内阁制是作为民主制的现实实现形式的代议制的体现,只要议会对选民负责、首相代表内阁对议会负责的根基没有动摇,则民主的根本依然存在。但如果首相一意孤行,久而久之则难免众叛亲离,失去对内阁的控制,甚至最终导致本党在议会中失势下

---

① Phillips & Jackson, p. 359.
② Bradley & Ewing, p. 263.
③ Bradley & Ewing, p. 261.
④ Bradley & Ewing, p. 262.

野。英国学者尖锐地指出,某位首相的例子应当成为其他首相的一个很好的警示。①

首相并非只管大事,有些部长之间因细小问题产生的纠纷也需要首相处理。尽管内阁秘书处对整个内阁提供服务,但首相仍负有一项特殊的职责,即在必要时出面调停部长之间的纷争。②

2. 执政党领袖

首相通常是其政党的领袖,对本党在议会中的事务负首要组织责任。③ 按照英国的议会民主制传统,议会多数党领袖出任首相,首相不是因为其为首相而成为执政党领袖,而是因为其为议会众议院的多数党领袖才成为首相的。

与其他大臣相比,首相有更多例行的机会在议会中或者其他场合为政府的政策进行说明。但是自 1997 年以来,以此为表现形式之一的政府对议会的说明责任日渐式微。首相每个星期三在众议院接受询问,也可以在讨论中进行穿插提问。而在此之前,这一提问时间每周有两次,分别是在周二和周四。④ 首相还控制着政府与新闻界的关系以及政府决定及议会事务方面的信息的披露。首相是所有大臣中唯一能够经常与英王进行会谈的,并负责将内阁正在处理的事项告知英王。⑤

3. 控制中央政府运作

首相决定中央政府的各项职能在各部门间如何分配以及各政府部门的设立、合并或者撤销。2001 年,布莱尔首相即对中央政府进行了一次重要调整,撤销了三个部(农业部、教育和劳动部、社会保障部),分别由三个新部门替代,即环境、食品与乡村事务部,教育与技能部,职业与养老金部。其他中央政府部门的事务也因此作了重新分配,如内政部主管的宪法体制改革转给了扩张了的大法官事务部,选举法方面的事宜移交给了交通、地方政府与地方事务部。⑥ 各部门负责实施的法律亦相应调整。

首相可以随时过问不同领域的政府事务。首相事实上也可以随时与

---

① Bradley & Ewing, p. 260.
② Bradley & Ewing, p. 262.
③ Phillips & Jackson, p. 359.
④ Bradley & Ewing, p. 263.
⑤ Bradley & Ewing, p. 263.
⑥ Bradley & Ewing, p. 262.

其所指定的某一位部长共同密切合作，进而就某一事项制定一项政策来。① 因只涉及某一部门的具体政策，不需要经过内阁的协商。但这类政策都应当是与该部长的部门职能密切相关的。如果首相认为某一位部长更适宜处理另一个部门当前面临的某一事项的话，他是不会直接越过有关部门而与该部长密切合作的，他完全有权采取另一种更为积极、稳妥的做法，即对部长进行及时调整，待处理完这件事后再说。这样做的好处不仅仅是避免了越俎代庖可能引起的混乱，更重要的是可以使首相与部长个人在某一特别事项上的合作建立在有关主管部门既有的专业人力及经验的基础之上，从而使这种合作更富有成效，由此产生的政策更易于推行。至于因此调换部长所引起的争议则不会太大，这不仅是因为部长本来就是在首相的推荐下由英王任命的，二者之间原本存在一种工作上的合作、信赖关系；更重要的是，这种调整是出于首相对政府全局工作的考虑而随时进行的，任何部长都不太可能在首相的完整任期内长期待在一个部门。此外，英国的部长们绝大多数本来就不是其所在部门主管事项方面的专家，对他们来说，工作的调换除了增加工作经历，没有任何损害。上述各种原因促成了首相可能通过这种方式实现针对特殊工作选择适当人选的灵活性。

首相在安全及情报方面负有特殊职责。首相监督内阁的决定由各部门落实，其更关注外交方面的事务。内阁秘书处在首相的直接控制下，负责提供确定内阁会议日程的咨询意见。② 绝大多数的首相都对外交、经济和国防问题有浓厚兴趣③，因为这几个方面涉及重要的综合性决策思考，需要动用其领导能力和领导权力对各部门进行调控，以实现其总体的政治目标。政府对于选民的承诺也主要在这几个方面，是只有首相才需要负总责的领域。

首相还可能介入某些突发事项，如 2001 年横扫英伦的口蹄疫。首相在单独咨询过有关部长后，可以不经内阁会议直接决策或者授权作出决策。④ 内阁的任何一个委员会在处理某一事项时，首相都可以自任主席而参与其中，并将该委员会决定通报给下一次内阁会议。⑤

---

① Bradley & Ewing, p. 262.
② Phillips & Jackson, p. 360.
③ Bradley & Ewing, p. 262.
④ Bradley & Ewing, p. 262.
⑤ Bradley & Ewing, p. 262.

4. 人事任命

首相负责所有大臣的任命，无论其是否属于内阁成员。首相可以要求大臣辞职、建议英王解除他们的职务或者在本人同意时另作他用。首相排定内阁成员的座次，并可以任命其中一人为副首相；在组成其第一届内阁时，新首相一般会任命其党内的资深党员为副首相。各党的惯例是，在取得首相职位之后，那些在大选获胜前曾经在影子内阁任职的人应当被任命为内阁成员，只要他们在新一届议会中继续当选议员。虽然保守党内没有这样的强制性规定，通常也是依靠一个已建立的团队以便在上台后掌握权力。随着首相任期的延长，这种组成形态可能会逐渐淡化，布莱尔的第一届内阁中，到 2001 年仅剩下 9 人仍然任职。①

除了部长职务，许多职位也是由首相任命的，如贵族院常任上诉贵族法官、上诉法院法官、英格兰教会的主教和教长、枢密院顾问等。作为第一财政大臣及公务员事务大臣，首相负责批准高级公务员的任命②，负责监督对通信实施侦听的人员及情报服务人员的行政监察专员，也是由首相任命的，这是 2000 年《调查权力规范法》规定的。根据这一法律的规定，对通信实行侦听的人员及其他从事情报工作的人员，由于其享有某些涉及公民通信自由等基本权利的权力，该法设置了对这些活动及从事该活动的人员实施监控的行政监察专员，由首相直接任命。③

同时，绝大多数资深公务员的任命也需要首相的正式批准。英王的最重要的任命也是基于首相的提名，例如，资深的法官、牧师、英国广播公司的总裁以及议会行政监察专员等。首相还对英王分封新的贵族、任命枢密院的成员以及任命英格兰的大学校长等提供建议，它们名义上被视为英王的礼物，但实际分配权由首相掌握。在这些任命中，首相的自由决定权可能会或多或少地受到事先应向利害关系方征求意见的宪法传统的约束。但是，毋庸讳言，首相广泛的授予权至少有可能增加将这些非参政受限职位的任命用作政治目的的可能性。④

（四）首相的法律地位

即使在《王权诉讼法》得到普遍实施的今天，首相恐怕不会因赔偿请

---

① Bradley & Ewing, p. 261.
② Phillips & Jackson, p. 360.
③ Bradley & Ewing, p. 261.
④ Bradley & Ewing, p. 261.

求之诉而成为被告,这不是因为他的行为得到了豁免,而是因为他的政治决定通常并不具有直接的法律效力。① 首相没有豁免权,但英王有豁免权;首相虽然没有豁免权,但其决定通常是政治性的,不具有直接的法律效力,不可能直接侵害公民,因此不需要豁免权。

(五) 首相办公室

首相办公室的规模正在不断扩大,权力正在不断增强,甚至有学者认为,内阁办公室除了名字,已经完全变成了首相办公室。尽管首相办公室不断地扩张,英国前首相布莱尔先生仍然郑重声明,绝不建立一个这样的部门,以免被人指责为有"推行总统制"之嫌。②

但原位于唐宁街、成立于1974年并在此后得以保留且不断加强的政策组(policy unit),已经与首相的私人办公室合并,纳入新的管理结构之中。③ 表面上,这仅仅是对相关职能的集中,但实质上却是强化中央政府的核心的总体决策之组成部分。目前,在首相府内,有包括原来的政策组在内的政府与政策处、通信与策略处以及负责监管与各部门大臣、各权力下放的地方政府、反对党及其他方面关系的政府关系处。④

本来,内阁办公室的主要办公地点位于英国最主要的政府部门集中地白厅(Whitehall),离唐宁街非常近。但随着内阁办公室职能的不断增加,特别是2001年6月大选后,其位于唐宁街10号首相官邸内的部分又引入了新的据说与美国白宫非常类似的行政管理机构。⑤

四、内阁

(一) 内阁的形成

英国的内阁体制获得普遍承认并且盛行开来,是在两次世界大战期间。⑥ 第一次世界大战结束后,内阁的职能被归纳如下:① 最终决定向议会提交的政策;② 对议会通过的政策在国内的贯彻落实的监督控制;③ 持续协调各政府部门之间的关系。⑦ 作为政府组织的内阁和首相办公

---

① Bradley & Ewing, p. 97.
② Bradley & Ewing, p. 265.
③ Bradley & Ewing, pp. 265-266.
④ Bradley & Ewing, p. 266.
⑤ Bradley & Ewing, p. 265.
⑥ Phillips & Jackson, p. 342.
⑦ Phillips & Jackson, pp. 342-343.

室早在18世纪即融合在一起,这两个机构在法律上的存在仅偶尔体现在制定法中,如1975年《部长及其他人员薪资法》;但是它们掌握的政府权力,既不是来自制定法,也不是法院所执行的普通法。①

(二) 内阁的职能

或许是由于内阁是首相提名并实际上由其任命的缘故,内阁的职能总是同首相的职能紧密联系在一起。从制定法的字面上来看,内阁和首相并没有多少实际的职权。虽然议会可以直接将权力授予首相或者内阁,但实践中极为少见,制定法规定的权力不是赋予部长们,就是授予枢密院中的国王。②

尽管如此,首相和内阁仍在英国的政治及政府体制中居于核心地位。由于首相是众议院多数党领袖,内阁遂掌握着该党总体上的领导权。凡是需要统一领导的全国性事务,以及政府对于相互竞争的政治利益的谨慎选择,都只能由首相和内阁作出。过去,对英国政府体制的描述都是以内阁制政府为其标签的,正如埃默里(L. S. Amery)所言,无论是立法还是行政管理领域,政府的核心领导机构是内阁。正是在内阁中,行政行为及立法议案获得批准。真正控制议会和管理这个国家的,是内阁。③

近年来,对于首相作用的强调加重,而对内阁作用的强调有所减弱。早在1963年,克罗斯曼(Richard Crossman)即指出,战后时代是内阁制政府向首相制政府过渡的最后时期,内阁已经和英王与贵族院一起成为英国宪法体制中的一个荣誉性因素。到了20世纪80年代,时任首相的内阁成员已经放任传统的内阁制政府为首相专断统治所取代。虽然该首相的继任者推行的是一种更强调协商的决策思路,但布莱尔首相上台后,人们普遍感觉到其"总统"制政府的色彩。值得指出的是,内阁作为一个讨论政策的论坛的作用已经明显式微,具体表现在,会议的时间大为缩短,主要的决策由首相在咨询少数几个资深同僚后作出。④ 英国的内阁制政府向首相制政府的过渡,乃至最终形成日益典型化的总统制的态势,正说明了现代国家行政领导体制由集体责任制向个人责任制演进的趋向。

---

① Bradley & Ewing, p. 259.
② Bradley & Ewing, p. 259.
③ Bradley & Ewing, p. 259.
④ Bradley & Ewing, p. 259.

毫无疑问，自 1997 年以来，首相对内阁的控制明显强化，同样不容忽视的是，布莱尔幸运地拥有压倒性的议会多数、纪律严明的政府以及相对统一的政党等诸多有利条件。① 一个相对较弱的议会多数以及政党内部的分歧，都将促使首相选择一种截然不同的内阁管理模式。②

（三）内阁的组成

1. 影响内阁构成的因素

内阁是政府部门的核心。首相在选择内阁成员时需要考虑的因素很多，如各职位的重要性、阁员在国内的影响力、阁员在众议院的威望及其在辩论时的价值、阁员作为委员会中的咨询成员的价值以及政府在贵族院的代表性等问题。③ 组成内阁的大臣，都愿意追求一个共同的政策，并且由首相邀请来参加内阁会议。④ 如有不同意见，则要辞职。内阁成员按习惯应当被任命为枢密院顾问，如果他们此前还不是的话。⑤

英国内阁通常由包括首相在内的 22 名阁员组成。尽管确实没有一部成文法具体规定内阁的组织，但无论是行政还是政治方面的因素，都限制了首相选择内阁成员的权力。⑥ 内阁的人数始终在变动之中。首相往往在任期一开始希望削减人数，但不久就发现这不可行。在两次世界大战期间，全额内阁的人数超过 20 人。第二次世界大战之后中型内阁的人数介于 16—18 人，但也有 23 人的例外情形。某首相将内阁人数减为 22 人，到 1987 年 6 月减至 21 人。布莱尔的内阁有 23 人，包括没有部长职务的工党主席。⑦

（1）行政方面的原因

行政管理方面的限制，主要与有效的行政管理所允许的人数有关，即首相一个人所能有效地直接领导的人数有一个上限。尽管不同领导能力的首相会有所不同，但差距不会太大，更不可能无限大，否则就必须增加一个领导层级，而这就违背了内阁制的初衷。尽管内阁的规模主要由传统及政治方面的因素决定，但内阁中可以领取薪资的职位数量却是由制

---

① Bradley & Ewing, pp. 259-260.
② Bradley & Ewing, p. 260.
③ Phillips & Jackson, p. 345.
④ Phillips & Jackson, p. 344.
⑤ Phillips & Jackson, p. 345.
⑥ Bradley & Ewing, p. 263.
⑦ Phillips & Jackson, p. 346.

定法规定的:除了首相和大法官,根据1975年《部长及其他人员薪资法》,只有不到20人可以作为领取内阁薪资的内阁大臣。① 据此,只有不到20人可以直接从其在内阁的职务中领取工资,其他人则只能兼职或者义务为内阁打工。其中最著名的兼职者又是大法官,其14%的工资是由贵族院支付的。②

内阁成员不一定是其主管部门的主管事项方面的专家。③ 绝大多数内阁成员都是政府各主要部门的首脑,例如度支大臣、外交大臣、内政大臣等。有时也会包括一些极少或者根本没有部门职责的大臣,这类大臣通常承担混合职责,例如政策的协调与执行、研究,担任内阁委员会的主席或者作为长老政治家提供建议等。④

首相选择权的限制不仅是职数上的,还在于谁可以入禀内阁。例如,在实践中,不可能将诸如内政大臣、外交大臣、大法官以及度支大臣等排除在外。除此之外,除了主管主要政府部门的国务大臣和部长们,每一届内阁中都包括两到三名几乎没有什么部门职责的阁员,例如,身兼众议院议长的枢密院院长、兼任贵族院议长的掌玺大臣等。⑤

自1951年以来,政府在众议院负责监督议员投票的票监(其正式头衔是财政部议会秘书)经常性地参加内阁会议,如今已成为内阁的正式阁员。而负责在贵族院监督本党议员投票的票监,只参加内阁的会议而非其正式成员。⑥ 票监被邀请出席内阁会议,主要是向其询问各政党的意见。⑦ 执政党由首相领导,但议员尤其是后座议员,首先要向其选民负责,对党的忠诚则在其次,叛党投票的事几乎每次投票都会发生,丘吉尔甚至叛变到了反对党阵营。议员归属党派的这种随意性,使票监的存在成为必要。对于政党议员的投票意向,票监最清楚,因为其职责就是要说服持反对意见的本党议员投赞成票,这些反对意见,正是内阁在进行政策讨论时需要了解的政党意见的主要内容,当然也包括议会其他党派,特别是主要反对党的意见。

---

① Bradley & Ewing, p. 263.
② Bradley & Ewing, p. 389.
③ Phillips & Jackson, p. 345.
④ Phillips & Jackson, p. 344.
⑤ Bradley & Ewing, p. 263.
⑥ Bradley & Ewing, p. 263.
⑦ Phillips & Jackson, p. 345.

作为英王法律官员的总检察长没有被任命为内阁成员,但像其他非内阁大臣一样,可以参加特别的与其主管事务有关的内阁会议。①

(2) 政治方面的原因

政治方面的要求是所有内阁成员应当是众议院或者贵族院的议员,除非某一部长正在通过补缺选举程序谋取进入众议院,或者正在被推举为终身贵族的过程中。② 英国宪治实践中有这样的做法,本党某一议员,通常是不重要的后座议员,经本党(通常是首相出面)的劝说,愿意放弃其议员职位,而使众议院出现一个空缺,本党同时推荐另一拟任的部长参加这一补缺选举,一旦当选为议员,就可以满足被任命为部长甚至内阁部长的政治条件了。之所以必须是议会两院之一的议员,目的就在于其行为能够受议会的监督。③

实践中,至少有两名内阁大臣(大法官及贵族院议长,贵族院议长通常由掌玺大臣兼任)是由贵族院贵族担任的,当然内阁中的贵族成员也可以不限于此。④ 但是,连英国学者也感到难以置信的是,按照传统,度支大臣却是贵族院议员,因为众议院垄断了财政事务。⑤ 这样做的目的是使其地位超脱,但由此产生的后果是度支大臣不能直接出席众议院对财政法案的讨论,而只能由财政部议会秘书出席,这个人往往还兼任众议院票监,并因此得以入阁,也算没有浪费有限的员额。如此算来,在内阁二十余人的阁员中,财政部就占了三个员额,分别是兼任财政部第一大臣的首相、度支大臣和财政部议会秘书。

2. 大部制与内阁构成

英国现当代的政府存在拥有部门职责的部长们被排除在内阁之外的情况,虽然他们可以出席内阁委员会的会议,阅览与其本部门有关的内阁文件,甚至可以应邀参加内阁的会议。英国 20 世纪 60 年代推行的部门合并以组成大部的改革,使得所有主要的政府部门都被置于内阁部长的监督之下,而且这种趋势还在延续。⑥ 结果,所有重要部门的部长都成了内阁大臣,其他较不重要的政府部门因受某一内阁部长的控制,也被置于

---

① Bradley & Ewing, p. 263.
② Bradley & Ewing, p. 263.
③ Phillips & Jackson, p. 345.
④ Bradley & Ewing, pp. 263-264.
⑤ Phillips & Jackson, p. 345.
⑥ Bradley & Ewing, p. 264.

内阁的控制之下。

3. 核心内阁

在战争时期,常规的内阁可能被较小的战争内阁所取代,以便更有效地指挥战事。① 如第二次世界大战期间,就曾有过 6—10 人的小型内阁,虽然其他部长也参加内阁会议。②

4. 部际协调——内阁委员会

英国政府的部际协调,主要是通过各个内阁委员会[又称部际委员会(ministerial committees)]进行的,委员会解决不了的,才由首相出面。如果在内阁体系内没有形成一个完善的、结构复杂的委员会体系,内阁绝没有可能并行处置如此浩繁的决策事务。在 19 世纪,内阁委员会主要是就特别的目的而被任命的,例如,监控克里米亚战事的委员会,这种委员会在 1918 年以后大量出现。③

造成为数众多、具有系统性的常设委员会大量出现的原因主要有两个:其一是 1903 年成立的皇家防务委员会所彰显的、设置负责某一主要的政策领域的常设委员会的重要性;其二则是因为在两次世界大战中采取的、系统地设立专门负责处理某一细致的政策领域的特别委员会,并在战时核心内阁的统一领导下进行工作的成功经验。1945 年,工党政府决定将这一战时系统用于处理和平时期的政府工作,从那时开始,常设委员会的结构就成为内阁体制的一个重要特征。④

自 1900 年以来,英国政府规模的扩张并没有相应地导致内阁规模的扩大。然而很少有哪个政府事务是可以由一个部门单独完成的,从最小处说,任何一个政策性的决定都不可避免地要涉及行政开支及人事安排,正因为如此,所有新的政策都不可避免地涉及财政利益。⑤ 这是一个真理性的认识,所有新政策的出台,都必须至少有相应的财政及人事配套措施与之相呼应,构成该政策是否可行的一个重要决策依据。这样做的好处在于,经过仔细周密的事前分析判断,将所有能够想到的配套措施予以落实,就为下一步执行奠定了良好基础,不至于先有政策、后有对策,上有政策、下有对策。

---

① Bradley & Ewing, p. 264.
② Phillips & Jackson, p. 346.
③ Bradley & Ewing, p. 264.
④ Bradley & Ewing, p. 264.
⑤ Bradley & Ewing, p. 264.

对于内阁委员会体系的说明可以从《部长良好行为规范》中找到,该规范包括内阁部长的规则。该规范规定,设立内阁委员会的目的有二:一是通过将尽可能多的事务性工作转给较低层级的官员处理,以减轻内阁本身的压力;二是通过确保针对每一重要的问题所作的决定,即便在没有经过内阁会议讨论的情况下,也能经过周密的考虑使最终的决定具有足够的权威性,以使政府作为一个整体确实能够如人们所期望的那样对该决定负责,进而保障集体责任制的现实性。也就是说,内阁委员会作出的决定拘束所有的政府组成人员,尽管通常会宣称或者将这些决定解释为有关部长自己的决定。由于集体责任制的存在,在内阁委员会上表达的意见的隐秘性,和在内阁本身的会议上所表达的意见的隐秘性一样受到保护。但是有关内阁委员会的组织方面的详细资料,则是完全公开的。①

英国公开的部长委员会共有 44 个,这些委员会所涉及的广泛事务可以分为四类:经济和国内事务、宪法体制、防务及海外事务、欧洲事务。除了这些由部长们组成的部长委员会,还有由公务员组成的业务委员会(official committees),负责调查事实,搜集材料,并提出供部长决策的建议。② 从这个分类看,宪法体制方面的委员会,是讨论英国宪法体制改革的,而欧洲事务方面的委员会与外交事务委员会的设置,则显示出(脱欧前)对于欧洲事务的优先重视程度,说明欧洲一体化进程已经使欧盟各成员国处理相关事务的必要性空前膨胀。

5. 内阁秘书

1917 年,为了使战时内阁及其内阁委员会体系能够更有效地发挥作用,内阁秘书之职首次得以设立,他可以参加内阁及其委员会的会议、负责传递所达成的备忘录、迅速将决议送达那些需要据以采取行动的人以及在会前传递会议材料等。目前,内阁秘书仍是国内全体公务员的最高长官。③ 英国并没有实体机关意义上的公务员事务部或者人事部之设,公务员的最高首长名义上是由内阁秘书兼任的。因此他虽不是内阁的组成人员,但有权参加内阁及其委员会会议,这在形式上保障了内阁及其委员会的有关会议可以随时商议与会议内容有关的公务员人事调配事宜。

内阁秘书为内阁准备并由其递呈英王和内阁大臣的决议草案,是内

---

① Bradley & Ewing, p. 264.
② Bradley & Ewing, p. 265.
③ Bradley & Ewing, p. 265.

阁会议的唯一官方纪录。这些文件只是为了纪录所达成的共识,而不存在争议。讨论中出现的不同意见,将不会记在个人名下,只会以"许多决定的背后存在的某些分歧,本记录未予以反映"的形式,将讨论中支持或者反对的双方意见笼统地加以概括。然而,如果某一部长希望本人对决议的反对意见能够记录在案的话,也是可以的。① 这一点很重要。

6. 内阁办公室(Cabinet Office)

内阁秘书工作的完成主要依靠内阁办公室,有学者认为,这才是中央政府的核心机关所在。但是,作为一个政府部门的内阁办公室,在副首相而非内阁秘书的指导下工作,而内阁秘书本来是为服务内阁而设置的。当然,内阁办公室也向作为政府首脑及全体公务员的主管大臣的首相报告工作,但这一点已经有了变化。2003年6月5日,英国又专门成立了一个副首相办公室。内阁办公室是一个有1600名核心成员组成的部门。②

内阁办公室的首要职责,就是协调各政府部门的工作,以保障政府的各项举措得以有效地落实。内阁办公室还负有公务员改革方面的职责。内阁设有多个秘书处,各有不同的职责;同时,内阁也设有多个处理跨部门事务的处室,如负责执行与改革的处室、负责妇女事务的处室、反毒品协调处室等。③

(四) 内阁保密制

内阁体制的运作处于保密状态。根据1958年《公共档案法》(Public Records Act)的规定,绝大多数的内阁文件只有在30年或者大法官指定的期限以后,才可以由公共记录办公室提供给公众阅览。虽然内阁的许多决定会通过知会议会或者其他途径公开,但集体责任制原则却给内阁决策的过程蒙上了一层厚厚的面纱。④

英国政党政治的一项重要实践是,一届政府的部长们无法接触到非本党的前任政府的文件。在政府更迭之际,即将离任的首相会发布一项特别指令,要求对本届政府的内阁文件进行处置,这些文件包括内阁及内阁委员会的文件,以及包含有部长的私人观点及相关官员提供的建议的

---

① Bradley & Ewing, p. 265.
② Bradley & Ewing, p. 265.
③ Bradley & Ewing, p. 265.
④ Bradley & Ewing, p. 266.

部门文件。这样做的主要原因是，避免来自另一个政党的大臣得以接触到前届政府所急于平息的事件的信息。①

从法律上讲，内阁文件在某种程度上受到公共利益豁免原则的保护，该原则授权那些一旦披露将有可能损害公共利益的内阁文件，不得作为证据在诉讼案件中提出或者受议会行政监察专员审查。除此之外，这些文件还受到《公务秘密法》及 2000 年《信息自由法》规定的可以不披露的保护。政治制裁也可以发挥同样的作用，如果有证据表明一名在职的内阁大臣不适当地泄露了内阁讨论的细节，该大臣很可能会因此而失位。但是，在 1976 年的 Attorney-General v. Jonathan Cape Ltd. 一案中，法院认定，在 1975 年出版有关 1964—1966 年间的内阁讨论文件的行为，法院不应当予以禁止。英国学者认为，该案的判决确立了法院享有制止公开内阁秘密的权力，但却未能进一步明确该权力应当行使的场合。②

要想查阅前届政府可以提供给第三人的内阁文件及其他部门档案，现任首相必须征得有关的前任首相本人或者该首相所属党派的现任领导同意。据此，在入侵阿根廷之前，政府指派了枢密院顾问组成一个委员会，来研究历届英国政府的福克兰群岛政策，为了能够接触有关文件，政府征得了五位前任首相的同意。但是，那些非因政府更迭而去职的部长应当将其所持有的本届政府所必需交与其继任者的内阁文件，并应当保证销毁所有未移交的其他文件。③ 这些前部长当然是其继任者的同党，而且从保持本届政府政策连续性的角度看，也确实应当如此。但对于反对党，就没有必要了，其之所以能够上台，就是因为与原执政党有不同的政见和解决问题的思路，因此，了解其前任解决同样问题的内部纷争没有意义。此外，从法律上讲，内阁文件所涉及的都是在法律上不成熟或者涉及政策考虑的问题。凡在法律上成熟的事务，都已经通过立法公开化了。而在法律上不成熟的问题及其他政策考量，正是每届政府发挥其创造性并考验其应变能力的地方，前任政府通常无法提供过多的值得借鉴的经验，否则就不会被赶下台了。

（五）内阁会议

内阁会议没有法定人数限制。④ 非内阁成员的部长也会被召去参加

---

① Bradley & Ewing, p. 266.
② Bradley & Ewing, p. 267.
③ Bradley & Ewing, p. 266.
④ Phillips & Jackson, p. 344.

讨论涉及其部门特别事项的内阁会议。普通公务员极少参加内阁会议，虽然财政部常务次官及外交部常务次长可能会被召去与会。当讨论涉及法律问题时可能会召法律官与会，而涉及军事问题时，参谋总长也会在讨论时在场。① 这几位都不是普通公务员，而是公务员中的翘楚。

内阁会议的议事日程由首相决定。一般先讨论议会事务，随后是外交及英联邦事务，接着是各委员会提交的白皮书、各种涉及就业及收支情况的统计报告等，最后则是由各委员会提交的当前事项、紧急情况等。内阁会议的内容属于高度机密，为此，内阁会议室都是两道门。内阁会议中的所有努力都在于保持内阁成员意见的一致，首相"收集"各方的意见并宣布决定。②

五、部长

参见前文"部长责任制——行政组织法的基本原则"部分的相关内容。

第二节　中央政府部门

英国的中央政府部门，与中国的国务院组成部门的主要区别在于，其主要部长是内阁成员，首相不过是一个没有具体分管部门的首席部长（最早是财政部第一大臣）。也就是说，英国中央政府的所有部门构成了英国的中央政府，或者说英国并没有实体的统一的中央政府，只有各自为政、集体负责的各部门联合政府；中央政府与部门之间的联系纽带，是各主要部长为阁员的内阁。英国中央一级政府的架构是部门实、政府虚，但通过内阁，特别是作为执政党首脑的首相的领导，形成了一个强有力的政府，并借助议会选举中的"赢者通吃"规则，使执政党能够比较容易地取得多数党地位，进而形成一个稳定的政府。

一位部长可以负责一个以上的政府部门，例如，财政大臣既负责财政部及其两个税收部门[国内税务局（Inland Revenue）和关税局（Customs and Excise），二者目前已合并]，同时又是 2000 年建立的商业局（Office

---

① Phillips & Jackson, p. 347.
② Phillips & Jackson, p. 344.

of Government Commerce)的负责人。① 商业局不是部级单位,至少不是内阁部长级的部,故译为商业局,相当于部委管理的国家局。此处是在解释政府部门而不是中央政府的组成部门,故把非部级部门也纳入了。某些政府部门由于宪法性的原因,没有一个部长级的首脑,例如国家审计署是由总审计长领导的。② 这个部门因为要对整个中央行政机关进行审查监督并向议会负责,因此,不是由首相领导的部长作为首脑,以体现其中立性。

为了王权诉讼的目的,1947年《王权诉讼法》包含一个政府部门的清单。③ 同样,为了便于议会行政监察专员调查,《议会行政监察专员法》中也包括一个中央政府部门的清单,这类成文法载明的清单随着新的政府部门的建立而不断地进行修正。④

一、政府部门的设立

英国中央政府部门(以下简称部)大致有三种来源:

(一) 历史生成

许多部的历史几乎与英王的历史一样久远。从这个意义上说,它们不是英王设立的,而是与英王同时生成的。此外,还有许多部门由这些古老的部门衍生出来,与其说是历史生成的,不如说是部门调整的结果。例如,直到不久以前,许多政府部门还是由枢密院的一个委员会演变而来的,贸易委员会(Board of Trade)是其中幸存的最后一个,其历史可以上溯到17世纪。⑤

(二) 英王设立

英王可以依据其特权设立新的部门,这在过去曾经是英王的特权,但是现在,绝大多数情况下,政府部门的设立需要制定法的授权。这是因为,首先只有这样才能解决部长及其部内公务员由议会表决拨付开支的问题;其次是由于制定法限制了作为众议院议员的部长的人数。

(三) 制定法设立

随着政府管理事务范围的日益增长,由制定法设立的部门成为新设

---

① Bradley & Ewing, p. 268.
② Bradley & Ewing, p. 268.
③ Bradley & Ewing, p. 268.
④ Bradley & Ewing, p. 269.
⑤ Phillips & Jackson, p. 369.

部门的主流。例如,1919 年《农业及渔业部法》(Ministry of Agriculture and Fisheries Act)、1942 年《工程及规划部法》(Ministry of Works and Planning Act)、1944 年《国民保险部法》(Ministry of National Insurance Act),以及设立现在的国防部的两部立法:1946 年《国防部法》(Ministry of Defence Act)和 1964 年《国防部职能调整法》[Defence (Transfer of Functions) Act]。①

此外,根据 1975 年《英王大臣法》(Ministers of the Crown Act)颁布的枢密院令通常会授权在新创建的部门设立法人人格者,从而使该部门可以自己的名义而非英王代理人的名义拥有财产、订立合同等。通常但并非不可改变的形式是,使大臣成为一个一人公司,从而使其及其继任者拥有连续的法人人格。建立环境部时就是这样操作的。②

二、政府部门的调整——大部制

(一) 调整手段

设立及划转政府部门的职责是制定法和英王特权共同作用的结果。③ 例如,根据 1970 年《关于环境事务国务大臣的枢密院令》,原安居与地方政府部(Ministry of Housing and Local Government)并入环境事务部(Department of the Environment)。④ 与部门设置的三种形式相对应,中央政府部门的调整主要也有三种形式。

1. 制定法调整

议会在立法中对部长及中央政府部门的职能作出的规定,如果涉及既有部门,按照新法优于旧法原则,就需要依据新法对原有职能进行调整,这是中央政府部门大的调整的主要方式,也是英国法治的应有之义。正因为如此,英国行政法著作中对此反而论述不多。

2. 枢密院令调整

部门的重组受 1975 年《英王大臣法》的约束。⑤ 该法明确规定,行政职能由一个部门转移到另一个部门、解散某一部门以及改变某一部长的

---

① Phillips & Jackson, p. 369.
② Wade & Forsyth, p. 48.
③ Phillips & Jackson, p. 376.
④ Andrew Arden, p. 77.
⑤ Wade & Forsyth, p. 47.

头衔等,可以通过枢密院令的形式,而不需要特别的立法规定。①

事实上,为了保证政府的结构能够及时作出迅速调整,自 1946 年以来,依据议会制定法的授权,根据需要对政府部门的结构随时进行的调整已经不需要在议会表决通过。1975 年《英王大臣法》只是对以下政府权力作了进一步的确认:授权英王可以通过枢密院令,将一位部长行使的职能划转给另一部长行使、解散某一政府部门并将其权力划转给其他的政府部门或者指明某一职能可以同时由两位部长行使。与部长的职能调整相适应的其他职权,如将一个部门的财产划转到另一部门、变更部长的头衔等,也同样有制定法的授权。② 需要提醒读者注意的是,这种书面形式的职能调整,属于立法层面上的正式调整,与下文讨论的通过部长间的默契及首相非正式的协调的职能调整机制不同。

值得注意的是,上述根据 1975 年《英王大臣法》下达的枢密院令,要受到议会的审查。③ 如果仅仅是用来完成行政职权的调整,该枢密院令只需要提交议会,并且一旦任何一院投票否决,该命令即行失效;如果枢密院令的内容是要解散一个现存的部门,则该命令只能在两院分别向英王提交一份表示支持的照会之后才能发布。④ 也就是说,职能调整只需要经任何一院的否决即可予以撤销;但旧部的解散则需要两院的一致同意。对于前者,只要提交议会而未经过任何一院的否决就可以通过,有点类似于备案。当然,这里涉及一个时效问题,也就是说,超过了时效,就视为没有被否决。但自枢密院令提交议会起,有关的职权调整方案即告施行,如果没有任何一院的否决,就这样实施;否则即告该命令被撤销,则职能应当重新调整以恢复原状。之所以不需要时效的规定,是因为按照英国法的传统,由议会给自己规定这样一个期限是难以想象的。

此外,此处提到的审查与前面提到的"不需要在议会表决通过"并不矛盾,因为前面说的是事前征求意见,而此处说的是事后审查。也就是说,这种改革的关键是将政府职能调整的机制由事前经议会同意,转为事后由议会审查。

---

① Phillips & Jackson, p. 369.
② Bradley & Ewing, p. 269.
③ Bradley & Ewing, p. 269.
④ Wade & Forsyth, p. 48.

3. 英王特权调整

1975年《英王大臣法》授予的权力是对英王特权的增益,英王特权直到今天还包括某些调整政府职能的权力。① 从上述讨论看,这部法其实就是英国的政府职能调整法,委实是英国行政组织法中非常重要的内容。

（二）大部制

虽然按照英国学者的说法,往日的喧嚣已经不再,建立大部的冲动已经消退②,但大部制仍作为英国政府组织的一个鲜明特点留在了许多中国人的印象中。为了将内阁控制在必要限度内的努力,推动了英国中央政府部门向由国务大臣监督的大部合并的进程。③ 只有重要的或者说大的部,其部长才有可能是国务大臣,国务大臣最有可能入阁。

当初部门合并时的操作方法是,将合并前各部拥有的所有权力授予负责新的部门的国务大臣,旧的部被解散进而消失,就如同法律实体的解散一样,尽管这些部门的人员甚至所有组织可能会在行政上继续存在。如果部门分立,情况则与此相反。④

（三）部门调整的实例

英国政府部门始终处在调整之中,尤其是那些涉及社会服务职能的部门,更是每届政府改革与调整的重点,大臣的头衔和职能以及他们所在的部门始终处在不断变化之中。但是从英国近几届政府的改革动向看,实行大部制（如贸易和工业部或者环境部）的冲动确已消退;1988年庞大的健康与社会保障部被拆分为社会保障部和健康部。⑤ 环境部（Department of the Environment）是由此前的安居与地方政府部（Ministries of Housing and Local Government）、公共建设与工程部（Ministries of Public Building and Works）以及交通部（Ministries of Transport）等部门组建而成的。该部此前是环境、交通与地区部（Department of Environment, Transport and Regions）,以突出这几方面事务的重要性,并由副首相（Deputy Prime Minister）出任部长。⑥

1995年设立的教育与就业部（Department for Education and Employment）也是由两个先前独立的部合并而来的,反映了这两项内容之间

---

① Bradley & Ewing, p. 269.
② Wade & Forsyth, p. 47.
③ Phillips & Jackson, p. 376.
④ Wade & Forsyth, p. 47.
⑤ Wade & Forsyth, p. 47.
⑥ Phillips & Jackson, p. 376.

的明显联系。而公共卫生与社会保障的重要性充分地表现在将这两项内容分别交由两个分立的部门负责,在此之前,这两项事务都是由一位国务大臣负责的。① 从这个意义上说,英国对社会服务事项的重视程度在加强,对于传统的社会管理事项的重视在减弱。某位首相在枢密院办公厅任命的艺术部长,逐渐发展成为一个从属于某一国务大臣的国家遗产部的部长,后来则成为文化、传媒及体育国务大臣。②

三、政府部门的职权

这个标题是为中国学者检索便利而设的,这方面的内容在英国是放在部长的权力部分讨论的,即部门的权力属于部长。

在英国,职权通常是泛泛地授予部长的,而不点名具体的部门。如此一来,表面上看这些权力似乎可以由任一部长行使,但实际上只会由相关的部长正式行使。③

英国实行严格的部长责任制,虽然行政法始终在关注政府部门的行为,但是却没有多少法律上的权力直接授予各政府部门:中央政府的权力通常授予部长本人,并由部长所在的部门以部长的名义行使。④ 即使所谓的英王特权也基本上是由其名义上的大臣,即部长们行使的。

按照英国普通法传统,部长在法律上的待遇等同于一般私人,没有任何特权。部长可以承担强制性的救济责任,也可以承担蔑视法庭的责任。这是法治原则的精髓。⑤ 但是,除非制定法另有规定,中央政府部门分享英王的法律地位,并可以从专属于英王的某些特权或者豁免中受益。⑥

英国通常有 15 位国务大臣,他们掌管着几乎所有的主要政府部门。当成文立法设立的权力赋予某一国务大臣时,通常应当是该制定法明确所指的国务大臣,但是,由于存在明显是从该立法的上下文中确定制定法意向中行使这一新的职能的国务大臣的可能,在 1978 年《法律解释法》(Interpretation Act)之前,根据判例,除非相反的立法意向更为明显,否

---

① Phillips & Jackson, p. 376.
② Phillips & Jackson, p. 376.
③ Wade & Forsyth 2014, p. 36.
④ Wade & Forsyth, p. 52.
⑤ Wade & Forsyth, p. 46.
⑥ Bradley & Ewing, pp. 292-293.

则"国务大臣"意指英王的主要的国务大臣之一。① 也就是说,制定法并不明确规定某一新设立的职能归哪位国务大臣行使,而是通过立法的上下文来确定。于是,国务大臣之间的分工就变得非常灵活,当然,各大臣所主管的部门之间有传统的分工,一定程度上限制了这种随意性。

将权力授予指定部长的做法,极大地保障了法律救济的有效运行。② 如果没有这种授予方式,而是授予英王本人,就会使救济的实际运作面临许多困难。英国学者想强调的是:没有现行的权力授予模式,就很可能没有现在的救济运作模式,其中的障碍还是所谓的英王豁免权。

四、权力交叉与协调

由于权力经常被授予"国务大臣"(Secretary of State)而不指明其所在的部门,于是这样的权力就可以被任何国务大臣行使,尽管实际上仅由那个与实际发生的具体事项关系最密切的国务大臣来行使权力。③ 同时,某项职权也可以同时由两个以上的国务大臣行使。④ 而且从法律上讲,国务大臣所负的职责是可以互换的(interchangeable),但是实际上,每一个国务大臣的职权都被严格地限制在那些与其部门相关的领域内。⑤

例如,1921年《调查裁判所(证据)法》[Tribunals of Inquiry (Evidence) Act]规定,根据议会两院对某一具有紧迫的公共重要性的事项的决定,英王或者某一国务大臣可以任命一个调查裁判所。⑥ 此处国务大臣的指代就具有现实意义,因为对某一方面具有公共重要性的事项,只有与此相关的国务大臣才有发言权,很显然,不止一个国务大臣可以行使此项权力。这种职权配置方式的好处是,所有授予国务大臣的权限,即使由其他不相关的大臣行使,至少在法律上讲也是没有问题的,不会出现政府部门职能调整时重新在各部门之间调配权力的问题。因为权力是随着职能走的,与具体的某一国务大臣及其所在部门没有关系,一旦职能被调整到其他部门,该职权也就相应地由该部门的国务大臣行使了。

---

① Bradley & Ewing, p. 268.
② Wade & Forsyth, p. 46.
③ Wade & Forsyth, p. 47.
④ Wade & Forsyth, p. 48.
⑤ Bradley & Ewing, p. 268.
⑥ Phillips & Jackson, p. 155.

上述几种权力配置情形相结合的结果是,在英国法上,部长的权力配置问题看似并没有明确,而在实际操作中显然不允许长期处于权限交叉状态,那么如何保障与具体事项关系最密切的国务大臣实际行使所有的国务大臣都有权行使的权力,以避免几个国务大臣都认为自己与此职权有关而产生权力上的交叉呢?这个问题的解决可借助以下几种途径:首先,所有的国务大臣都在首相领导下工作,都是首相依其私人信赖关系挑选的政治伙伴,有机会经常见面(每周有一次内阁会议),因此比较容易通过协商解决。其次,大臣们都会比较慎重地处理这方面的问题,尤其是在不存在利益驱动因素时,大臣们有充分的理性解决权力配置问题。最后,相关的职能调整不可能不在内阁会议上讨论,此时除了考虑财政问题就是人事问题。

以上情况主要适用于传统上久已存在的老部门,或者依普通法由英王设立的部门。制定法有权设立新部门,新部门成立后,通常会有次级立法将该部门的部长设定为一人法人,并据此赋予其法律上的行为能力,同时大致规定其职能。① 这对于解决部门之间职能的交叉无疑是有帮助的。

与许多国家一样,英国也存在政府部门之间的暗战(turf wars)。尽管人们一直呼吁政府部门之间更好地合作,但是在现实生活中并非如此,至少离不开实质性的政治撮合。② 这种政治撮合通常是通过首相、内阁或者部长之间在政党内部的政治妥协实现的。

五、部门内部的权力再分配

从法律上讲,权力主要授予部长,但实际上主要由部长所在部门的公务员行使,公务员行使的权力有三种主要来源:

(一)权力授予部长,公务员实际行使

虽然中央政府的权力通常是授予部长本人,并由部长所在部门以部长名义行使,没有多少法律上的权力直接授予各政府部门,但是政府部门的行为在大多数案件中都是由公务员而不是部长本人决定的。③ 如果将某一足以影响某一公民的自由裁量权授予某一部长,那么该部门的某一

---

① Bradley & Ewing, p. 270.
② Martin Partington, p. 82.
③ Wade & Forsyth, p. 52.

官员就可以代表部长作出这一决定,除非授予该权力的制定法对此有明确的或者暗示的限制。①

(二) 直接授予指定公务员

某些制定法上的权力也可以直接授予那些享有裁决权的公务员,如社会保障官员、税务巡查官(inspector of taxes)和关税专员(Commissioners of Custom and Excise)。② 当然,这种指名授予的权力,原则上只能由本人行使,即使其上级领导也不能当然行使。

(三) 权力委托

《规制缓和及外包合同法》第 2 条规定,允许将部长及政府官员的许多职能,交由其他人行使,甚至是诸如私人缔约一方的非公务员行使。③ 值得注意的是,部长的特别顾问在当今英国扮演着重要角色,这类职位是在 1997 年后逐渐增多的。但是这些特别顾问在部门内部享有的授权体制,一般并不影响该部门的法律地位或者说从外部与该部门打交道。④ 尽管在部门内部部长授予这些特别顾问一定的职权,但在部门外部几乎感觉不到他们的存在。

执行机构的引入给部门内部权力委托关系提出了新的问题。有人主张,部门中的某一官员可以代表部长作出决定的原则,并不足以产生允许将部长的权力委托给执行机构的效力。⑤ 但也有学者指出,在这种情况下,部长的权力也许根本没有委托给执行机构,因为这些执行机构根本不可能被视为某一部门的完整组成结构的一部分或者该部门的一个单位,因此,要想把授予部长的权力委托给执行机构行使,必须有立法予以规定。⑥

鉴于上述争论,英国学者认为,判例法所确立的允许部长将权力委托给本部门对其负责的官员的原则,很难说可以同样运用于代理机构的成员(尽管他们可能也是公务员)作出的部长已经声明不再负责的具体操作行为。因为在这种情况下,很难说执行机构的工作人员就是部长所在部

---

① Bradley & Ewing, p. 274.
② Wade & Forsyth, p. 52.
③ Wade & Forsyth, p. 52.
④ Bradley & Ewing, p. 274.
⑤ Bradley & Ewing, p. 274.
⑥ Bradley & Ewing, pp. 274-275.

门的、应当由部长为其负责的工作人员①,关于这一问题,在非政府部门公共机构中的执行机构部分有更进一步的说明。

六、主要政府部门

财政部及大法官事务部等部门,因其特殊的法律地位和重要性,本章第三节、第五节单独设节予以介绍,此处介绍其他几个中央政府部门,目的是使读者获得有关英国政府部门信息的感性认识,这些知识显然不够系统,但印象可能更深刻。有关英国中央政府部门的更多事务性的内容,参见后续相应章节。

(一)内政部(Home Office)

在英国的所有政府部门中,几乎没有哪个部像内政部这样引发过如此众多的案件。因为当今英国行政案件主要有两种类型:移民案件及监狱管理方面的案件,二者都属于该部管辖的范围。从严格意义上说,内政大臣只是英格兰内政大臣,在涉及苏格兰的某些事务时,内政大臣要与苏格兰事务大臣合作。② 所有的英国中央政府部门大臣都存在这个问题,而以内政大臣为最,主要原因在于内政大臣所主管的司法行政事务,是苏格兰与英格兰差异最大且自主权最多的领域。

内政部成立于1782年。传统上,内政大臣是英国政府与海峡群岛、马恩岛之间沟通的媒介。内政大臣在许多方面代表英王③,通过受理请愿而成为英王与臣民沟通的桥梁,还不时授权成立调查不同事项的皇家委员会。④

在司法行政方面,所有不属于大法官或者总检察长管辖范围内的司法事务,都属于内政大臣管辖。在治安方面,其对维系英国的治安承担最终的法律责任,就这一方面的职能而言,有权直接控制作为伦敦警察机关的大都会警察局,并且间接地监督其他地方警察局。内政大臣要为治安法院、警察、特别警察及武装部队之间的协作提供保障。内政大臣还负责监狱和其他刑事机构、对犯人的待遇、缓刑、提供服刑后服务、刑事司法立法等事宜。⑤

---

① Bradley & Ewing, p. 275.
② Phillips & Jackson, p. 374.
③ Phillips & Jackson, p. 374.
④ Phillips & Jackson, pp. 374-375.
⑤ Phillips & Jackson, p. 375.

在法律方面,内政大臣负责执行移民、归化、监视外国人、放逐及引渡等方面的事宜。在宗教方面,内政大臣还是英国教庭与其管理者英王之间联系的纽带。① 这些领域都是近年来随着英国《人权法》的实施发生案件最多的领域,因之之故,有英国学者将内政部称作国家的剩余权力部。因为除了上述职能,它还涉及许多由不同的制定法所规定的杂糅的职能,例如,对于消防服务的监督、与议会及地方政府选举有关的法律的实施、爆炸物及火器的管理、危险药品的管理、酒类许可证的发放、博彩业的管理以及其他未分配给其他中央政府部门的英格兰及威尔士的内政事务等。② 这再次证明,英国的中央政府其实主要是英格兰及威尔士的政府。

(二) 地方事务部

随着地方分权运动的发展,英国除英格兰以外的三个地方的权力不断分化,这一运动在中央政府部门的体现是三个地方分权事务部的设置,并相应地设立了各自的主管大臣。

1. 苏格兰事务部(Scottish Office)

苏格兰事务最早由内政部及其他许多不同部门操办。1885 年设立了苏格兰事务大臣(Secretary for Scotland)。③ 1926 年,苏格兰事务大臣升格为国务大臣。在英国学者看来,1998 年《苏格兰法》实施后继续保持这一职位更多是出于政治上的权宜考虑,而非出于宪法上的需要。④

2. 威尔士事务部(Welsh Office)

威尔士事务部设立于 1951 年。但多年来,这一职务一直由其他部门的部长兼任(通常是一名内阁级部长)。1964 年正式出现了威尔士事务国务大臣(Secretary of State for Wales)。英国学者早已对该职位继续存在的必要性表示怀疑;从威尔士享有的有限的地方分权角度看,答案再明显不过了。⑤

3. 北爱尔兰事务部(Northern Ireland Office)

北爱尔兰事务部设立于 1972 年。⑥

上述三个部已经与大法官事务部合并为英国宪法部。从上面提到的

---

① Phillips & Jackson, p. 375.
② Phillips & Jackson, p. 375.
③ Phillips & Jackson, p. 375.
④ Phillips & Jackson, p. 376.
⑤ Phillips & Jackson, p. 376.
⑥ Phillips & Jackson, p. 376.

英国学者对上述部存在的异议看，这是水到渠成的事，是布莱尔领导的工党政府允诺的宪法改革的重要组成部分。

（三）外交及英联邦事务部（Foreign and Commonwealth Offices）

这个部几乎与行政法没有什么关系，主要原因是其行为往往因为国家豁免的原因不涉及法院的司法救济。但更重要的原因是，该部主要职能都是政治性的，涉及公民对外交往方面的事务，如护照、移民等，属于内政，不归外交部管辖。

（四）枢密院办公厅（Privy Council Office）

名义上，英国的枢密院才是英国的中央政府，虽然其职能已经名存实亡，但机构还保留。与枢密院辉煌的历史一样曾经显赫一时的是枢密院院长［(Lord)President of the Council］和掌玺大臣（Lord Privy Seal）。枢密院院长兼任众议院议长，掌玺大臣则兼任贵族院议长（Leader of the House of Lords）。① 因此，枢密院办公厅是这两个非部门部长共同的办事机构。

第三节 大法官事务部

本节从中央政府部门的角度，介绍大法官事务部（Lord Chancellor's Department）。本节之前及之后多次介绍了大法官事务部，基于英国的国情，这些不同内容只能分开介绍，无法统一。

一、大法官事务部的沿革

现代形式的大法官事务部是由前大法官霍尔斯伯里（Lord Halsbury）于 1885 年创立的。他在这一年任命了一位大法官常务次官（Permanent Secretary），与古代的英王大法官法院书记（Clerk of the Crown in Chancery）之职结合在了一起。在此之前，大法官由三位被视为其个人臣仆的秘书级部长（Secretaries）辅佐。②

成立之初的大法官事务部仍然非常小，并且在某种程度上游离于政府活动的主流之外，主要涉及司法及宗教方面的任命事宜。直到第二次世界大战之后引入的两项改进才将该部转变成一个开支较大的政府部

---

① Phillips & Jackson, p. 375.
② Phillips & Jackson, p. 371.

门;其一是1949年《法律援助法》(Legal Aid Act)引入了案件量增长迅猛的法律援助;其二是1971年《法院法》(Courts Act)赋予了该部管理法院系统的职责,但不包括地方的治安法院,后者由地方治安法院委员会负责管理。①

除了这些职责,大法官角色本身也被置于越来越严密的审查之中。之所以如此,有多方面的原因。法官任命的程序长期以来就是被批评的对象,而1998年《人权法》的实施进一步强化了要求改革的呼声,也更加突出了大法官作为一名没有任期安全保障的法官、同时又是一位内阁阁员及贵族院发言人等多重身份的反常性。②

1994年,在众议院代表大法官事务部的议会秘书被首次任命,使大法官事务部在众议院有两名议会秘书,在贵族院有一名议会秘书。③ 像度支大臣一样,大法官一般也是贵族院贵族,因此,在大法官事务部的众议院议会秘书设置之前,大法官既不能出席众议院的会议,也没有自己在众议院的代表,那时的大法官事务部还谈不上是一个严格遵循部长责任制的中央政府部门。但是众议院议会秘书职务的设立,没有解决大法官作为立法机关的代表参与贵族院立法活动所引起的其同时兼任司法职务的正当性问题。而其在贵族院的议会秘书设立之后,基本上解决了其在两院的代表性的问题,也同时意味着大法官已经基本上脱离了立法性事务。

比较独特的是,大法官事务部的首席大臣(chief minister),即大法官,不是众议院的议员,而是贵族院的一员。④ 由此导致了认为其比较难以公开地接受众议院民选议员仔细审议的监督的批评。⑤ 将大法官事务部改组为一个由一名来自众议院的国务大臣领导的司法部(Ministry of Justice)的建议,一直没有间断过。⑥

过去的很多年里,大法官事务部在某种程度上被视为整个政府体制中的另类。在绝大多数政府部门中,律师们被当作法律专家,就法律或者条例的起草及类似问题提出建议,而非投身于政策的制定。在大法官事

---

① Phillips & Jackson, p. 371.
② Phillips & Jackson, pp. 371-372.
③ Phillips & Jackson, p. 372.
④ Martin Partington, p. 69.
⑤ Martin Partington, pp. 69-70.
⑥ Martin Partington, p. 70.

务部，根据法律规定，作为公务员首长的常务次官必须具有律师从业资格，因此，其往往会被认为与其在其他部的同侪略有不同。1997年，这一规则被废除。此后获任命的菲利普斯爵士（Sir Hayden Phillips）是第一个非律师出身的常务部长。①

二、大法官事务部的职责

在英国，大法官事务部以及大法官的职责非常庞杂，但其主要职责是整个英国司法系统的管理，即司法行政。这方面的内容，可参阅本卷第一编第四章第一节司法行政体制部分的相关内容。

第四节 法律官事务部

在英国的行政管理体制中，法律官作为政府的法律顾问，其工作的部门是英国政府的组成部门，即法律官事务部，对此前文已有介绍。

第五节 财 政 部

财政部是受英王及议会的委托，监督和控制国家财政的部门。一般认为财政部属于高级政府部门的范畴。② 财政部的经济职能及其对开支的控制，赋予了该部在政府中独一无二的权势地位。③ 本书将财政部专门列为一节予以介绍，原因在于该部的职能覆盖了我国许多部门的职责，包括财政部、国家发展改革委、税务总局、海关总署、审计署、人民银行、证监会、国家金融监督管理局、国资委、统计局等。有这些部门的职能在此，介绍一下英国的财政部确有必要。

一、财政部的领导体制

英国财政部的领导体制，不用说外国人，就是其本国的公法专家，也未必能说明白。英国财政部管理的事务实在太多了，其管理体制还保留着近乎300年前的"人类非物质文化遗产"——财政专员委员会，使得这

---

① Martin Partington, p. 70.
② Phillips & Jackson, p. 370.
③ Bradley & Ewing, p. 344.

个名义上为部的政府部门,领导体制却是委员会制,当然这个财政专员委员会也是名义上的。

(一)财政专员委员会

名义上,英国的财政事务是由财政专员委员会执掌的。早在1714年,财政大臣的前身至尊财政大臣(Lord High Treasurer)就将其职责委托给一个财政专员委员会(board of commissioners)。① 当时的财政专员委员会由财政部第一大臣、度支大臣(Chancellor of the Exchequer)以及五位低级大臣(Junior Lords)组成。19世纪后,财政专员委员会全体会议召开的次数大为减少,并于1856年完全废止。② 但财政专员委员会的传统绵延近300年。英国现任的财政专员包括以下人等:财政部第一大臣(First Lord of the Treasury),由首相兼任;度支大臣;财政部低级大臣,他们还是政府在众议院的助理票监。财政专员委员会从不一起办公,从这个意义上讲,这个委员会名不副实。财政专员委员会每位专员独自对其承担的财政部事务负责。③

(二)财政部第一大臣

依传统由首相兼任,但首相并不实际管理财政部的具体事务。④

(三)度支大臣

度支大臣对财政部的所有事务负责,换句话说,就是实际主持全面工作。但不同的是,财政专员委员会的其他专员并不对度支大臣负责,而是直接对议会负责。度支大臣的职责范围包括对公共开支的控制、指导经济和财政政策等。⑤

度支大臣是财政部的实际管理者。除了其传统的与国家财政有关的职责,其近年来还被赋予与经济政策有关的职责。⑥ 因此,国内资料将其理解为财政部长,虽然比较符合实际,但在英国人看来未见得妥当,当然也仅仅是名不副实而已。正如将英国首相理解为英国国家元首不甚妥当一样,虽然英国的首相实际上掌握着国家的实权。

---

① Bradley & Ewing, p. 343.
② Phillips & Jackson, p. 370.
③ Bradley & Ewing, p. 343.
④ Bradley & Ewing, p. 343.
⑤ Bradley & Ewing, p. 343.
⑥ Phillips & Jackson, p. 371.

（四）财政部低级大臣

这些古老的职位仍然存在,并且还具有某些形式上的职权,如根据 1849 年《财政部文件法》签署财政部令状(Treasury warrants)。① 财政部低级大臣同时兼任政府在众议院的助理票监。②

（五）财政部其他部长

在度支大臣之下,有许多秘书级部长③,他们被称为财政部其他部长,包括财政部首席秘书(Chief Secretary to the Treasury)、财政部财政秘书(Financial Secretary to the Treasury)、财政部经济秘书(Economic Secretary to the Treasury)、财政部议会秘书(Parliamentary Secretary to the Treasury)等,他们都有各自的分工,但都受度支大臣领导。强调这一点,是因为与这些秘书级部长对应的,还有财政部低级大臣,他们与度支大臣一样,都是财政专员委员会的专员,因此分别独立承担各自的职责,度支大臣至少在名义上不能直接领导他们。财政部低级大臣的级别并不低。

财政部其他部长是除财政专员委员会的专员以外的财政部其他部级干部,因他们的称号中都有秘书(Secretary)之名,因此又被称为秘书级部长。由此可以看出英国部级官员之间的等级。从财政部其他部长(other treasury ministers)的名称看,他们比前面提到的几位财政专员级的部长职位要低,而且也没有国务大臣的名分和级别。但财政部首席秘书通常是内阁成员;财政部议会秘书担任众议院票监,主要负责众议院的投票监督,也会时常参加内阁会议,甚至有时就是内阁成员;财政部的低级大臣只是兼任政府在众议院的助理票监,即财政部议会秘书担任的票监的助手;因此,财政部秘书级的部长实际上更有实权、更负责实事。财政部其他部长包括:

1. 财政部首席秘书

财政部首席秘书通常是内阁成员,因此,英国学者认为,在财政部的秘书级部级官员中,财政部首席秘书在内阁拥有一席之地的事实,是财政部所拥有的突出地位的证明。④

---

① Phillips & Jackson, pp. 370-371.
② Bradley & Ewing, p. 343.
③ Phillips & Jackson, p. 371.
④ Phillips & Jackson, p. 371.

财政部首席秘书的主管事项包括公共开支的计划与控制、对公共部门的拨款、出口信贷以及公共服务的绩效评价等。①

2. 财政部财政秘书

财政部财政秘书负责采购政策、促进竞争及规制缓和政策、税收以及议会的财政事务。②

3. 财政部经济秘书

财政部经济秘书负责国情局（National Surveys）、债务管理办公室（Debt Management Office）、国家统计局（Office for National Statistics）以及皇家铸币厂（Royal Mint）等事务。③

4. 财政部议会秘书

财政部议会秘书的主要职责是政府在众议院的票监（government's chief whip），自19世纪取消对公务员的政党分赃制任命（political patronage）之后，该职位即不再分担其他的财政事务。④

（六）财政部总出纳

财政部总出纳（Paymaster General）的职责完全是形式意义上的：公共服务账目上的开支均由英格兰银行记到总出纳的名下，随后这些钱就以总出纳的名义付给有权接受财政拨款的相关政府部门或者其他个人。在实际操作中，总出纳可被视为一名没有部长职责的"不管部长"，但也可以在财政部或者其他政府部门委以部长职责。⑤

从以上内容看，英国财政部的大臣至少分为三个层级：一是财政专员级部长，包括财政部第一大臣、度支大臣、财政部低级大臣；二是财政部秘书级部长，包括财政部首席秘书、财政部财政秘书、财政部经济秘书、财政部议会秘书；三是没有什么职责的财政部总出纳。如果从部长的一般分级看，财政部至少有三名阁员级部长。

二、财政部的正统职能

在任何国家，财政部都是非常重要的政府部门，这主要是由该部的职能决定的。

---

① Bradley & Ewing, p. 343.
② Bradley & Ewing, p. 343.
③ Bradley & Ewing, p. 343.
④ Bradley & Ewing, p. 343.
⑤ Bradley & Ewing, p. 343.

财政部先前的职能主要与财政事务有关,包括税收及对税务的规制、对开支的控制以及政府基金与账户管理。①

(一) 税收职能

财政部对两个税收部门最终负责,一个是国内税务局,另一个是关税及消费税税务局,都由制定法设立,并且不是由部长而是由英王任命的专员(Commissioners)管理的。② 国内税务局和关税及消费税税务局都受度支大臣的一般性指导,并由度支大臣就这两个局的工作对议会负责。③

国内税务局设立于1849年,关税及消费税税务局是在分立的关税委员会和消费税委员会合并后于1909年成立的,关税委员会和消费税委员会成立于17世纪。国内税务局负责管理所得税及公司税,关税及消费税税务局负责增值税、消费税以及毒品走私问题。虽然关税及消费税税务局的许多职责,如实施出口控制等,与财政事务无关,但对进口货物征收关税是其传统职责,正是这一点可以解释该局从部门划分的角度为何应当归入财政部。④

(二) 经济政策决策

在20世纪,除了单独设立主管经济事务的政府部门的两个时期(1947年的几个月,以及1964年至1969年间),财政部完全变成了一个全面主管经济政策的部门。自1995年对其高级管理结构进行复审之后,财政部的经济政策职能整合至数个理事会。这些理事会涉及的事项包括宏观经济政策与国际金融、预算与公共财政、财政规制与企业、财政管理与报告以及公共服务等。⑤

(三) 制定货币政策

尽管制定货币政策的职责已经下放给了英格兰银行的货币政策委员会(Monetary Policy Committee)⑥,但作为紧急措施权,《英格兰银行法》规定,财政部保留在极端经济环境下就有关货币政策方面的事宜直接给予英格兰银行指示的权力。⑦

---

① Bradley & Ewing, p. 344.
② Phillips & Jackson, p. 371.
③ Bradley & Ewing, p. 343.
④ Bradley & Ewing, p. 344.
⑤ Bradley & Ewing, p. 344.
⑥ Bradley & Ewing, p. 344.
⑦ Bradley & Ewing, p. 347.

（四）与其他部门的关系

英国学者认为,在诸如公共服务协议等方面控制权的增强,强化了财政部对其他政府部门行为的控制。① 同时,在努力实现其公布的目标的过程中,财政部将不可避免地发展与其他政府部门密切的工作关系。财政部公布的这些目标包括:提高公共服务的质量及投资效率,提高国民经济的生产力水平,扩张经济及扩大就业机会,推动建立一种公平、有效的税收及福利体制,以及激励劳动、节俭和投资。②

（五）领导下设的执行机构

财政部还下设许多执行机构,其中包括国家统计局、皇家铸币厂等。更为重要的是,无论是国内税务局还是关税及消费税税务局,都是按照执行机构的体制运作的。③

（六）公务员管理

直到1968年,财政部还负责国内公务员的管理。在这一年,这一职能转给新成立的公务员事务部（Civil Service Department）,1995年起该部的全部职责划归公务员事务部长（Minister for the Civil Service）,这一职位目前由首相兼任并通过内阁办公室行使。④ 除了1968—1981年这段时间,英国对于公务员的一般控制一直是由财政部负责的。⑤ 美国也是由其财政部下设的公务员委员会负责公务员管理,可以说,在英美法系国家,由财政部通过预算管理对公务员实施一般控制,是基本但不是唯一的控制手段。直至今天,财政部仍对许多资深的公务员进行大量的工资补助,其中包括财政部常务次官（Permanent Secretary to the Treasury）。⑥ 这构成英国最高级公务员的一种福利待遇,但他们并非前述部长级官员。

三、财政部的新职能

按照英国法的分类,财政部属于普通法设立的部门,许多职能可以基于英王特权"自然"生成,这一点有别于制定法设立的法律主体,但并不妨

---

① Bradley & Ewing, p. 344.
② Bradley & Ewing, p. 344.
③ Bradley & Ewing, p. 344.
④ Phillips & Jackson, p. 371.
⑤ Wade & Forsyth, p. 52.
⑥ Bradley & Ewing, p. 344.

碍制定法赋予财政部某些新的职能,这些就是英国学者所要介绍的财政部在制定法上的权力,其中最突出的是随着近年来反恐战的不断升级而赋予财政部的冻结涉恐财产权。2001 年《反恐怖、犯罪及安全法》(Anti-terrorism, Crime and Security Act)授予财政部大得离谱的权力,完全取代了 1964 年《紧急状态(重新颁布及废止)法》[Emergency Law (Re-enactments and Repeals) Act]所包含的有限权力。2001 年《反恐怖、犯罪及安全法》引入新措施的目的,旨在使财政部有权冻结恐怖嫌疑分子的财产,但实际授予的权力范围要宽泛得多。[1]

(一) 行使条件

根据 2001 年《反恐怖、犯罪及安全法》第 4 条的规定,如果满足下面两个条件,财政部可以下达冻结令:一是财政部有理由相信:① 某个人或者某些人已经在或者可能要采取某些对英国经济的总体或者部分构成损害的行为;② 某个人或者某些人已经在或者可能要采取某些将会对某一个或者更多的联合王国国民的生命或者财产构成威胁的行为;二是已经在或者可能要采取行动的那个人是:① 联合王国以外的某个国家或者地区的政府;② 联合王国以外的某个国家或者地区的居民。[2]

(二) 法律效果

根据 2001 年《反恐怖、犯罪及安全法》第 5 条的规定,冻结令的效果是,禁止任何人向冻结令中指定的人直接或者为其利益提供资金。对于冻结令的具体内容,还制定有细则,以阻止向冻结令指明的对象提供资金,同时要求疑似此类资金的提供者提供相应的文件及信息。此外,该法还对冻结令的变更或者废除作了规定。[3] 该命令是以枢密院令形式颁布的成文法律规范,因此才有所谓修订或者废止的制定法授权问题。

英国学者同时指出,冻结令可以接受司法审查,尽管按照冻结令所涉及事项的性质,法院往往会在这类案件中适用一种较为宽松的审查标准。[4]

(三) 学者的担心

英国国内已经有人在议会中对这些措施表达了关注,认为其过于宽

---

[1] Bradley & Ewing, p. 345.
[2] Bradley & Ewing, p. 345.
[3] Bradley & Ewing, p. 345.
[4] Bradley & Ewing, p. 345.

泛,可能会导致某些并非恐怖嫌疑分子的人的财产被冻结。例如,如果瑞士政府引导日本公司投资于瑞士而不是联合王国,显然是一种损害联合王国的行为,其后果是,至少在理论上,财政部可以下达一项冻结令,禁止联合王国国内的任何人(不一定都是英国人)或者居住在海外的英国国民付款给瑞士政府。①

英国学者不无担心地指出,2001年《反恐怖、犯罪及安全法》除了授出的权力范围过大,该法有关冻结令的另外一个值得注意的特点是其有关作出冻结令的程序规定。英国学者觉得不可理解的是,冻结令不是以向法院提出申请的方式获得的,而是以成文法律规范的形式下达的。冻结令一旦作出即生效,尽管还必须呈送议会,但可以在未经议会同意前即具有法律效力,而议会必须在冻结令作出后28日内作出同意与否的决定②,逾期则视为没有不同意见。

英国学者不无遗憾地指出,立法者并没有合理地解释为什么法院不对此类冻结令的作出权加以限制,或者为什么立法者认为成文法律规范的下达程序更适合于作出此类基于个人偏好而对目标个人或者一国政府实施限制的措施。③

(四)政府承诺

英国政府宣称,政府将依据欧盟法(脱欧前)、国际贸易法以及1998年《人权法》,来规范冻结令的实际操作。④

四、对财政部职权的评价

英国国内已经有人对财政部近年来变得越来越强势而感到忧虑,认为财政部对政府战略方向的影响正在增加,财政部在政府的政策形成过程中施加了太多的影响。英国学者同时也指出,对财政部权力的抱怨如同政府本身一样古老,只不过现在的这些抱怨确实显得更集中罢了。按照众议院财政委员会的说法,财政部在有的议案中给人的印象是它已经主宰了福利改革的进程,而在别的议案中给人的印象是它已经在负责微观经济政策的决策了。⑤

---

① Bradley & Ewing, p. 345.
② Bradley & Ewing, p. 345.
③ Bradley & Ewing, p. 345.
④ Bradley & Ewing, p. 345.
⑤ Bradley & Ewing, p. 344.

第六节 宏观经济管理

20世纪的中央政府职能已经有了很大扩张,不再仅仅包括征收赋税以供政府开支之用,而是扩展到监管国民经济运行、制定就业政策、提供社会服务、保障国际收支平衡等领域。这些职能将会在21世纪长期持续下去。有关政府的财政职能,主要涉及的是中央政府的财政部以及内阁办公室的职责,同时也会涉及财政部对于经济的管理职能。[①]

一、经济管理的领域

英国学者指出,控制公共开支以及征税的权力只是政府寻求控制经济的手法中的两种。公法律师们目前研究的政府权力领域中,涉及经济管理的手段还包括:货币政策、控制借款、对工商业的财政援助、通过采取私有资金激励机制等手段与私营部门建立提供和分配公共服务的伙伴关系。这些不同的经济管理手段是伴随着政府新结构体制和管理方法的出现一并产生的。[②]

二、社会主义的三三制

就三三制(tripartism)而言,第二次世界大战以来最显著的发展,或许就是政府与工会领袖以及政府与商会首脑之间全面磋商机制的建立。这种现象的重要标志至少有三:一是1948年的限制工资谈判;二是1962年设立国家经济发展理事会(National Economic Development Council, NEDC);三是1974—1976年间出现的"社会契约"。这三项指标也是其他欧洲国家的通行做法,而且不限于工党政府。其中前两项变革是涉及三方的,从制度创新的角度讲,尤以设立国家经济发展理事会最为引人注目。[③]

三、改良主义者的社会契约

1975年《报酬、收费及资助法》(Remuneration, Charges and Grants

---

① Bradley & Ewing, p. 343.
② Bradley & Ewing, p. 360.
③ Bradley & Ewing, p. 360.

Act)之值得一提之处在于,该法赋予了经工会同意并作为自愿工资限制的基础的"社会契约"(Social Contract)以制定法上的效力。但有英国学者认为,这类"社会契约"以及政府为确保这些协议的落实而采取的支付税收津贴等办法,在贬低议会权威的同时,也贬低了政府的威信。①

四、国家经济发展理事会的兴亡

国家经济发展理事会的设计思路,就是使之成为一个全国性的计划机构(national planning body),进而为其建立一个制定经济政策的永久性局部环境机制。国家经济发展理事会没有任何执行性权力,而且从来也没有逾越仅成为一个交换不同意见的有益平台的基础性定位。②

国家经济发展理事会由度支大臣任主席,其成员包括资深的前贸易和工业部长以及来自工会及商会的资深代表。③ 由其组织及职能可以得出三个结论:一是一个纯粹的理事会;二是一个纯粹的清议机构;三是一个三方(政府、工会、商会)交流平台。

尽管国家经济发展理事会在形式上及实践上具有重要性,却不是一个制定法创设的实体,而是作为行政国家(administrative state)的英国相对而言较不正式的产物,这使得该理事会很容易被边缘化,并最终在其已经不适应经济政策制定方面的政府战略的内容及方法时,于1992年寿终正寝。④

五、特别权力的利弊

英国学者强调,20世纪70年代的经济困难时期,迫使英国政府行使用以对付通货膨胀的特别权力,通常不能持续太久。这些特别权力使得政府能够比其在和平时期更为广泛地介入私人经济交易过程。⑤ 也就是说,在英国学者看来,政府在经济危机时期享有的特别权力只能是临时性的,超过一定时限,甚至不用等到经济危机完全结束,这些权力继续存在的正当性就值得怀疑并不得不接受挑战了。

赋予政府特别权力的立法虽然久已废止,但却具有某些特别之处。

---

① Bradley & Ewing, p. 361.
② Bradley & Ewing, p. 360.
③ Bradley & Ewing, p. 360.
④ Bradley & Ewing, p. 360.
⑤ Bradley & Ewing, p. 361.

笔者在研究中发现,英国不仅有国家经济发展理事会,竟然还有过价格委员会(Price Commission)。根据1973年《制止通胀法》(Counter-inflation Act)设立的价格委员会,有权向雇主或者商号发布令状或者强制通告,违反者将承担刑事责任。①

六、市场经济的复辟

从1979年至1997年,保守党政府采取的是一整套完全不同的经济管理思路:强调市场经济的重要性,强调去除设在通向市场机制自由发挥作用的道路上可感觉到的樊篱的必要性。

指导性的财政及经济政策主要用于直接控制通货膨胀,遏制公共开支以及撤销在工资、价格、分红、信贷以及外汇等领域的官僚控制。指导性的产业政策主要用于鼓励中小企业、破除垄断、鼓励竞争以及使企业摆脱公共部门的束缚。在劳工市场领域,政府采纳的指导性政策包括鼓励灵活就业,这一目标表现在1980年开始的旨在限制工会权力、减少就业保障立法规模的立法运动中。②

七、工会的没落与工党的勃兴

与20世纪70年代工会的权力达到巅峰、英国几乎成为一个准工团主义国家(quasi-corporatist state)形成鲜明对比的是,到了1997年,工会在政府中所具有的政治影响聊胜于无,连工会本身都在批判那种认为它们在经济政策的形成过程中发挥了一定作用的观点。毫无疑问,直到1979年,工会扮演了重要的宪法角色,但在此之后,曾经被拉进经济管理过程中的工会被推到了政府的边缘。③

当然,这一切发展的结局却多少有点出人意料,工党在1997年的大选中胜出,并连续赢得了此后的两届大选。但国家的宏观经济政策并没有发生根本性转向,突出的标志就是工会的地位并没有显著提升。虽然没有人明确说工会是通向自由市场机制的障碍,但工会完全被排斥在经济政策制定的角色之外已是不争的事实。④

---

① Bradley & Ewing, p. 361.
② Bradley & Ewing, p. 361.
③ Bradley & Ewing, p. 361.
④ Bradley & Ewing, p. 361.

第七节　英格兰银行

英格兰银行（Bank of England）只能说大致相当于英国的中央银行，因为制定货币政策这一中央银行的核心职能，在英国不是由英格兰银行行使，而是由英格兰银行货币政策委员会（Monetary Policy Committee）行使。英格兰银行与英格兰银行货币政策委员会之间，并不存在隶属关系，而是彼此具有相当的独立性。

一、英格兰银行的定位

英格兰银行于1694年首次设立，主要是向英王提供贷款，以满足其财政需要。英格兰银行最终成为完全意义上的政府的银行（government's bankers）。根据1946年《英格兰银行法》的规定，英格兰银行被收归公有，尽管在此之前的许多年以来，财政部已经能够控制该银行了。[①] 也就是说，财政部对英格兰银行实行实际控制的时间远在该银行被公有化之前。

根据1946年《英格兰银行法》的规定，英格兰银行仍是财政部以外的独立机构，不是一个政府部门；虽然英格兰银行的总裁和董事都由英王任命，财政部可以向其下达正式的指示，但已经不包括有关货币政策方面的内容。有人指出，与其他国家的中央银行的组织构成的细节不同，1946年《英格兰银行法》并没有给予英格兰银行制定法上的义务和职责。相反，该法显然属于那种非常简单的议会法律，具体表现在，该法规定财政部只是从英格兰银行的所有者那里获取该银行的股票，为英王任命该银行的总裁和董事做准备。此外，该法的作用主要表现在提供以下两点法律支持：首先是授予财政部对于该银行在政策方面的最终权威，其次是授予英格兰银行对于其他银行的权威。[②] 不过，英格兰银行的法律地位已经因1998年《英格兰银行法》而得到实质性改革。[③]

二、英格兰银行的组成

英格兰银行的组成由1998年《英格兰银行法》进行了明确规定：英格兰银行继续由一个董事会（court of directors）进行管理，有1名总裁、2名

---

① Bradley & Ewing, p.346.
② Bradley & Ewing, p.346.
③ Bradley & Ewing, p.346.

副总裁和16名董事,所有19名董事会成员都由英王任命。政府的乐观意图是,这些董事将代表国家的总体利益。总裁及副总裁的任期为5年,可连任;董事的任期为3年。根据一些规定事由,英格兰银行可以免除董事会成员的职务,但需要取得度支大臣的同意。①

三、英格兰银行的功能

英格兰银行拥有许多在其漫长历史过程中演化而成的职责,其中包括:作为政府的银行以及结算银行、执行货币政策、发行货币。②

1997年,涉及英格兰银行的一项重要动议被采纳:赋予英格兰银行确定利率的操作性职责(operational responsibility)。这一举措是由首相和度支大臣决定的,没有咨询内阁,这一举措的目的是保证货币政策决策能够更有效力、更加公开、更负责任、更加超然于短期政治控制。③

所谓短期政治控制,显然是指政党轮流执政对货币政策的可能影响。由相对中立的英格兰银行决策利率之后,执政党对英格兰银行的影响会很弱,尤其是当负责制定利率及货币政策的人不是在任政府直接任命的时,各个时期的各个执政党分别提名、任命的决策者(他们一般都应当是无党派立场的,像公务员一样)彼此独立发表意见和进行表决的结果,大大抵消了执政党在其中发挥的作用,从而实现了远离在任政党短期政治控制的目的。需要注意的是,这种短期不是以月为单位计算,而是以年为单位计算的,即在两次大选之间的一个四到五年的期间。英国学者认为,这样一个期间对于货币政策而言,已经算是短期了,可见他们希望货币政策稳定的期间是比较长的。

1998年《英格兰银行法》对英格兰银行的职能作了根本性改变,该法规定的英格兰银行董事会的职能包括:管理除制定货币政策以外的英格兰银行的事务。制定货币政策属于货币政策委员会的职责。在这些职能中,值得一提的是"确定本银行的目标"(其中包括银行自身的财政管理目标)和战略。④

英格兰银行必须每年向度支大臣报告工作,并由度支大臣将该报告

---

① Bradley & Ewing, p. 346.
② Bradley & Ewing, p. 346.
③ Bradley & Ewing, pp. 346-347.
④ Bradley & Ewing, p. 346.

呈送议会。①

1998年《英格兰银行法》还对政府为银行确立通货膨胀预期目标作了规定，政府确立的通货膨胀预期目标应当每年检省一次，并在每年的预算案中明确提出；而实现政府确立的通货膨胀预期目标，就是该法为英格兰银行设立的操作性职责。② 英格兰银行将主要通过调整货币的供应控制通货膨胀，保证实际通货膨胀率在政府预期的范围内。

四、英格兰银行货币政策委员会的组成

英格兰银行货币政策委员会的组成人员包括：英格兰银行的总裁、副总裁、银行负责货币政策及市场运营的两名政府资深官员以及政府任命的4名银行外的专家。③ 由于英格兰银行副总裁有2名，委员会总共由9人组成。其中总裁和副总裁代表银行决策层，两名资深专业官员代表该银行业务操作层。任何层面都不具有压倒性多数。

将货币政策决策权交给执政党及现任政府无法有效控制的9个人，万一他们的决策与政府的经济目标不一致怎么办？英格兰银行的货币政策应当与政府的经济目标相一致是法定要求，这在英国是一个法律问题，只是由于宏观经济决策事项在法律上有时很难说清楚，无法准确判断委员会是否确实达到了法律的要求。

具体的法律问题之外的，是如此重要的国之重权轻易授予政府之外的人。我们或许认为，这样的权力应当绝对地由政府控制，其具体的表现就是政府必须能够直接决策或者直接并且绝对有效地控制作出决策的人。而在英国人看来，每届政府任期很短，其直接控制的货币政策决策者虽然能够俯首帖耳，但未必是真正能够把握货币政策规律的人；而且由于政府的直接干预形成的短期操纵，恰恰是稳定的货币政策的大忌。因此，将决策权委以足够数量的只能并且只需依其常识、知识及良知判断的专业人士，比由政府直接控制的决策者决策，更有可能反映客观经济规律并具有稳定性。

五、英格兰银行货币政策决策权的保留

制定货币政策属于英格兰银行货币政策委员会的特殊职责。不过作

---

① Bradley & Ewing, p.346.
② Bradley & Ewing, p.347.
③ Bradley & Ewing, p.347.

为《英格兰银行法》规定的紧急措施权,财政部保留在"极端经济环境下"就有关货币政策方面的事宜直接给英格兰银行下指示的权力。①

六、英格兰银行的透明度要求

透明度是信息公开的另一种说法。据英国学者介绍,在英国,传统上的国家机密(secrecy)多是围绕国家财政事项的,即使在今天,有关银行及财政方面的信息仍是限制普通百姓查阅的。有关银行与政府之间的讨论及通信的文件,目前是打着保护公共利益(public interest immunity,这是2000年《信息自由法》对信息不公开、限制性公开的一项事由)的旗号限制公开的,同样受到限制的还包括重要的商行向政府及银行通报的重要财务信息。此外,2000年《信息自由法》第29条还有一个例外规定,即如果某项信息的披露对在联合王国境内实施的任何行政管理活动的财政利益构成或者有可能构成损害,这样的信息就不应披露。②

但是英国学者强调,尽管有上述保密传统和规定,英国已经在1997年朝着银行信息更充分地公开的方向迈出了一大步,而且这一成果在1998年《英格兰银行法》中得到了维持:英格兰银行应当每年公布一份年度工作报告。但英国学者认为或许意义更为重大的是,货币政策委员会作出的有关利率的决定必须立即公布,并且该委员会的会议记录也必须在六周内公布。③

根据现行制定法的规定,英格兰银行还必须按季度准备一份通货膨胀信息报告,该报告必须公开,但要经过货币政策委员会批准。④ 这一规定反映了英国行政法的一个显著特点,即行政组织与法定职权的不对称性:货币政策委员会本来是英格兰银行的内设机构,但该银行中仅有5名成员加入该委员会(其中还包括2名非管理层的技术专家),另4名成员是该银行外的专家,因此,英格兰银行在货币政策委员会仅占微弱多数,这就使得货币政策委员会与英格兰银行之间的相对独立性有了现实基础。也就是说,货币政策委员会对英格兰银行拟公布的通货膨胀季度报告依法有权说不,这一点值得我们从依法行政与行政权威的关系的角度

---

① Bradley & Ewing, p. 347.
② Bradley & Ewing, p. 347.
③ Bradley & Ewing, p. 347.
④ Bradley & Ewing, p. 347.

深入地进行反思。

七、英格兰银行的责任担当

此处的责任,在英文著作中用的是 accountability,不是 responsibility。可参阅本书第一卷第一编英国法理第二章第六节对责任的解析。

(一) 议会的政治监督

英国学者认为,决定及决策过程的公开本身就构成了一种责任形式,并将强化议会所能进行的仔细审议的力度。1969 年至 1979 年间,英格兰银行的某些行为,就受到议会的国有化企业特别委员会的调查。①

英格兰银行每年四次出现在众议院财政委员会面前,回答该委员会就该银行的通货膨胀报告提出的问题。② 由此可见,该报告不但要在公开前受到来自内部的货币政策委员会的审查、批准,而且要在公开后受到众议院财政委员会的审查,这是英国法采取的对于行政职能履行的政治控制的一个例证。

众议院财政委员会对英格兰银行货币政策委员会的工作情况也表现出了极大的兴趣,这不仅表现在对其工作的检查,还表现在对货币政策委员会委员的任命举行听证以确认被任命者是否称职,这一权力是众议院财政委员会于 1997 年宣称拥有的。③

除了上述监督手段,贵族院的一个特别委员会,即贵族院监督英格兰银行货币政策委员会之特别委员会,也在仔细审议英格兰银行及货币政策委员会的工作方面,发挥了有价值的作用。④

(二) 部门的行政监督

1979 年以来,英格兰银行一直受财政部、公务员委员会的监督,作为与财政部有关的关联公共机构受财政委员会的监督。1993 年,财政部及公务员委员会专门对英格兰银行进行了一次全面调研,这次调研影响了 1997 年引入的英格兰银行改革。⑤ 进一步的成果则是 1998 年《英格兰银行法》。

---

① Bradley & Ewing, p. 347.
② Bradley & Ewing, p. 348.
③ Bradley & Ewing, p. 348.
④ Bradley & Ewing, p. 348.
⑤ Bradley & Ewing, p. 347.

第四章
非政府组织

本章主要介绍附属于中央政府组成部门或者相对独立于各部门的机构,它们在名义上由主管的中央政府部门首长掌控,因此介绍的重点是职能的具体分配、各部门内部机构设置及分工等。裁判所根据议会立法设立,一般独立于地方,在全国范围内形成自己的体系,同时也独立于中央政府部门。裁判所在本书第三卷第一编英国行政法总论第三章行政行为第十一节行政司法与行政裁判单独介绍。

第一节 非政府部门公共机构

在英国,除了由英王名下的大臣直接控制的中央政府部门,以及通过地方选举产生的地方政府,还有许多行政事务是由各类公共机构(public bodies)直接或者协助完成的。[1] 许多公共行政事务不是委托给中央或者地方政府,而是委托给公务委员会(official boards)、委员会(commissions)或者其他公共机构。这类机构有些非常著名,如英国广播公司(BBC)、种族平等委员会、咨询调解与仲裁服务局(Advisory Conciliation and Arbitration Service, ACAS)等,有些则默默无闻,仅为某些公务员或者有关领域的专家所知。[2]

本节首先概述非政府部门公共机构,分别对其存在的理由、设立的依据、组成人员的任命、与中央政府部门的关系以及法律地位等进行了讨论。然后分别介绍其中比较有代表性的机构,如执行机构、咨询机构、全民健康服务体系所属机构等。随后的第二节公法人继续这种系统性

---

[1] Phillips & Jackson, p. 651.
[2] Bradley & Ewing, p. 287.

介绍。

一、存在的理由

在英国,为数众多的机构可以归入公共机构之列,并因此可以成为地方政府机关提供的商业性服务的对象。这些机构包括全国性的、区域性的和地方性的组织,如新城镇委员会、艺术委员会、英国电影学会、体育委员会、旅游局、全国社会服务委员会和威尔士社会服务委员会、皇家办事处、英王首席学监、威尔士区域发展代办处、英格兰传统基金会等;除此之外,与下列组织有关的机构也属于这种意义上的"公共机构":医院、教育机构、警察局、缓刑服务局、公民咨询服务局、婚姻指导与计划生育机构、社区关系机构、社区联合会、老年人联合会、幼儿学校和嬉乐园、登记公共用地所有权人协会以及社会服务、艺术、运动、旅游、交通、小企业、产业振兴、残疾人、慈善等方面的机构,包括圣约翰救护车、全英红十字会、关爱老者组织等。①

从理论上讲,那些分配给公共机构的事务,完全可以直接由中央政府部门的公务员来完成,尽管这会导致公务员队伍过分庞大。事实上,在邮政局于1969年成为公法人之前,邮政及电话服务在很长一段时间内都是由作为政府部门的邮政局提供的。毋庸讳言,由公共委员会经营主要的产业要比由政府部门管理更富有效率和灵活性,公法人的存在就是一个最强有力的证据。在1945—1951年间,主要的公共事业、交通和能源供应等都由国家掌握,但却不是委托给政府部门经营,而是委托给新的立法所设立的公共机构。② 由此可见,即使是在英国国有化之风最劲的战后初期,其对国有企业的管理也不同于我们以为当然的工业部模式。

尽管在私有化初期,有关的部长被授予非常重要的与私有化企业的管理委员会有关的权力,但立法并不希望部长介入委员会对于有关工业企业的日常管理活动。同样的原因导致了建立公法人实施某些原来由政府部门实施的活动,例如,1954年成立的原子能管理局和1965年成立的英国航空管理局。③

设立公法人的另外一个原因是,授权给某一自治机构以减少政府实

---

① Andrew Arden, p.78.
② Bradley & Ewing, p.289.
③ Bradley & Ewing, p.289.

施直接的政治控制或者干预的领域。如果部长们不对媒体中所播的每一个节目负责的话，那么，成立英国广播公司以及将独立电视委员会从政府中分离出来就是必要的。这同样也是为什么要设立许多基金会负责分配由议会设立的基金的原因。① 基金的管理也同国有企业的管理一样，要高效率、高收益，不能直接由政府部门负责分配，必须通过基金会等运营模式管理。

虽然严格意义上的执行机构1988年以后才成立，创设非政府部门的特别公共机构的做法并不是一件新生事物。远在18世纪，英国议会通过的私法律(private Acts，与政府提议的公法律相对)就警察、修路、照明、修建收费公路或者区域发展等目的，设立了为数众多的各种专员(commissioners)，并在其设立法得以适用的有限地域内行使设立法所确定的有限权力。② 在枢密院的权力不断收缩之前的几个世纪中，这类机构主要是地方性质的，是不受中央政府控制的，但是在英格兰，通过王座分庭发出特权令状的方式，使这些机构受到中央政府法律上的拘束。③

从19世纪开始，英国议会也与欧洲大陆国家的议会一样，开始了从统治向立法的职能转变。于是，就需要建立相应的机构以实现立法目标，或者监督管理其他机构。在1832年议会改革后的社会及行政管理体制改革时期，也进行过广泛设立管辖权限覆盖全国公共机构的试验，其中最著名的就是1834年《英格兰济贫法》(English Poor Law)修订时，济贫法专员(Poor Law Commissioners)被赋予可以通过制定规章、发布训令及进行视察等手段，对地方政府机关的贫困救济活动实施严厉的中央控制。但是在议会中没有哪位大臣为该专员的行为所受的政治攻击辩解，也没有人对其所作的决定实施控制。到了1847年，这种试验让位于将这些公共机构纳入建立在部长对议会负责基础之上的部长责任制的监督体系。另一类似的试验则是1848年设立的健康综合委员会(General Board of Health)。相对而言，由委员会实施行政管理的做法在苏格兰及爱尔兰等地更为盛行。④

到了19世纪末，人们逐渐接受了这样的观念：将公共权力授予中央

---

① Bradley & Ewing, p.289.
② 适用范围的地域性是私法律的特点。
③ Bradley & Ewing, p.288.
④ Bradley & Ewing, p.288.

政府部门行使,具有通过部长责任制确保政治控制的巨大宪法优越性。①

到了20世纪,国家获得了在社会及经济领域的新的权力。特别是通过1945—1951年工党政府期间实施的国有化计划,英国经济变成了一种私有经济与公有经济共存的混合经济。于是,在第二次世界大战结束以后,议会设立了大量的公共机构以提供原先主要由私人公司或者地方政府机关提供的商业服务。②

国家在文化、环境及艺术方面不断承担更多责任的现实,也通过设立各类委员会、理事会而充分地表现出来。③ 政府总体上负责向诸如政策研究会、艺术委员会及高等教育基金委员会等提供基金款项,但并不负责这些款项的具体拨付。④ 旅游、消费者权益、体育活动的监管、鼓励创新设计等,都成了某一特别委员会的主管事项。⑤

通过建立相应的委员会,极大地推进了种族和谐与男女平等。⑥ 只有基于努力使自由裁量决定由一个无须考虑短期的政治因素的公共机构来作出的政策目标,才能够解释为什么政府要设立种族平等委员会和机会均等委员会,这两个委员会是为了实施旨在减少歧视的社会立法而设立的。⑦

这些发展并不仅仅意味着中央政府部门主管事项的增加,同时也伴随着公共委员会与其他机构的普遍设立,这些新设立的机构既不能算作中央政府部门,也不能算作地方政府机关。这说明,政府职能的扩张及部长责任制的确立,不但没有压缩非政府部门的行政组织,反而进一步促进了这些机构的设立。为了阻止这种趋势的进一步蔓延,保守党政府自1979年开始,从取消不必要的公共机构与将有利可图的公营事业私有化两个方面双管齐下,其中私有化的过程包括了全部私有及部分私有。⑧ 保守党的政策倾向是建立一个小型的严格实行部长责任制的强有力的中央政府。

根据1996年的一份官方的不完全统计,非政府部门公共机构有1194

---

① Bradley & Ewing, p. 288.
② Phillips & Jackson, p. 651.
③ Phillips & Jackson, p. 651.
④ Bradley & Ewing, pp. 289-290.
⑤ Phillips & Jackson, p. 651.
⑥ Phillips & Jackson, p. 651.
⑦ Bradley & Ewing, p. 290.
⑧ Bradley & Ewing, p. 289.

个,但 1999 年的另一资料来源则表明有 1057 个。而在 1979 年,这个数字则是 2167。① 由此可见其调整的力度。

尽管有人认为,自 1979 年保守党政府实施私有化运动以后,英国经济已经不再是一种混合经济,但是国家依然对社会及经济事务实施调整,而且事实上,仍然在不断地设立新的公共机构。②

二、设立的依据

中央及地方政府以外的所有公共机构,都是由不同的制定法创设的。③ 这是行政组织法定化的反映。其根源不在于法律上有什么明确的禁止,而在于议会对于政府财政的集中控制。

也有学者指出,在这些公共机构中,比较重要的都是由制定法或者皇家宪章(royal charter)创建的。其他的创建形式则包括:皇家许可证(royal warrant)、财政部备忘录(treasury minute)、根据《公司法》进行登记或者登记为一个慈善信托基金等。④ 显然,后面提到的几种设立形式,是按照私法人的登记程序,将其归入广义的依法设立的范畴并不为过。

三、组成人员的任命

非政府部门公共机构之间差别巨大,但共同特点是其组成人员都不是政治选举产生,所有组成人员的职位都是任命的,绝大多数情况下,是由中央政府任命的,即与之相关的中央政府的部长任命的。⑤

部长的这种委任权引起人们关注是很正常的,而且公共生活标准委员会(Committee on Standards in Public Life)在其 1995 年的第一份报告中对此也作了详细的说明。但该报告认为,没有证据表明,在公共机构的任命方面存在政党偏私的现象,因此该委员会也拒绝设立一个中立的、独立的委员会以负责任命工作,而是建议最终的任命权仍由部长保有,但这并不意味着部长可以无拘无束地行使其自由裁量权。该委员会提议现有任命程序应当进行实质性改善,以确保其精干有效地运行。⑥

---

① Bradley & Ewing, p. 288.
② Bradley & Ewing, p. 289.
③ Bradley & Ewing, p. 291.
④ Phillips & Jackson, p. 651.
⑤ Bradley & Ewing, p. 287.
⑥ Bradley & Ewing, p. 294.

该报告提出两项保障措施：一是建立明确的公开选拔任命机制，包括基于功绩制任命的原则、能力与职业背景平衡考虑的原则、任命必须先咨询包括三分之一以上的独立成员的委员会的原则。二是针对任命更为有效的外部审查机制，包括任命一位负责聘任事务的公共机构人员任用督察专员，负责监督、规范、提高政府部门任命公共机构官员的程序；起草一部公共机构人员任用方面的良好行为规范。①

这些建议最终被政府采纳，1995年11月，枢密院任命了一位公共机构人员任用督察专员，以监督包括274个非政府部门的公共机构及全民健康服务体系执行机构（但不包括裁判所，因为已经有一个专门的人员任用督察专员负责监督裁判所的任命事宜）在内的统称为政府部门执行机构（executive departmental bodies）中的官员的任命方式。该专员的职责是以其认为最适当的方式，促进公共机构人员任用方面确立经济、高效和有效的程序，保证公共机构的任命能够坚持任人唯贤。该专员还应当起草并公布对于任人唯贤原则进行具体解释和适用的具体规范，并不时补充新的他认为适当的指导性规则。②

对于公共机构的任命可以向公共机构人员任用督察专员申诉，该专员据此曾经在1999年对全民健康服务体系机构的任命程序实施了审查。该专员的工作要接受众议院公共行政委员会的仔细审议，该委员会已经对公共机构人员任用督察专员的两个不同方面的工作实施过审查，而在此之前，众议院的公共服务委员会已经进行过一次检查。③

四、与中央政府部门的关系

从某种意义上说，非政府部门公共机构主要是中央政府及其组成部门的外围组织，相对于中央政府部门以及议会的控制而言，都享有相当程度的独立性。④ 但是从非政府部门公共机构的设立及任命的情况看，尽管部长并不直接管理这些机构所处理的事务，但由于任命的关系，部长仍就这些机构的经济性和有效性对议会承担间接的、潜在的责任。⑤

然而，部长不可能承担这些公共机构的设立、行为、资金来源以及组

---

① Bradley & Ewing, p. 294.
② Bradley & Ewing, p. 294.
③ Bradley & Ewing, p. 295.
④ Phillips & Jackson, p. 651.
⑤ Bradley & Ewing, p. 287.

成等方面的广泛的责任,也从来没有一个试图通过任命一个委员会而使某一敏感的行政管理领域脱离政治的尝试真正成功过。① 在真正需要进行政治考虑而非具体的日常操作的领域,靠设立委员会等公共机构的方式是不可能成功的。

五、法律地位

非政府部门公共机构近年来迅猛增长,大大超出了宪法界律师的想象。由于这些机构涉及如此大量的政府活动,不能不使人们在以下几个方面给予深切关注:其任命体制以及部长享有的委任权限方面产生的问题、这些机构对其作出的决定及实施的行为所应承担责任的问题。②

(一)普通法上的地位

在英国,除非制定法另有规定,中央政府部门分享英王的法律地位,并可以从专属于英王的某些特权或者豁免中受益。③ 而地方政府机关以及为地方的商业目的和私有公司而由制定法设立的机构,则不能从英王的法律地位中受益。④ 那么,非政府部门公共机构应当如何定位?

在 1950 年的 *Tamlin v. Hannaford* 一案中,法院需要确定的是,某一由英国交通委员会所有的住房,是应当适用《房租管制法》,还是因为其为英王的财产而排除该法的适用? 在查阅 1947 年《交通法》之后,上诉法院否定了交通委员会是英王的臣仆或者代理人的观点,尽管交通大臣具有控制该委员会的制定法上的广泛权力。从法律角度看,交通委员会作为一个公法人,它是它自己的主人,而且它与其他所有的自然人或者法人一样具有全部的责任能力。它与王权无关,因此不享有英王的任何特权或者豁免。它的雇员不是公务员,它的财产也不是英王的财产。当然,它是一个公共管理机构,而且其存在本身也具有公共目的,但它既不是一个政府部门,其权力也不属于政府权力的范围。⑤

上述判决可以用于调整其他公法人的法律地位,除非制定法明确规定这些公法人是代表英王行事或者被置于英王名下的大臣的直接控制之下。在 1965 年的一个判例中,法院认为,由于医院管理委员会是代表当

---

① Bradley & Ewing, p. 290.
② Bradley & Ewing, p. 287.
③ Bradley & Ewing, pp. 292-293.
④ Bradley & Ewing, p. 293.
⑤ Bradley & Ewing, p. 293.

时的健康大臣的,因此,让病人在全民健康服务体系的医院接受治疗是一项政府职能。但是与此相反的是,在1965年的 BBC v. Johns 一案中,法院认为英国广播公司不应当享受英王的免税豁免,因为广播并没有成为中央政府的一项职能。①

以上介绍的内容,都是没有制定法明确其法律地位的公共机构的情形。此时,普通法的法律解释体系发挥着重要作用。许多全民健康服务体系机构的豁免权后来被1990年《全民健康服务体系及社区关怀法》(National Health Service and Community Care Act)排除了。②

(二) 制定法上的明确规定

非政府部门公共机构中,许多是由制定法设立的,并且有许多是全部或者主要由公共资金支撑的。如果某些机构违背公众意愿、超支、管理不善或者失去继续存在的有效性,议会就会要求部长采取措施,如提出立法动议,以废除这些机构或改革其所拥有的权力、任命新的管理层或者采取其他改进措施。进言之,由于非政府部门公共机构在经济上、财政上或者社会中的重要性,有关这些机构的活动的战略性决策将不可避免地受政府政策的影响。③

今天,设立新的公法人的制定法明确规定其法律地位已非常普遍。④可见,这也有一个立法技术逐渐完善的过程,到了《全民健康服务体系及社区关怀法》时,可以说已经是普遍采用的标准技术了。

早在立法于1974年设立行使此前由政府部门行使职能的职业健康及安全委员会、公共卫生及案件执行机构时,即明确规定,它们代表英王行使职能。⑤ 这个例子能够比较恰当地说明制定法与普通法的关系。前者规定这两个机构的法律地位是"代表英王行使"其职能,普通法的解释规则及既有的解释经验、判例此时可以适用,如前面提到的案件中确立的非代表英王的公共机构就不享有英王的特权或者豁免的原则。只不过反过来用罢了。虽然后来的立法免除了这些特权或者豁免,那只能说是制定法确立的一种政策调整,该政策的真正内涵以及为配合该政策实施所需要的基础性和结构性的要素或机制,是由普通法确立的。

---

① Bradley & Ewing, p.293.
② Bradley & Ewing, p.293.
③ Bradley & Ewing, p.287.
④ Bradley & Ewing, p.293.
⑤ Bradley & Ewing, p.293.

六、执行机构

在当代英国行政法中,讨论中央政府的组织问题,不可避免地要涉及执行机构(Executive Agencies),大量执行机构的创立,是政府组织领域的一个重要而影响深远的变化。[①] 这一为富尔顿报告(Fulton Report,即 Report of the Committee on the Civil Service 1968)所预见的改革受到普遍欢迎。[②]

(一)执行机构的设计构想

执行机构既不是中央政府部门,也不是地方政府机构;既不是中央政府的派出机构,也不是其执行部门。不仅外国人感觉定位困难,英国学者也不例外。因此,在英国,执行机构被称为"下一步"机构。之所以有这样的名称,源于1988年的一份名为《提高政府的管理:下一步》的公务报告,为了同时提高对公民及其他政府部门的公共服务水平,这份给首相的报告设计了现行的执行机构的基本组织框架,其核心在于,这些机构与政策的制定无关[③],只负责执行而不负责决策。这是将其译为执行机构的最有说服力的原因。这项改变是基于政府的管理职能与决策职能方面的显著区别:政府的管理职能在提供各种服务时表现出来,而决策职能是政府部门形成并且执行政策的职能。[④] 政府相信,通过集中资金以及按照盈亏曲线来经营它们的"业务",这些执行机构能够更有效地提供公共服务。[⑤]

到了2000年,已经成立了137个执行机构(所雇用的公务员占公务员总数的80%),另有12个执行机构正在筹建中(又将包括7000名公务员)。这些行业跨度及所提供的服务类型差异巨大的执行机构,在规模上也相差悬殊,从仅有45名员工的全国度量衡实验室(National Weights and Measures Laboratory)到雇用了45000人的就业服务体系(Employment Service),每一个执行机构都有自己明确的业务,并在其公开的组织结构文件中予以列明。[⑥]

---

① Wade & Forsyth, p. 48.
② Wade & Forsyth, p. 49.
③ Wade & Forsyth, p. 48.
④ Wade & Forsyth, p. 49.
⑤ Wade & Forsyth, pp. 48-49.
⑥ Bradley & Ewing, p. 273.

(二) 执行机构的范围

执行机构代表中央政府承担着广泛的行政管理、规制、执行及商业职能。例如,咨询调解与仲裁服务局、种族平等委员会、机会均等委员会、乡村事务局、高等教育基金理事会、师资培训局等。①

执行机构的建立仅仅是过去15年间行政管理模式方面重大转变的一个例证而已。② 英国的很多行政管理领域建立了此类机构,有些是为了规范立法新确立的权利,有些则是取代先前存在的机构。例如,在广播领域,有独立电视委员会、广播标准委员会、广播管理局等;在警察及安全服务领域,有警察申诉管理局、通信侦听专员、情报服务专员等;在法律服务及司法行政领域,有法律服务理事会。③

1990年以后制定法创立的其他重要的公共机构包括,继续教育与高等教育基金委员会、职业养老金管理局、最低收入委员会、国家博彩委员会、竞争委员会、选举委员会、财政服务管理局。可以说,几乎每一部现当代的英国行政立法,都会设立一个以上的公共机构,专门负责该法的实施及该法所创设的制定法权力的落实。此外,大量自律性的公共机构也在政府的压力或者鼓励下成立,如出版申诉委员会④。

(三) 执行机构的组织结构

执行机构建立在半自治基础之上,该机构由一个从公务员队伍以外招募来的职业经理人作为执行经理(chief executive)。然而,执行机构并非法律上独立于其母机关(parent department)的实体,这些机构的成员在法律上仍然是英王的臣仆。⑤ 英王的臣仆的范围非常之广,包括军人和法官,公务员仅仅是其一支。

1992年《公务员(管理职能)法》[Civil Service(Management Functions)Act]允许将包括公务员工资支付和待遇在内的管理职能委派给执行经理,实践中通常都这样做。也就是授权执行经理管理其所在执行机构工作人员的工资及福利分配,从而保证该执行机构可以根据其投入(即工资和福利)及其产出(即所实现的行政职能),来进行类似于商业机构的按照盈亏曲线运行的商业运行模式管理。这些执行机构在执行经理与有

---

① Bradley & Ewing, p. 292.
② Wade & Forsyth, p. 50.
③ Bradley & Ewing, p. 291.
④ Bradley & Ewing, p. 291.
⑤ Wade & Forsyth, p. 48.

关部长所签订的基础性框架协议的基础上运行,该协议具体规定了如何衡量该机构的表现的具体方法。①

按照1990年《政府贸易法》,执行机构不但有自己的预算②,有时还会在某些贸易基金资助的基础上运行,不受通常的议会拨款程序的限制。皇家铸币厂、车辆检验所、公务员学院、公司登记局、全国度量衡实验室、就业服务机构、补助局、监狱服务机构等,都被设定为执行机构。③

(四)执行机构的法律地位

执行机构的历史不长,但颇具忧患意识的英国学界已经出现了对执行机构制度的存在、对议会审查机制以及政府对通常的公共服务职能承担责任的规则等的削弱的不断增长的怀疑。④ 因为按照原有规则,议会应当审查行政机构的设置,而执行机构的设置和运行完全由部长与该机构执行经理通过合同方式实现,执行经理不再直接对议会负责。这样,对于原来由政府承担、现在转由执行机构承担的主要是公共服务方面的职能而言,原有的由议会通过设立负责仔细审议的相应机构,并由该机构对议会负责的一整套规则维护的责任体制,现在就可能受到相应影响。

1995年10月,当时的内政大臣霍华德(Michael Howard)在几起严重的监所脱逃事件之后,解聘监狱服务机构的执行官刘易斯(Derek Lewis),这一事件非常生动地对此进行了说明。内政大臣不承认他应当就操作性的事件(operational matter)(例如脱逃事件)对议会负责;他只对政策负责,而在这一事件中并没有政策上的失误。结果便是,监狱服务机构的失误并没有使他对议会实质性地承担任何责任。⑤ 没有实质性地追究主管监狱服务机构的中央政府部门及其部长就这一失误对议会应当承担的责任,但不能说议会没有追究这种责任。可见,英国著名行政法学者韦德爵士仍然认为执行机构在这方面对议会还是要承担责任的,只是没有办法有效地追究这种责任。正因为如此,有些人对执行机构所承担的政府服务职能如何按照原有规则(如部长责任制原则)向议会负责提出怀疑。

---

① Wade & Forsyth, p. 49.
② Bradley & Ewing, p. 288.
③ Wade & Forsyth, p. 49.
④ Wade & Forsyth, p. 49.
⑤ Wade & Forsyth, p. 49.

七、咨询机构

(一) 设立的必要性

如果某一议题、公共政策或者法律的修改需要仔细审议,而政府又没有拿出一项确定的政策,则这项工作可能会委托给相关政府部门邀请来的一组专家。① 英国的委员会实在是太多了,这是英美文化的传统,即有事大家商量着办,公开而不独裁。英王的权力也通过这种方式得以延续。

咨询机构是为给部长或者行政官员提供独立的专业咨询而设立的。此类机构种类繁多,例如,杀虫剂顾问委员会,药品顾问委员会,裁判所委员会,法律委员会,英格兰艺术委员会,广播电视播放标准委员会,足球许可管理局,等等。②

对于希望将所有的决策权和管理权都掌握在自己手中的政府部门而言,要想做到这一点,就必须通过咨询机构获取来自政府以外专家的意见和帮助。这样的咨询机构形式多样,有些主要是用来考虑新的立法的必要性,有些主要提供法律执行方面的政策选择。有些咨询机构的任命是因为某一议会制定法的规定,有些则仅仅是因为该政府部门需要获得信息和建议。有些是因为某一特殊目的而被任命的,因此有一定的任期。③

在英国,主要以咨询委员会的形式解决重大决策时的政策研究问题,这是一条重要经验:一是中立,不受部门利益驱使,因为其不代表任何一个部门,并努力避免这种代表部门或者利益集团的利益的偏私的印象和做法;二是经费比较少,不用长期雇用;三是能够保证聘用最优秀的人才;四是保证竞争性,该委员会的结论由于不是终局的,因此会受到其他方面的挑战,而且其本身也会吸收其他方面有益的批评和建议,不会如御用机构那样专断或者因为长期无人竞争而水平低劣化。

通常,咨询委员会在出具正式报告后即告裁撤,但有的委员会也可以长期任命并形成一系列报告,例如公共生活标准委员会最初是在1994年任命的。委员会等调查机构作出报告后,接下来就要由部长或者政府来决定在何种程度上采纳以及如何采纳(如准备一个法律的修正案)报告中

---

① Bradley & Ewing, p. 305.
② Bradley & Ewing, p. 292.
③ Bradley & Ewing, p. 305.

所提的建议。① 以下介绍几类比较重要的咨询机构。

（二）皇家委员会和部门委员会

一般而言，在行政组织法范畴内，由政府设立的咨询机构限于皇家委员会（Royal commissions）及部门委员会（departmental committees）。咨询机构一般由部长设立②，称为部门委员会。对于某些需要更庄重的形式、涉及更为实质性的事项，时间又不是首要问题的，则会任命一个皇家委员会。部门咨询委员会可以由一名部长或者由几名部长共同任命，皇家委员会的设立则需要由英王在国务大臣的建议下给皇家咨询委员会委员颁发皇家委任状。虽然设立本身往往是出于政治需要，但无论是任命皇家委员会还是部门委员会，都属于行政行为，不需要议会的特别批准。③ 其区别仅在于是否更需要一种庄严的形式，设立部门委员会的程序比设立皇家委员会便捷。

皇家咨询委员会更为正式、更有威望，除此以外，两种委员会实施的调查非常相似。委员会通常要向政府之外的个人或者组织调取证据，当然也可以从公共管理机构调取证据，委员会也可以自行进行研究。皇家委员会通常公开调查以获取主要证据，而且所接收的宣誓证言和书面证据都要公开并发送议会。部门委员会则通常在不公开的情况下接收证据，而且其证据被公开的情况也较少。但1929—1932年间的部长权力委员会、1955—1957年间的行政裁判所与调查庭委员会都是公开接受证据并嗣后公开了有关证据。④ 无论是皇家委员会还是部门委员会都没有权力强制证人出庭作证，这与根据1921年《调查裁判所（证据）法》而任命的调查裁判所享有的强制出庭的议会授权不同。委员会主席必须确保委员会有效地工作并尽可能努力促成一个意见一致的报告。⑤

1978年，工党政府成立了一个皇家咨询委员会，负责审查调查违法及刑事追诉方面的警察权力与职责。⑥ 该委员会指出，现行有关警察权的规定需要相当困难地从以下法源中抽象出来：制定法、普通法、证据法

---

① Bradley & Ewing, p.306.
② Bradley & Ewing, p.288.
③ Bradley & Ewing, p.305.
④ Bradley & Ewing, p.305.
⑤ Bradley & Ewing, p.306.
⑥ Bradley & Ewing, pp.459-460.

以及法官及内政大臣对警察的指示的混合体,规范警察调查权的法律需要以明确的相互连贯的并且与当代环境相关的术语加以重构和重述。这一宽泛的结论被保守党政府所采纳,并导致了1984年《警察及刑事证据法》的出台。① 不难看出该委员会所持的中立性、客观性:工党设立的皇家咨询委员会得出的建议为取代该党执政的保守党政府所采纳。这说明,英国政界对于涉及法律改革这种全社会关注的长期事项的分歧,没有明显的党派之争,或者说不是党派之争的重点。从英国司法改革进程并无反复这一点看,执政党通过改革司法体制而为本党利益服务的可能性非常小。这可以用来解释为什么英国的司法体制改革进展比较慢,却极少反复:一般经历过一次以上政党权力交接后仍在继续的司法体制改革进程,在下一次甚至以后的政党交替中被变易的可能性非常小,从而保证了其长期稳定性。

在20世纪80年代至90年代,皇家委员会和部门委员会的影响不如20世纪70年代显著,在20世纪70年代,当时任命的皇家委员会和部门委员会因在诸如公务秘密、淫秽及电影检查、对政党的财政资助等领域公布了一系列重要报告而声名鹊起。1999年,英国政府任命了一个由韦瀚(Wakeham)任主席的皇家委员会,负责考虑贵族院的改革问题。许多过去由咨询委员会承担的工作,都转由公共生活标准委员会之类的机构以及特别工作组承担了。②

(三)公共生活标准委员会

该委员会不是由政府,而是由议会设立的,不是严格意义上的政府咨询机构,是为政府提供咨询建议的广义上的咨询机构。该委员会的举措在近年来特别重要而且卓有成效,其最初由梅杰首相成立于1994年,为调查当时有人断言某些议员曾经接受商人的报酬以便在议会中就商人有利的事项提问。该委员会由诺兰任首任主席,委员包括有政治生活经验及独立于政党的人士。③ 这一特性与跨党派议会特别委员会的功效是一样的,就是独立于政治影响,仅凭自己的良知代表公众作出判断。

无论梅杰的初衷是什么,该委员会已经成了一个常设机构,并且被认为是一个真正独立的机构。该委员会的委员由首相任命,这一点与部门

---

① Bradley & Ewing, p. 460.
② Bradley & Ewing, p. 306.
③ Bradley & Ewing, p. 306.

委员会和皇家委员会都不同,即任命权介于英王与大臣之间。形式上它是一个由内阁办公室发起成立的非部门咨询机构。①

该委员会的第一个报告,开创性地提出了自成体系的公共生活的七项行为准则,即无私、正直、客观、负责、开放、诚实和领导能力(selflessness, integrity, objectivity, accountability, openness, honesty and leadership)。该报告之所以重要,还因为它将这七项准则运用于指导议员、部长、公务员的行为,以及公共机构成员的任命。可见这个委员会已经远非最初的针对议员,而是针对所有的公务人员制定良好行为规范。该报告中的许多建议在本书不同部分提及,包括新的议员的良好行为规范、修订后的部长及公务员的良好行为规范、公共机构人员任用委员会的设立。②

该委员会的其他报告涉及地方政府资助的公共机构的行为标准,地方政府、非政府部门公共机构以及全民健康服务体系的行为标准,捐助政党的行为标准,贵族院的行为标准,等等。③ 其第六个报告还回顾了第一个报告的执行情况,并提出了一些新的建议。该委员会影响深远的建议导致了 2000 年《政党、选举及全民公决法》的出台,该法要求必须披露对政党的捐助,限制国外对政党的捐助,并限制政党及其他组织在大选期间的开支。该法还限制全民公决期间的开支,这与该委员会的建议不完全一致。④

(四)专门的咨询委员会

此类委员会与前述皇家委员会及部门委员会的区别在于,一般不是由政府正式任命的,而是通过其他途径设立,在某些情况下是政府必须咨询其意见的委员会。

政府部门与政府以外的组织之间的相互磋商,是英国政府活动中非常普遍的现象。磋商可以满足管理者从专家那里获取科学、技术、产业方面的专业信息的需要,同时也是那些在政府的人寻求被统治者认同的渠道,因而还具有重要的政治目的。咨询委员会或者顾问委员会的存在促使磋商这种做法建立在经常化的有组织保障的基础上。咨询委员会的做法适用于政府的各个领域,在准备新的委任立法方面特别有用,但其适用

---

① Bradley & Ewing, p. 306.
② Bradley & Ewing, p. 306.
③ Bradley & Ewing, pp. 306-307.
④ Bradley & Ewing, p. 307.

范围不限于此。此类委员会的存在有三种形式①：

1. 制定法规定必须咨询某委员会

在某些情况下，部长咨询某一常设委员会或者指名的组织，是其制定法上的义务，虽然咨询委员会在部长将有关事项交其研究之前不能主动讨论这一议题。

2. 部长自行设立并咨询的委员会

许多咨询机构是由部长或者有关政府部门依其自由裁量权任命并咨询的，这些机构的讨论是秘密进行的，尽管政务的更加公开将推动行政公正。

3. 由制定法设立并且部长必须咨询的委员会

这种委员会比第一种更进了一步，即制定法并不仅仅规定部长的咨询义务，而且明确设立一个委员会作为该义务履行时咨询的对象。一个制定法设立的部长必须咨询的机构的例子，是英国警察谈判委员会。根据1996年《警察法》（及与之相应的、分别适用于苏格兰、北爱尔兰的《警察法》，这是地方政府权力下放在立法上的一种表现，即对于这几个权力下放地区，分别制定同名但内容有别的不同法律）制定的有关警察机关内部的管理、服务条件等事项的规章，必须咨询警察谈判委员会，该委员会代表所有的地方警察机关以及各种级别的警察。

社会保障咨询委员会根据社会保障法的规定，就有关社会保障国务大臣的职能向其提供建议和报告。特别是在国务大臣提议要就某一社会保障方面的问题制定规章时，该提议必须咨询社会保障咨询委员会；在该规章抄送议会时，国务大臣必须一并告知议会该委员会的意见；如果未提供该委员会的建议，则需说明理由。②

裁判所咨询委员会是一个负责监督裁判所及调查庭的运行情况的机构，最初仅是一个咨询机构，并接受政府部门的咨询；像其他许多咨询机构一样，该委员会没有行政执行方面的职能，但其监督职能包括受理针对某一特别的裁判所或者调查庭的申诉。③

（五）特别工作组

特别工作组是自1997年以来发展起来的咨询机构，正如英国的一位

---

① Bradley & Ewing, p. 307.
② Bradley & Ewing, p. 307.
③ Bradley & Ewing, pp. 307-308.

评论者所言,是传统的皇家咨询委员会或者部门咨询委员会的替代品。1999年11月的一份提交给议会的答复中,列举了148个咨询团体和特别工作组,分别由不同的部门组建,涉及广泛的议题。其中包括内阁办公室建立的现代化优质政府计划特别工作组,文化、传媒及体育部设立的创新产业特别工作组,教育与就业部设立的学校标准特别工作组,内政部设立的人权特别工作组,以及苏格兰事务部设立的冠心病特别工作组,等等。并非所有的特别工作组成员中都包括部长,但绝大多数都由公务员及来自私营部门的人士作为其成员。有些特别工作组是由公司的行政管理人员任主席的。①

对于究竟有多少此类机构争议很大,公共生活标准委员会的第六次报告估计是30个至295个。该委员会引用其他相关方面的看法,指出特别工作组超出了公共机构人员任用程序的范围,尽管其设立目的是将外部针对某一特别政策问题的意见引入政府内部。与特别工作组的人员任用问题相关的另一个需要明确的问题是其任期:目前其任期介于某一皇家咨询委员会的任期与一个常设的内部工作组的存续期间之间。公共生活标准委员会建议内阁办公室应当给出一个可以接受的定义,其中最重要的因素应当是由政府外的人士组成并且运作期间不超过两年。② 时间太长就失去了与外界联系的纽带功能,从而违背其初衷。

人们目前普遍关心的问题是,特别工作组可以在没有任何时间限制的情况下建立并在运作过程中成为实际上的非政府部门咨询机构,但对他们的任命没有任何监督:这是一个公共机构人员任用督察专员的督察令状不发生作用的领域。公共生活标准委员会建议彻底反思一下目前的状况,以应对人们对于特别工作组的种种关注:不受管束的增长、缺乏公开的人员任用以及没有相应的责任机制等。公共生活标准委员会还建议,任何存在时间超过两年的特别工作组都应当被解散,或者将其归类为非政府部门的公共咨询机构的范畴加以管理。然而这一领域的一项令人忧虑的变化,则是工商部2001年年底聘请商人加入该部的策略委员会。③ 从这一表述看,英国学者很不屑于商人参政,但就工商业的战略问题而言,商人拥有的知识、资源不见得比律师或者贵族少。

---

① Bradley & Ewing, p. 308.
② Bradley & Ewing, p. 308.
③ Bradley & Ewing, p. 308.

八、全民健康服务体系

按照英国学者的分类,全民健康服务体系(National Health Service, NHS)及其所属机构不属于非政府部门公共机构的范畴,而是与之并列的一类机构。① 全民健康服务体系包括健康服务职能部门、特别健康服务职能部门及全民健康服务信托基金(NHS trusts)。这些机构 1999 年共有 417 个,都是根据 1977 年《全民健康服务体系法》(National Health Service Act)和 1990 年《全民健康服务体系及社区关怀法》(National Health Service and Community Care Act)授权设立的。其他全民健康服务职能部门包括国家血液管理局、微生物研究管理局等。②

第二节 公 法 人

公法人是公共所有并由公共机构控制的企业法人,但公法人有按照商业原则处理自己事务的实质自主权。③ 英国的公法人具有以下三方面的特点:① 公共所有。公共所有不是公众按股份享有所有权的普通民事共有,股份制是英国私有制企业的主要表现形式;公共所有是类似共同共有性质的国家所有。② 公共机构控制。此处的公共机构不是负有一般行政管理职能的国家行政机关,而是专门为控制这些公法人而设立的类似监事会之类的机构。③ 经营自主权。公法人拥有一定的经营自主权。

除了有专门监督公法人的公共机构,其他两个方面与我国国有企业相同。但正是负有控制功能的公共机构的存在,使英国公法人的运作方式和盈利水平与许多国家的国有企业殊为不同。例如,在 1964 年的 *Charles Roberts Ltd. v. British Railways Board* 一案中,一家制造铁路油罐车的私人公司要求法院发宣告令,确认作为公法人的英国铁路公司的董事会无权决定制造某种油罐车并卖给一家油品公司。但法院认为,法院无权干涉董事会的决定,并认为这是董事会在其制定法规定的权限范围内有效履行其商业职能的活动。法院还考虑了董事会的这一决定对

---

① Bradley & Ewing, p.291.
② Bradley & Ewing, p.292.
③ Bradley & Ewing, p.291.

其他私营企业主所造成的经济影响。① 该案原告的出发点在于，既然被告是一个垄断性的经营铁路的公法人，其经营范围应当不同于一般的私法人，应当有所限制，于是为了避免自己在竞争中处于不利地位，原告提出了诉讼请求。类似的做法包括水表厂诉自来水公司生产水表。

一、契约政府

参见本书第三卷第一编第三章第七节行政合同。

二、国有化的反复

（一）国有化

第二次世界大战以后英国曾经历了一次国有化浪潮，许多重要的部门通过国有化建立了大型的公法人，即国有化企业。② 特别是1945—1951年工党政府期间实施的国有化计划，使英国经济变成了一种私有经济与公有经济共存的混合经济。从此以后，所有上台执政的政党都在采取更为广泛深入的社会调整与福利规划。③ 不知是英国学者有意强调还是事实使然，英国现代历史上许多重大的改革措施都是在工党执政期间实施，此处的国有化计划便是其中之一，此前介绍的宪法体制改革，也是在工党执政期间进行的。而私有化却是保守党某首相上台时的竞选纲领。

在英国学者看来，某一工业部门实行公有制，往往是因为需要施以更强有力的控制，即政府对于这些部门所提出的要求是无法通过一般的法律手段规范私有企业的。因此，如果能够通过常规的法律手段施加这种影响，则没有必要推行公有化，尤其是在公有化的成本超出了政府所能负担的程度的时候。于是，基于加强控制的目的，英国在战后实施了大规模的公有化。但是，严格来说，英国的公有化，只能是战时国家控制的一种延续，是赋予战后国家对于战时接管的私人企业的继续控制以法律上的理由。按照当时的思路，如果要对某一法人实施公共控制，主要是通过某一相关部长实现的，该部长负责任命董事会主席和董事、有权调取有关的信息并给董事会下指示、批准董事会的外部财务以指导决策、接受董事会

---

① Bradley & Ewing, p. 303.
② Bradley & Ewing, p. 291.
③ Bradley & Ewing, p. 288.

的财务报表和年度报告。①

英国战后国有化立法的宗旨是,将有效的、富有活力的商业管理与适当的公共控制与责任制结合起来。因为早在那时人们就已意识到,公务员的管理方法、财政控制以及完全对议会负责的一套管理思路,并不适合于经营一个庞大的工业。②但这并不意味着部长要对公司的所有日常管理活动负责,但部长们必须有权介入公司的宏观事务,而且这些事务依法要由部长批准。相应的,部长也要根据部长责任制的要求,就他们行使制定法赋予的权力的情况向议会报告。③ 在1945—1951年间,主要的公共事业、交通和能源供应等都由国家掌握,但却不是委托给政府部门经营,而是委托给新的立法所设立的公共机构。④ 从这一制度构想看,英国战后的国有化是相当温和的,充其量是一种指导性控制,而非指令性控制。但实际上,无论1945—1950年间的国有化立法的制定者是怎么筹划的,国有化后的实际情况是,部长们对于相关的工业部门实施了相当的控制,而且常常严重地干预企业的事务。⑤ 由此得出的结论是,公有进而公共控制是制度使然,而与国家的文化、法制传统无关。英国学者分析了造成这种结果的原因,大致有两个:

一是尽管在某些时期某些国有化企业能够赚钱,但许多企业严重亏损时,需要政府予以支持。⑥ 也就是说,这种支持产生的依赖性强化了部长对这些企业的控制。但英国学者没有明确解释的是,究竟是部长过分的控制导致了企业的亏损,还是因为企业的亏损造成对政府资助的需要,进而强化了部长的控制?

二是这些企业在整个经济中扮演着重要的角色,如作为大雇主,最基本的通信、能源的提供者,以及在其投资基础上对这些企业的经营,成为影响整个国家经济的经营的重要方面。这些工业部门的许多决定将产生广泛的社会和经济影响,例如对消费价格、雇员的工资、购买决定(例如英国航空公司是否购买英国的飞机)以及关闭不盈利的业务(如铁路线路或者煤矿)等的影响。很难使这些决定摆脱政治的影响,也难以在各种权利

---

① Bradley & Ewing, p.299.
② Bradley & Ewing, p.289.
③ Bradley & Ewing, p.299.
④ Bradley & Ewing, p.289.
⑤ Bradley & Ewing, p.299.
⑥ Bradley & Ewing, p.299.

之间取得平衡。① 随着和平时期的到来,以及国有化企业普遍的盈利能力低下的状况,政府的财政负担终于将力主国有化的工党政府拖下了台,于是以私有化为竞选口号的保守党得以上台推行其矫枉过正的政治理想。

(二) 私有化

国有化的过程一直延续到 1979 年。随后,英国又开始了与国有化相反的私有化运动。② 从 1979 年开始,执政的保守党政府采取一项将公法人私有化的措施。根据公共收支委员会 1998 年发表的一份著名的报告:在此期间,共有 150 个英国企业被私有化,从数以十亿英镑计的主要企业,到很小的亏损企业应有尽有。在这个过程中,国有企业占 GDP 的比例从 11% 降至 2%。③ 这个比例说明,即使在国有化程度最高的时候,英国国有企业的数量也非常有限,国有企业产出占 GDP 的比例也是不高的。

私有化的目标包括:提高相关企业效率,促进市场经济发展,减少国家债务以及增加财政收入等。英国私有化计划主要采取三种形式④:① 国有公司非国有化。如英国燃气公司、英国电信公司、英国航空公司、英国煤炭公司和英国铁路公司的私有化。② 减持国有股。抛售先前由政府持有的公司股票,如美洲虎、罗尔斯·罗伊斯、英国核燃料有限公司等。③ 出售公司财产。将政府公司中的财产售出,如英国石油公司。

到 1999 年,剩余的国有公法人已寥若晨星,仅有 12 家公法人属于此列,其规模小至伦敦的科芬园市场管理局(Covent Garden Market Authority),大到英格兰银行,此外还包括某些在传播领域具有突出地位的公共机构,如英国广播公司、英国电视四台、独立电视委员会(Independent Television Commission)、广播管理局。后面三个机构都是根据 1990 年《传播法》(Broadcasting Act)设立的。⑤

除此之外,英国仍有为数不多的国有企业,如高地及群岛航空公司、英国核燃料公司、民用航空管理局、伦敦地区公交公司、邮政局、英国煤

---

① Bradley & Ewing, p. 299.
② Bradley & Ewing, p. 291.
③ Bradley & Ewing, p. 290.
④ Bradley & Ewing, p. 290.
⑤ Bradley & Ewing, p. 291.

炭公司、英国造船公司、英国铁路委员会和苏格兰运输集团。① 这些公共机构中,除后四个以外,都在向着全部或者部分私有化的方向发展,后四个公共机构仅是留守机构性质,只负责处理一些私有化遗留的问题,如立法、保险索赔请求等事项。② 从这个细节可以发现英国法治缜密之处:这个收尾工作可以起到善终的效果,避免私有化过程中一刀切产生的问题。

(三) 私有化过程中的弊端

参考下文将详细介绍的英国燃气公司的现行管理体制,将国有企业私有化的困难在于,公司的资本没有股份化,因而不能卖给私人投资者。尽管私有化过程需要一系列不同的方法保证其安全,但在某些私有化的个案中,私有化的困难是通过以下简单的方式克服的:法律规定在某一由国务大臣指定的日期,将公司所有的财产、权利和义务都转移给部长指定的一个公司,该被指定公司是一个以完全为英王所有的股份为限的有限责任公司,法律授权政府可以在这个后续公司中保留一部分股权,而将其余股权出售后的收益注入国家常年基金。③ 该基金为高级法官、议会行政监察专员等提供薪金来源,读者在这里可以看出,英国是如何保证这一维系英国司法与行政公正的稳定基金成为有源之水的。

一旦国务大臣认为旧公司的清算活动已经停止且没有其他的事可做了,就可以通过发布命令解散旧公司。这一方法曾用于英国宇航、英国航空、英国电信、英国燃气以及供水、供电公司等。因此,每一个这样的私有化立法几乎仅是一个例行公事的空架子,没有根据各个公司的特点作具体的设计④,也就是一个模板适用于所有按这种模式私有化的公司。

作为议会特别委员会之一,公共会计委员会主要调查国有化企业被转卖的过程,以监督纳税人的钱是否有变现的保证。该委员会的许多报告都对政府在出卖国有企业的过程中未能收回更多的钱或者给予购买者过多的津贴提出了尖锐批评。铁路车辆租赁公司[(Railway) Rolling Stock Leasing Companies]仅以 15 亿英镑的价格被变卖,但接着就被以 27 亿英镑转手,英国能源有限公司、铁路轨道公司等的股票均在转卖后

---

① Bradley & Ewing, p. 291.
② Bradley & Ewing, p. 292.
③ Bradley & Ewing, p. 296.
④ Bradley & Ewing, p. 296.

大幅度上涨。这充分说明,在国有公司最初的出售阶段,仅出售政府所持有的部分股份是非常有好处的。① 这是英国私有化进程中的一个经验总结,即不要整体出售国有公司,而要通过资本市场的运作,分期分批将国有企业变卖兑现。其他的一些批评来自出售以后的副作用,公共会计委员会批评说,铁路车辆租赁公司的私有化过程,使得英国铁路公司的一小部分经理人员成了千万富翁。

(四)法治化

值得注意的是,在过去五十年间,英国公法人所有制体制虽然沧海桑田,但有一点却是不变的,那就是所有的变化都是在法治化背景和基础上完成的,先立法后改革的思路不但为保守党所秉承,也为锐意改革的工党所维护。就私有化而言,所有的私有化过程都是针对某一行业甚至某一企业,通过单行立法审慎地实现。如1986年《燃气法》(Gas Act),1980年《民用航空法》(Civil Aviation Act),1984年《电信法》(Telecommunications Act),1993年《铁路法》(Railways Act)以及1994年《煤炭工业法》。其他主要的私有化立法还涉及供水和供电,分别由1989年《水法》(Water Act)和1989年《电力法》(Electricity Act)予以规范。② 英国通过立法来实现私有化,是一个有益的经验,法治前提下的私有化要比有些国家采取的证券化道路更为合理,目前的趋势已经非常明显,政府手中确实积攒着大量的名义市值的股票,但是其兑现的时机却遥不可期,国有股市场化的门槛依然是一道无法逾越的鸿沟。

英国公法人的私有化过程,同时也是对完成私有化的公用事业机构加强监督的过程。表面上看,公有制在这一时期有所衰退,但并不意味着公共机构末日的到来。仍不断有新的公共机构成立,以规范私人化的公共事业,如根据2000年《公用事业法》设立的燃气与电力市场管理局、燃气与电力消费者委员会,这两个机构取代了早先在这些企业私有化之后分别设立的管理机构和消费者机构。③ 在立法对电信、供水及铁路进行私有化的过程中,也依法设立了类似的公共机构。④ 当然,这些公共机构与此前的国有公司的最大区别是,这些机构管理相应的公用事业机构,即

---

① Bradley & Ewing, p. 301.
② Bradley & Ewing, p. 296.
③ Bradley & Ewing, p. 290.
④ Bradley & Ewing, pp. 290-291.

私有化的原国有公司,因此,规模要小得多,成本低得多,目的也单纯得多:局限于公用事业的公平服务。至于公用事业是否能够盈利、是否能够解决就业问题,则基本上遁出其监管的范围,而交由市场机制予以调节:亏损、倒闭都没有关系,换一批经理人或者换一个经营公司,公用事业服务照样能够进行。

三、地方政府机关的公司

地方政府机关的公司是随着地方政府机关寻求摆脱越来越紧的财政约束或者克服资产负债表的限制以履行其职能的方法,于近年来走向前台的。例如,在垃圾处理领域,制定法要求地方政府机关通过某一公司履行此项职能。①

如果地方政府机关没有预先采取合理的措施以确保某项工程的竞争性,则根据1988年《地方政府法》,与该地方政府机关有联系的地方政府机关的公司就不得获得为该地方政府机关实施此项工程的合同。②

对于在没有明确的制定法授权情况下,地方政府机关是否有权设立公司,英国国内一直存在争议。1995年的 *Credit Suisse v. Allerdale* 一案一审时,法院认定,设立公司属于地方政府机关的默示权力,当然前提是该设立行为的目的本身不越权。在该案上诉过程中,上诉法院对此不置可否,但英国学者推测,法院可能持一种不太倾向于肯定地方政府机关有权设立公司的态度。③

在没有更多的明示权力的情况下,虽然对此没有统一的认识,但信托机构以前曾被视为一种公司形态,并对受托人是否越权的问题给予了更密切的关注。与此类似的是,成立一个慈善公司以承揽关爱服务,也一直得到认可。除此之外,如果没有其他正当事由,仅仅为了规避财政控制而设立公司的做法,都被视为违法。但1989年《地方政府及安居法》第3条规定的地方政府通过委托方式行使其职能的权力的幅度,使得有关地方政府机关是否有权设立公司的问题在很多情况下仅具有学术价值。④

无论地方政府机关是否有明示的设立公司的权力,在英国法中非常

---

① Andrew Arden, p. 617.
② Andrew Arden, p. 617.
③ Andrew Arden, p. 617.
④ Andrew Arden, p. 618.

清楚的一点是,非依法律明确授权,地方政府机关不得将其职能委托给某一公司行使;而在地方政府机关有权利用某一公司以履行其职能的场合,该公司也仅仅是该地方政府机关的代理人或者地方政府机关任命的人。①

尽管有这些限制,在英国非常普遍的是,地方政府机关在公司事务方面相当活跃,其中有许多得到了中央政府的承认。② 这种承认是行政性的、政策性的,而非法律性的。什么时候中央政府通过立法赋予地方政府机关设立或者参与公司事务的明确权力,才能说中央政府在法律上也是承认或者支持地方政府机关设立公司的。

无论地方政府机关介入公司的理论基础是什么,二者的关系是由1989年《地方政府及安居法》第5条调整的,该条及据此制定的条例决定了公司的某项财务活动(financial activities)是否应当视为独立于或者混同于地方政府机关的财政活动。③

(一)地方政府机关公司的分类

1989年《地方政府及安居法》第5条的规定界定了受控于地方政府机关的公司及受其影响的公司。对于这两类公司,国务大臣可以制定相关规定,规范、禁止或者要求有关的公司采取某些行为或者某一系列活动,其中包括旨在实施该法第4条规定的资本控制的措施。被纳入控制范围的公司被称为受规制公司。除此之外,还有一些公司是地方政府机关仅享有少数者权益的公司。传统上所称的公司,以及根据1965年《产业及社团法》(Industrial and Provident Societies Act)登记的机构或者应当据此登记的机构,属于潜在受规制的范围。某些非慈善性的信托机构有时也会成为规制的对象。④

(二)受地方政府机关控制的公司

如果某公司满足下列条件之一,则该公司将"永世"(for the time being)受制于某地方政府机关⑤:① 根据1985年《公司法》(Companies Act)第736条规定,该公司属于该地方政府机关的附属部分;根据该条的

---

① Andrew Arden, p. 618.
② Andrew Arden, p. 618.
③ Andrew Arden, p. 618.
④ Andrew Arden, p. 619.
⑤ Andrew Arden, pp. 619-620.

规定,如果某一公司的多数投票权掌握在另一公司手中,则该公司就是另一公司的附属公司。② 虽然某公司不属于某地方政府机关的附属机构,但地方政府机关有权在该公司的股东大会上控制多数投票权。③ 虽然某公司不属于某地方政府机关的附属机构,但地方政府机关有权任命或者解雇该公司董事会的多数董事。④ 某公司处于另一公司的控制之下,而后者又在某地方政府机关的控制之下。

国务大臣有权通过指示确认某一公司不应视为受某一地方政府机关或者其公司控制的公司,尽管该公司满足主要的认定条件。① 这样做的意义显然不是给这样的公司一个名分,而是使地方政府机关在与这样的公司打交道时,可以不受与其控制的公司打交道的法律上的限制。

如果某一公司本身并不受制于某一地方政府机关,但如果将两个或者更多的地方政府机关的行为、权力和利益视为一个整体,该公司又应当被视为受制于该整体,则该公司就应当被视为受制于构成这一整体的几个地方政府机关的每一个地方政府机关。② 这实际上扩展了对地方政府机关的限制,从而避免了各地方政府机关为了规避法律而联合成立合伙制公司之类的情况。从这个例子可以看出,英国法是相当周延的,考虑到了钻法律空子的各种可能,并在立法时一一予以封堵。

(三) 公平交易公司

某个在其他情况下应当被视为受制于某一地方政府机关的公司,有时会被列入公平交易公司范畴,其存在的条件是:地方政府机关在任一财政年度开始之前,决定在该财政年度将该公司作为公平交易公司对待;同时,该地方政府机关保证在此项决定作出后至该财政年度结束前满足八项一揽子要求;该公司经理的任命、不得解雇公司经理、公司经理与地方政府机关的官员或者组成人员之间不得有关联、该公司不得通过私下租赁或者合同占用地方政府机关的土地以及财政援助方面的限制。地方政府机关的垃圾处理公司就被要求必须属于此种意义的公平交易公司。③从上述要求看,实际上是摆脱地方政府机关对该公司的控制。但从公平交易公司的形成过程看,这种公司的存在还是属于地方政府机关控制的公司的一种过渡:在一年内暂时隔绝地方政府机关对该公司的控制,但下

---

① Andrew Arden, p. 620.
② Andrew Arden, p. 620.
③ Andrew Arden, p. 620.

一年是否继续就不一定了。如果某一公司被地方政府机关列为公平交易公司,则它们就不再是受地方政府机关控制的公司,地方政府机关也不得再行使八项要求范围内的职权,在这种情况下,该公司的活动范围,包括其与该地方政府机关打交道的能力,反而因为摆脱了法律对地方政府机关控制的公司的限制而扩大了。

至于地方政府机关的垃圾处理公司,法律要求地方政府机关必须与其保持距离,属于长期的公平交易公司,但这种状态的出现是该类公司的性质决定的;地方政府机关需要设立这样的公司,又必须与之保持距离,在没有人愿意承担垃圾处理工作时,地方政府机关通过这些公司履行职能,在有人愿意参加竞争时,又必须一视同仁,赋予其他公司同等的竞争参与权。

(四)受地方政府机关影响的公司

受地方政府机关影响的公司,是指地方政府机关与之存在关系,但又没有达到法律所界定的控制程度。此类公司不包括银行或保险公司,以及银行或者保险集团的成员公司。除非国务大臣另有指示,否则"关系"的必要水准受两项标准的控制:一是20%的门槛值;二是商业关系。①

(五)对地方政府机关公司的限制

1. 公司的公文及印刷品

某公司由特定地方政府机关控制或者影响的事实,必须在该公司所有的商业信函、通知及其他公务出版物上提及,所有需要该公司签字或者代表公司签字的交易账单、承兑票据、背书、支票、现金或者货物的支付命令也要提及,在该公司的所有包裹单、发票、收据以及信用证上也必须提及。②

2. 对经理人付酬的限制

对于地方政府机关控制或者影响的公司的董事,同时又兼任管制范围内的公司的经理人员,他们所能获得的薪资是受限制的,这种限制大致参照地方政府机关本身对其组成人员中兼任其他竞争性职位时所能给付的最高报酬。③ 英国地方政府机关组成人员主要就是地方议事会成员,

---

① Andrew Arden, p. 621.
② Andrew Arden, p. 627.
③ Andrew Arden, p. 627.

他们是没有固定薪资的,地方政府机关可以聘用受薪的行政官员,这些官员可以由地方政府机关组成人员兼任,但需要竞争上岗,故有所谓竞争性职位一说。对于这些人的报酬标准,就是地方政府机关控制或者影响的公司的经理人员所能获得的工资的上限。这是比较合理的,合理的基础在于,英国总体上是一个均质社会,收入差距并不大,农业工人与政府官员的收入相差不多,而公司的经理人员的薪酬则与其公司的所有制或者经营者的性质无关。这是其可以要求地方政府机关控制的公司经理的收入不能超过地方政府机关官员的收入的合理性所在。当然,这样的规定未必合理,但从这类公司的公益服务性质着眼,却又可以理解;即使从经理人角度出发,他们完全可以用脚投票,没有退出肯定是因为觉得待遇还可以。

3. 审计

受规制公司必须(而且必须授权并指示其审计员)向地方政府机关的审计师提供该审计师所要求的反映该公司业务的信息或者说明,而且地方政府机关还必须向审计委员会授权的任何人提供审计师或者审计委员会履行其基于1998年《审计委员会法》(Audit Commission Act)规定的职责所必需的信息。对于地方政府机关控制的公司的首席审计员的任命,必须取得审计委员会的认可。①

4. 信息披露义务

处于控制或者影响地位的地方政府机关的任何组成人员,都有权合理地要求受规制公司提供为使该组成人员适当地履行职责所必需的信息。地方政府机关本身也有权在其指定的合理时间内,为了实现某项条例的目的从受规制公司那里获得其所指定的合理形式的信息。②

5. 股东大会

受制于地方政府机关的公司必须通过向任何公民提供其所举行的股东大会的会议纪要副本的方式,使任何公民对该公司的检查成为可能;但是,如果提供会议纪要副本将泄露承诺保密的事项或者对某人承担的保密义务,可以免除提供会议纪要的义务。③

---

① Andrew Arden, p. 627.
② Andrew Arden, p. 628.
③ Andrew Arden, p. 628.

6. 授权公司

授权公司不是指那些受地方政府机关规制的公司或者被列入附表中的公司,而是指与地方政府机关有联系的个人与地方政府机关联合后成立的、该个人在股东大会上仍有表决权的公司,或者该个人为经理人的公司。地方政府机关不得使那些无资格成为地方政府机关组成人员的人成为某授权公司的董事或者经理人,或者使其作为该地方政府机关的代表出现在该公司的股东大会上。[1]

四、现行管理体制

（一）规制的必要性及基本思路

由总审计长进行的对四个主要的公用事业部门（水、燃气、电力和通信）的一项研究表明,这些部门都是庞大而且具有重要经济意义的,为总计2500万消费者提供服务,所使用的资产总额高达2400亿英镑,每年的产出为510亿英镑,占英国当年GDP的8%。[2] 仅凭这些数据,就不可避免地要对这些公司采取某种形式的规制,更何况在每一个这样的部门中,都存在少数公司垄断或者控制着整个部门的现象。[3]

可见,通过私有化过程,政府并没有放弃在这些商业活动中的利益。事实上,在一个像英国这样的复杂而且政府与市场主体相互依存的现代经济体中,需要政府介入社会经济,从而使政府的宏观性商业决策不可避免。随着大量的公司从公共部门退出,通过制定法对其业务加以控制遂成为大势所趋,而在这个过程中,国务大臣扮演着重要的角色。[4]

英国过去没有、现在也没有统一地规定国有企业结构的立法。[5] 但正如前文所言,无论国有化还是私有化,都是在法治化前提下通过单行立法推进的。虽然各公法人改制的时间有错落,但其改制的思路基本上是一致的,由此决定了各单行立法所确立的改革后的管理体制也是大致相同的。这一管理体制包括三个主要组成部分：一是对于所有企业的一般管理,公法人作为一个企业自不能例外；二是设立公法人的专门管理机构；三是设立消费者监督管理机构。其中,在通过立法实现私有化的过程

---

[1] Andrew Arden, p. 629.
[2] Bradley & Ewing, p. 296.
[3] Bradley & Ewing, pp. 296-297.
[4] Bradley & Ewing, p. 296.
[5] Bradley & Ewing, p. 295.

中,每一单行法设立管理机构和消费者委员会是一种普遍的做法,即在私有化的同时,设立这两个机构,一方面加强私有化后的管理,另一方面加强对消费者利益的保护,二者共同作用的结果,是使私有化后公用事业在服务水平不下降的前提下,实现提高企业效率、促进市场经济发展、减少政府债务、增加财政收入的四大私有化目标。

上述改革思路是英国私有化的标准思路或者做法,也奠定了英国公法人的管理体制。下面以颇具代表性的英国燃气公司为例加以介绍。

(二)国家的一般控制

1. 促进竞争以控制垄断

英国学者认为,政府拥有在某些具有"自然垄断"(natural monopoly)的工业部门推进竞争的职责,为此目的有必要予以立法,如1995年《燃气法》即扩大了燃气供应领域的竞争。① 英国燃气公司是根据1972年《燃气法》对该行业进行重组后成立的,并取代了根据1948年《燃气法》设立的燃气委员会。该公司在国家的一般控制下为国民提供公共服务,即提供燃气。② 按照当时的立法规定,拥有"特别的供应燃气的垄断性权力"的英国燃气公司的职责是:开发并保持一套经济有效、运转协调的燃气供应体系,以便安全而经济地为所有合理的需求供应燃气。③

1986年,英国颁行了公认为非常典型的通过立法对公用事业进行控制的《燃气法》,后来的1995年《燃气法》、1995年《竞争法》和2000年《公用事业法》在某些重要方面作了关键性修正。新《燃气法》废除了先前制定法确立的英国燃气公司的垄断地位,规定国务大臣和燃气管理者(燃气与电力市场管理局)共同的基本目标在于:通过促进燃气供应者之间,以及与燃气的运输、配送及供应有关的商业活动中的有效竞争,保护消费者的利益。④ 该法的一个基本出发点是,通过竞争保护消费者的利益。此处所强调的竞争,不但是燃气供应者之间的竞争,而且是参与燃气供应商业活动的所有人之间最大限度的有效竞争。可见,英国公用事业改革设计者的思路中,没有比促进有效竞争更能保护消费者利益的方式了。至于促进竞争的领域,则是所有的可能引入竞争的环节,不限于供应商一

---

① Bradley & Ewing, p. 299.
② Bradley & Ewing, p. 295.
③ Bradley & Ewing, p. 295.
④ Bradley & Ewing, p. 297.

端。因为每一个可以引入竞争的环节,都可能通过竞争者改善服务、降低成本的相互竞争,为消费者提供更为质优价廉的服务。

但是,尽管存在这一根本目标,部长及监管者都应当通过其职能的履行来确保在经济上可行的前提下,既要满足所有合理的对燃气的需求,同时又要保证每一燃气供应许可证的持有者能够保本经营。制定法还特别要求部长及管理者要考虑残疾人、慢性病患者以及退休金领取者、低收入者、居住在边远地区者的利益。①

2. 立法的控制

国家对燃气公司进行控制的手段包括规定其行业政策并获得其财政盈余。该公司的董事会主席及大致 10—20 名其他董事是由内政大臣任命,并由内政大臣在征求公务员事务大臣意见后决定其薪金和津贴。②超收归公、工薪封顶,如此控制手段可谓严格。这从一个方面说明,为了消费者的利益,可以对公用事业经营者采取控制手段的强硬程度。

有时,立法会明确禁止某些特别的滥用职权的行为,如 2000 年《公用事业法》就涉及某些公用事业公司的经理人员给自己支付高额报酬的问题。③ 这一规定的必要性,在某种程度上就是公用事业经理人由国家任命的必要性。非此,则无法防范经理人直接或间接地将支付给他们的报酬演化为这些公用事业公司的主要开支。由国家控制经理人报酬的必然结果是,这些人的报酬不会比英国"工薪"官员高太多,如公认高薪的高等法院法官的工资是 123000 英镑④,如果远高于这一数额,显然是不会被议会批准的。

由于政府负有保护消费者免受公用事业公司不公正做法侵害的职责,为达此目的,立法授权部长为每一个相关的工业部门任命一名管理者,履行政府与议会为其设立的职责。⑤

3. 议会特别委员会的控制

议会面临的获得国有化工业信息的困难,也缺乏有效的程序使这些企业的报告及财务报表每年提交至议会,促使议会在 20 世纪 50 年代早

---

① Bradley & Ewing, p. 297.
② Bradley & Ewing, p. 295.
③ Bradley & Ewing, p. 300.
④ Elliott & Quinn, p. 102.
⑤ Bradley & Ewing, pp. 299-300.

期尝试利用众议院的委员会,以建立更强有力的议会控制。① 这至少说明,早在国有化初期,议会对于国有企业的管理失控已是一个明显的事实。

　　例如,1956 年,议会专门成立了一个负责检查国有化工业企业的报告及财务报表的特别委员会。在 1956—1979 年间,这个由所有党派议员组成的委员会就国有化企业及其与政府的关系,进行了一系列研究,并不时召开严厉批评性的调查庭。② 这体现了多党派委员会与执政党政府设立的委员会的区别,执政党的委员会代表部长,而多党派委员会则是代表议会的,正因为如此,才有前述议会对国有化后的工业企业知之不多的问题。因为这些企业只向部长报告情况,不向议会负责,从而导致议会所了解的情况与议会中的部长所了解的情况不完全一致,甚至有很大不同。国有化后的公司固然与部长有密切的接触,但对于议会则没有那么热衷,这是议会觉得自己失去了对这些企业控制的一个主要方面。但是从政治角度考虑,政府与议会的这种区分在议会的表决中基本上表现不出来,尤其是当政府在议会中拥有绝对多数的时候。唯一可以理解的是,反对党及执政党的后座议员或者是为了自己,或者是出于责任,或者是出于好奇,而打着要求议会了解情况的旗号寻求议会的支持,其结果就是各种以议会名义组建的多党派委员会的出现。

　　多党派委员会的成功,促进了将议会特别委员会的做法运用于政府其他活动领域。当目前的议会特别委员会体制于 1979 年开始建立的时候,每一特别委员会都被赋予检查主要的政府部门的开支、管理及政策等情况以及与这些部门相关的公共机构的权力。③ 此处说明,英国学者曾经反复强调的议会特别委员会制度是 1979 年才正式成建制地设立的,而其主要的诱因,是 1956 年成立的前述委员会的成功。

　　某些工业部门一直受到议会中的特别委员会的审查监督,这些委员会包括财政委员会、工商委员会、交通委员会等。工业部门的财政状况的某些方面也受到公共会计委员会的审查,尽管这些工业部门的会计报表每年都向议会通报,但总审计长却无权亲自检查这些工业部门的会计账册。1983 年《国家审计法》扩大了总审计长检查部门及与部门相关的公

---

① Bradley & Ewing, p. 300.
② Bradley & Ewing, pp. 300-301.
③ Bradley & Ewing, p. 301.

共机构的经济、效力及效率等方面情况的权力,但国有化的工业部门及其他公共机构,如英国广播公司等,却被明确排除在该法适用范围之外①,即总审计长不能检查这些工业部门的经济、效率等方面的问题。

尽管私有化减少了议会特别委员会能够审查的国有化工业部门的范围,但绝没有使之完全消失。现在,各种不同的调查主要是由公共会计委员会和工商委员会实施的,当然其他的委员会也发挥了一定的作用。公共会计委员会主要调查国有化企业被转卖的过程,以监督纳税人的钱是否有变现的保证。②

4. 部长的控制

有时,立法会授权部长制定规章,尽管1995年《燃气法》已将燃气领域制定规章的大部分权力移交给管理者了,但管理者制定规章的权力只能在征得部长同意的情况下才能行使,而部长在任何情况下都保留部分权力,如涉及公共安全时。③

《燃气法》授权部长给予燃气公司其认为适当的指导,以保证燃气公司有效地经营,同时就该公司履行职能过程中的那些在部长看来明显影响国家利益的事项,授权部长给予一般性指导的权力。④ 此处有关部长的授权在中国读者看来可能莫名其妙,因为其没有指明是哪一个部长,甚至没有挑明是哪个主管部门,这正是英国授权法在决定国务大臣及部长权力时的一般做法,至于这样的立法授予的权力如何具体落实到某一特定部长,则是一个职能相互协调的问题。

《燃气法》还要求燃气公司依国务大臣的要求向国务大臣提供其活动的信息,并每年向部长提供年度报告。该报告同时要呈送议会。⑤ 有时,制定法还规定部长可以就公用事业管理者履行其义务的优先顺序作出指示。如1986年《燃气法》即要求部长就有关社会及环境政策,对公用事业的管理者进行指导。⑥

对于这种继续存在的部长的控制,英国国内不时有人指出,私有化并没有缩小先前的国有化工业部门的活动受部长干预的范围。总审计长

---

① Bradley & Ewing, p. 301.
② Bradley & Ewing, p. 301.
③ Bradley & Ewing, p. 300.
④ Bradley & Ewing, p. 295.
⑤ Bradley & Ewing, p. 296.
⑥ Bradley & Ewing, p. 300.

1995—1996年度指出:"政府决定了这些公司在私有化后最初的地位。政府对这些公司颁发许可证,决定那些原先公有的公司的资本构成比例,对那些取得垄断或者优势地位的公司实施最基本的价格控制。"[1]这种担忧的本质,还在于担心现在私有化后的公法人重蹈公有化的覆辙。可见,在英国,作为普遍的民族性心理,人们担心得更多的,不是政府对企业失去控制,而是政府过分干预可能导致的企业竞争不足、效率低下等问题。

5. 许可证管理

根据1986年《燃气法》,燃气供应许可证(其中包括一个计算供应价格的公式)的有效期限自颁布后起25年内有效。许可证的有效期只能在持有人同意时才可以变更,当然是指在25年内的缩短,除非管理者提请竞争委员会就该公共燃气供应者供应燃气事项的任何有关方面是否与公共利益相抵触进行调查并作出报告;如果该委员会得出了供应者的供气行为与公共利益不完全一致的报告,那么管理者就要对许可的条件进行适当的修改。曾经有人向垄断与兼并委员会申诉,于是,在1993年实施的对燃气工业的一份主要的审查报告中,该委员会得出结论:应当要求英国燃气公司将运输及贮存业务从其主业中分离出来,同时,对许可证中包括的定价公式也要进行调整,以便减少价格增长。根据1995年和2000年的修订,在某些情况下,许可证可以不经提请竞争委员会而由管理者直接颁发。尽管1995年《燃气法》期望通过在燃气供应领域引入充分的竞争,而降低管理者确定燃气供应价格方面的作用,但1998年《竞争法》仍赋予管理者额外的权力。燃气供应许可证最早是由国务大臣在征求管理者的意见后颁发的,后经1995年《燃气法》修正,改为由管理者自行决定。[2]

6. 财务控制

燃气公司还承担着一些宽泛的财务方面的义务(如确保收入不低于支出),但该公司的许多财务方面的权能(例如举债)需要部长的同意及财政部的批准。[3]《燃气法》要求该公司保持适当的会计记录,并将其会计记录的副本送交国务大臣认可的人予以审计。[4]

---

[1] Bradley & Ewing, p. 299.
[2] Bradley & Ewing, p. 297.
[3] Bradley & Ewing, pp. 295-296.
[4] Bradley & Ewing, p. 296.

五、公法人的管理者

（一）管理者的定位

管理者（Regulator）是英国宪法体制中自成一派的特例：作为由行政方面任命的官员，既是立法者，又是追诉者，还是法官，所有的角色集于一身。因此，管理者有时被视为非部门性政府部门（non-ministerial government department），有时则被描述为独立于政府但拥有强大权力的混合体。①

英国在确立现行管理体制的过程中，最初采纳的公用事业管理模式建立在这样的观念之上：每一个工业部门有一个独立的管理者，各管理者的运行要摆脱官僚体制并尽可能少雇职员。因此，政府拒绝了其他国家，特别是美国既有的管理模式，而倾向于一种反应更快速、组织更简约的管理体制。按照这种模式，在公法人私有化之初，英国对于公用事业公法人的管理，在其通过立法方式进行私有化之后，始终是由一个名副其实的个人管理者来实施的，而不是由既有或者通常理解的一个机关来行使的。但是，这种最初的管理者的监管模式遭到总审计长的强烈批评，理由是权力过于集中，并着手寻找替代这一单一控制模式的可能。②

于是，燃气供应与供电的管理者在1999年合并为燃气与电力市场办公室（Office of Gas and Electricity Markets），并根据2000《公用事业法》的规定成为燃气与电力市场管理局。对此，政府的解释是，管理工作越来越复杂，有数以百计的许可证需要考虑和权衡利弊。于是人们开始接受这样的观念，管理的职责最好是由一个机构行使，以确保有关的管理决定不过分地依赖某一单个的管理者个人，确保决策的连续性和一致性。但是英国仍有一些公用事业领域只有单一的管理者而非管理机构。③ 因此，英国行政法中所讨论的公法人的管理者，既可能是委员会式的公共管理机构，也可能是首长负责的管理机构，甚至可能是一个一人机构。

（二）管理者的职能

管理者的功能也很有趣，管理者行使的是一种立法、执法及司法混合的职能。以燃气领域为例，燃气与电力市场管理局有权制定制定法性质

---

① Bradley & Ewing, p.298.
② Bradley & Ewing, p.298.
③ Bradley & Ewing, p.298.

的文件(英国学者视其为立法职能),有权颁发许可证、变更许可期间并规范许可证持有者的行为(执行行为),还可能处理消费者投诉(司法职能)。①

1995年《燃气法》将部长在该领域制定规定的绝大部分权力都移交给管理者,但这种权力只能在征得部长同意的情况下行使,部长在任何情况下都保留部分权力,如在涉及公共安全时。②

1998年《竞争法》规定,燃气与电力市场管理局有权行使该法赋予公平交易总监(Director General of Fair Trading)的权力,以便处理那些同意、决定或者商定采取某种妨碍竞争的活动,以及滥用自己的优势地位的活动。除此之外,根据1986年《燃气法》的规定(后经1995年《燃气法》及2000年《公用事业法》修订),燃气供应许可证持有者还要履行大量的制定法设定的义务。③

(三)对管理者的监督

从广义上讲,部长也是公法人的管理者,与公用事业的管理者一样,部长一般也被赋予某些制定法上的义务。④ 如2000年《公用事业法》要求燃气与电力市场管理局及国务大臣必须就范围相当广泛的行政决定说明理由。⑤ 这种义务与部长作为行政管理者所承担的一般义务,没有本质的区别。

针对2000年《公用事业法》赋予管理者对违反许可条件的许可证持有人实施经济处罚的权力,英国学者认为,此项权力的设立已经产生了与《欧洲人权公约》第6条有关在决定民事权利与义务时确保当事人获得公平听审的权利是否冲突的问题。英国学者怀疑,公用事业的管理者在实施处罚时是否能够成为独立、中立的裁决者。因为管理者既要决定是否追诉某一许可证持有人,又要评价其是否违反了规定的条款,然后再决定该给予怎样的处罚。⑥

因管理者缺乏责任机制,过去,作为被管理者的公用事业团体曾要求

---

① Bradley & Ewing, p. 298.
② Bradley & Ewing, p. 300.
③ Bradley & Ewing, p. 297.
④ Bradley & Ewing, p. 300.
⑤ Bradley & Ewing, p. 304.
⑥ Bradley & Ewing, p. 298.

一项就管理者的决定进行上诉的权利,但这种要求未被注意。① 但对公用事业管理者一方更加透明的要求,已经促使 2000 年《公用事业法》规定,燃气与电力市场管理局应当对其决定说明理由。②

六、消费者权益保护

参见本书第三卷第二编第六章第一节公共事业行政法中公法人的消费者权益保护部分。

七、公共服务职责

在英国,地方政府机关作为法律拟制的人,履行着相当数量的提供公共服务的职责。地方政府机关有义务履行的公共服务职责,一般被英国学者界定为"其他杂务"(Miscellaneous Other Functions)③,即由地方政府机关承担的剩余职能,包括:① 提供电力及热力;② 提供公共卫生设施(sanitary conveniences);③ 提供排水服务(sewage and drains services);④ 提供浴室及洗衣店(baths and wash-houses);⑤ 提供土葬与火葬服务(burials and cremation);⑥ 提供停尸房(mortuaries)等。对此,本编第五章第六节地方政府的职能中的其他杂务部分有集中介绍。

八、公共服务外包

就是通过签订承包合同,实现公共服务职责的外包(contract out)履行。英国当代公法发展的一个突出特点是,将越来越多的公共服务职能,通过合同的方式委托给具有提供同样甚至更高质量服务的私人机构或者公用事业单位。英国法院的书记服务④或英国监狱的内部管理都可以外包出去,将部分或者全部有形的公共服务外包出去,就是可预期的了。

例如,郡议事会可以同国务大臣签订合同,并作为国务大臣代理人承担辖区内的有关公路工程。区议事会也可以通过签订合同,而成为其所在郡的公路职能部门的委托代理人,承担相应的工程。⑤ 地方政府机关可以设立并经营以发电、产热为目的的发电站或者其他设施,也可以购

---

① 此处的上诉是指向部长上诉,不包括司法救济。
② Bradley & Ewing, pp. 298-299.
③ Andrew Arden, p. 134.
④ Bridges & Cragg, p. 5.
⑤ Andrew Arden, p. 76.

买、使用、销售其生产或者获得的热、电,并可以签订和执行在其辖区内、外向其提供热力的协议。① 另如,地方政府机关所承担的与当地排水服务有关的职能,也可以通过其与排水职能部门签订合同的方式委托履行。②

九、司法救济

对公法人的行为是否可能通过司法途径获得救济? 显然是中国学者非常关心的问题。对此有两个答案:一是私法领域的答案,即是否可以就其作为一个法人而提起私法上的合同、侵权等诉讼,这不是行政法研究的范围。二是行政法领域的答案,即是否可能通过司法审查等救济途径,寻求从公法角度对公法人的行为实施救济。

事实上,就司法救济与公法人的关系而言,公法人行为的可救济性仅是其中的一部分,对公法人的管理行为也是必不可少的组成部分,特别是管理者甚至消费者委员会这一非常特殊的公法主体的行为的可救济性问题,也应引起中国学者的注意。

---

① Andrew Arden,p. 137.
② Andrew Arden,p. 76.

第五章
地方政府组织

笔者在研究英国行政法的过程中深切地感到：没有对英国地方政府体制的全面了解，就无法明白英国的整个政府体制。在英国地方政府体系中，由于普遍实行议行合一，并没有严格的行政组织体系；不严格地说，英国地方政府体制中其实并没有政府，因为作为行政机关意义上的地方行政部门，与作为权力机关的地方议事会是合二为一的，不仅是机构合并，人员也高度重合。英国学者通常将英国的地方政府称为地方政府机关，仅在必要时使用议事会一词。

本书先前讨论了英国地方议事会的组织、决策体制，现从我们理解的政府体制的视角，考究英国的地方政府体制。

正如前文所言，在英国，所谓的"英国法律体系"其实指的仅是英格兰及威尔士地区全面施行的法律制度，不包括英国其他两个大的区域——苏格兰及北爱尔兰。这一点，在涉及英国地方政府时表现得尤其明显。

第一节 地方政府的法律特征

地方政府法是英国公法领域非常活跃的一个分支，这一点突出地表现为其名目繁多的地方立法及其更为频繁的修订。仅从韦德所著《行政法》2014年版的成文法列举看，名为《地方政府法》(Local Government Act)的立法自1886年开始，至少有14部(1886年、1888年、1894年、1899年、1933年、1972年、1974年、1985年、1988年、1992年、1999年、2000年、2003年、2010年)，此外还有涉及地方政府信息公开、财政、地方分权等各方面内容的立法18部。[1]

---

[1] Wade & Forsyth 2014, Table of Statues, pp. xxiii-xxiv.

就地方政府的法律特征,英国学者首先介绍的是地方政府机关的法律地位(legal status)、分类以及沿革。地方政府机关的法律特征与很多章节的内容有关,特别是中央政府以及中央政府机构。这些中央政府机构既包括全国范围内运行的,也包括在地区或者地方范围内运行的。①

一、地方政府由法律缔造

在探讨地方政府的法律定位时英国学者反复强调的一个基本点是,所有的地方政府机关都是由制定法拟制的社团法人②,从原则上讲,它们都是制定法创设的法人③,是制定法的创造物。这包括几层意思④:

首先,地方政府机关是由议会法律创设的,辖区及其履行的职能受议会法律调整。制定法或根据制定法制定的条例可以将新的职能赋予所有地方政府机关或者某类地方政府机关,也可以取消其既有职能。据此,地方政府机关所享有的权力是由议会决定的。

其次,地方政府机关只能做与制定法的授权允许其行使的职能有关的事,而不能像私人那样行事。私人可以做他们愿意做的任何事,只要不触犯刑法及其他人的权利。除非地方政府机关可以证明议会已经赋予其从事某一行为的权力,否则,即使该行为并不构成犯罪,也不对其他任何人构成侵害,地方政府机关也是不可以做的。尽管地方政府机关也是普通法调整的对象,但这只是就其应当承担的义务及责任而言的,如因违反合同、非法侵入及滋扰而承担赔偿责任,地方政府机关所能行使的普通法上的自由限于那些与其制定法上的职能有关的事项,并且必须依照制定法的规定行使。从这个意义上看,地方政府机关尽管是法人,并因此而享有普通法上的主体地位,但其权利与义务的配置显然迥别于普通的私人。具体而言,其在普通法上承担的责任与普通私人无异,但其行使普通法上的权利时,却要比普通私人受到更多约束,即必须以其制定法所赋予的职能相关联为限度。地方政府机关的权力与责任的这种配置模式,是由其公共机构(public bodies)的法律地位决定的,即地方政府机关的行为受普遍适用于公法及行政法的越权无效原则的拘束。行政法是地方政府机关

---

① Andrew Arden, p.1.
② Andrew Arden, p.4.
③ Andrew Arden, p.227.
④ Andrew Arden, p.141.

所有活动和行为的基础,这一点也是所有有关地方政府机关的其他法律规定的立足点。①

最后,地方政府机关所享有的权力、权利甚至自由,都是制定法赋予的,而且还会受到制定法设定的其他约束机制的制约。例如,根据英国法的规定,在已经废除了郡行政建制的大城市,郡内各区议事会之间仍然有权就垃圾处理职能建立联合机构,即使有关地方政府机关没有这样做,国务大臣也保留建立此类联合机构的权力。②

二、地方政府是社团法人

(一)权力来源的限定性

由于地方政府机关的法律地位是制定法拟制的社团法人,因此,其权力限于那些制定法明示或者默示的授予。③ 自然人与法人的区别在于,一方面,自然人有权做他们想做的任何事,除非法律禁止或者法律加以规制;而法人通常只拥有那些规范它们的法律文件中规定的权力,这些法律文件既包括法人私下达成并经法律补强或者确认的法律文件(如合法有效的合同),也包括完全基于制定法的规定之法律文件。当然,对于私法人而言,在适用越权无效原则时,许多严重后果都有所克减。另一方面,动用英王特权而创立的法人的地位又有所不同。原则上说,这类法人拥有与自然人相同的权力。④ 自然人与法人的这些区别,是非常重要的法律认识。

但如果某一法人具有英王特权与制定法的双重设立依据,则其只能根据制定法的界定归入单纯由制定法设立的法人之列。进言之,1972年《地方政府法》的立法宗旨,是将地方议事会界定为地方政府机关以区别于法人,但依法应当适用于法人的各种限制更有理由继续适用于地方政府机关,从而使之不可能获得基于特权地位的任何好处。⑤

对地方政府机关的限制中有些是无法从制定法中引申出来的,其中之一便是它们不能谋取捍卫自己名誉权的诉权,亦即不能提起诽谤之诉。据英国学者介绍,这一非由制定法推导出来的限制是基于地方政府机关

---

① Andrew Arden, p. 141.
② Andrew Arden, p. 25.
③ Andrew Arden, pp. 4-5.
④ Andrew Arden, p. 5.
⑤ Andrew Arden, p. 5.

的政府机构身份(地方政府机关与此对应的另一特征是由选举产生)。①但是,地方政府机关可以提起恶意造谣之诉。② 不过地方政府机关的组成人员或者官员可以提起诽谤之诉,并有可能得到该地方政府机关的帮助。③

(二)法律地位的独立性

地方政府机关作为制定法设立的法人在法律上是独立的,也就是说,一个地方政府机关就是一个机构,而不能当作一个以上的机构对待,就像不能将一个人视为一个以上的人一样。正如1962年的 *Rye v. Rye* 一案所确立的个人不能给自己设租一样,地方政府机关也不能给其自身发布强制执行通告,但却可以向另一个地方政府机关发布此类通告,当然这并非制定法所期望的。④

在一个例外的判例(*R. v. Housing Benefit Review Board of Birmingham C.C. and Fitzpatrick ex p. Birmingham C.C.*)中,某一地方政府机关获准通过司法审查的途径,以自己的安居补助复议委员会(Housing Benefit Review Board)为被告寻求司法救济,当然,这一判例的形成首先取决于制定法要求设立这样的机构,而且该判决是否正确也值得怀疑。由于该案没有进一步上诉,因此英国学者认为,这在一定程度上可以视为地方政府机关不应当存在这种分立的一个理由。⑤ 该案之所以被英国学者认为是例外,是因为该案申请人与被申请人表面上具有隶属关系。既然地方政府机关是一个独立对外的实体,因此,就不应当将其内部机构拆分成与其对立的另一个实体。而该案中地方政府机关的安居补助复议委员会针对地方政府机关与享受地方政府机关提供的安居补助的公民之间的纠纷作出裁决,地方政府机关对该裁决不满意,于是对此寻求司法审查救济,具有内部争议外部化的表象,但由于该安居补助复议委员会本身也是依据制定法的要求设立的,在这种情况下,将该委员会完全视同该地方政府机关的下属或者内部机构比较勉强。从这个意义上讲,地方政府机关针对该委员会的裁决申请司法审查也是可以的,并不构成对地方政府机关制定法设立的独立法人的地位的严重冲击。但由于该案未

---

① Andrew Arden, p. 5.
② Andrew Arden, pp. 5–6.
③ Andrew Arden, p. 6.
④ Andrew Arden, p. 6.
⑤ Andrew Arden, p. 6.

经上诉,因此,其在法律上形成的判例的拘束力不是很强,实际上并没有严格地从英国法的意义上解决这一问题。反过来也说明,地方政府机关及其委员会在该案一审司法审查后其实都恢复了理性,不愿意再继续这一法律诉讼,在一定程度上也说明了这种相互关系的内部性。

不过在另外一个判例中,地方政府机关对某一其设立并资助的仲裁裁判所提起了上诉。①

但是另一方面,如果地方政府机关的组成人员,甚至拥有法定代表权的领导,对其所在的地方政府机关提起法律诉讼,则没有任何障碍。② 也就是说,地方政府机关作为一个独立的法律人格者,它的组成部分不能成为诉讼的对象,否则就会使其法律人格的单一性受到挑战;但地方政府机关的组成人员可以起诉本机构,因为这是两个不同的法律人格之间的诉讼。地方政府机关起诉其组成人员也同样是可能的,虽然一般情况下较为少见,因为地方政府机关作为一个组织对于其组成人员的控制手段,在绝大多数情况下可以达到法院诉讼所能提供的帮助;而其组成人员相对于地方政府机关,则没有这样的权力,因此需要提起诉讼寻求帮助。

(三) 行为能力的局限性

就其本质而言,地方政府机关不是商业或营利性组织;按照上诉法院民事分庭庭长汉沃斯(Lord Hanworth M. R.)在1932年的 *Att. Gen. v. Smethwick Corporation* 一案中的说法,地方政府机关"不能为公众置备膳食或者努力在市场中蝇营狗苟"。因为以当地纳税人的税收作为后盾进入市场,并不是设立地方政府机关的初衷,无论是从这样做给纳税人上缴的钱所带来风险的角度,还是从如此一来地方政府机关相对于那些没有公众钱包支撑的普通私人企业而言所具有的优势的角度讲,都是不公平的。③

三、地方政府的法律规制

英国是法治国家,没有人在法律之上也没有人在法律之外,这一要求显然不限于英王及其大臣,而是及于每一个人,包括地方上的由法律拟制的人,即地方政府。

---

① Andrew Arden, p. 6.
② Andrew Arden, p. 6.
③ Andrew Arden, p. 74.

地方政府依靠的法律规范的外在表现形式,英国学者称之为地方政府体制法的法律渊源有两类:一类是关于地方政府机关的设立并确定其权限和管辖区域的,如制度性规定;另一类是基础性的具有普遍的制度性特征的制定法规定,这些规定可以运用于或者作用于地方政府机关,并对其组织和运行具有基础性作用。具体而言,这些法律渊源分为三类:① 地方政府体制方面基本的制定法;② 关于地方政府机关的设立及权限范围的规范;③ 合作协议。①

调整地方政府机关体制的制定法及成文法律规范数量很多,比较重要的是有关地方政府体制方面的基本制定法②:

(一) 1963 年《伦敦政府法》

该法设立名为大伦敦(Greater London)的行政区域,其中包括内伦敦自治市(inner London boroughs)议事会和外伦敦自治市(outer London boroughs)议事会,还有大伦敦议事会。于是,自治市议事会与大伦敦议事会构成了二级地方政府体制,它们分别拥有战略性决策权以及提供具体行政服务的职责。这就产生了所谓的二级制地区(two-tier area),即实行郡、区分权体制。该类地方政府机关与基本地方政府机关的区别在于,基本地方政府机关是其辖区内某项事权的唯一行使者,在同一地区没有辖区与之重合的其他地方政府机关;而二级制地区的地方行政机关,郡议事会的辖区同时还是该郡各个区议事会的辖区,郡、区两级议事会的辖区是重叠的。1963 年《伦敦政府法》于 1965 年 4 月 1 日正式生效,但早在 1964 年 4 月 1 日就已经有了"影子"法的效力("shadow" effect)。此处的"影子"效力显然是从"影子内阁"一词引发出来,指未正式生效、但一定会于某日生效这段时间内的影响力。

(二) 1967 年《财产税法》(General Rate Act)

该法自颁行起即逐渐被替代,现已被废除。该法是规范地方政府机关通过对辖区内财产收税所取得的收入的制定法。

(三) 1972 年《地方政府法》

英国学者对该法评价很高,并称之为当代最重要的一部地方政府立法。现当代英国学者一般将该法视为地方政府体制演变的分水岭,并由此开始对现当代英国行政法的讨论。他们认为,自基础性的 1972 年《地

---

① Andrew Arden, pp. 6-7.
② Andrew Arden, pp. 7-10.

方政府法》制定以来,英国地方政府法已经进行了许多改革,而且一直在改革之中,但法律特色仍是英国地方政府法的基石,而且,地方政府法的许多方面都必须与其地方特色相联系。① 直到今天,该法仍是规范地方政府体制的基本法。该法将英格兰及威尔士划分成大城市郡和非大城市郡,分别拥有自己的郡议事会和一定数量的区议事会。除此之外,该法还对地方政府体制中相当广泛的领域作了规定,包括程序、基本权力以及某些特别权力。

1972年《地方政府法》有关地方政府体制、程序及基本权力的绝大多数规定,也适用于伦敦的议事会。英国的大城市(metropolitan)是一个特定历史时期的概念,并不包括伦敦;伦敦作为地方政府的法律地位,是由此前的1963年《伦敦政府法》规定的。此外,1972年《地方政府法》还分别建立了英格兰和威尔士的地方政府边界委员会(Local Government Boundary Commissions),英格兰地方政府边界委员会后被英格兰地方政府委员会(Local Government Commission for England)取代。

(四) 1985年《地方政府(信息公开)法》[Local Government(Access to Information)Act]

该法作为1972年《地方政府法》的补充,对旁听地方政府公开的或者针对个人的会议作了规定,赋予公众了解有关地方政府机关的信息的权利,还对公众了解地方政府机关掌握的个人信息作了细致的规定。

(五) 1974年《地方政府法》

该法创设了英格兰及威尔士的地方政府行政监察专员(Commissioners for Local Administration),即通常所说的行政监察专员(Ombudsman)②的一种,是由英国议会设立的用于监督地方政府的行政活动的。

(六) 1980年《地方政府、规划及土地法》(Local Government, Planning and Land Act)

该法首次引入了对地方政府机关使用自有劳工承建工程项目的法律控制,要求地方政府机关必须采取强制竞争性招标的方式发包这些工程,以确保工程项目的经济性。该法适用于相当广泛的房屋建筑及维护工程。该法另一具有宪法性重要意义的规定在于,通过一种名为开支计划的系统,引入了对地方政府机关的资本开支的控制,但这一做法已经被

---

① Andrew Arden, p. 1.
② Andrew Arden, p. 7.

1989年《地方政府及安居法》(Local Government and Housing Act)确立的控制体系所取代。

（七）1982年《地方政府财政法》(Local Government Finance Act)

该法最重要的宪法性创新，是为英格兰及威尔士的地方政府机关［进一步扩展到全民健康服务体系(NHS)］设立的独立的审计委员会(Audit Commission)和新会计准则，引入新会计准则旨在集中发展地方政府领域的外部审计活动。英国学者认为，上述两项创新是落实"以经济、效率和效能来利用资源"的政府安排所确立的概念和标准的结果。该法经编纂后，由1998年《审计委员会法》(Audit Commission Act)进行规定。

（八）1984年《地方税法》(Rates Act)

该法目前已经被废止和取代。该法的重要之处在于引入了所谓的"限额制"，即授权中央政府厘定特定地方政府机关所能征收的地方税的最大数额。

（九）1985年《地方政府法》

该法的首要目的是废除大伦敦议事会(Greater London Council)及大城市郡议事会(metropolitan county councils)，并将这些地方政府机关所享有的职能通过权力下放，重新分配给各自辖区内"较低级别"[①]的地方政府机关，如大伦敦的自治市议事会、大城市郡的区议事会、为此目的而专门设立的跨区联合机构（如联合警察局、联合消防局等）以及存续期间有限的留守机构。可见，跨区联合机构是英国于1985年在地方政府设立的，如在警察和消防领域设立的这类机构。

（十）1988年《地方政府法》

该法最大的宪法性贡献在于扩大了对地方政府机关提出的强制竞争性招标及财政目标两项要求的适用范围。这两项要求最初是由1980年《地方政府、规划及土地法》引入的。1988年《地方政府法》新增的适用范围包括：垃圾收集、清扫、慈膳供应等。在此之后，这两项要求又进一步扩展到许多专业性及管理类职务领域。要求政府提供公共服务尽可能采取招标和公开竞争形式向全社会发包，以提高这些服务的经济性、效率和效能，是自1980年《地方政府、规划及土地法》以来，英国地方政府改革的重要内容。

---

① 之所以用引号，是因为其事实上并不存在隶属关系。

（十一）1988年《地方政府财政法》（Local Government Finance Act）

该法以社区税［community charge，俗称"人头税"（poll tax）］和中央控制的营业税取代了原有的国内地方税体系，但"人头税"目前也被1992年《地方政府财政法》废止和取代。1988年《地方政府财政法》还引入了一个新的制定法设立的职位：首席财务官（chief finance officer），其权力和职责是监督地方政府机关的财务开支。首席财务官独立于地方政府机关，不受地方政府机关的权力和职责的限制。

（十二）1989年《地方政府及安居法》

该法包含大量令人瞩目的宪法性革新：① 废止了地方政府机关组成人员的所谓"兼职"，据此，某一操作性职务或者规定工资水平以上的地方政府机关的雇员不得成为任何其他地方政府机关的组成人员。② 设立了两个制定法职位：付费服务局局长（Head of the Paid Service）和监察局局长（Head of Monitoring Officer），后者的权力和职能不同于首席财务官。③ 对功绩制任命原则（appointment of staff on merit）提出了法定要求，以避免地方政府机关员工的任命建立在政治倾向的基础之上。④ 要求地方政府机关的所有委员会和分委员会都必须反映该地方政府机关总体上的政治构成。也就是说，一方面，每个政党在地方政府机关中所占的比例是多少，其在各委员会及分委员会中的比例也应当是多少。但在另一方面，所有的执行机构的成员，必须严格摆脱政党色彩。这是对中央政府领域已经普遍存在的议会民主制与公务员政治中立制在地方政府的落实。⑤ 确立了控制地方政府机关资本项目开支的新的基础。该法对地方政府机关与其拥有利益的公司及其他法人之间的关联关系作了限定。⑥ 对安居工程的财务会计制度的强化监管，其结果是，盛行已久的从地方政府机关的其他通用基金提取资金冲抵地方政府机关租金的做法宣告废止。⑦ 扩大了地方政府行政监察专员的权力。

（十三）1992年《地方政府财政法》

该法以地方议事会税（council tax）取代了1988年《地方政府财政法》设立的社区税（community charge），并相应地规定了新的税收厘定和征收体制，而这一体制继续受1984年《地方税法》确立的中央政府控制的征税限额的限制。

(十四) 1992年《地方政府法》

该法的成就体现在三个方面的原则性改革。① 首先,进一步强化了强制竞争性招标的要求。其次,确立了"非商业性考虑"(non-commercial considerations)的范围,禁止地方政府机关在对外发包公共合同时考虑其中列举的非商业性因素。也就是说,按照经济、效率、效能的原则,政府的公共工程发包必须采取强制竞争性招标的方式,只能考虑商业性因素,不能考虑非商业性因素,否则就违反了该法的规定。最后,有关英格兰地方政府机关(包括伦敦地区)的设立、撤销、区划调整以及选举安排的变动等方面的规定,就是由该法第2条规定的。② 该法设立了英格兰地方政府委员会,以取代原先的英格兰地方政府边界委员会,同时对委员会的结构也作了相当大的调整。该委员会的主要职责是在非大城市地区以地方政府的单一制(single tier)取代二级制(two-tier),这一任务在大伦敦及大城市地区已经根据1985年《地方政府法》完成了。

(十五) 1994年《地方政府(威尔士)法》[Local Government (Wales) Act]

1992年《地方政府法》涉及的是英格兰地方政府,还要由成文法律规范的执行性规定予以落实。1994年《地方政府(威尔士)法》主要针对威尔士,但该法本身有关具体适用方面的许多规定,都可以在英格兰适用1992年《地方政府法》的成文法律规范中找到。也就是说,1994年《地方政府(威尔士)法》对其本身的适用作了比较详细的规定,同样的内容在1992年针对英格兰的地方政府立法中没有规定,而是由其后成文法律规范予以具体落实。反过来,政府为落实1992年《地方政府法》而制定的成文法律规范中的内容,在后来针对威尔士制定1994年《地方政府(威尔士)法》中作了明确规定。这反映了立法逐渐成熟,成文法律规范成了议会立法的先导。

从上述15项议会制定法清单中,不难看出英国在几十年间为了改革、重建现代地方政府所做出的制度上的努力。这种立法密度即使是对于正处于法治上升时期的国家而言也是非常惊人的。可见,衡量一个国家的立法究竟是多还是少,正如考察一个国家或者城市的机场一样,关键不在绝对的数量,而在于实际的需要。

---

① Andrew Arden, pp. 9-10.
② Andrew Arden, p. 17.

四、地方政府的行为标准

英国法治的核心固然是法律的治理,但在法律治理之外还有更高层次的内容。英国学者认为,尽管行政法的基本原则是决定地方政府机关的行为是否适当的主要的和传统的渊源,但已不再是唯一的渊源,还有相当多的其他渠道为地方政府机关的行为准则提供指导原则,并成为或者正在迅速成为与行政法基本原则同样根本性的基本原则,以规范地方政府机关的行为、界定地方政府机关的权力。这些新的原则的渊源包括[①]:

(一) 欧洲人权法

欧洲人权法是基于《欧洲人权公约》诸原则构成的法律规范体系,其中的绝大部分内容已经通过《人权法》纳入英国国内法。

(二) 21世纪地方政府议程

该议程导源于21世纪议程,这是1992年联合国于里约热内卢举行的"地球峰会",即联合国环境与发展会议签署的21世纪总体行动计划的一部分,其中的第28章鼓励地方政府机关制定地方政府议程,以便在其所在地区实施该行动计划。

上述内容都属于法律规范之外的约束,是否遵守全凭良心和德行。对此切不可掉以轻心。越来越多的证据表明,对于一方政府而言,仅有法律的拘束只能防止罪吏之治、恶吏之治,但不可能实现善治和德治。更为重要的是,英国类似地方政府行政规范、公务员操行守则或者良好行为规范等规范,已经成为英国政治的一种十分重要的表现形式,并且在英国的政府治理结构中发挥着相当重要的作用。英国的这些规范都是制度化的,是切实在施行并且行之有效的,不是口号、戏言,更不是糊弄"下愚"的稻草人。真正需要借鉴的,是这些规范的实现机理、运行机制以及何以切实发挥作用的体制基础。

五、地方政府的决策机制

关于地方政府机关的决策过程,英国学者讨论的具体问题包括:决定权可以及禁止委托的范围、规范地方政府机关的委员会及分委员会构成和权力的规定等。

[①] Andrew Arden, p. 142.

地方政府机关绝大多数决定本身都将按照表面标准而被推定为合法,但制定法在其授权中有明确要求者除外。而地方政府机关的决策的形成过程,正是行政法的核心问题所在。除极个别的例外,地方政府机关的决定都将包括其行政官员的活动:要么是直接执行地方政府机关组成人员的决定,要么是在行政官员行使委托权力的过程中,或者是在准备地方政府机关组成人员的决定的决策基础的过程中。① 也就是说,地方政府机关官员影响或者介入地方政府机关组成人员的决策途径大致有三:一是执行,二是行使委托的权力,三是准备决策所必需的信息。从实质性影响决策本身的角度看,第三项反而是最直接的,因为无论是执行决策还是受委托直接作出决策,都不能影响地方政府机关组成人员自行作出的决策,而作为决策基础的准备性工作,最有可能直接影响地方政府机关组成人员的决策方向——用英国人的话说,"You are what you eat":决策者所获得的作为其决策基础的信息,很大程度上将实质性地影响其决策的最终结果。即使是地方政府机关组成人员的某一决定从表面上看确实是非法的,该决定是地方政府机关行政官员的行为仍可以作为开脱这种违法性的相关借口。②

六、地方政府的用权机制

英国地方政府的用权机制或权力运作机制,建立在权力与其义务(即职责)的关系的基础之上。英国学者强调,虽然职责和权力之间有一条明确的界限,而且这一区分的结果具有极为重要的现实意义,但以下讨论的许多原理却基本上既可以用于职责,又可以用于权力。③ 因此可以断言,英国学者对于权力与职责的概念的区分看得很重,但同时也非常务实地承认,二者在实践中是难以区分清楚的,尤其是对于作为公法权力与职责享有者的行政主体而言,更是如此。

(一) 权力行使的绝对性

权力的拥有者至少有一项职责,就是考虑是否行使其权力,而这种考虑必须是适当的:行政主体不存在与个人所享有的处理其个人事务的权利同等、绝对的自由裁量权。此处涉及两个观念:一是个人在处理自己事

---

① Andrew Arden, p.346.
② Andrew Arden, p.346.
③ Andrew Arden, p.154.

务时享有绝对的自由裁量权,二是公共管理机构作为公共事务的处理者,处理的不是其自己的事务,不享有同等的、绝对的自由裁量权。被授予某项权力的地方政府机关必须考虑行使该权力,尽管它可能决定不行使该权力。① 决定不行使与考虑是否行使显然是两回事。权力拥有者的职责是考虑是否行使其权力,而不是必须行使权力。

(二) 权力行使的相对性

但在另一方面,有些职责仅在地方政府机关确信某种相关的前提条件存在时才会出现,而决定这些前提条件是否存在就属于由地方政府机关决定的内容了,当然这也要受某些原则的限制。从这个意义上说,职责就不那么绝对或者无限制了。② 这是英国学者认为行政机关所享有的必须考虑行使其权力的绝对的职责并不绝对的一个例子。但这本身就是一个考虑是否适用其权力的另一种类型的例子。

第二节 地方政府的演化

英格兰及威尔士有 410 个郡议事会、区议事会和郡自治市议事会。这些地方政府机关雇用了 200 万名职员;每年的开支大约是 750 亿英镑,占全部(中央和地方)政府开支的四分之一。③ 英国地方政府演化的历史约有千余年。

一、早期的治安官时代

在中世纪早期、诺曼征服之前,控制地方政府的首要皇家官员是受英王议事会监督的郡治安官。郡内的日常管理事务是由治安官做主席的自由人大会负责的。④ 在这个时期,由于治安官是英王名下的官员并受英王议事会的控制,英格兰的地方自治、权力下放还无从谈起。

早期的治安官更像中国古代的县令,兼有行政与司法的职能,也是王权在地方的化身和代表。从其鼎盛时期开始,治安官逐渐丧失了所有职能。正因为如此,英国法学家梅特兰(Maitland)在 1885 年指出,英国司

---

① Andrew Arden, p. 154.
② Andrew Arden, p. 154.
③ Andrew Arden, p. Ⅶ, Preface.
④ Phillips & Jackson, p. 36.

法与警察的历史可以描述为治安官式微的历史。① 经过一系列的试验,地方的司法职能(administration of justice)在14世纪中叶让渡给了治安法官(justice of the peace)。②

二、治安法官鼎盛时期

从14世纪中叶地方的司法职能让渡给治安法官后直至1834年的将近500年时间里,对自治市以外的地方政府的控制权主要掌握在治安法官手中。③

这一时期可谓治安法官的鼎盛时期,一方面,他们承担着中央对地方的统御职能——治安法官是法律的裁决者,其判决可以上诉至如高等法院或者郡法院之类的皇家法院,从而通过司法渠道实现中央对地方的控制。另一方面,治安法院除了取代治安官及郡法院和百人法院而享有的司法职能之外,一系列的制定法还赋予其大量的行政管理职责,涉及诸如公路、济贫、工资及许可等领域。④ 即使到了现代,考虑到地方议事会本身的性质,地方政府没有执行机构,治安法院在英国的地方行政管理方面所起的作用不是一般下级法院所能取代的。这是认识英国地方政府管理体制不容忽视的重要方面。

三、城镇建制兴起时期

英格兰及威尔士地方政府的组织架构由英国立法确定。但是作为英国地方政府基本组织单位的郡(counties)、自治市(boroughs)及教区(parishes)等,都是非常古老的,早期都是为不同目的而存在的。⑤

从中世纪直到19世纪早期,英国的城镇有了巨大的发展,于是,地方行政主体除了治安法官之外,还包括自治市的行政机构。⑥ 也就是说,城镇是个地理概念,指人与房屋的集中区,而自治市则是一个法律概念,指法律主体。随着城镇的发展,自治市纷纷从其所在的郡独立出来,成为独立的法律实体。英国的自治市至少有三种,即郡属自治市、城市自治市及

---

① Phillips & Jackson, p.36.
② Phillips & Jackson, pp.36-37.
③ Phillips & Jackson, p.37.
④ Phillips & Jackson, p.37.
⑤ Phillips & Jackson, p.36.
⑥ Phillips & Jackson, p.37.

下面将要介绍的仅限于伦敦的首都自治市。

此外,制定法为特定目的而设立的特别机构开始出现,最早的是1531年《排水法》(Statute of Sewers)设立的排水机构,这种做法在18世纪不断为济贫、收费公路及城市卫生等领域所采纳。[1] 这些根据制定法设立的机构最初是以排水职能部门、济贫职能部门、公路职能部门、公共卫生职能部门等制定法设立的相对独立的机构的形式存在。虽然它们基本上也是按行政区划设置,但与行政区划的吻合程度只能根据本身的业务决定,而不会刻意迎合地方的区划,更没有考虑与地方机构或者其他类似机构的合并问题。只是到了现代,由于地方政府体制的不断完善,系统化设置的地方政府机关全面设立,并相应地承担起各制定法规定的职责,从而同时成为兼有多个制定法所设立的职责的主管部门。此时的地方政府已经接近于职能全面的地方政府,但其职能来自单独的制定法,并不笼统地为地方政府配置全面的权力,仍与我们的地方政府体制形成鲜明的对照。

以选举产生的议事会为标志的现代地方政府,通过1834年《济贫法修正法》(Poor Law Amendment Act)以及1835年《地方自治机关法》(Municipal Corporations Act)而宣告正式确立。1834年《济贫法修正法》确认了这样的原则,除了警察方面的相关事务以外,《济贫法》的实施从此成为地方政府的最重要职能。1835年《地方自治机关法》则规定,由选举产生的自治市议事会取代由指派的成员组成的寡头政治的执政团。此后,将选举设立的议事会引入传统地方政府机构的过程继续进行,先是1888年引入郡议事会和郡自治市议事会,后是1894年引入城市区议事会和教区议事会。[2]

现代地方行政管理的普遍原则是,由唯一的地方政府机关提供辖区内所有的服务,这一原则在1930年以前已经通过1929年《地方政府法》及1930年《济贫法》基本得到落实。[3] 特别管理机构的设立在19世纪继续进行,涉及高速公路、学校及公共卫生设施等领域,但是这些机构后来又逐渐消失了。[4] 值得注意的是,英国在1888年、1894年、1929年、1933

---

[1] Phillips & Jackson, p. 37.
[2] Phillips & Jackson, p. 37.
[3] Phillips & Jackson, p. 37.
[4] Phillips & Jackson, p. 37.

年、1972年、1985年、1999年先后颁布《地方政府法》,说明在这一百多年间,地方政府制度始终在不断调整。相对于此前数百年的缓慢变化,反映出现当代英国地方法制的快速变化。

1933年《地方政府法》巩固了除伦敦以外的地方政府组织机构方面的相应立法成果,这些成果成为《地方政府法》的基础,直到1972年《地方政府法》颁布。①

四、现行地方政府体制建立

自1979年以来,地方政府的结构及组织都开始了一场巨大的立法性变化的历程(包括重新划分地方政府的区划、新的地方税种、地方议事会引入新的组织和管理方法等)。②

由于由来已久的伦敦城(City of London)的特权,以及大伦敦(Greater London)的幅员及人口,伦敦政府总是游离于普通的法律体系之外。伦敦城自治机关(City of London Corporation)是一个根据制定法上的命令组建的机构,其完全形成根据的是1690年的一部名为《伦敦城的平民大众及市长》的法令。该自治机关不受1835—1882年间颁布的《城市自治机关法》(Municipal Corporations Acts)的影响,但是受三级法院的管辖。③ 这一点非常值得强调,即在英国,司法管辖权优于行政管辖权;行政管理方面可能存在的特权,在司法上却要一视同仁,这就是普通法下的法治。当然,此处的伦敦城指的是内伦敦城,是一个幅员只有一点几平方公里的小地方,主要因一些至今仍然保留的传统仪式而具有旅游方面的价值。伦敦城本身还是一个拥有某些不受制定法控制的财政资源的普通法上的法人。④

伦敦城以外地区的伦敦地方政府,自1899年以来由大都会议事会以及各自治市议事会组成。1963年,大伦敦议事会成立,但又在1985年被废除。⑤ 1999年,一个包括伦敦全部行政主体的《大伦敦政府法》(Greater London Authority Act)宣告施行,该法的一个创新是设立一位直接选

---

① Phillips & Jackson, p. 37.
② Bradley & Ewing, p. 646.
③ Phillips & Jackson, p. 37.
④ Phillips & Jackson, p. 37.
⑤ Phillips & Jackson, p. 37.

举产生的大伦敦市长。①

五、旧城镇的过渡时期

英国的城市(Cities)与自治市(Boroughs)具有迥异的历史渊源。自治市的历史要早得多,城市作为法律实体或一级行政单位的历史非常晚,而且很有可能成为某一历史阶段的标志,因为英国近年来地方政府改革的方向是朝着逐步"消灭"城市的方向发展的。正是在这个背景下,出现了作为城市"消亡"过渡期的特许受托人(Charter Trustees)。当然,英国的城市"消亡"是法律上的城市议事会被其他形式议事会(如区议事会、教区议事会、社区议事会、自治市议事会等)所覆盖,而不是从根本上消灭城市。

经过1972年《地方政府法》的重组,相当数量的城市和自治市已经不再具有地方管理的职能,不过它们并没有就此消失。它们所拥有的特权(privileges)和权利(rights)在此后即归于其所在地居民,按照现行法的规定,当地居民仍可以任命所在城市或者自治市的市长、副市长及地方荣誉官员(local officers of dignity),例如,自由民(freemen),其现代称谓则是荣誉自由民(honorary freeman)。② 在这些实际上已经因1972年《地方政府法》而不复存在的城市或者自治市中,上述市长、副市长以及荣誉自由民之类的地方官员,是当地市民任命的,但与其说是官员,不如说是雇员,因为其一切权利都是由任命他们的市民授予的,而不存在任何制定法上的权利或者权力。

如果根据某一英王特许令及其中的特别规定,某一个区获得了自治市的法律地位,则在该区地域范围内原来由某一城市或者自治市享有的任命地方荣誉官员的权力,就只能由新设立的自治市行使。也没有必要规定特别的选举市长或者副市长的程序,适用一般的用于选举议事会主席或者副主席的程序即可,同时,由此产生的议事会主席或副主席也就此有了市长或者副市长的头衔。而如果某一城市或者自治市变成了教区或者社区,其议事会就可以任命自己的地方荣誉官员,不需要任何其他的规定。③ 这进一步印证了地方荣誉官员的性质,即荣典性重于实权性。

---

① Phillips & Jackson, pp.37-38.
② Andrew Arden, p.16.
③ Andrew Arden, p.16.

如果不属于上述情况,则要为相关的城市或者自治市设立名为特许受托人的社团法人。为此,还有专门规定以规范此类机构的收入和支出,规范该类机构其他职能的行使以及相应的责任制的规定,见 1996 年《特许受托人条例》(Charter Trustee Regulations)。特许受托人由当地人士组成,有权选举市长或者副市长,或者任命地方荣誉官员。有专门的立法规定其权力的行使方式,如 1985 年《特许受托人法》(Charter Trustee Act)。①

六、地方政府委员会

1992 年《地方政府法》(Local Government Act)的主要内容是设立了英格兰地方政府委员会,以取代原先的英格兰地方政府边界委员会。②英格兰地方政府委员会拥有两项基本职能:① 在国务大臣的指导下实施监督;② 实施定期监督。但该委员会的职责限于基本地方政府机关。③

在威尔士,也存在一个与英格兰地方政府委员会对应的机构,即威尔士地方政府委员会(Local Government Commission for Wales),在 1994 年《地方政府(威尔士)法》对威尔士地方政府体制重组之前,审议如何以单一制地方政府体制取代二级制,曾经是威尔士地方政府委员会的主要任务。尽管威尔士地方政府根据 1994 年《地方政府(威尔士)法》进行了重组,但威尔士地方政府委员会仍保留了相当广泛的实施监督和提出建议的权力,其职能实质上与英格兰地方政府委员会非常类似,但不完全等同。④

七、地方政府协作关系

英国的自由结社传统悠久,不仅体现在民间,公共管理机构之间的相互结社、合伙也非常普遍。英国的地方政府作为法律上的人格者,其联合正如英国法普遍认可的人的联合(公司等社团法人组织)与物的联合(信托基金等财团法人组织)一样,反映出地方政府之间以降低成本、提高效能为努力方向,为了实现本身职能而不断探索新的合作形式。

---

① Andrew Arden,p. 17.
② Andrew Arden,p. 9.
③ Andrew Arden,p. 17.
④ Andrew Arden,p. 22.

(一) 地方政府合作协议 (Joint Arrangements)

英国地方政府之间的联合是通过彼此签订合同或者条约性质的合作协议实现的,这种合作协议具有类似于合同的拘束力,与地方政府机关以法人身份签订的其他合同具有同等效力。只是由于此类协议的内容一般比较原则,执行起来可能不太严格或者无法严格。

地方政府机关联合行使职能的合作协议有两类:自愿的与强制的。这种联合是指,两个以上的地方政府机关,可以是同一层级的,也可以是不同层级的,决定彼此授予对方一定的职能或者联合行使某一职能。具体的操作方式是通过联合委员会或者其中任何一方雇用的某一官员,来行使拟联合行使的职能。①

(二) 联合地方政府机关

是指在一定范围内进行合作的地方政府机关所组建的联合地方政府机关。自 1985 年《地方政府法》取消大伦敦议事会及大城市郡议事会以来,英格兰地方议事会在自愿原则的基础上,建立了相当数量的联合机构,以取代在此之前由郡一级地方政府机关行使的职能。这些职能一般认为是不适宜分散行使的,这也正是 1972 年《地方政府法》设立两级地方政府机关的原因所在。② 1985 年《地方政府法》取消了这种二级制地方建制,相应地就需要解决此类不适宜于由新设立的单一制地方政府机关分散行使的职能如何集中行使的问题,解决的思路就是建立联合机构。联合机构的设立建立在统一行使宜于集中行使的职能的合理性基础上,因此不难预见,职能的集中不完全是分立后的地方政府机关自愿的,多少带有强制性的因素,这在中央政府部长们在联合机构的设立方面所承担的引导作用中可见一斑。当然,这种强制性是非常弱的,其前提是各参与方的自主意志和独立权力。

1985 年《地方政府法》第 4 条建立了警务领域的联合警察机关。该规定先是被 1994 年《警察及治安法院法》(Police and Magistrates Courts Act)所更新,后由 1996 年《警察法》所取代,但是其体制并没有根本性改变。③

除此之外,在大城市郡及大伦敦还设立了联合消防局和民防局,这两

---

① Andrew Arden, p. 24.
② Andrew Arden, p. 25.
③ Andrew Arden, p. 25.

类行政主体均由组成该联合机构的政府机关的组成人员组成。① 也就是说,各成员政府机关都是采取议行合一的议事会,联合机关也是采取议事会形式,议事会成员由参与联合的地方议事会的成员组成。联合行政机关的工作人员可以是雇用的。

可见,英国的大城市郡及大伦敦作为地理概念,在1985年《地方政府法》之后依然存在,但不再是以前具有自己的议事会的地方政府。每个大城市郡及大伦敦均由多个区组成,每个区有自己的地方议事会。地方议事会可以将自己享有的特定领域的行政管理职能划出一部分,并委托给联合行政机关行使,以发挥原来由郡议事会所行使的跨区行政职能。

与警察、消防及民防局类似,各大城市郡还比照伦敦交通局(London Transport)设立了各自的交通局,其成员构成采取与警察局等相当的模式。拥有自己机场的大城市郡,还可以通过协议建立民航方面的联合交通局,行使委托或者按协议划分的职能。② 由于各交通局是各区一级地方政府机关的交通职能在郡内的跨区联合,此处的民航联合交通局则是交通职能在郡之上的跨郡联合。从民用航空交通的地理跨度角度讲,这种联合交通局的设立显然也有其现实合理性。凡是合理的都应使其存在,并为这种存在开启制度保障的渠道,这就是英国地方政府改革的灵活性与生命力所在。

(三)地方政府联合计划

国务大臣还保留有指导两个以上的地方政府机关制定联合计划,以设立各个地区的地方估价委员会(local valuation panels)的权力。③

(四)便宜性自愿组织(eligible voluntary organisations)

英国地方行政领域还有一种推动地方政府机关建立"便宜性自愿组织"的趋势。此类组织承担那些本不属于公共管理机构或者地方政府机关,应当由营利性企业承担的职能,因为公共管理机构与地方政府机关的活动都是直接或间接为当地或者其一部分的公共利益服务的。在大伦敦及大城市郡,这些便宜性自愿组织都是由多个区一级地方政府机关自愿组成,可以由当地所有的或者大多数地方政府机关组成,一旦建立,则经三分之二的成员单位一致决定,可以要求所有成员单位为该组织的开支

---

① Andrew Arden, p. 25.
② Andrew Arden, p. 25.
③ Andrew Arden, p. 25.

买单,当然非该地区的成员单位除外。①

(五)联合委员会(Joint Committee)

英国有法律要求伦敦的自治市议事会及伦敦城公共议事会建立一个单一的联合委员会,并在大法官同意的前提下,任命适格的人担任"泊车裁判官"。② 泊车裁决官负责裁决机动车所有人或者驾驶人因不服伦敦地方政府机关对其科处拖车或者扣押费向该地方政府机关申诉不成后提出的上诉。③

(六)联合任命

地方政府机关可以任命其他机构的成员:例如,根据1985年《地方政府法》设立的联合行政机关的成员,该地方政府机关还拥有对取代原警察局的现警察局的成员中服务于本地区的成员的部分任命权。其他制定法设立的机构的成员须由地方政府机关任命的例子还包括:大伦敦联合规划委员会,以及根据1977年《全民健康服务体系法》(National Health Services Act)设立的联合咨询委员会。④

(七)地方政府机关联合会

地方政府机关有权向为地方政府机关的公共利益提供咨询、就有关公共事项进行研讨等目的而设立的任何地方政府机关的联合会提供捐款,也有权向当地方政府机关的官员或者议事会成员为此等目的而设立的联合会提供捐助。因为地方政府机关是制定法设立的机关,因此其权力的来源必须是法定的,而不是固有的,故有此说。但此类联合会不能反映或者推广政党的政治观点。⑤ 这是对地方政府机关捐助的非政治性所作的要求,否则地方政府机关的"执政党"就有可能以这种方式资助本党设立的此类机构。这充分说明,尽管地方议事会在成员构成上不可避免地要反映政党之间的实力对比,但法律要求地方议事会在行事上必须为本地区的公共利益,而不致成为多数党谋取政党私益的工具。

英国活跃着相当数量的、从地方政府机关捐助权的行使中受益的联合会,这些联合会在许多事项上又往往从中央政府那里得到咨询意见,其中最主要的联合会就是地方政府联合会。类似的组织还包括:劳动公平

---

① Andrew Arden, p. 25.
② Andrew Arden, pp. 25-26.
③ Andrew Arden, p. 26.
④ Andrew Arden, p. 26.
⑤ Andrew Arden, p. 26.

组织联合会、殡葬管理机构联盟、地方教育委员会、全国安居职能部门协会、全英市场管理机构联合会。① 此类联合会通常会根据自己的经验及专业素养,就与其相关的事项发布指导意见,偶尔也同其他联合会共同发布此类指导意见。②

（八）联合机构

英国有大量的委员会、理事会及其他依靠地方政府机关支持的具有专门的或者全国性职能的机构。例如,地方政府机关采购联合咨询委员会、地方政府机关管理服务与计算机委员会、威尔士教育联合会、地方政府改革与发展代办处、地方政府雇主联合会、消防资方委员会、英格兰及威尔士教育研究全国基金会、成人继续教育全国研究会、地方政府国际事务局、地方政府机关粮食贸易标准协作组、公私合营项目有限公司、英格兰全国青年机构。③ 以上罗列的机构,可以间接反映出英国地方政府机关的事务范围及相互间合作的主要领域、形式和内容。

（九）海外机构

地方政府机关有权就其具有技能和经验的任何事项,向英国以外的机构提供建议和帮助,并有权采取任何与其在英国境内所实施的行为相当或者可比的行动。④ 但是地方政府机关的这一海外活动权力只能按照国务大臣的特别同意或者一般性授权实施,而国务大臣在作出一般性授权之前都要先征询地方政府机关联合会的意见。无论是国务大臣的特别同意还是一般性授权,都取决于该国务大臣是否觉得适当。⑤ 表面上看,认为适当是主观标准,但这个标准不是可有可无的,它是法院合理性审查的前提,当法律作出这种规定时,法院有权对据此所作决定的合理性进行审查。如果法律只是规定某国务大臣有权作出某决定,则法院一般只能审查该权力是否有法律依据,此时如果法院觉得据此权力作出的决定合法但不合理,法院的合理性审查标准要比法律有明确规定的情况下晦涩得多。

此外,国务大臣还有权对地方政府机关海外资助权的行使发布指导意见,这类海外资助并不包括财产资助,如通过赠予、租借、担保、保证或

---

① Andrew Arden, pp. 26-27.
② Andrew Arden, p. 27.
③ Andrew Arden, p. 27.
④ Andrew Arden, p. 27.
⑤ Andrew Arden, p. 28.

者通过获得股份、资本外借进行投资等。① 如此看来,地方政府机关直接参与海外事务的权力其实是非常有限的,充其量只是一些非经济性的指导、咨询、建议。

八、地方政府热点议题

英国众多宪法、行政法教科书目前已经不再单设地方政府一章,英国学者认为,英国现代的地方政府已经是一个专业化和技术化程度高速增长的独立法律部门,不再是公法研究的主要内容。② 但是,考虑到英国地方政府与中央政府的巨大差异,特别是英国地方政府在组织、职能、与中央政府关系等方面,与中国地方政府存在同样巨大的差异,对英国地方政府体制的了解,是理解英国行政法的重要知识背景,如果不对地方政府作一介绍,本书很多内容将极有可能被误读。

据英国学者介绍,无论是在本科阶段还是在研究生阶段,英国目前没有任何一所大学及法学院开设地方政府法(local government law)课程,这一点他们自己也觉得惊奇。地方政府法作为公法及公共行政(public law and public administration)课程的一部分,或者作为规划法(planning law)、环境法(environment law)、安居法(housing law)等部门法研究的一部分进行传授。③

英国学者认为,近年来的地方政府改革着眼的问题包括:如何使地方公共管理机构更有效能?如何提高其决策水平?如何提升其境界和站位?如何使地方政府更具有活力和吸引力,以便吸引有能力的新一代市政议员们愿意为本地区服务?④ 这些问题与我们的政府建设所关心的问题,如振兴地方经济等,大异其趣,但要注意这种区别,并通过本书的介绍了解这种差异的内在原因。

英国地方政府领域目前盛行的理念是提高地方政府的行政水平,这一理念表述在2000年《地方政府法》中。该法对市长的选举作了一般规定,并对如何确保地方政府机关能够按照《地方政府全国良好行为规范》行事作了详细安排,《地方政府全国良好行为规范》对地方政府机关组成人员应当达到的预期标准作了规定。⑤

---

① Andrew Arden, p. 28.
② Phillips & Jackson, PREFACE p. V.
③ Andrew Arden, p. Ⅷ, Preface.
④ Andrew Arden, p. V, Forward.
⑤ Phillips & Jackson, p. 38.

第三节　地方政府的组织要素

本节讨论的内容涉及：谁可以成为地方政府机关的组成人员，如何成为地方政府机关的组成人员，何时失去组成人员资格。关于地方政府机关组成人员的权利和义务，从报酬、利害关系的宣告，直至查阅地方政府机关的信息[①]等，另见本书相关章节的介绍。

一、地方政府的议事会体制

在英国，地方政府就是所谓的地方政府机关，通常是指地方选举产生的、非立法的机构，它们在一定地域范围内提供服务或者履行其他地方职能，但不同于众多经任命产生的其他地方机构。[②] 地方政府经选举产生，不是经任命成立，地方政府的议行合一制比中央政府更为明显，主要原因在于没有类似中央政府的部门等行政机构。英国也有在各地方运营并为地方服务的、经任命产生的行政机构，但这些机构绝大多数不是由地方政府经营或者资助的，而是中央政府派驻地方或者属于中央政府系统的非部门行政机关在地方的分支机构，如全民健康服务体系的地方办事机构、各裁判所的地方分所等。

英国地方政府的组织形式是议事会，采取议行合一的组织架构，由选举产生的议事会成员组成。地方政府机关主要以会商、讨论的方式进行决策，不实行首长负责制。例如，城市议事会有权为拓展街道或者改善城市环境的目的强制征购土地。[③] 城市议事会即所在城市的地方议事会，同时又是所在城市的政府机关。地方政府机关几乎没有明确的部门分工，虽然有个别学者提到地方政府部门，但也是在与中央政府部门并称的情况下提及的。[④] 地方政府机关其实就是地方议事会，为区别于中央的议会而称为议事会；地方议事会的成员其实也是议员，为区别于英国议会的议员，称之为议事会成员。

在英格兰，地方政府有三类：郡议事会、设区的市（大城市和非大城

---

① Andrew Arden, p. 285.
② Andrew Arden, p. 2.
③ Bradley & Ewing, p. 701.
④ Penny Darbyshire, p. 4.

市)的区议事会、伦敦的自治市议事会；而在威尔士地区有两类：郡议事会及郡自治市议事会。各类地方政府都是选举产生的，其选区和选民可能重叠，但各地方政府彼此没有隶属或上下级关系。如威尔士的郡自治市议事会，只是各郡的自治市的议事会，不是郡议事会的下级机关。

英国地方议事会的组织体制大致相同。郡议事会、郡自治市议事会、区议事会由一名主席、一名副主席以及议事会成员（councillors）组成。伦敦的自治市议事会由一名市长和议事会成员组成。对于地方政府机关而言，凡提到该地方政府机关时，即指上述所有成员，但可以由其代表人代行其职能。具有自治市法律地位的区议事会的主席和副主席，以及具有镇法律地位的教区或者社区的主席或者副主席，可以称为市长和副市长，或者镇长和副镇长。①

教区并不一定有议事会组织，如果教区有议事会组织，则由一名主席及其他议事会成员组成；如果没有议事会组织，则由该教区的地方政府选举人（local government electors）组成议事会。类似的，社区可以有也可以没有议事会组织，如果有，则包括一名主席和议事会成员；如果没有，则由该社区的全体地方政府选举人组成议事会。②

可见，地方议事会成员具有双重角色，一是地方政府选区选民的代表，二是地方议事会决策过程的参与者或者说成员。这种双重角色是由英国地方议事会议行合一的二重性决定的。地方议事会成员的选举过程，是英国地方民主制度、自治制度的重要组成部分。

二、地方议事会的正式称谓

除了获得英王特许状而使某一地方政府机关成为自治市型的议事会外，英国地方政府机关的正式名称由两部分组成：一是其标准形式，即郡议事会或者区议事会、城市议事会等单一制地方政府机关；二是其所在地的名称。伦敦的地方议事会的名称则要溯源至该议事会据以成立的英王特许状或者令状。威尔士的地方议事会依其所在地的名称，称某某郡议事会或者某某区议事会；威尔士的郡或者区议事会经所在议事会三分之二成员表决，还可以在其名称前加上威尔士语的头衔，郡议事会前面可以加 Cyngor Sir，Cyngor Dosbarth 用于镇议事会，这些头衔可以经同样比

---

① Andrew Arden, p. 15.
② Andrew Arden, p. 15.

例的议事会成员的同意而取消。① 依英王特许状而获得自治市议事会地位的威尔士地区的地方议事会，可以采用威尔士语 Cyngor Bwrdeistref 作为头衔。教区和社区议事会也可以相应地在其名称后加此类威尔士语称谓，如社区议事会用 Cyngor Cymuned。②

郡、区以及伦敦的自治市的名称可以由其议事会自行变更。变更的程序要求是，要专门就此目的举行一次特别会议，并取得三分之二以上多数的同意。如果某一个区（包括伦敦的自治市）已经获得了城市、自治市或者皇家自治市的身份，则相应的特许状、建制令（incorporation order）及其他设立令状也要作相应修改。③

教区议事会可以要求其所在的区或者单一制的郡改变自己教区的名称。社区议事会也可以要求其所在的郡或者郡自治市议事会改变社区的名称。对于威尔士的教区和社区，除享有将其称谓从英语改为威尔士语的权利，也享有要求其所在的区或者郡改变其名称的权利。④

名称的改变并不影响相关议事会的权利和责任，也不会影响已经开始的法律诉讼（当事人名称要相应改变）。⑤

三、地方议事会的分类体系

（一）按地域范围划分

地方政府机关是地方政府体制方面涉及的最主要主体，包括郡议事会、设区的市（大城市或者非大城市）的区议事会、伦敦自治市议事会、威尔士地区的郡议事会及郡自治市议事会。⑥ 除此之外，还有其他一些经地方选举产生的机构，也可以称之为地方政府机关的机构，如教区议事会和社区议事会。但由于这类机构拥有的资源和义务太少，一般的有关英国地方政府的著作中除了脚注以外，几乎不怎么提到它们。

（二）按地方政府机关的基本定位划分

在英国，对地方政府机关最基本的划分，是按照其基本定位将其分为基本地方政府机关与非基本地方政府机关。英国学者认为这一划分是依

---

① Andrew Arden, pp. 15-16.
② Andrew Arden, p. 16.
③ Andrew Arden, p. 16.
④ Andrew Arden, p. 16.
⑤ Andrew Arden, p. 16.
⑥ Andrew Arden, p. 2.

据地方政府机关的存在及其身份①,但对于何谓地方政府机关的存在及其身份,中国读者很难理解。可以理解为重要性,但更主要的是反映了英国学者将这种分类方法作为其界定地方政府机关基本分类方法的态度。

《密切联系群众:现代地方政府》(Modern Local Government: In Touch with the People)的政府白皮书提出一种新的议事会概念,即标志型议事会(beacon councils),此类议事会既可适用于地方政府机关总体,又可以适用于地方政府机关的某一职能类型,如安居类职能部门、教育类职能部门以及社会服务类职能部门。② 但这只是拟议中的概念,尚不足以与以下法定分类平起平坐。

1. 基本地方政府机关

根据1972年《地方政府法》第270条第1款、第138条第4款,基本地方政府机关包括郡议事会、区议事会、伦敦自治市议事会、伦敦城公共议事会、威尔士的郡议事会和郡自治市议事会。

1972年《地方政府法》将大伦敦以外的英格兰及威尔士的地方组织重组为由郡、区两级基本地方政府机关构成的系统。该法废除了早先的地方政府机关。在英格兰,除大伦敦以外,郡分为大城市郡和非大城市郡两种,相应的,区也分为大城市区与非大城市区两类。上述分类方法决定了郡、区议事会的职能。区议事会还可以进一步分为自治市议事会性质与非自治市议事会性质的区议事会。自治市议事会是向英王申请并取得特许状(charter)后具有特定法律地位的区议事会。③ 大伦敦在此之前已经根据1963年《伦敦政府法》的规定完成了类似重组,建立了自己的二级制地方政府体制:大伦敦议事会和伦敦自治市的议事会。④

1985年《地方政府法》废除了大伦敦议事会及大城市议事会。虽然这并不影响郡的区划,也没有改变属于或者不属于大城市郡的数量,但是原来由大伦敦议事会及大城市议事会承担的职能却要重新进行分配,授予伦敦的自治市议事会、大城市的区议事会及相当数量的区际联合行政机关、留守机构和其他组织。⑤

从1986年4月1日开始,包括伦敦在内的英格兰地方政府机关开始

---

① Andrew Arden, p. 10.
② Andrew Arden, p. 12.
③ Andrew Arden, p. 10.
④ Andrew Arden, p. 11.
⑤ Andrew Arden, p. 11.

实行新的分类,即单一制地方政府机关(single authorities,通常被称为u-nitary authorities)和二级制地方政府机关(two-tier authorities,通常被称为基本地方政府机关,即 principal authorities)。自 1985 年《地方政府法》付诸实施以来,所有的大城市区议事会以及伦敦的自治市议事会,都成了单一制地方政府机关或称单一制地方政府机关;就伦敦而言,则一直延续到大伦敦政府成立之后。①

1992 年《地方政府法》取消了早先的地方政府边界委员会,该委员会原来的职责是审议英格兰地方政府体制及区划。1992 年《地方政府法》为英格兰设立一个新的英格兰地方政府委员会取代原来的委员会,新委员会的职能之一,就是建立一个新的单一制基本地方政府体系,并通过结构调整,将既有的二级制体制重组为单一制体制,同时将原来由两级地方政府机关分享的所有职能赋予新的单一制地方政府机关。②

就威尔士而言,1994 年《地方政府(威尔士)法》导致了普遍地将二级制基本地方政府机关替换为单一制地方政府机关,新的单一制基本地方政府机关称为郡或者郡自治市,但每一地方政府机关都独享原来由两级地方政府机关分享的职能。1972 年建立的威尔士地区政府边界委员会继续扮演其审核并重新分配职能的角色。郡可以向英王申请获得特许状而成为郡自治市。③ 也就是说,在单一制体制下,无论是英格兰还是威尔士,区和自治市议事会都是基本地方政府机关,所不同的是,英格兰已经没有郡一级的地方议事会了,只有分享原郡议事会职能的区议事会和自治市议事会;而在威尔士,虽然原来的二级制体制已经不复存在,但郡议事会的名称依然保留了下来,而且郡议事会还可以通过向英王申请的方式成为郡自治市议事会。因此,威尔士的郡议事会与郡自治市议事会是两个彼此分离的地域上相互独立的议事会,互相也没有隶属关系。

2. 非基本地方政府机关

1972 年《地方政府法》保留了某些既存的乡村教区,将某些既有的自治市改成教区,同时还建立一些新的教区。在威尔士,1972 年《地方政府法》除保留了原有的社区外,还设立了新的社区,这些社区在 1994 年《地

---

① Andrew Arden, p.11.
② Andrew Arden, p.11.
③ Andrew Arden, p.11.

方政府(威尔士)法》中继续保留。①

根据区议事会、单一制的郡议事会及郡自治市议事会的命令,教区和社区可以与其他的教区和社区合伙,但这种合伙必须向有关地方议事会提出申请。如果是加入某一既存的合伙,则必须取得已加入的其他成员的同意;如果是新成立,也必须经所有成员同意。而且这样的合伙可以依申请而解散。教区和社区只能通过合伙,才能赋予自身镇的地位。② 可见,作为非基本地方政府机关的合伙的镇,没有足够独立的法律地位。

(三) 按职能划分

各种类型的地方政府机关职能相差悬殊。按照地方政府机关的职能可以将其分为单一制地方政府机关和二级制地方政府机关。在1994—1998年间,英国对地方政府进行了重组,按照英国学者的说法,这次调整后,通过英国地方政府机关的名称,并不能比此前更准确地指引其职能:有些郡议事会现在就是正式拥有区议事会职能的单一制地方政府机关;反之,有些区议事会反而不是单一制地方政府机关。威尔士的基本地方政府机关要么是郡议事会,要么是郡自治市议事会,但是二者在职能上没有什么区分。③

从职能角度对地方政府机关分类,可以说是一种更为直接、更具有实际效用的分类方法,从是否享有地方政府机关的一般职能的角度,可以分为基本地方政府机关与非基本地方政府机关。基本地方政府机关其实就是经过地方政府体制改革后成为英格兰及威尔士的单一制地方政府机关,而非基本地方政府机关则是仍然保留的二级制地方政府机关。④

除非制定法对某一职能或者行为作了特别限制,地方政府机关的职能对于英格兰及威尔士的单一制地方政府机关而言都是当然的。也就是说,享有这些权力的地方政府机关包括:英格兰的区或者郡的单一制地方政府机关(包括大城市的任何区议事会)、威尔士的郡或者郡自治市议事会、伦敦的自治市议事会和伦敦城公共议事会。这些地方政府机关统称为基本地方政府机关,它们享有地方政府的一般权力。⑤

仍然存在二级制的地区,则地方政府的权力或者义务要么是由区议

---

① Andrew Arden, p. 12.
② Andrew Arden, p. 12.
③ Andrew Arden, p. 3.
④ Andrew Arden, p. 80.
⑤ Andrew Arden, p. 80.

事会享有,要么是由郡议事会享有,或者由二者共同享有,此时需要分别说明。①

1. 单一制地方政府机关

单一制地方政府机关是指那些履行全部地方政府职能的地方政府机关,这样的地方政府机关每个地方仅有一个。它们履行的职能包括教育、社会服务、住房、环境保护、土地规划与开发、休闲、地方议事会税征收与经营。英格兰的大城市中的所有基本地方政府机关、英格兰其他地区相当数量的地方政府机关(主要是城市地方政府机关)、威尔士所有的基本地方政府机关,都是单一制地方政府机关,因为英国的基本地方政府机关并不是按一地一个的原则设立的,也并非所有此类地方政府机关的职能都如单一制地方政府机关那样全面,尤其是在农村地区。伦敦的自治市议事会就属于这种基本地方政府机关。

2. 二级制地方政府机关

在英格兰,仍有相当数量的地方在一个地方拥有两套地方政府机关。除了教区议事会或者社区议事会之外,还存在按照传统的郡和区的划分、根据1972年《地方政府法》设立的郡和区两级地方政府机关。在这样的地区,每个郡都包括数个区,郡履行的职能包括教育、社会服务、战略性的土地规划、商业准则等;区履行的职责则包括安居、环境、健康以及本地规划等职能。②

(四)按产生方式划分

按产生方式划分,英国的地方政府机关可以分为选举产生的地方政府机关和非选举产生的地方政府机关。

1. 选举产生的地方政府机关

英格兰现代的基本地方政府机关是20世纪60、70年代建立的,其中伦敦的改革是根据1963年《伦敦政府法》于1965年完成的;伦敦以外地方议事会的改革则是根据1972年《地方政府法》于1974年完成的。③ 这些地方政府机关的一个共同特点就是都是由选举产生。

2. 非选举产生的地方机构

自1972年《地方政府法》之后,英国地方政府发生了巨大变化。有些

---

① Andrew Arden,p.80.
② Andrew Arden,p.3.
③ Andrew Arden,p.3.

地方议事会被撤销并由留守机构取代,根据1985年《地方政府法》,这些机构成员是任命的而非选举产生的。除此之外,某些履行传统上属于大区级地方政府职能的其他机构日益增多;同时,本来由地方政府机关所有或者控制的资源,也下放给资源的使用者或者使用者代表,例如,房屋、学校等。① 这是地方政府机关的权力下放或者转移的一种形式。

(五)权力下放地区政府机关(Devolution Authorities)与地区性政府机关(Regional Authorities)

权力下放政策不仅催生了苏格兰地区议会(Scottish Parliament)、威尔士地区议会(Welsh Assembly),还产生了(非官方的)区域性议会[(voluntary)Regional Chambers]与区域发展代办处(Regional Development Agencies)相结合履行其职能的现象,而区域发展代办处又是从中央政府机构获得其职能的。②

英国学者承认,这一新的发展产生了一些定义方面的困难。以区域发展代办处为例,它们并不比受选举产生的地方政府机关直接控制的其他行政机构具有更多的地方政府机关的特色。另外,实行权力下放的威尔士地区议会就与大伦敦政府存在诸多的共通之处。而权力下放的蓬勃发展是为了复兴地方政府。③ 也就是说,按照权力下放政策设立的地方机构,具有更多的行政性,与由选举产生的地方议会差距更大一些。

由此涉及界定地方政府机关时使用的另一术语,即不享有立法权的机构。英国学者认为,立法权是一个人为的区分标准。就地方政府机关的特别功能而言,事实上都与中央政府有关,要么是与中央政府的职能重叠,要么受中央政府的控制,例如教育、社会服务、安居、规划、环境和食品管理等。④

四、地方议事会成员的分类

在英国地方政府法中,地方议事会成员包括两类:一类是选举产生的成员,或称地方议员;另一类是地方议事会任命的成员,也就是非选举产生的成员。所谓被任命的成员,是指某人是地方政府机关组成人员,但不

---

① Andrew Arden, p. 3.
② Andrew Arden, p. 4.
③ Andrew Arden, p. 4.
④ Andrew Arden, p. 4.

是地方议事会成员,或者虽为地方政府机关的某个委员会、分委员会委员,但不是地方政府机关的组成人员。① 据此,在英国地方政府法中提到成员,有三种不同的意思:一是狭义的成员,即议员,这一用法相当于英国议会议员(Member of Parliament,MP);二是一般意义上的成员,指地方政府机关的组成人员,其中主要是地方议事会成员,也包括不是地方议事会成员而是任命的成员;三是委员会或者分委员会的成员,包括地方议事会成员、不是地方议事会成员的地方政府机关组成人员以及任命的不是地方政府机关组成人员的委员会、分委员会成员。不同类型的成员的身份、地位、权利能力和任期是不同的。

(一) 选举产生的成员

地方议事会成员中的绝大多数都是选举产生的。

(二) "上级"议事会任命的成员

非选举产生的成员属于极个别的例外,而且仅存在于非常"低级的"社区级议事会。英格兰的区议事会及威尔士的郡或者郡自治市议事会享有任命本议事会成员担任教区的官员或者社区议事会成员的权力,该权力的行使旨在保证教区或者社区议事会不致因空缺太多而无法工作。② 考虑到这些议事会的职能通常只是讨论如教堂的门是否需要修理等小事,参加议决的个别成员不是选举产生并不会严重影响英国的民主。

(三) 由地方议事会正式成员选举的委员会成员

通常情况下,地方议事会所属的各委员会或者各委员会的分委员会的成员也应当是地方议事会成员,但也有个别成员不是地方议事会成员,而是由地方议事会成员选举产生的。这类委员会成员称为"自选委员"(Co-opted Members)。③

除规范或者控制地方政府财政的委员会以外,地方政府机关的委员会、分委员会,或者某联合委员会及其分委员会,可以自行任命地方议事会成员以外的人作为本委员会的成员。咨询委员会及其分委员会也可以由委员会自行任命的人作为其成员。自选委员不必拥有选举或者担任地方议事会成员的资格,但是,如果他们实际上失去选举或者担任地方议事会成员的资格,则不能成为"自选委员"。例如,老师并没有仅仅因为其教

---

① Andrew Arden, p. 335.
② Andrew Arden, pp. 297-298.
③ Andrew Arden, p. 298.

师身份,而失去被任命为教育委员会或者联合委员会委员的资格。另如,地方政府机关为了提供适当的机会以使安居房的承租人能够获得安居房管理方面的信息,地方政府机关可以建立小区安居委员会,该委员会就可以自行选举安居房承租人担任自选委员。①

五、地方议事会成员的权能

地方政府机关组成人员没有执行权,他们只能通过地方政府机关的行政官员实施某一决定。地方议事会单独某一成员也是不能自行作出决定的,因为英国法中没有任何一条规定允许向单独某一成员授权。而决定权不仅可以委托给地方政府机关的行政官员,而且单纯从数量上看,绝大多数决定通常是委托行政官员作出,虽然按照普通法(有时是制定法)的规定,这类决定通常可以复议或者上诉至某一资深行政官员或者地方议事会成员。②

如今的发展趋势是,不断强化对地方议事会成员与行政官员之间关系的规制:一方面,增加行政官员相对于雇用他们的地方议事会成员的独立性,从而进一步突出政治中立的理念;另一方面,赋予地方议事会成员对特定范围内的决定以正式的监督职责。③

地方政府机关的组成人员构成其议事会,地方政府机关的所有决定形式上都必须通过议事会作出。虽然,除了作为其中一员参加并构成议事会全体会议的权力外,单独某一名地方议事会成员本身的权利中没有多少权力④,但地方议事会成员能够通过司法审查对其所属的地方政府机关起诉或者寻求救济,即使该地方政府机关的领导对该地方政府机关也是如此。⑤ 这是由英国地方政府的法人属性决定的,同样的情况并不适用于英国议会。

六、地方议事会成员的任期

英国地方议事会分为许多种类,每一种议事会由不同年份制定的不同法律调整,其成员的任期(term of office)及纳新方式也各不相同。

---

① Andrew Arden, p. 298.
② Andrew Arden, p. 285.
③ Andrew Arden, p. 285.
④ Andrew Arden, p. 285.
⑤ Andrew Arden, pp. 285-286.

（一）郡议事会成员

自1973年开始，郡议事会的选举每四年举行一次。郡议事会成员的任期是四年，每个第四年的选举日后的第四日，他们一起引退。新当选的地方议事会成员于其前任退休的那一日就任①，即郡议事会的新老成员在选举日后的第四日换班。

（二）大城市的区议事会成员

大城市的区议事会成员的一般选举每四年举行三次，这一做法的初次选举始于1973年，而1972年《地方政府法》规定，随后的选举应当在1975年以及此后除1977年以外的每一年举行，然后四年一个循环，从而避免今后的选举中郡议事会与区议事会的选举同年举行。②

大城市的区议事会成员的任期也是四年。在每一选举年，每一选区所有议事会成员中的三分之一将退休。退休的成员都是那些任职时间最长而没有重新当选的。③ 如此说来，最长也就是四年，如果重新当选，则该期限重新计算。

（三）非大城市的区议事会成员

根据国务大臣制定的命令，非大城市的区议事会成员的任期是：对于在1973年或者1976年的一般选举中当选的成员是三年，对于随后的一般选举中当选的成员则是四年。④ 随后的一般选举是在1979年及以后进行的，正好是1976年当选的区议事会成员退休的那一年。

除按国务大臣命令规定实行三三制选举体制的以外，所有到届成员在选举日后的第四日一起退休，新当选的地方议事会成员于其前任退休的那一日就任。对于按国务大臣命令规定实行三三制选举体制的区议事会而言，在每一个一般选举年，由应当产生三的整数倍成员的选区产生的成员的三分之一，以及由那些不产生三的整数倍成员的选区产生的成员中尽可能接近三分之一的成员，一起退休。⑤ 正如前文所言⑥，在此之前就已经明确，哪些地区属于应当产生三的整数倍成员的选区，哪些属于不产生三的整数倍成员的选区。

---

① Andrew Arden, p. 291.
② Andrew Arden, p. 291.
③ Andrew Arden, p. 292.
④ Andrew Arden, p. 293.
⑤ Andrew Arden, p. 293.
⑥ Andrew Arden, p. 292.

从两类选区中退休的成员都是未重新当选的成员中任职时间最长的。① 而要做到这一点,就必须保证在第一批成员就任时,他们的数量只能占全体成员的三分之一。但考虑到这种体制是在1979年统一实行的,该年当选的成员都是同时就职的,其未重新当选而任职时间是一样长的,因此,才有必要作进一步的规定。

(四)伦敦的自治市议事会成员

伦敦的自治市议事会成员的选举自1974年开始每四年举行一次。②

(五)威尔士的郡议事会、郡自治市议事会成员

自1994年开始,每四年举行一次一般选举。③

七、地方议事会成员的纳新

由于英国地方政府实行严格的议行合一制,因此,地方议事会的纳新与地方议事会成员的选举结合在一起。④ 地方议事会成员的纳新有多种原因、多种方式:一是任期届满,这涉及成员的任期及相应的通过一般选举产生新的成员。二是在任成员出缺,这涉及成员的出缺原因及补缺选举等内容。

在某一地方议事会的成员履职之前,必须发表一个接受职位的声明,该声明必须在选举之日起两个月内送达该地方议事会的相关官员。在发表接受职位声明手续完成之前,当选者不能履行职务;当然,为发表接受职位声明所必需的活动除外。如果当选者没有发表接受职位的声明,或者没有在指定的时间内送达其声明,则其职位即告空缺。⑤

八、地方议事会成员的补缺

(一)地方议事会成员出缺的原因

英国地方政府机关组成人员的出缺分为正常出缺和偶然出缺。二者的区别在于,偶然出缺产生的席位的任期是出缺者正常任期的剩余部分。⑥ 如某地方议事会成员的任期为四年,上任三年半时死亡,则其继任

---

① Andrew Arden, p. 293.
② Andrew Arden, p. 293.
③ Andrew Arden, p. 293.
④ Andrew Arden, p. 290.
⑤ Andrew Arden, p. 313.
⑥ Andrew Arden, p. 295.

者的任期只有半年。许多政治新秀因此不愿意参加补缺选举。

1. 正常出缺

地方政府机关(包括联合政府机关)的组成人员因下列情况职位出缺的属正常出缺①：① 失去成为该政府机关组成人员的资格；② 非因1998年《审计委员会法》第2条的规定而失去作为该地方政府机关组成人员的资格；③ 被定罪或者违反1983年《人民代表法》(Representation of the People Act)第2条规定；④ 因不出席该地方政府机关的会议而不再是该政府机关的组成人员。

2. 偶然出缺

地方政府机关的某一组成人员如果遇有如下情形出现职位空缺,被称为偶然出缺②：① 该组成人员未能以准备并发表接受其职位的要式声明的方式就职；② 该组成人员辞职、死亡或者因法院的命令而失去作为该地方政府机关组成人员的资格。

(二) 地方议事会成员出缺的公布

无论是正常出缺,还是偶然出缺,地方政府机关(包括联合政府机关)都必须发表该成员出缺的通知。③ 这既是地方政府机关的义务,也是选举公开的要求,由此揭开了该空缺职位补缺选举的序幕。

地方政府机关必须就偶然出缺发布公告：如果是地方政府机关本身宣告该空缺的出现,则应当在宣告后马上公告；在其他情况下,则应当在相应职位空缺被认定且实际条件允许后尽快公告。除此之外,地方政府机关还应当采取一系列进一步的举措④：① 将公告张贴于辖区内某个或者某几个显眼的地方；② 采取自己认为合适的其他措施以使该公告广而告之。

(三) 确定偶然出缺发生的时间

由于填充偶然出缺职位者将任满被取代者未到期的任期,为了填补偶然出缺,必须准确认定出缺产生的时间⑤：① 因未能准备并发表接受其职位的要式声明而未接受其职位的情形,指定的发表接受其职位声明的期限届满时。② 就辞职的情况而言,指定的接受辞职通知的个人或者机

---

① Andrew Arden, pp. 294-295.
② Andrew Arden, p. 295.
③ Andrew Arden, pp. 294-295.
④ Andrew Arden, p. 296.
⑤ Andrew Arden, pp. 295-296.

构收到辞职通知时。③ 因死亡出缺者,死亡之时。④ 根据1998年《审计委员会法》或者因认定有罪而失去作为该地方政府机关组成人员的资格者,自通常的上诉或者递交申请的期限届满时;或者在提起上诉或者递交申请后,在上诉或者申请被后续程序处理、自愿放弃或者未达到不予起诉的标准而以失败告终时。这些都是指虽然提起了无罪的上诉,但最终仍定罪的情形。考虑到英国刑事司法的进度,这个时间往往相当长,很可能到了此处所说的时间时,被告的任期已经届满了。⑤ 在某一选举因选举诉讼被宣布无效的情况下,以选举法院的报告或者确认之日。⑥ 在某人失去作为该地方政府机关组成人员的资格,或者因前述原因以外的其他原因失去作为该地方政府机关组成人员的资格,或者因未出席会议而不再是该地方政府机关的组成人员等情况下,则以其职位被高等法院或者该地方政府机关宣布空缺之时。

（四）补缺选举的时间

如果某一基本地方政府机关的组成人员偶然出缺,则填补该空缺的选举应当在宣告出现空缺之日起35日内举行,而无论该空缺是由高等法院还是地方政府机关宣布的。① 此处"宣告出现空缺之日"并非地方政府机关公告之日,而是根据前述各种情形确定的空缺实际发生之时。因此,补缺选举的日期并不因地方政府机关不宣布或者晚宣布而推迟。

在其他情况下,地方政府机关的补缺选举也必须在该地方政府机关的相关官员收到本地两名地方政府的选举人提交的职位出缺的书面通知后35日内举行。② 这种情况涉及所有地方政府机关未能及时组织补缺选举的情形,即无论地方议事会成员的空缺是因为什么原因,也无论出缺成员所在的选区是否重要,只要有两名当地选民提出正式要求,当然这些要求必须有事实根据,即确实存在空缺,则地方政府机关必须在收到记录该要求的书面通知后组织本地方政府机关的补缺选举。这一规定的最大好处在于避免了地方政府机关对于补缺选举的控制,而其启动门槛之低也充分说明了立法者对于维护选民参与权的决心:如果门槛太高,则地方政府机关的民主生活就极有可能失去选民的控制。

补缺选举的日期必须由地方政府机关的监选官确定。如果某一补缺选举发生在出缺成员无论如何都要退休(届时也将举行一般选举)的半年

---

① Andrew Arden, p. 296.
② Andrew Arden, p. 296.

内,则一般不会举行补缺选举,除非与该空缺同时发生的职位空缺的总数达到了该地方议事会成员总数的三分之一。① 如果在该空缺出现前虽然也有大量空缺,但即使加上该空缺后,空缺总数仍不足成员总数的三分之一,仍不会举行补缺选举。这样规定的目的在于,尽量减少不必要的选举,因为一般性选举还有不到半年就要举行了,而在此之前,少数席位空缺并不足以影响地方民主决策的真实性。

如果某一补缺选举未举行,该空缺将在下一次一般选举中补充②。

(五)补缺选举职位的分配

在实行成员三三制选举制度的区议事会中,如果偶然出缺不止一个,并且都是在一次选举中补齐的,则在补缺选举中得票最少的当选者通常被认为应当替代如不出缺应当最早退休的那位前成员,而得票倒数第二的当选者顶替通常情况下应当第二个退休的前成员,余皆类推。如果没有竞争性的选举或者存在异议,则退休的顺序通过抽签决定。③ 由于顶替出缺成员的当选者的任期,就是其前任剩余的任期,如果被顶替者的任期不等,就会出现此处讨论的情况适用的时机。此处的原则是,谁的民望高,谁的任期就长,这也符合选民的意愿。只是对于这些选举中十分细微的环节,中国读者可能因为没有切身的感受,无法获得直观的认识,但正是这些细节,决定了民主制度的真实性、完整性。许多国家其实并不缺民主制度,只是缺乏一些关键的细节。

如果为填充一个或者几个空缺而举行的补缺选举是在实行三三制的区进行的,并且与一般选举同时进行,也适用同样的规定。④ 由于补缺选举与一般选举同时进行,如果某一选区出缺的成员还有一年的任期,则该选区同时要选举产生两名成员,如何决定当选者之中谁作为正常成员任期四年、谁作为补缺成员任期一年呢?比较合理的做法显然是按照得票数:谁的得票多,证明谁的民望高,由其任较长任期显然更符合民意。当然,如果一般选举的选票与补缺选举的选票区别开来,当然更能够准确地反映民意,只是操作的成本更高罢了。

---

① Andrew Arden, pp. 296-297.
② Andrew Arden, p. 297.
③ Andrew Arden, p. 297.
④ Andrew Arden, p. 297.

九、临时任命的议事会成员

值得注意的是,英格兰的区议事会及威尔士的郡或者郡自治市议事会享有的任命本议事会成员担任教区官员或者社区议事会成员的权力,该权力的行使旨在保证这些教区或者社区议事会不致因空缺太多而无法工作。[①] 如此任命的成员,称为临时任命的议事会成员。

虽然按照有些人的理解,教区或者社区议事会作为英格兰及威尔士最"基层"的政府组织形式,当然属于其所在区的区议事会的下级单位,因此,区议事会向其派遣官员是理所当然的。但在英国人看来,教区和社区议事会,与区一级议事会,是由不同选区选举产生的不同的地方政府机关,正如部长不能向地方政府机关任命官员一样,区议事会也不能向教区或者社区议事会任命官员。正因为如此,英国法在对此类权力作出规定时非常谨慎,具体表现在两个方面:一是涉及的范围仅限于区一级议事会在非常特殊的情况下(其辖区内的教区或者社区议事会严重出缺,以至无法正常工作)。考虑到英国的教区或者社区非常小,通常只有几十户人,所行使的权力也非常有限,往往只能决定诸如是否应当由大家集资将教堂门前的矮墙修一下之类的小事,因此,这种权力损害英国民主制的可能性不大。二是被任命者只能是区议事会的成员,而不能是区议事会喜欢的其他人,考虑到区议事会成员本来就是所在区选民选举的,有的成员的选区还包括其将要就职的教区或者社区,因此,这些人在这些教区或者社区任职,对于当地人而言是可以接受的。

第四节 地方政府的治理结构

英国地方政府治理体制可以概括为地方议事会成员决策、非成员的行政官员执行;其决策体系又可归纳为议事会主席或者市长召集(但不是领导)下的全院委员会或者特别委员会(或其分委员会)议决制。

一、地方政府治理基本框架

英国地方行政法中疏于讨论的一个问题是,地方政府机关内部的行政机构是如何设立、调整和协作的?特别是地方政府机关内部是否设有

---

① Andrew Arden, pp. 297-298.

与特别委员会等议事机构对应的行政性执行机构,按专业分工具体承担相应的社会服务、垃圾清运、建筑规划等职能?

对于上述问题,英国学者只有只言片语提及,例如,在介绍英国地方政府机关普遍承担的社会服务职能时提到,基本地方政府机关或者二级制地区的郡议事会是当地的社会服务职能部门。社会服务职能部门必须任命一个社会服务委员会,以便具体处理 1970 年《地方政府机关社会服务法》(Local Authorities Social Services Act)附表 1 所确定的社会服务事项。① 每一地方社会服务职能部门都任命一名社会服务监督员。② 这个由作为社会服务的责任主体的地方政府机关设立的社会服务委员会,就是下面要讨论的地方政府机关的分委员会,该委员会委员不都是地方政府机关的组成人员,也可以吸收没有投票权的非地方政府机关的组成人员。而社会服务监督员就是各地方政府机关在社会服务领域的行政执行机构的首长,即地方政府社会服务职能部门的首长。

当然,这仍然没有提供我们希望获得的信息,即地方政府机关设立的社会服务委员会的决定通过什么机制执行。事实上其执行机制是,地方政府机关内部统一设立一个(小的或者低级别的地方政府)或者几个(大的或者高级别的地方政府)纯粹执行或者具体办事的行政机构,这些机构与地方政府机关负责决策职能的分委员会对应,负责执行各分委员会作出的决定,同时为各分委员会提供秘书、行政及后勤方面的支撑。这些行政机构本身并没有强制执行权,只是在地方政府机关分委员会的决定能够以地方政府机关或者有关主管部门(如社会服务职能部门)的名义作出后,通过公告或者送达等形式,使这些决定具有对外效力。如果决定没有得到执行,则执行机构将会依有关当事人的申请或者在自己认为必要时经本地方政府机关同意,申请警察协助执行或者申请法院强制执行。

也就是说,英国地方政府的执行功能与能力是非常弱的,甚至可以说几乎没有什么执行能力。英国地方政府所能做的,只是提供相对人没有异议的服务,如依地方政府机关(地方议事会全体委员会)或其分委员会的决定给予特定人以法律规定的福利;仅在个别情况下执行对相对人不利的处分,此时,就会面临令人头痛的相对人不配合、执行难的问题。对此,英国的宪法体制已经出具了最基本的答案——找法院。在这一体制

---

① Andrew Arden, pp. 96-97.
② Andrew Arden, p. 97.

下,地方政府机关并不需要具备任何强制执行力,只需要在其认为必要时向法院申请强制执行令状,当然,在这个过程中,地方政府机关的行为将因被执行人的反诉而受到法院自动的审查。① 但只要地方政府机关应对成功,就可以获得法院的强制执行。

当然更重要的是,英国人民都知道,只要地方政府认为自己的行为没有问题,或者在觉得有问题但已经走完了全部的救济途径(包括在地方政府到法院起诉自己不履行决定时已经进行的反诉),此时,面对法院的强制执行命令,绝大多数英国公民是不会暴力抗法的,地方行政机关的强制执行权即使有,也没有用武之地。

最后是效率问题。如果凡事都要经过这样的程序:行政救济、司法救济、申请法院强制执行,那行政效率如何体现呢?对此,没有着急的必要。英国有句谚语:上帝的磨转得很慢,但磨得很细。英国的国教是新教,他们知道上帝那边的磨子的故事。事实上,英国的整个议行合一、行政与司法联动的运行体制,在很大程度上像一架大磨,它缓慢而坚定地运行着,熬过了美国独立引发的冲击波,度过了日不落帝国衰落的阵痛期,挺过了大萧条时期的艰难时事,磨碎了希特勒独霸欧洲的黄粱美梦……由此提醒我们,在具有一个稳定的、坚韧的、方向明确的宪法体制,一个能够以让人无可怀疑的标准行事的司法体制这两方面的共同基础上,行政有所作为的空间是有限的,但却始终是奋发向上的,只要能够保证万众一心,持续地、义无反顾地前进,效率不在话下。

二、地方议事会主席和市长

2000年《地方政府法》第1A部分,重组了英格兰的地方政府机关内部的行政体制,按其要求,地方政府机关必须选择如下三种运作方式之一:一是行政体制;二是委员会体制;三是国务大臣规定的其他体制。其中行政体制包括两种模式:其一是地方政府机关的行政部门由1名当地居民直接选举产生的市长及由其任命的2名以上的地方议事会成员组成领导班子,这种模式被称为"市长及其内阁行政"(mayor and cabinet executive)模式;其二是地方政府机关的行政部门由地方议事会在其内部选举产生的1名领导及该领导任命的地方议事会成员组成领导班子,这种

---

① Neil Parpworth, p. 266.

模式被称为"领导及其内阁行政"(leader and cabinet executive)模式。①

(一)主席和市长的设置

在英国,作为地方政府的地方议事会,包括郡议事会、郡的自治市议事会、区议事会,都设有一名主席(chairman)、一名副主席;伦敦的自治市议事会设有一名市长(mayor)。具有自治市法律地位的区议事会主席或者副主席,可以称市长或者副市长;而具有镇的法律地位的教区或者社区议事会主席或者副主席,可以称镇长或者副镇长(town mayors)。教区并不一定有议事会成员,但如果有,则必有一名主席。类似的,社区议事会可以有也可以没有议事会组织,如果有的话,亦设有一名主席。②

除非从地方议事会成员的职位上退休或者失去成员资格,地方政府机关的主席将一直担任此职务直到其继任者取而代之。主席在其任期内通常仍然是地方议事会的成员;但是确实存在这种可能:如果他不是地方议事会的主席,早就应当退休了。③ 这种情况通常出现在换届时,由于新的地方议事会的第一次年会还没有选出新主席,则由该应当退休的老主席站好最后一班岗,主持新一届地方议事会的新一届年会,至选举出新的主席后即宣告正式退休。

(二)主席的选举

地方政府机关的主席必须由地方议事会每年从该议事会成员中选举产生。④ 地方政府机关在其年会中的第一件事,必须是选举主席。⑤ 这从另一个方面反映出英国地方政府体制中地方政府机关的议事性特色:没有主持议事会议的主席,就没法开会,也就没法行使职能。因此,那种认为英国地方议事会主席相当于地方行政首长的说法是错误的,正如将英国议会的议长说成是英国的行政首长一样,当然这种错误还没有将英国议会的议长说成是英国的首相那样严重。

新一任主席的选举通常由任期已经届满的老主席主持,如果他没有连选为成员,则他在主持新一任地方议事会主席的选举时实际上已经不再是地方议事会成员了,但由于继任主席还没有产生,他仍是该地方议事会的主席。因此,他只能主持但已不能投票,除非是在正、反两方选票相

---

① Wade & Forsyth 2014, p.94.
② Andrew Arden, p.15.
③ Andrew Arden, p.315.
④ Andrew Arden, p.315.
⑤ Andrew Arden, p.316.

等时由其投决定票(casting vote)。① 事实上,地方议事会的主席自当选时起,即失去了作为一名地方议事会普通成员本应当享有的投票权,而只拥有在选票相等情况下的决定票投票权。决定票投票权应用于新主席的选举时,肯定是其本年度主席任期内最后一次行使,在此之后,新主席将取而代之,老主席要么退休,完全失去投票权;要么沦为普通成员,享有普遍投票权。即并没有逾越一人一票的原则,但却是以该权利人无权投票或者投决定性一票的或然性机会的形式表现的。

根据1972年《地方政府法》第3条,地方政府机关的主席或者市长每年选举产生,在此一年的任期内连续任职,除非在任期内从地方议事会成员职务上退休或者失去继续担任地方议事会成员的资格。② 此处的"失去继续担任地方议事会成员的资格",当然可以表述为"失去任职资格",但如此一来,会使很多人以为是指失去担任地方政府机关主席或者市长的资格,而较少有人以为是指丧失作为地方议事会成员资格,而英文的原意是指后者。由此提示,法律语言精确的必要性:如果某一简化表述可能引起歧义,则宁繁勿简。

(三)主席的偶然出缺

如果地方政府机关的主席职位偶然出缺,则填补此项出缺的选举必须在出缺之日起的下一次地方议事会例会之前举行。如果下一次例会将在出缺之日起14日内举行,则补缺选举最迟应在下次例会举行。③ 也就是说,如果下一次例会在出缺14日以后举行,要单独增开一次例会,以完成选举主席事宜;如果下一次例会在出缺不足14日,则可以最迟在下次例会上完成选举。补缺选举的过程与一般选举相同。地方政府机关的相关官员可以召集一次议事会全体会议,以便举行此项选举。④

不信任投票对于地方政府机关的主席或者市长并没有法律效果,也不足以迫使其退职或者阻止其主持地方政府机关的会议或者行使决定票投票权。⑤

(四)决定票

如果正反两方票数相当、表决不分胜负,则会议主持人(即议事会主

---

① Andrew Arden, p. 316.
② Andrew Arden, p. 265.
③ Andrew Arden, p. 316.
④ Andrew Arden, p. 316.
⑤ Andrew Arden, p. 265.

席)拥有唯一的一张第二轮投票权或决定票投票权。法律并不限制会议主席行使其决定性表决权的方式。① 称其为第二轮投票是因为,这是在全体成员投票完并计票后,发现正反方票数相同而无法议决的情况下进行的投票,有权参加这一轮投票的只有在此前全体成员投票时没有参加投票的作为该议事会主席主持会议的那名成员,从这个意义上说,议事会主席拥有的就是决定票投票权,其所投的一票就是决定票。美国副总统兼任美国参议院议长,就拥有这种决定票投票权——平时只能听会并看着别人投票,只有在决定时刻,即双方票数相同时才站出来投票。虽然美国参议院有100名参成员,不是奇数,理论上平局的机会很多,但由于两党制的不均衡席位,实际上美国副总统在这种场合露脸的机会非常少。英国的情况也是一样。

(五) 大伦敦市的改革方案

《大伦敦政府法》对大伦敦政府的创新,最值得注意也最具有代表性之处是提议设立一位直接选举的市长(directly elected Mayor);该市长不是由地方议事会成员选举产生的;该市长将拥有行政权,并因此而将在某些情况下有权成为一个独立的(指独立于当地的议事会)行政执行机关。在其他情况下,大伦敦政府将由该市的市长及议会成员组成;在极个别情况下仅由其议事会单独组成。② 对于该立法议案通过之前的所有英国地方政府机关而言,其主席都是间接选举产生的,主席本身没有任何行政权,也不能独立或者与其所在的地方政府机关联合组成行政执行机关,因为只有地方议事会本身是一个能够独立对外行使职能的制定法设定的法人,地方议事会主席仅仅是主持该机构全体会议的主持人,本身甚至连普通的投票权都没有,仅在个别情况下可以偶尔行使一下决定票投票权。

1999年,新的大伦敦政府举行首次选举,第一次直接选举产生伦敦市长肯·利文斯通,他是一位无党派人士。市长职责范围包括交通、战略计划制定、促进经济发展、制定伦敦的环境策略、消防、警察以及改善公共卫生状况、发展文化等。2000年7月,伦敦首次设置了一个由市长为首的大伦敦政府机构,承担首都的大部分政府职责。③

---

① Andrew Arden,p.316.
② Andrew Arden,p.316.
③ 参见英国驻华大使馆网站(www.britishembassy.org.cn)。

（六）英国政府的改革构想

英国政府在其名为《密切联系群众：现代地方政府》（Modern Local Government: In Touch with the People）的白皮书中提到了改变地方议事会成员构成的选择性建议，包括直选市长。白皮书的这些建议并没有《大伦敦政府法》中的改革那样具有创新性。①

三、公务员与地方政治决策

在英国地方政府体制中，地方政府机关的政治决策职能与其雇用的地方公务员团队的执行职能是严格区分的。地方政府机关方针政策的制定基本上属于地方政府机关组成人员的职责，但政策都需要通过地方政府机关的行政官员才能最终付诸实施。因此不可避免的是，当地方政府机关的组成人员涉及政策问题时，他们需要了解政策是否以及如何能够产生实效。这显然是政治助理的职责，但这一职责不是政治助理单独所能胜任的，因为政治助理并不掌握所有相关的信息和技能，例如财政信息、相应的权力以及实践能力等。②

政治助理的职责其实是为那些不具有行政管理经验的地方政府机关组成人员的决策提供政策性指导，协助他们了解政策的执行情况。从这个意义上说，政治助理实际上理应不是从政党的角度提供决策建议，而是从行政管理的实际出发为地方议事会成员提供咨询意见。但考虑到地方议事会中政治党团的存在，想让政治助理们不偏不倚地为各政治党团提供中立的意见，既是对他们的道德水平及职业素质的过高要求，也是各政治党团所不愿意或者难以信赖的。因此，这种制度长期存在下来的结果必然是，政治助理只能按党派分设：地方政府机关的政治党团都可以获得一笔资金，专门用于雇用为本党所用的政治助理，由此形成了地方议事会内的政治党团，与地方议事会外的注册政党之间实际上的融合：那些未能通过选举取得成员资格的各政党内的管理专家，在选举后摇身一变，以政治助理身份继续出现在选举时他们曾鼎力支持的本党当选成员身边。

在政策形成阶段，地方政府机关的组成人员通常会转向并且希望获得来自政治助理以外的其他行政官员的协助，特别是那些资深官员，此

---

① Andrew Arden, p. 316.
② Andrew Arden, p. 358.

时,行政官员理应提供这些协助,但应当对多数党和少数党一视同仁。①这就是包括行政官员在内的其他官员与政治助理的区别。政治助理具有更强烈的政党色彩,但专业性上可能有所不足;而其他行政官员具有更多的专业背景和信息资源,但他们必须保持中立,不能具有过多政治色彩。于是,在政策形成初期,地方政府机关的组成人员往往会从他们的政治助理或者本党其他人员那里获得对于政策抉择的大方针指示,一旦到了政策形成时期,特别是涉及一些专业性、技术性细节时,他们又会转而寻求地方政府机关的其他行政官员,特别是资深行政官员的帮助。这些行政官员不能具有太深的政党背景,更不能区别对待不同的政党,否则就与其职业道德相悖。

如果地方政府机关的行政官员参加地方政府机关中某一政治党团的成员会议并非不适当,他们的与会也不表达赞同政党的政治观点;行政官员的这种参与仅是为他们提供了一个聆听某一想法萌芽、发展的过程的机会,如果这一想法是地方政府机关的主要政党的想法则尤其重要,因为这些想法往往会进一步发展成为本地方政府机关的政策。②应邀出席会议的地方政府机关行政官员在会上获得的这些知识,将会提醒他们注意那些可能最终成为他们必须予以专业化处理的问题,同时也给了他们在这些想法成为政策之前就其现实性和适当性提出建议的机会。③无疑,执行者的先期介入,对于提高决策后政策的可执行性有莫大好处。

同样,行政官员的提前介入也将为地方政府机关的所有组成人员提供本地方政府机关及其辖区内居民的有关信息,这些信息通常只有行政官员才接触得到。但是,地方政府机关的行政官员在参加此类政治党团的会议时必须牢记,他们不能让政治偏好危害他们的中立性,让他们的职业观点在相反的政治压力面前屈服,或者支持某一具有政党特性或者局部利益属性,但并不符合作为一个整体的本议事会纳税人利益的政策。④

四、决策主要由委员会作出

参见本书第一卷第二编第四章第五节委员会制度相关内容。

---

① Andrew Arden, p. 358.
② Andrew Arden, pp. 358-359.
③ Andrew Arden, p. 359.
④ Andrew Arden, p. 359.

第五节　地方政府的权力

英国学者对于地方政府机关权力的探讨,是在一般权力[①]的名义下进行的。其用意非常明显:不同的地方政府机关存在差异性的特定权力,但是系统性的学术研究要重点关注其共性部分,即所有地方政府机关都享有的权力。从地方政府体制角度考察地方政府机关的一般权力,是指那些为了各地方政府机关所在社区的利益,由英国成文法赋予地方政府机关行使的权力。[②] 此处强调为了本社区的利益,这是所谓地方特色的突出体现。这种意义上的地方权力不包括提供一般服务、设施以及资助他人提供此类服务或者设施,也不包括规范他人的行为,而只包括与各地方政府机关所在地区作为一个整体密切相关的权力。[③] 也就是说,地方政府机关的权力包括两个方面:一般权力和特别权力。

一、地方政府权力的性质

英国学者反复强调,英格兰及威尔士的地方政府机关仅拥有议会授予的权力,这正是行政法中适用越权无效原则的基础。[④] 这既是对英国地方政府机关本身也是对其所享有权力的法律定位,其法律意义在于,它使地方政府机关这类法律上拟制的人格者区别于自然法律人格者,如自然人及英王(不是指英王本人,而是沿英王法律传统一脉衍生出来的国家机构,其中最重要的就是中央政府)。中央政府与地方政府在法律定位上的这一区别在其他的非君主制国家是不存在的,但在英国却足以产生某些意想不到的后果,如与其公务人员的关系问题。

任何行政主体都不能脱离其行为孤立地存在。行政主体不能与其一般权力或者职能相分离,这是构成其本质的要素。地方政府体制所讨论的重点,不限于授予地方政府机关权能的范围,而在于其行使这些权能的方式,即揭示地方政府机关的核心或者结构性职能。[⑤]

对于地方政府机关权力的性质,英国学者介绍了两种观点:一种观点

---

① Andrew Arden, p.40.
② Andrew Arden, p.1.
③ Andrew Arden, p.1.
④ Andrew Arden, p.40.
⑤ Andrew Arden, p.1.

认为,行政主体只能做职权允许的事;另一种与之相对的观点是,行政主体有时也可以拥有一般权能的权力,即授权行政主体做它们所选择的事,除非有法律的禁止或者限制(既可以是来自制定法的禁止,也包括行政法上的限制)。英国学者认为,这两种观念其实并不是截然对立的,即使是在行政主体被授予一般权能权力时,超出其范围行使该权力的结果仍然意味着该行政主体的行为越权无效。①

但无论地方政府机关权力的范围如何界定,其权力都是有限的、相对的,不能将其权力视为绝对的权力。很少有人会反对:个人、地方议事会及弱势群体的社团,在其面对国家强制权力的时候,都拥有受法律保护的权利。② 此处强调的地方议事会,就是作为与中央政府相对称的地方政府,其受保护的权利就是在有关地方自治与分权中宪法赋予地方的保护其免受中央干预的权利。然而在确定保护的形式和范围,以及应当基于何等基础来解决由此产生的纷争时,困难就产生了。③ 这种纷争就地方议事会而言,就是中央与地方分权的界限及解决因此而起的纠纷的程序及实体规则。健全中央与地方权力的这一调和机制,因 1998 年《人权法》的实施而显得愈发重要。④

二、地方政府权力的分类

(一) 按服务的职能分类

地方政府机关拥有的权力分为两类:一类是提供特定服务和设施的权力;另一类则是实施某种规制行为的权力。此外,还有相当数量的规范,规定权力的一般行使或者职能的履行。⑤

(二) 抽象的学理分类

为了概念上理解的便利,英国学者将地方政府机关所拥有的权力区分为一般权力(general powers)和特别权力(specific powers)。但英国学者也承认,一般权力的说法在某种程度上属于用词不当,因为对于地方政府机关所行使的权力而言,并不存在什么一般权力。⑥

---

① Andrew Arden, p. 40.
② Bradley & Ewing, p. 632.
③ Bradley & Ewing, p. 632.
④ Bradley & Ewing, p. 456.
⑤ Andrew Arden, p. 40.
⑥ Andrew Arden, p. 40.

英国学者所谓的地方政府机关的一般权力包括两类比较特殊的权力:剩余权力("residual" powers)和辅助性权力("ancillary" powers)。①

剩余权力是允许地方政府机关在一个狭小的范围内,为了其所在地区或者当地居民的利益和福利,选择适用其所拥有的职能的权力。除了受财政能力所限以外,该权力还受到法律上相当大程度的节制。尽管如此,这种权力仍是地方政府机关所享有的最接近一般权能的权力。②

辅助性的权力是与地方政府机关所拥有的特别权力的行使相联系的权力。这种权力不足以实施任何一般的行为,而只能作为行使其他职能的辅助性、附属性手段,有别于基于自己的职能而行使的权力。

(三)按具体内容分类

英国学者一般讨论的地方政府权力包括③:① 促进经济发展权;② 推动旅游发展权;③ 规划权;④ 土地管理权;⑤ 信息与信息公开权;⑥ 法律诉讼权;⑦ 制定条令与地方性立法权;⑧ 刑事与维持秩序权;⑨ 紧急状态权;⑩ 剩余权力;⑪ 附属性权力;⑫ 提供商品及服务权。

三、促进经济发展权

将促进经济发展权(Economic Development Powers)放在地方政府机关权力的首位,这不是笔者的用意,而是英国学者的安排。中国读者可能据此会认为,英国地方政府机关在促进地方经济发展方面肯定也扮演着非常重要的角色,但阅读下文以后,可能会比较失望。确实,英国地方政府在促进地方经济发展方面实际能做的非常有限。其促进经济发展权主要是一种锦上添花的职能,是在地方政府机关基本职能基础上附属的务虚性的职能。

(一)促进经济发展权的法律依据

从某种意义上说,促进经济发展权与其他更为具体的通过财政或者以其他资源帮助地方政府机关所在地的个人或者机构的权力,并没有实质上的区别,与提供教育或者安居房、通过规划程序规范土地的开发和利用等职能也没有理论上的区别。④

---

① Andrew Arden, p. 41.
② Andrew Arden, p. 41.
③ Andrew Arden, pp. 41-42.
④ Andrew Arden, p. 43.

尽管如此，重振某一地区的经济（包括提供就业机会）无论是在观念上还是在实际上都被视为地方政府的一种重要的（虽然还不能说是最基本的）施政工具，许多地方政府机关以1972年《地方政府法》第137条规定的剩余权力为依据，实施地方经济振兴计划，而这种剩余权力就是地方政府所拥有的最接近于一般权力的权力。① 由此可见，促进经济发展权的法律渊源并不明确，甚至可以说多少有些附会的意味。这说明，英国的立法者并不热衷于赋予地方政府机关过多的促进经济发展的权力，而地方政府机关自身则存在获得并行使这项权力的冲动。当然，从其施政的主要目标在于提高就业率这一点上看，地方政府挖空心思希望获得这一权力的根本原因，还在于来自选民的政治压力——地方经济发展、充分就业是地方政府机关得以维持执政地位的一个重要砝码。

相比较而言，1989年《地方政府及安居法》的规定要明确得多，该法第3条授权地方政府机关在其认为适当时采取此类措施推动当地经济的发展。②

（二）促进经济发展的活动

地方政府实施的促进当地经济发展的活动包括：直接参与、鼓励已在或者拟在本地区内设立或者扩张的任何商业、工业、公共事业，以及其他事实上或者预期能够增加生活在本地区的居民就业的项目。③ 从地方政府机关参与或者鼓励的项目的最终目的看，增加就业机会是其最主要目标，事实上，无论是何种商业、工业或者公共事业项目，只要能够增加就业机会，就能为本地区创造更多财富和促进本地区发展繁荣。

（三）对经济发展的财政援助

地方政府机关可以为促进当地经济发展、增加就业之类的目的提供财政或者其他形式的援助。财政援助包括赠予、租借或者其他形式的信贷、担保、保证，以获得股份或者借出资本的方式向有关事业投资、提供任何形式的财产、服务及其他财政利益（包括免除债务）等，但地方政府机关所采取的上述措施不能以营利为目的，但在国务大臣认为可以落实的以营利为目的的上述活动则是可以的。④ 之所以要限制地方政府机关以营

---

① Andrew Arden, p.43.
② Andrew Arden, p.43.
③ Andrew Arden, p.44.
④ Andrew Arden, p.44.

利为目的实施促进经济发展的财政援助活动,是因为以营利为目的实施投资于商业、企业或者公共事业以促进此类事业的发展或者增加就业机会,地方政府机关的投资效益显然不如私人单位高,与其让政府机关利用取之于民的资金从事营利性活动,不如让地方政府机关减少财政收入,间接还利于民,使当地居民自主决定其营利性投资的方向。

地方政府机关在采取此类财政援助时,可以单独进行,也可以与其他地方政府机关共同进行。国务大臣可以对地方政府机关可涉足的其他领域作出进一步规定,以向地方政府机关开放财政资助的范围。[①]

(四) 禁止从事的活动

地方政府机关促进当地经济发展的权力是受到限制的,国务大臣通过制定条例,对地方政府机关采取的措施加以限定,对地方政府机关所能采取措施的限制还可以附有一定的条件。某一财政年度内某种单独措施、某类援助或某种经济援助手段等,在总体上要受国务大臣所设定的财政开支限额的限制。[②]

禁止或者受到限制的财政援助活动包括:审计工作、估价、投资于媒体、不动产代理工作以及购买或者租赁商品或者服务的活动等。[③] 除此之外,以短期租赁以外的方式处置土地,而获得的收益又少于能够合理获得的数额的,也在禁止之列;除非得到国务大臣的同意。以从商业或者公共事业中营利为目的的财政援助,完全或者部分为使被雇用者获得商业或者公共事业中预期的工资收入的财政援助,均在禁止之列。[④] 为被雇用者获得工资收入而实施的财政援助,相当于地方政府机关出钱买就业岗位,这显然是一种虚假的就业机会的增加,因为没有这笔援助,有关企业就不会雇用这些雇员,这样做既违反一般的经济规律,也不能从根本上创造出新的价值,与其间接地保证这些被雇用者的工资收入,还不如直接发给他们补贴。

当然,为使被雇用者获得预期的工资收入而实施的财政援助,不包括那些使企业或者公共事业雇用一个已经至少失业 7 天的失业者、雇用新就业者或者雇用不多于 3 名确实能够为雇主单位提供与其业务相关的知

---

① Andrew Arden, p. 44.
② Andrew Arden, p. 44.
③ Andrew Arden, pp. 44-45.
④ Andrew Arden, p. 45.

识和技能的就业者等情形。显然,这些情形都属于有效就业的范围,而非政府买工作职位。此外,如果财政援助本身是中央政府或者欧洲共同体资助的扩大就业机会的一部分,也不在禁止之列。①

国务大臣的条例中予以限制的领域还包括由非教育职能部门为不属于其组成人员、官员或者其他被雇用者所提供的培训或者教育服务,除非先前已经与当地教育职能部门进行了磋商。除此之外,在地方政府机关的辖区以外为获得或者开发土地、种植物或者机器设备而实施的财政援助,如果未与当地有关地方政府机关进行磋商,也在禁止之列。② 当然,此处的磋商或者征询意见,都是就其善良本义而言的,不是简单的通知或者知会,而是就实体问题进行研讨,并且在绝大多数情况下应当以取得对方的同意为唯一成立要件。由于磋商这个词在英国行政法中经常出现,其准确含义是同意,不是形式上的磋商或者咨询意见,这只是英国法中对于同意的一种委婉表述。

（五）国务大臣的指导

地方政府机关在决定是否以及如何行使其财政资助权时,必须考虑国务大臣(正如前文所言,一般是环境、交通与地区事务大臣)制定的普遍性的或者专门性的指导规范。③

（六）经济发展计划

在每一财政年度之初,地方政府机关都要就其本年度是否要运用经济发展计划作出决定。如果地方政府机关决定采取经济发展计划,则必须拟就一项经济发展计划,并在其中提出包括以下内容的建议:拟采取的措施,不同项目的开支,各项目预计产生的收入,以及预期所能达到的目标。④ 虽然前文提到地方政府的经济发展计划一般不能以营利为目的,除非属于例外的情形,但这并不妨碍地方政府经济发展计划中包括收入的内容。

地方政府机关必须向代表当地工商界的机构,在当地从事商业、工业或者公共事业的人以及其他地方政府机关认为值得的人公开其经济发展计划,并征求他们的意见。几乎可以肯定地说,如果没有这些经济发展计

---

① Andrew Arden, p. 45.
② Andrew Arden, p. 45.
③ Andrew Arden, p. 45.
④ Andrew Arden, pp. 45-46.

划,地方政府机关显然不能在相应的财政年度行使其促进经济发展的权力。而且,如果地方政府机关没有就其经济发展计划征求过有关方面的意见,也不能行使此项权力。既然地方政府机关征求了有关方面的意见,就很难说地方政府机关能够不按照被咨询对象提供的意见行事。① 这充分说明,地方政府机关的征求意见活动是实实在在的,不是摆样子、故作姿态,被咨询者的意见也不仅仅是参政、议政的成果,而是实实在在的、地方政府机关必须遵循或者给予相当重视的参考意见。如果地方政府机关严重背离这些意见而实施其经济发展计划,且不说没有被咨询者的配合这些计划很难实施,即使地方政府机关硬性实施了,其没有遵循被咨询者建议的行为本身,会造成对计划的合理性甚至合法性的严重挑战。

地方政府机关必须基本上按照咨询者提供的意见行事的结论,可以部分地从以下规定的措辞中得出:一是 1989 年《地方政府及安居法》第 34 条的明文禁止和限制;二是对地方政府起草其经济发展计划的要求及咨询的义务,见于该法第 35 条。如果地方政府的经济发展计划已经诚恳且普遍地征求了有关方面的意见、适当地反映了计划制订时有关各方的愿望和建议,地方政府机关如此制定的经济发展计划就没有必要受到其他限制。② 对地方政府的经济发展计划的要求还可以从立法的目的上引申出来,因为对于动用经济发展财政预算的地方政府机关而言,不可能在一个财政年度内既提出又兑现其经济发展承诺,更多的情况是如何使最终的成果尽可能贴近年初提出的建议。③

(七) 城市中心区的经济发展

如果中央政府认为城市中心区具有特别的社会需求,可以根据 1978 年《城市中心区法》(Inner Urban Areas Act)的规定,授权区议事会和单一制的郡议事会(在威尔士则是郡议事会和郡自治市议事会)行使附加的权力。这些权力允许地方政府机关给个人放贷,如用来购买土地、设立合伙或者合营企业、开展礼仪服务、装修或者改善建筑物、支付商业租金等。④

---

① Andrew Arden, p. 46.
② Andrew Arden, p. 46.
③ Andrew Arden, p. 46.
④ Andrew Arden, p. 46.

(八) 促进旅游业的发展

1. 吸引旅游者

地方政府机关有权单独或者联合(如与当地的商会)通过广告或者其他措施,鼓励人们来本地参观、休闲、疗养、开会、举办商品交易会或者展览会;地方政府机关也可以向那些经国务大臣同意而为上述目的建立、以鼓励旅游者到英国来的所有机构提供资助,区域性旅游局就属于此类机构。地方政府机关的促进旅游业发展的权力可与其鼓励地方经济发展的权力相互重叠行使或者在具体行使时密切相关。①

2. 会议、商品交易会及展销会设施

地方政府机关还可以提供或者鼓励其他人提供、改善当地举行会议、商品交易会及展销会的设施,但地方政府机关不能针对休闲设施采取同样的举措。② 看来,英国也有类似于我们的限制楼堂馆所的政策,但私人的与商业活动有关的楼堂馆所不在限制之列。

地方政府机关的此项权力虽然归在提供服务或者设施类的权力之列,但这一权力是与地方政府机关所具有的鼓励旅游者的权力相关的。③

四、土地开发规划权

(一) 规划政策

地方政府机关所采取的鼓励本地经济发展的措施,通常与其为当地拟定的土地开发的规划政策相联系,因为这一政策与当地的经济需求密切相关。规划政策与授予或者拒绝给予规划许可有很大的不同,也与强制执行既有的规划许可不同。④

(二) 发展规划

规划政策包括在发展规划中。发展规划主要有三种类型⑤:

1. 总体规划

总体规划是一种战略性规划,通常是以一郡为范围,规定涉及其所规划的地界范围内未来土地开发利用方面最重要的内容。

2. 本地规划

---

① Andrew Arden, p. 47.
② Andrew Arden, p. 47.
③ Andrew Arden, p. 47.
④ Andrew Arden, p. 47.
⑤ Andrew Arden, pp. 47-48.

目的是将总体规划中的战略性设想落实到某一较小范围的地域,即针对当地的具体政策。

3. 单一制地方政府机关的土地开发规划

对大伦敦及大城市地区而言,此类规划是与其他两类规划合而为一的。由于处于大城市,而大城市本身就是郡一级,因此,其郡一级的总体规划、区一级规划及自治市一级的规划,很难严格区分。

威尔士基本地方政府机关也要制定单一制地方政府一级的土地开发规划,而在这些新的规划被批准之前,已有的规划仍然有效。①

在英格兰,在非大城市地区新设立的单一制地方政府机关,可以由中央政府发布命令将其认定为单一制地方政府机关规划的主体。如果中央政府没有发布这样的命令,则这些地区的总体规范和本地规划体系就将继续保留,这些地区内的单一制地方政府机关亦应当与规划区域内的其他地方政府机关共同对所在郡的总体规划负责。除此之外,每一个郡议事会还必须拟定并提交一份矿产开发规划,此时的郡议事会相当于一个矿产规划职能部门。②

(三)规划的内容

参见本书第三卷第二编第四章环境资源部门的有关内容。

(四)土地开发规划的制定程序(Development Plan Procedure)

参见本书第三卷第二编第四章环境资源部门的有关内容。

五、土地经营管理权

英国的土地管理也是由地方规划职能部门负责的,而地方规划职能部门一般就是地方政府机关,至少是由各地方议事会聘请的官员操办、由议事会任命的委员会或者行政首长主持的机构负责的。③

地方政府机关享有相当广泛的获得土地及实施土建工程的权力。有学者认为,这些权力可以在某种意义上被视为"一般权力"。但是在英国,地方政府机关的这些权力通常是与规范获得或者处置财产的其他规定(具体的或者普遍的)相联系的,并与其一并讨论。④ 由于土地私有以及

---

① Andrew Arden, p. 48.
② Andrew Arden, p. 48.
③ Andrew Arden, p. 53.
④ Andrew Arden, p. 53.

土地作为不动产的特殊财产地位,使有关土地的权力成为英国财产法中最主要的内容是一点也不令人感到奇怪的。因此,英国有专门的土地法,但其原理与普通的财产法没有本质区别,在理解英国土地制度时这一点必须明确,特别是在对比我国现行土地制度时更应当如此。

（一）乡村的宜居性考虑

任何公共机构（包括地方政府机关）在行使任何与土地有关的职能时,都必须注意维护自然景观及乡村的宜居性。在履行明确涉及乡村的职能时,地方政府机关还必须正当地考虑农业及林业的需要,以及乡村地区的经济和社会利益。这是1968年《乡村法》（Countryside Act）对地方政府机关提出的要求。①

英国的乡村立法不限于此,在此之前有1949年《国家公园及亲近乡村法》,在此之后有1981年《野生生物及乡村法》（Wildlife and Countryside Act）。② 大量的乡村立法说明,在高度工业化的英国,乡村与国家公园、野生生物等是同样受到保护的。到过英国乡村的人都会对其清水绿地、田园牧野留下深刻印象,欧洲人理想天国中的房舍很多都是比照英国的乡村民居勾画的,这与英国政府着意保护英国乡村的传统、自然景观及其宜居性有很大的关系。笔者甚至认为,英国绝大多数的财富不是存放在伦敦银行的地下金库,而是凝聚在英国乡村的绿水、蓝天、清风、碧草、白墙、红瓦之间的。一个高度工业化的国家,却可以在绝大多数区域保留着几百年不变的乡村风物、古堡森林,这样的文明,更容易使人相信其还会延续几百年。

（二）对遗弃土地的利用

地方规划职能部门可以对当地被遗弃、疏于管理、有碍观瞻或者有可能发展成上述情形的任何土地进行利用,以使该土地的所有者能够站出来要求重新获得该土地的支配权,或者改善该土地的状况,使之能够得以利用。③ 值得注意的是,此处强调的只是利用,而不是据为己有。这或许反映了重流转、利用,轻所有的一种现代观念,当然,这种观念是建立在所有权制度根深蒂固的基础之上的。地方政府机关之所以不采取措施收归己有,一个很重要的原因是,如果放任地方政府机关唯利是图,将可能分

---

① Andrew Arden, p. 53.
② Andrew Arden, p. 53.
③ Andrew Arden, p. 53.

散相当一部分精力,以至于无法保证对土地的此类利用所必需的投入。须知英国的土地所有权变更程序是相当复杂的,地方政府机关要想使某一块被遗弃的土地的所有权发生转变,需要相当漫长甚至超过地方议事会任期的法律程序。

（三）土地信息

如果某一地方政府机关为了行使其职能而需要获得有关土地方面的信息时,该地方政府机关可以知会下列人等:土地的占有者及任何与土地有利害关系的人,包括不动产所有者、抵押权人或者承租人,直接或者间接从土地上获得租金的人,以及根据与土地有利害关系的人签订的合同而成为出租代理人或者该宗土地的其他经营者的人。上述接到地方政府机关通知的人应当按照要求提供以下信息:确认其在土地上的利益的性质,作为土地占有者、利害关系人、出租人及其他经营者的姓名及住址。① 这些信息都是下一步管理的基础。

六、公益诉讼起诉权

根据1972年《地方政府法》第222条的规定,如果地方政府机关认为,为了推动、保护本地居民的利益需要采取某种行动,则该地方政府机关可以针对任何法律行为进行起诉或者应诉,并且可以自己的名义提起民事诉讼。② 地方政府机关也可以自己的名义作为本地居民利益的代理人,参加按照有关规定由部长、公共管理机构或者代表部长、公共管理机构进行的公开调查。③ 因此,英国行政法中所讨论的法律程序(legal proceedings),既包括刑事诉讼、民事诉讼、司法审查等司法程序,也包括听证等行政程序,是一个包括所有按照法律要求或者依照法律规定进行的程序。

（一）民事诉讼

地方政府机关经常采取民事诉讼手段来对付公私方面的滋扰以及违反刑法的行为。④ 运用民事而不是刑事诉讼手段,来对付违反刑法的行为,英国地方政府有其自身的合理考虑。

---

① Andrew Arden, p. 53.
② Andrew Arden, p. 59.
③ Andrew Arden, pp. 59-60.
④ Andrew Arden, p. 60.

(二) 惩治犯罪行为

虽然通常而言,对于犯罪行为应当首先考虑运用刑事诉讼程序,而且弗雷泽法官(Lord Fraser)在 *Gouriet v. Union of Post Office Workers* 一案中也明确表达了首先提起民事诉讼可能会因民事判决结果而形成一种既成的偏见,损害刑事审判的公正性,但是,对于地方政府机关而言,在提起民事诉讼之前并没有必要首先提起刑事诉讼。① 由于轻罪制度的存在,对许多民事违法行为与刑事违法行为的追诉是并行的,既可以提起民事诉讼,又可以提起刑事诉讼。通常,民事诉讼应当在刑事诉讼之后提起,而且刑事诉讼的证明标准为严格的排除合理怀疑标准,民事诉讼的证明标准为较松的优势证据标准,因此,原告一旦在刑事诉讼中胜诉,则肯定可以在民事诉讼中胜诉;相反,如果在刑事诉讼中败诉,仍可以在民事诉讼中胜诉。

据此,民事诉讼可以先于刑事诉讼提起,甚至只提起民事诉讼而不再提起刑事诉讼。这种情况通常发生于刑事追诉劳而无功的场合,这既可能是因为刑罚没有构成足够的威慑,也可能是因为刑事追诉进程过于缓慢,无法为公共利益提供及时的保护。在这种情况下,针对那些故意、公然、反复地违反刑法的行为,地方政府机关往往会采取民事强制令的手段,此类案件通常发生在被告故意和公然从事违法商业活动或者仅仅是违反某一制定法规定的情形,如果要提起刑事诉讼则必须提起多个相同的诉讼。②

1972 年《地方政府法》第 222 条就是关于地方政府采取民事诉讼手段以抑制触犯刑法的行为的法律依据,而其适用的标准则是"故意和公然"。为了援用 1972 年《地方政府法》的这一规定以阻止某一触犯刑法的行为,就必须确定该行为是否已经达到"故意和公然"的标准。③

"故意和公然"标准在 1988 年的一个判例中被重新考虑。被告实施的建设项目拒不遵守原告根据 1974 年《污染控制法》(Control of Pollution Act)发布的责令改正通知,而原告是在接到当地居民对该项目施工的噪声滋扰的投诉后发出这一通知的。法院认定,地方政府机关有正当理由得出采用刑事诉讼手段无法为当地居民利益提供有效救济的结论,

---

① Andrew Arden, pp. 60-61.
② Andrew Arden, p. 61.
③ Andrew Arden, p. 61.

因此,该地方政府机关颁发强制令是恰当的救济手段。① 强制令的救济手段一般被认为是典型的民事救济手段。该案实际上是一个适用1972年《地方政府法》第222条规定的判例,其焦点问题在于如何认定该条规定的"故意和公然"。被告无视地方政府机关对其发出的责令整改通知,在法院看来已经达到了"故意和公然"触犯刑法的标准,而按照1972年《地方政府法》第222条的规定,应当赋予地方政府机关运用民事诉讼手段而非刑事诉讼手段对被告的行为予以矫正的权力,即直接颁发作为原告的地方政府机关所请求的民事强制令。此处的强制令是强制被告停止噪声滋扰,不是针对地方政府机关的,也不是地方政府机关发布的。

(三)委托、代理诉讼

1972年《地方政府法》第223条对地方政府机关的委托、代理行为作了规定。地方政府机关授权任何组成人员或者官员作为本机关的代表,进行起诉、应诉或者参加治安法院的司法程序;即使这些代表不是一名具有执业资格的现任诉状律师,也可以代表地方政府机关从事其获得授权的活动,而不受1974年《诉状律师法》(Solicitors Act)的限制。②

地方政府机关的授权必须在法律程序开始之前以适当方式完成。如果地方政府机关授权某一诉状律师事务所代理其案件,但在实际操作时却由该地方政府机关的职员代理该案件,则由此进行的法律程序将被法院认定为无效,理由是该地方政府机关并没有正式任命该职员为代理人。③ 同样,在1991年的一个判例中,由某一未被授权提起诉讼的资深环保官员提交给法院的信息,也被法院认定为无效。④

对于缺乏正式授权的瑕疵,如果地方政府机关的某一官员或者职员的行为是该地方政府机关的真实意思表示,即使在行为实施时没有给予正式的授权,也可以通过事后的确认予以补救。但是,此类确认只有在未经授权而实施的行为产生实际效果之前实施才是有效的。如果某人的权利已经在该行为获得授权前受到了实际损害,则追认无效。⑤ 即确认或者追认授权发生在实际实施的行为产生实质性效果之后,则追认仍无法发生作用。从这个意义上说,英国法对于表见代理的追认不是无限制的,

---

① Andrew Arden,p. 61.
② Andrew Arden,p. 63.
③ Andrew Arden,pp. 63-64.
④ Andrew Arden,p. 64.
⑤ Andrew Arden,p. 64.

未经授权者可以实施被代理人的真实意思表示所欲实现的行为,但在该行为产生实际效果之前,行为人必须获得被代理人的追认授权,否则,该行为就将被视为在未授权时实施并在未授权时产生实际效果,而不能追认其效力。

在代表地方政府机关实施某种活动的过程中,个人无须证明自己是地方政府机关授权的职员或者官员;仅在有人对其出现在诉讼中或者代理诉讼行为的权利提出挑战时,代理人才有必要证明自己的身份;代理人可以通过提交给予授权的备忘录的形式满足这一要求。①

1994年《规制缓和及外包合同法》(Deregulation and Contracting Out Act)专门规定,就依据该法制定的条令中所提到的意义而言,1972年《地方政府法》第223条是指:任何人或者任何受该人雇用的人,如果根据该条令的规定行使地方政府机关的某一职能,就是该地方政府机关的官员。②

七、地方性法规制定权

地方政府有权制定条令和地方立法。详见本编第六章第一节中央与地方关系概述中地方立法权部分。

八、控制犯罪与治安权

以下是涉及英国法中的犯罪预防与惩治、警察法、治安法方面的内容。英国学者在这方面存在一个共识:惩治犯罪必须从预防着手,打击在其次,其重点介绍预防犯罪方面的努力可以作为例证。另外一个极具有说服力的例证是英国废除了死刑,是世界主要国家中第一个废除死刑的。

(一)制止反社会行为令

1. 获取条件

就1998年《犯罪及治安法》(Crime and Disorder Act)的立法宗旨而言,地方政府机关和警察机关是"相关政府机关"。根据该法第1条的规定,"相关政府机关"可以针对实施具有反社会特征的行为的10岁及以上的个人,向治安法院申请制止反社会行为令。这一规定为地方政府机关设置了一个新的角色,虽然在此之前地方政府机关已经有一个类似的角

---

① Andrew Arden, p. 64.
② Andrew Arden, p. 64.

色:对在地方政府机关的安居房内或者附近实施反社会行为的人,向法院申请强制令予以禁止。①

1998年《犯罪及治安法》对"反社会行为"的界定是:一种引起或者可能引起其家人以外的一人或者多人感到被骚扰(harassment)、惊慌或者困苦的行为方式。②

2. 内政部的指导意见

内政部起草的指导意见建议,此类令状只应当用于犯罪或者潜在的犯罪行为,如直接针对邻居采取的胁迫或者威胁使用暴力等具有相当严重性的行为、对某一安居不动产所采取的持续不断的不守规矩的行为、持续不断的种族骚扰以及持续不断的实施滥用毒品或者酒精等反社会行为;不能用于邻里之间、未成年人之间的普通纷争或者一次性违反治安管理的行为。③ 内政部起草的指导意见还建议此类令状尽可能不要针对儿童或者低于18岁的人,除非其反社会的行为牵涉成年人。④

3. 获取程序

地方政府机关为了向法院提起此项申请,必须首先咨询其他"相关职能部门"(如警察机关),除此之外还要考虑这是否保护本地区居民免受该人此类行为进一步侵犯的必要手段。⑤

申请应向辖区涵盖行为地的治安法院提出,这种申请属于该法院的民事管辖权而非刑事管辖权。⑥

此类申请由一个相关职能部门提出时,必须征求另一个相关职能部门的意见,即由地方政府机关提出时必须征求本地警察管委会的意见,反之亦然;虽然并不要求必须取得另一相关职能部门的赞成或者同意意见,但未经咨询显然是不行的。⑦ 从这一点可以看出,英国的法定咨询程序的准确含义是,有法定咨询义务的机关必须咨询法定的被咨询机构,但对于咨询意见的采纳与否,应当适用合理性标准,即凡是合理的咨询建议必须采纳,不予采纳的必须给出合理的理由。对于采纳咨询意见的过程,法

---

① Andrew Arden, p. 66.
② Andrew Arden, p. 66.
③ Andrew Arden, pp. 66-67.
④ Andrew Arden, p. 67.
⑤ Andrew Arden, p. 66.
⑥ Andrew Arden, p. 67.
⑦ Andrew Arden, p. 67.

院可以予以审查,其中很重要的就是对于法院认为合理但没有采纳的意见,被告是否能够提出合理的理由。当然,如果被告根本没有进行咨询,或者虽然咨询了但从表面证据即可以证明其根本没有考虑这些咨询意见,则违反法定程序就是法院最终认定的事实和宣告该行为无效的理由。

4. 执行效果

禁止反社会行为令一旦下达,在形式上都是否定性的,即禁止特定人实施任何该禁止令中列明的行为,而这种禁止必须达到足以保护地方政府机关所在地居民在至少两年内免受进一步的反社会行为的侵扰的效果。[1] 这一禁止令与下面将要提到的刑事处罚结合起来,在英国是相当有效的。至少能够达到与一般民事强制令同样的效果。而且,仔细分析一般民事强制令与禁止反社会行为令的关系,则不难发现,后者只不过是将前者适用于新的行为类型而已。此处需要强调的是,此类禁止反社会行为令同一般的民事强制令一样,在行政法领域要区别于针对行政机关的强制令,是针对公民实施的行政管理措施,针对行政机关的强制令则是一种行政救济手段。

违反禁止反社会行为令的行为构成一项可逮捕罪,可以由(也可以不由)陪审团审理。[2] 笔者起初有一个错误认识,觉得违反这种令状的法律后果要比蔑视法庭罪轻,但实际上要重得多:对于作有罪供述者最高刑罚为 6 个月的监禁,可以并处不超过法定最高限额的罚金。而对于经指控而定罪的被告,则可以科处最高 5 年的监禁,仍可以并处罚金。[3]

对违反禁止反社会行为令作出判决的法院无权作出撤销该令状的判决。[4] 也就是说,因违反该令状而被判刑后,并不必然意味着该令状被撤销,在其有效期内仍对被告有拘束力。

5. 救济

对于禁止反社会行为令诉讼程序的被告而言,其抗辩理由之一是其所实施的行为是在当时的情势下合理的行为。禁止反社会行为令颁行后,诉讼可以因当事人之间的和解或者向法院提出书面申请而改变或者撤销;但是,除非当事人和解,法院在该令状发出后两年内一般是不会撤

---

[1] Andrew Arden, p. 67.
[2] Andrew Arden, p. 68.
[3] Andrew Arden, p. 68.
[4] Andrew Arden, p. 68.

销。对已经作出的禁止反社会行为令,当事人可以向皇家法院提出上诉。① 此类上诉实际上是对治安法院的令状提起的上诉。

（二）闭路电视系统

如果地方政府机关认为有助于促进犯罪预防或者增进潜在的受害人的安全,可以安装或者保有闭路电视系统②。

九、紧急状态权

基本地方政府机关在其认为必要时,可以单独或者与其他当地的、英国其他地方的甚至海外的机构联合采取谨慎的行为,以转移、减轻或者消除实际发生的或者迫近的紧急情况或者灾难,给当地或者当地居民的生命和财产造成的破坏或者危险,或者对于那些有合理的理由预见其发生的紧急情势或者灾难可能给本地区、当地全体或者部分居民造成的影响。③

地方政府机关对此等紧急状态或者灾难所拥有的权力,主要体现在为这些状况动用财政开支的权力。④ 从这个意义上看,英国行政法中所提到的紧急状态权首先是一种特别的财政救助权,而不是在紧急状态时损害他人权利的权力,主要是因为地方政府都是制定法设立的机构,它们本身没有自主性财权,一切开支必须有制定法依据,紧急状态下的财政救济权也不例外。所不同的是,在紧急状态下,制定法赋予了行政机关更多自由裁量实施紧急救助行为并为这些行为提供财政担保的权力,其出发点显然首先是为了维护在紧急状态下的生命及财产安全,其次才是公共秩序。在英国人看来,只要能够保证当地居民基本的生命和财产安全,公共秩序就没有混乱的可能和理由。

十、提供商品及服务权

（一）对市政商贸行为的观念转变

1. 传统的观念

英国公法学界对于地方政府机关作为一个实体参与商贸活动的态度

---

① Andrew Arden, p. 67.
② Andrew Arden, p. 69.
③ Andrew Arden, p. 69.
④ Andrew Arden, p. 69.

在最近一个世纪发生了微妙的变化,在立法至上原则指引下正在逐渐从否定态度向默许态度转变。按照传统的观点,地方政府机关就其本质而言不是商业性、营利性组织;用上诉法院民事分庭庭长汉沃斯的说法,地方政府机关"不能为公众备办膳食或者努力在市场中蝇营狗苟"。上述主张反映了默示权力理论的影响,同时也是越权无效原则的必然结果。因为是否有权介入某一特定行业,是立法设定的问题,即这种介入企业活动的行为是否超出了议会立法授权的范围,是否公平、合理,是否考虑到了该权力的适当行使以及如此行使权力的目的,等等。①

即使是通过合法的活动并利用其剩余产能的营利活动,也难以成为地方政府机关从事营利活动的目的正当理由;同样,地方政府机关所拥有的一般优势以及其某一分内的活动能够便利地与另一营利活动一并完成等,都不能作为地方政府机关从事营利活动的正当理由。② 从这一内容原作者引用的相关判例看,都是第二次世界大战以前的,说明在那个时期,英国普遍接受的观念是地方政府机关不应当从事营利性活动,甚至不能从事在现在看来属于地方政府机关最为重要的职能的公众服务,如备办膳食等。

2. 目前的看法

近年来,这方面的观念已经有所改变,从议会立法至上原则出发,如果制定法授予地方政府机关这样的权力,英国学者认为也是完全可以的。如果地方政府机关确实具有提供设施并收费的权力,当然可以在不违反对其权力的运用所设置的限制的前提下谨慎地运用其权力,并考虑其所提供的设施或者服务的使用与付费之间的收支平衡。提供此类设施或者服务的具体内容包括提供安居房并收取房租,以及其他更为专门性的服务。③ 英国学者将地方政府机关在城市区域提供这类服务或者设施的活动称为市政商贸行为。

对于依法被允许的市政商贸行为,地方政府机关所拥有的相关权力就应当与其他拥有此等权力的主体的权力作同样解释④,即地方政府机关与私人之间在权利的性质和范围等方面不再有本质的区别。例如,某

---

① Andrew Arden, p. 74.
② Andrew Arden, p. 74.
③ Andrew Arden, p. 74.
④ Andrew Arden, p. 74.

地方政府机关为了某种正当目的而拥有一批机器、设备，并保持着良好的使用状态，尽管人们已经承认地方政府机关可以在其使用寿命结束时按照等价有偿原则处置这些剩余资产（surplus assets），但对于地方政府机关直接将剩余资产作为其财政责任的一部分对外交付使用，并收取适当费用的问题，在英国仍存在争论。对于地方政府机关而言，仅仅以剩余资产的所有者的身份，尚不足以使其将这些剩余资产投入商业运用的行为合法化。①

（二）明示权力

对于地方政府机关市政商贸行为的法律认同问题，已经因制定法的明确规定而得到显著改善②，并因此成为地方政府机关的明示权力。

从英国法传统法理看，地方政府机关是制定法拟制机构的法律地位，使之不能随便参与市场化行为，这些年来这一基本原则并没有根本改变；地方政府机关作为成文法拟制机构，其一切权限依制定法之规定的法理，也没有根本动摇，特别是立法至上原则依然是英国法的最高原则。在这三个原则不变的情况下，是什么改变了地方政府机关的市场行为能力？笔者认为，是制定法的规定。

英国现当代的行政法，特别是第二次世界大战后，更为强调政府服务职能的行政法理念，拓展了成文法赋予地方政府机关更多服务职能、更广泛参与公共服务的思路，表现在法律条文上则是以更多篇幅规定地方政府机关参与经济活动、与其他市场经济主体一起提供公共服务的内容。其结果是，现当代英国地方政府机关拥有了更多参与市场经济活动的权力，但从法理上讲，这些权力都是法律明确规定的，而非地方政府机关固有权力的自然延伸。

制定法规定的其他明示权力包括提供休闲或者相关服务的权力，例如，1976年《地方政府（杂项规定）法》[Local Government (Miscellaneous Provisions) Act] 第38条授权地方政府机关签订合同，将其富余的计算机资源投入商业用途，其中包括出租计算机或者提供计算机服务，并明确规定地方政府机关有收费的权力，当然地方政府机关也必须承担其他提供同样设施或者服务者所应承担的合理的合同义务。③

---

① Andrew Arden, p.75.
② Andrew Arden, p.75.
③ Andrew Arden, p.75.

与此类似的是,地方安居职能部门可以根据 1996 年《安居资助、安居房建设及重建法》(Housing Grants, Construction and Regeneration Act)第一章的规定,与有资格获得安居资助的人签订合同,以执行相应的安居房建筑、重建工程,确保安居资助能够兑现。①

排水职能部门可以与地方政府机关签订合同,以解除地方政府机关所承担的与当地的排水服务有关的职能②,并将这些职能转由排水职能部门承担。

地方教育职能部门可以依据自己的权利③提供高等教育,也可以作为高等教育基金理事会的代理人,根据与该理事会签订的合同,提供由该理事会资助的高等教育服务。④

(三) 1970 年《地方政府机关(商品及服务提供)法》

地方政府机关参与本质上应当属于市政商贸性质的活动的基本法权力(principal statutory power),是由 1970 年《地方政府机关(商品及服务提供)法》[Local Authorities(Goods and Services)Act]授予的。⑤ 这说明,在英国学者看来,地方政府机关的一切权力,正如其身份一样,是由制定法赋予的,这一点,即使是在地方政府机关没有多少商贸权力时就已经确立,而且至今依然是英国地方政府制度的基石。所不同的是,在英国行政法的早期,罕有制定法赋予地方政府机关商贸性质的权力,而现当代议会立法则在这方面作了大量的规定。这些规定之所以必要,恰恰是这一原则的地位依然稳固并得到进一步加强的表现。根据 1970 年《地方政府机关(商品及服务提供)法》,地方政府机关有权通过签订合同,向范围广泛的公共机构提供服务,其中包括其他地方政府机关、任何联合委员会、任何联合行政机关、区域发展代办处以及环境事务国务大臣为此目的指定的任何机构。⑥

地方政府签订的合同应当包括合同各方认为适当的内容,其中包括支付条款。⑦ 不难发现,对于地方政府参与的合同的具体条款,制定法并

---

① Andrew Arden, pp. 75-76.
② Andrew Arden, p. 76.
③ 这是一种当然的,或者说普遍的、保留的权利,与之相对的是制定法赋予的权力、权利。
④ Andrew Arden, p. 76.
⑤ Andrew Arden, p. 76.
⑥ Andrew Arden, pp. 76-77.
⑦ Andrew Arden, p. 77.

没有作严格限制,实际上,制定法只是规定地方政府机关是否能够以合同的形式提供服务,至于如何签订合同则很难具体规定,正如很难具体规定地方政府机关在不签订合同的情况下如何提供该项服务一样。

可以通过商业化模式提供的服务包括:提供商品或者物质条件;提供行政的、专业性的或者技术性的服务;出租属于地方政府机关的车辆、设备或者仪器;提供与这些车辆或者财产有关的人工服务,但不包括建筑施工;未成年人的抚养,包括未成年人管教、矫正及拓展。[①]

地方政府机关参与商品或者服务提供的权力是明示的法定权力,该权力不因 1970 年《地方政府机关(商品及服务提供)法》以外的其他法律规定地方政府机关可行使的权力的存在而受到克减:① 其他法律规定的地方政府机关的明示权力显然也不受该法规定的影响;② 如果与地方政府机关商业性行为有关的默示权力和其他权力有牵连,则这些权力不应当受到影响;③ 1970 年《地方政府机关(商品及服务提供)法》无意使自己成为规范政府商业行为的全能法。因此,对于依该法获得的权力不应当作限制性解释。[②]

1970 年《地方政府机关(商品及服务提供)法》赋予地方政府机关的权力包括:购买和贮存其认为需要由其向该法所规定的其他机构提供的货物和原材料。地方政府机关行使这一权力时并不一定已经签订了供货合同,也不必以实际需求方已经下了特定订单为前提。[③] 也就是说,地方政府机关提供商品或者原材料的权力仍是一种自由裁量权,只要其认为可能会有人提出供应的要求,就可以先采购相应的商品,至于是否有确切的需求,则不是其行使此项采购权力的先决条件。在这些情况下,地方政府机关可能会购买一些最终没有供应出去的商品,从而造成公共资源的浪费,但这种结果不是地方政府机关越权的直接证据,只能是追究其当初所作决定是否合理、适当的事由。

地方政府机关上述供应权存在的首要理由是,其可以通过批发或者规模经济的购买而获益,地方政府机关通过购买一定的数量(如获得批发价的数量)或者在特定时间(通常是打折期间)采购以实现上述目的,是具有相当商业洞察力的行为,也是值得鼓励的。但是,地方政府机关不能像

---

① Andrew Arden, p. 77.
② Andrew Arden, p. 77.
③ Andrew Arden, p. 77.

一个被委任的代理人或者掮客那样做另一政府机关与供应商的中介,除非这属于提供的行政服务之列。① 由此得出结论,地方政府机关在依法从事特定范围的商业活动时,可以从中收费,但不能完全以收费为目的;可以尽可能降低采购成本,但不能从中渔利。因为行政机关这类活动的本质,是行使公共职能的手段,而不是目的所在。最根本的一点在于,英国有一种根深蒂固的观念,以营利为目的不是设立行政机关的正当理由。英国学者强调,行政机关直接经营的所有行为,最终都是不可能真正达到在相同条件下由私营机构经营时的盈利水平的。这是其公共行政理念的一个基本出发点。如果在这一点上存在差异的话,则可以解释为什么对于具体制度的功效或者设计细节的理解会存在根本差异。

第六节 地方政府的职能

地方政府的职能,也就是地方政府的管辖事项。在英国,地方政府在范围广泛的行政管理事务中扮演着重要角色,承担着令人难以想象的繁重职能。例如,据英国学者估计,英格兰及威尔士的410个郡议事会、区议事会和郡自治市议事会等地方机构,为大约900万人提供360万套安居住房,为25000所学校中的800万儿童提供教育服务。② 也就是说,为英国人口的七分之一提供几乎免费的安居住房,为占全国总人口八分之一的儿童中的绝大多数提供免费教育。

那么,英国地方政府机关的职能究竟是什么?范围究竟有多大?正如英国学者所注意到的,对于地方政府机关职能的过于细碎的介绍,势必因这些职能的政策性频繁变动而难以跟上其更新速度③,以下介绍只是提纲性的,较为细致的内容在本书第三卷第二编英国行政法分论中涉及。

一、地方政府职能的含义

英国学者在讨论地方政府职能时常用的表述是"服务与规制职能"(service and regulatory functions)。④ 通常而言,政府的规制职能是天经

---

① Andrew Arden, p. 77.
② Andrew Arden, p. Ⅶ, Preface.
③ Andrew Arden, p. 1.
④ Andrew Arden, p. 78.

地义的,而服务职能迄今还仅仅停留在政治、观念层面上,距离政府将普遍服务职能作为其基本职能仍有一定的距离。而英国学者在讨论政府职能时将规制与服务并列,即地方政府机关实施的任何规制或者管理方面的职能,本身就是其履行服务职能的组成部分。所有的公共职能都是服务,或者说一切都是为人民服务的观念在英国行政管理领域是相当牢固的,此处用到服务也就不足为怪了。所不同的是,这里的服务不同于商业服务,而是带有强制性,但其强制的程度又远不及我们与之对应的行为,这也是我们应当注意的。

英国学者对于地方政府机关的职能是这样理解的:地方政府机关是依法设立以履行法定职能的,这是地方政府机关本质属性的核心。地方政府机关对于其职能全然不知或者消极不作为都是对其角色的根本性背叛,因而也是违法的。①

换一个角度说,地方政府机关不是为设立而设立的,而是为其职能设立的,所有的地方政府机关都是职能机关,并因法律赋予的职能而成为特定领域的职能部门。地方政府机关是负责提供服务和设施的行政机关,此时它们是安居职能部门、教育职能部门、社会服务职能部门、公路职能部门、垃圾收集或者处置职能部门;同时,地方政府机关也具有相当重要的规制其他人行为的职能,这一职能同样涉及广泛的事项,此时,地方政府机关又是规划职能部门、环境健康职能部门以及许可职能部门。②

二、地方政府职能的分类

地方政府机关的职能可以按不同的方式分类。英国学者对于地方政府职能的分类与我们大异其趣。

（一）法律性分类

具有法律意义的一种区分是权力(powers)性职能与义务(duties)性职能。权利和义务作为一对法律的基本范畴是我们所熟悉的,但将政府的职能区分为权力性职能或者义务性职能,则是我们不太习惯的。我们更愿意接受政府的职能都是权力性的,但英国学者强调的是地方政府机关的职能首先是义务性的。这就是他们为什么反复强调"地方政府机关

---

① Andrew Arden, p.78.
② Andrew Arden, p.78.

是依法设立以履行法定职能的"①之原因所在。

(二) 地域性分类

英国地方政府机关的服务范围并不限于其辖区,例如,基本地方政府机关以及二级制地区的郡、区两级议事会,可以应所有者的请求,承担、协助或者资助辖区内或者邻近地区任何古迹的保护、供养及管理。② 其合理性基础在于英国地方政府机关的代议制性质,即其组成人员具有充分的代表性,可以从本地居民的角度考虑某一事项之当为与否。以此处的古迹保护为例,如果当地居民觉得其附近一处不在其行政区划内的古迹具有保护价值,无论该区的居民是否从中受益,但只要他们愿意从其有限的地方财政中挤出一部分用于此项事业,则其代表是会将其意思反映到表决中来的。如果确有相当多数的代表支持这种建议,就可以形成地方政府机关的资助决议。法律规定正是考虑到了这种可能,为各地方政府机关留下了可以作出此类决定的权力。但是必须明确的是,如果议会的立法并没有规定地方政府机关可以这样做,则即使当地居民都愿意地方政府机关这样做也是不可以的。当然,地方政府机关不能这样做,并不是说居民不能这样做,他们是自己财产的支配者,私人自愿的公益资助一般不是英国议会立法所愿意禁止的。

(三) 功能性分类

依地方政府机关的基本职能的性质可以将其分为两大类:提供服务或者设施的职能和规制职能,即服务与规制职能,这种分类并不涉及地方政府机关所行使的职能的具体内容,只是大致地勾勒出地方政府机关究竟做些什么。英国学者将此类权能排除在地方政府机关的一般权力之外,而将其归入特别权能的范围③。但从总体而言,权力或者权能包括其提供服务的职能或者能力,多少还是与我们对权力的一般认识有所不同的。

英国学者认为,这种分类方法也算是法律上的分类:基本上不涉及提供服务或者设施的职能与以提供服务或者设施为主的职能。以提供服务或者设施为主的职能如教育、安居、社会服务、垃圾收集与处理、公路维护与管理、公用事业、公园与公共空间、小农场资助、丧葬、休闲与体育设施、

---

① Andrew Arden, p. 78.
② Andrew Arden, p. 127.
③ Andrew Arden, p. 1.

博物馆与图书馆、娱乐设施等。①

而与上述服务性职能相对的,是规制性职能。规制性职能基本上不涉及或者只涉及辅助性(ancillary)、默示性(default)的服务职能,虽然在英国行政法中规制活动本身就被视为一种服务。规制性职能的典型例子就是规划的落实、许可、环境健康控制、交通规制、贸易标准控制等。② 环境健康控制是与环保职能、公共卫生职能并列的英国行政机关的一项主要职能。英国的某些大学专门设有环境健康方面的院系,有建筑环境健康研究所之类的机构,说明这一领域已经有相当精深的研究。

值得注意的是,在英文著作中,英国学者对于规制性职能所用的词(regulatory)也可以译为管理,但为了与在服务性职能中所用的经营(management,有管理之意)相区分,笔者将其译为规制。这种译法与条例(Regulations)同词根,显然更贴切一些。至于 management,在英文中主要是指对物的经营活动,如保护、维护、保养以及保值、增值、盈利等,因此属于商业性活动,与我们一般理解的行政法上的管理不同。此外,行政法中的管理(administration)与行政法(administrative law)同词根,但正如本书所介绍的行政法及其所涉及的行政机关职能,英国的行政管理既包括经营性的活动,又包括规制性的活动,是一个外延更为广泛的术语。

此外,地方政府机关还有许多职能属于既涉及提供服务或者设施,又涉及在提供服务时对人的规制,如文物保护、安居、教育、社会服务等。在有些情况下,地方政府机关还通过提供资助的方式,行使在某种程度上具有帮助性质的职能,如资助或者其他形式的支持,这类职能有时被称为赋能职能。但有英国学者认为,这种职能实质是提供服务或者设施的职能,没有单独分类的必要。③

(四) 事务性分类

从具体管辖事项的角度,英国学者罗列的地方政府机关职能大致包括④:

① 国土开发与建筑控制;② 环境与环境健康;③ 消费者权益保护;④ 健康事务;⑤ 社会服务;⑥ 儿童事务;⑦ 教育;⑧ 安居;⑨ 公路及交

---

① Andrew Arden, p.78.
② Andrew Arden, p.79.
③ Andrew Arden, p.79.
④ Andrew Arden, p.79.

通管理;⑩ 交通运输;⑪ 警察与紧急服务;⑫ 文化、体育与休闲;⑬ 动、植物保护;⑭ 其他杂务。

如果将以上列举的职能与前文提到的同一英国学者所列举的地方政府机关的权力①对比,就会发现二者并不完全一致。

正如我们一般理解的,权力与职能的基本关系是,职能是地方政府机关所能发挥的功效,是地方政府机关应当完成的职责;而权力是法律赋予的实现地方政府机关职能的一种手段;为了确保职能的有效实现,必须赋予相应权力,从这个意义上说,职能与权力并没有严格区分。英国学者将提供商品及服务视为一种权力,这种权力显然是地方政府机关实现诸多服务性职能的一项重要保障。至于为什么把服务性职能视为一种权力,根源在于对地方政府机关这类法律拟制主体的财务要求,即只有法律明确规定可为的行为才有花钱的权力,此类法人不具有自然人享有的对于自己财产的当然的、保留的处分权,而必须依法律规定。因此,赋予其提供服务的权力,核心是赋予其为提供服务而花钱的权力。关于英国学者对于政府权力、职能及其相互关系的理解,本书在第一卷第一编第二章英国公法的基本概念和观念部分有详细探讨,对于地方政府机关财务制度方面的细节,参见本书第三卷第二编第二章第一节政府财政概述。

三、地方政府的服务职能

虽然英国学者一般将地方政府的职能区分为提供服务或者设施的职能和规制性职能②,但从上文对两大类职能的列举以及下文的具体介绍看,服务类职能占用了英国地方政府的主要精力——只知道干活(服务),但不怎么管事(规制)。

有关地方政府服务职能的履行,英国地方政府组织法的著作中往往有专章予以介绍,如执行、财产与服务,但其内容不完全符合中国人的习惯,因此,笔者对其进行有选择的分解,将其前言部分的内容用于地方政府机关的职能,而将涉及具体服务职能的部分放在部门行政法中介绍。所以,本节介绍的仅仅是英国地方政府服务职能的一个引子。

所谓地方政府机关提供的服务是指运用或者提供该地方政府机关所拥有的资源,借此满足以赋予地方政府机关职责或者授予其权力的形式

---

① Andrew Arden, pp.41-42.
② Andrew Arden, p.79.

表现出来的要求其提供某项服务的需要。①

地方政府机关在此过程中可以利用的资源包括:① 财政资源,无论是何种类型的财政资源,也无论这些财政资源是如何征收来的;② 其他财产;③ 人力资源,指地方议事会成员及地方政府机关的行政官员共同的产出能力;④ 地方政府机关在其辖区内可以组织的资源。② 地方政府机关在其辖区内可以组织的资源,仍是一种与人有关的资源,如组织当地社区人员参与某项社会服务等,但不同于地方政府机关可以直接控制的其本身的组成人员或者行政官员所形成的人力资源,也不同于地方政府机关可以从其社区征收上来的财政资源,故有区别的必要。

就以新形式提供服务而言,地方政府机关可以利用诸如信托或者公司形式等手段,由此相应产生了引入中央政府规范地方政府机关与这些外部手段之间的关系的有关条例的必要性。③

目前受到中央政府推崇的与私营部门的合伙政策,是私有财政激活计划。这一计划的目的就在于或多或少地改进对地方政府机关的资本财政的规制,以期更有效地利用这方面的财政资源。④ 对 private sector 约定俗成的译法当然是私营部门,而且我们习惯上也将私有且私营的经济形式称为私营经济,并将相应的私营经济主体称为私营部门。但从产权制度着眼,公有的可以私营,而私有的却不可以或者没必要公营,除非是特定历史时期的"公私合营"。因此,private sector 更准确的译法应当是私有部门。但语言习惯有时是很难改的,将用了几十年的私营改为私有,在阅读中是很难让人适应的,只能在此予以说明,本书用到的私营一词,其实是私有。

在与私营部门进行的某项私有财政激活计划或者其他合伙项目的谈判中,地方政府机关带上谈判桌的是该地方政府机关自有的财产。⑤ 这种谈判的目的,就是寻求经营者对公共财产更有效的经营,通过将公共财产纳入私营化运转轨道,更有效地利用这些资源。如此一来,势必形成地方政府机关所有的公共财产由地方政府机关以外的其他主体来经营的局面,这就是所谓的外部化(externalisation)。

---

① Andrew Arden, p. 541.
② Andrew Arden, p. 541.
③ Andrew Arden, pp. 541-542.
④ Andrew Arden, p. 542.
⑤ Andrew Arden, p. 542.

无论是自愿的还是作为强制性公开拍卖的结果,公共财产一旦就此实现了外部化,就有可能导致相应的工作人员的调整。如果地方政府机关的财政职能部门介入此类公共财产的安排之中,通常会要求1997年《地方政府(合同)法》[Local Government(Contracts) Act]所提供的保护。① 该法所提供的与其说是对公共财产的保护,不如说是为介入公共财产经营的私有者提供了对等承诺。私有者经营的公共财产应当尽可能保值、增值,但私有者在此过程中也不能白干。

四、地方政府职能的归属

对于上文列举介绍以及下文详细介绍的地方政府机关的职能,究竟是为所有的英国地方政府机关所享有,还是仅为部分地方政府机关所享有? 或者说仅为某些地方政府机关所享有? 这涉及复杂的英国地方政府机关的分类问题,从职能角度的分类,更为直接、更具有实际效用。也就是说,从是否享有地方政府机关一般职能的角度,可以将地方政府机关分为基本地方政府机关与非基本地方政府机关。前者其实就是经过地方政府体制改革后的英格兰及威尔士单一制地方政府机关,而后者则是仍然保留的二级制地方政府机关。②

除非制定法对某一职能或者行为作了特别的限制,地方政府机关的职能对于英格兰及威尔士的单一制地方政府机关而言都是当然的。享有这些权力的地方政府机关包括:英格兰的区或者郡的单一制地方政府机关(包括大城市地区的任何区议事会)、威尔士的郡或者郡自治市议事会、伦敦的自治市议事会和伦敦城公共议事会。有英国学者将这些地方政府机关统称为基本地方政府机关,它们享有地方政府的一般权力。至于仍然存在二级制的地区,则地方政府的权力或者义务要么是由区议事会享有,要么由郡议事会享有,或者由二者共同享有,需要分别说明。③

五、国土开发与建筑控制

国土开发与建筑控制职能,被英国学者视为地方政府的首要职能④,

---

① Andrew Arden, p. 542.
② Andrew Arden, p. 80.
③ Andrew Arden, p. 80.
④ Andrew Arden, p. 41.

这也意味着，这一职能主要不是由中央政府行使的。这一职能在我国由国土资源和建设部门分别行使。体制不同的主要原因有二：一方面，英国的土地是私有制，全国每一寸土地都有一个唯一明确的私人身份的主人，即便所谓的"国有财产"，也是挂在英王名下，此时英王的自然人属性也足以为其名下的土地提供比其他国家的土地保护制度更好的保护——其他人都不能乱动！另一方面，建设职能由多个部门行使的原因是，英国是一个成熟的发达（developed）国家，整个国家的基本建设已经在维多利亚时代成形了，即使建新的，按照我们的标准也就是修修补补而已，没有必要搞一个正式的部门来抓建设，加之土地及其地上物的私有化，没有必要让一个外人来管别人的东西怎么修建，即使以国家的名义也同样没有必要。法理上找不出任何能够支持英王陛下的政府有必要指点英国臣民应当怎样盖房子的理由，就如同没有必要由英国臣民通过代议制选举的政府指点英王怎样改建白金汉宫或者装修温莎堡一样。

六、其他杂务

英国学者所说的其他杂务，或译为"其他杂项职能"[①]，在这一分类名目下集中了大量由地方政府机关承担的剩余职能。这些职能在我国可以明确归入某一部门的管辖范围，有些相当重要的职能甚至归入多个部门，如涉及人的身份的户口登记、婚姻登记、死亡登记等。对于此种重视程度上的差异，主要原因在于英国是法治国家，人的身份首先是法律上的基本问题，既然是法律上的问题，最权威的解决机构只能是法院，其他机构只能算是簿记机构，记得准不准或者出现了争议，皆由法院裁决定夺。这样一来，就不需要成立规格太高的部门来解决一个简单的事实记录问题。

（一）出生、死亡及婚姻登记

根据1953年《登记服务法》（Registration Service Act）的规定，基本地方政府机关以及二级制地区的郡议事会，分别构成一个登记区。登记员由其所在登记区的地方政府机关任命，但由总登记官（Registrar General）聘用。[②]

（二）法院及法律服务

根据1997年《治安法官法》，基本地方政府机关以及二级制地区的郡

---

① Andrew Arden, p. 134.
② Andrew Arden, p. 134.

议事会为辖区内的治安法院的经费开支职能部门,必须为治安法院提供房屋、宿舍、办公用品及治安法官和治安法院委员会履行职能所必需的服务,而这一切的所有开支都由治安法院委员会在咨询过经费开支职能部门后确定。①

(三) 咨询及代理

基本地方政府机关以及二级制地区的郡、区两级议事会,可以协助志愿者组织为个人提供涉及他们权利和义务的信息和建议,为他们在确认这些权利或者履行这些义务时提供帮助。地方政府机关提供服务的方式包括通信、代为陈情。正是基于这一权力②,许多地方政府机关建立了法律中心,也有一些地方政府机关采取资助专家、法律咨询中心或者公民咨询服务局(Citizens Advice Bureaux)的方式③。由此可见,英国地方政府机关的法律中心不是为地方政府机关自己服务的,不是地方政府机关自己的法制机构,而是对外提供法律咨询服务的窗口,而且并不是所有的地方政府机关都设立此类机构,它们还可以采取其他方式资助类似的机构向公民提供同样的法律咨询服务。

(四) 地方土地收费

基本地方政府机关以及二级制地区的区议事会,必须在当地设立一名土地收费登记员(local land charges register)。地方只能根据1975年《地方土地收费法》(Local Land Charges Act)的规定对当地土地收费。根据该法第1条、第2条的规定,如果对土地的收费与土地所有者对某一公共管理机构(限于英王的大臣、中央政府部门或者任何地方政府机关)所欠的债务或者其他义务有关,则该项收费是可以登记的。登记的形式和内容由大法官确定。④

(五) 慈善事业

根据1993年《慈善法》(Charities Act)的规定,基本地方政府机关以及二级制地区的区议事会,必须对当地的慈善机构进行登记,可以对当地慈善机构的运行进行审查,并可以向慈善专员报告。⑤ 地方议事会还可以就地方政府机关与那些以提供与地方政府机关所提供服务相似或者为

---

① Andrew Arden, p. 135.
② 提供某种服务的权能。
③ Andrew Arden, p. 135.
④ Andrew Arden, p. 135.
⑤ Andrew Arden, p. 135.

其补充的服务为设立目的的慈善机构的合作作出安排,并可以向慈善机构披露与这些服务有关的信息。① 地方政府机关可以作为慈善财产的受托人而掌控财产,还可以动用其资金向某一慈善基金捐资。②

(六) 彩票

基本地方政府机关、二级制地区的郡议事会以及教区议事会,可以推动本地彩票业的发展,但需要征得彩票管理职能部门的同意并向赌博业管理委员会登记。③

(七) 海岸保护

海岸保护属于"其他杂务",即由地方政府机关承担的剩余职能。④沿海地区的地方议事会作为海岸保护职能部门,可以为海岸保护的目的实施工程,并可以为此目的征购土地。

但是,主要的工程必须公开;如果有人反对,还可以举行由部长主持的公开调查。海岸保护职能部门可以要求土地所有者自己实施海岸保护工程,海岸保护职能部门也可以在无人实施此类工程时亲自实施。海岸保护职能部门负责控制由其他人实施的海岸保护工程。海岸保护职能部门可以控制自海岸线起约三英里海域内的产出物。⑤

(八) 色情产业

基本地方政府机关以及二级制地区的区议事会,可以许可在其辖区内设立色情电影院或者商店。许可申请必须由当地地方议事会的一个委员会或者下属委员会进行调查,反对者的意见必须听取。许可申请可以基于特定原因而被拒绝。在伦敦,自治市议事会可以决定对色情表演适用同样的许可要求。⑥

(九) 废金属回收

基本地方政府机关以及二级制地区的区议事会,必须建立针对本地区的废金属回收者的登记簿。凡欲从事废金属回收业务者,必须向当地地方政府机关申请登记,未经申请登记而从事废金属回收业务者将构成

---

① Andrew Arden,pp. 135-136.
② Andrew Arden,p. 136.
③ Andrew Arden,p. 136.
④ Andrew Arden,p. 134.
⑤ Andrew Arden,p. 136.
⑥ Andrew Arden,p. 136.

犯罪。①

(十) 电力及热力生产

基本地方政府机关以及二级制地区的郡议事会,可以设立并经营以发电、产热为目的的发电站或其他设施。地方政府机关可以购买、使用、销售其产生或者获得的热、电,并可以签订和执行在其辖区内、外向其提供热力的协议。②

(十一) 市场管理

基本地方政府机关、二级制地区的区议事会、教区议事会和社区议事会,是市场管理职能部门,可以在其辖区内设立市场或者征购已经存在的市场的场地。如果某人想设立临时市场,则应当提前1个月通知区议事会或者伦敦的自治市议事会,用于慈善事业或者其他非商业目的的市场则不受此限。③

市场管理职能部门可以限制市场周边地区的路边经营,并可以就市场的使用制定条令。市场管理职能部门还可以设立其认为适当的任何条件对货摊实施许可管理。④

(十二) 公共卫生设施

基本地方政府机关以及二级制地区的区议事会,可以从适当和便利出发,为居民提供公共卫生设施。⑤ 如提供厕所等设施,这项权力是由1936年《公共卫生法》(Public Health Act)规定的。

(十三) 浴室及洗衣店

基本地方政府机关、二级制地区的郡、区两级议事会以及教区和社区议事会,有权提供公共浴室和洗衣房,并可以制定条令规制由其经营的浴室。⑥ 这个条令只针对由地方政府经营的浴室,即只有这些浴室才受地方政府机关制定的条令的规范,其他浴室则要受下面提到的条令的控制,而且也不需要取得地方政府的许可。事实上,考虑到英国人的个人生活习惯,洗浴是生活非常重要的组成部分,因此,凡提供一般公共住宿、健身、娱乐服务的地方,都会提供洗浴服务或者设施。

---

① Andrew Arden, p. 136.
② Andrew Arden, p. 137.
③ Andrew Arden, p. 137.
④ Andrew Arden, p. 137.
⑤ Andrew Arden, p. 137.
⑥ Andrew Arden, p. 137.

地方政府机关还可以对任何公共洗浴制定条令,对哪些地方可以开设、经营时间等作出规定。对于非由地方政府机关经营的洗浴业,地方政府机关也可以制定条令,对诸如水的质量标准、清洁标准、行为标准以及预防意外等作出规范。① 这是一种服务标准管理,而不是事前的许可管理,即只要开业则必须达到这些标准,但在开业之前并不需要预先审核。在开业之前,实事求是地讲,确实也不可能就这些具体内容作出实质性评价,我国行政许可领域实施的此类控制,多少有些形式主义的味道。

（十四）菜园

根据1908年至1950年《菜园法》(Allotment Acts),菜园职能部门是基本地方政府机关以及二级制地区的区议事会。菜园职能部门可以提供供出租的小块菜地或者园地。在伦敦,如果有这方面的需求,菜园职能部门必须提供。② 在其他地区,提供菜园是选择性的义务或者权利;而在伦敦,只要居民有这方面的要求则必须予以满足,这就完全是一种义务了。

笔者曾在仲秋时节造访过一处这样的菜园。那块地在诺丁汉郡比斯顿居民区边缘,离一个草地足球场很近。整个园地约10余亩,用田间道路和垄分成等大的几十小块,每块地0.1亩左右。园地完全开放,由一条比较宽的土路与柏油路相连,土路的另一头就是园地的入口。在园地入口处立着一块混凝土牌子,上面贴着关于如何租地的告示,其中注明了联系地址、电话等,每小块地的租金是两年16英镑,但每家只能租一块地。

与不远处的牧场及麦地等私人农地相比,菜园内的地块显然没有得到很好的利用。只有约三分之一的地块像是被人租用过,其上已经收获的蔬菜和仍然生长的乌梅可以证明这一点,而其他地块上长着的都是去年甚至更早的遗留作物,有的甚至只长了几棵草。一位大学刚毕业的女孩正坐在一间茅草屋边的地上等着自己的男朋友来翻地,不怎么愿意说话。不远处正在地块中劳作的老太太倒是热情地回答了笔者的几个问题,说她就住在附近,退休没什么事干,种点菜自己吃,也分给自己的儿女吃。她租的那块地(约0.1亩)如果用来种菜,不怎么费力气就足够一家人吃上绿色蔬菜,减去租金及其他必要成本,按照当地市价计算,一年的收成估计有几百英镑。这对于靠领取救济金生活的人来说,是一个比较好的获取新鲜蔬菜的途径,但英国的救济金还没有低到促使这部分人打

---

① Andrew Arden, p.137.
② Andrew Arden, p.138.

菜园的主意的地步,菜园仍主要是用来消遣或者娱乐之用的。

(十五) 小型农场

如果某些人为实施经农业部长批准的计划而准备从事农业生产,基本地方政府机关以及二级制地区的郡议事会就有义务在此期间为其提供小型农具及其他必需设备,以使其能够进行农业生产。①

(十六) 空港

1982年《民用航空法》(Civil Aviation Act)授权基本地方政府机关、二级制地区的郡、区两级议事会,经国务大臣同意并在符合其确立的条件的前提下,建立并维护航空港,并提供和维护由他人设立的机场中的设施。根据1986年《机场法》(Airports Act)第2条的规定,国务大臣指导某一控制着某一机场的地方政府机关设立机场服务公平交易公司,并将机场事务转移给这类公司。②

(十七) 会议、商贸展览会及展览设施

地方政府机关的这些权力,已在前文涉及地方政府机关拥有的鼓励旅游者的一般权力中介绍过了。③

(十八) 战争纪念馆

尽管地方政府机关无权设立战争纪念馆,但任何地方政府机关都可以在保有及维修纪念馆方面合理地花费。地方政府机关有权接受他人捐赠的战争纪念馆。④

(十九) 土葬与火葬

基本地方政府机关以及二级制地区的区议事会,是丧葬职能部门,可以根据1936年《公共卫生法》第6条的规定,为履行其丧葬职能而建立联合委员会。

丧葬职能部门也可以制定涉及墓地管理的条令。所有埋葬在由丧葬职能部门维护的墓地的死者都必须登记。任何地方政府机关都可以获取一块墓地,对该墓地实施控制和管理,并将其作为公共空间。如果该墓地属于宗教领地,则地方政府机关在获取之前必须先取得主教的同意。所

---

① Andrew Arden, p. 138.
② Andrew Arden, p. 138.
③ Andrew Arden, p. 138.
④ Andrew Arden, p. 138.

有的丧葬职能部门都可以提供或者维持火葬场所。①

丧葬职能部门根据 1990 年《城镇及乡村规划法》(Town and Country Planning Act) 或者 1990 年《规划 (受保护建筑及建筑区域) 法》[Planning(Listed Buildings and Conservation Areas) Act]第 1 条的规定获取的墓地，可以用于与规划控制相符合的任何用途，但要受涉及重新安葬的规章的制约。② 这是因为，这些土地都是根据有关的规划立法获取的，因此，根据相应的规划立法进一步改变其用途也是可以的。这存在不再作为墓地的可能，因此会涉及对于埋葬在这里的死者尸体的重新安葬的问题。

(二十) 停尸房

所有的地方政府机关都可以提供停尸房；如果国务大臣对此提出要求，则地方政府机关必须提供。所有的地方政府机关还有义务埋葬或者火葬死于其辖区内但又没有其他更适当处理方法的死者的尸体。③

---

① Andrew Arden, p. 139.
② Andrew Arden, p. 139.
③ Andrew Arden, p. 139.

第六章
中央与地方的关系

关于中央与地方的关系,有英国学者这样强调:如果不研究中央政府在与地方的关系中扮演的角色,就根本无法研究作为法律制度的地方政府体制,因为议会专门立法中已就中央与地方政府特定关系的一般方面或者特别方面作了具体的规定。①

第一节 中央与地方的关系概述

本节介绍英国中央与地方的关系的各个方面,其中较为重要的部分,是中央控制地方的财政手段、中央政府干预的成本效益分析以及限制中央控制权的措施。在本书中多处提到,运用财政手段实施行政系统内部上下级之间、政府与部门之间的行政控制,是英国普遍采取的手段,成本效益分析则是对这种控制手段进行精细评估的必要措施,在某种意义上也是其应有组成部分。

一、中央与地方的关系的基本定位

所有的地方政府的工作都与中央政府保持着或多或少的联系,地方政府也普遍心甘情愿地为此而克减一些法律赋予它们的自治权。在持续不断地构建一个福利国家的进程中,社会服务与控制领域的事务,部分是由中央政府打理的,部分是由地方政府操办的:全国性的社会保险、收入补助以及全民健康服务体系,属于中央政府的领地;安居、公共卫生及环境卫生、残疾人社会福利服务、照顾儿童等则属于地方事务,资助公助学校也属于地方事务,但受到中央政府的严密控制。总而言之,中央政府与

---

① Andrew Arden, p.1.

地方政府之间有效的合作关系是十分重要的。但英国学者特别强调,在法律上,地方政府机关有其独立存在的地位以及相应法律义务和职责;其工作人员不属于英王的公务员,在普通法上也不享有任何特权。①

英国学者认为,地方政府不是孤立存在的,设立地方政府的目的是给当地居民提供其他机构(包括私营单位、中央政府以及被委以中央或者地方政府职能的其他机构)未能或者不可能提供的服务。地方政府是国家组织体系的重要组成部分。既要受中央政府管理,又要对中央政府负责,地方政府正是在与中央政府及其他机构共存的前提下发挥其职能作用的。②

中国读者在研究或者认识英国中央政府与地方政府的关系时,必须清楚英国的中央政府与地方政府之间只存在法律上的关系,而不存在行政上的隶属关系。英国的地方政府也分层级,但都是法律上拟制的人格,其相互之间的关系不是隶属性的,中央政府的公务员系统与地方政府的雇员系统是完全隔绝的,不存在人员的调动,要想在各级、各类中央或者地方行政机关之间流动,只能通过社会这个媒介——先退出各自的公务员序列,再与社会人员一起参加相应的公务人员招考,除此之外,没有从低一级的地方政府机关"升迁"到高一级甚至中央政府机关的渠道。行政机关的首长,在中央政府是部长,基本上都是从当选的国会议员中由执政党领袖(在任首相)挑选委任;地方的行政首长则完全是事务官,是由地方议事会任命的。事务官与政务官之间也并没有直通车可搭。

英国地方政府组织的发展过程充满了集权与分权的对立统一。英国地方政府是制定法设立的高度自治的法人,其自治程度超出国人的想象。例如,本书绝大部分内容所涉及的,仅仅是英格兰及威尔士的公法制度,苏格兰及北爱尔兰的具体制度与此往往有所不同,主要原因就在于这两个地区的高度自治。大区的自治如此,各郡、市包括社区的自治也如此。

需要提醒的是,所有地方政府的权力,都是制定法上的权力,地方政府并不存在任何传统的类似英王特权的自然权力,不具有当然的或者说保留的权力或者职能,其职能、权力都是由中央政府委托的,这是一个原则性的认识,是认识英国的中央政府与地方政府的关系的一把钥匙。在议会立法至上原则下,地方权力的这种地位使人担心地方自治何以能够

---

① Wade & Forsyth 2014, p. 89.
② Andrew Arden, p. 28.

存在,这也是英国学者对于英国没有一个成文宪法的保障机制的忧虑之一。

上述理解的重要性在于,英国中央政府与地方政府的关系是法律关系,是依据法律规定了的原则发展的关系,不存在潜规则。

二、中央与地方的关系的基本线条

英国强调高度的地方自治。地方政府都由各所在地区的选民选举产生的议事会成员组成。中央政府与地方政府之间、地方政府相互之间的关系是一种法律关系,而不是我们通常理解的行政隶属关系。下面将介绍英国中央政府与地方政府关系的现状,英国学者认为,在可以预见的将来,地方政府将基本维持现状,尽管在一个变革的社会中会受到来自中央政府和地方民众两方面要求其变革的压力。中央政府与地方政府之间的工作关系必须在工商界早已流行的伙伴关系理念的基础上重建。① 伙伴关系在冷战即将结束时非常流行过一段时间。

各级政府间的相互关系主要是通过以下渠道建立起来的:

(一)建立在议会立法至上原则基础上的法制统一

虽然中央政府在行政方面并没有直接对地方政府发号施令的权力,但是,通过统一的司法体制以及在该体制内运行的司法审查等司法监督机制,主要由中央政府提议的立法可以借助司法判例得以施行。个别地方政府违反法制统一的行为,绝大部分可以通过公民自身权利意识的觉醒而在司法救济中得到克服,极个别无法通过司法解决的结构性问题,则可以通过中央政府提议议会立法的渠道加以系统解决。

自 19 世纪以来,地方议事会的运作已经受到某些诸如越权无效原则等根本性的公法学说的影响,根据这些原则,拥有征收地方税、对其提供的服务收费以及接受中央政府拨款的地方议事会,只能将其开支用于制定法规定的目的。② 中央的控制主要是法律控制,而不是行政控制,法律控制是通过制定和落实制定法实现的。

在履行其职能的过程中,中央政府及其他根据制定法建立或者依据制定法行事的中央机构固然都要受越权无效原则的规制,这一原则也同

---

① Bradley & Ewing, p.646.
② Bradley & Ewing, p.646.

时规制地方政府机关的行为。① 这就是英国学者在讨论英国地方政府机关的法律约束时所指的行政法。显然,在英国学者看来,这是中央政府和地方政府应当共同遵循的法律体系。

(二)借助司法体系建立的法律关系

各级政府,如中央政府、中央政府部门与地方政府,都有法律上独立的人格,相互之间存在的纠纷可以借助与普通私人相同的司法途径解决。公法问题适用私法手段,公法、私法不分,曾经被英国学者自诩为英国法律制度的优越性所在,虽然这一观念已经动摇,但实际做法基本维持原样。

考虑到来自中央与地方、选民与居民等各个方面对于地方政府机关的相互冲突的要求以及地方政府机关所能控制的资源的有限性,地方政府机关总是不断地被搅入行政法上的纷争之中,不是通过司法审查反对中央政府或者其他地方政府机关,就是应诉个人、规制机构或者中央政府部门提出的司法审查请求,要么就是因被诉疏于履行职责而在侵权赔偿之诉中答辩。② 可见,英国地方政府既可以就其与中央政府的关系问题对中央政府或其组成部门提起诉讼,也可以反过来成为中央政府提起的司法审查的被告,还可以成为侵权之诉的被告。当然,由于地方政府机关不是英王的政府机关,不会适用《王权诉讼法》,而是适用普通民事侵权法。本书第三卷第二编第八章第一节警察行政法中有关警察与内政部的关系的讨论,很能说明问题。

(三)通过中央与地方的分权影响地方

按照议会立法至上原则,所有英国地方政府的权力都是制定法赋予的,也可以随时由制定法收回。中央政府可以随时通过倡议议会立法将地方政府的权力统一收回由国家予以管理,如公共卫生、教育、就业等。

英国议会通过的议案有公法案与私法案之分。前者主要由政府提议,在全国施行;后者往往由议员个人提议,在指定地区施行。个人议案既是由中央议会通过的,解决的又是地方特定的问题,因此,这类议案往往赋予特定地方政府某些特定的权力,成为中央与地方分权的特例。

1971年8月,北爱尔兰地区政府曾就适用1922年《北爱尔兰民事特

---

① Andrew Arden, p. 40.
② Bradley & Ewing, p. 646.

别权利法》有关收容权力的事宜咨询过英国政府。①

（四）通过财政转移支付影响地方

中央政府通过内政大臣对地方警察事务的影响，很大程度上就是通过财政手段或者植根于财政拨款。中央通过国库对地方警察机关的补贴额可以占地方警察机关全部允许开支的51%，具体数额由内政大臣每年在获得财政部同意后决定。②

（五）中央向地方派驻代表机构

由于在法律上中央与地方的权限有明确划分，通常情况下，中央派驻地方的机构与地方政府在事权上几乎没有交叉、重叠现象，因此，基本不存在中央驻地方机构监督地方政府，以及由此产生的冲突。例如，1994年之前，英格兰的八个地理分区已存在，这种习惯性的地理分区历史非常久远。1994年，英格兰八区中的每一个区都设立了政府办事处（Government Offices），其职能是提高政府活动的综合性。③

三、中央与地方的权力划分方式

参见本书第三卷第一编第二章第二节行政权的配置。

四、中央控制地方的一般手段

就本质而言，地方政府机关是制定法的产物，而非中央政府缔造。当然，英国政府体制的现实给人的印象是，二者之间的区别非常细微。④ 究其原因，一是中央政府控制着地方政府的财政；二是受执政党控制的中央政府在议会中占多数，因而通常可以将其意志转化为法律；三是中央政府掌握的其他权力与地方政府休戚相关。⑤

除了通过初级立法实施法律控制，英国中央政府对地方政府的控制主要表现在以下几个方面⑥：

（一）次级立法

有时，中央政府有权通过制定次级立法文件修订初级立法。当然，正

---

① Bradley & Ewing, p.90.
② Bradley & Ewing, p.459.
③ Phillips & Jackson, p.105.
④ Andrew Arden, p.28.
⑤ Andrew Arden, pp.28-29.
⑥ Andrew Arden, pp.29-30.

如上诉法院民事分庭庭长唐纳森(Lord Donaldson M. R.)在 *McKiernon v. Secretary of State for Social Security*(1989)一案中所言,此种次级立法权的行使属于例外,要严格解释。

(二)委任立法

许多立法授予中央政府通过制定次级立法以具体落实该项立法的权力。无论中央政府以成文法律规范还是枢密院令行使此项权力,都要受议会确认权或者否决权的制约。

(三)授权审批

立法通常授权中央政府对地方政府的某一行为予以批准,或者对地方政府的某一权力加以限制,中央政府可以通过《中央政府部门公告》(Departmental Circulars)或者其他告知方式行使这一权力。

中央政府部门公告(Departmental Circulars)是位于白厅的英国中央政府部门比较流行的法律文件形式,用于指导其派驻地方的官员或者地方政府机关,并通过这种形式行使其控制权,诸如此类的公告,有许多是通过系列编号标识并出版的,其中有许多内含对其部门政策的原则性声明,如国务大臣处理规划申请的实际做法。如此一来,这类规范性文件因提供了诸多有关政府组织及自由裁量权行使的指引,而对公众特别重要。但就其本身而言,并没有任何法律效力,也没有任何制定法效力,因为早在 1968 年,*Colman(JJ) Ltd. v. Commissioners of Customs and Excise* 一案即宣告,该专员(该案被告)的公告不能改变法律。[①]

(四)良好行为规范(Codes of Practice)

议会立法还可以授权中央政府制定良好行为规范或者给地方政府机关提出指导意见,中央政府可以通过《中央政府部门公告》或者其他告知方式行使这一权力。对于由此发布的良好行为规范、指导意见和公告,有关地方政府机关必须在实施授权法的过程中引起足够的重视或者予以慎重考虑,如若违反则必须有明确的正当理由。

(五)具体指导

有时,中央政府有权对地方政府机关发布指令,告知地方政府机关哪些权力能够行使,哪些权力不应当行使,或者干脆要求地方政府机关彻底停止行使某种权力。

---

① Wade & Forsyth 2014, p. 735.

(六) 直接接管

在更为例外的情况下,中央政府保留接管某一地方政府职能的权力,条件是中央政府认为地方政府没有履行其职能或没有按照中央政府确认的方式履行其职能。

(七) 审理不服上诉

有时,中央政府还是对地方政府机关的决定不服提出的上诉的审理机构。

(八) 财政控制

中央政府保留对地方政府机关开支的最终控制权,对此,中央政府有多种手段:既可以对地方政府机关通过征收地方税所获得的收入以及募集的资金进行直接限定,也可以直接对地方政府机关的收费设置限制,还可以间接地对地方政府所能收取的费用进行估计,或者通过确定地方政府机关的财政裕度的方式对地方政府机关的财政进行总体控制。

五、中央控制地方的财政手段

英国中央政府对地方政府实施财政控制的一个重要前提,是对地方政府实施巨额财政补贴,对此将在下一节中央支援地方财政部分介绍。

英国学者认为,地方政府机关的开支构成所有公共开支的一个非常重要的部分,因而有必要由中央政府实施严密的规制,但是中央政府对地方政府财政的其他任何部分的控制,总体上都没有其对地方政府机关资本开支的控制严厉。①

(一) 通过立法手段控制

国务大臣有权通过制定条例,将某些本来不应当列入投资目的的开支列入其中;而将某些本来应当列入的开支剔除。根据这类规定,国务大臣可以变更制定法对于资本的界定。② 这是相当具有实质性内容的赋权规范,其执行的结果是,国务大臣制定的条例可以从根本上改变制定法对于地方政府机关资本项目开支的归类体系。至于这种调整对地方财政的影响,则需要综合考虑地方政府机关的资金来源及资金用途分类对其资金使用情况的具体影响,并不一定如字面上表现得那样显然。考虑到资本项目开支所具有的长期性是日常财政性开支所不具备的,对于此两类

---

① Andrew Arden, p. 450.
② Andrew Arden, p. 459.

开支在会计科目上的区分,作为中央对地方实施控制,特别是中央政府行政方面对地方政府机关财政开支实施控制的手段,则具有相当的潜在影响力。

(二) 通过指令具体控制

国务大臣还可以通过指令授予地方政府机关将某些开支作为资本项目开支处理的权力,但需要满足以下条件:① 指令中应当包括对具体的会计科目调整的描述,并明确指出此项调整的目的;② 该指令所针对的款项是某一特定地方政府机关已经或者即将发生的;③ 没有超出特定的数额;④ 该指令所针对的款项是在过去或者未来的某一特定时段内发生的。① 这项指令权,以及其赋予地方政府机关在法律之外另行处理其开支分类的权力的意义在于,赋予国务大臣在法律明确规定之外采取例外行动的权力,这对于研究英国行政权的本质及其分配、行政权与立法权的关系、中央与地方的关系等,都具有相当重要的意义。

这些要求表明,国务大臣给地方政府机关的指令必须有明确的针对性,不但对涉及的开支数额、开支发生的时间有要求,对指令所适用的期限也有要求。这就在很大程度上限制了国务大臣指令权的裁量空间,从而使这种表面上看起来有点过分的权力在实际行使时不会严重违反法律的基本原则。更重要的是,这些限制性条件使得国务大臣只能在非常特殊的情况下非常谨慎地作出此类指令,而且这些指令的质量以及这种特别的法律授权制度的履行质量,主要依赖于国务大臣本身的素质,而非制定法设置的其他约束机制。试想,如果国务大臣总是倾向于滥用此类权力,英国国会是不会在立法中轻易授予这种在我们看来非常难以控制的法外权力的。

由于国务大臣在行使这种指令权时不必向议会提交相应的成文法律规范,英国学者已经意识到,这种权力实际上可以调整制定法所界定的概念的适用。就其作出具体指令的开支而言,该开支甚至可以在任何意义上、在制定法上或者按照会计准则都属于不以投资为目的的,例如裁减冗员的开支、行政管理开支以及重组成本等。②

---

① Andrew Arden, p. 459.
② Andrew Arden, p. 459.

六、中央对地方的影响手段

中央政府对地方政府的作用,一是表现在直接的控制,二是间接的影响。前文介绍的一般控制手段和财政控制手段可归入直接控制,而中央政府对地方政府的影响,从英国的情况看也可以构成有效的控制。

英国学者介绍,中央政府除了拥有对地方政府实施控制的权力外,还能够而且确实实际影响地方政府机关的政策,这种影响要么通过中央政府与地方政府的合作实现,要么通过中央政府单方面采取的某些行为实施。中央政府可以利用地方政府津贴,即为某些其中意的政策提供额外的资助,而减少对其他政策的资助。当然,中央政府也可以采取直接资助的方式支持其欲推行的政策。①

七、中央政府部门与地方政府

中央政府的权力往往是通过中央政府部门或者其他机构行使的。负责地方政府事务的中央政府部门主要包括:环境、交通与地区事务部②,教育与就业事务部,社会保障部。就财政事务而言,财政部向每一中央政府部门提供咨询意见,因此,该部也对地方事务负有间接责任。③

中央政府部门影响地方政府,很多情况下是基于国务大臣的默示权力。许多政府部门的部长拥有制定法所设定的调查地方政府机关和其他公共机构未能履行制定法上职责的情势的特别默示权力。例如,根据1970年《地方政府机关社会服务法》第7C条,健康国务大臣有权召开听证会,调查任何地方政府机关行使其社会服务职能的情况,但1989年《儿童法》所确立的职责除外。这种默示权力仅及于地方政府机关的制定法设定的职责,国务大臣并不能介入属于地方政府机关自由裁量权限范围内的事务。如有必要,国务大臣可以通过向高等法院申请训令的方式强制执行其命令。另如,1993年《教育法》规定,教育国务大臣拥有默示权力,但是在实践中,该权力极少使用。④

中央政府通过其设在各地的中央政府办事处履行其职能。由于环

---

① Andrew Arden, p. 30.
② 该部的前身为环境事务部,在威尔士设有威尔士办公室(the Welsh Office)。
③ Andrew Arden, p. 31.
④ Bridges & Cragg, p. 39.

境、交通与地区事务部与地方政府的关系最为密切,因此,除非有其他明确的说明,通常提到的国务大臣都是指该部的国务大臣,而威尔士方面则是威尔士事务国务大臣。①

八、中央政府干预的成本效益分析

某项事务究竟应当由中央还是地方单独掌管?在多大比例上二者可以共管?在什么情况下中央可以对地方进行干预?这都是中央与地方分权需要解决的主要问题。解决这些问题的思路有三:一是建立一套严密的决策机制,遇到问题时通过这一机制的运行随时化解,当然,这一机制中也包括对原有分权结论的适时调整;二是通过立法明确;三是通过技术分析,如此处讨论的成本效益分析。所不同的是,成本效益分析是一种技术层面上的决策手段,掌握在不同的主体手中、在不同的机制中运行,往往会产生不同甚至截然相反的结果。因此,机制完善与否或许比手段是否高明更重要。最糟糕的莫过于以愚昧的决策机制(如基于重男轻女思想指导下的生育目标决策)与先进的技术手段(如彩色 B 超鉴别胎儿性别)相结合,据分析,严重的新生婴儿性别比例失调就是这样造成的。

英国的立法早已意识到了这个问题,具体表现为中央立法对地方政府机关符合经济原理的决策的授权:在已经废除了郡行政建制的大城市郡中,郡内各区议事会相互之间有权就垃圾处理职能建立联合机构,即使有关地方政府机关没有这样做,国务大臣也保留建立此类联合机构的权力。② 此处的权力(have the freedom),就是我们通常所说的有权,这种观念显然是在承认地方政府机关具有某种类似于自然人的权利。在此,中央政府的干预的合理性在于,如果由每个区一级地方政府机关自行设立垃圾处理机构,在经济上显然是不合理的。中央政府所扮演的角色,就是督促未采取联合行动的地方政府机关建立此类联合机构,以便在规模经济基础上合理利用地方政府机关的财政资金,减少因人为因素导致的不合作产生不必要浪费。

区议事会之间就联合进行谈判的交易成本并不高,但如果因某种原因拒绝谈判,由此产生的重复建设及因未达到规模效益而产生的浪费,远高于交易成本。如果没有外人介入,这种僵局很难打破。中央政府的干

---

① Andrew Arden, p. 31.
② Andrew Arden, p. 25.

预就是通过促使地方政府机关付出适当的交易成本,换取避免更大浪费的总体收益。这种性质的中央政府介入,具有经济上的合理性。

九、限制中央政府控制权的措施

相对于中央政府对于地方政府的控制手段而言,英国法对于限制或者制约中央政府的制衡手段,相对而言要干瘪得多。

(一)地方调查(Local Inquiries)

根据1972年《地方政府法》的规定,需要在以下领域对地方政府机关区别对待时,国务大臣有权决定举行地方调查:制定或者确认某一命令,制定某项计划,作出某项认可、禁止或者批准,以及其他根据该法实施的行为。①

(二)咨询

中央政府在履行与地方政府有关的职能时,如向议会提交有关立法议案时,有义务咨询地方政府或者听取它们的意见。无论制定法是否要求,中央政府在绝大多数事项上都要咨询地方政府机关联合会的意见。②

(三)程序控制

英国法将程序规范作为控制权力的有效手段。这也可以作为地方政府机关用以反制中央政府控制的一种手段,仍以前文介绍过的中央政府对地方政府的指令为例。

1. 书面预告

国务大臣在对地方政府机关作出指令之前,必须先就其拟作出指令的相关内容通知地方政府机关。如果国务大臣未遵循上述要求,则其对地方政府机关所作的指令在法律上是无效的。③

2. 指令的推定成立

国务大臣的指令自其通知下达之日起视为成立。④也许有读者问,如此一来,通知与指令如何区分呢?二者的区别在于:首先,通知是指令的前置程序,没有通知而直接作出的指令是无效的;其次,通知下达之日只是视为成立,但仅在被送达的地方政府机关逾法定期间(28日)无异议或者以书面形式表示接受指令的内容时,指令始发生效力。此处运用的

---

① Andrew Arden, p. 30.
② Andrew Arden, p. 31.
③ Andrew Arden, p. 426.
④ Andrew Arden, p. 426.

法律技术是推定有效,指令的实际法律效力其实仍是不确定的,至少不是由作出指令的国务大臣完全确定的。

3. 地方政府机关的书面回复

地方政府机关有 28 日的时间(自其收到国务大臣的通知时起算)用书面形式作出答复,答复的内容既可以是接受国务大臣在通知中指出的对预算最高数额的限制,也可以提出另外一个不同的最高数额并说明理由。从这个内容看,国务大臣的指令并不具有强制性,仅仅是建议性的,甚至可以称为要约式的。如果地方政府机关不采取这种以书面回复方式为主的挑战程序,再诉诸司法审查的可能性也极小。① 这说明,地方政府机关如果要提起司法审查,最好首先向国务大臣提出书面回复,说明自己的态度。如果国务大臣没有进一步的反应或者反应仍不能令地方政府机关满意,则地方政府机关可以进一步提起司法审查。否则,即视为放弃了申辩的权利,再想通过司法审查申辩成功的可能性就将大打折扣。不经异议申辩这一内部程序的后果,并不是说不得再提起司法审查,只是以行动向法院说明地方政府机关对国务大臣的指令没有异议,不应该再出尔反尔提起司法审查。

(四) 寻求司法救济

既然英国中央政府与地方政府之间主要是一种法律关系,因此,二者为控制与反控制、资助与不资助等事项而诉诸法院的情形,在英国司空见惯。上文提到中央政府对地方政府机关作出指令的例子中最重要的内容就在于,地方政府机关对于国务大臣的指令性决定,也可以提起司法审查。只不过这一权利的行使通常需要地方政府机关向国务大臣首先提出异议,说明自己对国务大臣的指令内容的态度,然后才可以进一步提起司法审查;否则,就不太符合英国的法律道德。但若仍提起司法审查,法院未必会拒绝受理。由此可见,英国中央政府、地方政府与法院三方的关系:三者彼此独立,相互没有隶属关系,只通过法律产生联系。

除此之外,还有一个比较著名的判例,就是 1989 年的 R. v. Secretary of State for the Home Department ex p. Orthumbria Police Authority 案:内政部的一份通知告诉各地的警察局长(Chief Police Officers),他们可以到某一由国务大臣主管的中央库房领取塑胶警棍和催泪瓦斯。该通知还说,获得这些装备不需要经过警察管委会(Police Au-

---

① Andrew Arden, p.426.

thority，PA)的批准。警察管委会遂要求审查这一通知的合法性。国务大臣声称这是根据1964年《警察法》第41条的规定,履行制定法赋予其主管中央库房的职责,也是行使维护治安的英王特权。而警察管委会则声称,根据1964年《警察法》第4条第4款的规定,警察管委会具有排他性的装备警察队伍的权力。① 有些读者可能不太理解这个案件的起因：既然中央政府愿意出钱,作为与地方政府机关平级的警察管委会何乐而不为呢？但由于涉及为警察提供装备的权限,地方警察管委会觉得这是个原则问题,饿死事小,失节事大,对此不能含糊。只不过他们争的是事权,是需要付出的职责,而不是只管事、不负责的职权,因此不同于许多读者所熟悉的权限争议的一般表现形态。英国的地方警察体制也是议行合一,地方的警察机关是委员会形式的警察管委会,警察局长及其领导下的警察局是该管委会的执行机构。

(五)借助民主政治

从根本上说,中央与地方的关系是一种集约化了的政府与人民的关系,在一个民主体制中,越是基层的政府,就越需要也越能够代表人民的利益。于是,在英国的中央与地方的冲突中,一旦涉及具体事项,许多就涉及中央政府与某一地区人民的关系,于是借助民主政治,通过国会议员为本选区选民争取利益,至少避免其合法的权利被侵犯,就成为各个选区的国会议员的一项重要使命。此时,我们所担心的是,一旦地方与中央闹僵或者告上法庭,在英国则会演变为一场议会内部的斗争,有关中央部门领导将会因其故意欺压某一地方的行为承担相应政治责任。特别是当法院已经明确认定有关中央政府部门存在恶意的时候,将会直接影响到该部门领导的政治前途。

至于中央政府部门会不会因此而与该地方积怨,答案是否定的,因为最终的决定由随内阁进退的行政首长决定,后果也由该领导负责,各部门的公务员政治中立,他们没有必要记住某个地方曾经"违抗"中央、到法院告过"我们"。

十、全国性机构与地方政府

在英国,有许多机构不属于"公务员与中央政府部门"的体系,而属于非政府部门公共机构,它们具有全国性职能,这些职能的行使将会影响、

---

① Neil Parpworth, p. 48.

有时还会控制地方政府机关的行为；与此类全国性机构相对的则是某些具有地方性职能的"地方性代理机构"，例如，负责推动区域经济和社会福利发展的威尔士区域发展代办处（Welsh Development Agency），负责登记并资助公益土地所有者的安居联合会，负责推动1974年《职业健康及安全法》（Health and Safety at Work Act）第1条所确立的全民健康福利目标及履行相关职能的职业健康及安全委员会（Health and Safety Commission），负责根据职业健康及安全委员会的指示履行该委员会职能、实施该委员会其他指示的职业健康及安全执行局（Health and Safety Executive）。此外，各全英合作伙伴（English Partnerships）也属于此类非政府部门公共机构。①

活动可能涉及地方政府机关的其他全国性机构种类繁多、职能差别巨大，包括：英格兰传统基金会、公平交易办公室、教育标准办公室、皇家消防服务监察官、体育委员会、艺术委员会、博物馆协会、英格兰乡村委员会或者威尔士乡村委员会、国家信托基金、人力资源培训与开发监察官、英国旅游局、英国水路局、环境保护代办处等。②

此外，还有如负责重组地方政府的英格兰及威尔士的地方政府委员会（Local Government Commissions）、负责调查处理不良行政的地方行政监察委员会（Local Commission for Administration）、负责为地方政府机关提供外部审计方面的咨询意见并研究地方政府改革的审计委员会。③

十一、区域开发与地方政府

区域开发是针对目前唯一没有实施权力下放的英格兰地区而言的，在某种意义上算是中央政府对尚未建立自己的权力下放地区议会的英格兰的补偿。英国政府倾向于权力下放，其中包括通过区域发展代办处（Regional Development Agencies）推进的区域性权力下放，以及设立相应的区域性议事会（Regional Chambers）。此类议事会是由国务大臣为了区域开发相关的目的指派的，并按照各相关区域选民自愿的原则逐地建立起来。区域性机构并不像苏格兰及威尔士的区域性权力下放机构那

---

① Andrew Arden, pp. 31-32.
② Andrew Arden, p. 32.
③ Andrew Arden, p. 32.

样,拥有正式的政府组织所必需的足够的权力基础。①

区域开发的组织形式是区域发展代办处,1998年《区域发展代办处法》(Regional Development Agencies Act)将这一组织规定为社团机构,该机构由不少于8名、不多于15名的国务大臣任命的成员组成。在任命时,国务大臣必须优先考虑那些具有与该机构的职能相关的经验和能力的人,并要咨询代表本区域内的各地方政府机关的意见。区域发展代办处属于非政府部门公共机构,对部长负责。② 此处有两点需要注意:一是区域发展代办处是非政府部门公共机构,二是它要对部长负责。由此引申出的意思是,非政府部门公共机构也要对设立该机构的部长负责。

地方政府机关倾向于参与区域发展代办处的活动,而且也确实对区域发展代办处的组成有相当程度的介入,区域发展代办处三分之一的成员是由地方议事会成员担任的,尽管任命时要求这些人必须同时具有与其工作相关的技能和经验。各成员并不是其所在地方议事会派驻代办处的代表,但一般要反映某一区域选民的构成比例,而且即使他们失去了在地方议事会中的席位,也并不要求他们就此辞职。③

区域发展代办处的目标是增进其所在地区的经济发展和重建,推动商业活动效益、投资及竞争,提高就业率,推广与就业有关的技能在本地区的运用,促进本地区在英国的可持续发展(sustainable development)中发挥的作用,在各个方面保证城乡的一体化。由此不难发现,其职能与地方政府机关本身拥有的一项基本权力相重叠,即经济发展。所不同的是,区域发展代办处主要着眼于那些对于单一制地方政府机关而言比较重要的问题。目前还没有将类似权力从地方政府中移出的计划。④

十二、地方立法权

对地方立法权的探讨,不可避免地要触及中央与地方立法权限的划分,进而触及中央与地方事权的划分。由于英国中央政府是普通法设立的机关,而地方政府机关是普通法确认的立法机关通过制定法设立的机关,因此,地方只享有法律规定的事权、立法权,其他权力由中央保留。

---

① Andrew Arden, p. 32.
② Andrew Arden, p. 33.
③ Andrew Arden, p. 33.
④ Andrew Arden, p. 33.

英国的地方政府实行议行合一，英国地方立法层面上并不存在议会立法与政府立法的区分。英国的地方性立法权主要涉及两个方面：

（一）条令（Bylaws）

1. 立法权限

区议事会、郡议事会、郡自治市议事会以及伦敦的自治市议事会，都享有一项普遍性的制定条令的权力：为了良好地治理（rule）和管理（government）其所在地区或其任一部分，以及为了阻止或者抑制该地区可能发生的滋扰行为。① 阻止或者抑制该地区可能发生的滋扰行为是一个选择性的立法目的，而非所有条令都当然具有的权力。② 如果在有关地区可以适用的议会立法中已经为这一立法目的制定了法律，或者根据该议会立法可以制定这样的规定［例如通过次级立法（secondary legislation）方式］，那就不能再制定条令了。③

2. 刑事条款

条令中可以包括刑事制裁，如犯罪行为存续期间每日的罚金。④

3. 公示及批准程序

（1）批准前的公示

制定条令要向国务大臣提出申请并获得批准，在此之前，条令的草案要在当地流通的一家以上的报纸上公示，并在地方政府机关的办公场所公开备查，公众在所有合理的时间里都可以免费查阅。公众依申请还可以获得条令的副本，但收费不得超过每100字10便士。

（2）批准权限

国务大臣有权批准或者拒绝批准任何条令，并可以为其实施指定日期，如果国务大臣未指定生效日期，则自批准后1个月开始实施。⑤

（3）公开与分送

条令获得批准后即交付印刷并公开摆放供公众查询，获得其副本的费用不得超过20便士。显然，这个费用要比草案便宜，在英国，这是一份如《太阳报》之类的报纸的售价。

条令的副本还要分送教区和社区的议事会，以及本地区其他层级的

---

① Andrew Arden, pp. 64-65.
② Andrew Arden, p. 65.
③ Andrew Arden, p. 65.
④ Andrew Arden, p. 65.
⑤ Andrew Arden, p. 65.

地方政府机关。①

（二）地方性立法（Local Legislation）

如果某一地方政府机关认为有必要，可以推动或者阻止任何在英国议会提出的地方议案或者个人议案，并为此支付相应的开支。地方政府机关作出一项推动或者阻止此类议案的决定需要取得该地方政府机关全体组成人员中多数的支持。这样的决定应当在专门为此举行的会议上作出，在会议之前应当在一份以上的在当地发行的报纸上公告此项会议及会议的目的。推动某一议案的决定还要在进一步为此举行的会议上，对第一次作出的决定予以确认；第二次会议的召集方式与第一次相同，时间选在议案正式提交议会之日起14日后或者此后的尽可能早的某一时间。如果未获得进一步推进该议案的确认，地方政府机关必须从议会撤回该议案。②

第二节 中央支援地方财政

本节讨论中央政府的资助与补贴（Central Government Grants and Subsidies）。在英国，中央与地方财政收入的宪法性安排，明确了收税决策权在英国议会，议会立法又将绝大多数财政收入归中央政府，于是便有了中央援助地方的资本，相应的也赋予中央对地方实施控制的权力。

一、中央资助与补贴的形式

除了通过非地方税的再分配这种途径，中央政府补贴地方政府的主要手段是财政资助，中央政府对地方政府实施的涉及地方政府绝大多数活动领域的绝大多数一般援助，都记入此项补贴名下。③ 财政资助是支付给受资助及其他特定机构的。④

对此，最实质性的例外是1989年《地方政府及安居法》第4条规定的安居财政账户补贴，这项补贴与地方安居职能部门的安居财政账户有关。除此之外，还有1988年《地方政府法》规定的特别资助以及其他一些值得

---

① Andrew Arden，p. 65.
② Andrew Arden，p. 66.
③ Andrew Arden，p. 434.
④ Andrew Arden，p. 435.

注意的特别资助。①

二、中央政府的特别资助

除了财政资助,国务大臣还可以经财政部同意,向某一有关地方政府机关拨付特别资助。②

特别资助拨付程序的第一步,是由国务大臣作出决定,指明将向哪个地方政府机关拨付此项资助、目的何在、数额或者计算方法。该决定须征得财政部的同意,列入某一特别资助报告中,并对国务大臣认为必要的各主要方面进行解释。随后,特别资助报告应尽快提交众议院,并分送有关的地方政府机关。③

特别资助只能在特别资助报告获得众议院批准后拨付。特别资助报告经财政部同意,可以设定条件,其中包括有关反馈报告或者其他信息的规定,或者在指定情况下报告该笔资金的使用或返还情况等。特别资助依照国务大臣经财政部同意后确定的分期付款的方式及日期拨付。④

三、中央政府的专项资助

根据为数众多的制定法的规定,英国中央政府还可以向地方政府机关提供一系列的援助。这些制定法调整诸如安居、教育、儿童、紧急状态、交通、城市发展、环境健康、小农场以及社会福利等各个领域。这些制定法中的有关专项资助既有相对独立的,也有通过获得财政资助(其中包括资本性财政支援的成分)的支持而与之结合在一起的。⑤

英国学者承认,一一列明这些专项资助显然是不现实的,但下列制定法有关专项资助的规定值得注意。⑥

(一) 1966 年《地方政府法》第 11 条

该条设定的专项资助虽已逐渐淡出,但以此命名的"第 11 条资助"一直适用于国务大臣认为需要对地方政府机关职能的履行制定特别规定的地方政府机关,因为这些地方政府机关的辖区内存在语言或者习惯(标志

---

① Andrew Arden, p. 434.
② Andrew Arden, p. 439.
③ Andrew Arden, p. 439.
④ Andrew Arden, p. 440.
⑤ Andrew Arden, p. 440.
⑥ Andrew Arden, pp. 440-443.

着少数族裔的两个最基本特征)迥异于社区中其他人的少数族裔。

(二)1974年《地方政府法》第9条

该条规定,乡村委员会及威尔士乡村委员会可以通过资助、贷款或者二者一起的方式,向包括地方政府机关在内的任何人提供财政帮助,只要受益人所发生的支出是为了从事在两委员会看来有助于获致1968年《乡村法》(Countryside Act)或者1949年《国家公园及亲近乡村法》(National Parks and Access to the Countryside Act)所确立的任何目标。

(三)1988年《教育改革法》(Education Reform Act)第209条

该条规定授权地方教育职能部门支付与第一学位或者类似课程的奖励等值的资助。这是中央政府对地方政府机关鼓励人们接受高等教育之举措的奖励,即凡地方政府机关给予接受第一学位或者其他类似课程者奖励,中央政府将给予该地方政府机关等额资助。但中央政府奖励的前提是,地方政府机关的此项奖励必须是制度性的,即其奖励对于地方政府机关而言必须具有强制性,其支付是有制度保障的。

(四)1988年《地方政府财政法》第88条

该条规定的交通资助是针对英格兰地方政府机关支出的与公路或者交通管理有关的开支,或者威尔士地方政府机关支出的与公路、交通管理和公共交通有关的开支。这说明,威尔士地方政府机关从中央政府处获得资助的范围,要广于英格兰地方政府机关。这反映了英国立法中对相对弱势的威尔士的政策倾斜。

(五)1988年《地方政府财政法》第88A条

从立法技术上看,该条显然不是1988年制定该法律时就有的,而是此后的立法添附。该条规定,如果根据1992年《地方政府财政法》制定的条例减少了地方议事会税的数额,则国务大臣可以经财政部同意,向地方政府机关拨付资助,具体数额由国务大臣根据其对该地方政府机关在地方议事会税征收方面的合理预期的损失的估计加以确定。

(六)1989年《地方政府及安居法》第6条

该条确立了安居财政账户补贴。

(七)1989年《地方政府及安居法》第155条

该条规定,国务大臣可以制定一个计划,以便为发生以下情势的地方政府机关提供财政援助:辖区内发生了涉及对生命及财产的破坏或者危险的紧急情况或者灾难,为维护生命财产的安全、避免在本辖区内或者本辖区的居民遭受灾难或者严重的不便,必须采取紧急行动,由此发生的相应开支。

(八) 1989 年《地方政府及安居法》第 165 条

根据该条规定,国务大臣可以向那些因行使 1985 年《安居法》第九部分规定的与拆除、封闭或者赎买不适宜居住的房产,拆除障碍性建筑物以及清理相关区域有关的权力而蒙受损失的地方政府机关,拨付贫民区清理补贴;对于由此支付的津贴的结余,国务大臣也可以要求地方政府机关返还。

(九) 1989 年《儿童法》第 82 条第 2 款

根据该款规定,国务大臣可以向地方政府机关拨付特别资助,以支付地方政府机关因向生活在社区之家(community homes)的儿童提供安全住所的开支。

(十) 1992 年《社会保障管理法》(Social Security Administration Act)

根据该法设立的津贴用于支付地方政府机关因向辖区内的居民提供安居补助和减免以及地方议事会税减免方面的优惠而产生的支出(或者减少的收入)。

(十一) 1993 年《清洁空气法》(Clean Air Act)附录 2 第 4 段

根据该规定,国务大臣可以对地方政府机关下达烟尘控制令的开支提供资助。此项开支的主要部分不是地方政府机关的管理成本,而是为实施该控制令而对烟尘制造者(即控制令的对象)提供的设备改造、除尘净化设备安装等方面的开支。

(十二) 1995 年《环境法》第 72 条

该规定向国家公园管理机构提供国家公园资助。

(十三) 1996 年《安居资助、安居房建设及重建法》第一部分(Housing Grants, Construction and Regeneration Act)

该法取代了先前规范安居资助的单独或者组合立法。这种立法更替属于英国立法技术中的法典编纂,即将原来有关安居资助方面的立法进行统一的梳理、编纂,形成结构统一、内容一致的议会立法。这一立法技术的应用,是统一先前立法的逻辑结构,同时也是对原有分散立法(包括议会立法,也包括以成文法律规范形式存在的次级立法)效力等级的提升。

根据该法的规定,国务大臣可以就资助地方政府机关在安居资助方面的开支作出决定。国务大臣依该授权拨付多少资助,取决于改善安居状况的目标的完成程度,而非地方政府机关拥有的安居房存量的多少。对于已经实施了此项援助,并且地方政府机关已经从其提供资助的个人那里获得了对其先前资助的返还的项目,国务大臣也可以要求地方政府机关返还相应的援助,这主要是针对安居贷款形式的援助。其大致过程是,地方政府机关向参与安居项目的居民提供安居房建设或者重建贷款,此项贷款不一定返还,具体视受益人未来经济状况;对于地方政府机关的此项贷款支出,国务大臣可以支付一定比例的资助;如果受益人后来经济状况改善,有能力偿还地方政府机关的全部或者部分贷款,相应的,中央政府也可以要求地方政府机关按照一定比例返还其资助款项。类似这样的返还在英国中央政府与地方政府的财政关系中非常普遍,这充分说明,对于政府关系而言是"亲兄弟明算账",该地方政府机关资助的时候不吝惜,被救济者情况改善后也知恩图报。这种良性机制使有限的救济资金运用到最需要救济的地方政府机关,从而最终惠及最需要救济的人。

（十四）1996年《安居资助、安居房建设及重建法》第126条

国务大臣经财政部同意,有权向包括地方政府机关在内的任何人提供财政上的援助,所采取的具体方式包括资助、贷款、为该人利益的担保或者支出,为促进该人所在地区重建或者发展有关的活动的开支等。上述规定为此类援助提供了制定法基础,而此前这类援助只能通过根据相当数量的有关安居或者非安居方面的特别规定而实施的项目,如开拓基金、城市开拓合作与不动产行动计划以及现在称为复兴单项预算的计划等。[①] 从上述名称看,英国安居工程方面的资金援助项目名目繁多,但都有雄厚的资金支持,并得到有效管理、高效运作。中央政府与地方政府机关为此通力合作的良苦用心,以及能够促使两级行政机关为此孜孜以求的背后的动力是,如果受益于这些项目的穷苦者手中没有与富人们相同的投票权,情况也许会截然不同。但赋予这些穷苦者同等的投票权,并且保证其投票权能够得到切实有效的行使,则是更具有战略性的国家治理技术。

英国中央政府非常看重运用由私人部门、公共部门和志愿者部门以及中央和地方政府参加的合作项目的作用。促进地区重建或者开发的活动包括:保障该地区的土地及建筑物的有效利用,捐助或者鼓励当地经济

---

① Andrew Arden, pp. 442-443.

的发展,创造富有吸引力和安全的环境,阻止犯罪或者减少对犯罪的恐惧,为鼓励人们在该地区生活和工作或者造福于已经生活在本地的人而采取的提供或者改善居住条件、社会设施或者休闲设施,为本地居民提供就业机会,为本地居民提供或者改善培训、教育设施或者健康服务,帮助本地居民利用教育、培训或者就业的机会,资助当地居民中因残疾、性别或者所属种族方面的原因而需要给予特别帮助者。

(十五) 1996年《安居资助、安居房建设及重建法》第139条

该条规定,地方安居职能部门可以向那些因根据1985年《安居法》而宣告某一地区为棚户清理区从而被迫迁居者提供迁居资助。根据该条规定赋予的权力,国务大臣可以就资助地方安居职能部门发生的开支作出相应的决定。

四、中央财政资助的决策程序

财政资助的实施过程,是由国务大臣的决定启动的,国务大臣在作出决定前先要与地方政府机关的代表进行磋商,并取得财政部的同意,该决定中陈明该年度资助总额度,包括建议提供给受资助机构及特别机构的数额。该决定应列入《地方政府财政报告》(Local Government Finance Report),这份报告同时也包括可分配非地方税总额的分配建议。这份报告必须特别指明国务大臣提议本财政年度分配给受资助机构资助款项的来源。① 可分配非地方税显然是这些款项的一个非常重要的来源,这是该报告必须包括该项内容的原因,除此之外,国务大臣还必须为其在报告中提议的全部资助款项找到可靠的来源。显然,英国行政法对于中央政府资助地方政府的财政纪律要求是,有多少钱办多大的事,不能开空头支票。

资助款项来源的一般情况必须在该报告之前即告知地方政府的代表,并且在该报告提交众议院之前将其副本送交每一个受资助机构。② 由此可见,该报告必须提交众议院,但不一定必须由众议院表决通过,像英国每年数以百计的提交众议院的成文法律规范及诸如议会行政监察专员提交议会的报告一样,它们不需要议会表决通过,但议会可以否决其中的任何一个报告。未经众议院表决通过并不影响其法律效力,但毋庸讳

---

① Andrew Arden, p. 435.
② Andrew Arden, p. 435.

言,一旦众议院否决,则其自始无效。

五、中央财政资助的具体计算

某一财政年度的《地方政府财政报告》获得众议院通过后,国务大臣应当根据该报告中列明的可分配财政资源,尽快算出每一受资助政府机关获得的资助款项。① 由此可知,《地方政府财政报告》是中央政府主事国务大臣对本财政年度中央政府对地方政府实施援助事宜的总体安排,其中应当明确资助资金的总额及其具体来源,但并不明确列明每一受资助地方政府机关或者特别机构所获得的具体款项。各受资助单位所获得的具体款项是在该报告获得众议院通过后,由主事国务大臣事后通过计算具体明确的。

除非众议院已经通过了一个对《地方政府财政报告》的修正报告,国务大臣有权在本财政年度结束之前的任何时候,重新计算分配给每一受资助单位的具体款项,例如,根据新取得的有可能导致对某一部分地方政府机关支付较少款项的信息,减少这部分地方政府机关所获得的款项,同时相应地增加对另一部分地方政府机关的支付额。② 因为在修正报告未获得众议院通过之前,总资助金额是个定数,此消彼长的结果是必须保证总数能够与该金额吻合。同样的道理,如果众议院通过了一个修订报告,则一般意味着总资助金额的相应调整,此时,有必要对原来的计算结果进行全面调整,以便最终实现在新的资助总额下针对每一受资助单位的均衡资助。

在计算每一受资助单位应获得的资助额时,国务大臣可以不考虑在某一指定日期后收到的与此项计算有关的信息,这意味着有关的地方政府机关将无法获得应得的资助款项,从而使国务大臣这一权力的行使具有相当严厉的惩罚性。但这种权力的行使仅限于国务大臣已经事先以书面形式告知有关地方政府机关所应当提供的信息的种类及提交日期。③ 不教而杀显然不是英国行政法所要求的合理行政,即使是对于分发中央政府的财政资助款项这等我们所谓之内部授益行政,这一原则也不例外。而且,对于由此而引起的地方政府机关对于国务大臣相应的计算结果的

---

① Andrew Arden, p. 436.
② Andrew Arden, p. 436.
③ Andrew Arden, p. 436.

异议,也完全可能通过司法审查等救济手段予以解决。

在具体的资助款项计算结果出来以后,国务大臣须尽快通知每一地方政府机关其在该财政年度可获得的资助额,即使资助额为零也必须通知到位。① 如此一来,所有的地方政府机关都要在此项通知之列。但真正因未及时提供有关信息以外的原因而未获得资助的地方政府机关少之又少。而且,国务大臣的此项通知中应当包括适当的说明理由,特别是对于那些因未提供其所要求的信息而未获得相应资助的地方政府机关,更应当将这一事由明确告知。其后,接到通知的地方政府机关就其所获得的款项及事由提出异议的情况在所难免,国务大臣也应当有充分的心理准备随时出面协调解决这些争议,直至为由此而起的司法审查做好准备。

此外,制定法还对重新计算后通过补充支付或者返还多收部分的方式对原计算数额的调整作了相应规定。值得一提的是,任何补充支付都必须在原财政年度结束后实施,而且在调整过程中亦可以适用对冲方式。② 由此暗示,此处所谓款项调整虽然不一定在本财政年度结束后进行,但作为结果的对已经支付款项的补充或者返还必须在下一财政年度进行。对于此处提到的资助款项,可以通过法律诉讼的方式申请获得,这种诉讼请求是针对此项资助所带来的利益之诉,而不是损害赔偿之诉。③

六、中央财政资助报告的修订

国务大臣还有权向众议院提交对《地方政府财政报告》的修正报告,但必须在本财政年度结束之前提交。④ 国务大臣向众议院提交的《地方政府财政报告》及其修正报告,属于英国宪法、行政法中的立法事项,从这一程序看,首先,英国的财政法案必须先在众议院提出,其次,英国的立法议案不一定都由政府首长即首相代表政府向议会提出,根据法律明确授权的部长(如此处的国务大臣)也有权按照授权法的规定,直接向议会某一院提出立法性文件。

对《地方政府财政报告》的修正报告,经与地方政府机关的代表磋商后,将改变可分配财政资源的总额。该修正报告也应当像原报告一样,在

---

① Andrew Arden, p.436.
② Andrew Arden, p.436.
③ Andrew Arden, p.436.
④ Andrew Arden, p.436.

其提交众议院之后,尽快将副本送达每一受资助地方政府机关。① 在修正报告获得众议院批准之后,国务大臣应当尽快重新计算每一地方政府机关的权益,其在此过程中应考虑的因素与原报告一致。②

七、中央财政资助的重新计算

制定法还对个别事后的重新计算作了规定,此项计算必须不迟于本财政年度结束之前,但可以延期至修正报告获得众议院批准后3个月。如修正报告在本财政年度结束前2个月通过,则重新计算的最长期限为本财政年度结束后1个月。制定法还对因重新计算导致的增加支付及返还作了规定。任何根据重新计算而实施的增加支付或者返还,都必须在提交修正报告的财政年度结束后的财政年度进行。③ 由于修正报告也可能在提交原报告的财政年度结束之后获得批准,因此,按照这一规定,根据重新计算而实施的增加支付或者返还,实际上更有可能在原财政年度结束后的财政年度进行。

八、中央政府的附加资助

中央政府每年在预算确定的资助之外,还会有附加资助。例如,作为修正报告的一种补充或者替代做法,国务大臣还可以向众议院提交一份延伸报告。该报告的提出是因为国务大臣认为,在《地方政府财政报告》获得众议院批准之后,又出现了新的影响地方政府机关财政状况的情势。国务大臣可以追加财政资助的数额。在这样做之前,国务大臣必须就所增加的数额及作为其基础的可分配资源作出一个决定,并获得财政部的同意。④ 这一程序及此后的程序,都与《地方政府财政报告》的程序相同。

九、中央政府的资本项目援助

中央政府支援地方财政的另一重要形式,是资本项目援助,即财政资助也会考虑资本性财政因素。这就是所谓的财政开支标准评估体系中的资本财政因素,是建立在授予地方政府机关的信用保证基础之上的,不过

---

① Andrew Arden,pp. 436-437.
② Andrew Arden,p. 437.
③ Andrew Arden,p. 437.
④ Andrew Arden,p. 437.

其中涉及的信用关系是不严格的,而且每年都会有所调整。当然,地方政府机关保留对其开支优先权的自由裁量,这种自由裁量可以通过调整不同服务之间或者每种服务内部的开支配比得以实现。① 例如,部分安居资本的开支就得到了安居财政账户补贴,部分受益于根据特别立法所确立的补贴,这两个方面的补贴通过滚动的安居投资计划进行分配,其最终旨在鼓励更长期的(一般是 3 年)投资计划。② 此处介绍的是中央政府对地方政府投资行为的援助,但重点不在于经营性或者竞争性产业的投资,而是服务性或者福利性事业方面的投资,如投资于安居工程等。中央政府通过安居财政账户提供相对稳定的财政资助,同时通过特别立法给予特别的财政资助,这两个方面的援助一般用于资助地方政府机关实施的某一较长期投资,通过同等期限内对地方政府机关该投资项目的滚动支付,保障地方政府机关此投资项目顺利完成。

对资本开支的其他的现金补贴则通常是根据特别立法实施的。③ 由于安居工程投资属于不动产投资,除了与此等现金补贴相同的特别立法资助途径之外,还有专门的基金账户作为援助资金的另一来源,其原因就是为了适应不动产投资的长期性,鼓励地方政府机关在这方面进行长期投资。

十、中央财政资助的支付程序

一旦《地方政府财政报告》获得众议院批准,该报告中提议的款项就可以支付给受资助地方政府机关及特别机构。付款将按照国务大臣确定并经财政部认可的分期付款方式和时间支付,但付给受资助机构的款项必须在本财政年度内支付,而付给特别机构的款项则可以在本财政年度或者下一财政年度支付。④ 资助款项在支付时可以适用有关对冲的规定。⑤

中央政府的资助还可以采取变通的支付方式。只要国务大臣有权或者有义务通过年付或者其他定期支付方式,向地方政府机关提供某项资助、补贴或者津贴,均可以将此项付款变通为单次或者多次支付;而且在

---

① Andrew Arden, p. 438.
② Andrew Arden, pp. 438-439.
③ Andrew Arden, p. 439.
④ Andrew Arden, pp. 435-436.
⑤ Andrew Arden, p. 436.

其认为适当时,还可以向公共建设工程信贷专员(Public Works Loans Commissioners)支付全部或者部分拟变通支付的款项,从而折抵或者免除有关地方政府机关的相应债务。①

十一、对中央政府资助行为的救济

按照英国行政法对于部长良好行政的一般预期,就国务大臣决策中央政府对地方政府机关的财政资助款项而言,应当这样行事:国务大臣可以而且通常应当将同样的原则适用于每一个地方政府机关或者某一类地方政府机关中的每一个,尽管这种例行公事表面上看构成了对自由裁量权的羁束,但符合良好及协调行政的利益;当然,国务大臣这种前后一贯的做法不应当妨碍其留意听取有关方面的意见,因为这些意见将带给他新的、在其采纳当初的一贯政策时未曾考虑的信息。② 简言之,英国良好、协调行政的要求是,既要有政策的连续性和稳定性,又要能够随时准备获取并采纳新的建议以进行变通。

根据制定法的规定,对国务大臣就地方政府机关的开支标准评估的决定,以及据此作出的相应的财政资助的决定,同样可以提起法律上的挑战。不过对于那些在众议院批准《地方政府财政报告》的过程中表现出来的,涉及公共财政管理的领域需要由国务大臣以及众议院作出政治判断的内容,则需要作为例外情形,不属于司法介入的范畴。③

第三节 中央对地方权力下放

不同于权力外放,权力下放(Devolution of Powers)是英国宪法的重要内容,是中央对地方大区的权力转移,因此也是地方政府体制的重要内容。

将其权力委托给其他行政主体或者行政主体以外的单位或者个人行使,是英国行政主体行使权力的一种方式,这在英国称为权力的委托或者外放。权力委托(delegation)或者权力外放本质上是相通的,不是将所有的权力都转移,地方政府保留最终的行使权力,而是通过合同或者其他方

---

① Andrew Arden, p. 444.
② Andrew Arden, p. 439.
③ Andrew Arden, p. 439.

式,将某项职能及其相应权力临时转由其他机构行使的一种现代管理方式。但权力下放与此大不相同。

一、权力下放的义与译

权力下放在英国宪法领域有特殊含义,不同于我们所熟悉的权力委托,也不同于地方分权。权力下放是英国宪法体制中将中央政府的权力完全转移给地方政府的一种创新形式,据此设立了苏格兰地区议会、北爱尔兰地区议会等权力下放机构。作为英国宪法体制重要内容的权力下放,与作为一种权力行使方式的权力外放的区别在于,权力外放制度中权力仅仅是委托出去而没有完全放弃;而权力下放则是建立在分权基础上的权力让与,权力下放给新的权力所有者。为了区别两者,笔者在译法上作了处理,以反映英国制度的实际,但感觉仍不如英文著作中区分得明显。

或许有学者会以为权力下放是地方分权的误译。事实上,英国既存在地方分权,又存在权力下放,而且权力下放在英国行政法中的影响是广泛而深刻的,不限于地方政府一隅。例如,在讨论公务员享有的权力时,韦德爵士提到,1994年《规制缓和及外包合同法》是对部长及政府官员委托行为的法律授权。[①] 地方分权实在是太古老因而也太寻常的制度,从英国研究者的角度看,已经没有多少可供研究的新内容了。权力下放则不同,该制度不仅是英国最近50年来一直都在讨论,并且几乎年年都有新进展的领域,更重要的是其观念与制度上的叛逆性让人很难想象,这样的改革竟然发生在以保守著称的英国。虽然英国学者将权力下放视为英国向联邦制过渡的阶段性步骤,但说其是另立中央也并不为过,因为权力下放后的英国在很大程度上就只剩下英格兰了,仿佛又回到了英格兰与苏格兰合并以前,甚至是更早的英格兰与威尔士合并之前。本书主要是介绍英格兰的法律制度,也很好地说明了这一问题。

权力下放的直译是权力下移,可能会使过于熟悉此事的中国读者产生误解:想当然地陷入中国式权力下放之争所涉及的问题之中,而忽视了对英国特有的权力下放运动的复杂历史背景及现实动机的仔细考量。权力下放有很深的历史渊源。英国在长达千年的历史中,保留了一贯的传统,今天的英国,仍生活在一个与其一千多年前的祖先共同的历史断代

---

① Wade & Forsyth, p.52.

中,放大到这一历史维度上考察当代英国的权力下放制度,则会发现这只不过是英国千年来王国统一的历史逆动。正应验了我国的一句古话:分久必合、合久必分。英国现当代不断深化的权力下放运动,从某种意义上就是英国式的中央与地方关系历史变革的新形态。

二、权力下放的基本蕴含

英国学者对于权力下放是这样界定的:"在不让渡主权权力的前提下将中央政府的权力委托给各地方政府行使。"这一定义涵盖了许多不同形式的委托。① 在英国目前逐渐盛行的对于权力下放概念的理解是,将立法权和行政权授予苏格兰、威尔士和北爱尔兰经选举产生的代议机构,这些机构要为权力下放过程中获得的职能承担政治责任。

博格达诺(Bogdanor)教授认为:"权力下放的过程涉及将权力从一个至上的权力主体处分散到某一下位的政治主体。更准确地说,权力下放包括三个要素:重新设置建立在地理要素基础之上并经选举产生的机构、向该机构转移一定的职能、这些职能目前是由议会行使的。被移转的职能既包括立法性的,即制定法律的权力,也包括执行性的,即在已建立的法律框架内作出决定的权力。"对权力下放的这种认识强调了权力下放的一个重要特性,即其中包含了将权力从威斯敏斯特议会转移给某一次级立法机关的意思。②

在英国学者看来,权力下放一语比之于联邦制,其本质蕴含在于,权力下放状态的维系不是基于成文宪法的保障,而是基于制定法的授权以及这一决策生成体制的运作过程中形成的惯例。③ 所谓制定法的授权,应当置于议会立法至上的英国宪法体制观念及实际操作的稳定性层面上加以考虑。英国的宪法性原则和制度的稳定性,也是基于同样的保障体制来维系的,因此,其安全性、稳定性是与英国宪法体制的稳定性等量齐观的。

因此,英国学者强调,根据权力下放的制度安排,威斯敏斯特议会仍然是至上的,而次级立法机关的权力则是有限的,次级立法机关在任何意义上都不能与威斯敏斯特议会平等。尽管权力下放意味着广泛而丰富的

---

① Bradley & Ewing, p. 42.
② Neil Parpworth, p. 162.
③ Bradley & Ewing, p. 42.

法律和政治内涵,但其中的权力移转绝非要建立一个联邦制国家(federal state),因为联邦制国家的出现必须以中央政府与地方政府划分至上的主权权力为前提。①

三、权力下放立法

1997 年 5 月,竞选上台的工党政府承诺要确保对苏格兰及威尔士地区的权力下放,同时重新致力于在北爱尔兰建立和平与秩序。这一承诺导致英国议会于 1998 年分别为苏格兰、威尔士及北爱尔兰单独立法②:《苏格兰法》(Scotland Act)、《威尔士政府法》(Government of Wales Act)和《北爱尔兰法》(Northern Ireland Act)。

各权力下放立法创设权力下放地区政府的规定包括以下内容③:① 在各有关地区建立一个经选举产生的议会;② 对该议会负政治责任的行政系统;③ 政府运作机制方面的事宜,包括财政资金;④ 具体下放的职能;⑤ 对这些权力的法律和政治控制。

以上是三个权力下放法的基本结构与主要内容,虽然各法的结构并不完全一致,英国学者甚至认为这三部法律之间存在的差异多于共性,这预示着英国政府结构中将出现不对称性④,并由此可能导致英国政府结构总体上的不均衡,但从立法的结构上看,各法还是有共同之处的。

四、权力下放的制度价值

博格达诺教授认为,权力下放是英国对于政治学的特殊贡献。他认为,早在 1774 年,伯克(Edmund Burke)提出的关于北美各殖民地立法机关可以就其国内事务拥有立法权,但必须继续臣服于威斯敏斯特议会的建议中,就已经蕴含了权力下放的要素。同时,19 世纪后期提出的,格拉德斯通(W. E. Gladstone)所心仪的解决爱尔兰问题的爱尔兰地方自治议案,也不过是某种对位于都柏林的爱尔兰议会下放权力的政策而已。近年来,权力下放是苏格兰及威尔士地区的人们关心的一个重要问题,许多人希望能够受一个位于其国家内的议会而不是坐落于伦敦的议会的

---

① Neil Parpworth, p. 162.
② Bradley & Ewing, p. 41.
③ Bradley & Ewing, p. 42.
④ Bradley & Ewing, pp. 41-42.

统治。①

也许可以说,以 1998 年议会立法的形式,苏格兰、威尔士和北爱尔兰现在都拥有了一部成文宪法。每一部这样的宪法都应当通过司法予以解释并约束各地区政府,而且每一部法律都可以由英国议会予以修订。但是,每一部这种意义上的地区宪法,充其量不过是这些地区政府所应遵循的规则的一部分。原因很简单,这些地区政府的运行不可能脱离中央政府各部门与该地区政府的行政方面所达成的一系列详细协定,这些协定都是有关这两级政府之间相互关系的。进而言之,在苏格兰、威尔士和北爱尔兰这三个地区,许多重要职能仍然是由至上的英国议会和中央政府行使的,设立于中央政府的专门针对这三个地区的国务大臣依然保留,虽然其所属部门的编制已经削减,职能也作出了调整。②

英国学者认为,权力下放不但没有削弱、反而进一步突出了宪法惯例的重要性。宪法惯例在这方面发挥作用的领域主要表现在对于以下相互关系的确认:三个权力下放地区的行政机构与议会的关系,权力下放地区议会的部长与其公务员的关系,英国议会与权力下放地区议会的关系,英国政府与权力下放地区政府的关系,等等。例如,芒罗(Munro)教授指出,集体责任制原则显然适用于苏格兰和威尔士,而在北爱尔兰则被置于制定法的基础之上(1998 年《北爱尔兰法》第 4 条对此作了明确规定)。英国政府与权力下放地区政府的关系,则是由谅解备忘录(Memorandum of Understanding,MoU)及各类协定调整的。③

伴随着权力下放,产生了一系列新的问题,例如,众议院是否还应当不加区分地对全英国、大不列颠、英格兰和威尔士等不同的地域统一地行使立法权力,众议院的组成是否应当随着其所针对的立法地域的不同而作相应调整,以及是否应当在英格兰也建立一个英格兰自己的议会,以便专门处理仅涉及英格兰的事务。权力下放的进一步实践还有可能影响到专门为众议院的产生而存在的英国选举体制,甚至有可能在将来某个时候影响到贵族院的组成及功能。④ 关于众议院的组成,英国人想表达的意思是,根据某一立法所针对的特定区域的不同,在参加表决的议员的构

---

① Neil Parpworth, p. 161.
② Bradley & Ewing, p. 47.
③ Neil Parpworth, p. 239.
④ Bradley & Ewing, p. 48.

成上作适当的调整,如针对苏格兰的立法就应当考虑尽可能地由苏格兰的议员参加或者使他们拥有更多的表决权重。

五、英格兰的处境

从已经介绍的内容看,英格兰没有像英国其他三个地方一样建立自己的议会并实行权力下放。对此,英国学者称之为英国政府体制因权力下放而出现的不对称性。对此的回应是,在英格兰同样也建立一个权力下放形式的政府。早在1994年,英国中央政府即从政府管理的角度出发,将伦敦以外的英格兰其他地方划分为八个地区①,在每一个区域都设立了中央政府办事处(Government Offices),其职能是提高政府活动的综合性②。这一结构将会在进一步的行政管理体制调整中发挥作用。③

1998年《区域发展代办处法》(Regional Development Agencies Act)规定,自1999年4月1日起,在英格兰设立八个区域发展代办处,其目标是加速经济发展与重建,推进商业活动、就业以及相关领域的职业技能开发,以便推进各相关地区的可持续发展。该法第3条赋予这些机构相当广泛的从事任何其认为对于实现上述目标所必需的活动的权力。这些机构是作为非政府部门公共机构成立的,其活动独立于中央政府。但是,国务大臣对这些机构拥有广泛的法定权限,包括任命其成员、变更其辖区、实施批准行为、发布指示等。这些机构实现其法定的职责的能力,从根本上还是要受到财政预算及如何花费其财政拨款等相关规则的制约。④

2000年4月,英国成立了由一名部长挂帅的区域合作署(Regional Coordination Unit),随着该署的设立,区域代办处的工作会进一步加强。⑤

2002年5月,中央政府发布了一份白皮书,倡议立法赋予上述八个地区的选民一次机会,以使他们可以通过全民公决的形式来决定是否在各地区建立地区议会,每个地区议会由23—35名按比例代表制选举产生的议员组成,并享有通过征收地方税筹集公共资金的权力。⑥

---

① Bradley & Ewing, p. 48.
② Phillips & Jackson, p. 105.
③ Bradley & Ewing, p. 48.
④ Phillips & Jackson, p. 105.
⑤ Phillips & Jackson, p. 105.
⑥ Bradley & Ewing, p. 48.

《区域发展代办处法》的颁布,提供了区域发展代办处与区域性议会发展相互关系的可能。只是区域性议会还不是法定机构,而是由地方的议员以及来自工商、工会及志愿组织等的代表共同自发组成的社团。英格兰所有八个地区都建立了这样的区域性议会,并且绝大多数都叫"议会"。①

《区域发展代办处法》第 8 条明确规定,如果认为某一区域性议会符合要求(基本的标准由 1997 年的白皮书规定。虽然该法当时还未颁布),国务大臣可以指定该议会为该地区的议会,从而确立该议会的正式地位,因为此前的区域性议会不是法定机构。这意味着区域发展代办处在行使其职能时必须咨询各所在区域的议会,并认真考虑其咨询意见。如果国务大臣没有将某一区域的议会指定为该地区的议会,则这项法定的程序义务即不存在。该法第 18 条还规定,国务大臣还可以将区域性议会的职能扩张,即确立区域发展代办处向区域性议会负责。国务大臣此项授权的具体运作情况,取决于国务大臣所作的具体指示,例如可以要求区域发展代办处向区域性议会提供特定信息,并回答与其所提供信息有关的问题。当然,由于区域性议会不是选举产生的,并且缺乏制定法上的权力,从而限制了它们获得更广泛权力的范围。②

六、威尔士的权力下放

过去三十余年间,向威尔士地区议会的权力下放占据了英国政治议程的重要位置。成立于 1969 年的皇家宪法委员会(Royal Commission on the Constitution)1973 年建议,应当采取某种形式向威尔士下放权力。该委员会中意的方案是,建立一个强有力的威尔士百人参议院,赋予其就某些指定事项进行立法的权力。1974 年和 1975 年,工党政府先后发表了两份白皮书,其中分别讨论了威尔士及苏格兰的权力下放问题。起初的提案都是赋予直接选举产生的威尔士地区议会以行政权而非立法权。随后,就有一个这样的议案提交议会讨论,在经过最初的失败后,该议案最终于 1978 年获得了英王的认可,即 1978 年《威尔士法》(Wales Act)。但是该法从来没有发生过效力:接近 80% 的参加全民公决的投票者反对

---

① Phillips & Jackson,p.105.
② Phillips & Jackson,p.105.

该法。①

权力下放议题被时为反对党的工党重新提起,在其发表于1997年5月大选前的竞选声明中表示,上台后将满足向威尔士分散权力的要求。工党还承诺,一旦当选,将尽快制定法律以允许威尔士的人民能够对工党所提议的权力下放的威尔士地区议会进行全民公决。②工党在随后的大选中获胜,新上台的工党政府于当年顺利通过了《苏格兰及威尔士全民公决法》[Referendums(Scotland and Wales)Act],并发表了名为《为威尔士投票:政府关于威尔士地区议会的建议》的白皮书。③

但随后的全民公决中仅有50%的人支持政府的提议,这或许表明,在威尔士,人们对威尔士地区议会的态度自1978年拒绝了当时的《威尔士法》后的20年间没有太大变化。尽管如此,鉴于参加投票者中已经有超过半数的人支持建立威尔士地区议会,政府还是发出了继续推进向威尔士下放权力的进程的训令。政府的《威尔士政府法》草案提交议会讨论,该议案尽管遭到保守党的阻击,但还是于1998年7月31日获得了英王认可。④

七、威尔士地区议会

1998年《威尔士政府法》(Government of Wales Act)第1条明确规定,要建立威尔士国民议会(National Assembly for Wales,或称 Cynulliad Cenedlaethal Cymry)。该议会由每个议会选区选出的1名代表以及每个议会选举大区选举产生的4名代表组成。⑤

根据1998年《威尔士政府法》附表1的规定,威尔士地区议会的选区就是威尔士的英国议会选区,威尔士地区议会选举大区就是威尔士的五个欧洲议会选区(脱欧前)。因此,威尔士地区议会总共有60名选举产生的议员,其中40名代表每个议会选区,20名代表议会选举大区。⑥

与设在威斯敏斯特的英国议会不同,威尔士地区议会的任期是固定的。因此,威尔士地区议会的选举是规律性的,在1999年5月6日的第

---

① Neil Parpworth,p. 162.
② Neil Parpworth,pp. 162-163.
③ Neil Parpworth,p. 163.
④ Neil Parpworth,p. 163.
⑤ Neil Parpworth,p. 163.
⑥ Neil Parpworth,p. 163.

一次选举之后,每隔四年,在 5 月的第一个星期四,或者在该日前后的 1 个月内,威尔士地区议会都要举行新的议会选举。因此,威尔士地区议会的选举不会像英国议会的选举那样完全从政党利益的角度出发决定选举的具体日期。[1]

有权在各议会选区参加威尔士地区议会投票的选民拥有两种投票权。一种是议会选区的投票权,用来选举本议会选区的议员;另一种则是议会选举大区的投票权(即第二投票权),用来选举本选举大区的议会代表。选民的第二投票权可以投给某一个人,或者投给一个列有不超过 12 个人的候选人名单,后者是威尔士地区议会选举不同于英国传统选举实践的一种创新,其中的候选人名单由某一登记注册的政党在选举前提交给本选举大区的监选官。[2]

议会选区代表的选举方式与威斯敏斯特的英国议会议员的选举方式相同,即获得简单多数票者当选。[3] 选举大区的代表则按照 1998 年《威尔士政府法》第 5—7 条规定的比例代表制原则选举产生。[4]

威尔士地区议会的议程是由其本身的议事规程调整的,也要选举一名主持议会的官员以及一名代理主持人(类似英国议会的发言人及其代理人)。此外,还要选举一名首席大臣(First Minister,FM)。首席大臣负责从该议会的议员中任命议会大臣。[5]

八、威尔士地区议会的委员会

与威斯敏斯特的英国议会一样,威尔士地区议会的一个重要特点是其委员会,其中最重要的委员会是 1998 年《威尔士政府法》中提到的执行委员会。事实上,该委员会就是威尔士内阁(Welsh Cabinet),因为委员会委员包括首席大臣和议会大臣。[6] 该委员会的地位因首席大臣在威尔士地区议会的职能范围内赋予各议会大臣一定的职责权限而进一步加强。[7] 易言之,威尔士地区议会大臣拥有相当于部长的职位并据此对威

---

[1] Neil Parpworth, p. 163.
[2] Neil Parpworth, p. 163.
[3] Neil Parpworth, p. 163.
[4] Neil Parpworth, pp. 163-164.
[5] Neil Parpworth, p. 164.
[6] Neil Parpworth, p. 164.
[7] Neil Parpworth, pp. 164-165.

尔士地区议会承担报告责任。①

1998年《威尔士政府法》还对其他委员会的设立作了规定。威尔士地区所辖区域都设立一个区域委员会（Regional Committees），职责是就本区域的事务向威尔士地区议会提供咨询意见。除此之外，在威尔士地区议会职能范围内的每一领域都建立了各自的专门委员会。这些专门委员会的数目与威尔士地区议会大臣的数目是一样的，所管辖事项的范围也是相同的。② 每一个专门委员会对应一个议会大臣，专门委员会的事权范围与该议会大臣主管事项也是完全对应的。因此，议会大臣主管事项的变动也会影响到各专门委员会。

但是，与威斯敏斯特的英国议会委员会体制不同的是，在威尔士地区议会中，与各专门委员会相关的议会大臣均为委员会的委员，虽然各专门委员会的主席都是从威尔士地区议会选举产生的一个小组的成员中选任的。③

1998年《威尔士政府法》还规定，威尔士地区议会应当建立一个审查委员会，以便对威尔士领域内的附属立法（Welsh subordinate legislation）进行仔细审议；威尔士地区议会应当建立一个审计委员会。④

由于威尔士地区议会各委员会的委员都是从议员中选举产生的，因此相当数量的议员将不可避免地担任一个以上委员会委员的职务。⑤ 威尔士地区议会有60名议员，而其委员会则包括执行委员会、五个区域委员会、审查委员会、审计委员会和数量不等的专门委员会。即使每个委员会仅有五六个人，也需要平均有一名议员在一个委员会中任职。因此，身兼数个委员会职务的现象肯定是非常普遍的，各委员会在安排会期时的协调工作及协调规则遂变得非常重要。

九、威尔士地区议会的立法权

威尔士地区议会只享有有限的立法权。它有权制定委任立法，但无权制定初级立法。英国议会仍将继续为威尔士立法。威尔士地区议会行使许多先前由威尔士事务国务大臣（Secretary of State for Wales）行使的

---

① Neil Parpworth，p. 165.
② Neil Parpworth，p. 165.
③ Neil Parpworth，p. 165.
④ Neil Parpworth，p. 165.
⑤ Neil Parpworth，p. 165.

权力和职能。①

威尔士地区议会可以制定委任立法的下放权力,这些权力列举在1998年《威尔士政府法》附表2中,范围涉及:农业、森林、渔业和食品、经济发展、教育和职业培训、环境、安居、工业、地方政府、社会服务、城镇与郡县规划以及交通。②

更进一步的权力移转是由1999年《威尔士国民议会(职能移交)枢密院令》[National Assembly for Wales(Transfer of Functions)Order]规定的,该枢密院令附表1就英王的各位大臣所享有的与威尔士有关的职能移交给威尔士地区议会作了特别规定,某些职能应当由威尔士地区议会与某一英王大臣共同行使。③

根据1998年《威尔士政府法》附表2,基于某些规定的职能经威尔士地区议会同意或者咨询过威尔士地区议会后,只能由英王名下的大臣行使。特别值得一提的是,由于威尔士地区议会不能制定初级立法,威尔士事务国务大臣继续担任在中央政府内阁及其委员会中代表威尔士利益的角色。④

十、苏格兰的权力下放

苏格兰的权力下放运动与寻求向威尔士下放权力一起发端于20世纪60年代。这一运动因1969—1973年间的皇家宪法委员会(Royal Commission on the Constitution)在其报告中明确表态支持权力下放而得到极大推动。1977年的工党政府需要获得来自自由党以及苏格兰和威尔士的民族主义议员的支持以保证其执政地位,为此,工党政府将制定《苏格兰法》议案提交议会。议案提议建立一个苏格兰地区议会并向该议会下放立法权。议案于1978年7月获得英王的认可。⑤ 但是,向苏格兰下放权力的规定并没有直接的效力,必须经过随后的由苏格兰地区的人民参加的全民公决定夺。⑥

为了保证至少有40%的选民投赞成票以便权力下放能够成为现实,

---

① Neil Parpworth, p. 164.
② Neil Parpworth, p. 164.
③ Neil Parpworth, p. 164.
④ Neil Parpworth, p. 164.
⑤ Neil Parpworth, p. 165.
⑥ Neil Parpworth, pp. 165-166.

该议案在通过的过程中又进行了修订。在议案通过后进行的全民公决中,虽然参加投票者中超过半数的人支持权力下放,但这些人只占选民总数的 32.9%,于是,该法于 1979 年 6 月被枢密院令废除。① 枢密院令废除一项议会的立法有两种可能:一种是枢密令确实有废除不适宜的议会立法的权力,正如英王有权认可某一议会立法一样,通过枢密院令废除议会立法是其撤回对议会立法的认可;另一种是该议会立法可以授权政府或者英王通过枢密院令"自废武功"。1978 年《苏格兰法》就是这样规定的:该法在经英王认可后,要择机举行全民公决,对政府提议的权力下放进行表决,如果获得通过,即成为正式的议会法律;否则,可以通过枢密院令予以废除。

尽管遭受重创,但苏格兰区域性权力下放的变革的愿望仍不改初衷。全民公决之后,变革的动力来自苏格兰制宪大会(Scottish Constitutional Convention)领导的一场跨党派谋取权力下放的战役。1995 年,苏格兰制宪大会发表了一份名为《苏格兰的议会:苏格兰的权利》(Scotland's Parliament:Scotland's Right)的报告,提出了苏格兰地区议会的构想。这一方案随着工党政府在 1997 年 5 月的大选中获胜并上台执政而变成现实,即 1998 年《苏格兰法》(Scotland Act)。②

比较 1978 年与 1998 年的两部《苏格兰法》,至少有三个不同点:一是立法模式,或者称权力下放的方式;二是权力下放地区议会的名称;三是权力下放的程度,如税收权,即下面将会提到的苏格兰地区议会的税率变更权。从立法的用词看,1978 年的 Scottish Assembly 显然不如 1998 年的 Scottish Parliament 更合乎传统,这也就是为什么在该法宣告失败后,1995 年苏格兰制宪大会发表了主旨报告(《苏格兰的议会:苏格兰的权利》)强调苏格兰的地区议会应当是一个 Parliament,而非 Assembly,1707 年苏格兰地区议会与英格兰议会合并前,用的就是前者。而恢复这一称谓对于苏格兰人心理上的安慰,显然是 1978 年《苏格兰法》所忽视的,也可能就是其失败的诱因。因为该法的失败是苏格兰人全民公决的结果,而不是议会审查的结果。

---

① Neil Parpworth,p.166.
② Neil Parpworth,p.166.

十一、权力下放与《合并法》的关系

就 1998 年《苏格兰法》与《合并法》的关系,有一点值得注意,1998 年《苏格兰法》第 37 条规定:"1706 年《与苏格兰合并法》和 1707 年《与英格兰合并法》[在英国,二法合称《合并法》(Acts of Union)]依本法而继续有效。"这是按照议会立法至上原则必然得出的议会不得拘束其后来者的原则的一个自然推论,易言之,即前法不得拘束后法,或者说后法优于前法。这一规定用苏格兰官方对 1998 年《苏格兰法》适用指南中的说法是"为了保证两部《合并法》能够按照 1998 年《苏格兰法》的精神进行解释的一个技术性条款"。换句话说,这一规定是为了保证 1998 年《苏格兰法》不致基于与《合并法》相抵触的理由而受到挑战。① 此处的挑战是就 1998 年《苏格兰法》中的某些规定在诉讼中受到审查而言的。由于 1998 年《苏格兰法》属于英国的议会立法,即至上立法,《合并法》也具有同样的性质,二者冲突的可能性是存在的。因此,英国议会在立法时作了上述规定。这从反面证明,英国法院对议会立法之间的冲突进行审查的机制是存在的,当然,这种机制在英国学者看来属于法律适用的解释,不属于司法审查,但与对该议会立法直接进行审查的司法审查机制并没有实质性区别。

十二、苏格兰地区议会

苏格兰地区议会由一院组成,任期 4 年;其中大部分(如 129 名议员中的 73 人)按简单多数制选出,其他按政党比例原则选出。相应的,选民们拥有两种投票权,每类议员 1 票。②

(一)苏格兰地区议会的议员

1998 年《苏格兰法》第 1 条确立了苏格兰地区议会(Scottish Parliament)。与威尔士地区议会(Welsh Assembly)一样,苏格兰地区议会议员也由两部分组成,一部分是议会选区议员,另一部分是议会选举大区议员。议会选区议员按照简单多数的原则在各议会选区内选举产生,议会选举大区的代表按照基于比例代表制的附加员额制的方式选举产生。苏格兰地区议会的任期固定为 4 年。③

---

① Neil Parpworth, p. 169.
② Wade & Forsyth 2014, p. 105.
③ Neil Parpworth, p. 166.

苏格兰地区议会的选举大区就是其八个欧洲议会选区（脱欧前），每个选举大区产生7名议员。苏格兰的选民也同威尔士选民一样，在一次一般选举中拥有两种投票权，一种用于选举议会选区议员，另一种用于选举议会选举大区议员。议会选举大区议员的候选人可以来自各登记注册的政党提供的本地区的候选人名单，也可以是一个独立候选人。苏格兰地区议会由129名议员组成，其中的73人为议会选区议员，56人为议会选举大区的议员。①

但是，假若苏格兰地区政府边界委员会提出的与苏格兰在威斯敏斯特的英国议会的代表数量（具体而言是每个代表所代表的选民人数）有关的建议获得通过的话，则苏格兰在英国议会中的代表人数将从129人减少到102人。② 人数的减少主要是由于将每一苏格兰议员所代表的选民人数与每一英格兰议员所代表的选民人数看齐后造成的。由于每一苏格兰议员所代表的选民人数比每一英格兰议员所代表的选民人数少，因此，苏格兰在威斯敏斯特的英国议会内的议员人数虚多。虽然苏格兰议员总体仍占少数，但这种不成比例的现象还是可能影响到政治斗争，从而引起了改革的呼声。

根据1998年《苏格兰法》的规定，不禁止苏格兰地区议会议员拥有双重代表权。因此，作为一名苏格兰地区议会议员并不妨碍其同时又是英国议会议员、欧洲议会议员（脱欧前）或者地方的议事会成员。③

（二）苏格兰地区议会的官员

1998年《苏格兰法》规定，苏格兰地区议会应当设立一名主持人，并由两名代理人辅佐。这三位官员均由苏格兰地区议会在其议员中选举产生。此外，还要有一名议会职员（Clerk of the Parliament），该官员由苏格兰地区议会法人（Scottish Parliamentary Corporate Body）任命。苏格兰地区议会法人的成员由议会主持人及由议会根据其议事规程任命的四位议员组成。④

---

① Neil Parpworth，p.166.
② Neil Parpworth，p.166.
③ Neil Parpworth，p.166.
④ Neil Parpworth，p.167.

十三、苏格兰地区议会的立法

（一）苏格兰地区议会的立法权（Legislative powers）

与威尔士地区议会不同，苏格兰地区议会有权制定初级立法。当某一立法议案经苏格兰地区议会通过并得到英王的认可，这一议案就将成为苏格兰地区议会的法律（Act of the Scottish Parliament）。当然，苏格兰地区议会的立法权是受限制的，最主要的是，其立法权并不影响英国议会为苏格兰立法。①

如果某一项苏格兰地区议会的法律规定了本应当由其他国家（another country②）的法律规定的事项，或者其内容与任何《欧洲人权公约》的权利（Convention rights）或者欧共体法（Community law，脱欧前为欧盟法）相抵触，则该苏格兰法律即超出了其立法权限。③ 对苏格兰地区议会立法权限的进一步限制是 1998 年《苏格兰法》关于保留立法事项的规定，对此，苏格兰地区议会不得立法。该法附表 5 列举了属于一般保留范围内的事项④，其中包括某些方面的宪法性事项，例如苏格兰与英格兰的合并、政党的登记和资助以及其他一些涉及外交和防务方面的事项。⑤

1998 年《苏格兰法》附表 5 的第二部分按照不同的名目进一步明确了立法保留事项，涉及内政事务、工业及贸易、社会保障及就业等。以内政事务为例，该法规定，苏格兰地区议会无权就下列事项立法：涉及 1971 年《毒麻药滥用法》（Misuse of Drugs Act）的，涉及英国议会众议院、欧洲议会及苏格兰地区议会本身的议员选举的，涉及地方政府的特权的。⑥

此外，苏格兰地区议会的法律也不能直接修改或者通过授予委任立法权的方式间接修改涉及保留事项的法律。1998 年《苏格兰法》附表 4 列举了苏格兰地区议会的法律不得修改的保留事项的范围。这包括 1706 年《与苏格兰合并法》及 1707 年《与英格兰合并法》的第 4 条、第 6 条规定的内容中涉及贸易自由，以及 1972 年《欧共体法》和 1998 年《人权

---

① Neil Parpworth, p. 167.
② 这里的 country 不是指英国以外的外国，而是指在英国国内具有与苏格兰同等法律地位的其他权力下放地区，如威尔士。
③ Neil Parpworth, p. 167.
④ Neil Parpworth, p. 167.
⑤ Neil Parpworth, pp. 167-168.
⑥ Neil Parpworth, p. 168.

法》有特别规定的部分。①

综上,1998年《苏格兰法》所采取的立法模式是,明确列举苏格兰地区议会没有立法权的领域②,从而将苏格兰地区议会的立法权确定为明确列举的禁止范围以外的所有区域,这符合英国传统的法不禁止即自由的观念,因而容易为英国人民、更主要是苏格兰人民所接受,并最终付诸实施。与这种立法模式相对的,是该法的前身,即1978年《苏格兰法》所采取的,即在"区域性权力下放事项"的名义下,规定苏格兰地区议会享有立法权限的事项,并在该法的附表中明确列举该权限的具体范围。③ 由于采取肯定列举的方式,因此凡没有列举的,就是苏格兰地区议会无权立法的事项,即"剩余"权力归英国议会享有。

(二) 苏格兰地区议会的税率变更权

英国学者强调,1998年《苏格兰法》中最具有政治趣味性(politically interesting)的规定,是授予苏格兰地区议会税率变更权。这是1978年未获通过的《苏格兰法》没有赋予苏格兰地区议会的。④

苏格兰地区议会所享有的税率变更权也有多项限制。首先,这一权力限于对所得税基本税率的变更。其次,变更的幅度也由1998年《苏格兰法》作了规定:苏格兰地区议会只能增加或者减少苏格兰的纳税人基本税率的三个百分点。⑤ 当时,一个百分点的税率变动,涉及1.5亿英镑财政收入的变化。⑥ 通过这种变动,苏格兰地区议会有权将其全年的财政收入在9亿英镑的范围内进行调整。最后,通过议会决议形式对所得税基本税率所作的调整,仅在一个税收估价年度内有效。纳税人是否应当支付因所得税基本税率增减而发生的纳税额,取决于根据1998年《苏格兰法》第75条规定的居住期限。

(三) 苏格兰地区议会立法前的仔细审议环节

虽然1998年《苏格兰法》下放了范围广泛的立法权限,但正如前文所述,仍有一些事项是超出其立法职权范围的。为了避免超出其权限范围的法律得以通过,1998年《苏格兰法》规定了立法前的仔细审议机制,即

---

① Neil Parpworth, p. 168.
② Neil Parpworth, p. 168.
③ Neil Parpworth, p. 168.
④ Neil Parpworth, p. 169.
⑤ Neil Parpworth, p. 169.
⑥ Neil Parpworth, pp. 169-170.

在某一立法议案提交苏格兰地区议会或在此之前,负责该议案的大臣要发表一个声明,表示在其本人看来该议案的规定没有超出苏格兰地区议会的立法权限,苏格兰地区议会的主持人也要就此作出一个决定。① 这一点类似于1998年《人权法》对涉及人权的英国议会立法提出的要求。不过,作此宣告后如果出现了相反的情形,相关的部长或者主持人应当承担什么责任却没有规定。

除此以外,苏格兰总检察长、苏格兰总法律顾问等法律官员,也可以就某一议案或者其中的任何规定是否属于苏格兰地区议会的立法权限咨询枢密院司法委员会。② 根据1998年《威尔士政府法》、1998年《苏格兰法》以及1998年《北爱尔兰法》,枢密院司法委员会享有裁决权力下放方面问题的权力。从这个意义上讲,枢密院重新恢复了其作为某些上诉案件的英国最高管辖法院的地位,对于此类案件,贵族院反而无权过问。从此类案件诉讼程序考虑,此处提到的苏格兰总法律顾问或者总检察长提请该委员会咨议的案件,属于由枢密院司法委员会裁决的案件,一旦作出,即是最终裁决,此后不得再就该裁决已经解决的问题在英国国内寻求进一步的司法救济,但涉及人权的案件诉至欧洲人权法院的情形,则另当别论。

尽管有这些安全保障措施,但是如果有某一议案的规定、某一苏格兰地区议会立法或者由苏格兰执行机构颁布的某一委任立法,在字面上看超出了苏格兰地区议会或其部长的立法权限,那么,根据1998年《苏格兰法》第10条第2款的规定:"此类规定只能从保证其在权限范围之内的要求出发作尽可能狭义的理解,以保证按照这种理解该规定不超出相应的权限范围,而且仅在可以作这样的狭义的理解的范围内,该规定是有效的。"③言外之意是,如果根本无法作此狭义的理解,则有关规定即无效。因此,如果苏格兰地区议会的法律、该类法律的某一规定或者苏格兰地区议会的执行机构制定的委任立法超出了其立法权限,则越权部分无效;但在其权限范围内的部分,即狭义的理解属于其立法职权范围的部分,依然有效。1998年《苏格兰法》之所以如此规定,是从司法审查的角度着眼的,即对于苏格兰地区议会制定的法律,尽管其具有初级立法的地位,但

---

① Neil Parpworth, p. 168.
② Neil Parpworth, p. 168.
③ Neil Parpworth, pp. 168-169.

其合法性,即是否属于其立法权限范围内,是可以在个案中一并予以司法审查的。1998年《苏格兰法》第 10 条第 2 款的规定,就是对司法审查的力度及判决形式的规定:如果可以作狭义的理解,则在明确该狭义理解的具体方法后,判决宣告在此狭义范围内的苏格兰地区议会法律是有效的;其他部分的有效性,则不言自明。

十四、苏格兰地区议会的执行机构

1998 年《苏格兰法》还规定了苏格兰执行机构。该执行机构的成员包括:由英王任命的首席大臣、经苏格兰地区议会同意由首席大臣任命并为英王所承认的部长以及由首席大臣推荐经苏格兰地区议会同意但由英王任命的苏格兰总检察长和总法律顾问。1998 年《苏格兰法》对任命代理部长以协助履行职能作了规定。① 显然,苏格兰的总检察长和总法律顾问尽管是苏格兰地区议会的法律官员,但其由英王任命的事实表明,他们同时又是英王的臣仆,是英王的法律官员。在这一点上,他们与英格兰及威尔士任同类职务者(即英格兰及威尔士的总检察长和总法律顾问)具有同等法律属性。

十五、北爱尔兰地区议会及其立法权

(一)北爱尔兰地区议会(Northern Ireland Assembly)

向北爱尔兰下放权力的内容规定在 1998 年《北爱尔兰法》中。但是,涉及北爱尔兰地区议会的立法权、北爱尔兰地区政府的设立及其职能的该法第 2 条、第 3 条,只有在英国的国务大臣觉得在《贝尔法斯特协定》(Belfast Agreement)的执行已经取得了显著成效时才能生效。②

(二)北爱尔兰地区议会的立法权

与苏格兰地区议会一样,北爱尔兰地区议会也有权以北爱尔兰地区议会法律的形式制定初级立法。不过,1998 年《北爱尔兰法》第 5 条第 6 款规定,北爱尔兰地区议会的立法权并不妨碍威斯敏斯特的英国议会为北爱尔兰立法,北爱尔兰地区议会的法律可以修改英国议会的法律,但其效力范围仅限于北爱尔兰。③

---

① Neil Parpworth, p. 167.
② Neil Parpworth, p. 170.
③ Neil Parpworth, p. 171.

北爱尔兰地区议会的立法权由 1998 年《北爱尔兰法》第 6 条作出了规定。如果北爱尔兰地区议会通过了一个涉及排除事项的法律,将是超越其立法权限的。这些排除事项罗列在 1998 年《北爱尔兰法》附表 2 中,其中包括:联合王国议会,国际关系,国土防御以及核武器、生物武器和化学武器的控制。① 由于英国与北爱尔兰的关系在很大程度上就是英国与爱尔兰共和国的关系,北爱尔兰的分离主义倾向要比苏格兰和威尔士严重得多,分离主义分子所采取的行动也要剧烈得多,因此,《北爱尔兰法》中规定了严格限制北爱尔兰权力下放地区政府插手武器控制事项的内容。

如果北爱尔兰地区议会的立法与《欧洲人权公约》所保护的权利不一致,或者基于宗教信仰或政治观念而实行歧视,也是超越其立法权限的。北爱尔兰地区议会制定的任何超越其立法权限的法律或其中的任何条款,都不是法律。同样,北爱尔兰地区议会也无权制定、确认或者批准因同样原因而致非法的委任立法。与其他权力下放立法一样,《北爱尔兰法》第 9 条也规定,负责某一立法议案的大臣要在该议案提交议会之前或者之时发表一个声明:在其本人看来该议案属于北爱尔兰地区议会的立法权限,北爱尔兰地区议会的主持人也应就其本人认为与排除事项或者保留事项有关的任何议案咨询国务大臣的意见。②

《北爱尔兰法》规定的保留事项列于该法附表 3 中,包括:剥夺北爱尔兰地区议会议员的身份,刑法,创设罪名与惩罚,刑事追诉,在北爱尔兰与爱尔兰共和国之间移送逃犯,在北爱尔兰建立、组织和控制警察组织,民防,紧急状态权,司法,进出口控制,财政事务,长途通信,知识产权,人类遗传,以及与产品有关的消费者安全。③ 英国学者没有明确《北爱尔兰法》中保留的事项与排除事项的关系,也没有明确保留事项是否北爱尔兰地区议会不得立法的事项,但是显然,这种保留是就英国议会的立法权而言的。

既不属于排除事项,又不属于保留事项的内容,属于移转的事项④,也就是权力下放的事项。在移转事项范围内,北爱尔兰地区议会可以制

---

① Neil Parpworth, p.171.
② Neil Parpworth, p.171.
③ Neil Parpworth, p.171.
④ Neil Parpworth, p.171.

定法律。因此,这一立法权也属于剩余立法权,除明确列举的立法禁区,都可以立法。

1998年《北爱尔兰法》第7条对某些法律规范作了宪法性保护,包括:1998年《人权法》的全部以及1998年《北爱尔兰法》本身的某些特别部分。这些法律规范都是禁止北爱尔兰地区议会的法律或者委任立法予以修改的,任何企图修改这些法律规范的立法活动都超出北爱尔兰地区议会的权限范围。①

1998年《北爱尔兰法》第83条规定,如果对于北爱尔兰地区议会制定的初级立法是否在其职权范围内的理解在两可之间,则必须按在其职权范围内理解,同样的解释规则也适用于对北爱尔兰的附属立法的解释。② 1998年《北爱尔兰法》规定的这一解释规则,与1998年《苏格兰法》第10条第2款规定的狭义解释原则,本质上是相通的。

十六、《贝尔法斯特协定》

《贝尔法斯特协定》又称《美丽星期五③协定》(Good Friday Agreement),是英国和爱尔兰政府与北爱尔兰当地政党举行的多边谈判的产物。《贝尔法斯特协定》表明,北爱尔兰应当继续作为联合王国的一部分,直到其多数居民经投票同意退出英国时为止。该协定的这一内容已经由1998年《北爱尔兰法》第1条赋予其制定法上的效力。④

《贝尔法斯特协定》还与《爱尔兰宪法》(Irish Constitution)的修正案有关,反映在其本身的文字中则是:"一个统一的爱尔兰只能在获得大多数人民的同意后通过和平的方式产生,人民的同意必须通过民主的方式表达出来,并且必须在爱尔兰岛内的两个法域⑤都合法地获得通过。"⑥

《贝尔法斯特协定》第1条规定,民主选举的北爱尔兰地区议会;第2条设立南北部长理事会(North/South Ministerial Council),该机构由来自北爱尔兰及爱尔兰共和国的政府机关的组成人员组成,职能包括就涉

---

① Neil Parpworth, p.172.
② Neil Parpworth, p.172.
③ 在北爱尔兰政治制度史中经常出现一些以星期命名的事件,如1972年发生在伦敦德里(Londonderry)的"血腥星期天"(Bloody Sunday)事件。
④ Neil Parpworth, p.170.
⑤ 指爱尔兰岛南部的爱尔兰共和国和爱尔兰岛北部的北爱尔兰。
⑥ Neil Parpworth, p.170.

及双边利益的事项进行合作以及采取共同的政策等。①

《贝尔法斯特协定》第 3 条规定,设立英爱委员会(British-Irish Council,BIC),该委员会由来自英国及爱尔兰政府,北爱尔兰、苏格兰及威尔士的权力下放机构,以及马恩岛和海峡群岛的代表组成。② 英爱委员会的目标是"推进居住在大不列颠岛、爱尔兰岛、马恩岛及海峡群岛上的人们彼此之间的和谐和相互之间共同关系的良性发展"③。

---

① Neil Parpworth, p. 170.
② Neil Parpworth, pp. 170-171.
③ Neil Parpworth, p. 171.

第七章
公务员制度

本章介绍英国的公务员（Civil Service）制度，主要是中央政府的雇员制度。

英国公务员的范围与《中华人民共和国公务员法》规定的公务员范围相比较，共同之处不多，交错的地方不少。因此在介绍英国的公务员制度时，指导思想是就地取材、为我所用，针对英国行政机关（包括地方的议行合一机关）公职人员中除选举产生人员以外的行政人员，但范围显然不限于我们理解的传统的英国公务员。传统的英国公务员，仅限于英国中央政府部门的常任文官，不包括非政府部门的执行机构的工作人员以及地方政府的工作人员，这就相当于仅把我国国务院部委里的公务员当公务员，而中英两国公务员的范围事实上均非如此。

第一节　公务员制度概述

本节概述英国公务员制度，重点讨论英国公务员的范围，涉及国会议员、军人、法官、牧师、中央政府雇员、非部门机构雇员、地方议事会成员、地方政府雇员、教师及警察、邮局雇员、公法人雇员等。在公务员的概念之前先讨论公务员的范围，或许违反逻辑，但非如此不足以厘清界限。

一、公务员的范围

中英两国行政管理体制的差异，在公务员领域有比较集中的体现。按照《中华人民共和国公务员法》划定公务员范围的思路，我们试图找出英国将类似人员包括进去的外部边界。

首先，英国实行议会民主制，中央政府实行比较严格的议行合一。作为国家元首的英王不是公务员，而是中央政府所有雇员的名义上的雇主，但这个雇主的收入水平、财产范围、纳税项目、财政补贴等几乎所有大事,都是由其名义上的雇员决定的。

其次,英国是一个君主立宪国,英王在公法体系中的烙印总是挥之不去。拿公务员范围的界定来说,一个不容回避的概念是英王臣仆(或英王公仆,Crown Service)。几乎所有英国公职人员都可归于英王臣仆的名下,包括首相、大臣、武装人员、公务员、法官乃至牧师。英国学者在与英王臣仆相区别的意义上界定公务员的范围,其法律标准是,公务员应当在英王的非军事部门就职,也就是说,必须存在雇主与雇员之间的法律上的雇佣关系。① 据此,公务员不包括:部长、武装人员(军人虽然也为英王服务,但不是被雇于民事部门)、警察、受雇于地方政府及全民健康服务体系的人员,尽管从一般意义上讲,他们都是公共服务人员。②

同时,英国实行高度的地方自治,中央政府与地方政府在人员上几乎没有关系,中央政府的公务员和地方政府的公务人员是性质完全不同的两类人。二者的服务机关、管理体制、名称甚至法律地位等都不相同。但随着公务员的英王臣仆地位的日益法律化,其与服务机关之间的关系越来越多地由法律甚至是劳动法来调整,不再受英王传统法律关系的调整;地方政府的公务人员由于从来就没有过英王臣仆的光环,始终是作为法定机构的地方政府机关的雇员,其法律化程度要高一些。因此,中央政府公务员的法律地位与地方政府机关公务人员的法律地位越来越趋同。基本上可以这样说,地方政府机关公务人员的今天,就是中央政府公务员的明天。

对于地方政府机关行政官员独立性的保障问题,正如对中央政府公务员的独立地位的保障问题一样,是英国公务员制度的重要内容。由此引发的问题是,英国地方政府雇员与中央政府雇员之间的区别与联系。从广义上说,他们都属于不与政府共进退的公务员,但从英国学者的介绍看,在介绍行政法和宪法的一般理论时,几乎没有提及地方政府的雇员,在介绍地方政府雇员时,又几乎不提与中央政府公务员的比较。更为重要的是,中央政府公务员的管理基本上是由其所在的部及公务员事务部负责的,而地方政府的官员则除了由其所在的地方政府机关实施管理外,还有很多方面受国务大臣影响,即不完全是地方政府的事。中央政

---

① Wade & Forsyth, p.51.
② Bradley & Ewing, p.272.

府公务员与地方政府官员业务上的关系,也是一个值得研究的问题。

此外,英国中央和地方还有相当数量的非部门行政机构,聘用了大量工作人员,虽不是行政官员,但的确承担了本来应由公务员承担、在许多国家现在仍由公务员承担的职能,如社会服务的提供、社会福利的发放等。不过这在英国已经不成为什么问题,因为英国已经完成了从身份到契约的制度转型,所有的公务员都在越来越多地适用劳工法的有关规定,他们已经不再太把自己当"干部"了,算不算公务员也就无所谓了。

最后,绝大多数的公法人的雇员也被排除在公务员之外。[1] 这些企业雇员同英王臣仆之外的其他私营部门的工作人员非常相似。邮局的雇员也不属于公务员的范围。[2] 但是在统计上,公务员有时包括企业雇员甚至牧师[3],因为牧师也是英王的臣仆。

二、公务员的概念

英国中央政府部门的具体行政管理事务,由公务员完成。[4] 一般而言,中央政府部门的职位,由行政性、专业性、技术性以及其他类型的官员担任,这些官员组成了公务员队伍。公务员履行的职责非常广泛,从政府政策的形成到具体落实均有涉及。尽管自1979年以来,公务员队伍的规模、开支及组织等已经成为一个争论激烈的政治问题,但是,英国学者依然认为,没有公务员队伍,就没有现代政府。[5]

具体到公务员的定义,英国学者比较一致地认为,公务员难以有一个简单、普适的定义,而公务员作为一个整体也没有特别的法律地位。更准确地说,从字面上看不出公务员有什么区别于一般私人的特权,这正是英国学者曾经为之自豪的普通法之有别于大陆法的优点。1947年《王权诉讼法》第2条第6款对公务员给出了一个似是而非的定义,将针对英王名下的官员的行为、疏忽或者不履行职责等构成的侵权诉讼的范围作了限制,即只能对那些直接或者间接由英王任命并且其薪资全部由国库列支的官员的上述情形提起王权诉讼。因此,英国学者将公务员定义为:在某

---

[1] Wade & Forsyth, p. 51.
[2] Wade & Forsyth, p. 52.
[3] Wade & Forsyth, p. 51.
[4] Phillips & Jackson, p. 377.
[5] Bradley & Ewing, p. 272.

一民事部门工作的非政治任命、非法官、任期无特别规定、为英王服务并依据公务员清册支取报酬的官员①,包括英王名下所有常任的非参政受限官员和雇员,但武装部队除外。所有这些官员和雇员组成中央政府的常任文官队伍。② 但正如下文将讨论的,王权诉讼的范围与公务员范围是互动的,通过王权诉讼确定公务员范围似远水解不了近渴。

公务员(civil service)直译为民事臣仆(或者文官,因英国公务员不包括军人,称其文官以区别于武官,倒是既尊重历史又符合现实)。英国学者介绍其他国家的公务员制度时③,用的也是这个词。本书有时也混用这两个词。英王的民事臣仆意味着:首先,臣仆与王室有关,因为在法国的影响渗入之前,所有公务员都属于英王的臣仆(Crown Service),直到现在,英国的公务员名义上还是英王的雇员;其次,从词源上看,民事(civil)一词源自法国,与军事相对,英国的公务员不包括军人;最后,英国的公务员与英王的关系,使其范围仅限于中央政府及其组成部门,不包括地方政府,也不包括非政府部门公共机构中的工作人员。

三、公务员的特点

(一) 非政治任命

虽然公务员和部长都是英王的臣仆,但公务员的任命不是政治性的。④ 公务员最为重要的特征是,不包括政治任命的官员。除了随政治潮汐波动而进退的部长本人以外,政府部门完全由常任职业官员组成,仅在个别时候因为某些特别的但非政治性的原因任命一些临时职员作为补充。有些部长觉得需要得到某种与其具有相同政治旨趣者的建议和帮助,将一小部分私人顾问带入他们所在部门,但是这些人不是公务员,而且很显然,作为部长个人的助手,他们不得不随部长一起离任。⑤

公务员的这一特点,使得某些承担行政职能者不得不被排除在公务员序列之外,例如,总会计师兼总审计长的下属已经不再是公务员了,他们是由总会计师兼总审计长任命并对其负责的。⑥ 这不是又退回到公务

---

① Bradley & Ewing, p. 272.
② Wade & Forsyth, p. 51.
③ Wade & Forsyth, p. 67.
④ Phillips & Jackson, p. 377.
⑤ Wade & Forsyth, p. 55.
⑥ Bradley & Ewing, pp. 359-360.

员制度之前的黑暗的中世纪了吗？显然不是,具体原因参见本书第三卷第二编第三章第二节总会计师兼总审计长的下属部分。

（二）常任

这是与任命的非政治性密切相关的特点,公务员只要品行良好,实际上就可以长期任职。① 无论公务员在法律上与英王的关系如何,对政府行政部门而言,至关重要的一个宪法性原则是,公务员因其职位的确定性而可以连续为不同政党的部长服务。②

（三）不与政府共进退

这一点也与非政治任命有关,正因为如此,公务员与那些与政府共进退的各部部长及议会秘书不同。③

（四）不直接对议会负责

公务员既然不是政治任命的常任文官,自然不必对议会负责。④

（五）薪资由国库列支

公务员的薪资全部由国库列支。⑤ 这个原则几乎为世界各国所采纳,在英国更是得到严格执行。

（六）公务侵权责任由国家承担

1947年《王权诉讼法》以此作为区分公务员与其他人的标志。⑥ 当然,实际的操作过程恰恰相反,首先要界定某人的公务员身份,然后才能讨论是否可以适用王权诉讼的问题。

四、公务员的管理

（一）公务员管理体系的过去

英国是世界上最早建立现代文官制度的国家。现代文官制度的观念是由1853年《诺思科特-特里维廉报告》(Northcote-Trevelyan Report)最先提到的,该报告中的许多内容经由1870年的枢密院令付诸实施。⑦ 在

---

① Phillips & Jackson, p.377.
② Bradley & Ewing, p.272.
③ Phillips & Jackson, p.377.
④ Phillips & Jackson, p.377.
⑤ Bradley & Ewing, p.272.
⑥ Bradley & Ewing, p.272.
⑦ Wade & Forsyth, p.54.

该报告的引导下,英国建立了一个集中的公务员体系。①

过去,对公务员的管理掌握在财政部手中,财政部常务次官(Permanent Secretary to the Treasury)是管理公务员的常任首脑。自 1968 年开始,对公务员的上述控制权转移给了新成立的公务员事务部(Civil Service Department)及事实上由首相担任的公务员事务部长(Minister for the Civil Service)。②

1968—1981 年间这一短暂的过渡时期是由 1968 年《富尔顿报告》(Report of the Committee on the Civil Service, Fulton Report)引起的,该报告对英国现代文官制度改革的影响,仅次于确立英国现代文官制度的 1853 年《诺思科特-特里维廉报告》。《富尔顿报告》具有超强预见性:其对于设立执行机构的建议在 20 年后的 1988 年成为现实。③ 本书不时出现的对于执行机构的介绍,折射出《富尔顿报告》深远的影响力。

为执行《富尔顿报告》,财政控制暂时告一段落,对公务员的一般控制转移到新成立的公务员事务部。对公务员的控制权归属于该部部长,但是实际上,这个部是由首相掌控的。公务员事务部资深常务次官成为国内公务员名义上的首脑。根据 1969 年《关于公务员的枢密院令》(Civil Service Order in Council)的规定,公务员事务部部长被授予就有关控制国内常任文官和临时服务人员以及他们的分类、报酬和其他服务条件与待遇等事宜,制定规章或发布指示的权力。④

1981 年,公务员事务部被撤销,对公务员的管理职责转移给内阁办公厅的管理与人事局(Management and Personnel Office)。⑤《富尔顿报告》提议的公务员管理方案遂告废止。财政部重新取得了控制公务员的人力资源、报酬、津贴等的权力。然而,首相依然是公务员的部长,新成立的管理与人事局专门负责组织、总体效能、录用、培训和人事管理等工作,它隶属并辅佐作为内阁大臣的公务员事务部长,公务员事务部长自此成为国内公务员的首脑。⑥ 此处涉及立法技术的一个细节:法律只要求公务员事务部长须是内阁大臣,但该内阁大臣并不确定,而是由在任首相根

---

① Phillips & Jackson, p. 377.
② Phillips & Jackson, p. 377.
③ Wade & Forsyth, p. 49.
④ Wade & Forsyth, p. 52.
⑤ Phillips & Jackson, pp. 377-378.
⑥ Wade & Forsyth, p. 53.

据需要指派某一内阁大臣兼任,通常是首相自任。

(二) 公务员管理体系的现在

公务员体系的运转及控制,主要是由政府通过行使英王特权的方式实现的。1992年《公务员(管理职能)法》[Civil Service(Management Functions)Act]几乎是唯一的一部制定法。该法授权部长将与公务员管理有关的权限委托给特定的部门或者代理人。① 正是按照这一授权,执行机构的公务员由外聘的经理人,即执行机构首长予以管理才在法律上成为可能。1998年,管理与人事局又并入内阁办公厅,而首相依然是公务员事务部长。② 英国当代公务员的角色与结构受到如下三个方面发展的深刻影响:一是下一步机构(Next Step Agencies)(执行机构的俗称)的设立。③ 例如,截至2000年,已经建立的137个执行机构雇用的公务员占总数的80%,另有12个筹建中的执行机构又将雇用7000名公务员。仅就业服务体系(Employment Service)一个机构就雇用了45000人。④ 二是1995年实施的对公务员的录用及管理体制进行改革的枢密院令,其具体内容在《公务员管理良好行为规范》(Civil Service Management Code)中作了更为明确的表述。三是权力下放。英国学者认为,权力下放所产生的不可避免的影响将引发更为深刻的变革。⑤

(三) 公务员管理体制的未来

作为英国行政体制新生事物的执行机构,有时被称为下一步机构,这个粗浅的双关语之所以能够在英国法学著作中登堂入室,究其根源,就在于其对英国公务员管理体制未来发展前景的预见性。

自20世纪80年代以来,英国公务员体系的结构发生了重大变化,这种变化反映了日益增强的对于财政开支及效率方面的考虑。这一过程始自罗宾爵士(Sir Robin Ibbs)1988年给首相的报告,即著名的《改善政府管理:下一步怎么办》(Improving Management in Government: The Next Steps)。这是自1968年以来对公务员制度最为深远的一次触及根本性考察,同时也导致了英国公务员制度自1854年以来最为剧烈的变革。该报告明确指出,公务员队伍(当时有60万人)对于现代社会中的单

---

① Phillips & Jackson, p.378.
② Phillips & Jackson, p.378.
③ Phillips & Jackson, p.378.
④ Bradley & Ewing, p.273.
⑤ Phillips & Jackson, p.378.

一组织机构的管理而言,过于庞大且难以控制,必须采取措施改弦更张以重建操办政府事务的新体系。该报告建议,中央政府的公务员队伍应当是一个相对规模较小的主要承担部长及部门职责的核心,而部长及部门的职责就在于它们是政府主要政策及服务的首要倡导者。也就是说,中央政府部门的职责在于政策引导及服务创设,即开创性事务,这是中央政府的核心职能,应当由中央政府核心圈的公务员操持,而经常化的服务则可以交给执行机构,即根据该报告的建议建立的"下一步机构"具体操办。据此,中央政府部门应当是这样一些机构:其所雇用的公务员的主要使命就是为以下两类群体提供服务并承担相应的义务:一类是本部门的国务大臣及常务次长,另一类是各执行机构的主任或者主管。这些建议反映了将促使政府更有效地分配其服务的功能放在更为首要位置的思路,并基本上都被政府采纳。①

除此之外,部长每年还为这些执行机构设立工作业绩目标,涉及财力开支实绩、效率以及对客户的服务等内容。② 当然,此处所指的财务开支实绩当然不是指各执行机构的创收业绩,而是其对财政资金的利用情况,特别是对开支的控制情况。英国有关执行机构的讨论与对政府部门的讨论一样,很少提到钱的问题,因为严格执行收支两条线,行政部门包括财政部,一般都不直接向公民收钱(无论是税还是费)。

每一个执行机构都有一名执行首长,通常直接对部长报告工作,并对该机构实现其目标的程度承担个人责任。③ 也就是说,对于执行机构的具体操作性行为,部长是不负责任的,而要由执行首长负责。执行首长只向部长承担报告责任,不承担究问责任。

在有关的工作被委任给这些执行机构的同时,中央政府部门对在执行机构工作的公务员的工资及工作待遇的保障义务也一并移交给执行机构。在工作待遇设定方面的委任过程中,强调了待遇与工作实绩挂钩的激励机制的重要性,这一过程进一步受到了1992年《公务员(职能管理)法》的促进。到了1996年,久已有之的公务员与中央政府集中进行劳资谈判的做法,完全由新的授权各部门及执行机构单独就公务员的工资作出安排的做法所取代(当然要在本部门或者本机构的总财政开支范围内)。

---

① Bradley & Ewing, p.273.
② Bradley & Ewing, pp.273-274.
③ Bradley & Ewing, p.274.

1999年,政府还就进一步在工资方面向下放权发表了指导声明。①

尽管诸如报酬及就业待遇之类的事项,可以授权执行机构的执行官办理,但是迄今为止,这一点还没有导致执行机构与政府部门之间的明显分化。因为这些权力的委派不可避免地要以符合内阁办公室发布的公务员管理条例以及规范公务员行为的公务员条例为条件。②

五、公务员的分类

从行政法角度看,公务员分类的法律意义不大。除了一般分类,拥有技术性职能的部门还需要一定数额的巡查官、会计、合同谈判官、产品开发官、科技官以及其他具有职业技能或专业技术资格的专家。③

六、公务员的层级

过去,英国政府部门存在管理级、执行级及文书级的区分。④ 这种层级体制被富尔顿委员会批评为过于僵化,1968年被政府抛弃。⑤ 根据《富尔顿报告》的建议,这种区分在助理部长及其以上层级已经融合为一个行政管理团队了。⑥ 高级职位没有管理与执行之分,当然更没有文书类的工作。

在各中央政府部门中,层级最高的公务员是常务次长或者常务次官。用英国学者的话说:每一个中央政府部门或者部长的主心骨,是其常务次长或者常务次官及其领导下的秘书处。⑦

在常务次长之下,该部门的事务由一定数量的分支机构分担,分别由层级依次递减的副部长、低级部长及部长助理等主管。这些职位整体构成了所谓的资深公务员,这是1996年创立的一个具有实体内涵的层级。⑧

按照韦德爵士的估计,在大约496000名公务员中,具有宪法上的重要性并有权作出决定的人数可能还不到1万人,其中只有一半是通常所

---

① Bradley & Ewing, p. 274.
② Wade & Forsyth, p. 55.
③ Phillips & Jackson, p. 377.
④ Phillips & Jackson, p. 377.
⑤ Wade & Forsyth, p. 52.
⑥ Phillips & Jackson, p. 377.
⑦ Phillips & Jackson, p. 377.
⑧ Bradley & Ewing, p. 274.

说的行政管理阶层。在这个阶层之下,是通常的执行阶层。①

七、公务员的数量

与许多国家一样,英国学者也搞不清楚他们究竟有多少公务员。有学者认为,英国大约有 45 万名公务员。② 另有学者指出,如果将所有的牧师和企业雇员都包括在内,英国的公务员最大总数约为 49.6 万人,其中有将近 37.75 万人(总数的 76%)受雇于执行机构。③ 另有英国学者介绍,英国各级地方政府机关的雇员总数接近 30 万人,其中 5 万人是教师。④

以上信息给出了英国中央政府公务员的概数,基本上是中央财政供养的中央国家机关非军事人员的总数。仅从其中行政官员的数量看,已经相当可观,相当于英国人口的 5%。同样的比例如果用之于我国,则中央以外公务员的总数应当在 6000 万人以上,如此算来,我们的机构改革不仅不应向减员方向发展,而且应当向增员方向演化。之所以造成这种差距,统计口径方面的不一致固然是一个不可回避的原因,但政府的职能定位也是一个重要因素,英国第三产业发达,政府服务领域广泛,行政服务与社会服务没有明显区分,是造成公务员比例偏高的另一原因。

另外一个值得关注的现象是,执行机构在英国文官制度中所占的比重太大了。因为,如果牧师及企业雇员等都包括在公务员基数中,执行机构人员比例尚能占到四分之三,执行机构中的人员总数要数倍于在各部门工作的严格意义上的公务员。如果是这样的话,英国的公务员法所针对的对象就与我们原来想象的完全不同了:它主要针对执行机构雇员、牧师和企业的雇员,行政机关的正式工作人员所占比例反而微不足道。

由于区分管理阶层和执行阶层的做法被富尔顿委员会指为过于僵化而被政府抛弃,因此,已经没有官方的有关这一方面的统计数字了,尽管每年都公布数量众多的不同等级的统计数字,但估计公务员系统中更为重要的阶层的精确规模却一直不是一件容易的事。⑤ 据韦德爵士估计,那些占据具有宪法重要性的职位并且有权作出决定者的人数,实在是非

---

① Wade & Forsyth, pp. 51-52.
② Bradley & Ewing, p. 272.
③ Wade & Forsyth, p. 51.
④ Andrew Arden, p. 347.
⑤ Wade & Forsyth, p. 52.

常之少,可能还不到1万人,其中也许只有一半是庞大的行政机器的真正控制者,也就是通常所说的行政管理阶层。① 这符合一般的预想,这些人就是我们通常理解的严格意义上的公务员,仅占广义公务员数量的2%!即使与执行机构人员比,也仅占其2.65%,后者是前者的37.75倍,平均每38名执行机构的人员才对应一名决策机构的人员,100个公务员中才有一个真正的行政管理阶层的人员。如果是这样的一个比例,我们对于英国文官制度的原有介绍的许多文字现在已经完全脱离英国的实际了,因为那些文字中可能仅反映了其冰山一角。

八、公务员雇主的义务

由于英国公务员日益平民化、公务员法逐渐向劳动法靠拢,英国公法对于聘用公务员的行政机关的义务的要求,越来越等同于一般的雇主。具体内容参见本书第三卷第二编第七章第一节劳动法中的相关内容。

九、公务员雇主的责任

雇主因雇员而承担的责任,涉及雇主因其雇用雇员或者雇员本人的行为而应当承担的责任,这些责任不是因雇主本人的行为导致的,但是应当由雇主承担。

（一）信息公开

英国法要求地方政府机关公开有关其职能履行的信息,以符合国务大臣发布的任何《政府信息公开良好行为规范》。有关公开地方政府机关职员信息的《政府信息公开良好行为规范》,已经由《英格兰法律文件公报》上登载的新文本予以修订。但该《政府信息公开良好行为规范》只适用于英格兰地方政府机关。与此对应的适用于威尔士地方政府机关的规定,是《威尔士公文公报》上登载的新文本及其附录。②

《政府信息公开良好行为规范》的要求可以被视为将职员层面的信息向地方政府机关的组成人员及行政官员、地方纳税人及选民公开的最低限度。地方政府机关在公开这些信息时,一般应该包括解释性的说明,以便于新闻界及公众理解其中的数据。为了满足《政府信息公开良好行为规范》的要求、提供《政府信息公开良好行为规范》中要求包括的表格,地

---

① Wade & Forsyth, pp.51-52.
② Andrew Arden, p.375.

方政府机关在提供这些信息时一并提供附加信息是完全适当的。①

《政府信息公开良好行为规范》自1995年9月1日开始实施。它要求每一地方政府机关以规定的形式发布年度书面声明,以显示其在统计日期的雇佣水平,其中统计日期是指每年6月的第二个星期四之后的那个星期六之前、至上一年的这个日期之后的期间,而雇佣水平则是在其会计期间已经计算过应支付工资的总额。② 尽管英国会计年度的计算方法(每年6月的第二个星期四之后的那个星期六之前)听起来令人费解,但这是一个严格按照周进行计算的会计年度,可以解决按周支付薪资时的一些基本的技术性问题。没有这种表面上的烦琐,则必然要以严格按照日历日计算天数时所牺牲的准确性为代价。

以工资总额计算雇佣水平的做法,或许是一个比雇佣人数更为准确的衡量就业水平的指标,当然这一统计指标有效性的前提是居民的消费水平是一个相对稳定的基数。不过在任何一个相对活跃的经济体内,居民平均收入与平均消费支出之间的关系总是动态的。用工资总额所反映的雇佣水平也只能大致地换算成雇佣人数。所不同的是,这一指标在显示雇佣总人数的同时,还可以显示地方政府机关上一财政年度的总人力成本,这对于公众衡量地方政府机关的工作绩效具有非常直观的作用。

地方政府机关发布的反映其雇佣水平的公报,还应指明分散到地方政府机关的不同职能的具体开支,并以全职雇佣、兼职雇佣以及全时当量进行分类,但其中不包括某些雇佣及培训措施的开支。该公告应当显示相当于全职雇佣人数相对于上一年的任何增减,并以数字及百分比的形式分别表示出来。③ 前面提到以工资总额反映就业水平,此处则要求以雇佣总人数从另一个角度反映雇佣水平。

如果地方政府机关掌握前述年度统计数据的历年可比较信息,则其公告中应当包括对有关数据及相应变化的解释,对本地方政府机关在掌握统计信息的年度内相应雇佣情况变化的比较,英格兰地区的地方政府机关作为一个总体在这方面的变化,与本地方政府机关同类的地方政府机关在这方面的变化,以及地方政府机关认为应当包括在公告中的关于

---

① Andrew Arden, p.375.
② Andrew Arden, pp.375-376.
③ Andrew Arden, p.376.

本地方政府机关的职员的任何进一步的信息。① 从已经列明要求地方政府机关在公告中披露的信息看,其比较的内容相当全面,足以反映地方政府机关的雇佣情况与其过去、与英格兰地方政府机关总体以及同类地方政府机关的比较情况,此外,还要加上地方政府机关认为应当提供的信息。

新成立的地方政府机关的公告中应当包括对数据的解释、在对应的统计期间所有英格兰地方政府机关作为一个整体在雇佣方面的变化,如果可能的话还要包括与本地方政府机关同类的地方政府机关总体上在这方面的变化,以及地方政府机关认为应该包括在其公告中的信息。②

如果某一雇员在该地方政府机关拥有两份工作,则其工作时间应当分别计算。③ 这是英国计算就业规模的标准,在这种情况下,不是以人数作为就业量的衡量指标,而是以"每人工作小时数"为准。以每周工作40小时计,则一个兼两份工作,每周工作时间分别为24和12小时的雇员,其相应的就业规模就是0.9个全职就业人口或者0.1个失业人口。

在统计日期届满后的4个月内,地方政府机关应当将统计公告呈送地方政府机关的组成人员,并保证公众在地方政府机关的主要办公地点能够查阅到该公告;该公告还要送地方政府机关所在地的公共图书馆以便公众查阅;此外,地方政府机关还应当就公告的内容引起当地媒体的注意。④ 由于舆论不掌握在政府手中,地方政府机关对此只能尽力而为,其努力的方向不是保密而是公开,与媒体努力的方向一致。

(二)内保措施

如果某一行政官员根据某一雇佣合同而受雇于某一地方政府机关,该官员常常会因此被委以保管金钱的职责,此时,地方政府机关必须采取其认为充分的内保措施,以保证其行政官员诚实地履行其职务,并保证该行政官员对委托其管理的金钱或者财产实行严格的会计管理。⑤ 英国法中此处涉及的内保措施,并非对于公务员执行职务的安全保障,而是行政主体采取适当的防范机制,以确保执行要害职务的公务员能够切实、诚实地履行职责。英国人不相信"觉悟",他们宁可以防小人之举防君子,也不

---

① Andrew Arden, p. 376.
② Andrew Arden, p. 376.
③ Andrew Arden, p. 376.
④ Andrew Arden, p. 376.
⑤ Andrew Arden, pp. 376-377.

愿意因不防君子之疏漏而使君子自上断头台。

地方政府机关还有权对其雇用的任何其他官员采取此类内保措施。除此之外，如果某一未被地方政府机关雇用的人有可能被委以管理或者控制属于地方政府机关的金钱或者财产的职责，地方政府机关也可以采取其认为对于该人而言足够充分的安全措施，并对该人经手的所有金钱或者财物实施严格的会计管理。①

（三）免责事由

除代理责任外，根据1976年《地方政府（杂项规定）法》第39条，先前曾规定在1875年《公共卫生法》（Public Health Act）第265条中有关地方政府机关、联合委员会或者公共卫生职能部门的组成人员或者行政官员实施的善意行为（即无过错）的个人免责制度（personal indemnity），已经普遍地推广适用于所有行政官员及地方政府机关组成人员根据任何一般公法律或者地方法的规定、并为执行议会立法而实施的行为。② indemnity的原意有二，一是赔偿、补偿，二是免罚、免责。显然personal indemnity不应译为个人赔偿责任，因为早在1875年，英国就确立了对行政机关的组成人员或者工作人员的善意执行法律的行为的个人免除责任制度，而且这一制度在现代得到了更好的推广。

1976年《地方政府（杂项规定）法》第39条还适用于免除某一地方政府机关的委员会委员的责任，即使该委员并不是该委员会所属的地方政府机关的组成人员。该条也适用于免除由两个或者以上地方政府机关组成的联合委员会委员的责任，即使该委员会的委员并不是任何一个任命该委员会委员的地方政府机关的组成人员。③

（四）一般法上的义务

按照普通法的传统，地方政府机关与其行政官员或者职员是雇主与雇员的关系，因此，除非另有例外规定，地方政府机关受规范其他雇主义务的一般劳资关系法的拘束。④

（五）普通法上的义务

雇主负有对其雇员的安全尽合理注意的个人义务，以免使其雇员暴

---

① Andrew Arden, p. 377.
② Andrew Arden, p. 377.
③ Andrew Arden, p. 377.
④ Andrew Arden, p. 377.

露于不必要危险中。英国法院的判例为此项义务确立了三个组成要素：为称职的雇员提供充足的物质条件、适当的系统和有效率的监管。① 英文著作中，有效率的监管是一个独立要素，这从一个侧面说明，在英国法院看来，一个完善的、适当的系统或者体制中，有效率的监管是必不可少的组成部分，因而提高到与系统本身同样重要的地位上予以强调。

另外值得注意的是，英国法在强调雇主对雇员的安全保障义务时，将雇员称职放在第一位。因为，雇员称职与否的一个很重要的考核标准，就是其是否具有基本的操作技能，能够了解、预防可能出现的危险，有效地保护自己及工友的安全。雇员不称职，明明不具备起码的自我安全防范技能而谎称自己具备这些技能，由此造成的安全责任，应当由雇员承担相当一部分责任。之所以只说相当一部分责任，而不是全部责任，是因为，是否能够或者愿意挑选称职的雇员，也是雇主完全可以控制而且应当控制的。在很多最终发生安全事故的案件中，雇主明知雇员不具备相应的自我安全防范知识，明知其不具备基本的操作技能，为了节省人力成本，退而求其次，委实是造成事故的主要原因之一。对此，雇主负有不可推卸的责任。这正如雇主为了省钱而选用不合格但价格较低的次品，因此应当承担因材料不合格而造成的安全事故责任一样。

（六）不称职雇员的连带责任

如果某一雇主雇用了一名不具备履行其受雇义务所必需的足够的经验或者培训的员工，并因此造成了其他工人受伤，雇主雇用该员工的行为将会构成违反采取适当注意以配备称职雇员的义务。② 这一义务是雇主承担的，不由不称职的雇员承担。可见，立法将称职与否的识别义务转移给雇主，即英国法所讨论的配备称职雇员的义务，而不是由雇员承担诚实应聘的义务。这是立法政策选择的结果：要么让雇员在应聘时诚实申报自己是否称职，在事后承担不如实申报的法律责任，即由因其不称职而致害者负个人责任；要么是让雇主承担配备称职雇员的义务，因雇员不称职而在事后对被伤害者承担雇主责任。英国法选择了后一种责任配置模式，其合理性有三：首先，要求雇员如实申报与要求雇主自己掌握受雇人员是否称职的难度几乎一样，而且雇主应当更了解其雇用员工所从事工作的性质，更能够准确地判断和掌握员工是否称职；其次，雇主的实力一

---

① Andrew Arden，p. 377.
② Andrew Arden，p. 377.

般要强于雇员,对受伤害者的赔偿更充分;最后,便于与雇主的其他安全责任结合在一起,以强化雇主对雇员的安全保护职责。

如果某一雇员被另一雇员袭击或者在雇员间危险的打闹(dangerous horseplay)中受伤,雇主也要承担未配备称职员工的义务的法律责任。①

十、公务员法

在专门介绍公务员法律制度的一章,却将公务员法放在最后,似有些不合常理。但这不是笔者的疏忽,而是因为英国没有公务员法。1992年《公务员(管理职能)法》几乎是这方面唯一一部制定法。②

除了1968年至1981年这个特殊历史时期,对整个公务员队伍的总体控制始终是财政部的职责。③ 几百年来,公务员管理体制主要由枢密院令规制,没有制定法的根基,而法院则据此将其纳入英王特权的领域。不过这种制度安排,已随着2010年《宪政改革及统治法》(Constitutional Reform and Governance Act)的颁行而变更:公务员管理体制从此有了制定法基础。④ 这一历史性变革很大程度上肇因于2007年的绿皮书《大不列颠的统治》。

英国自1988年开始的大规模公务员体制改革,在工党政府于1997年上台后得以继续,并进入了更广阔的空间。1999年发布的《现代政府》白皮书中,工党政府宣布,要明确常务次长及部门的行政领导在推进政府现代化进程方面所应承担的业绩目标,以确保核心目标的实现。该白皮书还指出,不仅要在公共服务领域强调公正、客观、正直等价值取向,也需要更强的创造性、大胆思考和合作精神。这些发展呼应了对于一部新的公务员法的呼声,以取代目前通过英王特权的理论体系和惯例规范公务员的做法,在目前的体系内,公务员制度的任何改变无须经过议会或者公众的讨论。⑤ 不仅公务员制度如此,整个英国的中央政府结构也都不需要议会讨论。这从另一个方面体现了王权制度在英国宪法体制中的地位,即整个政府的架构及公务员制度,都是建立在王权制度的基础之上

---

① Andrew Arden, p. 377.
② Phillips & Jackson, p. 378.
③ Wade & Forsyth 2014, p. 40.
④ Wade & Forsyth 2014, p. 41.
⑤ Bradley & Ewing, p. 281.

的,至少是在王权的名义之下的。将这样的体制通过一部公务员法纳入制定法的统辖之下,其难度可想而知。

第二节　公务员的资格与录用

很久以来,地方政府机关必须任命专业行政官员已成为其义务,这些行政官员中的有些人限定在那些具有特殊资质的人群。① 这一要求,对于中央政府而言,实践得更早,其中涉及的核心内容,就是公务员的资格及录用方面的规定和习惯。

本节专门介绍英国公务员在法律素养方面的要求,这不是笔者的倾向,而是英国学者普遍关注的。当然,其强调的重点不是国内重视的对公务员依法行政意识及知识的培训,而是公务员队伍中有律师资格及经历者的比例,以及公务员如何与律师出身的法官打交道等问题。公务员自身法律素质的修炼,距离成为律师还有相当的距离;但公务员队伍中真正需要的,是具有法律界思维及经验的成品,这是不可能在行政系统内部自我培养的。更重要的是,只有这类人具备的意识和经验,才是公务员系统真正需要引进,并且只能通过引进才能担负起与一个独立的司法界打交道的使命。

一、公务员的任职资格

进入公务员队伍的标准是由公务员委员会(Civil Service Commission)确定的,该独立机构于 1855 年建立。公务员委员会必须批准并证明每一位常任文官的任命是合格的。② 当现代的录用方法在 1853 年被改革者最先提倡的时候,改革者认为,行政职员并不需要有多么高的智力水平,因为并不需要有把公务员塑造成政治家。但韦德爵士认为,事实证明恰好相反,因为在英国现行体制中,执行能力与政治中立在很高层次上取得了良好的结合。如果政府官员中再也不会出现诸如约翰·米尔顿(John Milton)、马修·普赖尔(Matthew Prior)、马修·阿诺德(Matthew Arnold)、安东尼·特罗洛普(Anthony Trollope)这样的人,那只能是因

---

① Andrew Arden, p. 346.
② Wade & Forsyth, p. 54.

为公务员的专业化水平下降,而不是能力水平方面的下降。① 也就是说,即使通才的政治天才也不太可能出现在现代英国的公务员队伍中,这不是因为现有公务员整体素质的衰退,而是因为其专业性的不断增强。

最高级别行政管理职位的录用方法确实具有某种宪法上的重要性。最基本的要求是要受过良好的教育,而不是技术或者职业方面的资格。许多技术专家理所当然地被雇用做专门的工作,但是就行政管理的一般要求而言,真正需要的是学习的能力而非专门技术。② 英国学者将这种选才思路称为"业余哲学",这也正是富尔顿委员会重点批评的内容。该委员会发现,这种"通才崇拜"在公务员队伍的"各个阶层都被绝对化"了,并由此导致了严重的后果。③

富尔顿委员会积极倡导通向专业化的运动,无论是对于诸如科学家和工程师之类的专家,还是行政管理者,都应当实现专业化。这一政策目前已经被接受。④ 但这在常任文官队伍中推行起来显然不是一朝一夕的事。正如前面提到的,即使是在今天的行政管理领域,真正占据要职的仍不是专家,而是与富尔顿委员会的时代一样,仍以通才、非专家为主。同时,按照富尔顿委员会的建议,一种统一的层级结构已经取代了先前的区分管理阶层和执行阶层的体系,在这种新的统一层级结构中,不同层级和职位之间是可以相互替换的。⑤ 于是,就打通了管理层与执行层的鸿沟,公务员能够在一个统一的体系中奋斗、竞争、进步。

二、公务员的录用

英国的公务员录用体制,可以《诺思科特-特里维廉报告》为界。在该报告的引导下,英国建立了一个集中的公务员体系,进入该体系需要通过由公务员行政专员(Civil Service Commissioners)控制及运作的竞争性考试。⑥ 该报告提议,将进入公务员队伍的方式由委任改为通过竞争性考试、以功绩而非资历作为晋升的依据、明确区分脑力劳动和体力劳动以及由一个单一的组织统一控制公务员。最后的这个原则通过财政部的控制

---

① Wade & Forsyth, p. 55.
② Wade & Forsyth, p. 54.
③ Wade & Forsyth, pp. 54-55.
④ Wade & Forsyth, p. 55.
⑤ Wade & Forsyth, p. 55.
⑥ Phillips & Jackson, p. 377.

得以实施。①

　　早先的公务员委员会负责安排每一位竞聘者必须参加的严格的考试,而今,这种选拔主要依靠学校和大学的考试成绩辅以面试和某种特别考试与测验。选拔的方法已经日益多样,以保障大量涌入的最优秀的人才能够担任最高职位。当然,也有可能从企业或者其他部门直接进入公务员的高层。② 这一制度对于任期制的政治官员而言,也许没有什么新鲜的,但对于常任文官中的高级官员直接从企业或者其他部门的优秀人士中任命,倒是与我国有许多相似之处。此外,富尔顿委员会提议的公务员学院也建立起来了,用来培训那些已经在公务员队伍中的官员。③

　　在1989年以前,除禁止担任同一地方政府机关的组成人员又作为行政官员同时为该政府机关服务外,对于谁可以就任地方政府机关的行政官员并没有普遍的、分级的禁止性规范。相应的,除就业保障方面的法律外,也没有解雇地方政府机关行政官员的一般禁止性规定,虽然有些特殊职位受到特别的规范;解雇这些人必须取得有关部长的同意。④

　　一般而言,地方政府机关有权决定职员的任命,任用的条件也由其自己决定;当然,除政治助理这一唯一的例外,地方政府机关的所有任命行为同样受任人唯贤原则的拘束。尽管从名义上说,地方政府机关可以自主决定是否任命职员,但是在事实上,地方政府中的有些职位是必须任命的,而且任命行政官员时也存在丧失资格的问题,这主要是为了确保地方政府机关的高层行政官员的政治中立,因为这一阶层的官员更像是直接参与决策的地方政府机关的咨询性成员。⑤ 地方政府机关的咨询性成员已经不再是地方政府机关的行政官员或者职员了,而是地方政府机关的组成人员,但他们并非地方议事会的成员,而是由地方政府机关任命的组成人员。这些成员的表决权限没有地方政府机关的地方议事会成员大,但他们显然要比地方政府机关的高级行政官员具有更高的地位。从政治党团的角度看,他们也必须反映地方议事会中政治党团的比例;而对高级行政官员的要求则是政治中立,不能代表任何政治党团的利益,否则必须辞职。

---

① Wade & Forsyth, p. 54.
② Wade & Forsyth, p. 54.
③ Wade & Forsyth, p. 54.
④ Andrew Arden, p. 346.
⑤ Andrew Arden, p. 345.

三、公务员的法律素养

英国学者特别强调的一点是,在行政管理阶层取得律师资格者极少。除了在大法官事务部,有资格的律师几乎无一例外地是作为专家被雇用的,即做法律顾问、法规起草人以及类似的工作。① 这说明,在英国,除了大法官部(现司法部)以外,其他行政管理职位中很少有律师跻身其间,因为律师这一职业方向同样存在律师、法官、大法官的晋身之阶。因此,那些在英国中央政府居要职的行政官员与其在许多欧洲国家的同行们的最显著不同在于,在别的国家,通往行政职业的通行证一般是一张法律文凭或者专门的高级训练②,而在英国,这些东西反而不是必需的。

取得律师资格者只能作为专家被聘用而不能进入行政管理高层,这一与其他法治国家不同的现象,已经引起了英国学者的高度重视。韦德爵士甚至认为,在参与政策制定的高级行政官员团队中缺乏受训练的律师的现象,在某种程度上影响了英国公务员的整体特点,因为许多政策及行政管理事务中,往往存在明确的法律倾向。③ 但是与其他国家不同,在英国的中央行政系统中,这些法律方面的观点在大多数情况下得不到有效的反映。④ 相应的,整个中央政府内部都明显地缺乏法律对于其行为方式及行政管理技术的影响,这一缺陷将在某些涉及政府的判例中表现出来。⑤ 如果有足够的受训练的律师在这些部门任职的话,就能够充分地反映法律界的声音,而这种声音在许多场合下是非常必要的,可以避免行政系统所作决策走弯路,如被法院撤销或者被欧洲人权法院撤销等。更有甚者,司法审查实践尽管得到了极大的加强,但对于传统观念及人事安排并没有带来任何变化。⑥

但这种局面正在改变。改变态度的一个预兆是内阁办公室出版的名为《监视着你的法官》(Judge over your Shoulder)的小册子。该书旨在警告公务员们哪些是因他们的决定可能将部长送上法院的危险领域。⑦ 此

---

① Wade & Forsyth, p. 54.
② Wade & Forsyth, p. 54.
③ Wade & Forsyth, p. 55.
④ Wade & Forsyth, pp. 55-56.
⑤ Wade & Forsyth, p. 56.
⑥ Wade & Forsyth, p. 56.
⑦ Wade & Forsyth, p. 56.

处需要说明的是,虽然公务员代替部长具体办事,决定也由他们具体经办,但要以部长的名义签发,因此,最终使部长出庭接受法院审查的决定,还是要由具体办事人员作出,而部长不太可能事事洞明。如果能够避免这些人犯明显的错误,就可以避免部长出庭。

由于公务员系统内有法律背景的人极少,使得公务员与律师在各自的发展过程中对于社会事务的认识产生了重大的分歧。其结果之一就是,行政官员与司法界之间在精神上的某种对峙状态。公务员系统内的非法律特性及其内部自治的管理模式,倾向于发展那些与律师们截然不同的态度。这种态度的对立强化了那种贯穿行政法始终的有关管理方与被管理方之间的关系紧张的感觉,同时也使人想起对分权的夸大其词的强调。① 也就是说,由于行政与司法实务之间存在的上述对立,使得人们对于行政法学界始终关注的行政管理者与被管理者之间的对立得到了进一步强化,同时,也使人们更加意识到分权的重要性。那么,就此是否可以说英国学者比较赞成这种现状?还是希望通过在行政管理领域引入更多的律师执业者,打破公务员系统内对法律职业人员的排斥以及法律职业界内部的相对封闭的状态,从而实现两个职业群体之间的交流,最终达到消除上述对立的目的?因为毫无疑问,这种对立状态已经构成了行政法发展的障碍,而且某些行政决定在技巧上和形式上的特征也应当归咎于此。②

但是,在另一方面,这种对立状态也有助于强化法治原则,维护司法官与法律职业界的独立性。③ 因为在英国学者看来,维护司法官及法律职业界的独立性的一个重要保障,正是法律职业界与行政职业界的相对分离。如果法官意识到可能通过其在行政官员面前的表现而使其晋身于高级行政官员队伍的话,确实会影响他们的中立地位。

与其他国家相比,英国的法律职业界在职业地位上具有极为例外的独立性,特别是在从私营法律执业者中录用法官方面。在英国,并不存在一个人在其整个职业生涯中的晋升都依赖于司法部长的相对独立的法官职业队伍。④ 在英国学者看来,如果英国存在一个诸如司法部那样的统

---

① Wade & Forsyth, p. 56.
② Wade & Forsyth, p. 56.
③ Wade & Forsyth, p. 56.
④ Wade & Forsyth, p. 56.

管法官晋升的机构,并且所有的法官都是这个机构的成员,法官的晋升完全依赖于其所在部门的最高行政首长,那么英国也许就不存在独立的法官队伍了。英国学者所反对的,或者说特别要强调英国与其他国家的不同之处,也就在这里。

四、公务员的兼职

在英国,对于任命某人兼任一个以上的职位也有所限制。根据1933年《地方政府法》第102条第4款的规定,郡助理和郡司库就不能由同一人兼任或者由互为合伙关系的人担任。①

在20世纪80年代早期,对"双轨制"(twin-tracking)的关注不断增强。所谓"双轨制",是指某一地方政府机关的组成人员担任另一地方政府机关的行政官员。维德科姆委员会(Widdicombe Committee)发现,全部地方议事会的成员中,大约有10%的人是另一地方政府机关的雇员,其中主要是教师;考虑到地方政府机关的雇员总数(接近300万人,其中50万人是教师),10%的比例尚不足以构成代表比例失衡,但该委员会仍建议:这些地方政府机关的雇员最好还是放弃其兼有的地方政府机关组成人员身份。②

从英国的数据看,教师占了地方政府机关的雇员相当的比例,即大约17%。这说明两个问题:一是教师是由地方政府机关雇用的,二是他们占了地方政府机关开支的相当一部分。进而言之,由于全民健康服务体系已经成为独立机构,不属于地方而更接近中央,其经费及人员开支没有被视为地方政府机关的开支。因此,基本上可以这样说,英国的教师及医护人员与我国一样占据了公共财政开支的相当比例。所不同的是,英国的教师隶属于地方公务员,而我们的教师归属于事业单位。

按照维德科姆委员会的看法,"双轨制"导致如下三项后果③:① 将个人的忠诚义务分裂为地方政府机关组成人员对其所属的地方政府机关的忠诚,以及作为行政官员对于作为其雇主的另一地方政府机关的忠诚,后者涉及解雇与否的问题。② 作为地方政府机关雇员的其他地方政府机关的组成人员领取了大量带薪休假费,这笔费用成为这些人作为其他地

---

① Andrew Arden, p. 347.
② Andrew Arden, p. 347.
③ Andrew Arden, p. 347.

方政府机关组成人员的间接补贴,但是尽管这些人作为地方政府机关的行政官员的带薪休假天数已经达到了制定法规定的上限,但却没有达到因缺席其所在地方政府机关的会议而失去成员资格的程度。"双轨制"实行者所钻的法律空子是,只要他们没有在半年内连续不参加其所在的地方政府机关的会议,就可以保住其地方政府机关成员的身份;而英国的地方政府机关的行政官员都有带薪休假天数,他们在此期间参加其所在的另一地方政府机关的会议,就可以保证既享受带薪休假,又不丧失地方政府机关组成人员资格的"双轨制"格局。③ 侵蚀地方政府机关行政官员应当政治中立的原则。

维德科姆委员会认为,地方政府机关的高级行政官员不应当参与政治活动,因而也不应当担任地方议事会成员。此处的高级行政官员是指日常工作涉及给地方议事会成员提供咨询意见的行政官员。该委员会建议,应当通过立法作出资格方面的限制,禁止那些在地方政府中担任高级雇员者出任任何地方政府机关的组成人员。① 这种制定法上的资格限制应当限于地域上具有包容关系的地方政府机关之间的兼任现象,如作为大行政区域的一部分的小行政区域的地方政府机关的组成人员,不得兼任大行政区域的高级行政官员,反之亦然。但维德科姆委员会的建议并没有特别强调这一点,而是建议作更大范围的禁止。一方面,英国的地方政府即使辖区重叠,目前也基本上没有隶属关系,即所谓的二级制地区已经非常少了,绝大多数的地方政府机关都是直接对选民负责,同时受中央政府部门的指导或者拨款的影响。尽管如此,对于辖区重叠的地方政府机关而言,其人员之间的相互兼职还是会损害彼此的独立地位;如果是二级制地区,则兼职更将直接混淆层级间的关系。因此,在这样的地方禁止兼职是必要的。另一方面,对于地域上互不隶属的地方政府机关而言,彼此的独立性相当强,即使存在兼职,也看不出影响地方政府机关行政官员政治中立的因素,禁止兼职至少在这点上理由不够充分。

第三节 公务员的法律地位

很多法治国家中,国家雇员的法律地位和权利义务构成了行政法的重要分支,公务员的身份产生许多必须由法院解决的问题,无论是普通法

---

① Andrew Arden, p. 347.

院还是特别的行政法院。但是在英国,情况则完全不同。尽管公务员的数量庞大而且非常重要,但却主要是由历史上形成的众多在法律上看来不甚规范的和解方案来安排和调整的。表面上看,这一切仅仅是因为习惯,但是在公务员领域,习惯的势力是根深蒂固的。连韦德爵士都觉得奇怪的是:英国公务员的法律地位直到19世纪晚期才清晰地显露出来。当时的人们普遍认为,按照普通法,英王的文官以及武官,在法律上无权主张其薪资,也没有法律上的救济来对抗错误的解雇行为。虽然近年来这种情形已经发生了显著变化,在法律上公务员长期以来还是被视为在王宫的帏幕后工作的那些为数不多的大臣们中的一员。尽管公务员早已在各个方面失去了其臣仆色彩,但在法律上仍处在演化的初期阶段。[①]

一、中央政府公务员——英王的臣仆

英国学者对于公务员的讨论,无一例外地是将其置于英王的臣仆这一大背景下展开的:各种层级的英王臣仆在法律上是英王的臣仆而不是彼此的臣仆。[②] 即所有的英王的臣仆都受雇于英王,而不是受雇于其上级。无论谁聘用公务员以实施某种行为,聘用该公务员的人不过是英王的代理人,而该公务员签订的雇佣合同是他本人作为一名雇员直接与英王签订的。任何寻求救济的企图都是针对英王本人的。[③] 因此,一名公务员并没有任何合同上的权利来对抗其所在部门、其部长或者任何级别更高的官员。[④]

英国学者承认,英国公务员法是公法中最古怪的部门法。[⑤] 就公务员雇佣地位而言,其在法律原则上的表现与其实际的做法之间迥然不同。[⑥] 韦德爵士感叹:英国公务员制度的自相矛盾之处在于,实际上的情况恰恰与这些法律规则所提示的相反。[⑦]

在英国学者看来,即便是有限的制定法授予的控制公务员的权力,也并不比传统的英王依其喜好解雇其仆人的权力强多少,英王仍可以根据

---

① Wade & Forsyth, p.67.
② Wade & Forsyth, p.67.
③ Wade & Forsyth, p.68.
④ Wade & Forsyth, pp.67-68.
⑤ Wade & Forsyth, p.67.
⑥ Bradley & Ewing, p.272.
⑦ Wade & Forsyth, p.67.

自己的意愿，以枢密院令的形式规定或者变更公务员的就业待遇，实现对公务员的管制。这些枢密院令并没有制定法的根基，法院将其视为基于英王特权发布的，而英王的特权正是在公务员系统内建立纪律约束机制的依据所在。① 由此产生的问题是，如果这些特权依然存在，那么是否会出现公务员的权利得不到维护的情况，即在这种情况下是否会出现英王因所谓的特权而不承担责任的可能？结论是否定的，正如下文将要介绍的，虽然从法律角度看英国的公务员制度非常落后，实际上远非如此。与其批评公务员在法律上缺乏保障，还不如抱怨他们实际上受到了过多的保护。②

二、地方政府公务员——执行人员

地方政府机关的行政官员或者职员是地方政府机关的组成人员的最主要共事者。但是英国学者强调，在英国，行政官员与职员的用法没有区别。③ 这反过来说明，地方政府机关中除地方政府机关的组成人员是该地方政府机关的主人以外，其他的雇员无论是被称为行政官员也好，还是被称为职员也罢，都只是服务人员、办事人员，他们与地方政府机关的组成人员之间存在本质的区别，这种区别类似于公司法人中董事与经理人员的区别，而且在英国，地方议事会及公司在法律上的地位也没有实质性的区别，都是制定法拟制的法人。

正如英国学者反复强调的，在地方政府中，最关键的关系就是地方政府机关的组成人员与地方政府机关的官员之间的关系。④ 地方政府机关的决定正是通过这种关系产生的，由此作出的决定也是通过这种关系执行的。地方政府机关的组成人员是决策者，他们必须经常考虑高度复杂、同时还具有相当技术性的议题的所有相关信息，必须运用他们为适当的目的而享有的权力，必须谋取代表地方政府机关的最高价值，而且在耗费地方政府机关的财政和人力资源时还必须顾及其对当地纳税人所负的信托义务，为此，地方政府机关的组成人员必须依靠其行政官员以及其他能够提供专业性、技术性建议的类似资源，以保障其能够全面、准确地掌握

---

① Wade & Forsyth, p. 53.
② Wade & Forsyth, p. 67.
③ Andrew Arden, p. 345.
④ Andrew Arden, p. 285, p. 345.

作为其决策基础的信息。①

三、中央公务员参政受限

英国并不禁止公务员参与政治活动,而是限制公务员参政,于是有了讨论公务员的政治活动的必要性。

(一)对公务员参与政治活动的限制

对于公务员参与政治活动的限制,是由《服务条件良好行为规范》(code of conditions of service)而非制定法规定的。这些条款在1953年形成并在1978年由一个特别委员会重新审定过。② 值得注意的是,这一限制不是由制定法,而是由非正式的或者说相当于习惯法性质的良好行为规范规定的。在英国的很多行业中,都存在这样的良好行为规范。

1978年,基于公务员工会对更为广泛的政治自由的要求,一个特别委员会对该体制进行了全面回顾。该委员会重申了公务员政治中立在英国宪法领域的重要性,同时建议该体制在其运行方面进行实质性改进,主要是减少受限制类别的公务员人数。1984年,经过政府与公务员工会的仔细讨论,采纳了这些建议。目前的体制最早是在1954年引入的,因为英国实务界普遍意识到政治中立对于公务员而言具有根本的重要性,但是确保政治中立的规则并没有必要适用于所有公务员。③ 英国对公务员参与政治活动的限制程度,与公务员本身的级别有直接关系。

1. 严格限制

资深公务员或者其他较高级别的公务员④,以及某些与上述人员共同工作并因此与公共管理机构签订服务合同的执行层次人员及神职人员,禁止参与政治活动的限制是非常严格的。⑤ 对神职人员的限制,一方面是基于政教分离原则,另一方面是由于神职人员存在某种职业信赖事由,他们在为上述受到从事政治活动限制的人员提供宗教服务时,也可能将其政治主张引入,影响接受其宗教服务的高级职业管理阶层以及与这些阶层的人共事的执行层次人员。

---

① Andrew Arden, pp. 345-346.
② Wade & Forsyth, p. 57.
③ Bradley & Ewing, p. 279.
④ Bradley & Ewing, p. 279.
⑤ Wade & Forsyth, p. 57.

上述范围内的人不可以参加全国性政治活动①,包括在政党中任职、就全国范围内的政治争论公开发表意见等;这一类别的公务员要参加地方政治活动必须经批准,而且必须服从其所在部门或者机构设定的条件。②

2. 一般限制

上述范围以外的执行层次人员及神职人员,既可以参加全国性政治活动,也可以参加地方性政治活动。当然这也需要其所在部门允许,同时还要服从规定了政府政策方面相关事宜的禁止规则的要求。③

某些等级的公务员还获得了无须批准而参与政治活动的特别授权。④ 而对于未获得特别授权的公务员而言,仅在公务员受雇于敏感的、政治中立性最容易受到威胁的领域时,才一般地拒绝公务员参与政治活动。⑤ 此等敏感领域一般包括:深入地介入协助部长的政策制定过程的职位、部长私人办公室内的职位、要求任职者频繁为政府发表讲话的岗位、代表政府与海外政府打交道的岗位、经常涉及面对面与公众打交道的职位等。⑥

3. 不受限制

属于可以自由参政的一类,包括国有企业的职员以及非企业职员中的低级或者操作级职员。他们可以自由地参与所有政治活动,无论是全国的还是地方的,除非是身着制服或者根据职责、职务优先原则而不能参与的。像所有公务员一样,这一类型的公务员未经授权披露源自公务渠道的信息,也必须受《公务秘密法》的约束。⑦ 也就是说,即使对于这些人的政治活动,也存在一定的限制,即只能在业余时间、以非公务员身份参与,不能在上班时间或者在下班时着制服参加。

(二)对公务员竞选议员的限制

根据制定法的规定,公务员没有成为议员的资格。但是,如果该公务员不属于参政受限的层级,可以作为议员候选人,如果未被选上还可以重

---

① Wade & Forsyth, p.57.
② Bradley & Ewing, p.279.
③ Wade & Forsyth, p.57.
④ Bradley & Ewing, p.279.
⑤ Bradley & Ewing, pp.279-280.
⑥ Bradley & Ewing, p.280.
⑦ Bradley & Ewing, p.280.

新取得原有职位。①

（三）未来的趋势

一般认为，对于公务员参与政治活动的这些限制并不违反《欧洲人权公约》，也不违反1998年《人权法》。因为确实有必要将公务员与政党政治相互隔绝，这是民主制度的重要屏障。但总的趋势是不断地放松限制，当然这一般要在与职员工会达成协议之后。② 这些协议的内容主要是如何保证参与政治活动不影响其职务的履行，使作为文官的公务员与参与政治活动的普通公民能够有效区分。

针对是否应当采取更进一步的限制措施以确保公务员作为一个整体能够保持政治中立的问题，《公务员管理良好行为规范》指出，从公务员的工作性质对其提出的要求以及公务员的实际做法来看，必须对公务员能够参加的政治活动的类型加以限制：在某些情况下，公务员可以参加；另外一些情况下能否参加要视其职位及级别而定。③

四、地方公务员参政受限

不仅中央政府公务员参与政治活动要受到限制，地方公务员亦然。

我们理解的参政议政是广义的参与政治及行政活动，而非狭义的参与政治活动。但在英国，由于地方政府机关的行政官员本身直接参与地方行政事务，英国法要限制他们的，不是其本身职能的履行，而是可能影响其行政职能的公正履行的政治活动。英国学者认为，对于担任参政受限职位的行政官员的任命条款或者就业待遇本身，就默含对其参与政治活动的限制，而无论是否已经在雇佣合同中列明。④

英国现行法对地方政府机关行政官员参与政治活动的要求限于三类条款：适用于所有参与政治活动受限制者的条款、适用于非政治助理职位的补充条款、适用于政治助理的补充条款。⑤ 显然，这三类条款适用对象所受的限制是递增的，而其设立的原则是，越接近政治决策者（如政治助理），所受的限制越多。如此设计的合理性在于，行政官员越接近政治决策者，其中立性要求也越高，限制其参与的政治活动范围就越广，目的恰

---

① Wade & Forsyth, p. 57.
② Wade & Forsyth, p. 57.
③ Bradley & Ewing, p. 279.
④ Andrew Arden, p. 393.
⑤ Andrew Arden, p. 394.

恰是与保障其中立性的要求相适应的。

（一）所有参政受限者

这涉及对所有的参政受限者的一般要求。制定法对于地方政府机关行政官员参与政治活动的限制不包括本人竞选行为或者竞选意愿的表达，而是限制其为其政党、社团或者他人的政治利益而实施的可能影响其本身职责履行的政治活动。

如果某一被任命担任参与政治活动受限制职位者告知地方政府机关：因本人有意宣告或者允许他人宣告本人作为英国议会或者苏格兰地区议会候选人参加即将举行的选举，故愿意辞职，那么，其雇佣合同立刻终止，而无论其雇佣合同中是否有相反的规定。[①] 由于该雇佣合同是地方政府机关发出要约后，由地方政府机关与其行政官员共同签署的，其中可能包括限制行政官员参加竞选或者未规定参加竞选为终止合同的法定事由，因此，英国法的这一规定实际上使雇佣合同中的这些内容归于无效。无论地方政府机关在其合同中对行政官员的被选举权作了何等限制，至少从参加选举这一点上看，这些限制都是无效的。当然，此处的雇佣合同立即终止并不意味着作为合同另一方的行政官员根据该合同应得的利益也归于丧失，而是指制定法赋予了该行政官员终止合同的正当事由，该行政官员当然可以根据该合同的其他约定，主张并实现其应得的福利，如应得的一定比例的退休金等。

这一规定还进一步强调了一个原则，即合同不得违法限制当事人的合法权益，否则，相应的条款不能抗拒法律。从这个意义上讲，合同是就当事人之间的诚实信赖而言的，但如果法律有与合同不一致之处，并且没有明确将双方的约定作例外规定，则合同约定不能对抗法律规定。这在英国属于议会立法至上原则的一个自然推论。但从另一个角度看，这又构成对担任地方政府机关职务的行政官员参与政治活动的限制，英国学者在限制政治活动部分介绍这一内容的情况说明，在他们看来，这也属于对公务员参与政治活动的限制：因为如有违反将使其失去原有的职位。

上述规定确实是对地方政府机关行政官员参与选举的政治活动的限制，但其限制对象的范围限于此处正在讨论的参与政治活动受限制者，而非地方政府机关所有行政官员。由于参与政治活动受限制职位的掌握者具有更多接触政治决策的机会，因此要对其参与包括竞选在内的政治活

---

① Andrew Arden，p. 394.

动进行限制;而对于其他非参与政治活动受限制职位的掌握者而言,他们可以自由地参与政治活动,包括竞选。因此,此处关于对参与政治活动受限制职位的掌握者的规定,即在宣告参与竞选后立即终止雇佣合同,并不适用于非参与政治活动受限制职位的掌握者,后者参与选举或者宣告参与选举并不会导致雇佣合同立即停止。

除此之外,参与政治活动受限制者还不得①:① 担任竞选助理。② 担任某一政党或其支部所属的任何委员会、分委员会的行政官员或者委员,如果担任此项职务,将要求其参与该政党或其分部的日常管理、代表该政党或其支部从事与该政党的党员或者与该政党结盟的其他政党的党员以外的其他人打交道。这一规定实际上并没有限制地方政府机关中参与政治活动受限制者参加政党,只是禁止其担任政党中的某些涉及对内日常管理活动或者对外政治活动的职务。如果其所担任职务的职责只是与本党党员或者本党盟党的党员打交道,由于这些活动相对而言具有内部性,在英国还算不上公开的政治活动,因此不在受限制的政治活动之列。③ 代表某一政党参加选战、代表某一计划参加英国议会、苏格兰地区议会或者地方政府机关选举的候选人参加选战。

(二) 参政受限的非政治助理

如果某人被任命担任某一参与政治活动受限制的职务,但并非担任政治助理,则其雇佣合同中应当包括以下条款或者待遇②:担任参与政治活动受限制职务者不得基于明显影响公众对于某一政党支持率的目的,在公众面前口无遮拦;也不能亲自发表、促使他人发表或者允许他人发表任何具有明显影响公众对于某一政党支持率的意图,并且其本人为作者或者编者的文字或者艺术作品。这一限制甚至不排除在其房产、交通工具上或者使用的物品上展示此类海报的行为。③

这些对不担任政治助理的参与政治活动受限制者的附加限制条款,并不限制他们从事履行其分内职责所必需的限度内的活动。④ 担任参与政治活动受限制的职务这一事实本身已经说明,这些人的职责要求他们

---

① Andrew Arden, p. 394.
② Andrew Arden, pp. 394-395.
③ Andrew Arden, p. 395.
④ Andrew Arden, p. 395.

参与一定的政治决策活动。出于政治中立或者公正的考虑，为避免这些人在参与其分内的政治决策活动时掺杂个人的政治信念，同时也避免公众产生这些人本身具有明显的政治倾向、不适宜参与其分内应尽的相应政治决策活动的职责的印象，英国法对其参与政治活动作了限制。英国法限制的不是其履行分内职责的与政治决策有关的活动，而是这些人在履行分内职务以外的政治活动影响其分内职责的履行，或者不适当地影响公众对于某一政党的支持率，同时也希望通过这种限制的实际遵循，使公众相信这些人是政治中立的。

在确定某人是否违反这些条款或者前提条件时，必须注意以下事实[1]：被任命人是否属于某一政党或者隶属于某政党所确定的人；该雇员有关作品是否起到了宣传某一政党特有的观点、反对另一政党的对应观点的效果；如果该雇员的言论以及作品属于某一竞选活动的一部分，则还要考虑这些言论或者作品是否达到了该竞选活动所要达到的效果。考虑这些因素的结果，将在很大程度上限制地方政府机关任命的参与政治活动受限制的官员的言行被认定为不适当或者违反规定的可能。

（三）参政受限的政治助理

政治助理的雇佣合同中涉及政治活动限制的附加条款包括：无论是否获得正式的授权，政治助理都不得在特定场合或者特定时期对公众口无遮拦，以免给公众造成他是作为某政党授权的代表讲这番话的印象。[2]因为政治助理的职责主要是协助地方议事会中的主要政治党团（不超过3个）开展议会斗争，表面上看他们与地方议事会的政治党团有密切联系，但其身份却不是这些政治党团的雇员，而是地方政府机关雇用来提供政治策略服务的行政职员。因此，对外而言，他们应当代表作为整体的地方政府机关，不能代表其所服务的地方议事会内的政治党团，故有必要对可能引起公众混淆其确切身份的言行加以限制。

政治助理也不得亲自发表、促使他人发表或者允许他人发表任何其本人为作者或者编者，并且在某种情况下可能造成该行为被认为是受某政党授权的文字或者艺术作品，而无论其本人是否获得此项授权。[3]

---

① Andrew Arden, p.395.
② Andrew Arden, p.395.
③ Andrew Arden, p.395.

五、职业保障与公共利益的冲突

韦德爵士认为,从法律角度看,英王的臣仆是所有受雇人员中地位最不稳定但实际上却是最安全的。例如,即使通过法定调查已经查明对某公务员行为的严重不满有充分依据,被调查的公务员仍然很少被解雇。据英国学者分析,造成这种现象的一个重要原因在于,部长责任制与公务员职位安全性之间存在密切联系。由于公众习惯于部长的频繁更迭以及行政机器的完全稳定,因此,就有一种自然的将保有公职的神圣性人为夸大的倾向。① 人们在部长的更替与行政机器的稳定的对比中,产生了一种将确保公务员安全地保有其职位等同于保持行政机器稳定的习惯性错觉,这一认知上的偏差夸大了公务员行政职位稳定性的意义。

从普通法角度看,英王的臣仆的任职不受英国普通法的保护。有关公务员职位法律地位不稳固的最著名判例,涉及提前解雇一名驻尼日利亚(Nigeria)领事的 Dunn v. Queen[1896]一案。该领事认为,他本来应当被雇用3年,遂以权利请求书的形式起诉英王,但是上诉法院拒绝了他的救济申请。法院完全采纳了英王一方的抗辩理由:除非制定法另有规定,英王的臣仆能够保住职位仅仅是出于英王的恩宠。如果英王的文官不能被解雇,那他的行为在某些情况下很可能导致战争。通过合同雇用一名约定了任期的公务员将有可能违背公共利益,并且是违宪的,用这样的合同缚住英王的手脚,显然是不适当的。英王的臣仆可以因失去英王的恩宠而被解雇的根据,是所谓的公共利益要求政府应当能够在任何时候通过解雇任何雇员而使自己摆脱困境的原则。②

确立这一原则的全部着眼点均在于公共政策。没有丝毫迹象显示这一原则与英王特权有任何联系。③ 尽管如英国学者所言,这一原则是晚近的原则,而不是英王特权盛行时的原则。但很难相信这一原则的确立与英王特权没有历史的联系,从上文提到的著名的案件看,案件发生的1896年,正是英王特权依然有效的时期。因此,英国学者是在掩饰,至少是用现代的理论来解释早已确立的一个原则,或者只能说,在现代意义上,这个原则已经与英王特权没有任何关系了,因为现在确实已经没有多

---

① Wade & Forsyth, p. 67.
② Wade & Forsyth, p. 68.
③ Wade & Forsyth, p. 68.

少可值一提的英王特权了。

关于无论有什么与之不完全一致的约定,英王都可能依其恩宠解雇一名文官的原则,被大量随后的判决所遵循,如 Nordan v. War Office [1959]一案。也就是说,直到1959年,这一原则依然有效。但是,为了支持这一原则而提出的理由并不见得真能经得起推敲。① 因为这个原则并不是与英王特权一点关系都没有,既然有这层关系,就难免在情理上说不通。

有人认为,公共利益要求公职人员应当可以被随意解雇(summary dismissal),因为他们可能在其职权范围内对公共利益构成损害。② 但是,任何雇主总是有权解雇自己的雇员的,唯一的问题是,如果这样做了,是否应当因违约而赔偿损失。③

任何雇主都不能被强迫雇用仆人,正如不能强迫一个仆人去给一名雇主服务一样。因此,那种认为英王不能通过解雇一名公务员而将公众从这名不受欢迎的公务员手中解救出来的观点,也就不攻自破了。④

也许有人会说,不应当将英王置于要么置公共利益于不顾、要么构成违约的进退两难的境地中,因为违约也是一件恶事。关于这一点,可以这样回答,对于明确作出的承诺的尊重也许是更为重要的,如果这种尊重无法通过履行该承诺而表现的话,至少也应当在违反该合同时表现出来。英王应当是一个诚实的人,如果被迫违背其承诺,那就应当像违反其他合同一样,承担赔偿损失的责任。⑤

然而,晚近的判决仍然确认了英王可以依恩宠随意解雇公务员的原则。因为某一文官的聘任合同宣称"由于英王的宪法地位,当文官的聘任终止时,文官不能要求将一定的聘任期限作为一项权利"⑥。也就是不能以自己的任期未到合同约定期限为由,主张自己的权利。

在部队,从与公务员系统相互平行的渠道得到的判决已经使对错误的解雇缺乏任何法律的救济变得非常清楚了,而且比那些涉及公务员的判决更加绝对。事实上,正是关于武官的判决,为公务员的相应判决提供

---

① Wade & Forsyth, p. 68.
② Wade & Forsyth, p. 68.
③ Wade & Forsyth, pp. 68-69.
④ Wade & Forsyth, p. 69.
⑤ Wade & Forsyth, p. 69.
⑥ Wade & Forsyth, p. 69.

了更有说服力的判例。虽然不时有人建议,完全没有必要在这两种情况下适用同样的规则,但是也没有将二者区分开来的令人信服的理由。无论如何,军方的案子更倾向于这样的结论:这一类型的英王的臣仆根本没有任何合同权利可言。时任上诉法院民庭庭长的伊舍(Lord Esher MR)在1890年对此作了明确的表述:对于这一点法律已经不能再清楚了,英王与其武官之间的所有约定只有在英王一方是自愿的情况下才存在,而没有提起任何主张合同权利的诉讼的可能,法院也不应当介入这类事件。①

六、职业保障与劳工立法的统一

从英国学者的介绍看,英国行政体制中涉及地方政府机关官员的内容,基本上适用一般劳动者所适用的雇佣合同法,地方政府比中央政府更为明显。如果说传统上英国公务员的职业保障主要由普通法调整,现在则更多地要受普通劳工法的影响,这一变化既是英国公务员法普通化的表现,也是在事实上弱化对公务员过分保护的结果。

英王作为这个国家最大的雇主,不可能不受近年来颁行的、触及广泛的就业权利法、劳工关系法及社会保障法的影响。可以毫不夸张地说,英国现行的、触及广泛的就业权利法、劳工关系法及社会保障法,已经将英王的臣仆的法律特性,从一种几乎被法律淡忘的状态转变为一个雇员拥有许多法律权利,并且其法律关系在某些重要方面得到制定法规则精细调整的法律部门。但是,这些权利一般都是由特别设立的裁判所负责施行的,而不是由普通法院来保障的。② 英国学者对于非经法院通过法律保障的权利还心存顾忌,此处即是一例。但据此得出这些通过裁判所实施的权利保障行为不能提起进一步的司法审查的结论,恐怕没有哪个英国学者心里觉得踏实。

将社会立法运用到英王的雇员方面并不是当代的新生事物。早在1911年,国家社会保障系统在其创立之初就覆盖了英王的雇员。③ 1976年的禁止雇佣中的种族歧视的《种族关系法》也对英王有拘束力。④ 其他

---

① Wade & Forsyth, p.69.
② Wade & Forsyth, p.71.
③ 1911年的 National Insurance Act。
④ Wade & Forsyth, p.71.

三个赋予英王雇员重要权利的法律是:1970年《同工同酬法》,1975年《反性别歧视法》(Sex Discrimination Act)和1998年《为公共利益披露信息法》(该法不适用于安全部门或者武装部队中的英王雇员)。最后一部法律保护那些揭露本人受雇部门的刑事或者其他违法或者不当行为的检举揭发者,使其免受雇主的打击报复。①

1996年《就业权利法》(Employment Rights Act)中的绝大多数权利都平等地适用于英王的雇员,但正如一般人可以预料到的,该法有一个例外,就是解雇前的最短通知期限的排除。② 这意味着可以随时解雇雇员,这与前面提到的英王有随意解雇员工的权力是吻合的。

对英王雇员在普通法上的法律地位的最根本改变,是赋予他们对不公正的解雇说不的权利的制定法规定,这一规定首先于1971年付诸实施③,后规定在1996年《就业权利法》中。根据该法的规定,一旦英王的雇员服务满一年的试用期,他们就享有了因不公正的解雇而取得赔偿的权利。赔偿金要按照一套复杂的算法估定,主要根据雇员的年龄、服务年限及周薪。对一位资深雇员的赔偿金大致是一至二年的年薪。④

雇员应先向一个就业裁判所提出申请,此后可以进一步向就业上诉裁判所上诉,然后可以就法律问题诉诸上诉法院,最后还可以向贵族院上诉。⑤ 考虑到就业裁判所及就业上诉裁判所的两裁,以及后续的上诉及再上诉,公务员的申诉就有四个审级。这样做的目的不完全是为了纠错,更主要是为了分配案件的需要,因为这种案件非常多。而且这些裁判所并不只受理来自公务员的裁决申请,因此,负责一审的就业裁判所的数量比较多,绝大多数案件也由其处理。因这些裁判所在法律方面不够专业,当事人对裁判结果不服的还可向就业上诉裁判所申请二裁,对于二裁的法律问题还可以再上诉至法院,到了这里才涉及严格的法律问题,但案件已经非常少了。

在某些情况下,裁判所可以作出复职或者重新雇用的命令,但是不执行该命令的唯一后果仅仅是支付赔偿金。这就避免了要求政府收回成命的可能,从而不会危及英王可以随意解雇员工的权力。上述规定普遍适

---

① Wade & Forsyth, p.73.
② Wade & Forsyth, p.72.
③ 是指1971年《工业关系法》。
④ Wade & Forsyth, p.72.
⑤ Wade & Forsyth, p.72.

用于英王的文官,但不适用于军队。①

总之,如果解雇是不公正的,被解雇的公务员可以获得赔偿金,即使并没有构成违反合同。② 这样一来,救济范围就大了。因为对于一般的合同关系,只有违约时才会有赔偿。但仔细想来,此处的关键不是救济的范围,而是要避开对这种解雇是否构成违反合同的结论,避开英王与其臣仆之间的雇佣关系是合同的论断。这种做法具有典型的英国法的特点:形式或者名分比实质更重要。

制定法的规定使公务员得以受自然公正原则的保护,包括听取其本人抗辩的权利。因为,如果解雇违背了自然公正原则,就是不公正的解雇。但是制定法谨慎地避免就英王雇员是否有雇佣合同的问题表态,为此,它用心良苦地将雇佣合同这一通用语变换成英王的雇佣。③ 这反映了英国立法者好辩的一面,这样评价并不含贬义,而是多少带有一点赏识。这不完全是英国立法者的特征,而是英国法律界共有的特征。

此外,雇主也可以同工会签订替代性的"解雇程序协议",如果国务大臣觉得该协议能够在总体上为不公正的解雇提供与上述法律所规定的一样优惠的救济的话,可以批准该协议。④ 这种变通制定法的方式,也是一种新鲜事物,当然,其前提是国务大臣觉得该协议能够提供与制定法一样的救济。但话又说回来,如果是这样,那又何必签订这样的协议呢?这样做的主要目的是使解雇的后果更加明确。这当然是出于雇员方面的需要,因为他们更希望自己的处境能够明确化,特别是在被解雇后处于相对不利的地位,那时再去寻求救济,不如在他们有谈判资格时考虑到可能的后果。

1972年,一个处理对不公正的解雇或者提前退休的不满的公务员申诉委员会成立了,国务大臣基于与《就业权利法》的立法宗旨相同的目的批准了该委员会的成立。该委员会负责案件审查。尽管英王雇员制度已经受到社会及劳工立法的深刻调整,但是令人惊讶的是其法律基础仍然是不规范的。虽然公务员现在可以就不公正的解雇寻求成文法规定的救济,但是他们的诸如保有其职位的权利、取得报酬的权利等涉及平等就业

---

① Wade & Forsyth, p. 72.
② Wade & Forsyth, p. 72.
③ Wade & Forsyth, p. 72.
④ Wade & Forsyth, p. 72.

的基本法律权利的落实,仍然悬而未决。公务员的服务条件仍是介于确定与不确定之间的奇怪混合物。另外一个不正常的地方是,至少从众议院的议会行政监察专员特别委员会的观点看,英王雇佣问题不属于议会行政监察专员的管辖权范围,因此,英王的臣仆对雇佣事宜的不满,如对任命、调离、报酬及处分等的不满,议会行政监察专员无权调查。①

七、法律上的救济权

(一) 依雇佣合同条款获得的保护

没有救济就没有权利,但英国的公务员制度是一个例外。在其救济权利不断得到制定法明确保障的过程中,很难说公务员的职业保障是更充分了还是更不确定了。但无论结论如何,英国学者讨论公务员职业保障的着眼点,不是法律规定的公务员职业保障措施是什么,而是公务员职业状态受到威胁时其所能寻求的救济的程度。

尽管传统上认为公务员是基于英王特权而任命的,但是近年来,法院越来越倾向于认为公务员也可以得到雇佣合同条款的强制力保护。② 于是,英王作为最大的雇主,也要承担普通民事雇主所应承担的责任,从而取消了英王在公务员雇佣领域的特权。

在相当长的一段时间里,司法界不愿意就公务员的雇佣合同作出针对英王的哪怕是关于金钱的判决,这一态度在1943年的一个判决中达到了极致:英王雇用的人甚至没有追讨欠薪的合同法上的权利。③ 一位被派驻印度的公务员④未能根据分居令的要求向他的妻子支付分居期间的赡养费,其妻子遂希望通过扣押令代位取得其应得的欠薪。但是只有法律上应当取得的债权才可以代位求偿,而英王一方所持的观点是,由于原告之夫不能就支付欠薪起诉,这在当时的法律上还不是其应当得到的救济,因此作为与其夫有债务关系的债权人,妻子也不能代位取得此款项。类似这样的判决,如同解雇案件的判决一样,法院似已下定决心,要将英王与其臣仆的合同因素减少到几近于无,从而得出根本就不是合同的结论。⑤

---

① Wade & Forsyth, p. 73.
② Bradley & Ewing, pp. 272-273.
③ Wade & Forsyth, pp. 69-70.
④ 当时印度尚未独立。
⑤ Wade & Forsyth, p. 70.

但是这种观点已经不再正确了。虽然枢密院早在1895年及1934年即暗示,不适当地解雇公务员也可获得合同法上的救济,但在此很久之后的1970年,枢密院才认可斯里兰卡(Ceylon)的法律可以允许公务员为增加工资而起诉英王。1988年,一个分庭法院认为,宪法上并没有限制英王与文官之间的雇佣合同。态度更为积极的则是1992年的一个判例,法院认定文官与英王之间有雇佣合同。① 通过这一演进过程的描述,我们可以发现英国是如何在这样一个细小的问题上小心翼翼、羞羞答答地走向对英王合同义务的承认的。

尽管如此,由于法院仍然清晰地表明,公务员仍可能被随意地解雇,因此,上述认定除了赋予公务员就欠薪提起诉讼的权利以外,并没有赋予公务员更多的权利。② 法院并不愿意否定传统的认为公务员是基于英王的恩宠而保有其位的观念,这一观念对公务员来说意味着,英王可以随意解雇公务员,但公务员不会因英王的错误解雇而得到任何普通法上的救济。因此,即使认为公务员的雇佣关系是基于合同的约定,该合同条款的拘束力也将受到英王解雇其臣仆无须告知理由的特权的限制。③ 可见,尽管通过法院的解释可以赋予公务员以普通法上雇员的身份,但由于其雇主在普通法上的特殊身份,即可以不遵循制定法加之于一般雇主的程序性要求,如事前说明解雇理由等,公务员的职位保障仍然难以到位。

(二) 制定法的保障

英国当代对于公务员职位的保障体制的根基,是建立在制定法基础之上的。正是基于制定法,公务员才享有了基于雇佣合同而取得的对雇员的保护,并因此而具有了通常意义上对于不正当解雇提起诉讼的权利。而且,英国公务员还可能通过内部程序对不公正的解雇提起申诉,并可最终上诉至公务员上诉委员会(Civil Service Appeal Board),该委员会独立于涉案公务员所在的中央政府部门。对该上诉委员会的决定还可以再提起司法审查。④ 虽说公务员的上诉程序基本上是内部程序,但最终都可能通过对内部最终裁决的司法审查而使其外部化。而所谓的内部最终上诉程序,是就内部程序而言最高或者最终,不是就外部程序而言的。

---

① Wade & Forsyth, p.70.
② Wade & Forsyth, p.70.
③ Bradley & Ewing, p.273.
④ Bradley & Ewing, p.273.

受到解雇或者提前退休威胁的公务员可以有两年的期间向公务员上诉委员会上诉,因为公务员已经在制定法上被赋予免予不公正解雇以及其他有利于雇员的法律地位。① 尽管法官认为英王仍拥有对雇员的特权,但是由于制定法授予雇员抗衡这些权力的制定法上的权利,按照有关英王法律地位的理论,英王特权不得与制定法的规定相抵触。

许多制定法还赋予当事人从拥有将其成员开除权力的各类职业团体的裁判所向枢密院司法委员会上诉的权利。如1983年《医事法》(Medical Act)、1984年《牙医法》(Dentists Act)、1993年《正骨医师法》(Osteopaths Act)及1994年《按摩师法》(Chiropractors Act)均有此类规定。② 这些规定所确立的救济类似于对公务员的救济。之所以介绍这些,是因为这些规定所涉及的问题在我国要么属于行政许可(如执业医师资格),要么属于事业单位的人事关系,都多多少少与行政法沾边。

据英国学者介绍,在法院提起的对涉及公务员雇佣方面的英王特权的挑战,大都不成功。③ 目前能做到的仅仅是可以挑战,但不一定成功,表明法院还是不太愿意承认可以在这一领域挑战英王特权。这与法院希望公务员通过私法渠道以雇佣合同违约为由寻求救济的出发点有关。

除了对最高级别的官员以及个别案件,有关报酬水准及就业待遇方面的纠纷是通过惠特利协议会(Whitley councils)的机制解决的。该类协议会得名于1917年的惠特利委员会(Whitley Committee)的报告。在国家和部门层级上都设有惠特利协议会,它们的工作机制类似于劳资谈判,并根据这种机制确立了资方(政府方)和劳方(文职职员协会)的代表。如果不能达成协议,可以到公务员仲裁法庭(Civil Service Arbitration Tribunal)进行仲裁。④

值得注意的是,制定法的规定产生了另外一种意想不到的效果:在新的案件中,英王一方反而努力寻求确立雇佣合同的存在,因为如果公务员的任命是通过合同确认的话,那么法院将会禁止公务员寻求司法审查。这对公务员来说是不利的。例如,如果公务员在被雇用期间的待遇发生变化,不能寻求司法审查。当然,英国现行公务员管理体制要求公务员必

---

① Wade & Forsyth, p. 53.
② Phillips & Jackson, p. 337.
③ Bradley & Ewing, p. 257.
④ Wade & Forsyth, p. 53.

须通过合同接受此类被雇用期间待遇上的变化。但这只提供了象征性的保护,因为如果公务员不接受这些待遇上的变化,他就可能被随意解雇。正因为如此,韦德爵士感慨道:只有在令人莫名其妙的王权世界才会出现为雇员建立迄今尚未存在的法律权利,反而会预示着对公务员的雇佣关系的实际保护减少的怪象。事实上,在分散公务员系统(包括执行机构)中的管理责任的利益驱动下,政府已经在1995年开始采取了规范其与资深公务员的合同关系的举措,并且已经公布了一份标准合同的草稿。这些变化不太可能加强对公务员的法律保障,却可以导致对公务员更有效的管理。① 这多少印证了前文提到的一种说法,即在传统的非成文的英国公务员体制中,公务员实际享有的保护要比法律字面上所表现的充分,真正应当抱怨的不是公务员缺乏保障,而是过分保障。

第四节 公务员的经济地位

这个议题主要包括三个方面的内容:

一是公务员的职务保障及相关法律问题。这主要涉及两方面:一方面是公务员职业保障与公共利益存在潜在冲突的可能性,另一方面是劳工立法与公务员职业保障的关系。先讨论公务员待遇与公共利益的冲突,是因为这在我国还没有引起真正的重视,而在英国学者看来这却是一个确立主仆关系的根本问题。两方面的问题都涉及法律问题,主要是公务员的法律地位问题,上一节已经讨论了。

二是公务员的待遇。这个问题最应当讨论,但英国学者讨论得最少。因为这是最不容易出问题的,或者说已经不再是英国公法关注的焦点。

三是公务员的经济利益及相应限制。这也是一个我们没重视的问题。许多见不得人、有人怀疑但被有效封停在有限怀疑阶段的问题,都与公务员的经济利益有直接的关系。看了英国在这方面所费的心思,读者或许会明白,英国人多年来在将绅士培养为公务员或者将公务员培养为真正的士绅方面确实也没闲着。

一、公务员的付酬原则

总体而言,并没有专门适用于公共部门报酬方面的特殊原则;适用于

---

① Wade & Forsyth, p.71.

雇佣及解雇方面的原则，不能包括在适用于所有公共决策的普遍原则之中。普遍适用的公务员付酬原则包括：适当和比例、正当目的、全面的法定良好行为规范、信托义务、自由裁量权行使的受益人与公共开支的提供者之间的利益平衡等。① 显然，这些原则并不是行政法的一般原则，而是行政合理性原则的某些具体表现形式。

二、同工同酬

英国 1975 年《反性别歧视法》(Sex Discrimination Act)对 1970 年《同工同酬法》(Equal Pay Act)进行了实质性修订。② 这一立法技术是根据特别法优于一般法的原理设计的，特别法通过后，与其相关的一般法中与该特别法对应的内容作出相应调整，旧的一般法仍然有效，二法并行不悖。

1975 年《反性别歧视法》赋予不同性别但从事相同种类工作的雇员以平等条款就业的权利。这一规定相应地变成每一雇佣合同中的如下条款：雇员不应当因性别而被给予比其他人更为不利的待遇，此即所谓的"平等权条款"。这一表述与国人熟悉的 WTO 规则中国民待遇原则的表述结构完全相同，可以称之为性别平等待遇原则。

对于雇员的歧视既可能是直接的，也可能是间接的，即不仅指直接的性别歧视，也包括那些根据表面上与性别无关、但实际上是根据与性别歧视有关的客观事实造成的区别而确立的标准，从而导致基于性别的区别对待的条款。对违反性别平等原则的行为提起申诉的适当机构是工业裁判所(industrial tribunal)。③

三、法定基本收入

法定基本收入涉及公务员的基本薪资待遇。

表面上看，地方政府机关的行政官员是按照地方政府机关认为合适的条款任命的，其中包括报酬条款。但正如 1983 年的 *Pickwell v. Camden LBC* 一案中法院所裁定的，报酬必须是由地方政府机关决定的合理

---

① Andrew Arden, pp. 380-381.
② Andrew Arden, p. 382.
③ Andrew Arden, p. 382.

报酬①,而不可能像其表面上看起来那样随意。

地方政府机关所支付的报酬既不能太多以至违法,也不能涉及不相关的因素或者为了不适当的目的。在 1983 年的 *Pickwell v. Camden LBC* 一案中,法院认为,在报酬方面最重要的 1925 年的 *Roberts* 一案中所涉及的报酬支付是违法的,因为支付工资的权力在实质上被用于给职员送礼了。这样,1983 年的 *Pickwell v. Camden LBC* 一案实际上推翻了 1925 年的 *Roberts* 一案所确立的原则。有人指出,今天的法院不会再作出 1925 年的 *Roberts* 一案的判决了:当时的法院支持了地方议事会成员通过支付最低工资而为其雇员谋取超额报酬的做法,因为该最低工资比当地从事类似工作的其他人所获得的一般报酬要高。②

四、法定额外报酬

法定额外报酬涉及公务员基本薪资以外的合法收入。

地方政府机关可以支付比谈判委员会建议的数额更高的报酬。③ 此处的谈判委员会是一个由作为雇主的地方政府机关联合组建的与作为雇员的行政官员所组成的工会之间进行谈判的机构。该机构谈判的结果是向地方政府机关提供一个建议性的报酬参考系。地方政府机关可以在此参考数额之上支付报酬,但却不能在此之下支付。

地方政府机关还可以支付额外报酬,如在某些必要的情况下支付罚款等。④ 从这个表述看,地方政府机关确实可以在实际上承担雇员支付的罚款,但这在英国有明确的定性,即付款的主体仍是地方政府机关的雇员,不是地方政府机关,地方政府机关是以支付额外报酬的方式转而承担雇员应付的罚款。

原则上讲,地方政府机关不能为多余的服务支付额外的报酬,但却可以本着多劳多得的原则为额外的劳动支付额外的报酬,虽然这些额外劳动只能在事后才能计算清楚。在 1934 年的 *Re Mopth* 一案中,地方政府机关的用车津贴包干的做法就被法院认定为违法,理由是该做法没有基于对实际开支的准确评估。⑤

---

① Andrew Arden, p. 381.
② Andrew Arden, p. 381.
③ Andrew Arden, p. 384.
④ Andrew Arden, p. 384.
⑤ Andrew Arden, p. 384.

地方政府机关也不得支付额外的报酬以吸引其行政官员离开其服务岗位；而英国目前的做法仍是通过地方政府机关核发的工资吸引人们到地方政府机关工作，对此，并没有违反禁止吸引地方政府机关行政官员辞职的类似规定。①

五、教师工资

在英国，教师属于公务员（主要是地方公务员）。教师的绝大多数报酬是由国务大臣根据制定法确定的审查机构的建议决定的，国务大臣在作出此类决定时可以将工资支付问题提请这些审查机构提出意见。除此之外，未经通知并接到国务大臣的授权，地方教育职能部门或者其他任何人均不得增加任何有关雇员的报酬。② 可见，英国教师工资由中央政府买单、由地方政府付账，但从这一点断言教师属于中央政府公务员未免有些武断，按照同样的道理推断地方政府就是中央政府的派出机构，就抹煞了英国地方自治的传统，要照顾英国人特别是英国学者对他们体系的真实传统的美感。

六、劳资谈判

地方政府机关的所有雇员都受《地方政府全国良好行为规范》（National Code of Conduct）的拘束，该规范通常包括地方政府机关行政官员的就业条款。③ 除某些例外，地方政府机关雇员的工资在实践中是通过谈判敲定的。至少有40个联合谈判委员会提出确定适当的工资标准的建议。当然，地方政府机关在行使其确定合理的工资水平自由裁量权时，并不受这些建议的拘束。这些建议的唯一功能是可以并且只可以在地方议事会成员研究雇员的工资标准时，作为确定目标合理性的参照。地方政府机关支付的工资超过全国协定的水平，并不必然导致越权无效。④ 这告诉我们，英国的地方政府雇员是可以与作为雇主的地方政府就其任职条件，特别是工资进行谈判的，谈判的形式是通过双方各自组织工会进行集体谈判。地方政府机关一方的此类组织是地方政府资方委员会（Lo-

---

① Andrew Arden, p. 384.
② Andrew Arden, p. 383.
③ Andrew Arden, p. 345.
④ Andrew Arden, p. 381.

cal Government Management Board），就是协调参与谈判的各地方政府机关的立场的机构。

七、公务员的雇主

1972年《地方政府法》（Local Government Act）第112条第1款规定，地方政府机关有权任命其认为履行其职能所必需的行政官员。① 从普通法上讲，地方政府机关作为雇主与其他人或者由其他人组成的组织没有什么区别，但从公法角度讲，因为地方政府机关是公法组织，反而要受到一些额外的限制，即制定法对其解雇行为的特殊限定。由此可以看出英国的公法与普通法的区别，公法组织要额外地受到相较于普通法主体更多的限制。

尽管地方政府机关作为雇主在解雇其所雇用的人员时与同为雇主的任何人具有同样的法律地位，但仍有一些区别②：① 制定法上禁止解雇某些行政官员；② 地方政府机关可以支付给自愿终止雇佣合同的行政官员的费用总数是有规定的，因而不能支付得太多以至鼓励官员们离开（也就是说，英国所有的雇主都可以通过支付自愿离职费的方式，请雇员自动离职；但对于作为公法机构的地方政府机关而言，不能如私人机构那样自由，以避免地方政府机关出价太高，造成地方政府机关的行政官员流失太多）；③ 由于地方政府机关普遍对司法审查很敏感，有时会出现某一雇员援用司法审查的管辖权以阻止地方政府机关继续将某一解雇程序进行到底。这至少说明了两个问题：一是对英国地方政府机关的解雇行为是可以提起司法审查的；二是英国地方政府机关一般是比较害怕司法审查的，一旦解雇某一官员的程序启动后，该官员提出或者威胁提出司法审查，通常会起到促使地方政府机关收回成命，不再继续推进解雇程序的效果。因此，英国学者将司法审查程序的启动作为限制地方政府机关解雇权的一种事由。

多年来，地方政府资方委员会作为地方政府参加的雇主组织，负责协调地方政府雇员工资谈判机构中雇主一方的事务。Management有两种译法：一是管理，这是通常的用法；二是资方。笔者采用地方政府资方委员会的译法，主要是从此处其所扮演的角色着眼的，该组织在地方政府佣

---

① Andrew Arden, p. 349.
② Andrew Arden, p. 345.

工谈判活动中负责协调地方政府一方的立场。从有关英国地方政府的资料看，该机构不承担任何对地方政府机关的行政事务以及地方公务员实施管理的职能。

地方政府资方委员会是此前承担类似职能的如下四个机构的融合体：地方政府机关雇员任职待遇咨询委员会、地方政府雇员培训委员会、地方政府机关内部管理与计算机服务委员会以及地方政府机关资方委员会。① 从作为地方政府机关资方委员会前身的几个机构看，其总的职能不限于代表地方政府机关参加劳资谈判（如还有培训职能）。

此处提供的另外一个信息是地方政府雇员可以与地方政府就其任职条件进行谈判。还有一个额外信息是，地方政府机关可以相互组织社团，即地方政府机关作为一个制定法拟制的法人，也有自己的结社权。对于这一点，更明确的支持依据是下面提到的地方政府机关联合会。但是，需要注意的是，英国法不会明确规定："地方政府机关作为一个制定法拟制的法人，有结社权。"结社权是一项宪法性权利，任何自然人或者法人都是当然拥有的，除非议会法律或者普通法对此有例外的规定，对于地方政府机关没有这样的例外规定，因此其享有结社权。

地方政府资方委员会由地方政府机关的联合会以及地方政府就业待遇谈判机构的雇主一方共同任命。地方政府资方委员会还与其他类型的雇主保持联系，提供其他类型雇主所签订的雇佣合同中有关任职待遇等信息，并为地方政府机关作为雇主参与谈判的机构提供综合秘书服务。

从1999年4月1日开始，地方政府机关资方委员会为以下两个机构所取代：一个是地方政府机关可持续发展代办处（Improvement Development Agency for Local Government），该代办处承担了原地方政府机关资方委员会享有的培训职能。② 将Improvement Development译为可持续发展，原因即在于此，准确地说，应当是继续教育培训委员会。另一个机构是地方政府机关雇主组织，该组织承担了原地方政府机关资方委员会所享有的包括就业合同谈判和咨询在内的职能。③

---

① Andrew Arden, p. 382.
② Andrew Arden, p. 382.
③ Andrew Arden, pp. 382-383.

八、公务员工会

在英国,公务员享有加入工会并参与工会活动的一般性的雇员权利。[①] 公务员有组织工会的权利,而且公务员工会与政府的关系,与劳资双方之间的关系并没有本质区别,法院也在许多案件中支持工会作为公务员权利维护者的法律地位。例如,1985年的政府通信指挥部(GCHQ)一案中,法院确认了政府在调整公务员的待遇之前咨询公务员工会的惯例;除了国家安全方面的事由以外,法院认定在政府取消政府通信指挥部的职员参加公务员工会的权利之前,公务员工会具有被政府咨询的合法性期待。[②] 政府通信指挥部案的意义在于:通过一个案件,赋予英国公务员体系中数百年相沿成习的做法以法律上的强制力,也就是使习惯法状态下的整个公务员制度成为一种法律制度。

职员工会与政府谈判而使入会职员取得参加政治活动的更大自由[③],可以说是职员工会功能的另一个体现,说明它们的角色不限于为会员争取物质权益,而是全面维护入会职员的各种利益。职员工会有很多,不同层级和不同类别的公务员分别归属于不同的职员工会,而且也不再限制这些职员工会与行政机关外部机构的关系,即使职员工会支持政党也没有关系。[④] 也就是说,由公务员组成的职员工会可以支持政党。这个问题事关公务员的政治独立性问题,其核心在于,公务员是否可能通过其工会性质的组织与政党建立间接的关联?因为不同的政党可能会对不同层级、不同种类的公务员的待遇产生不同影响,因此,通过这些专门为谋取自己待遇的改善而成立的工会性质的组织支持某一政党的活动,并不妨碍每一公务员在其履行职责时的政治中立。

在地方政府机关的重组过程中,国务大臣根据相关的议会立法而负有创建一个职员委员会的义务,该委员会的职责是就涉及在职职员分流及重组将影响到地方政府机关对其行政官员的偿付等问题时提供建议。除此之外,1972年《地方政府法》包含了关于设立咨询机构的规定,并且要求,如果该咨询机构认为某一既存的地方政府机关同意或者打算同意

---

① Wade & Forsyth, pp. 53-54.
② Bradley & Ewing, p. 724.
③ Wade & Forsyth, p. 57.
④ Wade & Forsyth, p. 53.

的支付水平,高于从全国公认的标准看比较适当的工资支付水平,该机构应当将这一事实通知该地方政府机关,同时建议确定一个适当的工资支付标准。① 与前文雇主一方成立的地方政府资方委员会相对应,职员委员会是公务员待遇谈判活动中另一方的组织。但从英国学者介绍的情况看,该委员会并不完全为雇员说话,而是从中立的立场公正地提出建议,代表雇员参加地方政府机关的雇佣合同集体谈判的,不是这个仅具有咨询性质的机构。

九、失去职位的补偿

失去职位的补偿在一定程度上反映了一个国家公务员的社会地位。在英国,对于失去职位的地方政府机关雇员有多条制定法规定的补偿渠道。前文提到的1996年《就业权利法》第135条确立了获得冗余补偿金的制定法权利。除此之外,1972年《退休金法》(Superannuation Act)第24条允许国务大臣制定条例,就补偿失去职位者,或者因此而失去、减少收入者以及条例规定的其他情形者的养老金、津贴及补助等作出规定。根据这一授权分别制定了1982年《地方政府(提前退休补偿)条例》,以及1984年《地方政府(冗员及提前退休补偿)条例》。在伦敦,类似的补偿款项也可以根据1921年《伦敦郡议事会(一般权力)法》的规定支付。上述规定均包括此类补偿的最高限额的计算公式。②

如果某一地方政府机关行政官员的雇佣期在其50岁前终止,则在其去职补偿中将不会包括退休养老金,只有当地方政府机关雇员因裁减冗员而被解雇时已经年满50岁者,才有权获得提前退休养老金的福利。③

对于"为提高行政效率"这一裁冗目的的表述,并没有制定法上的解释。④ 英国学者认为,对于该表述是否涉及因某雇员不适应(无论何种原因,包括能力不强)而被解雇,还是该术语只与部门重组等事由有关,仍需要进一步研究。⑤ 当然最值得注意的是,对于裁冗的侧重点,从中国视角考虑这一问题的思路,是裁减冗员的规定,而不在于裁减后的待遇、补偿等,英国的思路显然更侧重于被裁减者福利待遇的保障。

---

① Andrew Arden, p. 383.
② Andrew Arden, p. 389.
③ Andrew Arden, p. 389.
④ Andrew Arden, p. 389.
⑤ Andrew Arden, pp. 389-390.

十、机构重组的补偿

机构重组的补偿类似于分流情势下的补偿。

1972年《地方政府法》要求部长制定条例,就因该法及其委任立法的规定而遭受停止雇用、丧失或者减少薪资的困难者的补偿金支付作出规定。1985年《地方政府法》同时对因废除大伦敦议事会及大城市郡议事会所造成的地方政府机关雇员的分流及补偿作出规定。因该法及任何根据其授权制定的委任立法的规定而遭受停止雇用、丧失或者减少薪资的困难者,都有权获得补偿。1992年《地方政府法》和1994年《地方政府(威尔士)法》中也有类似规定。①

十一、退休补助

英国公务员的退休补助有充分的保障,无论选择或者事实上必须适用哪种退出机制,都有相应的福利待遇予以保障。

(一)养老金

1972年《退休金法》(Superannuation Act)第7条授权制定条例,以赋予受雇于地方政府机关者获得该条例所规定的养老金、津贴或者补助的权利。当时的养老金计划包含在1997年《地方政府养老金计划条例》(Local Government Pension Scheme Regulations)中。②

拥有制定法设定的养老金资格者,一旦达到正常退休年龄,就有权获得退休养老金以及在其退休时一次性支付的退休补助金。正常退休年龄是指:如果在1998年4月1日前不是该养老金计划的成员(1998年4月1日后入会者),则为65岁;如果已经有25年的会龄,则为60岁;如果在60岁至65岁之间会龄达到25年,则为达到该年限之日;除以上情况之外,均为65岁。③按照这一规定,加入养老金计划的时间早,退休年龄就可以早,但最早也不会早于60岁。但是,加入养老金计划晚的,退休年龄并不会无限期延后,最迟也不会晚于65岁。英国也搞所谓的新人新办法,即1998年4月1日后加入养老金计划者,退休时间延长至65岁,而此前入会的,则依其加入时间的早晚,如果在60岁之前入会满25年,仍

---

① Andrew Arden, p. 390.
② Andrew Arden, p. 387.
③ Andrew Arden, p. 388.

可以在 60 岁退休。当然最抢眼的是，在英国法中，早退休是一种奖励。

（二）养老金支付的一般要求

如果上述任何福利未在相应的期间内支付，则在截止日期后，应当支付利息。①

（三）特殊情况下的养老金支付

去世的养老金计划成员，视情况向其私人代理人支付死亡补助金、向其仍在世的配偶支付配偶补助金、向其遗孤支付孤儿补助金。②

（四）程序

就包括地方政府机关在内的雇主方面而言，并没有义务就如何最大限度地行使养老金权利对其雇员提出建议；当然，如果地方政府机关愿意就此对其雇员提出建议，其所提建议也不应当成为认定其不良行政的把柄。③ 否则，地方政府机关好心为其雇员提供的建议反而成为其不良行政的口实，这显然不利于鼓励作为雇主的地方政府机关从其雇员的利益出发，为雇员设计最佳的养老金方案。但从制度博弈的角度看，正因为作为雇主的地方政府机关可以不对此类建议承担不良行政的责任，即使其建议不符合养老金政策的规定，没有最大限度地维护雇员的养老金利益，甚至实际上损害了雇员应得的利益，除非其有其他的违法行为，否则不能据此追究其不良行政的责任。如此一来，不免使地方政府机关此类建议的价值因建议人不对该建议负责而大打折扣。

（五）救济

针对养老金发放决定提起的申诉分两个回合：先向一个行政管理机构指定的解决争议的委员会提出；如对该委员会的决定仍不服，再向国务大臣提出。④

十二、职业养老金计划的会员资格

在英国，职业养老金计划的会员资格门槛非常低：除某些例外，地方政府机关的所有雇员以及某些其他机构的雇员，都纳入该职业养老金计划所覆盖的范围内。适格的雇员可以加入另一制定法规定的养老金计

---

① Andrew Arden, p. 388.
② Andrew Arden, p. 388.
③ Andrew Arden, p. 386.
④ Andrew Arden, p. 389.

划,但适格雇员的年龄不能超过上限。这表明,英国制定法对于雇员在同一时间加入两个及以上的养老金计划是有限制的。同时,尽管地方政府机关雇员加入的养老金计划的根据是制定法,但雇员主张其养老金的权利却是一项基于雇佣合同产生的私法权利,相应的,该权利的实现可以通过在民事法院提起诉讼的方式实现,如 *Hutchings v. Islington LBC* (1999)一案。①

申请加入职业养老金计划的雇员通常必须向其雇主提出书面申请。当然,在绝大多数情况下,雇员在受雇时即被视为已经提出了此项申请,除非其在开始其雇佣工作之前以书面形式声明不参加该养老金计划。②英国法运用于福利待遇的此项法律推定技术很值得借鉴,这一立法技术解决了这样一个问题,即如何认定申请福利及自动放弃福利的意思表示。正常情况下绝大多数人会选择对其有利的福利待遇计划,此时,如果要求其必须填写入会申请当然也是可以的,但从效率上讲,如果明知或者完全可以预知绝大多数人都会参加,那么要求每个人必须填写,就不如在法律上推定所有人都自动取得入会资格,仅以书面申请退出者作为例外。当然,此项法律推定技术只宜用于授益行为,如果是不利处分,则不能如此推定。这种法律推定是类似于无罪推定的有利推定,反之则是类似于有罪推定的不利推定。从举证责任的角度进一步分析,此项推定的结果是,将雇员未加入养老金计划的举证责任推给雇主,即雇主必须提供雇员提交的书面退出申请,才能证明雇主未将雇员纳入养老金计划的行为是合法的。否则,雇主就必须承担法律推定雇员自动取得养老金计划资格的一切法律义务,如代缴养老保险金等。

同样,个人也可以通过递交书面声明的方式,中途退出养老金计划;而且已经退出了养老金计划者也可以申请重新入会。③

十三、公务员的利益限制

英国的行政法学者似乎并不关心公务员的福利待遇问题,而是关心如何避免公务员的个人利益妨碍其从事伟大的事业。限制公务员的经济利益的措施包括:

---

① Andrew Arden, p. 387.
② Andrew Arden, p. 387.
③ Andrew Arden, p. 387.

(一)《公务员良好行为规范》的约束

在英国,部长要受到由首相负责强制执行的旨在确保部长不利用其公共职务便利谋取私人利益的行为道德准则的拘束。《公务员良好行为规范》还提醒公务员注意,不得不正当地利用其职位或者在其职务活动中接触到的信息,为本人或者其他人谋取私人利益。公务员也不得将自己置于一种使人有充分的理由相信将会影响其个人判断或者人品正直的境地。①

(二) 刑法约束

公务员要受刑法的完全拘束(没有任何豁免),特别是 1906 年及 1916 年《反腐败法》。②

(三) 内部纪律约束

公务员的内部纪律要求公务员不得从事与其所在的政府部门或者作为一名公共服务人员的职位存在利益冲突的职业;公务员也不能将自己置于一种使其为公共服务的职责与其私人利益相互冲突的境地,例如涉及股份或者土地等。③ 这些都是自律要求,其出发点的核心还是避免瓜田李下,不给自己找麻烦。这样的道德标准是很高的,而要保证如此高尚的道德标准的现实性,唯一的途径就是务必保证对公务员信息的公开。如果公务员所拥有的股票或者土地等私人权益没有足够公开,就不可能有效地预防上述情况的发生。因此,在英国,公务员的亲属关系或者其他可能产生利益共同体的关系,以及对于财产的持有等,具有相当的公开性,因为公务员应当向其工作部门报告任何可能与其在该部门中所从事的工作造成利益冲突的家庭或者商业利益。④

除此之外,还有严格的接受礼物或者款待的规定,因为礼物或者款待的收受可能会对公务员的判断或者人品正直构成影响。公务员的人品正直还受到业已建立的涉及赠予合同及处置剩余财产的程序的进一步保护,而违反此类规定的行为将受到总审计长的调查。⑤

(四) 议会行政监察专员的调查

对于公务员运用自由裁量权时存在偏私的申诉,将可能导致议会行

---

① Bradley & Ewing, p. 278.
② Bradley & Ewing, p. 278.
③ Bradley & Ewing, p. 278.
④ Bradley & Ewing, p. 281.
⑤ Bradley & Ewing, p. 278.

政监察专员的调查。① 调查的目的在于揭示公务员是否受前述可能影响其判断及人品正直的利益的干扰,以及这些干扰是否造成了行使其自由裁决权时的偏私,通过调查有可能发现造成这些偏私背后的利益因素。

公务员的人品正直方面的公共利益的需要,并不局限于公务员在位时,也可以扩大到其离职后的行为。②

(五)接受私营企业任命的规则的拘束

有关离职公务员接受私营企业任命的规则,充分地意识到了现实社会对于有经验的行政管理人员进入私营部门的强烈需求,但同时也反映了这样一种考虑,即不应当引起人们对这些任命的正当性的怀疑。③ 因为所谓的现实社会对于有经验的行政管理人员进入私营部门的强烈需求,可能仅仅是一种表面现象,其背后的动机可能是非正当的权钱交易的演化或者延伸,因此要加以规范。虽然这种要求本身更可能蕴含发挥这些行政管理人员特长的正当利益,但从公共行政角度考虑,这种要求的具体落实可能会侵蚀公务员的人品正直,意识到这种危害的言外之意就是要建立防范规则。当然,如果确实存在正当的对于退职公务员的强烈需求,肯定不是坏事,如减少国家在精简公务员队伍时的压力等。

对离职公务员接受私营企业任命的规则,为公务员在离职后的前两年接受此类任命设置了详细的审查。这些规则的目的既是为了"避免在将来获得某一公司或者组织的任命的可能或者愿望,对在职公务员提供的任何建议或者所作的任何决定的影响";也是为了避免某一公司通过此类雇用,谋取不正当的对于其竞争对手的优势地位的风险,例如,某公司拟在将来雇用一名前公务员,而该公务员在其未被雇用前履行职务期间,曾经接触过其竞争对手有正当理由视为商业秘密的技术或者其他信息,或者接触过与政府提议中的发展规划中与该公司或者其竞争对手有关的信息。④ 这种情况就是对离职公务员接受私营企业任命的规则所要限制的情形。

在绝大多数情况下,适用这些规则是不需要任何条件的,虽然在某些案件中需要一个等待的期间或者其他附加条件。整个过程是由接受私营

---

① Bradley & Ewing, p.278.
② Bradley & Ewing, p.278.
③ Bradley & Ewing, pp.278-279.
④ Bradley & Ewing, p.279.

企业任命咨询委员会（Advisory Committee on Business Appointments）监控的,该委员会是一个由首相任命的独立机构,其成员具有处理公务员与私营部门关系方面的经验。① 这里暗示了英国创设行政组织的两个主要方面:首先要有一个专门的机构,其次要有一个有经验的团队。

第五节　公务员的义务

有关公务员的义务方面,着眼点已经转移到公务员法与劳动法的关系,或者说劳资关系这一角度上。从本节内容可以看到,英国劳动法中雇主随意解雇雇员的权限涉及的范围还是比较广的,从雇员的角度看,则是其承担的根本性义务的内容非常普遍。仔细分析这些根本性义务的内容,不但可以从英国的法与道德体系中得到令人信服的佐证,即便从与之相差甚远的中国传统伦理分析,诚实服务、称职、服从雇主、不事二主、合理注意等,也都是一个士人或者君子(与之对应的则是英国的理性人)应当首先做到的。如此看来,在最根本的伦理道德基础上,各主要法律文化体系的共通之处还是主要的,从法律的实质渊源出发,这也是不同法律体系的相当数量的具体法律规范殊途同归的理性基础。

一、义务分类

英国法对于公务员义务的规定层次较多,在最基础的分类上,包括基本义务、财产申报义务、金钱利益披露义务、不收额外报酬义务、服从调遣安排义务、参与政治活动的限制义务、为公共利益披露信息的义务,等等。

其中的基本义务包括:服务的义务、称职的义务、谨慎的义务、服从的义务、诚实与忠诚的义务等。而诚实的义务又进一步包括:检举同事、不谋取秘密利益、保密、禁止竞争。

二、基本服务义务

所谓基本服务义务,英国法律学者称之为基本条款,即公务员雇佣合同中的基本条款。如同其他雇员一样,地方政府机关的雇员首先受其雇佣合同的约束。雇佣条款由地方政府机关决定。在普通法上,某些义务

---

① Bradley & Ewing, p. 279.

作为主仆双方关系的附属内容,属于雇员的当然义务。①

三、称职地谨慎服务的义务

（一）服务的义务

雇员有亲自为其雇主服务的义务。该义务不得代理或者委派。服务的义务不同于工作的义务(duty to work),但默认包含随时工作和愿意工作的要求。因病未能满足随时工作的要求,并不构成对服务义务的违反。罢工通常构成违反雇佣合同,但如果罢工者告知了雇主,则该告知可以被适当地解释为终止原雇佣合同,同时提出在改善工作待遇的条件下继续工作的要约。②

（二）称职的义务

雇员理所当然地默示承诺自己具有从事其被雇用的工作的适当能力。因此,不称职将构成违反雇佣合同,甚至可以构成随意解雇的正当事由。③

（三）谨慎的义务

雇员负有一项在履行其职务时保持合理注意的默示义务。同样,雇员严重地疏于此项义务的行为,也会构成随意解雇的正当事由。④

四、诚实忠诚地服从的义务

（一）诚实与忠诚的义务

英国法要求雇员向其雇主提供诚实、可靠的服务。为此,雇员必须诚实行事。雇员的不诚实行为通常将构成合法的解雇事由。⑤

（二）服从的义务

雇员应该执行雇主下达的合理指示,这亦属于雇佣合同的默示条款,当然,雇员并非必须遵从非法或者不合理的命令或者超出其雇佣合同范围的命令。⑥故意蔑视雇佣合同条款的行为,也是合法的随意解雇的

---

① Andrew Arden, p. 391.
② Andrew Arden, p. 391.
③ Andrew Arden, p. 391.
④ Andrew Arden, p. 391.
⑤ Andrew Arden, p. 392.
⑥ Andrew Arden, p. 391.

事由。①

例如,在地方政府机关的雇员的雇佣合同条款中,可以要求将其置于另一地方政府机关的支配下工作,但这只能是在征询过相关雇员的意见后才可以。②按照我们的一般理解,或许以为此处的征询意见只是一个程序性要件,而且英国行政法中的许多决策也要求决策机关咨询有关组织的意见,并且按此咨询程序要求作出的决策通常可以不受被咨询者咨询意见的左右。但就此处的征询意见程序而言,被征询意见的职员是否同意将具有决定性意义:如果他们不同意,一般不会派他们去,当然也并不是完全不可以强行派遣,但这要结合前文提到的变换职员工作的制定法要求的限制。职员也可以拒绝调派,甚至可以要求四周以内试工。可以想象,在严密的雇员权益保障的法律体系下,作为雇主的地方政府机关一般不会去惹这个麻烦,不会调派那些不愿意去的人。

地方政府机关的此项借调权力,可以延伸至将其职员派驻健康服务职能部门、特别健康服务职能部门或者全民健康服务信托基金。被如此安置的原地方政府机关的行政官员,履行所安置的新地方政府机关的职能,将以所安置的新地方政府机关的雇员对待,但就养老金及其他(如解雇、裁冗、伤害)意义而言,仍视为原机关的雇员。③

五、检举同事的义务

虽然雇员并没有义务披露自己的不法行为,但却负有检举同事的不法行为的义务。④

六、保密及为公共利益披露信息的义务

(一) 保密义务

雇员不得泄露其雇主的商业秘密(trade secrets)或者秘密信息(confidential information)。英国法严格禁止雇员利用雇主的商业秘密。在雇佣合同结束后,雇员可以带走那些其在被雇用期间获悉的秘密信息,但是不得带走那些为了在雇用结束后利用而在其被雇用期间特别记忆的秘

---

① Andrew Arden,p.392.
② Andrew Arden,p.393.
③ Andrew Arden,p.393.
④ Andrew Arden,p.392.

密信息,也不得带走那些记录这些秘密信息的载体。① 可见,英国法并不禁止雇员在被雇用期间了解并且掌握雇主的秘密信息,但是禁止为被雇用结束后利用的目的而强记雇主的秘密信息,或者将记录这些秘密信息的载体带走。此外,需要特别提醒的是,此处的秘密信息与商业秘密并列,显然,对于二者采取了不同的保护措施。

(二) 为公共利益披露信息的义务

1998 年《为公共利益披露信息法》(Public Interest Disclosure Act) 通过保护"适当披露"信息的雇员免受损害的规定,允许雇员实施那些在某些情况下应当视为维护公益的信息披露,这些规定是对 1996 年《就业权利法》有关规定的修订。② 对于此项义务,英国学者是将其作为公务员的一项权利介绍的,即公务员有权为公共利益的目的而违反其对雇主的保密义务。表面上看是权利,实际上却是雇员对公众所承担的一项义务,即在遇有此等情势时应当揭露雇主方面的信息,这种义务多少类似于揭发同事的义务。

1. 适格披露

适格披露是指任何实施该披露行为者有合理理由相信其行为将有助于以下信息的披露③:① 某一刑事犯罪已经实施或者将要实施;② 某人未履行法定职责;③ 司法不公已经发生;④ 某人的健康或者安全已经或者将处于在危险之中;⑤ 自然环境已经或者将要受到损害。

1998 年《为公共利益披露信息法》的这些规定不仅适用于享有 1996 年《就业权利法》规定的权利的雇员,也适用于虽不属于该法调整对象但属于合同或者分包合同一方的人。④ 这样无形中就将该法的适用范围扩大了,包括被第三人雇用并根据第三人与某人签订的合同而在某人处工作的人,即属于此处的合同一方。如受空调公司雇用,负责为该公司客户安装空调的工人,有可能在为该客户安装空调的过程中发现上述应披露的信息,该工人披露该信息的行为即受《为公众利益披露信息法》的保护。

2. 保护公益性披露

保护公益性披露包括两种类型:一种是为某人服务的工作人员(不限

---

① Andrew Arden, p. 392.
② Andrew Arden, p. 400.
③ Andrew Arden, p. 400.
④ Andrew Arden, p. 400.

于该人的雇员)基于善意向其雇主实施的一种适格披露;另一种则是在工作人员有合理的理由相信某一相关的损害公益的行为是由其雇主以外的某人的行为造成的,或者是由与其雇主以外的其他负有法定义务的人有关的事项造成的,该工作人员向其雇主实施的适格披露属于保护公益性披露。①

下列情形也属于保护公益性披露②:① 在获得法律咨询意见时所进行的披露。法律意见一般是由律师为工作人员个人提供的,而律师为了针对该工作人员所面临的法律问题提供客观、全面的忠告,必须了解该问题涉及事实的全貌,因此需要该工作人员提供相应的信息。英国法律服务业是受严格的个人信赖利益保护的,接受法律服务的人员向律师提供的信息不得作为对该人员不利的法律后果的证据,因此,与此相关的信息披露也就相应地成为1998年《为公共利益披露信息法》保护的对象。② 某雇员是根据任何制定法的规定而由部长任命的个人或者属于部长任命的一个机构,则该雇员出于善意而向英王的部长披露的信息,属于保护公益性披露的信息。③ 某工作人员基于善意,根据国务大臣发布的法令向某人披露信息,或者工作人员有合理的理由相信,不但某一相关的损害公益的行为属于国务大臣发布的法令中所规定的范围(因而可以进行保护公益性披露),而且所披露的信息或者由此得出的任何结论都是客观真实的。

此外,受公益性披露立法保护的适格披露还必须符合以下条件③:① 实施披露的工作人员出于善意;② 实施披露的工作人员有理由相信其披露的信息是真实的;③ 非为谋取个人利益;④ 符合1998年《为公共利益披露信息法》第43条G款第2项的规定。

1998年《为公共利益披露信息法》第43条G款第2项规定④:① 如果是向国务大臣制定的条例中规定的某人披露,则在披露时,实施披露的人有理由相信如果向其雇主披露,其将受到雇主的迫害;② 如果没有上述国务大臣制定的条例规定的披露对象,则工作人员有理由相信向其雇主披露后,与不履行法定义务相关的证据将被掩盖甚至销毁;③ 该工作

---

① Andrew Arden, p. 401.
② Andrew Arden, p. 401.
③ Andrew Arden, pp. 401-402.
④ Andrew Arden, p. 402.

人员先前已经向其雇主或者上述国务大臣制定条例规定披露的对象披露过实质内容相同的信息。

1998年《为公共利益披露信息法》确立了如何把握工作人员是否有理由相信其披露合理的标准①：① 披露的对象的个人身份；② 所披露的不履行法定职责的严重程度；③ 所实施的披露是否违反雇员对雇主的保密义务。

具备以下条件的适格披露，也可以受到保护②：① 该披露涉及特别严重的不履行法定职责的情形；② 实施披露的工作人员善意地认为该特别严重的不履行法定职责的情形是真实的；③ 非为谋取个人利益而为之；④ 披露人确实认为属于特别严重的不履行法定职责的情形，并且确实认为披露是合理的。

1998年《为公共利益披露信息法》在对1996年《就业权利法》的有关规定进行修订时还增加了新的内容：第47B条规定，工作人员有权不因其所实施的受保护的信息披露，而在其雇主掌控下受任何通过作为或者故意不作为方式所致的损害。③ 这一规定再次明确了对出于良知及公共利益而披露其掌握的其雇主或者其所服务的人实施的非法行为的义举的保护。披露人的范围比雇员要大，但其所受的损害最有可能来自其雇主，因此，该条对此作了特别强调。

实施了公益性披露的工作人员可以就其所受到的违反1998年《为公共利益披露信息法》第47B条规定的损害，向某一就业裁判所申诉，并可以根据1996年《就业权利法》第10条第2款规定的方式获得赔偿。此外，如果解雇雇员或者将其作为裁冗对象的原因或者主要原因是该雇员实施了受法律保护的信息披露，则对该雇员的解雇将被视为不公正的解雇。④

七、不谋取秘密利益及不收额外报酬的义务

（一）不谋取秘密利益的义务

雇员不得谋取任何秘密利益，一旦谋取了也必须向其雇主报告。雇

---

① Andrew Arden, p. 402.
② Andrew Arden, p. 402.
③ Andrew Arden, p. 402.
④ Andrew Arden, p. 403.

员还必须向其雇主移交任何为其雇主的利益而获得的信息,这包括在被雇用期间获得的任何发明和发现,除非双方在雇佣合同中有相反约定,这些发明或者发现都属于雇主所有。①

（二）不收额外报酬的义务

地方政府机关的官员除其固定报酬,不得接受任何酬金或者酬劳。违反这一原则将构成无须履行常规司法程序的轻罪,其最高刑罚为不超过标准刑罚表所规定的四级的罚金。②

与此相关的进一步规定涉及地方政府机关组成人员及行政官员的腐败问题,这些内容规定在 1889 年《公共机构腐败行为法》(Public Bodies Corrupt Practices Act)以及 1906 年和 1916 年《反腐败法》(Prevention of Corruption Acts)。③ 这两部法律年代久远,这也许就是为什么英国现当代宪法、行政法著作中鲜有讨论反腐败问题的原因。

八、财产申报与合同利益披露义务

（一）财产申报义务

根据制定法的规定而受雇于地方政府机关的所有官员,都负有如下义务:在其职务延续期间或者停职后 3 个月内,应当以作为其雇主的地方政府机关指定的方式,准备并向该地方政府机关提交一份真实的书面账目,该账目应当包括所有受其支配的金钱和财产、其收入和报酬,并附有支持其所申报内容的文件和记录,以及一份人员清单(该清单列明与该官员有金钱往来者,并列明每笔金钱往来的数目)。④

国务大臣可以就每个地方议事会成员可以获得的津贴总数或者每种津贴设置限额,并就地方政府机关公开本机关支付津贴情况明确作出要求。⑤

（二）合同利益关系披露义务

如果地方政府机关的某一雇员知悉其拥有金钱利益关系(无论是直接的还是间接的)的某一合同已经或者动议由其所服务的地方政府机关或者该地方政府机关的任一委员会签订,该雇员必须在实际可能的第一

---

① Andrew Arden, p. 392.
② Andrew Arden, p. 393.
③ Andrew Arden, p. 393.
④ Andrew Arden, p. 392.
⑤ Andrew Arden, p. 334.

时间,以书面形式将其在该合同中存在利益关系的事实通知其所在的地方政府机关。按照英国法院在其判例中的解读,此处的利益包括委托地方政府机关的官员根据工程造价监理建筑工程。如果根据1972年《地方政府法》第72条规定,地方政府机关的组成人员可以被视为具有间接的金钱利益关系,该地方政府机关的官员也可以同样被视为具有此种利益关系。①

必须遵循披露金钱利益的要求。非金钱利益关系,包括家庭、朋友关系,共同成员关系,或者与俱乐部、社团和其他诸如共济会、工会和志愿者组织等有关的因素而形成的关系,也应当给予与金钱关系同样的重视。②

地方政府机关的组成人员未能披露其利益关系的,构成轻罪,其最高刑罚为不超过标准刑罚表所规定的四级的罚金。③

九、禁止竞争的义务

雇员不得在被雇用期间与其雇主竞争,否则将构成被随意解雇的正当事由。④ 对公务员而言,这一点主要表现为不得兼职,本章第二节公务员的资格与录用中有关公务员的兼职部分重点讨论这一问题及相关的"双轨制"现象。这一点,从雇员的诚实义务中也可以推导出来,这种同时为雇主及自己谋利的行为的非道德性,只是我们没有将此类行为纳入不正当竞争的视野考虑,或者说我们当时的观念中没有竞争这个维度。

十、参政受限的义务

英国的公务员是事务官员,因此有参政受限的义务。详见本章第三节公务员的法律地位中有关参政受限的内容。

第六节 公务员的任命

本节的主要内容有关公务员任命的主体、权力、标准、程序、对象等,但也介绍了许多具体被任命的官员,如相对关键的受薪官员的首脑、首席财务官、监察官等;相对次要的其他官员,包括职能比较广泛的社会服务

---

① Andrew Arden, p. 393.
② Andrew Arden, p. 328.
③ Andrew Arden, p. 393.
④ Andrew Arden, p. 392.

总监、首席消防官、首席教育官、选举登记官、监选官等;也包括职能比较单一的官员,如农业分析师、公共分析师、度量衡巡查官、出生及死亡登记员,甚至抓狗员(Dog Catchers)等。

一、任命的基本权力

（一）任命普通官员

1972年《地方政府法》第112条第1款规定,地方政府机关有权任命其认为适当履行其职能所必需的行政官员。对于该法使用的行政官员(officers)一语的外延,英国国内也有不同的理解。对于该术语是否包括地方政府机关的所有雇员,英国学者认为确实是个问题;但英国学者同时指出,如果不包括地方政府机关的所有雇员,则雇用不是行政官员的职员的权力就只能由1972年《地方政府法》第三部分中引申出来,并作为一种附带的或者附随性的权力;在这个意义上,特别是考虑到地方政府机关所雇用的劳动力的规模,则该权力就是一扇通向某一重要职能的神奇后门(curiously back-door),并有可能改变社会对于地方政府机关雇员的态度。①

（二）任命志愿者(volunteers)

地方政府机关还享有任命志愿者的权力,尽管该权力也是引申性的,但其直接的程度可能比雇用非官员职员的权力更强一些。②

（三）任命特别官员

任命特别官员的权力和义务,除个别例外,都被1972年《地方政府法》废止了,有些例外也被废止了。③ 但是这些废止并不影响根据1955年《食品及药品法》(Food and Drugs Act)第89条的规定任命公共分析师,也不影响由地方政府机关任命以履行特别职能的其他人。④

被地方政府机关任命以履行某一特别职能的人,被称为该地方政府机关的相关官员(proper officer)。⑤ 这个词经常出现,此处算是给了一个令人满意的解释。但正如我国的立法技术一样,这样的称谓不是确指某一位官员,而是指某一类型的职位,正如国务大臣不是指某一特定的部长

---

① Andrew Arden, p. 349.
② Andrew Arden, p. 349.
③ Andrew Arden, p. 349.
④ Andrew Arden, p. 350.
⑤ Andrew Arden, p. 350.

一样。

二、任命主体与程序

(一) 任命主体

地方政府机关主要行政官员的任命至少在形式上必须由地方政府机关决定。当然,地方政府机关也可以通过改变程序的手段,将面试的职责委托出去,但只能委托给某一委员会或者分委员会,而不能再如一般行政官员的任命那样可以委托给行政官员。对于履行两个或者两个以上地方政府机关职能的主要行政官员的任命,也有类似的规定。①

(二) 任命程序

国务大臣可以要求地方政府机关制定规范职员任命、解聘或者纪律处分的程序,并可以在国务大臣制定的条例允许的范围内变通行事,制定或者不制定条例中规定的程序。② 地方政府机关可以变更程序,以便将起草职位要求说明、发布广告以及筛选候选人名单的职责委托给某一委员会、分委员会或者本地方政府机关的一名主要行政官员。③

地方政府机关必须公告职缺,并为任何申请该职位者复印对该职位条件的要求。地方政府机关要么对所有符合条件的申请人进行面试,要么将这些符合条件的申请人编入候选人名单。如果没有符合条件的申请人提出申请,地方政府机关必须重新发布广告。④ 找不到合格的申请人就只能反复发布广告,而不会降格以求。但这样的情况不会经常出现。英国地方政府机关雇员并不是什么太稀缺的职位,其资格条件也不会太高,普通的英国人基本上都可以满足条件,不太可能出现没有适格申请人的情况。英国方面考虑的因素与我们不同,经济实用恐怕是主要的出发点,如果当警察与当保洁员者的平均素质差不多,待遇也没有什么区别,会优先考虑经济性因素,即使从普遍就业的角度讲,也是如此。

三、任职资格与任人唯贤

(一) 丧失任职资格

不得任命地方政府机关的组成人员担任任何受薪官员:此处的受薪

---

① Andrew Arden, p. 357.
② Andrew Arden, p. 356.
③ Andrew Arden, p. 357.
④ Andrew Arden, p. 357.

官员是指具有任何工薪职务或者雇佣关系者,由地方政府机关或其委员会、分委员会、代表地方政府机关的联合委员会作出任命决定或者确认者,以及据此获得受薪职务或者聘任的行政官员又决定或者确认的其他受薪职位获得者。这些人既没有资格参加地方议事会成员的选举,也没有资格继续保有其地方政府机关的组成人员的身份。① 这便是英国地方行政管理领域最重要的混业禁止:没有当选地方议事会成员的行政官员不得再参加竞选,已经当选了地方议事会成员的必须退出。已经当选的地方议事会成员的退出完全在个人选择,因为其当选后再被任命担任行政官员时,是否接受任命,决定权在自己。

(二) 任人唯贤

任人唯贤规定的立法宗旨是要排除(除适当的例外)地方政府机关行政官员的任命受政治因素的干预,而不是因地方政府机关行政官员的政治活动而将其排除出公职。②

除可以想到的例外,所有工薪职位或者受雇于某一地方政府机关、教区议事会或者社区议事会以及这些机构的任何委员会,都必须任人唯贤。③ 这要求地方政府机关不得考虑某人的政治活动或者政治倾向。④

"任人唯贤"要求的例外包括⑤:① 国务大臣制定的关于消防队主要行政官员任命的条例,主要规范这些官员的任职资格及提升;② 可容许的性别歧视,主要适用于雇员的性别确为任职的实质性要件的场合;③ 可容许的种族歧视,主要适用于雇员的种族确为任职的实质性要件的场合;④ 主要财务官员的职业资格限制;⑤ 可容许的残疾歧视,但必须能够证明是公正的;⑥ 政治助理的任命中的例外。

四、反歧视性任命

在任命环节避免歧视,这本是任职资格领域需要讨论的一个问题,之所以将其突出出来,是因为反歧视已成为英国法的重要议题。

在英国,任何个人在就业领域都受 1976 年《种族关系法》第 78 条以及 1975 年《反性别歧视法》第 82 条的保护,其中包括分流后的重新征募。

---

① Andrew Arden, p. 361.
② Andrew Arden, p. 357.
③ Andrew Arden, pp. 357-358.
④ Andrew Arden, p. 358.
⑤ Andrew Arden, p. 358.

基于性别、婚姻状况、肤色、人种、国籍、种族的歧视是非法的。从英国反歧视立法的内容看，法律并不关注受到指控的作为或者不作为背后的动机，而只关心该作为或者不作为的效果是否歧视性的。①

英国反歧视立法禁止两种类型的歧视：直接歧视与间接歧视。直接歧视是指基于种族、性别或者婚姻状况，而给予某个申请工作者低于其他人的待遇。但是如果雇主能够证明其基于残疾而给予某个申请工作者的不利待遇是正当的，则由此引起争议的待遇并不构成非法歧视。②

间接歧视指提出的任职要求或者条件也会同样适用于任何种族、婚姻状况或者任何性别的人，但某一特定种族、婚姻状况或者性别的人群中能够满足该要求或者条件者远远小于不属于该性别、婚姻状况或者种族的人，从而导致对无法满足这些要求或者条件的该特定种族、婚姻状况或者性别的人群的损害。③ 例如，某用人单位要求入选者的身高必须达到1.70米，对于华人女性而言，能够达到这一要求者的比例远远低于男性。表面上看，这一标准并不歧视女性，但事实上对达不到这一要求的女性构成间接歧视。

五、中央对地方公务员任命的规制

经国务大臣制定的条例仅规范：① 主要行政官员的任命，此处的主要行政官员限于受薪雇员的首脑、监察官员、制定法规定的主要行政官员以及制定法规定的非主要行政官员；② 对受薪雇员的首脑的解雇或者纪律处分。④

（一）确定任命主体

国务大臣制定的条例可以确定由谁来决定对于需要聘任的职员的任命，例如，地方政府机关、某委员会或者分委员会、特定的官员等。

（二）限制长官干预

国务大臣制定的条例可以限制地方政府机关及其委员会或者分委员会对作出任命决定的人下达具体的应当任命其指定的某个人的指示，或者以其他方式干预职员任命的权力。⑤ 地方政府机关的职员是地方政府

---

① Andrew Arden, p. 352.
② Andrew Arden, p. 352.
③ Andrew Arden, pp. 352-353.
④ Andrew Arden, p. 357.
⑤ Andrew Arden, p. 356.

机关的雇员,理应由地方政府机关决定。但考虑到英国高达 300 万的职员人数,全由地方政府机关全体会议决定显然是不现实的,不可避免地要将这一决策权委托或者分级委任给地方政府机关的委员会或者分委员会甚至特定官员。由此产生的问题是,这种委托在多大程度上受委托人的控制。从英国立法的上述规定看,至少在立法者看来,这种可能性是存在的,而且是应当避免的,其所采取的措施是:一方面赋予具体决策职员任命的官员相应的实权;另一方面限制委托人干预的权力。

(三)及时通报的义务

国务大臣制定的条例还可以要求地方政府机关的监察官及时报告任何拟议中的参政受限官员的任命,并在报告中保证该项任命不违反适用于限制政治行为能力官员方面的规定,并且没有考虑任何不适当的因素。[1]

(四)咨询程序

国务大臣制定的条例可以禁止地方政府机关及其委员会、分委员会或者任何代表其行事的个人,在不遵循某一中立人士的建议的情况下,解雇其行政官员或者给予其任何纪律处分。[2]

六、需要任命的主要行政官员

按照英国学者的划分,地方政府的主要行政官员包括以下几类:

(一)制定法规定的主要行政官员(Statutory Chief Officers)

包括[3]:① 根据 1996 年《教育法》第 532 条规定任命的首席教育官(chief education officer)或者学监(director of education);② 根据 1947 年《消防服务法》任命的消防队首席行政官员;③ 社会服务总监;④ 首席财务官。

(二)制定法规定的非主要行政官员

包括[4]:① 直接对受薪行政官的首脑负责者;② 其职责的全部或者绝大部分要求其直接向受薪行政官的首脑报告工作或者对其承担责任者;③ 其职责的全部或者绝大部分是直接向地方政府机关及其委员会或

---

[1] Andrew Arden, p. 356.
[2] Andrew Arden, p. 356.
[3] Andrew Arden, p. 362.
[4] Andrew Arden, p. 362.

者分委员会报告工作或者对其承担责任。当然,那些只承担秘书性或者文书性职责,或者其他仅具有后勤服务特征的人员,不在此列。

(三) 主要行政官员的副手

主要是指那些其职责的全部或者绝大部分是向一个及一个以上的制定法设定的主要或者非主要行政官员报告或者直接负责的行政官员。①

(四) 教师和讲师

地方政府机关全资供养或者资助的学校、学院及其他教育机构的校长、教师及讲师。②

(五) 其他在册官职

参政受限职位中最庞大的部分是那些必须无一例外地由地方政府机关列出的职位,其中包括③:

(1) 年报酬额高于规定限额的任何全职岗位;在英格兰或者威尔士的某一地方政府机关担任全职,并且工资水平达到《全国联合委员会规划》(National Joint Council's Scheme)中地方政府机关薪金表指定水平;按《全国联合委员会规划》中规定的任职条件被聘用并且有资格获得特别津贴,总额达到上述点位者。《全国联合委员会规划》中地方政府机关薪金表由该委员会定期公布。

(2) 兼任相应职务者。

(3) 不属于以上两项但属于以下三类之一的职位:

第一,其职责的内容涉及向地方政府机关及其委员会或者分委员会、地方政府机关有代表参加的联合委员会、代表地方政府机关向新闻记者或者电台发言的人等提供一般性建议的职位;

第二,其职责包括代表地方政府机关行使代理权的职位,或者地方政府机关在受委托行使权力的行政官员的特别名单中列出的职位;按照英国法的要求,此类职位地方政府机关必须在一份清单中对外公开,供公众随时查阅;

第三,在国务大臣制定的条例中列明的职位。

(六) 例外

国务大臣有义务任命具有以下基本职责的人员:① 研究例外的适

---

① Andrew Arden, p. 363.
② Andrew Arden, p. 363.
③ Andrew Arden, p. 363.

用;② 将例外适用于任何人或者指导地方任命被列入清单中的职位。由国务大臣任命的负责落实上述规定的人将例外适用于参政受限职位清单中已经明确的职位。只有当地方政府机关已经或者拟议将某一职位列入参政受限职位清单时，才能适用此处所说的例外的规定。而且，只有当相应的职位属于"建议性或者关系公众"的类型时，才可以被排除出参政受限职位之列。①

国务大臣适用此处所说的例外时，所采用的形式是指示地方政府机关该职位不应被视为参政受限职位，而且也不应被列于参政受限职位的清单之中。地方政府机关在适用此处所说的例外时，必须首先任命那些能够证明自己可以经受得住即将到来的选举考验的申请人。② 是否能够经受得住即将到来的选举的考验，或许是英国学者认为用以检验任职者政治中立性的一个黄金指标。

被国务大臣任命的人的权力，不是用来指导将某一职位列入参政受限职位清单中的，除非该人确有把握认为这一职位属于"建议性或者关系公众"类的职位，并且该职位确实还没有包括在清单之中。地方政府机关有义务向国务大臣任命的该人提供其合理的要求提供以便履行其职责的信息，地方政府机关还应当遵循其指示。③

七、其他依制定法任命的官员

（一）社会服务总监（Director of Social Services）

地方政府机关必须为其社会服务职能的需要，任命1名社会服务总监。未经国务大臣的同意，该社会服务总监不得被委以与地方政府机关的任何其他有关的职能④，即禁止兼业。

但是，如果两个或者两个以上的地方政府机关认为同一个人可能有效率地履行各地方政府机关的社会服务指导职能，也可以同时任命同一个人担任各地方政府机关的社会服务总监。⑤ 这一规定解决了社会服务总监不得兼任除社会服务职能以外的其他职务，但该地方政府机关的社会服务职能又不能保证其满负荷运转的问题。而在不同的地方政府机关

---

① Andrew Arden, p. 364.
② Andrew Arden, p. 364.
③ Andrew Arden, p. 364.
④ Andrew Arden, p. 372.
⑤ Andrew Arden, p. 372.

兼任同一个职务可以既保证社会服务职能履行的独立性,又确保了承担这一职务者有足够的工作量,避免地方政府机关财力的浪费。这个例子恰当地说明"他山之石,可以攻玉":不同地域的人们通过努力,解决了其他地方的人们同样会面临的问题,因为并不是面临相同问题的每一个人都能够发现最好的答案,于是就有了借鉴的必要性。

任命社会服务总监的各地方政府机关必须为该总监提供足够的职员,帮助其行使指导职能。① 这些职员主要不是为了帮助履行指导职能,而是作为其指导的对象存在的。不难想象,如果社会服务总监所在的地方政府机关根本就没有社会服务人员,其指导职能也难以履行。

(二)首席消防官

国务大臣制定的条例对谁可以担任首席消防官作出了规定。符合条件的申请人必须担任过分区一级消防官[Divisional Officer(Grade 1)],并且已经完成了高级行政官员的课程(Senior Officers' Course)及消防队指挥课程中的高级指挥课程,同时必须担任过消防队的队长。②

(三)首席教育官

1972年《地方政府法》所规定的有关地方政府机关任命行政官员的义务中,包括任命适当的人员担任该地方政府机关的首席教育官。③

(四)选举登记官

每一地方政府机关必须任命1名选举登记官,以履行包括编辑选民登记册在内的职责。④

(五)监选官

每一地方政府机关还必须任命1名本地方议事会的监选官。就伦敦的自治市而言,其监选官就是各地方政府机关的相关官员。监选官可以书面形式任命1人或者多人履行其全部或者部分职能。监选官必须为每一个投票站任命1名到场监票的监票官及选举所需要的工作人员,并支付每个人的报酬。⑤

(六)农业分析师(Agricultural Analysts)

在英格兰及威尔士,单一制地区的区议事会或者郡议事会、伦敦的自

---

① Andrew Arden, p. 372.
② Andrew Arden, p. 372.
③ Andrew Arden, p. 372.
④ Andrew Arden, p. 373.
⑤ Andrew Arden, p. 373.

治市议事会、伦敦城公共议事会、二级制地区的郡议事会，以及威尔士的郡议事会或者郡自治市议事会等，负责实施1970年《农业法》（Agriculture Acc）第4条的规定。为了履行该职责，地方政府机关必须任命农业分析师，并在其认为必要时任命1名或者多名助理农业分析师以及必要数量的农业巡查官（inspectors）。同一人可以为被两个或者两个以上联合行动的地方政府机关任命为农业分析师或者助理农业分析师。上述职位的就任者必须符合规定的条件。①

（七）公共分析师（Public Analysts）

每一个粮食职能部门都必须任命1名或者多名公共分析师，以便实施1990年《食品安全法》（Food Safety Act）的规定。② 被任命者必须拥有相关规定以及部长确定的其他资格条件，但不能是直接或者间接在该地区从事食品生意者。③

（八）度量衡巡查官（Inspectors of Weights and Measures）

每一个地方度量衡管理机构必须任命1名首席度量衡巡查官，以及该管理机构认为有效率地履行1985年《度量衡法》（Weights and Measures Act）所规定的职能所必需的、包括副首席巡查官在内的巡查官若干名。被任命者必须具有该法所规定的资格证书。④

（九）出生及死亡登记员（Registrar of Births and Deaths）

在英格兰，单一制地区的每一个区或者郡、伦敦的自治市、伦敦城、二级制地区的郡，以及威尔士的郡或者郡自治市，构成一个1953年《登记服务法》所规定的登记区。⑤

登记员由地方政府机关任命，但由总登记员聘任。地方政府机关必须任命一名主管登记员负责每一个登记区内的出生、死亡及婚姻登记，并为每一个登记分区任命1名登记员负责登记该分区内的出生及死亡。主管登记员和登记员必须是由地方议事会支付工资并且符合规定资格条件的人。⑥ 从这一规定看，登记员由地方政府机关任命，并且是由地方议事会支付工资，因此，前面提到的由总登记员聘任并非由其支付工资，这一

---

① Andrew Arden, p.373.
② Andrew Arden, p.373.
③ Andrew Arden, p.374.
④ Andrew Arden, p.374.
⑤ Andrew Arden, p.374.
⑥ Andrew Arden, p.374.

点与我们的想象不完全一致。

主管登记员可以经总登记员批准,任命任何符合规定的资格条件的人担任其登记区内负责婚姻登记的登记员。每一个主管登记员以及每一个出生及死亡登记员必须经总登记员批准,任命1名助理登记员代替登记员,婚姻登记员经总登记员批准也可以任命1名助理。①

（十）抓狗员（Dog Catchers）

区议事会、每一个单一制地区的郡议事会、伦敦的自治市议事会、威尔士的郡或者郡自治市,以及伦敦城公共议事会必须任命1名官员以控制流浪狗（stray dogs）。②

（十一）剩余雇佣职责

剩余雇佣职责包括许多地方官员,如验尸官、验租官,他们并不履行地方政府机关的职能或者代表地方政府机关履行职能,地方政府机关与他们的关系仅仅是扮演剩余雇主（residual employer）的角色。地方政府机关与这些职官的关系是由各自专门的制定法规定的,不属于地方政府法研究的范畴。③

八、政治助理的任命

任命政治助理的实践在维德科姆委员会看来并不具有普遍性,但该委员会也并没有提出反对。有关地方政府机关根据1989年《地方政府机关及安居法》任命政治助理时,可以考虑申请人的政治活动经历或者政治倾向。政治助理的任命并不是强制性的,但在相对而言比较严厉的条件下是可以容许的。④

（一）任命目的

政治助理的任命必须是出于为地方议事会某一政治党团的成员行使其作为地方政府机关的组成人员的职责而提供帮助的目的;政治助理不得享有任何委托的权力。这一点非常重要,由于政治助理与地方政府机关的组成人员的关系过于密切,但又不是选举产生的,因此,他们不适宜承接任何执行性的角色,即不能像地方政府机关的行政官员那样受地

---

① Andrew Arden, p. 374.
② Andrew Arden, p. 374.
③ Andrew Arden, p. 375.
④ Andrew Arden, p. 359.

政府机关及其委员会的委托履行一定的职责。此外,地方政府机关内部的其他任何行政官员也不得被要求在政治助理的指挥下工作,当然,地方政府机关的其他行政官员为政治助理或者政治党团提供秘书或者文秘服务则另当别论。①

（二）配备条件

此处所指的地方议事会的政治党团通常指符合以下条件者:某政党在该地方议事会中当选议事会成员的人数至少达到本地方议事会成员总数的10％,并且该政治党团是该地方政府机关三个最大的政治党团之一。②

（三）数额限制

每一个地方政府机关可以任命的政治助理的人数不得超过3人,其中每个政治党团1名;除非每一个有资格分配到1名政治助理的政治党团都分配1名政治助理,否则不得任命任何政治助理。③ 这与上面提到的最大的三个政治党团才能分配到政治助理的规定相吻合。

这一规定正是为了阻止某一政治党团通过拒绝自己的政治助理的手段,阻止另一政治党团享受政治助理提供的服务。④ 如果这意味着要么全部配齐,要么谁都别要,反而成全了某一政治党团的这种图谋。该规定的本义是,每个有资格配备政治助理的政治党团,都应当分配1个政治助理名额,否则就不得任命任何政治助理——给每一个政治党团分配1名政治助理只是任命任何政治助理的必要条件,而不是实际结果;如果某一政治党团拒绝接受其分配来的政治助理,并不影响其他政治党团接受分配给其政治助理。当然,某一政治党团可能不是出于阻止另一政治党团享受政治助理提供的服务的目的而拒绝分配给自己的政治助理,这是政治助理的选择问题,而不是政治助理的任命的必要条件问题。在这种情况下,按我们的理解,所有符合条件的政治党团都会对政治助理求之不得,但实际情况可能并非如此。大的政治党团,尤其是老牌政党也可能会有意拒绝,其目的不是为了阻挠其他弱小的政治党团获得政治助理,而更可能是借此减少地方政府机关的总体开支,间接地取信于民。基于成熟的政党执政理念和长期的执政经验,已经造就了本党议员中相当数量的

---

① Andrew Arden, p. 359.
② Andrew Arden, p. 359.
③ Andrew Arden, p. 359.
④ Andrew Arden, p. 359.

资深议员,其能力完全超过地方政府机关可以任命的政治助理的水平,因此,确实没有必要再接受一名政治助理,除非是为了安置某人就业,而这又不符合英国一般的用人标准(任人唯贤)。

如果某一地方议事会内只有一个政治党团的成员人数超过地方议事会成员总数的10%,则只能任命两名政治助理,其中一名给最大的政治党团,另一名给第二大的政治党团。① 此时,政治党团的成员人数必须达到成员总数的10%的限制条件就被突破了,但这是另一限制条件,即只能给三个最大的政治党团配备政治助理也无法得到满足的情况下,采取的权宜之计。立法仍尽可能保证各政治党团技术力量或者执政能力的均衡,不会使本来人数占劣势(此时,第一大政治党团的成员比例已经超过90%)的其他政治党团因缺乏政治助理的襄助而陷入更加缺乏执政经验的地步。

(四)自愿确定

地方政府机关的议事规程必须规定,应按照各政治党团的意愿确定协助其工作的政治助理职务的人选。② 这实际上是说,各政治党团自己挑选自己的政治助理,当然,也可以通过广告招募后,将符合条件者纳入候选人名单,供各政治党团选择,以避免政治助理这一具有高度政治倾向性的职位成为政党分肥制的牺牲品。

(五)聘任期限③

政治助理的聘任期必须在地方政府机关的年会举行之时或者之前结束。此类年会都是在地方选举结束后、新的成员第一次就职时举行的,地方政府机关的政治党团在此时相应有了变化,政治助理也就虚位以待。例如,原来有三个符合配备政治助理条件的政治党团,此时有可能变成只有一个符合条件,需要减少两个政治助理的职位。

如果某地方议事会全部成员重新选举,则政治助理的任期至其获得任命后举行第一次这样的选举时为止。④ 此时,全体成员重新选举完成,因此各政治党团重新调整,需要重新考虑政治助理的分配。而在地方政府机关举行分批选举时,政治助理的任期至被任命后的第四年。分批选

---

① Andrew Arden, pp. 359-360.
② Andrew Arden, p. 360.
③ Andrew Arden, p. 360.
④ Andrew Arden, p. 360.

举是指每次只选举任期结束的成员，一般是每四年轮一遍，因此政治助理的任期也是四年。尽管部分选举的性质类似于补缺选举，但仍有可能出现某一政治党团推荐的候选人落选，原来属于该政治党团的职位为其他政治党团的成员所占据的可能，从而影响到地方议事会中各政治党团的构成。虽然这种影响还不会达到左右各政治党团分配政治助理的程度，但从立法角度考虑仍应当加以预防。

（六）报酬上限

政治助理的报酬不得超过规定的限额及兼职时的相应比例。[1]

九、参政受限官员的任命

参政受限官员的任命，与之相对的是政治活动不受限制的官员，即政治上无关大局的低级官员的任命。

在任人唯贤（appointment on merit）的一般要求之上、之外，地方政府机关还有一个对"双轨制"（twin-tracking）的明确禁止。这种禁止首先是对任何地方政府机关的组成人员资格的一种限制，而不是对任命到某一职位上的限制。就担任某一参政受限职位的个人而言，这将允许某一地方政府机关的组成人员申请另一地方政府机关的参政受限职位，而不必放弃其原所在地方政府机关的组成人员资格（当然，这只是就其不因原地方政府机关的组成人员资格而丧失其行政性职位的任职条件而言的，如果因其他原因而丧失其参政受限职位，则另当别论）。其次，禁止"双轨制"的第二层含义是，禁止那些担任参政受限职位者参与政治活动。[2]

英国地方政府机关的参政受限职位包括[3]：① 地方政府机关的受薪雇员的首脑；② 制定法规定的主要行政官员；③ 制定法规定的非主要行政官员；④ 主要行政官员的副手；⑤ 监察官；⑥ 政治助理；⑦ 其他列明的职位。

十、受薪官员的首脑

（一）法律根据

1972年《地方政府法》第112条第3款废除了关于任命郡助理、区议

---

[1] Andrew Arden, p.360.
[2] Andrew Arden, p.361.
[3] Andrew Arden, pp.361-362.

事会助理或者镇助理的要求,但这一被废除的做法,目前已经由要求地方政府机关任命其行政官员中的一人为"受薪官员的首脑"的义务而部分恢复。①

(二) 主要职责

虽然地方政府机关并不是必须任命一名只担任此官职而排斥其他任何职责的官员,但如果地方政府机关真的选择任命这样一名官员,地方政府机关也确实没有理由赋予该官员任何其他职责。目前普遍的做法是将首席执行官(chief executive)任命为受薪官员的首脑,但是在制定法为这一职位设置的制定法上的职责以外,受薪官员的首脑确实没有必要管得更宽。如果考虑到受薪官员的首脑目前在地方政府享有一定程度的避免解雇诉讼及纪律处分诉讼的保护的特别待遇,则要求受薪官员的首脑的职责限于制定法规定的范围内就显得特别重要了。②

受薪官员的首脑的角色定位取决于其职责:在任何其认为适当时准备一份报告,以便就以下事项提出建议③:① 履行地方政府机关的不同职责时,相互协作的方式;② 为履行地方政府机关的职责所需要的职员的数量及等级;③ 地方政府机关的全体职员的组织;④ 地方政府机关职员的任命及有效管理。

不难看出,这些都是相当抽象的、全局性的职责,如果与其他地方政府机关行政官员所肩负的具体职责掺和在一起,确实有可能使受薪官员的首脑失去必要的超然境界,进而无法从全局角度、抽象地思考有关该地方政府机关的全体职员面临的系统性问题,而这恰恰是设立该职位的立法宗旨所在。这也正是前文之所以要求其应当尽可能在其法定职责范围内履行职责的原因。

(三) 角色定位

地方政府机关的受薪官员的首脑承担的是一种地方政府机关人力资源管理及加强各职能协作的角色。一旦其已经就上述事项之一拟就了一份报告,则必须安排有关人等将该报告的副本送交该地方政府机关的每一个组成人员。地方政府机关必须在该报告送交其组成人员后3个月内

---

① Andrew Arden, p. 365.
② Andrew Arden, p. 365.
③ Andrew Arden, p. 365.

的一次会议上研究该报告,而且不得将此职责委托出去。① 由于受薪官员的首脑的报告涉及其四项法定职责之一,事关地方政府机关的职员的人事管理及职能协作,必须由地方政府机关全体组成人员亲自讨论研究,不能委托给某一委员会或者分委员会。这一规定进一步强调了该角色在整个地方政府机关内部行政管理体制中的重要地位。

首席财务官在准备 1988 年《地方政府财政法》(Local Government Finance Act)第 114 条规定的报告时,只要现实条件允许就必须咨询受薪官员的首脑。②

受薪官员的首脑还是监察官在准备其下文提到的报告时,只要实际条件允许就必须咨询的人。③

(四)下属人员

受薪官员的首脑也像地方政府机关的首席财务官和监察官一样,必须为其提供足够的办事员、办公场所及其本人认为履行职责所必需的资源。④

(五)纪律处分

未经中立人士的建议,除最长停发 2 个月的全额工资的纪律处分外,不得对受薪官员的首脑提起任何有关纪律处分的追诉。⑤

(六)检举控告

如果有人要求对受薪官员的首脑实施的不当行为提出的申诉进行调查,地方政府机关必须任命一名中立人士主持调查,该中立人士要么是一名其本人及被其调查的受薪官员的首脑都接受的人,要么是在没有此类合意时由国务大臣任命的人。⑥ 按照我们的理解,后一种意义上任命的中立人士相对而言才更具有中立性,而前一种方式,则有明显偏袒被调查的受薪官员的首脑的嫌疑,从而谈不上独立。英国法与中国法的区别、中英法律文化的区别,或许在此有所反映:按照英国法律,任命一名受薪官员的首脑可以接受的中立人士调查其案件,其调查结果具有更强的说服力,就像分别由争议双方各自指定一名仲裁员、再由某中立人士任命第三

---

① Andrew Arden, p. 365.
② Andrew Arden, p. 365.
③ Andrew Arden, p. 366.
④ Andrew Arden, p. 366.
⑤ Andrew Arden, p. 366.
⑥ Andrew Arden, p. 366.

位仲裁员组成仲裁庭所作出的仲裁结论具有更强的说服力一样。我们所关心或者怀疑的关键是,被调查的受薪官员的首脑认可的中立人士如何能够保证在调查中的中立性,而这在英国法律中极少考虑或者根本没必要顾忌:无论任何人,只要被任命来调查某一案件,都必须对自己的中立性及调查结果的公正性负责。这是英国法律文化中基本的要素,英国法律制度的有效运行,都是建立在坚持这一信念、保持这一传统的基础之上的。

中立人士有权审查地方政府机关掌握或者该地方政府机关有权授权其审查的、与被调查的受薪官员的首脑的行为有关的任何文件,并有权要求该地方政府机关的任何行政官员回答与被调查者的行为有关的问题。中立人士可以指示地方政府机关停止停发被调查者的工资、(在地方政府机关自己有权自行决定停发的 2 个月期限外)延长停发期或者要求地方政府机关在其作出报告之前不得采取任何导致现在或者将来的纪律处分的追诉行动,除非其本人在场或者征得其同意。① 按照这样的规定,中立人士实际上取得了调查受薪官员的首脑的纪律处分案件的全面控制权,不仅包括对所有有关证据的调查权、对现在或者未来的纪律处分案件的追诉的控制权,还包括对地方政府机关仅有的处分权(停发不超过 2 个月的全额工资)的处分权(如停止停发或者继续停发)。这说明,中立人士在地方政府机关对其受薪官员的首脑的纪律处分追诉程序中居于十分重要的地位,反过来说,地方政府机关并不享有多少处分权,这是在地方政府机关作为最高公务员首长的受薪官员的首脑的独立性的最重要保障。

中立人士必须向地方政府机关报告,就其已经获得的证据如何支持以及在何种程度上支持对受薪官员的首脑的不良行为的指控发表自己的意见,并建议采取适当的纪律处分措施。该报告必须在提交地方政府机关之前,抄送受薪官员的首脑。② 英国法如是规定,主要理由是出于对被处分人权利的尊重与维护,保证其有申辩的机会。该报告不抄送受薪官员的首脑的主要理由包括:其一,纪律处分是组织的事,不是个人的事(这一点从法律角度说不通),怎么可以先让其本人知道? 二是保密要求,纪律处分的建议性报告必须首先对其本人以及其可以调动的人情资源保密,否则工作就难做了。三是没有必要让本人知道,由于本人对于纪律处

---

① Andrew Arden, p. 366.
② Andrew Arden, pp. 366-367.

分并没有申辩的权利和余地,先知道了也没有什么用。通过以上比较不难发现,英国的纪律处分,首要出发点是对被处分人权利的尊重和维护,首先考虑的是纪律处分是对被处分人的一种不利后果,应当给予其相应的救济;同时,纪律处分程序建立在相当的公正性、中立性保障的基础之上,因此在制度设计时几乎不考虑徇私舞弊对纪律处分程序的可能干扰,这就使其整个纪律处分程序的设计安排大大简化了。反其道而行的结果反而使纪律处分的公正性在程序上就失去了为自己申辩的前提,实质上也因此而缺乏大规模普及的基础。如此一来的结果,无助于建立在纪律处分基础之上的行政责任制度的广泛普及和应用,反而因为彼此心照不宣的结果极大地限制了其在行政责任追究中发挥作用的潜力,并最终使整个行政责任体制失去了稳固的可操作的基础。这一点是谁都不希望看到的,但其原因却是很多人没有想到的。

只有中立人士的报告中建议的纪律处分措施,才是地方政府机关可以采取的。①

十一、首席财务官的任命

（一）设立根据

1972年《地方政府法》要求地方政府机关任命其行政官员之一承担起有效管理其财政事务的职责,该官员通常被称为首席财务官。②

（二）资格条件

除非在1988年9月29日之前已经在任,首席财务官必须是以下会计师组织的成员③:英格兰及威尔士的特许会计师协会,或者苏格兰、爱尔兰的类似组织,注册会计师特许组织,公共财政与会计师特许协会,经营会计师特许协会。

（三）任职待遇

首席财务官也像地方政府机关的受薪官员的首脑及监察官一样,必须为其提供诸如职员、办公场所及其认为履行其职责必需的其他资源。虽然没有将首席财务官引入免予解雇的职官序列,但已经有人建议将其

---

① Andrew Arden, p. 367.
② Andrew Arden, p. 367.
③ Andrew Arden, p. 367.

纳入其中。①

（四）主要职责

虽然一般认为，1972年《地方组织法》第151条规定的首席财务官的职能并不一定都事必躬亲，但1988年《地方政府财政法》第114条赋予首席财务官的职能却是必须由其本人亲自行使的。这些规定②要求所适用的地方政府机关的首席财务官，在认为该地方政府机关、其任何委员会、其任何行政官员或者雇员、其供养的警察队伍中的任何成员、其有代表出席的任何联合委员会有下列情形时，必须由首席财务官本人出具一份报告③：① 已经或者将要作出的一项决定中涉及或者将要涉及地方政府机关的开支是非法的；② 已经采取或者将要采取的行动的结果将是非法的，并且有可能导致地方政府机关方面的损失或者亏损；③ 将要发生的某一会计科目是非法的。

如果在首席财务官看来，地方政府机关在某一财政年度的开支（包括拟议中的支付）将有可能超过其包括借款在内的弥补开支的财力范围所及，也有拟就一份报告的义务。在准备财务报告时，只要实际条件允许，首席财务官必须咨询地方政府机关的受薪官员的首脑及监察官。报告写好后必须呈送地方政府机关的外部审计官及地方政府机关的每位组成人员。④

（五）首席财务官报告的效果

地方政府机关必须在财务报告呈送后21日内的一次会议上研究该报告，并决定是否同意其中的观点以及其提议采取（如果其认为需要采取的话）的相应措施。⑤ 地方政府机关研究首席财务官的报告的职责不得委托。一旦实际条件允许，地方政府机关的相关官员必须尽快通知外部审计官其开会研究该报告的时间、地点，并在会后合理的时间内尽快通报会议所作出的任何决定。首席财务官的报告被研究期间，即所谓的"禁止期间"：从报告的副本分送地方政府机关组成人员之日始，至地方政府机关对报告的研究结论作出后的第一个工作日止。其中的工作日是指除星期六、星期日、圣诞节、耶稣受难节及任何银行休息日以外的日子。凡属

---

① Andrew Arden, p. 369.
② 1988年《地方政府财政法》第114条第2款。
③ Andrew Arden, pp. 367-368.
④ Andrew Arden, p. 368.
⑤ Andrew Arden, p. 368.

于1988年《地方政府财政法》第114条第2款所规定的行为（这些行为就是该法所规定的、地方政府机关的首席财务官应当拟就此处所讨论的报告的事项）均不得从事，任何作为从事这些行为的结果的支付行为都是越权无效的，即使是履行合同所必需的支付也是无效的。这一法律后果提示，英国此项地方财政立法所关心的，仅仅是当前的和预期的违法行为，而不是过去发生、现在浮现并且也没有在此基础之上有后续行为的违法行为。相应的，地方政府机关的首席财务官已经根据1988年《地方政府财政法》第114条第3款的规定拟就了一份报告后，地方政府机关就缺乏签订涉及或者将来会涉及地方政府机关开支的新的合同的权力。①

（六）主要职权

1988年《地方政府财政法》第114条第2款赋予首席财务官的权力，是与1988年《审计委员会法》（Audit Commission Act）赋予地方政府机关的外部审计官的发布禁止通知的权力共存的。但如果首席财务官已经送出了其报告，那么在地方政府机关考虑该报告之前，外部审计官不得再下达这样的命令。② 首先需要注意的是，地方政府机关的首席财务官在将其报告分送地方政府机关各组成人员的同时，也送给外部审计官一份③，这一程序细节保障了二者权力行使不至于重叠。但如果地方政府机关研究过该报告之后，仍没有作出令外部审计官满意的决定，则其可以再发布这样的禁止令。

相应的，如果不满意于地方政府机关对其首席财务官的报告所作出的反应，外部审计官仍有权介入。④ 这一点不难预料，即重新获得其在地方政府机关的首席财务官未就同一事项拟就报告之前享有的禁止权。外部审计官所下达的禁止令的效力也类似于根据1988年《地方政府财政法》第114条第2款拟就的报告在其禁止期间的效力，该效力自对该禁止令不服的当事人上诉成功或者被撤销后告终。⑤ 英国诉讼的成败都是以权利主张者为中心的，起（上）诉的权利主张者就是原告（上诉人），起（上）诉成功就是原告（上诉人）获得了胜利，相应的，作为诉讼标的的被告的决定被撤销或者宣告无效。

---

① Andrew Arden，p. 369.
② Andrew Arden，p. 369. 指外部审计官发布禁止令。
③ Andrew Arden，p. 368.
④ Andrew Arden，pp. 369-370.
⑤ Andrew Arden，p. 370.

当然，首席财务官与外部审计官仍存在至少一个实质性区别：外部审计官作出的有关某一签订合同的禁止通知，并不禁止或者使针对该通知提起的诉讼活动无效，即该通知的下达并不禁止或者针对该通知的有效性的诉讼活动，但首席财务官根据1988年《地方政府财政法》第114条第2款下达的通知却可以禁止或者使针对该通知的诉讼活动无效，当然这些禁止的有效期限在该通知的禁止期间。① 这一规定的合理性在于，在此期间，地方政府机关从事该报告中涉及事项的任何支付活动将被禁止，但这种禁止将在地方政府机关对该报告进行讨论后，根据地方政府机关的研究决定加以调整，而并非最后的结论，禁止对这样一个尚未最终成形的建议性报告启动任何颠覆性的诉讼程序，是诉讼合理性的要求，类似的原则在美国行政法中被称为成熟原则。

在监察官起草其报告时，只要实际情况允许，应当咨询首席财务官的意见。而且地方政府机关的首席财务官不得兼任地方政府机关的监察官，但首席财务官可以兼任受薪官员的首脑。② 这相当于英国首相可以兼任财政部第一大臣。

十二、监察官的任命

（一）设立根据

地方政府机关除受薪官员的首脑和首席财务官外，最后一个重要的依制定法任命的官职是监察官（monitoring officer），监察官必须由地方政府机关根据1989年《地方政府及安居法》第5条的规定指派。监察官和首席财务官不能是同一个人，但二人都可以任受薪官员的首脑。③ 由此可见，在英国地方政府法的立法者看来，监察与财政职能必须分立，而首席行政长官却可以兼任其一。当然按照前面在介绍受薪官员的首脑时所说的，英国立法者及学者仍建议，由于行政长官特殊地位的需要，他最好不要兼任其他具体职务。因此，英国的地方政府机关比较普遍的应当是受薪官员的首脑作为行政长官，与首席财务官和监察官三足鼎立，构成英国地方政府机关的中枢及制约机制的基本框架。

---

① Andrew Arden, p. 370.
② Andrew Arden, p. 370.
③ Andrew Arden, p. 370.

（二）基本义务

监察官的基本义务是向地方政府机关提供一份有关该地方政府机关（包括其委员会、分委员会、行政官员或者雇员、该地方政府机关派代表参加的联合委员会）的任何建议、决定及不作为等事项中其认为已经造成、可能造成或者将要造成下列结果者的报告[①]：该地方政府机关、其委员会或者分委员会、其所属任何拥有官职或者受雇的人、其派代表参加的联合委员会等，违反任何规定、法治原则或者其他任何由某一协定规定或者认可的良好行为规范。

在准备其报告时，只要实际条件允许，监察官必须咨询地方政府机关的受薪官员的首脑和首席财务官，地方政府机关必须在监察官的报告分送地方政府机关组成人员之日起21日内研究该报告，在此期间，监察官有义务确保地方政府机关不采取任何措施以实施报告涉及的任何建议或者决定，该期间至地方政府机关考虑该报告并作出结论性决定后第一个工作日为止。[②]

地方政府机关研究监察官的报告的职责不得委托。法律并没有特别规定监察官必须向其所在的地方政府机关报告的时间。显然，法律默示的要求是，监察官选择的报告时间应当是合理确定的，充分考虑了立法的本意及有关事实。如在某些情况下，监察官马上报告某一事实将会违背地方政府机关的利益，例如，某一谈判或者其他解决方案正在探寻之中，短暂地推后报告的时间以待这些努力能够有所进展，与监察官的职责并不冲突；但是，如果最终的预期结果没有出现，在某一合理的时间点之后仍拖延报告，监察官将难以证明其行为的正当性。上述规定的立法本意是，监察官职责范围内的事项中涉及过去行为的，仍属于其报告的范围。[③] 与此形成对照的是，地方政府机关的首席财务官所报告的事项，限于正在发生或者将要发生的事项。

（三）任职条件

像首席财务官、受薪官员的首脑一样，必须为监察官提供诸如职员、办公场所及其认为履行其职责必需的其他资源。虽然目前的规定尚没有

[①] Andrew Arden, pp. 370-371.
[②] Andrew Arden, p. 371.
[③] Andrew Arden, p. 371.

将首席监察案官引入免予解雇的职官序列,但已经有人建议将其纳入其中。①

十三、职员委员会

职员委员会不是职员或者雇员的工会性质的组织,而是一个旨在改革英国公务员体制的咨议机构。

旨在推行地方政府改革的1972年、1984年、1985年、1992年及1994年的地方组织立法,包括了关于建立职员委员会的规定,该委员会的职责之一就是针对旧地方政府机关的职员如何转移到改革后的新地方政府机关中去等事宜,向国务大臣提出建议。② 正是由于这几部法律记录了英国自起草1972年《地方政府法》以来,地方政府改革的历程和成果,不可避免地要涉及旧的地方政府机关因新法出台而不得不面临的调整,而地方政府机关的调整势必影响到调整前已经为地方政府机关所雇用的职员的命运。从1972年《地方政府法》以来,英国各部《地方政府法》既是地方政府的改革法,也是地方政府机关雇员地位的调整法。其中不可避免地要涉及地方政府机关雇员去处的安排,具体的措施是,在规定地方政府机关依新法进行调整的同时,设立一个专门的职员委员会,负责就地方政府机关调整过程中已雇用职员的相应调整事宜,向国务大臣提出建议。

1972年《地方政府法》第257条、第258条要求国务大臣在咨询当时的地方政府机关的代表机构以及这些地方政府机关雇用的职员的代表机构后,为英格兰和威尔士各建立一个职员委员会。③ 咨询义务是英国立法中经常采用的,至于这种咨询义务的对象,即代表当时的地方政府机关的代表机构以及这些地方政府机关雇用的职员的代表机构,需要一个遥远的前提:建立一个真正能够称得上具有代表性的代表机构,这是需要长久的政治实践和训练才能实现的。

职员委员会的职责是研究并不断审查地方政府机关就征募新的职员以及将那些根据1972年《地方政府法》的规定而不复存在的地方政府机关曾经雇用的职员分流等事项所作的安排。职员委员会还承担着研究根据1972年《地方政府法》的规定,以及根据该法的授权而制定的委任立法

---

① Andrew Arden, p. 372.
② Andrew Arden, p. 350.
③ Andrew Arden, p. 350.

的规定所引起的涉及地方政府机关职员的进一步问题。此外,该委员会还负责处理由国务大臣移交该委员会处理的,其他任何与受该法影响的机构雇用职员的行为有关的事宜。该委员会也可以建议国务大臣采取必要的步骤以保障此类职员的利益。①

此外,职员委员会还负责解决因撤销大伦敦议事会及大城市的郡议事会所引起的职员分流问题。②

第七节　公务员退出机制

本节讨论公务员退出的所有可能,包括正常的退休、辞职、解雇,非正常的裁冗,以及很难说是正常还是非正常的死亡、神志错乱等。由于从退出角度着眼,不可避免地会与其他角度有所重叠,例如死亡抚恤金、裁冗补助金等,这都是公务员待遇或者经济地位的表现形式。

一、辞职

(一) 提出期限

在普通法上,雇员向雇主发出辞职通知的必要期间取决于雇佣双方的约定或者是否合理。评价合理与否要参考案件的所有情况,包括雇员资历、服务期限及工作性质等。③

对于雇员已经被连续雇用1个月以上者,制定法已对最短告知期限作了规定,并将该期限作为雇佣合同中的一个默示条款:雇员辞职告知雇主期限或者雇主解雇连续雇用少于两年的雇员的通知最短期限为1周;连续服务期限超过两年但少于12年的雇员,每连续服务1年应给予不少于1周的告知时间;雇员连续被雇用时间达到12年的,应给予不少于12周的告知时间。④ 也就是说,连续工作时间越长,解雇告知时间也越长,这符合被解雇者找工作的实际和人性关怀的需要。与此形成鲜明对比的是,雇员炒老板时的告知期限统一为不少于1周,这体现了英国法对于雇员及雇主权利、义务配置中的价值取向:充分保护雇员的利益。另外一个

---

① Andrew Arden, p.350.
② Andrew Arden, p.351.
③ Andrew Arden, p.399.
④ Andrew Arden, p.399.

值得注意的倾向是,英国学者不太注意引用具体金额,但却对时间非常注意。具体的金额是一个量的问题,会随着经济指标的变化而调整;时间则是程序要素,是质的问题。

尽管有制定法规定的上述最低期限,法院仍会通过解释雇佣合同中的默示条款,要求更长的告知时间。① 也就是说,尽管立法已经对雇员被解雇时的告知时间按照连续任职时间的一定比例,作了远较雇员辞职时通知雇主的告知期限更长的规定,但法院仍不以为足,而通过解释默示条款进一步延长该时间。英国法院在此采取的价值取向是与立法方向一致的,甚至可以说比立法更愿意保护雇员一方的利益。这说明,英国的法院尽管以保守著称,但在保护雇员利益方面,却比立法走得还要超前。英国法院更本质的特质是其公正性,只要是符合公正要求的,都愿意去发现、去实践、去推动。

除非雇佣双方另作约定,解除雇佣合同的通知可采取口头形式;而且一旦告知,即不可单方面收回,但经对方同意后撤回者另当别论。② 这个过程大致是这样的,任何一方向对方发出解约的要约后,即不可撤回;但经双方协商后一方同意发出要约一方撤回的,也可以撤回。例如,雇主发出解雇雇员的要约,雇员提出异议或者愿意改进工作以求继续雇用,此时,雇主当然可以收回解雇告知;如果雇员告知雇主要辞职,雇主挽留,双方就新的雇佣条件达成一致,则雇员收回辞职告知也是可以的。

(二)非制定法规定的去职费

地方政府机关不得在制定法规定以外支付任何款项,以吸引在任的地方政府机关行政官员离职。③ 但是英国学者认为,这一规定实际上只不过是对以下建议的说明而已:如果议会已经通过立法设定了某一可行使的权力,这并不意味着公共管理机构可以通过动用其普遍的、辅助性的或者所谓的默示权力,寻求规避制定法中已经明示或者暗示的限制。④ 英国学者此处表达的是一种无奈:所有的法治国家都存在这样的现象,无论议会通过立法对某种权力的行使作了多么明确的规定,行使该权力的公共管理机构都有一种冲动,并且总是不可避免地在其履行该权力的过

---

① Andrew Arden,p.399.
② Andrew Arden,p.399.
③ Andrew Arden,p.385.
④ Andrew Arden,p.386.

程中实践这种冲动——想方设法规避法律；而作为公共管理机构规避借口的"固有的、辅助性的或者所谓的默示权力",却又是所有法治国家的公共管理机构在设立之初即获得的权力,否则无法有效地行使其权能。

这种知其可能用于规避法律,但却不可能在根本上通过禁绝予以取消的尴尬,就是法定职能的限定性与其行使的自由裁量权的不可调和。任何权力几乎都不可能是羁束性的,必须具有某种程度的自由裁量空间；任何行使权力的公共管理机构都不可能只行使制定法明确规定的羁束裁量行政权,而不存在任何"固有的、辅助性的或者所谓的默示权力"。二者结合的结果必然是,行政权的行使总是在确定性与或然性之间,或者说合法性与违法性之间游荡；如果行政权的行使是确定的,则其必然是合法的、善的。

地方政府机关为诱导其行政官员离职而支付的超额退休金引起的不满,并不属于地方政府行政监察专员（Local Government Ombudsman）的权限范围,但却可以在某些情况下属于养老金行政监察专员（Pensions Ombudsman）的事权范围。[①] 按照英国学者的一般理解,向本机关的行政官员支付超额退休金,以诱使他们退出,显然属于不良行政的范畴,但从英国现行法的管辖权限看,却不属于应当查办不良行政的地方政府行政监察专员的权限范围。略具讽刺意味的是,养老金行政监察专员却可以在某些情况下介入此事,因为其职责恰恰是维护作为养老金领取者的退职行政官员的利益,其结果却只能是进一步维护已经领取超额养老金的行政官员的利益。因为,正如下文所言,停止发放属于超额部分的养老金,反而可能构成对养老金领取者利益或者合法性期待的损害,从而成为养老金行政监察专员职权范围内的工作。

停止支付非法的款项并不构成不良行政,但在某些可以引起养老金行政监察专员注意的特殊情况下,尽管其显然不能指示或者命令某一地方政府机关作出一项本身违法的支付行为,却可以作出一项与此相当的补偿决定,足以达到与支付令相同的数额。[②] 如此一来,养老金行政监察专员不但没有制止地方政府机关通过发放超额养老金诱导其行政职员退休的违法行为,反而会在一定程度上帮助那些获得了超额养老金的行政官员维护非法的既得利益。

---

① Andrew Arden, p. 386.
② Andrew Arden, p. 386.

二、定期合同到期

这是公务员退出服务序列的一种方式。英国近来流行的雇用行政官员(特别是资深官员)的做法,是与之签订没有续签保证或者承诺的定期合同。但是需要强调的是,除非雇佣合同在 1972 年前已开始实施,否则,不续签任何雇佣合同(包括定期合同)都被视为解雇,并在表面上构成不正当解雇,但雇员在合同期末接受了相应的赔偿者又另当别论。①

如果定期合同的期限为 1 年或者 1 年以上,并因该合同没有续签而构成法律上的解雇,地方政府机关的雇员也可以放弃主张这种解雇属于不正当解雇的权利,其放弃权利的时间通常是在定期合同期限届满之前。② 雇员可以要求续签,从而明确表示不放弃权利,但也可以在期限届满之前预先明示放弃,定期合同到期后确实没有续签而实际上构成解雇,被解雇者已经放弃了权利,则此后不得再主张非法解雇。正是因为有这样的规定,定期合同得以流行。对于英国的高级行政官员而言,一般都是当地士绅,他们不太愿意因为定期聘任合同未续签而打官司是最主要的原因。而且,英国的地方行政官员并没有什么太多值得留恋的实惠,则是更主要的原因。

三、解雇

(一)议事规程

尽管制定法(1989 年《地方政府及安居法》第 8 条)授权地方政府机关制定规范雇员解雇事宜的议事规程,实际情况是,这种权力仅被部分地方政府机关用于受薪雇员首长。③

(二)提出期限

英国法将辞职和解雇视为雇佣合同双方解除合同的两种可能性,故将二者一视同仁,具体表现在对于告知对方期限的规定上。④

(三)错误的解雇

错误的解雇应该不同于不公正的解雇,但从下文介绍的内容看,二者

---

① Andrew Arden, p. 397.
② Andrew Arden, p. 397.
③ Andrew Arden, p. 397.
④ Andrew Arden, p. 399.

并没有实质的区别。从普通法角度看,法院一般不会借助诸如强制令或者特别履行令等衡平法上的救济手段强制执行某一雇佣合同。这不仅是因为法院很难监督这些令状的具体执行,而且因为雇佣合同本身具有根本性的人身属性使得这种强制执行在合同双方的相互信赖关系破裂之后变得根本不可能。① 看来,英国法也承认雇佣合同法律关系领域存在的劳资对立在个案中的不可调和性。因此,有必要重新审视前面提到的补偿性赔偿金的作用。恰恰因为这种因个案结下的怨仇的不可调和性,使得惩罚性的不公正解雇的补偿金的作用变得更为突出:这成了事前避免雇主轻易采取不公正的解雇措施进而避免雇佣双方的相互信赖关系破裂的最主要预防性手段。仅从这个意义上讲,惩罚性补偿金制度比没有这种补偿要有价值得多。

相应的,如果某一雇员被错误地解雇了,如违反雇主与该雇员签订的雇佣合同的解雇、在不允许随意解雇的情况下的解雇等,该雇员通常有权通过诉讼请求获得赔偿,但不太可能获得重新任命的救济。而雇员所诉求的赔偿金数额,则由雇员自己选择:要么是在雇佣合同中明确的期间内其本来应当获得的报酬,要么是根据其未取得报酬的实际所做的工作按照劳动力实际价值计算;但是,不可以同时提出这两项请求。② 这与我们国家并没有太大区别,但这种寻求赔偿金的救济途径完全是司法性的,与前面提到的由工业裁判所进行的裁判属于不同的救济渠道,但工业裁判所的救济渠道在先,虽然不是必须前置。

(四)不公正解雇

如果英国的雇员在被解雇前已经被连续雇用不少于两年,则享有不被其雇主不公正解雇的权利。③ 对于非全职雇员而言,先前需要五年连续被雇用才能享受不被不正当解雇的保护,这一点因法院认定违反欧共体法而被废止。④

如果雇员能够证明其有资格获得雇用的必要期间,则按照英国制定法的规定,雇主必须给出一个解雇的理由,该理由必须属于制定法规定的能够证明解雇是公正的或者是出于某种足以证明其正当性的其他客观原

---

① Andrew Arden, p.399.
② Andrew Arden, p.399.
③ Andrew Arden, pp.397-298.
④ Andrew Arden, p.398.

因。① 从我们的角度看,这都是非常主观的标准,执行起来的结果也可想而知。但在英国,这样的规定却比比皆是,英国的法院会使雇主及雇员相信,任何不公正的解雇或者无法证明其正当性的解雇,终究难逃法院的公正审查。

某一解雇公正与否取决于在特定案件环境下雇主的行事是否合理,这将根据衡平原则以及案件内在的是非曲直判断,如解雇某一雇员是否属于特定情况下雇主应当作出的合理反应的范围。如果某一解雇决定的原因或者主要原因是雇员披露了根据1998年《为公共利益披露信息法》(Public Interest Disclosure Act)而应当进行保护性披露的信息,则该解雇决定就将被视为不公正。如果因雇员实施了此种保护公共利益的披露而被雇主选定为裁冗对象,也构成不公正解雇。②

如果某一雇员被不公正解雇了,工业裁判所有权下达命令,要求雇主重新任命或者重新签约,但是在任何情况下,雇员都有权获得赔偿。③ 这是对雇主不公正解雇的惩罚性赔偿,而这一赔偿制度的存在很大程度上构成了反不公正解雇制度得以有效存在的根基。如果雇主不公正地解雇了某个雇员后所承担的法律后果仅仅是重新任命或者继续雇用该雇员,然后还可以再择期将其解雇的话,反不公正解雇制度就没有任何法律威严可言。相反,如果雇员受到不公正解雇后不仅获得重新任命或者被重新雇用,而且可以获得足够的补偿,情况就大不相同了:对于雇员而言,会有更大的利益鼓励他们去与不公正的解雇抗争;对于雇主而言,会因不公正的解雇而承担额外负担,从而使其在作出解雇决定时更加慎重;更重要的是,不公正解雇赔偿制度会使雇主在很大程度上打消报复曾对自己提起过不公正解雇之诉的雇员的念头,因为任何一种这样的报复性解雇,都可能构成一个新的不公正解雇之诉,并极有可能再次被认定为不公正的解雇,进而承担相应的赔偿。这种加重惩罚,是制止雇主比不公正的解雇更为恶劣的报复性解雇的最有效措施。

通常,雇员因不公正解雇而获得包括按照制定法标准计算并在制定法规定限额内的基本赔偿金,以及工业裁判所认为适当并且在任何情况下均足以公平地补偿雇员因雇主的不公正解雇行为所遭受的损失的补偿

---

① Andrew Arden, p. 398.
② Andrew Arden, p. 398.
③ Andrew Arden, p. 398.

性赔偿金。但1996年《就业权利法》第124条对补偿性赔偿金的金额上限作了规定。①

四、推定解雇

如果某雇员辞职,通常不会产生类似解雇的问题。② 说明在英国劳动法领域,辞职不是法律方面的问题,没有赔偿可言;英国法关注的焦点是解雇,即雇员权利保障问题。

但在某些案件中,如果认定雇主构成以拒绝履行的方式违反雇佣合同,则雇员的辞职可以相应地解释为承认该拒绝履行性违约,从而免除了雇主继续履行该合同的义务。此谓推定解雇。③ 这个术语强调的是雇员非常善解人意地解决了雇主的难题,但在某种程度上具有揣测雇主意思的味道,故称推定。

当某一推定解雇发生时,雇主并非必须断绝整个雇佣关系,而只需要断绝涉及该雇员的雇佣合同。在许多情况下,推定解雇的发生都是因为雇主寻求强制达成一个新的雇佣合同,或者强制雇员接受对原合同的改变。此时,雇员忍无可忍,只能辞职。因此,雇主试图迫使雇员到某个边远的地方工作,或者从根本上改变雇员的工作、给雇员降级、在雇佣合同规定的条款之外暂停其工作等,都构成推定解雇。如果某雇员希望主张自己被推定解雇,必须选择在合理的期间内认定雇主对雇佣合同的拒绝履行,否则该雇员将被视为在雇佣合同被违反后已经承认了该事实。④

五、裁冗

雇员一旦作为冗员被裁,通常有权得到一笔冗余补偿金。但是,如果雇员无理地拒绝某项适当的替代性工作机会,雇员将丧失该权利。当然,替代性工作机会必须在原工作丧失之前提供,而且新工作必须在原工作结束后四周内开始。⑤ 由此可见,冗余补偿金应当由原工作的雇主,即认定该雇员为冗员的雇主支付。如果想免除该项补偿金,原雇主必须证明被裁雇员的工作正式结束之前获得了另一适当的替代性工作机会,并且

---

① Andrew Arden, p. 398.
② Andrew Arden, p. 400.
③ Andrew Arden, p. 400.
④ Andrew Arden, p. 400.
⑤ Andrew Arden, p. 386.

该工作将在原工作正式结束后 4 周内开始。设立冗余补偿金的目的,不是补偿被裁雇员的实际损失,而是补偿其因被裁员而面临的失业压力。不难想象,如果雇主能够为其雇员提供合理的替代性职位,一般不会裁冗;雇员如果能够获得合理的替代性就业机会,一般也不会拒绝。至于二者发生冲突,即雇主认为已经为其雇员提供了合理的替代性职位,但雇员认为不合理时,则需要首先交由就业裁决机构进行裁决,然后根据裁决结果适用该规则。

雇员可以提出以四周试工期为条件,接受某一替代性就业机会。① 此处的试工期不是试用期:是雇员对雇主变换其工作的建议提出的条件,在此期间,雇员可以尝试拟向其提供的替代性工作岗位,但如果该雇员不满意,可以拒绝换工作;如果雇主执意要为其换工作,该雇员可以拒绝。

如果该雇员在试工期结束后的某一时间拒绝了所试工作,则将失去获得冗余补偿金的权利。② 反之,如果在试工期拒绝接受这一工作机会,要求继续从事原来的工作,而雇主不允,仍执意要裁员,则该雇员仍可获得冗余补偿金,不受已经试工这一事实的影响。因此,试工是雇员的一项权利,该权利的行使与其获得冗余补偿金并不冲突。

不仅如此,对于提供给雇员的替代性就业机会是合理的,而雇员拒绝该机会是不合理的证明责任,由雇主来承担。③ 不宜将此处举证责任的配置称为倒置,因为英国学者并没有强调"正置"。举证责任的配置是与权利本身的配置相对应的,法律要保护某项权利,则证明标准就应当围绕该权利所有者行使该权利进行设计。以此处获得冗余补偿金的权利而言,立法的本意是将此权利赋予雇员,以保护其被雇用的权利。因此,如果雇主想裁员,就应当支付冗余补偿金。法律规定的例外(已经提供了合理的替代性就业机会、雇员仍不合理地拒绝)并不是限制获得冗余补偿金的权利本身,而是限制其滥用。雇主要想免除支付冗余补偿金的义务,就必须证明自己的裁员行为并没有损害雇员的就业利益,或者说并不构成雇员获得冗余补偿金的法定事由。因此,证明责任显然在雇主一方。这样看来,倒是让雇员自己证明所提供的替代性就业机会是不合理的、自己的拒绝是合理的,属于我们所说的举证责任倒置:一方主张、对方举证。

---

① Andrew Arden, pp. 386-387.
② Andrew Arden, p. 387.
③ Andrew Arden, p. 387.

雇员没有要求变换工作,是雇主想给他调换工作,否则就辞退;而雇员仅仅是拒绝了这种提议,由雇员承担证明"所提供的替代性就业机会是不合理的、自己的拒绝是合理的",显然属于对方主张,本方举证。

联想到举证责任制度中通行的"谁主张、谁举证"原则,其实是适用于所有的证明责任,包括所谓举证责任倒置。例如刑事追诉中被告不承担证明自己有罪的责任,而由检方承担,因为是检方主张被告犯罪;同样,对于行政诉讼而言,由于行政诉讼的被告指称行政相对人违法或者具有促使行政机关采取对该相对人不利行政措施的事实基础,因此由作为控方的行政机关承担证明责任,并不违反"谁主张、谁举证"的一般准则。

我们之所以将行政诉讼中的举证责任称为倒置,是将行政诉讼作为一个独立的过程,而没有考虑这是行政过程的延续。如果考虑到行政过程中行政机关根据其指称的事实,作出行政相对人提起行政诉讼要求审查的行政行为,则按照"谁主张、谁举证"的原则,由作为被告的行政机关就其在行政过程中指称的事实承担举证责任,是理所当然的,并不构成加重的举证责任,也不宜称为举证责任倒置。

如果某雇员有权在离职时请求分期支付或者一次性支付根据其此项任职而确定的养老金、退职金或者退休金,则该雇员将失去或者减少所获得的冗余补偿金数额。① 因为冗余补偿金已经作为雇佣合同中的任职待遇之一,以退休金、退职金或者养老金的形式确定,在其离职时,无论其请求集中或者分期支付,都已经对其离开此项任职给予了相应补偿,相应地免除或者减少其所获得的冗余补偿金数额不算刻薄对待雇员。

但是,如果雇员有权请求分期或者集中支付款项属于对其失去工作或者薪资减少的补偿,并且属于根据制定法的规定应当支付的补偿,也不能视为免除或者减少冗余补偿金的事由。② 此时,雇员确实从两个方面获得了补偿:一是其雇佣合同本身根据制定法的规定而明确的雇员在离职时有权请求分期或者一次性支付对其失去工作或者薪资减少的补偿,二是冗余补偿金。前者属于依据制定法必须在雇佣合同中明确的补偿,离职的雇员领取此项补偿并不导致其丧失或者减损领取冗余补偿金的权利。在英国学者看来,制定法如此规定,只能照此执行,多领了也是应该的。雇主在裁员时应当考虑这种双重补偿的成本。这与规定一个较高的

① Andrew Arden, p. 387.
② Andrew Arden, p. 387.

冗余补偿金,以避免雇主随便裁员,效果是一样的。

六、神志错乱

如果地方政府机关经研究医学方面提供的证据,有充分理由相信某一行政官员因1983年《精神健康法》(Mental Health Act)意义上的神志错乱已失去经营管理其个人财产和事务的能力,则地方政府机关可以通过支付报酬、养老金、退休金或者其他津贴、退职金、年金、偿还退休金、其他捐助的形式,向该行政官员的家庭成员或者在该行政官员非精神疾患发病时可以期待该行政官员为其提供相应款项的其他人,支付理应属于该行政官员的任何数量的款项。① 这是英国法对患有精神疾患的行政工作人员的待遇,这一待遇不是专门规定地方政府机关行政官员待遇的特别法规定的,而由一般的《精神健康法》规定,因此,适用于职场中的每一个人。

地方政府机关还可以向申请人提供无息或者有息的须偿还的资金,申请人申请此项款项的用途,既可以是为偿还某行政官员的债务、供养某行政官员,也可以是为该行政官员的其他利益、为其家庭的利益、为其不患精神疾患时可以期待其提供相应资助的任何其他人的利益。但是,地方政府机关行使此项权力的上限是每年度不得超过1500英镑。② 这当然是指针对一个患有精神疾患的原行政官员,不是指该地方政府机关每年可以用于此项开支的总额。

七、开除、死亡

(一) 开除

如果雇员的行为过于恶劣,足以构成拒绝履行性违约,雇主可以随意解雇该雇员。③ 对此,我们称为开除,但英国是强调其作为雇主方面解除合同的一种正当事由。

(二) 死亡

如果某个现在或者曾经是地方政府机关行政官员的人死亡,则其本人或者其私人代表有权获得一笔不超过5000英镑的款项。这笔钱不是

---

① Andrew Arden, pp. 384-385.
② Andrew Arden, p. 385.
③ Andrew Arden, p. 396.

根据 1972 年《退休金法》(Superannuation Act)第 7 条的规定支付的养老金、津贴或者退职金。地方政府机关可以将这笔钱付给该行政官员的私人代表或者显然是该行政官员的不动产的受益人，而无须要求出示管理该行政官员的不动产的遗嘱或者官方证明文件。取得此款项者负责按照制定法设定该付款权力的要求，开支这笔钱。地方政府机关还可以在此款项之外，为该行政官员支付地方政府机关认为合理的丧葬费。①

八、退休与提前退休

（一）退休

退休是较普遍的退出公务员体制的方式。达到正常退休年龄，并拥有制定法设定的养老金资格者，在退休后有权获得退休养老金以及在其退休的同时一次性支付的退休补助金。② 有关退休金的更详细内容，见本章第四节公务员的经济地位。

（二）提前退休

拥有制定法设定的养老金领取权并且年满 50 岁者，如因冗余或者不能有效率地行使其所受雇地方政府机关的职能等原因而失去其职位，也有权获得退休养老金及退休补助金，除非该雇员为获得其他冗余补偿金，而在其有权放弃行使其获得此项直接偿付的权利时实际放弃该权利。此外，英国劳动法还对某些情况下因健康状况及晚于 60 岁但早于正常退休年龄的提前退休时的养老金及奖励退休金的支付作了规定。③

第八节 公务员纪律处分与良好行为规范

本节的内容我们既熟悉又陌生。所谓熟悉，因为我们的公务员法中大量地填充了强调公务员道德标准重要性的词句；其所以陌生，则在于我们强调的是原则，在英国，公务员道德规范是特别具体的，例如，部长要受到由首相负责强制执行的旨在确保部长不利用其公共职务谋取私人利益的行为道德准则的拘束；即使对于一般的公务员，《公务员良好行为规范》还提醒公务员注意，不得不正当地利用其职位或者在其职务活动中接触

---

① Andrew Arden, p. 385.
② Andrew Arden, p. 388.
③ Andrew Arden, p. 388.

到的信息,为本人或者其他人谋取私人利益;公务员也不得将自己置于一种使人有充分的理由相信将会影响其个人判断或者人品正直性的境地。①

本节介绍的内容未及全面,着重强调的是,就公务员的思想、道德等观念方面的问题,厉行法治的国家都极为重视,只是在表面上看,这种强调隐没在法治的强大光环下了。

一、纪律处分的分类

对雇员最严厉的纪律处分形式包括降级、停薪停职等,将有可能影响到雇员根据雇佣合同的正常权利,因此需要有契约授权。②

契约授权可以通过将纪律处分权力包括在合同中的方式,或者通过在雇佣合同中加入书面纪律处分程序的方式获得。③ 从契约授权的这一规定看,英国劳动法中雇主享有的纪律处分权是一种约定权,而非法定权。从形式上看,这在格式合同非常普遍的劳动法领域,二者并没有什么区别,但其法理基础是截然不同的。约定纪律处分权的基础是意思自治基础上的合同自治,而法定纪律处分权的基础则是公权力法定,即只要有法律规定,公权力就可以干预私权。尽管公权力法定原则已经比听任公权力随意干预私权的公权力绝对观有了质的飞跃,但英国法将可能触及雇员核心利益的纪律处分设定权,交由雇佣合同的双方当事人。这解决了法律对某雇员的违纪行为没有规定时雇主是否可以处分该雇员的问题:根据双方的雇佣合同而定。

即使雇主拥有科处某种处罚的契约授权,如果雇主在实施该处罚时的方式或者程序超出了雇员违纪行为的范围,仍将构成对雇佣合同的违反。④ 可见,即使在私法领域,雇主根据雇佣合同而享有和行使的契约授权也必须符合比例原则。如果说契约授权的确立是对公法中合法性原则的落实,则此处比例原则的确立,是对行政法中合理性原则的回归。由此不难得出这样的结论:任何行使权力、权威或者权利者都必须既符合合法原则,又必须遵循合理原则,任何不理性地滥用权力、权利或者权威的行

---

① Bradley & Ewing, p.278.
② Andrew Arden, p.397.
③ Andrew Arden, p.397.
④ Andrew Arden, p.397.

为,无论是在公法上还是私法上都要受到指责。

二、纪律处分的程序

如果雇员的行为足以构成拒绝履行之违约,则雇主可以随意解雇该雇员。如果雇员的行为在法律上尚不允许被随意解雇,雇主通常仍应继续走完纪律处分程序,虽然这样做并非制定法规定的义务。但是一般认为这样做更符合情理,因为与不公正解雇有关的法律特别强调解雇时的程序公正。① 据此,解雇也是纪律处分程序的一种形式,至少是适用纪律处分程序的。如果存在法律允许随意解雇的情形,纪律处分程序就此即告终止;而如果属于法律不允许随意解雇的程序,则应当继续纪律处分程序,直到作出公正的纪律处分结论。

因此,遵循雇佣领域《纪律处分工作及程序良好行为规范》(Code of Practice on Disciplinary Practices and Procedures)以及咨询调解与仲裁服务局根据该规范制定的建议手册,特别重要。遵循建议手册而实施的纪律处分可以作为雇主在此方面遵循良好行为规范的证据。纪律处分程序应当以书面形式指明该程序适用的对象,明确纪律处分程序所针对的具体事项,并指明将采取的纪律处分措施。②

纪律处分程序中应当明确哪一层级的管理人员拥有采取何种形式的纪律处分措施的权限,并保证直接监管人员不得享有未经提交资深管理人员即作出解雇决定的权力。③

纪律处分程序还应当确保拟受到纪律处分者知道对其提出的指摘,给予他们在决定作出前就所涉案件陈述自己意见的机会,并给予雇员由其所选择的工会代表或其一同受雇的同事陪同参与纪律处分程序的权利。这样做的目的在于,确保雇员除因重大错误而不因初次违反纪律被解雇,保证纪律处分措施采取之前能够对案件进行谨慎的调查,确保受处分的个人能够对被处罚事由作出解释,并明确上诉的权利、详细说明后续的程序。④

《纪律处分工作及程序良好行为规范》对诸如书面警告等事项作了细

---

① Andrew Arden,p.396.
② Andrew Arden,p.396.
③ Andrew Arden,p.396.
④ Andrew Arden,p.396.

致的规定,包括适用的情形、应当采取的形式、听证及内部上诉应遵循的程序以及违反纪律行为的有关记录的保全等。[1]

三、《公务员良好行为规范》

《公务员良好行为规范》涉及公务员的道义责任,属于公务员责任范畴应当说明的问题。

有关公务员应当遵循的道德标准,先是规定在1996年付诸实施的《公务员良好行为规范》中,现已正式成为《公务员管理良好行为规范》(Civil Service Management Code)的一个组成部分,其中陈明:"公务员在宪法及实践中的角色是,正直、诚实、中立、客观(integrity, honesty, impartiality and objectivity)地辅佐正常建立的联合王国政府和根据1998年《苏格兰法》和《威尔士政府法》建立的苏格兰及威尔士的地区议会和地区政府,负责起草它们的政策,执行它们的决定,提供它们有责任提供的公共服务,而无论政治局势如何。"这就要求公务员应当诚实而中立地向其部长提供建议,并应当致力于富有同情地、高效地、迅速地、没有偏私地、无不良行政行为地处理公共事务;应当致力于确保适当、高效、经济地运用公共资金。此外,还要求公务员不得利用自己的官员身份为自己或者其他人谋取利益,保证自己的行为举止能够赢得并使之保持其所服务的行政机关的信赖,并能够与其未来所服务的行政机关建立起同样的信赖关系。凡涉及公务信息的场合,都不得未经授权将行政机关内部流通或者接受的秘密信息对外披露。该规范除了提醒官员们注意他们的中立的职责之外还规定,公务员不得通过未经授权、不适当或者提前披露其作为公务员所接触到的信息的方式,谋取阻止或者影响该行政机关的政策、决定或者行为。此时并不要求这些信息是保密的。[2]

公务员道德规范强调的重点,是公务员作为英王臣仆对于其所服务的行政机关所负的忠诚义务。[3] 但就《公务员良好行为规范》所涉及的范围而言,公务员还负有其他一些与忠诚义务相冲突的义务,这些义务至少会令公务员感到难以处理。公务员得以保有为某一行政机关服务的资格是基于这样的共识:所有的公职人员应当"理性地依法履行公共职能",而

---

[1] Andrew Arden, p.397.
[2] Bradley & Ewing, p.277.
[3] Bradley & Ewing, pp.277-278.

且他们有"遵循法律(包括国际法及条约义务)、维护行政公正的义务"。在某些场合下,公务员可以依据《政府部门行为指导规则》所规定的程序,报告任何不正当的行政行为。这种要求主要适用于公务员非法、失当或者不道德地行事以致违反了宪法惯例或者良好行为规范的场合,或者任何不良行政及其他与《公务员良好行为规范》不一致的情形。凡公务员在这种情况下被举报而且其作出的解释不能令人满意的,还可以进一步向公务员行政专员(Civil Service Commissioners)申诉。该职位是1870年设立的,旨在努力将理智的价值观念纳入公务员队伍。[1]

公务员还应当按照《公务员良好行为规范》就其他人实施的刑事或者其他违法行为,向有关的行政主体举报;如果公务员知道有其他违反该规范的行为,或者基于良知也应当予以举报。上述内容还规定在1998年《为公共利益披露信息法》中适用于公务员的部分。[2] 这部分内容是,公务员应当为了公共利益,检举各种自己所知道的刑事犯罪、其他违法行为,以及违反《公务员良好行为规范》的行为,这是与前述公务员对于其所工作的行政机关的忠诚义务存在一定冲突的。二者统一的前提是,公务员对其所服务的机关的忠诚是建立在"理性地依法履行公共职能""遵循法律(包括国际法及条约义务)、维护行政公正的义务"等基本前提的基础之上。

此外,英国学者认为,地方政府机关的所有雇员都受《地方政府全国良好行为规范》(National Code of Conduct)的约束,该行为规范通常包括地方政府机关的行政官员的就业条款。[3]

四、应付说客的规则

1998年,英国政府向公务员下发了新的如何与说客(lobbyists)打交道的指导规则。这发生在一名新闻记者假扮美国商人而被说客介绍给一位资深的唐宁街官员,并就此发表了一份新闻调查报告之后。[4]

在被称作"说客门"的事件发生时,英国还没有规范公务员与说客关系方面的规则。新的规则所规定的,只能算是最起码的标准,它反映了公

---

[1] Bradley & Ewing, p. 278.
[2] Bradley & Ewing, p. 278.
[3] Andrew Arden, p. 345.
[4] Bradley & Ewing, p. 280.

共生活标准委员会的如下观点:游说议会或者部长,是任何人都有的权利,而公共机构应当采取适当的措施来控制职业说客游说所产生的消极影响,例如,在充分考虑公共利益的前提下也对他们所游说的案件给予适当考虑。基于这种思路,政府调控公务员与说客关系的指导思想,就不是禁止公务员与说客接触,而是强调无论何时、何地发生了这种接触,都应当遵循《公务员良好行为规范》的要求以及由诺兰委员会(Nolan Committee)提出的公职人员公共生活的原则。事实上,该指导规则将说客视为英国民主体制的一个特征。该指导规则吸收了《公务员良好行为规范》中有关公务员必须诚实、正直地行事的原则。①

尽管如此,仍有某些行为被视为完全不能接受的,并将因此而面临严厉的纪律制裁,直至解雇。这些行为包括向说客泄露机密或者敏感的资料,特别是涉及市场的敏感材料,或者通过安排其委托人接近部长或者对政策施加不正当影响的有利机会的方式,故意帮助说客招揽生意。②

对于其他需要公务员谨慎考虑并有可能因判断错误而导致纪律处分的情况,该指导规则确立了十项基本规则,例如:① 公务员不得给说客提供优先或者提前接触有关信息的便利;② 会见代表某一特别问题的一方代表而不给予另一方以同等机会;③ 从说客处接受礼物;④ 实施任何触犯议会优先权的行为(例如披露尚未公布的报告中的内容);⑤ 利用工作中的知识来暗示说客;⑥ 帮助说客取得其本来不该取得的利益;⑦ 制造一种让某说客优先接近部长的印象等。③ 公务员还应当向其工作部门报告任何可能与其在该部门所从事的工作造成利益冲突的家庭或者商业利益,同时应当谨慎地接受说客的招待。④

---

① Bradley & Ewing, p. 280.
② Bradley & Ewing, p. 280.
③ Bradley & Ewing, pp. 280-281.
④ Bradley & Ewing, p. 281.

主题词索引

B

保密（义务） 523—526,544,564
不谋取秘密利益 526—527
部长 211—234,255—292,304—319
部长责任制 211—234,279,305—306

C

财产申报 527
财产状况审核 147,151—152
财务官 244—246,545—549
财政部 244—249,287—295,439—447
财政部法律顾问 123—125,131
财政年度 246—247,391—393,443—447
裁判所 008—009,502—503
裁冗 515,556—560
参政受限 494—499,528,534—535,541
常任上诉贵族法官 017—026,061—065
称职地谨慎服务 522
成本约束机制 250
诚实忠诚地服从 522—523
初级立法 239,426,457—467
次级立法 426—427,450
促进经济发展权 389—394

D

大部制 269,276—279
大法官 016—047,062—065,166—176,283—287
大法官的法院管理职能 038—046
大法官的角色冲突 168—173
大法官事务部 039—041,167—176,283—287
地方立法权 436—438
地方性法规制定权 400,436—438
地方议事会 069,238—241,341—343,354—385
地方议事会成员 238,329,365,371—385
地方议事会税 037,349,440—441
地方议事会主席 381—385
地方政府的权力 387—408,414,423—425
地方政府的治理结构 379—386
地方政府公务员 493—494
地方政府机关 176,236—239,326—331
地方政府机关的司法行政职能 176
地方政府委员会 358,368,435
地方政府职能 370—371,408—421
地方政府组织 341—421,423
地方组织立法 237—238,550
地区法官 052,062,066
定期开支复审 248—249
调查裁判所 101,280,315

F

法定额外报酬 510—511

法定基本收入 509—510
法官的背景 073—075
法官的层级 062—070,087
法官的代表性 081—082
法官的待遇 088—092,112
(法官的)待遇保障 116
法官的独立性 046,092—122,162
法官的角色 081,093—096,200
法官的晋升 090,490
(法官的)免予错案追究 117—118
(法官的)免予批评 116—117
法官的名分 093
法官的培训 090—091
法官的人身保护 121
法官的任命 064,070—087,090,174
法官的任命权 078—079
法官的任命体制 081—084
法官的任职 089—092,106,115
(法官的)任职保障 088,112—116
(法官的)提名程序 075—078
法官的薪资 088—089
(法官的)舆论保障 118—119
(法官的)职务豁免 119—121
(法官的)资格条件 013,017,071—073
法官独立 004,045,092—122
法官独立于当事人 108—109
法官独立于行政 104—105
法官独立于偏私 110—111
法官独立于上级法院 107—108
法官独立于所在法院 107
法官独立于物质利益 109—110
法官独立于政治 105—107
法官造法 193—199
(法官)职务的解除 091—092
法官职业的独立 103—104
法律报告 030,057,177—184

法律服务 048—050,058,130—165,176
法律服务的基本框架 132—142
法律服务等级 138—139
法律服务费用保险 158—159
法律服务理事会 050,137—152
法律服务收费 151
法律服务提供者 048,141—148,158—165
法律服务体系 132—142,155
法律官 122—131
法律官的独立 127—128
法律官的范围 122—123
法律官的禁业 128
法律官的由来 123
法律官的职能 122—127
法律官事务部 130—131
法律贵族 018—022,062—065,103
法律解释 177—204,279,310
法律解释规则 200—202
法律界 047—061,119,160
法律援助 132—153
法律之院 003—012,175
法律执业者的独立性 101,162—163
法律职业的互通性 060—062
法律职业界 047—165,489
法院 003—046,107—108
法院的层级 012—013,073,187—189
法院服务局 039—041,167
法院管理体制 032,038—046
法院业务的外包 043
反歧视性任命 531—532
非政府组织 210,303—340
分庭法院 013,028—034,189
附条件的收费协议 143,153—159

G

高成本案件 153—154

高等法院　005—022,028—039,065—079

高等法院(全职)法官　062,065,069—076

公法人　209—211,304,309—310,320—340

公法人的管理者　337—339

公共辩护服务　145—147

公共财政　150,239—242

公共财政基金　251

公共服务　132,249—251,290—292,339—340

公共服务外包　339—340

公共管理机构　209,236—241,255

公共开支　134—135,247—250

公共开支的政府责任　250

公务员的层级　477—478

公务员的法律地位　470,491—508

公务员的法律素养　488—490

公务员的范围　469—471

公务员的分类　477

公务员的付酬原则　508—509

公务员的概念　469,471—472

公务员的雇主　512—513

公务员的兼职　490—491,528

公务员的经济地位　508—521

公务员的录用　475,486—487

公务员的任职资格　485—486

公务员的义务　521—528

公务员的职业保障　500—505

公务员法　479,484—485,492,502,521

公务员工会　494,514—515

公务员纪律处分　561—564

公务员退出机制　551—561

公务员制度　224,259,469—566

公益诉讼起诉权　397—400

固定收费　154,160

雇主的义务　479

雇主的责任　479—484

规避判例的方法　189—191

贵族院　009—027,071,103—104,187—191

国家经济发展理事会　295—297

国土开发　411,414—415

国有化　306,321—326

H

宏观经济管理　295—297

皇家法院　007—008,013—014,031—035

皇家公诉服务体系　124,129—131

货币政策委员会　291,298—302

J

机构重组的补偿　516

基本服务义务　521—522

价值检验　152—153

监察官　532—533,541—550

检举同事的义务　523

建筑控制　411,414—415

紧急状态权　403,466

禁止竞争的义务　528

郡法院　012—013,028—039

K

控制开支的制度设计　154

L

劳工立法　502—505,508

劳资谈判　476,507,511,513

良好行为规范　042—043,247—254,561—566

律师界　048—051,059—064,124

M

门外汉　042,059—060,079,163
秘密寻访　076—078,082,090
民事诉讼规则　061,154—155,198

N

内阁　212—218,255—275
内阁集体责任制　212

P

判例法的优缺点　191—192
判例命名　178—181
判例索引　178,182—183
普通法院　003—008,502

Q

区域开发　435—436
权力交叉　280—281
权力下放　023—027,208,448—468
权力下放立法　025—026,451
全国性机构与地方政府　434—435
全民健康服务体系　129,320,490

R

任人唯贤　085—086,531,540—541

S

三三制　295;374,378
善后法律服务费用保险　156—159
上诉法院　010—019,023—035
上诉法院法官　062,065,072
社会契约　295—296
社区法律服务　137—153,165
社团法人　211,342—345

审判程序保障　121—122
失去职位的补偿　515
市长　356—358,363—365,379—385
首席财务官　349,533,543—549
首相　078—079,212—215,255—281
受薪官员的首脑　528,541—549
书记官　052,062,066—067,072,090
枢密院　023—027,103—104,256—258
枢密院令　168—169,256—257,276—277
枢密院司法委员会　019—027,257—258
司法独立　054,092—122,162
司法独立的历史积淀　099—100
司法独立的内在要求　098—099
司法独立的宪法地位　096—098
司法独立的职业传统　100—102
司法独立的制度风险　102
司法独立的准确表述　098
司法行政体制　166—176
司法界　044—048,051—056,058—063
司法人员任用委员会　070—071,076—078,084—088
司法审查的经济分析　250
司法体制　003—204,316,381,424
司法推定技术　202—204
司法与行政的关系　177
司法与立法的关系　176,177
私人资助机制　151
苏格兰地区议会　023,371,458—465

T

特别权力　296—297,347,387—389
提供商品及服务权　403—408
提前退休　504,507,515,561
同工同酬　503,509
土地经营管理权　395—397

土地开发规划权 394—395
推定解雇 557
退休补助 516—517,561

W

威尔士地区议会 023,371,454—458
为公共利益披露信息的义务 524—526
委任立法 427,457—458

X

行政法庭 029—034,183,189
行政组织 207—211,235—254,341
行政组织的财政控制 239—250
行政组织的法律控制 235—239
行政组织良好行为规范 251—254
限额预算 249
限制开支的公共服务协议 249—250
限制中央政府控制权的措施 432—434
信息公开 220,251—253,479—481
刑事辩护服务 144—147
学术界 047—048,056—059
巡回法官 034—035,052,065—074
巡回法院 066,113

Y

一国三制 010—012
英格兰银行 260,290—291,298—302
英国行政体制 207—566
英王 003—007,255—266,492—493
英王(的)臣仆 093,312,470—471,492—493
应付说客的规则 565—566

Z

政治助理 385—386,496—499,538—541
执行机构 282—283,311—313,464—465,474—479
职业养老金计划 517—518
职员委员会 514—515,550—551
治安法官 011—012,059—062,066—070,079—080,174—176,354
治安法官的招募 079—080,174
治安法院 011—013,033—043,066—069,176
治安法院的管理 039,041—043,176
治安官 067—069,176,353—354
治安权 400—403
中央对地方的影响手段 430
中央控制地方的财政手段 422,428—429
中央控制地方的一般手段 426—428
中央与地方的关系 422—468
中央政府 255—302,422—468
中央政府部门 234—240,274—286,303—313,430—434
中央政府部门与地方政府 238—239,425,430—431
中央政府干预的成本效益分析 422,431—432
中央政府公务员 470,492—493
中央政府组织 255—302
中央支援地方财政 438—448
助理书记官 062,067,072—073,090
咨询机构 210—211,314—319
最高法院 013—023,063—065,070—071,077,097,103
遵循先例 013,018,022,184—200

引注缩略语表(参考书目)

- **Alex Carroll**

Alex Carroll, *Constitutional and Administrative Law*, Longman(an imprint of Pearson Education) 2002, 2nd Edition.

- **Andrew Arden**

Andrew Arden, *Local Government Constitutional and Administrative Law*, Sweet & Maxwell 1999.

- **Anthony Seldon**

Anthony Seldon(Edited by), *The Blair Effect: The Blair Government 1997-2001*, Little, Brown and Company 2001.

- **Bradley & Ewing**

A. W. Bradley, K. D. Ewing, *Constitutional and Administrative Law*, Longman (an imprint of Pearson Education) 2003, 13th Edition.

- **Bradley & Ewing 2015**

A. W. Bradley, K. D. Ewing, and C. J. S. Knight, *Constitutional and Administrative Law*, Longman (an imprint of Pearson Education) 2015, 16th Edition.

- **Bridges & Cragg**

Lee Bridges, Stephen Cragg, Gerald Hyland, Beverley Lang, Thomas Mullen, and Richard Poynter(authors), Richard Poynter(general editor), *The Applicant's Guide to Judicial Review*, Sweet & Maxwell 1995.

- **Carol Harlow & Richard Rawlings**

Carol Harlow, Richard Rawlings, *Law and Administration*, Butterworths 1997, 2nd Edition.

- **Colin Turpin**

Colin Turpin, *British Government and the Constitution: Text, Case and Materials*, Butterworths 1999, 4th Edition.

- **Diane Longley & Rhoda James**

Diane Longley, Rhoda James, *Administrative Justice: Central Issues in UK and European Administrative Law*, Cavendish Publishing Limited 1999.

- **Elliott & Quinn**

Catherine Elliott, Frances Quinn, *English Legal System*, Longman 2002, 4th Edition.

- **Denis Keenan**

Denis Keenan, *Smith & Keenan's English Law*, Longman 2001, 13th Edition.

- **John Alder**

John Alder, *General Principles of Constitutional and Administrative Law*, Palgrave Macmillan 2002, 4th Edition.

- **John Hopkins**

John Hopkins, *Devolution in Context: Regional, Federal & Devolved Government in the Member States of the European Union*, Cavendish Publishing Limited 2002.

- **Lin Feng**

Lin Feng, *Administrative Law Procedures and Remedies in China*, Sweet & Maxwell 1996.

- **Martin Partington**

Martin Partington, *An Introduction to the English Legal System*, Oxford University Press 2003, 2nd Edition.

- **Michael Zander**

Michael Zander, *Cases and Materials on the English Legal System*, Butterworths 1996, 7th Edition.

- **Neil Parpworth**

Neil Parpworth, *Constitutional and Administrative Law*, Butterworths 2002, 2nd Edition.

- **P. P. Craig**

P. P. Craig, *Administrative Law*, Sweet & Maxwell 1999, 4th Edition.

- **Penny Darbyshire**

Penny Darbyshire, *Eddey & Darbyshire on the English Legal System*, Sweet & Maxwell 2001, 7th Edition.

- **Peter Leyland & Terry Woods**

Peter Leyland & Terry Woods, *Textbook on Administrative Law*, Blackstone Press Limited 1999, 3th Edition.

- **Phillips & Jackson**

O. Hood Phillips, Paul Jackson, *Constitutional and Administrative Law*, Sweet & Maxwell 2001, 8th Edition.

- **Rodney Brazier**

Rodney Brazier, *Constitutional Practice*, Oxford 1999, 3th Edition.

- **Wade & Forsyth**

William Wade & Christopher Forsyth, *Administrative Law*, Oxford University Press 2000, 8th Edition.

- **Wade & Forsyth 2014**

William Wade, Christopher Forsyth, *Administrative Law*, Oxford University Press 2014, 11th Edition.

- **Woolf & Jowell**

Woolf, Jeffrey Jowell, *Principles of Judicial Review*, Sweet & Maxwell 1999.

THE RULE
OF
ENGLAND

THE HISTORY AND REALITY
OF THE ENGLISH PUBLIC LAW

英国是如何治理的
英国公法的历史与现状
III
英国行政法

张越 著

THE RULE
OF
ENGLAND

THE HISTORY AND REALITY
OF THE ENGLISH PUBLIC LAW

北京大学出版社
PEKING UNIVERSITY PRESS

简目

第一卷　英国法理与英国宪法

第一编　英国法理

第一章　英国法理基础 / 003

第二章　英国公法的基本概念和观念 / 081

第三章　英国公法的基本原则 / 153

第四章　英国法制变革 / 229

第二编　英国宪法

第一章　宪法导论 / 253

第二章　民权与君权 / 276

第三章　选举制度 / 306

第四章　议会制度 / 387

第五章　立法制度 / 493

第六章　政府制度 / 567

第七章　宪法监察制度 / 573

第二卷　英国司法与行政

第一编　英国司法体制

第一章　英国的法院 / 003

第二章　法律职业 / 047

第三章　法律服务 / 132

第四章　司法体制 / 166

第二编　英国行政体制

第一章　英国行政体制概述 / 207

第二章　行政体制的控制机制 / 235

第三章　中央政府组织 / 255

第四章　非政府组织 / 303

第五章　地方政府组织 / 341

第六章　中央与地方的关系 / 422

第七章　公务员制度 / 469

第三卷　英国行政法

第一编　英国行政法总论

第一章　行政法与公民权 / 003

第二章　行政权及其控制 / 033

第三章　行政行为 / 081

第四章　行政程序 / 231

第二编　英国行政法分论

第一章　部门行政管理概述 / 291

第二章　政府财政体制 / 293

第三章　经济管理部门 / 390

第四章　环境资源部门 / 419

第五章　教科文部门 / 468

第六章　公共服务部门 / 497

第七章　社会福利部门 / 506

第八章　社会管理部门 / 544

第四卷　英国司法审查

第一章　行政救济总论 / 001

第二章　司法救济概述 / 048

第三章　司法审查原理 / 124

第四章　司法审查基础 / 179

第五章　司法审查主体 / 266

第六章　司法审查程序 / 314

第七章　判决、赔偿及其他 / 432

目录

第三卷 英国行政法

第一编 英国行政法总论

第一章 行政法与公民权

第一节 行政法概述 / 004
- 一、行政法的概念 / 005
- 二、行政法的宪法基础 / 007
- 三、行政法与政治 / 010
- 四、行政法的相关概念 / 011
- 五、行政法的法系间比较 / 013
- 六、行政法的历史发展 / 017
- 七、行政法的功能 / 022

第二节 公民权利本位 / 025
- 一、公民权的主体 / 025
- 二、公民权的范围 / 026
- 三、公民权的界定机制 / 029
- 四、公民权的保障 / 029
- 五、公民权的限制 / 031

第二章 行政权及其控制

第一节 行政权的本质 / 033
- 一、行政权的分类 / 034
- 二、普通法上的英王特权 / 038

三、制定法上的权力 / 043
　　四、公正行事的义务 / 043
第二节　行政权的配置 / 043
　　一、行政权与英王特权 / 044
　　二、行政权的法律化 / 044
　　三、行政权的设置原则 / 046
　　四、国务大臣的保留权力 / 049
　　五、中央与地方的事权划分 / 050
　　六、自由裁量权的设置 / 051
　　七、自由裁量权的制约 / 052
　　八、行政权的再委托 / 052
第三节　行政权的行使 / 053
　　一、必须行使 / 054
　　二、必须亲自行使 / 056
　　三、必须具体地行使 / 057
　　四、禁止自缚裁量权 / 058
　　五、权力外放 / 059
　　六、权力外放的立法实践 / 060
第四节　自由裁量权及其控制 / 061
　　一、自由裁量权的内涵 / 061
　　二、自由裁量权的必要性 / 063
　　三、自由裁量权的设定 / 063
　　四、自由裁量权与默示权力 / 064
　　五、自由裁量权的滥用 / 065
　　六、法律上错误 / 066
　　七、无理性（不合理）/ 067
　　八、违反比例原则 / 069
　　九、不适当的目的 / 071
　　十、不相关的考虑 / 073
　　十一、自我限制自由裁量权 / 074
　　十二、非法委托自由裁量权 / 075
　　十三、违反公认的财政义务 / 076

第五节　行政权的监督体制 / 077

　　一、议会的政治监督 / 077

　　二、授权法的监督 / 079

　　三、组织立法的监督 / 079

　　四、行政公开的监督 / 079

　　五、行政内部的监督 / 079

　　六、司法方面的监督 / 080

　　七、议会行政监察专员的监督 / 080

　　八、闭环监督 / 080

第三章　行政行为

第一节　行政行为的基本原则——自然公正原则 / 083

　　一、自然公正原则的本义 / 084

　　二、自然公正原则的基本规则 / 088

　　三、自然公正原则的行政化 / 092

　　四、自然公正原则与行政权 / 094

　　五、自然公正原则与程序正义 / 096

　　六、自然公正原则与合法性期待 / 102

第二节　行政咨询 / 112

　　一、咨询的要求的实质性 / 113

　　二、违反咨询义务的后果 / 114

第三节　行政立法 / 114

第四节　行政计划 / 115

　　一、组织方面的计划 / 116

　　二、财政方面的计划 / 116

　　三、国家经济发展委员会的兴亡 / 116

　　四、价格委员会的存废 / 117

　　五、宏观经济发展指导方针 / 118

第五节　行政许可 / 118

　　一、行政许可与合法性期待 / 118

　　二、行政许可立法 / 119

　　三、行政许可分类及范围 / 119

　　四、行政许可的实施主体 / 121

五、从钓鱼许可看行政许可的实施程序 / 121
六、行政许可的强制执行 / 123
七、行政许可的救济 / 123
八、中央对地方事项的审批 / 125
九、法律职业的许可 / 125
十、土地及建设规划 / 128
十一、公共场所消防许可 / 129
十二、民用建筑供水系统设计审批 / 129
十三、船居许可 / 130
十四、公共娱乐许可 / 130
十五、剧院、电影院与电影胶片许可 / 130
十六、有奖娱乐、彩票与赌博机许可 / 130
十七、无线电视收视许可 / 130
十八、色情产业 / 131
十九、市场、沿街摆卖与度量衡 / 131
二十、对广告展示的控制 / 132
二十一、危险品控制、废旧金属回收 / 132
二十二、规制改革令 / 133

第六节 行政救助 / 133

一、行政救助的含义 / 134
二、行政救助的资金来源 / 134
三、行政救助的诚信保障 / 135
四、行政救助的范围 / 135
五、社会保障福利 / 136
六、全民健康服务 / 138
七、社会服务 / 138
八、社会援助安置与对残疾人的居家服务 / 139
九、社会服务与社区关怀 / 141
十、公益监护与慈善事业 / 142
十一、法律及其他专业服务 / 142

第七节 行政合同 / 143

一、行政合同与契约政府 / 144
二、行政合同与合法性期待 / 147

三、行政合同的范围 / 148

四、英王的合同义务 / 149

五、地方政府机关的合同义务 / 150

六、行政合同责任 / 151

七、公共管理机构的主体地位 / 152

八、地方政府机关提供商品及服务 / 152

九、行政合同的相对方 / 152

十、强制竞争性招标制度 / 153

十一、《规制缓和及外包合同法》 / 157

十二、外包合同主体的转移 / 158

十三、英王的雇佣合同 / 159

十四、地方政府机关的权力外放 / 160

十五、不得外放的权力 / 160

十六、私人参与公共财政 / 161

十七、税务管理及征收权的外包 / 163

十八、教育服务的外包 / 163

十九、供水服务的外包 / 163

第八节　行政收费 / 163

一、收费权的本质 / 164

二、收费权的设定 / 165

三、明示收费权 / 166

四、默示收费权 / 167

五、委任立法增补的收费权 / 169

六、收费的范围 / 170

七、收费的缴纳 / 173

八、收费的控制机制 / 174

第九节　行政强制 / 175

一、强制执行通告 / 175

二、对非法停车的强制措施 / 176

三、强制征购土地 / 177

四、规划强制落实 / 178

五、强制执行——蔑视法庭 / 178

六、强制令 / 179

第十节　行政处罚——行政刑罚 / 180

一、行政处罚的定性——一般违法罪 / 180

二、行政刑罚的设计模式 / 181

三、行政刑罚的设计技巧 / 183

四、行政刑罚的实施主体 / 184

五、行政处罚的适用——事实推定 / 184

六、罪与罚的辩证与轻刑化的反思 / 185

第十一节　行政司法与行政裁判 / 186

一、行政司法的蕴含 / 186

二、裁判所的定性 / 187

三、设立裁判所的必要性 / 191

四、对裁判所的期望 / 193

五、裁判所的专业性 / 195

六、裁判所的公正性 / 197

七、裁判所的经济性 / 201

八、《裁判所及调查庭法》/ 203

九、裁判所委员会 / 204

十、裁判所总裁 / 207

十一、裁判所的设立 / 209

十二、裁判所的分类 / 211

十三、裁判所体系的统一 / 216

十四、行政裁判的程序 / 221

十五、行政裁判质量的保障体系 / 226

十六、裁判所行为的司法救济 / 227

第四章　行政程序

第一节　行政公开与隐私信息保护 / 233

一、开放政府与信息自由 / 234

二、传统的保密制度 / 235

三、信息公开的曲折 / 239

四、1987年《查阅个人档案法》/ 241

五、1998年《数据保护法》/ 243

六、2000年《信息自由法》/ 244

七、公共管理机构职能信息的公开 / 253

　　八、公务员披露个人金钱利益 / 255

　　九、从中央政府获取信息 / 255

　　十、从地方政府获取信息 / 255

　　十一、获取计算机信息 / 255

　　十二、通信侦听 / 255

第二节　调查裁判所制度 / **258**

　　一、调查裁判所的概念 / 259

　　二、调查裁判所的设立 / 260

　　三、调查裁判所的功能 / 262

　　四、调查裁判所的组成 / 262

　　五、调查裁判所的审理程序 / 263

第三节　听证程序 / **264**

　　一、听证权的本质 / 265

　　二、获得公平听审的权利 / 266

　　三、行政听证的含义 / 267

　　四、听证制度的功能 / 269

　　五、听证制度的要求 / 270

　　六、听证主持人 / 271

　　七、听证会 / 271

　　八、听证程序 / 272

　　九、听证的救济 / 276

　　十、听证程序展望 / 277

第四节　说明理由 / **279**

　　一、说明理由的理由 / 279

　　二、说明理由的功能 / 281

　　三、说明理由的要求 / 282

　　四、说明理由义务的免除 / 282

　　五、治安法院说明理由 / 283

　　六、裁判所说明理由 / 283

第五节　告知与送达 / **284**

　　一、行政公告 / 284

　　二、告知程序 / 285

三、送达程序 / 285

第二编　英国行政法分论

第一章　部门行政管理概述
第二章　政府财政体制

第一节　政府财政概述 / 293
一、财政法的基本定位 / 294
二、财政法的基本关系 / 294
三、财政法的基本原则 / 295
四、适度财政管理义务 / 296
五、首席财务官的职责 / 297
六、财务官员的可靠性 / 299
七、财务管理良好行为规范 / 300

第二节　公共财政基金 / 301
一、中央政府主要基金 / 301
二、新型商业基金的运作 / 302
三、基金对应的财政开支 / 304

第三节　地方政府财务基础 / 305
一、基金与账户基本规范 / 305
二、地方政府机关的征收基金 / 308
三、地方政府机关的通用基金 / 310
四、地方政府机关的养老金基金 / 312
五、地方政府机关的其他基金 / 319
六、地方政府机关的基金账户 / 320
七、安居财政账户 / 321
八、地方政府机关的其他账户 / 323

第四节　地方政府的收支财政 / 324
一、财政开支 / 324
二、财政开支标准评估体系 / 327
三、财政收入的主要来源 / 328
四、地方议事会税的设定 / 329

五、地方议事会税的征收 / 336

　　六、地方议事会税征收主体 / 337

　　七、非地方税 / 339

　　八、收费 / 348

　　九、临时借款 / 348

　第五节　地方政府的资本财政 / 349

　　一、资本运营规范概述 / 351

　　二、资本运营的一般规定 / 354

　　三、投资开支 / 358

　　四、例外开支 / 360

　　五、信用安排 / 362

　　六、债务偿还 / 370

　　七、信用保证 / 371

　　八、担保投资 / 375

　　九、资本收入 / 375

　　十、基金与信托基金 / 378

　　十一、借款 / 379

　　十二、满足信用责任的规定 / 383

　　十三、总信贷限额 / 384

　第六节　地方政府的财产财政 / 385

　　一、获得财产的权利能力 / 385

　　二、财产的分类 / 386

　　三、货物和材料获取合同规则 / 386

　　四、土地的获取规则 / 388

　　五、财产的利用 / 389

　　六、财产的处置 / 389

第三章　经济管理部门

　第一节　宏观经济管理 / 390

　　一、社会主义的三三制 / 390

　　二、改良主义者的社会契约 / 391

　　三、市场经济的复辟 / 391

　　四、工会的没落与工党的勃兴 / 391

第二节 审计法 / 392

一、会计记录 / 393

二、《会计良好行为规范》/ 394

三、会计法规 / 395

四、设立内部审计的目标 / 396

五、内部审计的组织保障 / 396

六、内部审计有效的机理 / 397

七、内部审计的外包 / 399

八、总会计师兼总审计长 / 399

九、总会计师兼总审计长的下属 / 400

十、总会计师兼总审计长的职责 / 400

十一、总会计师兼总审计长职能的履行 / 402

十二、众议院公共会计委员会的构成 / 403

十三、众议院公共会计委员会的职能 / 403

十四、审计责任的落实 / 404

第三节 税法 / 405

一、政府反制议会 / 405

二、税收主管部门 / 406

三、税收体制 / 407

四、税负减免 / 407

五、对征税行为的救济 / 408

六、纳税人公益诉讼 / 409

第四节 中央对地方税的控制 / 410

一、指示权 / 410

二、"戴帽"制的运作 / 411

三、指示的程序 / 412

四、指示的法律效果 / 416

第四章 环境资源部门

第一节 不动产行政法 / 419

一、不动产权 / 419

二、公产特别限制 / 420

三、土地收费 / 421

四、信息公开 / 421
　　五、规划职能部门 / 421
　　六、规划职能范围 / 424
　　七、规划政策 / 429
　　八、规划的内容 / 429
　　九、规划的制定 / 430
　　十、规划的效力 / 434
　　十一、规划的控制手段 / 435
　　十二、规划的落实 / 436
　　十三、土地征用规则 / 438
　　十四、获取土地的主要方法 / 439
　　十五、强制购买程序 / 443
　　十六、强制征购补偿 / 448
　　十七、土地裁判所 / 452
　　十八、占用土地补偿 / 453
　　十九、土地有效利用 / 455
　　二十、土地登记制度 / 457
　第二节　环境行政法 / 457
　　一、英国环境法的内容 / 458
　　二、垃圾管理职能部门 / 459
　　三、垃圾清运和处理 / 460
　　四、啮齿动物及害虫控制 / 461
　　五、打击乱丢垃圾犯罪 / 461
　　六、噪声控制与阻止非法滋扰 / 462
　　七、空气质量 / 463
　　八、排水 / 464
　　九、供水 / 465
　　十、环境权的司法保障 / 465

第五章　教科文部门
　第一节　文化行政法 / 468
　　一、职能及其归属 / 468
　　二、公共娱乐 / 469

三、广播、电视 / 470

四、影剧院 / 470

五、博物馆与艺术馆 / 472

六、古迹 / 472

七、图书馆 / 473

八、户外公共用地 / 473

九、亲近乡村 / 474

十、乡情农趣 / 475

十一、国家公园、风景区与自然保护区 / 477

十二、游乐场、赌博、彩票及娱乐 / 478

十三、犬、马与动物园 / 479

十四、野生生物 / 480

十五、餐饮 / 481

第二节　教育行政法 / 481

一、教育事业的规模 / 481

二、教育相关的义务 / 481

三、教育的主管部门 / 483

四、教育职能部门的职能 / 484

五、教育的供应方式 / 485

六、教育的管理体制 / 486

七、教育的财政体制 / 487

八、教师工资 / 489

九、教育信息的公开 / 490

十、义务教育 / 491

十一、继续教育 / 492

十二、高等教育 / 492

十三、特殊教育 / 493

十四、入学 / 494

十五、课程设置 / 494

十六、辅助服务及设施 / 495

十七、国务大臣的权力 / 496

十八、教育行政复议 / 496

第六章 公共服务部门

第一节 公共事业行政法 / 497

一、公法人的消费者权益保护 / 498

二、家居安全 / 500

三、劳动健康保护 / 500

四、运动场所安全 / 500

五、药品与毒物 / 500

六、食品安全 / 501

七、农业分析师 / 502

八、公共分析师 / 502

九、屠宰场管理 / 502

十、家禽屠宰 / 502

十一、奶制品公司 / 503

十二、度量衡 / 503

十三、商誉与消费者信用征信 / 504

十四、沿街摆卖 / 505

第七章 社会福利部门

第一节 劳动法 / 506

一、雇员的义务 / 507

二、雇主的义务 / 507

三、雇主的责任 / 511

四、反歧视 / 512

五、兼职 / 512

六、就业裁判所 / 512

第二节 健康行政法 / 512

一、全民健康服务体系 / 513

二、健康服务职能部门的定性 / 514

三、健康服务职能部门的设置 / 515

四、健康服务职能部门与地方政府机关的合作 / 516

五、疾病控制 / 517

六、精神健康呵护 / 518

七、药品与毒物管制 / 520

第三节 安居行政法 / 520

一、安居职能的定位 / 520

二、安居职能部门的职能 / 521

三、安居用房的管理 / 522

四、安居对象的界定与安置 / 523

五、安居职能的外包 / 524

六、安居适宜性评价 / 525

七、安居财产的范围 / 526

八、安居预算的平衡 / 526

九、安居财政补贴 / 526

十、安居房修缮补贴 / 527

十一、安居事务信托基金 / 528

十二、安居信息的披露 / 529

十三、安居权利的保障 / 529

十四、安居权利的救济 / 530

第四节 儿童保护法 / 531

一、地方政府机关的基本职责 / 531

二、服务信息的有效公开 / 532

三、资助儿童及其家庭 / 532

四、家居安顿与择邻而居 / 533

五、日常看护与特别照看 / 534

六、特殊教育 / 536

七、养育安排与收养 / 536

八、公益监护 / 536

九、限雇童工 / 537

十、在册家庭 / 538

十一、社区之家与志愿者之家 / 538

十二、有关国务大臣的权力 / 539

十三、刑事诉讼中的儿童权益保障 / 540

十四、民事诉讼中的儿童保障 / 541

十五、儿童权利救济 / 543

第八章　社会管理部门

第一节　警察行政法 / 544

一、警务属地方事务 / 545

二、警察机关 / 547

三、警务管理体制 / 552

四、警察机关与地方政府机关的关系 / 554

五、中央与地方的警务关系 / 554

六、内政部的警务职能 / 555

七、警察与法院的关系 / 559

八、警察基金 / 561

九、警察的效能 / 561

十、警察的职权 / 563

十一、警察的职责 / 564

十二、消防服务 / 565

十三、水防服务 / 566

十四、民防服务 / 568

十五、停车管理 / 568

十六、户口登记不属于警察事务 / 568

十七、博彩日常管理不属于警察事务 / 570

十八、色情产业管理不属于警察事务 / 570

十九、废金属回收管理不属于警察事务 / 570

二十、危险品管理不属于警察事务 / 570

二十一、毒品及毒物管理不属于警察事务 / 571

二十二、抓狗员不是警察 / 571

二十三、警务信息公开 / 571

二十四、警察服务标准 / 572

二十五、对警察的控制 / 573

二十六、对警察权滥用的救济 / 573

第二节　交通行政法 / 581

一、公路职能部门 / 581

二、公路建设 / 582

三、公路维护与保养 / 583

四、辅助服务、宜居和谐与休闲 / 584

五、清除障碍与滋扰 / 584

六、公路照明 / 585

七、交通职能部门 / 585

八、交通职能部门的职能 / 586

九、交通服务的提供 / 587

十、出租车管理 / 589

十一、空港 / 589

主题词索引 / 591

引注缩略语表（参考书目）/ 599

第一编
英国行政法总论

第一章
行政法与公民权

本卷完全是按照中国行政法的体系、结构及需要介绍英国行政法的，其中的许多内容是英国当代行政法所未包括的。因此在开篇之前，有必要还原英国当代行政法的研究范围，给读者一个交代。

在英国学者看来，行政法的本体是由法官创造的原则构成的，这些原则为公共行政主体的行为确立了普遍的法律准则。那么，何谓行政法的基本原则呢？按照英国判例法的要求，中央政府部门和地方政府机关（本书中大量使用地方政府机关的表述，以区别于同为地方政府的职能部门的警察机关、规划机关等，它们都是议行合一的，同时又是相对独立的）都必须基于相关性和理性来行使其各自享有的不同种类的成文法上的权力，这就是一项行政法上的基本原则。[1] 对于中国学者而言，成文法的权力授予形式或者说法律渊源是显然的，但对于什么是判例法的要求，难免有些费解，这也正是法官所造之法的要求，也就是法院判例所形成的比较一致的倾向。

韦德爵士在介绍其《行政法》一书时指出，该书的绝大部分内容仅涉及法院通过司法审查而设立的行政活动的标准，仅在关于裁判所和调查庭的最后两章提到了议会通过立法设立的标准和良好行政的要求。将司法与立法两方面的工作结合在一起，就构成了一个庞大的保护公民权的体系。这个体系有其弱点，但同时也是强有力的。[2]

救济（remedies）在英国行政法著作中的出现率相当高。英国当代法律的进化过程中具有创新精神的许多司法解释或者判例，就出现在社会救济领域，如 2000 年的 *Fitzpatrick v. Sterling Housing Association*

---

[1] Wade & Forsyth, p.6.
[2] Wade & Forsyth, p.8.

Ltd. 一案。但笔者没有看到英国学者给救济下定义,正如没有人给不满、抱怨下定义一样。但似乎所有的英国学者都将救济与对政府的各种层级的不满和抱怨联系在一起。这部分涉及的内容,参见本书第四卷第一章第一节行政救济概述、第二节行政复议、第七章第二节行政赔偿与王权诉讼等章节。

由于"没有救济就没有权利"的观念根深蒂固,对行政行为的救济是英国行政法中标志性内容。任何类型的政府所真正需要的,是通过某种经常性的顺畅运行的机制,对于对政府不满的人的反应作出必要的反馈,并经过无偏私的对抱怨的评价后,校正任何可能已经犯下的错误。[①] 此处有关政府的顾客的提法,充分体现了政府的服务职能。

英国行政法研究的重点在行政行为及其司法审查,但并不意味着英国行政法完全不研究行政组织及其职能,而且对此也确实投入了相当的精力。韦德爵士在笔者处了解到其所著《行政法》的中译本略去了其中有关行政组织及行政权部分后,也认为颇为可惜。确实,结构决定功能的原则在行政法中往往可以找到最精准的印证,对行政法中许多现象的理解和诠释,解析其组织结构是唯一的途径。笔者对此笃信不疑。

第一节　行政法概述

在英国学者看来,行政法是一个有限的法律概念,它仅仅是公共行政主体所服从的所有法律的一部分,所有涉及公共行政主体具体的组成和结构的法律,尽管与行政法密切相关,但却超出了行政法的范畴。例如,行政法既不探究地方议事会成员(councillor)是如何选举产生的或者在各类裁判所中供职的裁判者的资格条件等,也不去历数政府机关所享有的各项权力。[②] 由于英国的地方政府实行比其中央政府更为彻底的议行合一制度,而议(事)会成员的资格、选拔以及议(事)会的组织、运行等内容,传统上又属于宪法研究的领域,故韦德爵士也不敢自专。

英国学者还强调,必须将行政法的功能从结构中分离出来,并且只研究普遍性的原则。于是,有关公共行政主体发挥其功能所必需的行为方式方面的法律,不得不排除出行政法的研究范围。即使英国学者的著作

---

① Wade & Forsyth, p. 87.
② Wade & Forsyth, p. 5.

中的某些地方特别提到了某些公共行政主体的结构及其某些值得注意的权力，也仅仅是为了提供必要的背景知识而已。但是，在个别领域，如涉及某些特殊的裁判所、法定调查庭以及委任立法的某些方面，则必须对公共行政主体的组织结构予以特别关注。①

英国行政法的研究领域局限于委任立法与司法审查，不是因为行政法仅局限于这些题材，而是因为主要受了戴西的影响。直到1964年，里德（Reid）还在 *Ridge v. Baldwin* 一案中说："我们确实没有一个发达的行政法体系，但这也许是因为我们并不需要。"但是自此以后，行政法的发展就如迪普洛克（Diplock）于1984年在 *Mahon v. Air New Zealand* 一案中所言，是过去三十余年间普通法的发展中最为显著的。②

一、行政法的概念

关于行政法的定义，英国也同中国一样，有多少种教材，至少就有多少种行政法的定义。甚至连韦德爵士这样的大家，也不敢给行政法下一个唯一的定义，而是从不同的角度对行政法的某一方面的特点予以强调。③ 以下便是英国学者对行政法所下的几种定义：

（一）控权说：控制政府权力的法

韦德爵士认为，行政法首先是涉及政府权力的控制的法，无论在何种意义上，这一点都是行政法的核心，也是绝大多数英国学者的共识。④ 从其特别强调"首先"这一点上，我们可以这样理解：在英国，从控权的角度理解行政法是英国学者最基本的出发点。或者说，英国的行政法最主要的是控制行政权的法。

（二）规范说：规范行政权力与职责的法

行政法还可以定义为规范公共行政主体践行其权力与职责的基本原则的总体⑤。这个定义与控权说如出一辙，但又有所不同。从其对行政职责的强调，以及英国学者在行政法中具体讨论行政职责的履行、怠于履行的补救措施等内容看，这一定义的视角已经开始从完全控制向控制与促进并重的方向转化。而且规范本身也有控制性规范与保障性规范之

---

① Wade & Forsyth, p. 6.
② Phillips & Jackson, p. 29.
③ Wade & Forsyth, pp. 4-5.
④ Wade & Forsyth, p. 4.
⑤ Wade & Forsyth, p. 5.

分,因此,这一定义是介于控权说与维护说之间的。但考虑到这一定义与前面提到的控权说系出于同一英国学者,我们不能说英国有所谓控权论者或者维护论者,而只能说,英国学者在考虑行政法的内涵时,会同时从控权与维权的角度着眼,但对控权关注得更多一些。

(三) 对象说

詹宁斯(Jennings)认为,行政法应当像其他部门法一样,按其调整对象,即公共行政,进行分类。据此,行政法就是确定行政主体(administrative authorities)的组织、权力及义务的法律。①

对于行政法的正式定义,另有学者指出,行政法是公法的一支,涉及各种执行公共政策的政府机构的组织、程序、权力、职责、权利及义务的公法规范。这些政策既可以是议会在立法中规定了的,也可以是政府或者其他执行机关推行的。② 需要注意的是,这里提到了行政组织的权利,即与国家机关的机关法人地位有关的私法方面的内容在英国也属于行政法研究的范围,主要是指其财政来源及经济运行。当然,英国的行政组织与私人之间的区分不是很明确,且许多案件都是适用民事诉讼程序,有时确实分不太清楚作为公法机关的权利与作为公法人的权利之间的学理区别。但在实际的法律操作上却很明确。这可以说是英国法的一个特点,在没有判例之前,什么都可能是模糊的,但只要案件到了法院,肯定会得出一个明确的、毫不含糊的结论。这与那种法律字面上的规定是明确的,但法院的判决却很难预料,即使法院作出的判决本身也可能莫衷一是的法律体系形成鲜明的对比。

这种意义上的行政法所要讨论的内容,涉及政府的各个领域,如行政机关制定次级立法或者说代位立法的权力,特别设立的裁判所及调查庭的程序,议会行政监察专员针对个人的冤情作出决定或者提供救济,对公共管理机构的司法审查,对公共管理机构的责任追究,特别是中央政府的损害赔偿诉讼等。行政法的目的就在于明确那些有助于确保公共行政的合法标准能够被遵循的核心机制。③

(四) 公共行政说:关于公共行政的法

行政法是关于公共行政的法律。在英格兰法及苏格兰法中,都包括

---

① Phillips & Jackson, p.9.
② Bradley & Ewing, p.631.
③ Bradley & Ewing, p.631.

关于行政主体的结构、职能和权力以及监督它们与公民之间的关系等方面的基本原则和具体规则。其中的行政主体包括部长、中央政府部门、地方政府机关、公法人以及它们的官员或者公务人员。[1]

当然,还有许多其他的不能称其为定义的认识。如有的学者提到,在履行其职能的过程中,中央政府及其他根据制定法建立或者依据制定法行事的中央机构本身固然都要受越权无效原则的规制,这一原则也同时规范地方政府机关的行为。[2] 而这就是英国学者在讨论英国地方政府机关的法律约束时所指的行政法。

二、行政法的宪法基础

在公法领域,宪法显然是与行政法最切近的一个概念:谈及行政法的相关概念,宪法自是不可缺省。在英国,即使是介绍英国法制的书中也提到,为了理解某一国家的法律体系,必须首先了解作为该法律体系运作背景的宪法。英国学者一般认为,宪法是关于国家的政府体系的具体规则。[3] 但是英国学者同时也指出,英国宪法的柔性导致了宪法与行政法及其他法律部门的区分,以及部门法所包含的内容的选取,都是便宜行事的结果,具体的指导原则则来源于传统及与其他宪法体制的比较。[4] 由于行政法是涉及各种执行公共政策的政府机构的组织、程序、权力、职责、权利及义务的公法规范,根据这一宽泛的定义,行政法一方面涉及宪法方面的基本原理和制度,另一方面又包括在成文法或者部门的条例中对提供社会服务的行为进行规制,对经济活动(如金融服务)实行规制以及对诸如环境保护等方面的规制。因此,宪法与行政法之间没有明确的界限。[5]

英国法的非法典性及缺乏官方的系统化,使得英国法理学家觉得区分宪法和行政法很困难。虽然法国的行政法、美国的行政法都没有法典化,但对于有一部成文宪法的国家,区分宪法与行政法相对而言还容易一点,如在欧洲大陆国家,宪法与行政法之间有明确的界限。在英国这样没

---

[1] Phillips & Jackson, p. 28.
[2] Andrew Arden, p. 40.
[3] Elliott & Quinn, p. 1.
[4] Phillips & Jackson, p. 22.
[5] Bradley & Ewing, p. 631.

有成文宪法的国度,宪法与行政法的划分则只能便宜行事。① 英国宪法与行政法的微妙关系具体表现为,宪法与行政法通常属于同一门课程,属于一个共同的研究领域。据笔者个人所见,除宪法与行政法合并的情形外,只见过单独的行政法教材,却没有见到过单独的宪法教材,笔者在剑桥最大的一家书店中被问及想找什么书时,笔者回答说"想找一本宪法方面的书",得到了一个善意的忠告:"英国没有宪法。"

不仅如此,韦德爵士在与笔者讨论其《行政法》中译本(中国大百科全书出版社译本)舍弃行政组织部分时,除表达其惋惜之情外,特别强调了这部分内容对于行政法本身的重要性。同时,也对笔者明确表示,英国的宪法与行政法没有明确区分。正如其著作中所言,宪法与行政法是两门紧密联系又严重重叠的学科,例如,法治原则就是一个贯穿其中的基本观念。与此同时,他在著作中又反复强调二者的不同之处:行政法的核心部分,也就是其《行政法》所讨论的部分,具有某种在宪法领域不具备的中立性。② 此处需要提醒读者注意的是,在类似韦德爵士的《行政法》的讨论行政法问题的专著中,开篇即提到宪法基础问题,这在很大程度上验证了这样一个事实,即在英国,宪法性问题是一个普遍的法律基础问题;同时也暗示着,宪法与行政法之间存在密切的关系。而本章所涉及的内容与其说是对英国宪法与行政法关系的一个宣告性的展示,不如说仅仅是对二者相互关系的浅层次表现非常表面化的描述。真正反映二者密不可分关系的,是本书主要章节中对于宪法性问题的深入讨论。这些讨论在很大程度上给人的印象是,在英国,宪法与行政法之间没有截然的区分。在读者进一步阅读了英国有关宪法与行政法的专著后,这种印象可能会更为深刻,因为这些著作中所讨论的绝大多数问题,在韦德爵士的《行政法》中也同样作为基本问题加以讨论,唯一不同的是各自在篇幅上所占的比例的差别。

更有学者认为,直到不久以前英国才形成自己的行政法体系,至今没有系统的行政法院体系。英国的行政法是从英国宪法中有选择地挑选出来的③,因此没有必要在二者之间划分明确的界限。④ 由于在英国,行政

---

① Phillips & Jackson, p.9.
② Wade & Forsyth, p.9.
③ Phillips & Jackson, p.28.
④ Phillips & Jackson, p.647.

法与宪法往往是同时介绍的,如果不看英文著作确实看不出什么区别,但英文著作中专设的行政法部分,又确实说明不了什么问题。因为在宪法与行政法合一的英文著作中,行政法部分所介绍的内容显然过于专门化了,将其理解为英国行政法的全部是无论如何也说不过去的。

在一个现代法律体系中,因行政活动引起的争议的解决方式具有宪法上的重要意义①,因而也是一个非常重要的标志性的宪法事项。行政法的宪法基础包括以下内容:中央政府的结构、部长对议会的责任、运用公共管理机构对公用事业及其他服务的规制、公共权力对个人权利与自由的干预等。议会的立法权至上的原则与行政法的相关性在于,除与欧共体法(脱欧前为欧盟法)相冲突的情况外,任何法院不得认定某一由议会的法律创设的机构的权力是非法的或者无效的。无论法院在监督行政行为方面的角色是否直接建立在议会立法至上原则的基础之上,毫无疑问,议会可以如其在 1998 年《人权法》中规定的,调整法院在解释制定法方面所持的立场和方法,并扩充法院在监督公共管理机构的行为及决定方面的权力。② 因为在英国,议会和法院以及英王及其大臣所在的部门,都是普通法所确立的机构,而不是制定法所设立的,因此才有法院的权力或者角色是否基于议会立法至上理论基础的问题,基于这一理论基础的,就是由议会依法确立的。

英国不像德国,有几个相互独立的最高法院,宪法与行政法的区分可以通过负责宪法的解释和对公民与行政方面的纠纷的裁决的两个法院之间的实际工作内容来实现。在英国,很难在宪法与行政法之间划分严格的界限。在英格兰及威尔士,高等法院于 2000 年 10 月专门成立了一个涉及司法审查及相关上诉事宜的名为行政庭(Administrative Court)的分庭,但这也不意味着高等法院管辖权的任何改变。具有宪法重要性的案件的焦点问题,既可以由涉及私权的私法诉讼产生,也可以从涉及刑事司法及司法审查的公法诉讼产生。③ 这正说明了宪法的基础性,它绝对不仅仅涉及公法权利。

在 1985 年的 *Wheeler v. Leicester City Council* 一案中,贵族院认定被告禁止某一在南非种族隔离制度存在期间赴南非进行比赛的橄榄球俱

---

① Bradley & Ewing, p. 632.
② Bradley & Ewing, p. 632.
③ Bradley & Ewing, p. 633.

乐部使用该市的公共运动场的行为是非法的，主要是从地方政府及种族关系法的角度作出上述判决的。如果类似的情况发生在1998年之后，《人权法》将使该俱乐部的成员所享有的表达自由权（right to freedom of expression）成为该案的核心。① 英国学者的意思是法院也会得出相同的结论，只是理由不同，所形成的判例触及的法律问题不同而已。

此处的表达自由权比我们所熟悉的言论自由权的含义更为广泛，是由《欧洲人权公约》保障的权利。上述案件之所以成为一个表达自由权方面的判例，就在于赴南非比赛的行为如同举行一场支持或者反对种族隔离的比赛一样，其本身已经具有了表达俱乐部成员的政治主张的含义，只不过此时的表达不限于以语言为媒介，也包括肢体语言、群体行为的形态，其范围更广、保护的力度更大，这正是为什么表达自由权取代言论自由权而成为欧洲国家宪法中的基本人权的主因。

事实上，1998年《人权法》使得公共管理机构的与《欧洲人权公约》规定的权利相背离的行为成为非法行为，而这正是为什么行政案件不能与具有某种宪法属性的案件分开的原因。② 英国学者没有提及的是，正是由于《人权法》的这一规定及其对公共管理机构的影响，使得司法审查案件在近年来迅速增加，因为《人权法》及其所吸纳的《欧洲人权公约》权利为公共管理机构的行为设定的标准，可能要比此前的英国普通法维护的民权保障标准还要高。因此，在司法审查中原告胜诉的可能性加大了，这反过来又促进了行政案件的增加，虽然其结果可能是降低了行政案件的胜诉率，但对于个人而言，通过适用人权标准的司法审查寻求权利保护的门槛总体上大大降低了。

三、行政法与政治

毋庸讳言，宪法和行政法与政治理论之间存在密切的联系。民主的本质、政府的权力、王权的地位等诸如此类的议题的最根本的基础是政治的，其次才是法律的。每一个法律执业者都有自己对于其所服务的社会政治和社会观念的理解，理解越到位，提供的服务就越好。但法律的分析与说明通常总是局限于自成一统的法律领域内，更多地关注历史上的判例而很少甚至根本不关心政治理论。除个别的来自法律方面的勇敢尝试

---

① Bradley & Ewing, p. 633.
② Bradley & Ewing, p. 633.

外,绝大多数的公法学者都觉得,大可不必去探究那些作为公法的理论基础的政治理论,即使偶有为之者,也不会获得什么启发。岂止是没有获得什么启发,英国的法律专家甚至还多多少少地流露出对政治理论以及政治本身的嫌恶。韦德爵士认为,法学界对政治理论的嫌恶可能源自对法律内在的客观美德的本能信赖、法律应当尽可能远离政治的信条,以及将法律与政治尽可能区别开来才更有积极意义的信念。①

法官或者律师可以是保守派、社会主义者甚至马克思主义者,但只要他懂得法律是不受其自身的政治观念影响的,他就是一个好法官或者好律师;这一点也同样适用于教科书的作者。② 在行政法领域,政治理论存在的空间非常有限。虽然行政法领域确有一些很大的题目,如政府的组织、公务员、权力下放、地方政府、警察、产业管理等。然而正如韦德爵士在其《行政法》一书中所说的,行政法的重点集中在规范政府权力运作的法律规则上,而不可能涉及范围如此广大的议题。但涉及这些题目的法律规则都是基于合法性、合理性及公正性等不证自明的基本观念,从政治活动中而非行政法的原则中衍生出来的。③

四、行政法的相关概念

(一) 行政法与公法

概括性地描述宪法和行政法的一个便利的术语是公法。许多受罗马法影响的法律体系都对公法和私法有明确的划分。公法与私法事宜可能会由不同的法院处理,当事方的权利或者救济可能依其提起的诉讼是公法诉讼还是私法诉讼而有所不同。英国近年来也引入了公法的概念,但是正如威尔伯福斯(Wilberforce)所言,公法的表述无疑便于表达,但在英国使用时必须谨慎,因为法律的基本原则依然原封不动,公共管理机构及公务人员除非有明确的规定,否则就必须因其对他人所实施的错误行为在普通法院承担责任。④

(二) 行政法与普通法之民法

在英国学者看来,普通法中的许多基本的价值观念,如除非公民违反

---

① Wade & Forsyth, p. 8.
② Wade & Forsyth, p. 8.
③ Wade & Forsyth, p. 9.
④ Phillips & Jackson, p. 10.

法律否则不得对其施以惩罚的观念、某些权利或者自由必须得到保障并且国家不得侵夺的观念等,也应当是宪法的重要组成部分。① 有人非常自信地说,所有法律研究中的基本问题,例如侵权法、合同法、土地法、衡平法、绝大多数的公法,都是民法(civil law)的基本议题。②

在英国,民法与私法几乎同义,都是指规范私人及私人组织之间的关系的法律,但民法的用法显然没有私法普遍,仅在与刑法对称的意义上使用,而且还要作特别的限定,更确切地说是民事私法(private civil law)。③ 这种用法非常恰当地说明他们不太接受这个词的程度。

但是需要特别注意的是,英国的民法与公法之间,或者说私法与公法之间在很多涉及对公民私权的保护方面是并行的。例如,如果某一私人被另一私人不公正地解雇了,他可以到就业裁判所去请求赔偿,当然,如果他选择放弃民法所保护的法律上的权利的话,那也是他的特权,国家是不会介入的。但是,诸如政府部门之类的国家机构享有大量的制定法上的和普通法上的援用民法起诉私人的权力;当然,个人同样也可以援用民法而对国家机构提起民事诉讼,例如就嫌疑人被警察拘禁期间死亡对警察提起的诉讼。但是所有这些公民与国家之间的诉讼也同时受公法调整。④ 例如,对于就业裁判所的裁判不服,还可以提起司法审查。对于警察致死案也可以通过司法审查的途径得到与民事诉讼相同的结果。更准确地说,二者的差别仅限于起诉的案由及管辖法院,具体的审理程序都是民事诉讼程序。

(三) 行政法与普通法之刑法

刑事案件虽然不属于行政法调整的范畴,但是对于警察管理以及刑事司法体系往往会产生公共权力行使方面的问题(例如基于被判有罪的服刑犯的权利而对监狱提起的诉讼案件)⑤。有关罪犯权利的专门讨论,是英国当代人权法的一个热点问题,同时也是行政法重点讨论的议题。其原因在于,英国没有行政处罚,与之对应的轻刑罚的法律救济等议题,在中国恰恰是行政法讨论得最多的。此外,本编第三章第十节行政处罚——行政刑罚以及第二卷第一编第一章第二节介绍治安法院部分,就

---

① Elliott & Quinn, p.1.
② Penny Darbyshire, p.6.
③ Penny Darbyshire, p.5.
④ Penny Darbyshire, p.5.
⑤ Bradley & Ewing, p.633.

英国的刑法与我国的行政处罚作了相应的比较。

五、行政法的法系间比较

（一）英美法系的行政法

英国的行政法体系并不是英国独有的制度，而是为世界各地的英语国家所效法，具有相当普遍性的两大行政法体系之一的英美行政法的代表。英国行政法具有的某些突出特点，使其与欧洲大陆国家的行政法鲜明地区分开来。尽管美国行政法基本上是按照其自己的道路进化的，但英美行政法仍被认为属于同一体系。这一点对苏格兰而言也是如此，尽管苏格兰法与英格兰法有着本质的区别。[①] 可以这样说，苏格兰行政法的基础是与英格兰行政法相同的，但是，在某些具体问题上二者是不同的。[②] 因此，一般的英国行政法教程总的说来不涉及苏格兰法，即使提到苏格兰法的例子，也都是为了说明英格兰法本身存在的不足，并应当从苏格兰法中得到启发之处。[③]

英美法系最突出的特点在于：涉及政府活动的合法性的案件是由普通法院而不是由行政法院裁决的；由议会立法调整的适用于部长、地方政府机关及其他政府部门的一般法律，由普通法院负责具体落实。这是传统的法治原则的一部分。[④]

这样做的优点是：① 公民可以诉诸享有很高名望并深受公众尊敬的法院，因为这些法院的独立性是无可争辩的；② 有效的救济是可以获得的；③ 没有因司法权的内部划分导致的案件分类问题；④ 政府服从于普通法。[⑤]

这种做法的不足之处在于：① 许多法官并不是行政法方面的专家，过去对这一问题的疏忽对这一制度本身产生削弱作用；② 这一制度的原则往往淹没在普通法院实施的浩如烟海的大量法律中。但随着司法界的不断专业化和更加致力于为政府越权行为提供救济，这些缺点近来不再那么突出了。[⑥]

---

① Wade & Forsyth, p.9.
② Wade & Forsyth, pp.9-10.
③ Wade & Forsyth, p.10.
④ Wade & Forsyth, p.10.
⑤ Wade & Forsyth, p.10.
⑥ Wade & Forsyth, p.10.

直到1977年,按照有关法院事务的安排,申请特权救济通常需要去王座分庭,赔偿请求之诉和宣告令案件由王座分庭的法官审理,禁止令案件由大法官分庭审理。此类实践反映了已经被废止了一个世纪的传统的普通法院与衡平法院(大法官法院)的区别。①

1977年,与行政法有关案件的诉讼程序进行了改革,所有的案件都移至王座分庭,从而使得这一法庭事实上成为高等法院的行政分庭。② 当然,王座分庭与2000年该分庭内设立的行政法庭还有所不同。王座分庭原先是审理行政案件特别是司法审查案件的主要分庭;但行政法庭成立后,这些案件主要就由行政法庭审理,王座分庭中其他法官所审理的行政案件相应地肯定是要减少的。但由于英国行政法案件与我们的分类不完全对等,说王座分庭内除行政法庭外不审理行政案件,显然是一个过于武断的结论,类似这样的过于强调原则而没有给例外留有足够余地的判断,在英国一般是很难成为公理的。这些改革最早源自(加拿大)安大略省和新西兰的立法,后来通过英国法律委员会(Law Commission)1976年的报告引入英国。③ 新西兰早在1968年就在其高等法院建立了行政庭。④

(二) 大陆法系的行政法

在法国、意大利、德国以及为数不少的其他欧洲国家,都有一个单独的行政法院系统,排他性地审理行政案件。自然而然地,在这些国家,行政法独立地按照自己的轨迹发展,而不像英美法系国家那样受普通私法的羁绊。在法国,行政法是一个高度专门化的科学,由最高行政法院的司法分支控制,而最高行政法院的法官都由伟大的法律专家担任。⑤ 当然,法国最高行政法院除司法分支外,还有一个行政分支,主要负责对行政方面的立法或者决定的咨询,不过据王名扬先生介绍,这两个分支之间的业务区分并不清晰,甚至人为地促使彼此之间的业务交叉,以利于双方各自主业更好地开展:行政方面如果不了解司法原则,不免会出损招;而司法如果不了解行政,则可能会出昏招。由于行政法院专门从事行政法方面的事务,它们比那些什么都干的法院更清楚行政法应该怎样发展才能跟

---

① Wade & Forsyth, p. 10.
② Wade & Forsyth, p. 10.
③ Wade & Forsyth, pp. 10-11.
④ Wade & Forsyth, p. 11.
⑤ Wade & Forsyth, p. 11.

得上国家权力的扩张。但是，法国的体系也不是没有缺点的。它的救济范围较窄，也不总是有效；而且民事法院与行政法院裁决权的划分作为该体系一整套技术性规则的主题，也导致产生了许多困难。①

尽管法院的结构差别如此悬殊，许多提请法国最高行政法院审理的案件具有与英国法院审理的行政案件相似的特征。对行政性事实认定的复审、对适用法律的复审、防止自由裁量权的滥用、越权无效，所有这些以及其他英国行政法上的议题，都可以用法国行政法中的类似内容加以说明。②

两大法系的另一个共同点是，都包含在判例法而非成文法典中。如果将判例用于规范一个新的领域，法国的行政主体是不会因此而感到无所适从的。③ 可见，尽管法国是一个典型的大陆法系、成文法系国家，但就其行政法而言，法国最高行政法院的判决所形成的判例照样可以成为法国行政主体必须遵循的法国行政法的内容，其效力与法国的成文法典没有本质区别。正是因为看到了这一点，英国学者指出，就行政法而言，两大法系所适用的法律规则体系的本质是互通的，都是以判例为体、以成文法为用的判例法。

（三）英国行政法与法国行政法

英国法学界对于英国行政法的特征的研究方法，在很大程度上受戴西的影响，以至于直到今天还在采取主要与法国体系相比较的研究思路。英国早先对于行政法的研究是由戴西确立的坚决与法国的行政裁判权划清界限的思路控制着的。在法国，一个特别的以法国最高行政法院为首的层级制的行政法院系统负责审理绝大多数的涉及行政权的行政争议，而英国则是由普通法院审理。戴西比较了由一个行政法院系统来处理官员与公民之间的纠纷的缺点，和英国人民所享有的没有这样的体系的优点。按照戴西的说法，普通法使得对于行政行为的控制，能够由同样的法院按照与管理公民私人之间的关系同样的原理加以解决。他据此得出结论，普通法能够提供给公民比法国的体系更好的免受专横的行政行为侵害的保护。然而不幸的是，戴西进一步得出了否认英国存在法国式的行

---

① Wade & Forsyth, p. 12.
② Wade & Forsyth, p. 12.
③ Wade & Forsyth, p. 12.

政法的结论,这使得许多人误以为在英国并不存在英国自己的行政法。①英国学者显然是同情戴西的,没有将错误归咎于他,而是诿罪于后来者的浅薄:未能明了戴西的意思。

尽管英国的当代学者多不责备贤者,但是戴西的理论影响之深远还是令外人难以置信,甚至英国学者也不无惋惜地说,旧的信仰死得很艰难。因为直至1971年,时任内政大臣的莫德林(Maudling)还在讨论《移民法》草案时公开说:"我在英国从来就没有看到过任何意义上的行政法,因为行政法无非意味着政府以外的其他人为政府作决定而已。"但是在英国,现在已经没有刻意去证明行政法存在的必要了。1987年,政府发布了一本名为《站在你肩膀上的法官》的宣传册,以引起公务员对法院的司法审查的重视。与之相伴的则是内阁的一份题为《减少被诉风险》的秘密备忘录。②这些事实已经足以证明英国政府也已在实实在在地面对行政法所提出的挑战,此时再说英国没有行政法还有什么意义呢?

英国司法界非常清楚他们控制公共管理机构的行为的权力具有宪法上的重要价值。迪普洛克将合理的、全面的行政法体系的迅速发展描述为在其司法生涯中英国法院最大的成就。另有法官认为,在普通法的这一领域,法官在过去30年间已经改变了英国宪法的面貌。③

与法国运用分立的行政法院不同,英国行政法体系非常依靠高级民事法院。英美法体系的司法审查的基本原则都是法官造法的产物,既非来自成文法典,也非来自政府的成文立法。但是在法国,为独立的行政审判管辖权而付出的代价是一个复杂的负责解决民事与行政法院(亦即公法与私法)的权限争议的法律机构,有关管辖权限方面的争议必须由权限争议法庭或者立法加以解决。而法国的行政法体系的优势在于行政法院发展了解决行政争议的诉讼程序规则(例如涉及从政府部门获得证据的程序)以及实体责任方面的规则(如涉及行政合同或者对官员的行为所导致的损害的国家赔偿责任等)。这些规则可以为行政方面设定特别的义务(例如,某些情况下的无过错责任)而不仅仅是豁免。④ 而正是行政法院的规则为行政方面设定特别的豁免这一点上,法国的行政法体系遭到

---

① Bradley & Ewing, p.633.
② Bradley & Ewing, p.634.
③ Bradley & Ewing, p.634.
④ Bradley & Ewing, p.634.

英国学者的诟病。因此,英国学者特别强调当代法国最高行政法院"从良"的一面。

与法国的情形相对的是,在英国,无论是判例法还是1947年《王权诉讼法》,都是将合同法及侵权法的责任原则适用于公共管理机构,正如其适用于私人一样。这样做的便宜之处在于,将原来的法律规则完整地移植到新的领域,几乎不需要什么大的改动。当然,对政府决定的司法审查的定位存在一定的困难,因为在这一领域没有直接与之对应的私法制度。但是无论过去的立场如何,英国的法官现在已经接受了他们的职能之一就是裁决个人与政府之间的纠纷。尽管司法审查还远远没有做到能够解决所有的政府方面的问题,但法院已经足以对那些挑战政府行为的合法性的个人提供有效、权威和及时的救济。①

六、行政法的历史发展

英国最初的行政法方面的著作出版于20世纪20年代。分别是罗布森(Robson)的《公正与行政法》(*Justice and Administrative Law*)和波特(Port)的《行政法》(*Administrative Law*)。从史学角度看,英国第一本行政法著作以"公正与行政法"命名这一重要的史料提醒我们,对行政法的关注显然是受了行政法所涉及的领域对于公正的迫切渴望的启发,而从历史决定论角度看,这一历史现象或许具有某种宿命的成分:行政法因公正的目的而确立,亦必将始终为公正的目的而存在。

起初,英国行政法的视界非常窄,仅涉及委任立法及由行政机构行使的司法性权力。只是到了后来,更为广泛的涉及所有的行政权力和职责以及司法对行政权的控制的行政法定义才为人们所接受。② 里德勋爵和丹宁勋爵都曾经为行政法的发展作出了显著贡献,但他们更主要的是使行政法回到它原有的轨道上,而非另辟蹊径。③ 此处再一次表现了英国学者对英国法律传统或者说英国行政法传统中优良部分的充分认可和无限崇敬。

回顾这一段历史会发现,司法界态度的转折点出现在贵族院复兴自

---

① Bradley & Ewing, p. 634.
② Bradley & Ewing, p. 636.
③ Wade & Forsyth, p. 17.

然公正原则的判决中[Ridge v. Baldwin(1964)]。① 正如迪普洛克所言,基于越权无效原则的理性的、全面的行政法的快速发展在英国已经成为可能。② 从此以后,法官再也没有对重塑原则或者巩固他们取得的成果表现出不情愿。③

但是习惯对不确定的未来怀着保守的疑虑的英国学者还是提醒人们不要被眼前的繁荣冲昏了头脑。韦德爵士警告道:无论行政法是不是一个发达的系统,只要行政法还会出现第二次世界大战以来所表现出来的在司法政策方面的巨大的摇摆,行政法就是一个高度危险的科学。所谓制定一部成文宪法以及一部新的权利法案的建议,无非是想通过这些立法赋予司法界在宪法方面更多的自信和更大的决心,以抗拒行政权的误用。法院非常踊跃地声张它们的权力,现在又得到了1998年《人权法》的鼓舞,看不出下一次衰退的迹象。但是刚刚远去不久的历史仍是一个值得注意的警告。④

(一)初期的存在之争

英国学者也对英国历史上曾经激烈地存在的对于是否存在行政法,以及是否愿意将行政法纳入联合王国的法律体系的争论表示很不能理解。在这些学者看来,这种争议主要是文字之争。⑤

行政法在英国有悠久的历史,但其现代形态直到17世纪下半叶才出现,许多基本的规则都可以溯源到这一时期,而自然公正原则的历史还要更久远。早期,治安法官被用作全能的行政主体,他们受巡回法官的监督,巡回法官在其巡回区内传达英王的旨意,处理不履行职责及违法乱纪的行为,并将国内的有关情况向伦敦方面报告。⑥ 在都铎王朝时期,枢密院以及北方的省议会和威尔士地区议会的权威强化了这一体制。⑦ 这是迈向英国现代集权制的漫长征程中的重要一步。枢密院的监督是通过星座法院(Star Chamber)实现的,该法院有权惩罚那些违抗治安法官者,同时也有权训诫或者撤换治安法官。但是,当时国家权力还很少在行政层

---

① Wade & Forsyth, p.17.
② Wade & Forsyth, pp.17-18.
③ Wade & Forsyth, p.18.
④ Wade & Forsyth, p.19.
⑤ Phillips & Jackson, p.647.
⑥ Wade & Forsyth, p.13.
⑦ Wade & Forsyth, pp.13-14.

面上受到挑战。① 从韦德爵士在其著作中有关行政法的历史部分讨论治安法官这一事实看,显然是将其纳入了行政法领域,并且将其作为全能的行政主体来对待。只是由于那时的治安法官兼具司法、行政职能,且以司法职能为重,而专职的行政职能未确立罢了。

虽然英国早在那时就有了自治市(borough)的自由人可以通过从上级法院获得训令(mandamus)的方式抗拒一项非法驱逐的做法,或者在下水道管理专员(Commissioners of Sewers)超越权限时通过调卷令(certiorari)予以纠正的实践,但是这些措施都是基于宪法而不是行政法实施的,而且英王与其臣民之间存在的这些问题也是通过内战在战场上找到答案的。②

随着星座法院于1642年被废除,特别是1688年的革命取消了枢密院绝大部分行政权之后,旧的中央政治控制体制被打破了,但却没有新的替代机制。于是,王座分庭乘虚而入,并由此开创了通过法院控制行政的新纪元。王座分庭制作自己的训令、调卷令和禁止令,也提供诸如赔偿令之类的普通的救济。任何希望对治安法官或者其他既存的行政主体的行政行为的合法性提出争辩的人,都可以从王座分庭得到上述救济。这样做的政治风险已经不复存在,行政法可以畅行无阻地发展了。③

(二) 中期的发展

在本书地方政府部分提到了治安法官在18世纪扮演的角色,并且也提到了他们的绝大部分行政职能是如何在19世纪逐渐转移给经选举产生的地方政府机关的。在这个时期,法院稳步拓展着越权无效和司法审查的原则。这些原则被无一例外地适用于诸如郡议事会、就业委员会、学校委员会以及行政专员等所有立法设立的行政主体,就像这些原则当初被适用于治安法官时一样。当行政国家在19世纪末叶初现端倪时,同样的规则也适用于中央政府部门。这就是目前仍在发展之中的行政法。④

可见,现存的行政法是自17世纪后期发展而来的。18世纪是法治原则最为辉煌的时期,这一时期为司法控制的基础得以巩固提供了最适宜的条件。⑤ 这一表述非常具有代表性,由此可以看出,英国学者无疑将

---

① Wade & Forsyth, p. 14.
② Wade & Forsyth, p. 14.
③ Wade & Forsyth, p. 14.
④ Wade & Forsyth, p. 14.
⑤ Wade & Forsyth, p. 14.

司法控制作为英国行政法的核心模式,因为司法审查就是这一模式最主要的表现形式。

在此后长达两个世纪的漫长岁月中,尽管时代在不断变化,这一既成行政法体系中却几乎没有什么值得作根本性调整的地方。① 这多多少少反映了英国学者对英国行政法历史的一种认同,或者对英国行政法的基本原则的稳定性和确定性的信念。说英国人是一个保守的民族,也许可以此作为一个实例,但反过来想,既然英国人在二百年前发明了这样一个政治制度,其基本原则可以一直适用到今天而无须根本性改变,那么他们为什么要轻易地改变,去争取一个并不具有实质内容的不保守的虚名呢?有意思的是,美国的政治制度也是在二百年前移植英国的政治模式,而且二百年来没有作根本原则上的调整,却获得一个不保守的美名。

用英国专家的话说,树还在生长,并发出新枝,但是这棵大树的根却始终在其几个世纪来一直生长的那个地方。② 这已经不仅仅是一个比喻或者神话了,而是一个奇迹。当我们望洋兴叹的时候,其实回过头来想一想,也许我们仅仅移植了许多枝节,却从没有想一想我们自己的大树本身是否存在着自发地发出我们期望的新枝的能力,我们移植来的枝节是否能够像其在母树上那样茁壮地成长。

(三)"20 世纪的失败"

直到 19 世纪末,行政法的发展还能适应国家权力的扩张。但是到了 20 世纪,就有点跟不上了。法院开始对自己的宪法功能失去自信,在是否应当发展新的规则以便与大量涌现的管理性立法保持步调一致方面显得犹豫不决。1914 年,贵族院错失了一次重要的将自然公正原则适用于法定调查庭的机会,这种法定调查程序是一种新型的行政程序,它本来是应当与普通人的公正观念相一致的,例如,应当使当事人知道部长作出一项决定的理由以及看到据以得出结论的调查报告等。直到 1958 年,这一错误才得到纠正,而且直到那时,相应的救济也是因为行政的妥协并由政府倡议的立法规定的,而不是法院确立的。1958 年,英国通过了《裁判所及调查庭法》(Tribunals and Inquiries Act),其中对调查的程序作了比 1921 年《调查裁判所(证据)法》更为周密的规定。在此期间,行政方面充分利用了司法政策方面的软弱性,因而不可避免地招致对于官僚作风的

---

① Wade & Forsyth, pp. 14-15.
② Wade & Forsyth, p. 15.

批评。也正是在这个时候,议会也失去了对部长的控制,从而使得法律在为政府权力的行使设立强制性的公正标准方面的不得力表现得非常明显。①

1932年的部长权力委员会(Committee on Ministers' Powers)的报告就是为了平息针对官僚作风的怨气。它涉及部长的委任立法的权力、司法的或者准司法的裁决权力。该委员会对已经付诸实施的公开调查(public inquiries,即公开的法定调查)体制提出了尖锐的批评。但是该委员会提出的使之更公正、更中立的建议并不完全符合实际,事实证明也没有被顽强自保的行政方面所接受。该报告促进了委任立法方面的一些进步,但在其他方面充其量只能算作一次学术演练。它既没有讨论司法控制的实际范围,也没有考虑司法控制应当在多大范围内适用。②

于是,对行政程序的不满就只能继续积聚。客观上需要的切实的改革直到1958年才得以实现。行政裁判所与调查庭委员会[Committee on Administrative Tribunals and Enquiries,即弗兰克斯委员会(Franks Committee)]的报告促成了《裁判所及调查庭法》的出台以及行政程序改良计划。这些改革对于行政法而言有着重要意义,但是所有这些都没有法院的丝毫功劳。③

(四)新的复兴

在韦德爵士笔下:第二次世界大战及其以后的岁月里,一个浓重的阴影笼罩着行政法,使得行政法处于几个世纪以来的最低潮。法院及法律职业界似乎已经忘记了其先辈们曾经取得的成就,同时也似乎对不断给政府施加法律控制的传统失去了兴趣。当然,执行的权力在战时的至关重要性是可以理解的,但是,令人难以理解的是,伴随着福利国家的出现,涌现出大量的新的行政权和管辖权,这正是最需要行政法的时候,为什么行政法却不能生机勃勃地复兴呢?④ 英王特权的阵地彻底沦陷了,任何据此提出的司法审查的诉求都是不被允许的。所有这些迹象表明,法院已经完全放弃了它们曾经坚持的对保护公民的规则的态度。⑤

到了20世纪60年代,司法界的心态彻底改变了。他们开始意识到

---

① Wade & Forsyth, p. 15.
② Wade & Forsyth, p. 15.
③ Wade & Forsyth, p. 16.
④ Wade & Forsyth, p. 16.
⑤ Wade & Forsyth, p. 17.

丧权失地的严重性，意识到他们多年来的懈怠给他们所掌握的事实上是唯一的防范依然存在的权力滥用的手段所造成的损害的严重程度。早在20世纪50年代，法院就已经恢复了对记录表面错误的司法审查，并且已经对裁判所和调查程序进行了立法上和行政上的改革。不久，法院就着手作出了一系列复兴行政法并与其既有传统重新联系起来的判决。自然公正原则得到了恰如其分的应用，为行政法上的正当法律程序的法典化奠定了坚实的基础。里德在1963年所作的"我们没有一个发达的行政法体系"的评价，在1971年被丹宁勋爵推翻了："现在我们可以实事求是地说，我们已经拥有一个发达的行政法体系。"①

七、行政法的功能

（一）行政法的功能模型——"灯"论

英国行政法著作中，常见所谓红灯理论与绿灯理论，取交通规则之红灯停、绿灯行的意思，前者指控制、节制行政法的理论，后者则是维护行政权、保障行政权的理论。

韦德爵士认为，其所著《行政法》一书有关行政法的概念属于典型的红灯理论，该理论认为，行政法的主要目标就在于约束政府权力；与此相对的绿灯理论的鼓吹者们则更赞成旨在使行政管理便捷与优化的"现实主义和功能主义的法学"，所采取的途径则包括强化部长的责任、提高咨询的效果、去权力中心化、弱化司法权、情报自由及其他政治手段。该理论所诉求的弱化司法权的结论之一，便是拒绝人权立法②，这显然是与英国的立法现实不完全一致的，由此可见韦德爵士是反对所谓的绿灯理论的。

不仅如此，韦德爵士根本上就不赞成这种分类方法。因为法律的目的与政治途径具有明显的差异，用简单的非此即彼的分类方法无益于问题的解决。③ 他甚至认为"粉笔或者奶酪"也许是一个比"红或者绿"更好的比喻。④ 韦德爵士的意思显然是在讥讽"灯"论：与其非此即彼，不如随便找两样东西作比，即便风马牛不相及又有何妨。而且，韦德爵士也反对

---

① Wade & Forsyth, p. 17.
② Wade & Forsyth, p. 6.
③ Wade & Forsyth, p. 7.
④ Wade & Forsyth, p. 7.

那种认为发达的行政法体系必然与高效的政府相对立的观点，不认为法院不断地介入必然意味着行政管理水平的降低。①

现代行政国家有许多职能，履行这些职能需要一个庞大而复杂的行政机器。② 假设法官能够在自己的职权范围内妥善地履行职责，行政法与行政权就应当是朋友而不是敌人。行政法能够而且应当是建设者而不应当是破坏者。要做到这一点，关键就在于行政公正。问题的核心于是转化为如何通过行政法的实践提高政府的管理技巧。③

（二）行政法的基本功能

英国学者指出，20世纪形成并在21世纪延续的行政法的一大特征，就是政府在制定和施行大量社会政策方面所扮演的突出角色。公共行政官员实施这些政策的合法性的确立有赖于法律。④

由于英国学者对行政法的认识不同，因此，对于其功能的认识自然大相径庭。韦德爵士认为，行政法最基本的功能，就是使政府的权力在法定的范围内行使，以保护公民免受僭越的权力的侵害。⑤ 而另一位学者提到，行政法的一个重要功能是政府职能的实现。⑥ 以下对行政法功能的介绍，仅是罗列各家的观点，至于每一种功能的权重就无法一一权衡了。

（1）赋予行政行为合法性——保障行政。行政法的一个重要功能就是保障政府职能的实现。行政组织是由法律设立的，并配备相应的权力以代表国家及公众的普遍利益执行公共政策。⑦ 行政法为公务员提供实施政府政策的权威性，因为政府政策的合法性系于通过议会立法体制形成的法律，包括初级立法、次级立法和第三级立法。⑧

（2）控制行政。韦德爵士认为，行政法最基本的功能之一，就是要使政府权力在法定范围内行使。⑨ 其他学者也认为，行政法对公共官员的权力设置限制，确立公共官员承担责任的制度机制。⑩

---

① Wade & Forsyth, p. 7.
② Wade & Forsyth, p. 75.
③ Wade & Forsyth, p. 7.
④ Martin Partington, p. 142.
⑤ Wade & Forsyth, p. 5.
⑥ Bradley & Ewing, p. 631.
⑦ Bradley & Ewing, p. 631.
⑧ Martin Partington, p. 142.
⑨ Wade & Forsyth, p. 5.
⑩ Martin Partington, p. 142.

（3）保护公民。韦德爵士认为,行政法最基本的功能之一是保护公民免受僭越的权力的侵害。① 行政法提供处理个别不满或者公民抱怨的渠道。②

（4）行政法授权政府征收并花费公共资金。③

（5）调整公共管理机构之间的关系。行政法的职能之一是,调整不同的公共管理机构之间的关系,例如,部长与地方政府机关的关系,或者地方政府机关之间的关系。④

（6）管理公共管理机构就个人或者私人机构的事务,行使其被委托的权力而形成的关系。⑤ 此处强调权力来源及目的,即行政权不是自己的权力,而是被委托的权力;行使权力的目的是管理个人或者私人组织的事务,而非经营公共管理机构自己的利益。

除行政法所能发挥的作用之外,行政法还包括某些价值或者原则,这些价值和原则将会强化国家的官员或者其他代表国家提供服务的人员的良好行政。这些价值和原则包括:开放或透明度、公平、理性（包括作决定时给出理由）、决定者的无偏私、负责、阻止武断地行使权力并控制自由裁量权、前后一致、公众参与、有效力、平等与平等对待。⑥

英国学者反复强调行政法的这一功能,即在立法者通过赋予公共管理机构或者其他机构法定权力以履行其职能的同时,也确立相应的控制机制,因为任何公共管理机构都无权超越其权限。⑦ 而这些立法者所赋予的权力的产生和存在,是公共政策的结果,在明确了公共管理机构的目标之后,需要设立某种机制来实现这一目标,于是就有了具体的职能;然后则是根据这些职能实现的经济性及有效性,配备相应的权力;再根据现有的机构及其发挥作用的特点,确定究竟是将权力赋予既存的公共管理机构,还是另设新的公共管理机构以行使这项权力。

仅有不得超越其权限的原则性规定是不够的,但没有这个原则的效果则是完全不同的。这个原则解决的一个核心问题是权力的来源及其在

---

① Wade & Forsyth, p. 5.
② Martin Partington, p. 142.
③ Martin Partington, p. 142.
④ Bradley & Ewing, pp. 631-632.
⑤ Bradley & Ewing, p. 632.
⑥ Martin Partington, p. 142.
⑦ Bradley & Ewing, p. 632.

处理与公民权利的关系时谁为本位的问题。既然权力来自公民权利的间接委托,则在没有明确委托的情况下,权力是不存在的,即权利是本位,而权力只能以明确规定的为限。

于是,权力的授予既可以明确规定权力的适用条件和限制的方式,也可以以隐含的要求的方式,如必须基于良知而不得腐败等。被授予的权力的范围是对特定社会中社会、经济和公认的政治价值等各个方面的综合反映。[①] 这个理念很重要,每个社会系统中授出的权力的范围是不同的,社会因素、经济因素及公认的政治观念是三个最重要的决定因素。

第二节 公民权利本位

提到权利,英国学者同样没有给我们一个基本的定义,但其提供的权利本位的基本理念在某种程度上比概念更重要。英国法上有三种权利:第一种是普通法上的权利,这是由普通法院法官在英国的传统中发现的权利;第二种则是英国公民固有的或者为其保留的权利,这些权利为普通法院的法官发现后,就成为由判例法支撑的第一种权利;第三种才是制定法新创设的权利,主要是指社会和经济权利,如获得失业救济金或者基本医疗保障的权利等。

一、公民权的主体

英国公民是1981年《英国国籍法》(British Nationality Act)规定的唯一具有在英国生活及出入英国的法律上的权利的公民。根据该法,英国的公民身份(citizenship)分为三种类型:① 英国公民(British);② 英国属地公民(British Dependent Territories);③ 英国海外公民(British Overseas)。该法还承认以下两类主体的特殊法律地位:① 受英国保护的人(British protected persons);② 没有公民身份的英国臣民[British subjects without citizenship(British subjects)]。[②] 上述各等人中,只有英国公民才是拥有法律上的全部权利并可以主张英国政府提供的全部社会福利和保障的人。

一般来说,取得英国公民身份的条件是:出生在英国且父母至少有一

---

① Bradley & Ewing, p. 632.
② Phillips & Jackson, p. 507.

方已经取得英国公民身份或者在英国定居,或者出生在英国以外且父母有一方是英国公民。① 这还是有区别的,出生在英国不要求父母是英国公民,但要在英国定居。

二、公民权的范围

(一)基本人权

或许是因为英国行政法已经超越了警察低级违法阶段的缘故,在英国,提到权利,几乎没有人不谈基本权利或者人权,反而很少有人探讨其他的公民权了。对此笔者理解为,这不是说对公民权的讨论范围主要局限于基本权利领域,而是所有的公民权都被提高到基本权利的层面上予以讨论和保护。从这个意义上说,英国行政法的着眼点更为具体,其对公民权关注的程度则更为深入了。英国学者认为,那些被某一法律体系予以确认之前即为人类所享有,并且不因某一法律体系予以否认而丧失的权利,顾名思义,就是所谓基本人权或者自然权利。②

基本人权观念的形成可以追溯至 18 世纪后期,也就是法国和美国革命时期。这两个国家的人权观念大部分都是从英国的经验和思想中借鉴的,特别是包含在洛克著作中的思想。就美国而言,柯克(Coke)对《大宪章》的诠释以及布莱克斯通(Blackstone)的注释影响尤为深远。在布莱克斯通看来,英格兰人民的基本权利包括人身安全、个人自由和私有财产权。英国学者在人权观念的起源这一点上倒是当仁不让,与其在分权原则上的态度形成鲜明的对比。如果这些权利被某一宪法所采纳并保障其免予克减(除非经过特别的立法程序),则可称为基本人权。而正是在这个意义上,英国的宪法没有接纳这些基本人权。③

尽管如此,英国的法院越来越普遍地将那些因其重要性而不得予以限制(议会的立法中有明确的字句予以限制者除外)的权利称为基本的或者宪法性权利。④ 而所谓议会的立法中有明确的字句予以限制者,是指作为初级立法的议会立法对《欧洲人权公约》权利的限制,这是英国《人权法》对《欧洲人权公约》所保护的权利所作的条约保留,以避免国家主权过

---

① Wade & Forsyth, p. 82.
② Phillips & Jackson, p. 13.
③ Phillips & Jackson, p. 13.
④ Phillips & Jackson, pp. 13-14.

多地受《欧洲人权公约》的节制。英国脱欧后,英国的人权法及其与欧洲人权法律体系的关系均不受影响。

(二) 平等权

法律面前人人平等,是公法的一个基本理想,英国法在实现这一理想方面已经有相当的进展,而不是仅仅停留在观念层面的理念论证上,表现为反歧视方面的立法相当发达。在英国,任何个人在就业领域都受1976年《种族关系法》(Race Relations Act)第78条以及1975年《反性别歧视法》(Sex Discrimination Act)第82条的保护,其中包括公务员分流后的重新征募。基于性别、婚姻状况、肤色、人种、国籍、种族或者祖国的歧视是非法的。[①]

例如,英国立法对残疾的法定类型作了明确的限定,如果某人的残疾属于法定类型,则基于残疾而对任何残疾人的歧视也是非法的,但是这一规定并不适用于雇员人数少于20人的雇主。[②] 从英国反歧视立法的内容来看,法律并不关注受到指控的作为或者不作为背后的动机,而只关心该作为或者不作为的效果是否歧视性的。这从其对歧视的分类上可以看出。英国反歧视立法禁止两种类型的歧视:直接歧视与间接歧视。

直接歧视是指某人基于种族、性别或者婚姻状况,而给予某个申请工作者低于其给予其他人或者将给予其他人的待遇。但是如果雇主能够证明其基于残疾而给予某个申请工作者的不利待遇是正当的,则由此引起争议的待遇并不构成非法歧视。[③]

间接歧视系指某人对另一人提出的任职要求或者条件也会同样地适用于任何种族、婚姻状况或者任何性别的人,但某一特定种族、婚姻状况或者性别的人群中能够满足该要求或者条件者远远少于不属于该种族、婚姻状况或者性别的人,从而导致对无法满足这些要求或者条件的该特定种族、婚姻状况或者性别的人群的损害。[④] 例如,某用人单位要求身高必须达到1.70米,对于华人而言,女性能够达到这一要求者的比例远远低于男性。表面上看,这一标准并不歧视女性,但事实上却对达不到这一要求的女性构成间接歧视。类似的要求包括无子女、不忌讳吃特定种类

---

① Andrew Arden, p. 352.
② Andrew Arden, p. 352.
③ Andrew Arden, p. 352.
④ Andrew Arden, pp. 352-353.

动物的肉等。

（三）获得公平听审的权利

按照《欧洲人权公约》及英国《人权法》的分类标准，获得公平听审的权利（right to a fair hearing）（简称公平听审权）显然是一项基本权利。但由于其在行政法中特殊的重要性，有必要单独予以讨论。公平听审权是自然公正原则的两个主要原则之一。① 从宪法、行政法的角度研究英国的司法体制，主要涉及三个方面的问题：① 法官的任命方式以及为保障法官独立而设计的制度保障措施，以及那些可能危及法官独立、需要克服或避免的体制阻碍；② 确保诉讼当事人公平听审权的举措，以及主要通过蔑视法庭方面的法律规范建立起来的获得公平听审权与表达自由权之间的平衡；③ 行政部门在实现公正（也就是司法）方面的角色，主要是大法官的角色，以及对于违反公正的行为进行追诉的程序。② 从上述内容看，公平听审权已经被提升为英国司法体制三大支柱之一。

获得公平听审的权利是笔者刻意的一种较为繁复的译法，除强调其是权利而不是权力，更主要的是为了避免对于行政相对方公平听审权的曲解和误导。这种曲解与误导对《中华人民共和国行政处罚法》《中华人民共和国价格法》实施以来的实际操作的影响，已经在很大程度上使听证制度在我国的公信力面临严重危机，该制度在国外所取得的全面业绩迄今未在我国产生，从而给这一制度在我国的进一步推广蒙上了阴影。从翻译角度看，获得公平听审的权利显然是一个"信、达"但难称"雅"的译法，鉴于自听证制度引入我国以来所遭遇的误解和正在面临的不断沉沦的命运，笔者有意通过此处的"信"译，追本溯源，以求有裨益于重塑听证程序在我国的信誉。

听审的本义是听到而不是听的姿态，因此，本身有被动的意思，故翻译时必须强调获得听审的权利，而不能简单地译为听证权。听证权给人的最大误解是，只要举行一次全国人民都知道的诸如"民航价格听证会"之类的仪式，《中华人民共和国价格法》所要求的听证程序就得到满足了，而全然不考虑这一程序所保护的对象是谁、谁应当享有获得公平听审的权利、谁应当听、谁的意见应当被听取等核心问题。其结果是，类似机票是否可以最低打到四折成了听证会的主要内容，而参加听证的各方都认

---

① Bradley & Ewing, pp. 712-714.
② Bradley & Ewing, p. 364.

为还可以再低,但却没有人考虑这个最低四折的底限是谁设定的,更没有人考虑到如果这个设定底限的人就是听证的主持人、发起人、听证后的决定的决策者时,听证的公正性及必要性问题。

(四)移民的权利

移民的权利状态,可以反衬出本国国民的境遇。按理,没有哪个国家对移民的态度会好于本国国民,但移民比较的是母国的公民待遇与侨居国的移民待遇。对此可参见本书第一卷第二编第二章第一节英国移民部分。

三、公民权的界定机制

公民权的界定机制所要讨论的,不再是界定公民权的原则等实体划界方面的问题,而是如何在程序上、机制上保障已经明确或者接近共识的公民权标准如何在具体的案件中得到切实的贯彻和保障。以英国的法律援助领域的价值检验标准或者原则为例,按照该原则,当事人获得社区法律服务对其官司的资助的一般前提是,一个理性的自己承担费用的当事人愿意出钱打这个官司。但是,这一标准并不适用于许多安居案件,或者涉及广泛的公共利益的案件。至于何为公共利益,法律服务理事会(Legal Services Commission)在判断时要听取某个公共利益咨询委员会的意见。[1] 需要提请读者注意的是,此处的公共利益咨询委员会的设定,显然是为了就立法中或者法律适用中究竟何谓公共利益提供法律咨询意见。我们也许会担心,有了这样的咨询委员会,就可以解决所有有关公共利益范围内的问题的争论了吗?显然不是,我们需要认同的两点仅仅是:一是仅有原则性的、抽象的标准,对于界定一个概念的范围、一种法定权利的界域,显然是不够充分的;二是一个相对中立的咨询委员会的设立,可以较为公正、理性地协助决策者(通常是立法者、执法者或者司法者)较为权威、公正地界定这些问题。

四、公民权的保障

(一)宪法的保障

英国学者的谦和之处,在其对于英国宪法功能的理解上表现得淋漓

---

[1] Martin Partington, pp. 259-260.

尽致。他们很为自己没有一部成文宪法而惋惜甚至羞愧。

许多国家的成文宪法都有专门的一章来规定公民的基本权利,并由法院甚至专门的宪法法院来保障这些规定的落实。英国学者普遍意识到,由于缺少这样一部成文宪法,使得英国法院很难甚至根本不可能有效地行使保护公民的基本权利免受议会立法侵害的权力。因此之故,英国学者对于1998年《人权法》寄予厚望,认为该法极大地拓展了法院在保护公民人权方面的角色分量,甚至希望该法应当走得更远一点。①

在英国学者看来,从严格意义上说,英国宪法中并不包含对于基本权利的保障。英国宪法属于不成文的柔性宪法,宪法中的任何内容都可以与其他普通部门法律一样予以改变。立法至上的原则意味着,在英国,对于议会削减甚至取消某项在其他国家被普遍视为宪法性权利的做法,法律上没有任何限制。唯一实际可行的限制来自公众舆论、反对党的否决动议以及法院的限制性解释。② 当然,这些手段除法院的限制性解释外,都是政治性的,而不完全是法律性的。至于法院的限制性解释问题,英国学者显然认为这种意义上的司法审查还是存在的,甚至包括对议会法律的实质性的否定性解释。当然,表面上他们是不会承认这一点的,他们会说法院的解释仅仅是发现并表达了议会立法的意图。

(二)私法的保障

由于英国法缺乏隐私权方面的规定,因此,在普通法中,阻止及规范国家侵犯个人财产及私生活的行为手段,都是建立在对财产权保护的基础之上的。1998年《人权法》导致这种情况有所变化。③

(三)《人权法》的保障

本书第一卷第二编第二章第二节,笔者对英国《人权法》的应用领域作了介绍,其中关于《人权法》对公民权的保障的内容多有涉及,可参阅。

(四)程序法的保障

现当代英国行政法中,程序性权利已经不是什么新词,而是与公平听审权和合法性期待等概念相联系的通用语汇。法院在 *ex p. Liverpool Taxi Fleet Operators' Association* 和 *ex p. Khan* 两个判例中的判决的正当性在于,如果允许公共管理机构背弃其作出的应当遵循某一程序的

---

① Bradley & Ewing, p.7.
② Phillips & Jackson, p.36.
③ Phillips & Jackson, p.561.

承诺或者保证,显然将有悖于确保行政主体良好行政的公共利益。如果这些承诺或者政策并不妨碍行政主体制定法上职责的履行,则公正性原则要求其必须遵守这些承诺。进而言之,如果行政主体想改变其承诺,公正性原则也要求必须给予那些受这些改变影响的人以公平听审的机会。①

五、公民权的限制

如果本书中没有这一内容的话,相信相当一部分中国学者会对本书之不全面大加指责。但是这在英国行政法中恰恰是没有的。英国学者确实会讨论这方面的问题,但往往是从准确界定权利的角度讨论的。

(一)行政权的一般影响

个人以不同的方式受行政权影响,有时受益,有时则受害。个人的权利极少有绝对的,因此,一名其农场因高速公路建设而被征用的土地所有者,并不享有绝对的阻止该土地因社会普遍利益而被征用的权利。②

(二)精神病人的自由

剥夺个人的自由的情形并不局限于警察在履行其调查和预防犯罪的职能时实施的逮捕或者拘禁。与此相关的一项非常重要的措施就是对罹患急性精神失常者强制治疗。刑事法院可以发布命令将那些罹患精神失常的已经定罪者或者在某些案件中的被指控者予以强制治疗。③

根据制定法的规定,此种强制治疗通常需要病人最亲近的亲属的申请或者社会工作者的认可,并得到两名执业医师的建议,其中一人必须具有精神失常诊断或者治疗方面的专门经验。在非常紧急的情况下,经一名医生建议可以最多强制就医 72 小时。已经自愿到医院接受治疗的病人,可以由精神病专业护士决定在 6 小时内禁止其离开医院,或者由精神病专业医生决定限制其在 72 小时内离开医院。④ 但超过这个时间,就只能将其放出去,而不能换个医生再关 72 小时。此处的精神病专业医生泛指所有的精神病专业医生,而一旦一名精神病专业医生作出了这样的决定,就相当于所有的精神病专业医生都行使过来自医学界的这种关怀或

---

① Neil Parpworth, p. 314.
② Bradley & Ewing, p. 632.
③ Bradley & Ewing, p. 460.
④ Bradley & Ewing, p. 460.

者权威了,接下来则需要法律来解决了,即放人。如果再要把精神病人关进来,则需要重新履行前面的程序。如果某个精神病专业医生已经行使了强制就医 72 小时的权利,则护士就不可以再行使此项权利了(6 小时)。

自 1959 年以来,对精神病人的强制关押可以通过向一个精神健康复审裁判所上诉以获得释放。① 由于这主要涉及事实问题,因此,主要由医学专家来裁判是很正常的,法官则没有什么作为。

(三) 对个人的社会权利的限制

个人的社会权利,是一个源自《人权法》的概念,即与个人的政治方面的基本权利对应的,公民在经济、社会、文化方面的权利。这些权利在福利国家应当是个人权利非常重要的组成部分,但也恰恰是在这个新兴的权利领域,个人权利范围的界定也如其本身一样,因年轻而充满变数。

英国学者举过这样一个他们认为相当令人难以抉择的例子:如果一名患了严重疾病的孩子在临床上没有治疗价值,孩子的父母没有绝对的权利要求全民健康服务体系的医疗机构给予治疗②,这确实是一个涉及困难的道德选择的例子,当然,如果是在全民健康服务体系以外的非公益的医疗机构,情况会有所不同,前提是患者方有足够的资金支持。即使是在这种情况下,如果患者方上了无限额保险,保险公司也可能会出面阻止进一步的治疗,此时,如果患者方就此诉至法院,可能在审判时也要考虑治疗是否有必要的问题。而在这种情况下,陪审团审理的重要性和灵活性就充分地显现出来了。

---

① Bradley & Ewing, p. 460.
② Bradley & Ewing, p. 632.

第二章
行政权及其控制

对行政权的控制,是英国行政法的核心宗旨、研究的出发点和制度设计的落脚点。因为英国行政法对于行政权的讨论,是在法律与行政过程①的语义环境下展开的。法律与行政过程这一标签从法律与程序的双重控制的角度,提示了英国对行政权加以控制的最主要的两大手段,其现实意义在于,它提示人们必须从法律与行政相结合的角度,亦即行政的法律化的角度研究行政权。换成我们的术语体系则是,现代的行政权,应当是行政法律化的产物。由此建立起法治行政的最本初的交流平台。

政府必须依法行政的原则意味着对于政府在管理过程中实施的每一行为,都必须有法律上的职权。法定职权通常由制定法明示或者暗示取得,有时来自英王特权。若某一个公共管理机构的行为(如征税)对私人的权利或者利益造成了不利影响,它必须能够证明其行为是依法定职权进行的。但在例外情况下,公共利益可能会要求政府必须使法院相信,即使其没有影响私人也是合法的。② 即不仅要证明其行为没有侵害个人的权利或者利益,还要证明没有侵害公共利益。

第一节 行政权的本质

本节介绍行政权的来源、基础,特别是行政权与公民权、民权、人权等的关系,集中讨论行政的代位性、信托性及有限性问题。

需要特别提醒的是,在英国法领域内讨论行政权的本质,不能忽略一个在我们看来不相干或者略显小题大做的内容:"公正行事的义务。"当

---

① Bradley & Ewing, p.638.
② Bradley & Ewing, p.638.

然，即使在这一义务被确定为行政主体的普遍义务之前，对行政权的本质的讨论也不可能回避公正性问题。

一、行政权的分类

（一）权力分类的必要性

虽然不像成文宪法国家那样，有一部基于权力分立原理而制定的宪法，但英国学者仍然承认，在行政法中试图将政府的权力按其特征划分为立法权、行政权和司法权仍有许多用途。例如，制定法对议会行政监察专员的管辖权限的界定，是中央政府部门"在履行行政职能过程中产生的行为"，这一表述可以理解为议会行政监察专员的职能范围不涉及政府部门履行立法职能的行为。同样，根据1947年《王权诉讼法》第2条第5项的规定，英王对履行司法职能者的行为不承担任何责任。[①] 即《王权诉讼法》不适用于法官的职务行为。此处涉及的内容是英国立法实务中对权力分立的应用实例，说明他们实际上也在使用这种分类方法，这从另一个侧面说明，根据权力本身的特征对权力进行分类是必要的。

在行政法领域，过去强调职能分立有两个理由：一是认为，过去很长一段时期以来一直用于对低级法院和裁判所进行控制的禁止令和调卷令等特权令状，只有在行政机构被要求履行司法职能时，才可以由王座分庭监督这些行政机构；二是英国人一度认为，行政机构只有在其履行司法职能时才必须遵循自然公正原则。[②]

（二）按行政权的特征分类

虽然很多权力可以毫不困难地界定为立法职能（如制定成文法规则的权力）、行政职能（如决定某一中央政府部门的官员应当安排在哪个位置上）或者司法职能（如裁决征税金额方面的纠纷），但是，许多权力只能非常勉强地进行分类，还有许多权力根本无法分类。法律并不总是普遍适用的，立法的形式也可以被用来解决某些具体的问题。[③]

1. 行政立法权

中央政府部门行使正式或者非正式的制定规则的权力；发布执行权力的委托通知的行为是否应当视为立法行为？修建一条高速公路的决

---

① Bradley & Ewing, p.641.
② Bradley & Ewing, p.642.
③ Bradley & Ewing, p.642.

定、收回某一许可的决定、解聘某一警察局长的决定等,应当如何分类?如果某一决定是由政府部门作出的而非法院作出的,是否会使这一决定的性质从司法转为行政?特别是在 20 世纪 30 年代,英国的公法文献中大量存在有关行政职能和司法职能的本质的争议。①

2. 行政司法权——准司法权

由于调卷令等特权令状此前一直是用来控制低级法院或者裁判所行使司法职能的,如果要将这些特权令状的适用范围扩大到行政机构,那也必须是它们行使司法性职能的情形。这种推理方式具有典型的英国判例法的特征,即从一个既有的普通法规则推广到一个新的适用领域中去之前,必须找到两个领域之间的一个可以互相关联的逻辑上的桥梁,而其具体表现形式就是此处要讨论的一个概念,即"司法职能"。

在英国,司法性至少有三重含义:一是在形式上具有某些司法性的特征,如举行公开的调查等,但这并不是主要的或者说决定性的,即使没有这些特征也不影响行为的定性;二是司法性就是依法裁判或者说依法作出决定;三是司法性就是要公正地行政。

"准司法"术语逐渐流行,以指代那些难以归类于司法或者行政的职能。该术语广泛用于指代那些被委托给某一非法院的机构行使的司法性职能;有时用于指代调查的整个过程及其结果,有时则仅指调查本身。②

值得庆幸的是,司法审查范围的扩张使得早先的争议变得没有必要,这些争议往往导致循环论证,并使法院陷入对某些职能进行贴标签的圈套之中。那种认为某一公共管理机构的权力只有属于司法性权力时才能对其决定提起司法审查的僵化教条,在 1964 年的 *Ridge v. Baldwin* 一案中被贵族院彻底推翻了。里德指出,只要行政官员有权作出影响个体权利的决定,那么,像司法那样依法判决的义务就应当自然地从此类决定的本质中引申出来,而无须考量该行为是否具备某些诸如给予正式的听证的义务等明确的司法要素。③ 即不管是否具备司法必备的要素,都可以归入司法性决定的范畴,进而纳入司法审查的范围。

按照贵族院在 *Ridge v. Baldwin* 一案中的观点,行政职能现在要受法院管辖权的控制并不需要法院首先选用某一适当的标签,因为是处理

---

① Bradley & Ewing, p. 642.
② Bradley & Ewing, p. 642.
③ Bradley & Ewing, p. 642.

这一行为的性质而非其所归属的特定的概念决定了是否应当属于司法审查的范围。① 尽管司法性、准司法性及行政职能等用语仍然可以在法院的某些判决中看到,但这种分类已失去早先的重要性。即使是在司法审查规则并不完全适用的场合,行政机构也有公正行事的义务。②

1998 年《人权法》当然不会复活老套的有关司法审查范围的纷争,但也不可能产生新的分类的必要性,虽然《人权法》的适用必然涉及某一行政职能在什么时候有必要按照《欧洲人权公约》第 6 条的要求,在其行使时为当事人提供公平听审的权利。③ 显然,并不是每一行政职能的行使都需要赋予当事人这一公平听审的权利,但问题的关键在于如何把握这个标准,而这已经不完全是行政权的分类本身所能解决的问题了。

(三) 从司法控制角度分类

对行政权的另一种分类方法涉及公法与私法的划分,以及对政府实施司法控制的过程。④ 按照这种分类方法,可以将名义上由英王行使的行政权分为英王特权和法定权力。⑤ 这显然是指所有的行政活动都是由英王或者由其大臣以英王的名义行使的,就这一点而言,英国的行政权只有一种形式和来源。但是实际上,英国学者一般将行政权按其历史来源及司法监督的途径,分为制定法上的权力与普通法上的权力,后者即英王特权。此处的英王特权是狭义的,指根据英王历史上的权力而产生的现代权力,不包括制定法赋予英王的新的权力;法定权力则是现代通过议会立法而形成的权力。

随着自 20 世纪 80 年代以后发展起来的一种法院通过回答某一事项属于公法或者私法领域的方法,来解决管辖权、责任及程序问题的趋势的出现,产生了新的分类方法。这一分类方法在许多欧洲大陆国家的司法体制中都有所反映。法国正是根据这一分类方法来解决某一纠纷究竟应当由行政法院还是民事法院裁决。与此截然不同的是,英国的较高层级的民事法院行使的是一种对于所有的可司法解决的争议不加区分的管辖权,无论这些争议涉及的是私人性质的公民,还是公共管理机构。⑥

---

① Bradley & Ewing, pp. 642-643.
② Bradley & Ewing, p. 643.
③ Bradley & Ewing, p. 643.
④ Bradley & Ewing, p. 641.
⑤ Wade & Forsyth, p. 45.
⑥ Bradley & Ewing, p. 643.

伍尔夫（Woolf）在1986年将公法界定为"强制公共管理机构履行它们对公众承担的适当义务的法律体系"，而私法则是"保护私人个体或者公共管理机构的私权利的法律体系"。这是一个简单且令人迷惑的分类标准。即使不去考虑该表述发表时私有化的某些影响，仍然难以在公共管理机构与私人之间划分明显的界限，而且许多公共管理机构的行为还要受私法的调整。更有甚者，按照普通法的传统，保护私人私权的法律体系在很大程度上包括强制公共管理机构履行它们对公众承担的适当义务的法律体系，至少从将公众视为由所有私人个体组成的群体这层意义上讲是如此。以个人自由为例，一个人的自由既受人身保护令的保护，也受侵权行为法的保护（通过对错误监禁提起的诉讼），是否应将前一种救济手段归于公法领域（因为这一诉讼可能导致法院发出一项针对某一行政官员的命令，如果对原告的拘禁非法）而后者则属于私法（因为这一诉讼将可能导致向被拘禁的人支付赔偿金）？[①]

在财产领域，许多争议（例如涉及强制征购的争议）正是发生在个人的私权与公共管理机构的权力及责任的交叉地带。[②] 在这种困难的情况下，有必要考虑：① 公法与私法不同层次上的划分；② 将这种分析的结果用于法院在行政法领域的广泛实践之中。英国学者认为，世界各国公法与私法的关系主要有四种情形[③]：第一种，公法与私法最显著的区分发生在这两大法律体系分别由分立的法院和法官根据分立的实体和程序规则分别实施的场合。第二种，当私法与公法是由同一个法院系统中的不同分支机构中接受过同等训练的法官适用截然不同的实体或者程序规则的时候，区分相对不那么明显。第三种，更不明晰的一种区分发生在公法和私法由同一法院施行，但是根据案件所涉及的争议是否产生于私人之间以及是否形成了涉及公共权力的问题等而适用不同的实体或者程序规则的场合。第四种，对于那些根本不考虑诉讼双方当事人以及所涉及的法律问题的场合，则公法与私法之间根本就没有什么区分。

在行政法领域，法院的工作大致涉及两个方面的任务。第一类任务可以称为司法审查事项，当某一个体寻求法院对某一公共管理机构或者某一特定的裁判所作出的某一决定的合法性进行审查时，法院必须在行

---

① Bradley & Ewing, p. 643.
② Bradley & Ewing, pp. 643-644.
③ Bradley & Ewing, p. 644.

使其监督管辖权的过程中决定支持还是否定该决定。这项任务在私法中并没有精确的对应内容,虽然类似信托法、公司法及工会法等法律部门中可能会出现因受托人、公司管理者及工会委员会的决定的合法性而产生的争议,并且可以在对这些决定的合法性进行审查时适用与司法审查相似的监督原则。第二类任务(政府责任)的产生则是因为个人通过损害赔偿诉讼的形式,寻求因公共管理机构的非法行为所造成的损害的救济(例如侵权之诉或者违约之诉),这项任务与一般的侵权法、合同法及赔偿法有更多的共性。[①]

如果将前述对于不同层次的分类分析的结果运用于这两项任务,则法国属于典型的第一类,将司法审查和绝大多数的政府责任方面的问题都交由分立的行政法院审理。德国与意大利属于第二类,司法审查由行政法院管辖,而所有的责任方面的问题交由普通法院。英国属于第三类,政府责任由普通的民事法院裁决,而司法审查则由高等法院内为这一目的而指定的法官在一个现在取名为行政法庭的机构审理。司法审查的程序与普通民事诉讼的程序不同;而某些政府责任方面的问题也是适用某些与普通的侵权或者合同案件不同的规则进行审理的。然而,某一公共管理机构的责任,例如某一社会服务职能部门赔偿某一个人在其接受该机构的服务过程中所遭受的损害的责任,更主要的不是基于决定该公共管理机构的权力的公法上的规则,而是基于人们熟悉的其在行使其自由裁量权的过程中是否尽到合理注意的检验标准。[②]

二、普通法上的英王特权

(一) 英王特权的现实性

讨论英国行政法中的行政权,不可回避英王特权。但是需要注意的是,英国法中的特权至少有两种,一种是英王特权,另一种则是法定特免(privilege)。前者是普通法上的制度,只能由英王施予普通人;后者则是制定法上的制度,可以及于每一个普通人。从这个角度考虑,我们通常所说的英国国家公职人员享有的制定法未予明确的"想当然"的权力,主要是指英王特权,而非法定特免。根据英国的宪法惯例,英国至今仍有某些政府职能不是建立在立法授权的基础之上,而是建立在王权的历史性实

---

① Bradley & Ewing, p. 644.
② Bradley & Ewing, p. 644.

践的基础之上的。这些权力统称为英王特权。其中最生动的例子之一,就是内政大臣享有的减轻法院的刑事判决结果的"仁慈赦免权"(prerogative of mercy)。①

严格来说,除作为一个雇主的能力以外,英王实际上几乎没有什么比较重要的法律权力。在几乎所有领域中,行政权都是法定权力,而且长期以来在实践中行政权就是由议会将其授予特定的部长名下。因此,英国行政法或者宪法、行政法中对于所谓英王或者王权的讨论,在很大程度上其实是在说名义上是英王大臣的部长的权力。法律的一般措辞是"部长可以制定条例""部长可以任命"或者"部长可以批准"。② 当然,部长一般会表现得如英王的大臣一般,并且站在英王一边。但是部长基于议会立法而取得的权力和义务在法律上都是他们自己的。这一点具有非常重要的法律上和宪法上的重要性,因为这样一来部长就没有英王的特权或者豁免了。部长的非法行为在法律上是无效的,而且他可能因无法施之于英王的赔偿手段而被强迫履行其义务;同时,判决也可以以无法针对英王本人的方式针对部长实施。③

另外,假设制定法将权力直接授予英王,如规定"英王陛下可以",那么英王的豁免权可能会阻止法院对此项授权的行使的控制,至少从理论上讲是这样。④ 按照这种说法,所谓英王的豁免权在英国法中至少在理论上是依然存在的,只是在实践中,由于议会的立法从来不将任何制定法上的权力授予英王,而英王在制定法以外所享有的特权已经通过有关法案或者惯例受到了很大的限制,在这种情况下,英王实际上在法律上已经无权可使,因此也就不存在实际上的对于其行使权力而造成的损害实施豁免的可能和必要。但这并不是说,英王的豁免权已经不存在了,而只是说其已经没有可能行使了。这听起来很怪,但却恰恰是英国的传统特色。英国人正是通过这种方式将传统保留了下来,正如其保留了君主制度一样,如果他们愿意取消英王在理论上的豁免权的话,他们其实也是完全可以取消君主制度的。他们之所以没有这样做,完全是为了尊重或者保留一种传统或者说最后的尊严而已。

---

① Martin Partington, p. 32.
② Wade & Forsyth, pp. 45-46.
③ Wade & Forsyth, p. 46.
④ Wade & Forsyth, p. 46.

英国学者对于英王特权的理解,是就其在实体上而非程序上不太可能在法院受到挑战而言的。例如授予荣誉或者解散议会的权力①,部署军队、加入条约、特赦的权力②等。对于一个不享受英王豁免的公共管理机构,它是有可能面对刑事追诉的。③ 既然英王特权也是法律上的制度,就不可避免地要受到法院的关切,只是介入的程度不同而已。因为法院很久以前即拥有裁决英王特权的存在与否及范围大小的权力。④

据此,可以得出这样的结论,英国法中的英王特权是指某一类源于传统但现在依然有效的国家性的权力,它们在很多方面与制定法赋予行政机关的一般权力在范围、行使方式及司法审查等方面存在明显的差异。通常,我们所说的国家行为,在很大程度上就与英王特权的范围吻合。

(二) 法院不会承认新的英王特权

这是英国法的一个根本原则。在 *Entick v. Carrington* 一案中,法院认为,仅仅声称自己的行为是出于国家的需要,并不足以使任何人免除因其违法行为应受的追诉。⑤ 这也同样适用于英王或政府的行为。1964年,迪普洛克说,经过了350年及一场内战,对于英王的法院来说,再来扩张英王特权已经太迟了。政府行政方面不经制定法的授权而可以对英国的公民创制义务或者施加限制的权限范围已经非常明确地划定了,而且不可能再扩张了。⑥

但是,有些英王特权又非常广泛,以至于当人们诉诸法院要求法院决定某一古老的权力是否可以运用于新的情势时,不免会产生很大的难题。例如,英王在国家处于某种严重的危急状态下的权力,是否可以用来作为某种针对新型的危及整个国家的恐怖活动实施的行为的权力依据,或者英王的截取邮政通信的权力是否可以用来证明对于电话的侦听也是合法的。在这些情况下,可能很难区分创造一种新的英王特权与将一种古老的英王特权适用于新的情势之间的差别。例如,在1989年的 *R. v. Home Secretary ex p. Northumbria Police Authority* 一案中,内政部不顾地方警察管委会的反对,给警察配备了催泪瓦斯和警棍,以便处置严重

---

① Bradley & Ewing, p. 253.
② Bradley & Ewing, p. 256.
③ Bradley & Ewing, p. 293.
④ Bradley & Ewing, p. 256.
⑤ Bradley & Ewing, p. 253.
⑥ Bradley & Ewing, p. 253.

的公共骚乱。上诉法院认为,提供催泪瓦斯和警棍的权力属于英王特权的范畴,因而内政大臣可以提供警察履行其职能所必需的装备。①

一个与此案相关的问题是,法院是否有权裁定由于某一古老的英王特权已经不能再适用于现代的情势,因而英王不能再行使这一特权。一般而言,普通法规则并不因时效而失效。但是,很难说法院有权因为某些英王特权曾经在几百年前存在过,而赋予这些古老的触犯现代宪法原则的英王特权以新生。②

（三）制定法对英王特权的调整

以上内容是法院基于普通法原则所确立的普通法上的英王特权制度,以下则是讨论根据议会的制定法所确立或者更准确地说所限定的英王特权的范围。在英国,经过几百年前的艰苦卓绝的斗争,英国议会终于拥有了这样的权力:可以明示或者通过必要的暗示,取消或者限制英王特权,而无论该特权是否与政府在相同领域享有的制定法授予的权力相互衔接。但是通常,议会不会明确地宣布废止英王特权,而只会在同一领域创设一套制定法的体制。③ 这说明,就根本原则论,现代英国的英王特权的命运掌握在议会的手中。当然,通过制定法取消的英王特权并不一定以制定法的形式再赋予政府,因而有可能出现权力的形式与实质的共同消失。但在绝大多数情况下,权力只是换了一个名头,由英王特权变成了制定法上的职权,但依然是英王的政府行使的权力。于是就需要确立一个基本原则,即在这样的领域,究竟应当遵循制定法规定的权力行事,还是继续适用英王特权? 1920 年的 *Attorney-General v. De Keyser's Royal Hotel* 一案提供了部分答案:第一次世界大战时,一家旅馆被要求接待皇家空军团的行政人员。军事委员会答应以一定的租金租下该旅馆,但租金谈判破裂,军事委员会随即根据《国防法》发出了征用该旅馆的命令。原告要求英王对其军事机关使用该旅馆予以赔偿。④

有人主张,英王拥有在战时的紧急状态下征用其臣民的土地的特权,被征用土地的主人没有相应的求偿权,因而英王也无须赔偿;而且英王可以直接行使这种权力,尽管这一权力在 1842 年已经被纳入新的《国防法》

---

① Bradley & Ewing, p. 254.
② Bradley & Ewing, p. 254.
③ Bradley & Ewing, p. 254.
④ Bradley & Ewing, p. 254.

并且规定所有者有权取得制定法上的赔偿。① 而旅馆所有者一方的理由则是,英王已经根据制定法的规定取得了对其房产的所有权,因此不能再退回去适用英王特权。贵族院拒绝接受英王方面的意见,认为英王已经在事实上根据制定法的权力取得了房产的所有权,英王特权已经自制定法实施之日起被取代。该案确立的判例原则是,在赋予英王制定法上的权力以后,英王即不得再恢复其特权。赋予英王的制定法的权力包括所有保卫国家所必需的权力,同时附带有重要的对于个人权利的保障机制。因此,在制定法上的权力存续期间,英王特权即告无效。② 此外,需要提醒读者注意的是,所有权是一种普通法上的普通权利,不同于英王在普通法上所拥有的特权。在同一个物上不能叠加两个以上的权力(权利),旅馆所有者一方的抗辩理由据此而生。

这个判例所确立的原则是:政府部门不能以有损于其制定法上的职责的方式行使英王特权。③ 行政机关行使英王特权的活动不能与其制定法上的职责的履行相互冲突。如制定法规定该案中政府部门应当在征收公民财产时予以赔偿,如果政府部门按照英王特权的行事方式实施这一行为,其结果就是不予赔偿,而这将违反其制定法上的赔偿职责,为了避免这种结果的发生,唯一的选择就是政府部门不得再按这一领域的英王特权的方式行事。亦即在制定法与普通法上的英王特权相互冲突时,制定法优位,这也是议会立法至上原则的一个自然的推论。由此可见,此处对于该案所确立的原则的归纳是非常精练的。这个归纳是上诉法院1995年的一个判例中的意见。因此,这可以说是英国法研究成果积累的一个例子,其判例法就是以这种方式逐渐积聚起法律原则的体系的。

当然,上述原则还需要进一步提炼。首先,该原则仅适用于议会没有明确表明其立法意志的场合。例如,1971年《移民法》规定,该法所赋予的权力应当像1939年《国防紧急权力法》那样,追加到任何英王特权之中。④ 也就是说,如果制定法明确规定了其所设立的权力与英王特权的关系,问题自然消失,而无论制定法是否定、替代了英王特权,还是对其作了添附。只有在制定法没有明确其规定是否可以替代普通法中英王特权

---

① Bradley & Ewing, pp. 254-255.
② Bradley & Ewing, p. 255.
③ Bradley & Ewing, p. 255.
④ Bradley & Ewing, p. 255.

方面的规则时,前述原则才可以适用。

三、制定法上的权力

英国的行政权除了英王特权,就是制定法上的权力。因此,本书对于英王特权以外的行政权的讨论,也都可以视为对制定法上的权力的讨论。需要特别提醒的是,所有地方政府的权力,都是制定法上的权力,地方政府并不存在任何传统的类似英王特权的权力。

反恐怖立法是英国公法二十多年来新增加的一个非常活跃的领域。2001年9月11日的系列事件及其余波,不可避免地导致一系列针对恐怖威胁的超常规措施的引入。其中2001年《反恐怖、犯罪及安全法》(Anti-terrorism, Crime and Security Act)首当其冲,仅从该法出台的速度看,还真不能小看有保守传统的英国的议会立法速度。英国学者特别提到了"命运多舛"的该法第4部分中的第23条,授权内政大臣无限期拘留未经审判的外国人,只要他确信这些人在英国的出现对国家安全构成威胁或者怀疑他们是恐怖分子。[①] 该规定广受英国学者诟病并最终被废除,取而代之的是2005年《预防恐怖法》(Prevention of Terrorism Act)确立的"控制令体制":授权内政大臣可以对任何人实施"控制令"。[②]

四、公正行事的义务

在公正行事的义务被确定为行政主体的普遍义务之前,对行政权的本质的讨论不可能回避公正性问题;在此之后,这个问题就更需要讨论了。英国现代行政的一项重大进展,就是将司法所倚重的公正要求也纳入对行政主体的当然要求之内。因此,本书对司法公正的探讨,作为普遍原则,同样适用于对行政领域的公正的讨论。详见本书第四卷第三章第五节司法公正部分的相关内容。

第二节 行政权的配置

行政权的配置是笔者非常感兴趣的一个题目,同时也是笔者觉得非常难以把握的。从某种意义上讲,如果能够非常有效地实现行政权的合

---

① Wade & Forsyth 2014, p.66.
② Wade & Forsyth 2014, p.67.

理配置、有效监督,行政法中的许多问题,不但可以系统地解决,甚至根本就不会存在、不可能发生。当然,行政权合理配置的核心,是民主体制下主权者如何配置其执政资源,没有这个基础性的理论定位和结构性的制度前提,讨论或者设计行政权的配置,都不过是纸上谈兵。

一、行政权与英王特权

毋庸置疑,英国至今仍有某些政府职能不是建立在立法授权的基础之上,而是建立在王权的历史性实践的基础之上的。这些权力统称为英王特权,如战争权、"仁慈赦免权"等。[1]

有关英王特权的详细内容,特别是其与英国行政体制及英国行政法的关系,参见本书第一卷第二编第二章第三节君主制度与英王特权。

二、行政权的法律化

行政法的一个重要特征是权力、义务及自由裁量权之间的相互关系错综复杂。因为行政管理过程中的许多情形并不总是在事前已经规定清楚了。往往会出现这样的情况:部长负有实现某一宽泛的政策目标的职责,而法律却没有为其规定采取任何特别行动的权能。即法律对于这种情形根本没有预见到,而部长的职责又十分广泛,并有必要在这种情况下采取措施。显然,这种情况下所采取的履行部长职责的举措,必然涉及自由裁量权的行使。[2] 但这是一种非常高层级的自由裁量权,具有高度政策导向性质,并不一定授予每一级别的官员。如在中央政府只需要授予部长一级,而在地方政府只需要授予政府首脑,其他人都是具体的执行人员,不需要有这样高级别的只在具有很大偶然性的事件发生时才偶尔一用的自由裁量权。对于绝大多数的下级执行人员来说,他们的职责仅仅是严格地执行法律,没有政策权衡的职责,也就没有必要赋予其政策权衡方面的自由裁量权。

正如迪普洛克所说,行政自由裁量权概念的核心,是某种在多种行为途径的可能中选择那种在理性的人看来可能会有不同的倾向的行为方式的权力。[3] 也就是说,对于自由裁量的事项而言,这种权力本身就赋予了

---

[1] Martin Partington, p. 32.
[2] Bradley & Ewing, p. 640.
[3] Bradley & Ewing, p. 640.

人们在理智的权衡过程中可以见仁见智的空间,但同时也赋予了决策者在此空间范围内选择任何一种行为方式的权力。例如,按照人们的一般理性标准,对于某一情势可能会有五种通常大家可以接受的行为方式,那么,决策者就可以在五种行为方式中选择任何一种并付诸实施,而无论其他人对其他四种表达了何等的个人喜好,但由于这些议论者并不是决策者,因此任何议论都不影响决策者自由裁量权的行使。但是,一旦决策者在这五种可选方式外行事,就超出了其自由裁量权理性行使的界限,而其结果就是无理性,从而构成对其行为的法律上的否定性评价。此时,就不是仁者见仁、智者见智的问题了,法律的评价是唯一的,而且是否定性的。因此,在自由裁量权的行使领域存在一个基本原则,即自由裁量权的行使必须符合一般理性,是具有一般常识的人考虑得到的行为方式,而绝对不是令具有正常理智的人感到匪夷所思的方式。

当议会的法律赋予政府部门中的某一管理者以某种权力的时候,可以授予部长或者其他公共管理机构广泛的职责以实现某种公共政策目标。[①] 此处强调的是职责的授予,而没有提到职权的问题,这是因为,即使法律没有赋予行政部门相应的强制性权力,这些机关也有可能履行其职责,如作出属于其职责范围内的决定,而这些决定的执行可以通过法院来实现。当然,这样一来,职责也就相当于职权了。但二者的区别在于,有职责的行政机关并不一定要赋予其过分的强制性权力。在英国人看来,对于行政机关而言,重要的是有没有这方面的职责,如果有,就具有了在其职责范围内作出为履行其职责所必要的决定的权力。这不完全是默示的权力的意思,但至少有一点是明确的,即在确定政策目标之后、确定职权之前,先有一个确定职责的阶段,这是英国行政机关权力设置方面的一个主要的问题。我们此前似乎没有注意到这个问题。

议会的立法可以为部长设立某种特别的在某种情况出现时采取行动的义务,而且议会的立法可能会赋予相关的行政机关一定的权力。[②] 言外之意是,议会也可以不赋予其任何权力或者额外的权力。但职权法定如何体现呢?议会的立法的这种做法并不违反职权法定原则,因为毕竟它没有授权。可见问题的关键显然不在这里,而在于如果不赋予职权,行政机关如何能够作出相应的决定,以保证其履行职责。事实上,对于许多

---

① Bradley & Ewing, p. 640.
② Bradley & Ewing, p. 640.

行政机关,特别是英国的许多执行性的机关而言,其实是不需要什么职权的。如全民健康服务体系中的医疗机构,它们只提供服务,并不实施对病人的管理,因此,不需要什么职权。福利国家的政府提供的绝大多数服务都具有这种属性,因此在讨论行政职能时,重点不在于权力,而在于职责与义务的配置,也就可以理解了。但在法律上仍需要解决的一个问题是,不履行自己的职责时是否有法定权限的问题,如不给公民治病或者不给予应有的救助,当然这是需要法院来裁决的,可以通过公民申诉到法院而获得解决。

于是不可避免的是,法院的监督角色会随着政府行为模式的转变而变化。对于中央政府的司法控制是对部长责任制的补充而非替代。虽然司法控制的基础在制定法中从来没有明确过,然而根据普通法上的遵循先例原则,无论是控制权力界限的原则,还是审查自由裁量权行使的原则,都在这一体系中被开发出来,只是其运作的过程不够系统罢了。这一点很重要,说明英国行政法中最基本的原则不是由制定法创设的。正如一位杰出的新西兰法官对行政法所做的总结:行政官必须公正、理性地依法行事。①

三、行政权的设置原则

行政权的设置全部是通过制定法完成的,在现代英王已经不可能添附任何新的权力。但既有的英王名下的行政权却可以与制定法上的行政权一起,按照现代的行政权配置体制予以调整。如中央政府部门的职能调整,即同时包含这两种权力的调整。行政权配置的法定性的一个最突出的例子是,行政权的委托必须以制定法明确授权可以委托者为限。例如,1992年《公务员(管理职能)法》[Civil Service(Management Functions)Act]授权部长将与公务员管理有关的权限,委托给特定的部门或者代理人。② 有关行政权配置方面的详细内容,参见本书第二卷第二编第三章第一节中央政府、第二节中央政府部门。以下内容不是英国行政法学者关心的问题,而是笔者归纳英国行政法中的有关内容得出的结论:法律赋予某机关公权力或者创设一种新的公权力时应当遵循的几项原则。

---

① Bradley & Ewing, p. 635.
② Phillips & Jackson, p. 378.

（一）行政职能分立原则

行政职能是国家的三大职能之一，孟德斯鸠在其1748年《论法的精神》一书中，秉承亚里士多德及洛克的早期尝试，将政府的权力分为：立法权、对国家法律的执行权、司法权。[①] 其中对国家法律的执行权所对应的，就是行政职能。

虽然英国学者强调，在行政法领域，所要考虑的问题是公共管理机构如何提供服务、行使规制权力及其他活动。从全国范围来看，政府履行诸如监控国民经济运行、控制自然环境、提供并监督诸如全民健康服务体系及教育体系的运行、管理国家的财政、推进法律与秩序并维系司法体系等职能。[②] 这是一个现代民主国家的中央政府所应承担的主要职能。现代英国行政法对于政府职能的定位，罕有令中国学者满意的概括，而只有一些不完全的列举，如有学者认为，行政主体的职能涉及以下方面的事项：公众健康、教育、交通、规划、住房、全民保险、电力供应等。[③]

行政职能分立原则的首要表现形式是，任何独立的机构都必须有独立的职权，并且有能够独立行使职能的现实表现。在这一点上，英国那些在我们看来并不具有或者没有必要具有相互独立性的行政机构，也建立起相当独立的权力运行机制。例如，根据现行制定法，英格兰银行必须按季度准备一份通货膨胀信息报告，该报告必须公开，但要经过货币政策委员会的批准。[④] 这一规定反映了英国行政法的一个非常显著的特点，即行政组织与法定职权的独立性、对立性以及不对称性。货币政策委员会本来是英格兰银行名下的一个机构，但由于该委员会中有五名成员是英格兰银行的成员（其中包括两名该银行的非管理层的技术专家），另有四名成员是该银行外的专家，因此，英格兰银行在货币政策委员会的人员名额仅占微弱多数，这就使得货币政策委员会与英格兰银行之间的相对独立性有了现实基础。也就是说，该委员会对英格兰银行拟公布的通货膨胀季度报告依法有权说不，而且在现实中也确实能够做到。正是在这一点上，值得我们重新对依法行政与行政权威的关系进行深入的思考。

此外，需要提醒读者注意的是，正如在警察法领域所展示的，既没有

---

① Phillips & Jackson, p.10.
② Bradley & Ewing, p.646.
③ Phillips & Jackson, p.28.
④ Bradley & Ewing, p.347.

必要也没有人愿意将所有的公共服务都直接交由中央政府提供。考虑到公用事业的私有化运动以及在许多政府活动领域所采取的鼓励私营企业介入的政策，并非所有的公共服务都是由公共管理机构直接提供的①，这已经成为英国行政法一个普遍认同的事实或者说愿望。

（二）手段不得妨害目的原则

这一点突出地表现在英国行政法对于警察权的设计思路中：既有必要确保警察拥有足够的手段维护公益，但同时又不能使授予警察的权力破坏那些需要雇用警察来保护的基本自由。② 换句话说，必须将权力约束在现实的界限和授予该权力的法律的政策意图的范围内。③ 超越了界限，就有可能违背设立行政权的目的，遂不免喟叹"早知今日、何必当初"。而在英国，建立警察制度并赋予警察权的目的，是保护公民的基本自由，为此需要赋予必要的权力，但这些手段的赋予只能以绝对必要为限，而绝对不能因为赋予警察太多的权力而使最初意欲保护的权利和自由因此而受到侵害。这种权力授予基本思路上的考虑，很值得借鉴。

这种度的考量是任何权力赋予及控制都需要的。英国人的出发点显然不是先赋予强大到难以控制的权力，再对这些权力进行控制，而是赋予有限的权力，甚至是仅仅达到绝对必要限度的权力，同时还要采取必要的控制。如果赋予的权力已经无以复加，再想去控制肯定是不可能的。这使笔者想起电动自行车的例子，如果你的驾驶技术不好又想保证安全的话，最好的办法就是降低最高速度。电动自行车在设计时就只赋予其最高20公里的时速，因此，绝对没有超速之虞。这种技术性的控制手段与高速公路上的规制型的限速思路截然不同。高速公路的限速是在允许车辆具有高速行驶性能，并以良好的路面加以配合的情况下，通过规则限制实际最高行驶速度。由于车辆的能力远远超过限速的要求，结果超速屡禁不止。

（三）附属权力的设计

1992年的 R. v. Richmond upon Thames Council, ex p. McChrthy and Stons Ltd. 一案中，某地方规划职能部门就其规划委员会委员向申请新的开发项目规划许可的开发商提供非正式咨询，收取了25英镑的咨询

---

① Bradley & Ewing, p.646.
② Bradley & Ewing, p.456.
③ Wade & Forsyth, p.366.

费。该规划委员会根据法律规定来决定所有的规划许可申请，而无论是否有过此类非正式咨询。贵族院认为，尽管就该规划委员会职能的行使看，其委员为有意向的开发商提供的非正式咨询，对于其职能的行使是有益的和附属性的，但是收取25英镑咨询费的行为则是违法的，因为这种收费并不是依法附属于该职能的。① 也就是说，非正式咨询是附属于其规划职能的，但收费则并非其职能所附属的。

但从学理角度分析，这一判例说明，公共管理机构的权力不仅包括制定法明确授予的，也包括那些合理地附属于这些明确授予的权力的附属性的权力。如附属于决定权的非正式咨询权等。另如，法院认为，安居职能部门促使其承租人对其物品向某一保险公司投保的权力，属于其管理权限的范围。② 值得对英国法的研究方法感兴趣的读者注意的是，这一结论不是由上述判例的判决部分得出的，而是在其说理部分。贵族院在判决中并没有以这一结论作为其判决的结果，而是以此作为其判决的理由。

附属权力的授予问题在美国行政法中也有讨论，但都是作为判例原则出现的，而不是权力授予的一般原则。值得提醒读者注意的是，在法治不甚完备，司法控制不甚健全的法域，借鉴附属权力制度，特别是将其确立为一项制定法上的权力时，很容易与法律的空白授权等同，具有相当的危险性。

四、国务大臣的保留权力

在地方与中央权力配置关系中，除了事权划分，另外一个值得研究的领域是国务大臣的保留权力。在英国，由于议会立法至上原则，所有法定权力都应当来自中央立法，因此，对于那些根据制定法设立的主体而言，其法定权力在基于议会立法的同时，也存在一个该权力的保留状态的设置问题，即在被立法授权的主体不行使或者不能妥善行使该权力时，谁具有立法明示或者默示保留的行使该权力的权力。答案是国务大臣。例如，1995年《环境保护法》第四部分规定，凡是未达到空气标准质量的地区，都将被指定为空气污染治理区，在这些区域内，地方政府机关必须制定如何改善本地区空气质量的计划；有关国务大臣对此享有保留的权力，

---

① Bradley & Ewing, p.697.
② Bradley & Ewing, p.698.

如果相关的地方政府机关未能妥善履行该项职能,则国务大臣可以取而代之以行使此项权力。因此,国务大臣可以就地方政府机关必须采取的与改善该地方空气质量有关的措施提出指导意见。①

国务大臣的保留权力的存在,确立了某项法定的公共权力的两个以上的行使主体,使这些权力主体之间存在一种潜在的竞争关系,并通过引入这种竞争因素,打破行政权的垄断。当然,类似的制度我国也有,我国法律经常会以"县级以上人民政府主管部门"的方式规定某一事项的主管主体,实务界称之为"上下一般粗",执法时也会出现"有利大家争、无利互相推"的现象。而英国之所以可以通过国务大臣的保留权力的形式避免这种现象,原因之一,在于中央与地方政府的相对独立性,它们分别对不同的选民负责,因此,只能各为其主,从而能够产生竞争性地行使相对重叠的权力的动力。

同时,英国的权力保留制度还有另外一层意思,即享有保留权力者具有行使该权力的优先权。这也就是为什么上述国务大臣可以就地方政府机关必须采取的与改善该地方空气质量有关的措施提出指导意见②的原因所在。

五、中央与地方的事权划分

英国是单一制国家,但同时实行深刻的地方自治。毕竟英国不是一个小国,就其经济总量更是比许多人口众多的国家大得多。运作和管理这些资产的行政职能的确立和分配,自然不是个简单的问题。我们所关心的中央与地方事权的划分问题,也是他们经常提到的。

例如,在土地开发利用方面,如果某块公有土地载入国务大臣编制的未利用或者未充分利用土地登记簿,国务大臣可以指令相关地方政府机关在其职权范围内采取国务大臣认为适当的措施,以便处置地方政府机关在该土地上的权益或者较为次要的利益,其中包括承认本机关在该土地上的权益。③

国务大臣的指示可以明确地方政府机关所能采取的措施。国务大臣也可以禁止地方政府机关将指示中指明的土地处置给特定的人、属于某

---

① Andrew Arden, p. 89.
② Andrew Arden, p. 89.
③ Andrew Arden, p. 565.

一特定范围的人或者与此等人有联系的人。国务大臣的指示可以变更或者废止。① 这可以由国务大臣自己完成,也可能通过司法审查完成。

在作出某一指示之前,国务大臣必须告知对方该指示的内容,收到该告知的机构可以提出申辩,申辩的内容包括本机构与此事无关或者对该指示的内容本身存在异议。申辩须在42日内或者国务大臣允许的更长期限内提出。②

如果地方政府机关已经提出了申辩,则国务大臣只有在具有充分理由认定所提出的地方政府机关应当如何处置其权益的建议不会严重损害该地方政府机关职能的行使的情况下,才能向该地方政府机关发出该指示。③ 这就是英国中央政府部长与地方政府机关的职权划分的标准。按照中文以及中国人的理解,这样的文字如果出现在中国的法律中是非常幼稚的:任何决定者都只会作出其认为适当的不侵犯他人权利的决定,这是不言而喻的,因此是无须法律明确规定的,而且即使规定了也无从落实。但正如笔者反复提醒读者注意的,类似的规定在英国法中俯拾即是。中国读者对此或许不理解,因为这种理解必须建立在对英国行政法中自由裁量权的司法制约机制充分了解和信赖的基础上。

六、自由裁量权的设置

本书多次提到英国的自由裁量权,并且分别从不同的角度——立法、行政、司法,就不同的事项——警察、土地、环保——予以反复讨论,这是因为,在笔者看来,英国的自由裁量制度对于其行政法而言实在是太重要了,一言以蔽之:没有自由裁量权,英国的行政法就不是法。例如,在英国有关垃圾清运的竞争性招标规范中对地方政府机关设定了一项公告义务:有关地方政府机关必须在两份以上流传于垃圾处理合作方之间的出版物上发布通知。但该通知究竟要具体到什么程度,需要由地方政府机关来把握。④ 这显然是一个自由裁量问题,类似这样的场合,在英国公法领域很多,但逢此时,笔者都忍不住提醒中国读者,这样的问题千万别按中国人或者中国法对自由裁量权的理解去理解英国的做法,他们的行政

---

① Andrew Arden, p.565.
② Andrew Arden, p.565.
③ Andrew Arden, p.565.
④ Andrew Arden, p.598.

管理很大程度上全依赖自由裁量权的正当行使。而其关键则在于，所有有关自由裁量权是否适当行使的问题，都不是行政机关或者行政系统内部自己说了算，而是由英国高等法院、上诉法院以及贵族院上诉委员会的百十位法官说了算！他们显然既与行政机关不熟，也不怎么买各级行政机关的账，而且所有的行政机关的人都不敢就案件的审理问题跟他们打招呼，无论是明着还是暗着。在这种制度前提下，英国的自由裁量权也确实做到了——严肃、活泼。

七、自由裁量权的制约

有关自由裁量权的制约，本章第四节有更详细的介绍。

八、行政权的再委托

英国议会立法中一项非常普遍的立法技术，就是授权行政权的拥有者委托他人（最普遍的是地方政府机关）行使制定法规定的权限，其实质是行政权的再委托。例如，国务大臣有权通过制定条例，将某些本来不应当列入投资目的的开支列入其中，而剔除某些本来应当列入的开支。换句话说，根据这类规定，国务大臣可以变更制定法对于资本项目开支的界定。[①] 这是一种相当具有实质性内容的赋权规范。按照这一规范执行的结果，是国务大臣制定的条例可以从根本上改变制定法对于地方政府机关的资本项目开支的归类体系。至于这种调整对地方财政的影响，则需要综合考虑地方政府机关的资金来源及按照资金用途分类对其资金使用情况的具体影响，并不一定如其字面上表现得那样明显。但考虑到资本项目开支所具有的长期性是日常财政性开支所不具备的，因此对于此两类开支的会计分类上的区分，作为中央对地方实施控制的手段，特别是中央政府的行政方面对地方政府机关的财政开支实施控制的手段，则具有潜在影响力。

除通过制定条例的手段以外，国务大臣还可以通过指示授予地方政府机关将某些开支作为资本项目开支处理的权力，但需要满足以下条件[②]：① 指示中应当包括对具体的会计科目调整的描述，并明确指出此项调整的目的；② 该指示所针对的款项是某一特定地方政府机关已经或者

---

① Andrew Arden, p. 459.
② Andrew Arden, p. 459.

即将发生的;③ 没有超出特定的数额;④ 该指示所针对的款项是在过去或者未来的某一特定时段内发生的。这些要求表明,指示必须是具有明确的针对性的,不但对涉及的开支数额、开支发生的时间有要求,而且对指示所适用的期限也有要求。这就在很大程度上限制了国务大臣的指示权的裁量空间,从而使这种表面上看起来有点过分的权力在实际行使时不至于严重违反法律的基本原则。更重要的是,这些限制性条件的确立,使得国务大臣只能在非常特殊的情况下才能非常谨慎地作出此类指示。这些指示的质量以及这种特别的法律授权制度的履行质量,主要依赖国务大臣本身的素质,而非制定法设置的其他约束机制。试想,如果国务大臣总是倾向于滥用此类权力,英国国会是不会在立法中轻易授予这种在我们看来非常难以控制的法外权力的。国务大臣所拥有的这项权力,以及其通过指示赋予地方政府机关在法律之外另行处理其开支分类的权力的意义在于,赋予国务大臣在法律明确规定之外采取例外行动的权力。这一点对于研究英国行政权的本质及其分配、行政权与立法权的关系、中央与地方关系等,都具有相当重要的意义。

第三节 行政权的行使

在一个法治社会,行政权行使的基础何在?笔者研究的结果是一个非常中国化的结论:相信群众、依靠群众;越是没有民主传统或其实践的执法体制,越有可能形成行政权行使方面的垄断。

行政垄断曾经被人们广泛地讨论,但另一种垄断很少有人触及,那就是对行政管理职能的垄断,即使在其不作为的时候。英国就不是这样,英国的行政权被赋予有关行政主体,但有关行政主体并不能就此阻止别人行使类似的权力,特别是其自身不行使此种权力的时候。例如,英国法规定,如果对某一地区或者道路上的乱丢垃圾现象不满,任何人都可以以当地主管乱丢垃圾职能部门为被告,向治安法院提出控告;治安法院如认为该诉成立,则可以下达责令该职能部门打扫的令状。①

于是,至少在垃圾处理领域,每个公民都成了实际上的或者潜在的执法者,而且其执法的内容同时及于两个方面:一是乱丢垃圾的现象,一是有权且有职责制止乱丢垃圾现象或者消除其影响的行政执法者。当然,

---

① Andrew Arden, p. 88.

对于前者,公民并没有据此获得制止另一公民乱丢垃圾的权力;但对于后者,则可以通过另一种权力的介入,即救济性司法权的介入,使公民事实上成为责成有关执法者履行其法定职责的人。从这个意义上,笔者说这是一种全民执法的境界,应当并不为过。而且由于法院的存在,一般公民并不会立即、直接成为执法者,但公民至少拥有了一种潜在的权能,这种潜在的威慑性引而不发的结果,正如国之重器,含而不露,不重自威。

2008年《规制的强制执行与制裁法》(Regulatory Enforcement and Sanctions)第1部分创设了"地方规制改良官"(Local Better Regulation Office),其职责是指导地方政府机关如何目标明确且高效地行使其规制职能:既不能增加地方行政不必要的负担,又要遵循透明(transparency)、负责(accountability)、合理(proportionality)、一贯(consistency)的原则;同时,该法还规定了对违反规制措施的行为的民事制裁手段。[1]

该法列举的上述四大原则性要求,在2006年《立法与成文法律文件改革法》(Legislative and Regulatory Reform Act)中也有类似表述,只不过词形有所变化:透明(transparent)、负责(accountable)、合理(proportionate)、一贯(consistent)。这反映了英国最新立法对行政主体的普遍要求。深刻领会这些要求的法治内涵,对于各级行政官员包括学者树立正确的法治观念、形成坚定的法治意识、涵养习惯性法治思维,都具有很重要的借鉴意义。

一、必须行使

被授予某一权力的地方政府机关必须经常考虑行使该权力,即使其经过适当的考虑后最终决定就某一事项并不行使该权力。[2] 可见,英国行政法理论中也讨论行政不作为问题。但没有专门的术语,而是通过否定形式,与作为、行为共用一个词根,即act。在具体讨论中,则是从未能履行制定法规定的职责[3]的角度入手的。需要特别强调的是,英国的不作为仅限于制定法上的职责,而不包括普通法上的职责,特别是不包括普通法上的英王特权。凡依制定法确立的权力,执掌该权力的执法者同时被赋予行使该权力的职责。但是,对于依普通法而享有的权力,主要就英

---

[1] Wade & Forsyth 2014, p. 117.
[2] Andrew Arden, p. 180.
[3] Bradley & Ewing, p. 707.

王特权而言，并不存在对应的责任。当然，由于现代英国法中实质意义上的英王特权的范围，已经被限制在荣典权等狭小的领域，因此，即使英王拒不授予丹宁爵士爵位，英国人民的权利也没有受到太大的侵害。

对于制定法所赋予的权力，就完全不同了。如果公共管理机构未能履行某一制定法规定的职责，这种行为是违法的。例如，在1997年的 R. v. Hillingdon Council, ex p. Queensmead School 一案中，学校的管理者在对地方政府机关提起的司法审查中胜诉，法院认定，对于学生们提出的提供教学必需品的请求，地方政府机关决定不资助而将此项开支交由学生所在学校的管理者支付的决定是非法的。制定法特别设定的一项义务得到了强制落实[1]，即地方政府机关有支付学生教育必需品的义务。

根据1944年《教育法》第8条的规定，教育职能部门负有"在其辖区内提供充足的学校资源以保证向本区内所有适龄儿童提供全日制的教育"的义务。该项义务后规定于1996年《教育法》，在1979年的 Meade v. Haringey BC 一案中，对于某地方政府机关因学校门卫及其他辅助员工罢工而决定在进一步的通知之前关闭所有学校的决定，上诉法院认为，那些因这一决定而受到伤害的父母可以在法院获得救济，地方政府机关的这一决定如果是因为认同工会的要求而在某一完全可以避免学校关闭的时间作出的，那就违背了其制定法上的义务。但后来的一些判例对此又有反复，即将上述义务视为一种"目标义务"，即制定法只是要求相关的公共管理机构以提供这些必需品为目标，但并不认为未能实现这一目标就会导致对于制定法上的义务的违反。也就是说，目标义务可以由国务大臣通过行使其保留权力而得到强制落实，而不是由私人通过司法审查的途径来落实。即使某一私人被赋予寻求司法审查以获得公法上的救济的权利，也并不意味着他可以在私法上获得诉请因公共管理机构违反义务所受损害的赔偿金的权利。例如，监狱必须遵循制定法规则的规定对囚犯行为进行管束并予以纪律处分，但是，如果这些规则没有被遵循，因此而受到影响的囚犯没有诉请赔偿的权利。[2]

此外，还有三点需要强调。

首先，所有公共管理机构基于《人权法》第6条规定都有一项必须尊

---

[1] Bradley & Ewing, p. 707.
[2] Bradley & Ewing, p. 707.

重个人的公约人权的义务,除非英国的初级立法允许它们不这样做。①违反这项义务将导致提起司法审查,在某些案件中还可以提起赔偿之诉。

其次,制定法上的措辞往往并不明确指出某一公共管理机构在某一事项上是否具有义务或者自由裁量权。在某种情况下,例如在1968年的 *Padfield v. Minister of Agriculture* 一案中,法院认定,在制定法的条文中,"可以"这个词可以用作"必须"的同义词。② 意思是说,对于制定法中某些以"可以"的形式规定的义务或者自由裁量权,法院在某些情况下将其解释为"必须"。

最后,财政经费不足不应当成为疏于履行某一制定法上明文规定的不允许自由裁量的义务的正当理由是一项普遍的原则。③ 这并不是说行政主体必须不顾自己的财力广施恩泽,而是建立在英国财政体制充分保障行政权的行使的基础之上。就行政主体而言,如果感到履行某一制定法上的义务存在财政上的困难,首先应当想到的是申请财政上的追加拨款,而不是拒绝履行义务。法律只是否定了以财力不支为由拒绝履行法定职责的问题,至于任何国家都不可避免的如何在有限的财力下尽可能提供全面的社会服务的问题,已经不是法律所能解决的,更根本的解决途径可能要重新审视制定法规定这一职责的现实性,并在此基础上要么通过立法调整权限,要么调整财政预算。而这两项调整都是由至上的立法机关行使的。

二、必须亲自行使

公共管理机构必须针对个案分别作出决定,并以此方式行使自由裁量权,但是,如果公共管理机构在行使自由裁量权作出决定时,采纳了某种关于某一特别类型的案件通常应当如何处理的指导意见或者统一的政策,却并非不适当。当然,即使是接受此类指导意见或者政策,公共管理机构在决定时仍必须对每一案件进行认真考虑,以确定是否在该案中适用这类指导意见。④ 就是说,在英国行政法中,具体案件具体分析是一个基本的要求,接受必要的统一指导虽不构成对该原则的一般违反,但在对

---

① Bradley & Ewing, pp. 707-708.
② Bradley & Ewing, p. 708.
③ Wade & Forsyth, p. 382.
④ Andrew Arden, p. 180.

具体案件作出决定时，仍要对案件进行具体分析，至少应就该案中是否适用这些指导意见作出针对性的判断。

例如，一项关于除非经复审和上诉后的个别例外一律拒绝给予任何选择性教育资助的普遍政策，或称关于教育资助的可接受的指导意见，法院认为这种做法仍是违法的，因为在三年时间里提出的100多项申请中没有批准一项选择性资助，因此很难使人相信还有什么情况会劝说该公共管理机构作出此类资助的决定。① 此处的英国式的论证过程的大致逻辑是，由于有这样一个政策，使得公共管理机构在作出决定时受该政策的影响而不能作出正确的决定，证据就是在三年时间里提出的100多项申请中没有一项被批准。因此，英国法院得出该政策是导致这种结果的原因，而这种结果本身明显又是不合理的，于是，就将造成这种结果的原因认定为不合法的。

法院认定，该政策在实践中被过于严格地遵循，超出了在适用该政策时应当首先对是否适用该政策予以适当考虑这一必要的限度。② 因此，英国行政法的观点是，自由裁量权应当针对个案行使，可以制定具有普遍指导性的指示或者政策，但负责决定的公共管理机构在作出个案决定时必须首先考虑在该案中适用这类指示或者政策是否适当，而不能过于僵化、盲目地适用这类指示或者政策。最具有借鉴意义的是，如果公共管理机构在实践中过分僵化地适用此类指示或者政策，法官将以该指示或者政策本身违法限制自由裁量权的行使而宣告其违法。此时制定政策者不能说我只是制定政策，是政策执行者执行时过于僵化。法院的逻辑实际是，制定易被人僵化、不合理地执行的建议性政策，正如实施容易诱导他人犯罪的活动一样，本身就是违法的。这一点对于那些正处在法治化初期阶段的国家及人民或许有一定的咨议性意义。

三、必须具体地行使

所谓具体地行使权力，就是要在行使权力的时候做到具体问题具体分析。这一要求的难度在于，确有一些自由裁量权即使几经考虑仍只能不加区别地统一适用。按照英国行政法的一般理念，行政自由裁量权必须针对具体案件进行具体裁决，而不能统一将一种决定普遍适用于一类

---

① Andrew Arden, p. 180.
② Andrew Arden, pp. 180-181.

案件。行政自由裁量权必须针对个案具体适用的一般要求，与某些自由裁量权在结果上只能统一适用的矛盾是这样解决的：英国行政法要求作出决定的公共管理机构必须时刻对与该自由裁量权本身有关的政策保持开放的头脑，以使决策者能够为了任何受其决定影响的人而在必要时改变自己的决定，虽然为除此以外的人改变原决定需要由复议机关决定。①

例如，公共管理机构采取的一项落实 1970 年《慢性病及残疾人法》(Chronically Sick and Disabled Persons Act)中规定的帮助残疾人度假的政策被法院判定为违法，该公共管理机构的政策是仅仅以补助残疾人在度假过程中因其残疾而发生的额外费用（即扣除基本的开支）来行使其制定法规定的上述权力，法院认为这限制了公共管理机构的自由裁量权。② 立法的本意显然不限于资助差额部分，而是为了保障残疾人能够克服其残障，与正常人一样享受度假的快意。如果仅仅是弥补所谓因残疾而引起的额外的费用的话，可能还不足以使残疾人下定决心去度假，因为实际的开支可能难以计算"因残疾而导致增加的费用"的项目，例如必要的陪护人员的费用等。此处有两点需要强调：一是这是一项政策被法院宣告违法，而并不是适用这一政策指导作出的具体决定被宣告违法。这类政策一般是由上级机关，特别是中央政府部门制定的。二是法院之所以在该案中认为这一政策构成了对公共管理机构行使制定法规定的协助残疾人度假的权力的限制，是因为该政策对这一权力的行使作出了统一规定，而没有要求公共管理机构针对残疾人在度假时的具体情况，有针对性地进行资助。从英国法院对此案的判决看，法院对于严格落实制定法赋予公民的权利的指导思想是非常明确的，绝对没有为公共管理机构省钱的意思。他们的想法是，只要是制定法规定该花或者在他们看来属于制定法规定该花的钱，都是正当的开支，应当尽可能花出去。至于由此是否会造成财政紧张，不是法院考虑的问题，而是政治家或者议员们需要考虑的事项。

四、禁止自缚裁量权

公共管理机构不得自我限制其所享有的自由裁量权的行使，英国学者称之为禁止自缚裁量权。也许有人会理解为羁束裁量权，但此处强调

---

① Andrew Arden, p. 180.
② Andrew Arden, p. 180.

的是权力主体所享有的必须自己行使权力的职责。例如,无论是通过采纳另一机构的决定,还是以一种僵硬的方式作出决定,只要没有针对具体案件进行具体分析,每一具体案件的具体情况没有得到适当的、合理的考虑,公共管理机构就此作出的决定事实上没有遵循其就每一个具体案件形成具有针对性的决定的权力。① 此处仍在强调行政自由裁量权的针对性或者案件性,这是行政权以及司法权的共性所在,也是二者区别于立法权的所在。

在另外一个案件中,公共管理机构拒绝接见一个提议减少由税收支撑的资助的代表团并因此拒不与之讨论这一问题的决定,也被法院认定为限制公共管理机构的自由裁量权。因为公共管理机构在该案中行使的自由裁量权在本质上与代表团所要讨论的问题是相关的。此处之所以有这样的定性,是因为公共管理机构闭目塞听,拒绝听取与其行使自由裁量权相关的意见,这在英国法院看来也属于自我限制自由裁量权的情形。从另一个角度看,这又属于应当考虑的相关性因素的范围,即应当考虑而没有考虑相关性因素的,也构成对行使自由裁量权的限制。②

五、权力外放

权力外放(Devolution of Powers)又可以译为权力委托,但此处的权力外放既不同于中央政府对苏格兰等的权力下放(devolution),也不是将所有的权力都移出,而是由地方政府机关保留最终行使的权力,通过合同或者其他委托方式,将地方政府机关的某项职能及其相应权力临时转由其他机构行使的一种现代管理方式。英国行政主体行使权力的一种非常重要的方式,是将其权力外放给其他行政主体或者径行委托给行政主体以外的单位或者个人行使,这在英国就被称为权力外放。由于英国宪法体制中还有一种将中央政府权力完全转移给地方的权力下放,如据此设立的苏格兰地区议会、北爱尔兰地区议会等就被称为权力下放机构。作为一种权力行使方式的权力外放与作为英国宪法体制重要组成部分的权力下放的区别在于,权力外放制度中,权力仅仅是委托出去,权力所有者并没有完全放弃权力;权力下放则是直接建立在分权基础上的权力让与,原权力已经下放给新的权力所有者了。为了区分二者,笔者在译法上作

---

① Andrew Arden, p.180.
② Andrew Arden, p.180.

了处理,以反映英国制度的实际,这在英语中区别更为明显(devolution of powers 与 devolution),只是因为二者的主词相同,一般读者在看英文著作时可能没有引起足够的重视。

乍看起来,所有公共管理机构的决定都是授权给作为一个整体的公共管理机构的,虽然这些决定可以委托给该公共管理机构的行政官员、某委员会或者某分委员会作出。如果某一决定是由比该公共管理机构全体成员构成的机构要小的某一分支机构作出的,诸如行政官员、委员会或分委员会等,这些分支机构在作出决定时必须获得适当的授权。对于作为地方政府机关的地方议事会而言,不能对其某一组成人员授权,正如其委员会或者分委员会不能由一个人组成一样。但是,地方议事会可以向某一官员授权,该官员在行使该权力时可以咨询该议事会某一组成人员的意见,前提是该议事会组成人员不能扮演一种支配性的角色以至于使人很难说接受其咨询意见的官员是在自己作出决定。① 此处仍是强调决策者的决策权,而咨议者只能是一些建议者,而不能取代决策者。

有关委托权的规定是 1972 年《地方政府法》(Local Government Act)第 101 条,该规定进一步强化了关于地方政府机关一旦被授予某项权力则必须亲自行使的规定的效力:该公共管理机构不能将其被授予的权力转移给其他人,即使是法院也不能作这种转移。地方政府机关也不能以 1972 年《地方政府法》第 101 条未授权的方式进行权力委托。② 不仅权力委托的内容要受该条规范,权力委托的方式也要受其制约。

六、权力外放的立法实践

(一) 1994 年《规制缓和及外包合同法》

系统规范英国行政主体的权力外放行为的制定法是 1994 年《规制缓和及外包合同法》,详见本卷第一编第三章第七节行政合同。

(二) 1985 年《安居法》

1985 年《安居法》(Housing Act)中有关安居职能外包的规定,为英国学者津津乐道。详见本卷第二编第七章第三节安居行政法。

(三) 1996 年《教育法》

1996 年《教育法》引入了"学校中的地方管理"的概念,即由一个管理

---

① Andrew Arden,p.181.
② Andrew Arden,p.181.

机构获得对学校的财政开支的控制权,而不再由地方教育职能部门控制。① 学校的管理机构是一个在某种程度上更多地受中央政府的教育主管部门控制的非部门机构,它们行使地方教育职能部门外包的学校管理权。

第四节　自由裁量权及其控制

本章专有一节(第一节)名为行政权的本质,但在讨论自由裁量权之前,基本上可以说还没有触及行政权的本质。英国学者对此显然有同感:所有的麻烦都集中在自由裁量权问题上,而自由裁量权恰恰是行政法的核心。②

一、自由裁量权的内涵

自由裁量权的概念涉及对于几种可能的决定的选择或者对几种可能的决定过程的选择,而其中的每一种选择都是合法的。在自由裁量权的行使过程中,行政官员或者公共管理机构会有意无意地作出法院认为非法的决定或者实施某一法院认为非法的行为。几个世纪以来,法院都在监督这些行为。③ 在英国学者的观念中,行政方面的自由裁量权、自由裁量决定已经出现了几个世纪,而法院对这些自由裁量活动的监督也有几个世纪的历史了,因此,说英国的行政法仅仅是20世纪以后才有的,显然是不符合实际的,他们所说的仅仅是,英国没有像法国一样的行政法。当然,这可能是后世的英国学者出于对戴西的尊敬而附会的,正如英国法官在其对制定法的解释时会不时提到议会的意图一样。也许在戴西当初的观念里,他确实认为英国没有也不应当有如今的英国学者所熟悉的当代意义上的行政法。

与存在自由裁量权的情况相对的,自然是没有自由裁量的领域,即我们所说的羁束性行政行为。对此,英国学者举例说,被法院责令承担颁发许可证责任的部长或者委员会可能会发现,注意决定过程中应当遵循的

---

① Andrew Arden, p. 247.
② Wade & Forsyth, p. 34.
③ Bradley & Ewing, p. 699.

程序标准对于他们的决定并没有太大的帮助。① 这是英国学者对于纯行政性决定的理解,即其中没有任何自由裁量权的决定,连程序性裁量权都没有。这反过来至少提醒我们两点:一是在现当代英国行政法学者看来,只有这种意义上的行政决定才是纯行政决定,即没有任何自由裁量权在内,完全依据其他权威机关的要求作出决定的形式上的行政权力行使方式;二是说明行政机关确实可以接受有权机关的明确指令或者依法定的裁决而被迫承担作出行政行为的义务,而要求其承担这一义务的机关当然只能是法院。法院可以自己的明确指示要求行政机关按特定内容、不带任何自由裁量权地作出行政决定,这是英国司法体制的一个非常重要的内容。它直接消除了司法对于行政决定进行审查并最终直接作出决定的界限,使行政与司法在形式上的划分在这些可以由法院直接作出此类决定的领域完全不存在了。

在著名的温斯伯里判例中,格林(Greene)确立了可以构成对行政自由裁量权行使的挑战根据的数个原则,这些原则就是著名的温斯伯里原则(Wednesbury principles,或译为温斯伯里判据),详见本书第四卷第四章第二节司法审查的根据。

权力的行使必须符合理性的原则,必须和与之具有同样重要性的另一原则相互协调,该原则便是,法院也不能越俎代庖,取代行政主体行使裁量权,因为议会是指明要由行政主体而非法院作出决定。法律限定的合理范围,就是有决定权的行政主体诚实地行使其自由裁量权的空间。此处的诚实很重要。诚实是合理性的伦理基础。②

尽管法院不能以其自己的裁决取代法律授予自由裁量权的行政主体或者公共管理机构作出的决定,但是法院可以干涉那些明显没有依法行使的自由裁量权。英国法中的一个不可动摇的法律原则是,即便从某一制定法的文字上看,确实是赋予一种绝对的自由裁量权,但法官仍然不会非常情愿地承认他们对据此作出的行为的审查权就此被排除在外了。③ 也就是说,即使制定法明确规定,看似已经没有司法监督的可能了,法院仍有可能附会出议会在立法时是不可能不遵循司法审查的原则的,因此,仍会存在司法审查干预就此作出的决定的空间,如以明显无理性为由实

---

① Neil Parpworth, p. 310.
② Wade & Forsyth, p. 364.
③ Bradley & Ewing, p. 699.

施的审查等。

二、自由裁量权的必要性

每一个公共管理机构都必须自己决定是否应当采取行动以及应当如何采取行动。① 当议会赋予公共管理机构权力的时候,不可避免地要赋予其自由裁量权。② 不赋予这样的自由裁量权,那么公共管理机构所拥有的就不是权力而是义务。③

对于没有自由裁量余地的权力就是义务的表述,中国学者可能感到有些陌生。事实上,这里所讨论的,无非是行政权具有不同于普通私权的不可处分性:行政权的享有者有必须履行其权力的职责和义务,而在该权力没有自由裁量余地时,就变成一项纯粹的不容放弃履行的义务。

除此之外,还有两点值得注意:一是没有自由裁量余地的权力存在的现实性表明,并非所有的权力授予都当然地包含拒绝行使该权力的自由裁量权,羁束性权力的一个基本含义是,权力必须行使;二是正如本书前面提到的英国对权力的理解中包含有能力的意思,特别是提供公共服务的能力,因此,没有权力就是义务的说法强烈地暗示我们,在英国确实有我们理解的没有强制权力而只有服务义务的行政机关,有一些行政主体只有义务没有权力,如公共服务机构中的全民健康服务体系的机构。

三、自由裁量权的设定

制定法授予行政主体以自由裁量权的最简单的方式,是在立法中写明某一部长可以"发出他认为适当的命令"或者在某种情势下做任何"他感到满意"的事。④ 议会也可以通过立法授权部长作出其认为符合某一目标的命令。⑤ 例如,制定法对于地方规划职能部门的授权条款可以规定:地方规划职能部门可以"在它们认为适当的情形下"颁发许可证。⑥ 从立法角度看,由于议会立法至上原则的存在,议会是可以在立法中这样规定的。对此,英国行政法学者称这类表述为通用语,对于这些通用语的

---

① Wade & Forsyth, p. 35.
② Wade & Forsyth, pp. 34-35.
③ Wade & Forsyth, p. 35.
④ Wade & Forsyth, p. 35.
⑤ Wade & Forsyth, p. 5.
⑥ Bradley & Ewing, p. 700.

语义的解释,显然属于法院司法解释权的范围,而这种解释无疑将影响自由裁量权的运作空间。但是法院并不总是对制定法上的自由裁量权作狭义的解释。① 制定法如何规定自由裁量权是一回事,法院如何解释则完全是另一回事,而要在法律上确定某一自由裁量权的范围,则两个方面都是需要的。

法院的主要倾向是限制主要由政府控制的立法对自由裁量权过于宽泛的授予,而其手段,就是对委任立法中的通用语的语义范围加以限制。因此,此处的通用语类似于德国法上的不确定法律概念。所不同的是,德国法上的不确定法律概念是行政自由裁量权的一种依托形式,英国制定法中的这种通用语的立法本意虽然也是要赋予行政主体一定的自由裁量空间,但英国法院却对此作了限定性的解释,从而缩小了这一空间。

四、自由裁量权与默示权力

地方政府机关不得在制定法规定以外支付任何款项,以诱使其在任的行政官员离职。② 英国学者认为,这一规定实际上只不过是对以下建议的说明而已:如果议会已经通过立法设定了某一可行使的权力,这绝对不意味着公共管理机构可以通过运用其普遍的、辅助性的或者所谓默示权力,寻求规避制定法中已经明示或者暗示的限制。③

英国学者此处表达的是这样一种无奈:所有的法治国家中都存在这样的现象,议会通过立法对某种权力的行使作了明确的规定,但无论其明确到什么程度,行使该权力的公共管理机构都有一种冲动并且总是不可避免地在其履行该权力的过程中实践这种冲动——通过行使其固有的、辅助性的或者所谓默示权力,回避制定法在设定该权力时明确规定的种种限制;而作为公共管理机构规避这些限制的手段的"固有的、辅助性的或者所谓默示权力",却又是所有法治国家的公共管理机构在设立之初即普遍获得的不可或缺的权力,否则它们就无法有效地行使其权能。

这种知其可能用于规避法律,但却不可能在根本上通过禁绝予以取消的尴尬,就是法定职能的限定性与其行使的自由裁量性的不可调和。任何权力几乎都不可能是羁束性的,而必须具有某种程度的自由裁量空

---

① Bradley & Ewing, p. 700.
② Andrew Arden, p. 385.
③ Andrew Arden, p. 386.

间；任何行使权力的公共管理机构都不可能只行使制定法明确规定的羁束裁量权，而不存在任何"固有的、辅助性的或者所谓默示权力"。二者结合的结果必然是，行政权的行使总是在确定性与或然性之间，或者说合法性与违法性之间游荡；如果行政权的行使是确定的，则其必然是合法的、善的；但在现实中却是不可能、不现实的。

五、自由裁量权的滥用

自由裁量权的滥用与行政权滥用的可能性至少是同时存在的。在法律上承认自由裁量权至少需要具备两个制度前提：一是能够有效地事前预防自由裁量权的滥用，二是能够有效地事后救济自由裁量权滥用所造成的损害。当然，这都是就法治国家而言的，或者说自由裁量权只能是这种意义上依法设立、依法存在、依法监督下的自由裁量权。除此之外的其他垄断的、专断的、不受法律约束的权力存在形式，只能说是某种不受约束的法外权力，可以称之为恣肆决定权，而不宜称之为自由裁量权。

对于自由裁量权的控制，主要是司法的或者司法性的控制，是行政法的重要议题。这一点，作为一个结论，在英国行政法中是不言自明的。正如韦德爵士所言，正因为所有权力都可能被僭越，司法审查是否能够防止权力滥用遂成为衡量整个司法审查体制有效性的试金石。[1]

本节此后的内容，将重点介绍英国行政法中防止自由裁量权滥用的八大事由。表面上看，它们是法院可以对行政自由裁量权实施司法审查的不同事由，是从司法审查的角度进行讨论的，但其内容本身，都是自由裁量权有效行使的标准，是事关行政权运作的本质要求，因此，将这部分内容放在此处更合适一些。

按照中国的标准，这些事由的分类显然谈不上精致，彼此的交叉即使不借助案例也能够直觉地感受到。即使英国学者也不得不承认，在实践中，这些事由可能会互相重叠，一个缺乏正当理由的行政决定可能同时符合几个事由。[2] 正是这些相互交叉的撤销自由裁量权行使行为的理由，交织出一张缜密的防止自由裁量权滥用的网，保护该权力之下的公民权利。这个网虽然因为有的地方织得太密而不够美观，但总体上的有效性和实用性，足以弥补其形式上的瑕疵。

---

[1] Wade & Forsyth, p.35.
[2] Bradley & Ewing, p.700.

六、法律上错误

法律上的错误(error of law)显然不能译为法律错误,因为其所涉及的不是法律本身的错误,而是对法律理解的错误所致的对决策活动的误导。

任何行政主体被授予的自由裁量权,必须完全按照法律的指引来行使,否则就会使所作出的决定被宣告为非法。在 1998 年的 *R. v. Home Secretary ex p. Venables* 一案中,内政大臣将最低关押年限由 10 年增加到 15 年,从而影响两名被判处不定期监禁者。不定期监禁的原意是依英王的意志而关押,即只要英王(当时为女王)没有作出释放决定就一直关押下去,故译为不定期监禁。服刑者是否释放的自由裁量权显然不是由英王行使的,而是由内政大臣行使的。本案涉及的两名少年故意杀人犯在内政大臣考虑释放他们之前继续服刑。内政大臣就此所作的声明指出,被判处不定期监禁的少年犯的释放问题,将按照与被判处终身监禁的成年犯一样的标准予以考虑。法院以 3∶2 的表决认定,内政大臣的声明表明其对法律的理解是错误的。[①] 或者说,其对于授予其此项权力的法律的理解是错误的,致使他并没有按照授予其此项权力的法律所指引的那样行事。

法院认为:"内政大臣的结论的法律前提是错误的:这两种判决是有区别的。不定期监禁要求内政大臣不时对刑期是否应当继续作出决定,而无论监禁本身是否合法。内政大臣误解了自己的义务。这种误解本身就使其决定是非法的。"[②]不定期监禁判决是一种针对少年犯的视其改造效果及英王的仁慈赦免权而设计的刑罚方式,其核心是赋予内政大臣以自由裁量服刑期间的权力,但没有规定最低刑期。该案中法院所强调的内政大臣的正当义务是,不时对被关押者是否应当继续关押作出判断。如果内政大臣放弃了这一义务,则意味着被关押者的刑罚与定期判决没有根本的区别,而立法目的显然是要区别这两种刑罚,以适应不同的罪犯。就被判处了不定期监禁的被关押者而言,内政大臣对于此时其所承担的义务的误解,将使该被关押者失去尽早解除关押的机会,因而侵犯了被关押者的权利。

---

① Bradley & Ewing, p. 702.
② Bradley & Ewing, p. 702.

法律上的错误的概念的外延不限于对制定法的错误解释一端。部长可以因其行为没有证据支持或者难以基于案卷中已有的证据合理地推断出其行为的结论，而构成法律上的错误。依靠法律上的错误作为对自由裁量权进行控制的手段，将法院摆在了与行政进行面对面交锋的位置上，因为确定法律上的错误恰恰是法院的特权。[1]

法律上的错误是一个具有足够灵活性的概念，它使得法官可以在其认为必要时对行政决定的理由及其所基于的事实进行仔细审查。[2]

七、无理性（不合理）

无理性（不合理）标准表面上看适用难度不大，但实践中却并非如此。法官在司法审查的过程中，不能仅仅因为行政官员在作出其决定时意识到对同一事件完全可以作出不同的决定，而否定其已作出的决定。[3] 行政官员总要在不同的可能中选择一个，这是自由裁量权的本质要求，非此，则没有存在的必要。因此，不能以此为理由否定其行使自由裁量权的正当性。

司法审查并没有对决定的合理性提供上诉的权利。[4] 司法审查并不涉及行政决定的合理性。但是行政决定可以因为不合理而被宣告无效。困难在于，何时可以说某一决定是不合理的。[5]

1948 年的 *Associated Provincial Picture Houses Ltd. v. Wednesbury Corporation* 一案涉及 1932 年《星期日娱乐法》（Sunday Entertainments Act），该法给予地方政府机关对那些符合该行政机关设定的其认为适当的限制性条件的电影院作出允许在星期日营业的决定。[6]

某地方议事会规定的允许电影院在星期日放电影的条件是，不得允许 15 岁以下的儿童入内，而无论其是否有成人陪同。这一规定实际上禁止父母携带其未成年子女在星期日进入电影院。法院认为，这一限制性条件既不越权也不存在不合理性。[7] 确实。授权法要求的仅仅是以其认

---

[1] Bradley & Ewing, p. 702.
[2] Bradley & Ewing, pp. 702-703.
[3] Bradley & Ewing, p. 704.
[4] Bradley & Ewing, pp. 704-705.
[5] Bradley & Ewing, p. 705.
[6] Bradley & Ewing, p. 705.
[7] Bradley & Ewing, p. 705.

为适当的方式,故不越权,而就其合理性而言,平时电影院开放时就对儿童的准入年龄有限制,比如至少12岁。因此,限制15岁以下的儿童的不合理性,与限制12岁以下的儿童类似,也就是没有严重不合理。

这一由格林主审的被广为引用的判决,确立了英国行政法称为温斯伯里判据的著名原则,其基本含义是,如果行政主体作出的决定太不合理,以致任何有理性的行政主体都不可能得出这样的结论,法院就可以宣告某一不合理的行政决定无效。① 这其实就是英国普通法中的根据普通人的常识断定行为人决定的合理性的经典判据在司法审查领域的具体化。按照这一原则,所有的行政主体在法律上都被推定为是由有理性的人组成的,因此它们作出的决定应当符合正常人的理性,而法院则对这一理性的决策活动实施检验,并在其中扮演一个中立的理性人的角色来裁断行政主体的决定是否达到一般人的理性的要求,法院的判断标准就是温斯伯里判据。如果法院认为行政决定满足这一标准,其法律含义是,法院认为该行为符合具有普通常识的公共管理机构的一般行为模式,因此是合理的,进而是有效的。

温斯伯里判据强调,无理性的事由是与司法审查的其他事由密切联系的,如不相关的考虑、不适当的目的、法律上的错误等。在政府通信指挥部(GCHQ)案中,迪普洛克称该判据为不符合理性的判据之一,它适用于那些公然蔑视逻辑规则或者被普遍接受的道德标准,任何具有判断力的人对案件所涉及的问题进行适当考虑都不会得出同样的结论。而塔梅赛德一案(*Education Secretary v. Tameside Council*)的核心是对"不合理"的确切含义的把握,主审法官迪普洛克的理解是,"不合理"的行为,就是任何对其职责的正确评价有判断力的公共管理机构都不会实施的某一行为。②

1998年,库克(Cooke)认为,温斯伯里判据已经成了"口头禅",他宁愿适用"简单判据",即某一接受司法审查的行政决定是不是一个有理性的公共管理机构能够作出的。③

但是,上述有关合理性的审判标准的阐释都没说明的一个问题是,这一标准并不能统一地适用于所有类型的决定。确有某些决定(如向地方

---

① Bradley & Ewing, p. 705.
② Bradley & Ewing, p. 705.
③ Bradley & Ewing, p. 705.

政府机关分配财政资源的决定），法院仅在例外的情况下审查其是否合理。与此相对的是，如果涉及基本人权，例如某一寻求庇护者的生命受到威胁等，则相关的行政决定的作出根据等问题肯定会受到法院最为热心的仔细审查。在1996年的一个判决中，上诉法院认为，某一不合理的决定之所以不合理，是因为它超出一个通情达理的决定者所能作出的反应的范围。但是在决定某一行政行为的决定者是否超出了这一适当的界限的过程中，对于人权方面的相关因素的考虑是非常重要的。案件的实体方面涉及干涉人权的程度越深，则法院对相关决定的合理性提出的要求越高。①

尽管合理性的审查事由已经取得了长足的发展，但是温斯伯里判据仍然是建立在对公共管理机构的决定相当尊重甚至恭敬的基础之上的。②

有些律师就认为，合理性的标准或许是一个难以企及的过于严格的标准，而欧洲国家所采取的比例原则或许提供了一个控制行政决定的更好的选择。③

八、违反比例原则

英国学者对于比例原则的接受，仅限于基本权利的领域：如果在某一给定的条件下需要采取某种公共行为以限制某项基本人权，那么，这种限制"必须是必需的，并且与该限制措施所要避免的损害成比例"。任何超出这一限度的限制都是非法的。而根据1998年《人权法》的规定，英国法院必须适用欧洲人权法院关于欧洲人权方面的判例法。④

英国学者对于比例原则的态度，在骨子里好像只是迎合，而全没有对于一个英国法传统中土生土长的原则的热情。按照他们的说法，比例原则以不同的表现形式出现在诸如德国、加拿大等国的宪法中，以及欧洲人权法中。就其要点而言，如果某一为了实现特定法律目标的行为的实施将会限制某一基本的权利，则该行为对此基本权利的影响应当与所要达到的公共目标成比例。这一原则适用于涉及《欧洲人权公约》所规定的权

---

① Bradley & Ewing, p.705.
② Bradley & Ewing, p.705.
③ Bradley & Ewing, pp.705-706.
④ Bradley & Ewing, p.706. 其中的斯特拉斯堡是欧洲人权法院所在地。

利的领域(例如表达自由权),许多诸如此类的基本权利都受到法律规定的某种限制,而且在一个民主的社会也需要为特定的公共目的而予以限制。只有当相应的限制措施与立法所追求的目标成比例时,对于基本人权的限制才可以视为"在一个民主的社会中所必需的"。①

斯泰恩(Steyn)指出,比例原则似乎是一个比温斯伯里判据更严格的审查标准,而 1996 年的 *R. v. Ministry of Defence, ex p. Smith* 一案中所适用的审查标准可能还要严格,但这并不意味着英国法院已经转入对行政行为合理性的审查。②

1991 年的 *R. v. Home Secretary ex p. Brind* 一案是决心使英国法院接受比例原则的一次尝试。贵族院认为,只有在与《欧洲人权公约》结合适用的情况下,英国的法院才可以基于比例原则对行政决定进行审查。③ 表面上看,这好像是在限定英国法院适用比例原则的范围,但考察一下行政法在这一领域的发展则不难发现,由于英国的法院此前是不能以比例原则或者说以不符合比例原则为由宣布某一行政决定无效的。因此,这种表面上的限制性规定实际上是以一种更为精确的文字表述形式界定比例原则在英国可以适用的具体范围。读者也许不难发现,这恰恰是判例法的一个典型特点,即其法律原则往往出现在一种否定性的场合,如前面提到的温斯伯里判据,其原则的得出并不是因为法院认定该案被诉的行政行为可以适用该原则,而是以首先确立了该原则再否定该原则在该案的适用的方式确立该原则的。法院的判决结论本身并不构成一个判例原则,而恰恰是法院没有适用相应原则的案件反而成了具有开创性意义的判例原则诞生的土壤。美国的马伯里诉麦迪逊一案也符合这一特征。从法律文化的角度看,这可能更符合一种对法律稳定性或者不溯及既往的心理需要和民族文化祈求的要求,即在未被适用的案件中所确立的原则对当时可能并不会产生过于激烈的反响,但时过境迁,人们逐渐适应了这个案件中所阐明的道理之后,再在此后的案件中运用作为此前案件的推理理由的判例原则就水到渠成了。马伯里诉麦迪逊一案宣判后,相当长的时间内在实践中没有被引用,仅在许多年之后才陆续出现引用其所确立的判例原则作为判决依据的新案例,也说明了重要判例都不可

---

① Bradley & Ewing, p. 706.
② Bradley & Ewing, p. 706.
③ Bradley & Ewing, p. 706.

避免地经历这一成长的过程。

比例原则的判据当然会对司法审查产生相当的影响。对比例原则的态度因 1998 年《人权法》的施行而发生了戏剧性的改革。① 2001 年,斯莱恩(Slynn)强调指出,比例原则绝对不仅仅是欧洲法才有的原则,它本身也应当被视为英国法的一个组成部分。②

九、不适当的目的

为了某一不适当的目的而行使权力是不合法的。不适当的目的包括恶意或者在作出决定的过程中行政官员个人方面的不诚实,但此类情形的例子罕见。③ 可能不是因为难以发现,而是因为极少发生。

比较常见的例子是,行政主体总是时不时地反对某一立法所确立的政策,它们要么消极地执行这一法律,要么根本就不予理睬。毋庸讳言,这是一种非法的动机。④ 可见,英国学者也将立法目的视为立法政策,违反政策就像违反党的政策一样,是行政不合理的一种表现,而党的政策是通过议会表达的,但要受司法解释体系中为了维护法的统一性而确立的一整套解释规则的约束,有些在立法时被认为非常明确的原则,如果议会还没有通过新的立法替代,可能在日后的解释中不得不作必要的调整,以适应时代的发展。

不适当的目的最常见的情形是公共管理机构对其权力的错误解释,有时则归因于对公共利益的过于热心,如某一有权为拓展街道或者改善城市环境的目的而强制征购土地的市议事会⑤,此处就是不适当的目的的一个例子,即对其权力的不适当的解释,更准确地说,是对其权力的行使目的的不适当的解释。由此也可以得出一个在行政权的本质部分可以使用的例子,即行政权本身存在需要依其适当的设立目的行使的属性,离开了这一适当的目的而行使的行政权,将会因不适当的目的而使其结果无效。

在 1976 年的 *Congreve v. Home Office* 一案中(详见本书第四卷第七章第六节司法审查经典判例中的"无线电视收视许可收费案"),上诉法

---

① Bradley & Ewing, p. 706.
② Bradley & Ewing, pp. 706-707.
③ Bradley & Ewing, p. 701.
④ Wade & Forsyth, p. 385.
⑤ Bradley & Ewing, p. 701.

院认为,以发出威胁的方式行使权力,以榨取议会并没有授权行政部门收取的金钱,这是对内政大臣享有的撤回许可权的不适当行使。①

在2002年的 *Porter v. Magill* 一案中,由保守党占据多数的西敏寺议事会因相信拥有住房者比承租地方政府机关住房者更有可能投保守党的票,采取了一项出售议事会在城市某些地段拥有的房屋的政策,法院认为这是非法的。贵族院认为,地方议事会成员是选举产生的,他们可以通过正当程序谋取连选连任;但是贵族院同时认为,议事会的权力的行使必须符合授予该权力的目的,而不能用于为政党选举造势。② 地方议事会的行为的目的是增加本党在下一次选举中获胜的可能性,而议会的制定法中是不可能也不应该为了某党的利益而赋予行政主体这样的权力的。因此,法院以不适当的目的为由认定该政策违法。

在这类案件中,有时会提及目的和动机之间的区别。因此,如果某一行使权力的行为满足了赋予该权力的目的,则其是否受到外部动机的影响不影响对该行为的定性。但是,动机与目的的区分是很难掌握的,因此不得不让位于什么是决定者的主要目的的判断标准,或者让位于某种更为严格的行为目的性的认定规则,即只要出现任何外部的或者不相关的考虑都将使决定本身失去合法性。③ 这确实是一个严格的标准,但却同时也使不适当的目的与不相关考虑混为一谈了。

在较早时间同样发生在西敏寺议事会的另一个案件(1905年的 *Westminster Corpn v. London and North Western Railway Co* 一案)中,该议事会同时受合法的和不合法的目的的激发而作出了自己的决定:西敏寺市政管理机构被授权提供公厕,但不包括步行地下通道。在一座地下公厕设计方案中专门设计了一条通往该公厕的地下通道而使之成为穿越一条繁忙的街道的捷径。于是铁路公司试图阻止这一设计方案的实施,理由是:该计划的真实目的是过马路而不是建公厕。法院虽然审理了这个案件,但却拒绝就该案的实际问题作出裁决。法院认为:"仅仅能够证明市政管理机构预见到公众会利用这一地下通道过街,还不足以证明其行为是基于不适当的考虑。为了确认此类案件中存在行政官员个人方面的不诚实,必须证明在建造这一地下通道作为过街通道时,是打着提供

---

① Bradley & Ewing, p.701.
② Bradley & Ewing, p.701.
③ Bradley & Ewing, p.702.

公厕的幌子来建造某一并不需要的公厕。"①中国读者对于这一案件的难以理解之处在于,这样的琐事值不值得考虑。但英国的法治发展了几百年,大事都讨论得差不多了,又不能闲着,于是开始注意一些细节。希望他国的读者见谅。

十、不相关的考虑

如果决定者考虑了在法律上认为不相关的事实或者没有考虑相关的事项,则权力没有被依法行使。因此,如果内政大臣在决定是否释放两个在儿童时期实施了谋杀行为的人时,只考虑一些不相关的因素(如公众强烈要求判处谋杀者终身监禁)而拒绝考虑一些相关的因素(他们在监禁期间所取得的进步),则内政大臣的行事是非法的。②

虽然法院拥有将某些因素归入不相关的考虑的权力,可以严格地限制制定法上某些通用语的语义范围,但是法院并不总是对制定法上的自由裁量权作狭义解释。③ 与考虑不相关的因素相对的是必须考虑相关的因素。④

然而,要否定一个行政决定的有效性,仅仅以其疏于考虑相关因素是不够的。⑤ 这一点与考虑不相关的因素有截然的不同。就不相关因素而言,只要考虑了不相关的因素,则一定是非法的;但对于相关因素而言,则不一定是必须考虑了所有的相关因素后才是合法的,也就是说,疏于考虑某些相关因素,并不一定构成结论违法。

只有当制定法明确或者默示地规定了行政主体在行为时必须考虑某些因素的要求,并将此作为其法定的义务时,疏于考虑这些相关因素的决定才是非法的。⑥ 也就是说,因考虑不相关的因素而被法院宣告为非法时,不需要制定法的规定;而因未考虑相关的因素而被法院宣告为非法时,何谓相关的因素以及其具体的范围,需要有制定法明示或者默示的规定。否则,法院是不会认为某些从情理上讲应当考虑的因素就是此处所说的相关因素的。可见,相关因素在英国法中是一个确定的法律概念,其

---

① Bradley & Ewing, p. 701.
② Bradley & Ewing, p. 700.
③ Bradley & Ewing, p. 700.
④ Bradley & Ewing, pp. 700-701.
⑤ Bradley & Ewing, p. 701.
⑥ Bradley & Ewing, p. 701.

含义及范围由制定法明示或者默示,而不确定法律概念则需要由法院解释确定,特别是其对通用语的解释来明确。

因此,确有某些因素是决定者可以考虑的,但却不是必须考虑的。至于某一因素究竟属于相关因素还是不相关因素,以及是否应当考虑,虽然最终需要由法院来裁决,但决定者必须决定对某一相关因素予以考虑的权重。① 即某一相关因素对于其所作决定的影响力的大小,这本身就是决策中非常重要的一个组成部分,并且是自由裁量权不可剥夺的内容。

十一、自我限制自由裁量权

自我限制自由裁量权并非完全出于消极行政以自保或者非暴力不合作的内讧的考虑,也可能是出于对自由裁量权的授权条款过于谨慎的理解。

公共管理机构常常行使自由裁量权来决定是否给予某一提出申请的个人以某种利益,如规划许可、许可证、救济金或者入学等;公共管理机构也常常行使自由裁量权来决定是否给予某种惩罚(例如吊销许可证、开除行为不端的学生等)。从法律上看,作出这些决定的公共管理机构必须考虑其决定的适当性,包括个案所适用的特殊情况。但是,对于某一特定案件的合理性评价是不可能不考虑一些普遍性的东西的,如相关的标准、政策、以前的类似案件的决定等。

自由裁量权的行使绝对不应当受遵循先例原则的损害和束缚。决定者可以采纳一些普遍性的政策,并指明这一普遍性的政策可以在没有例外情况的条件下予以适用,但绝对不能由此得出总是可以拒绝适用此类政策的规律性的结论。② 既然要适用某一政策,就必须前后一致,只能在有例外时才不予适用,而在一般的情况下不得拒绝适用。

这些原则也适用于授予中央政府部门的自由裁量权的行使。在实践中,制定并适用政策往往是中央政府部门的本分。例如,根据一项自由裁量的对工业投资的补助计划,贸易委员会颁布了一项规则,其中规定,此项补助不适用于那些单项投资少于 25 英镑的项目,并据此没有给一家花费超过 400 万英镑用于购买每个单价 20 英镑的汽油桶的公司相应的补贴。贵族院承认,政府部门有权制定这样的规则或者政策,只要它们能够随时准备听取在个案中适用自由裁量权时当事人的争辩。在这样的案件

---

① Bradley & Ewing, p. 701.
② Bradley & Ewing, p. 703.

中,当事人很难劝说政府官员相信自己应当得到特别的对待。对这些当事人的权利更合理的描述也许是一种要求改革这一普遍性政策的权利。① 可见,贵族院所说的要求政府部门对个案进行的特别审查、听取当事人的特别意见的说法并不是非常现实的,其现实性甚至还不如要求政府部门改变其制定的普遍性规则。

但是法院也许更愿意认定公共管理机构有权采纳某一特定的政策而不必受这些涉及自由裁量权的正当行使的救济手段的影响。② 也就是不太可能支持这些试图影响自由裁量权行使的救济手段。

十二、非法委托自由裁量权

在英国,自由裁量权必须自己行使,非法委托自由裁量权是滥用自由裁量权的一种表现。

被制定法授予自由裁量权的公共管理机构不得将自由裁量权再委托给其他个人或者机构,除非制定法能够被解读为授权这种再委托。一般而言,制定法的授权都是一级授权,获得授权者不得再授权。③

在 Barnard v. National Dock Labour Board 一案中,英国码头工人委员会合法地将其对登记码头工人的纪律处分权委托给地方码头工人委员会,但是地方码头工人委员会再将这一权力中所包括的暂停码头工人工作的权力委托给港口经营者的做法就是非法的。④ 显然,这相当于将看管羊的权力委托给狼,工人阶级当然是不会答应的。由此可以看出英国法院的阶级立场。

禁止对权力的转委托的规则也许会要求所有的授予部长的权力必须由其本人亲自行使。然而就中央政府部门而言,法院却承认,授予部长的权力和职责可以适当地由部长所属的行政官员行使,但由此作出的行为则要由部长向议会负责,授予部长的权力和职责当然可以由部长所在部的低级部长行使。⑤ 也就是说,部长责任制的原则没有动摇。之所以没有提低级部长的行为由部长向议会负责,是因为低级部长本身也可以直接对议会负责。

---

① Bradley & Ewing, p. 704.
② Bradley & Ewing, p. 704.
③ Bradley & Ewing, p. 703.
④ Bradley & Ewing, p. 703.
⑤ Bradley & Ewing, p. 703.

但是,如果某一制定法上的职责是授予某一部长的,则该部长不得由其他部的部长实际上作出这方面的决定①,即不得由其他部的部长作出决定,与前述由本部的低级部长作出决定不同。

而且,如果某一自由裁量权是授予某一下级官员的,则其上级也不得命令该下级官员交出此项决定权。② 按照上述有关部长之间权力关系的例子,此处的交出决定权包括要求该下级官员实际上听命于上级的做法。

同样的原则还适用于制定法设立的法定机构。例如,警察申诉委员会(Police Complaints Board)不得因公诉总监(Director of Public Prosecutions)已经作出了不起诉决定,因而也对就此提起的不服申诉置之不理。但是,种族平等委员会却可以将针对指称的歧视行为提出的申诉实施正式调查的权力委托给其工作人员行使。在地方政府方面,地方议事会目前也在广泛地将其职能委托给所属的委员会、分委员会及行政官员行使。③

十三、违反公认的财政义务

英国控制行政权的一个重要手段是财政手段,所以才有所谓违反公认的财政义务的行为标准。

关于地方政府的司法审查领域的一个具有争议性的事由,是地方议事会应当遵循适当的对本地方纳税人负责的财政标准。在1923年的 *Roberts v. Hopwood* 一案中,贵族院认定某一地方议事会在1923年作出的无论工作性质、性别及生活物价指数下降等因素,所有成年雇员的最低周薪为4英镑的决定是非法的。法官认为,地方议事会已经超越了其所享有的支付其认为适当的工资的权力,地方议事会无权通过馈赠的方式给予其雇员此种实惠。④ 注意,1923年的4英镑周薪算是高薪了。

1983年,关于地方政府机关在财务管理方面负有对其本地的纳税人的信托义务的原则,在 *Bromley Council v. Greater London Council* 一案中得到了进一步明确。贵族院认为,大伦敦议事会在行使其管理伦敦交通的权力时,必须充分地考虑商业经营原则。⑤ 而这正是对地方纳税人的信托义务的履行方式。因为受托人在经营信托财产时必须按照商业经

---

① Bradley & Ewing, p.703.
② Bradley & Ewing, p.703.
③ Bradley & Ewing, p.703.
④ Bradley & Ewing, p.704.
⑤ Bradley & Ewing, p.704.

营原则运作,以保证信托财产保值、增值。

但是在 Pickwell v. Camden Council 一案中,法院支持了由地方议事会作出的对参加全国罢工的本地工人的地方补助方案,这一方案的补助标准比全国标准更高。① 这说明,法院并不总是倾向于节省地方开支的地方政府决定,法院的根本出发点还是本地纳税人的利益,法院在这里所扮演的角色只不过是从法律及公正的角度,设身处地地从地方纳税人的角度,支持那些其认为理性的地方纳税人应当合理地作出的决定,否定那些理性的地方纳税人不可能作出的决定。

第五节 行政权的监督体制

博识的读者应当能够预期,作为本书之英国行政法总论中的一节,本节的节名决定了本节的内容不可能名副其实;否则,本书就再没有什么可写的了。也就是说,笔者认为,行政权的监督体制其实不过是行政法的另外一种表述而已。鉴此,本节只是为了从形式上与前面诸章节——"行政权的配置""行政权的行使"等——相匹配,而对行政权监督的有关内容的纲要性提示。

从另一个角度看,既然说的是体制,其重点就是一个网络,能够拎得起、拎得清是其最高价值,至于其中的具体内容和细节,还需要在本书中仔细搜寻。同时,为了便于读者掌握,笔者没有按监督的主体排序,而是按监督过程的顺序介绍。

此外,如果读者希望了解英国监督体制设计的思想根源,可以参考本书第一卷第一编第二章第七节公法基本观念中有关英国监督观的内容。

一、议会的政治监督

行政权的政治监督,是与行政权主体的政治责任相联系的议会监督。在议会民主制立国的英国,这一点的重要性在于,所有行政主体最后、最根本的责任形式,无非落脚于失去议会信任后的解散议会(这将意味着本届政府在大选结果宣布前成为看守政府)、重新大选,鹿死谁手,选民说了算。如果遥远的英国久远的过去此类例证难以唤起读者深刻印象,近邻日本 2005 年 8 月 8 日发生的因邮政私有化方案在参议院表决未通过

---

① Bradley & Ewing, p. 704.

(此前同一议案已在众议院被否决)而宣布解散众议院、重新大选的事例，是几乎可以与英国的情形等量齐观的。

作为一个整体的政府是这样，其某个组成部门也会面临同样的议会监督，尤其是那些比较重要的部门，到议会去"汇报"工作更是其部长的家常便饭。例如，英格兰银行每年要四次出现在众议院财政委员会，以回答该委员会就《通货膨胀报告》的提问。[①] 由此可见，英格兰银行的《通货膨胀报告》不但要在公开前受到来自内部的货币政策委员会的审查、批准，而且要在公开后受到众议院的财政委员会的审查，而这就是英国法所采取的对于行政职能履行的政治控制的一个例证。

英国议会监督的主要形式与英国议会的工作方式是一致的，也采取委员会制，这从根本上保障了监督的权威性（代表性）与专业性的有机结合，同时也极大地扩大了监督的范围。2000—2001年财政年度，众议院公共会计委员会审查的事项包括英国政府的形象工程——千年穹顶、国内税务局的拨款账目、国家审计署的资源评估、英吉利海峡隧道铁路、私人投资激励基金、国内抗洪项目、健康职业人才教育与培训计划、国家防汛服务、战备铁路、王宫维护、紧急救援与科索沃以及2001年《社会保障条例（草案）》等。[②]

从这些项目的内容看，涉及的范围相当广泛，国际、国内、环保、内政、具体、抽象，几乎都有涉猎。特别值得一提的是，对2001年《社会保障条例》起草工作的财务审计的审查，说明英国的立法项目在花钱时也不是一笔糊涂账。而且不但要进行项目审计，审计结果还有可能在上报到众议院后，再由众议院公共会计委员会拎出来端详一番。若有什么地方不符合规定，没准就会在这个环节被抖搂出来。当然，从罗列的项目的跨度看，众议院公共会计委员会每年能够审查的项目数并不是很多，但只要这种机制存在，那就随时对各种财务舞弊构成重大的潜在威胁。同时，由于这种监督机制主要是一种由反对党启动的议会监督机制，因此，凡是在社会上、舆论上已经引起关注的内容，都会被提上议事日程。而某些项目之所以会在社会上、舆论上引起注意，往往不是空穴来风。只要某一开支项目已经引起了世人的关注，对其进行严格的审计并在审计报告经总会计师兼总审计长审查后再报众议院公共会计委员会进行审查，能够过了这三关而没有被发现什么问题，则

---

① Bradley & Ewing, p. 348.
② Bradley & Ewing, p. 359.

社会舆论的质疑声音自消。

议会政治监督的内容,是英国公法领域关注的一个热点,本书多有涉及,如第二卷第二编第一章第二节部长责任制——行政组织法的基本原则、第一卷第二编第五章第四节委任立法监督等。当然,这些章节都是全面介绍议会对政府监督的细节的,而在本书的其他章节中,凡是提到议会、众议院的地方,几乎都在说议会对行政权的监督。

二、授权法的监督

在英国,行政权主体的授权法与其组织法基本是合二为一的,通过组织立法对行政权实施监督的另一个方面的侧重,就是通过组织立法中的授权规范,在行政权的确立这一源头上加以监督。对此,详见本编第二章第二节行政权的配置。

三、组织立法的监督

通过组织立法对行政权主体及行政权行使的监督有两个方面的侧重:其一就是通过组织立法在行政主体的形成这一源头上加以监督;其二是通过组织立法中的授权规范,在行政权的确立这一源头上加以监督。对于这两个问题,英国法非常重视,许多执法主体,特别是所谓制定法设立的主体,都有单独的议会立法作为其设立及相应权限的依据。对此,详见本书第二卷第二编第二章第一节行政组织的法律控制。

四、行政公开的监督

英国学者认为,决定及其决策过程公开本身,就构成一种责任形式,并将强化议会所能进行的仔细审查的力度。[①] 按照这一思路,英国设计了广泛、细致的政府信息公开制度。其公开的范围涵盖决策过程及其结果,对此,本编第四章第一节行政公开与隐私信息保护有详细的介绍。

五、行政内部的监督

英国行政系统内部存在各种监督机制,对此,本书是在行政救济的名下讨论的,集中在本书第四卷第一章第一节行政救济概述、第二节行政复议等节。

---

① Bradley & Ewing, p. 347.

六、司法方面的监督

英国在司法方面的作为，显然不能用"重视"来形容，这一点，仅从本书对于其内容所用的篇幅就大致可以有直观的概念——整个第四卷英国司法审查，就是围绕这一主题展开的。

七、议会行政监察专员的监督

议会行政监察专员的监督这一具有英国特色的监督机制，具有议会政治监督的性质，但与传统的议会政治监督形式又不完全相同。对此，详见本书第四卷第一章第三节议会行政监察专员。

八、闭环监督

在本书第四卷第一章第一节行政救济概述中，笔者介绍了抱怨链。事实上，换个角度看抱怨链就是英国的监督链。但从监督的角度讲，真正要使监督落到实处，必须使监督成为闭环监督，即对同一行为必须同时存在至少来自两个方面的监督，每一个监督者同时也是这个封闭的环上被监督的环节，任何监督者都不能例外。

以英国对公共财务人员的监督为例：会计人员良好行为规范的自律约束、财务官、内部审计与外部审计、总会计师兼总审计长、众议院公共会计委员会以及最后的众议院审核[①]，这六个环节是监督中央政府部门公共开支行为的"六大天王"。由于这六个环节基本上是相互独立的，因此其监督力度是相当强的。足以在绝大多数情况下杜绝财务不良行为，并基本上能够消除社会上对于违法或者不当财务行为的批评、质疑乃至怀疑。

[①] Bradley & Ewing, p.359.

第三章
行政行为

　　英国的行政法,特别是其行政实体法或者说行政行为法,与我国的行政法有很大的差异,有些内容是他们所没有的,如行政处罚;更多的内容是他们不怎么重视或者与我们的重视程度迥然不同的,如行政许可、行政收费等;还有一些内容,则是我们没有或者没有引起足够重视的,如行政计划、行政合同、公开调查、人权保障等。行政计划在我国曾经异常发达,但那时的计划是纯行政性的,没有法律属性,也不承担任何法律责任。英国的行政计划则有相当完善的法律程序,但不包括土地开发及利用规划,因为那是行政许可方面的内容。公开调查,在英国一般采取严格的听证程序,主要是从行政司法性调查的角度着眼,但按照中国行政法的语境,这不属于行政司法,而应当属于行政程序;与美国听证程序不同的是,英国的听证程序不是行政程序的标准版,而是一个例外。

　　英国行政法中没有行政行为的概念,与之类似的称谓是公共管理机构的行为或决定[1],或者行为或命令[2]。但同一论著的同一页中,也会反复混用"行政行为""行政行为或命令""行政行为或决定"等几种表述[3]。不仅行政行为概念如此,对于普通法国家的学者而言,法律术语的使用也是很随意的,只要满足表达要求就行,"词达而已矣"。

　　但概括说来,英国学者将行政活动大致分为两类:一类是行为,另一类是决定命令。其中的决定命令,当然是指法定行为,即以正式文书形式作出的意思表示行为,既包括我们的具体行政行为,也包括抽象行政行为;而其所谓行为,则主要是指一种状态或者结果,包括正式决定命令以

---

[1] Bradley & Ewing, p. 728.
[2] Wade & Forsyth, p. 33,36.
[3] Wade & Forsyth, p. 36.

外的所有行政权实施方式,特别是事实行为。这种不经意的区分,似有借鉴的必要。

不仅如此,严格来说英国也没有类似于我国的行政处罚制度、行政许可制度、行政救济制度等。英国对于行政处罚、行政许可的研究没有成为行政法的重要内容的关键原因是,他们的法律是"生长"出来的,而不是制定出来的。这个逐渐演化的过程使得诸如行政许可、行政处罚等制度过深地融会到各行政部门法中,而难以提炼或者没有提炼的必要了。更主要的是,英国并没有类似于我国的行政处罚,只有刑罚。行政许可的范围也比我国窄得多。行政征收有强制征用土地、征税,分别由不同的部门法研究,如规划法、税法。因此,英国确实没有统一研究这些制度的基础或者必要。或者说,这些制度彼此之间的共性太少、例外太多。而只有行政司法、委任立法等还比较统一,这些内容才成为作为行政法总论的英国行政法专门研究的内容。

尽管存在以上情况,出于比较研究的需要,笔者还是尽可能将英国行政法中有关行政行为方面的内容予以归纳,将警察法、规划法、社会保障法、移民法、民用航空法等方面的内容汇总起来,按照我们对于行政行为的分类分门别类地进行研究。当然,其结果可能会与前面的行政组织部分及后面的行政救济部分的内容重复。但从形式上看,这与一本按照中国体例编写的英国行政法著作的目标是吻合的。

正如笔者反复强调的,英国行政法不怎么重视分类,以下对行政行为的分类,完全是笔者的独创,甚至连行政行为的概念,都是笔者强加的。英国行政法领域可以与我们的行政行为相对称的包括:

(1) 行政咨询;

(2) 行政立法;

(3) 行政计划;

(4) 行政许可;

(5) 行政救助;

(6) 行政合同;

(7) 行政收费;

(8) 行政强制,其中行政强制措施主要涉及警察权,行政强制执行的唯一手段就是蔑视法庭制度的威慑力量;

(9) 行政处罚,在英国属于轻罪的刑罚;

(10) 行政裁判,即行政裁决审理的民事纠纷;

(11) 公开调查；

(12) 行政复议，其中包括部分裁判所解决行政争议的活动，但也包括向部长上诉等其他行政内部救济手段；

(13) 行政赔偿；

(14) 行政监察。

第一节 行政行为的基本原则——自然公正原则

关于公正，在英国流传一句著名的法谚：公正不但应当实现，而且应当以人们看得见的方式实现，更要以令人不容置疑的方式实现（justice should not only be done but should manifestly and undoubtedly be seen to be done）。对于这一法谚，国内习见的是其前半部分，而鲜见对于"以令人不容置疑的方式实现公正"这一更根本要旨的强调。这恰恰符合我们当前的现实：公正被主要理解为形式或者程序上的公平，庭审也罢，听证也好，只能表达一种形式上实现公平的姿态，以达到表面上让部分人旁观这一过程的要求即为满足，但对于最关键的令人不容置疑的要求，则要么实际上根本还没有意识到，要么意识到了也会被讥笑为不切实际。

休沃特（Hewart）在 1924 年的 *R. v. Sussex Justices, ex p. McCarthy* 一案中对这一著名法谚的上述表述①，在我国国内有所谓"公正不仅应当实现，而且应当以人们看得见的方式实现"的译法，练达上口，但精义也丢得差不多了：只解决了明明白白的问题，而没有解决毋庸置疑的问题。英国学者此处强调的恰恰不是看见与否的问题，而是不但看见了，而且看见后能够排除合理怀疑。这个标准显然比看见高得多。因为仅仅看见确实要容易一些，尽管要保证全部看见也不容易，但要做到全部看到且对公正没有疑问就更难了。比较我国的现状是，一般民众没有看见，心存疑问，更糟糕的是，民众对他们没有看见的总是倾向于推定肯定不公正。在这种情况下，公众对行政公正的信赖确实存在比较严重的危机。当然，如果能够从根本上禁止人们表达自己对公正性的评价，那么是否让他们看见，以及他们心中是否存在疑问等，都将是次要的，甚至公正问题本身都完全可以无视。

公正的实现标准中的不容置疑准则的现实性在于，公正从本质上说

---

① Bradley & Ewing, p. 713.

是公众的正义观念的民主化表现。一个人的观念不代表社会普遍的公正信念。无论是法官还是行政官员,他们在现代法治社会中都秉持一项内在的揣摩、追逐社会或者公众普遍的公正观念的职业义务。正如韦德爵士指出的:所有有关比例原则及合理性原则的各种期许的讨论,都应当将普通人对于公正的一般信念作为唯一的检验标准。[1]。

自然公正的要求是普通法中基本的规则,这一要求因1998年《人权法》所落实的《欧洲人权公约》第6条第1款的规定而进一步加强。该款规定:在决定某人的民事权利和义务或者对其提起的任何刑事追诉中,任何人都应享有在合理的时间内获得由独立的、不偏不倚的依法设立的裁判机构予以公平、公开听审的权利。就笔者的视界所及,在英国的宪法、行政法方面的著作中,没有哪一内容能够比这一规定更为经常地被引用了,也没有哪种表述比该规定更加致密地浓缩人类法治文化对于司法性正义的理解了。为此,特将其原文刊于此,供各位读者共飨、细品[2]:

> In the determination of his civil rights and obligations or of any criminal charge against him, everyone shall be entitled to a fair and public hearing within a reasonable time by an independent and impartial tribunal established by law.

一、自然公正原则的本义

自然公正原则的意思是指,个人拥有获得公平听审的权利,而且在作出决定的过程中应当避免偏私。用现代司法的说法便是"公正行事的义务"。[3] 阿特金(Atkin)在1924年的 R. v. Electricity Comrs, ex p. London Electricity Joint Committee 一案中的意见是笔者见到的资料中比较早地提及公正行事义务的篇章。[4]

自然公正原则,就是公正原则。之所以要加上"自然"这一修饰语,是历史上为了赋予该原则以崇高的权威,而借力自然法的痕迹。如有的英国学者就强调,普通法中的自然公正原则,即目前广为人知的公正原则。[5] 可见英国的自然公正原则已经属于英国法制史的范畴,与其具有

---

[1] Wade & Forsyth, preface, 9, June, 2000.
[2] Bradley & Ewing, p.712.
[3] Neil Parpworth p.35.
[4] Neil Parpworth p.329.
[5] Bradley & Ewing, p.711.

同质含义的公正原则如今已取而代之。

尽管自然公正原则是英国行政法中的一个重要原则,甚至在某种程度上已经成了英国行政法的标志,但是,长久以来,英国学者普遍认为,要想描述该原则的内涵是非常困难的,除非用通用语。① 这个通用语,就是后面所说的公正性,而这是一个含义非常宽泛、内涵不容易确定的词,如何确定这个词在个案中的具体含义呢?英国法最终的解决途径是引用理性人模型,将在特定案件条件下该当把握的公正性的标准推测为理性人在这种情况下该当掌握的标准。类似的方法还用于法院解释制定法时对议会立法意图的把握。

正如塔克(Tucker)法官在1949年所言:没有什么词可以普遍地适用于所有的调查及各种类型的国内裁判所。自然公正原则的要求必须因案件的条件、调查的性质、裁判所行事的规则以及所处理的问题等具体情况而转移。②

自然公正原则并不完全是行政行为本身的基本原则,从历史上说,该原则首先是节制司法权行使的原则,只是到了近现代,才被引入行政行为领域,并成为监督行政行为的各项制度设计的一个主要的指导思想和基本原则。因此,在讨论自然公正原则的本义时,从司法权入手,是英国学者的普遍做法。作为一项不成文的原则,自然公正原则是在中央一级的法院对具有较低管辖权限的机构(如地方的治安法官及承担管理职责的公法人机构)的控制权的行使过程中逐渐演化形成的。自然公正原则也适用于仲裁员以及职业团体和自愿组织履行内部纪律处分职能的领域。③ 职业团体包括律师协会,而自愿组织包括工会。也就是说,并不能因为某个机构是自愿组成的或者是职业团体,其对其成员的纪律处分就可以回避自然公正原则,进而回避司法审查。因此,某一足球俱乐部就可以对足协或者英超、英甲的处分提出司法审查,理由就是违反自然公正原则。随着政府在影响个人财产及生活方面的权力的增加,自然公正原则承担着弥补立法不足的功能。公共管理机构的许多职能的行使受自然公正原则的拘束,而有权确定这一义务界限的唯一机构就是法院。④

---

① Bradley & Ewing, p. 718.
② Bradley & Ewing, p. 718.
③ Bradley & Ewing, p. 712.
④ Bradley & Ewing, p. 712.

在1964年的 *Ridge v. Baldwin* 一案中,为了反驳自然公正原则的内涵过于模糊以至于近乎没有意义的观点,里德援用了一个理性人在给定的条件下应当认为公正的程序作为把握自然公正原则的标准。① 采用理性人模型作为判断合理性的标准,是英国法中惯用的方法,甚至是其所谓合理性的最后的依归。换句话说,所谓合理性,就是理性人在给定的条件下认为合理或者公正的行为方式。

在1967年的 *Re HK* 一案中,帕克(Parker)指出,良好行政的要求无非是行政官员必须公正地行事,只有在这个意义上,所谓自然公正原则才得以适用。就该案而言,所谓适用自然公正原则的良好行政,无非就是履行公正行事的义务而已。1972年的 *Pearlberg v. Varty* 一案则进一步指出,即使行政机构在其作出决定前并没有必要举行言辞对辩制的听审,该行政机构也必须公正地行事。②

从这一论断看,法律人对于公正的理解与把握是其全部职业生涯的立身之本、成败所系。而恰恰在这一点上,许多职业法律人忽视了其作为一个普通人的良知在其职业生涯中的基础性作用。法律是可以习得的知识体系,但是,法律人研习法律的过程首先应当被视为一种对于法律本身所蕴含的公平与正义常识的体会。在这个意义上,法律人学习法律首先不是为了获得关于公平正义的有关法律知识,而是取得通过法律程序实现法律包含的公平与正义的历史性经验。这种学习过程的结果是使法律人获得超出一般人之上的,对于法律所要实现的公平与正义的更为敏锐的洞察力,并使这种洞察力与其作为一般人的公平正义观念紧密地结合起来,形成自己对于法律所要实现的公平与正义的牢固的、不易为外界的威逼利诱所动摇的正义观与正义感,即法律的良心。当然,从技术层面观之,如此重塑的法律人的内心世界,是不可避免地与其饱学法律知识的大脑共生于一个世俗之躯的。在正常情况下,或者说对于绝大多数普通的法律人而言,现实的、足以动摇其法律良心的威逼利诱应当是经常存在的,从而使其不时地出现内心中两个自我斗争的局面。这是我们应当预想到的,从法治的精神出发,任何制度都不应该也不可能杜绝这种内心斗争,任何企图杜绝这种人性本身固有的脆弱与本能的社会性手段,都是既不明智也徒劳无功的。理性的做法只能是减少外界的威逼利诱存在的范

---

① Bradley & Ewing, p.718.
② Bradley & Ewing, p.718.

围,弱化其作用的强度,并提高其事后的成本。这一切都是建立在如下逻辑基础之上的,即法律人的学习过程首先是一个确立法律良心而且实际上实现了这一目标的过程。这一点并不是当然的,法律教育一种潜在的失败的危险是,未能在大多数未来的法律执业者内心建立起起码的或者足够强度的法律良心,使得许多法律执业者根本体会不到面临外界的威逼利诱时内心痛苦斗争的心理体验,他们的全部法律教育恰恰告诉他们:要从事法律职业,就是要学会如何屈服于法律之外的权威以及如何笑纳职业道德标准等而下之的利益的技巧。对于那些对此全面接受并且甘之如饴的法律执业者来说,他们因缺乏法律的良心而不能被称为法律人,但更重要的是,他们也同样不适合于针对法律人设计的任何监督制约机制。这可以在很大程度上解释为什么许多在其他法域有限的但效果良好的监督制度,在别的国家却根本发挥不了作用。

在 1978 年的 *McInnes v. Onslow Fane* 一案中,主审法官罗伯特·梅加里(Robert Megarry)认定,法院有权要求行政主体遵循自然公正原则的案件包括以下三类:吊销类案件、合法性期待类案件以及申请类案件。① 对于这三类案件,自然公正原则的要求是不同的。由于该案原告仅仅是许可的申请人,因此公正行政的义务仅仅要求作为被告的委员会诚实而没有偏私地行事即可。这是申请类案件与吊销类案件所要求的全面权利保护最主要的区别:申请类案件的申请人所享有的权利是非常有限的,即如该案原告所享有的权利。而合法性期待类案件则属于罗伯特·梅加里所谓的"中间地带"。这类案件因原告享有合法性期待而引发,其合法性期待是:基于既往的惯例,原告的申请应当获得准许。例如,某一申请延展其许可的申请人即享有应当准予延展的合法性期待。罗伯特·梅加里认为,原告在此类案件中所享有的权益更类似于吊销类案件而非申请类案件。因此,这类案件至少要求行政主体告知申请人为何其原来拥有的许可证不宜再继续的理由。② 也就是说,合法性期待的确立使原告具有了要求行政主体说明理由的程序性权利。

McInnes v. Onslow Fane 一案的重要性是多方面的,其中最重要的是其对自然公正原则和公正行政的进一步理解。英国学者坦白地说,自然公正或者公正行政的概念都是非常灵活的,其具体内涵的界定取决于

---

① Neil Parpworth, pp. 314-315.
② Neil Parpworth, p. 315.

特定案件的具体情况。就吊销类案件而言,所涉及的是既有权利的剥夺,罗伯特·梅加里认为,此类案件所要求的自然公正标准包括以下三项内容:由一个无偏私的裁判所裁决的权利、获知指控的权利(即吊销许可的事由或者事实根据)以及获得就指控所作答辩予以听审的权利。①

总之,从本质上说,自然公正原则是任何公共权力行使时必须遵循的原则,特别适宜于那些具有裁决性质的权力,如司法权以及司法性在形式上和实质上都在不断增加的行政权。

二、自然公正原则的基本规则

自然公正原则有两个主要规则:① 反对偏私的规则;② 获得公平听审的权利。②

(一) 反对偏私的规则

英国学者将反对偏私的规则放在自然公正原则中③,其含义是很明显的,即所谓自然公正,就是无偏私。由于无偏私的决定并不一定正确,因此,自然公正的核心在于裁判过程中如何预防偏见的影响,而不是怎样保证结果的正确无误。用英国学者的话说,一个公正的司法判决的本质在于它是由一个不偏不倚的法官作出的。这一直以来就是许多普通法决定所追求的目标,也是欧洲人权法院的判决在解释《欧洲人权公约》第6条第1款规定的"由一个独立的不偏不倚的裁判机构听审"时所追求的目标。④

反对偏私的最著名判例,是1999年贵族院再审皮诺切特⑤上诉案。贵族院之所以重新审理该案,就在于该院在原审时,一名参加审理的法律贵族霍夫曼(Hoffmann)与某人权组织有牵连,而该组织恰恰又是该案的一方当事人。这就有可能产生偏见,从而使该案有可能被视为不公正的。⑥

1. 法官因偏私丧失听审资格的规则

反对偏私的主要规则是法官丧失听审资格,这种丧失具有溯及既往

---

① Neil Parpworth, p. 315.
② Bradley & Ewing, pp. 712-714.
③ Wade & Forsyth, pp. 447-448.
④ Bradley & Ewing, p. 713.
⑤ 智利前总统,曾避难英国并拒绝回国,智利政府要求英国政府引渡。
⑥ Elliott & Quinn, p. 9.

的效力,即法官对被认定为存在偏私的案件所作的判决无效,而不是指法官以后不得判案。法官可以因以下两种情形丧失听审资格①:

(1) 自动丧失资格

无论法官在某一案件的主要事项方面具有多么微不足道的直接的金钱利益,都可以认定其偏私。例如,法官是当事人公司的股东,则不能听审这一案件,除非双方当事人都没有异议。自动丧失法官资格还适用于虽然没有财产方面的利益,但法官裁决的案件将会促使某一与法官有密切关系的事件发生这种情形。

(2) 为排除对公正的怀疑而丧失资格

除金钱利益或者被认定为属于某一方当事人以外,用霍普(Hope)的话说,法官也可以因"任何公平而有见识的旁观者,在考虑了与据称存在的偏私有关的事实之后,会得出该裁判机构确有可能存在偏私的结论"而丧失听审的权利。也就是说,如果普通人在了解了案件的有关事实后不难得出有偏私可能的结论,那么有关的法官就应当丧失继续听审该案件的资格。例如,参与皮诺切特引渡案上诉审的五位贵族院常任上诉贵族法官中,霍夫曼是某人权组织下属的一个慈善机构的主席兼主管,而某人权组织在该上诉案中曾经提出过自己的辩论理由,因而成为该案的一方当事人。该法官与某人权组织的关系在听审过程中并不为当事人所知。

根据这种判据,贵族院在2001年也认为,法官并不仅仅因为自动丧失法官资格而丧失听审资格;也可以因为有见识的观察者一旦获得有关事实,都会得出该法官参加的听审可能产生实在的偏私的结论,而丧失听审的资格。韦德爵士认为,任何对于裁判者预断案件或者可能预断案件的指控,通常都会使其丧失裁判的资格,例如,一位治安法官在庭审过程中即着手起草判决声明的行为即被认定为预断案件。②

2. 反对偏私的规则的适用

对于上述反对偏私的规则的适用,有三点需要说明③:

(1) 当有人声称存在偏私的时候,负责审查的法院并不一定非得就法官是否存在偏私作出决定,因为偏私总是以一种非常隐蔽的方式发生作用,而那个被指存在偏私的人可能根本感觉不到自己已经存在偏私了。

---

① Bradley & Ewing, p. 713.
② Wade & Forsyth, p. 462.
③ Bradley & Ewing, p. 713.

（2）该检验标准认识到，在任何法官被质疑存在偏私的案件中，事情的表象就像其实质一样重要。1924 年休沃特（Hewart）在 *R. v. Sussex Justices, ex p. McCarthy* 一案中的著名法谚说得好："公正不仅应当实现，而且应当让人明明白白地、不容置疑地看到其实现。"

在该案中，代理司法助理①是某一诉状律师事务所的成员，该律师事务所是某一交通事故引起的民事诉讼的原告的代理人，该案件的被告因同一交通事故而在治安法院被提起刑事追诉。代理司法助理是一名退休的法官，但是治安法官在作出认定被告有罪的决定时没有征求该代理司法助理的意见。

法院认为，由于该司法助理所在的律师事务所与该案件在民事诉讼中有关系，他不得在刑事方面给治安法官提供建议；如果他作为司法助理而被请求就此发表意见，他将不能履行自己的职责。据此，法院推翻了对被告的定罪，尽管在事实上该司法助理根本就没有参与该刑事定罪决定的决策过程。但是对于外人而言，他们并不知道该司法助理是否给治安法官提供了建议，即使所有的治安法官都出面证明这一点，人们仍可以保留合理怀疑，于是为了保证该案最著名的结论的实现，即让公正令人不容置疑地明明白白地实现，法院唯一的办法就是推翻对刑事被告罪名的认定。当然，民事诉讼还可以不受影响，最终也可以判决被告赔偿，但就刑事诉讼而言，则不得再行追诉而使被告承担两次风险。

（3）在 2000 年的 *Locabail（UK）Ltd. v. Bayfield Properties Ltd.* 一案中，上诉法院提出了权威性的司法偏私可能发生的五种情形，包括：法官的意见、法官的社会关系、法官先前的职业活动、不完全披露等。该法院认为，法官屈服于空洞或者轻佻的异议，或者忽略确凿的异议，都是错误的，如果在任何一种情况下产生了对其是否存在偏私的确凿的怀疑理由，那么消除这种怀疑最好的方法就是取消法官的裁判资格。②

2001 年，在被称为《欧洲人权公约》有关司法偏私方面的先导性案件的 *Hoekstra v. HMA* 一案中，苏格兰季审法院认为，某一资深法官的文章（该法官刚刚退休但仍作为上诉审法官审理案件，其在发表的一篇文章中，将《欧洲人权公约》比作赐予异想天开者的狂欢节、套在法官及立法者

---

① 司法助理是英国的治安法院中负责为非法律专业的治安法官提供法律意见的法律专业人士。他们并不参与审理案件，只提供法律方面的咨询。
② Bradley & Ewing, p.714.

脖子上的枷锁以及赏给律师的金矿)会使人对其审理某一指控某荷兰公民的刑事上诉案件是否存在偏私的问题产生合理怀疑,因为在该案中被告正是援引《欧洲人权公约》规定的权利为自己辩护。①

(二)获得公平听审的权利

英国学者在反对偏私的规则的讨论中,实际上已经包括关于获得公平听审的权利的规则的内容。

对于一个公正的判决而言,与法官没有偏私具有同等重要意义的是,每一方当事人都应当有机会了解针对其本人提起的诉讼并有机会陈述自己的意见。每一方当事人都应当有权提供自己一方的事实,并就应当适用的法律提出己方的意见。每一方都应当有机会评论所有由法官考虑的事实(但涉及儿童方面的案件有个别的例外,如医生的保密文件可能就不会给家长看),而任何一方都不得背着另一方与法官接触。② 这最后一个标准其实最简单不过了,但落实起来难度可能很大,特别是对于单独接触不局限于理解为身体上的直接接触时。

虽然法院的程序规则包括这些基本的原则,但即使没有这些规则,不成文的获得公平听审的权利也可以在法院得到实现。③ 因此,法院的程序规则无非是将已经积淀在英国法律文化最深层的落实自然公正原则的具体做法形诸文字而已,但即使没有这些文字,法官也会按照几乎同样的标准遵循自然公正原则,并落实到其审理案件的每一个环节。

1993年8月,英格兰地区的地方行政监察委员会(Commission for Local Administration in England)推出了名为《公共行政良好行为规范》(Good Administrative Practice)的指南,其中设立了42条良好行政的行为准则。虽然此处的英格兰地方行政监察委员会实际上只是英国议会设在英格兰当地的地方行政监察委员会,更准确地说,这一良好行为规范仅适用于英格兰地方行政监察委员会职权范围内的地方政府机关。但英国学者仍然认为,对于那些不愿意提供信息的地方政府机关而言,下列准则值得一提④:

(1)向公共行政服务的消费者传达相关的政策和规则方面的信息;

---

① Bradley & Ewing, p.714.
② Bradley & Ewing, p.714.
③ Bradley & Ewing, p.714.
④ Bridges & Cragg, p.93.

(2) 为受到不利决定影响的公共行政服务的消费者准备书面理由；

(3) 向公共行政服务的消费者提供与其有切身利害关系的充分而准确的信息、解释和建议；

(4) 告知公共行政服务的消费者任何提起上诉或者寻求申诉的渠道。

三、自然公正原则的行政化

自然公正原则并不仅仅要求法院作出的决定必须符合这一原则。虽然自然公正原则最初是一个节制司法性裁决权行使的武器，但也广泛适用于众多法院以外的机关作出的决定。随着行政权的裁量性质日益凸显，自然公正原则引入行政领域是不可避免的。这种移植的便宜性在于，只需将前述自然公正的基本规则中的法官换成行政官员即可。按照英国学者的观点，事实上，自然公正原则应用于行政管理领域的历史相当悠久：早期的适用自然公正原则的案件发生时，现代政府还没有发展完善。而今，新的权力不断地被授予，它们都伴有制定法规定的旨在提供确保这些权力不被武断地使用的程序保障。①

自然公正原则比较早地适用于行政法领域的一个例子，是19世纪的一个经典判例。在1863年的 *Cooper v. Wandsworth Board of Works* 一案中，地方政府机关因推倒了原告部分建成的房屋的行为被法院认定为非法侵入，原告因此获得了该地方政府机关的赔偿金。在该案中，原告未告知地方管理机构其建造该房屋的目的，而按照制定法的规定，该地方政府机关有权因此而推倒该房屋。但法院认为，该地方政府机关在行使其制定法上规定的权力之前，应当为原告举行听证会。接下来，法院有一段经典的广为引用的判词："虽然制定法并没有明文规定必须听取当事人的意见，但是普通法的自然公正原则应当主动弥补立法上存在的疏漏。"②

自这一案件开始，从自然公正原则体系中反对偏私的规则和获得公平听审的权利的原则中，实际上发展出了目前普遍有效的一个原则，即所有的公共管理机构在作出决定时，必须公正地行事。在这个原则发展出来之前，法院需要问一下自己提请法院审查的某一特定的决定是否有遵

---

① Bradley & Ewing, p. 715.
② Bradley & Ewing, p. 715.

循自然公正原则的义务。例如,权力的行使影响个人的权利、财产及人格时,可能要受自然公正原则的拘束,那些适用了基于两种相反观点的对抗性的类似诉讼的程序而作出的决定,也要遵循自然公正原则。因此,法院认为自然公正原则可以适用于纪律处分权力的行使,例如大学开除学生或工会开除工人等。①

反对偏见的规则适用于地方管理机构的一个例子,是 1984 年的 *Steeples v. Derbyshire* 一案,地方管理机构授予某一私人公司开发娱乐公园的规划许可被法院宣告无效,因为该地方管理机构先前曾与该公司签订合同,约定如果不给予这项许可,它就要对该公司承担赔偿责任。而在 1976 年的 *R. v. Barnsley Council, ex p. Hook* 一案中,被告的市场委员会吊销某摊贩执照的行为也被推翻了,不仅是因为该委员会在摊贩不在场的情况下只听取了市场管理员(他是吊销摊贩执照的控方)的意见,而且因为该管理员参与了该委员会作出吊销执照决定的全过程。②

今天,作为 1957 年的弗兰克斯委员会报告的结果,绝大多数的听证都受到详细的程序规则的控制,这些规则确立了相当高的公正标准。但是这些规则并不适用于所有听证,因此,普通法上的自然公正原则仍然发挥着相应的作用。③

1964 年的 *Ridge v. Baldwin* 一案以来,自然公正原则对于行政行为的司法审查领域的重要性就再也没有动摇过。该案涉及作为警察管理主体的警察管委会对其聘任的警察局长作出解雇的决定的正当性问题。贵族院认为,除纪律条例规定的程序之外,自然公正原则也要求警察管委会行使其权力之前必须举行听证会。未能举行听证会的,解雇决定无效,此后为原告律师举行的听证会不能弥补先前的瑕疵。④

虽然这一判决可以狭义地理解为对于某一特定的制定法的解释。但该案实际上是 20 世纪 60 年代贵族院一系列判决中的一个,正是这些判决奠定了今日司法审查运作的基础。*Ridge v. Baldwin* 一案中重要的一点在于,该案认定遵循自然公正原则的义务并非局限于按分类属于"司法"或者"准司法"的权力的行使。这一认定使法院得以将自然公正原则

---

① Bradley & Ewing, p. 715.
② Bradley & Ewing, p. 715.
③ Bradley & Ewing, p. 717.
④ Bradley & Ewing, p. 717.

适用于非常广泛的情形。1970年,梅加里法官认为,法院倾向于将该原则适用于所有的决定权力,除非有例外的情势。①

Ridge v. Baldwin 一案的恩泽也惠及其他的许多人,包括学者、警察、学校教师、摊贩、居住在地方政府机关提供的房屋中的居民、受自我管理的机构的决定影响的人以及最值得注意的已被定罪的囚徒所涉及的监狱内部纪律及假释体系。②

自然公正原则并不局限于个人能够表明涉及其私权的情形,英国的法院保护相当广泛的个人利益免受公共管理机构的不公正行为的侵害。③ 自然公正原则在行政法领域的应用不受行政权所影响的权益的定性的限制。

总之,在行政法领域,自然公正原则应用于各个方面,从行政权的设定,到行政权的行使;从行政权行使的基本原则,到行政权行使的具体制度设计。以下即专门就各个具体应用领域详细讨论。

四、自然公正原则与行政权

(一) 自然公正原则与行政权的设定

在很多情况下,法院将议会立法解释为议会只授权给那些具有合理性的或者具有某种特别目的的行为,该行为的存在价值决定了其合法性。④ 此处的存在价值,又可译为内在价值。行政行为的特定目的及其合理性,都是该行为本身具有的与合法性无关的内在品质。行政行为是否具有可接受性,是否具有存在的价值等,皆就其道德判断而言。

有时,议会立法本身会明确地以这种方式来限定其授出的权力,但是,即使议会在立法中没有明确作出这样的限定,法院仍然会很自然地推断说,议会有意对其授出的权力设定某些限制。⑤ 此处提到的法院对议会立法解释问题的一个基本前提就是,议会的立法授权,是行政权得以行使的合法性的根本基础。而法院的解释,则是在权衡行政活动的现实的合法性与议会授权的理论上的合法性二者之间的一致性。如果一致,则被审查的行为就是合法的,否则就是无效的。

---

① Bradley & Ewing, p. 717.
② Bradley & Ewing, pp. 717-718.
③ Bradley & Ewing, p. 718.
④ Wade & Forsyth, p. 34.
⑤ Wade & Forsyth, p. 34.

也就是说,在议会没有明示约束的情况下,按照前面提到的对权力必须予以适当的限制的基本法理,法院仍可以就此推断议会实际上有作出这种限定的意图。然而,与其说法院推断出议会的这种意图,或者说法院具有超乎其他人甚至议员之上的更准确地把握议会立法意志的能力,不如说法律赋予法官作出这种推断的权力。更进一步言之,与其说法院推断出议会的意图,不如说议会应当表达这样的意图,或者说应当作出这种明示的限定,而一旦议会没有作出这样的限定,法院的推断本身已经隐含着对议会的某种立法技术上的疏忽的求全之责了。

再往深处说,议会在某一立法中可能确实没有法院后来解释出的那种隐含的意思,但是法院却不能一味地听任这种在法院看来应当表达或者需要表达而没有表达的意思影响其作出合理的判决。在这种情况下,法院有时可能会全然不顾议会的感受而作出自己的推断,并强行将这种推断打上议会意图的名号。这种情况并不多见,即使出现,议会也未必会事事关心。但有一个例外,如果这种推断超出了议会能够容忍的限度,议会真正的反弹会上升为一场宪法上的斗争。即议会通过自己的立法语言明确自己与法院的推断不同的意图,从而推翻法院的判决。

但是,法官对于某一行政行为的合理性或者目的的理解,可能会成为该行为是否应当在司法审查中受到指摘的决定因素。① 法官越是主要依靠其对公共管理机构的行为的内在价值的判断作为其作出司法审查判决的依据,他们就越有可能遭受超越其宪法职能的指责。②

这种指责在阻止法官如此行事方面的影响力已经大不如前,特别是在1998年《人权法》中,议会已经为赋予法官很大的自由裁量权打开了大门,因为按照该法,一种新型的更具有道德判断属性的司法审查体制的建立已指日可待。③ 由于法官享有了可以根据某一行政行为的合理性或者其目的性判断其合法性的权力,也就是通过推断议会在授权时是否以行使该权力的行为应当具有某种合理性或者目的性,来决定行使该职权的行为是否具有合法性。二者结合起来便是,法官由此享有了根据行政行为的内在品质或者存在价值,决定其是否应当继续存在的权力。这样一来,合法性的取得不再是从法律原则到行为符合原则的程度的判断过程,

---

① Wade & Forsyth, p. 34.
② Wade & Forsyth, p. 34.
③ Wade & Forsyth, p. 34.

而变成先判断某一行为的合理性、目的性、内在价值或者存在价值等道德指标,由此得出该行为是否应当继续存在的结论,然后再以赋予其合法性的形式保证其继续在法律上的存在,或者相反地以否定其合法性的形式宣告其无效而终结其在法律上的生命。正是由于这种道德判断的存在,特别是《人权法》对于司法审查的道德判断特征的进一步强化,使得英国学者预言,新型的道德司法审查制度的建立已经是可预期的了。

不仅如此,韦德爵士甚至认为,除非法院已经做好了勇敢地向着这个方向前进的准备,否则它们在防止行政违法行为的危害方面的作为只能是非常有限的。①

（二）自然公正原则与行政权的行使

按照法院一贯的认定,制定法上的权力的行使必须遵循自然公正原则,同时遵循温斯伯里判据。英王特权则另当别论。法院认为,自己无权质问英王是否明智地行使了其自由裁量权（例如军队的部署）,法院也不能说政府是否应当加入某一特定条约。②

英国学者认为,虽然法院很久以前即拥有裁决英王特权的存在与否及范围大小的权力,但是在传统上,法院并没有规制英王特权行使方式的权力。英王特权的这一特点与制定法赋予政府部门行使的权力颇为不同。③ 也就是说,我们通常所理解的行政程序对于行政权一般性限制的原则,在英国主要是就制定法而言的,对于英王特权,则另有一套规则。

但是,从法院对于自然公正原则的适用情况看,法院对于此种意义上的英王特权的范围已经作了相当的限制。对于绝大多数涉及政府的公共行政管理的行政行为,早已经失去英王特权这层保护伞。对此,本书第四卷第四章第一节司法救济的受案范围中对英王特权的司法救济部分有详细讨论。

五、自然公正原则与程序正义

（一）公正原则与行政程序

在英国学者看来,公正原则也属于自然公正原则的推论,是自然公正原则在行政法领域应用范围的外延。但英国学者提醒我们,对自然公正

---

① Wade & Forsyth, p. 34.
② Bradley & Ewing, p. 256.
③ Bradley & Ewing, p. 256.

原则的外延的正确理解，最好是与法院的职责就是确保所有的行政权均应当公正行使的普遍观念联系起来，也就是与程序公正原则联系起来。①程序公正原则是关于法院的职责就是确保所有的行政权均应当公正行使的普遍观念的落实，而对自然公正原则的外延的正确理解，最好是从自然公正原则与程序公正原则的相对关系的角度去理解。

法院越来越倾向于仅仅用公正性这一通用语来解释自然公正原则。迪普洛克在 *R. v. Commission for Racial Equality* 一案中指出，无论何时，只要制定法授予作出减损其他人的权利或者凭其意愿而为的自由决定的权力，则议会此类立法的意图都应当理解为假定行政主体在行使此项权力时应当公正地行事。②

1988年，布里奇（Bridge）在 *Lloyd v. McMabon* 一案中将这种情况进一步概括为公正的要求，即所有（国内的、行政的或者司法的）机构都必须根据决定机构的特点、所作决定本身的类型、该机构运行的制定法及其他体制环境等因素，公正地作出影响个人权利的决定。③

说得更具体一点，当制定法授予任何机构某项作出影响个人的权利的决定权力的时候，法院普遍的做法是，不会仅仅要求该制定法规定的程序得到遵循，而总是乐意引入附加性的程序保障以确保公正的实现。④遵循制定法所规定的程序显然是最起码的要求，而法院所要做的显然不仅仅是对行政机关提出这样的要求，而是要把握制定法规定的程序与法院对于自然公正原则的理解之间的关系，特别是如何利用自然公正原则补救制定法上的疏漏。

1993年，马斯蒂尔（Mustill）进一步指出，公正性的标准不是一成不变的，而是要根据其所适用的权力活动的内容来判断。⑤

（二）自然公正原则对程序的基本要求

公共管理机构在作出决定时必须公正地行事，但是需要记住的是，公正原则只涉及程序性事宜，而不涉及某一决定的实体性内容。对于行政决定的实体性内容，公共管理机构应当如何应付主要取决于决定的性质。在1964年的 *Ridge v. Baldwin* 一案中，霍德森（Hodson）指出，作为自

---

① Bradley & Ewing, p. 718.
② Bradley & Ewing, p. 718.
③ Bradley & Ewing, pp. 718-719.
④ Bradley & Ewing, p. 719.
⑤ Bradley & Ewing, p. 719.

然公正原则核心的"最低限度的标准"是①：① 由一个没有偏私的裁判机构裁定的权利；② 本人知悉其被指控的罪行的权利；③ 对这些指控所作的答辩被听审的权利。

这是对自然公正原则的核心或者说最低限度的要求的概括。

例如，在关闭学校或者居民所居住的地方政府机关的房屋的案件中，地方政府机关在作出关闭决定前必须咨询学生家长或者在住居民的意见。要想保证其行为无过必须做到：① 咨询必须在提议的形成阶段进行；② 必须提供足够的决定理由，以便相对方进行明智的考虑并提出相应的对策；③ 必须提供足够的考虑对策的时间；④ 咨询所获得的意见必须真诚地予以考虑②，而不是摆出听审或者咨询的样子，实际上却闭目塞听或者早有主意。

从原则上讲，自然公正原则对行政程序的首要要求，就是赋予当事人获得口头听审的权利。在某些情况下，个人并不具有获得口头听审的权利。但是，如果有关机构所要裁决的问题涉及个人的行为或者行为能力，则必须使其知道对其不利的证据并且必须保证其拥有公正的辩驳的机会。那些需要由其行政官员从事预备性工作的管理机构，必须保证其所作出的决定是由该机构作出的③，而非负责前期准备工作的行政官员，如负责听审的行政官员虽然作了大量的调查取证工作，但并没有决定权，决定权掌握在有权作出决定的管理机构的手中，因此决定也必须出自有权者之手，而不能再委托。这一要求看似简单，却并不容易做到。从另一个角度看，这也算是英国行政管理机构内部职能分离的表现。

例如，在 1992 年的 *R. v. Army Board of Defence Council* 一案中，某一士兵声称自己受到了种族折磨，在被告军队委员会的成员共同开会讨论这一申诉之前所作出的决定，就不能视为公正的决定④；此处涉及的程序就是合议制的委员会的议事规程，没有开会肯定就没有履行这种程序。此处的着眼点则是该机构根本没有以其机构的身份作出决定，因为真正有决定权的是以会议形式决策的委员会，而不是其成员。未履行会议程序而作出的决定更严重的后果是，在英国法看来，必须履行会议程序

---

① Bradley & Ewing, p. 719.
② Bradley & Ewing, p. 719.
③ Bradley & Ewing, p. 719.
④ Bradley & Ewing, pp. 719-720.

的机构根本就没有行使其决策权,即有权决定者并没有决定。

作为当事人的士兵有权看到所有促使委员会作出决定的材料,除非是出于公共利益保留的特殊要求。① 此处提出的阅览材料的要求也非常高,虽然即使当事人看到所有的材料也可能因为这些材料被委员会委员不正当地使用而产生不利的后果,但保证当事人看到所有的材料这一点已经很不容易了。从自然公正原则的一般理解看,如果对于某人的决定是建立在其本人并不知情的某些材料的基础之上的,则无论如何都是说不过去的。正如对某人的判刑是建立在他本人不知道的罪名及证据的基础上一样。

此外,听审权常常会因为采取紧急行为的需要或者因个人权利将在随后的程序阶段得到保障而被排除,例如1971年的 *Wiseman v. Borneman* 一案。程序方面的许多问题与公正原则有关。例如,法院会认为某一裁判所拒绝延期听审的决定是不公正的。裁判所取得证据的方式也要受自然公正原则的拘束,但是传闻证据的采信是允许的。自然公正原则还可以赋予当事各方对那些提供对其不利证据的证人进行交叉询问,或者从另一方那里获得可能提供证据的证人名单。② 此处,保护证人的利益显然要让位于公正的利益,对于证人的保护需要整个社会的法律体制,这种保护应当是一种潜在的、长期的;而对于个案中公正的保护则是现实的、即期的,如果以保护证人免受潜在的损害为由,拒绝提供案件当事人与证人对质或者了解证人身份的便利,从而损害当前案件的公正性,那就本末倒置了。

但是有时,仅仅使当事人知道对其指控的摘要就可以满足自然公正的要求。国家安全方面的考虑会严重限制自然公正原则的范围。③

获得口头听审的权利需要注意三个方面的问题:

第一个问题,如果公正原则或者自然公正原则确实要求某人应当享有听审的权利,则法院不能仅仅因为听审并不能产生不同的结果而漠视此项权利。④ 也就是说:"我可能会反对你所说的,但我誓死捍卫你说话的权利。"这是程序公正的基本价值取向,即程序的必要性不因为其对实

---

① Bradley & Ewing, pp. 719-720.
② Bradley & Ewing, p. 720.
③ Bradley & Ewing, p. 720.
④ Bradley & Ewing, p. 720.

体并无影响而可以忽视。因为实体公正的实现固然重要,但让人明明白白并且不容置疑地确信其实现也同样重要。

第二个问题,某一公共管理机构未能给予有权获得听审的人以听审的机会的瑕疵是否能够在随后的上诉程序中,由上诉机构的全面的、公正的听审予以补救。对此不能一概而论。有时,上诉程序可以采取全面重新听审的形式,这可以补救早先的瑕疵,但是在其他情况下,个人在两种程序阶段都可以获得公平的听审。而在除以上两种情形以外的中间地带的案件中,则要由法院来决定在"最后截止日期是否已经通过公正的手段取得了公正的结果"。①

第三个问题,涉及某一违反自然公正原则的决定的法律效力,如果这种决定还有法律效力的话。如果违反自然公正原则的行为得到法院的认定,那么,根据 *Ridge v. Baldwin* 一案所确定的判例,该决定将是无效的。在 1967 年的 *Durayappah v. Fernando* 一案中,枢密院司法委员会(Judicial Committee)认定,未能举行某人有权获得的听审,使得由此作出的决定是可以无效的,但并不是无效的。这一决定显然不符合法律原则。于是在 1979 年,该司法委员会承认,因违反自然公正原则所得出的结论是无效的,而不是可以无效的,但是该委员会仍然增加了一个但书,即直到该决定由法院宣告为无效之前,该决定还可以具有某种法律上的效力,并且可以作为向更高级的法院上诉的基础。② 当然,如果连这种效力都没有的话,那就根本没有上诉的必要了。

(三)自然公正原则与说明理由

虽然说明理由被认为是良好行政最重要的原则之一,但是在普通法上并没有说明决定的理由的一般义务。在许多情况下,立法要求说明理由。例如,根据 1992 年《裁判所及调查庭法》第 10 条的规定,裁判所必须依申请对其决定说明理由,而部长在听审之后作出的决定也是如此。许多制定法及程序性的条例更进一步要求只要有诸如拒绝规划许可之类的决定,就应当说明理由。③

尽管没有说明理由的一般性义务,但是法院常常要求说明理由。例

---

① Bradley & Ewing, p. 720.
② Bradley & Ewing, p. 721.
③ Bradley & Ewing, p. 721.

如,如果不说明理由,上诉的权利就没有意义,那就必须说明理由。[1] 决定者不说明理由,相对人的上诉就无的放矢,上诉的权利自然大打折扣。

公正原则在某种情况下要求说明理由,因为决定会影响个人的权利和利益。例如,一名被判处强制终身监禁的犯罪嫌疑人就有权知道内政大臣决定其最短服刑期间的理由。在一起土地案件中,马斯蒂尔(Mustill)说:"说明理由可能会带来一些麻烦,但我却看不出任何说明理由会违反公共利益的理由,事实上,不说明理由才是违反公共利益的。如果有人认为应当为了公共利益而不说明理由,那我只需要问他一个简单的问题:拒绝说明理由公正吗?对于这一问题,我将毫不犹豫地回答:拒绝说明理由不公正。"这一思路虽然是在特定的案件中提出的,但却可以适用于许多影响个人的决定。[2]

更为重要的是,如果某一决定不加解释就会显得武断、草率、错误或者无理性时,则必须说明理由:如果除决定者认定的事实以外的其他事实和情况都强烈地表明作出另一不同的决定也许更为恰当,那么没有给予理由的决定者就不能怪法院得出其决定没有合理理由的结论。[3] 如果还有谁对于说明理由的必要性心存疑虑,此处的这段说明无疑可以使其茅塞顿开。

虽然法院在这种情况下间接地要求说明理由,但是法院还没有认定所有的行政决定都应当说明理由。[4]

《欧洲人权公约》第6条第1款赋予公民获得由独立的、不偏不倚的法院或者裁判所举行的公平听审的权利,而相应的法院或裁判所最好是对其决定说明理由,以使当事方及公众可以理解其作出决定的根据。这一点已经在英国的国内法中得到了认可,即如果有说明理由的义务,则必须给出"适当的、充分的理由",这些理由必须是可以理解的,并且是针对案件争议的焦点提出的实质性论点。虽然简要地说明理由也许就足够了,但是笼统的、程式化的、不涉及案件具体的争议焦点问题的理由显然是无法接受的。在某些情况下,法院可能会在庭审阶段接受某些证据并将其视为作出决定的理由,尽管作出决定者在其决定中并没有对此作出

---

[1] Bradley & Ewing, p. 721.
[2] Bradley & Ewing, p. 721.
[3] Bradley & Ewing, p. 721.
[4] Bradley & Ewing, p. 722.

解释,但是违反制定法规定的说明理由的义务本身就会导致法院以法律上错误为由撤销该决定。①

六、自然公正原则与合法性期待

合法性期待(legitimate expectations,与国内通译的德国式的信赖保护的实质蕴涵非常近似)的概念,随着《中华人民共和国行政许可法》的颁布而走上了前台。因此,英国对于合法性期待的研究成果就有了可以直接适用的领域。

在英国,英王特权的行使方式不受司法审查的正统思想统治,直到贵族院在1985年的 *Council of Civil Service Unions v. Minister for the Civil Service*(该案又被称为 GCHQ 案,这显然要比其正式的案名常见得多)一案中作出里程碑式的判决之后,才宣告结束。② 贵族院认定:无论是作为对英王特权的直接行使(多数参审法官持此议),还是作为对英王基于其特权而授予的权力的行使,涉案的指示都是可以进行司法审查的。但是贵族院同时强调,工会享有接受咨询的合法性期待。③

从翻译的角度看,如果将 legitimate expectations 译为信赖保护,则语义不通。信赖保护是就保护者而言的,而合法性期待是就期待者,即被保护者而言的。角度不同,法律本位观念的本位者也不同。信赖保护强调的是对被信赖的对象的信赖者的保护,主动权在官方、权力方、强势的一方,保护的结果多少有施恩的成分;而合法性期待则强调期待的合法性、正当性,并不强调其后果,而其后果植根于法治社会对法律权利的义无反顾的保障,因此,合法性期待的侧重点在权利本位,对于合法的权利应当予以保护是义不容辞的。笔者比较这两种观念的用意在于,对于英国学者而言,他们强调的是英国的自由观念与大陆传统观念的区别:虽然信赖保护或者合法性期待是分别由这两个不同的法律文化区域彼此独立地生发出来的,但其本位观念的差别依然不容忽视。对于我们而言,由于众所周知的原因,这种本位观念的区别多少有点形而上学的味道,但如果我们的法律有一天也发达到了应该形成自己的主见、需要创立自己的本位观念或者能够为人类法治事业贡献思路的地步时,这种比较的意义就

---

① Bradley & Ewing, p.722.
② Neil Parpworth, p.49.
③ Neil Parpworth, p.50.

会凸显。

（一）合法性期待原则的含义

按照英国学者的说法，合法性期待的概念是英国公法中不断发展起来的一个与公正原则有关的概念。[①] 从英国行政法的研究情况看，合法性期待原则的意思，与我们目前炽热地讨论的信赖保护原则差不多，但是信赖保护可能更主要的是从德国法的角度，特别是德国民法中有关公序良俗的角度展开讨论，而英国公法中的合法性期待则主要从合同法及普通法上有关习惯的法律理念方面进行推导。虽然两大法系在实质上殊途同归，但为了避免引起误解，也为客观、全面地阐释英国法，笔者还是放弃了意译以附会潮流的打算，而是直译以强调真实。

但是，合法性期待的翻译问题出现在自然公正原则或者公正原则一节中，笔者可能会动摇自己的观念，因为英汉字典中罗列的 legitimate 的语义项中，既有合法的义项，又有合理的义项，这主要是因为在我们的文化中，法、理不分，重理轻法，许多在外国认为属于法律观念范畴的内容，在我们的文化中由于没有对应的法律传统，肯定是无法对译的：同样的内容在我们的社会中出现，往往在合理的范畴内加以讨论并为普通人所理解，因此，先辈翻译家们按照"信、达、雅"的标准移译原著时，难免会将许多以 legitimate 修饰的内容，译为合理性的内容了。这一译法为字典所收录，自然就出现了 legitimate 中合法与合理义项并存的结果。但本书作为一本法律专业的基础性著作，出发点就是要尽可能原汁原味地介绍英国的法治观念、法治实况及法治现状，因此，对于许多用语的译法，不是本着英汉字典，而是主要从英文原文的上下文去揣摩。因此，拿英汉字典中的内容来评判本书得失，就像以新华字典的标准来评价《法学研究》中的文章对"法"的本义的论证一样，风马牛不相及。至于是否可以国内出版的英汉法律字典或者英汉宪法、行政法字典来评价本书，也值得探讨。字典与专著是两种截然不同的文体，是法学界的小说与散文。二者相比，如果仅仅是为了证明与笔者见解的不同是由于笔者对英文原文译解错误造成的，最好的办法显然不是以字典评价译文，而是以英文原文评价译文。

据英国学者介绍，合法性期待概念也存在于其他法律体系中，如澳大利亚、德国以及欧盟的法律体系中，也是法律的稳定性的一个方面。私人

[①] Bradley & Ewing, p. 722.

在与公共管理机构打交道时,需要知道是否可以信赖行政官员所说的话或者信赖有关行政决定的通知。在商事活动中,某人在与其他人达成契约之后就可以坚信其他人的承诺。但是,类似颁布许可证的行为或者准许为某事的决定却很少采取合同的形式。①

"合法性期待"这个术语最早是由上诉法院民庭庭长丹宁勋爵于1969年的 Schmidt v. Home Secretary 一案中提到的,以区分那些因其居留英国的许可期满而必须离开英国的外国人和那些居留证被内政部提前取消而必须离开英国的外国人;后者拥有合法性期待权,不听取他们的意见就剥夺他们的居留权是不公平的。②

需要讨论的合法性期待的情形主要有四种③:

(1) 公共管理机构作出了一个影响某甲的决定,但后来又试图用一个新的决定替代原来的决定。当然,这个新的决定在某甲看来是更为不利的;如果从某甲的角度看,这个新的决定正是其求之不得的,此时其所实现的恰恰可能是一种不合法的期待。

(2) 公共管理机构作出承诺将采取某种程序或者政策来处理影响某甲的事项,但事实上却并非如此。

(3) 公共管理机构虽然没有作出任何承诺,但却长期以来一贯遵循一种相沿的做法,以至于某甲认为这一做法在没有通知要改变的情况下会延续。

(4) 公共管理机构公开声明自己将在某一事项上遵循某一政策,但却在决定某甲的案件时改变了这一政策,使之与某甲所预期的不完全一致。

可以假定,上述任何一种情况的结果都要比当事人的期望值低。但是,对于上述分类中的每一种情形,即使证据确实存在,要想取证也不那么容易。例如,在第二种情况下,即公共管理机构作出承诺时,某甲对其与某一行政官员某丙的谈话的理解可能与某丙本人的理解相差悬殊(某甲可能坚持认为某丙许诺某甲的申请将会成功,而某丙的理解则是他只是说类似某甲提出的申请具有公平地取得成功的机会)。如果双方的交流是书面形式的,则同样会产生对于文字的确切含义的理解问题。在某

---

① Bradley & Ewing, p.722.
② Bradley & Ewing, p.723.
③ Bradley & Ewing, p.723.

些案件中,公共管理机构的官员可能超越了自己的权限范围对某甲作出了承诺,而另一个公民可能与某甲具有相互冲突的利益关系。① 某甲不能因另一个公民最终如愿以偿,而认为公共管理机构的决定违法。

1. 撤回自己的决定

法律的稳定性要求,如果某一公共管理机构作出一个影响个人权利的决定并告知了本人,但却没有明确该决定是临时性的或者可商议的,则该机构即被视为已经就该决定相关的事项行使过自己的自由裁量权了,而不得再朝着更不利于该个人的方向变更其决定。② 如果变更,则将因没有权限而被视为一种法律上的错误或者直接构成超越管辖权限。这就是英国学者推导合法性期待的思路。这一思路还是围绕法及法定权限这个轴心展开的,合法性期待原则要受制于制定法的明确规定。例如,社会保障方面的立法即授权有关行政机关在发现新的事实的情况下,可以对先前的决定进行复审。已经授予的规划许可也可以被撤销,但必须予以赔偿。除立法性限制以外,公共管理机构如果一直因某种错误的事实而向某人提供一种福利,则其可以在发现真实情况以后,不溯及既往地撤销这种福利的供给。而如果原先提供的福利是基于错误适用法律,则公共管理机构可以基于适用正确的法律作出一个新的决定。③

2. 违反保证

公共管理机构不能背离其先前给予个人的保证。英国法已经明确,法院可以强制落实基于此种保证所建立起来的合法性期待。④ 从这个意义上说,合法性期待不是因为其期待是合理的,而是因为这种期待在法律上是有根据的,因此是一种法律上的期待,正如人们对法律明文规定的权利的期待应当被称为法律权利或者合法权利一样,对于具有同样可依法强制的期待也应当被称为合法性期待。而合理期待则是一个相当含糊的词,显然不能表达这种意思,因为强调合理往往是出于尚缺乏法律依托的现实而表达的一种比较委婉或略带悲悯、同情的托词。

如果某公共管理机构明确表示将接受并且考虑某人的请求,这将使该个人获得就其相关事项举行听审的权利;如果某公共管理机构已经承

---

① Bradley & Ewing, p. 723.
② Bradley & Ewing, p. 723.
③ Bradley & Ewing, p. 723.
④ Bradley & Ewing, p. 723.

诺要遵循某一程序,那么只要不妨碍其制定法的义务的履行,则该公共管理机构以一种公正行事的姿态践行其诺言,恰恰正是良好行政的内在要求。① 如果该个人在其他情况下并不拥有听审权,那对该个人而言,能够表明其确实被给予了这种承诺就显得至关重要了。②

自然公正原则要求公共管理机构的保证能够强制落实,虽然制定法可能并没有规定。③ 但至少不应当禁止这样做,合法性期待原则的核心是在不违反法定职责的前提下,行政机关要在公共行政中表现出良好的诚信,这是良好行政的一个重要表现。合法性期待原则的核心是使法律的稳定性原则进一步提高,即从制定法的稳定性、行政决定的确定力上升到行政习惯的拘束力。

例如,在1989年的 *R. v. Home Secretary, ex p. Oloniluyi* 一案中,一名尼日利亚妇女(她在英国居留的签证并不存在不确定的情形)想回家过圣诞节并得到了内政部明确的保证(并在其签证上确认),如果她在1月31日前回来,允许其入境,因此,如果她在此日期之前回来,移民官不得拒绝其入境。但是其他的案件则没有该案这样是非分明。如在1990年的 *R. v. IRC, ex p. MFK Ltd.* 一案中,税收官员先前的做法向纳税人表明,某项要素应按资产计税而非收入,但后来却按收入计税。法院指出,如果某一公共管理机构的行事使老百姓产生一种合法性期待,认为该公共管理机构将会遵循某种程式,此时,如果允许该公共管理机构按照另外一种程式行事将会损害那些对原有行为模式抱着善良期待的人,那显然是不公正的。但是公正并不是单行道。公正原则给公共行政引入了公平、公正和公开行政等观念,根据这些观念,公共管理机构与公民享有同样的诚信义务。④ 公民必须信守自己的承诺,公共管理机构也必须如此。

但是,纳税人必须摊出自己所有的底牌,而且公共管理机构的保证必须是清楚的、明确的,而且不存在无相关权限的情形⑤,即必须在其法定的职权范围内,否则,就不是合法性期待,而完全是一种权钱交易的翻版或者拿法律原则做交易的非法妥协的产物。

上述案件并没有以合法性期待为由阻止税收职能部门依法征收该当

---

① Bradley & Ewing, pp. 723-724.
② Bradley & Ewing, p. 724.
③ Bradley & Ewing, p. 724.
④ Bradley & Ewing, p. 724.
⑤ Bradley & Ewing, p. 724.

征收的税款。在此类情况下,个别当事人提出的公正性要求与更广泛意义上的基于公共利益和合法性原则的公正观念确实存在一定的冲突。假如税收职能部门就某项交易应当交多少税而给纳税人一个明确的保证,并且私人之间的这类保证能够形成合同上的义务或者产生禁止反言的效果,那么该税收职能部门应当受该保证的拘束。① 但如果税收职能部门确实说错了,怎么办呢? 英国学者此处所言的前提是必须符合法律,因为个人之间的相互保证如果是非法的,照样产生不了法律上的可执行的合同义务。此外,此处还是典型的英国法律原则拓展的技术,即将新的法律领域拟采用的原则,与原有的已经成熟的原则体系建立链接,则所有有关的已经成熟了的法律原则体系就可以自然地、平滑地移植到新的法律领域。

3. 因持续性惯例的惯性期待

在政府通信指挥部(GCHQ)案中,政府一成不变的在调整公务员的待遇之前咨询公务员工会的惯例,确立了除国家安全方面的事实以外的合法性期待。在该案中,在政府取消政府通信指挥部的雇员参加公务员工会的权利之前,公务员工会具有被政府咨询的合法性期待。在1996年的 R. v. IRC, ex p. Unilever plc 一案中,相沿25年的不受制定法规定的期限限制而全盘受理有关税款返还请求的做法,产生了一种合法性期待,税务职能部门不能未加说明就以返还税款的请求提出晚了为由拒绝返还。②

4. 政策的改变

人们对此的不满在于,由于政策的改变,个人不能得到其期待的决定。这类抱怨可能会与未经征求意见程序的抱怨一并提出,但也可能声称案件应当按照原有的政策作出。在提出这样的请求时,很难不提到这样的主张:原来的政策根本就不应当有任何改变。③

与此相关的问题是,这些请求成功之后所能获得的救济究竟是程序性救济还是实体性救济。程序性救济是指法院认为申请人应当在不利决定(即根据改变的政策作出的决定)作出前被给予听审的机会;实体性救

---

① Bradley & Ewing, p. 724.
② Bradley & Ewing, p. 724.
③ Bradley & Ewing, p. 724.

济则是指,法院直接判给申请人其所希望得到的。①

在1985年的 Re Findlay 一案中,内政大臣改变了给予被定罪的囚犯获得假释的政策,从而使某些囚犯符合假释条件的时间比按以前的政策大为延迟。斯卡曼(Scarman)在该案中指出,这些罪犯的合法性期待是什么?就规范假释的制定法的实质及立法宗旨而言,一个被定罪的囚犯最应当期待的是他的案子将被内政大臣从其认为适当的政策角度出发予以个别地考虑。② 法院强调的显然不是政策的改变在内政大臣的自由裁量权的范围内,而是内政大臣具有个别考虑每一个不同的案件的自由裁量权,即从其认为适当的政策角度出发予以个别地考虑每个囚犯的具体情况,并据此作出是否假释的决定。这种自由裁量权显然会因内政大臣改变了给予被定罪的囚犯获得假释的政策而发生总体性的改变,但这应当属于该大臣认为适当的政策改变。因此,该案中提到的政策调整并不违反合法性期待原则。

虽然有 Re Findley 一案的判例,但法院自此以后还是认为,因既存的政策所产生的合法性期待的范围要比该案确定的范围宽广得多。③ 因为对于受政策影响的人而言,其合法性期待的核心不在于政策本身,而在于政策的执行结果。因此,政策调整所必然导致的执行政策的结果改变,依然会使当事人产生期望落空的感觉。

在1995年的 R. v. Ministry of Agriculture, ex p. Hamble Fisheries Ltd. 一案中,根据规范对某种鱼类捕捞的政策,某公司打算获得一项"集约化"许可,即将该公司拥有的其他渔船所拥有的许可捕鱼量累加到一艘更大的拖网渔船的许可捕鱼量中。在该公司为此目的购买了两艘拖网渔船之后,提出集约化许可申请之前,有关部长迫于欧盟保护渔业资源方面的压力而终止了这项政策。新的政策中包括对已经向部长提交申请但尚未作出给予集约化许可决定的那部分当事人的过渡性规定。④ 这本身是非常全面的政策考虑,是非常重要的良好行政行为。而该案需要考虑的则是,虽然还未向部长提交申请但已经采取了相应的准备工作的当事人,是否应当被给予与已经提交申请但尚未给予集约化许可决定的那部分当事人

---

① Bradley & Ewing, pp. 724-725.
② Bradley & Ewing, p. 725.
③ Bradley & Ewing, p. 725.
④ Bradley & Ewing, p. 725.

的过渡性规定相同的待遇。

该案当事公司的许可申请根据新的政策而被拒绝。主审法官塞德利（Sedley）通过对欧盟法及国内法的全面研究，在判决中认定[①]：① 合法性期待可以成为获得某一利益的一个实质性的请求事由，并且可以在公正原则有相应要求的情况下要求部长将该案作为其新的政策的例外。② 在该案中，部长确实对已经提交的申诉作了过渡性的规定。③ 任何人都不可能拥有对政策永远不变的合法性期待，而公正原则也不要求对于新政策作进一步的例外。

该案对于中国读者之难以理解之处在于其涉及例外的例外：部长采取的新政策包括对已经向部长提交申请但尚未作出给予集约化许可的决定的那部分当事人的过渡性规定。[②] 这已经是新政策的例外。根据这种例外，如果该案当事人已经提出了申请，则可以享受例外的优惠，但因为其不符合例外规定的条件，所以其许可申请根据新的政策而被拒绝。该案涉及的合法性期待所关心的显然不是这种例外，而是指比这种例外还要特殊的未向部长提交申请但已经采取了相应的准备工作的当事人，是否可以适用这种例外的问题。法院的判决首先确立了合法性期待的实质价值，因此，最终的判决是撤销了部长拒绝当事人申请的决定。

英国学者进一步分析了上述判决的自相矛盾之处[③]：① 法院认定合法性期待使其有权提供申请人所寻求的实体利益，而非仅仅予以程序性救济。② 该判决同时认定法院必须权衡政策的转变对申请人的影响是否公正，而不仅仅是考虑政策是否已经具备了温斯伯里判据所涉及的不合理性。就后者而言，该判决最初在 1997 年的 *R. v. Home Secretary, ex p. Hargreaves* 一案中被上诉法院视为异端，但却在 2001 年的 *R. v. North Devon Health Authority, ex p. Coughlan* 一案中得到了支持。英国学者认为，前述捕鱼许可案判决的自相矛盾之处在于，既然确立了合法性期待能够使法院为申请人提供其所寻求的实体利益，再回到权衡政策的转变对于申请人的影响是否公正的问题上去，难免使人不知所云。但从英国学者进一步的介绍看，*R. v. Ministry of Agriculture, ex p. Hamble Fisheries Ltd.* 一案确实有其超前性，但其确立的合法性期待原则还是在

---

① Bradley & Ewing, p. 725.
② Bradley & Ewing, p. 725.
③ Bradley & Ewing, p. 725.

2001年的上述科赫兰(Coughlan)的案件中得到了维护,说明英国在合法性期待领域已经度过了原则最初确立时期基础不稳固而不可避免的摇摆状态。

1993年,某健康服务职能部门在许诺某些老年病人愿意住多久就住多久之后,将他们转移到某一新的休养所。但到了1998年,该健康服务职能部门决定关闭该休养所而将这些病人移交地方政府机关照顾。法院认定这一终止在全民健康服务体系内对这些病人的照顾的决定,系基于对制定法的错误理解。健康服务职能部门对病人的承诺确立了合法性期待,未能兑现承诺的做法是如此不公正以致可以够得上滥用权力。而且在该案中也没有排他性的公共利益来维护这种背信的行径。①

法院对该案的上述判决受到了欢迎,但是此后的法院将会面临在个人期待与公共管理机构为公共利益行事之间进行权衡的困难。② 英国学者对于合法性期待原则能够走多远的顾虑确实是一个非常现实的问题。

5. 程序性合法性期待

在 *ex p. Liverpool Taxi Fleet Operatorn Association* 和 *ex p. Khan* 两个判例中,法院认定如果允许公共管理机构背弃其作出的应当遵循某一程序的承诺或者保证,显然将有悖于确保行政主体良好行政的公共利益。如果这些承诺或者政策并不妨碍行政主体制定法上职责的履行,则公正性要求它们必须遵循这些承诺。进而言之,如果行政主体想改变其承诺,公正原则也要求它们必须给予那些受这些改变影响的人以听审的机会。③

(二)合法性期待与禁止反言

在英国法发展的早些时候,对于公共管理机构作出的诸如本机关将如何行使制定法所规定的职能的承诺,通常是没有人理会的,因为人们认为这是没有什么法律效力的。随后,法院开始援用禁止反言(estoppel)的原则来缓解某人因相信公共管理机构的某一官员的保证,但却发现根本没有拘束力时所处的困境。在1949年的著名的 *Robertson v. Minister of Pensions* 一案中,丹宁(Denning J)[就是后来的 Lord Denning,因为他当时既不是常任上诉贵族法官,也不是上诉法院民庭庭长(MR),而仅仅

---

① Bradley & Ewing, p.725.
② Bradley & Ewing, p.725.
③ Neil Parpworth, p.314.

是高等法院法官(J)]运用了这一原则:在任何时候,当政府官员与相对人打交道时,如果他们的表现使该相对人假定其具有该国民所关心的事项方面的权力,那么,该相对人就有理由相信这些官员确实拥有该相对人假定其拥有的权力。该相对人并不知道,而且也不能期望其知道这些官员的权力的界限,同时该相对人也不应当因这些官员逾越这些权力而受到损害。这一有价值的原则被保守的贵族院在 1951 年的 *Howell v. Falmouth Boat Construction* 一案中拒绝了。尽管禁止反言原则作为一个证据规则不可能超越法律原则之上,但仍有充分的理由认为包括英王在内的公共管理机构在行政事务方面应当受禁止反言原则的拘束。到了 1962 年,法院认为禁止反言原则不应当成为阻碍制定法所规定的自由裁量权行使的障碍,但在随后的案件中,法院支持了那些信赖规划官员所作的非正式保证的个人。到了 2002 年,贵族院审理了此类规划案件:一方当事人向贵族院诉称,某地方规划官员 1991 年出具的关于某块土地的利用不需要规划许可的非正式的意见应当作为地方政府机关行使制定法规定的权力所作出的具有拘束力的决定对待。贵族院否决了这一论点,因为规划立法要求只有提出正式的申请并在审批中满足其他程序性要求,才能得到这样的决定。即使地方政府机关是一个私人当事方,它也不具备禁止反言原则所适用的客观条件。[①] 但从英国学者对此判决意见的解读看,他们只承认该判决宣告了禁止反言原则在公法中进一步开疆辟土的可能性的终结,但并不意味着在这一领域不可以用合法性期待原则取而代之。该案的最终结论仍然是:不需要规划许可的非正式的意见应当作为地方政府机关行使制定法规定的权力所作出的具有拘束力的决定对待。只是作出这一判决的理由不是禁止反言,而是合法性期待。英国学者之所以不去强调判决的结果,而反复论证判决的理由,恰恰是因为本书前文已经强调过的:正是判决的这一部分{判决理由[*ratio decidendi*(旧用法,拉丁文,意思是:reason for deciding)]}被称为具有约束力的判例;判决的结论不构成判例原则。

在谈到合法性期待的概念及在该规划案件中适用禁止反言原则的困难时,霍夫曼指出,在这个领域,公法已经从作为私法上的禁止反言概念基础的精神价值中汲取了足够有用的内容,公法在这一领域自立门户的

---

① Bradley & Ewing, p.726.

时代已经到来。① 这表明,私法中的禁止反言只能是私法中的东西,在公法发展的初期,需要运用其原理、方法及判例为迅速发展但不够均衡的公法救场,但当公法建立在这一原则的精神价值基础之上的独立的概念体系已经羽翼丰满之后,再回过头去搬用禁止反言原则,就显得不合时宜。取代禁止反言原则的公法自主的原则,就是合法性期待。

2002年贵族院对规划案件的判决,对于规划法的意义是相当深远的。未来的涉及非正式程序的效力的案件的判决将不得不考虑合法性期待原则而不是禁止反言原则。然而在适当的条件下,各种禁止反言的规则仍有可能按照私法中的类似案件的情形,继续适用于公法中的有关公共管理机构的案件中。②

（三）对合法性期待的救济

合法性期待的概念既可以由那些请求撤销某公共管理机构决定的申请人在司法审查中援用,也可以由那些寻求被公共管理机构否定了自己实质性利益的当事人援用。如被要求搬出休养所的老年病人。③

在许多原告因对公共管理机构的合法性期待而遭受损失的案件中,同样的事实极有可能形成对于不良行政的申诉,并通过议会行政监察专员的渠道得到救济。④ 也就是说,因合法性期待落空而受到的损失也可以视为不良行政的后果,从而可以纳入议会行政监察专员救济的范围。但仍需要注意的是,一般情况下,如果存在法律救济的可能,则议会行政监察专员这一法外救济途径就不能被援用。

第二节 行政咨询

咨询程序是英国立法中经常采用的立法技术。例如,1972年《地方政府法》第257条和第258条要求国务大臣在咨询了代表当时既存的地方政府机关的代表机构以及这些地方政府机关雇员的代表机构后,为英格兰和威尔士各建立一个雇员委员会。⑤ 但是,这类立法技术属于那种笔者本不想介绍,或者暂时不建议效法的立法技术。

---

① Bradley & Ewing, p. 726.
② Bradley & Ewing, p. 726.
③ Bradley & Ewing, pp. 726-727.
④ Bradley & Ewing, p. 727.
⑤ Andrew Arden, p. 350.

其原因也同英国的委员会制度一样,笔者担心的是,这种制度在英国这样的大家喜欢坐在一起开会,而且确实只在会上解决问题的国家,或许能够施行得非常好,而移植出去就会有质变的可能。因为每个国家的人们开会的方式不一样,有的国家开的是"会议":在会上议事、决定事;有的国家开的是"议会",开会只是附议已经决定了的事。英国的上述咨询义务的对象,既包括咨询地方政府机关的代表机构,也包括咨询这些地方政府机关雇员的代表机构,这些受咨询的机构的回应过程,就是开会讨论后给出一个经集体表决的意见。由此需要确立一个前提:建立一个真正能够称得上具有代表性的代表机构作为咨询的对象,而这又是一个需要长久的政治努力才能实现的制度建构。

一、咨询的要求的实质性

英国的咨询程序的主要特点之一,是有咨询义务的公共管理机构必须诚心实意地咨询,实实在在地听取被咨询者的意见,而绝对没有"夜半虚前席"那样的故作姿态。以地方政府机关每一财政年度之初为拟就经济发展计划而实施的咨询为例,地方政府机关必须向代表当地工商界的机构,在当地从事商业、工业或者公共事业的人以及其他地方政府机关认为值得的人公开其经济发展计划,并征求他们的意见。而且,如果地方政府机关没有就其经济发展计划征求过有关方面的意见,则不能行使促进经济发展的权力。既然地方政府机关征求了有关方面的意见,很难说地方政府机关能够不按照被咨询对象提供的意见行事。[1] 这充分说明,地方政府机关征求意见的活动是实实在在的,而不是摆样子、作姿态。被咨询者的意见也绝对不仅仅是参政、议政的成果而已,而是地方政府机关必须遵循或者给予相当重视的参考意见。如果地方政府机关严重背离这些意见而实施其经济发展计划,且不说没有这些被咨询者的配合这些计划很难实施,即使地方政府机关硬性实施了,其没有遵循这些被咨询者建议的行为本身,就构成对这些计划的合法性的严重挑战。从这个意义上,英国地方政府机关必须十分重视其经济发展计划的征求咨询意见工作,而正因为其采取了切实有效的广泛征求意见的活动,其经济发展计划的现实性和实效性才有了基本保障。

---

[1] Andrew Arden, p. 46.

二、违反咨询义务的后果

国务大臣制定的条例可以禁止地方政府机关及其委员会、分委员会或者任何代表其行事的个人，在不遵循某一中立人士建议的情况下解雇其行政官员或者给予其他纪律处分。[①]

由中立人士提出决策者必须遵循的意见的实际结果是，地方政府机关的此类纪律处分的权力实际上交给了这些中立人士，地方政府机关就此所能做的事仅限于：① 事前任命中立人士；② 遇事向中立人士报告拟采取的纪律处分措施；③ 最后根据该中立人士的建议作出决定。据此不难想象，在一些比较大或者雇员人数比较多的地方政府机关，将这些中立人士组成一个中立的惩戒机构，专门负责该行政机关的雇员纪律处分事宜，但其得出的结论不是最终决定，而是被处分当事人可以向地方政府机关提出内部复审请求的建议，但在一般情况下，地方政府机关必须遵循这些建议，因此，报送到地方政府机关的结果仅仅是履行以地方政府机关的名义作出最终决定的手续而已。

第三节　行政立法

行政立法（administrative rule-making）是宪法学领域的委任立法（delegated legislation）在行政法学领域的具体体现。从英国宪法角度看，二者的区别在于：委任立法是基于议会主权立法或者议会立法至上的次级立法，其强调的重点是立法权不是实施委任立法者固有的，而议会委任的，或者说委任立法者是受委托行使别人的立法权；而行政立法是指受议会委托行使议会专有的立法权。在议会立法至上的英国，所有的立法权都臣属于议会，所有的非议会的立法权都是议会委托的结果。因此，委任立法包括行政立法，而行政立法只是从立法主体角度着眼，对行政方面实施的所有立法活动的指称。王名扬先生在其《英国行政法》中介绍的重点，正是这种行政领域的委任立法。

除行政立法外，英国至少有以下两类非行政机关实施的立法活动也被冠以委任立法的名号：一是单独一院的委任立法，二是权力下放地区的

[①] Andrew Arden, p.356.

委任立法。① 但英国行政法学者讨论委任立法的重点,仅限于英国议会委任的行政立法,不包括苏格兰及威尔士的委任立法②,一般也不包括单独一院的委任立法。

因此,严格来说,行政立法不完全是行政机关的立法,因为行政机关制定的成文法律规范最终的命运不掌握在行政机关手里,就像政府向议会提出的立法议案的命运至少在形式上看最终不掌握在政府手中一样。当然,在议会立法至上的英国,虽然不像美国宪法那样明确立法权属于议会,但立法职能根本上属于议会,行政方面的立法原则上都应当属于行政立法。而且从法院的态度看,囿于议会立法至上原则,法院对于议会立法的一般原则是只解释不审查;而对于行政立法活动,无论是直接受议会委任的立法,通过枢密院令发布的王权立法,还是行政机关的附属立法,从法律上讲都可以成为司法审查的对象。由此看来,虽然行政立法与委任立法存在一定的区别,但将所有行政方面实施的立法活动统称为行政立法,并不会产生太多的歧义。只是不能将行政立法视为委任立法的全部。

在以上初步区分的基础上,可以通过对委任立法的了解,认识英国的行政立法。详见本书第四卷第三章第三节委任立法监督。

第四节 行政计划

英国是世界上最古老的资本主义国家,其市场经济的历史甚至长于其资本主义的历史。笔者在英国公法史中发现:仅在 30 年前,英国还有一个计委——一个负责制订计划的国家经济发展委员会。

当我们与计划经济渐行渐远之时,看一下英国当代的行政计划,不知是否会使读者耳目一新。英国的行政计划给笔者的印象是:凡事预则立,不预则废。英国的行政计划至少包括三个方面的内容,即实施机构、实施机构的权力以及对实施机构落实行政计划的行为不满的申诉。从制度上看,英国的行政计划都是由某一制定法规定的,该制定法就特定的事项推行某种计划作出布置,如规定谁负责起草计划、如何组织实施、财政如何保障等。从性质上看,英国的行政计划主要是一种自愿性质的,当事人是否参与计划,依其对计划所能提供的利益或者服务的权衡而定。从计划

---

① Wade & Forsyth, pp. 25-26.
② Bradley & Ewing, p. 660.

实施的手段看,一般采取合同方式,通过政府的财政投入赎买计划参与人所控制的产品或者资源,以实现设立行政计划的立法所要达到的目标。

一、组织方面的计划

根据1958年《农业市场法》(Agriculture Market Act)的规定,英国制定了一个牛奶市场计划。根据该计划,在全国各地设立了地区性的牛奶市场委员会,负责从农民手中以指定价格收购牛奶。该计划中包括一个申诉程序,根据该程序,一个调查委员会将负责审查任何针对该计划的实施所提出的申诉,但前提是农业部长对此有明确的指示。[1] 这一计划的关键环节,是各地区性的牛奶市场委员会,该委员会是负责在各地区推广牛奶市场计划的机构,是该计划的一个组成部分,即组织部分。1958年《农业市场法》对于该法实施的组织方面的规定,无疑是英国此类行政立法的一个必要的组成部分,或者说是这些法之所以能够施行的关键。

二、财政方面的计划

在每一财政年度之初,地方政府机关都要就其本年度是否要使用经济发展计划作出决定。如果地方政府机关决定采取经济发展计划,则必须拟就一项经济发展计划,并在其中提出包括以下内容的建议:拟采取的措施,不同项目的开支,各项目预计产生的收入,以及预期所能达到的目标。[2] 虽然前文提到地方政府的经济发展计划一般不能以营利为目的,除非属于例外的情形,但这并不妨碍地方政府的经济发展计划中包括收入的内容,因为此处讨论的是合法的经济发展计划的一般内容,其中当然应当包括那些能够以营利为目的的计划。

如果没有这些经济发展计划,地方政府机关显然不能在相应的财政年度行使其促进经济发展的权力。[3]

三、国家经济发展委员会的兴亡

在阅读英国学者关于国家经济发展委员会短短的介绍文字时,笔者对于该委员会的感受在短时间内经历了一波三折,初看时觉得很疑惑:难

---

[1] Bradley & Ewing, p. 699.
[2] Andrew Arden, pp. 45-46.
[3] Andrew Arden, p. 46.

道英国也有计委了？接下来的是一丝惊喜后紧随其后的无奈：英国的国家经济发展委员会怎么是个清水衙门？等到发现这个机构连个法定的衙门都不是的时候，已经到了为其消亡熄灯的时候了，此时的感受多少有点惋惜。但在一个资本主义国家，能够在长达 30 年（1962—1992）的时间里维持一个计划部门，这多少都是对已经逝去的计划经济时代的一丝温馨回忆。

国家经济发展委员会的设计思路，就是使之成为一个全国性的计划机构，进而为其本身建立一个经济政策制定的永久性局部环境机制。国家经济发展委员会没有任何执行性的权力，而且从来也没有逾越仅使自己成为一个不同意见交换的有益平台的基础性定位。[①]

国家经济发展委员会由度支大臣任主席，其成员包括资深的贸工部部长以及来自工会及商会的资深代表。[②] 从国家经济发展委员会的组织及职能可以得出三个结论：该机构是一个纯粹的委员会，是一个纯粹的清议机构，是一个三方（政府、工会、商会）交流的平台。

尽管国家经济发展委员会在形式上及实践中具有重要性，然而该委员会却不是一个制定法创设的实体，而是英国的行政国家的一个相对而言较不正式的产物，这使得它很容易被边缘化，并最终在其已经不适应经济政策制定方面的政府战略的内容及方法时，于 1992 年寿终正寝了。[③]

四、价格委员会的存废

笔者在研究中还发现，英国不仅存在国家经济发展委员会，竟然还有过价格委员会。根据 1973 年《制止通胀法》（Counter-inflation Act）设立的价格委员会（Price Commission），有权向雇主或者商号发送令状或者强制执行通告，违者将承担刑事责任。[④]

这一举措的产生背景是，20 世纪 70 年代经济困难时期，迫使英国政府行使以对付通货膨胀的特别权力。这些特别权力使得政府能够比其在和平时期更为广泛地介入私人经济交易过程，但通常不能持续太久。如今，这些赋予政府特别权力的立法久已废止。[⑤] 也就是说，在英国学者

---

① Bradley & Ewing, p. 360.
② Bradley & Ewing, p. 360.
③ Bradley & Ewing, p. 360.
④ Bradley & Ewing, p. 361.
⑤ Bradley & Ewing, p. 361.

看来,政府在经济危机时期享有的特别权力只能是临时性的。超过了一定的时限,甚至不用等到经济危机完全结束,这些权力继续存在的正当性就值得怀疑并有必要对其提出挑战了。

五、宏观经济发展指导方针

从1979年至1997年,保守党政府采取的是一整套完全不同的经济管理思路:强调市场经济的重要性,强调去除设在通向市场机制自由发挥功能的道路上的樊篱的必要性。①

指导性的财政及经济政策主要用于直接控制通货膨胀,遏制公共开支以及撤销在工资支付、价格、分红、信托以及外汇等领域的官僚控制。②

指导性的产业政策主要用于鼓励中小企业、破除垄断、鼓励竞争以及使企业摆脱公共部门的束缚。

在就业市场领域,政府采纳的指导性政策包括鼓励灵活就业,这一目标表现在1980年开始的旨在限制工会权利、减少就业保障立法的规模的立法运动中。③

第五节　行政许可

英国行政法学界将诸如规划、许可、审理(行政系统内部的)上诉案件等职能,都视为准司法职能④,这对于我们进一步理解规划、许可等职能的法律本质有一定的启示作用。

一、行政许可与合法性期待

在英国学者看来,最常见的实体性权益的合法性期待的例子发生在行政许可领域。这些例子已作为英国司法审查的根据,成为重点讨论的内容。参见本书第四卷第四章第二节司法审查的根据中有关合法性期待的内容,特别是其中关于实体权益的合法性期待部分。

---

① Bradley & Ewing, p. 361.
② Bradley & Ewing, p. 361.
③ Bradley & Ewing, p. 361.
④ Andrew Arden, p. 257.

二、行政许可立法

虽然英国学者认为,许可权数量众多、种类繁杂,而且英国也确实有一部《许可法》(Licensing Act,制定于1964年,2003修订过,其中并没有"行政"的限定),但其调整的范围十分有限,主要是地方政府的一些边缘事权,如区议事会有权许可的事项包括:剧院、电影院、当铺、马术设施、养狗、游戏操盘手等。2003年《许可法》将治安法官拥有的颁布卖酒许可的权力,连同某些娱乐活动的许可权,都转移给了相关的地方政府机关,使之成为相应的许可职能部门。①

因此,说英国没有行政许可法,也对也不对,正如说英国没有宪法一样。如果说英国有行政许可法,从全面规范行政许可活动的意义上讲,1994年《规制缓和及外包合同法》②是最接近行政许可法的。此前笔者曾将该法译为《权力下放及外包合同法》,现在看来,是不对的。因为英国的权力下放或者权力外放,都有专指。1994年《规制缓和及外包合同法》则是有关如何减少政府通过行政许可等手段对经济、民生的束缚的。从这个意义上讲,该法与日本的规制缓和(就是缓和规制、减少规制的意思)是最接近的,也与我国制定《行政许可法》的立法目的相一致。

该法同时涉及两个重大制度,即行政许可和行政合同。英国立法者将此二者放在一起的本意是,通过行政合同的手段或者说方式,实现规制缓和,即将原来通过行政许可实施的控制、原来实施行政许可的领域,通过行政合同,将相关职能外包给私人,实现减少政府控制的目的。

三、行政许可分类及范围

英国没有统一的行政许可法,但存在行政许可制度,行政许可制度是在各单行法中分别规定的。如规划、消防、娱乐场所、酒类销售、公交车运营、电视收视等。但笔者从来没有看到英国学者将这些零散的内容集中在一起讨论,更没有看到有关分类方面的具体内容,有的英国学者甚至将规划与许可并列③,当然这从另一方面说明在他们的不太注重分类的概念体系中,许可至少在相当程度上与规划有着密不可分的关系。

---

① Wade & Forsyth 2014, p. 93.
② Andrew Arden, p. 412.
③ Andrew Arden, p. 257.

英国有一类特殊的行政许可,即在罪犯服完法院判处的固定刑期的一半之后,由国务大臣予以提前释放的许可。此类许可由 2003 年《刑事司法法》(Criminal Justice Act)规范,并由 2008 年《刑事司法及移民法》(Criminal Justice and Immigration Act)及 2012 年《违法者的法律援助、审判及制裁法》(Legal Aid, Sentencing and Punishment of Offenders Act)予以修正。① 这其实就是假释,但不属于行政法调整的范畴,我国也存在与英国一样的情形:由行政机关实施,但不属于行政许可。

笔者本来打算,先按照我们的思路对英国的行政许可进行分类,再根据行政许可的分类研究英国行政许可的范围。但研究下来发现,确立分类的标准并不难,例如,为提供服务而设定的行政许可、为实施控制而设定的行政许可、为实施管理而设立的行政许可等,但给不同的英国行政许可贴上这些标签则比较困难。当然更为重要的是,这种用中国坛装威士忌或者白兰地的做法,除了容易使人联想起商标权争议方面的问题,对于解决行政法问题似乎并无多大帮助。于是,笔者放弃这种思路,转向英国式的列举。经过适当但不明显的归类后罗列的英国行政许可种类,比较法所渴望的差异性还是非常明显的。

此外,许可和登记(注册)的区别,曾经长期困扰着想对行政许可进行系统性分类的研究者,这个问题在英国并不存在,但从其送达制度中我们可以侧面了解他们对于类似问题的看法。英国法规定,任何受送达人的有效地址是其最后告知的地址;如果受送达人是法人,则其注册办公地或者主要办公地是其有效地址。② 此处值得注意的是,法人注册办公地是其有效地址,这体现了注册的全部价值。事实上,我们经常会提到法人变更注册地址而不变更登记的问题,为解决此问题甚至设计了相当严厉的行政处罚措施。但英国法此处为我们提供了一个非常经济、有效的解决思路,即以其登记内容作为唯一合法有效的法定事实加以认定。因此,如果法人不及时变更其注册内容,则其法定权利有可能受到严重影响,这是促使其及时变更登记的最好控制手段。当然这一手段的有效实施至少需要满足两个条件:一是变更登记非常便捷,无须审核,立等可取(因为责任自负,也无审核或者坐等的必要);二是所有登记内容都向社会公开,任何人查阅登记内容都不收费,这才是真正意义上的登记。

---

① Wade & Forsyth 2014, p. 59.
② Andrew Arden, p. 282.

四、行政许可的实施主体

行政许可既可以由中央政府的部门实施,如电视收视许可是由内政部负责的,也可以由地方政府或者地方公共管理机构实施,如地方规划职能部门通常就是一个地方公共管理机构。[①] 而绝大多数的行政许可都是地方政府实施的,至少从英国行政法教材中介绍的许可案件看是这样,在稍后列举的英国行政许可种类中,无一例外地将地方公共管理机构作为主要的许可主体。同时这也意味着,既然许可主体是一个地方公共管理机构,它一般是既独立于中央政府,同时也相对独立于地方政府的,只服从于法律。

由于行政许可机关就其行政许可事项只服从于法律,而不臣属于其他任何机构,因此具有相当的独立性。例如,根据英国的规划法,规划职能部门在审批某一规划时所要核对的内容包括:① 该规划是否符合土地开发总体规划,该规划主要是由各规划职能部门起草,并由内政大臣认可;② 内政大臣颁布的土地开发政策,包括内政大臣以通知、白皮书及规划指导手册等形式颁布的政策意向;③(脱欧前)欧盟委员会的规划指令所确立的规划政策,该指令要求在某些项目中要有环境影响评价报告,并要根据该项目对环境的影响来确定是否授予许可。[②] 值得注意的是,此处没有提到规划职能部门所在地的地方政府机关,因为规划职能部门不受地方政府机关的控制和支配,也不对地方政府机关负责。地方规划职能部门是一个独立的机关,而不是地方政府机关的下属机构,它们只对法律负责,受中央政府的内政部的监督,但也不是内政部的派出机构或者下属机构。说到底,规划机关具有相当的自治性。这一点与警察机关是一样的。

五、从钓鱼许可看行政许可的实施程序

由于行政许可并非英国公法学者研究的主业,因此对于其实施程序的介绍寥若晨星。但根据为数不多的介绍,有些确实令笔者比较感动,例如英国的选举登记官负责编辑选民登记册。[③] 我们暂且不深究选民登记算不算

---

① Wade & Forsyth, p. 76.
② Wade & Forsyth, p. 76.
③ Andrew Arden, p. 373.

行政许可,仅探讨一下类似这样的登记活动,英国的职能部门是怎么操办的——为准备选民登记册,选举登记官必须对那些应当予以登记的选民进行挨家挨户的寻访。①

在英国的许多大小河流中,至今还可以钓到鱼。鱼不大,也未必多,但钓的人不少。钓鱼许可遂应运而生。这种许可都是各地方政府机关自己设置的,由于涉及收费问题,因此其设立的目的主要是增加当地的财政收入。而其征收对象是有闲者,也算是一种良税。

钓鱼许可的实施是从河边、湖边立着的小牌子开始的,小牌子上写着:钓鱼许可,收费3英镑,以及联系电话等。申请人可以据此知道如何办理许可及交费。凡是在立有小牌子的地方,只要交了钱,就可以钓鱼。而在另外的地方,如湿地自然保护区、鸟类自然保护区,特别是鱼类自然保护区,都是禁止钓鱼的,这些地方会在入口处或者其他醒目的地方,告知游人,这里是保护区,当然意味着不可钓鱼。

接下来的问题是,到哪里去领取这个许可证,并交这3英镑。答案是在地方政府机关的办公处或称市政厅。英国的地方政府机关不会专门为了钓鱼成立一个钓鱼办,更不会单独成立一支执法队。地方政府机关只有一个人负责收取钓鱼费,当然,他还肯定兼着别的许多工作。申请者只需要登记自己拟于哪天在何地钓鱼即可,一次可以预定今后多次钓鱼的许可证。然后届时去钓鱼就是了。

那么如何来监督钓鱼许可的落实呢?因为没有钓鱼办,这个事最终落到了警察身上。英国警察属于地方事务,虽然有相对独立的地方警察机关,但只要是其辖区内的违法事项,都属于警察的管辖范围。当然,警察只是偶尔会在河边巡查,看有没有人"无证"钓鱼,其巡查的依据,就是钓鱼申请人在地方政府机关交纳钓鱼许可费的存底。一旦发现某人无证钓鱼,那后果就是犯罪——非法钓鱼罪。当然,这种情况几乎没有,主要原因有二:一是警察几乎不会为此去巡逻;二是英国人一般也不会不交钱就去钓鱼。没有人被诉以非法钓鱼罪,确实是因为没有多少人非法钓鱼。这样,英国地方政府机关就以极低的许可管理成本,实现了对此项许可全过程的管理。

---

① Andrew Arden, p.299.

六、行政许可的强制执行

英国行政许可的强制执行,与其他强制执行制度一样,主要是通过刑事制裁手段而非行政强制手段予以保障的,当然所定之罪都是轻罪。正因为如此,有时也会出现刑罚过轻、违法行为扣除刑罚成本仍有利可图,从而屡禁不止的情形。于是,告发人之诉派上了用场。在类似的情况下,告发人之诉一直被用于针对那些发现违法行为有利可图的人,以强制落实规划控制、消防等方面的法律。如在 1931 年的 *Attorney-General v. Sharp* 一案中,某一车队的主人无(许可)证从事公交运输违反了地方性法规,但他被起诉了 48 次之后仍继续无证运营其公交车,因为他发现上缴罚金后仍有利可图。法院认为,由于涉及公众的权利并且地方性法规的规定效力不足,因此决定同意签发强制令作为补救。① 强制令的效果是禁止其再从事运营,而不是罚款了事,如果其不服从该强制令,则构成蔑视法庭罪。届时,就不会再简单地处以罚金了事了。

七、行政许可的救济

对于行政许可及其相应的收费当然可以提起司法救济。例如,1976 年著名的 *Congreve v. Home Office* 一案。② 详见本书第四卷第七章第六节司法审查经典判例中"无线电视收视许可收费案"的相关内容。

像强制征购土地的决定一样,许多规划方面的决定的合法性只能按照制定法规定的某种特定程序,向高等法院提起司法审查。对规划决定提请司法审查的期限是 6 周,而且只能以该行为"超出了该法的权限范围"或者不符合制定法的其他规定为由。当然,"超出了该法的权限范围"包括最基本的提起司法审查的根据。③ 也就是说,制定法的这种说法并不足以成为排斥司法审查的法定事由,法院仍会将这一规定理解为规划职能部门必须在制定法规定的权限范围内行事,否则就构成越权,从而可以提起司法审查。

从英国的具体判例看,对于涉及规划方面的行政许可不仅可以通过司法审查予以救济,而且救济的主体的范围相当广泛,远远超出我们的

---

① Bradley & Ewing, p. 732.
② Bradley & Ewing, p. 701.
③ Wade & Forsyth, p. 77.

想象。例如,在涉及授予某一房地产开发项目规划许可的案件中,世界自然基金会(其标志性图案是大熊猫)和全英爬虫保护协会(British Herpetological Society)的代表提起了一项基于环保法上的事由的司法审查申请,理由是该规划许可的实施可能威胁到在某地区生活的野生生物。法官希尔曼(Schiemann)认为,全英爬虫保护协会因其在该案涉及区域的资金投入及其参与规划许可程序而拥有原告主体资格,但该法官同时认定,如果世界自然基金会以自己的名义申请,则没有原告主体资格,因为该组织不像全英爬虫保护协会那样具有与此区域的联系。①

正是由于规划涉及重大的不动产权益,因此,规划行为的救济手段非常丰富,而不限于一般理解的司法审查。例如,当英国学者说,对于给予规划许可的行为没有上诉的权利,但是对于拒绝给予规划许可的行为,可以向内政大臣提出申诉,在某些情况下还可以进一步就法律问题向高等法院提起上诉。② 这是一个非常好的理解英国法律救济途径及其相互关系的例子:一定要全面地了解,否则,断章取义就极有可能在根本上曲解英国行政法的本质。

首先,当事人有向国务大臣申诉的权利,但这种申诉属于就事实问题及相应的法律提起的初次申诉,不同于就法律问题在经法院一审后向高级法院提起的上诉,也不意味着不能再提起司法审查。

其次,向部长提出的申诉通常包括一次由法定调查官主持的非正式听证,或者是对请求的书面审理。目前日益增长的趋势是,这种申诉决定越来越多地由法定调查官本人根据部长委托的权力直接作出。此处的法定调查官类似于美国的主持听证的行政法官,而法定调查官受部长委托所作出的对申诉的处理决定,则类似于美国的听证主持人听证后所作出的建议性决定,如果当事人没有异议则生效;如果有异议则不生效,但必须首先向部长提出异议,部长对异议审理后所作出的决定,才是该部门正式的决定。

再次,就法律问题向高等法院提出的上诉属于法定的上诉,也不属于传统意义上的司法审查,而是现代制定法规定的一种格式化的普遍的司法救济。这种救济途径显然是受了令状形式的司法审查的影响,而且因其制定法性质,正在一定程度上取代普通法范畴的司法审查令状。

---

① Bridges & Cragg, p. 107.
② Wade & Forsyth, p. 77.

最后,"在某些情况下"还可以进一步就法律问题向高等法院提起上诉,并不是指存在受案范围方面的对于此类上诉的限制,而仅仅是英国学者的一种表述习惯,他们在此类表述中坚持的原则就是不把话说满,因为即使申请人想提起请求,如果超过了法定的期限也不行。他们将这些情况都考虑在内,然后才说可以向高等法院提请司法救济。这在一定程度上说明,我们所关心的受案范围的问题,仅仅是他们考虑的一种情况,而不是优于其他情况的首要考虑因素。

然而,即使在制定法并没有作出排除性规定的场合,法院也会通过拒绝司法审查的方式自我限制司法管辖权,例如,在某些包含有越权的附加条件的规划许可的场合,法院就拒绝予以司法审查。① 这意味着,法院按照越权无效原则,即使是颁发规划许可的行为,也是有权进行司法审查的,除非法院自我限制这种审查权力。

八、中央对地方事项的审批

英国的行政管理立法中存在一种相当普遍的现象,就是地方政府机关从事某项活动须经中央政府的国务大臣批准。对此需要说明两点:一是这类审批事项并不限于地方政府的行政审批事项,即不完全是行政(对私人事项的)审批。二是作为中央政府节制地方政府的一种手段,这种审批主要是建立在中央政府对地方政府财政的支配权的基础之上,是作为中央政府对地方政府实施转移支付的对价确立的。

中国读者也许以为,如此一来势必给国务大臣带来负担,进而否定这种程序的合理性,但此处需要特别提醒的是,这种程序本身就是例外程序,而非现实中的常态。之所以需要国务大臣的批准,就是因为地方政府机关是制定法设立的法人,没有法定事由,1英镑也不能动。而经国务大臣批准,就是一个制定法规定的事由,此处明为设限,实际上是赋予地方政府机关只需要经过国务大臣批准就可以花这笔钱的权力。比起通过立法获得这样的权力,请求国务大臣批准显然要容易得多,这是此种批准程序产生的原因及合理性所在。

九、法律职业的许可

提到行政许可,最常被提及的五种行政许可之中,少不了法律职业的

---

① Wade & Forsyth, p.77.

许可,主要是取得律师资格。但笔者提醒读者注意三点:

(一) 律师资格证非由行政机关颁发

英国的法律职业领域值得一提的动向是,英国的律师资格不是由政府部门颁发的,而是由民间社团颁发的。当然,按照英国的判例法,行使公共职能的这类私人组织也属于公共管理机构。1990年之前,具有职业资格的律师拥有的最重要的权利是出庭辩护和为庭审准备办案材料。这两项权利分别由出庭律师协会和诉状律师协会的职业行为规则规制。根据1990年《法院及法律服务法》的规定,政府开始为这些权利确立制定法上的基础。①

(二) 律师不再垄断法律服务业

律师并不是法律业务的垄断提供者,也就是并非只有取得律师资格者才能提供法律服务。除法律执行人员以外,还有其他更多提供特定相关法律服务的专业团体,如②:①注册不动产经济师,他们的执业活动受注册不动产经济师理事会的调整;②专利代理;③破产业务代理;④税务顾问。

(三) 政府介入法律服务的程度日深

这与英国政府逐渐将法律服务纳入应当由政府提供的面向公众的接近正义服务的态度和做法有关,主要表现在,与过去职业团体简单地规定出庭代理与诉状业务有关的规则的做法不同,1990年《法院及法律服务法》允许受权机构(出庭律师协会、诉状律师协会、法律执行研究会)制定相应规则。该法还规定了一个法定的正式批准新设定或者修订规则的程序。③ 由于这一程序规定实质上是给该法授予受权机构的规则制定权加上一个须经批准的"紧箍咒",从而大大降低了各受权机构制定此类规则的便宜性。因此,英国学者指出,事实证明这一程序规定非常令人讨厌,有些批准过程费时经年才得以完成。

根据1999年《接近正义法》(Access to Justice Act)的规定,政府对法律服务界的介入更深了,该法规定④:

(1) 所有出庭律师和诉状律师都有权在各种法庭出庭代理任何

---

① Martin Partington, p. 228.
② Martin Partington, p. 241.
③ Martin Partington, p. 228.
④ Martin Partington, pp. 228-229.

诉讼。

（2）皇家公诉官及其他受聘的辩护律师，无论是出庭律师还是诉状律师，都拥有与其私人执业时相同的权利。这是对英国律师大量接受包括皇家公诉服务体系或者法律服务系统的整单或者零单聘用的现实的承认和支持。因为在英国律师看来，维护他们在私人执业时同样的权利是最令他们放心的保护其最根本权利的方式，因为其私人执业的权利是受普通法保护的，这让他们觉得自己仍然保持着与普通法的传统联系。

（3）受聘于法律服务理事会或者法律服务理事会设立的机构的出庭律师或者诉状律师，有权直接向公众提供法律服务，而不需要接受为委托人服务的某个诉状律师或者其他人的中间指导。这是针对此前的习惯而言的，即许多法律服务必须由出庭律师通过其他人（通常是诉状律师）进行，而不能由出庭律师或者诉状律师直接向委托人提供。

（4）如果某人从诸如出庭律师协会之类的某一职业团体获得了出庭代理的权利，则其有权在加入诉状律师队伍而成为诉状律师协会的成员时保留该项权利。这一点进一步说明，虽然英国的律师在业务上已经没有界限，但身份上仍有区分。只是身份上的区分已经不像原来那样能够影响其业务范围了。

（5）受诉状律师所在律师事务所雇用的出庭律师具有与诉状律师同样的执业行为能力。这是与上一条所言的出庭律师成为诉状律师后的出庭资格相对的另一条规定，即出庭律师虽然不通过加入诉状律师协会成为诉状律师，但仍可以受雇于诉状律师们组成的某一律师事务所。此时的出庭律师并不因为其身份或者没有加入诉状律师协会而使其执业行为能力受到任何影响。至于为什么出庭律师要受聘于诉状律师的律师事务所，主要原因是出庭律师不能组织合伙制的律师事务所。

（6）出庭律师协会和法律执行研究会获得了赋予其成员从事诉状业务的权利的权力。这一规定主要是从职业资格管理的角度着眼的。英国的律师职业资格由被授权的职业团体授予，这样的职业团体有三个，按照1999年《接近正义法》出台以前的习惯法，诉状律师协会负责颁发诉状律师职业证书，出庭律师协会负责颁发出庭律师职业证书。1999年《接近正义法》的规定，就是对出庭律师协会的律师资格授予权的进一步扩大，同时也赋予法律执行研究会授予诉状律师资格的权力。

（7）对授予以及在极端情况下撤销授予新的职业团体出庭代理以及从事诉状业务的权利、正式批准各职业团体修订旧的或者拟定新的行为规则等的程序作了改进。

(8) 为出庭律师和诉状律师对法院的首要职责,即为了公正利益独立行事以及遵循其所属的职业团体的行为规则等,奠定了制定法的基础。所有获得职业资格的出庭律师和诉状律师必须拒绝做有悖于公正利益的任何事,而无论这一要求是由委托人还是雇主提出来的。

1999年《接近正义法》的上述规定,其改革法律职业的规范体制的用意是明显的;尽管据此还远不能断言法律职业界现在已经完全由政府直接规制,但有一点是非常清楚的:无论法律职业界是否喜欢,政府正在与法律职业团体以合伙的方式对法律职业界进行管理。① 这一对政府与法律行业关系的描述性定位非常准确:不仅明确道出了现状的法律蕴涵,同时也指明了现代政府的行业管理行为的方向。

十、土地及建设规划

英国行政法中最常讨论的行政许可行为是涉及土地开发利用的规划行为。规划法是英国行政部门法的一个重要分支,其地位与警察法相当。

在英国,所谓规划管理,是在土地开发和建筑控制②的名下进行的,也就是将规划视为对房屋开发、建筑的控制,其中并不涉及土地。也就是说,他们并不借助规划手段对土地进行保护,而只是利用规划手段控制那些已经取得土地的土地所有者在其自己的土地上直接开发、建筑房屋的活动。从表面上看,英国的规划范围和功能都因此而大打折扣,但从另一方面看,由于土地所有权本身并不存在所有者缺位的问题,有没有规划的控制手段反而无关紧要了,也不用担心规划的保护功能失灵的问题。

规划行为成为行政法研究热点的原因在于:一是土地是英国最主要的不动产,不动产是英国人最主要的财产,土地被英国民族视为最重要的财产权益。因此,涉及规划的行为影响重大的财产权益,容易引起人们的重视。二是英国的行政许可种类有限,具有普遍性的,非规划莫属。三是规划法是英国法中一个相当重要的部门法,有比较丰富的资料。

但由于规划法已相对独立,在行政法中讨论的反而不多。

---

① Martin Partington, p. 229.
② Andrew Arden, p. 80.

十一、公共场所消防许可

地方政府机关必须向指定目录中的建筑物的主人发出通知,要求他们给自己的建筑物安装有效的火灾逃生通道。① 根据 1971 年《预防火灾法》(Fire Precautions Act),诸如旅馆、医院、休闲和运动俱乐部、教育机构、工作场所等不动产的所有者,必须从消防局取得消防证。在接到申请后,消防局必须检查这些物业是否在诸如适宜的逃生通道等方面达到了令其满意的程度。② 在咨询过当地的消防局之后,地方政府机关可以运用其根据 1984 年《建筑法》(Building Act)享有的权利,要求某一公共建筑的所有者提供安全的进出通道。③

从英国的消防许可标准看,其要求仅限于安全的逃生通道,而不包括其他更为严格的要求,如加装烟雾报警甚至喷淋系统等。这个标准令人觉得有些过于纯朴,甚至幼稚,但比起我们习以为常的专业化的消防法规,仅此一条已经足以显著减少死于火灾的人数。在英国,几乎所有的公共场所都可以非常容易地找到从里面可以随时打开的门,这就属于符合 1971 年《预防火灾法》的上述规定的逃生通道,而大量火灾案件中之所以会有重大的伤亡,原因就在于这个最基本的要求却没有人能够确保其全面落实。这一基本要求如果都做不到,则华丽的、专业化的消防准则的不合时宜之处就更显得突出了。

十二、民用建筑供水系统设计审批

根据 1984 年《建筑法》的规定,有关当事人应向地方政府机关提供拟建设房屋的设计,其中必须对建筑物的供水系统有令人满意的考虑,否则地方政府机关有权拒绝批准其设计。④ 这一许可制度的前提是英国私人可以自己盖房子。房屋设计不需要许可,那为什么房屋的供水系统设计需要审批呢?此项许可与供水服务有关。其实就是为了实现私人建筑的供水与城市公共供水系统的衔接。这样的许可如果没有收费的要求则是彻头彻尾的便民服务。

---

① Andrew Arden, p. 86.
② Andrew Arden, p. 123.
③ Andrew Arden, p. 86.
④ Andrew Arden, p. 90.

十三、船居许可

辖区内有运河通过的地方政府机关,应当通过许可证的手段,对使用运河船为住处的行为进行规制①,一般不允许将运河船作为永久住处,如果想以此作为住处,需要取得运河所在地地方政府机关的许可。

十四、公共娱乐许可

参见本卷第二编第五章第一节文化行政法中的有关内容。

十五、剧院、电影院与电影胶片许可

参见本卷第二编第五章第一节文化行政法中有关影剧院的内容。

十六、有奖娱乐、彩票与赌博机许可

详见本卷第二编第五章第一节文化行政法中有关游乐场、赌博、彩票及娱乐的内容。

十七、无线电视收视许可

英国另外一项具有相当知名度的行政许可是无线电视的收视许可。英国境内的电视机必须有此项许可才能收看无线电视节目,当然,许可的主要目的是收费。有线电视节目无须此项许可,有线电视用户与有线电视公司之间签署的有线电视入户协议中,已经包括了收费的内容,同时也相当于收视许可。无线电视收视许可及收费本身并没有什么特别之处,之所以称其著名,是因为英国行政法中经常提到的一段公案,即1976年的 *Congreve v. Home Office* 案。

英国内政部发布一项通告:自1976年4月1日起,电视收视许可费将从12英镑增至18英镑。原告及其他几千人以老价格提前领取了新许可证,尽管他们的旧证在4月1日以后才到期。内政部遂给这些拥有重叠许可证的人写信,要求他们补交6英镑,否则就吊销其许可证。②后来,内政部改变了立场,并提议可以在8个月后吊销许可证。原告拒绝补

---

① Andrew Arden, p. 85.
② Neil Parpworth, p. 297.

交6英镑,并向法院申请宣告吊销其许可证的命令违法的宣告令。① 高等法院拒绝颁发宣告令。原告上诉至上诉法院。上诉法院认定:内政大臣无权吊销该合法取得的许可证,除非该许可证的申领过程中存在过错,如付款支票被银行退回。就该案的情况而言,吊销许可证将构成滥用议会授予的权力。同时,要求补交6英镑也是非法的,因为这是一种企图在议会未授权的情况下征收赋税的行为。②

十八、色情产业

详见本卷第二编第八章第一节警察行政法中有关色情产业管理不属于警察事务的内容。

十九、市场、沿街摆卖与度量衡

(一) 市场管理

市场管理属于英国学者所谓"其他杂项职能"③,即由地方政府机关承担的其他杂务。基本地方政府机关、二级制地区的区议事会、教区议事会和社区议事会,是市场管理机构。这些机构可以在其辖区内设立一个市场或者征购一个已经存在的市场的场地。市场管理机构可以限制市场周边地区的路边经营,并可以就市场的使用制定条令。市场管理机构还可以对货摊实施许可管理,并可以设立其认为适当的任何条件。如果某人想设立临时市场,则应当在1个月前通知区议事会或者伦敦自治市议事会,但如果该临时市场将用于慈善事业或者其他非商业目的则不受此限。④

(二) 沿街摆卖许可

沿街摆卖许可⑤的存在说明,英国并不一律禁止沿街摆卖,但政府有三个手段对其加以管理:一是通过许可,对指定街区禁止或者开放沿街摆卖;二是通过规定时间来调整指定街区的沿街摆卖,如英国城市一般允许周末某些时段在某些街区进行沿街摆卖,既不需要特别的许可,也不另行收费,笔者在英国时最喜欢去这种街市闲逛;三是通过调整许可收费的标

---

① Neil Parpworth,pp. 297-298.
② Neil Parpworth,p. 298.
③ Andrew Arden, p. 134.
④ Andrew Arden, p. 137.
⑤ Andrew Arden, p. 446.

准,限制那些允许摆卖的街区的商业密度,也可以减少其对交通及街道其他功能的影响程度。

(三)度量衡巡查官资格

度量衡巡查官资格是笔者在英国公法中见到的为数不多的几种证书之一。每一地方度量衡职能部门必须任命一名首席度量衡巡查官以及该职能部门认为有效率地履行1985年《度量衡法》(Weights and Measures Act)所规定的职能所必需的包括副首席巡查官在内的巡查官若干名。被任命者必须具备该法所规定的资格证书。[①]

二十、对广告展示的控制

英国的规划职能部门同时也是负责对广告展示实施控制的行政机关,可以要求那些其认为对地方和谐有实质性危害或者对公众有威胁的广告停止继续展示。[②] 有关地方职能部门还必须从促进当地和谐的角度出发,以决定是否有必要在其辖区内指定某一地区为特别控制区,并对在该地区展示广告的行为作出特别规定。[③] 将对广告展示的控制放在规划领域研究,这与英国地方职能部门的事权划分有关。类似的知识点还包括将矿产资源方面的管辖权授予郡规划职能部门,说明英国的矿产资源也是由规划职能部门管辖的。但从英国学者对此一笔带过的情况看,这在英国并没有被当成多大的权力。

二十一、危险品控制、废旧金属回收

(一)危险品控制

根据1990年《规划(危险物品)法》的规定,危险品控制职能部门通常是当地的基本地方政府机关,在二级制地区则是区议事会、地方政府协作委员会或者城市发展协作会、安居事务信托基金。但是,如果某地被用于矿产开发或者堆放废弃矿渣,则该地的危险品控制职能部门就是某一非大城市的郡的议事会。各危险品控制职能部门要对其辖区内存在的特定种类的危险品实施控制。国务大臣对危险品的种类作出规定,接受申请

---

① Andrew Arden, p.374.
② Andrew Arden, pp.83-84.
③ Andrew Arden, p.84.

并对是否将申请物品纳入或者拒绝纳入作出规定。①

（二）废旧金属回收

凡欲从事废旧金属回收者,必须向当地地方政府机关申请登记,未经申请登记而从事废旧金属回收业务者将构成犯罪。②

二十二、规制改革令

规制改革令属于行政许可制度改革方面的委任立法。对此,已在本书第一卷第二编第五章第三节委任立法概述中新颖的规制改革令部分讨论过。

第六节　行政救助

之所以将行政救助作为行政行为,主要是受韦德爵士的影响,他精辟地指出,福利国家的运作,无疑是行政法的首要问题。③ 在中国,行政法有所谓控权说、维权论以及兼容并蓄的平衡说,其出发点都是行政权。但笔者通过对英国行政法的研究发现,在英国,以权力为中心的行政法已经随着戴西理论、红绿灯理论等同样围绕行政权的观念的消沉,而将重心转移到了行政的功能。在现当代英国行政法中占据主要篇幅的内容,已经不是行政权的分配与制约,而是行政职能的设置、保障及维护。行政成为一种公共服务的工具或者手段,其强制性、"官场气"已经越来越淡化,而其"市井气"却越来越浓郁——英国的行政主体正逐渐从威严的"衙门"中迁出,租用街边门脸向过往市民提供从出生到死亡一揽子人力服务,是后现代工业社会劳动最密集型的产业。建立在此基础上的英国行政法,也失去了其往日的皇族气息和特权领地,出现了日益民法化的倾向。但没有哪个英国学者会说英国的行政法最终会成为民事法的一个分支,而且恰恰是在这个时期,包括行政法在内的英国公法确立了自己独立于私法的地位。与其说英国的行政法正在民法化,不如说英国的行政法正在普通法化,而其侵蚀的,正是传统民事法的领地。

---

① Andrew Arden, p. 84.
② Andrew Arden, p. 136.
③ Wade & Forsyth, p. 78.

一、行政救助的含义

英国的一个非常具有时代意义的案件,即 2000 年的 *Fitzpatrick v. Sterling Housing Association Ltd.* 一案,案情详见本书第四卷第七章第六节司法审查经典判例中"同性婚姻继承案"部分的介绍,其中就涉及行政救助事宜。

该案表面上看不出其中反映出与社会救济有关的政策倾向,但从法院最终捍卫原承租人非婚同性同居者的续租人地位这一结论看,法院对于扩大社会救济的受益范围的态度还是非常明显的。而这种态度对于督促、鼓励政府采取更为广泛的社会救济活动无疑是一个非常必要的保障。否则,可以想象,如果法院在这方面采取保守的、吝惜的态度,无疑将构成对行政主导的社会救助行为的严重掣肘。

二、行政救助的资金来源

安居补助与地方议事会税补助,受 1992 年《社会保障及捐助补助法》(Social Security and Contributions Benefits Act)的调整。安居补助的资金要么来自房租折扣,要么是房租津贴。房租折扣基金由房产所在地地方安居职能部门投资设立并管理,房租津贴基金则由地方政府投资设立并管理。而地方议事会税补助则由征收机关管理。①

国务大臣向安居补助和地方议事会税补助的管理机构提供作为这两项补助来源的财政补贴。其具体数额按照该地方安居职能部门实际支付的补助数额计算,并按照国务大臣通过命令指定的数额、分期付款形式、时间、付款方式、要求满足的条件、记录要求、资格条件、审计要求以及其他要件,支付给地方安居职能部门;此项补贴应作为地方安居职能部门的安居财政账户的收入。国务大臣在确定该项补贴的具体数额方面,享有相当大的自由裁量权。②

地方安居职能部门也可以不依靠中央政府的补贴,而行使其根据有关的补助条例授予的自由裁量权,自行发放此类补助。但此时,该地方安居职能部门同样必须从其他财政账户中将相应数量的资金移入其安居财

---

① Andrew Arden, p.529.
② Andrew Arden, pp.529-530.

政账户。① 也就是说,地方安居职能部门发放的安居补助只能从其安居财政账户中列支,而此项资金的来源有二:一是国务大臣的补贴;二是地方安居职能部门自己筹资。

三、行政救助的诚信保障

英国学者认为,补助欺诈是个主要问题。对此,英国方面进行了大量的研究,并有相应的指导对策,近年来对《安居补助条例》(Housing Benefit Regulations)的修改也主要是为了打击欺诈,特别是提供享受补助房屋的私房主提出的集中补助申请中涉及的问题。如果没有旨在减少虚假申请及错误支付的系统性设计,任何管理安居补助的地方政府机关都无法有效地管理其财政事务。②

有关的条例授权地方政府机关搜集与相应的权利申请有关的信息和证据。③ 补助管理机构有权任命补助巡查官,该巡查官享有广泛的进入住所、查验文件以及实施调查、进行探询的权利。④ 此处之所以称为权利,是因为这是一种依附于地方安居职能部门对租出房屋的所有者权利的委托授权。该术语也同时表明,在英国行政法学者看来,这种授权所涉及的主要是普通法上的基于物权的权利,而非公法上的权力。延误或者阻挠补助巡查官的行为将构成犯罪,采取不诚实手段骗取补助的一些行为也构成犯罪。⑤

此外,英国还专门设立上诉服务局(Appeals Service),当然其首要职责是审理对拒绝给予社会保障补助而提起的上诉,但也听审有关申请人获得超额补助的案件。⑥

四、行政救助的范围

英国社会救济的范围非常广泛,主要解决的是人的基本生存问题,即所有与人的基本生存有关的领域,只要是英国公民,即享有法律上的生存权利,并可以由此要求政府给予其生存所必需的一切,具体包括:住房、医

---

① Andrew Arden, p. 530.
② Andrew Arden, p. 530.
③ Andrew Arden, p. 529.
④ Andrew Arden, p. 529.
⑤ Andrew Arden, p. 529.
⑥ Neil Parpworth, p. 343.

疗、教育、饮食等。例如,英国法律允许的一种社会救济方式,就是地方政府机关对不同的承租人收取不同的房租。①

福利国家既提供道义上的关怀,也提供物质上的补助。② 金钱或者道义上的扶助是我们比较熟悉的,但了解了下文介绍的道义关怀之后,读者对于社会保障的理解可能会有所改变。

物质方面的补助分为自助性补助(指全部或者部分取自受益人缴付的互助型保险,如失业救济金、疾病与工伤救济金等)和非自助补助(如某些养老金、儿童补助及最低收入补助等)。非自助补助又可以分为收入关联性补助与收入无关性补助。③ 收入关联性补助是与接受福利的人的收入正相关的补助,之所以会考虑收入,主要是因为收入与所缴纳的社会保障税费直接挂钩,收入越高,此前缴纳的社会保障税费就越多,因此其得到的收入关联性补助的数量就会越多。而收入无关性补助则是普遍地基于公民身份所享有的社会福利。

此外,地方政府机关提供的社会福利还包括其延伸服务,如由地方政府机关资助的社会福利权利办公室聘用的维护公民社会福利权利工作者,向当地居民提供非法律专业的法律顾问或者出庭④服务,就间接地涉及地方政府机关的社会福利服务职能及其履行方式。

由于行政救助不是英国行政法中独立的法律现象,而是笔者从比较法的角度自行挖掘的结果,对于行政救助的概念、分类等内容,难以找到现成的答案。

五、社会保障福利

英国实行全民健康、社会保险等福利制度。从 1991 年 4 月开始,英国政府将全部有关社会福利津贴的行政工作交由执行机构处理。该机构聘有 63000 名员工,每年办理约 1200 万份不同的福利申请,发出大约 13000 万份付款(付款份数是人口数的两倍,此处没有译错),占英国全国公共开支的 35%。英国全国各地约有 450 所社会福利权利办公室,为居民提供有关福利资料和协助居民申请各种不同的社会福利。

---

① Wade & Forsyth, p. 397.
② Wade & Forsyth, p. 78.
③ Wade & Forsyth, p. 78.
④ Martin Partington, p. 242.

英国的社会保障法律制度相当复杂。用韦德爵士的话说,社会福利是根据异常复杂的原始立法及次级立法,被分配到数量巨大的民众之中的。① 如果这可以算作发达的一个指标,可以说英国的社会保障事业是相当发达的。当然,对此还有另外一个指标,那就是英国的社会保障就基本的衣、食、住、行、教育等领域已经实现了全民免费获得这一点而言,其发达、复杂的程度甚至超过我们的预期。

但是,英国行政法考虑的社会保障问题显然不涉及这些实体问题,其讨论的重点,在我们看来都属于程序问题,如韦德爵士说,社会保障中所产生的许多问题都涉及裁判所。② 立法中涉及的制度选择及具体的分配技术问题,并不是社会保障方面的主要法律问题,至少从行政法的角度考虑是如此,英国行政法考虑的是对行政救济权的监督与控制,而不是行政救济领域的行政管理权应当如何设置及如何具体行使。

英国最主要的社会保障立法是1992年《社会保障及捐助补助法》、1992年《社会保障管理法》及1995年《失业救济金法》。这些立法所确立的基本操作架构是,社会保障方面的决定由各有关社会福利机构的裁决官员作出,而对此决定不服者有权向一个统一的申诉裁判所提出申诉。③ 正如前文在介绍其他行政管理制度时提到的,英国在社会保障领域也采取了同样的制度架构模式,即例行地建立一个裁判所,管辖所有社会保障方面的不服申诉,相当于一个统一的社会保障方面的行政裁判机构。

但并不是所有的社会福利的分配都遵循这一模式。以社会救助为例,对社会救助官员的决定只能提请内部审查,而不能向外部的其他裁判所申诉。④ 可见,社会救助仅仅是社会保障的一种形式,而此处所说的则是作为上述社会保障的一般救济模式的例外。这种内部的申诉可以称为行政复议,但显然不是行政复议的唯一形态。所有在高等法院实施司法审查之前在行政系统内进行的或者由非法院的其他组织(如裁判所)实施的审查,都可以称为行政复议。同样是根据1992年《社会保障管理法》,对低收入承租人提供房屋福利津贴的决定就是由地方政府机关作出的,对此也没有申诉的权利,但却规定了至关重要的内部救济。⑤

---

① Wade & Forsyth, p. 78.
② Wade & Forsyth, p. 78.
③ Wade & Forsyth, p. 78.
④ Wade & Forsyth, p. 78.
⑤ Wade & Forsyth, p. 78.

根据1996年《安居法》(取代了自1977年生效的类似立法),地方政府机关有义务安置无家可归者,当然这主要是针对那些确实需要者而非故意流浪者。① 随着1996年《安居法》的实施,当事人享有了在内部复审之后进一步向郡法院就法律问题提起诉讼的权利。② 由于上述规定是就1996年《安居法》而言的,特别是就其中有关安置无家可归者而言的,这一规定与1992年《社会保障管理法》有关内部复审的统一规定有联系,但有关向地方的郡法院进一步提起诉讼的权利,仅限于由地方政府机关作出的安置无家可归者一项。

六、全民健康服务

全民健康(National Health)又可译为国民健康,其意思是指一国领域内的公众健康。全民健康服务覆盖的范围并不限于英国公民,据中国的留英机构及英国文化委员会(British Council)负责留学工作的人员介绍,凡在英国接受半年以上的留学及培训的外国人,都可以享受英国免费的全民健康服务。英国脱欧前,欧盟成员国的国民甚至可以与其在本国国内一样享有同等的健康服务,而不受居英时间的限制。详见本卷第二编第七章第二节健康行政法。

七、社会服务

(一) 社会服务职能部门

基本地方政府机关或者二级制地区的郡议事会是当地的社会服务职能部门。社会服务职能部门必须设立一个社会服务委员会,以便具体处理1970年《地方政府机关社会服务法》(Local Authorities Social Services Act)附表1所确定的社会服务事项。③ 经地方社会服务职能部门批准,该委员会可以设立分委员会并将自己的职能委托这些分委员会行使。地方社会服务职能部门还必须遵循国务大臣作出的有关社会服务方面的指示和政策指引。④

国务大臣可以主动调查任何与社会服务职能部门的职能履行有关的

---

① Wade & Forsyth, pp. 78-79.
② Wade & Forsyth, p. 79.
③ Andrew Arden, pp. 96-97.
④ Andrew Arden, p. 97.

事项,并享有调查权、指导权以及保留行使此项职能的权力。① 据此,如果地方社会服务职能部门不履行此项职能,则国务大臣可以代为行使。这种保留权力存在的价值在于,尽可能避免因没有任何行政机关行使这一职能而使需要帮助者流落街头、孤立无援。

(二)社会服务范围

英国的社会服务范围包括社会援助安置、对残疾人的居家服务、社区关怀。② 其实际的范围不限于此,比如笔者在英国期间的一次聚会上遇到的一位男士,就自称是社会服务工作者,并介绍其主要工作就是为其所在社区内的未婚妈妈服务,包括给她们提供心理上、经济上及生活上的支援。

考虑到英国的社会服务内容并不具有太多的共性,同时也为了突出每种服务类型的特色,以下分别予以介绍。

八、社会援助安置与对残疾人的居家服务

(一)社会援助安置

根据1948年《国家援助法》(National Assistance Act)第三部分,地方社会服务职能部门必须确保为那些无依无靠并需要照顾和关怀的成年人提供安置用住处。③ 故这种住处被英国学者称为"第三部分住处"。

(二)对残疾人的居家服务

地方社会服务职能部门有义务提供居家帮助服务,也有义务就改善为聋、哑、盲或者因疾病、外伤以及畸形而造成永久性的严重残疾者提供的服务作出安排。这些服务包括提供建议和指导、准备就业岗位和住处、提供帮助残疾人克服通信和交通困难的设备等。④ 如果尚未作出其他适当的安排,则社会服务职能部门有义务为那些被送入精神病医院或者安置用住处的人妥善保管其个人动产。⑤

经国务大臣批准,地方社会服务职能部门可以就中老年人的社会福利事宜作出安排,并雇用志愿者或者私营机构提供相应的社会服务。地方社会服务职能部门承担的另外一项更为广泛的服务内容是由1970年

---

① Andrew Arden,p.98.
② Andrew Arden,pp.97-98.
③ Andrew Arden,p.97.
④ Andrew Arden,p.97.
⑤ Andrew Arden,p.98.

《慢性病及残疾人法》规定的,其中的社会服务包括:在残疾人的家中为其提供帮助,提供电视机和收音机,提供其他休闲活动或者旅游设备,教会他们使用家用、休闲用设备及电话等。①

特别值得一提的是,英国对残疾人的居家服务并不完全是由政府独立承担的,政府之外还有众多的全国或者当地残疾人团体也在为残疾人的事业提供服务。例如本书第四卷第七章第五节司法审查案例研究素材介绍的案例中,此类民间机构②的存在是案件的当事人命运转机的一个重要环节。但这种慈善性机构在英国都是要从地方政府或者中央政府那里获得资助的。从这个意义上说,它们也是中央政府或者地方政府贯彻残疾人保障立法的一个重要组成部分。

在此介绍这一体制设计细节的目的,是想让读者知道,这样的机构的存在是一个完善的制度得以有效地运行的重要环节,每一个类似的制度都要设计这样的机构或者环节以保证系统的完整性,避免结构性的缺失或者启动动力不足所造成的系统性失败。从这个意义上说,笔者的理想是在所有类似的制度中设计一种推动整个系统最低限度运行的机制。这个例子可以说明英国的残疾人立法的范围之广,其对残疾人的保护力度之大,其工作做得更细致,其系统更缜密。

首先,英国的残疾人的范围不限于盲、聋、哑及精神残疾者,还包括慢性病人,或者说他们对慢性病人也提供与残疾人同样的保护或者援助。从这个意义上说,英国在这个领域对公民的保护,不是基于受益人的行为能力受到限制及表现形式,而是基于其行为能力缺损的现实。无论什么形式的能力有缺陷者,只要在18岁及以上(低于者则受《儿童及未成年人保护法》的保护)且行为能力有缺陷,即可享受到法律规定的保护。

其次,英国的保护不限于一般的最低生活保障,而是全方位的、人性化的,不仅有收入方面的最低生活保障、入户的照料服务,还有对此服务不满时挺身而出的民间援助机构,当然,公法上的司法审查以及此前的问询、协调及和解程序也是当然的。

至于细致程度,则包括诸如自理能力评估等。在本书第四卷第七章第五节介绍的案例中,申请人曾经在医院接受了4周的观察,这在英国成本相当高。因为在此期间需要投入24小时的监护和服务。不算设备投

---

① Andrew Arden, p. 97.
② Bridges & Cragg, p. 189.

入，仅 24 小时的监护及服务的人工投入，就是相当可观的开支。当然，没有这样的评估，就难免出现服务的投放不准确的现象，甚至会出现诸如最低生活保障费被冒领的丑闻。

最后，是系统的缜密，这不仅包括分配福利前的完善、严密、科学的评估体系和评估手段，分配或者撤销福利时的告知、说明理由，还包括对福利的分配或者调整不服的民间（慈善社团）、主管行政部门本身、司法行政（律师）和司法的救济（司法审查）组成的完善的救济体系。

九、社会服务与社区关怀

（一）社区服务

英国政府，特别是地方政府还提供范围相当广泛的社会服务，例如，根据 1947 年《公民食堂法》(Civic Restaurants Act)的规定，地方政府机关有权建立、经营食堂。由于此项权力主要是与地方政府机关的其他职能或者提供的服务一并行使的，如在市民活动中心为出席婚礼的人提供膳食等，因此，该法对此项权力并没有作严格的限制。①

单纯从上述公民食堂的例子看，好像离现代的英国生活现实相当遥远，但从其他资料得到的信息看，英国的社会服务并非都是如此乌托邦式的，有些工作做得相当细。例如，根据法律，社会服务职能部门应当为那些根据社区关怀立法的规定进行评估后，收入水平低于法定值的个人，分别拟定个性化的关怀计划。每个人的关怀计划还应当与地方政府机关公布的其所在地区总的关怀计划进行对比②，以保证协调统一。

在社区服务这一具体领域可能出现如下困难：某人缺乏指导他人代表自己行事的能力或者缺乏授权他人披露自己档案的能力，因为条例中并没有规定这方面的内容。但是如果某人持有长期授权委托书或者是监护法院指定的监护人，则有权查阅这些档案。③

（二）社区关怀

根据 1990 年《全民健康服务体系及社区关怀法》(National Health Services and Community Care Act)的规定，地方社会服务职能部门还有义务提供社区关怀服务。其中明确列举了社会援助安置、居家帮助、关怀

---

① Andrew Arden, p. 75.
② Bridges & Cragg, p. 96.
③ Bridges & Cragg, p. 96.

服务和病后调养服务等。地方社会服务职能部门有义务制定并公开其关于提供社区关怀服务的计划,而且在实施其计划的过程中,必须咨询当地的健康服务职能部门、安居职能部门和其他有关机构。①

对于任何地方社会服务职能部门认为可能需要社区关怀服务的人,都必须就其所需要的帮助进行评估,以决定为其提供何种帮助。如果某人为残疾人,社会服务职能部门必须根据1970年《慢性病及残疾人法》的规定作出拟为其提供何种社区服务的决定。对于残疾儿童停止特殊教育后以及因精神失常而接受入院治疗6个月以上的人出院后,是否需要社区关怀服务,地方社会服务职能部门也必须作出评估。②

十、公益监护与慈善事业

(一)公益监护

公益监护是指为了被监护人的利益,而由公共管理机构实施的为其变更法定监护人的行为。详见本卷第二编第七章第四节儿童保护法。

(二)慈善事业

根据1993年《慈善法》(Charities Act)的规定,基本地方政府机关以及二级制地区的区议事会,必须对当地的慈善机构进行登记,可以对当地慈善机构的运行进行审查,并可以向慈善专员报告。③ 地方议事会还可以就地方政府机关与那些以提供与地方政府机关所提供的服务相似或者为其补充的服务为设立目的的慈善机构的合作作出安排,并可以向慈善机构披露与这些服务有关的信息。④ 地方政府机关可以作为慈善财产的受托人而掌控财产,还可以动用其资金向某一慈善基金捐资。⑤

十一、法律及其他专业服务

英国的法律援助及法律服务之普遍,远远超出了对刑事被告提供辩护律师这一狭隘有限的范围,而是推广到包括普通民事诉讼的律师代理服务在内的广阔空间。这项服务是建立在如下观念的基础之上的,即法律服务是司法所要实现的公正的必要前提,如果不使诉讼双方所掌握的

---

① Andrew Arden, p. 97.
② Andrew Arden, p. 98.
③ Andrew Arden, p. 135.
④ Andrew Arden, pp. 135-136.
⑤ Andrew Arden, p. 136.

司法资源基本对等的话,法院就不可能提供真正的接近正义服务。

英国学者认为,从某种意义上讲,法律代理制度有助于提高接近正义的质量,而且英国还有一套保证生活拮据者能够在刑事诉讼或者民事赔偿请求诉讼中取得律师帮助的机制[1],即法律援助机制,但其范围要比中国广泛得多。当然,法律援助的核心是实现公正的辅助手段,而不是向具体负责法律援助的律师提供国家财政负担的就业援助或者职业补助。如果承担法律援助的律师的存在本身不能有助于司法公正的实现,则国家或者公众支付的这种成本就只能算是对这些律师的职业救助,而不是对接受其服务的生活拮据者的救助,因为法律援助的目的显然不是被援助者获得法律援助本身,而是借此取得他们本应当取得的法律上的利益。如果更根本的法律上的利益没有最终通过诉讼得到基本的满足,对于他们而言,他们所享受到的法律援助的价值还不如直接把付给法律援助律师的钱给他们来得实惠。

英国学者将咨询及代理服务界定为"其他杂项职能"[2],即由地方政府机关承担的其他杂务。基本地方政府机关以及二级制地区的郡、区两级议事会,可以协助志愿者组织为个人提供涉及其权利义务的信息和建议,为其确认这些权利或者履行这些义务提供帮助。地方政府机关提供这些服务的方式既可以是通信,也可以是代理。正是基于这一权力[3],许多地方政府机关建立了法律中心,也有一些地方政府机关采取资助专家、法律咨询中心或者公民咨询服务局(Citizens Advice Bureaux)的方式。[4]由此可见,英国地方政府机关的法律中心不是为地方政府机关服务的,更不是地方政府机关自己的法制机构,而是其对外提供法律咨询服务的窗口机构。而且并不是所有的地方政府机关都设立此类机构,它们可以采取其他方式资助类似的机构向公民提供同样的法律咨询服务。

第七节 行政合同

在英国,行政合同是作为一项有效的行政手段存在的。英国学者认为,政府为实现其特定目标所采取的手段可以明确地分为两类:一是依靠

---

[1] Bradley & Ewing, p. 377.
[2] Andrew Arden, p. 134.
[3] 提供某种服务的权能。
[4] Andrew Arden, p. 135.

立法命令（即统治权），二是运用政府掌握的经济资源（即所有权）。签订合同（具有拘束力的协议）是现代经济无数交易的实施方式。与行政合同相比，立法是创设义务和权利（如纳税的义务和接受免费教育的权利）的初级手段，但是政府经常需要考虑在多大程度上需要依靠立法性命令的方式来实现某一目标。例如，就武装部队而言，可以采取建立在新兵义务制基础之上的雇用一支完全职业化的部队的政策，也可以采取强制所有某一年龄段的人与某些核心士兵共同服役的政策。①

英国政府很早就有通过签订合同在市场上满足其需要的传统，过去在英王治下这样做过，现在的政府还是如此。1979年兴起的私有化政治倾向进一步扩大了合同适用的领域，例如内政部通过与公司签订合同管理监狱及羁押中心，议会授权政府通过合同委托行使制定法赋予的职能，对于公用事业的私有化等。②

有时，虽然没有法律规定，政府也以合同的外壳实施某些行为，如1990年在全民健康服务体系中创立内部市场机制，以及通过框架协议管理执行机构等。私人募集制和公私合营等举措，使得许多新的项目在公私双方或多或少的合作中得到了资助或者能够运作。③ 这些新的措施增强了合同的重要性，成为公共管理机构获得所需要的供给、服务和公共工作的手段。④

一、行政合同与契约政府

（一）契约政府

英国的普通法中对应民法有两个最重要的组成部分：合同法和侵权法。对于后者，随着对英国司法救济制度特别是王权诉讼制度的引介，已经得到了我国学者的足够重视；而对于前者，并没有引起与之在英国相匹配的关注。韦德爵士将这一职能下的政府称为契约政府，并重点强调了英国当代政府在这方面的作为。用韦德爵士的话说，以前完全由国家承担的政府行为的私有化日益普遍，并在可能的情况下引入某种形式的竞争机制，是英国行政管理模式方面的重大转变与执行机构的大量设立并

---

① Bradley & Ewing p. 768.
② Bradley & Ewing p. 768.
③ Bradley & Ewing p. 768.
④ Bradley & Ewing, p. 769.

驾齐驱的另一个例证。①

这一发展是基于这样的认识,即国家提供服务和行使职能的效率往往不是很高。私营部门由于竞争驱动,往往能够更有效率地行使这些职能、提供这些服务。故应当给公众选择的权利,他们自然会选择更好的服务。于是在这些领域,国家将局限于决定如何引入市场约束机制以供各竞争者遵循,并向私营部门提供机会以使它们能够提供这些服务和职能。"政府只掌舵,但不划船"就是誉美这一转变的。②

私法的观念,主要是合同的观念,不可避免地主宰了这一发展。典型的做法是,政府选择某私人作为提供某项服务的合同一方并与之签订委托合同。这些变化暗示着行政法领域的显著变化。以前由应当受司法审查监督的某一政府部门或者其他公共管理机构提供的服务,现在由基于某项合同的私法主体具体提供,而该服务通常的接受者却往往不是该合同的缔约方。③

(二)契约化的表现形式

政府契约化的具体形式固然千差万别,但归纳起来主要有:

1. 私有化

对先前的公共事业(如电信设施、电力供应、燃气供应等)的私营化,自从这些公共事业在市场中享有垄断或者近乎垄断的地位之后,对于它们的法律规制就至关重要。④ 当然,由于这些公共服务事项的特殊性,这些公共事业单位往往是行政垄断与自然垄断的复合体,因此,既要通过使其具有垄断地位或者在一定程度上维护其垄断地位,以保证其能够获利,同时又要对其加强监管。

2. 公私合营

以公私合营形式组建的实体没有被赋予垄断地位,但允许私人合同方按固定比例从营业收入中分成。这种方式的核心是调动私人经济方面的主动性。在这种情况下,私人机构与公共管理机构签订建设、拥有、经营公共设施(如学校和医院)的合同,依据这些合同,这些公共设施由公共管理机构使用,私人机构从这些公共设施的日常收入中按固定比例分成

---

① Wade & Forsyth, p.50.
② Wade & Forsyth, p.50.
③ Wade & Forsyth, p.50.
④ Wade & Forsyth, p.50.

作为回报。这样安排的好处是,私营部门的效率被引入公共设施的经营领域,同时也可以从私营部门募集到大量的资金,这些资金将专门用于公共事业,不至于影响公共财政。①

3. 合同发包

合同发包是直接签订外包合同,政府与一个私人相对方签订一项提供某项福利的合同。如果单纯从政府购买办公用品、接受顾问提供的服务以及使用私人的交通服务等外包合同的意义上看,上述形式并不稀奇。而且政府这样做已经有好几百年了。② 显然,这种形式属于契约政府的古老形式,但并不能由此得出结论,既然已经做了好几百年了,已经不新鲜了,从而否定这样做的合理性。事实上,许多公共工程承包合同也是按照这一思路进行的,只是有些国家控制得不好,在发包过程中有些人因为禁不住"糖衣炮弹"而献出了自己的青春乃至生命。

1994年《规制缓和及外包合同法》第二部分建立了一种机制,按照这种机制,部长和行政官员的某些职能可以委派给私人合同方。③ 当然,这些规定因其可能导致部长及其公务责任的缺位,而招致大量的批评。尽管合同方"应当从所有的目的方面被视为与部长或者其他政府官员亲自行事时一样"的要求在一定程度上会产生原有责任制度依然存在的假象。④

4. 设立信托机构

这一形式最具代表性的就是英国建立了全民健康服务体系这一信托机构,作为健康服务职能部门提供的服务的补充。⑤

(三)契约政府对行政法的影响

对于公法人的管理者的司法控制,为司法审查提供了新的领域。毫无疑问,行政法将不断地面临新的挑战,但是,经典的原则、灵活的应变能力以及法官的不断创新,将保证即使先前提到的某些公共权力转移到私人手中,也不会使公众的权利处于没有法律保障的状态。但是,韦德爵士认为,政府契约化方面的发展对于行政法的影响是有争议的。但目前绝大多数的司法审查仍是由政府的活动引起的(例如实施移民控制或者维

---

① Wade & Forsyth, p.50.
② Wade & Forsyth, p.50.
③ Wade & Forsyth, pp.50-51.
④ Wade & Forsyth, p.51.
⑤ Wade & Forsyth, p.51.

持监狱的存在等),而没有受到上述变化的影响。[①] 这一事实恰恰说明,这些最新的变化引起司法审查的情况非常少,是否可以说,正是由于这些新发展的引入,减少了行政侵权的可能或者发生机会,从而事实上减少了实际提起司法审查案件的数量?或者说据此可以证明该制度对于改善英国行政服务水平的功效?

由此产生的一个方法论上的问题是,是否应当统计一下此前此后同一管理领域司法审查案件的数量?但笔者发现,英国学者的研究很少用这种方法,他们经常用简单枚举式的例子,但很少用统计数据来说明问题。他们的思维方法是,法律是解决例外的技术,只要有一个案件发生,就说明现实中可能存在这类案件。法院解决的是这个案件以及该案所涉及的公正性问题。至于这类案件在现实生活中的发生概率则在所不问。不可能因为考虑或者必须考虑案件的发生概率而影响案件审理的情况(即对于经调查发现很少发生的案件不予审理或者不予重视)。因为这是不公正的,也是违反法院职权的行使原则的。也就是说,不允许法院以某案仅仅是一个极端个别的例外为由拒绝审理该案。笔者之所以提到这一点,既是对作为现行法学的一种研究方法的所谓借鉴自然科学的统计方法的反思,更是对现实的某些实际做法——将不必要的时间花在考虑某一案件的审理是否具有典型意义的分析上——的反思:确有一些案件比其他案件具有更多的法律之外的重要性,但却没有"足资"审理的典型性。

二、行政合同与合法性期待

行政合同与合法性期待至少涉及以下三个方面的内容。

一是行政合同。在英国,合同法是一个基本的法律部门,英国没有民法这样一个独立的边界清楚的法律部门,合同法、侵权法、公司法、信托法等是民法重要的组成部分。而对于行政合同,英国行政法领域研究得不多。最主要的一个原因是受英国普通法中一个根深蒂固的原则的影响,即英王及其大臣(中央政府部门)在普通法上是与普通私人无异的主体。既然如此,合同法的绝大多数内容同样可以拿来共享。

二是对非强制性的行政建议的法律责任的追究。此即我们所关心的非强制性行政行为司法救济的可能性问题,也就是司法救济的范围问题,英国学者将这种情形称为误导。因为英国的司法救济没有确定的范围,

---

[①] Wade & Forsyth, p.51.

而是及于所有的行政活动,因此,即使行政活动不具有强制力,如建议,但是只要其使相对方信以为真并产生相应举动且因此而遭受损失,即被误导,行政机构还是要承担相应的法律责任的。过去英国是按照禁止翻供的传统理论加以处理的。本编第三章第一节行政行为的基本原则——自然公正原则有关自然公正原则与合法性期待的内容与此有关。

三是合法性期待。这一术语代表着一个新的保护水平,是从欧洲法引入的概念,与我们在介绍德国法及欧盟法时经常提到的信赖保护同义。合法性期待是自然公正原则受欧洲法激发后形成的一个崭新的术语。

三、行政合同的范围

制定法规定的包括提供休闲或者相关服务的其他明示权力,就涉及行政合同:1976年《地方政府(杂项规定)法》第38条授权地方政府机关签订合同,将其富余的计算机资源投入商业用途,其中包括出租计算机或者提供计算机服务,并明确规定了地方政府机关收费的权力,当然地方政府机关也必须承担其他提供同样设施或者服务的机构所应承担的合理的合同义务。[①]

与此类似的是,地方安居职能部门可以与那些根据1996年《安居资助、安居房建设及重建法》(Housing Grants, Construction and Regeneration Act)第一部分的规定有资格获得安居资助的人签订合同,以执行相应的安居房建筑、重建工程,确保安居资助能够兑现。[②]

排水职能部门可以与地方政府机关签订合同,以解除地方职能部门所承担的与当地的排水服务有关的职能[③],并将这些职能转由排水职能部门履行。

地方教育职能部门可以依据自己的权利[④]提供高等教育,也可以作为高等教育基金理事会(Higher Education Funding Council)的代理人,根据与该理事会签订的合同,提供由该理事会资助的高等教育服务。[⑤]

郡议事会可以同国务大臣签订合同,作为国务大臣的代理人承担自己辖区内的有关公路工程。区议事会也可以通过签订合同而成为其所在

---

① Andrew Arden, p. 75.
② Andrew Arden, pp. 75-76.
③ Andrew Arden, p. 76.
④ 这是一种当然的或者说普遍的、保留的权利,与之相对的是制定法赋予的权力、权利。
⑤ Andrew Arden, p. 76.

的郡的公路职能部门的代理人,承揽相应的工程。①

由于地方政府机关有权力,有时甚至有义务对其提供的大量服务收费,地方政府机关在很多时候事实上置身于某种形式的市政商贸活动之中,尽管从事商贸活动并非其设立的宗旨。②

四、英王的合同义务

在 1948 年以前的英国法中,英王不得在法院直接被起诉的豁免并不限于侵权责任,也包括所有其他类型的民事责任。但是英国法很久以来就认识到,与英王或者中央政府部门签订合同的个人能够获得司法救济是非常重要的。最初的起诉权仅是一种请求英王返还财产的权利,但是随后对于合同义务的强制落实就可以通过诉讼途径解决了。③

1860 年《权利请求书法》(Petitions of Right Act)简化了这一做法。所有拘束英王的合同所产生的诉讼都有权在法院提起,但侵权诉讼除外。④ 同样可以对英王提起诉讼的还包括对不动产的返还、违反合同的损害赔偿以及制定法规定的损害赔偿。⑤

权利请求书之诉的大致程序是:在某一诉讼得以在法庭听审之前,必须由英王在内政大臣的建议下签批"请依法办理"[*fiat justitia*(let right be done)],而内政大臣则是根据总检察长的意见向英王提供上述建议。如果某一判决的内容支持权利请求者的请求,则其判决形式将是一纸对权利请求者权利的宣告令,英王应遵守该宣告令,其效力等同于一个普通诉讼中的判决。⑥

1860 年《权利请求书法》将侵权诉讼排除在外。而正是这一例外,为以落实英王侵权责任的《王权诉讼法》(Crown Proceeding Act)的出台埋下了伏笔。根据 1947 年《王权诉讼法》第 1 条的规定,所有以前需要形式上的权利请求书的诉讼案件,可以直接以相关的中央政府部门为被告提起诉讼,如果没有合适的作为被告的政府部门,则可以总检察长为被告提起诉讼。这一规定适用于所有在高等法院及郡法院提起的普通程序诉讼

---

① Andrew Arden, p. 76.
② Andrew Arden, p. 76.
③ Bradley & Ewing, p. 770.
④ Bradley & Ewing, p. 770.
⑤ Bradley & Ewing, pp. 770-771.
⑥ Bradley & Ewing, p. 771.

且不再需要英王签批。①

尽管1860年《权利请求书法》已经被1947年《王权诉讼法》废止,但是权利请求书的做法仍然在针对英王本人提起的合同及财产方面的诉讼案件中存在。1947年《王权诉讼法》仅适用于基于英国政府赋予的权利而提起的针对英王的诉讼,不包括那些仍然存在的殖民地针对英王提起的诉讼。②

适用于英王的合同法的普遍规则是,代表英王签订合同的代理人只需要表面上的授权以使合同能够拘束英王,而不需要实际获得英王的授权。因此,根据合同法的一般规则,对于那些代表英王签署合同的人,他们作为英王的代理人,不承担个人责任。在英王签订合同之前,并不需要制定法的授权。但是在英王名下的合同的支付所需要的金钱来自议会,如果议会特别规定不许对某类合同付款,则在没有该议会规定时能够支付的合同款就不能强制执行。如果合同条款中明确规定该合同的款项需要以议会批准为前提,则一旦议会没有批准,英王并不承担责任。一般而言,议会先前提供的基金并不是合同义务存在的先决条件。③ 这一点区别于前文提到的依制定法成立的机构:合同义务的履行并不需要议会单独设立的基金作为前提条件,否则将意味着任何合同都必须经过议会的审查才具有履行力。

合同的应付款都是从与合同相关的一般拨款中支付的,而不是从特别为某一特定合同设立的基金中拨付的。英国人民能够接受英王具有普遍的合同签订权,这是普通法上的事实。但并不能授权英王签订违反制定法的合同。④ 也就是说,以英王名义签订的合同同样存在越权的问题。

此外,一个更重要的法律原则是,英王不得通过合同限制自己未来行政权的行使,当然,该原则的具体范围却不容易界定。⑤ 这就如同议会不得通过立法拘束自己的继任者的原则一样。

五、地方政府机关的合同义务

如果一份合同超越了某地方政府机关的合同签订权,则该合同是无

---

① Bradley & Ewing, p.771.
② Bradley & Ewing, p.771.
③ Bradley & Ewing, p.771.
④ Bradley & Ewing, p.771.
⑤ Bradley & Ewing, p.771.

效的,并且是没有强制执行力的。如果某一公共管理机构签订的合同将会限制该机构自由裁量权的行使,则该合同是无效的。[①] 不仅如此,地方政府机关仍然享有行使其制定地方辅助性立法的权力,尽管该立法活动可能会影响其已经签订的合同将来的履行,如使该合同无法履行或者使合同另一方无利可图。[②]

如果某地方议事会成员参与某一合同的讨论或者提议某一合同,而其本人又在该合同中有金钱上的利益,则该人将面临刑事制裁。[③] 尽管英国的刑事制裁(如轻罪的普遍性)不如我国严厉,但将此种情况的地方议事会成员绳之以刑法的立法举措,能够反映出英国法对于此等恶意予以严惩的态度。

为公共利益而对地方政府机关签订的合同实施的控制是,这些合同要受到一整套地方政府审计制度溯及既往的审查。地方政府机关签订合同的自由也受到立法的干预,《地方政府法》规定,在1988年至1999年之间,地方议事会必须对其事实上的合同行为适用强制竞争性招标,这一政策现在已经为手段多样的确保地方议事会签订的合同能够达到最佳效果的保障措施体系所取代。[④] 也就是说,强制竞争性招标手段已经沦为手段之一,而不再是唯一手段。

六、行政合同责任

与地方政府机关的某项应付借款有关的本金或者利息,如果债权人提出书面偿还请求2个月后仍未偿付,除非未付款额少于5000英镑或者少于国务大臣规定的其他限额,债权人有权获得任何民事赔偿。[⑤] 此处的任何民事赔偿在英文中只有一个词(remedy),这种赔偿的求偿权是一种全面的民事救济权,不限于我们一般理解的我国的公权力机关所应承担的国家赔偿责任,而是指英国普通法中的民事救济权。英国的公权力赔偿体制与我国的国家赔偿制度的最大区别是其优先适用普通法,即将公权力机关视同普通公民,其侵权行为也应承担与普通公民或其组织相似的赔偿责任,因此有特别强调的必要。

---

① Bradley & Ewing, p. 769.
② Bradley & Ewing, pp. 769-770.
③ Bradley & Ewing, p. 770.
④ Bradley & Ewing, p. 770.
⑤ Andrew Arden, p. 487.

七、公共管理机构的主体地位

1997年《地方政府(合同)法》[Local Government(Contracts)Act]的立法宗旨,是为那些与地方政府机关签订了经鉴定的合同的当事方提供一个相对安全的港湾。该法所包含的一个不容置疑的原则是,地方政府机关有权为了其职能的目的或者为了与其职能相联系的目的,与他人签订合同以提供或者保证提供资产、服务或者二者兼而有之。①

与侵权法一样,在英国法中,公共管理机构的合同一般要受到与规范私人之间的合同相同的法律的拘束。在英国,没有像法国那样的单独规范行政合同的独立的法律部门,但是对于这一笼统的表述也有例外:当行政合同的内容与普通法的基本原则不一致时,合同条款可以不适用普通法的基本规则(例如,可以规定出现纠纷时通过仲裁解决的条款)。进而言之,代表英王签订的合同要服从例外的规则,并要受1947年《王权诉讼法》相关条款的拘束。由地方政府机关等制定法设立的机构签订的合同,无论实体方面还是程序方面都要受越权无效原则的拘束。② 这些合同是基于英王特权签订的,但其超越英王特权的部分,受到越权无效原则的实体控制,即不能因合同是代表英王签订的而免于在司法审查程序中接受是否越权的审查。

八、地方政府机关提供商品及服务

虽然早在1970年,《地方政府机关(商品及服务)法》[Local Authority (Goods and Services)Act]即允许地方政府机关签订向其他地方政府机关或者公共管理机构提供某种商品或者服务的合同。③ 但英国学者对此介绍得不多,因为这毕竟属于行政合同的例外。

更重要的是,这类商品及服务的供应合同,应当与地方政府向公众提供的无偿服务区分开来。后者,本书有详细的介绍,如安居服务。

九、行政合同的相对方

各地的垃圾处理职能部门可以在国务大臣的指导下设立垃圾处理的

---

① Andrew Arden, p.641.
② Bradley & Ewing, p.769.
③ Andrew Arden, p.524.

公平交易公司,并将其垃圾处理职能移交此类公司。①

地方政府机关造册登记可以在自家房舍内照料儿童的人以及能够对8岁以下儿童进行日常照看的人,并有权巡查用于照料或者日常照看儿童的房舍。② 此处有行政合同的因素,虽然负责照料或者日常照看儿童的房舍的主人可能完全是志愿者,当然也可能是领取了地方政府机关支付的儿童看管费的非志愿者,但只要其向地方政府机关承诺协助地方政府机关提供这种服务,则地方政府机关就有权对该房舍进行巡查,而在一般的情况下,地方政府机关是无权随意进入居民的住宅的。

十、强制竞争性招标制度

（一）制度演化

强制竞争性招标(Compulsory Competitive Tendering,CCT)最早是由1980年《地方政府、规划及土地法》(Local Government, Planning and Land Act)确立的,通过该法,英国在建筑及维护工程领域引入了将此类活动纳入竞争性招标的普遍义务。1988年《地方政府法》将该项义务涵盖的公务活动的范围进一步扩展,甚至包括专业服务。1992年《地方政府法》则进一步扩大了强制竞争性招标的适用范围。但英国学者也强调指出,不能高估强制竞争性招标的影响:这一制度在解散由某些地方政府机关设立的实体性的工程队伍方面所发挥的作用,还不如其在人们的观念、文化层面上引起的冲击。自1997年以来,政府采取了一项新的被称为"最值得"的政策,即通过赋予一定的选择权以免除地方政府机关的强制竞争性招标的义务。③

由于强制竞争性招标制度过于僵硬,与其自诩的目标恰恰相反,实际上导致了成本的上升,特别是那些需要第二轮竞争的项目,因为届时地方政府机关往往已经无法提供内部竞争;而且强制竞争性招标也使发标活动的责任问题处于不确定状态。④ 但不管怎么说,强制竞争性招标的主要目标仍是不容动摇的,具体包括:通过阻止潜移默化的公共工程的内部分配,确保地方纳税人能够取得较大的价值。⑤ 此处的"较大的价值"是

---

① Andrew Arden, p.86.
② Andrew Arden, p.101.
③ Andrew Arden, p.574.
④ Andrew Arden, pp.574-575.
⑤ Andrew Arden, p.575.

旧法的用法,政府提到的"最值得"正是针对这一用法而来,二者是比较级与最高级的关系。从理想主义的角度出发,当然是最高级更值得追求,但对于公共工程而言,能够获得比较值的效果已经不错了。

由市场来检验的真正价值在于:在提供服务方面存在更大的灵活性和回旋余地。毋庸置疑,仍有许多地方政府机关继续把持着公共工程的某些领域,因为没有人能够提供更有效、更经济的服务。正因为如此,在此基础上演化而成的更为高级的(即"最值得")的解决方案,受到了地方政府机关的普遍欢迎。① 因为该方案赋予地方政府机关在追求最佳名义下的更多的自由裁量权,从而使某些在原来体制下必须通过强制竞争性招标发包的项目转由非竞争性招标解决。英国法的这一发展历程提醒我们,强制竞争性招标所代表的公共服务领域的市场化,在最市场化的英国也不是没有阻力的,或者说也不是灵丹妙药。英国也同样存在内部发包的冲动和利益集团。东西方存在的这种内在冲动上的一致性,或许是权力不愿意受制约的本质属性的共通性的自然结果。权力只有在遇到阻力时才会有所收敛。

(二) 强制竞争性招标的要求

1980 年《地方政府、规划及土地法》所要求的强制竞争性招标仅适用于地方政府机关想自行完成某项公共工程的情形,如果它们计划将该工程通过合同外包出去,则不必适用有关强制竞争性招标的规定。② 这一点非常重要,这其实解决了关于强制竞争性招标方面的一个最基本的问题,即绝大多数的公共工程究竟是以什么方式实施的。由于英国是一个高度市场化的国家,政府直接所有、经营或者控制的公有制企业非常有限,绝大多数的地方政府机关根本没有任何自有的施工队伍,外包是公共工程合同执行的主要方式,仅在例外的情况下才涉及必须通过强制竞争性招标的问题。而这种招标其实只不过是地方政府机关的下属服务机构与市场主体的竞争而已。如果地方政府机关本身没有参与竞争,则根本不需要适用强制竞争性招标的规定,即使只有一家外部公司投标也没有关系。因此,英国公法所关心的公共工程招标问题,与我们所关心的具有本质的不同。我们的公共工程招标中所要避免的是外部公司之间相互竞争时对于发标单位的腐蚀问题,而这个问题在英国不是通过强制竞争性

---

① Andrew Arden, p. 575.
② Andrew Arden, p. 582.

招标解决的,他们的公务人员怕刑法、怕警察,这是问题的关键所在。

（三）强制竞争性招标的程序

以下以英国地方垃圾处理职能部门实施竞争性招标为例,介绍英国强制竞争性招标的流程。

根据英国法的规定,各地的垃圾处理职能部门可以在国务大臣的指导下设立垃圾处理"公平交易公司",并将其垃圾处理职能移交这类公司。① 但这些公司要想获得这方面的合同,必须经过严格的强制竞争性招标,英国法对这方面的规定甚至比对垃圾如何处理的规定还要详细。这再一次体现了英国立法的主要目的——立法是为了解决法律问题,即人与人的关系问题,而不是解决物本身(如垃圾)的问题。许多国家的立法之所以看起来很专业,是因为将大量本来不必由法律规定的内容,如采取什么容器收集垃圾、采取什么方式装运垃圾、以什么方法处理垃圾等作为规范的重点,但由于没有在立法上解决谁来决策或者适用这些过于具体的标准的问题,也没有解决好如果调处适用不当时产生纠纷的问题,更没有解决垃圾最终无人管时谁承担最终责任的问题,其结果是,法立了不少,垃圾照样堆满地。

1. 禁止垄断

垃圾或许不是世界上最肮脏的东西,但对垃圾清运或者处理方面的垄断却可能造就世界上最肮脏的交易以及成就世界上最肮脏的地界——世界垃圾之都。正是为了避免这种结局出现在英国,英国法明令禁止垃圾清运或者处理领域的行政垄断及各种可能的其他垄断。根据1990年《环境保护法》的规定,垃圾处理职能部门不能通过完全由其自己承担全部工作的方式,来履行垃圾处理职能:它们只能根据该法附表2的规定,与垃圾处理合作方达成相应的合同,该合作方可以是其先前按照要求组建的,也可以是其他人组建的。② 这是一种非常人性化的法律要求,它避免了让所有的"脏活""累活"都由地方政府机关承担。由此产生的如果没人愿意干这些活怎么办的问题,实质是成本问题,只要英国的家庭主妇还没有全部放弃将其家中的垃圾扫到自家的垃圾桶里的工作,那么就有足够的理由相信,出3倍、5倍或者更高的价钱,肯定会有人愿意将自家的甚至别人家的垃圾运到一个指定的地方,进而再对这些垃圾进行分类处

---

① Andrew Arden, p. 86.
② Andrew Arden, p. 598.

理。那么,如果地方政府机关出不起这么高的价钱呢?假如地方政府机关出不起这样高的价钱,则地方政府机关自己组建的垃圾处理机构也肯定不会雇到足够多的市场经济自由民。

事实上,在一个民主的、自由竞争的社会,垃圾清运其实是一个如何以最小的代价满足人们的清洁意愿的算术问题;人们愿意为垃圾清运、处理支付一定的金钱,然后就是如何经济地花这笔钱以最大限度地满足人们愿望的问题。英国解决垃圾处理问题及其他竞争性招标事项的一个核心理念是,竞争能够在提高服务质量的同时降低成本。那么其标准可以达到什么样的程度呢?在英国大学的厕所里,经常看到学生们将书包往地上一扔就去如厕,甚至席地坐在厕所的公共区等候的场景。对此,似乎不能说他们没有卫生习惯,因为他们在家里也是这样到处坐、卧的。

2. 强制竞争性招标

不破除垃圾清运或者处理中的垄断,强制竞争性招标即无从谈起,即使二者勉强共存,也极有可能诱发比垃圾还难清除的肮脏的交易。英国法在设计其对此实施控制的手段时的出发点是,确保根据这些规定签订的合同能够建立在强制竞争性招标的基础上,而任何违反这些规定签订的合同都是无效的。而英国法的这些规定是对欧共体法(脱欧前)的要求的补充。[①] 在欧盟(此前为欧共体)内部,类似的竞争性招标的要求也是普遍的。

3. 招标公告的要求

有关地方政府机关必须在两份以上流传于垃圾处理合作方之间的出版物上发布通知。该通知应当包含对该合同标的的简要介绍,一项关于可以在指定的时间、地点免费查阅该项目的详细说明的声明,一项在此期间以指定价格获得该详细说明的副本的声明,一项关于有意竞标者必须在指定期限内知会该地方政府机关的声明,以及一份地方政府机关有意邀请竞标者按照 1990 年《环境保护法》的规定参与该合同投标的声明。至于该通知究竟要具体到什么程度,需要由地方政府机关自己来把握。[②]

4. 竞标人的确定

在决定应当邀请谁参加竞标以及应当将合同发包给谁时,地方政府机关不得考虑该合同参与方是否受其控制的事实。如果要求竞标人少于

---

① Andrew Arden, p. 598.
② Andrew Arden, p. 598.

4人,则应当邀请所有竞标人参加竞标;如果竞标人超过4人,则必须至少有4人参加竞标。①

5. 合同的内容

合同的条款及条件本身也不得歧视性地偏向于某一特定垃圾处理合作方。虽然如此,地方政府机关仍必须考虑在其拟议的合同条款中加入旨在减少污染以及对人体健康的危害,同时最大限度回收利用的内容。②

十一、《规制缓和及外包合同法》

1994年《规制缓和及外包合同法》允许某些职能完全转移到公共管理机构之外。但其中涉及的职能仅限于按照1972年《地方政府法》第101条的规定已经可以委托出去的职能,因此,只能由地方议事会全体成员共同行使的权力是被排除在外的。③ 除此之外,在地方政府机关根据1994年《规制缓和及外包合同法》将某一职能委托出去之前,部长必须首先通过命令对该职能进行界定。在满足这一限制性规定的前提下,地方政府机关可以为权力外放的目的而将其享有的职能授权任何人或者其雇员行使。④ 英国目前已经根据这些规定颁布了相当数量的此类命令。⑤

被授出的职能必须有确定的期间,但最长不得超过10年;地方政府机关可以随时收回这些权力。而且授出权力的行为并不妨碍地方政府机关自己行使这些职能。⑥ 这就是普通意义上的地方政府机关的权力外放,与严格意义上的授出后原机关不再行使相应职能的权力完全移转有很大的不同。

一旦某项职能按照这种方式被外包出去,其结果就是将此项职能全部转移到被授权者的手中。公共管理机构不再行使与该职能有关的任何权力,但有两项例外:一是被授权者及其任何雇员所实施或者疏于实施的任何与被授予的职能的行使有关的行为,无论从何种意义上都将与该公共管理机构自己实施或者疏于实施该行为同等对待;二是公共管理机构

---

① Andrew Arden, p. 599.
② Andrew Arden, p. 599.
③ Andrew Arden, p. 244.
④ Andrew Arden, pp. 244-245.
⑤ Andrew Arden, p. 245.
⑥ Andrew Arden, p. 245.

仍保留与被委托出去的职能有关的权力。[1] 这种意义上的权力委托,与我们通常理解的委托是同一含义,即委托人保留继续行使被委托出去的权力,被委托人的行为的法律后果由委托人承担等。但是与我们的委托观念最大的不同在于,英国的此种外包主要是职能的外包,而英国的公共管理机构的服务职能要比其权力重要得多。因此,英国行政法关注的焦点是职能在外包后能否妥善行使的问题,以及未能如公共管理机构亲自行使该职能时公共管理机构所应承担的责任。这与我们一般理解的权力外包主要是管理权、控制权的委托有本质的区别。可见,英国的管理是真正意义上的服务,而其权力在绝大多数情况下仅仅是提供某种服务的资格或者动用财政资源提供某种服务的能力而已。

如果公共管理机构与被委托人之间存在一项旨在行使某一外包的职能的合同,并且部长撤回了授权公共管理机构外放此项职能的命令或者公共管理机构撤回了授权,那么被授权人有权将该合同视为已经被公共管理机构解除而不能视为基于被撤回的原因而执行受阻。[2] 这二者的区别在于,对于已经被公共管理机构解除的合同,被委托人就没有继续履行该合同的必要和期待了,而对于执行受阻的合同则存在继续履行的合理期待。既然合同已经被公共管理机构或者部长撤回了,合同中涉及的公共职能也就一并收回,被委托人就没有继续履行的权力了,也没有期待今后继续履行的必要了。

被委托人因此而有权要求赔偿。[3] 从英国法的逻辑看,这是情理之中的,因为这已经不是一般的合法性期待意义上的损害了,而是一种实实在在的违反合同的行为。按照英国民众对于违反合同的法律后果的普遍预期,公共管理机构签订的权力外放合同的提前收回应当具有与合同提前解除相同的法律后果和救济手段,赔偿金就是其中之一。至于这种赔偿金应当如何计算,特别是在部长撤回可委托职能的命令导致合同无法继续履行时,应当由谁承担此项赔偿金,则是具体如何赔偿的问题。

十二、外包合同主体的转移

外包合同主体的转移属于英国行政合同领域乃至行政管理领域的一

---

[1] Andrew Arden,p.245.
[2] Andrew Arden,pp.245-246.
[3] Andrew Arden,p.246.

个新动向,体现了事物发展螺旋式上升的图景:地方政府机关的员工在许多情况下也可以为满足地方政府机关竞争性招标的要求而成为提供服务的外包方,如成立一个地方政府机关控制的公司或者设立一个合资企业。① 表面上看,行政合同因实施主体的转移,又回到了地方政府机关内部,但这种转移是竞争性招标的结果,其正当性还在于竞争性招标本身的公正性。由于如此一来竞争性招标能够得到比预期好得多的控制,因此,这种外包合同主体的转移并不会导致腐败。

十三、英王的雇佣合同

英王的臣仆是英王作为合同法上的特殊主体地位的另一个例子。因为人们普遍认为,英王依其恩宠雇用其臣仆(无论是文职的公务员还是军人)是其特权之一。而且英王还常常声称,英王依其意志解聘其臣仆的自由是公共利益所必需的。确实,判例法显示,英王的臣仆在普通法上几乎没有多少针对英王的权利。于是,在没有制定法规定的情况下,英王的臣仆没有就错误的解聘寻求救济的权利。②

尽管在普通法上公务员缺乏任期保障,但实际上他们却享有高度的职业安全性。这种传统的安全保障是建立在惯例而非法律基础之上的,并且适用于所有公务员的就业待遇方面的集体协议也没有赋予公务员合同上的权利。事实上,长久以来英国法对于英王与其臣仆间的关系是不是合同关系,一直没有定论。因此,在英国法中此前一直悬而未决的一个问题是,公务员是否能够就拖欠工资而起诉英王。尽管如此,1996年《就业权利法》(Employment Rights Act)的绝大多数规定现在可以适用于公务员,使之得以在免受不公正的解除职务、种族或者性别歧视等方面得到保护。③

在 R. v. Lord Chancellor's Department, ex p. Nangle [1992]一案中,法院认定英王雇用公务员是一种雇佣合同,因为该类合同所要求的所有款项都包括在该案之中,而且公务员的《薪金及待遇良好行为规范》也对这种关系的许多方面作了详细的规定;尽管在这些良好行为规范中规定,这种关系由英王特权调整且英王可以随意解雇公务员,但是法院认

---

① Andrew Arden, p. 647.
② Bradley & Ewing, p. 773.
③ Bradley & Ewing, p. 773.

为,无论是公务员还是英王,都不希望这些良好行为规范中所包含的内容仅仅具有自愿履行的效力。①

有关英王雇佣合同方面涉及公务员身份及待遇方面的更细致的讨论,参见本书第二卷第二编第七章公务员制度的有关内容。

十四、地方政府机关的权力外放

在英国,地方政府机关将其权力外放给地方政府机关以外的其他机构行使不但是可以的,有时还是必需的。必须下放权力的情形标志着对于公共服务实施"委托人选择"(client choice)或者"委托人控制"的现象的兴起。② 从某种意义上说,权力外放就是将提供公共服务的权力外放给公共管理机构以外的其他受托人,因此,对受托人代公共管理机构向公众提供的服务进行监督遂成为外放权力的公共管理机构的分内职责,从而出现了选择作为委托人的公共管理机构适当的受托人并对受托人的活动实施有效控制的"委托人选择"和"委托人控制"。

十五、不得外放的权力

英国学者在讨论地方政府机关的权力外放时,并不是指公共管理机构将其权力完全转移出去。权力完全移出的情况是指,公共管理机构的某项职能以及与之相应的权力从公共管理机构中全部或者部分移出,并授予另一机构,如1985年《地方政府法》对警察及消防职能的转移,安居房储备或者学校职能通常也是完全可以移出的。③ 因此,地方政府机关的权力外放既不同于中央政府对地方政府的权力下放,也不是将所有的权力都移出,而是由地方政府保留最终行使的权力,通过合同或者其他委托方式,将地方政府机关的某项职能及其相应权力临时转由其他机构行使的一种现代管理方式。

排除在权力外放条款之外的职能被称为不得外放的职能,其中包括④:① 法院或者任何裁判所行使的国家司法职能;② 其行使或者疏于行使将导致对个人自由的干预或者其他形式的影响的职能;③ 属于进

---

① Bradley & Ewing, pp.773-774.
② Andrew Arden, p.244.
③ Andrew Arden, p.244.
④ Andrew Arden, p.246.

入、搜查或者扣押任何财产的权力或者权利;④ 制定附属立法的权力或者职责。

十六、私人参与公共财政

鼓励私人参与公共财政的政策是1992年引入的,旨在鼓励公共部门与私营部门参与合伙提供和经营本来需要由公共部门提供和经营的资产,如最初的公路、监狱、健康服务设施、交通系统、信息技术、办公场所等。①

后来,中央政府鼓励地方政府机关按照同一思路反思其提供或者经营的各项资产,推动私人向地方政府机关投资,提高其资金的利用价值,鼓励地方政府机关所持有的资产的合理化和不断更新(其中既包括地方政府机关所提供的服务,也包括其办公场所),鼓励地方政府机关将其贸易性资产转移给私营部门,帮助建立合资企业,除去对合伙经营的各种不必要的阻碍。②

按照英国政府就鼓励私营部门参与公共财政一事所作的评价,与私营部门合作被视为公共部门提高其资金的利用价值的主要机制之一。③

鼓励私人参与公共财政的核心是所谓设计、建设、投资、经营的理念[DBFO(design,build,finance and operate)],根据这一理念,地方政府机关实际上购买的仅仅是在同时提供资产和服务的某一单一合同期内,作为提供此项服务所必需的最基本要素的那些主要资产,如学校、图书馆、慈膳供应、计算机、库房、交通工具等。④ 其余的部分则由与该地方政府机关合作的私营部门提供,作为私营部门参与此项合伙的对价。

同时,地方政府机关确定它们所要实现的服务的产出效果,但并不明确限定如何具体提供这些服务,并将这一点转化为私营部门的选择权,以便最大限度地发挥它们降低成本的能力,相应的,也让参与合伙的私营部门承担相应的风险。⑤

相对于单独提供服务的报酬而言,地方政府机关对私营部门所支付的报酬,根据私营部门提供的服务结合其提供的相应固定资产,进行综合

---

① Andrew Arden, p. 630.
② Andrew Arden, pp. 630-631.
③ Andrew Arden, p. 631.
④ Andrew Arden, p. 631.
⑤ Andrew Arden, p. 631.

计算。地方政府机关的计算是建立在绩效考核的基础之上的,通常(但非必须)采取的是单边费率,即只考虑私营部门的产出而不考虑其成本构成。这势必将风险转移给私营部门。通过这种价格机制,既可以确保私营部门提供的固定资产符合其任务的要求,同时又能保证合同的执行在合理的价格区间内。①

也就是说,按照设计、建设、投资、经营运行的理念,地方政府机关实际上并不提供任何服务或者为服务所必要的固定资产,但要出钱购买基于这些固定资产所提供的服务。但在研究购买的价格时,地方政府机关会充分考虑参与此项服务的私营部门的经营业绩。这就要求私营部门既要保证它们选择的固定资产能够满足它们所要提供服务的要求,又要保证它们通过利用这些资产提供的服务能够满足地方政府机关的要求,在此基础上,才能确保地方政府机关能够按照全价付给它们报酬。当然,按照英国法的规定,最低不会低于合同价格的80%。这要求地方政府机关在选择合作对象时就必须充分考虑到最坏的情况,也要求地方政府机关必须对合作伙伴有足够的控制力,以保证它们不会仅仅为了80%的成本而偷工减料,还必须保证地方政府机关负责最初谈判合同价格,最终验收合同履行实绩的官员都不贪污、腐败,否则,再完善的制度都会因人为的背离而失去落实的可能。

法律制度肯定是过程,而不是一个静态的规或者矩。任何规矩都必须有一个将其适用于具体现实的人以及相应现实的过程,这个过程的刚性和一致性,是法律规范体制的重要组成部分,是法治不可缺少的内容。英美法系对于这个过程的强调重于对形式逻辑意义上的规范的强调,而大陆法系则相反。

与地方政府机关对公共服务合同的控制权相对应的,是公共服务的提供者享有接近公共服务市场的权利,而资本运作部门作为资本的来源,亦享有接近地方政府机关的权利。② 通过这种接触,参与公共服务提供的合同一方取得了通过提供公共服务盈利的机会,资金提供方贷出了资金,而公共管理机构则获得了以更低的价格(也就是更高的资金利用率)获得更优质的公共服务的可能,而这也就是地方政府机关提高其履行公共职能的能力的表现。

---

① Andrew Arden, p.631.
② Andrew Arden, p.631.

十七、税务管理及征收权的外包

根据1994年《规制缓和及外包合同法》制定的《地方政府机关税收征收及强制执行职能外包合同命令》规定,地方议事会税征收机关可以合同外包方式,将地方议事会税的管理及征收权外包出去,但决定地方议事会税具体税额的职能不能外包。[①]

十八、教育服务的外包

地方政府机关也可以同那些不直接掌管的学校,就该学校为学龄儿童提供教育服务签订合同。[②] 这种合同的内容是学校为议定数量的儿童提供符合议定要求的教育服务,地方政府机关则支付相应培养费,类似委托培养协议。

十九、供水服务的外包

供水服务在英国已经可以私营了,但这一点也是20世纪90年代才开始的。英国于1991年制定《供水企业法》(Water Industry Act),同年还制定了《私营供水条例》(Private Water Supplies Regulations),允许供水服务向私营企业开放。地方政府机关必须与当地的供水服务提供者签订协议,以便对饮用水质量可能给当地居民造成的危险引起足够的重视。地方政府机关可以要求供水服务提供者提供有关供水质量的报告。

第八节 行政收费

本节讨论的内容,反映了英国行政观念的转变过程。但与其说是收费观念的转变,不如说是英国的行政主体日益市场化的表现。在谨守了数百年有限政府的清规之后,英国的公共管理机构终于按捺不住了。但它们试水的方式非常特别——以市场化模式更经济地经营更广泛的服务。

行政收费在英国曾经因为过于敏感而长期未被法律认可,因为收税权收归至上的代表人民的议会,曾经是英国人民几百年浴血奋斗的结果,

---

① Andrew Arden, p. 412.
② Andrew Arden, p. 105.

任何租税必须由议会批准的观念深深地植根于议会立法至上原则的大树之下,久久未敢有人触及。但是近年来,这方面的观念已经有所改变,从议会至上原则出发,如果制定法授予地方政府机关这样的权力,英国学者认为也是完全可以的。从这个方面看,如果地方政府机关确实具有提供设施并收费的权力,它们当然可以在不违反对其权力的运用所设置的限制的前提下谨慎地运用其权力,并考虑其所提供的设施或者服务与付费之间的收支平衡。提供此类设施或者服务的具体内容包括提供安居房并收取房租,以及其他更为专门性的服务。① 英国学者将地方政府机关在城市提供这类服务或者设施的活动称为市政商贸行为。②

凡是依法被允许的市政商贸行为,则地方政府机关所拥有的相关权利就应当与其他拥有此等权利的主体的权利作同样的解释。③ 即地方政府机关与私人在权利的性质和范围等方面,不再有本质的区别。例如,某地方政府机关为了某种正当的目的而拥有一批机器、设备,并保持着良好的使用状态。尽管人们已经承认地方政府机关可以在剩余资产使用寿命结束时按照等价有偿原则处置这些剩余资产,但对于地方政府机关直接将剩余资产作为其财政责任的一部分对外交付使用,并收取适当费用的问题,在英国仍存在争论。也就是说,对于地方政府机关而言,仅仅以剩余资产拥有者的身份,尚不足以使其将这些剩余资产投入商业运用的行为合法化。④

一、收费权的本质

英国学者认为,收费权(power to charge)的本质涉及该权力究竟在多大程度上是权力所有者的义务(duty,即必须履行该权力的义务)或者其自由裁量权(此时进一步涉及自由裁量的范围)。⑤ 从这一认识看,英国学者所谓权力其实就是羁束性与自由裁量性的相对比例。就前者而言,掌权者必须行使该权力,因此更多的是具有义务的性质;就后者而言,则主要涉及自由裁量的范围问题,是如何合理行使的问题,而不是是否可以行使此项自由裁量权的问题。英国公法对于权力的探讨,实际上是探

---

① Andrew Arden, p. 74.
② Andrew Arden, p. 74.
③ Andrew Arden, p. 74.
④ Andrew Arden, p. 75.
⑤ Andrew Arden, p. 447.

讨在必须行使权力的前提下如何在自由裁量的范围内合理行使该权力。于是，所有行政权的本质，都转化为自由裁量权的行使问题，或者说自由裁量权行使的适当性问题。

英国学者进一步指出，收费权必须像其他制定法上的权力一样，将其解释为一种必须行使的权力；因此，收费权也必须按照有关制定法的上下文行使，而不能仅对授权法作片面的理解；地方政府机关作出的任何放弃收费义务的决定以及行使自由裁量权进行收费的决定，都必须建立在充分考虑其信托义务的基础之上。当然，在实践中这将意味着最终的决定还是要由地方政府机关通过自己的分析作出判决，如某一政策的目标是否值得本地的纳税人付出相应的财政成本；不仅如此，地方政府机关作出的任何决定还必须基于对相关因素的考虑，并且没有考虑不相关的因素。[1]

二、收费权的设定

在英国制定法中没有提到收费，是否就意味着不能收费呢？1992年《环保信息条例》(Environmental Information Regulations)要求中央及地方政府、其他履行公共行政职能者以及任何对环境负有公共职责的机构，必须向提出申请的任何人提供范围广泛的环保信息。[2] 英国学者认为，依申请提供信息的有关机构可以据此收费，虽然条例中并没有对收费作出限定。[3] 可见，虽然英国法律授权收费的场合都要明示，但确实存在法律、条例没有规定，而行政主体照样收费的现象。

制定法中规范地方政府机关的收费行为的表述，既可以是强制性条款，也可以是自由裁量条款。[4] 关键在于英国的收费不完全是权力性的，更多的是义务性的，地方政府机关对于应收的费用往往没有处置的权利，它们更像是收费的"马仔"，而并非决定收费的老板。行政主体的这种"卑微"地位在英国行政法中随处可见，在英国现实生活中也同样表里如一，其根源在于民主的力量——当人民的选票真正说话算数的时候，所有的因当选而当权者才有可能真正成为人民的仆人。

---

[1] Andrew Arden, p. 447.
[2] Bridges & Cragg, p. 97.
[3] Bridges & Cragg, p. 97.
[4] Andrew Arden, p. 446.

(一) 羁束性收费规定

如果地方政府机关有义务收费,则仅在极个别的情况下,才允许其不收费,例如,可收数额太少,或者收费成本与收费额相比极度不合理,收费得不偿失。在后一种情况下,地方政府机关须考虑所有相关的因素,例如,考虑其不收费的决定对其他人的影响,即是否会由此形成不收费的先例。①

(二) 裁量性的收费规定

即使有关收费的规定是自由裁量性的,也不能得出地方政府机关就享有真正广泛的自由裁量权的结论。例如,对于决定全面不收费的安居职能部门而言,其这一做法几乎不可能找到能够对得起其受托责任的正当理由。② 因为不收费意味着白送,而作为信托财产的受托人,地方政府机关应当在一定程度上承担对受托财产保值、增值的责任,不讲原则地白白送人显然只讨好了一方,极有可能得罪更具决定性的另一方。

但这并不是说地方政府机关就不能作出类似一年只有50周收费的决定。事实上,英国的许多地方政府机关都是这样做的,通常在圣诞节期间免费。不过客家实际支付的租金抵偿了未支付租金的期间。③ 即虽然支付租金的计费时间短了,但实际支付的总额可能并没有少多少,也就是单位计费时间内的租金相应地根据未计入时间的长短作了调整。

地方政府机关也可以以其他理由提供一个短期的免费时段,如实施某一激励计划。④

三、明示收费权

原则上讲,英国的行政收费都必须是制定法明示的,即明示收费权。例如,地方政府机关只能根据1975年《地方土地收费法》(Local Land Charges Act)的规定对当地的土地收费。⑤

另如,根据1947年《公民食堂法》(Civic Restaurants Act)的规定,地方政府机关有权建立、经营食堂,并可附带地进行收费。⑥ 而其不收费的

---

① Andrew Arden, p. 446.
② Andrew Arden, p. 447.
③ Andrew Arden, p. 447.
④ Andrew Arden, p. 447.
⑤ Andrew Arden, p. 135.
⑥ Andrew Arden, p. 75.

情形，就是慈膳供应，类似免费午餐。

由于地方政府机关有权力，有时甚至是有义务对其提供的大量服务收费，因此，地方政府机关在很多时候事实上置身于某种形式的市政商贸活动之中，尽管从事商贸活动并非其设立的目的所在。① 郡议事会可以同国务大臣签订合同，并作为其代理人承接自己辖区内的有关公路工程。区议事会也可以通过签订合同，成为其所在的郡的公路职能部门的委托代理人，承接相应的工程。②

四、默示收费权

英国的有些制定法既没有规定收费的权力，也没有规定收费的义务，此种情况下仍有可能存在默示收费权。例如，1972年《地方政府法》第114条规定，地方政府机关可以提供会议设施，但却没有明确授权地方政府机关对这些会议设施的使用者收费，例如，没有明确地方政府机关是否可以在其举办的会议中向与会的个人收费，或者地方政府机关是否可以将这些会议设施提供给他人使用，由使用会议设施者向与会者收费。在这种情况下，可以通过参考制定法的规定推定地方政府机关享有默示的收费权力，也可以将收费权力视为1972年《地方政府法》第111条所允许的附带的或者附属的职能。③

在贵族院作出1992年的 *McCarthy & Stone (Developments) Ltd. v. Richmond Upon Thames LBC* 一案之前，英国司法界一直认为（事实上法院在该案中也承认此前存在这一普遍认识的事实），1972年《地方政府法》第111条可以用于作为地方政府机关对其所提供的任何服务进行收费的依据，除非某一制定法中的文字明示或者默示禁止这类收费。④ 这种理解对于英国的普通法观念而言是自然而然的。因为地方政府机关亦是法人，其权利除法律明示或者默示禁止的以外，都和普通人一样。因此，除法律明示或者默示禁止的以外，地方政府机关有权就其提供的服务收取对价，其形式就是收费，正如一个普通人有权请求接受其服务的一方支付报酬一样。

---

① Andrew Arden, p. 76.
② Andrew Arden, p. 76.
③ Andrew Arden, p. 447.
④ Andrew Arden, pp. 447-448.

在1992年的 McCarthy & Stone (Developments) Ltd. v. Richmond Upon Thames LBC 一案中，贵族院认定，只有在已有明示的、必要的默示收费权力或者义务时，地方政府机关才能收费。① 此案之前的观念属于传统的观念，这种观念受英国普通法的影响，强调地方政府机关的普通人属性，因此，只要没有制定法的规定，就可以对其服务收取服务费；而该案则是对该传统观念的颠覆，新原则强调的是地方政府机关的法人（法律拟制人的）属性，即在制定法没有明确规定或者暗示时，推定地方政府机关没有实施相应收费的权力。

该案的主要事实是，根据地方政府机关拥有考虑规划申请的义务[该义务由1990年《城镇及乡村规划法》(Town and Country Planning Act) 调整]，地方政府机关有权对此项审查收费。为履行此项义务，并在中央政府的鼓励下，地方政府机关通常要针对那些与已经提出的申请有关的潜在的开发者进行申请前的调查，这种调查的主要目的是将其作为一种减少不必要的规划申请的手段，如减少那些不太可能成功的规划申请。地方政府机关想针对这些申请前的调查收费，潜在的开发者对此申请司法审查。②

贵族院认为，由于此类申请前的调查是附属于地方规划职能部门的，而根据1972年《地方政府法》第111条的规定，针对这些听证会的收费属于"附属的附属"，因此，对于1972年《地方政府法》第111条的授权而言就显得过于遥远。③ 言外之意，如果是对规划申请的审查收费，根据1972年《地方政府法》第111条的授权，尚可以视为对其行政职能的必要的附属权力，但对于为履行审查规划申请而举行的事前的调查而言，又间接了一层，贵族院认为对此的收费是1972年《地方政府法》第111条的授权鞭长莫及的。

对于中国学者来说，关键是这一结论何以成为一个原则，即只有在已有明示的、必要的默示收费权力或者义务时，地方政府机关才能收费。事实上，仅从对该案事实的以上简要描述是看不出这一结论的推理过程的。这一判例结论的得出其实是根据贵族院的法官在得出基于以上事实的初步结论后的进一步推理，其原话是，"我不准备说，除制定法明确授予的收

---

① Andrew Arden, p. 448.
② Andrew Arden, p. 448.
③ Andrew Arden, p. 448.

费权力以外,就绝对不存在某些收费的权力基于必要的默示而确立的案件"①。正是这一进一步的推理,将明确授权之外的必要的默示授权引申出来,从而形成了作为判例基本内容的上述原则。

五、委任立法增补的收费权

委任立法增补的收费权属于由议会在立法时明确授权通过委任立法规定的收费权。根据1989年《地方政府法》第150条的规定,国务大臣享有通过制定条例设定收费的权力。按照英国学者的理解,这一权力只能用于赋予地方政府机关收费的权力,但不能用于设置收费的义务。收费的数额可以由地方政府机关裁量,或者规定不能超过某一最高限额。如果采取规定最高收费限额的方式,则既可以采取单一限额制、针对不同情况的比例制,也可以采取固定数额或者根据某种计算方法确定数额。②

国务大臣制定的这种设定收费权的条例,可以适用于任何相关的地方政府机关。这些条例适用于其所规定的行为,但不适用于那些已经存在收费权力或者义务的职能。如果此类条例既有的规定仅规定了收费的权力而没有规定收费的义务,则国务大臣有权通过另行制定条例并在新条例规定的范围内废除、修订或者替代既有的规定。③

特别值得一提的是,国务大臣制定的这些收费条例不适用于任何其收益全部或者部分划入国家常年基金(Consolidated Fund)的收费,也不适用于构成地方税收收入的收费。④

国务大臣制定的允许收费或者废除、修订、替代既有的规范收费的条例,不适用于"杂务",包括:① 学校内的教育;② 提供公共图书馆服务;③ 消防;④ 选民登记;⑤ 选举行为。国务大臣制定的此类旨在为地方政府机关设定收费权的条例,必须提交并获得英国议会两院的批准,也就是必须走严格的议会确认程序。⑤ 这种严格的议会确认程序区别于一般的议会批准程序(只需要提交议会一院批准的程序)。绝大多数的涉及地方政府机关的财政法案都只需要提交议会两院之一的众议院并获通过后即可生效。由此可以看出,虽然国务大臣可以制定此类条例,但这类条例的

---

① Andrew Arden, p. 448.
② Andrew Arden, p. 448.
③ Andrew Arden, p. 449.
④ Andrew Arden, p. 449.
⑤ Andrew Arden, p. 449.

批准程序表明,这类条例的通过绝对不是轻而易举的。

但是,如果国务大臣制定条例的目的只是扩展可适用既有条例的相关地方政府机关的范围,或者将某一机构从既有的范围中除去,则该条例在提交议会时只需要适用较为简单的消极表决程序①,即只要在一定期限内无议员反对,即获得通过的程序,绝大多数提交议会的成文法律规范或者财政法案都是采取这种表决程序。否则,每年数以千计的此类立法议案,议会根本无暇一一表决通过。

但国务大臣在行使任何一种与设定收费权有关的制定条例的权力之前,都有义务咨询其本人认为适当的地方政府机关的代表。②

如果地方政府机关被授权实施某项土地开发或者建筑工程,即行使因相对人不履行义务而享有的补缺性权力,且被授予要求义务人返还因此而支出的成本的权力,那么地方政府机关也同时被授予要求义务人支付合理的工程管理费的权力。③ 从我们的角度看,这属于双重收费,即对于那些有义务实施某项土地开发或者建筑工程的义务人而言,如果他们没有尽职尽责地履行其义务,而地方政府机关又被赋予在这种情况下代为尽职尽责地履行该义务以及向该义务人收取相应成本费的权力,那么,地方政府机关同时还被赋予一项进一步收取工程管理费的权力,这是一种因行政机关代为实施某项土建工程,而在其实际施工成本之外额外征收的一笔费用。对于原义务人而言,这相当于对其不履行义务的惩罚;对于行政机关而言,由于其本身是不太可能亲自实施这类土建工程的,而只能委托其他的施工单位,如果只允许地方政府机关收取成本费,那这笔钱只能交给实际施工单位,地方政府机关在此过程中付出的劳动,如找施工单位、组织验收等,就没有回报。从公平负担的角度看,通过由义务人支付额外的工程管理费,以弥补地方政府机关的此项开支,本身并不为过。当然,此项工程管理费也不能漫天要价,也有一个合理度的问题。

六、收费的范围

许多制定法对提供包含明示权力或义务的服务的收费问题作了规

---

① Andrew Arden, p. 449.
② Andrew Arden, p. 449.
③ Andrew Arden, p. 450.

定,但有些制定法则禁止收费。①

英国的许多制定法规定,对于那些因所有权人经通告后仍不遵循法律而地方政府机关有权力或者义务实施的工程,地方政府机关有权请求返还成本费用。例如,违章建筑的拆除:违章建筑的所有权人经通告后仍不履行拆除义务,地方政府机关又有权力或者义务实施拆除工程的,此时,地方政府机关可以自己或者委托他人实施该拆除工程,并相应地获得请求返还拆除工程成本费用的权利。这在英国法中被视为自然地附属于任何诸如此类的权力或者义务的权利(right attach to any power or duty)。涉及安居、规划、建筑、环境健康、噪声及烟尘控制方面的权力的许多制定法规定了此项权利。② 这个观念的价值在于,公共管理机构应履行的职责中有一部分非常重要的内容,就是在本应遵循法律的人未履行法定义务时,公共管理机构有权力也有义务采取适当的补救行动,弥补公共利益因此而造成的损害,如拆除违章建筑。由此产生的问题是,在此情况下实施的行为的成本由谁承担。如果公共管理机构没有向致使该行为发生的违法行为人追索成本的权利,则该成本将由公共财政承担,也就是由包括守法人在内的公众通过均平税负共同负担。从公共负担的角度讲,这对守法者显然是不公平的。由此产生的第二个问题则是具体的追偿限额,英国法的现行规定是由原义务人承担代执行的成本,没有包括惩罚性赔偿。

除公共管理机构要求返还代执行成本的权利之外,其他可以收费、收回成本或者返还捐助的权利包括以下内容③,这些内容也就是除公共管理机构要求返还代执行成本的权利外,英国行政法中允许公共管理机构收费的主要项目的清单:

(1)绝大多数种类的规划申请。

(2)与1984年《建筑法》(Building Act)规定的职能有关的服务。

(3)提供公共屠宰场、冷藏库及与此有关的冷冻服务。

(4)与某一大气污染防治计划有关的收费。

(5)在特定情况下,某些垃圾的收集。但是对提供用于收集商业或者工业垃圾的容器的收费则是强制性的,除非地方政府机关认为这项收

---

① Andrew Arden, p.444.
② Andrew Arden, pp.444-445.
③ Andrew Arden, pp.445-446.

费没有必要。

（6）根据1948年《国家援助法》第三部分，提供社会服务性膳宿需要收费。

（7）如果地方政府机关有充分的理由相信，接受照顾儿童服务的儿童的父母或者儿童本人具有付款或者捐助能力，则可以收费。

（8）可以对学校提供的牛奶、餐食及其他茶点收费，但孩子的父母领取补助者除外。

（9）可以对安居房收费。

（10）利用校车的富余运力提供的本地公交服务可以收费；由此得出的结论是，学校的校车是不收费的，但由于校车只用于上下学期间，除此之外未被利用的时间用于公交服务，并收取同等的费用是理所当然的，也是减少提供免费校车服务的地方政府机关的开支的一项经济之举。

（11）实施排水工程可以收费。①

（12）休闲设施。

（13）娱乐。

（14）剧院及公共娱乐场所的入场券。

（15）沿街摆卖。

（16）公民食堂。

（17）博物馆和艺术馆的入场券。

（18）图书馆的某些设施。

（19）乡村公园或者公地内的设施。

（20）检索本地区土地按揭。

（21）利用公共卫生设施。

（22）由地方政府机关维护的历史遗迹的入场券。

（23）殡葬设施。但是，根据1984年《验尸官规则》（Coroners Rules）的规定，必须依申请向具有足够利益的人提供验尸报告，在其中标注证据或者其他任何作为证据的文件。提供这些复印件可以收费，但查阅这些文件是不收费的。②

类似的例外相当多，根据1994年《特殊教育需求信息条例》［Education（Special Education Needs）（Information）Regulations］的规

---

① Andrew Arden, p.445.
② Bridges & Cragg, p.98.

定,关于学校所提供的特殊教育需求以及对特殊教育需求进行评估的更为基本的信息,接受或者预期需要接受特殊教育的孩子的家长,可以从学校管理机构免费获得。① 此处的信息是免费的,而根据 1984 年《数据保护法》(Data Protection Act)的规定,获取公共管理机构掌握的计算机内的信息则是要收费的。② 这种区别再次体现了对于特殊教育需求的儿童及其父母的人文关怀。从这些细节上也可以发现法治长期发展之后的人文之美。

此外,根据 1998 年《政党登记(公众查阅)条例》[Regislration of Political Parties(Access to the Register)Regulations]的规定,查阅的费用为 5 英镑,全部复印的费用是 20 英镑,复印某一特定政党的登记书的费用为 5 英镑,如果政党登记官能够提供对所有政党名称的索引,则该索引的复印件的收费为 5 英镑。③

七、收费的缴纳

收费的缴纳,英国的行政法或者宪法与行政法等理论著作中几乎未见提及。名为《地方政府体制》的书中偶有提到,多是与税收征收联系的内容。为此,笔者补充一些内容。

从行政许可部分介绍的钓鱼许可的收费看,其交费其实很简单。确实用不着专门讨论。类似的管理程序的应用范围极其广泛。例如,在英国的乡村的某些地方也设有停车场,供偶尔到乡村游览者停车之用。这些停车场一般是免费的,但也有收费的。收费的设施就是大城市的"码表",车主投入相应的硬币,之后输入自己的车牌号的后四位,然后就可以在规定时间(取决于投入硬币多少及收费标准)内停车。有没有人来查呢? 从理论上讲,是有的,但一般不会查。这个人是谁呢? 不是停车场的,而有可能是警察,甚至有可能是停车场所在土地的地主——如果他发现有人停车不交费,也会把警察叫来。

此外,国内媒体报道过的伦敦的进城费(起初是每天 5 英镑),也可以视为一种进城许可。其收费及监督执行的方式很有意思:当事人可以通过各种手段交费,包括电子银行、网上付费等;同时,当事人须输入自己的

---

① Bridges & Cragg, p. 97.
② Bridges & Cragg, p. 94.
③ Andrew Arden, p. 305.

车牌号及进城时间,该时间就是该车可以合法进城的时间。至于监督检查,则是通过监视探头核对检测到的车牌号是否已经交费。如果在城内检测到某车并没有相应的缴费记录,就自动生成罚单并寄给该车车主。在英国,没有人会将这一规定视为对乡下人进伦敦城的限制,更不会有人将这一规定与歧视农民联系起来,因为那些需要频繁开车进城的人,往往是不想住在伦敦的城里人。

八、收费的控制机制

服务收费与收支财政部分的收费的区别在于,它们属于不同的财政账户,用于弥补不同的开支类型。当然,其结余部分相互借用是可以的,但日常的挪用则是法律所禁止的。

英国公法在行政收费领域值得注意之处不在于其允许地方政府机关进行服务收费,而是在授权地方政府机关收取此项费用的同时,对其收费行为施加了周密的限制,笔者在此用周密而不用严格,相信读者会区分其中的差异。我们的控制性法律规范总是强调严格但却忽视了严密,其结果正如捕鱼的网,虽然网眼很小,但有一个明显的漏洞,每当收网时,总有不少鱼会自觉不自觉地漏网,尤其是大鱼。

根据英国法的规定,地方政府机关可以就其提供的服务收取费用,1985 年《房东及房客法》(Landlord and Tenant Act)对长期租赁的服务收费的成本回收能力作了限制。但考虑到地方政府机关的房客的性质,地方政府机关通常是不受此类规定的限制的;地方政府机关仅在其房客长期租赁时才受此规定的限制,而此处的长期租赁是指租期超过 21 年的租赁。由于地方政府机关的房客的租期很少有达到这一年限的,所以说他们通常不受此条规定的限制。而如此长租期的房屋绝大多数恰恰属于基于"购买权"计划应当出售的公寓[①],这又进一步缩小了该规定适用的范围。

英国法对于服务收费的控制机制的目的在于,阻止地方政府机关在收回工程项目的成本支出时向房客收取的服务费超过指定的限额。为此英国法设计了地方政府机关服务收费必须满足的相关要求。这些要求涉及咨询程序以及获取报价的程序,其中要求地方政府机关必须从至少两

---

① Andrew Arden, p. 599.

个渠道获取工程报价,其中之一是与该房主完全无关的人。[1]

有关行政收费的司法监督的最著名判例,是 1976 年的 *Congreve v. Home Office* 一案。上诉法院认定:要求补缴差额是非法的,因为这是一种企图在议会未授权的情况下征收赋税的行为。[2]

第九节 行政强制

在英国,提到行政强制,首先考虑的就是警察权的现实性及其控制,因为警察是维护"英王的和平"最主要的强制手段。在英国的宪法、行政法教材中,警察权是作为一项非常重要的内容加以讨论的。但其讨论的重点涉及公民宪法权利的保障及刑事侦查领域的人权保障等内容,与本书关系不大。例如,按照英国选举法,监票官的一项义务是维护其所在投票站的秩序,其所能采取的最强硬的措施是下令将在投票站内行为失当或者不遵守监票官的合法命令者强制带离投票站。此外,候选人及其选举或者投票助理可以在某人离开投票站之前,向监票官宣称,自己有足够的理由相信某人构成假冒罪并将进一步在法院启动实质性的追诉程序,监票官可以命令警察逮捕该人。[3] 此时,警察完全是作为国家强制力的象征出现的,他们的职责也仅限于强行限制监票官的命令中要求其逮捕的某人的人身自由。而其保护的,则是选民的选举权、候选人及其选举或者投票助理等的被选举权等宪法性权利。

一、强制执行通告

强制执行通告是行政机关针对被执行人发布的,启动强制执行程序的警告性通知。例如,在英国,违反规划管制的行为本身通常并不构成刑事犯罪,但规划职能部门可以发布一项强制执行通告,要求违反规划管制者采取补救措施,如拆除未经规划许可建设的建筑物。违反规划管制者在指定时间内拒不遵循该强制执行通告者,将构成刑事犯罪,只有在这时才可以对其予以实质性的处罚。[4] 对于强制执行通告不服的,可以向中

---

[1] Andrew Arden, p. 599.
[2] Neil Parpworth, p. 298.
[3] Andrew Arden, p. 309.
[4] Wade & Forsyth, p. 77.

央政府的部长申诉,而申诉的理由之一便是申请人本来是应当取得规划许可但却没有取得。也就是说,如果申请人认为应当取得而实未取得规划许可,则可以先斩后奏,先着手实施本应取得规划许可后才能实施的行为,在接到相当于强制拆除通知书的强制执行通告时,再以此为理由向部长提出申诉。当然,是否能够胜诉就很难说了,申请人是要冒着自己承担拆除未经许可的建筑物的代价的风险来这样做的。而且在其向部长提出申诉时,部长是不会考虑其房屋已经建成这一事实而补发规划许可的,部长考虑的内容与前述规划职能部门应当考虑的内容是一致的。因为部长推定行为人在实施其无证建设行为时,应当知道由此产生的后果并且愿意承担这种风险。

还有其他形式的强制执行通告,其中"立即停止命令"是最强烈的一种。该命令要求在强制执行通告中指明的行为在该强制执行通告生效前必须停止,而强制执行通告的生效期通常为28日。① 其道理在于,这种通告的目的都不在于阻止所谓"突击施工",因为英国完善而铁面无情的法律已经保证了无论在任何情况下,"突击施工"者都不会因此而得到任何法律以外的利益。因此,责令其停止施工的命令就没有必要催得那么急,事后慢慢解决完全来得及。当然,前提是一定会依法解决,而决不姑息"突击施工"行为。

二、对非法停车的强制措施

近年来,随着中国汽车保有量特别是个人乘用车保有量的大幅度增加,涉及汽车交通方面的行政执法活动大量涌现,驾驶违章(含非法停车)罚款已经成为仅次于暂住证、养狗证之后的行政执法创收的一个新的增长点。为此,笔者特意搜集了一例有关英国强制锁车的立法规定。

这是一起停车裁判官裁决车辆所有者或者驾驶者就其车辆被伦敦交通管理职能部门拖车或者锁车产生的费用,车辆所有者向伦敦政府机关提出申诉后仍不服而提起的上诉案件。国务大臣已经通过发布条例对此类案件的审理程序作了规定,而审理的费用则按有关政府机关裁决中确定的比例或者由仲裁裁决的比例支付。② 如果知道罚款这么麻烦,可能有些人就会另想别的办法了。但英国人不会,他们照样会罚,同时照样提

---

① Wade & Forsyth, p.77.
② Andrew Arden, p.256.

供相当完备的救济。原因就在于,对于他们而言,罚与不罚并没有什么区别,也就是没有个人或者机关的利益在里面。英国警察的收入、警察所在机构的待遇,与警察的罚款不存在正相关关系,这一点英国人也相信。

三、强制征购土地

英国行政法中另一个重要的行政强制类型就是强制征购土地。这是英国土地管理制度中与行政规划同等重要并且紧密联系的领域。英国土地管理制度的一个基本现实是,一脉相承从未中断过的土地所有权制度已经有长达千年的历史,每一寸土地的所有权都是四至明确、所有权清晰的。同时,英国是一个私权重于公权的国家,因此,就行政法而言,对于土地的管理除了通过规划调整其用途,就只能购买,而不是强制征收。为了公共目的而强制征购土地的可能性久已存在,许多中央政府部门、地方政府机关及公法人拥有此项权力。然而,所有这些权力都在中央政府的控制之下,因为购买土地必须取得中央政府的部长的认可。① 中央政府控制土地强制征购权力这一事实所透露出的更为重要信息是,这是中央加强对地方控制的一种手段。

决定是否可以取得土地的程序以及是否必须告知利害关系人等,由1981年《土地获得法》规定;而对征购土地价款的估价则依1965年《强制征购法》确定。为使征购土地的公共管理机构能够安全地拥有土地所有权,对强制征购土地的命令不服提请救济的期限为6周,该期限自强制征购确认令经部长确认后并予以公告之日起开始计算。② 这个时间并不宽裕。这一期限并非最终关门时间,有许多的例外。

即使地方政府机关获得了强制购买土地的授权,仍可以通过协议购买取得土地。③

在可以或者有权采取强制措施的情况下,仍优先考虑采取和平的协议手段,这是文明、理性、法治行政的当然要求,从善意执法的角度,肯定是应当这样做的,这就是英国法所反复强调的"必要的强制力"原理的真谛所在。但这一理所当然的原理在不同国家却可能有不同的运用实例,例如武器的使用、追捕、弹压等,其一般原则都是以必要的强制力为限,而

---

① Wade & Forsyth, p.76.
② Wade & Forsyth, p.76.
③ Andrew Arden, p.550.

不宜使蛮动狠。对于这一原则的把握,是衡量国家治理民事化的重要量度,也是公众普遍关注的一个焦点问题。

四、规划强制落实

规划强制落实是指,规划职能部门可以对已经着手或者试图着手实施未经许可的土地开发项目者以及其他违反规划控制者,采取强制手段,其中包括签发责令停止通告、违反法定条件通告、强制执行通告、强制令以及启动刑事追诉程序和行使强行进入土地的权力等。①

五、强制执行——蔑视法庭

英国没有统一的、专门的行政强制执行法,行政强制执行除治安法院承担的地方议事会税及增值税的强制征收②等少数例外,主要是由行政机关诉诸法院,经法院审理后,以执行法院判决的形式保障行政方面的意志得到实施。从这个意义上讲,法院所执行的并不是行政决定,而是司法判决。而法院执行其判决的手段也只有一个,就是签发一个令状,要求受送达人按其中的指示行事,否则即以蔑视法庭罪论处。

由法院通过特权令状来强制执行中央或者地方的命令,这正是英国司法系统的特点。③ 在任何一个司法系统中建立一种自上而下的约束机制,以实现上令下从,并不是司法系统的特点,而是行政系统的特点。但是英国学者的本意是指,司法的目的就是执行法律,而中央或者地方的命令如果是合法的,就应当有机构为其落实,而这个机构在英国就是法院。因此,韦德爵士所谓司法系统的特点,就是指司法体系用以执行命令、作为一种强制执行手段的功能。通过司法体系,由法院来强制执行中央的命令,这是英国的一个传统,历史上这是由英王的法院完成的,在英国建立统一的中央政府之前的数百年间,英王就是这样统治的。

但是,如果行政行为超越了其职权(越权),法院就需要撤销它或者宣告它无效(事实上这两种判决没有什么区别),此后,任何人都没有必要再去理会它了。④ 在这种情况下,因为行政机关已经不可能再在法院方面

---

① Andrew Arden, p. 83.
② Penny Darbyshire, p. 114.
③ Wade & Forsyth, p. 32.
④ Wade & Forsyth, p. 34.

谋取强制执行,而老百姓只需要服从法院的强制执行,于是,就没有理会这个行政行为的必要了。至于行政机关,如果它不是那么坏的话,也不应该再提这个行政行为;而且即使它真的坏到了非要落实这个越权的行政行为,老百姓也完全可以基于法院的既有判决,提起一项禁止令的诉讼,即请求法院免除滋扰。至于是否可以追诉如此行政的行政官员的责任,这个问题没有多少英国学者研究,至少从笔者的阅读范围所及是如此。笔者姑且认为英国已经超越了这个令学者尴尬的发展阶段。

对于法院作出的判决,部长、裁判所或者其他行政主体在法律上没有别的选择,只能而且必须作出一个新的决定。[①] 这个决定必须与法院的判决一致,即法院判决发放许可证的则只能发放。至于我们所关心的如果他们不发怎么办的问题,英国学者会用另外一个问题作为回答:他们为什么不发?英国学者可能不会想到确实会有人坏到即使在这种情况下也不发的地步。

六、强制令

在本节的最后,需要介绍一下强制令(Injunction)。作为司法审查的一种手段,强制令从分类上讲不属于一般意义上的行政强制(既不属于行政强制措施,也不属于行政强制执行)。但从广义上看,由于强制令是促使行政主体履行法定义务的一种重要手段,因此,在行政强制部分介绍强制令,特别是从明确区分行政强制与强制令的区别的角度着眼,也并不是完全不可理喻的。

强制令是英国法院强制执行行政决定或者命令的通用手段。英国的行政强制执行体制是行政机关没有强制执行权,凡强制执行必须向法院申请。而在这一过程中,法院不是凡申请必执行,而是必须由法院进行实体性审查,与其他强制令案件没有区别。可见,英国行政法中至为重要的对于行政决定的强制执行,其实仅仅是作为普通的强制令案件处理的,行政主体申请强制令的程序并不具有区别于私人申请的特别之处。

强制令是英国司法救济令状的一种,详见本书第四卷第二章第二节司法救济的基本类型中有关强制令的内容。

---

① Wade & Forsyth, p.34.

第十节 行政处罚——行政刑罚

从不严格的意义上说,英国只有罪与非罪之分,而没有刑罚与行政处罚之别。凡是纳入行政处罚范围内的行为,除违反户口管理规定的以外(英国没有户口管理制度,但对来自中国等建立户口制的国家的侨民实行类似的登记管理,并收取 36 英镑规费,笔者亲历了这一收费过程),都是犯罪行为。

一、行政处罚的定性——一般违法罪

英国的一名学者曾经介绍其在求学期间的一次经历:在骑车上学的路上,一辆机动车将其从自行车上撞下来。机动车驾驶者被诉至治安法院,罪名是不谨慎驾驶,机动车驾驶者承认有罪并被处罚金。其民事损害部分(包括一辆新自行车的钱、疼痛赔偿金和惊吓损失费等)则在原告方律师提出起诉意向后,由被告方的保险公司依其要求全额予以赔付。[①]从英国法的角度看,被告方保险公司的做法是非常明智的:这可以省去相当一笔诉讼费和更加巨大的法院可能会判处的惩罚性赔偿金。因为在刑事案件已经定罪的情况下,一旦提起民事诉讼,被告方几乎必输无疑。因为刑事证明标准要比民事证明标准严格得多。这是一起典型的交通事故案件,在英国可以提起刑事、民事两种诉讼。被告方在刑事诉讼中通过辩诉交易认罪,并在民事诉讼中自愿和解,这是英国处理此类案件最典型的模式。

上述例子至少涉及我国行政处罚领域的两个问题:一是轻微交通违章的责任追究,二是相应损害的赔偿。就前者而言,英国适用刑事追诉程序,警方是原告,肇事方是被告,受害方是证人,因此受害方没有诉累,甚至无须举证。就其后者,因有刑事证明过程在前,实际损害数倍甚至几十倍的惩罚性赔偿金在后,因此一旦刑事罪名成立,受害人往往可以轻而易举地从肇事方那里获得相当数额的疼痛赔偿金和惊吓损失费,以及以此为基数数倍或者几十倍的惩罚性赔偿金。当然,社会正义并不至于因此而沦丧。因为肇事方所付出的代价,是其违反交通规则、没有尽到注意义务进而构成犯罪的成本,这是有效阻止交通违章的手段。从这个意义上

---

① Penny Darbyshire, p. 6.

看，我国行政处罚在惩罚的效果、对被害人的救济等方面，与英国有重大的立法指导思想上的不同。

虽然英国没有行政处罚，而对违法行为统一适用刑罚（其中最主要的是传统上所说的轻罪，现称一般违法罪）。英国的一般违法罪与我国的行政处罚能够对得上号的一个直接证据，就是行政处罚的设定。因为国务大臣依据议会立法的授权制定的条例可以设定刑罚条款。例如，1989年《地方政府及安居法》（Local Government and Housing Act）有关利益宣示部分规定，授权国务大臣制定这方面的条例，同时规定，如果违反这类条例，将构成一般违法罪，其刑罚为不超过标准幅度四级的罚金。[①] 这些规定对于行政立法领域界定刑罚与行政处罚的关系是非常重要的。

另如，过去英国操办竞选活动的官员并不总能公正地履行其职能。在1703年的 Ashby v. White 一案中，贵族院判令作为监选官的艾尔斯伯里（Aylesbury）的市长就错误地拒绝原告阿什比（Ashby）参加投票而承担侵权赔偿金。如今，英国要求所有涉及操办竞选活动的官员都要无偏私地履行其职责，否则将会面临刑事制裁，但是不能因他们违反应尽的职务义务而诉请损害赔偿。[②] 英国对于刑罚的倚重，在此有了进一步的体现。民主需要由刑罚来维护，这首先是民主国家的态度问题。至于究竟有多少人会因此获罪，则是效果问题。不难想象，在英国现代高度公开的竞选活动中，这样的刑事案件并不多见，没有哪个政党敢以此触动选民敏感的神经。因为如此一来损失的绝对不是一两个被刑事追诉的本党成员，而是本党在全国范围内政治信用的灭失，其后果可能殃及此后的几届选举。

二、行政刑罚的设计模式

在英国行政管理领域的立法中，行政法与刑事法之间并没有明确的界限，规定的刑事责任条款虽然非常普遍，但几乎看不到行政机关直接实施处罚行为的规定。当然，适用这种刑事责任条款的前提往往不是违反某一法定义务本身，而是在违反该法定义务的行为发生后，由行政主体发出警告性的强制执行通告或者我们所说的限期整改通知后，仍不思悔改的行为，才能施以法律规定的相应刑罚。这种情形相当于赋予整改通知

---

① 1989年《地方政府及安居法》第19条。
② Bradley & Ewing, p.151.

以司法判决的权威,违反该通知的后果就是蔑视法庭,因而被科处刑罚。

这方面最典型的例子,就是规划领域对于在指定时间内拒不遵循强制执行通告者所实施的刑罚。① 如果非要说英国也存在行政处罚制度,笔者只能承认英国的行政处罚与刑罚的区别仅有时间上的先后的区别,而没有类型上的区别,任何与行政管理有关的行为都可能构成刑事犯罪,但在此之前,都有一个行政主体对此发出的警告性通告。该通告一般由法定行政主体根据制定法的规定针对特定的违反行政管理事项的行为发出,该违法行为本身并不构成犯罪,但是在通告指定的时间内拒不改正的行为却可以构成类似蔑视法庭罪类型的犯罪,对原违法行为的惩罚也仅在此后才可以实施,在此之前,有关行政主体无权实施处罚。至于通告的核心内容,就是纠正制定法所规定的违法行为,而不包括其他任何实质性的处罚。当然,按照《中华人民共和国行政处罚法》的规定,这种恢复原状的决定本身也是一种行政处罚形式。但在英国,这种通告的性质仅在于警告,尽管其实质上会造成接受通告者因遵循该通告而承担必要的恢复原状的损失,如拆除未经许可的建筑,但这种损失不视为一种惩罚。只有当通告的内容未被遵循时,原违法行为与不遵循通告的行为复合的结果,才构成犯罪,并将因此而面临实质性处罚。但就种类而言,主要以罚金为主,与我国行政处罚所说的罚款并没有区别。而且,通告所规定的内容也要实现,如由规划职能部门予以拆除,由当事人承担相应费用。

1998年《数据保护法》设立的对于个人数据保护的管理体制中,专门设立了数据保护专员(2000年《信息自由法》将其改为信息专员),负责督导"数据保护原则"的落实。该专员的一项重要权力或者说管理手段,就是对其发现的违反这些原则的情形发布强制执行通告,要求数据处理者采取补救措施。② 违反强制执行通告的行为构成刑事犯罪。③ 此处对违反强制执行通告治罪的规定表明,法律赋予该专员以类似法官的地位:不遵守其强制执行通告的行为也是犯罪。这很好地强调了该专员法律地位的重要性。

应当看到,该法并没有规定违反该法的行为本身构成犯罪,这是一项非常重要而且值得借鉴的立法技术。这在很大程度上实现了轻刑化。联

---

① Wade & Forsyth, p. 77.
② Wade & Forsyth, p. 62.
③ Wade & Forsyth, pp. 62-63.

系到前面讨论过的由总检察长来决定是否对泄露秘密罪起诉的另一刑事条款也有类似的情况,即不直接规定行政管理相对一方的某行为为犯罪,而是规定对于这一行为可以由某一行政官员来具体控制是否对该行为治罪。也就是说,只有进一步违反该行政官员纠正该违法行为的命令时,才构成犯罪。而且英国学者也曾在讨论总检察长的裁量起诉权时指出,正是由于这种外部控制的存在,在很大程度上减少了对该法的批评意见。可见,英国学界也是赞成这种刑事立法技术的。

三、行政刑罚的设计技巧

英国行政法中不乏值得借鉴的设计得相当巧妙的处罚形式,如承运人将没有适当文件的非法入境的旅客或者秘密进入者带入英国的,可能被罚款并且要承担将这些人送回去的费用。① 这种处罚方式的好处在于,尽管对于被处罚人而言,处罚的数额在一般情况下可能是不确定的,但对于其承运人职业而言,他们应当比一般人更了解这种费用,因此用这种办法惩罚他们可能更有效,这是英国行政刑罚设计中的技巧之一。

另一行政刑罚的设计例,涉及大城市都比较头痛的养狗者及狗屎的清理问题。英国法规定,任何基本地方政府机关或者二级制地区的区议事会,都可以命令形式指定某一禁区,对在该禁区内排便的狗具有支配权的人没有及时清理狗屎,将构成犯罪。② 由此可见,英国对狗的控制的严厉程度,当然,这种严厉程度是与其轻罪的严厉程度相同的,实际上并没有我们的犯罪严重。但其效果又远不是我们的行政处罚所能比拟的。

此外,英国法还经常通过确立独立的法律责任,来确保需要具有独立地位者法律地位的独立,例如,2000年《政党、选举及全民公决法》规定,对于任何未向选举委员会提交本党的竞选开支申报表或者竞选开支申报表内容上存在任何虚假申报行为,政党的财务官都要个人承担相应的刑事责任,而政党本身并不对此承担责任。③ 就刑事法律责任或者说法律责任设计的原理而言,这种分立责任的设计形态,实际上赋予各政党的财务官对自己负责的单独责任,即对财务申报及其内容的担保责任。这一独立于政党及其领导人的财务责任的确立,有助于保持政党内部的财务

---

① Wade & Forsyth, p. 83.
② Andrew Arden, p. 133.
③ Bradley & Ewing, p. 164.

制约机制,使政党内部的财务官并不完全依附于政党领导人,而具有相对的独立性。因为在这种责任设计模式下,财务官只有两种选择,要么严格为自己的责任着想,保证本党的竞选开支完全合法;要么严格从本党利益出发,甘愿承担个人责任。在英国的体制下,后一种情况比较少见,因为这要以牺牲该财务官的个人政治前途为前提,而能够成为一党的财务官的人在政治上都是具有仅次于本党党首的数一数二的政治身份,一般的政党首长没有足够的能力为其设计足够丰厚的退路;而且这样做本身也不见得就是为了本党的根本利益。

四、行政刑罚的实施主体

英国没有行政处罚,即与我们的行政处罚、限制人身自由的行政强制措施等行政行为类似的决定,都是由最低级的治安法院适用刑法予以裁判的。因此,英国的治安法官从某种意义上讲就是英国的行政法官。据2001年的统计,英格兰大约有28500名非法律专业的治安法官;与之相对应的是仅有100多名地区法官和150名非全职地区法官,这些地区法官以前被称为受薪的常任治安法官。英国学者认为,非法律专业的治安法官并不会马上消失。①

笔者发现的最"巧妙"的英国行政处罚设计例:如果某一候选人及其选举或者投票助理认定某人冒名投票,不能直接将冒名者绳之以法或者扭送警察局,而必须向监票官提出此事、说明理由,并承诺将在法院启动实质性的追诉程序追究该假冒者假冒罪的刑事责任,此时,监票官可以命令警察逮捕该人。② 此后,某一候选人及其选举或者投票助理将作为原告,在法院以他们指称的假冒者为被告提起刑事诉讼,是否能够定罪,以法院判决为准。警察、监票官对于最后的定罪以及刑罚,除作为证人出庭以外,没有进一步参与的必要和可能。法院是此项行政刑罚的最终决定者。英国行政刑罚在延续司法最终的同时,也确立了行政处罚为行政刑罚吸收的体制。

五、行政处罚的适用——事实推定

英国的法律推定技术广泛地应用于执法事实根据的核定。例如,英

---

① Martin Partington, p. 77.
② Andrew Arden, p. 309.

国制定法规定,为了确定是否行使以及如何行使自己的指示权,国务大臣有权下达通知要求地方政府机关提供该通知中要求提供的信息。[1] 被通知的地方政府机关必须按照通知中要求的方式和时间,提供任何自己拥有或者控制的信息。如果被通知的地方政府机关未能满足该要求,国务大臣就可以基于自己认为适当的假定或者估计,运用其指示权。[2] 从国务大臣方面看,由于并没有得到其所要求的信息,又不能像我们国家那样继续反复催要,而必须行使其指示权,唯一的可能就是根据自己认为合理的推断,估计被指示的地方政府机关的可能事态,然后作出相应的指示。按照我们的观点,这种指示完全是盲目的。但从英国的角度考虑,这种指示本身不可避免地带有惩罚性因素,其中的一个重要内容就是要对地方政府机关未遵循国务大臣的通知要求提供准确的信息作出相应的处理。即国务大臣推定有关地方政府机关隐瞒了一旦提供出来就会受到处罚的信息,进而推定这些该受惩罚的事实确实存在,并根据这些推定的事实作出相应的指示,而指示的内容就是惩罚造成这种事实的地方政府机关。从这个意义上说,英国的立法者不是不知道不了解情况乱作指示的后果,而是着力要赋予国务大臣相应的对地方政府机关加以约束的权威,这种权威是从其通知地方政府机关报告有关信息时就开始了的。

这一立法技术上的细节,很值得我们沉思:我们总是从大处着眼,强调客观真实,而没有考虑法律推定技术的实用价值。究其原因,与其说是更热衷于客观真实,不如说是还没有参透法律推定技术的精神实质,或者说还没有真正权衡、估算过在法治国家追求客观真实的实际成本。

六、罪与罚的辩证与轻刑化的反思

英国没有行政处罚的例证之一,是将乱丢垃圾定为犯罪。根据 1990 年《环境保护法》第四部分,主管乱丢垃圾的职能部门的职责,是在其辖区内实施有关在公共区域禁止乱丢垃圾的法律,并可以对乱丢垃圾者提起刑事追诉。[3] 此外,与采取不诚实手段骗取补助的行为有关的一些行为也构成犯罪。[4]

---

[1] Andrew Arden, p. 424.
[2] Andrew Arden, p. 424.
[3] Andrew Arden, p. 88.
[4] Andrew Arden, p. 529.

笔者去英国学习之前,看到过中国刑法学者提出的有关中国应当实行轻刑化的建议文章;在英国访问期间,有机会与某人权组织人士就废除死刑的问题(英国已经这样做了)进行过讨论,他们对中国执行死刑的人数太多提出过自己的意见。但回国后看了英国相关的介绍,禁不住担心中国学者是否误解了西方学者向中国提出的轻刑化的建议。在某些领域,我们确实量刑过重,如盗窃10万元可判处3年以上10年以下有期徒刑,盗窃罪的轻刑化就非常有必要。然而,类似不诚实地骗取房租补助(尽管由于房屋本身就属于廉租房,因此补助也不会高到哪里去)、阻挠安居房补助巡查官等行为,在中国连违法、治安处罚都够不上,更不用说刑罚了。因此有必要思考一下:我们没有处理或者从轻处理某些轻微的违法行为,与我们不得不动用世界上最多的死刑来惩治我们认为罪大恶极的犯罪之间,是否存在一定的因果关系。

第十一节 行政司法与行政裁判

行政司法(administrative justice)是现当代英国行政法非常活跃的领域,也是当代英国行政法学者必须讨论的内容。他们强调,英国公法领域存在一种非常强的行政活动司法化的倾向,其表现之一就是大量司法中创立的原则引入行政决定之中,如自然公正原则。[1] 另一个表现是司法性的行政裁决机构的出现,以及由此产生的日益具有相对独立性的行政行为方式:行政司法,其标志就是大量的裁判所的建立。

裁判所的体制改革,是英国公法特别是行政法领域一个热点问题,有关"要改革"的传闻多年来经久不息,当然,实质性的改革如今也确实实现了,但这绝对不会是其改革进程的终结。在英国最高法院2011年的 *R. (Cart) v. Upper Tribunal* 一案的判词中,哈勒(Baroness Haler)法官指出,制定法设立的行政裁判所的增长,是20世纪英国法律系统最重要同时也是争议最多的特征。[2]

一、行政司法的蕴含

Administrative justice 这个词,在英国人看来也许很矛盾:因为由公

---

[1] Bradley & Ewing, p. 666.
[2] Wade & Forsyth 2014, p. 762.

务员及部长作出的决定与法院作出的决定之间的差别实在太明显了,而且行政(administrative)与司法(justice)这两个系统应当截然地分开。[①] 英国学者特别强调,在英国法语境下的行政司法,应当与受法国影响而建立的在普通法国家由高等法院通过司法审查行使监督管辖权的行政法院所实施的行政审判活动区分开来。[②]

尽管英国的刑事司法体制的结构异常复杂,但至少该制度的基本着眼点是清楚的,如规制社会行为模式、惩治违规者等。与刑事司法体制不同的是,在宪法、行政法领域,甚至连行政司法的概念本身都众说纷纭:对于不同的人意味着不同的概念。英国传统的对于法律体制的研究,着眼点无一例外地聚焦在刑法和民法,根本没有意识到独立的行政司法体制的存在。对于行政司法体制的讨论裹挟在对于民事司法体制的一般讨论中。[③]

对于行政司法的准确含义,特别是其具体内容,不同的学者意见悬殊。有学者将行政司法与行政裁判(Administrative Jurisdiction)混同,并称其为在普通法院之外解决纠纷的各种途径。[④] 另有学者则将裁判所、公开调查、调查庭以及议会行政监察专员视为行政司法的四大成员。[⑤] 还有学者认为,构成行政司法的制度结构的机构包括法院、裁判所、调查庭、议会行政监察专员以及抱怨处理程序。[⑥] 对于这种分类上的差异,中国学者千万别当回事,因为据笔者观察,分类对于英国学者而言,也就是那么一说,该怎么写还怎么写,分类上的差别只影响整块内容在全书的前后位置,仔细研究一下其具体内容,就会发现其中没有实质性的不同。因为成文法摆在那里、判例法摆在那里,其中都不涉及分类。英国学者的分类,充其量只是告诉你,相应的内容如何在其书本上检索,千万别当真,更不要争鸣。正确的原则是:不争论,不表态,继续往后看。

二、裁判所的定性

关于行政性事务与司法性事务的区分,英国学者有一段精彩的论述,

---

① Bradley & Ewing, p. 666.
② Phillips & Jackson, p. 684.
③ Martin Partington, p. 141.
④ Phillips & Jackson, p. 684.
⑤ Bradley & Ewing 2015, pp. 600-627.
⑥ Martin Partington, p. 143.

其目的是给裁判所定性:裁判所必须发现事实然后针对这些事实无偏私地适用法律,这是司法性工作,而非行政性的;而且裁判所必须像法官一样保持独立,任何部长都不能被(任何法院)认定为对裁判所的任何决定负责。①

给英国裁判所定性的最新立法成果,是 2007 年《裁判所、法院及强制执行法》,该法的颁行有两个先声:一份报告(Leggatt Report)、一份白皮书。该白皮书是指 2004 年《变革公共服务:抱怨、纾解与裁判所》(Transforming Public Services: Complaints, Redress and Tribunals),其针对的是整个行政司法系统(administrative justice system),并且确实设定了将能够在其他地方解决的纠纷移出法院及裁判所的目标,因而对调解、监察专员等替代性纠纷解决机制多有溢美之词。②

2007 年《裁判所、法院及强制执行法》相当多地采纳了上述两份文件中的建议,并清楚地意识到裁判所并不是行政系统的一部分,而是裁决机制的一部分。如此一来,裁判所与其"客户部门"(sponsoring department,这是英国学者的一种诙谐表述,指那些产生裁判所不得不裁决的纠纷的政府部门)的所有正式联系,都彻底断绝了。从此开始,裁判所彻底羽化为司法系统中羽翼丰满的一部分。上诉法院法官塞德利(Lord Justice Sedley)高度评价这一变革,其在 2010 年的 R. (Cart) v. Upper Tribunal 一案中称之为"行政司法的彻底重构"。③ 综合多渠道信息,英国学者对改革后的裁判所的定性是:仅次于法院的纯司法机构。

裁判所在英文中的含义是裁判机构,不限于法院,更不限于行政裁判所。对此最强有力的注脚是《欧洲人权公约》第 6 条第 1 款规定的"由一个依法设立的独立、公正的裁判机构及时听审"(fair and public hearing within a reasonable time by an independent and impartial tribunal established by law)的权利。④ 这一广为引用的著名条款中规定的裁判机构显然是指行使司法性职能的裁判机构,当然包括法院,但也不排除裁判所,甚至也可以适用于行政主体依法作出裁决的行为。韦德爵士在《行政法》一书中用的是法定裁判所(statutory tribunals)⑤,特指受《裁判所及

---

① Wade & Forsyth 2014, p. 762.
② Wade & Forsyth 2014, p. 768.
③ Wade & Forsyth 2014, p. 768.
④ Bradley & Ewing, p. 713.
⑤ Wade & Forsyth,第 24 章。

调查庭法》调整的裁判所以及其他由制定法设立的裁判所。而布拉德利(Bradley)与尤因(Ewing)的《宪法与行政法》一书中,仅在导言部分出现过行政裁判所的提法,在其他场合则只提裁判所。

英国学者提到裁判所时,通常前面不加"行政"这个限定词,正如其提到司法审查的法院时前面通常不会加"司法"这个限定词一样。他们的裁判所确实也不分行政裁判所或者非行政裁判所,行政裁判所是我们中国行政法学者添加的。因为英国的裁判所并不只解决行政纠纷,也解决那些不能通过司法审查解决的民事纠纷。例如,如果受委屈的人与公共管理机构签订了合同,该人不能通过司法审查挑战这些行为或者决定,其救济将是在普通民事法院或者裁判所诉请损害赔偿金(兼或提起宣告令或者禁止令之诉)。[①]

英国的裁判所种类很多,数量更多,但就各类裁判所承担的职责而言,无外乎两项职能:一是裁决与行政管理有关的民事纠纷的行政裁决职能;二是裁判对行政决定或者行政行为不服提出的申诉的行政裁判职能。这两项职能对于不同类型的裁判所有不同的分布,有些是纯粹行使行政裁决职能的裁判所,有些则只承担行政裁判职能。广义言之,行政裁决与行政裁判都是行政机关以司法者的身份居中裁决与行政管理有关的争议的行为,据此可以笼统地称为行政司法。

可见,英国学者所说的行政司法,与我们所说的广义的行政司法一样,都是既包括对民事争议第一次适用法律的行政裁决,又包括对公共管理机构已经适用过一次法律后作出的行政行为或者行政决定不服提出的申诉进行第二次适用法律的行政裁判。对于前者,宜将其归于行政行为,在行政行为部分讨论;对于后者,宜将其定位为一种行政救济职能,在行政救济部分介绍。当然,这种分类属于笔者根据中国行政法的需要而作的学理分类,在英国法中则统称为行政司法或者行政裁量(Administrative jurisdiction)。但从裁判所的组织上,我们还是可以区分出行政裁决与行政裁判职能的,如职能限于一裁的就业裁判所(Employment Tribunals)、土地估价裁判所,这些裁判所的裁判行为属于行政裁决。例如,就业裁判所与其他裁判所的不同之处在于,它们所裁决的纠纷中绝大多数都是发生在两个私人当事方之间的,即雇员与其雇主之间的,雇主可以是一个公

---

① Bridges & Cragg, p.5.

共管理机构、商业企业或者私人。① 虽然其中涉及公共管理机构,但公共管理机构是作为雇主,即一方当事人参与裁决的,而不是作为行政管理者一方。然而,作为就业裁判所的二审机构的就业上诉裁判所,其职能则限于审查当事人对于就业裁判所的裁决不服提出的上诉,是对一个已经由某一公共管理机构适用过一次法律之后而作出的某一行政决定所引起的争议或者是非的裁判,在这个意义上,就业上诉裁判所行使的是行政裁判的职能。这种区分,英国学者是不会注意到的,英国的法院甚至将就业裁判所、就业上诉裁判所都视为法院,而且至少就业上诉裁判所就是由高等法院的某一法官主持的。这都没有关系,我们是从比较法的角度研究英国行政法:介绍英国的制度固然重要,但在准确译介的同时,准确地与我国的概念与制度对位、对接,也同样重要。

尽管英国的裁判所中相当一部分承担着上述意义上的行政裁判职能,总的来说,向裁判所申诉是下文行政救济中将要提到的抱怨链的重要一环。从行政救济的角度看,设立裁判所作为解决部分对行政的抱怨的一个主要动因在于成本的考虑,裁判所恰恰可以为那些虽有怨言但却认为不值得起诉的不平者、抱怨者提供一个合理的发泄渠道。② 因此,裁判所更主要的职能是受理以下三类申诉并作出裁判:对行政主体作出的决定不服提出的申诉;专门的行政专员受理当事人对行政决定不满提出的申诉并作出处理后,当事人仍不服而提出的申诉;对行政决定不满向部长提出申诉后,对部长的决定仍不服而提出的申诉。对于裁判所的这些职能,笔者将其归入行政救济,更具体地说是裁判所复议的范畴。

因此,裁判所是主要为解决公民与政府之间形成的因福利国家提供的社会服务方面的纠纷而设立的。③ 从此处的表述看,裁判所确实更多的是具有行政复议的功能。但其中的"主要"也进一步说明,裁判所并非全部为此目的而设立。裁判所除此之外还有哪些别的功能?或者说除与我们的行政复议部分对位外,这一制度还与我们熟悉的哪些别的制度交叉?这个制度就是行政司法。

裁判所因其只具有法律规定的在某一特殊领域内的管辖权④,不同

---

① Bradley & Ewing, p. 672.
② Wade & Forsyth, p. 87.
③ Martin Partington, p. 254.
④ Bradley & Ewing, p. 292.

于一般管辖权限的法院。虽然 1992 年《裁判所及调查庭法》中使用了"普通法院"一词,但却不可能对哪些机构属于普通法院划出清晰的界限。①那么,是不是所有的裁判所都不是法院呢?或者都不能享有法院才享有的与审判密切相关的权力呢?这个问题是由于需要确定裁判所是否受蔑视法庭罪法的保护而提出的。蔑视法庭罪的范围及于就业裁判所和精神健康复审裁判所,但不包括地方估价法庭(local valuation court),该类法庭裁决有关财产租赁领域涉及估价方面的问题。② 可见,对于裁判所的定性,不能以其名称简单地一概而论。

另外,从裁判所适用的程序看,其司法化的趋势越来越明显,以至于英国学者建议,在谈到今天的英国的裁判所体系时,最好不要使用"行政"这个限定词③,事实上,这不仅仅是个用词的问题,更主要的是一个标志,说明英国裁判所体系中行政的因素已经非常有限,而裁判的色彩日益浓厚。但为了突出这一制度,笔者仍用裁判所、行政裁判所两种译法。正如我们在提到政府部门时都加上中央一样,英国的地方政府没有政府部门,因此他们提到中央政府部门时都是直接用部门而不必提中央政府,但在本书中若直译显然会引起误解。

裁判所的司法性还可以从英国学者对其是否可以获得通常仅在司法领域才能提供的法律援助(法律服务)问题的探讨中得到进一步印证。英国学者认为,有许多领域是法律援助本来就无法触及的,其中特别值得一提的是,在主要为解决公民与政府之间形成的福利国家提供的社会服务方面的纠纷而设立的裁判所的裁决过程中,是没有法律援助的。但据英国学者介绍,对此也有例外:对提交土地裁判所的案件的裁决过程中就可以提供法律援助,精神健康复审裁判所也是如此。④

三、设立裁判所的必要性

虽然英国学者普遍认为,解决争议属于法院当然的使命。但他们同时也指出,法院并不是解决争议的唯一平台。特别是由于福利国家的建立,现代国家所扮演的角色越来越重要,因此有必要建立由专家组成的裁

---

① Phillips & Jackson, p. 684.
② Bradley & Ewing, p. 641.
③ Bradley & Ewing, p. 666.
④ Martin Partington, p. 254.

判所以裁决在其专业领域内的纠纷。①

　　向裁判所上诉也是前述英国抱怨链的重要一环。从行政救济的角度看,设立裁判所作为解决部分对行政的抱怨的一个主要动因在于成本的考虑;通过法院程序太正规也太昂贵,难以适应绝大多数的抱怨者。对于此类不满,一个制定法设立的裁判所将给当事人提供简便的帮助。② 为那些虽有怨言但却认为不值得起诉的不平者、抱怨者提供一个合理的发泄渠道。

　　英国在普通管辖权限的法院之外设立专门法院的历史已经有几百年了。中世纪的商人有他们自己的商人法院;锡矿主也有他们自己的法院。福利国家的发展促进了许多解决纠纷的程序的设立。1911年《国家保险法》创设了英国第一个社会保险计划,并赋予新的行政机构裁决相应纠纷的权力。英国现行的社会保障计划的一个重要组成部分,就是解决有关福利或者养老金发放过程中产生的纠纷的复杂体制。③

　　英国行政法学者罗布森(Robson)早在1928年就指出,由白厅的中央政府部门实施的审理活动已经在英国宪法中发展起来了。他认为,授予行政机构的司法权具有推动社会福利的作用,行政司法能够像人们所熟悉的其他司法形式一样成为有理有据、包容广泛、符合人性的制度。今天,行政司法的重要性更是通过欧洲人权法院对《欧洲人权公约》第6条有关公平听审权的解释而展现无遗。④

　　对于行政司法的需要并不意味着要为行政裁决设立行政裁判所,如果有关行政决定由法院处理更好,就完全没有必要设立裁判所。按照弗兰克斯委员会的观点,特别的政策考量更适合于裁判所,但是在不需要特别的政策考量的领域,对于行政决定的审查就应当授权法院而不是裁判所进行裁决。对于无家可归者的案件的裁决权,完全可以委托给一个裁判所,如果存在这样一个裁判所的话。届时,上诉的权利就不必限制在法律问题上了。⑤ 因此,向地方政府机关提起行政系统内部的上诉作为第一回合是有道理的,因为确实没有一个专门的裁判所负责审查这类申诉。然而,在1957年对于普通法院与裁判所的比较是基于它们当时的现状,

---

① Neil Parpworth, p. 342.
② Wade & Forsyth, p. 87.
③ Bradley & Ewing, p. 668.
④ Bradley & Ewing, p. 666.
⑤ Bradley & Ewing, p. 669.

从那以后,无论是裁判所还是法院,都在审查程序及运作方面发生了很多变化。如今,裁判所与法院在决定的事项上有非常明显的重叠,在决定的程序方面也日益趋同。例如,因雇员不满雇主不公正地解雇及歧视的案件,在英国是由就业裁判所裁决的,而在其他国家的法律体系中则是授权专门的法院进行的。相反,根据1996年《安居法》第七部分,如果某一无房者的权利受到地方政府机关决定的侵害,该人必须首先请求该地方政府机关对该决定进行复审,如果还不满意,还可以就法律问题上诉至郡法院。① 此处是为数不多的由地方法院审理司法救济案件的例子,这与案件的地方性有关。但更主要的是案件数量多,不便于统一由高等法院行政庭解决。

四、对裁判所的期望

1955年,在处理某公共事件后,英国成立了以弗兰克斯(Franks)任主席的行政裁判所与调查庭委员会(Committee on Administrative Tribunals and Enquiries),负责审视英国行政裁判所及调查庭的状况及工作情况,并提出建议。该委员会(又称弗兰克斯委员会)1957年的报告中,提出了裁判所系统应当体现的三个彼此紧密联系的特点,即公开性、公正性和中立性。该委员会对此还作了进一步的解释②:在裁判所领域的公开性的要求是,程序公开以及作为决定基础的理由的公开。公正性的要求是,适用透明的程序以使当事方了解其权利、在案件中充分地表达自己的意见并了解其所面临的情况。中立性则要求裁判所必须不受与其所决定的事项相关的政府部门的影响,无论这种影响是实质存在的还是显而易见的。③ 实际存在的影响是指裁判所确实受到了相关部门的影响,显然易见的影响则是在外人看来很难想象其没有受到这种影响,即使实际上确实没有受到这种影响。

在英国,人们对设立裁判所的顾虑主要在于,裁判所的创立会危及法官的地位及由普通法院执掌的法律的权威。获得法院司法救济的权利确实是公民权利的一项重要的保障,但是法院的机制并不适宜于解决政府工作中产生的每一起纠纷。其中的原因之一是公正而经济地解决某些纠

---

① Bradley & Ewing, p. 669.
② Neil Parpworth, p. 343.
③ Neil Parpworth, p. 344.

纷所需的专门知识。① 由此可以得出在英国设立裁判所的三个关键性的理由：一是公正性，二是经济合理性，三是专门知识。

至于就某一特定纠纷而言，应当选择裁判所还是选择法院作为裁决者的问题，弗兰克斯委员会的意见是，裁判所具有的下列特点使其比法院更适宜成为某些案件的裁决者：低成本、易接近、无法律程序障碍、快捷性以及专业知识。当然，该委员会也承认，如果没有适宜于裁判所裁判的特殊情况，则应当将决定权交给法院而不是裁判所。②

回首往事，英国学者不无感慨，第二次世界大战后高强度的社会立法对裁判所极为信赖，其根源在于对法院刻骨的敌视。当时的政策是，行使社会服务职能的行政管理体制的设计要尽可能不受传统法律系统的影响，并与法院系统已经发展了数个世纪的严密机制划清界限。其结果是造成了大量的程序错乱：有的裁判所公开审理，其他则是秘密审理；有的允许不受限制的法律代理，有的则禁止任何法律代理；有的遵循司法证据规则，有的则全然不顾；有的要求全面审查证据并交叉询问证人，有的则只允许主审人提问；有的采信宣誓证据，有的则不；有的要求说明决定理由，有的则不要求。③ 这些略显啰唆的列举，从一个侧面反映出英国学者对于裁判所应当遵循的基本程序的认定。显然，其中的前者，都是目前最基本的现实要求。

值得我们反思的是，英国史上这段悖谬的时期，恰恰也是我们法律虚无主义盛行的年代，虽然我们更左一些，但在普遍相对保守的英国人看来，特别是在英国人中又倾向于保守的法律人士看来，英国当时实在是左得无以复加。于是，在随后的几十年间不断增长的且异口同声的抱怨，终于迫使英国人反省其裁判所系统的设计理念。④

据英国学者分析，20世纪的社会立法对裁判所的需求完全是出于行政管理方面的考虑：这些裁判所可以提供更便捷、更易于接近的接近正义服务，对于涉及大量、小额诉求的社会福利计划的行政管理领域而言，上述特点尤其重要。⑤ 国内有一种分类方法，将社会福利列为授益行政，以与管制行政相对，基于这种分类接下来的结论就是，管制行政因损害相对

---

① Bradley & Ewing, p.668.
② Neil Parpworth, p.344.
③ Wade & Forsyth 2014, p.764.
④ Wade & Forsyth 2014, p.764.
⑤ Wade & Forsyth 2014, p.765.

人的切身利益,需要更完善的事中程序和事后救济;至于授益行政,就不用多此一举了。这其实是一种君主观念或者布施观念的写照。事实上,普遍持有这种观念的国度,不可能有发达的社会福利制度,更不会为了社会福利配置的公正性、效率,而设计过于严密的救济体制:给与不给社会福利都是随主权者高兴而定,有没有救济还是个问题吗?事实上,有这样的主权者在,国家就没有民主,自然也就没有社会福利制度的发育了。联想到这些,还真不能说有些国家缺乏社会福利领域的救济制度单纯是因为该国家的法律传统,根本的原因还在于该国家的性质:一个民有的政府,才会有民享的社会福利制度;至于其中的救济问题,只不过是具体的治理技术问题而已。

五、裁判所的专业性

专业性,是英国学者概括出的裁判所的第二大优势。与此相联系,每出现一个新领域,就需要设立一个新的裁判所,以至于纳入 1992 年《裁判所及调查庭法》(Tribunals and Inquiries Act)的调整不同类别的案件的裁判所就已经有 50 余种。拥有资质的测绘师在土地裁判所(Lands Tribunal,现为高级裁判所中的土地分庭)听审案件,税法专家作为所得税特别专员(Special Commissioners of Income Tax,后改为初级裁判所中的税务分庭)听审案件。专门的裁判所可以更专业、更迅速地处理特定类别的案件,这类案件如果拿到高等法院审理,法律顾问可能要花很长时间向法官解释某些制定法设立的体制是如何运行的。[1]

英国学者在讨论裁判所的专业性时强调的是,裁判所对于某一特定事项或者专业的专门知识。对此,他们不无遗憾地指出,尽管法院系统也允许一定程度的法律专业性,但是,法官仍然要审理横跨许多领域的案件,而且法官也不太可能成为提交法院审理的案件事实方面的专家。[2] 而在诸如税收、社会保障及移民等领域,都涉及复杂的法规体系,要求受过必要训练的政府官员作出大量的决定。普通法院不可能处理因这些决定而引起的巨量的上诉案件,除非这些法院、法律职业界以及法律援助体系在组织结构上进行与现行体系完全不同的调整。[3] 而这必然要对现行

---

[1] Wade & Forsyth 2014, p. 766.
[2] Neil Parpworth, p. 346.
[3] Bradley & Ewing, p. 668.

的英国司法体制进行彻底的变革,这可不是英国人所愿意看到的,普通法是他们对公正的信仰与寄托之所在,对此不能随便更易。

　　裁判所存在的主要原因,还在于需要有一种高效率的裁决争议的机制,这既是传统的行政系统所缺乏的,也是传统的司法系统所缺乏的。传统的行政系统缺乏裁决纠纷的中立性,而传统的司法系统又无法提高处理纠纷的效率。因此,必须在二者之间取长补短,将司法的保证中立、公正的程序机制,与行政的效率结合起来,于是出现了裁判所制度。当然,裁判所在程序上非常接近法院,其之所以能够有比法院更高的效率,原因在于分工所产生的优势,而不在于裁判官的专业素质,因为裁判官的专业素质主要是就事实而言的,而恰恰是这一点,从司法的角度看就是一种先入之见,属于应予回避之列。裁判官的专业素质之所以能够提高认定事实的效率,是与其专业知识的应用分不开的,其本人承担了陪审团及辩方律师的双重职能。辩方律师就是从行政角度分析申请人的要求在法律上或者政策上的依据的。由于这两个环节的省略,整个司法的过程从严格的法庭控辩对抗,转化为裁判官头脑中事实认定和专业知识运用的过程。这是裁判所之所以能够提高效率的主要原因之一。另外一个原因则是,裁判所的裁决从理论上讲不是最终的,因此,其裁决是否正确有当事人(当然是双方当事人)的利益这一至关重要的考核标准加以检验。符合当事人利益的,就此为止;不符合当事人利益的,则进入下一个程序。因此,裁判所与法院在裁决上的差异,好比一个是开环系统,无反馈控制,对系统正确性的检验与校正均需要通过系统以外的因素,这种系统可能保证效率,但准确性不高,其准确性的主要控制指标是裁判者的素质,包括认定事实的能力和适用法律的水平;而法院的审判则是一个闭环控制系统,控辩双方的交锋形成了一种互相校正以臻于公正的渐进过程,这个过程强调的是接近正义的程度,相当于精确定位,必然要以效率的降低为代价。

　　一般的裁判所,除首席裁判官通常是一名律师以外,其他成员一般都是所裁决事项方面的专家。① 值得注意的是,此处强调的作为裁判所首席裁判官的律师,没有指明其为出庭律师还是诉状律师,因此,应当理解为二者皆可。而专业性通常意味着,裁判者能够很快理解案件事实,特别

---

① Neil Parpworth, p. 345.

是在案件事实与裁判所已经裁判的案件雷同时。①

此外,英国还有所谓专业裁判所,或称专家型裁判所,包括就业裁判所、精神健康复审裁判所、上诉服务局等。就业裁判所管辖与就业有关的纠纷,如不公正的解雇、职场中基于种族或者性别的歧视等。② 精神健康复审裁判所是根据 1959 年《精神健康法》设立的,管辖权限是,审查根据该法(1983 年修订过)作出的将病人强制留置在医院的决定。根据该法第 72 条,如果该裁判所认为存在该法规定的情况,则有权指令有关方面释放病人。③

六、裁判所的公正性

在英国,对某类组织的公正性的讨论,总是与其独立性紧密地结合在一起。根据 2007 年《裁判所、法院及强制执行法》(Tribunals, Courts and Enforcement Act),裁判所组成人员的司法定位得以确认,他们的中立地位因此得以强化。④ 言外之意,裁判所的公正性获得了更为健全的法治保障。

英国学者对裁判所司法性的强调,突出地表现为对其独立性的强调:裁判所的一个最基本特征,是独立地作出决定,不受政治干预。为了使这种独立性成为现实,裁判所的成员必须是中立人士而非公务员就变得非常重要。英国学者据此认为,裁判所更多地具有人民法院(people's court,英文著作中如此,读者不必疑虑:英国也希望其法院是真正的人民法院)而非官僚机构的特征:尽管大法官或者相关的部长会任命裁判所的首席裁判官及其成员,但也会任命政府雇员以外的人;同时,目前吸纳的很多措施都是为了将裁判所与来自部长们的可能影响隔绝开来。如广泛采用的委员库体制:委员库的名单由大法官或者部长批准,但从中选谁参加特定案件的听审则由首席裁判官决定。⑤

体现裁判所追随法院法官的独立性的最新立法标志是,其成员任命体制变革使其更接近法官的任命体制。根据 2007 年《裁判所、法院及强制执行法》设立的新裁判所的成员,将由英国裁判所总裁任命,这是 2013

---

① Neil Parpworth, pp. 345-346.
② Neil Parpworth, p. 342.
③ Neil Parpworth, pp. 342-343.
④ Bradley & Ewing 2015, p. 93.
⑤ Wade & Forsyth 2014, pp. 766-767.

年《犯罪及法院法》(Crime and Courts Acts)最新修订的内容,此前这一工作也是由大法官承担的;但高级裁判所的成员仍由英王根据大法官的推荐任命。① 而且,这些裁判所成员的任命只需要根据司法人员任用委员会的推荐。如此一来,在裁判所人员任命方面,"客户部门"的部长们一点儿剩余权力都没有了。② 显然,这对于此前提到的裁判所彻底与其相关部门断绝关系是非常必要的,也是非常决绝的。如今在英国的成文法汇编及其他场合,将具有司法资质的裁判所成员称为法官,已经是稀松平常的了;而且裁判所成员也确实必须进行司法宣誓。③

高级裁判所的司法性定位,因 2007 年《裁判所、法院及强制执行法》第 9 条将其设置为一个"高级纪录法院"(superior court of record)的规定得到进一步强化,但这绝对不意味着其决定可以免于司法审查。通常而言,对于不满意高级裁判所决定的当事人,其唯一救济途径就是上诉至上诉法院。因为最高法院明确指出,司法审查仅在例外情况下才能获得。④ 此处的表述进一步说明,英国司法界至今仍然在非常刻意地区分普通法确立的司法审查与制定法规定的上诉。虽然原则上是对所有法律上的错误都可以提起司法审查,但目前明确的可以提起司法审查的例证,仅限于高级裁判所拒绝上诉许可的情形,如 2011 年的 *R (Cart) v. Upper Tribunal* 案。据英国学者解释,这种特殊情况的原委是,制定法并没有规定向上诉法院的上诉。此时,高级裁判所只能作出不予许可的决定,相应的,唯一的救济途径就是对高级裁判所的不许可上诉的决定提请司法审查。⑤

特别值得一提的是,英国还成立了皇家法院与裁判所服务局(Her Majesty's Courts and Tribunals Service,这是女王时期的名称,随着英王更迭而转换性别),这是一个属于英国司法部的执行机构。英国学者信心满满地断言,这进一步断绝了裁判所与作为其裁决的纠纷的始作俑者的政府部门之间的联系。⑥ 因为这个机构的设立,再明白不过地将裁判所与法院拉进了同一条战壕。而从其名称看,如今在英国,Tribunals确实

---

① Wade & Forsyth 2014, p.768.
② Wade & Forsyth 2014, p.769.
③ Wade & Forsyth 2014, p.769.
④ Wade & Forsyth 2014, p.772.
⑤ Wade & Forsyth 2014, p.772.
⑥ Wade & Forsyth 2014, p.769.

没有一点儿"行政"味了。正因为如此,本书在介绍2007年以前的这一制度时,会用到"行政裁判所"或者"(行政)裁判所"的表述。个别场合之所以仍不禁绝"行政"二字,既是为了表达对王老(王名扬先生)当年引入这一概念时的译法的敬意,更是为了与中国法相衔接的需要:还有很多人很难理解如此具有行政性、又如此中立的裁判机构与法院的区别。

裁判所领域频遭英国学者诟病的一种侵蚀中立观念的实际做法是,有些裁判所与政府部门合署办公,其助理人员也是从其裁决事项的被告政府部门抽调的。① 2007年《裁判所、法院及强制执行法》并没有从体制上改变这种做法,但在其第39条中赋予大法官为裁判所提供"经济效率和业务效能"兼备的保障系统的义务,将促使裁判所聘用自己的雇员来处理其行政性事务、征购不动产用于审理案件。② 长此以往,英国学者对裁判所中立性的忧虑就可逐步化解。在英国法上公法义务的这种表达形式提示我们,对公法机关而言,确实有职权或者权力、职责、义务分别且同时存在的可能。但在汉语中,特别是在我国当代立法的表述中,行政机关职责及义务的区分并不分明,或者说不容易分清,可能还没有意识到需要严格区分的必要。

尽管政策性的决定以及对政府部门工作的监督都是由部长来实施的,但福利国家推行的所有公共计划都需要一个规则体系以便于行政官员适用,而不必反复地请示部长,英国中央政府体系中普遍采用的执行机构,就是建立在这一思路基础之上的。③

在其他政府管理领域,则可能更需要将决定权保留给中央政府部门或者部长本人亲自行使。最典型的便是民用航空管制领域,设立一些诸如民用航空管理局之类的专门机构,赋予这些机构通过许可机制推行相应政策的权力,但最终的控制权仍由部长保留,这主要是通过下列机制实现的,即对民用航空管理局的决定不服还可以向部长上诉。④

1997年的 *Laker Airways Ltd. v. Department of Trade* 案就是经过裁判所组织体系处理后产生的一个讼案。湖人航空公司不服民用航空管理局的决定上诉至部长,对部长的裁决仍不服,向分庭法院提起司法审

---

① Wade & Forsyth 2014, p. 769.
② Wade & Forsyth 2014, p. 769.
③ Bradley & Ewing, p. 668.
④ Bradley & Ewing, p. 668.

查。但需要澄清的是,此处的向部长上诉是否属于前文提到的在最初的行政决定作出之后,上诉至某一法院或者裁判所之前,作为第一回合的行政性复审。① 这显然是行政复议性质的裁判所救济与司法救济的关系的关键性问题。英国学者的意思是,司法审查不能作为一种常规救济手段,而只能作为一种例外的救济手段,即不能作为对原始决定的第一回合的审查,只能作为至少第二回合的审查。为此,英国学者提出的比较理想的方案是把向裁判所上诉作为标准的第一回合的审查,但不排除在此之前先进行一次行政系统内部的审查的可能性。此时,如果将行政系统内部的审查或者向裁判所提出的审查包括在内,到提请司法救济时,已经是对原始行政决定的第二回合或者第三回合的审查了。当然这种行政系统内部的审查不是必然的,而是有这种可能性。而此处就民用航空管理局的决定上诉至部长的情形,就是行政机关内部的上诉机制,即对民用航空管理局的决定不服的可以上诉至部长的机制。当然,这种上诉机制是在决策权必须由部长掌握的领域,是与部长仅处于监督位置的体制不同的另一种权力配置类型。此时,向部长的上诉虽然是行政系统内部的审查,但由于民用航空管理局与交通部之间的相对独立的关系,这一回合的审查兼有行政系统内部审查与裁判所审查的性质。

在其他领域(如社会保障领域)具体适用的规则规定在制定法或者成文法律规范中,而适用这些规范的职责则赋予一个层级制的裁判所体系,对于这些裁判所的决定,部长并不承担责任,政府控制这些裁判所的手段只有修订成文法的规则。② 这包括提议修改制定法或者自行修订成文法律规范,但不包括更为低级的行政立法,即行政规范性文件,因为部长与裁判所的疏远关系已经使得部长不可能再为裁判所提供具体的指导或者制定良好行为规范。

由于以部长为代表的政府仍负责作出最初的决定,此后就由相对独立的裁判所予以审查,正如行政机关作出决定,而余下的事情就由法院予以审查一样。于是,部长与裁判所的关系类似于政府与法院的关系。这些裁判所存在的理由不是因为它们行使与政治有关的不宜交与法官行使的自由裁量权,而是因为它们所从事的裁决工作比法院更有效率。③ 正

---

① Bradley & Ewing, p. 667.
② Bradley & Ewing, p. 668.
③ Bradley & Ewing, p. 668.

如英国学者对涉及社会保障的案件所作的评价:对于这些案件,我们并不奢望有一个完善的司法体制。① 英国学者这样说对于某些追求完美的人来说也许是一种打击,但是考虑到一个福利国家享受社会保障的人数之多,以及这种保障本身所具有的辅助性功能,则只要能够保证所有人的生活水平都能够超过基本的社会保障水平,并保证在这一过程中有能够与之相应的基本的公正,则细节上的差距确实不值得苛求。尤其是考虑到接近某一目标的精确度的算术级数的提高,可能会导致成本的几何级数增长这一事实。

总之,英国学者认为,个人显然需要享有就行政决定向该行政管理领域的某一专门裁判所上诉的权利。这显然是一个比部长责任制更为直接有效的对抗不良行政决定的救济手段。② 但这主要是就执行机构而言的,即部长只作政策性的部署并对整个政府部门的工作实施总体监督,而将具体的决定权委托下级官员或者相对独立的执行机构来行使。其结论是,部长责任制的手段过于间接,不适宜于解决具体的问题。而下面提到的则是与此相对的另一种情形。

七、裁判所的经济性

支持裁判所设立的实用主义的理由包括:避免法院正式程序的愿望,贯彻新的社会政策的需要,迅速、低廉、分散地裁决大量个别案件的需要,以及运用与相应的裁判所有关的专业知识的需要等。其中的专业知识不限于律师的法律专业知识,还包括其他职业领域的相关经验。③ 裁判所的经济性主要表现在四个方面:

(一)低成本

裁判所提供了一种比法院廉价的解决争端的手段。因为支付给裁判所的费用要比诉讼费低得多,而且通常也不需要法律代理。即使有法律代理,其费用也比在法院诉讼低得多,因为裁判所解决争议通常比法院快得多。此外,对于裁判所裁决的许多类型的案件,如果选择在法院裁决,当事人往往得不到法律援助④,虽然这些案件在裁判所裁决时,当事人也

---

① Bradley & Ewing, p.669.
② Bradley & Ewing, p.668.
③ Bradley & Ewing, p.669.
④ Neil Parpworth, p.344.

得不到法律援助,但由于裁判所裁判程序一般不需要法律代理,即使需要也因为其程序快捷而不需要那么高的代理费,因此,对于无法取得法律援助的案件,去裁判所显然更为经济。

（二）易获得

裁判所比法院更容易为当事人所亲近,这既表现为物理时空与当事人较近,也是指裁判所的程序易于被当事人掌握。尽管确实有几个裁判所仅在一个办公场所审理案件,但普遍而言,裁判所总是尽量在便于当事人的地点审理案件。例如,裁判所经常会在全国各地就近组建地方委员会。也有的裁判所在全国巡回审理案件。[①] 2002年6月,裁判所委员会（Council on Tribunals）与残疾人权利委员会（Disability Rights Commission）联合发表了一份使裁判所更易于残疾人亲近的咨询意见草案。[②]

（三）快捷

法院的诉讼程序一般比较迟缓。裁判所的程序则与之相反,通常要快捷得多。这部分是因为各裁判所管辖事项的范围比法院窄得多；同时,裁判所的专业性使得它能够迅速确定争议焦点,并迅速使各方当事人都满意地解决这些问题。[③] 前者涉及提高审理速度,后者则涉及实质性地解决纠纷。

（四）无法律程序障碍

裁判所审理程序的真正风险是过于随意,因为裁判所审理案件的程序较之法院的诉讼程序而言要不正式得多。裁判所通常不采信宣誓证言,而且也不严格按照法院适用的证据规则。其实际听审过程也与法院大相径庭：各方当事人往往围坐在一张桌子旁听审,在争议的焦点不涉及法律问题时通常也不需要法律代理。[④]

为了贯彻新的社会政策,需要相应的机构予以配合,于是直接设立了相应的裁判所。但是,裁判所的一个重要特征是,法律职业界并没有垄断在裁判所出庭的代理业务。这一事实本身就使裁判所比法院更容易为公众所亲近,因为某些个案完全可以由诸如工会官员、测量员、社会工作者

---

① Neil Parpworth, p. 344.
② Neil Parpworth, p. 345.
③ Neil Parpworth, p. 345.
④ Neil Parpworth, p. 345.

或者亲朋好友之类的人士有效地代理。① 这显然是针对法院的出庭代理由法律职业界特别是出庭律师垄断的情形而言的。这同法律职业界未能像垄断高级法院的法官职务那样垄断裁判所的官职,律师未能垄断裁判所代理业务也是因为人数不够及在某些领域专业性的侧重不同或者主要不以法律为主,但更主要的则是成本问题,聘请一个律师代理一个可有可无的申诉,太不经济了。

裁判所的经济性与其程序的便宜性有直接的关系,土地裁判所最为典型。参见本卷第二编第四章第一节不动产行政法中土地裁判所部分的内容。

八、《裁判所及调查庭法》

如果说研究英国行政法哪个议会立法是不容回避的,《裁判所及调查庭法》显然是其中之一。该法衍生出三个概念,即裁判所(Tribunals)、调查庭(Inquiries)及调查裁判所(Tribunal of Inquiry),此外还涉及我国行政法中的行政裁决概念。

1992年《裁判所及调查庭法》是规范英国裁判所和听证制度的基本法。早在1957年,弗兰克斯委员会的报告即将行政裁判定性为一种裁决机制,其运行应当满足公正、公开和无偏私的要求。② 这三个方面也就是所有的司法活动,包括此处的作为行政司法活动的裁判所应满足的基本要求。

除对改进当时的裁判所体制提出具体建议之外,该委员会还提出了总体性的改革建议,这些建议在1958年《裁判所及调查庭法》中得到了贯彻,并在1971年及1992年修订。根据1992年《裁判所及调查庭法》第6条的规定,某些裁判所的首席裁判官必须由相关的部长在一个由大法官认可的候选人名单中挑选,但是最近的立法则更进一步要求所有的裁判所成员都由大法官任命。即使某一部长有权终止某一裁判所成员的任期,这一权力在英格兰及威尔士也必须与大法官一起行使,而在苏格兰则是由其与季审法院的院长一起行使。③

1992年《裁判所及调查庭法》巩固了1971年该法及某些其他规定中

---

① Bradley & Ewing, p.669.
② Bradley & Ewing, p.675.
③ Bradley & Ewing, p.675.

与裁判所和调查庭有关的内容,规定了裁判所的组成及程序方面的基本框架,同时就司法对裁判所的控制作了规定。①

九、裁判所委员会

（一）组成

1992年《裁判所及调查庭法》保留了有关裁判所委员会设置的规定,该委员会最早是根据1958年《裁判所及调查庭法》设立的,下设一个苏格兰委员会。② 裁判所委员会由10—15名成员组成,成员由大法官或苏格兰总检察长（Lord Advocate）任命。议会行政监察专员是该委员会的当然成员。③

（二）职能

裁判所委员会受1992年《裁判所及调查庭法》调整。该法第1条规定,其基本职能是④：① 监督该法附表1列明的裁判所的组成及运作情况,并不时提出相应的报告；② 考察并报告该法要求该委员会考虑的各类裁判所的有关事项,无论该裁判所是否包括在该法附表1中,但普通法院除外；③ 考虑并报告该法要求该委员会报告的或者该委员会认为重要的、与举行法定调查的程序有关的事项。

1. 管理特定范围的裁判所

裁判所委员会的职责之一就是控制并审查为数众多的裁判所的结构和工作情况,这些裁判所既包括列于1992年《裁判所及调查庭法》附表1中的裁判所,也包括那些根据此后的由大法官及苏格兰事务大臣颁布的成文法律规范所添加进去的裁判所。大法官及苏格兰事务大臣可以要求该委员会考虑并报告涉及除普通法院以外的任何裁判所的事项。⑤ 该委员会的管辖范围,并不限于上述附表1中所包括的裁判所,只是监管的内容有所不同,对于附表1中列明的裁判所,该委员会要负责监督,对未列明的除普通法院以外的其他裁判所,也负有根据大法官及苏格兰事务大臣的要求予以适当考虑的义务。

---

① Neil Parpworth, p.346.
② Bradley & Ewing, p.675.
③ Neil Parpworth, pp.347-348.
④ Neil Parpworth, p.347.
⑤ Bradley & Ewing, p.675.

2. 调研法定调查方面的有关事宜

从其设立之初,裁判所委员会就有权考虑并报告因制定法规定的法定调查的运行而引发的事宜。至于制定法规定的调查所适用的行政程序,该委员会也可以就其认为具有特殊重要性的事项主动采取行动。裁判所委员会的职能主要是建议和咨询性质的,可以就裁判所如何运作提出建议,并没有干预某一裁判所的决定的权力。[1] 因此,其所能采取的行动主要是考虑并报告涉及除普通法院以外的任何裁判所的事项,而所谓主动,是就其不需要大法官及苏格兰事务大臣的要求而言的。之所以提到这一点,是想说明该委员会的职责范围并不限于裁判所一端,还包括法定调查所适用的行政程序。

(三) 职权

1. 没有执行权但有建议权

与英国的许多咨议性质的委员会一样,裁判所委员会同样没有执行权,它可以向相关的部长就裁判所成员的任命提出一般性的建议,但是无权直接任命裁判所的成员。[2] 裁判所委员会每年向大法官及苏格兰事务大臣提交一份年度报告,也可以应要求就其他事项提出报告;委员会中的苏格兰委员会则发表一份针对苏格兰行政裁判事务的年度报告。裁判所委员会可以主动对属于自己一般监督范围的任何裁判所的工作提出报告,但有关的中央政府部门并没有必要针对该委员会的报告采取相应的行动。[3]

2. 没有立法权但有被咨询权

裁判所委员会并没有制定规则的权力,但是针对任何属于该委员会监督范围的裁判所而制定的程序规则,或者任何有关制定法上的调查方面的程序规则,都必须事先咨询该委员会的意见。通常,政府对于提议中设立一种新型的裁判所或者确立类似的裁决程序的立法,都会咨询裁判所委员会的意见,但是某些政府部门不愿意接受专家就此提出的建议,或者直到最后时刻才去咨询。[4]

---

[1] Bradley & Ewing, p. 675.
[2] Bradley & Ewing, pp. 675-676.
[3] Bradley & Ewing, p. 676.
[4] Bradley & Ewing, p. 676.

3. 比较权威的批评权

1991年,健康部就因令人费解地将某些全民健康保险制度中应当向健康大臣上诉的案件的裁决权下放给约克郡的健康服务职能部门,而被裁判所委员会批评过。因为健康部的这一做法违反了弗兰克斯委员会早在30年前就提出的建立新的裁判所及其相应的程序应当遵循的基本原则。① 因为这种下放相当于使相应的地方政府机关成为一个新的裁判所。一个由大法官事务部设立的委员会可以对另一个部的做法提出批评,这种做法的合理性在于,公众对于所批评的事项的是非曲直自有其独立的判断。而且这一做法本身也说明了该委员会足够的独立性,说明在一个法治社会,一个机构与另一个机构的关系,包括此处的批评,不是依其级别,而是根据各自的法定职权。只要属于自己职权范围内的事,就可以独立地发表自己的意见。至于这种意见的效果,很大程度上不是依靠法律的强制力保障的,而是依靠相应的社会舆论的压力,这种压力对于一个建立在民主原则基础之上的,对公众及作为公众代表的议会负责的政府而言,其影响力是相当大的。这个例子进一步说明,在英国宪法体制中,法律之外的与舆论相联系的政治影响对于政府行为的作用,完全可以与法律本身的作用相比。甚至从某种意义上说,法院的判决之所以可能得到政府的有效遵循,也是基于同样的考虑,因为反之所构成的对于法院判决的公然违反,在英国的传统法治观念中是最不能为公众所容忍的,也是最容易导致政府下台的。这一潜在威胁足以使任何政府不敢对已经建立起公众威望的咨议机构的意见置若罔闻。

(四)活动目标

裁判所委员会致力于使有关政府部门注意弗兰克斯委员会提出的裁判所应当具有的公正性、公开性及无偏私。该委员会虽然既没有相应的资源也没有相应的权力去调查针对某一特别裁判所提出的申诉,但是该委员会的成员会定期视察裁判所及其听审活动。1994年,议会行政监察专员的职权范围扩大到某些裁判所的行政工作人员,但仍不包括对裁判所决定的申诉。裁判所委员会经常会关注发生在某些裁判所的过分的拖延现象,例如移民裁判所或者精神健康复审裁判所。如果某一政府部门不接受裁判所委员会的意见,该委员会就可以将有关事实公布于其年度

---

① Bradley & Ewing, p.676.

报告中。① 这种做法的思路可以描述为，与其向某个级别更高的人告状，不如直接交由民众评判。这种做法具有相当的威慑力，而这种做法确实可以视为执政文明的一种非常典型的表现。

1988 年，裁判所委员会《关于〈司法的全部精神〉的报告》(Justice/All Souls Report)倡议按照澳大利亚的行政复议委员会的模式建立一个行政复议委员会，以提供对所有的行政程序的独立监督，并与裁判所委员会协调工作。这样的委员会并未任命。20 世纪 90 年代，裁判所委员会一直在准备行政司法体制的适当结构调整的建议，以充分发挥行政司法的优势。②

尽管有裁判所委员会的不断努力，仍没有阻挡住裁判所增殖的冲动，而且该委员会的工作也没有引起议会的足够重视。2001 年，莱格特(Leggatt)批评了该委员会的业绩，但他仍然赞同保留这一委员会，但其首要角色应当定位于行政司法这部大车之辕。③ 如果统一的裁判所体制得以建立的话，那么裁判所委员会将继续负责监督该体制以外的裁判机构，如民用航空管理局。④ 按照莱格特的上述设想，一旦建立了统一的裁判所体制，该体制内就应当有自我管理职能，而无须裁判所委员会继续行使其职能了，其职能将转变为对于该统一体制外的承担行政裁判职能的机构的监督，如此处列举的民用航空管理局。按照莱格特的设想，该委员会的职能还将进一步扩展到关注行政法的一般发展。⑤

十、裁判所总裁

关于裁判所的独立性，特别是其独立于行政系统，英国学者总结道，无论是在法律上还是在事实上，英国裁判所系统都已经明显地独立于行政系统，特别是独立于裁判所的"客户部门"。因为在该系统的塔顶，有了一位能让裁判所系统在议会乃至行政方面看来无法调停的领域发声的得力干将。⑥ 显然，这是在强调英国裁判所总裁必须深具司法背景。

英国设立的裁判所总裁(Senior President of Tribunals)，是一个由法

---

① Bradley & Ewing, p. 676.
② Bradley & Ewing, p. 676.
③ Bradley & Ewing, p. 676.
④ Bradley & Ewing, p. 676.
⑤ Bradley & Ewing, p. 676.
⑥ Wade & Forsyth 2014, p. 770.

官执掌的资深司法职位,他有权"莅临议会"并就涉及裁判所成员的事宜以及有关"裁判所如何司法"等事宜,向议会报告。他还负责任命初级裁判所的成员。① 此处需要提醒读者的是,执掌该职务者,应当是一位地位仅次于大法官、首席上诉法官等英国司法界大佬(这一点,还可以从下述其任命的推荐人选中得到间接印证),是可以与能够在议会代表英国司法界(法官界)的首席上诉法官相提并论,能够在英国议会代表英国裁判所界的标志性人物。更重要的是,此处有关"裁判所如何司法"的译法,绝对没有错,同样的表述,也用在对英国司法职权的行使上。这两点进一步说明,英国的裁判所确实与行政离得越来越远了,其司法性几可与法院并驾齐驱。

裁判所总裁负责向议会、大法官及各部长表达所有裁判所成员的意见,向大法官提交年度报告。他同时是初级裁判所和高级裁判所的首席裁判官,负责将裁判所的成员分配到各个分庭,并有权发布操作指南。他还负责在大法官提供的资源的范围内,对就职于初级裁判所的法官及其他成员的培训及福利作出安排。②

裁判所总裁在履行职能时有义务充分考虑下列需求:裁判所更具有可及性(更便于公众获得其裁判服务),其程序更加公正、迅速、有效,其成员更加专业。此外,他还必须充分考虑化解诉至裁判所的纠纷的创造性方法。③ 英国法对裁判所总裁提出的这些要求,也正是英国裁判所预期的发展方向,其核心是更加公正、迅速地化解争议。这一点,很值得借鉴。

裁判所总裁由大法官推荐,由英王亲自任命。获得此项任命有两条路径。根据 2007 年《裁判所、法院及强制执行法》的规定,如果某个适当人选获得大法官、(英格兰及威尔士)首席上诉法官、苏格兰季审法院院长、北爱尔兰首席法官的一致赞同,则该人必须获得任命。另一条路径是,大法官从司法人员任用委员会的委员组成的特别委员会获得推荐。④ 也就是说,当某人是"众望所归"、被英国司法界各巨头同时认可时,大法官对此没有裁量的余地,只能向英王推荐该人;该人也势必被任命为英国裁判所总裁;否则,大法官则需要获得司法人员任用委员会的推荐。

---

① Wade & Forsyth 2014,p. 769.
② Wade & Forsyth 2014,p. 769.
③ 2007 年《裁判所、法院及强制执行法》第 2 条第 3 款。
④ Wade & Forsyth 2014,p. 769.

第一任英国裁判所总裁是法官卡恩沃思(Lord Justice Carnwath)，其继任者沙利文(Lord Justice Sullivan)也是一位法官。① 从这二位上诉法院法官的头衔看，他们均为司法界翘楚，由此也可以间接看出英国司法界两大法律职业体系融合的程度。

十一、裁判所的设立

裁判所属于公共管理机构中的非政府部门公共机构。② 从组织角度对裁判所予以分类研究③，是笔者看到的为数不多的英国行政法学者采用分类方法进行研究的例子。由此传递的准确信号是，裁判所实在是太复杂了。

裁判所都是制定法设立的公法人，以土地裁判所(Lands Tribunal)为例，对强制购买土地的补偿事宜主要由1961年《土地补偿法》调整。根据制定法的规定需要调处的任何有关征地补偿的争议问题，都将送交土地裁判所。④

1992年《裁判所及调查庭法》第5条规定，裁判所委员会可以就该法附表1中列明的裁判所的组成人员的任命，给有关部长提供一般性建议。有关部长必须考虑这些建议，但不一定遵循。该法第6条规定，裁判所首席裁判官由部长任命。部长从大法官指定的人员名单中挑选各裁判所的首席裁判官。⑤

该法第7条规定，部长还有权终止该法附表1中所列裁判所中任何成员的任期。但部长这一职权的行使必须得到大法官、苏格兰季审法院院长以及北爱尔兰首席法官的确认，具体由其中哪一位确认，需要视裁判所坐落区域而定。⑥

规定在2005年《宪制改革法》第3部分中的"确保始终司法独立"的要求，在2007年《裁判所、法院及强制执行法》已经延伸至绝大多数的裁判所成员。⑦

---

① Wade & Forsyth 2014, p. 770.
② Bradley & Ewing, pp. 291-292.
③ Bradley & Ewing, p. 670.
④ Andrew Arden, p. 555.
⑤ Neil Parpworth, p. 346.
⑥ Neil Parpworth, p. 346.
⑦ Wade & Forsyth 2014, p. 768.

裁判所组成人员的构成因其业务特征而有很大不同，但经常采用的形式是"利益均衡制"：一名独立的首席裁判官，通常具有法律资质并由大法官任命；两名分别代表相对利益方的合议庭成员，这两名成员分别从两个不同的委员库中抽取，他们都不是相关政府部门的雇员，而是由相关政府部门的部长任命、代表某一利益相关方的志愿者，如代表雇主组织的委员在一个委员库中，代表工会的委员在另一个委员库中。① 如前所述，这种委员库的设立，是委员库体制的体现，该委员库中的委员，都是由大法官或者部长批准的。②

英国的裁判所约有 70 类，是分别在某一特殊的法律领域享有管辖权，通常由成立该裁判所的中央政府部门的职员担任工作人员的公共管理机构，包括常任裁判所（拥有常任成员）和具体裁判人员从成员名单中抽取、具体参加人数有变化的裁判所。例如奶制品配额裁判所、各租金评估委员会、涉外赔偿委员会、精神健康复审裁判所以及各就业裁判所。③

以信息裁判所（Information Tribunal）为例，该裁判所是根据《数据保护法》第 6 条第 3、4 款的规定设立的，其首席裁判官由大法官任命，其他成员必须具有法律资格，并由国务大臣任命，代表数据处理者及数据主体的利益。④ 对于信息裁判所的组成，有两点值得强调：一是其非首席裁判官成员的法律资格问题；二是裁判所成员的代表性问题。事实上，英国其他的裁判所也有类似的情况，法律素养固然重要，但代表性更重要。这有点像陪审团成员的选拔标准：法律知识不是重要的，重要的是常识和倾向。于是，中立遂成为不可或缺的重要条件。当然，此处所说的代表，不应理解为来自数据处理者或者数据主体，或者由这两大主体选举或者选拔。因为几乎所有的人都可以成为数据主体。更为现实的是，要使裁判所的各成员始终牢记，他们裁判案件时首先考虑的是要有一种中立的不偏不倚的立场，既要考虑数据处理者的利益和意见，又要考虑数据主体的利益和意见，同时要凭自己的内心确信对法律所要保护的利益作出公正的判断，进而在两个利益相互冲突的利益群体的利益之间，根据法律的规定、原则以及精神，确定就个案而言应当保护的利益。而每个裁判者在每

---

① Wade & Forsyth 2014，p. 767.
② Wade & Forsyth 2014，p. 766.
③ Bradley & Ewing，p. 292.
④ Wade & Forsyth，p. 63.

个具体案件中都不应当有个人需要具体代表的特别利益,甚至连一般的可能导致先入之见的倾向性意见都不应当有,否则就构成应当回避的理由,并进而导致结果的不公正。代表某些人的利益与自己的利益属于某些利益集团,二者显然不是同一个概念。真正值得追求的是公正的代表性,而不是出身于或者来自某一利益群体的血统的纯正性。鉴于此,必须纠正那种以血统为中心的不可靠的甚至是错误的血统或者利害关系决定论。

十二、裁判所的分类

与 1957 年的弗兰克斯委员会报告齐名的,是莱格特委员会 2001 年 8 月 16 日的报告(Leggatt Report),即《服务用户的裁判所——统一的系统、统一的服务》(Tribunals for Users——One System One Service)。英国学者视之为有关英国裁判所信息的重要来源,当然他们也强调,这是就其系统改革前而言的。[①]

这次自弗兰克斯委员会报告以来对裁判所进行的第一次全面考察是为大法官进行的,由退休的上诉法院法官莱格特主持,并辅之以专业团队。莱格特发现,暂且不计规制机构,英格兰和威尔士大约有 70 类不同的裁判所,它们每年大约处理 100 万件案件。在这约 70 类裁判所中,只有 20 类裁判所每年处理的案件超过 500 件,许多裁判所名存实亡,有些则从来没有开过张。莱格特批评裁判所缺乏系统性,认为裁判所过去一直是在一种无计划的成长过程中,通过立法零碎地设立,并由政府部门分别管理,彼此之间差异很大。在莱格特看来,当前的裁判所体制更多地考虑到主管其事的中央政府部门的需要,没有充分考虑裁判所的用户的利益。莱格特建议建立真正的行政司法体系,一个单一的、拱形的结构,以便于个人亲近所有的裁判所。[②] 此处的用户指政府所提供服务的享受者,即申诉人、上诉人,用户的提法对应的观念是服务行政。

虽然莱格特的建议意味着应当重构现行裁判所制度的组织结构及服务,但是许多现有的裁判所,特别是那些案件负担重的裁判所将继续履行其职能,实际上几乎不会有太多变化。无论这一建议是否会被采纳,他提出的结构轮廓都将使人们重新认识现存的裁判所的规模及多样性。因为

[①] Wade & Forsyth 2014, p.762.
[②] Bradley & Ewing, p.670.

70类裁判所的体系确实没有必要。他建议应当有一个单一的裁判所体系,由一个统一的裁判所服务机构加以管理,并按照主管事项分为9个分庭。① 以下是对裁判所的分类,就是上述建议拟分配给每一分庭的主要裁判所(括号中的数字为相应裁判所2000年裁决的案件数量):

(一)移民裁判分庭

此分庭归并三个裁判所(32875件),即移民裁判官(Immigration Adjudicators)、特别移民上诉委员会(Special Immigration Appeals Commission)、移民服务上诉裁判所(Immigration Services Appeal Tribunal)。② 后两个裁判所是上诉性质的,受理的案件来自移民裁判官。

(二)社会保障与养老金分庭

该分庭包括各养老金上诉裁判所(Pension Appeal Tribunals)(3416件)和刑事犯罪损害赔偿上诉委员会(Criminal Injuries Compensation Appeal Panel)(8109件)。以外,最主要的是要包括社会保障上诉服务裁判体系内的各裁判所,该服务体系裁决了大量的社会保障方面的上诉案件(151290件)。该服务体系取代了先前的独立服务的裁判所,2001年,该服务体系由超过140个设在不同地点的裁判所组成,负责审理有关社会保障福利、儿童抚养、伤害赔偿、税务信贷、赔偿追偿、税务利益委员会、住房福利等方面的上诉案件。③

社会保障上诉服务裁判体系内的裁判所通常由一名律师独任审理案件,但是对于涉及儿童抚养、住房福利及由税务利益委员会初裁过的或复杂的案件,可由一名律师与一名会计师共同审理。④ 因此,就全英格兰及威尔士而言,也不过只有140多名律师担任该类裁判所的职务,2000年,人均裁判案件数达1000件。因此,其人员是非常精干的。会计师和律师往往不是专职的,而是按件付费的,如同办理一个案件收取佣金一样,所不同的是这个雇主是政府,在办理的案件中不是作为代理人而是作为裁判官。

对于涉及无行为能力人的福利案件,则由一名律师与一名执业医师共同审理。对于涉及残疾人及其护理费方面的上诉案件,则由一名律师、

---

① Bradley & Ewing, p.670.
② Bradley & Ewing, p.670.
③ Bradley & Ewing, p.670.
④ Bradley & Ewing, p.671.

一名执业医师和一名具有残疾人护理经验的人共同审理。① 残疾人大都由国家供养或者可以向国家申请护理费,这是其生存所必需的费用,就像正常人的福利中包括食宿费用一样。

对于涉及工伤致残的社会保障方面的上诉案件,则由一名律师与两名医学顾问共同审理。② 医学顾问的角色与英国职业界的高度分化有关,他们主要为工业企业及保险公司提供服务。

社会保障上诉案件的历史,可以说就是 20 世纪裁判所的历史,因为上诉至一个独立的委员会的权利是 1911 年确立的,而此类上诉体制自 1945 年以后即成为福利国家一个非常引人瞩目的方面。③ 由此可见,此类行政裁判对于整个英国裁判所制度的影响。也就是说,对于一个福利国家所提供的福利而言,能否就这些福利的提供过程中所产生的问题提起申诉或者上诉,以及由谁、如何来解决这些申诉案件,这些都是上诉体制方面的问题,这些问题恰恰是体现福利国家的本质属性的一个重要指标。没有严密的、切实可行的、福利享受者可以有效依靠的上诉体制,就没有真正意义上的福利国家。我们国家早年的供给制与此即形成鲜明的对比,正是由于没有这种上诉体制,加之没有适当的公平、公开等保障机制,使得与福利国家有诸多相仿之处的供给制难以为继。

(三) 土地及不动产估价裁判所

这一分庭包括不动产估价裁判所(主要涉及与地方税有关的财产估价)(36199 件)、租金估价委员会(Rent Assessment Panels)(主要负责评估某些供出租的住处的合理租金)(8452 件)、租赁估价裁判所、公用事业专员(218 件)以及农业用地裁判所(74 件)。④ 此处所说的地方税是以财产特别是纳税地不动产为税基的,因此,对于财产的估价,将直接影响纳税额。而农业用地包括牧业用地,从其案件数量之少可以看出,这些土地的所有权在英国已经非常明确,其所有权制度已经非常成熟。

(四) 财政裁判所

这一分庭包括负责裁决税务争议[特别是所得税总专员(13154 件)、所得税特别专员(174 件)]、增值税及关税裁判所(604 件)的有关行政机

---

① Bradley & Ewing, p. 671.
② Bradley & Ewing, p. 671.
③ Bradley & Ewing, p. 671.
④ Bradley & Ewing, p. 671.

构。这些行政裁判机构拟与 2000 年《财政服务及市场法》设立的财政服务与市场裁判所一样,审理涉及财政服务的规制方面的上诉案件。①

(五) 交通裁判所

这一分庭包括伦敦的泊车与交通上诉服务局[(30472 件)、泊车裁决服务局(1461 件)]。② 主要的交通案件都发生在伦敦。交通违章与泊车违章属于两类不同的案件,交通违章可能构成犯罪,而泊车违章并没有那么严重。

1991 年《道路交通法》(Road Traffic Act)第 73 条规定,停车裁判官裁决车辆所有者或者驾驶者就其车辆被伦敦交通管理职能部门拖车或者锁车而发生的费用,向伦敦市政府提出申诉后仍不服而提起的上诉案件。③ 由此可见,停车裁判官审理的案件是已经由伦敦市政府作出复议决定后仍不服的案件,也属于一种二级制裁决程序。

(六) 健康与社会服务裁判所

这一分庭包括三类裁判所:精神健康复审裁判所(该裁判所负责复审将某一病人强制留置于医院以便评估或者治疗其精神失常的行为的合法性)(11833 件)、家庭健康服务上诉裁判所以及根据 1999 年《儿童保护法》设立的裁判所。

(七) 教育裁判所

这一分庭的裁判所的特征之一是,审理来自地方教育职能部门及学校管理机构的上诉案件,但不会审理来自中央政府部门及其代理机构的上诉案件。这一分庭包括根据 1998 年《学校标准及结构法》设立的独立委员会(该委员会负责审理有关入学方面的上诉案件)(62655 件)、根据同法设立的负责审理关于将学生永久开除的上诉的委员会(863 件)、特殊教育需求与残疾裁判所(1143 件)。④ 从前述独立委员会 2000 年审理的有关入学方面的上诉案件多达 62655 件这一点看(英国只有 6000 多万人),案件数量之多有点惊人,因为我国全年全部的行政复议案件数量也只有这个裁判所审理案件的几倍,而我国的人口是英国的 20 多倍。

(八) 规制裁判所

这一分庭审理综合范围广泛的上诉案件,例如根据 1974 年《消费者

---

① Bradley & Ewing, p.671.
② Bradley & Ewing, p.671.
③ Andrew Arden, p.256.
④ Bradley & Ewing, p.671.

信贷法》而产生的涉及消费者信用方面的案件、不动产代理方面的案件、破产清算员方面的案件、知识产权方面的案件(如版权裁判所、保护登记设计的上诉裁判所受理的案件)、请求外国赔偿的案件(如涉外赔偿委员会处理的案件)、数据保护方面的案件(如信息裁判所处理的案件)、赌博管制方面的案件等。尽管该分庭所处理的案件的类型相差悬殊,但其案件的负担却可能比所有其他分庭要小。①

(九) 就业裁判所

这一分庭由各就业裁判所组成(这些裁判所原来的名称是工业裁判所),主要裁决因不公正的解雇、非法歧视(性别、种族、残疾)、同工同酬、违反雇佣合同和裁减冗员等引起的纠纷。2000 年,英格兰及威尔士共收到各类案件 107357 件,其中 28808 件由裁判所作出裁决,57593 件撤回申请的案件中,有许多是当事人双方同意和解的。② 但从其撤诉比例看,和解数几乎是裁决数的两倍,说明此类案件的解决,和为贵。

就业裁判所与其他裁判所的不同之处在于,它们所裁决的纠纷绝大多数都是发生在两个私人当事方之间的,即雇员与其雇主之间,雇主可以是一个公共管理机构、商业企业或者私人。有些裁判所也解决私人之间的纠纷,如土地估价裁判所,但是,绝大多数裁决的是与公共管理机构的纠纷,无论这个公共管理机构是中央政府部门、地方政府机关或者其他公共管理机构。③

需要强调的是,以上分类是莱格特建议的。上述建议所涉及的范围虽然已经非常广,但仍没有包括所有的裁判所及其相关程序。因此,莱格特的审查报告总结道,根据 2000 年《调查权力规范法》设立的调查权力裁判所(Investigatory Powers Tribunal,该裁判所取代了早先的诸如通信侦听裁判所之类的裁判所)应当排除在裁判所的一般结构之外,因为它所涉及的是国家安全方面的事务,而其成员也与其他的裁判所不能互换。其他被排除在普通裁判所体系之外的那些立法没有规定向某一裁判所上诉的权利但却规定了行政复议的有关程序的案件,如果当事人寻求通过这些行政复议程序获得救济的努力没有成功,则进一步的救济途径就是寻

---

① Bradley & Ewing, p.672.
② Bradley & Ewing, p.672.
③ Bradley & Ewing, p.672.

求司法审查。①

在莱格特构想的体制之外的裁判机构，还包括职业自律组织，如诉状律师协会的纪律委员会。这些机构实质上都属于裁判所，并且是行使制定法规定的权力的裁判所，但却不用裁判所之名。②

这些职业自律组织应当为了公共利益而有效地行使职能，但是它们却不在中央政府部门直接的责任范围之内。③ 即对这些职业自律组织行使职能的状态以及它们所代表的职业群体的职业操守，并非由中央政府部门对议会负责，也不对公众负责，而是各职业群体直接对公众负责。

十三、裁判所体系的统一

正如我们已经看到的，裁判所涉及范围广泛的政府活动领域，但是它们都是由不同年代的零碎立法分别设立的。④

受政府所承担的压力变化的影响，裁判所的体制也在不断变化之中。例如，移民案件的上诉体制在20世纪90年代变化了好几次，社会保障及教育领域的上诉结构也发生了类似的变化。任何上诉体制都必须适应案件负担的波动并能够经得起根据《欧洲人权公约》第6条所建立的审查标准的考验。在英国引起广泛讨论的问题是，是否应当建立一个贯穿整个政府的统一的裁判所体系，以取代目前零碎的、数量众多且各有其独自的权限范围的裁判所。这些新的发展进一步强化了弗兰克斯委员会1957年得出的结论：内部的行政程序不足以保护个人的利益。政府的所有权力都必须公正地行使，但如果能够由制定法设计必要的程序加以推动，公开、公正及无偏私等原则将更有可能得到维护。⑤

由于没有一整套单一的可供各类裁判所遵循的规定，英国存在不计其数的五花八门的裁判所规定和程序规范。自1958年创设以来，裁判所委员会即竭尽全力地开发可以适用于所有裁判所的一般标准，但是该委员会缺乏要求中央政府以统一的方式（即通过立法或者制定成文法律规范的形式）采取这些标准的权威。在评价某一既存的裁判所的角色或者倡议设立一个新的裁判所时，英国学者认为应当考虑以下几个重要问题。

---

① Bradley & Ewing, p. 672.
② Bradley & Ewing, p. 672.
③ Bradley & Ewing, pp. 672-673.
④ Bradley & Ewing, pp. 673-674.
⑤ Bradley & Ewing, p. 667.

这些问题的重要性因《欧洲人权公约》第 6 条要求由一个法院或者裁判所通过举行公平的听审来作出影响某一公民权利或者义务的决定而得到进一步的强化。这些重要问题是[①]：

（1）裁判所应当如何组成？裁判所不是由政府官员组成的，它们可以由非法律专业人士组成（如在就业裁判所中，与首席裁判官一起参与审理的裁判所其他成员来自雇主组织或者工会），但通常会由一名律师担任首席裁判官或者由一名律师独任审判。某些裁判所往往会包括一些具有特定职业资格的人士，例如，医学或精神病学方面的专业资格，或者具有残疾人照顾方面的经验、教育方面的经验等。

（2）谁有权任命、解雇裁判所的组成人员？一般而言，裁判所的成员由大法官或者至少在大法官共同参与下才能予以解雇。裁判所组成人员的任期通常有固定的年限，要么由有关的部长任命，要么由大法官（裁判所的组成人员需要有法律从业资格的）任命，或者由相关的部长与大法官共同任命。英国学者认为，如果所有任命都由大法官来实施的话，也许将强化裁判所的独立性，因为大法官是被授权实施绝大多数司法职务的任免的。从这一点可以看出，英国学者对于大法官及其迄今所实施的司法官员的任命的满意程度。正是由于整个司法界的运作维持了很高的独立性与理性的声望，所以英国学者认为，如果所有裁判所的成员都由大法官任命，将有助于裁判所的独立性，即有望达到司法界同样的效果。

（3）必须裁决哪些问题？应当运用哪些制定法上的规则？裁判所是行使广泛的自由裁量权，还是应当局限于裁决事实或者针对事实严格地适用规则？绝大多数裁判所行使职能的方式类似于法院，并且在其创立依据的制定法规定的限度内，将该制定法适用于该裁判所针对的法律、社会和文化方面的事项。裁判所很少裁判一般被宽泛地称为"政策事项的问题"，至少不会在没有制定法指导或者相关政府部门指示的情况下行使此类权限。也就是说，即使行使，也要在制定法指导或者相关政府部门指示的情况下行使。

（4）应当遵循怎样的程序，这些程序正式程度如何？按照纠问式还是对抗制程序实施其审查行为？这些问题都涉及裁判所适用的程序，提问者的倾向性非常明显：在多大程度上适用司法程序。

（5）采取什么样的代理形式？代理费用是否由政府资助？2001 年，

---

① Bradley & Ewing, pp. 674-675.

部分裁判所审理的案件,可以得到由公共基金提供的法律代理援助,如就业上诉裁判所、移民裁判官、移民服务上诉裁判所、精神健康复审裁判所等。法律咨询和非代理性的法律援助可以在所有的行政裁判程序中得到体现。那些出席庭审以及聘请了代理人的当事人的胜诉率比那些没有出庭或者虽然出庭但没有代理人的当事人要高。1999年,社会保障方面的行政裁判案件中,书面审案件的胜诉率只有17%,但申请人到庭的案件的胜诉率上升至45%,申请人聘请了代理人的案件胜诉率可进一步提高到63%。可见,英国学者并不回避出庭或者代理对于案件胜诉率的影响,但他们没有就造成这一现象的原因说明理由。普通的民事或者刑事诉讼中也有类似的现象,因此在他们看来也就没有说明的必要了。他们考虑问题的出发点不在于在书面审理或者缺席审判的情况下审判的质量,而更着重强调出庭申辩及聘请律师申辩对于维护当事人实体权利的重要性。因此,在英国的制度中,程序设计的重点不是如何提高在缺席审判或者书面审理情况下的申请人一方的胜诉率,而是如何保障为申请人提供出庭及律师代理的机会和法律援助。当然,英国学者举就业保障领域的例子充分说明,并不是程序上限制了申请人出庭或者聘请代理人,而是申请人对其权利的处置的结果造成了书面审或者缺席审,同时也出现了不同的胜诉率。从《欧洲人权公约》强调公平听审权的立法背景看,强调当事人出庭进而尽可能地提供相应的法律代理方面的援助,是当代欧洲法律观念体系中实现公正的主要途径,而他们并不相信有什么可以在不出庭参加公开审理的情况下提高当事人权利保障地位的切实可行的措施。因此,反思那种希望通过提高行政相对人缺席情况下的胜诉率而在降低成本的同时提高各种类型的裁判活动的公正水平的愿望,可能只是一种不符合公正的实现规律的一厢情愿。

(6) 对裁判所的决定有哪些上诉权利?是否可以向某一上诉裁判所或者法院提出上诉?上诉时是否需要获得上诉许可?是否可以就裁判所的决定的法律方面、事实方面或者合理性方面提出申诉?这三个方面就是英国司法审查、行政复议及行政裁判领域共同关注的焦点。此外的问题还包括,裁判所的决定是否公开?如果公开,它们是否对今后的决定具有判例的拘束力或者说服力?

(7) 裁判所的管理采取何种形式?是由大法官事务部管理还是由其他的政府部门管理?裁判所有没有一个全国性的首脑?谁负责裁判所组成人员的培训?是否有一个评估裁判所有效性的体系?例如,是否有相应的机制来监控向裁判所提出的申请得到听审之前的等待时间？

（8）最后一个问题是因 1998 年《人权法》而使之变得必要的：如何确保裁判所的结构体系和审理程序能够符合《欧洲人权公约》第 6 条的要求。

英国学者满怀希望地认为，如果能够实现裁判所结构体制的统一，对于上述八个问题的分歧相比现行结构体制将大为减弱。① 可见，英国学者对于裁判所结构体制的不满还是显而易见的。但各国都存在这样一种现象，法治的现实与学术界的要求总是存在相当的距离，在法治现实与满足学术界的要求之间，总有若干年的延时，这也许就是学术界鼓与呼的必要时间。

2001 年，莱格特爵士（Sir Andrew Leggatt）应大法官之邀，受命检视英国裁判所体制中是否存在"公正、及时、合理、有效的妥善安排"，以处理其经手的争议，以及这些安排是否有助于促使各裁判所涉及的法律领域的系统化发展，以形成一种内在统一的结构；除此之外，还要检视这些安排是否符合《欧洲人权公约》关于裁判所必须独立和中立的要求。②

裁判所数度引起立法的重视，其中最近的是 2007 年《裁判所、法院及强制执行法》。英国学者认为，该法对原有的、迷宫般的裁判所体系实施了深远的改革，以促使其系统化和有序化。③

尽管英国学者对 2007 年《裁判所、法院及强制执行法》强调裁判所的独立与中立赞赏有加，但他们更看重的，是该法将迷宫般的各色裁判所系统化的尝试，即该法所创设的初级裁判所和高级裁判所。这两个裁判所于 2008 年 11 月 3 日正式成立。④

初级裁判所和高级裁判所都可以组建若干个分庭。大法官可以影响各裁判所分庭的整合，当然这要取得英国裁判所总裁的同意。每个分庭都有一位庭长主持该分庭的工作。各裁判所分庭的庭长由大法官在咨询或者在司法人员任用委员会推荐时任命。此外，现行法还有关于分庭副庭长的规定。⑤ 需要特别说明的是，此处的主持工作，不是我国行政法意义上的主持行政性工作，而主要是指在该裁判所分庭开庭审案时作为审

---

① Bradley & Ewing, p. 675.
② Wade & Forsyth 2014, p. 768.
③ Wade & Forsyth 2014, p. 763.
④ Wade & Forsyth 2014, p. 770.
⑤ Wade & Forsyth 2014, p. 770.

判长主持庭审,同时兼有一点儿对外代表该分庭的意思。这点儿微妙的比较法意义上的区别,是移介外国法时必须精准把握的所在。

初级裁判所分为七个分庭,各自的管辖范围是[①]:

(1) 社会权(social entitlement)分庭,管辖社会保障福利、刑事损害赔偿、庇护援助等方面的案件;

(2) 一般规制(general regulatory)分庭,管辖博彩规制、慈善事业、登记管理服务、不动产代理、信息、运输等方面的案件;

(3) 军人养老金及军事赔偿(war pensions and armed forces compensation)分庭;

(4) 健康、教育及社会照料(health, education and social care)分庭,管辖精神健康、特殊教育需求、社会照料标准等方面的案件;

(5) 税务(taxation)分庭,管辖增值税及直接税方面的案件;

(6) 财产(property)分庭,管辖租赁估价、土地登记上诉等方面的案件;

(7) 移民及庇护(immigration and asylum)分庭。

高级裁判所包括四个分庭[②]:

(1) 行政上诉(administrative appeals)分庭,其管辖范围是就法律问题自前述(1)、(2)、(3)、(4)四类初级裁判所上诉的案件;

(2) 税务分庭,管辖初级裁判所中的税务分庭上诉的案件,各类税务案件涉及法律问题的首个回合的审查,对财政规制决定的上诉案件;

(3) 土地分庭,管辖强制征购的补偿、土地估价、土地登记方面的案件;

(4) 移民及庇护分庭,管辖自初级裁判所的移民及庇护分庭上诉的案件。

大法官可以通过条令,调整任何属于"表列裁判所"范围的初级裁判所或者高级裁判所的职能,这些"表列裁判所"是指列入 2007 年《裁判所、法院及强制执行法》附表 6 的裁判所,包括管辖由中央政府部门产生的争议的绝大多数裁判所。大法官或者英国裁判所总裁可以在取得对方同意的情况下,在初级裁判所或者高级裁判的各分庭之间调整其职能分配。[③]

---

① Wade & Forsyth 2014, p.770.
② Wade & Forsyth 2014, pp.770-771.
③ Wade & Forsyth 2014, p.770.

十四、行政裁判的程序

1992年《裁判所及调查庭法》第8条规定,该法附表1所列裁判所应当遵循的程序,可以由部长、苏格兰季审法院院长、国内税专员或者涉外赔偿委员会制定、认可、确认或者赞同。①

裁判所的决策机制的基本原则是,裁判所和法院一样,其裁决是按少数服从多数原则由组成合议庭的成员作出的,并不要求全体一致。②

以裁判所为代表的行政司法程序,涉及从中央政府部门的决定到法院的判决二者之间的跨度巨大的裁决形成过程。③ 英国学者想强调的是,行政司法所适用的裁决程序的回旋余地非常大,相对而言没有什么程序约束的比较自由的政府部门的决定程序是一边,而受严格的司法审判规则控制的法院的判决程序则是另一边,这两边之间的广阔空间则是行政司法可以适用的程序空间,可见其跨度之大。

实践中,许多裁判所适用的程序都是低成本和非正式的,因此法律代理通常并非必需。④ 此处的法律代理,在英国是一种"奢侈品",不同于提供建议或者帮助。例如2012年《违法者的法律援助、审判及制裁法》(Legal Aid, Sentencing and Punishment of Offenders Act)所指的法律援助,主要就是针对法律代理。

就行政裁判程序发展的方向而言,英国学者饶有兴趣地指出,行政司法领域正有趋势成为来自行政及司法两界的利益争夺的战场。这指的是,裁判所过去曾经被置于政府部门的广泛影响之下,现在司法裁判的形成模式已经处于支配地位,故英国学者认为,在谈到今天英国裁判所体系时,最好不要使用"行政"这个限定词。⑤

从裁判所适用法律、作出裁决的过程看,英国学者认为,一般的裁判所基本上都属于行使第一回合裁判权的机构,但如果考虑到案件是如何到达这些裁判所的过程,也许就会发现这种说法有可能引起误解。就前文讨论过的第(一)—(八)类裁判所而言,只有当某一公共管理机构或者政府官员(例如某一税务巡查官或者某一移民官)已经作出了一个行政决

---

① Neil Parpworth, p. 346.
② Wade & Forsyth 2014, p. 783.
③ Bradley & Ewing, p. 666.
④ Wade & Forsyth 2014, p. 782.
⑤ Bradley & Ewing, p. 666.

定之后，对此决定不服的个人才有向裁判所上诉的权利。在许多案件中，无论法律是否有明确的要求，有关行政主体都可以采取适当安排，使其决定接受内部复审①，即原级行政复议，也就是说，在英国，行政复议特别是原级或者本机关的行政复议不需要法律的明确要求。英国学者之所以在此处提到这些，是要解决上面提到的有关第一回合裁判的问题。也就是说，前述第（一）—（八）类裁判所裁判的案件，是针对某一行政官员适用法律作出的决定不服而提起的案件，而且这些案件中还有可能存在作出决定的行政官员所在机关对该案件进行内部复审的可能（即第二次适用法律）。在存在行政复议的案件中，对于行政主体已经作出的行政决定的第一回合的复审，并不是由裁判所完成的，更不是由司法审查完成的，而是在行政系统内部完成的。

因此，所谓第一回合的裁判所，通常审理对先前的某一行政决定不服提出上诉的案件。② 而从法律适用的角度看，这些裁判所已经是第二次适用法律了，因此不是严格意义上的第一回合。如果勉强称其为第一回合裁判所的话，那也只能是就其对一个行政决定或者行为所引起的争议进行的处理这层意义上说的。因为在此之后往往还有一次司法救济，该类司法救济相应地就具有了宽泛意义上的第二回合裁判的意思。

与第一回合裁判所相对的，是前述第（九）类裁判所，即就业裁判所通常作出的决定是针对争议双方（雇主和雇员）争议问题的第一回合的决定。③ 此处的标准显然是就第一次适用法律而言的，第（一）—（八）类裁判所受理的案件本身已经是按照这种标准适用过一次法律的决定了。因此，第（一）—（八）类裁判所作出的决定，是对因行政管理活动而形成的行政决定的合法性进行评价的第一回合的决定。这是英国学者所谓第一回合裁判所的准确所指。

2007年《裁判所、法院及强制执行法》基本上兑现了莱格特委员会2001年的报告（Leggatt Report）中有关简化程序的建议：对于初级裁判所的决定，都有就任何法律问题上诉至高级裁判所的权利，但上诉必须获得初级裁判所或者高级裁判所的受理许可；对高级裁判所的决定，还可以进一步就任何法律问题，上诉至上诉法院，这也需要获得高级裁判所或者

---

① Bradley & Ewing, p.673.
② Bradley & Ewing, p.673.
③ Bradley & Ewing, p.673.

上诉法院的受理许可。① 此处需要解释一下：国内读者可能会问，如果两级裁判所都不许可怎么办？对此，英国学者会反问：他们为什么不许可。其潜台词是，他们怎么可能不许可。事实上，只要两级裁判所中的任何一级许可即可。英国立法者不是要求上诉申请人必须获得两级裁判所的分别许可，而是强调只需其中一个许可即可。既然如此，为什么还需要强调许可？这完全是个技术性问题：没有受理许可，怎么可能进一步审理上诉案件？可见，这里的许可（permission 是新拼法，旧拼法是 leave），仅仅是受英国传统的司法审查的受理程序影响，是指受理上诉申请，只不过这种上诉也可以由下级裁判所受理，正如我们的上诉可以由一审法院经手移交一样。

英国学者特别强调，2007 年《裁判所、法院及强制执行法》的一大重要创新，就是设置了正式的原级复议机制。作为一项普遍原则，一旦裁判所宣告了其决定，就再没有权力重新考虑或者重新审理该案件。尽管如此，初级裁判所或者高级裁判所都有权复审其决定，或者是基于其自己的动议，或者是基于有权对此决定提出上诉的人的请求。在此复审过程中，裁判所可以订正其错误，修订其决定的理由或者撤销原来的决定。裁判所随后可以再作出决定。初级裁判所可以就此提请高级裁判所作出变更决定。制定法并没有限定裁判所撤销原决定的根据，但既有判例表明，制定法的初衷是，对初级裁判所的决定有错误的案件，避免其上诉至高级裁判所。同时，2008 年《裁判所程序（高级裁判所）规则》[Tribunal Procedure(Upper Tribunal)Rules]第 43 条也规定，可以为了公正的利益或者在原决定程序存在反复无常时，撤销原决定。②

作为上述原则的例证，在 2013 年的 *JS v. Secretary of State for Work and Pensions* 一案中，高级裁判所指出，必须在原级复议权力的效能，与向高级裁判所上诉的角色定位之间，寻找适当的平衡点。类似的案例还包括 2010 年的 *R(RB) v. First-tier Tribunal* 案，以及 2013 年的 *Scriven v. Calthorpe Estates* 案。但正如高级裁判所在 2010 年的 *R(RB) v. First-tier Tribunal* 案中指出的，即使在那些明显具有简单错误的案件中，尽管错误本身很常见，但为此以及其他原则由高级裁判所就此作出一个权威的决定仍有必要。上述原级复议的制度创新，为那些具有

---

① Wade & Forsyth 2014，p.771.
② Wade & Forsyth 2014，p.771.

诸如此类明显错误的案件,提供了一种便捷、低成本的上诉替代机制。[1]

如果制定法赋予当事人从裁判所向法院上诉的权利,该上诉权通常限定为仅就法律问题。该权利的范围正是2007年裁判所系统改革的一项重要内容。英国学者特别强调上诉权必须具有普遍可及性,以便法院能够指导裁判所恰当地解释法律,以防止不同地域的裁判所适用相互不一致的规则。正是通过上诉,才保持了裁判所与法院的联系,确保裁判所切实融入司法体制。这样一来,比较复杂的法律问题就可以提交上诉审法院,直至贵族院。[2] 从英国学者此处的表述看,尽管英国的最高法院已经通过《宪制改革法》具有了独立的形态,但其实际运作仍有早年贵族院上诉委员会的影子。很难认为英国学者此处的表述是笔误,正如很难认为英国自其2005年《宪制改革法》实施后其司法体制就会发生脱胎换骨的变化一样。英国就是这样,虽为旧邦,但喜欢革新;尽管经常领风气之先,但骨子里的东西变化不多。

英国最高法院还在其判例中明确了从高级裁判所向上诉法院上诉的标准,即所谓的"第二级裁判所上诉标准"。该标准实际上就是1999年《接近正义法》(Access to Justice Act)第55条的规定:通过实施司法审查是否能够产生具有足够重要的原则上或者实践上的指导意义的法律要点,或者有值得上诉法院听审该案的其他具有极强说服力的理由。如果满足不了这一检验标准,就不会获得上诉许可。[3] 此处的"第二级"(second-tier),是指高级裁判所(Upper Tribunal),因为与之对应的"初级裁判所"(First-tier Tribunal)用的就是"第一级"。

2007年《裁判所、法院及强制执行法》第15条第1款赋予高级裁判所自行给予司法审查的权力,即给予当事人在其申请司法审查时可以给予的特权救济及其他救济。这涉及特权救济以及强制令和宣告令。此外,根据该法第16条第6款的规定,高级裁判所还可以给予赔偿令、恢复原状令或者兼而有之,只要高等法院在司法审查案件中享有此项权力;根据该法第17条的规定,高级裁判所还拥有一项与司法审查法院类似的权力:发布变更令。高级裁判所给予这些救济都必须按照司法审查的原则。这些救济的强制执行力,就如同其按照司法审查程序从法院获得时一样。

---

[1] Wade & Forsyth 2014, p. 771.
[2] Wade & Forsyth 2014, p. 786.
[3] Wade & Forsyth 2014, p. 772.

在听审此类案件前,高级裁判所也必须先给予许可。① 英国学者此处强调的是,高级裁判所也可以像法院一样,直接给予当事人司法审查类别的救济,而不必再由当事人向法院申请司法审查的救济了。按照我们的理解,这其实是混淆了他们一直想区分清楚的司法审查与法定上诉的界限。但从另一个方面看,这进一步印证了英国学者此前的认定:英国当代的裁判所已经与法院无异了。此处的高级裁判所,行使的正是类似高等法院的司法审查职能。

只有在满足特定条件时,高级裁判所才可以直接行使上述司法审查权力,否则就必须将案件移送高等法院。这些条件绝大多数都是正式的:第一,所寻求的救济必须属于该裁判所的权限范围;第二,不得质疑皇家法院发生的任何事,听审案件的还必须是一位高等法院的法官。当然,如果首席上诉法官与英国裁判所总裁对上述条件的调整达成共识,则另当别论。第三,其适用范围局限于首席上诉法官或经其同意任命的人确定的特定类别的申请。②

2005年《宪制改革法》确立了指导高级裁判所确定司法审查权的程序,2007年《裁判所、法院及强制执行法》进一步落实了该程序的具体细节。根据据此确立的2009年《高级裁判所司法审查权实用指南》[Practice Direction(Upper Tribunal: Judicial Review Jurisdiction)],高级裁判所可以直接行使司法审查权的案件范围是:① 初级裁判所因审理当事人行使刑事损害赔偿计划所赋予的上诉权的案件而作出的决定;② 初级裁判所根据《裁判所程序规则》(Tribunal Procedure Rules)或者2007年《裁判所、法院及强制执行法》第9条的规定作出的决定,这类案件没有上诉至高级裁判所的权力,而且这些决定也不属于2007年《裁判所、法院及强制执行法》第11条第5款第(b)、(c)、(f)项所排除的范围。2012年《高级裁判所司法审查权实用指南》(第2版)进一步规定的可直接司法审查的案件还包括对国务大臣在某些庇护或者人权案件中的决定提出疑问的审查请求。③

相应的,如果某当事人在高等法院寻求司法审查,且其案件满足高级裁判所可以直接行使司法审查权的上述条件,高等法院必须将该人的申

---

① Wade & Forsyth 2014, p. 772.
② Wade & Forsyth 2014, p. 772.
③ Wade & Forsyth 2014, pp. 772-773.

请移送高级裁判所。这是 2007 年《裁判所、法院及强制执行法》第 19 条的规定,该规定也成为 1981 年《高级法院法》(Senior Courts Act)新增加的第 31A 条的内容。① 如果所有的条件都满足,唯独申请不属于首席上诉法官(Lord Chief Justice)所确定的范围,高等法院仍可以在其认为正当且便宜时,将案件移送高级裁判所。②

十五、行政裁判质量的保障体系

1957 年前后,许多裁判所被认为提供的是一种"二流的公正",所适用的程序与法院相比缺乏公开性,难以保证不偏不倚。从那时开始,裁判所的执业标准更加严格,外界对其期望值也越来越高。今天,如果抛开组织方面的问题不谈,很难不用评价法院功能的那些语汇来描述裁判所。③ 由此可见,在今天的英国,裁判所在提供法律的接近正义服务方面所发挥的作用,已经与传统的普通法院不分伯仲了。

(一)裁判者地位的保障

《欧洲人权公约》第 6 条所要求的获得由独立的、不偏不倚的法院或者裁判所予以公平听审的权利的实现并不取决于裁决者的名称。重要的是,无论是法官还是裁判所的裁判官,都不应当因为某一中央政府部门对他们的决定不满意而被解除职务。④ 这显然是为了保护裁决者的中立性,以确保《欧洲人权公约》第 6 条所要求的公正公平听审权的实现。许多人常抱怨裁判所的程序不够正式。非正式性是很难与法律对精确的需要相调和的,而且裁判所的程序并不总是比法院的程序更不正式。当一个郡法院通过仲裁来处理某一小额诉讼的时候,它会采用非常不正式的程序。一般而言,裁判所并不受法院应当遵循的证据规则的拘束,但要实现公正,还是会遵循最低限度的证据标准和证明标准。⑤

(二)后续司法审查的保障

有些裁判所(如就业裁判所)与法院的区别在于,它们不是由律师出任唯一的独任裁判官,而是由一个受过法律训练的首席裁判官与两个具有相关知识的非法律专业人士组成。2001 年,许多裁判所,如涉及移民

---

① Wade & Forsyth 2014, pp. 772-773.
② Wade & Forsyth 2014, p. 773.
③ Bradley & Ewing, p. 670.
④ Bradley & Ewing, p. 669.
⑤ Bradley & Ewing, p. 669.

事务及许多社会保障方面的上诉裁判所,大都采取由一名律师独任裁判的方式。所有裁判所都采取的一项安全保障是,可以就其决定的法律问题提出上诉,无论是向较高级别的法院或者裁判所上诉,还是提起司法审查。[①] 此处同时提到向较高级别的法院上诉和提起司法审查,显然是为了强调二者的区别:前者不是司法审查,而是一种制定法规定的救济手段,且此后仍可以提起司法审查。

(三) 说明理由要求的保障

1992年《裁判所及调查庭法》第10条为该法附表1列明的裁判所及相应部长设定了一项普遍性的义务:为其决定说明理由。陈述理由的方式可以是口头的,也可以是书面的。但是对于涉及国家安全案件或者对于与决定没有直接关系的人,也可以不提供决定的理由。[②] 制定法对说明理由有特别规定的,从其规定。但无论是基于1992年《裁判所及调查庭法》的规定,还是根据其他制定法的特别规定,说明理由的内容都是裁判所作出的决定的一部分。[③]

有关裁判所说明理由义务的范围、该义务的免除以及大法官对此的额外要求,详见本编第四章第四节说明理由的相关内容。

十六、裁判所行为的司法救济

在2007年《裁判所、法院及强制执行法》改革之前的英国法律体系中,对裁判所的决定有多种上诉途径,但上诉的权利必须由制定法明文规定。议会立法虽然创设了众多上诉程序,但并没有前后一致的模式:可以从一个裁判所上诉至另一裁判所、从裁判所至部长、从裁判所至法院、从部长至法院、从部长至裁判所,甚至还有根本没有规定上诉权的情形。[④] 可见,英国议会的立法创设了"迷宫"般的裁判所体系,同时也制造出更为凌乱的上诉路线图:几乎穷尽了各决策主体相互联系的所有可能,但毫无秩序、规律可言。以至于连英国人,如伍尔夫法官(Lord Woolf),都斥责其杂乱无章。

在20世纪初,英国曾尝试过多种解决纠纷的机制,后来发现,失业保

---

① Bradley & Ewing, p. 669.
② Neil Parpworth, pp. 346-347.
③ Neil Parpworth, p. 347.
④ Wade & Forsyth 2014, p. 771.

险系统的裁判所最成功。于是这成为其他领域建立裁判所的模板。但其有一个重要方面,在裁判所领域随后的发展中进行了调整,就是其缺乏就任何问题诉诸法院的任何规定。如今的一般规则是,可以就裁判所的决定就法律问题向高等法院上诉。① 当然,这只是原则,具体实践中还有许多特殊情况,也可以称为例外,但都不排斥司法救济,而是在此之外增加了更多的救济环节。

(一)向特定上诉裁判所上诉

对许多但不是所有的第一回合裁判所而言,制定法规定了对其决定进一步上诉的权利。这属于制定法规定的上诉,以区别于普通法上的司法审查。这种上诉包括向制定法专门设立的上诉裁判所的上诉,也包括向法院就法律问题的上诉。1957 年,弗兰克斯委员会认为,理想的上诉结构应当是先上诉至某一上诉裁判所,并且所有的裁判所(包括上诉裁判所)的决定都应当接受法院就法律问题进行的司法审查。但是,这一理想的结构在几十类裁判所中鲜有采纳的。事实上,令人难以捉摸的复杂而缺乏系统性的裁判所体系,也广泛地影响到各类裁判所体系内的上诉程序,其结果就是零打碎敲式的规定。许多案件中,对于第一回合裁判所的决定不服可以上诉至某一上诉裁判所。移民领域就是这种情形,可以上诉至移民服务上诉裁判所;社会保障及儿童抚养也属于这种情形,其上诉裁判所是社会保障及儿童抚养专员;估价裁判所的上诉裁判所为土地及估价上诉裁判所;财政及税收方面的裁判所的上诉裁判所是所得税、增值税及关税上诉裁判所。② 第一回合裁判所或可译为初审裁判所,移民案件的初审裁判所就是移民裁判官,而最初的决定则是由移民官作出的。

(二)就法律问题向法院上诉

除规定对于初审裁判所的案件可以上诉至某一上诉裁判所之外,制定法规定还可以就法律问题向高等法院上诉,例如对于特殊教育需求裁判所的决定就是这样规定的。对于许多上诉裁判所的案件,法律还规定了可以向高等法院进一步上诉,而对于社会保障及儿童抚养专员的决定,或者就业上诉裁判所的决定,法律则规定可以直接向上诉法院上诉。③ 1992 年《裁判所及调查庭法》第 11 条规定,对于该法附表 1 所列的裁判

---

① Wade & Forsyth 2014, p.764.
② Bradley & Ewing, p.673.
③ Bradley & Ewing, p.673.

所作出的决定,当事人有权就法律问题提起上诉。上诉的一审由高等法院审理,对一审不服的,经高等法院或者上诉法院许可,还可以上诉至上诉法院。①

如果存在向某一法院或者裁判所上诉的制定法上的权利,则除非在例外情况下,只有穷尽这一制定法上的权利,才能选择司法审查。② 此类程序规定适用于移民法、社会保障法、治安法院的判决以及规划法的强制执行通告等案件。在公助学校中,针对开除或者拒绝入学的决定设立了上诉程序。在其他类型的学校中,则可以上诉至地方教育职能部门。根据 1993 年《教育法》(Education Act)设立的特殊教育需求裁判所也属于这种类型。③

(三) 司法审查

对某些制定法设立的裁判所的决定可以提起司法审查,但不包括那些可以向上级的裁判所或者上诉法院上诉的裁判所。④ 对此,中国读者可能会误以为,此时申请人就没有寻求司法审查的权利了,其实不然。此处虽然明确地将那些可以向上级裁判所上诉的裁判所的行为排除在司法审查之外,但并没有排除对接受上诉的裁判所的上诉决定的司法审查。对于那些法律规定了向上级裁判所上诉的裁判所的行为,存在相当于我们理解的复议前置的问题,不行使这种上诉权将丧失进一步提请司法审查的权利,因为司法审查仅及于接受上诉的上级裁判所作出的决定。正如本书第四卷第四章第一节讨论的对排斥司法审查的制定法的反制时介绍的,这样的终局条款往往经不起法院的司法审查热情的考验。

英国学者提醒,除了上诉程序受制定法特别规定的上述裁判所以外,对一般的裁判所的决定除了制定法规定的上诉,还可以提起司法审查。此时,可以裁判所的决定超越职权或者违反自然公正原则为由予以撤销。除此之外,如果裁判所拒绝行使其裁判权,还可能通过获得训令而强迫其行使裁判权。⑤ 而且,即使制定法没有规定上诉权,也可以针对裁判所的决定及其作出该决定的程序本身,提起司法审查。⑥ 这充分说明了制定

---

① Neil Parpworth, p. 347.
② Bridges & Cragg, pp. 35-36.
③ Bridges & Cragg, p. 36.
④ Bridges & Cragg, p. 5.
⑤ Neil Parpworth, p. 347.
⑥ Bradley & Ewing, p. 673.

法规定的上诉与源于普通法的司法审查之间的关系:制定法上的上诉可以补强司法审查,但却不可以排斥司法审查,这是英国行政法中一个根本性的原则。

据统计,最常被提请司法审查的裁判所包括:精神健康复审裁判所、有关开除及入学的学校管理上诉委员会、地方安居补助复议委员会等。[①]

总之,上诉、就法律问题上诉与司法审查之间存在细微的差距。上诉包括对所有问题的全面审查,而不限于法律问题;就法律问题上诉仅限于法律问题,包括证据的采用及其与法律的关系;而司法审查的范围主要也是合法性审查,即使涉及自由裁量权的运用也仅涉及无理性等事由,比就法律问题上诉的事由的范围还要窄。为了强化上诉审理过程的理性成分,莱格特建议新的裁判所体系应当包括一个上诉分庭。该分庭将包括所有现有的上诉裁判所,例如移民服务上诉裁判所、社会保障及儿童抚养专员等。莱格特的审查报告还提出了全职法官设想,包括某些来自高等法院的法官应当主持新体制下的裁决过程,特别是上诉决定的形成过程。[②]

[①] Bridges & Cragg, p. 93.
[②] Bradley & Ewing, p. 673.

第四章
行政程序

在英国的名为《行政法》或者《宪法与行政法》的著作中,几乎不讲行政程序,但如果就此认为英国行政法不讲程序,绝对是对英国行政法的误解。英国是一个拥有比美国更为悠久的重视程序传统的国家。但从法律渊源的形式看,其并没有统一的程序法典,值得一提的只有《裁判所及调查庭法》。同美国一样,英国行政程序的核心也是听证程序,但其在英国的称谓是公开调查。

在英国,行政程序的引入是与行政行使司法性职能的现状相适应的,或者说是为了避免行政职能的不公正行使而增加的防范措施。英国学者认为,如果将民事或者刑事案件的审理等最基本的司法职能转给行政主体行使,司法独立的价值将会大打折扣。然而现如今,许多公共服务过程中产生的纠纷不是在普通法院解决的,而是转给裁判所裁决。诸如就业和社会保障裁判所之类的裁判所已经构成了司法机制的一部分,并独立于有关的政府部门之外从事着它们的工作。还有许多事项不是授权裁判所,而是授权中央政府部门及其部长进行裁决。为了达到公正、公开的标准,还专门为有关的中央政府部门规定了程序,如听证等,这些程序都是有关中央政府部门在作出决定前必须遵守的。正是因为这些案件的裁决需要充分考虑有关中央政府部门的政策,而不仅仅是基于对法律规则的司法性的适用,才使得这些事项保留由政府部门或者其部长作出决定。[①]可见,英国行政法中强调的行政程序,重在作出决定前应当遵循的程序。

事实上,很难明确应当将哪些案件分配给法院或者裁判所,而将另外一些案件交由有关行政主体。当某个新的制定法体系刚刚建立的时候,对于因这一新的法律体制产生的纠纷的解决,当事人在上述不同的程序

---

① Bradley & Ewing, p. 86.

之间进行选择的空间是比较大的。分权原则本身确实很难就某一特定类型的纠纷应当由谁解决的问题给予直接的指引,它只能提示人们,那些应当独立于政治影响而作出的决定应当交由法院或者裁判所来完成,而那些应当由部长对议会负责的决定则应当交由政府部门来抉择。① 这是非常重要的区分行政性决定与司法性决定的指导性原则,但却不完全是指导行政程序与司法程序适用的唯一指针,因为英国当代行政对于政策性决定也提出了司法性程序的要求。

同样,议会的程序也不属于行政法的范围,但公共审计的规则影响政府部门的工作,而且议会在审查政府部门的委任立法方面的程序也影响政府部门的工作。② 在英国,审计属于议会履职的领域,不属于政府自律的范畴,是议会对政府实施财政监督的手段。这一点对于企业而言再明显不过了:企业内部的财务部门叫会计部门,而外部的监督部门叫审计部门,而很少有企业或者审计部门将企业内部的会计部门称为审计部门的。

当然,英国与我国在行政程序领域的最大不同在于,作为英国行政行为基本原则的自然公正原则,究其根本,实为一个正当法律程序原则,而这个原则在英国历史上曾经有过的重要作用铸就了英国行政法骨子里蕴含的尊重程序、依自然公正的标准行事的精神,如听取对方意见、不做自己案件的法官等基本程序原则。这些原则在人们心里根深蒂固,以至于无须成文法的明确规定,行政主体也不能将其忘在脑后,否则,一个 200 年前的判例一旦被翻出来,也足以使行政主体败诉。从这个意义上讲,英国行政程序的传统不是表现在其成文法对于程序的详细规定中,而是表现在成文法语焉不详,行政执法活动依然能够达到不因程序失当而违背自然公正原则的高标准中。这恰恰需要一个法律从字面渗透法治现实的漫长过程。

本书根据英国法对于行政程序的各个具体表现形式的重视程度,结合我们自己的研究和关注热点,对英国的行政程序分类进行重点介绍,大致按行政行为的通常顺序,依次介绍行政公开与隐私信息保护、调查裁判所制度、听证程序、说明理由、告知与送达。行政咨询虽然也是英国当代行政程序法中的重要内容,但同时又是一种主要的行政行为方式,已在前文介绍了。而作为行政程序理论基础的自然公正原则,也在前面介绍过了。

---

① Bradley & Ewing, p. 86.
② Bradley & Ewing, p. 633.

第一节　行政公开与隐私信息保护

　　本节原打算以行政公开为名，这也比较适合将其安排在行政法总论部分的定位。但通过研究发现，英国的行政公开是原则与例外的统一，而其中的例外就是公共管理机构掌握的个人信息只能向其本人公开（有些国家将个人隐私或者商业秘密作为对信息源本人或者本单位实施信息封锁的理由，这种理由在英国是不能随便乱说的，否则，就有接受司法精神病鉴定的风险）或者在限制性条件下向其他人公开（如依授权）。因此，本节的节名据内容作了调整，既保证表里如一，同时也为热心比较研究个人信息保护制度的读者提供一个快速检索的关键词。

　　本节是本书中诸多以某一专门的行政领域为研究对象进行全系统纵向研究的一节。从行政公开及隐私信息保护的理论基础、制度设计、管理手段、组织落实直至救济等各个环节，都有全面讨论。主要原因有三：

　　一是行政公开是英国行政法强调的一个重点，这种强调不仅是历史传统使然，更是现代行政之必需。就历史传统而言，虽然英国也颁行过《公务秘密法》（Official Secrets Act），但总体上行政公开的程度，尤其是在议会制前提下的重大决策、制度变革的研议等的公开程度，是外国人一般难以想象的；就现代行政而言，公开性更是政府立命之根基，英国某女首相之所以能够从一名普通的后座议员升至保守党党魁，一个重要的原因是其最先提议电视转播英国议会审议过程。

　　二是行政公开对于行政之必要性。如果所有的行政决策、行政审批、行政合同以及所有手执权柄者都被置于十目所视、十手所指之下，特别是在作为公众人物的高级行政官员的言行、交游、财产等足够公开的情况下，许多罪恶不仅可以被发现，更主要的是可以避免；许多的刑罚也不仅仅是可以避免，更主要的是无法通过刑罚挽回的公众损失可以避免。当然，公开必须建立在民主基础上，而民主更是以公开为主要表现形式的。

　　三是英国的行政公开，特别是信息公开最新的立法例，体现了英国当代行政管理体制设计、立法模式的最新特色，能够纵向地、全面地介绍英国某一现代行政管理领域的制度、立法、组织、执行、救济的全过程，弥补比较法著作只单元性地介绍某一制度构件而无法总揽全局的遗憾。

　　综上，本节虽位于本编英国行政法总论的中部，这是结构与内容的需要，如果读者在读完英国行政法总论后再回过头来看本节，相信会有更为深刻的理解。

一、开放政府与信息自由

英国学者对政府信息公开给予很高的评价,除了"开放政府构筑有效民主"的共识,他们进一步认为,从将保密视为当然,到政府及其他共同机构必须为其不依申请披露相关信息提供正当理由,这是公民与国家关系显著变化的标志。①

在英国,开放政府(Open Government)是与信息自由联系在一起的②,而且将这两个词放在一起已成为一种潮流。按照英国政府公布的《开放政府》白皮书的说法,"开放政府是有效民主的一部分",这一观念的不断加深,首先导致《政府信息公开良好行为规范》(Code of Practice on Access to Government Information)的出台,进一步促成了2000年《信息自由法》(Freedom of Information Act)的出台。显然,政府文化正在经历重要的变化。此前的将所有事情作为秘密保护起来视为当然的做法已经被新的观念取而代之,政府及其他公共管理机构现在不得不面对未能依申请将有关信息公开是否正当的诘责。公民与国家的关系正在发生显著的变化。③ 可见信息公开并不是简单地将有关情报公布一下,而是涉及国家与公民的关系这样一个宪法性的命题,英国学者对此显然给予了高度的重视。

英国当代法律体制之所以如此强调公开的重要性,一个主要原因在于他们对于公开与责任追究的关系的理解。英国学者认为,决定及决策过程的透明本身就构成了一种责任形式,并将强化议会所能进行的仔细审查的力度。④ 另外,对于公务员体系结构的讨论不可避免地要直接触及有关开放政府及公众查阅公务信息的问题。⑤ 英国学者认为,有效的监督需要信息的开放和开放的政府;开放政府的关键,是对公众开放公务信息;而信息自由在很大程度上也就是公务信息流通的自由、查阅的自由。于是,开放政府与信息自由的关联就是自然而然的,而这一关联背后的动机,还在于加强控制与监督。

---

① Wade & Forsyth 2014, p. 47.
② Bradley & Ewing, p. 282.
③ Wade & Forsyth, p. 64.
④ Bradley & Ewing, p. 347.
⑤ Bradley & Ewing, p. 282.

英国学者一针见血地指出，英国地方政府责任制的基本手段是传统的选举制。为了切实落实这一责任，中央政府引入了要求地方政府信息公开的规则。① 这进一步说明，信息公开是建立在民主选举制的基础之上并为民主选举提供素材的。没有民主选举这一方向或者依归，公开就有可能完全是一种做派，或者说不公开也没有什么实质性的损害。因为在没有民主的场域，公开并不必然导致对置于公众视野下的被监督者在位根基的动摇，因为其在位的现实不是由公众通过选举决定的。相反，在民主选举制基础之上，公开就是对选民的公开，是为选民提供下一次投票的决策依据，这种监督的力度，比十目之下、十手所指要严得多。

在英国公法资料中，很少从公民知情权的角度去探讨政府信息公开，但英国公民通过政府信息公开所能够获得的信息，远比他们通常想获得的要多。知情权在英国可不是看热闹的权利，而是由多部制定法分别予以明确保障的获得实实在在的书面信息记录的权利。例如，1990年《查阅健康记录法》（Access to Health Records Act）规定，健康服务记录可以根据该法的规定，从医生、牙医、眼科医生、药剂师、护士、临床心理医生以及儿童心理医生那里获得。查阅健康服务记录的条件类似于获取社会服务和安居记录。②

英国信息自由方面的议会立法包括：1987年《查阅个人档案法》（Access to Personal Files Act），1988年《查阅医学报告法》，1990年《查阅健康记录法》，1992年《环境信息规范条例》，以及1984年实施、1998年修订的《数据保护法》。③ 从这些立法的内容看，信息公开的范围是非常广泛的。对于信息公开的理解，显然不能局限于公开政府制定的拘束公民权利与自由的规范性文件，而至少应当包括以下两个方面的内容：一是政府掌握的公共信息应当尽可能地公开；二是政府掌握的私人信息应当得到充分的保护。这两个方面兼顾，才能既保证政府手中掌握足够的决策信息，又能使政府掌握的信息不至于损害作为信息来源的私人的利益（不保护私人信息就难以保障这一点）。

二、传统的保密制度

传统上，英国的公务员有保守职务秘密的义务。对信息公开与保密

---

① Andrew Arden, p. 542.
② Bridges & Cragg, p. 96.
③ Bradley & Ewing, p. 282.

的关系的辨析,是推进政务公开时必须解决的一个前置性的理论问题。无论是开放政府还是信息自由,都是相对于传统行政的保密而言的。任何有关信息自由的讨论如果置保密制度于外,显然是不周详的。

正如英国学者对开放政府及信息自由极尽讴歌之能事一样,他们对于保密制度之微词也是毫不客气。用韦德爵士的话说,与政治中立和匿名制的美德相对的,则是保密的恶习。但是在今天,正是在保密这一点上,文官制度不断地经受指责,尽管英国政府就该制度已经对外刊发了大量的出版物。[1] 可见,所谓保密的恶习是指信息不公开,而信息公开在当今的英国确实已经成为一种普遍的呼声。韦德爵士将中立、匿名誉为文官的职业美德,而将保密贬为职业恶习。看来,在他眼里,这些都是文官制度传统形成的该制度的鲜明特征。之所以将保密列为恶习,是因为受当今社会信息公开浪潮的影响。而在文官制度初期,保守秘密也许恰恰是文官的美德。

官员们不愿意让公众看到政府部门的任何类型的文件的倾向已经产生了一系列严重的后果,连有关公布法院的文件的法律也深受其影响,同时也阻碍了在公开调查之后公布调查官的报告这一有价值的改革。[2] 对公布法院的文件的影响涉及对法院文件的公布增加一些与公布行政部门的文件相类似的限制,这是以韦德爵士为代表的法律研究界非常憎恶的。至于法定的公开调查,在英国学者看来也属于一种法庭调查,因此公开也是天经地义的事。

虽然针对指定姓名的官员的行为展开的公开调查只是极个别的例外,例如1954年对某公共事件的调查以及1971年对车辆及通用保险公司破产案的调查等。但由于这些公开调查报告的公开不可避免地涉及违反基本的匿名原则的问题,这些调查只能进一步刺激行政方面更加沉默寡言。[3] 由此可以看出,英国学者对于指名公开调查的矛盾心理。一方面,这种破坏匿名制的调查的消极后果之一,就是使政府在信息公开方面更加沉默寡言。对匿名制的破坏将损害常任文官与政治的隔绝,因此英国学者持否定态度。另一方面,英国学者对于行政方面提出的因为这些调查的报告涉及被调查官员的姓名,违反了匿名制的基本原则,故不宜公

---

[1] Wade & Forsyth, p.59.
[2] Wade & Forsyth, p.59.
[3] Wade & Forsyth, p.59.

布这些报告的理由,则表示谨慎的支持态度,至少承认其有一定的道理。但是从信息公开的角度着眼,又觉得这样的情况仅仅是例外,不应当影响所有此类调查报告的公布。

富尔顿委员会对于政府部门的保密行为的批评,促使政府发布了一本白皮书来辩解:政府已经提供了大量的信息并且正在努力提供更多的信息。但是该白皮书对1911—1939年《公务秘密法》仍然非常满意,而该法正是公开的严重障碍。1911年出台的这一在英国保密史上具有纲领性地位的法令,其产生却非常偶然,它只是在阿加迪尔危机(Agadir crisis)期间,由众议院在未经辩论的情况下,在一天内通过的大杂烩式立法的草率结集。其第二章已经废止了,因为该章规定的罪状异常宽泛,毫无道理地将所有未经授权披露来自官方的信息的行为均规定为犯罪,却对公共利益是否要求这样严厉的保密措施一概不论。①

韦德爵士将这种不分青红皂白的法律斥为权力滥用的培养基,因为这种立法总会诱发权力的滥用。早先有关英王特权的法律最清楚不过地证明了这一点,根据这些法律,当时的政府可以拒绝在法庭上出示官方文件。现在,对于泄密犯罪的起诉需要征得总检察长的同意,而且也仅仅是因为有了这一执行方面的控制才使得该法是可以令人忍受的。② 因为在韦德爵士看来,尽管过于宽泛的罪状本身应当是难以令人接受的,但是,由于这类罪的追诉需要征得总检察长的同意,也就是来自政府内部制衡机制的控制,使之多少减少了一些行政专断的成分。同时,总检察长虽然在政府中工作但出身于律师界的特殊身份,使这种监督具有了某种外部性。这是韦德爵士觉得其可以忍受的理由,也是总检察长在英国行政法体制中对政府发挥制衡作用的一个例证。

对于《公务秘密法》这一压迫性的法律持续不断的抱怨,以及在适用该法定罪时的困难,促成了1972年的法定公开调查特别委员会的成立,该委员会严厉地谴责1911年《公务秘密法》的主要规定,同时建议大大减少这种不分青红皂白的立法。③ 虽然政府顺利地接受了该委员会的报告,但是,基于该报告草拟的与旧法相对应的立法议案,却在混乱和争论中于1972年在众议院搁浅。8年后,在经历了"抓间谍传奇事件"(总检

---

① Wade & Forsyth, p. 59.
② Wade & Forsyth, p. 59.
③ Wade & Forsyth, pp. 59-60.

察长以该书泄露安全部门的秘密为由,寻求通过禁止令禁止报纸摘登该书的内容,虽然该书已在其他国家出版)之后,政府再次提议进行改革,并发布了《改革1911年〈公务秘密法〉第二章》的白皮书,1989年新的《公务秘密法》实施,废除了1911年的旧法中臭名昭著的第二章,并取消了大量先前被规定为犯罪的行为。尽管如此,对于其他方面,该法仍然保持着限制[1]:

一是如果某人现在或者曾经在安全或者情报部门服务,那么他将任何由于其职位的关系而获得的信息泄露出去的行为,按照新法的规定仍将是犯罪。即使不在安全或者情报部门服务的文官或者政府的合同方,如果将涉及安全或者情报事项的信息泄露出去,也将构成犯罪,但是这种泄露还必须造成了损害。[2]

二是尽管新法废除了旧法"包罗甚广"的第二章,但也创立了受保护的信息的庞大清单,并规定凡泄露这些信息者一律视为犯罪:除已经讨论过的安全或者情报方面的信息以外,还包括国防、国际关系以及法律的强制执行。[3] 从下文讨论的《信息自由法》中不应公开的信息的范围看,法律执行方面的信息主要是法院审理案件时产生的不宜公开的合议笔录等内容,但肯定不包括判决本身。

根据新法,未经有法律效力的授权而泄露国防信息及有关国际关系信息的行为,必须是对这些信息实施"有害"泄露的才构成犯罪,但与法律强制执行有关的信息的泄露却不是这样。[4] 后者构成蔑视法庭罪。

尽管1989年《公务秘密法》较之1911年《公务秘密法》已有很大进步,但英国学界似乎并不领情,新法自公布以来,仍受到众多批评。其中的原因之一,是该法没有规定公共利益抗辩事由:如果某个公务员为了揭露某一严重的不法活动而实施了未经合法授权的泄露行为,该行为的恶性显然与那些为了外国势力的利益而泄露这些信息的行为是不一样的。[5] 英国学者认为,应当区别这两种行为,具体而言就是在为了公共利益而不可避免地泄露某些受法律保护的秘密时,应当可以作为免罪的抗辩事由。例如在揭露某一安全方面的违法行为时,在揭发材料中就有可

---

[1] Wade & Forsyth, p. 60.
[2] Wade & Forsyth, p. 60.
[3] Wade & Forsyth, p. 60.
[4] Wade & Forsyth, pp. 60-61.
[5] Wade & Forsyth, p. 61.

能包含需要经授权才能泄露的秘密,而这种授权有可能因涉及具体授权者的利益而无法取得,进而使揭露行为无从实施。在这种情况下,公共利益优先的原则要求对那些勇于揭露者予以保护。

除此之外,1989 年《公务秘密法》中较为过分的规定还包括,一个并非英王文官或者政府合同另一方的人,如果掌握了违反该法的规定而泄露出去的信息,并且对这些信息实施了进一步的"有害"泄露,只要该人有合理的理由应当相信或者知道这种泄露可能是有害的,则这种进一步的泄露行为也构成犯罪。据此,英国学者认为,1989 年《公务秘密法》的立法构想,就是为了使未经法定授权的泄密行为的定罪更容易,而非为了使政府所掌握的公众信息的流动更通畅。①

更为重要的是,民事法律中有关违反信赖关系及合同的责任方面的规定,也可以同时适用:未经合法授权泄露公务信息,无论这种泄露是否构成 1989 年《公务秘密法》规定的犯罪行为,通常都要承担禁止令所规定的禁止责任的拘束。② 也就是说,无论是否违反 1989 年《公务秘密法》,因为有公务员雇佣合同存在,公务员都有依照私法的规定为雇主保密的义务,否则,政府方面就可以按照私法救济途径向法院申请禁止令阻止这种泄露行为。只是私法的救济手段并不包括治罪,是否构成犯罪仍依 1989 年《公务秘密法》的规定。

尽管 1989 年《公务秘密法》有那么多的缺陷,如阻止信息向公众的顺畅流动、缺乏公共利益保留原则等,而且本来就有私法上的救济手段可以依凭,完全可以废除或者取消其保密清单中的绝大部分内容。但政府方面并没有废除该法或者引入公共利益保留抗辩事由的任何计划。③

三、信息公开的曲折

英国学者不得不承认,在历史上,英国公众没有获取公共信息的权利,这与其他的议会民主制国家不同,诸如澳大利亚、加拿大及新西兰等引入获取接触公共信息的权利的时间要比英国早得多。不仅如此,开放政府的运动因 1911 年《公务秘密法》而受到了重大的挫折,特别是该法第二章所规定的,如果公务员未经授权而把任何信息传递给公众的话,将构

---

① Wade & Forsyth, p. 61.
② Wade & Forsyth, p. 61.
③ Wade & Forsyth, p. 61.

成一项刑事犯罪。那时,英国公众没有获取公共信息的权利,英国公务员也没有披露信息的权利。好在该章在 1989 年该法修订时被废止。①

英国国内不少人认为,按照美国的《信息自由法》确立的模式获得信息,要远比英国直接向白厅的政府部门提出获得有关信息的申请要容易一些。② 这反映的是英国国内呼唤《信息自由法》的声音,英国在《信息自由法》出台之前的情况确实如此。更进一步看,英国的信息公开走的是开放政府的路子,而信息公开的始作俑者是美国。因此,英国学者往往将开放政府与信息公开并列,虽然所说的内容是一样的,但其中也反映出英国在这个问题上所走的弯路。当然,在他们看来,强调这一过程,既有展示自己所走的弯路的令人不爽的一面,但也有坚决不能放弃一个昭示其传统的机会的意思。这要比放弃自己的传统而一味地追随美国的标签有价值得多。

1979 年,当时的英国工党政府曾发布过一本名为《开放政府》的绿皮书,谨慎地允诺要出台一部促进公众查阅公务信息的政府良好行为规范。但选举的失败宣告这些建议付诸东流。尽管力主开放政府者就此受到了挫折,但 20 世纪 80 年代至 90 年代,仍有许多沿着这一思路的重要举措通过立法得以实施,除了《查阅个人档案法》《查阅医学报告法》《查阅健康记录法》《环境信息规范条例》《数据保护法》等特别的制定法以外,还包括 1991 年引入的《公民宪章》。该宪章规定,任何公民都有权期待公务信息公开,同时,该宪章还毫不含糊地声明:对于公共服务是如何运作的、开支多少、由谁主管以及是否符合应有标准等事宜,没有秘密可言。随后,1993 年政府又发布了名为《开放政府》的白皮书,接受了 1979 年倡议的政府良好行为规范中的理念。事实上,《政府信息公开良好行为规范》直至 1994 年才出台,并在 1997 年进行了修订,其中规定,允许当事人就无正当理由限制信息公开的行为,向议会行政监察专员申诉。③

虽然早在 1993 年,名曰《开放政府》的白皮书即提出"开放政府构筑有效民主",但其结论却是信息自由的制定法体制并非必要。随着 1997 年的政府更迭,这一信念的不断深入终于催生出 2000 年《信息自由法》(Freedom of Information Act)。该法的诞生同样以一份白皮书铺路,即

---

① Bradley & Ewing, p. 282.
② Bradley & Ewing, p. 282.
③ Bradley & Ewing, p. 282.

1997年《知情权：政府拟议中的信息自由法》，其建议的改革更为深远。显然，英国学者已经意识到，英国的政府治理理念开始了大变革的节奏。①

1997年，重新上台的工党政府终于有了发布信息自由方面的白皮书（这本有绿边的白皮书，使人自然地想起1979年的那本流产的绿皮书）的机会。该白皮书中的第一项计划，就是用可以被不同党派始终遵循的明确、一致的要求，来取代现行的政府公开方面的举措，包括政府良好行为规范中的有关内容。② 该白皮书提议赋予任何个人、公司或者其他组织一项权利，可以获得公共管理机构掌握的与其职能相关的任何年代的记录、信息。有关的行政主体应当披露这些信息，除非这将损害某一特殊的利益或者有损公共利益。但是这一最初的提议后被废弃，而有关开放政府的职责也由内阁办公室移交至内政部（内政部据说是英国政府中最不堪重负也最容易出事的部门）。对于政府职能的这种调整是否会影响信息公开的深入，令英国学者颇为担心：内政部过于沉重的业务负担可能使其因忙不过来，而再次搁置开放政府一事。果不其然，职能调整之后不久，一项淡化处理的措施即告施行，而这正是2000年《信息自由法》的基础。尽管该法确实赋予公民查阅公务信息的权利，但是仍有人批评该法在一些关键性的领域限制太多，这些批评曾经两次被反映到众议院的公共行政委员会。③

四、1987年《查阅个人档案法》

作为英国学者所谓"力主开放政府者受到挫折"④时期的立法，1987年《查阅个人档案法》不仅弥补了这个时期的立法空白，更重要的是起到了承前启后的重要作用。尤其是根据该法，英国在范围广泛的领域制定了相应的信息公开条例，这些条例数十年实践、摸索的结果，为丰富英国的信息公开实践，探索信息公开的实践经验和立法经验，都起到了不可估量的作用，对于推动英国信息公开法的制定，更是厥功至伟。以下就介绍1987年《查阅个人档案法》的三个应用实例。

---

① Wade & Forsyth 2014, p. 46.
② Bradley & Ewing, pp. 282-283.
③ Bradley & Ewing, p. 283.
④ Bradley & Ewing, p. 282.

（一）1989年《安居信息条例》

参见本卷第二编第七章第三节安居行政法中的相关内容。

（二）1989年《查阅个人社会服务档案条例》

1989年《查阅个人社会服务档案条例》也是根据1987年《查阅个人档案法》制定的，其对查阅有关社会服务档案的规定，与查阅安居档案的规定非常相似，只是在涉及个人健康信息方面有些许限制。

如果公共管理机构有提供申请人要求查阅的文件的义务但却未依申请提供这些文件，申请人可以单独提起司法审查申请强制落实该义务。① 事实上，从制度设计的角度看，这个貌似司法审查过程中的一个细枝末节的问题，对于政府信息公开本身，却是其制度价值能否实现的关键。如果在这个环节，当事人应该取得的材料无法取得，证明信息公开只限于不痛不痒的领域，其制度价值就将大打折扣。反之，如果在这个细节上能够求得突破，就足以使人有勇气相信，在这个法律制度中，没有法律规定的要求不可以通过法律程序强制落实。

（三）健康服务记录的获取

健康服务记录可以根据1990年《查阅健康记录法》查阅，条件类似于查阅社会服务和安居记录的情况。英国健康部还专门发布了一个可以通过其介绍的渠道获取健康服务记录的指南。②

健康记录可以从医生、牙医、眼科医生、药剂师、护士、临床心理医生以及儿童心理医生那里获得。有关儿童的健康信息只能由对该儿童负有责任者获得。但是，任何在1991年11月1日之前形成的信息都不在有权获取之列，除非这些信息对于理解此后形成的信息是必要的。③ 从信息连贯性的要求看，确实存在如果没有前期基础数据则后期对比数据没有实际意义的情况。因此，法律作这样的规定是符合统计规律的要求的。

如果某人失去了料理自己事务的能力，则只有法院指定的代其料理事务的人有权查阅该人的健康服务记录。④ 与此相关的一个判例是，在1990年的 R. v. Secretary of State for Health, ex p. Alcohol Recovery Project 一案中，申请人反酗酒项目组是一个慈善机构，主要向遭受饮酒

---

① Bridges & Cragg, p.98.
② Bridges & Cragg, p.96.
③ Bridges & Cragg, p.96.
④ Bridges & Cragg, p.96.

所致的问题的人提供帮助和关怀。法院认定,对于健康国务大臣作出的不提供资金以保护该组织的资助对象及其他人的决定,该组织具有足够的利益。① 从而赋予该组织挑战此类决定的起诉权。

五、1998年《数据保护法》

随着信息的公开,一个应当预见到的风险是对个人信息的泄露给个人造成的损害。当然,即使在一个信息不公开的社会,个人信息未见得就能受到保护,甚至根本就不认为是个人的信息。如婚姻状况就曾经被单位控制,而具有与公众信息一样的地位。

(一) 个人数据的范围及保护的必要性

在现代社会,关于自然人个体的信息为许多私立或者公共机构所掌握,因此非常需要对这些信息的处理、使用和披露加以规制。这一目标是由1998年《数据保护法》实现的。② 不知读者是否注意到这个年份——与《人权法》同年,当年英国行政法的确有许多值得引起足够重视的进展。

与其前身1984年《数据保护法》不同,1998年《数据保护法》对"数据"的界定更为宽泛。③ 自动处理的信息(如存储在一台计算机中的信息)以及以某种可以随时供调用的其他形式存储的,与某个特定个人有关的特别信息(例如一张信用卡清单或者在个人名下的计算机文档),都在该法的保护范围之内。④

(二) 个人作为数据主体的权利

只要符合一定的资格条件和解除禁止的范围,个人有权调用有关自己的个人数据,而且一旦能够向法院证明这些个人信息的存储不够安全,法院可以颁布命令责令数据处理者纠正或者擦除违法的资料。任何人如果因数据处理者违反《数据保护法》的行为而受到损害,都可以从该数据处理者处获得相应赔偿。⑤ 显然,这些救济手段都是民事救济手段,而非行政法上一般讨论的行政救济手段。但由此可见,普通民事救济手段在英国法制体系中的基础性地位。

---

① Bridges & Cragg, p. 106.
② Wade & Forsyth, p. 61.
③ Wade & Forsyth, p. 61.
④ Wade & Forsyth, pp. 61-62.
⑤ Wade & Forsyth, p. 62.

（三）数据处理者的权利与义务

数据处理者在不侵犯数据主体的权利、自由和合法利益的情况下，为谋求自己的合法利益而实施的数据处理行为也是合法的。同时，为了保护个人数据，《数据保护法》为数据处理者确立了必须遵守的"数据保护原则"。这些明确而复杂的原则非常宽泛地规定，未经作为数据主体的本人的同意不得对个人数据进行处理，数据处理应当与数据处理者的法律义务相一致，数据处理必须保护数据主体的利益，也可以在司法或者其他中央政府职能需要的情况下调取这些数据。更为严厉的限制适用于涉及"敏感的个人数据"的处理。对"敏感的个人数据"的处理受某些资格条件的限制，数据处理者只有在数据保护专员（2000年《信息自由法》之后改为信息专员）那里登记后，才能处理个人数据。① 即所有的数据处理者都必须登记，才能取得合法的处理敏感个人信息的资格。

（四）公共利益保留

为了保护国家安全、预防犯罪、便于估算和征收赋税以及与这些目的相关的其他目的，《数据保护法》中还有许多特别的例外规定，允许出于新闻、写作及艺术的目的以及为了研究进行的数据处理。②

（五）数据保护管理体制

《数据保护法》确立了必要的行政管理机制，以保障数据处理者能够遵守"数据保护原则"。最主要的是，数据保护专员负责督导"数据保护原则"的落实，如果出现了违反这些原则的情形，可以发布强制执行通告，要求数据处理者实施救济行为。③ 违反强制执行通告者构成刑事犯罪。④

但是，当事人有权就数据保护专员的强制执行通告向信息裁判所上诉，并且可以就法律问题进一步向高等法院上诉。⑤

六、2000年《信息自由法》

2000年《信息自由法》的核心是其第1条第1款的规定：任何向公共管理机构提出信息公开申请的人，都因此而获得两项权利：一是获得该机构出具的书面告知函，明确告知其是否掌握申请中所描述的信息；二是获

---

① Wade & Forsyth, p. 62.
② Wade & Forsyth, p. 62.
③ Wade & Forsyth, p. 62.
④ Wade & Forsyth, pp. 62-63.
⑤ Wade & Forsyth, p. 63.

取该机构切实掌握的信息。① 从上述规定看,英国信息公开制度的特点有二:一是不设门槛;二是接受申请的公共管理机构必须书面回复,无论其是否拥有相关信息。

(一)掌握可公开信息的行政主体的范围

适用2000年《信息自由法》的公共行政主体的名单列在附表中,所涉及的此类组织超过400个②,包括中央政府部门(但不包括安全部门、秘密情报部门及政府通信指挥部)、武装部队(但不包括特种部队)、全民健康服务体系、地方政府机关、公立学校、需要进一步明确的专科学校、从国家接受财政资助的大学(包括它们的学院)以及警察(包括地方警察机关)。③ 此外,这个庞大的清单的主要部分是那些除上述行政机关以外的其他公共组织和机关,从按字母排序列第一位的国内及关税裁判官,到动物园论坛(Zoos Forum)。④

《信息自由法》还授权大法官发布命令,将履行公共职能的私营组织,如运营监狱的公司或者全英电影分级委员会等纳入这一范围。⑤ 这一灵活的机制有助于随着时代的发展逐步拓展信息公开的范围,特别是对于那些根据当代行政的需要而随时设立的新的行政机构的信息公开事宜。

《信息自由法》的另外一个引人瞩目之处在于,该法赋予大法官以政府信息公开事务的职责。⑥ 这是一个相当重要的职能调整,因为此前大法官作为法务大臣,一般是不管法律以外的事务的。

仅从列清单这一点看,《信息自由法》与同样也适用于公共管理机构的1998年《人权法》迥然有别。《人权法》没有给公共管理机构一个明确的定义,其唯一明确指出的是法院是一个公共管理机构,于是《人权法》的具体适用范围就只能由法院决定了。⑦ 即法院通过判例逐一明确对其公共管理机构身份有异议的公共管理机构是否可以适用《人权法》。正因为如此,《信息自由法》的适用范围的不确定性,显然要比《人权法》小得多。⑧

---

① Wade & Forsyth 2014, p. 47.
② Bradley & Ewing, p. 283.
③ Wade & Forsyth, p. 64.
④ Bradley & Ewing, p. 283.
⑤ Bradley & Ewing, p. 283.
⑥ Bradley & Ewing, p. 283.
⑦ Bradley & Ewing, p. 283.
⑧ Bradley & Ewing, p. 283.

(二) 接受公众查询申请的行政主体的义务

韦德爵士认为,2000年《信息自由法》第1条第1款是其最关键的内容。① 该款规定:"任何人如果向一个公共管理机构提出了获取信息的请求,那么他就获得了以下权利:① 由该公共管理机构以书面形式通知申请人其所请求获取的信息是否由该公共管理机构掌握;② 如果由该公共管理机构掌握,则应当将该信息传达给申请人。"②

对于这一规定有两点需要说明:一是该条款在立法技术上取权利本位,即只规定申请人的权利,而不是规定行政主体的义务,因为只要有了权利,按照英国没有救济就没有权利的一般原则,申请人肯定可以通过规定在该法中或者其他制定法中的救济途径,或者普通法的救济途径,获得救济。因此,虽然英国学者往往从掌握信息的行政主体的义务的角度入手分析,但英国立法者则是从申请获得信息者的权利的角度加以规定的,而且同样可以达到明确行政主体义务的目的。二是对于行政主体的义务的相应规定具体而明确,易于操作。尤其是有关传达给当事人的规定,并没有明确是书面的还是通信的,也没有明确是否必须以法定形式送达,而是在充分考虑有效告知的基础上,给行政主体及申请人都提供了通过协商解决如何送达问题的广泛的回旋空间,这样既便于行政主体送出,又便于申请人接收。既可以提高效率,又可以以最经济的方式传达。当然,如果出现了纷争,如申请人没有收到,则公共行政主体第一考虑的是可否再次传达,至于是否需要证明自己此前的传达方式的合法性,都不是重要的问题。因为这样的问题在英国也许并不存在。

根据2000年《信息自由法》第8条的规定,获取信息的请求应当以书面形式向有关公共管理机构提出。③ 公共管理机构必须迅速地对提供信息的申请作出答复,但无论在何种情况下都必须确保不超过20个工作日。④ 这是2000年《信息自由法》第10条的规定。⑤

如果具有合理的操作性,申请人有权查阅文件的原件,而不是其复印件(副本)或者摘要。⑥ 当然,2000年《信息自由法》赋予申请人的只是获

---

① Wade & Forsyth, p. 64.
② Bradley & Ewing, p. 283.
③ Bradley & Ewing, p. 283.
④ Wade & Forsyth, p. 64.
⑤ Bradley & Ewing, p. 283.
⑥ Wade & Forsyth, p. 65.

得信息的权利,而不是获得文件的权利的这一态度,与1994年引入的信息自由方面的政府良好行为规范是一致的。① 有限度或者说尽可能提供原件,但不是必须提供原件的做法,显然并不构成对信息自由的限制,而且也符合信息的一般特征。从法律上看,文件的原件与副本或许有差异,但就信息而言,关键是内容而非形式。

根据2000年《信息自由法》第12条、第14条的规定,如果满足申请的成本太高或者申请令人伤脑筋,接受申请的公共管理机构可以拒绝该申请。② 这个判断什么是"令人伤脑筋"的申请的自由裁量权确实太大了:对于一个慵懒的公务员来说,任何此类的申请都可能成为"令其伤脑筋"的事。那是不是仅此一点,就足以使《信息自由法》武功全废呢?显然不会,唯有此时,才能看出英国的司法独立的重要性,也唯有存在这种独立的司法体系的法治大背景,立法才敢于授予行政主体如此宽泛的自由裁量权。因为行政主体任何以此为理由拒绝申请人请求的决定,都会诱发进一步的司法审查,而这也许令行政主体更伤脑筋,特别是在司法界有自己独立的意志和判断,并不依附于行政主体的情况下,往往会出现不利于行政主体的判决,从而促使行政主体"两害相权取其轻",不到万不得已,不会轻易动用这个"令其伤脑筋"的自由裁量权。

此外,2000年《信息自由法》还要求属于该法适用范围内的公共管理机构,应当为那些根据该法第16条准备提出申请或者已经提出申请的人提供建议或者帮助。③

根据该法第17条的规定,如果有关行政主体拒绝了某项获取信息的请求,则必须告知申请人拒绝的理由。④

根据该法第19条的规定,该法所适用的所有公共管理机构都必须公布一份"信息公开规划",就公布其所拥有的信息作出具体的规定。根据该法第20条的规定,该规划的标准范本将由该法所设立的信息专员公布。⑤ 信息公开规划应当具体确定公共行政主体公开或者拟公开的信息的分类,以及每一级别的信息得以公开的具体形式,并注明是否收

---

① Bradley & Ewing, p. 283.
② Bradley & Ewing, p. 283.
③ Bradley & Ewing, pp. 283-284.
④ Bradley & Ewing, p. 284.
⑤ Bradley & Ewing, p. 284.

费等。①

英国学者认为,这项要求所有的公共管理机构确立一项公开信息的规划的做法,亦即明确哪些信息、将在何时、以何种方式公开的做法,也许是推动2000年《信息自由法》所倡议的公开性的最有力的措施。如果公共管理机构拟就的信息公开规划软弱无力或者自私自利,是很难说得过去的。因为所有这些规划都必须经过信息专员的批准。只有那些强有力并且切实可行的规划才能获得批准。②

(三)信息公开的例外

公共管理机构提供信息的一般义务也存在范围广泛的排除规则,如前面提到的公共管理机构可以提供的成本异常之高,或者是一项令人头痛的重复申请。其他例外则包括公众可以由其他途径获得,或者即将公布。③

2000年《信息自由法》适用的公共管理机构的数量庞大,其所规定的例外条款中的信息类别也不少。该法共有24条涉及例外的条款(第21—44条),其中有许多是英国学者认为完全可以预见的。④

根据2000年《信息自由法》第2条的规定,这些例外大致分为完全排除在必须公开的信息之外的信息与不完全排除在必须公开的信息之外的信息。后者仅限于那些在各种情况下,免除有关公共管理机构对信息公开的申请应置可否的义务所带来的公共利益,重于披露该公共管理机构是否拥有该信息的公共利益的情形。⑤ 这一界定标准的具体含义是,为了避免申请人出于某种目的想打探特定的信息究竟由哪个机关掌握,为此,仅仅告知不能向其提供已经不行了,因为这已经表示该机关掌握这些信息。最好的办法是根本不告诉申请人该机关是否有这方面的信息,或者说对其申请不置可否,即免除该机关必须置可否的义务。如此一来,这类信息的机密程度可能比完全排除类还要高。因为完全排除类信息至少是要明确地告诉申请人:我有但不能告诉你。对于是否拥有该信息须明确表态是该法第1条规定的有关公共管理机构的一项基本义务,并且该义务是其进一步提供申请公开的信息的义务的前提。

---

① Wade & Forsyth, pp. 64-65.
② Bradley & Ewing, p. 284.
③ Wade & Forsyth, p. 65.
④ Bradley & Ewing, p. 284.
⑤ Bradley & Ewing, p. 284.

完全排除在必须公开的信息之外的信息包括①：

（1）公众能够通过其他方式合理取得的信息（第21条）。乍看这一规定或许觉得很没有必要，但仔细想来却是一项非常基础也许更重要的立法技术，即不能将最基本的东西想当然地排除在法律规定之外。按照这一思路，2000年《信息自由法》并不是给一个黑屋子打开一扇窗，相反，该法是给一个采光良好的房子另开一道门，通过这道门，原来只能浮光掠影地看到的东西，现在可以拿在手上端详了。原来已经通过窗户看得非常清楚的东西，反而没有必要通过这条途径进一步明确了。

（2）涉及安全事务的单位的有关信息（第23条）。此处强调的是与涉及安全事务的单位有关的信息，而非信息本身是秘密的，其范围要更广泛一些。

（3）与法庭记录有关的信息（第32条）。这与内阁会议记录保密的原则是一样的，法院的判决是公开的，但形成这个判决的过程则要保密，其中的道理，不仅仅与司法的尊严有关，也不仅仅是为了维持司法表面的尊严或者权威，更重要的是保护审判人员、被审判人员甚至证人的信赖利益，就像律师应当保护其当事人的信赖利益一样。

（4）包含申请人个人资料的信息（第40条）。这些信息因涉及个人隐私而不属于应当公开的信息。从英国有单行的《查阅个人档案法》这一事实看，对于申请人本人，并不禁止其获得这些信息。

（5）秘密取得的信息（第41条）。

（6）制定法禁止公开的信息。这又是一个立法技术上的考虑，即新的立法可以不断地增加排除条款的适用对象的范围。

除上述分类所确定的例外情形之外，还存在以下一些虽然不属于第一类信息（即完全排除在必须公开的信息之外的信息），但不应当公开的信息②：① 有关公共管理机构按照其信息公开规划拟在未来公开的信息（第22条）；② 保障国家安全所必需的信息（第24条）；③ 涉及国防的信息（第26条）；④ 公开将损害国际关系的信息（第27条）；⑤ 公开将损害英国中央政府与权力下放地区的行政机关的关系或者损害权力下放地区的行政机关之间的关系的信息（第28条）；⑥ 其他信息。

---

① Bradley & Ewing, p.284.
② Bradley & Ewing, p.284.

其他值得一提的不能公开的信息包括①：① 公开将会损害英国、英国的任何部分或者英国的任何行政机关的经济利益的信息（第29条）；② 由制定法设立的范围广泛的机构所实施的刑事案件调查的信息（第30条）；③ 与法律的实施活动有关的信息（第31条）；④ 有关政府的决策过程的信息（第35条）；⑤ 由一个政府部门掌握但披露出去将会损害处理公共事务的效率的信息（第36条）。

对于上述法定的例外情形，另有学者将其分为无保留的例外和有保留的例外两类，保留所涉及的具体内容一般是，那些一旦披露将会"损害"相关的利益的信息。政府信息公开白皮书在这一领域及其他领域引入了一项不太严格的"实际损害"标准。② 也就是说，如果被请求的信息的披露可能损害相关的利益，如国际关系、国防、政府部门间关系等，则可以有保留地披露，也就是赋予有关行政主体一定的自由裁量权。

无保留的例外包括国家安全部门的信息、关于政府政策的发展与形成的信息、部长之间的通信、内阁的会议记录、法律官的建议以及部长私人办公室的运作等方面的信息。③

有保留的例外则是涉及国防、国际关系、英国国内的政府部门间的关系、经济事务、法律强制执行以及其他由政府部门及其他公共管理机构掌握的信息等的例外。④

还有进一步的例外，涉及与英王的通信、危害健康和安全、个人信息、基于信赖提供的信息、法律职业特免、披露信息可能会损害商业利益的情形、基于其他约定或者社会团体的要求而禁止披露的情形等。⑤

最后，《信息自由法》还授权部长通过部长令增加例外的范围。如果公众申请获得的信息属于例外之列，那么接到申请的行政机构没有义务确定或者否定其是否持有这些信息。⑥ 显然，此项授权及于所有的部长。按照前述有关法律的规定，接到申请的行政机构必须首先就此作出书面说明。例外的规定在赋予公共管理机构相应的拒绝提供信息的豁免的同时，也赋予了其在此情况下不置可否的裁量权。显然，韦德爵士此处对于

---

① Bradley & Ewing, p. 284.
② Wade & Forsyth, p. 65.
③ Wade & Forsyth, p. 65.
④ Wade & Forsyth, p. 65.
⑤ Wade & Forsyth, p. 66.
⑥ Wade & Forsyth, p. 66.

此项裁量权的理解,宽于前述英国学者的认识,前述英国学者将这一裁量权局限于不完全排除在必须公开的信息之外的信息。

(四)信息公开的执行体制

《信息自由法》设立了督导信息披露义务履行的必要机制。国务大臣发布了一个《政府信息公开良好行为规范》来指导公共管理机构如何采取良好的行动以保障《信息自由法》第一部分所确立的获取信息的权利的落实,而大法官则发布了一个关于保存、管理和销毁记录的良好行为规范。信息专员具有旨在促进信息公开化的良好行为的一般职能并负责向议会报告。[①]

根据2000年《信息自由法》第18条的规定,该法的实施由新的信息专员以及新的信息裁判所负责。之所以谓新,是因为信息专员先前是根据1998年《数据保护法》设立的数据保护专员(Data Protection Commissioner),2000年《信息自由法》扩充了其职能并重新命名为信息专员,因此,该专员兼有施行两部法的职责。2000年《信息自由法》第51条授权该专员签发强制执行通告;同法第54条规定,拒不遵循该通告者将被移送高等法院或分庭法院按蔑视法庭罪论处。[②] 在此,信息专员的身份是与法官完全一致的,英国的此类由制定法设立的负责该法律执行的行政专员,都具有这样的法律地位。

根据2000年《信息自由法》第50条的规定,如果某一行政主体未能遵循该法第一部分的要求,申请人就可以向信息专员申诉,如果申诉得到支持,信息专员将作出一项决定,知会该公共管理机构所应当采取的具体措施,以确保符合该法的要求。[③] 值得注意的是,《信息自由法》第50条提到的知会,与该法第51条规定的强制执行通告属于严厉程度不同的法律措施。知会相当于警告,不履行的后果是进一步的强制执行通告。这种强制执行通告是就该法适用范围内的公共管理机构不提供或者未按该法的规定提供信息的行为而发布的,拒不履行的后果则构成蔑视法庭罪。可见,这是两个强制力递进的控制手段,可谓先礼后兵。

根据2000年《信息自由法》第57条的规定,对于信息专员的决定可以上诉至信息裁判所,并可根据同法第59条进一步就法律问题上诉至高

---

① Wade & Forsyth,p.66.
② Bradley & Ewing,p.285.
③ Bradley & Ewing,p.285.

等法院或分庭法院。①

根据2000年《信息自由法》第60条的规定,信息裁判所有权撤销部长以保护国家安全为由发出的不予披露特定信息的许可。② 也就是说,该法明确地赋予信息专员和信息裁判所凌驾于部长及其他任何公共管理机构之上的决定某一公共信息是否应当披露的权力。这个权力可是不小,至少高于部长。那么这个权力是绝对的吗?显然不是,因为这个权力是可以在高等法院受到挑战的,高等法院显然拥有更高的权力,除非认为高等法院的权力或者说司法最终的权力是绝对的权力。

此外,2000年《信息自由法》第44—49条还要求信息专员推动信息公开领域的良好行为,并就此向公共管理机构提出建议。该法同时要求内政大臣发布一个信息公开方面的良好行为规范,以便为公共管理机构提供良好行为所应遵循的范本。③

根据2000年《信息自由法》第77条的规定,毁坏或者篡改信息构成犯罪,但是这种罪名仅在提出要求公开信息的申请后才能成立。④ 可见,在英国,行政法与刑法是互通的,几乎没有所谓行政处罚。

(五)对《信息自由法》的批评

英国学者中也确有人主张严格地区分开放政府与信息自由,将2000年《信息自由法》作为开放政府而非信息公开的一个实例。但无论二者之间是否存在实质性的区分,该法确实未能满足所有的要求,尽管有人公道地指出"也许任何负责的政府所能引入的立法都难以完全满足更为热情的信息自由的鼓吹者"⑤。英国学者提到该法存在的问题主要包括:

首先,该法并未如政府在1997年的带绿边的白皮书中所许诺的那样,确立有利于信息披露的法定原则(信息披露的基本原则应当是,有关的行政主体应当披露这些信息,除非这将损害某一特殊的利益或者有损公共利益)。⑥ 政府的态度是,信息公开的权利应当与其他与之竞争的权利,如隐私权、保密权等相互平衡。但政府在另一个场合又说,除非为特定的信息保守秘密更符合公共利益,否则就应当公开信息。这方面的指

---

① Bradley & Ewing, p. 285.
② Bradley & Ewing, p. 285.
③ Bradley & Ewing, p. 285.
④ Bradley & Ewing, p. 285.
⑤ Bradley & Ewing, p. 285.
⑥ Bradley & Ewing, p. 283.

责因该法第 2 条第 1 款 b 项的规定而有所缓和。该项规定之所以有这样的效力,是因为其内容是,对于掌握信息的公共管理机构、信息专员及拥有最终裁决权的法院而言,问题的出发点在于权衡查阅公共信息的权利与信息不公开的公共利益之间的关系,公共管理机构应当把握的不公开信息的正当标准是,在特定案件条件下,不公开所带来的公共利益重于公开所带来的公共利益。①

其次,对该法的第二个批评意见涉及该法的例外的数量,特别是有关分类排除的数量,即只要信息属于某一类材料,就可以免除其公开的义务而无论其内容如何。② 但这个问题同样与该法第 2 条第 1 款 b 项有关,因为在绝大多数情况下,这些基于信息分类作出的排除决定都要受该项所确立的标准的约束,即必须针对案情具体分析,并在条件许可时才能作出公开与否的决定。③ 也就是说,尽管有分类排除的制定法的规定,但是对于某一信息是否属于分类中的信息,还需要根据该项确立的标准,在利益比较的基础上作出裁决。正是这种具体问题具体分析的实际要求,削弱了该法有关分类排除规定的影响力,使实际被排除在公开信息之外的信息数量比字面上看要少。也正因为如此,英国学者才说该项规定减少了批评的力量。

最后,对于该法的其他批评涉及某些排除规则的实体内容,特别是把秘密信息纳入绝对排除范围的有关规定。更为普遍的批评针对的是该法将损害特定利益作为排除理由的那些规定。有人认为,应当为此设立更严格的标准,如实质性损害或者必要性等标准也许更为适当。还有人认为,由地方政府机关实施的诉讼程序中的调查信息的排除范围太广,而有关政府的决策过程的信息(第 35 条)以及由一个政府部门掌握但披露出去将会损害处理公共事务的效率的信息(第 36 条)等的排除范围,也是如此。④

七、公共管理机构职能信息的公开

英国法要求地方政府机关公开有关其职能履行的信息,以符合国务

---

① Bradley & Ewing, p. 285.
② Bradley & Ewing, p. 285.
③ Bradley & Ewing, pp. 285-286.
④ Bradley & Ewing, p. 286.

大臣发布的任何推荐良好行为规范。有关公开地方政府机关的职员信息的《良好行为规范》由载于《英格兰法律文件公报》的新版本予以修订。但该《良好行为规范》只适用于英格兰的地方政府机关。相应的,适用于威尔士的地方政府机关的规定是《威尔士公文公报》刊载的版本及其修订版。①

《良好行为规范》的要求可以被视为将职员层面的信息向地方议事会成员、地方政府机关的行政官员、地方纳税人及选民公开的最低限度。地方政府机关在公开这些信息时一般应该包括解释性的说明,以便于新闻界及公众理解。为了满足信息公开的《良好行为规范》的要求、提供《良好行为规范》中要求包括的表格,地方政府机关在提供这些信息时一并公开提供附加信息是完全适当的。② 以下简单举几个例子。

1. 儿童服务信息的提供

1989年《儿童法》规定,地方政府机关必须公布由其提供的服务的信息,并采取适当的措施确保那些可能从这些信息中获益者能够获得这些信息。③ 这实际上是为地方政府机关设定了明确的告知并确保送达的义务,而这一义务的有效落实显然是与公布该信息的宗旨密切联系的。可以想象,如果没有这种意义上的有效送达,那些最需要这些信息的人恰恰最难以获得这些信息,因为他们可能恰恰缺乏获得必要信息的手段,如电视、收音机和报纸等。也就是说,对于行政主体而言,最便宜、经济的信息发布渠道恰恰是那些因贫困而需要救助的人最难以获得的,信息获得方面的障碍在某种程度上恰恰是其之所以需要救济的原因,但如果仅仅承认这一原因而不去克服其客观形成的障碍,则救济服务依然难以保证能够切实惠及这些真正需要最基本救助的人。从这个简单的例子可以看出,英国的立法者或者法律实践在这些细节上周密考虑,而这些细节恰恰有可能是完善的法治与粗疏的法制之间最根本的区别。

2. 儿童教育评估信息的公开

根据1994年《特殊教育需求信息条例》的规定,关于学校对特殊教育需求的供应及相应评估的更为基本的信息,接受或者预期需要接受特殊教育的孩子的家长可以从学校管理机构那里免费获得。

---

① Andrew Arden, p. 375.
② Andrew Arden, p. 375.
③ Andrew Arden, p. 98.

3. 雇佣信息的公开

参见本书第二卷第二编第七章第一节中公务员雇主的责任。

八、公务员披露个人金钱利益

1989年《地方政府法》允许国务大臣就每个地方议事会成员可以获得的津贴总数或者每种津贴设置限额,同时授权国务大臣就地方政府机关公开该机关支付津贴情况明确作出要求。①公开性要求是英国立法设置的通行的基本监督手段。

对于公务员个人而言,披露金钱利益的要求必须小心翼翼地遵循。非金钱利益,包括家庭、朋友关系,共同成员关系,或者与俱乐部、社团和其他诸如共济会、工会和志愿者组织等有关的因素而形成的关系,也应当给予与金钱关系同等的重视。② 此处的要求是命令性的必须(must),而不是建议性的应该(should)。原因在于,披露金钱利益是法律的要求,属于有充分根据的较低水平的行为标准,是必须遵循的;而避免瓜田李下则是良好行为规范的建议,属于没有现实法律根据的较高水平的职业道德标准。

九、从中央政府获取信息

参见本书第四卷第四章第三节司法审查的证据规则中从中央政府及非政府部门机构查阅信息部分。

十、从地方政府获取信息

参见本书第四卷第四章第三节司法审查的证据规则中从地方政府机关查阅信息部分。

十一、获取计算机信息

参见本书第四卷第四章第三节司法审查的证据规则中查阅计算机信息部分。

十二、通信侦听

通信侦听属于另一种意义上的对个人信息保护的范畴。1985年《通

---

① Andrew Arden, p. 334.
② Andrew Arden, p. 328.

信侦听法》(Interception of Communications Act)规定了对于通信的保护,而无论这些通信是通过邮件还是借助公共长途通信系统进行的。该法的产生经过了多年的争论,其最终出台显然是受到既有司法判例的推动,这些判例确立了电话窃听虽不构成普通法上的侵权,但构成对《欧洲人权公约》的违反(除非这些窃听受到法律所规定的明确而严格的规则的限制)。过去,未取得内政大臣的许可而对通信进行侦听并泄露其中的内容,并不足以构成犯罪。1985年《通信侦听法》将内政大臣的权限限制在那些他认为是出于国家安全利益、阻止或者侦破严重的刑事犯罪、保障国家的经济稳定免受英国境外的人实施或者企图实施的行为的侵害等方面的考虑而有必要侦听的情形,而且还有为数众多的具体的对权力的滥用限制和保障的条款。此外,还专门为调查处理各种不满设立了一个通信侦听裁判所。① 可见,在英国,每颁布一项规范政府管理行为的法律规范,就会相应地设立一个专门处理对政府据此实施的管理行为的申诉的裁判所。

一旦通信侦听裁判所发现有违反《通信侦听法》规定的情形,就要向首相报告,进而可以取消内政大臣颁发的许可证或者发布拆除侦听设施的命令,并且指导内政大臣给予不满者特别的补偿。因为通信侦听裁判所可以适用那些在司法审查中可以运用于原告方的原则②,其中自然包括给予适当救济的原则。至于通信侦听裁判所之所以拥有可以指导内政大臣甚至取消内政大臣颁发的许可证的权力,倒是一个我们更为关心的问题。从法律上讲,因为这是特别法赋予的权力,如此看来,裁判所的权威是得到确认的。反过来说,如果没有这样的权威,裁判所也无权处理主要涉及部长的案件。既然英国的法院可以受理对部长的诉讼,那依法设立的裁判所也没有不受理的理由。从法治原则有关部长权力的内容中可以得出这样的结论:部长权力绝大多数都是由特别法授予的,既然制定法可以授予这些权力,同样也可以附带地规定对于这些授出的权力的限制性条件,裁判所制衡部长权力的规定,就可以视为对部长权力予以限制的一种立法手段。

除此之外,还有一位行政专员专门负责审查《通信侦听法》的实施情况并协助裁判所工作。但是,除某些涉及通信秘密的刑事犯罪案件,对于

---

① Wade & Forsyth, p. 63.
② Wade & Forsyth, p. 63.

绝大多数情况而言,通信侦听裁判所是唯一提供此类救济的部门。[1] 由于通信秘密在英国受到特别的保护,有关通信秘密的行为只能以侵犯通信秘密的罪名进行追究,并在相应的刑事法庭作为刑事案件审查,有关的证人才被允许就有关通信秘密的事项作证。而在其他案件或者通信侦听裁判所以外的其他法庭或者裁判所都不能就此问题作证,因此,也就谈不上就有关通信秘密问题进行审查。相应的,也就无法作为一个案件进行审查。

尽管如此,1985 年《通信侦听法》并不保护通过私立的或者内部的通信系统进行的通信,因为这违反了《欧洲人权公约》的规定。在欧洲人权法院 Halford v. United Kingdom 一案中,警察机关通过警察内部电话系统实施的侦听被裁定为违反《欧洲人权公约》第 8 条的规定,由于 1985 年《通信侦听法》不能适用于该类系统进一步构成了对《欧洲人权公约》第 13 条有关获得有效救济的权利的侵犯。[2] 尽管该案涉及的内容相当于公安机关通过对公安系统内部电话系统的侦听而对使用该内部电话系统的人进行侦查,其性质完全属于内部侦查。但由于 1998 年《人权法》已经赋予《欧洲人权公约》及其相关司法机构的判决在英国法域内的强制效力,因此,欧洲人权法院的这一判决实际上表明,1985 年《通信侦听法》必须进行修改,以保障类似该案涉及的权利可以得到有效的保障,从而避免英国政府再次面对诸如此案的违反《欧洲人权公约》的判决。

在 1998 年《人权法》之前,对于警察干预私生活的行为,当事人可以非法侵入为由提起诉讼。而《人权法》则要求警察在进入之前必须具有实施这一行为的合法权力。但早在 1997 年的 R. v. Khan 一案中,贵族院即认定,警察为了能够记录被告及另外一个人的谈话而安装窃听装置的行为,构成非法侵入。[3] 需要说明的是,此处所提到的原则是在一个刑事诉讼案件中作为被告对某证据的可采性提出的抗辩而产生的,被告抗辩的理由是,警察安装窃听装置的行为构成非法侵入,因此,警察由此得到的被告及另外一个人的谈话记录是一个非法取得的证据,在针对被告所提起的诉讼中应当排除。贵族院的判例支持了这一辩解,从而得出了对于此类非法侵入行为,不仅仅是事后赔偿的问题,而且涉及因其本身的违

---

[1] Wade & Forsyth, pp. 63-64.
[2] Wade & Forsyth, p. 64.
[3] Phillips & Jackson, p. 561.

法性前提，而使得基于这一非法行为的成果（如所获得的证据）成为"毒树上的果子"。

　　本着权利和救济不能分离、救济的属性决定权利的属性[①]的原则，以及个人的受影响的权利越是基本、保护的程度就越要增强[②]的权利保护思想，英国给予基本权利以最基本的保护。而且不仅对本国公民如此，对外国人也不例外。

　　例如，在 1996 年的 *R. v. Social Security Secretary, ex p. joint Council for the Welfare of Immigrants* 一案中，根据 1992 年《社会保障及捐助补助法》，社会保障部部长有权规范对低收入者的救助活动。为了阻止寻求庇护者到英国来，该部长制定了一个条例，禁止某些寻求庇护者获得低收入救助，虽然根据 1993 年《庇护及移民上诉法》，这些寻求庇护者在其庇护申请被驳回而提起上诉的期间，有权继续留在英国。[③]

　　上诉法院以 2∶1 的表决结果认定，社会保障部部长的这一条例将使某些寻求庇护者的上诉权利归于无效，从而与 1993 年《庇护及移民上诉法》的规定不完全一致，据此，认定该条例因越权而无效。[④] 因为寻求庇护者既然是合法居住于英国，而又没有其他的收入来源，他们有权获得低收入救助。此处举例旨在说明，行使制定法所赋予的权力的行为如果与另一制定法上的权利相冲突，亦属于越权无效的一种情形。这一原则可以扩展到与普通法上的权利相冲突的情形。也就是说，如果行使制定法上的权力的行为与法律上的其他权利相冲突，则构成越权无效。这显然极大地扩大了越权无效原则中"权"的义域，即不限于权力的逾越，还包括对权利的侵夺。这是权利本位观念在英国的又一个极精准的例证。

第二节　调查裁判所制度

　　关于英国的调查裁判所制度，我国几乎没有与之对位的制度，但英国议会早在 1921 年就颁布了《调查裁判所（证据）法》[Tribunals of Inquiry (Evidence) Act]，足见其制度价值。

[①] Wade & Forsyth, p. 31.
[②] Bradley & Ewing, p. 632.
[③] Bradley & Ewing, p. 698.
[④] Bradley & Ewing, p. 699.

需要特别强调的是,调查裁判所本质上不同于作为听证程序表现形式的调查庭,但却是一种更为正式的调查庭。Inquiry 本来没有机构的意思,加在 tribunal 后,调查裁判所"三方参与的准司法机构"的意味就出来了。

为了避免 inquiry 与 tribunal of inquiry 在翻译上的混淆,笔者将前者译为调查庭,后者译为调查裁判所。当然,在英文著作中,也存在同样的问题,因为 inquiry 完全可以视为 tribunal of inquiry 的简写,这通常出现在上文已经出现 tribunal of inquiry,不足以引起误解的场合。

在当代英国法学著作中,更常见的是 inquiry,这倒不是现代英语简化早期繁复的法律术语的结果,而是调查裁判所确实比较少见的缘故。

一、调查裁判所的概念

(一)裁判所与调查裁判所的不同之处

首先,必须强调的是,裁判所与调查裁判所是有区别的。裁判所是一个常设机构,定期开庭审查案件。而调查裁判所的设立则是基于某一特别的事由,如对某次火车相撞(如 Southall Rail Crash)等特殊事件的调查,可以存续几个月甚至几年,特别是当其受委派的事项拓展时,但不是常设机构。[1]

其次,裁判所与调查裁判所的决定权不同。裁判所有权在其职权范围内作出对当事人双方有拘束力的决定,调查裁判所一般不具有正式决定权。某一调查裁判所使命的终结,总是以包含其建议的报告公布为标志;但是否采纳其建议,则由相关部长决定。[2]

总之,裁判所考虑的是事实和法律方面的问题,而调查裁判所考虑的则是更为广泛的政策性问题。在规划方面的调查裁判所的职责,会存在某种程度的交叉,因为这些调查往往兼及法律与政策,这种情况下,调查裁判所也可以作出决定而非仅仅提供建议。当然,对这种决定,当事人有权向部长上诉。[3] 上诉的结果是,部长要么认可调查裁判所的决定,要么作出一个新的决定。因此,调查裁判所的决定本质上还是建议性的,只不过在这种情况下当事人多了一个表达意见的机会。否则,部长直接采纳

---

[1] Neil Parpworth, p. 341.
[2] Neil Parpworth, p. 342.
[3] Neil Parpworth, p. 342.

调查裁判所的建议时,当事人只能向法院提请司法审查,而不能再向部长上诉了。相比较而言,如果时限不是过长的话,确立对调查裁判所的决定可以上诉至部长的程序更合理一些。

（二）听证与调查裁判所的区别

根据英国学者的上述论述,可以大致分清裁判所与调查裁判所的区别,但仍分不清听证与调查裁判所。听证与调查裁判所的共同之处在于,二者在形式上都是由多人（其中包括一名主席）组成的合议制调查委员会或者调查庭。调查裁判所很容易因误译而与听证或者普通的裁判所混为一谈,因为这三者经汉译后从字面上根本看不出彼此的区别。光明日报社版《牛津法律大辞典》将 inquiry 译为查询,并将 Tribunals of Inquiry (Evidence) Act 译为《查询（证据）庭法令》,这个译法显然有点机械,译为《调查裁判所法》比较合适,当然更准确的译法是《调查裁判所（证据）法》。

调查裁判所与听证的显著不同在于:设立的目标不同,作用不同,适用范围也不同。事实上,与我们的或者说我们所熟悉的美国式的听证制度对应的,是英国的公开调查,是具体适用于行政决定作出前的质证、听取当事人意见等的程序。而调查裁判所的职能限于对大案、要案、重大灾难性案件及丑闻等的调查,与我们的制度联系较少,最相类似的或许是我国极少成立的国务院调查组或者中央各部委联合调查组。听证为行政领域所广泛采用,并成为行政决策的一个重要的信息、证据、意见搜集渠道;而调查裁判所则为范围广泛但数量不多的领域所采用,主要用于调查、处理某些采取通常程序无法处理或者难以处理的事件。

二、调查裁判所的设立

调查裁判所是根据 1921 年《调查裁判所（证据）法》设立的,其宗旨是将司法调查的技术运用到对丑闻及灾难等具有特别重要性的事件的调查中。① 对于调查裁判所的认识,最重要的有三点:① 它不是听证的特例;② 它不是裁判所的一种特殊情况;③ 它是一种针对个案、根据议会的临时任命设立的、具有政治性而非行政性的调查机制。

调查裁判所分为三类:一是根据同名法设立的;二是根据其他制定法设立的;三是非制定法授权设立的。

英国组建调查裁判所的做法由来已久。早在 19 世纪,议会即经常通

---

① Bradley & Ewing, p.666.

过任命议会委员会的方式来调查有关事项。例如,对政府官员与政治家腐败的指控的调查。因1913年的一个众议院委员会在调查自由党政府成员在马科尼公司(Marconi Company)事件中的所作所为的过程中,接连公布了三个互相矛盾的报告,致使这种委员会的信誉大受损害。①

根据1921年《调查裁判所(证据)法》,如果议会两院都认为有必要设立一个调查裁判所来调查某一具有公共重要性的紧急事件,则可以由英王或者内政大臣任命。任命文告可以授予该调查裁判所所有为英格兰高等法院或者苏格兰季审法院所享有的涉及询问证人及调取文件方面的权力。如果调查裁判所传唤某人出庭作证,而该人未到庭或者拒绝回答庭上依法可以要求其回答的任何问题,或者犯有其他的蔑视行为,该调查裁判所的主席可以将此事报告给高等法院或者季审法院,以便法院就此进行调查和惩罚。②

虽然每年通过行政司法程序作出的决定数以千计,但组建调查裁判所的频率则较低,自1921年《调查裁判所(证据)法》通过以来,仅设立过24个调查裁判所。③

可见,直接根据1921年《调查裁判所(证据)法》任命的调查裁判所是罕见的。它们通常是根据其他的立法成立,例如对于铁路事故、大型公司的倒闭、警察或者公共卫生职能部门的行为的调查等。这些调查通常但并非总是由一个在任的或者退休的法官主持。1963年,丹宁勋爵对普罗富莫(Profumo)事件的调查过程是非正式的,而且也没有制定法的授权,因此,1966年以萨蒙(Salmon)为主席的皇家咨询委员会建议,此类调查不应再用于调查任何引起全国范围内的关注的事件。④

然而在1992年,宾厄姆(Bingham)完成了有关英格兰银行在某倒闭案中的作用的非制定法授权的调查,而且自1992年至1996年,理查德·斯科特(Richard Scott)一直在调查马特里克斯·丘吉尔(Matrix Churchill)事件及英国对伊拉克的武器出口问题。⑤

---

① Bradley & Ewing, p. 682.
② Bradley & Ewing, p. 683.
③ Bradley & Ewing, p. 682.
④ Bradley & Ewing, p. 684.
⑤ Bradley & Ewing, p. 684.

三、调查裁判所的功能

调查裁判所的任务是调查某些指控或者事件,其目的是形成对某一事实的权威认定,决定责任归属或者在必要时予以谴责。①

调查裁判所一般被任命来调查对于公共服务领域的腐败及不适当的行为的严重指控,或者用来调查那些需要通过彻底的、无偏私的调查以减轻公众焦虑的事项。前一类事项包括,1936 年对于泄露预算秘密案的调查、1948 年对贿赂部长及公务员案的调查、1957 年对提前泄露涉及调高银行利息的信息案的调查、1971 年对车辆及通用保险公司倒闭案的调查、1978 年对英王代理人在 1968—1974 年间的严重财务损失的调查等。就后一类事项而言,调查裁判所调查了 1966 年的阿伯凡(Aberfan)煤矿矿难、1972 年发生在伦敦德里(Londonderry)(此地不在伦敦)的"血腥星期天"(Bloody Sunday)枪杀事件、1996 年的邓布兰(Dunblane)枪杀事件、1998 年发生在北威尔士(North Wales)的虐待儿童事件等。②

1998 年,萨维尔(Saville)与两位分别来自加拿大和澳大利亚的法官被任命为第二次调查"血腥星期天"枪杀事件的调查裁判所的成员,该调查裁判所的程序性决定成功地经受了司法审查的考验。③ 这一任命与当年公布的《人权法》有直接的关系,"血腥星期天"枪杀事件是发生在北爱尔兰的一起非常著名的人权事件。从其搜集证据时间之长这一点可以看出,调查裁判所涉及的都是一些非常棘手、复杂的案件。

四、调查裁判所的组成

调查裁判所的主席一般是一位资深法官,由一至两位调查裁判所的成员或者非成员的专家辅佐。调查的主题事项由出庭律师在财政部法律顾问的指导下向调查裁判所公开提交,出庭律师的职责就是召集所有相关的证人,而无论其是否被怀疑有不良行为。④

前述"血腥星期天"枪杀事件调查裁判所组成人员的多样性⑤,是维护其中立目标的体现。之所以会在一个调查本国发生的案件的调查机构

---

① Bradley & Ewing, p. 683.
② Bradley & Ewing, p. 683.
③ Bradley & Ewing, p. 683.
④ Bradley & Ewing, p. 683.
⑤ Bradley & Ewing, p. 683.

中聘用外国法官,一个主要原因是,这些法官所在国家并非与英国完全没有关系,而是传统的英联邦国家,这些国家的司法体制直到今天还通过英国的枢密院与英国的司法体制存在某种联系。英国枢密院的司法委员会的成员也还可以由这些国家的顶尖法学家出任。另外一个原因是,"血腥星期天"枪杀事件涉及北爱尔兰独立问题,具有相当的国际性,选择国际法官显然有助于服众。

调查裁判所因其由法官主持而具有司法性,但其程序是调查性的,而且也没有强迫证人到庭的权力。由于不受蔑视法庭罪法的保护,调查裁判所涉及的主题事项可以在媒体上自由讨论。① 当然更主要的原因是,调查裁判所调查的案件都是人们关心的政治事件或者重大事件,正是因为媒体的关注,才有了任命调查裁判所的必要性。在调查裁判所成立之后反而禁止媒体进一步的关注显然是不明智的。

五、调查裁判所的审理程序

调查裁判所允许证人接受法律代理,其支出可以由公共财政负担。出庭律师可以对证人进行交叉询问,调查裁判所成员也可以向证人发问。由于这种调查程序具有纠问式程序的特征,总检察长可以告知证人,与其提供的证言有关的事项不会被用作对其提起刑事追诉的证据。调查裁判所并不作出诸如根据其认定的事实该当采取什么样的行动的决定,但是可以建议采取这样的行动。②

1966年成立了针对调查裁判所的皇家咨询委员会,在著名的以该委员会主席萨蒙的名字命名的萨蒙六项原则中,该委员会强调要保护那些名誉可能受到牵连的个人。该委员会的报告指出,调查裁判所应当只就具有非常重要性的公共事件设立,而且有必要保留其纠问式程序。该委员会并不赞同诸如进行预备性调查及赋予对调查裁判所的结论上诉的权利等改革意见。③ 可见,对于调查裁判所的建议不能上诉,也没有接受司法审查的可能,但是从前述有关第二次调查"血腥星期天"枪击事件的程序经受法院的考验一事看,以普通法上的自然公正为由对调查程序本身提请司法审查的可能性是存在的。但对调查结论进行上诉则是另外一回事。

---

① Bradley & Ewing, p.684.
② Bradley & Ewing, p.683.
③ Bradley & Ewing, p.683.

第三节　听证程序

本节重点讨论英国的听证(hearing)程序,即公开调查(public inquiry),其具体表现形式是听证会,即调查庭(有时强调其为法定调查庭,需要注意的是调查庭通常是公开的、法定的)。有学者将裁判所、调查庭和议会行政监察专员并称为除诉诸法院以外的三种解决争议的途径。① 另有英国学者将调查庭视为一种宪法性机制②,以提示其与其他行政法律制度的区别。

英国的行政法著作对于裁判所和调查庭的介绍都是就其总体而言的,重在讨论此二者与法院的区别③,并认为它们同属于广义的行政司法④。二者目前已随着政府在个人生活方面的重要性日益增长,而成为英国人民日常生活的一部分,同时也成为产生错误和争议的源头之一。⑤

在我国,提到行政程序,特别是正式的行政程序,没有不提到听证的。这或许说明,在中国,听证程序在人们知识层面上的主导地位已经确立。但是在英国,听证程序显然还没有这样的地位,他们经常提到的,或者说在他们看来更正式的,是本节介绍的调查(inquiry),他们甚至宁愿将我国意义上的听证说成是 public inquiry。在英国,听证和调查内涵交叉、外延重叠,按照英国人的传统,越是这样的概念,越不愿意将其分清,以显示他们文明的厚度。正因为如此,本书分两章分别介绍这两大制度,以期给中国读者一个多层次剖析的视角。

英国的听证制度,其程序由《裁判所及调查庭法》规定,属于正式的听证形式的调查程序,具有与美国的正式听证程序在美国行政法中所具有的相同法律地位和功能。但这种调查或者公开调查,都是英文中极普通的单词,有必要从其实际内涵(根据《裁判所及调查庭法》实施的听证)出发,将其统一为行政公开调查这个专业术语,以强调其与一般调查的区别。尽管如此,为了避免混同于作为一般用语、广泛指代适用于所有在开庭形式下进行的听取当事人意见的听证,笔者仍采用"行政公开调查"或

---

① Neil Parpworth, p. 341.
② Bradley & Ewing, p. 666.
③ Neil Parpworth, p. 341.
④ Bradley & Ewing, p. 682.
⑤ Neil Parpworth, p. 341.

者"公开调查"等略显笨拙的译法;仅在标题部分,为了突出实质内容及方便读者检索的需要,采用"听证"这个中国学者及读者已经比较熟悉的标签。由此产生的问题是,本节的正文与标题有些文不对题:题目是听证,内容却是公开调查或者行政公开调查。对此,只要记住二者其实是一回事就行了。但为什么不将其统一呢?笔者还是担心,一旦统一为听证,英国学者会反戈一击——英国根本就没有听证制度。

一、听证权的本质

由于《裁判所及调查庭法》同时规定了裁判所与公开调查两项制度,英国学者提醒我们:裁判所的决定与涉及公开调查的中央政府部门的决定之间存在重大区别。弗兰克斯委员会1957年的报告对此作了明确的区分:裁判所与公开调查的区别在于其宪法根基与功能。任何裁判所都不应当看上去仅仅是中央政府的部门结构中的一个组成部分,因为正规的裁判所行使的职能在本质上具有司法属性,虽然其司法属性具有某种特殊性。该委员会进而指出:我们认为裁判所应当正确地被视为议会提供的一种司法裁决机制,而不是行政体制的一个组成部分。需要特别强调的是,议会所有的授权建立裁判所的立法,都是为了确保裁判所能够在相关政府部门之外独立地作出自己的决定。而与此相对的是,公开调查则是要赋予受行政官员拟议中的决定影响的公民免受偏听偏信及草率的决定损害的保障。公开调查是中央政府部门作出由其部长对议会负责的决定之前的复杂程序中的一个非常重要的程序环节。[①]

弗兰克斯委员会的上述意见显然久远地影响着英国学者对于这两大制度的认识,直到今天,英国学者仍然认为,裁判所应当被视为一种裁决机构,并不是行政机制的一部分;但公开调查是深深地植根于政府及行政过程之中[②]的一种行政机制。对于公开调查的本质,有两点是经常被提到的:行政性与司法性。

(一)行政性

正如弗兰克斯委员会在1957年指出的,公开调查的行政性是指公开调查是部长行使自由裁量权以作出决定的一个步骤,对于该决定,部长只

---

① Bradley & Ewing, p.667.
② Bradley & Ewing, p.677.

对议会负责。① 由此可见,对部长而言,由于其行使自由裁量权作出的决定是要对议会承担部长责任制意义上的责任的,而公开调查则是决定形成过程中的调查取证阶段。正是因为部长责任制的现实要求,促使部长采取比较谨慎的措施,其中之一就是通过公开调查集思广益。

(二) 司法性

与其行政性相对的是公开调查的司法性,因为公开调查的过程表现出许多审判过程独有的特征,而主持公开调查的调查官,则可以视为主持调查的法官,相当于美国的行政法官。因此,公开调查后所作出的决定也就必须直接以在公开调查过程中出示的证据为根据。② 这相当于美国听证程序中的案卷排他原则。

听审权的本质,是被倾听的权利(right to be heard)。此处的被动语态非常值得注意——听审的核心是当事人被听,而不是法官审。在英国法律英语中,主动语态与被动语态的运用在绝大多数情况下是不可以互换的。而在我国公共英语的教学中,二者的互换被作为一种基本的语法练习内容,并被推定经互换后意思不变。实际上,据笔者了解,在英国法律中二者是有些微不同的。即使在中国法律语文中,主动与被动的表述所创造的语境也是不同的。这是普通汉语与专业术语的区别,不可等闲视之。

而此处需要特别强调的是,在语言表达基础之上的进一步的法律观念的领会,即听证制度不是中国原生态的事物,而是移植的产物。正如法治的观念不是中国土生土长的,因此不能从《说文》开始历数"法"与"治"的训诂进而得出现代法治的精神实质一样,对于听证这种译介的制度,如果仅从汉语顾名思义,确实只能理解为"听""证据",法官是主体。但在英国,听证的原词的用法则是"被听",当事人是主体。主体地位认同上的差异,必然导致制度设计本位及出发点的不同。这一点,从我国诉讼听审制度和行政听证制度迄今的制度设计和实际运行结果看,已经出现了令人难以接受的曲解和误用。

二、获得公平听审的权利

在英国学者看来,获得公平听审的权利(以下简称公平听审权)是自

---

① Bradley & Ewing, p. 677.
② Bradley & Ewing, p. 677.

然公正原则或者公平行事的义务(duty to act fairly)的核心要素。公平听审权的拉丁文是 *audi alteram partem*，意思是兼听双方的意见。由此看来，获得公平听审的权利不能译为或者简单地理解为单纯听取对方意见，而必须使听证者居于超脱于管理者与被管理者之外的中立的、至少是相对中立的位置上，否则，简单地理解为听取对方意见的后果是，以单方面给予管理相对方陈述机会的形式，敷衍塞责，其实根本就没有真正聆听，正如1948年 Franklin v. Minister of Town and Country Planning 一案中那位部长所言：要在考虑任何反对意见之前作出决定。①

当然，英国学者也承认，公平听审权本身确实是一个含义非常宽泛的概念，不限于仅仅是允许当事方参加到案件中来那么简单。该原则所固有的内容包括：应当给予当事人足够明确的听证权告知，以便他们能够充分地准备自己的辩护意见。除此之外，为了确保当事人能够有效地准备听证，行政主体还负有适当地告知当事人案件的具体情况的强制性义务。当然，也确实存在公正性的要求必须让位于其他利益的特殊情况。②

一种实践证明非常有用，因而被写入1986年《安居及规划法》(Housing and Planning Act)的非正式听证程序是，规划主管部门邀请规划上诉案件中的上诉人同意对其上诉采取书面审理模式，而不举行任何听证。这种书面审理程序，已经通过2004年《规划及强制征购法》(Planning and Compulsory Purchase Act)，拓展到土地强制征购的上诉案件中，该法修正了1981年《土地强制征购法》(Acquisition of Land Act)。据英国学者介绍，吸引当事人自愿变更到这种程序上来的原因在于，能够节省时间和费用，而效果通常还令人满意，以至于绝大多数规划上诉案件都在交换书面代理意见并对物业进行实地踏勘后，即由视察员作出了决定。③

三、行政听证的含义

如果单讲行政听证，英国并没有直接与之对位的概念，除非是最普通的调查一词。而这种意义的调查包括行政主体所实施的所有为适用法律而搜集证据的活动，包括立法性调查、执法性调查和司法性调查，其程序

---

① Neil Parpworth，p.311.
② Neil Parpworth，p.316.
③ Wade & Forsyth 2014，p.814.

也是五花八门,从最正式的听证会调查直到最随便的电话随访。从事权角度划分,由于英国的刑事司法领域中相当数量的内容,如轻罪的惩处、监狱的管理、警察的权力等,都属于我国行政法的范畴,因此,英国刑事调查中涉及的内容,也属于行政调查的范围。考虑到这些内容在介绍英国刑事法的国内资料中已有介绍,本书不再多谈。

　　制定法规定的法定调查庭包括两种:一种是由部长举行或者代表部长举行的旨在满足任何制定法所规定的强制性义务的调查或者听证。① 可见,法定调查就是一种听证,其核心就是要为当事人提供其反对部长拟作出的决定的意见被作为决策者的部长听到的机会。另一种是所谓自由裁量的法定调查,即由部长在没有制定法强制性规定的情况下为行使某一制定法规定的自由裁量权而主动举行的调查,为此目的而举行的调查一般由成文法律规范予以规定。② 如果认为举行公开调查是一种拘束,或许有人会提出部长为什么要为自己设这个套,他不在成文法律规范中规定行不行之类的问题。也许还有人会进一步提出,自由裁量的调查是否必须由成文法律规范规定,如果没有规定是否也可以举行等问题。这些问题的存在,反映了这样一种思维定式,即任何行政公开或者听取对方意见的行政活动,都构成对于行政主体的一种拘束、制约或者负担,除非制定法有明确规定,行政机关应当或者本能地避免这种倾向。而据笔者了解,英国之所以存在政府部门自行通过其制定的规范性文件为其设定举行此类公开调查的义务(因为一旦设定则成为必经程序,而不再是自由裁量是否可以举行了,这是自由裁量公开调查的本义),是基于这是一种非常简便、经济地了解所有利害关系人对拟采取的行政行为的反应的最有效的方法。行政管理职能正当行使的必要性促使行政部门自行设定此类公开调查程序,以拘束其部门工作人员的行为方式,保证部长所领导的部门作出的决定能够既在实体上保证其适当性(公开调查所搜集的意见显然有助于成就这一目标),又在程序上树立其公正性,以便最大限度地赢得公众,当然最终是选民的支持。短期而言,有助于由此采取的行政行为得到民众的支持,减少贯彻执行的成本;长期言之,则有利于树立执政党的形象,维护社会长治久安。正是基于以上理由,政府部门愿意自行设立自由裁量的公开调查。

---

① Bradley & Ewing, p. 678.
② Bradley & Ewing, p. 678.

四、听证制度的功能

弗兰克斯委员会拒绝将公开调查的特点归纳为行政性和司法性的两点论式的极端解释。按照该委员会的观点,公开调查程序的目标在于[①]:① 通过赋予最直接地受到政府提议的某一决定影响的公民以使其反对意见被听取的制定法规定的听审权利,保护他们的利益。② 借此确保部长在作出决定前能够更充分地了解案件的全部事实。

行政公开调查的功能固然是为了调取证据,但以什么方式调取证据,特别是为什么要以公开调查的方式调取证据的原因,却会使所获得的证据以及根据这些证据所得出的法律上的结论产生根本的不同。这种认识上的差别,不知国内的学者注意到了没有。例如,韦德爵士就曾强调,作为救济的一个最基本的原则,最重要的是,必须对申诉进行不偏不倚的调查。[②]

英国学者认为,在公开调查领域,中央政府部门在程序及作出的决定方面施加了支配性的影响。更为重要的是,如果政府内部出现了问题,有必要采取某些维护公开调查的中立性的措施,以便能够真正发现实际发生的情况,从而可以追究那些真正应当负责者的责任。[③]

公开调查大致适用于以下情形[④]:

（一）为公共目的实施涉及不动产的行为

当初由弗兰克斯委员会检讨的绝大多数的公开调查都涉及诸如为公共目的强制征购土地(例如,建一个新镇、发电站或者高速公路等)、因规划法而引起的涉及土地的利用和开发的纠纷。

（二）针对特定事项进行的专门调查

公开调查及与之类似的程序还可以用于其他目的,如调查选区的划分、某一公共灾害的原因(如某一铁路事故)、某一公共管理机构在有关儿童的行政行为方面未能保持适当标准的注意而导致的疏忽等。

（三）向部长提出的上诉裁决前的听证

这是一种与公开调查类似的调查程序,发生在有权就某一决定向部

---

① Bradley & Ewing, p. 677.
② Wade & Forsyth, p. 87.
③ Bradley & Ewing, p. 666.
④ Bradley & Ewing, p. 678.

长上诉的情况下,此时部长在就上诉事宜作出决定之前必须听取当事人的意见。例如,公平贸易总监(Director-General of Fair Trading)可以拒绝给某人颁发消费者信贷许可证——如果认为该人不适合拥有该许可证。如果该人向内政大臣提出申诉,则这一申诉案件应当由从某一独立的候选人名单中挑选出来的人主持听证,而最终的决定权由内政大臣享有。① 但这并不影响要求内政大臣必须按照听证笔录认定的事实行使这一决定权。

五、听证制度的要求

为保证相互关联的利益之间的合理平衡,弗兰克斯委员会建议②:

(1) 有关的个人应当在公开调查举行前的合理时间内了解他们必须参加的公开调查的案件的基本情况。

(2) 任何由政府制定的相关政策界限都应当在公开调查期间公开。

(3) 主持公开调查的调查官应当由大法官控制,而不是由与其调查的事项直接相关的部长直接控制。这对于保护公开调查的独立性及其效果无疑是非常重要的。

(4) 调查官的报告应当与部长的最后决定一同公布。这将有效地保障公开调查的直接效果。因为通过比对,人们会非常清楚地发现部长在多大程度上采纳了调查官认定的事实及提出的建议。而调查官的独立性又保证了所认定的事实的正确性及建议的公正性,从而使案件的事实认定及最终决定有公正的基础。至于调查报告与部长的最后决定之间的吻合程度,则成为一个法律问题,可以留待日后的司法审查予以进一步考量。

(5) 部长的最终决定书应当包含决定的全部理由,包括解释部长不采纳调查官的建议的理由。

(6) 应当有可能对部长在公开调查后作出的决定就管辖权限及程序等方面的问题,向高等法院提出挑战。

除了一个例外(将调查官划归大法官事务部的建议),弗兰克斯委员会的上述建议都被接受了并反映在公开调查的程序规则中。③

---

① Bradley & Ewing, p. 678.
② Bradley & Ewing, p. 677.
③ Bradley & Ewing, p. 677.

六、听证主持人

在前述弗兰克斯委员会有关行政公开调查的建议中,多次提到主持公开调查的调查官,但涉及调查官管理体制的这项重要建议却被搁置了①,这一建议的具体内容是,主持有关公开调查的调查官应当由大法官控制,而不是由与其调查的事项直接相关的部长直接控制。因此,虽然英国的公开调查官在很多方面类似于美国的行政听证法官,但恰恰是这一关键性的差异,使二者之间或许存在质的区别。英国的公开调查官的独立性可能因此而大打折扣,而调查官的独立性是保证其所认定的事实的公正性,从而使案件的事实认定公正的基础。

但据了解,尽管上述建议未被接受,调查官的法律地位还是自 1957 年起开始有了变化,特别是当他们在负责规划的中央政府部门工作时。②现在,总计有将近 400 名全职或者兼职的调查官组成规划调查团,这是交通、地方政府与地区部的一个执行机构。③

七、听证会

听证会,即调查庭,有两种形式:法定调查庭和非法定调查庭。

法定调查庭就是根据制定法上的设置义务组成的调查庭。④ 之所以冠以法定的修饰,与英国的法律传统有关,特别是与必须依法设立法院的不成文宪法原则有关,即英国除依法设立的法院(包括调查庭、裁判所之类准司法机构)外,其他的法院都是传统上形成而非依法设立的但已经成为普通法上事实上的法院。除这些普通法上已经承认的法院之外,任何人包括英王都不得非经法律程序设立任何承担审判或者具有类似审判的法定调查职能的法院性质的机构,否则就是违法甚至违宪的。这一点已经在《欧洲人权公约》中得到体现,其第 6 条有关公正审理程序的规定中就有"必须经过依法成立的法院进行审理"的规定。这一规定已经通过 1998 年《人权法》成为英国法的一个组成部分。

(一)法定调查庭

通常,召集调查庭属于决定程序的一部分,而非决定本身。但是,在

---

① Bradley & Ewing, p. 677.
② Bradley & Ewing, pp. 677-678.
③ Bradley & Ewing, p. 678.
④ Neil Parpworth, p. 350.

地方规划调查领域,目前通行的做法是由规划调查官行使国务大臣委托的决定权。法定调查庭可以因不同事由组建,在规划领域就相当普遍。例如,根据 1990 年《城镇及乡村规划法》第 78 条的规定,申请规划许可并对地方规划职能部门的决定不满的申请人,有权向国务大臣上诉。为了帮助自己裁断此类上诉案件,国务大臣可以组建一个地方公开调查庭。该调查庭由一名规划调查官根据 2000 年《英格兰地区城镇及乡村规划调查程序规则》[Town and Country Planning (Inquiries Procedure)(England)Rules]的规定,组织调查庭的活动。此外,如果某一规划事项产生了具有全国或者地方重要性的问题,或者拟议中的项目在科学上或者技术上具有非同一般的特点,根据 1990 年《城镇及乡村规划法》第 101 条的规定,可以将此类事项提交规划调查委员会(Planning Inquiry Commission,PIC),此后,该委员会即按照该法附表 1 第一部分所列的程序进行操作。①

(二) 非法定调查庭

非法定调查庭就是前文提到的调查裁判所,通常是由政府设立的,目的是深入调查涉及公共利益或者公共关心的事件,涉及公共丑闻及造成人员死亡的重大灾难。近年来政府设立的此类调查庭涉及向伊拉克出口武器事件(Arms to Iraq)、帕丁顿地区火车相撞事件(Paddington Rail Crash)等。② 这些调查庭调查的事项虽然迥异,但调查庭却有一共同的特点:都是由一名资深司法界成员担任主席。③ 这已经成为一种通行的做法,有些资深法官已经多次出任此类调查庭的主席了,如曾任苏格兰季审法院(第一分庭)院长的卡伦(Cullen),十年中先后三次担任调查庭主席。④

八、听证程序

作为一种重要的行政程序,正如我们所预期的,公开调查程序是英国行政法研究的一个重点。英国学者将其总结为公开调查的程序规则。

(一) 公开调查的程序规则的制定

英国的公开调查程序通常是由议会的法律或者根据这些法律制定的

---

① Neil Parpworth, p. 351.
② Neil Parpworth, p. 351.
③ Neil Parpworth, pp. 351-352.
④ Neil Parpworth, p. 352.

规则或者法规设定的。如果没有这类程序规定，1992 年《裁判所及调查庭法》第 9 条赋予大法官制定此类规范调查程序的规则的权力。当然，大法官的这一权力的行使需要先咨询裁判所委员会。① 根据该法第 9 条的规定，大法官（在苏格兰境内则是由苏格兰事务大臣）可以在咨询裁判所委员会之后，制定该法规定的公开调查所应遵循的程序规则。到目前为止，已经针对不同类型的公开调查制定了程序规则，例如部长及其他公共管理机构作出强制征购确认令而举行的公开调查的程序规则、为购买土地建造高速公路而举行的公开调查的程序规则、不服拒绝颁发规划许可证而提出申诉的案件的程序规则。②

（二）通知程序

1. 公开调查程序的提起

对于由非中央政府部门的公共管理机构实施的强制征购土地行为，如果需要举行法定公开调查，内政大臣必须通知获得土地的行政主体及那些受此征购决定影响的人，要举行一个预备调查会以讨论程序性事项。③

2. 通知发出的时间

举行公开调查的通知应当至少在其举行前 42 日内送达有关公共管理机构及因利益受影响而反对颁布强制购买土地命令的土地所有者。在公开调查举行前 28 日内，公共管理机构必须给每一个反对者以及中央政府部门一份全面阐述其作出强制征购土地命令的理由的说明。④

（三）参加人

无论是反对者还是公共管理机构，都有权出席公开调查，并有权聘请代理人，代理人可以是律师，也可以是其他人。⑤ 可见，英国的公开调查程序中并不要求代理人必须是律师，因此，与法院的诉讼业务为出庭律师、诉状律师所垄断的情形不同，公开调查的业务并没有为法律职业界垄断。

虽然公开调查的程序规则的适用对象限于制定法规定的被通知参加公开调查的人，但这些规则赋予调查官一定的自由裁量权以允许当事人

---

① Neil Parpworth, p. 351.
② Bradley & Ewing, p. 678.
③ Bradley & Ewing, p. 678.
④ Bradley & Ewing, p. 678.
⑤ Bradley & Ewing, pp. 678-679.

以外的公众出席公开调查。实践中,社区联合会以及其他利益群体都被允许参加公开调查。通过参加公开调查,这些团体取得了要求法院强制执行公开调查的程序规则的权利。[1] 虽然这些团体的参与难免会影响公开调查程序的进行速度,但同时也赋予相应的调查程序以公开性、公正性和公益性,使调查官允许范围内的相关人等的意见都有了陈明的机会。

(四)证据

在公开调查的进行过程中,调查官可以要求每一个出席者提供一份有关证据的书面说明(及一个综述)。拟作出的强制征购决定的反对者必须被告知任何支持这一决定的政府部门的意见,而中央政府部门的代表必须出席公开调查以便提供该部门的政策方面的证据。然而,如果在调查官看来该问题直接涉及对政府部门的政策的合理性的评价时,调查官可以禁止向政府部门的代表提问。[2]

(五)公开调查的主持人

根据公开调查规则,公开调查期间的程序由调查官决定。公开调查的正式程度取决于公开调查的具体情况,特别是法律代理的程度。调查官可以在公开调查前自己单独察看有关的土地,但是如果调查官在调查期间或者调查后进行正式的察看,则必须通知有关的公共管理机构及反对者,他们均有权到场。[3]

(六)公开调查的报告

调查官的报告必须包括其所得出的结论以及建议,该报告应当与部长的决定书一并送达各方当事人。[4]

(七)案卷排他原则

公开调查领域的一个重要规则涉及这样一种情势,即部长在考虑过调查官的报告之后,要么不同意调查官所认定的事实,要么在公开调查结束后考虑了任何除政府的政策因素以外的新的证据或者新的事实。如果部长因这一新的事实材料而提议不遵循调查官的建议,则公共管理机构及原拟采取的决定的反对者必须被告知,他们有权要求重新举行公开

---

[1] Bradley & Ewing, p.679.
[2] Bradley & Ewing, p.679.
[3] Bradley & Ewing, p.679.
[4] Bradley & Ewing, p.679.

调查。①

也就是说,部长对于公开调查后调查官出具的报告必须遵循,否则就必须重新进行公共调查。这就是英国公开调查中必须遵循的案卷排他原则,这一原则对于维护公开调查程序的有效性具有重要意义。当然,部长也可以考虑在例外的情况下不采纳公开调查所取得的报告,此时,必须征求利害关系人的意见,即拟采取的决定的反对者的意见,如果他们同意放弃重新举行公开调查,则部长可以不考虑公开调查的报告而自行作出决定。否则必须重新进行公开调查,而此时的结果仍难以由部长控制,可能还是一个他难以接受的公开调查报告。第二次公开调查以后部长推翻调查报告的可能性就大大降低了,否则,部长的这种反复无常的做法将会在司法救济程序中遭受严厉的攻击。

由此说明两点:一是公开调查程序具有准司法性质,特别是在此处所说的强制征购土地方面,因为其双方当事人分别是拟议征购土地的公共管理机构及反对强制征购的土地所有者,裁判者是部长,而不再是公共管理机构。因此,这种强制征购的权力不在公共管理机构,而在部长。或者说,土地所有者自愿出让土地给公共管理机构时,公共管理机构可以和平收购;而一旦土地所有者不愿意和平出让而公共管理机构又希望得到这块土地,此时的强制征购就超出了公共管理机构的权限,必须通过以公开调查程序为先导的决策程序,由部长作出是否可以强制征购的决定。这样,决策的层级、慎重程度等都提升到了中央水平,这对于保护土地所有者的权益及土地的合理开发利用是非常有利的。

二是如果公开调查已经结束,调查官也出具了报告,但部长不同意调查官所认定的事实,或者考虑采用新的证据或事实材料(不包括作为部长考量依据的部门政策),则必须通知已经参加过公开调查的公共管理机构及反对者,他们有权要求重新公开调查。重新公开调查审查的内容就是这些新的事实,但如果各方当事人放弃自己的权利,不要求重新公开调查,则可以直接按照部长的意思决定。

案卷排他规则的形成背景是所谓白垩矿事件,在对同一矿址提出的相互对立的申请举行了公开调查之后,主持公开调查的政府部门就所涉及的关键问题(开采白垩的活动对于周边地区的危害)秘密地咨询了农业部的意见。这一秘密咨询当时是作为主持公开调查的政府部门支持其所

---

① Bradley & Ewing, p. 679.

作的决定的理由提出来的,但是在现在,这类秘密咨询将违反公开调查的规则。① 但是该规则并不适用于已经完成的公开调查,这是法不溯及既往在程序方面的一个实例。

九、听证的救济

为了维护公开调查程序的公正性,公开调查的程序规则为所有受公开调查影响的人提供保护,因为这些规则是可以由法院强制执行的,而且某一反对者对经公开调查所作出的决定不服提请司法审查时,其理由也不限于以普通法上的违反自然公正原则为唯一的事由。有关自然公正方面的准则,或者公正原则,可以适用于任何不受制定法规定的程序调整的公开调查。② 即对于那些没有制定法规定的程序调整的公开调查,可以以违反自然公正原则为由就其程序方面的问题提请司法审查;而对于那些有制定法规定的程序调整的公开调查,则可以直接以违反法定程序为由提请法院审查,这就是所谓法院强制执行程序规则的含义。至于有制定法规定的程序调整的公开调查活动是否还可以违反自然公正原则提请司法审查,理论上也是可以的,只是在一般情况下没有这个必要,但英国学者强调"某一反对者对经公开调查所作出的决定不服提请司法审查时,其理由也不限于以普通法上的违反自然公正原则为唯一的事由",由此来看,这一最后的普通法上的救济事由在任何情况下总是可以适用的,其适用的情形可能是虽然遵循了制定法规定的程序,但由于制定法规定的程序本身的问题,仍然被反对者认为违反了自然公正原则,此时司法审查的对象已经不限于具体案件,而是扩展到具体案件所据以作出的程序规则,但英国的司法审查对此二者并没有截然的区分。

除上述司法途径的救济以外,通过提供咨询服务的形式,裁判所委员会在准备这些规则方面,为确保必须参与公开调查的人能够到场而为其提供补贴,至少是在确保那些成功地阻止强制征购其土地的所有者能够获得出席公开调查的补贴方面,都扮演了积极的角色。但是,裁判所委员会既没有适当的资源也没有权力调查对于公开调查的抱怨。在严重违反程序的场合,法院有权给予所有者以有效的救济,而这正是裁判所委员会

---

① Bradley & Ewing, p. 679.
② Bradley & Ewing, p. 679.

无法做到的。① 此外，如果有人对某一公开调查的过程中的不当行为不满，或者对相关的政府部门的行为不满，可以向议会行政监察专员申诉，议会行政监察专员可以就此全面调查。②

尽管韦德爵士强调，作为救济的一个最基本的原则，具有致命必要性的是，必须对申诉进行不偏不倚的调查。当然，成本也是必须考虑的。从理论上讲，政府在任何情况下都可以授权对此类不满举行一次特别的法定公开调查，但在操作中这却是一个过于笨拙、高成本的程序，显然无法适用对各种不满的一般处理。③ 这证明在英国，政府在决定就某事展开或者不展开公开调查时，法律上并不存在障碍，关键是现实中是否可行、是否具有成本效益分析方面的合理性。因为缺乏现实合理性的举措，必定不能长久。

十、听证程序展望

公开调查目前仍是某些决定形成过程的一部分，特别是那些涉及土地利用对于环境具有重要影响的场合。弗兰克斯委员会的报告的一个直接后果是有关公开调查立法的激增④，从而使越来越多的律师可能通过主持或者参与公开调查，而参与到政府行政决定的过程中来。

法律职业界与公开调查的联系愈发密切的一个后果，是对规划过程造成的压力，这种压力导致拖延和某些地方事务的决策权过度集中于中央。⑤ 因为公开调查是由有关中央政府部门组织的，最终裁决也是由该部部长作出的，即由部长裁决地方政府机关与反对地方政府机关的某项规划提议的反对者之间的纠纷，这显然是地方事务的决定权向中央集中。

1990 年《城镇及乡村规划法》的规定，显然对地方公开调查在规划过程中的角色产生了相当的影响。其中，用于审查"总体规划"修订提议的整个公开调查程序的一个变化是公开的审查，该审查程序由规划职能部门组织，具体是内政大臣设立的委员会来审查规划职能部门认为应当审查的内容或者按照内政大臣的指示需要审查的内容。与此不同，对区域委员会的"区域规划"的审查程序是，所有收到的反对意见都要由内政大

---

① Bradley & Ewing, p. 679.
② Bradley & Ewing, pp. 679—680.
③ Wade & Forsyth, p. 87.
④ Bradley & Ewing, p. 680.
⑤ Bradley & Ewing, p. 680.

臣任命的调查官主持的公开调查进行审查。①

在控制区域规划方面,政府决定的严重拖延已经因为将裁决规划许可方面的申诉权力移交给调查官而有所减少。所有涉及规划许可的申诉及所有反对强制执行通告的行为都可以由一名调查官裁决。然而内政大臣保留了裁决某些申诉的权力,可以提审要求裁决的案件。②

对调查官的决定可以在法院提起司法审查,但内政大臣并不就调查官的决定对议会负责。2000—2001年,73%的涉及规划许可的申诉案件不是经由公开调查程序裁决的,而是通过双方当事人交换书面意见的方式解决的;20%的案件是举行了只有双方当事人参加的不公开的听证后作出裁决的,只有7%的申诉案件是在举行了公开调查后才作出决定的。在作出决定的过程中,调查官必须考虑已经公开的相关政府部门的政策,但是不甚明确的是,调查官是否应当考虑政府部门修改这些政策的提议③,即政府在政策尚未修改前对社会所透露的信息。

至于书面审、秘密听证与公开调查三者之间的关系以及是否都由调查官进行审理的问题:向调查官放权是就调查官有权决定的事项而言的,至于调查官有权决定的案件究竟采取什么形式,则是当事人选择的结果,当事人有权选择公开调查,也可以放弃这一权利而选择书面审或者秘密听证的方式。

尽管将规划方面的申诉案件的决定权下放的可能性是存在的,因为绝大多数案件仅涉及地方事务,但是在全国范围内的重要性事务中调整公开调查的适用范围常常引起人们的争议。④ 或者说,权力下放给调查官之后,相应的裁判程序就不再是公开调查程序了。确实,前面提到的公开调查程序中,调查官只是一个听证主持人,而不是决策者。如果调查官一旦成为决策者,则相应的调查程序就与决策程序合二为一了,这对于在全国范围内的重要性事务,难免引发争议。

20世纪70年代,政府推行的促进高速公路建设的政策导致为此举行的公开调查中激烈对抗的局面,因为反对者们终于意识到,公开调查的程序对于交通部已经决定需要修建的公路而言,可能根本没什么影响。

---

① Bradley & Ewing, p. 680.
② Bradley & Ewing, p. 680.
③ Bradley & Ewing, p. 680.
④ Bradley & Ewing, p. 680.

1978年,通过对高速公路修建的决策过程的检讨,提出了改进对新建干线公路必要性的评价方法,以及重建公众对公开调查体系的信心的详细建议。①

尽管为某些具有全国性影响的重要项目而举行的公开调查冗长且费用高昂,有关的利益群体参与也有一定难度,但这些公开调查仍提供了一种公开、仔细地审查某一拟议项目的技术及环境影响方面的问题的渠道,同时为公众参与这些引起广泛关注的基础性决策提供了一种可能。这种仔细审查的过程可能并没有最终导致推翻政府的某一政策,但由此得出,即便没有公开调查也可以得出更好的决定的结论显然失之草率。②

1988年,英国政府就主要的公开调查应当遵循的程序提出了指导性意见。2001年12月,就在希斯罗机场第5航站楼项目定下来之后不久,英国政府提出了一个新的涉及主要的基础设施建设项目的建议。根据这一建议,政府针对某一基础设施建设项目的政策应当在为该项目而举行的公开调查举行前公布,而对此类项目的批准权应当由议会掌握。③

第四节 说明理由

在英国法著作中,说明理由是作为公平听审权的内容加以介绍的,但为了照顾我们的分类习惯,同时也为了强调说明理由这一通常在我国只出现在非正式程序中的程序要求的重要性,单独设立了本节。

一、说明理由的理由

直到1995年,英国学者还在说,英国法似乎还没有达到公共管理机构负有为其决定说明理由的基本义务的阶段,因此,在启动诉讼程序之前给行政主体写信反映准备提起诉讼的案件所涉及的问题,至少在某些情况下会有人认为是没有必要的。④ 于是,英国学者按照其判例法传统自然而然地得出了如下结论:是否必须说明理由仍需要具体案件具体分析。例如,在1994年的 R. v. Higher Education Funding Council, ex

---

① Bradley & Ewing, p. 680.
② Bradley & Ewing, p. 682.
③ Bradley & Ewing, p. 682.
④ Bridges & Cragg, p. 99.

p. Institute of Dental Surgery 一案中,原告希望通过司法审查对被告给原告划拨科研经费的决定提出挑战,理由是被告负有说明理由的义务,其未说明理由的决定应当认定为非理性。法院认定:该案件就是一个按照公正性的标准无须说明理由的例子。① 但这并不妨碍该案件成为确立应当说明理由的案件标准的一个经典判例。

(一) 应当说明理由的理由

在1994年的 R. v. Higher Education Funding Council , ex p. Institute of Dental Surgery 一案中,主审法官列举了决定应当说明理由的几个理由②:① 促使决定者将注意力集中在正确的问题上。② 向决定的对象解释决定的具体含义。③ 指明案件的焦点问题已经得到了适当的解决,以及决定是如何作出来的。④ 提醒决定的对象警惕决定过程中可能存在的可提起司法审查的瑕疵。

(二) 不必说明理由的理由

与1994年的 R. v. Higher Education Funding Council , ex p. Institute of Dental Surgery 一案提到的说明理由的优点相对的,则是如下不支持说明理由的理由③:① 说明理由将给决定者造成不适当的负担。② 说明理由必然要求表面上的整齐划一,而实际的案件情况恰恰千差万别;由于强调必须说明理由,因此,决定者可能会不自觉地将一些常见的理由用于尽可能多的案件,而不再去考虑案件本身的差异性。因为给每一个不同的案件以不同的决策理由委实不是一件轻松的工作。③ 说明理由要求所有的决定必须清晰地表明裁决的标准,而这在许多案件中恰恰是无法说明白的。④ 说明理由将鼓励人们检讨决定的理由,并寻找那些在先前不说明理由情况下易被忽略的提出司法挑战的事由。

(三) 对说明理由与否的比较

在此后1999年的 Stefan v. General Medical Council 一案中,法院对说明理由的优劣作了如下解释,在决定中要求说明理由的优点在英国已经耳熟能详④:① 说明理由与决定的过程有关,它强调了决定过程本身,增强了公众对行政决定的信任,同时也表明了希望尽可能使存在错误

---

① Neil Parpworth, p. 320.
② Neil Parpworth, pp. 320-321.
③ Neil Parpworth, p. 321.
④ Neil Parpworth, p. 321.

的决定暴露出来的愿望。② 说明理由还与那些直接受到决定影响的人有关,通过说明理由,可以使这些人了解与他们有关的行政决定在法律上的效力和存在的漏洞,并协助他们在可以提起司法审查时有效地进行诉讼。③ 普遍性地要求说明理由也存在一定的风险和不利因素。因为在行政管理领域大量存在只适宜采取高度非正式方式的行政决定,如果普遍要求说明理由,则有可能将法律形式主义(legalism)不适当地引入这些只适合采取高度的非正式行政行为的领域,这显然会增加行政决定的拖延和开支。

二、说明理由的功能

英国学者对于说明理由功能的理解,与我们有所不同,他们认为:与申诉、上诉或者提请司法审查相关的一项保障措施是应当给予作出决定的理由。①

根据1992年《裁判所及调查庭法》第10条的规定,所有的裁判所都有义务依当事人请求,在作出决定或者公布决定之前说明理由。实践中,许多针对某一特定类型的裁判所的程序规则要求针对每一案件决定说明理由。② 这些程序规则实际上是在1992年《裁判所及调查庭法》的说明理由的要求的基础上更进了一步,即要求适用该程序规则的裁判所无须申请就必须说明理由。当然,这只是具体程序规则在实践中的做法,而不是其上位法的规定,法律规定仅仅是依申请才说明理由,这个标准显然比实践中的做法要低。但这也反过来进一步说明,法律规定仅仅是良好行政的最低标准,实践中的做法应当高于这个标准。这一点在英国已基本成为现实。

强调说明理由与司法审查同样重要,显然不是为了便于司法审查时判断裁决者当时的心理状态,以便就合理性等裁决事由作出选择。其用意主要在于,这样做既便于决策者反思,也会更有效地促进当事人通过救济途径保护自己的权利。因为在没有给出理由的情况下,当事人可能看不出其中有什么问题,但决定的理由一经写到纸面上,就如同行政规范性文件之公开一样,给当事人设定了反思、推敲的靶子,从而可以发现其中的问题。相应的,这要求决定中所阐明的理由必须达到具有一般理性特

---

① Bradley & Ewing, pp. 669-670.
② Bradley & Ewing, p. 675.

别是同类决定所针对的普通智力水平的当事人能够理解的标准。决定的理由如果过于抽象、隐晦,都是不符合说明理由制度初衷的。而且,从说明理由的上述初衷看,这一制度的主要目的之一,显然是帮助当事人发现行政决定中的问题,间接地有鼓励不服行政决定的上诉、申诉的效果。这显然是现代民主政治、服务行政等理念在具体制度上的体现。因为只有能够及时、有效地发现行政不良,并通过申诉、上诉等形式表现出来,才有可能促进行政服务质量的提高。

三、说明理由的要求

公共管理机构的良好行为规范、制定法以及普通法都要求针对公民的抱怨所作的决定应当说明理由。[①] 此处显然是就英国的抱怨链中的各个救济环节的一般义务而言的。英国学者希望传达的信息是,从公共管理机构的良好行为规范、制定法以及普通法这三个独立的领域,可以找到至少一个针对公民的抱怨所作的决定应当说明理由的理由,有的甚至可以重复地找到三个方面的理由。行政主体违反这三个方面所确立的要求的任何行为,都将因不适当(违反良好行为规范)、违反制定法(违反制定法中明文规定的说明理由的要求)或者违反普通法(如自然公正原则)而被宣告无效。正是在这个意义上,英国学者断言,所有这类决定都应当说明理由。

除此之外,大法官还可以颁布命令,指出说明理由是没有必要的或者不切实际的。大法官的这一权力已经运用到许多涉及上诉裁判所或者行政专员有权许可当事人对有关决定上诉的案件中。[②] 但是,认定在这些案件中没有必要说明理由的理由并不充分:当事人具有在裁判所系统内上诉的权利与裁决者说明其裁决的理由完全是两个问题。如果上诉裁判所与原审裁判所之间具有相当的独立性,而不像某些国家存在审判监督关系的法院之间可以进行频繁的请示,则裁判所系统内的说明理由对于上诉案件的审理也是必要的。当然,不说明理由的唯一的解释就是审理的效率,避免因说明理由而耽误时间,但这个理由显然不够充分。

四、说明理由义务的免除

说明理由的原则也有例外,即在特定情况下予以免除。例如,裁判所

---

① Bridges & Cragg, p. 36.
② Bridges & Cragg, pp. 93-94.

免除说明理由的义务的理由是，基于国家安全或者是对于那些并非决定的相关人，当然前提也必须是对后者说明理由将会与决定的相关人的利益不完全一致。①

说明理由应当针对决定相关的当事人，并在不影响该人利益的前提下，向其他利害关系人说明理由。如果这两部分人的利益是冲突的，则裁判所有权拒绝向后者说明理由。当然，这只是就裁判所的裁决的程序性而言的，因为其作出决定时并不存在这些后来的利害关系人，因此无法向这些人说明理由，在事实方面也没有必要进一步说明理由。但这并不影响这些后来的利害关系人在提起司法审查时要求裁判所说明当初作出决定的理由。易言之，排除规则讨论的是裁判所说明理由的程序性义务，而不是其在事后的司法审查中拒绝进一步说明理由的实体性权利。

五、治安法院说明理由

在英国的司法体制中，并不要求治安法官对其作出的决定说明理由。② 乍看起来，这似乎难以理解，但如果读者能够从笔者反复提醒的英国法的表里不一上得到一点启发的话，则对此又是完全可以理解的——正如英国法并不要求法院判决必须说明理由，但几乎没有哪个法院的判决不进行透彻的述理一样，这在英国法看来是无须规定的。之所以特别强调行政主体依法必须说明理由，是因为在普通法传统上，并没有英王及其官员必须就其所作所为说明理由这样一项传统规则。

六、裁判所说明理由

1992年《裁判所及调查庭法》第10条规定范围内的裁判所，除了依申请必须提供其作出的决定的根据外，还必须提供要么是口头的要么是书面的裁决理由。

裁判所关于裁决理由的陈述构成司法审查意义上的裁判所的决定的组成部分。未说明裁决理由将构成违反制定法上的义务以及法律上的错误。③ 也就是说，对于地方政府机关及其他行政主体而言，对自己作出的决定说明理由尚处在良好行为规范的推荐范围内，因此未能提供并不构

---

① Bridges & Cragg, p. 93.
② Bridges & Cragg, p. 94.
③ Bridges & Cragg, p. 93.

成什么大不了的罪过。但对于裁判所而言,至少自1992年之后,这一义务已经成为其制定法上的义务。当然,在此之前,"法律上的错误"的判决理由已经足以使经历过一次以此为理由提起的司法审查之后的裁判所铭记说明理由对于其裁决的合法性的重要性。而"法律上的错误"是英国判例法根据自然公正原则演绎出来的一个现代法治原则。1992年《裁判所及调查庭法》只不过是将其具体内容在裁判所领域予以成文化而已。在其他尚未成文化的领域,该原则的应用仍是可以期待的。

第五节 告知与送达

是否有必要将行政行为的告知与送达单独作为一节予以介绍,笔者曾经思量再三。从研究的角度着眼,英国学者对此显然是不怎么重视的,因为他们已经度过了行政主体连告知或者送达这样的事也弄虚作假的阶段。单纯从技术角度考虑,有介绍的必要。至于如何区分行政行为的告知与送达、行政公开、向行政机关提出申请以及说明理由等内容,是集中考虑这些内容,还是单独交代?是一个摸着石头过河的过程,并最终形成了目前的格局。

回过头来分析这个格局的理性基础,各事项之间的关系大致是这样的:行政公开是一个原则,其他都是具体的程序步骤,因此应当分别考虑。行政公开与送达的关系是,公开是行政主体的一般义务,但不一定主动履行,可以依申请履行。但告知和送达则是与行政主体的影响相对人具体权利和义务的有针对性的行政行为密切相关的程序义务,是行政主体必须履行的。当然,从原则上讲,告知与送达也是在落实行政公开,但早在信息公开成为英国行政主体的普遍义务和要求之前,告知和送达就已经成为公共管理机构的一项基本义务了。如果说说明理由等程序义务都可以从自然公正原则中推导出来的话,则告知并送达的程序要求则直接与行政行为本身是否成立、是否生效有关。未经告知或者送达,或者故意不告知或者不送达的法律后果,可能是没有任何法律后果,因为未告知或者未送达就意味着什么也没有发生,自然对外也就没有任何法律后果可言。而这实际上等于说,行政机关自认为作出的决定,在法律上并不存在,因此没有任何拘束力,这反而成了其最致命的后果。

一、行政公告

英国行政立法中对公告的要求,考虑得非常得体,充分、周到地囊括了几乎所有有必要告知的内容,从中我们可以归纳出一般的行政公告应当包括的事项。例如,在有关垃圾清运的竞争性招标规范中,就对地方政府机关规定了一项公告义务:有关地方政府机关必须在两份以上流传于垃圾处理合作方之间的出版物上发布通知。该通知应当包含对该合同投标的简要介绍,可以在指定时间、地点免费查阅该项目的详细说明的声明,在此期间内可以指定价格获得该详细说明的副本的声明,有意向竞标者必须在指定期限内知会该地方政府机关的声明,以及地方政府机关有意邀请竞标者按照1990年《环境保护法》的规定参与该合同投标的声明。①

二、告知程序

英国某些行政行为的告知过程,与其决策过程有时呈犬牙交错之势。换句话说,决策的民主化在英国现当代行政管理过程中留下的印迹是,掌权者在决策过程中往往与相对人"商量着办"。以下举的例子因为涉及中央政府的部长与地方政府机关之间的关系,属于我们一般理解的公对公的关系。但如果将英国的地方自治与法律的治理等因素考虑在内,则这种公对公的关系与我们所熟悉的公对私的关系其实并没有实质性的区别——只要是在法律的治理结构中,法律关系双方的地位就是平等的,不同法律关系的参与者之间的互换性就是法律平等对待的一个基本要求。

本卷第二编第三章第四节中央对地方税的控制部分介绍了国务大臣对某一地方政府机关的财务状况作出指示的程序,其中涉及的告知程序包括:

(1) 国务大臣书面告知拟作决定的内容,即预告;
(2) 国务大臣的决定推定成立;
(3) 地方政府机关书面回复;
(4) 国务大臣重新考虑。

三、送达程序

在中国的行政诉讼法教程中,期间与送达是非常重要的一节,但英国的司法审查中不怎么强调这个问题,主要原因是他们认为这都是民事诉讼方面的事,或者说是司法实务中的常识,已经不需要专门讨论了。以下

---

① Andrew Arden, p. 598.

介绍的内容,并不是英国送达制度的全部,而是笔者在英国行政诉讼的实践中发现的新奇的内容——当事人互为送达。

(一) 送达不同于寄送

根据 1998 年《审计委员会法》(Audit Commission Act),审计委员会必须公布自己作出的指示,以便引起公众足够的重视,并应当向所有受该指示影响的有关机构送达一份此类指示的文本。[①] 此处的引起公众足够的重视有两层意思:一是指地方政府机关必须采取足以引起公众足够重视的方式公布其已发布的指示;二是公众因此可以在采取必要的努力后获得这些信息,但并不意味着所有获得此类信息的人都会对此予以足够的重视。

可见,送达(serve a copy on)的义务和寄送(be sent to him)的义务是不同的。这表现在,送达的义务针对的是有关的公共管理机构,即指示的对象,它们应当知道这些指示,因此必须送达;而寄送针对的是提出申请的私人,他们可能受到这些指示的影响,也可能不会,但它们是对此指示感兴趣的人,仅此即足以产生审计委员会向其寄送的义务。向有兴趣者寄送是要收取合理工本费的,而向有关公共管理机构送达则是不收费的。

(二) 送达可以私行为为之

英国的送达,特别是诉讼各参与方(包括法院)之间有严格送达和程序要求的文件往来,不全是由法院承担的,当事人之间也可以按照普通民事手段完成。这样做的意义在于,法院相对超脱,省去了不少不必要的冗务,同时也凸显了英国司法体制中固有的意思自治原则。当然,法院对于送达的法律效力的解释和控制依然存在,并不影响送达的法律效力。例如,《民事诉讼规则》第 54 条第 7 款规定,司法审查的原告除要向行政法院(Administrative Court)提交有关的法律文件外,还应当按照《民事诉讼规则》第 461 号诉讼文书格式所规定的样式填写起诉状,并在向法院提交之日起 7 日内将该起诉状送达被告。[②]《民事诉讼规则》第 54 条第 8 款规定,被告的应诉声明必须在其向法院提交后的 7 日以前送达原告及在起诉书中提到的其他任何人。[③] 也就是并不要求应诉声明必须在向法院提交之后才能着手送达其他各方当事人,而是最迟不能在送达法院之后 7

---

① Andrew Arden, p.545.
② Neil Parpworth, p.275.
③ Neil Parpworth, p.276.

日后送达,否则可能影响法院在收到该声明后展开的下一步程序的开始。

(三) 送达的对象

地方政府机关作为制定法设立的法人,在法律上是独立的,也就是说,一个地方政府机关就是一个机构,而不能被当作一个以上的机构对待,就像不能将一个人视为一个以上的人一样。正如 1962 年的 *Rye v. Rye* 一案所确立的个人不能给自己设租一样,地方政府机关也不能给其自身发布法定强制执行通告,但却可以向另一个地方政府机关发布此类通告,当然这并非制定法所期望的。①

(四) 送达的有效地址

1985 年的 *Hipperson v. Newbury District Electoral Registration Officer* 一案中,上诉法院认定,那些在格林汉姆空军基地②的公路或者公共用地宿营超过两年之久,并在那里接收邮件的妇女,符合 1983 年《人民代表法》所要求的居住条件的要求。③

(五) 公告与送达的结合

公告与送达相结合的做法,用于比较重要的事项的告知,以确保实际送达。例如,英国的强制征购程序中就运用这一做法,但其最大特点不在于公告与送达形式上的结合,而在于公告仅仅是送达的一个前置程序或者补充步骤,送达才是正式的具有法律意义的实质性步骤。因此,公告的目的仅仅是赋予行政主体的行为以公众批判性,同时弥补万一存在的送达上的疏漏。

这种方法最常见的领域是强制征购土地。为此,地方政府机关必须将其公告的内容送达公告中列明的每一位土地占有者。④ 此处涉及两个不同的程序:一是公布,二是送达。公布和送达的内容都是公告的内容,但公布只需在指定地点对外公开张贴或者以其他形式公开即可,而送达则必须针对受送达人并根据送达的法律要求具体送达。英国法规定与此相关的法律期限时,并没有严格区分公布和送达,只是笼统地说在公布后 2 个月内送达。但从其指明的送达对象也是该公告的对象这一点分析,其强调的重点显然是公告受送达后的 2 个月,即对不同的受送达人可能

---

① Andrew Arden, p. 6.
② 这个空军基地部署着英国的陆基核武器,因此成为反核人士抗议活动的聚集地,该案中的妇女则属于那些比较执着或者职业反核人士。
③ Neil Parpworth, p. 102.
④ Andrew Arden, p. 554.

因其实际接受送达的日期的不同,而有不同的主张权利的最终期限,但都不晚于其受送达后2个月。不过对于地方政府机关的公告的实施而言,则应当是在最后一个受送达人的送达日期后的2个月,而不会是第一个受送达人的送达日期后的2个月,更不应当是公告公布后2个月。因为从道理上讲,公告公布的时间总是最早的,第一个受送达人最早在公布之日受送达,前提是地方政府机关在公告当日即着手送达;而最后一个受送达人受送达的日期肯定还要晚一点儿。

除此之外,地方政府机关还应当给每一位通过向地方政府机关提供获得征地补偿的权利信息的方式回应地方政府机关公布的公告的个人送达该公告。① 此类送达制度在我国尚未建立,但从严格权利保护的法律程序的角度讲,非常有必要。此种送达同时也进一步强化了我们对英国的公告与送达法律程序及其相互关系的理解。在这里,不仅公布的公告的内容与实际送达的通知的内容完全相同,由此建立二者本质上的联系;而且公告公布后,如果有人通过公布的公告的内容发现或者认为自己具有与公告应送达人享有同样的获得补偿的权利,就可以向发出公告的地方政府机关发出声明,该声明的内容其实就是要求该地方政府机关予以同样补偿的请求,地方政府机关收到此请求后应当做的第一件事,就是再向该人正式送达一份该公告的内容。

表面上看,这种送达没有必要,因为受送达人取得受送达的权利的基础是其通过公布的公告了解了公告的内容,并据此向公告机关提出了自己的申请。因此,从实体上讲,他应当是知道公告的内容的,没有必要再行送达。但从另一个角度看,这种送达的意义在于,受送达人据此享有了向地方政府机关申请补偿的权利,同时也承担起如果不在法定期限内向地方政府机关提出补偿申请即视为自动放弃补偿权利的法定义务。而恰恰是这一点对双方权利的维护具有重要意义,也可以在很大程度上避免困扰我们的土地利害关系人不断涌现所造成的层出不穷的土地纠纷。仅此一点,就完全可以抵消表面上看来重复送达的所有烦琐。

---

① Andrew Arden, p.554.

第二编
英国行政法分论

第一章
部门行政管理概述

英国行政法分论也可以称为英国部门行政法，其主要内容就是按事项（而不完全是按政府部门）划分的部门行政管理方面的行政法。

在英国，有许多具有政府职能的公共管理机构并未被视为政府部门（government department）。这些机构包括地方政府机关、诸如种族平等委员会或者机会均等委员会等协调机构、诸如艺术理事会或者高等教育基金理事会之类的捐助机构、诸如裁判所委员会之类的咨询委员会以及其他向部长报告工作但并不由部长直接控制的机构（例如，英格兰和苏格兰法律委员会等）。通常，这些机构也是由中央财政资助的。[①] 可见，英国行政法所说的政府部门，是指中央政府的部门，也应当包括其驻各地的分支机构，但不包括地方政府，地方政府也没有部门之说。

尽管在英国法中，"政府部门"作为一个术语，并没有确切的含义，但它通常是指那些由公务员组成，费用由财政基金列支，并由向议会负责的部长领导的中央行政机关的内设分支机构。[②]

特别值得一提的是，英国现行的法律服务制度，其实是指公共财政资助的法律服务。其体制的沿革，一言以蔽之，就是法律援助涅槃的过程——在法律援助的基础上诞生了如今的法律服务体系。这个过程在历史上标记为三个阶段性的概念：法律援助、法律服务、接近正义，并伴之以三个标志性的机构：诉状律师协会、法律援助局、法律服务理事会。这部分涉及的内容，如大法官事务部、法律官事务部，已分别在本书第二卷第二编第三章第三节及第二卷第一编第二章第八节介绍过了，此

[①] Bradley & Ewing, p. 269.
[②] Bradley & Ewing, p. 268.

处不赘。

有关英国政府部门的设立、职责、职权、责任、监督等方面的具体内容,参见本书第二卷第二编第三章第二节中央政府部门、第四章第一节非政府部门公共机构等内容。

第二章
政府财政体制

本书中的许多内容,特别是英国地方财政管理中的某些具体制度,对于我国行政法律体制的现状而言,确有可能显得过于遥远了一些。因为我们的地方财政甚至中央财政在地方行政中的控制功能微不足道。在这种情况下,笔者仍不吝笔墨予以详加介绍的目的,是想为对中国行政法治的未来充满远虑的读者,提前思考我国行政管理体制治本之策提供一些借鉴。

或许有读者(尤其是财政、金融等专业出身的读者)对一部法学著作中讨论财政问题颇不以为然。从专业的角度讲,本书显然无意染指财政、金融等领域的技术或者专业细节。但笔者凭借对英国行政法的领悟及对中国行政管理现状的观察,如果说中英两国之间在行政法治化的进程的差距放大三倍,也没有两国在政府财政领域的差距大。我国现实中存在的许多问题,如贪污、受贿(受贿以行贿为前提,而行贿的资金根本来源不是贪污就是挪用,因为在法治国家的法定会计科目上不该有行贿或者不便明说的业务费等项目)、挪用等,其实本质上都是一个财务问题。健全透明的财务制度,可以避免贪污、腐败现象。

第一节 政府财政概述

笔者在此详细介绍英国公共财务制度的另外一个目的是想提醒读者,公共财务(至少从英国的情况看)其实远非我们想象的或者我们被灌输的知识那样复杂,与普通人家稍有余钱的资金流转没有本质的区别,建议读者不要被那些言必用金融术语或者财务纪律的"专家"唬住,而对本章及以下各节退避三舍。

一、财政法的基本定位

由于英国地方政府每年花费接近 750 亿英镑,相当于全部政府开支的四分之一,因此,并不奇怪的是,无论是哪个政治派别的中央政府,都会把加强对如此重大比例的公共开支的控制视为要务。① 当然这种控制只是一种结果,其根本原因显然不在于这笔开支数额或者比例的庞大,而在于这些开支中的相当一部分来自中央政府的转移支付;其另外一个原因则在于对于地方政府财政行为正当性的监督,是实现中央政府在全国范围内统一治理的目标之一,因此,即使不完全是由中央财政提供的资金的使用,也必须符合一般公认的标准,以实现全国范围内财政尺度的均等。

本节的内容就是介绍英国中央政府对地方政府的财政开支实施控制的手段。而涉及地方财政的成文法规,就是财政法。由于用钱的决定也像其他决定一样,受行政法基本原则的规范②,从这个意义上说,英国的财政法是将行政法的基本原则以及同样可以适用于行政法其他领域的普通法的基本原则,用之于公共财政领域而衍生出来的一系列法律规范的总汇。至于具体的涉及会计或者财务规则的内容,反而主要是以行业内部的通用行为准则、良好行为规范或者推荐操作规程的形式存在的,属于法律与道德及技术规范交叉的范畴,已经不完全属于财政法的核心领域了。

二、财政法的基本关系

从某种意义说,英国的财政法是英国最古老、最传统、最具有英国特色的信托法的一个现代公法分支。财政法的全部内容就在于调整财政资产的所有者与其使用者之间的信托权利与义务关系。从这个意义上说,英国并不是没有全民所有的观念,在他们看来,税收收入就是全民所有的,至少是全体纳税人共有的。而财政法就是规范这些全民共有的财产如何收益、使用、处分的法律规范。

正因为如此,有关英国地方政府法的著作在讨论地方政府机关的财

---

① Andrew Arden, p. 405.
② Andrew Arden, p. 405.

政决策时，所考虑的中心问题是地方政府机关对其地方税纳税人①所承担的信托义务，这种义务意味着，资金必须适当地使用，并在提供该资金的目的范围内使用。为履行该职责，同时也为了保证地方政府机关在决定时考虑所有相关的因素，地方政府机关必须考虑其决定的财政影响。②信托义务是地方政府机关(包括其他一切公共管理机构)与纳税人的基本关系——官民关系——的核心：是指作为受托人的公共管理机构，受委托人的委托而经营委托人的一定财产或者资源时，为了委托人的利益而必须做的分内之事，其中最基本的原则是：以尽可能少的钱为委托人谋取最大的利益。

地方政府机关负有征收和开支地方巨额资金的职责。其所征收的钱都是以地方议事会税(council tax)的形式取得的，以使地方政府机关能够履行其制定法的职责并提供最基本的服务，如教育、安居、垃圾收集及维护公路等。地方政府机关对那些被征收了这笔钱的人负有信托义务，即不能挥霍，但这笔钱必须用来向作为一个整体的公众提供上述有益的服务。地方政府机关违反了这一信托义务，法院会马上介入。③

三、财政法的基本原则

按照英国学者的归纳，财政法的基本原则有二：第一个原则是，用钱的决定也像其他决定一样，受行政法基本原则的规范。第二个原则是，地方政府财政的运作是建立在财政年度的基础之上的。④也就是说，衡量一个地方政府机关的财政行为能力的一个基本出发点是其在特定时间内可以支配的财政资源的总量，而这一支配能力总是与其所在财政年度密切联系在一起的。

上述两个原则的归纳在中国学术界难登大雅之堂。因为它显然是将两个不太完全匹配的范畴放在一个层面上了。但其如此安排的深意在于，将财政法定位为行政法的部门法，从而将行政法的基本原则转化为财政法的基本原则，不费吹灰之力即在建立财政法原则体系的同时，实现了财政法与行政法、财政行为与行政行为之间的沟通，有关地方政府的行为

---

① 还及于那些为地方政府机关提供资源的其他人，例如向中央政府补贴或者资助提供资金的国税纳税人(national taxpayers)。
② Andrew Arden, p. 405.
③ Neil Parpworth, p. 294.
④ Andrew Arden, p. 405.

的所有共同规范也都一并可以适用于地方政府的财政行为。这一点对于中国行政法的意义在于,将财政法平民化了。财政法不再是有钱人研究的象牙塔学,而成为一门普通的行政法学分支。财政法所约束的对象也一并普通化了,它们在英国具有与其他行政行为主体一样的法律地位,受相同的法律拘束,并不因为它们控制的是财政而具有法律之外的特权。这一点对于许多国家的财政管理有借鉴意义。

四、适度财政管理义务

1972年《地方政府法》第151条为各地方政府机关设定的制定法义务是:采取适当措施以便适度地管理其财政事务,包括任命一名负责此项事务的行政官员。①

(一)适度财政管理的内涵

在英国地方财务管理领域,适度管理是一个囊括地方政府机关的所有财务行政管理职责的笼统术语。英国学者认为,适度财政管理这一概念项下包括地方政府机关为财务管理而采取有效安排的各项义务,具体包括:管理地方政府机关的现金流、管理地方政府机关的借款和投资、对地方政府机关参与合伙的风险管理以及寻求此类风险投资的良性化或者稳定回报。②

(二)适度财政管理的标准

1972年《地方政府法》对适度管理并无界定,而且这一问题也不是法院判例中司法裁量时考虑的问题。1958年《地方政府法》第58条所作的类似规定,要求地方政府机关对其资金收支采取安全而有效的措施,英国学者认为,"安全而有效"标准是一个狭义的标准,现行法规定的适度标准可能与此相悖。③

适度标准涉及对地方政府机关的各项财政管理事务的范围更广的考虑。其中包括地方政府机关的会计业务所应遵循的制定法要求,当然遵循这些要求本身尚不足以等同于适度管理。④ 遵循会计准则只是地方政府机关的会计活动的起码要求,属于合法性范畴,而适度管理则是合理性

---

① Andrew Arden, p. 407.
② Andrew Arden, p. 409.
③ Andrew Arden, p. 407.
④ Andrew Arden, p. 407.

要求，显然是更高层次的要求。

（三）适度财政管理的举措

英国财政法从以下三个方面落实适度财政管理的制定法上的义务[1]：① 财政管理责任主体；② 财务官员的安全性；③ 财务管理行为规范。

五、首席财务官的职责

（一）财政管理责任主体

尽管地方政府机关必须任命一名负责管理地方政府机关财政事务的行政官员，但地方政府机关仍要承担适度财政管理的首要责任，并最终落到地方政府机关组成人员的肩上。[2] 由此可见，财政管理的责任主体最根本的还是地方政府机关，当然，在实际操作中，主要是由地方政府机关任命的首席财务官承担责任。

（二）首席财务官的设置

每个地方政府机关必须确定某一行政官员负责管理财政事务，类似的规定出现在许多制定法中。该官员通常被称为首席财务官，拥有广泛的职责，包括根据1988年《地方政府财政法》(Local Government Finance Act)第114条发布报告。[3]

（三）首席财务官的兼业禁止

首席财务官不得兼任根据1989年《地方政府及安居法》(Local Government and Housing Act)任命的该地方政府机关的监察官。[4]

（四）首席财务官的办公条件

地方政府机关必须为首席财务官提供其本人认为满足其履行1988年《地方政府财政法》第114条规定的职责所必需的办公场所及其他办公条件。[5]

（五）首席财务官的法定义务

1972年《地方政府法》第151条有关任命财务行政官员的规定，包括将相当广泛的权力委托给该官员的内容，因而无须进一步的正式授权。

---

[1] Andrew Arden, pp. 407-409.
[2] Andrew Arden, p. 407.
[3] Andrew Arden, pp. 406-407.
[4] Andrew Arden, p. 407.
[5] Andrew Arden, p. 407.

而且，除1988年《地方政府财政法》第114条规定的报告责任外，该财务官员不必亲自履行每一项职责，委托给该财务官行使的职责可以合法地委托给范围相当广泛的其他官员。①

在早期的地方政府立法中，还设有名曰司库（Treasurer）的职位。法院在1906年的 Att. Gen. v. de Winton 一案中探讨过司库的职责，法院在判决中指出，尽管司库只有在得到其所在的地方议事会的信赖时才得以保有其职位，但这并不足以使其能够以该地方议事会的命令作为对其违法行为的抗辩理由。该法院在判决中引用了1854年的 R. v. Saunders 一案作为判例，原审法院在 R. v. Saunders 一案中认定，受命实施某一违法支付行为的某郡议事会的司库当初就不应该遵守这一命令。②

根据法院的这些判决不难得出这样的结论，财务官秉有③对于其所在地方政府机关以及地方税的纳税人独立的义务，该义务要求财务官员拒绝实施地方政府机关作出的任何在财务官员看来违法或者轻率的财政决定。④

英国学者提醒人们需要注意的是，法院的上述判决作出时的情况已经与今天的地方政府的实际有所不同，这些判决都是在现今通行的财务官向地方政府机关报告工作的详细规定实施之前作出的。同时，英国学者也强调，1854年桑德斯（Saunders）案所确立的简单原则仍是很好的法律，即任何首席财务官或者其他任何行政官员都没有义务遵守非法的命令，他们同时也对地方税的纳税人负有独立于其所在的地方政府机关的信托义务。⑤ 也就是说，地方政府机关及其行政官员同时对其所在地区的地方税纳税人负有信托义务，但彼此的信托义务是相互独立的。相应的，地方政府机关的行政官员就兼具遵守地方政府机关的命令和履行地方政府机关所属地区的地方税纳税人的信托义务的双重责任，此处所讨论的恰恰就是这种双重责任相互冲突的情形。

基于此，英国学者提出，在分析首席财务官是否还有其他普通法上的义务之前，先从首席财务官的雇佣合同以及制定法所设定的报告义务、会

---

① Andrew Arden, pp. 407-408.
② Andrew Arden, p. 408.
③ 相应地可以推及首席财务官。
④ Andrew Arden, p. 408.
⑤ Andrew Arden, p. 408.

计义务和审计义务的角度考虑其义务，或许更恰当一些。① 这再次说明，英国学者习惯将普通法与制定法相提并论。

英国学者由此得出结论认为，根据1998年《审计委员会法》（Audit Commission Act），首席财务官（像其他官员一样）要对因任何故意的失当行为造成的损失导致的超支承担个人责任。②

六、财务官员的可靠性

地方政府机关有义务采取其认为充分的安全措施，以保障本机关的行政官员能够忠实地履行职务，保障为履行职务所必需的并委托给有关行政官员保管或者控制的所有金钱或者财产被准确记账。对于地方政府机关雇用的其他行政官员或者虽然不是地方政府机关的雇员但仍接受此类财物委托的人，地方政府机关也有权采取与此类似的安全措施。③ 从表面上看，财务官员的安全性所涉及的主体是地方政府机关雇用的全体行政官员，而不限于财务官员，但从财务管理的角度讲，真正有意义的显然限于那些实际接触财务管理的行政官员，而非所有的行政雇员。正是在这个意义上，英国学者强调"对于地方政府机关雇用的其他行政官员或者虽然不是地方政府机关的雇员但仍接受此类财物委托的人，地方政府机关也有权采取与此类似的安全措施"，因为此时的"其他行政官员或者雇员"已经因其"接受财物委托"而成为广义的财务官员了。

地方政府机关雇用的每一位行政官员都有义务在地方政府机关指定期间或者在其离职后3个月内，向地方政府机关提交一份其动用的由其控制的全部金钱、财产以及其个人收支的书面准确账目报告，该报告应附有相应的付款凭证以及其他能够证明的文件和记录，此外还应包括一份与其本人有业务上的联系并且有个人之间的金钱往来的人的名单，其中应显示出金钱往来的具体数目。④ 这一制度的存在，可以在很大程度上避免地方政府机关的行政官员利用职务（业务）上的便利与其他人进行不正当的金钱交易，即我们所说的权钱交易。

---

① Andrew Arden, p. 408.
② Andrew Arden, p. 408.
③ Andrew Arden, pp. 408-409.
④ Andrew Arden, p. 409.

七、财务管理良好行为规范

按照我们的标准,财政管理的操作规范都是一些行业内部标准,并不属于严格意义上的法律规则。英国学者的视野显然与我们不同,他们对于这些标准或者规范的认同程度是相当高的。在他们看来,法院的诉讼程序规范也只不过是法官这个职业团体的一些内部执业规程而已。

英国特许公共财政与会计协会在其《地方政府机关财务管理良好行为规范》(Code of Practice on Treasury Management in Local Authorities, CIPFA Code)中建议各地方政府机关发布各自的《有关财务策略及程序的财务政策声明》,随后将执行权力和监督权力委托给一个委员会或者首席财务官,同时将贷款、投资以及财务管理的行政决定权委托给首席财务官;这些接受地方政府机关委托的委员会、首席财务官以及接受该委员会委托的财务人员应当履行定期报告的义务,其中接受该委员会委托的财务人员应当定期向该委员会报告,同时受委托者应当在下一财政年度的9月30日之前就其上一财政年度的代理行为提交年度报告。[1]

《有关财务策略及程序的财务政策声明》应当包括以下内容:对于允许被委托人从事的行为的说明,对本地方政府机关财务策略的描述,对允许采取的获取财政资金的手段的明确列举,对允许的借款渠道的界定,对允许的投资工具的界定,允许的投资机构的界定,利率披露政策,财务管理外包政策,委托政策以及财务复审要求和财务报告安排,等等。[2] 从这项声明中不难发现,在英国做一名首席财务官或者受地方政府机关的委托从事财务工作是何等操心的事,作为雇用方的地方政府机关不但对投资的渠道、举债的途径作了明确的限制,连投资机构都有明确的要求。在这样的地方从事财务工作绝对不单纯是财政资金的分配问题那么简单,而是在财产安全严格要求基础上的保值增值的繁重义务,他们的财务人员或者首席财务官,更像我国古代的"绍兴师爷"。

虽然从理论上讲,英国特许公共财政与会计协会的《地方政府机关财务管理良好行为规范》仅具有建议性,但所有身为该协会会员的首席财务官基本上都会遵循《地方政府机关财务管理良好行为规范》的原则性要

---

[1] Andrew Arden, p. 409.
[2] Andrew Arden, p. 409.

求。① 英国特许公共财政与会计协会只不过是一个由英国的财务人员组成的社团，但从英国学者介绍的密度看，这个社团显然不一般，其影响力比某些国家半官方的注册会计师协会还要大，但这种影响力显然是几十甚至几百年不懈经营的信誉使然，而与行政命令、垄断性许可没有多大的关系。

第二节 公共财政基金

基金管理，是英国公共财政管理的主要手段。这种管理手段的核心有二：一是设立一个特定功能的基金，该特定功能也就是基金中的资金的主要用途，对该用途的管理，是以基金管理为主要表现形式的公共财政管理的最根本手段；二是定期从国库向基金划拨规定数额的资金，每年对该数额的控制及具体调整，是公共行政管理的另一根本手段。

一、中央政府主要基金

英国中央政府的主要财政基金，一是国家常年基金（Consolidated Fund），二是国家借贷基金（National Loans Fund）。这两项基金在财政法上的意义是，政府及其部门的所有开支都必须来自这两个基金的余额。前者主要来自财政收入，后者来自国家借款；前者的资金可以用来偿还后者本息，后者的资金如果转入前者用于日常开支，要受到相当的限制。

（一）国家常年基金

除某些例外，英国政府所有来自税收的财政收入都划入国家常年基金。②

（二）国家借贷基金

以前，政府的所有贷款的本金都来自国家常年基金，1968年开始设立一个独立的账户，即在英格兰银行设立的国家借贷基金，现在，中央政府的所有借款以及绝大部分国内贷款，都是通过这个账户交易的。③

（三）两项基金的运作

国家常年基金和国家借贷基金的运作非常密切地勾连在一起：国家借贷基金需要弥补开支的资金，必须由国家常年基金划入，而且这两个基

---

① Andrew Arden, p. 409.
② Bradley & Ewing, p. 350.
③ Bradley & Ewing, p. 350.

金之间还建立了一种保证账面逐日平衡的程序机制。①

二、新型商业基金的运作

（一）传统基金体制的局限

由议会以年度为单位提供的财政供应体制,事实证明不适合于政府的具有贸易或者商业性质的活动。②

（二）立法先行

1973年《政府商业基金法》(Government Trading Funds Act)规定,某些由政府提供的公共服务,如皇家铸币厂及御书房可以由公款设立的商业基金资助,而不需要每年由议会通过投票决定具体的拨款数额。③到了1996年,御书房干脆实现了私有化,其绝大部分职能交给了公务文印有限公司(Stationery Office Ltd.)。

随着部分公务员管理活动的变化,1990年《政府商业法》(Government Trading Act)对1973年《政府商业基金法》所赋予的权能作了进一步拓展。1990年《政府商业法》在某种程度上对1973年《政府商业基金法》所确立的体制进行了细化,但并没有改变1973年《政府商业基金法》所确立的基本原则。④

（三）设立程序

如果某政府部门的部长明显感觉到本部门的某些业务适宜于由某一商业基金资助,而该项基金的设立又有利于提高经营这些业务的经济效益和社会效能,可以经财政部同意发布一项政府令,建立此项基金。部长下达的此项政府令可以任命该部长以外的其他人掌管并经营该基金,并可同时指定国家借贷基金作为该商业基金的借贷资金的来源。当然,该商业基金的第一笔启动资金必须经议会批准。⑤

（四）目标定位

英国制定法采取设立商业基金等举措的用意,在于鼓励公务员采取更为有效的管理手段,将类似于私营部门运作过程中采用的财务纪律引

---

① Bradley & Ewing, p.350.
② Bradley & Ewing, p.350.
③ Bradley & Ewing, p.350.
④ Bradley & Ewing, pp.350-351.
⑤ Bradley & Ewing, p.351.

入公共服务领域,以提高政府提供的公共服务的效率和质量。这些商业基金作为财团法人,仍属于政府部门或者政府部门的一部分,它们与其他公共管理机构一样,仍要受公共管理机构通行规范及行为准则的约束。[1]

目前,英国绝大多数此类商业基金都倾向于设在按照"'下一步'计划"设立的执行机构内,即使是那些并非商业基金的执行机构,财政部现在也要求它们采取商业会计模式记账,以便总会计师兼总审计长进行审计并向议会呈送。如果针对某一政府部门的某项业务设立了一个商业基金,则该政府部门从事此项业务的职员仍为公务员。[2]

(五)典型实例——土地登记商业基金

中央政府商业基金的一个典型例证便是土地登记商业基金会经营的土地登记商业基金(Land Registry Trading Fund)。[3]

作为中央政府商业基金的典型例证的土地登记商业基金会,是一个财团法人,设立于1993年,该机构及委托其经营的资产、债务、公共分红由总土地登记官(Chief Land Registrar)掌管并经营。[4] 此处提到的资产,是指英国的国有土地及该机构办公占用的房产等资产,而非英国的所有土地。此处的信息说明,至少在1993年以前,英国全国的土地登记是由一个政府部门负责的,属于行政管理领域,而不是由法院负责,即使在1993年以后,其土地登记主管机构仍是一个具有准行政性质的执行机构,该机构的工作人员仍属于公务员。

从英国的土地登记转由基于基金的财团法人的执行机构办理来看,土地登记已经成为一种事务性工作。该机构只负责具体的登记事宜,不负责土地登记政策的制定,由此实现了行政系统内部决策与执行的近乎实质性的分离。同时,考虑到对于土地登记基金会的决定的异议将会通过裁判所等其他行政机制解决,而不由该机构自行解决,因此其纠纷裁决职能也与决策、执行职能实现了分离。

由土地登记基金会掌管及经营的资产包括其使用或者分配给其使用的自有不动产及租赁土地,以及厂房、设备、计算软硬件等。制定法授权其在法定限额下借款,而国家借贷基金则是指定的受权贷款人。[5] 也就

---

[1] Bradley & Ewing, p. 351.
[2] Bradley & Ewing, p. 351.
[3] Bradley & Ewing, p. 351.
[4] Bradley & Ewing, p. 351.
[5] Bradley & Ewing, p. 351.

是说,为了实施对土地登记基金会借贷行为的有效控制,制定法在规定其可借款额上限的同时,还规定了其借贷对象。而按照一般的借贷财务规则,国家借贷基金在放款时必须审核土地登记基金会申请每笔贷款时的资产负债情况,评估其相应的偿付能力,从而实现对借贷行为的有效制约。

三、基金对应的财政开支

中央政府的开支可以分为国家常年基金供养的服务开支及辅助服务开支。①

（一）来自国家常年基金的部分

1. 开支依据

国家常年基金供养的服务开支依制定法的规定支付,各制定法对与此有关的付款作了常年连续授权,其常用表述是:此项付款应由国家常年基金支付。由于制定法的这项授权年年延续,这些付款不需要众议院每年表决。②

2. 主要类型

（1）国债利息

国家常年基金开支中最主要的一项,多年来一直是通过国家借贷基金支付的国债利息。③

（2）特定官员的工资

还有一些开支也由国家常年基金支付的原因在于,从宪法角度考虑这类开支不宜由议会年年授权。这些开支包括王室年俸（Civil List）,议会发言人、法官、总会计师兼总审计长、议会行政监察专员以及选举委员会委员等的工资。也就是说,议会已经没有了每年通过核定这些官员的工资,以对他们的工作予以评判的机会。④ 这一做法的目的在于维护这些官员的中立性,但同时也存在遇到高速通货膨胀时,王室年俸及公职人员的工资需要每年增加或者增补,又使这一体制实际效力打了折扣。⑤

---

① Bradley & Ewing, p. 351.
② Bradley & Ewing, p. 351.
③ Bradley & Ewing, p. 351.
④ Bradley & Ewing, p. 351.
⑤ Bradley & Ewing, p. 351.

(二)来自商业基金及自营收入的部分

中央政府部门通过自己的经营活动获得的收入(如就其提供的服务而获得的服务贸易收入或者服务费),这些收入可以正当地作为核定该中央政府部门所需要耗费的资源时的一个辅助来源,并由此相应地减少议会从税收收入中应当向该政府部门提供的资金,相当于自收自支。[1]

第三节 地方政府财务基础

英国公共财务管理的基础,就是对公共管理机构根据有关法律的要求设立的各种基金及相应账户的管理。就地方政府财务而言,英国制定法要求地方政府机关必须建立并维护各种类型的基金,并分立相应数量的账户。[2]

一、基金与账户基本规范

(一)对基金的一般要求

英国制定法对地方政府机关基金(Local Authority Funds)的早期规定见于1972年《地方政府法》附表13,它要求地方政府机关建立并维护不同类别的借贷基金(loans funds),并允许地方政府机关设立其他基金。这些规定后来被1989年《地方政府及安居法》废止,地方政府机关不得再在制定法允许设立的基金以及信托基金之外设立其他基金。[3] 可见,信托基金是地方政府机关一直可以设立的一种基金,这种基金与慈善目的有关,是私人为了慈善目的,按照英国信托法,将一定的财产设立为基金,并将其收益转由地方政府机关用于慈善目的,当然也包括地方政府机关从事的公益事业。这类基金属于地方政府机关吸收的社会捐助,是英国法所鼓励的,因此始终允许地方政府机关在遇到私人愿意捐助时设立此类基金。

(二)地方政府的基本基金

在英格兰,这些基金中最基本的是征收基金(Collection Fund)和通

---

[1] Bradley & Ewing, p. 350.
[2] Andrew Arden, p. 505.
[3] Andrew Arden, p. 505.

用基金(General Fund);在威尔士则是地方议事会基金(Council Fund)。①

（三）账户的一般含义

英国的立法鲜有界定账户的含义。因此,该术语在使用时将用其日常习用的本义。②

英国特许公共财政与会计协会在其地方政府机关财务术语表(Glossary of Local Authority Accounting)中对"account"的定义是:一个用来指代以结构化方式罗列收入与开支明细的活动的通用语。③ 按照这种定义,"account"对应的译名应当是动词意义的"会计"或者"记账",但笔者发现,英国法律英语中同一词形下至少还有两个比较通行的用法,一是"账户"或者"户头",指某一特定主体的某一分类资金的收支的归结之处;二是指"账目",即记载某一账户中资金往来的详细记录。

（四）对账户的一般要求

每一地方政府机关都拥有多个财政账户(revenue accounts),其中既有自行设立的,也有制定法要求设立的。地方政府机关拥有的每一个财政账户,都必须按照《会计良好行为规范》悉心维护、严格记账。④ 除必须设置账目的普遍要求以及规范账目管理的一般规定外,还有相当数量的制定法要求地方政府机关对特定的财政行为设立独立的账户。⑤

（五）地方政府的基本账户

基本账户包括安居财政账户和直接劳务账户。⑥

（六）常年基金的设立

英国地方政府设立的常年基金与中央政府的国家常年基金有关,英国中央政府的国家常年基金是保证法官及其他需要维持中立地位的人员的待遇的中央政府基金。根据1972年《地方政府法》的规定,地方政府机关曾设立常年借贷基金。地方政府机关设立常年借贷基金的义务被1989年《地方政府及安居法》废止。然而在实践中,地方政府机关仍可以根据英国特许公共财政与会计协会1992年《资本项目会计安排指南》中

---

① Andrew Arden, p. 505.
② Andrew Arden, p. 518.
③ Andrew Arden, pp. 518-519.
④ Andrew Arden, p. 411.
⑤ Andrew Arden, p. 518.
⑥ Andrew Arden, p. 505.

有关混合资金的规定,继续运营此类基金。①

上述《资本项目会计安排指南》确定了三类新的资本交易会计安排:常年借贷基金、常年预付款及借款基金以及借贷与投资中心账户。②

(七) 国务大臣的控制权限

国务大臣拥有通过制定条例规范征收基金和通用基金的广泛权力,包括两类基金之间的资金转移义务、如何计算征收基金的盈余和赤字、征收机关与附加税征收机关之间的分配比例、限制征收基金在每一财政年度内的任何时候所能担保的授信额度。③ 征收基金在每一财政年度内的任何时候所能担保的授信额度,是指地方政府机关以其征收基金为担保借款的规模。这相当于地方政府机关以征税权作担保举债,并以随后征收的地方议事会税的自留部分偿还这些债务。为了财务安全起见,这项担保应当是有限制的,以避免寅吃卯粮。

国务大臣制定的此类条例(包括修订先前条例的条例,但不包括废除先前条例的条例)必须在其拟适用的财政年度开始前的 1 月 1 日生效。④ 由于英国的财政年度开始于每年的 4 月 1 日,这一规定实际上给地方政府机关至少预留了 3 个月的准备期和适应期。

国务大臣同时还有权指导地方政府机关将一定款额(固定的或者按照某计算方法确定的)的资金,在国务大臣指定的某一时间,由通用基金转移至征收基金。⑤ 这种资金转移的目的显然是为了弥补征收基金中的亏空。前面的介绍中提到,征收机关征收来的地方议事会税要按一定比例上缴中央财政,因此会出现地方政府机关的征收基金余额为负的情况。为此需要采取一定的补救措施,此处提到的征收资金的转移就是其中之一。

国务大臣有权制定有关通用基金与其他基金的关系的条例,并且可以要求这些由地方政府机关设立的其他基金(不包括征收基金或者某一信托基金)都设置成通用基金项下的一个分立基金⑥,也就是使这些基金都成为通用基金的子基金。

---

① Andrew Arden, p. 505.
② Andrew Arden, p. 506.
③ Andrew Arden, p. 507.
④ Andrew Arden, p. 507.
⑤ Andrew Arden, p. 507.
⑥ Andrew Arden, p. 510.

二、地方政府机关的征收基金

(一)征收基金的设置主体

建立并维护征收基金的要求适用于征收机关。征收机关根据1972年《地方政府法》享有的将其与征收基金有关的权力委托他人行使的做法,已经不复存在。①

(二)征收基金的基本功能

1. 向征收账户付款或者转移支付

下列款项必须汇入征收机关的征收账户②:① 所征收的地方议事会税,但为征收此税而实施的罚金除外;② 征收机关根据国务大臣制定的条例,从某一基本附加税征收机关处收到的款项;③ 征收机关收到的与非地方税有关的款项;④ 因向全国非地方税归集中心多交税款而返还的款项;⑤ 国务大臣特别规定的其他应当划入征收基金的款项。

2. 从通用基金向征收基金转移资金

英国地方政府财政法所确立的基本原则是,征收基金中应当有足够的资金以备负担该地方政府机关本财政年度内债务,因此,如有必要,就必须从通用基金向征收基金转移资金。地方政府机关所承担的这种类型的债务是指该地方政府机关为满足基本附加税转移支付、弥补本年度或者上一年度的赤字而从征收账户中拨款的义务。③ 这类义务显然与前面提到的相反方向的资金转移不同:地方政府机关的征收基金中的资金向通用基金转移,以便支付地方政府机关的日常财政开支,这种开支虽然也是地方政府机关的支付义务的组成部分,但并非法律规定的基本支付义务,因此从通用基金中支付即可。而征收基金中支付的债务都属于法律规定的地方政府机关的基本支付义务,二者并不矛盾。

通常情况下,付给征收基金的款项要向通用基金转移,以便支付地方政府机关的开支。其中最主要的一类资金转移是地方政府机关的地方议事会税款的转移,其数额与地方议事会税的基本量值和该地方政府机关当年的征税税基相关。④ 地方议事会税的基本量值则是通过相应扣减后

---

① Andrew Arden, p.506.
② Andrew Arden, p.506.
③ Andrew Arden, p.507.
④ Andrew Arden, p.507.

的金额,可正可负,并且正因为如此,才有下面提到的资金反方向转移问题。

如果照此计算的结果是一个负数,则必须从地方政府机关的通用基金中将等值的金额转移到该地方政府机关的征收基金中。同样,如果征收基金上一年度有盈余,则盈余中的适当比例也应转移到通用基金中去;反之,如果上一年度的征收基金出现赤字,则必须从通用基金中划拨一定款项至征收基金,以弥补一定比例的赤字。①

3. 取自征收基金的付款和资金转移

下列款项必须从征收机关的征收基金中支付②:① 支付某一基本附加税的征收机关开具的附加税单,但支付利息除外;② 根据条例的规定支付给某一基本附加税的征收机关的款项;③ 支付给国务大臣的非地方税;④ 根据依 1988 年及 1992 年《地方政府法》制定的条例,返还超额收取的非地方税或者地方议事会税;⑤ 国务大臣特别规定的其他应当由地方政府机关征收基金支付的款项。

4. 向通用基金转移资金

在一般情况下,缴存征收基金的款项将会转移到通用基金中,用于地方政府机关的开支。③

5. 支付给附加税征收机关的款项

与附加税征收机关对外支付的款项不同,无论是政府机关还是地方附加税的征收机关,支付给附加税征收机关的款项主要是附加税。英国的附加税征收机关征收的附加税虽然是由地方政府机关设立的,但却并不由该地方政府机关负责征收。英国的附加税是借助地方议事会税的征收渠道征收的,即由征收机关负责征收,先存入该征收机关的征收账户,再转给附加税征收机关。相应的,征收机关将其代征的附加税支付给附加税征收机关的过程,是按照分期付款计划实施的。④

(三)分期付款计划

各地方政府机关应当制定自己本财政年度的分期付款计划。该计划必须在前一财政年度内的 1 月 31 日前决定。实际上就是下一财政年度

---

① Andrew Arden, p. 507.
② Andrew Arden, p. 509.
③ Andrew Arden, p. 509.
④ Andrew Arden, p. 510.

开始的天文年的年初的 1 月 31 日,此时距该计划付诸实施的财政年度开始(4 月 1 日)只有 2 个月了。征收机关享有与其辖区内的所有基本附加税的征收机关协商达成一项分期付款协议而不受 1989 年《地方政府法》附表 1 的限制的自由,并可在该协议中确定征收机关在该财政年度中应当履行的付款义务。①

如果征收机关与其辖区内的基本附加税的征收机关达成了此类协议,则该协议就成了彼此之间所有其他分期付款的计划。征收机关必须将其决定的分期付款计划通知附加税征收机关。② 此类分期付款协议是由负责征收地方议事会税的征收机关,与从地方议事会税中分一杯羹的附加税征收机关之间,就征收机关转移给后者的那一部分资金的支付达成付款计划。由于这部分资金是附加税征收机关主要的财政来源,因此,此项资金的支付对于附加税征收机关而言,意义非同寻常。而分期付款的效果相当于将年薪改为季薪或者月薪,对于附加税征收机关的日常开支而言,显然要方便得多。

三、地方政府机关的通用基金

(一)通用基金的设置主体

英国地方政府财政法要求设立通用基金的规定适用于"有关行政机关",其范围与设立征收基金的征收机关相同,但不包括伦敦城公共议事会,该地方政府机关适用专门针对其的一套规则。③

(二)通用基金的资金来源

通用基金的资金来源于向通用基金缴存或者转移的资金。与征收基金的地位相反,有关附加税征收机关可获得的所有附加税必须缴存至地方机关的通用基金,这类款项显然不同于必须缴存到征收基金的款项,亦不同于必须缴存到某一信托基金的款项。④ 由于附加税征收机关本身并不实际征收任何赋税,而是由征收机关代收,那么附加税征收机关是否还有必要设立征收基金呢?如果设立,向该基金缴存的款项又是什么呢?从英国学者介绍的内容看⑤,此处的通用基金是附加税征收机关的通用

---

① Andrew Arden, p. 508.
② Andrew Arden, p. 508.
③ Andrew Arden, p. 510.
④ Andrew Arden, p. 510.
⑤ Andrew Arden, p. 511.

基金,而不是征收机关的通用基金,即征收机关在代附加税征收机关代收附加税时,其征收上来的附加税归入其征收基金;当附加税征收机关向其索要这笔附加税时,征收机关就从其征收基金中将这笔款项划入附加税征收机关的通用基金中,以便附加税征收机关直接用来支付其开支。

缴付给通用基金的款项主要包括①:① 财政资助;② 收费;③ 再分配的全国性非地方税。

从征收基金中转移来的资金、非地方税和财政资助,三者构成汇入地方政府机关的通用基金的资金流,这些资金就成为地方政府机关支付其开支的经费来源。②

(三) 通用基金的资金流向

从通用基金中付出或者移出的资金决定了通用基金中的资金去向。同样,与征收基金的地位不同的是,有关附加税征收机关获得的所有附加税必须从地方政府机关的通用基金中列支,这类款项显然不同于必须从征收基金列支的款项,也不同于必须从某一信托基金中列支的款项。③ 从英文原文看,all receipts of a relevant authority 是指某一相关地方政府机关所有的或者应当取得的附加税。考虑到相关的附加税征收机关本身并不直接征附加税,其获得的附加税是用于其自身的开支的,不应当再提取出来给其他地方政府机关了;而只有征收机关存在这种提取的必要,因为它们都是为附加税征收机关代征此笔税款的。

地方议事会税划入征收基金、基本附加税从征收基金中列支,仅在需要通过替代计算或者替代性附加税对原有账目进行调整时,通用基金才与附加税产生联系。④ 此时,征收基金中的资金往往入不敷出、需要从通用基金中抽调资金弥补亏空。

(四) 伦敦城基金

伦敦城公共议事会并不设立通用基金,而是设立其独有的伦敦城基金(City Fund)。该基金除适用仅针对该基金的规定外,也准用规范通用基金的规定。⑤ 适用的原则是特别法优于一般法:如果有特别规定,则优先适用特别规定;如没有此类规定,则适用调整通用基金的规定。由此体

---

① Andrew Arden, pp. 510-511.
② Andrew Arden, p. 511.
③ Andrew Arden, p. 511.
④ Andrew Arden, p. 511.
⑤ Andrew Arden, p. 511.

现出伦敦城在英国的特殊法律地位。

四、地方政府机关的养老金基金

(一) 养老金基金(Pension Fund)的设立

根据1972年《退休金法》(Superannuation Act)第7条第1款的规定,国务大臣可以通过制定条例为受雇并服务于地方政府的个人或者某类人的养老金事宜作出规定。这些规定可以包括以下内容:退休金基金的设立及管理、对此类基金所有的资产的经营和利用、此类养老金基金的全部或者部分的相互合并、此类养老金基金的终止及其他处理。① 此处的养老金基金是地方政府机关为其雇员准备的退休金,而不是地方政府机关掌管的为全社会的退休人员服务的退休金基金。但从英国普通法的传统及英国现代制定法的发展态势分析,此类针对地方公务员的退休金的管理模式与普通公众享受的退休金的管理模式没有实质性区别。因此,其借鉴意义仍非常可观。

(二) 规范养老金基金的条例

规范养老金的基本条例是1997年《地方政府养老金计划条例》(Local Government Pension Scheme Regulations);除此之外,相关的条例包括:1986年《地方政府退休金条例》(Local Government Superannuation Regulations)及1995年《地方政府养老金计划条例》(Local Government Pension Scheme Regulations)。1986年《地方政府退休金条例》中的基金又可称为退休金基金(Superannuation Funds)。这些相关的条例被纳入1997年《地方政府养老金计划条例》的第四部分,该部分将此类基金称为养老金基金。② 这反映了英国在养老金称谓上的变迁:在1972—1986年,都是用退休金(superannuation,直译应为:超级年金)这个比较古旧的词。在1986—1995年风尚发生了变化,并在1995年《地方政府养老金计划条例》中体现出来——新的用法是养老金(pension),并由1997年《地方政府养老金计划条例》得以巩固。

对养老金基金的经营与投资是由1998年《地方政府养老金计划(基金管理与投资)条例》[Local Government Pension Scheme (Management and

---

① Andrew Arden, p. 512.
② Andrew Arden, p. 512.

Investment of Funds)Regulations]规制的。①

（三）主管养老金基金的地方政府机关

根据1997年《地方政府养老金计划条例》，凡在1995年《地方政府养老金计划条例》实施前已经设置的退休金基金，应当按照晚近实施的诸条例，由当初负责经管该基金的机构继续经管。这类地方政府机关在此前的条例中被称为管理机构，1997年《地方政府养老金计划条例》延续了这一称谓。②

如果先前根据1986年《地方政府退休金条例》经管的某一退休金基金，因实施1992年《地方政府法》而在地方政府重组后被划转，则制定法要求的继续经管该基金的义务亦相应地加诸受划转方。1997年《地方政府养老金计划条例》对此没有再作进一步的规定，相关的地方政府重组都已在1998年4月1日之前完成。③

基金的管理机构也可以与其他机构签订托管协议，这些机构一般应当是地方政府机关以外的与提供地方政府服务有关的其他法定或者非法定机构。④

（四）对养老金基金的经营管理

以下款项必须每年定期记入养老金基金⑤：① 雇主的缴费；② 成员的缴费，但在此之上额外自愿缴费的除外；③ 基金的投资在该年度产生的全部收入；④ 从基金的投资中产生的全部资本金；⑤ 根据1997年《地方政府养老金计划条例》规定的由地方政府机关支付的额外款项；⑥ 由1997年《地方政府养老金计划条例》规定的任何其他的特别款项。

基金管理机构可以从基金中支付其管理该基金所产生的成本、费用和开支。其中包括使用、投资的成本以及雇佣基金管理者的成本。⑥

（五）养老金基金的使用与投资

1997年《地方政府养老金计划条例》第9条就养老金基金中暂时没有支付要求的资金的投资事宜作了详细规定。这些暂时不必支付的资金

---

① Andrew Arden，p. 512.
② Andrew Arden，p. 512.
③ Andrew Arden，p. 512.
④ Andrew Arden，pp. 512-513.
⑤ Andrew Arden，p. 513.
⑥ Andrew Arden，p. 513.

必须用于投资,基金管理机构有权变更其投资。这些资金的投资形式包括①:① 签订经营指定的财政期货或者商业期权交易的合同。② 由基金的管理机构在其法定的借款权力范围内借入,并用于据以确立该借款权力的项目;英国《地方政府财政法》对地方政府机关的借款能力作了限制:地方政府机关只能在制定法授予的权限范围内举债。而制定法确定借款权力的标准主要依据借款的用途。③ 某些保险业务。④ 指定范围内的股票抵押贷款安排。⑤ 参与只承担有限责任的不开价有价证券的合伙投资,但不承担超过其缴付金额的债务或者义务。⑥ 任何副保险合同。

养老金基金的管理机构履行其投资职责时必须考虑以下因素②:① 投资范围的广泛性,英国立法者认为,将养老金基金投资于范围广泛的投资领域是明智的,因此,有关的条例也限制养老金基金投资于任何一种投资形式的比例,以避免养老金基金管理机构投资形式过于单一——将所有的鸡蛋都放在一个篮子里;② 某一投资项目或者投资形式的适当性;③ 在合理的间隔期间内定期从有关渠道获得中肯的建议。

当养老金基金的管理机构为自身的目的使用基金的资金时,必须向该基金支付利息。利息的数额取决于使用的期限以及同期利率。利率应当不低于该管理机构在公平交易的情况下从银行透支等额资金并被要求在见票后7日内还款的最低利率。③ 也就是说,在英国地方财政管理法中,地方政府机关从其管理的养老金基金中筹款,要支付相当于从银行透支的利率,而这个利率一般是高于同期正常贷款利率的。可见,英国的立法者并不支持这种筹款方式。因为这种筹款方式具有相当大的监守自盗的风险。

中肯的建议是指养老金基金管理机构有合理的理由相信,那些(包括本地方政府机关的行政官员在内)因其在财政事务方面的能力和经验,具有提供中肯建议的能力的人提供的建议。④ 与前面提到的英国类似立法一样,英国立法者一再将此类合理性判断的权力交给了应当作出决定的地方政府机关本身。但这种授权不是平白无故的,也不意味着可以为所欲为,因为地方政府机关据此承担了一项程序性公正的义务:必须听取意

---

① Andrew Arden,p. 513.
② Andrew Arden,p. 514.
③ Andrew Arden,p. 514.
④ Andrew Arden,p. 514.

见、必须听取合理的意见。至于地方政府机关所听取的意见是不是由适格的人提供的真正中肯的意见,评判权并不完全掌握在行政机关手中,而是有可能由事后承担司法审查职能的法官根据其良知和常识作出判断。这就要求地方政府机关在选择听取意见的对象时,必须遵循与法官可能采取的标准大致相同的标准。这样就建立了行政机关的自由裁量判断与一般理智的人的理性判断的大致统一。

(六)养老金基金投资经理

按照英国法的规定,义务必须履行:如果某一义务授予某一机构,则从字面上看,该机构必须履行。这一原则同样适用于财政管理。但是到了20世纪80年代后期,英国法学界对当时出现的为退休金基金任命职业经理人的做法的适法性提出了疑问,因为这种做法可能构成将基金管理机构的决定和自由裁量职责,欠妥当地委托给外部机构。由于在当时的法律规范中基金管理机构对外委托基金管理事务没有明确的法律规定,法学界产生上述疑问完全可以理解。对此,立法予以积极应对:允许某种程度的对外委托。①

养老金基金管理机构可以任命一名或者多名投资经理,负责基金资金的投资和经营。投资经理是根据1986年《财政服务法》(Financial Services Act)获得授权、负责经营职业养老金计划的资产的自然人,或者一个在英国从事由驻在国管理的投资业务的欧洲机构。②

只有当基金管理机构有合理的理由相信,某一投资经理具有足够的资质,且不是地方政府机关的雇员时,该地方政府机关才能任命其为投资经理。而且基金管理机构在作出此项任命时,还必须考虑交由投资经理经营的基金的总值,就任命一事采纳了适当的意见,确信交由投资经理经营的基金总额并不太大,并且已经考虑了保证对基金及资产的经营多样化的立法要求。③ 上述规定的实质是要求地方政府机关在作出法定的任命决定时应当考虑这些因素,从我们的法律现状看,这些规定都是非常虚的,是不值得也不应该在立法中明示的。但英国立法者对此却不厌其烦。这多少反映了英国执法体制已经达到的高度:早期的预防执法违法的阶段已经过去,当前需要考虑的是如何在法律许可的范围内提高行政管理

---

① Andrew Arden, p.514.
② Andrew Arden, p.514.
③ Andrew Arden, p.515.

的效率和质量。因此,在行政管理立法中,不免要加入许多以前只在企业经营管理领域才会用到的决策指导性规范,以帮助行政管理决策者形成最佳的决策思路。这种立法技术仅适用于执法环境法治化、执法者相当成熟的国家。如果执法者在决策时首先考虑的是从这一决策中可以获得多少灰色收入等难以启齿的因素,并且没有足够的机制控制其不作此等考虑,则即使在法律中规定其应当正当考虑的因素,也无济于事。

基金管理者的任命书中必须包括规定以下内容的条款:基金管理机构有权在最长1个月的告知期限后终止任命;投资经理必须每3个月汇报一次工作;投资经理应遵循基金管理机构的指示;其他与投资活动相关联的事项。在确定任命书的条款时,基金管理机构必须征求并考虑法定咨询机构提供的适当建议。①

投资经理被任命后,基金管理机构必须至少每3个月复审一次该投资经理作出的投资决定,并且时常权衡继续或者终止任命的问题。在行使此项审查职能的过程中,基金管理机构也必须征求并采纳针对投资经理作出的投资决定的多样性、这些投资对于基金总体而言的适当性等方面的适当建议。②

(七) 养老金基金的会计及评估

在对养老金基金进行的任何审计之后,基金管理机构必须将基金的财政账目以及审计官报告的副本,送达其雇员为该基金现任会员的每一个机构。③ 从这一规定看,并非每个地方政府机关都设立自己的养老金基金,比较可行的做法是,为规模效应起见,由较高级别的地方政府机关设立养老金基金,而将该地方政府辖区内其他地方政府机关的公务员一并纳入该基金统筹的范围。

对养老金基金的资产和债务的精算评估应当每3年进行一次。养老金基金管理机构必须向精算师提供经整理的该基金的财政账户的账目以及精算师要求的其他信息。④ 除非国务大臣作出延期的决定,精算师应当在估价日期后12个月内提交基金的估价、一份精算报告以及费率或调整费率的确认书。养老金基金管理机构接到上述文件后,应当马上将评

---

① Andrew Arden, p. 515.
② Andrew Arden, p. 515.
③ Andrew Arden, p. 515.
④ Andrew Arden, p. 515.

估单、精算报告和费率调整确认书的副本抄送国务大臣、其雇员向该基金缴费的机构以及其他有义务向该基金支付养老金方面款项的机构。①

此外，如果没有包括在精算报告中，还应当向国务大臣抄送经整理的财政账户的账目的副本以及截至精算日该基金资产清单的副本。费率及调整费率的确认单特别规定以下内容②：① 雇主的普通缴费率；② 对雇主普通缴费率的任何个别调整，该项调整是就精算日所在年份的次年的 4 月 1 日开始的 3 年期限内的每一年的雇主缴费率所作的调整。

(八) 雇主的普通缴费比例

1. 雇主普通缴费比例的确定

雇主的普通缴费比例是指由精算师确定的，按可领取养老金的雇员的报酬计算，其雇主应当缴付给养老金基金的百分比，以保证养老金基金的偿付能力。精算师在确定该缴存比例时应当考虑以下内容③：

(1) 针对缴存机构的一般情况，该养老金基金对这些机构既有的以及预期的支付养老金的义务。从这一规定看，养老金基金的普通缴费比例是与其当期应当支付的养老金相联系的，与其基金中既有的资金关系不大。当然，之所以动用精算师来计算这一比例，就是需要考虑多重因素。一是要保证养老金基金现有的资产及未来三年内按照标准缴费比例收取的资金足以支付同期应当从该养老金基金中支取养老金的人的需要。二是标准缴费比例不能太高，否则养老金基金中的资产存量太多会增加经营的成本和保值增值的压力，同时，也势必加重缴存机构及缴存个人的经济压力，增加这些机构的经营成本，进而阻碍地方经济发展。三是标准缴费比例不能太低，否则，即使动用养老金基金的既有存量资产仍无法支付应付养老金，势必造成养老金基金的信用危机。四是必须考虑养老金基金的存量资产的经营情况，特别是其投资回报情况、速动资产（短期内可以提现的资产）占总资产的比率、不良资产的比例及最终回收率等问题。五是缴存机构中应缴存养老金的人员的工资变化情况，因为最终缴存的养老金受两个参数影响，缴费比例是其中之一，工资则是基数。对工资这个参数的影响的评估最为复杂，既要考虑就业人数，又要考虑经济发展的未来走向，经济扩张性发展，则就业人数增加的同时，其工资也会

---

① Andrew Arden, pp. 515-516.
② Andrew Arden, p. 516.
③ Andrew Arden, p. 516.

增长,缴存的养老金肯定会增加;反之亦然。六是领取养老金的人员的未来变化情况,这个因素主要取决于未来退休人数的增加情况、他们应领养老金的数额以及领取养老金人员的减少的情况(如自然死亡、迁移)等。

(2) 尽可能保持某一固定的缴存比例。维持缴存比例的政治意义大于其经济意义,因为该比例影响的是在职就业人员的近期利益,而其对在职人员的远期影响不甚明了,因此他们并不愿意增加这一比例。但对于养老金领取人员,减少这一比例将有可能影响领取的养老金的远期风险,他们更愿意增加这一比例,因为这对于他们的近期利益并没有什么影响。因此,在这种相互冲突的价值取向作用下,调整普通缴费比例就有可能引发某一部分选民的不安,这正是有关养老金基金管理机构愿意维护尽可能固定的缴费比例的原因。当然,到了养老金基金入不敷出的地步,也就顾不上这些了。

2. 雇主缴费比例的个别调整

对养老金基金雇主普通缴存比例的个别调整是指根据精算师的建议,作为雇主的某一特定机构因其自身的特殊情况,其向养老金基金缴存的普通比例应当在百分比上或者缴存额上进行适当的增减。① 但精算师只有建议权,没有决策权。

(九) 雇主向养老金基金缴费

在缴费比例及其调整确认单所涵盖的每一缴费年度中,作为雇主的地方政府机关必须每年向有关的养老金基金缴费,其缴存额为属于该养老金基金认缴成员的雇员在该年度向该基金的缴存总额乘以普通缴费比例,该缴存额将根据缴费比例及其调整确认单就该雇主所作的个别调整适当增减。② 注意此处的算法,雇主的缴存额不是每一雇员缴存额的一定比例,而是雇员总缴存额的一定比例。从数值计算的角度看,二者可能没有区别,但从计算量上看,则因为将乘法的运算次数减少到了一次,计算量有相当明显的减少。

在缴费比例及其调整确认单中特别确定的某一雇主的缴费比例,用某一百分数表示。③ 因此,普通缴费比例与标准缴费比例是不同的,标准缴费比例是针对所有缴存雇主的一个标准值,每个养老金基金只有一个,

---

① Andrew Arden, p.516.
② Andrew Arden, p.516.
③ Andrew Arden, p.516.

每三年调整一次;而普通缴费比例,则是在标准缴费比例基础上,针对每一缴存雇主的特殊情况加以调整后,为该雇主确定的实际缴费比例。

(十)养老金基金的受益权

除了满足可领取养老金者的受益权,属于1997年《地方政府养老金计划条例》确定范围内的可领取基金者的遗属,养老金基金也必须根据1993年《养老金计划法》(Pension Schemes Act)的规定,保证他们领取的养老金的增长及现金值稳定。即避免这些人所领取的养老金因通货膨胀及汇率波动,发生实质性贬值。相应的,可领取养老金的原权利人也享有同等的权利。据此,所有养老金领取人和受益人都有权要求养老金基金管理机构保证他们依靠养老金支撑的生活,会随着在职公务员平均生活水平的提高而同步提高。为了落实1971年和1974年《养老金(增长)法》关于养老金增长的规定,1997年《地方政府养老金计划条例》对如何确保养老金基金落实上述要求作了规定。①

五、地方政府机关的其他基金

(一)信托基金

英国法并没有明确授权地方政府机关设立信托基金,但是有相当数量的制定法认可地方政府机关可以掌握某项基金而成为该基金的受托人。据此,英国学者认为,地方政府机关设立此类基金的权力可以由此推定。②

(二)展览基金

地方政府机关可以经管博物馆或者艺术馆,也可以申请供养这类单位。为此,根据1964年《公共图书馆及博物馆法》(Public Libraries and Museums Act)第12条的规定,该地方政府机关可以设立一个基金用于购买供这些博物馆或者艺术馆展示用的展品。③ 此类基金必须按照1964年《公共图书馆及博物馆法》经营。④

地方政府机关可以决定从郡基金或者财产税基金向艺术基金注入资金。如果博物馆或者艺术馆的藏品被售出,则除非有相反的信托条款约

---

① Andrew Arden, p.517.
② Andrew Arden, p.517.
③ Andrew Arden, pp.517-518.
④ Andrew Arden, p.518.

定，售卖的收益或其中的任一部分都可以存入艺术基金。除非艺术基金另有要求，该基金中的资金可以由地方政府机关投资于1961年《受托人投资法》(Trustee Investments Act)授权的投资项目。该法规范信托资产的受托人的投资行为，是英国信托法的基本法、核心法。从此类投资中获得的任何收入，都必须交付给郡基金或者财产税基金，再由这类基金将对等的资金拨付给艺术基金。① 这种在我们看来多少有点啰唆的操作，正是英国会计制度的一种基本要求及关键所在。正是通过严格要求并全面确保资金在不同账户之间的转换，在清楚地显示资金流向的同时，实现对资金运作最有效但又成本最低的监控。

（三）博彩基金

每一种地方博彩项目都应当由一个单独的博彩基金经管。如果某地方政府机关经办某种地方博彩，其收益扣除成本及奖金后，也必须存入一个单独的基金，即博彩基金。博彩基金必须由地方政府机关进行投资，通过这些投资所产生的收入也应当计入该基金的收入项目。②

（四）大城市债务管理基金

根据1985年《地方政府法》，包括债务责任在内的大城市郡议事会的其他杂务，可以转移给相关区域的区。根据这一规定，英国中央政府发布了许多命令，并据此将大城市郡议事会的职能转移给特定的区议事会。这些规定中都包括有关设立单独的大城市债务管理基金的规定，以便各有关的区议事会处理其承接的相关债务。③

六、地方政府机关的基金账户

英国法对于地方政府机关的基金规定了一般的设账要求，即要为每项基金设立相应的基金账户。对征收基金、通用基金以及郡基金缴存的来款以及从中开支的款项，必须记入相应的会计账册。凡记录有关某一郡的区议事会或者伦敦自治市议事会的一般开支的会计账册，被称为一般会计账册；而记录其特别开支的会计账册，则被称为特别会计账册。即便对某一基金并没有设账的特别要求，也默示要求该基金设立自己的

---

① Andrew Arden, p. 518.
② Andrew Arden, p. 518.
③ Andrew Arden, p. 518.

账册。①

七、安居财政账户

每一地方安居职能部门都有义务设置自己的安居财政账户,该账户可记载的财产包括以下六类②:

(1) 根据 1985 年《安居法》第二部分以及该法之前的立法规定提交给该安居职能部门掌管的房屋及其他建筑物,其中包括地方安居职能部门的基本安居房储备,涵盖任何新添附的财产,还包括该安居职能部门已经购买但尚未予以修葺或者转换为安居房之用的建筑物或者房屋。这进一步说明,安居职能部门获得新房源的唯一手段,就是购买,而不包括我们所熟悉的拆迁。英国的旧工业区或者旧城区也有破败的旧房,对此,英国地方安居职能部门一般通过赎买的方式获得这些旧房,将其改造后用于安居房之用。至于旧房主不愿意出卖的问题在英国并不存在,英国地方政府机关也不会强买,更不会强制征用或者强制拆迁。这主要基于两个原因:一是英国地方政府机关收购旧房的出价往往较一般私人高,因为这种收购附带旧城改造、提升地区宜居性等公益目的,因此,地方政府机关是要补贴一点钱的,而这笔钱的来源,就是作为公共事业的安居服务的财政资金。二是英国对建筑物及其所属地产收取相当重的地方议事会税,这笔税是针对房地产的综合价值收取的,房屋虽破,但如果地段好的话,照样很值钱,比照市值评估得出的房产价值收取的地方议事会税仍非常高。因此,英国空着大房子、大地产不用,白交税的大富豪非常有限,绝大多数人都不会任由破房子闲在那里。如果自己无力修葺,自己又找不到买主,政府又愿意收购,将房子卖给地方政府机关确实是一个多赢的选择。而这种多赢的局面正是英国法律制度精心设计的成果之一。

(2) 所有为 1985 年《安居法》第二部分的目的而获得或者划拨的土地,也属于安居财政账户中的财产,例如,不动产的公用部分、根据其他制定法上的权力而购买的开发用地但尚未着手开发的土地。这说明,英国强制征购土地制度的适用范围相当窄,不到万不得已不会轻易适用。而且这种强制购买是建立在公正、精确的估价体系之上的,与自愿出卖的差

---

① Andrew Arden, p. 519.
② Andrew Arden, pp. 519-520.

价很小,不足以引起社会矛盾。同时,英国的地方政府机关并非没有强制购买土地的权力,只是这种权力的行使往往基于无私的、真正的公益目的,并且其具体的行使也受到严格的政治的、法律的制约。其中政治性的制约可能比法律的制约更有力、更有效;地方政府机关是不会冒选民之大不韪,非要去搞那些多数选民不支持的旧城改造或者安居工程的。

(3) 根据1985年《安居法》第192条规定购买的房屋。

(4) 安居职能部门根据1926年《安居(乡村工人)法》[Housing (Rural Workers) Act]第1条或者第4条第2A款获得相应补助的财产;拥有这些提供给乡村工人居住的房产的地方政府机关因此而获得相应的补助。

(5) 根据1990年4月1日以前的某些规定,在征得有关国务大臣或者部长的同意后,于该日之前购买的属于安居财政账户的财产。

(6) 其他不属于以上各类的土地、房屋或者建筑物中依国务大臣的指示应当纳入的财产。

在以上诸类财产中,以下几类应当特别排除在外[①]:

(1) 由地方政府机关通过出卖不动产的所有权或者在1985年《安居法》第115条规定的意义上转让或者出让某一长期租赁物的方式处置过的土地、房屋或者建筑物。经如此处置的不动产,地方安居职能部门已经完全失去了所有权、占有权。

(2) 地方政府机关为了事后通过出卖所有权或者在1985年《安居法》第115条规定的意义上转让或者出让某一长期租赁物,即为事后出卖建好的房屋的目的而获得的土地;这些土地不是为了安居目的获得的,故不能列入安居财政账户。但从另外一个角度看,安居职能部门确实也是可以从事我们所熟悉的经济适用房开发的。

(3) 地方政府机关为了事后向另一准备在该土地上提供安居房服务的个人出卖的土地;由于此处的安居服务不是由地方安居职能部门提供的,因此,该宗地产也不属于直接为安居服务的财产。该土地出让合同体现了地方安居职能部门实现其职责的另一种渠道,即通过行政合同方式。此类土地的出让合同属于附条件的行政合同,更具体地说是以满足公共政策目的为条件的行政合同。地方政府机关有权监督土地受让方将该土地上建设的房屋用于安居服务,否则,该合同将因缺乏成立的前提条件而

---

① Andrew Arden, p.520.

无效。

(4) 地方安居职能部门为出让的目的而获得的土地上所能提供的房屋,也不属于安居财政账户的财产。但是,如果这些房屋用作出租给安居房客或者由安居房客在与地方政府机关按份共有其所有权的前提下承租该房屋,则这些房屋就属于安居财政账户的财产。

八、地方政府机关的其他账户

(一) 直接提供劳务和服务机构的账户

英国于1980年在建设及经管公共工程领域引入了强制竞争性招标制度,并于1988年将这一做法引入其他公共服务领域。与这一做法同时被引入的是,为那些继续经管提供直接劳务和服务的机构的地方政府机关设立了具体的财政目标,相应地要求这些地方政府机关必须设立新的账户,以便对其进行考评。[①]

(二) 提供商品及服务

1970年《地方政府机关(商品及服务)法》允许地方政府机关签订向其他地方政府机关或者公共管理机构提供某种商品或者服务的合同。如果某地方政府机关签订了这种合同,必须就有关这些合同的事宜设立单独的账户,即单独记账,而不能与其他财政事务混同。[②] 但是,如果某项业务是由某个直接的劳务组织或者直接的服务机构根据1980年或者1988年《地方政府法》实施的,则单独建账的要求就可以免除,只要这些机构的业务活动与地方政府机关并没有经济往来。[③]

(三) 提供继续教育的账户

根据1985年《继续教育法》(Further Education Act)的规定,地方教育职能部门可以通过其经管的某一提供高等或者继续教育的机构,提供商品或者服务。为实现此类提供或者服务的目标,地方教育职能部门还可以通过协议,借钱给独立于该地方政府机关的高等教育或者继续教育机构。任何依据该法行使上述权力的地方教育职能部门都必须设立一个一般财政账户,或者依国务大臣的指示设立其他账户,并准备国务大臣指

---

① Andrew Arden, p. 524.
② Andrew Arden, p. 524.
③ Andrew Arden, pp. 524-525.

示中要求的内容。①

（四）广告账户

1986年《地方政府法》引入了对地方政府机关运用广告的制定法上的限制。此处所说的广告是指针对不确定的公众或者某一部分公众进行的任何形式的交流。② 这是英国立法的一种典型的界定术语的实例。此处所指的广告，虽然涉及的范围非常广泛，但其含义却是非常明确的，几乎不容易产生歧义，这就是英国法律术语解释技术所追求的目标。这有助于克服作为一般社会用语的广告的通用含义的不确定性。

（五）养老金基金账户

对养老金基金实施管理的地方政府机关必须设置养老金基金账户。③

（六）其他杂项账户④

第四节 地方政府的收支财政

本节内容在英文著作中的归类是收支财政，包括两个分支：(1) 财政开支；(2) 财政收入。⑤ 从这个意义上，本节的内容应当是讲财政法的。但从英国地方政府还拥有资本项目收支的情况看，财政收支并非财政的全部。因此，revenue 译为收支财政仅仅是为了与此后涉及资本财政（capital finance）及财产财政（property）两部分内容加以区别。

一、财政开支

（一）地方政府机关开支的基本会计要求

地方政府机关发生的所有开支，无论在记账时记入财政开支科目还是资本项目开支科目，都必须由地方政府机关的某一财政账户列支，除非法律明确规定允许该开支由某一资本项目账户列支。即使在允许资本项目开支在某一资本项目账户上列支的情况下，这种操作也是受到限制的，如增加资本项目开支只能通过财政供给，从而需要从某一财政账户

---

① Andrew Arden, p. 525.
② Andrew Arden, pp. 525-526.
③ Andrew Arden, p. 526.
④ Andrew Arden, p. 526.
⑤ Andrew Arden, p. 410.

列支。①

(二) 地方政府机关开支的类别

裁减冗员的开支、行政管理开支以及重组成本②,这三种开支属于通常意义上的非投资类开支,即收支财政开支范畴。

为此目的而发生的开支包括为实现以下目标而开列的任何数额的开支(无论最终是否花费)③:① 为任何可能或者肯定发生但具体数目或者发生日期不定的偶然责任或者损失准备的资金;② 除以下项目以外的信贷债务:(a) 构成地方政府机关的资本收入的一部分的款项;(b) 等价抵偿国务大臣或者其他部长的拨款的款项;(c) 与地方政府机关从某一社区机构获得的资助等值的款项。

单纯看以上内容很难理解信贷债务何以成为开支的一种形式,关键是下文将提到的信贷债务的实质是对作为收入形式之一的借款的偿还义务。而此处提到的三个例外则属于不必偿还的收入,而且这些收益的共同特点是都不是来自税收,而是来自资本运作或者资本移转。

接下来的问题便是对借款的偿还,而这构成了地方政府机关最主要的信贷债务,同时表面上看也构成了财政开支。④ 地方政府机关每年都必须为其未偿付信贷债务预备最低财政开支准备金。⑤

(三) 财政开支准备金的预算核定

地方政府机关有权使在预算中核拨的准备金高于法定最低准备金。但是,在计算某一财政账户的最低财政开支准备金的数额时,不应包括来自地方政府机关的资本收入、中央政府的转移支付以及社区的资助资金中已经指明只能用于核减地方政府机关资本项目信贷债务的款项。⑥ 可见,地方政府机关的资本项目与财政收支项目之间,是有比较严格的区分的。

(四) 财政开支的一般要求

1. 在本财政年度中列支

除会计规则允许动用其他会计年度资金的情况外,地方政府机关的

---

① Andrew Arden, p. 410.
② Andrew Arden, p. 459.
③ Andrew Arden, p. 410.
④ Andrew Arden, p. 410.
⑤ Andrew Arden, pp. 410-411.
⑥ Andrew Arden, p. 411.

财政开支只能从该开支发生的那一年的账户中列支①,不允许跨年度支付。至于会计规则允许动用其他会计年度资金的情况,则是指岁末、年初,为了简化资金流转过程而采取的动用下一会计年度的资金以弥补上一会计年度预支本会计年度的资金之类的平衡头寸的情况,即涉及三个年度。

2. 以财政账户列支为原则

由于制定法已经明确地对开支项目进行了规制,即除可以正当地在资本账户上列支的开支以外,所有的开支项目都必须从财政账户上列支,因此,即使不考虑制定法关于特别的开支必须由特别的财政账户列支并归入财政开支会计科目的规定,也很难说地方政府机关在财政开支方面拥有多少自己的权力。②

3. 从指定账户中列支

如果制定法要求某一开支项目必须从地方政府机关的某一特别财政账户上列支,则该项开支只能由该财政账户列支。但这一规定绝对不能理解为授权某一开支项目由地方政府机关的某一特别财政账户列支。只有当制定法在要求某一开支项目必须从地方政府机关的某一特别财政账户上列支的同时,并没有规定禁止地方政府机关的某一开支项目时,才谈得上该项目从哪个账户上列支的问题。但是,如果根据1989年《地方政府法》的规定,免除了某一开支项目必须由某一财政账户列支的义务,则该项开支也可以不从地方政府机关的财政账户上列支。③

总而言之,英国地方政府机关尽管可以设立多个账户,其中包括多个财政账户,但从原则上讲,地方政府机关的开支只能由其财政账户列支,除非属于1989年《地方政府法》规定的例外。同时,英国法还会规定某一特别的开支项目只能由某一特定的财政账户列支,此时,地方政府机关的该项开支就只能入该财政账户的账。但是,英国学者特别强调,这一规定并非授权地方政府机关此项开支的准据法,而是此项开支已经有授权时的会计规则。如果制定法禁止地方政府机关实施此项开支,则根本谈不上入账的问题。那么,有人也许会问,既然制定法禁止地方政府机关实施此项开支,那又何必要求地方政府机关的该项开支只能入该财政账户呢?

---

① Andrew Arden, p. 411.
② Andrew Arden, p. 411.
③ Andrew Arden, p. 411.

这个问题其实很简单,就如并非每个人一生中都有犯罪的机会,但每个国家仍要制定刑法一样。

二、财政开支标准评估体系

财政开支标准评估体系(Standard Spending Assessment, SSA)是地方政府机关每一财政年度内可分配财政资源的核心。对于某一地方政府机关的标准开支的估价,旨在体现该地方政府机关适当地测算其预算需求时所得到的数值,其目的就是要在能够提供标准水平服务的同时,满足国务大臣对取自财政的净开支方面的要求,这些要求对于所有的地方政府机关而言应当都是适当的。① 也就是说,如果地方政府机关非常合理地测算其预算需求的话,其结论应当与其按照财政开支标准评估体系进行评估后所得的结果大致相同。当然,财政开支标准评估体系并不是无中生有,而是通过不断归结具体的地方政府机关合理地测算其预算需求时的规律而得出的一个算法。这个算法也需要不断地根据地方政府机关实际预算需求的演化相应地进行调整。但就某一固定时段从操作层面而言,英国法推定根据财政开支标准评估体系计算出的地方政府机关的预算需求优于地方政府机关自己计算的结果,也就是此时的英国法更相信理论推算的结果,而不太相信实际计算的结果。从实际操作过程看,即使该地方政府机关切实合理地测算了自己的预算需求,其结果一般也不会与财政开支标准评估体系的计算结果吻合,法律只能相信财政开支标准评估体系。

财政开支评估体系是由诸多模块组成的,这些模块包括教育、个人社会服务、警察、消防、公路保养、其他服务以及资本财政。每一模块的财政开支评估的总和构成某一地方政府机关的总标准财政开支。②

当然,地方政府机关保留对其财政开支优先权的自由裁量权,表现为调整不同服务之间或者每种服务内部的财政开支配比。③

假定每一政府机关都要维持与其在财政开支标准评估体系中的层级相适当的预算需求,那么,为了使所有的地方议事会税征收机关能够对列在同一评估等级中的房产设置大致相同的地方议事会税,中央政府就必

---

① Andrew Arden, p.438.
② Andrew Arden, p.438.
③ Andrew Arden, p.438.

须对地方政府机关实施补贴。① 这是因为,每一地方政府辖区内的房产的数量及价值是不同的,如果各地方政府机关对其辖区内的房产都按照该房产所在评估等级设置大致相同的地方议事会税,则每个地方政府机关所能收取的地方议事会税的总额必然相差很大,这是地方政府机关收入方面的差异。在财政开支方面,不难想象,每一地方政府机关的辖区、人口、地域、经济状况等不同,其财政开支水平也会参差不齐。为此,英国经过测算形成了财政开支标准评估体系,并据此核定每一地方政府机关的标准财政开支。但这一做法只能统一财政开支的标准,而不能统一各地方政府机关的开支,也不能统一按照这一标准计算出来的地方政府机关的开支与其按照大致相同的标准设置地方议事会税时收取的地方税总额的差异。英国方面解决这一矛盾的着眼点是,从统一各地方政府机关对其辖区内的房产的税负入手,即尽可能保证不同地方政府机关辖区内评估等级相同的房产设置大致相同的地方议事会税,同时,通过推行财政开支标准评估体系统一各地方政府机关的开支,最后,对于由此产生的地方政府机关的收支差异,通过中央政府财政补贴的方式予以填平补齐。

这样做的好处是,一方面,无论住在什么地方,房产所有权人的地方议事会税负担只与其房产的价值有关,而与其所在地方政府辖区内的纳税对象的肥瘠无关;另一方面,地方政府机关的开支以及地方政府机关的工作人员的收入,是根据全国统一的财政开支标准核定的,也与该辖区内纳税对象的肥瘠无关。这样就实现了全国居民地方税负的大致统一、地方政府机关开支水平的统一,地方政府机关的收入水平也因中央政府的补贴而归于统一。显然,实现了这三个方面统一的地方政府财政体制,对于全国经济基础的统一无疑具有重大意义,这将从根源上使整个国家处于一种均质状态,而不会形成地区之间过于悬殊的差异,也不至于因这种差异的存在对地区发展以及地区间居民的平等等方面造成负面的影响。

三、财政收入的主要来源

地方政府机关的财政收入来自以下多个渠道②:地方议事会税、非地方税、中央政府的资助和补贴、收费、临时借款。

地方政府机关的财政收入不包括资本捐助,无论是来自中央政府、社

---

① Andrew Arden, p. 438.
② Andrew Arden, p. 412.

区机构的资本捐助,还是其他来源的资本捐助,如来自全英博彩的资本捐助。① 至于资本捐助与财政赠予之间的区别,不完全是《会计良好行为规范》的要求使然。

地方议事会税是由 1992 年《地方政府财政法》引入的地方收费或者称地方税,自 1993—1994 财政年度开始生效,以取代由 1988 年《地方政府法》引进的社区收费[亦称投票税(poll tax)],而社区收费本是 1988 年《地方政府法》用以取代 1967 年《财政税法》(General Rating Act)引入的看来已经过时的额定税率体系的。② 虽然英国财政法中将英国的地方政府机关按照征收职能划分为征收机关和附加税征收机关,但由于这两类机关都是地方议事会,因此,它们分别有各自可征收的地方议事会税,只是在征税渠道上附加税征收机关需要借助征收机关罢了。

非地方税是由征收机关代收,先暂存在各征收机关的征收账户上,再转移给国务大臣。

地方政府机关的上述五项财政收入来源中,除中央政府的资助和补贴因涉及中央与地方政府的关系而另行介绍外,依次介绍如下。

四、地方议事会税的设定

(一)征收机关的地方议事会税的设定

地方议事会税必须由征收机关在该税种付诸实施的下一财政年度开始之前,即 3 月 11 日之前确立。③ 由于英国的财政年度是从 4 月 1 日开始的,因此每一税种在设立后至少有三周的公告期。

但是,地方政府机关确立下一年度征收的地方议事会税的时间不能早于 3 月 1 日,也不能早于基本附加税的征收机关发出最后一份关联税收意向的日期。④ 因为此处讨论的是征收机关所确立的地方议事会税的项目,而按照英国的税收体制,只有征收机关能够自行或者通过外包实际征收地方议事会税,附加税征收机关虽然可以设立地方议事会税,但却不能实际征收地方议事会税,而只能借助征收机关的地方议事会税征收体系实现所设立的地方议事会税的征收。因此,如果征收机关在关联地方

---

① Andrew Arden, p. 412.
② Andrew Arden, p. 412.
③ Andrew Arden, p. 413.
④ Andrew Arden, p. 413.

政府机关向其通报拟委托其征收的地方议事会税之前,即公告下一年度拟征收的地方议事会税的税种,这种公告显然是不完善的。

征收机关确立的地方议事会税的数额也不能在该机关本年度的决算根据1992年《地方政府法》第三部分第三章的要求计算出来之前公布。征收机关违反以上关于不得提前公告下一年度的税种的规定而确立的税种是完全无效的。相反,延迟公告的税种却不是无效的。①

除遵循制定法规定的履行义务的法定期限以外,地方政府机关在任何情况下都有义务在所有必要信息收集完毕后公告其所设立的地方议事会税,而不能因任何不适当或者不相关的理由推迟公告。② 可见,公告本地方政府机关设立或者其他政府机关设立但由本地方政府机关负责征收的地方议事会税的税种及所有必要信息,是征收机关的基本义务。这一义务的履行以所有必要信息齐备为前提,但也要受制定法关于公告期限的规定。公告的法律后果是,提前公告的地方议事会税可能完全无效,从而无法在下一财政年度正常征收。这一点反映出英国税收征收体系对程序性、公开性的要求之严格。

在当代英国地方财税法中,*R. v. L. B. Hackney ex p. Fleming*③ 一案是一个有重要影响的判例,该判例除确定了上述有关征收机关的信息公开义务以外,还确立了以下准则,这些准则直至目前仍具有某种程度的拘束力,当然这种拘束力要与1992年《地方政府法》有关税制设置的规定结合起来适用④:① 地方政府机关有义务确立下一财政年度的税收计划,该义务是与其编制本地方政府机关预算的义务相联系的。因为预算中将不可避免地涉及下一年度的开支额度,其总和当然应当与收入相联系。② 地方政府机关有义务在合理的、有利于其纳税人的时间内确定下一财政年度的收税计划;如果在下一财政年度开始时该年度应征的地方议事会税还没有确定,势必造成一系列财政性不利影响,包括增加借款、延期或者难以偿还借款等。③ 地方政府机关是否违反上述义务将由每个个案的事实确定,但是,英国法的最近发展对此已有突破:一旦过了3月11日,就允许当事人基于表面证据对地方政府机关违反其征收义务的行为

---

① Andrew Arden, p. 413.
② Andrew Arden, p. 413.
③ (1987)85 L. G. R. 626.
④ Andrew Arden, pp. 413-414.

提起诉讼。④ 如果中央政府的相关行为是合法的,则无论由此设定的义务多么令人不满,地方政府机关都必须履行该义务,而且法院也将在必要时通过训令强制地方政府机关履行该义务。此处的义务是中央政府加诸地方政府的,因此可能面临本地民众及地方政府机关的不满,但英国法的原则是无论如何不满也必须履行,否则就将由法院强制执行。如此看来,这委实是税收领域维持全国统一的一个重要环节。

(二) 征收机关的预算

设立地方议事会税的一个重要的前置步骤就是确定地方政府机关在下一财政年度的预算。既然地方政府机关的征税计划必须在3月11日之前公布,相应的,地方政府机关的预算也必须在下一财政年度开始前的3月11日之前拟就,但是在现行英国法中,如果地方政府机关的预算晚于此时间点也并非法律上无效。① 在地方政府机关的预算中,以下两项(开支和收入)的数额必须匹配②:

1. 开支

地方政府机关的开支包括:① 地方政府机关预计在本财政年度内职能履行过程中由某一财政账户列支的款项,包括该财政年度内实际向地方附加税征收机关派发的款项,以及通过征收或者特别征收的方式由附加税征收机关向本地方政府机关征收的款项,但仅以实际发生者为限,不包括尚未征收的款项。这一现象是由英国地方政府机关之间特殊的关联关系造成的,地方附加税征收机关通常是一些比征收机关还要小的地方政府机关,如社区、教区议事会,它们通过向较大的地方政府机关实施特别征收获得自己的预算收入,相应的在征收机关的预算中就成了开支。英国地方政府机关之间的这种关系其实相当于中央政府与地方政府的关系,但在地方政府法中,不是以赠予、资助的方式完成财产转移的,而是以征税的方式完成的。这进一步体现出英国税法的法定性原则,即凡依法实施的强制财产转移都可以称为税,而不像我国将税收限于公权力机关与非公权力机关之间的财产转移关系。② 本财政年度内地方政府机关认为适当的应付偶然开支并由某一财政账户列支的款项,相当于风险准备金。③ 地方政府机关认为适当的用以支付本财政年度内发生的未来开支的财政提留的款项。④ 地方政府机关认为足以平衡既有的财政赤

---

① Andrew Arden, p. 414.
② Andrew Arden, pp. 414-415.

字但尚未提存的准备金。⑤ 地方政府机关预计会接到中央政府的指令而将该地方政府机关通用基金中的资金转移到其征收基金项下,并在本年度内由某一财政账户列支的款项。

2. 收入

地方政府机关的预算中的收入包括以下内容:① 预计从通用基金中获得的进项,但不包括再分配性的非地方税、财政资助以及附加资助;这些都应当全部计入收入,但英国地方政府的会计制度对此另有考虑(详见下文预算平衡)。② 地方政府机关预计会接到中央政府根据条例下达的指令,而将该地方政府机关征收基金中的资金转移到其通用基金项下,并在本年度内计入某一财政账户收入的款项;这一部分收入的形成与开支项下最后一部分开支具有相反的会计操作过程。③ 地方政府机关估计为开支项目部分第一、第二或者第三项开支的需要,将要动用任何财政提留所涉及的款项。

国务大臣可以通过制定条例改变会计计算的构成要素或者改变计算规则。① 事实上,这就是中央政府对地方政府机关适用的会计规则的调整权,通过这种调整,中央政府在统一地方政府机关会计制度的同时,也为中央政府加强对地方政府机关的财政干预创造了条件。

(三) 征收机关的预算平衡

英国税收量出而入的原则(即根据实际开支预算确定征收税基和征收款额)的最直接的体现,就是要通过预算平衡,对地方政府机关的预算进行反复的循环演算,最终形成作为设立地方议事会税的根据的征收机关的预算。以下几个概念,勾勒出这一演算过程的基本脉络。

1. 预算需求

地方政府机关的开支超过收入,则形成其该年度的预算需求。②

2. 征收机关的基本款额

某一地方政府机关征收的地方议事会税的基本数额[即基本款额(Basic Amount)],是从其预算需求中减去再分配性的非地方税、财政资助以及附加资助的总额后,将其结果与该年度地方议事会税的税基比较得到的。上述数据不但要由地方政府机关自己计算,也要通知有权在预算期间向该地方政府机关征收关联性地方议事会税的基本附加税的征收

---

① Andrew Arden, p. 415.
② Andrew Arden, p. 415.

机关。①

3. 征收机关的地方议事会税的税基

地方政府机关每年征收的地方议事会税的税基的具体计算方法是由国务大臣制定的条例规制的。这些条例涉及如何根据纳税人的等级、纳税折扣、减税幅度等,估计可征收入库的地方议事会税的总额,并通过征税率(collection rate)加以修正,征税率允许地方政府机关在计算实际征收总额时既考虑地方议事会税纳税人缴税的可能性,又考虑1992年《社会保障管理法》(Social Security Administration Act)所规定的减税政策,如其中有关地方议事会税折扣的规定。②

4. 征收机关的特别财政科目

如果在地方政府机关的辖区内存在适用特别财政科目的部分地区,则在计算地方政府机关的税基时还要增加这方面的计算。这种计算的必要性在于,减少由那些并不居住在相应地区的地方议事会税纳税人的缴税基数,相应地增加居住在相应地区的地方议事会税纳税人的缴税基数,所谓特别财政科目正是针对这些相关地区的。设计这一做法的指导思想是,确保仅适用于地方政府机关部分辖区的特别开支确实用于该地区的实际居民。③

这些特别财政科目包括④:

(1) 任何向地方政府机关缴纳的实际上仅用于或者计划仅用于该地方的部分地区,并且在计算该地方政府机关的预算需求时已经作为其开支的一部分予以考虑的那部分款项。

(2) 地方政府机关的任何出于如下考虑的特别开支:① 征收某一税款的成本,并且地方政府机关已经讨论决定将此费用作为特别支出记账;② 地方政府机关认为将不得不从征收基金转移到通用基金的款项中支取的款项,这部分款项将专门用于为其辖区内的特定区域而交付信托的财产;由征收基金转移到通用基金的款项属于收入,而此处提到的动用这部分收入而产生的款项自然就属于开支了。③ 地方政府机关认为在本财政年度将不得不从征收基金转移到通用基金的款项中支取的款项,这

---

① Andrew Arden, pp. 415-416.
② Andrew Arden, p. 416.
③ Andrew Arden, p. 416.
④ Andrew Arden, pp. 416-417.

部分款项将专门用于其辖区内的特定区域,因为该地方政府辖区内的其他地方的类似开支是由专门为该地方设立的信托财产予以支付的。④ 除非存在效力相反的另一决定,征收机关因针对本辖区内的某一地方履行了某项在本辖区内的其他地方由特定政府机关或者机构履行的职能而发生的费用,这些特定的政府机关或者机构包括:中殿律师学院的助理司库、内殿律师学院的副司库、教区或者社区议事会、教区会议主席、特许受托人。⑤ 因地方政府机关对其辖区内的某一区域履行了在其辖区内的另一区域由其他有权实施特别征收机构行使的职能,则征收机关因此而产生的费用也属于特别财政科目,但前提是存在一个有效的实施特别征收的决定。以上所列的五项内容均属于特别财政科目中记账时的内容,这些内容存在的价值在于,使地方政府机关履行本不该由其履行的职能时,由此发生的费用能够有地方报销。

5. 征收机关预算的重新计算

征收机关可以随时对其预算重新计算,前提是在重新计算时不能增加其预算需求或者税收基数的数额。不难理解,在这两个收支总量都被限定的情况下重新计算预算,只能是出于精益求精的目的,而不可能存在实施不正当动机的机会。不仅如此,在计算中涉及的税率、资助总额以及税基也必须使用同一数据。这样一来,其结果必然是,预算重新计算的情况实际上非常少,通常仅限于因采取新的行政管理手段减少了预算平衡表中的开支要素的情况下。①

但是,征收机关确有可能受命被迫进行预算重新计算,或者因某一基本附加税的征收机关委托征收机关征收该附加税征收机关的地方议事会税,则在此等任何一种情况下,征收机关都必须重新计算。如果重新计算时发现多出的开支是由于替基本附加税征收机关代征其地方议事会税造成的,则征收机关有权要求该附加税征收机关支付为此付出的管理开支。② 这说明,即使是在征收机关统一征收地方议事会税的情况下,也不是白干的,附加税征收机关必须为其设置并由征收机关代征的地方议事会税的征收中管理成本买单。

如果新的税收总额低于旧值,地方议事会税的纳税人有权要求返还部分税金,不然的话就将多出的款项计作未来的税款成为对征收机关的

---

① Andrew Arden, p. 417.
② Andrew Arden, p. 417.

贷款,高出旧值的部分就成为征收机关的借款。①

(四)地方议事会税的分摊

地方议事会税是以房产为根据的。房产根据其价值分为八档,其中A档是最低档,H档是最高档。② 此处的房产就是居住之所,是就作为物权对象的不动产而言的,与不动产的所有权人、使用权人无关,也与确定所有权人的属地关系无关。作为英国社会的基本常识,英国的地方议事会税就是房产税,是针对本辖区内的房产征收的分级累进税,越高档的房产单位面积缴税越多,而无论所有权人是否居住。这种税的最大好处是,对不动产征税,征税对象直观,征税手段简便;如果不交也很好强制执行:可以就地将房产拍卖变现。英国的地方议事会税实际具有明显的劫富济贫性质:住好房子、大房子的人要给住小房子、差房子的人转移支付。

应缴地方议事会税的税率是根据房产的档次确立的,并且应当保持相对稳定。如A档的应税额为6,D档的应税额为9,H档的应税额为18。2000年前后,各档住房的平均估值约为:A档住房在英格兰不超过4万英镑,在威尔士不超过3万英镑,而H档住房在英格兰要超过32万英镑,在威尔士也要超过24万英镑。最高档与最低档住房的估值之比超过8倍。考虑到当时英国人均GDP只有2万英镑左右,则这一比值还是相当高的,即使考虑到减税或者税收折扣等因素,对于英国公民而言,拥有一套高档住房的税收负担还是相当重的。而这还仅仅是地方税中的一项。上述征税比率可以由国务大臣通过命令予以变动,但要提请众议院批准。这种批准不一定都经过众议院表决,也可以通过一定期限内无众议院议员反对即告通过的方式。地方政府机关必须对住房的档次进行评估。在确定了税基之后,再适用因特别财政科目而形成的不同类型的地方议事会税。③

(五)基本附加税的征收机关的地方议事会税的设定

在每一财政年度开始之前、上一财政年度即将结束的3月1日之前,基本附加税的征收机关必须确定其下一财政年度要征收的税种,当然,这些税种并不因未遵循制定法规定的截止日期而归于无效。④

---

① Andrew Arden, p. 418.
② Andrew Arden, p. 418.
③ Andrew Arden, p. 418.
④ Andrew Arden, p. 418.

但是,只有在估计地方议事会税税基的规定期限届满之后,或者在征收机关已经实际通知附加税征收机关对其附加税的计算结果之后,附加税征收机关才能确定所要征收的附加税。①

(六)基本附加税的征收机关的预算

与征收机关一样,基本附加税征收机关的预算数额也是由开支和收入两部分相比较而形成的②,但具体的项目与征收机关有所不同。

(七)地方议事会税和附加税的信息公开

征收机关与附加税征收机关有义务根据国务大臣制定的条例的要求,在该条例规定的期限内公布该条例要求的信息。③

例如,征收机关要在21日内在当地主流报纸上发布一份关于最终征收数额的通知,但征收机关不遵守有关税务公开的规定并不足以使其所征收的地方议事会税在法律上归于无效。④

五、地方议事会税的征收

(一)税收折扣

如果除1992年《地方政府法》附表1所列的人⑤以外只有一人占有应税的房屋,或者占有应税房屋的人都属于1992年《地方政府法》附表1所列的人,则实际应税额要打折扣。⑥ 英国税收折扣的重点大致有二:一是保护特定的人群,主要是老弱病残;二是保护独居者。从其保护的对象看,保护独居者但不保护无人居住的房屋,因此,如果一处房屋无人居住,仍然是要交税的。

(二)地方议事会税的减税

国务大臣也可以制定条例减少地方议事会税的税额,以便减轻社区的负担、照顾残疾人或者照顾其他具有特定特征的人。因此,国务大臣有权经商财政部同意并在一定的限制性条件下,为地方议事会税的纳税人

---

① Andrew Arden, p. 419.
② Andrew Arden, pp. 419-420.
③ Andrew Arden, p. 423.
④ Andrew Arden, p. 418.
⑤ 因病于医院者、坐牢者、严重精神疾病患者、正在享受儿童补助的儿童、居家的病人以及社会工作者。
⑥ Andrew Arden, p. 418.

奉献一笔"减税补助"。①

六、地方议事会税征收主体

英国财政法首先以地方税的征收税种为标准,将地方政府机关划分为(地方议事会税)征收机关和附加税征收机关。此处讨论的征收主体,读者一眼就应当能够看出其鲜明的中国特色:笔者将地方议事会税的征收机关与实际承担征收职能的机构,统称为地方议事会税征收主体。

(一) 征收机关

依在本辖区内的房产为征税对象设立并征收地方议事会税的地方政府机关为征收机关。根据1992年《地方政府法》第1条第2款以及1994年《地方政府(威尔士)法》[Local Government (Wales) Act]第35条第1款的规定,征收机关包括:区议事会、伦敦的自治市议事会、郡议事会、威尔士的郡自治市议事会、伦敦城公共议事会以及锡利群岛议事会。②

(二) 附加税征收机关

就地方议事会税的征收而言,征收机关要受到其他政府机关或者公共管理机构的节制,这些关联的政府机关或者公共管理机构是指那些其辖区覆盖征收机关的全部或者部分辖区的政府机关或者公共管理机构,而基于这些机关或者机构的辖区,他们自己也是适当的征收机关。附加税征收机关也设立它们自己的地方议事会税,但却借助与其关联的征收机关的地方议事会税征收体系收取附加税。③ 由此得出两个结论:第一,关联地方政府机关也设立属于自己的地方议事会税,在这个意义上,它们也是征收机关;第二,关联地方政府机关并不亲自征收它们自己设立的地方议事会税,而是借助与其关联的征收机关的征税体系,这就意味着,如果征收机关将其自己的地方议事会税的征收外包出去,则附加税征收机关的地方议事会税的征收也由外包机构征收,只不过二者要分别记账,然后返还给不同的征收主体。

附加税征收机关又可进一步分为两类:一类是基本附加税的征收机关,另一类则是地方附加税的征收机关。④

---

① Andrew Arden, p. 418.
② Andrew Arden, p. 412.
③ Andrew Arden, p. 412.
④ Andrew Arden, p. 412.

1. 基本附加税的征收机关

根据1992年《地方政府法》第39条第1款的规定,基本附加税的征收机关包括:郡议事会(英格兰)、根据1996年《警察法》(Police Act)设立的警察局、大城市郡消防及民防局、伦敦消防及民防局、大城市警务区财产管理人。①

2. 地方附加税征收机关

根据1992年《地方政府法》第39条第2款的规定,地方附加税的征收机关包括:内殿律师学院的副司库、中殿律师学院的助理司库、教区或者社区议事会、教区会议主席、特许受托人。②

从以上对附加税的征收机关的两大分类的具体列举不难看出:首先,不仅几乎所有的英国地方政府机关都具有地方议事会税的征收权,而且某些在我们看来不能称为地方政府机关的机构,也被赋予征收地方议事会税的权力,如内殿律师学院、中殿律师学院的财务人员,这二者是地地道道的传统民间社团。如此归类的结果是,这类民间社团可以以地方议事会税的名义收费,而不至于乱收费;其次,所有附加税征收机关的收费都是借助于基本征收机关的征税体系进行的,即以区为单位的地方议事会税征收体系,这样设计的优点在于,相对保障了地方议事会税征收主体的统一,避免重复征收、征税扰民。最后,地方议事会税的决定职能与征收职能相对分离,前者由设立该地方议事会税的地方政府机关决定,而后者则由征收机关自己征收或统一外包给某一征收机构,再由该机构代征所有本地区内的征收机关和附加税征收机关设立的各项地方议事会税,统一征收、分别记账、分别返还给各征收机关。

(三) 征收机构

传统上,征收机构都是征收机关内设的负责实际征收地方议事会税机构。征收机构一度有权对征收机关或者郡议事会进行收费或者实施征收,但这一权力已经被1988年《地方政府财政法》废止了。③ 取而代之的是,国务大臣可以通过制定条例授权此类征收机构对某一征收机关或者郡议事会实施地方议事会税的征收。④ 这种征收实际上应当理解为征收

---

① Andrew Arden, p. 412.
② Andrew Arden, p. 412.
③ Andrew Arden, pp. 412-413.
④ Andrew Arden, p. 413.

机构对其在征收过程中所付出的劳动进行收费,但在英国法律体制中,任何费用如果不是出于自愿达成的合同所付出的对价,只要具有任何程度上的强制性,即使不是根据法律的直接规定,而是依据制定法所制定的条例的规定,这种略带强制性的收费就是收税。英国人对于收税的这种过于笼统的认识的合理之处在于,将所有非自愿财产出让纳入法律的强力保护范围,避免了私有财产不正当地被剥夺。也许正是由于这一点,英国才不会出现令人头痛的乱收费现象。当然更重要的理由在于英国的法律解释技术,即对"英王未经议会同意不得收税"的大宪章宣言作最严格的解释,从而彻底避免了其他名目的收费存在的任何可能。

根据1994年《规制缓和及外包合同法》制定的《地方政府机关税收征收及强制执行职能外包合同命令》,征收机关可以合同外包方式将地方议事会税的管理及征收权外包出去,但决定地方议事会税具体税额的职能不能外包。① 如此一来,征收机构就不限于征收机关的内设机构。

(四) 特别征收

英国地方税收中还有一些特别征收的税种,这些税种是根据议会的法律设立的机构征收的,这些特别税征收机构有权根据财产的价值或者年度价值征税,此项征税权可以由条例予以废除或者调整。这些特别税的征收机构也可以通过条例授权,对地方议事会税征收机关征收特别税。② 这进一步强调了英国税法的两个特点:一是无论什么主体都可能根据议会的法律或者议会法律授权制定的条例,成为某一税种的征税对象,即使公权力机关也不例外,这与英国税法对税的广义理解有直接的关系。二是任何税种的设立和征收都必须有议会立法依据,征税权是严格的议会主权的内容,任何人不得僭越。

七、非地方税

(一) 非地方税体制

从1990—1991财政年度开始,1967年《财产税法》(General Rate Act)停止执行,从而宣告地方政府机关长期以来拥有的对商业及其他非地方可继承财产设立并征收赋税的权力的终结,同时也意味着伦敦城公共议事会、内殿律师协会的副司库、中殿律师协会的助理司库所拥有的特

---

① Andrew Arden, p.412.
② Andrew Arden, p.413.

别征税权以及其他各机构的征税权的消弭。①

中央政府的有关部长还被赋予废除或者调整根据地方私法律确定的赋税的权力。② 也就是说,根据1967年《财产税法》,在1988年之前,地方政府机关拥有一般的或者特别的征收赋税的权力,但自1988年《地方政府财政法》于1990—1991财政年度生效后,1967年《财产税法》失效,地方政府机关相应地失去了固有的职权征税权,而只拥有严格受控制的法定征税权。自此以后,地方政府机关虽然仍可以通过英国议会制定的地方私法律设立并征收地方税,但这些赋税的税率要受作为中央政府代表的有关部长的调整,这些部长通常就是财政部分管这方面事务的低级大臣。这样,虽然中央政府与地方政府机关名义上都拥有各自独立的征税体制和赋税科目,地方政府机关的征税权事实上在很大程度上成为中央政府征税权的一种特别形式,以中央政府统一制定、调整税收政策为基础的英国当代分税制,正式取代了中央税与地方税分灶吃饭、各自为政的分税制。

另外,两个值得注意的现象是:一是英国的税制改革都是依法进行的③,重大事项由立法机关以法律形式确定,并通过执行该法律的方式完成相应改革,这是英国渐进式资产阶级改良运动的一个成功的经验,这个过程从英国资产阶级革命开始一直延续至今,既是英国政治的特色,也是英国法治的特色。二是税制改革的法律的施行与其公布的时间间隔相对较长,至少要相隔一个财政年度。1988年《地方政府财政法》对地方税制调整后,在下一财政年度(1989—1990)并没有付诸实施④,而是再下一个财政年度(1990—1991)才开始施行。从会计操作角度讲,这没有必要,但从法律的有效施行及国民适应的角度看,适当延后调整税制等重大法律制度的施行,对于减少整个社会因此而可能出现的经济、社会震荡,无疑具有一定的作用。

(二) 非地方税的改革思路

英国学者认为,英国对现行的在全国统一的非地方税基础上运行的地方税制体制,并没有彻底修订的打算。但是1998年颁布的《现代地方

---

① Andrew Arden,p.428.
② Andrew Arden,p.428.
③ Andrew Arden,p.428.
④ Andrew Arden,p.428.

政府——密切联系民众》中也曾表示,将就以下税改计划征求咨询意见:允许地方政府机关在中央政府设定的范围内,设立补充性质的地方税,或者给予地方一定的返还额,以便为那些已经通过咨询与商界和本地社区达成协议的地方政府机关提供选择性附加财政开支。这一动议势必要减少小型商业企业的税负,同时不可避免地改变税制系统。①

(三) 对不动产的评估

无论是1967年《财产税法》还是1988年《地方政府财政法》,对于可继承财产的估价就一直是国内税专员(Commissioners of Inland Revenue)属下的行政官员的职能。②

(四) 1988年《地方政府财政法》

1988年《地方政府财政法》废除了地方政府机关享有的商业及其他非地方可继承财产方面的地方税收权,取而代之的是由中央政府直接控制的中央征税体制。相应的,非地方税亦不再是地方政府财政的一个组成部分,因为此时的地方政府机关在实际操作中只是代表中央政府征税的税收代理而已。③

但是地方政府机关仍保留了由中央政府确定的地方政府机关在非地方税全国总税收收入中的一定份额,中央政府届时将根据其对每一地方政府机关提供相应的中央政府援助的总体考虑,确定每一地方政府机关应得的具体数额,并将该数额超出地方政府机关在为中央政府代征税款时预留部分的款项,支付给地方政府机关。④

地方政府机关对于其非地方税的分成比例没有任何控制权,悉由国务大臣决定。⑤

(五) 非地方税的征收主体

除国务大臣在中央政府征税名册上指定的地方税纳税人直接向国务大臣缴税外,非地方税通常是缴给地方政府机关的。以此为标准,地方政府机关分为征收机关和特别征收机关,对于这两类不同的地方机关适用的规定以及非地方税的返还系数都是不同的。⑥ 主要的非地方税征收机

---

① Andrew Arden, p. 428.
② Andrew Arden, p. 428.
③ Andrew Arden, p. 428.
④ Andrew Arden, pp. 428-429.
⑤ Andrew Arden, p. 429.
⑥ Andrew Arden, p. 429.

关是区议事会及伦敦自治市的地方政府机关、威尔士的郡和郡自治市、伦敦公共城议事会以及锡利群岛议事会。①

特别征收机关则是指那些在1986年4月1日辖区人口少于1万并且人均总可征税财产价值多于1万英镑的地方政府机关。② 由于此处强调的是非地方税的征收,因此,那些没有税收征收权的地方政府机关没有考虑在内。而在讨论地方税的征收时,还涉及一些没有征税权的附加税征收机关,它们设置的附加税是从征收机关那里抽取的。

(六)非地方税的征收

1. 仁慈减免和相关减免

具体负责征税的地方政府机关拥有一定权限的自由裁量权,该项自由裁量权涉及对慈善、公益、宗教、教育、社会福利、科学、文学艺术有关的不动产,以及由非营利性质的俱乐部、社团或者其他以休闲为目的的组织占有的不动产的税收减免,但除大城市警务区和特许受托人以外的征收机关或者附加税征收机关本身为纳税人时,不享受此项减免。③

负责具体征收的地方政府机关可以自行决定适用于这些不动产的具体征收规则,以适当减免这些不动产的应纳税额。④ 地方政府机关本身拥有或者占有的不动产应不在税收减免优惠对象的范围之内,但由其拥有或者占有并由他人用于可减免事项的不动产仍可以享受减免。这样做的好处是,有助于减少地方政府机关自己使用的不动产的数量从而减少其开支,因为这些不动产将使其负担相应的与其他不动产占有者等同的税负。因此,在这一税收政策下,地方政府机关总是倾向于最简朴的办公用房,而绝对不会大兴楼堂馆所。从这一点上看,在我们看来非常难以控制的地方政府兴建楼堂馆所的冲动,仅仅通过税收政策与地方政府预算封顶两项不起眼的制度的联动作用,即得到了有效的控制。这不能不说是法治功效的生动注脚。

2. 困难减免

在下列情况下,负责具体征收的地方政府机关还有权决定减少非地方税的缴付数额,或者免除已确定的缴付数额⑤:① 如不实施此项减免将

---

① Andrew Arden,p.429.
② Andrew Arden,p.429.
③ Andrew Arden,p.429.
④ Andrew Arden,p.429.
⑤ Andrew Arden,p.429.

使纳税人面临艰窘;② 考虑到纳税人的利益,实施此项减免是合理的。

根据制定法的要求,地方政府机关为实施此减免而考虑纳税人的利益时,应当考虑因此项减免而受益的纳税人的利益,与那些事实上不得不为此项减免买单的纳税人的利益两者之间的平衡。① 因为在税收总额或者财政开支总额相对刚性的基本前提下,对于部分纳税人税负的减免,势必意味着其他未获得减免的纳税人要多交与减免额相当的税款,从而事实上增加了后者的税负。当然,此二者的平衡同时也是整个税收政策应当首先考虑的内容,而此处讨论的具体征收机关的局部的自由裁量权是在统一税收政策前提下进行的局部的、分散的微调整。这种微调的社会效果是,弥补统一税收政策无法具体的缺憾,使整体的实际税负更加趋于公正、合理。

（七）税收总盘子

国务大臣有义务设立每一财政年度的非地方税的会计账簿,该账簿的具体格式由财政部指定。国务大臣在该会计账簿上记账时,必须将以下内容记入贷方:① 在中央非地方税清单中的各项税种的征收额;② 可以由英王支付的替代税收的数额;③ 由地方税征收机关向英王支付的非地方税的捐助。国务大臣在该会计账簿上记账时,必须将支付给地方政府机关的款项记入借方。该会计账簿中的任何赤字或者盈余必须结转至下一财政年度。②

（八）非地方税的捐助

每一财政年度,国务大臣都可能通过制定条例对地方税征收机关应当缴纳的非地方税的捐助的具体计算方法作出规定,通过这种计算方法算出的结果,就是地方政府机关在其表现勤勉时可以从非地方税中获得的数额。③ 虽然前文在会计账目部分将地方政府机关向英王（中央政府）支付非地方税的捐助,作为英王的收入,但从此处的内容看,非地方税的捐助属于一种非地方税的返还,是从每个地方税征收机关都必须缴纳的非地方税中,作为一种奖励政策返还给那些工作勤勉、表现良好的地方政府机关。至于具体的评价标准,则依中央政府的标准裁量。

国务大臣制定的关于非地方税的捐助具体计算方法的规定中,包括

---

① Andrew Arden, p. 430.
② Andrew Arden, p. 430.
③ Andrew Arden, p. 430.

国务大臣认为适当的对慈善或者类似事项的减免以及征收成本扣除的计算方法。①

(九) 非地方税的核算

1. 临时计算

征收机关须在每一财政年度由国务大臣指定并通知的某一时点之前,计算该财政年度的非地方税的捐助额。②

如果该地方政府机关未能做到这一点,或者国务大臣认为该地方政府机关已经不太可能按照法令完成计算,则国务大臣可以自行对捐助额进行计算,并告知该地方政府机关为什么要自己计算以及计算的结果。③不言而喻,国务大臣在就此事告知地方政府机关的通知中提到亲自计算的原因时,核心问题就是国务大臣认为该地方政府机关已经不太可能按照法令自行完成此项计算,而必须由国务大臣代劳。国务大臣的此项告知肯定蕴含着责难的成分,这正是此项制度设计所要体现的国务大臣对地方政府机关实施监督的构想。进而言之,作为这种监督有效性的重要保障,此种情况下国务大臣所得出的计算结果具有相当的确定力,地方政府机关在得到该计算结果后,没有充分的理由,一般不可能贸然推翻而且事实上也几乎没有机会实际推翻国务大臣的计算结果。

无论是哪种方法取得的计算结果,都属于临时性数额,地方政府机关可以据此数额并按照国务大臣指定的分期付款方式和时间支付给国务大臣。④ 当然不是指支付给国务大臣本人,而是支付给国务大臣所代表的部,即国库。

2. 审定计算值

在每一财政年度结束后,都必须对临时性计算值重新进行计算,将新的计算结果通知国务大臣,并将该计算结果报请各相关地方政府机关的审计师(authority's auditor)核定。除此之外,审计委员会还要代表各地方政府机关的审计师向国务大臣呈送一份审计结论的副本。⑤

如果地方政府机关不遵循这一规定,国务大臣的制裁手段是:暂停根

---

① Andrew Arden, p. 430.
② Andrew Arden, pp. 430-431.
③ Andrew Arden, p. 431.
④ Andrew Arden, p. 431.
⑤ Andrew Arden, p. 431.

据非地方税的捐助的规定应当支付给地方政府机关的任何款项。① 由于非地方税捐助是对那些工作勤勉、表现良好的地方政府机关的一种奖励政策,因此,如果地方政府机关连计算此项捐助的数目的热情都没有,还谈何工作勤勉、表现良好? 国务大臣决定暂停支付此款项也是顺理成章的。更重要的是,此处提到的返还正是非地方税捐助这一制度总体设计中应当返还或者说奖励给工作勤勉的地方政府机关的部分。

也就是说,非地方税的捐助是这样一种制度,地方政府机关把自己征收的一部分非地方税自己或者由国务大臣计算后,划定为非地方税的捐助,这部分款项在初步计算后,即按国务大臣指定的分期付款方式和时间解付国务大臣,此后,国务大臣根据一定的原则将这笔款项返还地方政府机关。但如果地方政府机关没有遵循国务大臣为规范非地方税的捐助而制定的规则,则地方政府机关所面临的惩罚将是无法得到相应的返还额。英国学者没有介绍这部分款项在英国地方政府机关的收入中所占的比例,但不会是一个太小的比例。因此,地方政府机关对于这笔款项还是很看重的。只要履行一些前文介绍的不甚复杂的预算、决算类手续,就可得到这笔款项。因此,这项制度多少带有中央考验地方忠诚度的安抚金的性质。

分别在年初、年末对非地方税的捐助额进行计算这一做法的目的,在于对其实际数额的再调整。国务大臣必须比较财政年度末所得到的审定额与财政年度初所获得的预估额,并告知地方政府机关二者之间的差别。如果审定额超过预估额,则地方政府机关必须将差额付给国务大臣。如果审定额低于预估额,则要么国务大臣可以重新计算,以便将那些没有根据法令的规定考虑进去的要素计算进去;要么国务大臣将差额付给地方政府机关。②

(十) 非地方税的返还

根据非地方税的捐助的上述规定支付的任何款项,无论是支付给国务大臣的还是由国务大臣支付的,都可以通过诉讼要求返还。③ 这在英国是当然的,即无论是地方政府机关还是国务大臣作出的任何行为,都可以通过诉讼予以撤销,从而使已经给付的款项得以返还。实践中主要采

---

① Andrew Arden, p. 431.
② Andrew Arden, p. 431.
③ Andrew Arden, p. 432.

取对冲方式,将应返还款项作为应付,与应收抵销,只流通差额。

(十一)非地方税的分配

非地方税的捐助的总额,即经过上述年终审计调整后的总收入,最终由地方政府财政年度报告予以确认,该数额同时也决定了国务大臣所能分配的财政资助的总额。该总数也就是全国非地方税总额中可分配的数额。① 因此,非地方税的捐助是非地方税的一部分,是非地方税中可以再分配的那一部分,或者说是可以再分配给地方政府机关的那一部分,而其他部分,则是分配给中央政府用的。到这一步,非地方税的捐助这项制度的总体结构和功能就基本明确了,即这是国务大臣实施财政资助的财政基础:通过将地方政府机关征收的非地方税提出一部分来,作为向地方政府机关返还的财政资助的总盘子。

非地方税的捐助的总额将根据地方政府财政年度报告所确定的基础数额,由国务大臣与地方政府机关的代表磋商后进行分配。非地方税的捐助的分配方案还必须经过英国众议院的批准。非地方税的捐助应分配给接收机关。因此,非地方税税额就构成了中央政府向地方政府支付款项的一个经费来源。②

地方政府财政年度报告获得批准后,国务大臣应当按照他自己规定的条件,尽快计算应当分配给每个地方政府机关的非地方税的数额。国务大臣在计算具体的分配额的过程中一般要考虑与其计算有关的信息。但是,如果国务大臣曾经以书面形式通知有关地方政府机关在指定时间将指定信息上报,则任何在其指定的日期之后收到的信息,都可以完全不予考虑,而无论这些信息与其计算内容是否有关。③

一旦计算结果出来了,国务大臣应当尽快通知每一地方政府机关该年度应得的分配数额。国务大臣所拥有的在告知有关地方政府机关按时提供信息后,即不再考虑迟报的信息的权力,是对地方政府机关未进行充分的相关考虑的一种法定惩戒。也就是说,对国务大臣在指定时间内提供相关信息的要求,地方政府机关没有尽到应有的注意,而国务大臣的要求是地方政府机关应当予以充分考虑的内容。实施这一惩戒的目的,在于避免地方政府机关故意或者出于其他动机,企图利用国务大臣未考虑

---

① Andrew Arden, p. 432.
② Andrew Arden, p. 432.
③ Andrew Arden, p. 432.

地方政府机关掌握但未提供的相关信息获利。①

由于非地方税的捐助与分配是相互依存的,即某些地方政府机关的所得有赖于其他地方政府机关,而每个地方政府机关的所得取决于手头占有的信息,如果那些拖延提供信息的地方政府机关不承担相应责任,要想在有限的时间内完成分配额的计算,是根本不可能的。② 从这一内容看,国务大臣不考虑相关信息的惩戒权不仅仅是不考虑晚提供的信息而已,而是有可能少给甚至根本不给那些晚提供信息的地方政府机关分配任何资金。因为按照英国行政行为适当性考虑原则,行政行为的作出必须考虑相关的因素,而没有提供相关的信息就没有可以考虑的内容,不作出任何拨款的决定也是非常自然的。于是,根据这一原理,英国制定法设计了在这种情况下不给予晚提供信息的地方政府机关任何拨款的惩戒条款。

但是,这一权力的适用范围不能扩展到不经警告的情形,如果不经警告就实施该权力,同样违反行政法的基本要求。③ 而其所谓的警告,就是在事先明确告知地方政府机关在指定的时间、提供指定的信息,逾期未提供的,再提供的信息也不被考虑,相应的地方政府机关也将面临因其信息未被考虑而无法计算其应获得的拨款的惩罚。

(十二)征收基金和通用基金

每一相关地方政府机关都有义务建立一个征收基金。各地方政府机关从纳税人那里征收来的各项非地方税只能按相应税种分别存入该基金中。各地方政府机关从纳税人那里超征的非地方税也必须从该征收基金中提款返还。同样,付给该地方政府机关或者由该地方政府机关缴付的非地方税的捐助也必须在该征收基金中分别记入贷方或者借方。④

由于所有其他的款项均由地方政府机关的通用基金支付,因此,地方政府机关从中央财政的可分配资金中获得的款项,或者相应地向各中央财政偿还的各类款项,也只能在地方政府机关的通用基金中记入贷方或者借方,而不能记入该地方政府机关的征收基金中。⑤

---

① Andrew Arden, p. 432.
② Andrew Arden, p. 432.
③ Andrew Arden, pp. 432-433.
④ Andrew Arden, p. 434.
⑤ Andrew Arden, p. 434.

（十三）磋商

虽然非地方税的纳税人并不缴纳地方议事会税，但地方政府机关有义务在设定地方税之前进行财政预算的过程中，与这些非地方税的纳税人进行磋商；对于附加税征收机关而言，则应在其为每一财政年度设定第一项附加税之前进行此类磋商。① 此处涉及两个方面的问题：一是非地方税纳税人与地方税纳税人的关系，其中涉及三个概念：非地方税的纳税人、地方议事会税和地方税。地方议事会税和地方税是同一个概念，而非地方税纳税人与地方议事会税纳税人二者是彼此独立的，缴地方税者不缴非地方税，从中文看这是当然的，但从英文著作中看，二者使用的却是不同词根的词，因此并非如此理所当然。二是英国行政法所要求的磋商或者咨询的对象的广泛性，即不仅包括利害关系人，而且包括利害相关人。以地方税征收为例，虽然非地方税纳税人与地方税纳税人二者彼此独立，但地方税的设定可能会影响到本地居住的非地方税纳税人，因此也要征求他们的意见。

八、收费

英国也存在类似我国的行政收费制度，参见本卷第一编第三章第八节行政收费。

九、临时借款

英国法对政府收支财政的控制，还体现在对临时借款的限制上。

按照现行法的要求，地方政府机关有义务为其每一财政年度设定一个未偿还借款的限额，其中的一个科目就是未偿还短期借款额，特指那些见票即付的借款或者见票后还款期限少于12个月的借款，以及偿还期限为借款后12个月内的借款。②

短期借款的用途大致有三③：① 用于那些有可预期的财政收入担保的贷款，这是地方政府机关短期借款的主要用途，但并不限于此。② 短期借款也可以用于将由某一特定年份的财政收入偿付的某开支项目在获得预定的财政收入之前的年份中先行冲抵已开支的部分，这种情况通常

---

① Andrew Arden，p. 434.
② Andrew Arden，p. 450.
③ Andrew Arden，p. 450.

出现在跨年度开支项目的年度内收支平衡。该跨年度项目的预算将由未来某年的财政收入支付,在获得此项收入之前,该项目已经发生的开支,就只能通过先借入一笔短期借款的方式弥补,而该笔借款的还款日期应当略迟于预期的财政收入到账的日期。也就是说,这是以未来的财政收入为担保并通过地方政府机关的信用实施的借款。③ 短期借款还可以作为日常债务管理的组成部分。在此类短期借款确有必要的限度内,其存在无疑将临时性地增加地方政府机关的信用需求的规模。立法者发现了由此可能产生的风险,于是通过增设临时财政借款限额的手段,限制地方政府机关的信用规模。①

为实现这一立法目的,地方政府机关的有关短期贷款的限制性前提是必须有可预期的财政收入作担保,而不能用于债务管理的目的。② 前文提到,短期借款还可以作为日常债务管理的一个组成部分。结合此处的规定,则短期借款只能用于临时性财政头寸的管理,而不能作为一种经常性的债务管理手段。

第五节　地方政府的资本财政

英国地方政府的资本运营(Capital Finance),又称资本项目的财政管理,是英国地方政府财政管理体制的一个组成部分,也是中央政府对地方政府实施财政控制的一个非常重要的方面。与之同位阶的概念是地方政府的收支财政和财产财政,此三者同属于我们称为财政法的范围,或者说地方政府财政的领域。

英国学者认为,地方政府机关的开支构成了所有公共开支的一个非常重要的部分,因而有必要由中央政府实施严密的规制,但是中央政府对地方政府财政的其他任何部分的控制总体上都没有对资本项目开支的控制严厉。为了达到此等强化控制的目的,同时也为了避免对那些通过归纳已经被证明必不可少的资本控制先例制定的初级立法过于频繁地修订,对地方政府机关的资本财政实施控制的手段中有许多都是根据条例制定的次级立法予以调整的。③ 这无形中形成了一对矛盾,即一方面需

---

① Andrew Arden, p. 450.
② Andrew Arden, p. 450.
③ Andrew Arden, p. 450.

要对地方政府机关的资本财政实施更为严密的控制,就要求不断地采取因时而化的新的控制手段;另一方面,从立法的时效性考虑,这显然无法通过正式的立法程序及时完成相应的立法,从而造成了规范层级低的结果。解决这一问题的根本还在于次级立法的质量,如果从长期的规范效果看,议会并没有发现明显的失控或者控制过度的问题,地方政府机关也没有对实际上主要由未经议会批准的次级立法实施的资本财政控制有过多的不满,就可以继续这一控制格局。但只要议会或者地方政府机关感觉到明显不合理,议会就可以直接或者地方政府机关通过本地方在议会中的议员间接地对次级立法实施干预。干预的方式可以是要求政府修订相应的次级立法,或者直接通过立法程序调整据以作为政府次级立法根据的法律规范。

对此,英国学者指出,对于地方政府机关的资本财政的控制而言,存在"小鬼当家"(devil is in the detail)的局面,这些时常变动的规范不可避免地与其他的许多立法抵触,其中包括许多故意仅赋予其有限的有效期的规定。① 英国学者此处暗示的,正是中国立法者也比较熟悉的一种立法技术,即故意通过低层级的立法规定一些与上位法相抵触的内容,同时限定这些内容的有效期限,在后续限制性立法措施或者启动相应的立法救济手段来纠正这些违法的规定之前,其有效期已过。

英国学者承认,这使研究者进退维谷。这种自相矛盾表现在,如果对资本财政管理体制的描述不具体,则过于抽象;但如果包括所有细节,即便是仅作一般的说明,也意味着在有关研究资料公布之时,这些说明将或多或少地过时甚至误导。因此,英国学者在介绍地方政府机关的资本财政管理体制时,着眼点集中于初级立法规范,以便解释其结构,同时对次级立法中某些主要的、基本的规定专门予以介绍。②

本节以资本运营规范概述及资本运营的一般规定开篇,然后分别从投资开支、例外开支、信用安排、债务偿还、信用保证、担保投资、资本收入、基金与信托基金、借款、满足信用责任的规定、总信贷限额方面,讨论地方政府的资本财政。

---

① Andrew Arden, p. 450.
② Andrew Arden, p. 451.

一、资本运营规范概述

对于地方政府资本财政及开支的控制体制规定在1989年《地方政府及安居法》第四部分。这一部分的核心,是限制地方政府机关能够承担的未偿付信贷债务的总额,这些债务的形式限于两类,既包括借款,也包括其他的信用安排。[1]

控制地方政府资本财政及开支体制的运作基于如下原则:所有的开支都必须由地方政府机关的某一财政账户列支,而不能以举债作为开支的来源,除非制定法另有规定。[2] 这实际上是为公共管理机构的财政管理确立了一个基本的原则,即只能量入而出,而不能寅支卯粮。按照这一原则,任何公共管理机构都是不能借款,更不可能出现赤字的,现实中显然做不到。下文就开始讨论这一原则的例外,其结果是,原则性的表述非常简单,但例外却占了绝大多数篇幅。

要求所有开支必须专户列支,这一规则看似简单,在英国的实践中却复杂得多,因为其例外是不确定的。对地方资本财政的控制的基本原则更为准确的描述是,地方政府机关的所有开支都必须由地方政府机关的某一财政账户列支,但以下例外[3]:一是某些类型的开支;二是低于某一限额的某些开支,具体限额因以下因素而有所不同:① 为偿还信贷债务而提取的既往或者即期的准备金的数额,以及这种准备金的形成是自愿的还是强制性的;② 获准的政府信用保证;③ 由处置财产所获得的收入;④ 为偿还信贷债务主动提取准备金的必要性。

对于地方政府机关的资本财政及开支的控制体制,是与对地方政府机关的收支财政的控制并行的,这一点突出表现在通过设定预期收入限额,以保证地方政府机关资本项目开支不因地方政府机关财政收入无限制的增长而增长。在受这些约束限制的前提下,地方政府机关可以扩充根据1989年《地方政府及安居法》第四部分确立的限额,从而将其财政收入用于资本项目开支。根据1989年《地方政府及安居法》第四部分的规定,地方政府机关的资本项目开支能力来自以下几个方面[4]:① 借款或者

---

[1] Andrew Arden, p. 451.
[2] Andrew Arden, p. 451.
[3] Andrew Arden, p. 452.
[4] Andrew Arden, p. 452.

其他形式的信贷;② 资本收入,即通过先期的资本项目开支而获得的收入;③ 财政收入。

(一) 信用安排

1989年《地方政府及安居法》引入了信用安排,具体是指该法旨在控制的除借款以外的所有形式的信用增加。借款和信用安排构成了地方政府机关通过信用获得资本的手段。在这层意思上,信贷债务这一术语是指因此而增加的信贷,实际上与通过借款而形成的债务是同等的概念。此外,负债(indebtedness)一语在许多语境中仍是适当的,因而仍在广泛地运用。①

(二) 对信用的限制

英国法中存在两种相互独立但又相互关联的限制地方政府机关通过信用获得资本的手段,其中一种手段对借款和信用安排均可适用,另一种手段则仅用于信用安排。②

1. 总信贷限额

这是英国法对地方政府机关信用水平的限制手段中的从宽限制要求:如果地方政府机关的借款或者介入信用安排的行为将使其超过总信贷限额,则地方政府机关既不能借款,也不能介入信用安排。③

总信贷限额是指地方政府机关的信贷债务总量,其计算方法是将以下各项汇总④:

(1) 允许的累积举债额,包括:① 信贷封顶额,该数额的确定既要参考过去曾采用的准予借款额,也要考虑目前实行的关于信用保证体制所确定的标准;② 信用保证额包括基本和补充信用保证。

(2) 地方政府机关的短期信贷需求额,包括:① 临时财政借款限额;② 临时资本借款限额。

(3) 地方政府机关手头所有的用于清偿债务的准备金,其具体数额是地方政府机关的已批准投资和现金额中超过其可用资本收入的部分。

2. 信用额度

英国法对地方政府机关信贷水平的限制手段中的从严限制要求,仅

---

① Andrew Arden, p. 452.
② Andrew Arden, p. 452.
③ Andrew Arden, p. 453.
④ Andrew Arden, p. 453.

适用于地方政府机关的信用安排。没有相应的信用额度,地方政府机关不得介入任何信用安排。信用额度就是即期资本项目开支能力的总额,具体包括[1]:① 信用保证,但仅限于其未使用的部分,即信用保证中未用于先期的信用安排或者借款的部分;② 资本收入中的可使用部分中可用于开支的数额;③ 自税收中自愿提存的准备金,即超过地方政府机关有义务准备的清偿其借款义务的份额之外的准备金。

信用额度的限制手段区别于适用于借款领域的信用限制措施,因为信用额度不适用于借款。地方政府机关介入的信用安排创设了一条不同于借款的新的信贷序列,如果地方政府机关介入的信用安排没有信用保证,则该部分信贷只能通过动用可用资本收入,或者通过利用从税收中自愿提存的准备金创设一种实际的现金准备金的方式予以冲抵。[2]

(三) 资本开支能力

资本开支能力主要受可用资金的限制。除此之外,还受到其他附加的限制,因为1989年《地方政府及安居法》的目标之一就是确保地方政府机关的未清偿债务数额能够降低。为此目的,该法规定,当某一地方政府机关因处置资产而获得资本收入时,必须从中提取规定比例作为提存部分,以备冲抵该地方政府机关的信贷债务;同时,该地方政府机关还有义务从其财政账户上提取最低财政准备金,其目的也是减少其未清偿信贷债务或者维持旨在减少其未清偿信贷债务的准备金的规模。[3]

如果信贷限额为零或者为负值,这种情况出现在已经为未清偿信贷债务提供了足够的准备金时。只有在这种情况下,地方政府机关才有可能直接动用其资本收入中的应提留部分[4]或者最低财政准备金,并将其用于清偿信贷债务以外的任何其他用途,但即使是这种情况下,地方政府机关的开支也同样必须有限度地按照规定的方式进行。[5]

(四) 投资目的

限制地方政府机关的资本开支能力的另一种方法是确定其适用的方式,即资本必须用于给定的投资目的。

---

[1] Andrew Arden,p. 453.
[2] Andrew Arden,p. 453.
[3] Andrew Arden,pp. 453-454.
[4] 否则,就必须将资本收入的提留部分存入还债准备金中,而不能直接用于开支。
[5] Andrew Arden,p. 454.

（五）结论

英国地方政府机关的资本项目开支规则大致是：只有当地方政府机关能够从其财政账户中为其开支提取准备金，或者有足够的资本开支能力，才允许将其开支用于投资目的。①

地方政府机关的资本开支能力取决于：① 地方政府机关既有的信贷债务以及已经为其信贷债务提取的准备金的数量和现在为减少其信贷债务所必须提取的准备金的数量；② 中央政府对增加新的资本的许可；③ 地方政府机关能够从其收入中获得多少资本。②

对于中国读者甚至学者而言，以上有关地方财政的内容或许过于密集，对此完全可以理解，因为我们的行政法甚至整个行政管理体制中都很少提及甚至有意回避财政问题。但英国行政法却将大量的精力投入这方面的研究之中，本节余下的主要内容，就是详细介绍上述概括性规定的。

二、资本运营的一般规定

（一）财政年度

地方政府机关的每一财政年度为自每年的 4 月 1 日起至次年的 3 月 31 日。③

（二）适用的地方政府机关

规定地方政府资本财政及开支的控制体制的 1989 年《地方政府及安居法》第四部分适用于以下地方政府机关④：

（1）郡议事会；

（2）郡自治市议事会；

（3）区议事会；

（4）伦敦自治市议事会；

（5）伦敦城公共议事会，但限于其作为地方政府机关、警察机关的权能范围内；

（6）锡利群岛议事会；

（7）1985 年《地方政府法》提到的垃圾处理职能部门；

---

① Andrew Arden, p. 454.
② Andrew Arden, p. 454.
③ Andrew Arden, p. 456.
④ Andrew Arden, pp. 454-455.

(8) 根据 1985 年《地方政府法》第四部分设立的联合消防、民防及交通局[①]；

(9) 为某一国家公园设立的联合或者特别规划委员会；

(10) 为威尔士境内位于某一国家公园外的区域设立的联合规划职能部门；

(11) 联合消防局[②]；

(12) 警察机关；

(13) 由条例规定的任何其他机构。

(三) 地方政府机关的关联公司

1989 年《地方政府及安居法》第五部分还规定,国务大臣有权通过发布命令,将地方政府机关拥有股份的公司(或者非慈善信托基金、旅客运输执行机构以及它们组建的公司)的行为,在该命令规定的范围内视为相关的地方政府机关为实现该法第四部分规定的目标而实施的行为。[③] 这一授权名义上是授予国务大臣的,实际上却是赋予地方政府机关参股的公法人(公益公司)地方政府机关的行为能力。这一点很重要,因为这说明英国的地方政府机关不但可以通过资本运作参与其认为符合其投资目的的公司,而且相应的公司也因此而可以拥有与该参股的地方政府机关相同的行为能力,从而在很大程度上延伸了地方政府机关的行为能力。这一点正是英国地方政府机关的资本财政的重要特征所在,即通过参股形式实现对更为广大的社会资源的控制,将这些社会资源引入符合或者促进公共事业发展的方向上来,并通过借此产生的壮大地方政府机关财力的必然结果,实现地方政府机关更为远大的行政目标。对于我们的地方财政运作体制,这无疑是一个很好的借鉴。当然前提是这种参股性的投资必须真正用于地方政府机关的公共事业目的,而不是为了地方政府机关谋取经营性收入、增加财政收入或者形象、政绩工程。

如果国务大臣根据 1989 年《地方政府及安居法》第五部分的授权制定了这样的命令,则受其规制的相关地方政府机关及其参股的公司(或者执行机构、信托基金等)就成为所谓的地方政府机关集团的成员。该命令可以就 1989 年《地方政府及安居法》第四部分适用于地方政府机关集团

[①] 重点在于职能的联合,因而区别于联合消防局。
[②] 指地域方面的联合。
[③] Andrew Arden, p. 455.

的成员时作变通性的规定,也可以规定如何在1989年《地方政府及安居法》第四部分的调整范围内考虑地方政府机关集团成员之间的交易以及改变该地方政府机关集团内部公司的投资或者资本结构,还可以包含某些附带的、补充的以及变通性的规定。① 这些规定都属于议会立法授予国务大臣通过制定性质上属于次级立法或者成文法律规范的命令,在该议会立法可以适用的特定领域(此处则是就该法所适用的特定对象),对该法进行有限度的或者规定范围内的变通。这种灵活的立法授权模式,赋予了国务大臣相当广泛的执行法律的自由裁量权,对于相关法律因时、因地、因人制宜地适用,无疑具有足资借鉴的意义。

地方政府机关参股的公司目前主要是吸引私营部门合伙参与服务或者基础设施的供应的一种渠道。②

(四)条例

1989年《地方政府及安居法》规定的制定条例的各种立法权,通过制定成文法律规范的方式行使,并按照议会的否定性批准程序获得通过。③

(五)信息公开

与国务大臣根据1989年《地方政府及安居法》第四部分的规定享有的权力有关的一项权力是,他可以针对某一地方政府机关签发通知,要求该地方政府机关提供他指定或者要求的信息,以便决定是否以及如何履行该法第四部分赋予他的职能,判断地方政府机关遵循该法第四部分的情况或者可能的态势,以及是否在制定政府的经济政策时对地方政府机关予以帮助。这些信息通常包括有关地方政府机关以及地方政府机关拥有利益的公司的财政和开支计划或者建议方面的信息。④ 又是一项非常具体、实用的立法技术,即制定法在赋予国务大臣必要的附属立法权的同时,也一并赋予其获得其行使此项权力所必要的获得信息的强制性手段。显然,如果没有这些手段,国务大臣的判断及行事就是盲目的,其行为的结果也难奏其功。当然,从行政管理的一般规律看,国务大臣应当具有了解基层情况的一般渠道,但这通常是由行政系统内部的通用信息反馈渠道承担的,其最大的缺点就是缺乏针对性,难以应付诸如此处的适用

---

① Andrew Arden, p. 455.
② Andrew Arden, p. 455.
③ Andrew Arden, p. 456.
④ Andrew Arden, p. 456.

某一特定法律规范的要求所必需的针对性和精确性。因此,在立法时赋予执行该法规定的主体适当的特别调查权或者信息采集权,无疑对于获得具有针对性、准确性的信息是非常重要的。这也是提高决策质量的重要保障。

根据国务大臣的要求向其提供的信息,必须经地方政府机关的首席财务官或者国务大臣的提供信息通知中指明的其他人的鉴定,并且(有时则不必)严格按照审计委员会的要求操作。如果地方政府机关未能依国务大臣的要求提供信息,则国务大臣可以径行作出其本人认为适当的假定或者估计。不仅如此,在决定是否以及如何行使其权力、地方政府机关是否已经或者可能遵循1989年《地方政府及安居法》第四部分时,国务大臣并不一定局限于根据此等程序提供的信息。[1] 这是英国立法中常见的一种法律责任形式,是对未按要求提供信息的受益人的一种惩罚,其实际效果是使受益人无法获得按照其真实情况本来应当获得的利益。当然这是就一般情况而言的,实际上确实可能存在国务大臣不依据受益人提供的信息所作出的判断反而更有利于受益人的情况,对此,国务大臣也并不承担判断失误的责任。从这个角度看,英国立法中的这项技术实际上是赋予决策者不依据其本来应当依据的事实作出决策的权力,因为依法应当提供决策信息的受益人没有履行其义务。由此衍生出来的结论是,这样的判断一般更有可能不利于未提供信息的人。

进而言之,正如法律上的推定是英国法中常用的一种法律执行手段一样,英国在立法上也采取了类似的制度,即赋予决策者推定其所需决策事实的权力。对决策者行使此种推定权力而作出的行为,任何人无权以其推定不符合事实为由提出疑问,尤其是那些本来应当提供信息而没有提供的受益人。也就是说,法律在授予决策者事实推定权的同时,也剥夺了受益人相应的就事实问题提起救济的程序性或者实体性权利,这是从程序角度对未依要求提供信息的受益人的一种惩罚。

(六) 良好行为规范

根据1989年《地方政府及安居法》实施的会计活动(无论是资本收入还是财政开支方面的),都必须按照良好行为规范的要求实施。良好行为规范是指那些制定法要求地方政府机关必须遵循,或者那些被视为与此同等的必须参照虽非制定法但业内普遍接受的良好行为规范。在制定法

---

[1] Andrew Arden, p.456.

的要求与业内良好行为规范相冲突时,制定法的要求优先。①

非制定法规定的良好行为规范主要体现在《全英地方政府机关会计良好行为规范》(Code of Practice on Local Authority Accounting in Great Britain)以及英国特许公共财政与会计协会(CIPFA)公布的其他良好行为规范中。除此之外,审计委员会(Audit Commission)定期发布的《技术通告》(Technical Releases),也对地方政府机关的会计处理提供了指导。②

三、投资开支

英国学者认为,有关地方政府机关的资本财政的讨论中,为投资目的的开支的概念居于中心地位。③

(一) 制定法上的定义

1989年《地方政府及安居法》第40条第2款规定,依据该条第5、6款,以下涉及有形资产的开支,属于为投资目的的开支④:① 获取、收回、增加权益或者投资于土地,但不包括道路、建筑物或者其他构筑物;② 获取、建造、预备、加固或者更换道路、建筑物或者其他构筑物;③ 获取、安装、更换可移动的或者可改良的机器和器械以及车辆和船舶。

1. 有形资产

英国成文法中并没有界定有形资产(tangible assets)的含义。⑤ 虽然英国实行所谓的地方自治,但英国制定法对地方政府机关的开支有明确的限制。从而使地方政府机关的主要职能的发挥控制在中央政府可调控的范围内。这是英国中央政府与地方政府关系中一个至关重要的细节,正是这一细节使得二者的关系也呈现出英国法律制度中广泛分布的表里不一的特质。

成文法界定的资本开支的范围内实施的开支,只能投资于获取限定范围的资产,即地方政府机关的开支只能用于获取所谓的有形资产或者将其开支用于增加某一既有资产的价值而不限于仅仅保有该资产;不仅如此,作为资本开支对象的限定范围的资产还必须能够使地方政府机关

---

① Andrew Arden, p.456.
② Andrew Arden, p.456.
③ Andrew Arden, p.457.
④ Andrew Arden, p.457.
⑤ Andrew Arden, p.457.

产生利润,并且该资产的服务年限超过 1 年。① 不仅资本开支的对象受到限制,而且对投资的收益和服务年限也有要求。

地方政府机关应当通过财政性租赁②的方式获得的资产,其中包括未来支付租金的义务。财政性租赁的租金应当由财政收费、在租赁期间由财政资金分配以及由财政资金负担等资金来源分担,同时一并减少未偿还义务。其中财政收费应当向该资产的使用者或者受益者收取,当然具体的收费事宜还要受有关地方政府机关的收费规定的约束。与财政性租赁相对的经营性租赁,则不涉及资本开支,其租金的支付则应由财政资金在租赁期间内负担。③

无论何种情况下,只要涉及实施租赁的权力,就要受规范信用安排的规则的约束。④ 由此可以进一步加深对信用安排的理解,对于租赁而言,特别是对于财政租赁而言,由于地方政府机关作为承租人将承担对租赁物所有的风险和收益,因此,一旦出险,地方政府机关将以租赁物全部的残值对出租人承担赔偿义务,而这种义务相当于出租人基于地方政府机关的信用而向其贷款的资产的额度。从这个角度看,租赁与借款之信用特征最清楚不过了。

2. 土地

在英国法中,土地包括地下或者地上的任何不动产、利益、附属建筑物、地役权或者权利。⑤

3. 增益

按照英国法的定义,增益是指通过对任何资产实施的工程,以达到以下目的之一:① 实质性地延长其使用寿命;② 实质性地增加其在公开市场上的价值;③ 实质性地增加该资产现在及将来的用于满足地方政府机关所关心的职能及与其职能相关目标的应用范围。⑥

就资产的增益概念而言,关键不是增益的结果,而是地方政府机关的动机。当然,地方政府机关实施增益工程的动机要受到通常的行政法基本原则的约束,必须确保地方政府机关实施的工程是基于一个或者几个

---

① Andrew Arden, p. 457.
② 一种将限定范围内的资产的全部所有者风险和收益都实质性地转移给承租人的租赁。
③ Andrew Arden, p. 457.
④ Andrew Arden, p. 457.
⑤ Andrew Arden, p. 457.
⑥ Andrew Arden, p. 458.

为法律所允许的动机。①

除非经审核确实符合通行的会计操作规程,否则地方政府机关实施增益工程的开支就不能被列为用于投资目的的开支。也就是说,必须同时适用两个方面的标准:增益须符合制定法,而用于投资目的的开支则遵循通行的《会计良好行为规范》。②

就建筑物而言,改进工程和结构性维修工程应当属于投资,而诸如粉刷、装修等普通的日常维护工作则不应当纳入投资的范畴。③

1989年《地方政府及安居法》中没有提及研究和开发方面的开支,这类活动的开支科目依据《会计良好行为规范》处理。《会计良好行为规范》通常将研究和开发视为地方政府机关连续运转的一部分,由此产生的开支就被列入收支财政支出项目,并随报随销。④

（二）附加定义

除制定法规定的上述属于投资目的基本定义的开支以外,地方政府机关为构成投资目的的项目投资而向任何人提供预付款、资助或者其他财政资助而产生的开支,也属于投资目的的开支。此外,以下开支也属于投资目的开支⑤:① 除经批准的投资以外的为获取投资而产生的开支;② 为获取股份资本或者贷款资本而在任何公司机构中的投资。

由于国务大臣在行使这种指示权时不必向议会提交相应的成文法律规范,英国学者已经意识到,国务大臣享有的这种权力实际上可以调整制定法所界定的概念的适用。以其作出具体指示的开支为例,以下三种开支在任何意义上、在制定法上或者按照会计规则上都属于不以投资为目的的:裁减冗员的开支、行政管理开支以及重组成本等。⑥ 这三种开支属于通常意义上的非投资类开支,即收支财政范畴。

四、例外开支

如前所述,地方政府机关的所有开支都应当从其某一财政账户中列支,但制定法另有规定的除外。而这些例外中最主要的就是投资方面的

---

① Andrew Arden, p. 458.
② Andrew Arden, p. 458.
③ Andrew Arden, p. 458.
④ Andrew Arden, p. 458.
⑤ Andrew Arden, pp. 458-459.
⑥ Andrew Arden, p. 459.

开支,也就是说,地方政府机关的开支从其财政账户上列支属于普通法上的义务,除非有制定法上的例外,都必须履行该义务。而地方政府机关的开支中只有制定法明确规定的开支项目,才可以依该制定法,列入相应的账户中。这些不需要从财政账户上列支的开支就是所谓的例外开支,亦即免除了从财政账户上列支的义务的开支。①

虽然例外开支是指不需要从财政账户上列支的开支,但在英国法中,这些开支却并非不可以从财政账户上列支。还原为立法的语言则是,地方政府机关的所有开支都应当从其某一财政账户上列支,但制定法有例外规定的例外开支也可以不从其财政账户上列支,但也只有这些例外开支可以不从其财政账户上列支。这与我们的直观理解不完全一致,按照我们对于法律例外或者但书的理解,非此即彼,但英国制定法的例外中却包含着一种双向选择性的例外,该种例外虽然也是对原则的排除,但仅仅是就其具有其他选择的可能性而言的,并不否定其适用一般原则的可能。例外开支就属于这样的一种例外。

根据 1989 年《地方政府及安居法》第 42 条第 2 款的规定,地方政府机关可以但不必从其财政账户上列支的开支包括②:

(1)因履行地方政府机关的信用安排设定的义务而发生的开支,但不包括根据 1989 年《地方政府及安居法》附表 3 第 11 条制定的条例予以排除的信用安排;

(2)因履行与地方政府机关的借款有关的义务而发生的开支,但不包括与利息有关的义务;

(3)因某一信用保证而产生的开支,并且地方政府机关根据 1989 年《地方政府及安居法》第 56 条第 1 款 a 项认定该开支不宜由其财政账户列支的开支;

(4)用于经批准的投资的开支;

(5)1989 年《地方政府及安居法》第 59 条第 7—9 款规定的用于冲抵资本收入的开支;

(6)根据 1989 年《地方政府及安居法》第 60 条第 2 款规定,可以从资本收入的可用部分冲抵的开支;

(7)与那些根据 1972 年《退休金法》建立起来的退休金基金的付款

---

① Andrew Arden, p. 459.
② Andrew Arden, p. 459.

有关的开支;

(8) 与那些为慈善目的而存在的并且地方政府机关本身又是其受托人的信托基金的付款有关的开支。

国务大臣享有通过制定条例修订例外开支附表的权力,据此,国务大臣要么向该附表中增加某类开支,要么将某类开支从附表中移出,而无论所移出的开支类型是制定法规定还是先前的类似条例添附的。①

五、信用安排

(一) 信用安排概述

除根据 1989 年《地方政府及安居法》附表 3 第 11 条制定的条例予以排除的信用安排,因清偿地方政府机关的其他信用安排设定的义务而发生的开支,地方政府机关可以不从其财政账户上列支。②

信用安排是指由地方政府机关实施的并不涉及借款的各种形式的授信,包括土地(含建筑物)或者其他财产的租赁以及提供扩展信用的各种合同,其中扩展信用合同是指从给予地方政府机关一定价值的标的到地方政府机关偿付该标的的对价之间的时间跨度超过一个完整的财政年度的合同。信用安排只能是那些与资本项目开支有关的开支,这一概念的确立与英国法自 1980 年以来对地方政府机关的资本项目开支的控制的历史有关。③

20 世纪 80 年代,英国法创设或者发展了相当数量的机制,以便与 1980 年《地方政府、规划及土地法》所引入的限制资本项目开支的举措相适应,例如,提前及延期购买合同、租赁合同的扩展使用。这些机制的目的在于,允许将资本项目开支分配到并非付款义务实际发生的那一年的另一财政年度的财政账户去列支。也就是说,实际偿付的财政年度中按规定可用的支付能力多于该年度资本项目的实际预期开支。说得更通俗一点则是,如此操作的目的就是为了在并不具有足够的开支预算的财政年度内,实施更多的资本项目。④

英国法学界对于此类机制(包括某些阶段性措施)争议颇多,非常重

---

① Andrew Arden, p. 459.
② Andrew Arden, pp. 460-461.
③ Andrew Arden, p. 461.
④ Andrew Arden, p. 461.

要的原因在于其高昂的成本,具体表现为利息支付水平较高。①

根据1989年《地方政府及安居法》的规定,政府的目标正是运用这些机制,因为政府已经意识到,有非常充分的理由运用某些形式的付款和交付不同时进行的商业合同模式,使有关地方政府机关免于承担规避支付限制的高额成本,从而确保地方政府机关的资金发挥最大的价值。② 此处介绍的内容涉及对英国立法及其实施过程中的一段曲折往事的反思,即在20世纪80年代初期,由于1980年《地方政府、规划及土地法》创设了诸多限制地方政府机关资本项目开支的措施,这些措施在实践中存在一定的不切实际之处,具体表现在地方政府机关发明了相当数量的机制来规避这些限制措施的适用。这些规避机制的实际操作成本相当高昂,从而出现了因立法失误而导致中央政府的立法目的无法实现,同时地方政府机关的规避成本居高不下的双输局面。为此,1989年《地方政府及安居法》采取了相应的补救措施,通过引入商业领域行之有效并已经为某些地方政府机关用作规避中央立法的控制手段的机制,在确保中央政府对地方政府的资本项目开支加以有效控制的同时,尽可能减少因这些控制手段的存在而增加的不必要的地方政府开支。

1989年《地方政府及安居法》第四部分规定的控制手段是,通过限制地方政府机关可以担保的信贷的总量(无论该信贷限额是用于借款,还是用于签订信用安排),实现对地方政府机关资本项目开支的控制。新的体制下,使用信用安排手段与使用借款、资本收入或者财政捐助等手段筹集资金,所能产生的资本财政效果是一样的。在这种情况下,地方政府机关运用信用安排而非其他财政资源的冲动已经不复存在,除非此类安排能够更好地实现资金的价值。③

(二) 制定法的定义

根据1989年《地方政府及安居法》第48条第1款的规定,在以下情况下视为地方政府机关已经签订了一项信用安排④:

a. 在地方政府机关成为任何财产的承租人的任何情况下,无论该财产是土地还是物品。

---

① Andrew Arden, p. 461.
② Andrew Arden, p. 461.
③ Andrew Arden, p. 461.
④ Andrew Arden, p. 462.

b. 在不属于上述 a 项的任何情况下,基于某一单项合同或者两个及以上的合同的共同约定,地方政府机关估计,就合同对方当事人提供给该地方政府机关的土地、货物、服务或者任何其他类型的利益,该地方政府机关在相关财政年度末所要付出的报酬的价值,要高于其在该财政年度之初付出的报酬的价值。

英国学者认为,1989 年《地方政府及安居法》第 48 条第 1 款 b 项的规定所针对的,是那些授信期限超过一整个财政年度的合同。① 以提供服务的合同为例,在年初,由于还没有提供服务,地方政府机关是不应该支付报酬的(预付除外);而在年末,由于已经提供了一年的服务,地方政府机关支付的报酬肯定要多一些。事实上,英国立法的上述表述只是用一种最笨拙但最可靠的方式,描述了一般的信用安排类的合同的最本质的特征,即合同对方提供某种利益,如土地、货物、服务或者任何其他类型的利益,地方政府机关在期初不付报酬或者仅付少量报酬,而在期末偿付所有剩余报酬。这种合同在本质上与借款合同相同:借款合同的对方当事人(贷方)在期初付给地方政府机关(借方)的是本金,地方政府机关在期初不付利息或者仅付少量利息,而在期末偿付所有剩余利息及本金。这种合同与前面提到的租赁在本质上也是一致的。这说明,信用安排其实就是一种与资金授信对应的实物授信,二者在本质上是一致的,因此,现行英国法也将其纳入统一的管理渠道加以管理,从而回归其本来面目。

c. 如果地方政府机关实施的与本条规定的目的一致的任何形式的交易,根据国务大臣制定的条例属于信用安排,则该交易属于信用安排。这一规定既是一项授权规定,同时也是一项扩展信用安排范围的弹性条款,即通过授权国务大臣制定条例,可以将任何符合本条规定的性质的交易,纳入信用安排的范畴中。

总之,信用安排这一术语是指某项租赁、某个单一合同或者多项合同的组合。如果一项合同的内容仅仅是地方政府机关借款,则不属于信用安排。而且如果国务大臣制定的条例明确将某项租赁或者合同排除在外,则该租赁或者合同也不是信用安排。②

(三) 延期的付款合同

延期的付款合同,就是前述 1989 年《地方政府及安居法》第 48 条第 1

---

① Andrew Arden, p. 464.
② Andrew Arden, p. 462.

款 b 项规定所针对的那些授信期限超过一整个财政年度的合同。①

1. 跨年度合同

相关财政年度是指自构成信用安排的一个或者多个合同中的第一个合同成立后开始的那个财政年度。如果不存在这样的财政年度，也就不存在所谓的跨年度的信用安排的问题。② 事实上，上述定义反映了英国立法技术或者说英国法律语言中相当缜密或者非常符合数理逻辑的一面，类似的表述在我国的立法中还非常罕见。从英文原文的表述看，相关财政年度的起点是合同成立后的第一个财政年度起点，即 4 月 1 日，因此，相关财政年度不是合同成立的本财政年度，这是该定义中最关键的所在。因此，对于相当比例的合同而言，由于合同期限不长，在本财政年度内已完成，并不存在相关财政年度。从另一个角度看，既然合同已经在本财政年度内完成，也就不是跨年度合同，因此不存在仅与跨年度合同有关的相关财政年度的概念。正是基于以上的理解，才能够得出以下的结论。

只有当某一合同或者合同组合的履行期限横跨不少于 3 个财政年度时，才存在信用安排。这是因为，根据 1989 年《地方政府及安居法》第 48 条第 1 款 b 项规定，地方政府机关必须对相关财政年度开始前所要接受的合同约定的对价的价值进行评估，此项评估的时间应当不迟于合同签订后第一个财政年度的 3 月 31 日；同时，按照该条的规定，地方政府机关还要评估其在相关财政年度未支付的对价的价值，此项评估涉及第二个财政年度的 3 月 31 日前未清偿的对价以及相应的应偿付的价值，而偿付则肯定是在此后第二天开始的第三个财政年度。③

2. 合同的变更

变更某一已经存在的合同，有可能将某一非信用安排的合同转化为信用安排。相应的，即便对合同的改变本身在法律上并不构成合同，仍有理由将这种改变视为合同，而原合同与这种变更原合同的影子合同在英国法中被视为两个应当一并考虑的合同，在满足适当条件的情况下，这两个合同自该变更成立时起共同构成一个信用安排。④

---

① Andrew Arden, p. 464.
② Andrew Arden, p. 464.
③ Andrew Arden, pp. 464-465.
④ Andrew Arden, p. 465.

3. 估价的时间

对于仅由一个单一合同构成的信用安排而言,根据1989年《地方政府及安居法》第48条第1款b项的规定,作为合同一方的地方政府机关必须进行的旨在确定该合同是否已经构成信用安排的评估,必须在该合同成立时即行实施;对于由两个或者更多合同构成的信用安排,此项评估必须在其中较晚的或者最后的合同成立时进行。[1] 就因合同的变更而转化为信用安排的原合同与其变更的组合合同而言,对其是否已经成为信用安排的评估就应当在变更时进行。

4. 溯及既往的信用安排

与相关财政年度概念的定义结合在一起,溯及既往的信用安排的复合效果是,某一本初并不存在延期付款因而也不属于信用安排的合同,可以因嗣后的某一合同(包括被视为合同的对原合同的改变)而转化为信用安排,在这种情况下,则自第一个合同开始的较早的或者相关的财政年度都将溯及既往地纳入该信用安排的期间;否则,就必须引入第二个合同推迟第一个合同项下的偿付行为,以便溯及既往地转移透支。[2]

5. 信用安排的认定

为方便起见,仅以单一合同为例,在认定该合同是否属于信用安排时应当解决以下问题[3]:① 在第一个财政年度的3月31日,合同对方当事人应付给地方政府机关的未付对价的价值;② 在第二个财政年度的3月31日,地方政府机关应付给合同对方当事人的未付对价的价值。而嗣后所要进行的支付则只能在第三个财政年度的4月1日或者此后完成了。这就是前文提到的一个信用安排必须至少横跨三个财政年度的具体情形。

如果上述第一步评估所得出金额低于第二步的结果,则信用安排存在,其理由是在该财政年度末仍应偿还(或者已经安排延期偿还)的金额多于该财政年度之初未支付的金额,从而满足1989年《地方政府及安居法》第48条第1款b项所规定的信用安排的要素。简言之,付款延迟至接受某一价款之后,或者说延期付款,即构成信用安排。地方政府机关的此项评估须由该地方政府机关的专业雇员(如财政估价师)承担,而且他

---

[1] Andrew Arden, p. 465.
[2] Andrew Arden, p. 465.
[3] Andrew Arden, p. 465.

们必须在合同成立时根据提供给他们的信息妥善为之。①

(四) 信用安排的开始

根据过渡性信用安排的规定,信用安排这一术语并不适用于1989年《地方政府及安居法》实施前一年,即1990年4月1日之前成立的信用安排。②

一项有关土地租赁或者物品租赁的信用安排自地方政府机关成为承租人之时成立。单一的延期付款合同构成的信用安排,自该单一合同订立时成立;一项由两个或者两个以上的延期付款合同构成的信用安排,自最后订立的合同订立时成立。如果某一信用安排是因条例的规定而成为信用安排的,则该信用安排自地方政府机关签订时成立,但条例另行规定了成立时间的除外。③

(五) 信用安排的成本

在英国调整信用安排的规范体系中,居于核心地位的是信用安排成本的估算,即期初成本。为此,要求地方政府机关就以下内容作出估价④:① 地方政府机关为履行其签订的某一信用安排中的给付对价的义务而在该财政年度中应当支付的实际对价;② 地方政府机关为履行其签订的某一信用安排中的给付对价的义务而在下一财政年度应当支付的对价的价值。由于英国的信用安排是一种除借款以外的动用政府信用的行为,其所加诸该地方政府机关的支付给授信人(合同相对一方)的对价都不是在一个财政年度内完成的。而延期支付对价肯定是要有代价的,其数额相当于应支付对价价值的同期银行利率。

地方政府机关根据对当年及后一年应支付对价的评估所产生的相当于利息的资金数额必须由该地方政府机关的信用额度予以保障。⑤ 也就是因延期支付而产生的额外的信用负担,必须有资金的保障,并最终由地方政府机关付给授信人,作为对该授信人迟延获得对价款的补偿。英国地方政府机关的信用安排的运作原理,其实是与借款完全相同的。

如果地方政府机关的信用安排最终不得不通过延期支付的方式以其支付时的实际成本践约,则此项费用就可以由地方政府机关的资本账户

---

① Andrew Arden, p. 465.
② Andrew Arden, p. 467.
③ Andrew Arden, p. 467.
④ Andrew Arden, p. 467.
⑤ Andrew Arden, p. 467.

列支,而无须从其财政账户列支①。当然,按照英国财政法的规定,地方政府机关将这笔费用列支于其财政账户也是可以的,但通常地方政府机关不愿意这样做,因为资本账户上的资金对于类似信用安排这样的中长期资金运作项目而言,要比财政账户上的资金更便利。

在下一财政年度支付的对价的价值应当按照国务大臣为此目的而制定的条例中规定的贴现率估算。国务大臣可以制定条例,对在下一财政年度支付信用安排的有关对价的价值估算方法作出列举,他可以规定新的估算信用安排的对价的期初价值及次年支付价值的方法,也可以用新的估价方法取代旧的方法。②

(六) 信贷限额

如果地方政府机关未支付资本项目借款加上其本财政年度应付信用安排的费用总额,将要超过其该年度总信贷限额,就不能再签订信用安排。③ 注意,此处又是英国法律英语中的一个严谨之处,这在立法技术上也是我们应当注意的,即"将要超过"(would exceed);如果没有"将要"的限定,则上述要求就会被理解或者实际操作成可以在已有的信用负担总额没有超过年度信贷限额上限之前,再签订最后一个将使本年度信用负担总额超过该年度限额的信用安排,甚至可以理解为这种超支可以不受限制,如此一来,整个信贷限额的制度设计就完全没有意义了。正是加了"将要",使地方政府机关在签订任何信用安排之前,都必须估算该信用安排对本年度履行偿付义务的影响,并确保本地方政府机关不因该信用安排的确立而突破本年度的信贷限额,这才是信用控制的基本要求。否则,如果在为自己设定信用负担时缺乏精确的计算,更不知其是否会导致本年度财政赤字的后果,地方政府机关非破产不可。须知,在英国,地方政府机关是一个与公司一样的法定机构,从理论上讲是可以破产的。

(七) 信用额度

信用额度是一个专门针对地方政府机关的信用安排的专用术语④,而信贷限额则涉及地方政府机关的所有信用负担在内,既包括信用安排,也包括借款。信用安排的总额加上借款总额的总和上限就是信贷限额,

---

① Andrew Arden,pp. 467-468.
② Andrew Arden,p. 468.
③ Andrew Arden,p. 468.
④ Andrew Arden,p. 468.

但除满足这个条件外,地方政府机关的信用安排本身还有自己的上限,这就是信用额度。这两个词翻成汉语后可能会使人觉得没有区分的必要或者区分标志不明显,但在英文中却是非常醒目的。

信用额度是指地方政府机关积攒的并在此基础之上可以有权签订信用安排的财政资源的总和。通俗地讲,英国财政法要求地方政府机关在被授予花钱的权力之前,必须首先积累起足够的可支付的财政资源;或者说,地方政府机关只能花自己的钱。当然,这些财政资源不一定都是即期的,也可以包括远期的预期收入,否则就没有信用安排这样的需要动用信用的支付行为了。从这个意义上说,信用额度其实就是除信贷限额以外,对地方政府机关签订信用安排能力的限制。①

信用额度这一术语并不适用于控制地方政府机关的借款,而是用于借款以外的其他置信手段。② 只有当地方政府机关拥有足够的信用额度时,才可以签订信用安排。也就是说,地方政府机关在签订某一信用安排时必须拥有与该信用安排的期初费用相等的信用额度。③ 因为期初费用在做账时是记在地方政府机关资本账户应付款项下的,这是地方政府机关在签订某一信用安排之前必须对其期初费用作出估算的原因之一。虽然在实际操作中这一款项并未在该财政年度内支付,但作为地方政府机关下一财政年度支付(与期初费用一并估算的次一财政年度支付费用额)的准备金,应当在本财政年度中预作提留,并转入下一财政年度中作为支付保障。从严格财务制度的角度讲,这一做法是必要的,对于限制地方政府机关过分的信用扩张有积极意义。当然在我们看来,则可能显得有点保守了,因为只计提本财政年度内应当偿付的信用费用也是完全可以的,但这难免会使前一任地方政府机关不考虑将来,签订大量根本无法偿还的信用安排。

可以构成地方政府机关签订信用安排的基础的信用额度包括以下几方面的资金来源④:① 由信用保证授权的数额。② 地方政府机关决定从其可用资本收入中提存用以偿付信贷债务的数额。地方政府机关的资本收入计入其资本账户中的收入或者应收项目下,是其可以用于资本项目

---

① Andrew Arden, p.468.
② Andrew Arden, p.468.
③ Andrew Arden, p.469.
④ Andrew Arden, p.469.

开支的款项,对这部分款项,地方政府机关可以在其总额范围内自行决定其用途,可以用于偿还资本项目下的借款,当然也可以用于偿还信用安排。③ 地方政府机关根据1989年《地方政府及安居法》第四部分,在其财政账户中提存了用于偿付该规定中要求的信贷债务的款项之后,地方政府机关自愿从其财政账户上提存用于偿付其信贷债务的款项。地方政府机关在作这样的财政决定时,需满足两个方面的要求:其一是已经按照1989年《地方政府及安居法》第四部分在其财政账户中提存了用于支付该规定中要求的信贷债务的款项;其二则是其财政账户上仍有余款。在同时满足这两个条件的前提下,地方政府机关才有权将其财政账户上的余款用于投资,即作为支付资本项目下的开支。按照我们的说法,英国的地方政府机关未将这部分财政账户上的剩余资金用于日常的行政开支,而是用于长远的投资类开支,是其深谋远虑的表现,应当予以鼓励,当然这样做的一个最根本的前提是其确有余钱,除此之外,还有下面一层意义上的限制。

地方政府机关作出的将财政账户上的余钱提取出来用于信用安排的决定,应当在不迟于该信用安排签订的那个财政年度结束后的6个月内作出。这样一来,采取某一信用安排的资金来源的第三种渠道,即从财政账户的余款中拨付的形式,应当在该信用安排签订后的第二个财政年度的上半年实施。因此,地方政府机关可以将其信用保证用于为其信用安排提供信用担保,而不限于将其信用保证用于担保借款。①

六、债务偿还

地方政府的资本财政的目的,就在于确保债务的偿还。

1989年《地方政府及安居法》第四部分规定的中心目的之一,就是确保未偿付信贷债务能够有足够的提存,这一目的既可以通过减少未付信用安排的数额的方式达成,也可以通过积累足以清偿的资本储备的方式达成。地方政府机关也可以将其资本收入留存并将其用于清偿包括借款在内的债务。当地方政府机关将其资金用于清偿其债务而非利息,即用于还本,这笔资金不必从其财政账户上列支②,也就是可以从资本账户上列支,但地方政府机关从其财政账户上列支仍是可以的。地方政府机关

---

① Andrew Arden, p.469.
② Andrew Arden, p.474.

的财政账户是可以列支其包括资本项目开支在内的所有开支的保底账户。

此外,地方政府机关的债务还可以由其他人代为偿还。①

七、信用保证

信用保证是中央政府对地方政府机关的借款或者信用安排实施控制的基本手段,无论是基本信用保证还是辅助信用保证,都是允许地方政府机关将某一资本项目开支不记入其财政账户,或者授权地方政府机关签订或者允许其改变某一信用安排。对于有信用保证担保的开支,可以依地方政府机关决定不从财政账户上列支,亦即可以从资本账户上列支。信用保证有两种:基本信用保证(Basic Credit Approval,BCA)和辅助信用保证。信用保证只能用于投资目的的开支。②

(一)基本信用保证

地方政府机关的基本信用保证是由国务大臣于每一财政年度开始前以书面形式通知每一地方政府机关的,旨在控制该地方政府机关在这一年度内的信用安排以及投资目的的开支。信用保证是一种授信,它允许被授权人动用信用来支付财政资本项目开支或者承担财政资本义务。信用保证既可用于借款,也可用于信用安排。③

基本信用保证表现为一定数额的金钱,但也可以是零(授信)。基本信用保证只能在其作出的当年发挥担保作用。基本信用保证一般用于指定的投资目的,但其本身并不限于用于该保证设定的投资目的。④ 易言之,基本信用保证一般应用于设立该保证时所指定的投资目的或者项目,但也可以不限于此,即在一定条件下也可以挪作他用。

国务大臣有权通过制定条例,对基本信用保证的使用作出规定,如规定基本信用保证应设立一个指定的分期付款期间,在此期间,获得授信的地方政府机关应从其财政账户中划拨出与其所承担的信贷债务相同数额的款项,用于清偿此项债务。

(二)辅助信用保证

辅助信用保证比基本信用保证要特殊得多。基本信用保证一般由环

---

① Andrew Arden,p.485.
② Andrew Arden,p.474.
③ Andrew Arden,p.475.
④ Andrew Arden,p.475.

境国务大臣或者威尔士事务国务大臣拨发,而辅助信用保证则可以由任何英王的国务大臣核拨。辅助信用保证在其指定的期限内有效。如果辅助信用保证是在某一财政年度的头6个月设立的,其效力还可以回溯至前一财政年度。①

适用于基本信用保证的分期付款规定也可以适用于辅助信用保证;但如果有关国务大臣在设立某项辅助信用保证时,出于行使其自由裁量权的缘故而将该项保证限定用于资本项目开支,则该国务大臣亦有设立一个分期付款期限的自由裁量权。②

像基本信用保证一样,辅助信用保证也表现为一定数额的款项,并通过信用安排或者为某一特定投资目的借款的方式得以落实。③

(三) 设立信用保证的标准

1989年《地方政府及安居法》规定了国务大臣或者部长在设立信用保证(基本信用保证和辅助信用保证)时应当遵循的程序,对国务大臣或者部长设立信用保证的行为作了原则性规定,授权他们在遵循该规定的前提下,可以在考虑其认为适当的因素的情况下设立相应的信用保证。④

在不违背上述普遍原则的前提下,有关大臣应当考虑的特别因素包括⑤: ① 将获得授信的地方政府机关在信用保证有效期内已经获得或者可能获得的任何资助或者捐助的款额;② 将获得授信的地方政府机关实际的而非预期的资本收入的数额,该数额要么是有关大臣认为该地方政府机关已经获得的,要么是其认为该政府机关有充分的理由期望获得的,或者是其认为该政府机关在信用保证期限内可能获得的。实际上,英国立法中的这种表述,无非是授予有关大臣在决定信用保证的设立时,将相应资本收入的数额与获得此款项的可能性综合起来或者加权平均考虑:期望获得的可能性越高,则作为其考虑对象的数额的权重越大,地方政府机关的偿付能力也就越强,失信的可能性越低。而这些考虑的过程及其理由,都应当记录在相关决定的理由中。

国务大臣或者部长在设立信用保证时不应考虑以下因素⑥:① 就基

---

① Andrew Arden, p. 475.
② Andrew Arden, pp. 475-476.
③ Andrew Arden, p. 476.
④ Andrew Arden, p. 476.
⑤ Andrew Arden, p. 476.
⑥ Andrew Arden, pp. 476-477.

本信用保证而言,有关地方政府机关将其资本收入留作支付信贷债务准备金的程度;因为这是地方政府机关自由裁量权的范围,是作为中央政府的大臣们不应干预的。② 在基本信用保证和辅助信用保证两种情况下,有关地方政府机关将其资本收入用于支付与慈善基金有关的某一特定目的、返还中央政府以及允许核减的安居房分配的管理成本的程度。③ 有关地方政府机关从其财政账户上支付投资目的的开支能力的大小。

以上三个方面的因素,都是影响获得授信的地方政府机关在利用其资本收入时的现实因素,但同时又是各地方政府机关自由处分其资本收入的自由裁量权的核心。英国法禁止有权设立信用保证的中央政府大臣考虑这些因素,实际上是对地方政府机关这方面自由裁量权的保护,或者说是对中央政府借此干预地方事务的可能性的制约。这些都是在立法时考虑了的,说明地方对英国中央立法机关的影响力是非常强大的,这些力量保障了在立法之初即充分考虑了中央与地方分权的问题。考虑到英国的中央立法机关,即众议院的议员都是来自各地的议员,这一点又是理所当然的;英国的民主制从根本上可以自如地解决中央与地方关系的问题。

(四)信用保证的使用

如果地方政府机关在运用信用保证时不是从其财政账户上列支其资本项目的开支,这种会计操作将等量地增加该地方政府机关的信贷限额。相应的,这也将增加地方政府机关的信贷总量限额。① 具体而言,地方政府机关本财政年度可借款上限相应增加,地方政府机关有权力也有资信获得同等额度的借款或者信用安排数额。对于举债能力受制定法规定的信贷限额严格限制的英国地方政府机关而言,信贷限额的增加,就是举债能力的增加。而这种能力也必须由法律授予,此处的信用保证就是增加这种能力的途径之一。

信用保证只能使用一次,一旦使用,则不得再使用。当然,此处所说的使用一次是就信用保证的全额而言的,而不是就实际使用的次数而言的。这一点从信用保证可以部分转让的法律中可以得到佐证。某一尚未使用过的信用保证,可以全部或者部分地转让给另一地方政府机关,该信用保证具有相当于其最初为受让方设立同等的法律效力。②

如果地方政府机关决定使用某一信用保证而不将相应的费用在其财

---

① Andrew Arden,p.477.
② Andrew Arden,p.477.

政账户上列支,或者地方政府机关签订某项信用安排、同意改变已经签订的信用安排①(这是地方政府机关参与资本项目运作的三种方式,第一种方式是通过借款产生需要偿还的信贷债务,后两者则是通过借货币以外的其他物而产生相应的信贷债务),则地方政府机关决定使用信用保证的时间,应当在其作出该信用保证所适用的贷款行为、签订信用安排、改变信用安排的行为所在的那一年的次年的9月30日以前。这实际上赋予了地方政府机关相当大的选择权,即在某一财政年度内,如果地方政府机关需要就支付其上一年度实施的借款行为、签订信用安排、改变信用安排的行为所产生的债务作出安排,地方政府机关至少有三种选择:一是从其当年度的财政账户的余额中直接列支;二是从其当年度的资本账户的余额中直接列支;三是动用其获得的信用保证,将其还款的期限延长到该信用保证有效期结束之前。但地方政府机关作出这个决定的时间,不应当晚于致使其信贷债务发生的信用行为发生的次年的9月30日。而且地方政府机关必须在此之后、在信用保证期限届满之前,找到足以偿还其信贷债务的款项,否则就失信了。此时,为其提供信用保证的国务大臣就要为其承担相应的偿还义务,但事实上,这种情况是所有的地方政府机关都会竭力避免的,因为这属于严重的失信行为,将直接影响该地方政府机关从中央政府乃至其他任何放贷人那里继续获得信用甚至资助、捐助的能力,其后果是非常严重的。

按照英国地方政府财政法,任何费用都可以在其财政账户上列支,只有在例外的情况下才可以在其资本账户上列支,此处讨论的信用保证就是针对如何将某笔费用列入资本账户而言的。如果不做这种例外的会计操作,自然无须受信用保证的有关规定的限制。

(五)信用保证的减少

无论是基本信用保证还是辅助信用保证,都可能因获得授信的地方政府机关又得到了与其信用保证相关的特别资本资助而使其信用保证全部或者部分失效。这一点不难理解,因为信用保证仅仅是授信,而非实际的资金或者物的注入,而捐助则是实实在在的财物注入,而且是不必偿还的,因此,用已经实际获得的财物冲抵远期的担保,对于接受者而言应当是不难接受的。英国学者也认为这一点在逻辑上是非常直白的,既然已经为某一特定的目的提供了一笔捐助,这足以减少或者取消为此目的的提

---

① Andrew Arden, pp. 477-478.

供信用保证的必要性。①

1. 特别资本资助

特别资本资助是指那些为了国务大臣制定的条例中指定的目的而提供的资助、捐助和补贴,用于支付给地方政府机关以帮助其偿还资本项目的、不属于转移支付的开支。转移支付是指国务大臣根据1989年《地方政府及安居法》第157条决定支付的款项,或者在年度资助或者捐助的情况下国务大臣有权或者必须支付的款项,转移支付的款项必须全额提存并专款用于偿付地方政府机关的信贷债务。

2. 相关的信用保证

如果某一信用保证因地方政府机关获得某项特别资本捐助而即时或者随后发生法律效力,并且该信用保证的使用目的等同于或者包含于该项捐助拟偿付的开支的目的,则该项信用保证就是与该特别资本捐助相关。

八、担保投资

担保投资是指国务大臣为了1989年《地方政府及安居法》第四部分规定的目的而制定的条例担保的投资。用于担保投资的开支不必由地方政府机关的财政项目列支,这些开支用于投资基金。②

九、资本收入

因使用或者支付资本收入发生的开支,以及与之相关的提存准备金,都不需要从财政账户上列支。相应的,此类开支也必须根据可用的资本收入量入而出。③

(一) 制定法的界定

根据1989年《地方政府及安居法》第58条第1款的规定,地方政府机关的资本收入是指与以下各项相关的收入④:

(1) 如果当初获得某一资产的开支是以投资为目的,则处置该资产上的任何利益所获得的收入属于资本收入。

---

① Andrew Arden, p.478.
② Andrew Arden, p.479.
③ Andrew Arden, p.479.
④ Andrew Arden, pp.479-480.

（2）处置担保投资以外的其他任何投资的收益。

（3）如果地方政府机关用于提供某项捐助或者其他财政援助的开支在其偿还时将被视为投资目的的开支,则接受此等捐助或者其他财政援助者偿还或者支付的款项,构成地方政府机关的资本收入。之所以会出现这样繁复的表述,关键在于英国立法者确实考虑了此种偿还行为因时间的延宕而产生的判断上的差异:以地方政府机关提供此类捐助时的法律来看,也许还不能视为投资性行为,但以偿还时的法律来看,这样的开支属于投资性开支时,就英国现行法而言,此时收回的先前的开支就是一种投资性开支。这反映了英国立法的细腻之处,这种细腻对于严密的法律体系的建立和有效操作无疑是必需的。过于粗疏的立法只能反映更为粗糙的执法、守法现实,其结果只能是使法律的执行更为粗陋。

由此可见,英国地方政府机关提供的,当然也包括中央政府向地方政府机关提供的资助或者其他财政援助,也是可以偿还的,但偿还并不全都是受援助者的义务,偿还的承诺也不是他们接受此类援助的先决条件。从这个意义上说,中央政府或者地方政府机关获得的对此类捐助的偿还确实有额外收入的性质。因为当事人即使不还,施授方也不能采取强制手段索回。

（4）如果某项不属于担保投资的预付款在其偿还时的法律看来,地方政府机关支付此项预付款的开支将构成以投资为目的的开支,则返还的此项预付款的本金构成地方政府机关即期的资本收入。

资本收入以其实际妥收时确立。如果地方政府机关处置的某一资产的买卖价格的全部或者部分价款只能在稍后的某一日期妥收,则由此产生的付给地方政府机关的任何利息都不能作为资本收入入账,除非国务大臣制定的条例对此另有规定。国务大臣制定的此类条例允许国务大臣增加资本收入的类别,以便记账之用;也可以规定将某项资本收入在会计处理时排除在资本收入科目之外。无论哪种情况,此类条例的规定都可以及于相应款项的全部或者部分。①

（二）出租收益

如果地方政府机关的某项资产处置行为是对某一地产的出租收益或者对其他任何资产的租赁权的资助、分配或者让与,则只有以下部分的对

---

① Andrew Arden, p. 480.

价能够满足资本收入的条件①:① 受益人为此项捐助或者分配支付的报酬(这种报酬是受益人可以支付的,但并非必须支付),此种捐助中比较典型的就是安居房的捐助和分配,再穷的人也可以获得这样的福利,而不以其是否支付得起租金为限制性条件,否则就失去其福利性质;② 对任何让与支付的对价;③ 提前3个月以上预付的租金;④ 一年期以上的任何租金;⑤ 国务大臣可以通过指示将某些其他类别的款项划入资本收入范围,以便地方政府机关作相应的会计处理。

(三) 不属于资本收入的收入

排除在资本收入的定义之外的收入包括:处置养老金基金的资产或者投资的收入,这类资金只能还用在养老金上,因此不能作为资本收入用于其他目的;支付给养老金基金的、本来应当构成投资目的的开支的捐助或者财政援助②,这类开支根本上也将仅用于养老金的支付。之所以会提到这种开支用于投资目的的情况,主要是因为地方政府机关在提供这些捐助或者财政援助的同时或者以后,其捐助有可能是以投资的形式支付出去了,而没有马上成为支付给个人的养老金。这说明,英国地方政府机关掌握的养老金是可以挪作他用甚至用于投资的,但都投向了比较保险的、有固定回报率的项目上,如地方政府机关的安居房的购置等。

(四) 资本收入的提存

1. 制定法的规定

地方政府机关收到的资本收入中,必须提存一部分以备偿付信贷债务之用,这部分收益被称为提存部分。如果资本收入是处置地方政府机关根据 1985 年《安居法》第二部分拥有的房产所得,则提存部分将占总收入的 75%。其他任何情况下,提存部分的比例是 50%。③

国务大臣有权制定条例改变提存比例,或者规定受条例调整的数额占总收入的百分比,也可以出于此项提存规定的目的而减少资本收入。④

2. 资本收入提存的用途

假定地方政府机关尚未为其全部未清偿信贷债务提取准备金,则其资本收入中提存的数额可以用于以下三种用途,其中的任何一种都将减

---

① Andrew Arden, pp. 480-481.
② Andrew Arden, p. 481.
③ Andrew Arden, p. 481.
④ Andrew Arden, pp. 481-482.

少该地方政府机关的未偿付信贷债务①:① 履行清偿有关借款的义务,但不包括清偿利息义务,即资本收入的提存款只能用于还本;原因在于英国财政法将利息的支付作为经常财政收支项目,而非资本财政项目,由地方政府机关的财政账户列支。② 履行清偿有关信用安排的义务。③ 结清因使用信用保证而发生的费用,但不从财政账户上列支,亦即不增加新的借款或者新的信用安排。

（五）可用资本收入

资本收入中未予提存的部分就是可用余额,包括资本收入中减去提存部分,减去在适用提存百分比以决定提存额之前先行剔除的部分。但这些规定不适用于慈善性资本收入。②

可用余额有两种用途:其一是用于偿还投资目的性开支,此时,这类开支就不再需要从地方政府机关的财政账户中列支了;其二是将其作为偿还地方政府机关的信贷债务的自愿附加准备金,这一部分资金的用法与资本收入中的提存部分完全相同,并对地方政府机关的信贷限额具有同样的效果。③ 偿还信贷债务的准备金越充分,信贷限额就越高。因此,地方政府机关增加偿付准备金的结果,也无形中增加了其信贷限额的上限,但一般情况下地方政府机关是不会以此为目的增加准备金的数额的,而是将这部分资金用于偿还未履行的信贷债务,并在减少既有债务的前提下,适当举债以实现自己的各种政策目标。

十、基金与信托基金

（一）养老金基金的开支

养老金基金的开支,不需要由地方政府机关财政账户列支。④

（二）慈善信托基金开支

为慈善目的而设立的信托基金的开支,并且该地方政府机关是该信托基金的受托人,则该项开支也不必从地方政府机关的财政账户上列支。⑤

养老金基金和慈善信托基金,各有其对应的资金账户,各基金相应的开支,由其资金账户列支。

---

① Andrew Arden, p. 483.
② Andrew Arden, p. 484.
③ Andrew Arden, p. 484.
④ Andrew Arden, p. 485.
⑤ Andrew Arden, p. 486.

十一、借款

(一) 借款权

按照我们的理解,地方政府机关能够举债的法律基础显然属于一种权利而非权力,但英国的理解与我们不同。地方政府机关用于支付资本项目开支的另一现实的基本财源就是借款,当然,这并不意味着借款仅适用于资本项目的开支,地方政府机关的其他开支的经费也可以通过借款筹措。地方政府机关有权为了与其法定职能相关的任何目的借钱。[1]

以资本项目开支为目的以及为了 1989 年《地方政府及安居法》第四部分规定的其他目的的借款,本来是不应当包括地方政府机关为了基金设立目的以外的其他目的,临时使用该地方政府机关的某一基金的部分资金的情况的。但为了确保借款不超出其借款限额,地方政府机关临时使用自己掌管的养老金基金或者慈善信托基金中的资金的行为,亦被视为借款。也就是说,地方政府机关的借款是根据其借款当时拥有的任意借款权实施的借款,而不以 1989 年《地方政府及安居法》第四部分的规定为限。[2]

英国学者认为,1989 年《地方政府及安居法》第四部分的规定构成了地方政府机关借款方面的完全法典,据此,诸如 20 世纪 80 年代中后期盛行于地方政府机关之间的互惠信贷等做法,在 1991 年的 *Hazell v. L. B. Hammersmith & Fulham* 一案中被贵族院认定为越权无效之后已经被禁绝了。[3] 除非获得国务大臣在取得财政部同意后提供的担保,任何地方政府机关都只能采取以下三种方式借款[4]:① 从作为英国中央银行的英格兰银行或者符合 1989 年《银行法》定义的其他授权金融机构透支或者短期借款。② 从国债专员或者公共工程筹款专员处借款。③ 通过借贷票据借款。

(二) 债务安全性

地方政府机关借入的所有的款项,连同由此产生的任何利息,通常都应当由该地方政府机关的收入列支。[5]

---

[1] Andrew Arden, p. 486.
[2] Andrew Arden, p. 486.
[3] Andrew Arden, p. 486.
[4] Andrew Arden, pp. 486-487.
[5] Andrew Arden, p. 487.

除了1934年1月1日已存在的偿还优先权或者在此日期之前已设立的某项抵押,地方政府机关确立的其他任何形式的抵押都是同权的,彼此之间都没有优先偿还权。① 即在破产或者清算时,这类债权都依其未偿还数额,从有关地方政府机关的剩余资产中同时受偿,而不存在某些借款优先于其他借款获得偿还或者比其他借款获得更高比例偿还的情况。对此唯一的例外就是1934年以前已设立的优先权或者抵押。对于这一点,更多的是基于对历史传统的一种尊重,甚至可以说是1934年前后的立法现实的残余:当初因为法不溯及既往而对立法的利益调整规定的内容,被后期的立法顽强地延续了下来。

债权人有权向任何有管辖权的法院提出申请,请求法院为该款项指定一名收款人,并请求法院以该法院认为适当的条款赋予该收款人该法院认为适当的权限。② 如果未付款额少于5000英镑或者少于国务大臣规定的其他限额,则债权人无权请求法院为其指定收款人。值得注意的是,英国立法在作出这一规定的同时,授权国务大臣就款额作出规定,其原文的表述是"or such other sum as may be prescribed by the Secretary of State"。这一表述同时设定了两个规范:一是授权国务大臣对地方政府机关的未付欠款的免诉限额作出规定;二是对低于免诉限额的未付欠款的债权人的救济作出规定。这种表述言简意赅,属于英文语法中的一种特殊表述,汉语中似乎还没有可以直接简单对译的句法。

除从地方政府机关自己的财政账户上列支以外,借款的地方政府机关不得以质押其财产或者直接以其财产偿还借款的方式,为其借款提供担保,任何此种形式的担保都是无效的。③

(三) 借贷票据

1. 制定法的定义

按照英国制定法的定义,借贷票据是指直接或与另一文件相结合后能够满足以下条件的任何文件④:① 该文件包含任何一方或者双方承认某一借贷已经达成,或者地方政府机关承认将从其自有资金中支付或者偿还一笔资金;② 该文件指明了支付或者偿还的期限;③ 该文件指明了

---

① Andrew Arden, p. 487.
② Andrew Arden, p. 487.
③ Andrew Arden, p. 487.
④ Andrew Arden, pp. 487-488.

支付或者偿还的金额,或者指明了计算该金额的方法;④ 该文件特别规定了该文件所设定的权利或者义务是否可以转让,以及转让的方法;⑤ 除非该文件是可以通过交付转让的,该文件还应当特别注明其中所列款项应当支付或者偿还的特定人的姓名或者对该人的其他描述;⑥ 如果某一借贷票据是由两个或者更多地方政府机关联合签发的,该文件应当指明每一地方政府机关承担的支付或者偿还义务的比例。

国务大臣经商请财政部,可以制定条例就借贷票据的格式文本、借贷票据应如何签发、如何转让、如何赎回等加以规范,以限制通过交付可以转让的借贷票据的签发,并对借贷票据的支付或者偿还、提供担保乃至与借贷票据有关的文件在适当情况下最终销毁等作出规定。

2. 登记簿

1990年4月1日以后,每一地方政府机关都必须建立一份记录由其签发或者对其签发的借贷票据的登记簿。地方政府机关可以指定一名既非该地方政府机关的行政官员,又非该地方政府机关的雇员的登记官来掌管该登记簿的全部或一部分。① 登记官的职责显然不是保管纸质意义上的登记簿的原件,而是负责登记簿记录范围内的票据能够及时、准确地登记在册。

登记簿的具体形式可以由地方政府机关确定,但必须是易于阅读的或者能够经复制后成为易于阅读的形式。②

地方政府机关的每一笔借款的具体细节都应当记入该登记簿。但已经清偿的借款的细节则可以从登记簿中移出。③ 这反衬出登记簿的设立目的,即不在于记流水账,而是记录该地方政府机关当前未清偿的债务。

国务大臣经商请财政部,可以制定条例,对地方政府机关保有借贷登记簿的事宜加以规范、调整制定法要求的应登记的特别事项或者增加新的应登记事项。④

(四) 借款限额

地方政府机关的某笔借款不得使其未付借款余额超过其总信贷限额。未付借款余额包括该地方政府机关通过借款取得的未付本金(含该

---

① Andrew Arden, p. 488.
② Andrew Arden, p. 488.
③ Andrew Arden, p. 488.
④ Andrew Arden, p. 488.

地方政府机关从养老金或者某一慈善信托基金中借来的内部借款),以及该地方政府机关在该时点所有信用安排的总成本。①

国务大臣有权制定条例规范地方政府机关出于谨慎的财政性经营的目的而实施的借款,有关地方政府机关的借款不得在任何程度上或者以任何形式违背此类条例的规定。既然如此,此类条例显然既可以规范地方政府机关的借款数额,也可以规范借款方式。②

在每一财政年度之初,地方政府机关都必须决定其借款战略。这一职责不能委托给本地方政府机关的某一官员、某一委员会或者某一分委员会。但该地方政府机关的某一行政官员,或者某一委员会、分委员会可以就地方政府机关的决策提出建议。这一要求的意思仅仅是要求地方政府机关最终的或者实际的决定是由该地方议事会的全体会议作出的。其他的借款决定可以委托。③ 地方政府机关的全体委员会所决定的,仅仅是一个虚的战略或者方针而已。

在每一财政年度之初,地方政府机关必须决定的借款战略的三个主要因素是④:① 总借款限额,该限额是地方政府机关可以通过借款发生的债务的最大值;② 短期借款限额,该限额是总借款限额的一部分,是该地方政府机关通过短期借款可以筹措的未付欠款的最大值;③ 对地方政府机关在可变利率情况下可以支付的利息总额中各种利率所占比例的限额。英国是一个利率市场化的国家,地方政府机关的借款也要走市场化的道路,因此,地方政府机关的借款决策中必须就本机关可以接受的利率的上下浮动范围作出规定,同时还要对可以接受的(即可支付)利率中各种利率的借款的利息在利息总额中所占的比例作出限定,这样也就限定了地方政府机关最终的或者实际借款的利息负担的总体水平。由于地方政府机关的借款策略是由其全体委员会议定的,而具体的借款决定则可以委托给其行政官员、委员会或者分委员会实施,因此,利息负担水平的限定,对于地方政府机关在总体上控制其授出的借款决定权的行使具有总量控制的意义。

地方政府机关的全体委员会在就上述三类因素作出决定后,该地方

---

① Andrew Arden, pp. 488-489.
② Andrew Arden, p. 489.
③ Andrew Arden, p. 489.
④ Andrew Arden, p. 489.

政府机关还可以通过新的限额决定变易旧的限额，这些变更决定既可以在有关的财政年度前作出，也可以在该财政年度内作出。此类规定的立法宗旨是规定财政纪律或者财政责任。①

尽管有上述有关地方政府机关借款限额的限制，借钱给地方政府机关的人并非必须调查该地方政府机关是否有借款的权力，而且放贷人的借款求偿权也不因地方政府机关缺乏此类借款的权力而受到损害。也就是说，放贷人在没有调查清楚地方政府机关是否有权借款（甚至是地方政府机关根本无权借款）的情况下实施的借款仍非无效借款，而是可以付诸法律予以索回的。② 对此，要比对贷款人对普通借款人的谨慎义务。

十二、满足信用责任的规定

（一）最低财政准备金

除已经介绍过的有关预留准备金的规定以外，地方政府机关还必须每年从其认为适当的财政账户中拨出一笔最低财政准备金，用以支付其信贷债务。如果地方政府机关愿意，可以超额预留准备金。但其留存准备金的决定不能晚于有关的财政年度结束前6个月。③

最低财政准备金的计算应当按照1989年《地方政府及安居法》附表3第四部分规定的方法进行。适用于1990—1991年以后各财政年度的规定要求预留的准备金总额④是国务大臣规定的、以该地方政府机关在上一财政年度最后一天所确定的经调整的信贷上限为基数的一定百分比（该百分比可以是自0％至100％）；最低财政准备金与地方政府机关的全部金钱债务对应，而不针对某一个别的财产。⑤

（二）全额提存

除最低财政准备金之外，以下支付必须全额提存以便届时偿还地方政府机关的信贷债务⑥：① 国务大臣有权将某一财政年度内其有义务或者有权拨付给地方政府机关的中央政府资助或者捐助合并起来一次性支付或者以较少的次数支付。当国务大臣行使此项权力的时候，其拨付给

---

① Andrew Arden, p. 489.
② Andrew Arden, p. 490.
③ Andrew Arden, p. 490.
④ Andrew Arden, p. 490.
⑤ Andrew Arden, p. 491.
⑥ Andrew Arden, pp. 491-492.

地方政府机关的全部金额,地方政府机关都必须在收到该款项后全额提存,专款专用于偿还其将要到期的债务。由于该款项每年都有,而且必须全额提存、专款专用,因此,在该款项下来之前,地方政府机关完全可以借入短期借款以备急用,待该款项下拨后马上偿还。② 与此种合并支付中央财政捐助款的一般权力相对独立的另一权力是,国务大臣或者部长有权将按财政年度逐年拨付的款项或者在一定期限内拨付的款项,合并起来一次性支付或者以较少的次数支付。当有关大臣行使此项权力时,其拨付给地方政府机关的全部金额,地方政府机关都必须在收到该款项后全额提存。

十三、总信贷限额

总信贷限额的主要形式是总信用上限。总信用上限是地方政府机关资本项目开支能力的最大限额,所有与之相关的要素,无论是借款还是信用安排都不得超过此限额。总信用上限是对某一地方政府机关的净负债的控制手段,也就是要求地方政府机关的信贷债务不得多于其投资。①

根据1989年《地方政府及安居法》第62条第1款的规定,某一地方政府机关在任何时候的总信用上限是以下诸项的总和②:① 其临时性财政借款限额;② 其临时性资本项目借款限额;③ 1989年《地方政府及安居法》附表3第三部分规定的其信用上限;④ 超过其经担保的投资以及其可用资本收入的部分。

但是,某一地方政府机关的总信用上限可以根据国务大臣针对该地方政府机关的具体情况所作的指示,在一定期限内予以相应额度的增加。国务大臣的此类指示是针对该地方政府机关的个别指示,因此不同于国务大臣对所有地方政府机关或者某一特定类别的地方政府机关的指示;同时,国务大臣在作出此类个别指示时,可以附加相应的限制性条件。③ 这项规定进一步确立了中央政府对于地方政府机关的具体财政事务的指导权,这种权力实质上就是一种干预权,至少是一种影响力。但关键是其具体适用时的度的权衡,否则也确有可能成为中央干涉地方事务的突破口。但从英国地方政府财政管理法律体系中不时出现的此类介入环节的

---

① Andrew Arden,p.492.
② Andrew Arden,p.492.
③ Andrew Arden,p.492.

规定看,英国立法者的思路是非常明确的:既要给予地方一定的自主权,又要为中央政府适时、适度地干预留有法律上的回旋余地。至于实际操作中度的把握,则留给中央政府的国务大臣具体裁量,其裁量效果的好坏以及地方政府机关的反弹,则是一个长期的建立在充分民主制前提下的政治平衡。

第六节 地方政府的财产财政

英国地方政府的财产财政涉及三个方面:财产的获得、财产的利用、财产的处置。①

一、获得财产的权利能力

英国公法上对于地方政府机关获得财产的权利能力的讨论,与英国公法上的权力与权利,特别是公权力主体的权力与权利的界分有直接的关系。他们对地方政府机关获得财产能力的理解,是建立在英国公法的权力与权利二分体系基础之上的,因此与我们对于权力、权利的理解有很大的不同。

英国学者强调,首先需要明确的一点是,地方政府机关可以像任何其他人一样,获得土地或者其他财产,其获取的手段可以是购买、继承或者赠予。② 但由于英国地方政府机关是制定法拟制的法律人格者,其权利能力不同于普通法确立的法律人格者,只能获得其依法能够获得的财产。由此引发了制定法上的权利以及行使此类权利的目的两个议题。③

原则上讲,缺乏权利能力,地方政府机关的任何财产获得行为都属于越权无效。由此产生的法律后果是,该地方政府机关并没有取得有关财产的权利,且必须返还。④

如果取得或者占有土地方面的瑕疵未获得部长的追认,或者未能遵循公告并考虑反对意见的要求,对于这种情况,英国法规定了一种补救条款,仍然可以在违背与该地方政府机关打交道的人的意愿的情况下,使该

---

① Andrew Arden, p.545.
② Andrew Arden, pp.545-546.
③ Andrew Arden, p.546.
④ Andrew Arden, p.546.

土地交易合法化。①

二、财产的分类

英国地方政府可拥有的财产包括货物和材料②、土地③、会议设施、计算机④等。不同类型的财产在获得、使用及处置上,地方政府机关享有不同的权力和权利,以及相应的义务和职责,而这些内容,构成英国财产财政的主要内容。

以地方政府机关的会议设施为例,地方政府机关可以获取或者提供(含装修)在其辖区内或者外的礼堂、办公室以及其他建筑物,以便用于举行公共会议或者集会。教区议事会或者社区议事会也拥有类似的权力,并可以捐助其他教区或者社区议事会以及其他任何人因获得、提供及装修此类建筑物而发生的开支。⑤ 后一种情况实际上赋予经济相对拮据的教区、社区议事会与同等情况的其他教区、社区议事会共同获取、提供或者装修此类建筑物的权力,它们还可以据此从私人那里获得此类建筑物的使用权。这显然是非常灵活的财务管理体制下才能允许的事,更重要的是,只能是在对地方政府机关的财务进行合理但却严格的控制的情况下,才有可能存在这样的精打细算。

三、货物和材料获取合同规则

（一）签订货物、材料及工程项目获取合同的程序

地方政府机关有义务制定有关提供货物或者材料以及实施工程项目的合同的签订程序规程。此类程序规程必须包括确保供货方或者缔约方相互之间的竞争的规定,以及规范邀请投标者的规定;但这些程序规程可以规定合同的签订并不唯低价,也可以规定某些特殊情势下的合同,如紧急状态下的合同⑥。不过值得一提的是,不遵循程序规程签订的合同并不必然在法律上无效。⑦

---

① Andrew Arden, p. 546.
② Andrew Arden, p. 547.
③ Andrew Arden, p. 549.
④ Andrew Arden, p. 562.
⑤ Andrew Arden, p. 562.
⑥ Andrew Arden, pp. 546-547.
⑦ Andrew Arden, p. 547.

(二)非商业性考虑

之所以提到这个问题,是因为英国的普通法传统决定了公法合同首先是一种合同,不可避免地要遵循合同的基本原则,即商业化考虑。但公法合同是由地方政府机关签订的,其目的并不完全是出于营利性的商业目的,不可避免地要涉及某些商业目的以外的影响合同的因素,如前面提到的非最低价格签订的合同等。这些内容作为公务合同须首先遵循商业化原则的例外,在英国行政法中确实给予了很多关注,但就此认为英国公法合同的首要原则就是这些例外,那显然是对英国行政法的断章取义。英国学者并不是以文字的数量来区分其讨论的问题的轻重的。按照他们的观点,原则总是由数不清的例外构成的,但他们强调、研究并在原则的例外中所投入的精力,显然要多于他们对于原则本身的描述,但这恰恰是法律治理效率的体现。

地方政府机关与私人签订某些公法合同不得考虑非商业因素。这一禁止性规定仅适用于公共物资供应及公共工程合同,即提供货物或者材料、服务以及实施公共工程的合同。当涉及这些合同时,禁止地方政府机关考虑1988年《地方政府法》第17条第5、6款所规定的非商业因素。地方政府机关在草拟候选缔约方名单、决定是否接受竞标、是否签订合同、在作出涉及分包合同的签订人的决定时,也不得考虑这些非商业因素。①

当地方政府机关履行这些职能时,受此类决定的不利影响的人有要求地方政府机关告知该决定的内容的权利,并有权经向地方政府机关申请后获得地方政府机关就该决定的原因所作的书面陈述。② 在英国,提出申请是个非常简单的问题,只要以任何形式(显然不一定是书面的,因为在英文著作中就同一事项提到的答复使用了书面一词,而申请没有使用)向地方政府机关提出申请或者表达同样的意思,就可以获得书面的说明理由的陈述。各地方政府机关在执行时会非常自然地应申请而作出相应的答复,不会为难申请人,更不会要求申请书的格式,它们要求的仅仅是可理解。

禁止地方政府机关在签订前述合同时考虑的非商业性因素包括③:

(1) 涉及就业待遇的条款;

---

① Andrew Arden, p. 547.
② Andrew Arden, p. 547.
③ Andrew Arden, pp. 547-548.

(2) 劳动力的构成比例；

(3) 提高、转移、培训以及为劳动力提供其他机会的安排；

(4) 使用基于自雇的服务；

(5) 将合同缔结者的商务活动或者利润与不相关领域的政府政策挂钩；

(6) 引导合同缔结者或者工人介入产业争议，或者将合同缔结者牵扯到与他人的产业争议中去；

(7) 供应或者商业活动及利益的乡土因素或者区域因素；

(8) 任何涉及合同缔结者或其董事、合伙人、雇员的政治的、产业的、宗派倾向或者利益；

(9) 合同缔结者向地方政府机关给予或者拒绝给予支持的任何机构提供的任何财政支持；

(10) 合同缔结者利用地方政府机关根据1984年《建筑法》(Building Act)设立的技术服务机构。

其中第(8)项提到的政治的、产业的或者宗派倾向是指，实际存在的或者具有潜在可能性的成员关系，以及实际存在的或者具有潜在可能性的对任何政党、雇主协会、工会或者任何社团给予支持的情况。因此，共济会成员也被纳入这一规范中，与南非的关系、使用临时工以及产业关系等，也属于同样的情况。[①] 总之，地方政府机关应当尽可能地以商业目的作为其签订的合同的唯一追求，而不能想太多别的事情。

以上就是英国现行法对于所谓的不应考虑的非商业因素的具体范围。这些范围内的事项，都是可能或者实际影响公法合同的签订过程的充分竞争的事项。如前几项提到的劳动力安置问题，以及最后一项提到的签约方使用地方政府机关自有的技术服务机构的问题等。通过禁止考虑这些不相关的非商业因素，有助于地方政府机关在签订合同时完全从合同本身的成本效益出发，简单地作出是否签约的决定，而不是将合同的签订与其他非商业性的公共行政目的或者私人动机纠缠在一起，从而提高所签订合同的经济效益。

四、土地的获取规则

在英国，土地是主要的财产，对于各级政府也不例外。土地的获取涉

---

① Andrew Arden, p. 548.

及对乡土因素的考虑、获取土地的方法与协议取得土地、强制购买权、强制购买程序、土地裁判所、强制征购补偿等内容,详见本编第四章第一节不动产行政法。

五、财产的利用

英国实用主义经济学的要旨,在于捍卫财产所有权的同时重视其利用。

(一)动产的利用

有关地方政府机关有权提供计算机设备及服务方面的问题,已在前文涉及"市政商贸"的部分提到过。此处需要强调的是,地方政府机关有权对提供这些计算机服务收费的规定并不意味着必须实际收费,相应可以得出的结论是,如果有正当理由,例如出于公益目的,计算机设备可以免费使用。[①] 这个标准的善意在于,它实际上赋予地方政府机关有权以公共利益为由,向本辖区内的居民提供免费的计算机服务。这样的服务在目前的中国还不普遍,也不太可能在近期普及。让地方政府机关普遍提供免费的计算机服务是一个太过于福利社会化的要求,地方政府机关一般无力承担。

(二)土地的使用

财富的明确归属和有效利用,是英国私法、更准确地说是英国法的精义所在。这一点在其公法领域的表现有过于私法而无不及,其中最突出的就是对土地的有效利用,这是地方政府财政的一项重要的内容。但地方政府机关在其中所扮演的角色,与其说是管理者,不如说是参与者:其中,在用地补偿方面,地方政府机关主要是作为土地的使用者,参与整个房地产市场的运营,参见本编第四章第一节不动产行政法中占用土地补偿部分;在未利用及未充分利用土地的登记方面,地方政府机关的角色是鼓励、督促土地有效利用的管理者,参见该节"土地有效利用"部分。

六、财产的处置

地方政府最主要的财产,就是其作为所有权人的公有土地,对此类财产的强制性处置,可能会受到特别的限制,如中央政府的限制。对此,本卷第一编第二章第二节中央与地方的事权划分部分有相应的讨论。

[①] Andrew Arden, p. 562.

第三章
经济管理部门

英国学者指出,控制公共开支及征税的权力只是政府寻求控制经济的手法中的两种。公法律师们目前研究的政府权力领域中,涉及经济管理的手段还包括:货币政策、控制借款、对工商业的财政援助、通过采取私有资金激励机制等手段与私营部门建立提供和分配公共服务的合伙。这些不同的经济管理手段是伴随着政府的新结构体制和管理方法的出现一并产生的。[①]

本章涉及的经济管理部门中,有几个非常重要甚至可以说最重要的,如财政部、英格兰银行,参见本书第二卷第二编第三章第五节、第七节。

第一节 宏观经济管理

20世纪的中央政府职能已经有了很大的扩张,不再仅仅包括征收赋税以供政府开支之用,而是扩展到监管国民经济运行、制定就业政策、提供社会服务、保障国际收支平衡等领域。这些职能会在21世纪长期持续下去。有关政府的财政部门主要涉及中央政府的财政部以及内阁办公室的职责,同时也会涉及财政部对于经济的管理职能。[②]

一、社会主义的三三制

就三三制而言,第二次世界大战以来最显著的发展,或许就是政府与工会领袖以及政府与商会首脑之间的全面磋商机制的建立。这种现象的重要标志至少有三:一是1948年的限制工资谈判;二是1962年设立国家

---

① Bradley & Ewing, p. 360.
② Bradley & Ewing, p. 343.

经济发展委员会(National Economic Development Council, NEDC);三是 1974—1976 年间出现的社会契约。这同样也是其他欧洲国家的通行做法,而且不限于工党政府。其中前两项变革是涉及三方的,从制度创新的角度讲,尤以设立国家经济发展委员会最为引人瞩目。①

二、改良主义者的社会契约

1975 年《报酬、收费及资助法》(Remuneration, Charges and Grants Act)赋予了经工会同意的自愿工资限制之基础的"社会契约"(social contract)以制定法上的效力。但有英国学者认为,这类"社会契约"以及政府为确保这些协议的落实而采取的支付税收津贴等办法,在贬低议会权威的同时,也贬低了政府的威信。②

三、市场经济的复辟

1979—1997 年,保守党政府采取的是一整套完全不同的经济管理思路:强调市场经济的重要性,强调除去设在通向市场机制自由发挥功能道路上的樊篱的必要性。③ 详见本卷第一编第三章第四节宏观经济发展指导方针部分。

四、工会的没落与工党的勃兴

与 20 世纪 70 年代工会的权力达到其巅峰、英国几乎成为一个准工团主义国家(quasi-corporatist state)形成鲜明对比的是,到 1997 年,工会在政府的政治影响聊胜于无,连工会都在批判那种认为它们在经济政策的形成过程中发挥一定作用的观点。毫无疑问,直到 1979 年,工会仍扮演一个重要的宪法角色,但在此之后,曾经被拉进经济管理过程中的工会被推到了政府的边缘。④

这一切发展的结局却多少出人意料,工党在 1997 年大选中胜出,并连续赢得了此后的两届大选。但国家的宏观经济政策并没有发生根本性的转向,突出的标志就是工会的地位并没有显著提升。虽然没有明说,将

---

① Bradley & Ewing, p. 360.
② Bradley & Ewing, p. 361.
③ Bradley & Ewing, p. 361.
④ Bradley & Ewing, p. 361.

工会视为通向自由市场的障碍的观点的一个直接反映就是,工会被完全排除在制定经济政策的角色之外。①

第二节 审 计 法

在英国,审计是控制公共财政最有效的政治与法律手段。其法律性将在本节重点讨论,在此首先需要强调的是其政治性:英国的审计制度主要或者说首先是一种议会监督制度。如果问英国的哪一现行法律制度最有希望或者说最应当引入中国,笔者的回答是审计制度;方法也非常简单,就是将政府的审计部门转化为议会的审计部门。当然,移植后是否能够发挥英国那样的效果,取决于议会能否发挥英国议会的监督作用。

1983年《国家审计法》引入诸多改革(包括总会计师兼总审计长的提名与任命、其本身的法律地位、其与众议院公共会计委员会的关系以及其雇员的身份等)背后的目的,就是强化审计体制的权威性和独立性,提高众议院确保公共基金妥善使用的能力。②

但是英国学者不无忧患意识地提醒我们,任何公共审计体制都不能保证涉及重大开支的决定不引发政治争议,例如,开支巨大的"协和"号客机;无论是政治家还是公务员,节约并不总是那么心甘情愿的。③

从英国学者的警示可以看出,他们在骨子里认为,公开财政问题根本上就是一个政治问题。这一点其实也不难理解,在英国,议会是个坐而论道的地方,讨论的问题可以说都是政治问题。将财政问题提高到政治高度,并不是英国学者讲政治的体现,他们并不认为将某个问题从政治角度进行考虑就是对这个问题境界的提升;反而认为回避某个问题的政治属性会使这些问题的根本解决失去最便宜的路径——政治问题只能政治解决,因政治决策错误导致的后果自然服从政治责任原则,这就是"协和"号超音速客机的例子所要说明的问题。

至于为什么认为政治家或者公务员都不怎么把节约、经济性当回事,是出于西方所谓的人性恶的执念:人们总是倾向于糟践别人的东西,不珍惜共有的东西,只把精力放在自己可以支配或者所有的东西上。因此,西

---

① Bradley & Ewing, p. 361.
② Bradley & Ewing, p. 360.
③ Bradley & Ewing, p. 360.

方的一个常见的道德感化口号是"爱你的邻人像爱你自己"。为了避免这种恶性的膨胀,英国人想出来的办法,就是尽可能减少这部分人人都不太愿意操心(至少不像对自己的东西那样操心)的财产的范围。这就是本编前几章讨论到英国政府对于经济的管理的篇幅之所以如此之少、内容如此有限的原因所在。

一、会计记录

地方政府机关所有需要接受外部审计的账目,都必须记录每年3月31日前或者国务大臣指定的其他日期前的会计内容。①

完整、准确(真实)、及时的会计记录,既是日常财务行为规范的基本要求,也是审计工作的基础,而无论是外部审计还是内部审计。准备地方政府机关财政账户的账目的职责,应由其首席财务官承担。首席财务官还必须保证其决定采用的会计体系能够在其记账过程中得到遵守。也就是说,首席财务官有权决定采用哪一种会计体系,这间接说明英国存在多个可供选择的记账方法体系,法律并不要求地方政府机关必须采取哪一种,而由地方政府机关的首席财务官自己决定。但是,一旦其选择了某一体系,则必须严格遵循。首席财务官必须确保财政账户的账目以及作为支持的原始凭证必须是最新的。首席财务官还必须确保所有的会计账目都得到如实记录,并在有关财务活动结束后的合理期限内且最迟不晚于6个月内,获得本地方政府机关的相应委员会的确认。实践中,这一要求意味着,所有的会计账目必须在每年的9月30日前拟就。②

首席财务官必须在会计账目上签署姓名和日期,并保证这些会计记录准确地反映本地方政府机关在对应的期限末的财政状况。③

会计账目的变动有严格的要求。会计账目制备完成以备提请外部审计员进行审计的日期届满之后,不得再进行更改,除非获得外部审计员的同意。但地方政府机关的外部审计员本人也没有权力改动会计账目。如果地方政府机关与其外部审计员之间就有关会计账目的事宜存在争议,该外部审计员可以根据1998年《审计委员会法》,启动适当的诉讼程序以确认二

---

① Andrew Arden, p.531.
② Andrew Arden, p.531.
③ Andrew Arden, p.531.

者争议问题的是非曲直。①

此外,每一地方政府机关以及每一没有成立独立的教区议事会的教区会议主席,必须就每年的财务问题向国务大臣提交一份年度报告,该报告的截止日期为每年的3月31日或者国务大臣指定的日期。报告中应介绍该地方政府机关的收入及开支;如果该政府机关是征收机关,还要介绍向该政府机关支付的地方议事会税以及非地方税的数额,以及该政府机关应当向其他政府机关支付的有关附加税或者赋税。② 作为年度报告的《地方政府财政报告》(Local Government Finance Report, LGFR)详细说明作为每一财政年度财政资助的基础的可分配财政资源。而可分配财政资源的核心,就是财政开支标准评估体系(Standard Spending Assessment, SSA)。③ 除非地方政府机关(或者教区会议主席)已经提供了充分信息,年度报告必须按照国务大臣的指示中的要求,依规定的形式、包含特定的内容、在指定日期提交并经过指定的鉴定程序。而国务大臣也有一项义务,就是给所有这些年报编辑一份提要,并提交议会两院。④

二、《会计良好行为规范》

所有的会计账目都必须按照《会计良好行为规范》的要求进行操作。会计良好行为规范建议稿系由某些会计行业协会如英国特许公共财政与会计协会发布,并由会计业务标准委员会(Accounting Standards Board)予以确认。⑤

其中最重要的行为规范见于《全英地方政府机关会计良好行为规范》,该良好行为规范只是此类行为规范之一,并且定期更新。英国特许公共财政与会计协会也发布一些其他的有关会计操作方面的声明或者建议,虽然重要性不及《会计良好行为规范》,但通常也被认为是会计良好行为规范的一个组成部分。此外,审计委员会还定期发布《技术规范》,指导外部审计员的工作,这也间接地形成了对地方政府机关会计工作的

---

① Andrew Arden, p. 534.
② Andrew Arden, p. 538.
③ Andrew Arden, p. 438.
④ Andrew Arden, p. 538.
⑤ Andrew Arden, p. 531.

指导。①

三、会计法规

国务大臣有权制定适用于会计账目须接受审计的机构的条例，其中涉及以下事项②：① 设置账目；② 形成、准备并证明会计账目记录以及会计报告；③ 账目存放的地点：该机构的办公场所或者其他地方。

会计报告应当包括以下内容③：① 解释性的绪论；② 该机构根据制定法的要求必须开立独立账户的每一基金的收入或者开支的情况；③ 对资本项目开支情况的声明，以表明该年度全部的资本项目开支的财政来源；④ 对会计政策的声明，并重点描述每一引起明显影响效果的变化；⑤ 经归并后财政账户的账目；⑥ 经归并后的资产平衡表；⑦ 经归并后的现金流量声明；⑧ 会计注解，包括收入超过 4 万英镑的雇员人数，并以 1 万英镑为级差进行分档。

2000 年《政府资源及会计法》（Government Resources and Accounts Act）在政府账目的管理及提交议会的实践领域确立了诸多重大变革。有人甚至说该法引入的变革触及"议会掌控政府账目的角色的核心"，是格拉德斯通时代（time of Gladstone）以来国家公共财政最宏大、最全面变革和现代化过程中的一座里程碑。同时，该法也是自 1921 年以来其立法主旨引起议会各党团一致重视的第一部有关政府会计方面的主要立法。事实上，早在保守党执政时期（也就是至少在 1997 年之前），财政部即着手该法的起草准备工作。④ 这是该法在工党上台不久之后即可以在议会通过的原因。

2000 年《政府资源及会计法》的立法宗旨，就是用被会计师们称为资源会计或者说资源供应为基础的财会体系，取代基于现金的财务及会计体系。这一立法宗旨是由该法第 5 条第 1 款规定的，该款要求政府部门在本部门的资产评估经众议院批准后，必须每年准备一份有关下列内容的会计报表：① 该部门在本年度获得、拥有及处置的资源；② 该部门在该年度利用资源的情况。⑤

---

① Andrew Arden，p. 531.
② Andrew Arden，p. 532.
③ Andrew Arden，p. 532.
④ Bradley & Ewing，p. 352.
⑤ Bradley & Ewing，p. 353.

四、设立内部审计的目标

设立内部审计的目标之一,就是协助地方政府机关实现其自有资金的价值。这一目标是通过经济地、有效率地和有效果地利用地方政府机关的自有资源实现的。① 英国学者在强调"有效"时与我们是有区别的,他们同时强调两个方面的含义,即有效率和有效果。效率仅指工作过程中的生产率,而效果则是对整个过程的最终目标的考核指标,对此种区别的最佳寓言就是龟兔赛跑的故事。

反腐败属于设立内部审计的一项附属功能。② Fraud 的本义就是欺诈,用到公共财政等涉及公共信用的领域,而衍生出舞弊、腐败的含义。或许是因为英国的舞弊问题没有严重到引起机体腐蚀的程度即被扼止,英国法中讨论舞弊行为的内容,只是浮光掠影地一笔带过。但为了警示起见,笔者将英国的欺诈或者舞弊提升为腐败来讨论。

英国学者普遍认为,在实践中,审计官拥有当然的向地方政府机关提出建议、调查弊案以及向警察报案的义务。但参与调查因腐败案件而引发的对地方政府机关某一雇员的任何纪律处分案件,却不是内部审计员分内的事。此类事项应当由管理者负责。③

五、内部审计的组织保障

英国的内部审计有严密的组织结构保障。主要表现为三种形式:

（一）自设内部审计部门

绝大多数的地方政府机关都寻求通过建立并充实内部审计部门的方式满足内部审计要求。内部审计工作可以由一个独立的专业化团队来很好地完成。④ 这种机构安排的结果是,赋予内部机构以地方政府机关自有资源的经营管理权,由此产生的副作用是,需要对该机构经营管理这些资产的情况及绩效进行审计。而这种审计看来只能交由作为内部审计责任人的首席财务官来完成,从而出现自我审计的问题,需要由外部审计予以监督。

---

① Andrew Arden, p. 536.
② Andrew Arden, p. 536.
③ Andrew Arden, p. 538.
④ Andrew Arden, p. 536.

内部审计扮演的角色是,内部审计员应当考虑到舞弊行为发生的可能性,并努力发现内部控制机制中存在的可能导致此类恶行发生的严重体制缺陷。①

（二）在最高管理部门设立审计组织

也有些地方政府机关认为,应当将内部审计视为整个管理资源的一部分,而不是财务部门的一个主要部分,因此,这些地方政府机关将内部审计设置在其最高管理部门。② 也就是隶属于该地方政府机关的最高行政首长,而非隶属该地方政府机关财务部门的行政长官,这是行政系统内部职能分离的结果,可以在一定程度上起到对财务部门的制约。

（三）聘任外部人员

也有地方政府机关将内部审计机构配置在商业服务主管名下,或者雇用外部资源,特别是那些存在雇用员工方面困难的地方政府机关③,这些地方政府机关要么是因为规模较小,要么是因为本身财力捉襟见肘,雇用不起专职的内部审计员,不得不雇用临时人员承担内部审计任务。当然,即使是财力充裕的地方政府机关也会出于成本的考虑作这样的人事安排。

无论采取何种机构设置模式,都有必要确保内部审计机构保持其独立性,以使首席财务官得以有效地履行其职责。④ 可见,无论采取何种机构设置,内部审计都是由首席财务官牵头完成的,或者说这是其职责所在。据此,首席财务官不仅是包括会计、出纳在内的财政官员的首长,还是监督这些财政官员的主体。

六、内部审计有效的机理

有效的监督需要通过管理体制的合理设计来完成,而不是通过对具体操作的人单纯提出要求所能成就。英国法的制定者已经普遍认识到,预防及侦查欺诈及其他不法行为是管理体制的职责。⑤ 以财务安全为例,首席财务官必须确保足够有效的内部审计。为了实施这种内部审计,首席财务官或者其授权的代理人有权在任何时候查阅其要求获得的与账

---

① Andrew Arden, p. 536.
② Andrew Arden, p. 536.
③ Andrew Arden, p. 536.
④ Andrew Arden, p. 536.
⑤ Andrew Arden, p. 536.

目有关的文件,同时也有权从地方政府机关的任何行政官员或者议事会成员那里获得其认为必要的信息或者解释。① 这实质上是赋予了内部审计员在实施内部审计时对有关会计账目文件的搜查权,以及对地方政府机关相关的行政人员、议事会成员的盘问权。这些权力在英国都是非常重要的涉及人身权和财产权的核心权力,是立法轻易不愿意授予任何组织或者个人的。英国地方审计立法的这种规定恰恰表明,审计问题是地方财政的焦点问题,必须严肃监督,需要赋予有关人员足够的监督权。

但除这些要求以外,制定法没有再对内部审计的本质及范围作进一步规定。但是审计员遵循那些获得公认的非制定法的审计守则的行为,一般被视为制定法规定的所谓实施"足够和有效"的内部审计的一部分。② 因此,通过对这一法律概念的解释,实际上将相当数量的非制定法的审计规则纳入首席财务官对地方政府机关进行内部审计时的行为依据。地方政府机关不能以内部审计人员遵循这些行规进行的审计没有制定法依据为由拒绝接受审计,否则将侵犯首席财务官依据制定法获得的对地方政府机关实施"足够和有效"审计的权力。

这是英国立法解释技术的一个非常好的应用实例。这种立法解释的意义在于,赋予了作为行政机关内部行政人员之一员的首席财务官及其所属内部审计人员独立的法律地位。依据这种法律地位,他对作为其雇主以及其下属的工作成果的地方政府机关财务制度及账目进行仔细审查,被认为是天经地义的事,没有人会从伦理上、情理上指责他,他也不会面临任何人情上的压力。这一点在中国是很难做到的,这也正是人情成本最直接的体现——必须为此设置一个具有足够外部性的外人来实施这些本来可以由内部人员实施的内部审计;或者说内部审计根本不具有任何的可信度,必须通过强化了的外部审计以除去内部审计的水分。而在英国,这方面的成本就低得多,仅在极其罕见的情况下才需要外部审计介入。两种体制下外部审计介入的概率上的差距,通过外部审计实际效果的对比加以调整后,就是两种文化背景下审计成本的差距。

最后,作为内部控制体制的一个组成部分,内部审计必须受外部审计人员的监控。③

---

① Andrew Arden, p. 535.
② Andrew Arden, p. 535.
③ Andrew Arden, p. 535.

七、内部审计的外包

有些地方政府机关已经自愿地将其内部审计职能通过合同外包出去。在地方政府机关的财政服务领域引入强制竞争性招标的做法，无疑有助于加速外包的趋势。一旦外包成为现实，则制定法对内部审计的要求就具有了特殊的重要性。因为这种外包有可能削弱首席财务官履行其制定法上审计监督义务的能力，因此必须采取必要的措施监督外包后的审计活动。[1]

八、总会计师兼总审计长

总会计师兼总审计长（Comptroller and Auditor-General）是一个人或者一个官职的名称，不是总审计长及其下属，是国家审计署（National Audit Office）的首脑，该部门在1984年之前被称为财务及审计部（Exchequer and Audit Department），这一旧称的历史可以上溯至1866年，当年通过了该部门的设置法《财务及审计部法》（Exchequer and Audit Department Act）。[2]

像资深法官一样，总会计师兼总审计长只要品行良好就可以保有其位，只有议会两院分别提请英王弹劾才能被罢免。[3] 总会计师兼总审计长属于众议院的官员，这一法律地位的变化在法律上确认了一项自1866年起即被遵循的假定——总会计师兼总审计长必须为众议院的利益行使权力。[4]

1983年《国家审计法》的实施使总会计师兼总审计长的法律地位发生了重大变化。总会计师兼总审计长职务的任命不再经首相推荐由英王任命，而是由英王根据众议院的决议任命。而众议院的此项决议是由首相经众议院公共会计委员会主席同意后提议的。[5]

这项改革的意义在于，它使得总会计师兼总审计长的任命不再是首相一个人说了算，也不是执政党一方说了算，而是要由身为反对党的众议院公共会计委员会主席同意后，由首相提议议会表决。也就是说，如果首

---

[1] Andrew Arden, p. 538.
[2] Bradley & Ewing, p. 358.
[3] Bradley & Ewing, p. 358.
[4] Bradley & Ewing, p. 359.
[5] Bradley & Ewing, p. 359.

相提名的人无法获得反对党出任的众议院公共会计委员会主席的同意，则必须换人选，最终的提名人选必须是首相和众议院公共会计委员会主席都同意的。这个人虽然更可能是执政党而不太可能是反对党的人（否则议会表决时往往通不过），但至少是反对党可以接受的人。由于该人一旦被任命后，即具有相当的独立性，首相或政府就不能再明目张胆地对其发号施令了。在这种情况下，如果是一个比较温和的、中立的或者与执政党走得不是太近的人被提名出任这一职务，反对党方面显然就会更愿意接受，并通过众议院公共会计委员会主席表达这种同意。总之，1983年《国家审计法》只是将英国习惯中久已形成的由反对党出任众议院公共会计委员会主席的惯例法律化，并赋予其更大的权力。这是良习变良法的一个例子。

九、总会计师兼总审计长的下属

总会计师兼总审计长的下属职员已经不再是公务员，他们是由总会计师兼总审计长任命并对其负责的。[①] 对此，有六个方面的原因：一是总会计师兼总审计长本人属于议会官员，不是政府官员，其任期是不确定的，因此，其下属具有不同于一般政府雇员的不确定性是可以理解的；二是其所从事的业务具有高度专业性，即能够适应各个政府部门的财务业务的专业通才，在一般政府机构中没有用武之地；三是总会计师兼总审计长的职责具有高度的私密性和个人忠诚要求，用自己信得过的人比较放心；四是专业会计人员本身就具有相对独立的职业倾向，他们一般像律师一样自由执业，并不要求过于稳定的职位保障；五是英国的公务员制度日趋市场化，常任文官与"临时工"都是合同工，已经没有太多身份上、待遇上的区别，一切取决于雇佣合同；六是总会计师兼总审计长的雇员过于稳定，会形成与被监督部门之间过于密切的个人关系，不便于监督，更有可能被监管对象收买。综合以上各点，确实没有必要将总会计师兼总审计长的雇员固定为公务员。

十、总会计师兼总审计长的职责

（一）作为总会计师的职责

总会计师兼总审计长的职责包括两个方面。首先，作为总会计师，他

---

① Bradley & Ewing, pp. 359-360.

必须确保所有的财政收入都能够妥当地划拨到国家常年基金及国家借贷基金的账户上,而财政部如要从两项基金中撤回资金,则需要总会计师兼总审计长对英格兰银行的授权,在履行总会计师的职能时,总会计师兼总审计长必须确保总开支不突破由议会授权的限额。① 英格兰银行兼为英国国库,掌管英国政府的通用基金账户及其账上资金,包括这里提到的两项重要基金。财政收入自财政部(实为从其下设的国内税务局及关税局)划入国家常年基金及国家借贷基金之后,实际上就是转入英格兰银行的相应账户上,对此,总会计师的职责是督促财政部确保资金足额到位;而如果财政部觉得某笔资金支出有问题,想收回来,财政部直接给英格兰银行下达指令是不行的,必须通过总会计师。事实上,在这个过程中,英格兰银行唯法律是从,法律让它听谁的,它就听谁的。

(二)作为总审计长的职责

总会计师兼总审计长的第二项职责则是作为总审计长,负责对中央政府各部门的公共资源账目(resource accounts of departments)进行年度审查,以确保公共资金只用于议会意向中的目的。② 需要提醒读者的是,笔者有意将 resource accounts 译为资源账目,而没有迁就中国现实将其译为资产账目,因为资源账目的概念反映了英国财政体制的新动向,即对公共资金的管理从以现金流向为基础的资产管理,转向对公共管理机构所掌握的可以用金钱换取的资源的管理。这种译法在介绍政府部门如何运用其资源履行其职能(use its resources in discharging its functions)的要求部分,以及相应的制度的合理性、前瞻性时,其优越性就凸显出来了。

事实上,自 19 世纪以来,总审计长的审计职能就已经包括发现浪费及奢侈现象的内容。③ 也就是说,不仅审查资金去向的合法性,即符合议会批准的流向;同时也要审查资金使用的合理性,即资金有没有得到最合理、最经济、最有效能的利用,是否实现了资金到资源的最大转化率,存不存在浪费和奢侈现象。可见,英国总审计长的职责早在 19 世纪就已经确立了,这或许是为什么当英国处在如日中天的日不落帝国时,也没有留下一个规模可以与避暑山庄甚至颐和园相提并论的建筑群的原因。因为英

---

① Bradley & Ewing, p. 358.
② Bradley & Ewing, p. 358.
③ Bradley & Ewing, p. 358.

王(当时在位的维多利亚女王)已经没有那么大的财政权,总审计长会站出来反对她这样做,而议会也会支持总审计长,不会给英王拨这笔钱。

1983年《国家审计法》规定了总审计长按照"物有所值"及"效能"原则('value for money' and 'efficiency')进行审计的明确授权。总审计长可以依据该法的此项授权,对政府部门在运用资源履行其职能时的财政开支的经济性、效能及效率进行仔细审查,但他不能对各部门制定的政策目标的价值提出质疑。①

要求总会计师兼总审计长只对财政开支的经济性、效能及效率进行仔细审查,不质疑各部门制定的政策目标的价值,确实有点勉为其难。因为这两个方面的考虑都是弹性很大、边界模糊的裁量性要求。对于某一政策目标本身是否值得,这不是总会计师兼总审计长操心的事;但对于如何实现这一目标的资源投入的经济合理性,却可以由总会计师兼总审计长来把握。例如,政府确立的目标是扩大安居的服务范围和标准,使居者有其屋,对此,总会计师兼总审计长无权置喙;但如果有关部门非要把经济适用房修到海德公园里去,结果因地价高启而所费不赀,总会计师兼总审计长就可以站出来说话了。

十一、总会计师兼总审计长职能的履行

总会计师兼总审计长的权限范围不仅及于中央政府部门,而且及于全部或者主要由公共基金支持的全民健康服务体系以及大学等其他团体或者机构,可以出于调查的目的审查这些机构的会计记录及报表。自1994年以来,总会计师兼总审计长还可以审查安全服务部门的与开支有关的会计记录。②

总会计师兼总审计长将其对各部门财务报表的调查结果报告给众议院公共会计委员会。该委员会是众议院特别委员会中的元老,众议院中没有任何一个委员会拥有与其匹敌的权威,也没有任何一个委员会能够像该委员会那样言路畅通,确保获取广泛而深刻的建议。③

尽管总会计师兼总审计长在履行其职能时拥有完全的自由裁量权,

---

① Bradley & Ewing, pp. 358-359.
② Bradley & Ewing, p. 359.
③ Bradley & Ewing, p. 359.

但他必须考虑公共会计委员会提出的与他的调查有关的建议。① 也就是说,公共会计委员会对总会计师兼总审计长的调查活动具有指导权。这一点也很正常,因为他的调查所形成的报告主要是给公共会计委员会看的。从某种意义上说,这一规定实际上进一步明确了公共会计委员会与总会计师兼总审计长之间是议事决策机构与辅助执行机构的关系。总会计师兼总审计长及其下属负责调查某一财务项目,而公共会计委员会则负责审查调查的结果。或者反过来,如果公共会计委员会觉得需要调查某一案件时,可以要求总会计师兼总审计长进行调查,至少可以要求协助调查。因为所有报到公共会计委员会的会计报告,都要先经过总会计师兼总审计长审核,如果公共会计委员会觉得某个案件需要调查,只需要询问总会计师兼总审计长即可,总会计师兼总审计长已经调查过了,则无须另行调查;反之,不用公共会计委员会要求,总会计师兼总审计长自己也会主动调查。

最后值得一提的是,1983 年《国家审计法》第 2 条规定,国家审计署的会计账目不能由其自己审查,须由公共会计协会进行审查。②

十二、众议院公共会计委员会的构成

公共会计委员会有 15 名成员,主席依惯例总是一名资深的反对党议员。③ 这一制度设置的优越性,在于保持了监督者与被监督者的对抗性,详见本书第一卷第一编第二章第七节公法基本观念中的有关监督观的内容。

十三、众议院公共会计委员会的职能

公共会计委员会审查工作的通常方式是,传唤选定的政府部门的财务官到该委员会公开说明该部门的行为,对该部门的审计报告进行追查;在个别情况下,该部门的部长也要到会向委员会解释某一特别开支项目的原委。④ 显然,只有当委员会的主席是外人的时候,才会毫不客气地请政府部门的财务官甚至部长到会解释该部门开支的理由。如果委员会主

---

① Bradley & Ewing, p. 359.
② Bradley & Ewing, p. 359.
③ Bradley & Ewing, p. 359.
④ Bradley & Ewing, p. 359.

席是自己人，委员中又多数是自己人，即使偶有个别异己委员提出要传唤某某部门的人，这种声音也不容易被主席听到，即使听到了也会以种种理由拒绝，甚至有可能安排那些关系"过硬"的部门来搪塞。这进一步看出委员会主席由反对党担任的利弊。

公共会计委员会主要依靠总会计师兼总审计长下属的职员进行调查工作。这些职员往往会揭露出政府部门自己都不知道的某些滥用基金的情况，例如在1963年，总会计师兼总审计长的下属职员就发现了在某型导弹合同的履行过程中，合同当事人存在严重的漫天要价情况。

公共会计委员会将其审议结果形成报告，报给众议院后，由众议院每年安排讨论时间予以讨论。对于在众议院讨论过程中对有关部门提出的批评，有关部门应当作出正面回答，并遵照这些批评意见执行。① 而中央政府部门及其他对议会负责的机构虽然每年也要向众议院提交财务报告，但除了此处重点强调的公共会计委员会就个案进行调查后形成的财务报告，其他财务报告只是送众议院备案，极少有机会在众议院全体会议上讨论。这样一来，公共会计委员会就成了为众议院筛选进行讨论的财务项目的机构。或者说，只有该委员会调查、询问的财务项目，才有可能最终提交众议院进行讨论。由此进一步凸显该委员会主席由反对党资深议员担任的重要性。

十四、审计责任的落实

从篇幅看，审计责任的落实不是英国审计法的研究重点，但或许是因为"工夫在诗外"的缘故，这一结果恰恰是我们求之不得的。

外部审计员可以根据有关审计条例启动追诉程序，被认定违法者可以给予不超过标准等级第三等的罚金惩罚。外部审计员根据上述规定启动追诉程序产生的有关费用，如果没有其他的经费来源，可以由涉案的地方政府机关负担。外部审计员还可以在地方政府机关没有按时提供会计账目时启动这一程序。② 如果外部审计员的追诉不能有效保障有关审计条例的执行，或者不能有效解决由此引起的法律争议，替代的救济手段就是提请司法审查，并请求法院颁发训令。③

---

① Bradley & Ewing, p.359.
② Andrew Arden, p.534.
③ Andrew Arden, p.535.

第三节 税　　法

从行政法角度研究英国税法,结论只有一个:严格的税收法定。

英国公共财政有两条基本原则,其中之一便是,没有议会的正式授权,英王不能通过征税敛财。除通过制定法对某些形式的财政收入的长期授权以外,更大数量的税收是由议会以年度为单位严格授权的。① 也就是说,政府如要运营,没有钱是万万不能的,而钱从何来? 只有收税。按照税收法定的原则,政府必须首先获得征税的授权,即征税权。

对于征税权的长期授权,规定在诸如 1988 年《个人及公司所得税法》、1992 年《可征税收益征税法》等议会立法中。② 征税权的传递过程是:财政部授权国内税专员征税,国内税专员又指导税务巡查官(inspectors of taxes)定税,再由税务征收官具体征收。

税收法定原则最直接的用途在于审理涉税案件。当有关税收征收行为引起的纠纷被诉至法院时,法院将会考虑英国《权利法案》(Bill of Rights)所确立的古老原则:要想证明对公民的任何征收行为是合法的,必须有议会对此项征收行为的明确授权。根据这一原则,任何税收都不能仅依靠单独由众议院一院通过但未取得制定法赋予的法律效力的决定。法院可以宣告违反《权利法案》所确立的原则的次级立法违法。③ 因为根据 1911 年及 1949 年《议会法》,众议院可以越过贵族院直接通过立法议案,并经英王认可后成为法律。

一、政府反制议会

尽管财政年度周期的存在确保了议会应当定期批准政府的财政预算案,但实际上政府对议会仍有强有力的控制权:根据远在 1713 年的一项议会《议事规程》,未经英王在某一部长的提议下提出建议,众议院不得审议新的公共收入或者新的税收。④ 该规定的实际含义是,议会不得自行设立新的税种,或者说,议会只有增税的表决权或者说否决权,而没有动

---

① Bradley & Ewing, p. 348.
② Bradley & Ewing, p. 348.
③ Bradley & Ewing, p. 349.
④ Bradley & Ewing, p. 348.

议权。这其实就是英国历史上议会与英王斗争的一项重要成果——未经议会同意,英王不得收税。表面上看,议会要想收税必须经英王提议,但由于英王要想提议必须经某一部长提议,而部长又是由议会中的执政党任命的。这样转了一个大圈子的结果是,英王未经议会多数党领导的政府提议,不得自行决定收税,甚至不能提议收税。议会本身也是如此,由于没有税收提案权,收税的决定只能由政府提出,由议会表决,政府实际上对议会拥有很大的控制权。

二、税收主管部门

英国的税收部门有两个,一个是国内税务局(Inland Revenue),另一个是关税及消费税税务局(Customs and Excise)。这两个部门都是由制定法设立的,并且不是由部长运作的,而是由英王任命的行政专员管理的。财政部对两个税收部门最终负责。① 国内税务局和关税及消费税税务局都受度支大臣的一般性指导,并由度支大臣就这两个局的工作对议会负责。② 因此,英国的两个税务局不是正部级单位,而是财政部下面、与财政部有一定关系、但又具有相当独立性的政府部门,当然也还没有达到英国目前比较流行的执行机构的独立程度。与此可以一比的,或许就是美国的独立管制机构。

(一) 国内税务局

国内税务局设立于1849年,负责管理所得税(income tax)及公司税(corporation tax)。③ 国内税务局属于制定法设立的部门,但不由部长运作,而是由英王任命的行政专员管理。④

授权政府长期征税的立法,如1988年《个人及公司所得税法》、1992年《可征税收益征税法》等,规定了国内税专员(Commissioners of Inland Revenue)的任命事宜。国内税专员都是公务员,他们的职责是指导税务巡查官对每个公民的纳税义务进行厘定,由税务征收官(collectors of taxes)按厘定的税额征收。国内税专员履行职责过程中,要受财政部的授权、指导和控制。⑤

---

① Phillips & Jackson, p. 371.
② Bradley & Ewing, p. 343.
③ Bradley & Ewing, p. 344.
④ Phillips & Jackson, p. 371.
⑤ Bradley & Ewing, p. 348.

（二）关税及消费税税务局

由原来分设的关税委员会和消费税委员会合并后，于 1909 年成立；关税委员会和消费税委员会都是 17 世纪设立的。① 关税及消费税税务局也是制定法设立的部门，由英王任命的②关税及消费税专员（Commissioners of Customs and Excise）实施管理，该专员与国内税专员非常类似。③

英国主要的间接税种（indirect taxation），如增值税（value added tax）或者关税及消费税（customs and excise duties），是由作为英国第二税收部门的关税及消费税税务局管理的④，此外，该局还负责毒品走私问题。虽然关税及消费税税务局的许多职责，如实施出口管制等，与财政事务无关，但对进口货物征收关税是其传统职责，正是这一点可以解释为什么该局从部门划分的角度归入了财政部。⑤

三、税收体制

各种税收的详细规则，都是由议会陆续制定的法律规定的，但各税种的税率，则可以由财政部或者由某一国务大臣根据制定法的授权随时进行调整。⑥

四、税负减免

（一）减免税的决定

英国的税收职能部门可以通过下达特别法定减免税决定的方式，宣布在特定情形下对税收义务予以免除，或者在其他情形下，与纳税人达成某种非真实估定的纳税义务的纳税协议。⑦

（二）对减免税决定的监督

英国税收职能部门下达的特别法定减免税决定，依法要受总会计师兼总审计长的仔细审查。⑧

---

① Bradley & Ewing, p. 344.
② Phillips & Jackson, p. 371.
③ Bradley & Ewing, p. 349.
④ Bradley & Ewing, p. 349.
⑤ Bradley & Ewing, p. 344.
⑥ Bradley & Ewing, p. 349.
⑦ Bradley & Ewing, p. 350.
⑧ Bradley & Ewing, p. 350.

(三) 减免税中的腐败现象

税收职能部门下达特别法定减免税决定的做法一直广受诟病。英国税务局在1997年实施的一项对富人逃税者的调查中揭发出来的一个腐败案件就与这些做法有关,一名资深的负责核定纳税额的税务巡查官因腐败行为而受追诉。①

(四) 对减免税决定的救济

公民个人对于税收职能部门拒绝给予其此项税收减免的行为,可以该行为构成对公民歧视的不良行政为由,向议会行政监察专员申诉,并经议会行政监察专员同意后进行调查。对国内税专员的行为还可以申请司法审查。②

五、对征税行为的救济

与所得税一样,增值税和关税及消费税的征收也必须依法进行,对于估税决定不服的,可以向增值税和关税及消费税裁判所上诉,进而可以诉至法院。③

法院对于行政行为合法性的控制不仅限于征收的税费,而且涉及导致税额评估结果的行政管理步骤,在1912年的 *Dyson v. Attorney-General* 一案中,法院宣称国内税专员依法无权就50英镑罚金要求相对方提供某些信息。④

根据1993年的 *Woolwich Building Society v. IRC(No. 2)* 一案确立的原则,如果纳税人已经按照税务条例向公共管理机构支付了金钱,但该征收行为后被认定为越权,则纳税人有权要求返还该笔金钱及利息。⑤

(一) 向裁判所提起上诉

如果某一纳税人认为对于其应交的国内税的估测不准确,则有权向一个独立的裁判所提出上诉,这个独立的裁判所要么是所得税总专员 (General Commissioners of Income Tax),要么是所得税特别专员 (Special Commissioners of Income Tax)。⑥

---

① Bradley & Ewing, p. 350.
② Bradley & Ewing, p. 350.
③ Bradley & Ewing, p. 349.
④ Bradley & Ewing, p. 349.
⑤ Bradley & Ewing, p. 349.
⑥ Bradley & Ewing, pp. 348-349.

（二）提出制定法上的上诉

如果纳税人对于这些裁判所裁决的决定仍不服，可以就裁决的法律问题向英格兰高等法院或者苏格兰季审法院提出上诉，进而还有可能上诉至贵族院。[①]

（三）申请司法审查

虽然英国学者在此没有明确指出司法审查的救济，而只提到了制定法上的上诉救济，但依笔者的分析，只要英国学者没有明确表示不能申请司法审查，就说明提请司法审查是当然的和无须说明的。其他资料表明，即使议会的立法明确排斥司法审查，法院还是想方设法予以变通解释。

例如，如果任何一个税务部门要求公民支付某项税或者其他开支，该公民都可以在法院挑战此项支付要求的合法性，但是在此之前，可能要求该公民先向相关的裁判所上诉。[②] 英国学者提到在法院提出的挑战，既包括按照制定法规定的上诉程序提出的挑战，也包括按照普通法上的司法审查程序提出的挑战。

除此之外，对于英国学者的上述表述，许多人会误认为英国的行政诉讼必须复议前置，但如果看到英文著作中的表述，可能就不会有这种认识，因为英文用的词是可能（may）会被要求，而不是一定。事实上，甚至连这种在法院提出的挑战，必然是既包括制定法规定的上诉，又包括普通法上的司法审查，而司法审查是没有什么前置可言的，本书第四卷第一章行政救济总论对行政诉讼及司法审查与行政复议的关系（特别是该章第一节行政救济概述、第二节行政复议）有比较系统的分析。

六、纳税人公益诉讼

虽然税额的厘定受法律的规制，但税务行政的某些领域仍然游离在司法控制的范围之外。例如，税收职能部门可以行使其自由裁量权，不向某些个人或者某一类纳税人强制征收其应缴税款，而仅在极个别的情况下，另一纳税人可以就税务职能部门的此种决定向法院提出挑战，如 1982 年的 *R. v. IRC, ex p. National Federation of Self-Employed* 一案。[③]

---

① Bradley & Ewing, p. 349.
② Bradley & Ewing, p. 349.
③ Bradley & Ewing, pp. 349-350.

对此问题更系统的讨论,参见本书第四卷第五章第二节司法审查的申请人中有关公益诉讼的内容。

第四节 中央对地方税的控制

英国学者形象地将代表中央政府的国务大臣对地方税征收机关和附加税征收机关的指示制度,称为"戴帽"制(policy of "capping",或译为限额制),因为其核心内涵是限制地方议事会税的上限。本书根据不同的语言环境对此作不同处理,如将国务大臣的具体指令译为限额令。"戴帽"制政策由1984年《地方税法》最先引入,并由1988年的法律承袭,后由1992年的法律第一部分第5条予以规定,同时适用于征收机关及附加税征收机关。有关"戴帽"制的规定在英格兰及威尔士分别适用和执行。①

一、指示权

国务大臣行使其指示权的事由是,在他看来,地方政府机关核算的预算需求数额太大,或者地方政府机关的预算需求较前一财政年度的增幅过大,而且地方政府机关在国务大臣发出指示前为避免该指示的发出而进行重新计算所得出的数额,仍不能令国务大臣满意。如果某一地方政府机关的辖区或者职能发生了变化,在其计算自己的预算需求时,还要进行全国性对比。当然,国务大臣的指示权的自由裁量余地也不是不受限制的,国务大臣必须确立自己据以行使此项指示权的原则,而且这些原则必须平等适用于同一类型的地方政府机关。因为英格兰的地方政府机关与威尔士的地方政府机关在英国法中不是被同等对待的,由它们各自的原则体系调整。通常,国务大臣确立的适用其指示权的原则在运行时都会参考财政开支标准评估体系,例如平均每人的开支额或者百分比。②

针对那些在需要进行比较的期间,其辖区或者职能已经改变或者将要改变地方政府机关,国务大臣可以在向众议院提交的报告中确定可以使用的开支的全国水平,连同其认为必要的相应解释,共同提交众议院以便批准。③

---

① Andrew Arden,p.423.
② Andrew Arden,p.425.
③ Andrew Arden,p.425.

国务大臣用于指导其行使指示权的原则,在诸如何谓开支过大之类的问题上,难免包含某种政治观点,此前并不需要通过与某一开支比较理性的地方政府机关的比较来估计每个地方政府机关的开支过大的情况。而且国务大臣也不必对其所确立的原则说明理由。① 虽然要求其事前确立这些原则的理由就是防止其自由裁量权过大,但从确定这些原则本身无须说明理由看,并不足以限制国务大臣的自由裁量权。但仔细想来,还是有所不同,因为毕竟有一些必须事先确立并且至少说得过去的原则作为自我约束的行为准则,这一过程本身就会限制某些过于随意的行事,并可以使此后的行为都不能远离这些原则所确立的范围。对于一个谨慎的国务大臣的自由裁量权的行使而言,这种程度上的限制已经足够了,因为在此之后还有法院的司法监督、地方政府机关及民众通过议会制的政治监督在起作用,对自由裁量权的限制并非控制国务大臣合理行使职权的唯一手段。

二、"戴帽"制的运作

Capping,是英语国家常用的形象化术语,意指对某一数量指标的限制,笔者将其译为"戴帽"制(规范的译法或为限额制)。落实到具体的对象上,又可以译为"工资帽"(如 NBA 中,对一支球队中球员工资所设的最高限制,以抑制各球队间过分的对顶级球员的争夺)。以下讨论的"戴帽"制运作,旨在控制地方政府机关的税收。

"戴帽"制实践最初是针对地方政府机关计算其税额以确定其预算需求这一管理环节的。以地方议事会税征收机关为例,除非某一财政年度国务大臣通过条例另有规定,征收机关的计算结果如果将实际的或者预期的地方附加税因素考虑进去,应当有所减少。②

(一)地方政府机关的书面报告义务

所有地方政府机关都有义务以书面形式通知国务大臣本财政年度其预算需求的计算结果,包括在必要时对初次计算结果重新计算后的新值。③

征收机关还有义务以书面形式通知国务大臣本财政年度向本政府机

---

① Andrew Arden,p. 425.
② Andrew Arden,p. 424.
③ Andrew Arden,p. 424.

关征收的地方附加税数额,并在计算其预算需求时考虑到这一因素。①地方附加税是地方议事会税征收机关征收的,是依附于地方议事会税的附加税。前文曾经提到地方附加税的征收必须借助地方议事会税征收机关的征税体系,实际上二者在征收上没有区别,都是针对房产征收的地方议事会税,只是在征收之后,附加税征收机关从中分一杯羹而已。

无论何种情况,书面通知都应在相应计算完成后7日内发出。②

（二）国务大臣的通知权力

为了确定是否行使以及如何行使自己的指示权,国务大臣有权通过通知,要求地方政府机关提供其在通知中要求提供的信息。被通知的地方政府机关必须按照通知中要求的方式和时间,提供任何由其所拥有或者控制的信息。如果被通知的地方政府机关未能满足要求,国务大臣就可以基于自认为适当的假定或者估计,运用其指示权。③

三、指示的程序

以国务大臣对某一地方政府机关财务状况作出指示的程序为例。

（一）预告义务

如果国务大臣决定对某一地方政府机关的财务状况作出指示,则第一个步骤就是以书面形式通知该地方政府机关其决定的内容、在作出该决定时所适用的相关原则以及国务大臣为该地方政府机关另行确立的与该地方政府机关计算结果不同的替代性最大预算需求数额。④ 由于国务大臣作出指示的主要目的,就是节制地方政府机关乱花钱,因此,此处的替代性最大预算需求数额就是国务大臣为地方政府机关的预算需求设定的上限。

国务大臣在对地方政府机关作出指示之前,必须先将其拟作出的指示的相关内容通知地方政府机关。⑤ 这一告知义务普遍适用于英国各级各类行政机关对相对人作出的行政决定,属于强制性程序义务。而此处涉及的虽然是国务大臣对地方政府机关的行政指导,但由于地方政府机关是法律拟制的公法机构,国务大臣与地方政府机关的关系,在以普通法

---

① Andrew Arden, p. 424.
② Andrew Arden, p. 424.
③ Andrew Arden, p. 424.
④ Andrew Arden, pp. 425-426.
⑤ Andrew Arden, p. 426.

原则为基础的英国法中,其实与行政机关与相对人之间的关系没有本质区别。因此,即便是国务大臣对地方政府机关作出某项行政决定,也是不能含糊的。由此可见,法治确实需要一些距离,法律关系双方过于亲密的关系会减损法律运作机制应当发挥的作用。

如果国务大臣未能按照上述要求履行通知地方政府机关的手续,则其对地方政府机关所作的指示在法律上无效。①

(二) 指示的推定成立

国务大臣的指示自其通知下达之日起视为成立。② 也许有读者会问,如此一来,通知与指示之间的界限又如何区分呢?二者的区别在于,首先,通知是指示的前置程序,没有通知而直接作出的指示是无效的,这一点上文已经明确;其次,通知下达之日只是视为成立,但仅在被送达的地方政府机关逾法定期间(28日)无异议或者书面接受指示的内容时,指示始发生效力。此处运用的法律技术是推定有效,指示的实际法律效力其实仍是不确定的,至少不是由作出指示的国务大臣完全控制的。

(三) 地方政府机关的书面申辩

地方政府机关须在28日内(自其收到国务大臣通知时起算)用书面形式作出答复,答复的内容既可以是接受国务大臣在通知中指出的对预算最高数额的限制,也可以提出另外一个不同的最高数额并说明理由③,即国务大臣的指示并不是强制性的。

自地方政府机关收到国务大臣通知起的28日内,国务大臣的决定处于一种推定有效的状态,如果地方政府机关在此期间接受、没有否定、没有提出新的建议,则通知正式生效。否则国务大臣必须考虑地方政府机关提出的新的建议,虽未必采纳,但却要认真考虑,并作出答复。

如果地方政府机关不采取这种以书面回复方式为主的"挑战"程序,则其再诉诸司法审查的可能性也极小。④ 这说明,地方政府机关如果要提起司法审查,最好先书面回复,说明自己的态度。如果国务大臣没有进一步反应或者反应仍不令地方政府机关满意,则地方政府机关可以提起司法审查。否则,即视为放弃了申辩的权利,再想通过司法审查申辩成功

---

① Andrew Arden, p. 426.
② Andrew Arden, p. 426.
③ Andrew Arden, p. 426.
④ Andrew Arden, p. 426.

的可能性将大打折扣。不经异议申辩这一内部程序的结果,并不是说不得再提起司法审查,而只是以行动向法院说明地方政府机关对国务大臣的指示没有异议,因此也不应该再出尔反尔地提起司法审查。

这个例子说明,地方政府机关对于国务大臣的指示性的决定,也是可以提起司法审查的。只不过这一权利的行使通常需要行政机关向国务大臣首先提出异议,说明自己对国务大臣指示中的内容的态度,然后才可以进一步提起司法审查;否则,就不太符合英国法治的伦理。但如仍提起司法审查,法院并不会以此为由拒绝受理。

(四)正式指示

如果地方政府机关接受国务大臣指示中设定的最高开支数额,国务大臣必须尽快向该地方政府机关签发一份重申该数额的通知,从而使该数额具有作为该地方政府机关计算其预算需求时的上限的效力。[①] 但是,如果地方政府机关不同意国务大臣设定的这一上限,该上限并不当然具有此种法律效力,而必须通过司法审查予以确认。那么,地方政府机关对国务大臣的通知不理不睬,又当如何呢?从预算上限须经地方政府机关同意才能生效这一点上看,国务大臣唯一能做的,只有将地方政府机关诉诸法院。是否可以借助民主力量打破此时的僵局呢?有可能。因为地方政府机关预算需求的上限数额越大,当地居民的负担越重,因此,对于国务大臣设定的上限数额,如果地方政府机关不置可否,显然当地选民是不会无动于衷的,这种倒阁的力量可能会使地方政府机关产生积极作为的动力;要么向国务大臣提出申辩,要么向法院申请司法审查,要么同意国务大臣设定的最高开支数额,而极不可能无所作为。这是民主社会一切都将归于合理的一个鲜明个例。

如果地方政府机关未在规定的 28 日内作出响应,则国务大臣将在最短时间内作出一项命令,重申与其在此前的通知中提议的同样的数额。该命令必须提交众议院并获得其批准。

(五)反省自身

如果地方政府机关提出一个与国务大臣不完全一致的预算需求上限数额,则国务大臣必须考虑其本人认为相关的任何信息,既不限于地方政府机关提出新的上限数额的理由中包含的信息,也不限于必须向地方政

---

① Andrew Arden,p. 426.

府机关披露的信息。① 即国务大臣在考虑作出下一步决定时,可以依据未向地方政府机关披露的信息。

在考虑这些信息的基础上,根据此前业已颁布的命令并经众议院决议批准,国务大臣必须为该地方政府机关特别规定一个预算需求上限数额,该上限数额可以等于、高于或者低于国务大臣已经在其通知中提出的数额,但在不考虑任何干扰性的替代计算的情况下,不得高于地方政府机关自己最初计算出的预算需求数额,除非是因为地方政府机关最初在计算其预算需求时未能遵循 1992 年《法定计算规则》(Statutory Calculation Requirements)第 33 条或者第 49 条的规定。② 此处涉及五个计算环节:一是地方政府机关最初计算的预算需求额。二是国务大臣在其通知中建议的预算需求上限数额。三是可能出现一个由地方政府机关进行重新计算产生的替代性计算值。四是国务大臣考虑地方政府机关的异议后提出的与建议值不同的新数值。五是此处讨论的经国会批准的最终预算需求额。由于国务大臣对于地方政府机关的预算需求额的监督主要是控制地方财政开支之用,因此,其建议值与最终确定的值一般应当低于地方政府机关最初计算的值;除非地方政府机关在最初计算时算错了,如没有遵循 1992 年《法定计算规则》。

(六) 指示的效力

国务大臣根据上述程序规定作出的命令可以与多个地方政府机关相关。在此类命令作出后,国务大臣应当尽快向每一个受该命令影响的地方政府机关发送一份通知,陈明在该命令中确定的最大预算需求的数额;如果该命令涉及的地方政府机关为某一附加税征收机关,还要向受该命令影响并为该地方附加税征收机关代征该项附加税的征收机关抄送。③

由于制定法已经设定了明确的程序,法院不太可能基于自然公正原则或者公平原则而另行设置任何进一步的程序要求。④

由于国务大臣的预算需求限额令注定会获得众议院的批准,因此,对此进一步提起司法挑战的前景不容乐观。⑤ 主要原因有二:一是法院认为与此相关的财政法中已经包含了所有必要的程序,而不会再从自然公

---

① Andrew Arden, p. 426.
② Andrew Arden, p. 426.
③ Andrew Arden, p. 426.
④ Andrew Arden, p. 426.
⑤ Andrew Arden, p. 426.

正原则或者公平原则角度对该决定进行审查;二是该决定一般要经过议会的审议,而且肯定会通过,这也从很大程度上打消了再诉诸法院的可能性。后一点倒不完全是议会立法至上原则的产物,但从英国学者的介绍看,英国的法院在这种情况下推翻众议院决议的可能性微乎其微。

四、指示的法律效果

指示的法律效果是,一旦地方政府机关预算需求的最大数额通过上述三种途径(地方政府机关主动接受、地方政府机关提出申辩后国务院大臣重新确定以及经议会批准的限额令)之一得以确定,地方政府机关必须在接到有关该最大限额的通知后 21 日内,按照通常的规定,就本年度的预算数额进行一次替代性计算,但计算得出的预算需求数额不得超过通知中陈明的数额。这意味着,地方政府机关必须要么在其他环节减少开支,要么从其他渠道增加收入。而且,除非国务大臣在其签发给地方政府机关的通知中陈明的数额大于地方政府机关计算出来的年度预算需求数额,否则,地方政府机关重新计算年度预算需求数额时不得增加作为地方议事会税税基的应税房产的纳税基数。[①] 因为增加作为地方议事会税税基的应税住房的纳税基数,必然意味着地方政府机关增税,而这恰恰是国务大臣通过控制地方政府机关的预算需求上限尽可能予以避免的事情。否则,国务大臣对地方政府机关的财政控制对于地方纳税人就毫无意义。

至于例外,即国务大臣在其签发给地方政府机关的通知中陈明的数额大于地方政府机关计算出来的年度预算需求,则往往出于计算错误。此时,按照英国的习惯及情理,是不会对纠正错误作更多的限制的。比如少算了作为地方议事会税税基的应税房产的纳税基数时,将其恢复到正确的、但较高的原状,就不在禁止之列。

除非地方政府机关确实存在此前的计算中没有计入、但预计将会支付给它们的额外的财政资助,地方政府机关在重新计算其年度预算需求时还受到以下限制[②]:计算中所采用的来自财政支援和非地方税再分配部分的数额应当前后一致;其地方议事会税的税基必须前后一致。因为这几个变量在很大程度上都是地方政府机关估计的结果,如果前后不一致且没有法定的理由,随意变来变去显然不太可能是出于合理行政的考

---

① Andrew Arden, p. 427.
② Andrew Arden, p. 427.

虑。为了避免这种行政上的随意性，也为了保证作为中央政府代表的国务大臣对下级行政机关的监督的有效性，在法律上作这样的限制是必要的，不然，国务大臣永远不会知道地方政府机关的预算中究竟有多少猫腻。

从监督的角度看，此处揭示了一个易于被忽略的关键问题，即监督的切入点问题：如果监督的结果只是不同数字的变来变去，而没有找到唯一的导致违法的变量，则监督只能说是一种上下糊弄的闹剧。其结果是，监督者没有绝对证据，也就没有足以服众的理由。如果监督者与被监督都刻意回避这种非此即彼的决然境地，都给对方留下台阶或者姑息迁就的余地，则监督不是一出演给渴望监督的民众看的闹剧，就是一场政治秀。

如果地方政府机关未能遵循在 21 日内完成重新计算的义务，则惩罚是异常严厉的，并会给地方政府机关迅速带来严重损失。这些处罚包括[①]：

（1）对于征收机关而言，它们将失去将其征收基金账户中的任何款项划转到其通用基金账户的权力，直到其遵循前述法定义务完成重新计算为止；由于征收基金账户中的款项是地方政府机关收入的主要来源，其征收的地方税就是入这个账户的；而将此账户中的款项划转到通用基金账户，是其任何财政开支的前提，如果通用基金账户上没有现金，地方政府机关就无钱可用。因此，这种限制的严重性将导致地方政府机关"断炊"。

也许有人会认为，这种惩罚并不是十分严重：我硬要将征收基金账户中的款项划转到通用基金账户上去，你又能拿我怎么样？这种逻辑就如同：我就越狱，你能怎么样？确实，如果你真的跑了，一时也真拿你没有办法，但在英国，即使因很轻的罪坐牢，在此期间的越狱都会判得很重。而此处提到的失去款项划转的权力后实施该行为的性质也是一样的，即非法转移资金。而且英国法律的即时性是非常严格的，前文所谓的迅速是指，自收到国务大臣的通知 21 日届满后即时除权，此后的任何此类财产转移即构成非法的资金转移，中间的时差严格到以小时计，而绝对不会以日计。

（2）对于基本附加税的征收机关，有权签发附加税征收令的其他地方政府机关，都将失去向该附加税征收机关支付的权力，直到遵循前述法

---

① Andrew Arden, pp. 427-428.

定义务完成重新计算为止。

　　值得注意的是,此处涉及的两种权力:一是附加税征收机关享有的对其他地方政府机关签发附加税征收令的权力;二是接受该签发令的其他地方政府机关向该附加税征收机关支付的权力。表面上看,法律仅限制了第二种权力,而没有限制附加税征收机关继续签发该征收令的权力,而实际上,从即时性角度看,后一种限制更要命:一旦符合法定时效条件,则附加税征收机关此前签发的征收令也将失去效力,更不用说此后签发的征收令了。

　　至于另一个无须多提的事实是,这一惩罚的后果将是,附加税征收机关主要是依靠附加税过活的,一旦失去附加税,该类地方政府机关也将陷入"无米下锅"的境地。而且,英国的地方政府机关此时是绝对不能、绝对不敢也绝对想不出靠成立一支执法队上街罚款、收费、收赞助或者以其他任何名义征收、征用他人财物继续支撑下去。这曾经是国王的权力,但自几百年前的"光荣革命"后,英王也失去了这样的权力,更遑论普通的地方政府机关。事实上,在这种情况下,任何类别的地方政府机关的支付能力都被冻结了。①

---

① Andrew Arden, p. 428.

第四章

环境资源部门

本章与四个方面的内容有关,即土地、规划、建设和环境保护行政管理,其中土地规划是介绍的重点,但没有过多涉及具体的土地利用项目规划审批问题;除此之外,英国法还将相当一部分内容放在地权的获得及对获得地权的控制上,这在我国是严格围绕土地利用总体规划展开的,而在英国则几乎与土地利用总体规划无关,这与英国法严格区分手段与目的,特别是不能以善良目的掩盖非法手段有关。

第一节 不动产行政法

本节原以"房地行政法"命名,取其内容主要讨论房产和地产,但在某些方面不妥。后来受讨论《中华人民共和国物权法》草案时的想法的影响,改用"不动产行政法",但由于内容涉及房屋和土地,仍会出现这三个名词混用的情况。

一、不动产权

如果说物权是特定人对物的权利的话,那么对于物权制度的研究重点是人不是物。对于不动产尤其如此。例如,在英国法上,landowners 与 landlord 是不同的,前者仅指地产主,后者则指房地产主。当然,英国的房地是合一的,但称某人为地产主时,其地上一般是没有多少房的,至少就所讨论的事项而言,不涉及房而只涉及地。[①]

在英国法中,土地(land)包括地下或者地上(in or over land)的任何

---

① Andrew Arden, p. 114.

不动产(estate)、权益(interest)、附属建筑物(easement)、地役权或者权利。① 可见，在英国法中，土地不是就其地理或者地质学上的物质实体，而是就其功能或者附着物所能带来的利益、可以行使的权力而言的。因此，英国法在土地名下所讨论的，不是土地本身，而是土地上的住宅、建筑及抵押权益。也就是说，英国的房、地、权三者密不可分，英法中的土地是指地上、地下的所有权利和义务，特别具有比较法意义的两点是：一是土地下的矿产资源的所有权当然属于土地所有者；二是土地上的所有建筑物、附属建筑物的所有权也属于土地所有权人。

例如，地方议事会成员的利益公示义务要求，他们必须提供其本人享有使用权利益并且位于其所在地方政府机关辖区内的任何土地的地址或者足以确定该宗地的其他任何描述。需要披露的土地权益有明确的限定，包括住宅、建筑及抵押权益，不包括：在他人土地上通行的地役权，其他地役权，在土地上由其本人单独或者与他人共同享有、但不足以占有该土地或者获得其收益的权利或者利益。②

英国不动产权最典范的象征，当之无愧者首推"英国人的城堡"。在英国普通法传统中，有所谓"英国人的城堡"(Englishman's castle)之说，即任何人的住宅对其本人而言就是其城堡，既是其休息的地方，也是其抵御侵害及暴力的防御工事。③ 进一步言之，英国人的城堡，英王也不得擅自进入。例如，对于警察干预私生活的行为，当事人可以非法侵入为由提起诉讼，作为对警察非常干预私生活行为的救济，警察必须在诉讼中证明其进入私人领地是合法的。④

二、公产特别限制

地方政府拥有的某块公有土地，可能因载入国务大臣编制的未利用或者未充分利用土地登记簿，而受到特别的限制，这从另一个角度体现了地方政府与中央政府的关系，参见本卷第一编第二章第二节行政权的配置中"中央与地方的事权划分"部分。

---

① Andrew Arden, p. 457.
② Andrew Arden, p. 326.
③ Phillips & Jackson, p. 561.
④ Phillips & Jackson, p. 561.

三、土地收费

英国学者将地方土地收费职能界定为"其他杂项职能"[①]。基本地方政府机关以及二级制地区的区议事会,必须在当地设立一名土地收费登记员。地方政府机关只能根据1975年《地方土地收费法》对当地的土地收费。根据该法第1、2条,如果对于土地的收费与土地所有者对某一公共管理机构(限于英王的大臣、中央政府部门或者任何地方政府机关)所欠的债务或者其他义务有关,则该项收费是可以登记的。登记的形式和内容由大法官确定。[②]

除地方土地收费外,英国还有以地产价值作为征税基数的地方议事会税,这是地方政府机关的主要财政来源,对此,参见本编第二章第四节地方政府的收支财政部分的有关介绍。

四、信息公开

如果某一地方政府机关为了行使其任何职能的目的而需要获得有关土地方面的信息,该地方政府机关可以知会下列人等:土地的占有者,任何对土地拥有某种利益的人,包括不动产所有者(freeholder)、抵押权人(mortgagee)或者承租人(lessee),直接或者间接从土地上获得租金的人,以及根据与土地有利害关系的人签订的合同而成为出租代理人或者该宗土地的其他经营者的人。上述人等应当按照通知要求提供以下信息:确认其在土地上的利益的性质,作为土地占有者、利害关系人、出租人及其他经营者的姓名及住址。[③]

五、规划职能部门

英国行政法学界将诸如规划、许可、审理上诉案件等职能视为准司法职能(quasi judicial functions)[④],对于我们进一步理解规划、许可等职能的法律本质具有一定启示作用。这些职能在英国会被视为准司法职能,主要不是因为其涉及公民重大权利和利益,而是因为其整个操作过程已

---

① Andrew Arden,p.134.
② Andrew Arden,p.135.
③ Andrew Arden,p.53.
④ Andrew Arden,p.257.

经相当司法化了,规划及许可事项的决策过程已经不完全是传统意义上的行政决策过程,而是包括听证、复议、上诉程序在内的相当复杂、费时良久的过程,正是在这个意义上,英国学者将其称为准司法职能。而在我国,由于对规划及许可等的实际操作过程还基本上等同于行政处罚等一般的行政活动,没有引入多少司法性的程序要素,将其纳入准司法范畴可能一时还令人难以接受。但我们从中英体制的比较中至少应当明确,此类权力是最应当或者首先应当引入更多的司法性要素以期对其可能影响或者侵犯的权利或者利益给予更为严谨保护的行政管理领域。最后,英国学者将规划与许可并列,说明在他们不太注重分类的体系中,规划至少在相当程度上与许可有着密不可分的关系。

(一) 基本规划职能部门

地方规划职能部门是承担土地开发和建筑控制职能的行政机关,通常是基本地方政府机关。也就是说,在非大城市的郡,地方规划职能部门对郡而言是该郡的郡议事会,对区而言是该区的区议事会。国务大臣可以颁布命令,将两个或者两个以上的郡议事会、区议事会,或者威尔士的两个或者两个以上的郡议事会、郡自治市议事会,组成一个联合规划委员会。在伦敦,也存在一个联合规划委员会,但其本身并不具有地方规划职能部门的身份,而只负责向地方规划职能部门提供建议。如果某地设立了国家公园管理机构,则通常也就是该地的地方规划职能部门。[①] 此外,英国的土地管理也是由地方规划职能部门负责的[②],而地方规划职能部门一般就是地方政府机关,至少是由各地方议事会聘请的官员管理,但由议事会任命的委员会或者行政首长主持的机构负责。

特别值得一提的是,仍实行二级制地方管理体制的地域,土地利用的战略性规划是在郡一级完成的。[③] 尽管郡是英国仅次于中央的第二级行政区划(英格兰、苏格兰等大区比较虚),但战略性规划只要不是由中央政府实施,其与我们的差异就异乎寻常地大。因为英格兰的郡的面积只有我们一个小县城那么大,小的郡只有我们一个乡那么大。要是论人口,有的郡和我们一个村差不多。介绍这些是为了说明,战略性土地规划在英国意味着重视、慎重和合理化,意味着具体、细致和低层级。这对反思我

[①] Andrew Arden, p. 80.
[②] Andrew Arden, p. 53.
[③] Andrew Arden, p. 3.

们的土地规划有一定的意义,过于抽象、宽泛、无拘束力的规划,就像同样意义上的法律一样,其实不是聊胜于无,而是比没有更差。

此外,从英国学者的介绍中可以间接了解到,教区和社区都不是规划职能部门①,也就是说,规划职能部门最低必须是单一制地方政府机关,因此,在英格兰应为郡(包括大伦敦市及大城市)内的区或者自治市,而在威尔士则应为郡或者郡自治市。社区和教区不是基本地方政府机关,无权制定哪怕是最低层级的单一制地方政府机关的规划。

(二)新城镇发展协作会和城市发展协作会

新城镇发展协作会(New Town Corporations)和城市发展协作会(Urban Development Corporations)是根据1981年《新城镇法》和1980年《地方政府、规划及土地法》分别设立的,这两类机构在存续期间,受规划方面的特别规定的约束。这两类机构目前已经解散,其剩余资产如果还未转移给其他机构(如地方政府机关),则转移给新城镇委员会(New Towns Commission)。② 新城镇委员会本身又可以因国务大臣的命令而终结。如果某一地区存在新城镇发展协作会和城市发展协作会,则该类协作会就是当地的地方规划职能部门。③

(三)安居事务信托基金

按照英国学者的分类,安居职能部门及国务大臣根据1988年《安居法》第三部分的规定为指定地区的地方安居职能部门设立的安居事务信托基金④,也属于广义的规划职能部门范畴,详见本编第七章第三节安居行政法。

(四)开发区

英国也存在过开发区,但英国中央政府已经决定,除例外情况外,不得再建立新的开发区。地方政府机关设立开发区的权力是由1980年《地方政府、规划及土地法》规定的。在开发区内,规划程序可以从简,并有某些财政上的优惠,如非地方税的减免。在已经建立了开发区的地方,开发区的规划职能部门即为地方规划职能部门。⑤

---

① Andrew Arden, p. 50.
② Andrew Arden, pp. 80-81.
③ Andrew Arden, p. 81.
④ Andrew Arden, p. 81.
⑤ Andrew Arden, p. 81.

（五）城市复兴代办处（Urban Regeneration Agency）

英国属于后工业化国家，许多地区的开发至少经过了一轮，许多地方的繁荣已经成为过眼烟云，于是出现了许多"过气"的城市和铅华褪尽的市内区域，如何收拾此类"烂摊子"、实现城市或者其某一部分的复兴，责任又落到了地方政府机关的肩上。但这是在地方政府机关已经从被遗弃在"烂摊子"里的房产的地产主手中合法地免费或者低成本地"捡到"地产为起始点的。英国的地方政府机关不会主动营造一个中心，这应当是市场经济下资源自动聚集的结果。英国地方政府机关有所作为的应是在那些市场功能失调的领域，为此设立了城市复兴代办处。

城市复兴代办处是根据 1993 年《租赁改革、安居及城市发展法》(Leasehold Reform, Housing and Urban Development Act)设立的，通常被称为英格兰合伙机构(English Partnerships)。其设立的主要目的，是确保英格兰地区未利用、未有效利用或者欠利用、被污染、被抛弃、被忽视或者不美观以及因停止某类作业而可能导致地表衰退等的土地得以重新利用。为此所采取的措施是，通过鼓励工商业、改善环境和设施，确保有关的建筑物或者土地重新启用。[①]

国务大臣可以在咨询相关的地方政府机关或者其他行政机关后，指定城市中的任何区域为适宜城市复兴的区域，并成立相应的英格兰合伙机构，作为该区域或其一部分的地方规划职能部门。城市复兴代办处依据国务大臣的指示，将其财产、权利和债务转移给区域发展代办处，从而使其本身归于终结；接受权利转移的区域发展代办处并不就此成为地方规划职能部门，但有足够的权力要求国务大臣作出相应的命令（使其成为地方规划职能部门）。[②]

六、规划职能范围

韦德爵士认为，对土地开发活动实施的控制是行政法在 20 世纪最引人瞩目的发展。土地开发的含义非常广泛，包括在土地上实施任何房屋建筑、工程施工、矿业开采及其他造成土地或者建筑物发生物理改变的任何活动。英国现代的规划法体系是由 1947 年《城镇及乡村规划法》奠定基础的，后为 1990 年的同名法所取代。规划法的基本原则是，在任何土

[①] Andrew Arden, p. 82.
[②] Andrew Arden, p. 82.

地开发行为实施之前,必须从地方规划职能部门取得许可。①

除上述我们认同的基本规划职能外,英国的规划职能部门还承担着在我们看来绝对不应当属于规划职能部门的如下职能,这些职能间接说明,英国更强调地方政府机关的机构设置与其职能之间事权的统一性,而不是名义上的一致性。

（一）邻里和谐

地方规划职能部门可以对那些妨碍本地区或者所在的联合行政区的某一部分的人居环境和谐的不动产进行修葺。②

（二）建筑保护区

如果有关行政机关认为某一地区具有特殊的建筑学或者历史价值,应当予以保护,则可以将该地区指定为建筑保护区。③ 由此指定的保护区面积不大,往往只有几幢房屋。

（三）历史性建筑

对历史性建筑的保护,按我们的理解应当放在文物部门,但我们对于人类文化遗产的保护又放在建设部门,不过最重要的是,什么是有价值的建筑,以及什么是历史性建筑,文物部门与建设部门的意见可能并不一致。英国法中著名的玫瑰剧院文物保护（*Rose Theatre Trust*）案,就涉及国务大臣拒绝将该剧院列入历史建筑名录的行为。④

按照英国法,被列入保护范围的历史性建筑未经国务大臣或者当地规划职能部门的批准不得改变。对于某些特定的建筑,有关行政机关还必须知会英格兰历史性建筑与纪念碑委员会（Historic Buildings and Monuments Commission for England）,如果涉及的有关政府机关是伦敦的自治市议事会或伦敦城公共议事会,也必须取得该委员会的承认。对于任何请求拆除某一被列入保护列表的历史性建筑的申请,有关政府机关必须知会国务大臣。有关政府机关可以签发强制执行通告,强制未经同意而被改变的列入保护列表的历史性建筑恢复原状。⑤

即使某一建筑物并没有被列入保护清单,如果认为该建筑具有特殊的建筑学或者历史学价值,并且存在被拆毁或者实质性改变的危险,古建

---

① Wade & Forsyth, p. 76.
② Andrew Arden, p. 85.
③ Andrew Arden, p. 85.
④ Wade & Forsyth, p. 106.
⑤ Andrew Arden, p. 84.

筑保护职能部门①可以向该建筑物的所有权人送达建筑物保护通告（building preservation notice）。该通告的有效期限为6个月，在此期间，国务大臣可以将该建筑列入保护清单。② 当然，如果期限届满后并没有列入保护清单，则该建筑的主人即恢复了对该建筑物实施处分的权利，包括拆除或者进行实质性改变。

从开发与维护、创新与守旧、改革与保守的角度分析，对于旧建筑的这种保护也可以视为对旧秩序的维护，甚至可以视为对旧建筑所有权人权利的侵犯，因为这妨碍了其所拥有的对于其所有物实施有效处分的能力。但是从现行英国法的规定看，这种法律上的限制，证明保守主义倾向在英国根深蒂固。结果是，许多传统的东西被视为有价值而被保留了下来，并成为新生事物产生和发展的代价，其加大发展成本的现实性恐怕英国人不是不知道，而是损益权衡后认为维护旧事物所保留下来的传统价值大于破坏旧事物、翻建旧建筑的收益。当然最关键的是，英国的保守主义倾向不是政府的一厢情愿，而是建立在其民族文化和民众情绪基础之上，并通过其民主程序、议会选举及全民公决等手段，影响着法律制定者、政府执掌者的构成，并最终形成了民众认同与法律规范及政府倾向之间的内在统一。

（四）废弃矿场

根据1960年《废矿法》[Mines and Quarries(Tips) Act]，基本地方政府机关、二级制地区的郡议事会以及锡利群岛议事会，有权采取措施以确保这些被废弃的矿址不致成为危险源。③

（五）清运垃圾

地方政府机关还可以对空闲地上存有垃圾的土地所有者发出通知，并可以在此后将垃圾清运走。④ 英国行政法在此考虑的核心问题，不是由谁出钱将这些垃圾清走的问题，而是进入他人土地清运地方政府机关认为是垃圾的物品，是否构成了对该土地主人土地所有权的侵犯。

（六）拆除建筑及危险建筑

拆除建筑及危险建筑的计划必须告知有关地方政府机关，该地方政

---

① 就是当地的规划职能部门。
② Andrew Arden，p. 85.
③ Andrew Arden，p. 86.
④ Andrew Arden，p. 86.

府机关可以对诸如脚手架的搭建、相邻建筑的遮护等作业进行指导。如果某一建筑物处于毁坏状态,地方政府机关有权要求其所有权人进行维修、重建或者拆除。①

(七)危险品控制

对危险品的管理,在英国有相当一部分由地方规划职能部门负责,英国为此有专门立法。当然,此等意义的危险品控制,主要是从其静态、宏观、战略规划控制的角度,特别是产业布局角度,交由地方规划职能部门负责的。根据1990年《规划(危险物品)法》,危险品控制职能部门通常是当地的基本地方政府机关,在二级制地区则是区议事会、地方政府协作委员会或者城市发展协作会、安居事务信托基金。但是,如果某地被用于矿产开发或者堆放废弃矿渣,则该地的危险品控制职能部门就是某一非大城市的郡的议事会。各危险品控制职能部门要对其辖区内存在的特定种类的危险品实施控制。国务大臣对危险品的种类作出规定,接受申请并对是否将申请物品纳入或者拒绝纳入作出规定。②

(八)消防

在咨询过当地的消防局之后,地方政府机关可以根据1984年《建筑法》的规定,要求某一公共建筑的所有者提供安全的进出通道。③ 从这个标准看,其要求仅限于安全的逃生通道,不包括其他更为严格的要求,如加装烟雾报警器甚至喷淋装置等。

此外,地方政府机关还必须向某些指定目录内的建筑物的主人发出通知,要求他们给自己的建筑物提供有效的火灾逃跑通道。④

(九)对广告的规制

将对广告的规制放在规划领域研究,与英国地方政府机关的事权划分有关。类似的知识点还包括将矿产资源方面的管辖权授予郡规划职能部门,说明英国的矿产资源也是由规划部门管辖的。

英国的规划职能部门同时也是负责对广告展示实施规制的行政机关。与此相关的政府机关为基本地方政府机关,而二级制地区则由区议事会负责。⑤ 地方政府机关可以要求停止那些其认为实质性危害地方和

---

① Andrew Arden, p. 86.
② Andrew Arden, p. 84.
③ Andrew Arden, p. 86.
④ Andrew Arden, p. 86.
⑤ Andrew Arden, p. 83.

谐或者对公众有威胁的广告继续展示。①

有关地方政府机关还必须从促进当地和谐（amenity）的角度出发，以决定是否有必要在其辖区内指定某一地区为特别控制区，并对在该地区展示广告的行为作出特别规定。② 从这一内容看，此处的和谐既包括种族之间、居民之间的和谐，也包括人与环境之间的和谐。

（十）树木和绿篱

对树木及林地的保护，相当于我国林业行政主管部门的职能。英国基本上没有林业行政主管部门，种树是地产主的权利，实地体验英国的绿化情况再反思一下绿化的权力管理与种树的权利保障的关系，就是"授人以鱼"与"授人以渔"的关系。如果土地权有充分的个性化保障，土地上的附着物权有针对性的保障，相信没有多少人愿意让自己的土地荒芜着。

规划职能部门可以发布绿化保护令（tree preservation orders）对其辖区内的树木及林地加以保护。规划职能部门还享有保护绿篱的附加权力。③

（十一）宿营地

根据1960年《宿营地及开发控制法》（Caravan Sites and Control of Development Act），宿营地的确立需要取得适当的基本地方政府机关的许可；二级制地区，则由郡议事会或者适当时由锡利群岛议事会等颁布相应的许可，这些地区的地方政府机关自己可以决定对宿营地的保护事宜。④

如果有关政府机关发现，有人未经所有者同意，居住在停泊于陆地上的一部车辆或者一艘商船中，则可以发出通告要求其离开其所停留的地方。治安法院也可以发布命令要求该人从其所停留的地方离开，或者授权有关行政机关采取措施，确保落实。⑤ 这就是作为地方法院（不是皇家法院）的治安法院与地方政府机关的关系：地方政府机关没有的权力，如强制执行权，可通过治安法院授予；言外之意，治安法院享有更为广泛、更为普遍的强制性权力，并可以通过令状的形式授予行政机关。

辖区内有运河的地方政府机关，应当通过许可证手段，对将运河船作

---

① Andrew Arden, pp. 83-84.
② Andrew Arden, p. 84.
③ Andrew Arden, p. 84.
④ Andrew Arden, p. 85.
⑤ Andrew Arden, p. 85.

为住处的行为进行规制。① 也就是说,一般不允许将运河船作为永久住处,除非取得运河所在地地方政府机关的许可。

七、规划政策

参见本书第二卷第二编第五章第五节中的土地开发规划权部分。

八、规划的内容

各国在规划主体、规划职能、规划程序等方面的差异,从根本上决定了规划的内容。我们现在最想知道的是,这些规划的具体内容是什么,即它们是怎样规定某一具体的个人的田宅的规划用途的? 在作这样的规划前,是怎样征求当事人的意见? 如果当事人不同意怎么办?

希望读者注意的是英国土地开发规划的拟定顺序。它们是自下而上,而不是自上而下的,上位规划只是总括下位规划而已,其具体程度是与下位规划同级别的(比例尺都一样)。相反,自上而下制定的规划,最大的问题是下位规划在"具体落实"上位规划时,存在"具体"与"落实"的矛盾,而为了避免这种冲突采取的方法是虚化上位规划,其结果是,下位规划"落实"上位规划的过程,就是实质上"具体"地违反上位规划的过程,而由于上位规划的虚化,并不会发生违反上位规划的情形出现在图纸上的情形。于是,无论下位规划如何制作,都不会违反上位规划,上位规划根本就没有可能被遵守,也就不存在是否违反规划的客观标准。于是,在规划部门本身的规划无人可以说不的情况下,最终的结论显然不是没有违反规划之说,而是没有任何法定的符合规划之说,任何建筑行为是否违反规划,就看规划部门是否追究了。

(一) 基本规划

在国务大臣指定的期限内,各地方政府机关必须拟订一份单一制地方政府机关土地开发规划,该规划包括两部分内容:第一部分是一份书面说明,阐述本地方政府机关的一般方针,其中包括保护自然景观、维护土地宜居性、改善自然环境以及交通管理等方面的政策。第二部分包括:① 一份书面说明,以该地方政府机关认为适当的详细程度,具体阐述其对开发和利用本地区土地的建议;② 一份标示这些建议的地理特征的地图;③ 支持其在第一、第二部分提出的政策和建议的理由;④ 该地方政府

---

① Andrew Arden, p. 85.

机关认为与第一、第二部分有关并且应当予以说明的内容,以及为说明这些内容而作的图表、插图和其他解释。①

可见,英国土地开发规划的最基本形式,就是最底层同时也是最细致的单一制地方政府机关层级的规划。虽然该规划是落实其上位的总体规划和地区规划,但就内容而言,却是最丰富、最具体、最翔实的。总体规划更侧重于政策,而地区规划介于两者之间。中国学者在研究这部分内容时一定要记住,英国的面积只有两个半山东省的面积,而英格兰与山东省的面积差不多大,却分为四五十个郡,每个郡的面积大致相当于一个中等规模的县,因此,其所谓的总体规划仅仅相当于我国的县级土地开发规划,而其地区规划大致与我们的乡级规划差不多,而单一制地方政府机关的规划只相当于村、镇级甚至还要小,由此可见,其规划的细致程度、精确程度。

（二）总体规划

总体规划的内容与单一制地方政府机关规划的第一部分中所包含的内容几乎完全相同,同时附有相应的图表及单一制地方政府机关规划的第二部分中包含的其他材料。②

（三）地区规划

地区规划必须包含对于地方政府机关所在地区的土地开发与利用的详细政策的说明。这部分内容与单一制地方政府机关规划的第二部分内容相同,但必须包括与第一部分中涉及的事项有关的政策(如保护自然景观、维护土地宜居性、改善自然环境以及交通管理),并包括说明这些具体政策的地图、与之类似的图表以及其他与之类似的内容。地区规划可以不包括与矿产资源、垃圾处置有关的政策。除此之外,地区规划必须与总体规划基本保持一致。③

九、规划的制定

单一制地方政府机关的规划制定程序与包括总体规划在内的其他规划的制定程序基本上差不多。

---

① Andrew Arden, p. 48.
② Andrew Arden, p. 48.
③ Andrew Arden, p. 49.

（一）应当考虑的相关因素

地方规划职能部门在制定单一制地方政府机关规划或者总体规划时，必须密切关注那些预计会影响所在地区发展的事项或者影响该规划自身发展的事项；为了更好地审查这些事项，地方政府机关可以对本地区或者其他部门进行普查。这些事项包括：该地区基本的自然、经济特点，面积大小，人口构成及分布，通信状况，交通系统及交通量，其他预计会对上述事项产生影响的任何事项（如国务大臣规定或者指示应当考虑的事项），以及对上述事项所要实施的计划中的变更和这些变更所能产生的影响。[①] 地方政府机关在制定地区性规划和单一制地方政府机关规划时，还必须考虑已经将本地区的土地指定为开发区的任何计划中的规定。[②]

也就是说，规划职能部门不但要考虑本地区的静态参数，还要考虑因类似本机关的其他机关或者本机关制定的类似土地利用规划在未来的实施中将可能对本地区的静态参数造成的动态影响，而这些影响在编制规划时没有显现出来，但会在规划通过后或者着手实施时影响规划的最终实施效果，因此，适当地预估这些相关影响因素对本规划的影响，确实是动态决策过程中不可忽视的。当然，从技术上讲，这种评估未必能够达到相当的准确程度，但比完全不考虑要有益得多。例如，某地正在建设一个区域性大型机场，在该机场建设过程中，将会对当地及周边地区的建筑业有积极的影响，而在建成后则会促进当地及附近的旅馆、交通及餐饮业的发展，如果在制定规划时大致考虑一下这些未来的影响因素，显然要比完全不考虑要有预见性得多。当然，在考虑这些因素时也应当谦和一些，对于这些因素的未来影响评估要有所保留。

（二）与中央政策的协调

在形成单一制地方政府机关规划及总体规划中的政策时，地方政府机关必须充分考虑国务大臣为有助于制定地区性或者战略性规划而提出的任何指导意见、当前的全国性政策、该规划可以动用的资源以及国务大臣可能会规定或者指示的其他此类事项。在制定某一本地规划的政策的过程中，地方政府机关必须考虑国务大臣规定或者指示的信息。[③]

---

① Andrew Arden，p. 49.
② Andrew Arden，pp. 49-50.
③ Andrew Arden，p. 49.

(三) 咨询有关方面

与英国行政管理的许多领域一样,英国法也为规划职能部门设置了必须咨询并考虑被咨询者提供的任何意见的义务。① 英国法规定这一制度的意义是:对于所有必须咨询的被咨询者提供的意见,规划职能部门必须考虑;具体要达到两个标准,一是如果采纳了其建议,则必须说出具体在规划中是如何体现的;二是如果没有采纳其意见,则必须说明理由。前文已经介绍过,咨询在英国法中的含义绝对不是营造参政、议政气氛的姿态,而是必须遵照咨询意见行事。因此,对于未被采用的意见,必须说明不予采纳的理由,这是遵循咨询程序的一个不言自明的规则,违反这一规则,不作任何说明而将咨询意见置之不理,难以通过法院严格的司法审查。

地方政府机关在对其制定的单一制地方政府机关规划、总体规划或者地区规划的内容作出最终决定之前,必须咨询:国务大臣(指环境、交通与地方事务大臣),辖区与拟议中的规划区域重叠的任何其他地方规划职能部门、教区或者社区的议事会,环境保护代办处(Environment Agency),(在英格兰境内的规划应咨询)英格兰乡村委员会(Countryside Commission)和自然保护委员会(Nature Conservancy Council),(在威尔士则要咨询)威尔士乡村委员会(Countryside Council for Wales),(在英格兰还要咨询)英格兰历史建筑及纪念碑委员会。② 从这个内容看,教区和社区都不是规划职能部门,而且从前文了解的情况看,规划职能部门最低必须是单一制地方政府机关,因此,在英格兰应为郡内的区(大伦敦及大城市)或者自治市,而在威尔士则应为郡或者郡自治市。从上述名单看,任何土地开发规划所要咨询的机构是相当多的,如对总体规划而言,所要咨询的对象是,该郡内所有的单一制地方政府机关及所有的自治市议事会、教区或社区议事会,因为它们的辖区都与拟议中的规划区域重叠。

(四) 公开征求意见

在采纳某一单一制地方政府机关规划之前,或者准备对总体规划、地区性规划作出修改、替换之前,地方政府机关必须将其规划草案公开备查,并向国务大臣提交四份草案副本;同时按照《城镇及乡村规划(发展规划)条例》规定的形式,通过广告公开告示该草案正在公开备查。这些要

---

① Andrew Arden,p.50.
② Andrew Arden,p.50.

求的目的在于,允许那些对拟议中的规划的反对意见以规定的方式、在规定的期限内提出[1991年《城镇及乡村规划(发展规划)条例》规定的期限为6周,以书面形式递交地方政府规划职能部门]。①

(五)针对反对意见的公开调查

就单一制地方政府机关规划而言,如果地方政府机关收到了某一按照条例规定提出的反对意见,该地方政府机关必须就该规划举行一次地方公开调查。如果反对意见不是按照条例规定的方式在规定的期限内提起的(如以非书面形式或者超过了期限),则地方政府机关也必须考虑这些反对意见,并可以按照反对意见的思路对原规划进行调整,但不必举行地方公开调查。② 此类地方公开调查,其实就是针对该规划的反对意见举行的正反方论辩会、听证会,正方自然就是规划职能部门,而反方则是按照条例的规定正式提出反对意见的一方,可以是有关的地方政府机关,也可以是一般公民。举行此类调查会与不举行的区别在于,按照《裁判所及调查庭法》,凡必须举行调查会的案件,如果没有举行,肯定违反法定程序;即使应景式地举行了调查会,但没有按照案卷排他原则严格依据听证笔录作出最终决定的,也构成程序违法。

(六)国务大臣的权力

在收到某一单一制地方政府机关的规划副本后但未被制定该规划的地方政府机关正式通过前,国务大臣可以指示该地方政府机关将该规划或其一部分呈请其批准。如果国务大臣作出了这样的指示,该地方政府机关可以暂停通过该规划的程序,包括召开或者继续举行地方公开调查的程序,直到国务大臣作出决定。③ 国务大臣还有权在决定作出前对拟议中的规划举行一次地方公开调查。④ 国务大臣可以批准规划的全部或者一部分,可以对规划进行调整或者保留,也可以拒绝批准。⑤

如果国务大臣批准了该规划,就不再需要地方政府机关批准⑥,该规划自国务大臣批准之日起生效。但这样一来,岂不造成不了解当地情况的国务大臣随便批准地方的规划?事实上不会,因为国务大臣的批准决

---

① Andrew Arden,p.50.
② Andrew Arden,p.50.
③ Andrew Arden,p.50.
④ Andrew Arden,p.51.
⑤ Andrew Arden,pp.50-51.
⑥ Andrew Arden,p.50.

定是要经受司法审查的,国务大臣显然不会轻举妄动。

国务大臣也可以不从地方政府机关那里调取拟议中的规划,而直接指示该地方政府机关根据其指示修改规划。如果国务大臣作出了这样的指示,则在国务大臣认为该地方政府机关已经按照其指示作出了令其满意的必要修改之前,地方政府机关不能通过该规划。①

十、规划的效力

规划的效力体现在:凡是《规划法》要求必须考虑土地开发规划才能作出的任何决定,都必须遵循土地开发规划,除非有实质性的理由才能作出相反决定。这一规定最明显的应用领域就是与决定个人提出的规划申请有关的案件。② 但对于实质性的理由这一术语,并没有制定法上的解释。在 1997 年的 *City of Edinburgh v. Secretary of State for Scotland* 一案中,贵族院在考虑了苏格兰的法律规定后认为,土地开发规划并没有绝对的权威,地方政府机关并不一定必须遵循规划,而是仅在有事实根据支持这一规划时才必须遵循。土地开发规划可以因全国性政策的改变而过时,虽然在绝大多数的案件中,土地开发规划受到保护的法律地位保障了地方政府机关的决定能够遵循该规划,但涉及该规划与实质性事由之间的平衡尺度的把握时,地方政府机关就有了自由裁量的空间。③

在 1997 年的 *R. v. Leominister D.C, ex p. Pothecary* 一案中,上诉法院承认爱丁堡市一案准确地反映了苏格兰的法律,同时进一步补充道:土地开发规划常常包括一些例外、限制、相互重叠甚至相互矛盾的政策,而具体的规定、决定就是要根据这样的规划作出。因此,规划制定的年份以及其与国家或者区域性政策的贴近程度,都是权衡是否应当严格遵循其内容的重要参考依据。上诉法院认定,可以背离土地开发规划的实质性考虑的理由包括:财政上的考虑,例如不违背某一规划的具体开发项目是否具有经济上的可行性。④

---

① Andrew Arden,p.51.
② Andrew Arden,p.51.
③ Andrew Arden,p.52.
④ Andrew Arden,p.52.

十一、规划的控制手段

规划的控制手段涉及如下几个方面的内容：

（一）规划许可的一般要求

除制定法作出的一般性例外规定，任何拟改变土地的用途或者在土地上实施建设活动的，都属于对土地的开发利用，英国法要求此类活动必须获得地方规划职能部门的许可。①

（二）规划许可的实施主体

规划许可的申请须向规划职能部门提出。如果开发项目涉及大伦敦（Greater London）、大城市郡或者威尔士的土地，应向地方规划职能部门提出申请；如果涉及郡的事务（如矿产开发或者项目用地部分在国家公园内）则必须向郡规划职能部门提出；其他情况下则向区规划职能部门提出（在威尔士则是向郡或者郡自治市规划职能部门提出）。②

（三）规划决策的相关因素

规划职能部门必须对申请作出决定，决定过程中必须考虑当地的发展规划，除非基于其他实际因素需要作出相反的决定。③

如果开发项目可能对环境造成严重影响，规划职能部门在作出决定时还必须遵循1988年《城镇及乡村规划（环境影响评价）条例》，其中要求规划职能部门必须评估建设项目对环境的影响。④

（四）中央政府的决策优先权

国务大臣比地方规划职能部门享有优先权。规划职能部门在对申请作出决定过程中，国务大臣有权调阅该申请，并替代规划职能部门作出决定。⑤

（五）对规划决定的行政救济

如果规划职能部门拒绝批准建设项目，申请人可以向国务大臣或者某一规划调查官提出上诉，而其形式则是举行一次公开的地方调查。⑥前面提到，国务大臣可以调阅规划申请并直接作出决定，这一权力与此处

---

① Andrew Arden, p. 82.
② Andrew Arden, p. 82.
③ Andrew Arden, pp. 82-83.
④ Andrew Arden, p. 83.
⑤ Andrew Arden, p. 82.
⑥ Andrew Arden, p. 83.

提到的拒绝规划许可时的上诉审权力一致。正因为其可以审理不服拒绝许可的上诉，也就可以在规划职能部门作出决定后取而代之。当然，无论由谁作出规划许可，都要受到法院的司法审查，这才是保证各规划决定者适用统一标准的最根本保障。

（六）规划程序从简的地区

此类地区类似于前面提到的开发区，但不享有开发区的财政优惠。规划职能部门在决定设立此类地区时，必须考虑在其辖区内设立这类地区的规划是否确有必要。设立此类区域的程序类似于制定开发规划，而且每一规划程序从简的地区的存续期间为 10 年。[①] 规划职能部门有权在其辖区内设立规划程序从简地区，这是由其权力行使的方式决定的，即使禁止其设立这样的地区，规划职能部门在实践中针对特定区域简化规划手续仍无法从外部予以控制。这一点提示我们，如果某一外部控制手段在实践中过于间接，或者极容易规避，其设定的合理性就值得怀疑，即使设立了也会在不久之后即被发现规避的门径而名存实亡。而英国立法采取的都是比较现实的控制手段，如规定每一规划程序从简地区的存续期间为 10 年等。

国务大臣有权命令制定或者改变此类区域的设立规划。该规划的效力是自动给予区域内的土地开发项目或者该规划特别规定的开发项目规划许可，但附特别条件或者限制者除外。[②] 可见，设立规划程序从简地区的规划大致包括三个方面的内容：一是规定适用本规划的土地开发项目的类型；二是规定对适用本规划的土地开发项目的特别条件或者限制；三是规划程序从简地区的地域范围。而设立从简地区的实质，是赋予该区域内特定类型、符合特定条件的规划许可申请以自动许可，而无须进一步的实质性审查。但国务大臣认为必要时，可以对设立此类从简地区的规划进行调整。从这个意义上说，英国的规划许可存在类似于自动许可的情形，即无须实质性审查，有申请必许可。

十二、规划的落实

英国对规划落不到实处这一问题采取多管齐下的方式综合施治。

---

① Andrew Arden, p. 83.
② Andrew Arden, p. 83.

(一) 建筑方案的备案

1984年《建筑法》第一部分要求基本地方政府机关以及二级制地区的区议事会必须负责落实由国务大臣制定的《建筑条例》(Building Regulations)。① 在《建筑条例》适用的区域内,建设方必须将其建筑方案通知并提交建筑控制职能部门,以确保这些条例得到有效遵循。② 显然,此处的建筑方案也可称为建筑计划,但肯定不是建筑规划。将建筑计划提交规划职能部门相当于备案,目的是为地方规划职能部门审查某一拟进行的建筑是否符合规划创造条件。

(二) 独立规划审核

建筑者也可以选择经认定的注册规划调查官来审查其建筑计划,而不必再向规划职能部门提交。③ 当事人的这种选择权至关重要,由此形成的竞争是一种非常重要的现代行政管理思路。

英国的这一制度设计实际上意味着三大制度的联动运行:一是土地开发规划的公开,至少是向注册规划调查官公开;二是注册规划调查官与地方规划职能部门相对独立,英国这样设计是因为觉得有必要在规划职能部门之外,单独设立或者名义上单独设立规划调查官;三是注册规划调查官审查通过的结论,与地方规划职能部门的备案审查结果(即地方政府机关在法定期限内没有作出停止施工的决定)具有同等法律效力。由此不可避免地形成地方规划职能部门与注册规划调查官之间的竞争,当事人可以在二者之间进行选择。

(三) 强制手段

规划职能部门可以对已经着手或者试图着手实施未经许可的土地开发项目者以及其他违反规划控制者,采取强制手段,其中包括签发责令停止通告、违反法定条件通告、强制执行通告、强制令、启动刑事追诉程序以及行使强行进入土地的权力等。④ 此处列举的是地方政府机关可以诉诸而非其可以直接采取的手段。

除此之外,地方政府机关还拥有签发提供信息令的权力,这是要求签收人提供有关的信息,以便规划政府职能部门确认是否已经发生了违反

---

① Andrew Arden, p. 85.
② Andrew Arden, pp. 85-86.
③ Andrew Arden, p. 86.
④ Andrew Arden, p. 83.

规划控制的行为。①

十三、土地征用规则

(一) 规范土地征用权的法律体系

地方政府机关享有相当广泛的获得土地及实施土建工程的权力。有学者认为，这些权力可以在某种意义上视为"一般权力"（general powers）。但是在英国，地方政府机关的这些权力通常是与规范获得或者处置财产的其他规定（具体的或者普遍的）相联系的，并将其一并讨论。②由于土地私有以及土地作为不动产的特殊财产地位，使有关土地的权力成为英国财产法中最主要的内容是一点也不奇怪的。因此，在英国可以有专门的土地法，但其原理与普通的财产法没有本质区别，这是理解英国的法律体制时必须铭记的。

(二) 考虑乡土因素

值得注意的是，任何公共管理机构（包括地方政府机关）在行使任何与土地有关的职能时，都必须注意维护自然景观及乡村的宜居性。③这一立法、执法时考虑问题的出发点决定了英国土地开发和利用的基本立场在于保护乡村的安宁以及自然景观，而不是积极的人为破坏。由此反映出，越是城市化、现代化的国家，越是想保护自己的乡村；而越是农业国，越是拼命建设城市。

在履行明确涉及乡村的职能时，地方政府机关还必须正当地考虑农业及林业的需要，以及乡村地区的经济和社会利益。这是英国1968年《乡村法》对地方政府机关提出的要求。不过，英国的乡村法不限于此，在此之前有1949年《国家公园及乡村法》（National Parks and Countryside Act），在此之后有1981年《野生生物及乡村法》（Wildlife and Countryside Act）。④众多乡村法的存在说明，在高度工业化的英国，乡村是与国家公园、野生生物等一并予以保护的。到过英国的人都对英国乡村的绿水青山、田园牧野印象深刻，与英国政府着意保护英国乡村的传统、自然景观及宜居性有莫大关系。英国绝大多数的财富不是存放在伦敦的地下金

---

① Andrew Arden, p. 83.
② Andrew Arden, p. 53.
③ Andrew Arden, p. 549.
④ Andrew Arden, p. 53.

库，而是凝聚在英国乡村的绿水、蓝天、清风、碧草之间的。

土地裁判所在审查只征收部分房产的征购时，非常注意征购会不会严重地影响未征购房屋的宜居性或者便利性。[①] 宜居性是英国法中对房屋外在居住属性的一项普遍的评估指标，主要是指房屋的居住环境，如窗外有适宜人欣赏的景致。而便宜性则是指居住的方便程度，如出门方便、可以直接将车开到家门口等。这些标准在我们看来有的不符合中国国情，如早些年的风景权，但英国法此处所讨论的正是如果破坏房屋外的风景应当如何赔偿的问题。

十四、获取土地的主要方法

按照英国学者的分类，获取土地有三种方式：协议取得[②]、强制取得[③]、基于规划义务获得[④]。在这三种获取土地的方式中，协议取得最为常见，而强制征购也时有发生，第三种方式则比较特殊。

基于规划义务获得土地作为与强制取得土地并行的获得土地的方式，其中的规划义务是就相对人而言的，不是指地方政府机关必须行使其规划权限或者职责的法定义务。虽然从调整规划义务的制定法条款的字面上看，制定法并没有授权地方政府机关可以谋求将土地转移给本地方政府机关，但是一般认为，规划义务可以表现为否定性的，即与该规划义务有关的土地只有满足一定的条件才能得以利用，此种条件之一是，要求将土地转移给地方政府机关，当然这样做的前提是此项规划义务确有存在的理由，并且确实是为了一个适当的规划目的。[⑤] 这些具有高度自由裁量性的规定，其有效存在的基本前提是存在对自由裁量权充分、彻底、有效、及时的司法审查制度。即使在英国，这样的自由裁量权也是在严格的指导下实施。有关中央政府部门制定的适用指针要求，规划义务本身不应当包括转移土地上权益的要求，或者明确要求此类转移。[⑥]

实际转移地上权益的要求应当包括在与规划义务分立的另一文件中；比较适当的做法是，在列明规划义务的文件中明确提出否定性的要

---

① Andrew Arden, p. 558.
② Andrew Arden, p. 549.
③ Andrew Arden, p. 549.
④ Andrew Arden, p. 560.
⑤ Andrew Arden, p. 560.
⑥ Andrew Arden, p. 560.

求,限制该土地所有权有效转移前的开发利用。① 从字面上看,这一招也够厉害的,在没有有效的监督制约的前提下,完全可以用于其他不正当的目的,迫使地产所有权人出卖土地。于是所有的一切又回到英国法律制度的基础上来了:是否存在足够的制约机制。但是至少有一点是明确的:如果没有充分有力的制约机制,则类似此处的规定无疑就是法律体制中的毒瘤,是万万不可引入的。

基于规划义务获得土地制度,本质是指地方政府机关为某块土地规划了一个用途,但这种用途实际上只能用于公益,此时,土地所有者最好的履行该义务的方式就是将其土地卖给履行规划职能的地方政府机关。这样的制度和权力很容易被滥用,有些国家的土地之所以依法也没有管好,在很大程度上是因为法律规定的同样权力在异质的法律制度环境下发生了改变。那么英国的同样权力及相应制度为什么就极少会被滥用呢?主要的原因是没有始作俑者——没有人在这样的征地中受益,于是没有人愿意滥用这种表面上看来很大且极可能被滥用的权力。

(一) 协议取得土地

地方政府机关有权通过征地协议获得土地,由此获得的土地既可以在其辖区内,也可以在其辖区外②,在英国,土地是一种完全商品化的财产,普通百姓可以购买,作为制定法拟定的法人,地方政府机关当然也可以买。普通百姓没有自己的辖区,自然可以在各地置地,而地方政府机关虽然有自己的辖区,但这并不构成自己在法律上行为能力的障碍,也就是说,购买土地的范围不以自己辖区为界。

地方政府机关可以为其任何职能的履行购买土地,可以为了其辖区的利益、改进或者发展其辖区而购置土地。地方政府机关购置土地的权力的行使可以不取决于所购土地是否为履行其职能所急需。如果获得土地为实现有关的目标所急需,则获得土地方面的制定法所要求的国务大臣认可程序,也可以省略。③

沿海地区的地方议事会作为海岸保护职能部门,可以为海岸保护的目的实施工程,并可以为此目的而获得土地。

即使所获得的土地不是出于急需,但只要在地方政府机关的辖区内,

---

① Andrew Arden, p. 560.
② Andrew Arden, p. 549.
③ Andrew Arden, p. 549.

获得土地方面的制定法所要求的国务大臣认可程序也可以省略。① 该认可程序事实上仅适用于非地方政府机关辖区内的非急需用地,但购买此类土地的数量并不占多数,因此,地方政府机关购买土地须取得国务大臣的认可,充其量只是例外,在绝大多数情况下并非必要。

如果地方政府机关通过合同方式购买土地,则拥有许多与其强制购买有关的权利。② 由于地方政府机关出面实施的协议购买属于一种和平的赎买,按照合同签订的一般假定,此类购买土地的活动中发生侵犯对方当事人权益的可能性相对较小。而地方政府机关基于协议购置土地时享有法律规定的强制购买土地的权利,将这一问题进一步简化为,将地方政府机关在强制购买土地时享有的权利,移植到地方政府机关协议购买土地活动中来即可。因此,英国行政法中讨论这两个问题的侧重点在强制购买土地。但不能由此得出英国强制购买土地的数量一定多于协议购买土地的数量的结论。英国的民主制,特别是地方政府机关的民主基础,决定了英国地方政府机关绝对不敢轻易强制购买土地,就像其不敢让其警察配枪一样。在一个不大的地方议事会的辖区内,任何一起强制购买案都有可能涉及执政党的更替,不强制购买而放弃此项目或者出更高的价格协议购买,却极少影响地方政府机关的执政地位,地方政府机关权衡利害的结果自然是不会轻易强买土地。

(二) 强制购买土地

即使在私权观念盛行的英国,也不得不承认,个人以不同的方式受行政权力的影响,一名因建高速公路而被征用土地的农场主,并不享有绝对的阻止该土地因社会公共利益而被征用的权利。③ 但前提是征用该土地将产生减少高速公路造价之类的效益,否则就很难与公共利益挂钩。

包括1972年《地方政府法》在内的许多议会法律,授予对房地产的强制购买权。该权力可以用于该授权法或者其他法律所规定的任何法定目的,而不能仅仅以地方政府机关辖区内的利益或者本地区的改善与发展作为强制征购的唯一目的。④ 地方政府机关辖区内的利益或者本地区的改善与发展,是所有强制购买都可以用的目的,但除此之外,如果其他授

---

① Andrew Arden, p. 549.
② Andrew Arden, p. 549.
③ Bradley & Ewing, p. 632.
④ Andrew Arden, p. 549.

权强制购买的议会立法还为此权力的行使规定了其他目的,亦可以作为强制征收的正当事由。

此外,地方政府机关也不能仅仅以 1963 年《地方政府(土地)法》所赋予的从事建筑活动的一般权力作为其强制征购土地的目的。① 也就是说,英国法禁止地方政府机关单纯为了搞建设而强制征购土地。这就回答了为什么英国地方政府不能为了推进本地经济的发展而一厢情愿地大搞征地。同样,地方政府机关也不得为了任何制定法仅仅授予通过协议购买的方式获得土地的权力而强制购买土地。② 这进一步说明,英国制定法明确区分了协议征购和强制征购的目的或适用范围。凡是适用于协议购买范围内的事项,只能通过协议购买获得土地;只有那些制定法明确规定了可以通过强制购买获得土地的,才可以使用这种方式。从立法技术上分析,此处分别用的是肯定列举,其中隐含的是,凡是法律规定既不属于协议购买的范围,又不属于强制购买范围内的事项,地方政府机关无权以其他任何方式取得土地。

与此相对的是,即使地方政府机关获得了强制购买的授权,仍可以通过协议购买的方式取得土地。③

此外,地方政府机关还享有广泛的为规划目的而行使的强制购买权,包括强制购买那些适用于而且必须用于实施区域开发、再开发或者改善的土地,以及那些坐落于实施优化规划区域内的土地,该宗地的强制购买是为了实现该地区优化规划的利益需要。地方政府机关可以为实施某项工程的需要获取比邻的土地,但如果该需要开发的地块本来是公共的、开放的活动场所或者是燃料、蔬菜基地,则需要另行购买其他的地块作为置换之用。对公共的、开放的活动场所或者此类基地的这种保护,也适用于根据 1972 年《地方政府法》实施的强制购买。④ 如果这类土地需要成为强制征购的对象,则征购者需要另行购买其他地块作为置换之用。

但是,有相当数量的其他类别的土地需要特别对待。在英国法中,法律会授权某人建造铁路、电车轨道、道路、水运航道、运河或者内河航行工程、各类码头、灯塔工程或者水电工程,依法获得此类工程的承建任务者

---

① Andrew Arden, p. 549.
② Andrew Arden, pp. 549-550.
③ Andrew Arden, p. 550.
④ Andrew Arden, p. 550.

被称为法定建筑商,对法定建筑商正在实施的法定建筑项目所用的土地,通常是不能征用的,除非有关的部长有充分的理由相信该土地可能通过协议购买,而且即使不用其他土地置换该地块也不会严重损害在建的法定建设项目。① 此项制度建立在法定建设项目的基础之上,英国对于诸如道路、水路交通设施等公共工程的建设,都是通过立法程序予以确立。正因为这些建设项目都是法律规定的,因此,对于这些建设项目需要给予法律保障,其中之一就是对于此类建设项目所使用的土地必须予以保障,一般情况下不能征用,除非有充分理由相信征用并不会损害这些项目的正常进行。

对于地方政府机关的土地或者法定建设项目的承建者的其他土地,如果这些土地的所有者反对,而购买者又不是另一个地方政府机关或者法定建设项目的承建者,也需要特别的议会程序才能决定是否征用。② 可见,不但许多公共工程需要作为法定建设项目,由议会的立法程序确定,强制征用(即在土地所有者反对的情况下征用)地方政府机关的土地或者法定建设项目承建人的土地,也需要通过议会程序决定,这是英国土地权利保护程度的一个非常鲜明的特征。

国家信托基金(National Trust)的土地也是不得让予的,如需要转让,也需要通过特别的议会议决程序。③ 如果某块土地同时属于上述需要特别保护的地类中的多个类别,并且每一类别都需要议会特别程序议决,则该土地的购买必须经过议会特别程序完成。④

十五、强制购买程序

强制购买程序包括两个方面:一是事前程序;二是事后程序。⑤

(一)确认令(Conformation of Order)

其全称为强制征购确认令。授权强制购买的程序规定在1981年《土地获得法》中,该法授权有关部长在其认为适当时,进行地方公开调查。⑥ 寻求确认令的地方政府机关必须按照规定的格式就此发布公告,并

---

① Andrew Arden, p. 550.
② Andrew Arden, p. 550.
③ Andrew Arden, pp. 550-551.
④ Andrew Arden, p. 551.
⑤ Andrew Arden, p. 551.
⑥ Andrew Arden, p. 551.

向拟被征土地的所有者、承租人及占有人发送特别公告。反对意见通常并不是针对确认令本身的,而是与补偿有关,这类案件最终要由土地裁判所根据1965年《强制征购法》裁决。①

如果有人提出异议,则有关部长必须进行地方公开调查,或者为每一反对者提供向有关部长指定的人提出反对意见的机会。如果没有人对公告提出反对意见,或者所有的反对意见都被驳回,则该确认令的效力即得到确认。②

确认令的内容应如其提交确认时或者更改后的内容,除非取得所有利害关系人的同意,否则不得增加任何其他的土地。而且一旦确认,有关地方政府机关即负有告知公众及土地所有权人的义务。③

针对地方政府机关强制征购土地确认令的诉讼,由高等法院管辖,其诉由是该行为在法律上无效或者未遵循要求的程序要件。此项诉讼的起诉期间为六周。高等法院在此类诉讼中享有暂停确认令的全部或者部分运作的过程性权力,以及全部或者部分撤销确认令的终局权力。④

但按照英国制定法,除向高等法院提起此类诉讼之外,不能在任何其他法律程序(legal proceedings)中对确认令提出质问。⑤ 注意,此前有一个由土地裁判所裁决异议的程序环节,这是就确认令发布之前的异议而言的。经土地裁判所撤销了全部异议之后,有关部长可以下达确认令,但在该令状下达后的六周内,仍可以向高等法院提起诉讼。但此时就只此一条法律救济途径了。

确认令仅自确认公告公布之日起具有执行力。⑥

(二) 确认后程序

地方政府机关必须自确认令具有执行力之日起3年内行使确认令所赋予的权力⑦,即强制征购确认令所确认的土地。在英国,被征购对象自确认令生效之日起丧失对该土地支配权,在此后3年的时间内,必须与有权实施强制征购的地方政府机关签订协议,否则,地方政府机关可以非法

---

① Andrew Arden, p. 551.
② Andrew Arden, p. 551.
③ Andrew Arden, p. 551.
④ Andrew Arden, p. 552.
⑤ Andrew Arden, p. 552.
⑥ Andrew Arden, p. 552.
⑦ Andrew Arden, p. 552.

侵占该地方政府机关的不动产为由,将该地产主告上法庭,追究其非法侵占他人领地的责任。

在确认令可以付诸实施后,地方政府机关可以在两种程序法中选择:其一是1965年《强制征购法》,其二是1981年《强制征购(权属声明)法》[Compulsory Purchase(Vesting Declarations)Act]。这两个程序并不互相排斥:新法增加了一些有用的程序,这些程序有助于地方政府机关在联系不上强制征购确认令的标的土地的利害关系人时,实施强制征购确认令。①

1. 1965年《强制征购法》规定的程序

该程序包括向有关土地的所有的利害关系方或者有权出卖该土地者,送达"协商公告"。除非经协议展期,该协商公告在其送达3年后失效,但如果在此期间购地双方已经就征购补偿达成协议或者已经给予了补偿、征购补偿款已经付给了法院、已经发布了一般性的权属声明、地方政府机关已经进入或者占有了相关土地、补偿问题已经提交土地裁判所裁决等,协商公告失效与否已经没有什么意义了。②

地方政府机关可以向被征购土地的一方发出一份无条件补偿的书面要约,土地权属的所有者也可以提出自己的明确要求。③

根据1961年《土地补偿法》的规定,只要地方政府机关愿意承担相应的损失或者赔偿责任,就可以在相对方提出补偿请求后6周内撤回协商公告;如果地方政府机关已经实际占有了土地,也可以在土地裁判所作出有关补偿的最终决定后六周内撤回协商公告。④

除非土地的利害关系人作为权利请求人在地方政府机关发出协商公告后21日内提出其补偿请求、开始与地方政府机关就补偿事宜进行谈判或者谈判各方就补偿事宜达成一致,否则该土地的补偿事宜将自动送请土地裁判所裁决。⑤

地方政府机关所提供的土地补偿并不局限于补偿其所取得的土地,还包括因地方政府机关行使法律赋予的强制征购权取得此块土地而对其他土地造成的严重影响,其中包括征购土地后为实施作为征购土地的目

---

① Andrew Arden, p. 553.
② Andrew Arden, p. 553.
③ Andrew Arden, p. 553.
④ Andrew Arden, p. 553.
⑤ Andrew Arden, p. 553.

的的工程而造成的损害。① 按照我们的理解,作为征地目的的工程对其他土地所造成的损害不应当由征地的地方政府机关承担,至少不应当在征地阶段承担,但反过来想,如果此时不将这种损失预估并加以赔偿,以后再找谁赔偿、如何去理赔呢？更重要的是,对作为征地目的的工程项目对其他土地所造成的损害的补偿值的评估,是对征地行为的全部费用或者成本的评估的一部分,因为确实存在某些工程项目(如对环境影响比较大的项目),其本身的土地占用成本可能并不高,但其对环境或者周边土地的影响可能非常大,由此产生的补偿费用也非常高。如果有这种评估,地方政府机关在工程征地之初就会意识到整个工程项目的全部成本究竟有多高,这显然有助于其在实际征购补偿还没有谈判或者实施之前即停止其负担不起的或者综合看来经济效益不高的项目。

当然,在我们国家,目前这方面的评估尚没有纳入征地补偿的范围,可能会有人认为这反而是我们征地制度的优越性所在。但从保护土地所有者、使用者权益的角度,特别是保护相邻土地的所有者、使用者权益的角度讲,考虑并足量补偿其因相邻土地上实施的工程项目而受到的损害,是人类对土地资源本身及其相互关系的价值的理解深化的体现,也是对土地等自然资源所有者的权益予以合理尊重和保护的完善的法律制度的一个重要组成部分。

地方政府机关可以就其愿意补偿的数额给该当事人出价,如果该当事人没有异议,则该价格就是最终的补偿价格;如果当事人有异议,则可以诉诸土地裁判所或者法院,土地裁判所或法院裁定的数额就是最终的补偿数额。如果接到协商通知的人拒绝转让土地,地方政府机关可以向法院支付其同意支付的任何补偿或者法院裁定的补偿数额②,该款项最终由法院划转当事人。

随后,地方政府机关就可以在履行了财产转移手续后,将土地所有权转入自己名下。如果地方政府机关不想等到补偿程序及权利转移程序全部完成后再实施土地的移交,也可以在协商公告发布后,发布入驻公告,然后进入该土地并将该土地置于自己的控制之下,但是在这种情况下,最终的补偿款中应当包括其自先期进入之日起计算的利息。③ 也就是说,

---

① Andrew Arden, pp. 553-554.
② Andrew Arden, p. 554.
③ Andrew Arden, p. 554.

地方政府机关根据已经生效的强制征购确认令,可以在入驻公告之后先行进入该土地,但在入驻日至实际取得全部法定的土地权利期间,为其先期占有他人土地的期间。制定法虽然此处授权地方政府机关先期入驻,不认为这是非法侵入他人领地,但同时要求地方政府机关必须为此支付先占的利息。而该利息就是对被强制征购土地的所有权人的土地被先期占用期间的补偿,也是对此期间该土地所有权人依然拥有对该土地的所有权的法律事实的认可。当然,这种利息是以地方政府机关最终支付的补偿金为本金的,因为地方政府机关先期占有的土地的价值就是最终确定的补偿金,但其中并不包括此项利息。

地方政府机关可以在向法院申领授权令后强行先期进驻[①]有两个条件:一是必须有已经生效的强制征购确认令;二是必须有法院的授权令。后者是任何公权力机关进入他人领地的法律授权,警察的搜查令也属于此种令状。没有这种令状且未取得对方同意强行进入他人土地的行为,无论是公权力机关还是私人,都构成非法侵入罪。该罪名是英国保护私有财产最强有力的武器。

2. 1981年《强制征购(权属声明)法》规定的程序

作为一种替代性的手段,地方政府机关可以利用该法的规定,按照规定的格式签发一项声明,将强制征购确认令所针对的土地全部或者一部分划归自己的名下。地方政府机关必须明确表明其征购土地的意图,这既可以在其为强制征购确认令所发的公告中表明,也可以在随后的公告中表明。除此之外,地方政府机关的公告的另一目的,就是按照强制征购确认令中指明的姓名、地址和有关土地的信息,邀请所有有权获得补偿的人参与补偿谈判。[②]

除非地方政府机关取得了有关土地的所有占有者的同意,地方政府机关签发的此项权属声明不得在该公告公布后2个月内付诸实施,更不能在强制征购确认令生效前实施。[③]

地方政府机关还必须将其公告的内容送达公告中列明的每一位土地占有者。地方政府机关还应当给每一位已经向地方政府机关提供获得征地补偿的权利的有关信息,以此回应地方政府机关的公告的个人,正式送

---

① Andrew Arden,p.554.
② Andrew Arden,p.554.
③ Andrew Arden,p.554.

达该公告。①

权属声明的效力是,在法律上视为协商的通知已经送达每个应当送达的人。②

在签发权属声明的那一天,地方政府机关获准进入相关土地并获得对该土地的支配权,但在相关土地处于租赁状态等情况下,地方政府机关要想取得进入该宗地的权利须以先行告知为前提。③ 此种告知并不影响进入权本身的主体资格,但对该权利的行使设定了一些限制性的条件,如先通知租赁该地产的房客。这符合民法中买卖不破租赁的一般原则,但买受人的权利同样受租赁合同的约束,就像原所有权人(即出卖人)在进入该房产时所受的限制一样。

而一旦地方政府机关的权属声明付诸实施,地方政府机关进入并获得对相关土地的支配权,则该地方政府机关随即负有根据1965年《强制征购法》承担先行进入的补偿费用的义务④,即支付以最终确定的强制征购补偿款为本金的先期占有的利息。

十六、强制征购补偿

强制征购土地的补偿金额的计算并不考虑该宗土地取得过程中的强制取得因素,其起价是一个自愿的卖主所能接受的市场价。⑤ 此处的市场价即公开的市场上买卖成交的价格,该价格的形成完全由市场决定,就像北京的四合院的一间平房每平方米的价格都高达人民币几十万元一样,这样的价格是北京市面上可以买到的,但若是纳入政府的危房改造工程,则不会卖出这个价钱。英国的情况与此有别,虽然也是强制征购,但其购买价至少是以市场价为基数,从英国普通法普遍国民待遇的角度讲,此类征购即使被征购人因为自己的原因确实不愿意被征购,则在其向土地裁判所提出申诉,并对土地裁判所的决定提请上诉或司法审查后,一般认为其权利已经得到了充分维护,在一般英国人看来,再拒绝征购就有点说不过去了。在这种情况下,地方政府机关主张将拒绝腾退的被征购人以非法侵入罪告上法院,甚至法院最终以非法侵入罪将"赖"着不搬的被

---

① Andrew Arden, p. 554.
② Andrew Arden, p. 555.
③ Andrew Arden, p. 555.
④ Andrew Arden, p. 555.
⑤ Andrew Arden, p. 556.

征购人收监，在英国人看来也是顺理成章的。

英国法对于征地补偿的规定之详尽、名目之多，超过了许多读者的想象，因为在英国，土地是最重要的财产，这一点在美国也是如此，看过《飘》这部电影的读者一定会对郝思嘉最后所站的地方、姿势和语言有深刻的印象——一个女人，可以不要爱情，却如此痴迷于土地。这显然是受了英国传统土地文化的影响，须知那时距美国独立于英国只有几十年的时间。

正因为全体国民视土地为最重要的财产，因此，对于土地的征用亦被视为最重大的事件，要占有被征地的"地主"的土地，必须给予充分的补偿。虽然在英国现阶段，被征地的"地主"都是居于少数的旧"地主"、老"贵族"，而征地的目的都是为了公共利益或者居于多数的普通百姓，而决定征地立法的多数显然不是旧"地主"、老"贵族"，但英国的民主制并没有在这个领域显现出暴政的一面，至少其征地补偿相当优厚。这有两种解释，某些读者可能比较熟悉的一种说法是，英国的民主具有很大的虚伪性，居于多数的普通大众并不影响立法及行政的核心权力，因此，立法规定的征地待遇会非常优厚。对此持异议的论据在于，英国的征地补偿再优厚也无非是市场价格而已，并没有强迫公共管理机构以高于市场价购入土地；如果真能控制立法，他们大可以不卖出任何土地，而是大量收购土地，再通过立法规定较高的地租。

既然英国法放弃了使"地主"们通过收租更好地受用其土地的立法选择，现在就让我们看一下它们是如何"人道"地收购私人的土地的。之所以称之为"人道"而不用公正、合理等更准确的说法，主要用意在于，这些补偿规定显然体现了立法者及执法者一种朴素的心态——无论我现在是否"地主"，都希望自己是地主一样地对待地主们。他们中的绝大多数在这样做时，显然隐约记得英国的一句经典名言：爱你们的邻人，就像爱你们自己一样。这就是人道，而这种人道主义的观念显然建立在土地之上：邻人应当是指相邻的另一地主。

（一）邻接土地的补偿

在评估补偿金额时，不但要考虑被征用土地本身的价值，而且要考虑因该土地被征用而使与其相邻的土地的所有者此后持续不断地遭受由此引发的困难或者其他有害影响的补偿金额。如果被征购的标的只是某一房屋、建筑物、工厂的一部分，或者是附属于某一房屋的停车场或者花园，则该被征购标的的所有权人如果愿意并且能够整体出售，则有权要求征购方全部买下，除非土地裁判所认定征购方能够在不实质性损害房屋、建筑物或者工厂总体功能的情况下只征购其一部分，或者对停车场、花园的一部分的征购不会严重地影响房屋的宜居性或者便利性。除此之外，英国法还对征购方购买农田作了特别规定。①

类似的情况是，在某些涉及征购非城市地区的土地时，如果被征购人剩余的土地本身不足半英亩（半英亩约合2025平方米，约3.0375市亩），则被征购人有权要求征购方全部买下。②

（二）失去家园补偿（Home Loss Payments，或译为安家费）

英国强制征购法还对因强制征购土地而使居住于某房产的房客以及在房车宿营地居住者被迫迁移所造成的失去家园的损失予以补偿。但此类规定不适用于那些能够获得其他替代性补偿者，也不适用于那些被剥夺了失去家园补偿权利者：截至被易地安置日止，只有那些已经以被征购的住处或者宿营地为主要的甚至是唯一的住处满一年者，才有权利获得此项补偿。③ 我们可能非常关心失去家园补偿的范围的限定问题，因为我们更加担心的不是这些被异地安置的房客是否应获得补偿、应获得多少补偿、是否实际获得补偿，而是应当如何限制这种补偿的范围以尽可能减少补偿的总量，考虑问题的立场和出发点是站在征地开发的征购方一边。如果确实如此的话，则造成这种立场转变的根本原因、利益驱动机制、利益驱动过程值得我们深思。

如果房屋的占用者在地方政府机关被授权获得该财产之日前放弃了对该财产的占有，则将失去获得安家费的资格，但如果其在地方政府机关授权取得该房产之日仍占用该地产，则也不必为了取得安家费而硬挺到地方政府机关要求其离开之日。④ 结合上文：占用者获得安家费的条件是以被占用地产作为唯一安家之所并在此居住满一年。而失去该资格的条件是在地方政府机关取得该地产之前放弃占用，而无论放弃了多短的时间。也就是说，如果有权获得安家费的占用者因地方政府机关获得该地产而搬家，则只要在地方政府机关获得该地产后搬家就不影响其获得安家费的权利，但并不一定等到强制其离开之日。至于被强制搬迁是否会丧失安家费的问题，按照英国法的职权法定原则（非经法定授权不得剥

---

① Andrew Arden，p.558.
② Andrew Arden，p.558.
③ Andrew Arden，pp.558-559.
④ Andrew Arden，p.559.

夺他人的法定权利），则占用者获得安家费的权利并不因此而丧失。

对于那些在动迁日之前满足获得安家费的条件，但在此前一年没有连续居住的占用者，可以酌情支付安家费，但最高不超过法定安家费数额。① 这一自由裁量规定充分考虑了短期居住者的利益。按照比例原则，此自由裁量权的行使方式是，凡在动迁日之前仍在被征用房产内居住者，以其连续居住天数占 365 日的比例，获得安家费，超过一年的按一年计算。

有资料介绍，对于被征购房屋的使用者而言，安家费通常为 1500 英镑，有关部长有权通过制定条例予以调整；对于房屋的所有者而言，安家费则是其被征购财产市场价的 10%，但最低不得低于 1500 英镑、最高不超过 15000 英镑。申请领取安家费须以书面形式提出。安家费须于动迁日之前支付，最迟不迟于申请人提出申请后 3 个月。② 也就是说，如果申请人在动迁前（地方政府机关获得该地产后）即搬出并提出安家费申请，则地方政府机关原则上应当在动迁前支付安家费；如果延迟支付，或者申请人动迁后提出申请，两种情况下的支付都不得晚于提出申请后 3 个月。

（三）农场安置补贴

根据英国 1973 年《土地补偿法》的规定，如果某农场所有者无论是耕种自有农场、连年租用他人农场还是种田专业户，因征地而从某块农田迁出，并在此后的 3 年内开始在英国境内的另一农田内继续从事农业生产，则有权获得农场安置补贴。具有以下四个条件之一可以获得农场安置补贴③：① 地方政府机关因征地要求农场主离开被征用农场而动迁；② 在强制征购确认令作出或者确认后自愿离开；③ 在地方政府机关获取被征用土地后离开；④ 在动迁日之后经地方政府机关允许继续以租赁或者特许形式在原地耕种。农场安置补贴的设立，是对重农主义很好的诠释。

（四）骚扰补偿

骚扰补偿是针对本身并没有足以获得补偿的利益，但因拥有强制征购权的地方政府机关要获得其土地而从其拥有合法所有权的土地上搬走的人。④

---

① Andrew Arden, p. 559.
② Andrew Arden, p. 559.
③ Andrew Arden, p. 559.
④ Andrew Arden, pp. 559-560.

获得骚扰补偿的条件是①:被补偿人应当在以下时点占用被征购土地:① 在地方政府机关发布强制征购确认令公告但尚未提请确认之前;② 在不需要确认的情况下作出强制征购确认令之日;③ 如果某块土地系根据某项议会法律被强制征购,则该法律的草案首次公布之时。无论属于上述哪一种情况,被补偿人需一直维持占用状态至强制征购确认令作出时或者通过协议获得该土地时。据此,获得骚扰补偿的人类似于获得安家费的人,只是他们不是在被征购土地上居住,而是在其上从事某种经营活动,当然,不包括先前已经讨论过的农场主。不仅如此,骚扰补偿不会给予那些在知道地方政府机关要行使强制征购土地后,在强制征购程序开始前将土地转手的人。他们因此失去了获得直接赔偿的权利,当然他们也并没有亏,因为他们的土地已经转手给了他人;受转让者也并不亏,他们取得了获得征购补偿的权利,而这种补偿在英国是与被征购土地的自由市场价相当的,与他们当初购买此土地的价格相差无几。

骚扰补偿的数额就是搬家的合理开支;如果被补偿者的经营活动在搬家时处在继续状态,还应当包括因被迫搬离对其经营活动的合理损失补偿。②

十七、土地裁判所

强制购买土地的补偿主要由1961年《土地补偿法》调整。根据制定法的规定需要调处的征地补偿争议,都将送交土地裁判所。③

对于土地补偿案件的审理通常为公开听证,但在土地裁判所允许的情况下,可以在每方各有一名专家证人在场的情况下进行不公开审理。经获得土地的地方政府机关申请,因同一强制征购确认令引发的多个案件可以合并审理,或者在实际情况允许时由土地裁判所的同一成员或者同一批成员审理。④ 这对于提高审判效率和减少征地的地方政府机关的应诉成本非常必要,但前提是,必须保证所有的利害关系人都在相对集中的时间内提起诉讼,而要做到这一点,征地的地方政府机关的各项公告的送达就尤为重要,当然这一点又必须以法律明确规定如果受送达人不在

---

① Andrew Arden, p. 560.
② Andrew Arden, p. 560.
③ Andrew Arden, p. 555.
④ Andrew Arden, p. 555.

法定期限内起诉即视为放弃权利为前提。

　　土地裁判所有权命令一方当事人承担费用。但是，如果获得土地的地方政府机关已经发出了无条件书面要约，而裁决确定的数额没有超过该要约；或者原土地所有权人并没有向征地的地方政府机关送达其权利请求书以确定其权利要求，则除非土地裁判所认为有充分的理由，否则在上述两种情况下，应当责令土地所有权人承担自己的开支并支付给征地的地方政府机关自该机关的要约送达之日起或者土地裁判所认为确认土地所有者权益的请求书应当发出的那日起所发生的费用。① 就前者而言，由于征地的地方政府机关先前曾作出过无条件的书面补偿要约，土地所有权人对此不接受而导致双方诉诸土地裁判所，如果最终确定的补偿金小于该要约的出价，说明当初地方政府机关的要约是合理的、应当被接受的，于是土地所有权人应当承担因其不接受该合理要约而发生的一切费用。就第二种情况而言，由于土地权利人应当及时告知地方政府机关其对补偿的权利要求，因其未及时将其权利要求送达引发的费用自然应当由其承担。

　　一旦土地裁判所下达了有利于征地政府机关的费用支付令，则可以从地方政府机关可支付的补偿费中核拨，也可以作为一个民事债务请求其全部或者未付部分。与上述情况相对的是，如果土地权利人确实已经向征地的地方政府机关送达了确定其补偿权利要求的权利请求书，而最终裁决的补偿金额多于或者等于其要求的补偿数额，那么除个别原因外，土地裁判所应当下达有利于土地所有者的费用支付令。②

十八、占用土地补偿

（一）临时性使用

　　地方政府机关可以在其真正需要获得土地之前，先行获得土地。一旦就此获得土地后，地方政府机关可以将其所获得的土地用于履行地方政府机关的各项其他职能。③

（二）工程项目

　　地方政府机关可以为了本地区的利益或者以改善本地区为目的，在

---

① Andrew Arden, p. 555.
② Andrew Arden, p. 555.
③ Andrew Arden, p. 562.

被征土地上建立或者修建、修造或者实施工程,维修、掌管或者投保任何建筑物及工程项目。①

同样道理,地方政府机关可以在没有其他权力的情况下,为了规划目的在已经被地方政府机关获得或者核拨的某一土地上实施工程项目,并在此后为此目的而掌握该项目。② 从字面上看,这是允许地方政府机关出于实施规划的目的实施工程项目,但这与我们的制度仍有两大不同:一是该块土地已经被地方政府机关所有,而不是为了实施规划的目的征购。这一规定并没有授权地方以实施规划为目的征地,而仅仅是授权地方政府机关可以为实施规划实施一定的工程,而这是所有的普通地产所有权人都有的权利,只是地方政府机关作为法定机构需要额外授权而已。二是这一规定其实更主要的是规定地方政府机关实施的工程项目也必须符合规划,而不能因为其是地方政府机关就可以不遵守规划,或者自行变更规划。

(三) 公共工程

对于因公共工程的物理因素(如噪声、震动、气味、烟熏、烟尘、灯光污染以及对邻接土地的固体或者液体物质的排放)造成的有关土地的贬值,是可以赔偿的。但赔偿对象仅限于那些在该公共工程完工并交付使用前已经取得某种利益者,而且通常只给予所有者兼实际占用者。③

申请获得此项补偿必须以书面形式提出并提供对有关细节的详细说明。④ 包括其此前拥有的利益的情况,以及该利益被损害的情况,一般还应当包括适当的证据。当然,这些证据并不需要特别的仪器检验,有人证足矣。英国在法律方面对于人的尊重主要体现在对于证人证言的尊重上,而对于类似噪声、震动、气味、烟熏、烟尘、灯光污染以及固体或者液体排放等事宜,如果想给予补偿,找两个证人来问一下前后的情况,其实是最简单的求证方法;如果不想赔,则大可以搬来科学仪器证明所有能够测定出来的噪声、震动、气味、烟熏、烟尘、灯光污染以及固体或者液体排放,对人体都没有损害,因此不需要赔偿。

英国法对于补偿的估价也有专门的规定,但如果可补偿价值不超过

---

① Andrew Arden, p. 562.
② Andrew Arden, pp. 562-563.
③ Andrew Arden, p. 563.
④ Andrew Arden, p. 563.

50英镑,则不予补偿。而且对于每宗土地及同一工程,只能提起一次补偿申请。① 当然是指一人或者一家一次,而不会指所有人只能一起提起一次。

十九、土地有效利用

(一) 未利用及未充分利用土地的登记

国务大臣有权编辑并保存地方政府机关及其他公共管理机构自有及租赁的属于下列范围内的土地的财产登记:位于强制登记区域或者与该类区域由地方政府机关或者公共管理机构所有的土地相邻,并且在国务大臣看来未能用于或者未能有效地用于履行该机构职能或者推进该机构的事业的目的。国务大臣还可以在土地登记簿中记入此类区域内任何英王的土地,但不限于登记此类土地的使用或者充分使用情况。② 从这一具体规定看,国务大臣的此项登记并非普遍登记,而仅仅是对其认为未充分利用的土地的登记。当然,有效实施此项登记需要建立在有效的、充分的、普遍的对地方政府机关及其他公共管理机构的自有或者租赁土地的调查的基础之上。但这种调查显然不是靠该地方政府机关或者其他公共管理机构定期义务性地向国务大臣报送报表的方式实现的。此外,英国法律英语中的 own 不完全等同于我们一般理解的所有,而是指据有,并且区分为完全自有和租赁。我们理解的所有权只是对应其中的完全所有(freehold),租赁(leasehold)只能算用益物权。更进一步言之,此处的完全所有当指未附带他物权的完全权利状态。

对于闲置土地登记簿中登记的土地所在区域的有关地方政府机关,要向其发送该登记簿的副本,并随时向其发送该登记簿的任何改动,而且该登记簿还必须在合理时间供公众查阅。③ 此处强调了两点:一是对公众的绝对公开,即任何公众都可以查阅,没有任何歧视性的限制;二是查阅的时间,即合理时间至少应当包括当地的工作时间。

公众成员只要支付合理的费用,即有权获得与该登记有关信息的复印件。④ 此处强调的复印收费无可厚非,也没有新奇之处,但值得一提

---

① Andrew Arden, p. 563.
② Andrew Arden, p. 564.
③ Andrew Arden, p. 564.
④ Andrew Arden, pp. 564-565.

是其要求的是信息的复印件,而不是登记簿的原件。当然这涉及信息与登记簿的一致性的问题。此处的信息显然就是登记簿中记载的信息,该信息经与登记簿核对一致后,由登记机构复印给查阅人,即具有证明其信息真实性的功效,或者说证明力。如果能够做到这一点,显然要比复印登记簿的原件更有效果,而且成本也要低得多。这就是反复向读者推荐的作为一个有着悠久历史的法治国家立法中的一些精致的立法技术或者说人性化考虑。

此外,对于登记簿中登记的土地所有者,也应当向其发送登记簿细目的复印件。① 虽然登记簿主要是为了督促土地的据有者有效地利用其手中的土地,但从英国学者介绍的顺序看,他们关心的首先是土地所在地的地方政府机关对此登记簿的反应,其次才是土地所有者(虽然在册的土地据有者本身都须是地方政府机关或者其他公共管理机构)。此处的关键问题在于,拥有属地管辖权的地方政府机关,即被登记土地所在地的有关地方政府机关有权对其辖区内土地的有效利用实施督导,甚至有权在必要时以收回被抛弃地产的名义收回该土地的所有权。

国务大臣可以指令闲置土地登记规定所适用的地方政府机关或者其他公共管理机构,告知该机构是否确实对指定的土地拥有完全所有权或者租赁使用权方面的权益的信息;如果存在此项利益,国务大臣可进一步要求该机构提供国务大臣要求的其他有关信息。这一规定的目的是使国务大臣能够行使其指导登记在册的闲置土地的处置的权力。②

(二) 对遗弃土地的利用

地方规划职能部门可以对当地被遗弃、疏于管理、有碍观瞻或者有可能发展成上述情形的任何工程项目的实施进行监管,以使该土地的所有者能够站出来要求重新获得该土地的支配权,或者提高该土地的状况,使之能够得以利用。③ 值得注意的是,此处强调的只是利用,而不是据为己有。这或许反映了重流传、利用,轻所有的现代观念,当然,这种观念是建立在所有权制度根深蒂固的基础之上的。地方政府机关之所以不采取措施收归己有,一个很重要的原因就在于,如果放任地方政府机关这样做,会分散其精力,以至于无法保证对土地的此类利用所必需的投入。须知

---

① Andrew Arden, p. 565.
② Andrew Arden, p. 565.
③ Andrew Arden, p. 53.

英国的土地所有权的变更是相当复杂的,地方政府机关要想使某一被遗弃的土地的所有权发生转变,往往需要相当复杂的法律程序。

二十、土地登记制度

对于英国土地登记制度的详细资料,显然不是本书所欲提供的,但与此有关的制度设计却对我们有借鉴意义。

从英国的土地登记转由基于基金的财团法人的执行机构办理这一变化看,英国的土地登记制度已经完全成为一种事务性工作。该机构只负责具体的登记事宜,而不负责土地登记的政策制定,由此实现了行政系统内部决策与执行的近乎实质性的分离。同时,考虑到对于土地登记商业基金的决定的异议将会通过裁判所等其他行政机制解决,也不是由该机构自行解决,因此其纠纷裁决职能也与决策、执行职能实现了相对分离。

由土地登记商业基金掌管及经营的资产包括该基金使用或者分配给其使用的自有及租赁土地,以及厂房、设备、计算机软硬件等。制定法授权该基金在法定限额下借款,而国家借贷基金(National Loans Fund)则是指定的受权贷款人。①

也就是说,为了实施对土地登记商业基金借款行为的有效控制,制定法在规定其可借贷金额上限的同时,还规定了其借款的对象,即只能从国家借贷基金借款。而按照一般的借贷财务规则,国家借贷基金在放款时必须审核土地登记商业基金申请每笔贷款时的资产负债情况,评估其相应的偿付能力,从而实现对土地登记商业基金借款行为的有效制约。

第二节　环境行政法

在部门法层面上研究外国法,遇到的一个主要问题是分类。由于各国行政职能的划分、行政机关的设置等存在很大的差异,如果一味迁就本国现实的分类体系,很容易错失进入外国法相关领域的门径。王名扬先生曾经反复强调,法律本身就是一个分类的技术。而对于一国的行政管理体制而言,将不同的管理职能分配给中央或者地方的不同层级、不同性质以及不同属性的部门或者机构,这是一国行政管理体制的精华所在。曾经有很多国家仿效苏联的做法,设立了一个几乎无所不管的行政体系,

---

① Bradley & Ewing, p. 351.

将人们每年应当穿几尺布、每月吃多少糖、用多少食用油、吃多少面甚至抽多少烟、喝多少酒等各类大事、小事都想管起来,不过最终都没有真正管起来。我们将作为这一现象的基础的行政管理体制中的职能分配问题,作为研究分析的一个线索。

考虑到中英两国行政职能划分及行政机关设置方面的差别,本节"西学为体、中学为用",结构上是按照英国法的分类及范围介绍,但内容上适当调整,某些明显不属于我国环保方面内容的事项,将移入其他相关的部门法中介绍,本节只稍作说明。

一、英国环境法的内容

英国的环境法是在环境与环境健康的名下进行研究的,其涉及的内容多数与我们共通,个别与我们差异悬殊。例如在英国,水事也是放在环境及环境健康的大概念内进行讨论的,在这层意思上讨论水环境问题的重点在于供水,特别是人类消费用水的供应方面的有关课题,具体涉及的内容包括水库、新建筑给水系统设计要求、对不健康供水及供水不足的监控等。[①] 而这一部分内容在我国则分别涉及水利、国土资源、建设、健康以及环保等多个领域。另外一个值得注意的现象是,英国有关垃圾处理的规范是规定在其环境保护法中的,而我们则是按物理形态分类分别规定在环境保护法、市容以及环境卫生方面的法律规范中,并分别由两个以上的不同机关分别负责。考虑到英国还有一个专门的行政法部门是研究身体健康的,这个意义上的健康是由全民健康服务体系所捍卫的,由此得出英国环境健康的内涵,主要是涉及人居环境的宜居性的精神健康,与居民的身体健康的关系要远一点。

英国学者对于环境与环境健康方面的内容非常重视,他们在提到地方政府机关的规制性职能时,所列举的第三个例子环境健康控制即与此有关,其他与此并列的职能包括:国土规划的落实、行政许可、交通规制、贸易标准控制等。[②] 即使不太熟悉环境健康控制的具体内容,但从与其并列的其他职能看,这是英国行政机关的一项主要职能。笔者在英国大学及其书店游览时发现,英国的某些大学还专门设有环境健康方面的院系,甚至有建筑环境健康研究所之类的科研机构,说明这一领域已经有相

---

① Andrew Arden, pp. 90-91.
② Andrew Arden, p. 79.

当专业、精深的研究。

特别值得一提的是，英国学者在讨论环境健康时特别提到了啮齿动物及害虫控制、惩治乱丢垃圾以及噪声控制等。从这方面的内容看，英国的环境健康法所规范的领域，不限于我们一般所理解的自然因素使然的生物、化学等方面的污染，也包括人为的心理、社会方面的污染。由此几乎可以说，凡是使人内心烦乱的所有外界因素，都可能成为环境健康法调整的对象。如此意义上的环境就不再只包括以城市为中心的城市外围的自然环境，而是深入城市、延伸到每个人的身体表面以外的所有广域空间。这对于环保部门倒是一个利好消息，但看了英国的行政管理体制后却不尽然——他们甚至没有相对独立的环保部门，而仅仅是将环境健康作为地方政府机关的一项必须履行的职能，至于以什么样的组织形式履行这一职能，则是各地方自便了。由此可以进一步得出的结论是，机构并不重要，职能更关键；权力也不重要，职能的具体落实更重要。如果为了机构扩大职能，或为了职能扩大权力，最终却没有将职能落到实处，那就本末倒置了。

二、垃圾管理职能部门

以下以垃圾管理的组织体系为例，介绍英国在某一特定领域的行政管理组织体制。

（一）监管主体

垃圾监管职能是由环境保护代办处行使的。[①] 该机构是中央政府下设的一个执行机构，其设置体现了中央政府在垃圾方面对全国的统筹，以避免各地方因财力、职能部门的责任心、居民构成及历史传统等因素造成的垃圾清运处理方面的差异，保证全国范围内垃圾清运、处理标准的统一，建立全国均质的清洁环境。

（二）职能部门

根据英国法，垃圾的处理是要相对集中，而垃圾的归集、清理、运输，则要落实到基层。具体表现在各相关职能部门的设置上。

1. 垃圾处理职能部门

垃圾处理职能部门包括各地的基本地方政府机关、二级制地区的郡

---

① Andrew Arden, p. 87.

议事会、四个伦敦垃圾处理职能部门、大曼彻斯特垃圾处理职能部门以及默西赛德垃圾处理职能部门。①

2. 垃圾清运职能部门

垃圾清运职能部门包括各地的基本地方政府机关和二级制地区的区议事会。②

(三) 承包公司

各地的垃圾处理职能部门可以在国务大臣的指导下设立垃圾处理"公平交易公司",并将垃圾处理职能移交这类公司。③ 有关此类公司如何获得此项业务的内容,英国法有专门的规定,笔者以垃圾处理的竞争性招标为例,在本卷第一编第三章第七节行政合同部分介绍过。

三、垃圾清运和处理

(一) 垃圾清运职能部门的职责

垃圾清运职能部门负责从各住宅处收集普通生活垃圾,并可依申请收集商业垃圾,也可以根据当事人的申请并在取得垃圾处理职能部门同意的前提下,安排收集工业垃圾。④ 对于工业垃圾的收集之所以要取得垃圾处理职能部门的同意,与垃圾的分类处理有关,即垃圾处理职能部门一般只负责处理普通生活垃圾,如果将工业垃圾交给其处理,事先必须征得其同意,以便对工业垃圾的处理做好安排。

垃圾清运职能部门还有义务准备垃圾循环利用计划或者循环利用安排,但无论哪种情况下,垃圾清运职能部门必须将垃圾送至垃圾处理职能部门指定的地点。⑤ 这一规定显然是为了调处垃圾清运职能部门与垃圾处理职能部门之间以及它们各自通过竞争性招标委托的公司之间可能发生的纠纷。在某些地区,如单一制地区的基本地方政府机关既是垃圾清运职能部门,又是垃圾处理职能部门,此时,就不存在二者配合的问题,但在其他情况下,确实存在协作和配合的必要。

(二) 垃圾清运职能部门的职权

垃圾清运职能部门可以要求居民将垃圾放置在指定类型的容器内,

---

① Andrew Arden, p. 86.
② Andrew Arden, p. 86.
③ Andrew Arden, p. 86.
④ Andrew Arden, p. 87.
⑤ Andrew Arden, p. 87.

这类容器可以由该职能部门免费或者有偿提供，也可以要求居民自备。根据1954年《农业（杂项规定）法》的规定，垃圾清运职能部门还有权收集本地的餐饮及其他类似垃圾，经处理或者不经处理后用作动物饲料。①

（三）垃圾处理职能部门的职责

垃圾处理职能部门必须作出适当的安排，将垃圾清运职能部门收集来的垃圾统一交由一家垃圾处理合作者处理。② 英国现行的垃圾处理政策是，优先考虑垃圾的循环利用，为此，垃圾处理职能部门可以作出安排，以使垃圾处理合作者循环利用垃圾，如将垃圾用于发电、供暖、销售或者其认为能够使垃圾得到循环利用的其他处置；除此之外，垃圾处理合作者还可能以利用、销售或者其他方式，对垃圾进行处理。

（四）被污染的土地

基本地方政府机关以及二级制地区的区议事会，必须对其辖区进行巡查，以便及时发现被污染的土地，并采取相应的补救措施。③ 此处关于巡查义务的规定非常有代表性。这一要求使得地方政府机关不可能坐在办公室里，而必须实行深入实际的执法监督检查。

四、啮齿动物及害虫控制

在英国，专门针对啮齿动物及害虫控制的立法，是1949年《预防虫害法》(Prevention of Damage by Pests Act)。根据该法规定，基本地方政府机关、二级制地区的区议事会有义务采取措施，以确保其所在地区免于鼠害。④

五、打击乱丢垃圾犯罪

根据1990年《环境保护法》第四部分，基本地方政府机关、二级制地区的郡议事会和区议事会以及锡利群岛议事会，是主要的主管乱丢垃圾的职能部门，它们的职责是在其辖区内实施有关禁止在公共区域乱丢垃圾的法律，并可以对乱丢垃圾者提起刑事追诉。⑤ 由此读者应该明白英国的犯罪率为什么比我国高那么多。动用刑法而不是行政处罚惩治乱丢

---

① Andrew Arden, p. 87.
② Andrew Arden, p. 87.
③ Andrew Arden, p. 87.
④ Andrew Arden, p. 88.
⑤ Andrew Arden, p. 88.

垃圾的行为,再次证明英国确实没有行政处罚。

(一)禁止乱丢垃圾控制区

主管乱丢垃圾的职能部门可以指定其辖区内的某一区域为禁止乱丢垃圾控制区。该职能部门还可以向任何在划定的禁丢垃圾区内丢弃垃圾者发出责令清除通告。①

(二)垃圾箱

地方政府机关还可以在街道或者公共场所提供并设置垃圾箱,公路职能部门也可以为街道提供垃圾箱。而主管乱丢垃圾的职能部门则必须就如何定期清理这些垃圾箱作出适当安排。② 此处的分工值得玩味。也就是说,设置垃圾箱几乎是有关行政机关的权利,而清理已经设置的垃圾箱则是主管乱丢垃圾职能部门的义务:无论是谁设置的垃圾箱,都必须及时清理。当然,其中蕴含的另外一层意思是,将杂物丢到有权设立垃圾箱的政府机关设置的垃圾箱里不算乱丢垃圾,而丢在别的非依法设置的垃圾箱里就不是那么回事了。当然,此时一并要追究责任的不仅包括往非法设置的垃圾箱中丢东西的人,还包括设置这些垃圾箱的人:随便设置些没有人清理的垃圾箱本身也是一种乱丢垃圾的行为。

(三)救济手段

如果对某一地区或者道路上的乱丢垃圾现象不满,可以当地垃圾职能部门为被告,向治安法院提出控告;治安法院如认为该诉讼成立,可以下达责令该职能部门打扫的令状。③

六、噪声控制与阻止非法滋扰

基本地方政府机关、二级制地区的区议事会、锡利群岛议事会负责巡查所在辖区内的非法滋扰并采取措施予以制止。如果有关地方政府机关不履行这一职能,有关的国务大臣具有代为行使该职能的默示权力。④ 之所以有非法滋扰之说,是因为英国普通法赋予公民一项免受滋扰的普通法上的权利,而非法滋扰是在此之外对特定行为所作的制定法上的界定,使之成为一种可以在法律上被追究的可防御的民事侵权行为。

---

① Andrew Arden, p. 88.
② Andrew Arden, p. 88.
③ Andrew Arden, p. 88.
④ Andrew Arden, p. 87.

绝大多数的噪声控制职能是由1990年《环境保护法》设立的非法滋扰防范体系行使的。基本地方政府机关和二级制地区的区议事会享有独立的对建筑施工现场的噪声实施控制的权力。①

在英国,自21时至次日8时,在街道上使用扩音器或者在任何时候为广告及娱乐目的使用扩音器,都是一项犯罪行为。但是经基本地方政府机关以及二级制地区的区议事会许可,可以在某些限定性情况下使用扬声器。②

基本地方政府机关和二级制地区的区议事会有权下达"打烊令",以避免商店对其周围居民产生无理骚扰,这种骚扰可能是因为将房屋用作商店本身造成的,因为其周围居民可能并不希望其附近有一个天天人来人往的商店;也可能是因为那些到商店来的人造成的。但是,地方政府机关的"打烊令"只在午夜至次日5时之间有效,而且只有在周围居民向地方政府机关投诉之后才会下达。③

根据1996年《噪声防治法》,基本地方政府机关和二级制地区的区议事会,可以采取措施控制夜间自居民住宅发出的噪声。国务大臣也可以命令某一地方政府机关在其辖区内采用此类措施。如果地方政府机关实施《噪声防治法》或者国务大臣命令其实施该法,有关地方政府机关必须调查此类噪声并对其采取相应的措施。此时,可以没收产生噪声的设备。④

七、空气质量

1990年《环境保护法》针对最有可能对环境造成不利影响的工业生产过程创建了一个综合污染控制体系。

1995年《环境保护法》的第四部分要求基本地方政府机关和二级制地区的区议事会必须对其辖区的空气质量进行监测。凡是未达到空气质量标准的地区,都将被认定为空气污染治理区,在这些区域内,当地地方政府机关必须制定如何改善本地区空气质量的计划。有关国务大臣对此享有保留的权力,如果相关的地方政府机关未能妥善履行该项职能,则国

---

① Andrew Arden, p. 88.
② Andrew Arden, pp. 88-89.
③ Andrew Arden, p. 89.
④ Andrew Arden, p. 89.

务大臣可以取而代之。地方政府机关可以自行或者委托他人从事本地区空气污染的研究工作,以获得有关的信息。① 这一规定其实是一项授权规定,即地方政府可以将其部分开支用于此项研究。

基本地方政府机关和二级制地区的区议事会可以宣布其所在地区的全部或者部分为烟尘控制区。根据1993年《清洁空气法》的规定,凡是在烟尘控制区内将烟尘排放到建筑物以外的,都将构成犯罪。②

实行国务大臣根据1990年《环境保护法》第一部分制定的污染控制综合计划的地区,称为污染控制综合计划区。在这些区域内,该计划所确立的拥有污染防治强制执行权的机构是环境保护代办处。但是,基本地方政府机关、二级制地区的区议事会以及锡利群岛议事会也可以享有此项强制执行权。③

八、排水

下水道及排水服务通常不是由地方政府机关提供,而是由某一排水服务承担者负责。排水职能部门可以与地方政府机关签订合同,以解除地方政府机关所承担的与当地的排水服务有关的职能④,并将这些职能转由排水服务承担者提供。排水服务承担者履行其与相关的地方政府机关签订合作协议的过程,就是相关地方政府机关在其辖区内履行排水服务职能的过程。此外,根据英国现行建筑条例的要求,有关当事人应向地方建筑控制职能部门提供拟建筑房屋的设计,其中必须充分考虑建筑物的排水设施,否则地方建筑控制职能部门有权拒绝批准其设计。同时,该职能部门还可以要求某一建筑物的拥有者或者使用者采取必要措施保证该建筑物具有令人满意的排水系统。该职能部门还拥有对未能有效维护或者疏通堵塞的排水系统采取措施的关联性权力。⑤ 这是一个概括授权条款,意思是授予行政机关就某事项相关的所有必要的权力,如对于排水服务提供者而言,此项授权就意味着该排水服务提供者可以拥有为保证有效维护排水系统、避免其发生堵塞的一切相关的权力。当然,这里的关键是对"关联性"的理解,对此,行政相对人、行政机关及法院可以有不同

---

① Andrew Arden, p. 89.
② Andrew Arden, p. 89.
③ Andrew Arden, p. 90.
④ Andrew Arden, p. 76.
⑤ Andrew Arden, p. 90.

的解释,但最终将由法院以判例的形式形成具有终局性的意见。而如果没有产生争议,则可以肯定行政相对人与行政机关之间对行政机关理解并实际行使的权力达成了共识,双方相安无事。这就是司法解决争议机制运用于这一非常具体的领域的一个实例。

九、供水

(一) 水库

根据 1975 年《水库法》的规定,基本地方政府机关以及二级制地区的郡议事会在其各自的辖区内负责强制落实该法,其中要求这些地方政府机关监督与水库有关的水务服务承担者的活动。[1] 值得注意的是,此项权力授予二级制地区的郡议事会,而类似排水服务等事项,则是由二级制地区的区议事会提供的。这种区别的立法本意是非常清楚的:凡是具体的事项,尽可能由区一级地方政府机关行使或者提供,而涉及较大区域或者跨区的事项,则由郡一级地方政府机关行使。水库的面积一般较大,宜于由郡议事会负责。

(二) 对不健康供水及供水不足的监控

每一地方政府机关必须监控其辖区内饮用水的供应质量。[2] 这里的质量至少包括两重含义:一是指所提供的饮用水本身的质量;二是指饮用水的供应质量,特别是能否充足供应。

地方政府机关必须与当地的供水服务提供者签订协议,以便对饮用水质量可能给当地居民造成的危险引起足够的重视。地方政府机关可以要求供水服务提供者提供有关供水质量的信息。1991 年《私营供水条例》还要求基本地方政府机关或者二级制地区的区议事会,对私营供水者的供水质量实施管制。[3]

十、环境权的司法保障

英国法对于环境问题的重视,充分体现在环保案件中,以下介绍的就是英国司法救济中涉及环保案件的一些知识。

---

[1] Andrew Arden, p. 90.
[2] Andrew Arden, p. 91.
[3] Andrew Arden, p. 91.

（一）原告主体资格的扩大

在我国，许多环保案件都是顶着公益诉讼的名义进行的，因为几乎所有的环保案件损害的都不是一个人，之所以称之为公益诉讼，显然不是为了强调受害的每个人都具有独立的请求权，而是为了强调由于他们的诉讼代表的是一种公共利益，因此才具有了可受理性。1990 年的 *R. v. Secretary of State for the Environment, ex p. Rose Theatre Trust* 一案被许多鼓吹更宽泛的原告主体资格标准的英国学者普遍视为这方面的判例法的一个低潮点：申请人是一家名为玫瑰剧院信托（Rose Theatre Trust）的公司，该公司设立的目的就是为了挽救玫瑰剧院，但法院认定该公司不具有挑战国务大臣拒绝将该剧院列入历史建筑名录的行为的原告主体资格。[①] 该公司显然是一个临时的真正意义上的公益公司。

1994 年的 *R. v. Her Majesty's Inspectorate on Pollution, ex p. Greenpeace(No. 2)* 一案表明，英国法院重新建立起一种更为宽松地看待原告主体资格问题的态度：允许某环保组织以自己的名义提起司法审查以阻止大英核燃料公司（British Nuclear Fuels）继续进行核反应堆的试验，尽管大英核燃料公司力辩某环保组织是一个令人头痛的好事者。在该案中，该环保组织的下列特性对于法院赋予其原告主体资格发挥了重要作用[②]：① 该组织有 40 万名成员，其中 2500 人住在试验的核反应堆附近；② 该组织具有作为许多国际机构顾问的地位；③ 该组织是一个绝对可靠、值得信赖的真正关注环境问题的机构，拥有对该决定提起专业化挑战的专业队伍；④ 该组织具有别人难以比肩的提起此类司法审查的能力。

（二）获取足够信息的立法保障

英国学者认为，在环保案件中，由于现行制定法的强制性要求，有关地方政府机关以及中央政府通常已经提供了大量的信息。例如，1992 年《环保信息条例》要求中央及地方政府、其他履行公共行政职能者以及任何负有对环境的公共职责的机构，必须向提出申请的人提供范围广泛的环保信息。而且根据《环保信息条例》，在获得环保信息时没有必要表明对于这些信息存在特殊的利益，因此，任何人都可以提出申请。[③]

[①] Wade & Forsyth, p. 106.
[②] Wade & Forsyth, p. 107.
[③] Wade & Forsyth, p. 97.

（三）保障信息提供的要求

对于申请人所要求的信息，有关政府机关必须尽快提供，且不得超过2个月。有关政府机关可以适当收费，《环保信息条例》并没有对收费作出限定。如果当事人属于受绿色援助计划援助的对象，则该收费可以作为绿色援助计划的开支予以报销。①

不过英国法同时规定，不能获得的环保信息包括涉及商业秘密、国家安全、内部文件以及与正在或者潜在进行的诉讼案件的主体事项有关的信息。禁止获取与正在或者潜在进行的诉讼案件的主体事项有关的环保信息的要求，对于律师而言显然是一个打击，这就要求提出获取信息的申请必须在诉诸法律诉讼之前提出。② 否则，接受申请的行政机关就可以据此拒绝提供，特别是当其成为被告时更是如此。至于为什么在诉讼期间不可以获取涉讼信息，主要是为了避免由此引发的对于司法公正的影响。

（四）信息提供争议的救济

对于诸如哪些公共管理机构、哪些信息属于《环保信息条例》调整的对象之类的纷争，唯一的解决方法就是申请司法审查。③

---

① Wade & Forsyth, p. 97.
② Wade & Forsyth, p. 97.
③ Wade & Forsyth, p. 97.

第五章
教科文部门

本章介绍教科文领域的行政管理,包括文化行政法、教育行政法。

文化行政法一节中的"文化"可能并不恰当,但与其他章节不同的是,这一归类不是笔者努力的成果,而是英国学者的贡献,他们用文、体、娱(Culture,Sport and Recreation)的表述,概括了英国的这一行政管理领域。这一现象出自以文化保守著称的英国,说明英国人民现在也已不再像他们的祖先那样刻板了,他们在生活中追求那些使他们的身心愉悦的东西,而他们的国家也在努力地为满足他们的这些需要努力着,有些努力在我们看来非常过分——当然不完全是道德上不能容忍,而是奢侈得过分,如1970年《慢性病及残疾人法》规定,要为残疾人提供休闲活动或者旅游设备,并教会他们使用这些设备等。[①]

第一节 文化行政法

在英国,促进文化事业发展主要是地方政府机关的职责。但从本节介绍的内容看,英国的文化事业的范围,远远超出我们的想象,包括广播、电影、电视、旅行、体育等部门的事项。

一、职能及其归属

所有的基本地方政府机关,包括二级制地区的区议事会和郡议事会,享有提供娱乐设施的权力,包括室内和室外设施,水上运动设施,以运动、社交或者娱乐为目的的俱乐部或者社团的活动场所,以及娱乐职能部门

---

① Andrew Arden, p. 97.

认为适当的与其他任何娱乐设施有关的专职服务人员和设施。① 娱乐职能部门还可以向能够提供而未提供设施者提供资助,具体方式包括给任何提供此类设施的自愿机构或者其他地方政府机关提供资助或者贷款。②

基本地方政府机关、二级制地区的区和郡议事会以及教区、社区议事会,都可以亲自、作出安排或者资助等方式对其辖区内外所进行的任何对于以下活动有必要或者有利的开支给予资助:提供舞蹈表演或者舞蹈设施,提供剧院、音乐厅、舞厅或者其他适宜举办舞蹈表演的物业,供养一支乐队或者交响乐团,开发或者增进对艺术及手工艺的知识、理解和实践,以及其他任何附属活动,如饮料、节目单及广告等。③

如果不违背接受赠予或者租赁土地时所签订的契约或者附加的条件,不需要征得捐献者、出让人、出租人或者所签订的契约或者附加条款的受益人的同意,娱乐职能部门可为开展其职能范围内的娱乐活动的目的,封闭这些人所有或者控制的公园或者游乐场的一部分。娱乐职能部门可以使用这些人提供的物业设施,或者在不违反赠予或者租赁土地时所签订的契约或者附加条件的前提下将此类公园或者游乐场的一部分提供给他人使用。④

当然,有关娱乐场所使用的这些规定并不影响规制戏剧公演、电影公映、拳击或摔跤表演、音乐或者舞蹈公演以及酒类销售等方面的管理性规范⑤在这些场合的具体适用。

二、公共娱乐

1982年《地方政府(杂项规定)法》包括了许可某地用于公共娱乐(包括音乐、舞蹈、室内体育活动)的良好行为规范,大伦敦地区的相关立法是1963年《伦敦政府法》。公共娱乐的许可由基本地方政府机关、二级制地区的区议事会颁发。许可机关必须考虑警察局长和消防局的意见。如果警察局长通知许可机关某场所曾供应或者使用控制药品,则许可机关可

---

① Andrew Arden,p.124.
② Andrew Arden,p.125.
③ Andrew Arden,p.125.
④ Andrew Arden,p.125.
⑤ Andrew Arden,p.125.

以拒绝续展申请或者吊销许可。①

1967年《私人场所娱乐(许可)法》规定,在该法适用的地区任何物业非经许可不得用于公共娱乐。但是,该法不适用于根据1982年《地方政府(杂项规定)法》和1963年《伦敦政府法》获得许可的物业。更重要的是,基本地方政府机关和二级制地区的区议事会可以自行决定是否正式采纳该法。② 在有关地方政府机关决定正式采纳该法之前,该法在该地方政府机关的辖区内并未正式生效。换句话说,该法实际落地,有赖于地方政府的批准或者说接受。

三、广播、电视

广播电视职能部门负责批准及管理所有独立电台的服务,监督节目及广告质量。独立电视委员会(Independent Television Commission)负责批准和规制商业电视台服务,拥有ITV(第三频道、第四频道和第五频道)。ITV节目始播于1955年,24小时全天服务,面向全国,1/3时间播放新闻,其他时间播放体育、喜剧、游戏和电影等,主要靠广告赞助。第五频道始播于1997年3月。

四、影剧院

此处讨论的许可,限于对作为公共场所的剧院、电影院的管理。其中涉及的一个核心问题的解决,依赖于一个技术性细节,即film究竟译为电影好,还是译为电影胶片好,这一译法又进一步决定了英国是否存在电影审查制度。笔者研究的结论是,之所以会出现这个问题,即英国之所以要对电影胶片实施管理,主要是因为其材料是一种易燃品,这些管理不涉及对其所记录的影视剧内容的管理。据此还不能说英国没有内容方面的管理,而只是说,笔者没有找到英国学者从这个角度切入进行研究的资料。

(一)剧院

英国有着悠久的戏剧传统。全国有300家左右的剧院供专业演出使用,其中约有100座位于伦敦,15家剧院永久性地属于由国家拨给经费的剧团,包括皇家国家剧院和总部在莎士比亚的故乡埃文河畔斯特拉福

---

① Andrew Arden, p.126.
② Andrew Arden, p.126.

德的皇家莎士比亚剧团。全国有 40 多家剧院式剧团从全国和地方艺术委员会获得资助。英国的旅游公司展开的一项重要业务,就是组织全国各地的游客到伦敦去看戏。这种戏剧之旅一般根据各大剧院的节目单安排,包括住宿、看戏及吃大餐等。

根据 1968 年《剧院法》的规定,用于上演戏剧的物业若没有专利特许证而获得演出的授权,则必须取得基本地方政府机关或者二级制地区的区议事会的许可。许可机关在颁发许可时,可以将上演戏剧的种类设置为许可的控制条件。①

(二) 电影院与电影胶片

基本地方政府机关以及二级制地区的区议事会是 1985 年《影院法》确定的许可机关。任何公开的、商业性电影放映,都必须符合健康国务大臣颁布的条例。② 放映电影的标准要由健康国务大臣来规定,这对国人而言,可能属于纯粹意义上的匪夷所思。其合理性出于其对于公众活动的流行病学等健康方面的考虑,而没有太多的宣传、意识形态方面的因素。当然,英国没有我们所熟悉的这类主管部门是更主要的原因。

许可机关可以其认为适当以及是否符合有关条例为标准,决定是否颁发许可证。③ 如果单纯从前者看,英国根本谈不上是依法行政的国家,加上后一条标准,则大为改观。但从其消防许可的情形看,更为重大的消防许可也是这样随意。由此提醒读者注意的是,真正的法治并不在于标准的明确,而恰恰是在标准模糊但执行标准的结果却不可思议地严格、准确、一致。英国能够做到这一点,要归功于其司法体制的统一、严谨和威严,而这一点恰恰是法治后进国家需要付出比制定严谨、统一、权威的法律条文更为艰巨的努力的所在。

许可机关在作出许可决定时,应当充分考虑警察局长和消防局的意见。许可机关还必须为获得许可的电影院设置儿童准入的限制性条件,这些限制性条件一般可以根据大英审查署(British Board of Censors)对电影的分级确定。④

基本地方政府机关、二级制地区的郡议事会以及大城市郡的消防局,

---

① Andrew Arden, p. 125.
② Andrew Arden, p. 125.
③ Andrew Arden, p. 126.
④ Andrew Arden, p. 126.

有义务确保1922年《电影胶片法》中涉及电影胶片的安全贮藏方面的规定能够得到有效落实。① 制作电影胶片的传统材料为赛璐珞,属于易燃品,故英国有此法,并在此处提到其安全贮藏问题。本法确立于20世纪初,说明英国100多年前就已经非常重视消防问题了。

五、博物馆与艺术馆

在英国,每年约有1亿人次参观对公众开放的2500多座博物馆和艺术画廊,包括位于伦敦的大英博物馆和位于爱丁堡的苏格兰国家肖像馆。

地方政府掌管着1000家左右的地方博物馆和艺术画廊以及5000多个公共图书馆,同样也支持各自辖区内众多为文化活动而设的建筑、组织和活动。教育性项目日益变得重要,200多个艺术中心给人们提供了欣赏并且参与一系列艺术活动的机会。几乎所有的艺术中心都有专业化的管理,并由志愿者担任服务人员。

基本地方政府机关以及二级制地区的郡议事会有权在其辖区内或者其他地方建立和供养博物馆与艺术馆,而且可以收门票,但在确定门票的票价时必须考虑确保博物馆与艺术馆充分发挥其推动本地区教育的要求,特别是要考虑学生及儿童的利益。地方政府机关可以建议有关基金会购买展品。地方政府机关也可以资助建立或者供养博物馆与艺术馆的其他人在这方面的花费,或者为某一博物馆或艺术馆提供建议、财政援助或者其他服务。②

英国学者将设立和维护战争纪念馆的职能界定为"其他杂项职能"③,即由地方政府机关承担的其他杂务。尽管地方政府机关无权设立战争纪念馆,但任何地方政府机关都可以在保有及维修纪念馆方面合理地支出。而且地方政府机关有权接受作为一件礼物赠送的战争纪念馆。④

六、古迹

基本地方政府机关以及二级制地区的郡、区两级议事会,可以应所有

---

① Andrew Arden, p. 126.
② Andrew Arden, p. 127.
③ Andrew Arden, p. 134.
④ Andrew Arden, p. 138.

者的请求,承担、协助或者资助辖区内或者邻近地区的任何古迹的保护、供养及管理。① 英国地方政府机关的服务范围并不限于其辖区,此处即是一例。

七、图书馆

基本地方政府机关以及二级制地区的郡议事会是图书馆职能部门,其义务是为其所在地区提供广泛而有效的图书馆服务。图书馆职能部门必须为在其辖区内生活、工作或者全日制学习的人提供图书及其他资料的借阅服务。国务大臣监管和促进图书馆服务,并确保图书馆职能部门妥善履行图书馆服务职能,并享有在图书馆职能部门未能妥善履行其职能时履行该职能的保留权力。②

八、户外公共用地

为本地居民提供户外的公共用地,是英国地方政府机关的一项基本职责,为履行这些职责,需提供以下几个方面的设施。

(一) 公园、游乐场和花园

对于那些位于公共广场、十字路口、街道或者其他公共场所,旨在供居民使用或者享受的封闭花园或者观赏植物园地,如果处于无人照看的状态,有关地方政府机关可以看管,而无须其所有权人的同意。基本地方政府机关以及二级制地区的郡议事会可以获得土地用于建设公共游乐场、步行道、公园,也可以向其他提供这些场所者提供资助。地方政府机关还可以运用土地并提供装备供居民从事体育活动和娱乐,包括从事帆船运动的湖泊。③

(二) 度假营地与野餐营地

地方规划职能部门以及二级制地区的区议事会,有权在其辖区内的乡村提供用于度假或者娱乐目的的营地,或者为自驾车者提供野餐营地。此类营地都留有专门的停车场,并有专门的出入这些营地的公路。这些营地可以由地方政府机关自己经营,或者租给其他人。这些设施无差别

---

① Andrew Arden, p. 127.
② Andrew Arden, p. 127.
③ Andrew Arden, p. 128.

地提供给本地居民和非本地居民。①

（三）公共空间与墓地

依照某一地方立法或者议会的私法律而由受托人或者其他人照看或者管理的公共空间,可以转给基本地方政府机关以及二级制地区的郡议事会。同样的规定也适用于为公共娱乐的目的而掌握的土地或者弃用的墓地。土地被移转后,该土地的所有权将受制于位于该土地四周或者附近房屋的使用者利用该土地进行活动和娱乐的使用权。地方政府机关还可以在其辖区内或者其他地区购买其他土地作为公共空间或者公墓,也可以养护无论以何种方式得来的公共空间或者公墓。②

（四）进入公用地域的设施

地方政府机关还享有为公众可以进入的公用地域提供设施的权力,这些设施可以为本地居民或者非本地居民使用,并可以直接或者根据协议安排由其他人提供。③

九、亲近乡村

地方规划职能部门可以购买必要的土地,以使公众可以进入乡村从事户外娱乐。④ 从亲近乡村的角度讲,规划职能部门为此购买的土地主要是小路,而不是如乡村公园那样的整块土地。这个概念与我们所熟悉的城市准入正好相反,我们的城市准入思维是:农民就应当待在农村,而城里人则可以两边跑;农民进城要办暂住证,而城里人去农村则大可不必。英国的情形则正好相反,城市是公共的,而乡村的土地则主要是私有的,于是产生了一个如何合法穿越私人领地的问题（其反面就是非法侵入私人领地）,这就是亲近乡村制度的法律源起。

地方规划职能部门还必须对其辖区进行调查,以便确定可供户外娱乐的开放乡村景致的所在,而这些区域也正是公众应当有权进入以从事户外娱乐活动的场所。为达到能使公众合法进入这些乡村区域进行户外活动的目的,地方规划职能部门要么动用其强制购买权,取得进入这些区域的通道的土地所有权,要么与有关土地所有权人签订准入协议,还可以

---

① Andrew Arden, p. 130.
② Andrew Arden, p. 128.
③ Andrew Arden, p. 130.
④ Andrew Arden, p. 130.

签发准入令,允许公众无害通过有关土地。①

最后一种手段最值得一提:地方政府机关可以采取行动确保或者强制实施公众享有的亲近权(rights of access)。② 这将意味着,如果某地主以其私人领地不容侵犯为由拒绝公众进入根据准入协议或者准入令设立了亲近权的他人或者公共领地,地方政府机关应当确保公众的这项权利得到落实,其可以采取的主要措施就是申请法院对该地主签发强制令,命令其停止此项阻止行为。地方政府机关自己并没有足够的强制地主就范的强制执行权。

有了准入协议或者准入令,公众进入相关的私人领地就不再会构成非法侵入,尽管如此,公众在进入相关私人领地时仍不能破坏任何围墙、篱笆、树篱或者大门。准入协议是地主与地方规划职能部门签订的,准入令是由地方政府机关签发且必须经部长同意的。③

十、乡情农趣

(一)乡土因素

当行使一项明确涉及乡村的职能时,地方政府机关必须适当地考虑农业及森林方面的要求,以及乡村地区的经济及社会方面的利益。④ 这是英国意义上的可持续发展观的具体体现。

(二)乡村公园

基本地方政府机关,二级制地区的郡、区两级议事会,可以提供乡村公园,并在其中安置设施:所有这些设施都是本地居民及非本地居民可以平等享用的,并且也可以直接或者根据安排由其他人提供。⑤ 这是英国政府管理体制中强调合作、注重协议的又一体现。类似这样的例子说明,地方政府尽管从事的都是公益事业,而且都可以由公共财政取之于民、用之于民,但除此以外,还存在广泛的民间资源可供利用,这些资源都是在合理的税负之外的,其本身存在自愿服务于公众的愿望,需要的只是政府的沟通或者鼓励,使之用于自己愿意而且政府也希望服务的领域,可以实现公共需要与个人乐善好施之间的福利与德行的统一。

---

① Andrew Arden, p. 130.
② Andrew Arden, p. 131.
③ Andrew Arden, pp. 130-131.
④ Andrew Arden, p. 128.
⑤ Andrew Arden, p. 129.

乡村公园是为公众享受田园风光提供便利或者改善公众对田园风光的体验的目的而设立的公园或者游乐场。在行使提供乡村公园服务的权力的过程中，地方政府机关必须考虑乡村公园所在地与城区或者建成区的位置关系，以及既有设施对于公众享用该乡村公园的实用性。① 确保乡村公园的设施能够切实有助于公众充分地享用该乡村公园。

地方政府机关提供乡村公园服务的权力既可以在其辖区内行使，也可以在辖区外行使。② 因为英国的此类公共设施是不严格区分本地人与外地人的，甚至不严格区分本国人与外国人。这与有些国家的做法不同，如比较便宜的公园月票或者年票只卖给有本地户口的人，而不卖给在本地长期居住但没有本地户口的人。

地方政府机关可以扩充、供养或者经营乡村公园，特别是可以兴建建筑、实施工程、提供设施，并可以提供包括餐食和饮料、停车场、遮阳棚及厕所在内的服务，如果乡村公园内有水域，还可以提供包括帆船、划船、洗浴及钓鱼等户外娱乐活动所需的服务和设施。③

（三）自留地及小型农具

英国农业生产仍然以家庭为基础，只有少数农户雇用全日制农工。在北爱尔兰，全部农村都是自食其力的农民，没有出租的土地。英国政府对农业一直实行补贴政策。英国农业产值在国内总产值中仅占2%，固定资本投资率为总投资率的2.1%，农业就业人口为全民就业人口的2.6%。依笔者的亲身感受，如果非要说英国的农业是一种产业的话，应当将其归入文化娱乐范畴。

英国学者将提供自留地以及小型农具的职能界定为地方政府机关的"其他杂项职能"④，即由地方政府机关承担的其他杂务。根据1908年至1950年的一系列《菜园法》（Allotment Acts），菜园职能部门是基本地方政府机关以及二级制地区的区议事会。菜园职能部门可以提供供出租的小块菜地或者园地。在伦敦，如果有这方面的需求，菜园职能部门必须提供。⑤ 也就是说，在伦敦以外的地区，提供菜园还是一种选择性的义务或者权利；而在伦敦，只要居民有这方面的需要，则必须予以满足，此时就完

---

① Andrew Arden, p.130.
② Andrew Arden, p.130.
③ Andrew Arden, p.130.
④ Andrew Arden, p.134.
⑤ Andrew Arden, p.138.

全是一种义务了。

如果某些人根据某一经农业部长批准的计划而准备从事农业生产,基本地方政府机关以及二级制地区的郡议事会就有义务为务农者提供小型农具及其他必需的设备以使其能够务农。①

十一、国家公园、风景区与自然保护区

(一)国家公园

根据 1995 年《环境法》第三部分,国务大臣可以通过命令设立国家公园管理机构。设立国家公园的目的是,保护和改善乡村委员会(Countryside Commission)指定的地域的自然景观、野生生物及文化遗产,这些区域被指定的原因:一是其自然景观能够为人们提供户外娱乐的场所,因此在选择时既考虑了各指定区域本身的特点,同时也考虑了它们与人口中心之间的位置关系;二是促进公众对该指定区域的独特品质的理解和感受。② 公园管理机构必须努力促进当地社区的经济及社会福利,并与当地的地方政府机关合作,共同促进当地的经济和社会发展。其他机构在行使任何涉及或者影响国家公园的土地的职能时,必须考虑公园管理机构考虑的同样的因素,并且在保护国家公园与促进居民对国家公园理解及利用国家公园开展娱乐活动之间出现冲突时,必须将保护国家公园放在更重要的位置上。③ 这个侧重点值得我们考虑。

辖区完全属于国家公园或者包括国家公园的全部或者部分的地方规划职能部门,可以就确保其本身或者通过其他人为人们提供食、宿、娱乐、宿营地、停车场及游览路线等作出安排。④

(二)自然景观

乡村委员会也可以指定不在国家公园内的地区为具有独特自然景观的地区。由此项指定权力延伸出来的权力是,地方规划职能部门可以在本辖区被指定的风景区内种树,并可以对那些被抛弃、被忽视、风景差或者有可能变成这样的区域实施改造工程。⑤ 这算是英国的形象工程了,但这样做对于地方政府机关的组成人员显然没有任何个人的

---

① Andrew Arden, p. 138.
② Andrew Arden, pp. 128-129.
③ Andrew Arden, p. 129.
④ Andrew Arden, p. 129.
⑤ Andrew Arden, p. 129.

功利目的,因为即使将其所在地区建成国家公园,其议事会的成员也未必能有升迁的机会。但正是这种没有什么奔头的形象工程,才是真正具有可持续性的。

(三) 自然保护区

自然保护区是为了调查、研究与动植物群落及其生存条件有关的事项,研究某一特定地区具有特殊性的地质、水文特征,以及为保护这些动植物群落或者地质、水文特征等创造条件等目的,根据适当的条件和要求设立并采取必要的控制手段进行经营管理的陆地区域。设立自然保护区的协议通常是与自然保护委员会(Nature Conservancy Council)签订的,但自然保护区也可以由区议事会设立或者由区议事会确保其设立。为此,区议事会须咨询英格兰自然协会(English Nature)。当然,设立自然保护区的上述权力也可以由基本地方政府机关行使。①

十二、游乐场、赌博、彩票及娱乐

(一) 游乐场

基本地方政府机关以及二级制地区的区议事会,可以通过制定条令就开办游乐场的下列事项进行规制:开放时间、进出口设置、卫生标准、避免滋扰近邻及预防火灾的措施等。这种意义上的娱乐场所是指全部或者主要用于提供娱乐项目的地方,具体包括:马戏场、动物或者人体表演、旋转木马、迷宫、过山车、投掷游戏、套圈游戏、保龄球、碰碰车等项目。地方政府机关制定此类条令要取得国务大臣的确认。②

(二) 赌博机

拥有某物业并以此为营业场所申请用于赌博机商业经营者,必须从适当的地方政府机关处获得许可证。其物业领取了专门的营业执照的,即专业地用于公众娱乐的,其适当的许可机关是许可治安法官;如果其物业不属于应当领取执照的范围,则许可机关是基本地方政府机关以及二级制地区的区议事会。许可机关必须根据相关物业的分类,作出不予颁发或者续展许可证的决定。③ 在任何情况下,许可机关拥有广泛的决定授予或者续展许可证的自由裁量权,但是,如果决定授予或者续展许可

---

① Andrew Arden, p. 131.
② Andrew Arden, p. 131.
③ Andrew Arden, p. 131.

证,则必须就 18 岁以下的未成年人使用这些机器的条件作出明确的限定。①

(三) 有奖娱乐

1976 年《彩票及娱乐法》(Lotteries and Amusements Act)中的规定与规范赌博行为相同,这些规定适用于不属于赌博机的有奖娱乐活动,并且是由同一管理机构负责实施的。②

(四) 彩票

英国学者将彩票管理职能界定为"其他杂项职能"③,即由地方政府机关承担的其他杂务。基本地方政府机关、二级制地区的郡议事会以及教区议事会,可以推动本地彩票业的发展,但需要征得彩票管理机构的同意并向赌博业管理委员会(Gaming Board)登记。④

十三、犬、马与动物园

(一) 对狗的控制

基本地方政府机关以及二级制地区的区议事会,必须任命一名控制流浪狗的官员。该官员负责流浪狗的控制,并负责执行涉及强制狗佩戴颈圈的有关命令。任何基本地方政府机关或者二级制地区的区议事会,都可以命令的形式指定某一禁区,凡对在该禁区内排便的狗具有支配权却没有及时清理其粪便者,构成犯罪。⑤ 由此可见英国对狗的控制的严厉,当然,这是与其轻罪的严厉程度相同的,实际上并没有我国的犯罪严重。但其效果又远不是我们的行政处罚所能比拟的。

(二) 马术设施

未取得基本地方政府机关或者二级制地区的区议事会签发的许可,任何人不得经营马术设施。职能部门在审查此类申请时必须考虑由一名巡查过现场的兽医准备的报告,并且必须考虑申请报告中对防护设施及马的住宿安排的适当性。地方政府机关可以授权某人定期巡查这些物业。⑥

---

① Andrew Arden,pp.131-132.
② Andrew Arden,p.132.
③ Andrew Arden,p.134.
④ Andrew Arden,p.136.
⑤ Andrew Arden,p.133.
⑥ Andrew Arden,p.133.

(三) 动物园

未取得基本地方政府机关或者二级制地区的区议事会签发的许可证而操办动物园的行为是违法的。职能部门在审查申办的许可时,必须考虑反对者的意见。如果拟议中的动物园将有可能影响当地居民的健康和安全,或者职能部门对动物园的防护设施的安排和动物的住宿条件不满意,可以拒绝签发许可证。动物园管理部门必须定期对动物园进行巡查。①

十四、野生生物

野生生物包括野生动物,但不限于动物。

(一) 野生动物

动物的饲养与繁殖设施的设立,以及饲养任何危险的野生动物,也受到与动物园或者马术设施的设立相同的许可体系的拘束。②

(二) 野生生物

根据1981年《野生生物及乡村法》(Wildlife and Countryside Act),许多行为被规定为犯罪:杀死、伤害或者捕捉任何野生鸟类,获取、损坏或者损毁鸟巢,获取或者损毁野生鸟蛋;在特别保护区实施上述行为者构成加重情节;与利用圈套或者其他方法杀害上述野生动物的行为有关的行为,也构成犯罪;贩卖野生鸟类的行为;未经登记而占有列入受保护范围的鸟类的行为;以不适当的方式限制任何鸟类的行为;杀死、伤害或者捕获任何列入受保护范围的野生动物的行为;与利用陷阱或者其他方法杀死野生动物有关的行为;损坏或者损毁列入受保护范围的野生植物的行为。基本地方政府机关以及二级制地区的郡、区两级议事会,都有责任起诉上述犯罪行为,并采取措施使这些规定引起公众及学龄儿童的注意。③注意,此处的地方政府机关负有对违反《野生生物及乡村法》的犯罪行为提起公诉的刑事司法职责,这进一步丰富了英国地方政府机关职责,即它们不仅是议行合一的地方立法及行政机关,而且还拥有一定的司法职能,如此处的刑事追诉职能。

就具体案件而言,世界自然基金会(Worldwide Fund for Nature)和

---

① Andrew Arden, p.133.
② Andrew Arden, p.133.
③ Andrew Arden, p.134.

全英爬虫保护协会(British Herpetological Society)的代表,就曾以授予某一房地产开发项目规划许可的行为可能威胁到在某地区生活的野生生物为由,提出一项基于环保法上的事由的司法审查申请。

十五、餐饮

基本地方政府机关以及二级制地区的区议事会是公民食堂职能部门,它们可以设立并经营公民食堂,但必须保证来自公民食堂的收入足以支付其开支。① 之所以会有这样的规定,是因为英国的地方政府机关都是法人机构,是制定法设立的法定机构,只享有法律明确赋予的权力和权利,而没有支配自己的财产的绝对权力,除非有法律的明确授权。以经营公民食堂为例,此处的法律规定的意义在于,法律赋予其经营公民食堂的权力,但没有赋予其亏本经营的权利,因此,如果其设立或者经营的公民食堂达不到上述法律的明确要求,必须停止经营。

第二节 教育行政法

英国的教育方针是什么?按照英国教育与技能部的目标宣言,是"通过教育、培训和工作,让每个人都有实现潜能的机会,从而建立一个人人参与的公平的社会,以及一个富有竞争力的经济体制"。

一、教育事业的规模

英格兰及威尔士目前的 410 个郡议事会、区议事会和郡自治市议事会承担着为约 25000 所学校中的约 800 万名儿童提供教育服务的职责。② 平均每个学校有 320 名学生,每个年级只有约 30 至 40 名学生,当然,英国同龄学生总数不止这些,这约 800 万名学生是指受义务教育、由地方政府负责提供义务教育服务的学生。

二、教育相关的义务

在英国,提到教育的相关义务,是指一个多方的义务体系,其中包括政府的义务,而不限于家长、学生的义务。

---

① Andrew Arden, p. 126.
② Andrew Arden, p. Ⅶ, Preface.

（一）家长的义务

确保义务教育年龄儿童的教育是家长的义务。[①] 该项义务并非学校的义务，学校的义务是推动学校提供具体的教育服务，在保障学校履行具体义务的同时，履行教育职能部门的基本义务。

（二）地方教育职能部门的义务

地方教育职能部门的义务是提供一种普遍服务，但这种义务区别于确保某一特定儿童能够得到有效的教育的义务。[②] 在 16 岁以下学生的课程当中，大多数课程每堂课不超过 30 个学生。这是英国教育职能部门提供的义务教育的质量和规模的一个基本度量。如果义务是指所有的孩子一起在大礼堂上大课，则很难说教育职能部门尽到了提供义务教育的必要人员、设施的义务。

所有的教育职能部门都必须顾及家长对其子女接受教育方面的意愿，只要这些意愿与提供有效的教育和训练的目标是一致的，并且能够避免不合理的公共开支[③]，地方教育职能部门就应当满足。注意此处没有我们所熟悉的"尽可能"这一关键性的限定词，因为其中的限定性条件已经规定在与教育职能部门的目标的一致性及没有不合理的开支这两个方面了。因为教育职能部门在提供教育服务时顾及家长的意愿，既是人之常情，也是教育规律，有其合理性，本来应当满足，但并不是所有的家长的意愿都是合理的或者能够满足的，因此，需要作适当限制。英国教育法设定的上述两项限制具体、明确，除此之外都必须满足。

但是，制定法规定的许多义务往往非常笼统，因而难以由法院强制落实。于是在 1996 年《教育法》第 9 条中，责成国务大臣及地方教育职能部门"在符合教育部门有关提高教育资助的效率的指示，并且避免不合理的公共开支的前提下，遵循学生应当按照其父母的愿望接受教育的普通原则"，支付学生的教育费用。[④] 仔细分析上述规定会发现，制定法对地方教育职能部门设定的这一提供教育资助的权力（其实是一种社会服务能力，但这种能力在英国被视为一种权力，前文讨论行政权的本质部分对此已有说明），实际上是在以下两个外部意志的作用下存在

[①] Andrew Arden, p. 105.
[②] Andrew Arden, p. 104.
[③] Andrew Arden, p. 105.
[④] Bradley & Ewing, p. 707.

的：一是教育职能部门有权对教育资助经费的拨付拟就指导意见；二是教育应当按照学生父母的意愿进行，而不是按其他人的意愿进行。这固然有些家长制作风，但比教育必须按父母以外的其他人的意愿进行要好一些，在英国立法者看来，也许家长制比专制略强。因为父母毕竟是学生许多方面的利益的监护人，如财产方面，他们故意损害子女利益的可能性要远远小于其他人。正如个人损害自己利益的可能性要远远小于其他人一样。这里有一个度的问题。当然，二者相比，考虑到父母与子女利益的不完全同一性，以父母的愿望作为子女教育的出发点显然并不完善，但考虑到子女成年前的行为能力状态，这种安排无疑是最接近于完善的。

进而言之，制定法规定的这一义务在何种程度上为学龄儿童的父母创设了可以强制落实的权利呢？法院认为，这一义务要求地方教育职能部门必须考虑父母对子女的教育愿望，但并不强制教育职能部门帮助实现这些愿望。因此，就学校接收学生的政策而言，直到1980年地方教育职能部门才被赋予一项可强制落实的必须尊重父母对学校的选择意向的义务（已被1998年《学校标准与教育体系法》替代）。[①] 此前的做法类似于我们的择校规则：你可以择校，但必须交钱。该规则实际上剥夺了父母对学校的选择权。当然，此处讨论的领域仅限于义务教育领域。对于接受义务教育的孩子的父母对学校的选择意向的尊重，才是教育行政法需要探讨的问题。对于接受付费教育的孩子的父母对学校的选择意向的服从，只能算是对资本意志的服从，与此处的讨论不是同一领域的问题。

（三）教师的义务

根据公民大纲，教师应该在学校、当地、全国和全球意义上理解公平、社会公正、民主和多样性，并以负责的态度参与社会活动。

（四）儿童的义务

处于义务教育年龄段的儿童的义务是，牺牲自己的天性，到学校或者其家长、教育职能部门等认为适宜的地方接受适当的教育。

三、教育的主管部门

一是地方教育职能部门，是各地的基本地方政府机关，或者二级制

---

① Bradley & Ewing, p.707.

地区的郡议事会。①

二是特殊教育委员会，1996年《教育法》已经不再要求地方教育职能部门设立专门的特殊教育委员会，但地方政府机关仍可以自行设立特殊教育委员会。②

三是首席教育官员，地方教育职能部门必须任命一名首席教育官员，并可以将地方政府机关应当履行的职能委托给该首席教育官员或者其他官员行使。③

四、教育职能部门的职能

地方教育职能部门的一般职能是，通过确保初级教育、中级教育和继续教育能够有效满足本地区居民的需要，推动本社区在精神、道德、智力、体力方面的发展。④ 这个目标既抽象又具体，在措辞时是费了番工夫的。具体体现为四个方面：

一是必须确保初级、中级教育。地方教育职能部门必须确保其辖区内有足够的提供初级、中级教育的学校。⑤

二是可以创办托儿所。尽管地方教育职能部门对五岁以下儿童并不承担任何义务，但地方教育职能部门也可以创办托儿所或者掌管托儿学校。此处的创办和掌管有重大区别：前者是指设立，不包括设立后的日常维护和经营管理；后者则不包括设立，但包括日常维护和经营管理。通俗言之，前者指"生"，后者指"养"。

三是可以确保高中教育。地方教育职能部门还可以确保为那些超过义务教育年龄但未满19岁者提供全日制教育。⑥ 这已经不是其义务，而是一种权力，即提供社会服务的能力。从这个角度理解公共管理机构的权力的属性，也许就不再那么深奥了，因为这种能力的直接体现就是花纳税人的钱的权力。

四是必须提供特殊教育。地方教育职能部门还必须提供名为"因材施教组"的计划，以便为那些因疾病或者其他原因而不能参加普通学校教

---

① Andrew Arden，p.104.
② Andrew Arden，p.104.
③ Andrew Arden，p.104.
④ Andrew Arden，p.104.
⑤ Andrew Arden，p.105.
⑥ Andrew Arden，p.105.

育的儿童提供教育并为此作出特殊的安排。①

五、教育的供应方式

在英国,履行教育职能的机构不限于公共管理机构。教会组织可以兴办公助学校,而且在英国法上属于履行制定法规定的职能,对其行为甚至可以提请司法审查。② 因此,英国的学校分为好几种,其中完全由地方政府机关提供全部经费的学校被称为由其供养的自办学校;完全不由其供养的学校则被称为公学,实际上是私立学校;介于二者之间的,即地方教育职能部门只提供部分教育经费,则被称公助学校。

(一) 自办学校

地方教育职能部门可以设立兼或掌管初级学校或者中级学校,但不能设立公助学校。③ 地方教育职能部门供养的学校包括郡立学校、志愿者学校和特殊教育学校,但不包括公助学校。

1. 郡立学校

由地方政府机关掌管的初级学校和高级学校被称为郡立学校;如果某学校是由地方政府机关设立并由该政府机关掌管或者在1996年《教育法》实施前由地方政府机关作为郡立学校掌管(无论是否由该地方政府机关设立),也是郡立学校。④

2. 志愿者学校

志愿者学校是不符合郡立学校的条件,但由地方政府机关掌管的学校。⑤ 志愿者学校并非完全不需要地方政府机关资助的学校,不能望文生义,以为这种学校就是完全由他人自愿赞助的学校。

3. 特殊学校

地方教育职能部门还可以设立或者掌管特殊学校。⑥

(二) 公助学校

郡立学校或者志愿者学校可以根据家长的投票变成公助学校。如果学校变成了公助学校,则地方教育职能部门的角色就局限于每年向该学

---

① Andrew Arden, p. 105.
② Bridges & Cragg, p. 5.
③ Andrew Arden, p. 105.
④ Andrew Arden, p. 105.
⑤ Andrew Arden, p. 105.
⑥ Andrew Arden, p. 105.

校管理机构提供资助了。如果将学校变成公助学校的提议获得了通过,则该学校作为地方教育职能部门供养的郡立学校或者志愿者学校的历史即告结束,由地方教育职能部门所行使或者掌握的与学校有关的财产、权利和义务,以及任何雇佣合同,都将转移给法人性质的学校管理机构。①

无论是改变公助学校特征的提议,还是要求停止学校的公助地位以使之重新恢复由地方教育职能部门供养地位的建议,地方教育职能部门均可以向国务大臣提出异议。②

（三）教育协议

地方政府机关也可以与那些非其直接掌管的学校,就该学校为学龄儿童提供教育服务签订协议。③ 这类协议的内容是,学校为议定数量的儿童提供符合议定要求的教育服务,地方政府机关则出相应培养费,类似一个委托培养协议。

六、教育的管理体制

英国教育经费的官方来源主要是地方政府机关,学校管理则由专门的学校管理机构承担,而学校管理机构则受中央政府国务大臣的控制。可见,地方政府机关尽管承担着在本地区推进教育等职能,但其履行职能的具体形式主要是设立、供养、资助各学校,但并不参与各学校的管理。

根据1996年《教育法》,英国的普通教育机构在该法实施前后也进行了一次所有制及管理体制上的调整,即将原来由地方政府机关资助的学校,改为由地方政府机关所有并资助,但由全国统一的教育管理机构统一管理的教育机构。由于全国统一的教育管理机构是受国务大臣指导的,这一转轨体现了英国普通教育机构全国一体化的进程,同时又加强了地方政府机关对普通教育机构的资金投入,因此,又在一定程度上抵消了全国一体化的程度。因此,与其说这次改革强化了普通教育机构全国一体化的程度,不如说实现了全国普通教育机构管理体制上的统一,而这种统一因教育管理机构与国务大臣、与教育管理机构所管理的学校所属的地方教育职能部门的关系都不是十分紧密,因此,很难说这次改革加强了普通教育机构的全国一体化。

---

① Andrew Arden, p. 106.
② Andrew Arden, p. 107.
③ Andrew Arden, p. 105.

郡立学校、志愿者学校以及公助学校的管理、人事安排以及纪律处分等事项，基本上都是学校管理机构的事，并受国务大臣制定的条例的拘束。地方教育职能部门可以决定补充教学职位的编制，但具体职位的填充则由学校管理机构完成。然而，地方教育职能部门可以采取其认为适当的措施，阻止学校的纪律遭到破坏。地方教育职能部门还可以采取适当措施，帮助那些被学校开除的学生及其家长能够提起上诉。[①]

至于学校的财政管理体制，显然也属于学校管理体制的一个组成部分，但由于英国学者特别强调这一点，本书将在下文单独介绍。这种安排也有助于凸显财政及教育经费管理在英国教育管理体制中的重要作用，因为笔者觉得，英国的行政管理体制对于财政管理部分的倚重，显然超过我们习惯上所强调的程度。这一点估计与我们的财政来源有关系，英国的财政来源只有财政拨款，除税费征收机关，别人一律不得自行征收税费。

七、教育的财政体制

1996 年《教育法》引入了"学校中的地方管理"概念，即由一个管理机构获得对学校的财政开支的控制权，而不再由地方教育职能部门控制。[②] 该机构是一个受中央政府的教育主管部门控制的非部门机构，它们与地方教育职能部门的关系是行使地方教育职能部门外包的学校管理权。

地方政府机关有义务维持一定的预算以便推动 1996 年《教育法》推行的由全国统一的教育管理机构统一管理地方政府机关资助的学校的政策的施行。学校总预算是地方政府机关为该项政策所覆盖的所有学校一年的开支，地方教育职能部门有义务筹备此项预算资金。总和预算是学校总预算的一部分，用于分配给该政策范围内的各个学校。每个学校分到的总和预算被称为该学校的预算份额。该政策要求必须给每个学校一定的预算份额，并将该预算份额委托给学校管理机构在一定条件下进行管理。这种财政委托的效果是，学校的预算份额交由学校管理机构为了学校的目的进行处置。学校管理机构有权以其认为适当为限花费交其支配的全部款项，而且在上述款项的幅度内，这一权力还可以由学校管理机

---

① Andrew Arden，p. 106.
② Andrew Arden，p. 247.

构委托给学校的校长行使。①

尽管教育职能部门有权在其认为学校管理机构在财政管理方面存在失误时,取消对该管理机构管理学校财政的财政委托,但在财政委托存续期间,学校管理机构行使对学校财政管理的决定权,而将地方教育职能部门排除在外。② 而且对于地方教育职能部门取消对学校管理机构的财政委托的决定,该管理机构可以向国务大臣上诉。③ 也就是说,学校管理机构相当于经理人,地方教育职能部门则是学校的供养人,可以解除其委托给学校管理者的财政管理权。

就学校财政管理的委托而言,有两点特别之处:一是学校的管理者可以将其受委托的财政支配权转委托给学校的校长行使,这属于再委托,在一般情况下应当是禁止的;二是财政支配权委托给管理机构后,地方教育职能部门就失去了进一步就具体财政问题作出决定的权力,也就是说这种对学校财政的管理权是一种排他性的权力,只能由一个主体行使,一旦委托出去即使委托人也不能凌驾于受托人之上再继续行使该权力。但作为委托人的地方教育职能部门保留的权力是关键性的随时收回委托的权力:地方教育职能部门虽然在委托合同存续期间不能就具体财政问题进行干预,但却可以随时收回其委托出去的财政决定权,其理由就是管理机构存在财政管理方面的失误,而这显然是一个弹性很大的不确定的法律概念,为地方教育职能部门随时收回决定权和控制权留下了广阔的自由裁量空间。

地方教育职能部门每一财政年度都必须拟定"学校的地方化管理方案",确定给予该方案涉及范围内的每一所学校的具体的预算份额以及该地方教育职能部门将学校的财务经营权委托给学校管理机构。当然,这种委托管理必须是该方案所要求的或者允许的,例如,符合方案中有关强制性委托或者自愿性委托的规定。④ 地方教育职能部门的学校管理方案必须获得国务大臣的批准,国务大臣享有实施学校的地方化管理的保留权力⑤,即在地方教育职能部门不能履行对学校的地方化管理职能时,可以直接代行。

---

① Andrew Arden, p. 248.
② Andrew Arden, p. 248.
③ Andrew Arden, p. 106.
④ Andrew Arden, pp. 105-106.
⑤ Andrew Arden, p. 106.

地方教育职能部门必须咨询每一所由其供养的郡立学校、志愿者学校以及特殊学校的学校管理机构以及校长的意见,咨询每一所在其辖区内的公助学校的管理者的意见,咨询某些公助特殊学校的管理者的意见。①

八、教师工资

在英国,教师的绝大多数报酬是由国务大臣根据制定法确定的审查机构的建议决定的,国务大臣在作出此类决定时可以将工资支付问题提请这些审查机构提出意见。除此之外,未经通知并接到国务大臣的授权,地方教育职能部门或者其他任何人均不得增加任何有关雇员的报酬。②全国统一的薪酬体系的确立,是建立全国统一的教育体制的前提,这一点,对于全国统一的义务教育制度的建立和落实,尤其具有重要意义。当然,还有一个基本前提,那就是英国整体上而言是一个均质的社会,在不同地方可以有不同的工资收入,但差距不大,人口的自由流动可以经济的方式对各地收入的差异起到削峰平谷的作用。而在一个非均质的社会中,尤其是因人为的障碍而营造的非均质体系内,建立全国统一的薪酬体制的意义不大,现实中也不可能。

(一)高等教育教师工资

对于受雇于某一地方教育职能部门或者受雇于管理某一志愿者学校或公助学校的管理机构的学校教师,如果其所在的教育机构转轨为一个属于继续教育类型的教育机构,则在国务大臣为该教育机构指定的有关转轨的"生效日期"之前一刻,任何有关该教师就业待遇的协议,将因国务大臣根据 1991 年《教师报酬及待遇法》(School Teachers' Pay and Conditions Act)以及 1992 年《继续教育及高等教育法》(Further and Higher Education Act)制定的固定教师报酬及待遇的法定规划令,而在转轨后具有新的法律效力。自转轨"生效日期"起,原协议将具有拘束教师及负责管理教师原所在教学机构转轨后的新的高等教育学校的管理机构双方的法律效力,就像其在转轨前的法律效力一样。新的学校管理机构还负有按照先前由国务大臣制定的有关报酬及待遇的命令中所确定的

---

① Andrew Arden,p.106.
② Andrew Arden,p.383.

报酬数额及其他规定向转轨后的教师支付报酬的义务。① 这一切规定的中心思想是,原来由地方政府机关供养或者资助的教育机构,一旦转轨为高等教育机构,原来的教师签订的合同继续约束新学校的管理者;原来由国务大臣制定的适用于教师报酬及待遇方面的命令,继续适用于新的教育管理机构及转轨后的教师。

如果地方教育职能部门雇用的就职于某一高等教育机构的职员因转轨而被转入某一高等教育企业,而且这种调配是由国务大臣授意的,则这些教师原来的雇佣合同继续拘束该教育企业,就像这些合同当初是由这些教师与该高等教育企业签订的一样。② 这说明,地方政府机关也可以举办高等教育机构,而不限于普通教育。另外一个信息是,英国的高等教育机构也有企业性质,即以营利为目的。与此相对的则是教师由地方政府机关雇用,资金由地方政府机关全额提供(即供养)或者部分提供(即资助)的非营利的教育教学机构。后者类似于我国的教育事业单位,前者类似于我们的民办教育机构。

(二)公助学校教师的工资

对于原来的民办公助学校重新获得公助学校地位的转轨,在 1996 年《教育法》中也有类似规定:转轨学校中的雇员自转轨之日起视为教育管理机构或者地方教育职能部门的雇员。③

九、教育信息的公开

根据 1988 年《教育法》制定的 1989 年《学校教育记录条例》赋予在某一学校注册的学生的家长获得由有关方面保管的课程记录的副本以及其他教育记录的权利。显然,这些记录对于某些案件是非常重要的,例如开除学生的案件,这些记录可以显示学生的历来表现。④

此外,1993 年《教育法》第 168 条以及 1994 年《特殊教育需求条例》还对有关特殊教育需求的信息披露作了规定。⑤ 英国的特殊教育需求是指针对需要接受非普通教育者实施的教育活动,其范围涉及智障、残障、盲、聋、哑等教育领域,但出于人文关怀考虑,他们已不再用诸如此类有碍

---

① Andrew Arden, pp. 383-384.
② Andrew Arden, p. 384.
③ Andrew Arden, p. 384.
④ Bridges & Cragg, p. 97.
⑤ Bridges & Cragg, p. 97.

观瞻的字眼。

十、义务教育

英国教育的分类有：初等教育是强制性的义务教育，免费强制性普及全民，由国家承担全部或者主要费用；在此之后的教育统称为继续教育，包括我们所说的中等教育、高等教育。

在英格兰、苏格兰和威尔士，对 5 岁到 16 岁的青少年实行义务教育，在北爱尔兰则为 4 岁到 16 岁。5 至 7 岁为一年级；7 至 11 岁为二年级；11 至 14 岁为三年级；14 至 16 岁为四年级；在各个年级都进行英语、数学、科学、技术、体育和宗教（在威尔士还教授威尔士语）教育。从一年级到三年级，历史、地理、艺术和音乐课程也是必修课。

英国的义务教育与我们有四点不同：一是义务教育是强制性的，其中被强制的对象既包括适龄儿童、该儿童的家长，也包括有关教育职能部门——地方政府机关必须创造儿童接受免费教育所需的一切必需条件，其中包括为教师提供工资、为学校提供设施、为教学提供文具。二是义务教育不收费。三是义务教育有对应的行政主体——地方教育职能部门必须巡查自己的辖区，以便随时发现该上学而未上学者。四是义务教育有强制保障手段，即有关教育职能部门可以向法院申请类似强制令的命令，认定拒不执行者蔑视法庭。在所有这些不同中，最后一项最使人印象深刻，特介绍如下：

（一）强制就学令（school attendance order）

如果地方教育职能部门查明在其辖区内的某一强制义务教育年龄段的儿童未通过定期上学或者其他方式获得适当的教育，该地方教育职能部门必须向该儿童的家长发送一份通知书，要求家长采取措施使该儿童获得令地方教育职能部门满意的教育。[①]

如果地方教育职能部门没有获得满意的结果，则必须签发强制就学令。在发出该令状之前，地方教育职能部门必须考虑是否有必要向法院申请教育监管令，以作为强制就学令外的另一种手段或者补充。[②]

（二）教育监管令（education supervision order）

经咨询当地的社会服务职能部门，地方教育职能部门可以向法院申

---

① Andrew Arden, p. 108.
② Andrew Arden, p. 108.

请教育监管令,据此将某一强制义务教育年龄段的儿童置于该地方教育职能部门的监管之下。只有当法院认为该儿童确实未受到适当的教育时,才可以下达该令状。① 可见,法院在签发这一令状时,也是有相当的自由裁量权的。由于该法院一般属于低级法院,该法院的这一决定还要受到高级别法院的司法审查。而启动该司法审查的主体,至少包括应当被咨询的社会服务职能部门、被监管儿童的父母或者监护人等。在存在此等制衡机制的情况下,监管儿童的权益、低级法院的自由裁量权等都是有拘束的。

十一、继续教育

继续教育是指对 16 到 18 岁(不包括正在中级学校接受教育者)的人实施的全日制教育,以及为 19 岁及以上年龄的人提供的特别中等教育课程。② 16 到 18 岁这个年龄段是中等教育的后期,正常情况下应当在 16 岁完成中等教育,但显然也存在少数例外。

地方教育职能部门负有确保为其辖区内的居民提供继续教育的基本义务,但此项义务并不适用于继续教育基金理事会(Further Education Funding Councils)负责为 16 到 18 岁的人提供的全日制教育。③ 当然,这部分人的教育显然已落实,此处仅仅是使其不至于同时处在两个以上机构共同的职责范围而已。英国行政法中这种立法技术,在很大程度上避免了不必要的职责重叠以及由此反而造成无人问津的后果。

继续教育基金理事会负有义务并且地方教育职能部门拥有权力确保为那些超过义务教育年龄的人提供非全日制的特别课程教育、为 19 岁及以上的人提供全日制教育。④

十二、高等教育

通过在教育机构中参加旨在获得学位或者通过职业考试而获得的教育。⑤ 在接受高等教育的人群中,一半以上已经超过 25 岁。很多人都是利用业余时间来学习。

---

① Andrew Arden,p.108.
② Andrew Arden,p.109.
③ Andrew Arden,p.110.
④ Andrew Arden,p.110.
⑤ Andrew Arden,p.109.

地方教育职能部门可以依据自己的权利（right，这是一种当然的权利，或者说普遍的、保留的权利，与之相对的是制定法赋予的权力、权利）提供高等教育服务，也可以作为高等教育基金理事会（Higher Education Funding Council）的委托代理人，根据与该理事会签订的合同，提供由该理事会资助的高等教育服务。① 地方教育职能部门有义务为其辖区内正在谋取第一个学位、参加师资培训、在大学的学院及其他教育机构参加其他特定课程学习的普通常住居民提供奖学金。②

十三、特殊教育

特殊教育是为满足特殊教育需求而提供的教育。

（一）特殊教育儿童的确定

如果某一儿童存在学习障碍，该儿童即具有特殊教育需求，从而要求为其提供特殊的教育服务。地方教育职能部门负有确定具有特殊教育需求的儿童以及满足其特殊教育需求的义务。应家长或者某一学校管理机构的要求，地方教育职能部门也可以对此作出评估。③

根据1994年《特殊教育需求条例》第13条及其附表B部分的规定，地方教育职能部门在对某一学童的特殊教育需求作出评估时，必须列明自己考虑过的意见、相关的证据及相应的建议。④ 因为这种评估的结果将直接作为是否允许该儿童接受特殊教育的根据。而一旦允许，国家将针对该儿童与普通儿童的差距，采取对应的教育投入，其费用是十分可观的。因此，使自己的孩子获得此种教育，对于普通家庭而言就是一种福利。正因为如此，英国的许多父母会涉及此方面的案件。

如果对地方教育职能部门就某一儿童的特殊教育需求的评估的内容或者拒不提供此项评估不满意，可以上诉至特殊教育需求裁判所。⑤

（二）教育职能部门的义务

地方教育职能部门必须拟就与行为障碍儿童有关的计划，其主要内容应是该教育职能部门为这些儿童提供建议、资源和其他帮助已经采取或者准备采取的各种安排。地方教育职能部门还必须发表残疾人事务声

---

① Andrew Arden, p. 76.
② Andrew Arden, p. 110.
③ Andrew Arden, p. 107.
④ Wade & Forsyth, p. 97.
⑤ Andrew Arden, p. 107.

明,其中涉及为本地区的残疾人提供特殊教育的便利方面的内容。①

如果某一儿童确实具有特殊教育需求,则地方教育职能部门必须保证该儿童能够得到所需要的特殊教育:优先考虑通过主流学校为其提供,如果主流学校不适宜于该儿童则要采取其他方式。②

十四、入学

地方教育职能部门必须采取适当措施,以便学生家长能够明确地表达其希望自己的孩子应当上什么样的学校的愿望,这些愿望地方教育职能部门须尽量满足,除非满足这些愿望将有害于提供有效的教育服务、教育资源的有效利用;或者家长中意的学校是一所公助学校或者特殊协议学校,地方教育职能部门与这些学校的管理机构签订的协议不允许教育职能部门满足这些家长的要求。③ 地方教育职能部门只能在其供养的学校的范围内,即公立学校的范围内满足学生家长的要求,或者按照地方教育职能部门与非公立学校签订的协议安排符合条件的学生入读。除此之外,地方教育职能部门没有义务满足所有学生家长提出的对于学校的选择偏好。

家长的上述选择权所具有的人性光辉是不容抹杀的,但对于义务教育而言,问题就比较复杂,尤其是涉及家长与教育职能部门意见不一时,如果儿童处于失学状态,家长会面临教育职能部门申请强制令的可能。对此,详见前文义务教育中有关强制就学令的部分。

与入学问题相关的另一问题,涉及儿童佣工,参见本编第七章第四节儿童保护法中限雇童工部分。

十五、课程设置

地方教育职能部门必须确保其供养的学校都拥有一个能够促进学生的精神、道德、心理和生理发育的课程体系,以便为学生融入成人生活做好准备。其中最重要的就是要包容全国课程表。④ 全国课程表是基本的课程,但并不是课程的全部,各地方的学校必须包括这些课程,但也可以

---

① Andrew Arden, p. 107.
② Andrew Arden, p. 107.
③ Andrew Arden, pp. 107-108.
④ Andrew Arden, p. 107.

在此基础上进一步增加课程。

十六、辅助服务及设施

地方教育职能部门依法还负有提供辅助服务及设施的义务,如必须确保教育设施的充足供应,这些教育设施包括休闲设施、社会训练和身体训练设施等。为此目的,地方教育职能部门可以设立和供养(或者资助设立和供养)训练营、度假营、游戏场和其他场所,以便为那些接受初级教育、中等教育和继续教育的人使用。除此之外,地方教育职能部门还可以组织各种游戏、远足或者其他活动。① 此处的社会训练不限于一般的身体训练。

地方教育职能部门在其认为必要或者国务大臣指示时,必须提供免费校车服务。在考虑提供校车服务时,必须考虑儿童的年龄、线路的设计以及家长对于儿童的宗教教育的倾向等一系列因素。② 根据某些宗教教育的需要,父母不希望自己的孩子乘车上学,这也是地方教育职能部门必须考虑的。

地方教育职能部门可以向以下范围内的小学生提供服装:任何该教育职能部门供养的教育机构或者其公助学校的寄宿生,由其供养的托儿学校的小学生,虽不在该教育职能部门供养的教育机构但由其提供膳食、寄宿的接受特殊教育学生。除此之外,如果地方教育职能部门认为,由于不适当着装的原因可能会使儿童不能充分地从教育中受益,也可以为任何上述范围以外的其他儿童提供服装。③

地方政府机关还要就鼓励和协助儿童充分利用根据1977年《全民健康服务体系法》提供的体格和牙科检查与治疗作出适当的安排,并可以授权医政官员强制对某人的身体或者某些学生的服装进行清洁度检查。④ 如果经检查某人的身体或者某些学生的服装达不到健康生活所必需的清洁度,就可以要求他们接受全民健康服务体系所提供的免费医疗或者向其提供清洁的衣物。

地方教育职能部门还可以为在其供养的学校就读的所有学生提供牛

---

① Andrew Arden, p.108.
② Andrew Arden, p.108.
③ Andrew Arden, p.109.
④ Andrew Arden, p.109.

奶、膳食或者其他点心,这种服务可以在学校内提供,也可以在校外的其他地方提供;但除非这些学生的父母属于接受补助人群,地方教育职能部门必须对此收费。① 言外之意则是,如果学生的父母正在接受救济金,则可以为其提供免费的牛奶、膳食或者其他点心。

此处特别强调了地方教育职能部门供养的学校与其他学校的区别。地方教育职能部门对供养的学校并非只提供教学所需要的校舍、师资及管理方面的开支,还为在此类学校接受教育的学生提供延伸服务,包括衣、食、住、医疗等。而地方教育职能部门对公助学校就没有这些延伸服务了。

十七、国务大臣的权力

主管教育的国务大臣有权裁决任何向其提交的地方教育政府机关与学校管理机构之间涉及任何权力或者义务的履行的争议。如果教育国务大臣认为有助于阻止包括地方教育政府机关在内的任何教育机构不合理地行使某一职能,还可以对此发出指示。教育国务大臣还拥有在有关教育职能部门不履行其职能时随时取而代之的相当广泛的保留权力。②

首席教育巡查官(Chief Inspector of Education)可以不时安排对地方教育职能部门的巡查,以便评估地方教育政府机关履行其职能的实际效果,当然巡查的主角不见得都是教育国务大臣或者首席教育巡查官本人。首席教育巡查官的巡查报告可以公开。首席教育巡查官是教育标准办公室(Office for Standards in Education)的负责人。③

十八、教育行政复议

英国1996年《教育法》建立了一套极其复杂,甚至可以说是大杂烩式的行政复议制度。这一制度涵盖了英国行政复议的各种手段,堪称英国行政复议体制的集大成之作。详见本书第四卷第一章第二节行政复议中行政复议的集大成之作部分的介绍。

---

① Andrew Arden, p. 109.
② Andrew Arden, p. 109.
③ Andrew Arden, p. 109.

第六章
公共服务部门

本章介绍的公共服务包括两方面内容:一是由中央或者地方政府机关以及仍具有相当行政性的公共管理机构提供的物理性的公共服务,如排污、垃圾清运等;二是已经完全市场化,由原国有大公司提供的服务,如铁路、电信、燃气、热力等。当然,这个分类很不准确。在英国,不但行政机关、公共管理机构与公法人之间的界限比较模糊,即使是在提供公共服务的主体比较清晰的场合,也由于近年来合同外包方式的普遍采用,而使实际的公共服务提供者变得越来越多样化,难以准确归类。

第一节 公共事业行政法

仅就公共事业服务的内容而言,需要强调的是,本节讨论的服务限于所谓物理服务。之所以要强调这一点,是因为在英国,服务观念极其普及,政府所做的一切,都可以视为提供服务。但就本章而言,仅涉及政府直接、间接或者此前直接、间接提供过的有形服务,即所提供的服务具有物理上的形体或者看得见的变化,如给排水、垃圾清运以及铁路、电信、燃气、热力等,都符合这个标准。但诸如健康服务、失业保障、社会关怀,虽然其中也不乏物理成分,但不属于本章讨论的范围。因此,本节的主要内容,可以与本书第二卷第二编第四章第二节公法人的内容共享。

英国没有专门的消费者权益保护部门,但消费者权益保护是其行政法研究的范畴。[①] 在此将英国政府(主要是地方政府)某些与此有关的杂项职能一并予以介绍。

20世纪60年代至70年代中期,英国加强了对居民日常生活中安

---

① Andrew Arden, p.92.

全防护方面的立法,先后制定了 1961 年《家居安全法》(Home Safety Act)、1968 年《药品法》(Medicines Act)、1974 年《职业健康及安全法》(Health and Safety at Work Act)、1975 年《运动场所安全法》(Safety of Sports Grounds Act)。这些立法的共同特点是,在赋予地方政府机关更广泛职责的同时,却没有赋予其新的强制性权力。

例如,英国消费者权益保护中的首要内容是居民的家居安全,但该法并没有作强制性的规定,唯其如此,才体现出政府为人民服务的宗旨。不难想象,如果政府过分重视家居安全,就会对居民居家生活设置种种限制,如要求必须自费安装某部门监制的防盗门、防盗窗;相反,政府在不限制人民自由和权利的前提下,尽其所能地为公众着想,想方设法地为居民减少不必要的居家事故危险出谋划策,这样的政府才是服务型的政府。

一、公法人的消费者权益保护

公法人面向全国绝大部分消费群体,因此,维护消费群体分散的利益既十分重要,又非常困难,松散的大多数消费者与组织精良的极少数公法人之间的对抗,往往以简单多数的失败而告终,这在世界各国都是一个无法回避的问题。英国为此提出的解决方案是,除前述对公法人的控制手段外,还增加了消费者委员会的组织设计,该委员会兼具咨询、受理投诉以及监督检查的职能。

英国学者认为,政府负有保护消费者免受公用事业公司不公正做法侵害的职责,为此,除为每一个相关的工业部门任命一名管理者外①,还专门成立了与管理者具有同等地位的消费者机构。如根据 2000 年《公用事业法》设立的燃气与电力市场管理局、燃气与电力消费者委员会,这两个机构取代了早先在这些企业私人化之后分别设立的管理机构和消费者机构。② 这两个机构具有相同目标,但却沿着不同的途径趋向这一目标:管理机构从经营角度入手,消费者委员会着眼于最终结果,双管齐下固然有重复监管之嫌,但即便如此,能够管好已是万幸。

英国的立法经常规定公用企业及其消费者或者用户之间的正式的咨询机制。制定法时不时地为电力、燃气、煤炭、铁路及航空运输建立各种消费者委员会和消费者咨询委员会。消费者咨询委员会为消费者向公用

---

① Bradley & Ewing, pp. 299-300.
② Bradley & Ewing, p. 290.

企业提供消费者视角的意见提供了渠道,这些意见不限于服务质量方面的。消费者咨询委员会也为消费者宣泄其对所接受的服务不满提供了一种途径。① 这种咨询制度无疑是保护消费者利益的非常优雅的方式,但关键是要落到实处,其中最重要的是要使消费者代表真正具有代表性。消费者咨询机构的代表必须是业余的代表、非专业的消费者,一个以维护消费者利益为职业的人难免会面对自己的职业前途与消费者权益相互冲突的困难抉择。

即使是在个人意思自治观念相当浓郁的英国,消费者咨询委员会此前也并不多见,1976 年,有人提议议会设立特别的行政监察专员,以便中立地调查工业部门产生的消费者投诉。但是随着私有化,许多已经设立的消费者委员会或者消费者咨询委员会纷纷被撤销,但仍有一些新的消费者咨询委员会在私有化的公用部门所在领域建立了起来。例如,根据 2000 年《公用事业法》,由国务大臣任命的燃气和电力消费者委员会(Gas and Electricity Consumer Council)即具有非常广泛的职责,包括提供建议和信息、调查消费者的投诉等。② 该委员会有权直接要求公用事业管理者和任何公用事业许可证持有者提供该委员会履行职能所必需的信息。③ 这个规定说明该委员会不是一个闲散人员安置中心,而是一个实实在在的有自己职能并有足够的权力要求有关机关或者组织提供必要配合的机构。从其不仅可以要求公用事业许可证持有者提供信息,而且可以要求公用事业管理者提供必要的信息这一点上就可以看出。如果公用事业管理者是一个有一定的行政管理职能的公共管理机构的话,那么消费者委员会在某些方面甚至拥有比其更高的职权。这种制衡机制的设计不但可以使消费者有机会调取公用事业单位的信息,而且可以调查管理这些公用事业的管理者履行职责的情况。

按照立法构想,燃气和电力消费者委员会应当成为消费者的卫士,其运作应独立于燃气和电力市场管理局。相应的,法律也要求该委员会每年向国务大臣报告自己的活动。此外,邮政服务消费者咨询委员会是根据 2000 年《邮政服务法》设立的,英国学者认为,该法的立法宗旨是开辟

---

① Bradley & Ewing, p. 304.
② Bradley & Ewing, p. 304.
③ Bradley & Ewing, pp. 304-305.

邮政改革的道路。①

但是,已有政治学家们对这些机构存在的有效性以及它们被本应由其管理的利益所"俘获"的可能性提出了疑问。已经有人对公共事业的管理者未能有效地代表消费者的利益专门提出了批评,尽管还没有人说这些管理者已被经营公共事业的公司所"俘获"。② 关于管理者被"俘获"的现象在我们周围层出不穷,此处英国学者的担心提醒我们这是一个普遍的困惑,是人性的弱点或者权力本身的痼疾使然。但就英国的情况看,他们更多是担心"狼要来了",这种未雨绸缪或许是其担心仅仅只是担心、"狼"始终未来的原因所在。

二、家居安全

根据1961年《家居安全法》的规定,基本地方政府机关或者二级制地区的区议事会可以向公众提供如何预防家居危险的信息,或者对如何提供预防家居危险方面的建议和信息作出适当安排,其中包括资助非营利组织开展家居安全的活动。③

三、劳动健康保护

根据1974年《职业健康及安全法》的规定,基本地方政府机关及二级制地区的区议事会是本辖区内各类非工业活动中有关职业健康及安全保护事项的实施机关。④

四、运动场所安全

根据1975年《运动场所安全法》的规定,基本地方政府机关及二级制地区的郡议事会需要认真考虑是否需要根据该法对运动场所实施安全认证。⑤

五、药品与毒物

英国绝大多数涉及本地方的事务,都是由地方政府机关负责落实。

---

① Bradley & Ewing, p. 305.
② Bradley & Ewing, p. 287.
③ Andrew Arden, p. 92.
④ Andrew Arden, p. 92.
⑤ Andrew Arden, p. 92.

药品与毒物管理,是其中较具有代表性的。

根据 1968 年《药品法》(Medicines Act)的规定,基本地方政府机关及二级制地区的郡议事会是药品职能部门,负责落实有关自动售货机及注册药店以外场所销售药品,涉及含有药用添加剂的商品的标识及功能描述方面的规定,以及其他涉及销售或者提供特定动物饲料添加剂的规定。① 从英国对地方职能部门主管的药品事项看,其范围相当广泛。

国务大臣根据 1972 年《毒物法》(Poisons Act)的规定,对销售非药品的毒物者予以许可,各地的药品职能部门必须制备一份本地经许可销售非药品毒物者的名单,这些销售者必须确保自己符合 1972 年《毒物法》有关非注册药剂师销售毒物方面的规定。② 显然,地方职能部门作为药品主管机关并未管理所有的与药品有关的事务,在注册药店以外的场所卖药才归地方药品职能部门管辖。

六、食品安全

基本地方政府机关及二级制地区的郡或者区议事会,是 1990 年《食品安全法》(Food Safety Act)规定的本辖区内的食品安全职能部门。但是,有关部长可能发布命令,决定由某一行政主体行使非大城市地区的郡或者区的议事会以及伦敦城公共议事会的此项职能。此时,有关部长享有发布命令,以决定由另一食品安全职能部门或者该部长下属的某一行政官员履行 1990 年《食品安全法》规定职责的默示权力。③ 这种默示权力的核心,是授予部长可以根据实际情况,自行决定在某一特定地区究竟由哪一政府机关行使法律所规定的食品安全职责的处置权,或者说权限调整权。这种调整权的意义在于,它可以使部长在不同级别的地方政府机关以及自己下属的行政官员之间选择适当的主体,以履行食品安全方面的职责。而部长在行使这一权力的过程中,不可避免地要作出对各地方政府机关的权限进行相对集中的决定,以提高食品安全方面的行政管理职能履行的效率。

食品安全职能部门的主要职能就是落实食品安全方面的法律。除大城市的区议事会以外的每个食品安全职能部门,都必须任命一名公共分

---

① Andrew Arden, p. 92.
② Andrew Arden, p. 93.
③ Andrew Arden, p. 93.

析师。食品安全职能部门还可以为那些正在或者准备在食品行业谋生的人(无论是作为经营者还是雇员)提供食品卫生方面的培训。①

七、农业分析师

在英格兰及威尔士,单一制地区的区议事会或者郡议事会、伦敦的自治市议事会、伦敦城公共议事会、二级制地区的郡议事会以及威尔士的郡议事会或者郡自治市议事会等(这些都是我们所称的粮食行政主管部门),负责实施1970年《农业法》第四部分规定的内容。为了履行该职责,地方政府机关必须任命农业分析师并在认为必要时任命一名或者多名助理农业分析师以及必要数量的农业巡查官。同一人可以被两个或者以上联合行动的地方政府机关任命为农业分析师或者助理农业分析师。上述职位的就任者必须符合规定的条件。②

八、公共分析师

每一食品安全职能部门都必须任命一名或者多名公共分析师,以便实施1990年《食品安全法》。③ 被任命者必须具备规定的资格以及部长确定的其他资格条件,但不能是直接或者间接地在该地区从事食品生意的人。④

九、屠宰场管理

基本地方政府机关及二级制地区的区议事会拥有与食品安全有关的对屠宰场实施许可管理的职能。地方政府机关还可以提供公共的屠宰场以及与之相联系的冷藏、冷冻场所。⑤ 这属于地方政府为了保障公共食品安全而提供的一项公共服务。

十、家禽屠宰

根据1967年《家禽屠宰法》(Slaughter of Poultry Act)的规定,基本地方政府机关及二级制地区的区议事会是负责实施该法的职能部门,并

---

① Andrew Arden, p. 93.
② Andrew Arden, p. 373.
③ Andrew Arden, p. 373.
④ Andrew Arden, p. 374.
⑤ Andrew Arden, p. 93.

负责部长制定的旨在确保家禽屠宰行业工作环境和条件的人性化的条例得以有效落实。①

十一、奶制品公司

奶制品公司必须遵守1995年《奶制品卫生条例》[Dairy Products(Hygiene)Regulations]的规定,取得食品安全职能部门的认可。②

食品安全职能部门应当保存一份其认可的奶制品企业的清单。③ 这份清单的性质属于公共档案,有关当事人,包括普通的消费者均有权向地方政府机关要求查阅该清单。当然,这份清单的产生是建立在食品卫生职能部门先前批准的基础之上的,而此处的要求只是该批准机关必须同时提供获得批准者的全部清单。这一简单的立法技术提醒我们,对于行政主体行使职能所产生的任何附带性的公共信息资源,公开都是其必然的义务,同时也是相应制度能够发挥作用并得到社会有效监督的必要保障。

十二、度量衡

度量衡职能部门就是当地的基本地方政府机关、二级制地区的郡议事会以及锡利群岛的议事会。度量衡职能部门可以就如何为其辖区内的消费者提供建议作出安排。④ 每一地方度量衡职能部门必须任命一名首席度量衡巡查官以及该职能部门认为有效率地履行1985年《度量衡法》(Weights and Measures Act)规定的职能所必需的,包括副首席巡查官在内的巡查官若干名。被任命者必须具备该法所规定的资格证书。⑤ 这是在英国公法中为数不多的几种证书之一。度量衡职能部门还必须提供度量衡的标准,以便对度量衡器进行检验。⑥

二级制地区由郡议事会作为度量衡职能部门,从一个侧面反映了该职能部门应当适当集中的客观需要。但不可思议的是,英国这个对当今世界度量衡制度的现代化作出杰出贡献的国家,其度量衡职能部门竟是

---

① Andrew Arden, pp.93-94.
② Andrew Arden, p.94.
③ Andrew Arden, p.94.
④ Andrew Arden, p.94.
⑤ Andrew Arden, p.374.
⑥ Andrew Arden, p.94.

级别如此低的地方政府机关。当然,对于英国度量衡制度在全国的统一和精准的信念不应因此而动摇,而是应当由此反思那种认为要想统一全国的度量衡就必须设立全国统一的度量衡职能部门的想法的现实合理性。如果英国的度量衡并不因其现行管理体制而影响其全国统一,就足以证明,即使在度量衡这种要求高度统一性的领域,也不是管理体制越统一越好。

我们最担心的就是各地方度量衡职能部门分别提供标准时是否会产生彼此冲突的情形,而在英国这显然是不存在的。所有地方度量衡职能部门提供的标准都应当是一致的,即标准英制或者公制。因为一旦彼此标准不一致,所产生的问题最终会变成一个法律问题,而英国的司法体制是统一的。在各地产生的度量衡方面的问题最终会由统一的英国司法体制进行裁决,其最终裁决者英国贵族院所适用的标准就是全国各地方度量衡职能部门所适用的标准,只要保障英国司法体制的统一,就不会影响全国度量衡体制的统一。由此进一步说明,司法体系的统一不仅仅是国家政治、法治统一的保障,更是国家所有最终可以而且也应当由司法裁决的事项在全国范围内统一的保障。反之,如果司法不统一,则即便在所有领域都设立全国垂直的管理体制,其统一性的保障仍是令人怀疑的。要保障所有这些领域全国统一,成本是很高的甚至是不太现实的,特别是在作为最终裁决机制的司法尚不能统一时。

十三、商誉与消费者信用征信

度量衡职能部门还负责落实 1968 年和 1972 年《商业信誉法》(Trade Descriptions Acts),并会同公平贸易总监(Director General of Fair Trading)共同落实 1974 年《消费者信用法》(Consumer Credit Act)。①

度量衡职能部门必须负责执行国务大臣根据 1973 年《公平贸易法》(Fair Trading Act)第 22 条下达的命令(这些命令都是针对那些对联合王国的经济利益产生不利影响的贸易行为),追诉违反 1973 年《纯度标签法》(Hallmarking Act)、违反 1987 年《消费者保护法》(Consumer Protection Act)第三部分提供不安全商品以及违反 1991 年《建筑产品条例》(Construction Products Regulations)的犯罪行为。②

---

① Andrew Arden, p. 94.
② Andrew Arden, p. 94.

十四、沿街摆卖

英国并不一律禁止沿街摆卖（street trading），甚至还有专门的沿街摆卖许可。① 政府有三种手段对其加以管理：一是通过许可，对指定街区禁止或者开放沿街摆卖；二是通过规定时间来调整指定街区的沿街摆卖，如英国城市一般允许在周末某些时段在某些街区进行沿街摆卖，既不需要特别的许可，也不另行缴费；三是通过调整许可收费的标准，限制那些虽然允许摆卖的街区的商业密度，相应的也可以减少其对交通及街道其他功能的影响程度。伦敦以外的基本地方政府机关以及二级制地区的区议事会，有权决定在本地区适用 1982 年《地方政府（杂项规定）法》[Local Government(Miscellaneous Provisions) Act]附件 4，据此，该地方政府机关即有权指定本辖区内哪些街道可以从事沿街摆卖。伦敦的自治市议事会也享有与此类似的权力。②

---

① Andrew Arden，p.446.
② Andrew Arden，p.94.

第七章
社会福利部门

行政救助是现代福利国家一项最为主要的行政服务职责。但作为一种行政行为,行政救助在英国的具体含义和范围,不十分明确。为此,需要首先明确这一概念。笔者将行政救助界定为国家通过行政行为为国民提供基本生存方面的援助。在这层意义上需要介绍的英国对应制度主要是社会保障①、补助②以及其他诸如社区服务③、全民健康服务、法律服务、儿童保护等种类繁多的内容。benefit这个词或可译为"福利"或者"社会福利",但在英国这样的福利国家,公共管理机构提供的所有服务都可以视为一种社会福利,而本章介绍的由政府提供资金的专项贴补的特点,就难以个性化地表现出来。因此,笔者还是选择了"补助"这个比较贴近现实的词。至于社会保障与补助的关系,其实就是两个同义词,没有本质的区别。例如,韦德爵士在其著作中的社会保障一节指出,福利国家既提供道义上的关怀,也提供物质上的补助(benefits in kind and in cash)。④ 可见补助是社会保障的一种形式。

部门行政法领域的社会保障,主要是指政府在这一领域实施的社会救助。详见本卷第一编第三章第六节行政救助。

第一节 劳 动 法

劳动法是研究劳动者法律地位及保障的部门法,但英国劳动法与我国的不同之处在于,由于其公务员特别是地方公务员的劳工化,使其公务

---

① Wade & Forsyth, p.78.
② Andrew Arden, p.529.
③ Bridges & Cragg, p.96.
④ Wade & Forsyth, p.78.

员的法律地位日益向普通劳动者靠拢。因此,在行政法中介绍比较多的公务员法律地位及保障制度,许多也可以适用于普通劳动者。为此,建议读者参考本书第二卷第二编第七章第一节公务员制度概述及之后几节的内容。

一、雇员的义务

英国法对于雇员义务的规定层次比较多,最基础的分类包括基本义务、财产申报、合同利益披露、不收额外报酬、服从借调安排,等等。基本义务包括:服务的义务、称职的义务、谨慎的义务、服从的义务、诚实与忠诚的义务等。诚实义务又包括:检举同事、不谋取秘密利益、保密、禁止竞争。

英国现当代法治化进程的一个突出成果,就是劳动者之间的进一步平等。最突出的一点就是,英国公务员的法律地位越来越向劳动者看齐:他们离法律地位极不明确的英王的臣仆越来越远,而距离一个普通劳动者的法律地位越来越近。但在英国公法学者看来,公务员法律地位的明确过程,也就是其法律上并不明确的某些特权消失的过程,在这个过程中,公务员的法律地位进一步加强了,而总体上却日趋平凡。当然,公务员成为普通劳动者,对于任何一个民主的法治国家而言,都不应当是一件坏事。从某种程度上说,公务员与普通劳动者法律地位是否相同,是这个国家民主与法治化进程的尺度。

上述情形在英国已经基本上成为现实,因此,其在劳动法中讨论的雇员义务,与行政法中讨论的公务员义务有相当多的重叠之处。对此,本书第二卷第二编第七章第五节公务员的义务部分已有讨论,特别是其中称职地谨慎服务的义务、诚实忠诚地服从的义务、检举同事的义务、保密及为公共利益披露信息的义务、不谋取秘密利益及不收额外报酬的义务、财产申报与合同利益披露义务、禁止竞争的义务等。

二、雇主的义务

(一) 提供充足的装备

提供充足的装备的义务要求雇主采取合理注意以提供必需的装备。如果某一雇员因缺乏显属必需或者一个理性的雇主应该认为必需的装备(如防护装备)而受伤,该雇主承担相应的责任。雇主此项义务包括:适当地保养其设备使之处于良好状态,在危险设备上安装安全装置,提供必要的安全设备。①

雇主提供充足的装备义务的范围视情况而定,在英国法院的某些案件中,法院常常也希望雇员能够自己动手矫正设备存在的一些小毛病。② 这又和雇员是否称职搅和在一起了,即雇员应当(有能力)对于其工作中使用的设备或者安全设施中存在的一些小毛病及时采取必要的矫正,以避免危险发生;因雇员没有这样做而造成损害的,法院在判例中已经适当地减轻了雇主的责任。

(二)适当、系统及有效的监督

这一义务包括的具体内容之一是提供安全的工作场所,有时甚至还包括安全的通往工作场所的通道。由于对于这一义务的要求仅仅是采取合理的注意,因此雇主的义务仅仅是采取合理的防范措施,而且在雇用场所不在其控制之下时,雇主不会仅仅因为那些物业不安全而必然承担由此引发的责任。③

除此之外,雇主应配备工作安全系统。该系统涵盖从事全部工作的方式,包括实际展示该项工作的操作步骤、配置适当的警告和告示、起草特别的说明文件等。雇主必须考虑到这样一个事实:工人们通常极少或者根本不注意他们自己的安全。因此,雇主们必须相应地配备将雇员疏忽其自身危险的风险最小化的系统,并采取合理的注意以保证该系统能够有效地运行,从而切实将雇员过于自信的疏忽所带来的危险减少到最低限度。④ 这一切说明,英国劳动法为避免危险所采取的制度设计是非常严密的,而这种严密是建立在对雇主责任的严格限定的基础之上的。正是由于雇主责任的严格性,才加重了其重视安全问题的必要性。同时,立法在具体设计雇主的责任时也不是一味简单地加重雇主的责任,而是在立法规定其责任的同时,为其切实履行该责任设立了相当系统、科学、完备的义务体系。这些义务并不是毫无价值的烦琐哲学的产物,而是建立在对安全事故原因充分调查研究基础之上的科学设计的结果。例如,此处提到的一个基本现实(工人们通常极少或者根本不注意自己的安全)就是建立在对大量安全事故的科学统计分析的基础之上的一个重要结

---

① Andrew Arden, p. 378.
② Andrew Arden, p. 378.
③ Andrew Arden, p. 378.
④ Andrew Arden, p. 378.

论。由该结论产生的相应的雇主义务则是要求雇主采取适当的、系统性的措施提醒其雇员注意自身安全，这就是将雇员个人因轻视自己的安全所伴随的危险减少到最低限度的安全系统的设置义务在制定法上得以确立的合理性基础。类似这种建立在科学分析、研究基础上的义务与责任体系设计，是法治后进国家的立法应当着重借鉴的。

（三）雇主义务的范围及标准

雇主对雇员的安全保障义务的范围仅限于具有主从关系者，包括所有通常属于雇员的工作自然引发的行为。雇员不遵守命令并不必然减轻雇主的责任，但会加重雇员疏忽的严重程度。[1] 此消彼长的结果是，雇员不听从雇主的命令将会加重雇员的责任，相应地减轻雇主的责任。英国法将雇员不服从雇主命令的情形，视为雇员没有尽到合理注意的疏忽的一种。

雇主对雇员的安全保障义务是雇主对每个雇员单独负担的，因此，了解每个雇员的特殊情况影响雇主为履行这一义务所采取的必要预防措施。[2] 正是由于雇员之间有差异性，要求雇主对其给予差别对待、采取有针对性的预防措施，以保障不同情况下雇员的安全。显然，英国法此处进一步加重了雇主注意义务的分量，即不仅要注意雇员群体的安全防范，而且还要注意雇员中的个体差异，并为此采取针对性的预防措施。据此，如果雇主仅采取宽泛的、针对雇员的普遍情况的安全防范措施，并不能够满足履行其义务的所有要求。

尽管雇主对雇员的安全保障义务仅仅是一种采取合理注意的义务，但其所要求的注意是一种高标准的注意。[3] 雇主对雇员的安全保障义务限于实体伤害，不包括精神损害。[4]

（四）职业健康及安全

1974年《职业健康及安全法》（Health and Safety at Work Act）为雇主设定了强制性的义务，要求他们必须确保所有雇员在工作场所的职业健康、安全和社会福利。雇主必须就有关工作场所的健康、安全和福利事宜发表一份政策声明，并就其政策如何被遵循及更新作出安排。[5]

---

[1] Andrew Arden, p. 378.
[2] Andrew Arden, p. 378.
[3] Andrew Arden, pp. 378-379.
[4] Andrew Arden, p. 379.
[5] Andrew Arden, p. 379.

国务大臣可以通过制定条例的方式,规定由几家有充分代表性的知名雇员工会来任命雇员权益咨询顾问,这些顾问是雇主们在制定及维护有效的职场健康及安全安排时必须咨询的对象。[1] 类似这样的立法例,在英国比较普遍,其基本做法是,由法律赋予国务大臣制定条例的权力,并明确国务大臣行使此项权力的具体方法和形式,而且制定法对此的规定通常只是程序性的,特别是有关任命相关的咨询者的规定。以此处的职场健康及安全顾问之职为例,1974年《职业健康及安全法》授权国务大臣通过制定条例,对该职位的设立作出规定,该法同时要求该职位并不由国务大臣任命,而是通过该条例确立几家具有充分代表性的雇员工会,由它们来任命此处所说的顾问;同时,该法还要求国务大臣在条例中明确,雇主们必须就有关事项咨询这些顾问。可见,制定法的授权绝对不是空白授权,而是对所授权力的范围、行使主体、行使方式、方法等,都作了明确的规定。

1974年《职业健康及安全法》的执行主体首先是职业健康及安全执行局(Health and Safety Executive),该机构可以任命巡查官,巡查官必须向雇员及其代表提供有关职场健康及安全的信息,包括巡查官在巡查过程中发现的事实,巡查官进行此类巡查的目的就是为了及时、充分地了解有关事实。[2]

雇主违反该法并不导致民事责任,但会被科处刑罚,而且该法的执行主体有权向雇主签发禁止通告或者整改通告。[3] 这两项通告并不是我们一般理解的知会性的信函,而是以刑事制裁后果为保障的照会:拒绝遵循这些通告的后果就是直接的刑事责任,而不再需要进一步的加重情节。

有相当数量的全国性立法涉及某一特定类型的工作场所或者工业活动,并有针对性地设定了特别责任,违反这些义务的有些行为可以通过民事诉讼程序予以强制执行,有些则不能。[4] 后者绝对不是如我们一般理解的无法可依,而是直接适用刑事制裁手段。这是英国公法的一个特点,即公法中通过制定法设定的义务的强制履行体制,一般采取的是独立于普通法的民事诉讼途径的公法责任体系,即以强制性通告为先导、对不遵

---

① Andrew Arden, p.379.
② Andrew Arden, p.379.
③ Andrew Arden, p.379.
④ Andrew Arden, p.379.

循该通告的行为科处刑事制裁后果。但考虑到英国已经废除死刑,可以说,英国的法律责任体系设计的指导思想是"轻罪从重、重罪从轻",换成我们的成语则是"防微杜渐"。因此,英国公法给人的感觉是,罪刑多如牛毛,几近动辄得咎的程度;但真是到了大事上,最重也不过是终身监禁,对于爱惜生命者而言总不会太糟。而由于小病已惩,大难临头者反而大为减少了。

（五）代理责任

按照代理责任原则,即使雇主本人并没有亲自介入雇员的行为,雇主仍可以因其雇员的疏忽行为承担责任。然而,代理责任原则所要求的疏忽必须是可以归因于雇佣关系的。①

（六）故意行为

此处的故意是与前文提到的善意行为对立的,指的是故意作恶。雇主也有可能对其雇员实施的雇主本人曾经禁止的行为承担法律责任,例如,雇主所禁止的行为在形式上与履行另一经其授权的行为有关。② 但是如果雇主对雇员的禁止性行为事实上限制了雇员被雇用从事的活动,则雇主不承担法律责任。③ 因为此时雇员所实施的行为已经是雇主雇用行为所及的范围以外的事了,或者说是与雇主的雇用行为无关的事了,再由雇主承担雇员的非雇用行为的法律责任,显然是不适当的。

如果雇员的行为构成以一种不诚实的方法履行雇员被雇用后应当诚实履行的义务,雇主可以因其雇员在被雇用期间实施的诸如盗窃行为承担法律责任。如果雇员以声明或者行为使原告相信该雇员是在受权经办业务的过程中,雇主还有可能因其雇员的欺诈承担法律责任。④

三、雇主的责任

鉴于英国公务员的日益平民化,公务员法逐渐向劳动法趋同,因此,英国公法中对于聘用公务员的行政机关的责任,与对普通雇主的要求有相当多共通之处。具体内容,参见本书第二卷第二编第七章第一节公务员制度概述中有关公务员雇主的责任部分。

---

① Andrew Arden, p. 379.
② Andrew Arden, pp. 379-380.
③ Andrew Arden, p. 380.
④ Andrew Arden, p. 380.

四、反歧视

在 1996 年的 *Jepson v. Labour Party* 一案中,法院认定,为参加议会选举而提出的候选人推荐名单全部由女性组成的做法,违反 1975 年《反性别歧视法》。① 此案的要点在于,这种做法实际上构成了对男性的歧视,而按照《反性别歧视法》的立法本意,这种做法本身并不应当视为歧视,即从《反性别歧视法》的字面上看不出这层意思,当时的立法者还没有考虑到会有人歧视男性。于是,在此案发生后,就出现了修订《反性别歧视法》的动议。② 英国的法院认定工党的做法构成了性别歧视,并且予以禁止,按照判例法的原则,已经在法律上禁绝了这种现象,但当时的成文法还没有相应修改。

五、兼职

如果某一雇员在地方政府机关拥有两份工作,则其工作时间应当分别计算。③ 这是英国计算就业规模的标准。在这种情况下,不是以人数作为就业量的衡量指标,而是以"每人工作小时数"为准。以每周工作时间 40 小时计,则一人兼两份工作,每周工作时间分别为 24 和 12 小时的雇员,就是 0.9 个全职就业人口。

六、就业裁判所

该裁判所的管辖范围是与就业有关的纠纷,如不公正的解雇、职场中基于种族或者性别的歧视等。④ 参见本卷第一编第三章第十一节行政司法与行政裁判。

第二节 健康行政法

英国健康行政法主要讨论健康,但这显然不同于前面提到的环境健康⑤,环境健康主要是就人居环境的宜居性而言的精神健康、环境卫生健

---

① Bradley & Ewing, p. 155.
② Bradley & Ewing, p. 155.
③ Andrew Arden, p. 376.
④ Neil Parpworth, p. 342.
⑤ Andrew Arden, p. 90.

康,而健康则直接与居民的身体健康息息相关。

全民健康又可译为国民健康,其意思是指一国领域内的公众健康,因为据笔者了解,其覆盖的范围并不限于英国公民,凡在英国接受半年以上的留学及培训的外国人,都可以享受英国免费的全民健康服务,脱欧前欧盟成员国的国民甚至可以享有与其在国内同等的健康服务,而不受在英国居住时间的限制。

一、全民健康服务体系

全民健康服务体系(National Health Service,即 NHS,全称 National Health Service System)是为全体英国公民提供免费医疗服务的制度设计,全国公立医院约有 50 万张病床,每千人拥有约 9 张病床、8 名医生。英国政府不断增加医疗投入,改善医疗条件,实施全民健康服务体系现代化,包括缩短门诊病人候诊时间等。考虑到英国 6000 余万人口规模及现代化医疗水平,这个服务体系的规模及意义是可想而知的。需要特别注意的是,此处提到的全民健康服务是指公共健康服务,以区别于私人健康服务。与此有关的行政活动是公共健康服务行政。因为相对人获得的不是公共健康行政服务,而是全民健康服务,公共健康服务行政是为全体公众充分、有效地获得全民健康服务提供保障,主要包括:首先是提供全民健康服务的资源,如医院、医生等,这是全民健康服务的直接提供人,也是公共健康服务职能部门所要监督管理的对象;其次就是解决服务对象在获得全民健康服务的过程中与服务的直接提供人之间形成的争议,这是一种行政管理服务,而其提供的方式主要是裁决纠纷,如某人应当获得医院的救治,但医院拒绝了或者态度不能令人满意等。

全民健康服务体系以及与此相关的健康服务福利体制,无论是全国的还是地方的,都是公共行政的一个极为重要的领域。尽管健康行政体系方面只是偶尔形成一些重要的行政法方面的判例[1],特别是在需要就如何分配有限的资源作出决定的场合。但总的说来,这方面形成的最重要的议题都是有关裁判所或者健康服务监察专员的。[2] 也就是说,有关全民健康服务方面的实体问题没有经典的司法判例,但是在保障健康行政服务的普遍可获性及其救济渠道方面,却产生了极为重要的判例。

---

[1] Wade & Forsyth, p. 77.
[2] Wade & Forsyth, pp. 77-78.

全民健康服务的基本构架是由1990年《全民健康服务体系与健康服务监察专员法》(以下简称1990年《全民健康服务体系法》)确立的,该法保留了自1946年起的早期立法所确立的地区健康服务职能部门及家庭执业医生管理职能部门等基本组织结构。[1] 在健康国务大臣的直接控制下的健康服务职能部门,承担了全民健康服务体系范围内所有主要的健康服务职能。[2]

1990年《全民健康服务体系法》还设立了全民健康服务信托基金(NHS trusts),该基金作为全民健康服务设施的总所有权人及提供者,将全民健康服务设施提供给各健康服务职能部门,由各健康服务职能部门为了其辖区内居民的利益获得并维护这些设施。[3] 这个基金作为一个独立的公法人,享有全国所有的全民健康服务设施的所有权,从而解决了公共资源所有权人缺位的问题;而接受这些设施的各健康服务职能部门,则是该资产的管理者及实际硬件提供者,解决了管理者缺位的问题;医院及医生则是全民健康服务的具体提供者,这种服务既包括硬件方面的检测设施、医疗基础设施等的供给,也包括软件方面的由医生提供的诊疗方面的智力服务;而当地的居民,作为全民健康服务的享受者,则是这些设施的具体服务对象,当地的健康服务职能部门应当为他们的利益而合理地配置、维护使用这些资源,当地居民如果对获得的或未获得服务不满意,可以根据该法规定的渠道申请救济。

二、健康服务职能部门的定性

据英国学者介绍,英国的全民健康服务主要由健康服务职能部门提供,但对于健康服务职能部门在行政组织序列中的归属,却不是一般的行政组织法知识所能覆盖的。英国的健康服务基本上可以定位为:由健康国务大臣直接控制下的,分别设置在各地、与地方政府机关有一定关系但与中央政府部门具有更密切联系的非政府部门执行机构。对此,需要从以下几个方面理解。

(一)健康服务职能部门不属于中央政府部门

健康服务职能部门是在健康国务大臣直接控制下的[4],但绝对不是

---

[1] Wade & Forsyth, p. 78.
[2] Andrew Arden, pp. 94-95.
[3] Wade & Forsyth, p. 78.
[4] Andrew Arden, p. 95.

英国健康部的一个下属机构或者所属事业单位。

（二）健康服务职能部门不属于非政府部门的公共管理机构

英国所谓非政府部门的公共管理机构，本身就是一个非常复杂、包容机构很多但具体界分不清的大杂烩，其复杂程度甚至连英国人自己都搞不清楚：根据 1996 年的一份官方的但不完整的清单，非政府部门公共机构有 1194 个，但 1999 年的另一资料来源中则说有 1057 个。而在 1979 年，这个数字则是 2167。① 尽管这些机构中既有全国性的全英电影研究院（British Film Institute）、体育委员会（Sports Councils）、旅游局（Tourist Boards）、全国社会服务委员会（National Council for Social Service），也有区域性的威尔士发展代办处（Welsh Development Agency）、英格兰遗产基金会（English Heritage），还有地方性的组织如社区联合会等。② 但按照英国学者的分类，全民健康服务体系及其所属机构不属于非政府部门公共机构的范畴，而是与之并列的一类机构。③

（三）健康服务职能部门不隶属于地方政府

由于全民健康服务体系是由健康国务大臣直接控制下的健康服务职能部门主要承担的，因此，地方政府机关所能提供的健康服务非常有限，其主要角色集中体现在由其指派代表参加健康服务联合咨询委员会和社区健康委员会方面。④ 也就是说，地方政府机关其实并不直接参与健康服务的提供，而是通过指派代表参加健康服务联合咨询委员会和社区健康委员会，间接地为促使本地区居民获得来自健康服务职能部门更好的健康服务"敲边鼓"。

三、健康服务职能部门的设置

全民健康服务体系的机构，包括健康服务职能部门、特别健康服务职能部门及全民健康服务信托基金。这些机构 1999 年共有 417 个，都是根据 1977 年《全民健康服务体系法》（National Health Service Act）和 1990 年《全民健康服务体系及社区关怀法》（National Health Service and Community Care Act）授权设立的。其他的全民健康服务职能部门包括

---

① Bradley & Ewing, p. 288.
② Andrew Arden, p. 78.
③ Bradley & Ewing, p. 291.
④ Andrew Arden, p. 95.

国家血液管理局（National Blood Authority）、国家微生物研究管理局（Microbiological Research Authority）等。①

四、健康服务职能部门与地方政府机关的合作

正如前文交代的，健康服务职能部门既不属于中央政府部门，也不属于地方政府机关。健康服务职能部门在全国各地方设有自己的分支机构，与当地的地方政府机关的合作遂不可避免。这种合作在组织上的表现形式主要是：

（一）联合咨询委员会

健康服务职能部门和地方政府机关在履行其职能时必须彼此合作，以便确保和推动英格兰及威尔士地区居民的健康和社会福利。基于此设立了联合咨询委员会，负责就履行本委员会的合作义务以及公众关心的与派遣该委员会的各有关政府机关所提供的服务的规划等事宜，向各有关派遣政府机关提供咨询建议。每一个这样的联合咨询委员会都要代表一个或一个以上的健康服务职能部门以及一个或一个以上的与之相关的地方政府机关。联合委员会在旁听会议、获取日程安排和视察备忘录、接受背景材料报告等方面，都与基本地方政府机关根据1972年《地方政府法》所授予的权力相同。②

（二）社区健康委员会

除与地方政府机关设立较高层级的承担较虚职能的联合咨询委员会以外，健康服务职能部门还在英国各地方的基层社区设立了社区健康委员会。社区健康委员会委员的义务之一，是代表其所在地区的公众在健康服务方面的利益、审查该地区健康服务运作的情况、提出改善健康服务的建议并向有关的健康服务职能部门就委员们认为适当的事项提出自己的意见。虽然至少半数以上的社区健康委员会的成员是由地方政府机关指定的，但并不一定是指派的地方议事会的成员。社区健康委员会委员查阅相关信息方面的规则与联合咨询委员会委员完全相同。③

另一方面，健康服务职能部门也应当将其想到的能够实质性地提高

---

① Bradley & Ewing，p.292.
② Andrew Arden，p.95.
③ Andrew Arden，p.95.

社区健康委员会所在地区的健康服务质量的建议,及时向该委员会提出。① 之所以作如是规定的原因在于,社区健康委员会是更具有中央性质的健康服务职能部门,与更具有地方特色的地方政府机关相互联系的桥梁,健康服务职能部门对于自己的想法,可以通过该委员会传达给地方政府机关,以便双方加强合作,共同改善本地区的健康服务水平。

五、疾病控制

简单地说,疾病控制就是我们所熟悉的传染病防治,但不限于此。我国的传染病防治的重点是传染病人,而英国的疾病控制则延伸到所有与疾病的传播有关的控制措施。

任何医学职业从业人员都必须向当地的基本地方政府机关或者二级制地区的区议事会报告有关特殊疾病或者食物中毒的消息。② 从这一报告义务看,英国的医生是可以独立对外履行这一义务的,而不是由其所在的医院或者其他医疗机构承担。这样做可以极大地减少信息传递的环节,从而最大限度地提高信息传递的速度、减少信息传递过程中人为的或者客观的信息传递误差。这一点值得我们的传染病防治体系借鉴。进而言之,从这一规定看,医生的这一义务的实质是报告和公开,而绝对不是保密,这对于传染病的传播渠道的分析及信息传播渠道的设计,具有一定的指导意义。

如果存在传染的可能,地方政府机关可以向治安法院申请一份令状,以便将任何感染该疾病的人强制送入医院。当然,对于医院而言,这一令状隐含的另外一个当然的义务是,医院在任何情况下不得拒绝接收感染任何疾病的病人。这一义务在英国看来是理所当然的,以至于不需要由任何行政机关向法院申请令状,甚至立法都没有考虑到有申请这种令状的必要。基本地方政府机关或者二级制地区的郡议事会在获得治安法院的令状之后,可以对感染疾病者进行消毒,还可以对有关的污物和相关的房产进行消毒。③

英国的这一制度可以称为法治国家的标准操作。它充分说明:首先,行政机关没有任何直接实施重大强制措施的权力,无论基于什么理由;其

---

① Andrew Arden, p. 95.
② Andrew Arden, pp. 95-96.
③ Andrew Arden, p. 96.

次,法院拥有一般的强制权力,无论其级别多低。由此提醒我们,对于行政强制措施的设计,并不一定要将其控制得过分僵化,但要保障其严格地遵循法律,最重要的是保障决定实施该强制措施的机关必须具有足够的独立性、清醒的头脑,而其级别则是次要的。如果没有足够的独立性、没有建立在独立性基础之上的理性头脑,一味地提高决策的级别,并无助于决策本身的理性、独立与权威。英国这一制度背景的深层制度价值值得进一步探讨,特别是从医学伦理的角度,对医者、医院与病人的伦理与法律关系进行系统的研究。

此外,对于由两个或者以上的居住者共同使用的建筑物,但该处不是公路而是庭院或者过道,如果地方政府机关认为该处未根据 1936 年《公共卫生法》(Public Health Act)的规定得到定期清扫、难以保持清洁,该地方政府机关可以对该地进行清扫,并向该地附近建筑物的占用者收取由此发生的合理费用。[①] 显然,英国的此项收费是按劳付费的,而不是统一收取人头费。

六、精神健康呵护

根据 1983 年《精神健康法》(Mental Health Act),任何人经有关人等申请可以被强制送入医院,可以提出此类申请者中最主要的就是经核准的社会工作者;而社会服务职能部门有义务确保在其辖区内配备足够数量的经核准的社会工作者。除此之外,如果某人的家属要求社会服务职能部门将该人强制送入医院,该职能部门同样有义务指导社会服务工作者考虑该人的情况并提出相应申请。社会服务职能部门还必须考虑监护人(包括监护人本人以及其他被指定从事监护工作的人)提出的此类请求。[②] 由于社会服务职能部门是地方的,而医院都是中央的,因此才存在经核准的社会服务工作者或者在社会服务职能部门指导下的社会服务工作者提出申请,将精神病人送入医院的问题。

如果地方政府机关在研究医学方面提供的证据后,有充分的理由相信某一行政官员因 1983 年《精神健康法》意义上的神志错乱已失去经营管理其个人财产和事务的能力,则地方政府机关可以通过支付报酬、养老金、退休金或者其他任何津贴、退职金、年金、退休金、其他捐助等形式,向

---

① Andrew Arden, p. 96.
② Andrew Arden, p. 96.

该行政官员的家庭成员或者在该行政官员不犯精神疾患时可以期待该行政官员为其提供相应款项的其他人,支付上述理应属于该行政官员的款项。① 可见,英国法对患有精神疾患的行政工作人员的待遇还是非常优厚的。而从英国地方政府机关所承担的社会服务职能的介绍看,英国所有的精神病患者,都享受着同等的待遇。

地方政府机关还可以向任何申请人提供无息或者有息的须偿还的资金,这些申请人申请此项款项的用途,既可以是为偿还该行政官员的债务、为供养该行政官员,也可以是为该行政官员的其他利益、为其家庭的利益、为其不患精神疾患时可以期待其提供相应资助的任何其他人的利益。但是,地方政府机关行使此项权力的上限是每年度不得超过1500英镑。② 这当然是指资助每一名患有精神疾患的行政工作人员的数额,而不是指该地方政府机关每年可以用于此项开支的总额。

资助有精神疾患的行政官员的情况必须通知依据《精神健康法》享有相应权限的地方政府机关,特别是病人的姓名和地址,以及拟支付的款项的数额及类型。如果该地方政府机关在任何时候以书面形式反对向有精神疾患的行政官员行使此项救济的权力,则在该反对决定被撤销之前,地方政府机关不得向该行政官员行使此项权力。③ 相应的,该行政官员即得不到上面提到的各项救济。当然,对此,该行政官员(主要还应是其代理人)可以根据《精神健康法》提起司法审查。

社会服务职能部门还必须就其所收养的本地儿童和少年、被强制监护者接受医院的定期随访作出安排,并采取该类病人的父母所能采取的任何适当措施。④ 这个标准要求承担社会抚养和监护职能的社会服务职能部门在各个方面的表现,必须达到被抚养人的父母应当达到的标准。客观地说,这是一个非常理性、人性化的标准,既易于操作,又便于核查。

社会服务职能部门和健康服务职能部门还要对出院的精神病人提供后期服务。1990年《健康服务职能部门与社会服务职能部门联合通知》要求健康服务和社会服务职能部门相互合作,共同发展社会关怀事业。⑤

---

① Andrew Arden, pp. 384-385.
② Andrew Arden, p. 385.
③ Andrew Arden, p. 385.
④ Andrew Arden, p. 96.
⑤ Andrew Arden, p. 96.

七、药品与毒物管制

在英国,有关药品、毒品及毒物的事宜,一般是从消费者权益保护法的角度研究(如本章第一节消费者保护法部分有关药品与毒物的内容),这或许体现了以人为本划分研究领域,而不以主管事项作为行政管理部门划分依据的指导思想。当然,这更体现了管理的目的不是规制,而是真心实意、脚踏实地的服务。

第三节 安居行政法

英国的安居功能类似于香港的公屋计划,设立目的类似于福利分房或者经济适用房,但施行范围和效果差距巨大。从根本上说,安居就是安置无家可归者;但更根本的是免费普及,当然限于英国公民。

英格兰及威尔士的 410 个郡议事会、区议事会和郡自治市议事会承担的职责之一,就是为大约 900 万人提供 360 万套住房。[①] 由此可以大致估计享受政府安居房救助者的居住条件,即平均每三个人住一套房。据笔者实地了解,英国的此种安居房都是居室房,并且基本保证每人一间,因此,每套安居房的规模至少是两室一厅、一橱、一卫。

一、安居职能的定位

如果在课堂上讲授英国政府的安居职能,第一堂课上将有一次炫耀英文功底的机会,那就是为什么安居用 Housing 而不用 house?当然这个道理实在是太简单了,非英语国家的初中英语里就会学到这种用法。但笔者提醒读者注意这种用法在行政法领域的三种特殊意义:

首先,安居是 housing,不是 the housed。用动名词而不用过去分词,说明居其屋者是被安置的对象,而安居的主体,即英国安居服务的提供者、主角是公共管理机构,责任主体也是行政主体。这种义务型服务职能的设计与施舍型在理念上的最大差异在于,一个是仰视,一个是俯视。

其次,安居是被安居者的权利。由于安居的义务在法律上设计给了地方政府机关,于是对于被安居者来说,只是享受其权利。因此,他们无须提出申请,也不能予以强制。

---

① Andrew Arden, p. vII, Preface.

最后，安居是 housing，不是 departmenting，更不是 flatting。也就是说，用以安置安居对象的处所，或者说被安置者的目标建筑是 house，不是简易房，必须是普通英国民居。当然，在此需要完成的一个观念转换是英国普通民居的标准：其中至少包括一间起居室、一间厨房、一间厕所（可兼浴室）以及二间以上的卧室，当然最重要的必须有独立的出入通道，这就要求房屋必须是独立成套的。当然，英国的实际安居条件只能达到公寓的水平，但从 housing 一词的用意看，他们还有更高的目标。例如，1989 年《儿童法》要求，如果有明显的迹象显示居住在某一特定居所的儿童正在遭受居住在该建筑内的另一个人的虐待或者可能遭受其虐待，则地方政府机关应当协助该人（不是该儿童）获得另外的住处。①

正是基于上述原因，笔者将 housing 译为安居，而不译为荫庇或者收容。如果是荫庇，则简单的茅草房也可以充数；如果是收容，则英国的流浪汉们宁愿牵着他们的狗，露天睡在天鹅或者大雁身旁。

明确了安居的定位，调整安居事业的部门法，自然就叫安居法了。英国学者将其归入其他的社会法领域，该领域另一著名部门法是社会福利法。②

二、安居职能部门的职能

基本地方政府机关以及在二级制地区的区议事会，是英格兰的地方安居职能部门。③ 英国的安居职能部门不是官本位开发商，而是负责给每一个没有地方住的英国公民找到一个体面居所的行政机关，这些体面的住处一般应当达到标准公寓楼的住房标准：一人一间、一间一床、有独立卫生间（兼浴室）、自来水、电、燃气、暖气、下水道等。英国的安居职能部门、全民健康服务体系、社会服务体系，是其福利国家的三大支柱。

从 1996 年《安居法》第七部分的要求看，地方安居职能部门必须采取措施以确保无家可归者随时获得适当的住处。④ 该法确定的这项职能须从以下几个方面理解：首先，英国的安居职能属于地方事务。当然，按照英国中央与地方职能分工的基本原则，中央政府通过其国务大臣对地方

---

① Andrew Arden, p. 99.
② Martin Partington, p. 254.
③ Andrew Arden, p. 110.
④ Andrew Arden, p. 111.

安居事业享有保留权力。这种权力在其常规行使时的状态或者说表现形式,就是向积极履行安居职能的地方政府机关提供资金方面的援助。其次,安居职能部门的义务是无条件及时服务的义务。"确保无家可归者随时得到适当的住处"的要求是一个相当高的标准,既要求地方安居职能部门手中必须随时有空房;又要求地方政府机关提供的住房不能明显低于英国普通民居的一般要求。最后,对于安居对象没有特别的要求和限制。

三、安居用房的管理

英国安居职能部门用于提供给被安置者的住房,并不限于安居职能部门自有的住房。考虑到不属于安居职能部门所有而由其他房产主提供的安居房的情况,以及安居房源提供者与安居职能部门之间的行政合同关系,安居房的占有关系就更加复杂了。主要涉及三个方面:

(一) 安居用房储备

地方安居职能部门有义务考虑本辖区内的安居房的状况以及是否需要扩大安居的规模等事宜,但并没有供养安居房源的义务,在此过程中,必须考虑慢性病患者及残疾人的特殊需要。[1]

(二) 安居用房的管理

地方安居职能部门负责对安居用房的一般管理和控制,并可以根据自己确定的标准对承租安居用房的无家可归者收取合理的费用。地方安居职能部门必须就安居房产的管理、改进、维护或者拆除,以及地方安居政策或者操作方面的调整可能影响承租人全体或者一部分等事宜,每年向安居房的承租人通报并咨询承租人的意见。[2]

地方安居职能部门可以与承租房管理组织签订安居房管理协议。[3] 地方安居职能部门对安居房的管理职能还要受强制性竞争投标规范的拘束。地方安居职能部门有权就任何在其房产内或者附近的反社会行为,向法院申请强制令。[4]

(三) 安居用房的处置

有时,地方安居职能部门可能面临根据优先购买权计划,而被要求将

---

[1] Andrew Arden, p. 110.
[2] Andrew Arden, p. 111.
[3] Andrew Arden, pp. 111-112.
[4] Andrew Arden, p. 112.

其房产出卖给稳定的承租人的情况；而处置地方议事会掌握的其他安居房则需要获得部长一般性或者专门的批准。①

地方政府机关可以请求部长的批准，以便将其全部或者部分安居房房源转让给其他人；当然，如果这些拟出让的房屋中正住着承租人，则必须征求承租人的意见，而且财产处置必须取得绝大多数承租人的同意才能获准实施。此外，还可以通过安居事务信托基金的方式，从地方安居职能部门得到安居房房源。②

四、安居对象的界定与安置

（一）安居对象的界定

根据1996年《安居法》第七部分的规定，地方安居职能部门必须采取措施以确保无家可归者随时获得适当的住处；而符合无家可归者的条件就是没有其他渠道可以获得住处者、优先需要者、非故意成为无家可归者以及按照地方关系条款不能移送给其他地方政府机关者等。当然，这并不意味着地方安居职能部门必须以其自有安居房储备提供给无家可归的安居房申请人，但这是安居职能部门履行其安居义务的通常手段。③ 与安居义务对地方政府机关提出的严格要求相对，对于安居者本身的要求非常低——无家可归者即可。因此，这一要求既不包括户口要求，也不包括亲友或者收入的要求，甚至在"随时"提供住处时，可能来不及了解其要求的真实性，也就是只需要声明自己是"无家可归"者即可，无须提供相关材料证明自己"无家可归"。

（二）安居对象的安置

根据1996年《安居法》第七部分的规定，地方政府机关有义务设立并保有一份安居房的登记簿，登记在册的安居房既可以由地方政府机关独立负担，也可以与一位或更多的符合条件的房产主联合负担。这些房产主须具备提供安居房的资格，并提出作为安居用房提供者的申请，然后根据国务大臣制定的条例或者地方政府机关制定的安置政策，登记为安居用房提供者。④ 可见，地方政府机关提供的安居用房并不完全由其所有

---

① Andrew Arden, p.112.
② Andrew Arden, p.112.
③ Andrew Arden, p.111.
④ Andrew Arden, p.111.

的,而是有相当一部分是以这种行政合同(意向)的方式,由拥有多余住房并且符合一定条件的房产主经申请取得安居用房提供者资格后,将多余的住房作为安居用房(储备)提供给地方政府机关用来安置无家可归者。这样做既可以减轻地方政府机关的财政负担,又可以充分利用本地区富余的住房,同时所提供的安居用房的质量也有了充分的保障。

地方安居职能部门还必须拟就一份计划,以便确定安居用房的申请人与提供者的优先顺序,以保证供需两方面的关系得以按照该计划而协调一致。地方安居职能部门必须将该计划草案的副本或者修订该计划的建议,提供给每一位登记在册的提供社会房源的安居房房主,供这些房主提出修改意见,因为最终的无家可归者的安置方案就是由地方政府机关和这些房主们签订协议共同落实的。①

五、安居职能的外包

事实上,早在1994年《规制缓和及外包合同法》之前,根据1985年《安居法》第27条规定,将某些与其安居职能有关的职能外包出去的特别权力已被授予安居职能部门,具体的行使方式就是通过管理协议。据此,管理者可以作为安居职能部门的代理人行使其职能;当然,安居职能部门的这些委托权力的行使要取得国务大臣的同意。②

除了国务大臣规定的应当排除在此项授权范围之外的职能,公共管理机构的可外包职能包括所有由制定法授予其行使的职能,以及公共管理机构作为不动产的利益所有者而对有关的房屋和土地享有的权力和义务。但是,安居职能部门负有征求与拟议中的管理协议有关的承租人的意见的广泛义务。如果某一承租管理组织提请某公共管理机构与之签订管理协议,法律对此也有特别的规定。③ 换句话说,不但公共管理机构根据制定法享有的职能可以外包,因安居职能而拥有的有关房屋或者土地上的利益也可以外包。对于后者,就是由管理者具体承担安居职能部门所拥有的房产或者土地的经营职能。

根据管理协议,管理者被赋予一系列决策职能,但这些职能的再委托通常被认为是不合法的。表面上看,这是根据《安居法》第27条第6项关

---

① Andrew Arden, p. 111.
② Andrew Arden, pp. 246-247.
③ Andrew Arden, p. 247.

于管理职能的一般性界定,包括除例外以外的所有职能。但无论是在关于代理的私法中还是在安居法的一系列规定中,都包括如下要求:公共管理机构应当并且必须保留相应的能力,以指导管理者作出有关的特别决定,在许多案件中这种关系看起来就像是一种负责人与其代理人之间的关系。① 至少就安居法而言,安居职能部门与管理者之间的关系,是一种比较典型的委托代理关系,公共管理机构以这种关系为纽带,将其享有的提供安居服务的职能外包给管理者,但在整个过程中,安居职能部门始终处在而且应当处在控制者的位置,时时关注受委托的管理者是否能够像安居职能部门自己行使外包的职能一样,为公众提供安居方面的服务。

进而言之,广泛地委托或者外放权力的做法,是与中央政府推行的扩大地方政府机关职能私有化的政策相一致的。而且按照英国学者的估计,无论如何,议会今后通过的立法所明确授予的权力委托的范围都不会小于地方政府机关根据 1972 年《地方政府法》第 101 条已经享有的权力。②

六、安居适宜性评价

安居职能部门还对与安居房的宜居性有关的事项负有义务,而无论安居房是否属于自己。如果安居房(无论是单独一处还是连片的区域)不适合人类居住,或者严重失修,安居职能部门有义务使之得到维修或者终止其继续作为安居房使用(包括拆除、关闭或者清理)。③

如果安居职能部门辖区内的某一地区的安居房的生活条件不令人满意,则该职能部门可以将这一地区指定为复兴地区,这将赋予该职能部门在该地区更多的权力。④ 这有点类似于宣布某一地区进入紧急状态时而赋予有关行政机关更多的权力。

安居职能部门还拥有一系列的权力,以阻止和救济发生在双重占有(指两家以上共同拥有一套住房的情况,即合居房)的房屋中的拥挤和居住条件不良等问题。其中的救济权力涉及的范围,包括从要求房屋管理者必须取得房屋管理方面的注册资质,到向法院申请控制令,按照该令状

---

① Andrew Arden,p. 247.
② Andrew Arden,p. 247.
③ Andrew Arden,p. 112.
④ Andrew Arden,p. 112.

的要求,安居职能部门就可以实际上介入并且亲自掌握有关安居房的管理工作。①

七、安居财产的范围

每一安居职能部门都有义务设置自己的安居财政账户,该账户可能记载的财产包括六类②,详见本编第二章第三节地方政府财务基础中的安居财政账户部分。

八、安居预算的平衡

确保安居预算的平衡是安居职能部门的一项基本职责。英国地方政府相关法律不仅要求安居职能部门设立安居财政账户,而且要求它们必须通过严格执行预算以免出现赤字。预算必须在有关的财政年度开始的那一年的一月或者二月完成。③

安居职能部门的预算中最重要的一项预估值,就是该职能部门将获得的安居财政补贴标准。对此的估计应当以国务大臣公布或者提供的信息为准。④

九、安居财政补贴

1989年《地方政府法》赋予国务大臣广泛提供安居财政补贴的权力。这是安居职能部门履行安居服务职能的重要保障。该补贴的具体计算方法由国务大臣因时制宜、自行确定。虽然从立法条文上看,国务大臣只能出于环境目的作出安居补贴的决定,但是从英国法院的判决看,法院将制定法的授权解释为国务大臣可以基于财政部事先确立的数额决定其补贴数额。⑤

通常,补贴数额是根据对安居资产的管理和维护开支、资本项目开支的费用、租用折扣以及其他可计算的开支项目的估计数额,减去租金、利息收益和其他可计算的收入额后得出的。⑥ 从这个计算公式看,中央政

---

① Andrew Arden, p. 112.
② Andrew Arden, pp. 519-520.
③ Andrew Arden, p. 522.
④ Andrew Arden, p. 522.
⑤ Andrew Arden, p. 523.
⑥ Andrew Arden, p. 523.

府的安居财政补贴只是一个保本补贴,即只承担安居职能部门对现有存量安居财产进行经营管理的成本,同时还要减去其经营安居资产的收益。如果安居职能部门经营得好,则由此算出的补贴额甚至可能是个负数,也就是地方安居职能部门有盈余。虽然这个盈余不会上缴中央财政,但至少会减少中央财政的补贴。因此,从这个计算方法看,中央政府并不直接向地方安居职能部门投资或者追加投资。但这是现行法针对英国安居职能部门已经经营了多年之后,其固有财力已经相当雄厚的现状的规定。而在其安居服务制度建立之初,安居财政补贴主要就是弥补地方政府在安居服务方面的亏损的。

地方安居职能部门可以对任何提供私有住宅供出租的房产主提供资助,但必须获得国务大臣的同意。地方安居职能部门可以为某一登记在册的提供社会化服务的房产主提供财政援助,如给予赞助或者贷款、购买其资产的股份、提供担保等。①

基本地方政府机关还管理安居补助系统。② 这是一个安居互助系统,是居民之间自愿为改善居住条件的互助、协作。

十、安居房修缮补贴

安居职能部门享有设置安居房修缮账户的自由裁量权。一旦设立了该账户,安居职能部门就必须确保该账户中能够打入充裕的资金,以确保不产生赤字。安居房资助和修缮基金的存款包括③:① 自安居财政账户转移过来的资金;② 安居职能部门收取的与维修或者经管属于安居财政账户范围内的房屋或者财产有关的费用,如来自承租人或者通过收取维修费或者出卖装修材料取得的资金。

安居职能部门必须在安居房修缮账户中借记以下开支④:① 与维修或者经管属于安居财政账户范围内的房屋或者财产有关的任何开支;② 向安居财政账户转移支付的盈余;③ 依国务大臣的指示为改善或者替换安居财政账户内的房屋或者其他财产而产生的成本。

根据1996年《安居资助、安居房建设及重建法》(Housing Grants,

---

① Andrew Arden, p.113.
② Andrew Arden, p.113.
③ Andrew Arden, p.524.
④ Andrew Arden, p.524.

Construction and Regeneration Act)第一部分的规定,安居职能部门可以为承租人提供修缮资助,如对其住处进行修理或者改善、对由多个公寓单元组成的建筑的公共部分进行维修、为残疾人提供相关设施、维修合居住房以及为年长居住者提供修理和适应性服务等。① 从此处特别强调房屋公共部分或者合居房的维修来看,英国的公寓房如果是两家以上合居的,也同样会存在公共部分失修或者损害加速的问题,这就是所谓"公地"的自然后果。反过来看,在英国此类住房确实所占比例不高,否则是不会作为例外的情况来讨论的。

与此类似的是,地方安居职能部门可以与根据1996年《安居资助、安居房建设及重建法》第一部分规定有资格获得安居资助的人签订合同,以执行相应的安居房的建筑、重建工程的相关规定,确保安居资助能够兑现。②

十一、安居事务信托基金

安居事务信托基金是经安居房承租人多数投票同意并经国务大臣决定成立的,是专门针对已被安置的无家可归者的机构,由于该基金会没有额外的安居房来安置新的无家可归者,因此,其职能和权力中反而不包括原来由地方政府机关享有的安置无家可归者的权力和职能。根据1988年《安居法》的第三部分,国务大臣有权为指定地区的安居职能部门设立安居事务信托基金。但国务大臣行使这一权力时,应当通过安居房承租人投票的方式征得多数人的同意,并咨询安居职能部门。③

设立安居事务信托基金的首要目的,是为了改善其所获得或者接受转移的安居房的状况、鼓励对安居房的有效管理和利用、促进安居房所有者的多样化(无论是通过处置安居房的方式,还是通过动用财政资助权的手段)。安居基金在指定区域内拥有本来由地方政府机关享有的安居职能和权力。④

与城市发展协作会一样,安居事务信托基金可以直接向国务大臣提出自己的发展建议,国务大臣在咨询地方规划职能部门后可以批准这些

---

① Andrew Arden,p.113.
② Andrew Arden,pp.75-76.
③ Andrew Arden,p.81.
④ Andrew Arden,p.81.

建议。①

十二、安居信息的披露

1989年《查阅个人安居档案条例》[Access to Personal Files(Housing) Regulations]是根据1987年《查阅个人档案法》(Access to Personal Files Act)制定的。根据1989年《查阅个人安居档案条例》的规定,个人有权在提出书面申请并预付不超过10英镑的费用(该费用可以作为绿色援助计划的开支予以报销)后40日内,获得有关其安居档案的信息。获得这些信息对于无家可归者的案件以及其他一些安居政策方面的案件具有重要意义。这些信息应当包括对该个人的意见,但不包括地方政府机关是否打算给该个人安居房的意向。②

如果要求信息披露的申请是代理他人实施的,必须由被代理人书面授权地方政府机关向该代理人披露这些信息,因为处置这些信息是被代理人享有的权利。如果所要披露的信息中包含有其他人的细节信息,则必须取得其同意。此外,以下内容也属于上述信息披露的例外③:① 有关个人的身体或者精神健康的信息,这些信息被排除在披露信息之外的前提是健康服务职能部门认为披露这些信息将会损害该人或者其他人的身体或者精神健康;② 涉及预防或者侦查犯罪的信息;③ 得到司法优先权保护的信息。

获得安居信息和社会服务信息的期限都是40日,这会给遵守司法审查的期限带来困难,特别是当没有有效的制裁手段以强制执行40日的时限时。如果对于案件而言,该信息非常关键,则有必要劝说法院适当延长申请司法审查的期限。④ 此时要求法院延长的,不是40日内获得这些信息的期限,而是申请司法审查许可的3个月的期限。

十三、安居权利的保障

根据1985年《安居法》第64条规定,在无家可归者的案件中,地方政府机关负有一项制定法上的义务,就是必须对其作出的认定某人并非特

---

① Andrew Arden, p. 81.
② Wade & Forsyth, p. 95.
③ Wade & Forsyth, pp. 95-96.
④ Wade & Forsyth, p. 96.

别需要安居或者属于故意无家可居的决定,向当事人提供包括说明理由在内的信息。① 也就是不予以安居的理由。

英国学者推断,从1993年的 R. v. London Borough of Lambeth ex p. Walters 一案的判决看,1985年《安居法》虽然没有明确指出,但对其第三部分的其他条文所规定的事项,安居职能部门也负有类似的告知义务。其理由是,该法第三部分所规定的公平对待原则要求,任何决定都必须按照该部分给出理由。但英国学者也提醒我们,这一开创性判例在当时还是超前于其他相关说明理由义务的判决。②

地方政府机关提供的安居福利还包括其延伸服务,如在安居服务咨询中心工作的安居服务工作者向当地居民提供的非法律专业的法律顾问或者出庭代理服务③。

十四、安居权利的救济

就地方政府机关作出的任何不利决定中的法律问题,包括地方政府机关是否通过提供安居房确保了其安居义务的履行等问题,都可以向郡法院提起上诉。④ 这又是一个地方一级的郡法院受理行政方面的案件的例子,但这种案件显然不属于司法审查;郡法院的裁决,仍可因其为下级法院的裁决而在高等法院接受司法审查。

英国近年来发生的一件非常具有时代意义的案件——2000年的 Fitzpatrick v. Sterling Housing Association Ltd. (案情详见本书第四卷第七章第六节司法审查经典判例),其核心事由就涉及安居。

此案引发的问题是,菲茨帕特里克(Fitzpatrick)与他的伙伴汤普森(Thompson)共同生活,并一直照料在一次事故中受到不可逆转的脑损伤而处于严重昏迷状态的汤普森的这种亲密关系,是否达到1977年《房屋租赁法》所要求的"配偶、与原房客如夫或者妻般同居者或者与原房客同住的某一家庭成员"的条件,而使其有权续租他们共同生活过的、原以汤普森名义承租的公寓。

贵族院的结论是,虽然上诉人不能被视为逝去的承租人的配偶,但是

---

① Wade & Forsyth, p. 95.
② Wade & Forsyth, p. 95.
③ Martin Partington, p. 242.
④ Andrew Arden, p. 111.

就法律而言,同性伙伴能够建立起本案所需要的必要的家庭关系。即原告及上诉人虽然不能以前房客配偶的身份承继租赁关系,但是可以与之形成家庭关系的方式满足法律所要求的续租条件。

第四节 儿童保护法

在笔者准备专设一编介绍英国的部门行政法时,认为根本没有必要单独介绍儿童权益保障。即使是着手这项工作后相当长一段时间,还拿不定主意是否需要将有关儿童保护的内容并入教育法中,因为在笔者的印象中,儿童法的核心就是教育问题,相信许多读者也有同样的看法。但看了英国的相关资料后,发现远不是这么简单,正如我们一般认为英国的人权法没有多少内容而没有太多可介绍的必要一样,对于儿童法,也存在同样的误区。有鉴于此,这里专设一节,讨论儿童权益保障问题。

需要特别说明的是,在英文中,儿童(child)、青少年(young person)都是界限不很清楚的概念,1928年《选举法》给予年龄超过21岁的妇女选举权[1],不过这个年龄现在已经降到了18岁[2]。由此可以断定,21岁确实是英国法认为一个尚不够成熟的人可以比照儿童予以照顾的最高年限了,在此之后并不是说国家就不管了,而只是说将不能再适用儿童条款,只能适用限制或者无行为能力人条款。

一、地方政府机关的基本职责

英国行政法规定,在一定的范围和程度上为儿童提供所需要的适当服务,以确保和推进辖区内的儿童福利,是每一地方政府机关都负有的一项一般职责。[3] 1989年《儿童法》为地方政府机关设立了特别的义务和权力[4]:

(1)必须采取合理的措施以便确定本辖区内需要此种服务的儿童的范围;

(2)必须公布由其提供的服务的信息,并采取适当措施确保那些可

---

[1] Neil Parpworth, p. 101.
[2] Neil Parpworth, p. 102.
[3] Andrew Arden, p. 98.
[4] Andrew Arden, pp. 98-99.

能从这些信息中获益者能够获得这些信息；

（3）必须制备一份当地残疾儿童的登记清单；

（4）必须采取合理措施，避免当地儿童遭受虐待或疏于照料；

（5）如果有明显的迹象显示居住在某一特定居所的儿童正在遭受居住在该建筑内的另一个人的虐待或者可能遭受其虐待，地方政府机关应当协助该人获得另外的住处（注意不是该儿童）；

（6）应当提供旨在减轻残疾儿童的残疾对其造成的不利影响的服务；

（7）应当采取合理措施以满足签发儿童抚养令、监管令、涉及儿童的刑事诉讼及其他诉讼等的需要；

（8）如果需要帮助儿童与其家庭生活在一起，地方政府机关应当就该儿童的抚养问题提供建议和咨询，为这些儿童提供职业服务、社会文化服务以及休闲性活动的机会，为这些儿童的家庭提供居家帮助或者帮助该儿童及其家庭共同外出度假；

（9）应当提供其认为适当的残疾儿童家庭中心。

二、服务信息的有效公开

1989年《儿童法》为地方政府机关设立的特别义务中非常重要的一项，就是公布由其提供的服务的信息，并采取适当的措施确保那些可能从这些信息中获益者能够获得这些信息。[1]

但是，有关儿童的健康信息只能由对该儿童负有父母责任者获得。[2] 父母责任显然不同于监护责任。无行为能力人也有监护人，但不一定是父母。

三、资助儿童及其家庭

英国现行儿童扶助体制的最大特点或者说效仿难点，在于资助儿童及其家庭，这实际上相当于为儿童提供一个全面的、均等的、与其家庭（父或者母）收入情况无关的成长环境。这一点，是许多仍在计较义务教育费用分担的国家所无力承担的。

在英国，与地方政府机关负有的为儿童提供所需要的适当服务，以确

---

[1] Andrew Arden, p. 98.
[2] Wade & Forsyth, p. 96.

保和推进辖区内的儿童福利一般职责相联系的,是促进儿童在家庭抚养下健康成长。①

四、家居安顿与择邻而居

(一)家居安顿

地方政府机关应当为本地区以下有特殊需要的儿童提供住处②:① 没有任何人对该儿童负有家长责任;② 该儿童与其家人失散或者被遗弃;③ 原来照顾这个儿童的人现在被禁止为该儿童提供照顾和住处。

除此之外,地方政府机关还必须为所有已经达到16岁并且在地方政府机关看来如果不为其提供住处则其福利将会受到严重影响的有特殊需要的儿童提供住处。③ 地方政府机关此处所扮演的角色,就是为那些自认为已经成年但经济上尚不独立的人提供提前自立门户最基本的物质保障。

而且,如果地方政府机关认为提供住处能够保障或者促进儿童的福利,地方政府机关也可以为儿童提供住处,除非对该儿童拥有家长责任并且愿意而且能够为该儿童提供住处的人反对地方政府机关这样做。④ 也就是说,即便地方政府机关认为自己应当而且能够为未满16岁的未成年人提供住处,但如果同样愿意而且能够为该未成年人提供住处的对该未成年人负有家长责任的人提出明确的反对意见,地方政府机关也只能作罢。可见,在英国的立法者看来,未满16岁的未成年人最好的抚养人是其生父母、养父母或者其他对其负有家长责任的人,而地方政府机关等提供社会服务的机构只能在例外的情况下才能成为这些未成年人的养育者。

(二)保安安顿

如果某儿童有离家出走的历史、具有伤害自己或者他人的可能性,根据法院的保安安顿令状,地方政府机关可以将该儿童安置在保安住处。⑤此等保安住处具有一定的安全防范措施,但主要是避免儿童继续离家出走或者伤人、害己。由于这些场所具有限制儿童自由的性质,需要获得法

---

① Andrew Arden, p. 98.
② Andrew Arden, p. 99.
③ Andrew Arden, pp. 99-100.
④ Andrew Arden, p. 100.
⑤ Andrew Arden, p. 100.

院的明确指向该儿童的授权令状。从这一点看,英国限制人身自由的强制措施权是被严格限定由法院行使的。这种法院的级别不一定很高,但司法系统的纯洁性、公正性,从系统上、体制上保障了这种制度的严肃性、合法性和合理性。这也是一个证明只需要建立一个统一的、纯洁的、公正的司法体制就可以解决诸多社会公正性问题的极好的例子。

(三)择邻而居

1989年《儿童法》还要求,如果有明显迹象显示居住在某一特定居所的儿童正在遭受居住在该建筑内的另一个人的虐待或者可能遭受其虐待,则地方政府机关应当协助该人获得另外的住处。[①] 此处的协助具有相当的实质性,而不是单纯对该人的一种不利处分。因此,这种措施比起我们传统的择邻而居的少儿教育手段有对象和方法论上的区别。英国的解决思路是将这一负担社会化,其出发点不是突出母亲的道德性,而是儿童良好的成长环境需求以及对方的择居义务;在不增加儿童所在家庭负担的情况下,由国家通过地方政府资助应当择居的人另找他处。此外,考虑到英国绝大多数的居民居住在独立住房中,而该案涉及的同一建筑指的是必须使用公共过道的福利性住宅,因此,地方政府帮助的择居者在绝大多数情况下是那些本身就需要地方政府帮助其寻找住处的人,因此,因儿童保护而产生的这种保护性择居,无论是对于地方政府还是被择居者,并不构成太大的负担。英国立法的这种出发点值得借鉴。

五、日常看护与特别照看

(一)日常看护

地方政府机关应当为5岁及以下尚未入学的有特殊需要的儿童提供地方政府机关认为适当的日常看护;也可以为那些并没有特殊需要的儿童提供日常看护。地方政府机关还应当以其认为适当的方式,为那些已经入学的有特殊需要的儿童提供在校期间或者在校期间以外的照顾和监护服务;地方政府机关也可以为并没有特殊需要的儿童提供同样的服务。[②] 显然,有特殊需要的儿童就是英国式的对残疾儿童的一种比较委婉或者说人道的称谓。

[①] Andrew Arden, p.99.
[②] Andrew Arden, p.99.

（二）特别照看

"被照看"儿童是指因地方政府机关行使 1989 年《儿童法》赋予的相应职能或者其他社会服务职能，而由其照看或者提供住处的儿童。地方政府机关据此而负有确保并促进这些儿童的福利的义务。地方政府机关有义务为其照看的儿童提供住处并提供其他必需的供养。只要切实可行，地方政府机关应当保证提供给被照看儿童的住处尽可能邻近该儿童的家及其兄弟姐妹（如果有的话）。地方政府机关应当以某种旨在增进被照看儿童福利的方式对该儿童提出建议，并给予物质上、精神上的扶助。国务大臣如果认为从避免公众受到严重伤害的角度看确有必要，可以就地方政府机关照看儿童事宜给予相应的指导意见。[1] 可见，地方政府机关的义务绝对不仅仅是出钱或者喂养，而是抚养、教育。

如果某人已经年满 16 岁，但其智力水平在此后的任何时候仍只能达到儿童的水平，并且此前曾经由地方政府机关负责照看或者安顿于某一家庭中，则在其年满 21 岁之前，即使地方政府机关现在已不再负责照看他，只要该人需要，地方政府机关都有义务为其提供咨询或者物质上、精神上的帮助与扶助。[2] 地方政府机关对于 16 岁以下未成年人的扶助要一直延续到其 21 岁时为止。这种延伸义务的合理性之一在于，地方政府机关此前的照看可能会影响该儿童的成长，由地方政府机关继续为其 21 岁以前的生计及前途承担一定的责任，更有利于地方政府机关从长远考虑，统筹安排被其照看的儿童顺利走过人生最初的关键岁月。从这个意义上看，这项立法的考虑是相当周到的。

地方政府机关对于未满 21 岁的曾接受过地方政府机关照看者的帮助，可以采取为其在就业地附近的生活费开支提供资助或者赞助其教育费等方式。[3] 这项费用涉及异地支付的问题，但因其发生量不会太大，主要是一个地区间平衡的问题。由于在英国提供此类社会扶助服务的基金主要来自中央财政，因此，这种地区间的不平衡充其量仅仅是地区间结算的问题，由最初负责照看该儿童的地方政府机关出这笔钱本身并没有太多的道德风险或者制度上的问题。

---

[1] Andrew Arden，p. 100.
[2] Andrew Arden，p. 100.
[3] Andrew Arden，p. 100.

六、特殊教育

参见本编第五章第二节教育行政法中特殊教育部分。

七、养育安排与收养

(一) 养育安排

某一志愿组织可以安排某一儿童与其养父母共同生活,地方政府机关也可以安排由自己负责照看的儿童与其养父母生活在一起。任何人如果想不靠政府资助独自养育儿童,必须通知地方政府机关。地方政府机关可以禁止其认为不适宜的人作养父母。① 也就是说,英国禁止秘密私养,但并不禁止私人不靠政府独立养育别人的孩子。

(二) 收养

每一基本地方政府机关或者二级制地区的郡议事会,都有义务在各自辖区内建立并维系收养服务。地方政府机关可以为此提供相应的设施,或者保证其他经认可的收养社团提供此项服务。维系此种服务的地方政府机关或者经其认可的社团则是"收养机构"。地方政府机关为维系辖区内的收养服务而提供的设施包括为有需要的怀孕妇女提供临时性膳宿、为儿童境遇评估和预期的收养方作出安排、安排儿童接受收养以及对居民有关收养方面的问题提供咨询等。②

八、公益监护

公益监护是指为了被监护人的利益,而由公共管理机构实施的为其变更法定监护人的行为。英国有一类特殊的民事案件就与此类对儿童的公共救助有关,其案名如 Re Smith 或者 In re Smith,意思是关于 Smith 或者为了 Smith 的某案。例如,史密斯女士(Ms Smith)的孩子詹姆斯·史密斯(James Smith)无人监管并且需要看护,在这种情况下所形成的诉讼可称为 Re Smith 或者 In re Smith。需要提醒读者注意的是,这是一类在英国存在的、我国尚无法对应的行政诉讼案件,即监护权公益诉讼。其真正的被告是史密斯女士,而原告则是公益组织甚至史密斯女士的邻居,判决的结果可能是剥夺史密斯女士对詹姆斯的监护权,由有关公共管理

---

① Andrew Arden, p. 104.
② Andrew Arden, p. 104.

机构或者其委托的私人进行收养监护。虽然英国学者将此案归为民事案件,但就比较法而言,这对中国民法是没有什么意义的。监护权确实是民法的概念,但全面落实却非民法独力所能完成的,正如诚实信用是民法的基本理念,而独倚民法显然难奏其效,十几个行政管理部门众管齐下尚犹不及,甚至连刑法都用上了,依然难以责众一样。因此,仅仅以某个概念是民法概念而排斥其他部门法的介入,显然没有什么说服力。由于在英国,这类案件不是由一个私法人或者私人提起的,而是由某个行使公法职能的公共管理机构提起的,甚至其结果也不是一个民事合同,而是一项公法义务:由詹姆斯的生父母或者其他亲属以及其他指定的机构或者个人承担对詹姆斯的监护职责。

这样的诉讼在我国确实没有,但如果作为一个法律问题来讨论,则应当表述为"被遗弃儿童的监护权应当如何落实"。这应当是一个公法问题,而不是一个私法问题。当然,这个问题可以通过私法解决,如有人愿意收养,这显然是一个皆大欢喜的结局。但作为一个法律问题,其根本的解决途径显然不能寄托在这种最佳可能的基础之上。法律必须为最不幸的可能预先筹划,完全基于善良愿望的立法,正如假定公务员是人民的勤务员一样违反职务犯罪立法的根本逻辑。英国法在这方面的筹划表现在:一是设立了一种诉讼机制,使这类儿童的事不仅仅是其家庭的私事,而可以成为社会上的公益组织、热心的邻居、地方教育职能部门等关心并且可以依法关注的事;二是设立一项公共基金,以便在儿童的监护权发生转移后,提供给新的监护人,以便其能够很好地抚养该儿童,不至于因该儿童的到来而使监护人的生活水平发生改变,进而影响对儿童的抚养。

九、限雇童工

根据1933年《儿童及青少年法》(Children and Young Person's Act)的规定,基本地方政府机关以及二级制地区的郡议事会,可以就雇用儿童事宜制定条令,并经有关国务大臣批准后实施。条令可以规定以下相关内容:儿童的父母及监护人可以雇用13岁以下儿童从事轻农业劳动,雇用学龄前儿童劳动每天不得超过1小时,同时禁止儿童从事某些特殊行业的活动。根据1933年《儿童及青少年法》有关雇用儿童的第一、第二部分,地方政府机关也可以对违法雇用儿童者提起刑事追诉。[①] 可见,英国

---

① Andrew Arden, p. 103.

并不绝对禁止雇用儿童,但对雇用儿童作了严格而明确的限制。需特别注意的是,这些法律距今已近百年。

如果地方教育职能部门认为某一在其供养的学校登记注册的学生正受雇于他人,并且这种雇佣关系将会损害该学生的健康或者导致其难以充分、全面地从为其提供的教育服务中获益,可以通告雇主,禁止该雇主继续雇用该儿童或者对其雇用方式加以限制。①

英国有关雇用儿童立法的核心在于,将雇主的范围限于儿童的父母及其监护人。考虑到这些人与儿童的密切关系,他们让儿童从事力所能及的劳动既是儿童教育的重要组成部分,也是一个根本不可能也不必要完全杜绝的普遍社会现象。只要限定在一定的范围内,如不得从事特别危险的行业、以力所能及为限、每天工作不超过 1 小时等,基本上可以维护儿童的正当权益。同时,前面提到的对儿童正在或者可能受到严重侵害的评价制度及地方政府享有的其他保护和促进儿童福利的职能,很多也是为了避免儿童遭受其父母或者监护人的虐待。

十、在册家庭

地方社会服务职能部门同时也是 1984 年《在册家庭法》(Registered Homes Act)所规定的在册家庭注册机关。根据该法,任何旨在为需要关怀者提供安置住处用的建筑物都必须经该机关登记。② 地方政府机关必须制备一份名册,以登记那些可以在自家房舍内照料儿童的人以及能够对 8 岁以下儿童进行日常照看的人。地方政府机关有权巡查用于照料或者日常照看儿童的房舍。③ 这种登记有行政合同要约的因素。

地方政府机关或者志愿者组织可以将某儿童安顿在某一在册家庭。只有政府机关被安顿在经地方政府机关根据 1989 年《儿童法》第三部分确定的在册家庭中,该儿童才被视为得到了应有的照看④,地方政府机关才算尽到了此项义务。

十一、社区之家与志愿者之家

地方政府机关必须为保障本地区拥有足够多的社区之家和志愿者之

---

① Andrew Arden, p. 110.
② Andrew Arden, p. 98.
③ Andrew Arden, p. 101.
④ Andrew Arden, p. 101.

家(community and voluntary homes)作出其认为适当的安排,社区之家是那些用来照看和安顿应由地方政府机关照看的儿童的家庭。同时,为促进当地儿童(无论这些儿童是否正在由地方政府机关负责照看)的福利的目的,地方政府机关可以与其他行政机关或者志愿者组织联合,以达到这一目的。有关国务大臣负责对就此确定的志愿者之家进行规制。①

任何志愿者组织在地方政府机关的辖区内向任何儿童提供的住处或者在该地方政府机关辖区外为该地方政府机关的利益向任何儿童提供的住处,必须能够在保障和促进儿童的福利方面使该地方政府机关感到满意。② 这显然是一个自由裁量空间相当大的标准,但正由于这个标准不完全是由地方政府把握的,而是由负责规制此事的有关国务大臣以及负责对由此产生的争议进行司法审查的法官共同把握的,这个标准的自由裁量空间是完全可以由行政或者司法加以控制的,即志愿者所提供的住处不仅要使地方政府机关感到满意,而且还要使主管的国务大臣以及可能主审的法官都满意。这些事后的监督者都是彼此独立的,因此从某种意义上说,地方政府机关最安全的做法不是随便拟个标准然后去疏通负责事后监督的主管国务大臣以及可能的主审法官,因为这在英国几乎是不可能的,尤其是法官,当事人开庭前根本不知道谁会审这个案件。于是,最安全的做法就是,按常理以一般的公众或者一般的当地家庭认为对保障或者促进儿童的福利有效的标准,来确定志愿者所提供的住处是否满足了要求。这样的规定在英国行政法中俯拾皆是,表面上看随意性很强,但仔细一分析则不难发现,其公正性、合理性,特别是可操作性还是非常高的。

十二、有关国务大臣的权力

根据英国法,儿童权利的保障与实现属于地方政府机关的基本职责,但国务大臣也不是甩手掌柜,在儿童权益方面拥有广泛的权力,这些权力从一个方面反映了英国中央政府履行其职能的范围和方式,反映了英国中央与地方政府在特定领域合作与制衡的行政管理体制。

(一) 保留权力

根据1989年《儿童法》的规定,在认为地方政府机关未能恪尽应履行

---

① Andrew Arden, p.101.
② Andrew Arden, p.101.

的职能时,国务大臣拥有行使相应职能的保留权力。① 这一权力相当重要,它实际上赋予中央政府全面主管儿童保护事项的领导权、支配权。当然,国务大臣在行使该权力时也会非常慎重,以免影响地方的积极性。但与我们想象的不同,地方政府机关的积极性不是来自其自身的良心发现,而是来自当地选民的千手所指、万目所视,地方政府机关不可能撂挑子不干,而只能在国务大臣不时的鞭策下兢兢业业地为当地的儿童服务。

（二）立法权

有关国务大臣负责对地方政府机关为促进当地儿童（无论是否正在由地方政府机关照看）的福利目的确定的志愿者之家进行规制。②

（三）地方立法批准权

根据1933年《儿童及青少年法》的规定,基本地方政府机关以及二级制地区的郡议事会,可以就雇用儿童事宜制定条令,并经有关国务大臣批准后实施。③

（四）调查权

调查权是附属于国务大臣的保留权力的权力。国务大臣可以就地方政府机关涉及儿童的职能的任何事项展开调查。④

（五）指导权

国务大臣如果认为从避免公众受到严重伤害的角度看确有必要,可以就地方政府机关照看儿童事宜给予相应的指导意见。⑤

十三、刑事诉讼中的儿童权益保障

如果地方教育职能部门、任何基本地方政府机关或者二级制地区的区议事会,针对某一青少年提起了刑事诉讼,或者被告知提起了此类诉讼,则除非这些机关认为没有必要,否则,就有义务调查与该青少年在儿童时有关的情况,并呈送至主审该案件的法院。⑥

如果法院决定对某一儿童或者青少年羁押候审,应在地方政府机关提供的住处执行。如果对某一青少年犯有严重罪行的指控成立,则法院

---

① Andrew Arden, p. 103.
② Andrew Arden, p. 101.
③ Andrew Arden, p. 103.
④ Andrew Arden, p. 103.
⑤ Andrew Arden, p. 100.
⑥ Andrew Arden, p. 101.

可以指示将该青少年羁押在某一地方政府关爱之家。① 根据1989年《儿童法》的规定,地方政府机关还必须为那些受警察保护的儿童、羁押候审的儿童以及受监管令控制的儿童提供住处。②

刑事诉讼程序中,法院有权下达监管令,将某一儿童或者青少年置于地方政府机关的监管之下,并可以在咨询地方政府机关之后,在监管令中明确要求该儿童或者青少年必须住在地方政府机关指定的住处。③

十四、民事诉讼中的儿童保障

法院可以要求地方政府机关制备并向法院提供一份有关如何在某一涉及儿童的民事诉讼中保护儿童福利的报告。④

（一）调查诉讼中的儿童权益的义务

如果得知其辖区内的某一儿童成为某一紧急保护令的对象、在警察的保护之下、有理由怀疑该儿童正在遭受或者可能要遭受严重的伤害,那么地方政府机关必须展开调查以便能够有足够的事实根据来决定是否采取措施保障或者促进该儿童的福利,特别是要研究是否有必要从保护儿童福利的角度出发向法院提出申请或者行使地方政府机关所拥有的任何权力。⑤ 此处的权力包括其对当地警察机关的一定的支配权,因为英国的警察是地方性的,地方政府机关在警察管委会委员中占有相当的比例,因此足以影响警察机关的决定,特别是警察机关的行为与地方政府机关所享有的其他权力的行使发生冲突时。从这一法律规范的立法本意看,其出发点在于,如果没有有关机关从儿童自身的福利角度加以考虑,则法院采取的紧急保护令或者警察对儿童的控制,都有可能严重损害该儿童的利益。

（二）照看令

地方政府机关可以申请法院下达照看令,将某一儿童置于地方政府机关的照看之下。但只有确信该儿童已经失去了双亲的控制、确实正在遭受或者可能遭受严重的伤害、伤害程度取决于是否给予适当的照看时,法院才会签发照看令或者监管令。如果法院签发了照看令,则地方政府

---

① Andrew Arden, p. 102.
② Andrew Arden, p. 100.
③ Andrew Arden, p. 101.
④ Andrew Arden, p. 102.
⑤ Andrew Arden, p. 102.

机关必须将该令状指定的儿童置于其照看之下,并对该儿童承担家长责任。如果某人因法院下达的儿童照看令而对该儿童负有责任,并且该儿童被控有罪,则法院有权对该责任人科处罚金,而且这类责任人中也包括地方政府机关。① 正是这种司法令状强化了地方政府机关的照看义务,并且在地方政府机关疏于履行此义务而使被照看的儿童犯下严重的罪行时,法院可以将地方政府机关作为责任人对其科处罚金。当然,这种罚金是将地方政府机关视同普通的疏于履行监护职责的责任人而令其承担相应的法律后果的,一般家长在同样的情况下也会承担相同的责任。因此,英国的地方政府机关是不会因可能会被科处这样的罚金即放弃其对儿童的照看职责的,正如一般的父母不会因其他父母承担此类责任而放弃其作为家长的监护责任一样。

(三)监管令

地方政府机关还可以向法院申请监管令,而将某一儿童置于地方政府机关或者某一缓刑审查官(probation officer)的监督之下。而且也只有在确信该儿童已经失去了双亲的控制、确实正在遭受或者可能会遭受严重的伤害、伤害程度取决于是否给予适当的照看时,法院才会签发监管令。根据监管令,地方政府机关有义务为该儿童提供咨询、帮助和扶助,并采取合理措施切实实施该令状。②

有关儿童教育监管令的内容,详见本编第五章第二节教育行政法中义务教育部分关于强制就学令、教育监管令等内容。

(四)儿童境遇评价令

依地方政府机关的申请,法院如果确信该地方政府机关有充分的理由怀疑某儿童正在遭受或者可能会遭受严重的伤害,因而确有必要对其境遇进行评价,法院可以下达此令状。根据该令状的要求,任何人都必须将令状中指定的儿童交出来,由地方政府机关根据令状中的规定对其境遇进行评价。③

(五)紧急保护令

如果针对某一儿童进行的调查因无理拒绝调查人员接近该儿童而被阻却,地方政府机关可以请求法院颁发紧急保护令。法院在下达这一令

---

① Andrew Arden, p. 102.
② Andrew Arden, p. 102.
③ Andrew Arden, p. 103.

状时,指示任何可以提供协作的人交出该儿童,授权其将该儿童移送至地方政府机关提供的住处,并赋予地方政府机关家长责任。①

(六) 监护人

法院可以专为某一诉讼案件中的儿童指定一名监护人,该监护人由法院从地方政府机关拟就的一份名单中任命。②

十五、儿童权利救济

作为常识,英国儿童的权利和义务与年龄有直接关系:10 岁的儿童在明知故犯的情况下,可以被判刑事罪;14 岁要对自己所犯的任何罪行承担责任,警察可以提取他们的指纹;17 岁可以驾驶汽车和飞机,北爱尔兰允许同性恋;18 岁可以离开家庭并不经父母同意就结婚,有选举权,可以文身,可以买香烟,两性关系合法(在英格兰、苏格兰和威尔士允许同性恋);21 岁可以领养小孩。

有什么样的权利就应当有什么样的救济,反过来,有什么样的救济也可以反映出有什么样的权利。在历数了英国儿童依法享有实体权利之后,最后简单地介绍一下儿童权利救济。由于本书有专章讨论行政救济,此处从中选一个简单的例子:在 1990 年的 *R. v. Secretary of State for Social Services, ex p. CPAG* 一案中,法院允许儿童贫困行动组织以自己的名义提起一起对社会保障立法进行解释的行为的司法审查案件。CPAG 就是儿童贫困行动组织(Child Poverty Action Group),用该案主审法官伍尔夫(Woolf)的话说,该案涉及的焦点问题是公认的社会福利领域的重要问题,但也是个人请求者不太可能提起的问题,而本案的申请人在为这些个人请求者提供建议、指导和帮助方面扮演了重要的角色。③这正是该案的主审法官之所以授予申请人原告主体资格的原因所在,说明英国法希望尽可能多的人站出来,独立或者组织起来,为维护儿童的权益而努力。这显然要比仅仅由一个可能出错、可能怠惰的政府垄断对儿童权利的保障要安全得多。

---

① Andrew Arden, p. 103.
② Andrew Arden, p. 103.
③ Wade & Forsyth, p. 106.

第八章
社会管理部门

在部门行政法的最后一章,我们简单地探讨一下英国的社会管理部门。这种简单显然是相对于我国读者的预期而言的,但在英国宪法、行政法著作中,同一内容所占的篇幅更少。因为与英国新兴的社会服务部门相比,传统的以警察为标志的社会管理部门确实相对式微了。

在英国,一方面,所有行政管理事务最终都可能落幕于警察权的出现;另一方面,只有警察机关所属的警察队伍有警察权,其他的行政机关都没有警察权。但几乎在所有的领域,警察都不负责日常管理。这从另一个侧面,反映了英国当代行政的服务属性。

第一节 警察行政法

英国学者在介绍其警察法律制度的特点时,通常会强调两点。

首先是其地方性。英国警察的一个显著特点是,他们并非由中央政府直接控制,而是通常被整编为由一名警察局长领导的地方力量。① 根据 1996 年《警察法》,这支地方力量是由警察管委会掌控的。警察管委会是由独立的经选举产生的地方议事会组建的,警察管委会的标准配置是 17 名委员,其中 9 名是警察管委会辖区内的地方议事会的成员,其他 8 名为独立委员,由警察管委会所在地方议事会的未当选警察管委会委员的其他成员,从一份由代表内政大臣的选拔委员会拟就的名单中选任。② 由此组建的实行委员会制的警察管委会,再选举该委员会的主席;警察管委会再任命、管控以及解聘警察局长、警察局副局长、助理警察局长。

---

① Wade & Forsyth 2014, p.101.
② Wade & Forsyth 2014, p.101.

其次是其独立性。独立性是地方性之外英国学者强调的英国警察体制的另一特点,韦德《行政法》2014年版启用了一个新标题:"独立的地方警察"。① 这对于我们了解、认识乃至借鉴,具有新的特殊的喻义。

上述变化,与2013年《警察改革及社会责任法》(Police Reform and Social Responsibility Act)密切相关。该法改革了1996年《警察法》确立的地方警察体制:取消了警察管委会,取而代之的是由所在地方居民直接选举的地方警察与刑事专员(Police and Crime Commissioners,简称 PCC);在伦敦,则是由伦敦市长(London Mayor)兼任的警察及刑事官(Mayor's Office for Police and Crime)。根据2013年《警察改革及社会责任法》第1条第6款、第7款,警察与刑事专员享有与其前身警察管委会相似的任命、停职、解聘、劝退警察局长的权力;尽管是选举产生的,警察与刑事专员如果犯了最高刑2年以上的罪,也将由警察与刑事委员会(Police and Crime Panels)勒令停职。②

一、警务属地方事务

在1989年的 *R. v. Secretary of State for the Home Department ex p. Northumbria Police Authority* 一案中,法院认定采取一切必要措施以维护其治域内的和平的英王特权早在中世纪已存在。③ 尽管如此,英国的警察机关仍是地方行政机关,而地方警察机关的警察也都不是英王的臣仆,即不属于中央公务员系统。

英国的警察权属于地方权力,虽然有中央一级的《警察法》,但却没有中央一级的警察机关(外交部下辖的国家安全机关除外)。在英国,警察权是最主要的国家权力,并作为一个重要的宪法问题在宪法、行政法著作中单独设章讨论。但其讨论的重点,在于如何最大限度地限制警察权。他们认为,维护法律与秩序,预防并侦查犯罪,对于维系有组织的政府而言都是非常重要的事项。但同样重要的是,这些方面的考虑不应当用以证明必须赋予警察超过绝对必要的权力以外的更多的权力,因为赋予警察的任何权力都将不可避免地意味着对个人自由的相应克减。④

---

① Wade & Forsyth 2014, p. 101.
② Wade & Forsyth 2014, pp. 101-102.
③ Neil Parpworth, p. 48.
④ Bradley & Ewing, p. 456.

英国警察权的宪法意义主要是就其对个人自由的影响而言的。在英国学者看来,保护个人自由免受国家的武断干预是一项基本人权,正因为如此,这一基本人权受《欧洲人权公约》第5条的保护,但这并非涉及警察行为的唯一的公约人权。《欧洲人权公约》第3条(人道待遇权)、第6条(公平听审权)以及第8条(尊重私人的生活、家庭及通信权)等也具有节制警察权力的作用。因此,既有必要确保警察拥有足够的手段维护公益,但又不能使授予警察的权力破坏那些雇用警察来保护的基本自由①,即手段不能妨碍目的。

虽然英国学者普遍承认,保有一个有效的警察体系对于国家行政具有重大利益,但英国的中央政府却并不承担警察事务。1962年,一个皇家咨询委员会曾经就联合王国内警察的宪法地位进行过调研,以权衡支持和反对建立一支全国范围内的警察力量的两派意见。与20世纪60年代社会治安状况不佳有关,当时全世界都面临这个问题。但研究的结果颇为意味深长:一方面,该委员会拒绝了那种认为建立一支国家级的警察力量将会导致极权主义警察国家的观点,认为在英国建立国家级的警察力量将会受法律及议会的约束。但该委员会得出的结论[只有古德哈特(Goodhart)一人提出激烈的反对意见]却是,警察不应当置于中央政府的直接控制之下,而是应当继续与地方政府相联系;除中央政府的职责以及来自中央的控制应当进一步明确以外,现行的地方警察力量体系应当继续。②

该皇家咨询委员会的报告导致1964年《警察法》出台,该法包括英格兰及威尔士警察系统的主要结构。③ 看过本书第一卷第一编第一章第一节英国法制地理的读者,应当知道为什么此处只提英格兰和威尔士这两个地方。自1964年第一部《警察法》颁布以来,该法即在不断地修改中,特别是从1994年、1996年、1997年连续三次修订看,这是当时英国立法的一个重点。历经修改的《警察法》确立了这样一种警察体制:尽管警察与地方政府相联系,但警察体系提供的却不完全是典型的地方服务,当然也不是一种中央政府提供的服务,虽然该体系的运作要受中央政府的

---

① Bradley & Ewing, p. 456.
② Bradley & Ewing, p. 456.
③ Bradley & Ewing, p. 456.

监控。①

在这种结构框架内,英国的警察力量有不断向中央集中的迹象,并有将权力集中到内政部手中的趋势。内政大臣对于地方警察政策通常拥有相当广泛的监督权,而且实际上也可以在某些场合对操作层面上的事项实施监督。在这个问题上取得的一个主要进展是1994年《警察及治安法院法》(Police and Magistrates Courts Act)给内政大臣增加了一系列权力,并在实际上赋予其影响地方警察机关人事安排的权力,但显然还不是任命权。1996年《警察法》的第二部分(标题即为中央政府的监督、指导和提供装备职能)赋予内政大臣为地方警察机关设定目标、指导地方警察机关确立执行目标以及最低预算等方面的权力。②

沿着进一步集中警察活动的方向所采取的另一个步骤,就是1997年《警察法》第一部分规定的全国刑事情报服务体系和第二部分全国刑事警察。前者的功能是获得并向各警察局提供刑事情报,后者的职能则是预防并侦破英格兰及威尔士境内多个地点发生的相互关联的严重的刑事犯罪。按照英国政府的说法,所有这两项新的服务都将深深地植根于现有的地方警察体系。③

二、警察机关

英国的地方政府中最具有特色(但显然不是最重要)的是其警察体制。笔者始终给予警察权相当的重视,从警察权的本质到警察的组织、运作,直到对警察行为的救济,在其他章节中,也是经常提到有关警察的判例。但这只是笔者基于现阶段中国警察现状作出的选择,完全是笔者的故意安排。英国的宪法、行政法著作中确实已经很少介绍警察故事了,如警察开车撞死人、警察入户搜淫秽光盘、警察玩枪出人命,这些都是笔者极力想找到的内容,但均未能如愿。笔者也曾亲身经历过(当时国内还不查酒驾)坐在酒后驾车的朋友的车内被警察示警后截停在乡间公路上,但是酒精检验结果没有问题后,起初非常严厉的警察立即把我们放行了。回过头来想一想其中的原因在于,警察的组织体制在很大程度上预防了可预期的恶。

---

① Bradley & Ewing, pp. 456-457.
② Bradley & Ewing, p. 457.
③ Bradley & Ewing, p. 457.

（一）警察机关的分类

根据 1996 年《警察法》的规定，英格兰和威尔士被分为 43 个警务区（包括伦敦的两个警务区），这些警务区可分为三类：大都会（即大伦敦市）警务区、伦敦城（即小伦敦市，即作为城中之城的伦敦城）警务区和该法附表 1 所列的警务区。[1] 警务区与警察局、警察机关的关系是，各警务区内有一个在该警务区内执勤的警察局，并有一个负责监督、管理警察局的警察管委会，警察局与其管委会合起来才是警察机关。对此需要特别说明的是，英国的警察管理体制中，警察局与警察管委会不是一回事，警察局是警察的行动组织，警察管委会则是警察局所在警务区内监管警察事务的非警察组织，一般由议员性质的地方绅士组成，接受民众对警察的投诉，指导、监督、协调本地方的警察事务。

1. 大都会警察局

大都会警察局创立于 1829 年，是英国第一个现代警察局，也是英国历史上唯一一个由内政大臣兼职并直接负责的警察局，虽然这一职责已经根据 1999 年《大伦敦政府法》移交给了大伦敦市的警察局。在历史上，大都会警察局的结构和组织模式，特别是警察局与警察管委会的关系模式[2]，被其他警察局采用，成为英国警察体制的典型特征。

大都会警察局的最高长官是大都会警务专员（Commissioner of Police for the Metropolis），他由英王根据内政大臣的建议任命，内政大臣在提出任命建议时必须考虑大都会警察管委会及伦敦市长的意见。[3]

2. 伦敦城警察局

伦敦的地位特殊，伦敦城警察局相应地也比较特别，作为其首长的警务专员是由作为伦敦城警察管委会的伦敦城公共议事会任命的，并由内政大臣认可。[4]

长久以来，众议院中就有人认为，内政大臣对于大伦敦警察局负有相当广泛而具体的监管职责。[5] 由于内政大臣应当对大伦敦的警察事务负责，这一点使伦敦与其他英国城市或者地区很不相同，因为内政大臣显然不需要对其他地方的警察事务负责。

---

[1] Bradley & Ewing, p. 457.
[2] Bradley & Ewing, p. 457.
[3] Bradley & Ewing, p. 457.
[4] Bradley & Ewing, p. 457.
[5] Bradley & Ewing, p. 490.

3. 地方警察局

在伦敦之外,1996年《警察法》的附表中共列有41个警务区,总计43个,即大伦敦市警察局、伦敦城(小伦敦市)警察局和1996年《警察法》附表中列明的41个警察局,与1994年改革前的数字相同。① 从41这个数字看,与英格兰和威尔士的郡的数目大致相当,因此,基本上是除伦敦外一个郡是一个警务区,设有一个警察管委会并下属一个警察局。

根据1985年《地方政府法》第四部分的规定建立了警务领域的联合警察局。但这一制度先是被1994年《警察及治安法院法》所更新,后由1996年《警察法》所取代,但是其体制并没有根本性的改变。除此之外,在大城市的郡及大伦敦还设立了联合消防局和民防局,这两类行政机关均由组成该联合机构成员的行政机关的组成人员组成。② 也就是说,各成员行政机关都是采取议行合一的议事会,联合行政机关也是采取议事会形式,但其议事会成员是由各参与联合的地方政府机关选派的各地方议事会成员组成的。至于联合行政机关的工作人员,则可以是雇用的纯行政性的官员。联合行政机关的成员与其所雇用的行政官员的关系,就如英国议会的议员与英国中央政府的公务员一样。

(二)地方警察管委会的组织

1996年《警察法》规定,每一个警务区内应当设立一个警察管委会,警察管委会是一个社团法人,但受1994年引入的饱受争议的改革措施的影响,特别是因为地方议事会成员数量的减少,这些警察管委会的组建工作有所调整。③ 警察管委会通常由17名成员组成,其中的9人(刚过半数)是相关地方议事会成员,5人为独立成员,3人为受薪的常任治安法官。其中,相关地方议事会是辖区落在该警务区内的郡议事会、区议事会、郡自治市议事会或者伦敦的自治市议事会。④

虽然地方政府机关的代表在警察管委会中仍然占多数(标准的17名成员中占9名),但该委员会中有5人要从内政部开列的候选人名单中任命。⑤ 剩下的成员应当从治安法官中任命,而在1994年改革前,这种方

---

① Bradley & Ewing, p. 457.
② Andrew Arden, p. 25.
③ Bradley & Ewing, p. 457.
④ Andrew Arden, p. 121.
⑤ Bradley & Ewing, pp. 457-458.

式任命的成员占三分之一①,即约 6 名。也就是说,内政部间接地控制着地方警察管委会约 30% 的任命权。而之所以说间接,是因为这 5 人不是由内政部直接任命的,而是由内政部拟定候选人名单,即推荐人选,名单中仅有 5 人会当选,而这一选择过程不是内政部能够控制的。但是现在,地方治安法官有权从其成员中任命的,只有余下的警察管委会成员,一般情况下仅有 3 人。总之,警察管委会由三部分人组成:地方议事会成员、内政部推荐的人选以及本地的治安法官。

(三) 地方警察管委会的职责

研究英国法必须明白的一个前提是,警察管委会与警察队伍的关系,这样的关系在性质上类似于英国议会与英国政府的关系、地方议事会与地方行政机构的关系。也就是说,地方警察管委会是地方警察事务的决策机构,而非警务执行机构。说得更通俗一点则是,地方警察管委会不是警察,而是管警察的。正因为如此,警察管委会的职责与警察的职责或者警务职责,是完全不同的概念。英国地方警察管委会的职责有三:

1. 对地方警察局的组织方面的职责

地方警察管委会的职责是确保警察队伍效能卓越、经济有效,同时行使对作为这支警察队伍的首脑的警察局长的监督权。②

警察管委会并没有权力对警察局长就警务活动的开展下达指示,或者干预警察局长对警察日常活动的控制。警察管委会作为警察责任承担者的角色分量减轻的标志之一,就是先于 1994 年《警察及治安法院法》进行相应的改革前而发布的名为《警察改革》的白皮书中令人吃惊的语言:未来的警察管委会应当扮演作为警察服务的消费者的代表的角色,而这显然不是一个所有人都会发现其无可争辩的角色。③ 英国学者认为这种定位令其吃惊的理由有二:一是不太现实,很难代表民众;二是实际上远不能代表当地民众,因为警察管委会是由三种不同来源的成员构成的,其中包括内政部间接任命的约 30% 的委员。由于该白皮书是中央政府发的,英国学者认为该书代表了中央政府意图使警察力量集中化的初衷,却又作这样的代表地方的表述,很让人反感。

---

① Bradley & Ewing, p. 458.
② Bradley & Ewing, p. 489.
③ Bradley & Ewing, p. 489.

2. 确定本地方警察的年度目标

警察管委会必须在咨询过各自的警察局长后确定本地区的警务目标,还必须每年发布一个地方警务计划及一个年度报告。① 这个年度报告是针对地方警务计划的落实情况的。虽然现在确实要求地方警察管委会以年为单位确定地方警察的年度目标,但在这一过程中,地方警察管委会不仅必须咨询警察局长的意见,还必须考虑通过 1996 年《警察法》第 96 条规定的程序而取得的任何意见。②

这要求警察应当采取适当措施以便获得当地民众对地方警务安排的意见。但该法并没有明确应当采取哪些措施以满足这一目标,而《警察改革》白皮书则建议这一职责可以通过向地方咨询团体(不一定是选举产生的)咨询的方式加以实现,或者用其他方式发现地方的意见,如公开民意调查等。③

3. 拟订年度警务计划

除拟定警务目标以外,地方警察管委会还被要求拟定年度警务计划,并在其中专门列出地方的警务目标。该计划实际上是由警察局长起草并提交给地方警察管委会考虑的,而警察管委会在修订时必须征求警察局长的意见。但警察局长并不受警务计划的拘束,而只是被要求在履行其职责时必须对此有所顾忌。④

警察局长必须每年向地方警察管委会汇报工作(但警察局长有权拒绝透露出于公共利益不应当披露的信息,且这一点得到内政大臣的支持),而且警察管委会也可以要求警察局长汇报警务领域的特殊事项。⑤ 可见这种责任只是报告工作的业务责任,不是承担过错责任的政治责任。

斯卡曼(Scarman)在 1981 年建议,应当在不牺牲独立性的前提下,提高警察责任制的水平,地方警察管委会应当更加认真地行使其根据 1964 年《警察法》享有的要求警察局长汇报工作的权力,并确保警察管委会与警察局长之间的密切合作。1996 年《警察法》第 20 条规定,警察管委会应当采取适当的安排以保证地方议事会的成员能够提出有关警察管委会履行职能方面的问题。但这一旨在推动警察管委会责任制的规定也产生

---

① Andrew Arden, p. 121.
② Bradley & Ewing, pp. 489-490.
③ Bradley & Ewing, p. 490.
④ Bradley & Ewing, p. 490.
⑤ Bradley & Ewing, p. 490.

了一些新问题。1998年《犯罪及骚乱法》还要求地方警察管委会制定并实施本地区减少犯罪及骚乱的对策。①

三、警务管理体制

英国警务管理体制的基本格局是,按警务区的划分在地方设立议事、决策型的决策机构警察管委会,警务区的警察队伍由警察局长指挥和控制,警察局长由警察管委会任命,但要内政大臣批准。警察局长在履行其职能时,必须考虑地方警务计划。② 地方警察管委会在两个方面控制警察局长,一是其任命,二是地方警务计划。地方警察管委会给警察局长下达的年度任务和考核指标。后者必须尽其所能指挥受其控制的警察队伍,实现地方警务计划所设立的目标。当然,地方警察管委会作为警察局长及警察队伍的供养者,还可以通过这种供养关系施加影响,但这种消极影响不是主流。

（一）警察局长

地方警察管委会任命本警务区的警察局长,但需报请内政大臣同意;地方警察管委会经咨询警察局长及内政大臣,任命助理局长。③

（二）警察队伍

各警务区的警力由警察局长指挥和控制,警察局长在履行这一职责时应当落实本地方的警务目标。④ 内政部所设定的目标在此并没有直接体现,而是由警察管委会在落实自己的职责时将其考虑进去,并在自己制定的地方警务目标之中具体化,警察局长在落实这一目标的过程中,间接地落实内政大臣设定的目标。

（三）警务管理

虽然地方警察管委会确实有权基于行政效能及经济效益的考虑,要求警察局长以及助理警察局长退休。但是,在行使这一权力时,地方警察管委会必须征得内政大臣的同意,而内政大臣也可以主动要求地方警察管委会辞退警察局长。警察局长在被辞退时,必须给予其向地方警察管委会或者内政大臣陈情的机会。⑤

---

① Bradley & Ewing, p. 490.
② Andrew Arden, p. 121.
③ Bradley & Ewing, p. 458.
④ Bradley & Ewing, p. 458.
⑤ Bradley & Ewing, p. 458.

地方警察管委会还可以对警察局长实施纪律处分。地方警察管委会还是地方警务开支的支付者,虽然警察的工资就全国范围而言是相对稳定的。①

在 1964 年的 *Ridge v. Baldwin* 一案中,原告里奇(Ridge)是布赖顿(Brighton)警察局长,他与其他警察一起被指控犯有共谋妨碍司法过程罪。但经审理,他的罪名不成立,其他警察则被定罪。几天后,警察委员会根据 1882 年《地方反腐败法》第 191 条第 4 款规定,解雇了里奇。但既没有给里奇送达警察委员会开会议决该解雇决定时邀请其到会申辩的通知,也没有为其提供向该委员会陈明自己意见的机会。里奇随后根据 1927 年《警察申诉法》向内政部申诉,但被驳回。里奇向高等法院提起宣告令之诉,高等法院法官斯特里特菲尔德(Streatfield)认定,警察委员会的行为符合自然公正原则。上诉法院则认为,警察委员会在作出决定时没有必要遵循自然公正原则。② 贵族院最后认定③:如果没有事先告知对其的指控并听取其辩护或者解释,则对该警察的解雇就是非法的④。

对于里奇而言,该案的判决结果对其具有重要意义:如果解雇的决定得以维持,则其将失去领取退休金的权利,而如果该解雇决定被撤销,而代之以被责令退休,他将继续享有领取退休金的权利。⑤ 对于英国人而言,退休金是一个不小的数目,总额更是一笔可观的资产。从另外一个角度看,退休金制度的合理性在此有了充分的体现。即无论因何原因退休,其退休金都将根据其实际工作年限决定,而不取决于其原因。真正影响退休金发放的是被强制解雇。

(四)警察听谁的?

警务管理体制以及所有的管理体制面临的核心问题是,在日常及关键时刻,特定的人应当听谁的,这一点对于警察而言尤其重要。但从英国的情况看,所得出的结论大概既不能令中国警察也不会令本书一般读者满意——警察听法律的,或者说,法律规定听谁的,警察就听谁的。这个很难称得上学术的答案,恰恰准确地定位了英国警察法、行政法乃至公法的所有前提。例如,按照英国选举法,某一候选人及其竞选助理或者投票

---

① Bradley & Ewing, p. 458.
② Neil Parpworth, p. 311.
③ Neil Parpworth, pp. 311-312.
④ Neil Parpworth, p. 312.
⑤ Neil Parpworth, p. 312.

助理可以在某人离开投票站之前,向监票官宣称,自己有足够的理由相信其构成假冒罪并将进一步在法院启动实质性的追诉程序,此时,监票官可以命令一名警察逮捕该人。① 此时,警察既不需要请示警察局长,也不需要请示地方政府机关,而只需要遵循监票官的命令。至于后续的工作,也不需要警察做任何事情,因为此项逮捕的前提条件之一,就是候选人及其竞选助理或者投票助理向下达逮捕命令的监票官承诺将进一步在法院启动实质性的追诉程序。如果候选人及其竞选助理或者投票助理食言,或者虽然提起诉讼而败诉,都与负责执行逮捕任务的警察无关。

四、警察机关与地方政府机关的关系

由于英国的警察管委会是按警务区在相当于郡一级的规模设置的,与英国地方政府机关的辖区不完全对应,因此存在一个警察管委会与其辖区内相关地方政府机关的关系问题。此处的相关地方议事会是指在某一警察管委会辖区内的郡议事会、区议事会、郡自治市议事会或者伦敦的自治市议事会。② 也就是与某一警察管委会的辖区搭界的所有各级地方议事会,都是该警察管委会的相关地方政府机关。由此可能产生的结果是,一个警察管委会肯定有多个相关的地方政府机关(至少是不同层级的地方政府机关),而一个地方政府机关也有可能会与多个警察管委会存在相关关系,即当该地方政府机关与两个以上的警务区搭界的时候。

任何一个与某一警察管委会相关的地方议事会都必须就提交到本议事会议程中与该警察管委会有关的问题作出安排;同时,该警察管委会也必须从当地民众的角度出发就民众所能获得的警察服务作出安排。③

五、中央与地方的警务关系

议会应当在警察的工作方面具有某种利益不仅是不可避免的,也是人们所希望的。这与英国人民心目中任何事、任何组织都应当对至上的议会负责的逻辑前提有关,因为只有具有这种利益,才存在议会关心并要求警察承担责任的理由。但是,那些希望在议会中提议讨论警察议题的议员面临的问题是,对于警察的行为或者警察机关的决定,并没有直接的

---

① Andrew Arden,p.309.
② Andrew Arden,p.121.
③ Andrew Arden,p.121.

部长责任制①,即没有哪个部长直接对此负责。

1962年的皇家咨询委员会提议增加中央政府的权力,以使内政大臣对整个国家警察职能的有效性负责。② 1964年《警察法》并没有采纳该建议,但该法无疑扩张了内政大臣对伦敦以外地区警察事务的部长责任。因此,国会议员们若是再想讨论警察事务,就可以向内政大臣提议:是否可以要求警察局长提供一份有关警察事项的报告、针对该事项启动一个公开调查程序、要求警察局长出于效能的考虑而主动提请辞职,等等。但是议员可以就此类问题提问,并不意味着他们总可以得到期望的答案。内政大臣不会向议会提供其认为不应当公开披露的警察工作的细节。③

议会行政监察专员的职权范围也不包括针对警察的申诉。对于那些具有重要的政治意义的特殊事项,负责警察事务的内政大臣可能会愿意下令召集一次公开调查,或者将其收到的来自某警察局长的报告提交议会。更为一般化的警察议题则适合众议院内政事务委员会审查。④

六、内政部的警务职能

(一)地方控制权弱化的表现

虽然地方警察管委会的职责是确保警察队伍效能卓越、经济有效,同时行使对作为这支警察队伍首脑的警察局长的监督权。然而实际上,1994年《警察及治安法院法》引入的改革,使得本已经非常有限的地方控制,向着更加虚弱的方向又迈进了一步。因为地方警察管委会的目标是由内政大臣设定的,而警察管委会内部由选举产生的委员的比例却减少了,每一个地方警察管委会内现在都有由内政大臣间接任命的委员,而这些委员的合法性无非就是他们具有管理及财政方面的经验而已。⑤ 这些委员不是由内政大臣直接任命的,而是从其推荐的候选名单中任命的。

(二)内政部的警务控制权

1. 政策目标决定权

内政部拥有许多法定的影响警察事务的权力,可适用于伦敦的大都会警察局,但有某些调整。这些权力在1994年有所扩充,内政大臣可以

---

① Bradley & Ewing, p. 490.
② Bradley & Ewing, pp. 490-491.
③ Bradley & Ewing, p. 491.
④ Bradley & Ewing, p. 491.
⑤ Bradley & Ewing, p. 489.

在征求地方警察管委会及警察局长的代表们的意见后,通过内政大臣令来决定地方警察管委会的政策目标。为了落实按照这种方式确立的政策目标,内政大臣可以指导地方警察管委会建立相应的具体目标。①

2. 指示权

内政大臣拥有广泛的自由裁量权来决定对一个、几个或者所有的地方警察管委会发出指示,并且有权对不同的地方警察管委会提出不同的要求;有权制定地方警察管委会履行其职责时的良好行为规范,有权要求某一地方警察管委会汇报履行职责相关的事项,而且可以要求警察局长也这样做。② 内政大臣和警察局长之间隔着警察管委会,故有此说。

3. 调查权

内政大臣有权就任何与地方警察事务有关的事项组织地方公开调查。③

4. 装备权

在其认为对促进当地警察的工作效能和经济效益方面有利时,内政大臣还可以提供、维持并供养必要的组织、装备和服务。④ 此处的供养不是简单地提供,而是意在说明谁出这笔钱,因为钱的问题在英国行政管理领域是个很重要的问题,政府的一切活动经费都必须师出有名,不能含糊。如果简单地强调提供,可能难以使中国读者意识到谁出钱的问题,甚至有不少人会想当然地认为应当由地方政府机关出钱。这就是一个观念上的分歧,在英国人看来,如果内政大臣提议要设立这样一项服务,却不由中央财政出钱而要地方政府机关出钱,那么这种提议只能是建议性的。就像提议老百姓出门前上锁一样,如果政府不出锁的钱,那就不能因为老百姓出门未上锁而施以处罚;反之,如果政府出了钱,就可以处罚。在英国,公民与政府的关系如此,中央与高度自治的地方之间的关系也是这样:要么由法律规定,要么由双方基于利益一致的协商一致、你出钱我办事,其他的都属于违法。中央政府不能在没有法律规定时强迫地方政府机关,就像其不能在法律没有规定时强制自然人一样。

这种延伸性的权力,先是出现在 1964 年《警察法》第 41 条,然而该条

---

① Bradley & Ewing, p. 458.
② Bradley & Ewing, p. 458.
③ Bradley & Ewing, p. 458.
④ Bradley & Ewing, pp. 458-459.

的规定被认为过于宽泛,以至于在公共秩序出现严重混乱时可以授权中央政府用警棍及催泪瓦斯武装警察。于是根据 1996 年《警察法》第 50 条规定,内政大臣可以制定控制、管理警察服务、明确提出警察服务标准的条例,特别是有关警衔、任命及提拔条件、试用期限、自愿退休、纪律、职责、工资津贴、着装及装备等的条例。① 例如,在 1989 年的 R. v. Home Secretary ex p. Northumbria Police Authority 一案中,内政部不顾地方警察管委会的反对,给警察配备了警棍和催泪瓦斯,以便处置严重的公共骚乱。地方警察管委会希望在法院得到一项认定内政部无权在未经地方警察管委会同意的情况下提供装备的权力(除非是在非常紧急的情况下)的宣告判决。② 英国的地方警察管委会之所以为此事请求法院的援助,其实是源于英国警察体制的地方性,地方警察管委会显然是从内政大臣的动议中洞察到了中央权力的渗入。

上诉法院认为,提供装备的权力是 1964 年《警察法》赋予的,同时也是英王特权所赋予的。在得出上述结论之前,法院必须首先确定英王确实存在在其疆域内维持"英王的和平"的特权。虽然法院难以为这种权力找到典据,但约翰逊(Croom Johnson)法官仍然认为,这样一种普遍的权力是与英王的无可争议的控制犯罪及维护正义的权力联系在一起的。据此,法院认为,提供警棍和催泪瓦斯的权力属于英王特权的范畴,因而内政大臣可以提供此等警察履行其职能所必需的装备。③

5. 财政控制权

除上述广泛的制定法权力之外,内政大臣还经常行使相当大的财政控制权。自 1856 年以来,中央即通过国库对地方警察机关予以补贴。以前的补贴额占全部允许开支的 51%,现在则由内政大臣每年在获得财政部的同意后具体决定。在决定某一地方警察机关应当获得多少补贴时,内政大臣可以行使其自由裁量权,即用其认为适当的分配公式或者其他分配规则。④ 考虑到内政大臣的此项自由裁量权的行使将影响地方警察一半以上的财政来源,内政大臣对于地方警察事务的影响力还是相当可观的。反过来也说明,内政大臣对于地方警察机关开支的支配权,与其对

---

① Bradley & Ewing, p. 459.
② Bradley & Ewing, p. 254.
③ Bradley & Ewing, p. 254.
④ Bradley & Ewing, p. 459.

于其他地方警察事务的支配权,如警察管委会成员的任命、具体警察事务的调配等,二者是不成比例的,提供资金的职责更重一些。

(三) 内政部克己的必要性

由于警察事务属于非常传统的地方事务,因此,即使中央政府出钱,地方政府机关有时也很难领情。英国学者将内政部的这种权力称为一种延伸性权力,就很能说明问题,反映了学术界对于中央政府干预地方警察事务所可能导致的极权化的深沉戒惕。但令英国学者稍感释怀的是,尽管内政大臣拥有如此广泛而多样的权力,但在行使这些权力时并没有用到极限,而是相当节制。[①] 这一点非常重要,这说明,尽管立法赋予中央政府部门相当广泛的干预地方事务的权力,但他们在行使这些权力时如同英王一般,非常有节制,其中的机理源于一种现代的谦和,因为一旦其过分全面地行使这些权力,导致的反弹很可能是使地方群起而向着废除中央这部分权力的方向努力。从另一方面看,中英对比也说明,在我国,权力的法律设定总是实际行使的权力的最小边界而非理应达到的最大边界,我们需要解决的问题是如何使过分膨胀的权力受到约束;而英国也同样存在制定法上的权力与实际行使的权力不一致的情形,但主要表现在没有用尽。我们虽然也有没有用尽的情况,但都是因为执法不作为所致,是应当为而不为,有别于此处英国的可以为而有所不为。

从此处英国学者发表的议论看,他们对英国警察的中央集权化很是忧虑,这种忧虑在某种程度上表现为对英国警察实际上的中央集权程度的某种夸大,期望以此引起人们的重视。但无论如何,至少有一点是肯定的:英国学者潜意识里非常不赞成警察工作的中央集权化,因为这是他们所深恶痛绝的警察国家的一个主要标志。

但从英国学者所列举的中央集权化的事项看,其向中央集中的倾向还是非常具有象征性的,主要是目标的指导、部分人员的任命(只占委员会委员总数三分之一以下的少数,而且还是间接的)以及监督管理等,并不涉及具体案件,也不涉及警察力量的统一指挥。可以说委员会制的警察管委会的存在很大程度上是一枚打在警察局与内政部之间的楔子,限制了中央对地方警力的直接干预。而且从实际效果看,中央政府通过大法官借司法渠道对警察系统的影响甚至不小于通过内政大臣所实施的影响。最重要的是这两种作用都只是影响力,而不是直接命令或者对个案

---

① Bradley & Ewing, p. 459.

的干预、督办等强制力。

七、警察与法院的关系

就警察与法院的关系问题,有英国学者指出,在英国,有一种陈旧的而且极不准确的观点认为,警察并不比普通公民拥有更多的权力,警察只不过是一个拿钱干活的人,其职责不过是做其认为应当做的事而已。① 但是在笔者看来,这种思想对于限制警察的特权显然是非常有益的,因为警察也不过是一个拿工资干活的普通人而已。从该学者后来提到的内容看,英国直到 1968 年还盛行这种观点。这在很大程度上说明,英国警察的普通人身份对于限制警察权力的滥用的作用是历史性的。而这种历史性作用的思想基础的影响力,一般而言是很难在保守主义与实用主义盛行的英国迅速消失的。

受这种思想的影响,1962 年皇家咨询委员会得出了一个令英国学者吃惊的结论:警察与法院的关系与其他任何公民与法院的关系相比,并没有任何宪法意义上的特殊性。② 也就是说,他们要像普通公民一样受法院的拘束,而没有任何特权。英国所有的特权都让英王占去了,除不能与代表国家的英王平等外,其他的人都是平等的,包括普通公民与警察。特别由于警察都是地方政府的一部分,与英王没有关系,因此,英王的法院当然不会承认警察在法律上的特殊性。

这种认识直到 1968 年的 R. v. Metropolitan Police Commissioner, ex p. Blackburn 案中才得到纠正。根据 1963 年《博彩法》的规定,有些类型的赌博是非法的,于是伦敦的赌博俱乐部试图规避该法。在执行该法的过程中出现问题后,大城市警务专员给高级警察们发出一道秘密通知,决定允许警察在对违法的赌博俱乐部采取行动时可以不经任何法律程序,除非有对警察的欺骗行为的投诉或者警察的行为已经构成了犯罪。于是,该案实际上的原告布莱克本(Blackburn)要求法院对大城市警务专员发布训令,责令其撤回这一政策决定。③ 这个案件说明,英国的行政机关上下级之间也会下达内部指示,但只是一些判例中偶尔一见的例外,并不普遍。

---

① Bradley & Ewing, p. 491.
② Bradley & Ewing, p. 491.
③ Bradley & Ewing, p. 491.

在案件判决前,该秘密通知即被撤回。法院在该案中并没有回答布莱克本对于其请求的训令是否具有足够的利益。① 这种在判决前改变或者撤销被诉行为的做法,在英国也是有的,而且诉讼中没有什么限制。而且法院在这种情况下是不会再发训令的,因为法院判决之前或者发训令之前,其所要训示的内容已经实现了,所以法院不必考虑是否应当为布莱克本发放训令的问题,法院也不应当作出一个本身无法执行的判决。但另一个问题对于行政诉讼而言更为重要,那就是,法院根本就没有审查原告资格,而是直接深入到该案的实体问题中,并促使被告在法院判决前就作出了原告所要求法院判决的内容。这足以说明,在英国,法院认为自己就是纠纷的裁决者,它们仅在极个别的情况下才会说某个纠纷不属于法院管辖或者将某些案件推到国外(如欧洲人权法院)。

上诉法院认为,每一个警察局长都对公众负有执行法律的义务。这一义务可以由法院在必要时予以强制。虽然警察局长有宽泛的法院不宜干涉的自由裁量权,但法院将会控制那些不履行实施法律职责的政策决定。② 英国学者此处强调的是,警察有实施法律的职责和义务,而一旦其不实施法律,法院就可以干预,而对于普通的百姓,法院显然不会这样做。也就是说,警察享有普通公民没有的实施法律的权力,而且这些权力必须行使,否则法院会强制其行使。

在1973年的一个由布莱克本提起的要求落实反淫秽法律的案件中,法院就实体问题作出的裁决认为,行政专员已经尽其所能地利用现有的人力实施了现有法律,不应该再对其提出更多的要求。③ 如果确实如此,至少说明一个问题,即一般公众对于涉及一般公众的法律的执行,如反淫秽法、博彩法等的实施,具有足以在法院提起某种形式的行政诉讼的利益。这无疑是行政诉讼的主体资格、受案范围领域一个非常重要的判据。

在1989年的 *Hill v. Chief Constable of West Yorkshire* 一案中,进一步的考虑则涉及警察所拥有的所谓的"明确的法定义务"的界定问题,法院认定警察所拥有的制止犯罪的一般义务,并不必然导致警察对个人因警察有可能预见到但未能有效预防的犯罪而蒙受的损失的赔偿责

---

① Bradley & Ewing, p. 491.
② Bradley & Ewing, p. 491.
③ Bradley & Ewing, pp. 491-492.

任。① 英国学者将该案称为不成功的诉讼,这至少有两重含义:一是原告方未胜诉,二是潜意识里有为原告惋惜的意思。因为该案的判决在一定程度上通过对"明确的法定义务"界定,对警察职责范围作了某种程度的限制,相应减少了一般公众要求警察履行更广泛义务的空间。

2000年欧洲人权法院的一个引起英国学术界争议的判决,产生了英国法院的上述判决是否与《欧洲人权公约》第6条相符的问题。虽然欧洲人权法院在其2002年的另一个判例中强调该法院所考虑的并不是警察的赔偿责任豁免问题,但也承认公众有权在诉讼中检验警察豁免权的范围。显然,如果法院严格按照以下建议行事,即法院应当应某一民众的请求要求警察局长履行其职责,也会带来许多困难。②

假定法院必须允许警察在安排其工作时具有自由裁量权,那么一个对法律有所领悟的称职的警察局长在允许的界限内行事并不是什么难事。法院否定警察局长提出的显然是违法的建议是一回事,法院强加对警察资源的使用的优先顺序的意见完全是另一回事。③ 对于法院而言,前者可为,后者不可为:法院不该应民众的请求而要求警察去干这干那,即支配警察资源。

八、警察基金

警察管委会掌控一笔警察基金用于警务的收支,警察管委会也是作为该基金的基本的资金来源的附加税的征收机关。警察管委会还是负责警察养老金的机关。④

九、警察的效能

确保为其所在地区供养一支经济、有效能的警察力量是每个警察管委会的义务。⑤ 任何职能部门,如果没有效能,迟早要成为改革的对象。至于效能的评价、计算,在不同国家有不同的机制。从某种意义上讲,一个能够中立、权威、明确地界定警察的职责,客观、经济地评估警察效能的国家,警察才谈得上有效能。将警察的效能评价完全交给警察,后果只有

---

① Bradley & Ewing, pp. 491-492.
② Bradley & Ewing, p. 492.
③ Bradley & Ewing, p. 492.
④ Andrew Arden, p. 121.
⑤ Andrew Arden, p. 121.

一个——无法得到对于警察效能的准确评价,在这种情况下谈论警察的效能,无异于"盲人摸象"。

正是由于警察体制中存在中央与地方的分立,警察权不归中央,但警察的供养职责却主要通过中央财政实现,英国自然而然地具有一个不干活却到处指指点点的人——一个有条件也有意愿客观、中立、准确地掌握地方警察效能的机构,即内政部。当然,内政部调查、了解警察职能信息的目的显然不是为了向议会报告,而是为了使中央财政通过内政部拨付给地方的警务经费能够得到更有效的运用。

为此,内政部倡议采取大量旨在使警察队伍更有效能的措施,例如1997年《警察法》建立的全国刑事情报服务中心(National Criminal Intelligence Service)和国家预防犯罪局(National Crime Squad)。英格兰及威尔士警察体制的核心特征,就在于它们没有一支全国性的警察队伍,而只有许多分别由各郡经营的警察队伍。赞成建立一支全国性的警察队伍的意见,总是与认为这将导致警察权过度集中的意见针锋相对。① 过分集中的警察权不仅仅造成警察服务成本上升,更重要的是这将不可避免地造成有恃无恐的违法行为的大量增加,从而增加社会的对立面及其反抗的力度,并进一步增加对于更为强大的警察力量的需求。其最终的结果是陷于一种警扰民、民抗警的恶性循环,最终导致国家因无力承担过分庞大的警力或者"有限"的警力无法对抗无限的民力而使国家或者政府易帜。

此外,据英国学者介绍,事实证明,英王的警察巡查官在维持警察的效能及经济效益方面,是一个非常重要的职位。他们由内政大臣任命并向其报告工作。警察巡查官必须向内政大臣提供年度报告,并可以受内政大臣的指派对任何警察局进行巡查,如果警察巡查官的报告认为该警察局效能或者经济效益不高,或者除非采取补救措施才能使之摆脱效能或者效率不高的状况,那么,内政大臣就要指导该警察局所属的地方警察管委会,采取指定的措施,而这一措施将在今后更加强化中央政府的控制。因为这一权力包括专门对地方警察机关每年的最小预算给予指导的权力。②

但是,从英国学者的角度看,无论是立法还是实践中,为提高警察效

---

① Martin Partington, p. 81.
② Bradley & Ewing, p. 459.

能的种种努力还远远不够,他们不无遗憾地认为,2002年《警察改革法》(Police Reform Act)在提高警察效能方面采取的措施,也只不过是将某些警察职能交给在警察队伍中的文职职员。①

十、警察的职权

早在1929年,一个关于警察权与执法程序的皇家咨询委员会审查了警察对于已被下令逮捕的某人的住处进行搜查的实际做法后,关切地指出,警察在履行其基本职责时必须依靠的那些权力的合法性是值得怀疑的。② 英国警察法曾经经历的一个历史性的门槛,是在法律上承认,警察权可能而且有时必然会影响公民的个人自由。这一"肤浅"的认识或许并不是英国人的发现,但却并非所有的国家都能够意识到,更不是所有的国家都能够身体力行。而这一点恰恰是对警察权监督必要性认识的前提,也是促使警察权合法、合理地运用的第一步。

但是英国警察方面的法律并没有紧跟着修改,1960年,一位杰出的法官写道:"根据英格兰法,警察的搜查权是非常随便而模糊的。"同样的评价也完全适用于警察的逮捕权。③ 英国的逮捕(arrest)比我们要随便,不与警察合作就可以马上被逮捕,如驾驶员酒精呼气测试时,不按操作规程进行并经警告不听者,即可被逮捕,但逮捕后一般可以交保获释,而且无损被逮捕者的名声,与我们刑事诉讼中的批准逮捕差异很大。

1978年,工党政府又成立了一个皇家咨询委员会,负责审查在调查违法及刑事追诉方面的警察权力与职责。对该委员会的要求是,既要考虑将违法者绳之以法的社会共同利益,又要考虑犯罪嫌疑人及刑事诉讼被告人的权利与自由。该委员会的报告试图在英国的刑事司法体系中寻找个人权利与社会及国家安全之间的平衡点。该委员会的报告中提出的许多改革建议都是很有争议的,但是其提出的需要对这方面的英国法尽快进行更新的建议,却得到了一致的拥护。④ 该委员会指出,现行的有关警察权的规定散见于(或者说需要相当困难地从以下法源中抽象出来)制定法、普通法、证据法以及法官及内政大臣对警察的指示中,规范警察的

---

① Martin Partington, p.81.
② Bradley & Ewing, p.459.
③ Bradley & Ewing, pp.459-460.
④ Bradley & Ewing, pp.459-460.

调查权的法律需要以明确的相互连贯的并且与当代的环境相关的术语加以重构和重述。这一宽泛的结论被保守党政府所采纳并导致 1984 年《警察及刑事证据法》的出台，该法是一项重要的成文立法，以至于为了经常使用而有了通用的简称 PACE。① 值得提醒的是，英国的警察基本上都是地方警察，因此，由中央政府为警察权力及其行为规范统一立法，才会在英国引起特别的注意。而且，与一般立法都要设立执行机构不同，英国的警察法并没有设立诸如中央警察局或者公安部之类的机构。

此外，作为英国警察的基本职权，英国的逮捕兼有我国的拘留与逮捕的含义，相对而言比较随便，具体执行逮捕事宜的警察在实施逮捕过程中拥有相当大的自由裁量权。其监督的重点不在于逮捕的标准，而在于确保给予所有遭到逮捕的人以人道待遇，并在必要的审问后及时交保或者被审判。

十一、警察的职责

在英国，只有警察管委会所属的警察有警察权，其他的行政主体都没有警察权。

由于只有警察有警察权，因此，英国的所有行政管理事务，最终都可能落幕于警察权的出现。但几乎在所有的领域，警察都不负责日常的管理职能。1962 年，警察事务皇家委员会（Royal Commission on the Police）提出，警察的主要职责包括以下几项②：① 维护法律与秩序，保护个人及财产；② 预防犯罪；③ 刑事侦查；④ 在英格兰及威尔士，就是否起诉某一犯罪嫌疑人作出初步决定，最终决定由皇家公诉服务体系作出；⑤ 疏导道路交通，就交通问题向地方政府机关提建议。除此之外，警察还与紧急状态服务有关，如消防、水灾等的防御等。③

表面上看，英国警察的职能是比较单纯的，最主要的就是治安权、刑事侦查权和疏导交通权。但由于英国并没有行政处罚，而是将所有的行政违法行为在经初步警告后，对仍拒不悔改者一律刑罚伺候，于是，警察权实际上承担着几乎所有行政僵局收场的职责。但从实际情况看，他们很好地履行了这一职责，但其中的主要原因在于，他们的这一职责只是中

---

① Bradley & Ewing, p. 460.
② Phillips & Jackson, p. 452.
③ Andrew Arden, p. 122.

间性的,说得更通俗一点,纯粹就是体力活儿——警察职责落实的距离,就是从犯罪现场到最近的治安法院(个别情况下例外,即严重刑事案件时,但这一般不涉及行政管理,而多为传统普通刑事案件)的距离,只要将有关人等送进治安法院的大门,警察的职责即告履行;当然,警察也只有将犯罪嫌疑人"扭送"到法院的权力,非此,即有可能面临非法拘禁的指控。

与许多国家一样,英国的警察并不主管选举事务(警察国家可能是个例外,但警察国家又没有管理选举事务的必要),但英国选举法中有一种罪名是假冒罪,是由警察负责执行的。① 此处涉及警权的一个非常重要的内容,即其执行职能,警察在某些情况下并没有判断的权力,但在其他官员根据自己的职权作出相应的判断后,可以要求警察采取某种行为,而如果法律规定警察应当遵循这一命令,则警察就必须执行这一命令,而不能抗拒。按照这一体制,警察的决策体制就可以与警察体制独立开来,这对于避免警察的专断具有相当重要的意义。更为重要的是,相当数量的行政部门或者专司某职的行政官员,在法定情况下具有支配警察的权力,从而在相应程度上减少了有多少个行政执法部门就有多少个要求在各部门设立相应的执行机构甚至警察的声音的不正常现象。英国的警察体制之所以能够成为其国内近乎唯一的强制性权力渊源,这种内外结合的体制无疑发挥了重大作用。

十二、消防服务

(一) 消防局

在英格兰,消防局是非大城市地区的郡议事会的职能部门,它们也可以达成自愿协议将其消防服务合并,或者加入大城市郡或者大伦敦的消防与民防局。② 显然,上述提到的大城市及大伦敦的消防与民防局,就是这些地区的消防局。而非大城市地区的郡一般都是就近加入这些消防局。

在威尔士,郡和郡自治市议事会是消防职能部门。在非大城市地区实行单一制地方的议事会是该地当然的消防职能部门,这些地方议事会可以自愿就联合事宜作出安排,但是国务大臣可以在没有或者没有令其

---

① Andrew Arden, p. 309.
② Andrew Arden, p. 122.

满意的自愿联合协议时自行发布命令创立这样的联合消防局。①

国务大臣还可以要求消防职能部门之间达成联合协议。联合消防局在法律上属于法人机构,由联合协议所规定的成员机关的代表组成。②

(二)消防预案

每一消防局必须就救火预案作出安排,以确保能够提供有效的救火服务。某一消防局可以安排另一消防局履行自己的职能,此时,消防局必须加入到与其他消防局的合作协议中去,以便届时能够提供相应支持。③

(三)消防许可

地方政府机关还必须向指定目录内的某些建筑物的主人发出通知,要求他们给其建筑物安装有效的火灾逃跑通道。④ 根据1971年《预防火灾法》的规定,诸如旅馆、医院、休闲和运动俱乐部、教育机构、工作场所等不动产的所有者,必须从消防局取得消防证。

十三、水防服务

此处的水防,与本编第四章第二节环境行政法中的排水部分的内容有所不同但显然有交集。水防防的是洪水,具有维护公共安全、应对紧急状态的性质。对此,有两点需要注意:一是英国是一个低地、岛国,水防是其经常性的国务,其主要任务是排除内涝意义上的排水;二是在职能配置上,水防职能与排水职能往往交由一个机构处理,即水务(防)职能部门,唯一的区别是该机构在洪水期间会享有有限的紧急处置权。

(一)水防职能部门

英国共有两类地方政府机关涉及防洪及排水管理:一是环境保护代办处通过区域防洪委员会(Regional Flood Defence Committees)实施管理,二是内陆排水委员会(Internal Drainage Boards)。⑤

1. 区域防洪委员会

区域防洪委员会由部长、环境保护代办处及成员议事会任命的成员组成。成员议事会通常包括防洪委员会区域内的基本地方政府机关、二

---

① Andrew Arden,p.122.
② Andrew Arden,p.122.
③ Andrew Arden,p.122.
④ Andrew Arden,p.86.
⑤ Andrew Arden,p.123.

级制地区的郡议事会以及伦敦自治市。① 而此处的部长不是国务大臣,而是比国务大臣级别低的部级干部,而环境保护代办处则是一个非政府部门机构,具有准部门的性质,但履行公共管理与服务职能。

2. 内陆排水委员会

根据1991年《国土排水法》(Land Drainage Act)的规定,内陆排水委员会管理内陆排水区,该委员会由支付排水税者选举的成员以及向该委员会提供资助的议事会任命的人员组成②,充分体现了谁出钱、谁管理的原则。

(二) 有关政府机关的职责

区域防洪委员会的职能是:监督、供养和改善通过诸如区域内的河流等主要河道进行的国土排水,并在必要时开挖新的河道;内陆排水委员会基本上承担着同样的职能,但主要集中于其辖区内较小的普通水道。③ 因为内陆排水委员会的规模一般较小,通常没有足够的经济实力实施区域防洪委员会所能实施的开挖新的必要的河道的庞大工程,而只能利用现有的小型河道。此外,此处的区域防洪委员会与前面介绍过的英格兰地区普遍发展起来的区域发展代办处显然存在密切的联系,至少其设计构想是一致的。

排水职能部门可以发布通告,要求清除河道中的障碍物。影响河道的工程也必须取得排水职能部门的批准。地方政府机关可以采取措施维持其区域内河道中的水流,但这必须首先咨询排水职能部门的意见。④ 因为维持河道内水流的工程往往涉及在河道内,特别是下游建坝的问题,从而可能影响排水,故需要征求排水职能部门的意见。

基本地方政府机关以及二级制地区的区议事会,可以实施预防或者减轻洪水影响的工程,但这一般不能针对自然河流实施,针对河流实施的此类工程必须取得环境保护代办处的批准。⑤ 咨询环境保护代办处后,基本地方政府机关以及二级制地区的郡议事会可以对辖区内的小块区域进行排水。⑥

---

① Andrew Arden, p. 123.
② Andrew Arden, p. 123.
③ Andrew Arden, p. 123.
④ Andrew Arden, p. 123.
⑤ Andrew Arden, p. 123.
⑥ Andrew Arden, pp. 123-124.

环境保护代办处可以向地方政府机关征收赋税,作为防洪基金。内陆排水委员会是由环境保护代办处、排水税以及地方政府机关缴纳的赋税支撑的。它们都可以根据1976年《国土排水法》征税。①

十四、民防服务

根据1948年《民防法》(Civil Defence Act)的规定,被指定的部长可以通过条例规定地方政府机关在民防方面的职能。如果某一地方政府机关未能遵循这类条例,该部长可以自行履行该职能或者将其转移给其他地方政府机关。1993年《民防(地方政府机关的一般职能)条例》规定,为其所在地区拟定民防计划是非大城市郡议事会的职能。区议事会有义务协助郡议事会准备此项计划。郡议事会的上述职能也可以由其他地方的基本地方政府机关行使。各议事会在履行上述拟定民防计划的职能时,必须咨询消防和民防局的意见,与该计划相关的议事会也可以参与到为保障消防和民防局履行其职能的安排中去。地方政府机关可以在不涉及敌对活动的紧急及灾难性事故的处理中运用民防职能。②

十五、停车管理

1991年《道路交通法》(Road Traffic Act)第73条规定,伦敦的自治市议事会及伦敦城公共议事会应当建立一个单一的联合委员会,并由该委员会任命合格者担任停车裁判官(parking adjudicators),该委员会还应为停车裁判官提供办公场所和办公人员,并决定各停车裁判官应在当地何处听审案件。停车裁判官裁决车辆的所有者或者驾驶者就其车辆被伦敦交通管理职能部门拖车或者锁车而发生的费用,向伦敦政府机关提出申诉后仍不服而提起的上诉案件。国务大臣已经对此类案件的审理程序通过发布条例作了规定,而审理的费用则按裁决中确定的比例或者由仲裁裁决的比例支付。③

十六、户口登记不属于警察事务

除非硬把居民身份制度说成是英国的户口制度,英国是没有户口制

---

① Andrew Arden, p. 124.
② Andrew Arden, p. 124.
③ Andrew Arden, p. 256.

度的,至少没有居民必须到其居住地公安机关登记以保证人户不分离的制度。由于没有严格的户口制度,英国也没有暂住证制度,外地人去伦敦是不用办暂住证的。介绍这些的目的,只是想提醒多年以后的读者,这些内容都是笔者写作当时可以比较的内容。当然最需要提醒的是,此处介绍的内容不但不同于户口登记,而且也不属于警察机关的职责范围。

英国与户口登记制度类似的制度是,出生、死亡及婚姻登记,但英国学者将此项职能界定为"其他杂项职能",即由地方政府机关承担的其他杂务。根据 1953 年《登记服务法》(Registration Service Act)的规定,基本地方政府机关以及二级制地区的郡议事会分别构成一个登记区。登记员由其所在登记区的地方政府机关任命,但由总登记官聘用。① 也就是说,在英语中,任命与聘用并不是一回事,而且可以由两个不同的主体分别行使各自的权力。这类似于我们的评聘分开。

在英格兰,单一制地区的区或者郡、伦敦的自治市、伦敦城、二级制地区的郡,以及威尔士的郡或者郡自治市,构成一个 1953 年《登记服务法》所规定的登记区。②

地方政府机关必须任命一名主管登记员负责每一登记区内的出生、死亡及婚姻登记,并为每一登记分区任命一名登记员负责该分区内的出生及死亡登记。主管登记员和登记员必须是由地方议事会支付工资并且符合规定资格条件的人。③ 从这一规定看,登记员是由地方政府机关任命的,并且是由地方议事会出工资的,因此,前面提到的由总登记员聘用并非由其付工资,这一点可能与我们的想象不同。

主管登记员可以经总登记员批准,任命任何符合规定的资格条件的人担任其登记区内负责婚姻登记的登记员。每一主管登记员以及每一出生及死亡登记员必须经总登记员批准,任命一名助理登记员代替登记员,婚姻登记员经总登记员批准也可以任命一名助理。④

此外。在剩余雇用职责的名下,还包括许多与我们认为的警察事务有关的非警察的地方官员,如验尸官、验租官,他们并不履行地方政府机关的职能或者代表地方政府机关履行职能,地方政府机关与他们的关系

---

① Andrew Arden, p. 134.
② Andrew Arden, p. 374.
③ Andrew Arden, p. 374.
④ Andrew Arden, p. 374.

仅仅是扮演剩余雇主的角色。地方政府机关与这些职官的关系是由各自专门的制定法规定的,已经不属于地方政府法研究的范畴。①

十七、博彩日常管理不属于警察事务

在英国,这是地方政府文化行政的一项主要职责。详见本编第五章第一节文化行政法中游乐场、赌博、彩票及娱乐部分。

十八、色情产业管理不属于警察事务

英国学者将色情产业管理职能界定为"其他杂项职能"②,即由地方政府机关承担的其他杂务。基本地方政府机关以及二级制地区的区议事会,可以决定在其辖区内许可设立色情电影院或者商店。许可申请必须由当地地方议事会的一个委员会或者下属委员会进行听证,反对者的意见也必须听取。许可申请可以基于特殊原因而被拒绝。在伦敦,自治市议事会可以决定对色情表演适用同样的许可要求。③

十九、废金属回收管理不属于警察事务

英国学者将废金属回收的管理职能界定为"其他杂项职能"④,即由地方政府机关承担的其他杂务。基本地方政府机关以及二级制地区的区议事会,必须建立本地区的废金属回收者登记簿。凡欲从事废金属回收者,必须向当地地方政府机关申请登记,未经登记而从业者构成犯罪。⑤

二十、危险品管理不属于警察事务

在英国,该领域至少有相当一部分,是由地方规划职能部门负责的,英国甚至还为此专门立法。当然,此等意义上的危险品控制,主要是从其静态、宏观、战略规划控制的角度,特别是产业布局角度进行的,交由地方规划职能部门负责,也不是完全没有其合理性。

---

① Andrew Arden,p. 375.
② Andrew Arden,p. 134.
③ Andrew Arden,p. 136.
④ Andrew Arden,p. 134.
⑤ Andrew Arden,p. 136.

二十一、毒品及毒物管理不属于警察事务

在英国,毒品及毒物管理一般在消费者权益保护领域研究。从归口管理的角度讲,属于地方政府机关管辖的普通事务,而非警察机关管辖。当然,如果涉及犯罪,警察机关的介入是完全可能的,也是十分必要的。根据1968年《药品法》(Medicines Act)的规定,基本地方政府机关及二级制地区的郡议事会是毒品职能部门①,在日常管理方面,警察并不介入,包括不需要警察机关审批、也不需要向警察机关备案,警察也不会进行日常检查。

二十二、抓狗员不是警察

与中国的限养制度可比较的是英国抓狗员制度,但抓狗员不是警察。区议事会、单一制地区的郡议事会、伦敦的自治市议事会、威尔士的郡或者郡自治市,以及伦敦城公共议事会和锡利群岛议事会必须任命一名官员以控制流浪狗。②

与中国的限养制度最大的不同在于,英国的抓狗员只管无主狗,不管有主狗,而中国限养制度恰恰相反。由此我们可以进一步分析英国政府职能设计的一个出发点,即挽救市场的、社会的失败。对于流浪狗而言,所有加之于狗主人的法律责任都"遁入空门",从而形成一种社会管理的真空,即社会的失败,如果此时政府不站出来,狗的问题就无法根本解决。进一步分析还会发现,狗的问题其实是人的问题,对狗的管理最终要落实到对人的管理。如果将管理的对象对狗不对人,或者名为对狗实为对人,则管理的动机或许就不是真正意义上的管狗,而是实质意义上的管人了。

二十三、警务信息公开

英国可能是开放过了头,但凡提到行政执法,相关信息的公开都是必提话题。这难免会让有些习惯于秘密工作的部门非常反感。但从英国的实际情况看,保密部门在这一领域的声音已经被压制下去了,它们不得不公开某些现在看来自己都觉得没有什么秘密可言的信息,如报案数。

---

① Andrew Arden,p.92.
② Andrew Arden,p.374.

(一) 警察记录

如果某人被警察扣留,则有权获得扣留和搜查记录的副本,这一请求权可以在其被逮捕后的 12 个月内的任何时候提起。同样道理,某一物业的占有者也有权查阅任何针对其物业的搜查令的副本,期限从该搜查令被执行搜查任务的人员送回治安法院之日起计算。① 英国人的房产就是英国人的城堡,不能随便进入,除非有法定的搜查令。搜查令由治安法院发放,但这种令状有点类似于中国古代的令牌,搜查完毕后应当连同搜查结果一起送回发布令状的法院。

可以依申请获得的警察记录数量巨大,但除非是在刑事或者民事诉讼的信息披露程序中,警察并没有披露这些记录的义务。②

(二) 验尸官记录

根据 1984 年《验尸官规则》,必须依申请向具有足够利益的人提供验尸报告,在其中标注证据或者其他任何作为证据的文件。同样可以获得的文件还包括验尸结论文件,其上载明了死者是谁、何时、何地、何方式死亡等内容。③

二十四、警察服务标准

1996 年《警察法》保留了地方警察管委会必须确保一支兼具有业务效能和经济效益的警察队伍的义务。④ 这个标准可以简化为精干高效,但因为我们的效率往往不包括经济成分,因此,这样简单的翻译往往会造成信息传递过程中的巨大损耗,这是笔者之所以拙译的原因所在。

在履行职责过程中,地方警察管委会必须充分考虑达到内政部设定的目标、地方警务目标以及地方警察管委会自己制定的目标等的具体要求,地方警务目标及地方警察管委会制定的目标必须以年度为单位明确。⑤

根据 1984 年《警察及刑事证据法》,英国颁布了《警察良好行为规范》,这不仅对相当广泛(虽然还不是全部)的警察权力的行使规定了良好

---

① Wade & Forsyth, p. 98.
② Wade & Forsyth, p. 98.
③ Wade & Forsyth, p. 98.
④ Bradley & Ewing, p. 458.
⑤ Bradley & Ewing, p. 458.

行为规范,同时既赋予了警察新的权力,又对公民提供了新的保障。①

二十五、对警察的控制

无论是维护公共秩序,还是侦查或者起诉犯罪,警察的决定都不可避免地涉及自由裁量权的行使、不同诉讼程序的选择以及有限资源的优先使用顺序等。由此决定了对警察的监督的必要性及难度。在一个稳定的社会,警察也许更容易扮演一个不偏不倚的非政治性角色,但是,即便是这种角色也具有潜在的政治重要性。而在不稳定的局势下,颁行法律和发布命令就有了更直接的政治内容。在英国麻烦不断的20世纪80年代,就经常提起有关警察承担政治责任的程序问题。② 即使是在警察比较容易扮演非政治角色的稳定社会,其角色也具有潜在的政治重要性,这一认识反映了英国对于和平建设时期警察地位的认识。

不容忽视的是,警察对于某一单独事件的调查可能会在全国范围产生巨大反响。围绕警察对伦敦少年劳伦斯(Stephen Lawrence)谋杀案的反应,引发了一系列警察责任制方面的疑难问题,并反映出警察服务领域存在的体制性的种族主义。③ 英国宪法、行政法学者在考虑制度构成主体时,无论是大臣、公务员还是警察,都必讨论其全面的责任机制,这一点很令人钦佩。在他们看来,如果没有对某一群体建立严密的监督控制机制,即保证其责任落实的机制,是一件很让人睡不着觉的事。

关于警察对种族暴力、公共示威以及煤矿工人罢工等诸多事件所采取的措施的适当性问题,都与警察所要承担的政治责任有关。其中比较复杂的是警察工作更为明显地向中央集中的趋势。这种趋势的初级表现形式之一,就是警察局之间的合作。这种合作形式很多,还出现了通过诸如警察局长协会(Association of Chief Police Officers,ACPO)之类的组织的非正式活动,发展统一的警察政策的可能性。这种正在显现的集中趋势产生了现存的制度结构难以回答的有关警察责任制的新问题。④

二十六、对警察权滥用的救济

英国学者在讨论警察与公民有关的权力与职责之后,往往讨论警察

---

① Bradley & Ewing, p. 460.
② Bradley & Ewing, p. 489.
③ Bradley & Ewing, p. 489.
④ Bradley & Ewing, p. 489.

超越权限时公民所能获得的救济,主要考虑五种可能的救济或者后果①:① 基于个人自卫而抗拒警察;② 人身保护令;③ 就所受的任何损害提起损害赔偿诉讼的权利;④ 向警察申诉机构申诉的权利;⑤ 在作为警察违法行为的受害者提起的刑事诉讼程序中,对不适当取得的证据予以排除的可能性,即适用非法证据排除规则。

(一) 自卫

当干涉个人或其财产的情势发生时,公民拥有某种自卫的权利,由此可能导致的责任既包括民事方面的,也包括刑事方面的。② 刑事方面的责任是因自卫过当而产生的法律责任。无论是刑事还是民事责任,都有被逮捕的风险。但从下面介绍的例子看,这种风险在英国并没有达到令人不寒而栗的地步,许多英国公民确实敢于跟警察说不。

有关这一问题的公认判例,是 1947 年的 *Christie v. Leachinsky* 案,该案所确定的判例已经成为现行《警察及刑事证据法》第 28 条的内容。该案的主审法官西蒙兹(Simonds)指出,每一公民都当然地享有免予被逮捕的自由,并据此拥有拒绝逮捕的权利,除非该逮捕是合法的。而在 1990 年的 *Abbassy v. Metropolitan Police Commissioner* 一案中,主审法官伍尔夫(Woolf)强调,之所以要确立告知被逮捕者逮捕理由的规则的原因就在于,一旦认为被告知的理由不足以证明逮捕的合法性,就可以行使拒绝逮捕的权利。③

但在另一方面,根据 1996 年《警察法》第 89 条规定,袭击、拒绝或者恶意地妨碍警察执行职务的行为,是刑事犯罪行为。因此,对于使用暴力抗拒其认为非法逮捕的公民而言,是要承担一定的风险的。法律并不鼓励公民抗拒明知是政府工作人员的执法者的法律权威。虽然在 1967 年的 *Kenlin v. Gardner* 一案中,两名男孩被认定有权使用合理的暴力来逃脱两名试图盘问他们的警察。总之,如果逮捕是合法的,抗拒警察实施的逮捕行为就是违法的,而且由于该警察是在履行其职责的过程中,对其实施袭击的性质是非常恶劣的。但是,如果某一被告为拒绝某一并非警察或者法院工作人员实施的逮捕而使用了暴力,并且在其这样做时确实知道行为人不是警察或者法院的工作人员,该被告的行为就是合理的;在类

---

① Bradley & Ewing, p. 481.
② Bradley & Ewing, p. 482.
③ Bradley & Ewing, p. 482.

似的情况下,即使其相信行为人不是警察或者法院工作人员的意识在一般人看来并不合理,照样拥有很好的自卫辩护理由。阻碍警察执行职务的刑事犯罪的范围在英格兰法中有非常宽泛的解释,而与之相当的犯罪行为在苏格兰则被解释为仅限于某些对警察活动的实质干预。①

综上,自卫一般发生在两种情况下:一是警察或者法院工作人员履行职责的行为本身是违法的,如非法的逮捕、没有说出正当理由的逮捕等;二是行为人并不具有警察或者法院工作人员的合法身份,或者受其侵害的人认为其身份不合法,如被侵害人是未成年人,其智力水平并不足以作出正确的判断;或者警察、法院工作人员在执行职务时着装不整,不足以使人辨明或者相信其合法身份。可见,在英国,自卫权理论与表明身份和说明理由是密切相关的。

只有在行为不合法(如非法逮捕)或者主体不合法(如不是警察)这两种情况下,才构成抗拒或者自卫的理由,但考虑到抗拒逮捕的法律后果非常严重,而被错捕后的救济又比较完善,待遇也并不是不能忍受的差,因此一般而言,英国学者并不建议拒捕。

总之,英国法中的自卫权,只适宜于用作一项事后的辩护理由,根本不足以构成对公民免予逮捕或者其他权利或者自由被侵犯时的保护,因为较之于非法逮捕或者其他侵权行为可能造成的实际损害而言,自卫的合法性不存在时可能导致的刑事法律责任的风险过高。

(二) 对警察行为的申诉

对警察的申诉由警察申诉机构负责处理,这是一个根据1996年《警察法》由政府任命的独立机构。根据1996年《警察法》的规定,由公众中的一员提出或者代表其提出的对于某个警察的申诉,要交给上述警察申诉机构的负责人。该负责人的首要职责,就是要获得或者保护相关的证据。取证之后的程序取决于有关的申诉是否涉及资深警官,即是否高于警司衔。②

程序方面的主要区别在于,涉及高级警官的申诉的调查属于警察管委会的职责,而其他的申诉则由警察申诉机构的负责人负责,该负责人必须记录下有关的申诉,并将申诉划分为三类并分别处理③:

---

① Bradley & Ewing, p. 482.
② Bradley & Ewing, p. 485.
③ Bradley & Ewing, pp. 485-486.

（1）最低级的申诉是那些适宜于非正式解决的申诉；警察申诉机构负责人的职责就是要决定某一申诉是否应当纳入这一范围。

只有那些申诉人认为并且警察申诉机构负责人也认为即使被申诉的警察行为被证实，也不会导致刑事指控或者纪律处分的案件，才可以采取非正式的解决方法。非正式解决方法的实际做法虽然可能因案而异，但一般都会包括与申诉人的会谈以及在某些案件中的申诉人与被申诉的警察共同参加的见面会。绝大多数的申诉都是以这种非正式的方式化解、申诉人撤回了或者终止了申诉。这个程序非常好，简直是化干戈为玉帛。但在警察申诉机构的负责人与申诉人交谈之后，才会出现这种情形，有些还需要与被申诉警察会谈。但无论如何，警察方面及警察申诉机构方面的态度还是非常重要的，这是绝大多数申诉人因此而感到满足，故撤回申诉或者终止案件的原因所在。

（2）如果某一申诉不适宜于非正式解决，或者不能非正式解决，则警察申诉机构的负责人必须安排进一步的调查，或者由本机关官员进行调查，或者安排其他地区的官员进行调查。收到调查报告后，对于有迹象表明可能存在刑事违法行为并且涉案警察应当被提起公诉的所有案件，警察申诉机构的负责人必须将报告抄送公诉总监。随后，由公诉总监决定是否应当对涉案警察提起刑事诉讼。但是无论是否存在刑事违法行为，都要考虑是否有针对警察提起纪律处分程序的必要。在某些案件中，警察局长必须通知警察申诉机构是否已经启动了纪律处分程序，而且在有些案件中警察申诉机构可以指导此类纪律处分。

纪律处分程序是由警察局长主导的，并且必须允许相关警察获得公平的听审权。如果某一警察被发现实施了某一违纪行为，纪律处分的幅度为从解雇到警告。给予解雇、勒令辞职或者降衔等较重的惩罚之前，必须给予受处分的警察在听审时对法律代理人的选择权，否则不得给予较重的处罚。受处分的警察有权向警察上诉裁判所上诉。

（3）警察申诉机构在第三类申诉中的角色特别重要。这类申诉是指，申诉人声称某一警察的行为导致了死亡或者重伤，则在对该申诉进行调查之前必须咨询警察申诉机构的意见。除这类强制性的咨询以外，警察申诉机构也可以要求某一申诉要向其咨询，而警察方面本来是没有强制性的咨询义务的。警察局长也可以就其他的申诉案件或者与申诉无关但可能会牵涉刑事违法或者违纪的其他事项，在这些事项的严重性或者特殊性需要咨询时，就这些事项咨询警察申诉机构的意见。对于那些必须咨询的案件,以及其他出于公共利益需要咨询的案件,警察申诉机构不仅要监督调查的结果,而且要监督调查活动本身。对调查案件的官员的任命必须由警察申诉机构批准,警察申诉机构随后可以对调查活动进行指导。

(三) 人身保护令

如果某一公民被错误地剥夺了自由,根据一般的民事法,他并没有足够的理由去起诉违法者。但无论是被官员还是私人拘禁,在相应民事诉讼程序正常进行期间,继续拘禁都是错误的。[①] 这就是人身保护令的直接救济效果(马上释放)之所以能够存在的主要原因,即在任何民事诉讼程序进行期间,所有的拘禁状态必须立即结束。但英国学者明确指出,这仅限于民事诉讼,包括适用民事程序的司法审查,但不包括刑事诉讼。

英国法中的人身保护令,为被非法拘禁的人提供了一种立即获得释放的保障手段。对拘禁行为负责的人并不因人身保护令的下达而受到惩罚,但被拘禁者可以因人身保护令的下达而获得自由,并且可以进一步寻求可能的救济或者对非法拘禁者的惩罚。[②] 可见,人身保护令只管释放被拘禁的人,而并不直接对非法拘禁者实施惩罚。

人身保护令的申请也可以由已经定罪的在押犯、被关押候审者或者在刑事调查程序中被警察监禁的人提出;正在等候被驱逐出境或者因1971年《移民法》而被关押的人,等候引渡的人以及被强制就医的精神病人,也可以申请人身保护令。[③] 可见,不论实施关押的人是官员还是普通平民,不论被关押者是何人,都可以申请人身保护令。

正如《权利法案》中宣示的,不得要求过高的保释金,而现行的立法则鼓励治安法官在适当时尽可能地给予候审的人以保释,虽然根据1994年《刑事司法及公共秩序法》(Criminal Justice and Public Order Act)的规定,对于那些严重的刑事犯罪以及在保释期间所实施的犯罪行为,这种做法已经受到了严格的限制。[④]

人身保护令很早就被认定为英国宪法中最重要的一种特权令状,因为它是所有的非法拘禁案件中都可以提供的一种迅速的、强制性的救济,

---

[①] Bradley & Ewing, p. 482.
[②] Bradley & Ewing, p. 482.
[③] Bradley & Ewing, pp. 482-483.
[④] Bradley & Ewing, p. 483.

适用范围相当广泛。就目前而言，它可以为任何被警察非法拘禁的人提供救济。唐纳森（Donaldson）于 1981 年指出，所有人都应当知道，人身保护令并没有被废止，它依然是一种现实可行的救济手段。①

在《警察及刑事证据法》颁布之前，人身保护令可以用于被警察关押了两天却未被指控也未交由治安法官初审的案件。然而，由于法律已经对关押的时间作了明确规定，并可以根据治安法院的授权而延长关押时间，因此，在警察关押嫌疑人方面，人身保护令的适用范围已经变得非常小。但是，如果某人未经授权而被关押了 36 个小时以上，就可以提起人身保护令之诉，如 1988 年的 *Re Gillen's Application* 一案。②

1991 年的一个判例中有这样一段判词：人身保护令或许是最古老的特权令状。在适当的案件中批准发出人身保护令被所有的法官视为其首要的职责。因为我们从小就被教导，要相信而且我们也确实相信，公民基于法律的人身自由是其所有自由中最重要的。与此相联系，办理对人身保护令的申请自然成为绝对优先于法院其他工作的重中之重。③

根据《欧洲人权公约》第 5 条第 4 款的规定，英国政府也承担对任何受质疑的拘禁提供适当的救济以便检验其合法性的义务。④

（四）针对警察的法律诉讼

任何声称自己是违法的警察行为的受害者的人，都可以警察局长为被告提起损害赔偿诉讼，警察局长将代表其所属的实施侵权行为的警察承担相应的责任。⑤ 此类诉讼可能是因故意伤害、非法拘禁、错误囚禁、非法侵入等事由提起的，也可能是以要求返还非法占用的财产为由提出的。⑥ 显然，这些案件的范围要比人身保护令宽泛得多。

任何被提起刑事公诉的人都可以该起诉为恶毒的且没有合理的、可能的诉因为由，向法院提起一个独立的诉，当然，要想在这类诉讼中战胜警察是很困难的。从原理上讲，官员对其错误行为要由其个人负责。但是某些官员在此类责任的承担上被给予特别的保护。许多与警察有关的诉讼都是因不满警察的行为而提起的民事诉讼。在 1978 年的 *Wershof*

---

① Bradley & Ewing, p. 483.
② Bradley & Ewing, p. 483.
③ Bradley & Ewing, p. 483.
④ Bradley & Ewing, p. 483.
⑤ Bradley & Ewing, p. 483.
⑥ Bradley & Ewing, pp. 483-484.

v. Metropolitan Police Commissioner 一案中,原告即因被错捕而被判获得 1000 英镑赔偿。①

即使并不存在令人难以忍受的行为或者其他恼人的做法,法院也有可能判给对警察的做法不满的原告惩罚性赔偿金(exemplary damages)。如 2001 年的 Kuddus v. Chief Constable of West Midlands 一案。②

即使在逮捕是合法的情况下,也会引起民事责任,例如因逮捕以后的拘押行为或者因最初的逮捕没有依法进行等原因。在 1990 年的 Kirkham v. Chief Constable of Greater Manchester 一案中,法院认定,警察有保护囚犯在押期间安全的职责,据此,某一在警察羁押期间自杀者的遗孀获得了相应的赔偿,因为警察在该案中有过失。而在 1994 年的 Treadaway v. Chief Constable of West Midlands 一案中,原告的双手被反铐到身后,然后警察把塑料袋一个一个地套在他的头上并将袋口在他的脖子后系死,使他因窒息而拼命挣扎,最终昏死过去,随后他签下了认罪书;法院判给该原告 2500 英镑的赔偿金、7500 英镑的加重赔偿金以及 40000 英镑的惩罚性赔偿金。③ 从该案的情形看,警察的行为显然已超出了执行职务的范围,也超出一个理智的人能够判断的执行职务所必需的范围。因此,对于这样的行为所科处的惩罚性赔偿金,由警察自己承担也是非常合理的。

许多针对警察发起的诉讼在到达法院之前已经解决了。其中被广泛报道的案件,是由南约克郡警察局对 39 名前罢工矿工的赔偿和解。这些矿工都是 1984 年发生在奥格里弗的警察与示威者冲突事件中的当事人。据报道,原告方起诉的事由包括故意伤害、非法逮捕、恶意起诉以及错误关押等。警察局总计赔付了原告方 425000 英镑。④

1997 年,考虑到在民事诉讼中所承担的赔偿金数额巨大,上诉法院发出了对陪审团在决定惩罚性赔偿金时最高限额的指导意见,对于具有警司及以上警衔的警官的不良行为所能判处的惩罚性赔偿金的最高限额为 50000 英镑。这一指导意见是针对两个作出了巨额惩罚性赔偿金的案件而发的。在这两个案件中,法院分别判处支付警察残忍暴行的受害者

---

① Bradley & Ewing, p. 484.
② Bradley & Ewing, p. 484.
③ Bradley & Ewing, p. 484.
④ Bradley & Ewing, p. 484.

302000英镑和220000英镑的赔偿金。① 对此笔者并不感觉太奇怪,因为50000英镑已经是此前的判例中的较高值。当然也有这样的可能,即对于这些高级警官而言,他们直接实施不良行为的可能性较小,主要是承担管理失察的连带责任,对于他们科处50000英镑的惩罚性赔偿金已经够了。此外,从英文原著的引注看,该指导意见也是以判例的形式,而不是以上诉法院文件的形式。这一点很重要。因为它保全了英国判例法的传统。

另外一个需要注意的涉及英国判例传统的问题是,上诉法院在本判例中所涉及的问题,并不限于案件的实体问题,甚至也不是严格意义上的程序问题,而是一个制度建设方面的问题。正如法官可以对陪审团进行法律方面的指导一样,上诉法院对于陪审团在行使其自由裁量权时的幅度的明确指示,也是法官对陪审团的指导权力的延伸。

最后,最值得读者注意的是,此处出现了陪审团。对于普通的百姓而言,如果他们能够在这样的案件中出任陪审员,则判处上述数额的惩罚性赔偿金是完全可以理解的。而正是在这一点上,我们再一次看到了,更准确地说,真正看到了陪审团制度作为平民保护平民的司法建制的重要作用。

除民事诉讼,也可以对警察的非法行为提起刑事诉讼,如故意伤害罪。在英格兰,对警察提起刑事自诉的可能性有时会成为一种非常有价值的法律保护手段:1963年,正是一件对谢菲尔德(Sheffield)市警察的刑事自诉导致了官方的一次公开调查;而在1998年,在一起针对警察提起的刑事自诉中,原告指控警察在希尔斯伯勒(Hillsborough)球场灾难中过失杀人及疏于履行职守。② 该案的案号标注为2000年,可见,英国的判例编号是以判决日为据的,这也很自然,以起诉日为据编号显然无法显示案件最终判决的时间,也就无法显示何时出现判例中阐明的观念。

英国学者也非常坦诚地承认,针对警察的刑事自诉乃至所有的针对警察的刑事诉讼都在事实上存在巨大的难度,即使是那些因警察严重有害于公正的行为发生后提起的针对警察的诉讼,也无法幸免于此。当然,也可以在司法审查程序中,对警察的某些行为提出挑战。③

---

① Bradley & Ewing, p. 484.
② Bradley & Ewing, pp. 484-485.
③ Bradley & Ewing, p. 485.

第二节 交通行政法

英国的交通十分发达,铁路纵横交错,公路四通八达,空中航线通往世界重要城市,海运航线可达五大洲主要港口。1947年,政府将整个铁路和主要公路设施收归国有。20世纪80年代,英国铁路全长1.77万公里,各种机车、客车等车辆约16.28万辆,铁路覆盖全国。20世纪80年代初,英国全国公路网总长36.14万公里,其中2593公里是高速公路。英国人主要的交通工具是私人汽车,其次才是各类长途公共汽车。公路货运的重要性日益增强,以吨位计占全国总货运量的85%。

英国的航空事业很发达,从伦敦向外有8条主干航线通往英国的主要城市。海运是英国的生命线。英国有伦敦、利物浦、普利茅斯、多佛、布赖顿、南安普敦等天然海港。英国与欧洲大陆海上联系主要靠英吉利海峡的轮渡。海峡上有几条短程航线,分别通往法、比、荷三国,渡船来往穿梭。

和中国一样,英国也把公路和交通放在一起,在公路与交通管理[1]的名下探讨有关交通方面的问题。但由此也说明,其交通管理的概念中并不包括公路的运营与管理。下文中将会看到,实际上二者确实是分开的,干线公路由中央负责管理,其他公路与交通管理由地方负责,在事权上二者几乎可以截然分开。

一、公路职能部门

英国的公路职能部门依其组织形式分为两类:一类是地方议事会公路职能部门;另一类是国务大臣公路职能部门。后者就是交通国务大臣,前者则是除此之外的所有其他公路职能部门,这些公路职能部门都是建立在地方议事会基础之上的。

(一)交通国务大臣

交通国务大臣是干线公路的相关公路职能部门、英格兰境内的其他特别公路的公路职能部门以及其负有明确责任的伦敦的公路职能部门。[2]

---

[1] Andrew Arden, p.113.
[2] Andrew Arden, p.113.

（二）地方公路职能部门

除上述之外的其他公路和道路，相关的公路职能部门是基本地方政府机关和二级制地区的郡议事会。郡议事会可以作为交通国务大臣的代理人为其承担相应工作。二级制地区的区议事会和教区议事会则可以作为郡公路职能部门的代理人。①

二、公路建设

（一）新公路

公路职能部门拥有建设新公路的广泛权力，但如果某一议事会公路职能部门打算建造一条连接由交通国务大臣管辖的公路，则必须取得交通国务大臣的同意。②

根据1991年《新建公路及街道工程法》（New Roads and Street Works Act），公路职能部门可就新路的建设和维护事宜与一个私有公司签订租赁协议，作为回报，该公司将拥有通行税征收权，而且根据该类合同，该公司还可以取代公路职能部门行使某些公路职能。③ 这些职能不限于我们一般理解的管理职能，更主要的是服务职能，即养路职能。

（二）公共通道与马径

就公共通道而言，1981年《野生生物及乡村法》（Wildlife and Countryside Act）要求测绘职能部门（即基本地方政府机关和二级制地区的郡议事会）必须保有并不断审核本辖区内所有公共通道的明确计划和声明。④ 其目的是区分公产与私人领地，避免在本地区活动的人因不了解这些公共通道行为受到限制或者与地产主发生不必要的冲突。因为侵入私人领地在英国是一项不轻的罪，至少也构成令人不快的滋扰。

基本地方政府机关和二级制地区的郡议事会、湖区管理机构或者国家公园管理机构可以与地产主签订公共通道协议，其内容就是地产主捐出一条公共通道或者马径；当然，上述地方政府机关也可以行使其强制征购权，以公共通道令的形式决定建设步行通道或者马径。上述政府机关还可以签订类似的合同建立人行道或者指定某一步行通道兼用作自行车

---

① Andrew Arden, p. 113.
② Andrew Arden, p. 113.
③ Andrew Arden, p. 114.
④ Andrew Arden, p. 114.

道。① 人行道一般设在市区主干道上，而步行通道则属于公共通道，主要用于乡间私人领地上，特别是在自然保护区内。英国的自然保护区不完全是国有的，其中还有相当一部分土地仍属私有，但对保护区内土地的利用已经受到相应限制，而此处提到的公共通道则往往开在各私有地域的边缘、河边、山谷中，可供行人穿行，有时也会进入私人领地，此时就需要公路职能部门事先与各地产的地产主协调或者强制征购，地产主一般愿意签订此类协议，这样便民利己，地还是自己的。但应设置明显的标识，告诫路人无害通过，或者警告路人此处有羊群、马、牛等，希望路人通过后关好栅栏门。当然，此处最重要的信息还在于为公共利益征收或者征用私有土地的问题，即建立有强制征购的保留权力保障下的协议征用权，对此，本书在房地产法部分详细讨论过。

三、公路维护与保养

从维护和保养角度，公路分为由公共开支维护的公路，以及依据某一特别规定或者因某种原因被封闭或租赁而由私人维护的公路两大类。公路职能部门负责维护和保养本辖区内由公共开支维护的公路。②

公路维护的标准是，对于该条公路通常可以预见的交通情况，公路应当是安全的。非大城市的区议事会可以承担维护步行通道、马径以及某些乡村道路的任务，而教区议事会和社区议事会可以维护步行通道和马径。③

任何人都可以因某一由公共开支维护的公路失修而向公路职能部门投诉，如果未在1个月内获得该职能部门提供的救济，则可进一步向皇家法院申请一份要求该公路职能部门修路的令状。④ 此外，公路职能部门还要在与疏忽导致的损害有关的案件中承担责任，即使该案件中所提出的诉讼请求在法律归类上并不属于疏忽的范围，如在绊跤的案件中声称地方政府机关违反了维护公路的制定法上的义务。⑤

公路职能部门拥有改善其道路的一般权力，特别是有权提供双向车

---

① Andrew Arden, p. 114.
② Andrew Arden, p. 114.
③ Andrew Arden, p. 114.
④ Andrew Arden, p. 114.
⑤ Martin Partington, p. 257.

道、转向转盘、限速墩及其他交通疏导设施,并有权种植和裁伐行道树。①

公路职能部门还可以采取措施减少公路的建设、改造、存在及使用给周边造成的影响。当进行维护和保养施工时,公路职能部门负有采取预防措施的制定法及普通法上的义务。特别是,必须立栅栏以防止对交通造成危险,同时在留有建筑材料过夜的施工现场设置一切合理的警示标志。②

四、辅助服务、宜居和谐与休闲

辅助服务、宜居和谐与休闲,是对道路及交通建设提出的更高要求,显然超出了交通管理的基础层面。

在英国,公路职能部门可以对公路实施相应工程,以具体落实某项提倡步行计划的命令、促进公路与周边环境的和谐或者为公众或其一部分的利益提供某种服务。公路职能部门还可以提供并运营某些能够供人们休闲或者放松的设施,当然也可以允许其他人提供此类设施。③

五、清除障碍与滋扰

清除障碍与滋扰属于广义的维护道路交通秩序的范畴。

公路职能部门既拥有作为公路的所有权人而享有清除公路上的障碍、对违法侵入者捍卫自己的所有权的普通法上的权利,也具有制定法上的权利。同时,公路职能部门负有宣示和维护使用其辖区内的公路的公共权力的制定法上的一般义务。④ 此处提到的公路职能部门是公路的所有者的概念,具有非常深刻的制度理念价值。由公法主体从所有者角度行使的私法权利,是我们不太重视或者被忽视的领域,随着国家经济规模的扩大,公共财政介入经济运作的方式很大程度上取决于公共管理机构在多大比例上以一个公产所有者的身份行事。当然,在强调所有者权利的同时,不应疏忽所有者依法应当承担的一般义务,如前文提到的疏忽责任。

根据1991年《新道路及街道工程法》的第三部分,公路职能部门同时

---

① Andrew Arden, p. 115.
② Andrew Arden, p. 115.
③ Andrew Arden, p. 115.
④ Andrew Arden, p. 115.

也是街道职能部门,它们控制并许可那些需要断路或者在道路上设置障碍而实施某种作业以履行其制定法上的义务的行为。① 在英国并不是没有断路施工或者在道路上设置障碍的情形,但这些活动必须是执行制定法上的义务,并须取得公路职能部门(或街道职能部门)的许可,并在其控制下实施。这将在很大程度上减少甚至避免三天两头对道路大动干戈的施工,对于实现道路与人居环境的和谐显然具有重要的制度价值。

六、公路照明

照明职能部门是各地的基本地方政府机关,或者二级制地区的区议事会、社区议事会或者教区议事会。② 公路职能部门可以给其辖区内的公路提供照明,但照明职能部门有权给步行道路和其他道路以及在征得公路职能部门的同意后给公路提供照明。③ 公路职能部门可以将其照明职能委托给照明职能部门行使。④ 从照明职能部门须取得公路职能部门的许可才能给公路照明这一点上看,二者有争着给公路照明的冲动,但肯定存在一个当然的照明义务承担主体,如对公路而言就是作为其所有权人的公路职能部门。照明职能部门在公路职能部门允许时才可以作为公路职能部门的代理人为公路提供照明。由此给我们的启示是,在任何法律制度中,都必须有一个最本位的责任人,在最坏的情况下由该责任人承担相应的义务,至于是否有其他人进一步锦上添花,已不再是法律制度需要过问的主要问题了。

七、交通职能部门

对于大伦敦以外且非由国务大臣担任交通职能部门的那些区域,基本地方政府机关或者二级制地区的郡议事会,同时也是交通职能部门。但在大伦敦,某几条特定道路的交通职能是由国务大臣和伦敦交通总监(Traffic Director for London)行使的。⑤

英格兰及威尔士的大城市郡是一个旅客交通区,每个旅客交通区内都设有两个旅客交通机构:一个是旅客交通管委会(Passenger Transport

---

① Andrew Arden, p. 115.
② Andrew Arden, pp. 115-116.
③ Andrew Arden, p. 115.
④ Andrew Arden, p. 116.
⑤ Andrew Arden, p. 116.

Authority);另一个则是旅客交通执行局(Passenger Transport Executive)。随着1985年大城市郡议事会被取消,各交通区的旅客交通管委会都变成了与之相连接或者包括在该交通区内的郡的旅客交通管委会。每个交通管委会都有一个执行局。①

对于所有英格兰地区的非大城市郡议事会而言,确保在其辖区内提供其认为适当并且非此无法满足需要的公共交通服务是其义务(此种意义上的公法主体的义务,对我国的行政主体而言,是一个新概念)。这些议事会还必须形成关于它们准备提供的服务类型的政策意见,并在这一过程中考虑其一并承担的教育和社会服务职能。② 例如,校车服务就是其中之一,这种服务既与其交通职能有关,又与其同时承担的教育和社会服务职能有关。因此,一旦提供了校车服务,也就同时满足了教育、交通与社会服务三个方面的职能。但是,这些郡议事会在行使其职能时不能限制其辖区内的服务提供者之间的竞争,而且必须充分考虑老年人及残疾人的交通需要。英格兰的非大城市的区议事会有权确保此类服务的提供。③

八、交通职能部门的职能

交通职能部门可以就相当范围的交通事宜制定交通规制命令,其中包括在其负责的任何公路上设置人行过街道口、设置防护桩等。交通职能部门可以提供不临街的停车场及停车设施、为停车目的征用土地以及为提供停车服务予以财政资助等。教区议事会和社区议事会也可以提供停车场,但要取得相关的交通职能部门的批准。④ 这种批准,也不同于我们理解的行政审批。

旅客交通管委会的义务之一就是确立公共旅客交通服务的其他政策,这些政策都是各旅客交通管委会认为适宜由其执行局落实,以此满足公众的交通需求,且非此不足以实现这一目标的政策。各旅客交通管委会的执行局必须确保能够提供它们认为切实与旅客交通管委会制定的政策相一致的公共交通服务。在制定和实施公共交通政策的过程中,无论

---

① Andrew Arden, p.117.
② Andrew Arden, p.118.
③ Andrew Arden, p.118.
④ Andrew Arden, p.116.

是旅客交通管委会还是其执行局，都不得采取任何限制公共交通服务的提供者之间竞争的任何行动。① 英国公共交通服务的一个基本出发点就是鼓励充分竞争，这也是英国其他公共服务所普遍追求的目标之一。

旅客交通执行局在提供服务方面拥有广泛的权力，其中包括通过道路或者任何形式的陆路或者水路，运输其所在地区或者来、往其所在地区的乘客的权力；也可以提供停车场、换乘设施以及修建、购买或者维修任何为其业务目的所必需的设施。②

在履行其职能时，旅客交通管委会及其执行局必须充分考虑年长者及残疾人的交通需要。③ 但在1955年的一个案件中④，在伯明翰市经营有轨电车和公共汽车的市议事会决定，实施一项64岁以上的妇女和69岁以上的男子每周6天免费乘车的计划。在该计划运行大约一年后，原告作为本地的一名地方税纳税人向法院申请宣告该计划违法的宣告令。主审法官韦西（Vaisey）认定，向社会上的特定群体减免义务是英国议会而非地方议事会的权力。该议事会并没有固有的向老年人提供这种福利的权力，因为这种福利是建立在歧视性基础之上的对于社会中的特定群体的优惠，从而触犯了平等原则。

九、交通服务的提供

（一）地方政府间的合作

任何地方政府机关或者任何两个或者更多的地方政府机关的联合，都可以设立旅行合作计划，用于在该计划所覆盖的基本区域内的各地之间、该区域内的各地与该区域以外的邻近地区之间以及该区域以外的邻近地区之间的公共交通服务。⑤

（二）交通公司

伦敦区域交通公司是一个根据1984年《伦敦交通法》（London Transport Act）设立的法人机构，负责为大伦敦提供或者担保提供公共交通服务。郡或者区议事会可以与该公司签订协议，据此，各议事会和伦敦区域交通公司可以向其他各方提供资助，以便支付交通服务提供者的

---

① Andrew Arden, p. 117.
② Andrew Arden, p. 118.
③ Andrew Arden, p. 117.
④ *Prescott v. Birmingham Corpn* (1955).
⑤ Andrew Arden, p. 119.

报酬。①

(三)公共服务车辆

公共服务车辆这一术语是指有轨电车以外的、用于乘运 8 名以上乘客的运营用机动车,由 1988 年《大曼彻斯特(轻轨快速交通系统)法》调整。根据地方性法规或者命令而运营有轨电车、轻轨铁路、电车或者公共汽车等事业的地方政府机关,可以其认为适当的标准收费并用于其运营的公共交通车辆,这一业务是其上述事业的一部分。② 它们可以将其认为适当收取的这种费用,用于为公众提供的其他服务。③ 这种用途与前述用于公共车辆的区别在于,它不限于公共交通运输一项公共服务,而可以施之于其他公共服务,但取之于民、用之于民的基本方针不变。

英格兰及威尔士地区的非大城市地区的区议事会无权提供需要公共服务车辆许可证才能实施的经公路运输旅客的服务,但可以供养、维护和运营汽车站或者类似的设施。唯一的例外是经营小公共汽车服务的地方议事会。④

(四)乡村地区的摆渡服务

基本地方政府机关、二级制地区的任何郡议事会或者区议事会、锡利群岛议事会、上述议事会中的任何两个或者更多的议事会,为了确保或者改善摆渡服务的目的,可以向提供此种服务的任何其他人提供资助。锡利群岛议事会还可以向任何提供公共汽车服务者提供同样的资助。⑤ 从这一表述看,这些地方政府机关也不能自己提供这种服务,由此可以看出英国的立法在这些细节上规定的细致程度。

(五)校车服务

地方教育职能部门可以动用提供免费校车服务的车辆,一并搭载那些并非此项服务的提供对象的乘客并向这些乘客合理收费;也可以在这些车辆不提供免费校车服务时,将其用于本地交通服务。⑥

---

① Andrew Arden, p. 118.
② Andrew Arden, pp. 118-119.
③ Andrew Arden, p. 119.
④ Andrew Arden, p. 119.
⑤ Andrew Arden, p. 119.
⑥ Andrew Arden, p. 119.

十、出租车管理

（一）出租车管理职能部门

内政国务大臣是大城市警务区的出租车许可机关，当然其职能是由一名助理警务专员行使的。位于大城市警务区以外地区的基本地方政府机关，或者二级制地区的区议事会为该地区的出租车管理职能部门。[①]

（二）出租车许可管理

大城市警务区以外地区的基本地方政府机关，或者二级制地区的区议事会可以发放出租车或者出租马车许可，并且可以决定适用1976年《地方政府（杂项规定）法》第二部分设定的许可条件，如出租马车的外观及式样等。除非基于对出租车没有进一步需求的原因，才能以限制其所在地区出租车许可证数量为由，拒绝新的许可申请。[②] 也就是说，地方政府机关只能以本地区出租车的需求已经饱和，不再有对出租车的进一步需要为由，驳回申请人提出的出租车许可申请。这样的理由在世界各国都会存在，差别仅在于这一标准掌握得是否符合实际、是否公允。特别是谁来判断出租车已经饱和的问题，出租车管理职能部门必须拿出足够的证据来，而且最终的认定权也不在出租车管理职能部门。由于这类案件可以提请司法救济，对决定出租车是否已经饱和的证据，将通过司法程序予以认定。对此，英国法院需要比较双方证据的证明力。当然遇到这种情况，采取陪审制的必要性就凸显出来了。

（三）私人出租交通

某一区议事会在辖区范围内可以自行决定：要求私人出租车辆经营者申请许可，许可的条件以该区地方政府机关认为必要者为限。[③]

十一、空港

英国学者将提供空港的职能界定为"其他杂项职能"[④]，即由地方政府机关承担的其他杂务。1982年《民用航空法》(Civil Aviation Act)授权

---

① Andrew Arden, p. 120.
② Andrew Arden, p. 120.
③ Andrew Arden, p. 120.
④ Andrew Arden, p. 134.

基本地方政府机关、二级制地区的郡、区两级议事会经国务大臣同意并在符合国务大臣确立的条件的前提下,建立并维护航空港,或提供和维护由他人设立的机场的设施。根据1986年《机场法》(Airports Act)第二部分的规定,国务大臣指导控制着机场的地方政府机关设立机场服务公平交易公司,并将机场事务转移给这类公司。①

---

① Andrew Arden, p. 138.

主题词索引

A

安居（用）房　148,321—323,520—530
安居财产　526—527
安居财政补贴　526—527
安居财政账户　134—135,321—323,
　　526—527
安居对象　521—524
安居行政法　520—531
安居权利　529—531
安居权利的救济　530—531
安居事务信托基金　423,528
安居适宜性评价　525—526
安居信息　529
安居预算　526
安居职能　060,520—530
安居职能部门　049,134—135,321—
　　323,423,521—530
安居职能的外包　524—525

B

保密制度　235—239
比例原则　069—071,084,451
闭环监督　080
博彩日常管理　478—479,570
不得外放的权力　160—161
不动产行政法　419—457
不动产权　124,419—420
不合理　057,067—071,482

不适当的目的　068,071—073
不相关的考虑　068,072—074
部门行政管理　291—292

C

财产财政　324,349,385—389
财产的处置　385,389
财产的分类　386
财产的利用　385,389
财务官员的可靠性　299
财务管理良好行为规范　300—301
财政法的基本定位　294
财政法的基本关系　294—295
财政法的基本原则　295—296
财政开支　304—305,324—328
财政开支标准评估体系　327—328,394,
　　410
财政收入　122,301,328—329
财政义务　076—077
裁判所的定性　187—195
裁判所的分类　211—216
裁判所的公正性　197—201
裁判所的经济性　201—203
裁判所的设立　209—211
裁判所的专业性　195—197,202
裁判所行为的司法救济　227—230
裁判所及调查庭法　020—021,203—
　　204,264—265
裁判所说明理由　283—284

裁判所体系的统一　216—220
裁判所委员会　204—207,216,273,276
查阅个人档案法　235,240—243,529
常年基金　169,301—306,401
程序正义　096—102
出租车管理　589
慈善事业　131,142,220
慈善信托基金　355,378—382

D

"戴帽"制　410—412
担保投资　350,375—376
地方议事会税　163,307—311,327—339,348,410—412,416
地方议事会税的设定　329—336
地方议事会税的征收　309—310,336—338
地方议事会税征收主体　337—339
地方政府财务　305—389
地方政府机关的合同义务　150—151
毒品及毒物管理　571
对警察的控制　573
对警察权滥用的救济　573—580
对征税行为的救济　408—409
调查裁判所　203,258—264
调查裁判所的功能　262
调查裁判所的设立　259—261
调查裁判所的审理程序　263
调查裁判所的组成　262—263

E

儿童保护法　214,531—543
儿童权利救济　543
儿童权益保障　540—543

F

法定调查庭　264,268,271—272

法律上的错误　066—068,283—284
法律职业的许可　125—128
反歧视　027,512
非地方税　308—311,328—329,339—348
非法滋扰　462—463
废金属回收管理　570
废旧金属回收　133

G

高等教育　148,489—493
告知程序　285
个人金钱利益　255
工党的勃兴　391—392
工会的没落　391—392
公产特别限制　420
公共财政基金　301—305
公共场所消防许可　129
公共分析师　502
公共服务部门　497—505
公共事业行政法　497—505
公共娱乐　469—470
公路建设　278,582—583
公路维护与保养　583—584
公路照明　585
公路职能部门　167,462,581—585
公民权　003,025—033,217
公益监护　142,536—537
公正行事的义务　033,043,084—086
供水服务的外包　163
供水系统设计审批　129
雇员的义务　507
雇主的义务　507—511
雇主的责任　508—511
广告展示　132,427—428
规划的控制手段　128,435—436

规划的落实　436—438,458
规划的内容　429—432
规划的效力　434,436
规划的制定　430—434
规划强制落实　178
规划政策　121,429
规划职能　049,421—437
规划职能部门　063,121,132,175—178,
　421—437
规制改革令　133
规制缓和及外包合同法　060,119,146,
　157—158
国家经济发展委员会　115—117,391
国务大臣的保留权力　049—050,540

H

合法性期待　102—112,118,147—148
合同发包　146
宏观经济发展指导　118
宏观经济管理　390—392
户口登记　568—570
环境法的范围　458—459
环境行政法　457—467,566
环境权的司法保障　465—467
环境资源部门　419—467
货物和材料获取合同　386—388
获得财产的权利能力　385—386
获得公平听审的权利　028,091—092,
　266—267

J

基金对应的财政开支　304—305
基金与信托基金　350,378
基金与账户基本规范　305—307
基金账户　320—321,324,417
疾病控制　517—518

继续教育　323,484,492
家居安顿　533—534
家居安全　498,500
价格委员会　117—118
兼职　271,512,548
健康服务职能部门　110,513—519
健康行政法　512—520
交通服务　146,586—588
交通行政法　581—590
交通职能部门　585—587
教科文部门　468—497
教师工资　489—490
教育的财政体制　487—489
教育的供应方式　485—486
教育的管理体制　486—487
教育服务的外包　163
教育行政法　468,481—496
教育行政复议　496
教育相关的义务　481—483
教育信息的公开　490
教育主管部门　061,487
借款　300—304,314,348—353
经济管理部门　390—418
精神健康呵护　518—519
警察的效能　561—563
警察的职权　563—564
警察的职责　550,561,564—565
警察服务标准　557,572—573
警察行政法　544—580
警察机关　121—122,354—355,544—
　548,554
警察机关与地方政府　554
警察基金　561
警察与法院的关系　559—561
警务管理体制　552—559
警务属地方事务　545—547

警务信息公开 571—572
就业裁判所 012,189—193,215—216,512
居家服务 139—141
具体地行使 057—058

K

会计法规 395
会计记录 393—394,402
会计良好行为规范 306,358,360,394
开放政府 234—236,239—241,252
课程设置 494

L

垃圾管理职能部门 459—460
垃圾清运 051,155—156,459—461,497
劳动法 506—512
劳动健康保护 500
例外开支 350,360—362
临时借款 328,348—349
乱丢垃圾 053—054,185,459—462

M

蔑视法庭 178—179,251
民防服务 568
明示收费权 166—167,169—170
默示权力 064—065,462,501
默示收费权 167—169

N

纳税人公益诉讼 409—410
内部审计 080,393,396—399
内部审计的外包 399
内部审计的组织保障 396—397
内部审计有效的机理 397—398
内政部的警务职能 555—559

农业分析师 502

Q

契约政府 144—147
强制购买程序 389,443—448
强制竞争性招标 153—157,323,399
强制令 123,178—179
强制征购补偿 389,448—452
强制征购土地 177—178,442—452
强制执行通告 175—176,244,251
亲近乡村 474—475
亲自行使 056—057,075,199
轻刑化 182,185—186
清除障碍与滋扰 584—585
权力外放 059—061,119,157—160
权利本位 025—032,102,246
全民健康服务 032,138,512—515
全民健康服务体系 046—047,458,513—515

R

日常看护 534—35
入学 214,229—230,494

S

三三制 390—391
色情产业 570
色情产业管理 570
商业基金 302—305,457
社会保障福利 136—138,212,220
社会服务 138—142,518—521
社会福利部门 506—543
社会管理部门 544—590
社会契约 391
社会援助安置 139—141
社区关怀 139—142

社区之家　538—539
审计法　392—404
审计责任的落实　404
食品安全　501—503
市场经济的复辟　391
事实推定　184—185,357
适度财政管理义务　296—297
收费　081—082,148—149,163—175,328—329,338—339,421
收费权的本质　164—165
收费权的设定　165—166,170—173
收养　519,536—537
收支财政　324—351,360
首席财务官的职责　297—299
授权法的监督　079
数据保护法　173,210,235,243—244,251
水防服务　566—568
税法　329—331,339—341,405—410,
税负减免　407—408
税收体制　329,407
税收主管部门　406—407
税务管理及征收权的外包　163
说明理由　100—102,227,279—284
说明理由的功能　281—282
说明理由的要求　281—282
说明理由义务的免除　282—283
司法方面的监督　080
私人参与公共财政　161—162
送达程序　285—288

T

特别权力　117—118,524
特殊教育　172—173,228—229,254,484—485,493—495
听证程序　028,231—232,264—279

听证的救济　276
听证会　092—093,264,271—272
听证权　028,265—267
听证制度的功能　269—270
听证制度的要求　270
听证主持人　124,271,278
停车管理　568
通信侦听　215,255—258
通用基金　307—311,332—333,347,401,417
投资开支　350,358—360
屠宰场管理　502—503
土地裁判所　209,439,444—453
土地的获取　388—389
土地登记制度　457
土地及建设规划　128
土地收费　166,421
土地有效利用　455—457
土地征用　438—455

W

外包合同　146,157—159,524—525
危险品管理　570
危险品控制　132—133,427,570
违反咨询义务　114
文化行政法　468—481
无理性　045,067—069
无线电视收视许可　130—131

X

行政裁判　082,137,186—230
行政裁判的程序　221—226
行政裁判质量的保障　226—227
行政程序　020—021,081,096,231—288
行政处罚　012,082,180—186
行政处罚的适用　184—185

行政法的功能　004,022—025
行政法的宪法基础　007—010
行政法分论　289,291—590
行政公告　284—285
行政公开　079,233—258,284
行政公开的监督　079
行政公开调查　264—271
行政行为　004,081—230,284—285
行政合同　119,143—163,322
行政合同的范围　148—149
行政合同的相对方　152—153
行政合同责任　151
行政计划　081—082,115—118
行政救济　189—192,409,435
行政救助　082,133—143,506
行政救助的诚信保障　135
行政救助的资金来源　134—135
行政立法　034—035,114—116
行政内部的监督　079
行政强制　082,175—179,518
行政权　015—024,031—080,092—097
行政权的法律化　044—046
行政权的行使　053—061,065,094—096
行政权的监督体制　077—080
行政权的配置　043—053
行政权的设置　046—049
行政权的再委托　052—053
行政收费　082,163—175
行政司法　035—036,081—082,186—230
行政听证　266—268
行政刑罚　180—186
行政刑罚的设计技巧　183—184
行政刑罚的设计模式　181—183
行政刑罚的实施主体　184
行政许可　081—082,118—133

行政许可的救济　123—125
行政许可的强制执行　123
行政许可的实施程序　121—122
行政许可的实施主体　121
行政许可分类　119—120
行政许可立法　119
行政咨询　082,112—114,232
限雇童工　537—538
乡情农趣　475—477
消防服务　565—566
消费者权益保护　497—500,520,571
消费者信用征信　504
信息公开　233—258,421,571—572
信息自由　234—236,240—252
信息自由法　182,234,244—253
信用安排　350—353,359—374
信用保证　350—353,361,369—375
信用责任　350,383—384

Y

沿街摆卖　131—132,172,505
养老金基金　312—319,324,377—379
药品与毒物管制　520
一般违法罪　180—181
宜居和谐与休闲　584
义务教育　481—484,491—492
议会的政治监督　077—079
议会行政监察专员的监督　080
隐私信息保护　233—258
英王的雇佣合同　159—160
英王的合同义务　149—150
英王特权　036,038—044,096
运动场所安全　498,500

Z

在册家庭　538

主题词索引

噪声控制 459,462—463
债务偿还 350,370—371
占用土地补偿 453—455
征收基金 305—311,332—333,347,417
政府财政 125,293—390
职能信息 253—255,562
指示权 053,185,410—418,556
志愿者之家 538—540
制定法上的权力 036,042—043,096
治安法院说明理由 283
中央对地方事项的审批 125
中央对地方税的控制 410—418
中央与地方的警务关系 554—555
中央与地方的事权划分 050—051
中央政府主要基金 301—302
众议院公共会计委员会 078,080,399—404
抓狗员 571
资本财政 324,327,349—385
资本收入 325,375—378,384
资本运营规范 350—358
自缚裁量权（自我限制自由裁量权） 058—059,074—075
自然保护区 122,477—478,583
自然公正原则 028,083—112,276
自然公正原则的行政化 092—094
自由裁量权的设置 051—052
自由裁量权及其控制 061—077
总会计师兼总审计长 078,080,399—404
总信贷限额 352,381—385
组织立法的监督 079

引注缩略语表(参考书目)

- **Alex Carroll**

  Alex Carroll, *Constitutional and Administrative Law*, Longman(an imprint of Pearson Education) 2002, 2nd Edition.

- **Andrew Arden**

  Andrew Arden, *Local Government Constitutional and Administrative Law*, Sweet & Maxwell 1999.

- **Anthony Seldon**

  Anthony Seldon (Edited by), *The Blair Effect: The Blair Government 1997-2001*, Little, Brown and Company 2001.

- **Bradley & Ewing**

  A. W. Bradley, K. D. Ewing, *Constitutional and Administrative Law*, Longman (an imprint of Pearson Education) 2003, 13th Edition.

- **Bradley & Ewing 2015**

  A. W. Bradley, K. D. Ewing, and C. J. S. Knight, *Constitutional and Administrative Law*, Longman (an imprint of Pearson Education) 2015, 16th Edition.

- **Bridges & Cragg**

  Lee Bridges, Stephen Cragg, Gerald Hyland, Beverley Lang, Thomas Mullen, and Richard Poynter (authors), Richard Poynter (general editor), *The Applicant's Guide to Judicial Review*, Sweet & Maxwell 1995.

- **Carol Harlow & Richard Rawlings**

  Carol Harlow, Richard Rawlings, *Law and Administration*, Butterworths

1997,2nd Edition.

- **Colin Turpin**

    Colin Turpin, *British Government and the Constitution: Text, Case and Materials*, Butterworths 1999, 4th Edition.

- **Diane Longley & Rhoda James**

    Diane Longley, Rhoda James, *Administrative Justice: Central Issues in UK and European Administrative Law*, Cavendish Publishing Limited 1999.

- **Elliott & Quinn**

    Catherine Elliott, Frances Quinn, *English Legal System*, Longman 2002, 4th Edition.

- **Denis Keenan**

    Denis Keenan, *Smith & Keenan's English Law*, Longman 2001, 13th Edition.

- **John Alder**

    John Alder, *General Principles of Constitutional and Administrative Law*, Palgrave Macmillan 2002, 4th Edition.

- **John Hopkins**

    John Hopkins, *Devolution in Context: Regional, Federal & Devolved Government in the Member States of the European Union*, Cavendish Publishing Limited 2002.

- **Lin Feng**

    Lin Feng, *Administrative Law Procedures and Remedies in China*, Sweet & Maxwell 1996.

- **Martin Partington**

    Martin Partington, *An Introduction to the English Legal System*, Oxford University Press 2003, 2nd Edition.

- **Michael Zander**

    Michael Zander, *Cases and Materials on the English Legal System*,

Butterworths 1996, 7th Edition.

- **Neil Parpworth**

Neil Parpworth, *Constitutional and Administrative Law*, Butterworths 2002, 2nd Edition.

- **P. P. Craig**

P. P. Craig, *Administrative Law*, Sweet & Maxwell 1999, 4th Edition.

- **Penny Darbyshire**

Penny Darbyshire, *Eddey & Darbyshire on the English Legal System*, Sweet & Maxwell 2001, 7th Edition.

- **Peter Leyland & Terry Woods**

Peter Leyland & Terry Woods, *Textbook on Administrative Law*, Blackstone Press Limited 1999, 3th Edition.

- **Phillips & Jackson**

O. Hood Phillips, Paul Jackson, *Constitutional and Administrative Law*, Sweet & Maxwell 2001, 8th Edition.

- **Rodney Brazier**

Rodney Brazier, *Constitutional Practice*, Oxford 1999, 3th Edition.

- **Wade & Forsyth**

William Wade & Christopher Forsyth, *Administrative Law*, Oxford University Press 2000, 8th Edition.

- **Wade & Forsyth 2014**

William Wade, Christopher Forsyth, *Administrative Law*, Oxford University Press 2014, 11th Edition.

- **Woolf & Jowell**

Woolf, Jeffrey Jowell, *Principles of Judicial Review*, Sweet & Maxwell 1999.

THE RULE
OF
ENGLAND

THE HISTORY AND REALITY
OF THE ENGLISH PUBLIC LAW

英国是如何治理的
英国公法的历史与现状
IV
英国司法审查

张越 著

THE RULE
OF
ENGLAND

THE HISTORY AND REALITY
OF THE ENGLISH PUBLIC LAW

简目

第一卷 英国法理与英国宪法

第一编 英国法理

第一章 英国法理基础 / 003

第二章 英国公法的基本概念和观念 / 081

第三章 英国公法的基本原则 / 153

第四章 英国法制变革 / 229

第二编 英国宪法

第一章 宪法导论 / 253

第二章 民权与君权 / 276

第三章 选举制度 / 306

第四章 议会制度 / 387

第五章 立法制度 / 493

第六章 政府制度 / 567

第七章 宪法监察制度 / 573

第二卷　英国司法与行政

第一编　英国司法体制

第一章　英国的法院 / 003

第二章　法律职业 / 047

第三章　法律服务 / 132

第四章　司法体制 / 166

第二编　英国行政体制

第一章　英国行政体制概述 / 207

第二章　行政体制的控制机制 / 235

第三章　中央政府组织 / 255

第四章　非政府组织 / 303

第五章　地方政府组织 / 341

第六章　中央与地方的关系 / 422

第七章　公务员制度 / 469

第三卷　英国行政法

第一编　英国行政法总论

第一章　行政法与公民权 / 003

第二章　行政权及其控制 / 033

第三章　行政行为 / 081

第四章　行政程序 / 231

第二编　英国行政法分论

第一章　部门行政管理概述 / 291

第二章　政府财政体制 / 293

第三章　经济管理部门 / 390

第四章　环境资源部门 / 419

第五章　教科文部门 / 468

第六章　公共服务部门 / 497

第七章　社会福利部门 / 506

第八章　社会管理部门 / 544

第四卷　英国司法审查

第一章　行政救济总论 / 001

第二章　司法救济概述 / 048

第三章　司法审查原理 / 124

第四章　司法审查基础 / 179

第五章　司法审查主体 / 266

第六章　司法审查程序 / 314

第七章　判决、赔偿及其他 / 432

目录

第四卷 英国司法审查

第一章 行政救济总论

第一节 行政救济概述 / 001
　　一、救济的分类 / 003
　　二、抱怨链 / 006
　　三、行政救济与行政监督 / 008
　　四、行政救济的主要内容 / 009

第二节 行政复议 / 009
　　一、英国的准行政复议 / 009
　　二、诉愿与原级行政复议 / 010
　　三、层级复议 / 016
　　四、裁判所复议 / 017
　　五、议行合一下的议会监督 / 018
　　六、行政复议的集大成之作 / 019

第三节 议会行政监察专员 / 021
　　一、行政监察专员制度的起源 / 021
　　二、行政监察专员的分类 / 022
　　三、行政监察专员制度的必要性 / 029
　　四、行政监察专员的独立性 / 030
　　五、议会行政监察专员的职能 / 031
　　六、议会行政监察专员的管辖权 / 033
　　七、议会行政监察专员的调查程序 / 034

八、地方政府行政监察专员的调查程序 / 038

九、内部监察官员的调查程序 / 040

十、议会行政监察专员的执行权 / 043

十一、不良行政的认定及其后果 / 044

十二、议会行政监察专员经典案例 / 046

第二章 司法救济概述

第一节 行政诉讼与司法救济 / 048

一、司法救济的概念 / 048

二、司法救济与特权令状 / 049

三、特权令状与司法审查 / 051

四、司法审查与司法救济 / 053

五、司法救济的实效性 / 053

六、司法审查的理论基础 / 054

七、司法救济的功能定位 / 055

八、司法救济的多样性 / 056

九、司法审查救济的种类 / 058

十、司法救济的谱系 / 061

第二节 司法救济的基本类型 / 064

一、民事诉讼的救济 / 065

二、刑事诉讼的救济 / 070

三、间接挑战——被诉后答辩时反驳 / 070

四、告发人之诉——英国的公益诉讼 / 071

五、上诉 / 072

六、人身保护状 / 077

七、强制令 / 081

八、宣告令 / 087

九、调卷令（撤销令）/ 091

十、阻止令 / 095

十一、训令 / 097

十二、赔偿令 / 102

十三、选举诉讼 / 103

第三节　司法救济的替代性救济 / 110

一、替代性救济的现实意义 / 110

二、替代性救济的主要类型 / 111

三、裁判所的救济 / 112

四、行政诉愿的救济 / 112

五、内部监察官员的救济 / 112

六、地方政府行政监察专员的救济 / 112

七、议会行政监察专员的救济 / 112

八、向部长上诉 / 112

九、不必穷尽替代性救济 / 113

第四节　司法审查的临时性救济 / 115

一、临时性救济的获取策略 / 116

二、临时性救济的获取时机 / 118

三、临时性救济的种类 / 118

四、中止执行 / 118

五、临时性宣告令 / 120

六、临时性强制令 / 121

七、保释 / 123

第三章　司法审查原理

第一节　司法审查的基本原则——越权无效原则 / 125

一、越权无效原则的基本内涵 / 125

二、越权无效原则中行政权的划分 / 127

三、越权无效原则的应用范围 / 129

四、越权无效原则的应用技巧 / 131

五、越权无效原则与默示条款 / 134

六、越权无效原则与案卷表面错误 / 137

第二节　违宪审查制度 / 138

一、英国人看外国违宪审查 / 138

二、法官独立于议会 / 140

三、法官造法 / 143

四、选举诉讼的特殊地位 / 143

五、对议会立法的司法审查 / 144
　　六、对排斥司法审查的制定法的反制 / 144
　　七、对委任立法的司法审查 / 144
　　八、议会立法否决法院判例 / 144

第三节　委任立法监督 / 145
　　一、监督的必要性 / 146
　　二、委任立法权限 / 147
　　三、委任立法程序 / 152
　　四、咨询利害关系人 / 162
　　五、议会的控制 / 163
　　六、司法控制 / 165

第四节　司法权及其自我克制 / 170
　　一、司法救济的基本理念 / 171
　　二、对议会立法的司法审查 / 171
　　三、对排斥司法审查的反制 / 171
　　四、对规范性文件的司法救济 / 171
　　五、对国家行为的司法救济 / 172
　　六、对英王特权的司法救济 / 172
　　七、对自由裁量权的司法救济 / 172
　　八、对人事行为的司法救济 / 172
　　九、对公法人行为的司法救济 / 172
　　十、司法救济的裁量性 / 172
　　十一、立案阶段的司法裁量权 / 172
　　十二、实体裁决的司法裁量权 / 172
　　十三、司法径行变更权 / 172
　　十四、司法裁量权的自我克制 / 172
　　十五、严格区分监督权与上诉管辖权 / 173
　　十六、矢口否认法官造法 / 174

第五节　司法公正 / 174
　　一、公正的现代需求 / 175
　　二、公正行事的要求 / 176
　　三、公正实现的标准 / 177

四、司法观与公正观 / 178

第四章　司法审查基础

第一节　司法审查的范围 / 179

一、确定司法审查的范围的基本理念 / 180

二、对议会立法的司法审查 / 185

三、对排斥司法审查的制定法的反制 / 189

四、规范性文件的司法救济 / 201

五、对国家行为的司法救济 / 201

六、对英王特权的司法救济 / 206

七、对自由裁量权的司法救济 / 209

八、对人事行为的司法救济 / 215

九、对公法人行为的司法救济 / 215

第二节　司法审查的根据 / 218

一、司法审查根据的法律意义 / 219

二、荟萃司法审查根据的两大著名判例 / 220

三、司法审查根据的分类 / 221

四、非法性 / 223

五、越权无效 / 224

六、事实上的错误 / 224

七、侵犯《欧洲人权公约》规定的权利 / 225

八、相关性考虑 / 226

九、信托义务 / 227

十、相关性原则对自由裁量权的束缚 / 227

十一、不正当目的 / 227

十二、恶意 / 228

十三、非理性 / 229

十四、比例原则 / 230

十五、程序失当 / 233

十六、程序越权 / 233

十七、自然公正 / 237

十八、合法性期待 / 242

十九、公平听审权 / 246
　　　二十、反对偏私的规则 / 248
　第三节　司法审查的证据规则 / 252
　　　一、从中央政府及非政府部门的机构查阅信息 / 253
　　　二、从地方政府机关查阅信息 / 254
　　　三、从法院及裁判所查阅信息 / 256
　　　四、查阅计算机信息 / 257
　　　五、拒绝披露文件信息 / 258
　　　六、征询 / 259
　　　七、申请人的举证义务 / 259
　　　八、举证责任的分配 / 261
　　　九、刑事证据规则 / 264
　　　十、上诉阶段的证据规则 / 264

第五章　司法审查主体

　第一节　司法审查申请能力与原告资格 / 266
　　　一、司法审查申请能力 / 266
　　　二、申请人资格的概念 / 268
　　　三、原告资格的客观标准——足够的利益 / 269
　　　四、"受委屈者"——原告资格的主观标准 / 274
　　　五、原告资格制度的改革 / 275
　　　六、原告资格的审查时机 / 276
　第二节　司法审查的申请人 / 276
　　　一、申请人名称的由来 / 277
　　　二、申请人的范围 / 278
　　　三、受影响的个人 / 278
　　　四、具有公心的人 / 280
　　　五、地方议事会成员为申请人 / 281
　　　六、行政主体为申请人 / 282
　　　七、公益诉讼 / 283
　　　八、告发人发动的公益诉讼 / 287
　　　九、选择申请人的策略 / 289

第三节　司法审查的被告 / 289

一、司法审查被告的分类 / 290

二、制定法设立的机构 / 291

三、履行制定法规定职能的机构 / 292

四、事实上履行法定职能的机构 / 292

五、地方政府机关 / 294

六、低级法院 / 294

七、裁判所 / 294

第四节　司法审查的律师代理 / 295

一、法律建议与律师代理的必要性 / 295

二、案情基本说明 / 296

三、行政决定作出前的法律服务技巧 / 297

四、行政决定作出后的法律服务技巧 / 298

五、就费用和程序事宜提醒当事人 / 299

六、出庭律师与诉状律师的分工 / 300

七、个人独立诉讼 / 302

八、友情参加人 / 302

第五节　审理机关及其裁量权 / 304

一、审理机关的层级 / 305

二、专门法院必要性之争 / 305

三、司法审查案件由高等法院审理 / 306

四、由低级法院实施的司法救济 / 306

五、司法救济案件的审理依据 / 308

六、司法救济的裁量性 / 309

七、立案阶段的司法裁量权 / 310

八、实体裁决的司法裁量权 / 311

第六章　司法审查程序

第一节　司法审查程序概述 / 314

一、司法救济的演化 / 315

二、司法审查程序的构成 / 320

三、司法救济的兼容性 / 321

四、司法救济的竞争性 / 322
五、司法救济的排异性 / 323
六、咨询上级法院 / 335
七、法律文书的送达 / 336

第二节 司法审查的准备阶段 / 337

一、选择合适的代理人 / 337
二、明确申请人的处境 / 339
三、确定司法审查期限 / 339
四、规划司法审查目标 / 339
五、选择合适的申请人 / 342
六、权衡替代性救济手段 / 343
七、公开的利弊与经营 / 345
八、获取更充分的信息 / 347
九、司法审查请求事项 / 348
十、《诉前良好行为规范》/ 352
十一、发送诉前通牒 / 353
十二、诉前调查表 / 357
十三、诉前答复书 / 359
十四、诉前通牒回复之后 / 360

第三节 司法审查许可申请程序 / 361

一、许可程序的本义 / 361
二、许可程序的必要性 / 362
三、许可程序的演变 / 364
四、授予许可的标准 / 366
五、申请许可的期限 / 367
六、《司法审查许可申请书》/ 378
七、申请人宣誓证言 / 381
八、申请许可的程序 / 383
九、许可申请的审理 / 392
十、许可申请的救济 / 395

第四节 司法审查许可嗣后程序 / 398

一、申请人可选的步骤 / 398

二、被告请求撤销许可 / 402

　　三、被告的答辩及举证 / 403

　　四、申请人的反应 / 405

　　五、申请人补充证据 / 409

　　六、调整司法审查的根据 / 409

　　七、证据披露与交叉询问 / 410

　　八、和解结案的可能性 / 414

第五节　司法审查正式听审程序 / 416

　　一、候审案件清单 / 416

　　二、向对方当事人送达诉讼文书 / 418

　　三、听审前向法院递交的文件 / 419

　　四、主审法庭的构成 / 421

　　五、正式听审 / 422

　　六、司法审查的判决 / 424

　　七、审理保障 / 425

第六节　上诉及执行程序 / 425

　　一、上诉的标的 / 425

　　二、上诉人的范围 / 426

　　三、民事诉讼程序的上诉 / 426

　　四、刑事诉讼程序的上诉 / 428

　　五、法院对执行的监督 / 430

　　六、救济的强制执行 / 430

第七章　判决、赔偿及其他

第一节　司法救济的判决形式 / 432

　　一、司法救济形式与政府责任形式 / 432

　　二、禁止侵扰 / 433

　　三、阻止令 / 434

　　四、刑事追诉与蔑视法庭 / 434

　　五、撤销并责令重作 / 434

　　六、撤销并径行变更 / 435

　　七、宣告判决 / 439

八、责令履行法定职责 / 439
　　九、被告承诺与和解 / 439
　　十、支付赔偿金 / 440
　　十一、司法建议书 / 441
　　十二、英国司法判决的特点 / 442
第二节　行政赔偿与王权诉讼 / 443
　　一、行政赔偿的历史演进 / 443
　　二、行政赔偿的理念 / 447
　　三、行政赔偿的责任形式 / 453
　　四、英王赔偿责任的范围 / 454
　　五、公共管理机构的疏忽责任 / 458
　　六、不作为的赔偿责任 / 466
　　七、免责事由——立法授权 / 470
　　八、违约赔偿责任 / 472
　　九、行政赔偿程序 / 473
　　十、赔偿与司法审查 / 473
　　十一、赔偿责任保险 / 476
第三节　司法救济的落实手段——惩治"蔑视法庭" / 477
　　一、蔑视法庭的本质 / 477
　　二、蔑视法庭罪的功能 / 478
　　三、蔑视法庭的表现 / 480
　　四、蔑视法庭罪的适用范围 / 484
　　五、蔑视法庭罪的抗辩事由 / 486
　　六、蔑视法庭罪的审理规则——严格责任规则 / 486
　　七、蔑视法庭罪的审理程序 / 488
　　八、蔑视法庭的治罪 / 489
第四节　司法审查的费用 / 492
　　一、申请司法审查的成本因素 / 493
　　二、法律援助及其他资助的必要性 / 493
　　三、司法审查费用的构成 / 493
　　四、许可申请阶段的费用 / 494
　　五、正式听审后的费用 / 495

第五节 司法审查案例研究素材 / 496
 一、案情背景 / 497
 二、基本素材 / 497
 三、《司法审查许可申请书》/ 497
 四、寻求救济的根据 / 499
 五、申请人宣誓证言 / 502
 六、正式启动司法审查听审的动议 / 504
 七、被告财务主管的宣誓证言 / 506
 八、被告的社会服务主管的宣誓证言 / 508
 九、和解令备忘录 / 510

第六节 司法审查经典判例 / 511
 一、温斯伯里案 / 511
 二、政府通信指挥部案 / 511
 三、大臣蔑视法庭案 / 514
 四、内政部装备警察案 / 517
 五、皮诺切特将军引渡案 / 518
 六、英缅石油公司赔偿案 / 518
 七、玫瑰剧院文物保护案 / 519
 八、无线电视收视许可收费案 / 519
 九、冒名竞选案 / 520
 十、工党歧视男性案 / 521
 十一、同性婚姻继承案 / 521

主题词索引 / 523

引注缩略语表(参考书目) / 529

后记 / 533

编后记 / 539

第一章
行政救济总论

浏览过本卷目录的读者会发现,本卷混用"司法救济"和"司法审查"两个概念,这与本卷的体系有关。本卷以探讨行政行为的救济为主,英国对行政行为的救济以司法救济为主,故本卷主要讲司法救济。英国的司法审查是司法救济的一种,也是其最具标志性、最声名卓著、程序最完善系统的一种,因此,本卷取名为"英国司法审查"。在内容上,第一章"行政救济总论"、第二章"司法救济概述"介绍行政救济与司法救济、司法救济各救济形式的关系,第三章"司法审查原理"、第四章"司法审查基础"、第五章"司法审查主体"、第六章"司法审查程序",介绍作为司法救济中坚的司法审查制度,第七章是对司法救济总体内容的介绍。

第一节 行政救济概述

当议会授权政府提供新的公共服务或者授权制定行政法规时,这些行政法规的适用不可避免地会产生问题和争议。[1] 此处只提行政法规的适用,而不提服务的提供,原因在于,服务的提供必须以政府相应立法的形式出现,即按照什么标准提供、如何申请等,从而将服务提供的过程转化为行政法规适用的过程。

对于这些问题和争议的解决有三种主要途径[2]:

一是赋予普通法院新的裁决权。这提醒我们,英国法院对于普通法上的事项具有当然的裁决权;但对于制定法上的事项,其裁决权也有一个设定问题。英国没有尝试通过这一途径解决上述问题,主要原因是这不

---

[1] Bradley & Ewing, p.667.
[2] Bradley & Ewing, p.667.

符合英国的传统,因为英国法院的审判权是普通法授予的,而不是制定法授予的。

二是创立新的机制以特别裁判所的形式解决。这一途径只解决了初始裁决权问题,而没有解决最终裁决权问题,除非规定这些裁判所有独立于法院的终局裁决权,但这又不符合现代法治的理念。

三是将裁决权留给对新计划的推行承担首要责任的行政主体。这实际上相当于将裁决权交还给了执法者,即纠纷的一方又成了裁决者,这可能更难以为稍有现代法治意识的人所容忍。在这种情况下,议会的法律可以创立上诉的权利(例如就地方议事会的决定向中央政府部门上诉),或者要求在特定决定作出前必须举行听证。如果裁决权完全授予某一公共管理机构,也应当赋予那些对裁决不满的人能够向该机关内更高级别的官员寻求复审的权利。

在任何情况下,通过司法审查程序对行政决定的合法性进行审查都是可以的。但是,司法审查毕竟是一种特殊的救济途径,对于司法审查的依赖不足以确保数量众多的行政决定在第一回合得以审查。在这种情况下,就有了向某一法庭或者裁判所上诉的必要,这种上诉一般发生在最终的行政决定已经被行政复议后。① 也就是说,在第一回合仍不适宜采用司法审查,虽然这一回合是在行政复议以后才提起的。第一回合是行政案件在行政系统外的一审,同时又是司法审查前的一个环节。当然,此处的行政系统外是相对而言的,是就负责第一回合审查的法庭或者裁判所之相对独立于原决定机关而言的,而且也不是原决定机关的上级机关,由原决定机关的上级机关进行的行政系统内的行政复议不属于英国学者所指的第一回合的审查。

因为确实有许多不满是不适合于任何一种惯常的法定模式的。一个仁慈的政府体制应当采取措施减轻这些不满,这不仅仅是为了公正,也是因为,在一个民主国家,不满的积聚将会严重地阻碍行政效能的发挥。② 韦德爵士这一认识的重要性在于,它回答了英国为何要设计如此繁复的救济渠道和环节的问题,其是为了使每一种不满都尽可能地或者总可以找到宣泄渠道,以免其郁积。正因如此,英国产生了种类繁多、数量巨大的救济类型。随之而来的便是分类的必要性。

---

① Bradley & Ewing, p. 667.
② Wade & Forsyth, p. 87.

一、救济的分类

英国学者都是实用主义者,对于救济的分类几乎不怎么关心,对于英国行政法而言,不能说其完全不讲分类,但要达到我们所要求的标准,笔者必须替他们做大量工作。这种分类有两种含义:一种是我们所习惯的,笔者称之为学理上的分类,如"回"字有几种写法;另一种是我们所不太习惯的,那就是英国式分类,或者说不分类,直奔主题。笔者将英国行政法中常用概念之间的层级、包容关系作以下归纳:

(一)广义的行政救济

英国行政法中单独使用救济一词时,是指含义最为广泛的救济;但有时会因所在章节不同,基于上下文的关联省略掉其限定词,这与其本身的含义无关。一般而言,英国行政法所说的救济,是指对行政活动可能造成的损害及所有类型的不满的监督或者救助,相当于我们所说的包括对行政活动的所有救济的广义的行政救济,这种意义上的救济包括由法院提供的司法救济、由行政机构提供的行政救济以及由议会提供的议会行政监察专员的救济。例如,韦德爵士在其《行政法》一书中已经不在篇、章一级使用司法审查这一术语,而是用救济与责任(remedies and liability),涵盖所有救济形式,包括一般救济、特权救济、王权诉讼等。[①]

显然,广义的行政救济范围比司法救济宽泛得多。如果说英国行政法的核心及主要内容是司法救济的话,广义的行政救济至少包括以下三个方面的内容:

1. 立法方面的救济

立法方面的救济,主要是指议会方面提供的救济,韦德爵士将向议员申诉并促使该议员提议举行议会质询称为对公民的各种不满的经典的宪法性救济,但他同时也承认,这种救济方法显然难以适应以实现公正、减少抱怨的堆积从而提高行政效能为目标的需要的。[②] 加之英国议会有不讨论个案的传统,因此,来自议会方面的救济,主要是指议会行政监察专员制度,本章第三节议会行政监察专员将对此作详细的论证。有关立法方面的救济,读者还需要注意以下几点:

---

① Wade & Forsyth, Part VII Remedies and Liability, pp. 551-836.
② Wade & Forsyth, p. 87.

(1) 议会行政监察专员不等于行政监察专员

议会行政监察专员仅仅是行政监察专员制度的一个组成部分。通过研究,笔者发现,行政监察专员制度已经成为英国行政法的一种标准化的制度建构,几乎与裁判所的建立完全呼应,即每设立一个裁判所,就要相应地建立一种行政监察专员体制,而行政监察专员所实施的监督的性质,属于行政系统内部的监督,而非议会的监督。但为了篇章结构的需要,笔者将其放在议会行政监察专员一节中一并介绍。

(2) 议会行政监察专员仅仅是行政救济的一小部分

从当代英国行政法的研究重点看,行政监察专员制度已经式微。如韦德爵士的《行政法》一书仅将其作为一节中的部分内容加以介绍,甚至没有在节名中体现。反而是宪法、行政法著作对其仍较为重视,行政法的内容一共才四五章,而议会行政监察专员就单设一章。其原因在于这一议题更适合从宪法学角度进行研究。王名扬先生的著作将议会行政监察专员单设一章,以突出其重要性,但从该制度介绍到中国至今的效果看,引入的可能性微乎其微。这并非王老判断上的问题,而是制度的差异使然。但如果我们的政治文明也发达到对百姓的牢骚也必须作出法律上的反应的程度时,这一制度的建立不是没有可能的。

(3) 议会对行政的政治监督威力无边

这种监督已经不属于行政法讨论的范畴,甚至超出了宪法的领域,但是其作用是不容置疑的,而且其在中央政府层面上的表现,还不如在地方。地方政府议事会的高度议行合一,使得地方议事会成员对议事会各执行机构的监督更加直接、有效。议会政治监督的效力在法律上往往是看不出来的,但对于行政方面的影响却是不容忽视的。例如,英国各级行政机关工作人员,上至部长下至低级公务员,都受全国统一的《地方政府(议员)全国良好行为规范》的约束。这一制度之所以能够建立、有效运转、发挥实效,与议会的政治监督有直接关系。

议会政治监督的另一个重要作用,体现在对舆论的快速反应上。我们经常看到,某一事件在新闻界刚有点风声,主管这一领域的行政首长便主动请辞,根本不需要启动任何法律程序。原因何在?就在于议会的政治监督。因为一旦相关事件不能马上平息,将直接动摇执政党的选举基础,于是,政党内部就会对其政治任命的官员施加压力。久而久之,自然就形成了一套规则,接受政治任命担任相应职务的官员自会审时度势,自觉、主动地作出自己的决定。

2. 行政方面的救济

本书中所指的行政救济，一般都是指狭义的行政救济。

3. 司法方面的救济

本书将所有由法院提供的救济都纳入司法救济的名下。至于司法救济本身更具体的划分，特别是司法救济与司法审查的关系，将在下一章仔细讨论。

当然，英国学者通常都不是直接用上述三分法来介绍英国救济制度的，更为常见的思路是在这种分类的基础上，围绕司法救济或者司法审查，将所有可预期的救济区分为司法审查救济(judicial review remedies)和替代性救济(alternative remedies)。[1] 其中，在司法审查案件中可以获得的主要救济有六种[2]：

(1) 调卷令(Certiorari)；

(2) 阻止令(Prohibition)；

(3) 训令(Mandamus)；

(4) 强制令(Injunction)；

(5) 宣告令(Declaration)；

(6) 赔偿令(Damages)。

最常见的提请挑战行政行为的替代性救济渠道包括[3]：

(1) 制定法设立的裁判所和上诉制度(tribunals and appeals)；

(2) 诉愿程序(complaints procedures)；

(3) 就地方或者中央政府的案件向行政监察专员申诉；

(4) 求诸国务大臣的默示权力(default powers)；

(5) 在地方政府机关的案件中诉诸其内部监察官员(monitoring officer)；

(6) 内部复审或者外部复审程序，尤其是在社会福利方面。

(二) 狭义的行政救济

英国行政法涉及的行政方面的救济制度非常复杂，远非我们一般理解的行政复议一端。正如韦德爵士所言，其所著《行政法》中的大部分内容是用来诠释对不规范或者不适当的行政行为的司法救济。但是除此之

---

[1] Bridges & Cragg, pp. 23-35.

[2] Bridges & Cragg, p. 23.

[3] Bridges & Cragg, p. 35.

外,非司法的救济途径也是非常重要的。没有对这些非司法的救济途径的了解,就不可能理解事物的全貌。① 当然,英国学者是不会按照我们的需要进行分类的,笔者整理如下:

(1) 向原决定机关申诉;
(2) 向上级行政机关申诉;
(3) 向部长申诉;
(4) 对警察的不满向警察管委会申诉;
(5) 就专门领域的问题向该领域专门设置的行政监察专员申诉;
(6) 就专门领域的问题向该领域专门设置的裁判所申诉;
(7) 向专门裁判所的上诉裁判所上诉。

上述内容都可以勉强归入行政复议的范畴,从而与我国的制度在形式上建立某种关联,但这多少有点牵强附会的意思,英国学者也不认可。对于笔者提到的行政复议(administrative review),他们一般会往行政监察专员的方面去想;对于行政复核(administrative reconsideration),他们则理解为原级复议。但确有英国学者用行政复议(administrative review)②指行政系统内部(不包括裁判所)的救济,如针对向中央政府部门或者部长的申诉而实施的复议。可见,英国的立法惯例是,通常对于行政决定规定可以向某一个或者某一类裁判所提出上诉(相应的,在立法中要对该裁判所的设置有所交代,要么是新设立,要么是扩充既有的裁判所的管辖权);或者规定相应的行政复议程序,并规定对行政复议不服可以直接提起司法审查。上述两种情形必具其一。当然,无论是哪种情形,即使没有规定司法审查的救济途径,司法审查的救济也是当然的。

此外,本书第三卷第一编第三章第六节介绍的行政救助,不应混同于行政救济。

二、抱怨链

庞大的中央政府官僚机构在提供众多的服务、实施广泛的控制的同时,不可避免地产生许多的不满和抱怨。即使是合法的行政行为,如果实施该行为的政府部门行事轻率、不公、误导当事人、过分地拖延或者恶劣地对待当事人,也会同非法的政府行为一样引发不满,至于那些程度不同

---

① Wade & Forsyth, p. 87.
② Bradley & Ewing, p. 672.

的、合法性未定的行政行为就更不在话下了。① 这是一个基本的、客观的、必要的认定,没有这种认识,就不可能产生任何现实的对于救济必要性的同情心。

人总是处在抱怨之中。在人们交流的语言中,抱怨占了相当的成分。当然还有更多的抱怨,因为没有机会,埋在了心里。抱怨是一种相对私密的行为,人们通常只对那些自己熟悉的人抱怨;对于敌人,唉声叹气、眼泪,都是没有用的。越是民主的国家,人民的抱怨越多,因为他们有更多的机会,也因为他们有更多倾听他们不平之声的"自己人",如村(教区)议事会议员、区议事会议员、市议事会议员、国会议员、欧洲议会议员、议会行政监察专员以及警察、消防队员、济贫专员等。此处的抱怨,就是我们所说的牢骚,没有什么大不了的,但也不能太不把它当回事。一个法治的政府必须为抱怨者(complainants)提供合理的宣泄渠道,轻率或者误导反而可能将事态加重,使抱怨变成冤情。

于是,英国存在抱怨链之说:所有的不平,都可以按照抱怨链的指引去申诉。本章第一节行政救济概述与下一章司法救济概述中介绍的所有内容,就是这个抱怨链的主要环节。大致包括:

(1) 向原决定机关申诉;
(2) 向上级行政机关申诉;
(3) 向部长申诉;
(4) 对警察的不满向警察管委会申诉;
(5) 就专门领域的问题向该领域专门设置的行政监察专员申诉;
(6) 就专门领域的问题向该领域专门设置的裁判所申诉;
(7) 向专门裁判所的上诉裁判所上诉;
(8) 向法院提起民事诉讼;
(9) 向法院申请民事特权令状;
(10) 向法院提起刑事诉讼;
(11) 向法院申请行政特权令状,即司法审查;
(12) 向代表本区的国会议员或者地方议事会议员申诉;
(13) 向议会行政监察专员申诉;
(14) 向欧洲人权法院申诉;
(15) 向欧洲法院申诉(脱欧前)。

---

① Wade & Forsyth, p.87.

其中,第(1)—(7)项属于行政救济的范围,在本章讨论。第(8)—(11)项属于司法救济的范畴,在下一章讨论。第(12)—(13)项属于政治性而非法律性的议会救济,其中向议会行政监察专员申诉在本章第三节讨论,而向议员申诉仅从制度角度偶有提及。

三、行政救济与行政监督

在英国行政法中,行政监督是与行政责任对应的,是从公权力的行使及其相应法律后果的角度着眼的,因此,它并不考虑或者不以相对方的权利是否受到侵害为唯一的启动因素或者着眼点,这就是英国行政法普遍比较重视行政活动的职业道德约束,并十分强调对于不良行政的纠察的一个很重要的理由;而行政救济则是从行政相对方的权利保障的角度出发的,它是建立在行政权的行使很可能而且在现实生活中确实会侵犯行政相对方的权利而造成损害这一前提下的,其着眼点在于弥补当事人所受的损害,而不是对行政行为的完善。

随着对英国行政法资料的研究的深入,笔者愈发感觉到,在英国,行政监督与行政救济的关系模型,并不是我们习以为常的"一个事物的两个方面",更不是彼此掣肘动机下的节制模型。例如,我们将美国行政法上的 check and balance 原则译为制衡原则,这个译法在笔者学习行政法之初,确实觉得非常贴切。因为我们的译法,其物理模型是一种面对面的或者面对背的体位,参与制衡的各方并没有共同的目标和利益,而只有对立及建立在对立基础上的力量平衡的结果。而 check 的英文原义中所蕴含的 keep an eye on(用一只眼看,显然不是一直盯着)意义上的 check 的物理模型,是一种共同面对同一目标的协同前进的模式。制衡各方有一个共同的目标,各自对其他方的"照看"仅仅是在各自履行职责的前提下,对其他各方是否同样朝着这一共同的目标前行并以与自己相同的标准行事等的关注。当然,如果意识到其他方确实存在某种越轨、不良之举,当然是可以启动制约机制的。但这显然不仅仅是因为对方侵犯了自己一方的利益,而是因为其没有推进公益、没有按既定的目标或者既定的标准行事。

在面对面或者面对背的监督模式下,存在共同目标缺失的问题,因为目标即使存在也极有可能是彼此对立的;而在照看模型下,则有一个目标确立的问题,因为目标的共同性的前提没有问题,但却需要先建立共同目标的形成机制。而这个共同的目标,是由体系外作为各节制主体的基础的群众或者选民形成的。

四、行政救济的主要内容

英国行政救济的主要内容：一是行政复议，包括向原决定机关的申诉，向上级行政机关的申诉，向部长的申诉等。二是行政裁判，包括对原决定机关、专门的行政专员或者部长的决定不服，向专门的裁判所提出上诉、再上诉，但不包括向法院提起的司法救济。三是向行政监察专员提出的申诉，包括向专门的制定法设立的行政监察专员的申诉。

第二节 行政复议

英国并没有严格意义上的行政复议、没有系统的行政复议制度，这不仅表现在其没有统一的行政复议法典上，还表现在没有系统的常设复议机构上。但是，如果将行政复议理解为由法院以外的公共管理机构对行政行为实施复审和救济的活动，则英国确实存在这种意义上的行政复议。但正如英国没有宪法，我们照样可以研究英国宪法，英国没有行政诉讼，我们照样可以拟制英国司法救济的范围一样，对于英国的行政复议制度，我们也完全可以这样创造性地开辟研究道路。

一、英国的准行政复议

英国学者提到的下列六种最常见的对行政行为提请挑战的渠道，几乎都与行政复议沾得上边[①]：
（1）制定法设立的裁判所和上诉制度；
（2）诉愿程序；
（3）就地方或者中央政府的案件向行政监察专员申诉；
（4）求诸国务大臣的默示权力；
（5）在地方政府机关的案件中诉诸其内部监察官员；
（6）内部复审或者外部复审程序，尤其是在社会福利方面。

本节主要介绍行政系统内部的救济，更准确地说是法院以外的行政主体对其自身或者其他公共管理机构的行为所实施的监督或者救济。这也就是笔者界定的英国行政复议的范围。当然，正是由于没有行政复议

---

① Bridges & Cragg, p. 35.

的概念和制度体系,英国行政法未曾系统讨论行政复议制度,本节的内容采自不同领域的研究成果,具体而言,包括三部分:

(1) 公共管理机构自己的救济,本书称之为原级复议;

(2) 行政系统内部上下级之间的救济,本书称之为层级复议;

(3) 非法院的其他公共管理机构实施的救济,主要指向裁判所申诉,本书称之为裁判所复议。

对于裁判所复议需要强调的是,从行政救济职能角度看英国的裁判所,大致可以分为两类:一类是就已经作出的行政决定进行裁判,另一类是直接就当事人之间的民事争议作出裁判。前者具有对已经作出的行政决定实施救济的功能,笔者将其归入行政救济范畴,称之为裁判所复议;后者则属于作为一种特殊的行政主体的裁判所履行的职能,即行政裁判职能。拥有这两种职能的裁判所在英国都存在,但据笔者了解,前者占的分量更重一些,因此,笔者将裁判所的组织及对两种职能的讨论,均放在行政救济一章。这种技术性的处理并不表示笔者否认裁判所承担的具有行政行为性质的行政裁判职能,对此,本书第三卷第一编第三章行政行为的概述部分已有交代。

需要特别强调的是,就业裁判所和就业上诉裁判所属于比较特殊的情形,按照一般的分类,它们属于裁判所,但英国的法院认为,就业上诉裁判所就是一个公认的法院,位居其下的就业裁判所在很多方面也具有法院的属性,因而被 1995 年的一个判例认定为法院。[①] 只是由于其受《裁判所及调查庭法》的统一调整,本书仍将其放在裁判所复议中讨论。

最后,为了强化对英国内部行政救济的印象,请读者留意本节最后介绍的英国教育法领域结构高度复杂、自成体系,同时融合自动复审、原级复议、行政上诉、裁判所复议、向部长上诉等多种行政复议形式的行政复议体制。

二、诉愿与原级行政复议

行政救济的两个最低层面,是原级行政复议与诉愿制度。这两个制度在英国都不是学者研究的重点,但相比较而言,诉愿制度(Complaints Procedures)[②]是有学者明确讨论过的,而原级行政复议的说法则仅在介

[①] Bradley & Ewing, p. 387.
[②] Bridges & Cragg, p. 36.

绍行政系统内部的复审与上诉(reviews and appeals)①时一并提及。笔者在了解到英国有诉愿制度后,却犯了踌躇,不知是将二者合二为一呢,还是分别介绍。最终还是选择了合二为一,但在名分上、内容上予以区分的中庸之道。由于英国对此没有统一的制度,按照我们的理解将其合二为一,相信英国人也不会计较。

(一)原级行政复议的现实性

原级行政复议是由原决定机关对自己的决定进行反省的行为,这在英国主要是作为行政救济链的最初环节存在的。一个仁慈(humane)的政府体制应当采取措施减轻作为其服务对象的国民的不满,这不仅是为了公正,也是一个民主国家为了避免不满的积聚影响行政效能。② 由于自然公正原则所包括的不得做自己案件法官的要求,对于原级行政复议这类自己做自己案件的法官的做法,仍不会引起英国学者太多的关注,他们对此的介绍不多,也是可想而知的。

在某些情况下,制定法会要求公共管理机构针对受到抱怨的原决定,指派原决定者以外的其他人作出一个新的复审或者上诉决定。但英国学者特别强调,这种救济类型不同于公共管理机构的决定被外部上诉推翻的情形。③ 就内部的复审或者上诉案件而言,公共管理机构最初的决定可以因受其影响的某人的申诉而被该公共管理机构最终的决定取代。④

以国务大臣对地方政府机关的财务状况作出指示为例,国务大臣先以书面形式通知该地方政府机关拟作决定的内容、该决定所适用的原则以及为该地方政府机关另行确立的替代性最大预算需求。⑤ 地方政府机关有28日的时间以书面形式作出答复,答复的内容既可以是接受国务大臣对预算最高数额的限制,也可以另行提出最高限额并说明理由。如果地方政府机关不采取这种以书面回复方式为主的挑战程序,则再诉诸司法审查的可能性极小。⑥

此处地方政府机关对国务大臣指示的回复,在英国被视为一种"挑战"程序,之所以给"挑战"加上引号,是为了与以司法审查为代表的司法

---

① Andrew Arden, p. 252.
② Wade & Forsyth, p. 87.
③ Andrew Arden, p. 252.
④ Andrew Arden, p. 253.
⑤ Andrew Arden, pp. 425-426.
⑥ Andrew Arden, p. 426.

挑战程序相区别,在这个意义上,将这种挑战程序称为一种行政内部的复核、复审程序,完全没有问题。进言之,这种行政复议具有某种准前置程序的效果,地方政府机关如果要提起司法审查,最好首先书面回复国务大臣,说明自己的态度。如果国务大臣没有进一步的反应或者反应仍不能令地方政府机关满意,则地方政府机关可以进一步提起司法审查。否则,即视为放弃了申辩的权利,再想通过司法审查成功申辩的可能性就将大打折扣。不经异议申辩这一内部程序的结果,倒并不是说不得再提起司法审查,而只是以行动向法院说明地方政府机关对国务大臣的指示没有异议,因此也不应该再出尔反尔地提起司法审查了。

(二)诉愿制度的普遍性

对于许多人来说,诉愿程序提供了一种快速而且无须公共管理机构耗费太多资源解决低层级问题的可能性。在许多领域,制定法要求建立诉愿程序。例如,涉及地方政府机关的社会服务部门的诉愿,如对社区关怀的决定的诉愿是根据 1970 年《地方政府机关社会服务法》(Local Authority Social Services Act)第 7B 条的规定建立的;而警察诉愿体系则是根据 1984 年《警察及刑事证据法》(Police and Criminal Evidence Act)第九部分的规定建立的。[①]

其他的诉愿程序主要是由公共管理机构在没有制定法的明确要求的情况下,非正式组织的,其主要目的在于在问题出现之初即予以确定并尽可能解决,以免牵涉成本高昂的诉讼。[②] 从这个角度看,诉愿程序主要是一个内部的、便捷的问题或者纠纷发现机制。

(三)诉愿程序运作要点

诉愿程序通常至少需要数月的时间才能解决问题,往往很难采取紧急的临时性行动。因此,为了保持诉愿程序的简单和非正式,诉愿程序通常是不希望律师介入的。尽管如此,有些诉愿中如果非正式程序无法解决问题,有时甚至需要听审。[③]

运用诉愿程序需要牢记很多实用的秘诀[④]:

(1)提出诉愿,一定要向审理机关索要诉愿程序规则。

---

① Bridges & Cragg, p. 36.
② Bridges & Cragg, p. 36.
③ Bridges & Cragg, p. 36.
④ Bridges & Cragg, p. 36.

（2）诉愿程序需要经过的每一步骤的时间必须被很好地控制。

如果诉愿程序中包括任何形式的听审，则必须认真分析听审合议庭的构成情况，以确保其构成是基于充分的中立因素。①

公共管理机构的良好行为规范、制定法以及普通法都要求诉愿决定应当说明理由。②

根据绿色援助计划（Green Form Scheme），提起诉愿的当事人可以获得法律方面的建议和帮助，并可以查阅独立的医学报告或者其他报告。绿色援助计划的范围还可以扩展到为某个提起诉愿的人提供1名"友情参加人"（McKenzie friend），使其参加为该诉愿人举行的听审的听审合议庭。③ 这样做的好处非常明显，友情参加人是由提供法律援助的公共管理机构提供的，他加入为诉愿申诉人举行的听审的听审合议庭，通过参与案件的全过程，监督合议庭的工作，以此确保诉愿申诉人获得公正的待遇。当然，诉愿申诉人要想获得法律援助，就必须使法律援助局确信其案件具有特殊的难度或者重要性，或者诉愿申诉人若没有法律上的帮助则无法独立地参加诉愿活动。④ 有关友情参加人的更多信息，参见本卷第五章第四节相关内容。

如果诉愿程序本身有缺陷，可以通过司法审查来确保诉愿适当而公正地运行。⑤ 这表明了三层意思：一是对诉愿决定仍可以申请司法审查。二是可以通过司法审查纠正诉愿活动个案中的程序瑕疵，这种程序瑕疵可能是个案在操作时偶然发生的，如听审合议庭选择上的不公正等；也可以是诉愿程序本身存在的系统性问题，如没有考虑如何避免听审合议庭在成员选择环节的中立性缺失问题等。三是可以通过纠正个案中的程序瑕疵而形成判例，使有关的诉愿程序得到有效的完善。

（四）《安居补助（一般规定）条例》确立的二级复议体制

笔者看到的最为全面、系统、复杂的原级行政复议体系，是《安居补助（一般规定）条例》[Housing Benefit(General)Regulations]中规定的。涉及地方议事会税方面的利益的复议规定，与安居补助方面的复议规定几乎完全相同。这些复议规定是由1992年《地方议事会税补助（一般规定）

---

① Bridges & Cragg, p. 36.
② Bridges & Cragg, p. 36.
③ Bridges & Cragg, p. 36.
④ Bridges & Cragg, p. 36.
⑤ Bridges & Cragg, p. 37.

条例》[Council Tax Benefit(General)Regulations]规定的。①

与确定安居补助有关的内部复议与上诉的规定,确立了一种二级复审程序。第一层级是由公共管理机构针对受其最初决定影响的人提出的书面请求,对原决定实施复议。这种复议通常由1名行政官员实施,而且也没有要求其必须是与作出最初决定的行政官员不同的人;从进一步复议的角度着眼,法院也不会提出这样的要求。②

第一层级的复议完成后,受公共管理机构决定影响并且已经作了书面陈述的人,可以要求进一步的复议。此时,必须由该公共管理机构任命的包括3名以上本议事会成员的复议委员会(Review Board)实施。③ 这一构成要求旨在使该委员会能够在一定程度上成为其所属地方政府机关的等比例缩小者,3名以上的议事会成员尽管只占其所属地方议事会成员总数的一小部分,但这在相当程度上已经足以反映地方议事会的政治构成,从而使该委员会的决定能够在一定程度上反映该公共管理机构全体的意志。

受复议委员会决定影响的人可以请求撤销复议决定。这属于对复议委员会决定的原级复议,实际上已经是第三回合的审核了。这一申请将由作出该决定的复议委员会考虑,除非有充分的理由认定不宜于这样做,从而需要另行组织一个具有类似性质的复议委员会来审理这一申请。④ 英国学者将上述复审程序及结构统称为上诉程序。在他们看来,复审也属于一种上诉,或者说凡是对原决定不服提出的申辩或者救济,无论是否由原决定机构进行复审,都属于上诉。此处讨论的最多可达三级的复审程序,其第一、第三层级都可以由原决定机构或者其成员进行复审,但这并不影响英国学者将其称为上诉。

除了这种上诉程序,公共管理机构在任何时候都可以复审某一以其名义作出的决定或者其所属的复议委员会作出的某一复议决定,条件是这些决定作出后情势已经发生变化,该公共管理机构有充分的理由认为原决定忽略了某一重要证据、基于错误的事实或者复议委员会的决定存在法律上的错误。至于谁可以实施这种复审并没有明确的规定。⑤ 从安

---

① Andrew Arden, p.254.
② Andrew Arden, p.253.
③ Andrew Arden, p.253.
④ Andrew Arden, p.253.
⑤ Andrew Arden, p.253.

居补助的复议救济或者上诉程序看,其最复杂的情节可以包括四个层级：一是原决定作出后,受其影响的人可以书面陈述的方式提出申请,作出原决定的官员或者其他官员可以对该书面请求进行第一次复审；二是对第一次复议决定仍不服,可以请求专门的复议委员会进行第二次复审；三是对复议委员会的决定仍不服,可以就其决定再向该复议委员会提出复审请求,原复议委员会或必要时另行组织的复议委员会可以对此申请再次进行复审；四是公共管理机构在前述任何时机都可以对复议请求进行审查,因为无论是由行政官员进行的书面复议审查,还是由复议委员会进行的复审,都是以该公共管理机构的名义实施但并不是由该公共管理机构全体组成人员共同作出的决定,这些复议决定都应当视为该公共管理机构的代理人的行为,公共管理机构作为权力的最终归属者和总的委托人,有权在其认为必要时直接介入决定过程,真正地自行作出决定以取代任何以自己的名义作出的委托决定。

（五）1996年《安居法》（Housing Act）的进一步发扬光大

1996年《安居法》在上述内部复议的基础上又作了进一步的完善,其应用范围也越来越广,具体包括：

1. 驱逐临时房客

如果某一安居职能部门决定向法院申请一项收回某一临时房客承租的房产的令状,该房客可以要求对该决定进行复议。这类复议必须由某一未介入当初决定的人实施。如果最初的决定是由行政官员作出的,复议决定也要由行政官员作出,该负责复审的官员必须是比作出最初决定的官员资深的行政官员。[①] 注意,此处复审的对象不是法院的令状,而是安居职能部门决定向法院申请令状的决定。法院收回租约的令状并不是不可以救济的,但显然不属于此处讨论的内部行政复议的范畴。

2. 安置登记

根据1996年《安居法》第六部分,如果安居职能部门通知某人没有将其列入安居职能部门的安置登记册中或者决定将其移出安置登记册,则该当事人有权要求安居职能部门对该决定进行复议,但对复议作出的决定不得再申请复议。[②]

---

① Andrew Arden, p. 254.
② Andrew Arden, p. 254.

3. 无家可归

1996年《安居法》第七部分(第202条)规定,对任何人作出的如下决定,如获得安居救济的适格性的决定、对其享有安居补助时应当承担的义务的决定、因没有地域关联而通知其他安居职能部门予以安置的决定以及为履行安居职能部门的职能而对其予以安置的住处的适当性等,当事人都有权请求复议。对复议作出的决定不可以再申请复议。根据1996年《安居法》第202条的规定进行的上述复议所作出的决定,当事人有权进一步就其法律问题,向郡法院上诉。①

三、层级复议

(一) 层级复议的概念——行政上诉

此处的层级复议,在英国被称为行政上诉。在英国法中,上诉(appeal)是一个含义非常宽泛的词,所有对原决定不服向有管辖权的机关提出的进一步的申请,都可以称为上诉,如向法院、行政机关、裁判所上诉等。向法院提起的上诉,笔者称之为司法上诉,但笔者发现,英国学者在使用上诉一词时,一般不指司法审查,而是指制定法规定的上诉。韦德爵士非常郑重地提醒我们,英国的司法审查体系与英国的上诉体系是截然不同的。上诉的权利是制定法赋予的。② 韦德爵士将所有制定法规定的上诉都称为上诉,不论是向法院还是向内政大臣提出。③ 对于制定法规定的向法院提出的上诉,见本卷第二章司法救济概述中的第二节司法救济的基本类型。

据英国学者介绍,公共管理机构的某一决定被外部上诉推翻的救济类型,在英国非常普遍,例如,规划职能部门的决定被上诉至环境国务大臣;对反对某一安居法方面的通告、公共卫生通告或者类似的通告的上诉,这些通告的内容通常是要求受送达人实施某项工程或者禁止其使用某一物业,对于这类通告一般上诉至郡法院;而对拒绝颁发许可证的决定则一般上诉至治安法院。④ 这些都是外部复议或者上诉的救济类型,从这一介绍看,英国确实存在比我们以往的认识丰富得多的司法救济类型,而

---

① Andrew Arden, p. 254.
② Wade & Forsyth, p. 33.
③ Wade & Forsyth, p. 77.
④ Andrew Arden, pp. 252-253.

不限于司法审查。除高等法院受理的司法审查案件以外,郡法院和治安法院都可以受理各类制定法规定的司法救济案件。

需要提醒国内学者注意的另外一个重要结论是,就行政上诉与司法审查在程序上的排异性而言,没有行政上诉的权利,并不一定就意味着没有寻求司法审查的权利。例如,当英国学者说,对给予规划许可的行为没有上诉的权利①时,此处的上诉权(right of appeal)仅指向国务大臣上诉的权利,而非不得提起司法审查。对此一定要全面地理解,断章取义可能会从根本上曲解英国行政法的本质。

向裁判所提出的上诉,笔者称之为裁判所复议,以区别于行政裁判。向行政机关提出的上诉,笔者称之为行政上诉,这是层级复议的主要内容。其中最主要的是向部长提出的上诉,但也包括向部长之外的某一公共管理机构提出的申诉。

(二)向部长上诉

参见本卷第二章第三节中的相关内容。

四、裁判所复议

由裁判所实施的对行政行为的复审,是否都能称为行政复议,值得研究;但称之为复议,还是没有问题的。正如裁判所不一定都是行政裁判所,但都可以称为裁判所一样。

英国的裁判所可以作为某些行政案件的上诉机构,有些裁判所甚至是专门为此设立的,例如,根据2000年《信息自由法》第57条的规定,对于信息专员的决定可以上诉至信息裁判所,并可根据同法第59条的规定,进一步就法律问题上诉至高等法院或其分庭法院。② 对于行政管理机关的行为,先向有关的行政专员申诉,对该专员的决定不服再向裁判所上诉,对裁判所的决定不服再向高等法院起诉,已经成为英国行政监督体制的通常做法。

另如,1991年《道路交通法》(Road Traffic Act)第73条规定,伦敦的自治市议事会及伦敦城公共议事会应当建立一个单一的联合委员会,并由该委员会任命合格者担任停车裁判官(parking adjudicators),该委员会还应为停车裁判官提供办公场所和办公人员,并决定各停车裁判官应

---

① Wade & Forsyth, p. 77.
② Bradley & Ewing, p. 285.

当在何处听审案件。停车裁判官裁决车辆的所有者或者驾驶者就其车辆被伦敦的交通管理职能部门拖车或者锁车而产生的费用,向伦敦交通管理职能部门提出申诉后仍不服而提起的上诉案件。国务大臣已经对此类案件的审理程序作了规定,而审理的费用则按有关职能部门裁决中确定的比例或者由仲裁裁决确定的比例支付。[①] 由此可见,停车裁判官审理的案件是经伦敦当地的地方交通管理局作出复议决定后当事人仍不服的案件,属于一种二级裁决程序。

由于向裁判所提起的复议与一般的就与行政有关的民事争议提请裁决的案件之间,除争议的主体一方有行政与非行政之别外,其他方面有诸多雷同之处。因此,英国学者一般将这部分内容放在介绍裁判所的行政司法部分予以讨论,本书也作了同样的安排,详见本书第三卷第一编第三章第十一节行政司法与行政裁判。

五、议行合一下的议会监督

英国人民在建设英国特色的资本主义方面取得的重大成就之一,就是其议行合一的宪治结构,这一体制在地方政府这一层级上的表现尤其明显,很难说它们究竟是议事会还是行政机关,二者确实是融合在一起的,以至于笔者不得不将英国地方议事会对本地方政府机关作出并由本地方政府机关的行政执行机构执行的决定的审议,也纳入内部行政复议的范畴来讨论。从逻辑上讲,以下内容应当放在原级复议之后,但因其实在另类,故放在此处讨论。

英国政府在 1998 年发布了名为《现代地方政府:密切联系群众》(Modern Local Government: In Touch with the People)的白皮书,对其拟议中的地方政府的架构提出了改革的基本思路,并要求在其提到的任何一种地方政府管理体制下,地方政府机关都必须建立由议事会后座成员(backbench councillors)组成的"仔细审议委员会"(scrutiny committees)。[②]

这些委员会的一项明确义务,就是复审和质疑行政方面所作的决定及其行为表现。[③] 将审查意义上的复审(review)与质疑(question)联系在

---

① Andrew Arden, p.256.
② Andrew Arden, p.257.
③ Andrew Arden, p.257.

一起,由此反映出的观念表明,在英国行政法中,复审总是以一种挑剔的眼光审查行政决定及其行为表现的。这是一种基本的建立在服务于共同目标基础之上的制衡机制得以存在的全部价值所在。正是这种协同基础上的无伤大雅的对立,促进了统一体内部协作的效率,并使统一体具备了更有效率地应对周围环境的能力。国家、民族的进步也正是基于这种内部治理结构上合理的斗争性。

六、行政复议的集大成之作

对于依据 1996 年《教育法》作出的决定,英国有许多向地方教育职能部门、学校管理机构、国务大臣及诸如特殊教育需求裁判所等特别裁判所申请复审或者提起上诉的规定。以下介绍的仅是其中对地方政府机关的有关规定。①

(一) 自动复审

如果某一地方政府机关以管理不善或者不履行职责为由,决定暂停学校管理机构支配委托预算(delegated budget)的权力,则该地方政府机关必须在每一财政年度开始之前自行复审该暂停决定。② 因为对学校管理机构而言,失去对委托预算的支配权就相当于失去了主要经费来源,而管理机构作为营利性单位,没有经费来源必将难以为继。因此,英国法要求作出暂停决定的地方政府机关在每一财政年度开始之前重新考虑其暂停决定是否应当继续,如果没有必要继续暂停,即应当恢复学校管理机构对委托预算的支配权。这种适用于经常性管理领域的自动复议制度有其新鲜之处。

(二) 原级复审

地方教育职能部门必须就设立内部复审机制(internal review)作出安排,即应家长要求,对地方教育职能部门或者郡立学校、地方教育职能部门控制的学校的管理机构作出的准予或者不准予入学的决定进行复审作出安排。③

(三) 向部长上诉

学校管理机构不服暂停其支配委托预算的决定或者拒绝自动复审暂

---

① Andrew Arden,p.255.
② Andrew Arden,p.255.
③ Andrew Arden,p.108.

停其支配委托预算的决定,有权向国务大臣上诉。① 此处的拒绝自动复审暂停其支配委托预算的决定,就是针对作出暂停决定的地方政府机关在每一财政年度开始之前重新考虑其暂停决定是否应当继续而言的。如果地方政府机关决定吊销该暂停决定,自然相安无事;如果其没有作出任何决定,则暂停决定继续有效,此时,学校管理机构就可以向国务大臣提出上诉。这一制度设计相当于每一财政年度赋予学校管理机构一次新的对原决定申请上诉的权利。这是与法律规定的原决定机关必须在每个财政年度开始之前都重新考虑其暂停决定是否继续的法定义务相联系的。

(四)向特设委员会上诉

对于地方教育职能部门自己作出或者由其代表作出的,事关某儿童应当在哪里接受教育职能部门所提供的教育的决定(但不包括要求某学校接纳某学生入学的指示),以及地方政府机关出资供养的某种类型学校的管理机构作出的拒绝某一儿童入学的决定,教育职能部门必须为保障有关家长对此不服的上诉权的落实作出适当安排。此项上诉由根据1996年《教育法》组成的上诉委员会听审,而这个委员会的主席不一定是该地方教育职能部门的雇员或者该地方议事会成员。② 此处特别强调了儿童接受教育职能部门所提供的教育的地点,而不是儿童接受教育的地点,二者的区别在于,前者的责任在教育职能部门,它必须为所有的儿童提供受教育的条件,即接受教育的地方;而后者则侧重于被教育者接受教育的义务,而非国家及地方政府机关在强制教育制度中必须承担的职责。

对于由某一郡办学校(county school)、志愿者资助学校(voluntary school)或者地方政府机关供养的特殊教育学校(maintained special school)的校长作出的开除学生的决定,地方教育职能部门必须就该决定的相关人提出上诉的权利的落实作出安排。就此作出的上诉决定拘束所有当事人。此类上诉也是由裁决前述入学上诉案件的上诉委员会进行裁决的。③

---

① Andrew Arden,p.255.
② Andrew Arden,p.255.
③ Andrew Arden,p.255.

第三节　议会行政监察专员

有学者将裁判所（tribunals）、调查庭（inquiries）和议会行政监察专员并称为除诉诸法院以外的三种解决争议的途径。① 本节重点介绍议会行政监察专员，因为英国其他的行政监察专员制度都是比照议会行政监察专员制度确立的。

一、行政监察专员制度的起源

英国是许多现代政治法律制度的母国，但行政监察专员制度却是引进的。说起其起源，韦德爵士将议会行政监察专员制度誉为英国引入的一项宪法性的改进。② 当代英国的行政管理体制已经建立起一种以行政监察专员制度和裁判所制度为核心的结构模式，其大致构成是：在每一行政管理领域都设立行政监察专员，受理对该领域的行政管理事务提出的申诉，对该行政监察专员就此作出的处理不服的，再向专门设立的裁判所申诉，如果还不服的，再寻求司法救济。对于这一结构模式的完整理解不是本节内容所能做到的，唯在那些纵向、系统性介绍某一领域的行政管理体制的部分，才能觅其全貌。本书为此专设一节，即第三卷英国行政法总论中的第一编第四章第一节行政公开与隐私信息保护，读者可以从该节内容更系统地了解行政监察专员、裁判所等制度是如何相互衔接、互为因应的。

行政监察专员（ombudsman）一语源于斯堪的纳维亚，本义是申冤人（grievance man）或者苦情官（complaints officer）。第一位现代意义上的行政监察专员出现在1809年的瑞典。但从这一概念得到广泛传播的意义上讲，其最显著的发展在1955年，丹麦选举产生了第一任行政监察专员③，即赫威策教授（Stacey Hutwitz）。他在任期内扮演了一位大使的角色，多次访问英国，并深深地迷住了英国公众，以至于收到了许多英国公民因不满英国公共管理机构的不公正待遇而向其递交的申诉状。当时英国国内日益感觉到，需要采取某种措施以避免公民因中央政府权力的增

---

① Neil Parpworth, p. 341.
② Wade & Forsyth, p. 30.
③ Neil Parpworth, pp. 352-353.

长及政府官员的行为而受到损害,赫威策的来访与这种想法正好不谋而合。①

在英国,涉及行政监察专员制度的词至少有两个:专员(commissioner)和行政监察专员(ombudsman)。专员是一个普通名词,其基本的含义是委员等。专员加上其他的修饰词,特别是行政(administration)或者议会(parliamentary)之后,可以组成各种行政监察专员的正式名称,如议会行政监察专员(Parliamentary Commissioner for Administration)。但是,即使在英国学者看来,这一职务的法定头衔有点累赘,1994年政府同意在立法时将其更名为 Parliamentary Ombudsman。②

行政监察专员作为一个外来词,特指斯堪的纳维亚国家的议会设立的负责监督向议会负责的政府及其组成部门的不良行政,为当事人提供法律以外的苦情救济的机构、个人或者制度。在英国行政法中,不加任何修饰语的行政监察专员特指根据1967年《议会行政监察专员法》设立的议会行政监察专员的非官方用语或者简称。如韦德爵士就习惯用这种表述:Parliamentary Commissioner for Administration(ombudsman)。③ 此外,行政监察专员也可以与其他单词组合,成为某一领域的行政监察专员的正式名称,如威尔士地区议会行政监察专员(Welsh Administration Ombudsman)。

二、行政监察专员的分类

制度意义上的行政监察专员制度包括五个不同的层次:

一是最狭义的英国议会行政监察专员制度,其是由英国议会设立的,并对《议会行政监察专员法》规定范围内的行政主体实施非正式的法律外监督的机构和制度。我们一般理解的英国行政监察专员制度主要是就此而言的,英国学者对此也着墨最多。

二是狭义的英国议会行政监察专员制度,除上述议会行政监察专员之外,还包括根据英国议会单行立法设立的健康服务领域的健康服务监察专员(1973年)和地方政府领域的地方政府行政监察专员(1974年)等。

三是广义的议会行政监察专员制度,除上述英国议会行政监察专员

---

① Neil Parpworth, p. 353.
② Bradley & Ewing, p. 685.
③ Wade & Forsyth, p. 87.

外，还包括针对权力下放后的威尔士等地区的议会设立的地区议会行政监察专员制度，如根据1998年《威尔士政府法》设立的威尔士地区议会行政监察专员（Welsh Administration Ombudsman）。①

四是更广义的行政监察专员制度。除上述议会行政监察专员外，还包括制定法（不限于议会立法，也包括政府制定的成文法）设立的专门负责某一领域的行政监督事宜的行政监察专员。这几乎已经成为英国当代行政管理方面的制度设计及立法的标准模式，行政监察专员制度与裁判所制度珠联璧合，成为英国当代行政管理体制的精髓。

五是最广义的行政专员制度。除上述行政监察专员以外，还包括非行政的自治组织出于内部纪律约束的需要，而在组织内部设立的对于本组织成员的行为进行法律以外的纪律约束的行政专员。如伦敦证券交易所委员会（Council of the London Stock Exchange）任命的负责调解投资者及股票交易员的纠纷的行政专员。②

对英国行政监察专员制度的上述理解和归纳，是笔者对英国行政法的总结，当然，英国学者可能认为没有必要，但是对于中国学者而言，这显然是非常必要的。在没有全面的制度背景知识作依托的情况下，了解英国的行政监察专员制度确实存在相当的困难，但建立了上述分类体系后，问题就简单多了。由于上述分类是就概念的外延而言的，因此是逐级嵌套的，适宜于对概念间包容关系的理解，但不便于从分类的角度对各概念进行组织、功能的界分。为此，笔者基于以上分类，将英国的行政监察专员按照设立依据，进一步划分为以下三类：

（一）议会行政监察专员

议会行政监察专员是由议会设立的，负责监督、监察设定法规定范围内的机构的活动。包括：

1. 英国议会行政监察专员

议会行政监察专员制度是英国行政监察专员制度的鼻祖，也是该制度的代表，对此，下文将进行详细介绍。按照1967年《议会行政监察专员法》的规定，健康服务职能部门及地方政府机关是英国议会行政监察专员所不能涉足的领域。正因如此，英国随后模仿议会行政监察专员的模式，分别成立了健康服务监察专员和地方政府行政监察专员。英国学者将其

---

① Wade & Forsyth, p. 88.
② Denis Keenan, p. 69.

归入其他公共部门的行政监察专员的范畴。①

2. 健康服务监察专员（Health Service Commissioners）

对全民健康服务体系的医院的抱怨被 1967 年《议会行政监察专员法》的附表 3 排除在议会行政监察专员的管辖权限之外。这显然不是一个好主意。为了弥补这一决策错误，英国政府接受了为苏格兰、英格兰及威尔士建立分立的健康服务监察专员的方案，而不是扩大议会行政监察专员权限范围的建议。随后《苏格兰全民健康服务体系法》[National Health Service（Scotland）Act]、《全民健康服务体系改组法》（National Health Service Reorganisation Act）促成了这一设置。但具有讽刺意味的是，尽管立法分别设立了相互分立的职位，但这些职位自 1973 年以来一直由英国议会行政监察专员兼任，这主要是因为英国议会行政监察专员收到的申诉比预期的要少。②

对健康服务职能部门、全民健康服务信托财产管理委员会及其他机构的不满，可以由某一老百姓直接向适当的健康服务监察专员提出③，也就是向申诉人所在地区的健康服务监察专员提出。

1996 年，健康服务监察专员的管辖权限扩大至对私人健康服务人员（如全科医生、牙医、配镜师等）的申诉，而且取消了禁止议会行政监察专员调查对临床诊断的不满的制定法上的限制。④

健康服务监察专员制度的许多方面都直接模仿 1967 年《议会行政监察专员法》。在实务中，议会行政监察专员也同时兼任三个健康服务监察专员的职务，因其兼任这三个职务而完成的报告也要由众议院的公共行政特别委员会审议。⑤ 据此，议会行政监察专员、英格兰健康服务监察专员、威尔士健康服务监察专员、苏格兰健康服务监察专员这四个职位是由一人兼任的。

3. 地方政府行政监察专员（Local Government Commissioners，LGCs）

1967 年《议会行政监察专员法》中，对地方政府机关的申请并未包括在议会行政监察专员的管辖范围内。这构成了一个明显的漏洞并使该法受到公正性方面的批评。最终，这一漏洞通过建立地方政府行政监察委

---

① Bradley & Ewing, p.692.
② Neil Parpworth, p.364.
③ Bradley & Ewing, p.692.
④ Bradley & Ewing, p.692.
⑤ Bradley & Ewing, p.692.

员会(该委员会的成员被称为地方政府行政监察专员)得到弥补,该监察委员会是根据1974年《地方政府法》的第三部分建立的。实践中,对于地方政府的申诉在英格兰是由按地域划分管辖的三位地方政府行政监察专员处理的,而在威尔士也有这样一位地方政府行政监察专员。①

在地方政府方面,英国设有英格兰地区行政监察委员会和威尔士地区行政监察委员会(英国议会行政监察专员是这两个委员会当然的编外成员,因为英国议会行政监察专员是国家层级的,但参与地方监察),并设有苏格兰地区行政监察委员会。② 英格兰和威尔士地区行政监察委员会的成员都被称为地方政府行政监察专员(Local Government Ombudsman),但这是英国学者为了形象而起的名字,并非法律文件正式用语。

地方政府行政监察专员,行使的职能与议会行政监察专员大致相同。③ 更准确地说,这一体制模仿了议会行政监察专员的模式,但有所不同。个人可以就其指称的地方机关、联合委员会、警察机关和其他地方机构的不良行政,直接向其所在地区的地方政府行政监察专员申诉。自1988年始,个人申诉时既可以采取直接向地方政府行政监察专员申诉的方式,也可以采取将申诉材料提交给被申诉机构的某一成员并使其转交的方式。④ 后一种方式相当于一次直接的原级申诉,其合理性在于,可以给该机构一个先行考虑的机会,因为即便是地方政府行政监察专员直接收到申诉,也会向被申诉机构移送副本。至于接收申诉材料的机构隐瞒、不转送的顾虑则是不必要的。因为这是一个基本公信力问题,只会发生在公共道德极度腐败的环境中,可以通过适当加重隐瞒的后果的方式予以克服。

但是,无论采取哪种申诉方式,在地方政府行政监察专员可以开始调查之前,必须通知被申诉机构。⑤ 也就是说,对于被申诉机构的调查必须在其知情情况下进行。这不难理解,因为此处的被申诉机构相当于诉讼案件中的被告,告知被告其被指控的事实是英国司法公正的当然要求。

申诉人必须指明其认为属于不良行政的行为,或者至少确定引起申

---

① Neil Parpworth, p. 367.
② Bradley & Ewing, p. 692.
③ Neil Parpworth, p. 367.
④ Bradley & Ewing, p. 692.
⑤ Bradley & Ewing, p. 692.

诉的行为本身。①

有些事项是被排除在调查范围之外的,包括对影响所有人或者本地区绝大多数人的行政行为的不满、对学校教学和纪律处分的不满、对管理地方政府机关所属的学校的行为的不满等。②

对于调查的结果,地方政府行政监察专员会以报告的形式公之于众。案件的调查报告将会送达地方政府机关及申诉人。③

地方政府行政监察专员接受的申诉中,关于住房和城镇规划方面的最多。④

与议会行政监察专员一样,地方政府行政监察专员也没有要求对不良行政予以赔偿的强制性手段,虽然在地方政府行政监察专员的报告支持申诉人时,地方议事会有权支付赔偿金。⑤ 这种权力是指地方议事会调动公共财政资金的权力,因为地方议事会作为公共管理机构仅享有有限的资金支配权,所有的财政权力都必须有法律依据,而地方政府行政监察专员的决定就属于这种赋予权力以法律依据的一个来源。

如果地方议事会对地方政府行政监察专员的第一个报告没有令人满意的响应,地方政府行政监察专员可以再出一份报告,其中提出应当采取的行为的建议并且要求地方政府机关公开此事。⑥ 由此看来,地方政府行政监察专员主要还是依靠公众,特别是舆论的压力来达到执行其建议的效果。

英格兰地区的地方行政监察委员会(Commission for Local Administration in England)在1993年8月推出了名为《公共行政良好行为规范》(Good Administrative Practice)的指南,其中设立了42条公共行政的良好行为规范(axioms of good administration)。⑦

由于英格兰、苏格兰等地的几个地方政府行政监察专员一直以来都是由议会行政监察专员兼任的,因此,此处的英格兰地方政府行政监察专员实际上是指以该名义行事。更准确地说,这一良好行为规范仅适用于

---

① Bradley & Ewing, p. 692.
② Bradley & Ewing, p. 692.
③ Bradley & Ewing, p. 692.
④ Bradley & Ewing, p. 692.
⑤ Bradley & Ewing, p. 692.
⑥ Bradley & Ewing, p. 692.
⑦ Bridges & Cragg, p. 93.

英格兰地方政府行政监察专员职权范围内的地方政府机关。这一点对于理解英国的议会行政监察专员、地方政府行政监察专员甚至英国的地方分权,都非常重要。

4. 地区议会行政监察专员

随着权力下放运动的深入,英国大力推进中央政府向苏格兰及威尔士权力下放的一个后果是,苏格兰、威尔士及北爱尔兰三地区分别建立了自己的地区议会(national parliament or assembly),并分别设立了各自的地区议会行政监察专员,分别称为苏格兰地区议会行政监察专员(Scottish PCA)、威尔士地区议会行政监察专员(Welsh Administration Ombudsman)和北爱尔兰地区议会行政监察专员(Assembly Ombudsman for Northern Ireland)。① 他们分别调查相应权力下放地区政府的不良行政行为。② 其权力和职责与英国议会行政监察专员大致相同,并分别规定在英国议会的初级立法及相应的次级立法中。③ 值得注意的是,此处的地区议会行政监察专员与前述地方政府行政监察专员完全不同。前述地方政府行政监察专员是英国议会为监督地方政府而设立的;而地区议会行政监察专员则是权力下放后的苏格兰、威尔士地区议会为监督其所属执行机构而设立的,其正式称谓是:权力下放机关的行政监察专员(Ombudsmen of the Devolved Institutions)。

威尔士地区议会行政监察专员是根据1998年《威尔士政府法》设立的,可以调查威尔士地区议会本身以及其他的威尔士公共行政机构。苏格兰地区议会负有制定对向其议员提出的不良行政的报告进行调查的规则的职责,并且要设置一名地区议会行政监察专员。④

(二) 行政监察专员

广义的行政监察专员包括上述议会行政监察专员,但狭义的行政监察专员仅指不属于议会系统,而由行政系统任命的、具有相当的独立性、负责监督某一行政领域的行政机构的活动的监察专员。这种监察专员在英国当代立法中俯拾即是,如1995年《养老金法》设立的养老金行政监察专员(Pensions Ombudsman)。⑤ 此外,还有中央政府部门根据专门管理

---

① Neil Parpworth, p. 364.
② Bradley & Ewing, p. 693.
③ Neil Parpworth, p. 364.
④ Wade & Forsyth, p. 88.
⑤ Denis Keenan, p. 69.

某一方面行政事务的议会立法设立的管理该方面行政事项的行政监察专员。

(三) 监察专员

监察专员特指非政府组织的社会组织为内部约束的需要而设立的督察。

虽然监察专员这一概念最初的含义就是防止政府权力的滥用,但是这一概念修正后也传播到了私营部门,如建筑业工会、银行、保险公司及其他机构,它们也开始任命自己的监察专员以处理不满意的顾客的申诉。① 如银行监察专员(Banking Ombudsman)、保险监察专员(Insurance Ombudsman)以及建筑师协会监察专员(Building Society Ombudsman)负责调查各自行业的纠纷。②

在某些领域,被任命的行政监察专员被要求确保公众对于其职业团体的执业行为的不满得到妥善处理,例如由大法官任命的法律服务领域的监察专员。③

1990年《法院及法律服务法》第21—26条设立了法律服务监察专员(Legal Services Ombudsman),以帮助那些有理由对法律执业者进行抱怨的人。法律服务监察专员有权调查协会成员对出庭律师协会、诉状律师协会以及注册不动产交易师协会等的处理决定不服提出的抱怨,但不包括对法官的抱怨。法律服务监察专员有权重新调查,并提出赔偿的建议。法律服务监察专员每年向大法官及议会报告工作。1999年《接近正义法》扩大了法律服务监察专员的权力:有权作出具有拘束力的赔偿决定。④ 而此前只能提赔偿方面的建议。

总之,英国1967年设立的议会行政监察专员,是一种一般职责的行政监察专员,但此后建立的则是专门领域的行政监察专员,它们都属于行政监察专员制度,但在名称上、立法依据上、职能上却各不相同。韦德爵士在《行政法》一书中也提到了作为行政监察专员制度的扩展的一些实例,如法律服务、金融及建筑业工会等领域设立的监察专员。⑤ 当然,并没有严格区分是制定法设立的还是行会自己设立的。

---

① Bradley & Ewing, p. 693.
② Denis Keenan, p. 69.
③ Bradley & Ewing, pp. 693-694.
④ Denis Keenan, p. 69.
⑤ Wade & Forsyth, p. 110.

三、行政监察专员制度的必要性

在议会行政监察专员制度创设之前,公民对于政府的压迫及迫害的主要救济手段包括[①]:①对行政行为的司法审查;②就某一行政决定上诉至某一裁判所;③参加某一部长的决定作出前举行的听证会;④在议员的协助下通过议会手段取得救济;⑤对某一已经作出的决定进行行政复议。

虽然上述每一种程序都可能在某一具体情况下有效,但都各有其局限性。例如,许多影响个人的自由裁量决定是没有向裁判所寻求救济的可能。司法审查成本高昂并且通常是结果难料的,不是调查公务决策过程的理想程序。议会救济的程序并不适合于无偏私地认定事实,也不适合于客观地应用良好行政的原则。[②]

因此,在1967年确立议会行政监察专员制度之前,能够满足对政府的服务对象不满作出必要的反馈,并经过对抱怨的无偏私的评价后校正任何可能已经犯下的错误的、经常性的、顺畅运行的不满调处机制,在英国的行政管理体制中是根本不存在的。(仅有某些极度有限的领域除外,例如,对某地方政府的开支不满的,地区审查专员进行独立调查,或者就有关裁判所或者法定调查庭方面的不满而由裁判所委员会组织进行独立调查等。[③])

正是因为其现实必要性,议会行政监察专员制度才得以迅速普及,风靡整个民主世界,在包括英国在内的许多国家扎下了根。[④]

此后,英国陆续在健康服务领域建立了健康服务监察专员(1973年),在地方政府领域建立了地方政府行政监察专员(1974年),此外还在涉及全国事务的许多领域建立了各自的行政监察专员。[⑤]

议会行政监察专员的服务一度并没有得到很好的宣传,而且也没有得到有效的利用。在整个20世纪90年代,申诉案件由1991年的801件上升到1996年的创纪录的1933件,随后即略有回调。在2000年至2001年度,议会行政监察专员共受理1721件新的申诉案件,同时处理了1787件。进行全面调查的案件数(247件)较早些年有所下降,因为议会行政

[①] Bradley & Ewing, p. 685.
[②] Bradley & Ewing, p. 685.
[③] Wade & Forsyth, p. 87.
[④] Wade & Forsyth, pp. 87-88.
[⑤] Wade & Forsyth, p. 88.

监察专员本人(Sir Michael Buckley)采取的是一种更为灵活的政策,及时终止了那些申诉人明显有理或者不会有什么积极成果的案件的进一步调查。在2000年至2001年度,有99起案件明显超出了议会行政监察专员的管辖权限,777起案件作了书面审理。在那些仅向有关的中央政府部门了解了有关情况,但没有进行正式调查的案件中,有252件的结果是否定性的,313件的结果是肯定性的。在进行全面调查的247件案件中,157件被认定为申诉是正当的,69件是部分正当的,仅有21件是不正当的。① 可见,正式调查的案件中,有关部门绝大多数都存在不良行政行为。但更主要的原因是,正是基于对其不良行政行为的初步认定,才展开全面调查的。

此后,申诉案件的数量有所增加,但英国学者也承认,很难用最近的统计数据与前些年的数据对比。在2011—2012年度,议会行政监察专员收案23800件,其中有6500件是针对政府部门或者其他公共机构的;但绝大多数案件都被驳回了,其他的则以政府部门某种程度的非正式介入而结案;只有421件进行了调查,其中超过80%的案件的申诉人的诉求全部或者部分得到了支持。就最终的救济效果而言,有531件申诉人获得了赔偿,204件的行政行为得到了纠正,591件申诉人获得赔礼道歉,404件申诉人获得了更广泛的救济。②

四、行政监察专员的独立性

英国学者对于议会行政监察专员的法律地位的研究,主要目的是分析其是否具有足够的、发挥其职能所必需的独立性。这个问题的重要性在于,失去独立性是许多监督制度设计失败的根本原因。为了避免某种不良势力的影响而设置的制约机制,如果最终被这种势力降服,则意味着制约机制的失败,而这种降服总可以归结为独立性的沦丧,具体的表现则是在制约机制准备采取行动前先征求被制约者的同意、打招呼或者邀请其参加最终决策等。

事实上,英国及世界上其他设立议会行政监察专员制度的国家都不乏各种类型的监督、制约机制,但都存在要么独立性不足的问题,如行政内部的复议、议会对政府的监督(议会多数党本身又产生首相、大臣及整

---

① Bradley & Ewing, p. 691.
② Bradley & Ewing 2015, pp. 624-625.

个政府）；要么维护独立性的成本太高的问题，如法院。为了维护行政监察专员的独立性，英国采取了以下手段：

（1）议会行政监察专员由英王任命，自1977年以来，政府都在咨询众议院议会行政监察专员委员会（House of Commons Committee on the Ombudsman）主席后向英王提出任命的提议。① 在1967年至2002年间先后任职的7位议会行政监察专员中，5人任职前为公务员，2人为英王的法律顾问。②

（2）议会行政监察专员只要品行良好就可以继续任职，虽然可以在议会两院共同参劾时被英王免职③，但至今还没有过这样的情况。

（3）议会行政监察专员的工资出自国家常年基金（Consolidated Fund）。④ 这一做法的意义与维护法官独立的初衷是一样的，因为国家常年基金不需要议会每年审议，从而减少了议会对国家常年基金受益人（主要是英王任命的官员，特别是高级法官）经常进行干预的可能性。

议会行政监察专员任命其办公室的工作人员，但其人数及待遇须经财政部同意。⑤ 这反映了英国政制中财政控制的广泛影响力。

五、议会行政监察专员的职能

对于议会行政监察专员的职能有两种看法：一种看法认为，对于普通人而言，议会行政监察专员是可接受的、灵活的和非正式的；另一种看法则认为，议会行政监察专员提供了一种权威的裁决政府官员的行为的方式，有助于维持公众可以接受的行政行为标准。就英国而言，后一种观点总是优先于前一种观点⑥，即英国版的议会行政监察专员不是对普通人的救济，而是对行政官员的监督。

议会行政监察专员经常会对那些因不良行政而受到不公正对待的个人予以赔偿。⑦ 因为其任务之一就是调查个人提出的有关政府行为的申诉，并对公务错误所造成的损害予以公正的救济。但其完成这一任务所

---

① Bradley & Ewing, p. 685.
② Bradley & Ewing, p. 686.
③ Bradley & Ewing, p. 685.
④ Bradley & Ewing, p. 685.
⑤ Bradley & Ewing, p. 686.
⑥ Bradley & Ewing, p. 685.
⑦ Bradley & Ewing, p. 727.

采用的调查手段与传统的法院程序没有太多关系。①

虽然议会行政监察专员起源于斯堪的纳维亚国家及新西兰,但英国版的议会行政监察专员的设计适合英国现有体制,而不至于减损现有的救济手段。虽然议会行政监察专员与行政方面关系密切,但这一职位的设立宗旨还是作为议会的延伸,而且它与司法体系实际上没有任何关系②,即根本不去调查司法活动中存在的不良行为。

1994年,议会行政监察专员又被赋予一项新的职责,即根据《政府信息公开良好行为规范》的要求,促进那些依该规范的要求应当为公众所取得的公务信息的公开。个人对于公务信息不公开的不满可以向议会行政监察专员提出,议会行政监察专员可以按照1967年《议会行政监察专员法》的规定进行处理。③

正如克洛西尔(Sir Cecil Clothier,当时的议会行政监察专员)在1984年所言,议会行政监察专员在裁决公民与政府之间的纠纷时所履行的是一种几近司法性的职能,但是它却不是司法界的一部分。④ 一直以来,议会行政监察专员对于议会的救济手段及司法审查的救济产生了一定的影响,但随着私有化的进行及市场要素实施的公共行政管理的普遍化,公私部门之间的界限日益模糊,不可避免地会影响到议会行政监察专员模式对于议会的救济手段及司法审查的救济的作用。⑤ 这种影响本身或者其作用的程度及方式,也会发生一些变化。

韦德爵士强调,《议会行政监察专员法》受到某些人的反对,其理由是它与部长责任制不相容。但事实却是,议会行政监察专员的存在弥补了部长责任制的某些缺陷并且使之得以更好地发挥作用。⑥

英国文官体制中高度的专业化分工和匿名化(detachment and anonymity)特点,是部长责任制原则的一个主要结果。当公务员执行部长的命令或者按照部长制定的政策行事时,对外承担骂名的是部长而不是公务员。部长还要对普通的行政过错或者失当承担责任。尽管部长对于其所属部门的行为以及对其下属采取必要的纪律约束等承担总的责任,但

---

① Bradley & Ewing, p. 666.
② Bradley & Ewing, p. 685.
③ Bradley & Ewing, pp. 691-692.
④ Bradley & Ewing, p. 685.
⑤ Bradley & Ewing, p. 694.
⑥ Wade & Forsyth, p. 31.

是部长不必对他不赞成的行为负责。①

韦德爵士认为,议会行政监察专员所采取的对行政行为的不满进行调查的方法,具有议会程序所缺乏的所有优点:这种调查程序是不偏不倚的、非政治性的,并且能够穿透部长责任制在议会与政府部门之间设置的屏障。② 韦德爵士之所以这样说,是由于在部长责任制下,部长通过内阁与议会建立起错综复杂的关系,使得议会要按照部长责任制的原则探究对某个政府部门的抱怨存在一种难以逾越的屏障。但是对于议会行政监察专员,这种屏障就可以消除吗?唯一的希望就是,此时议会行政监察专员是以个人身份参与案件调查,其调查结果也是由部长及其下属承担个人责任,而不再是由整个部门或者内阁来承担集体连带责任,从而展现出韦德爵士所说的效果。

六、议会行政监察专员的管辖权

议会行政监察专员的权力范围,涉及复杂的法律议题,如法院的行政官员的行为在何种程度上可以被调查。③ 自1967年设立议会行政监察专员制度以来,其可以调查的因不良行政引起的不满的范围不断扩大。④

议会行政监察专员的任务是调查私人因政府部门及许多非中央政府部门的公共管理机构在履行行政职能时的不良行政行为导致的不公正待遇而提出的申诉。其职能范围由1967年《议会行政监察专员法》附表2规定(1987年对此有修订),该附表列举了属于其调查范围的中央政府部门及公共管理机构。这一附表可以由枢密院令予以修订,这种修订权一般因中央政府部门的撤销或者设立而行使。1987年该法的第四部分对能够进入附表2的机构进行了限定,具体包括:①中央政府部门;②代表英王履行职能的机构;③根据议会的法律、枢密院令或者由部长在符合一定标准(如机构的收入来源及设立这些机构的权力)的情况下设立的机构。⑤

议会行政监察专员的权限不包括调查中央政府部门以外的行政主体,例如,地方政府机关、警察局、大学等,但是可以调查针对中央政府部

---

① Wade & Forsyth, p. 31.
② Wade & Forsyth, pp. 30-31.
③ Bradley & Ewing, p. 687.
④ Neil Parpworth, p. 341.
⑤ Bradley & Ewing, p. 686.

门在这些领域履行职责的方式提出的申诉。①

尽管如此,部长可以对议会负责的许多事项被排除在议会行政监察专员的调查范围之外,包括②:①由某一国务大臣在指定事项范围内所采取的影响英国政府与其他国家的政府或者国际组织的相互关系的行动;②由任何政府官员在英国以外代表英王或者根据英王的授权而采取的行动;③管理英国以外的附属领地的活动;④由国务大臣根据引渡法采取的行动;⑤由国务大臣或者经其授权而实施的调查犯罪或者维护国家安全的行为,包括为此而实施的涉及护照的行为;⑥英国境内的民事或者刑事法院、军事法庭及国际法庭中的行为,由大法官任命的人(如法院或者裁判所的行政职员)实施的行为,以及根据拥有司法职能的人指导或者授权而实施的行为;⑦任何行使英王的宽宥特权的行为;⑧由全民健康服务体系代表中央政府采取的行动;⑨与中央政府部门有关的涉及合同及其他商业交易的事项;⑩有关公务员及武装部队的任命、纪律处分或者其他人事事项,以及部长及其部门所作的涉及其他公共服务机构的决定;⑪在英王的权限内授予荣誉、奖励或者特权的行为。

每一种排除情形,都是基于不同的政策考虑。正是这些限制性的规定招致立法试图将某些可能产生不满的领域武断地排除在外的批评。其中受到最强烈的批评的是第⑨、⑩项。③ 政府有权通过枢密院令取消这些限制中的任何一条,但是,尽管不时有众议院的委员会建议取消第⑩项中有关人事事项的限制,但连续几届政府均拒绝这样做。④

对议会行政监察专员权限的另一项限制是,通常不得调查任何有权通过裁判所或者法院的诉讼程序得到救济的行为,但是如果基于合理判断公民不可能行使这些权利时,仍可以在特别的案件中调查这些行为。⑤

七、议会行政监察专员的调查程序

(一) 申诉人

申诉人的国籍并没有严格限定为英国公民,但是通常要求侵权行为发生时,申诉人必须在英国居住或者曾经到过英国或者在英国的轮船或

---

① Bradley & Ewing, p. 686.
② Bradley & Ewing, p. 686.
③ Bradley & Ewing, p. 687.
④ Bradley & Ewing, p. 687.
⑤ Bradley & Ewing, p. 687.

者飞行器上,或者有关的行为必须与在英国产生的权利或利益有关。①

(二) 申诉期限

根据 1967 年《议会行政监察专员法》,任何公众如果认为自己因中央政府部门或者其他行政机关本身或者其代理人的不良行政遭受了不公正待遇,都可以在 12 个月之内提出书面申诉。② 也就是说,向议会行政监察专员的申诉也有时间限制。议会行政监察专员只调查自公民第一次知道所申诉的事项到其向议员提交申诉之间不超过 12 个月的案件,除非有特殊的情况使议会行政监察专员相信受理某一超过这一时限的申诉是正确的。③

(三) 递交申诉程序

英国学者不得不承认,只有极个别的英国公民知道如何对官僚作风提出申诉以及向谁申诉。④

议会行政监察专员的一个重要特征是它必须易于大众接近。⑤ 然而在英国,公民并没有向议会行政监察专员直接提交申诉的权利。⑥

向议会行政监察专员提出的申诉必须首先由声称受到不公正待遇的人向某一议员提出。是否将该申诉转交议会行政监察专员则是该议员要决定的事。申诉人通常会将申诉递交至其所在选区的议员,但《议会行政监察专员法》并不要求必须如此。议会行政监察专员收到某一私人提交的明显属于调查范围内的申诉后,这一申诉也会转交给申诉人所在选区的议员,同时附一份议会行政监察专员愿意就此申诉进行调查的声明。⑦

许多批评者希望取消议员中转环节,但 1993 年众议院就议会行政监察专员改革而成立的特别委员会支持"议员过滤网"继续存在。⑧ 所有向议会行政监察专员提出的申诉都必须通过一名国会议员转递这一要求非常必要,这等于为申诉权设置了一道坎,也对无节制地滥用申诉权的行为进行了有效的过滤。当然,在英国,对于确有苦情的申诉人而言,通过这一滤网并不难,除每个议员都对应着自己明确的选区及确定的选民这一

---

① Bradley & Ewing, p. 687.
② Bridges & Cragg, p. 38.
③ Bradley & Ewing, p. 687.
④ Bradley & Ewing, p. 693.
⑤ Bradley & Ewing, p. 687.
⑥ Bradley & Ewing, pp. 687-688.
⑦ Bradley & Ewing, p. 688.
⑧ Bradley & Ewing, p. 688.

主要因素外，按照英国议会的规定，参观英国议会必须经议员介绍，而笔者在访英期间就参观过一次，是由笔者所在学校的教授与学校所在选区的议员联系促成的，而笔者那时的身份只是访问学者。

不仅如此，英国现在仅议会设立的行政监察专员就有6个之多（当然通常是一人身兼六任）。从申诉人的角度看，一项统一的、简单的能够接近所有行政监察专员的权利当然是众望所归。2000年4月，一位系统分析研究了英格兰的公共部门的各种行政监察专员的内阁官员得出结论，对当前的立法需要作根本检讨，应当为中央和地方政府、全民健康服务体系以及其他公共管理机构建立统一的对不良行政进行申诉的体制；个人应当拥有一项普遍的获得新型的行政监察专员的服务的权利，并且不再使用现在用于议会行政监察专员的"议员过滤网"；应当有一个法院式的机构或者委员会以确保新型的行政监察专员能够行使普遍的管辖权（不因人力不济而使管辖权受限制）；同时，个别的行政监察专员可以在实践中扮演特殊的角色；辅助行政监察专员的委员会应当对议会负责，并采取灵活的工作模式；对于行政监察专员工作的审查将由公共行政特别委员会承担。①

但从另一方面看，由于政府层级结构的灵活性不断增强（指权力下放、中央与地方政府关系的灵活性增强、中央政府部门设立大量的执行机构使得中央政府部门与其下属机构之间的层级关系出现变化等）以及公共行政形式的多样化，对于设立统一的行政监察专员的愿望并不是那么容易实现的。20世纪90年代，作为对1991年制定的《公民权利宪章》的响应，许多中央政府部门任命了一些所谓的"业务裁判官"，负责迅速处理相关官员未能令人满意地处置公众不满的情形。例如国内税务局任命的税务裁判官，内政部任命的英格兰及威尔士监狱行政监察专员。②

（四）对申诉的审理

当议会行政监察专员收到某一议员转交的申诉后，首先要确定是否属于自己的管辖范围。③

《议会行政监察专员法》将议会行政监察专员的调查权限定在无法通过裁判所或者法院的诉讼程序得到救济的行为，但是如果基于合理判断

---

① Bradley & Ewing, p.693.
② Bradley & Ewing, p.693.
③ Bradley & Ewing, p.688.

公民不可能行使这些权利时,议会行政监察专员仍可以在特别的案件中调查这些行为。因此,如果个人希望对某一税收行为或者社会保障行为提出挑战,可以向某一裁判所提出。如果诉讼仅仅是碰碰运气而已,那么议会行政监察专员通常会认为这不属于合理预期内的能够获得救济的情形①,从而属于可以调查的情形。

议会行政监察专员认为自己有权裁量某一申诉是否符合《议会行政监察专员法》的要求。如果议会行政监察专员超出了其管辖权限,该法并不支持议会行政监察专员的做法,其行为要受司法审查,虽然法院并不太愿意介入议会行政监察专员的自由裁量决定。如果议会行政监察专员的行为超越了权限,例如调查了一所大学的行为,没有人会因拒绝向议会行政监察专员提供信息而以妨碍公务或者蔑视法庭为由被追究责任。② 这就是法院不提供对议会行政监察专员的保护的例子,议会行政监察专员在其职权范围内行事时,法院通过追究前述责任的手段来保护议会行政监察专员。

(五)调查程序

如果议会行政监察专员认为申诉属于自己的管辖范围而决定实施调查,有关的中央政府部门及申诉书中点名的任何人都必须有就申诉书中的任何指控发表意见的机会③,因此需要给这些人发申诉书副本。

调查必须秘密进行。④ 此处的秘密是指不公开开庭,被指控人必须有就指控发表意见的权利的规定使得调查不可能背着其本人进行。调查必须秘密进行的另一层意思是,调查人员有保密的义务,但有关部门不得以保密为由拒绝提供有关文件。

通常,由一名议会行政监察专员办公室的工作人员审查相关部门提供的文件。议会行政监察专员拥有广泛的迫使部长及政府官员提供文件的权力,同时也拥有与英格兰高等法院和苏格兰季审法院相同的强迫证人作证的权力。议会行政监察专员的调查不受公共利益豁免原则(指为了公共利益而予以保密的原则)的限制。唯一具有特权的,是那些经内阁秘书鉴定,并获得首相同意的涉及内阁及其某一委员会的议事过程的文

---

① Bradley & Ewing, p. 687.
② Bradley & Ewing, p. 687.
③ Bradley & Ewing, p. 688.
④ Bradley & Ewing, p. 688.

件。① 内阁文件的保密期是 30 年。

（六）调查报告

如果调查一直进行到完全结束（议会行政监察专员仅在有必要得到一个适当结果时才这样做），议会行政监察专员必须给相关议员提交一份调查报告。如果认为申诉人指称的不公正待遇是由不良行政引起的，并且没有得到救济，议会行政监察专员可以向议会提交一份特别报告。②这是除给议员的报告以外的另一份报告。言外之意，给议员的报告并不提交议会。

议会行政监察专员的报告以及其他与调查有关的通信都享有绝对的免于诽谤指控的特权。部长无权阻止议会行政监察专员的调查，但是可以通知议会行政监察专员公开某些文件或者信息可能损害国家安全或者违背公共利益。部长的这一通知对议会行政监察专员拟就其报告具有拘束力③，即其报告不得披露部长的通知中提到的那些文件或者信息。

1967 年《议会行政监察专员法》并没有允许议会行政监察专员公开个人提出的申诉，但现在会以匿名的形式每季度公布一期摘要性的报告。在 20 世纪 90 年代中期，里德发表了几个他认为具有普遍重要性的实施了全面调查的案件的报告，其中包括对农业部慎重考虑后作出的剥夺家禽农场主的全部救济权利的决定一案的调查报告、对儿童抚养救济机构的无数错误的调查报告等。④

但是，自 1994 年议会行政监察专员被赋予对于公务信息不公开的不满可以按照 1967 年《议会行政监察专员法》的规定进行处理的权力后⑤，对于这些不满的详细调查由议会行政监察专员定期公布。⑥ 显然，对于不涉及信息公开方面的内容，还是只能出匿名摘要。英国学者对此自然很是不满。

八、地方政府行政监察专员的调查程序

向地方政府行政监察专员提出申诉的程序简单而廉价，只是相对较

---

① Bradley & Ewing, p. 688.
② Bradley & Ewing, p. 688.
③ Bradley & Ewing, p. 688.
④ Bradley & Ewing, p. 691.
⑤ Bradley & Ewing, pp. 691-692.
⑥ Bradley & Ewing, p. 692.

慢。① 普通案件的处理时间为 14 周,而走完全程的案件平均用时 70.5 周。② 但总比石沉大海好。比起旷日持久的上访来,这个时间并不算长得无法忍受。

（一）管辖范围

地方政府行政监察专员有权调查因地方政府机关的不良行政导致的对申诉人的不公正而提出的申诉,其中包括③:①无故拖延(unreasonable delay);②偏私或者不公正(bias or unfairness);③未遵循正当程序(failure to follow proper procedures);④决策水平太差(poor standards of decision-making);⑤无能(incompetence)。

（二）申诉

通常情况下,申诉必须在 12 个月内提出。④

从理论上说,如果有其他救济手段,地方政府行政监察专员并不会受理某项申诉,特别是在申诉人有权上诉至某一制定法设立的裁判所或者英王名下的大臣的时候。同样,如果申诉人可以通过法律程序获得救济,并且申诉人寻求该救济属于合理期待范畴,地方政府行政监察专员也不会调查。⑤ 此处的合理期待,是指对正常人在正常情况下应当采取的行为模式的期待。也就是说,一般人在申诉人所处情况下应当采取某种行动,或者说其采取这些行动并不存在不可克服的障碍。这是基于对人性的充分尊重而确立的一个不确定的或者说自由裁量的法律标准,赋予执法者在例外情况下采取措施实现法律公正的权力。

（三）答辩

如果某项申诉在地方政府行政监察专员的管辖权限内,案件会退回有关的地方政府机关,以便该地方政府机关答辩,这实际上是给予了该地方政府机关一个调查该申诉的机会。⑥

（四）调查

绝大多数的案件都不需要地方政府行政监察专员亲自展开调查,要么是因为地方政府机关自行解决了,要么是地方政府机关使监察专员相

---

① Bridges & Cragg, p. 37.
② Bridges & Cragg, p. 38.
③ Bridges & Cragg, p. 37.
④ Bridges & Cragg, p. 38.
⑤ Bridges & Cragg, p. 38.
⑥ Bridges & Cragg, p. 38.

信并不存在申诉指称的不良行政,要么是监察专员将该案退回地方政府机关处理,由该地方政府机关通过其自身的诉愿机制(complaints mechanisms)解决。①

仅有大约5%的案件得到正式的调查,其中只有一半实际进行到公布官方报告阶段。②

(五)建议性报告

如果地方政府行政监察专员公布了涉及某一申诉的报告,该报告就会给其他地方政府机关提供一个促其向善的有益先例,而且地方政府行政监察专员也有可能就赔偿事宜提出建议。③

地方政府机关并没有义务接受地方政府行政监察专员的建议,但绝大多数的地方政府机关会接受。对于地方政府行政监察专员的救济程序而言,并不存在获得临时性救济(interim remedy)的机制。④

九、内部监察官员的调查程序

严格说来,内部监察官员(Monitoring Officer)并不是本章讨论的严格意义上的议会行政监察专员,尤其是在读者了解到该类官员主要设在地方政府机关时,更会加深这样的印象。将这部分内容纳入是因为英国的地方政府机关议行合一的属性。事实上,英国地方政府机关设置的内部监察官员,类同于英国议会设置的监督中央政府的议会行政监察专员,因为地方政府机关设立的这种内部监察官员,就是作为议事机构的地方议事会对作为执行机构的地方政府机关的行政分支的监督。

(一)职能设置

根据1989年《地方政府及安居法》第5条的规定,地方政府机关必须任命一名内部监察官员。其职责是:就地方政府机关及其所属的任何委员会或者行政官员的任何已经产生或者有可能产生下列情形的决定,向地方政府机关提出报告:"违反法律或者违反根据任何规范性文件制定、批准的良好行为规范(code of practice);诸如此类的属于地方政府行政监察专员调查范围内的不良行政或者不公正行政。"⑤简言之,内部监察官

---

① Bridges & Cragg, p. 38.
② Bridges & Cragg, p. 38.
③ Bridges & Cragg, p. 38.
④ Bridges & Cragg, p. 38.
⑤ Bridges & Cragg, p. 37.

员只是一个通风报信的人，负责受理或者发现本地方政府机关、本地方政府机关所属的委员会及行政官员的任何在其看来违反法律、违反良好行为规范或者可能招致地方政府行政监察专员调查的不良行政或者不公正行政，然后向地方政府机关报告。因为此前提到的英国议会地方政府行政监察专员的职权，也不过是就地方政府的如上所作所为向英国议会报告而已。在一个公开、民主、文明的法治国家，向享有地域化至上权力的议事机构报告是追究政治责任的前置程序，具有足够的威慑力，一般情况下足以引起被告的行政官员或者次级委员会的注意。不仅如此，内部监察官员也会在案件足够成熟时，向监察对象提出自己拟采取的行动（即报告）的主要内容。这既是为了听取监察对象的意见，以防因认定事实或者适用规则上存在问题而冤枉好人；但其更重要的目的是提醒监察对象采取必要的整改措施。绝大多数情况下，如果监察对象采取或者承诺采取整改措施，内部监察官员不会再提出报告。

监察官员相对的独立性以及英国人与人之间的距离，保证了这种报告前的通报程序通常是在非常官方的场合下进行的，他们真是公事公办。因此，尽管这种处理问题的过程是我们中国人非常熟悉的，但这种制度运行的结果可能是我们想象不到的——仅仅通过这样一种非常粗糙、原始的内部监督环节，就能够产生相当有效的监督效果。事实上，任何监督都是如此：如果表面上脸拉得老长，私下里又觥筹交错，最终通过由此创造的感情联络机会归于风平浪静，什么样的监督都会成为一种交易的形式，无数层这样的监督套在一起的结果也不过是交易环节的叠加而已，只会提高监督的成本，不会实质性地改善监督的效果。

至于英国的监察官员为什么就能切实履行监督的职责，除英国民族本身涉世不深、不圆滑的刻板性格外，民主制的充分、实际运行也是一个重要的原因。监察官员直接对议事机构负责，最终也要对选民负责，其对监督对象的妥协、迁就或者与其沆瀣一气可以痛快一时，但痛快不了一个任期。地方议事会或者选民最终会发现其本质而对其采取足够的措施。而在一个民主社会，选民作为最终的裁决者总是最可靠也是最值得信赖的。

（二）咨询义务

在向地方政府机关准备的这类报告中，只要有实际操作的可能性，内部监察官员就必须咨询地方政府机关的首席行政官和首席财务官，除非首席行政官兼任内部监察官员，这在英国地方政府非常普遍。① 这种人事安排显然是出于财政方面的考虑——减少一个编制。但我们担心的问题也随之出现了：如果行政首长与内部监察官员二位一体，如何监督行政首长呢？英国人的答案是，如果行政首长是监察官员的行政首长，监察官员照样能够监督行政首长。事实上，英国是一个实行严格的首长负责制的国家，这体现在上至首相下至只有几户人家的教区、社区议事会的各个层级。但英国首长负责制归根结底是在一个任期内对产生该行政首长的议（事）会负政治责任，并间接地对产生该议（事）会的各个范围的选民负责的体制。在这样的体制下，行政首长必须保证自己的下属能够通过有效履行各自的职责确保行政首长自身的执政地位。为此，在监督的对象太多以至于自己监督不过来时，他会设置直属于自己的监察官员（在监督人数更多时则进一步为监察官员配备下属），并通过观察议会、选民及舆论的反应，考察监察官员的工作情况，及时督促甚至撤换监督不力的监察官员。只要选民对议（事）会、议（事）会对行政首长的监督是有效的、直接的，则首长负责制就可以与监督有效性并行不悖，我们所担心的问题在英国其实并不存在，即使存在也不会超过一个任期。

（三）报告

内部监察官员的报告必须分送对报告涉及的行政决定负责的地方议事会成员，包括对下属的分委员会负有委托责任的委员会。地方政府机关必须在21日内考虑该报告，在就此举行会议以决定其对报告的反应之前，报告所涉及的拟议中的决定不得执行。②

（四）法律责任

内部监察官员未能适当履行上述职责的，将会受到司法审查；如果地方政府机关未能妥善地回应行政监察官员的报告，也会面临司法审查。③ 从这个意义上说，内部监察官员相对于地方政府机关还是具有相当的独立性的，至少在法律上是将其分别处理的。于是，本属于地方政府机关内部的监察官员向地方政府机关的报告行为，就被法律人为地切分为两个相对独立的主体之间分别采取的法律行为，并据此建立了相应的司法审查的前提。可见，行政监察官员进行的调查活动及出具的报告并非纯粹

---

① Bridges & Cragg, p. 37.
② Bridges & Cragg, p. 37.
③ Bridges & Cragg, p. 37.

的内部行为,而是可以接受司法审查的。这等于在内部监察官员的政治责任体系上,又施加了一道司法监督的链条,而且这种对内部监察官员的监督行为的司法监督显然比议(事)会的政治监督更直接、有效,无须等到下一次选举。有这两重制度保障,加上英国人在这种体制下受了几百、上千年的熏染,此种监督体制的有效性比我们想象的要可靠得多。

从救济技巧上考虑,英国公法实务专家提醒,对于案件本身的期限存在问题的案件,向内部监察官员申诉是非常适宜的。在此类案件的申诉书中可以挑明解决问题的方案,但如果内部监察官员或者地方政府机关都没有作出相应的新的决定,则时限将重新开始计算。[①]

十、议会行政监察专员的执行权

议会行政监察专员并没有执行权,因此不能改变某一中央政府部门的决定或者直接向公民提供赔偿,但可以建议采取某一适当的救济方式。部长通常有接受议会行政监察专员认定的事实的义务,但是如果报告具有某种政治含义,则大臣就有可能因面临所在执政党团的压力而不接受这一报告。[②]

为了能够在有关大臣不接受议会行政监察专员报告的情况下有效地支持议会行政监察专员监督行政官员,众议院的一个特别委员会,即公共行政委员会(Committee on Public Administration)会审议议会行政监察专员的报告,并从受到报告批评的政府部门调取证据。该委员会在推动落实有效的救济规定和改革有瑕疵的程序方面所做的工作,要比其在减少对于议会行政监察专员管辖权限的限制方面所做的多得多。[③] 1993年,公共行政委员会对议会行政监察专员和健康服务监察专员的权力和工作进行了有价值的研究,随后于 1995 年提出了一个以不良行政及其矫治为主题的报告。[④] 2000 年,公共行政委员会又对内阁办公室设立的各行政专员进行了广泛的检讨,并提出了报告。[⑤]

---

① Bridges & Cragg, p. 37.
② Bradley & Ewing, p. 688.
③ Bradley & Ewing, p. 688.
④ Bradley & Ewing, pp. 688-689.
⑤ Bradley & Ewing, p. 689.

十一、不良行政的认定及其后果

"因不良行政导致的对受委屈者的不公正对待"是议会行政监察专员调查案件的事由。意思是,如果某人认为自己受到了行政机关的不公正对待,并且是由行政机关的不良行政造成的,则可以向议会行政监察专员申诉。如果不是因为不良行政,而是因为侵权、越权或者滥用职权等,可以通过其他途径解决,如向裁判所申诉或者提起司法审查。

那么,何谓"因不良行政导致的对受委屈者的不公正对待"?《议会行政监察专员法》对不良行政和不公正待遇都没有界定和说明。一般认为,不良行政是指行政行为存在以下瑕疵:遗漏、疏忽、拖延、无能、不称职、反复无常、恣意等。在议会行政监察专员的报告中可以看到大量有关不良行政的例子,包括未能兑现对某一公民所作的保证、对社会保障及纳税事宜所提供的错误建议、未能适当地兑现某一政府部门的政策指导性意见、贯彻执行预防尘肺病的条例拖拖拉拉、未将政府部门的政策公之于众,甚至包括某一部长在议会中所作的引起误导的陈述。这些都是议会行政监察专员报告中有关不良行政的例子。由此可以得出的结论是,所有可能使申诉人感觉受委屈的事,都可能被划入不良行政的范围。例如,1984年,内政部的官员因未能迅速处理一在押犯人的抱怨而受到严重的批评,该在押犯人抱怨其被认定为谋杀是基于法医的证据,而该法医在其他案件中以不称职和不可信而著称。[①]

1990年至1996年间担任议会行政监察专员的里德准备了一份20世纪90年代议会行政监察专员认定的不良行政的目录,包括"不愿意处理有权申诉者提出的申诉""未能采取措施减轻严格按照法律去做而不可避免地产生的不公正的结果"。[②]

即使认定存在不良行政,也并不意味着必然导致对个人的不公正待遇。相反,不公正待遇或者不幸的存在可能不是由于不良行政,而是由于诸如议会的法律或者一个司法判决。议会行政监察专员调查的案件中涉及的不公正待遇不仅仅是某种可以由法院救济的损害,而是包括对不公正或者无能的行政管理活动的义愤,尽管提出抱怨的申诉人并没有遭受

[①] Bradley & Ewing, p. 689.
[②] Bradley & Ewing, pp. 689-690.

实际的损害。① 从以上对不良行政与不公正待遇的介绍看，其对行政方面提出的要求还是相当高的，而其本身的门槛又是非常低的。

英国学者承认，不良行政与行政自由裁量决定之间有时难以区分。与有权认定行政自由裁量决定错误的新西兰议会行政监察专员不同，英国的议会行政监察专员不能质疑某一并不存在不良行政的自由裁量决定的合理性。如果某一自由裁量决定已经对个人造成了明显的损害，但是在作出决定的整个过程中没有发生可以认定的瑕疵，对此如何处理呢？议会行政监察专员将会从这一自由裁量决定本身判断其是否具有某一不良行政的要素。议会行政监察专员还会调查某些苛刻（即不近人情）的决定，这些决定可能是因为过于严格地适用政府部门制定的政策造成的。②

一旦认定为不良行政，有关行政机关就得支付（非法定权利范围内的）额外补偿金。例如，某救济金机构因在某一案件中错误地给予申诉人有关疾病及退休方面的救济金的建议，该救济金机构支付给该申诉人37000英镑以补偿其所受损失，另加延迟支付该补偿金的利息11000英镑；在另一个请求残疾救济金的案件中，申诉人因被误导而从对其造成误导的有关行政机关处获得了包括利息在内的24000英镑的补偿金。因在实施可耕地休耕补偿计划的过程中严重拖延，农业大臣向将近3000名农场主支付了550000英镑的延期利息。③ 也就是说，总计应付金额为补偿金加自申诉人应当获得该利益时起的利息。

议会行政监察专员并没有权力强制某一中央政府部门提供救济，但如果因不良行政导致的不公正待遇没有得到救济，议会行政监察专员就可以向议会提交一份报告。向议会提交的第一份这样的报告是在1978年，该报告促使政府决定引入相应的立法以对不公正的待遇提供制定法上的救济。但是在1995年，第二份这样的报告的结果却是政府拒绝承认交通部在规划英吉利海峡隧道铁路项目中举措不当，以及该项目对肯特郡内受影响的财产所造成的损失。直到1997年，交通部才提出了一项赔偿某些财产受影响的所有者的计划，议会行政监察专员认为这一计划是可以接受的。④

---

① Bradley & Ewing, p. 689.
② Bradley & Ewing, p. 689.
③ Bradley & Ewing, p. 691.
④ Bradley & Ewing, p. 691.

十二、议会行政监察专员经典案例

议会行政监察专员调查的案件中,最重要的有两个:其中萨克森豪森(Sachsenhausen,纳粹德国时期的一个集中营)案是议会行政监察专员认定中央政府部门存在严重过错的第一起案件。根据1964年《英德协定》,德国政府同意提供100万英镑以赔偿在第二次世界大战期间受到纳粹迫害的英国公民,而如何分配这笔钱则由英国政府自由裁量。当时的外交大臣巴特勒(Butler)批准了一项分配规则。后来,外交部的官员取消了12名申诉人按照该规则所取得的因被关押在集中营而获得的赔偿金。议员施加的压力并没有使该决定被撤回,于是当事人向议会行政监察专员申诉。此时,100万英镑基金已经被分配一空。经过调查,议会行政监察专员的报告认定外交部的官员作出决定以及随后维护这些决定的程序存在瑕疵,并认为这一不良行政损害了申诉人的名誉。① 可见,英国也存在议员对行政部门施加压力的现象,但并不总是能得到积极的响应,而且这种压力与议会总体基于部长责任制施于政府的压力是不同的。部长责任制的压力一般是不会针对个案的,除非个案案情重大。

在众议院对这一报告进行辩论时,外交大臣布朗(George Brown)认为该决定是正确的,并表示如果该决定是错误的,他本人愿意承担个人责任。尽管如此,他仍然另行准备了25000英镑,以便申诉人能够获得与从基金中成功获得赔偿的人一样的赔偿金。该案发生时占据主导地位的观点认为,当时的外交大臣制定的分配规则在法律上是不能强制执行的。但是,如果今天再发生这样的事件,则有关当事人可以对外交部官员的制定的分配规则寻求司法审查,其根据就是基于分配规则所产生的合法性预期。② 可见,在该案发生时的英国,人们普遍认为,不能通过法律手段强制外交部官员遵循外交大臣制定的分配规则。或者说,对于外交部官员而言,他们即使不遵循该规则,在法律上也是没有相应的强制其遵循的手段的。易言之,虽然外交部制定了该规则,但却可以不严格遵循该规则,其原因是它不是法律。议会行政监察专员的观点则是,该规则的存在使有关当事人产生了合理预期或者说期待利益,不严格执行该规则等同于没有道理的不良行政。

---

① Bradley & Ewing, p.690.
② Bradley & Ewing, p.690.

然而在议会行政监察专员发布该案调查报告的1968年,仅仅靠议会的压力并不能取得这样的成功,事实上,议会行政监察专员的报告是基于外交部官员作出决定的有关信息写成的,而这些信息通过普通的议会程序是无法取得的。①

议会行政监察专员有史以来所实施的最为详尽的调查是针对克洛斯(Barlow Clowes)事件进行的,至少有159名议员向议会行政监察专员转交过有关当事人的申请:1988年,克洛斯投资公司倒闭,使投资者的数百万英镑血本无归,其中许多人是收入有限的老年人。贸易与工业部曾根据1958年《预防(投资)欺诈法》(该法后被更为严厉的1986年《金融服务法》取代)给克洛斯投资公司颁布了许可证。议会行政监察专员认为有关公务员存在五个方面的不良行政,致使投资者最终所遭受的损失超过了中央政府部门以一种严格的、警觉的方式行使其监管权力时所应当承受的损失。政府方面采取了非同寻常的手段来抵制有关不良行政的认定,但是最终还是为投资者提供了1.5亿英镑的(非法定权利范围内的)额外补偿,足以弥补他们90%的损失。假如投资者试图以疏忽为由起诉贸易与工业部,几乎可以肯定,不可能在法律上确认该部对这些投资者有任何法律上的注意义务。②

---

① Bradley & Ewing, p.690.
② Bradley & Ewing 2015, p.624.

第二章
司法救济概述

无论是从翻译的"信"还是"达"的角度考虑,司法审查的译法都比司法救济更确切。不过笔者发现,英国的司法审查制度也并不完全与行政诉讼对应,且其差异并不局限于受案范围或者审查力度。真正与行政诉讼对应的,是被英国学者笼统地称为司法救济的所有由司法系统提供的救济,本卷后续各章节反复强调,司法审查仅仅是司法救济的一大类,而非其全部。但从英国有关司法审查的著作中各章章名不难发现,其中有相当的章节是以司法审查命名的,而非司法救济。造成这种局面的原因在于,司法审查是英国司法救济的核心,并且有统一的法定程序,在一本以诉讼程序为主要内容的著作中,系统介绍该制度的核心法律程序,同时介绍其他程序与此核心法律程序的差异,笔者以为是最切实可行的。

第一节 行政诉讼与司法救济

此处借用司法救济之名,主要是为了与行政诉讼制度相对应。因为英国行政法中的概念,如救济、法律救济、司法审查、特权救济等,都不足以与中国的行政诉讼完全对应。因此,本书介绍的司法救济,特指由法院对行政行为提供的救济,故基本上可与行政诉讼制度对应。但是,司法救济并不是英国行政法上的概念,而是笔者为了制度比较的需要,以中国的行政诉讼制度为蓝本对英国对应法律制度的拟制。为此,笔者尽量对司法作严格的限定,即由法院实施的解决争议的活动,也就是由法院实施的对行政活动的不满提供的救济。

一、司法救济的概念

英国行政法领域并没有 Judicial Remedies(司法救济),至少没有将这一概念作为其通用的对行政的司法性救济的统称。

英国的宪法、行政法学者①和行政诉讼法专家②经常提到的类似概念是司法审查救济（judicial review remedies），但英国学者指代的显然是通过标准化司法审查程序实现的救济，即各种在司法审查程序中可以获得的救济，而非通过司法途径实现的对行政行为的救济。有学者在替代性救济（alternative remedies）中，提到了制定法设立的裁判所和上诉制度（statutory tribunals and appeals）③，如根据1993年《教育法》设立的特殊教育需求裁判所，对于该裁判所裁判的案件，当事人享有进一步就法律问题上诉至高等法院或者上诉法院的权利。④ 这种上诉相当于我国对行政复议决定不服提起的行政诉讼。另一著作中与司法审查救济对应的概念分别是替代性救济和其他公法救济，而人身保护状则被排除在司法审查救济之外。⑤

当然，英国法中的任何原则都有例外，单纯按形式标准区分行政救济与司法救济的危险在于，有时行政与司法这个区分标准本身就不明确。最突出的例子就是就业裁判所和就业上诉裁判所，按照一般分类，它们因属于裁判所而被划入广义的行政系统，但正如本书反复提到的，它们又被贵族院认定为法院，虽然既不是终审法院也不属于最高法院。

韦德爵士在《行政法》一书中曾经提到法律救济（legal remedies），并且称该书的绝大部分篇幅用在解释法律救济上，这些救济可以用作对抗无常的或不适当的政府行为。⑥ 韦德爵士所指的法律救济，显然就是行政法律救济，包括所有对于行政行为提供的法律上的救济，如行政、司法甚至立法方面的救济。与司法救济比较接近的概念是司法控制（judicial control）。⑦

二、司法救济与特权令状

现在称起诉书（claim forms）的令状（writs）最初是由大法官办公室

---

① Neil Parpworth, p. 327.
② Bridges & Cragg, p. 23.
③ Bridges & Cragg, p. 35.
④ Bridges & Cragg, p. 36.
⑤ Neil Parpworth, p. 336.
⑥ Wade & Forsyth, p. 87.
⑦ Wade & Forsyth, p. 31.

的职员签发的,那时的大法官是高级神职人员,同时也是英王的私人牧师和议会的首脑。① 令状是一封封好的以英王名义签发的信,命令某人,如庄园主(Lord of the Manor)、郡治安法官(Sheriff of the County)或者被告按令状要求行事。② 为了在英王的法院提起诉讼,希望起诉的当事人必须从大法官那里得到该令状,当然,当事人是要为此花钱的。③

调卷令(Certiorari)、阻止令(Prohibition)、训令(Mandamus)三令状通常被称为特权令状(prerogative orders),因为在历史上,它们只能以英王名义针对公共管理机构签发。而强制令(Injunction)、宣告令(Declaration)、赔偿令(Damages)则与其在私法案件中的运作方式相同。④ 也就是说,强制令、宣告令、赔偿令属于公、私法通用的令状,但都不是特权令状。

就特权令状与司法救济的关系而言,需要廓清的是,特权令状不限于对行政行为的司法救济(当然,司法救济也不限于特权令状),也可用于下级法院,就像其延伸至对行政活动的救济之前一样。这从另一方面说明,这些特权令状本来的功能并没有消失。⑤

低级的法院,如治安法院和郡法院要受司法审查拘束。⑥ 此处的司法审查已经不限于行政法了,而是指上级法院对治安法院或者郡法院的刑事或者民事诉讼过程的监督。考虑到治安法院管辖的轻罪案件在我国大致属于行政处罚的范围,因此,将对治安法官的行为的司法审查纳入行政法领域进行研究更具有可比性。

皇家法院也要受司法审查,但其某些方面的管辖权限除外。这一限制表明了一个重要的原则,使得皇家法院的决定与那些不可以请求司法审查、只可以在审判后提请一般上诉的决定区分开来。这种区分是建立在1998年《人权法》生效之前的判决的基础之上的。根据该法的规定,所有公共管理机构都必须以与《欧洲人权公约》规定相一致的方式行使其职能。因此,许多以前游离于司法审查之外的机构现在可以纳入公共管理机构的范围,如果对它们的决定没有其他的救济手段,那么可以使用司法

---

① Denis Keenan, p. 8.
② Denis Keenan, p. 9.
③ Denis Keenan, pp. 8-9.
④ Bridges & Cragg, p. 23.
⑤ Wade & Forsyth, p. 595.
⑥ Bradley & Ewing, p. 738.

审查。①

尽管如此，当对某一公共部门的雇员的解雇决定涉及对于其公约人权的侵害时，从原则上讲，就业裁判所的救济依然存在，而不必寻求法院提供的司法审查的救济。② 在英国，就业裁判所被视为法院，对其决定的上诉亦被视为与司法审查并列的法律上的上诉。此处明确地将那些可以向上级裁判所上诉的裁判所的行为排除在司法审查之外，但并没有排除对该接受上诉的裁判所的行为的司法审查。

英国学者并不将向上级法院上诉视为司法审查，他们认为，对某些制定法设立的裁判所的决定可以提起司法审查，但不包括那些可以向高级裁判所或者上诉法院上诉的裁判所③；这是他们不把所有由法院进行的对公共管理机构的监督都称为司法审查的明证。

三、特权令状与司法审查

英国当代的司法审查制度是建立在传统的特权令状基础之上的，但二者的关系已经退化到仅具有形式关联没有多少实质内容的程度，其中的特权思想更是荡然无存。

英国学者一般将调卷令［certiorari，现称撤销令（quashing order）］、阻止令（prohibiting order，此前的用语是 prohibition）、训令（mandatory order，此前的用语是 mandamus）统称为特权令。过去，这些特权令采取令状形式，是法院控制公共管理机构行使权力的行为的手段。如今，受分别颁布于 1933 年和 1938 年《司法（杂项规定）法》[Administration of Justice(Miscellaneous Provision)Acts]的影响，特权令状（writs）已经改称司法令（judicial orders），并可以通过向行政庭（Administrative Court）提出申请的途径获得救济。④ 事实上，早在 1933 年，特权令即按照当时的《司法法》而改称司法令了，但英国的法学专著中仍在使用古老的特权令的表述。这也说明，对于判例法体系的英国法而言，完全换用新的表述，就意味着抛弃改革以前所有的判例，也就意味着斩断法学原理传承的纽带，是不可估量的损失。因此，即使在当代英国法学著作中，仍可以看到非常古

---

① Bradley & Ewing, p. 738.
② Bradley & Ewing, p. 738.
③ Bridges & Cragg, p. 5.
④ Neil Parpworth, p. 328.

老的用语,不仅包括此处提到的特权令状,还包括一些拉丁语词。这都是英国法的一部分,正如中文中的成语一样。

从历史角度看,司法审查是从特权令状逐渐演化形成的,对此可以从下文司法救济的演化以特权令状的演化为纬线这一点上得到印证。但是到了现当代,由于立法加强了对司法审查救济的调整,许多传统的普通法上的内容逐渐成文化,于是英国学者转而以制定法规定的可以通过司法审查救济程序获得的救济,作为司法审查的定性标准,原来不属于特权救济类型,如属于一般令状的强制令和宣告令,被纳入司法审查的范围;而原来属于司法审查范围的人身保护状却因不能通过适用司法审查程序取得,而被排挤出司法审查的范围。

严格说来,英国行政法中的司法审查,实际上只限于三种特权令状(调卷令、阻止令、训令),不包括人身保护状,也不包括如赔偿金之诉等一般救济案件。① 由此可见,对于人身保护状不属于司法审查范围,在英国学者之间是有共识的,这不仅表现在此处提到的作为特权令状之一的人身保护状不等于司法审查令状,而且表现在强制令、宣告令、赔偿令也不属于传统的特权令状。至于赔偿金之诉与赔偿令之诉,二者也存在一定的区别。赔偿金之诉又称损害赔偿之诉,是按普通《民事诉讼规则》提起的,而赔偿令之诉则是按司法审查程序提起的,虽然司法审查程序原则上准用《民事诉讼规则》,但二者的区别还是显而易见的。这正是本书花大量篇幅介绍的原因所在。

于是,理解特权令状与司法审查的关系,关键就在于强制令和宣告令这两种民事救济手段、特权令状以及司法审查的关系。关于这个问题,英国制定法间接地作了回答。强制令作为一种公法救济手段时受 1981 年《最高法院法》第 31 条第 2 款以及《最高法院规则》第 53 号令第 1 条第 2 款调整②:宣告令或者强制令的申请,可以采取申请司法审查的方法。这就是说,宣告令和强制令本身还都不属于司法审查。由于这种表述出现在 1981 年《最高法院法》中,因此具有重要的导向意义:最高立法者也与司法界一样将严格意义上的司法审查的范围限于调卷令、阻止令和训令。但正是由于该条文的上述规定,也就是采取与三大特权令状相同的程序申请,英国学者现在通常按照是否可能适用司法审查程序获取的标准,将

---

① Bradley & Ewing, p. 736.
② Bridges & Cragg, p. 26.

其归入司法审查的范围。

四、司法审查与司法救济

就司法审查与司法救济的关系而言,最需要澄清的一点是,不能以司法审查代替司法救济。学术界提到英国的行政诉讼,必称司法审查,因为英国学者也往往存在一种思维定式,即一提到行政法,首先想到的就是司法审查;一提某种变化对于行政法的影响,首先想到的就是对司法审查有什么影响。例如,韦德爵士在介绍政府契约化方面的发展对于行政法的影响时,强调的便是目前绝大多数的司法审查仍是由政府活动引起的,而没有受到上述变化的影响。①

事实上,作为行政救济的司法审查,是由法院对公共管理机构的行为或者决定进行的直接审查,也是英国行政法目前最主要的司法救济方式②,但是将英国所有针对行政行为在法院提起的诉讼都称为司法审查是非常不严谨的。我国的行政诉讼就是法院提供的对行政行为的救济的全部;但英国法院所提供的此类救济,远远超出英国司法审查的范围。

虽然韦德爵士说过司法控制最原始的含义就是司法审查③,但他同时又指出,法院利用一整套混合的救济手段,部分属于私法救济,部分属于公法救济,目的就是覆盖所有类型的案件。④ 故司法审查不是对行政行为的全部的司法救济,而仅是其中比较重要的一小部分。

当然,另外一个同样不容忽视但经常被误解的问题是,英国司法审查的对象不限于行政主体,治安法院的判决、郡法院以及皇家法院的某些决定也可以接受司法审查。⑤ 考虑到郡法院主要审理民事案件,而皇家法院主要审理刑事案件,司法审查的这一受案范围对于我们理解或者比较研究英国的司法审查制度是十分有意义的。

五、司法救济的实效性

英国司法审查的一个重要理念就是"无讼",总是想方设法避免走到正式听审程序,而对于申请人而言,最有吸引力的就是在此期间获得临时

---

① Wade & Forsyth, p. 51.
② Bradley & Ewing, p. 728.
③ Wade & Forsyth, p. 34.
④ Wade & Forsyth, p. 33.
⑤ Bridges & Cragg, p. 93.

性救济，因为在法院判决行政主体给予申请人临时性救济后，实际上已经在事实上宣告这就是最终结果，从而不得不与申请人达成妥协协议或者满足申请人的要求。在这个意义上，临时性救济的获取时机是非常重要的，其对最终救济的获得具有阶段性的决定性。

司法救济的核心是其实效性，如果不能使申请人获得其所期望的救济，那么启动或者赢得任何司法审查诉讼都是没有意义的。同样，如果在案件提交法院之前，所有的损害赔偿给付都已经完成，该案件仅具有理论意义。因此，对于司法审查而言，了解可以获得的临时性救济的种类非常重要。①

六、司法审查的理论基础

司法审查是保证公共管理机构在其正当的权限范围内行事，进而保障法治原则的根本性机制。② 因此，有学者强调，司法审查的理论基础就是普通法。这一点并不会因为几乎所有的行政法上的案件都是基于某一议会立法提起的而受到丝毫影响。③ 韦德爵士显然已经将"司法者司法"这样一个普通的道理作为普通法的一个原则视为当然了。但从这个角度看普通法与司法审查，确实是中国学者比较容易忽略的。普通法确实是英国法治理念的核心，因此，从这个角度介绍普通法与行政法中的司法审查的关系，对于提升行政法的学术价值无疑具有重要意义。

司法审查的基础在英国法学界聚讼不已。争辩的一方认为，司法审查是建立在如下假设基础之上的：议会在任何立法中，都希望其立法权的行使能够遵循司法审查的原则。④ 这种假设对于司法审查的意义在于，通过承认议会立法与司法审查在原则体系上的一致性，将议会立法中明显排斥司法审查的字句解释为并非从根本上否定司法审查。

反对的一方否认越权无效原则是司法审查的基础，因为将司法审查建立在一个虚幻的所谓议会意图的基础上是错误的，司法审查的根据（grounds of judicial review）是法官创造的，而不是立法规定的。因此，法院在司法审查中的权威不是来自议会，而是在法治原则之下与议会的权

---

① Bridges & Cragg, p. 23.
② Wade & Forsyth, p. 34.
③ Wade & Forsyth, pp. 33-34.
④ Bradley & Ewing, p. 696.

威协调一致的。①

但争论双方都接受的一点是,司法审查的根据是由法官在普通法领域发展起来的,而从来不是立法的主题。② 也就是说,司法审查的根据是通过法官的裁判活动在普通法领域按照普通法的方法逐步发展起来的,而不是通过普遍的立法确立的。这一认识的根源在于,唯此才能保持司法审查的根据之于立法的独立性,避免因为立法活动中否定司法审查根据的条文的颁行而从根本上颠覆司法审查制度。基于此,对于司法审查的排斥不是立法所能成就的,司法审查的根据的独立性赋予司法审查制度宪法性地位。这一点对于保证司法审查制度在政府对议会具有支配地位的英国长期稳定的存在,不为短时任期的政府通过议会立法加以强行干预,具有非常重要的意义。同时也必须看到,根据议会立法至上原则,议会的立法权不受限制,完全有可能通过限制甚至取消司法审查的立法否定司法审查。但这种可能性最终没有成为现实的原因,正是本书要讨论的核心内容。

七、司法救济的功能定位

(一) 功能定位的唯一性

讨论司法救济的功能定位的目的,在于探讨英国司法救济的立法出发点、执法着眼点和司法关注点,是我们分析、理解英国司法救济的法律原理、操作规则以及具体结论的重要指南。

从 1989 年《中华人民共和国行政诉讼法》第 1 条的规定看,我国行政诉讼制度有三大功能:保障法律的正确实施、监督行政机关依法行政、维护相对人的合法权益。现行《中华人民共和国行政诉讼法》将这三大功能归结为一点,即化解行政争议。英国以司法审查为中心的司法救济制度的功能也大致如此,但其强调的重点却与我们正相反。其首先强调甚至可以说只提到了维护相对人的权益,即救济,几乎不怎么提及监督行政机关依法行政或者保障法律的正确实施。因为英国学者觉得,如果能够为当事人提供充分的救济,就必然可以保障行政机关不侵犯当事人的权益(包括合法性期待的利益),可以保障执法活动依法进行,并最终保障法律的正确实施。

---

① Bradley & Ewing, p. 696.
② Bradley & Ewing, p. 696.

可见，英国法的目的或者功能定位是单一的，而且这一点具有相当的普遍性。这种原则信仰体系与英国的宗教有关，无论是基督教还是新教，都归于一神教的范畴，信仰这类教义的结果是，很难让信徒免于"一根筋"（用其正面意思）。笔者在研究中发现，其实"一根筋"有时还是蛮可爱的。我们常说实践是检验真理的唯一标准，但没有注意真理与谬误最大的区别是真理的纯粹性或者说唯一性。过滥的原则体系、不断翻新的对于复杂的原则体系的更为复杂的解释，恰恰说明这个原则体系并不具有作为原则本身必须具备的纯粹性、唯一性。

当然，从历史上看，司法审查是从高等法院监督"低级"法院的活动的司法管辖权衍生出来的。高等法院对"低级"法院的这种监督职能逐渐扩张，不仅限于低级法院，还包括了裁判所和地方政府机关。如今人们普遍认为，任何履行公共职责或者公共权力的机构在理论上都要接受司法审查。司法审查的目的，是确保公共管理机构不超越其由议会赋予的权力。①

（二）司法救济的救济功能

英国学者非常强调司法救济的救济功能，这也是他们提到的司法救济的唯一功能。他们在设计和提供司法救济的策略、技巧和建议时，也非常务实地将救济功能的实现作为司法救济的立足点。主要体现在②：

第一，他们认为，如果不能使申请人获得其期望的救济，启动或者赢得司法审查没有任何意义。

第二，如果在将案件提交法院之前，所有的损害赔偿给付已经完成，那么该案件仅具有理论意义（purely academic），启动一场诉讼同样没有意义。这类案件对于英国法治建设的意义或者对其他国家的法治事业的示范效果，都不是英国司法实务专家关心的问题。如果确实能够做到在具体案件中使当事人切实得到现实的、实惠的救济，少打或者不打官司并不构成严重的法律或者道德罪错。

八、司法救济的多样性

英国司法救济的功能要求的直接后果，是其种类的多样性。从结构决定功能的角度分析，没有种类的多样性，就没有向受众提供多样性选择

---

① Bridges & Cragg, p.4.
② Bridges & Cragg, p.23.

的余地，也就无法满足不同的需要，从而无法实现全面的救济。

但不争的事实是，司法救济种类的复杂性不可避免地导致司法救济程序的多样性。在英国，有多少部规定了司法救济的单行法，就有多少种司法救济的具体程序；至于在制定法之外的特权救济及普通法救济，更是如此，而且各类救济程序的差异可能很大。因此，英国司法救济的程序不能作为一种统一的制度来理解，而应当作为不同种类的救济制度的集合来总结，简单地、笼统地归纳英国司法救济的受案范围、申请主体或者申请程序等，都是没有多少学术价值的，甚至是不严肃的。

连英国学者也不得不指出，英格兰法过去存在的主要瑕疵是，虽然所有救济方式都存在相应的程序，但却没有统一的程序来寻求所有类型的救济。为获得一种或者多种救济的程序往往不一致，法律也极不统一。如今，英格兰法已经有了能够包容所有救济形式的统一申请程序。这一改革的主要效果是，那些久已存在的救济类型，即著名的特权救济（训令、阻止令和调卷令）、强制令和宣告令等，就行政法上的目的而言一律转换成"救济的形式"（forms of relief），并可以通过统一的程序获得这些救济，这个程序就是申请司法审查。这些改变伴随着司法体制方面的重组，这一重组过程是按照专家的意见进行的，而不是议会授权实施的。2000年，高等法院王座分庭内的专门法庭被命名为行政庭（Administrative Court）。① 但是，除行政法上的目的之外，这些令状还依然可以服务于其最初的目的，或者说作为例外仍可以在行政法的目的以外的领域继续使用，如应用于普通的民事诉讼或者刑事诉讼中。

英国当代的司法审查制度，是通过 1977 年至 1982 年的一系列改革最终完成的。像普通法上的许多程序制度的改革一样，司法审查制度的改革虽然没有回到最初的原则但也没有另起炉灶。特别值得一提的是，在新的程序下申请司法审查的范围并没有明确界定，而且普通法的许多方面显然原封不动地保留了下来。从那时开始，程序方面仅作出了一些有限的改革，特别是在 2000 年。②

英国的司法救济固然不限于司法审查，但其核心显然是司法审查。为了便利起见，以下主要以司法审查的审理程序为例进行说明。

---

① Bradley & Ewing, p. 729.
② Bradley & Ewing, p. 728.

九、司法审查救济的种类

英国学者对司法救济的论述的中心概念是司法审查救济,其范围的界定,需要通过与其他相关概念的对比实现。一般英国学者采取的是二分法或者三分法。二分法以司法审查救济为中心,将救济分为司法审查救济与替代性救济①;三分法则包括司法审查救济、替代性救济以及其他公法救济②。但真正的问题在于,英国学者对于司法审查救济的确切内涵并没有达成统一认识。对此,又有所谓的五元说和六元说,而其纷争的焦点,在于赔偿令的归属。

(一) 五元说

有英国学者从司法审查救济的申请人可以向法院提出的救济类型的角度,认为原告可以寻求以下一种或者多种潜在的救济途径③:

(1) 调卷令[certiorari,现称撤销令(quashing order)];

(2) 阻止令(prohibiting order,此前的用语是 prohibition);

(3) 训令(mandatory order,此前的用语是 mandamus);

(4) 宣告令(declaration);

(5) 强制令(injunction);

(6) 临时性宣告令(interim declaration);

(7) 改判救济(substitutionary remedy)。

善意的读者估计不会以为笔者不识数:名为五元说,却列了七项内容。事实上,真正与此处讨论的司法审查救济的范围有关的限于前五项。笔者将第六项(临时性宣告令)归入宣告令的临时性救济。而改判救济(径行救济)是指法院在撤销原行政决定的基础上直接作出替代性的决定的救济方式,也不属于一种独立的令状。英国学者也强调,临时性宣告令和改判救济是按照《民事诉讼规则》的规定授予的④,因此不属于司法审查救济的范围。可见,英国学者对于以是否能够通过司法审查程序获得作为区分司法审查救济的标准,意见还是比较统一的。

(二) 六元说

有英国学者从法院行使司法审查权时有权作出的司法救济令状的种

---

① Bridges & Cragg, pp. 23-42.
② Neil Parpworth, pp. 327-380.
③ Neil Parpworth, p. 327.
④ Neil Parpworth, p. 328.

类角度,对司法审查救济的范围作了界定:英格兰高等法院裁决司法审查申请的权力,是由 1981 年《最高法院法》第 31 条以及《最高法院规则》第 53 号令第 2 条规定的,允许高等法院签发以下六种不同的令状,因此,目前在司法审查案件中可以获得的主要救济有六种[①]:

(1) 调卷令;

(2) 阻止令;

(3) 训令;

(4) 强制令;

(5) 宣告令;

(6) 赔偿令。

这种从现行议会立法中寻找司法审查救济类型的依据的做法,最具权威性,也最符合中国法学者的口味。当然,不能就此认为英国的司法审查救济已经成为制定法规定的救济类型了,这种说法英国学者是绝对不会认同。比较公允的说法是,这些救济形式或者程序最初是由非成文的普通法演化而来的,只是到了当代予以成文化了;同时,司法审查救济中许多核心制度,如司法审查的根据、当事人资格及程序细则,仍主要由判例法支撑。

(三) 赔偿令

五元说与六元说的区别其实就在于是否包括赔偿令,这一点,英国学者已经注意到了:从五元说列举的救济清单看,很容易发现其中没有包括赔偿救济。[②] 直观看来,英国不将赔偿救济列入司法审查的救济之中,主要原因在于这是一种过于普通的民事救济。但后来发现,上述两种分类方法的标准都是能否通过法定的司法审查程序获得。对于同样的法律规定,之所以会出现不同的归类,主要原因在于归类的标准不同。

持五元说的英国学者认为,虽然《民事诉讼规则》第 54 条第 3 款第 2 项规定,司法审查请求(claim for judicial review)中可以包括赔偿请求,但同时又规定,不能单独提起赔偿请求。[③] 即只可以一并提起,而不能单独作为一种司法审查请求提起。

在司法审查程序中可以获得赔偿的情形规定在 1981 年《最高法院

[①] Bridges & Cragg, p. 23.

[②] Neil Parpworth, p. 328.

[③] Neil Parpworth, p. 328.

法》第 31 条第 4 款中。该款规定,原告在以下情况下可以获得赔偿:①原告将因与司法审查请求有关的事项引起的赔偿请求,与该司法审查请求一并提起;②法院有充分的理由相信如果原告当初在提起司法审查请求时一并提出赔偿请求,也是完全可以获得赔偿的。在上述两种情况下,都可以获得赔偿,即要么与司法审查请求一并提起,要么使法院相信如果当初一并提起肯定可以获得赔偿。

也就是说,英国学者之所以一般不将赔偿请求放在司法审查中进行讨论,是因为法院适用《民事诉讼规则》第 54 条第 3 款第 2 项所规定的司法审查程序进行司法审查的结果,只能是给予前述七种救济之一。而赔偿则是由《最高法院法》规定的另外的程序给予的。虽然《最高法院法》规定赔偿请求可以在司法审查诉讼中一并提起,但在严格考虑程序区分的英国学者看来,这并不足以将赔偿请求混同于司法审查请求,其恰恰证明这是两类不同的诉讼,程序上的竞合并非消弭其实质上的差别的理由。

(四)限定性救济与选择性救济

虽然上面提到的任何一种救济,包括赔偿救济都可以在司法审查程序中获得,但《民事诉讼规则》第 54 条仍对必须通过司法审查获得的救济和可以通过司法审查获得的救济进行了严格的区分。英国学者称之为司法审查救济的限定性与选择性。其中,根据 1981 年《最高法院法》第 30 条的规定,训令、阻止令、调卷令,属于必须通过《民事诉讼规则》第 54 条第 2 款规定的司法审查程序才能获得的救济。当然,司法审查程序也可以用于原告申请宣告令或者强制令,这是《民事诉讼规则》第 54 条第 3 款规定的。而临时性宣告令和改判救济则是《民事诉讼规则》授予的。但是,无论原告是申请必须适用还是可以适用民事诉讼程序的救济,对于《民事诉讼规则》第 54 条第 2、3 款规定的救济而言,都必须适用司法审查程序。①

表面上看,这有点问题,即前面说过宣告令或者强制令属于可以适用司法审查程序的救济类型,这里又强调按《民事诉讼规则》第 54 条第 2、3 款规定提起的救济必须适用司法审查程序。理解此处的关键就在于,英国的宣告令或者强制令是用途非常广泛的救济手段,司法审查中可以适用,普通民事诉讼案件中也可以提出。事实上,由于这两类诉讼请求用在民事案件中的情况要比行政诉讼中普遍得多,因此,在一本行政诉讼的专

---

① Neil Parpworth, p. 328.

著中,这其实是强调,对于此两类司法救济,除可以适用普通民事诉讼程序外,还可能适用司法审查程序。而这是纯行政的特权救济所不具备的程序灵活性,特权救济只能或者说必须适用司法审查程序,而不能适用民事诉讼程序。但对于根据《民事诉讼规则》第54条第3款提起的宣告令或者强制令,虽然只能适用司法审查程序,但以其他事由提起的、不适用该款规定的宣告令或者强制令,则完全可以适用民事诉讼程序。

回过头来再看必须(must)与可以(may)这两个英文单词,前者是义务性规范的助动词,而后者则是权利性规范的助动词。就权利性规范而言,适用司法审查程序的权利是添附在普通民事诉讼程序的基础权利之上的,而不是其只可以在有限制的情况下被准予适用司法审查程序、在不符合条件时不能适用司法审查程序也不能适用其他程序的意思。对此,笔者想提醒中国的读者,这是一个校正我们的程序权利观念的极好的例证。

十、司法救济的谱系

对英国行政法的比较研究,最困难的部分是其分类。基于对英国司法救济的层级体系的划分的研究,笔者绘出英国司法救济的谱系图。

英国行政法的核心内容在于法院对行政的司法监督,即我们称为行政诉讼的部分,而其实际内容和体系的复杂程度大大超出了笔者的想象。其中最主要的一点在于其没有一个统一的制度:几乎每一种救济手段都有其独特的适用范围、申请程序和救济方式,共性的东西很少。这显然为比较研究提出了巨大的挑战。

以下内容是本书第二次试图对英国行政法中所涉及的救济进行分类。第一次分类研究的结果是,鉴于行政救济与司法救济的内容同样丰富,放在一篇中研究可能难以驾驭,因此将行政救济单独列出,于是有了本卷第一章行政救济总论一章对于救济的大致分类。

由于本卷主要讨论司法救济,因此,在行政救济中回避的司法救济的分类在此又重新被提了出来。司法救济的分类远比行政救济的分类复杂。司法救济相关的概念很多,层级、包容关系复杂、历史跨度大、存在依据复杂,仅其种类就有十种之多。加之对司法救济的研究有赖于对各种救济手段的比较这一基础性工作,司法救济的主体、程序、判决等均与之有密切关系。整个司法救济制度的发展在某种程度上也无非司法救济种类的演化、程序的改进而已。鉴于此,笔者将司法救济的基本类型单设一节,具体研究各种基本司法救济类型的具体内容。此处仅介绍研究的初步成果,即英国司法救济的基本谱系。

(一) 第一层级——救济

这是最上位的概念,包括所有对行政行为的救济:议会救济、行政救济、司法救济。英国专门介绍司法审查的著作一般就是基于这一分类方法,并以司法审查为中心,将所有在英国可获得的救济分为司法审查救济和替代性救济。① 其中,司法审查救济指以下六种②:

(1) 调卷令;

(2) 阻止令;

(3) 训令;

(4) 强制令;

(5) 宣告令;

(6) 赔偿令。

替代性救济则包括以下六种③:

(1) 制定法设立的裁判所和上诉制度;

(2) 诉愿程序;

(3) 就地方或者中央政府的案件向行政监察专员申诉;

(4) 求诸国务大臣的默示权力;

(5) 在地方政府机关的案件中诉诸其内部监察官员;

(6) 内部复审或者外部复审程序。

(二) 第二层级——公法救济

从另一英国学者的分类看,以公私法的划分为坐标系,英国法律体系对行政决定所能提供的救济(其范围略小于第一层级所指的全部救济,因为其中排除了私法救济,但要远远大于下面将要提到的司法救济或者行政诉讼,因为类似议会行政监察专员的救济、裁判所的救济,显然属于公法救济但不属于司法救济或者行政诉讼)至少有三个层次,即公法救济、司法审查救济(通过司法审查程序所能获得的救济)和特权救济。其中的公法救济实际上就是指公法案件所能获得的救济,包括司法审查救济和其他公法救济,因为除司法审查救济外,还有两种公认的公法救济,即人

---

① Bridges & Cragg, pp. 23-35.

② Bridges & Cragg, p. 23.

③ Bridges & Cragg, p. 35.

身保护状和责问令状(quo warranto),不能在司法审查程序中提起。①

(三)第三层级——司法救济

由法院提供的救济,涵盖一般救济(ordinary remedies)、特权救济(prerogative remedies)和制定法规定的向法院提起的上诉,包括王权诉讼,韦德爵士在其《行政法》一书中的救济与责任篇就是按照这一体系分类的。②

(四)第四层级——普通救济、上诉

普通救济(或称普通法上的救济)与上诉(或称制定法上的救济)之分,也就是成文法上的救济与不成文法上的救济之分,是对司法救济从渊源上所作的进一步划分。普通救济也就是普通法上的救济,指渊源于普通法或者由英国普通法所提供的救济。一般救济和特权救济,都属于传统的普通法救济,区别于制定法新创制的上诉等救济方式。正因如此,笔者没有将一般救济(ordinary remedies)译为普通救济。

或许是普通法是英国国粹的缘故,越是英国法的著名学者,就越是强调普通法上的救济与制定法上的救济的区分,韦德爵士甚至用了"截然不同"的表述(radically different)。③ radically 含有激进的意思,韦德爵士在其八十岁高龄时仍然对此念念不忘,可见其对人们混淆这两个概念体系的关注。

(五)第五层级——一般救济、司法审查救济、上诉

一般救济指按普通诉讼程序获得的救济,包括赔偿金诉讼(actions for damages)、宣告令、强制令、告发人之诉(relator actions)、履行义务之诉(enforcement of duties)等。④

(六)第六层级——一般令状救济、特权救济

特权救济,起源于古老的特权令状,是经现代制定法改造的救济类型,即基于英王特权令状而设置的司法救济,包括人身保护状、调卷令、阻止令、训令。

特权救济包括的四种特权令状是英国最主要的对行政行为的公法救济手段,虽然名曰特权令状,一般在特权救济一章讨论,其实与救济的特

---

① Neil Parpworth, p. 336.
② Wade & Forsyth, pp. 551-836.
③ Wade & Forsyth, p. 33.
④ Wade & Forsyth, pp. 551-581.

权性并没有多大关系。在英国这样一个尊重历史传统的国家,这种富有历史传统意味的概念及相关分类,是很难消除的,事实上也没有必要消除。因为这已经与王权一样,越来越具有历史象征性,而不具有实质性意义,其实际内容已经发生了根本性变化。正如英国的议会大厦依然屹立并发挥着现代英国议会办公场所的作用,但英国议会的实质运作方式及社会政治功能已经与议会大厦初建成时截然不同一样。英国在学术上保留了特权救济的称谓,正如其在宪法体制中保留了形式意义上的王权统治或者在建筑上保留了议会大厦一样,是旧瓶装新酒,而不是换汤不换药。

（七）第七层级——具体的救济类型

据笔者归纳,英国成形的司法救济类型有十一种,分别是:
(1) 民事诉讼的救济;
(2) 刑事诉讼的救济;
(3) 告发人之诉;
(4) 上诉;
(5) 人身保护状;
(6) 强制令;
(7) 宣告令;
(8) 调卷令;
(9) 阻止令;
(10) 训令;
(11) 赔偿令。

这种归纳主要是给中国学者看的,英国学者会认为这完全没有必要,而且这种归纳从逻辑上讲并不纯粹,许多类别之间存在重叠,如民事诉讼或者刑事诉讼的救济中也包含令状救济,赔偿令则可能与几乎所有的其他救济形式并用。但为了使读者能够对英国繁杂的救济体系有一个明晰的印象,特别是为了在下文进行更有针对性的具体介绍,以牺牲精确性为代价列一个中式谱系表,很有必要。

第二节　司法救济的基本类型

上一节中的"司法救济的谱系",对英国司法救济的层级体系进行了划分,这是笔者研究英国司法救济的一大成果,包括本节所要讨论的司法救济的类别。有关各具体司法救济类型之间的相互关系，可以参阅上文，以便理清头绪。

一、民事诉讼的救济

按照普通法的传统，行政主体就其主体地位而言，在法律上与一般私人没有本质的区别。因此，在英国，适用于普通私人的民事诉讼程序，原则上也同样适用于公共管理机构。其中最主要的就是侵权法范畴的赔偿之诉（包括非法侵入）与合同法中的违约责任之诉。笔者在此提到民事诉讼的救济的目的，只是提醒读者，在英国，民事诉讼的救济总是最基础的手段，任何法律上的争议总可以通过这种途径进入司法渠道，从而为其进一步专业化为行政法上的救济开辟道路。

如果将某些在今天看来具有行政诉讼特征的案件纳入研究范围，则英国行政诉讼的历史可以往前推好几百年。例如，早在1863年的 Cooper v. Wandsworth Board of Works 案中，主审法官认定，作为被告的委员会在行使其制定法所赋予的权力而决定拆除违反规划法的房屋之前，应当听取原告的意见，但普通法也由此确立了司法或者准司法决定（judicial or quasi-judicial decisions）与行政决定（administrative decisions）的分别。此处强调这种分别的意义在于，从那时开始，法院认定，自然公正原则只适用于司法或者准司法决定，而不适用于行政决定。[①] 值得注意的是，该案不是一个令状诉讼案件，而是一个民事侵权的诉讼案件，原告以被告拆除其房屋的决定违反自然公正原则因而侵犯其合法权益为由，向法院提起诉讼，而法院审查的重点就在于被告的决定是否符合授权法赋予的权力的行使规程。

（一）公共管理机构的民事法律地位

从原则上讲，在英格兰法上，公共管理机构在侵权与合同法等民事责任领域承担着与私人完全相同的责任，并没有一个独立的专门针对违法行政行为的行政责任法律部门。[②] 也就是说，在英国，公共管理机构也要受侵权、合同及财产法等普通法的拘束。自1983年的 O'Reilly v. Mackman 一案（奥赖利案）以来，这些部门法被认为属于私法的范畴，以区别于适用司

---

① Neil Parpworth, p. 310.
② Bradley & Ewing, p. 754.

法审查的公法规则。① 在英国行政法学者看来,即使是涉及公共管理机构的侵权法、合同法及财产法,也不属于公法的范围,而被统一并入私法领域。这是英国普通法的传统使然,即统一的法律、统一的法院、统一的程序解决所有人与人之间发生的案件。真正算得上另类的,不是纳入私法的规范公共管理机构的侵权、合同和财产行为的那部分准公法,而是调整司法审查的公法,因为这些规则与适用于普通私人之间的法律相比具有明显的特点。

不能仅仅因为某一侵权或者合同诉讼的被告是公共管理机构,就可以用司法审查的请求替代普通的侵权或者合同诉讼。因此,如果某一公共管理机构解雇了一名雇员,该雇员的首要救济是对不公正解雇或者基于雇佣合同而提出的请求。尽管如此,根据具体情况,公共管理机构作为雇主可能产生涉及公法的问题。公共管理机构的雇员,如公务员及全民健康服务体系医院中的员工等,通常必须运用同样适用于他们的劳动法来寻求救济,而不是寻求司法审查。但这一点并不适用于公共职务的拥有者,例如警察和监狱官员,这些人的身份是基于制定法获得的。司法审查可以用于就业争议产生的与公共管理机构的权力有关的问题或者其他适合通过司法审查救济的事宜。②

然而在实践中,公共管理机构需要获得相应的权力以保障其能够提供公共服务、履行规制职能,这些权力通常是普通的私人所不能享有的。许多新的项目,如高速公路、发电厂等公共工程之所以未能建设,就是因为在公共利益方面尚不足以压倒可能受到不利影响的私人权利。议会通常会通过立法授予公共管理机构特殊的权力或者免除其责任。法院已经意识到,公共利益有可能要求将公共管理机构视为不同于私人的实体来对待。③ 因此,并不需要在程序上作特别的规定,只要法院意识到这一点,并据此选择其应当适用的实体法,在绝大多数情况下就可以取得与单独设立行政法院、适用不同于民事诉讼程序的司法审查程序完全相同的结果。

过去,英王(包括中央政府部门)与其他公共管理机构[如地方政府机关和制定法设立的公法人(statutory corporations)]存在某些具有重要法

---

① Bradley & Ewing, p. 737.
② Bradley & Ewing, p. 737.
③ Bradley & Ewing, p. 754.

律意义的区分,尽管这些区别中有许多已经不复存在了,特别是在1947年《王权诉讼法》之后,但仍有许多区别依然存在。①

(二)损害赔偿之诉

英国是一个普通法国家,但我们通常对普通法(common law)的译法,带给国人更多的是误解,正确的译法应当是常法或者平常法。对此最好的佐证是常识(common sense),普通法就是基于常人的判断应当遵循的常规。英国普通法的精义,在于某种尽最大努力使所有的法律主体适用普遍适用的常态法律规则的倾向。英国普通法的这种倾向在公法领域表现得最明显,因为英国的民法或者私法基本上就是普通法,其原则是一脉相承的。而公法则多少有点"特别",但英国公法特立独行的勇气和能力,显然不能与其他国家,特别是大陆法系国家相比。而其最直接的表现就是许多私法制度在公法领域也得到了相当全面的运用,说得不客气点儿就是混用。

强调这些的目的,无非是想引出一个为中国行政法学者所诟病的英国法律制度,即国家赔偿制度,在英国被称为王权诉讼制度。笔者在系统研究英国法律制度之前对此印象不深,但系统地研究之后感触颇深:一是英国的王权诉讼不能涵盖所有的赔偿诉讼,因为王权诉讼至少在名义上限于中央政府,不包括地方政府机关,如警察机关等;二是英国公法领域引入的私法赔偿原则并不像想象的那样范围有限,由于代位赔偿责任的确立,英国公法赔偿制度与其私法赔偿制度一样有效,甚至因公法机构的财力充裕而更为有效,并不存在因个人赔偿能力不足所致的拮据;三是英国的损害赔偿请求既可作为民事案件对待,也可以作为行政救济请求,二者之间存在相当严重的交叉,但并不构成求偿的障碍,反而更有利于赔偿的实现。例如,如果某人被警察机关错误地逮捕了,他可以提起一个普通的侵权诉讼案件,诉请法院向关押或者留置他的警察或者按照命令采取此类行为的警察追索因错误地将其投入监狱及由此所受侵害的赔偿金,就像这些警察是普通人一样。② 但是,损害赔偿金并非典型的司法救济。③ 这个损害赔偿的例子是按照民事赔偿程序操作的,在本节介绍的赔偿令则是按照司法审查程序寻求的,考虑到王权诉讼的特殊性,本卷第

---

① Bradley & Ewing, p.754.
② Wade & Forsyth, pp.31-32.
③ Bradley & Ewing, p.727.

七章第二节还将专门介绍行政赔偿与王权诉讼。

（三）非法侵入（trespass）

非法侵入制度存在的基本前提，是对私人财产在法律上的普遍承认和尊重。虽然当代英国行政法不再强调"私有财产神圣不可侵犯"，但这更主要的是因为这种观念已经融入英国体制的血液之中，没有单独提及的必要了。非法侵入在英国是一种被普遍运用的寻求救济的理由，类似于警察侵犯私生活的案件，都可以通过这种手段予以救济。普通的非法侵入构成民事侵权，严重的则构成犯罪。

按照英国普通法中"英国人的城堡"（Englishman's castle）的说法，任何人的住宅（house）对其本人而言就是其城堡，既是其休息的地方，也是其抵御侵害及暴力的防御工事。更进一步言之，英国人的城堡，英王也不得进入。① 在18世纪最著名的一个案件中，某出版商的房子及纸张被国务大臣派来的英王的信使搜查，该案是按照普通的非法侵入诉讼程序进行的，最后获得300英镑的救济。②

在1998年《人权法》之前，对于警察干预私生活的行为，当事人可以非法侵入为由提起诉讼，作为对警察非法干预私生活的行为的救济，警察必须在事后的诉讼程序中证明其进入私人领地是合法的。③

同样道理，如果某人的土地根据一项非法的命令而被强制征收，该地产主就可以提起普通的非法侵入的诉讼，来控告任何侵扰（disturbs）其地产以实施这一强制决定的人。④ 此处有关非法侵入案件的特殊理解值得重视，即如果强制征收令是非法的或者原主人认为是非法的，原主人就可以控告后来的占有者非法侵入。也就是说，没有取得合法的征收命令而实施行为，也属于非法侵入。

（四）违约责任之诉

违背义务而非超越职权的案件，涉及是否应当责令公共管理机构赔偿其失职行为造成的损失的问题。⑤ 这属于广义的违约责任范畴。

就违约责任而言，正如前文公务员事务部分介绍的，制定法对于英王雇主地位的规定产生的意想不到的后果是，在新的案件中，英王一方反而

---

① Phillips & Jackson, p. 561.
② Wade & Forsyth, p. 32.
③ Phillips & Jackson, p. 561.
④ Wade & Forsyth, p. 32.
⑤ Wade & Forsyth, p. 34.

努力寻求确立雇佣合同的存在，因为如果文官的任命是合同的话，那么法院将会禁止文官寻求司法审查。而英国学者认为，这对文官来说是不利的。① 可见，尽管民事诉讼的司法救济途径由来已久，但其对于公务行为所提供的救济，只能是一种非专业化的基础性的救济，在现代行政日益专门化的今天，以司法审查为核心的专门针对行政行为的司法救济显然是英国行政法领域司法救济的核心。

（五）普通法上的令状之诉

作为普通法上的一般救济手段的强制令和宣告令，既可以在民事诉讼程序中适用，也可以适用于刑事诉讼，还可以联合适用，详见下文。

（六）司法审查与私法救济的关系

在了解英国的司法救济制度时必须牢记一点，英国的司法救济不限于司法审查。私法上的救济有时也可能替代以司法审查为代表的公法上的救济。例如，类似职业骑师俱乐部之类的组织是不能对其提起司法审查的，尽管这些组织规制着主要的运动领域，但合同法上的救济已经足够了。② 问题的难度在于，如何界定可以提起司法审查的"公法上的争议"。过去的特权令状、现在的司法审查都不能够针对诸如工会或者商业公司之类的主体提出。工会的会员身份是基于合同的③，如果工会会员抱怨将其开除工会的行为违反了工会规则或者违背了自然公正原则，可以向法院起诉，请求损害赔偿金及强制令。④

最为困难的案子是关于管制机构的，这些机构的权力既非来自制定法又非合同。尽管没有正式的法律身份，城市接收与合并委员会（City Panel on Take-overs and Mergers）也要受司法审查的控制，因为其职能在本质上是公法性的，并受制定法支配。私有化的结果以及对于公共服务的"市场检验标准"的确立，导致了在司法审查的范围方面有许多相互冲突的决定。公有企业的某些职能要受司法审查控制。宗教团体则不受司法审查。大学的地位比较复杂，对于老一点的、拥有督察员（visitor）的学院或者大学，学生或者教职员对学校的不满必须向督察员提出，对督察员的决定可以基于特定的某几项理由提请司法审查。但是许多新近创立

---

① Wade & Forsyth, p. 71.
② Bradley & Ewing, p. 738.
③ Bradley & Ewing, p. 737.
④ Bradley & Ewing, pp. 737-738.

的大学没有督察员,对这些大学的决定可以基于可提起司法审查的理由提起司法审查。①

二、刑事诉讼的救济

对于刑事诉讼如何对公共管理机构侵犯公民的决定或者行为提供救济的问题,英国行政法学者极少论及。只是从行为主体角度提醒,一个不享受英王的豁免的公共管理机构是有可能面对刑事追诉的。②

1993年,贵族院作出了一个划时代的决定:认定内政大臣蔑视法庭,因为他拒绝下达让一名申请避难的扎伊尔教师进入英国的命令,而高等法院法官的命令则是应当让该教师入境。③

三、间接挑战——被诉后答辩时反驳

间接挑战(Collateral Challenge)是指行政行为或者决定的相对方并不直接提起司法审查或者普通民事诉讼,而是在作出该决定或者行为的行政主体提起的诉讼中,作为被告在抗辩时对该决定或行为提出挑战。

既然存在对于公法决定必须通过司法审查才能挑战的基本原则,那么,这一原则是否禁止个人在公共管理机构对其提出的诉讼中对公共管理机构的公法决定的合法性提出挑战呢?或者公法根据是否可以作为防卫的盾而非进攻的剑?或者该原则是否要求在这种情况下相对方只能另行提起司法审查?④ 这一点在实践中显然是非常重要的,从公平、正义的角度看也具有重要的辐射效果。如果将间接挑战的问题转化成下面的问题,则其结论是不言自明的:仅仅因为某人应当提起诉讼但没有提起,则在另一方提起的诉讼中就应当剥夺其抗辩的权利?如果某一法律在司法审查之后将被认定为无效,但当事人没有提起这样的司法审查,是否应当根据这一法律而治该人以罪?此类命题的不公正性在刑事追诉领域会更明显,但其非正义性即使在民事诉讼中也非常明显。⑤

在1984年的 *Wandsworth London Borough Council v. Winder* 一案中,作为原告的地方政府机关依据1957年《安居法》赋予的权力,决定

---

① Bradley & Ewing, p.738.
② Bradley & Ewing, p.293.
③ Bradley & Ewing, pp.97-98.
④ Neil Parpworth, p.265.
⑤ Neil Parpworth, p.266.

普遍地增加房屋租金。被告是该地方议事会房屋的承租人，他拒绝缴纳增加部分的房租，地方政府机关在郡法院提起诉讼追讨欠租及住房。作为抗辩的理由，被告提出，加租的决定本身因越权而无效。地方政府机关寻求以滥用司法程序为由驳回被告的此项抗辩，并指出，被告应当事先通过司法审查提出该根据。贵族院认定：《最高法院规则》第53号令的本质是程序性的，其规定并不禁止被告在针对其本人提出的诉讼中对作为原告的行政主体的决定的合法性提出挑战，被告的抗辩并不构成滥用司法程序。法院在该案中表明，以某一公法决定的非法性为由提出的抗辩，可以在私法诉讼中提起。①

四、告发人之诉——英国的公益诉讼

（一）告发人之诉（Relator Actions）的概念

告发人之诉不是一种独立的令状诉讼形式，而是以总检察长及获得了这方面的权力扩充后的地方政府机关的名义提起的一类诉讼，如无利害关系人（其实是英国法认为没有足够利益的人）请求强制令时，须借总检察长或者地方政府机关的名义。由于提起一般行政救济或者司法救济的门槛很低，这类诉讼并不普遍。笔者因其具有公益诉讼的性质和特殊意义而将其单独予以介绍。需要以总检察长或者地方政府机关的名义提起显然不是限制其适用的原因。特权令状诉讼须以英王的名义提起，也未见得因此而增加多少难度，更没有发现英国学者对此有何怨言。

（二）告发人之诉的提起

在涉及公法上的事务时（如公法上的因公路阻塞而造成的滋扰），强制令可以由总检察长提起，此时，总检察长既可以自己的名义，也可以告发人的名义提起强制令之诉。

告发人在该诉讼请求中的主题事项（subject-matter）方面，除其作为公众的一员所具有的利益之外，与个人没有利害关系。总检察长对告发人提起诉讼所给予的认可，可以阻止任何人就该人的诉讼主体资格提出的异议。② 也就是说，英国虽然没有公益诉讼，但这仅是就普通公民在其无法表明自己除作为公众一员的利害关系以外的特殊的利害关系时，不能以自己的名义提起公法上的救济之诉而言的，但是总检察长可以提起

---

① Neil Parpworth, p. 266.
② Bradley & Ewing, p. 731.

此类诉讼,而且热心人也可以通过向总检察长提出申请的方式,在获得总检察长认可的情况下,以告发人的身份提起此种诉讼。

在以下两种情况下,个人可以在没有总检察长参与的情况下提起诉讼①:①对公众权利的干预同时也构成对原告私权的干预,例如,阻塞公路的行为同时也是侵害使用公路的私权的行为;②虽然原告的私权并没有被侵犯,但原告却因某一侵害公众权利的行为而遭受了特殊的损害,例如,某一公害事故致使原告的房产变得不利于健康居住。

根据1972年《地方政府法》,地方政府机关在其认为有助于推动或者促进本地区居民的利益时,可以同意告发人以地方政府机关的名义提起强制令之诉。② 因此,原来必须由总检察长或者经总检察长同意由告发人提起的旨在维护公众利益的诉讼,现在可以由地方政府机关从本地方居民的角度出发以地方政府机关的名义起诉。这相当于将此类案件的起诉权部分地移交给地方政府机关。

(三) 压力集团发动的公益诉讼

除前述外,还有很多压力集团提供法律服务,它们这样做的动机在于创立能够挑战制定法规定的临界点的典型判例。③

这些压力集团在扩大这些机构有权在司法审查案件中获得授权出庭陈述意见的案件范围方面特别成功。④ 这又涉及一个我们非常关心的公益诉讼的代表人资格问题。通过这些公益性的压力集团的努力,在英国的司法审查案件中,由这些公益性的压力集团作为原告的代表,提起司法审查并出庭陈述己方意见的案件的范围越来越广。这意味着,英国公益诉讼案件的边界通过这些相对独立的个案的推动不断扩张。这正是英国渐进式变革的最显著特点:不怕慢,就怕停。于是几百年的不断推进,使得其司法审查的范围达到了今天几乎"无所不审"的境地。

五、上诉

(一) 制定法的上诉与司法审查的区别

作为司法审查的两大主要例外之一,法院在司法审查过程中必须首

---

① Bradley & Ewing, pp. 731-732.
② Bradley & Ewing, p. 732.
③ Martin Partingtonp. 242.
④ Martin Partingtonp. 242.

先考虑到,有些决定依法可以提起制定法上的上诉或者其他类似的程序,这些程序或多或少地排除了根据《民事诉讼规则》第 54 条提起的司法审查。① 但是从研究司法救济的角度看,这种对于司法审查的排斥徒有虚名,因为我们强调的是与我国的行政诉讼对位的救济性,而英国制定法上的上诉就是法律规定的就行政决定或者行为不服向法院提起诉讼的救济形式。制定法上的上诉与司法审查的区分,属于英国行政法内在的区分,就如其将司法审查区分为三种不同的令状一样,对于比较研究,这只能算作行政诉讼种类层面上的区分。

当然,在英国学者看来,制定法上的上诉与司法审查的区别还是非常大的。英国学者在提到司法审查的被告时特别提到,某些制定法设立的裁判所履行公共职能的行为应当接受司法审查,但这不包括那些可以向高级裁判所或者上诉法院上诉的裁判所②;英国学者并不将向法院上诉视为司法审查,这是他们不把所有由法院进行的对公共管理机构的监督都称为司法审查的一个明证。当然此处虽然明确地将那些可以向上级裁判所上诉的裁判所的行为排除在司法审查之外,但并没有排除对该接受上诉的上级裁判所的行为进行司法审查的可能性。据此,对于法律规定的向上级裁判所上诉的上诉权,相当于我们理解的复议前置的问题,不行使这种上诉权将丧失进一步提请司法审查的权力,因为司法审查仅及于接受上诉的上级裁判所作出的决定。

就审理的内容而言,韦德爵士非常郑重地提醒我们,司法审查体制与上诉体制有着显著的区别。当法院审理一个上诉案件时,法院主要关心的是决定的恰当性(merit):该决定是否正确? 当某些行政行为或者决定诉诸司法审查时,法院所关心的是其合法性(legality):该行为是否在其被授予的权力范围内作出? 在上诉案件中,核心问题是"对还是错?"在司法审查中,核心问题是"合法还是非法?"③法院在审理上诉案件时,可以考虑行政决定的适当性,即是否正确;在司法审查中考虑某一行政行为或者决定时,涉及的则是其合法性,即是否在法律授权范围内。

假设行政主体在任何已知的意义上没有任何瑕疵,则调查和决定的权力就完全隶属于该行政主体而不是法院,此时,凡涉及对行政主体的考

---

① Bradley & Ewing, p. 737.
② Bridges & Cragg, p. 5.
③ Wade & Forsyth, p. 33.

虑的评价及应用的场合,都应当以行政主体的调查和决定为首选。① 这常常表现为将法院的任务描述为复审(review)以区别于上诉,这就是为什么绝大多数通过司法审查成功地对地方政府机关的决定提出的挑战,仅仅导致法院撤销该政府机关的决定,并要求其重新考虑此事;但是,如果法院在查明该案所适用的法律后发现,该案只有一个适当的结果,于是在事实上,法院将能够决定某一事项,因为法院的判决就是该政府机关必须作出的决定的具体内容。②

就制定法上新设立的救济与传统的包括特权救济的普通法上的救济的关系而言,在通常情况下确实存在确立了制定法的救济后丧失普通救济的可能,但这仅仅是原则,有许多例外的情形,这些例外是这一原则的重要组成部分。③ 制定法的上诉与司法审查的关系具体表现在如下原则中:上诉权的存在通常并不妨碍司法审查权。④ 这是一个非常值得愿意了解英国的司法审查制度的学者牢记的一个事实。

更进一步明确司法审查与上诉区别的表述是,对于法院作出的要求重新选举的宣告,是不可以提起上诉的,但可以申请司法审查。⑤ 在我们看来,上诉与司法审查没有什么区别,但在英国学者看来,二者有本质的差异。虽然韦德爵士就此作过抽象的介绍,但英国选举诉讼则是一个现实的例证。这一例子可以进一步丰富我们对于英国司法审查制度的理解,即司法审查是源于非制定法意义上的普通法的制度,并不受成文法规定的影响。成文法可以规定某一行政主体或者低级法院作出的决定不可以上诉,但对这类决定仍可以提起司法审查。

厘清英国法中的"上诉"与司法审查的关系,最好的例子就是英国学者对移民及庇护领域上诉与司法审查二者关系的详尽论证⑥:移民及庇护案件的上诉权利,一直是制定法经常涉及因而也易于变化的领域,现行的做法是,可以就某一移民官作出的移民或者庇护决定,上诉至初级裁判所的移民及庇护分庭;对初级裁判所的裁判,还可以在获得许可的情况下,以裁判中存在法律上的错误为由,向高级裁判所的移民及庇护分庭进

---

① Andrew Arden, pp. 154-155.
② Andrew Arden, p. 155.
③ Wade & Forsyth, p. 570, p. 714.
④ Wade & Forsyth, p. 33, p. 691.
⑤ Bradley & Ewing, p. 163.
⑥ Wade & Forsyth 2014, pp. 63-64.

一步上诉。对于高级裁判所的决定,还可以在获得许可的情况下,就任何法律问题进一步向上诉法院上诉。这些上诉,最终由司法审查托底,即在没有或者没有进一步上诉的情况下,都可以寻求司法审查。上述归纳充分说明,在英国,上诉是制定法规定的法律救济途径,制定法有明文规定时才可以;司法审查是普通法确立的救济制度,即使没有制定法的规定,也可以适用,或者说是所有制定法没有规定救济场合下的保留程序、保底权利。

值得特别说明的是,根据首席上诉法官2013年8月21日发布的《操作指南》,自2013年12月1日起,所有针对涉及移民决定及根据移民规定作出的涉及入境许可的决定的司法审查的许可申请案件,都在高级裁判所听审。这是就英国司法审查的事前程序,即司法审查许可而作的特别规定。司法审查的许可程序,相当于我国的诉讼案件的立案审查。将司法审查许可的案件放在高级裁判所听审,并不是由高级裁判所审理司法审查案件,不能因此混淆司法审查与由该高级裁判所裁决的上诉案件,只是便利司法审查申请人的一种具体操作。

(二)上诉权的来源

上诉的权利通常都是成文法规定的。与此相对,司法审查的权力则是基于法院实践其固有的判断某一行为合法与否并予以相应救济的权力而逐渐形成的,并不需要任何制定法上的权威:法院仅仅是行使其通常的功能以实施法律而已。① 此处提到的法院固有的权力,即所谓的对于某一行为是否合法作出判断并予以相应救济的权力,这一认识非常重要,它与司法最终的原则直接相关。所谓的司法最终原则是就法律问题而言的。不妨这样描述司法最终原则:就法律问题而言,最终的决定由负责司法的法院裁决。其实,这也正是司法的本来含义,司法者,法之司者也。如果司法者无权决定事之合法与否,就谈不上司法了。因此,司法最终原则其实就是很简单的一句话:司法者司法。

许多制定法还赋予当事人,在被其所属的各类职业团体开除后,向相关裁判所申诉,对裁判所的处理决定仍不服,向枢密院司法委员会上诉的权利。如1983年《医事法》、1984年《牙医法》(Dentists Act)、1993年《正骨医师法》(Osteopaths Act)及1994年《按摩师法》(Chiropractors Act)

---

① Wade & Forsyth, p.33.

均有此类规定。①

（三）上诉的不同层次

以《数据保护法》为例，该法确立的保障数据处理者能够遵守"数据保护原则"的行政管理机制中，最主要的便是信息专员负责督导（police）"数据保护原则"的落实，如果出现了违反这些原则的情形，信息专员就可以发布"强制执行通告"（enforcement notice），要求数据处理者实施救济行为。②但是，当事人有权就信息专员的"强制执行通告"向信息裁判所（Information Tribunal）上诉，并且可以就法律问题进一步向高等法院上诉。③也就是说，对于信息专员的通告，收到的当事人可以向信息裁判所上诉。这种上诉显然不属于司法审查，至于在此之后对信息裁判所的判决不服进一步向高等法院提起的上诉，属于制定法规定的上诉，也不是传统意义上的以特权令状为表现形式的司法审查。

最重要的是，虽然《数据保护法》规定，违反"强制执行通告"构成刑事犯罪④，但只要提起上述任何一个层次的上诉，都可以一并申请对该"强制执行通告"暂缓执行，而且在非特别紧急的一般情况下，无论是信息裁判所还是高等法院，都会给予停止执行的临时性救济，而不会出现在上诉期间因违反"强制执行通告"构成刑事犯罪的情形，在这个意义上，上述两个层次的上诉具有调卷令的传统功能——暂缓涉及人身自由的刑罚的执行。

（四）没有上诉权仍有司法审查权

上诉权与司法审查的关系最明显地表现在，在制定法明确排斥对某一行政行为的上诉权时，该规则并不当然地排斥司法审查。以裁判所的决定为例，除规定对于初审裁判所的案件可以上诉至某一上诉裁判所之外，制定法还可以规定就法律问题向高等法院上诉，例如，对于特殊教育需求裁判所的决定。对于许多上诉裁判所的案件，法律还规定了可以向高等法院进一步上诉，而对于社会保障及儿童抚养专员的决定，或者就业上诉裁判所的决定，法律则规定可以直接向上诉法院上诉。即使制定法没有规定上诉权利，也可以针对裁判所的决定及其作出该决定的程序，提

---

① Phillips & Jackson, p. 337.
② Wade & Forsyth, p. 62.
③ Wade & Forsyth, p. 63.
④ Wade & Forsyth, pp. 62-63.

起司法审查。① 此处所说的上诉显然是指制定法规定的上诉,明显区别于普通法上的司法审查。而此处的结论充分说明,制定法规定的上诉与源于普通法的司法审查之间的关系是:制定法上的上诉可以增益司法审查,但却不可以排斥司法审查。这是英国行政法中一个根本性的原则。

六、人身保护状

(一)人身保护状(Habeas Corpus)的定性

作为特权令状之一的人身保护状在英格兰法中是一项在剥夺个人自由的公法或者私法诉讼中的重要的救济手段。如今,作为确保对行政行为的司法控制的一种手段,人身保护状常被用于引渡法,而较少用于移民控制、精神健康及儿童监护等涉及拘禁权的领域。与特权令(prerogative orders)不同,特权状(prerogative writ)并没有成为近来立法改革的对象。② 笔者提请读者注意这种区别,王名扬先生以特权令状概括两者固然有道理,但英国学者对此的分析也有道理。因此,笔者特意将 Habeas Corpus 译为人身保护状,而将司法审查及一般救济中使用的令状统译为令,以突出英国法中的令、状之间这一细微的差异。

人身保护状的本质在于,它是法院可以有效而迅速地决定对某个人的拘禁是否合法的程序。《人身保护状法》分别于 1679 年、1816 年、1862 年付诸实施,其立法宗旨不是为了扩大法院的司法管辖权,而是为了提高实施该令状的效率,以确保有关人身保护状的申请能够得到迅速处理。③ 对于人身保护状的认识,必须澄清以下四点:

第一,人身保护状是一种特权令状,即由英王对其官员签发,以强迫这些官员妥当地行使其职权的命令。④

第二,人身保护状不属于司法审查。⑤ 司法审查是对人身保护状以外的特权救济的统称,只包括调卷令、阻止令、训令等。

第三,其应用范围不限于行政领域,人身保护状可以释放任何被非法拘禁的人。⑥ 有趣的是,在 17 世纪,因英王命令而被投入监狱的议会中

---

① Bradley & Ewing, p. 673.
② Bradley & Ewing, p. 750.
③ Bradley & Ewing, p. 751.
④ Phillips & Jackson, p. 555.
⑤ Wade & Forsyth, p. 587.
⑥ Wade & Forsyth, p. 33.

的反对派,也曾利用这一令状来寻求释放。正是人身保护状在这类案件中的应用,奠定了其作为普通法中经典的保护个人自由的手段的宪法性基础。①

第四,人身保护状被描述为一种权利令状。这意味着在发出该令状之前,必须提供某些基本的事实。与特权令不同,人身保护状不是一种自由裁量的救济,而且也不能仅仅因为存在其他的救济机会而拒绝采用人身保护令。② 从这个意义上看,英国的令、状之分不仅仅是名分之别,而是确实存在某些实质性的差异。当然,之所以将人身保护状单列为一种非自由裁量的救济制度,最根本的原因是为人身自由提供一种特别的保护,使对人身自由的保护不因其他救济的存在而被拒绝;同时也是为了提供一种更为全面的保护,即使有过分保护之嫌亦在所不惜。

英国学者强调,除通过财政立法引入苏格兰的以外,特权令状从来就不是苏格兰法的一个组成部分。③ 人身保护状在苏格兰法中没有具体的对应制度。④

(二)人身保护状的历史

判断一项法律制度在英国法中的重要性,只要看英国学者在介绍该制度时是否讨论其历史即可。人身保护状就属于此种不可不介绍其历史的重要法律制度。

人身保护状制度在英国法治史上具有宪法性的重要价值。正如英国学者所言,从历史上看,人身保护状这种古老的令状是一种重要的反对剥夺个人自由的行政决定的救济手段。⑤ 这种令状制度最早是在英王爱德华一世统治时期建立的,当初仅仅是法院用于传唤对于某些司法程序的进行确有必要的人到庭的命令。其本义是"将某人的人身提至法院"[have(bring)the body(of X before the court)]。⑥

也就是说,特权状最初用于促使那些有必要因其未决诉讼到普通法的法院(在英国普通法发展的早期,除了普通法的法院,还有衡平法的法院等)出庭的人到庭。在15、16世纪,王座法庭及普通上诉法庭将人身保

---

① Phillips & Jackson, p. 555.
② Bradley & Ewing, p. 751.
③ Bradley & Ewing, p. 748.
④ Bradley & Ewing, p. 753.
⑤ Bradley & Ewing, p. 728.
⑥ Phillips & Jackson, p. 555.

护状用于向与其竞争的法院宣称其权威,或者责令释放这些法院超越管辖权限囚禁的人。17世纪则用于节制由英王或者枢密院通过命令专横地拘禁人。①

（三）人身保护状的适用范围

任何形式的拘禁的合法性,都可以通过申请人身保护状而在普通法上受到挑战。② 因此,只要人身保护状这种司法救济的途径在,就不能说英国的行政法与刑事司法之间存在什么截然的区分,至少不存在因为进入刑事诉讼程序或者刑事侦查程序而不能进行司法救济的理由。

可以这么说,凡是存在对关押某人的决定提供司法救济的根据的,就可以提请人身保护状;但是,实际情况却没有这么明确。人身保护状是一种针对非法拘禁的令状,因此,它赋予法院决定某一无同意识能力的严重智障者是否可以根据1983年《精神健康法》的规定被拘禁的权力。这一决定涉及对制定法赋予医院方面的禁闭权力的限制。而且人身保护状是一种可以纠正拥有关押权的公共管理机构的各种错误的救济。当然,这种令状并非为那些因法院或者裁判所作出的拘禁命令而被拘禁的人提供的上诉的权利。③

（四）人身保护状的申请程序

通常,人身保护状的申请人应该是被关押者本人,但如果被关押者本人无法申请,任何亲属或者其他人都可以代表被关押者提出申请。人身保护状的申请应当由一方当事人向高等法院提起而不通知关押方。该申请的提出需要以宣誓证言或者同等效力的对事实的陈述作为支持申请的依据。如果具备初步证据,法院会向实际控制被关押者的机构或者个人（如监狱管理者）发出开庭审理的通知,当然这种通知也可以发给对关押负责并作答辩的大臣（如内政大臣）。在通知指定的日期,双方将就申请人身保护状的实体问题进行辩论。如果法院认为应当颁发人身保护状,则发出释放被关押者的命令。在这一过程中,答辩方并不需要将被关押者送至法庭参加审理活动,仅在例外的情况下可以允许本人参加听审。④

如果法院不同意下达人身保护状,则不必通知申请人。在例外的情

---

① Bradley & Ewing, p. 750.
② Phillips & Jackson, p. 555.
③ Bradley & Ewing, p. 751.
④ Bradley & Ewing, pp. 752-753.

况下,法院可以应一方当事人申请而下达人身保护状,例如,被关押者面临被移出法院的管辖地域范围时。①

不遵守人身保护状将因蔑视法庭而面临罚金或者监禁的刑罚,并可以根据1679年《人身保护状法》予以惩罚。英王名下的官员也要受人身保护状的拘束。对于高等法院对人身保护状所作的裁判的上诉权,由1960年《司法法》(Administration of Justice Act)第5、14、15条规定,并由1999年《接近正义法》予以修正,即对于民事案件,通过上诉法院上诉至贵族院,对于刑事案件(如引渡案件)则由分庭法院直接上诉至贵族院。② 也就是说,人身保护状可以分别用于刑事或者民事案件中,并分别按照不同的程序处理,其上诉的程序也有所不同。而就我们所言的对行政行为的司法救济,这两类案件都有涉及,甚至刑事诉讼案件中可能还要更多一些。

(五)人身保护状的局限性

尽管英国法官及学者经常强调人身保护状作为一种为被拘禁者提供迅速的司法救济途径的重要性,但是,这一救济手段的有效性在许多情形下取决于公共管理机构所拥有的制定法上的权力的广度,以及法院对基于这些广泛的制定法上的规定所作出的决定进行复审的意愿。因此,这种迟钝的救济手段已经随着司法审查逐渐发展成为一种更为灵活的救济手段而日渐式微。③

英国的司法审查程序改革并未及于人身保护状,二者程序上的区分依然存在。20世纪90年代,上诉法院明确区分人身保护状与司法审查的适用范围和申请根据,认为人身保护状可以构成对某一拘禁决定的管辖权限的挑战,但是,如果该决定是在决定者的权限范围内作出的,并且仅有一些程序方面的错误、法律上的错误或者不合理等诸如此类的瑕疵,则不能对该决定提出挑战。对人身保护状作出这种限制的理由在于,在后一种类型的案件中(仅有程序、法律上的错误或者不合理等瑕疵),拘禁的决定在发出调卷令予以撤销之前一直是合法的。④ 这突出地表现出两类救济程序上的差异及不可互通性。

---

① Bradley & Ewing, p. 753.
② Bradley & Ewing, p. 753.
③ Phillips & Jackson, pp. 555-556.
④ Bradley & Ewing, pp. 751-752.

这种做法存在严重的缺陷：因为它是基于某种过时的区分（管辖权限上的错误与管辖权限内的错误），而这一区分早已不适用于司法审查领域了。在司法审查领域，这一问题已得到解决，违反自然公正原则、法律上的错误等都可以导致某一决定越权无效。在人身保护状方面，当某人的自由处于危险之中，如果能够证明对其拘禁的决定是越权的，法院拒绝给予其人身保护状并要求其通过寻求调卷令撤销这一决定将是不公正的；为了避免这种不公正，法院有必要给予被拘禁者请求司法审查的许可，以撤销相应拘禁决定，而无须再启动新的程序。①

英国学者认为，历史形成的人身保护状与司法审查之间的呆板的分界应当消除。其中的一个解决办法就是将人身保护状作为一种救济手段增补进 1981 年《最高法院法》第 31 条中，使之可以同司法审查的三类特权令一并救济。这样一来将不会触及人身保护状方面的法律的现状，还可以提供一种获得同样救济的途径。②

七、强制令

（一）强制令的含义

对于 Injunction 的恰当译法，笔者曾犹豫了两三年，2004 年笔者的《英国行政法》出版后仍不能释然。但自从看了下面的案例，笔者感觉将其中的相应表述译为临时性强制令是非常英明的：按照惯例，在有关无家可归者的案件中，向等待实体听审的家庭提供住房的临时性强制令（interim injunctions）在授予时，法官通常不会要求提供损害赔偿担保。③ 从这个例子看，虽然绝大多数的强制令都是否定性的，并因此与阻止令容易混淆，但强制令的实质是命令被强制者按强制令的要求去做（其中包括什么也不做和按要求去做），而不是如阻止令那样只要求其什么也不做。

强制令最开始是一项衡平法上的救济（equitable remedies），如今也用于公法领域④，是法院要求某人或者某机构做或者不做某事的命令⑤。

强制令与宣告令一样，都属于普通法上的救济手段，不属于特权救济手段，因此与作为特权救济手段的调卷令、阻止令、训令在归类上不同。

---

① Bradley & Ewing, p.752.
② Bradley & Ewing, p.752.
③ Bridges & Cragg, p.33.
④ Neil Parpworth, p.334.
⑤ Bridges & Cragg, p.26.

只是由于现行法律规定(1981年《最高法院法》第31条第2款),其可以通过司法审查程序获得,从而又被归入司法审查的范围。但由于三种特权令状的主要功能都是要求行政机关实施或者不实施某种行为,因此,如果按功能意译很容易混淆。更有甚者,强制令(injunction)和阻止令(prohibition)的原词在非法律语境中都有禁止的意思,因此,国内确有读物将injunction译为禁止令、阻止令,将prohibition译为禁止令的。

(二)强制令的分类

与其他部门法一样,按照有效性的期限分类,行政法领域的强制令也有两种,临时性强制令和终局性强制令。① 临时性强制令的内容,见本卷第二章第四节司法审查的临时性救济。

强制令的另一种分类是按照功能分为阻止令型强制令(prohibitory injunction)和训令型强制令(mandatory injunction)。阻止令型强制令,顾名思义,就是阻止某一诉讼当事人实施某一特定的行为。而训令型强制令则是命令某一当事人实施某一特定的行为。②

英国行政许可的强制实施,与其他强制执行制度一样,主要是通过刑事制裁手段而非行政强制手段予以保障的,当然所定之罪都是轻罪。正因如此,有时也会出现刑罚过轻,违法行为扣除刑罚成本仍有利可图,从而屡禁不止的情形。于是,告发人之诉派上了用场。在类似的情况下,告发人诉讼一直被用于针对那些发现违法行为有利可图的人,以强制落实规划控制、消防等方面的法律。如在1931年的 *Attorney-General v. Sharp* 一案中,某一车队的主人无(许可)证从事公交运输,违反了地方法规,但他被起诉了48次之后仍继续无证运营其公交车,因为他发现上缴罚金后仍有利可图。法院认为,由于涉及公众的权利并且地方法的规定效力不足,因此决定同意签发强制令以作为补救。③ 强制令的效果是禁止其再从事运营,而不是罚款了事,如果其不服从该强制令,则构成蔑视法庭罪。届时,就不会再简单地处以罚金了事了。

(三)强制令的职能

强制令的基本职能是,法院向某人或者某机构(对于行政法领域的强制令而言则是公共管理机构)下达明确的指示,要求受送达者做或不做某

---

① Bridges & Cragg, p. 26.
② Neil Parpworth, p. 334.
③ Bradley & Ewing, p. 732.

事。据此,强制令的救济方式岂不是与训令、阻止令没有什么区别了吗？在1994年的 *M. v. Home Office* 一案中,伍尔夫承认,终局性强制令的救济手段与训令或者阻止令等特权令状类救济手段在效果上没有本质区别,但其优于训令及阻止令之处在于,除可以作为终局性强制令在判决时颁发外,还可以在诉讼过程中作为临时性强制令颁发。①

基于下列情况,可以对司法审查的申请者给予强制令②:①制止公共管理机构非法行事;②制止非法决定的执行;③强制公共管理机构履行其制定法上的职责。强调制定法上的职责,系因为英王名下的大臣基于普通法惯例而应当履行的职责,在传统的普通法体系中是不能以强制令予以强制的,这在逻辑上就相当于一个人(英王)不能通过自己的命令(法院下达的强制令)命令自己做或不做某事一样。但是在现代英国行政法中,英王名下的大臣传统的基于普通法上的作为或者不作为义务已经非常少见,绝大多数已经成文化为制定法上的义务,故有此说。

可见,作为普通法上的救济手段,强制令有三种功能:①一般性地禁止任何人从事法院认为其无权实施的作为或者不作为。②必须实施法院要求其实施的行为。法院可以作出一个要求行政机关颁发某项许可的强制令,以作为对其不履行职责行为的救济。③ 行政许可机关必须照办,否则将被视为蔑视法庭。③强制执行行政决定或者命令。强制令是英国法院强制执行行政决定或者命令的通用手段。英国的行政强制执行体制是,行政机关没有强制执行权,必须申请法院执行。对此,法院不是凡申请必执行,而是必须进行实体性审查,这一过程与其他强制令案件没有区别。可见,英国行政法中至为重要的对于行政决定的强制执行,其实仅仅是作为一种普通的强制令案件处理的,行政机关申请强制令的程序并不具有区别于普通私人申请强制令的特别之处。

此外,如果有关职能部门发现有人未经所有者同意,居住在停泊于陆地上的一部车辆或者一艘商船中,则可以发出通告要求其离开其所停留的地方。治安法院也可以发布命令要求该人从其所停留的地方离开,或者授权有关行政机关采取措施确保落实。④ 这就是作为地方法院(非皇

---

① Neil Parpworth, p. 334.
② Bridges & Cragg, p. 26.
③ Wade & Forsyth, p. 34.
④ Andrew Arden, p. 85.

家法院)的治安法院与地方政府机关的关系:地方政府机关没有的权力,如强制执行权,可以通过治安法院授予;言外之意,治安法院享有更为广泛的强制性权力,并可以通过司法令状的形式,授予行政机关。

(四) 违反强制令的法律后果

无论法院下达的强制令的实际内容为何,不遵守该命令或者未能履行该命令,都将构成蔑视法庭,并会被处以罚金、监禁或者扣押。① 这些其实就是违反法庭命令也就是蔑视法庭罪的法律后果,并非违反强制令所独有的。

(五) 强制令的适用范围

强制令是一种与特权令状同等的适用于所有法律分支的救济类型,无论是公法领域还是私法领域,都可以通过强制令来保护个人权利免受非法侵害。② 法院考虑以下因素并有如下认定时,准予申请人所请求的宣告令或者强制令③:①可以通过训令、阻止令或者调卷令给予救济的事项的性质;②拟给予此类令状救济的个人或者机构的性质;③从整个案件的情况看,给予申请司法审查的申请人以宣告令或者强制令是正确的、便宜的。

强制令的适用范围确实很广,不仅可以发挥三大特权令状的功能,甚至可以对公职人员的去留和行政机关的存废有决定权。例如,高等法院可以签发强制令以制止某人继续在某一机关工作,而且可以宣告某一机关非法。④

在公法领域,提请强制令可以对抗公共管理机构或其官员,可用于制止威胁要采取或者已经实施的非法行为,包括非法侵害私人权利或者类似不适当地浪费地方财政基金的超越权限的行为等。⑤ 例如,如果某人认为强制征用其土地的命令是非法的,而执行该命令仅仅是一种威胁,那么该地产主也可以取得一项强制令来禁止这一命令的执行。⑥ 另外,如果法院认为公共管理机构拒绝向依法应当取得无线电视收视许可权的人颁发该许可的行为违法,法院可以作出一个要求该机关颁发该许可的强

---

① Bridges & Cragg, p. 26.
② Bradley & Ewing, p. 731.
③ Bridges & Cragg, p. 26.
④ Bradley & Ewing, p. 733.
⑤ Bradley & Ewing, p. 731.
⑥ Wade & Forsyth, p. 32.

制令。① 但是,如果公共管理机构对是否采取行动具有完全的自由裁量权,那么,强制令则不能适用。但是公共管理机构可能有行使其自由裁量权的义务,例如某裁判所有义务听审并裁决属于其管辖权限范围内的案件。② 即该裁判所没有作出与不作出裁决的自由裁量权,但对于怎么做却有自由裁量权。

为获得强制令而提起申请的私法案件中,法院可以宣告诉讼当事人的权利,必要时可以下达临时性强制令,即使英王一般也要遵循这一临时性强制令。③

(六)适用强制令的例外

1. 对英王及英王名下大臣的适用

适用强制令的第一个重要例外与英王的法律地位有关。强制令不能用于作为一个实体的英王,也不能用于在私法中直接针对英王提起的诉讼。④ 注意是不能直接针对,即至少在名义上不能以英王为被告。

在1989年的 Foctortame Ltd. v. Secretary of State for Transport 一案中,布里奇(Lord Bridge)法官得出的结论是,在司法审查程序中颁发的强制令不能直接针对大臣。然而在1994年的 M. v. Home Office 一案中⑤,贵族院在这一问题上得出了截然相反的结论,从而推翻了前例:贵族院一致认为,从1981年《最高法院法》第31条的字面意思看,没有任何理由据此推断强制令不可以针对英王名下的大臣及英王名下的其他官员,既然强制令可以适用于英王名下的官员,临时性强制令也不例外。⑥

随着伍尔夫法官具有地标意义的 M. v. Home Office 一案的判决的出现,对于这一问题的看法已经与过去截然不同,普遍认为现在可以在适当的案件中针对大臣或者其他英王名下官员下达强制令。⑦

---

① Wade & Forsyth, p. 34.
② Bradley & Ewing, p. 729.
③ Bradley & Ewing, p. 731.
④ Bradley & Ewing, p. 731.
⑤ 这是一起因国务大臣 Kenneth Baker 拒绝遵循法院的一项强制令以便将一名扎伊尔籍的寻求庇护者从巴黎带回其刚刚被带离的英国某地方而发生的案件,该案的另一著名之处是确立了英王名下的大臣可以构成蔑视法庭罪的先例。
⑥ Neil Parpworth, p. 334.
⑦ Bridges & Cragg, p. 27.

2. 公益性强制令的提起

适用强制令的第二个例外是不能由利害关系人直接提起。在强制令涉及私权（如私法中滋扰的法律责任）方面的案件时，财产法或者侵权法通常要讨论谁可以请求强制令。而在强制令涉及公法上的事务时（如公法上的因阻塞公路而造成的滋扰），强制令可以由总检察长提起，此时，总检察长既可以自己的名义，也可以告发人的名义提起强制令之诉。① 即公益性强制令不能由个人直接提起，而必须通过总检察长的参与提起，而其中又有两种可以不经过总检察长参与便提起的情形，可以称为例外的例外。

3. 地方政府机关的申请人资格问题

强制令的第三项例外是根据1972年《地方政府法》确立的。地方政府机关在其认为有助于推动或者促进本地区居民的利益时，可以自己的名义提起强制令之诉，即使该诉讼的目的只是强制落实某些在1972年《地方政府法》施行之前本来要求经总检察长同意，由告发人提起诉讼的形式保护的公众权利。②

（七）强制令的适用频率

在英国公法中，作为最终的救济手段，强制令并不经常被使用。③ 其他的救济（有时合并使用）常常被视为能够更有效地确保公共管理机构履行法院的命令。从各《法律报告》中记载的判例看，很少有判例是真正以给予强制令作为最后救济手段的，事实上也没有一件是只给予强制令而不与其他救济手段合并使用的。④

此外，在有些情况下，例如法院认为调卷令已经足以确保公共管理机构依法重新考虑其决定，此时，法院不太愿意向公共管理机构下达强制令或者宣告令。但在法院下达其认为适当的命令时，申请人也有可能请求法院授予申请人事后申请包括强制令在内的适当救济令状的权利，以防公共管理机构未按法院预想的方式行事。⑤ 当事人此时获得的是再申请的权利，依据这种权利，申请人可以启动进一步的司法审查。

---

① Bradley & Ewing, p. 731.
② Bradley & Ewing, p. 732.
③ Bridges & Cragg, p. 26.
④ Bridges & Cragg, p. 27.
⑤ Bridges & Cragg, p. 152.

八、宣告令

（一）宣告令的法律意义

调卷令、阻止令和训令等特权救济的一个共同特点是，其颁发都将会对被指摘的决定产生某种特别的效果，或者要求决定者必须实施某种行为或者不得实施某种行为。与这些救济手段不同，宣告令仅仅是表述某一法律立场。尽管从这个意义上讲，宣告令难以称得上是一种救济，但它确实廓清了诉讼双方之间的争议，进而明确他们该怎样做或者不该怎样做。①

与宣告令的救济类型对应的是宣告性判决，但宣告性判决的作出并不限于申请宣告令的案件。宣告性判决是一种仅仅宣示诉讼当事人之间的法律关系，而不附随任何制裁或者强制手段的判决。② 在宣告性判决中得到的宣告令是具有拘束力的对当事人法定权利的授权性声明。宣告令并不直接命令任何人去做任何事，也不撤销任何的决定。③

法院的宣告性判决通常可用于制止英王及公共管理机构的非法行为。根据《民事诉讼规则》第 40 条，法院可以作出具有拘束力的宣告性判决，而无论当事人是否还有其他救济请求。④

（二）宣告性判决的根据

宣告性判决之诉必须基于一个实实在在的已经提起的案件。法院是不会就假想的案件中所产生的问题给出答案的。法院也不愿意给出一个孤零零的没有任何法律后果的宣告。⑤ 这就是判例法的精神，只针对实际发生的案件，有的放矢，不作任何假设，否则就有超前立法之嫌。

在公法案件中，为了获得宣告令，并不总需要确证某公共管理机构的某项决定现实存在，换算成中国行政法的术语则是，并不需要证明某一行政行为实际发生，即不需要证明某公共管理机构威胁要作出某项越权无效的违法行为，也不需要证明作为的义务。但是作为一项普遍原则，在法院作出给予宣告令救济的判决之前，当事人双方必须确实存在争议。⑥

---

① Neil Parpworth, p. 333.
② Bradley & Ewing, p. 733.
③ Bridges & Cragg, p. 27.
④ Bradley & Ewing, p. 733.
⑤ Bradley & Ewing, p. 733.
⑥ Bridges & Cragg, p. 27.

(三) 宣告令的获得程序

从前,宣告之诉比特权令状拥有某些程序上的优势,并因此常被提起。于是,某一裁判所的决定虽然不能被调卷令取消,但却可以因自然公正原则而被宣告为无效,但是法院不可能通过一个宣告性判决重新解决制定法委托给部长或者裁判所裁决的问题。宣告性判决的这种用法因1977—1982年期间统一的申请司法审查程序的创立而受到极大的限制。① 宣告性判决早先之所以盛行,是因为其程序单一而适用范围广泛,特权令状程序复杂而不便于操作。司法审查的申请程序改革后,这些缺点不复存在,宣告性判决遂因力度上的欠缺而受到冷落。

如今,与可以在司法审查案件中获得强制令一样,宣告令的取得也是由1981年《最高法院法》第31条第2款,以及《最高法院规则》第53号令第1条第2款调整的。②

是否给予宣告令救济也是自由裁量性的。如果法院认为原告提请法院考虑的问题不是已经发生的事情的合法性,而是可能发生的事件的合法性,法院有权拒绝原告的请求。例如,在1971年的 *Blackburn v. A-G* 一案中,原告对英国加入《罗马公约》的决定提出挑战,主审法官斯坦普(Stamp)认为,宣告具有普遍性的规则是议会的权力,而不是法院的职能或者职责;更为重要的是,原告请求法院在该案中干预的仅仅是一种假定而非现实。③

(四) 宣告性判决的适用范围

根据1897年的 *Barraclough v. Brown* 一案,如果制定法在规定一项义务的同时又规定了落实这一义务的程序,这将排除宣告性判决。但是制定法上规定的旨在规范规划许可的决定过程的程序,并不妨碍土地所有者寻求法院就其既有的开发权的范围作出宣告。④

如今,虽然法院并不会为了某一仅具有学术价值或者理论意义的案件而给予宣告令救济,但由于英国的法院有喜欢就实体案件听取当事人的全面辩论的传统,宣告令之诉的原告确实拥有某种就范围广泛但不太可能在司法审查案件中提起的公法事项寻求法院的宣告令的灵活性。⑤

---

① Bradley & Ewing, pp. 733-734.
② Bridges & Cragg, p. 27.
③ Neil Parpworth, p. 333.
④ Bradley & Ewing, p. 733.
⑤ Bridges & Cragg, p. 27.

也就是说,英国司法救济中的宣告令救济手段的范围比英国标准的司法审查的范围要广。用英国学者的话说,法院作出宣告性判决的权限几乎与法律本身的范围一样大,除非法官出于自由裁量方面的考虑而对宣告性判决的适用加以限制。① 因此,只要涉及法律方面的问题,法院都有权作出宣告性判决。而对法官的限制是一种自律性的限制,与其本身的权限大小没有直接的关系。

宣告令特别适用于对委任立法提出的法律挑战:既可以用于单纯的国内的委任立法,也可以用于(脱欧前)那些赋予英国承诺的欧共体义务以英国法效力的委任立法。在 1995 年的 *R. v. Secretary of State for Employment, ex p. Equal Opportunities Commission* 一案中,贵族院强调,如果原告具有相应的主体资格,法院有权在司法审查程序中作出宣告性判决;但无论法院是否作出宣告性判决,法院仍可以针对案件的具体情况下达特权令。② 因此,特权令是司法审查中法院当然可以作出的决定,前文已经提到,法院也只能在司法审查程序中给予特权救济。而宣告令则是法院可以在司法审查程序中给予但并非只能在司法审查程序中给予的救济。该案的宣告性判决就是在司法审查程序中一并给予的。法院想要强调的是,无论是否给予宣告令救济,都不妨碍特权救济。

贵族院在该判例中的态度表明,英国司法审查程序确实包括了比以前更为广泛的内容,包括作出宣告性判决。正是在这一点上,有英国学者将宣告令纳入可以在司法审查救济中获得的判决类型。因此,没有必要再明确区分司法审查程序与可以在司法审查程序中获得的救济。但在更为专业的学术研究中,这种区分还是不容回避。

对这个问题,法律委员会的意见是,建议性的宣告令(advisory declarations)对于公共管理机构用宽泛的术语起草的复杂的制定法具有相当重要的意义,但该委员会同时认为,法院的这种固有的权限应当受到制定法的规制。③ 不仅委任立法如此,一直以来,英国的法院就乐意审查政府通告、人头税宣传单的内容以及成文法律规范的草稿的合法性。④ 法院还会审查行政机关的建议性指示的合法性,而这些指示本身并没有任何

---

① Bradley & Ewing, p. 733.
② Neil Parpworth, p. 333.
③ Bridges & Cragg, p. 28.
④ Bridges & Cragg, p. 27.

法律效力。① 法院对于本没有任何法律效力的指示的审查，显然是不会产生什么法律后果的。但就司法实践而言，建议性指示可能涉及合法性期待，因此并不完全是没有法律意义的。

在 1994 年的 R. v. Secretary of State for Employment, ex p. Equal Opportunities Commission 一案中，贵族院甚至认定法院有权作出宣告初级立法与欧洲共同体的法律相抵触的宣告令。② 当然，法院不会在一个民事诉讼案件中，就一个同时正在进行的刑事诉讼案件所涉及的事项给出一个宣告性的建议，即便有总检察长的要求，法院也不会宣告某一行为是犯罪，除非是非常明显的情形。③

尽管法官并不经常明说，但英国学者认为，这些由法院不时针对假设性（而非学术性）的事实作出的劝告性的宣告，代表了法官希望将这些案件的判决用于将来的案件的愿望。许多法官认为，他们在这些案件中所看到的规范这些案件的固有的司法管辖权将在将来发挥更大的作用。④ 这反驳了那些认为法官审理这样的案件属于多管闲事的说法。

法官在审理这些案件时虽然已经觉察到案件的事实并不十分适宜于作出成为最终决定的一部分的宣告令，但该案的审理启发了审案的法官，他们认为类似的但更为典型的案件不久后就会出现，为此，他们预先为这样的案件准备好可以适用的判例。笔者相信，即便是英国学者也不见得有多少人知道这样的判决在英国法的历史上究竟占多大的比例，因为这本身没有意义；但所有为后世津津乐道的所谓里程碑式的案件的审判法官，没有几个不是已经预见到该案的典型意义，而"故意"为后世开先河的。在 1994 年 R. v. Secretary of State for the Home Department, ex p. Mehari 案的判决附言（obiter comment）中，劳斯法官（Laws J）评论道："我一点儿也不怀疑在某些情况下，公法法院确实存在应当给予建议性意见的司法权限。"⑤

最后值得一提的是，可以直接针对英王发布宣告令。在英国，人们一度认为，宣告令因其可以针对英王作出而与其他司法审查救济有所不同，但是 1994 年贵族院作出 M v. Home Office 一案的判决后，强制令也具

---

① Bradley & Ewing, p. 733.
② Bridges & Cragg, p. 27.
③ Bradley & Ewing, p. 733.
④ Bridges & Cragg, p. 28.
⑤ Bridges & Cragg, p. 28.

有了这种效能。①

九、调卷令（撤销令）

（一）调卷令的含义

调卷令（certiorari，现称撤销令）是由高等法院王座分庭签发的，用以撤销某一决定的令状，如撤销治安法官超越管辖权限或者公然违背法律的决定。② 在英文著作中，调卷令的当代表述 quashing order 的字面意思是使无效（quash）。事实上，该令状的效力也正如其现用法，是使被原告指摘的决定无效，即判决该行政决定无效。③ 调卷令是旧名，现在正确的叫法应当是撤销令，英国学者的著作中一般不混用，但以用旧名的居多。

（二）调卷令的功能

调卷令最初是为了将某一案件或者决定从下级法院调至王座分庭以便复审的目的而存在的，而今是取消某一下级法院、裁判所及公共管理机构的决定的一种手段，前提是存在一种或者几种司法审查的根据。通过取消一项有瑕疵的决定，调卷令为新决定的作出做好了准备。④

如果能够确立一个以上的司法审查根据，调卷令将撤销被司法审查的决定，即取消其所有的法律效力。⑤

调卷令还可以与训令结合使用⑥，以确保公共管理机构能够依其职责行事⑦。此时的训令是真正意义上的训导之令，有点类似于我国的司法建议书。

（三）调卷令的适用范围

调卷令是所有司法审查案件中最常用的救济手段，可以适用于广泛的情形，而且常常是唯一的救济手段。⑧ 上诉法院法官阿特金（Atkin LJ）在 1924 年的 *R. v. Electricity Comrs, ex p. London Electricity Joint Committee* 一案中，将调卷令的适用范围确定为负有公正行事义务（duty

---

① Neil Parpworth, p. 333.
② Wade & Forsyth, pp. 32-33.
③ Neil Parpworth, p. 328.
④ Bradley & Ewing, p. 730.
⑤ Bridges & Cragg, p. 23.
⑥ Bridges & Cragg, p. 25.
⑦ Bridges & Cragg, p. 24.
⑧ Bridges & Cragg, p. 24.

to act judicially)的个人或者组织作出的行政行为,但对这一义务的理解有宽窄之别。就狭义理解而言,这一标准意味着在当时(1924 年前后),调卷令还没有真正发展为超越其传统角色的救济手段。除法院之外,很少有其他机构能够负有公正行事的义务。①

然而到了 1964 年,贵族院在 *Ridge v. Baldwin* 一案中破除了司法性决定与行政性决定的区分,调卷令的适用对象不再局限于低级法院(inferior courts)的决定,而可以适用于地方政府机关、英王名下的大臣、房屋租赁裁判所(rent tribunals)以及地方法律援助委员会(local legal aid committee)等的决定。②

但是,调卷令并不能用于民事仲裁机构(domestic tribunals)的决定,因为这类机构的裁决权是基于裁决双方当事人的自愿让渡(consensual submission)。当然,一般而言,调卷令也不能适用于撤销委任立法。③ 这仅是就调卷令而言的,对于委任立法的司法审查可以采取其他的令状。

(四)调卷令之诉的原告资格

寻求调卷令的原告与寻求其他司法审查救济的原告一样,必须对与其诉讼请求相关的事项具有足够的利益(sufficient interest)。过去,法院在讨论原告资格时,使用的标准是"受委屈者"(aggrieved person)。④ 现在,这一标准已经为足够的利益所取代。

例如,在 1981 年的 *Covent Garden Community Association Ltd. v. Greater London Council* 一案中,法院认定,原告(修道院花园地区社区联合会)作为一家专门为保护修道院花园地区居民利益的公司具有请求撤销被告(大伦敦市议事会)允许在这一地区进行房地产开发的规划许可的资格。尽管原告以败诉告终,但法院在该案中所采取的宽松的认定原告资格的态度,反映了法院近年来在原告资格条件方面所持的普遍立场。⑤ 即倾向于赋予尽可能广泛的利害关系人以普遍的寻求救济的原告身份,但这仅仅是就原告主体资格而言的,原告是否能够在通过审查起诉阶段后走得更远,并最终达到其提请司法审查的目的,仍由法院按照其固有标准判断。在实体问题上,法院并没有如其在程序上或者在案件的入门阶

---

① Neil Parpworth, p. 329.
② Neil Parpworth, p. 329.
③ Neil Parpworth, p. 329.
④ Neil Parpworth, p. 329.
⑤ Neil Parpworth, p. 329.

段把握得那么松,该案原告败诉就是很好的例子。

（五）调卷令之诉的适格被告

虽然诸如调卷令一类的特权救济不能针对英王提起,但可以针对英王名下的大臣提起。①

（六）调卷令的具体适用

撤销令与其他特权令状一样,本质上都是自由裁量性的。法院是否给予救济,取决于案件本身的特殊情况,需要根据具体案件具体分析,法院对此有相当的自由裁量权。例如,如果原告没有穷尽替代性救济途径,如制定法规定的上诉,法院就有可能不给予原告所请求的救济。② 由此产生的说法是,特权救济属于最终的救济途径。

如果受到挑战的决定是第三方或者公众一段时间以来一直都依靠的,也会促使法院不愿意撤销,其中就包括合法性期待的因素,即被挑战的决定长期存在的事实已经使第三方或者公众产生了对其具有合法性的合理预期,此时,再撤销该决定可能会损害那些基于此合法性预期而实施了进一步行为的第三方或者公众的利益。此时,法院可能会作出一个不溯及既往的宣告令,以便将来宣示准确的法律之所在③,避免第三方或者公众在此之后继续对不法的行政行为存在合法性期待。如果法院确实作出了此种宣告令,则此前的合法性期待受到了保护,此后再发生类似的情况则要承担相应的责任,即行事与宣告令所告诫的不完全一致者,要为其无视已经被宣告的法律的行为承担相应责任。

法院也可以原告的行为不值得给予撤销令而拒绝给予。例如,在 1954 年的 *Ex p. Fry* 一案中,某消防队员因自认为某一命令违法而拒绝执行该命令,随后因其抗命行为违纪而受到警告处分,他向法院申请撤销令请求撤销该处分,但被法院拒绝了。法院认为,该消防队员的行为有勇无谋(foolhardy),他不应当不服从命令,而应当按照指令去做,随后再按照规定的程序提出申诉。④ 该案判决涉及纪律处分的适当性问题,以及如何消除不遵守纪律的过错。

除此之外,法院还可以因为撤销某一行政决定的后果过于深远(far-

---

① Bridges & Cragg, p. 24.
② Neil Parpworth, p. 330.
③ Bridges & Cragg, p. 30.
④ Neil Parpworth, p. 330.

reaching)而拒绝给予撤销令救济。例如,在 1986 年的 R. v. Secretary of State for Social Services, ex p. Association of Metropolitan Authorities 一案中,原告申请撤销某一涉及无家可归者安置补助的条例,法官韦伯斯特(Webster J)以种种理由驳回了原告的申请。这些理由包括:其一,被诉的条例已经实施了 6 个月,在原告起诉时,地方政府机关本应当作适当调整以便该条例进一步施行;其二,如果该条例被废除,依据该条例获得住房补助、但依据未来的新条例不能获得补助的人,显然要提起新的诉讼。上述两个因素都是应当由地方政府机关合理裁量决定的事宜①,而不应当由法院来决定。

另外,该案的原告是大城市行政机关联合会(Association of Metropolitan Authorities),相当于地方政府机关的联合会,因此该案是一个地方依法"对抗"中央的例子,这在英国不足为奇,因为个人依法挑战中央的案件比比皆是,该案只不过是把地方政府机关也作为司法审查的对象罢了。当然,对应的是,中央政府部门也可以地方政府机关为被告提起司法审查,即依法"干预"地方事务。

最后,根据 1981 年《最高法院法》第 31 条第 6 款的规定,法院拒绝给予撤销令或者其他司法审查救济的理由还包括以下两点:一是原告在提起司法审查时存在不适当的拖延;二是给予原告某种救济可能会对其他人造成实质性的困苦、对其权利构成实质性的损害或者有害于良好行政。②

(七)调卷令的实质内容

在作出调卷令从而撤销公共管理机构的决定之后,法院并不以自己的决定替代公共管理机构的决定,但是法院的判决当然可以非常明确地指出公共管理机构应当作出什么样的决定,而且可以明确指出据以作出决定的法律。这是《最高法院规则》第 53 号令第 9 条第 4 款的规定:"如果法院认为有充分的依据撤销与司法审查申请有关的决定,可以在撤销该决定之外,将该事项移送有相应自由裁量权的法院、裁判所或者地方政府机关重新考虑,并根据法院的认定作出决定。"法院的这一权力可以确保该案件能够得到重新考虑,并作出一个合法的决定。③

---

① Neil Parpworth,p. 330.
② Neil Parpworth,p. 330.
③ Bridges & Cragg,p. 24.

唯一将调卷令扩张为允许法院以自己的决定替代公共管理机构或者裁判所的决定的规定,见《最高法院法》第 43 条第 1 款,所涉及的事项限于刑事司法法院下达的判决:"如果认定治安法院或者皇家法院无权作出加重的判决,高等法院可以不撤销有罪认定,而是以一个替代性的、超过治安法院或者皇家法院权限范围的判决修正原判决。"这种情况只能罕见地适用于相关的法院基于某种原因错误地理解自己的判决权力的场合。①

（八）撤销的法律效果

调卷令具有撤销申请人所挑战的决定的效力。但有时会出现这样的难题,被撤销的决定自其作出至撤销期间是否无效,或者说该决定在调卷令作出前是否始终合法。对此,英国学者不是很有把握地认为,非法的决定是完全无效的,但这一判断只能在司法审查之后并由调卷令予以撤销后才能得出。因此,英国学者认为,被调卷令撤销的决定拥有一种截至司法审查撤销时的推定的合法性。当然,在此期间申请人可以自甘风险拒不执行。②

十、阻止令

阻止令的主要功能是阻止行政机关超越其职权范围行事。③ 此前曾有将阻止令译为禁审令的译法,这是就其以前主要针对下级法院或者裁判所而言的,对于现代英国行政法而言,这种令状主要是为阻止某种越权行为的发生而针对行政机关发出的,译为阻止令更妥当。此前的用语是 prohibition,现在的用语是 prohibiting order④,都可以译为阻止令。

阻止令最初是为了阻止下级法院或者裁判所超越其职权或者违背自然公正原则行事等目的而签发的,并且确实存在能够阻止的未遂行为。⑤ 因此阻止令必须具有可阻断性,已经完成的行为就不是如何阻止,而是如何撤销的问题,超越职权或者违背自然公正原则的行为则是可撤销的。英国学者强调可撤销性,主要是为了区别阻止令与调卷令:行为一旦完成,即没有可阻断性了,但具有了可撤销性,从而跨入调卷令的管辖范围。

---

① Bridges & Cragg, p.24.
② Bridges & Cragg, p.24.
③ Wade & Forsyth, p.33.
④ Neil Parpworth, p.330.
⑤ Bradley & Ewing, p.730.

阻止令与调卷令有点相似，二者适用相同的规则，但阻止令在较早阶段、被挑战的决定实际作出之前被运用。如果某公共管理机构威胁要作出某一非法的决定，而该决定作出后如果能够被调卷令撤销，则法院就可以作出阻止令勒令该公共管理机构别再这样做了。①

但与撤销令只能用于某一决定（decision，不限于行政决定，而是指所有的可以适用特权救济的决定，如下级法院的判决。事实上，在被广泛地用于行政法领域之前，特权令主要的应用领域是司法判决，而且直到现在仍是如此。因为英国每年的司法审查案件仅有几千件，而法院的判决比这要多得多）作出之后不同，阻止令可以用于阻止某一公共管理机构着手实施或者继续实施超越其权限或者违反自然公正原则的行为。②

除此之外，阻止令的适用对象以及原告资格等问题，都与撤销令大致相同。1972年的 R. v. Liverpool Corpn, ex p. Liverpool Taxi Fleet Operators' Association 一案中，上诉法院认为应当给予原告阻止令救济。据此，法院下达了阻止被告在当地增发出租车许可证的阻止令；除非该地方政府机关就此及其他相关事项，先听取原告及其他利害关系方的意见。③ 这是一个涉及城市出租车许可管理的判例，其实际情况是，作为当地职业团体的出租车经营者联合会申请法院签发阻止令，而法院签发阻止令并不意味着地方政府机关今后不得再增加当地的出租车许可证，而是必须在此之前咨询当地的出租车经营者联合会。

在1986年的 R. v. Dudley II, ex p. Gillard 一案中，法院阻止了治安法官错误地将被告移送皇家法院审判的权力的行使。另如，1987年麦克沃特（Norris McWhirter）提起的诉讼被法院驳回，麦克沃特本想通过这一诉讼阻止一幅关于自己的讽刺画的展出，但法院以并未构成侵权为由，以调卷令撤销了其诉讼，同时又以阻止令禁止其将来再提起类似的诉讼。④ 这个案件反映了作为司法审查手段之一的阻止令在英国的现实用法，但显然涉及的是民事争议，与行政诉讼无关。

英国学者强调，阻止令仅在极个别的情况下使用。⑤ 因为这种救济是一种防卫性的前置救济，与司法救济的事后属性不完全一致，有过分保

---

① Bridges & Cragg, p. 25.
② Neil Parpworth, pp. 330-331.
③ Neil Parpworth, p. 331.
④ Bridges & Cragg, p. 25.
⑤ Bridges & Cragg, p. 25.

护之嫌。这样一来，上述两个例子的价值尤显得重要。

十一、训令

（一）训令的内涵

训令（mandamus）是强制被告履行由法律设定的某一公法义务的令状。① 尼尔（Neil）的著作给许多基本概念下了明确的定义，这对于准确翻译来说是非常必要的。仅从这一点讲，它可以给读者提供一个足以抗衡其他任何法律辞典的译名，因为这是直接从英文法学著作中得来的准确的意译。

从历史上看，训令是在行政机关不履行法定职责时，命令其履行职责②的一种特权令状。从这个意义上看，训令也有强制、督促的意思。而且，2000年生效的《民事诉讼规则》第54条确实将训令称为"强制"令（mandatory order）。但是1981年《最高法院法》第31条用的是训令，而这一内容并没有被修订。1994年，法律委员会曾建议通过修订1981年《最高法院法》改变特权令状的名称。③ 从英国行政法的专著看，当代英国学者仍普遍采用训令（mandamus）而极少用强制令（mandatory order）。

（二）训令的功能

训令与强制令在功能上有所交叉，不同的是训令强调责令，强制令除可以责令外，在某些只涉及法律适用、不涉及行政自由裁量权行使的场合，还可以由法院直接作出替代性决定。从这一点看，英国的几种特权令状之间确实存在相当多的共通之处。因此，笔者在讨论时会将这些共同特点集中予以说明。但确有英国学者认为，训令是强制某一决定者行使其法定裁决权最适宜的救济手段。④

韦德爵士指出，与职权相对的是义务，英国行政法同样关注如何在行政机关不履行职责时迫使其履行职责的问题。此时，法律提供了强制性的救济手段，以应付诸如消极行政以及与之相对的不良行政问题。⑤ 这一职能主要是以训令作为救济方式实现的。对申请人负有公共职责的某

---

① Neil Parpworth, p. 331.
② Wade & Forsyth, p. 33.
③ Bradley & Ewing, p. 729.
④ Neil Parpworth, p. 331.
⑤ Wade & Forsyth, p. 5.

人或某机构拒绝履行或者未履行其职责时,训令强迫其依法履行职责。①例如,法律要求某一决策者在作出决定前必须咨询,但该决策者未能做到这一点,则训令就可以用于确保该决策者必须咨询。②

训令还可用于强迫公共管理机构依法行使其自由裁量权,但法院一般不愿意命令该公共管理机构以某种特定方式履行该机构的自由裁量权。1983 年的 *R. v. London Borough of Barnet, ex p. Shah* 一案,涉及对海外学生继续教育的强制性资助问题(mandatory further education grants),贵族院认定法律授权申请人获得此项资助,但拒绝下达训令颁发此项资助,而是将此事退回地方政府机关重新决定。③

训令可以役使英国中央政府的一个例子是,1969 年的英国政府寻求通过立法途径摆脱其根据 1949 年及 1958 年《众议院(席位重新分配)法》的规定所负的义务,这一义务明确地规定在 1986 年《议会选区法》(Parliamentary Constituencies Act)第 3 条第 5 款中,"在某一选区边界委员会提交了报告后",接受报告的国务大臣必须将该报告与一份赋予相应选区的调整建议以效力的枢密院令的代拟稿一并呈送议会;接受报告的国务大臣在呈送议会前,可以对该报告中提出的建议进行修改,也可以不作改动;如若修改,则必须向议会陈明修改的理由。④ 由此引发的真实案例是,政府提出的替代性议案在遭到严厉的反对后在众议院获得了通过,但贵族院则对该议案进行了彻底的修改,1969 年 10 月,因贵族院拒绝向众议院妥协,政府不得不放弃此议案。⑤ 某郡自治市(Enfield)的一名选民向高等法院请求训令,要求法院通过训令迫使内政大臣履行其制定法规定的将选区边界委员会的报告连同相应的枢密院令的代拟稿呈送议会的制定法义务。于是,内政大臣不得不将枢密院令代拟稿提交议会,但同时请求众议院利用其执政党多数地位拒绝批准。⑥ 在具有如此高度政治性的领域,英国法院还可以迫使政府履行其立法性的程序义务,司法的权威性还是很令人佩服的。这已不是个别法官勇气可嘉的问题了,而是从制度上保障了即使胆小的人,只要有足够的知识,也可以与政府就法律上的

---

① Bridges & Cragg, p. 25.
② Neil Parpworth, p. 331.
③ Bridges & Cragg, p. 25.
④ Bradley & Ewing, p. 152.
⑤ Bradley & Ewing, p. 153.
⑥ Bradley & Ewing, p. 154.

问题进行深入的较量。而且工党政府的这一番躲闪腾挪的工夫用尽之后，换来的却是下野的后果，这不能不说明，英国的法院尽管尽量保持着与政治的距离，但其对于正义的判断却是非常专业、非常具有预见性的。违背法院判决方向而动，或者投机取巧与法院周旋的结果只能是搬起石头砸自己的脚。

（三）训令的申请

训令是由高等法院发布的一项命令，命令公共管理机构或公共行政官员履行某一公共义务，而原告则对于该公共义务的履行具有足够的法律利益（sufficient legal interest）。① 特别值得一提的是，训令的申请主体可以包括部长等行政主体。如有必要，国务大臣可以通过向高等法院申请训令的方式强制执行其行政命令。②

实践中，训令一般用于强制落实直接影响个人的公共义务。③ 例如，在部长有权给地方政府机关以指示的情况下，只要这样的指示是合法的，就可能通过训令予以强制执行。未能遵循训令将构成蔑视法庭罪并受到相应惩罚。④ 要想完整地理解此处的内容，需要两个方面的制度背景知识：一是英国的中央政府部门与地方政府机关的关系是两个彼此没有任何隶属关系的法人之间的严格意义上的法律关系。地方政府机关都是严格实行议行合一、地方自治的议事会；部长除依法律规定外无权对地方政府机关发号施令，即使依法可以有所作为也仅限于建议成分居多的指示而不是命令。二是这里隐含的诉讼机制是，部长认为其有权对地方政府机关作出某项指示，也确实作出了相应的指示，但是地方政府机关置之度外，于是部长可以起诉该地方政府机关，但更有可能的是直接利害关系人或者非直接利害关系人通过告发人之诉的方式，向法院对该地方政府机关提起诉讼，但这三种情况下的诉讼请求都是请求法院颁发训令要求地方政府机关履行其听从部长指示的职责，而地方政府机关的抗辩理由也都是部长没有权力作出指示。

同理，裁判所根据1992年《裁判所及调查庭法》的规定负有的说明理由的义务，也可能通过训令予以强制落实。⑤ 裁判所必须在其裁判文书

---

① Bradley & Ewing, p. 729.
② Bridges & Cragg, p. 39.
③ Bradley & Ewing, p. 729.
④ Bradley & Ewing, p. 730.
⑤ Bradley & Ewing, pp. 729-730.

中说明理由,否则当事人可以诉请法院通过训令强制落实。

申请人在申请调卷令时,通常一并提出训令申请,以强化要求公共管理机构重新考虑已作出的决定的力度。① 在这类一并提起的案件中,调卷令撤销原来作出的决定,训令则要求其重新考虑并作出决定。由于原来的决定已经撤销,无论法院是否对新的决定作出指示,只要公共管理机构再次考虑其决定,都有可能更利于申请人。这是其申请训令的原因所在,否则,调卷令撤销原决定后,如果不再作出新决定,可能对申请人不利。

(四)训令的对象

训令不得针对英王签发,但可以使某一制定法赋予部长、中央政府部门或者指定的公务员的义务得到强制履行,但所强制履行的义务的设立宗旨应当是为了作为普通公民的原告,而不仅仅是为了英王。② 法院并不情愿针对英王名下的大臣作出训令,但 1968 年的 *Padfield v. MAFF* 一案,贵族院针对农业部长拒绝设立一个委员会以调查牛奶市场委员会(Milk Marketing Board)的所作所为,认为该行为违背立法所规定的授权农业部长设立此种调查委员会的政策,并据此下达训令。③

(五)训令的适用

与其他特权救济一样,训令也是一种自由裁量的救济。法院认为不适当时完全有权拒绝颁发这种令状。在 1968 年的 *R. v. Metropolitan Police Comr, ex p. Blackburn* 一案中,上诉法院认定,法院有权给警察局长发训令,因为该警察局长接到的有关方面的指令是:出于政策方面的考虑,不应当对侵入家宅者(housebreakers)进行追诉。④ 因英文著作中用的是被动语态,此项指令的发出主体没有标明,但有一点是肯定的,该指令不是法院发出的训令中的内容,而是警察局长应当遵循的出于政策性考虑的内容,更具体地说,就是作为该案被告的大城市警务专员发出的。作为当地警察局长的上级,大城市警务专员有权对警察局长发出涉及该案的指令。当然,该指令纯粹是行政性的指令,可以成为司法审查的对象,甚至可以在司法审查后被撤销或者废止,从该案的结果看,法院的

---

① Bridges & Cragg, p. 25.
② Bradley & Ewing, p. 729.
③ Bridges & Cragg, p. 26.
④ Neil Parpworth, p. 331.

训令替代了警务专员的指令。

而且从法院的判决看,法院正是考虑到警察局长执行这一指令有可能导致其不能履行法定职责,而以训令的形式矫正这一指令。因为如果没有法院的训令,警察局长即使知道该指令不对,也必须遵循。可见,法院的训令具有高于行政机关所接到的政策性指示的效力。事实上,由于法院的司法审查可以对包括委任立法在内的行政立法进行审查,而审查的结果甚至可以是作出撤销的决定。因此,通过训令,以法院的指示代替行政机关所获得的来自诸如委任立法等渊源的指示,就不足为怪了。也就是说,除撤销令外,法院事实上可以通过训令变更、替换行政机关作出的规范性命令。

在这种情况下,主审法官萨蒙(Salmon LJ)认为,该地区的住户有权获得训令,因为如若不然,警察局长就有可能无法履行其实施法律的义务。但上诉法院也充分意识到了如此判决可能会引起某种误解,因此,法院非常急切地强调,确实有相当多的领域是警察局长拥有自由裁量权而法院又不能干预的。法院的用意,显然是为了消除人们对于其以训令的形式直接给警察下命令所引起的干预警察自由裁量权的担心。因为法院训令的内容就是要求警察履行其保护住户的合法权益的法定义务,对侵入私宅者进行追诉,而不是按照警察局长所获得的指示对此不管不问。

但是就该案的情况而言,颁发训令强制大城市警务专员促使其下级警察局长实施相关法律是不必要的,因为该专员已经向法院递交了一份保证以确保达到训令所要达到的效果。① 于是,论证了一圈,上诉法院最终没有给予原告训令救济,但原告最终所要达到的目的却基本实现了,即大城市警务专员向法院保证达到与颁发训令相同的效果。这个例子或许从另外一个方面说明,在英国的行政诉讼中,确实也存在类似辩诉交易或者调解的结案方式,即法院要求被告达到一定的效果,被告向法院提出达到此效果的承诺,法院认为被告的方案可行,随之根据其自由裁量权决定不给予原告所请求的救济。

类似的,在1982年的 *R. v. Chief Constable of Devon and Cornwall, ex p. Central Electricity Generating Board* 一案中,上诉法院同样拒绝了原告(中部地区发电委员会)提出的要求法院发布训令请求,责令作为被告的警察局长命令其下属遣散聚集在某发电厂的抗议者。上诉

---

① Neil Parpworth, p. 331.

法院的理由是,这样的情势应当由警察局长及其身处现场的下属警察,而不是法院来决定何时实施干预。①

从上述判决看,尽管训令具有强制性,但在实践中,只要有可能,法院总是尽量不发布训令。正如在 1992 年的一起涉及对部长签发训令的判例(R. v. Secretary of State for Employment, ex p. Equal Opportunities Commission)中,上诉法院法官诺兰(Nolan LJ)认为,近年来比较通行的做法是,凡是在原告能够成功地证明部长违背了其法定义务的情况下,法院总是简单地发布宣告令,而不下达训令。理由是,在这种情况下,部长完全会像人们期望的那样,履行法院宣告的职责,此时再对部长发布训令以强制其这样做,既不必要,也不礼貌。②

(六) 训令的效力

法院颁布训令后,根据《最高法院规则》第 53 号令第 10 条的规定,被告免于因其遵守该训令的任何情形在任何民事或者刑事的诉讼程序中被起诉。而在《民事诉讼规则》中,也没有明确的保护训令得以遵循的规定。③ 也就是说,即使法院对被告颁发了训令,法院并不会再审理任何人针对被告履行该训令的实际情况而提起的诉讼。由此可见,名义上训令具有强制性,但在实践中这种强制性不是法院可以强制施行的。正因为如此,对于部长等级别较高的行政主体,英国法院的现代做法是不发布训令,而仅仅通过宣告令宣告部长应当履行的职责,从实际效果看,二者确实没有太多实际的区别。

十二、赔偿令

(一) 赔偿令的附属性

《民事诉讼规则》第 54 条第 3 款第 2 项规定,司法审查请求中可以包括赔偿请求,但该规定同时限定,赔偿请求不能单独提起④,即只能与其他五种司法审查救济请求(调卷令、阻止令、训令、宣告令、强制令)一并提起,不能作为一种司法审查请求单独提起。正因如此,有的英国学者将赔

---

① Neil Parpworth, p. 331.
② Neil Parpworth, p. 332.
③ Neil Parpworth, p. 332.
④ Neil Parpworth, p. 328.

偿令归入司法审查的范围①,有的则将其排除在外②。但对于赔偿令可以在已经提起的司法审查程序中一并提起这一点,各方没有争论。笔者将赔偿令的这种只能依附于其他司法审查救济方式一并提起的程序局限性,称为附属性。

(二)赔偿令的获取条件

司法审查的申请人可以获得损害赔偿的前提条件是,申请人如果不提请司法审查,本来是可以在普通法院提起此项损害赔偿之诉的,而且《司法审查许可申请书》确实包含了损害赔偿的请求。③ 在这两个前提中,前一个是更为重要的实体性条件,即申请人本来有权在普通民事诉讼中获得赔偿;后一个则是程序性条件。

如果申请人未能满足上述两个条件,一般而言,申请人因违法的行政行为所受的损害等,不会仅仅因为在司法审查诉讼中胜诉而自然获得。④ 可见,在英国,损害赔偿与司法审查并没有必然联系。司法审查的结果固然可以确定一个行政行为的合法性,但损害赔偿并不仅仅以行政行为的违法性为唯一的前提条件。这一点在我国也是一样的。

易言之,确定民事侵权至少需要证明存在一项理由,最常见的民事侵权(common torts)事由包括⑤:①疏忽(negligence);②违反制定法义务(breach of statutory duty);③行政官员的不法行为(misfeasance)。

十三、选举诉讼

(一)法律地位

英国学者强调,对选举提出挑战的最主要途径是选举诉讼。但通过选举诉讼只能对某一候选人的当选提出挑战,不能对某次大选的结果提出挑战。⑥

据英国学者介绍,英国针对议会选举提出的选举诉讼非常少。最近一个因选举行为违法而在大选后引起选举诉讼,导致取胜的候选人

---

① Bridges & Cragg, p. 23.
② Neil Parpworth, p. 328.
③ Bridges & Cragg, p. 28.
④ Bridges & Cragg, p. 28.
⑤ Bridges & Cragg, pp. 28-29.
⑥ Bradley & Ewing, p. 162.

最终未能在众议院就职的例子,发生在1923年10月。① 相比于议会选举,针对地方选举提起的选举诉讼要频繁得多,而对违法的地方选举行为提出司法挑战的程序与议会选举大致相同。②

(二) 起诉事由

选举诉讼可以涉及范围广泛的议题,如相关官员不正当的选举行为、当选的人不符合众议院议员的法定条件以及选举委员会有诸如越权支出费用的犯罪行为等。③ 可以因而且也只能因下列事由提起选举诉讼:①被宣告当选的某人在选举时不具备相应资格;②选举因舞弊或非法行为而无效。④

与第一项事由有关的一个著名案件是1961年的 Re Bristol South East Parliamentaly Election 案。原告的竞争对手本(Tony Benn)的父亲于1960年逝世后,本成为斯坦斯盖特子爵(Viscount Stansgate),不再是一位众议院议员。然而他随后又参加了为选举他本人的继任议员而举行的补缺选举(by-election),并成功地当选为其所在选区的议员而回到了众议院,而该案原告正是被他在补缺选举中击败的竞争对手。高等法院王座分庭认定:本的贵族身份使其丧失了被选举权。因此,投向他的选票是废票,原告遂成为该选区的议员。⑤ 该竞争对手是该补缺选举中得票位居第二的候选人,虽然其得票率可能非常之低,但由于投向本的选票都作废了,按照英国议会选举"赢者通吃"的规则,紧随本之后的本的竞争对手可以其压倒其他人的优势而当选。

由于政党与其成员的关系是建立在合同基础上的,此项合同可以由政党中的某个受委屈的党员向法院请求强制执行。例如,因个人声称被某党违反规则地开除而提起的诉讼时有发生,类似的案件还包括个人对政党选拔本党参加竞选某一公共职位的候选人的程序提出的挑战。⑥

(三) 起诉条件

选举诉讼可以由4名或者4名以上参加该选举投票或者在该选举中具有投票权的选举人提起,或者由某个声称自己曾经是该选举的候选人

---

① Bradley & Ewing, p. 163.
② Bradley & Ewing, p. 163.
③ Bradley & Ewing, p. 162.
④ Andrew Arden, p. 311.
⑤ Neil Parpworth, p. 108.
⑥ Bradley & Ewing, p. 155.

的人单独提起。① 任何一名(英国学者对起诉人数有分歧)某选区的登记选民都可以将自己对本选区在此次选举中的正当性的不满，以选举诉讼的形式提出；任何声称自己本来有权在此次选举中当选的人或者任何声称自己本来应当为候选人的人，都可以提出此类选举诉讼。②

在选举诉讼中遭到质疑者以及任何一名监选官，都可以被要求对该选举诉讼进行答辩；选举诉讼的起诉书则必须按照规定的格式拟就，由原告签署后，按照规定方式递交。③ 此处的答辩属于诉前诉讼行为，并非选举诉讼程序的必经步骤，但却是选举诉讼中比较有特色的步骤。答辩显然有助于法院决定是否受理以及如何审查。

选举诉讼的原告必须在递交其起诉书之日起 3 日内，按照规定的方式提供一定金额(如 2500 英镑)的保证金作为选举诉讼费用的担保。④

（四）起诉时效

符合起诉条件的人应当在选举结果的申报表正式收回之日起的 21 日内，提起选举诉讼。⑤ 如果起诉的理由为存在选举舞弊行为、选举非法行为以及当选的候选人以支付或答应支付金钱或者其他报酬的方式谋求或促进选举舞弊行为等选举非法行为，则在 28 日内提交。如果选举诉讼中的起诉事由涉及竞选开支，则起诉书必须在主管竞选开支的官员收到有关开支的收据以及候选人及其竞选助理的相关报告后 14 日内提出。⑥

（五）主审法院

1. 组成

选举诉讼由选举法院(Election Court)听审，该法院在英格兰由高等法院王座分庭的 2 名法官组成，在苏格兰则由季审法院的 2 名法官组成。⑦

选举诉讼一般由高等法院法官组成的选举法院审理，但也有例外：对选举登记官(registration officer)作出的将某人记入或者清除出选民登记册的决定存在争议，可以向郡法院提出上诉，在苏格兰则向其治安法院起

---

① Andrew Arden, p. 311.
② Bradley & Ewing, p. 162.
③ Andrew Arden, p. 311.
④ Andrew Arden, p. 312.
⑤ Bradley & Ewing, p. 162.
⑥ Andrew Arden, p. 311.
⑦ Bradley & Ewing, p. 162.

诉;此后还可以进一步就法律问题上诉至上诉法院,在苏格兰则上诉至由3名法官组成的选举登记法院(Electoral Registration Court)。郡法院就选民登记案件所作的判决仍可以基于司法审查的根据提起司法审查。①此处涉及英国行政诉讼法中一个非常重要的问题,即法律问题的上诉与司法审查的联系与区别:郡法院所作的判决对于高等法院而言,属于一个低级法院作出的决定,符合司法审查的条件,可以进一步提起司法审查,这是普通法制度,不受制定法的影响。对于高等法院的司法审查决定,还可以进一步向上诉法院甚至贵族院上诉。同时,按照选举法的规定,对于郡法院的判决,可以直接向高等法院的上一级法院——上诉法院——提出法律方面的上诉。于是,选民登记案件就有了基于普通法和成文法的两种救济渠道,二者并行不悖,殊途同归。

2. 选举法院的权限

选举法院拥有高等法院的审判权限,同时该法院也是一个记录法院(court of record),享有广泛的职权,包括下达重新计票、仔细审查选票的命令的权力。②

3. 选举法院的管辖

选举法院负责裁决某人的当选是否正当选举的结果、任何对于选举中腐败及违法行为的指控是否属实。③ 由此可见,英国选举诉讼的受案范围非常广泛,选举法院有权对选举中存在腐败或者不法行为的指控进行审查。相应的,起诉的事由又简单至极——腐败或者不法行为,而不论是什么形式、何种程度。这样做的目的是,务必使选举是以让人看得见并且无可置疑的方式完成的,任何对选举的合理怀疑都要通过正式的司法程序予以排除,以此来维护选举的公正性,而这也就是英国现政府甚至整个宪法体制的权力之本、执政之基、正义之泉、力量之源。

(六) 审理程序

选举诉讼请求由选举法院开庭审理,但没有陪审团。如果某一方当事人的请求引起的案件能够很容易地被宣告为一个特例,则高等法院可以直接作出此项宣告并直接受理该案。对高等法院的特别受理许可可以

---

① Bradley & Ewing, p. 150.
② Bradley & Ewing, p. 162.
③ Bradley & Ewing, p. 162.

上诉,而上诉法院的决定是终局决定。① 选举法院并不是高等法院的一个分庭,而是相当于初审法院的一个低级法院;对于选举法院的判决不服,可以上诉至高等法院。

接受选举诉讼请求的选举法院的法官,必须按照各选举诉讼请求提交的顺序,拟就一份提交给选举法院的选举诉讼请求的清单,并在其办公室内公开供公众查阅。关于开庭时间及地点的开庭通知应当在开庭审理至少7日前送达有关当事人。选举法院可以依自由裁量权宣布延期审理,但只要现实条件允许,从确保公正的角度出发,选举法院必须逐日连续审理,直至作出判决。②

选举诉讼过程中可以传唤证人,证人应当像其在高等法院出庭作证时那样宣誓(或者在条件不允许宣誓时尽可能采取类似宣誓的形式)。选举法院有权命令某人出庭作证,如果该人未出庭作证,将构成蔑视法庭罪。选举法院还可以盘问任何出席庭审的人,即使这些人尚不能被称为案件的一方当事人。在选举法院盘问后,证人还可以被一方当事人或者其代理人交叉盘问。证人不得以其对某一问题的回答将使自己及配偶陷于有罪控告或者自己享有某项特权为由,拒绝回答;但其回答在任何针对其本人或其配偶的民事或者刑事诉讼中,都是不具有可采性的证据,除非是针对该证据提起的伪证罪指控。③ 此处涉及的是一项证人享有的不得自陷于罪的权利,即任何人不因其在法庭上所作的证言而遭受基于该证言的指控。例如,某人在某个贿赂罪案件中充当证人,并证明被告人曾接受过自己的贿赂,则任何法院都不得采信该证人的证言,作为认定该证人犯有行贿罪的证据。按照英国的证据规则,这样的证据属于不可采的证据。证人因其作证免除了遭受进一步惩罚的危险,但有些国家的刑法可能与此有很大的不同。

(七) 撤诉

只有获得选举法院或者高等法院的特别许可,已经提起的选举诉讼请求才能撤回。而且撤回选举诉讼请求必须向法院提出特别申请,向法院提交表达提出特别申请意向的书面通告,并且必须取得所有选举诉讼原告的同意。请求撤回选举诉讼请求的特别申请必须得到所有当事方及

---

① Andrew Arden, p. 312.
② Andrew Arden, p. 312.
③ Andrew Arden, p. 312.

其竞选助理的宣誓证言的支持;出庭律师也要对当事方没有就撤回选举诉讼请求达成任何协议、条款或者保证,或者选举诉讼的撤回请求不是基于此类妥协事由等提供宣誓证言。① 可见,提起选举诉讼的标准不高,但撤诉的要求却很高,这一方面固然涉及 2500 英镑担保金的收回问题,更主要的是为了避免当事人各方利用选举诉讼做交易,特别是防范选举诉讼的原告要挟或者敲诈已经当选的候选人。这种通过限制撤回选举诉讼以防范选举诉讼交易的做法,可能不符合有些国家的国情、民风。从英国法的角度分析,一个案件既然已经提起,则其最佳的或者最正确的归宿就是审理并判决,撤诉这种申请人出尔反尔的情形总给人一种不可靠的感觉;同时,英国民众又非常相信他们的司法审判。于是,与其以一种令人怀疑的方式使一个案子无果而终,不如以一种令人不容置疑的方式,使争议有一个令人信服的结论。注意,在整个判断过程中,他们几乎没有考虑诉讼的成本问题,倒不是法院已经收了 2500 英镑的诉讼成本费,而是对于民主体制而言,选举公正是其制度的生命,通过对选举案件的这种宽进严出的制度把握,不难发现英国司法制度保护的重点所在。

选举法院作出准予申请人撤诉的许可,必须就此向高等法院提供报告予以说明。② 这相当于正式说明准予撤诉的理由,而这一程序无疑将进一步强化选举法院同意申请人撤诉时的慎重程度。这与英国选举法为选举诉讼的撤诉设置的前述障碍的指导思想一脉相承。

(八) 判决

选举法院的审理结束后,必须作出判决。选举法院可以宣告被原告质疑的选举无效。③ 如果法院认定某一候选人在选举时不具备众议院议员的资格,且法院有充分的理由相信当选者无资格的原因选民是知道的,则法院可以径行认定选民当初投给该当选者的选票无效,并宣告当初选举的得票第二名赢得了选举。④ 也就是说,法院在这种情况下是可以直接宣布替代性选举结果的,这是基于法院对选举诉讼的裁决权直接作出的,不需要其他机关同意。

如果法院认定选举行为没有严格地遵循法律,或者确实存在影响选

---

① Andrew Arden, p. 313.
② Andrew Arden, p. 313.
③ Andrew Arden, p. 312.
④ Bradley & Ewing, p. 163.

举结果的违法行为,则法院必须宣告选举的结果无效,并要求该选区重新选举。① 注意,此处的要求是法院必须宣告选举无效,而不是前一种情况下的可以宣告选举无效。事实上,选举中实际影响选举结果的违法行为包括故意隐瞒不具备候选人资格的事实,在这种情况下,如果法院认为选民对此实际上是明知的,则可以宣布投向该候选人的选票无效,从而宣告第二名当选,而不必重新选举;如果法院认为选民对此并不知情,则必须宣告选举无效,重新选举。当然,从英国民主政治形成的传统看,如果某一政党的候选人确实实施了经法院认定为违法的选举行为,则对于该党在该选区乃至对该党的整体形象的影响都是灾难性的,在这种情况下,至少对于该选区的重新选举而言,该党再次当选的可能性非常渺茫,无论其推选的候选人是谁。在这种情况下,法院以司法判决直接宣告原得票第二名当选,是有其英国宪法民主制度氛围的合理性基础的。

(九) 执行

对于法院作出的要求重新选举的宣告,不可以提起上诉,但可以申请司法审查。② 特别值得一提的是,对于法院就选举诉讼作出的重新选举决定可以提起司法审查的结论,还可以反过来说明英国选举法院的地位——它仍是一个行为须受司法审查监督制约的高等法院的下级法院,虽然其合议庭就是由高等法院的王座分庭的法官组成的。因此,选举法院并不是一个分庭法院,而仅仅是一个记录法院。

如果某人当选众议院议员的选举被宣告无效,并且没有人被宣告取而代之,则该议员职位即被认定为,必须按照偶然出缺相同的方式进行新的选举,以填补空缺。③ 对于法院作出的此种要求重新选举的宣告,应通知众议院发言人,并记入众议院志。④

众议院必须就此作出确认,并发出重新选举的授权令状。⑤ 可见,对于选举法院的裁决,众议院并没有变更的权力,而只有依据其判决完成相应的选举程序以落实该判决的义务。

---

① Bradley & Ewing, p. 163.
② Bradley & Ewing, p. 163.
③ Andrew Arden, p. 312.
④ Bradley & Ewing, p. 163.
⑤ Bradley & Ewing, p. 163.

第三节　司法救济的替代性救济

英国学者所称的替代性救济[①],更准确地说是指司法审查的替代性救济,是可以代替司法审查的其他救济手段,如行政救济、议会行政监察专员的救济等。这种意义上的替代性救济,是与司法审查救济相对称的,因此对替代性救济的研究,通常建立在作为司法审查救济的替代品或者预救济的基础之上。

与替代性救济词义相近、容易混淆的是 substitutionary remedy[②],笔者译为变更救济或者改判救济,是指法院通过对被司法审查的行政决定的径行改判而给司法审查申请人提供救济。二者都可以译为替代性救济,笔者曾试图将 alternative remedies 译为选择性救济,将 substitutionary remedy 译为替代性救济,但在运用时发现,这种译法太过雷同,如果不跟着原词,自己都记不清楚。

英国学者还提到其他公法救济(other public law remedies)的概念,即除司法审查外,还有两种公认的公法救济,即人身保护状和责问令状。这两项令状均不能在司法审查程序中提起[③],但属于公法救济,因此归入其他公法救济范畴。从这一分类看,英国法院对行政决定所能提供的救济至少有三个外延递减的层次,即公法救济、司法审查程序所能提供的救济和特权救济。

一、替代性救济的现实意义

英国公法体制中与司法救济相对应的替代性救济,是英国公民权益完整救济体系中的一个重要组成部分,其现实意义在于,使公民在寻求司法救济之前、之外获得更为快捷、便宜或者充分的救济。英国学者强调,如果不能使申请人获得其所期望的救济,那么启动或者赢得任何诉讼都是没有意义的。同样没有意义的是,在将案件提交法院之前,所有的损害赔偿给付已经完成,该案件仅具有理论意义。因此,对于司法审查而言,

---

① Bridges & Cragg, p. 35.
② Neil Parpworth, p. 335.
③ Neil Parpworth, p. 336.

了解可以获得的临时性救济的种类是非常重要的。① 此处的临时性救济是指司法审查等司法救济正式决定下达之前的各诉讼程序阶段可能获得的救济，包括未启动任何司法救济程序之前的政治的、议会的、行政的救济；也不排除在司法救济程序启动后、终裁前，随着局势发展，行政主体认识到有必要为当事人提供适当的救济，以息诉止争，从而避免更不利的或者没有必要继续的诉讼后果和负担。本节讨论的重点是前者，即司法救济启动前的政治的、议会的、行政的救济；司法救济各阶段当事人获得的阶段性救济，或者司法救济程序就此止步的具体情形，是本卷第六章司法审查程序各节中必不可少的内容。

英国学者认为，应当熟练掌握司法审查的替代性救济有两个主要原因②：其一，替代性救济可能比申请司法审查更有效、更迅速、更便宜。由于在英文著作中，启动司法审查常用的动词是申请（application），加之该启动者在司法审查的案件名称中又不是名义上的原告，因此，该启动者最恰当的译法应当是司法审查的申请人（applicant for judicial review）。其二，在许多案件中，未寻求过替代性救济，特别是没有试过上诉程序（appeal procedures，指制定法规定的上诉，显然不是对司法审查判决的上诉），法院不会接受司法审查申请，甚至会拒绝提供救济。

二、替代性救济的主要类型

替代性救济的范围取决于主题事项。最常见的对行政行为提出挑战的渠道包括③：

（1）制定法设立的裁判所和上诉制度；
（2）诉愿程序；
（3）就地方或者中央的案件向行政监察专员申诉；
（4）求诸国务大臣的默示权力；
（5）在地方政府机关的案件中诉诸其内部监察官员；
（6）内部复审或者外部复审程序，尤其是在社会福利方面。
上述六种途径并不相互排斥。④

---

① Bridges & Cragg, p. 23.
② Bridges & Cragg, p. 35.
③ Bridges & Cragg, p. 35.
④ Bridges & Cragg, p. 35.

三、裁判所的救济

参见本书第三卷第一编第三章第十一节中行政裁判的程序部分。

四、行政诉愿的救济

诉愿制度[①]是笔者对英国的原级行政复议的称谓,所不同的是,诉愿制度是有英国学者讨论过的,而原级行政复议的说法则仅在介绍行政系统内部的复审与上诉[②]时一并提及。实际上,由于英国对此没有统一的制度,暂按照我们的理解将其合二为一。详见前文行政救济总论中行政复议部分的相关内容。

五、内部监察官员的救济

参见本卷第一章第三节相关内容。

六、地方政府行政监察专员的救济

参见本卷第一章第三节相关内容。

七、议会行政监察专员的救济

参见本卷第一章第三节相关内容。

八、向部长上诉

向部长上诉是许多单行的议会立法规定的一项救济性权利。如《规划法》规定,对于拒绝给予规划许可的行为,可以向部长提出上诉,在某些情况下还可以进一步就法律问题向高等法院提起上诉。[③] 可见,英语中的上诉是一个非常普通的动词,其含义并不限于制定法规定的对合法性问题向法院提出的非司法审查的请求。

对于向部长上诉的法律意义,必须在英国法特别是其行政组织法的大背景下理解。在行政组织法部分我们曾介绍过英国的中央与地方组织体系。在此需要提醒三点:

---

① Bridges & Cragg, p.36.
② Andrew Arden, p.252.
③ Wade & Forsyth, p.77.

（1）英国是一个处于单一制向联邦制过渡过程中的国家，对于苏格兰、威尔士及北爱尔兰的权力下放已经使这个国家的中央政府体系仅在英格兰是上下一贯的，除英格兰以外的其他地区的行政机关甚至不直接对中央政府的部长负责，因此也就不存在就其行为向部长上诉的可能。但专门为权力下放而设立的苏格兰事务大臣、威尔士事务大臣及北爱尔兰事务大臣，曾经承担着受理对地方政府机关行政行为提出的上诉的职能。这一职能随着这三个地区事务大臣职能的合并而一并归整。

（2）向部长上诉的领域限于单行法规定部长应就相关事项对议会负责的领域，如前述地方规划事务。除此之外的另一领域是与部长所在的部门密切联系的执行机构的行为，如内政大臣对其主管范围内的监狱管理机构的上诉管辖权。

（3）向部长申诉并非行政系统内的最终救济手段，对部长就申诉所作的决定不服还可以向专门的行政专员或者裁判所提出进一步的申诉。司法救济，可以在穷尽所有这些手段以后再提起，但并没有必须穷尽所有行政救济手段的要求。

此外，英国还有向部长以外的其他机构上诉的机制。例如，根据1958年《农业市场法》，英国制定了一个牛奶市场计划，该计划包括一个申诉程序：如果农场主对其所在地区的牛奶市场委员会收购牛奶的价格不满，可以向一个专门负责审查任何针对该计划的实施所提出的申诉的调查委员会申诉，前提是农业部长对此有明确指示。① 另如为专门受理对警察的申诉而设立的执行机构——警察申诉机构。②

九、不必穷尽替代性救济

（一）替代性救济必须及时

3个月的司法审查期限使得司法审查与替代性救济的关系复杂化了。因为任何替代性救济都需要花费比3个月更长的时间才能出结果，因此，理解替代性救济与司法审查的内在关系，对于律师给其代理人提供建议而言是非常重要的。而把握这种关系必须探究关于穷尽替代性救济

---

① Bradley & Ewing, p.699.
② Bradley & Ewing, p.291.

的判例法[1],才能见其门径。

(二)法律并未明确规定穷尽原则

英国学者强调,对于替代性救济是否必须穷尽的问题,法律上并没有明确。[2] 从理论上说,法院通过司法审查给予救济的权限并不因存在替代性救济(无论是制定法上的还是其他的)而被剥夺;但是,在申请人使用替代性救济之前,法院可以通过行使其自由裁量权,拒绝给予救济、拒绝给予司法审查的许可或者延迟案件的审理。[3]

作为一项基本原则,如果替代性救济足以解决该案争议的问题,必须在寻求司法审查之前穷尽。[4]

法律委员会在其 1994 年《行政法：司法审查与制定法上诉》(Administrative Law: Judicial Review and Statutory Appeals)的报告中指出："一般而言,我们认为,替代性救济应当是指向法院、裁判所上诉或者向部长提出的制定法规定的上诉等形式的充分的救济。部长的默示权力在构成一项法律上的替代性救济时,应当与上述意义上的替代性救济有所不同。我们认为,只有当申请人存在向法院或者向裁判所上诉或者向部长提出的制定法规定的上诉这三种替代性救济时,法院才能在申请人穷尽这些替代性救济之前,拒绝受理其提出的进行司法审查的正式听审程序的请求。"[5]按照法律委员会的这一理解,部长基于法律的默示权力而进行的救济,以及诉愿救济,地方政府机关的行政监察官员、地方政府行政监察专员以及议会行政监察专员的救济,都不具有排斥司法审查的效力。也就是说,对于这几类替代性救济,申请人可以提起,但是如果未穷尽这些救济手段而直接申请司法审查,法院可以拒绝。

(三)有限穷尽原则

在移民等领域,法院的司法性宣言已经表明,在替代性救济穷尽之前,司法审查是绝对不会涉足的。而且事实证明,在穷尽其他救济之前,寻求法律援助也是非常困难的。[6] 因为法律援助一般只针对特定的诉讼程序,如果没有穷尽其他行政救济,司法程序无法启动,自然也就难以申

---

[1] Bridges & Cragg, p.35.
[2] Bridges & Cragg, p.39.
[3] Bridges & Cragg, p.40.
[4] Bridges & Cragg, pp.39-40.
[5] Bridges & Cragg, p.40.
[6] Bridges & Cragg, p.40.

请到法律援助了。

对于申请人获得司法审查权利的这种限制,即我们所说的穷尽原则,笔者称之为有限穷尽原则,英国法院在不同案件中给出了以下理由[①]:①如果议会立法已明确规定了上诉程序,则法院就不应当越权介入这一领域(只能遵循立法规定的程序);②有限的司法资源也要求限制司法审查案件的数量;③上诉可以全面审查案件的所有问题,其中包括事实争议。言外之意,司法审查一般不会涉及案件的事实问题。

(四)议会行政监察专员

对于议会行政监察专员提供的救济与司法审查之间的关系,英国学者的意见不太一致。有学者认为,在提请司法审查之前,并不需要寻求行政监察专员(ombudsman,包括议会行政监察专员和地区议会行政监察专员)和地方政府内部监察官员(monitoring officer)的替代性救济。[②] ombudsman不限于议会行政监察专员,而是指所有依法设立的负责处理某一行政管理领域的纠纷的行政专员,这类行政专员更常用的是commissioner。

但另有学者认为,只要能够比法院的诉讼程序更有效,替代诉讼的替代性纠纷解决机制(Alternative Dispute Resolution,ADR)也可以得到社区法律服务的资助。如果通过诉愿程序或者议会行政监察专员体制能够更有效地解决所面临的问题,则在穷尽这些解决渠道之前,不会给予法律服务方面的资助。[③] 此处说明了两个问题:第一,英国并没有通过立法明文确立穷尽原则,而只是间接地通过提供法律服务的方式,鼓励人们优先适用穷尽原则。第二,并不禁止人们在穷尽诉愿救济和议会行政监察专员救济之前,诉诸法律的解决手段。但从另外的资料中获得的信息表明,议会行政监察专员对于司法能够解决的问题是不会受理的,其只提供已经穷尽了法律途径的救济。

第四节 司法审查的临时性救济

司法审查的临时性救济(Interim Relief and Remedies)[④],顾名思义,就是非正式的救济,或者正式救济之前的临时性缓解措施。司法审查的

---

① Bridges & Cragg, p. 40.
② Bridges & Cragg, p. 40.
③ Martin Partington, p. 260.
④ Bridges & Cragg, p. 30.

临时性救济是附属于司法审查过程的所有临时性救济的总称,从逻辑上讲,不应当与司法救济、替代性救济并列。单独介绍此类救济,主要是考虑到:一是此类救济的重要性。这是英国司法审查过程中非常倚重的一种救济形态,甚至往往转化成司法救济的常态,即最普遍形态。不单独介绍,读者很可能将其混同于我们所谓的行政行为的停止执行,而忽视了其本身具备的重要制度借鉴价值。二是本书对司法审查程序的排布。由于将司法审查程序按时序分为准备、申请许可、许可嗣后、正式听审、判决等阶段,而司法审查的临时性救济可能在其中的多个阶段获得,放在哪一节都不妥,故单独介绍。三是英国司法审查的一个重要理念就是"无讼",总是想方设法地避免走到正式听审程序,而对于申请人而言,最有吸引力的就是在此之前获得临时性救济,因为许多法院在判决给予申请人临时性救济后,实际上已经在事实上宣告其最终结果,从而迫使行政机关妥协或者满足申请人的要求。在这个意义上,临时性救济对于最终救济的获得具有阶段性的决定性,有必要从诉讼目的角度单独予以强调。

英国学者对于临时性救济相当重视,他们大致归结了其必要性[1],也就是司法审查的临时性救济功能的基础:①司法审查程序的本质要求。司法审查案件的本质决定了,申请人常常会请求法院给予临时性救济以便在问题解决期间维持现状。②司法审查周期的客观需要。对于那些在给予司法审查许可后平均需要 9—10 个月才能进行正式听审的案件,临时性救济是非常必要的。

鉴于以上理由,本节的内容如果是在了解了司法审查的全部程序后再来阅读,可能更有针对性一些,因为其中的每一环节,特别是"司法审查的准备阶段",涉及大量的如何以及何时获取临时性救济的内容。

一、临时性救济的获取策略

仅从字面上看,司法审查许可申请名义上是由申请人单方面提起的,但在某些司法审查许可申请案件中,有时确实需要被告在场,因为申请人除申请司法审查许可以外,还要寻求其他的法院令。特别是在申请人申请临时性强制令或者停止执行的案件中,尽可能详尽地告知被告是非常重要的,因为法官本能地不愿意在没有听取双方意见的情况下,通过授予临时性令状限制公共管理机构的行动自由。申请人通过双方当事人参加

---

[1] Bridges & Cragg, p.30.

公平的人听审程序获得的强制令,比起仅通过单方面申请而获得的强制令,前者受到被告方的指控而被宣告无效或者被撤销的可能性要小得多。①

实践中,无论申请人何时提出寻求强制令申请,被告都将不可避免地获得不仅反对授予申请人强制令,而且反对授予其司法审查许可的机会,这是申请人申请临时性强制令不可避免的风险。原告请求法院给予诸如诉讼加速或者程序简化等其他临时性命令时是否通知被告的问题,在某些案件中也非常难以决断,除非当事人各方都认为案件是一个可讼争案件,而且从速审理至关重要。② 当然,这里的当事方主要是就申请人方而言的,因为需要作出是否告知被告的决定的,首先是申请人。例如,如果向法院申请缩短时限,法院通常会通知被告,有时还需要获得被告的同意,告知被告或者事实上让被告知道申请人正在向法院请求司法审查。至于此处强调的案件具有可讼争性,是案件可以提起司法审查或者应当获得司法审查许可的一个重要条件。案件有可讼争性才有足够的把握获得司法审查许可,也就不用怕被告知道申请人正在申请司法审查许可的事实了。

对于绝大多数案件而言,法官不仅能够凭申请人方提供的证据非常清楚地认定案件是否紧急,而且可能在作出该项认定后不听取被告的意见就准备下达相应的命令了。因为不管怎么说,即使是迅速处理的案件也需要几个月的时间才能进入全面听审程序;更重要的是,如果因简化程序而缩短时限确有困难,被告也有权提出要求更多准备时间的申请。③

考虑到如果被告成功地阻止法院向申请人颁发司法审查许可将会给申请人带来的一系列问题,最好的做法就是不要向被告走漏风声,除非案件超乎寻常的紧急,不得不请求法院推迟审理其他案件以便在几日内或者几周内即着手听审该案。④ 总之,要想快,就必须听审,而这自然需要通知被告。

---

① Bridges & Cragg, p.125.
② Bridges & Cragg, p.125.
③ Bridges & Cragg, p.125.
④ Bridges & Cragg, p.125.

二、临时性救济的获取时机

通常,申请临时性救济的最佳时机是申请司法审查许可阶段。[①]

《最高法院规则》第53号令第10条规定了法院的权力[②],如果已经给予申请人司法审查许可,那么:①如果所寻求的救济是阻止令或者调卷令,或者法院有如下的指示:给予许可的行为视为与申请有关的行政行为的执行程序中止,直到申请人的案件作出了判决或者法院另行作出了指令。也就是说,如果案件属于阻止令或者调卷令之诉,则被诉行政行为自动停止执行,除非已经宣判或者法院另有指令;但是,即使案件不属于阻止令或者调卷令之诉,只要法院作出了停止执行的指示,则被诉的决定也要停止执行,直至司法审查决定下达或者法院另有指令。②如果申请人请求的是阻止令或者调卷令之外的其他救济,则法院可以在诉讼的任何阶段,给予普通民事诉讼案件能够给予的任何临时性救济。

三、临时性救济的种类

临时性救济大致包括:中止执行、临时性宣告令、临时性强制令、保释等。

四、中止执行

(一)中止决定权

所谓中止,是指要求被挑战的司法程序或者行政决定在司法审查决定作出前不得继续执行或者生效的命令。[③] 此处讨论的中止执行,显然是就被挑战的公共管理机构的行为而言的,换成我们的术语便是"停止原行政行为的执行"。英国没有具体行政行为与抽象行政行为的区分,甚至没有行政行为与其他被挑战的公共管理机构(如低级法院或者裁判所)的行为的区分,中止执行其实是被提请司法审查的公共管理机构的各类行为的中止执行,强调的是司法审查程序所及的行为,而不是主体的性质。司法审查的受理许可一旦签发,法院即具有了对于案件所涉及的决定或者行为的处置权,这种权力包括:

---

① Bridges & Cragg, p. 30.
② Bridges & Cragg, pp. 30-31.
③ Bridges & Cragg, p. 31.

1. 决定暂停相关行为或者决定的执行

法院可以决定暂停与诉讼请求相关的行政程序。①

2. 责令履行法定职责

法院还可以给予其他的临时性的救济，包括训令或者临时性的宣告令。在颁布这些令状时，法院将适用对民事诉讼各方具有普遍适当性的均衡便利的判断准则作为决定的根据，同时也要考虑公法诉讼中应当考虑的特殊因素。②

（二）提出的时机

获得司法审查许可后，中止执行就成为可以针对该许可所指向的所有公共管理机构（包括以政府部门或者部长形式存在的英王）的救济手段。③

只要某公共管理机构的行为被申请人提出了挑战，并且法院给予了司法审查许可，则该公共管理机构作出的这一被挑战行为就可以因申请人获得中止的临时性救济而暂停，直到司法审查的结论出来为止（法院另行决定除外）。

（三）附带提出其他临时性救济

根据《最高法院规则》第53号令第10条第2款的规定，法院还可以给予其他的临时性救济，只要这些救济是在某一以令状开始且非司法审查的普通民事诉讼中可以获得的。这也意味着，不能给予有关损害赔偿的（即民事的）临时性救济令，也不能给予临时性宣告令。④ 事实上，这只不过是使申请人根据《最高法院规则》第53号令第10条第2款在其他民事案件中享有的临时性救济，不因司法审查而丧失。表面上看，这跟英国司法审查适用民事诉讼程序有直接的关系，但根本的原因还在于英国司法体制中的普通法传统——行政诉讼程序与民事诉讼程序在制度的底层是相通的。

（四）中止的担保

有时，给对方当事人提供损害赔偿担保，是获得中止执行的前提条件。根据法院的要求，申请中止执行的一方需提供担保，以保护另一方诉

---

① Bradley & Ewing, p.736.
② Bradley & Ewing, p.736.
③ Bridges & Cragg, p.31.
④ Bridges & Cragg, p.31.

讼当事人的利益免受该中止执行决定的损害。例如,在 1994 年的 R. v. Inspectorate of Pollution, ex p. Greenpeace 一案中,法院认定,允许中止执行有可能产生损害第三方的效果,于是,该第三方应当视同案件的一方当事人,法院据此要求申请人提供中止执行担保。①

五、临时性宣告令

在私法案件中为获得强制令而提起的案件中,法院可以发布命令宣告诉讼当事人的权利,必要时可以发布临时性宣告令(Interim Declaration),英王一般也要遵循。②

从前,临时性宣告令并非英国法固有的救济方式,对此,1994 年的 Riverside Mental Health NHS Trust v. Fox 一案中有明确说明。③ 伍尔夫在 2001 年的 Governor and Company of the Bank of Scotland v. A Ltd. and others 一案中指出,之所以会出现这种现象,主要是因为英国人认为临时性宣告令不会有什么实际效果。④

关于不能给予临时性宣告令的问题,伍尔夫在 1994 年的 M v. Home Office 一案中评论道:为了避免针对英王名下的官员下达临时性强制令,我本人认为赋予法院颁发临时性宣告令的权力是有益的。但也有学者指出,临时性宣告令从法律上讲是不现实的,因为只有在考虑了所有事实之后才能从法律上得出是否给予宣告令的结论,而这一点在司法审查许可阶段是做不到的。⑤ 一个实用主义的民族总是不乏实用主义的理由。

如今英国之所以改变了这种立场是因为其他法域的司法实践表明事实并非如此,这促成了英国在这一领域的改革。根据《民事诉讼规则》第 25 条第 1 款第 2 项的规定,法院有权在任何时候颁发临时性宣告令,包括在诉讼程序开始前及判决作出后。当然,在诉讼开始前颁发临时性宣告令的情形,限于情势危急,或者出于公正的利益确需如此。⑥ 这是英国法借鉴比较法成果的一个例证。尽管英国法具有极强的自我生长能力,

---

① Bridges & Cragg, p. 31.
② Bradley & Ewing, p. 731.
③ Neil Parpworth, pp. 334-335.
④ Neil Parpworth, p. 335.
⑤ Bridges & Cragg, p. 31.
⑥ Neil Parpworth, p. 335.

但从其现当代的发展轨迹看,并不排斥其他国家行之有效的做法。但作为一个实用主义或者务实精神根深蒂固的国家,其比较借鉴时首先考虑的是实际效果。

六、临时性强制令

有英国学者在比较临时性宣告令的现实性与临时性强制令(Interim Injunction)的实用性后指出,除了停止执行,最有用的临时性救济就是临时性强制令了。①

(一) 适用范围

从英国学者的介绍看,临时性强制令的适用领域非常广泛。有关在民事案件中给予临时性强制令的原则是由贵族院在 1975 年的 *American Cyanamid Co. v. Ethicon Ltd.* 一案中确立的。②

1. 阻止公共管理机构做某事

通常,临时性强制令都是否定性的强制令,即阻止公共管理机构做某事,又称命令性强制令,其最典型的例子就是在涉及安置无家可归者的案件中,法院通常会命令地方政府机关先为等待开庭结果的无家可归者提供住处。③

2. 有限地适用于英王

1981 年《最高法院法》并没有明确规定针对英王的临时性救济,虽然法律委员会曾经建议过,不过在 1994 年的 *M v. Home Office* 一案中,法院认为,1981 年《最高法院法》第 31 条授权法院可以在司法审查过程中,针对英王名下的大臣作出强制性的命令(包括临时性强制令)。④ 在该案中,伍尔夫引用了后来被纳入 1995 年《最高法院操作规程》(Supreme Court Practice)的一段话⑤:如果出于公正性的需要要求案件快速审理,法院可以授予临时性强制令或者采用其他临时性的救济手段,以便等待获得司法审查许可的申请人直接进入司法审查程序。即以强制令取代司法审查许可,直接开始司法审查程序,从而简化程序,达到从速审理的目的。

---

① Bridges & Cragg, p. 31.
② Bridges & Cragg, p. 32.
③ Bridges & Cragg, p. 31.
④ Bradley & Ewing, p. 736.
⑤ Bridges & Cragg, p. 33.

目前,英国司法界已经就临时性强制令可以适用于英王达成了共识,但只在有限的情况下适用,主要是未经授权的政府行为对公民造成无可挽回损害的案件。① 例如在 1991 年的 R. v. Secretary of State for Transport, ex p. Foctortame Ltd. (No. 2)一案中,法院针对交通大臣下达了临时性禁止令,以制止其实施一项根据议会立法的授权而对渔船进行登记的计划。②

(二) 适用条件

通常,申请人必须证明自己有在正式听审时获胜的现实的希望,并且按照便利均衡原则(balance of convenience)适宜于作出临时性强制令。在公法案件中适用这一民事诉讼中通行的标准需要考虑如下因素③:

(1) 便利均衡原则需考虑给予临时性强制令所针对的公共利益,虽然给予临时性强制令本身也具有其自身的公共利益。英国司法审查领域涉及临时性强制令颁发的便利均衡原则,其实就是一种利害权衡原则,即颁发临时性强制令所保护的私益或者公共利益,必须与由此所影响的公共利益相均衡,不能因为颁发临时性强制令使公共利益遭受过大的损害。

(2) 虽然可诉争案件获得司法审查许可是可能的,但需要法官裁量的是,该案件是否具有足够的给予强制令的理由。也就是说,即使法院允许给予申请人司法审查许可,但并不意味着申请人因此当然可以获得强制令。在这个意义上,强制令的授予是受到更为严格的限制的。这可以用来解释为什么英国法院不太情愿针对英王名下的大臣下达强制令。

(3) 即使法官决定授予强制令,也会要求申请人提供对由此可能引发的损害赔偿的对应担保。如果在正式听审后案件最终对申请人不利,申请人可能被迫赔偿被告因法院颁发的强制令或者停止执行令所造成的任何损失。

(三) 担保要求

按照惯例,在无家可归者案件中,先向等待实体听审的家庭提供住房的临时性强制令在授予时,法官通常不会要求提供损害赔偿担保。这类案件的申请人通常不名一文,而其申请法院强制落实的权利又是最基本的,并不需要地方政府机关破费太多。在这类案件中要求申请人提供担

---

① Bridges & Cragg, p. 31.
② Bridges & Cragg, p. 32.
③ Bridges & Cragg, p. 32.

保不可避免地为申请人附加了不可承受之重,也会使地方政府机关逃避职责。这些事实无疑是法院最看重的。于是,如果被要求提供担保的申请人无力提供担保,避免这一问题的方法之一就是要求从速进行实体听审。①

但作为例外,在 1993 年的星期日经商案(Sunday trading case: *Kirlees Metropolitan Borough Council v. Wickes Building Supplies Ltd.* ,指因欧共体的《大店法》关于禁止大店在星期日营业的法令在英国的贯彻执行而引起的案件)中,地方政府机关在民事诉讼中未提供损害赔偿担保即获得了对某公司的临时性强制令,以强制实施有可能违反当时英国的《欧共体法》的地方立法。②

七、保释

法院享有决定保释等待司法审查的申请人的权力。对于此类案件,此后也可以不需要司法审查许可直接进入司法审查程序。③

---

① Bridges & Cragg, p. 33.
② Bridges & Cragg, p. 32.
③ Bridges & Cragg, p. 33.

第三章
司法审查原理

　　将越权无效作为英国司法审查的基本原则,而没有放在行政法的基本原则部分,可能不完全符合英国学者的习惯。按照韦德爵士的说法,关于任一公共管理机构都不得在其权力范围之外行事(越权)的简单命题,可以当之无愧地称为行政法的中心原则。① 威尔金森(Lord Browne Wilkinson)更是将"越权无效原则视为司法审查的法理学基础"②。

　　尽管如此,将越权无效原则放在司法审查原理部分讨论,主要是因为这一原则对于英国以司法审查为中心的司法救济制度的重要贡献及传统作用。有的英国学者认为,司法审查的一个关键性基础是得到广泛认同的越权无效原则,该原则对于司法审查的意义在于,所有的司法审查的基础都是通过对制定法的解释发展起来的,而且依靠议会的立法本意肯定符合司法审查的原则这一根本假设而存在。③ 就越权无效原则本身而言,如果将越权中的"权"视为制定法授予的权限,则越权无效原则在司法审查领域中的应用,确实涉及对于制定法有关权限之规定的解释。当然这恰恰是越权无效原则的应用,而不是越权无效原则产生的本源。从与议会立法至上原则相统一的角度看,认为司法审查需要依靠"议会的立法本意不可能违反司法审查原则"这一根本假设是有道理的。因为从历史角度看,这是司法审查制度存在及进一步发展的前提。如果英国的立法在越权无效原则发挥作用的几百年间,根本不顾及司法审查制度的存在以及法院对于议会立法的矫正性解释,英国的法律体系早就分崩离析了。正是议会、行政与司法之间的默契、妥协,才维系了英国的议会民主体制。

---

① Wade & Forsyth, p. 35.
② Wade & Forsyth, p. 35.
③ Bradley & Ewing, p. 696.

将该原则置于司法审查部分的另一个原因是，该原则主要是一个行政法原则，或者说是英国意义上的行政法原则，而英国意义上的行政法在很大程度上是狭义的行政法，与我国的行政诉讼具有更多共同之处。在我们理解的行政法意义上，越权无效原则的重要性不如议会立法至上、法治等原则。

第一节 司法审查的基本原则——越权无效原则

正如韦德爵士所言，所有司法控制都基于一个贯穿英国司法体制的固有的根本性原则：权力只有真正在其界限内行使才是有效的。[①]

越权无效原则在英国行政法著作中一般表示为越权（ultra vires），这个拉丁词的本义就是超越权力，严格说来并没有无效的意思。但为了简化，英国法学著作中往往直接用 ultra vires，其省略的意思就是无效的法律后果。但这仅在其作为一项法律原则时才有这层意思。正确的译法应当是将 ultra vires 译为越权，仅在其作为一个原则出现时，才可以将 ultra vires rule 译为越权无效原则。但英国学者通常以 ultra vires 作为 ultra vires rule 的简化书写形式，因此翻译时需要根据上下文判断。当然，也确有学者使用越权无效原则的提法，并认为越权无效原则的含义是，如果授予某公共管理机构的权力被超越，则超越该权力作出的行为无效。[②]

一、越权无效原则的基本内涵

英国学者对于越权无效原则的讨论经常涉及的几个术语是权力、自由裁量权和义务（powers, discretion and duties），但在许多场合会用到管辖权（jurisdiction）一词。由于历史的原因，越权无效原则中所说的"权"（vires，英文为 powers）与管辖权这两个概念是密切联系的。因此通常很难明确区分某一事项究竟应当视为越权还是超过管辖权（excess of jurisdiction）。[③] 无论基于何种理由，认定某一行政行为超越职权（越权），通常都可以将该行为描述为"超越权限"（outside jurisdiction）。在这里，"权

---

① Wade & Forsyth, p. 34.
② Bradley & Ewing, p. 697.
③ Bradley & Ewing, p. 708.

限"简单地说就是职权,虽然在某些时候,权限的含义比"决定的权力"要窄,例如法定裁判所的权限。故英国学者指出,法院在不同的场合赋予权限这个词不同的含义,由此导致了一定程度的混乱。当然也不能夸大这种理解上的困难。在一般情况下,把"权限"一词解释为"权力"而造成不精确的风险很小。①

任何越权的或者超越权限的行政行为或者行政命令在法律上都是无效的,即"剥夺了法律上的有效性"。这就是越权无效原则最基本的表述。这是因为,为了使行政行为具有合法性,就需要立法的授权,如果该行为不是在议会立法授予的权力的范围内,该行为在法律上就是站不住脚的。②

法院宣告某行政行为在法律上无效,这种情形相当于什么事也没有发生。这样,非法的行为或者决定就可以由一个合法的行为替代。③ 就越权无效原则而言,确实没有废止一说。"法律上无效就相当于什么事也没有发生",这种直白的表述恰恰就是英国学者对法律上无效的准确认识。这个认识很重要,其英文表述也很有特点,也更能说明问题,从某种程度上比自始无效更容易理解,多出来的几个字丝毫不影响其简洁性。

例如,如果某一强制购买行为因为越权无效而被取消,没有任何理由能够阻止行政机关就同一土地作出另一个命令,只要是合法作出的。④ 因此,行政机关或者裁判所常常会被授予自行撤销原决定的权力,因为对于那些只有自行撤销原决定才能重新作出正确决定的事项而言,这是纠正错误的唯一途径。⑤

由此确立的与越权无效原则有关的另一个重要原则是,行政机关有权就其被宣告为无效的行为或者决定重新作出新的行为或者决定。但是这个原则只限于行政机关在作出其行为之前改变主意,或者在已作出的行政行为因越权无效被撤销后重新作出新的行为;并不涉及行政机关改变自己已经作出并且生效但没有被宣告为无效的行政行为,对于这种权力是否当然的,需要引起重视,因为涉及合法性期待(信赖保护)问题。

英国学者此处讨论的仅仅是那些可以重新作出行政行为或者决定的

---

① Wade & Forsyth, p.36.
② Wade & Forsyth, p.36.
③ Wade & Forsyth, p.36.
④ Wade & Forsyth, pp.36-37.
⑤ Wade & Forsyth, p.37.

情况。如此可能会给当事方带来不便甚至侵犯其利益,但这种权力的存在仍然是非常重要的。而且,即使其反复行使这一权力,也不应当被指摘,因为行政机关一次也没有实施过的行为,谈不上反复,只能说它不果断。

二、越权无效原则中行政权的划分

为了进一步界定越权无效原则中行政权的范围,英国学者在讨论该原则时,往往会涉及行政权与立法权、司法权的划分,以进一步确定其是否越权。

行政法需要对立法、行政和司法三项最基本的宪法职能作出始终有效的界定的做法,也同样适用于具有独特的混合性功能的准司法领域。但是英国学者认为比较难以理解的是,法官自己沉湎于比此处所讨论的问题更为表面化、丝毫无助于澄清问题的上述各宪法职能的区分标准,但只是从上下文或者抽象层面进行的分析无助于此类问题的解决。[①]

(一) 立法与行政的区分

许多极端的情形自然是很容易区分的:一项议会立法是立法性的,一项驱逐令(deportation)则是行政性的。但是在此之间的广大区域内的那些相对而言特征不甚鲜明的情形,两种标签都可以用,例如,部长发布影响多数人的命令或者条例。[②]

正如部长权力委员会(Committee on Ministers' Powers)所言,明确区分立法与行政职能"在理论上是困难的,在实践中则是根本不可能的"[③]。这是一种典型的英国式学术幽默。它在一定程度上说明,英国学术界对于区分行政权与立法权所持的基本态度:尽管英国是三权分立政治体制理论的创造者,但是在今天,而且在可以预见的将来,明确区分这三种权力都是不太现实的。一个主要原因就是前面提到的议会立法至上原则,以及与其密切相关甚至可以说是该原则的基础的议会民主制的英国宪法体制。议会多数党主政的宪法格局确实使人们很难区分既是议会多数党领袖又是政府内阁首脑的首相的所作所为究竟是立法的还是行政的。

---

① Wade & Forsyth, p. 40.
② Wade & Forsyth, p. 42.
③ Wade & Forsyth, pp. 41-42.

英国学者对此倒是一点儿也不介意,英国是三权分立理论的发源地,不可能连立法与行政的关系都搞不清,关键不是能否在理论上划分清楚,而是在实践中如何运用有关的理论切实解决自由和民主社会制度中不断产生的新问题、新情况,并且能够始终做到不违背自由与民主政治制度的根本。

(二) 司法与行政的区分

司法职能与行政职权的区别在于:司法判决是根据规则作出的,而行政决定则是根据行政政策作出的。法官试图发现根据法律规则和原则所能得出的正确的解决方案。[①] 行政官员则试图发现对公共利益最有利的和最中意的解决方案。当然,法院的许多判决确实是基于法律政策作出的,但有时也不得不在可选方案中进行抉择,此时,除了公共利益也实在没有其他可以指导法院决策的。[②]

尽管总是存在一些灰色区域,但法官和行政官员的思维过程是完全不同的。法官的方法是客观的,由其法律观念作指导。行政官员的方法则是经验式的权宜之计。[③]

(三) 准司法概念的消亡

英国学者强调,从其功能的本质上分析,诸如社会保障和就业之类的裁判实际上具有的是司法的而非行政的功能,因为其唯一的任务就是发现事实并客观地适用法律。然而,在一个有关地方估价法庭的案件中,尽管该法庭的任务与上述裁判所类似,但是贵族院仍然持截然相反的意见。[④]

所谓的准司法职能,就是一种法律要求按照司法的某些特征行使的行政职能。一个典型的例子便是,某一部长需要决定是否应当在确认某一强制征购命令或者在公开调查后,允许一项规划申请。该决定本身是行政性的,取决于政策和利害权衡,但是决定的程序要遵循自然公正原则,也就是要求部长公正地行事而非如某些案件中那样采信新的未向相对方披露的证据。因此,准司法决定相应地成为必须受司法程序控制的行政决定。[⑤]

---

① Wade & Forsyth, p. 40.
② Wade & Forsyth, p. 41.
③ Wade & Forsyth, p. 41.
④ Wade & Forsyth, p. 41.
⑤ Wade & Forsyth, p. 41.

1932年,部长权力委员会形成了一个旗帜鲜明的区分司法决定与准司法决定的定义:司法决定"通过发现争议所基于的事实并且针对这些发现的事实适用法律来处置整个案件",而在准司法决定中,这一点却被"以完全取决于部长的自由选择为特点的行政行为"所取代。[1] 此处引述的该委员会的上述观点,主要是陈述早年的一个历史事实,并引出本书提到的另外一个界定标准,而不表示英国学者现在还赞成这种观点。从英国学者始终强调的有关越权无效的理念看,完全取决于部长的自由选择的行政行为在法律上肯定是不存在的。

由于现在绝大多数影响个人权利和法律地位的行政决定,在任何案件中都要遵循自然公正原则,因此,准司法的术语现在几乎不用了。[2] 英国学者的这一评述因与我们的传统认识有所差别而显得非常重要。我们所说的准司法,其实还是强调行政的根本性,而依韦德爵士所言,在英国的行政法中,几乎所有的对外发生强制性法律效力的行政决定,也就是此处所说的影响当事人权利或者法律地位的行政决定,都必须符合自然公正原则,所以都具有所谓的司法特征。如此一来,除了所谓的准司法的行政行为,已经没有什么纯粹的不掺杂任何司法特征的行政行为了。既然如此,反而没有必要再提什么准司法性了。

三、越权无效原则的应用范围

越权无效原则可以适用于所有公共管理机构,但是在任何特定案件中的适用取决于授予该公共管理机构的职权。只有在个案中分析涉案的公共管理机构的权力,才能确定越权无效原则是否能够适用于该案。中央政府部门在该原则的应用中所处的有利的一面是,英王作为法律上的人格者不是制定法创立的,其享有的拥有财产、签订合同、雇用工作人员等权能都是普通法上的。尽管如此,中央政府部门在行使制定法赋予的权力时,必须保证不与其他制定法上的权力冲突或者以其他形式超越自己的权限。[3]

与上诉[4]时的情形不同,法院在司法审查中关心的仅仅是被审查的

---

[1] Wade & Forsyth, p. 41.
[2] Wade & Forsyth, p. 41.
[3] Bradley & Ewing, p. 698.
[4] 此处的上诉指制定法规定的向部长上诉,属于行政复议性质,可以从合理性角度入手。

行为或者命令依法是否成立,而不是以自己的决定去替代其他机构作出的决定。如果内政大臣非法地取消了无线电视收视许可,法院可以仅仅宣布这一取消决定是无效的。① 在英国,这样的宣告之所以会产生不可动摇的法律效力,又与前面提到的英国法院负责强制执行中央或者地方的决定的司法职能有关。这种唯一的强制执行权的存在,使得英国法院一旦宣告某一非法的行政决定无效,该决定就不可能再在英国强制执行,也就是没有在法律上兑现其效力的可能。这就从根本上否定了其在法律上存在的意义,即彻底无效。相反,如果没有这样的保障,特别是像有些国家的行政机关依然可以具有一定的强制执行权或者通过其影响迫使当事人就范,在这种情况下,这些国家的法院即使作出这种宣告,也不会具有类似宣告在英国法上的权威地位。在英国,如果政府官员知道该行为已经被法院宣告无效,还以此骚扰百姓,便存在被定为蔑视法庭罪的危险。这一切都阻止了这类情形的发生,从而使法院的无效判决的有效性真正地建立起来。可见,法院司法审查权的权威性并不是孤立的,只有在完善的制度保障下,才有可能树立其权威,发挥其功能,并保持其足够的威慑力。

越权无效原则不能用于质疑议会立法的有效性,但可以控制那些超越议会立法授权的行为。地方议事会的行为能力以及规范私人活动的能力都源于制定法的规定,因此,关于该原则的最简单的例子是地方议事会超越授权范围的行为,如1992年的 *R. v. Richmond upon Thames Council, ex p. McChrthy and Stons Ltd.* 一案。②

当公共管理机构的行为以越权无效为由在法院受到挑战时,法院的注意力集中在作为公权力来源的议会法律上,通常答案出在对该议会立法的解释上。但司法审查的过程不仅仅是简单的对制定法的解释。原因之一在于,根据英王特权及其他非制定法渊源的权力而实施的行为,也会受到司法审查。另一个原因是,许多制定法授予公共管理机构非常广泛的自由裁量权,对这些自由裁量权的控制远远超越了对制定法的解释。③

当法院取消一项根据某一议会立法作出的命令时,法院通常会运用其普通法上的权力来宣布该议会立法并没有赋予部长作出被诉行政命令

---

① Wade & Forsyth, p.34.
② Bradley & Ewing, p.697.
③ Bradley & Ewing, p.699.

的权力,并且该部长在某种程度上超越了或者滥用了其权力。① 尽管为数众多的议会立法用成文法设定的权力来替代普通法的权力,但这并没有改变上述原则本身。② 英国法院的这种宣告具有很典型的英国判例法的韵味。在英国行政法中,这意味着该议会立法因此而受到影响,即根据该议会立法作出的所有类似命令将因该案的判例效力而归于无效。从法理角度分析,这实际上已经宣布:法院作为法律的裁判者和解释者,在所谓的议会立法至上原则面前其实并不是无所作为的。

越权无效原则在英国行政法中有广泛的体现,甚至已经融入英国学者的观念体系。例如,在讨论英王特权时,英国学者会说,如果某种行为在英王特权的范围内,则不产生赔偿的问题,因为合法行为是不产生赔偿责任的。③ 显然,这中间有一个逻辑转换过程,即在职权范围内的行为就是合法的。因此,在英国学者的法律语义逻辑中,在职权范围内的就是合法的,反之就是违法和无效的,这都属于越权无效原则的范畴。

四、越权无效原则的应用技巧

英国学者对于越权无效原则的理解,在很大程度上继承了英国法院几百年来对于该原则不断运用所取得的成果。因为法院已经通过扩充和提炼越权无效原则,在很大程度上发展了这一主题,使之衍生出许多分枝,其中有许多已经具有高度的技巧性。④

事实上,任何人都不难理解越权无效原则的本义,但对于如何在实践中掌握"权"的范围、"越"的尺度、"无效"的后果,却不是一件简单的事,特别是在委任立法出于行政管理的实际需要越来越宽泛、含混的情况下。1998年《数据保护法》为了确立必要的行政管理机制,为数据处理者规定了必须遵守的非常宽泛的"数据保护原则"。⑤ 以下就是法院解释议会授权中的几种比较棘手的规定的一些技巧。

(一) 实体方面对主观限定词的解释

法官在适用法律的过程中经常会遇到法律的确定性问题。当议会的委任立法明确地为其授出的权力设立某种限制时,这些限制性条款的适

---

① Wade & Forsyth, p. 34.
② Wade & Forsyth, p. 34, p. 714.
③ Bradley & Ewing, p. 314.
④ Wade & Forsyth, p. 35.
⑤ Wade & Forsyth, p. 62.

用无非就是简单地解释成文立法的语言,并应用于案件事实。于是,如果成文立法规定只要某块土地不是公园的一部分,就可以通过强制收购而取得,那么法院在与此有关的争议案件中就必须决定该宗地是否属于公园的一部分,并据此作出判决。①

但是,成文立法如果规定"假定按照部长的意见该块土地不是一个公园(就可以实施强制征购)",问题就不那么简单了。② 因为从字面上理解这句话,法院的权力将被限定在明确部长在事实上是否持有成文立法所要求的这种意见。如此一来,部长就可能发出一个强制征购某公园土地的命令,只要保证按照他的意见这块地不是一个公园。将任何诸如此类的不当行为确定为非法是非常重要的,因此,如果部长的行为是基于恶意、没有正当理由或者没有充足的证据的,法院就应当基于越权无效理论而认定该命令是越权的(因而也就是无效的)。上述结果是通过成文立法的解释获得的。法院在判决这类案件时总是假设,议会不应当有意授予任何人滥用权力的权力,同时,任何成文立法中都应当隐含有预防权力滥用的控制机制。这些都是法治原则所包含的规范成文立法的解释的基本原则。当然,这并不是说议会通过的任何法律都应当整合这些原则并且明白无误地表述这些原则。可以当然地将这些原则视为默示条款,这些默示条款是任何成文立法都应当包含并且法院可以从其字里行间看出来的。任何违背这些原则的行为,都将因越权而归于无效。③

(二) 程序方面对自然公正原则的适用

实体方面是这样,程序方面也是一样。法律的一个值得注意的成就就是自然公正原则的发展,该原则所保障的权利之一就是,在科处任何种类的惩罚之前,都必须给予当事人一次公平听审的机会。这些原则显然是基于立法的默示条款的:应当假定议会在授出任何权力时,其本意都是希望这些权力能够公正地行使、正当地考虑该权力的行使对相对方的权利和利益可能造成的损害。事实上,议会的立法与法官创造的解释这些立法的传统并不完全吻合。法官已经建立起一整套善良行政的实践标准,并想当然地认为这些标准应当得到议会的认可。即使是在复杂的原因已经使法官的所作所为有违议会的立法本意的情况下,法官仍然自相

---

① Wade & Forsyth, p. 35.
② Wade & Forsyth, pp. 35-36.
③ Wade & Forsyth, p. 36.

矛盾地宣称他们是在尊重议会的立法本意。① 法官自己建立了这些解释议会立法的原则体系，表面上尊重议会的立法本意，实际上却阳奉阴违。

（三）技巧与机巧

英国虽然因为没有成文宪法而发展起了一整套非常娴熟的语言解释技巧，但是这种技巧有时因发展得过了头而成为一种机巧，机巧则成了麻烦，并使英国的司法审查反受其害。于是，每隔一段时间，司法界内部就会出现对于语言滥用情况提出的批评，如下的结论就与此沾边：某一部长基于错误的考虑或者没有给予某人以公平听审权而作出了某一行为，那么该部长的行为就超越了其职权。但法官有时会说这充其量可以称为错误地行使权力，但是不能称其为篡夺权力。②

法官确实说过，类似不正当的动机或者违反自然公正原则并不属于超越权限的范围。但是随后他们就忘记了如果这些行政行为是正确的，他们就没有任何理由去指摘它们。行政行为要么是在职权范围内的，要么是越权的，法院只能在其越权时才能指摘它。③ 法官表现出的出尔反尔就在于，有时被说成超越职权的情形，有时又说并不构成超越职权。正因如此，每隔一段时间，英国司法界内部就会出现一种反对语言机巧的呼声，从而使英国司法界在对立法进行语义解释时有所收敛。

即使是现在，也仍然有一些迹象表明司法界对于行政法的"基本英文"不甚了解。法院很少意识到有必要在其对越权无效原则的更为精细的运用中，对该原则作更为详细的说明。但是贵族院已经在其作出的几个重要的当代判决中做到了这一点，使得该原则不容置疑。④

在有关自然公正的关键性的 *Ridge v. Baldwin* 一案中，贵族院认为，对于因为没有给予其公平听审权而受到损害的首席治安官的解聘行为是无效的，并由此果断地得出了该行为超越职权的结论。在可以被称为司法控制高潮的标志之一的阿尼斯米尼克（Anisminic）案中，贵族院同样认为，如果某一裁判所误解了法律并且考虑了错误的事实，那么其决定是无效的。⑤ 1998 年，贵族院进一步强化了这种分析，认为法律上的错误

---

① Wade & Forsyth, p. 36.
② Wade & Forsyth, p. 38.
③ Wade & Forsyth, p. 38.
④ Wade & Forsyth, p. 38.
⑤ Wade & Forsyth, p. 38.

将导致裁判所的决定越权。①

历史资料表明,法院长期以来都是非常一致地运用这一原则的,早在1863年,法院就在 *Cooper v. Wandsworth Board of Works* 案中以非法侵入为由,判决某公共管理机构赔偿损失,因为该公共管理机构根据某一命令毁坏了一座建筑,而该命令被法院以违背自然公正原则为由而认定为无效。如果该命令是无效的,那么它就不可能是在职权范围内作出的;如果它是在职权范围内作出的,它就是合法的。②

五、越权无效原则与默示条款

从上文对英国法院适用越权无效原则的技巧的介绍中不难发现,这些技巧中最主要的或者说最常被采用的,就是所谓默示条款,即法律或者合同中不言自明的内容,以区别于明示条款。英国法院对委任立法中的默示条款的假定或者推断,是一项非常重要的法律解释技术。这既是司法审查过程中法院据以对行政行为进行审查的依据,很大程度上也是对立法行为进行限制性解释的主要依据,可以说是"英王能不为非"原则的现代版。而正是这种将所有立法活动都解释为基于上述默示条款的良法,而只对不当的、恶意的违法行为进行纠正的司法审查的指导思想,解决了议会立法至上的宪法原则与司法审查的关系,维护了法律特别是成文法律本身的权威,同时保障了司法审查对于一切行政行为的审查的范围和深度。

对于使用默示条款的技巧,韦德爵士称之为必需的技巧。因为法院扩充司法对权力的控制的技巧就在于扩充越权无效原则。正如我们已经看到的,通过发掘议会立法中的默示条款的方式,法院可以使该原则包含其所希望的几乎任何内容。例如,法院宣称行使成文立法的法定权力而废除某一许可的行为是无效的,除非该行为符合自然公正原则。为了达到这一目的,越权无效原则成了其手中唯一的武器。这是因为,法院没有干涉在法定职权范围内(*intra vires*)行使权力的行为的宪法性权利(right);如果该行为在其职权范围内,并且因此而获得议会授权,法院就没有将其视为非法的权利(right)。③ 注意,这里将法院控制行政权的能

---

① Wade & Forsyth, p.39.
② Wade & Forsyth, p.39.
③ Wade & Forsyth, p.37.

力称为权利,不是笔误,而是指在英国这种区分并不明显。由于没有成文宪法,法院也可以说与一般的享有权利的私法人无异。

正是由于这种宪法性原因,才使得越权无效原则在某些具体运用中变得如此机巧(artificial)。① 这个词可不是一个褒义词,韦德爵士是指法院这种拓展越权无效原则的手法过于勉强,甚至有些许批评的意思,但反过来也说出了英国宪法体制本身的无奈。

由于没有一部成文的宪法可供法官适用,法院必须在每一个案件中都证明其是在贯彻授权法中议会所表达的意志。只有法官表明被诉行政行为超越了职权,他的判决才有稳固的基础。在缺乏明确成文立法规定的情况下做到这一点的唯一途径,就是通过发现成文立法中默示的术语或者条款,进而证明被诉行政行为违反这些条款才导致越权无效原则对该行为的否定性评判。② 这种境况多多少少反映了英国法官在没有成文宪法情况下审案的苦衷,多少也有艳羡与其法律体制最相似的美国的法官的意思,但是从英国法律多年来保持不变的现实看,这种艳羡也许仅仅是一时的牢骚而已,要他们真正动手去改变这种现状,他们可能就会顾左右而言他了。

既然已经把司法的越权无效原则拉上了普罗克拉斯提斯(Procrustes)之床③,它就必须相应地能够满足各种极端情况的需要:不但要满足比较明显的与制定法不一致的案件,例如未能切实遵循法律明确规定的程序、不符合常规的代理以及违背授权条款等;同时还要适用于更为复杂的非法形式,例如无正当理由、不相关的考虑、不正当的动机、违反自然公正原则以及近来出现的单纯的法律上的错误等④。

如果议会立法授权部长在某些事项上依其认为适当者行事,法院将从该立法中读出这样的默示条款:法律要求该部长必须在合理范围内实施其行政行为,必须考虑相关的事项,必须贯彻该议会立法中隐含的政策,并给予任何受到不公正影响的人以公平听审的机会。⑤

---

① Wade & Forsyth, p. 37.
② Wade & Forsyth, p. 37.
③ 古希腊神话,普罗克拉斯提斯是个开黑店的强盗,店内有一张铁床,他会强迫每个投宿的客人躺到这张铁床上,如果客人身体比床长,截去其身体长出的部分;如果客人身体比床短,他就会把客人的身体拉到和床一样长。
④ Wade & Forsyth, p. 37.
⑤ Wade & Forsyth, p. 37.

批评家对这种长久以来建立的学说提出了质疑：通过发现所谓的默示条款而对议会立法施加的限制，实际上是法官发挥自己的主动性创造出来的，与易为人知的议会本身的默示条款关系很小或者根本没有关系。① 也就是说，建立在所谓议会立法的默示条款基础上的越权无效理论，其实完全是法官自己的主观创造，而与议会本身是否确实有这样的默示没有多大的关系。这种观点本身并非对越权无效原则发展出的这种法律技巧持完全否定的态度，而是客观地指出，囿于英国没有成文宪法的实际，法官不得已而发展起来的这种法律解释技术在很大程度上解决了英国的司法审查的理论基础问题。但是同时，这种观点也实事求是地指出，这种解释技术中反复强调的所谓议会立法中的默示条款，其实并不完全是议会真实的想法，也不是较为明显的默示，其在很大程度上属于法官附会、忖度的结果。进而言之，这些默示条款只能说是法官认为议会在立法中应当考虑、应当写明或者应当以默示条款的形式表达的内容。但实际上，议会在立法时可能根本没有想那么多。

杰出的法官非常公允地将这一学说描述成一个"童话"、一块"遮羞布"，其目的仅仅是在突出宪法庄严的同时，恭维一下议会立法至上原则，而与实际情况相差甚远。②

另有人认为，实际情况是，法官仅仅是为了保证其宪法职责的履行，行使他们独立于议会的权力，通过这种调控手段以保持各种宪法力量的均衡，并借此确立他们在推进法治原则下的公平与正义政府方面的好名声。这显然是一个很有说服力的观点。该观点还与司法界的一项建议相呼应：在诸如议会试图废除司法审查等情况下，应当授予法院以拒绝适用此等掏空法治原则根基的议会立法的权力。③

然而，法官的判决坚决地捍卫基于假定的议会赞同基础上的越权无效的经典原则，认为这是捍卫宪法权威的最后希望。当法官们坚持这种学说的时候，其他与之相对的学说，无论多么有说服力，都只能停留在理论研究的范围内，而不可能被法官们付诸实际。④ 法官们沉迷于越权无效原则，对其他的与之相对立的理论敬而远之。

---

① Wade & Forsyth, p. 39.
② Wade & Forsyth, p. 39.
③ Wade & Forsyth, p. 39.
④ Wade & Forsyth, pp. 39-40.

进而言之，随着行政法的发展，法官的权力已经有了很大的增长，而今又因为《人权法》而得到了进一步的促进。如果法官们想要申明宪法权威的观点，他们就将面对更广泛的有关他们是未经选举的、无须负责、缺乏民主基础而且也不再是政府最软弱、最没有危险的部门等一系列指摘。①

因而，越权无效原则始终存在这样一种无法回避的紧张关系：一方面是传统的越权无效原则及作为其基础的议会立法至上原则；另一方面则是将普通法上的一系列权利视为自由与民主的法律秩序(liberal, democratic legal order)的重要组成部分的时代共识。②

在英国人看来，自由与民主的法律秩序是全体国民的最高利益，也是宪法应当重点维护、所有体制必须坚决捍卫的制度基础，而普通法上的权利是这一基础的重要组成部分，这是其价值的一个方面；另一方面，越权无效原则也是维护这一法律秩序及普通法上的权利的手段，但是该原则的极端发展，例如法官权力的无限扩大，却有可能打破现有的各宪法力量之间的平衡而对更基本的公民的普通法上的权利及自由民主的法律秩序构成威胁。因此，从更根本的宪法利益出发，还是要对越权无效原则的发展设防，因为它毕竟不是最基础、最值得保护的本体性存在。

六、越权无效原则与案卷表面错误

韦德爵士将案卷表面错误(error on the face of the record)称为历史上的例外，因为它并不是越权无效原则的一个组成部分。在越权无效原则拓展到覆盖权力滥用的所有领域并将权力滥用纳入自己的控制范围之前，高等法院王座分庭已经确立了自己的以案卷表面错误为由，取消下级裁判所和行政机构决定的权力。这一司法裁决权在历史上经历了上升、下降、复兴直至今天完全衰落的过程。③

有关案卷表面错误的内容在韦德爵士1988年版的《行政法》中还占相当篇幅，但在2000年版中已经大大缩减，这反映出英国行政法的发展轨迹。但这并不是说，篇幅减少的部分就是不重要的部分，而只是说，它们现在已经不再是理论上研究的重点，但仍可能是实际操作中经常涉及的内容。那些已经成熟的甚至已经成为人们的常识的东西，是不会再长

---

① Wade & Forsyth, p. 40.
② Wade & Forsyth, p. 40.
③ Wade & Forsyth, p. 40.

篇累牍地在学术著作或者教科书中介绍的,但在司法实践中大量出现的情况恰恰是这些人们习以为常的东西。

第二节 违宪审查制度

违宪审查有广义与狭义之分,狭义的违宪审查只讨论对议会立法的违宪审查,不讨论对委任立法的司法审查。虽然英国没有违宪审查,但从英国学者对国外违宪审查的介绍中,可以推断出他们心目中违宪审查的范围。而从比较法角度看,英国之没有违宪审查正如英国之没有宪法一样。因此,将英国学者心目中中外的违宪审查范围,与英国在这方面的实际做法结合起来,就是英国的违宪审查制度了。

一、英国人看外国违宪审查

在存在宪法性文件的国家,该文件的法律效力超过所有其他类型的法律类别。[①] 宪法性文件的这种法律地位可以是默示的,但更为普遍的情况是该宪法性文件本身对此作出明确规定。[②] 例如,1996年《南非宪法》第2条明确规定:"本宪法是共和国的最高法律;任何与本宪法相抵触的法律及行为一律无效,本宪法设定的义务必须履行。"因此,任何与宪法相抵触的法律(或者行为)都可以被某一法院宣告为违宪。而法院的这一宣告的法律效力是该法律将视同无效。[③] 事实上,对于法院作出的宣告某法律违宪所导致的法律效果(该法律将视同无效)本身,就是一项最重要的宪法性原则。该原则赋予法院以违宪审查权,从而使法院的判决可以在立法之后成为矫治立法瑕疵、捍卫宪法尊严、维护法治统一的法治卫士。

决定某一立法合宪性(constitutionality)的任务通常是交给某一特别设立的宪法法院(Constitutional Court)。然而根据《南非宪法》的规定,裁决宪法性事项(constitutional matters)的角色是由最高上诉法院(Supreme Court of Appeal)、高等法院(High Court)或者其他具有类似地位的法院扮演的,但宪法法院才是南非国内裁决所有宪法性事项的最高级

[①] Neil Parpworth, p. 4.
[②] Neil Parpworth, pp. 4-5.
[③] Neil Parpworth, p. 5.

法院。① 因此,尽管南非最高上诉法院、高等法院或者其他具有类似地位的法院,都可以就宪法性事项作出相应的判决,但这些法院都不是裁决宪法性事项的最高的、最终的法院,唯有南非宪法法院作出的判决才是具有国内最终法律效力的判决。

南非宪法法院有权裁决的事项包括:涉及全国及省域范围内的国家机构之间的宪法地位、权力及职能的任何纠纷,全国及各省议会制定的任何法律案的合宪性,声称议会或者总统未能履行其宪法职能的诉讼,以及宪法的任何修正案的合宪性。② 当然,如果南非的宪法是由专门的制宪会议制定的,但其修正案却是由议会通过的,即使在议会通过时适用的是不同于一般法律案的审议程序,则这些修正案的效力显然略逊于由专门的制宪会议制定的宪法的效力,由宪法法院对这些修正案进行违宪审查,就不是什么太出格的事。

南非的法院普遍享有就议会的法律、省级法律或者总统的任何行为发布合宪性(constitutional validity)令状的权力。但是,就违宪性(constitutional invalidity)令状而言,除非该令状得到了宪法法院的确认,否则没有相应的法律效力。③ 这在一定程度上反映了南非一般法院在地位上的特殊性,即其有权作出肯定性的宪法裁断,但否定性的宪法判决,则需要宪法法院的确认。对一般法院的宪法性事务裁决权的这一限制,是英美法与大陆法折中冲抵的结果。而南非拥有一部成文宪法及宪法法院的事实,则是这种妥协的制度表现。考虑到南非普通法发展的历史,及其作为英国殖民地以及英联邦成员国的历史,可以想象,南非普通法院在宪法性事项上所扮演的角色,应当更接近于英国,非一般大陆法系国家的普通法院所能比。

虽然英国学者认为,在美国,最高法院扮演着宪法监护人(guardian)的角色,但他们同时强调,这一角色并不是宪法本身赋予的,而是最高法院通过 1803 年的 *Marbury v. Madison* 一案自任的。英国学者认为,这是说明金教授(Professor King)有关小写的宪法与大写的宪法的关系以及小写的宪法的规则的一项发展是如何更有力地促进对大写宪法的保护

---

① Neil Parpworth, p. 5.
② Neil Parpworth, p. 5.
③ Neil Parpworth, p. 5.

的一个绝好的例子。①

二、法官独立于议会

法官有适用并解释议会制定的法律的义务;议会则可以改变法院判决的效力,在必要时甚至可以溯及既往。从这个意义上说,法院是从属于议会的,但是法院只受"议会的法律"的拘束,而不受议会的决定的影响,因为议会的有些决定可能是没有法律效力的。1972年《欧共体法》提供了立法可以凌驾于司法之上的绝好例证,该法第3条直接规定了法院的义务:应当遵循欧洲法院的有关《欧共体法》的判例并负责将《欧共体法》全面适用于英国。这一义务要求法院拒绝适用与《欧共体法》规定的权利相冲突的"议会的法律"。② 这反而又限制了议会的权力。

在英国,议会不干预司法的界限在于,议会避免干预正在进行的审判活动,不过问法院对具体案件的判决是议会的习惯之一。③ 这种具有宪法意义的议会习惯是英国法自身的重要组成部分,而且几百年来也得到了议会很好的遵循。当然,议会在法院作出判决之后,通过修改法律的形式实施对整个法律体系或者司法体制的改革,应另当别论。但其范围限于事后,因此对于案件本身的公正性就没有根本的影响。而立法与司法的互动,正是法律演化的动力所在。而且,这也不是说议会可以在司法判决之后再通过一个法律否定已经作出的判决。禁止通过溯及既往的法律的基本立法原则,阻止了议会的这种企图。加之司法的许多重要的判决都是由当时作为最高上诉法院的贵族院作出的,贵族院同时又是议会一院的双重身份也为议会对重要的司法判决说三道四设置了人情上的障碍。除此之外,法官的薪资是由国家常年基金列支的。④ 这个基金是无须议会每年表决通过的。

作为个人,即使是英国议会中地位较低的后座议员,也要受到批评法官的规则的拘束,虽然对于他们的要求没有像对政府组成人员一样严格。英国议会很早以来就建立了这样的规则:除非基于某一实体性动议(与程序性动议相对)而作出的议会决定,不得对某一判决中法官的行事或者就

---

① Neil Parpworth, p. 5.
② Bradley & Ewing, p. 87.
③ Phillips & Jackson, p. 26.
④ Phillips & Jackson, p. 26.

法官队伍的一般表现作出评价。①

另一项议会规则的目的,则是捍卫公平听审原则而非法官的地位。根据司法最终原则(sub judice rule),法院的待决事项议会不予讨论。②这一规则既可以适用于刑事待决事项也可以适用于民事待决事项;但就民事待决事项而言,议会发言人有权允许在议会中讨论涉及部长的决定或者涉及国民经济、大众基本生活及公共秩序的待决事项,与此有关的部长决定主要是指那些可以就其是否基于误导、不守信等在法院被提请司法审查的决定。③ 英国的司法审查是按照民事程序审理的,因此,如果某部长的决定正在法院接受司法审查,则议会的发言人有权允许在议会讨论中提及此决定所涉及的法院待决事项。按照英国的分权原则及议会与法院关系的历史传统,议会此时对待决事项的讨论不可能有如何采取措施干预或者影响主审法院或者主审法官的企图。

对这类待决事项网开一面的理由是,允许议会就部长的决定或者其他主要公共事项进行讨论,此时,法院是否已经就此着手调查则在所不问。例如,1987年英国政府在试图阻止赖特(Mr. Peter Wright)出版其《抓间谍者》一书时就曾经涉及该原则的适用。④

当然,司法最终原则属于众议院创设的自律原则,旨在避免议会影响公正的实现或者给人这样的印象。该原则并不影响议会的立法权:1965年《战争赔偿法》的有关规定,就是在针对政府的诉讼正在进行期间,溯及既往地改变了此前的法院判决。⑤ 而按照议会立法至上的原则,议会立法的这一改变将迫使法院不得不适用新的法律,从形式上看,这当然属于溯及既往的法律,但却不是不能容忍的,因为这并未给诉讼当事人以更不利的待遇。从旧兼从轻原则中的从轻,也属于这种情形。⑥

众议院的《议事规程》及其他宪法原理和规则保证了法官得以免受各种政治压力。但是对于贵族院的司法成员而言,他们又是怎样实现法官独立的呢?法官怎么可能既作为立法者又作为审判者参与议会的活动,却能够保证独立呢?作为贵族院的正式成员,贵族院的常任上诉贵族法

---

① Bradley & Ewing, p. 374.
② Bradley & Ewing, p. 374.
③ Bradley & Ewing, pp. 374-375.
④ Bradley & Ewing, p. 375.
⑤ Bradley & Ewing, p. 375.
⑥ Bradley & Ewing, p. 375.

官有权参加贵族院的讨论。但是这却会给他日后参与审查某一基于其参与制定的制定法相关的案件的审理带来某些困难。在 2000 年发表的一份声明中,贵族院资深常任上诉贵族法官宾厄姆(Lord Bingham)指出,在决定是否参与某一案件的审理或者回避时,应当考虑两个原则:一是法官不适宜卷入具有强烈政治纷争的事项;二是法官应当记住,如果他们曾经就某一事项明确表达过意见,那么一旦该事项后来上诉至贵族院,则该法官就将因此失去审理该案的法定资格。宾厄姆在阐明贵族院法律贵族的工作原则方面的上述贡献得到了改革贵族院皇家咨询委员会的认可。①此处有关英国法院的回避制度的规定,其标准是非常严格的。事实上,该原则相当于把专家法官排除在主审法官之外,那些对某一特别问题有自己的观点而且明确表达过自己观点的法官,很有可能面临此种意义上的失去合法听审资格,进而必须自行回避。当然,此处的观点只能是就法律以外的事项的观点,而不可能是指其所持的法律原则体系,更不能因为某一著名法官经常在判决理由中表达自己对法律原则的理解而令其回避。因此,需要仔细把握这一原则。特别需要一提的是,随着 2005 年《宪制改革法》的实施及 2009 年英国最高法院的成立,最高法院已经与贵族院脱离。最高法院的法官们可以放手履行其独立的司法职能了。

由此产生的其他问题包括法官是否可以或者应当接受议会特别委员会的传唤以便向议会进行汇报。2001 年 3 月 26 日,贵族院上诉委员会首席法官宾厄姆与上诉法院首席上诉法官(上诉法院的刑事分庭的庭长)伍尔夫以及上诉法院民事分庭庭长菲利普斯(Lord Phillips)一起列席两院人权联合委员会的会议并讨论《人权法》的实施问题,英国学者认为这是一个具有重要宪法意义的事件。这一事项的罕见性与与会双方对此可能产生的效果的不确定性等量齐观。②

在给两院人权联合委员会的信中,宾厄姆说,按照他本人的观点,"立法权与司法权的分权是一项非常重要的宪法原则,彼此都没有向对方报告工作的义务","除针对个案的问题以外,两院人权联合委员会要求他回答的任何有关过去或者将来的决策倾向方面的问题,都会使他觉得很不自在"。③ 由于这个缘故,两院人权联合委员会并不希望将作为证人出席

---

① Bradley & Ewing, p. 375.
② Bradley & Ewing, p. 375.
③ Bradley & Ewing, pp. 375-376.

作证的法官们置于一种局促不安甚至被冒犯的境地,并且明确告诉他们,一旦委员会提出的问题涉及立法与司法角色的区分时,法官们可以马上提出异议并拒绝回答这一问题。但是,英国学者感兴趣的是,这一触及立法与司法的界限边缘的事件是否会成为开创未来立法与司法界对话结构的一个先例。①

三、法官造法

如果法官也能造法,法官就是立法者,司法与立法就合二为一了,这似乎不符合权力分立原则,但我们讨论的是英国,英国法上有什么原则是没有例外的?只是我们需要回答的问题是:法官是否能够造法?实际上是否已经在造法?英国法官是否敢于承认自己造法?那么对于这些问题的回答已经不全是法律界人士可以自裁的了。对此,本书第二卷第一编第四章第四节法律解释技术另有详论。

四、选举诉讼的特殊地位

选举诉讼是司法与政治,至少是与议会、行政的关系的重要组成部分,这一点在议行合一的英国尤其突出。如果让笔者列举一下英国比较重要的公法诉讼的话,除了宪法诉讼或称违宪审查,选举诉讼最有可能是第二个。

英国选举诉讼的重要意义在于,这几乎是英国唯一一种横跨三权的诉讼形式。如果读者对英国之三权分立的形态表示怀疑的话,则几乎可以说,无论怎样区分英国的公权力形态,选举诉讼都涉及其中最重要的三大权力主体,即议会、政府和法院。议会是选举的结果,而选举诉讼就是对这一结果的局部提出质疑;政府是多数党组阁的结果,局部的选举争议或许不可能改变议会中多数党在本届政府中的地位,但会深刻地影响一个政党的政治信用,特别是在选举舞弊案得到法院确认的情况下;而法院则是选举诉讼的裁决者,司法独立在这个领域得到了最好的体现,而恰恰是在这个环节上,英国学者没有强调司法独立的重要性,那显然是因为他们根本连想都不敢想此类案件的审理如果遇到来自其他权力形态的干预会是什么样子。他们显然更不知道一旦出现了这种干预或者这种干预强大到一定程度后彻底取消了此种诉讼,世界将会是什么样子。

---

① Bradley & Ewing, p. 376.

其他内容见本卷第二章第二节中的"选举诉讼"部分。

五、对议会立法的司法审查

参见本卷第四章第一节的相关内容。

六、对排斥司法审查的制定法的反制

参见本卷第四章第一节的相关内容。

七、对委任立法的司法审查

参见本卷第三章第三节,特别是其中的司法控制部分。

八、议会立法否决法院判例

英国学者讨论法院与议会的关系,没有不提到 1965 年的 *Burmah Oil v. Lord Advocate* 一案的,特别是该案判决之后所发生的戏剧性反转。该案案情详见本卷第七章第六节司法审查经典案例。

贵族院以 3∶2 的多数认定,英王特权涉及对军队的支配权、发动战争的权力以及所有在战争进行过程中的紧急情势下所必需的权力。如此广泛的权力对于在战时维持统治是必要的,因为议会在战时不可能及时制定必要的立法。该案成为英国公法史上的经典判例,是因为该案判决的效果随后被 1965 年通过的《战争赔偿法》(War Damage Act)所废止!从某种意义上讲,该法的产生完全是为了兑现政府的承诺:在该案的审理过程中,政府承诺,如果政府在该案的诉讼过程中被击败,政府将废除普通法所确立的获得以英王的名义提供的就战争期间的损害赔偿及财产破坏的赔偿的权利。由于该法具有溯及既往的效力,英缅石油公司(Burmah Oil)未能获得赔偿。这一插曲生动地说明了某一不合时宜的(inconvenient)的司法判决很容易被立法至上的议会所颠覆。[①] 而议会背后的操纵杆显然控制在政府手中。因此,该案确实是英国现代法治史上令英国学者不安的判例,因为这一判决在违反法不溯及既往原则的同时,实际上还废除了一个由最高级别的普通法院(贵族院)作出的判决。普通法原则和普通法院的权威同时受到了威胁,这令英国的司法界及学术界大吃一惊:长此以往,国将不国。好在这仅仅是英国法治史上的一个特例。从

---

① Neil Parpworth,p.49.

英国学者反复提到这一案件,而没有发现第二个、第三个类似案件这一点上看,多少令人心事稍安。而反过来说,之所以没有出现第二个、第三个类似的判决,也与该法生效后学术界与司法界一致的口诛笔伐不无关系。

与此相关的另一判例是,1982年,针对法院仅判处一名强奸6岁女孩的强奸犯缓刑的判决,时任英国首相发表声明,认为这是令人难以理解的,于是她推动众议院通过了一项要求必须由资深法官审理强奸案件的法律。① 但政府通过议会实施此类立法活动是不可能无所顾忌的。

政府也许会说,某一司法判决不同于其所获得并据以作出该司法判决的裁断行政行为的法律咨询意见,或者提出修改相应制定法的立法动议,但是按照英国的传统,大臣不应该明确表示法院的某一判决是不对的。② 也就是说,如果法院对于某一行政决定作出的裁决与政府的期望恰恰相反,政府或者其部长或者其公务员是不会直接跳出来说这个判决是不对的,政府只会说,其为了作出该行政决定得到的法律方面的咨询意见与法院的判决不完全一致。当然这只是一种很委婉地表明自己态度的方式,既可以说是对司法界内部意见不一致造成的咨询意见与裁决背离的结果的客观描述,也可以说是对政府未能找到与法院的裁决或者说主审案件的多数法官相一致的咨询意见感到惋惜,但却很难说是对司法界的一种对抗性的批评。因为咨询意见在大多数情况下也来自司法界,而咨询意见与判决意见完全一致的唯一可能,就是保持二者人员组成的基本吻合,而做到这一点的唯一途径是司法与行政合一,这恰恰是与英国的传统、现实及理念背道而驰的。政府还可以提议修改制定法,包括创设新的制定法,这是议会主权原则与议会制体制相结合的一种法律体系内的解决行政与司法冲突的途径。当然,按照法不溯及既往原则,政府动议的立法只能是事后的,而不可能修改既有的判决。

第三节 委任立法监督

英国学者对于委任立法的必要性的认识,是与其对委任立法可能的破坏性的警惕并存的。这种清醒、全面的对比认识,表现为对委任立法的施行情况的极大关注,其结果则是对委任立法的法律节制手段的不断丰

---

① Bradley & Ewing, p. 374.
② Bradley & Ewing, p. 374.

富和监督控制体系的不断完善。本节先介绍英国学者对委任立法的批评意见及英国对委任立法的监督手段,可以视为对委任立法的监督的简要概述,随后逐一介绍委任立法的监督、节制手段。

一、监督的必要性

英国学者对委任立法的批评主要集中在以下四个方面:一是缺乏民主参与;二是数量太多;三是不是由那些获得原始权力者制定的;四是缺乏有效的控制。① 他们认为,尽管成文法律规范按照与议会立法相同的方式获得法律效力,但仍有必要探讨其制定程序、在何种程度上接受议会的仔细审议以及法院对其所持的态度。② 基于这种认识,英国学者得出的结论是,如果委任立法是现代社会的一种必要的现象,那么以下几点是非常重要的:①在其制定的过程中应当咨询各利害关系方的意见;②议会加强对被委托出去的权力的行使的监督和指导;③委任立法本身应当公布;④一旦出现需要对委任立法的合法性提出挑战的事由,委任立法应当在法院受到挑战③,即毫不留情地进行全面司法审查。

因此,对委任立法的控制包括:一是制定过程中咨询专家;二是公开发布,从而可以接受公众的监督;三是议会的监督,包括推翻委任立法(如就同一事项进行议会立法,从而使委任立法自动失效)、确认程序、否决程序、委员会审查、议员提问、贵族院的监督(贵族院虽然不能否决提议中的法律案,但可以否决委任立法,例如 1968 年否决了一项根据 1965 年《南非法》而对南非政府实施制裁的命令);四是法院的控制:司法审查。虽然由于议会立法至上原则,议会的制定法不可能受法院的挑战,但是委任立法却可以。④

据此,我们可以看出,英国对委任立法进行监督和控制有以下几种途径:在授权环节限制委任权、明确委任立法的程序,在起草阶段咨询利害关系人的意见,在审议通过及事后的备案程序中加强议会的控制,在生效实施后的执行过程中加强司法控制等,其目的只有一个,就是确保及时发现问题、解决问题。

---

① Elliott & Quinn, pp. 55-56.
② Neil Parpworth, p. 203.
③ Bradley & Ewing, p. 655.
④ Elliott & Quinn, pp. 52-53.

二、委任立法权限

由于所有的委任立法权都来源于制定法,因此至少在理论上,制定法议案在议会委员会审查阶段总是有机会对授出立法权的立法语言表述进行审查的。早在1931年,部长权力委员会即建议,此类委任立法权的议案应当提交议会的每一院的常设委员会予以审查,并向议会报告是否存在应当反对这些授权的根本性理由。但是,只有贵族院在1992年任命了一个委员会来斟酌委任立法议案的词句,并接收政府针对每一个议案提交的有关授权必要性的备忘录。通过对这些授权提案所作的汇报,该委员会(2001年更名为权力委任与规制改革委员会)的目标就是阻止过分的权力授予并确保在授出权力的母法中能够包含适当地避免授出的权力失控的安全措施。该委员会的报告并没有引起媒体的注意,但是,它却成功地说服政府在某些问题上接受了它的观点,如在某一特别的议案中选择由议会进行审查。于是,在将立法权委任给政府行使时,议会标准的做法是规定某些议会控制或者监督的手段,并将这些手段运用在特定的立法权行使的过程中。[①] 由于委任立法的议案都是由政府提出的,因此政府同意选择某种监督手段的结果,就是其在提案中对此作出明确的规定,而这就成了议会授出立法权的法律的标准做法。

1978年《法律解释法》(Interpretation Act)在规定立法性权力和义务可以在必要时行使和履行的同时规定,在应当授予制定规章、条例、条令及成文法律规范的立法性权力的情况下,该授权当然包括废止、修订或者重新颁布这些规范性文件的权力。在介绍上述规定时,英国学者同时提醒读者有关立法前后衔接的问题:2013年《企业及规制改革法》(Enterprise and Regulatory Reform Act)为1978年《法律解释法》增加的第14A条规定,次级立法的立法主体同时被授权对其立法的有效性进行复审,并设置"日落条款"[②],即该立法自动失效的日期。

界定委任立法权,是为了确立委任立法的正当性(justification),这是英国学者基于越权无效的惯性思维所提出的一个必须在委任立法的研究过程中解决的核心问题。按照英国学者的说法,许多委任立法使政府从议会获得了它们本不该获得的过大的权力。英国学者将政府的这种权力

---

① Bradley & Ewing, p. 656.
② Wade & Forsyth 2014, p. 736.

膨胀倾向称为委任立法的例外情形,并着重加以批评。① 这些内容恰恰构成了委任立法权界定所涉及的几个方面:

(一) 原则性事项

这主要涉及是否可以将原则性事项的立法权委任给委任立法机关行使。虽然对于立法权的委任并没有正式的限制,议会的法律通常会以非常宽泛的用语授出立法权。这样做的原因之一是,如果授出的权限过小,就有可能使中央政府部门不得不在未来从议会获得补充授权。但是,1978年众议院程序委员会拒绝了一项关于议会只应当采取结构性的立法,而将所有的细节留给委任立法去完成的提议,其理由是这将进一步弱化议会的控制。②

如果普遍性政策事宜的立法权限委托给行政机关,或者被委托的自由裁量权限过大以致很难把握立法机关希望实施怎样的控制,都将对议会制的政府构成威胁。然而,政府提议的立法议案往往是那种"骨架议案",即仅有聊胜于无的原则性规定,同时许可政府进行委任立法的议案。这类议案只适合于那些需要大规模制定条例并且议员们可以要求在通过此类议案前已经看到拟通过委任立法制定的条例的情形。但是实际上符合这种要求的情形极少,立法实践常常是不同委任立法态度的妥协而已。③

(二) 征税权委托

在英国的宪法体制中,坚持征税权只能由议会行使对于英国议会制政府的发展非常重要。然而议会的这种权力日渐微弱。现代社会的压力,特别是这种压力与经济因素相结合后,使得议会有必要将某些征税方面的权力委托给政府。特别是英国的关税体制与欧盟的发展相结合(脱欧前),使得关税减免方面的权限委托成为必要时。④

1961年以来,政府还拥有了以财政部令形式调整某些类别的间接税的权力。但是这些权力仍受议会的控制,政府作出的征收进口税或者调整间接税的决定如果没有在限定的时间内获得议会认可,将自动失效。⑤即政府作出的决定只能在限定时间内有效,否则将会自动失效,除非议会

---

① Bradley & Ewing, p. 651.
② Bradley & Ewing, p. 651.
③ Bradley & Ewing, p. 651.
④ Bradley & Ewing, p. 652.
⑤ Bradley & Ewing, p. 652.

通过决定予以认可。可见，即使是这些通过议会委托的征税方面的权力，也只能作为临时措施。当然，由于英国议会制政府的特征，政府通过议会而获得这种权力甚至径行通过相应的立法使之永久化并非十分困难。政府之所以要保护这种不稳定状态，主要与这种税源的不稳定性以及借此形成的政策导向性有关。

此外，国务大臣还拥有通过制定条例规范征收基金和通用基金的广泛权力，包括两类基金之间的资金转移义务、如何计算征收基金的盈余和赤字、征收机关与附加税征收机关之间的分配比例、限制征收基金在每一财政年度内的任何时候所能承担的授信额度（stand to the credit）。[①] 这种授信额度是指地方政府机关以其征收基金为担保的借款规模，相当于以地方政府的征税权作担保举债，并以随后征收入库的地方议事会税留成偿还这些债务。为了财政安全起见，这项担保应当是有限制的。

（三）刑罚设定权

国务大臣依据议会立法的授权制定的条例可以设定刑罚条款。例如，1989年《地方政府及安居法》第19条有关利益宣示的规定，授权国务大臣制定这样的条例，同时规定，如果违反这些条例，将构成一般违法，其刑罚为不超过标准幅度4级的罚金。[②] 国务大臣制定的条例也可以规定刑罚条款，这是英国的委任立法或者行政立法的一个重要特点。

（四）再委托

如果某一制定法将某项立法权限委托给某一部长通过制定成文法律规范的形式行使，则可以推断出议会的本意是由这些成文法律规范来包容相应的规则[③]，不是将委任的立法权限再委托给更低级的行政机构。

虽然有所谓权力不得再委托的法谚，但是母法总是可以通过授权再委托的形式跨越这一限制，如1939年《国防紧急权力法》。[④] 也就是说，母法可以授权立法权的再委托，此时立法权的再委托是有法律依据的。为法律所禁止的权力再委托是母法仅规定了委托而未规定再委托。

如果在母法中没有明确的授权，则委任立法权的再委托的合法性就值得怀疑。因为对于再委托立法而言，议会的控制就更加困难。[⑤] 在法

---

① Andrew Arden, p. 507.
② 1989年《地方政府及安居法》第19条。
③ Bradley & Ewing, p. 652.
④ Bradley & Ewing, p. 652.
⑤ Bradley & Ewing, p. 652.

治尚未健全的国家,再委托的现象非常严重,并与完全无委托的自任立法的非法状态搅在一起。法学研究中也存在这样的问题,学者们有意回避再委托问题,宁愿将再委托混同于委托,也不愿意给它一个明确的名分,而只是笼统地研究是否可以再委托的问题。这是一个方法问题,正确的方法应当先分析复杂的局面,使之简化为一个个具体的法律模型,再具体分析各种模型的可移植性,而不是将所有的问题搅在一起。

1978年,英国议会两院的成文法律规范联合委员会对政府部门存在的规避倾向提出了批评:政府部门通过省略成文法律规范中的某些必要细节的方法,或者授予部长过于宽泛的改变条例的自由裁量权而不再制定新的成文法律规范,企图借此绕过议会监管。①

(五) 委任立法权的溯及力

根据议会立法至上原则,议会的立法是可以溯及既往的。因此,如果有必要制定溯及既往的立法,则应当由议会自己来完成,而不是经由委任立法。而且根据《欧洲人权公约》第7条的规定,委任立法不得溯及既往地规定新的罪名或者设置新的惩罚。②

(六) 排斥法院管辖权

委任立法能否排斥法院的管辖权,显然是行政法领域非常重要的问题,在比较法领域研究这一问题比议会对征税权的保留的意义还要重大。但其结论是明确的:不可以。

法院审查委任立法的权力局限于宣告其越权无效,无论是基于实体问题还是程序问题,尽可以如此裁断。③ 尽管对委任立法质量的控制是部长和议会的事,但法院所实施的控制不应当被排除。④ 因为在任何时候,都不应当由部长来决定其权限的范围。⑤ 这是英国行政法中非常重要的内容,其所指显然不限于部长,而及于所有行政机关及其工作人员。

(七) 调整议会立法的权限

无论由委任立法来修订议会的制定法原则上多么说不过去,但议会却时常授予部长修订议会制定的法律的权力。这种情形在英国被称为"亨利八世条款"(Henry Ⅷ clause),并且可以在1998年《苏格兰法》及

---

① Bradley & Ewing, p. 652.
② Bradley & Ewing, p. 652.
③ Bradley & Ewing, p. 652.
④ Bradley & Ewing, pp. 652-653.
⑤ Bradley & Ewing, p. 653.

1998年《威尔士政府法》中找到大量例子。英国学者也认为,如果某一新的议会立法所授予的委任立法权严格限制在对早先的立法中直接影响新法所包含的改革内容的,这种情况比起将委任立法的修订权扩张到修订包括授予该权力本身的法律,显然让人觉得不值得反对。当然,有些涉及社会及工业控制计划的议会法律授予部长根据开支情况决定扩大或者缩小该计划范围的权力。①

委任立法调整议会制定法律主要有三种情况:

(1) 1972年《欧共体法》第2条第2款授权制定枢密院令及部门规章以落实英国所承担的欧共体义务、确保欧共体条约所规定权利的行使、处理因这些义务或者权利而产生的或者与之相关的事务。该法附表2排除了上述一般权力适用的事项,包括征税、溯及既往的立法、再委托立法(制定法院及裁判所的程序规则除外)。在受上述羁束条件限制的前提下,根据该法第2条第2款所采取的措施可以规定议会的立法可以规定的任何程序。英国学者推断,议会的立法之所以使用如此宽泛的立法语言,是为了排除司法审查中基于越权而撤销相关的授权法的可能性。② 授权规范越是宽泛,其所包括的权限就越大,超越这些权限的可能性就越小。

(2) 根据取代了1994年《规制缓和及外包合同法》(Deregulation and Contracting Out Act)的2001年《规制改革法》(Regulatory Reform Act)的规定,部长可以修订或者废止至少2年以前颁布的给个人(包括公司、小型商业或者自愿组织)所从事的任何活动施加不合理的负担的议会法律,委任立法此时可以完全废除这些限制,或者另行设立一种与服从所创造的利益成比例的限制。③ 服从所创造的利益即因个体受限制(服从规则)而创造的公共利益。这一原则的要求是,受限制的个体的损失应当与公益的收益成比例,而不至于构成对于个人过重的负担。

委任立法的这些权力,为通过议案而形成的立法提供了另一种选择,但同时也使得议会有必要创设新的程序以避免这种权力的滥用。④ 这种委任立法权滥用的可能性就是全面废止议会立法,进而危及议会至上的权威。当然,议会只要修改2001年《规制改革法》,取消或者限制相应的

---

① Bradley & Ewing, p. 653.
② Bradley & Ewing, p. 653.
③ Bradley & Ewing, p. 653.
④ Bradley & Ewing, p. 653.

委任立法权,是完全可以重新获得支配地位的。政府方面自然会考虑到这一点而不会轻举妄动,二者平衡的结果是使这种委任立法权在减少行政规制、扩大公民权方面起到应有而不过分的作用。但从英国的情况看,由政府推进规制缓和是完全可能的,其中有一个难以效仿的前提是议会制的国家体制,议会民主政体发展到一定程度可能会产生一种自我约束的良性克制力,这种良性克制力最终还是来源于议会议员所真正代表的民众,是民众要求议会或者政府采取措施推进规制缓和,也就是解除对于民众的不必要的限制。

(3) 1998年《人权法》第10条授权大臣或者枢密院中的英王在某一高级别的法院宣告某一初级立法与公约人权不相一致或者欧洲人权法院作出类似的认定时,制定补救性的命令修补相关的制定法中的瑕疵。[①] 显然,此处的补救是就法院所作的上述两类裁判而言的,是落实而不是对立。如果将这种情形单纯地理解为如何通过这样的手段牵制法院的判决,那说明具有这种认识的主体的法治意识,至少是他们对法院的信赖程度,还处于英国《人权法》作出如此规定之前的阶段。英国《人权法》能够作出如此规定的一个重要前提恰恰在于,一旦上述两类法院作出了这样的认定,则制定法必须修订,如果议会来不及做这件事,则政府可以先代议会完成此事。

补救性命令的目的在于弥补不合时宜的制定法,以消除与《欧洲人权公约》不相适应之处,而且与《规制改革法》中所规定的命令一样,这些命令将受到议会的全面监督。[②] 这种监督是有道理的,因为这种对于议会制定法的修订毕竟是非常重大的事件。

三、委任立法程序

程序控制,既是现代控制论的理论基础,也是实现其结论的基础性手段。对于现当代公法主体的公共行为的法律控制,几乎无一例外地将程序控制放在首选的几种措施之中。笔者将委任立法程序放在委任立法监督中介绍的出发点也在于此。

成文法律规范的制定过程并不经历与议会的法律相同的程序步骤。就某些成文法律规范而言,如规定议会的法律的全部或者部分付诸施行

---

① Bradley & Ewing, p. 653.
② Bradley & Ewing, pp. 653-654.

的命令(commencement orders)，自其制定之时起即发生法律效力，不需要经过任何形式的议会批准程序。① 除《成文法律规范法》外，英国没有系统的委任立法方面的法律规范。成文法律规范的立法过程要比初级立法灵活得多，因为成文法律规范所确立的规则，无须议会通过议案的批准而自行改变。尽管如此，成文法律规范的立法程序还是相当复杂的，其用语也均是正式书面语。② 对于那些具有较大争议的成文法律规范，则必须经过一至两个规定在 1946 年《成文法律规范法》中的程序，包括否决程序和确认程序。何种程序运用于何种成文法律规范，完全基于母法的规定。③

（一）委任立法的起草

与由议会法律顾问起草的议会法律不同，成文法律规范的文本通常由相关政府部门的律师起草，在措辞及篇幅上差距悬殊，有些非常简明扼要，有些则长篇大论。④

（二）先期洽询

这是委任立法的一个预备程序，主要是向有关利害关系方进行初步的咨询、磋商。详见下文"咨询利害关系人"部分。

（三）提交议会

尽管某一议会的法律在委任立法权的同时可以限定特别的议会监督程序，但 1946 年《成文法律规范法》还是规定了某些普遍的要求。1946 年《成文法律规范法》第 4 条规定，如果某一成文法律规范在完成后必须提交议会，则它必须在实施之前提交议会，提交议会的每一副本的封面上必须分别载明三个日期：成文法律规范完成的时间、提交议会的时间和实施的时间。⑤

至于如何才能构成"提交议会"(laying before Parliament)，主要是根据习惯做法及每一议院的具体指示，而且成文法律规范可以在议会闭会期间提交。成文法律规范必须在其付诸实施之前提交议会的意思是非常清楚的，虽然迄今还没有在这方面形成有拘束力的司法判例，但是普遍认

---

① Neil Parpworth，p. 203.
② Bradley & Ewing，p. 663.
③ Neil Parpworth，p. 203.
④ Neil Parpworth，p. 203.
⑤ Bradley & Ewing，p. 657.

为,成文法律规范未能在实施前提交议会将会阻止其付诸实施。① 也就是说,按照英国的宪法惯例,成文法律规范只有在提交议会后才能付诸实施,否则是对授权制定该文件的议会的大不敬,也就是使其难以付诸实施的原因所在。

但是对于 1946 年《成文法律规范法》以外的委任立法的法律地位,英国学者也不是很清楚。② 虽然根据 1946 年《成文法律规范法》的规定,在提交议会与付诸实施之间,1 日的时间间隔也许就足够了,但在实际操作中,政府部门必须保证至少 21 日的间隔。③

（四）对成文法律规范的技术性仔细审议

在监督次级立法的过程中,议会两院都依靠本院中有资格人士的咨询意见辅助的议会委员会来完成对成文法律规范的技术性仔细审议。④ 从 1944 年开始,议会就开始定期任命委任立法审查委员会,起初是由众议院任命,现在则由贵族院和众议院联合任命。⑤ 所有的具有普遍约束力的成文法律规范都要提交议会审议,其他的成文法命令则要受成文法律规范联合委员会的审议,该委员会由来自两议院的 7 名成员组成。⑥ 该委员会的成员中来自众议院的成员还要单独开会审议只向众议院提交的成文法律规范(主要是财政方面的)。两院联合委员会接受议会发言人顾问及贵族院议长委员会顾问的咨询意见。两院联合委员会必须考虑两院是否应当将注意力集中于某一成文法律规范的某些法律及程序方面的内容。⑦ 另有英国学者将这种通过两院联合委员会实现的审议机制称为议会的仔细审议(Parliamentary scrutiny),并指出,任命这一针对成文法律规范的特别委员会的目的,就是要对那些按要求提交议会或者未要求其提交议会的成文法律规范进行审议,以判断议会是否有必要对其中的某些成文法律规范予以特别关注。⑧

---

① Bradley & Ewing, p. 657.
② Bradley & Ewing, p. 657.
③ Bradley & Ewing, pp. 657-658.
④ Bradley & Ewing, p. 658.
⑤ Bradley & Ewing, p. 649.
⑥ Bradley & Ewing, p. 658.
⑦ Bradley & Ewing, p. 659.
⑧ Neil Parpworth, pp. 204-205.

归纳起来,审议的具体内容包括①②:

1. 是否加重财政负担

是否要求增加公共财政负担或者要求向任何政府部门、公共管理机构增加开支,或者规定了这些负担或者开支的数额。例如,成文法律规范是否设置了加重公共财政负担的措施,或者要求中央或者地方就许可或者批准事项进行拨款。

2. 是否有排斥司法审查的内容

是否包含有排斥法院的司法审查的特别规定。如根据某一议会法律的规定而规定了排斥司法审查的内容。

3. 是否越权溯及既往

是否声称具有溯及既往的效力而其母法并未对此授权。如成文法律规范旨在取得溯及既往的效力,但其授权法中并没有对该法具有溯及既往的效力作出明确的规定。

4. 是否迟延对外公开

在公布或者提交议会方面是否存在明显拖延。如政府部门在对外公开、提交议会或者告知议会在提交之前已经付诸实施等方面存在不合理的迟延。

5. 是否超越委托权限

是否在职权范围内或者是否不正常地使用了委托的权力。如对成文法律规范的制定是否在制定机关的职权范围内存在疑问,或者该文件显然是以一种异常的、令人难以接受的方式行使母法授予的权力。

6. 是否存在立法技术瑕疵

是否在起草方面具有明显的不尽如人意之处,即存在起草瑕疵。

7. 是否需要补充说明

需要对其形式和意义作明确的说明。

相对而言,极少有成文法律规范经由联合委员会向两议院报告。例如,在1999—2000年度,该委员会审查了大约1460件成文法律规范,仅就其中的90件以起草瑕疵(第6类问题)为由进行了报告,另报告18件有超越委托权限问题(第5类问题),13件需要补充说明(第7类问题),4件存在公布迟延问题(第4类问题)。在这样的报告作出之前,有关政府

---

① Neil Parpworth, pp. 204-205.
② Bradley & Ewing, p. 659.

部门要向该委员会提供一项有关本机关态度的解释。一项反对的报告并不必然对该成文法律规范产生影响,特别是如果该委员会只有表示怀疑某一成文法律规范的权限,则该成文法律规范是否超越其权限只有法院能够决定。① 这个结论非常重要,它再一次重申了这样的原则:部长不能决定自己的法律权限,法院才是对部长的法律权限作出最终结论的适当机关。

而且议会两院联合特别委员会不得审查的是作为成文法律规范基础的合理性考虑或者政策考量。为了履行其职责,该特别委员会有权任命一或多个内设委员会,而且有权在议会休会期间开会,并且有权要求任何有关的政府部门提交备忘录以解释该成文法律规范制定时的私下考虑(under consideration)或者责令该部门委任一名代表作为证人出席委员会的会议,以解释该成文法律规范。如果该委员会认定成文法律规范存在前述审查事由,必须向议会报告。②

议会两院联合特别委员会在每一议会年度都公布相当数量的关于成文法律规范的报告。在这些报告中,该委员会请求议会两院注意某些成文法律规范,理由是它们确实在起草方面很不完善,未能遵循公认的立法实务规范。在一个极端的例子中,该委员会要求对原行政命令进行修改,但修改了28稿仍难以符合其要求。③

最常作为报告的三项事由按发生次数多少的顺序分别是:委任立法起草方面存在瑕疵、基于任何理由而需要对其形式和意义作明确的说明、对其是否在职权范围内或者是否不正当地使用了委托的权力存在疑问,因其他事由而提起的报告非常少见。④

(五) 对成文法律规范合理性的审查

成文法律规范联合委员会并不审查成文法律规范是否妥当,也不审查其中的政策。偶尔,如果就批准该成文法律规范的决议已经展开了讨论或者有反对者提议废止该文件,这些问题会在全院会议中讨论。但这样的辩论通常是在委任立法常设委员会进行。通常会按照议案在委员会讨论阶段所使用的常设委员会的方法,定期任命好几个这样的委员会。⑤

---

① Bradley & Ewing, p. 659.
② Neil Parpworth, p. 205.
③ Neil Parpworth, p. 205.
④ Bradley & Ewing, p. 659.
⑤ Bradley & Ewing, p. 659.

在这些委员会中,讨论每一个成文法律规范的时间为1.5小时(涉及北爱尔兰的成文法律规范可以讨论2.5小时),讨论之后,就可以将批准决议或者废止决议交付全院表决而不必进一步讨论了。常设委员会的辩论使得重要的议题得以沟通,但许多辩论还是形式性的。[1]

议会的资源应当更为集中地作用在某些成文法律规范上,才能使其工作人员(即议员)有效地工作。一种设想是创建一种新的名为"优先批准"(super-affirmative)的成文法律规范,以便得到议会更密切的关注,包括由议会相关的常设委员会实施事前审查。

已经有两类这样的成文法律规范。[2] 一个是1998年《人权法》第10条规定的"补救命令",据此,政府可以修订初级立法以删除其中与公约人权不相符合之处。另一个则是根据2001年《规制改革法》的规定,修订初级立法以减轻某一行业的规制体系的负担。这两部法律中所要求的程序均规定了比通常的成文法律规范更为详尽的审查要求,议会作出反应的时间也增加到60日,而不是通常的40日。就《人权法》而言,人权联合委员会承担初步的审查任务。就《规制改革法》而言,贵族院的权力委与规制改革委员会及其在众议院的对应委员会承担相应的职责。[3]

(六)议会批准程序

这是议会对委任立法实施控制的手段之一,但议会对委任立法的控制显然不限于程序控制一技,详见本节下文"议会的控制"部分。

重要的委任立法出台后,一般要提交备案,有的还要经过议会讨论甚至表决(主要是否决),这并非委任立法的必经程序,却是委任立法的一个重要程序环节。某一成文法律规范必须经历的程序取决于其母法中的规定。基本的程序类型有[4]:① 将成文法律规范的草案提交议会,并在成文法律规范可以着手制定之前取得议会同意制定的决议;② 在成文法律规范完成后予以公布,但只有在获得议会的批准后才能发生法律效力;③ 在成文法律规范完成后即予公布,并立即生效,但需要在授权法规定的时间内获得议会的批准,这是该成文法律规范继续有效的前提;④ 在成文法律规范完成后即予公布并立即发生法律效力,但可以由议会任何

---

[1] Bradley & Ewing, p.659.
[2] Bradley & Ewing, p.659.
[3] Bradley & Ewing, p.660.
[4] Bradley & Ewing, p.656.

一院的废止决定予以废止;⑤ 向议会提交成文法律规范的草案,议会通过该草案无须经历进一步立法程序的决议,其用意是告诉部长不要再制定了;⑥ 将成文法律规范提交议会,而没有进一步予以控制的规定;⑦ 许多成文法律规范根本就没有提交议会的要求。

1. 积极程序

上述第①—③这三种情况可以称为积极程序①,或称确认程序,是成文法律规范更为直接地获得议会批准的方式。这一程序要求,两院都必须通过批准该成文法律规范的动议,才能使其获得法律效力。通常,该动议必须在成文法律规范提交议会后 28 日内在两院获得通过。从议会控制的角度考虑,确认程序的优势在于,作为法律手段的成文法律规范必须经议会讨论之后才能成为法律。②

按照上述三种积极程序,如果成文法律规范要产生法律效力或者继续有效运行,就必须取得议会任何一院的批准(就财政方面的成文法律规范而言,则只需要众议院的批准)。最常见的积极程序是第①程序③,即草案预审查程序,成文法律规范草案提交议会,如果议会作出可以制定的决定,政府不太可能再作进一步的修改或者增加新的令议会事后难以接受的内容,最有可能的是将草案直接颁布施行。

根据积极程序,部长关心的是必须保证议会作出批准决定,如果必要,议会必须分配时间以讨论该决定;现行的做法是将成文法律规范提交给一个"委任立法常设委员会"进行讨论,无论讨论实际上多么简要。④

2. 消极程序

第④和第⑤种情况可以称为消极程序⑤,也有学者称之为否决程序。根据否决程序,某一提交议会的成文法律规范将自某一期间(通常为自成文法律规范提交议会之日起 40 日内)届满后具有法律效力,在此期间,只要任何一院通过一项宣告该成文法律规范无效的动议,即宣告其无效。议会任何一院通过的宣告成文法律规范无效的动议的内容是:该成文法律规范不能成为法律。这一否决程序的使用频率要高于确认程序。⑥

---

① Bradley & Ewing, p. 657.
② Neil Parpworth, p. 204.
③ Bradley & Ewing, p. 657.
④ Bradley & Ewing, p. 657.
⑤ Bradley & Ewing, p. 657.
⑥ Neil Parpworth, p. 203.

相对于积极程序，消极程序是为那些希望成文法律规范被废除的议员设计的。在第④和第⑤种情况（否定程序）下，如果对成文法律规范没有反对意见，则议会的任何一院都无须采取行动。在这些程序类型当中，最普遍是第④程序。近年来，议会几乎不可能有时间来讨论那些希望废除某一成文法律规范的议员们提出的并且列入议程的议案。通过启用常设委员会来讨论成文法律规范以及众议院事务的时间表方面的变化，上述情况已经得到了极大的缓解，但是困难依然存在。①

无论采取哪一种程序都必须注意，除非母法中有相反规定，否则议会在审查过程中不得对成文法律规范作任何修订，即要么按照其提交时的文本全盘接受并使之成为成文法律规范，要么予以整体否决。②

（七）生效实施

与议会的议案审议程序需要包括议案经两院审议、对其原则及细节进行公开讨论等不同，绝大多数的委任立法几乎是一经公布即付诸实施，其时间间隔即使有也非常短，而且都是由该成文法律规范规定的。③ 以国务大臣制定的规范征收基金和通用基金的条例为例，此类条例（包括修订先前条例的条例，但不包括废除先前条例的条例）必须在其拟适用的财政年度开始前的 1 月 1 日生效。④ 由于英国的财政年度开始于每年的 4 月 1 日，这一规定实际上给地方政府机关至少预留了 3 个月的准备期和适应期。

（八）公布

Publication 兼有公开与出版的意思，换成我国的术语则应当是公布。早在 1893 年，英国即通过议会立法，强制规定所有政府制定的具有成文法效力的规范性文件必须公布。过去，许多公共管理机构不情愿公布这些规范性文件，当某一受其影响的个人有权向某一裁判所上诉或者希望知道所作出的决定的原因时，这种姿态就会产生相应的问题。⑤ 因为具体执行的官员是依据这些规范性文件行事的，特别是决定的理由部分，而行政相对人却不了解这些内容，因此，在上诉或者要求说明理由时，行政主体不愿意披露这些规范性文件的内容所隐藏的问题就暴露了出来。

---

① Bradley & Ewing, p. 657.
② Neil Parpworth, p. 204.
③ Bradley & Ewing, p. 655.
④ Andrew Arden, p. 507.
⑤ Bradley & Ewing, p. 664.

即使在公开政府的规则及政策方面进行了改革之后,政府的保密做法依然维持着,政府希望避免因这些公开措施所招致的批评。[1] 公开必然导致许多问题被暴露出来,使政府成为被批评的靶子。这极有可能是政府普遍不愿意公开的根本原因。

像许多大的组织一样,中央政府部门也希望就纯粹的内部事务给予其工作人员某种指示,但并不希望公开这些指示。但是对于那些直接影响个人的规则则应当公开。因运用政府部门的内部规则而引起的问题,经常被申诉到议会行政监察专员那里,而且也经常会导致与《欧洲人权公约》保障的权利有关的问题。鼓励政府更为开放的举措已经减轻了某些因政府的规范性文件而引起的问题。[2]

在议会行政监察专员的指导下颁布的非成文法性质的《政府信息公开良好行为规范》为政府设定了如下义务:公布或者以其他方式使个人能够获得政府涉及公共事务的解释性的资料(包括诸如规则、程序、对官员的内部指示以及类似行政执法手册之类有助于更好地理解政府涉及公众行为的文件),除非公开会对《政府信息公开良好行为规范》的附表2所列的需要保密的事项构成损害。[3]

行政规范性文件(administrative rules)的公开可能会导致来自议会及媒体的批评或者法院的审查,但是经常性的公开做法应当会使政府部门更容易向公众解释其所作出的决定,并说明作出这些决定的理由。[4] 但是对于委任立法并没有一般的提前公开的要求,普通公众很难有机会了解到有关拟议中的成文法律规范的信息。[5]

理想的做法当然是所有立法都应当在实施前公布,但是确有某些情形,如间接税的调整,在实施之前使公众知悉将会阻碍立法目标的实现。《成文法律规范法》允许某一成文法律规范因为本质性的原因而在其提交议会之时即付诸实施,相应的安全保障措施是必须立即向大法官和议院的发言人作出相应解释。[6]

据此,1946年《成文法律规范法》第2条对成文法律规范的编号、打

---

[1] Bradley & Ewing, p. 664.
[2] Bradley & Ewing, p. 664.
[3] Bradley & Ewing, pp. 664-665.
[4] Bradley & Ewing, p. 665.
[5] Bradley & Ewing, p. 655.
[6] Bradley & Ewing, p. 660.

印、公布以及引用等方面规定了统一的程序,这些规定经1996年《成文法律规范(出版及销售)法》予以修订后继续有效。根据其主题而被列入局部事务立法之列的成文法律规范,以及某些类别的普遍性的成文法律规范可以不适用有关出版及销售方面的要求。①

每年都要出版本年所有现行有效的普遍性的成文法律规范的合订本。如果能够证明在实施被指控的违法行为发生时,某一成文法律规范还没有公布,则可以成为在因违反该成文法律规范而提起的诉讼中进行抗辩的理由,除非控方能够显示已经采取了合理的步骤以使相关的成文法律规范为公众以及可能受其影响或者被指控的人知悉。因此,不知道某一成文法律规范并不足以成为抗辩的理由,但某一成文法律规范未能公布则可以在某些情况下成为抗辩的理由。②

(九)委任立法程序的选择性

根据授权法的规定,通过委任立法制定的规范性文件可以完全规避议会控制程序。事实上,许多行政规范是在没有直接的议会授权的情况下发布的。这种现象曾经在1944年被描述为行政准立法。该术语指的是,官方发布其对有疑问的问题的解释以及表明其在个案中可能采取的让步。这种做法一直延续了下来,因为税务机关通常会选择放弃适用过于粗疏的法律而不是寻求通过立法改变这些法律。但是,1979年,英国税务机关运用其自由裁量权而不是基于制定法估算征税基数的做法被贵族院裁定为违宪。正如沃尔顿法官(Walton J)所言,一个人应当依法被征税,而不应当因行政机关的让步而免于纳税。在诸如城镇规划、教育和健康服务等政府管理领域,部长就政策事项所作的声明或给地方政府机关的通告,在事实上具有效力,其中也不乏对法律的阐释和修改。对于涉及有争议的焦点问题的普遍性的政策事项,政府的通告显然不是令人满意的立法替代品。这些通告也不能要求任何人实施违法行为。③

非正式的行政立法经常为政府部门采用的原因在于,授予公共管理机构的广泛自由裁量权在由政府官员行使时可以有一个统一的合理的范式。④ 这一点非常有道理,但这一点恰恰强调的是对于官员及其所行使

---

① Bradley & Ewing, p.660.
② Bradley & Ewing, p.660.
③ Bradley & Ewing, p.664.
④ Bradley & Ewing, p.664.

的自由裁量权的控制,而不是对私人设立了更多的限制。

(十) 委任立法程序评述

以上有关行政立法或者委任立法程序的介绍,显然应当包括通过转引而理应属于程序的一部分的以下两部分的内容,即前期的咨询利害关系人意见以及后期的议会程序。加上这些内容,英国委任立法的程序已经相当完备了,从英国宪法、行政法教材中所能获得的信息大致也就是这些,英国委任立法实践中所恪守的程序义务或有损益,但相差已不多。由此反映出我们对于行政立法程序的期望值与英国学者介绍行政立法程序时的着眼点之间的差异。他们更注重外部程序,如咨询、公开,而我们更注重行政立法文件如何起草、如何讨论等具体细节。事实上,正如英美等国在讨论行政程序时不会介绍行政机关内部的具体决策过程、文件传批路线、会议表决形式等细节一样,希望在英国行政法教材中对如何行政进行具体指导是不太现实的。他们更多强调的是如何依法行政,而对于在法律范围内行政的具体技术性细节,显然没有我们重视。

四、咨询利害关系人

由于委任立法并没有一般的提前公开的要求,普通公众很难有机会了解拟议中的成文法律规范的内容。但是计划制定新的成文法律规范的政府部门通常会事先咨询受影响的利害关系人的意见。议会的有些授权法还将这一步骤规定为强制性的。[1] 例如,许多社会保障方面的法规草案必须提交社会保障咨询委员会,如果该委员会与内政大臣有不同意见,内政大臣必须连同法规草案一并上报议会。[2] 这相当于以社会保障咨询委员会来节制内政大臣在制定社会保障方面的法规的权力。

同样,在制定裁判所及调查庭方面的程序规则时,也必须咨询裁判所委员会(Council on Tribunals)。有些授权法并没有明确应当咨询的机构,要由部长决定咨询那些在其看来显然受到影响的协会或者机构。[3]

凡是存在咨询义务的情形,无论是制定法规定的义务,还是一贯的做法,法院都确立了所谓"正当考虑的标准":咨询必须在委任立法的成文法律规范的形成阶段实施;咨询时必须为征求意见稿提供充分的理由以便

---

[1] Bradley & Ewing, p. 655.
[2] Bradley & Ewing, p. 655.
[3] Bradley & Ewing, p. 655.

得到有针对性的回复意见;必须给咨询者留出充足的考虑时间;在作出最终决定时必须诚心实意地考虑咨询所获得的各方面的意见。①

委任立法机关有咨询义务的,出于公正的需要,该机关应将其所获得的并成为该机关的部长拟作出的决策依据的科学建议向利害关系人公开。即使没有咨询义务,在委任立法制定之前,通过咨询有关机构或者利益可能受到影响的人,政府部门也可得到许多好处,因为诚恳的咨询可以促进各方意见趋同,并从政府之外取得专业方面的知识。②

五、议会的控制

英国学者承认,议会应当在何等程度上控制或者监督委任立法活动是一个难以回答的问题。这个问题引发了以下几个方面的内容:① 所授予的权力的本质;② 成文法律规范的制定程序;③ 贵族院的作用;④ 对成文法律规范的技术性审查;⑤ 对成文法律规范的立法质量的把握。③ 既然委任立法是依据议会的授权或者说委托实施的附属立法活动,议会对这种活动的监督和控制就是理所当然的,主要包括两个方面:一是实体方面的监督,即对委任立法权限的授予,可称为事前的监督,已在本节开头介绍过;二是程序的控制,相对于委任立法的实施而言,这也是事前的控制,但相对于委任立法的制定,这是事中的控制。委任立法整个程序过程中,议会程序并非其主要精力所在,充其量是个审核、批准步骤,但不仅仅是备案程序。

议会对委任立法实施控制的手段很多,前面提到的权限控制、程序控制,都属于广义的议会控制范畴。但除此之外,议会控制还包括:

(一) 委任立法审查委员会

从 1944 年开始,议会就开始定期任命委任立法审查委员会,起初由众议院任命,现在则由贵族院、众议院联合任命。委任立法的实践受到议会许多委员会的审查,但次级立法的洪流没有丝毫减退的迹象。④ 绝大多数提交议会备审的成文法律规范都是议会通过否决程序予以审查的,如果议会没有行使否决权,该成文法律规范就可以继续有效。事实上,议

---

① Bradley & Ewing, p. 655.
② Bradley & Ewing, p. 655.
③ Bradley & Ewing, p. 656.
④ Bradley & Ewing, p. 649.

会显然是无力对这些成文法律规范一一审查以决定是否行使否决权的。

(二)贵族院的角色

由于在众议院中的多数党地位,政府几乎可以赢得针对任何成文法律规范的表决。但在贵族院情况就不同了,2000年,改革贵族院皇家咨询委员会曾经考虑,改革后的贵族院应当在强化对成文法律规范的审查方面发挥更大作用。① 上述所有类型的积极或者消极程序的推行都要以议会投票决定最终结果,而这一点就众议院而言显然对政府不构成什么危险,关键就在贵族院,正因如此,需要特别讨论贵族院的角色。因为对成文法律规范而言,一院就可以决定其命运,这与议会法律的表决过程完全不同。

虽然母法可以明确地将对依其授权制定的成文法律规范的控制权限限制为仅由众议院行使,但实际上,贵族院通常也被授予与众议院同样的控制权。更重要的是,1911年和1949年《议会法》中有关绕过贵族院的程序的规定适用于法律议案,而非成文法律规范。但是贵族院针对次级立法行使否决权极为罕见。当贵族院于1968年6月18日拒绝了一项根据1965年《南非法》制定的包含制裁南非政府内容的命令时,导致当时的工党政府提议废除贵族院否决成文法律规范权力的议案。这一议案没有被通过,贵族院于1994年宣称,它有权拒绝成文立法文件而不必受反对这一做法的宪法惯例的拘束。2000年,贵族院行使了这一权力,拒绝了《大伦敦选举规则》,以及关于竞选开支的相关命令。贵族院据此拥有了否决除只向众议院提交的财政成文法律规范以外的所有成文立法文件的权力。②

(三)对议会监督权的限制

无论是工党政府还是保守党政府,都因选择消极程序来制定那些涉及调整议会立法措施的重要的成文法律规范而遭受过批评。所有这些程序的一个共同特征是,任何一院都不可能修订成文法律规范,除非在某些极度罕见的情况下母法明确规定了修订成文法律规范的权力③,即要么全盘接受,要么全盘否定,没有中间调和的余地,单纯从保持立法思路统一这一点上,政府可能宁愿采取这种方式。当然,很难说这种类似于只经

---

① Bradley & Ewing, p.658.
② Bradley & Ewing, p.658.
③ Bradley & Ewing, p.657.

过一读的立法文件通过的成功率是否会高于通过议会的审议程序通过的法律文件。

英国学者认为,如果议会可以修订成文法律规范,将使议会中的某一院仔细地考虑那些议会已经授权部长考虑的事项。① 注意此处议会与其某一院的区别。在英国,通常所说的议会是包括两院及英王在内作为一个立法整体的至上立法者,而不包括英王的两院显然不具有这种权威。同时,此处还提到了议会的法律与成文法律规范的区别,即议会的法律除财政法案只需要众议院通过外,其他的都需要两院的一致通过;而成文法律规范则只需要一院通过。这正是其效力之不高的原因所在。

如果某一议院按照自己的标准对某一成文法律规范不满,那么该成文法律规范的起草部门必须撤回并重新起草。②

六、司法控制

此即中国宪法、行政法学者十分关注的抽象行政行为的司法审查。

对于这个问题的回答有两个基本点:一是英国没有抽象行政行为与具体行政行为的划分,所有的行政行为都可以在同一法院按照同一程序提起相同的司法审查;二是英国的司法审查与违宪审查没有实质区分,也没有范围限制,甚至连议会的立法都可以成为司法审查对象,如审查被告指称的立法是不是议会的法律。这种意义上的司法审查完全可以称为违宪审查,但或许是英国没有一部成文宪法的缘故,英国学者有意避讳违宪审查的说法。

(一) 对委任立法可以诉诸司法救济

对于那些公共管理机构的权力来自其他立法途径,如北爱尔兰、苏格兰或者威尔士的立法性文件或者仅在本地区有效的立法,其中主要是权力下放后当地议会制定的立法性文件,法院可以审查该立法机关权力的合法性,以及基于对此项权力的信赖而作出决定的合法性。③ 与议会立法不同,由于这些制定法不属于议会至上立法的范畴,因此属于法院审查的范围。在涉及行使相应立法设立的权力作出的行政决定的案件中,不仅要审查行政决定,而且还要对作为决定的依据或者说决定者信赖对象

---

① Bradley & Ewing, p. 657.
② Bradley & Ewing, p. 657.
③ Bradley & Ewing, p. 632.

的授权制定的成文法律规范本身的合法性进行审查。

由高等法院对公共管理机构作出的行政决定及制定的条例的合法性进行审查,这是英国法学界的常识。① 英国并没有具体行政行为与抽象行政行为的区分,所有由政府实施的行为是否可以由法院进行实质性审查,其决定因素不在于该行为影响了一个人还是所有的人,而在于其是否影响了申请人。当然,英国的司法审查自有其例外之处,如国家行为。

正如本书反复强调的,英国学者对于司法审查的理解是相当严格、狭义的。因此,此处讨论的内容在英国学者看来,不是司法审查,而是司法控制。其实英国学者也有类似的倾向,例如,他们将法院对委任立法的审查称为司法仔细审查②,而避免使用司法审查这个更为常见的用语。这种用语习惯与其讨论立法问题的语境有关。因为在立法领域涉及对立法议案的审查的最常用的就是司法仔细审查。

在英国,曾经盛行这样的观点:如果授权法规定据此制定的法规具有与该法相同的法律效力,则可以排除法院对该法规合法性的审查;然而事实上,授权法并没有给据此制定的法规这种效力。③ 英国学者提醒我们,就纯粹涉及国内法律事项的制定法而言,英国法院无权宣告此类法律无效。④ 之所以会有这样的表述,主要是就涉及欧盟法(脱欧前)及《欧洲人权公约》的立法而言的,对于这些法律渊源所加之于英国国内制定法的特殊义务,赋予英国法院不同于其对于英国国内立法的权力。英国学者在讨论英国法的渊源时也提到国内法领域法院与议会的关系不同于涉及欧洲法时的关系,因为就国内法而言,议会立法至上原则是牢不可破的,但就欧洲法领域,虽然英国学者不明说,但显然是议会立法至上明显的例外。

如果能够按照规定的程序制定,并在母法授予的权限范围内,则成文法律规范与授权法属于同一效力层级。制定法与成文法律规范的区别在于,与议会不同,制定成文法律规范的部长的权力是有限的。因而,如果某一政府部门想针对某一个人强制实施某一成文法律规范,该人可以将该成文法律规范的合法性作为一个抗辩事由在诉讼程序中提出,法院有

---

① Penny Darbyshire, p. 5.
② Neil Parpworth, p. 205.
③ Bradley & Ewing, p. 663.
④ Neil Parpworth, p. 205.

权裁决这一问题,尽管这一成文法律规范已经获得了议会中所有议院的批准。① 也就是说,如果某一政府部门想针对某一个人强制实施某一成文法律规范,该部门本身是不能直接采取强制措施的,而只能将该人诉至法院。在该诉讼过程中,该人可以将作为政府部门控告依据的该成文法律规范的合法性作为抗辩事由向法院提出,从而启动了对该成文法律规范的司法审查。

法院从前对条令实施比对政府部门制定的法规更严格的控制。② 从英国学者提供的判例看,早在1898年就有有关条令的案件,而到了1980年仍有这样的案件,但其范围已经缩小到地方事务等狭小领域。在1990年的 R. v. Secretary of State for Social Services, ex p. CPAG[CPAG 是儿童贫困行动组织(Child Poverty Action Group)的简称]一案中,法院允许儿童贫困行动组织以自己的名义提起对社会保障立法进行解释的行为的司法审查。③ 这个案件是对抽象行政行为的司法审查的典型判例。

(二)对委任立法实施司法控制的原则

议会立法至上原则使得法院不能对议会立法的违法性进行评价。对于委任立法情况就不同了,作为越权无效原则的必然结论,法院可以废除超越授权法的委任立法。法院所做的恰恰是通过废除超出议会意图的委任立法的方式对议会提供支持。法院监督管辖权的范围限于委任立法的合法性而不是合理性。④

对成文法律规范提出的挑战,获得胜利的机会主要取决于母法的授权条款的用语以及法院对此所作的解释。法院根据1998年《人权法》第3条第1款关于在一切可能情况下按照与《欧洲人权公约》相一致的标准解释法律的规定,明显扩大了对委任立法的合法性提出挑战的领域。简言之,除非母法明确表示或者通过必要的暗示授权制定违反公约人权的委任立法,否则就某一指定的事项制定委任立法的一般权力不应当被解释为绝对的、可以制定违反公约人权的委任立法的权力。正是在这个意义上,《人权法》扩大了法院推翻委任立法的权力,只要法院认为无法将该委任立法解释为与公约人权一致即可,尽管除了1998年《人权法》,该委

---

① Bradley & Ewing, p. 661.
② Bradley & Ewing, p. 663.
③ Bridges & Cragg, p. 106.
④ Neil Parpworth, p. 206.

任立法没有超出母法所授予的权限。法院可以根据1998年《人权法》第5条的规定，宣告该委任立法与《欧洲人权公约》不一致[1]，从而迫使政府采取补救措施，修订作为该委任立法的母法的制定法。换句话说，如果议会在授权法中明确表示或者暗示委任立法机关制定违反公约人权的委任立法，或者说法院认定授权法实际上属于这种情形，这种情形不属于此处讨论的委任立法的范畴，而是制定法的范畴。即使委任立法没有作任何这方面的规定，作为一般的推断，法院也可以此为原则裁断相应的委任立法是否合法。在这个意义上，《人权法》的规定使法院增加了一条撤销委任立法的理由，而正是这一理由扩张了合法性审查的范围。法院根据1998年《人权法》第5条的规定享有的宣告委任立法与《欧洲人权公约》不一致的权力，更是迫使政府采取补救措施，修订作为该委任立法的母法的制定法的有力武器。

即使完全抛开《人权法》，英国的司法实践中也早已确立了如下司法解释的前提：除通过明确的表示或者必要的暗示作出的授权外，议会并不希望其所委托的权力为某一特定的目的而行使。[2] 也就是说，议会只会以明确表示或者必要的暗示方式委任立法权。而第一次世界大战期间发生的以委任立法的合法性为抗辩理由的案件很好地诠释了以下两个原则：除非有议会明确表示，不得剥夺任何人寻求法院救济权利的原则，以及未经明确授权不得征税的原则。前一原则在1997年的一个案件中得到了应用：大法官发布的一项命令增加了法院的诉讼费并且要求即使是那些享受最低收入保障的人也必须支付这些费用，高等法院王座分庭认为，这一命令剥夺了这些人获得法院宪法性救济的权利。[3]

除非议会明确表示，不得剥夺任何人寻求法院救济的权利是一个非常重要的原则，该原则恰如其分地诠释了公正的获得成本与获得公正的审判的权利之间的正当关系。大法官负责法院的统一财务政策的制定，但其决定也不免被法院推翻，这在我们看来简直是匪夷所思，就如同最高人民法院关于民事诉讼案件受理费的规定被某一高级人民法院甚至中级人民法院推翻那样令人震惊。

---

[1] Bradley & Ewing, p.661.
[2] Bradley & Ewing, p.661.
[3] Bradley & Ewing, p.661.

（三）法院审查委任立法合法性的事由

成文法律规范的合法性因两大事由被挑战：① 内容或者实体方面超越了母法授予的权限；② 制定过程没有遵循正确的程序。①

同样，法院也可以某一成文法律规范具有溯及既往的效力，而议会对此并没有明确授权为由宣告其违法。1973 年，苏格兰的季审法院即因此宣告某一由苏格兰事务大臣制定的法规越权。1982 年，内政大臣制定的《监狱管理规则》也被法院认定为并没有授权其制定限制在押犯人寻求法院救济的权利的条例。但是，在 1971 年涉及在北爱尔兰的结社自由的判例中，贵族院以 3∶2 维持了一项非常明显的禁止成立共和俱乐部的委任立法。1990 年，国防大臣制定的条令禁止人们接近格林汉姆（Greenham Common）军事基地（当时的英国核导弹基地），该条例被法院认定为违法，因为其忽视了 1892 年《军事土地法》有关此等条令不得对平民的权利构成歧视性影响的规定。②

而 1996 年的一个判例认定，在某一寻求庇护者的上诉申请未裁决之前，剥夺其所受益的社会保障方面的待遇的法规是非法的，因为这样做的后果是阻止了其上诉权的行使。③

（四）对委任立法合理性的审查

在审查委任立法的时候，法院不会轻易推翻某一成文法律规范，但是如有必要，法院也会适用无理性的检验标准，即某一委任立法是如此的无理性以至于使人无法相信议会会授权制定这样的立法。例如，对于一项由环境保护大臣发布的关于限定几个特定的地方议事会开支的命令，贵族院认为，即使该命令没有超越母法的授权，仅仅基于恶意、不适当的动机或者明显不合情理等最极端的司法审查理由，也应当认为其为非理性的。④

有关部门严重的程序错误也会导致某一成文法律规范被宣告为无效。如果在成文法律规范制定前有咨询利益受影响的组织的义务，法院认为，仅仅寄一封信给某一组织并没有满足咨询的要求，有关政府部门没有给予足够的时间也被视为没有进行过有效的咨询。⑤ 但并不是每一个

---

① Bradley & Ewing, p. 661.
② Bradley & Ewing, p. 662.
③ Bradley & Ewing, p. 662.
④ Bradley & Ewing, p. 662.
⑤ Bradley & Ewing, p. 662.

程序上的错误都会损害成文法律规范的效力,法院认为有些程序要求是指导性的而非强制性的①,未能严格遵循这些程序并不会导致成文法律规范无效。

尽管某一成文法律规范在某种程度上存在实体上或者程序上的瑕疵,但这并不必然意味着整个成文法律规范都将归于无效,在其合法的限度内仍可继续施行或者继续对那些没有受到其瑕疵影响的人们有拘束力。②

(五)裁判所对委任立法的控制

如果某一裁判所必须裁断某一公民的权利范围,而这一权利的范围又直接受某一条例影响,此时,该裁判所就必须在必要时决定该条例是否违法;裁判所对此所作的决定可以提起上诉或者司法审查。同样,如果某人在裁判所被控告违反了某一条例或者条令,则被告提出该成文法律规范违法是一个在法律上看来非常有说服力的抗辩事由。③ 这意味着裁判所也拥有对成文法律规范的合法性进行审查的权力。

第四节 司法权及其自我克制

1949 年,丹宁(Alfred Denning)在其名为《法律下的自由》(Freedom under the Law)的专题演讲中提出了以下精辟的结论:"任何人都不应当想当然地以为,行政机关永远不会犯我们每个人都有可能犯下的罪愆。可以断言,行政机关有时会做其不该做的事,有时则会不做其该做的事。但是,如果我们之中的任何人受到了行政机关过错的戕害,我们可以寻求的救济何在? 在我们国家,保护我们的个人自由的程序非常有效,但阻止权力滥用的程序却远非如此。正如锄与铲已经不再是开采煤矿的适宜工具一样,训令、调卷令的程序以及相应的诉讼手段,也不再是新时代捍卫自由的有力武器。这些程序和手段必须为诸如宣告令、强制令及过错责任诉讼等新的、更适应时代的机制所取代。而完成这一使命,不应当是议会,而必须是法院。在我们的法院未来所面临的所有使命中,这是最重

---

① Bradley & Ewing, p. 662.
② Bradley & Ewing, p. 663.
③ Bradley & Ewing, p. 663.

要的。"①

在丹宁发表上述演讲后的七十余年间，法院确实在坚持不懈地实践着丹宁所强调的使命。用上诉法院刑事分庭庭长伍尔夫（Lord Woolf CJ）在 2001 年 Governor & Company of the Bank of Scotland v. A Ltd. 一案中的话说，如今宣告令的救济已经在现代司法审查法律体系中发挥着至关重要的作用。②

本节将从两个方面揭示英国法中另外一个表里不一的现象。一方面，法院的法官们在扪心自问后勇敢地宣布各级政府、英王甚至议会的行为违法，并在具体的案件中行使相当广泛的自由裁量权，从这个意义上说，司法权的范围就是司法能够提供救济的范围，即行政诉讼领域经常会讨论的司法救济的受案范围问题，本节将在前九部分讨论这个问题；另一方面，法院及其法官们又非常克制地时刻准备站到幕后。英国学者介绍这一内容的目的在于：任何掌握权力者必须时刻保持清醒的头脑，看管好自己的权力范围，更要看管好自己掌握权力的心——面对外部时刻都会启动的权力制约，这是最好的全身之计。

一、司法救济的基本理念

参见本卷第四章第一节中确定司法审查的范围的基本理念部分。

二、对议会立法的司法审查

参见本卷第四章第一节中对议会立法的司法审查部分。

三、对排斥司法审查的反制

参见本卷第四章第一节中对排斥司法审查的制定法的反制部分。

四、对规范性文件的司法救济

我国的规范性文件对应的是英国的委任立法。我们所称的规范性文件，是就形式标准而作的划分，其中隐含的一个前提是将法律、法规等排除在外，因对排除范围的理解因人而异，这种分类方法或者称谓确实有其不严谨之处。而英国的委任立法，是就立法的权限标准而言的，既然是委

---

① Neil Parpworth, p. 332.
② Neil Parpworth, p. 333.

任立法,肯定不同于作为初级立法的法律。

据此,所谓对规范性文件的司法救济,就是对委任立法的司法审查,这方面更全面的内容,参见本卷第三章第三节,特别是司法控制部分。

五、对国家行为的司法救济

参见本卷第四章第一节中的相关内容。

六、对英王特权的司法救济

参见本卷第四章第一节中的相关内容。

七、对自由裁量权的司法救济

参见本卷第四章第一节中的相关内容。

八、对人事行为的司法救济

参见本卷第四章第一节中的相关内容。

九、对公法人行为的司法救济

参见本卷第四章第一节中的相关内容。

十、司法救济的裁量性

参见本卷第五章第五节审理机关及其裁量权中的相关内容。

十一、立案阶段的司法裁量权

参见本卷第五章第五节中的相关内容。

十二、实体裁决的司法裁量权

参见本卷第五章第五节中的相关内容。

十三、司法径行变更权

参见本卷第七章第一节中的相关内容。

十四、司法裁量权的自我克制

尽管事实上存在现实的司法自由裁量权,但英国司法界始终对自己的权限保持清醒的头脑,他们在司法审查中仔细审查下级法院或者公共管理机构是否越权,同时自己也身体力行,恪守自己的职责,不越雷池一步。或许,英国司法界的权威正是在这种绵延数百年的执着、克制中确立的。例如,在 1990 年的 *R. v. Secretary of State for Social Services, ex p. CPAG* 一案中,上诉法院特别强调,诉讼各方当事人不得通过协议排斥法院对原告主体资格问题的审查,因为这将允许诉讼各方当事人将法院并不享有的权限强加给法院。①

在 1987 年的 *R. v. Felixstowe Justiles, ex p. Leigh* 一案中,法院认定一名记者拥有对受薪的治安法官们拒绝在公开的法庭上表明身份的行为提起司法审查的主体资格。法院的理由是,尽管该记者在受薪的治安法官们拒绝表明身份时并不在现场,但记者在该案中是司法公开的公共利益的守护者,因此有主体资格。而在 1984 年的一个判例中,法院认定时任全国电视观众及广播听众联合会主席怀特豪斯(Mary Whitehouse)拥有对独立广播管理局主任未能将某电视片提请该管理局审查的行为提起司法审查的主体资格,该案的主审法官将申请人怀特豪斯描述为"对一个庞大的制定法设立的机构未能遵守法律的行为提出控告的唯一许可的拥有者"②。

千万不要相信英国法官所说的此类无关痛痒的话,法官在该案中这样说,无非是想为自己在该案中授予申请人原告主体资格辩解,到了其他的案件中,法官还会拿出同样的说辞来解释其类似的决定。其实,法官的此类解释恰恰说明了他们的可爱、内敛之处:法官本来不必这样谦恭,因为法官的判决就是法律;但法官总是这样谦恭,总是希望自己的判决建立在更能为常人所接受的理性基础上,以便更多的人理解并接受他们的判决。这样的美德对于习惯于专断的法律文化圈内的法官而言未免有些矫情,但缺乏此种及其他美德的法官们最需要了解的事实恰恰在于:他们并不是因为无法具备这样的美德而这样认为的,而是因为他们根本不认为这是美德。

十五、严格区分监督权与上诉管辖权

在 1991 年的 *R. v. Secretary of State for the Home Department*,

---

① Bridges & Cragg, p. 106.
② Bridges & Cragg, p. 109.

ex p. Brind 一案中,阿克纳(Lord Ackner)指出,虽然已经有人在批评以非理性衡量行政决定的标准过于高不可攀,但在他本人看来,这一评判标准的继续存在还是必要的,因为正是这一标准的存在进一步强化了司法审查权是一种监督权而非上诉管辖权这一基本事实。① 对于上诉管辖权而言,法院享有不逊于、至少与初审案件完全相同的管辖权;而就监督管辖权而言,则要受到相应的限制,如不能完全取代或者不能试图完全取代被监督权力的行使。上诉管辖权可以据以对上诉案件进行全面审查,作出一切原决定者可以作出的判决;而对于监督管辖权,则只能进行有限审查,对于行政决定的自由裁量空间不宜过多地介入,而支撑行政自由裁量权的有效空间,就是合理性审查的门槛。这个门槛越高,留给行政机关的不受司法审查触及的活动余地就越大。但这个门槛又不宜太高,否则司法监督权将被束之高阁。

十六、矢口否认法官造法

里德(Lord Reid)曾经非常幽默地描述了旧式的英国法官们的虚伪:"曾经有段时间,谈及法官造法简直就是对法官的亵渎,法官们称他们只是宣告法律而已。那时的人们似乎相信,在少年阿拉丁(Aladdin)的某个宝洞里,藏着金光闪闪的普通法,而法官从被任命的那一天起,就感知到了芝麻开门的秘诀。凡是错误的判决都是因为法官记错了秘诀或者找错了门。"②对此,我们已经在本书第二卷第一编第四章第四节法律解释技术中法官造法——判例成为法律部分具体地描述了英国学者揭穿这种神话的各方面的证据。

第五节 司法公正

本节内容原本想放在本书第二卷英国司法体制的最后,但在"英国司法体制"这一议题的最后,再来讨论什么是司法公正似有点晚了,但如果讨论如何实现司法公正,或许正当其时。但不得不说,二者在英国几乎没有质的差别。但对于中国读者而言,每个人心目中都有自己的公正观,本节内容就是希望对英国的公正及其突出的表现形式——司法公正——能

---

① Neil Parpworth, p. 300.
② Neil Parpworth, p. 240.

够有一个全面的介绍和总结。

一、公正的现代需求

公正是现代行政促成的一种需求。

对此,韦德爵士有一段精彩的论述:对于公众而言,他们客观上必须服从于业已建立的庞大的行政权力帝国,因此,只有所有这些公共权力都能公正行使,才能够保证与其平等对待和善良行政的设立本意相一致。因为随着行政权的扩张,自由受到了削减,公正就必须扩张。① 在此共识的基础上,韦德爵士得出了一个意味深远的结论:政府掌握的权力越多,公众舆论对越权或者不公的反应就越敏感。② 而政府对于公共舆论的及时反应,就是对政府感知现实的公正的最主要途径。但在另一方面,随着现代福利国家的兴起,设置旨在公正的制度却面临是否构成对于法律面前人人平等这个基本公正观念的侵蚀的拷问。例如,为保障每个人都有机会亲近公正的司法而设置的法律服务体系就存在这样的问题。因被判定不具有足够正当的获得公共基金援助优先权的理由而被排除在外的案件包括:申请对财产的过失损害赔偿的案件、财产过户、界址纠纷、信托法律事务或者遗嘱事宜、与公司或者合营以及经营方面的法律问题有关的案件。不难发现,这些案件的当事人都是有钱人,或者因有钱才会遇到的法律问题,由于他们不符合法律援助服务仅面向确有可能因经济原因而被拒于公正大门之外的穷人的原则,他们的案件不属于公共法律援助施救的对象。这一点与公正本身的推行无关,就像我们不能因为社会福利制度只救济穷人而没有按照人人平等原则惠及富人和外国人,就说这种制度不符合正义一样。法律面前人人平等是每个属于特定法律调整对象的个人与其他同样受该法调整的个人的平等。因为某一单行法本身的立法目的而将国民或者包括外国人在内的自然人"分而治之",并不违反法律面前人人平等的原则,因为对于属于该法调整与不属于该法调整的人而言,法律对于他们本来就是不相同的。以上解释告诉我们,法律原则需要精确地表述,口号式的宣示只能用于宣传,不能用于精确地理解,更不能直接用于执行,否则极有可能构成误导、影响执行。

在前述 1990 年的 R. v. Secretary of State for Social Services, ex

---

① Wade & Forsyth, p. 7.
② Wade & Forsyth, pp. 7-8.

p. CPAG 一案中,法院允许儿童贫困行动组织以自己的名义提起一起对社会保障的立法进行解释的行为的司法审查案件。① 比较法的事实表明,如果没有这类组织,则类似贫困儿童这等无民事行为能力、无愿意负责的近亲属、无财产的极端弱势群体的利益是非常难以维护的。有人也许会说,不是有政府吗? 这里说的就是政府。这样的事毕竟不会很多,在英国也就出过那么几件,但政府只要有一件这样的立法性解释,就足以使贫困儿童雪上加霜——公正的必要性或者难度就在于,它的目的绝对不仅仅是使大多数甚至绝大多数人都受到公正的待遇,而是使任何人、哪怕是最容易被忽视的人免受不公正待遇。由于这个目的的绝对性、纯粹性,使之在逻辑上具有不可实现性,这恰恰就是其容易在一个不公正的社会被攻击的软肋。在这样的社会中,最需要解决的或许不仅仅是公正如何普及的问题,而是使人们普遍地认同即使自己不愿意为公正出力,但至少不阻止、不讥讽、不打击别人为实现公正所作的努力。当然,对公正事业最严厉、最阴险、最恶毒也最普遍的打击,就是否认不公正的现实存在。

二、公正行事的要求

公正行事的要求,是上诉法院法官阿特金(Atkin LJ)在1924年的 *R. v. Electricity Comrs, ex p. London Electricity Joint Committee* 一案中率先提出的,并将其与法律授权并列。② 该案确立了司法审查范围的两个标准:一是法定授权,二是公正行事。前者与行政权、司法权有关,但民事委托的权利除外;后者则涉及公正行事义务的适用范围是局限于司法机关的活动,还是包括行政性的活动。

关于公正行事与司法二者之间在英语中存在的、但难以从译文中体现的奇妙关联,笔者已经不止一次体会而且也不止一次地提醒过读者了。但在此处,还是需要特别地提醒,将公正行事的义务(duty to act judicially)译为司法化地行事是完全可以的,甚至可能更准确一些。笔者之所以没有采用这一译法,主要是囿于汉语言文化圈中的公正意识与英国的差异。在英国,司法就是施行公正,因此司法化地行事就是公正地行事,二者在认识上是统一的。在理解英国法的制度时,将公正与司法这两个概念始终联系在一起是非常必要的。

---

① Bridges & Cragg, p. 106.
② Neil Parpworth, p. 329.

公正行政的要求,可以从英国当代行政法中十分重视的合法性期待的确立说起。1972 年的 R. v. Liverpool Corpn, ex p. Liverpool Taxi Fleet Operators' Association 一案(案情见本卷第四章第二节中"合法性期待"部分)表明,合法性期待也可以通过明确的保证或者承诺的形式确立。① 从这个判例可以看出,所谓公正行事,就是让人挑不出毛病来。既然被告已经作出了承诺,则按照常理就应当遵守其承诺,虽然下文将提到该承诺不得羁束其自由裁量权,但在其自由裁量权不受羁束的条件下,履行其仅具有程序性咨询意义的承诺并不是什么难事,而且还有助于其更加有效地行使其自由裁量权。正因如此,法院才作出了被告未公正行事的判决。

司法公正是建立在所有人都认为或者在具有一般理性的人都认为自己受到了公正的待遇的基础之上的,而且这种认知应当体现为案件的当事人或者认为自己是案件的利害关系人的经验判断。如果在诉讼中,那些自作多情的或者敏感的人认为自己没有获得足够的机会成为案件的当事人,并因此被排斥在案件之外,则即使以同样的标准衡量案件审理结果的实质公正性时会得出他们的权益并没有受到损害的结论,他们接受这种结果的情愿程度也要远远低于他们被获准加入案件审理过程,这就是程序正义对于实质正义的心理呵护作用。

显然,英国司法实务界所秉承的理念非常重视程序公正的心理基础性作用。因此,法官不轻易言退(当然更不会随便劝进),不过由于律师的劝进热情汹涌澎湃,法官"拈花一笑"是对当事人及其律师莫大的心理安慰。从这个意义上讲,英国司法公正的实现渠道是将"水"放进法院,而不是把"愤怒"堵在法院门外。至于他们这样做更深层次的理念,则是更基本的司法最终消灭纠纷原则(即我们的司法最终原则)。②

三、公正实现的标准

最常见的法谚中,恐怕不会少了这句话:"公正不仅应当实现,而且应当以人们看得见的方式实现。"笔者没找到中文著作中引述这句话的英文,但休沃特(Lord Hewart)在 1924 年的 R. v. Sussex Justices, ex p. McCarthy 一案中有类似的表述:It is "of fundamental importance that

---

① Neil Parpworth, p. 313.
② Bridges & Cragg, p. 151.

justice should not only be done but should manifestly and undoubtedly be seen to be done".① 对于这句话,笔者认为有两种译法:一是"公正不仅应当实现,而且应当让人明明白白地、不容置疑地看到其实现"。二是"公正不但应当实现,而且应当以人们看得见的方式实现,更要以不容置疑的方式实现"。国内习见的是其前半部分,而鲜见对以不容置疑的方式实现公正这一要旨的强调;虽然朗朗上口,但释义也丢得差不多了:只解决了明明白白的问题,而没有解决毋庸置疑的问题。

公正的实现标准中不容置疑准则的现实性在于,公正从本质上说应当是公众的正义观念的民主化表现。一个人的观念不代表社会普遍的公正信念。无论是法官还是行政官员,他们在现代法治社会都秉有一项内在的揣摩、追逐社会或者公众普遍的公正观念的职业义务。正如韦德爵士指出的,所有有关比例原则及合理性原则的各种期许的讨论,都应当把普通人对于公正的一般信念作为唯一的检验标准。②

英国学者认为,1978 年的 *Mclnnes v. Onslow Fane* 一案多方面的重要性中最重要的是其对自然公正原则和公正行政的进一步理解:自然公正或者公正行政的概念都是非常灵活的,其具体内涵的界定取决于特定案件的具体情况。就吊销类案件而言,所涉及的是既有权利的剥夺,梅加里(Sir Robert Megarry V-C)认为,此类案件所要求的自然公正标准包括以下三项内容:由无偏私的裁判所裁决的权利、获知指控的权利(即吊销许可的事由或者事实根据)以及就指控所作答辩获得听审的权利。③

四、司法观与公正观

司法观与公正观,是本书多处涉及、反复讨论的中心议题,其中第一卷第一编第二章第七节公法基本观念中有关司法观的讨论是一个总结。在此值得重申的是:英国司法观的核心是公正观,即司法是"公正的经营与分配"(dispense justice)的观念。④ 此处的 dispense justice,即司法,这是英国法律中可以与公正的经营(administer justice)相提并论的另一种表述。

---

① Bradley & Ewing, p. 713.
② Wade & Forsyth, preface, 9, June, 2000.
③ Neil Parpworth, p. 315.
④ Neil Parpworth, p. 24.

第四章
司法审查基础

本章讨论英国司法审查制度的三大制度基础,即司法审查的范围、司法审查的根据和司法审查的证据规则。之所以这样安排,是因为司法审查是英国司法救济体系中最完善、最系统的部分,以此为核心,本章也顺带讨论其他司法救济的基础。

司法审查的范围偶尔也会在英国法的研究资料中提到。例如,1979年上诉法院就在有关监狱管理者对在押犯人的纪律处分的案件中,讨论过救济的范围。① 但对于司法审查范围的具体界定,却很难在英文著作中找到系统全面的阐述。不过我们可以按照领海基线的确定方法——将确定的基点进行连线——来大致估计英国司法审查的范围。例如,对于监狱在押犯人的纪律处分可以提起司法审查,对自律机构的纪律处分也可以提起司法审查。

英国学者讨论的司法审查的根据,是公法决定被挑战的根据。② 即基于哪些理由,当事人可以对公法决定提出挑战,法院可以对公法决定进行审查。

第一节 司法审查的范围

确定什么样的案件可以申请包括司法审查在内的司法救济,与什么样的人可以获得司法救济,英国学者总是分不清,以至于笔者看得多了,也怀疑自己对这两个范围是否分清了。但无论如何,希望读者在阅读本节之余,对比一下下文司法审查的申请人,其中的许多内容,特别是"具有

---

① Bradley & Ewing, p.730.
② Neil Parpworth, p.288.

公心的人""公益诉讼"中介绍的几十个案例,或许会使读者对英国司法审查及司法救济的范围留下一点印象。

英国公民现在对于司法审查程序的利用要比此前的特权令状充分得多。如果司法审查的申请涉及公共管理机构或者其官员,那么法院总是愿意将其纳入司法审查的范围,除非存在相反的理由。因此,对基于英王特权而作出的决定可以提起司法审查,除非其主要事实在法律上不具有可裁判性。同样,对地方政府机关限制人们对公共财产使用的决定、启动法律程序的决定以及为签订合同而发出邀约的行为等,也可以提起司法审查。[①]

正如英国行政法从不将包括司法审查的司法救济作为一项统一的制度进行研究一样,司法审查的范围在英国也没有对称的概念。英国行政法也讨论某一案件是否可以提起司法审查、是否能够上诉等问题,如对英王特权的讨论、对司法审查与议会立法至上关系的讨论等。但需要提醒读者注意的是,英国行政法对于司法审查的范围的讨论是建立在某一潜在的原则基础上,作为一种例外加以讨论的,其讨论的内容总是说某某类型的案件何以不能司法审查,而很少述及司法审查的范围。而这个潜在的原则体系,就是笔者以下对确定司法审查的范围的理念的归纳。

一、确定司法审查的范围的基本理念

(一) 基本理念

英国司法审查的范围的确定,建立在以下三个基本理念的基础之上,在此前提下除去相应例外,就是英国司法审查的具体范围。

1. 法院管辖所有的司法性案件

英国司法界有一个根本性的观念,即解决争议是法院当然的使命,当然法院并不是解决争议唯一的舞台。[②] 正如在介绍英国法院时所强调的,英国的法院是法律之院,是施行公正或者经营正义的场所。因此,所有争议,无论争议双方是谁,都可以诉诸法院,这是英国司法的基本原则。例如,某一自称基于英王特权而实施的行为如果直接影响某个人的权利,就可以诉诸法院,当然在此之后,法院需要解决的问题可就多了。[③] 但就

---

① Bradley & Ewing, p. 737.
② Neil Parpworth, p. 342.
③ Bradley & Ewing, p. 253.

其可以诉诸法院而言,问题已经解决了一大半。因为在英国,英王特权并不是法律之外的权力,只要是法律以内的事,就应当是法院可以过问的。英国法上的英王特权,并不是不可由法院予以审查的法律真空地带,而只是法院适用不同于对制定法上的权力进行审查的规则而已。

当然,英国的法院也并不是有求必应。上述原则的例外是由英国法院的管辖权限决定的。就行政行为本节"对英王特权的司法救济"而言,法院的管辖权限是由案件的司法性决定的。案件的司法性,就是案件宜于由法院通过司法途径予以解决的属性,这是英国行政法在讨论英王特权案件的司法审查可能性时提出的判断标准,即凡具有司法性的案件,就可以进行司法审查,如公务员雇佣合同纠纷。关于司法性的具体内容(司法性的另一种表述就是案件性),参见部分的讨论。

2. 所有涉及公共职能履行的案件都可以提起司法审查

即使涉案的机构并非从立法取得权力,但如果该机构履行公共职能(public function),则仍有可能成为司法审查的对象。例如,在1987年的一个判例中,法院认定,控制股票交易所的自律机构履行公共职能。

3. 所有行政争议,(除个别例外)都可申请司法审查

英国学者断言,如果其决定受到挑战的某机构本身是一个制定法设立的机构(statutory body),并且从立法中得到其作出该决定的权力,则几乎可以肯定该决定属于司法审查的范围,除非该决定属于私法范畴。①

例如,1992年《环保信息条例》要求中央及地方政府、其他履行公共行政职能的人以及任何负有对环境的公共职责的机构,必须向提出申请的任何人提供范围广泛的环保信息。而且在获得环保信息时没有必要表明对于这些信息的特殊利益(special interest),因此,任何人都可以提出申请。在英国,对于所有这些问题的最终解决渠道就是对任何拒绝提供信息的行为申请司法审查。②

(二) 实质审查的受案范围

英国司法审查中非常值得我们注意的是,对于受案范围的理解存在两个不同的标准,即形式审查标准与实质审查标准。不同的标准其受案范围是截然不同的。实质审查标准与案件的胜诉权有关,是法院是否具有实质性审查权限的案件的范围。例如,一般认为,基于议会立法至上原

---

① Bridges & Cragg, p. 4.
② Bridges & Cragg, p. 97.

则,对于议会的立法,法院没有审查权限,这就是指其实质性审查权限;同样的例子还包括法院无权审查自由裁量行为、不具有案件性的行为等。

例如,1990 年的 R. v. Secretary of State for the Environment, ex p. Rose Theatre Trust Co. 一案中,申请人是玫瑰剧院信托(Rose Theatre Trust)公司,该公司设立的目的就是挽救玫瑰剧院,但法院认定该公司不具备挑战国务大臣拒绝将该剧院列入历史建筑名录的行为的原告主体资格。① 对于这个判决结果,在有些国家可以从实体上解释为这属于被告的自由裁量权,但在英国法中,这个问题却是从程序上解决的。有些国家将这一问题归于实体问题仅仅是为了在案件受理这个程序阶段拒绝受理,而在英国,同样的结论却是在司法审查结束后才最终获得的,案件是否应当受理的程序性问题不应当成为排斥司法审查的理由。

(三) 形式审查的受案范围

形式审查涉及的是案件受理的程序性问题。提醒读者务必注意,法院对于某一案件的实质性问题没有管辖权限,并不意味着法院不可以审理这个案件,而只是说法院无权作出实体性的裁决。但对于形式问题,即某一案件所涉及的问题是否属于法院的管辖权限,则是法院当然有权审查的。这就是案件的形式审查标准。例如,英国学者认为,虽然法院很久以前即拥有裁决英王特权的存在与否及范围大小的权力,但是传统上,法院并没有规制英王特权行使方式的权力。② 法院裁决英王特权的存在与否及范围大小的权力属于形式审查的权限,而规制英王特权行使方式的权力则属于实质审查的权限。法院虽然不可以就后者作出裁决,但却当然地具有对确定后者是否存在及范围大小的形式审查的裁决权。

关于形式审查标准与实质审查标准的区分的核心是,对于英国法院而言,原则上,对于所有的争议法院均具有形式审查权,因此,就形式审查而言,英国的司法审查是没有受案范围限制的。而本节所讨论的主要内容,则是就实质审查标准而言的。

不仅如此,在讨论司法审查的程序时,将会讨论受案审查阶段所解决的问题,并不限于形式审查权限的问题。英国法院对于自己是否对某一案件具有实质管辖权的审理,如某一规范性文件是否属于议会立法,这属于正式的审理程序要解决的问题,而不是受案审查程序阶段要解决的问

---

① Bridges & Cragg, p.106.
② Bradley & Ewing, p.256.

题。法院仅具有形式审查权的案件,并不妨碍法院将其纳入正式审理程序,而唯一的限制是,如果法院经审查最终认定自己没有实体审查的权限,则法院除了宣告这一结论外,不能作出任何实体性的判决。但是这一非实体性的判决并不妨碍其成为一个具有拘束力的判例,因为它毕竟解决了是否属于法院管辖权限的争议。

(四)英国司法审查的范围

英国可以提起司法审查的案件的范围非常广泛,甚至公民对政府处置口蹄疫的措施不服都可以提起诉讼。[1]

英国司法审查的范围与所采取的手段或者程序有密切的关系,即使制定法规定禁止寻求救济的案件,法院也只承认其不属于同一制定法所规定的上诉的救济范围,而不承认不能采取其他的救济,如司法审查。从这个意义上讲,英国包括司法审查在内的司法救济的范围是所有司法救济手段受案范围的总和,其范围肯定要大于任何一种司法救济的适用范围。正是建立在这一概括性默示原则的基础上,英国行政法才得以阐述包括司法审查在内的各种司法救济的例外。

直到 1979 年,上诉法院才在对救济的范围进行辩论的基础上,认定监狱管理者对在押犯人所行使的纪律处分权应当通过调卷令予以司法审查。[2] 在此之前,类似的纪律处分也是不可以提起司法审查的。理由是不属于司法审查的范围。1988 年,贵族院进一步认为,英国公法领域已经完全确立了这样的原则:所有公法领域的案件都是可以提起司法审查的,任何人或者机构只要行使制定法所授予的影响公民的权利或者合法性期待的权力,并且这种权力是法律要求其按照自然公正原则行使的,那么法院就享有对该权力行使司法审查权。换句话说,既然普遍的司法审查管辖权存在,也就不存在是否可以适用调卷令的问题了。上述 1979 年及 1988 年的判决所涉及的固然是制定法上权力的行使,但是法院通过调卷令所行使的监督管辖权也扩展到了英王特权领域以及政府规制权力领域,即便这些权力不是源于制定法。[3]

需要特别提醒的是,英国司法救济的种类很多,司法审查仅是其中一种,英国学者总是分别讨论每一救济类型的受案范围。某一救济形式的

---

[1] Penny Darbyshire, p. 116.
[2] Bradley & Ewing, p. 730.
[3] Bradley & Ewing, p. 730.

否定性结论,不可想当然地理解为该类案件也不得提起其他类型的救济。

(五) 司法审查的范围与公私法的划分

公私法的划分是英国司法审查机制的重要技术手段。这一点在确定司法审查范围时具有突出的意义。英国公法专家甚至断言,如果其决定受到挑战的某机构本身是一个制定法设立的机构,并从立法获得其作出该决定的权力,则几乎可以肯定该决定属于司法审查的范围,除非该决定属于私法范畴。① 例如,如果某人与公共管理机构签订了合同,则该机构作出的任何与该人有关的行为或者决定都要受私法而非公法的调整。② 这进一步说明了公法与私法的划分对于英国司法审查范围的影响。

当然,英国学者承认,判断某一案件是涉及公法问题还是私法问题,并非易事,在某种程度上取决于被挑战的机构的类型,更取决于其在特定的案件中所履行的职能。③

(六)《人权法》的影响

威廉·韦德爵士认为,随着《人权法》的实施,法官们得以将司法审查建立在几乎没有边界的管辖权基础之上,即几乎及于所有政府活动。④ 这句话很值得关注我国行政诉讼受案范围改革的中国学者仔细品味:首先,令笔者颇感意外的是,威廉·韦德爵士所强调的给英国司法审查制度带来如此革命性冲击的成文立法,竟然既不是程序法,也不是其他任何一部我们视为典型意义上的实体法,却是此前我们行政法学者很少涉猎的《人权法》;其次,按照威廉·韦德爵士的说法,自该法实施后,英国法官们的司法审查权几乎达到了不受限制的地步,更遑论所谓抽象行政行为与具体行政行为之争了;最后,也是最令笔者感怀的是,英国行政法学界界定司法审查范围的关键词竟然是"governmental activity"(可译为政府活动),这个词在英文中是一个再普通不过的描述政府活动的词,其外延是最为广泛的,但与笔者所用的对译词"政府活动"在汉语中的内涵之平实与外延之广泛相比,只能说是有过之而无不及。我国行政法学界所探寻的司法权之于行政权的边界问题在英国已经转化为司法权与行政权以及司法权与立法权在政治层面的严格自律、相互制约及彼此妥协,并统一于

---

① Bridges & Cragg, p.4.
② Bridges & Cragg, p.5.
③ Bridges & Cragg, p.6.
④ Wade & Forsyth, preface, 9, June, 2000.

宪法体制的稳定基础之上。一旦司法权对于行政权或者立法权的介入达到当前宪法体制中相互均衡的各种因素难以容忍的地步,各方将诉诸民主政治的解决途径,如1997年开始延续至今的宪法体制改革甚至全民公决等,而不再是在司法权或者行政权领域单独能解决的问题了。

英国《人权法》对英国公民权的扩充的表现之一,就是进一步强化了如下原则:一名在押犯人尽管在押,但仍保有其所有的民事权利,而未被明示地剥夺,也没有必要默示地剥夺。但是就救济程序而言,对监狱管理方违反监狱规则的行为,当事人以违反制定法上的义务为由提出的救济申请不会得到法院的支持(因为监狱规则只是监狱系统的良好行为规范,是监狱系统内部自觉遵守的规章性质的东西,不属于制定法的范畴);但是,当事人可以针对监狱规则中的违法内容,申请法院宣布监狱规则越权无效。例如,如果监狱规则侵犯了在押犯人获得公平听审的宪法性权利,其中当然包括向出庭律师咨询的权利。而且,监狱职能部门的任何企图限制在押犯人的这项权利的行为将被视为蔑视法庭。即使是监狱职能部门的操作性或者管理性的决定,只要"影响"(affecting)了在押犯人,就可以提起司法审查。[①] 当然,此处的"影响"在英语中也是很普通的词,说话的声音大一点,即使没有达到烦人的程度,已经可以叫"影响"了。若是到了烦人的程度,就是骚扰(annoy)了,足以构成一项罪名。

二、对议会立法的司法审查

对议会立法的司法审查,是从另一角度对违宪审查制度的研判。参见本卷第三章第二节违宪审查制度中的相关内容。

(一) 历史回顾

从判例报告中可以找到的许多证据表明,至少自1688年(光荣革命)以来,法官们强烈地倾向于承认议会全能的立法权。但这也不总是司法界的观点。在现代宪法体系中,允许对立法行为进行司法审查的国家,一般都源于成文宪法。但是英国议会在宪法性事项方面享有不受限制的立法权限。[②]

2004年的 A v. Home Secretary 是因"反恐怖战争"引发的一个著名判例,贵族院认定,根据2001年《反恐怖、犯罪及安全法》(Anti-terrorism,

---

[①] Wade & Forsyth, p. 80.
[②] Bradley & Ewing, p. 58.

Crime and Security Act)而在未经审判情况下实施的无限期拘留,违反了《欧洲人权公约》。① 从比较法角度分析该案有两点特殊之处:一是这是一个由英国最高司法机关作出的判决,而不是欧洲人权法院的判例,由此可见,英国对遵循《欧洲人权公约》的诚意;二是这是一个针对英国议会立法的判例,其否定的不仅仅是依法实施的行为,而是该行为所依据的法律,这实际上已经与对立法的司法审查没有实质区别了。

从议会的本意推断,它是否能够通过宪法性的立法赋予法院对立法行为进行司法审查的权力呢?② 之所以提到从议会的本意推断,是因为法官们通常会据此忖度立法的本意,即将自己的理解硬说成是立法的本意。英国学者的意思是,从立法者的本意出发,很难理性地推断出有授权法官对立法行为进行司法审查的本意,从而从根本上否定了试图通过对立法者的本意进行解释,确立法院对立法的司法审查权。

因此,英国学者对于上述问题的回答是,这种可能性往往因考虑到议会不能通过立法约束其继任者原则的存在而被打消。也就是说,议会不能通过立法在特定领域设立司法审查制度的方式约束其继任者。当然前提是这被后来者视为一种约束,而后来者由于其至上的立法权,是完全可以废除前任设立的这些限制的,从而使司法审查的确立归于无效。当然,这都是英国学者的一种理论上的推断,英国的议会与法院之间从未就此问题进行过公开的、实质性的交锋。议会从来没有真正地将设立对立法的司法审查的问题提上议事日程。不仅如此,韦德甚至认为,法院应当义无反顾地实施"议会的法律",是一项议会不可改变的普通法原则。③ 总之,从英国法的传统看,并不存在对立法进行司法审查的问题,英国在历史上是借助公共舆论的压力以及宪法惯例来保证立法的合宪性的。

(二) 形式性审查的现实性

尽管法院可以审查行政行为以保证它们遵守法律的规定,但议会立法至上原则否定了法院对议会立法的合法性进行审查的权力。④ 立法至上原则将英国与那些在其成文宪法中对立法设置限制并委托普通法院或者宪法法院裁决立法行为是否违宪的国家区分开来。⑤ 也就是说,英国

---

① Bradley & Ewing 2015, pp. 76-77.
② Bradley & Ewing, pp. 58-59.
③ Bradley & Ewing, p. 59.
④ Bradley & Ewing, p. 87.
⑤ Bradley & Ewing, p. 55.

的法院没有审查议会立法进而宣告其违宪的权力。①

在现代法律体制中,既有法律被废止或者修订之前持续有效,除非在该法颁布时明确宣告其有效期间。如果立法机关希望改变某一先前的立法,最简便的方法是在新法中明确宣告废止旧法,或者明确指出旧法被修订的部分。假设立法机关没有这样做,新法通过了,却没有明确废止与之相互冲突的旧法,那么现行法中就同时存在两部相互冲突的立法,如何纠正此等明显的冲突?由谁来纠正?② 这就是违宪审查或者对立法的司法审查的必要性。它并不只解决与上位法冲突的问题,更主要的是要解决同位阶法之间冲突的问题。后者显然难度更大。

尽管英国传统上强烈反对法院拥有对初级立法的合法性进行审查的权力,但是法院仍然无法摆脱对某一声称具有立法效力的规范性文件进行审查以确定其是否属于"议会的法律"的职能。③ 事实上,这等于宣告:英国的法院尽管不能对议会立法的合宪性进行审查,但却可以对议会通过的立法是否"议会的法律"进行审查。而这种表面上看来自相矛盾的结论的价值在于,从逻辑上看显然是错误的结论并不当然地没有制度价值,而英国法中恰恰不乏这样的制度。同时,英国法院在这一问题上所表现出来的这种倔强的态度、执着的精神,只能产生于独立的、无所畏惧也无所企求的法官的头脑之中。

基于此,英国学者进一步指出,议会立法至上原则既是一个普通法方面的议题,同时也是一个重要的政治现实,但现有的判例均不能证明在任何情况下该原则都不得由司法判决予以评价,更不能说该原则不可能被法院改变。④

1991 年的 *R. v. Secretary of State for Transport, ex p. Factortame Ltd. (No. 2)* 一案(本书在第一卷第一编英国法理中的第三章第一节议会立法至上原则中曾讨论过)充分说明,英国实际存在对议会立法的司法审查,至少按我们理解的法院可以受理此类案件的标准来看是这样的。当然,这是我们的管辖权标准,这种标准实际上属于形式意义上的管辖权,而英国法院所说的管辖权是实质意义上的,在实质意义上,英国法

---

① Phillips & Jackson, p. 22.
② Bradley & Ewing, p. 59.
③ Bradley & Ewing, p. 74.
④ Bradley & Ewing, pp. 74-75.

院可能确实没有对议会立法的司法审查权,因为法院确实还不敢明目张胆地宣告某一议会立法违法。

总之,从现有资料看,英国并不是没有对议会立法活动的司法审查,但法院在其中只发挥部分作用,这种作用除了此处介绍的对于某一规则是否议会的法律的审查之外,还包括对议会的法律中所包括的规则的司法解释。对此,本书第二卷第一编第四章第四节法律解释技术,基本上回答了这一问题。此外,英国宪法体制中存在的议会与政党、选民及舆论之间的微妙态势,也在一定程度上弥补了司法的不足。

(三)刚性成文宪法的必要性

顺着普通法的思路,英国绝难得出对议会立法实施司法审查的革命性的结论。那么英国是否愿意为此而制定成文刚性宪法呢?刚性宪法存在一种两难的境地:可以将解释宪法并在事后宣布立法违宪的权力授予普通法院或者某一个特别的宪法法院,但这种解释可能会与立法本意不符。如此一来,最终或者最高权力显然是授予了法院,从而与宪法所规定的立法至上的意图不一致。基本职能是司法的法官怎么能够违背通过普选产生的立法机关的意志呢?答案可能来自两个方面:首先,法官可以由行政机关任命,而行政机关通常是立法的倡议者并且往往推定其贯通民意;宪法上的这种安排或许假定"人民的意志"能够以一种比由选举产生的立法机关代表更为持久的方式,由行政机关"优中选优"任命的法官更好地代表。其次,如果赋予立法机关对宪法的解释权,那又拿什么来保证其能够认定自己错了呢?戴西看到了这种两难境地后指出,那种限制普通立法机关的权力,但又不赋予法院司法审查权的宪法,即使被称为基本法也不具有特别神圣的法律地位,仔细分析还会发现这样的宪法甚至根本就不是法律。在戴西看来,如果法院未被授予并且也没有推定的宣告立法违宪的权力,则对立法活动的宪法性限制只能是基于公众舆论压力的宪法惯例。[①] 英国恰恰就是这样的。

基于上述分析,英国学者认为,法院享有对立法的审查权[即违宪审查权(constitutional adjudication)]的情形是比较罕见的,仅在一些联邦制国家存在,如瑞士及英联邦国家中的联邦制国家,这种机制能够为联邦及其成员各自的权利提供必要的保障。美国是一个典型的联邦制国家,在美国,每一个州以及联邦都有各自的刚性宪法。州法院有权宣告州的

---

① Phillips & Jackson, p. 7.

立法与州宪法不一致;联邦法院有权宣告州的宪法、州的立法以及联邦的立法与联邦宪法不一致。但就此说法院宣告相应的立法无效是不够严谨的,因为当相关的案件提交司法审查时,法院可以宣布某一指称的权利或者权力并不存在或者某一指称的法律上的错误已经因为其所依据的制定法违宪而铸成。①

在最高法院大法官马歇尔(Marshall)的影响下,美国最高法院在 1803 年的 *Marbury v. Madison* 一案中,第一次断言其拥有宣告联邦立法违宪的权力,随后在 1810 年的 *Fletcher v. Peck* 一案中,宣告州的立法与宪法不一致的权力也得到了确立。在英国学者看来,美国之所以这样,不仅是因为它是一个联邦制国家,更重要的是因为其行政机关并不对立法机关负责,因此也就不存在立法优位的问题。而爱尔兰是个单一制国家,其行政机关在法律上和宪法上都必须对立法机关负责,但该国的宪法给予其最高法院和高等法院一定的违宪审查权。赋予普通法院对立法的审查权的现代做法并不仅此一种,一种方法是设立特别宪法法院,例如,1960 年《塞浦路斯宪法》以及德国、意大利等国的宪法。另一种方法则是设立一个宪法委员会,立法议案在提交国家元首批准之前先咨询该委员会的意见。法国 1958 年《第五共和国宪法》就规定了一个这样的宪法委员会。②

三、对排斥司法审查的制定法的反制

英国司法审查领域探讨的一个传统热点,是关于制定法中的除斥条款(preclusive clauses 或 ouster clauses)的效力问题,即制定法能否排除司法审查。对此,最经典的语录仍出自丹宁勋爵(时为 Denning LJ),在 1957 年的 *R v. Medical Appeal Tribunal ex p. Gilmore* 一案中,他自信满满地指出:我非常确信,调卷令提供的救济绝对不可能被制定法排除,除非是用最清晰、最明白的措辞。③ 英国学者如今已进一步建立起这样的确信:对司法审查的限制将同时违反欧洲人权法和欧盟法律。④ 这一结论并不因英国脱欧而改变多少,因为至少英国还要受欧洲人权法的

---

① Phillips & Jackson, p. 7.
② Phillips & Jackson, p. 8.
③ Wade & Forsyth 2014, p. 608.
④ Wade & Forsyth 2014, p. 608.

约束。

从英国法的实际发展情况看,该议题的内容相当丰富。

(一) 议会立法排斥司法审查的表现及其成因

尽管法院对行政权行使的监督非常重要,但议会不时地想方设法阻止这一权力行使的做法也并不奇怪。因为议会是由执政党控制的,执政党又是由内阁控制的,内阁就是中央政府的中枢。议会对法院的监督权加以限制的机制,是在相关议会立法中设置适当的规定以节制该监督权的效力范围。这样的规定有多种形式。① 表现在制定法中的排斥条款也有多种类型,终局条款(finality clauses)最常见,顾名思义,就是试图将相关机构或者裁判所的决定视为终局决定,从而超出法院的控制权限范围。其他排斥条款包括:禁止调卷令条款、禁止质疑条款等。②

制定法对司法审查予以限制的规定,即排斥司法审查的条款(通常被称为"禁止质疑"条款),其表述如"禁止在任何司法程序中质疑"。③

例如,1986 年《议会选区法》附表 2 中规定,不得在任何法律诉讼程序中质疑(be called into question in any legal proceedings)任何声称根据该法的规定作出,并重申经过了英国议会两院批准的枢密院令的合法性。④ 这是英国立法中非常明确的排斥司法审查的规定,考虑到这一规定所涉及的枢密院令是依法并经议会两院分别通过的,等于经历了正式的立法程序,属于我们所理解的议会的法律性决定,对于此种决定不得提出司法审查也无可厚非。但英国学者在此处强调这一规定的用意在于,英国没有严格意义上的宪法诉讼与行政诉讼的区分,对于法律的违宪审查制度是若明若暗地存在于英国的宪法体制中的,故对于这种立法表述实际排斥司法审查的能力,是值得研究的,而不能简单地一概而论。

就有关选区分配的枢密院令而言,1955 年的 *Harper v. Home Secretary* 一案对英格兰的选区边界委员会根据 1949 年《众议院(席位重新分配)法》计算英格兰地区的选区配额的方法,在其写入枢密院令代拟稿准备提请议会批准时,两名曼彻斯特选民向法院申请强制令,以制止内政大臣将已经由英国议会两院批准的枢密院令的代拟稿呈请英王以正式下

---

① Neil Parpworth, p. 270.
② Neil Parpworth, p. 270.
③ Wade & Forsyth, p. 705.
④ Bradley & Ewing, p. 152.

达枢密院令。[1]

　　事实上,尽管英国立法有明确的规定,法院仍不遗余力地对这些规定作出有利于司法审查的解释。在司法判例为了推广司法审查而对这些本来旨在限制司法审查范围的制定法条款的解释中,往往充满着普通法特有的智慧。

　　说到这里,必须解释一下英国议会在立法方面与我们的制度大相径庭而易生误解的地方,即议会立法是否可以给法院安排工作的问题。答案是否定的:议会只能说某一争议不能通过司法途径解决,从而排斥法院的管辖权限;但议会从来都不明确规定法院应当如何审理案件。这也是英国议会从来不制定诉讼法的原因所在。

　　基于对英国议会与法院关系的背景知识的了解,才有可能回答如下几个相互关联的问题:

　　一是制定法上的救济的具体内涵。我们一般会把制定法上的救济理解为,议会立法规定,对于某些行政决定或者行为可以向法院提起上诉。但是事实上,这不是制定法上的救济,而是普通法上的上诉。制定法上的救济仅仅是指向制定法所指定的裁判所(如就业裁判所或者就业上诉裁判所)或者设立的法院提起上诉。

　　二是议会是否可以规定司法审查的排斥条款。根据议会立法至上的原则,议会作出这样的规定是没有问题的。

　　三是法院对于议会有意要排斥普通法上的司法救济的条款是否必须执行的问题。按照议会立法至上原则,议会一旦制定了法律,法院所能做的只能是解释并适用这些法律。而正是这一回答回避了法院是否必须执行议会法律的问题,因为究竟什么是议会的法律,既不是制定法律的议会说了算,也不是作为旁观者的法学家们说了算,而是法院的法官们说了算。法官们是不会说他们不执行议会的法律的,但是要求他们实际执行的法律可能在他们看来并不是议会立法的本意。此处之所以将议会关于制定法上的救济与普通法上的司法救济的关系的规定,说成是"议会有意要排斥普通法上的司法救济条款",原因就在于此。那些在我们看来明显是要排斥普通法上的司法救济的条款,甚至可能也是议会有意要达到此种目的的条款,英国的法院通过"揣摩"议会的意图所得出的,可能恰恰是"议会无意于此"的结论。更重要的是,英国议会在关于法律的解释方面

---

[1]　Bradley & Ewing, p. 153.

出现疑问的时候总是三缄其口,不会有哪个议员或者参与《人权法》立法的官员会出面说明其当初参与讨论的过程,并对某一具体的词句的真实意图阐发见证人的意见。

这就是英国的法律解释体制,也正是在这种体制的基础上,我们才能够进一步理解,英国的制定法无法从根本上排斥普通上的司法救济的根源所在。这个根源不是法律原因造成的,而是如罗素在其数理哲学中所阐发的一个判断:除了数学语言,所有的语言都是不精确的。正是由于法官们掌握着法律解释的话语权,才足以对抗议会至上的立法权。在二者的关系上,就某一个具体案件的法律适用而言,很难说谁是至上的:法官们承认议会立法至上,但他们同样会说:"议会立法至上本身表述不准确,我们理解至上的议会的立法的意思是……"

事实上,制定法中所采取的如此众多的排斥条款的形式本身,已经表明了司法界不情愿接受对其干预行政活动权力的限制。① 因为每一种形式的排斥条款出现在立法中,法院确实还不能说什么,但一旦这些条款在能够形成判例的案件中被引用,判例中对该排斥条款的创造性解释大大地抵消了立法设立该条款的本意:法院得以从该条款所欲设置的圈套中解脱出来,一如既往地行使立法所赋予的对行政权行使的司法监督权。当然立法机关也不会就此偃旗息鼓,于是就会不断有新的排斥条款被同样创造性地发明出来,继续挑战司法界的创造性。

(二)法院对立法排斥条款的反制

关于普通法上的司法救济的立法排斥问题,韦德爵士指出,必须首先强调的是,英国法中有一个基本的假设:不得对法院的监督权实施任何限制。丹宁曾经在一个案件中指出:"据我所知,除非制定法以最清楚无误的字眼作出明确的规定,否则,调卷令的救济手段不能被剥夺。"② 因此,只要法官认为某一制定法的规定不应当排斥普通法上的司法救济,则他总可以找到其表达不够准确无误的地方,甚至可以在任何情况下一概将其认定为不够准确无误。

其他行政法学者也指出,英国学界存在这样一个强势的推定:立法不可能存在任何排斥司法的企图。例如,在议会指定某一特别裁判所作为强制落实某一新的权利或者义务的公共管理机构时,有必要将这一规定

---

① Neil Parpworth, p. 270.
② Wade & Forsyth, p. 700.

仅仅理解为将该裁判所规定为第一审级,而非替代司法的最终审级。除非制定法规定了与司法审查相当的救济途径,裁判所的决定应当接受司法审查。① 也就是说,英国法院在解释议会立法时,有一个根本的出发点,即议会的立法不可能号召人们远离法院。正是基于这一强势的推定,才会将制定法中可能使人产生误解的议会立法排斥司法审查,解释为与其字面意义完全不同的意思。而此处所说的与司法审查相当的救济,就是指制定法所规定的上诉,或者其他司法审查以外的救济程序,而司法审查则仅限于特权令状。而这些途径的一个根本前提是,任何案件都可以在法院得到最终结论,否则就谈不上与司法审查相当,因为司法审查总是由法院实施的。

确有某些制定法中包含有排斥法院管辖权的词句。然而法院总是尽其所能,将这类规定解释得对法院的监督权毫发无伤。制定法曾经将特权救济排除在外。制定法经常出现的字句是某一特定的决定"应当是最终的",对此,法院并不认为这就可以排除司法审查,无论是以管辖权的缺陷还是法律上的错误,都可以对这些决定提请司法审查。法院认为,这样的字句仅仅表示不能再对该决定提起制定法所规定的上诉。② 因为制定法规定该决定为最终决定,意味着该法并没有为该决定设立制定法上的上诉程序,但该制定法并没有说不可以提起制定法上的上诉以外的救济,如司法审查。

另外一个不能排斥法院的监督权限的句子是,明确规定该法所规定的命令一旦作出即具有议会法律上的执行力;法院对此的解释是,如果该决定与议会法律相抵触,则是无效的。于是,只有当议会通过一种非常强烈的表述,才能有效地排斥高等法院或者其分庭法院③对低级裁判所或者公共管理机构的监督管辖权。如今,这样的排斥条款通常会伴有一项在有限的时间内对某一命令或者决定的合法性提出挑战的明确的权利规定。④ 也就是在排斥司法审查的同时,赋予利害关系人与司法审查相当的司法救济途径。

这样一来,允许在强制征购命令得到确认后的 6 周内对其提出挑战

---

① Bradley & Ewing, p. 745.
② Bradley & Ewing, p. 745.
③ 对承担上诉职能时的高等法院分庭的另一种称谓。
④ Bradley & Ewing, p. 745.

的制定法规定的确切含义是,既然存在可以通过制定法规定的救济渠道提出挑战的可能,则强制征购决定无论是在其确认、作出还是送达之前或者之后,都不应当再受到任何形式的司法程序的质疑。① 也就是说,除了制定法规定的这种与其他司法程序相当的挑战以外,强制征购决定不应当再受到其他司法程序的挑战。这就是在规定一种期限非常明确的相当的司法救济途径之后,有效地排除了其他司法救济途径。而且也只有在这种情况下,制定法才能排除包括司法审查在内的其他司法救济途径。

在 1956 年的 *Smith v. East Elloe Rural District Council* 一案中,原告的土地在 6 年前被强制征购,用于建地方议事会的房屋,原告向法院诉称,该强制征购决定系由于地方议事会及其雇员的错误决定及不良动机造成的。贵族院以微弱多数认定,议会规定在 6 周内提出制定法规定的挑战的立法目的,是为了保护强制征购命令免于司法审查的质疑。虽然该命令的合法性已经不能再受到挑战,但针对地方议事会成员提出的赔偿诉讼还是可以进行的。② 由于这种赔偿事宜是一种私法的救济途径,只涉及公共管理机构的工作人员作为雇员是否应当对其个人行为承担责任的问题,而不涉及其公务行为的法律定性问题。这种诉讼即便成功,也不是一种对公共管理机构的监督,而只是对公共管理机构的工作人员是否尽到其作为雇员的责任或者是否超出了其作为雇员的权限范围而实施的监督。从这个意义上说,英国司法监督的范围仍具有更深层次的两重性,即在公法的救济之外,还有更本质的私法上的救济;即使能够排除公法上的救济或者已经丧失了寻求公法救济的权利或者时效,但仍可以借用私法的救济手段。当然,私法救济的适用并不意味着必然成功,只有能够证明公共管理机构的工作人员在履行公务时存在超越职权或者违反职责等公务行为以外的个人行为时,才能判决其承担私法上的责任,即赔偿被侵害人损失的法律责任。

另如,1950 年《外国赔偿法》第 4 条第 4 款规定,外国赔偿委员会(负责分配外国政府为英国公民提供的赔偿基金的司法性组织)根据该法对任何申请所作的决定都不得在任何法院受到质疑。③ 贵族院以多数认定,该规定并不禁止法院探查外国赔偿委员会所作决定在法律上是否正

---

① Bradley & Ewing, p.745.
② Bradley & Ewing, p.745.
③ Bradley & Ewing, p.745.

确。多数常任上诉贵族法官考虑了外国赔偿委员会与赔偿计划的目的不相关的拒绝赔偿的决定后,不仅没有排斥司法审查,而且最终还经审查认定其无效。这一判决是一个很生动的例子,充分地展示了法院在将排斥条款解释为保留司法审查的可能性方面的能力。因为《外国赔偿法》的规定属于彻底排斥法院的管辖权。①

在 1976 年的一个案件中,法院认定,在强制征购决定作出 6 周后,制定法所规定的禁止再对其合法性提出挑战的排斥条款是绝对的。对该决定不服的土地所有者在几个月后当然不能再对该决定提出挑战,即使其诉称其发现该决定违反了自然公正和诚实信用原则是在 6 周期限之内。但是值得注意的是,尽管该强制征购决定的法律地位已经不容动摇,但这并不影响土地所有者对其诉称的不良行为的责任人寻求赔偿②,即继续寻求私法上的救济。

英国脱欧前,议会在某些特定情况下限制或者排斥司法审查的企图还与欧洲法相抵触。③ 早在 1957 年,弗兰克斯委员会即建议,任何制定法都不应当寻求排斥特权救济。作为对这一建议的回应,1958 年、1971 年及 1992 年《裁判所及调查庭法》均规定(如 1992 年《裁判所及调查庭法》第 12 条):① 1958 年 8 月 1 日前公布的法律中有关任何命令或者决定都不应当在任何法院受到质疑的规定;② 任何一部这样的法律中以类似的词句排斥高等法院的任何权力的规定,都不应当阻止调卷令及训令的救济手段。该法还对分庭法院的监督管辖权作出保障性的规定,但没有明确限定特定的救济类型。这些规定不适用于以下两种情形:① 法院的命令或者决定;② 制定法规定可以在一个明确限定的期限内向高等法院提出申请的(如对城镇规划决定必须在 6 周内提起)。④

由于以下几项原因,1992 年《裁判所及调查庭法》第 12 条的规定远不是一个对所有排斥条款作出有效回应的制定法规定。首先,该规定的适用范围在英格兰法中仅限于调卷令及履行令,其应当像苏格兰法那样以对更为广泛的司法审查的保护取而代之;其次,法院认定该法第 12 条的规定不适用于"决定性证据"(conclusive evidence)条款;再次,该法的

---

① Bradley & Ewing, p.746.
② Bradley & Ewing, p.746.
③ Bradley & Ewing, p.746.
④ Bradley & Ewing, p.747.

效力限于1958年以前的立法,而不适用于1958年以后的立法。也许有人会说,从1958年开始,议会应当知道排斥司法审查是不受欢迎的,但这并不意味着1958年以来生效的所有排斥条款就自动失效了;最后,只是到了1958年以后很久,议会才知道欧洲法对司法审查的保护。因此,英国学者建议,英国需要确立一个普遍适用于所有制定法的强势原则,以保护司法审查的可能性。①

(三) 对"禁止质疑"条款的反制

司法界与立法界或者说政治界、行政界暗地里的这种较劲,可以从英国学者公认的里程碑式的1969年的 *Anisminic Ltd. v. Foreign Compensation Commission*(简称阿尼斯米尼克案)一案的判决中得到最鲜明的诠释。原告阿尼斯米尼克是一处位于埃及的财产的所有者,该财产于1956年被埃及政府充公,随后被卖给了某埃及组织。② 根据英国与阿拉伯联盟(United Arab Republic)签订的条约,此国有化的财产应当予以赔偿。赔偿事宜由根据1950年《外国赔偿法》设立的外国赔偿委员会负责。原告申请宣告令以对外国赔偿委员会的决定提出挑战,认为该委员会无权分配赔偿。但1950年《外国赔偿法》第4条第4款规定,外国赔偿委员会作出的任何决定"将不得在任何法院受到质疑"。于是,该条款的有效性遂成为该案焦点。贵族院认定:对任何试图排斥法院的普通的司法管辖权的制定法的规定必须严格地解释,这是一项牢不可破的原则;如果这些规定能够合理地解释为两种以上的意思,就应当优先考虑那种保留法院管辖权的意思;1950年《外国赔偿法》第4条第4款的规定只保护外国赔偿委员会作出的有效存在的判决;就该案而言,外国赔偿委员会对原告作出的决定(decision)根本就不是判决(determination),该决定不受免于在法院接受挑战的制定法的保护。③

1950年《外国赔偿法》第4条第4款的规定属于完全排斥条款(complete ouster clause),尽管如此,贵族院仍以保留法院监督权的方式对其作出了如上解释。因为法院在作出这样的解释时断言,这种解释正是议会在颁布这一规定时的意图。当然,也有学者指出,就完全排斥条款而言,其效力与其说是由议会的措辞表达的,不如说是由司法界对该规定的

---

① Bradley & Ewing, p.747.
② Neil Parpworth, p.270.
③ Neil Parpworth, p.271.

态度决定的。如果司法界认为这一规定是可以接受的,就会按其字面解释,从而肯定其排斥效力;反之,则会解释为与议会立法时完全不同的意图,而保留从议会立法字面上看显然是要排斥的法院司法管辖权。由此产生的问题具有某种宪法上的危险性:法院选择一种旨在保护其自己的管辖权的方法解释排斥条款,从而构成违背议会的意志的风险。不受挑战的决定权有被滥用的可能,因此法院不愿意在这个问题上退缩。但是,这不免要导致与议会的冲突,法院必须时刻留意司法角色的宪法性限制。① 如果法院手伸得太长,触及议会立法至上的敏感之处,这种冲突就会表面化,由此演化成政治斗争,甚至革命。

(四)对期限条款的反制

与完全排斥条款不同,期限条款(Time limit clauses)本身并不排斥司法审查。事实上,期限条款属于部分排斥条款,因为它规定了在规定的期限内提起司法挑战的可能性。在规划立法中,有一个自相关决定作出后6周的期限。② 因此,期限条款比完全排斥条款更公正。③ 这也正是期限条款更受法官们青睐的原因。在1956年的 *Smith v. East Elloe Rural District Council* 一案中,根据1946年《土地强制征购(法定程序)法》[Acquisition of Land(Authorisation Procedure)Act],任何受委屈者都有权对强制征购确认令的合法性提出挑战,期限是该命令被有权机关确认或者作出后的6周内。根据这一赋权规定,超过此期限后,任何强制征购确认令即不得在任何司法程序中受到挑战。④

上述案件中,财主史密斯的财产受该权利的保护,但他在强制征购确认令作出6年后才提出挑战,贵族院以相对多数(表明贵族院主审该案的法律贵族之间对此存在分歧)认定:强制征购确认令不再受质疑。贵族院明确表态:对制定法中的词语作出适当解释是法院的职责。这表明,贵族院是按照人们普遍预期的方式解释制定法的:赋予议会在制定法中的用语以通常意义上的含义。但英国学者同时提醒我们,1956年的史密斯一案先于1969年的阿尼斯米尼克一案,因此需要考虑史密斯一案是否仍是一个有拘束力的判例。1977年的 *R. v. Secretary of State for the Environment*,

---

① Neil Parpworth, p. 271.
② Neil Parpworth, p. 271.
③ Neil Parpworth, pp. 271-272.
④ Neil Parpworth, p. 272.

ex p. Ostler 一案回答了这个问题。上诉法院认定：原告奥斯特勒的诉讼请求不予考虑，因为原告未在法定的 6 周期限内启动正当的法律程序。奥斯特勒一案的判决表明，1956 年的史密斯一案仍具有拘束力。①

简言之，6 周的期限是对法律的确定性的考虑。② 这一期限的存在，使得行政机关可以在受该期限保护的决定的基础上进一步采取行动，如取得相关的财产并拆除等，而不必再为该决定将在今后的某个时间被提起诉讼而操心，因为在法定期限后的任何时间不得再提起对该决定的挑战。③

（五）排斥其他救济形式的情形

这方面的新案例是 2009 年的 *R(A) v. B*[2009]UKSC 案，在该案中，最高法院指出，2000 年《调查权法实施条例》（Regulation of Investigatory Powers Act）第 65 条并没有排除司法对情报机构行为的仔细审查，而只是将这种仔细审查权移交给了调查权裁判所（Investigatory Powers Tribunal，简称 IPT），相应的，行政法院没有审查相应事项的管辖权。④ 这就是说，被排除管辖权的，只是作为司法审查管辖法院之一的行政法院，但并没有排除可以行使实质性的司法审查权的调查权裁判所。此外，从该案的索引标记[2009]UKSC 看，这是为数不多的由新成立的最高法院判决的案例，最高法院是 2009 年正式投入运营的。

在特权令状及其他救济形式的请求程序未改革之前，英国法律实务界已经形成了丰富的寻求救济的办案技巧，由此导致的后果是，过去的立法在规定寻求司法审查或者制定法上的上诉程序时，往往规定得非常简单。这些立法又常常涉及政府的特别权力，而且还时常包括一些排斥其他救济形式的规定。其中一个重要的例子就是对强制征购土地的标准程序的规定。⑤

在地方政府机关下达强制征购土地令之后，如果有人提出异议，则必须对该命令举行听审，部长必须决定是否确认这一购地决定。⑥ 可见，听审并不限于事前的听审，也包括诸如此类的事后的救济程序。但从后面

---

① Neil Parpworth, p. 272.
② Neil Parpworth, p. 272.
③ Neil Parpworth, pp. 272-273.
④ Wade & Forsyth 2014, p. 608.
⑤ Bradley & Ewing, p. 743.
⑥ Bradley & Ewing, pp. 743-744.

介绍的内容看，地方政府机关的决定只能说是一个试探性的决定，而不是一个具有最终执行效力的决定，而一旦对该决定提出异议，则需要通过部长或者部长委派的人主持听审，并根据听审调查的结果来作出最终的确认决定。

如果地方政府机关的决定被部长确认了，则有一个 6 周的期限，在此期限内，任何因这个征购决定而感觉受委屈者，都可以基于以下事由，向高等法院提出对该确认决定合法性的挑战：① 该确认决定超出了授权法规定的权限；② 没有满足授权法所规定的要求，并使反对者的利益因此受到了实质性的损害。上述起诉事由已经被法院解释为可以覆盖所有可以提起的司法审查，包括在第一类事由中的影响合法性、滥用指示权和自然公正原则的事项，第二类事由中的遵循所有相关的制定法规定的程序。①

对确认决定不服的人向高等法院提出申请后，法院可以发出一项临时性命令中止强制购买，这项临时性命令既可以一般性地作出，也可以在强制征购确认令影响申请人财产权的时候发出。如果部长的命令在 6 周的时间内没有在高等法院受到挑战，则该决定将受到制定法所规定的免于被挑战的保护，而在确认强制征购命令作出之前和之后，禁止任何对该命令的其他形式的司法审查。这一对行政行为提出挑战的影响深远的方法最初规定在 1930 年《房屋法》中，当时，普遍存在强烈反对通过立法彻底排斥对部长决定的司法审查的思潮。如今这已经成为制定法在规定对许多涉及土地控制的决定的司法审查的标准形式。寻求这种制定法上的救济途径，可以最大限度地将高等法院的全部注意力集中到与案件相关的司法审查的原则上去。②

制定法所规定的司法审查中所包含的提出挑战的期限的必要性在于，如果不马上提出反对意见，有关的公共管理机构就可以将该决定付诸实施。其他的制定法上的救济包括，就许多裁判所作出的决定的法律问题、就规划决定的法律问题向高等法院上诉的权利。虽然这些救济并不属于 1981 年《最高法院法》第 31 条所规定的申请司法审查的概念的范围，但这些案件仍然是由高等法院的行政庭审理的。通过这种形式对行政决定实施司法控制，有助于满足《欧洲人权公约》第 6 条的要求。当然，

---

① Bradley & Ewing, p.744.
② Bradley & Ewing, p.744.

申请人必须符合制定法所规定的适用相应程序的案件范围的规定。① 即申请人在提出此类请求时,其案件必须符合制定法对此类程序的适用范围所作的规定。否则,将不会按照这种程序进行救济,但并不意味着不能采用其他的程序。

这一为时6周的对强制征购土地和规划决定的救济权利是给予任何受委屈者的,当然包括反对其土地被强制征购的土地所有者。然而在1961年的一个案件中,法院认为其中不包括在公开听审中反对拟议中的新的开发计划的相邻土地的所有者,因为法院认为他们并没有足够的法律上的利益而使之成为法律所认可的受委屈者。1973年,法官阿克纳在一个案件中对"受委屈者"这一术语作出了更为宽泛的解释,在听审程序中反对新的开发计划的公共娱乐联合会的官员也可以成为申请此类司法审查的"受委屈者"。②

从字面上看,"任何受委屈者"的范围是非常广泛的,英国学者也反复强调此类案件的申请人范围之广。但从实际执行情况看,法院也可以对受委屈者作出解释,即分为法律上的受委屈者与法律之外的受委屈者,从而限制可以申请制定法所规定的司法审查者的范围,使这一范围并非如字面上看到的那样广泛。由此看来,前面所说的"给予任何受委屈者",既是对该条文本意的理解,也是英国当代普遍接受的理解,其间介绍的1961年的例子,仅仅是对于达成目前这种理解的曲折过程的溯源而已。当然,"person aggrieved"也可以理解为权利受到不法侵害的人,因此,按照对1961年的案件的理解,邻居的权利可能确实没有受到损害。而按照现代的标准,则不再是权利受到损害了,而是更为间接的和广泛的"受委屈者"。

于是,在今天的英国学者看来,有充分的理由将提起司法救济的资格条件,即"person aggrieved"理解为与英国目前普遍通行的提起司法救济的标准中所使用的"足够的利益"(sufficient interest)这一术语具有相同的含义。③ 也就是说,所谓因行政决定或者行为受委屈者,就是对该决定或者行为具有足够利益的人。前者是从提起司法救济的主体角度考虑的,后者则是从管辖范围考虑的,二者在本质上是互通的,是从不同的方

---

① Bradley & Ewing, p.744.
② Bradley & Ewing, p.744.
③ Bradley & Ewing, pp.744-745.

面阐述同一个问题,即对于行政的司法控制的力度和范围。

综上,反对通过立法彻底排斥对部长决定的司法审查的思潮显然是符合潮流的,因此在此后得到了进一步的发展。许多制定法所规定的对土地控制决定的司法审查的模式是,允许任何对该决定不满的人在一定期限(如6周)内对该决定的合法性向高等法院提出挑战,但超过这一期限,则该决定将受到制定法所规定的免于被挑战的保护。这样做的好处是可以使主审法官集中精力处理在法定期限内提出的司法审查。至于这种由制定法规定的附期限条件的司法审查的性质,英国学者已经不再仔细区分其究竟是司法审查还是司法救济了。

四、规范性文件的司法救济

规范性文件的司法救济,即抽象行政行为的司法审查或者违宪审查。对此,本卷第三章第三节委任立法监督,特别是其中有关司法控制的内容足资参考。

五、对国家行为的司法救济

(一) 国家行为的界定

英国学者并没有就国家行为(Acts of State)的概念达成共识。一种定义是,国家行为是政府部门在处理政府与其他国家的关系时所采取的政策方面的行为,包括政府与其他国家公民的关系,除非这些公民临时效忠英王。但即使是英国学者也不认为这是一个令人满意的定义,因为由这一定义可以推断出不同的法律结论。[①] 国家行为的本义,是以国家名义实施的行为。由于英国所有中央政府机关都是以英王名义行事的,所以在行政法中说到英王,其实是指英国中央政府或其政府部门,因为所有这些机关名义上都是英王陛下的。因此,统一归于英王名下,也统一由英王承担责任,至少是形式上的,否则就没有所谓的王权诉讼了。正因如此,不能把是否以英王名义实施行为作为判断国家行为的标准。

尽管英国学者难以认同国家行为的统一概念,但关于国家行为有以下几项重要的否定性结论:

(1) 一般而言,宣称国家需要并不足以赋予政府部门的违法行为以

[①] Bradley & Ewing, p. 314.

合法性。① 也就是说,政府部门的违法行为不能因为其宣称该行为是出于国家需要而具备合法性。行为本身的本质决定其法律定性,而不是其权力的渊源、行为的目的,更不是行为的借口。这在很大程度上可以打消那些千方百计文过饰非者的侥幸心理。

(2) 英王已经获得的领土或者已经签署的条约等诸如此类的事实本身,并不形成针对英王的可强制实施的权力。②

(3) 从狭义上理解,对于那些为了寻求民事损害赔偿或者要求获得补偿而诉诸英国法院的案件,向法院宣称所涉及的行为为国家行为的目的,只是宣示该案件不属于法院管辖权的一个理由。例如,当某一居住在国外的外国人诉英王及作为其代理的政府部门的某一在国外实施的行为时,英王及作为其代理的政府部门都可以宣称该行为系国家行为。③ 在这种情况下,宣称国家行为仅仅具有管辖异议声请的效果,而不应与英王依其特权行事因而其行为合法的辩护理由相混淆。④ 此处的管辖异议声请,是就法院的地域管辖权而言的,即对于此类案件,不属于英国法院管辖。这种管辖权异议优先于对于某一行为是否属于英王特权行为的异议。笔者前文中反复强调的形式性审查标准与实质性审查标准的区别,是就后者而言的,而非指地域管辖异议。一旦管辖权异议得到英国法院的承认,则案件就被"成功"地推到国外甚至国际上去了。此时,即使外国的法院愿意行使对该案的管辖权,这种管辖权也必须穿越更为艰难的国家豁免的屏障,其难度是可想而知的。这是英王及其代理人愿意首先援用管辖权异议的原因所在。至于该案直接在外国提起诉讼的情形,已经不属于英国法讨论的范畴了。

基于这一理由,英国学者指出,只有在案件属于法院管辖时,法院才能对这种英王特权的抗辩理由是否合法作出裁定。⑤ 而管辖权异议请求仅仅是确定这一管辖权时需要考虑的因素。因此,二者是不同诉讼阶段涉及的问题。英国学者非常强调程序,因此对不同程序阶段法院应当解决的焦点问题分得一清二楚。

(4) 当宣布对某一国家进入战争状态时,该国在英国的公民有义务

---

① Bradley & Ewing, p. 314.
② Bradley & Ewing, p. 314.
③ Bradley & Ewing, p. 314.
④ Bradley & Ewing, pp. 314-315.
⑤ Bradley & Ewing, p. 315.

以敌对国家公民的身份被拘留,而在英国的法院提出将其释放的请求将有可能面临该行为属于国家行为的管辖权异议,或者(也许更令人满意)以该行为系行使英王特权的行为为辩护理由。① 英国学者显然更倾向于后者,即法院至少应当先受理该案,给原告一个说理的机会。

但是在虽未宣告为敌对国家却已经采取了军事行动的情况下,如1991年海湾战争期间对伊拉克的敌对态度,居住在英国的伊拉克公民应受到法院提供的免于非法拘禁的保护,就像其为其他友好国家的公民一样,此时英国法院提供的免受非法行为侵害的保护属于其司法管辖权的范围。② 也就是说,外国公民的待遇不因实际的敌对状态而变化,而是以英国政府的正式宣告为依据,只要没有以国家名义实施的外交上的正式宣告,就没有法律上的国家行为。因此,各有关国家的公民依然享有与其他友好国家的公民一样的待遇和法律保护。

(5) 如果针对某一外国政府的行政行为(如签订条约)在英国法院提起诉讼,此时,也会涉及该行为属于外国的国家行为的管辖权异议申请,同样,法院会拒绝管辖,理由是两国之间的纷争不可能在国内法院解决。这反映了国家行为不宜由国内法院管辖的基本原则,该原则可以描述为"法院不裁决主权国家之间的事务",英国的法院无权裁决外国宪法的合法性。③

(二) 可以提起司法救济的国家行为

一般而言,国家的外交行为不能引起司法审查。无论是政府与A国签订条约的行为,还是在国际法庭起诉B国的行为,都不属于英国法院决定的事项。但并不是所有的外交行为都是这样。在CCSU案之前,上诉法院就审查过政府基于其与美国签订的一项航路协定所作出的行为的合法性。④ 从CCSU案开始,类似签发护照之类的外交机关的决定就可以诉诸司法审查了,理由是该行为属于影响公民个人的权利以及旅行自由的行政决定。但是英国学者依然不解的是,哪些情形可以视为与此具有相同的司法性并因此可以申请司法审查。1993年,一项要求对政府决定批准欧洲盟约的行为进行司法审查的申请就被法院拒绝了。⑤

---

① Bradley & Ewing, p. 315.
② Bradley & Ewing, p. 315.
③ Bradley & Ewing, p. 315.
④ Bradley & Ewing, p. 313.
⑤ Bradley & Ewing, p. 313.

法院认为,政府加入欧盟的公共安全与外交政策体系的行为,是行使而不是放弃英王特权。① 英国有一些人为英国加入欧盟、使英国具有传统稳定象征的英王特权置于欧盟的节制之下而惋惜,此处所说的就是法院对于这种心态的安抚。之所以有此说,是因为一旦加入欧盟,英国的许多国家主权事项将受到限制,而这些主权事项都是以英王名义行使的,属于行使英王特权的行为。故加入欧盟可能会导致表面上看这些英王特权的丧失。但是法院并没有就这一问题作出正面回答,而是单就加入行为本身说事。确实,签订条约也是英王的特权。这种"顾左右而言他"的做法是英国法院常用的手法之一。

　　但是,国家行为显然也不是全面限制针对政府的涉外行为提起的诉讼的尚方宝剑。国家行为仅仅盛行于国家主权至上原则绝对不容置疑的时期。② 国家主权至上原则的适用范围逐渐缩小,至少在欧洲是这样:国际法与国内法之间的樊篱已经日渐式微。针对影响个人权利的"外交政策"行为不应当接受司法审查的观点,而今无论是在行政法、欧共体法还是欧洲人权法领域,都已经不那么受欢迎了。③

　　一般而言,国家行为是作为不得进行司法审查的理由存在的。但是,许多在形式上看属于国家行为的行为,是可以进行司法审查的。

　　1. 国家之间的行为

　　国家之间的行为,也不足以将某一案件排除在司法审查之外。引渡可以寻求司法救济,如1999年贵族院再审皮诺切特上诉案。④

　　2. 颁发护照的行为

　　有关颁发护照的英王特权现在已被纳入了司法审查的范围。⑤

　　3. 刑事司法领域的行为

　　英国的刑事司法活动中,许多是涉及行政机关的,如内政部对监狱及人犯的管理等。

　　在早先的一个判例中,法院的创举在于确认高等法院有权审查基于英王特权设立的旨在资助刑事案件受害者的刑事损害赔偿委员会的行为。帕克(Parker)法官认为,看不出为什么仅仅因为由英王特权设立,就

---

① Bradley & Ewing, p. 314.
② Bradley & Ewing, p. 315.
③ Bradley & Ewing, p. 316.
④ Elliott & Quinn, p. 9.
⑤ Bradley & Ewing, p. 257.

应当给予这类委员会比制定法设立的委员会更少的接受司法审查的机会。① 这个例子不仅说明这个机构的行为可以审查,而且说明,英国最迟在 1957 年已经建立了资助刑事案件受害者的刑事损害赔偿制度。

另外一个可以进行司法审查的新领域,是 1994 年的 R. v. Home Secretary, ex p. Bentley 一案中涉及的英王宽宥特权的行使。②

4. 国家的民事行为

在 1970 年的 Nissan v. Attorney-General 一案中,在塞浦路斯拥有一座旅馆的英国公民起诉英王,要求对英国军队占有其旅馆的行为予以赔偿。英国军队先是经塞浦路斯政府同意进入其领土,后作为联合国维持和平部队的一部分留了下来。贵族院认为,英王不能以国家行为为借口,阻止因此类行为提起的诉讼。③ 法院并没有因政府部门提出该行为是国家行为的管辖权异议,而以该类行为不属于法院的管辖权为由,拒绝受理原告的申请进而拒绝对政府部门的该类行为实施司法审查。

法院认为,尽管英国政府与塞浦路斯政府的协议可以视为一种国家行为,但英国军队占有该旅馆的行为并不是该国家行为的继续,原告的诉讼请求因此在英国的法院具有司法性。④ 从这一理由看,法院同时也认定了英国政府与塞浦路斯政府的驻军协议是一种国家行为,而且从这一判例可以推断出,如果原告就该驻军协议请求英国法院的裁决,法院极有可能以国家行为为由认定其不属于英国法院管辖而驳回起诉。

但该案引出的法律难题是,以国家行为为借口是否有可能就此成为阻止英国公民针对英王的行为提起诉讼的一道障碍。法院同样也没有解决英国的代理人在海外执行其政策的行为是否属于行使英王特权行为的问题。⑤ 可见,在英国行政法中强调管辖权异议与英王特权豁免的抗辩理由之间的问题并没有完全解决。

(三) 不可以提起司法救济的国家行为

英王的外交行为不可避免地会对公民个人产生法律上的影响。例如,政府决定对某国采取敌对行为(如 1982 年收复马尔维纳斯群岛所有权期间对阿根廷的战争)就有可能影响到居住在该国的英国公民或者第

---

① Bradley & Ewing, p. 256.
② Bradley & Ewing, p. 257.
③ Bradley & Ewing, p. 315.
④ Bradley & Ewing, p. 315.
⑤ Bradley & Ewing, p. 315.

三国公民,或者阻止某些公司在那里做生意。那些受到影响的人就会有机会获得他们因政府采取这些行为而遭受的损失的赔偿。①

但是英国的法院不太可能给予这种救济,主要出于两种考虑。首先,英王的这种行为可能在其特权范围内,而合法行为是不产生赔偿责任的。在例外的情况下,如果英王的特权行为仅仅是征用私人财物用于公共之需,那么也会产生赔偿的义务。其次,案件争议中的国际因素可能会使法院得出这样的结论:无论某一诉讼请求在国际法上是否站得住脚,都不在国内法院的管辖权限之内。既然如此,法院将驳回起诉而不去对诉讼请求所涉及的法律问题进行实质性审查。②

六、对英王特权的司法救济

在英国,除了立法行为和行政自由裁量权的司法审查问题以外,对于其他的行政行为是否可以提起司法救济的问题,几乎都是在英王特权的名下讨论的,如国家行为、刑事豁免、雇用公务员等。是否可以进行司法审查是英王特权之所以存在的关键所在:所有对于英王特权的强调,都是说给法院听的。正如国家行为、主权豁免等说辞一样。

虽然我国没有与之对应的制度,但英国学者对于我们可以理解的许多内容,如国家行为、内部行政行为等,都是在英王特权名义下进行总括性讨论的。作为折中,此处先讨论一般问题,然后讨论其具体类型。

(一) 传统观念

英王特权与法院的关系早在英国于1689年作出宪法性安排[指《权利法案》(Bill of Rights)]之前,就已经产生了许多著名的宪法案件的判决。法官们所表达的传统观点是,法官们随时准备审查英王特权的范围及程度,但却不打算质疑这些权力是如何行使的。③ 也就是不准备深究英王特权行使的程序及自由裁量方面的问题。这种局面已经发生了改观,而此处英国学者特别强调传统观点的言外之意,亦尽系于此。这一重大转折是随着1965年的 *Burmah Oil v. Lord Advocate* 一案及其后续事件出现的。

法院只认为其有权裁决英王特权的存在与否及范围大小,但无权规

---

① Bradley & Ewing, p. 314.
② Bradley & Ewing, p. 314.
③ Neil Parpworth, p. 48.

制英王特权行使的方式,英王特权的这一特点,与制定法赋予政府部门行使的制定法上的权力颇为不同。制定法上的权力的行使必须遵循自然公正原则,同时遵循所谓的温斯伯里(Wednesbury)判据,而对于英王特权则另当别论。因此,法院认为其无权质问英王是否明智地行使了其自由裁量权(如军队的部署),也不能评说政府是否应当加入某一特定条约,法院还不能评说内政大臣给英王所提的特赦建议是否适当。①

上述传统观点集中体现于1965年的英缅(Burmah)石油公司案中,贵族院以3:2的多数认定,英王特权涉及对军队的支配权、发动战争的权力以及所有在战争进行过程中的紧急情势下必需的权力。如此广泛的权力对于在战时维持统治是必要的,因为议会在战时不可能及时制定必要的立法。②

传统的英王特权的行使方式不能受司法挑战的观点成为许多案件中的焦点问题。例如1967年的 R. v. Criminal Injuries Compensation Board, ex p. Lain 一案中,法院认定,被告刑事损害赔偿委员会依据英王特权设立的事实并不足以保护其免受法院的管辖。而1977年的 Laker Airways v. Department of Trade 一案中,涉及两个行政行为,一个是取消原告湖人航空公司的美国航运服务许可,另一个是取消该公司根据《百慕大协定》(Treaty of Bermuda)③作为指定的承运人的资格。丹宁认为,英王特权的行使应当能够在法院进行审查,因为这是一项自由裁量的权力,与制定法授予行政机关的制定法上的权力没有什么不同。丹宁认为,签订条约的权力应当受到司法审查,但该案其他上诉法院法官不同意他的意见。④

(二)随后的进展

正统的"英王特权的行使方式不接受司法挑战"思想的统治,直到贵族院1985年的政府通信指挥部(GCHQ)案(因其原告为 Council of Civil Service Unions,又有学者称之为 CCSU 案⑤)之后,才宣告结束。⑥ 但是早在1964年的 Chandler v. DPP 一案中,德夫林(Lord Devlin)在讨论

---

① Bradley & Ewing, p. 256.
② Neil Parpworth, p. 49.
③ 英国政府基于英王特权而与美国签订的。
④ Neil Parpworth, p. 49.
⑤ Bradley & Ewing, p. 257.
⑥ Neil Parpworth, p. 49.

英王特权时就已经指出,法院不应该审查英王特权中自由裁量权的行使,但是可以纠正那些越权和滥用的情形。越权是指超过了英王特权界限的权力,而滥用则意味着无理性地行使。在 1977 年的湖人航空公司一案中,丹宁更进一步认为,英王特权的行使应当像其他授予行政部门的权力一样接受法院的审查。①

政府通信指挥部一案所确立的原则是,英王特权的行使也可以接受司法审查,从而将这类权力置于与制定法授予的自由裁量权相同的基础之上。但是,并非所有的英王特权就此臣服于法院优位的管辖权。在该案判决时,罗斯基尔(Lord Roskill)认为,丹宁在湖人航空公司一案中所表达的观点,即无论英王特权的行使是不适当的还是错误的,都可以进行司法审查的观点,显然过于宽泛了。按照罗斯基尔的观点,在法院对英王特权的行使方式提出挑战的权利不是没有资格限制的,而是要取决于所行使的英王特权的实质内容。② 详见本卷第七章第六节司法审查经典判例之"政府通信指挥部"案。

(三) 判断的标准

不是所有的英王特权都可以接受司法审查,按照贵族院的说法,这要看权力的本质,特别是所讨论的权力是否具有司法性(justiciable)。③ 此处的司法性可以理解为案件性,某个案件只有具有可作为司法案件的属性才宜于由法院审查。类似立法中的意志性因素则不具有司法性,如对贪污是否应当治罪以及具体的量刑幅度,是否需要禁酒、禁娼、禁枪等,均属此类。但是,如果已经通过了禁娼的立法,那么次级立法如果将男娼一并打击,则具有案件性。因为此时符合案件性的基本要素,即明确的法律规则、明确的违反法律规定的事实。也就是说,明确的法律规则是案件性的一个最基本的前提。只有大前提存在,才有所谓的违反规则的小前提出现的可能,而一旦小前提出现,案件即告成立。司法性也就是宜于为法院所裁判的事件属性。这可以作为案件性的一个比较法说明。

当然,英国学者也承认,究竟哪些权力具有司法性并不明确,尽管罗斯基尔给出了许多不具有司法性的例子,如签订条约、部署军队、授予荣

---

① Bradley & Ewing, p. 256.
② Neil Parpworth, p. 50.
③ Bradley & Ewing, p. 257.

誉、解散议会等。① 类似英国这样的判例法国家，具有判例确立能力的法院的一个通常做法，就是为某一类行为贴一个独特的标签，这个代表某一原则的标签的核心是一个个性鲜明颇具独创性的概念，但其意义往往是不确定的，或者虽然容易确定但颇有争议。司法性就是其一。也就是说，虽然有许多否定的例子，但却没有一个肯定的概括。

对于具有司法性而接受司法审查的英王特权而言，可以基于与制定法上的权力相同的理由在法院受到挑战。迪普洛克认为，就英王特权而言，司法审查的范围限于那些非法的和程序上不适当的事项。在政府通信指挥部案中，显然存在程序上的不适当性（应当预先咨询工会的意见），然而工会依然输了，因为政府是为了国家安全的利益而这样做的（证据来自内阁秘书的宣誓证词）。②

尽管此判例之后法院又据此作出了许多判决，但该案所确立的原则的适用范围仍不明确，特别是司法性权力与非司法性权力的区分，尽管有人认为对司法性的概念已经作了扩大解释。由此英国学者推断，规范公务员就业条款的英王特权是可以司法审查的，虽然这一点在很大程度上受法院愿意将与公务员的关系视同合同关系、期望公务员按照私法途径寻求救济的思想的影响。③ 即法院对于公务员总是采取模棱两可的态度，但更希望他们按照（雇佣）合同关系从私法渠道寻求救济。

自政府通信指挥部案以来最重要的判例是 1995 年的 *R. v. Home Secretary, ex p. Fire Brigades Union* 案④，进一步表明了法院的态度：审查行政决定的合法性和适当性，不再区分所涉及的权力是来源于制定法还是英王特权。⑤

七、对自由裁量权的司法救济

（一）自由裁量权应当接受司法审查

即使在英国，也并不是所有的人都能够接受或者自觉运用任何情况下都不得授予不受羁束的自由裁量权的原则，代表政府部门的出庭律师往往就属于此类。他们常常申辩说，议会某某立法赋予某某部长的权力

---

① Bradley & Ewing, p. 257.
② Bradley & Ewing, p. 257.
③ Bradley & Ewing, p. 257.
④ Bradley & Ewing, p. 257.
⑤ Bradley & Ewing, p. 258.

是不受羁束的(unfetter)自由裁量权。韦德爵士强烈地谴责这种不讲原则、一味迎合委托人的狡辩行为，称之为对宪法的亵渎。① 可见，对自由裁量权是否可以进行司法审查，英国的理论界与实务界存在一定的差别，因为与之对簿的原告方律师以及法官，至少不会认为这种抗辩严重违反行政法的常识，否则，就不会成为英国学者提到的正常现象了。

对于所谓的部长拥有不受羁束的自由裁量权的说法，法院在1968年的 *Padfield v. Minister of Agriculture* 一案中明确了态度。② 在此之前，法院比现在更倾向于接受行政自由裁量权不受司法审查的观点。一个极端的例子可以说明法院拒绝审查行政自由裁量权的程度，在第二次世界大战期间的1942年发生的 *Liversidge v. Anderson* 一案中，贵族院认定(阿特金持反对意见)，内政大臣对其认为有合理的理由认定系来自敌对国家或者敌对组织的人予以拘捕的权力，属于行政自由裁量权的范围，法院必须接受内政大臣关于其有理由决定拘捕的辩解。当然，现在的英国学者将这一案件视为对于行政决定所进行的司法辩护的极端例子，并可以以当时的战争因素予以最充分的说明。③ 言外之意，除了战争因素以外，当代的法院已经不可能这样判案了。这个案子从另一个方面证明了迪普洛克在1981年所说的，1950年以前的判例都不宜使用的警告的正确性。

如今，对行政主体行使自由裁量权的行为是否可以进行司法审查的问题，英国学者的态度非常坚决：在赋予行政主体自由裁量权之后，司法审查的范围就不仅仅局限于一般的超越职权的案件，也涉及滥用权力的案件，例如，不公正地行事、基于错误的理由或者通过错误的程序等滥用职权的案件，也属于司法审查规制的领域。因为所有权力都可能被僭越，司法审查所具有的防止权力滥用的权力，是检验司法审查是否有效的试金石。而且从法律后果看也几乎完全一样：基于不正当的理由或者采取错误的程序步骤等，都会使某一行政行为具有与越权行为一样的非法性。④

如果仅仅是因为某一立法中写明某一部长可以发出"他认为适当的

---

① Wade & Forsyth, p. 35.
② Bradley & Ewing, p. 699.
③ Bradley & Ewing, p. 700.
④ Wade & Forsyth, p. 35.

命令"或者在某种情势下作任何"他感到满意的事",就得出法院应当允许该部长为所欲为,那么毫无疑问,这将为权力的滥用大开方便之门,法治也将难以为继。① 由于议会立法至上原则的存在,议会是可以在立法中这样规定的,但是,如果法院据此而无所作为的话,那权力滥用的大门将随之打开。按照该思路,应当对上述空白授权予以限制。但这不是英国的做法。理由是其依然存在的议会立法至上原则。但英国人也不是束手无策,他们通过司法审查实现了这一功能。而且,即使是在限制立法权的思维定式中,也必须解决如何来保障议会切实遵守这些限制的问题。因此需要一个议会之外的人来裁决议会是否真的遵守了这些对于议会授权方式的限制性规定。于是又回到了是否有必要限制议会立法权行使方式的问题上。可见,英国不限制立法的授权方式,而直接在司法审查中一揽子监督议会立法,这是一个更为简便可行或者说更有希望、更可能对议会授权方式进行限制的控权模式。

任何权力都有其法律上的限制,这是一句至理名言。如果法院发现权力的行使蛮不讲理或者违反了程序,例如,不允许当事人申辩,这个行为就将被判为非法。在法治原则盛行的地方,不允许不受羁束的自由裁量权存在。② 这既是韦德爵士的庄严声明,也是英国行政法学界的普遍呼声。

(二) 自由裁量权司法审查史

在英国司法审查制度发展的早期,确实存在排斥对自由裁量权的司法审查的历史阶段。那个时代的突出标志,就是以自由裁量权为界,划定司法审查领域。具体而言,许多早先的判例首先要区分以下两种情况:① 裁判所在管辖权限方面所犯的错误;② 裁判所在其管辖权限内所犯的法律上的错误。③ 前者确定某一行为是否在其权限范围内,对此可以提起司法审查;后者则是在权限范围内所犯的合理性方面的错误,当时的法院对此不予审查。

就前者而言,包括下级法院、裁判所在内的裁判机构④,以及许可证

---

① Wade & Forsyth, p. 35.
② Wade & Forsyth, p. 35.
③ Bradley & Ewing, p. 708.
④ 为了区分法院与裁判所,将此处的 tribunal 译为裁判机构是必要的,英国学对于该词的区分要视上下文,在讨论裁判所部分,指裁判所,而在讨论管辖权限时,特别是此处的调卷令时,显然是指所有的裁判机构,包括低级法院,但不限于法院。

发放机关之类的其他机构,它们享有听审并裁判某些问题的管辖权,以决定诸如申请社会保障或者出租车营业许可之类的事项。这些决定将会受到较高级别的法院基于管辖权限方面的事由而实施的监督,即这些下级裁判机构不得超越自己的管辖权。这种监督并不会因原决定合理性方面存在瑕疵而作出替代性的新决定,但是必须确保被审查的机构能够遵循作出具有拘束力的决定不得逾越对其权力的限制性条件。根据 R. v. Nat Bell Liquors Ltd. 一案所确立的著名原则,这种监督主要针对两个基本点:一是下级裁判机构的裁决的权限范围以及这些权限行使的限定性条件;二是在权限行使的过程中遵循法律的情况。[1]

换句话说,通过司法审查实施对裁判机构的监督,保证了裁判机构可以在其权限范围内行事,使之在处理属于其权限范围内的事务时能够遵循法律。但确实存在这种可能:虽然裁判机构在其职权范围内行事,但其行为仍可能构成一种可以提起司法审查的法律上的错误。而且,由于程序方面的原因对裁判机构的决定提出的挑战,往往比对裁判机构的权限提起挑战要更有利一些。[2]

但是,一个不容回避的问题是,自由裁量权的界限与该权力的行使是否合理,二者往往纠缠在一起:当某一高级别的法院基于管辖权限方面的事由认为裁判机构的决定错误时,往往会涉及对于决定本身的合理性的审查。[3] 因为许多这样的权限在立法上的表述是"在其认为适当(或者必要)时"等字眼,而何谓适当既涉及权限的范围,又涉及适当性的问题,于是自然地涉及合理性审查的问题。

英国法经过曲折的发展过程,终于可以不必再为"管辖权限范围内的法律上的错误"的概念而浪费笔墨了,因为对裁判所的所有可能存在法律上错误的行为,都可以提起司法审查了。[4] 在此之前,由于不能对行政行为的合理性进行审查,只有对裁判机构在其管辖权限方面所犯的错误可以提起司法审查,而对裁判机构在其管辖权限范围内所犯的法律上的错误不可以提起司法审查,因此要对两者进行区分。这种区分有时是非常不容易的。

---

[1] Bradley & Ewing, p. 708.
[2] Bradley & Ewing, p. 708.
[3] Bradley & Ewing, p. 708.
[4] Bradley & Ewing, p. 708.

管辖权限方面的上述进展是 1969 年的 *Anisminic Ltd. v. Foreign Compensation Commission* 一案确立的。该案被告外国赔偿委员会是一个根据 1950 年《外国赔偿法》建立的裁判所,该裁判所拒绝了原告英国阿尼斯米尼克公司基于一项对 1956 年的苏伊士运河危机中受到财产损失的英国公民的赔偿计划而提出的赔偿请求①,理由是该委员会对相关的枢密院令的解释。②

贵族院认为,该委员会对枢密院令的解释是错误的,而这一法律上的错误导致该委员会考虑了与原告的诉求无关的事实。因此,该委员会作出的拒绝赔偿请求的决定超出了其管辖权限是无效的。③

至于该案是否确立了裁判所所犯的所有法律上的错误都将导致超越其管辖权限的后果的原则,从该案主审法官的陈述中还无法确定法官们明确的意向。但是到了 1979 年,在 *Pearlman v. Keepers and Governors of Harrow School* 一案中,丹宁明确指出,对所谓的缺乏管辖权限与管辖权限范围内的法律错误加以区分的司法审查原则必须抛弃,新的原则应当是:"任何法院或者裁判所的管辖权限都不包括作出存在法律上的错误的决定的权力。"在随后(1981 年)的一案中,迪普洛克支持了这种观点:"阿尼斯米尼克一案的开创性在于,就裁判所及行政机关而言,过去的那种建立在对于法律上的错误是否属于管辖权限范围之内的司法审查原则已经因为实际操作的需要而被废除了。"④因此,只要存在法律上的错误,无论该错误是在作出决定的行政机关的权限范围内犯下的,还是在其权限范围外犯下的,其后果都将是无效的。

(三)案卷表面错误的审理根据的式微

即使在不久之前,英国还有相当一部分法官试图维护传统的规则,即允许裁判机构在其管辖权限范围内犯法律上的错误。其理由在于维护调卷令这种古老的救济手段的作用。因为长久以来,利用这种救济手段可以对管辖权限的事项以及案卷表面的法律上的错误(即裁判机构的决定文书中非常明显的法律上的错误)进行司法审查。由此产生的结果是,对于那些既不涉及管辖权限又不属于决定本身明显的法律上的错误,就不

---

① Bradley & Ewing, p. 708.
② Bradley & Ewing, pp. 708-709.
③ Bradley & Ewing, p. 709.
④ Bradley & Ewing, p. 709.

能提起司法审查。但这已不再是英国目前司法审查的情形了。在1993年的 R. v. Hull University Visitor, ex p. Page 一案中,贵族院一致认为,阿尼斯米尼克一案已经通过扩大越权无效原则适用范围的方法,决然地放弃了案卷表面的法律上的错误与其他法律上的错误的区分①,从而使所有法律上的错误都被纳入了司法审查范围。

而按照法院最新的对于自由裁量权的司法解释的思路,必须将议会给予裁判机构的授权的本意理解为,这些权力必须由裁判机构在正确的法律基础上行使;在决定过程中出现的对于法律的错误理解,将导致所作出的决定因越权而被宣告无效。②

（四）事实审的进一步拓展

不受阿尼斯米尼克和赫尔大学（Hull University）两案的判决影响的一个主要原则是,任何裁判机构及其他决定者都没有对于其管辖权限范围的最终决定权。③ 这一原则在新的历史条件下作了进一步拓展,即根据事实确定管辖权限原则（doctrine of jurisdictional fact）的确立。

该原则是指,即便有必要以某一"先决性事实"（precedent fact）作为确定某一决定者的管辖权限的根据,这一先决性事实也必须由法院确立而非由决定者自己确定。④ 此处的"先决性事实"是指,在某一案件的司法审查过程中,必须在对作为审查标的的行政决定作出前,先予决定的前提性事实,以这一事实为根据,才能裁决作为诉讼标的的行政行为是否有法定的权限,而且这一先决事实必须由法院而非行政行为的决定者进行裁决。相应的,根据事实确定管辖权限的原则,即确定管辖权限所必需的先决性事实应当通过法院先行裁决才能认定。

以内政大臣享有在其认为有利于公共利益时驱逐外侨的权力为例,如果X因将被驱逐出境而被先行拘禁,X声称自己是英国公民,因而不是被驱逐的对象,那么,其国籍问题就成了法院必须裁判的先决性事实。法院必须审查与X的国籍有关的证据,根据这些证据作出对这一事实的裁决;就这一问题,法院的角色并不限于一个监督者。⑤

这一根本性的原则因贵族院在1984年的 R. v. Home Secretary,

---

① Bradley & Ewing, p. 709.
② Bradley & Ewing, p. 709.
③ Bradley & Ewing, p. 709.
④ Bradley & Ewing, pp. 709-710.
⑤ Bradley & Ewing, p. 710.

ex p. Khawaja 一案中的判决而得到进一步强调。该案件涉及内政大臣所享有的 1971 年《移民法》规定的将非法入境者遣送出英国的权力。贵族院在该案中适用了上述原则:"如果因某一行政权的行使需要基于某一先期确立的客观事实而提起了司法审查,那么只有法院能够决定这一先决条件是否得到满足。"根据这样的判决标准,仅仅因为移民官认为原告是一个非法入境者显然是不够的,原告作为一个非法入境者的身份必须基于相关的证据予以认定,而且必须在行使将其遣送的权力前认定。这一标准特别适用于个人自由权受到威胁的案件。[①] 在这样的案件中,行政决定作出之前可能就会因为对于先决性事实的争议而要先进行一轮司法审查。当然,如果行政机关因"过于自信"或者"疏忽大意",而想当然地根据对该先决性事实的认定作出相应的决定,并不影响当事人在随后对该决定提起司法审查的同时,对该行政机关认定该先决性事实的决定本身一并进行司法审查。

八、对人事行为的司法救济

参见本书第二卷第二编第七章第三节公务员的法律地位中有关法律上的救济权部分。

九、对公法人行为的司法救济

正如前文所言,法律领域中涉及每一公法人的,至少存在四个公法机构:政府一方的部长、专门监控公法人的管理者、公法人、作为公法人服务对象代表的消费者委员会。对于上述四类主体的行为是否可以提起包括司法审查的司法救济的问题,应当区别不同主体而论。就消费者委员会而言,其行为主要是咨询、建议性质的,还未达到需要由司法救济予以保障的程度。而作为政府代表的部长,以及作为监控公法人的管理者,其行为的行政属性决定了这些行为的可救济性。最关键的问题,也是中国学者最关心的问题,还在于公法人的行为的可救济性。

对于公法人而言,同样困难的是通过诉讼程序要求法院强制落实某一公共管理机构的职责,因为这是制定法留给部长去考虑的事情。但是,如果公法人的行为构成民事侵权、合同违约、超越了其制定法赋予的权力、未能遵循制定法规定的程序、未能履行制定法规定的特别义务,那么,

---

① Bradley & Ewing, p. 710.

公法人的这些案件将属于法院管辖权的范围。① 显然,这些案件中既有民事案件,又有司法审查性质的行政案件。

从上述介绍看,英国的现行公法人体制中,除了民事救济之外,行政方面将监管责任完全推给了部长或者管理者,更具体地说是将监管的启动主体定位于行政管理方面,而没有赋予作为公法人所提供服务的享有者的一般公民通过司法救济实施监督的程序性权利。当然,这种制度设计在一种情况下是可以被接受的,即部长或者管理者所实施的监管非常严厉,甚至达到"宁可错杀一千也不放过一个"的地步,公法人的每一个违法行为都能够得到纠正,甚至其合法的行为也不断经受监管者的仔细审查以避免疏漏。此时,只要保证司法的充分介入以保障公法人不至于因这些过于严厉的仔细审查而遭受不公正的待遇,那么作为这些公法人提供服务的享有者的普通公民,即使没有直接对公法人所提供的服务向法院提起司法救济的权利,其利益也不至于受到公法人的过分侵害。如果在这一制度设计的同时,还配套设计了对部长及管理者的监督过程中的不作为可以提起司法救济的制度,则足以保护公民的利益。

英国一度将 BBC 的某些行为纳入司法审查的范围,但法院认为,公法人政治中立的义务不应当由法院强制执行。不过目前有一点已经明确:不能因为 BBC 是英王特权的产物就可以完全摆脱司法审查。②

就公用事业单位而言,其私有化后相当一段时间内,英国国内对这些公司本身是否可以成为司法审查的对象仍未达成共识,虽然已经有法院认定,私有化后的供排水公司属于英国《人权法》中的公共管理机构。私有化后的公用事业单位还可以视为应当直接遵守欧共体的指导意见的国家机关,对此,英国贵族院早在 1991 年的一个判决(*Foster v. British Gas plc*)中即予以明确。③ 也就是说,它们至少在人权保障领域要与其他能够接受司法审查的行政主体一样,接受人权方面的司法审查。

在随后的 *Griffin v. South West Water Services Ltd.* 一案中,法院认为,一家私营供水公司因满足以下三个条件而符合贵族院在福斯特(Foster)一案中确立的直接适用欧共体指令的标准:① 提供公共服务;② 在国家控制之下;③ 拥有特别权力。其中第②个条件比较难以把握,

---

① Bradley & Ewing, p. 303.
② Bradley & Ewing, p. 303.
③ Bradley & Ewing, p. 303.

法院仅以这些私营公司的行为具有的公共属性，作为判断其是否为国家所控制的标准。①

甚至有人指出，国家通过立法及许可证所实施的控制，至少与其对国有化工业部门的控制是一样的，虽然仅此一项尚不足以使这些公司接受司法审查。② 需要提醒的是，英国学者显然是将这一观点作为一个比较极端的观点提出来的，因为本书在第二卷第二编第四章第二节公法人中曾经提到，正是因为感觉到对某些经营公共服务的公司的控制不力才起意要实现公有化的。目前所实施的私有化加多维度控制的规制格局，更有助于公法人所提供的公共服务质量的提高及成本的降低。从实际效果看，新格局的控制力度甚至比国有化时还要强，但显然并不能够因此得出应当对目前的公法人实施比当初的国有化公司更强的司法控制的结论。

与对公法人的行为实施司法审查的现实的模棱两可态度形成鲜明对比的是，英国学者非常有把握地强调：对公用事业管理者的行为进行司法审查的范围可能比其他任何行政主体都宽，既可以因其未能遵循某一部长指示提起司法审查申请，也可以因其根据制定法的授权作出的决定提起司法审查申请。③ 即不仅可以审查其不作为，还可以审查其作为。考虑到管理者是当代公法人的直接监督机关，在没有明确赋予公民对公法人的行为直接提起司法救济权利的情况下，加强对管理者行为的司法救济，无疑是保障对公法人行为的监督体系逻辑周严的重要一环。以英国学者提到的两类行为为例，就管理者未能遵循某一部长指示提起司法审查申请的显然是公民一方，因为管理者的职责是监督公法人，而部长的职责是确保管理者履行这一职责，因此其指示显然是就此而发的。公法人不遵守这些指示的行为显然是行政怠惰的主要的表现形式，公民因此不满而提起司法救济就顺理成章了。而管理者根据制定法的授权作出的决定的申请人，显然就是被管理的公法人。这两类来自利益对立群体的案件充分说明，英国在这方面的制度设计充分考虑了双方的对抗性，并通过这种对抗形成的张力，保障对公法人监督的有效性，以及对公民权维护的现实性。

当然，英国学者也提出，尽管在理论上存在司法审查的可能性，但并

---

① Bradley & Ewing, p. 303.
② Bradley & Ewing, p. 303.
③ Bradley & Ewing, p. 304.

不意味着司法审查总是一种适当的或者说必要的贯穿整个决策过程的政治监督的替代物。① 即使司法审查在理论上是可能的,也不能取代必要的政治监督或者对公法人整个监管过程的监督,而这里的政治监督及全过程监督,恰恰就是指前面所提到的建立在对议会负责理论基础之上的有关部长实施的监督。

进而言之,司法审查并不是那么有效。有人认为,司法审查并没有为那些认为自己受到公用事业管理者的错误行为对待的有关当事方提供有价值的保护,因为法院并不打算审查公用事业管理决定的质量或者对作出这些决定所依据的证据进行审查。而且至少有一个事例表明,有的管理者确实采取了一些非常过分的手段来避免被司法审查,如燃气管理者就曾经采取故意不说明决定理由以及不保留必要的说明理由的记录的方式,来规避司法审查。这一点受到了众议院公共会计委员会的严厉批评,该委员会认为,公共管理机构保留决策理由方面的记录是非常必要的,这有助于保障公共事务方面的行为的适当性和负责性。②

第二节 司法审查的根据

关于"司法审查的根据"(grounds for judicial review)这种译法,是笔者经过多年反复权衡后最终定下来的,此前,笔者曾经将 grounds 译为"事由"和"基础",这三种译法都有一定的道理。在申请人提出司法审查许可申请时,除了提交《司法审查许可申请书》(Form 86A,此处译名为其全称)外,还要提交司法审查的根据。③ 此时,从司法审查申请人的角度出发,将 grounds 译为"司法审查的根据"是最贴切的。

将 grounds 译为"基础",显然是取其最直白的含义,而且也确有学者在讨论司法审查时使用了司法审查的基础(foundations of judicial review)的表述。④ 但或许是太直白了,尚不足以表达全部准确的含义。在英语中,grounds 与 foundations 基本上是同义的,但在中国法中,审理基

---

① Bradley & Ewing, p. 304.
② Bradley & Ewing, p. 304.
③ Bridges & Cragg, p. 183.
④ Bradley & Ewing, p. 754.

础与审理根据还是有所不同的。同时,英国学者在讨论司法审查时有时会提到司法审查的理论基础(basis of judicial review)①,再把 grounds 译为基础就更不妥了。

"根据"的译法,从两个方面来讲更为贴切:从法院方面或者说从司法审查的学理方面着眼,司法审查的根据就是对被审查的行政行为在法律上是否成立的探讨,也就是对其是否具有合法性根基的评判,此时,用根据显然更便于理解。而从被告方看,司法审查的根据既是其辩护的理由,也是否定其被审查行为的理由,被告在司法审查的全过程所要做的,就是发现并维护其被审查行为的事实依据和法律根据。基于以上讨论,笔者最终决定采"根据"的译法。

至于"依据"的译法,因其易与"法律依据"混淆,也被否决了。司法审查的根据并不是简单地寻找法律渊源意义上的法律条文的依据。

一、司法审查根据的法律意义

英国法院确立了许多据以认定公共管理机构的决定和行为违法的根据,并通过司法审查救济,监督公共职能的运作。司法审查的根据必须在提请司法审查时提交的《司法审查许可申请书》中陈明。而且司法审查的原告不可能靠该申请书之外的司法审查根据赢得诉讼。要想赢得司法审查,申请人必须表明其申请书中的一项以上的司法审查根据成立。因此,确定挑战公共管理机构的根据是司法审查初步准备阶段的第一要务。②

事实上,英国学者讨论的司法救济类型,就是法院在作出有利于原告的决定时,行使其自由裁量权所能给予原告的救济的类型。③ 这提醒我们,英国法官的判决为是非判断,要么支持原告的诉讼请求及相应根据,要么否定,不存在妥协的余地。由于申请人方未在《司法审查许可申请书》中提出或者列明诉讼请求和司法审查根据,法院无从置喙,自然不可能支持申请人。

因此,英国司法审查根据的法律意义有三:一是申请人据以对被告的被审查行为提出挑战的根据,如果这些根据成立,则申请人胜诉。而且英国法要求申请人必须在申请司法审查许可时即向法院(间接地向被告)提

---

① Wade & Forsyth, pp. 33-34.
② Bridges & Cragg, p. 9.
③ Neil Parpworth, p. 327.

出这些根据,自此之后,一般情况下,申请人也只能据此继续其案件,不能再提出其他的根据了。二是对于被告而言,司法审查的根据也就是申请人指摘被告的行为违法、失当的要点所在,也是法院审查被告行为的切入点,因此也就是被告在司法审查程序中着力辩驳的内容。三是对于法院而言,司法审查的根据就是其对被告的被申请审查的行为进行剖析的切入点,是司法对行政进行监督的着眼点。

可见,司法审查的根据,实际上是英国法总结出来的足以撤销或者宣告被告的被诉行为无效的法定根据,并因此成为司法审查案件中各方关注的焦点,成为案件的核心和关键。解析司法审查的法律根据,就是剖析英国司法审查的审判标准,同时也是解析英国公共管理机构的行为标准,其意义极为深远。英国行政法在这一领域积累的经验、发展的理论,具有相当重要的借鉴意义。

二、荟萃司法审查根据的两大著名判例

现当代英国行政法考虑司法审查的根据,有两个非常重要的判例:一个是1948年的 *Associated Provincial Picture Houses Ltd. v. Wednesbury Corpn* 案,简称温斯伯里案;另一个则是1985年的 *Council of Civil Service Unions v. Minister for the Civil Service* 案,简称政府通信指挥部案。但是需要提醒的是,在这两个案件中,法院并没有建立任何新的司法审查的根据:这两个判例的重要性不在于其创新性,而在于它们荟萃了据以在法院对行政决定过程进行法律挑战的各项原则。[1]

(一) 温斯伯里案

温斯伯里案的重要之处在于格林(Lord Greene MR)所作的判决,强调了监督管辖权(supervisory of the jurisdiction)同与之相对的上诉管辖权(appellate nature of the jurisdiction)的区别。同时,格林确立了可以构成对行政自由裁量权行使的挑战的根据的数个原则,这些原则就是著名的温斯伯里原则(Wednesbury principles,即温斯伯里判据)。

其具体表述是[2],自由裁量权的行使:一是必须是真实的和真诚的;二是必须考虑相关的事项,不能考虑无关的事项;三是不能基于恶意或者不诚实;四是必须符合设定该自由裁量权的本意。

---

[1] Neil Parpworth, p. 288.
[2] Neil Parpworth, p. 289.

除上述原则外,格林还提出,作为一项基本要求,自由裁量权必须合理地行使。任何自由裁量权的行使者如果违反了上述任一原则,都可能导致其得出不合理的结论。然而,自温斯伯里案之后,以该案命名的不合理一直是作狭义理解的,而对此最典型的说明,莫过于司法审查根据的如下经典判例。①

(二) 政府通信指挥部案

由于该案宣判的时间与该判例报告的时间分别是 1984 年和 1985 年,有的学者称 1984 年的政府通信指挥部案,有的称 1985 年的政府通信指挥部案,指的都是 Council of Civil Service Unions v. Minister for the Civil Service 一案。在该案中,贵族院确立了英王特权的行使也必须接受法院审查的普遍原则。而某一行使英王特权的行为是否能够成为司法审查的对象,要看其是否构成司法性问题。② 迪普洛克在该案总结出了控制行政决定的三个根据:非法性、非理性、程序失当性。③

更为重要的是,这些名目和原则都不是排他性的,某一行政决定可以因违反多个司法审查的根据而被挑战,而且法院的判决中也会对其中的多个根据予以支持。例如,对于某个基于不相关的考虑而作出的行政决定,这一不相关的考虑可能是行政决定者不适当的目的的反映。④

三、司法审查根据的分类

对于司法审查的根据的具体类别,英国学者没有一致的意见。但这可能与他们的文风有关——总是不愿对事物作具体的分类,并且总是以一种看似漫不经心的方式讨论"原则性"的重大问题。例如,有英国学者认为,法院对公共管理机构的行为实施审查的根据包括越权、法律上的错误、违反自然公正原则等。⑤ 笔者反复提醒,英国学者诸如此类的列举,仅仅是说说而已,英国司法救济的根据不限于此,而且各学者对此也多有分歧。

(一) 三分法

一般认为,司法审查申请的根据大致包括三大类别,虽然这三大类别

---

① Neil Parpworth, p. 289.
② Neil Parpworth, p. 289.
③ Neil Parpworth, pp. 289-290.
④ Neil Parpworth, p. 290.
⑤ Bradley & Ewing, p. 754.

常常会相互重叠甚至彼此融合。司法审查根据的这种三分法来自迪普洛克法官在政府通信指挥部一案的判决①:非法、不合理、程序失当。

这一分类方法得到英国学者的普遍认可,在介绍英国司法审查的根据时,都会首先提到这种三分法。② 并进一步介绍说,迪普洛克在政府通信指挥部一案中将司法控制行政行为的理由分为上述三类的同时也承认,可以随着法律的发展而添加更进一步的理由(如比例原则,proportionality)。1986年,新西兰上诉法院首席大法官评论道:"司法审查的实质性原则,简单说决策者必须依法、公正、合理地行事。"对此,英国学者称之为对法律背后的政策的"令人肃然起敬的概括",但同时也承认在将这一原则用作指导决策制定的准则之前,还必须对其所提到的三个标准的准确含义加以明确。③

当然,还有学者提出了其他分类内容的三分法:司法救济的类型不同,提起救济的根据也不同,比如,将司法救济分为实质性的越权、程序上的越权、无理性④,相应的,提起救济的根据则分为实质性根据、程序性根据以及合法性期待⑤。

(二) 二分法

二分法,是将英国的司法审查根据划分为实体性根据与程序性根据的分类方法,不完全是英国学者划分司法审查根据的方法,而是笔者根据英国学者的论述,结合我们的分类习惯进行的分类。

1. 实体性审查根据

英国学者认为,司法救济的实体性根据,涉及对公务决定或者公务行为的实体或者内容进行审查的根据。与之相对的是决定的形成程序的根据。司法救济的实质性根据包括⑥:① 越权无效原则;② 滥用自由裁量权;③ 事实上的错误;④ 侵犯《欧洲人权公约》规定的权利。

2. 程序性审查根据

即使某一决定是在作出机构的权力范围内,也可以因程序性根据而在法院受到挑战,此类案件的焦点问题在于,确保该决定合法所必需的程

---

① Bridges & Cragg, p. 9.
② Neil Parpworth, p. 288.
③ Bradley & Ewing, p. 697.
④ Elliott & Quinn, pp. 54-55.
⑤ Bradley & Ewing, pp. 697-722.
⑥ Bradley & Ewing, pp. 697-711.

序性要求得到满足。许多这样的要求可以在授予作出决定的权力的制定法中找到，其他要求则可以由普通法中的自然公正原则[即目前广为人知的公平原则（doctrine of fairness）]推导出来。①

以上介绍的是原则性分类。以下将逐一详细介绍司法审查的各种根据的具体含义及内容。正如英国学者所言，尽管从理论上可以确定某一具体原则的含义，但是在讨论司法审查的根据之初最好记住：在实践中，这些原则往往是相互重叠的。于是，对某一公法决定的挑战可能来自基于不同原则的多项根据。而法院最终得出的结论就有可能根据几个互不相同但彼此关联的原则而宣告某一行政决定违法。②

在体例上，本书也与英国的著作不同：它们在介绍时基本上严格按照上述三分法布局，并将诸如比例原则、合法性期待原则等视为上述三项基本原则的子原则加以介绍。笔者从中国实际出发，特别是考虑我们的关注热点，将许多下位原则提升予以强调，由此造成的结果是，在标题的排列上，许多原则无论是英国学者还是中国学者看来，都不是同一层级的。但这种排列最大的好处是，从著述的角度看，可以将我们感兴趣的内容在一个相对封闭同时又较为突出的题目中集中讨论并全面系统地介绍。

根据1985年的政府通信指挥部案所确立的非法性、非理性及程序失当性这一三分法，下文从非法性至恶意所讨论的内容都属于非法性方面的司法审查根据，其中包括非法性、越权无效、事实上的错误、侵犯《欧洲人权公约》规定的权利、相关性考虑、信托义务、相关性考虑对自由裁量权的束缚、不正当的目的、恶意等。随后的两项内容是非理性项下的具体表现，其中包括非理性、比例原则等。最后的内容基本上属于程序失当范围的司法审查根据，其中包括程序失当、程序越权、自然公正原则的运用、合法性期待、公平听审权、反对偏私的规则等。

四、非法性

如果作为司法审查对象的行政行为不合法，即具有非法性，则司法审查就有了坚实的基础和根据。但把握这一原则的具体内容却不容易。

在政府通信指挥部案中，迪普洛克认为，作为司法审查根据的合法性是指，行政决定的作出者必须正确理解规范其决定权的法律并执行其规

---

① Bradley & Ewing, p. 711.
② Neil Parpworth, p. 288.

定。英国学者也承认,这一解释对理解该原则其实帮助不大。①

五、越权无效

英国学者认为,越权无效是司法救济最主要的实质性根据,即以越权为由请求撤销原行政决定或者行为。② 有关这方面的内容,详见本卷第三章第一节司法审查的基本原则——越权无效原则。

六、事实上的错误

除了管辖权事实认定原则以外,如果有人试图以某一决定存在事实上的错误为由对该决定提起司法审查,其得到的回答将是其无权提起司法审查。这种情况更有可能发生在对于某一认定的事实同时存在正反两方面证据的情况下,而这样的诉讼请求实际上相当于请求法院取代决定者来对事实作出决定。但是,假定在直接事关最后决定的事实认定方面存在明显的错误,则另当别论。例如,基于不正确的陈述而作出的决定(对某一开发土地的申请作出的拒绝决定仅仅是因为据说该土地位于城市绿化带上,而事实上根本没这回事)。③

不过在类似的情况下,司法审查完全可以其他根据提起。例如,以不相关的考虑为由(如将对土地性状的错误描述视为一种与案件无关的事实,而考虑这种无关的事实就属于不相关的考虑),没有证据即得出结论(属于法律上的错误),不公正(如果原告没有机会对此事实认定进行申辩)以及温斯伯里判据所确立的不合理。④

可以因客观性的事实方面的错误而对行政决定进行审查的观点的权威性正在日益加强。在 1999 年的 *R. v. Criminal Injuries Compensation Board*, *ex p. A* 一案中,贵族院有 4 位常任上诉贵族法官承认了法院可以因实体性事实而撤销某一决定的观点。1998 年《人权法》的效力则进一步强化了这一立场。根据《欧洲人权公约》第 6 条第 1 款的规定,如果某一影响民事权利的行政决定是由国务大臣作出的,负责司法审查的法院必须能够对决定所认定的基本事实进行控制,但并不要求对每一

---

① Neil Parpworth, p. 290.
② Bradley & Ewing, p. 697.
③ Bradley & Ewing, p. 710.
④ Bradley & Ewing, p. 710.

证据性问题重新举行听审。① 言外之意,部分听审也并不是不可以的,或者并不是没有必要的。

七、侵犯《欧洲人权公约》规定的权利

根据英国1998年《人权法》第6条第1款的规定,如果公共管理机构以一种与《欧洲人权公约》要求的不一致的方式行事,就是非法的,除非有议会制定的初级立法要求它们这样做。据此,既有的司法审查的根据就增加了一个新的内容,而这恰恰是一个非常广泛的根据,即与公约人权矛盾的行为。同时,根据1998年《人权法》的规定,司法审查被视为保护公约人权的最后一道程序。②

此外,根据《人权法》第6条第1款的规定,不作为也是一种违法行为。但是,政府未向议会提出某项立法的提案或者未制定某项初级立法不在此列。而且公共管理机构因执行某一初级立法而实施的行为或者除此之外别无其他选择的行为也不属于违法之列。③

《人权法》并没有使用越权无效的字眼,但该法第6条第1款规定的效力之一是确立了一种新型的、跨越式的对行政行为、行政决定及行政不作为予以司法审查并认定其违法的根据。在此之前,不基于这种根据许多案件的原告是难以在此类诉讼中胜诉的。实践中,即使没有《人权法》,绝大多数诉请司法审查的原告也总是倾向于在其诉辩中增加行政主体违反有关公约人权的抗辩根据。虽然在很多情况下,这样的抗辩并不会影响案件的结果,但却确有可能使案件产生截然不同的结果。例如,上诉法院现在对军方所采取的将所有同性恋都清除出军队的政策进行司法审查时,就必须考虑《欧洲人权公约》第8条有关尊重个人私生活的权利的规定;而涉及表达自由权方面的案件目前则要基于《欧洲人权公约》第10条作出裁决。如果个人在与公共管理机构打交道时想以公约人权为保护手段,那么该公共管理机构就必须在行使其职能时就该职能的行使是否与当事人的公约人权相关以及如果相关其影响后果是什么作出判断。如果该公共管理机构对公约问题不予理会,就有可能冒未考虑相关因素的风

---

① Bradley & Ewing, p. 710.
② Bradley & Ewing, p. 697.
③ Bradley & Ewing, p. 711.

险,从而构成法律上的错误或者构成所作出的决定不符合比例原则的错误。①

八、相关性考虑

相关性考虑,又称司法审查根据领域的相关性原则,是指在作出行政决定时的相关考虑与不相关考虑,是政府通信指挥部判例确立的第 2 项司法审查根据。具体是指,行使自由裁量权的行政决定者必须考虑相关的因素而不能考虑不相关的因素。欧文(Lord Irvine)曾经提到,除了上述两种类型的考虑因素外,还有裁量性的因素即根据行政决定者的自由裁量权决定是否可以考虑的因素。②

制定法在赋予决定者某种自由裁量权时,经常会就相关的考虑的本质提供某些指引。例如,在确定是否给予规划许可时,1990 年《城镇及乡村规划法》第 70 条第 2 款要求地方政府机关考虑发展规划的规定、申请人提供的材料以及其他任何实质性的考虑。③

但在制定法没有作此类指引时,确定相关性与非相关性要困难得多,要求法院来解释法律。当然在此之前,作为司法审查对象的决定的决策者必须先行作出自己的理解或者解释,而司法审查只不过是法院对该决定者作出决定时的理解或者解释的确认性解释罢了。如果制定法在授予某一自由裁量权时有明确的目的,则相关的考虑就是那些以促成这些目的的实现为目标的考虑。但在履行这一解释角色的过程中,法院必须小心行事,以避免将自己认为适当的考虑等同于适当的考虑。④

1995 年的 *Tesco Stores Ltd. v. Secretary of State for the Environment* 一案进一步指出,虽然相关性考虑原则要求在决定过程中必须考虑相关的因素,但该原则却没有规定应当考虑的相关性因素的权重:这是行政决定的决定者自由裁量权的范畴,而不是法院决定的。某一既有相关的考虑又有不相关考虑的决定并不必然违法,该决定是否违法取决于不相关考虑影响决定的程度。如果不相关考虑的有无并不影响最终的决定,则该决定就是合法的。但是,如果不相关的考虑严重影响了最终的决

---

① Bradley & Ewing, p. 711.
② Neil Parpworth, p. 290.
③ Neil Parpworth, p. 291.
④ Neil Parpworth, p. 291.

定,若不考虑这些不相关的因素,最终的决定就会有所不同,这个最终决定就是非法的。①

九、信托义务

信托义务(fiduciary duty)属于不相关考虑原则的一种具体应用。地方政府机关负有征收税款和地方巨额资金开支的职责。其所征收的税款都是以地方议事会税形式取得的,以使地方政府机关能够满足其制定法的职责并提供教育、安居、垃圾收集及维护公路等最基本的服务。地方政府机关对那些被征收了税款的人负有信托义务,即不能挥霍,但这笔钱必须用来向公众提供上述有益的服务。地方政府机关违反这一信托义务,法院将会介入。②

1955 年的 *Prescott v. Birmingham Corpn* 一案中,在该市经营有轨电车和公共汽车的被告议事会,决定实施一项给 64 岁以上妇女和 69 岁以上男子每周 6 天免费乘车的计划。该计划运行大约一年后,原告作为本地的一名地方税纳税人向法院申请宣告该计划违法的宣告令。主审法官韦西(Vaisey J)认定,向社会上的特定阶级减免义务是议会而非地方议事会的事。该议事会并没有固有的向老年人提供这种福利的权力,因为这种福利是建立在歧视性基础之上的对于社会中的特定部分人的优惠,从而触犯了平等原则。③

十、相关性原则对自由裁量权的束缚

在涉及自由裁量权的案件中,相关性原则构成对自由裁量权的束缚。按照该原则,行政决定者应当考虑相关因素。但仅仅做到这一点是不够的。即使某一决定基于相关因素,决定者也必须保证这些相关因素并没有束缚其自由裁量权。即决定者必须保证这些相关因素对自己的影响,不能超过无法行使自由裁量权的程度。④

十一、不正当目的

不正当目的属于不相关考虑。议会在授予某一决定者权力时,其旨

---

① Neil Parpworth, p. 293.
② Neil Parpworth, p. 294.
③ Neil Parpworth, p. 294.
④ Neil Parpworth, p. 295.

在于该权力将被用于某种或者某些特定的目的。在许多情况下,授予权力的目的在制定法中都是明确了的。但在相反的情况下则必须通过必要的默示的法律解释方法予以确定。如果决定者按照制定法设定的目的行事,就是合法的;为了不适当的目的行事的,法院就将随时准备介入了。①

上诉法院在 1976 年的 *Congreve v. Home Office* 一案(详见本卷第七章第六节司法审查经典判例中的"无线电视许可收视许可收费案")中指出,以发出威胁的方式行使权力,以榨取议会并没有授权行政部门收取的金钱,这是对内政大臣所享有的撤回许可权力的不适当行使。②

十二、恶意

恶意(bad faith)属于不相关考虑。在温斯伯里案中,格林(Lord Greene)指出,基于恶意或者不诚实而作出的决定将被撤销。在随后的 1978 年的 *Cannock Chase District Council v. Kelly* 一案中,主审法官梅高(Megaw LJ)指出:"恶意有时也被称为缺少善意,意思是不诚实,其本身并不以经济动机为前提。"因此,如果某一决定者不诚实地声称自己出于某种特别的动机而作出了某一决定,但实际上是根据另一动机作出的,则这种行径就有可能被认定为恶意。例如,在 1990 年的 *R. v. Derbyshire County Council, ex p. Times Supplements* 一案中,被告决定不在原告的报纸上登职位空缺广告的决定,就被法院认定为出于报复原告的动机,进而认定其存在恶意。③

恶意通常是非常严重的指控,因此不能视为不诚实的同义词。恶意是指错误地考虑了某一在法律上没有关联性的事实。由于恶意涉及对公共管理机构的严重指控,因此有必要保证被告进行了明确的辩护。只有具有压倒性优势的证据才能确保法院合法地作出有利于原告的认定。实践中,认定恶意的情形非常少见。但是,如果能够满足这一严格的举证责任要求,原告将因认定被告存在恶意而胜诉。④ 例如,某地方议事会根据规划立法颁布保护树木的命令,而其目的只是为了拒绝为某一开发者提出的规划许可申请找借口,可以说其存在恶意。但在另一判例中,高等法

---

① Neil Parpworth, p. 297.
② Bradley & Ewing, p. 701.
③ Neil Parpworth, p. 299.
④ Neil Parpworth, p. 299.

院法官劳斯却拒绝了将此类行为认定为恶意的严重指控,理由是没有足够的证据证明被告存在恶意。①

十三、非理性

在政府通信指挥部一案中,迪普洛克暗示了非理性与狭义理解的温斯伯里式无理性其实是一回事。非理性适用于那些严重违背逻辑或者公认的道德标准,以至于任何有判断力的人在同一情况下都不会作出被司法审查的行政决定的情形。而就温斯伯里式的无理性而言,格林认为是指那些太没有理性、任何理性的行政主体都不会作出类似行为的情形。当然,这一定义后来被库克(Lord Cooke)在1999年的 *R. v. Chief Constable of Sussex, ex p. International Trader's Ferry Ltd.* 一案中指为同义反复。库克倾向于通过求证有理性的行政主体是否会作出此类决定的方法进行界定。② 不难看出,这同样有循环论证之嫌。

在1986年的 *Nottinghamshire County Council v. Secretary of State for the Environment* 一案中,斯卡曼(Lord Scarman)以"几近荒谬"作为标准来界定无理性。有时,法院也会以不正当或者完全无理性来下定义。但无论如何措辞,无理性的决定显然与滥用权力有关。③

要想基于非理性根据进行司法审查,原告必须达到相当高的证明标准。仅仅证明受指摘的行政决定是理性的人不可能作出的是不够的,还必须向法院表明任何理性的人都不会作出这一决定。④ 从实验研究的角度讲,这种证明标准是永远无法达到的,但在考虑这一问题时必须注意的基本前提是,这不是一个绝对的标准,而是一个相对的标准。特别需要强调的是,这是一个由法官把握的标准,或者说由法院来掌握的标准。在检验这一标准是否达到的过程中,法院的自由裁量权不仅表现在对这一标准抽象的解释权,而且表现在实际审判过程中就个案而言是否已经满足所要求的具体解释权。判例法的价值就在于,法官的具体解释权分散了法官在裁决案件时权衡其自由裁量权的压力。因为其决定毕竟是就个案而言的,并不一定总具有普遍性,尤其是在这种仁者见仁、智者见智的高

---

① Neil Parpworth, p. 300.
② Neil Parpworth, p. 300.
③ Neil Parpworth, p. 300.
④ Neil Parpworth, p. 300.

度个性化的判断中,法官的自由裁量权受到的最大限制恰恰不在于其对于个案的裁量空间有多大,而在于由此形成的判例的拘束力也同样是相当随意的或者说不确定的。在这种情况下,个案的决定往往被视为一个偶然的自由裁量结果,并不必然具有在意见比较趋同的问题上所形成的判例的持久坚挺的拘束力。

英国学者认为,阿克纳对1991年的布林德(Brind)案的看法,揭示了法官作出的宣告行政决定无理性的决定本身所固有的宪法性风险:如果某一决定荒谬或者严重违背逻辑,势必触及行政决定的合理性,而行政决定是否因此就成了错误的决定是值得商榷的。① 正因如此,非理性的指控很难获得法院支持,除非行政决定确实完全无理性。②

十四、比例原则

比例原则(Proportionality)是相当数量的欧共体成员国的行政法中一个非常发达的原则,同时也是一个被《欧共体法》承认的原则,而且还是一个为欧洲人权法院所接受的原则。早在政府通信指挥部一案中,主审法官迪普洛克即意识到,如果将来的某一天,在其提到的司法合理性的三项标准中会增加新的内容,他首先想到的就是比例原则。③

英国学者在解释比例原则时曾经提到,在英国,人们常常会用"杀牛就用杀牛刀"的俗语来说明,并认为这一形象的说法确实反映了这一司法审查根据的精义。当然,英国学者也承认,仅仅在法庭上声称某一决定或者行为过程不符合比例原则,并不足以构成对该决定或者行为的致命一击,而只能对旨在实现某一目标的手段的适当性构成打击。换句话说,决定者所申辩的目标完全可以用更为适当的手段促成。④

而且,英国学者指出,依比例原则提起的申辩也同样存在合宪性风险。因为对于认定某一行政决定或者行为的过程不符合比例原则的法院而言,这已经距离以自己的观点代替被告的决策非常近了。而这正是英国宪法、行政法学者基于分权原则和对行政自由裁量权存在的必要性的尊重而引发的理性的考虑。因为分权原则和司法对自由裁量权的尊重在

---

① Neil Parpworth, p. 300.
② Neil Parpworth, p. 301.
③ Neil Parpworth, p. 303.
④ Neil Parpworth, p. 303.

他们看来是更根本的宪法性原则,而违反这些原则的原则或者行为,难免存在他们所谓的合宪性风险。因为在事实上,法院的决定相当于告诉行政决定者其选择了错误的道路。①

正是由于对比例原则的合宪性心存疑虑,英国法院传统上对比例原则始终持谨慎态度也就不足为怪了。迪普洛克在政府通信指挥部案中提到,如果司法合理性的三项标准增加新的内容,他首先想到的就是比例原则,这也多少反映了英国学者的态度。但也并不是没有例外,如 1976 年的 *R. v. Barnsley Metropolitan Borough Council, ex p. Hook* 一案。② 该案涉及以决定过程中存在偏私为由挑战某一吊销市场商贩许可证的行为。③ 这一挑战理由与比例原则其实并没有什么关系,而与避免偏私有更直接的联系。

由于比例原则的表述出现在 1998 年《人权法》的条文中,因此,英国法院由此开始了必须在声称侵犯《欧洲人权公约》所保护的权利的行政案件中适用比例原则的新纪元。用时任大法官欧文的话说,在司法审查中涉及《欧洲人权公约》保护的权利的时候,"必须适用《欧洲人权公约》中的比例原则"。这意味着司法审查必须对问题的实质进行考察。因此,这种类型的司法审查的范围将不限于对决定形成过程的附属性审查,而必须对决定的实质进行审查。④

在 2001 年的 *R. v. Secretary of State for the Home Department, ex p. Daly* 一案中,贵族院获得了一个审定比例原则的适用范围的机会:一名在押犯人声称,与其法律通信保密权(legal correspondence)有关的权利受到了侵犯。1995 年,内政部引入了一项规范对定罪或者关押的在押犯人的监室进行搜查的新政策,根据这一仅适用于英格兰及威尔士的政策,在搜查牢房时犯人不得在场,并且要求负责搜查的监狱工作人员仔细检查在押犯人的法律通信,并确保这些通信确实是在押犯人与法律顾问的善意通信。⑤

原告(Daly)是一名长刑期在押犯人,他对上述新政策提出了挑战:按照 1952 年《监狱法》第 47 条第 1 款的规定,这一政策是不合法的。他还

---

① Neil Parpworth, p. 303.
② Neil Parpworth, p. 303.
③ Neil Parpworth, pp. 303-304.
④ Neil Parpworth, p. 304.
⑤ Neil Parpworth, p. 305.

特别强调,这一毫无道理的政策要求犯人在其拥有法律特权的法律通信被审查时不得在场,这侵犯了普通法的基本权利以及受《欧洲人权公约》第 8 条第 1 款保护的基本权利,而且,1952 年《监狱法》第 47 条第 1 款并没有明示或者默示地授予侵犯这一基本权利的权力。① 这至少表明,在英国一般人或者原告律师所提供的法律意见中,这一欧洲人权法上的基本原则是有其普通法上的对应权利的。或者说,普通法上的基本权利也就是后来的《欧洲人权公约》所维护的权利,二者是互通的。

上诉法院认定,该政策确实构成对于犯人最低限度权利的侵扰,但这是与维护监狱的安全、秩序或者纪律的需要相适应的。② 按照该法院的理解,该案涉及的内政部的政策符合比例原则,只要某一政策与其目的(如维护监狱的安全、秩序或者纪律)相适应,即目的与手段相适应,就足以具备使其具有合法性的基础。正是这一认识使该案的判决与比例原则扯上了关系。

原告提出再上诉。贵族院裁定,上诉根据成立,内政部的政策非法而且无效。贵族院的裁判理由是,该政策对于犯人所享有的确保其法律通信私密性的权利的侵犯所造成的损害,要重于维护监狱的安全、秩序或者纪律以及预防犯罪的需要所具有的利益。此外,该政策侵扰犯人的程度已经构成了对其普通法上的权利的侵犯。同时该政策对于犯人所享有的受《欧洲人权公约》第 8 条第 1 款保护的权利的侵犯也远远超过了必要的限度。③ 从这个比例原则的判例看,比例原则的核心是损益相权,即某一行政决定所保护的利益只有与其所损害的权利相比具有较大的优势时,才具有足够的合法性基础。否则,就会因不符合比例原则而被法院宣告非法和无效。可见,尽管比例原则涉及的是合理性审查,比较的也是行政决定的利害得失,具有相当大的主观性和自由裁量性,但其结论却是合法与否,而非适当与否。

贵族院认为内政部的政策是建立在合法的公共目标[legitimate public objectives,如维护公共安全(maintenance of security)等]基础上的,但适用这一政策而导致的对于在押犯人的权利的侵犯是不符合比例原则的。易言之,那些法定的公共目标完全可以一种更为合比例的方式实现,

---

① Neil Parpworth, p. 305.
② Neil Parpworth, p. 305.
③ Neil Parpworth, p. 305.

如可以在搜查监室时让那些对搜查活动构成威胁、破坏的犯人或者根据既往的行为提示有这种可能的犯人离开搜查的现场[1]，而让那些没有对搜查构成威胁或者破坏，而且根据其一贯表现也提示无相关风险的犯人在搜查监室的过程中仍在现场。但在论及比例原则与相关的传统司法审查的根据的区别时，斯泰恩（Lord Steyn）认为这两类理由是互相重叠的。[2]

十五、程序失当

程序失当是迪普洛克在政府通信指挥部一案中提到的可以据以在法院对行政行为提出挑战的第三个根据。据英国学者介绍，迪普洛克在选定"程序失当"这一词组时费了一番工夫，以使之包括两个方面的内容：未遵循制定法设定的程序规则和未遵循普通法上基本的自然公正原则。[3]

在英国行政法的历史上，强制性程序要求（mandatory procedural requirements）与指导性程序要求（directory procedural requirements）之间曾经有着严格的区分，当时的主流观点认为，对指导性程序要求可以置之不理而不会引来什么麻烦，但对强制性程序要求则不然。但是在 2000 年的 *R. v. Immigration Appeal Tribunal*, *ex P. Jeyeanthan* 一案中，当时还担任上诉法院民庭庭长的伍尔夫试图减轻这种传统区分方法的重要性。在他看来，实际情况要比这种形式上的区分复杂得多，而且这种区分分散了人们对于"应当如何推断立法者意欲对不遵守程序设定什么法律后果"这一更为重要的问题的注意力。这一问题必须通过评价制定法的立法语言的确切含义以及不遵守法定程序的实际情况，才能得出适当的结论。[4]

十六、程序越权

对于违反法定程序的要求，英国学者有两种表述：一种是违反法定程序（statutory requirements），另一种是程序性越权。

（一）违反法定程序

英国学者认为，如果制定法在授予某一特定权力时规定，该权力的行

---

[1] Neil Parpworth, p. 305.
[2] Neil Parpworth, pp. 305-306.
[3] Neil Parpworth, p. 307.
[4] Neil Parpworth, p. 309.

使必须遵循该法指定的程序,则未能遵循这一程序就可能导致被指控的行使权力的行为被法院宣告为无效。在 1964 年的 *Ridge v. Baldwin* 一案中,布赖顿(Brighton)地方的警察管委会在其警察局长被指控共同犯罪后草率地解除了该警察局长的职务,但主审法官仅就该警察局长的行为进行了严厉批评后即宣告其无罪。而根据 1919 年《警察法》制定的《纪律条例》的要求,针对警察局长的纪律处分作出之前必须举行正式的听审。① 该警察局长遂针对警察管委会解除其职务的决定提起诉讼。警察管委会辩称,该听审程序并不适用于根据 1882 年《市政法》实施的职务解除行为。② 贵族院认为,《纪律条例》规定的程序应当遵循,恰恰是由于解聘决定最终没有考虑该条件,因此必须认定该决定是无效的。③ 该案在本节下文自然公正原则中"司法性与行政性行为的区分的废弃"部分另有更详尽的介绍,从中可以比较不同研究者发掘同一判例的法律要点的差异。

并非所有的程序错误都将导致行政行为无效。法院经常会将程序区分为强制性的程序要求和自由裁量的程序要求。违反强制性的程序要求将导致行政行为无效,而违反自由裁量的程序要求则不会。但是法院并不考虑完全没有遵循程序与实质性地遵循程序之间的区分。同时,法院也不考虑程序上的瑕疵是否真的对个人造成了损害。④ 也就是说,法院总是以程序本身的定性来决定由此作出的行为的有效性,而不取决于遵循程序的量化程度。更具体地说,对于强制性程序,即使稍有不履行,也是无效的,而对于自由裁量的程序,即使完全没有遵循也不是必然无效的。

但是到了 1979 年,黑尔沙姆(Lord Hailsham)在 *London and Clydeside Estates Ltd. v. Aberdeen DC* 一案中评价法院对于程序的这种区分时指出,法院所面临的问题远没有这样非此即彼,而是一些连续的可能性的组合。在这一案件中,某规划职能部门未能告知地产所有权人其有向国务大臣上诉的权利,从而导致了该职能部门作出的对该土地有不利影响的行政决定无效。⑤

---

① Bradley & Ewing, p. 711.
② Bradley & Ewing, pp. 711-712.
③ Bradley & Ewing, p. 712.
④ Bradley & Ewing, p. 712.
⑤ Bradley & Ewing, p. 712.

而在1999年,上诉法院认为,如果某一要求的程序未被遵循,此时提出这一要求属于强制性的还是自由裁量性的问题,只能算是解决以下一系列问题的第一步:该程序是否被实质地遵循了?即使未被遵循是否也可以在所不问?如果对该程序的未被遵循未能或者根本不能避而不谈,那么其后果是什么?在这种情况下,审查法院对于程序违法的法律后果的认定就享有至关重要的自由裁量权。①

总之,现代的英国司法界对于程序违法的法律后果的探讨并未停留在区分强制性程序与自由裁量性程序,这种区分只是解决程序违法行为的第一步,无论属于哪种类型的程序,都需要回答相应的法律后果,即对于程序属性的定性,并不会影响对于违反程序的后果的追究。

(二)程序越权

程序越权属于程序失当的表现形式,重点是违反制定法规定的程序,而不同于侧重于违反普通法上的自然公正原则的程序失当。

如果某一依制定法上的授权行事的行政机关未能遵循相关的议会立法所规定的程序,则可以称其行事超越了权限。这类制定法所设立的程序有许多种形式,授权法中最常见的程序要求就是必须进行咨询。例如,部长依制定法的要求,负有在作出决定前必须向某一特定组织或者其认为适宜的类似组织进行咨询的义务。如果咨询的要求是强制性的,则未履行该义务而作出的决定就存在程序越权的瑕疵。② 从这个意义上看,程序越权有两重内容:一是指违反制定法特别是授权法特别设定的程序义务;二是指违反作为普通法基本原则的自然公正原则。就其实质而言,这两种意义上的程序越权,对于法院而言都是非常宽泛或者说自由裁量权相当广泛的审查标准;而对于行政机关而言则必须十分小心地行使,避免触到这一界址不清的雷区。因为,对于自然公正原则的具体含义及适用规则的不确定性所引起的审查标准就不用多说了,即使就制定法所设立的程序而言,行动机关是否遵循了也是相当难以把握的。或者说行政机关必须非常慎重地行事,才能保证法院能够在随后可能提起的司法审查中认定行政机关的决定或者行为确实遵循了制定法规定的程序。单就咨询程序而言,制定法所要求的向特定组织或者决定者认为适当的类似组织咨询的义务,看似很好满足,但对于如何咨询才算是尽到了咨询义务

---

① Bradley & Ewing, p. 712.
② Neil Parpworth, p. 307.

以及什么样的组织才能视为决定者认为适当的可以被咨询的组织等问题,决定者固然有相当的行政自由裁量权,司法审查裁决者也同样具有与之相同的自由裁量权,而且是更高权威的自由裁量权。因此,实践运作的结果必然是,行动机关对于其依制定法或者依普通法所享有的自由裁量权的理解,必须结合法官在审判中所作的解释,并且在作出决定的过程中,按照司法判例中的解释调整自己对程序的具体要求的理解与适用。只有这样,行动机关的决定才能避免被认定为程序越权。

此外,从英文著作中的具体应用看,程序越权的意思就是 procedure is ultra vires,这种表述与我们一般所说的实体越权在英文中的表述(decision is ultra vires)没有本质区别。因此,其法律效果也是完全一样的,即越权无效。在这个意义上,英国的程序越权的法律效果等同于实体越权,或者说,英国只有越权无效的原则,至多可以将程序方面对制定法或者自然公正原则的违反,视为一种在行使法定授权过程中超越权限的表现形式。

1972 年的 *Agricultural, Horticultural and Forestry Industry Training Board v. Aylesbury Mushrooms* 一案非常富有英国特色地解释了什么是一般意义的咨询:1964 年《工业培训法》(Industrial Training Act)对各种工业培训委员会的设立作了规定,该法第 1 条第 4 款规定,在设立此类委员会之前,部长必须咨询任何在其看来显然代表着在相关工业部门就业的员工的组织或者组织的联合。①

部长在设立后来成为该案原告的委员会时,确实想到了咨询程序,并咨询了全国农会(National Farmers Union),但却没有咨询作为该农会附属机构的蘑菇种植业者联合会(Mushroom Growers Association)。王座分庭认定,根据《工业培训法》第 1 条第 4 款的规定,部长的某些决定的咨询程序是强制性的。虽然在决定是否应当咨询某一机构时,部长主要是基于某种主观标准,即部长个人的内心确信,但咨询程序本身是由发出真诚地请求对方提供咨询意见的邀请组成的,特别是要随时准备接受别人的建议。部长根本就没有发出过咨询的邀请,相关组织也没有提供咨询意见的机会,因此,并没有真正咨询。②

---

① Neil Parpworth, pp. 307-308.
② Neil Parpworth, p. 308.

法定程序的另一要求是决定必须给出理由①，这是相对于授权法要求的咨询程序而言的。可见，在作出决定前进行咨询、在决定作出时说明理由，这是英国制定法设立的程序规则中最主要的两项。而这两项规定与其说是具体的程序规范，不如说是抽象的程序原则。其中的每一程序要求都具有相当的自由裁量空间。由此提示我们，程序的意义或许并不是明确地要求决定者先考虑什么、再考虑什么，先做什么、再做什么，而是要求在作出决定的全过程中都要谨慎，都要按照普通理性人的标准行事。

　　1992年《裁判所法》第10条规定，部长及某些特定的裁判所负有对其作出的决定正式说明理由的一般义务。然而这一普遍性的原则并不适用于那些特别法已经规定了说明理由义务的场合。而且在普通法中，也没有说明理由的基本义务，但正如在介绍自然公正原则的引申时看到的，现在的法院正在沿着要求决定者履行这一义务的方向前进。② 虽然普通法过去没有要求决定者说明理由，但是现在，法院的态度越来越倾向于将说明理由理解为普通法对决定者提出的普遍要求。这意味着，在任何决定中，法院都倾向于决定者在决定时要一并说明理由，即使制定法没有明确要求决定者这样做，法院也会认为这是普通法上的程序要求，并判决没有说明理由的决定违法。而其违法的理由，就是作为普通法上程序要求基础的自然公正原则。

十七、自然公正

（一）自然公正是普通法上的程序性要求

　　自然公正的要求与实体法的要求并列为程序性根据的两大主要类别。自然公正，本是英国最古老的司法原则之一，也是英国司法审查最经典的根据之一，但现当代英国学者对于自然公正原则，已经与他们所认为的另一司法审查根据，即违反《欧洲人权公约》权利融合在一起了。也就是说，1998年《人权法》为英国的司法救济增添了新的根据，成为司法救济新的增长点。但这一根据同时兼有程序性审查的功能，而且英国学者介绍该根据时所提到的主要内容，如《欧洲人权公约》第6条第1款，与介绍自然公正原则的最新进展时的标志性内容完全吻合。

　　自然公正的要求是普通法的基本原则，这一要求因1998年《人权法》

---

① Neil Parpworth, p. 309.
② Neil Parpworth, p. 310.

所落实的《欧洲人权公约》第 6 条第 1 款的内容而得到了进一步的加强。《欧洲人权公约》第 6 条第 1 款规定：在决定某人的民事权利和义务或者对其提起的任何刑事追诉中，任何人都应享有在合理的时间内获得由独立、不偏不倚的依法设立的裁判机构予以公平、公开听审的权利。就笔者的视界所及，在英国所有的宪法、行政法方面的著作中，没有哪一内容能够比《欧洲人权公约》第 6 条第 1 款的这一规定更为经常地被引用，而且也没哪种表述比该规定更加致密地浓缩了人类法治文化对于司法性正义的理解。为此，笔者特将其原文附于此，供各位读者参阅①：

> In the determination of his civil rights and obligations or of any criminal charge against him, everyone shall be entitled to a fair and public hearing within a reasonable time by an independent and impartial tribunal established by law.

（二）自然公正在普通法上的蕴含

作为司法审查根据的普通法上的自然公正原则由两个要素组成：一是听取双方意见（hear both sides，拉丁文为 *audi alteram partem*）；二是不得做自己案件的法官（being a judge in their own case，拉丁文为 *nemo judex in causa sua*）。这两个拉丁法谚表明了决定过程中应当遵循的标准，以确保个人在决定作出前能够获得适当的机会在案件中代表自己的利益，同时保证决定本身是由独立的、中立的决定者客观地作出的。事实上，英国学者承认，对于自然公正原则，即使对以英语为母语的人也依然存在理解方面的困难。因为一般而言，自然公正原则作为裁决职能的履行方式（如在法院进行的审判活动）的程序标准是可以接受的，但对于行政性的决定过程则不是那么适当。② 尽管这是英国法院过去所持的传统观念，现在已经没有法院再接受了，但从这一观念的转变过程看，自然公正原则的适用范围确实是在逐渐拓展的，而不是一开始就像现在一般宽泛。

被责令承担颁发许可证责任的部长或者委员会可能会发现，注意决定过程中应当遵循的程序标准对于他们的决定并没有太大的帮助。相应的，近年来，英国法学界更常用的术语已不再是自然公正而是公平原则或

---

① Bradley & Ewing, p. 712.
② Neil Parpworth, p. 310.

者公正行事的义务。新术语较之老术语的优点在于外延更为广泛，足以包含所有的决定形式：从本质上具有司法性的决定及按理应当严格归入行政性的决定。① 这说明，在当代英国行政法中，自然公正原则已经为公正行事的义务所取代，或者二者并行不悖。

在英国法的历史上，法院并不是一开始就十分情愿地在各类决定中普遍适用自然公正原则的。② 也就是说，开始是在司法决定中适用这一原则，随后才逐渐在包括行政自由裁量权适用范围内的所有决定的形成过程中适用自然公正的程序标准。

因此，尽管早在诸如 1863 年的 *Cooper v. Wandsworth Board of Works* 一案中，主审法官即认定，作为被告的委员会在行使其制定法赋予的权力而决定拆除违反规划法的房屋之前，应当听取原告的意见，但普通法也由此确立了司法或者准司法决定与行政决定的分野。此处强调这种区别的意义在于，从那时开始，法院认定自然公正原则只适用于司法性或者准司法性决定，而不适用于行政决定。③

在 1948 年的 *Franklin v. Minister of Town and Country Planning* 一案中，为了减轻伦敦的人口压力，政府提议在首都附近建几座新镇。Stevenage 就是大臣提议的新镇之一，尽管当地居民提出了许多反对意见。④ 根据 1946 年《新城镇法》（New Towns Act），部长起草了拟定 Stevenage 为新城镇的决定草案。随后，为征求对该草案的意见，举行了一次地方公开调查。尽管反对的声音不绝于耳，部长还是作出了正式的决定。当地的房地产主作为该案的上诉人对该决定提出了挑战，其理由之一是，部长在作出决定时存在偏见，因为部长曾经扬言要在考虑任何反对意见之前作出该决定。⑤ 这是对偏私的一个极好的注解。但由于在该案中，该法官的裁决没有被上诉法院认可，因此，这一对偏私的理解并没有拘束力。

高等法院法官柯林斯（Henn Collins J）的判决支持上诉人，理由是部长未能公平地（judicially，该词与司法或司法性同词源，这是该案后来提到部长的决定是行政性的而非司法性的语言学背景）履行其义务。柯林

---

① Neil Parpworth, p. 310.
② Neil Parpworth, p. 310.
③ Neil Parpworth, p. 310.
④ Neil Parpworth, pp. 310-311.
⑤ Neil Parpworth, p. 311.

斯法官的上述判决被上诉法院推翻。于是上诉人再上诉至贵族院。贵族院认定:同意上诉法院的意见,即上诉人并不能证明部长存在偏私;部长在该案中并非履行司法或者准司法职能,其根据1946年《新城镇法》所负有的义务是纯粹的行政性的。①

(三) 司法性与行政性行为的区分的废弃

丹宁在1970年的 R. v. Gaming Board for Great Britain, ex p. Benaim and Khaida 一案中指出,司法性决定与行政性决定的区分是一个在1964年的 Ridge v. Baldwin 一案中被推翻的异端邪说:里奇(Ridge)是布赖顿的警察局长,他与其他警察一起被指控犯有共谋妨碍司法过程罪。经审理,里奇的罪名不成立,其他警察则被定罪。②

几天后,监督委员会(Watch Committee)根据1882年《地方反腐败法》(Municipal Corporations Act)第191条第4款的规定,解雇了里奇,但监督委员会开会议决该解雇决定时既没有通知里奇到会申辩,也没有为其提供向该委员会陈明自己意见的机会。里奇随后根据1927年《警察申诉法》[Police(Appeals)Act]向内政部提出申诉,但被驳回。里奇向高等法院提起宣告令之诉,称对其解雇的决定是非法的,并且违反了自然公正原则。高等法院法官斯特里特菲尔德(Streatfield J)认定,监督委员会的行为符合自然公正原则。上诉法院则认为,监督委员会在作出决定时没有必要遵循自然公正原则,因为该委员会所行使的是一项行政性的职能,而非司法性的职能。③

贵族院在审查了该监督委员会职权的性质后认定④:任何权力的实际行使都存在一条不容突破的界限,以该案涉及的解雇警察为例,如果没有事先告知对其的指控并听取其辩护或者解释,解雇就是非法的。

撇开原告的个人利益不谈,从更广泛的意义上说,该案确实是里程碑式的,其意义就在于消除了司法性决定与行政性决定的区别,将着眼点集中于被审查的决定在事实上对个人造成的影响。行政决定对个人权利造成的影响越大,法院越应当要求决定者遵循自然公正的行事标准。⑤

表面上看,法院的要求只能是事后的,这一点英国学者已经意识到

---

① Neil Parpworth, p. 311.
② Neil Parpworth, p. 311.
③ Neil Parpworth, p. 311.
④ Neil Parpworth, pp. 311-312.
⑤ Neil Parpworth, p. 312.

了,即判例法的溯及既往问题;但在实践中,这个问题并不存在,因为其具体的表现仅仅是司法界与行政机关对既有法律原则的理解上的差异而已。无论是普通法还是制定法上的法律原则,都存在适用时因适用主体不同而存在差异的问题。对于这种差异,不能理解为更具权威或者拥有终局裁决权的机关,就是对被告提出了在其决定时的法律没有设定的新原则。否则,司法审查特别是否定行政决定的司法审查决定就将因为其本身依据的是溯及既往的法律而被陷于不义,进而难以为继。进而言之,如果说司法审查的否定性决定就是为行政决定者制定了溯及既往的法律,也会将行政决定者陷于不义,因为如此一来,行政决定者就成了立法者。而在事实上,无论是行政决定者,还是司法审查者,都是在解释既存的普通法或者制定法针对案件事实所规定的法律原则,二者只在解释时间上存在前后之别和解释权威性上的差异,都没有立法上的溯及既往的权力。

具体到该案涉及的具体原则,该判例所确立的原则是,不再以决定本身的形式要素作为区分是否应当适用自然公正原则的基础,而是以决定所涉及的利益作为划界的圭臬。同时,该原则非常现代化地将自然公正原则的适用标准塑造成一个柔性的或者说依比例裁量的原则,即在一定程度上又结合了比例原则的思想:适用自然公正原则的程度与所涉及的利益对利害关系人而言的重大程度成正比。

(四) 自然公正的最新理解

必须牢记的是,自然公正原则并不是一套僵化的教条。公正的具体要求取决于案件的具体情况。贵族院常任上诉贵族法官布里奇(Lord Bridge)在1987年的 *Lloyd v. McMahon* 一案的判词中指出:所谓的自然公正原则并不是"刻在摩西的石牌上的戒律"。为了更为准确地适用该原则,必须理解其本质内涵,即任何机构,无论是行政的还是司法的,在作出影响个人权利的决定时,其所应当遵循的自然公正原则取决于决定机关本身的性质、必须作出的决定的特点、该决定据以作出的制定法的规定以及整个决策过程的运行机制。[①] 由此可见,法院在审查行政决定是否符合自然公正原则时,考虑的因素是非常全面的,这些因素同时也是行政机关在作出行政决定时应当考虑的;否则,行政机关所作出的决定就将面临违反自然公正原则而被撤销的风险。

---

① Neil Parpworth, p.312.

十八、合法性期待

合法性期待是当代英国行政法学术研究的热点问题,本书及本节中已反复从不同的侧面讨论过。但从合法性期待的既有论述看,英国的合法性期待确实不是一个独立的司法审查根据,而是与传统的合理性审查标准(特别是普通法上的自然公正原则)及现代的比例原则密切关联。

合法性期待这一术语是由丹宁在 1969 年的 *Schmidt v. Secretary of State for Home Affairs* 一案中创制的,在该案中用来指代某种尽管弱于权利但仍可以由自然公正原则予以保护的东西。从本质上说,合法性期待包含某种个人并不拥有的权利或者特权。但是,这一术语也被法院用于多种场合,布朗法官(Simon Brown LJ)在 1995 年的 *R. v. Devon County Council, ex p. Baker* 一案中说,这样做的结果导致大量的语义混淆,败坏了这部分法律的名声。① 合法性期待不是一项权利,而是对一种利益或者特权的预期,须予以足够重视。

某一机构或者个人可以基于过去的某一习惯做法按合理预期会继续下去而形成一种合法性期待。这是合法性期待产生的第一个原因。除此之外,还包括下面提到的政策、意向等。例如,在政府通信指挥部一案中,贵族院得出的结论是,如果不是出于压倒性的国家安全方面的利益的考虑,法院本来是要支持该案原告方提出的在其任职待遇进行调整之前进行咨询的合法性期待的。因为在这种情况下向原告方进行咨询的做法自原告政府通信指挥部 1947 年成立时起就一直存在。② 这说明两个问题:一是合法性期待不限于实体性权益方面的期待,而是包括程序性权益的;二是合法性期待的具体表述可能不是在该案中出现的,但其精神实质已经在该案的判决中表现出来了。

英国信赖保护制度的一个特例是 1964 年《许可法》,在列举了治安法官无资格颁布酒类许可的情形的清单后,该法规定"不得以颁发酒类许可的治安法官无资格为由,否认其颁发的许可的有效性"。③ 也就是说,即使颁发酒类许可的治安法官无资格,但领取了相应许可的当事人,却足以根据其对该治安法官的真诚信赖,而免于无证经营的处罚。当然,如果恶

---

① Neil Parpworth,p. 312.
② Neil Parpworth,p. 313.
③ Wade & Forsyth 2014,p. 190.

意串通,如找路人甲给办了个假证,然后主张自己真心认为路人甲就是适格的治安法官,这种抗辩在英国是没什么用的。

(一)通过明确的保证或者承诺确立

合法性期待也可以通过明确的保证或者承诺(express undertaking or promise)的形式确立。以 1972 年的 *R. v. Liverpool Corpn, ex p. Liverpool Taxi Fleet Operators' Association* 一案为例,根据 1847 年《城镇警务条款法》(Town Police Clauses Act)第 37 条的规定,城市议事会有权为本地区其认为适当数目的出租马车颁发执照。该案原告代表着 300 个已经领取了此类执照的业主,原告认为颁发新的执照将对其成员的利益构成不利影响。镇上的一位书记官给了他们一份书面保证:在提议对许可证数量进行任何调整时都将征询他们的意见。但是,该城市议事会后来通过了一项增加许可证数量的决定。上诉法院认定,在考虑行政许可申请时,该市议事会负有公平地履行其职能的义务,而没有在未通知原告并了解他们的意见的情况下,全然不顾自己的承诺而作出该案行政决定的自由。因此,该议事会的做法是不公正的。法院遂下达阻止令,以阻止该议事会根据其决定采取进一步的行动。①

由于该案的诉讼类型是阻止令,因此,法院没有作出撤销其决定的命令,而是作出了禁止该决定进一步执行的命令。其效果是一样的。

该案中,城市议事会所作出的承诺对其并没有拘束力,否则该承诺就构成对其自由裁量权的羁束,而根据温斯伯里判据这也将构成违法。尽管如此,如果该地方议事会想背离其承诺,唯一的途径就是必须先对所有利害关系方的申辩进行适当的考虑。② 如果该地方议事会已经充分地考虑了各利害关系方的申辩理由,就满足了其承诺的内容。可见,这一要求显然是就承诺而言的。具体应当把握的标准包括:首先,行政主体不能因其承诺而自缚手脚,因此,其承诺不应当是过于明确的承诺,否则就将因必须兑现而陷自己于进退维谷的尴尬境地;其次,行政主体又不能对其承诺完全不管不顾,否则就将违反合法性期待原则的要求。在这两个很容易相互冲突的原则之下,行政主体的正确做法是:全面考虑与承诺有关的各方当事人的利益,然后根据自己的裁量权作出决定。相对人不能以行政机关未兑现承诺为由指责行政主体,因为这显然是不合法的期待。

---

① Neil Parpworth, p. 313.
② Neil Parpworth, p. 313.

(二）由某一业经形成的政策确立

在 1985 年的 R. v. Secretary of State for the Home Department ex p. Asif Khan 一案中，内政部给原告卡恩（Khan）一家人的通知使这家人产生了合法性期待：他们的案子将按照公开的标准作出决定。因内政大臣按照通知中没有提到的标准对原告提出的申请作出决定，法院认定其考虑了不相关的因素，同时，这一做法也属于不公正、无理性的。①

(三）程序性合法性期待

在上述两个判例中，法院的判决的正当性在于，如果允许公共管理机构背弃其作出的应当遵循某一程序的承诺或者保证，显然将有悖于确保行政主体良好行政的公共利益。如果这些承诺或者政策并不妨碍行政主体履行制定法上的职责，则公正性原则要求其必须遵循这些承诺。进而言之，如果行政主体想改变其承诺，公正性原则也要求其必须给予那些受这些改变影响的人以听审的机会。②

因此，按照法官泰勒（Taylor J）在 1987 年的 R. v. Secretary of State for the Home Department, ex p. Ruddock 一案中的说法，合法性期待原则本质上为行政主体设定了必须公正行事的义务。这一义务包括程序性合法性期待，即 Liverpool Taxi Fleet Operators' Association 一案中所确立的；也包括对于实体性权益的合法性期待。Ruddock 一案涉及的实体性利益的合法性期待是未纳入政府公布的电话窃听目录的个人的电话不受安全部门的监听。③ 也就是说，如果某人没有进入政府公开的可以对其电话进行监听的目录，则其有理由合法地期待其电话不被安全部门监听。这反映了英国对个人通信秘密予以保护的程度。

(四）实体性权益的合法性期待

最常见的实体性权益的合法性期待的例子发生在行政许可领域。许可证本身就代表着此类实体性权益。对获得许可证的实体性权益的合法性期待因行政机关的承诺、政策或者一贯做法而产生，那些负有颁发或者授予许可证职责的行政机关也承担公正行事的义务。当然，对于个案而言，行政机关在此所享有的与实体性合法性期待相对应的公正行政的义务，需要结合某人是否行政许可的申请人、该申请人是否具有合法性期待

---

① Neil Parpworth, p. 313.
② Neil Parpworth, p. 314.
③ Neil Parpworth, p. 314.

或者其是否已经拥有该项行政许可等因素来综合考虑。①

在1978年的 *Mclnnes v. Onslow Fane* 一案中,主审法官梅加里认定,法院有权要求行政机关遵循自然公正原则的案件包括:吊销类案件、合法性期待类案件以及申请类案件。② 对于这三类案件,自然公正原则的要求是不同的。由于该案原告仅仅是许可的申请人,因此公正行政的义务仅仅要求作为被告的委员会诚实而没有偏私地行事即可。③

1. 吊销类案件

麦克莱恩斯(Mclnnes)案的重要性是多方面的,最重要的是对自然公正原则和公正行政的进一步理解。英国学者认为,自然公正或者公正行事的概念都是非常灵活的,其具体内涵的界定取决于特定案件的具体情况。就吊销类案件而言,涉及对既有权利的剥夺,除此之外,梅加里认为,此类案件所要求的自然公正标准还包括以下三项内容:由一个无偏私的裁判所裁决的权利、获知指控(即吊销许可的根据)的权利以及获得就指控所作答辩予以听审的权利。④

2. 申请类案件

申请类案件是与吊销类案件所要求的全面权利保护相对应的案件,申请人所享有的权利是非常有限的,如麦克莱恩斯在其案件中所享有的权利。⑤

3. 合法性期待类案件

合法性期待类案件属于梅加里所谓的"中间地带",因原告享有合法性期待而引发,即基于既往的惯例,原告的申请应当获得准许。例如,某一申请延展其许可的申请人即享有应当准予延展的合法性期待。梅加里认为,原告在此类案件中所享有的权益更类似于吊销类案件而不是申请类案件,因此至少要求行政机关告知申请人其原许可证不宜延展的理由。⑥ 也就是说,合法性期待的确立使原告具有了要求行政机关说明理由的程序性权利。

在2000年的 *R. v. North East Devon Health Authority ex p.*

---

① Neil Parpworth, p. 314.
② Neil Parpworth, pp. 314-315.
③ Neil Parpworth, p. 315.
④ Neil Parpworth, p. 315.
⑤ Neil Parpworth, p. 315.
⑥ Neil Parpworth, p. 315.

Coughlan 一案中，上诉法院认定，给予作为原告的病人们的保证（在他们搬到指定的全民健康服务体系的设施内之后，他们想住多久就可以住多久）确立了一项具有实体性权益的合法性期待。在这种情况下，再一次动员病人搬家的要求就太让人难以接受了，而且这种不公正已经足以构成权力滥用。在得出上述判决的过程中，时任上诉法院民事分庭庭长的伍尔夫，对法院在公众提出一项反对公共管理机构的合法性期待的案件中应当扮演的角色作了系统的分析，认为此时法院至少有三种选择：一是可以判决行政机关只需要记住其此前所采取的政策或者当事人的申辩理由，并在决定是否更改时对此给予其认为必要的足够的重视，但仅此而已。① 二是可以认定行政机关的承诺及一贯做法确立了合法性期待，如在决定作出前必须咨询的义务。② 三是认定某一具有法律效力的承诺或者一贯做法确立了某种具有实体性权益内容的合法性期待而非简单的程序性合法性期待。目前，英国法院已经通过判例确立了其在此种情况下的权限：认定对于此等合法性期待的背弃显失公正，进而得出背弃该合法性期待而采取新的不同做法构成权力滥用的结论。③

伍尔夫进一步指出，法院在裁断此类案件时应当首先判断属于上述哪一类型。就第一类案件而言，法院的权限局限于传统的司法审查标准如合理性标准或者公共管理机构是否对未能恪守承诺的后果给予足够的重视。而就第二类案件而言，法院的任务也是根据传统的司法审查标准进行审查，以确定被诉行政行为在程序上是否公正。对于第三类案件，法院就有必要决定行政机关背弃先前的承诺而要维护的是否具有足够说服力的压倒性利益。④ 如果背弃承诺所要维护的利益与因此所损害的合法性期待的利益相比具有压倒性优势，则法院可以认定该决定是合法的，否则，该行政决定就要被宣告为越权。

十九、公平听审权

在英国学者看来，公平听审权（Right to a Fair Hearing）是自然公正原则或者公正行事义务的一个核心要素。这一权利过去是用拉丁法谚

---

① Neil Parpworthp. 315.
② Neil Parpworthp. 315-316.
③ Neil Parpworthp. 316.
④ Neil Parpworthp. 315-316.

(*audi alteram partem*)表述的,意思是兼听双方的意见,故不能译为或者理解为听取对方的意见,而必须使听审者居于超脱于管理者与被管理者之外的中立的、至少是相对中立的位置上。否则,简单地理解为听取对方意见的后果可能是,以单方面给予管理相对方陈述机会的形式敷衍塞责,根本就没有真正地聆听,正如1948年 *Franklin v. Minister of Town and Country Planning* 一案中的那位部长所说的那样:要在考虑任何反对意见之前作出决定。①

当然,英国学者也承认,公平听审权本身确实是一个含义非常宽泛的概念,不仅仅是允许当事方参加到案件中来那么简单。其固有的内容包括:应当足够明确地告知当事人其享有公平听审权,以便他们能够充分地准备自己的辩护意见。除此之外,为了确保当事人能够有效地准备听审,行政机关还负有适当地告知当事人有关案件的具体情况的强制性义务。当然,也确实存在一些公正性的要求必须让位于其他利益的特殊情况。②

是否必须说明理由需要具体案件具体分析。例如,在1994年的 *R. v. Higher Education Funding Council, ex p. Institute of Dental Surgery* 一案中,原告希望通过司法审查挑战被告给原告划拨科研经费的决定,理由是被告负有说明理由的义务,因而其未说明理由的决定应当认定为非理性的决定。法院认定:该案件就是一个按照公正性的标准无须说明理由的例子。③

该案主审法官列举了决定应当说明理由的几个理由④:① 促使决定者将注意力集中在正确的问题上;② 向决定的对象解释决定的具体含义;③ 指明该案的焦点问题已经得到了适当的解决,以及决定是如何作出来的;④ 提醒决定的对象警惕决定过程中可能存在的可进行司法审查的瑕疵。

与上面提到的说明理由的优点相对的,则是如下不支持说明理由的理由⑤:① 将给决定者造成不适当的负担。② 必然要求表面上的整齐划一,而实际的案件情况恰恰千差万别。由于强调必须说明理由,因此,决定者可能会不自觉地将一些常见的理由用于尽可能多的案件,而

---

① Neil Parpworth, p. 311.
② Neil Parpworth, p. 316.
③ Neil Parpworth, p. 320.
④ Neil Parpworth, pp. 320-321.
⑤ Neil Parpworth, p. 321.

不再去考虑案件本身的差异性。因为给每一个案件以不同的决策理由委实不是一件轻松的工作。③ 要求所有的决定必须清晰地表明裁决的标准,而这在许多案件中恰恰是无法说明白的。④ 鼓励人们检讨决定的理由,并寻找那些在先前不说明理由情况下易被忽略的提出司法挑战的根据。这将会导致更多的司法审查案件,从而加大行政机关的应诉负担。

在此后1999年的 *Stefan v. General Medical Council* 一案中,法院将说明理由的优劣解释为要求说明理由的优点在英国已经耳熟能详:

(1) 说明理由强调了决定过程本身,增强了公众对行政决定的信任,同时也表明了希望尽可能使存在错误的决定暴露出来。

(2) 通过说明理由,可以使那些直接受到决定影响的人了解与他们有关的行政决定在法律上的效力和存在的漏洞,并协助他们在可以提起行政诉讼时有效地进行诉讼。

(3) 普遍性地要求说明理由也存在一定的风险和不利因素。因为行政管理领域大量存在只适宜于采取高度非正式方式的行政决定,如果普遍要求说明理由,则有可能将法律形式主义(legalism)不适当地引入这些只适宜于采取高度的非正式行政决定的领域,这显然会增加行政决定的拖延和开支。

二十、反对偏私的规则

在英国法中,为了保证决定过程的公正性,就必须避免偏私。但是,何种情形构成偏私却是一个相当困难但又特别重要的事。特别值得一提的是,戈夫(Lord Goff)在1993年的 *R. v. Gough* 一案中提醒人们,偏私是一种非常阴险的东西,虽然某人真诚地相信他是在不偏不倚地行事,但他的头脑可能已经在不知不觉中被偏私影响了。① 尽管如此,英国法中还是发展了一些反对偏私的规则。

(一) 值得合理怀疑的偏私和有现实可能的偏私

英国的权威观点认为,英国法院已经发展出了确定偏私的两项标准:值得合理怀疑的偏私和有现实可能的偏私。在1975年的 *R. v. Altrincham Justices, ex p. Pennington* 一案中,威杰里(Lord Widgery)倾向于前者;而丹宁在1969年判决的一起案件中使用的则是有现实可能的偏私

---

① Neil Parpworth, pp. 321-322.

的判别标准。①

虽然在适用自然公正原则时,行政主体行使的究竟是司法职能还是行政职能的区分的重要性已经不复存在,但仍有一种观点认为,这种区分对于适用偏私的认定标准仍具有一定的影响力。于是,在 1984 年的一个案件中,主审法官韦伯斯特(Webster)谨慎地提议,对于适用司法性职能的行政主体,适用严格的标准(即值得合理怀疑的偏私);而对于适用行政性职能的行政主体则适用较宽松的标准(即现实可能的偏私)。② 此处的严格是指对无偏私的要求的严格程度,即对于司法性行为而言,只要有合理的怀疑,就应当认定其具有偏私,否则,就必须按照现实可能的偏私标准来裁量行使行政职能的决定是否存在偏私。从标准本身而言,显然现实可能的偏私的认定要困难一些,或者说严格一些。由于认定行政主体偏私的标准严格,相应的,其作出行政决定时就不太容易被认定为存在偏私,因此英国法官认为这种标准属于较宽松的标准。而合理怀疑的偏私相应的就严格得多了,因为法院在认定时比较容易。

(二) 存在偏私的现实危险

上述区分已经被贵族院在 1993 年的 *R. v. Gough* 一案中认定为没有必要。贵族院认定,在所有存在明显偏私的案件中适用同一判定标准既是可能的也是人们所期望的。而这一统一的标准就是存在偏私的现实危险。虽然这已经是第三个标准了,但贵族院认为,存在偏私的现实危险的标准较之现实可能的偏私的优点在于,鼓励法院从可能性而非或然性的角度去分析。③ 此后,存在偏私的现实危险的判断标准在 1994 年的 *R. v. Inner West London Coroner, ex p. Dallaglio* 一案中得以体现。④ 但从通用英语的角度看,二者并没有非母语者能够区分出来的区别。

(三)《地方政府(议员)全国良好行为规范》

存在偏私的现实危险的判断标准普遍适用于具有司法性或者行政性的决定的司法判例,在 1996 年的 *R. v. Secretary of State for the Environment, ex p. Kirkstall Valley Campaign* 一案中得到了进一步的确认。但是,在随后的另外一起案件中,高等法院法官胡珀(Hooper J)认定,虽然存

---

① Neil Parpworth, p. 322.
② Neil Parpworth, p. 322.
③ Neil Parpworth, p. 322.
④ Neil Parpworth, pp. 322-323.

在偏私的现实危险的标准可以适用于针对规划决定提起的司法审查案件，但作为该案被告的委员会依据《地方政府（议员）全国良好行为规范》（National Code of Local Government Conduct）的授权而适用该规范所确立的更为严格的检验标准也完全可以。①

这证明，良好行为规范是一个比法律标准更为严格的标准。这是一种非法定的但是更严格的行政行为规范，行政主体不遵循这类规范并不构成法定的撤销理由，但却可以成为负责监督落实该规范的主管机关适用的标准。例如，《地方政府（议员）全国良好行为规范》赋予据此成立的委员会这样的权力，而该委员会行使这一权力的行为也得到了法院的认可。该案的重要性在于，尽管法院可以对这种在我们看来纯内部的行政监督行为实施监督，但其所适用的标准也同样应当是被司法监督的行政监督机关适用的标准。英国的法院并不否认这种标准的内部性或者标准本身，但其强调的重点正如其在合法性审查中所强调的一样，都是必须公正地按规定办事，无论这些规定是法律规范，还是行政性的内部监督规则或者标准。

（四）关系金钱利益的偏私

之所以不将 Pecuniary interest bias 译为更为简单的"金钱利益所致的偏私"，是因为笔者发现，此种偏私不是结果，而是就其可能成为产生偏私的原因而言的，因而是一种绝对的无过错标准，即不管结果是否构成不利或者偏私，只要存在金钱利益，就一律视为关系金钱利益的偏私。

现实生活中经常有这样的可能，拟定要承担司法性职能的人与该程序的结果存在金钱上的利害关系。在这种情况下，适当的做法是主动声明存在这种利害关系并退出该案的审理。正如布莱克本法官在 1866 年的 R. v. Rand 一案中所指出的，对于调查活动而言，任何直接的金钱利益，无论数额多么微不足道，都应当决然地视为取消作为该案件法官资格的理由。如果这一点无法做到，则负责对该案件进行司法审查的法院就应当马上作出撤销该决定的判决，无论是否有实际存在偏私的证据。这样做的理由在于，如果存在金钱上的利害关系的裁决者作出的裁决能够有立足之地，公众对于司法的信仰根基就要被侵蚀。对此，休沃特（Lord Hewart CJ）在 1924 年的 R. v. Sussex Justices, ex p. McCarthy 一案中曾有一段著名的表白：最为重要的是，公正不但应当实现，而且应当让人

---

① Neil Parpworth, p. 323.

明明白白地看到其实现(Justice should not only be done, but should manifestly be seen to be done)。①

（五）结论

近年来，存在偏私的现实危险的判断标准成为上诉法院审理的多个案件中的焦点问题，如 2000 年的 *Locobail(UK)Ltd. v. Bayfield Properties Ltd.* 一案。虽然在这些案件中，大多数案件中原告的诉讼请求都被驳回了，但是在 2000 年的 *Timmins v. Gormley* 一案中，原告的诉讼请求得到了法院的支持，被诉行政决定以存在偏私为由被撤销。上诉法院认定，虽然没有证据证明行政决定确实存在偏私，但是负责审理该案的书记官在其有关个人损害赔偿诉讼的著作中明确表达的观点表明，该书记官具有强烈的先入之见并具有对保险公司反感的倾向性观点，有可能使该书记官在裁决案件时，不知不觉地站在支持原告而反对被告的立场。②

正如克雷格教授提到的，1993 年的 *R. v. Gough* 一案所确立的标准既没有在某些英联邦国家适用，也没有被这些国家的成文法所采纳。于是，在 1997 年的 *Gascor v. Ellicott*③ 一案中，维多利亚最高法院(Supreme Court of Victoria)的泰格尔法官(Tadgell JA)指出，虽然确立认定偏爱(partiality)或者偏见(prejudice)的标准是可能性(possibility)而不是可能(likelihood)；但是，对偏私的理性的认定需要建立在法院认为满足了以下条件的基础上：这种认定必须是一种理性的认定，而不是异想天开或者过于富有想象力的认定。而这种意义上的对偏私的认定不可避免地归结为一个具有公正观念的人是否真的发现了偏私。而所谓具有公正观念的人所能发现的，无非就是合理性。④ 这其实在一定程度上是英国学者揶揄英国法院所确立的认定偏私的标准。公正地说，要确立公正的、没有偏私的具体标准并不是一件容易的事，这不仅仅是语言表达困难的问题，而是公正的标准确实是一个人性的标准，不同的人有不同的公正观，而否定任何人的公正观本身就是不公正的。

---

① Neil Parpworth，p. 323.
② Neil Parpworth，p. 325.
③ 虽然该案不是英国本土法院的判决，但因其属于英联邦法院的判决，对于英国法院具有建议性约束力。
④ Neil Parpworth，p. 323.

第三节　司法审查的证据规则

在英国的行政法著作中,罕有对于证据的介绍,即便在司法审查实务或者指南之类的操作性读本中,也没有对证据问题投入太多精力。

英国司法审查制度中为什么不重视证据,分析其原因大致如下:

第一,英国的司法审查制度的基本定位是法律审,对于事实问题,各方当事人的争议一般在行政环节解决,不会拖到司法审查阶段。

第二,英国的司法审查适用民事诉讼程序,因此,英国行政法学者在介绍司法审查程序时,重点不在于与民事诉讼重叠的部分,而是着重强调与之不同的内容,证据部分因此而被忽略了。

第三,完善的行政档案制度。英国是一个高度制度化的国家,最典型的体现就是其所有的活动基本上都建立了全面、认真的书面记录制度。之所以强调其认真,是指其对书面记录的真实性有严格的要求,并得到严格的保护。英国人求职时向雇主出具的书面简历如果造假,也会视同伪造档案。

第四,行政公开的普遍性。由于普遍的行政公开,申请人得到或索要行政行为的证据非常方便,无须在司法审查时举证。

第五,庭前信息及证据交换。这一程序在我国的民事诉讼程序中已经引入,行政诉讼程序中也在做。

第六,行政机关良好的信用记录。英国行政机关的信用记录,是建立在作为政府组成人员或者行政机关工作人员的英国普通公民的信用记录基础之上的。普通的英国公民不愿意造假,为政府工作时也没必要造假,于是成就了行政机关的良好信用。基于这种信用,申请人或者其律师只需要在司法审查的某一时间就某一事实问题正式地询问一下被告,该公共管理机构就会有一说一,否则就要承担作伪证的后果,因此没有人愿意为了公事而败坏自己的名声。

第七,完善而严厉的伪证责任追究制度。虽然笔者没有在英国的行政法论著中看到对司法审查案件中作伪证治罪的记载,但伪证罪的存在以及严格执行,委实是英国社会良好信用状况的制度基础。英国法中的严格执行是指对所有此类行为普遍地依法予以制裁,无论是什么人、无论发生在何时。

本节介绍的重点,是英国行政诉讼中证据的搜集,主要是从申请人方着眼的,其中第一至第六部分介绍在司法审查准备阶段如何搜集证据,这些内容本来应当集中介绍,但因其内容比较重要,故分别介绍。

一、从中央政府及非政府部门的机构查阅信息

英国学者认为,从中央政府及非政府部门的机构查阅信息,是司法审查准备阶段搜集证据的首要渠道,但在采取这种查阅信息的手段时,必须充分估计回复的时间,因为中央政府部门的回复通常需要几周时间。在行政诉讼案件中,这将给案件的期限造成困难。具体可以采取以下手段[①]:

(一) 直接写信索取

从中央政府部门或者机构查阅信息的第一步,应当是写信询问所需要的信息。许多中央政府部门及其他公共管理机构会提供作出决定的理由以及作为决策依据的指导方针和政策方面的信息,即便制定法并没有规定这样做的义务。

(二) 适用《政府信息公开良好行为规范》

英国中央政府发布的《政府信息公开良好行为规范》(Code of Practice on Access to Government Information)[②],适用于议会行政监察专员的管辖权限范围内的中央政府部门和公共分支机构,而议会行政监察专员则负责处理因该《政府信息公开良好行为规范》的执行引发的申诉。有关这些部门的相关决策信息的摘要(但并不包括实际文件的复印件)可以通过提出申请而查阅。上述有关从政府部门查阅信息的良好行为规范对于查阅行政决定的理由、内部的指导方针和政策信息都是非常有益的。但在实际运用时仍有许多例外。例如,涉及移民和入境清关的信息的案件就被排除在外。

(三) 通过国会议员查阅信息

可以利用英国议会议员查阅所需要的信息。英国议会议员时常密切接触大量信息并能够查阅某一特定案件或者基本政策的信息。他们还乐意就政府部门的某些活动在议会中提问,特别是那些事先已为他们准备好的用来提问的问题。

---

① Bridges & Cragg, p. 91.
② 具体是指公共服务与科学办公室发布的《从开放政府获取信息》(Available from Open Government, Office of Public Service and Science)。

(四)搜集公共管理机构的信息

在那些人们不太熟悉的公共管理机构作为挑战对象的案件中,收集的信息越多越好。例如,该机构的年度报告、行事的程序或者指导原则等。许多非政府部门公共管理机构在其年度报告中解释其工作程序,并且常常非常诚恳地叙述其所遇到的问题。这实际上是在教律师们如何利用公共管理机构在年度报告中提到的自身存在的问题,作为认定该公共管理机构在个案中未严格依法办事的证据或线索。

二、从地方政府机关查阅信息

从英国学者介绍的情况看,由于英国的地方自治,中央政府、地方政府机关的体制并不完全相同,从而导致了在查阅信息的渠道和程序方面的差异。在司法审查案件中,如果将大量的移民案件排除在外,地方政府机关遂成为公法项目组的研究分析结论中所指的比中央政府更容易成为司法审查被告的一类主体。从地方政府机关查阅与诉讼案件有关的信息,遂成为公法律师们经常需要面对的问题。对此,英国学者强调,查阅地方政府机关的信息是一项权利。以下介绍向各类可以成为司法审查被告的公共管理机构提出申请时应当注意的基本问题,随后介绍在特定的案件领域查阅信息的更为专门化的实例。①

(一)1985年《地方政府信息公开法》的规定

1985年《地方政府信息公开法》[Local Government(Access to Information)Act]引入了许多重要的规定,其中最主要的就是将其第5A部分和附表12A添加到1972年《地方政府法》中。这些规定使得人们可以查阅到大量的有关地方议事会决策过程的信息。②

(二)1972年《地方政府法》的规定

由地方政府全体议事会、委员会或者分委员会作出的地方政府机关的决定的会议纪要,可以根据1972年《地方政府法》第100C条的规定查阅,这一规定同时适用于社区健康委员会。从这些文件中通常可以确定有关的决定是否作出以及作出时间。根据该法第101条规定,地方政府机关(地方议事会)将其权力委托给其所属的委员会、分委员会或者行政官员是可以的。但该法第100G条第2款规定,地方议事会必须保留一

---

① Bridges & Cragg, p.91.
② Bridges & Cragg, p.92.

份全部外放的权力的登记册,由此可以核实作出决定的有关委员会或者行政官员是否拥有这样做的权力。如果没有这方面的权力,那么决定将是非法的,并因此而被撤销。① 这一做法非常值得借鉴。

1972年《地方政府法》第100C条、第110E条还允许公众翻阅并复制地方政府机关的报告及背景文件。这些文件中包含地方政府机关何以作出其决定、考虑了哪些因素以及行政官员如何为地方政府机关的所作所为出谋划策等关键信息。这些信息有助于形成某一案件是否应当启动司法审查的建议。在该法第101条及附表12A中对披露特定类型的个人、商业以及法律信息作了限制,具体包括以下类型②:

(1) 特别雇员以及特别职位拥有者的信息;
(2) 地方议事会的房产占有者的信息;
(3) 获得财政援助或者服务的信息;
(4) 收养、抚养或者教育任何儿童的信息;
(5) 合同等领域的开支及合同要约条款的信息;
(6) 劳工关系谈判的信息;
(7) 地方议事会从法律顾问处得到的影响该地方政府机关的诉讼程序以及其他事项的法律建议的信息。

(三) 排斥条款

根据1972年《地方政府法》第100F条的规定,地方议事会成员拥有非常广泛的查阅由其所在的地方议事会掌握的信息的机会,特别是当该信息与该地方议事会成员所在的委员会有关时。1985年《地方政府信息公开法》中增加的第5A部分,并不适用于由地方议事会设立的某一工作部门。在1991年的一个判例中,法院认定,被告设立工作部门的主观意图是最重要的。除非在该意图背后存在某些非法的因素,否则,地方政府机关可以通过设立工作部门,有效地将某一事项排除在公开实施的仔细审议之外。③ 也就是说,通过设立一个工作部门,使经由该工作部门决策的事项事实上仅由该工作部门的工作人员知道,从而将其他委员排除在外,使之不能查阅没有该工作部门时本应当查阅的信息,这确实是一项回避法定信息公开义务的手段。法院的立场是,对此并不能一棒子打死,一

---

① Bridges & Cragg, p.92.
② Bridges & Cragg, p.92.
③ Bridges & Cragg, p.92.

切取决于设立该工作部门的真实目的。如果确实是为了规避制定法规定的信息公开义务,则属非法无疑。

（四）开放政府的要求

有些地方政府机关采取开放政府的政策,该政策意味着,公众可以查阅政府本来可以保留的信息。有时,开放政府的政策要受到一个前提条件的限制,即有关的信息没有牵涉未决的诉讼。如果涉及未决的诉讼,则查阅信息的权利应当在声称要起诉之前行使。① 换句话说,为了避免在诉讼开始后在信息获取上陷入地方政府机关设置的陷阱,最好是悄悄地进行,否则地方政府机关撕下"开放政府"的温情脉脉的面纱之后,再想要出点有用的信息就难了。

（五）地方行政监察委员会的建议

英格兰地方行政监察委员会在1993年8月推出了名为《公共行政良好行为规范》的指南,其中设立了42条良好行政的行为规范。虽然此处的英格兰地方行政监察委员会实际上只是英国议会设在英格兰的地方行政监察委员会,更准确地说,这一良好行为规范仅适用于英格兰地方行政监察委员会职权范围内的地方政府机关。但英国学者仍然认为,对于那些不愿意提供信息的地方政府机关,下列准则值得一提②:

(1) 向公共行政服务的消费者传达相关的政策和规则方面的信息;

(2) 为不利决定影响的公共行政服务的消费者准备书面理由;

(3) 向公共行政服务的消费者提供与其有切身利害关系的充分而准确的信息、解释和建议;

(4) 告知公共行政服务的消费者上诉或者寻求申诉的渠道。

三、从法院及裁判所查阅信息

如果司法或者准司法机构已经作出一个决定,要想寻求对该决定的挑战,最好是有其书面的决定,有时是一份抄件、纪要或者文件。如果为当事人提供咨询的人先前没有介入这个案件,那么他们应当确保尽快查阅这些文件。③

---

① Bridges & Cragg, p.93.
② Bridges & Cragg, p.93.
③ Bridges & Cragg, p.93.

虽然在英国司法体制中,并不要求治安法官对其作出的决定说明理由[①],但显而易见,如果能够得到治安法院、裁判所作出被诉决定的理由,显然对于案件的审理,特别是原告方有针对性地展开诉讼,是非常有利的。有关内容,参见本书第三卷第一编第四章第四节说明理由,特别是其中治安法院说明理由、裁判所说明理由部分等。

四、查阅计算机信息

英国的现代化程度,可以从其信息化程度中反映出来。英国(特别是伦敦)能够维系其世界金融中心、世界贸易结算中心、许多重要原材料的定价中心、时尚之都等的地位,很大程度上要归因于其发达的信息产业。于是,英国公民及英国企业的大量信息就成为计算机掌握的信息,在司法审查中查阅此类信息,意义重大。

(一)信息使用者的登记

每一掌握个人数据的数据使用者必须申请注册登记。记录注册信息的登记簿公开供公众查阅。该登记簿应当包括下列信息[②]:

(1)数据使用者是谁,个人在哪里提出查阅数据信息的申请;

(2)计算机上储存的是什么信息;

(3)信息的储存或者使用目的;

(4)这些储存的数据是如何获得的;

(5)这些储存的数据可以向哪些人披露。

最后一条相当于授权条款。但其内容应当是抽象的,而不会是具体的。属于该条规定范围内的个人就可以申请查阅这些数据;想查阅数据而没有被列入规定范围的人也可以就此提起申诉或者司法审查,要求自己被列入披露对象的范围。

(二)数据使用者提供信息的义务

1984年《数据保护法》(Data Protection Act)的规定,使得公众查阅公共管理机构掌握在计算机内的信息成为可能。根据该法,个人只要提交书面申请及相应的收费,就有权获得一份由登记的数据使用者保管的有关其本人的信息的副本。必须提供的信息包括对该个人的事实陈述和

---

① Bridges & Cragg, p.94.
② Bridges & Cragg, p.94.

评价意见,但不包括数据使用者对该个人的意图。[1]

(三) 不可查阅的信息

也有某些不得查阅的事项,包括以下列目的搜集的数据[2]:① 预防或者侦查犯罪;② 拘捕或者起诉罪犯;③ 税捐的估价和征收;④ 履行法定职能。

这些例外仅适用于那些允许当事人查阅这些信息将会损害上述例外中列明的目标之一的场合。[3] 例如,获取本人既往的犯罪记录就不会损害上述目的。

1984年《数据保护法》不适用于为下列目的保管的数据[4]:① 国家安全;② 计算薪资或者记账;③ 居家事务或者娱乐目的。

(四) 申请人查阅信息的手段

数据使用者必须在40日内回复申请人的请求。未在此期限内回复的,申请人可以向数据保护登记员申诉,或者请求法院命令该数据使用者给予申请人查阅这些数据的机会。[5]

五、拒绝披露文件信息

如果依法应当披露的文件未被披露,这一情节可以记入司法审查申请阶段的证人宣誓证言中。如果公共管理机构有提供这些文件的义务,则可以考虑对此提起司法审查申请以强制落实该义务。[6] 按照英国法的传统,基于对证人宣誓效力的认可以及证人应当明了的作伪证的后果,这种证言就具有了认定事实的效力,如果被告想推翻该证言,必须拿出足够的证据。也就是说,证人宣誓证言已经足以产生转移证明责任的效果。这一点非常值得借鉴。当事人不应当为了寻求其已经向行政主体提出过申请的证据花费太多精力。在法律上规定申请人宣誓证言的推定效力,有助于减少当事人的诉累,提高行政主体依法行政的主动性。

---

[1] Bridges & Cragg, p. 94.
[2] Bridges & Cragg, p. 94.
[3] Bridges & Cragg, p. 94.
[4] Bridges & Cragg, p. 94.
[5] Bridges & Cragg, p. 94.
[6] Bridges & Cragg, p. 98.

六、征询

征询（Interrogatories）是指一方当事人就某些问题书面请求另一方当事人宣誓作答。① 如此形成的答复，成为宣誓证据。

详见本卷第六章司法审查程序第四节中证据披露与交叉询问部分的相关内容。

七、申请人的举证义务

（一）提出反答辩宣誓证言

反答辩宣誓证言（affidavit in reply）其实就是申请人针对被告方的答辩材料提出的于己有利并且需要说明的内容，并作宣誓声明后以书面形式提交法院，成为该案的宣誓证言。申请人提出宣誓反答辩在实践中十分常见，法院或者被告对此表示反对或者寻求限制宣誓证据的范围的现象却非常少见。②

1. 关于反答辩的一般规定

现行诉讼规则未明确规定宣誓反答辩的程序，仅有的规定包括③：

(1)《最高法院规则》第 53 号令第 6 条第 2 款授权法院在全面听审阶段允许申请人进一步运用宣誓证据，不再限制申请人提出的进一步的宣誓证据只能涉及因另一方的宣誓证据新引发的事项。

(2)《最高法院规则》第 53 号令第 6 条第 3 款规定，如果申请人申请进一步的宣誓证据的许可，应当将其意愿通知其他当事人。

2. 提出反答辩的期限

任何一方当事人如想运用进一步的宣誓证据，都必须在正式听审至少 5 日前，通知所有其他方当事人以及高等法院的皇家办公室。④

3. 需要提出反答辩的情形

在实践中，申请人通常在以下情况下提出宣誓反答辩，特别是在有助于推动案件和解时⑤：

(1) 如果案件中存在针对某一事实的争议，为了提供进一步支持申

---

① Bridges & Cragg, p. 139.
② Bridges & Cragg, p. 136.
③ Bridges & Cragg, pp. 135-136.
④ Bridges & Cragg, p. 136.
⑤ Bridges & Cragg, p. 136.

请人对此事件的看法的补充事实；

（2）回应被告新提出的事实；

（3）评论被告披露的当初作出被挑战的行为时的原始案卷；

（4）支持新增加的挑战公共管理机构的决定的根据；

（5）解释为什么删除先前申请时提出的挑战公共管理机构决定的根据；

（6）评论被告提出的某项抗辩的价值。

此外，英国公法专家提醒英国律师们注意，通常不能在全面听审时提交口头证据，因此宣誓证据必须包括证据的各个方面，以便从中引申出对申请人有利的结论。[①]

（二）提出其他宣誓证据

如果申请人寻求调卷令以撤销某命令、许可证、承诺书、认定书、调查报告或者记录，其复印件必须在正式听审前提交高等法院皇家办公室，同时附证明该复印件真实性的宣誓证据。这一要求通常会在司法审查许可申请阶段即由原告满足，但在有些案件中其他申请人在这一阶段还无法得到相关证据。[②]

如果此前未查阅有关文件，申请人应当将这一情况以宣誓证据的形式表示，并提交给高等法院皇家办公室。[③] 这样做相当于申请人宣誓自己真诚地认为存在这样的命令。该宣誓证据的法律效果是，法院推定申请人的宣誓证据是有效的，并将举证责任转移给被告，如果被告有这样的命令，则应当提供，如不提供就会构成蔑视法庭；如果被告确实没有这样的命令，则可以通过同样的宣誓证据表明确实没有。无论在何种情况下，故意作虚假宣誓都将构成伪证罪，其后果要比蔑视法庭或者在司法审查中败诉严重得多。由此可见，英国的宣誓证据制度在司法审查领域发挥了和我国的举证责任倒置制度一样的效果，减轻了申请人提供证据方面的负担。

这种证据体系实际上要求所有的证人，包括当事人，都必须如实作证，故意作虚假陈述将构成伪证罪。但在刑事案件中这一原则的例外是，被告享有沉默权，所有对被告不利的证据（当然包括宣誓证据），被告有权

---

① Bridges & Cragg, p.136.
② Bridges & Cragg, p.136.
③ Bridges & Cragg, p.136.

不置可否。此时,不能推定被告已经承认这些证据,更不能基于被告对这些证据不置可否的事实将这些证据作为被告有罪的证据。之所以在此强调这些内容,是因为英国的司法审查涉及的范围比我们想象得要广,其中涉及相当数量的刑事案件,如治安法院的刑事判决。在此类刑事案件中所适用的规则,与不涉及刑事因素的案件有所不同。

如果申请人已经查阅了这些文件,但仍没有提供这些文件的复印件,则必须提交一份宣誓证据说明原因。对此比较方便的处理方式是在申请人提交的宣誓反答辩中一并说明。①

如果申请人申请司法审查许可是基于传闻证据,而且当事人之间存在事实方面的争议,则在授予司法审查许可后,申请人应当保证满足以下二者之一②:

(1) 在全面听审司法审查请求之前,向法院申请《最高法院规则》第 38 号令第 3 条规定的令状,这个令状相当于调取证据令。

(2) 最好是在司法审查许可授予后,让提供传闻证据的人宣誓制作宣誓证言,以证明该传闻证据。

八、举证责任的分配

由于英国司法救济的多样性,对于非特权救济的普通司法救济,如强制令、宣告令等,需要各依其程序采取不同的证明标准和举证责任。

(一) 司法审查的举证责任分配

不时有人提出这样的观点,认为司法审查不适宜解决事实方面的争议。然而,法院必须裁断对于某一司法审查请求而言具有决定性的事实问题,如决定者存在偏私、根本没有进行适当的咨询之类的争议。因此,司法审查请求必须有原告能够查阅的书面证据或者证明请求所依据事实的真实性的证人证言等证据予以支持,被告可以填具证据清单予以回应。原告有向法院展示所有其所知道的相关材料的义务,包括那些可能削弱诉讼请求的证据。③ 这有点像我国的证人如实陈述的义务以及公诉机关全面举证的义务。

一旦法院作出受理许可,当事人就要提出进一步的证据,而实体性的

---

① Bridges & Cragg, p.136.
② Bridges & Cragg, pp.136-137.
③ Bradley & Ewing, p.736.

听审将由一名独任法官或者分庭法院的法官主持。① 法院可以命令当事人披露有关文件或者其他进一步的信息,也可以命令证人进行交叉询问。实践中,许多案件都需要公开记载决定形成过程的文件。②

对英国司法审查的举证责任的配置,应当这样认识:司法审查是对某一行政决定合法性的审查,而作为其审查标准和原则的越权无效原则、自然公正原则等,已经对行政机关作出行政行为时的证明标准提出了要求。法院把握这些标准的过程,就是行政机关履行举证责任的过程。如此说来,在英国,司法审查中由行政机关承担举证责任是没有问题的。例如,作为冗员(redundant)被裁员的雇员通常有权得到一笔冗余补偿金。但是,如果雇员无理地拒绝某项适当的替代性工作机会,那么该雇员将丧失该权利。当然,替代性工作机会必须在原工作丧失之前提供,在原工作结束后4周内开始。③ 提供给雇员的替代性工作机会合理、雇员拒绝该机会不合理的证明责任,由雇主负担。④ 冗余补偿金应当由认定雇员为冗员的雇主支付。如果想免除该项补偿金,原雇主必须证明被其裁员的雇员在工作正式结束之前获得了另一适当的替代性工作机会,并且该工作将在原工作正式结束后4周内开始。否则,即使被裁员的雇员在离开原雇主后第二天就找到了新工作,只要该工作不是在其受雇于原雇主时原雇主承诺的,那么该雇员仍可以从其原雇主那里获得冗余补偿金。对替代性工作机会的合理性,也由雇主负证明责任。

笔者不愿将此处举证责任的配置称为倒置,因为英国学者并没有强调"正置"。举证责任的配置是与其所证明的权利受损害的事实所依附的权利本身的配置相对应的。如果法律要保护某项权利,则证明标准就应当围绕该权利所有者行使该权利的利益设计。如此处获得冗余补偿金的权利,立法的本意是将此权利赋予雇员,以保护其被雇用的权利。因此,如果雇主想裁员,就应当支付冗余补偿金。法律规定的例外(已经提供了合理替代性工作机会,雇员仍不合理地拒绝)并不是限制雇员获得冗余补偿金的权利,而是限制其滥用。因此,雇主要想免除支付冗余补偿金的义务,就必须证明自己的裁员行为并没有损害雇员的就业利益,或者说并不

---

① Bradley & Ewing, p. 735.
② Bradley & Ewing, p. 736.
③ Andrew Arden, p. 386.
④ Andrew Arden, p. 387.

构成雇员获得冗余补偿金的法定事由,该证明责任显然在雇主一方。所以,让雇员证明雇主所提供的替代性工作机会是不合理的、自己的拒绝是合理的,属于我们所说的举证责任倒置。因为雇员并没有要求调换工作,是雇主想给他调换工作,否则就辞退,雇员仅仅是拒绝了这种提议,由雇员承担证明"雇主所提供的替代性工作机会不合理、自己的拒绝合理",显然属于对方主张,本方举证。

由此进一步联想到举证责任制度中通行的"谁主张、谁举证"原则,其实是适用于所有证明责任的,包括我们平常所说的举证责任倒置。例如刑事追诉中被告不负证明自己无罪的责任,而由检方承担举证责任,因为是检方主张被告犯罪;同样,对于行政诉讼而言,由于行政诉讼的被告指称行政相对人违法或者具有促使行政机关采取对该相对人不利的行政措施的事实基础,因此由作为控方的行政机关承担证明责任,并不违反"谁主张、谁举证"原则。

(二)普通司法救济的举证责任分配

对此,英国行政法学者没有过多涉猎,仅举一个英国律师普遍采用的诉讼技巧:先等待刑事诉讼作出判决,再对刑事诉讼中被定罪并被科处刑罚(包括罚金)的被告提起民事诉讼。此时,最典型的做法是被告或其代理人要求原告在庭外和解,绝大多数案件都这样了结,因为民事诉讼的证明标准比刑事诉讼低。刑事案件中被告的认罪使随后的民事诉讼非常容易。[1]

(三)司法推定技术的应用

申请加入职业养老金计划(occupational pension scheme)的雇员通常必须向其雇主提出书面申请。当然在绝大多数情况下,雇员在被雇时即被视为已经提出了此项申请,除非其在开始被雇用工作之前以书面形式声明不参加该养老金计划。[2] 英国法运用于福利待遇的法律推定技术很值得借鉴。这一立法技术解决了如何认定申请福利的申请及自动放弃福利的意思表示的问题。正常情况下,绝大多数的正常人会选择对其有利的福利待遇计划,此时,如果要求其必须填写入会申请当然也是可以的。但从效率上讲,如果明知或者完全可以预知绝大多数人都会主动参加,那么要求每个人必须填写申请表,就不如在法律上推定所有人都自动

---

[1] Penny Darbyshire, p. 6.
[2] Andrew Arden, p. 387.

取得入会资格,仅以书面申请退出者作为例外。不难估计,如此规定可以大大减少社会为此支付的总体填表成本。例如,如果99%的人会选择入会,则如此规定的结果就是使这99%的人不必填写申请,这显然要比要求这99%的人填表而将未填申请者视为放弃要经济得多。当然,此项法律推定技术只宜用于授益行为,如果是不利处分,则不能如此推定。这种法律推定是类似于无罪推定的有利推定,反之则是类似于有罪推定的不利推定。

从举证责任的角度进一步分析,此项推定的结果是,将雇员未加入养老金计划的举证责任落到了雇主头上,即雇主必须提供雇员提交的书面退出申请,才能证明自己未将雇员纳入养老金计划的行为是合法的。否则,雇主就必须承担法律推定雇员自动取得养老金计划资格的一切法律义务,如代交养老保险金等。

九、刑事证据规则

英国公法实务专家建议,对于某些具有前沿探索性的案件,申请人最好请求由3名法官组成的合议庭审理。这将避免仅由2名法官审理时,因法官无法达到一致意见而判决申请人败诉的结局,因为在司法审查案件中提供优势证据的举证责任在申请人方。[①] 注意,探索性案件并不都是刑事案件,而是一些比较新颖、前沿、此前还没有判例的案件,这类案件在各部门法中发展最为迅速的行政法领域并不鲜见。

对于刑事初审案件,这一点不难理解:被告推定无罪,原告负举证责任,2名主审法官意见不完全一致时,推定原告只取得50%的证明力,而不是必需的优势证明力,即超过50%(不含50%)。但对于司法审查案件,当案件由刑事事实审案件的被告提起时,如果2名主审法官意见不一致,被告也将败诉,因为司法审查审理的范围限于法律审,并不适用刑事证明标准中普遍存在的排除合理怀疑标准。

十、上诉阶段的证据规则

在审理司法审查上诉案件时,上诉审法院将会复审所有的证据,而上诉审的形式有点像对案件重新听审。通常,提交给上诉审法院的材料与提交给原审法庭的材料是相同的。但对于上诉审法院而言,仅享有有限

---

① Bridges & Cragg, p.146.

的接纳进一步的证据的自由裁量权。①

英国司法审查体制对于那些应当在第一审中向法庭提交的证据材料,与那些在先前的听审后才出现的证据材料有严格的区分。对于本来应当在第一审向法院提交的证据材料,仅在特别根据存在时才具有可采性。②

在 1984 年的 R. v. Secretary of State for the Home Department, ex p. Ali 一案中,法院认定,在民事上诉案件中通常采取的确定"特别根据"的特定规则,在公法案件中并不适用。③ 但上诉法院同时认定,纠纷最终终结于诉讼是一般原则,虽然法院享有接受新的证据的自由裁量权,但在接受新的证据方面仍有一个基本的法律推定:除非例外,否则不得接受新的证据。④

如果在原审法院听审后又产生了新的证据,就不要求采信这些证据必须有特别根据,法院有一般的自由裁量权来决定是否采信该证据。⑤

不过英国公法专家认为,此时仍有一个推定:只有在有明显的迹象表明不采信新证据将会导致不公正的例外的情况下,才能采信新的证据。⑥ 这进一步说明,英国司法审查原则上属于法律审,一般不再采信新的证据,即使是发生在庭审之后的此前尚未审查过的新的证据,也只在漠视这些证据的存在将会导致严重的不公正时才予以采信。

---

① Bridges & Cragg, p. 150.
② Bridges & Cragg, p. 150.
③ Bridges & Cragg, pp. 150-151.
④ Bridges & Cragg, p. 151.
⑤ Bridges & Cragg, p. 151.
⑥ Bridges & Cragg, p. 151.

第五章
司法审查主体

本章按照中国行政诉讼法的习惯,对英国以司法审查为代表的司法救济的相关资料及其反映的制度进行了归纳,具体包括司法审查申请能力与原告资格、司法审查的申请人、司法审查的被告、司法审查的律师代理、审理机关及其裁量权。

第一节 司法审查申请能力与原告资格

本节意在介绍英国司法审查的原告资格的标准,这个标准,与其说是界定司法权的范围,不如说是说明为什么法院什么案子都可以收。

一、司法审查申请能力

作为法律上的人(legal persons),个人和公司都享有申请司法审查的能力。但是英国学者指出,在英国公法中是否也像私法一样,法律人格(legal personality)是启动案件的必要的先决条件(necessary prerequisite)尚不明确。[①] 英国是否存在法律上没有人格的主体呢? 更准确地说,除了个人具有法律上的人格,其他由人组成的法律上的人格者是否需要类似我国的登记或者审批制度作为其获得法律上的人格地位的前提?

自1994年的 R. v. Darlington, ex p. Association of Darlington Taxi Owners 一案判决后,非法人组织(unincorporated associations)不能提起司法审查申请。在该案中,司法审查的许可已经授予非法人组织了,但申请驳回该许可的申请随后获得了批准,其理由便是申请人没有提起诉讼的法律能力(legal capacity)。法院认定,法律能力不仅仅是一个

---

① Bridges & Cragg, p. 103.

私法或者合同法上的概念,也及于公法。① 强调必须具有申请司法审查的法律能力的现实原因是,难以确定诉讼开支如何由非法人组织负担。虽然在该案中,法院判决诉讼成本由作为申请人的联合会的成员分担,根据是 1981 年《最高法院法》第 51 条第 1 款的规定:"确定由谁以及在何种程度上负担诉讼的开支。"②

但是英国学者也指出,强调法律人格是提起诉讼的必要条件的论断,在公法上显然没有在私法上硬气。在私法上,打赢官司需要对争讼的事项拥有法律上的利益(legal interest),但在公法中,提起诉讼的前提是对申请司法审查的事项具有足够利益(sufficient interest)。③

法院认定,从理论上说,申请人是一个缺乏法律人格的非法人组织问题不大。④ 原因就在于这是理论上认为,法院认为,由于某些现实的原因,例如强制执行诉讼费用,意味着申请人应当具备法律人格;而且在实践中非法人机构可以由一名官员代表该组织的成员提起诉讼以避免此类问题。⑤ 可见,法律人格者的要求并不存在我们所担心的,因为没有人有资格提起诉讼,而使违法者有逃之夭夭的可能。事实上,只要坚持足够的利益的标准,由谁提起诉讼在英国只是申请人名义的问题,因为无论以何名义申请,在法律上真正的起诉人都不是该申请人,而是唯一的英王。

实践中,授权某人代表某组织提出申请的宣誓委托书(affidavit exhibiting minutes)是非常有用的,而且任何诸如此类的授权提起诉讼的授权委托书,都应当理解为包括即将发生的费用问题,这就保护了代表该组织出面诉讼的人,以免其成为败诉后唯一对案件全部开支负责的人。为此,法律委员会曾建议对《最高法院规则》第 53 号令进行增补修订,允许将《最高法院规则》第 15 号令规定的代理人诉讼(representative actions)引入司法审查案件。⑥

非法人组织的法律人格问题的另外一个解决方案是使其成为法人组织。在 1982 年的一个判例中,一个为了反对某一拟议中的资产重组计划而成立的非法人组织将自己组成一个有限责任公司作为该案的申请人

---

① Bridges & Cragg, p. 103.
② Bridges & Cragg, p. 103.
③ Bridges & Cragg, p. 103.
④ Bridges & Cragg, p. 103.
⑤ Bridges & Cragg, pp. 103-104.
⑥ Bridges & Cragg, p. 104.

(为人民利益有限责任公司),以便启动司法审查程序。①

法院认定,该公司的设立程序具有将公司和非法人组织作为不同的实体区分开来的法律效力,尽管经过了设立公司的程序之后,同一组织并没有本质的变化,但应当授予其申请人资格。② 此处很好地解释了申请人资格(standing)和法律能力(capacity)的关系。法律能力即某一组织的法人身份(在现代英国法中,已经不存在这个问题了,个人都是无可争议的法律人格者),具备了这一主体身份,就具备了申请司法审查的资格。

当然,英国学者也指出,为了提起司法审查而成立公司的过程,会面临申请期限的问题。③ 在一个例外的判例中,某一地方政府机关获准通过司法审查的途径,针对其安居补助复议委员会(Housing Benefit Review Board)提起司法审查,当然,这一判例的形成首先取决于制定法要求设立这样的机构。由于该案没有进一步上诉,因此英国学者认为,这在一定程度上可以视为地方政府机关不应当存在这种分立的理由。④ 既然地方政府机关是一个独立对外的实体,因此,就不应当将其内部机构拆分成与地方政府机关对立的另一个实体。而该案地方政府机关对其安居补助复议委员会针对本地方政府机关与享受本地方政府机关提供的安居补助的公民之间的纠纷所作的裁决寻求司法审查救济,实际上具有内部争议外部化的趋势,但由于该安居补助复议委员会本身也是依据制定法的要求设立的,在这种情况下,将该委员会完全视同该地方政府机关的下属或者内部机构就比较勉强。在这个意义上,地方政府机关针对该安居补助复议委员会的裁决申请司法审查也是可以的,并不构成对地方政府机关作为制定法设立的独立法人地位的严重冲击。但由于该案未经上诉,因此,其在法律上形成的判例的拘束力不是很强,实际上并没有严格地从英国法的意义上解决这一问题。反过来也说明,地方政府机关及其委员会在该案一审后其实都恢复了理性,不愿意再继续这一法律诉讼,在一定程度上也说明了这种相互关系的内部性。

二、申请人资格的概念

对于主体资格的要求意味着,有些原告会获得法院对其权利的强制

---

① Bridges & Cragg, p. 104.
② Bridges & Cragg, p. 104.
③ Bridges & Cragg, p. 104.
④ Andrew Arden, p. 6.

落实方面的帮助,而其他人则不会。①

英国司法救济中与我国行政诉讼原告资格相对应的制度是申请司法审查的资格。② 对于起诉资格的审查是在司法审查的受理许可阶段进行的,就个案而言,一旦颁发了受理许可,除例外情况,一般就不再讨论这一问题了。例如,在1982年由贵族院审理的 *IRC v. National Federation of Self-Employed and Small Businesses Ltd.* 案中,贵族院认为,申请人主体资格可以成为拒绝给予司法审查许可的根据之一,因此原告的主体资格也应当在实体听审程序中全面审查相关的法律和事实之后再次予以考虑。但由此产生的问题很多,特别是对压力集团(pressure groups)提出的案件,因为这些团体经常出于公共利益提起诉讼,其本身或者其成员并未受到直接的影响。于是,整个案件必须在该压力集团是否具有原告主体资格的问题最终解决之后(为此可能还需要先进行上诉),才能进入正式的诉讼辩论阶段。③

三、原告资格的客观标准——足够的利益

在贵族院1982年 *IRC* 一案中表达的对原告主体资格所持观点的基础上,英国司法界一般认为,有关原告主体资格取决于对申请人的身份和司法审查申请的主题事项的双重认定。④

具体而言,在寻求申请司法审查的受理许可阶段,法院只有在认为原告在与申请有关的事项上拥有足够的利益时,才颁发受理许可。足够的利益的检验标准由法律委员会于1976年提出,是一项允许进一步发展的起诉资格规则。该规则一般允许法院就何谓足够的利益行使自由裁量权。⑤

"足够的利益"的标准的法律依据是1981年《最高法院法》第31条第3款和《最高法院规则》第53号令第3条第7款规定的:只有当法院认为申请人对申请相关的事项拥有足够的利益时,才可以授予其司法审查许可。据此,任何个人或者组织要想获得司法审查许可,必须在该诉讼阶段确立自己的主体资格(*locus standi*,主体资格的拉丁原文,而其在现代英

---

① Neil Parpworth, pp. 276-277.
② Neil Parpworth, p. 276.
③ Bridges & Cragg, p. 105.
④ Bridges & Cragg, p. 105.
⑤ Bradley & Ewing, p. 739.

国法律英语中的意思直译成汉语就是：能够找到个足以立足的树枝，以便届时把司法审查许可挂在上面：have enough of a stake in the proceedings for standing to be conferred on）。如果申请人主体资格被拒，则司法审查申请即告失败。①

英国学者强调，长期以来人们一直认为，在受理许可审查阶段，足够的利益的检验标准应当只用来挡住那些没有合法关系的人（换句话说就是那些爱管闲事的人）；但是在实体审查阶段，会产生一些其他起诉资格方面的问题。法院认定，被谋杀者的亲属没有对上诉法院刑事分庭庭长（Lord Chief Justice，首席上诉法官）作出的关于谋杀者最短服刑期间的决定提请司法审查的资格。②

就申请人是否具有足够的利益的标准，贵族院1982年审理IRC案时进行了充分的论证。③ 贵族院认定，除了那些原告明显不具有足够的利益的简单案件外，不能将对"足够的利益"的判断视为一个独立的问题，而必须将法律的规定与案件的实际情况结合起来考虑。在考虑了国内税务局的职能及税收系统的运作之后，贵族院认为，作为一个普遍原则，任何单一的纳税人对其他纳税人的纳税事务，都不具有足够的利益。这一原则适用于一组纳税人时则是：如果某一群体中的每一个个体都不具有足够的利益，则其整体也不具有这样的利益。④ 换成比较容易理解的话就是，群体利益等于个体利益之和。

法院认为，在法院从申请人角度介入案件之前，不足以确立"法律上的特别权利"（legal specific right）。⑤ 作为最高上诉法院的贵族院此处提出的"法律上的特别权利"就是其对"足够的利益"的诠释。显然，这种解释与其说解决了问题，不如说描述了一种未来的既成事实，即只有法院介入之后才能确定当事人是否具有"法律上的特别权利"，即"足够的利益"。这在英国法中的合理性体现为两点：一是表明，在英国最高法院看来，诉讼主体资格问题并不是一个司法审查程序启动之初必须一劳永逸地解决的问题，而是一个直到案件正式审理过程中仍需要认真考虑的问题。正因如此，法院可以在程序正式开始之后，认定申请人不具有起诉主体资格

---

① Bridges & Cragg, p. 104.
② Bradley & Ewing, p. 740.
③ Bridges & Cragg, p. 104.
④ Neil Parpworth, p. 277.
⑤ Bridges & Cragg, p. 104.

而驳回起诉。这一点在我国的法院中也已经开始应用。二是反映了一种英国法律解释的智慧：对于一个本来不可能或者不应当通过这种方式解决的问题，通过这种脑筋急转弯式的思路将其化解了——狼外婆曾经对小白兔说：你不开门，怎么知道我是不是你的外婆呢——申请人想知道的是具备怎样的条件才能迈进法院的大门，而法官告之曰：你不进来让我看一看，我怎么知道你该不该进来呢？

而参加审理的法官斯卡曼（Lord Scarman）显然将"合理地声称具有实在冤屈"的标准，视为法院为了避免不必要地限制公众与公法的亲近（access to public law）而愿意采用的最严厉的标准。① 其实，该标准只是要求申请人必须基于"合理"信念声称自己受到了"实在的冤屈"。以斯卡曼为代表的法官们认为，在原告资格这样的涉及是否会被拒之于公法的大门之外的关键问题上，不应当采取"一般人认为合理"的标准，而应当降低标准，否则可能会卡掉很多人。

另一位参与该案审理的法官威尔伯福斯则指出，在考虑是否应当授予某一申请人主体资格时②，"有必要考虑：申请人请求的救济所针对的被告在法律上的权力或者义务、申请人与这些权力和义务的位置关系以及据申请人称已经构成违反这些权力和义务的情形。易言之，在此类案件中，不可能抽象地、孤立地考虑足够的利益问题，而必须将法律与事实内容一起权衡"。而要全面考虑这些因素，不进入实体审理是难奏其功的。

IRC 案的申请人是否拥有足够的利益，虽然早在该案上诉至上诉法院时，就已经作为前提条件进行过探讨。但贵族院认为，尽管制定法和诉讼规则有这方面的规定，但将原告主体资格作为审理案件的前提条件的做法是错误的：正是因为原告主体资格可以成为拒绝给予司法审查许可的根据之一，该问题也应当在实体听审程序中全面审查了相关的法律和事实之后，再次予以考虑。因此，在司法审查许可阶段就原告主体资格所作的决定是临时性的，可能在听审阶段被推翻。③ 虽然从前文有关"合理地声称具有实在冤屈"的论证看，英国法官对原告主体资格所持的标准极低。但从此处进一步的论证看，他们实际上是将这一问题程序化了，即并

---

① Bridges & Cragg, p. 104.
② Bridges & Cragg, pp. 104-105.
③ Bridges & Cragg, p. 105.

不将原告主体资格视为绝对的门槛,而是将其视为某一程序阶段(即司法审查许可阶段)需要重点考虑的问题,但并不是只在这一阶段考虑的问题。由于主体资格是最终的救济所依附的实体,因此主体资格是最终判决之前始终应当考虑的问题。

1990年的 R. v. Secretary of State for the Environment, ex p. Rose Theatre Trust Co. 一案中,高等法院王座分庭驳回原告的诉讼请求。① 因为就主体资格而言,该案申请人玫瑰剧场信托公司较其成立前的各成员而言,并不具有更多"足够的利益"。由于没有任何成员具有诉讼主体资格,因此由这些成员组成的基金会也不具有主体资格。②

但是,在1994年的 R. v. HM Inspectorate of Pollution, ex p. Greenpeace(No.2)一案中,一切都发生了变化。高等法院王座分庭认定,虽然法院未能发现该案的原告与该案有什么利害关系,但由于诉讼主体资格问题是一个法院能够行使自由裁量权的问题,法院的结论是绿色和平组织具有原告资格。因为绿色和平组织是一个著名的高尚组织,对该案涉及的焦点问题(核废料处理)具有真正的兴趣(这是该案法官对足够的利益的另一种表述)。该组织的成员来自国内外相当广泛的地区,但就该案而言至关重要的是,该组织的成员中有2500人生活在该案核设施所在的郡。由于该组织曾经咨询过科学家及法律专家的意见,因此,该组织所提出的诉讼请求是一个具有针对性的、与该案焦点问题密切相关并且论证充分的请求,该组织代表了那些靠一己之力难以将该案的焦点问题提请司法审查的利害关系人的利益。③

虽然在玫瑰剧院文物保护案和绿色和平组织案中,诉讼主体资格问题都不是案件的中心问题,但这并不妨碍两个案件的审理法院的推理过程成为原告资格方面的经典判例。从这两个案件的判决中不难发现,法院就诉讼主体资格问题的态度发生了明显变化。显然,对诉讼主体资格的判断必须建立在具体案件具体分析的基础上。但有一点是肯定的,即自从玫瑰剧院文物保护案以后,司法界已经采取了一种更为宽泛的确定原告主体资格的标准。④

---

① Neil Parpworth, pp. 277-278.
② Neil Parpworth, p. 278.
③ Neil Parpworth, p. 278.
④ Neil Parpworth, p. 278.

于是,在 1995 年的 R. v. Secretary of State for Foreign Affairs, ex p. World Development Movement Ltd. 一案中,法院认定世界发展运动有限公司对政府援助马来西亚某项目的决定具有原告主体资格。① 在作出这一结论的过程中,法院考虑了诸多因素,其中包括:维护法治原则的重要性、议题的重要性、对政府的该决定可能提出挑战的人缺席的可能性、原告方提供的国内及国际方面的专家意见以及原告方推进和维护不发达国家利益的兴趣等。②

对原告主体资格采取更宽泛的标准,更明显地表现在 1994 年的 R. v. Secretary of State for Foreign and Commonwealth Affairs, ex p. Rees-Mogg 一案中。原告在该案中对政府批准马约(Maastricht Treaty)的行为提出的挑战拥有足够的利益,理由是原告真诚地对于这一宪法议题的关注。③

此处需要解释一下:这就是英国法院受理此案的理由。我们也许觉得过于牵强、理由不够充分,但这正是比较法研究需要关注的内容。我们觉得很没有道理,为什么他们会理直气壮?这就是观念的差异,本书只能如实介绍。就行政诉讼的法理问题而言,这里的关键是对受案范围的理解,英国在这方面已经拓展到了"原告真诚地对于这一宪法议题的关注"就足以成为其受理行政诉讼案件的理由。

总之,尽管 1981 年《最高法院法》第 31 条第 3 款和《最高法院规则》第 53 号令第 3 条第 7 款对原告资格作了规定,但无论是制定法还是法院的程序规则,都没有具体界定何谓"足够的利益"。这意味着,法院可以根据案件的具体情况自由裁量。④

近年来,在 2001 年的 R. v. Secretary of State for the Home Department 一案中,主审法官罗斯(Rose)认为:"法院现在给司法审查的主体资格所设置的门槛普遍很低。因为对于公法而言,这可以使行政决定的作出者为其决定负责,以免法治原则和私法权利为公共管理机构所侵犯。"当然,也有英国学者对此提出异议。⑤

权威评论指出:"正如公法领域发生的事实及法律现象的广泛多样

---

① Neil Parpworth, pp. 278-279.
② Neil Parpworth, p. 279.
③ Neil Parpworth, p. 279.
④ Bridges & Cragg, p. 104.
⑤ Neil Parpworth, p. 279.

性,司法界的态度和价值判断也在影响着原告主体资格问题。"因此,从务实的角度着眼,需要牢记的重要一点是:一定要将自己的案子办得尽可能对法官具有"亲和力"(judge-friendly)。① 当然,英国学者此处指引的务实之路,显然不是在物理上或者生理上亲近法官,而是在思想上、观念上把握司法界共同的心声、律动。

1998年《人权法》第8条确立了新的起诉资格标准,即声称某公共管理机构未按照与公约人权相一致的要求行事,也就是违反了《人权法》第6条的规定,只有《欧洲人权公约》第34条规定意义上的该行为的受害人可以提起司法审查的请求。幸运的是,对于那些希望依靠《人权法》的其他规定申请司法审查的人来说,并没有受害人标准的限制。例如,根据《人权法》第3条的规定,某公共管理机构负有在任何可能的情况下按照与公约人权相一致的标准解释法律的义务。② 意思是说,如果某公共管理机构负有这项义务,以其违反该义务而提起司法审查时,当事人不需要证明自己因此受到了损害,也就是不必证明自己是该违反义务行为的受害者。

四、"受委屈者"——原告资格的主观标准

司法救济的申请资格是我国行政法学研究的一个关键问题。对此,英国的标准非常直白:受委屈者(person aggrieved)。制定法上的救济可以由任何心怀不平的人援用。这一表述也为普通法所采取以界定获得调卷令、阻止令的标准。由于这一标准承载着非常宽泛的蕴含,与救济事项存在任何联系的人都有可能落入这个范围。③ 事实上,任何关心自己的人都可以被纳入这个范围。不仅如此,这一标准还被用于许多其他制定法中,其蕴含也同样宽泛。

关于"受委屈者"的准确含义,韦德爵士专门有详细的说明④,这一术语早先的用语是"任何感觉到委屈的人"或者"任何认为自己受委屈的人",显然,这些词明显都是一些纯粹主观的词。后来,上述表述被简化为"受委屈者",其含义是一样的。但是,在某些判例中,法院却将这一直白

---

① Bridges & Cragg, p. 105.
② Bradley & Ewing, p. 740.
③ Wade & Forsyth, p. 723.
④ Wade & Forsyth, p. 723.

的表述解释为受案标准①,韦德爵士认为,这样的标准聊胜于无。由于"受委屈者"的确是一个不能再普通、不能再主观的措辞,其本身根本不足以成为限制原告起诉的门槛,将其作为受案标准确实有"庸人自扰"之嫌。

五、原告资格制度的改革

英格兰法律委员会1994年提交的《行政法:司法审查与法定上诉》[Administrative Law:Judicial Review and Statutory Appeals(1994)]的第五部分提议,在原告主体资格方面引入"双轨制"(two-track system)。第一种类型的主体资格与直接受行政决定的不利影响的个人提起的司法救济有关。在这种情况下,如果某人的法定权利或者合法性期待受到了不利影响,他们当然应当获得提起司法救济的主体资格。② 因此,在英格兰法律委员会看来,对于基于个人法益而提起的司法救济是当然的,但除此之外就另当别论了,这就是所谓的第二种类型的主体资格。这种类型的主体资格是具有自由裁量性的,包括那些在提起的诉讼中有足够的公共利益的案件。③

英国学者凯恩(Cane)认为,英格兰法律委员会提出的界定主体资格的新概念"不利影响"(adversely affected)较之"足够的利益"并没有太多的进步。他提出的概念是"足够的个人利益"(sufficiently personally interested),强调主体资格范畴的个性本质(personal nature)。这是凯恩对该委员会对主体资格的分类体系中的第一种类型的主体资格的评价。但凯恩更重要的观点在于其对该委员会的第二种类型的主体资格的批评:在主体资格的法律问题中,对于"本人主体资格"(personal standing)与"代位主体资格"(representational standing)之间的区分是非常重要的。本人主体资格主要涉及原告本人的个人利益。而代位主体资格可以进一步分为三类:团队主体资格、公益主体资格和代理主体资格。团队主体资格发生在某一非法人团体或者法人为了其成员的利益而提起诉讼的情况下;公益主体资格出现在个人或者组织为了公共利益或一部分人的利益而对公共决定提出挑战的情形;代理主体资格则是个人以名义上的原告身份代替真正的申请人(real applicant)参加司法救济。虽然凯恩意识到

---

① Wade & Forsyth, p. 723.
② Neil Parpworth, pp. 279-280.
③ Neil Parpworth, p. 280.

法院并没有区分团队主体资格与公益主体资格，但仍坚决主张法律应当对此有所区分。①

六、原告资格的审查时机

一般而言，对原告资格的审查是在接到司法审查的请求之后，由法院考虑原告是否有主体资格。② 但从诉讼常识考虑，如果申请人方不在起诉甚至更早的起诉准备阶段就考虑好这个问题，那是非常莽撞的。

主体资格首先要在受理许可阶段得到确认，但也可以成为司法审查听审阶段的重要内容。由于对主体资格的认定涉及法院根据事实和法律运用自由裁量权的活动，因此判例法在司法审查这一问题上有所波动也就不足为怪了。希尔曼（Sir Konrad Schiemann）曾经提出，"行使自由裁量权"的标签所提示的内涵比起它所隐藏的要多，自由裁量权的存在阻碍了对行政决定的挑战以及司法审查制度的发展和系统化。③

英国学者指出，如果案件以告知申请人最初就不具有起诉权告终，并伴以承担被告方的开支的惩罚，很多人难免会认为：原告主体资格问题应当越早解决越好。④

第二节 司法审查的申请人

诉讼参加人（parties to the proceedings）是司法审查涉及的另一个实务方面的要点。公法项目组的实验研究提示，虽然由于统计时并没有将申请人所代表的群体的容量考虑进去，从而使统计结果可能有些偏差，但是绝大多数申请是由个人提起的。因为该项目的研究人员认为，个人申请人很可能代表相当广泛的一群人或者代表一个组织。司法审查的非个人申请人［applicants，现称原告（claimants）］相对占少数，其中包括：公司、非政府组织（如环境保护压力集团）、中央政府、地方政府机关以及非政府部门公共机构［如公诉总监（DPP）和皇家公诉服务体系（CPS）］。⑤

值得注意的是，在司法审查的申请主体中，我们一般理解的被告占了

---

① Neil Parpworth，p. 280.
② Neil Parpworth，p. 276.
③ Neil Parpworth，p. 277.
④ Bridges & Cragg，p. 105.
⑤ Neil Parpworth，p. 285.

相当的比重,如中央政府、地方政府机关、非政府部门公共机构。中央政府主要是指中央政府的各部门,它们起诉的对象主要是地方政府机关;而地方政府机关主要起诉的对象是中央政府。非政府部门公共机构在英国占公法机构的绝大多数,包括鉴定管理局等。英国绝大多数的中央政府的执行职能,如审批、发证、调查、处罚等,都是由非政府部门公共机构承担的,因此,它们是最常见的被告。但非政府部门公共机构对中央政府部门或者地方政府机关的决定不服时,也可以申请司法审查,因为它们既不是中央政府部门的下级,也不是地方政府机关的上级,彼此之间没有隶属关系,如果出现解决不了的争议,就只能去找法院。

相对于司法审查申请主体及申请事项的广泛性,原告的地理分布则要有限得多。大多数司法审查请求是在伦敦提出的,因为司法审查申请必须向设在伦敦的高等法院提出并由其审理。当然,高等法院在全国各地的审理中心设有联络处,司法审查申请也可以在当地的审理中心递交,调查数字表明,确有许多司法审查申请是由地方的审理中心接收的。但该研究项目的研究者也指出,实际上,地方的申请者更愿意聘请伦敦的律师而非当地的律师代理其案件。① 尽管如此,司法审查显然存在人为推动下的向伦敦集中的趋势,这显然将降低外地的个人、机构或者组织申请司法审查的积极性。②

一、申请人名称的由来

虽然已经有资料表明,司法审查的申请人现在已经改称原告③,但在本卷中,均称司法申请的启动者为申请人而不是原告。因为英国司法救济名义上的原告是英王,而非申请人,这一点可以从英国判例的引注中找到直接的答案。而按照英国司法审查判例的引注规则,对申请人最贴切的称谓是利害关系人(拉丁文 ex parte,简称 ex p.,其本义就是与之有关或者关于)。当然更主要的原因还在于,笔者查阅的绝大多数英文资料仍采用申请人的说法,而不怎么用原告。

不仅如此,英国学者也认为,通过司法审查对公共管理机构进行监督这种制度安排,形象地体现在司法审查案件的案名上,特别是其中出现的

---

① Neil Parpworth, pp. 285-286.
② Neil Parpworth, p. 286.
③ Neil Parpworth, p. 285.

英王的名号,反映了请求君主监控立法设立的权力以及以君主名义行使特权的制度设计理念。司法审查案件的引注格式具体如下。①

司法审查的完整案名——R. v. (Respondent) ex parte (Applicant)——由五部分组成,其中:

(1) R. 指"英王",R. = Regina = the Queen = the Crown;

(2) v. 指"诉"或者"对",v. = versus = against;

(3) Respondent 指"被告",Respondent = body or person being reviewed;

(4) ex parte(ex p.)指"由"或者"关于",ex parte = on behalf of;

(5) Applicant 指"申请人" = the body or person making the challenge。

例如:R. v. Secretary of State for Social Security, ex p. Mary Moffat 一案,是申请人 Moffat(一名老太太)对社会保障国务大臣的司法审查案件,这类案件在我国的表述是 Moffat 诉劳动和社会保障部。

二、申请人的范围

英国学者并没有单独讨论案件当事人的范围,或者说是以任何一方当事人的表述方式表达了一种对案件当事人范围无所谓的态度。这个问题仅在前面讨论申请人在获得许可后应当送达的司法审查申请材料的对象范围时间接地提到过。当时给出的标准是"可能受到直接影响",具体由申请人自己把握,并可以在没有把握时先行通过非正式的信件方式进行试探。英国专家甚至出主意说,如果没有把握或者经试探没有结果,则可以直接向有关人等送达一份材料,由受送达者自己决定是否参加审理。如此一来,当事人的范围几乎不是由法官确定的,而是由申请人确定的,法官没有将愿意参加诉讼的利益主张者推出法院大门的权力。

三、受影响的个人

在英国,可以提起司法救济的主体的范围同司法救济的范围一样广泛。到底广泛到什么程度呢?英国学者提到,那些权利或者利益受到某一行政决定的不利影响的人可能会认为(或者有人会建议他们认为)该决定是不适当的,此时,他们可以求助于任何既有的上诉的权利或者寻求司

---

① Bridges & Cragg, p. 4.

法审查。① 例如,任何人如果对某一地区或者道路上的乱丢垃圾现象不满,都可以当地主管乱丢垃圾的职能部门为被告,向治安法院提出控告,治安法院如认为该诉成立,则可以下达责令该地方政府机关打扫这一地区的令状。② 注意这里的用词是任何人,而不是极少数"愤懑的青年"。当然,也只有在个人权利都得到保障的法律体系中,维护自己的利益同时也维护集体利益的行为,才没有太多的个性色彩,从而也不会有人将这些人视为另类。他们仅仅是一些普通人,适用普通的英国法,在普通法的法院,维护他们平凡的利益而已。

如果个人受某决定的影响,如被学校开除的学生或者受到驱逐出境威胁的人,则该人极有可能具有挑战这一决定的原告主体资格。③ 在1997年的一个判例中,学生们要求地方政府机关提供教学必需品,地方政府机关拒绝了这一要求,但将此项开支交由学生所在学校的管理者支付。学校的管理者对地方政府机关的这一决定提起司法审查并胜诉。④

这种远近程度的利害关系,我们是可以接受的,但英国的许多判例中确实存在一些我们一时还没有涉及的利害关系。1999年,贵族院再审皮诺切特上诉案说明了该问题。该案再审的理由之一是,贵族院发现一名参加原审审理的法律贵族霍夫曼(Lord Hoffmann)与人权组织有牵连,而该组织恰恰又是一方当事人。⑤ 可见,人权组织也会成为以人权保护为由提起司法救济的申请人,其申请人范围之广或者说资格条件之低,由此可见一斑。

直接的财政或者法律上的利益通常也足以确立原告主体资格。任何受到某一决定或者行为不利影响的人都应当具有原告主体资格。但从下面介绍到的"具有公心的个人"的判例看,受到不利影响并非总是必需的。⑥

此外,拥有决定前被咨询的合法性期待的个人或者机构,也拥有原告主体资格。⑦

---

① Bradley & Ewing, p. 640.
② Andrew Arden, p. 88.
③ Bridges & Cragg, p. 106.
④ Bradley & Ewing, p. 707.
⑤ Elliott & Quinn, p. 9.
⑥ Bridges & Cragg, p. 106.
⑦ Bridges & Cragg, p. 106.

四、具有公心的人

英国学者承认他们对于作为英国司法审查中原告主体资格标准的"足够的利益"的态度是前后矛盾的。不仅如此,英国法院对于具有公心的人的态度也是前后矛盾的,这些具有公心的人希望挑战公共管理机构的决定或者政策,尽管其本人并没有受到直接的影响。①

有时一名国税或者地方税纳税人,甚至仅仅是一名被认为代表公众意见的人,法院都可以认定其在特定案件中具有足够的利益;但在另外一些情况下,法院又会以其他的标准行事。② 这反映出,英国法院在审查司法审查申请时所掌握的标准也是令人难以捉摸的。这是判例法固有的特殊性决定的,有利有弊:由于标准不够明确,公共管理机构随时可能因法院方面降低标准而不得不面对"好事者"提起司法审查的危险;但从公益角度看,公共管理机构随时存在这种危险无疑又是保护公共权力不致滥用的最好的屏障。毕竟这里让人捉摸不定的仅仅是提请司法审查或者进入司法审查门槛的标准,而不是司法审查的实体审查标准,其后果仅仅是使公共管理机构颇费周折地打了一场以胜诉告终的官司。但是法院通过对司法审查案件门槛的自由升降,实践着对行政权滥用的最有效威慑,这是公共权力制衡领域的最大收益。相反,如果在这个方面门槛太高,损害的就不仅仅是个别当事人的热情,而更可能是司法审查体制的权威,甚至是公众对公共行政的评价,在一个直接民主的国家,这对于公共行政系统而言无疑是灭顶之灾。

具体案例如下:

(一)真诚关注宪法性议题者诉英国批准马约案

在 1994 年的 *R. v. Secretary of State for Foreign and Commonwealth Affairs, ex p. Rees-Mogg* 一案中,上诉法院认为,申请人里丝·莫格对批准马约拥有足够的利益,对此不存在任何异议,因为申请人对宪法性议题怀有真诚的关注。③ 从封号看,Lord Rees-Mogg 在英国不是普通人,与贵族院的议员是同侪,与其比肩的正是贵族院上诉委员会的成员,即常任上诉贵族法官。

---

① Bridges & Cragg, p. 109.
② Bridges & Cragg, p. 109.
③ Bridges & Cragg, p. 109.

（二）纳税人诉议会起草拟向欧盟委员会付会款的命令案

在 1985 年的 *R. v. H M Treasury, ex p. Smedley* 一案中，上诉法院毫不迟疑地认为，申请人斯梅德利作为一名选民及地方税纳税人，拥有对议会正在起草的准备向欧洲共同体缴纳会费的命令提起司法审查的申请人资格。①

（三）英国人诉大城市警务专员不禁赌案

1968 年 *R. v. Commissioner of Police for the Metropolis, ex p. Blackburn* 一案中，上诉法院并没有解决公民个人是否拥有强迫警务专员根据《赌博法》起诉某一违法者的司法审查案件的主体资格问题。② 但法院显然立案并审理了这个案件。

除此之外，本书前文曾经提到，布朗先生对其当地的议事会不太满意，因为该议事会对其邻居有某个方面的管理职责。在其邻居不听从该议事会的建议时，需要由该议事会申请法院强制落实该议事会作出的行政决定，但该议事会没有提起这样的诉讼，布朗先生可以该议事会为被告向法院提起诉讼。③ 这一案件表明，在英国，行政不作为之诉的起诉主体的范围同样宽泛。

（四）记者诉治安法官不自报家门案

在 1987 年的一个判例中，法院认定一名记者拥有对受薪的治安法官拒绝在公开法庭上表明身份的行为提起司法审查的主体资格。法院的理由是，该记者在该案中是司法公开的公共利益的守护者。

（五）伯明翰人诉市营公交车尊老案

见本卷第四章第二节中信托义务部分。

五、地方议事会成员为申请人

地方议事会成员能够通过司法审查起诉其所属的地方政府机关或者寻求救济，即使是该地方政府机关的领导对该地方政府机关也可以提起诉讼或者寻求救济。④ 这是由英国地方政府的法人属性决定的，同样的情况并不适用于英国议会。

---

① Bridges & Cragg, p. 109.
② Bridges & Cragg, p. 109.
③ Elliott & Quinn, guide XXIX.
④ Andrew Arden, pp. 285-286.

六、行政主体为申请人

（一）一般禁止

尽管英国司法救济的申请标准非常低，但其受委屈的主体却不包括行政机关。正如韦德爵士所言，法院是不怎么愿意将某一公共管理机构认定为拥有制定法规定的上诉权利的"受委屈的人"的，法院因此没有准许某一地方规划职能部门就撤销其强制执行通告的决定提起上诉。① 这是在考虑对行政复议或者行政诉讼中被告的上诉权加以限制时可借鉴的一个因素。

（二）维护公益的行政主体

在另外一些情况下，行政主体却可以通过司法救济的形式维护自己的利益或者其所保护的公众利益。在1989年的 R. v. Home Secretary, ex p. Northumbria Police Authority 一案中，地方警察管委会反对内政部自行给警察配备催泪瓦斯和警棍，其所采取的救济途径是，申请法院作出认定内政部没有在未经地方警察管委会同意的情况下提供装备的权力（除非在非常紧急的情况下）的宣告判决。② 这个例子说明，在英国，地方警察管委会可以在法院通过诉讼方式解决其与中央政府部门之间的分歧，类似于法国的行政机关之间因权限之争而诉诸法院的做法。

（三）中央政府诉地方政府机关

英国中央政府、地方政府与法院三方彼此独立，相互没有隶属关系，只是通过法律联系在一起。其中特别值得一提的是，训令的申请主体包括中央政府部长在内的行政机关，必要时，国务大臣可以通过向高等法院申请训令的方式强制执行国务大臣的命令。③

（四）地方政府机关诉中央政府部门

在讨论英国的中央政府部门与地方政府机关之间的关系时，英国学者常会举中央政府部长给地方政府机关下指示而地方政府机关对此不服可以诉至法院的判例。④ 这个例子首先说明，地方政府机关对于国务大臣的指示性决定也是可以提起司法审查的。只不过这一权利的行使通常需要以地方政府机关向国务大臣首先提出异议为前提，说明地方政府机

---

① Wade & Forsyth, pp. 723-724.
② Bradley & Ewing, p. 254.
③ Bridges & Cragg, p. 39.
④ Andrew Arden, pp. 425-426.

关对国务大臣指示中的内容的态度,然后进一步提起司法审查;否则就不太符合英国的法律道德。但也不能就此认为,地方政府机关在行政救济程序缺失的情况下提起司法审查,法院就会因此而拒绝受理。

(五)地方政府机关诉地方政府机关

地方政府机关作为制定法设立的法人在法律上是独立的,一个地方政府机关就是一个机构,而不能被当作一个以上的机构对待,就像不能将一个人视为一个以上的人一样。正如 1962 年的 *Rye v. Rye* 一案所确立的个人不能给自己设租一样,地方政府机关也不能给自身发布强制执行通告,但却可以向另一个地方政府机关发布此类通告,当然这并非制定法所期望的。① 因此,地方政府机关可以互相告,但不能告自己,也不能告自己的组成部门。

七、公益诉讼

英国由压力集团与代表团体提起的诉讼,显然涉及笔者及中国学者最为关注的公益诉讼。从原则上来看,起诉资格方面的判例法并不允许代表机构及压力集团以自己的名义提出司法审查的请求,除非它们是公共管理机构违反《欧洲人权公约》的行为的受害者。而且这些机构必须确保有一个或者更多的受害者提出司法审查请求,以确保这些机构能够依据《人权法》第 6 条的规定提出司法审查申请。②

囿于法律援助在范围及财产适格方面的限制(主要是指法律援助不适用于组织及具有一定财产水平的个人,从而限制了相当数量的认识到公共利益被侵害的人提起司法审查的可能性),提起或资助那些具有公益性的案件的使命通常落在了代表团体或者压力集团的肩上。法院是否会认为这类团体具有足够的利益,遂成为为这些团体提供法律咨询者必须首先考虑的问题。③

为了其成员的利益,工会代表或者环境保护组织有资格挑战相关的行政决定,但是如果原告并没有受到某一决定的切身影响,而是代表公共利益提出诉讼,可能会遇到一些麻烦。④ 即英国并不存在直接的公益诉

---

① Andrew Arden, p. 6.
② Bradley & Ewing, p. 740.
③ Bridges & Cragg, p. 106.
④ Bradley & Ewing, pp. 739-740.

讼,但工会为其会员或者环保组织为了环保事宜而提出的申请,显然被视为具有切身利益的情形。因此,虽然不存在公益诉讼,但公益性组织直接启动与其谋取的公益相关的诉讼是完全可能的。具体案例如下:

(一) 机会均等委员会诉歧视妇女的制定法违反欧共体法案

机会均等委员会有资格以自己的名义对违反欧共体法(脱欧前为欧盟法)所规定的权利、歧视妇女就业者的制定法的规定提出挑战。①

(二) 儿童贫困行动组织诉社会服务大臣释法案

在 1990 年的 R. v. Secretary of State for Social Services, ex p. CPAG [CPAG 是儿童贫困行动组织(Child Poverty Action Group)的简称]一案中,法院允许儿童贫困行动组织以自己的名义提起一起对社会保障立法进行解释的行为的司法审查案件。②

用该案主审法官伍尔夫的话说,该案涉及的焦点问题是公认的社会福利领域的重要问题,但也是个人请求者不太可能提起的问题,而该案的申请人(CPAG)在为这些个人请求者提供建议、指导和帮助方面扮演了重要的角色。③ 这正是该案的主审法官们决定授予该案申请人原告主体资格的原因所在。

(三) 世界发展运动诉外交部案

法院对待原告主体资格的态度在世界发展运动所提起的司法审查案件中进一步明确。在 1995 年的 R. v. Secretary of State for Foreign and Commonwealth Affairs, ex p. World Development Movement 一案中,申请人对外交大臣使用对外援助基金援助经济效益不佳的马来西亚某大坝项目提出挑战。④

申请人是一个拥有 20 年历史的负责分发海外援助的机构,而不是一个无党派压力集团(non-partisan pressure group)。该机构已经在全英境内拥有 13000 名支持者,并从广泛的固定渠道获得资助。⑤ 这些都说明,在英国,提起公益诉讼的主体必须是具有相当历史、能够负责任的声名卓著的社团。

---

① Bradley & Ewing, p. 739.
② Bridges & Cragg, p. 106.
③ Bridges & Cragg, p. 106.
④ Bridges & Cragg, p. 107.
⑤ Bridges & Cragg, p. 107.

（四）移民权利联合委员会诉社会保障大臣案

1996 年的一个判例中，原告是一个专门维护移民权利的机构，其保护对象是那些在寻求庇护的申请被驳回而提起上诉期间继续留在英国的难民。①

（五）玫瑰剧院文物保护案

1990 年的 R. v. Secretary of State for the Environment, ex p. Rose Theatre Trust Co. 一案被许多鼓吹拓宽原告主体范围的人视为这方面判例法的一个低潮点。该案申请人是一家名为玫瑰剧院信托的公司，该公司设立的目的就是为了挽救玫瑰剧院，但法院认定该公司不具有挑战国务大臣拒绝将该剧院列入历史建筑名录的行为的原告主体资格。② 法院对此项判决的解释是，如果在该案中，没有人对申请司法审查的主题事项具有原告主体资格，也就不可能通过成立一个组织而使之具有更多的利益。③

该案主审法官希尔曼承认，这一判决意味着，确有某些具有公共重要性的决定在实践中是不属于司法审查范围的，因为没有哪个人或者机构受到了该决定具体的影响。④

（六）世界自然基金会和全英爬虫保护协会诉房地产规划许可案

在玫瑰剧院文物保护案宣判后不久的另一个案件中，涉及授予某一房地产开发项目规划许可可能威胁到在该地生活的野生生物的生存环境。世界自然基金会（Worldwide Fund for Nature）和全英爬虫保护协会（British Herpetological Society）的代表提起了一项基于环保法根据的司法审查申请。法官希尔曼认为，全英爬虫保护协会因其在该案涉及区域的财政投入及其参与规划许可程序而拥有原告主体资格，但世界自然基金会以自己的名义申请司法审查，则不具备原告主体资格，因为该组织不像全英爬虫保护协会那样具有与此区域的联系。⑤

（七）绿色和平组织诉环保督察案

到了 1994 年，R. v. Her Majesty's Inspectorate of Pollution, ex

---

① Bradley & Ewing, p.698.
② Bridges & Cragg, p.106.
③ Bridges & Cragg, pp.106-107.
④ Bridges & Cragg, p.107.
⑤ Bridges & Cragg, p.107.

p. Greenpeace（No.2）一案则显示，英国法院对原告主体资格问题又重新持一种更为宽松的态度。英国法院允许绿色和平组织以自己的名义提起司法审查以阻止大英核燃料公司[British Nuclear Fuels(BNFL)]继续进行核反应堆试验，尽管大英核燃料公司力辩绿色和平组织是一个令人头痛的好事者。在该案中，绿色和平组织的下列特性对于法院赋予其原告主体资格发挥了重要作用[1]：

（1）有400000名成员，其中2500名成员住在试验的核反应堆附近；

（2）担任许多国际机构的顾问；

（3）是绝对可靠、值得信赖的真正关注环境问题的机构，同时，拥有对该决定提起专业化挑战的专业队伍；

（4）具有别人难以比肩的提起此类司法审查的能力。

如果在受理过程中，法官已经考虑了上述因素，那么很难有理由质疑法官这样做的正当性。这种正当性足以赋予英国法用来限定法官审查权的标准——足够的利益——以肯定的答案。

（八）反酗酒项目组诉健康国务大臣案

在 R. v. Secretary of State for Health, ex p. Alcohol Recovery Project 一案中，申请人反酗酒项目组（Alcohol Recovery Project）是一个慈善机构，主要向因过度饮酒而麻烦缠身的人提供帮助和关怀。法院认定该组织具有挑战健康国务大臣关于不提供资金以保护该组织的资助对象及其他人的决定的足够的利益。[2]

（九）诉状律师协会诉大法官案

诉状律师协会诉大法官案是一起典型的代表机构成功地辩明因案件影响到其成员而使其本身具有足够的利益的判例。法院认定诉状律师协会具有挑战大法官降低提供法律服务者的资质门槛的决定的原告主体资格，主审法官尼尔指出："诉状律师协会对于法律援助计划的运作具有丰富的知识、娴熟的经验。很难想象还有什么机构或者个人能够比诉状律师协会对法律援助的适当及公平的运行具有更多的利益。诉状律师协会对此具有利益的另一个原因是其成员直接受法律援助的影响。"[3]因为诉状律师是法律援助的直接供应者，如果降低法律援助提供者的入门标准，

---

[1] Bridges & Cragg, p.107.
[2] Bridges & Cragg, p.106.
[3] Bridges & Cragg, p.108.

势必分流法律援助业务,从而使诉状律师的就业机会减少。

(十)皇家护士学院诉政府就流产相关工作向护士们所提建议案

这是与诉状律师协会的案件类似的例证。在 Royal College of Nursing v. Department of Health and Social Security 一案中,法院允许皇家护士学院对政府就流产相关工作向护士们所提的建议的通告提出挑战。在另一个判例中,法院认定全国矿工工会(National Union of Mineworkers)与其会员及该案的主题事项[减少罢工工人的辅助收益(supplementary benefits)]具有足够的联系,而授予其原告主体资格,但同一案件中,另一类似组织没有获得原告资格。①

(十一)纳税人诉税务局减免他人税负案

税务机关不向某人或者某一类纳税人强制征收应缴税款的行为,属于税务行政领域仍然游离在司法控制范围之外的部分,是税务机关可以行使其自由裁量权的空间。对此,即使在英国,目前也仅在极个别的情况下,纳税人可以就税务机关的此种决定向法院提出挑战,如 1982 年的 R. v. IRC, ex p. National Federation of Self-Employed 一案。② 该案即使在英国也属于为数不多的以纳税人身份就税务机关(该案为国内税专员)的不作为提出司法审查申请并获得胜利的判例。考虑到该案发生在 1982 年,至少说明那时英国的法院已经可以受理这样的案件了。

该案值得一提的信息是,其申请人是组织,而非个人,这个名为 National Federation of Self-Employed 的组织,译成中文就是"个协"或者自雇者全国联盟。这是英国的组织可以代表个人或者本组织成员提起司法审查的一个例证,而在这样一个涉及税收不作为的案件中,由"个协"提起司法审查,示范意义重大,其实就是赋予几乎所有人相应的起诉权,只是在实际操作时,法院可能并不那么从众,而是将绝大多数"过于敏感的人"提出的此类申请,通过司法审查许可程序过滤掉了。

八、告发人发动的公益诉讼

严格来说,告发人并不是一类申请人,而是一种特殊的救济程序,即以告发人名义提起的某种特权救济。笔者将其归入公益诉讼之一。

英国学者认为,英国司法救济方面的另一个必要的发展涉及个人申

---

① Bridges & Cragg, p. 108.
② Bradley & Ewing, pp. 349-350.

请司法审查的主体资格。英格兰法还从来没有承认过公益诉权,即任何人都有权对公共管理机构的行为进行挑战而无论其是否受到该行为的影响的权利。此前的规则是,请求某一特权令状的原告应当表明自己具有何种程度的权利或者利益取决于所请求的特定的特权令状。值得庆幸的是,这种情况已经发生了彻底改变,虽然不同的救济类型所要求的共同的起诉资格问题依然没有得到解决。①

告发人诉讼(relator action)是一个与特权救济类似的有效手段,通过这一诉讼形式,英王的程序特权不仅可以为普通百姓个人所用,而且可以为公益所用。② 也就是说,此处的告发人之诉具有公益诉讼的性质,总检察长在其中扮演了公共利益的代言人的角色。

以1977年的 *Gouriet v. Union of Post Office Workers* 一案为例,告发人之诉的程序大致是:邮政员工工会要求其会员联合抵制南非来的邮件1周,以抗议南非的种族隔离政策。原告认为,根据1953年《邮政法》的规定,这种抵制行为是刑事犯罪,请求总检察长同意其针对工会提起强制令之诉。总检察长拒绝同意。于是该公民从上诉法院获得一个临时强制令。上诉至贵族院后,贵族院认为,公共利益受到一种可能的刑事违法行为侵害的公民个人不能到民事法庭提起救济申请,无论是寻求强制令还是宣告令都不行。公共权利只能由总检察长代表公众在民事诉讼中主张其就此类决定行使的自由裁量权不可以在法院接受司法审查。③

实践中,总检察长显然拥有绝对的自由裁量权来决定是否同意告发人之诉。虽然总检察长就其决定向议会负报告责任,但是,不能要求总检察长向法院证明其决定的合法性,法院也不能推翻这一决定。④ 法院有更终局的决定权,即是否支持其诉讼。如果允许总检察长的决定被推翻,则法院就有预断的嫌疑,而且这将极大地限制这种公益性救济途径的适用范围。

告发人之诉如今已经非常少见,并且也不用于制止公共管理机构作出的可能提起司法审查的行为。凡存在与司法审查并行的救济的,就没有必要采取这种复杂的形式。告发人之诉的一个用途,已经远远超出行

---

① Bradley & Ewing, p.731.
② Wade & Forsyth, p.575.
③ Bradley & Ewing, p.732.
④ Bradley & Ewing, p.732.

政法的范围，而发展成为一种确保刑法落实的手段，即在既有的刑罚和诉讼程序不足以阻止反复的犯罪行为的情况时使用。如 1931 年的一个判例中，法院认为，由于涉及公众的权利并且地方立法的规定效力不足，因此决定同意签发强制令作为补救措施。① 强制令的效果是禁止当事人再从事相关运营，而不是罚款了事。如果其不服从该强制令，则构成蔑视法庭。

特别值得一提的是，地方政府机关为告发人的案件。根据 1972 年《地方政府法》的规定，之前必须由总检察长或者经总检察长同意提起的旨在维护公众利益的告发人之诉，现在可以由地方政府机关从本地方居民的角度出发以自己的名义起诉。而地方政府机关按此类程序提起诉讼的救济类型，一般是获得旨在制止某种有害公益的行为的强制令。②《地方政府法》的这一规定，相当于将此类案件的起诉权部分移交地方政府。

九、选择申请人的策略

某人（或组织）是否拥有原告资格是一方面，是否选择其作为该案申请人则是另外一方面。由于英国司法审查的范围很广、申请人资格限制也不严格，因此，同一案件中有多个个人或者组织均拥有申请人资格的情况是英国司法审查领域的普遍现象。选择合适的人作为司法审查的申请人对于许多案件的当事人利益最大化具有十分现实的意义。详见本卷第六章第二节选择合适的申请人部分。

第三节　司法审查的被告

正是由于目前法院在原告资格方面采取了相当自由的标准，调卷令（撤销令）案件中存在的真正难题，不是确定原告是否具有起诉资格，而在于确定被告的范围。对于"原告在寻求调卷令时应当以谁为被告"的问题，上诉法院法官阿特金在 1924 年的 *R. v. Electricity Comrs , ex p. London Electricity Joint Committee* 一案中指出，法院并不承认能够找到对于这一问题的简单明了的答案。在谈到调卷令及阻止令时，阿特金认为，任何拥有决定那些影响法律主体权利的问题的法律授权，并负有公

---

① Bradley & Ewing, p.732.
② Bradley & Ewing, p.732.

正行事的义务的个人或者机构,只要其行为超出了法律授权的范围,就应当受到英王的高等法院的王座分庭在特权令状诉讼中享有的管辖权的控制。①

一、司法审查被告的分类

(一) 按机构存在的形式分类

这种分类方法是按照职能分类的原则,从形式上对英国公法机构进行列举式分类。因履行公共职能的行为应当接受司法审查的机构包括②:

(1) 中央政府的部长(国务大臣);
(2) 地方政府机关;
(3) 健康服务职能部门;
(4) 警察局长;
(5) 监狱总管;
(6) 验尸官;
(7) 某些制定法设立的裁判所,但不包括那些可以向高级裁判所或者上诉法院上诉的裁判所③;
(8) 治安法院(magistrates' courts)、皇家法院(Crown Courts)[仅涉及与控诉审判(trial on indictment)无关的事项]以及郡法院(county courts),但不包括高等法院(High Court)④;
(9) 公诉总监(Director of Public Prosecutions, DPP)⑤;
(10) 国立学校管理者委员会(Boards of School Governors)。⑥

统计显示,司法审查的被申请人[respondents,现称被告(defendants)]主要有三类:中央政府、地方政府以及法院和裁判所。由于涉及移民申请的高发生率,内政部成了最常被挑战的政府部门一点儿也不令人奇怪。就地方政府而言,最常被挑战的地方政府决定涉及无家可归者、其

---

① Neil Parpworth, p. 329.
② Bridges & Cragg, pp. 5-6.
③ Bridges & Cragg, p. 5.
④ Bridges & Cragg, p. 5.
⑤ 这是笔者看到的英国行政法专业书中引用的行政诉讼方面的案件中最常见的被告。
⑥ Bridges & Cragg, p. 6.

他与安居有关的事项、镇和郡的规划、许可证颁发、教育、家事等。①

（二）依履行的职能分类

这种分类方法是依所涉及的机构是否履行公法职能判断其是否属于司法审查的被告，这种分类方法具有相当的理论性，是其他许多分类方法或者分类结果的理论基础或者说分类标准。按照这种分类，可以成为司法审查被告的机构包括②：① 制定法设立的机构；② 履行制定法规定的职能的机构；③ 事实上履行法定职能的机构。

（三）排除法

英国学者承认，任何列举式分类，都存在列举不尽的问题。现有的列举式清单，显然不是一个穷尽所有的名单，法院也还没有确立包括所有司法审查被告名单的标准。③ 据此，英国学者认为，除了罗列属于司法审查范围的公共管理机构的名单外，列举一些因其行为被认为发生在非公法的私法领域，因而不太可能面临司法审查的机构名单，也是有意义的。这些机构包括：

（1）成员自愿参加的绝大多数俱乐部和协会；

（2）私人公司；

（3）在证券交易所挂牌的上市公司；

（4）绝大多数非由公共管理机构举行的内部违纪调查；

（5）宗教机构及宗教官员；

（6）私立学校，即不受公共财产资助的学校。

根据以上罗列的英国学者对英国行政诉讼被告的分类，以下将分别讨论其中的一些主要类别。这些类别并不是按照一种分类标准确定的，因此存在一个分类不纯粹或者相互交叉重叠的问题。笔者是想通过对这些具有代表性的类别的介绍，更加全面地分析英国的行政诉讼被告制度。

二、制定法设立的机构

Statutory body 可简译作制定法机构，就是由议会的法律或者委任立法设立的机构，这样的机构在英国数以千计，包括警察申诉机构、1989年《水法》第 5 条设立的水事管理机构和 1986 年《燃气法》第 1 条设立的

---

① Neil Parpworth, p. 286.
② Bridges & Cragg, pp. 4-5.
③ Bridges & Cragg, p. 6.

燃气管理机构之类的公共事业管理者以及法律援助局。①

三、履行制定法规定职能的机构

虽非制定法设立但履行制定法规定的职能的机构,亦属于司法审查的被告的范围。这种现象存在的原因是,一度由私人或者慈善机构履行的职能后来成了公众关注的问题。对此,英国法采取的策略不是拆解既有结构,而是不时地通过制定法的规定,要么增加某种上层权力或者义务结构,要么通过赋予私人机构履行职能的权能,使之融入既有的制定法结构体系。②

四、事实上履行法定职能的机构

即使涉案机构并非从立法取得权力,但只要该机构履行公共职能,仍有可能成为司法审查的对象。在1987年的一个判例中,法院认定,控制股票交易所的自律机构履行公共职能。③

法院采取的检验标准是,如果涉案的机构不履行其职能,而国家有必要履行该职能,则该机构履行的职能就是公共职能。④ 这显然是一个非常宽泛的标准。

上述判例确认,某一机构可以因为其行使的职能的性质而被视为公法机构。上诉法院在该案中确认:即使没有该自治机构,政府也需要一个公共管理机构行使同样的职能,这就是所谓"否则"判据。⑤

在该案之后的许多案件中,尽管律师们曾经援用该案所确立的"否则"判据来支持自己的论辩,但几乎没有什么效果。例如,在1993年的卡恩(*ex p. Aga Khan*)一案中,宾厄姆强调虽然自己"愿意接受如果赛马俱乐部不规制赛马活动,政府也有可能创立一个公共管理机构去做类似的事",但原告提出的司法审查申请因赛马俱乐部是一个私法机构而被驳回了。更有甚者,在1993年的 R. v. Football Association Ltd., *ex p. Football League* 一案中,上诉法院主审法官罗斯对即使英国足协有限公司不经营足球运动,政府也会创立一个公共管理机构的代理意见作了如

---

① Bridges & Cragg, p. 4.
② Bridges & Cragg, p. 4.
③ Bridges & Cragg, p. 4.
④ Bridges & Cragg, pp. 4-5.
⑤ Neil Parpworth, p. 264.

下的反驳:"与此正相反,职业比赛中的商业利益表明,经营足球运动的更有可能是一个电视台或者类似的娱乐公司及商业公司,而不太可能是政府。"①这两个案子恰恰运用了"否则"判据,即没有达到该判据的要求而没有取得被告资格。

但是,如果某人与公共管理机构签订了合同,则该机构作出的任何与该人有关的行为或者决定都要受私法而非公法的调整。此时,个人不能通过司法审查挑战这些行为或者决定,其救济将是在普通民事法院或者裁判所诉请损害赔偿金(兼或提起民事宣告令或者禁止令之诉)。因此,一个教会组织履行制定法规定的兴办公助学校的职能的行为,应当受司法审查;但履行纯粹的内部职能的活动,如购买教会财产或者雇用、解雇员工,则不应当受到司法审查。②

1993 年的 R. v. Lord Chancellor, ex p. Hibbit & Saunders 一案是一起涉及大法官行使将法院的书记业务外包出去的权力的案件。法院认定,尽管大法官行使诸如修订法律援助制度等更为公法化的职能时应当受到司法审查,但是大法官的外包决定缺乏足够的可提起司法审查的公法因素。③

按照英国的传统方法,确定某一事项的公法因素一般是从确定决定者是一个公法主体还是一个私法主体着手的,因为司法审查仅针对公共管理机构的决定。公共管理机构从制定法、基于制定法的委任立法或者诸如英王特权之类的非制定法渊源获得权力。按照这一标准,地方议事会显然是一个公共管理机构,因为它是由制定法设立的,其所行使的许多权力(但并非所有权力)是由制定法授予的。私人机构的权力或者权威则不是来自法律,而是来自那些愿意臣服于其管辖权的人们的同意。④ 这种同意的本质是自愿的合同或者协议,但其表意的方式可以是正式的或者要式的,也可以是非正式的或者非要式的。1993 年的 R. v. Disciplinary Committee of the Jockey Club, ex p. Aga Khan 一案提到的就是后者,在该案中的原告卡恩拥有一匹赢得 1989 年大赛的赛马,后该马因尿检出违禁药物而被取消参赛资格。卡恩试图通过司法审查挑战赛马俱

---

① Neil Parpworth, p. 265.
② Bridges & Cragg, p. 5.
③ Bridges & Cragg, p. 5.
④ Neil Parpworth, p. 263.

乐部纪律委员会的这一决定。高等法院王座分庭对该案的前置性要件的认定是：该委员会的决定不能接受司法审查。① 卡恩上诉至上诉法院。上诉法院认定：尽管赛马俱乐部在全国范围内管理着相当数量的体育活动,并在这一过程中拥有广泛的权力,但从其产生、历史、章程及成员等方面看,它不是一个公共管理机构,而是仅在制定法上偶有提及但并没有纳入政府的控制体系的私法机构。② 该俱乐部所拥有的权力是那些自愿服从竞赛规则的各参加方的同意授予的。因此,它是一个私法机构,从而不能对其决定实施司法审查。③

五、地方政府机关

在英国的司法审查案件中,如果将大量的移民案件排除在外,地方政府遂成为公法项目组的研究分析结论中所指的比中央政府更经常成为司法审查被告的一类主体。④

六、低级法院

治安法院的判决可以接受司法审查,郡法院以及皇家法院的某些决定也可以。⑤ 英国的司法审查并不限于对行政主体的行政行为的挑战,而是适用于对其国内所有低级公共管理机构的法律行为的挑战,其中包括对高等法院的下级法院的决定以及制定法设立的各裁判所的行为的挑战。

七、裁判所

最常被提请接受司法审查的裁判所包括：精神健康复审裁判所、有关开除及入学的学校管理上诉委员会、地方政府机关安居补助复议委员会等。⑥

---

① Neil Parpworth, p. 263.
② Neil Parpworth, pp. 263-264.
③ Neil Parpworth, p. 264.
④ Bridges & Cragg, p. 91.
⑤ Bridges & Cragg, p. 93.
⑥ Bridges & Cragg, p. 93.

第四节　司法审查的律师代理

英国有专门的司法审查专业律师。[①] 有关材料[②]介绍,其推荐律师事务所主要是从专业角度着眼的,具体分为研究机构和实务机构。这两类机构都可以就公法问题提供咨询意见,研究机构中也包括可以出庭的律师或诉状律师。

一、法律建议与律师代理的必要性

英国学者几乎在所有的涉法领域都会提到或者建议当事人寻求法律建议或者律师代理。当然,随着法律援助及法律服务的普及,这种讨论主要转化为如何获得免费的法律服务的探讨,但其中始终隐含的一个前提是,争取法律建议或者律师代理对于当事人而言具有明显的必要性。据英国学者介绍,那些出席庭审以及聘请了律师的当事人比那些没有出庭或者虽然出庭但没有聘请律师的当事人胜诉的概率要高。社会保障方面的行政裁判案件中,书面审案件的胜诉率只有17%,申请人出庭的胜诉率可上升至45%,申请人聘请律师的胜诉率可进一步提高到63%。[③]

可见,英国学者并不回避出庭或者律师代理对于案件胜诉的影响,但他们没有就造成这一结果的原因说明理由。他们考虑问题的出发点不在于在书面审理或者缺席审判的情况下审判的质量,而更着重强调出庭申辩及聘请律师申辩对于维护当事人实体性权益的重要性。因此,在英国的制度中,程序设计的重点不是如何提高在缺席审判或者书面审理情况下的胜诉率,而是如何保障为申请人提供出庭及律师代理的机会和法律援助。当然,就业保障领域的例子充分说明,并不是程序上禁止申请人出庭或者聘请律师,而是申请人自己对其权利处置的结果造成了书面审理或者缺席审判,相应的出现了不同的胜诉率。从《欧洲人权公约》强调公平听审权的立法大背景看,强调当事人出庭进而尽可能地提供相应的聘请律师方面的援助,是当代欧洲法律体系中实现公正的主要途径。他们并不相信有可以在不出庭参加公开审理的情况下提高当事人权利保障的

[①] Bridges & Cragg, p.35.
[②] Bridges & Cragg, pp.181-182.
[③] Bradley & Ewing, p.675.

切实可行的其他措施,如提高法官的责任心、使命感或为民情怀等。因此,反思那种希望通过提高缺席审判的胜诉率而在降低成本的同时提高各种类型的裁判活动的公正水平的愿望,可能只是一种不符合公正实现规律的一厢情愿。

英国学者认为,司法审查案件的基本程序规则相对比较直白,比私法案件的程序步骤要少得多。律师在司法审查案件中向其当事人提供建议时最困难的部分,就是确保其当事人尽可能全面地理解司法审查的本质和范围以及其可以获得的救济。①

英国法院制定的《诉前良好行为规范》郑重建议原告在发出诉前问询函或者提起诉讼之前,寻求适当的法律建议。② 显然,这一建议的目的是提高诉前问询函和诉讼的质量,减少不必要的诉讼资源浪费,同时也减少原告方的经济负担。

二、案情基本说明

案情基本说明,就是律师在接手案件后,该案需要了解的基本情况。诉状律师是否需要获得基础性的说明取决于该律师是否已经为该当事人服务了一段时间。对于许多案件而言,确实存在这种情况。例如,移民案件中司法审查是最后一搏。开除学籍案件也要经历许多级的上诉。在这些案件中,案卷中已经有了相当多的信息。这反映了上诉与司法审查关系的一种特例,即制定法可以规定许多层级的上诉,但在穷尽了这些制定法上规定的上诉之后,仍可以对最终上诉结论提请司法审查。而在其他一些案件中,当司法审查已经成为可能,而且必须在案件开始之前搜集所有的信息,诉状律师有必要获得第一次说明。③

诉状律师首先要从当事人处获得一份完整的案情介绍。当事人介绍的内容将提供许多获取案件进一步的信息和启动案件进程的线索。即使案卷中已经有说明,为了司法审查的目的仍需要获得进一步的信息。而且英国学者认为,当事人的声明将继续作为支持任何诉讼请求的书面证据的基础。④

---

① Bridges & Cragg, p. 43.
② Neil Parpworth, p. 274.
③ Bridges & Cragg, p. 43.
④ Bridges & Cragg, p. 43.

当事人的书面声明中应当包括以下内容①：

（1）申请人的详细背景材料，指申请人本人或者其组织的详细情况；

（2）决定形成的历史过程，包括时间、姓名以及是否进行过咨询、沟通、正式的决定以及任何上诉或者申请裁判所裁决的情况；

（3）司法审查的申请人与公共管理机构打交道的经过，特别是该申请人在这些过程中是否参与特别的行动；

（4）申请人的利益以及决定对其个人或者组织的影响。

律师在为司法审查案件整理当事人声明或者搜集其他信息时，必须牢记的一点是，申请人在提请司法审查许可时有全面披露事实材料的义务。在获取司法审查许可的过程中未披露相关信息的当事人，不仅可能因此输掉官司，而且可能会使诉状律师面临浪费诉讼资源令的责罚。②这是一种双罚型义务，即不仅未提供相关信息的当事人要遭受败诉的法律后果，而且为其提供服务的诉状律师也要承担疏忽的法律责任。这样做有助于避免律师不顾职业操守、不负责任地姑息当事人，确保有限的公共诉讼资源不因无良律师的私利动机而被浪费。了解这一点，对于理解英国法律体制的经济运作机制有很大的裨益，特别是其附条件法律服务协议的运作。当然，一个正直的律师并不会因其输掉一场司法审查申请案件而被责罚，需要惩罚的仅仅是不诚实地隐瞒应当披露的信息，特别是当法院知悉这些信息就不会准予司法审查时。

三、行政决定作出前的法律服务技巧

可能涉及司法审查案件的当事人通常会在行政机关的决定作出之前寻求法律上的建议，如当事人怀疑地方政府机关将要削减对某一社团机构的资助，或者准备给予某一开发商规划许可。在这一阶段，根据实际情况需要注意以下诉讼技巧③：

（一）以诉诸司法审查相威胁

以地方政府机关未经咨询程序、违反法定程序为由提请司法审查，以劝说地方政府机关推迟其决定，并由此获得必要的时间展开一场试图阻止当事人反对的政策出台的政治活动。

---

① Bridges & Cragg, pp. 43-44.
② Bridges & Cragg, p. 44.
③ Bridges & Cragg, p. 44.

（二）向地方政府机关提供强有力的信息

如医学或者其他专业性的报告,这些报告对于将要作出的决定将产生决定性的影响。提供压倒性证明力的信息并引用制定法、条例或者良好行为规范也可以劝阻地方政府机关不再作出计划中的决定。

（三）参加决策过程的讨论会

参加决策过程的讨论会目的是确保当事人所有陈述的要点都传达给决策者。这种讨论会是可以允许当事人的代理人出席的议事会会议。此时,最重要的是准确掌握地方议事会议事规程并恰如其分地游说参加会议并决策的议事会成员。当然,这应当是各地的地方议事会规则所允许的公开的游说活动。

（四）听任公共管理机构最终作出决定,然后在其违法时提起司法审查

这一技巧适用于当事人的案件胜诉可能性不大,但公共管理机构也作出了在法律上错误的决定或者其程序存在瑕疵。这一技巧其实就是以静制动、以不变应万变,静观公共管理机构之作为,并在其出错时提起司法审查。

如果采取这种策略,最重要的就是务必要使公共管理机构不知道申请人方有代理律师介入。由于这是在行政决定作出之前对公共管理机构隐瞒的信息,与在司法审查的许可申请阶段向法院隐瞒信息的情况不可相提并论。而且即使是在司法审查许可申请阶段,隐瞒这一信息也不会构成重大信息隐瞒。向公共管理机构隐瞒这一信息的意义在于,如果公共管理机构知道申请人聘请了律师,也会咨询自己的律师,而这些律师完全有可能使地方政府机关的最终决定能够经得起诉讼的考验。

四、行政决定作出后的法律服务技巧

如果公共管理机构的决定确已作出,则需要知悉以下事项[①]:

(1) 决定的内容是什么;

(2) 决定是谁作出的;

(3) 决定是何时作出的。

通常,公共管理机构应当出具一份签名并签注日期的书面决定,该决

---

① Bridges & Cragg, pp. 44-45.

定将提供上述信息。如果决定是由某个委员会或者裁判所作出的,那么这些信息将记录在会议纪要或者裁决中。无论是何种情况,如果当事人无法提供上述信息,律师则首先需要找到这些信息。①

申请司法审查许可的期限是非常短的。非法律专业的咨询人员应当立即将其客户推荐给有实践经验的诉状律师。诉状律师应当首先考虑提出司法审查的最终日期,特别要注意是否存在必须在3个月的期限内提出司法审查申请的快捷因素②,并从接手之日起拟定主要日程,以确保整个诉讼活动不超期。特别需要注意的是,一旦获得了最低限度的信息,只要任何需要程序从速进行的事实存在,就不能为了获得更多信息而耽误了提出申请。③

五、就费用和程序事宜提醒当事人

就费用和程序事宜提醒当事人,是代理律师对其当事人所负信托义务的首要内容。因为司法审查的成本可能相当高昂,在程序之初给当事人提供的最初建议中,应当包括按照诉状律师协会的标准核算的诉讼中可能产生的费用的信息。接受法律援助的当事人也应当被告知其所要面临的支付义务。④

在一般情况下,诉状律师应当使司法审查的当事人了解:整个诉讼程序包括两个阶段,其中许可阶段,特别是那些通过书面审理作出的决定,实际花费不大。⑤

英国学者认为,向非法律专业人士解释司法审查的本质是困难的,但这却是诉状律师的根本任务。除非律师们认真履行了这一职责,否则,其当事人总会以为被挑战的决定或者行为事实上是向高等法院提出的上诉,并且所有的事实问题都将在此过程中被重新考虑。⑥ 这就是韦德爵士强调的司法审查与上诉的区别——司法审查是法律审,不同于上诉。这一区别是英国的普通人也难以理解的。因此,在译介英国的制度时将这一点解释清楚是起码的要求。

---

① Bridges & Cragg, p.45.
② Bridges & Cragg, p.113.
③ Bridges & Cragg, p.45.
④ Bridges & Cragg, p.45.
⑤ Bridges & Cragg, p.45.
⑥ Bridges & Cragg, p.45.

诉状律师还应当向当事人建议寻求替代性救济,并就这些程序如何适宜于拟提起的司法审查案件向当事人提供咨询意见。①

诉状律师还应当就司法审查申请所花费的时间向当事人提出明确的建议。务必使当事人知道司法审查耗时之长,从而间接地鼓励当事人选择替代性救济手段或者息诉。除非案件因存在需要快速处理的事由而被加速,司法审查案件在获得许可之后,通常需要至少1年才能正式审理,但还不是审结。②

司法审查案件提交到法院审理的期限相当长,当事人的律师应当熟悉所有加速程序的技巧,保护当事人在诉讼期间的临时性法律地位③:

(1)申请获得紧急法律援助。

(2)如果合适,选择法院以正式听审方式审核司法审查许可。

(3)申请临时性救济,如停止执行、强制令或者保释。

(4)申请加速听审兼或删除不必要的期限。

(5)考虑替代性救济。由于从获得司法审查许可到正式听审开始之间有相当长的时间,这期间可以与行政机关进行充分的协调,即用替代性救济程序解决争议,以期达到无讼而化解纠纷的效果。

(6)一旦确定司法审查并且向当事人作了说明,诉状律师应当将该案可能获得的结果向当事人分析说明。④

按照诉状律师协会的要求,所有上述最初建议都必须以书面形式确认并尽快告知当事人。⑤

六、出庭律师与诉状律师的分工

英国法律服务领域最突出的特点是出庭律师与诉状律师的分工。

如何在司法审查程序中对出庭律师与诉状律师进行分工,并没有严格、准确的规则。事实上,连英国学者也搞不清楚为什么一名经验丰富的诉状律师就不能准备案件的所有必需文件。英国学者只是说,诉状律师与出庭律师一起审核案卷是个明智的主意。⑥

---

① Bridges & Cragg, p.45.
② Bridges & Cragg, p.45.
③ Bridges & Cragg, p.46.
④ Bridges & Cragg, p.46.
⑤ Bridges & Cragg, p.46.
⑥ Bridges & Cragg, p.46.

根据公法项目组的研究报告,大多数诉状律师极少有机会经手司法审查案件,因而在接到一起司法审查案件后往往希望在早期阶段即求教于出庭律师。①

如果可能,所聘请的出庭律师应当是处理该案所涉及的领域的专家,而且应当是一名无可争议的对司法审查的法律及程序具有丰富知识的执业律师。②

在 1995 年的 *R. v. Horsham ex p. Wenman* 一案中,法官布鲁克(Brooke J)将司法审查描述为一个复杂的诉讼领域,并且指出,只有当出庭律师确信自己拥有足够的能力以及这一领域的最新实践经验时,他们才可以接受诉状律师提请他们指教的案件。③ 显然,布鲁克法官在强调司法审查所咨询出庭律师的业务素质的同时,也对他们所应当具有的自知之明提出了更高的要求。

英国学者认为,对于某些比较紧急的案件无须禁止诉状律师打电话给出庭律师,就该案是否有司法审查的根据以及应当采取什么样的策略等问题进行初步探讨。④ 言外之意,在一般的不太紧急的案件中,诉状律师应当当面向出庭律师求教。这是英国法律职业界注重形式的一种表现。在其他的案件中,出庭律师对案件的指导应当在当事人获得法律援助后开始准备。⑤

无论什么案件,诉状律师都应确保出庭律师在法定期限内抓紧准备材料。出庭律师对案件的指导意见应包括⑥:

(1)申请人的陈述;
(2)被挑战的书面决定;
(3)所有的程序性文件,如良好行为规范、上诉程序规则等;
(4)案件背景材料提要,政策文件以及个人记录;
(5)相关的通信;
(6)《法律援助证明书》复印件(如果有的话)。《法律援助证明书》的作用,是赋予当事人获得法律援助的权利,而不是有关的出庭律师能够实

---

① Bridges & Cragg, p. 46.
② Bridges & Cragg, p. 46.
③ Bridges & Cragg, p. 46.
④ Bridges & Cragg, p. 46.
⑤ Bridges & Cragg, pp. 46-47.
⑥ Bridges & Cragg, p. 47.

施法律援助的资格证书。

如果《法律援助证明书》要求出庭律师在申请司法审查许可前,就该案提请司法审查的合理性准备一份咨询建议,那么出庭律师应当准备。在其他的案件中(特别是出于时限的压力以及因此可能给当事人增加成本)则无须准备。在绝大多数案件中,出庭律师应当起草《司法审查许可申请书》特别是其中司法审查的根据。①

此时,诉状律师至少可以起草支持当事人申请司法审查的宣誓书。由于在许多案件中也要求出庭律师出具该文书,因此不免存在重复劳动的现象。②

七、个人独立诉讼

财政援助方面的巨大削减以及其他法律援助方面的规则,不可避免地造成许多公法案件得不到适当的法律援助,造成个人独立提出申请的司法审查案件的增加。③

公法项目组的研究报告估计,至少有12%的司法审查当事人得不到法律代理。毫不奇怪的是,许多个人独立诉讼的当事人提交法院的司法审查申请,从公法角度看文不对题。因此,英国学者建议,应当考虑至少在案件的诉讼程序开始之前,寻求一名有司法审查经验的诉状律师的初步建议。④

八、友情参加人

友情参加人(McKenzie Friends)在法庭上扮演独立诉讼的当事人的助手的角色,其职责是做笔记并提供咨询意见,但不能像出庭律师一样参加诉讼程序。⑤

在司法审查程序中,友情参加人对于那些无力支付出庭律师费但有资格获得法律援助的独立参加诉讼的当事人是非常重要的。友情参加人可以是诉状律师、其他咨询人(尤其欢迎那些拥有法庭运作知识的人)或

---

① Bridges & Cragg, p.47.
② Bridges & Cragg, p.47.
③ Bridges & Cragg, p.47.
④ Bridges & Cragg, p.47.
⑤ Bridges & Cragg, p.47.

者只是提供道义支持、协助处理案头工作的人。① 从这个意义上说,友情参加人不能算是法律援助的一个组成部分,因为这些人不全是法律执业者,提供的也不完全是法律服务或者咨询服务。

友情参加人的表述源于1970年的 *McKenzie v. McKenzie* 一案。在该案中,上诉法院认可了滕特登(Lord Tenterden)在1831年的 *Collier v. Hicks* 一案中提出的著名论断:"任何人,无论其是否具有专业素养,都可以作为诉讼一方当事人的朋友参加到诉讼中来,负责记录、出主意或者提供建议。"②

上诉法院进一步指出,诉讼当事人在法院处理案件时,遇到对他们而言困难和陌生的问题,都能够实际获得所有必要的帮助,这肯定是符合公共利益的。③ 这种观念的实质是,法院不应当阻止当事人获得他人愿意提供的帮助,无论这种帮助是否达到了专业人士的水平。这种态度主要是针对当事人无力承担专业法律服务人士的要价的情形而言的。正如公共管理机构无力提供足够的公共福利时,不应当限制施予行乞者的食物的标准一样,法院也不应当限制向诉讼当事人提供的法律服务的水准。如此一来,肯定会导致部分案件可能因为诉讼当事人及其法律服务提供者的水平不足,影响甚至拖延案件的审理。对此,应当考虑的只能是给予适格的当事人法律援助,不应当只是禁止不适格的友情参加人为其服务。

上诉法院的上述观点,随后得到了进一步的确认。如今,诉讼当事人获得助手并不需要得到法院的明示许可。该案主审法官上诉法院民事分庭庭长唐纳森指出,只有当诉讼当事人的法律助理在本质上和程度上存在明显的不合理,或者不是真正出于善意提供服务,而是出于不正当的目的,或者是出于对公正、有效的司法的敌意提供服务,法院才能反对或者限制诉讼当事人使用这类助手。④

即使在法院遇到的问题看起来非常简单、直白,也轮不到法院预先考虑司法审查的当事人是否需要协助。在司法审查案件中所遇到的问题极少有简单而直白的,友情参加人总是应当允许的。⑤

诉讼当事人在许多案件中确实无法使法律援助局相信,从案件的本

---

① Bridges & Cragg, p. 48.
② Bridges & Cragg, p. 48.
③ Bridges & Cragg, p. 48.
④ Bridges & Cragg, p. 48.
⑤ Bridges & Cragg, p. 48.

质出发确实应当给予其法律援助。此时,诉讼当事人有权获得绿色援助计划提供的法律意见。1988年《法律援助法》对咨询和协助的定义中包括诉状律师非正式地向当事人提供建议,而不实际代理其参加任何诉讼程序。于是,地区官员有权根据绿色援助计划向诉讼当事人提供友情参加人的延伸服务。①

但是,要想使诉讼当事人获得这种延伸的绿色援助计划资助的法律服务,最终成为友情参加人的诉状律师必须使当地的行政官员相信,由于案件本身的难度,诉讼当事人无力独立行事,有必要为诉讼当事人提供一名诉状律师作为友情参加人为其提供服务。② 诉状律师之所以如此热衷于此事,是因为一旦获得当地的行政官员的允许,则费用将由绿色援助计划提供,钱最终会落到该诉状律师的腰包。

第五节 审理机关及其裁量权

审理机关及其裁量权本质上涉及英国司法审查制度的宪法基础。行政法的宪法基础包括以下内容:中央政府的结构、部长对议会的责任、公共管理机构对公用事业及其他服务的规制、公共权力对个人权利与自由的干预等。议会立法权至上的原则与行政法的相关性在于,除了与欧共体法相冲突的情况外(脱欧前还包括欧盟法),任何法院不得认定某一由议会的法律创设的机构的权力是非法的或者无效的。无论法院在监督行政行为方面的角色是否直接建立在议会立法至上的基础之上。毫无疑问,议会可以如其在1998年《人权法》中所做的那样,调整法院在解释制定法方面所持的立场和方法,并扩充法院在监督公共管理机构的行为及决定方面的权力。③ 因为在英国,议会、法院和英王及其名下大臣所在的部门,都是普通法确立的,不是制定法设立的,因此才有法院的权力或者角色是否基于议会立法至上理论基础的问题。而基于这一理论基础的意思就是由议会依法确立。

---

① Bridges & Cragg, p.48.
② Bridges & Cragg, p.48.
③ Bradley & Ewing, p.632.

一、审理机关的层级

按照我国的法律规定,司法救济是由法院实施的救济,照此说来,这一节纯属多余,其实不然。恰恰是在司法审查的审理机关这个关键环节,英国体制与我国存在重大的、足以产生质的差异的不同。英国的司法救济基本上不是由设在地方的基层法院作为主要审理机关的,而是由作为英国高级法院之一的高等法院作为审理机关的。

法官法学功底深厚、职业操守卓绝、地位独立、法院超脱、法院的层级较高这五大因素,是笔者认为英国司法救济得以成功地发挥其有效作用的最主要原因。

二、专门法院必要性之争

对于是否需要设立专门法院审理司法救济案件的问题,在英国行政法名分未立的戴西时代已开始讨论,但一直也未见大的动作。唯一值得一提的是,最新命名的高等法院行政庭,但也仅仅是将原王座分庭已经行使的职能在称谓上稍作突出而已。在英国学者看来,司法界在司法审查中的角色,就如同足球比赛中的裁判,法官的职责就是在出现违反规则的情形时进行干预。[1]

英国学者反对成立独立于普通法院之外专门审理司法救济案件的专门法院的理由在于,行政主体与私人的唯一差别,就在于行政主体拥有一定范围的权力。行政法的一个重要特征是法院或裁判所对这些权力的控制,特别是涉及公民权的领域。而对公民权利的救济则可以交由普通法院审理,也可以由特别法院或者裁判所通过适用特别规则或者管辖权限予以救济。自成体系的行政法院或者裁判所并不是行政法存在的基本条件,例如比利时,直到1946年才设立最高行政法院。但是类似法国那样长期存在特别的行政裁判机构(其中最著名的就是法国最高行政法院)专门审理普通民事法院管辖权限以外的案件的做法,无疑有助于行政法在该国的系统化。[2]

---

[1] Bradley & Ewing, p.695.
[2] Phillips & Jackson, p.9.

三、司法审查案件由高等法院审理

此处强调的是司法审查,而非所有由法院实施的司法救济。

一般认为,司法审查都是由高等法院实施,对公共管理机构作出的行政决定及制定的规范性文件的法律性审核。[①] 更具体地说,司法审查是由高等法院的王座分庭管辖的[②],该分庭法院同时负责审理刑事上诉案件,与审理民事上诉案件的大法官分庭法院及家事分庭法院的管辖范围明显不同。于是,对于司法审查的程序适用民事诉讼程序的说法就值得探讨了。英国学者对此没有直接回答,但却介绍了司法审查的程序。笔者认为,英国的司法审查程序已经成为一个独立于民事和刑事的相对独立的司法程序。从本章各节的介绍看,与我国的行政诉讼对应的英国制度是一个兼及民事诉讼程序、刑事诉讼程序、行政诉讼程序、行政复议程序、国家赔偿程序的大杂烩。

四、由低级法院实施的司法救济

(一)低级法院实施司法救济的程序障碍

虽然英国学者一再强调,司法审查限于高级法院提供的有限种类的司法救济;但笔者也同样反复重申,按照我国的行政诉讼标准,英国的司法救济不限于司法审查,也不限于高等法院及以上的所谓高级别的法院提供的救济,而是包括所有由司法系统(包括英国人认为是法院而从名称上只能将其译为裁判所的某些机构)提供的法律救济途径。因此,郡法院、治安法院都有可能成为司法救济的主体。例如,在英国,如果某人对某一地区或者道路上的乱丢垃圾现象不满,可以当地主管乱丢垃圾的职能部门为被告,向治安法院提出控告,治安法院如认为该诉成立,则可以下达责令该地方政府机关打扫这一地区的令状。[③] 这是治安法院管辖我国意义上的行政诉讼案件的一个非常好的例子。

由于英国与我国的行政诉讼对应的司法救济中,包括某些一般救济,如宣告令、强制令等,这些救济可以在一般的民事诉讼或者刑事诉讼中针对行政机关提起。此时,按照不同的程序提起的案件,由有管辖权的相应

---

① Penny Darbyshire, p.5.
② Elliott & Quinn, p.9.
③ Andrew Arden, p.88.

低级法院审理,也是英国的常态。对于我国而言,这就相当于由低级法院审理行政诉讼案件了。但就笔者了解的情况看,英国学者显然对此极不重视。因为这种偶尔发生的诉讼显然不能算作英国司法救济的主流,更不能与我国行政诉讼中以基层法院作为一般管辖法院相提并论。而且直到 1983 年的 Cocks v. Thanet District Council 一案,这类案件的适用程序问题悬而未决。

(二) 皇家法院

在英国,任何人都可以因某一由公共开支维护的公路失修而向公路职能部门提出抱怨,如果未在 1 个月内获得该职能部门提供的救济,则可进一步向皇家法院申请要求该职能部门修路的令状。① 这是皇家法院管辖我国意义上的行政诉讼案件的例证,同时说明皇家法院并非仅受理刑事案件。

(三) 郡法院

根据 1996 年《安居法》的规定,当事人享有在内部复审之后进一步向郡法院就法律问题提起诉讼的权利。② 当事人根据该法第 202 条的规定,就驱逐临时房客、安置登记、无家可归等事由提起原级复议后,对于安居职能部门作出的决定,当事人有权进一步就其引起的法律问题向郡法院上诉。③ 同时,根据 1996 年《安居法》的规定,如果某一无房者的权利受到地方政府机关的决定的侵害,该人必须首先请求该地方政府机关对该决定进行复审,如果还不满意,可以就法律问题上诉至郡法院。④ 此处是为数不多的由地方法院审理司法救济案件的例子。这与案件的地方性有关,但更主要的原因是案件数量多,不便于统一由高等法院行政庭解决。由于郡法院只受理一般民事诉讼案件,不受理司法审查案件,因此原告只是针对公共管理机构提起了民事诉讼,确实没有提起司法审查,但其效果却足以产生对被告公共管理机构的行为进行监督并为原告提供救济的效果。而且其涉及的案件,也确实涉及公共管理机构的法定公共服务义务。1996 年《安居法》的规定说明,英国的司法救济并不总是由高等法院审查的。郡法院也可以就法律问题进行审查,这种审查显然不是基于

---

① Andrew Arden, p. 114.
② Wade & Forsyth, p. 79.
③ Andrew Arden, p. 254.
④ Bradley & Ewing, p. 669.

传统的特权令状意义上的司法审查,而是根据制定法的规定提起的上诉。1996年《安居法》确立的这一做法代表了一种趋势:地方事务的司法救济正在向地方法院转移。

(四) 治安法院

在 1993 年的 R. v. Birmingham City Council, ex p. Ferrero Ltd. 一案中,对于地方政府机关为了保护消费者的利益而禁止销售某种不安全产品的决定,生产者被要求向治安法院提起上诉而不能寻求司法审查。① 这是笔者在英文著作中见到的为数不多的几次提到由高等法院以外的法院(如治安法院)受理与我国的行政诉讼相类似的行政案件的例子。可见,在英国虽然由高等法院实施的司法审查制度已经在程序上实现了统一,但就制定法(包括地方政府机关制定的条令)规定的上诉,其程序极不统一。而这些内容恰恰在英国行政法中是不作为重点介绍的,因为这属于类似于我国的部门行政法的范畴。在这个领域,英国的总论性质的行政法是不会着墨太多的。

五、司法救济案件的审理依据

法院以及调整诉诸法院的涉及政府及公共管理机构的争端的规则,都尽可能地适用"普通的法律",也就是说,除非有成文立法的调整,概将公共管理机构视同负有所有的通常法律义务和责任的普通人。② 这就是英国学者反复强调的:适用普通法律,将公共管理机构视为普通人,并由普通法院作为普通案件受理涉及公共管理机构的案件。

因此,一个地方政府机关或者国际性的工业企业对于其雇员的过失所承担的法律责任,是与其他雇主完全相同的。同样道理,尽管部长是以英王的大臣的名义行使职权的,在法律上却并不享有英王特权或者豁免权,从原理上讲与其他普通私人具有相同的法律地位。绝大多数由公共管理机构提起或者针对公共管理机构的诉讼案件,在作出判决时根本不需要区分私人身份或者公务身份。正如本书在法治原则部分已经解释过的,这样做的目的就在于使政府服从于这个国家的普通法律。③

在行使裁决权的过程中,法院所要考虑的行政法原则都是从先前的

---

① Bradley & Ewing, p. 741.
② Wade & Forsyth, pp. 31-32.
③ Wade & Forsyth, p. 31.

司法决定以及针对专门事项的特别立法发展起来的。对行政行为的司法审查使得法官不由自主地投身于在复杂多变的立法基础上发展法律原则的使命中。在英国法这一活跃的分支中,对于先例的运用必须加倍地小心。迪普洛克在1981年提出了这样的警告:"对于公法领域的任何事项的法律性陈述,如果这些陈述是1950年以前的,那就极有可能对今天的法律产生误导。"①

六、司法救济的裁量性

假设司法审查的原告已经越过了受理许可程序设置的障碍,并使法院相信其诉讼请求是有根据的,此时,就轮到法院给予相应的救济了。此时法院的难题并没有结束。法院给予救济是有其自由裁量权的。因此,即使到了这一步,法院也可能不给予救济。②

英国学者特别强调,司法审查案件中可以获得的六种救济都具有自由裁量性;即使申请人已经赢得了某一司法审查案件,法院仍可以决定拒绝给予这六种救济中的一种甚至全部。③ 这既是法官自由裁量权在司法救济领域的具体体现,同时也是英国公法的救济理念在具体案件中的实际落实,其根本的出发点还不完全在于避免行政机构承担不必要的法律责任,而是出于司法政策对公共政策的吸纳,将行政机构普遍愿意接受的公平负担理论与司法界比较传统的公平正义观念相结合、相适应的产物。

司法审查中可获得的救济的裁量性,与法官在此过程中拥有的裁量权密切相关,这一点,从英国学者例举的法官在司法审查案件中的主要职责④不难看出:一是解释制定法的规定;二是控制自由裁量权;三是审查次级立法的合法性;四是审查程序的正当性;五是防止偏私。

英国学者在承认行政裁量权的同时,并不否认司法自由裁量权的存在,甚至认为司法自由裁量权居于行政法的核心位置。⑤ 对许多行政争议的司法解决不可避免地要涉及某些司法裁量权。其原因在于,即使与该案相关的法律原则是清楚的,但如何运用这些原则却很少是清晰的。法官的自由裁量权存在的事实,以及某一涉及部长的政策或者重要的地

---

① Bradley & Ewing, p. 695.
② Neil Parpworth, p. 327.
③ Bridges & Cragg, p. 23.
④ Martin Partington, p. 145.
⑤ Bradley & Ewing, p. 743.

方政府机关的司法判决的政治影响,自然会招致对于法官存在政治偏见的批评。① 之所以会有这样的批评,完全是因为在英国的传统观念中,法官应当是政治中立的,即不应当有政治偏见。

最能说明这种情况的例子出现在1981年,工党把持的大伦敦城议事会（Greater London Council, GLC）的低成本经营伦敦的政策,被保守党控制的某一委员会提请法院予以审查。尽管上诉法院的两位法官丹宁和沃特金斯使用了某些过分的语言声讨大伦敦议事会的政策,但该法院的判决被贵族院全体一致同意予以维持时,贵族院判决中的措辞就谨慎得多。②

在法官行使其司法审查职能的法律根据中,有些在普通法中确立已久,如反对偏私的规则、公平听审的权利等；有些则仍在发展中,如比例原则、合法性期待等。许多司法审查案件都或多或少地起因于政治纷争,但是对于法官而言最重要的是,他们对于案件的裁决应当基于法律,而不是基于与法官个人的政治观点相关的因素。③

七、立案阶段的司法裁量权

法院在立案阶段当然具有自由裁量权,如确定所给予的救济的时间及类型。④ 具体而言是指可以给予的司法救济的具体类型上的选择权及给予救济的时间早晚。申请司法审查许可的一般期限,规定在1981年《最高法院法》第31条第6款以及《最高法院规则》第53号令第4条中,第4条第1款对此规定的关键在于：司法审查的申请必须尽快提起,并且在任何情况下均不得超过提请司法审查的根据确定之日起3个月。⑤

如果立法对某一特定类型的案件有特别的规定,申请的期限可能会更短。即使制定法没有这样的特别规定,法院也享有相当的自由裁量权,例如,如果法院认为某一案件属于需要采取紧急行动的案件,如对学校的入学决定提出挑战的诉讼案件,法院可以拒绝没有及时提出的申请,即使其没有超过3个月的期限。因为在法院看来,这种懈怠已经足以证明原告对该行政决定并不积极,反过来可以证明原行政决定对其并没有足够

---

① Bradley & Ewing, p. 696.
② Bradley & Ewing, p. 696.
③ Bradley & Ewing, p. 696.
④ Bradley & Ewing, p. 743.
⑤ Bridges & Cragg, pp. 112-113.

的利益。当然,法院也可以在其认为有充分理由时延长申请期限。① 这一自由裁量权的存在赋予法院对行政主体在作出行政决定及此后送达、告知方面的瑕疵进行监督、审查的广泛权力。

八、实体裁决的司法裁量权

所有的公法救济都是自由裁量性的。这意味着,尽管司法审查的申请人通过证明被告的行为是可进行司法审查的,并且具有司法审查的根据,从而有足够的理由赢得诉讼,但法院仍可以判决不给予申请人所请求的全部或者部分对公共管理机构的违法行为的救济。而且法院已经发出的司法审查受理许可也可以依法院的自由裁量权而被撤回。②

在实体听审阶段,法院行使更进一步的自由裁量权,即使司法审查的根据已经确定了,法院仍有权决定是否给予救济。虽然在这种情况下,法院通常不会不给予救济,但也确实存在因原告的行为及动机方面的原因或者因提供某种救济所导致的公共不便等原因而拒绝给予救济。法院在许多案件中表现出了这样的灵活性。例如,对于某一基于事实错误而颁发的规划许可提出的救济就没有获得法院的支持,因为法院认为,即使不基于该错误事实也应当颁发同样的规划许可。③ 在美国证据法中也曾经有过类似的例子,犯罪嫌疑人在未受米兰达规则保护的情况下供述了重要证据的埋藏地点,而当时警察正在该地区进行地毯式搜寻,法院认为即使没有这一违法取得的供述,警察也会收集到这一证据,因此没有适用证据排除规则。

(一) 强制令和宣告令

根据 1981 年《最高法院法》第 31 条第 2 款的规定,高等法院享有发布宣告令或者签发强制令的自由裁量权,只要当事人已经提出了寻求相应救济的司法审查的申请,并且这样做是正当的和方便的。在行使这一自由裁量权的过程中,法院必须考虑据以提出司法审查请求的案件的本质、所要发出的令状所针对的人或者机构的性质以及所有的背景因素。因此,在特权令状的效力范围内,出于公法方面的考虑,强制令和宣告令可以在司法审查申请的基础上签发。但是 1981 年《最高法院法》对于提

---

① Bradley & Ewing, p. 735.
② Bridges & Cragg, p. 29.
③ Bradley & Ewing, p. 743.

出司法审查申请是否在这一领域获得强制令和宣告令的唯一手段却只字未提。① 可见,这两种令状的地位大大降低,成了一种附属的、临时性的救济途径,而非正式的司法程序保障的救济途径。强制令和宣告令不属于严格意义上的司法审查的范围,司法审查的范围仅限于三种特权令状,只有当请求这三种特权令状的司法审查请求已经提出,才可以向高等法院提出请求获得强制令或者宣告令的救济,而且高等法院还要斟酌情势而定。这样一来,这两种令状实际运用的可能及效果都将大打折扣。但立法本意显然是要通过简化三种特权令状的申请程序,使之发挥更大的作用,而不再依靠这两种救济途径。经过一段时间的过渡,使这两种救济途径逐渐淡出司法救济范围,达到从根本上减少救济种类的目的。

(二) 拒绝无功救济

如果法院认为公共管理机构在补救了原来的瑕疵后仍会作出相同的决定,法院也会拒绝给予救济。例如,法院可以认定公共管理机构在原来的行政行为中未考虑其应当考虑的某一相关的因素,但即使该公共管理机构考虑了这一因素,仍会得出同样的决定,在这种情况下法院就不会给予救济。② 这种情况适用于同一决定(一般是拒绝性的决定)需要考虑多个相关因素的情形,但只要其中一个因素具备,即使不考虑其他因素,直接就可以得出否定性的决定。此时,是否考虑了其他相关因素已经不再重要了。

(三) 撤销令的裁量性

参见本卷第二章第二节中调卷令(撤销令)部分,特别是调卷令的具体适用。

(四) 损害赔偿的裁量性

在公法案件中,损害赔偿也具有裁量性,即使申请人已经证明在私法案件中可以获得赔偿。③

(五) 训令的自由裁量性

参见本卷第二章第二节中有关训令适用的内容。

(六) 其他情形

除了立法规定的以时效为由不予救济,法院还可以基于以下理由决

---

① Bradley & Ewing, p.735.
② Bridges & Cragg, p.30.
③ Bridges & Cragg, p.30.

定不予救济①：

（1）能够获得替代性救济或者上诉的权利。法院可以因申请人未寻求适宜的救济而拒绝给予申请人所请求的司法审查许可或者救济。同时，存在其他现成的替代性救济也会导致申请人的司法审查申请被搁置。

（2）申请人（包括其代理人）的行为。例如，在司法审查案件中没有作全面、诚实的证据展示。

（3）救济的可能后果。例如，法院认为救济不会有实际意义，包括公共管理机构已经根据申请人的请求提供了相应救济的情形。

---

① Bridges & Cragg, pp. 29-30.

第六章
司法审查程序

英国公法著作对司法救济程序的描述显然不如对司法救济的实体，如越权无效原则、自然公正、偏私的分类等，介绍得那样详细。如有的学者对于司法审查程序方面的介绍，只提到了当事人诉前交换意见和受理许可阶段，同时认为，为了更好地理解司法审查，有几点实务方面的内容还需要强调。① 简要介绍司法审查程序是因为其与民事诉讼程序无异而没有在行政法中讨论的必要。进而言之，由于这些程序都是英国基本的法律规范，就目前英国学者研究的宪法、行政法而言，既然没有修改的可能，也就没有讨论的必要。在英国学者看来，司法审查的程序属于司法审查实务，是实际操作问题，是出庭律师及各种应诉指南所要解决的问题，不是行政法学研究的重点。

英国学者普遍认为，司法审查的程序主要由两个阶段组成：首先是许可阶段，如成功，则进入听审阶段。② 按照这种分类的指引，笔者从中国实际出发，专门搜集了有关英国司法程序实务方面的内容，以下内容完整介绍英国的司法审查程序，分别是：概述、准备阶段、许可申请程序、许可嗣后程序、正式听审程序以及上诉及执行程序。

第一节 司法审查程序概述

本节主要介绍英国司法审查程序的概况、构成及变革轨迹。其后各节内容介绍英国司法审查程序的具体环节，其中有两个重点希望读者注意，其一是诉讼的策略和技巧，读者们会发现，这些诉讼策略和技巧的服

---

① Neil Parpworth, p. 284.
② Neil Parpworth, p. 273.

务对象都是偏向申请人的,这种立场反映了英国司法审查救济性的本质;其次是正式听审时的大量程序细节,这些细节考虑得非常周到,其出发点就是使案件尽可能早一点解决,避免进入正式的听审程序。这样做也是为了使申请人尽可能以最小的代价、在第一时间获得其在正式的听审程序中所能获得的全部利益。

一、司法救济的演化

英国司法救济的复杂性,不仅在于其分类上的困难,更主要的是各司法救济类型之间在历史上的渊源关系及后来的不断演化发展。二者相互交织的结果是,要想厘清司法救济的分类及谱系,必须借助于历史研究;而要进行历史研究,又必须以基本的分类基础作为术语体系的依托。

在此前的研究中,笔者曾尝试以现行英国司法救济体系为蓝本绘出司法救济谱系,然后在此基础上进一步追本溯源,考据其历史沿革和各救济手段之间的关系,为今后各节的深入研究铺陈。现在看来,这种方法略显唐突。于是转为先作一些历史性的介绍,再在历史演化脉络的基础上梳理英国各司法救济手段之间宏观层面的相互关系,进而绘出英国司法审查的谱系,以此小结为基础,开始分门别类地详细介绍英国司法救济的各种类型及其与基本的司法审查种类之间的关系,最终为下文集中精力介绍英国司法审查的程序打下基础。

(一)特权令状成势前的情形

在英国学者看来,法治原则如果要在现代民主制中得以遵循,对行政行为的司法审查就是一项根本性的前提。毋庸置疑,司法审查无法取代对于行政决定的合理性、便宜性及效率等的行政的或者政治的控制手段,类似地方议事会的开支水平等事项自然也不属于法院裁决的内容。但是,法院能够保证公共管理机构所作出的决定与法律保持一致并且遵循公正的程序标准。[①]

尽管普通的私法救济范围非常广泛,但是仍无法触及许多行政上的过错。公共管理机构的许多非法行为往往并不会使其承担非法侵入、非法滋扰等的法律责任。例如,在某一许可申请被错误地拒绝,某一许可被错误地撤销,或请求社会保险补助被错误地拒绝等情况下,在私法上通常

---

① Bradley & Ewing, p.695.

是无法取得救济的。①

虽然确实可能通过请求宣告令之诉而将几乎所有类型的错误诉诸法院,并由法院在此类诉讼中宣告原告的权利。但是这种救济手段只是到了最近才崭露头角。② 由此可见,英国法中每种诉讼程序的功能并不是一成不变的,而是在不断演化发展的。

在宣告令发挥其现有作用之前,法院已经通过调卷令、阻止令、训令,当然也包括人身保护状等特别的"特权"救济,发展并形成了公法体系的核心。这些救济手段在迫使部长、裁判所及其他政府机构依法办事并履行其职责方面,至今仍处于重要的地位。这些救济手段覆盖了私法救济疲软或者无效的领域,但丝毫也没有改变由普通法院适用普通法原则来保障法定义务履行的事实。③

(二) 特权令状的形成

设置特权令状的本来目的是在复杂的裁决权体系中强制执行中央或者地方的命令。④ 特权令状过去称作特权状,现今的正式法律文书中已经统一为特权令,但在英国行政法著作中仍以特权状居多。因此,统称特权令状总是没问题的。

在历史上,特权令状是高等法院王座分庭行使其对地方治安法官和其他机构的管辖权限的主要手段。⑤ 这些特权救济手段之所以得名,是因为它们最初是英王通过英王的法院来阻止低级裁判机构及其他机构"管闲事"的。⑥ Tribunal 的本义就是指裁判机构,包括法院、裁判所及其他负责裁决纠纷的机构,并不仅限于法院。因此,国内将其译为普通法院是不确切的。因为特权令状不仅仅适用于法院的案件,也适用于其他裁判所。

虽然特权令状是基于私人的申请签发的,但加上"特权"这个限定词却并不失当,因为这些令状都是与英王所享有的确保低级法院和裁判机构能够实现公正的特权紧密联系的。英王在这些程序中早已不发挥任何作用(只是借用其名),但如今这些特权令状可以针对某一大臣或者中央

---

① Wade & Forsyth, p. 32.
② Wade & Forsyth, p. 32.
③ Wade & Forsyth, p. 32.
④ Wade & Forsyth, p. 32.
⑤ Bradley & Ewing, p. 729.
⑥ Wade & Forsyth, p. 32.

政府部门提起,大臣和中央政府部门也可以自己的名义寻求特权救济。①在特权令确有特权因素的时期,申请人需要从法院那里获得许可,这种许可相当于法院同意正式考虑是否签发特权令状,从而启动与这些令状相联系的特定救济程序。

由于特权令状维护的是司法过程中的公共利益,因此其程序中的许多方面[如需要从法院那里获得许可、简易程序以及自由裁量的救济等]与为了保护原告的私权而设计的诉讼程序有重大区别。②

然而事实上,这些所谓的特权救济不再是英王的垄断权力而成为任何公民都可以获得的救济手段之日,正是私人促使法院注意行政机关所犯的法律上的错误之日。尽管如此,英王仍然是这些特权令状名义上的原告,而且依然保持了其设计之初所具有的维护公共秩序而非私人权利的特点。这些公法上的救济手段被称为特权令状的缘由,是因为这些令状的发出,确实是英王的特权,其他人不可能直接实施。但是后来的发展情况是,从某一天开始,这些令状不再是英王的特权,但其名称却依然保留了下来。正如本卷后续章节所述,特权令状的这一特点在纠正那些并不侵害任何特定的个人的行政非法行为时特别有价值,电影许可职能部门未能阻止淫秽的电影播放行为就是一例。③

尽管在英国没有相对于其私法而言界限明确的公法体系,但是在其一系列救济中已经包含了这一体系的核心要素。近期的改革已经除去了那些笨拙的程序,这些程序先前恰恰就是为了阻止公法救济和私法救济自然融合的。目前,这两类救济手段已经可以自由地相互转换,美中不足的是,法院已经在公法与私法之间建立起烦琐的壁垒,而这是以前所没有的。④ 这种壁垒,就是我们习以为常的公法与私法之间的划分标准以及由此决定的公法案件与私法案件的人为区分。

(三) 司法救济程序改革

英国行政法的救济类型令人眼花缭乱,因此,司法救济类型的改革始终是行政法学中的重要议题,在过去 25 年间经历了数次改革。⑤

---

① Bradley & Ewing, p. 729.
② Bradley & Ewing, p. 729.
③ Wade & Forsyth, p. 33.
④ Wade & Forsyth, p. 33.
⑤ Neil Parpworth, p. 255.

1. 特权令状程序及相互关系的改革

根据1976年《关于行政法上的救济制度的报告》的改革报告，当时（改革前）的行政法中在救济类型方面需要改革的内容包括[①]：

(1) 尽管可以在同一诉讼程序中寻求两种甚至更多的特权令状，而且强制令及宣告令也可以一并请求，但这两大类救济还是不能融合在一起，选错了诉讼程序的原告也不能由一种程序转换到另一种程序。赔偿金之诉可以与强制令和宣告令一并提起，但却不能与特权令状一并提起。

(2) 起诉资格规则对特权令状及强制令或宣告令有不同的要求。

(3) 简易程序中不允许提出展示文件的要求，也不得进行交叉询问。

(4) 调卷令必须在6个月内提出，而宣告令却没有确定的期限限制。

(5) 特权令状必须首先得到法院的许可，但强制令或宣告令不需要许可。

(6) 宣告令适用于所有形式的政府行为，包括委任立法，并且可以针对所有的公共管理机构提出，包括英王，但不能撤销裁判所在其职权范围内作出的裁决。

对于上述问题，法律委员会于1976年起草了一项立法建议案，以创立申请司法审查的统一程序。法律委员会强调，新的程序将不再是排他性的救济类型，原告选择提起强制令或者宣告令仍然免费。[②]

这些改革建议在1977年至1981年间陆续付诸实施，确立了新的司法审查程序。类似的程序也在1985年被引入苏格兰法。[③]

此外，1977年，针对申请人在寻求对公共管理机构的决定提出挑战时所面临的各种不利因素，《最高法院规则》第53号令进行了改革。申请人所面临的不利因素包括：没有关于证据发现[discovery，现用语为证据披露(disclosure)]方面的程序规定，宣告令或者强制令不能根据《最高法院规则》第53号令取得，只能在以特权令状或者接到法院开庭传票后的诉讼阶段取得。[④]

2. 特权令状名称的调整

早期的特权令状，包括训令、阻止令和调卷令，都是用旧拼法。法律

---

① Bradley & Ewing, p. 734.
② Bradley & Ewing, p. 734.
③ Bradley & Ewing, p. 637.
④ Neil Parpworth, p. 255.

委员会在其1994年发布的《行政法：司法审查与制定法上的上诉》的报告中建议，将调卷令、阻止令、训令的名称分别改为撤销令、禁止令及强制令。①

2000年生效的《民事诉讼规则》第54条的规定采纳了法律委员会的上述建议。但1981年《最高法院法》第31条规定中旧拼法并没有修订。②可见这种改革主要停留在司法实务界，如果要在学术著作中体现出来，没有几十年的时间是不太可能的，因为这些著作不得不引用千百年来的判例，要想做统一的调整确实困难。

近年来，司法审查已经成为康福德（Cornford）和桑金（Sunkin）所谓的"迅速成长的产业"。对于司法审查程序的大量诉求已经使司法审查体制不堪重负。这一事实以及民事司法体制已经按照伍尔夫的研判报告变成了改革的现实，成为司法审查体制改革的催化剂。③

大法官任命了一个由鲍曼（Jeffrey Bowman）任主席的委员会，着手为司法审查程序如何才能在无损于程序公正的前提下更为有效地运行提供建议。该委员会的报告在2000年3月公布，大法官事务部起草的新的司法审查程序规则经咨询后，于2000年10月2日提交议会。新的程序规则中对司法审查体制进行改革的几个关键点可以概括为④：

（1）术语体系的改变，例如，司法审查程序称为"司法审查请求"而不再是"申请司法审查"；寻求司法审查的当事人称为"原告"而不再是"申请人"；所能获得的救济称为训令、阻止令或撤销令，而不再是训令、阻止令或调卷令；

（2）申请许可阶段是各当事方参与的多方程序而不再是单方程序；

（3）被告及第三人必须在庭审过程中确立其行为的事实根据，也就是必须承担证明其作出的决定的事实的证明责任；

（4）行政庭［Administrative Court，先前是高等法院皇家办公室（Crown Office）］有权颁发两项附加救济：临时性宣告令和改判救济。

从鲍曼委员会2000年3月公布报告，到2000年10月2日新的《司法审查程序规则》提交议会，如此仓促的时间安排表明，司法审查程序改

---

① Bridges & Cragg, p. 23.
② Bradley & Ewing, p. 729.
③ Neil Parpworth, p. 256.
④ Neil Parpworth, p. 256.

革是在匆忙之间完成的。在英国学者看来,这本身就成为批评司法审查规则改革的一个非常有说服力的理由。当然,更重要的是这些改革能否产生效果。① 康福德和桑金注意到,鲍曼委员会的报告中提到的建议(有些已经成为新规则中的一部分)是建立在"问题数据"的基础之上的。② 高等法院皇家办公室在向该委员会提供某些与此前5年间所处理的司法审查案件的有关数据方面的无能,使这两位学者对司法审查程序改革的适当性表示怀疑,因为这一改革可能会影响到整个司法审查系统的公正性以及司法判决的质量。在他们看来,新的改革无法实现效率与公正的双重目标。他们预计,司法审查程序不久后就需要进一步的改革,因此他们希望,如果真的需要进一步的改革,应当更加强调对于准确数据的获得,更加仔细地、均衡地听取来自原告、公共管理机构及法院三方面的需求和意见。③

二、司法审查程序的构成

申请司法审查大致需要经过三个基本阶段④:
(1) 申请司法审查许可;
(2) 中间阶段;
(3) 实体听审阶段。

有些司法审查申请可能会进一步上诉至上诉法院或者贵族院。⑤ 这类案件一般属于司法审查申请被驳回后,申请人不服继续上诉的情形。类似于我国的行政诉讼上诉。而所有的司法审查案件在正式开始前,都需要就是否穷尽了所有诉前救济程序进行必要的试探,为正式开展的成本相对高昂的司法审查程序做准备。因此,英国专门介绍司法审查的著作一般分五章介绍司法审查的具体程序⑥:第一章介绍司法审查的准备阶段,第二章介绍司法审查的申请,第三章介绍司法审查的中间阶段,第四章介绍实体审理阶段,第五章介绍上诉阶段。本书就是按照这样的规格设计的,但考虑到比较行政法以及理论研究的特殊需要,增加了本节

---

① Neil Parpworth,p. 256.
② Neil Parpworth,pp. 256-257.
③ Neil Parpworth,p. 257.
④ Bridges & Cragg,p. 111.
⑤ Bridges & Cragg,p. 111.
⑥ Bridges & Cragg,pp. 87-102,pp. 111-154.

内容。

三、司法救济的兼容性

司法审查也可以间接地进行,行政行为的合法性也可以在普通民事诉讼或者刑事诉讼中由法院裁决。同样,由公共管理机构作出的某一行政行为的合法性也可能与某一合同或者侵权方面的私法诉讼有关。①

由于英国公法与私法划分不清,各种司法救济手段的形成历史和存在依据各不相同,加之学理研究中又不重视分类,各司法救济手段之间相互重叠、交叉的情况比较多见。同一行政行为往往可以采取从普通民事诉讼、普通法令状、特权令状直至制定法上的上诉等各种手段,这是其司法救济的兼容性。这固然增加了当事人选择的难度,但也扩大了其选择的权利。由于选择性渠道的存在,使得救济的权利对于绝大多数案件而言是重叠的,当事人不会因此而申诉无门。二者相权,无所适从显然远胜于一筹莫展。

例如,某人被警察机关错误地逮捕了,其可以提起普通的侵权诉讼,追索因被错误地投入监狱及由此所受侵害的赔偿金,就像普通人对其实施了非法拘禁一样。如有必要,也可以请求人身保护状以便先获得释放,而不必先落实谁应为此事负责的问题。②

但英国学者提醒说,分类上的识别错误的后果是灾难性的。如果某一诉讼案件以民事诉状的形式启动,而这个案件事实上是一起应当适用司法审查程序的公法案件,则该案件将被驳回。此时,很有可能提起司法审查的期限已经过了。因为英国还没有将私法诉讼转为司法审查申请的机制。③

但是,根据《最高法院规则》第 53 号令第 9 条第 5 款的规定,如果法院认为某项司法审查申请是一起民事诉讼案件,则该法院有权命令该案件的后续审理程序转为民事诉讼程序,就像其一开始就是以民事诉状提起的一样。④

据此,英国学者建议,如果对案件是否属于公法案件表示怀疑,务实

---

① Bradley & Ewing, p. 728.
② Wade & Forsyth, pp. 31-32.
③ Bridges & Cragg, p. 8.
④ Bridges & Cragg, p. 8.

的做法应当是：先提起司法审查申请,除非已经超出提请司法审查的期限。①

作为司法的控制手段,阻止令与调卷令在很大程度上也相互重叠。区别在于,调卷令取消的命令或者决定都是已经作出的,阻止令则是阻止那些一旦作出就只能通过调卷令予以撤销的决定或者命令。②

通常,当某一超越管辖权限的决定作出后,其他类似的决定还没有作出前,为了方便起见,可以在一个诉讼中同时寻求两种救济。调卷令与履行令也可以在同一程序中一并申请,此时调卷令用于取消某一超越管辖权限的决定,履行令则强迫裁判所依法听审并决定相关的案件。虽然调卷令和阻止令最初都是监督低级法院和裁判所的手段,但它们很久以前就可以用于对大臣、中央政府部门、地方政府机关及其他行政机构的监督。没有这种权力扩张,就不可能形成行政法中有效的救济体系。③

同样,如果某人的土地根据一项因某种原因非法的命令而被强制征用,该地产主就可以提起普通的非法侵入诉讼,来控告任何侵扰其财产以期实施这一决定者。或者,如果执行该命令仅仅是一种威胁,该地产主也可以取得一项强制令来禁止这一命令的执行。④ 这在英国民事诉讼中是作为反侵扰案件提起的,就如同某人要求法院禁止其邻居的狗乱叫,或者禁止警察半夜到他家搜黄色光盘一样。

四、司法救济的竞争性

司法救济的竞争性,是指某一种司法救济是否存在替代性救济。这是司法审查受理阶段必须考虑的问题,起源于特权令状的司法审查属于一种剩余的救济。⑤ 剩余的救济是指在其他救济手段都已用尽或者没有其他救济手段时,借此作为最后的希望。

在19世纪的一个重要判例中,法院拒绝颁发训令,因为制定法在创设某一义务的同时也规定了落实这一义务的特别的救济(向中央政府部门上诉)。如今,只要能够满足上诉的实际要求,个人就必须首先运用其

---

① Bridges & Cragg, p.8.
② Bradley & Ewing, p.730.
③ Bradley & Ewing, p.730.
④ Wade & Forsyth, p.32.
⑤ Bradley & Ewing, p.740.

上诉的快捷权利。① 也就是说，先运用其快捷权利，至于其是否能够达到上诉的实际要求，未身体力行之前显然谁也说不准。

但反过来，存在替代性救济手段并不排斥行政庭的管辖权，只是要求其在行使管辖权时必须作如下自由裁量方面的考虑：对于司法审查申请的受理许可应当取决于制定法上的救济是否能够令人满意地、有效地替代司法审查。例如，部长虽然享有处理上诉者提起的上诉中的事实问题的保留权利，但是却不能产生促成问题根本解决的具有重要的法律意义的结论。② 此时，即无法构成一种令人满意的有效的替代救济。但是，有时不予受理司法审查申请的理由仅仅是因为申请的时机还不成熟。例如，申请人享有的上诉权利还依然存在③，此时就没有动用作为最后的、保留的救济手段的司法审查的必要性。

而在另外一些案件中，法院则给予司法审查：如某一决定明显地越权或者公共管理机构滥用制定法所规定的程序。但是在 1993 年的 *R. v. Birmingham City Council, ex p. Ferrero Ltd.* 一案中，对于地方政府机关为了保护消费者的利益而禁止销售某种不安全产品的决定，生产者被要求向治安法院提起上诉而不能寻求司法审查。在这类案件中，法院要考虑的内容包括对审理速度、审判成本及替代性程序的最终结果的比较，对于有关事实予以认定的需要以及有关公共管理机构就法律问题作出自己的裁决的愿望等。④

五、司法救济的排异性

（一）问题的产生

司法救济的排异性，是指其对异类司法救济的排斥。正是由于英国存在不同的司法救济类型，并且寻求各类司法救济的程序也各不相同，因此才有不同司法救济之间是否相互排斥、当事人是否只能从一而终的问题。加之没有统一的行政救济法典，各救济程序皆由其准据法规定，因此，对于各救济途径之间的相互关系问题，只能由法院在司法实践中通过不断发现问题、解决问题的方式解决。司法救济的排异性问题，主要是制定法上的救济是否可以排斥普通救济的问题。当然，这与讨论"制定法排

---

① Bradley & Ewing, p. 740.
② Bradley & Ewing, p. 740.
③ Bradley & Ewing, pp. 740-741.
④ Bradley & Ewing, p. 741.

斥条款的有效性"问题时提到的制定法完全排斥任何司法性的救济、将某类行政决定界定为最终决定的情形有着本质的区别。

救济的排他性是指一种救济形式的提起或者选择将成为另一种或者其他所有救济类型的机会成本，通俗地讲，便是丧失了继续寻求其他救济的机会。救济的排他性的存在有利有弊：从被挑战方的角度讲，排他性可以降低应诉成本，提高行政管理的效率；从救济给予方的角度讲，可以提高救济的专业化并相应地提高救济效率；但从申请人的角度讲，则提升了选择的难度、风险和成本，但被挑战方及救济提供方效率的提高又会从长远上改善救济体制的总体生存环境。

司法审查的排他性与司法审查的替代性救济手段的兼容性相对应。最常见的对行政行为提起挑战的六种渠道，即制定法设立的裁判所和上诉制度、诉愿程序、就地方或者中央政府的案件向行政监察专员申诉、求诸国务大臣的默示权力、在地方政府机关的案件中诉诸其内部监察官员、内部审查或者外部审查程序等，都不是相互排斥的。①

在英国，对于公法与私法的区分可以用于不同的目的，排他性适用司法审查的程序规则问题是其中之一。尽管法院已在越来越多的地方采取灵活的态度对待司法审查的排他性适用问题，使得公法与私法的区分的必要性在这一领域大为衰减，但司法审查中仍有区分公法事项与私法事项的必要。英国学者强调，区分二者无论如何都非易事。例如，在1996年的 *R. v. Legal Aid Board, ex p. Donn* 一案中，主审该案的高等法院法官奥格纳尔（Ognall J）即指出，对于确定某一案件中的公法要素而言，并没有普遍的标准可循。是否具有足够的公法要素，一方面要根据总体印象判断，另一方面则要看公法要素存在的程度。但是，从实用的角度出发，无法从本质上判断某一事项究竟是属于公法要素还是私法要素时，1998年的 *Trustees of the Dennis Rye Pension Fund v. Sheffield City Council* 一案对原告方的建设性意见是，寻求司法审查而非普通民事诉讼，因为这样一来绝对不会构成滥用司法程序。②

许多制定法设立的制度都包含其自成体系的救济手段，如向某一裁判所或部长上诉等。于是，对于这种规定了制定法上的救济的法律部门，当事人就有了两种选择：一是根据议会立法的规定寻求救济，二是寻求普

---

① Bridges & Cragg, p. 35.
② Neil Parpworth, p. 263.

通法救济。作为一般的原则,法院是不情愿认定一般救济被制定法默示排除的,特别是当该制定法所规定的救济手段掌握在某一行政机构手中时。①

贵族院曾经在两个案件中一致认为,原告寻求司法审查必须按照《最高法院规则》第53号令所规定的程序提出申请。司法审查的排他性问题起因于1981年《最高法院法》并没有明确地排斥在某些公法案件中提出强制令或者宣告令的诉讼请求,也没有排斥对违反制定法上的义务而提起的损害赔偿之诉。这一问题在大量涉及移民、在押犯人、无家可归者及其他情形的案件中产生过。在科克斯一案中,贵族院认为,寻求对地方政府机关作出的不给予永久住所的决定提出挑战的无家可归者,必须根据《最高法院规则》第53号令规定的程序提出申请,而不能通过在郡法院提出宣告令及以违背制定法规定的义务所致损害的赔偿令的方式寻求救济。虽然无论是1981年《最高法院法》还是《最高法院规则》第53号令都没有将申请司法审查明确限定为一种排他性的救济类型。但是贵族院认为,原告寻求司法审查必须按照《最高法院规则》第53号令所规定的程序提出申请的这两个判决,毫无疑问地表明贵族院比议会更希望进一步推进与《最高法院规则》第53号令有关的改革。② 而议会所实施的改革体现在1981年《最高法院法》中。依英国学者的看法,议会在该法中所表现出来的改革愿望没有贵族院在上述两个判决中表现得强烈。而这种改革愿望的核心,还在于突出司法审查的核心地位,淡化其他令状救济程序的作用,以期最终达到简化救济程序的目的。但是,从英国学者介绍的情况看,司法审查的排异性所针对的救济类型,主要是同为普通法上的救济类型的强制令和宣告令,而非制定法所规定的上诉。因为在他们看来,这是两个不同阶段的救济类型,上诉程序具有某种前置性,是应当首先寻求的,否则会以司法审查的条件不成熟为由而不予受理,仅在个别比较明显的情况下才可以直接作为司法审查案件受理。而且,对于上诉裁判机构所作的决定仍不服的,还可以申请司法审查。因为即使是制定法规定的上诉机构,无论是裁判所还是法院,对于高等法院或者上诉法院而言,仍是低级裁判机构,仍属于司法审查管辖的范围。也许正是在这个意义上,英国学者称司法审查权为善后的或者说保留的救济权。

---

① Wade & Forsyth, p.697.
② Bradley & Ewing, p.741.

(二) O'Reilly v. Mackman 一案确立的规则

虽然 1977 年司法审查程序改革的结果是,确立了单一的被称为司法审查的申请程序,但《最高法院规则》第 53 号令并没有明确规定这是排他性程序。因此,法院有必要考虑针对某一行政决定申请普通民事诉讼中的宣告令或者强制令的申请人,是否有权通过获得法院开庭传票的方式提出此类申请,抑或只能申请司法审查,不能再适用民事诉讼中的这两项令状救济。新的司法审查程序实施后确立司法审查与普通民事救济的关系的关键性判例是 1983 年的 O'Reilly v. Mackman 案(奥赖利案)。①

在该案中,4 名犯人参加了发生在赫尔(Hull)监狱的暴乱,每个人都被指控违反了 1964 年《监狱规则》(Prison Rules)所规定的犯人纪律。针对每个人都举行了由监狱督察员委员会主持的听审。该委员会支持这 4 起指控并对四名犯人科处了不同的惩罚,包括取消假释的权利。这 4 名犯人都开始了针对该委员会的决定的诉讼,有的寻求司法审查的特权令,有的则申请普通民事诉讼的开庭传票,以寻求法院宣告该委员会的事实认定和惩罚是无效的,理由是该委员会未能遵循自然公正原则。监狱督察员委员会请求法院以滥用司法程序为由撤销按普通民事诉讼程序提起的诉讼,理由是,犯人们应当根据《最高法院规则》第 53 号令提起司法审查。②

高等法院法官佩因(Peter Pain J)的观点是,法院赋予该案的犯人们一项选择权,他们选择普通诉讼而非司法审查并没有滥用司法救济程序。③ 虽然这一观点最终被贵族院否决,但其内容上的合理性在该案之后英国司法救济程序的发展过程中得到印证,连贵族院也不得不对其在该案中所作的判决作出修正。这正是英国学者在介绍该案时详细提及该案初审法官的意见的原因所在。按照英国判例法的一般规则,初审法官的意见和判决理由没有判例法上的拘束力,自然也就没有引用的必要。英国学者此处的引用,显然是从制度发展史比较研究的角度着眼的,也有间接为初审法官翻案的意味。

由于对初审法院的判决不服,监狱督察员委员会向上诉法院提出上

---

① Neil Parpworth, p. 257.
② Neil Parpworth, p. 257.
③ Neil Parpworth, p. 257.

诉，并得到了上诉法院的支持。① 上诉法院认为犯人们没有程序上的选择权，犯人们不服，遂向贵族院上诉。贵族院裁定：驳回犯人们对上诉法院的决定不服提起的上诉，理由是，既然在旧程序下申请人面临的种种不便已经由 1977 年的改革除去，允许申请人寻求通过普通民事诉讼而非司法审查实施救济，违反公共政策，也滥用司法程序。②

学者们认为，1983 年的 O'Reilly v. Mackman 一案具有划时代的重要性之处在于：贵族院认定，如果某事项具有可司法审查性，即该事项属于公法领域，则该事项必须通过司法审查的方式予以挑战。③ 此时再动用其他的诉讼手段就是不必要的、不适宜的，足以构成滥用司法程序。④

贵族院在该案中确立的基本原则是，公法的决定应当在司法审查中接受挑战，而私法事项则应当由普通民事诉讼处理。换句话说，尽管《最高法院规则》第 53 号令及 1981 年《最高法院法》对此并没有明确，但贵族院对该案的判决的效力是，确认司法审查作为排他性程序的地位。从此以后，法院就一直努力在公法事项与私法事项之间划一条截然的界限。⑤

用福德姆（Fordham）在其《司法审查手册》（*Judicial Review Handbook*）中的话说，司法审查的排他性规则已经把公法与私法的划分问题从可能性问题（即该事项可否通过司法审查予以挑战）提升到必然性问题（即对该问题的法律挑战必须通过司法审查）。⑥

法律委员会在论证这种坚持将《最高法院规划》第 53 号令排他性地用于纯公法案件的正当性时认为：在那些仅涉及公法议题的案件中，在作出行政决定时确保速度和确定性的公共政策的利益，可能要比诉讼当事人获得实质性听审以及在适当时获得实在的公法救济的私人利益更重要，而且一般认为这样做是正当的，特别是在期限非常短的情况下。⑦ 此处涉及的关键是《最高法院规则》第 53 号令所要求的 3 个月内必须提起司法审查。

（三）O'Reilly v. Mackman 一案的例外

更为重要的是，尽管主审法官迪普洛克在该案中强调，贵族院的判决

---

① Neil Parpworth, p. 257.
② Neil Parpworth, pp. 257-258.
③ 此即所谓的排他性（Exclusivity）。
④ Bridges & Cragg, p. 7.
⑤ Neil Parpworth, p. 258.
⑥ Bridges & Cragg, p. 7.
⑦ Bridges & Cragg, p. 7.

效果仅仅是建立一个普遍的规则,而这个规则本身肯定是会有例外的;但是该案判决之后,英国就不断有学者指出,任何特别的情势都可以成为该普遍规则的例外,从而使其普遍性大打折扣。以下三个上诉案件的判决展示了该案确立的原则的几个不同的方面。

1. 科克斯(Cocks)案

在 1983 年的 *Cocks v. Thanet District Council* 一案中,科克斯在郡法院对塞恩特(Thanet)区议事会提起诉讼时诉称,他和家人无家可归,对住房具有优先需要,因此被告有义务根据 1977 年《安居法》的规定为其提供暂时或者永久住房。①

该案涉及的焦点问题是诉讼程序是否适当,或者说原告是否只能申请司法审查。贵族院认定,1977 年《安居法》为安居职能部门确立的职能的本质是公法职能。安居职能部门根据该法的规定是否有义务安置某人是一个依申请作出决定的问题。如果安居职能部门确实作出了一个有义务安置某人的决定,这一决定将导致私法上的权利与义务的产生。而在该案中,安居职能部门并没有就公法问题作出一个有利于原告的决定(未给原告分配住房)。因此,原告并没有任何可供强制落实的私法上的权利。根据奥赖利案所确立的原则,允许原告通过普通民事诉讼程序寻求救济而不是申请司法审查,是对司法程序的滥用。②

科克斯一案很好地诠释了前述奥赖利案所确立的原则运用于纯粹公法事项的情形。下面将介绍的罗伊(Roy)案则展现了该原则作为普遍原则的例外情形,即同时涉及私法和公法事项的情形。虽然贵族院未像上诉法院那样描述原告与被告之间的合同关系而略显不足,但贵族院还是认识到原告确实对被告享有私法上的权利,而这一权利恰恰是可以通过普通民事诉讼程序予以落实的。更重要的是,贵族院在该案中对原告所要求的救济的现实性给予了足够的重视,原告所要求的获得全部报酬的判决是不能直接在司法审查程序中获得的。这一关键性的要素暴露出英国司法审查体制改革后依然存在的司法审查与行政赔偿之间的壁垒。因此,在该案中,即使原告在司法审查中获胜,仍然要再提起一个普通的民事诉讼才能拿到钱。③ 这也就是为什么贵族院最终认定原告并没有构成

---

① Neil Parpworth, p. 258.
② Neil Parpworth, p. 258.
③ Neil Parpworth, p. 258.

滥用司法程序的根本原因所在。如果原告真的按照奥赖利案所确立的普遍原则先提起司法审查,再在胜诉后进一步通过普通民事诉讼程序以实现其民事请求权的诉讼过程,实质上确有滥用司法程序或者说浪费司法资源之嫌,当然这种滥用或者浪费不是原告造成的,而是僵化的制度造成的。贵族院对于罗伊一案的判决在一定程度上弥补了制度上的这一缺陷。

2. 罗伊案

在 1992 年的 *Roy v. Kensington* 一案中,罗伊医生是一位为全民健康服务体系工作的全科医生。① 全民健康服务体系就原告的服务所付的报酬由一项条例规定:只有当家庭医生委员会认为全科医生确实在全民健康服务体系的工作中实质性地投入了足够多的时间时,才能获得基本医疗服务的全部报酬。② 作为被告的是行使制定法赋予的权力的全民健康服务体系的一个地方家庭医生委员会③,被告认为,原告未满足上述要求,于是作出了削减其 20% 的报酬的决定。原告诉称被告违反合同约定,通过普通民事诉讼请求获得全部报酬,并寻求宣告这一削减决定是不适当的。法院同意颁发宣告令。④ 被告请求以原告滥用司法程序为由驳回原告的请求,理由是原告应当通过司法审查对其决定提出挑战。⑤

原告的请求被高等法院王座分庭驳回。原告上诉至上诉法院,上诉法院认定原告的诉讼请求成立。被告上诉至贵族院。贵族院认定,仅涉及公法权利的争议应当通过司法审查程序予以裁决,但如果诉讼当事人声请的是一项私法上的权利,同时附带地涉及对一个公法上的问题(即被告的决定)的审查,则不应禁止原告寻求通过普通民事诉讼确认其私法上的权利。该案原告享有私法上的权利,包括就其工作取得报酬的权利,以及为寻求对该权利被侵犯的救济而起诉的权利。因此,原告所为并不构成对诉讼程序的滥用。⑥ 法院同意颁发宣告令。⑦ 这个案子具有三重性,或者说解决了三个方面的问题:首先,它属于适用民事救济手段对行政决

---

① Neil Parpworth, p. 258.
② Neil Parpworth, p. 259.
③ Bradley & Ewing, p. 742.
④ Bradley & Ewing, p. 742.
⑤ Neil Parpworth, p. 259.
⑥ Neil Parpworth, p. 259.
⑦ Bradley & Ewing, p. 742.

定予以救济的例子,即对将罗伊的报酬削减了 20% 的行政行为通过民事救济手段而提起诉讼,最终法院颁发了民事领域的宣告令;其次,该案对作为上述具体决定的依据的政策进行了审查,并认定其违法,这是其民事宣告令的基础,因而该案的内容显然具有纠正抽象行政行为的效力;最后,该案同时又对原告实施了有效的赔偿,但在英国学者看来并不属于赔偿之诉。

贵族院的这一判决发出了一个明显的信号,表明贵族院开始重新为排除规则确立适当的例外①,也就是要确立新的排除规则的例外,使某些此前予以排除的案件,重新被纳入给予救济的领域,用中国的法律术语则是:扩大行政诉讼的范围。

贵族院的布里奇和劳里两位法官更倾向于将奥赖利案所确定的原则的适用范围限制在那些公民的唯一目的是对某一公法上的行为或者决定提出挑战的案件中,而不限于那些维护私人权利的同时可能涉及某些公法决定的合法性的案件。②据此,尽管奥赖利一案所确立的原则是一个限制司法救济范围的案件,而罗伊案中贵族院的判决是要限制该限制司法救济范围的原则的适用范围,即解除部分限制,从而扩大司法救济的范围。贵族院以奥赖利案属于"公民的唯一目的是对某一公法上的行为或者决定提出挑战的案件"为由,将其适用范围限定在这个领域,确实是一种非常典型的判例法上的技巧。而在罗伊案中运用这一技巧的结果,使得法院在本来已经退却的司法救济的阵线上又前进了一步。

在作出罗伊案的判决时,主审法官提到了他们就该案向律师咨询后所获得的建议,咨询意见中提到了对于奥赖利案所确立的原则的两种意见,其中的广义说认为:"即使案件中涉及对于公法行为或者公法决定的挑战,但该原则并不能一般性地禁止人民在任何条件下提起捍卫其私权的普通诉讼,该原则只是要求受委屈者在不涉及私法权利时只能寻求司法审查的救济。"③按照这种广义的思路,则对于任何同时涉及公法事项和私法事项的案件,受委屈者可以选择司法审查或者普通民事诉讼;对于不涉及私法事项、只涉及公法决定或者行为的案件,则只能通过司法审查的途径提出挑战。与广义说相对的狭义说则认为:奥赖利案确立的原则

---

① Bradley & Ewing, p.742.
② Bradley & Ewing, p.742.
③ Neil Parpworth, p.260.

是，所有对公法决定或者行为提出挑战的诉讼都应当普遍地适用该原则，即排他性地适用司法审查的救济手段，仅在涉及私法权利的案件中存在例外。"①由此可见，广义说与狭义说可谓殊途同归，前者强调的是以当事人选择为原则，司法审查为例外，例外的事由是不涉及私法事项；后者强调的是以司法审查为原则，私法事由为例外。结果是一样的，即对于同时涉及私法事项的公法决定或者行为的挑战，并不禁止选择普通的民事诉讼。

虽然劳里表达了对于广义说的偏好，因为这一观点更符合英国的司法传统，并且具有在实践中清除诉讼雷区（procedural minefield）的优点，但罗伊案的判决却是基于狭义说在有利于原告的前提下作出的。② 广义说的效果将会限制奥赖利案确立的原则的适用范围，因为它只要求个人在其案件中不涉及私法权利时才必须提起司法审查。③ 但是对于那些涉及私法权利的案件，则可以提起普通民事诉讼，即便该案件同时涉及公法事项。狭义说无疑将会实际上拓宽该原则适用的范围，因为它要求任何涉及公法事项的案件都必须通过提起司法审查的方式处理，即使这些案件中同时也涉及私法问题。④

3. 默丘里（Mercury）案

在 1996 年的 *Mercury Communications Ltd. v. Director General of Telecommunications* 一案中，英国电信和默丘里通信两个公司获得了按照 1984 年《电信法》中运营电信系统的许可。1986 年，两公司签订了一份协议，规定按照所获得英国电信的许可中规定的条件提供电信服务。该协议中还有一个条款规定，如果任何一方认为协议执行的外部环境已经发生了根本性的变化，则可以在 5 年后对该协议重新协商。对该协议的理解不一致的，可以呈请电信总监（Director General of Telecommunications，即该案被告）裁决。据此，协议双方将某一问题提交电信总监裁决，电信总监作出了决定。该案原告通过申请开庭传票的方式对此决定提出挑战，电信总监和英国电信均声称这属于滥用司法程序，因为电信总监的决定是公法事项，只能通过司法审查提出挑战。高等法院的法官朗

---

① Neil Parpworth, p. 260.
② Neil Parpworth, p. 260.
③ Neil Parpworth, pp. 260-261.
④ Neil Parpworth, p. 261.

莫尔(Longmore J)驳回了被告及英国电信的请求。于是他们上诉至上诉法院,上诉法院支持了他们的上诉。①

原告又上诉至贵族院。贵族院认定:在决定某一案件究竟是按照私法还是公法提起诉讼适当时,关键问题在于所提起的诉讼程序是否构成了对诉讼程序的滥用。该案的争议是合同双方针对合同条款的争议,由此决定了该案的私法性质,尽管电信总监是制定法设立的官员并且享有公法上的义务。② 原告通过申请法院的开庭传票进入普通民事诉讼程序是适当的,并且有可能更好地解决该案争议问题,并不构成对司法程序的滥用。③

默丘里案的判决表明,贵族院采取的是一种较为宽松的解释奥赖利原则的方法,表明贵族院已经意识到了采取某种程度的程序灵活性的必要性。由于在任何情况下,将案件截然地区分为公法案件或者私法案件都是非常困难的,因此,与其早先区分公法案件与私法案件的做法不同,贵族院转而更强调避免滥用司法程序的必要性。于是克雷格(Craig)教授指出,尽管奥赖利案的判决认定,任何采取司法审查以外的手段提起的诉讼都属于滥用司法程序,但是默丘里案的判决已经允许人们在不滥用司法程序的前提下对程序的灵活选择。④

(四) *O'Reilly v. Mackman* 一案后的进展

该案的宗旨是非常明确的,即保护公共管理机构免遭诉讼洪流的冲击,但是英国学者也指出,该案过于倚重公法与私法的划分,而这一点在英国法中恰恰是最难以解决的。奥赖利案的另一个后果是,在诉讼案件中,大量精力被花在了论证原告对程序的选择正确与否上,而不是决定原告的诉讼请求合理与否。韦德在2000年的观点非常形象地说明了这一问题:"目前的法律对于改革的需要,甚于1977年之前。"⑤考虑到这是在英国司法审查制度进行了重大修改之后所下的断语,可见英国权威学者对于英国司法体制的期望显然远远高于英国法治现实所达到的水平。

但是有学者则不太同意这种说法,认为韦德显然低估了1977年的改革所带来的普遍好处。而且法律委员会在1994年也不同意奥赖利一案

---

① Neil Parpworth, p. 259.
② Neil Parpworth, pp. 259-260.
③ Neil Parpworth, p. 260.
④ Neil Parpworth, p. 261.
⑤ Bradley & Ewing, p. 742.

造成了困难的看法。① 这种困难主要是因为该案在防止诉讼洪流的同时,也存在阻塞司法审查源泉的可能。因此,韦德作为一个宪法法治原则的踏实捍卫者,当然要表达其强烈的不满,甚至据此否定英国1977年的改革,也不为过。

自奥赖利案以来,贵族院的判决显示司法审查程序的排异性规则并不是绝对的②,即并没有绝对的司法审查程序排异原则存在。从英国学者所举的例子看,他们不仅考虑司法审查与其他令状程序的相互排斥问题,还考虑涉及司法审查与私法诉讼的关系问题。或者说,奥赖利案的核心问题是公法与私法的划分:公法问题属于司法审查范围,而私法问题则不是。

从最高法院对默丘里案的判决以及《民事诉讼规则》的规定看,很难说奥赖利案所确立的排他性适用司法审查程序的规则现在依然存在。那些强调严格地适用排他性程序原则的类似科克斯案的判决,已经被法院作出的更为自由地适用排他性原则的判决所取代。例如2000年的 *Clark v. University of Lincolnshire and Humberside* 一案。③ 至此,排他性适用司法审查的规则可以说基本上为选择性适用规则所取代。英国的司法救济依然维系着司法审查救济手段为主、普通的民事诉讼救济手段为辅的传统格局。

在作出克拉克(Clark)案的判决时,主审法官伍尔夫试图解释《民事诉讼规则》对奥赖利案所确立的原则的效果:《民事诉讼规则》的宗旨在于尽可能地使各诉讼程序相互和谐,以避免只会产生对于实质性问题没有任何结论的卫星诉讼(satellite litigation)的程序性纷争。④ 卫星是环绕地球飞行但不与地球接触的,卫星诉讼则是围绕案件的主题兜圈子。

可见,目前英国司法救济强调的重点已经从奥赖利一案所确立的原则转向了别处,真正关心当事人是否遵循了正确的程序,而不是未能遵循正确的程序是否构成了滥用司法程序。⑤ 即更强调对于司法救济当事人的权利是否引入了正确的救济,而不是追究当事人错误地选择司法救济程序所应承担的责任。不能因为寻求救济者选择了错误的救济程序,抛

---

① Bradley & Ewing, p.742.
② Bradley & Ewing, p.742.
③ Neil Parpworth, p.261.
④ Neil Parpworth, p.262.
⑤ Neil Parpworth, p.262.

开其能否获得所要寻求的救济这个根本性的问题,去追究申请人的错误是否构成了进一步追究其违法责任的理由。

在1985年的 *Wandsworth London Borough Council v. Winder* 一案中,地方政府机关诉房客不交房租,房客提出的抗辩理由是该地方议事会提高房租的决定是越权的。虽然房客可以对提租行为提请司法审查,但是他始终没有这样做。法院认为,被告的这一抗辩并不构成对于程序的滥用,而是房客提出的对于自己私权的正当辩解。① 由于奥赖利一案所确定的原则就是要避免原告滥用司法审查程序而造成诉讼的洪流,故此处涉及的原则是,如果某一行为是因越权而可能无效,并不因为原告因时效原因丧失了通过司法审查宣告其无效的权利,而使该行为具有自始即不具备的合法性。从这个意义上讲,无效的法律行为是不可能因时效而有效的。因此,就该案而言,无论原告的提租决定作出了多久,被告在诉讼中对此提出质疑之后,法院认为这是一个保护其私法权利的正当的抗辩,法院实际上已经认定了这一提租决定的无效性,至少认可被告以此作为抗辩理由的正当性,进而赋予法院对早该提起的司法审查的管辖权。从比较法的角度看,该案的原告是公共管理机构,属于强制执行案件。而该案确立的原则则是在申请强制执行阶段,法院依然具有对执行依据的审查权限。

1995年,贵族院进一步限制了奥赖利一案的影响,认定电信管理机构作出的一个对于制定法规定的许可的解释决定可以通过传唤该机构前往商务法庭的方式进行审查。该案的主审法官斯莱恩(Lord Slynn)强调,应当进一步加强程序上的灵活性。随后的司法判决进一步强化了放弃严格的排他性司法审查规则的趋势,而不再过分地倚重程序性审查的作用。② 由于受严格的司法审查受理排除条件的制约,对行政决定和行政行为的程序性审查作为一种替代手段得到了广泛的运用。随着受案方面的限制的消除,这一手段的适用逐渐淡出司法救济领域。同样引人注目的是,新的《民事诉讼规则》极大地促进了当事人选择某一司法审查程序或者转向其他司法程序的便捷性。③

奥赖利一案一度被夸大了对于公民个人保护自己免受公共管理机构

---

① Bradley & Ewing, p. 742.
② Bradley & Ewing, p. 742.
③ Bradley & Ewing, pp. 742-743.

的强制行为的权利的侵害作用。而今这一问题已经得到解决,如果某人因为违反诸如次级立法而受到追诉,可以该立法违法为由提出抗辩,而不受未曾就此寻求过司法审查的限制。有权决定是否应当给予某个人制定法所规定的利益的裁判所,也有权决定相关立法是否合法。①

六、咨询上级法院

据英国学者介绍,在某些比较复杂的案件中,英国法院也会采取我们所熟悉的做法——咨询上级法院,如1991年的一个判例,涉及一些司法审查程序中的新做法,如英国法院(包括贵族院)咨询过欧洲法院的意见,甚至还由不同的法院咨询了两次。该案的案情是:申请人等公司都是根据英国法组建的公司,但其经理和股东绝大多数都是西班牙人,这些股东共拥有95艘根据1894年《商船法》(Merchant Shipping Act)在英国注册的深海渔船。根据欧共体的普通渔业政策(EC Common Fisheries Policy)申请人分配到一部分属于英国的配额。随着1988年《商船法》及1988年《商船(渔船登记)条例》[Merchant Shipping(Registration of Fishing Vessels)Regulations]的实施,这些渔船需要重新注册。申请人及其他公司无法满足关于英国人必须在公司中控股的要求,因为这些公司的船都是由西班牙人管理和控制的。申请人及其他公司寻求对该法及其配套条例的司法审查,理由是其与《欧洲经济共同体条约》(EEC Treaty)相抵触。②

主审该案的高等法院的分庭法院曾经就此问题所涉及的欧共体的法律(EC law)中的实体问题,寻求欧洲法院预先作出答复。在这一过程中,该分庭法院先行颁发了临时性救济令,并决定暂时停止1988年《商船法》及其实施条例相应部分的适用。③ 但上诉法院取消了分庭法院的这一命令。④ 促使上诉法院作出决定的案件,是在欧洲法院对分庭法院作出答复之前另行提起的,更是在分庭法院作出相应的判决之前提起的,而且是由负责《商船法》及其配套条例实施的交通国务大臣提起的。这一案件是在另一案件已经开始但尚未结束时就某一中间性的决定提起的,这在英

---

① Bradley & Ewing, p.743.
② Neil Parpworth, p.76.
③ Neil Parpworth, pp.76-77.
④ Neil Parpworth, p.77.

国是非常普通的情形。调卷令、人身保护状都具有此种中间令状的性质。这说明,对于某一已经开始但尚未结束的案件诉讼过程中所产生的临时决定或者存在的问题,通过另外一个单独的程序启动相应的审查机制,是公正实现(即司法)的一般运作要求或者说规律,有必要在适当的环节、以适当的形式设定相应的救济手段。

申请人等公司就上诉法院的取消令上诉至贵族院,贵族院认定,法院并没有颁发停止适用某一议会立法的令状的权力。由于此事涉及欧洲共同体的法律,而英国议会制定的《欧洲共同体法》(European Communities Act)规定了欧洲共同体的法律具有高于英国法的效力,贵族院对于这种涉及欧洲共同体的法律的问题亦不敢自专。于是,贵族院就法院是否可以颁发此类暂停适用议会立法的令状的问题,咨询欧洲法院。欧洲法院的答复是:可以!理由是如果颁发临时性救济令状的阻力来自国内法,则这样的法律应当废止。据此,贵族院认定,法院可以颁发宣告停止适用某一议会立法的救济令状。① 值得注意的是,此处所说的请示"上级"法院,不是就国内法而言的,而是就超国家的"国际"法院而言的。类似这种请示,在我国不存在。在英国脱欧后也基本不存在了(人权法领域除外)。

七、法律文书的送达

在中国的行政诉讼法教材中,期间与送达是非常重要的章节,但英国有关司法审查的论著不怎么强调这个问题,主要原因是,英国学者认为这是民事诉讼方面的问题,或者说司法实务中的常识,已经不需要另行讨论了。笔者以下介绍的内容,并不是英国送达制度的全部,而是笔者发现在英国行政诉讼实践中比较新奇的内容——当事人互为送达。

英国的送达特别是诉讼各参与人(包括法院)之间有严格送达和程序要求的文件往来,不全是由法院承担的,当事人之间也可以按照普通民事手段完成。这样做的意义在于,法院相对超脱,省去了不少不必要的冗务,同时也凸显了英国司法体制中固有的意思自治原则。当然,法院对于送达的法律效力的解释和控制依然是存在的。因此,并不影响送达制度的法律效力。例如,《民事诉讼规则》第 54 条第 7 款规定,提请司法审查的原告除了要向行政庭提交有关的法律文件外,还应当按照《民事诉讼规则》第 461 号诉讼文书格式(N461)规定的样式填写起诉状,并在向法院

---

① Neil Parpworth, p.77.

提交之日起 7 日内将该起诉状送达被告。①《民事诉讼规则》第 54 条第 8 款还规定,应诉声明必须在其向法院提交后的 7 日内送达原告及起诉书中提到的其他任何人。② 也就是并不要求应诉声明必须在向法院提交之后才能着手送达其他各方当事人,而只是最迟在送达法院之后 7 日内送达,否则可能影响法院在收到该声明之后展开下一步程序。

第二节 司法审查的准备阶段

英国司法审查程序的第一阶段,是正式提出司法审查许可申请前的准备阶段,英国学者称之为通向诉讼的预备步骤。③ 按实际操作的顺序,申请人或者其律师应当注意并完成如下准备工作。

一、选择合适的代理人

英国的司法审查、司法救济甚至涉及司法的所有活动,都高度仰仗律师等法律服务者的参与,在整个诉讼程序开始阶段首先提到代理人的选择,是情理之中的事。代理人的选择要先于其他事项的确定,是因为从英国司法实务角度出发,选择一个好的或者说合适的④律师,是好的开始的一半,而好的开始是成功的一半。这就像中国车手参加巴黎—达喀尔拉力赛必须在决定参赛时先请一个合适的领航员,甚至以是否能够请到好的领航员来决定是否参赛一样,如果在起始阶段就踏上了一条错误的道路,再优秀的驾驶员也难以最先达到终点。赛车是这样,诉讼也是这样。

虽然英国学者往往不提或者仅在附录中提到可供选择的代理人或者律师事务所,但按照我们的思维习惯,选择一个"好"的律师,就像选择一个"好"法官一样重要。当然,法官是不可选择的(通过回避否定性选择的余地也不大,因为回避事由是与国际接轨的,许多具有中国特色的因素没有被纳入),但正因如此,才凸显出选择律师的重要性。

英国有专门的司法审查专业律师。⑤ 从笔者了解的情况⑥看,所推荐

---

① Neil Parpworth, p. 275.
② Neil Parpworth, p. 276.
③ Bridges & Cragg, p. 87.
④ 好和合适不同,好可能意味着不必要的昂贵,而合适则追求的是恰如其分。
⑤ Bridges & Cragg, p. 35.
⑥ Bridges & Cragg, pp. 181-182.

的律师事务所主要是从专业角度着眼的,具体分为两类:一类是研究机构,一类是实务机构。显然,这两类机构都可以就公法问题提供咨询意见,而且研究机构中应当也包括可以出庭的律师,当然也包括诉状律师。

(一) 公法研究机构

据英国学者介绍,以下是至少在一个司法审查领域具有专长的机构[①]:

(1) 公法项目组(Public Law Project):该机构的研究成果在英国许多公法著作中被引用,本书中也有间接引述。

(2) 儿童贫困行动组织(Child Poverty Action Group):该机构的专长是社会福利法(welfare law)。

(3) 法律中心联盟(Law Centres Federation)。

(4) 移民社会福利联合委员会(Joint Council for the Welfare of Immigrants):该机构的专长是移民法(immigration law)。

(5) 自由会(Liberty):该机构的专长是人权(human rights)。

(6) 公正会(Justice):该机构的专长是司法不公(miscarriages of justice)。

(7) 地球权利会(Earthrights):该机构的专长是环境法(environmental law)。

(8) 安居会(Shelter):该机构的专长是安居法(housing law)。

(9) 在押犯人咨询服务所(Prisoners Advice Service):该机构的专长是在押犯人权利(prisoners' rights)。

从上述名单中不难发现,在至少一个司法审查领域具有专长的英国公法机构,集中在社会福利法、移民法、人权、司法不公、环境法、安居法、在押犯人权利等方面,这些正是英国司法审查案件最集中的领域。

分析这几个领域不难发现,许多领域是我国行政诉讼不怎么涉及(如安居、在押犯人)或者根本不涉及(移民、人权、司法不公)的,至少目前是如此。即使是我国行政诉讼也涉及的领域,如社会福利法、环境法,也大都不是我国目前行政诉讼关注的焦点。这种案件类型分布上的差异,反映出司法审查或者行政诉讼对象在执法领域及水平上的差异。当然,不排除这种可能,即涉及专长的领域都是具有前瞻性或者试验性的司法审查案件,不是大量案件发生的领域。对于大量出现的一般司法审查案件,

---

[①] Bridges & Cragg, p. 181.

普通律师或者法律服务机构就可以应对，谈不上专业，很难进入这个名单。这个名单至少披露了英国学术界最为关注的司法审查领域。

（二）公法律师所

据英国学者介绍，以下是拥有司法审查方面的专家的律师集团[①]：

（1）移民法从业律师联盟（Immigration Law Practitioners Association）。

（2）社区关怀从业律师联盟（Community Care Practitioners Group）。

（3）Haldane 社团公法分委员会（Haldane Society Public Law Sub-Committee）。

（4）行政法律师事务所联盟（Administrative Law Bar Association）。

（5）安居法执业律师联盟（Housing Law Practitioners Association）。

二、明确申请人的处境

这是指申请人或者其可能的代理律师，在初步确立了拟对公共管理机构的某个行为提出挑战的想法后，应当掌握的基本信息。全面搜集和准确掌握这些信息，就是全面把握当事人目前面临的情势，对于今后采取何种救济手段、是否有必要提起司法审查等决策，具有重要意义。

这些信息既包括本人、对手的情况，也包括法律体制方面的制度信息，如全部备选的救济渠道及其层级、冲突关系等。其中最为重要的是涉及申请人及被告主体资格方面的内容，可以参阅本卷第五章第二节、第三节有关司法审查的申请人及被告的介绍。

三、确定司法审查期限

由于英国司法审查程序是以申请司法审查许可启动的，因此，许可的申请期限，就是司法审查的时限。对此将在本章第三节申请许可的期限部分详细讨论，在此仅需要重复英国学者反复提醒的一个词——快（prompt）。[②]

四、规划司法审查目标

（一）司法审查案件的目标管理

目标管理是现代管理的主要手段，将这一管理技术运用到诉讼案件

[①] Bridges & Cragg, pp. 181-182.
[②] Bradley & Ewing, p. 735.

中,实施目标管理,这不是英国人的发明,却具有足够的新颖性。

司法审查的申请人必须首先明确"想要什么",以此确立自己通过司法审查想要达到的目标,并在此基础上对整个案件进行规划。① 司法审查案件的目标管理及规划包括两个方面的内容:一是司法审查案件的预期收益,即可期目标,这是申请人提起或者打算提起司法审查时比较容易了解的;二是司法审查案件的可能代价,也就是其机会成本,但恰恰在这一点上,许多司法审查申请人往往在一开始时看不到甚至不愿意看到,需要其代理律师及时提醒其当事人正视。

(二) 司法审查案件的可期目标

从可能有理由申请司法审查的当事人那里获得了最基本的信息之后,下一步需要考虑的就是他们通过这一案件希望得到什么,此时需要研究司法救济的类型。以下列出了当事人的几种选择,许多案件包括不止一个目标②:

(1) 获得个人救济。在无家可归者或者移民案件中,如果没有司法审查以外的其他救济,当事人如不起诉则要么被驱逐出境,要么仍然无家可归。

(2) 改变公共管理机构的某种做法、程序或者政策。某些个人的案件也可能蕴含着宏大的目标,例如改变从不给予某些人群的继续教育以裁量性资助的政策。

(3) 厘清法律上的不确定之处或者暴露法律中的缺陷。例如,新的议会立法付诸实施,但其适用范围却是不确定的。

(4) 作为向欧洲人权法院提起诉讼的第一步。因为必须穷尽所有的国内救济手段。

(5) 作为针对公共管理机构法律上或者政策上的某种特别不公正做法的政治战或者新闻战的基础。

(三) 司法审查案件的机会成本

上述目标中的最后一项,涉及我们经常会提到的"公益性"诉讼或者无直接利害关系诉讼问题。英国学者提到了,说明英国也同样存在一些"不计个人得失"而提起诉讼的"热心人"。对此,英国学者有自己的看法:虽然提起几乎没有胜望的诉讼是极不明智的,还可能构成滥用司法程序,

---

① Bridges & Cragg, p. 87.
② Bridges & Cragg, p. 87.

而且参与其中的诉状律师和出庭律师都要面临浪费诉讼资源令的责罚。尽管如此,为了配合某些宏伟的战略,有时去打一场没有把握的诉讼仍是值得的。①

英国学者反复提醒人们,必须慎重考虑为了战术目的打一场不太有把握的官司的关联成本。如果司法审查进行到全面听审阶段,在没有法律援助资助的情况下,成本是非常高的。更为重要的是,即使案件在高等法院胜诉,被告有可能将该案提交上诉法院,如果将司法审查的战术性规划仅仅作为广泛的战役的一个组成部分,则被告上诉的可能性以及由此产生的关联成本,就需要在筹划时认真探究。②

在规划一起司法审查诉讼时,始终不要忘了,这类案件可能会耗时18个月才能进入全面听审阶段。此外还要注意,大量的案件一旦获得司法审查许可,就会以对申请人有利的方式解决。③

(四)公共管理机构的应对策略

公共管理机构在司法审查中时常采取的策略是,在其认为某案将会对未来的案件确立对公共管理机构不利的判例时,会选择与申请人和解的方式解决。④ 此时,由于案件没有进入实体听审阶段,法院不可能作出正式的判决,因而也就不会形成在判例法上对后续案件具有拘束力的判例。此后,如果其他申请人还想找公共管理机构的麻烦,只能逐案提起诉讼,公共管理机构仍可如法炮制,一一化解,从而最终不形成正式的判例,避免对公共管理机构造成结构性、体制性的影响。当然,这种技巧只能适用于公共管理机构的政策错得不十分离谱的场合,否则申请人拒绝撤诉,公共管理机构想和解也孤掌难鸣。更重要的是,如果公共管理机构错得太离谱,即使不经司法审查,在一个民主社会存在的诸多公共纠错机制,如通过选举、议会立法、议会质询等,也会及早纠正,不会听任公共管理机构如此玩弄司法审查程序。

英国学者强调,这种技巧将会因申请人热切希望通过司法审查检验某法律问题的有效性而使公共管理机构受到巨大挫败。⑤

---

① Bridges & Cragg, p. 87.
② Bridges & Cragg, p. 88.
③ Bridges & Cragg, p. 88.
④ Bridges & Cragg, p. 88.
⑤ Bridges & Cragg, p. 88.

五、选择合适的申请人

此处的"选择合适的申请人"显然不是不知道谁想申请司法救济,而是指以谁的名义申请司法救济最恰如其分,包括受理(获得司法审查许可)的成功率、胜诉率、获得法律援助的可能性、利益的最大化、成本的最小化等方面的综合权衡。这方面的工作对于司法救济制度不甚发达、救济渠道比较单一、申请人的范围受到严重限制的国家来说,当然不是什么问题。正如欠发达国家的政府解决贫困的重点是人缺乏食物问题,新兴工业国家的政府需要考虑贫困者可以饲养的宠物的种类,而发达国家已在考虑如果某位贫困线以下的人的宠物没有获得该人为其向公共管理机构申请的食物,是否需要给予该人以司法救济的权利的问题。

在案件的规划阶段,确定谁来申请司法审查最有效是十分重要的。如果某人具有获得法律援助的资格,由该人提起诉讼最合适。但是,有时以群体的名义提起诉讼比个人提起效果更好,特别是在案件涉及基本政策时。如果接受法律援助的某人的不满在全面听审开始之前已经得到满足,则作为其代理人的诉状律师通常必须建议该人撤回申请。[①]这是由法律援助的公共财政基础决定的。法律援助是为个人解决其本人所遭遇的不公正待遇而提供的,不是直接为更为广泛的公共利益目标服务的。如果当事人的个人问题已经因被告妥协等原因得到解决,就达到了法律援助的最基本要求,继续诉讼所增加的成本已经超出了法律援助的范围。作为法律专家及法律援助实际提供者的诉状律师有义务告诫自己的当事人撤回申请,否则,该律师会承担浪费诉讼资源令的责罚。

但是,在同样情况下,压力集团可以继续推进这个案件并从法院获得一项宣告令,例如宣告涉案的某项政策违法。[②] 由于团体不是法律援助资助的对象,因此不需要提醒其撤回申请。可见,对于英国的公法救济体制而言,其刻意节省的只是法律援助或者现在的法律服务的开支,并不关心诉讼程序的运营成本。如果当事人不是靠公共财政支持诉讼,通常不存在《法律援助法》所禁止的浪费诉讼资源的问题。当然,这个问题与滥

---

① Bridges & Cragg, p.88.
② Bridges & Cragg, p.88.

用程序权利不是一回事。

有时,在对诉讼的主体资格不太有把握时,团体或者个人都要申请作为当事人参加诉讼。① 显然,这是一种诉讼策略,适用于某个压力集团为了一项更为宏大的政策目标提起诉讼的情况,此时,可以考虑以团体的名义起诉,也可以与团体有关的某个人的名义起诉,为了避免因主体资格问题被驳回起诉,英国学者建议二者同时起诉。

无论由谁实际提出司法审查的申请,都有必要考虑,是否还有其他的地方或者全国的团体或者杰出人物可以为了申请人的利益介入该案中来。为此,可以邀请他们提供简述,申请人的律师可以从这些简述中抽取必要的内容作为其向法院提供的宣誓陈述的内容,以便引起法官更广泛的关注,否则法官很可能忽略这些内容。但是这些组织不太可能派其代表出席任何司法审查的听审过程,因为《最高法院规则》第 53 号令第 9 条第 1 款规定,第三方只能出面反对某一司法审查的申请。②

六、权衡替代性救济手段

在准备提起司法审查阶段,学会如何使用替代性的救济手段或者程序,对于多快好省地实现申请人的目标,也是非常重要的。英国学者提议,在司法审查案件的规划阶段,还应当考虑是否有不必提起司法审查的替代性的救济。即便替代性救济不能提供彻底的解决方案,仍要考虑是否有可能将替代性救济用作与司法审查并行的救济手段。③

(一) 穷尽替代性救济并非原则

各种替代性救济与司法审查的关系,简言之,在某些领域,普遍公认的要求是,在申请司法审查之前,必须穷尽替代性救济,例如,在移民类案件中。而在其他领域,也没有理由在司法审查时不同时启动种类繁多的其他救济手段。例如,社区关怀评估案件中,特别是在需要紧急的临时性救济的案件中,完全可以在申请司法审查的同时,寻求向社会服务部门申诉:即将该案涉及的事项申诉至健康国务大臣,请求其行使 1970 年《地方政府机关社会服务法》第 7 条赋予的默示权力,同时向行政监察专员提出

---

① Bridges & Cragg, p. 88.
② Bridges & Cragg, p. 88.
③ Bridges & Cragg, p. 89.

申诉以期获得通融性赔偿(ex gratia payment)。① 由此可见,对于英国的申请人而言,既然司法审查的救济成本一般地高于替代性救济,而且替代性救济并不妨碍司法审查的提起,甚至是司法审查体制内部推荐的解决方式,因此,穷尽替代性救济手段,并非法律的强制性要求,而是务实人生的智慧策略。

于是,在启动司法审查程序之前先给相对方公共管理机构发一份通牒,对于大多数案件的当事人而言是其义务。② 如果仅从其实现结果或者表现中发现事实上绝大多数案件都是在穷尽了行政救济手段后提起的,并据此得出穷尽原则是一个法定原则的结论,那就如同看到绝大多数的人都不守信于是认为法律要求大家不守信一样荒谬。

(二)替代性救济值得推荐

实事求是地说,司法审查的替代性救济对于负担不起申请司法审查费用的公民而言是最为重要的,公法执业律师必须清楚除了诉讼以外的其他解决纠纷的渠道。除此之外,在申请法律援助时准备好充分的有关替代性救济不适用或者无效的理由,是非常明智的。③ 这说明,法律援助一般是不会适用于司法审查的替代性救济渠道的。或者说,除了司法审查以外,其他的替代性救济都是非诉讼方式。而法律援助只针对诉讼时的法律服务。由于非诉讼的替代性救济途径也有可能同样解决纠纷,成本却低得多,就法律援助而言,这种替代性的救济途径还将直接地降低通过诉讼解决时的法律援助开支,因此,在提供已经提起诉讼的案件的法律援助时,如果没有充分的不适用替代性救济或者替代性救济无效的理由,将会直接影响法律援助职能部门为当事人提供法律援助的决策。此时,有关职能部门很可能因为当事人没有采取必要的努力寻求替代性救济而不予或者少给法律援助。

司法救济的替代性救济手段,又是英国司法救济领域的一个大题目,本卷第二章第三节司法救济的替代性救济已介绍,此处不赘。

---

① Bridges & Cragg, p. 89.
② Bridges & Cragg, p. 100.
③ Bridges & Cragg, p. 89.

七、公开的利弊与经营

（一）公开不可避免

英国每年司法审查案件的总数仅有千余件，或许是因为少见多怪的缘故，无论申请人喜欢与否，司法审查案件通常会成为本地甚至全国的新闻。既然有公开的可能性，就必须事先考虑公开是否有助于该案的审理以及当事人是否希望公开。报纸通常希望获得当事人的照片，以强调某一文章的重要性；同时，新闻界还会希望对当事人进行个人采访，尽管事先已经准备了新闻发布稿。新闻界对案件的关注并非总是当事人所欢迎的，而且也不总是对案件有利的。许多当事人之所以拒绝起诉就是因为害怕暴露隐私。[①] 可见，英国公法学领域内讨论的公开，实际上不是指揭露黑暗意义上的曝光，而是指因案件诉到法院后记者将当事人个人与案件无关的隐私公之于众。英国并不是缺乏公开的国家，但同时又是一个个人不愿意别人窥探自己隐私、一般人克制自己不窥探别人隐私、国家保护个人隐私的国家。在这方面，与我国有很大的不同，因此在理解英国公法案件的公开后果时，需要对既有的观念有所改变。

如果司法审查申请所涉及的案件主题事项是十分个人化的，当事人就会非常不愿意公开，当事人只想保护自己的隐私。但是也必须看到，要想避免公开非常困难。因为法庭听审几乎都是公开开庭。[②]

一旦申请人获得司法审查许可，其申请司法审查许可的《司法审查许可申请书》将会成为一份公开文档，每一位新闻记者都可以依申请而看到。[③]

（二）公开度的经营

当事人应当在早期阶段获得必要的警告以及建议，并通过这些告知了解到他们自己的意愿是决定性的。诉状律师们随后需要做的就是按照当事人的意愿，采取适当措施经营案件的公开度。[④] 此处"经营案件的公开度"的说法或许比较新鲜，但这种思路倒是我国的律师们非常熟悉的。英国学者此处提醒执业律师，必须根据当事人的意愿，有选择地曝光自己

[①] Bridges & Cragg, p. 89.
[②] Bridges & Cragg, p. 90.
[③] Bridges & Cragg, p. 90.
[④] Bridges & Cragg, p. 89.

代理的案件,而不是一味地将当事人所有的隐私都拿出来作为打赢官司的筹码。

(三) 公开的利与弊

如果掩盖会阻止公共管理机构重新审查自己在个案中所作的决定,那么揭露性的公开就会促使公共管理机构复审其在个案中所作的决定。同时,揭露性的公开还会提醒其他可能的申请人提起诉讼,并吸引来自利益集团(interested organisations)的支持。① 在英语中,利益与兴趣是同一个词,因此,英国的利益集团这个词的功利色彩没有将其译为中文后那样强烈。此处就是一个明显的例子:此处的利益集团显然更可能是一个对某一事业感兴趣的志同道合者的组织,如绿色和平组织等。

但在某种情况下,公共管理机构可能会把公开视为滋扰,从而更有可能使被诉的公共管理机构在案件审理过程中努力反击。案件的公开也有可能使公共管理机构觉得自己被逼到了墙角,并在案件充分曝光后被迫防卫。② 这无形中就会增加原告胜诉的难度。因为按照英国一般的诉讼策略,最好是使对方尽可能少地注意到防卫的必要性或者采取适当方式麻痹对方,使之不采取或者不能采取有效的防卫准备。当然,这一防卫策略最典型的用法就是法律明确规定公共管理机构在作出决定时必须给予对方充分的防卫的机会,即所谓的告知义务。违反这一义务而适用上述策略的结果,就构成公共管理机构的程序违法。

(四) 新闻发布的时机

新闻可以在案件进程的不同时点发布。申请人获得法律援助时、获得司法审查许可时、案件胜诉时等,都是获得媒体关注的大好时机。③

如果案件输了,准备一份新闻发布稿仍是非常重要的,当事人可以从自己的角度解释对其有利的方面,可以宣告可能提起的上诉,还可以对被告方已经向新闻界所作的陈述进行反击。④

如果可能,新闻稿应当投递给著名的新闻记者,通常应当是做家事或者法律方面的。如果某一案件追求的目标就是信息公开,则不应当忘记

---

① Bridges & Cragg, p. 89.
② Bridges & Cragg, pp. 89-90.
③ Bridges & Cragg, p. 90.
④ Bridges & Cragg, p. 90.

地方媒体。这些地方媒体是一种快捷的、易于接近的获得信息公开的渠道。如果可能,新闻发布稿应当至少在1周内发出,随后应当通过电话追踪确认。①

（五）新闻稿的要求

英国学者建议,有必要获得一份经专业化准备的新闻发布稿,以便学习人家是怎样准备的。因为记者们每天经手的新闻发布稿数以百计,因此,新闻发布稿是否具有新闻记者们便于利用的形式非常重要。新闻发布稿应当具有以下品质②:

（1）短,如果可能的话最好只有1页;

（2）采用双倍行间距;

（3）简洁的标题;

（4）案件当事人及其律师的简短引语;

（5）尽量避免不必要的法律术语,例如,不要引用议会法律的条款或者引注判例,否则就要在文末注明;

（6）有关当事人本人的令人感兴趣的细节,如年龄、职业、居住城镇等;

（7）欲与当事人进一步联系的电话及联系人。

八、获取更充分的信息

英国的司法审查案件,由于不存在运作法官的可能,律师的职业素养也都是经过考验的,唯一剩下的就是执业律师之间的信息战了,即拟议中的申请人与被告之间通过各自的律师进行信息交换。这个过程在我国行政诉讼领域虽已见端倪,但英国的经验仍别有一番天地。

在整个司法审查过程中,尤其是初期,英国律师及其顾问经常追问或者彼此提醒的一句话是:"有没有新消息?"因为他们坚信,在案件的开始阶段,得到的有关案件的信息越多越好。因为,一旦诉讼程序开始,虽然可以申请信息披露,但鲜有获得准予的。实践中,支持司法审查申请的文件必须在诉讼程序开始之前获得。③ 也就是通过申请人在诉讼开始前向

---

① Bridges & Cragg, p.90.
② Bridges & Cragg, p.90.
③ Bridges & Cragg, pp.90-91.

拟议中的被告发去的问询书中获得,其中包括被告作出的决定或者行为的基本内容。因此,知悉获得信息的权利以及其他可能获得信息的渠道是非常重要的。①

当然,正如中国的律师及其当事人经常遇到的那样,在向被告索取必要信息的道路上,经常会遇到障碍,对此,英国的做法值得借鉴,但前提是必须有严明、中立的法官的支持。非此,即使有这样的制度设计,设置障碍者也会无动于衷。英国法的相应设计是:如果对方拒绝披露文件,致使依法应当披露的文件未获披露,则这一情节可以记入司法审查申请阶段的申请人方的宣誓证言中。②

有关如何在司法审查的准备阶段获取信息的讨论,与我们所关心的证据制度有更多的关联性,在本卷第四章第三节司法审查的证据规则中详细讨论。在此仅提供一个非常小但笔者认为甚为重要的技术细节:按照英国法,如果公共管理机构有提供申请人要求获得的文件的义务但却未依申请提供这些文件,则可以考虑单独提起司法审查申请以强制其落实该义务。③ 事实上,从制度设计的角度看,这个貌似司法审查的枝节的做法,对于政府信息公开本身,却是其制度价值能否实现的关键。如果在这个环节当事人该取得的材料无法取得,证明信息公开只限于不痛不痒的领域,其制度价值就将大打折扣。反之,如果在这个细节上能够求得突破,就足以使人有理由相信,在这个法律制度中,没有哪个法律规定的要求不可以通过法律程序强制落实。

对于在诉讼启动前及诉讼过程中搜集信息和证据的问题,英国司法实务专家给予高度的重视,本卷第四章第三节司法审查的证据规则中有所交代,特别是其从中央政府及非政府部门的机构、地方政府机关、法院及裁判所获取信息等,可参阅。

九、司法审查请求事项

英国学者夸张地认为,与司法审查实务相关的第一个问题涉及请求

---

① Bridges & Cragg, p. 91.
② Bridges & Cragg, p. 98.
③ Bridges & Cragg, p. 98.

事项。① 这说明,英国法治已经发展到了在部门法内部进行专业细分、以实现效率最大化的层次。对于特定类型案件的特殊考虑就是这种专业化的成果之一。司法审查的律师代理中大量专业化分工明确的代理机构,则是这种专业化分工的受益者。

由公法项目组实施的,建立在数理统计分析基础上的实验式研究提示,请求司法审查许可的事项涉及相当广泛的领域,请求司法审查许可的案件涉及税务、教育、交通、农业和环境等事项,当然这里列举的仅是其中的一部分。但是,在任何年份,其中的任何一类事项的案件占申请总数的比例都不大。最主要的事项是:刑事(crime)、移民(immigration)和安居(housing)。在任何年份,上述三类事项占总申请数的一半。② 移民案件进一步细分包括以下子类型:庇护(asylum)、入境放行(entry clearance)、入境许可(leave to enter)、非法入境(illegal entry)以及驱逐出境(deportation)。安居类案件可细分为:无家可归者(homeless persons)、安居补助(housing benefits)、强制征购确认令(compulsory purchase orders)、租金(rates)、房屋维修(repairs)等。③ 从公法项目组的实验研究看,尽管申请事项包罗万象,但许多类型的案件在申请案件总数中只占极小比例。最令英国学者诧异的是福利案件数之少,因为行政机构每年作出的此类决定数以百万计。④

(一) 无家可归者

根据1985年《安居法》第64条的规定,在无家可归者的案件中,地方政府机关负有一项制定法上的义务,就是必须对其作出的认定某人并非特别需要安居房或者属于故意无家可居(intentionally homeless)的决定,向当事人提供包括不予安居的理由在内的信息。⑤

此外,英国学者从1993年的 R. v. London Borough of Lambeth ex p. Walters 一案的判决推断,1985年《安居法》虽然没有明确说明理由的义务,但其第三部分的其他节所规定的事项也有类似的义务。因为该法第三部分所规定的公平对待原则要求,任何决定的理由都必须按照该部分的规定给出。但英国学者也提醒,这一开创性的判例在当时还是超前

---

① Neil Parpworth, p. 284.
② Neil Parpworth, p. 284.
③ Neil Parpworth, pp. 284-285.
④ Neil Parpworth, p. 285.
⑤ Bridges & Cragg, p. 95.

于其他有关说明理由义务的案件。①

有关安居信息的获得方式,参见本书第三卷第二编第七章第三节中的安居信息的披露部分。

(二)社区服务及其他涉及社会服务部门的案件

社会服务部门应当为那些根据社区关怀立法进行评估后,收入水平低于法定值的个人提供个性化的社区关怀。每个人得到的社区关怀还应当与地方政府机关公布的其所在地区总的社区关怀计划进行对比。②

1989年《查阅个人社会服务档案条例》也是根据1987年《查阅个人档案法》(Access to Personal Files Act)制定的③,其对获得有关社会服务档案的规定,与获得安居档案的规定非常相似,只是在涉及个人健康信息方面有些许限制。此外,还可以根据1972年《地方政府法》的规定从地方政府机关获得相应的信息。④

在社区服务这一具体领域可能出现如下困难:某人缺乏指导他人代表自己行事的能力或者缺乏授权他人披露自己档案的能力,因为条例中并没有规定这方面的内容。但是如果某人具有永久性的委托代理书或者是监护法院指定的监护人,则有权查阅这些档案。⑤

(三)健康服务记录

健康服务记录可以根据1990年《查阅健康记录法》的规定,从医生、牙医、眼科医生、药剂师、护士、临床心理医生以及儿童心理医生那里获得。查阅健康服务记录的条件类似于查阅社会服务和安居档案。⑥

有关儿童的健康信息只能由具有对该儿童负有父母责任者获得。⑦父母责任显然不同于监护责任。无行为能力人也有监护人,但不一定是父母。

但是,任何1991年11月1日之前形成的信息都不在有权获取之列,除非这些信息对于理解此后形成的信息是必要的。⑧ 从信息连贯性的要

---

① Bridges & Cragg, p.95.
② Bridges & Cragg, p.96.
③ 根据1987年《查阅个人档案法》制定的另一具体部门条例,是1989年《查阅个人安居档案条例》。
④ Bridges & Cragg, p.96.
⑤ Bridges & Cragg, p.96.
⑥ Bridges & Cragg, p.96.
⑦ Bridges & Cragg, p.96.
⑧ Bridges & Cragg, p.96.

求看,确实存在如果没有前期基础数据则后期对比数据没有实际意义的情况。因此,法律作这样的规定是符合统计规律的。

如果某人失去了自理的能力,则只有法院指定的代其料理个人事务的人有权接触其健康服务记录。健康部(Department of Health)发布了一个可以通过上述渠道获取的健康服务记录的指南。①

(四)教育

参见本书第三卷第二编第五章第二节中教育信息的公开部分。

(五)环保案件

当事人在类似教育、健康服务、社会服务、安居等案件中可以获得的来自地方政府机关以及中央政府的信息,在环保案件中也可以基于同样的原则、规定和程序获得,如根据1992年《环保信息条例》的规定,申请人所要求的信息,有关机构必须尽快提供,无论如何不得超过2个月。有关机构可以据此收费,虽然条例中并没有对收费作出限定。如果当事人属于绿色援助计划的援助对象,则该收费可以作为绿色援助计划的开支予以报销。②

不能获得的信息包括涉及商业秘密、国家安全、内部文件以及与正在或者潜在进行的诉讼案件的主要争议有关的信息。禁止获取涉讼信息的要求,对于律师而言显然是一个打击。这就要求获取信息的申请必须在诉诸诉讼之前就提出。③ 否则,接受申请的行政机构可能拒绝提供,特别是当其成为被告时。至于为什么在诉讼期间不可以获取涉讼信息,主要是为了避免由此引发的对于司法公正的影响。

对于诸如哪些公共管理机构、哪些信息属于《环保信息条例》调整的对象之类的纷争,最简单的解决方式就是对任何拒绝提供信息的行为向法院申请司法审查。④

(六)移民

在移民司法审查案件中,通过与内政部的移民部门沟通以及研究移民裁判所的案件,通常会获得大量的信息。⑤

内政部以及入境检查官的决定通常至少会提供部分理由,如果该案

---

① Bridges & Cragg, p.96.
② Bridges & Cragg, p.97.
③ Bridges & Cragg, p.97.
④ Bridges & Cragg, p.97.
⑤ Bridges & Cragg, pp.97-98.

件上诉至移民裁判所,内政部还会提供解释性意见,更充分地表明内政部的立场。①

移民案件的当事人还应当得到面谈通知,否则可以要求得到该通知,因为其中包含内政部的政策和实务方面的具体信息。②

如移民职能部门或其官员不情愿或者拖延提供面谈通知、入境卡、庇护申请书等文件的,一般可以通过向上级官员上诉的方式解决。英国议会议员可以向负责移民的部长提问,并且通常可以得到该部长对他们所提出的任何问题的全面的答复。③

（七）警察记录

参见本书第三卷第二编第八章第一节警察行政法中警务信息公开部分。

（八）验尸官记录

参见本书第三卷第二编第八章第一节警察行政法中的警务信息公开部分。

十、《诉前良好行为规范》

在介绍司法审查程序的各个重要方面之前,英国学者提醒我们注意英国司法审查制度的一项重要的发展,即《诉前良好行为规范》(Pre-Action Protocol),其制度设计构想,在于减少对司法审查诉讼的需求,即减少案件数。④

《民事诉讼规则》包括相当数量的诉前良好行为规范,如涉及诽谤、人身伤害请求或者职业过失等事项的诉前良好行为规范。当然这些都是纯民事案件,与司法审查无关。但英国的司法审查适用民事诉讼程序,因此,《民事诉讼规则》也对涉及司法审查的诉前良好行为规范作了规定。司法审查的《诉前良好行为规范》的目的,规定在《民事诉讼规则》第5条：诉讼各方在提起司法审查之前应当普遍遵循的程序步骤。⑤ 制定良好行为规范的做法是英国现当代理性行政的重要组成部分,几乎每一特定公职人群都建立了具有针对性的良好行为规范,以在法律标准之上为其设

---

① Bridges & Cragg, p. 98.
② Bridges & Cragg, p. 98.
③ Bridges & Cragg, p. 98.
④ Neil Parpworth, p. 273.
⑤ Neil Parpworth, p. 273.

定更为严格的守则,如《公务员的良好行为规范》《部长的良好行为规范》等。

但必须强调的是,尽管规定在《民事诉讼规则》中,司法审查的良好行为规范并不是必须遵循的。这正是《民事诉讼规则》与民事诉讼法的不同之处,也正是英国没有制定民事诉讼法的原因所在。是否遵循该良好行为规范是原告的事,并取决于案件的具体情况。但是,如果法院认为《诉前良好行为规范》的规定适用于某一案件,法院通常希望所有各方都能够遵循。① 是否遵循《诉前良好行为规范》的规定,将是法院在对司法审查的程序安排进行指导或者下达诉讼费用的命令时考虑的因素。②

《诉前良好行为规范》的核心是原告、被告之间的一次开诚布公的意见交换,其实是为被告提供的最后一次反思自己行为的合法性及适当性的机会。因此,从节约诉讼资源的角度讲,是非常必要的。如果原告本可以利用这一程序而没有适当的理由拒不利用,无疑是放着简易、经济的诉前解决程序不用而只想走司法审查一途,显然难辞滥用司法程序之咎,法院在这种情况下在对司法审查程序的安排及对最终诉讼费用承担所作的决定中考虑原告的这一举动显然是适当的。

《诉前良好行为规范》不适用于以下几类案件:① 被告无权改变已作出决定的案件;② 需要紧急处理的案件,如原告马上就要被逐出英国或者需要颁发强迫公共管理机构作为的临时令状。《诉前良好行为规范》规定的程序都是以书面形式完成的,其中包括原告给被告的诉前通牒(letter before claim)和被告发给原告的诉前答复书(letter of response)。③

十一、发送诉前通牒

启动正式的司法审查程序之前,先给拟针对的被告发出一份刺探口风的信,是英国司法救济领域的通行做法。有的学者称之为诉前通牒④,有的则称之为诉前问询函⑤,笔者认为,译为"诉前通牒"更准确。

(一)诉前通牒的目的

诉前通牒的目的,是确立该案的争议焦点(issues in dispute),并确定

---

① Neil Parpworth, p. 273.
② Neil Parpworth, pp. 273-274.
③ Neil Parpworth, p. 274.
④ Bridges & Cragg, p. 99.
⑤ Neil Parpworth, p. 274.

双方当事人之间的诉讼是否可以避免。因此,诉前通牒的内容包括①:① 被诉行政决定、行政行为或者行政过失的日期和具体内容;② 诉讼请求所基于的事实的清晰概括;③ 原告希望从被告处得到的相关信息的具体要求以及对这些信息与案件的关联性的解释。这种解释也就是被告应当提供这些相关信息的理由。诉前通牒通常还应当包括原告所知的任何利害关系方的详细情况。

(二)诉前通牒的必要性

英国学者认为,英国法还没有达到公共管理机构负有普遍地为其决定说明理由的义务的阶段,因此,在启动诉讼程序之前给行政机关写信反映准备提起诉讼的案件所涉及的问题,至少在某些情况下会有人认为是没有必要的。但是,英国学者还是建议,在启动诉讼程序前写这样一封信,至少是一种非常实用的做法,而在那些因考虑成本而最终达成和解,从而没有举行全面听审的案件中,未发出诉前通牒的遗憾被被告弥补。②

这一立场来自1995年的 R. v. Horsham, ex p. Wenman 一案中主审法官布鲁克的判词:司法审查是邀请高等法院监督低级法院履行制定法赋予的职责的活动,在下级机构收到申诉并给予机会以表明自己是否接受该申诉,或者在不接受该申诉但说明其理由之前,司法审查通常是不应当介入的。③ 这一观点,可以理解为行政行为的当事人可以在诉诸司法审查之前采取的非正式的诉愿程序。这一程序并不是强制前置的,只是出于行政效率以及当事人成本效益的考虑,先试探性地给行政机关写一封内容与司法审查请求差不多的信,看行政机关有何反应。如果行政机关作出积极的和解的决定,则案件就此完结,皆大欢喜。即使行政机关不同意和解,也可能通过其回信了解其作出原决定的理由,使申请人方也可以进一步了解被告方的意见是否可以接受,进而在此基础上决定是否继续起诉。无论是哪种情况,只要在司法审查的期限之内,其操作成本对于申请人方都不算太大,何乐而不为呢?但由此得出英国的司法审查必须复议前置的结论,则是曲解了英国学者的一番美意。

另有学者认为,在诉讼开始前给相关公共管理机构的诉前通牒总是应该的,即使公共管理机构或者裁判所明显不会重新考虑亦不妨一试。

---

① Neil Parpworth, p. 274.
② Bridges & Cragg, p. 99.
③ Bridges & Cragg, p. 99.

不发出诉前通牒可能导致承办当事人的代理业务的诉状律师或者出庭律师面临浪费诉讼资源令的责罚。①

对于这一基本规则的实用性的例外,是裁判所或者其他决定机构即使希望这样做,但显然没有重新考虑其决定的权力。此时,诉前通牒就是多余的。②

(三)诉前通牒的内容

诉前通牒应当包括以下内容③:

(1)罗列出事实,特别是在被告方此前没有看到或者没有适当考虑这些事实时。

(2)如果决定的理由尚不清楚,应询问决定的理由。被告公共管理机构也许负有说明理由的制定法上的义务,即使没有这样的义务的机构往往也会有这样做的统一政策要求。

(3)要求公共管理机构复审其决定或者解释该机构没有重新考虑其决定的原因。

(4)解释本方主张公共管理机构的决定违法的理由。

(5)如果已经获得法律援助,则陈述这一事实。

(6)开列公共管理机构应当采取何种措施或者停止采取某种行为才能避免本方向法院申请强制令或者停止执行等临时性救济令;这实际上是当事人在提起司法审查前向公共管理机构提出的要求,甚至可以说是对公共管理机构的威胁,其潜台词是:如果不满足这些要求,那么,法庭上见。即便是对于英国这样的法治国家,公共管理机构无论是出于自身政绩的需要还是对公共开支的顾怜,都是不愿意走向法庭的,因此,只要要求合理或者在公共管理机构可以或者应当接受的范围内,公共管理机构一般是会充分考虑这些要求,并予以适当满足的。

(7)提出一个适当的期限以便地方政府机关能够给予负责任的回复。从法律上讲,这个时限并没有什么法律意义,甚至不能视为合同双方的约定。但其效果是非常明显的,一般情况下,公共管理机构完全可以预见到不遵守此时限的法律后果,即对簿公堂。因此,尽管没有什么法律效力,公共管理机构通常会遵守这一时限,特别是在公共管理机构认为确实

---

① Bridges & Cragg, p. 99.
② Bridges & Cragg, p. 99.
③ Bridges & Cragg, pp. 99-100.

应当对当事人提出的问题予以正确回答的时候,此时,不及时回答的风险就太高了。

从以上七项内容看,这封最后通牒的疏通作用还是非常明显的。它通过全面介绍行政相对人一方掌握的事实、期望的结局和具体的要求,使公共管理机构可以在诉讼开始前,了解对方的事实根据和真实意图,这对于消除双方因信息不对称产生的误解,解决双方本可以避免的纠纷,节省公共开支,都是十分重要的。但根据笔者的观察,英国公共管理机构对于这种事前"通牒"的重视程度,显然高于我们的事后"信访"。说得更准确一点,英国以这种事前"信访"代替了我们的事后信访。

(四)咨询律师的意见

征求律师的法律意见,既是诉讼规则对当事人提出的善意的建议,同时也是英国司法界所普遍采用的做法。司法界与律师界的这种学术上的沟通,不仅仅体现了司法界对律师界的尊重,更是律师界在整个社会中良好职业声誉的最具代表性的体现。其目的在于提高诉前通牒和诉讼的质量,减少不必要的诉讼资源的浪费,同时也减轻了原告方的经济负担。为此,《诉前良好行为规范》郑重建议(注意,不是强烈要求,这一点很重要,这是该程序的建议性的集中体现,使之区别于强制性规定或者要求):原告在发出诉前通牒或者提起诉讼之前,寻求适当的法律建议。① 当然这种法律建议不同于英国贵族院的法官们在1992年的 *Roy v. Kensington* 一案②中亲自咨询律师所得到的法律意见。

(五)诉前通牒的效果

作为一项普遍性的原则,在诉前通牒中提议的答复日期截止之前,不应提起诉讼,除非案件的特殊情况要求必须马上采取行动。③

如果公共管理机构的某一决定根据诉前通牒的要求进行了复审,并作出了新的决定,则自新决定作出之日起开始重新计算申请司法审查的时限。④

在涉及地方政府机关的案件中,应当考虑在启动司法审查程序之前,将诉前通牒复制一份给该地方政府机关的监察官员。实践中,该监察官

---

① Neil Parpworth, p. 274.
② Neil Parpworth, p. 258.
③ Neil Parpworth, p. 274.
④ Bridges & Cragg, p. 100.

员对诉前通牒的反应会非常迅速,因此,诉前通牒中可以设定一个非常短的要求回复的期限。①

十二、诉前调查表

诉前调查表(prelitigation questionnaire)可以说是诉前通牒的附件,但也可以单独发送。按英国学者的说法,单独发送诉前调查表更客气一些。诉前通牒中会提到起诉的事或者在回复前暂不起诉的承诺,因此字里行间都透着威胁的意思。诉前调查表则要委婉得多,抬头是不会写上"诉前"二字的。当然对于敏感的行政机关而言,二者都一样。

(一)诉前调查表的必要性

司法审查的申请人在启动正式的诉讼程序之前,可以考虑向有关公共管理机构寄送诉前调查表而非诉前通牒,或者在寄送诉前调查表时一并寄送最后通牒。但法律委员会拒绝了公法项目组提出的应当为潜在的被告设定填写诉前调查表的义务的提议。因此,诉前调查表并没有法定格式,只有推荐格式。②

不过在英国学者看来,没有充分的理由解释为什么申请人就不可以为了诸如确立其决定的理由的目的,邀请潜在的被告填写诉前调查表。③

(二)诉前调查表式样④

致⑤:

本问询函的发出人是:(申请人)。⑥

申请人正在考虑是否针对下列对象申请司法审查许可:(被挑战的对象)。⑦

在申请人决定是否申请司法审查许可之前,为了协助法院在正式申请确已提出后的工作,现特向你询问以下问题,请回答这些问题,或者说明你不回答这些问题的原因。

特请你在(回复日期)之前,回复至(接收回复人的姓名及地址)。

---

① Bridges & Cragg, p.100.
② Bridges & Cragg, p.100.
③ Bridges & Cragg, p.100.
④ Bridges & Cragg, p.179.
⑤ 列出拟起诉的被告的姓名及地址。
⑥ 列明拟申请司法审查者的姓名和地址。
⑦ 列明决定、其他行为、预期的决定或者不作为等,附有关细节。

如果未在上述限定的日期前回复,这项事实本身将在申请人申请司法审查许可时向法院提及。

(三) 填写诉前调查表的技巧

关于限定的回复日期,英国公法专家认为,限定的回复日期取决于案件的具体情况。不涉及紧急事项的案件一般在14—28日内。①

此外,最后缀上的"向法院提及"②,其法律意义在于,如果申请司法审查许可时提及未在限定的时间回复这件事,其策略效果就十分明显了。对于法官而言,其在决定是否给予司法审查许可时,这一事实的存在将会对被告十分不利。不过,不排除这种可能,即申请人的询问函没有寄到被告处,而司法审查许可申请是单方面提出的,被告可能需要等到正式听审时才有机会与申请人质证这一事实,但是到了那时,生米已经煮成熟饭,争论这个事实本身对被告已经没有什么实际意义了。

(四) 问题清单式样③

1. 与该案相关的实体问题(substantive questions)。包括:

(1) 司法审查挑战的标的(subject of challenge)决定作出的理由?

(2) 作出标的决定过程中,是否考虑了下列因素:_____?

(3) 作出标的决定前,是否曾给予申请人申辩(make representations)的机会?

(4) 如果未给予申请人这种机会,为什么不提供这种机会?

(5) 谁参与了该决定的决策过程?

(6) 在决定过程中是如何遵循……第……条规定的义务?

(7) 是否能提供一份……的复印件?

2. (1) 是否为申请人提供了某种在其申请司法审查许可前本来应当寻求或者现在应当寻求的替代性救济? 是[ ] 否[ ]

(2) 如果可以提供,此类救济是什么?

3. (1) 如果申请人向法院寻求对挑战标的司法审查许可,是否会反对授予其许可? 是[ ] 否[ ]

---

① Bridges & Cragg, p.179.
② Bridges & Cragg, p.179.
③ Bridges & Cragg, p.180.

(2) 如果反对,请表明反对的理由。

(3) 司法审查许可授予后,是否会反对法院下令停止执行被挑战的标的？是[ ] 否[ ]

4. (1) 司法审查许可授予后,是否会提请加速正式听审？是[ ] 否[ ]

(2) 如果是,请说明为什么？

（五）诉前调查表的效果

潜在的被告对诉前调查表不予理睬的事实可以在司法审查许可的申请阶段向法院报告,以支持申请人提出的司法审查申请。①

十三、诉前答复书

诉前答复书(letter of response)通常应当在接到诉前通牒后 14—28 日内由被告发送原告。未能在截止日期前答辩的,法院将考虑这一情况,并有可能在被告对此没有充分的理由时强制其答辩。如果确实不可能在提议的期限内答辩,《诉前良好行为规范》规定,被告应当先作一个临时性的答复(interim reply)并提议将正式答复日期合理顺延。如果被告完全接受原告的请求,则应当用清晰的、毫不含糊的措辞作答。如果只能部分接受或者完全不能接受,也必须明确表态,并且满足以下要求②：

(1) 如果可以的话,在答复中包含新的决定,明确认定原告的请求中哪些已经接受,哪些没有接受；也可以明确作出新的决定的时间；

(2) 如果经过反复考虑后仍觉得应当维持原决定,则应当提供对该决定的详细解释；

(3) 对原告提出的任何争议的焦点问题进行答辩,否则应解释不能答辩的原因；

(4) 提供原告要求的任何相关文件,否则应解释不能提供的原因；

(5) 如有必要,被告应明确是否反对原告提出的临时性救济申请。

英国学者福德姆(Fordham)曾经指出,《诉前良好行为规范》提出的这些要求其实只不过是大致反映了目前实践中通行的做法而已。诉前程序的优点在于,可以不经过正式的司法审查程序解决行政争议,即使未能

---

① Bridges & Cragg, p. 100.
② Neil Parpworth, pp. 274-275.

解决个案中的全部争议,至少争议双方由此知道了争议的焦点问题所在。①

十四、诉前通牒回复之后

尽管在启动司法审查程序之前先给相对方的公共管理机构发一份诉前通牒对于大多数案件的当事人而言是其义务,但这并不意味着当事人收到公共管理机构的回复后必须马上将有关司法审查程序的消息通报该公共管理机构。因为司法审查的许可申请是单方法律行为,特别是当申请人没有获得法律援助时,可能很难承受被告成功地促使法院驳回司法审查申请时被告方的开支。② 这也就是说,对于单方法律行为而言,如果申请人不将自己提请司法审查申请的事通知被告,法院是不会主动通知被告方的,至少不会要求或者邀请被告方就此提出答辩意见。在这种情况下,如果司法审查许可申请最终被驳回,被告又确实没有参加诉讼,无论是被告故意如此还是确实被蒙在鼓里未去为自己辩护,申请人都可以避免承担申请被驳回时被告的诉讼费用。否则,如果被告接到申请人的通知而参加答辩,并最终得到了驳回申请人许可申请的结果,此时被告要求申请人支付被告方在答辩过程中的费用就有了充分的理由,届时申请人就会发现,这种麻烦完全是自找的。

当然,确有一些情况下,法院希望尽可能早地使公共管理机构获悉诉讼程序,例如,在房地产开发活动已经开始或者即将开始的规划类案件中,或者在寻求临时性救济令的案件中。③ 此时,诉讼费用问题已经不是案件的主要问题了。

如果在启动诉讼程序之前已经发送了完整的诉前通牒,公共管理机构未能作出积极的回应,但在司法审查申请提出后、法院许可前,以一种令当事人满意的方式复审了原决定,申请人有权要求该公共管理机构承担自己因申请司法审查许可所花费的费用。这是 1994 年的一个判例确立的原则。④ 这反过来成为公共管理机构没有积极回应其本来完全可以通过积极回应以解决问题的法律后果。

---

① Neil Parpworth, p. 275.
② Bridges & Cragg, p. 100.
③ Bridges & Cragg, p. 100.
④ Bridges & Cragg, pp. 100-101.

但需要强调的是，只有在案件存在确凿无疑的、非常明显的法律问题时，法院才会准予申请人获得此等费用上的减免。①

第三节　司法审查许可申请程序

司法审查可以按两种程序提起：一种是申请人直接向法院提出申请，这要求与申请人有足够的利害关系；另一种则是为了公共利益，由申请人或者公共利益的保护组织（包括行政机关）通过告发人之诉的程序提起。由于司法审查制度是从古老的特权令状制度演化过来的，其故有的在正式程序开始前先申请获得令状许可的程序环节被保留了下来。这个环节相当于我们的审查受理阶段，在英国称为创立申请司法审查的程序（creation of the procedure of application for judicial review），即将特定案件引入司法审查的先导阶段。② 但比较通行的用法是"申请司法审查许可"③或者"司法审查许可的申请"（application for leave）④，笔者将其统一为"司法审查许可申请程序"。

一、许可程序的本义

作为动词的 leave 在英语中是最常见的单词之一，但作为名词，就不那么单纯了。据英国学者介绍，在英国法中，"leave"就是允许。⑤ 当然，leave 是旧拼法，新拼法为 permission⑥，不过从英国学者的著作中看，他们显然更习惯于用旧拼法，但在行文中正式以新拼法作标题的也不是没有。⑦

司法审查许可程序的主要任务或者说标志性结果，就是获得法院的受理许可，即取得法院对司法审查申请的认可⑧，由此可见，英国法中的司法审查许可相当于我国的受理。之所以采取这种形式，显然是受特权救济的影响，即提出特权救济并不是当事人的权利，而是英王的恩

---

① Bridges & Cragg, p.101.
② Bradley & Ewing, p.734.
③ Bridges & Cragg, p.111.
④ Wade & Forsyth, p.644.
⑤ Bridges & Cragg, p.111.
⑥ Bradley & Ewing, p.735.
⑦ Sweet & Maxwell, 1999. p.563.
⑧ Wade & Forsyth, p.647.

准(grant),取得英王恩准的人才能向法院提起司法审查。现代的英国司法审查制度中已经没有英王的影子了,但恩准①这个动词还是沿用了下来。

司法审查许可程序是制定法的明确要求,1981年《最高法院法》第31条第3款规定:"除非根据法院审理规则获得了高等法院的许可,不得提起任何司法审查申请;同时,除非法院经权衡后认为申请人就其申请的事项具有足够的利益,高等法院不得给予其司法审查许可。"②这两项简单的规定在英国司法审查体制中十分经典,事实上,此前讨论的足够的利益、此后讨论的司法审查许可以及司法审查的申请,无非是对这两项规定的反复解释而已。

二、许可程序的必要性

英国司法审查许可程序的价值,可以从两方面或者说至少两方面讨论:一是其制度价值,即从公法体系或者司法审查制度的总体上把握,设立司法审查许可程序是否有其必要性,司法审查许可程序对于法院以及被告方的意义,都可以算是这一方面的问题。二是从申请人的利益着眼,这往往是英国学者或者律师们热衷的方向,这也情有可原,如果司法审查最终被定位为一种救济制度的话,围绕救济的对象讨论制度设计,并没有犯路线错误。

1981年《最高法院法》第31条第3款要求每一种司法审查的申请,都必须取得法院的许可。根据该规定,向高等法院申请训令、阻止令或者调卷令(以及通过申请阻止令以制止某一无权拥有其职位的人继续代表某一公共机关行事)必须根据法庭的规则提出司法审查的申请。《民事诉讼规则》第4条第1款将特权令状改用新的拼写法,但是其适用范围并没有改变。③

从制度设计角度看,要求申请人必须在提起司法审查之前取得许可的道理在于④:避免因爱管闲事者被误导的抱怨或者对微不足道的行政过错的抱怨,浪费法院的时间;同时,避免因无法确认在司法审查期间是

---

① Bridges & Cragg, p.129.
② Bridges & Cragg, p.111.
③ Bradley & Ewing, p.735.
④ Bridges & Cragg, p.111.

否可以安全地推进其正在被审查的行政行为,使公共行政官员及公共管理机构陷入进退维谷的境地。

但是从申请人的角度看,英国学者对于上述理由并不心悦诚服,这一点,从其反复强调申请人如何利用司法审查许可程序可以反衬出来。英国学者也像我国学者对行政诉讼受理程序的态度一样,并不认为司法审查许可程序是为申请人谋利益而设立的:申请人必须取得司法审查许可才能申请司法审查的要求显然有利于被告方;司法审查许可的存在代表针对申请人实施并且申请人必须克服的进一步阻碍的手段;这一手段的存在意味着,在许多由申请人草率提起的案件中,被告得以免除申请法院撤销原告的司法审查申请的必要性。① 即从法院的角度看,则是法院预先替被告把了一道关,通过不授予司法审查许可,使这些案件根本无法提起司法审查,被告甚至不知道,自然也就无所谓请求法院驳回申请人的司法审查申请了。

但是从另外一个角度看,英国学者认为,如果能够有效地利用,授予司法审查许可的程序也可以用作原告的战术技巧。除了取得将该案所涉及的争议公之于众的效果之外,授予司法审查许可的法院令还可以视为来自高等法院法官对原告案件的强有力的支持,特别是法院采取更为严格的决定是否授予许可的评判标准取代早先的"可讼争案件"(arguable case)标准之后,这种效果愈发明显了。② 本来,法院采取更严格的司法审查许可标准的后果是使原告提起司法审查的难度增加了,但是同时,对于那些经过如此严格的标准仍然获得许可的申请人而言,此时获得的许可更是弥足珍贵,其所体现的来自法官对其案件的支持力度,显然比此前适用一般标准时强得多。

过去,受理许可这一过滤阶段的运作很不流畅,但它是一道阻止"无望的案件和令人头痛的挑战"的洪流的闸门。③

在法院适用了新的授予司法审查许可的标准之后,被告就再也不能以申请人没有获胜的机会来自欺欺人地麻痹自己了,因为一名高等法院的法官,而且很有可能就是将要主持全面听审的法官已经通过授予申请

---

① Bridges & Cragg, p. 112.
② Bridges & Cragg, p. 112.
③ Bradley & Ewing, p. 735.

人司法审查许可,明确表态申请人有胜诉的可能。[①] 虽然这个标准只要求法官大致认为如此即可,不需要详细如正式的听审那样充分的论据,但仅此一项,已经足以使原告与被告在整个诉讼进程中的地位发生根本的变化。这种变化显然只有在适用了更为严厉的司法审查许可授予标准之后才能出现,在原有的标准下,双方的地位并不因法官认为双方存在争议这一事实而发生任何变化。因为,"争议"毕竟是个无倾向性的中性词,而"成功"所具有的倾向性则是毋庸置疑的。虽然英国司法体制尽其所能地消除因法官的先入之见对案件判决可能产生的影响,但如果这种先入之见是任何有理性的人都应当能够认识到的,则英国的司法体制又着力追求将这种认识体现到司法判决中。

于是,英国设计出了司法审查许可制度,通过这一简单的宣告性程序,由法官在对案件进行简单的概括性的了解后,即对案件的胜负作出倾向性的判断,并给被告留出足够的时间(前面介绍过,有时长达一年半)准备此后的应诉或者和解。这实际上是给予行政纠纷的双方一个明确的指示:要么继续审下去,最终被告败诉的可能性较大;要么双方和解,申请人不再提出或者撤回正式的司法审查申请。这种制度设计无论对于行政纠纷的解决、行政公正的实现还是司法效率的提高,都是十分有效的。

三、许可程序的演变

改革司法审查许可程序的第一个步骤,是 1977 年通过的《最高法院规则》第 53 号令,它对原规则进行了修订;随后不久的 1980 年又进一步修订,司法审查决定遂可以由一名法官按照民事诉讼程序作出,而不再需要由 2—3 名法官组成分庭法院审判。然而真正由议会授权实施司法审查的程序,是由 1981 年《最高法院法》第 31 条规定的。[②]

进一步的举措是 1981 年颁布的《操作指南》(Practice Direction),通过编制高等法院候审案件清单(Crown Office list)对高等法院的职能进行重组,使其职能包括司法审查、制定法规定的上诉以及其他类似的事项。到了 1982 年,贵族院在 *O'Reilly v. Mackman* 一案中的决定进一步推进了这场改革运动。贵族院认为,为绝大多数公法目标而提起的司法

[①] Bridges & Cragg, p. 112.
[②] Bradley & Ewing, p. 734.

审查程序，都变成了一种相互排斥的救济程序类型。① 这显然是在批评当时存在的司法审查的救济程序不统一的现实，这种否定性的评价显然有助于改革向着统一程序的方向前进，正是在这个意义上，英国学者认为这是一种促进。

1990 年这一程序又进行了一些微小的调整，这成了伍尔夫对民事诉讼程序的研判报告所产生的第一个"明显的"效果。但是更为深入的改革发生在一个由鲍曼为首的专家组对皇家机构名录进行审查后。2000 年 10 月，《最高法院规则》第 53 号令被《民事诉讼规则》第 54 条所取代；冠名为行政庭的法庭审理行政庭候审案件清单（Administrative Court list）上所列明的各类案件。②

如今，根据《民事诉讼规则》第 54 条的规定，提起司法审查的起始阶段略有不同，最明确的变化是称谓，用许可（permission）取代特许（leave），但这显然不是最重要的。重要的是，这一阶段现在包含双方当事人互动的内容。③

原告的起诉状应当包括对诸多事项的声明，如原告的姓名及基本情况（description of the claimant）、提起诉讼的根据（grounds of the claim）以及所要得到的救济。起诉状中必须包括支持诉讼请求的书面证据、原告请求撤销的行政命令的复印件、原告据以支持其诉讼请求的文件的复印件。④

接到起诉书的希望参加司法审查的人，必须在受送达该起诉状之日起 21 日内按照《诉讼文书格式》第 462 号规定的样式，向法院提交一份收到该诉状的应诉声明。⑤ 这个 21 日的期限始于诉讼起诉状送达之日，终止于法院收到应诉声明，不包括在途时间，而前面提到的起诉状的送达期限只有 7 日。

根据《民事诉讼规则》第 54 条第 8 款的规定，应诉声明必须在其向法院提交后的 7 日以内送达原告及在起诉书中提到的其他人。根据《民事诉讼规则》第 54 条第 9 款的规定，未能在法定期限内提交应诉声明的后果是，除非经法院特别准予，有关当事人不能参加决定是否应当给予原告

---

① Bradley & Ewing, p. 734.
② Bradley & Ewing, p. 734.
③ Neil Parpworth, p. 275.
④ Neil Parpworth, pp. 275-276.
⑤ Neil Parpworth, pp. 275-276.

受理许可的听审。① 但是否因此不能参加在受理许可颁发后的案件审理程序,此处没有明确。按照英国法律解释的一般思路,英国法院是不会将这一规定解释为对各有关当事人参加进一步诉讼的限制的,因为这种解释显然属于超出字面意思的扩大解释。

福德姆认为,司法审查程序的这一变化的合理性是双重的②:① 这将鼓励被告从一开始就慎重地考虑原告所提出的质疑,并在原告可能会胜诉时提前作出让步。值得注意的是,在英文著作中,只提到了案件的成功,而没有强调谁成功,按照英国法的传统语境,对案件结果的评论都是针对原告方而言的,如成功、失败、支持或者有根据。② 这将确保法院在受理许可审查阶段即全面了解案件。

福德姆进一步指出,受理许可阶段的互动机制实际上就是在旧诉讼规则运行时许多接受了全面的法律咨询的诉讼当事方的做法。③ 也就是说,在《最高法院规则》第53号令仍然发生作用的旧规则运行时期,诉讼各方当事人的律师在给其当事人提法律建议时,已经推荐当事人相互之间采取新规则所建议的做法。而如果当事人没有接受律师的建议,就不太可能按照这一程序进行操作。可见,新规则无非是将律师们的咨询建议制度化了而已,这反过来说明了律师建议的合理性及其对英国司法体制改革的影响力。

但英国学者同时提醒:对于这些改革并不是所有人都欢迎。例如康福德和桑金即表达了对新规则的遗憾:《民事诉讼规则》只规定了必经的许可程序,却对颁发许可的标准只字不提。在这两位学者看来,特别令人遗憾的是,新规则没有明确地采取推定许可制度(presumption in favour of permission)。对于引入各方当事人参加的听审在实践中是否会引来本可以诉前解决的案件,从而导致案件数量增加的问题,这两位学者认为也是不确定的,在他们看来,新的诉讼程序形式将增加程序的复杂性、对原告更为不利,并且会增加原告的开支。④

四、授予许可的标准

从英国司法审查的传统看,法院授予司法审查许可的标准一直是:申

---

① Neil Parpworth, p. 276.
② Neil Parpworth, p. 276.
③ Neil Parpworth, p. 276.
④ Neil Parpworth, p. 276.

请人必须向法院表明确实有一个可讼争案件（arguable case）需要给予申请人所请求的救济；而且这一要求必须通过申请人的《司法审查许可申请书》完成，这就要求申请书必须达到相应的要求，即法官只需快速地通读一下申请书，就可以得出是否需要给予救济的结论。①

或许是因为积压候审的申请书数量增长太快，如今的法官们采取了比过去更为严厉的标准，同时也要求申请人必须能够说明其申请具有某种按照理性判断更值得期待的成功趋势，或者说要求必须是表面上看来更应当获胜的案件。从司法审查程序越来越依靠单方面告知程序这一点，也可以看到这种趋势的苗头。②

在决定是否给予受理许可方面，法院拥有相当幅度的自由裁量权。如果法院给予继续进行诉讼的许可，根据《民事诉讼规则》第54条第10款，其中将包括相应的指导内容，如与诉讼有关的行政决定的中止。是否给予受理许可可以由法院不经听审直接决定。但无论是否举行听审，法院都必须将给予或者拒绝受理许可的命令送达：原告、被告或者其他任何提交应诉声明的人。③ 注意，此处的送达对象中，被告是必须送达的，而不论其是否递交了应诉声明。显然，即使其没有提交应诉声明，也会收到给予申请人受理许可的命令，从而可以参加下一步的实质性审理程序。

公法项目组及法律委员会的研究显示，法官在实践中授予司法审查许可的标准参差不齐。故英国学者甚至建议，对于已经拒绝给予司法审查许可的案件，再次申请往往是值得一试的。④

五、申请许可的期限

（一）起诉时效的概念

英国行政诉讼或者行政法中没有讨论的另外一个问题，是起诉时效问题，即在多长时间以后对于行政违法行为不再追究。由于英国没有行政违法的概念，这个问题应当在刑法中讨论。

行政诉讼的起诉时限可以与行政违法或者刑事违法的追诉时效相提并论：行政诉讼的起诉期限就是行政相对人追究行政主体的违法行为的追诉时效，就笔者目前掌握的英国行政法的内容看，这个时限具有很严重

---

① Bridges & Cragg, p.112.
② Bridges & Cragg, p.112.
③ Neil Parpworth, p.276.
④ Bridges & Cragg, pp.112-123.

的不确定性,3个月仅仅是同时规范这一期限的两个不同但具有几乎相等效力的法律文件(1981年《最高法院法》和《民事诉讼规则》)中《民事诉讼规则》规定的两个条件中的一个。而这两个不同的法律文件中共同的规定是,司法救济必须尽快提起,而3个月的期限只是在《民事诉讼规则》中作为但书规定的:最迟不能超过3个月。从这个意义上讲,对违法行政行为的追诉时效显然短于对行政违法行为的追诉时效。《中华人民共和国行政处罚法》规定的2年的追诉时效,其实已经足够长了。尽管如此,还有人将其理解为自违法行为的状态结束时起开始计算,并认为违法建筑的违法行为自违法建筑被拆除时起计算,其结果是从根本上否定行政违法行为追诉时效的存在。如果在这个问题上这种意义上的分歧在立法上或者在法律的解释上无法落实,则所谓的信赖保护其实就是一句空话。因为合法性期待的本质内涵就是,无论行政主体自己的意思如何,如果相对人对行政主体相当长的时间内前后一致的作为或者不作为,已经理解为一种默示,即产生了合法性期待,此时,法律就必须予以保护,而不会因行政主体对其一贯做法的理解与相对人在认识上存在差异而放弃对其的保护。

(二) 起诉期限的法律依据

在英国,对于起诉期限问题有三个法律文件,分别是《最高法院规则》第53号令、《民事诉讼规则》第54条和《最高法院法》第31条。其中申请司法审查许可的一般期限,规定在1981年《最高法院法》第31条第6款以及《最高法院规则》第53号令第4条中。①

1.《最高法院法》第31条

1981年《最高法院法》第31条第6款规定:如果法院认为原告在提起司法审查时存在不合理的拖延,法院可以拒绝颁发受理许可或者驳回诉请。但是这一规定必须按照《民事诉讼规则》第54条第5款第1项确立的原则加以理解。② 可见,从规定的字面上看,《最高法院法》的规定没有明确具体的期限。

2.《最高法院规则》第53号令

《最高法院规则》第53号令第4条第1款的关键内容是③:司法审查

---

① Bridges & Cragg, p.112.
② Neil Parpworth, p.281.
③ Bridges & Cragg, pp.112-113.

申请必须尽快提起,并且在任何情况下均不得超过提请司法审查的根据确定之日起3个月。

3.《民事诉讼规则》第54条

《民事诉讼规则》第54条规定:提交起诉状必须:(a)迅速;(b)在任何情况下不得晚于促使原告提起诉讼的根据产生后3个月。① 因此,并不是在3个月内提起诉讼就肯定没问题了。

接下来对于这几者关系的冗长介绍是英国式的。按照我们的思路,将这三个规则合成一个规则,废除其他的规则,这个问题就解决了。英国人为什么不这么做呢?法治的复杂性就在这里,民主的说服成本也在于此。如果我们仍然相信权威可以消除纷争的话,最好的办法就是通过一个权威的程序,让所有人都闭嘴,至少就某几个特别的问题,如诉讼的时效问题。但英国的历史或许已经使其治国者直接或者间接地意识到,任何权威的程序都经不起专制的考验,第一次可以,第二次勉强,第三次就没有任何权威性了。法律的治理的核心理念就是,法律问题本身就是在和平地解决争议的操作过程中产生的,除非你不承认这个世界上再有争议的可能,否则法律问题就永远不可能消除。或许正因为这样,英国睿智的法官们没有一个提那个馊主意,而是积极地投入这个时时刻刻、几乎每个案件都会遇到的时效问题的论辩之中,并在这里发挥着他们的聪明才智,努力争取一个推进英国法治文明进步的机会。

即便出于对英国法官们艰苦努力的尊重,不嘲笑他们在这个"小题目"上作大文章的努力,但仍有人以为,从比较法的角度,其实没有必要对英国的这样一个制度给予太多重视。对于每一个具体的法律技术层面上的制度设计,我们都可以抱同样的态度,但这种态度反复适用的结果却是,如何去构建我们对于英国法治总体结构的认识。正是在这些我们无法理解或者觉得不必理解的具体制度设计中,或许隐藏着英国法律体制设计真正的玄机,仅仅是走马看花,又如何能找到洞悉英国法治合理内核的洞口呢?除此之外,仅从英国判例论辩的技巧中,也可以感受到英国对于思辨艺术的某些作为。

(三)法律规范冲突的判例融合

从法律条文看,条文内容之间的不一致是非常明显的,英国学者与司法界都注意到了起诉时效的法律依据问题,但他们采取的手段不是通过

---

① Neil Parpworth, p. 281.

立法的方式予以统一,而是通过判例不断地解释。

1. 对《最高法院规则》第 53 号令的理解

英国学者指出,《最高法院规则》第 53 号令第 4 条第 1 款实际上是确立了双重的时限标准,这是不正常的,而且往往会导致混淆。① 因为一般人或许以为,3 个月的时间已经够紧张的了,能够在 3 个月内提出申请已经够快了。确实,这个问题比较难以把握。但如果考虑以下两个因素,或许问题并不像其想象的那样复杂:一是在英国,提出司法审查许可申请的要求并不高,虽然前面提到过必须使法官们想象申请人有获胜的可能,但从形式上讲,只需要叙述清楚案由即可,并不需要准备或者提供证据;二是由于英国学者自己都在反复提醒其当事人或者法律咨询服务者,司法审查许可申请的时限很短,不难想象,法院认定在 3 个月的期限内提出的司法审查属于不正当迟延的案件,在英国不会太多。

英国学者特别强调,3 个月是最长的上限时间(maximum upper limit),而不是申请人自动获得的充分准备其案件的时间。② 特别是以下两种情形:

(1) 特别立法的规定。如果立法对某一特定类型的案件有特别的规定,申请的期限可能更短。③

(2) 法院的自由裁量。如果法院认为某一案件属于需要采取紧急行动的案件,如对学校的入学决定提出挑战的诉讼案件,法院可以拒绝没有及时提出的申请,即使其没有超过 3 个月的期限。④

当然,法院同时也可以在其认为有充分理由时,延长申请期限。⑤ 这一自由裁量权的存在赋予了法院对行政主体在作出行政决定后及时送达、告知方面的瑕疵进行监督、审查的广泛权力。

2. 《最高法院法》第 31 条与《最高法院规则》第 53 号令的妥协

1990 年的 *Caswell v. Dairy Produce Quota Tribunal for England and Wales* 一案是有关诉讼时限的经典判例,在该案中贵族院尝试协调《最高法院法》与《最高法院规则》之间的差异,其结论是,未能按照现在通行的《民事诉讼规则》第 54 条第 5 款第 1 项迅速申请司法审查的,构成

---

① Bridges & Cragg, p. 113.
② Bridges & Cragg, p. 113.
③ Bradley & Ewing, p. 735.
④ Bradley & Ewing, p. 735.
⑤ Bradley & Ewing, p. 735.

1981 年《最高法院法》第 31 条第 6 款中所指的不正当的拖延。①

但是,此后不久,在贵族院 1999 年的 R. v. Criminal Injuries Compensation Board, ex p. A 一案中,就这一问题又出现了反复,对这两个法律文件中的不吻合之处重新作出了解释——将《最高法院法》第 31 条第 6 款以及《最高法院规则》第 53 号令第 4 条第 1 款的规定分别归纳为:前者规定"起诉期限延展的合理事由",后者规定"对延期提出的申请作出受理许可的决定可能会对良好行政构成损害"。② 但值得注意的是,贵族院在该案中的判决适用的是仍然有效的 1981 年《最高法院法》和已经被英国学者视为老规则的《最高法院规则》第 53 号令,而没有适用作为新规则的《民事诉讼规则》第 54 条。其原因与英国的判例法体系有关,即该案涉及的是超过起诉期限的司法审查请求,在原告方提出的有合理的延期理由与被告方提出的可能损害良好行政之间如何取舍的问题,而超过法定期限并不是该案当事人争议的焦点问题,即无论是适用 1981 年《最高法院法》规定的尽快起诉,还是适用作为新规则的《民事诉讼规则》第 54 条要求的尽快起诉但最迟不能超过 3 个月,原被告双方对已经耽误了起诉时机是没有争议的,争议的焦点是,虽然耽误了起诉时机但是否仍可以受理的问题。因此,贵族院对该案的判决,特别是主审法官斯莱恩只涉及《最高法院法》第 31 条第 6 款以及《最高法院规则》第 53 号令第 4 条第 1 款的冲突规范的协调,就不足为怪了,而且由此得出的结论并不影响贵族院在 1990 年的 Caswell v. Dairy Produce Quota Tribunal for England and Wales 一案中,就如何理解尽快起诉而试图协调《最高法院法》与《最高法院规则》的规定之间的差异所得出的结论。

3.《最高法院法》第 31 条与《民事诉讼规则》第 54 条的统一

事实上,在英国学者看来,1981 年《最高法院法》第 31 条和《民事诉讼规则》第 54 条第 5 款第 1 项中对于时限的规定都有缺陷,特别是当人们意识到二者之间的规定并不一致的时候。例如,《最高法院法》第 31 条的规定涉及的时间延误包括申请许可阶段的延误和实体救济阶段的延误,而《民事诉讼规则》第 54 条的规定仅涉及申请许可阶段的延误。更重要的是,在决定是否应当延展时限时,《最高法院法》第 31 条的规定主要考虑的是延长时限的决定对于任何人的个人权利是否有影响以及是否会

---

① Neil Parpworth, p. 282.
② Neil Parpworth, p. 282.

损害良好行政,而《民事诉讼规则》第 54 条第 5 款第 1 项的规定则从原告的角度以及是否存在造成原告起诉拖延的合理理由等方面进行考虑。①可见,《最高法院法》的规定更强调对第三人及被告行政机关的影响,而《民事诉讼规则》的着眼点则是直接保护原告方的现实利益。

由于《最高法院法》和《民事诉讼规则》都规定,如果制定法的规定或者某一诉讼程序规则作了相反的规定,则从其规定。② 换句话说,根据《民事诉讼规则》第 54 条第 5 款第 3 项以及《最高法院法》第 31 条第 7 款,如果另有规范规定了少于 3 个月的寻求司法审查的期限,则从其规定。③ 当然,这里的规范应当限于法院制定的程序规则和议会制定的法律,其他的非初级立法是不能作这样的规定的。由此产生的问题是,英国学者对英国法的法律渊源中没有提到各种程序规则并不感到意外。他们并非没有意识到他们的行文中已经将《民事诉讼规则》摆在了与议会立法同等的地位上了。

4.《最高法院规则》第 53 号令与《民事诉讼规则》第 54 条的协调

《民事诉讼规则》第 54 条第 5 款第 1 项的规定基本上符合旧规则,即《最高法院规则》第 53 号令第 4 条第 1 款的规定。因此,直到现在,对于某些在 3 个月内提起的司法审查请求,仍有可能因其提起得不够迅速而被拒绝。这正是 1991 年的 R. v. Independent Television Commission, ex p. TV NI Ltd. 一案的结论。上诉法院在该案中驳回了原告重新提起的司法审查请求。原告想对独立电视监察专员作出的对电视公司颁发播放许可的决定提出挑战。主审法官上诉法院民事分庭庭长唐纳森(Lord Donaldson MR)阐明了如下立场:该案的诉讼时效是 3 个月是错误的;在类似该案的案件中,当事人必须采取最快的行动,因为如此众多的第三方受该行政决定的影响,除非已经被明确且迅速地告知该决定正在接受挑战,否则这些第三方有权基于该行政决定采取进一步的行为。④ 类似原告的当事人也是受该决定影响的法律主体之一,如果未及时、清晰告知该决定正在司法审查之中,则其他第三方的法益显然会受到影响。

根据《民事诉讼规则》第 54 条第 5 款第 2 项的规定,司法审查程序的

---

① Neil Parpworth, p. 281.
② Neil Parpworth, pp. 281-282.
③ Neil Parpworth, p. 282.
④ Neil Parpworth, p. 281.

各方(显然不包括法院)无权就延长起诉时限达成协议。但是,根据《民事诉讼规则》第 3 条第 1 款第 2 项的规定,法院拥有延长或者缩短起诉时限的一般权力,除非该规则对此有相反的规定。但只有在法院认为延期起诉有合理的事由时,才能行使这一权力,给予延期提出的申请以受理许可。《民事诉讼规则》对法院权力的这一要求,原先在《最高法院规则》第 53 号令第 4 条第 1 款中是明确规定了的,福德姆则认为这是由《民事诉讼规则》第 54 条和第 3 条默示规定的。①

(四) 快速行动的必要性

英国学者认为,启动司法审查的时间限制,是除了司法审查的申请主体资格方面的限制以外的另一项重要限制性内容。设置时限的合理性就在于维护行政行为的确定性。② 简言之,为了使行政决定能够成为后续行为的基础,必须设置一个时间点:此后即不得再质疑该决定。③

在英国,无论是理论界的学者还是实务界的专家,在提到司法审查许可申请的期限时,首先强调的都是快速行动的必要性:司法审查许可的时限非常短,每个法律意见提供者必须从第一次会见当事人开始,就时刻将这一时限放在心上。④ 诉讼请求必须尽快提出,这是司法审查的重要规则,并且在任何情况下不迟于形成诉讼请求的根据第一次产生时起的 3 个月。⑤ 当然,此处的提起诉讼的根据产生的时间肯定不是行政行为或者决定作出的时间,如果在送达时没有告知其权利的话,甚至也不是送达的时间。

英国司法审查时限的基本要求不仅仅是尽快提出申请,而且极有可能存在这样的情况:申请人虽然遵循了 3 个月的时限,但仍因为申请得太晚而输掉了官司。在 1992 年 *R. v. Independent Television Commission, ex p. South West Television Co.* 一案中,法院就是以此为由驳回申请人的申请的。⑥ 该案也成为解释英国司法审查时限的双重标准的一个典型判例。所谓的双重标准,实际是指,英国的司法审查许可申请不仅要在 3 个月以内提出,而且必须在 3 个月以内尽快提出,未满足其中任何一

---

① Neil Parpworth, p. 283.
② Neil Parpworth, p. 280.
③ Neil Parpworth, p. 281.
④ Bridges & Cragg, p. 112.
⑤ Bradley & Ewing, p. 735.
⑥ Bridges & Cragg, p. 113.

个要求,都将构成对时限的违反,从而遭遇申请被驳回的后果。由这一标准不难看出,对于英国司法审查的申请人而言,不仅必须在其案件的根据成立之日起的3个月内提出司法审查许可申请,而且必须有尽快申请的表现,否则,法官也会以其没有尽快提出申请而驳回其申请。

(五)何谓"尽快"?

英国学者承认,"尽快"显然是个相对概念:在某个案件条件下属于尽快提出的申请,在另一案件中就不算"尽快"了。正因如此,这不可避免地成为一个需要主观及直觉判断的命题。但是英国学者坚信,像英国法中其他的不严密的法律标准一样,对于是否"尽快"的判断也可以通过实践培养起判断的感觉。①

但英国学者同时强调,根据《最高法院法》第 31 条第 6 款的规定,以及 1990 年的 R. v. Dairy Produce Quota Tribunal, ex p. Caswell 一案确立的原则,是否损害第三方权利以及良好行政的利益显然是决定中必须考虑的相关因素。② 不考虑这些因素而作出的决定,就属于"未考虑应当考虑的相关因素"的不合理的决定,也就是没有很好地适用法定判断标准的决定。

以下事实提醒申请人应当尽快提起司法审查申请③:

(1)需要申请临时性救济,例如临时性强制令或者停止执行令。正如在英国法的其他领域适用的临时性强制令一样,在司法审查程序中申请临时性强制令也必须在规定的时间内提出;否则,就无法进入申请中间性或者临时性强制令的程序阶段。因此,如果有申请临时性救济的需要,则必须保证临时性救济的提起时限不因司法审查申请的延迟提起而耽误。

(2)自相关决定作出后,相当长的一段时间已经流逝,作出该决定的公共管理机构还不知道有人正在考虑提起法律诉讼。

(3)已经有申请人正在寻求获得有限的资源或者便利,如入学案件。此类案件中,司法审查成功可能意味着某一资源便利不能再向其他人提供,导致其他人优先获得有利的决定。

(4)公共管理机构作出的决定的时间已经接近 3 个月或者已经超过

---

① Bridges & Cragg, p. 114.
② Bridges & Cragg, p. 114.
③ Bridges & Cragg, p. 114.

3个月。

(5) 行政领域即将基于拟被挑战的决定而调整或者该决定已经成为众所周知的事实。

(6) 如果司法审查成功,会导致行政领域发生重大调整。

(7) 拟被挑战的决定影响第三方的权利。在这种情况下,如果申请人不尽快申请司法审查,为了保护该第三方的合法性期待,法院可以基于《最高法院法》第31条第6款第2项的规定,以避免使该第三方遭受实质性的困苦或者使其权利免受实质性的损害为由,拒绝司法审查许可申请。

如果上述事实都不存在,则申请人可以在案件上多花一些时间,而且通常可以用尽3个月的时限。这就回答了法院为何在3个月的期限未满时宣告申请人未尽快提出申请的问题,即存在上述7种情况时,申请人应当赶紧申请,如果不存在上述7种情况,则申请人即使用尽3个月的期限,法院一般也不会认定申请人没有尽快提出申请。英国学者一再强调,3个月的时间相对而言是非常短暂的,因此,不能对一个潜在的司法审查案件采取不温不火的策略,尤其是在案件的起始阶段。① 也就是说,对于绝大多数司法审查案件而言,英国学者的建议是,在时限上不要玩技巧,尽快提出申请才是硬道理。

(六) 延误时限的后果

1981年《最高法院法》第31条第6款规定了延误时限的法律后果:如果高等法院认为申请人方在提出司法审查时存在不应有的拖延,法院可以拒绝给予以下内容②:① 提出正式司法审查的许可;② 如果法院认为给予司法审查申请中请求的任何救济将有可能使某人遭受实质性的困苦、对某人的权利造成实质性的损害或者对良好行政有害,法院有权拒绝给予任何申请中提及的救济。

在1990年的 *R. v. Dairy Produce Quota Tribunal, ex p. Caswell* 一案中,贵族院的判决认定,凡是没有尽快提起的申请,都属于《最高法院法》第31条第6款规定的"不正当的迟延"。③ 这等于白说。但英国司法判例中以一个不确定概念解释另一个不确定概念的"经典"手法不胜枚举。

---

① Bridges & Cragg, p. 114.
② Bridges & Cragg, p. 113.
③ Bridges & Cragg, p. 113.

这一判决的意义在于,只要申请人在任何时候未能尽快地提出申请,被告都可以向法院抗辩说,授予申请人司法审查,将会使某人遭受实质性的困苦、对某人的权利造成实质性的损害或者会对良好行政有害。但是上述辩驳在下列情况下不宜为被告所用:一是申请及时提出;二是法院同意基于"合理的原因"延展期限。①

即便法院在司法审查许可的申请阶段延长了期限,并且申请人因此而获得了许可,但根据《最高法院法》第 31 条第 6 款第 2 项的规定,申请人的拖延会在最终的听审程序中作为是否给予救济的考虑因素。② 申请人没有及时地提出申请,说明其利害并没有达到足以使其获得相应救济的程度;或者是因为其拖延了时限,使得给予其所申请的救济有可能构成《最高法院法》第 31 条第 6 款第 2 项所规定的不宜给予救济的情形。因为无论可能的被侵害人是基于合法性期待还是其他原因,在 3 个月以后再来变动其已经自认为确立的法律地位,确实有可能对其本身或其权利造成实质性损害,对良好行政的损害则表现为出尔反尔。

贵族院在 1990 年的上述判例中拒绝给予救济的理由就是申请人在对裁判所的决定不满到申请司法审查之间有 2 年的迟延。③

(七) 申请延展期限

根据《最高法院规则》第 53 号令第 4 条第 1 款,该规则规定的双重时限可以单独或者分别延长,前提是法院认为存在延展期间以使司法审查申请可以在此期间内完成的合理事由。④ 可见,英国法对时限延长的出发点,更强调延长的目的是使申请得以提出,而不限于形式意义上期限本身的延长。因此,基于此种目的而确立的英国式时限延长制度中,申请延长时限的请求与司法审查请求一并提出,就不是什么超越法院不告不理本分的事了。

1. 申请延长时限的正当理由

申请延长时限的正当理由包括穷尽替代性救济或者等待某一判例案件的结果。⑤ 其实,如果真有一个可以成为相关案件判例的案件(如上级法院的在审案件)在审理之中,则不仅原告在等待这一结果,法院也可能

---

① Bridges & Cragg, p. 113.
② Bridges & Cragg, p. 113.
③ Bridges & Cragg, p. 113.
④ Bridges & Cragg, p. 114.
⑤ Neil Parpworth, p. 283.

在等待这一结果。

哪些事由可以构成诉讼期限延展的正当事由,英国的成文法规定极少。据英国学者推测,其原因或许在于,法官们可能将诉讼规则理解为赋予他们针对具体案件的具体情况去做他们认为正当的事情的广泛的自由裁量权。① 此处的内容涉及英国法官以及判例体制中对不确定法律概念的司法解释的英国理念。核心则是,就具体的某个不确定法律概念而言,赋予法院在具体的案件中针对具体情况去作出其认为正义的判断的广泛的自由裁量权。这样做其实并没有多大的风险,因为法官的自由裁量权的外延已经因不确定法律概念的外延而得到了很好的限定,此时,即使法官的判断再离谱,也不会超过不确定法律概念本身公认的外延。而且,在法官的中立性、理性、学识有充分保障的环境下,法官的判断错误的概率与评判法官的其他人出错的概率是差不多的,甚至可能还要小一些,在这种情况下,很难说真理或者客观标准就一定掌握在居多数的评判者手中。当然,这是就英国的相对而言数量极少且按照法律专业水准精挑细选的法官而言的。

故英国学者认为,在事前通过定义来断定"合理的理由"存在的基础几乎是不可能的。不过非常明确的是,迟延的时间、迟延的理由以及前述要求申请人尽快提起司法审查,都是法官在判断"合理的理由"时应当考虑的相关因素。英国的判例法已经确立了这样的原则,申请人因获得法律援助方面的迟延,可以成为申请司法审查许可迟延的正当事由。②

如果申请人觉得可能要出现申请迟延的情况了,应当及早通知被告,最好是在诉前问询函中写明。申请人应当请求被告同意提出司法审查许可的时间暂停。③

即使双方不能就申请时限暂停一事达成一致,申请人将迟延不可避免的情况告知被告,也有助于减少被告争辩因延时所受的损害的范围。④ 其道理在于,既然申请人已经将不可避免的迟延通知了被告,被告就有义务采取相应的措施以避免损失扩大,未采取有效措施导致损失扩大的,申请人不负责任,这无形中减少了被告主张因延时而受损害的范围。

---

① Bridges & Cragg, p. 115.
② Bridges & Cragg, p. 115.
③ Bridges & Cragg, p. 116.
④ Bridges & Cragg, p. 116.

2. 申请延长时限的程序

申请延长时限的申请应当在递交司法审查许可申请时一并提交,具体内容包括①:① 应当在《司法审查许可申请书》"请求的救济"部分提出;② 在《司法审查许可申请书》"申请救济理由"部分解释迟延的理由;③ 确保申请书中对解释的内容一并予以宣誓确认。

3. 同意延长时限的裁量权

值得注意的是,是否超过起诉期限的自由裁量权掌握在法院手里。在 1998 年的 *R. v. Secretary of State for Trade and Industry, ex p. Greenpeace Ltd.* 一案中,高等法院法官劳斯确立了法院在行使这一自由裁量权时应当考虑的相关因素②:① 原告是否有合理的、客观的迟延的理由? ② 给延期提起的申请颁发受理许可会导致哪些损害,如对第三方、对良好行政的损害等? ③ 即使实质性存在这些类型中的某种损害,公共利益是否要求该案的司法审查继续? 这说明,公共利益尽管还不能达到与第三方或者良好行政的实际损害相提并论的程度,但至少是受理司法审查与否的一个考虑因素。而且此处的考虑显然不限于公共利益因受理该司法审查而受到的损害,也应当包括公共利益因不受理该司法审查而受到的损害。

特别值得一提的是,在实践中,并不存在因为遵循《民事诉讼规则》中《诉前良好行为规范》的规定(进行诉前的交换意见)导致耽误诉讼期限,进而要求延长诉讼期限的情况。③ 之所以如此,主要原因不是法院拒绝为那些因履行诉前议定书中的规定而耽误起诉的原告延长期限,而是因为凡是按照诉前议定书的要求进行诉前交换意见的,可以免于诉讼。

六、《司法审查许可申请书》

根据《民事诉讼规则》,原告要填写一份申请表,申述拟申请审查的行为或者决定、相关的事实、请求的理由以及所请求的救济类型。④ 这种申请表属于民事诉讼的格式申请书之一,即《司法审查许可申请书》,其名称取自《最高法院操作规程》第 18 部分所规定的相关格式文书的编号,其法

---

① Bridges & Cragg, p. 115.
② Neil Parpworth, p. 283.
③ Neil Parpworth, p. 283.
④ Bradley & Ewing, p. 735.

律意义是：一份申请司法审查许可进而启动司法审查程序的通知书；如果法院授予申请人许可，则该申请又将成为申请人提出的正式的司法审查申请。因此，《司法审查许可申请书》相当于私法诉讼中的《权利请求书》或者《特别权利请求书》。①

在《司法审查许可申请书》中申请人需要陈述两个方面的内容②：一是申请人想要确定的事实，即使被告与申请人就这些事实存在争议的可能性要比一般私法诉讼请求小得多；二是申请人从法律角度论辩自己的主张，这些论辩旨在确立一个或者几个司法审查的根据。

（一）《司法审查许可申请书》的形式要求

《司法审查许可申请书》必须包括以下内容③：

（1）申请人的姓名及情况描述；

（2）请求获得的救济类型，例如调卷令、训令等；

（3）寻求救济的根据；

（4）聘请了诉状律师为代理人的，应当述明其详细情况和地址；

（5）如果请求获得特别损害赔偿，应当述明特别损害的具体情况；

（6）如果申请时存在迟延，须阐述迟延的理由；

（7）如果认为确有必要对是否授予司法审查许可进行口头听审，应当提出口头听审要求。

此外，如果原告方认为需要申请诸如停止执行或者临时性强制令等临时性救济，或者希望法院就该司法审查申请的下一步作出指示，如延长或者缩短被告举证的时间，则必须在申请书的"救济请求"一栏内提出适当的请求。④ 从英国《司法审查许可申请书》的填写要求看，其指导思想是将所有的诉讼请求都在第一次提出许可申请时即予以明确。这是因为，虽然英国的司法审查申请程序分为申请许可和正式申请两个程序阶段，但这两个程序阶段在授予申请人许可申请的案件中是互通的，即申请司法审查许可的申请视为其下一步正式申请的申请。同时，从行政效率的角度讲，申请人一次性提出所有的请求事项，便于被告方全面评估案件，及时决策是否与申请人和解，即使不和解也可以及时全面地准备答

---

① Bridges & Cragg, p. 116.
② Bridges & Cragg, p. 116.
③ Bridges & Cragg, p. 116.
④ Bridges & Cragg, p. 116.

辩。当然,要想保障申请人能够没有遗漏地全面满足上述要求,对于一般的公民而言是非常困难的,英国完善的律师制度特别是其发达的法律服务体系在其中起到了不可低估的作用。

(二)《司法审查许可申请书》的起草要旨

《司法审查许可申请书》的措辞会影响案件在许可及全面听审阶段的进程,因此,该申请书通常由出庭律师撰写,除非存在以下例外[①]。

(1)案件本身存在超乎寻常的紧迫性使之不可能请出庭律师代笔,即使是这类案件,也要尽早给出庭律师创造机会审查申请书的草稿并提出必要的补充、修改意见;

(2)作为申请人代理人的诉状律师是英国为数不多的有权出席高等法院的庭审的诉状律师,并且该律师从头到尾为申请人出庭辩论而不需要另请出庭律师对其进行指导。

只要包括《司法审查许可申请书》正式要求的 7 项要素,则该申请书的起草就完全是一项个性化的工作,并没有什么严格的规则。当然,英国学者也提醒各位专家:最重要的原则是,别让那些审查申请的法官们太辛苦。为此,一般建议司法审查许可申请应当做到[②]:

(1)对于比较复杂的案件来说,较为有用的方法是,一开始就对案件作一简要概括,然后再罗列事实和法律意见;

(2)通常最好的做法是,先陈述案件事实,然后再通过引证相关的制定法的规定和必要的判例法来论述请求司法审查的根据;

(3)如果需要引用成文法律规范、未经报告的案例或者其他的法官未必容易获得的材料,例如,中央政府部门制定的良好行为规范或者操作指南等,最好是准备一份副本作为《司法审查许可申请书》的附件,这在采取书面审理方式的案件中尤为必要;

(4)如果此前的判例法明显地对申请人不利,申请书中必须划清该案与相关判例的界限,这在申请须书面审理时尤其必要。

比较理想的是,《司法审查许可申请书》与申请人的宣誓证言应当属于一个和谐的整体,其中仅有最低限度的重复材料。为了实现这一目标,最简单的办法就是让同一人起草这两份文件。有些出庭律师将近乎所有的信息都纳入《司法审查许可申请书》中,而使申请人的宣誓证言中仅具

---

① Bridges & Cragg, p.117.
② Bridges & Cragg, p.117.

有验证《司法审查许可申请书》中指称的事实的真实性并展示相关的法律文件的作用。而另外一些出庭律师则选择与此完全相反的思路,将几乎所有的内容都放在宣誓证言中,而仅将最主要的事实大纲和对宣誓证言的交叉参考的内容放在《司法审查许可申请书》中。尽管这两种方法因为只需要准备一份文件,而具有节省起草时间的优点,但上述两种写作方法都属于过犹不及。后者的缺陷尤其突出,它违反了宣誓证言应当包括事实而非法律意见的基本原则。①

比较妥当的做法是,将法律论辩局限在《司法审查许可申请书》中,而利用宣誓证言对《司法审查许可申请书》中指称的基本事实进行必要的拓展。②

七、申请人宣誓证言

申请人宣誓证言一般作为支持《司法审查许可申请书》的附件,一并提交给法院。

(一) 宣誓证言的正式要求

支持起诉的宣誓证言须满足以下条件③:

(1) 确认该宣誓证言中的事实具有支持司法审查申请的效力;

(2) 证明申请人对申请司法审查的主题事项具有足够的利益;

(3) 如果所寻求的救济是调卷令或者包括调卷令,则应当提供其申请所要挑战的行政决定的副本;

(4) 全面而诚实地披露全部相关事实,其中包括那些于申请人不利的事实。这有点类似我国刑事诉讼中的被告人如实陈述义务:出于公共利益的考虑,适当加重公共行政相对方的举证义务,是世界各国的普遍做法。

(二) 个人体验的法律意义

对于任何提供宣誓证言的人,都有可能(可能性不是很大)在全面听审时接到法院下达的命令,到庭接受被告对其所提供的证据进行的交叉盘问(cross-examined)。因此,比较理想的做法是,宣誓证言应当由对所述事实具有最直观体验的人宣誓确认。这个人不一定是申请人,例如,在

---

① Bridges & Cragg, pp. 117-118.
② Bridges & Cragg, p. 118.
③ Bridges & Cragg, p. 118.

一起安居补助复议委员会的听审案件中,可以由一名代表原告并为原告提供法律咨询的人宣誓。①

如遇到情势紧急的案件,宣誓证言有时会由申请人的诉状律师基于其所获得的信息及信任宣誓。虽然这种情况下所作的宣誓证言对于司法审查许可申请而言是可采证据,但传闻证据在正式的司法审查申请中是不可采的。②如果司法审查许可申请是基于传闻证据,并且存在事实方面的争议,则此后需采取必要措施申请对申请人的证据进行确认。③

(三) 全面及诚实披露的义务

与那些在英国法律体系的其他领域作为伪原告提起诉讼(make ex parte applications,此处将 ex parte applications 译为作为伪原告提起诉讼的申请人,理由是此类案件中的名义原告是英王)的申请人一样,申请司法审查许可的申请人,负有对所有相关事实予以全面、真实披露的严格义务,即使是对那些于己不利的事实也必须披露。英国学者在此特别强调,这一严格义务甚至可以说是特别针对这些于己不利的事实的。④

申请人违反这一义务的后果是面临如下风险:法院有可能会宣告前期已经取得的司法审查许可无效,使申请人的案件提前结束,不论实体方面的是非曲直。⑤

运用这一原则的实例是 1992 年的一个判例,上诉法院拒绝就司法审查许可的实体问题作出裁决,因为申请人的诉状律师没有向法院披露确实存在一封被告向申请人出具的、指出申请人案件真实情况的信的事实。因此,英国学者提醒律师们,最重要的是,在递交申请之前,必须充分地准备案件并进行充分的询问。在获取司法审查许可过程中未向法院披露相关的信息,将会使申请人付出败诉的代价,并将使代理该案的律师面临浪费诉讼资源令的责罚。⑥

(四) 宣誓证言的起草要旨

对于一份支持起诉的宣誓证言(affidavit in support)而言,仅仅满足前述的 4 点正式要求是远远不够的。对于司法审查案件而言,宣誓证言

---

① Bridges & Cragg, p. 118.
② Bridges & Cragg, p. 118.
③ Bridges & Cragg, p. 118.
④ Bridges & Cragg, pp. 118-119.
⑤ Bridges & Cragg, p. 119.
⑥ Bridges & Cragg, p. 119.

所具有的将所有相关事项提交法院并使之无可辩驳或者具有明显的说服力的功能,较之普通的民事案件有过之而无不及。①

需要特别注意的是,如果申请人获得了司法审查许可,则其为获得该许可而提交的宣誓证言,还将在正式审理司法审查申请的全面听审中用作主要证据。因此,如果时间允许,宣誓证言应当尽可能多地包括相关的细节。同时,在提交宣誓证言阶段还应当牢记,所有的司法审查救济都是自由裁量性的。②

宣誓证言仅仅说明申请人在法律上有权获得其申请的救济是远远不够的,还必须向法院展示通过法官行使自由裁量权应当给予的救济。在通常情况下,这不会有什么问题,但是,如果存在法院朝着不利于申请人的方向行使其自由裁量权的可能性,则通过宣誓证言唤起法院的同情心就成为明智之举。③

当然,这样做也面临两种明显的危险:首先是提前暴露了被告也许永远都不会提及的反驳要点;其次是使宣誓证言变成了降低诉讼请求标准的妥协申请。④ 无论是陷入哪一种危险之中,都将使申请人弄巧成拙,尽管如此,在准备宣誓证言时仍需要记住的是,要从道德或者人道主义的角度立论,这有助于宣誓证言发挥有利于申请人的作用。⑤

八、申请许可的程序

司法审查许可申请的程序包括以下三个步骤或阶段:递交申请文件、选择许可申请的审理方式、列出口头审理安排清单,其中最具策略性的就是选择审理方式,这又以是否通知被告到庭为权衡的要点。

(一) 递交申请文件

1. 文件的内容和形式要求

申请司法审查许可须向位于皇家司法法院院内的高等法院皇家办公室(Crown Office in the Royal Courts of Justice,此处的皇家司法法院是个地名,即高等司法法院所在地)⑥递交如下文件:①《司法审查许可申请

---

① Bridges & Cragg, p.119.
② Bridges & Cragg, p.119.
③ Bridges & Cragg, p.119.
④ Bridges & Cragg, pp.119-120.
⑤ Bridges & Cragg, p.120.
⑥ Bridges & Cragg, p.120.

书》及其一份副本;② 一份或者多份支持起诉的宣誓证言及其相应的副本;③ 如果获得了法律援助,则需提供《法律援助证明书》及其任何修正文件。

这些文件应当装订成卷。如果支持申请的文件超过 10 页,则《司法审查许可申请书》及宣誓证言的副本应当编页码和索引;还要准备一份哪些页码是法官应当重点阅读的清单。①

如果某页的内容只需法官看其中的一部分,则该部分应当通过页边空白处加画实线或者除加黑以外的其他方法指明。②

如果申请人请求对司法审查许可进行口头听审,而不采取仅靠文件的书面审理方式,负责接待的皇家办公室应当在此阶段就了解申请人的这一请求,而且程序规则严格要求申请人的《司法审查许可申请书》中必须包括此项请求内容。在这种情况下,申请人还必须提供届时将出席听审的出庭律师的姓名、电话号码以及申请人的申请用时可能超过标准听审用时时出庭律师以书面形式提交的估计用时报告。③ 如果出庭律师认为其当事人的申请将在听审标准用时范围内完成,则无须写这个报告;但如果有可能超时,则需要在此报告中估计具体的用时。显然,由出庭律师估计这个时间是合理的,因为他比当事人更知道应当在听审时说些什么,也比法官知道当事人想说些什么。相反,由法院来估计用时难免武断,或者给当事人以武断的印象。这种结局并不是臆想的,某些国家的司法系统总是想在这些鸡毛蒜皮的小事上突出法院或者法官的权威,结果是既不符合情理,更容易引起当事人或者律师的不满。这说明在制度设计上没有注意细节,由此因小失大的结果是葬送了本来用心良好的制度的施行效果。

2. 申请费用

申请人在递交《司法审查许可申请书》时,应当缴纳诉讼费。④

3. 递交方式

司法审查申请可以采取两种方式递交:亲自到皇家司法法院递交,或者通过邮寄或者文件交换。如果是亲自递交,则首先应当在皇家司法法

---

① Bridges & Cragg, p.120.
② Bridges & Cragg, p.120.
③ Bridges & Cragg, p.120.
④ Bridges & Cragg, p.120.

院交费。采取邮寄方式递交申请时,重要的是要特别注意申请期限,因为按照英国《邮政法》的规定,投邮文件的风险是由申请人承担的。如果存在可能的期限风险,英国学者建议致电皇家办公室,以确认有关申请文件是否安全寄到,不然,最好是请伦敦的代理人亲自递交。[1]

在非常紧急的案件中,皇家办公室也可以接受执业地点位于伦敦以外的诉状律师通过传真递交申请。当然英国学者非常好心地提醒,一定要先给皇家办公室打电话以便做好必要安排,特别是当传真机正在用于发送传真时,它是不能接收的。[2] 看了这方面的内容,笔者颇为感慨,英国学者此时能够说出一系列的电话号码和地址,这是许多国家的行政法学者难以做到的。

像英国法律体系中其他领域一样,司法审查也有可能出现特别紧急的案件,可以通过在工作时间之外致电高等法院的值班法官,申请司法审查许可以及任何适当的临时性救济。1994年的 *M v. Home Office* 一案就出现了此种情形适用的必要性。[3]

(二)审理方式的选择

高等法院对司法审查许可申请的审理有书面审理和口头审理两种方式,具体选择哪种方式由申请人在提出申请时决定。一旦申请文件递交给皇家办公室,审理程序依申请人选择书面审理还是口头审理而有所不同。[4]

申请人该如何选择呢?由于选择权掌握在申请人手中,并且两种申请方式对于申请人方准备材料的要求是完全一样的,仅在递交申请后法院审理的方式及对审理结论的救济手段上有所区别,究竟选择哪一种申请方式,在实践中是颇有一些门道的。对此,英国专家提供了许多英国式的意见。[5] 由此道出了许多在英国或许非常实用的应诉技巧。这些内容在一般的学院派行政法学著作中非常少见。但对于我们理解英国的司法制度的精神实质却是难得的。客观地说,对于法律的真正的领会,不在于对其字面或者理论上的理解和认识,而在于实践中如何学会应用甚至是规避。了解英国律师如何在实践中运用其法律制度的权衡技巧,显然是

---

[1] Bridges & Cragg, pp. 120-122.
[2] Bridges & Cragg, p. 122.
[3] Bridges & Cragg, p. 122.
[4] Bridges & Cragg, p. 122.
[5] Bridges & Cragg, p. 123.

从更深层次上了解、认识和研究英国法的捷径。尤其是对英国这样一个以判例法为根基、非常重视法律实践的法律体系而言,这方面的内容尤其具有启发意义。

1. 书面审理的利

英国学者认为,书面审理通常已经足够了,由于这种审理方式可以在不成功时重新再来,因此,具有节省开支以及给予申请人额外的说服法官应当授予其司法审查许可的机会的双重优点。书面审理可能需要1个月的时间,有时则干脆积压在皇家办公室,这将意味着申请人在收到法官的决定及其附件之前将会有更长时间的拖延。①

2. 口头审理的弊

口头审理方式分为紧急口头审理与非紧急口头审理两种情况。紧急口头审理许可申请可以在几个小时或者几日内完成,但非紧急的口头审理许可申请案件一般需要等候2个月才能听审。② 两种方式都够慢的。

英国学者建议,无论什么原因使案件成为"以通知被告为宜"的案件,都必须要求举行口头审理。③

3. 通过提醒法院以便提前听审

无论选择何种申请方式,英国学者特别建议,对申请人而言非常重要的是,一定要提及与该案相关的截止日期,以便皇家办公室能够提前考虑这些案件。④ 事实上,紧急口头审理就是这种建议的一种极端形式。

(三)通知被告到庭的权衡

通常情况下,申请司法审查许可是单方面进行的,也就是说并不通知被告,书面审理和口头审理都是如此。⑤ 据此,司法审查许可申请可以不通知对方而单独完成,而且在前文讨论司法审查的准备阶段的策略时,还特别探讨过避免通知被告可以节省被告应诉的律师费用的问题。可见,对于是否以及何时将请求司法审查许可的情况通知被告是有技巧的。

但另有资料介绍,原告提出申请的情况必须告知被告(即作出被申请司法审查的行为或者决定的机构或者官员)及其他利害关系方;被告及其他被告知者,必须在21日内告知法院其是否有意对原告的诉讼请求提出

---

① Bridges & Cragg, p. 123.
② Bridges & Cragg, p. 123.
③ Bridges & Cragg, p. 123.
④ Bridges & Cragg, p. 123.
⑤ Bridges & Cragg, p. 123.

抗辩,如果提出,必须简要地说明其抗辩的理由。① 据此,在英国的司法审查程序中,法院在作出受理决定之前,需要通知被指控者及申请书中提起的其他已知利害关系方。这样做的一个最直接的好处是,让被告或其他利害关系方与闻其事。笔者相信,在一个文明的社会中,如果诉讼双方能够以这种方式确信对方有将诉讼进行到底的决心,在绝大多数情况下各方是会更加充分地考虑实现这一决定的成本和收益的,从而在绝大多数情况下会以息诉或者庭外和解的方式了结案件。因此,在诉讼案件受理之前为诉讼双方提供一次正式的交流机会,无疑是减少诉讼以及由此造成的社会成本的一个非常好的制度设计。而受理后再答辩给人的印象特别是给被告的暗示是,既然已经成了被告,那就只能奉陪到底了。司法的价值在于公正,如此双败的诉讼心态显然不是很好的公正。

对于上述是否必须通知被告的争议,笔者查了资料。有些资料并没有直接提到这个问题,只是说书面审理方式对申请人而言要相对便宜一些,因为没有必要请出庭律师代理出庭。因此,对于那些非常明显的会获得许可的案件,选择书面审理方式是明智的。② 而韦德爵士显然对于这样细致的问题也不感兴趣,他只是非常敷衍地提到司法审查许可程序变动不居,有时是口头审,有时是书面审,有时是单方的(ex parte)的,有时是多方的(inter partes)。③ 据此,在许可申请审理过程中,口头审理的,必须通知被告;书面审理的,并非必须。但无论是否必须,对于本书下面介绍的有关被告是否到庭对案件的影响的分析都没有影响,因为其讨论的重点不是被告不来会怎样,而是被告到庭对案件进程的影响;其中最值得借鉴的,是被告在庭上审时度势,从法律、事实及成本等细节入手考虑问题,而不计较细节的风范。

1. 被告出现的必要情形

在某些情况下,基于以下原因,被告也可以出现在审理司法审查许可申请的听审现场④:

(1) 法院要求被告出庭;
(2) 申请人通知被告到庭;

---

① Bradley & Ewing, p. 735.
② Sweet & Maxwell, 1999. p. 568.
③ Wade & Forsyth, pp. 646-647.
④ Bridges & Cragg, p. 123.

（3）被告已经发现了申请人请求司法审查许可的活动，并决定在案件早期就介入。

这说明，只要被告愿意，被告也是有权不经法院许可而直接参与到案件的庭审过程中来的。这符合英国法的基本精神，即对抗制。对抗制的基本思想是，任何关系到当事人权益的程序，当事人都有权参与。

2. 通知被告的许可申请的审理

英国近年来出现一种趋势：法官们在书面审理（偶尔也包括一些单方面的口头审理）司法审查许可申请案件时，在不给予或者拒绝给予申请人司法审查许可的同时，指示申请人在通知被告后在公开法庭上重新启动案件。在这类案件中，申请人不必填写并返回《再申请司法审查申请书》，只需要向被告发送《司法审查许可申请书》、宣誓证言以及必要时提供《法律援助通知书》，并请求被告在自愿的情况下参加重新开始的司法审查许可申请听审程序；如果被告想参加听审，并且想请出庭律师到场指导，则出庭律师的助理应当与皇家办公室联系以确定听审日期。①

3. 被告出庭带给申请人的技术性优势

如果被告出庭，有两种情况会对申请人有益②：

（1）有助于案件的解决。向被告送达司法审查申请文件以及被告出庭有助于案件争议的解决。案件由此解决的情况更有可能发生在司法审查申请理由充分时。公共管理机构作出的许多决定之所以不会尽早改变，要么是因为案件本身还没有引起通常很忙的被告律师们足够的重视，要么是因为由于决定结果牵涉个人因素而使决定者不愿意接受法律建议。这个分析具有人性的共性，因此具有在各法域适用的普遍性。

即将到来的开庭审理将会促使被告不得不面对其所处的不利地位，并可以在案件早期阶段从作为其顾问的出庭律师那里获得中立的法律建议和代理意见。

被告从其顾问那里获得的建议，连同法院在授予申请人司法审查许可时所作的评论，将会使被告律师劝说被告自行了结案件。此处的被告律师主要是指被告的诉状律师，而提到法律顾问时，则一般是指出庭律师，只是由于目前英国混业现象已经比较普遍，按出身（即出庭律师和诉状律师）分类与按业务职能（法律顾问和代理律师）分类存在交叉重叠。

---

① Bridges & Cragg, p.124.
② Bridges & Cragg, p.124.

因此，英国学者在叙述时往往是根据需要采取一种最接近实际情况的分类表述。

在司法审查程序的早期阶段举行的听审还具有将被告的注意力集中到开支问题上的效果。① 当然，这种效果的出现是以被告本身处于强硬的财政约束体制之下为前提的，这一点在英国是得到了充分保证的，无论是原告还是被告、无论是公法人还是私人，都会充分地考虑其所实施的行为的财务成本。虽然这是经济社会中任何理性的行为人都应当具备的基本素质，或者说是任何法律主体具备基本的责任能力的最起码的考核尺度，但这个起码的要求并不适用于中国。正因如此，我们面临的许多问题是无法通过简单的经济成本核算或者财务成本约束实现的。这告诉我们，任何成熟的国家治理体制都是结构性的、系统性的，单纯某一个方面存在的问题可能反映出整个国家治理结构的水平。

如果被告最终认定无论其正确与否，案件争议本身不值得破费，并因此而与申请人和解，促使被告在案件一开始就拿到一份来自其出庭律师的收费账单，无疑是加速案件审理过程的重要技巧。② 此处所说的加速案件审理过程，显然是指因被告主动同意与申请人达成协议，而使案件提前结束。这是英国律师界在办理司法审查案件时经常采用的重要技巧。从某种意义上说，英国的司法审查程序之所以设置那么多程序阶段、需要等待那么长时间，很有可能就是为了给双方当事人相互试探、妥协提供回旋余地的。

当然，此处的妥协是有条件的：一是必须是双方自愿的，二是必须是符合法律规定的，三是不损害第三方利益，四是在双方律师或者法律顾问参与下进行的。其实，此种妥协实际上是围绕法院可能作出的判决就双方都可以接受的方案提前达成的共识。由于该妥协方案意味着公共管理机构必须对其原来的决定作出相应的调整，从而有可能损害第三人或者公共利益，如果妥协方案没有顾及这些内容，公共管理机构难免被卷入随后开始的进一步的诉讼。这就要求公共管理机构与申请人达成的协议必须合法、必须无害他人，当然也必须双方自愿。而要实现这一点，敬业的、称职的律师的介入，无疑是一个非常重要的制度兼或技术前提。没有专业化解决公共法律纠纷经验的律师参与，此类案件的诉前解决是不可想

---

① Bridges & Cragg, p.124.
② Bridges & Cragg, p.124.

象的。而这种诉前解决之所以能够节约成本,就在于可以免去正式的法院庭审。虽然庭审时法院方面的成本是由公共财政总体负担的(虽然这也有减少的必要,但就诉讼双方而言并没有减少这项费用的内在驱动力),但双方的律师费,尤其是公共管理机构方面的律师费(申请人方的费用还有可能通过法律援助或者法律服务转嫁出去)开支,就成为英国司法审查体制中促使案件尽快解决的核心动力。正如前文分析的,这种动力又是建立在对公共管理机构严格的财务约束的行政管理体制之上的。归根结底,通过诉前程序提前了结案件,以节省法院、申请人以及公共管理机构三方成本的三赢方案的达成,有赖于完善的公共财政制度的建立。这是笔者研究英国行政体制过程中自觉的最大发现之一。当然,在得到这一结论后笔者丝毫都不觉得兴奋,反而感到很沉重,因为笔者更深刻地体会到,要想改变现行财政体制,建立真正对成本负责、对开支敏感的公共行政体制所需要进行的改革的难度。

遗憾的是,被告出庭的另一种可能效果是,被告会成功地劝说法官拒绝给予申请人司法审查许可。显然,被告也不是无行为能力人,他们还有律师及法律顾问。从被告方看,成本最低的诉讼策略就是在此阶段毕其功于此役,说服法院拒发许可,断绝申请人寻求司法审查的希望。无论从成本角度、法律角度还是公共关系角度,这都应当是被告最优先考虑的方案。因为这一方案显然要比诉前协商成本更低,被告几乎不需要再支付费用。当然,如果被告逞一时之快过分地刺激申请人,促使申请人决心通过上诉等手段与被告斗争到底,则是被告得意忘形的败笔,这种情况在被告律师或者顾问在场或者辅助的情况下一般不会也不应该发生。

从这个意义上说,对于申请人而言,选择自愿向被告透露听审司法审查许可申请的消息的诉讼技巧,具有一定的风险性,需要谨慎为之。

一般说来,通常最好的做法是申请人尽可能向被告封锁单方面提出司法审查许可申请的消息,除非申请人的案件胜诉概率非常大并且迅速平息事态对于申请人而言具有特殊的重要性。只有非常紧急的案件才能尽快解决,而尽快解决的唯一方法就是从速举行听审。

(2)及时解决审理过程中遇到的需要被告解决的专业问题。让被告出庭对于申请人有益的第二种情况是,司法审查许可申请遇到困难或者不常见的法律问题,申请人估计法官将会中止庭审、通知被告到庭。之所以将这种情况视为被告到庭对申请人的有利因素,是因为如果确实出现了这种情况,审理必须推迟,从而浪费时间和金钱。相反,如果申请人估计到会有这种结果,提前通知被告到庭,可以避免这种浪费。

遇有此类案件时,申请人最好别等到法院作出此类命令后再通知被告到庭。这样做不仅会节省时间,更重要的是,法官作出的通知被告到庭的指令,可以解释为(而且通常确实就是)法官认为申请人递交的申请不具有说明力。① 这种情况完全可以理解为,法官因为对申请人的申请是否应当受理拿不准,才会提出要见被告。如果法官认为确实应当许可,则无论对错都没有见被告的必要。不过从诉讼策略角度讲,此时提前通知被告其实意义不大,或者说没什么技巧可言:如果确属申请不力而提前告知被告到庭,申请人确实不会等到法官要求传唤被告的指令,而是法官直接从在场的原告那里了解了有关情况后直接作出决定。

这种印象会使被告即使是在申请人已经获得司法审查许可的情况下,也会淡化其与申请人协商以解决案件的想法。因为被告会觉得当初法院之所以通知自己到庭,就是认为申请人的申请比较勉强,法官自己有点犹豫。这足以说明申请人的申请至少在这名法官看来胜诉的概率不是很大,即便最终该法官授予了申请人司法审查许可,申请人也不一定真能胜诉。在这种心理驱使下,被告确实会变得强硬起来。如果确实是这样,从提前了结案件的角度着眼,提前通知被告到场确实称得上是一种诉讼技巧。

从另一个角度看,事先将申请司法审查许可的情况通知被告,而不是等到法官催促后再通知,可以视为一种出于强势地位的做派,特别是在告知通知中一并提出明确的解决案件的邀约的情况下。② 被告出庭的一个不利因素是,被告很可能利用这一机会,说服法官拒绝申请人的请求。与此相对应,此处提到的提前通知被告出庭的策略,确实会向被告传达"申请人方并不害怕被告当庭劝说法官"的信号。显然,只有强者才能有这样的气魄。

4. 寻求临时性救济的案件

参见本卷第二章第四节中"临时性救济的获取策略"部分。

5. 刑事案件立案申请

涉及任何刑事理由或者事项的申请程序,在绝大多数方面与民事申

---

① Bridges & Cragg, pp. 124-125.
② Bridges & Cragg, p. 125.

请程序相同。但在重新申请的规则方面二者仍有所不同。①

"任何刑事理由或者事项"(any criminal cause or matter)这一术语的含义非常广泛,其外延不限于因刑事审判而引发的议题,而是包括调查犯罪、起诉并惩罚罪犯的整个过程,但不包括涉及罚金及赔偿令的强制执行命令以及其他涉及没收罪犯财产的诉讼程序。②

在民事诉讼中,如果独任法官的决定是拒绝给予立案许可或者以申请人无法接受的条件作为立案的前提,则无论审理过程是书面的还是口头的,申请人都可以向高等法院的分庭法院提出再申请。而所谓的分庭法院就是由多于一名的高等法院的法官组成的法院。③ 与民事立案申请程序一样,刑事立案申请的最初决定也是由高等法院的一名法官决定的,而且申请人也拥有书面审与口头审程序的选择权。④

刑事案件不同于民事案件的立案许可程序之处在于⑤:① 只有在最初的申请经书面审且被拒绝后才可以申请再审查;② 再审查申请只能向独任法官而不是分庭法院提出。

(四)列出口头审理安排清单

高等法院的皇家办公室通常按每件案件审理最多耗时 20 分钟计算,列出口头审理司法审查许可申请案件的排序清单;如果被告到场,则被告最多只能占用 10 分钟回答问题。如果案件事实比较复杂,或者存在不常见或者复杂的法律问题,申请人可以请求比这更长的口头审理时间。如果确实需要提出此种申请,则要单独确定审理时间。如遇到此种情况,申请人的出庭律师必须在提出司法审查许可申请时或者在事后发现确实需要更多时间时尽快向皇家办公室提供书面的用时估算。⑥ 因为在有些案件中确实存在提起司法审查申请之后才发现需要较长口头审理时间的可能。

九、许可申请的审理

受理许可的决定通常由一名法官以书面形式作出,但该法官也可以

---

① Bridges & Cragg, p. 125.
② Bridges & Cragg, pp. 125-126.
③ Bridges & Cragg, p. 125.
④ Bridges & Cragg, p. 125.
⑤ Bridges & Cragg, p. 126.
⑥ Bridges & Cragg, p. 126.

要求各当事方参加公开的法庭上举行的简短的听审。申请临时性救济也要举行听审。① 此外,《民事诉讼规则》允许司法审查请求由先期开始的普通程序转化而来,当然,这仍要经过法院许可。反之,司法审查请求也可以转为普通民事请求。②

具体而言,司法审查许可申请的审理程序因审理方式不同差异很大,对审理结果的救济也各不相同。

(一) 口头审理程序

如果申请人选择口头审理,则皇家办公室将安排一个听审日期,当然事先要咨询申请人的出庭律师。皇家办公室在安排听审日期时不能受申请文件的任何影响。③ 也就是说,申请人提出的口头审理司法审查许可申请的要求应当无条件满足,或者说,口头审理是申请人的当然权利,只要其提出,就应当予以满足。这个可以归结为以口头审理为原则的原则,是英国法律制度的基本特点,即对抗制的自然结果。对于这一认识,本书已经反复强调,此处则是例证。

司法审查许可申请的听审程序非常简单。没有证人出庭,甚至连申请人都不必出庭;当然,如果申请人没有聘请代理人而亲自参加诉讼,则必须出庭。但无论如何,申请人如果愿意都有权出庭。司法审查许可申请由一名法官审理。申请人的出庭律师向法官解释案件,回答法官提出的任何疑问。除非申请人的出庭律师另行要求了其估计需要的时间,司法审查许可申请的听审程序一般只安排 20 分钟。④ 这个时间与前面提到的出庭律师另行估计并要求庭审时间的内容是对应的,不包括下文将提到的被告出庭时的时间安排。⑤

如果法院授予申请人司法审查许可,则任何请求临时性救济或者法院的特别指示的请求随后就可以处理了。⑥ 这就是说,在司法审查许可申请的口头审理程序中,唯一的一名主持审理的法官就可以决定是否给予许可以及是否给予临时性救济或者其他特别指示。这一点又是与我们的行政诉讼非常不同的一点。

---

① Bradley & Ewing, p. 735.
② Bradley & Ewing, p. 736.
③ Bridges & Cragg, p. 122.
④ Bridges & Cragg, p. 122.
⑤ Bridges & Cragg, p. 126.
⑥ Bridges & Cragg, p. 122.

与书面审理许可申请的程序不同,经口头审理后如果许可申请被拒绝,申请人不能再向高等法院的另一法官重新申请启动审查程序。但是,对于经口头审理后拒绝给予司法审查许可的案件,申请人可以重新向上诉法院提出申请。① 此处值得注意的是,英国学者将这种向上诉法院提起的请求称为重新提出申请,而不同于我国诉讼法中对不予受理决定的上诉。

(二) 书面审理程序

如果申请人选择书面审理司法审查许可申请程序,则申请人递交的申请文件将被转送至一名高等法院的法官,该法官将阅读这些文件并作出决定,而不再安排口头听审。皇家办公室随后将该决定的一份副本寄给申请人或者其诉状律师,同时根据授予或者拒绝司法审查许可的情况,向申请人方发送空白的用于启动正式司法审查听审程序的《司法审查听审动议书》[Form 86(Notice of Motion)]或者用于启动向上诉法院的再申请程序的《再申请司法审查申请书》[Form 86B(Notice of Renewal of Application for Leave to Apply for Judicial Review)]。②

法官有权指令某一司法审查许可申请应当举行听审、应当将申请文件送达被告并邀请被告出庭。此即单方面通知听审。如果法官拒绝给予申请人司法审查许可,或者只能在申请人无法接受的条件下给予司法审查许可,申请人可以通过填写《再申请司法审查申请书》并在10日内交给皇家办公室的方式,重新回到口头审理申请程序。③ 也就是说,虽然申请人在最初递交的《司法审查许可申请书》中并没有要求以听审方式审理其司法审查许可申请,于是其申请即进入书面审理程序;但仍有两种渠道可以使申请人的程序进入听审程序:一种是法官依职权作出决定,一种是申请人自己根据书面审理的结果作出决定。即如果申请人对书面审理程序的结果不满,仍可以回到口头听审程序中去。这进一步表明,在英国的司法体制中,口头、开庭、听审审理方式是其司法审查的基本程序;只有在申请人自愿的情况下才可以进行书面审理;而且即使是书面审理,当事人不服时仍可以在原审法院重新要求听审式审理。因为这种对抗式的审理方式是英国人认为最能保护当事人权益、最接近公正的审理方式。

---

① Bridges & Cragg, p. 122.
② Bridges & Cragg, pp. 122-123.
③ Bridges & Cragg, p. 123.

随后，在咨询申请人出庭律师的助手后，确定单方面庭审的时间。按照这种程序重新开始的申请与口头审理程序完全相同。在重新听审程序中，主审法官不必是曾经作出拒绝原申请决定的法官。① 尽管原审法官应当回避，但也没有明确要求回避的规定。从其他材料的介绍看，一般应当由原审法官以外的其他法官审理。但无论由哪个法官审理，都应当对申请人的申请重新进行考虑。尽管法律上要求法官重新考虑申请人的申请不应当受已经作出的拒绝其申请的决定的影响，但从申请人的角度着眼，显然有必要劝说主审法官原拒绝申请人的申请的决定所依据的理由都是错误的。

十、许可申请的救济

根据《最高法院法》第 31 条第 6 款的规定，如果法院认为给予原告其所请求的救济将有可能使其他人陷入实质性的困苦、对其他人的权利构成实质性的损害或者有害于良好行政，法院可以拒绝给予受理许可或者拒绝原告所请求的救济。② 对于这一含义模糊的自由裁量权的规定，英国学者也颇有微词，法院在决定给予救济时的自由裁量权的规定与程序规则交互作用，造成了很大的困难。普遍做法是，一旦发出了司法审查的受理许可，则法院在实体性听审阶段不得以原告在申请时存在不合理的迟延为由而取消该许可。相应的结果是在实体审理阶段不再审查受理阶段中应当解决的问题。尽管如此，迟延可以成为法院拒绝给予本来应当给予的救济的理由。③ 如此看来，在实体审理阶段还是要审查原告寻求救济迅速与否，这不完全是个态度问题，更主要的是对自己的权利的重视程度问题。对当事人来说，对行政决定不服首先考虑的应当是司法审查。但英国又确实有行政救济，行政救济的期限是否包括在 3 个月的期限内？答案是否定的，因为在行政机关承诺予以处理期间，按照合法性期待理论，是完全可以得出相应的寻求救济的根据尚未建立的结论的。也就是说，行政机关承诺处理的期间可以扣除。这就解决了司法审查与其替代性救济相互衔接的问题。

司法审查许可的再申请及再审，是对已被驳回的司法审查许可的救

---

① Bridges & Cragg, p. 123.
② Bradley & Ewing, pp. 735-736.
③ Bradley & Ewing, p. 736.

济,相当于对不予受理决定的上诉。在这类案件中,申请人已经按司法审查许可申请的程序提起过一次申请,并在该申请被拒绝后,又提起了一次再申请,仍被拒绝。此时,除极个别上诉至上诉法院甚至贵族院的案件以外,司法审查许可的途径已经宣告穷尽。但这并不意味着申请人真的走投无路了。此处提到的程序,是指另辟蹊径,按照传统的民事或者刑事诉讼的途径,直接以原告身份针对被告提起民事或者刑事诉讼。

如果申请未予受理、只获得部分受理或者附条件受理,原告可以要求就此举行一次听审予以复审。① 对未全面受理所进行的复审,强调的是必须在听审中进行复审,而此前的决定是否受理的程序则以书面审为主,偶尔听审。可见,对于救济,是不能含糊的,而英国人也许认为其表示自己真诚态度的最好方式,就是给对方提供一个面对面的申述的机会,即举行一次听审。

(一)民事案件的许可再申请

1. 向上诉法院申请再审

司法审查许可申请经口头审理后或者在经过书面再申请后仍被拒绝的,可以向上诉法院进一步申请。②

2. 填写标准格式的《单方面申请通知》

为了能够重新向上诉法院递交司法审查许可申请,申请人须参照《最高法院操作规程》中的示例,填写标准格式的《单方面申请通知》。③

3. 再审期限

申请人应当在听审后7个工作日内(除去周末及银行假日),将其申请文件递交给在皇家司法法院民事上诉官(Civil Appeals Office)。④

4. 涉及法律援助的续展申请

如果申请人获得了法律援助,则严格的7个工作日的期限可能会显得非常困难。因为《法律援助证明书》一般不会自动包括申请人在上诉法院进行的诉讼程序,需要申请获得法律援助续展。⑤ 这将意味着在7个工作日内再次提起法律援助的申请并获得新的《法律援助证明书》是非常困难的。因为法律援助机构也是官办机构。

---

① Bradley & Ewing, p. 735.
② Bridges & Cragg, p. 127.
③ Bridges & Cragg, p. 127.
④ Bridges & Cragg, p. 127.
⑤ Bridges & Cragg, p. 127.

法律援助局(Legal Aid Board)几乎无一例外地首先征求出庭律师的意见,这实际上使得申请人的续展申请变成了两次续展:第一次是允许出庭律师正式就申请人的案件在上诉法院上诉成功的可能性提出建议,这一点应当尽快通过电话获得;第二次则是允许在上诉法院提出申请时获得法律援助,这一次需要在出庭律师已经就上诉的成功率提出了建议并且其建议已经送至法律援助局后提出。①

因争取获得法律援助延展或者其他正当事由,几乎都不可能在7个工作日内完成,因此,提出再申请时完全可以申请上诉法院延长时间。如果申请人事先就预见到7个工作日的审理时限将会带来问题,英国公法实务专家建议申请人在向上诉法院提出申请延长时限的同时,尽快写信给被告,就自己向上诉法院上诉的意愿以及所遇到的期限方面的困难通知被告方。这将有助于避免被告日后争辩其因延长时限而受到不公正待遇。② 英国公法的实务专家能够提出这样的建议,表明在英国的司法审查案件中,双方当事人还是非常谦让的。或者可以说,没有这种起码的谦让,作为行政相对方的公民是无法实现真正意义上的与公共管理机构的对抗的。

5. 候审

申请人的再申请将会被列入候审案件清单。尽管在开始时对申请人要求的期限非常短,但真正到候审时,可能需要几个月。③

6. 组成上诉法庭审理

申请人的再申请将由一个完整的上诉法庭审理而不是由一名上诉法院法官审理。如果该上诉法庭经庭审后授予申请人司法审查许可,则案件通常将被退回高等法院以便进入下一审理程序;当然,上诉法院也可以决定自己听审该案件。④

7. 二审终审

如果上诉法院拒绝给予司法审查申请许可,不能再上诉至贵族院。⑤

(二) 刑事申请

如果案件涉及刑事事由或者事项,则在其司法审查受理许可申请被

---

① Bridges & Cragg, p. 127.
② Bridges & Cragg, p. 127.
③ Bridges & Cragg, p. 127.
④ Bridges & Cragg, p. 127.
⑤ Bridges & Cragg, p. 127.

分庭法院拒绝后,不能再向上诉法院或者贵族院提出再申请,申请人也没有上诉的权利。① 但也有不同意见:如果申请人在复审听审后仍没有获得受理许可,可以向上诉法院上诉。②

第四节　司法审查许可嗣后程序

本节讨论被授予司法审查许可后的程序和技巧。③

一、申请人可选的步骤

(一) 申请法律援助

申请人的《法律援助证明书》通常对诉状律师在被授予司法审查许可后进一步提供并发出《司法审查听审动议书》的权限加以限制,即要求申请人在获得司法审查许可后必须回到原来申请法律援助的法律援助地区办公室申请延展法律服务的范围。④

前文曾经提到,在司法审查许可申请被拒绝后,如果获得法律援助的申请人还想继续上诉,并且希望继续获得法律援助,必须先申请法律援助的延展。⑤ 结合此处在获得司法审查许可后法律服务的延展,而在当时(1995年)的英国,法律援助对于司法审查的支援是相当受限制的,现在的法律服务在名实两方面均有所改观。

如果申请人拥有的《法律援助证明书》限于司法审查许可的申请阶段,则申请人在获得许可后,就应当向法律援助局递交《CLA30式申请书》(Form CLA30)取消限制。此项申请必须从速进行,但由于法院已经通过授予司法审查许可的形式确认了申请人的案件具有可讼争性,申请人申请司法审查延展的结果应该不过是走走形式。⑥

(二) 送达《司法审查听审动议书》

一旦获得司法审查许可,申请人就必须提出正式的司法审查申请。

---

① Bridges & Cragg, p. 128.
② Bradley & Ewing, p. 735.
③ Bridges & Cragg, p. 129.
④ Bridges & Cragg, p. 129.
⑤ Bridges & Cragg, p. 127.
⑥ Bridges & Cragg, p. 129.

这通常是通过拟就并发出《司法审查听审动议书》的形式实现的。① 这一程序步骤包括三项内容：受送达《司法审查听审动议书》空白表、填写《司法审查听审动议书》并寄出。

1. 受送达《司法审查听审动议书》空白表

根据司法审查许可申请的审理形式，有两种不同的送达方式②：

（1）经书面审理授予司法审查许可的，皇家办公室将在向申请人的诉状律师或者在申请人自己起诉时向其本人寄送许可的同时，将《司法审查听审动议书》的空白表作为许可决定的副本一并寄送。

（2）经口头审理授予司法审查许可的，《司法审查听审动议书》要在口头审理后马上寄出。此外，该空白表也可以在皇家司法法院获取。

2. 填写《司法审查听审动议书》

申请人的诉状律师必须填写《司法审查听审动议书》，并准备下列文件，作为《司法审查听审动议书》的附件③：

（1）申请人提出司法审查许可申请的《司法审查许可申请书》；

（2）支持申请人提出司法审查许可申请的所有宣誓证言文本；

（3）准予司法审查许可的法院命令，如许可是经再申请获得的，还应当包括法院此前作出的拒绝给予许可的任何命令；

（4）法律援助方面的通知事宜。

3. 送达《司法审查听审动议书》

《司法审查听审动议书》应当连同其附件送达所有直接受该司法审查申请影响的人，除非该当事人已经在此前的非单方申请中受送达了相关内容。与先前的其他程序一样，为效率起见，上述文件的送达可以通过邮寄，但不能通过传真或者远程交换。但与法院的特权令状及初始开庭传票不同，《司法审查听审动议书》并不需要送达回证。《最高法院操作规程》中包括关于如何向中央政府部门有效地送达的非常有用的信息。④

所有须送达的文件应当在司法审查许可授予后14日内送达，而且越快越好，以确保被告方能够及时完成司法审查申请所必需的宣誓证言的采集工作，为正式听审做好准备；如法院下达了删节时限的命令，原告方

---

① Bridges & Cragg, p.129.
② Bridges & Cragg, p.129.
③ Bridges & Cragg, pp.129-130.
④ Bridges & Cragg, p.130.

负责的送达必须至少在任何听审前 10 日送达。① 这显然又是为被告方考虑的一个例子,这与前面提到的为申请人着想的例子形成了对应,说明一个好的司法审查体制仅有法律的明文制裁性条款是不够的,还需要一些柔性的、仁慈的或者相互体谅的制度设计。

4. 关于受送达人的范围

英国专家强调,确保任何将会受到司法审查结果直接影响的人都能够获得公正的出席听审的机会,在英国司法审查体制中至关重要。根据现行法,《司法审查听审动议书》及其附件应当在指定时间前送达"直接受影响的人"。因此,谁是受司法审查申请直接影响的人的问题,涉及司法审查申请许可及其相关文件的送达范围,事实上也就是案件的利害关系人或者当事人的范围,其中包括被告以及我们所说的第三人。从以下列举的内容不难看出,英国专家对司法审查许可获得批准后应通知当事人的范围的建议,标准非常宽,这与其在司法审查许可阶段建议的尽可能不惊动包括被告在内的当事人的策略形成强烈的对比。主要考虑的是,在许可申请阶段,重要的是以最低的成本获得许可,既然法律允许单方面申请,就不必兴师动众。许可获得之后,进一步的目的就是如何胜诉,此时,动员的利害关系人越多,声势越大,只要他们愿意出庭,费用是不会由申请人支付的,何乐而不为。按照这种思路,英国专家确定的利益受影响人的具体范围包括②:

(1)被告。其作出的决定被司法审查的公共管理机构在任何情况下都必须送达。如果该公共管理机构是法院或者裁判所,《司法审查听审动议书》必须送达其办事员或者登记员。如果申请书中包括对法官、受薪的治安法官或者裁判所组成人员的批评,则也必须挨个送达这些个人。

(2)参与被申请司法审查的决定的形成过程的当事人。英国专家认为,值得推荐的做法是,对于参与法院程序或者裁判所程序的各方当事人都应当受送达,即使这些当事人本身并不是申请人挑战的对象,因为这些当事人有可能受到司法审查结果的影响。这一建议其实也是我们应当汲取的。我们的法院、行政机关或者当事人,都不太愿意尽可能广地分送其诉讼文书,使得相当数量的受诉讼结果影响的当事人事前没有得到有效的告知,以至于事后不得不诉诸上诉甚至上访等途径主张自己的权利。

---

① Bridges & Cragg, p. 130.
② Bridges & Cragg, pp. 130-131.

如此一来，效率肯定无从谈起，还会导致案件因不确定的当事人在不确定的时间随时介入而无限期地处于不确定状态。

要改变这种局面，应当从行政机关及法院做起，在诉前尽可能广泛地通知到所有的当事人，以期在统一的程序中一劳永逸地解决所有可能出现的问题。这是英国法律体制或者英国人解决此类问题最通行的办法，也是避免当事人事后纠缠的最好办法。当然这种直截了当的做法是否适宜于中国的现实，尚未可知；但作为一种高效解决问题或者避免问题复杂化的方法，直面问题而不回避问题的态度是非常重要的。

（3）主审法官指定的人。主审全面听审的法官认为某个未受送达的个人或者机构应予送达，有权在这些主体未受送达时下达对这些主体送达的指示，同时决定全面听审延期以便这些机构或者个人届时能够出席。这将不可避免地造成进一步的拖延和开支的浪费，而这些开支在某些情况下需要申请人的诉状律师个人负担。

考虑到这种甚至可以称为危险的情况，当然是送达得越广泛越好。因为多送达一个人仅仅是复印一套资料的费用，但因少送达一个当事人而在法官的要求下送达，因耽误时间产生的费用，则是难以承受的代价。如此看来，此项制度的设计者的指导思想是非常明确的：鼓励尽可能广泛的当事人都受送达，以使争议的案件在尽可能广泛的当事人参与下公开解决。这就是公开、公正司法的思路，是许多法治后进国家都需要领会的思维方式。

（4）经请示法院落实的人。如果申请人拿不准某一特定的个人或者机构是否应当受送达，可以通过向法院发征求意见函的方式获得法院的指导，但这种程序在实践中极少采用。主要原因是时间或者经费上得不偿失。有时间从法院寻求指导，不如直接寄一份材料给有疑问的当事人。当然英国人还有更好的解决办法，他们通常会认为，非正式地写一封信给有关的个人或者机构，询问他们是否希望得到正式的送达，显然比请示法院要容易得多。

（5）申请人不确定的其他所有人。如果在去信询问后仍有疑问，则英国法律实务专家推荐申请人方向有关个人或者机构送达该案申请材料，同时向他们解释为什么这样做，留待他们自己决定届时是否出庭。

（三）提出请求听审的动议

除非法院在授予司法审查许可时，对提出正式听审申请的时间作了缩减，否则申请人必须在获得司法审查许可后14日内提出正式听审的动议。这一手续通过向皇家办公室递交下列文件完成①：

(1) 一式两份《司法审查听审动议书》；

(2) 一份有关《司法审查听审动议书》已送达的详细情况的宣誓证言。该宣誓证言并没有固定的格式，但其中应当包括以下信息②：所有受送达人的姓名和地址；向受送达人实施送达的地点和日期；要求申请人送达的人中是否还有未受送达者，如果确有其人则须说明未送达的理由。

由于皇家办公室已经在申请人提出司法审查许可申请时收到了《司法审查许可申请书》以及支持司法审查申请的宣誓证言，因此不需要再送达。③

二、被告请求撤销许可

（一）答辩还是请求撤销许可

与申请人方积极筹备司法审查听审程序的努力相对应，被告方显然不能闲着。英国司法审查程序在这一阶段为被告方设置的一项重要程序权利，就是请求法院撤销已经授予申请人的司法审查许可。也就是说，尽管被告可以提供证据作为答辩方式，但通行的做法是寻求法院撤销已经授予的司法审查许可。只要情况允许，此种申请应当向授予申请人司法审查许可的法官提出。④

（二）原则还是例外

法官们一直反复强调，被告要求法院撤销司法审查许可只应当在下列案件中⑤：

(1) 司法审查许可申请存在根本性的误解，因此，案件实际上并不存在可供全面听审的法律上可诉的议题。

(2) 申请人有未披露的事实。

(3) 某一相关的判例未向授予司法审查许可的法官提供，以致法官的许可决定失察；此处强调的是法官未获得相关判例的事实，而不在于追究谁应当为此负责。当然，申请人方显然是要承担责任的，即已经获得的许可被撤销。为避免这一后果，申请人方有义务也有必要尽其所能查找

---

① Bridges & Cragg, p.131.
② Bridges & Cragg, p.131.
③ Bridges & Cragg, p.131.
④ Bridges & Cragg, p.131.
⑤ Bridges & Cragg, pp.131-132.

并向法院提供相关的判例。但此处的关键是查找之劳,而非提供之责。

(4) 在司法审查许可授予后,情势已经发生了显著的变化。

(三) 申请撤销许可的好处

对于被告而言,申请撤销司法审查许可具有某些优点①:

(1) 如果申请成功,被告将会很快得到对自己相当有利的判决;

(2) 即使司法审查许可最终没有被撤销,被告也没有失去什么,因为被告还有机会留待案件在全面听审中解决。

(四) 申请人的对策

如果被告提出的撤销司法审查许可的申请明显是出于恶意并且显然是为了早结案、不按顺序排队,申请人应当马上请求法院下达惩罚性支付令。② 笔者在研究英国法的过程中发现,英国学者在介绍英国的法律制度时,所讨论的权利与责任、义务与违反义务的法律后果之间,距离都在一两个自然段之间,有的甚至就在一个自然段内。此处提到的就是一个权利与责任分列在原著作比邻的两个自然段中的例子。强调这一点的用意在于,权利必须与滥用该权利的法律后果、义务必须与违反该义务的法律责任紧密相连,才具有法律意义:权利才不至于成为无限的权利,义务才不致成为无尽的义务,责任也才能落到实处。

三、被告的答辩及举证

(一) 答辩并非义务

一旦被告签收了原告送达的材料,则必须考虑是否愿意通过提供宣誓证据答辩。被告并非必须作答,但从其自身利益考虑通常还是以作答为好。③

(二) 答辩意愿的表达

如果被告确实决定提供证据并进行答辩,则必须将此项意思在签收申请人送达的材料后 10 日内通知皇家办公室。④

(三) 答辩的时限

一旦被告将其决定答辩的意思通知皇家办公室,除非法官在授予司

---

① Bridges & Cragg, p. 132.
② Bridges & Cragg, p. 132.
③ Bridges & Cragg, p. 132.
④ Bridges & Cragg, p. 132.

法审查许可时删减了时限,被告必须在签收申请人送达的材料起56日内将其宣誓证据实施送达,同时向皇家办公室递交。[①] 宣誓证据是向利害关系人送达,向皇家办公室递送的材料虽然与利害关系人相同,但性质及法律后果不同。这些区别都是英国司法体制千年积淀的内容,并非完善的司法程序体系中完全没有必要的。

被告拥有的56日的答辩期可以向法院申请延展。1987年3月7日发布的操作规程《司法审查：宣誓证据答辩》(Judicial Review：Affidavit In Reply)指出:"期限必须严格遵循。尽管有延展这一期间的规定,但必须清楚地看到,时限的延展只能适用于那些完全例外并且具有极强的说服力的情况。"[②]

但是事实上,法院的立场不再如操作规程所规定的那样坚定了。尽管在1989年,有一种意见认为,被告迟延递交宣誓证据已经给申请人造成了严重的损害,并对公正司法构成了相应的损害;但是英国司法实务专家也强调指出,考虑到皇家办公室的候审案件清单近年来越来越严重的拖延,上述观点是难以立足的。因为人们很难明白,如果在绝大多数案件中被告按时答辩后的实际情况仅仅是申请人必须排上一年以上的队等候听审,为什么不可以再给被告1个月的宽限期去准备他们的证据。[③] 既然当事人各方提供的材料都齐备后还要等上1年甚至更长时间,为什么不可以再给申请人和被告一些宽裕的准备时间。更进一步言之,为什么英国的司法审查排队候审需要等这么长的时间？是因为法官太少吗？确实,高等法院王座分庭只有100多名法官。但这是唯一的原因吗？为什么不因此而扩大法官的编制呢？或许答案非常简单,英国的司法体制就是希望通过这种设计,耗尽那些没有多少利害关系的申请人的耐心,或者吓退那些跃跃欲试者。

（四）被告提交的答辩证据

这是被告在案件中提交的唯一正式的抗辩文件,必须尽可能详细,至少应当包括[④]：

（1）被告依据的事实；

---

① Bridges & Cragg, p.132.
② Bridges & Cragg, p.132.
③ Bridges & Cragg, p.133.
④ Bridges & Cragg, p.133.

（2）被告对申请人在《司法审查许可申请书》中提出的议题的答复；

（3）对申请人提供的证据的详细回答，特别是要明确在申请人就证据所作的说明中哪些是被告认同的，哪些是被告反对的；

（4）与申请人挑战的决定有关的所有文件，例如报告、信件、备忘录等，但不包括已经在申请人宣誓证据中展示过的内容。

被告有必要考虑是否需要一份以上的宣誓证据。如果决定是由一定数量的拥有不同职位的个人作出或者确认的，推荐的做法是从每个人那里获取一份宣誓证据，这样一来，被告的证据就是原始证据而非传闻证据；同时，证据应当越全面越好。[1]

（五）咨询出庭律师的意见

由于英国司法审查法律文书体系中没有正式的对《司法审查许可申请书》的诉讼答辩书，不可避免地使得宣誓证据有时会偏离通常的规则而涉及法律问题。在被告的证据草案准备完毕后、正式交送之前，被告的诉状律师应当就被告案件的是非曲直寻求出庭律师的意见；然后无论被告是否同意，都应当向法院提交对法院给予申请人所寻求的救济的命令的认同书，否则就必须与申请人达成和解、了结该案。[2] 认同书的意义相当于届时服判，当然并不一定意味着不再上诉，而是指对法院的最终裁决服判。

被告的宣誓证据应送达申请人的诉状律师，抄送皇家办公室。[3]

四、申请人的反应

以下要求是针对律师提出的，但实施主体仍是申请人，因为并非所有案件都会聘请律师。

（一）应当采取的实际步骤

申请人的诉状律师收到被告的证据后，应当采取下列步骤[4]：

（1）询问申请人对被告的宣誓证据中的事项的意见，特别是对各方当事人争议的事实以及在被告的证据中第一次出现的事实。

（2）咨询出庭律师的意见。

---

[1] Bridges & Cragg, p.133.
[2] Bridges & Cragg, p.133.
[3] Bridges & Cragg, p.133.
[4] Bridges & Cragg, p.134.

(3) 如果出庭律师的意见对申请人有利,则向法律援助局递交申请,请求取消对申请人能够获得的法律援助范围的任何限制,以便申请人能够在得到被告的证据后就能够获得出庭律师就案件所提的建议;这项权利是可以溯及既往的。因为诉状律师征求出庭律师的意见在先,只有在获得了出庭律师对申请人有利的建议后,才去申请法律援助,而其申请的内容就包括报销此前已经进行的法律服务开支。

(4) 考虑可以因申请人的《法律援助证明书》而予以报销的开支。申请人的诉状律师在第一次提交《法律援助申请书》时在《CLA1 式申请书》中对开支的估计,一般是按照案件按时和解的预期估计的。如果已经没有了和解的可能,应当对开支预算进行调整。

(二) 应当注意的要点问题

申请人的出庭律师和诉状律师还应当考虑以下事实①:

(1) 如果被告对其行为及其行为原因的评述确实是对申请人挑战的完美回答,诉状律师和出庭律师必须考虑是否需要建议申请撤回申请。如果申请人是获得了法律援助的,诉状律师和出庭律师有义务撤回没有胜诉希望的案件。这种义务是对诉状律师和出庭律师逐利冲动的限制,也是对接受法律援助的当事人缠讼的限制。其效果与英国全民健康服务体系中有关终止治疗案件的判决思路是一致的——公共服务的接受者仅在其合理需要的范围内能够得到公共服务的救济,在合理需要之外的需要则因考虑其他人的合理需要,不得不作相应的限制。就该类案件而言,出于公正公平实现公共利益的需要,英国建立了法律援助制度,经济上无力承受司法开支的当事人可以通过法律援助得到平等的司法救济。但是,对于在律师们看来没有胜诉希望的案件,当事人的愿望没有足够的法律保障,在这种情况下听任当事人一意孤行,则来自公共财政的法律援助经费可能就会被用于个人极端的目的,其他人获取正当法律援助的利益相应地就会受到影响。因此,需要对超出常识判断的意愿有所限制。

对于无良律师而言,只要有人出钱,案件胜诉与否其实是无所谓的。但由于提供法律援助的律师所获得的收入来自公共财政,因此,为了避免律师的无良倾向,英国法为其设定了一个软约束,即必须在保证案件有希望胜诉的前提下继续提供法律援助服务。当然,最终结果并不一定要求律师必须胜诉,但如果案件属于一般律师看来肯定败诉的案件,继续坚持

---

① Bridges & Cragg, pp. 134-135.

诉讼的律师可能会面临法院浪费诉讼资源令的责罚。

其实在英国，律师的胜诉率并不是一个无关痛痒的统计数据，而是对一名律师职业水平以及职业道德的重要评价标准。当然，英国人不会将这一评价标准公开化，但会将其作为评价律师的一个世俗指标，甚至成为评价律师是否适宜担任法官的重要依据。因为律师如果能够比较准确地判断或者预见案件的胜负，其实也就能够判断法院对该案件的态度，这在很大程度上就是对英国司法体制的结论的推断。没有精深的法律功底，要完成这一任务几乎是不可能的。当然，最重要的前提是法治本身！正因为法律是自治的，案件结果才是稳定、可预期的。

当然，与此相关的问题是，英国对律师水平的考察不在于其真正打赢了几场官司，而在于其及时避免了几场必输的官司；律师的价值或许不在于能够帮当事人打赢多少官司，而在于能够为当事人省多少诉讼费。而这主要是通过律师诉前对案件情势的判断完成的。

如果申请人没有接受法律援助，其律师也必须警告其当事人如果继续推进到全面听审并且输掉官司的话，申请人负有支付案件双方实际开支的风险。

如果案件有放弃的必要，申请人通常有可能与被告达成协议，除法律援助税费外，法院不再下达费用支付令。对于某些国家的被告而言，此时完全可以得理不饶人，坚决不同意达成协议后撤诉，由此造成的案件久拖不决的法院方面的司法开支、被告方的行政开支以及申请人方因法律援助而产生的间接行政开支，金额（数目）都是十分庞大的。而被告拖着不同意达成协议所能获得的，却没有任何有价值的利益。这种损公不利己的事的发生只能说明法律体制存在本质性的公益约束缺失。从英国法的上述情况看，这种局面可以避免。其中，公共管理机构所体现出来的大度是关键所在。当然，这种对作为公众一分子的申请人的宽宏，只能理解为对公众的亲善。这是民主国家最起码的要求——民选的公共管理机构与民众的亲和力是检验民主的真实性的最好的尺度。

申请人撤回司法审查申请却没有首先与被告达成不再追索开支的协议，将有可能导致被告反过来申请申请人支付被告因其申请产生的费用。

（2）如果从被告的证据看，申请人的案件胜诉的可能性不大但还不是完全没有希望，则值得考虑是否有与被告和解的基础。和解的解决方式对申请人而言至少是部分胜利。如果申请人胜诉无望，则只能撤回申请，能够确保被告不向自己讨诉讼费就已经不错了；虽然不是完全无望，但胜诉的把握不大,此时最好的办法就是避免法院开庭及最终裁决,而在正式听审之前寻求与被告庭外和解。

另外,从英国专家反复强调尽可能避免正式听审的说教看,英国的正式听审虽然排队等的时间长,但一旦开始,则连续进行直至结论产生。英国法院等的时间虽长,但有一个固定的列表,案子还是在一个一个地审着,至少期限是可预期的。

(3)申请人律师应当判断被告的证据是否只能部分地回答申请人的挑战。如果是这样,则有必要修订《司法审查许可申请书》,删除申请人不再需要依据的申请司法审查的根据。这样做可以加深法院对保留的申请司法审查的根据的印象,同时也避免败诉的被告申辩说:不应当给予申请人赔偿,因为申请人在其《司法审查许可申请书》中提出的诉讼请求并没有全部成功。这说明,申请人在接到被告的答辩材料后,仍可以更改申请书,但被告则不能再有任何的反悔,因为其答辩证据是其唯一为自己辩护的材料。

(4)被告披露的证据是否暴露出一个新的、潜在的、可供申请人挑战的根据。被告披露的文件能够很好地揭示决定形成过程中存在的瑕疵,而这往往是原告在被告披露证据之前无法知晓的。

如果确实存在这种瑕疵,《司法审查许可申请书》应当予以修订,以增加新的审查根据。从这一点看,申请人修订《司法审查许可申请书》的理由是非常充分的。相应的,前面提到的在接受被告提供的证据之后修订《司法审查许可申请书》,以减少不必要的司法审查根据的做法,也就具有了与此处增加审查根据相同的正当性。唯一不对称的,就是被告不能再根据申请人对申请根据的调整采取相应的对策,这显然使被告处于相对暴露的不利境地,但从司法审查挑战公权力的属性看,这种诉讼地位的配置也是可以理解的。

(5)申请人是否有必要寻求对其他机构或者个人提起司法审查,以取代或者添附在目前指名的被告之上。为此,需要申请人借助法院传票提出由宣誓证据支持的诉讼申请,随后由一名法官按照皇家办公室的候审案件清单中的排序听审以下内容:① 是否给予修订《司法审查许可申请书》及《司法审查听审动议书》的内容的许可;② 是否给予将《司法审查听审动议书》《司法审查许可申请书》以及支持起诉的宣誓证据发送各利害关系人的许可。

(6)是否还有另一机构或者个人属于《最高法院规则》第53号令第5

条第 3 款规定的受司法审查结果直接影响应予送达司法审查申请文件。

（7）是否需要提出有关信息披露、讯问以及对证据交叉询问的许可的临时申请。

（8）是否需要为申请人利益向被告发送一份宣誓的反答辩证据。

（9）是否需要搜集全面听审阶段使用的申请人方的宣誓证据。

（10）在涉及地方政府机关的案件中，是否需要提出或者进一步提出一项针对该地方政府机关的监察官员的申请。

如果申请人的律师觉得，地方政府机关当初在作出该案被挑战的决定时所收到的法律意见对申请人是有利的，但由于地方政府机关的个别议事会成员的惰性或者虚荣心使得这些建议未被采纳，申请人针对地方政府机关的监察官员提出这种申请就具有特别重要的意义。因为此种不采纳正确的法律意见的行为，正是地方政府机关的监察官员应当予以纠正的违法行为。针对地方监察官员补充提出的这种申请，有可能导致地方监察官员促成地方政府机关在诉前与申请人和解，达到"围魏救赵"的效果。

五、申请人补充证据

申请人方在获悉被告方的答辩材料后，需要就是否有必要以及如何补充有利于申请人的宣誓证据作出决断。通常，申请人需要提出反答辩宣誓证言以及其他宣誓证据。详见本卷第四章第三节中"申请人的举证义务"部分。

六、调整司法审查的根据

（一）修订的必要性

许多案件中，申请人有必要在被告答辩后修订申请司法审查的根据。这实际上就是对已经提交的《司法审查许可申请书》的修订。①

（二）《最高法院规则》的规定

《最高法院规则》第 53 号令第 6 条第 2 款授予法院在正式听审时允许申请人修订《司法审查许可申请书》的权力，申请人可以提出或者添附不同的司法审查根据、救济类型以及其他事宜。此类请求如果不能在全

---

① Bridges & Cragg, p. 137.

面听审前提出,至少也应当在开始全面听审时提出。①

《最高法院规则》第 53 号令第 6 条第 3 款规定,如果申请人有申请修订《司法审查许可申请书》的意愿,必须通知其他各方当事人,并在正式司法审查申请预告听审之日 5 日前送达。②

(三) 取得被告或者法院的同意

实践中,申请人最好事先获得被告或者法院对其修订《司法审查许可申请书》的同意或者裁决,而不是等到正式听审开始前。修订《司法审查许可申请书》的申请的草稿应当首先送达被告,并取得被告同意修订的书面认可。如果被告同意修订,申请人应当将修订后的《司法审查许可申请书》递交皇家办公室,同时附被告的书面同意函,以请求获得修订许可,对此不需要听审。③

如果被告不同意修订,或者皇家办公室通知申请人其修订许可申请未经听审不能授予,则申请人应当通过向皇家办公室负责人(To the Master of the Crown Office)请求获得法院传票的方式申请修订其申请书的许可,同时递交支持申请的宣誓证据。如果皇家办公室负责人拒绝了申请人的申请,申请人可以向一名指定来听审此类案件的法官申诉。④这一切程序的结果,是获得一项关于是否可以修订申请书的裁决。从实际情况看,如果被告不同意修订,申请人的麻烦还真不少。当然,这种麻烦主要是因为申请人当初提出司法审查申请时没有充分拟好申请书,但确有相当一部分原因是因信息不对称,使得申请人在未获得被告的答辩材料之前,确实无法充分、详尽、准确地准备其申请材料。

实践中,法院通常会将令状类诉讼案件中允许修订申请书的原则,适用于申请修订《司法审查许可申请书》。法院通常会允许申请人修订其申请书,以使其申请在法院正式审理时能够足够充实,但前提是被告方并没有受到不公平的损害。⑤

七、证据披露与交叉询问

以下讨论司法审查正式听审前的证据交换及质证。

---

① Bridges & Cragg, p.137.
② Bridges & Cragg, p.137.
③ Bridges & Cragg, p.137.
④ Bridges & Cragg, p.137.
⑤ Bridges & Cragg, p.137.

《最高法院规则》第 53 号令第 8 条第 1 款规定，在《司法审查许可申请书》中可以就以下事项提出临时性申请①：① 对提供宣誓证据的任何宣誓人进行交叉盘问；② 证据披露及查阅；③ 征询。

临时性申请以申请传票的方式向皇家办公室的负责人提出，由宣誓证据支持，如果未获得批准可以进一步向前述指定的法官申诉。②

（一）交叉盘问

在 1983 年的 *O'Reilly v. Mackman* 一案中，迪普洛克指出，交叉盘问的许可应当在特定案件的公正性需要时及时授予。然而在实践中，法院极少允许交叉盘问，并且普遍认为案件的公正利益并不需要交叉盘问。③

如果案件事实存在实质性争议，法院就必须认真考虑当事人的交叉盘问申请。包括以下情况④：

（1）涉及管辖权事实方面的争议；

（2）司法审查申请以程序失当为由，而案件各方当事人对被告实际遵循程序的证据存在实质分歧；

（3）司法审查申请中声称决定作出者存在恶意兼或偏见，或者需要探究地方议事会的某个成员之所以投票支持被挑战的决定的真正原因。

此处涉及英国地方行政的知识，即以地方政府名义作出的决定，按理都应当由地方议事会全体成员投票决定，故需要探讨参与决策投票者的内心动机。

如果证人因诸如出国等原因而使其出庭接受交叉盘问不现实，法院可以决定交叉盘问通过视频进行。⑤

（二）证据披露

司法审查程序中并没有当然的要求证据披露的权利，在司法审查程序中获得证据披露的难度显然要比以令状开始的诉讼大得多。⑥

法院恪守斯卡曼（Lord Scarman）在 1982 年的 *Inland Revenue Commissioners v. National Federation of Self-Employed and Small Businesses Ltd.*

---

① Bridges & Cragg, pp. 137-138.
② Bridges & Cragg, p. 138.
③ Bridges & Cragg, p. 138.
④ Bridges & Cragg, p. 138.
⑤ Bridges & Cragg, p. 138.
⑥ Bridges & Cragg, p. 138.

一案中阐释的原则①:"从一般原则上讲,除非或者只有当法院有充分理由相信,已经有证据表明确有充分的理由相信存在违反公共义务的情形时,法院才能下达证据披露的命令;而且即使颁发了披露证据令,其范围也只能严格限制为与宣誓证据显露出来的议题相关的文件。"

即便申请人能够证明从原则上讲其有权获得证据披露,但对有关文件的查阅仍有可能基于公共利益豁免(public interest immunity)的理由而被拒绝。中央政府部门以及国家执行机构经常强调,披露与案件有关的文件不符合公共利益。②

(三) 征询

1. 制度本意及用途

征询是指案件当事方就某些问题书面请求另一方宣誓作答。③ 如此形成的答复,自然就成为宣誓证据。从这个意义上讲,称其为"询证"更切合。

这一程序的表面用途是使当事方事先获得在全面听审阶段不得不应对的证据的通告。④ 但其发挥作用的前提是,提问必须精准,否则就有可能触及不到有可能出现的证据。

2. 操作技巧

这一程序的技巧性因素是:精心构思的征询函可以使对手暴露主要的弱点,不仅仅是对法院,更重要的是对另一方当事人及其法律顾问。⑤ 这种程序的制度前提是被征询者必须如实回答被征询的问题。这是由英国司法体制中的宣誓证据制度保障的。即只要在诉讼过程中,当事人有权要求对方提供宣誓证据,提供者必须保证宣誓证据的真实性。法院则通过国家强制力保障宣誓证据的真实性。这一体制的严密运行,可以极大地提高案件的真实性,减少因人为虚假陈述对诉讼效率及实质公正的侵害。事实上,在一个司法体制中,如果当事人可以不对自己的陈述的真实性负责,甚至法官都可以隐瞒自己在其审理的案件中的利害关系,这样的司法体制能够产生多少真实的结果是很值得怀疑的,与公正及效率的要求更是风马牛不相及。

---

① Bridges & Cragg, pp. 138-139.
② Bridges & Cragg, p. 139.
③ Bridges & Cragg, p. 139.
④ Bridges & Cragg, pp. 139-140.
⑤ Bridges & Cragg, p. 140.

通过征询程序，当事人就可以获得一份清楚地写着其案件有关问题的答案的清单，而一方当事人无法令人满意地回答的那些问题将会促使该方当事人的法律顾问们因受挫而集中精力于案件和解的可能性。① 也就是说，通过精心设计的问题，可以使对方当事人及其法律顾问多点儿自知之明，消除幻想，集中精力于案件实质问题的解决，从而达到不战而屈人之兵的效果。

3. 实际操作程序

实践中，向法院申请征询令比证据披露令还要少见，法院在决定时也适用相仿的原则。② 因为核心问题都涉及公共管理机构信息披露的范围。

希望被告回答征询的申请人应当首先以非正式的形式将有关问题提交被告，同时说明，除非在一个合理的期限内（如 28 日）作出回答，否则申请人就会向法院申请征询令。③

英国公法实务专家提醒，即便法院最终没有命令被告回答申请人征询的问题，也就是没有下达征询令，申请人启动征询程序的技巧性要素并不必然消失。④

申请人针对被告答辩时提供的先天不足的宣誓证据提出切中要害的问题，将会给被告施加心理上的压力，使被告知道自己在案件中的死穴，即使可以免于在中间阶段触及，也会不可避免地在实质性听审阶段暴露出来。⑤ 这种心理压力如果超过了被告理性可承受的范围，就会转化为促使被告与原告和解的力量，这就是英国专家认为启动征询程序的策略因素发挥作用的机理所在。

此处提到的中间阶段不是一个独立的诉讼阶段，而是指介于司法审查许可申请至实体听审阶段的一段相对平静的诉讼间隙，即在皇家办公室的候审案件清单上排队等候正式的全面听审的期间，可能长达一年甚至更久。而前面提到的临时性救济令，如临时性强制令及停止执行令就是在这一期间付诸实施的。

---

① Bridges & Cragg, p. 140.
② Bridges & Cragg, p. 140.
③ Bridges & Cragg, p. 140.
④ Bridges & Cragg, p. 140.
⑤ Bridges & Cragg, p. 140.

八、和解结案的可能性

从英国专家对司法审查程序的介绍看,尽可能早地达成和解,从而避免正式的听审,或者说一切可以通过尽早达成和解而避免的程序,始终是他们强调的重点所在,并鼓励申请人及其律师、被告及其律师尽可能这样做。或许这正是孔子所追求的"无讼",但有所不同的是,孔子当时确实是真诚地相信可以建立一个根本不需要诉讼的社会;而英国学者的着眼点则是,如何在建立了可靠的诉讼保障的社会中,轻易不动用这一最后的救济手段。

(一)庭外和解的形式

据英国学者介绍,司法审查过程中特别是司法审查许可授予后,各方当事人之间庭外和解的具体形式包括[①]:

1. 各方当事人和解

在英国的司法实践中,许多司法审查案件并没有进展到全面听审阶段即告了断,原因是各方当事人达成了和解。

2. 被告不答辩

被告会在申请人被授予司法审查许可后,决定不答辩。例如,申请人对地方政府机关根据1985年《安居法》第三部分作出的决定提出挑战,地方政府机关会决定根据其自己的记录重新考虑此事。[②] 此处的不答辩不是违法拒不答辩,而是撤销原来的决定,重新考虑此事。此时申请人即告胜诉,至于该地方政府机关重新考虑后作出的新决定,则是需要进一步考虑是否重新起诉了。

(二)和解应争取的利益

在任何可能的情况下,对于期望与被告达成和解的申请人而言,重要的是要争取获得法院下达的由被告支付申请人因提起司法审查许可申请而产生的费用的命令。[③]

(三)法院对和解的态度

在公法领域,法院必须对司法审查申请作出的(和解)安排下达支持令。[④]

---

① Bridges & Cragg, p. 140.
② Bridges & Cragg, p. 140.
③ Bridges & Cragg, p. 140.
④ Bridges & Cragg, p. 140.

这实际上确证了英国司法审查领域以和解为原则、以判决为例外的原则。从表面上看,这与我国的行政诉讼一般不适用调解的原则不完全一致,但实际上二者并没有实质的区别。

本书在介绍英国体制时使用的译法是和解(settlement),而没有用调解。其中有几个原因:一是该词的本义是处理、了断、解决,是一种结案方式。二是整个过程是由申请人、被告及其各自的律师审时度势、自愿达成的,法院并没有积极参与,更没有主持这一过程,因此与我国的调解有本质的区别。三是类似的情况在我国是存在的,即《中华人民共和国行政诉讼法》规定的被告在诉讼期间改变被诉的行政行为,申请人请求撤回起诉的,经人民法院审查同意可以撤回起诉。这一规定实际上就是我国的和解程序。只是从立法本意推断,我国比较看重这种结案方式,并不担心被告与原告拿法律做交易、损害公共利益。其实,在实践中,这种情况发生的可能性极小。

但是英国学者也强调指出,与私法诉讼案件的和解不同,公法案件的和解并不单纯是当事人自己的事。①

此外,在英国司法审查体制中,有一种程序就是不经听审直接获得法院对和解的认可令。为此,当事人必须向高等法院的皇家办公室提交一式两份由当事人签名的备忘录,列明各方当事人拟议的认可令(agreed order,英文著作用了不同的表述,说明这一做法在英国并不太正式)的条款。当事人提交的文件中还应当包括一份对所作认可决定的正当性的简短陈述,并引证权威的判例或者制定法的规定作为根据,同时提供相应的成文法律规范的副本。②

这其实就是要求各方当事人就其达成的和解协议的正当性、法律性进行说明,以便法院考虑这种和解是否违反法律、是否侵犯了公共利益或者他人的利益。如此看来,尽管要求法院一律支持和解协议,但这种支持也是在合法、正当的前提下的。

皇家办公室将上述文件呈送指定法官,如果该法官认为可以下达支持令,则将该案列入另一候审清单以便安排公开听审程序,届时将在公开法庭上宣布支持命令,但各方当事人不必出席。③ 注意此处提到的候审

---

① Bridges & Cragg, p.140.
② Bridges & Cragg, p.140.
③ Bridges & Cragg, p.141.

清单不同于此前反复强调的正式听审的候审案件清单。此处提到的听审程序不是在正式听审候审案件清单中排队的案件,而仅仅是一个特别的例行公开宣判程序,除非有人在公开宣判时提出异议,否则案件即告结束。因此,这种程序肯定要比等候正式听审快许多。

如果指定的法官认为作出支持和解的命令不合适,则将该案转入正常候审案件清单中,按常规程序等候正式听审。① 这等于宣告双方当事人和解归于无效。这进一步说明,并不是所有和解都能得到法院的支持。

第五节　司法审查正式听审程序

本节介绍正式听审前的最后准备及实质听审。英国学者对这部分内容的介绍大大出乎笔者所料:内容少得不能再少。其原因是,听审程序已经成为英国司法界的常识,实在没有介绍太多的必要。

一、候审案件清单

所有正式提出的司法审查申请都将记录在皇家办公室的候审案件清单中。这些申请在该清单中分为五类②:

（一）未准备就绪的案件

案件尚未获得司法审查许可,或者提交证据期限没有届满。

（二）准备听审的案件

这一部分实为预告清单。一旦案件的所有相关期限届满,所有的司法审查申请都将列入该部分,通常应当发生在被告享有的 56 日的答辩期间届满后。此处强调的是 56 日的期间届满,而没有一并强调被告已经发送应诉答辩的事实。英国的期间（period）、期限（limit）的法律意义是不同的。期间对应当事人享有的一种权利,即使当事人已经提前实施了法律规定该期间内应当实施的行为,但由于期间未届满,下一诉讼程序仍不能开始,因为这段未用尽的期间是当事人准备随时用于补足自己的行为的。我国的诉讼法中对当事人涉及时效的诉讼权利的规定也有这样的性质。而期限则对应法院或者当事人的一种义务。在法定期限内只要实施了法律规定的行为,如法院在审限内作出判决,则该判决就是有效的,其

---

① Bridges & Cragg, p.141.
② Bridges & Cragg, pp.143-144.

相应的法律后果,如送达及送达后的上诉期限的计算,就可以开始了。

随后,皇家办公室将向申请人的诉状律师发函,通知其案件已经进入候审案件清单,要求其提供出庭律师对听审需用时的书面估计。

由于高等法院的案件积压严重,民事类司法审查申请进入候审案件清单之日到听审日至少要有10个月。而对于刑事类司法审查申请,相应的迟延大约8个月。

(三) 暂缓候审的案件

如果某一案件出现在候审案件清单第二或者第五部分,但该案的一方当事人尚未做好听审准备,该当事人可以向皇家办公室的负责人提出宣誓证据以支持自己提出的要求将案件暂时脱离排队候审序列,即暂缓候审。如果皇家办公室的负责人拒绝了该当事人的申请,该当事人可以通过向指定的法官提出申诉的方式再次提出此项申请。

在决定是否申请将某一已经列入候审案件清单第二部分的案件暂缓候审时,申请人的诉状律师应当给皇家办公室打电话以获知其排到队首大致需要多少时间。这表明,这一过程主要是由申请人控制或者说主导的,由当事人主导诉讼过程是英国对抗制司法体制的鲜明特点。

由于英国高等法院候审案件延迟时间非常长,因此,英国公法专家建议,申请暂缓候审没有必要。暂缓候审不同于暂缓审理,而是指暂时从候审案件清单中退出,如果要回去的话,要重新排队。英国这一制度本身没有什么借鉴意义,但作为该制度重要组成部分之一的向皇家办公室询问大致听审日期的做法,却体现了英国法的一贯风格——讲规矩但按部就班。许多国家的法院在绝大多数情况下做得比它们好,如有些国家可以排出精确到分钟的开庭时间表,但并非所有的案件都在一个表中按一个标准排队候审,因此,即使99％的案子能够做到精确到分钟地排定开庭时间,但就是那1％的无法确定开庭时间的案件,影响了这个国家司法公正、效率及可预见性的定性评价。因为法治最重要的就是均一,就是没有人为的干预。即使只有1％的案件有人为干预,也不是法治。法治的要求就是这样苛刻——只要有一人绝对不受法律约束,这个国家肯定不是法治国家。

(四) 加速清单

司法审查案件一般只能按实际情况尽可能快地被列入候审案件清单。如果申请人在提出司法审查许可申请时没有一并提出案件加速审理申请,也可以通过申请传票的方式,向皇家办公室的负责人提出有宣誓证据支持的加速申请。如果该负责人拒绝了此项申请,则可以通过向指定的法官申诉的方式再次提出申请。

(五)排定听审时间的案件

该部分包括那些已经排定了听审日期的案件。具体的听审时间由皇家办公室与出庭律师的助手协商排定,该助手必须将该日期通知出庭律师所指导的诉状律师。当然,已经排定了听审日期的案件,也可以按照前述程序申请延期听审,即将案件列入候审案件清单第三部分——暂缓候审。

案件即将列入排定听审时间的案件清单时,皇家办公室将致函申请人的诉状律师,邀请申请人方确认案件还"健在",即他们还想继续进行诉讼,同时告诉他们该案件即将列入听审时间确定的案件清单中。这就是实务界所谓"案件健在函"(Active Case Letter)。

如果申请人在两周内没有确认案件仍然"活着",则该案将提交法院并裁定终止诉讼。因此,申请人的诉状律师尽快回复这封信非常重要。当然,如果确实不想再打官司了,两周内不回复这封信也是可以的,但这在英国绝对是下策,因为申请人此前申请司法审查许可而致被告发生的费用,被告是不会忘记的,会在两周后找上门来要账。届时,申请人将会为其"鸵鸟政策"付出"代价"。

二、向对方当事人送达诉讼文书

除非法院对案件作出了其他指示,否则申请人向被告送达申请材料与法院举行全面听审之间至少应当有 10 日的间隔。① 英国除法院作出的判决、裁定等司法文书之外的送达,是由当事人相互完成的。这一点与我国有明显的不同。其意义至少有四点:一是免除了法院的责任;二是节省了法院的开支;三是增加了当事人之间意思自治的空间;四是提高了效率,至少减去了法院经手时一出一进两道手续。因为在英国有一种不成文的信念或者经验,即凡由公共管理机构或者公共财政支付费用的服务,一般总比私人提供的同质服务成本要高,具体原因可能说不清楚,但结果如此,至少英国立法者在设计许多制度时以此作为考虑问题的出发点,能不用公共管理机构的尽量不用。相应的,他们承认公共管理机构提供的

---

① Bridges & Cragg, p.143.

服务成本高,也愿意为此支付较高的费用,但前提是对公共服务的范围进行严格的限制,只有那些私人不愿意提供、不能提供或者不能高质量提供的服务,才通过设立公共管理机构的方式提供。这属于制度经济学的范畴,本书第二卷第二编第四章第一节执行机构部分有专门的讨论。

在非常紧急的案件中,可以申请法院删减这一期间。① 至于由谁提议,程序规则中没有明确,这是英国法律英语中常见的被动语态的妙用,即准确地表达只强调事而不强调行为主体的意思。就此处而言,强调的重点是可以提什么样的申请,至于该申请应当由哪一方当事人提出是不重要的。因此,无论是申请人还是被告以及其他任何与该案有直接利害关系的人,都可以提出此项申请,关键是法院如何裁断。这一规定在不限制申请主体范围的同时,也加大了法院的裁决权和裁决责任。

三、听审前向法院递交的文件

以下介绍在正式听审前各方当事人应当向法院提交的文件。

(一)基本材料

实践中,绝大多数案件只需要框架论点和基本案情清单。司法审查由分庭法院审理,各方当事人都要提交两份框架论点。同时,不晚于听审日当天,单独给法庭的引座员一份出庭的权威人士名单,这也是出庭律师的职责。②

(二)框架论点

1. 主要内容

框架论点应当满足下列要求③:

(1)引注皇家办公室的索引号码以及预告的或者排定的听审日期;

(2)估计完成听审需要多长时间,其中包括法官作出判决的时间,而无论本方此前是否就此时间作出过估计;

(3)框架论点应当包括:① 一份议题的清单;② 一份拟引用的法律规定的清单以及支持本方论点的权威人士意见,同时附上参考文献在卷宗中的页码;③ 一份该案案情相关事件的年表,并附上与卷宗中文件的交叉引注;④ 一份该案相关人等的名单。

---

① Bridges & Cragg, p. 143.
② Bridges & Cragg, p. 145.
③ Bridges & Cragg, pp. 144-145.

2. 提出期限

英国的司法审查程序规则要求申请人的出庭律师向皇家办公室递交一份框架论点,同时必须在预告的或者排定的听审日期至少满5个工作日之前,向每一位被告的出庭律师送达一份副本。①

被告的框架论点也必须在听审至少3个工作日之前提交或者送达皇家办公室或者申请人。各方当事人的出庭律师们可以在听审前1个工作日之前对其框架论点进行补充。②

3. 写作要点

英国公法专家认为,保证框架论点言简意赅,使之成为一篇完整的辩护词,这是好习惯;否则,出庭律师在法庭上就没有什么可说的了。专家同时建议,框架论点必须包括申请人所主张的所有论据。有时,有敌对情绪或者不耐烦的法官会不允许出庭律师口头阐述其辩论意见,在这种情况下,框架论点反而成了向法庭提交申请人的辩论意见的唯一途径。③

(三)基本案情清单

一份强调案件的核心事实的清单是有用的,因为让法庭详细记住宣誓证据中的内容是非常困难的。④

(四)英国议会议事笔录

如果当事人需要根据1993年的 *Pepper v. Hart* 一案确定的原则,援引英国议会议事笔录作为本方的论据,则除非主审法官另有指示,该方当事人必须在正式听审的5个工作日之前,向所有其他各方当事人以及皇家办公室送达其引用部分的议事笔录的复印件,以及其据此论证的提要。⑤

(五)案卷材料

申请人的诉状律师应当准备一份标注页码并附索引的案卷材料,并将此材料送交申请人的出庭律师,随附要求出庭律师准备其他文件的正式指示。没有诉状律师提供的编页案卷,出庭律师不得最终确定该案的基本案情清单。案卷材料必须在预告或者排定的听审日期至少满5个工作日之前提交皇家办公室。案卷材料还必须符合这方面的操作指南,即

---

① Bridges & Cragg, p. 144.
② Bridges & Cragg, p. 144.
③ Bridges & Cragg, p. 145.
④ Bridges & Cragg, p. 145.
⑤ Bridges & Cragg, p. 145.

1983年《证据:文件》(Evidence, Documents)的要求。①

特别重要的是,如果全部案卷的总页数超过100页,还应当准备一份核心案卷。②

案卷材料中必须包括《司法审查许可申请书》、授予司法审查许可令、《司法审查听审动议书》、双方当事人的宣誓证据及展示的证据。③

申请人的诉状律师应当尽可能与被告的诉状律师就案卷的内容达成一致。④ 也就是说,司法审查案卷分别由各方当事人准备,于是存在双方提供的案卷是否一致的问题。英国的司法审查程序要求双方提供的案卷应当尽可能一致,以此减少双方的分歧,提高听审的效率。

司法审查申请将由分庭法院听审,各方当事人都应当提交两份案卷。⑤

在极个别由3名法官组成的合议庭听审的案件中,还应当提供第三份案卷。⑥ 也就是说,英国的司法审查在审理阶段依主审法官的人数分为两种类型、三种形式,其案卷份数依主审法官的人数决定。一种类型是独任制,即由一名法官独自审理的审判形式;另一种类型是合议制,即由多名法官组成合议庭进行审理,具体又包括两种形式:其一是由两名法官组成的合议庭,这种形式是合议制中较为普通的形式;其二是由3名法官组成合议庭,据英国学者介绍,这种形式比较罕见。

四、主审法庭的构成

英国司法审查主审法庭的构成取决于案件的性质,而恰恰是案件性质决定的案件审级决定了不同的主审法庭的组成形式。理解这一点,需要有一些英国高等法院及分庭法院的组织关系上的知识,在本书第二卷第一编英国司法体制中有详细的解释。在此需要介绍的是,英国的高等法院与分庭法院是由同一批法官组成的,但法官们的不同组合(其实更准确地说是以不同名义组合),既可以构成仅具有一般初审职能(主要是针对民事案件)的高等法院级别的审理组织;又可以产生具有上诉审职能

---

① Bridges & Cragg, p. 145.
② Bridges & Cragg, p. 145.
③ Bridges & Cragg, p. 146.
④ Bridges & Cragg, p. 146.
⑤ Bridges & Cragg, p. 146.
⑥ Bridges & Cragg, p. 146.

（主要针对刑事案件及某些司法审查案件）的分庭法院，此时，这些分庭法院被分别冠以王座分庭、大法官分庭或者家事分庭的名称，并在其判决的案件的案名中表现出来。

（一）刑事案件的主审法庭

如果司法审查申请涉及刑事事项，则通常由分庭法院审理。这样的分庭法院通常指定两名法官组成。对于某些重大或者复杂的案件则会任命 3 名法官听审。① 其实，这就是由高等法院的分庭法院审理由治安法院裁判的刑事上诉案件。

（二）民事案件的主审法庭

涉及民事事项的司法审查申请通常由 1 名独任法官审理，除非在非常复杂重大的案件中才由分庭法院听审。②

五、正式听审

正式听审显然是司法审查的核心阶段，同时也是英国专家学者在此之前的各程序阶段反复告诫当事人唯恐避之不及的所在。

非常值得注意的是，英国公法实务专家介绍的正式全面听审非常少：如果有 200 页的篇幅介绍英国司法审查制度，虽然几乎每一页都会提到正式的听审，而且几乎 99% 的页面是为正式听审准备或者善后的，但到了正式听审隆重登场时，却只有甚至不到 1 页的篇幅。

这至少说明，英国高等法院的法官是不需要别人告诉他们应当如何主持听审的，这一点并不是所有国家的法官都能做到，也不是所有国家的够级别的法官都能够做到的，在这个层面上，人（不是人治）成为法治的一个必要元素！

（一）正式听审的参与人

正式听审须在法庭上公开进行，审理程序可以由新闻界全面报道；而在一些与国家秘密有关的案件中，司法审查由法院秘密审理。③

除了申请人和被告，根据《最高法院规则》第 53 号令第 9 条第 1 款的规定，那些虽未受送达要求对申请人正式启动司法审查听审程序的动议提出反驳意见的通知，但并不支持该动议的人，如果法院认为其属于应当

---

① Bridges & Cragg, p.146.
② Bridges & Cragg, p.146.
③ Bridges & Cragg, p.146.

听取意见的人，也可以在该人提出出庭申请后允许其出庭发表意见。①

但是，如果向法院申请出庭者不能使法院相信其本人将会受到司法审查案件的直接影响，则法院是不可能允许其出庭发表意见的。②

（二）出庭代理

如果申请人挑战的是治安法官的决定，申请人通常不能由其他人代为出庭，除非其行为能力存在问题。此类申请人可以向皇家办公室提交一份宣誓证言以便在听审程序中使用。③

在那些没有被告出庭的案件中，法院可以下达指示任命一名法庭之友（amicus curiae）。皇家办公室要求总检察长指令财政部法律顾问统一作为法庭之友出庭应诉。④ 在以中央政府部门为被告的案件中是这样安排的。但英国学者对于这方面的内容介绍得很少。

（三）庭审程序

在英国行政法的理论著作中，极少讨论法庭的具体审理程序。事实上，英国对于司法救济方面的实务操作的指导资料还是非常丰富的。但真正涉及庭审的内容少之又少。

1. 申请人方发言

无论是民事性的还是刑事性的司法审查，都以申请人出庭律师的发言作为审理的开始。其发言的主要内容是向法庭简要介绍案件的关键事实和主要法律争议的焦点，随后引导法庭进入主要的证据部分。⑤

法庭将要求宣读宣誓证据，但并不希望在宣读时过分引申。⑥

2. 申请人方提供法律依据

随后，即进入提交法律依据阶段。⑦

3. 被告方发言并提交证据、法律依据

被告出庭律师提交支持本方论点的关键证据和法律依据。⑧

---

① Bridges & Cragg, p. 146.
② Bridges & Cragg, p. 146.
③ Bridges & Cragg, p. 146.
④ Bridges & Cragg, p. 146.
⑤ Bridges & Cragg, p. 146.
⑥ Bridges & Cragg, p. 146.
⑦ Bridges & Cragg, p. 146.
⑧ Bridges & Cragg, p. 147.

4. 申请人方回复被告方

申请人的出庭律师回答被告的出庭律师的提出、本方尚未触及的论点。①

5. 证人出庭问题

在司法审查案件中,提供口头证据的情况非常少见。通常,法庭会把绝大部分听审时间用于考虑法律问题而非事实问题。但是一个非常有建设性的建议是证人仍要出庭,以免在庭审过程中真的出现法官询问事实问题的情况。②

(四) 司法审查庭审程序的特点

1. 简便

英国公法专家认为,司法审查程序比起民事案件的审理速度要快,而且没有那么正式。③

2. 干预

英国公法专家认为,在司法审查案件中,法官都是积极干涉主义者,与此形成对比的是,英国传统司法体制所形成的对抗制诉讼模式下,原告与被告是真正交锋的双方,法官奉行消极不干涉主义。因此,司法审查案件的当事人的出庭律师必须时刻准备脱开其已经准备好的代理词,以应对法官随时提出的新论点。④

六、司法审查的判决

英国学者对于法官如何作出判决这一问题也言之甚少。有英国学者列出了法院在司法审查过程中应当考虑的与公法方面的特点有关的五个重要问题⑤:① 司法审查的范围;② 司法审查的申请资格;③ 替代性救济的效果;④ 司法审查是否具有排他性;⑤ 法院在给予司法审查方面的自由裁量权。由于文化上的差异,这五个方面的内容显然不是司法审查程序中应当介绍的内容。而且也不适宜于在本章中予以介绍,笔者只能按照我国的习惯,将有关内容分别安插到司法审查体系中。

至于司法救济的判决形式与救济密切相关,分别在本卷第二章第二

---

① Bridges & Cragg, p. 147.
② Bridges & Cragg, p. 147.
③ Bridges & Cragg, p. 147.
④ Bridges & Cragg, p. 147.
⑤ Bradley & Ewing, p. 737.

节司法救济的基本类型、第七章第一节司法救济的判决形式予以讨论。

七、审理保障

英国行政法学者对于司法救济的审理过程的保障问题几乎没有专门提及，整个英国司法体制中涉及诉讼保障的内容也仅局限于蔑视法庭罪。这个罪名不重，量刑也较轻，但却很好地起到了维护法庭秩序、捍卫司法尊严的作用，本卷第七章第三节司法救济的落实手段——惩治"蔑视法庭"对此作介绍的同时，分析了其中的部分原因。

第六节 上诉及执行程序

严格来说，上诉并不是司法审查正式听审程序结束后的全部，甚至不是其主流。同中国行政诉讼一样，相当数量的英国司法审查案件经过初审后并不必然上诉。正因如此，英国学者讨论本节内容的标题是"正式听审之后"(After the Hearing)。① 当然，其讨论的主要内容仍是上诉。

此外，英国学者不在动词上区分驳回司法审查许可申请与驳回司法审查起诉，而一律用"被拒绝"。而我国则有所区分，即分别用不予受理与驳回起诉。当然，在英国，这二者的区分也是存在的，分别针对的是拒绝司法审查许可申请和拒绝实质性审查请求。后者是在申请人获得司法审查许可并通过启动司法审查正式听审动议提起实体审查，经正式审理，法院仍对申请人的请求不予支持的判决结论。

如果某一实体性司法审查请求被拒绝，当事人可以向上诉法院或者贵族院上诉，具体向谁上诉需要视该案件是基于民事还是刑事案由。②

一、上诉的标的

司法审查的上诉是针对法院下达的命令提起的，而不是针对说明了理由的判决。也就是说，如果法院已经授予申请人其要求的救济，则不能再对法院给予这一判决的理由提出上诉。③ 说得更直白一点则是，上诉是针对判决的结论提起的，而不是针对判决的理由，并且只能针对判决的

---

① Bridges & Cragg, p.149.
② Bridges & Cragg, p.149.
③ Bridges & Cragg, p.149.

结论上诉。

二、上诉人的范围

除案件的当事人以外,受法院判决影响的第三方也可以申请获得上诉许可。由于所有受判决影响的人都可以申请上诉许可,确实可能会使许多人卷入公法案件中。①

三、民事诉讼程序的上诉

英国司法救济的复杂性还表现在,由于案件被划分为民事或者刑事案件,其上诉的程序也不尽相同。

（一）上诉期限

申请上诉的期限是非常短的。上诉申请应当在下列情形下发出②：① 在拟申请上诉的原判决作出后 4 周内向作出原判决的高等法院提起；② 如果上诉申请已经被高等法院拒绝并且已经向上诉法院提出了进一步的申请,则上诉应当在上诉法院给予上诉许可后 7 日内提出。由于上诉的期间仅有 7 日或者 28 日,所以英国公法专家建议,上诉时要考虑好是先请求法律援助,还是先咨询权威出庭律师的意见(下文将提及)。因为时间实在太短,很容易顾此失彼。

（二）上诉许可程序

对于涉及民事事由或者事项的司法审查案件,向上诉法院上诉也需要获得许可,除非该案件涉及庇护、国籍或者移民法。上诉许可的申请必须首先向作出最初判决的法院提起。该申请或者在法院给出判决时当即提起,或者是在法院判决下达后的 4 周内提出。如果表面上看上诉的案件存在错误,或者涉及原行政行为的基本原则问题,则应当给予上诉许可。如果上诉许可在这一阶段即被原审法院拒绝,则可以进一步向上诉法院上诉。③

（三）上诉许可申请阶段的法律援助

如果原审法院在判决后并没有一并判决给予当事人法律援助,上诉人需要将其所获得法律援助的范围扩展到申请上诉许可。由于上诉的时

---

① Bridges & Cragg, p.149.
② Bridges & Cragg, pp.149-150.
③ Bridges & Cragg, p.149.

限非常短,有必要通过电话申请扩展法律援助的范围。负责法律援助的地方官员在决定是否给予上诉人法律援助时,需要了解上诉人的上诉是否有理由。因此,英国公法实务专家建议,上诉人电话提出延展法律援助范围的申请前应事先准备好出庭律师的书面支持意见。故英国公法实务专家建议,上诉人应当考虑在这一阶段,是先提出扩展法律援助范围的申请,还是先寻求权威出庭律师的专家意见。①

(四)原判决的停止执行

由于上诉程序可能会非常长,有必要分别向高等法院、上诉法院提出请求停止原判决执行的申请。为了保证司法审查案件具有实际意义,申请停止执行非常重要。但是,如果上诉最终不成功,停止执行申请人也要兑现其申请停止执行时承诺的承担损害赔偿责任。②

(五)上诉申请的登记

在上诉申请发出后,必须在7个工作日内将上诉情况在皇家司法法院民事上诉办公室登记。在登记时应当提交下级法院原判决的副本一份,上诉申请两份:其中一份附收费收据,另一份附上诉申请已发送的凭证。③

登记也可以通过邮寄或者文件交换的方式进行,但如果文件不知去向或者由于文件不规范而被法院退回,要由上诉申请人承担风险。④

虽然登记时并不要求提交下级法院判决的正式副本的复印件(copy of the transcript,注意区分此处的复印件与副本的区别),但该复印件应当尽早向原审法院预订,以便在提交案卷时尽早提供。如果某一司法审查的判决是在听审后由法官口头宣布并由法官签署的,此时就没有必要获取判决的正式副本。⑤

(六)准备上诉案卷

在准备上诉案卷时,上诉申请人的诉状律师应当熟悉上诉法院发布的数量巨大的新操作指南。⑥ 这说明,英国上诉法院也在下发大量的规范性文件,这些文件对于指导律师办理上诉业务、提高司法效率是非常有

---

① Bridges & Cragg, p. 149.
② Bridges & Cragg, p. 149.
③ Bridges & Cragg, p. 150.
④ Bridges & Cragg, p. 150.
⑤ Bridges & Cragg, p. 150.
⑥ Bridges & Cragg, p. 150.

必要的。当然,这些指导性的操作指南必须是有效的而不能是自我设权或者故意限制当事人权利的,更不能是自我创收的,否则,英国的议会就会站出来主张自己的立法权,并通过立法否决这种不正确做法。即使议会没有出面,通过当事人对这些行为提起的诉讼,贵族院也会对绝大多数不适当的司法指导予以纠正。

(七)确定开庭日期

除非上诉案件是紧急的或者加速的,否则,从原审法院作出判决到上诉法院听审上诉之间的时间间隔,可能会有几个月。① 这比高等法院原审司法审查案件的时间要短许多。究其原因,与司法审查案件上诉的不多有关。

尽管如此,上诉法院已经引入了一套名为二次预定(second fixtures)的排队体制来对上诉申请进行双重预定,目的是确保上诉法院的所有时间能够得到有效的利用。②

上诉法院的开庭听审日期是由上诉法院与出庭律师的助手商定的,随后由该助手通知诉状律师。③

(八)开庭审理

参见本卷第四章第三节中上诉阶段的证据规则部分。

(九)越级上诉

在上诉申请人辩称拘束上诉审法院的判例是错误判决的例外案件中,有可能出现越级上诉的情形,即由高等法院一审的司法审查案件有可能直接上诉至贵族院。这种案件的发生需要同时取得第一审法院和贵族院的准许。根据1960年《司法法》第1条的规定,经贵族院许可,向上诉法院上诉的案件可以上诉至贵族院。④ 但越级上诉恰恰是跳过上诉法院。

四、刑事诉讼程序的上诉

从原则上讲,对于那些涉及刑事事由的案件,根本不可能上诉至上诉法院。当然这一原则也有例外:此类案件在经分庭法院听审后,即由

---

① Bridges & Cragg, p. 150.
② Bridges & Cragg, p. 150.
③ Bridges & Cragg, p. 150.
④ Bridges & Cragg, p. 151.

1960年《司法法》第1条调整,可以直接上诉至贵族院。①

分庭法院必须在听审结束后立即或者听审后14日内确认其决定中涉及一个具有普遍公共重要性的论点。② 这是1960年《司法法》要求经分庭法院审理的刑事司法审查案件可以上诉至贵族院的基本条件。

如果分庭法院拒绝对此作出确认,则当事人没有再上诉的权利③,刑事司法审查案件到此为止。由此可见,至少在刑事案件的司法审查领域,英国实行有选择的两审或者三审终审制。而且无论哪个上诉环节,上诉都不是当然的。最重要的是,英国的上诉在绝大多数案件中都是要由原审法院审核,仅在民事司法审查案件中允许对不许可案件进行上诉。

如果分庭法院确实授予申请人上诉的资格,则上诉许可既可由分庭法院授予,也可以在该法律问题属于贵族院考虑的范围时由贵族院颁发。④ 也就是说,刑事司法审查案件,经分庭法院审理完毕后,须由原审分庭法院确定该案件是否具有可以上诉至贵族院的普遍的公共重要性。从贵族院一年审理的案件总数来看,不难想象,这样的案件少之又少。而一旦分庭法院否认存在上诉的必要性,则案件就此终结,绝大多数的案件就到此为止了。如果分庭法院确认存在继续上诉的必要性,则颁发上诉许可仅是程序性事项。该许可既可以由分庭法院颁发,也可以由当时作为终审法院的贵族院颁发。但贵族院也没有选择的余地,或者说没有将案件退回的可能。

之所以强调这一点,是因为高等法院的法官比较多,他们任意2—3人组成的分庭法院就可以给作为英国最高司法机关的贵族院(现在改为最高法院)分派案件,但是,如果司法审查许可是由高等法院的一名指定法官即可决定的,甚至可以由皇家办公室的负责人决定,则由分庭法院来担当贵族院上诉案件的立案庭,还是可以胜任的。

申请上诉许可的申请必须在原审决定作出后14日内提交原主审的分庭法院。⑤ 值得注意的是,此处的分庭法院是指由2—3名高等法院法官组成的合议庭,不是指高等法院的三个分庭之一。

如果分庭法院拒绝给予上诉许可,则可以在14日内向贵族院申请上

---

① Bridges & Cragg, p.151.
② Bridges & Cragg, p.151.
③ Bridges & Cragg, p.151.
④ Bridges & Cragg, p.151.
⑤ Bridges & Cragg, p.151.

诉许可。① 注意,此处的拒绝是指在分庭法院已经确认上诉人具有可上诉的论点后又拒绝给予上诉许可的情形。而此处的向贵族院申请许可还不是严格意义的上诉,英国学者认为属于再申请。但无论如何,这与前面提到的分庭法院不确认案件具有可上诉性后,上诉申请人即没有再上诉的权利,二者并不矛盾。

五、法院对执行的监督

接下来讨论监督公共管理机构遵循法院的判决和解决方案方面的问题,即所谓的行政诉讼判决的执行事宜。

英国学者认为,一旦法院下达了一项命令,或者被告已经向法院作出了某项承诺,监督公共管理机构以确保其行为符合司法命令是非常重要的。② 这说明,英国是非常强调司法命令必须执行的。

如果公共管理机构的某项政策或者指导被法院裁定非法,对法院裁决之后该公共管理机构所做的任何修订应当认真仔细地审查。③ 这个道理浅显易懂,但要真正落到实处,甚至仅仅是强调,都是不容易的。也正因如此,在裁决落实阶段的差异进一步放大了在裁判阶段已存在的差距,二者叠加的结果是,各国司法监督体制的有效性的差距是相当巨大的。

类似地,如果法院撤销了某一决定,有必要监督新作出的决定是否合法。英国公法实务专家甚至认为,法院还可以要求公共管理机构采取拉网式调查的方式,从其记录中查找与司法审查的申请人具有类似情况的人,并把这些人的事也同样地办好。④

最值得一提的是,这种拉网式处理,赋予了有类似情况但并非已决案件的当事人以执行请求权:一人(案件申请人)栽树,众人乘凉。这也正是许多公益组织热心打这类官司的目的所在:真正可实现的公益性。

六、救济的强制执行

救济的强制执行即其最终落实,是从另外一个角度对法院监督公共管理机构落实法院判决的探讨,但更强调对行政相对一方的救济的实现。

---

① Bridges & Cragg, p. 151.
② Bridges & Cragg, p. 151.
③ Bridges & Cragg, p. 151.
④ Bridges & Cragg, p. 151.

（一）再申请的权利

在有些情况下，例如法院认为调卷令已经足以确保公共管理机构依法重新考虑其决定时，法院不太愿意向公共管理机构下达强制令或者宣告令。但在法院下达其认为适当的命令时，申请人也有可能请求法院授予其事后申请包括强制令在内的适当救济令状的权利，以防公共管理机构未按法院预想的方式行事。① 这通常出现在法院采取怀柔政策，没有对行政主体施以重手的情况下，或者被告在法庭上动之以情、晓之以理的出色辩护，使法官们相信行政主体是善良的，没有必要给予严厉的强制令或者宣告令；但是行政主体最终背信弃义，辜负了法官们的信任。此时，有必要为申请人保留进一步寻求法院本来应当给予的严厉救济措施的权利。特别应当提醒的是，此处的权利是基本权利或译为民权（liberty），这种权利在英国就是人权，是普通法上的概念，是人与生俱来的、不得被制定法剥夺的权利。从这个意义上讲，此处讨论的再申请权利，其实回归到特权令状最初形成时期的设立本意上来了。

因此，除非对重新申请另有特殊规定，如果被告未遵循法院的令状或者申请人与被告就如何解释法院判决的令状存在不同意见，申请人完全可以重新申请将已审结的案件退回候审案件清单。②

（二）进一步的司法审查

现实中可能有这样的情况：公共管理机构的决定被法院撤销后重新作出了新的决定，但是显然该新决定仍有瑕疵，只是与在先前的司法审查中受到攻击的原决定基于不同的基础。此时，唯一的救济就是对新的决定提起一个新的司法审查申请。③

（三）蔑视法庭

英国学者在介绍救济的强制执行部分的最后，以相当的篇幅讨论了蔑视法庭罪的适用问题，可见，这在英国就是行政强制执行的终极手段。对此，本卷第七章第三节司法救济的落实手段——惩治"蔑视法庭"有比较全面的论述。

---

① Bridges & Cragg, p.152.
② Bridges & Cragg, p.152.
③ Bridges & Cragg, p.152.

第七章
判决、赔偿及其他

本章是英国包括司法审查制度在内的各种司法救济的杂项内容,包括司法救济的判决形式、行政赔偿与王权诉讼、司法救济的落实手段——惩治"蔑视法庭"、司法救济的费用、司法救济案例研究素材、司法救济经典判例。

在英国,虽然英王本人不可以在法院被起诉或被追诉,但作为英王的臣仆的公务员及政府官员却可以在民事或者刑事案件中被诉,甚至可以构成蔑视法庭罪。而且根据1947年《王权诉讼法》的规定,中央政府部门也可以成为赔偿诉讼的对象,而且其作出的行政决定还要受到司法审查。① 这一切,与政府对议会的政治责任相对,构成政府的法律责任。

第一节 司法救济的判决形式

本节的主要内容,就是罗列前文提到的各种司法救济的最终判决结果,以便了解英国的行政主体在法律上承担责任的具体形式。本节的内容从标题上看与此前章节有所重复,这是本书既要全面、客观地介绍英国的制度,又不想仿效其体系的长篇大论所作的调整。当然,英文著作中类似本书这般,就同一个题目从不同的角度去讨论,从而落入不同章节的现象,也是比比皆是。因此,本节内容与前面司法救济的类型等章的内容,最好是参互阅读。

一、司法救济形式与政府责任形式

司法救济的形式是与政府法律责任的形式相呼应的,虽然并不构成

---

① Bradley & Ewing, pp. 104-105.

严格意义上的映射关系。而司法救济的判决形式则构成严格意义上的行政主体法律责任的形式。当行政决定在法院受到挑战的时候,个人可以请求法院提供以下一种或者几种救济形式①:

(1) 取消某一越权的或者因其他原因非法的行政决定;
(2) 制止公共管理机构越权行事或者从事其他违法行为;
(3) 责令公共管理机构履行其法定职责;
(4) 宣告当事方的权利和义务;
(5) 命令公共管理机构赔偿当事人遭受的财产损失及人身伤害;
(6) 确保临时性救济、中止行政决定的执行。

1981 年《最高法院法》第 31 条、《最高法院规则》第 53 号令第 2 条规定,允许高等法院签发以下 6 种令状,即司法审查中可以获得的主要救济②:

(1) 调卷令;
(2) 阻止令;
(3) 训令;
(4) 强制令;
(5) 宣告令;
(6) 赔偿令。

但是,英国学者提醒:假设司法审查的原告已经越过了受理许可程序设置的障碍,并使法院相信其诉讼请求是有根据的,此时,就轮到法院给予相应的救济了。法院给予救济是有其自由裁量权的,因此,即使到了这一步,也可能不给予救济。③

二、禁止侵扰

执法扰民是一个非常令人头痛的问题,具体表现形式有两种:一是逻辑上说不清,代表最广大人民的根本利益、执行体现人民意志的法律的机关竟然扰民;二是实践中清不掉,点多、面广、频发,让人无从下手。对于这一问题,英国也存在或者说存在过,其对策是通过普通民事诉讼途径控告实施侵扰的人或者行政主体。例如,如果某人的土地根据一项非法的

---

① Bradley & Ewing, p. 728.
② Bridges & Cragg, p. 23.
③ Neil Parpworth, p. 327.

命令被强制征用了,该地产主就可以提起一项普通的非法侵入的诉讼,控告任何侵入其财产以期实施这一决定的人。① 从控制执法扰民的角度,此处对非法侵入案件的特殊理解很值得重视,即如果强制征收令是非法的或者原主人认为非法,原主人就可以后来的占有者非法侵入为由予以控告。也就是说,执行没有取得合法性的征收命令的行为,也是一项非法侵入。这类案件在各国公共征收领域不在少数,但这种处理方式显然不同于惯常的思路。

同样道理,如果某人认为强制征用其土地的命令是非法的,而执行该命令仅仅是一种威胁的话,那么该地产主也可以取得一项强制令来禁止这一命令的执行。② 强制令的这种用法,对于解决我国目前存在的执法扰民问题很有借鉴意义:如果当事人感到一种威胁,就可以运用法律手段消除之,以取得心灵上的安宁。法律只制止肉体的侵害是远远不够的,必须能够在更广泛而崇高的意义上守护公民心灵的安宁。可以考虑由此建立一种公益诉讼机制,专门针对那些非法设立各种许可、处罚、收费及强制措施等的规范性文件,因为这些文件构成对于从事相关职业者的侵扰,他们不得不担心随时可能被强制许可、处罚、收费。

三、阻止令

即通过颁布阻止令,制止公共管理机构越权行事或者从事其他违法行为。详见本卷第二章第二节中的"阻止令"部分。

四、刑事追诉与蔑视法庭

不享有英王的豁免的公共管理机构,有可能面对刑事追诉。③ 贵族院 1993 年也确实因内政大臣拒绝遵循高等法院法官的命令而认定内政大臣蔑视法庭罪成立。④ 这是英国法院第一次直面英王名下的大臣是否构成蔑视法庭罪的抉择。

五、撤销并责令重作

撤销并责令重作可以是调卷令的一种后果,但未必尽然。当法院经

---

① Wade & Forsyth, p. 32.
② Wade & Forsyth, p. 32.
③ Bradley & Ewing, p. 293.
④ Bradley & Ewing, pp. 97-98.

审查决定取消某一被诉决定,而自己又不打算作出新的替代性决定时,可以将案件发回决定者,并附有适当的指示。① 这种判决形式与我国的撤销判决颇为类似。所不同的是,我国的撤销判决即使有责令重新作出行政行为的内容,但也仅限于该命令本身,没有具体的指示。英国的撤销判决则附有必要的指示,内容主要就是如何重新作出决定,而且该指示具有强制拘束力。因此,这种判决方式与法院重新判决没有什么区别。所不同的仅仅在于,对于重新作出的决定,仍可以申请司法审查。

法院在判决时也可能采取全盘否定行政主体的各种可能借口的方式,在事实上代替行政主体作出决定。1968 年 *Padfield v. Minister of Agriculture* 一案就是这方面的一个经典判例。根据 1958 年《农业市场法》的规定,向某一公共管理机构提出申诉的前提是农业部长对此有明确的指示。原告对农业部长拒绝给予这种指示的行为提请司法救济,法院在审查了农业部长提供的理由以确定这些理由是否与议会的法律相一致之后,断定农业部长没有充分解释其拒绝的理由。② 也就是法院判定农业部长必须同意对原告的不满进行调查,这实质上剥夺了农业部长进一步行使其自由裁量权的权力,从而避免部长找出其他的理由再重复一遍。当然,就该案而言,法院并没有进一步审查原告的抱怨本身,而仅仅是维护了其提出申诉的程序性权利。

六、撤销并径行变更

径行变更(其表现形式为变更判决)也可以是调卷令的一种后果,但其他的救济令状也可以得到类似的结论。但对于作为司法救济形式之一的变更判决的认识,必须首先区分其与替代性救济的不同。英国学者所称的替代性救济(alternative remedies)③,更准确地说应当是指司法审查的替代性救济,是与司法审查救济相对应的。英国学者对替代性救济的研究,通常是建立在作为司法审查救济的替代品或者预救济的基础之上的。这个意义上的替代性救济,是指可以代替司法审查救济的其他的救济手段,如行政救济、议会行政监察专员的救济等。与替代性救济相似的

---

① Bradley & Ewing, p.736.
② Bradley & Ewing, pp.699-700.
③ Bridges & Cragg, p.35.

一个容易混淆的词是 substitutionary remedy①，笔者译为变更判决，指法院通过对被司法审查的行政决定径行改判，由法院径行作出一个替代被审查的行政决定的实体判决，从而给司法审查申请人提供救济。

（一）变更判决的制度基础

英国学者反复强调，法院在司法审查程序中的角色定位应当是裁断被诉决定的制作过程的合法性，而非决定本身的合理性。正因如此，法官不应当以自己的决定替代原决定。② 司法审查的这一定位表明，在英国，司法审查的核心在于对决定者在决定程序中的表现的合法性进行审查，至于其结果是否适当，甚至实体是否合法，都不是法官关心的首要问题。

《民事诉讼规则》第54条第19款第2项重申了这一正统教条：当法院针对原告指控的决定作出撤销令时，法院可以决定发回原决定者，指令其重新考虑案件事实，并按照法院的判决作出新的决定。但是，该正统教条为《民事诉讼规则》第54条第19款第3项所修正：如果法院认为将案件退回原决定者重新考虑并不会有明确的结果，法院有权根据制定法径行作出决定。③ 这其实是上述第2项规定的但书。

表面上看，《民事诉讼规则》第54条第19款的这两项规定难以协调，第3项的规定似已颠覆了第2项的内容。但是实际上二者并行不悖：第2项规定原则，第3项规定例外，即如果有明确的目标决定并且给予了明确的指示，则可以发回；反之，则可以直接作出变更决定。当法院经审查决定取消某一决定时，如果并不打算将案件发回原决定者重新决定的话，法院也可以自己作出决定。④ 这种判决形式属于变更判决，但显然与我国的制度存在较大的差别。我国学者认为，变更判决涉及行政自由裁量权，法院不应当代为行使，而更主要的原因则是，行政决定具有高度的专业性，法官不应当代为行使。事实上，这个问题必须具体分析，不能一概而论。

（二）法院径行改判权的合理性

英国法院径行改判权的存在，是笔者研究英国行政法时的重大发现之一，例如，如果行政许可机关拒绝颁发某一许可证，法院经审查后认为

---

① Neil Parpworth, p. 335.
② Neil Parpworth, p. 335.
③ Neil Parpworth, p. 335.
④ Bradley & Ewing, p. 736.

申请人依法应当取得该许可证,就可以作出要求颁证机关颁发该许可证的判决。这类判决就是变更判决。这是我国行政诉讼领域甚至行政复议领域在探讨对不作为、行政许可等案件时面临的一个疑难问题。

　　从行政管理专业角度看,这个问题的核心是,作为非相关管理专业机关的司法机关是否有权作出作为专业机关的行政机关应当作出的决定。从英国的结论看,这是没有问题的。因为其中的专业问题无非是个政策问题,而不可能是一个科学技术意义上的专业技术问题,即使是行政机关也不会有并且也不应该有这方面的专家,否则,行政机关就有努力变成科学院之嫌,没有哪个科技发达国家是这样做的。既然如此,对于所有的专业技术问题,专业主管机关的官员与法官都是外行,专业主管机关的官员的专长在政策,而政策是法律意义上的政策;法官的专长在法律。二者相比较的结果便是,如果专业主管机关可以决定具体法律适用中的某些政策问题,法院就有权审查这种政策适用是否符合法律的本意。至于双方在专业技术领域"半斤与八两"的区别,则不应当过多地计较,真正的专家还是科技专家,应当将他们的意见作为专家意见,成为裁决该案的证据。这样就解决了是否可以对专业性较强的行政许可或者其他行政管理领域的不作为等类型的案件实施司法审查并作出强制性的明确裁判的问题。接下来的答案就更加明确了:如果行政机关拒绝颁发某项许可证,法院可以审查不予颁发的理由,理由不成立时,应当作出必须颁发的裁决。

　　从法律角度看,尽管行政机关是所谓的主管领域的专业机关,但就是否应当依法颁证这样一个法律问题,首先考虑的不是专业问题,而是法律适用问题,即谁才是一个国家中对于法律适用享有最终发言权的人。答案无疑是法官。如果作出的决定仅仅是法律适用方面的,法官是完全可以胜任的。当然,让所有的行政决定都由法官来发表最终意见显然是不现实的,但此处的关键还不在于法官的专业性,因为对于法律的执行问题而言,法官在法律方面的专业性与行政官员在其主管领域的专业性是不相上下的。问题的关键在于,法院解决争议的效率显然要比行政机关处理行政事务的效率低得多。由行政机关处理绝大部分案件,而由司法机关处理那些因当事人的不满而极有可能存在问题的少数案件,就可以在很大程度上实现效率与公正的统一。因此,在司法审查这个问题上过分强调被审查的行政行为或者决定的专业性、部门性的意见,是值得警惕的。按照同样的理由,立法机关对于同样的事项也同样存在不够专业的问题,至于行政管理当事人则无论在专业领域还是在法律方面都要略逊一等,这样看来,岂不是所有的事情都应由行政方面的专业人士说了算？法律岂不成了可有可无的？或者虽然表面上强调议会、法院的重要性,而立法的决策权与司法的审查权实际上却悉听命于行政,这种做法不过是徒有法律之名,而全无法治之实的摆设、幌子而已。

最后,英国的法院径行改判的例子只能算是例外,法院并不是在所有领域都自作主张,如在公共管理机构具有完全的是否采取行动的自由裁量权的领域。但是公共管理机构可能有行使其自由裁量权的义务,例如某裁判所有义务听审并裁决属于其管辖权限范围内的案件。① 即行政主体没有做与不做的自由裁量权,但对于怎么做却有自由裁量权。对此,法院的判决一方面可以通过对立法的解释限制行政自由裁量空间,另一方面可以要求行政主体履行该自由裁量权,当然,法院不能对最终的自由裁量结果作出明确的指示。这就是本节上文提到的责令重作的内容。

（三）变更判决的适用范围

英国法院在某些情况下,可以在撤销原行政决定的同时,直接就行政案件的实体问题作出一个覆盖原行政行为、满足申请人要求的决定。例如,对于行政主体拒绝向依法应当取得无线电视收视许可权的人颁发该许可的行为,法院可以作出要求该机关颁发该许可的令状,以作为对该不履行职责行为的救济。② 这个要求的意思不是颁证机关对申请人的要求重新进行审查以决定是否颁发,而是直接执行法院的判决,给申请人颁发法院判决书中载明的许可证或者履行法院判决中要求的其他行为。

唯一将调卷令扩张为允许法院以自己的决定替代公共管理机构或者裁判所的决定的规定,见于《最高法院法》第43条第1款,其所涉及的事项限于刑事司法法院下达的判决:"如果高等法院认定治安法院或者皇家法院无权作出加重的判决,高等法院可以不撤销有罪认定,而是以替代性的、超过治安法院或者皇家法院权限范围的判决修正原判决。"这种情况只能罕见地适用于相关法院基于无论何种原因错误地理解自己的判决权力的场合。③

《民事诉讼规则》第54条第19款第3项允许法院以自己的决定替代被诉的决定。当然,法院的这一权力并非没有限制,该款本身就以但书对

---

① Bradley & Ewing, p.729.
② Wade & Forsyth, p.34.
③ Bridges & Cragg, p.24.

法院的这一权力作了限制：如果某一制定法上的权力是赋予某一裁判所、个人或者其他机构的，则法院不得作出替代性决定。据此，变更判决只能适用于法院认为在法律上只有一种结论的案件。如果能够证明在法律上别无选择，则变更判决就只能视为节约时间的手段，并非授予法院新的权力。①

法院径行就实体问题作出判决，包括法院认为假如原告单独提起赔偿之诉时可以直接获得损害赔偿金②的情形。

（四）变更判决的效力

对于法院的此类判决，有关行政主体必须履行，否则就将面临蔑视法庭罪的后果。如上文提到的关于准予申请避难的扎伊尔教师进入英国的命令，就是高等法院在判决中给内政大臣下达的明确指示，内政大臣没有按这一指示去做的后果，就是被贵族院认定为蔑视法庭。③

七、宣告判决

宣告性判决有点类似于我国的确认判决，可以通过宣告令之诉获得，但不限于这一程序。详见本卷第二章第二节中的"宣告令"部分。

八、责令履行法定职责

责令履行法定职责的说法是中国人所熟悉的，但却不是英国人所熟悉的，不过英国的强制令及训令能够起到类似的作用。详见本卷第二章第二节中的"强制令""训令"部分。

九、被告承诺与和解

在1968年的一个判例中，上诉法院认定，法院有权给警察局长发训令，因为该警察局长接到的有关方面的指令是：出于政策方面的考虑，不应当对侵入家宅者进行追诉。主审法官萨蒙认为，该地区的住户也有权获得训令，因为如若不然，警察局长就有可能无法履行其实施法律的义务。但上诉法院也充分意识到了如此判决可能会引起某种误解，因此非常急切地强调，确实有相当多的领域是警察局长拥有自由裁量权而法院

---

① Neil Parpworth, pp. 335-336.
② Bradley & Ewing, p. 736.
③ Bradley & Ewing, pp. 97-98.

不能干预的。就该案的情况而言，颁发训令强制大城市警务专员促使其属下的警察局长实施相关法律是不必要的，因为该专员已经向法院递交了一份达到训令效果的保证。①

于是，一番论证之后，上诉法院最终没有给原告颁发训令救济，但原告最终所要达到的目的却基本上实现了，即大城市警务专员向法院保证达到相同的效果。这说明，在英国的行政诉讼中，确实存在类似辩诉交易或者调解的结案方式，即法院要求被告承诺达到一定的效果，法院认为被告的方案可行，则根据法院的自由裁量权决定不给予原告所请求的救济。

十、支付赔偿金

（一）获得赔偿金的两种渠道

在英国行政法领域，获得赔偿金并非只有王权诉讼（见本章第二节行政赔偿与王权诉讼）即我们所说的国家赔偿的一种途径，除此之外还有普通法的渠道。早在1765年的 *Entick v. Carrington* 一案中，英王派来的国务大臣就因非法搜查而被法院认定为非法侵入，受害人通过普通的非法侵入诉讼取得了300英镑赔偿金。② 这是发生在《王权诉讼法》颁布前近两百年的事。

如果某人被警察机关错误地逮捕了，他可以提起一个普通的侵权诉讼，诉请法院向任何关押或者留置他的警察或者按照命令采取此类行为的警察，追索因错误地被投入监狱及由此所受侵害的赔偿金，就像这些警察是普通人一样。③ 由于警察不是英王的臣仆，并不适用《王权诉讼法》。当然，现代的法人责任理论已经应用到警察机关，如果警察的行为属于职务行为，最终为警察承担赔偿责任的是其所属的警察机关；而如果其行为属于个人行为，则由警察本人承担责任。

（二）径行获得赔偿金的情况

根据1993年 *Woolwich Building Society v. IRC（No. 2）* 案确立的原则，如果纳税人已经按照税务条例向公共管理机构支付了金钱，但该征收行为后被认定为越权，纳税人有权要求返还该金钱和利息。④

---

① Neil Parpworth, p. 331.
② Wade & Forsyth, p. 32.
③ Wade & Forsyth, pp. 31-32.
④ Bradley & Ewing, p. 349.

司法审查案件中,如果原告已经一并提出赔偿请求并且法院认为单独提起赔偿请求时也可以获得,法院可以直接判处损害赔偿金。[1] 因此,即使原告并没有明确提出损害赔偿金的请求,法院也可以根据情况自由裁量是否判予赔偿金。可见,在英国,不告不理已不再是一个必须坚持的原则。

(三)司法审查结果与行政赔偿的关系

二者值得说明的关系是,1981年《最高法院法》并没有改革损害赔偿救济中存在的实体性的义务规则,即某一使个人遭受经济损失的行政行为并不因其以无效为由被撤销而产生任何赔偿义务。因此,即便是成功的司法审查申请也极少获得损害赔偿。[2]

可见,在英国,提请司法审查者的胜败,与其能否获得赔偿完全是两回事。除非行政机关被确定有赔偿义务,否则即使确定该行政机关的行为因给申请人造成了损害而在司法审查中被撤销,也并不产生相应的赔偿义务。

十一、司法建议书

英国也有类似我国的司法建议书,甚至还有司法抗议(*judicial protests*)。[3] 例如,在法院经审查撤销某一决定并将案件发回决定者让其重新决定时,法院会附有适当的指示。[4] 这种指示类似于我国的司法建议,但要明确得多,而且具有强制力,拒不执行者将会面临拒不执行法院判决的法律后果,如被认定为蔑视法庭等。因此,法院的指示所明确的内容,就是被告必须遵守的。

在1964年的 *Ridge v. Baldwin* 一案中,里奇是布赖顿警察局长,他与其他警察一起被指控犯有共谋妨碍司法过程罪。但经审理,他的罪名不成立。在宣判时,主审法官丹宁批评了里奇,说他没有为他所属的警察们树立良好的楷模,不具备其职位所必需的领导能力。在1周后审理对里奇提出的另一项涉嫌腐败的指控中,该法官也发表了类似的评价,但该

---

[1] Bradley & Ewing, p. 736.
[2] Bradley & Ewing, p. 736.
[3] Wade & Forsyth, p. 661.
[4] Bradley & Ewing, p. 736.

项指控也因没有足够的证据支持而未能成立。① 从该案的审理结果看，法官的上述评价并没有遭遇任何指摘，这是因为，法官的这种评价具有一定的司法建议的效力。尽管英国也有正式的司法建议，而且正式的司法建议比该案涉及的泛泛的评价更具有直接的执行效力。

十二、英国司法判决的特点

通过以上介绍的英国司法判决的形式，可以总结出英国司法判决有如下特点：

（一）操作性强

绝大多数判决直接就实体问题作出裁判，可以径行付诸实施，避免了法院裁定由行政机关实施、而行政机关拒不执行的尴尬。

（二）权威性强

尽管法院判决权威性的唯一保障只有蔑视法庭罪的认定，但仅此一项，就把上至首相、下至在英国寻求庇护的外国难民都治住了。原因何在？就中央政府部门而言，部长责任制、法治的权威以及议会民主制是根本的原因。由于实行部长责任制，一旦中央政府部门被认定为蔑视法庭，则部长要直接承担责任；在法治的无上权威下，蔑视法庭就是蔑视法治；而在议会民主制下，如果政府蔑视国民信以为权利与自由的最后屏障的法治，民众将难以忍受。

（三）说理透彻

英国法院的判决，尤其是司法审查方面的案件的判决，由于出自高等法院王座分庭、上诉法院或者贵族院上诉委员会等著名法院的高级法官之手。其英文水平之高，可以在法学专著中直接引用；其学理水平之高，可以直接构成英国行政法法理学的原则。当然，最主要的原因在于法官的素质。这主要是选拔的结果，不是培训所能使然。能够在英国作出上述判决的法官，都是出庭律师中的佼佼者。英国有6000名出庭律师，而能够作出上述判决的法官也就120人左右。而出庭律师本身又是社会竞争的产物，他们必须出身于富裕家庭，以维持他们能够靠律师职业自食其力之前（大约35至40岁，在此期间，必须完成律师学院的学习、实习、见习，还要面对初涉职场无人问津的困苦）的开销。

---

① Neil Parpworth，p. 311.

第二节 行政赔偿与王权诉讼

在英王特权与法院的关系于 1689 年作出宪法性安排①之前,英国就已经有许多著名的宪法案件的判决。法官们所表达的传统观点是,随时准备审查英王特权的范围及程度,但却不打算质疑这些权力是如何行使的。② 也就是不准备深究英王特权行使的程序方面的问题。但这种局面已经改观,这正是此处英国学者特别强调传统观点的言外之意。

其间的转折,发生在 1965 年的 *Burmah Oil v. Lord Advocate* 一案。③ 贵族院以 3∶2 的多数认定,该石油公司有权因其石油设施被破坏而获得相应的赔偿。④ 在贵族院得出英王战时特权的必要性与该公司应当得到赔偿之间,在逻辑上缺少一个必要的桥梁。事实上,英国法院的判决以及英国学者的理解的关键在于,他们都认为尽管英王战时特权的存在有其必要性,但这只能作为英国议会因战事不能立法的理由,而不能作为英王可以不予赔偿的理由。或者说,他们理解,正是由于战事,议会没有立法;倘若议会立了法,肯定是会要求英王赔偿的。退一步讲,在英国法官及英国学者看来,在没有议会立法的情况下,适用普通法——损害就得赔偿,除非议会的立法对此作出相反的规定,但议会因为战争没有这样的立法。在他们看来,凡是行使权力的行为所致的损害,就应当由权力主体赔偿;而无权行使权力但却实际作出了某种行为的,该行为不属于英王的行为,由个人赔偿,即英王可以不赔。由此可见,该案实际的争议焦点不是赔偿的范围,而是赔偿的主体。

一、行政赔偿的历史演进

(一)行政赔偿的概念

本节的题目表明,其内容将是一个妥协的产物。事实上,英国法本身就是妥协的产物。而将英国法介绍到中国来,也不可避免地要迁就英国的传统与事实,以及两国之间沟通交流的语义通道。

---

① 指颁布《权利法案》(Bill of Rights,1689)。
② Neil Parpworth, p. 48.
③ Neil Parpworth, p. 49.
④ Neil Parpworth, p. 49.

对于本节所讨论的内容,需要从五个方面理解:

第一,本节讨论内容的范围及于所有行政主体的行政决定或者行为所引起的赔偿责任。这种赔偿责任在英国属于不严格意义上的公法侵权责任。其范围不限于王权诉讼。之所以将王权诉讼放在行政赔偿之后,主要是迁就我国学者基于惯性而产生的对英国行政赔偿制度的错觉。

第二,英王所承担的王权赔偿责任只是行政赔偿责任的一部分,不属于王权诉讼赔偿范围的行政行为或者决定的赔偿责任。特别是考虑到英王的赔偿责任仅限于中央政府一级,而大量的地方事务,特别是警察事务是由不属于英王的地方政府机关和警察机关承担的。英国的中央政府与地方政府、中央政府部门与非政府部门公共机构的这种关系,决定了许多情况下纳入本节介绍范围内可以称为行政赔偿主体的,不仅仅是英王,而是一个公共组织。撇开这些行政主体的赔偿责任不谈显然是不能与我国的行政赔偿完全对位的,更不能了解英国行政主体承担的全部行政赔偿责任。

第三,英国的行政赔偿程序正如其司法救济程序一样,具有多样性,而非仅王权诉讼一途。甚至行政救济的类型中也有许多可以产生行政赔偿的后果,而这些后果显然不属于《王权诉讼法》规定的范围。特别值得重视的是,普通的民事诉讼的救济途径,以及这些救济途径发展起来的法律理论和实践,如侵权法、合同法、财产法,对于英国行政赔偿理论的贡献,在某种程度上甚至高过一般的行政法治理论。

第四,普通法及其"普通"观念,对于英国行政主体的影响不容忽视。行政主体在英国法中首先被视为与其他法律上的人格者没有本质区别的主体;公务员、地方政府组成人员以及警察等个人在普通法上首先被认为与其他公民(包括在押犯人、难民)具有同样的法律地位并应当承担同样的法律责任。这一基础性的平等意识,对于英国行政赔偿的认定所产生的影响的深远程度往往超出一般人的想象。

第五,王权诉讼所产生的赔偿责任,归根结底是一种雇主责任,即雇主对于其雇用或者任命的工作人员的行为所承担的代位责任,这种形式不是《王权诉讼法》颁布之后才产生的,而是古已有之。

因此,尽管有许多重要的例外,但《王权诉讼法》第 2 条第 1 款还是建立起这样的原则:在侵权行为方面英王应当承担一个达到法定年龄并具有完全行为能力的私人相当的责任,这种赔偿责任的范围包括①:① 英王的臣仆及其代理人所实施的侵权行为;② 普通法的雇主对其雇员或代理人所应当承担的义务;③ 任何因违反一般的财产所有者或者占有者所承担的普通法上的义务而需要承担的责任。

总之,英王应当为其臣仆或者代理人的侵权行为承担代理责任,例如,英王的某个臣仆在其被雇用期间粗心大意驾驶所产生的责任。②

(二)行政赔偿的历史

本节对英国行政赔偿历史的介绍涉及的一个基本结论是,早在《王权诉讼法》颁布之前,英国就已经存在行政赔偿,而且那时的赔偿途径现在依然畅通,并且覆盖的范围不逊于《王权诉讼法》的应用范围。

就普通法方面的赔偿责任而言。早在 1765 年法院即在涉及非法侵入私人领地的 *Entick v. Carrington* 一案中认定,英王信使遵循某一由内政大臣颁发的授权委托书行事并不构成法律上的抗辩事由③,从而认定该英王信使的行事构成非法侵入私人领地。这一判决比 1947 年《王权诉讼法》早 182 年,说明至少在那时,已经可以基于普通法的上述诉因而追诉英王臣仆的公法责任了。

就制定法方面的赔偿责任而言,早在 1842 年,英国的《国防法》已规定,对英王在战时紧急状态下征用其臣民土地的行为,土地所有者有权取得制定法上的赔偿。④ 而这一比《王权诉讼法》早一百余年的制定法,以单行制定法的形式规定了英王的赔偿责任。

1920 年的 *Attorney-General v. De Keyser's Royal Hotel* 一案是一起请求对第一次世界大战时期英王的军事机关使用被告的旅馆的行为予以赔偿的案件。⑤ 这个例子说明两个问题:至少在当时已经确立了制定法的赔偿制度,而且这个时间也比 1947 年《王权诉讼法》早。

王权诉讼在最初阶段是一个宪法性的议题,但是其在现代的重要性已经与英王的私人身份没有什么关系了,而是与那些可以对其提起此类诉讼、并且在形式上组成所谓的"英王"的中央政府部门及众多公共管理

---

① Bradley & Ewing, p. 758.
② Bradley & Ewing, p. 758.
③ Bradley & Ewing, p. 755.
④ Bradley & Ewing, pp. 254-255.
⑤ Bradley & Ewing, p. 254.

机构有密切的关系。①

在1948年以前,调整英王的法律责任的原则主要有两个:① 实体法上的规则是"英王不可能为非"(King could do no wrong);② 程序法规则是从封建原则引申出来的"英王不得在其自己的法院中被诉"。这两个原则的继续存在意味着,在1948年以前,既不可能明确授权法院对英王的过错予以追诉,也不可能因为英王的臣仆在被雇用过程中的过失而追诉英王。不仅如此,中央政府部门中的部长也不会对其部门的公务员的侵权行为承担代理责任,因为在法律上,部长及公务员具有与英王的臣仆同样的法律地位。②

这种严格的豁免早在1948年之前已经因为英王方面的让步而逐渐弱化。通过财政部法律顾问,中央政府部门经常需要准备在某一诉讼中为其低级官员的行为辩护,并在法院认定该官员对某一错误的行为负有个人责任(personally liable)时支付赔偿金。③ 这说明,即使在1948年之前,虽然英国的王权诉讼制度尚未确立,公务员名义上承担个人责任,但由政府(以财政部法律顾问的名义)代替个人实际赔偿的做法已经存在。英国的王权赔偿责任不是在1948年确立的,而是在这一年予以进一步明确的。

通过这种做法发展起来的惯例是,英王可以任命一名名义被告,有关的特权状可以发给该被告④,而不必发给英王。这样就解决了英王在自己的法院被追诉的逻辑悖论。确实,一个人在自己的法院做被告不但有违逻辑,而且违背自然公正原则。

这种做法在1946年遭到贵族院的反对,贵族院认为,英王任命的被告不可能对被指控的侵权行为承担个人责任,迫切需要改变法律以允许英王在侵权案件中被追诉。早在1927年,政府的一个委员会就推荐议会通过一项类似的法律,但是,来自政府内部的反对阻止了这一法律。⑤ 这从反面说明,政府设立的委员会与政府内部其他部门之间还是存在一定对抗性的,二者观点并不完全一致。这正是本书前文介绍英国政府内部委员会时对其必要性的阐述的一个例证。

---

① Phillips & Jackson, p.647.
② Bradley & Ewing, p.757.
③ Bradley & Ewing, p.757.
④ Bradley & Ewing, p.757.
⑤ Bradley & Ewing, p.757.

最终,英国法律还是因 1947 年《王权诉讼法》而被置于一个新的基础之上①,从而发生了彻底的改变。

二、行政赔偿的理念

英国现当代的行政赔偿制度,即对于公共管理机构及英王的侵权责任的追诉,在观念上经历了一个从个人责任到代理责任直到英王责任的逐步过渡的过程。

（一）个人责任

1. 个人承担保留责任的原则

英国行政法领域的个人责任的核心不是如何追究公务人员的个人责任,而是公务人员的个人责任是如何免除的。从这个意义上说,将英国至今仍存在公务人员的个人责任视为英国行政赔偿制度落后的表现,是不公允的。英国的个人责任实为个人责任保留,即在个人没有其他的法定事由可供豁免、依民法应当承担责任时,由其个人承担责任。这种责任制度的存在全面避免了公务人员实施的在私法上认为有过错的行为,却可以不承担责任的可能,实现了公务人员与普通人本质上的平等,捍卫了普通法适用于普通人的原则。这一制度的意义在其他国家也一样:任何国家只要存在公务人员在没有法律规定可以免责的情况下,却可以堂而皇之地逍遥于任何法律责任之外的现实,这并非国家赔偿制度非常发达的国家,而是官员不是普通人、不适用普通人都应当适用的法的国家。

作为基本原则,英国学者讨论侵权行为责任时首先强调的是:没有制定法规定的豁免,任何个人都要对其错误行为或者疏忽或者对其违反制定法规定的义务等承担相应的责任。② 这就是说,无论是谁都应当对其错误、疏忽,即法律上的过错承担责任。这可以称为个人责任原则。这是一个基本原则,既是法律面前人人平等的具体体现,也是英国普通法之所谓普通的真正追求。

在这一原则的基础上,才涉及该原则的例外。任何法律原则都有例外,绝大多数被称为法律问题的争端所涉及的也主要是不同原则之间的冲突所引起的例外。在确立原则的基础上讨论原则的例外,与不讲原则只强调例外是两种截然不同的境界,但并不是任何人都能够在其参与讨

---

① Bradley & Ewing, p. 757.
② Bradley & Ewing, p. 755.

论的所有问题中始终如一地坚持这一法治领域最基本的常识。

个人责任原则同样适用于代表英王的某一行政官员被诉称其行为超过行政所必要的限度的情况。在 1765 年的 *Entick v. Carrington* 一案中,法院在一起非法侵入私人领地的案件中认定,尽管英王信使是遵循某一由内政大臣颁发的授权委托书行事的,但这并不构成法律上的抗辩事由,因为内政大臣并没有颁发该委任状的法定职权。①

服从命令通常并不构成抗辩的理由,无论该命令是英王的、地方政府机关的还是一家公司或者私人雇主的。② 但是这一原则对下级官员也许构成过于沉重的负担。③

2. 职务免责条款

在普通法上,执行法院命令的官员(如治安官)是受免于个人责任的法律保障的,除非所执行的命令从表面上即可以看出其明显地超出了下达命令的法院的管辖权限。④ 当然,"表面上的越权"可能存在双重标准,执行命令者与法院可能各执一端,从而使前者进退维谷。

除此之外,普通法还对某类官员提供必要的保护。于是,某些成文立法即对官员们在执行职务的过程中所实施的行为提供免予追诉官员本人的保护(如 1977 年《全民健康服务体系法》第 125 条、1986 年《金融服务法》第 187 条)。1750 年《治安官保护法》(Constables Protection Act)即对如何保护按照治安法官的授权行事的治安官作了规定,即便治安法官并没有权力作此项授权。⑤

1983 年《精神健康法》第 139 条规定,对治安官及医院工作人员免除在实施诸如强制拘禁精神病人等行为时的民事或者刑事责任,除非该行为的实施是基于恶意或者没有尽到合理的注意义务。可见,官员个人的责任既有赖于其所行使的权力,又取决于其所享有的特权和豁免。但是公共管理机构的官员及英王的臣仆并不享有普遍的豁免。⑥

3. 职务免责范围的扩展

除代理责任外,根据 1976 年《地方政府(杂项规定)法》第 39 条的规

---

① Bradley & Ewing, p. 755.
② Bradley & Ewing, p. 755.
③ Bradley & Ewing, pp. 755-756.
④ Bradley & Ewing, p. 756.
⑤ Bradley & Ewing, p. 756.
⑥ Bradley & Ewing, p. 756.

定,先前曾规定在 1875 年《公共卫生法》第 265 条中的有关地方政府机关、联合委员会或者公共卫生职能部门的组成人员或者行政官员实施的善意行为(即无过错)的个人免责制度(personal indemnity),已经普遍推广至所有行政官员及地方政府组成人员根据任何一般公法律或者地方法的规定、并为执行议会立法而实施的行为。① Indemnity 的本文有二:一是赔偿、补偿;二是免罚、免责。如果取前者,则 personal indemnity 应译为个人赔偿责任,那么,早在 1875 年,英国就确立了由行政主体的组成人员或者工作人员对自己善意执行法律的行为承担个人赔偿责任的制度,而且这一制度在现代得到了更好的推广,这不同于此前对于英国公务责任的介绍。当然,此处有一个最重要的前提,即将代理责任排除在外。而地方政府组成人员及其行政人员最主要的行为方式,是以代理人的身份匿名实施的代理行为。如果是后者,则 personal indemnity 应当译为个人免责,是对个人执行法律的善意行为的法律责任的免除,符合我们对于国家赔偿制度的一般常识。

1976 年《地方政府(杂项规定)法》第 39 条适用于免除某一地方政府机关委员会委员的责任,即使该委员会委员并不是该委员会所属的地方政府的组成人员。该规定也适用于由两个或者两个以上地方政府机关组成的联合委员会成员的责任的免除,即使该委员会成员并不是任命该委员会成员的地方政府的组成人员。②

即使现在,个人责任仍然是一种与代位责任、英王责任并列的责任形式,甚至有可能及于英王本人。英国学者对此非常肯定,他们认为,假如某一制定法既拘束个人也拘束英王,则英王也可以因为违反制定法上的义务而承担赔偿责任,1957 年《财产占有者义务法》(Occupiers' Liability Act)中即如是规定。但是,1947 年《王权诉讼法》并不适用于仅涉及英王及其名下官员的制定法上的义务。③ 也就是说,如果某一制定法同时适用于英王与普通个人,则可以通过王权诉讼获得赔偿;但如果仅适用于英王及其名下臣仆,则不可能通过王权诉讼获得赔偿。后一种行为类似我国的内部行政行为。

---

① Andrew Arden, p. 377.
② Andrew Arden, p. 377.
③ Bradley & Ewing, p. 758.

(二) 代理责任

尽管公共管理机构的官员的个人责任对于确立公共管理机构本身要服从法律的原则具有历史重要性,但是个人责任如今已经不是大型组织的责任的主要基础。现在,重要的是能够对雇用个人的公共管理机构提起诉讼,因为公共管理机构才是一个实在的被告;同时,一个成功的诉讼所要确定的是,任何损害赔偿金和所给予的开支补贴都能够切实得到兑现。①

在不涉及英王的领域,已存在公共管理机构像其他雇主一样,对其雇员或者代理人在被雇用期间所实施的违法行为承担责任。在1866年的 *Mersey Docks and Harbour Board Trustees v. Gibbs* 一案中,一艘船及其货物在进入船坞过程中,与一个因过失丢弃在船坞入口处的污泥箱相撞而损坏。船坞受托管理人被法院认定负有责任,于是一直上诉到贵族院,理由是其不是从交通中获利的公司,而是由议会设立的旨在维护、修理船坞的公共管理机构,通过清偿船坞的资本金以期最终达到为了公共利益减少船坞收费的目的。但贵族院认定,公共利益的目标并不足以免除其合理注意的义务。②

尽管也有人认为,公法人不应当为其错误的行为承担责任,因为错误的行为肯定超出了其法定的权力,但是在英国法上,公法人也像其他雇主一样,对其雇员在被雇用期间所实施的侵权行为承担责任。③ 例如,健康服务职能部门要对其雇用的医生履行职业义务过程中的疏忽承担责任。④

按照代理责任的一般原则,公共管理机构不对其雇员在工作时间以外根据其个人喜好所实施的行为负责。但是,就在押犯人被监狱官员虐待的情况而言,如果虐待行为是以被误导的或者未被授权的履行职责的方式实施的,内政部可能将承担代理责任,尽管其行为只能归入对下属监督不严的公务怠惰行为;而学校的所有者将对该校的看门人对儿童所实施的性侵行为负责,因为这种侵犯行为与其雇佣关系具有密切联系。⑤

代理人责任的一个例外是,某一公共管理机构或者地方政府机关任

---

① Bradley & Ewing, p. 756.
② Bradley & Ewing, p. 756.
③ Bradley & Ewing, p. 756.
④ Bradley & Ewing, pp. 756-757.
⑤ Bradley & Ewing, p. 757.

命或者雇用的官员在中央政府的控制下履行相应职责或者行使法律所明确规定的公共义务。① 对于由此引发的责任,不应当由任命或者雇用官员的公共管理机构或者地方政府机关负责,而应当由对这些官员实施实际控制的中央政府承担。当然,中央政府承担责任的范围也限于控制官员履行相应职责或者行使法律所明确规定的公共义务的范围,超过这个范围之外的不法行为的责任究竟由谁承担,则要看确立责任的价值取向。因为在这种情况下,无论是规定由实际支配机关承担还是由实际雇用机关承担,在代理责任原则中都可以找到根据。于是,从立法学的角度讲,这就应当成为一个适宜由议会抉择的立法性事宜。就前者而言,规定实际支配者的责任可以加重其监管职责,也对其违反一般组织原则支配雇员的行为予以加重的惩罚,从而有助于在某种程度上阻止这种组织与责任上的混乱局面的发生。而就后者而言,则可以使实际雇主在将其雇员交由其他机关役使时加倍注意,从而有可能减少其疏忽的程度。

此外,从前的警察是不涉及代理人责任的,但是现在,警察局长要为警察履行其职能而实施的行为承担代理人责任,而且代理人责任的范围可以扩展到种族歧视行为。②

（三）英王责任

英王是英国法中一个方便的术语,它包容了所有目前组成君主的事项,如英王政府的行为能力、部长、公务员以及部队。正如坦普尔曼所言,英王一语有两重含义:君主、行政。在英国君主实行个人统治的时期,皇家官员极大地得益于英王的豁免与特权。但是在英王的个人统治时期结束以后,中央政府的工作人员继续受益于英王的法律地位,具体的范围却不甚明确。但地方政府机关及其他公法人机构肯定不具有英王的法律地位。除了1947年《王权诉讼法》的要求以外,明确某一公共管理机构是否具有英王地位还有其他几项原因,如是否具有纳税义务、是否应负刑事责任、其成员是否公务员等。③

创设新的公共管理机构的立法明确规定该机构是否享有以及在何种程度上享有英王的法律地位,这是个好的立法做法,但实践中并不总能做

---

① Bradley & Ewing, p.757.
② Bradley & Ewing, p.757.
③ Bradley & Ewing, p.774.

到。① 英国人对此并不担心,有他们信赖的法院在,总可以通过诉讼中对立法的解释解决这一问题,只是比较麻烦罢了。

英国当代行政法学者介绍英王在司法领域的特权时指出,其最显著的存在形式可能就只有所谓的"英王能不为非"。② 将原话译为"英王不得为非"的结果也许不是使人误解,而是使人根本无法理解。显然,"King can do no wrong"的意思是英王能够做没有错的事,或者英王做的事总是没有错,这是一个道德判断,是对与错的价值判断。而"英王不得为非"则是一个法律判断,更确切地说是一种禁止性的规范。而在这一原则盛行时的英国,英王是凌驾于法律之上的,怎么可能给英王设定这样的一个禁止性的法律约束呢?又怎么能够使人相信如此表述的一个法律原则会在事实上得出英王不受普通法院管辖的结论呢?因此,笔者认为,中国的行政法学者在介绍英王特权制度及其相应的法律表现时,因为内容比较多且可以相互参照,基本上没有大的偏差,但对于抽象原则的翻译却可能不是十分准确,至少容易使人产生误解。

事实上,正是基于"英王能不为非"这一道德判断,才能得出英王做的事都是对的,因此无须法院通过司法予以纠正的结论。更重要的是,即使在该原则盛行时期,也并不是所有代表英王或者以英王名义作出的决定都不可能诉诸法院。只是基于英王不能做错事的道德律,所有的错都被归结于具体经办人了。

后来,民主法治观念影响日深,英国发展了王权诉讼制度,但这一制度并不是建立在否定作为道德评价标准的"英王能不为非"原则的基础之上的,而是建立在英王臣仆所做的错事在名义上可以由英王承担,始终没有承认这些错事是英王自己所为。

即使是在今天,"英王能不为非"这一道德信条在英国依然存在。但不是通过英王特权的形式表现出来的,而是通过剥夺英王行为能力的方式保障的。现代的英王在法律上,尤其是在公法领域,已经完全成为一种象征,极少做任何具有法律意义的事,当然不会做法律上错误的事了。

普通法上的"不得对英王提起民事诉讼"的原则因1947年《王权诉讼法》而出现了重要的例外,虽然该法对英王特权有许多保留,例如国防及武装部队的训练。英王还有许多程序上的特权,如证据披露及交叉询问

---

① Bradley & Ewing, pp. 774-775.
② Phillips & Jackson, p. 418.

等,而且不得对英王采取强制执行措施。① 其实,这些特权已很少有行使的可能,例如几乎难以想象英王会拒绝执行法院的判决而需要强制执行。而一旦出现,即使在一个很小的案件中,也必是重大的政治事件,其后果可以直接导致君主制存废的议会大辩论。因为现代英国国民对于君主制,更多的是出于对传统的怀古情感需要的心理依恋,对于司法公正性、权威性,则是基于理性的安全需要。二者取向不同,位次鲜明,不可同日而语。英王充分体察到这一民情,不会做对抗现行民主体制的蠢事。

三、行政赔偿的责任形式

英国行政赔偿责任,特别是其责任形式方面的一大特点是,与民事领域的救济具有几乎雷同的内容。英国学者在公法领域提到的侵权行为的责任形式,如恢复原状、惩罚性赔偿金,与普通民事案件没有什么区别。也就是说,只要是在民事诉讼中可能出现的程序性的或者实体性的内容,在与行政有关的案件中都有可能存在。

(一) 惩罚性赔偿

自从法院在 18 世纪 60 年代的几个案件中认定授权过于宽泛的搜查令或者拘捕令等令状违法,并判决公共管理机构为其不合法的搜查及拘捕承担惩罚性赔偿金之后,法院自此拥有了对武断地、令人难以忍受地、违宪地行使公共权力的行为判处惩罚性赔偿金的权力。从前,这种权力还被认为应当限制在 1964 年以前判处过惩罚性赔偿金的某些类型的侵权行为的范围内,但到了 2001 年,在一个诉称某警察机关的警察应当承担不当履行职责所致的侵权责任的案件中,贵族院认定这一限制是不合法的,并且如此严格的规则将限制法律未来的发展。主持审理由陪审团参与审判的法官在指导陪审团应当考虑对警察判处的惩罚性赔偿金时,应当建议陪审团考虑惩罚性赔偿金的可承受范围。② 注意,该案的审理使用了陪审团,但问题的关键不在于与行政有关的案件中适用了陪审团审理程序,而在于这一案件是完全按照民事侵权案件的审理程序进行的。即在民事案件中可以适用的陪审制并没有因该案的行政关联性而予以排除。

除此之外,公共管理机构在合同领域承担与民事合同违约相同的惩

---

① Phillips & Jackson, p. 418.
② Bradley & Ewing, p. 768.

罚性赔偿,在英国也已经是理所当然的了。①

(二)恢复原状新解

贵族院将恢复原状方面的法律的新发展,运用到解决 1992 年的 Woolwich Equitable Building Society v. Inland Revenue Commissioners (No. 2) 一案的一个基本问题中。在该案中,原告按照后来被认定为越权无效的条例缴付了将近 5 700 万英镑的税款。贵族院以 3∶2 的多数认定,英国法中存在一个普遍的恢复原状的原则,根据该原则,要求归还依据公共管理机构的越权无效的命令而支付的金钱的主张是一项权利,而不是可以由公共管理机构自由裁量的事宜。② 也就是说,公共管理机构必须归还其越权征收的款项,而不存在由其决定是否归还的自由裁量的余地。

贵族院的多数法官(5 人中的 3 人)认为,这一恢复原状的原则既是普遍的公平原则的要求,也是《权利法案》所确立的未经议会授权不得征税原则的具体体现。③

四、英王赔偿责任的范围

英国的王权诉讼中,有一点没有引起足够的重视,即其在王权诉讼中所适用的法律,无论是程序法还是实体法,都不是由《王权诉讼法》本身确定的,至少绝大部分不是。《王权诉讼法》的所有规定的核心内容只有一个,即将该法规定范围内的英王的臣仆的行为责任算到英王的名下,并在将英王视为一个普通的民事雇主的前提下,按照普通私人共同适用的普通法中有关侵权部分的内容,对该法所划定范围内的王权诉讼案件进行审查并作出判决。也就是说,《王权诉讼法》的核心是排除该法规定范围内的政府机关或者公务员的行为中的特权要素,使之与其他普通民事雇主的雇员的行为一样,在普通法院、按普通法程序、依普通法的实体规范进行审查,并由国家承担与普通公民相同的赔偿责任。因此,无论是从程序上、适用的法律上、还是在赔偿的数额上,王权诉讼与其他普通民事侵权诉讼并没有太多具有法律意义的区别。唯一的区别只表现在,有些案件可能不能纳入王权诉讼的范围,但一旦纳入,就应当与普通民事侵权

---

① Andrew Arden, p. 487.
② Bradley & Ewing, p. 768.
③ Bradley & Ewing, p. 768.

案件一视同仁。

因此，与其说1947年《王权诉讼法》规定了王权诉讼的范围，不如说该法开创了实际由英王承担的代理责任统一划归英王名下的先例。该法所做的，不过是将对该法限定范围内的英王的臣仆的行为、疏忽或者不履行职责等行为提起的诉讼，纳入以英王为被告的损害赔偿诉讼的范围而已。① 这种立法技术在英国经常被采用，它可以将此前的法律制度扩展到新的法律领域，使之可以随相应的法律制度一起发展。

作为英王赔偿责任的基本法，《王权诉讼法》对于英王赔偿责任的范围是通过以下几条边界条款确定的：

（一）正面界定英王赔偿责任的法律属性

《王权诉讼法》第2条第1款将英王赔偿责任定性为"一个达到法定年龄并具有完全行为能力的私人"相当的责任，其责任范围包括②：① 英王的臣仆及其代理人所实施的侵权行为；② 普通法的雇主对其雇员或代理人所应当承担的义务；③ 任何因违反一般的财产所有者或者占有者所承担的普通法上的义务而需要承担的责任。

此外，根据《王权诉讼法》第4条的规定，涉及赔偿及捐献的一般法律也同样适用于英王，正如英王是一个普通私人一样。③

客观地说，对英王法律地位的这种平民化或者说普通法的定性并没有多少新意，因为在此之前的几百年间，英王已经承担这种责任了。但从实用性角度考虑，则至少包括两个方面的重大意义：一是从法律技术角度考虑，这一定性可以将全部私法有关雇主责任或者说代理责任的内容公法化，并为《王权诉讼法》所用，由此减少的立法、执法及司法方面的成本不计其数，尤其是与建立单独的行政赔偿制度相比较而言。行政赔偿制度有时难以推进的一个重要原因是，法律程序上的特殊化会使整个制度因特殊化的成本太高而最终难以操作；二是从道义角度看，英王普通私人的法律地位的确立，是现代英国法治进程中普通法最大的胜利，正是在这一领域的普通化，极大地迎合了英国国民秉承的由普通法院对所有的普通人适用普通法的道德信仰。

---

① Bradley & Ewing, p. 272.
② Bradley & Ewing, p. 758.
③ Bradley & Ewing, p. 758.

(二) 反面限定适用主体的范围

尽管英王法律责任的原则已经由 1947 年《王权诉讼法》得以确立,但该法还是规定了一些具体的细节。于是,英王的代理责任就被限制在其官员特定的侵权行为的范围内。这些限制性的条件要求该官员必须是①:① 由英王直接或者间接任命的;② 因其作为英王名下的官员而为其履行职责所支付的报酬全部来自国家常年基金、议会提供的资金或者财政部认可的基金。

据此,以下三类比较重要的公共主体被排除在王权诉讼之外:

1. 警察②

参见本书第三卷第二编第八章第一节警察行政法相关内容。

2. 部队

根据《王权诉讼法》第 10 条的规定,无论是英王还是其部队的任何一员都不对部队人员在履行职务期间所造成的人员死亡或者人身伤害承担侵权责任,条件是:① 受伤害者系部队中正在履行职责的成员或者虽不在履行职责但位于正在为军队的目的使用的土地、房产、轮船、飞机或者交通工具上;② 所受的伤害已经被内政大臣确认为属于应当给予养老金范围内的伤害。但是这一确认并不一定能够保证其获得养老金,要获得养老金还必须符合其他的条件。对此,英国学者也颇有微词,他们认为,虽然英国存在对军人在其服役期间所受的伤害或者死亡的赔偿制度,但这不足以成为将这种赔偿排除在诉请普通法上的损害赔偿之外的理由。于是,1987 年,议会通过立法修订上述规定。③ 此即 1987 年《王权诉讼(武装部队)法》[Crown Proceedings(Armed Forces)Act]所规定的内容。

根据新法的规定,如果内政大臣觉得有必要这样做或者这样做比较有利,1947 年《王权诉讼法》第 10 条的规定可以重新施行,例如,为了应付即将到来的全国性的危险或者为了应付英国部队在英国以外所采取的战争性质的行动。④ 也就是说,新法原则上废除了 1947 年《王权诉讼法》第 10 条的上述内容,从而使这类诉讼可以纳入王权诉讼的范围;但同时又赋予了内政大臣在必要时恢复该条规定的权力,而恢复的时机是所谓

---

① Bradley & Ewing, p. 758.
② Bradley & Ewing, p. 758.
③ Bradley & Ewing, p. 758.
④ Bradley & Ewing, pp. 758-759.

的特殊时期,这种恢复意味着相应的王权救济手段消失,但并不意味着其他救济手段一并消失。因为还有对军人服役期间所受伤害或者死亡的赔偿制度,只是这些制度可能比较呆板,没有讨价还价的余地。

在内政大臣决定该条重新生效之前,军人(如军人死亡则其家属)可以对其战友(由英王承担代理责任)致其在履行职务过程所受的损害及死亡提起损害赔偿之诉。例如,某一士兵就其在 1991 年的海湾战争中所受的伤以其战友为被告提起诉讼(1947 年《王权诉讼法》第 10 条并没有针对这次行动而重新生效),上诉法院即认定,在战争状态下,该士兵的战友对他并没有注意的义务。[1] 也就是说,正是由于没有重新启动 1947 年《王权诉讼法》第 10 条,上诉法院按照普通民事诉讼程序受理了该士兵对其战友提出的赔偿诉讼,而这在第 10 条的规定有效时,结果就完全不同了。上诉法院最终没有支持该士兵的实体请求,但还是可以从该案证明该士兵拥有程序上的请求权这一事实。

3. 邮政局

早先的行政侵权责任的第三个例外是当时仍然是政府部门的邮政局,1947 年《王权诉讼法》第 9 条将邮政局以及与邮政包裹和电信有关的行为或者过失,排除在英王赔偿责任之外。邮政局也不承担合同方面的责任。邮政局变成公法人后,原有的邮寄包裹及电话服务方面的责任限制依然存在。[2]

(三)排除对司法官的英王赔偿责任

对于履行司法职能或者执行司法程序的官员,英王均不承担代理责任。[3] 根据 1947 年《王权诉讼法》第 2 条第 5 项的规定,英王对履行司法职能者的行为不承担任何责任。即《王权诉讼法》不适用于法官的职务行为。当然,这种排除并不意味着司法官就此可以"胡作非为"。按照英国普通法的一般原则,司法官"胡作非为"的法律责任等同于普通人"胡作非为"的法律责任,不可能因为英王不为其承担责任就没有任何责任。而且,根据 1998 年《人权法》第 9 条的规定,在某些情况下,英王应当对因司法决定而被错押的人承担赔偿责任。[4] 这是英国行政法在国家赔偿领域

---

[1] Bradley & Ewing, p. 759.
[2] Bradley & Ewing, p. 759.
[3] Bradley & Ewing, p. 758.
[4] Bradley & Ewing, p. 641.

的新发展。

（四）排除个人责任以外的英王赔偿责任

英王的臣仆对自己的行为或者过失不承担个人侵权责任的，英王也不承担代理责任。[①] 也就是说，英王仅代替其臣仆承担该臣仆个人应当承担的责任，如果该臣仆在没有《王权诉讼法》规定的情况下并不承担个人责任，则英王根据该法也不会代其承担更多的责任。

除了前述有关部队及邮政局等例外以外，1947年《王权诉讼法》原则上将那些本来应当由个人承担的责任转由英王承担代理责任。然而，在许多涉及政府责任的场合，用个人责任的原则进行类推的方法并没有什么直接的帮助。许多针对英王的诉讼被法院裁定为不属于法院的管辖范围，当然一般而言，法院适用于政府行为的原则基本上还是来源于普通法中有关过失侵权责任的内容。[②]

（五）不得根据该法针对英王本人起诉

《王权诉讼法》第40条第1款明确规定，该法并没有授权对英王本人提起诉讼，并且也没有取消英王的任何特权或者制定法上的权力，特别是涉及国防及部队的权力。[③] 这更加明确地说明，该法只是将原有的历史上因英王的让步而形成的赔偿习惯成文化，或者规定其程序性条款，而没有涉及任何实体性的新的权力调整。

当然，不能直接针对英王本人的行为提起诉讼的限制仅仅是《王权诉讼法》的规定，现在的英国法中确实存在因英王违反制定法上的义务而直接由其本人承担赔偿责任的情况，如1957年《财产占有者义务法》。[④] 此时，英王承担的是普通的财产所有者在普通法上的责任，如从白金汉宫的尖顶上吹落的硬物砸伤了某人，则该人就取得了直接起诉英王的资格。

五、公共管理机构的疏忽责任

（一）公务疏忽的界定

从英国学者的用词看，疏忽责任（liability for negligence）显然不同于侵权责任（liability for tort）。至于二者的具体区分，民法中已有定论。

---

① Bradley & Ewing, p.758.
② Bradley & Ewing, p.759.
③ Bradley & Ewing, p.758.
④ Bradley & Ewing, p.758.

就公法领域而言，与疏忽导致的损害有关的案件早已被纳入了行政赔偿的范围，即使案件中所提出的诉讼请求在法律归类上并不属于疏忽的范围，如在绊倒摔跤的案件中声称地方政府机关违反了维护公路的制定法上的义务。①

虽然1947年《王权诉讼法》将私法中的侵权法的内容吸收到政府对私人的侵权责任领域，但是，政府的义务产生了许多难以通过适用主要与私人行为相关的法律原则解决的法律责任方面的问题。事实上，公务行为与私人行为的类比仅具有有限的价值。公共管理机构的绝大多数行为都是根据制定法作出的。而许多责任方面的争论涉及以下几类规则的相互关系：① 普通法上有关注意义务的规则；② 宽泛地对某一行为设定义务或者权力的立法；③ 寻求司法审查时的行政法规则。②

在1970年的 *Dorset Yacht Co. v. Home Office* 一案中，7名少年犯晚上从设在普尔港内的一个岛上的少年犯夏令营地（属于一种开放式监狱）潜逃，并毁坏了一艘游艇，游艇主遂向法院起诉内政部要求赔偿。原告诉称，这些孩子之所以能够脱逃，是因为内政部负责看管少年犯的官员的疏忽。内政部则辩称，如果让政府对于脱逃者的错误行为承担责任，将危及现行的开放式的少年犯管教制度。③

贵族院认定，内政部对其官员的疏忽负有责任，在该案中，内政部官员对游艇主人有注意的义务，作为内政部监管的官员疏于履行合理注意的义务的直接后果，内政部对于游艇所遭受的损失是完全可以合理地预见到的。④ 凭理性观之，此种程度的合理注意义务是非常严格的，由此引发的赔偿责任的范围可能是非常广泛的。然而正是由于少年犯的破坏性是一个众所周知的事实，才有这样的合理的预见，对于其他在押犯人是不可能有该案的判决结果的。

这一判决对于疏忽责任法及其发展，都产生了相当深远的影响，但该判例并不意味着就此可以不考虑是否存在疏忽而追究内政部的责任，也不适用于存在行政自由裁量权（如将某人转入开放式监狱）并且原告方指称内政部没有适当行使其自由裁量权的场合。⑤ 是否将某人转入开放式

---

① Martin Partingtonp. 257.
② Bradley & Ewing, p.764.
③ Bradley & Ewing, p.764.
④ Bradley & Ewing, p.764.
⑤ Bradley & Ewing, p.764.

监狱,是内政部的自由裁量权。因此,在该案中,并不能仅仅因为内政部将少年犯转入开放监狱而以疏忽为由追究内政部的赔偿责任。

迪普洛克在该案的判词中对此有明确的解说:行政自由裁量权的责任问题应当通过适用公法的越权无效原则予以解决,而不是通过私法上的疏忽概念予以解决。①

(二) 越权无效与公务疏忽

关于公法上的越权无效原则与私法上的疏忽之间的关系,1978 年的 Anns v. Merton London Borough Council 一案作了针对性的解答:贵族院认定,无论是地方巡查官未对某一新建筑物的地基实施巡查,还是所实施的巡查不适当,如果因该新建筑物的地基不合格而对建筑物的结构造成损害,那么地方政府机关就要承担对该建筑物进行相应维修的责任。② 这就是说,每一个地方政府机关都要设立若干巡查官,负责对辖区内的建筑物的结构进行巡查,巡查的目的当然是为了维护建设方的利益,并且不可避免地要加重承建方的义务。而加强对建筑物地基在建过程中的巡查,在很大程度上可以提前防范或者避免"豆腐渣"工程,对于维护本地区的人居安全无疑具有重要意义。这样的监督巡查机关在我国不仅有而且权力更大、数量更多,所不同的是,就此处介绍的英国判例的情况而言,如果所巡查或者应当巡查的建筑物存在瑕疵,英国法院认定需要对此负责的是巡查的机关,而不是被巡查的施工单位。不难发现,责任归属上的这种差异,或许正是巡查的有效性及巡查制度的设立宗旨能否实现的关键所在。

法官威尔伯福斯指出,地方政府机关采纳某一政策(如对建筑物的地基实施巡查)的自由裁量权,与执行这一政策的操作性的措施是有区分的:某一权力或者义务的操作性越强,为其设定注意义务的倾向性越明显。③ 也就是说,越是具体的操作性的事务,越需要强调操作者的注意义务。就该案而言,采取某一政策(如对建筑物的地基实施巡查)是地方政府机关的自由裁量权,并且因为其操作性较差,因而也没有太多的注意义务;而对于该政策的具体落实,巡查官的工作完全是操作性的,因此其所承担的注意义务就要比政策的制定者具体得多,因其未能尽到注意义务

---

① Bradley & Ewing, p. 764.
② Bradley & Ewing, p. 764.
③ Bradley & Ewing, pp. 764-765.

而承担疏忽责任,即因疏忽所致的赔偿责任的可能性就要大得多。

从该案不难发现,英国的判例法有个特点,其所涉及的都是一个个孤零零的案件,如行政诉讼的受案范围,只能从判例中了解到在某个已判决的案件中,某种情形的案件被受理了,但仅这一个案件很难形成能够一揽子解决行政诉讼受案范围问题的总体原则。但是,如果将这些相互独立的案件视为一个个界标或者节点,并将其相互串联在一起,如同根据领海基点确立领海基线一样,最终仍然可以形成一个具有足够法律意义的领海范围。

更重要的是,判例法中的判例除了对低级法院或者某种情况下的本法院具有拘束效力外,还具有对于本法院及其他同级法院甚至上级法院的说服效力。这样一来,某一具有足够号召力的判例就会自然地在其周围形成一个判例群体,从而丰富、充实原始判例确立的具体的、局部性的原则,使其在相关领域或者范围内得到推广。这正是下面讨论的内容。

(三)公务疏忽观念的调整

1978年的 *Anns v. Merton London Borough Council* 一案的判决,直接引发了大量的诉讼案件,其中部分是因为威尔伯福斯法官对法院在将疏忽责任法适用于新的事项时的正确方法的分析,另一部分原因则是该案所导致的公共管理机构对未能阻止其雇员实施错误行为而承担赔偿责任的范围扩张。[①] 在该案件之前,公共管理机构只需就其自身的错误行为承担赔偿责任,而在该案之后,即使公共管理机构本身没有实施错误的行为,但由于其没有采取应当适当采取的防范措施或者因其未尽适当的注意义务,而可能会对应当受其监督的其他人所实施的错误行为所致的损害承担赔偿责任。当然,这些迅猛增长的案件可能很少是直接针对地方政府机关的建筑巡查官的行为提起的,而是因为该案件的说服效力,使得其他的承担类似的监督、检查职责的公共管理机构,因其未恪尽职责而承担由此所致损害的赔偿责任。这是判例法得以发挥作用的另外一个重要的机理。

在1991年的 *Murphy v. Brentwood District Council* 案中,案件事实与1978年的 *Anns v. Merton London Borough Council* 一案完全相同,但由7名法官组成的贵族院审判庭却作出了1978年的 *Anns v. Merton London Borough Council* 一案的判决是错误的决定。并且认定,被告

---

① Bradley & Ewing, p.765.

地方议事会在批准原告的地基有缺陷的房屋的规划时,对原告没有注意的义务。①

更有甚者,在 1990 年 *Caparo Industries plc v. Dickman* 一案中,贵族院采取了将疏忽责任适用于新的情形的三要素说:① 对原告的损害是否可以预见;② 双方当事人之间是否存在密切的关系;③ 判决被告对原告承担注意义务是否公正、正义、理性。这一判决进一步确认了这样一个原则,即疏忽责任的新的类型应当不断地被开发,但是应当通过与已有的疏忽责任类型类比的方法开发出来,而不是通过大规模地扩大那些看似属于注意义务的事项的方式。在将上述原则体系中的第③点要素所确立的标准适用于对某一公共管理机构提起的诉讼时,法官们拥有评估认定公共管理机构承担责任将对公正政策所产生的后果的自由裁量权。②

法院确实试图严格限制某些情况下对公共管理机构的疏忽责任的认定,特别是原告要求履行规制职能的公共管理机构赔偿其所受的经济损失的案件、要求为警察履行其公共职责或者公务员对请求社会保障福利的申请作出裁决等,设定私法上的注意义务的诉讼案件。由此所制定的司法政策不可避免地具有相当的不确定性。③ 即对于哪些案件可以承担赔偿责任,哪些案件不可以,很难通过司法判决得出一个明确的答案,因为法院本身也处于一种犹豫不决的状态之中。

在 1996 年的 *Stovin v. Wise* 一案中,某地方议事会作为公路职能部门(即该案涉及的公路归该地方政府机关管)拥有制定法赋予的清除某一危险路口上的限制视野的路堤的权力,但是该地方议事会没有这样做。该案的焦点:当该路口发生交通事故后,该地方议事会是否要对其未履行制定法上的权力的行为承担赔偿责任。贵族院以 3∶2 的表决结果认定,该地方议事会对公路的使用者所承担的清除路堤的注意义务的确立基于以下两个事实:① 从公法的角度看,不行使该权力是没有道理的;② 有特别的迹象表明,立法的政策倾向是在该权力没有行使时,赋予受害一方起诉的权利。④ 也就是说,在此需要法院来揣测立法者的心思,如果法院认

---

① Bradley & Ewing, p.765.
② Bradley & Ewing, p.765.
③ Bradley & Ewing, p.765.
④ Bradley & Ewing, p.765.

为立法者当初的政策考虑是赋予受害者对疏于行使权力的行政机关提起赔偿之诉的权利,则法院就可以判决该行政机关赔偿。当然,这仍然是灵活性非常大的原则。

该案多数(5人中的3人)主审法官认为:该案不符合这两个条件中的任何一个;在扩充行政机关所承担的注意义务之前,还必须考虑的一个重要因素是,行政机关为了避免这种责任而采取的防范措施对社会的公共成本。[①] 该案的主审法官中持不同意见的少数法官(5人中的2人)认为,既然知道危险的存在,地方议事会就对公路的使用者拥有通过行使其权力以消除危险隐患的普通法上的注意义务。[②] 判例法有这样一个好处,就是可以通过查阅法院审判庭的表决结果,来揣测该审判庭所确立的原则在主审法官之间的分歧程度,这一分歧程度很大程度上可以反映审判当时的人们对于这一问题有把握的程度。如该案中的3∶2表决结果表明,这个判决结果仅具有微弱多数,该判决在很大程度上是妥协的结果。

与原告在寻求为公共管理机构设置新的注意义务的诉讼中所遇到的困难形成对照的是,某些方面的疏忽可以非常方便地适用于公法部门。[③] 例如,根据1964年的 *Hedley Byrne v. Heller* 一案所确定的原则,如果某人因相信某一官员在履行职责过程中所作的不准确的陈述而遭受损失,可以存在疏忽为由就其所受的损失获得赔偿;于是,在1997年的 *Welton v. North Cornwall DC* 一案中,当某环境健康官员作为提供咨询者履行其职务时,出于疏忽要求对某农场的招待所进行不必要的昂贵装修,法院认定相关的地方政府机关应当承担相应的损害赔偿责任。[④] 也就是说,尽管行为是某个个人所为,但仍要由作为雇主的地方政府机关承担代理责任,而不是由雇员个人承担。必须明确:雇主责任与疏忽责任是不同的问题。

(四)来自欧洲人权法院的压力

英国司法方面不情愿为公共管理机构设置注意义务的局面,已经导致某些原告方向欧洲人权法院求助。在1993年的 *Osman v. Ferguson*

---

① Bradley & Ewing, p. 765.
② Bradley & Ewing, pp. 765-766.
③ Bradley & Ewing, p. 766.
④ Bradley & Ewing, pp. 766-767.

一案中,尽管事实非常明显,上诉法院仍然驳回了原告对警察未能阻止某一致命的袭击而提起的诉讼,认为这样的请求注定是要失败的。该案中,法院适用的是1989年的 *Hill v. Chief Constable of West Yorkshire* 一案确立的原则:如果要求警察对任何其未能侦破的刑事犯罪案件的被害人承担任何责任的话,显然将违背公共政策。而欧洲人权法院在1998年的 *Osman v. UK* 一案中,裁定英国法院驳回 *Osman v. Ferguson* 一案原告的诉讼请求的做法违反《欧洲人权公约》第6条第1款的规定,因为这一驳回判决将产生的效果是:赋予警察免于就其与刑事犯罪案件有关的行为或者不作为而被提起诉讼的空白豁免。① 值得注意的是,上述两案之间有5年的间隔,这在一定程度上可以反映出欧洲人权法院受理《欧洲人权公约》各成员国案件的响应速度。

欧洲人权法院的这一判决受到了来自各方面的批评,理由是该判决将《欧洲人权公约》第6条所规定的公平听审权看作国内法中存在某一实体性权益的检验标准。②

值得注意的是,在2001年的 *Z v. UK* 一案中,欧洲人权法院改变了立场,该法院以12∶5的投票结果认定,英国法院在该案中驳回起诉的裁定并不违反《欧洲人权公约》第6条第1款的规定,因为已经进行了充分而公平的听审,并且在对原告提出的所有事实予以认可的基础上对案件的法律问题进行了辩论。除此之外,法院还基于该案的证据认定,地方政府机关将儿童Z留给其残忍、暴戾的父母长达4年的事实表明,英国的法律体制侵犯了儿童根据《欧洲人权公约》第3条享有的保护其免于受残酷异常的非人道虐待的权利,以及根据该公约第13条享有的获得有效救济的权利。③ 也就是说,该案件虽然没有认定英国司法体制违反《欧洲人权公约》第6条的规定,却认定其违反了该公约第3条、第13条的规定。英国司法体制受到了更为严厉的责难。

在这一严重的案件中,欧洲人权法院命令英国政府向原告赔偿足够数额的损害赔偿金。④ 至于欧洲人权法院的这一判决的可执行性,大可不必担心。

---

① Bradley & Ewing, p.766.
② Bradley & Ewing, p.766.
③ Bradley & Ewing, p.766.
④ Bradley & Ewing, p.766.

尽管欧洲人权法院在 1998 年的 *Osman v. UK* 一案的说明理由部分存在法律上的错误,但英国国内法院就公共责任所作的判决必须充分考虑公约人权的原则会对英国有关地方政府机关在社会服务及教育领域负有侵权责任的判例法,产生有益的影响。无论这些行政机关在作出决定时是否负有普通法上的注意义务,1998 年《人权法》都要求法院来裁决行政机关在提供公共服务时存在的瑕疵是否影响到相关当事人的公约人权。①

（五）公务人员不当行为的赔偿责任

公务人员不当行为（Misfeasance）的赔偿责任,是指公共机关的工作人员的不当行为的行政赔偿责任。此处的公务人员不限于公务员,包括所有行政主体的工作人员。其中的不当行为,即不当履行职责的行为也是一种独立构成侵权责任的行为类型,或者说是英国侵权责任法上认定侵权的事由。

英国法有这样一个基本推定：所有行使公共职能的人应当善意为之,而不能有任何的恶意。当然,公务恶意也并不仅仅根据某一公共管理机构所作出的决定通过司法审查被纠正才能认定。但是,如果有迹象表明某一公共管理机构或者公共官员没有善意行事,侵权责任就有可能存在。②

公共官员不当履行职责所致侵权责任的情形并不常见,1986 年的 *Bourgoin SA v. Minister of Agriculture* 一案中,农业部长知道自己没有其貌似拥有的权力,上诉法院据此认定不法行为的责任存在。因公共官员不当履行职责所致的侵权责任仅发生在某一公共官员行使其权力时,具体责任的落实则取决于涉案官员当时的心理状态并有两种情形③：

一是公共官员怀有恶意,即刻意实施某种损害他人的行为,包括为某一不适当的或者超越权限的目的而行使公共权力。

二是公共官员明知其没有实施某一行为的权力（包括对其是否拥有相应的权力无所谓的鲁莽行为）并且实施该行为将造成原告方的损害,但依然实施该行为的情形。这类案件包括公共官员依其诚实信念能够合理

---

① Bradley & Ewing, p. 766.
② Bradley & Ewing, p. 767.
③ Bradley & Ewing, p. 767.

预见其行为不合法的情形。

因公共官员不诚实的行为而构成的侵权,不同于疏忽、违反制定法上的义务等其他形式的侵权。不作为行为本身并不构成这类侵权行为,除非是基于不诚实而不实施该作为。就第一种情形,即公共官员存在恶意,刻意实施某种损害他人的行为而言,公共官员在行为时是否超越其职权并不影响侵权行为的认定。例如,某一地方政府机关官员刻意地想损害某一特定人的利益,就可以认定该行为要承担不当履行职责所致的侵权责任。①

法院可以判决因公共官员不当履行职责所致的侵权责任的责任人支付惩罚性赔偿金。② 这表明,即使是私法侵权责任必要组成部分的惩罚性赔偿金方面的内容,在公法领域也同样可以适用于公共管理机构。

六、不作为的赔偿责任

英国制定法对于建立在整合普通法救济手段基础上的王权诉讼以及更广义的行政赔偿的影响,表现在正反两个方面:一方面是确立了对不履行制定法上的义务的赔偿责任;另一方面则是可以将制定法的授权作为免于行政赔偿的抗辩理由。

对于这两个方面的内容,需要分别讨论。

英国学者此处强调的是制定法上的授权和义务,对此不能误解为法定权力或者义务,因为还有普通法上的义务,如一般的注意义务等。制定法上的义务特指通过议会立法而设立或者确认的法定义务。普通法上的义务因这一过程而成文化的,自然就被称为制定法上的义务了。

(一) 观念的异动

与一般理解的对于不履行法定职责的行为的赔偿责任制度应当逐步建立的构想相反,英国行政法恰恰在这一领域曾经走得很远,以至于后来不得不有所退缩,笔者称其为"异动"。

英国法学界曾经普遍认为,任何人因有义务履行制定法上职责的人或者机构未能履行该职责受到损害时,都可以对该人或者该机构提起赔偿之诉。这一信条是 1854 年的 *Couch v. Steel* 一案造就的,但在 1877 年的 *Atkinson v. Newcastle Waterworks Co.* 一案中被否定。从那时起,英

---

① Bradley & Ewing, p. 767.
② Bradley & Ewing, p. 767.

国即不再或者严格限制对不履行法定职责行为的损害赔偿。于是,英国学者不无惋惜地评价说,如果英国的法律现在仍然可以对不履行法定职责的行为提起损害赔偿之诉,将会对公共管理机构所提供的服务或者所行使的规制、保护等职能,产生非常广泛的影响。①

但是,通过制定法的途径授予公共管理机构的义务是非常复杂多样的,因此很难有一种程序来强制公共义务的履行。有些义务,如教育国务大臣所享有的推进英格兰及威尔士居民的教育水平的义务,就很难通过各种法律诉讼途径得到有效的强制施行。②

(二) 获得救济的竞争性手段

有些公共义务可通过总检察长为公共利益启动强制令程序,或者由地方政府机关通过行使其制定法上的权力等手段来强制公共管理机构履行公共义务(即前文介绍的告发人之诉)。有些公共义务只能通过制定法规定的赔偿手段予以落实。许多公共救济还可以通过司法审查获得训令来保障其落实。有些制定法规定了违反公共义务的刑事责任。凡制定法在创设某一公共义务时规定了违反该义务的惩戒责任的(例如,对有责任者提起公诉)或者规定受影响者可采用的救济,法院可以认定除此之外没有其他的强制既存的公共义务履行的途径。③

在某种情况下,特别是制定法上的义务与普通法上的义务并行的情况下(例如,采取适当注意以避免人身伤害),则违反制定法上的义务也会产生私法上的赔偿请求的权利,这种诉讼类似于对疏忽提起的诉讼,所不同的是,这种诉讼的赔偿责任是基于公法上的违反公共义务本身,而非基于私法上的未尽到应有的注意。如果通过对制定法的解释能够显示相应的公共义务是为了保护某一特定群体的,并且立法的本意是赋予这一群体的成员以相应的诉权,则这类以违反公共义务为由提起的诉讼就可以成立。但是如果制定法没有明确表态,要想评价所有有关的事实以决定某一制定法上的义务是否可能通过损害赔偿诉讼予以强制执行,对法院来说将是异常困难的。④

1969 年,英格兰及苏格兰法律委员会曾经建议,法院在解释制定法

---

① Bradley & Ewing, p.761.
② Bradley & Ewing, p.761.
③ Bradley & Ewing, p.761.
④ Bradley & Ewing, p.761.

时应当能够假定针对违反制定法义务的损害赔偿诉讼总是可以提起的，除非制定法对此有明确的相反规定。这一建议没有被采纳，因其没有考虑到许多制定法上的义务涉及公共服务，这类案件目前主要是通过司法审查的途径保证强制落实的，而非通过损害赔偿之诉。[①] 英国学者之所以作此强调，是因为司法审查的救济即使认定某一被审查的行政行为违法，也并不必然导致对该行为所致损害的赔偿。在英国学者看来，对于这些制定法上规定的公共服务义务的强制落实，关键不在于是否获得赔偿，而在于是否能够普遍地获得相应的服务。

（三）进一步的限制

后来的判例已经对作为一种违反公共义务的救济途径的损害赔偿诉讼的可获得性作了严格的限制。[②]

1995年的（未成年人）$X\ v.\ Bedfordshire\ CC$ 一案涉及一系列对地方政府机关未妥善履行有关儿童教育和福利方面的职责所引起的纷争：某一社会服务职能部门未给予迫切需要关照的儿童以应有的照顾以使他们免受虐待；教育职能部门未能区分孩子们对特殊教育的需求，从而无法为他们提供有针对性的适当的特殊学校等。相关地方议事会辩称，原告提出的这些诉讼请求没有诉因。[③]

贵族院认定，只要这些诉讼请求基于违反法定义务而提起，法院就不应当受理。该案涉及的法定义务并不足以形成任何提起诉讼的私法上的权利，地方议事会在履行其制定法上的义务时也没有注意的义务。这类教育案件仅在涉及教师及教育心理学教师的职业疏忽，而这种职业疏忽牵涉地方政府机关的代理责任时才能提起。贵族院还认定，如果仅就社会工作者及精神病学医生虐待儿童行为而向地方议事会举报，对他们的虐待行为，地方议事会没有代理责任。[④]

（四）限制的理由

上述案件的判决由于法官威尔金森将普通法的责任规则运用于对制定法赋予地方政府机关的法定职能的分析而著名。他强调，通过司法审查所获得的公法上的救济，与私法上诉请损害赔偿金的权利，二者所运用

[①] Bradley & Ewing, p. 761.
[②] Bradley & Ewing, p. 761.
[③] Bradley & Ewing, p. 762.
[④] Bradley & Ewing, p. 762.

的政策考量是截然不同的。①

在稍早的 1992 年的 R. v. Deputy Governor of Parkhurst Prison, ex p. Hague 一案中,贵族院在不同的领域得出了类似的结论:受到狱方违反监狱规章的行为影响的在押犯人没有就此违法行为提起损害赔偿诉讼的权利。主审法官乔安西指出:旨在保护某些个人的规定的存在,并不足以认定该规定赋予了这些人私法上的权利。② 既然如此,也就没有赋予他们为保护这些权利而提起私法性质的损害赔偿责任之诉的权利。但这并不违反"没有救济就没有权利"的原则。因为法律赋予了权利人通过司法审查以维护其权利的救济手段,只是司法审查的救济手段与损害赔偿的救济手段之间的互联互通,在英国还迟迟没有成为现实。

因此,要想提起损害赔偿之诉,还必须有更多的规定以证明立法确实有赋予当事人提起损害赔偿之诉的意思。③ 可见,损害赔偿之诉的提起也可以根据制定法,前提是制定法必须对此明确规定。

在 1998 年 O'Rourke v. Camden London Borough Council 一案中,一名无家可归者起诉地方议事会违反了 1985 年《安居法》赋予地方议事会的提供临时住处的义务。贵族院认为,该项义务属于可以通过司法审查予以强制落实的公法义务,不能就此提起损害赔偿诉讼。④ 就该案而言,如果该无家可归者确实没有得到临时住所,可通过司法审查对其申请临时住所的意思表示未获得有关地方政府机关的答复予以救济,但法院只会命令地方政府机关提供临时住所,而不能再给予赔偿,因为在此期间该无家可归者并没有私法上的获得临时住所的权利,也就不存在因其未得到临时住所而受到的损失,自然也就没有损害赔偿之说。如果有人就此诟病英国的《安居法》所提供的权利保障未尽善尽美,则有未切中要害之虞:与其提供不足以使原告实居其屋的有限的金钱赔偿,显然不如赋予其切实需要的住房。

贵族院随后在 2001 年的 Phelps v. Hillingdon Council 一案中进一步确认,对于教育职能部门未能明确判断儿童的特殊教育需求的行为,不能提起违反制定法上的义务的诉讼,但是该教育职能部门应当因其雇员

---

① Bradley & Ewing, p. 762.
② Bradley & Ewing, p. 762.
③ Bradley & Ewing, p. 762.
④ Bradley & Ewing, p. 762.

（一位教育心理学家）未能表现出足够的、按照人们的合理预期应当具备的职业技能，而承担相应的雇主责任。①

七、免责事由——立法授权

此处讨论的核心问题是：以拥有制定法的授权作为免于行政赔偿的抗辩的有效性。这个问题并不限于王权诉讼，而是及于所有的行政赔偿，包括地方政府机关及警察机关。

如果某一公共管理机构的行为干预了个人的权利，无论该行为涉及的是个人的财产、合同还是个人自由，则除非有法律授权公共管理机构实施这些行为，否则就是非法的。这类授权可以在制定法或者普通法中找到。如果议会明确地授权公共管理机构做某事，则公共管理机构按照该授权所实施的行为是不可能有错的。在这种情况下，对于根据授权所剥夺的权利是否需要赔偿的问题，依立法规定而定。②

上述结论可以视为议会主权的具体表现。按照英国议会立法至上的法理，无论议会规定得多么不合理，都不影响这种授权在法律上的合法性。但是，议会立法至上原则不可能长久地建立在议会为所欲为的基础之上，而必须建立在议会谨慎地遵循关于人的权利与法的基本准则的基础之上，法治原则在很大程度上扮演着向导的角色。可以说，英国的行政赔偿领域中存在的"英王能不为非"原则对于拥有至上权力的议会而言，有一个类似的翻版，即"议会不可能为非"。英国法院对于议会立法的解释基本上就是按照这一思路展开的。

进而言之，这涉及权利的法律定性，如果将权利仅仅限定在法律规定的范围内，那么，法律没有规定的或者法律授权其他人予以剥夺的，就不是权利，因此也就没有赔偿责任可言。从本节讨论的具体实例看，制定法的授权在经过法院解释后，几乎从来没有被认定为具有当然可以公然侵犯公民权的含义。

许多公共工程的建造会影响到个人的财产权，例如核电站或者高速公路等，都要受到相关立法的详细的赔偿规则的约束。但是，立法并不总是明确规定赔偿事宜。于是就需要法院来解释立法决定授予的是什么权

---

① Bradley & Ewing, p. 762.
② Bradley & Ewing, p. 759.

力以及是否可以获得赔偿。①

在这一解释的过程中,法院方面的基本假定是,如果立法授予公共管理机构以自由裁量权,它是不会故意干预私人权利的,除非授予该权力的立法中明确表示这种干预是不可避免的。② 不得干预的意思是,如果事实上发生干预的话,则必须予以赔偿;并且赔偿的结果必须足以抵消干预的后果,如异地置业。

在1881年的 *Metropolitan Asylum District v. Hill* 一案中,医院信托理事会被制定法授予在伦敦修建医院的权力。该理事会在某地区建了一座天花病医院,而这种做法构成了普通法上的对周围居民的滋扰。法院认定,在制定法没有明示或隐含规定的情况下,建立这样一座医院就是非法的。如果制定法上的规定不是强制性的而是许可性的,这就相当于赋予被授予权力的人以自由裁量权来决定所授予的这一一般权力应当怎样付诸实施;立法授予的权力对私人权利的正当干预应当是这样的:自由裁量权与私权应当严格地协调一致,在任何立法允许行为人就这一目的选择其行为方式的场合,立法的本意不可能故意授权行为人实施滋扰行为。③ 这是建立在"立法不可能为非"的假定基础上解释立法的思路的很好的例子。

如果行使制定法所授予的权力或者履行制定法所赋予的义务将不可避免地损害私人权利,则除非制定法规定了赔偿条款,否则受损害的私人一方将得不到赔偿。在1981年的海湾炼油有限公司一案中,贵族院认定某一地方立法确实授予了建立及使用炼油厂的权力,虽然该项立法并没有给予建炼油厂的公司明确的权力,也没有限定建厂的地点。这样一来,尽管该地方立法并没有对炼油厂周围的居民的权利所受的损失予以赔偿,但其授权却能够保护该公司免于对炼油厂周围的土地的所有权人承担滋扰的责任,而这种滋扰是建立炼油厂所不可避免的。④ 由此看来,所谓的不可避免的干预并不是法律问题,而是事实问题。对于不可避免的干预的赔偿问题,则不是事实问题,而完全是法律问题,或者说是立法的价值取向问题。只要法律规定可以赔偿,则不可避免的干预就可以获得

---

① Bradley & Ewing, p. 759.
② Bradley & Ewing, pp. 759-760.
③ Bradley & Ewing, p. 760.
④ Bradley & Ewing, p. 760.

赔偿；反之，即使存在不可避免的干预，也得不到赔偿，不可避免的干预因此也就不是法律上可以赔偿的事由。那为什么英国法律要将其单列呢？因为存在可避免的干预，而前面提到的可以通过自由裁量权的行使作出其他选择而避免这种干预的情形，恰与不可避免的干预形成对比。

当然，法院在考虑某一已经发生的滋扰是否应当归类为制定法的不可避免的后果时，采取严格的标准。为了使法定授权的抗辩成立，被告必须向法院表明绝没有合理的或者可操作的替代性选择来避免这种滋扰。但是在诸如海湾炼油有限公司案这样的案件中，尽管原告以滋扰为由提起诉讼的权利实际上已经被剥夺了，但法院极少会认定行使制定法授权的公共管理机构有任意地行使该权力的自由。①

一旦制定法授权公共管理机构以某种方式行事，又没有规定相应的赔偿，则法院仍可以因该公共管理机构存在任意行使该职权的过失而判其赔偿。正如布莱克本在1787年的一个案件中所说的，对于立法已经授权的事项，如果不存在行为上的疏忽，即使其确实损害了某人，对其提起的任何诉讼案件都不可能成立；但是如果根据立法授权实施的行为存在疏忽，则案件可以成立。②

对于布莱克本的上述论断，必须根据上下文理解：这一原则只能用于那些制定法授权实施某一行为，而该行为将不可避免地对私人权利产生某种损害的场合，以及行为存在疏忽而导致不必要的损害的情形。这一附加的损害，不属于制定法给予保护的范围。然而，如果某一公共管理机构仅有行事的权力而没有必须行事的义务，其采取的行动即使是没有效率的，也不承担相应的赔偿责任，除非该没有效率的行为对某人产生了额外损害。这一结论是1941年的 *East Suffolk Rivers Catchment Board v. Kent* 一案得出的，法院认定，水利委员会所采取的从某农场主的土地上排出洪水的排水方法效率不高，并没有确立水利委员会对该农场主的赔偿责任。③ 即布莱克本的上述表述适用于两种情况，前者属于制定法保护的免予赔偿的范围，后者则不属于免予赔偿的范围。

八、违约赔偿责任

代表英王签订的合同要服从例外的规则，并受1947年《王权诉讼法》

---

① Bradley & Ewing, p. 760.
② Bradley & Ewing, p. 760.
③ Bradley & Ewing, p. 760.

相关条款的约束。由地方政府机关等制定法设立的机构签订的合同,无论在实体方面还是在程序方面都要受越权无效原则的约束。①

如果与地方政府机关的某项应付借款有关的本金或者利息,在债权人提出书面偿还请求2个月的期限后仍未偿付,除非未付款额少于5000英镑或者少于国务大臣规定的其他限额,债权人在有权获得包括惩罚性赔偿在内的任何民事赔偿的同时②,还有权请求任何有管辖权的法院为该款项指定一名收款人,并请求法院赋予该收款人适当的权限。此处的包括惩罚性赔偿在内的任何民事赔偿在英文中只有 remedy 一词,但这种赔偿的求偿权是一种全面的民事救济权,不限于一般理解的公权力机关所应承担的国家赔偿,而是指英国普通法中的民事救济权,因此是包括惩罚性赔偿在内的。此处特别强调,英国的公权力赔偿体制与我国的国家赔偿制度最大区别是,英国的公权力赔偿优先适用普通法,即将公权力机关视同一般的普通公民,其侵权行为也应承担与普通公民或组织相似的赔偿责任,其中最主要的同时也是最重的就是惩罚性赔偿,该赔偿可以数倍于实际损害。

九、行政赔偿程序

1947年《王权诉讼法》仅适用于联合王国领域内由英王提起或者针对英王的诉讼程序,提起这种诉讼的权利仍属于英王的政府③,而非国民。因为需要如特权令状一样,经申请并取得许可后,才能提起。

英国的行政赔偿并不是一种独立的诉讼程序,《王权诉讼法》也没有创设新的赔偿程序,行政赔偿既然在责任定性上属于英王作为一个负责任的普通法人对其雇员的行为承担的代位赔偿责任,那追究这种责任的程序也就与要求普通法人承担同样的赔偿责任的程序没有本质的区别。从这个意义上看,《王权诉讼法》从英国普通法中汲取的不仅仅是法律技术、实体规范,也包括救济程序,可谓一举三得。

十、赔偿与司法审查

关于赔偿责任与司法审查的关系,笔者总结如下:

---

① Bradley & Ewing, p. 769.
② Andrew Arden, p. 487.
③ Bradley & Ewing, p. 758.

（一）行政赔偿范围与司法审查范围的落差

按照英国学者的说法，司法审查的范围是如此大，甚至大到要为违反欧洲法上的义务而承担责任的程度。①

从前述 X v. Bedfordshire CC 判例及类似的判决中可以看出，在一个司法审查的运用领域急剧扩张的时代，法院依然拒绝了将公共主体的责任在损害赔偿诉讼领域进行同等扩张的企图。在法国，对行政决定进行司法审查的权力和对错误的行政行为判定损害赔偿的权力，都被赋予了行政法院。②

在法国，公法中的公共责任规则与私法的责任规则是不同的。③ 但是在英格兰法中，公共管理机构及其官员在理论上与私人受同一民事责任法的拘束。因此，针对某一公共管理机构提起的损害赔偿诉讼的成立，必须基于普通的侵权事由（包括疏忽、滋扰、非法人身侵害）、违反制定法上的义务或者基于制定法所创设的起诉权。当然，既有的私法上的侵权类型，并不能覆盖公共管理机构因其在公法上具有某种瑕疵的行为或者不作为而对某一个人所能造成的损失的所有情形。④

（二）越权行为并不必然导致赔偿的理念

英格兰法并不承认个人拥有就其因违法或者越权的行政行为所受的损害获得赔偿的权利。⑤ 这个观念看起来非常落后，但实际中的做法比这要好得多。关键是，尽管英国实际上已经做得比这一原则的直观要求要好得多，但英国学者依然认为他们所做的并没有违背这一原则。

英国学者坚持认为，虽然在提起司法审查请求时要求宣告某一行政行为无效或者在请求训令、宣告令及限制令的同时，可以一并提起损害赔偿请求，但这并没有改变实体性的责任规则。因此，某一在押犯人虽然可以在针对监狱管理者将其关28日禁闭的决定提起的司法审查中胜诉，但无论是以违反监狱管理规则为由，还是以非法关押为由，他都没有权利起诉该监狱管理者或者内政大臣以获得赔偿。⑥ 对此必须考虑到，从损害赔偿的角度讲，该在押犯人确实无法获得赔偿，但从司法审查的角度讲，

---

① Bradley & Ewing, p. 762.
② Bradley & Ewing, p. 762.
③ Bradley & Ewing, pp. 762-763.
④ Bradley & Ewing, p. 763.
⑤ Bradley & Ewing, p. 763.
⑥ Bradley & Ewing, p. 763.

这一案件意味着司法审查的范围已经非常之广而且可以在监狱这样的地方得到落实。公正地说,即使该在押犯人未获得赔偿,单就其可以就其在监狱中所遭受的不公正的内部纪律处分获得司法救济这一点而言,说明英国司法审查的力度及深度已经相当可观。至于是否应当为在押犯人在监狱中因禁闭而遭受的孤独予以赔偿的问题,与是否应当对在押犯人公平地适用监狱纪律的问题相比,前者显然要次要得多,与公平正义的距离也远得多。不能说未对在押犯人在监狱中因禁闭而遭受的孤独予以赔偿就是美中不足,反而是一味地赔偿可能会动摇民众对正义所不可回避的惩罚的必要性的信念。

另案中,某市场摊贩的经商许可证被违反自然公正原则的行政行为取消了,该商贩可以通过司法审查恢复其许可证,但却无权就此期间所遭受的损失请求赔偿,除非在例外情况下可以因市场管理职能部门的恶意而提起损害赔偿诉讼。因为,即使从越权无效的角度看公共管理机构的决定可以是无效的,但这不意味着就此产生诉请损害赔偿的权利。[①]

在1982年的 *Dunlop v. Whollahra Council* 一案中,因地方议事会对预期的开发施加了限制,某建筑用地所有权人蒙受了经济损失,这一决定后来因越权无效而被取消。法院认为,土地所有权人无权就无效的限制性决定造成的损失请求损害赔偿。因为地方议事会在施加这一限制性规定时并没有疏忽,它们在决定前就法律问题进行了咨询。即地方议事会是善意行事,没有恶意,因此不承担滥用公共权力引发的侵权责任。[②]

在某些情况下,某一中央政府部门或者地方政府机关的不良行政可能会导致某人遭受不公正的待遇。在这种情况下,通过向适当的行政专员申诉,该人可以获得赔偿,但是该公共管理机构的这一不良行政行为并不能因此而在法院请求损害赔偿。[③] 也就是说,即使没有违法,仅存在不良行政,也可通过向行政专员申诉从而获得救济,但这并不意味着可以在法院通过损害赔偿诉讼取得同样的救济。

总之,英国的行政赔偿实践中,公共管理机构的责任的确定仍然建立在民事侵权法的基础上,特别是因疏忽而引起的侵权行为,这方面是受欧

---

① Bradley & Ewing, p. 763.
② Bradley & Ewing, p. 763.
③ Bradley & Ewing, p. 764.

洲法的影响而发展起来的。①

无论是基于恶意还是疏忽,英国行政赔偿的原则不完全是基于违法,而是法律上的严重过错。从赔偿责任确定的理论看,这涉及对公共行为人心理动机的探寻,存在操作上的难度,但对于熟谙民事赔偿的英国法官而言,这倒不是什么难事,反而体现了在侵权法方面的标准的统一。

而违法原则有其简便易操作的优点,降低了缺乏法律素养的法官断案的难度,但从实际的操作情况看,行政赔偿的关键显然不在违法性的确定,确定了违法而不予赔偿的案件比比皆是。甚至违法性判断这个看似简单的标准在施行起来都会变得难以把握。可见,问题的关键不在于采取什么赔偿归责原则,而在于赔偿制度是否建立在切实可赔的基础之上、机制之中。否则,纵有所谓的先进的理论,却无赔偿实际可言,只能证明理论不切合实际。

十一、赔偿责任保险

英国现代行政管理日益"市俗化"的一个重要标志是其市场化,而市场化最突出的,首推赔偿责任的潜在承担者为其风险依法购买保险。

据英国学者介绍,地方政府机关可以就其工作人员在从事地方政府机关事务时可能发生的意外事故购买保险,并可以就其工作人员及其代表在从事地方政府机关事务时造成的损害支付赔偿金,但以填平补齐为限②,不包括惩罚性赔偿金。这一规定,正是地方政府机关对其工作人员的行为对外承担赔偿责任的证据。当然,严格来说,这种赔偿责任不是英国意义上的国家赔偿责任,而是一种雇主责任,普遍存在于所有由个人代理的事务,无论被代表者是其他个人还是机构、是公法机构还是私营机构,英国都适用统一的普通法规则,而不作公法与私法的区分,甚至连最后的堡垒,即中央政府的公务员也基本上不存在什么例外了,至于作为成文法拟制的法人机构的地方政府机关,自然没有类似中央政府的特免可言。

---

① Bradley & Ewing, p. 764.
② Andrew Arden, p. 330.

第三节　司法救济的落实手段——惩治"蔑视法庭"

如果有人问:作为英国司法体制,特别是公法体制基础的基本制度是什么?笔者以为,在代议制政府、司法相对独立的体系等三四个宏大的制度之后,就应当是蔑视法庭制度了。这个制度可以说是英国公法责任及相应追究体制的基础,其对于稳固的英国公法制度的建树,厥功至伟。

作为英国法律体制最精巧的设计,任何需要落实法律责任的领域,都可以设计成蔑视法庭罪适用的场合:首先,在某种需要管理的事项中为某人或者某组织设定一种权利或者权力;其次,当该人的权利被他人侵犯或者权力的行使遇到阻力时,规定可以请求法院保障其权利或者维护其权力;第三,法院经审理后下达一项命令,或者未经审理先下达一项传被告到庭的传票;第四,违反法院的命令者,将构成蔑视法庭。就这么简单。

一、蔑视法庭的本质

蔑视法庭的本质,是英国司法的保障程序。一般而言,蔑视法庭可以按所产生的程序背景,分为刑事诉讼与民事诉讼中的蔑视法庭两种;其情节不限于蔑视法庭罪一种形式。

(一)民事诉讼中的蔑视法庭行为

民事诉讼中的蔑视法庭行为是指当事人未能遵守高级纪录法院(superior court of record)的判决,由该法院签发的对其行为作出具体限定的命令。[①] 英国的纪录法院有其特殊的法律地位,即其诉讼文书、案卷具有记录法律事实的法律效力并受禁止翻供规则的约束。所有英王设立的法院都是纪录法院,因此,在不严格区分的情况下,纪录法院与法院同义,高级纪录法院与一般的高级法院等同,高等法院就是一个高级纪录法院。[②]

法院所拥有的强制诉讼当事人执行其命令的权力不适用于英王,但是,英王名下的大臣及公务员可以因其本人的行为或者过失而以蔑视法庭罪论处,正在或者声称正在履行职务并不足以成为抗辩的事由。[③]

虽然民事诉讼中的蔑视法庭不属于刑事违法或者轻罪,但法院仍可

[①]　Bradley & Ewing, pp. 377-378.
[②]　Bradley & Ewing, p. 378.
[③]　Bradley & Ewing, p. 378.

以将某一蔑视法庭者投入监狱一段时间,对其科处罚金或者没收其财产。最高法院的首席律师负责对因蔑视法庭被判入狱者的案件进行复审,并可以对案件进行纠正而将被关押者释放。对于民事诉讼中的蔑视法庭,英王不得予以宽宥,因为这将构成对诉讼的干预。① 因为它不属于犯罪,而英王的仁慈赦免权仅限于刑事犯罪。确实,对于需要通过民事蔑视法庭解决的判决强制执行问题,如果英王宽宥了一方,另一方的诉讼权益就得不到维护,英王的宽宥行为事实上就构成对案件审理结果实际落实的干预。

(二) 蔑视法庭罪

凡行为本身构成对公正的正常实现的干预或者损害法院声望的,即构成具有刑事性质的刑事蔑视法庭罪,但无论是民事法庭还是刑事法庭都可以行使这一权限。虽然刑事蔑视法庭罪具有多种形式,而且尽管其对保障法院正常工作非常必要,但按照苏格兰季审法院院长诺曼德的说法,法院在处理蔑视法庭案件时必须非常克制、明察秋毫,以免这一旨在防范干扰公正的实现的制度蜕变为对法院权力的专制的或者报复性的滥用。②

对于蔑视法庭罪的适用必须严格限制,因其可能导致对表达自由的限制。但也有人指出,1981 年《蔑视法庭罪法》也许过分看重表达自由权了,议会在决定该权利的界限时所采取的立场与那些主要从实现公正的角度着眼的人的立场迥然有别。③

二、蔑视法庭罪的功能

(一) 维护诉讼秩序

蔑视法庭罪最基本、最本初的功能,是维护诉讼秩序。所有的高级法院都享有以罚金或者判决入监的形式,对在法庭上实施的暴力行为或者暴力威胁进行惩罚的一般权力。也就是说,法官可以惩罚某一在法庭上攻击他人的行为,或者限制某些威胁性词语的使用,或者禁止某些低级下流的辱骂。④

---

① Bradley & Ewing, p. 378.
② Bradley & Ewing, p. 378.
③ Bradley & Ewing, p. 378.
④ Bradley & Ewing, p. 379.

但这一点在英国当代的法学教材中已经鲜有提及。主要原因是,目前英国社会的文明程度已经使主要针对蔑视法庭者而设计的这一罪名的用武之地大大萎缩,失去了详细介绍的学术价值。学者研究的内容,是该罪名新的学术增长点。因此,一般做法是在对其通常职能一笔带过后,专门论述新问题,如蔑视法庭与表达自由权的关系。①

(二) 维护司法公正

在英国,司法与公正之间存在千丝万缕的联系,其在字面上的表现,甚至超过其实质上的关联。因为司法更正式的说法(administration of justice)就是公正的经营,或者说公正的实现。正因如此,英国学者对于蔑视法庭罪的讨论,首先是从维护司法公正的角度展开的。而其讨论的重点,则是根据《欧洲人权公约》第 6 条要求,保障任何人都能够在合理的时间内接受由一个独立的、无偏私的裁决机构主持的公正、公开的审判的权利。②

(三) 保障强制执行

蔑视法庭罪对于强制执行体制的意义在于,法院在民事诉讼中有权将任何漠视法院对其下达的命令的人投入监狱。凭借这种手段,包含有特别作为义务内容的强制令、禁止令以及人身保护状和其他司法命令,就可以由高等法院予以强制执行。③ 不难理解,这一体制所涉及的范围,并不限于法院对民事诉讼所作的判决,而是包括所有可能在法院提起诉讼的案件,由此可以想象其对于英国的整个强制执行体制的意义。

英国强制执行制度可以概括为先礼后兵:如果法院在一起司法审查案件中已经作出了一项针对被告的司法令状,例如训令、阻止令或者强制令,或者被告已经向法院作出了承诺,而被告却未能妥善或者根本没有执行,此时可以申请法院裁定其构成蔑视法庭。④

(四) 协调表达自由

需要特别强调的是,获得公正、公开审判的权利必须与《欧洲人权公约》中的其他权利相互协调,其中最重要的就是《欧洲人权公约》第 10 条规定的表达自由权。在获得公平听审权与表达自由权之间,存在令人感

---

① Bradley & Ewing, p. 377.
② Bradley & Ewing, p. 377.
③ Bradley & Ewing, p. 378.
④ Bridges & Cragg, p. 152.

到困难的冲突,例如,如果报纸公开了某些证据材料,那么这些材料就有可能通过影响陪审团的方式损害刑事被告的诉讼地位。因为按照证据排除规则,诸如传闻证据等都属于排除之列,在正常情况下是不会向陪审团出示的,而新闻的公开就有可能使这一制度设计的初衷难以实现,除非对新闻进行严格的审查或者对陪审团成员进行严格的隔离,但又会构成对于包括出版自由在内的含义更为广泛的表达自由的限制。蔑视法庭罪的一项功能就是调整这两种权利的冲突,当然它还具有许多其他的职能,如维护法庭的尊严、对公正的实现提供普遍的保证等。[1]

三、蔑视法庭的表现

按照英国学者的分类,蔑视法庭的表现形式主要包括激怒法庭和当场蔑视法庭。前者往往是指以书面的形式(特别是在媒体上)在司法场所之外对法官、法院的工作人员及法院的判决所作的言辞评价,后者则是指法庭上的行为上的冒犯。

(一)激怒法庭

法律保护法院及法官免受批评的目的,就是避免因此而损害公众对于司法的信念,尤其是针对那些对法官的正直和中立所进行的低级下流的辱骂和攻击。但是这样的诉讼非常少见,1985年以前的五十多年间,英格兰和威尔士都没有发生过一起成功定性的此类案件。尽管如此,如果以某一履行职责的法官不公正与偏袒为由对法院的判决提出批评的话,可能会构成蔑视法庭。[2] 英国乃至世界上的法官最忌讳的就是被指责不公正,他们把公正与无偏私视为自己职业操守的生命,对这一点发动的攻击确实会引起法官的震怒。但如果实际情况确实如此或者被怀疑极有可能如此呢?这就是英国学者说五十多年来没有一起成功定性的此类案件的原因之一。一个原因是这样说的人确实不多,因为不能诬人清白;另外一个原因则是即使偶尔有人这样说,被攻击的法官也没有能力打赢这种官司,即定说话者蔑视法庭罪。因为在此类案件中,法官确实要扮演起检察官的角色,如果指控不能成立,自然是法官没有成功。

1928年,《新政治家》杂志在评论著名的计划生育倡导者斯托普斯涉嫌诽谤罪一案的判决时指出:"如果一个人持有如斯托普斯一样的观点,

---

[1] Bradley & Ewing, p. 377.
[2] Bradley & Ewing, p. 378.

那他显然难有希望在阿沃里法官主持的法庭中获得公正的审判,而像阿沃里法官这样的法官又何止他本人。"与阿沃里共事的 3 名法官没有对《新政治家》杂志社的主编科处罚金,而是判决他构成蔑视法庭罪。① 这就是蔑视法庭罪方面著名的 R. v. New Statesman (Editor) 案。从案号看,法官是以英王的名义指控激怒法庭的人蔑视法庭的。而根据前文的介绍,这就是英国学者所说的 1985 年以前的五十多年间,英格兰和威尔士都没有发生过一起成功定性的此类案件②的起始年份,即自 1928 年至 1985 年的 57 年间,英格兰和威尔士再也没有发生过一起成功定性为对法官的正直和中立进行低级下流的辱骂和攻击的蔑视法庭罪。

  显然,从公共利益的角度考虑,应当对司法判决及法院的工作进行公开讨论和批评。当一家英国殖民地报纸在比较两个显然非常类似的案件的判决差异时,将这种差异归因于法官个人态度上的差异,但枢密院却不认为这种情况构成蔑视法庭。枢密院司法委员会的这一判决是由阿特金作出的,他在 1936 年的一个案件中指出:无论在讨论中涉及个别法官的职权和职位,还是涉及公正的正当实现,任何公众成员在讨论中所行使的,都是普通的批评的权利,只要批评者的本意是善良的,那么无论这种批评是公开的还是私下的,都属于维护公正的公共行为,该行为本身没有任何过错。公正必须经受普通民众的审查和考量。③ 也就是说,这种差异因法官而异,并会造成判决的差异。英国的司法体制中并没有避免这种差异发生的机制,即没有避免这种因法官的态度差异而产生的判决差异的机制。而这种差异就可以被认为是一种不公正。报纸的这种归纳就被某些法官视为对法官不公正的攻击,故引发了该案。但枢密院的判决则回敬了这些敏感的法官。因此,讨论司法判决的法律本质或者其社会影响不构成蔑视法庭。④

  蔑视法庭方面的法律确实有可能阻碍那些试图指出法官存在政治或者社会偏见的批评者,或者阻碍那些试图指出某一特定法院未能切实实现公正的批评者,即不能作这样的批评。但是今天的英国,允许批评的空间已经大大放宽,例如 1971—1974 年间针对全国工业关系法庭的法官的

---

① Bradley & Ewing, p. 379.
② Bradley & Ewing, p. 378.
③ Bradley & Ewing, p. 379.
④ Bradley & Ewing, p. 379.

激烈辩论,1982年对丹宁退休前所作的一些判决的抨击,以及1987年第一次抓间谍案中对贵族院常任上诉贵族法官们的某些批评等。①

曾经有人在1974年建议将此类蔑视法庭行为归并到其他蔑视法庭行为中去,但也有学者庆幸这一建议没有被采纳。② 该建议实际上就是取消这种分类,不将此类行为视为蔑视法庭。从这个表述看,英国学者对于蔑视法庭的分类还是非常严格且口径统一的。

(二) 当场蔑视法庭

所有的高级法院都有权惩罚在法庭上攻击他人的行为,限制某些威胁性语词的使用,禁止某些低级下流的辱骂。③ 在法庭上公然蔑视法庭的行为还包括侮辱性的举动、拒不服从法官的管束、证人拒不作证或者证人拒不回答法官要求其回答的问题等。④

在1981年的 Attorney-General v. Mulholland and Foster 一案中,两位新闻记者拒绝向某一负责调查海军职员间谍案的调查裁判所披露其消息来源。⑤ 从案名看,由于该案不是针对法庭而是针对调查裁判所的,因此不是以英王的名义起诉,而是以总检察长的名义起诉的。

制定法赋予该裁判所与高等法院相同的盘问证人的权力。于是该裁判所将这两位记者起诉到高等法院,高等法院判处两位记者监禁的刑罚。在该案的上诉过程中,上诉法院认为,这两名记者没有法定的保守秘密从而拒绝披露其信息来源的特权,而有关的信息又是与案件的审理和调查相关且必需的。⑥ 可见,制定法虽然赋予该裁判所盘问证人的司法权,并通过蔑视法庭罪为其司法权提供保障,但没有赋予其与高等法院相同的径行裁决两位记者构成蔑视法庭罪的权力。这是核心司法权,显然只能由普通法院享有。

根据1981年《蔑视法庭罪法》的规定,法院要求获得信息的权力受到了议会在该法第10条的限制。现在法院不能要求某人披露在其负责编辑的出版物中的信息的来源,除非法院有充分理由相信披露这些信息对

---

① Bradley & Ewing, p. 379.
② Bradley & Ewing, p. 379.
③ Bradley & Ewing, p. 379.
④ Bradley & Ewing, p. 380.
⑤ Bradley & Ewing, p. 380.
⑥ Bradley & Ewing, p. 380.

于实现公正的利益、国家安全或者预防骚乱或者犯罪是必要的。① 类似的案子如果发生在今天,法院就必须适用制定法所规定的检验标准来权衡是否需要作出要求有关当事人披露信息的决定,但是就上述案件而言,结果可能仍然是相同的。②

在 1985 年的国防国务大臣诉某报纸的案件中(Secretary of State for Defence v. Guardian Newspapers),一名国防部的低级公务员匿名向该报纸递送了国防部向内阁大臣报送的秘密文件。其内容涉及即将到达格林汉姆空军基地(Greenham Common)的美国巡航导弹的情况。国防部长希望索回该文件以便确认泄密者的身份。贵族院认为,1981 年《蔑视法庭罪法》第 10 条的规定不仅可以在法庭要求记者回答有关其消息来源的提问时作为该记者拒绝回答的合法的理由,也可以在一件要求返还财产的诉讼中作为被告抗辩的理由——如果返还该财产有可能导致泄露报纸的信息来源的话。但贵族院同时认为(弗雷泽和斯卡曼持反对意见),返还文件并确定泄密者的身份对于国家的安全利益而言是必要的。国防部长曾经明确表示,一项对于英国的防务具有重要价值的文件却通过旁门左道登上了一份全国性的报纸,这是一件对国家安全具有严重影响的事件,因为英国的盟友是不可能再将秘密通报给一个放任非经授权的泄密行为发生的政府的。③ 从判决的结果看,贵族院最终还是要求报社将文件返还给国防部。但从其述理部分的理由中仍可以得出一个与此几乎相反的结论,即根据 1981 年《蔑视法庭罪法》第 10 条的规定,某一编辑可以保护其负责编辑出版内容的信息来源为由,在法院拒绝回答有可能导致信息来源泄漏的问题;他也同样可以拒绝提供原件,如果这将导致信息来源泄漏的话。也就是说,贵族院的这一判决可以因其对法律的此项扩大解释,而成为其他较低级的法院裁决案件的依据。虽然贵族院在该案的判决中并没有直接以此为依据。当然,如果在以后的案件中出现了类似该案的情况,如是否存在需要为公正的实现、国家安全而返还的情形,那就需要按照该案中贵族院的全部论证思路进行推了了。

国防部诉某报社一案仅仅是最高级别的法院愿意采取较低标准来权

---

① Bradley & Ewing, p. 380.
② Bradley & Ewing, p. 380.
③ Bradley & Ewing, p. 380.

衡是否命令记者透露其消息来源的众多案件之一。① 也就是说,最高级别的法院已经表达了这种意向,虽然英国学者并不一定以为妥当。然而,欧洲人权法院在这一问题上的更为强势的观点却导致了该法院与贵族院的冲突。在 1996 年的 *Goodwin v. UK* 案中,欧洲人权法院作出了英国法院的判决违反《欧洲人权公约》第 10 条的裁决。②

显然,法院更愿意要求披露信息来源。尽管如此,如果原告的利益并不能因法院强制披露信息的命令而得到有效保护,或者原告并没有其他的可以达到与披露信息来源同样效果的方法,法院也许会命令不披露信息来源。③ 因为要求报社提供原件并不足以保证达到寻找泄密渠道的目的,而且国防部也没有其他的可以达到同样目的的手段。此外,这一判例也说明,国防部并没有直接对一家报社实施强制搜查或者将其法人代表秘密拘禁以迫使其交出秘密文件的权力。不仅国防部没有,英国的国家安全机构或者反间谍机构也没有,否则就不会诉诸法院了。可以看出,一方面,英国的保密工作的力度是何等疲弱;另一个方面,即使是在这样明显的案件中,英国的国防部、反间谍机构依然保持克制,静候法院的裁决,不能不说这一判例很好地说明了英国普通法之普通的程度。当然,如果从英国的角度看,英王尚且要受其所在的议会(英王的另一称谓是议会中的英王)制定的法律以及英王的法院的判例的拘束,英王的国防部、反间谍机构为什么反而可以不受法律的拘束呢? 也就是说,在这个问题上,英国法院并没有考虑英王特权。

四、蔑视法庭罪的适用范围

(一) 蔑视法庭制度对裁判所的保护

在英国,许多法律争议不是由民事或者刑事法院裁决的,而是由裁判所裁决的。这些裁判所并没有固有的处置侵害其行使职权活动的行为的权力。但是高等法院有权惩罚那些蔑视低级法院的行为。裁判所是否属于这种意义上的低级法院呢? 1980 年,贵族院在一个判例(*A-G v. BBC*)中认定,尽管某一地方估价法院名曰法院,并且负责审理对租金估价不服提出的上诉,但其本身不是一个法院,因为其职能在本质上属于行政性

---

① Bradley & Ewing, pp. 380-381.
② Bradley & Ewing, p. 381.
③ Bradley & Ewing, p. 381.

质,因此不受《蔑视法庭罪法》的保护。①

政府对于该案的反应是,提议将《蔑视法庭罪法》的保护范围扩展到所有的裁判所。但是,无论是这一建议,还是列举受该法保护的裁判所的名单的建议均没有被议会接受。1981年《蔑视法庭罪法》因此没有涉及这个问题,虽然其第19条将法院界定为所有行使国家司法权的裁判所或者机构。②

在1991年的一个案件中,法院认定精神健康复审裁判所是一个上述意义上的法院(即行使国家司法权的裁判所),因此其审理程序受《蔑视法庭罪法》的保护。③ 同样,就业裁判所也是一个在很多方面具有法院的属性因而被1995年的一个判例认定为法院的裁判所。但法院也认定,医学综合理事会下属的职业行为委员会在行使制定法授予的对医学职业的从业人员的自我管理的权力和职责,以监控和维持医学职业的行为标准时,并不是国家司法体系的一个组成部分。④

(二)蔑视法庭之适用于部长

1993年,贵族院认定内政大臣蔑视法庭,因为他拒绝下达让一名申请避难的扎伊尔教师进入英国的命令,而这是高等法院法官的命令。⑤ 这个例子至少说明两点:一是法院可以给行政机关下达明确的指令,而不是只能要求其限期履行法定职责;二是对于公然违抗法院明确命令的行政官员,法院可以蔑视法庭罪追究其责任。这是英国法院第一次面对英王名下的大臣是否构成蔑视法庭罪的抉择。正如坦普尔曼所说:"在诉讼程序中设立蔑视法庭罪这一强制性权力的目的,就是为了保证法院能够对所有的个人和组织实施法律。"⑥这涉及法律面前人人平等原则的具体落实,更重要的是强化法院对行政主体的违法性的司法监督权,内政大臣案则是落实这一系列构想的点睛之作。

(三)妨害证人作证

1981年《蔑视法庭罪法》的制定不是为了对那些故意干预或者损害司法公正的实现的蔑视法庭行为所应承担的责任加以限制。许多其他的

---

① Bradley & Ewing, p. 386.
② Bradley & Ewing, p. 386.
③ Bradley & Ewing, pp. 386-387.
④ Bradley & Ewing, p. 387.
⑤ Bradley & Ewing, pp. 97-98.
⑥ Bradley & Ewing, p. 98.

行为也会因蔑视法庭而被处罚,其中有许多本身就是刑事犯罪行为,例如,试图滥用司法程序或者干预证人作证等。① 当然,如果法院(例如选举法院)命令某人出庭作证,该人未出庭作证也将构成蔑视法庭罪。②

一名监狱管理者根据监狱的规定,限制某一在押犯人与高等法院的通信,法院认定该限制通信自由的行为构成蔑视法庭罪。处罚或者迫害已经作证的证人的行为也是蔑视法庭,即使证人作证的司法程序已经结束,也不影响对这种行为的定性,因为这种行为会阻止潜在的证人在未来的案件中作证。③ 这一点对于解决我们面临的保护证人和促使证人出庭作证等问题,具有相当的借鉴意义。

(四)干预陪审团的工作

无论是在陪审团参加审理前、审理中还是审理后,根据1981年《蔑视法庭罪法》第8条的规定,出庭律师获得或者披露有关陪审团成员在履行其职责的过程中所进行的陈述及投票的细节的,也构成蔑视法庭。④

五、蔑视法庭罪的抗辩事由

1981年《蔑视法庭罪法》提供了一系列抗辩该罪的指控的理由⑤:一是无罪的出版行为,只要对出版物负责的人能够证明他已经尽到了所有合理的注意,但仍不知道有关的司法程序正在进行。二是对公开进行的司法程序的公正的、准确的、善意的、即时的报道。但是,为了避免对司法公正的实现构成实质性的损害,法院在必要时可以命令延迟发布这些报道。三是出版物所包含的内容是对公共事务的善意讨论,对某一特定司法程序的损害的危险仅仅是或然性的。

六、蔑视法庭罪的审理规则——严格责任规则

英国学者将蔑视法庭罪的审理规则称为严格责任规则。在1981年《蔑视法庭罪法》之前,因出版物对公平听审及民事诉讼程序的损害而对出版者科处的惩罚,都是基于普通法。但法律实务中的这种状态在1981年发生了改变,该法采纳了菲利莫尔委员会的建议以及欧洲人权法院在

---

① Bradley & Ewing, p.384.
② Andrew Arden, p.312.
③ Bradley & Ewing, p.384.
④ Bradley & Ewing, p.384.
⑤ Bradley & Ewing, p.383.

1979年《太阳报》一案（Sunday Times v. UK）的判决。① 从这一内容看，英国学者考虑的重点还在于表达自由权与蔑视法庭罪的关系。

在《太阳报》发表一篇督促某制药公司大大方方地解决纷争的文章之前，有近400个诉该公司的案件正在等待审判。嗣后，该报社拟发表一篇检讨该公司在有争议的药品销售前采取的防范措施的文章。负责审理这些案件的高等法院的主审分庭应总检察长的请求，下达了制止报社发表这篇文章的强制令。法院认为，该文章的发表将会对该公司在诉讼中的权利造成严重的影响。上诉法院取消了这一强制令，理由是该文章是对具有突出的公共重要性的事项的善意的评价，该文章的发表并不会影响待决的诉讼案件，因为这些诉讼已经中止多年了。②

贵族院又恢复了该强制令。贵族院认为，该文章是在法院作出判决前评价了应当由法院裁决的事项，从而对案件的公正审理造成损害，因此构成了蔑视法庭；而且该案并没有中止，有关该案的谈判一直在进行之中。运用不适当的压力来劝诱诉讼中的一方当事人以其并不愿意接受的条件解决某一案件，或者因某一案件当事人在法院行使其权利而对其在公共舆论中进行谩骂，都将构成蔑视法庭。③

随后，《太阳报》以贵族院的判决侵犯了其受《欧洲人权公约》第10条规定保障的表达自由权为由，进一步上诉至欧洲人权法院。该案的主要争议在于，按照《欧洲人权公约》第10条的规定，禁止出版的命令对一个民主社会维护司法的权威、不偏不倚是否必要。④ 对案件争议焦点的这种归纳将案件提高到民主政治的高度，由此可见欧洲人权法院审理案件的出发点主要不在于案件纠纷的解决，而在于解决案件的机制是否一个民主国家制度中应当具有的。最终该法院以11：9的微弱多数认定禁止出版的行为对于上述目标而言并非必要。⑤ 也就是说，即使不禁止，也不会在民主的社会中造成对司法公正的损害。因为民主的社会不是可以轻易被误导的，只要对言论给予平等的表达权利和机会，那些会造成误导的言论自然会被更合理、更真实的言论所淹没。

1981年《蔑视法庭罪法》的立法宗旨是将该法导入欧洲人权法院在

---

① Bradley & Ewing, p. 381.
② Bradley & Ewing, p. 381.
③ Bradley & Ewing, p. 381.
④ Bradley & Ewing, p. 381.
⑤ Bradley & Ewing, p. 381.

《太阳报》一案的判决指明的道路。① 可见,早在1998年《人权法》之前,英国已经开启与《欧洲人权公约》的法治统一进程了。虽然在英国学者看来,英国在这方面的作为是否尽如人意还很值得商榷。②

根据1981年《蔑视法庭罪法》第1条的规定,蔑视法庭责任的确立是建立在严格责任原则的基础之上的,即凡是有可能干预某一诉讼过程中公正的实现的行为都会被视为蔑视法庭,而不论行为人是否有这样的故意。根据该法第2条的规定,严格责任原则适用于任何对正在进行的司法程序中公正的实现构成严重损害的出版行为。该原则既适用于刑事诉讼程序,也适用于民事诉讼程序。该法第2条的另一个要求是,与蔑视法庭有关的诉讼活动必须是正在进行的。至于何谓正在进行的诉讼过程,该法附表1对民事诉讼及刑事诉讼程序的开始标准作了详细的列举。③

七、蔑视法庭罪的审理程序

(一)事先沟通

蔑视法庭诉讼案件的申请人(即原告)必须注意的是,在其启动监禁令之前,必须尽最大的努力扭转时局。在1994年的一个判例中,主审法官劳斯对诉状律师下达了浪费诉讼资源令,因为该诉状律师针对被告议事会的官员的一项技术性的违反对法院承诺的行为,向法院提出了蔑视法庭申请,而没有首先寻求通过通信解决这一问题。主审法官认为,该诉状律师的这一申请是非常不专业的。④

(二)提请法庭注意

如果法院已经作出了针对公共管理机构的训令、阻止令、强制令等司法令状,或者公共管理机构已经向法院作出承诺,但公共管理机构未能妥善地执行或者根本没有执行,则这种不作为属于民事蔑视法庭。受到该不履行行为(该行为构成蔑视法庭)影响的申请人应当提请法庭注意⑤,这相当于向法院起诉。但蔑视法庭罪可以发生于法庭审理的过程中,属于可以由法官当庭即时审理的案件,此时,案发现场就是庭审现场。

---

① Bradley & Ewing, p. 382.
② Bradley & Ewing, p. 382.
③ Bradley & Ewing, p. 382.
④ Bridges & Cragg, pp. 152-153.
⑤ Bridges & Cragg, p. 152.

(三) 提出许可申请

如果蔑视法庭行为是在分庭法院审理的司法审查案件中发生的，则必须单方面向该分庭法院递交申请监禁令的许可申请，该申请应当由以下内容支持：申请人的详细情况、指称的蔑视法庭者以及寻求监禁令的事由，以及一份证明所依据的事实的宣誓证据。①

如果司法审查申请是由一位独任法官审理的，则蔑视法庭的申请必须以申诉（motion）的方式提出，陈明申请监禁令的根据（grounds），并由宣誓证据支持。此时，不需要申请蔑视法庭监禁令许可。②

1985年的 *Chiltern District Council v. Keane* 一案强调了必须遵循申请蔑视法庭监禁令的程序的重要性。上诉法院认定，申请人方发出的启动申请蔑视法庭监禁令的通告中对被告的指控没有足够的针对性，而且该通告也没有送达被告。因此，法院认为，申请人提出的申诉本身缺乏起码的合理性成分，出于纯技术性的事由，应当推翻先前作出的授予申请人蔑视法庭监禁令的判决。③

(四) 法庭审理

在英国法中，蔑视法庭罪属于普通法上的违法行为。与其他的犯罪不同，它可以由高级法院按照简易程序进行审理，不需要陪审团。也可由法官及陪审团审理此类指控，但比较少见。④ 某一行为是否构成蔑视法庭全由法官定夺。如果该行为在法庭上实施，从某种意义上说，法官将同时身兼控诉检察官、主要证人、法官及陪审团数职。⑤

八、蔑视法庭的治罪

(一) 责任形式

构成刑事犯罪的蔑视法庭行为可以判处罚金或者监禁。由高级法院科处的最长刑期为2年，低级法院能够科处1个月以内的监禁或者罚金。所有针对蔑视法庭罪的处罚必须是固定刑期，但法院可以命令假释。⑥

根据《最高法院规则》第52号令第9条的规定，如果认定一方当事人

---

① Bridges & Cragg, p. 153.
② Bridges & Cragg, p. 153.
③ Bridges & Cragg, 1995, p. 153.
④ Bradley & Ewing, p. 387.
⑤ Bradley & Ewing, p. 379.
⑥ Bradley & Ewing, p. 387.

构成蔑视法庭,除入狱监禁外,法院还可以提供许多其他制裁手段。① 只是需要进一步探究的是,如果作为被告的公共管理机构构成蔑视法庭并应当给予监禁的处罚,则谁应当入狱受刑?

法院可以命令蔑视法庭者支付罚金、作出缓期监禁令或者以法院限定的期间和条件换取监禁(相当于缓期考验期);要求蔑视法庭者保证行为端正;授予强制令以阻止某人实施或者反复实施蔑视法庭行为。② 如果蔑视法庭罪的制裁尚不足以扼制相应的蔑视法庭行为,强制其不得实施蔑视法庭行为的强制令能否起到同样的作用?从原理上讲并无不可,因为强制令具有防范性,其效果相当于在一次判决中分阶段作出两个决定:一是命令对象强制履行某项义务,二是在其不履行时给予进一步的制裁。如果法庭认为给予制裁不适当,也可以在发现蔑视法庭行为后,选择不适用任何制裁。③

上述全部或者其中的任何一种情形,都可以在司法审查案件中视具体情况发挥有效的作用。④

(二)刑罚的适用

根据《最高法院规则》第53号令第5条第1款的规定,如果不遵守法院判决的行为是故意的、蓄谋的、顽固的,则可判处入狱监禁的刑罚。而这一认定必须遵循排除合理怀疑的证明标准。⑤

偶然的或者非故意的不遵守法院判决的行为,显然不适宜作出监禁的判决。如果被告给法院的承诺表述得不清楚,由此导致的不遵守法院判决的行为属于无意的或者偶然的,此时蔑视法庭的指控不能成立。⑥ 这类案件适用于对法院的判令理解不清的情况,因为表述不清的承诺一旦向法院作出并被法院接受,就会成为法院随后作出的司法判决的一部分。而表述不清的承诺难免会在执行中出现理解上的不一致。如因原告对承诺的理解与被告不一致:被告认为自己已经履行了承诺,而原告以为没有,于是原告诉诸法院请求判决被告未履行法院判决而构成蔑视法庭。此类案件之所以没有追究作为承诺人的被告的责任,倒不是因为这一承

---

① Bridges & Cragg, p.153.
② Bridges & Cragg, p.153.
③ Bridges & Cragg, p.153.
④ Bridges & Cragg, p.153.
⑤ Bridges & Cragg, p.152.
⑥ Bridges & Cragg, p.152.

诺经法院认可了,而是因为这一承诺是原告认可了的,否则原告是不会同意以此承诺结案的。正因如此,这有点类似于双方过错,也就无所谓蔑视法庭了。

在 1970 年的 *Morris v. Crown Office* 一案中,一群支持使用威尔士语的示威学生打断了在伦敦的高等法院的一次庭审活动,因为他们在法院外唱歌、喊口号、散发传单。待到重新恢复秩序后,主审法官判处某些学生 3 个月的监禁,并判处其他学生 50 英镑的罚款。① 这些学生并不是有意冲着高等法院去的,而是在高等法院外甚至附近从事这些活动。因为那个地区有许多英国的法律机构,如四大律师学院等。

该案在上诉时,上诉法院认为,高等法院的法官仍然拥有以蔑视法庭罪径行判处某人监禁的普通法上的权力;而 1967 年《刑法》有关 6 个月以下的监禁应予缓刑的规定并不适用于蔑视法庭罪。② 上诉法院的这一判决相当于直接修改了制定法。考虑到蔑视法庭罪对于司法的重要性,即使议会看到这一判决也不得不姑息上诉法院的这一做法。因为这有可能属于立法时的疏忽。而只要议会对此睁一只眼闭一只眼,英国司法界的判例解释就可以弥补这一漏洞。当然,更重要的是,对于一般只有 3 个月的因蔑视法庭而判处的监禁,是否适用缓刑并不重要,但既然英国的法官如此看重这一形式上的对司法界予以特殊保护的制度,议会在此作适当的妥协显然是必要的,实际情况也确实如此。

上诉法院并不认为判处监禁的刑罚太重了,但在考虑了所有的情况之后,上诉法院还是接受了上诉人的请求,但同时判决上诉人必须在一年内品行端正。③ 这实际上就是缓刑。而按照判例法的法律原则发现规则,尽管上诉法院的判决结果是这样的,但其有关缓刑的制定法规定不适用于蔑视法庭罪的论断,依然可以成为其下级法院在今后的此类案件中作出不予缓刑的判决的有拘束力的判例法依据。

(三) 对公适用

公共管理机构是无法在监狱中被监禁的,可以对其处以罚金。但是将某一公共管理机构的行政官员作为蔑视法庭入狱监禁的对象,这将会

---

① Bradley & Ewing, p. 379.
② Bradley & Ewing, pp. 379-380.
③ Bradley & Ewing, p. 380.

起到非常好的警示效果。①

蔑视法庭的认定不能直接针对英王。但是中央政府部门或者某一部长履行职务的行为可以被认定。② 其中最著名的判例当数 1993 年的 *M v. Home Office* 一案。

第四节　司法审查的费用

在英国,决定诉讼费用分配的是法院,法院会在作出本诉决定的同时,一并就诉讼费用的分担作出一个命令。由于英国实行相当普遍的法律援助制度,一般的诉讼当事人是不需要自己掏钱的。关于诉讼费用的命令往往涉及原告方所能获得的法律援助的份额。法院在作出诉讼费用分配的命令时,会考虑诉讼当事人的表现,例如,是否遵循诉前议定书的规定,将是法院在对司法审查的程序安排进行指导或者下达诉讼费用的命令时考虑的因素。③

由于即便相对简单明了的司法审查案件,到法官宣判时,原告、被告双方的花费也会轻松达到数万英镑,许多潜在的起诉者只有在有可能获得法律援助机构(Legal Aid Agency,简称 LAA)的资助时,才会考虑启动司法审查。为了确保实现 2012 年《违法者的法律援助、审判及制裁法》(Legal Aid, Sentencing and Punishment of Offenders Act)确立的提供法律援助的目标,该法授权大法官指定一名公务员担任法律援助案件的督导,为了协助该督导开展工作,大法官事务部专门设立了作为执行机构的法律援助机构。④

对于某些确实具有普遍的公共重要性的案件,法院可以在诉讼进程的任何阶段下达开支保护令(protective costs order,简称 PCO),但通常是在原告获得司法审查许可之后;其法律效果是,无论司法审查的结果如何,法院都不会向原告下达诉讼费用支付令,或者仅要求其支付特定的数额。但由于早先的要求是开支保护令只能由与案件没有私利的原告提出(据此,当时的申请者都是压力集团而非与案件有直接利益者),如今这一

---

① Bridges & Cragg, p. 153.
② Bridges & Cragg, p. 153.
③ Neil Parpworth, pp. 273-274.
④ Wade & Forsyth 2014, p. 564.

要求的适用已经大为弱化，即对直接利益的认定更为灵活。①

开支保护令保障了某些为公共利益而提起的重大司法审查请求得以立案。但由此产生的问题是，为什么是公共管理机构为因公共利益提起的司法审查请求买单，而不是所有纳税人。因为开支保护令的法律意义是，原告不承担或者只承担有限的诉讼费用，而由被告行政主体承担其他费用。英国学者的意思是，应当由所有纳税人共同为因公共利益提起的诉讼买单，而这也正是法律委员会的建议：费用由中央财政基金支付。②

一、申请司法审查的成本因素

建议某人或者某组织申请或者不申请司法审查，很大程度上取决于该案究竟需要投入多少财力。③

估计司法审查申请的可能开支是非常困难的。司法审查费用会因特定案件本身的复杂性、案件在哪个阶段终结以及申请人是否胜诉等至关重要的因素而改变。司法审查申请可能因拒绝给予许可而止步，此时，案件的开支就相对较小。案件也可以基于出庭律师的意见或者在获得许可后马上就获得有益于申请人的解决方案，此时，费用会限制在千余英镑甚至更低。但是如果案件进行到全面的、实体性的分庭法院的听审阶段，或者在此类听审之前不久被撤回或者解决，则总开支可能会达到数千英镑。如果此后又进入上诉程序，则开支会增加到数万英镑。④

司法审查案件的最终开支受制于案件的结果。虽然法院拥有相当宽的对费用负担的自由裁量权，但司法审查案件在计算开支方面视同其他形式的民事诉讼案件：费用由案件的实际开支决定，败诉方通常被判令支付胜诉方的法律开支。⑤

二、法律援助及其他资助的必要性

参见本书第二卷第一编第三章的相关内容。

三、司法审查费用的构成

司法审查案件的费用分为两类：申请人的费用，如果申请获得成功，

---

① Wade & Forsyth 2014, p. 563.
② Wade & Forsyth 2014, p. 564.
③ Bridges & Cragg, p. 49.
④ Bridges & Cragg, p. 49.
⑤ Bridges & Cragg, p. 49.

该费用至少可以部分收回;被告方的费用,如果申请失败,该笔费用将由法院判令申请人支付。①

(一)申请人的费用

如果申请人没有法律援助,则应当随着案件的进展自行提供相应的财政开支,其付款方式要么是按季照账单支付,要么是事先现金支付。在申请人最初提出司法审查许可申请时,申请人必须提供有关其案件的详细资料以及其财政担保证明。也就是说,申请人必须提供自己具有足够的财产打完这场官司的证明,其中包括法律援助方面的出资证明。这意味着,在案件的起始阶段,申请人的开支受到了相当的重视。②

由于司法审查案件需要等相当长的时间才能推进到实体性审理阶段,申请胜诉后收回开支也要拖很久,从而增加了自己负担开支的申请人的财政负担。③ 所以在没有法律援助、法律服务或者其他资助来源的情况下,申请人独立支付自己的诉讼费用的负担可想而知。

(二)对被告开支的潜在责任

司法审查的被告是公共管理机构,通常拥有并有权支配相当广泛的资源并拥有法律专长,这一事实并不影响原告在司法审查申请失败后潜在的偿还被告开支的责任。从情理上讲,这显然不太公平,但这却是英国的现实。但也确实存在这样的情况:公共管理机构事先同意即使赢了诉讼也不申请法院的费用支付令。④

申请人潜在的偿还被告开支的责任受如下两个因素的影响:原告是否接受法律援助,以及案件最终在哪个阶段终局。⑤

四、许可申请阶段的费用

(一)诉前询问函回复之后

申请人在递交《司法审查许可申请书》时,应当缴纳诉讼费。⑥ 只有在案件存在确凿无疑的非常明显的法律问题时,法院才会准予申请人从

---

① Bridges & Cragg, pp. 49-50.
② Bridges & Cragg, p. 50.
③ Bridges & Cragg, p. 50.
④ Bridges & Cragg, p. 50.
⑤ Bridges & Cragg, pp. 50-51.
⑥ Bridges & Cragg, p. 120.

被告公共管理机构处要回自己因申请司法审查许可所花费的开支。① 这进一步说明，司法审查案件与民事诉讼案件一样，法官有权就案件诉讼费用的承担问题一并作出判决，并且法官拥有相当广泛的自由裁量权。

（二）再申请的费用

如果民事案件的司法审查许可申请经口头审理后或者在经过书面再申请后仍被拒绝，可以向上诉法院进一步申请。此申请须进一步缴费。②

（三）获得许可后的费用

通常，法院在授予申请人司法审查许可时，并不同时下达任何费用支付令；但如果申请人申请了临时性强制令，则由此产生的费用将有可能提前明确预定。③ 该预定的开支不一定由申请人立即支付，但却可以预先公布由败诉方承担。这就是前文提到的迫使被告考虑提前结案的费用压力之一。

在许多案件中，通过申请司法审查所引起的法律议题无须进入正式的听审程序即告解决或者成为当事人已不再关心的仅具有理论价值的争议。这就意味着，除非诉讼当事人能够达成协议，否则此类案件中涉及的一个重要问题，即当事人中谁应当支付前期的申请司法审查许可的费用的问题，仍然没有解决。④

在任何可能的情况下，对于期望与被告达成和解的申请人而言，重要的是要争取获得法院下达的由被告支付申请人因提起司法审查许可申请而产生的费用。⑤

五、正式听审后的费用

司法审查费用的分配由法庭作出具体的指示。通常，胜诉一方的费用由对方支付，同时对接受法律援助的一方提供常规的保护。如果双方或者更多的当事人具有共同的利益，则无论其为申请人还是被告，胜诉后只能报销一份费用，除非各共同利益当事人的利益之间存在足够的独立性，使得法院判令败诉方分别为其报销诉讼费用不失公正。⑥

---

① Bridges & Cragg, p. 101.
② Bridges & Cragg, p. 127.
③ Bridges & Cragg, p. 126.
④ Bridges & Cragg, p. 126.
⑤ Bridges & Cragg, p. 140.
⑥ Bridges & Cragg, p. 147.

第五节 司法审查案例研究素材

本节是一部英国司法审查实务方面的专著①中引用的一件案例研究素材,将这部分琐碎资料译介给中国读者,是出于以下考虑:

第一,英国号称是判例法的母国,那么英国法中的判决过程在书面上是如何体现的?只看过或者只能看到英国的判例的读者可能始终无法了解,而这种缺憾可能影响读者对于判例法精髓的理解,从而削弱我们支持或者反对判例法的借鉴的议论的力道。

第二,一个诉讼案件中,各方当事人的主要书面材料很能反映各方当事人的水平和态度。将这一现象放大到比较法的角度去观察,会间接地比较出不同国家的诉讼当事人的水平,这种水平也就是该国家法治水平的某种不准确但值得考量的折射。本案例研究素材中分别展示了申请人和被申请人的申请书和答辩书,特别是答辩书,从行政法角度看,可以使读者间接考察英国行政官员是如何应诉的以及他们的应诉水平。

第三,案件涉及完整的行政案件的基本内容,特别是作为其事件背景的社会福利制度的许多实体问题,这些实体问题与案件材料反映的程序问题结合起来,可以使读者更加全面、系统、深刻地了解英国这一领域行政管理的纵深,进而有可能由点及面,估计英国行政体制的水平。

第四,该案结局是被申请人向法院承诺恢复服务。这种解决方式是中国行政诉讼不具备的。我国的类似判决是被告在诉讼期间改变原行政行为,申请人同意撤诉。这种解决方式最大的不确定因素是,被告一旦出尔反尔,申请人往往求告无门。这种情况并不是只有报纸上才能看到。而在英国,被告必须向法院宣誓承诺其拟作出的行为,而其宣誓就相当于法院的命令,不能反悔,否则与不遵循法院的判决后果是一样的。

第五,该案还涉及多项英国司法审查常用的诉讼手段,如临时性强制令、加速审理、删减时限、申请口头审理司法审查听审许可等,使得该案成为反映英国司法审查诸多方面的典型,值得予以全方位的剖析。

第六,该案的法律文件中援用了大量的英国成文立法,由此可以说明英国的社会保障方面的判决的主要依据不是判例法而是成文法。

第七,该案的法律文件中引用的大量制定法条文,可以使读者了解英

---

① Bridges & Cragg, pp.183-195.

国成文法的原貌。笔者尽量用直译,由此导致的结果是语句非常之长、非常之拗口,但笔者保证这些译文在汉语上是说得通的。通过领会这些文字,读者或许能体会英国立法者为了将一个缜密的职权或者职责说清楚的良苦用心。而且笔者相信,如果在立法时没有这份苦心,则在执法中法律必然为别有用心者的心机所苦。

一、案情背景

一位名叫萨奇(Florence Sage)的残疾老太太原来享有的社区关怀服务被其所在的自治市议事会取消了,因为该议事会发现自己已经无力支付履行相关制定法上的义务所需的费用了。

萨奇提出请求撤销该中断服务的决定的司法审查申请,同时申请法院授予在该案听审结果出来前恢复服务的临时性强制令。

同时,申请人还申请加速审理和删减时限,因为该案涉及紧急事项。在法院授予司法审查许可、临时性强制令以及被告提交了宣誓证据后,被告同意恢复服务,该案争议事项遂宣告和解。[①]

二、基本素材

该案的案例研究涉及以下文件[②]:
(1)《司法审查许可申请书》以及司法审查的根据;
(2)支持司法审查的宣誓证据;
(3)《司法审查听审动议书》;
(4)被告提交的两份宣誓证据,分别涉及社会服务及其财政保障;
(5)同意和解命令备忘录。

三、《司法审查许可申请书》

《司法审查许可申请书》——司法审查许可申请及根据

在皇家高等司法法院
王座分庭

---

① 该案在双方举证阶段即告终结,没有进入正式的听审阶段。
② 如果案件进展到全面听审阶段,则出庭律师应当准备一份基本案情清单,简单地列明该案主要事件及其发生日期,而且双方的出庭律师都要准备辩论框架论点,分别详细描述《司法审查许可申请书》中列明的该案事实和宣誓证据。

皇家办公室候审案件清单

案号：CO/4986/95

IN THE HIGH COURT OF JUSTICE
QUEEN'S BENCH DIVISION
CROWN OFFICE LIST　CO/4986/95

本案系因萨奇根据《最高法院规则》第 53 号令第 3 条申请司法审查许可而起。

本案涉及 1990 年《全民健康服务体系及社区关怀法》(National Health Service and Community Care Act)和 1970 年《慢性病及残疾人法》。

申请人索引号：

_____

申请司法审查许可的通知。

皇家办公室索引号：

_____

本格式申请书必须结合从皇家办公室得到的填写指导说明(Notes for Guidance obtainable from the Crown Office)一起理解。

[地址及收信人]

致：

Strand, London,

WC2A 2LL

皇家司法法院皇家办公室负责人(To the Master of the Crown Office, Royal Courts of Justice)收。

申请人姓名、地址及情况描述(Name, address and description of applicant)：

萨奇，住 24 Spice Lane, London E24

寻求救济所针对的判决、命令、决定或者其他处理：

(1) Minton 伦敦自治市议事会(以下简称议事会)1995 年 9 月 29 日作出的停止先前曾提供给申请人的社区关怀服务的决定；

(2) 议事会此后一直未向申请人提供此项服务。

所寻求的救济(RELIEF SOUGHT)：撤销该议事会的决定的调

卷令。

进一步申请或者替代性申请：

(1) 要求该议事会恢复向申请人提供社区关怀服务；

(2) 强迫该议事会恢复此项服务的临时性强制令；

(3) 申请加速本案的审理的命令；

(4) 申请口头审理司法审查许可。

申请人诉状律师的姓名和地址：(如没有诉状律师，则填写申请人的送达地址)

Rosehip Oregano，18 Herb Road

London WC4B 7DR

(诉状律师签名)Signed

(提交《司法审查许可申请书》的日期)Dated 29 November 1995

四、寻求救济的根据

该案中寻求救济的根据，包括事实和法律两个方面，即事实根据和法律依据。

(一) 事实

(1) 申请人萨奇 86 岁，独住。多年以前，她的髋关节骨折并作了髋关节移植手术。她现在只能在拐杖的帮助下很慢地走很短的距离。她不能弯腰，也不能举起或者拿取任何东西。两年前，她得了中风，严重地削弱了她的短期记忆功能。

(2) 大约在 1993 年 9 月，申请人经评估被确定为需要入户照料并予以资助者，被告议事会决定向她提供每周 5 小时的入户照顾(home care assistance)，分别在每周的星期一、星期三和星期五提供。申请人在 1994 年 5 月被再次确认为需要入户照顾及资助者，该议事会决定对其提供的服务不变。

(3) 1995 年 9 月 29 日，该议事会致信申请人，声明将不再向其提供先前提供的入户关怀服务。该议事会称，停止此项服务的原因是该议事会财力不济、政府向议事会分配的资金减少。由于该决定，申请人此后即没有再得到服务。申请人不能打扫自己的公寓，不能购物、做饭或者洗衣服。

(二) 有关法律规定

(1) 1990 年《全民健康服务体系及社区关怀法》第 47 条规定：根据本

条下列第 5、6 款,如果某一地方政府机关显然知道其能够提供社区关怀服务而且确实有人需要此类服务,则该地方政府机关:① 应当对该人需要该服务的程度进行评估;② 在考虑过此项评估的结果后,决定该人是否需要本地方政府机关提供此项服务。

(2) 1990 年《全民健康服务体系及社区关怀法》第 46 条第 3 款规定,社区关怀服务是指根据下列任一规定,地方政府机关可以提供或者可以安排提供的服务:① 1948 年《国家援助法》第三部分;② 1968 年《健康服务及公共卫生法》(Health Services and Public Health Act)第 45 条;③ 1977 年《全民健康服务体系法》第 21 条以及附表 8;④ 1983 年《精神健康法》(Mental Health Act)第 117 条。

(3) 1948 年《国家援助法》第 29 条第 1 款规定,经国务大臣批准并在其所作指示的范围内,地方政府机关应当就推进属于本条适用对象的福利作出安排,其中属于本条适用对象的人包括:18 岁及以上的盲、聋、哑人;罹患任何种类的精神失常者;因疾病、外伤、先天缺陷所致的其他实质性永久残疾者以及中央政府部长规定的其他残疾人。

(4) 1968 年《健康服务及公共卫生法》第 45 条第 1 款规定,经国务大臣批准并在其所作指示的范围内,地方政府机关可以就老年人的福利作出安排。

(5) 1977 年《全民健康服务体系法》第 21 条第 1 款规定,根据本法前文第 3 条第 1 款第 d、e 项的规定,由本法附表 8 规定的与入户帮助和洗熨设备方面有关的服务,属于地方社会服务职能部门有权行使的职能,本法附表 8 因地方政府机关的此项实施行为而具有相应的效力。

其中,该法附表 8 第 3 条规定:凡因下列情况的出现而需要入户援助服务,每一地方社会服务职能部门都有义务为其辖区内的住户提供足以满足需要规模的入户援助或者就担保足够的此种规模的服务作出安排:① 某人因罹患疾病或者年事已高,同时地方政府机关有权为那些根据本条的规定正在向其提供或者可以向其提供入户援助的住户提供或者安排洗熨设备。

(6) 1970 年《慢性病及残疾人法》第 2 条第 1 款规定:如果某地方政府机关根据 1948 年《国家援助法》第 29 条的规定有充分的理由相信,对于应当适用该条规定的其辖区内的某一常住居民,一旦需要该地方政府机关为向该人提供入户的实际援助,则作出相应的安排以履行该条规定的职能,就是该地方政府机关的职责。

（7）1970年《地方政府机关社会服务法》第7条规定，在履行其社会服务职能时，包括行使任何相关的成文法赋予的自由裁量权时，地方政府机关的行为应当受国务大臣的原则性指导。①

（三）司法审查的根据（grounds）

（1）被告地方议事会向申请人提供的服务属于1977年《全民健康服务体系法》第21条第1款及该法附件8，以及1970年《慢性病及残疾人法》第2条的范畴。

（2）延续该项服务属于1990年《全民健康服务体系及社区关怀法》第46条界定的"社区关怀服务"的范畴，申请人的情形属于字面意义上"跛"的范围。

（3）在对申请人是否需要入户照料服务进行评估之后，被告议事会即担负起了提供相应服务的法定职责（duty）。②

（4）被告停止向申请人提供此项服务的决定是非法的，理由在于：一是该议事会具有制定法规定的提供此项服务的职责；二是此项服务必须提供，而无论是否具有足够的资金③；三是地方政府机关一旦提供了某项服务，则只能在没有必要继续提供或者可能以其他方式满足同样需要时

---

① 以上全面列举了与该案有关的当时现行有效的英国成文立法的具体规定，是具体研究英国有关不能完全自理的老年病人的社会服务体制的一个极好的素材。同时，该案例还是我们研究英国的立法体制甚至英国的立法技术的一个很好的标本。当然，其本身也说明了英国司法审查过程中律师或者当事人需要进行的法律研究的范围的广度和深度。

② 此处的duty还是译为职责最为贴切，而且这种职责是必须履行的，不可以自由处置。之所以要强调在进行了评估以后，地方政府机关才具有提供此项服务的职责是指，在英国公法理念体系中，地方政府机关具有一般的提供某项服务的法定的权力和职能，但对于具体的某一个提供对象而言，是否提供则需要看该服务接受者是否符合法律规定的条件，因为任何公共管理机构都不可能拥有不加区别地对所有其辖区的公民提供法定服务的权力。但一旦经评估并且认定确实存在地方政府机关应当履行职能的情形时，由于这种评估是由其他中立机构在相对独立于地方政府机关的情况下作出的，因此，这就成为一个具有法律意义的法律事实，并且据此足以从中立角度判断该地方政府机关是否具有制定法所规定的具体的法定职责。正是在这个意义上，该案申请人方作出了此项认定，而从该案的结果看，这一认定不但得到了被告方的认可（同意和解），并且最终得到了法院的确认。

③ 被告履行法定职责的要求是法律确定的，而不是由其财政状况决定的。虽然笔者从我国的现实做法出发，也觉得这一理由有点强人所难，但反思一下法治的要求，则又觉得英国人的做法是正确的：如果某一公共管理机构因为没有足够的财政资源而无法履行其法定的职责，这种后果不应当由其服务的对象承担。造成这种结果的原因要么是法律体制本身的问题，要么是有关地方政府机关没有妥善分配其财政资源，但无论如何这种后果都不应当由其服务对象承担。而且，如果不通过某种法律的途径落实这种职责，则法律的任何规定都将在最后一刻功亏一篑。许多国家的法治之所以不能进行到底，在这最后一个环节上的不忍或许是致命的病因。

才能撤回；四是被告议事会并不能证明申请人不再需要这种服务，也没有在撤销服务之前对申请人进行重新评估；五是被告议事会未能以其他替代性的服务满足申请人的需要。

五、申请人宣誓证言

这是申请人提供的支持司法审查申请的宣誓证言①即由申请人萨奇提供的第一份宣誓证言：

在皇家高等司法法院
王座分庭
皇家办公室候审案件清单
案号：CO/4986/95

双方当事人：

英王
与
MINTON伦敦自治市议事会
由萨奇提起

萨奇的宣誓证言

我是住24 Spice Lane, London E24 的萨奇，特宣誓并陈述如下：

1. 我是本案申请人，作此份宣誓证言的目的，是支持我对MINTON伦敦自治市议事会停止向我提供我所依赖的社区关怀服务的行为提起的司法审查申请。现向法院提供并经我过目的、标记了"FS 1"的文件包括：第1页是被告议事会的决定文本，第2页至第5页为往来信件，第6页至第14页为应我的诉状律师根据1989年《查阅个人社会服务档案条例》所提出的要求回复的我的社会服务档案的复印件。

---

① 通读该案后读者将会发现，除了三份宣誓证言外，没有更重要的证据！并不是该案简单，要想逐一论证，取证的工作量照样非常大。但该案之所以能够仅凭这三份证言达成和解，关键是宣誓证言背后的伪证罪的法律后果及由此带来的诉讼效率。当然，宣誓证据在那些无国教的域域推行确有一定的难度。从制度上规定宣誓证言及故意不实宣誓作证的伪证罪的法律责任并不是不可能的。对此不能以没有传统基础为由。

2. 我现年86岁,独自住在一处位居一层的卧室兼起居室的地方政府机关的公屋中。一段时间以前,我的髋关节骨折了并做了髋关节置换手术。自此以后我的自主活动就成了问题。我只能借助拐杖很慢地走很短的路。我不能搬运任何物品,也不能弯腰或者提东西。两年后,我又得了中风,这严重地影响了我的短时记忆力。①

3. 我所住的公屋的门口有两个很陡的台阶,这使我很难出入。我所住的公屋的地理位置也不合适,因为它位于一道从沃尔福德中心区延伸过来的很长的山梁的山脚下,这使得我要到达食品店很困难。而且我本身也不能购物。

4. 我既不能打扫卫生,也不能自己洗熨。由于我不能弯腰和提东西,我几乎不能自理。我没有可以联系的家人,有一位朋友帮助我买东西,但她本人有精神方面的残疾。我靠低收入保障及我的退休金过活。

5. 1993年9月,我从霍姆布鲁克皇家医院出院,我在那里待了4周接受观察(under observation,一般指医学观察,如是否需要社区关怀服务的评估等),医院并没有开具任何诊断。他们告诉我这样做是为了对我是否需要1970年《慢性病及残疾人法》第2条所规定的服务进行评估。1993年9月15日,他们告诉我经评估,我需要每周3次的入户照料。

6. 1995年9月底,我接到由被告议事会于1995年9月29日交邮的一封信,通知我因该议事会自中央政府拨付的用于支付社区关怀服务的资金入不敷出,我过去一直享受的服务自即日起终止。自该信发送之日起我就再也没有享受过这些服务。我对这些服务的需要丝毫没有减少,而且随着年龄的增长,这些服务对于我来讲越来越重要。

7. 当我将我的服务已经被终止的消息告诉我们当地的残疾人团体②后,他们将我的材料转送给了我现在的诉状律师。我于1995年10月29日提出法律援助申请,并于1995年11月1日获得法律援助。③

---

① 从这部分内容看,申请人的宣誓证言与诉状律师在格式申请书中对于事实部分的描述是基本相同的,甚至措辞相同,仅在语序上略有不同。

② 该案提到的当地残疾人团体是一个民间团体,这类团体的介入是该案的当事人命运转折的重要环节。这种慈善性的机构在英国都是要从地方政府机关或者中央政府那里获得资助的。从这个意义上说,这类团体也是中央政府或者地方政府机关贯彻残疾人保障立法的重要组成部分。

③ 从申请法律援助到获得的时间仅有3天,还是比较快的。

是为誓（SWORN etc.）。

此致皇家办公室。

六、正式启动司法审查听审的动议

在皇家高等司法法院
王座分庭
皇家办公室候审案件清单
案号 CO/4986/95

案由：申请司法审查

当事人：英王与 Minton 伦敦自治市议事会
申请人：萨奇

《司法审查听审动议书》（根据《最高法院规则》第 53 号令第 5 条书立）

提请法院明鉴：根据尊敬的帕斯利法官 1995 年 12 月 15 日授予的司法审查许可，应当尽快提议高等法院听审出庭律师代表申请人提出的获取救济令的请求，该请求与《司法审查许可申请书》中所作的描述相同，并且基于同样的根据，现一并奉上。①

同时请求法院判令被告承担因申请引起的费用。

同时，提请法院明鉴：在正式听审过程中，申请人将使用随本申请附送的宣誓证据以及展示证据、复印件等。

还提请法院明鉴：高等法院王座分庭法院或者尊敬的＊＊＊法官（Mr Justice）在＊＊＊日期之前明确下令指示所有与本案所指的＊＊＊行为有关的程序暂停执行，直到本正式听审完毕或者法院另行下达命令时止。②

---

① 此处的"现一并奉上"（herewith）以及"提请明鉴"（Take Notice），都属于英国法律文书中的套话。

② 由于《司法审查听审动议书》也是一种格式文书，因此留有一并申请停止执行令的格式，但该案属于不作为案件，这部分内容不适用。需要注意的是，申请人在《司法审查许可申请书》中已经提出了要求立即恢复提供服务的临时强制令的申请，这一内容已经因前文中的表述（该请求与《司法审查许可申请书》中所作的描述相同）而包括了临时性救济请求的内容。

呈送日期(Dated)：1995 年 12 月 17 日

此致(To)：

Minton 伦敦自治市议事会的诉状律师

地址：

Minton Town Hall

High Street

London E24

递自(of)：

申请人诉状律师签名：

(申请人诉状律师地址)：

Rosehip Oregano

18 Herb Road

London WC4B 7DR

申请人诉状律师①：

案件索引号(Ref No.)：RO/95/642

电话号码(Tel. No.)0171 246 24698

传真号码(Fax No.)0171 246 42896

附：重要说明②

1. 任何被告如果想在正式听审时使用宣誓证据，则应当将其意向在受送达本通知书后 10 日内告知高等法院皇家办公室。

2. 任何宣誓证据必须尽快提交皇家办公室，最迟不得超过受送达本通知后 56 日。

---

① 该诉状律师与《司法审查许可申请书》中的诉状律师是一个人。

② 由于《司法审查听审动议书》属于格式文书，因此，包括此处的说明其实是为了通知所有的被告在接到此项动议后应当做的事项。因为并非所有的被告都会在接到此项通知前知道申请人已经获得司法审查许可的事实。因此，此处提到的几个重要事项，是提醒被告如何更有效地准备自己的答辩。事实上，此处的三项说明，实际上是皇家办公室给发送或者受送达该正式动议的双方当事人的说明，由于其中的内容同时关乎双方当事人的利益，因此，写在这里是非常合适的。

还需要注意的是，在本说明的最后，提醒当事人，如有不明白的地方，可以从皇家办公室索取或者查阅文书说明，即如何填写格式文书的说明。笔者对此非常赞赏，除了赞赏英国法院想得比较周到，专门搞一本法律文书写作指南，更赞赏这一指南对于提高司法效率的重要性。

3. 本通知必须在授予司法审查听审的动议许可后 14 日内提交皇家办公室，同时必须附送交付送达的宣誓证据。

七、被告财务主管的宣誓证言

被告-迪尔(Mr B Dill)的第一份宣誓证据

在皇家高等司法法院

王座分庭

皇家办公室候审案件清单

案号：CO/4986/95

事关萨奇的案件

双方当事人：

英王

与

MINTON 伦敦自治市议事会

申请人：

萨奇

立誓人为迪尔的第一份宣誓证据

我叫迪尔(BRIAN DILL)，是办公地点位于 Minton Town Hall (Minton 镇市政厅)，High Street，Minton，E24 的 MINTON 伦敦自治市议事会的财务部门的主管，兹宣誓并陈述如下：

1. 我受 MINTON 伦敦自治市议事会的雇用，担任其财务部门的主管，我的职责是根据 1972 年《地方政府法》第 151 条的规定，确保对本地方议事会的财务实施正当的管理。①

2. 地方政府的财政来源主要有四：① 通过提供服务所能产生的财政收入；② 从全国范围内征收的商业税中所获取的财政收入份

---

① 这一点对于我国行政管理体制的借鉴意义是，使每一个政府官员都知道其职责来自哪部法律的哪一条规定。显然，作为该案被告代理人的迪尔之所以能够这样肯定地宣誓，显然不是因为其诉到临头研习法律、法规的结果，而是英国有日常的制度规定每一职位的权限、职责依据。这一基础性的工作我们需要补上。当然，其难度，特别是因为需要足以应付上级、立法机关、法院及行政管理相对人的权威性和准确性，现行体制下没有人愿意去这样做，更没有人敢于将此出力不讨好的事据为己任。

额;③ 中央政府通过财政转移支付资助的款项;④ 通过征收地方议事会税从地方纳税人处征收来的款项。①

3. 实践中,地方政府机关能够从本地方聚敛的资金是受到限制的,此即中央政府对地方财政收入上限所作的限制。如果某一地方议事会的财政预算持续超过其开支上限,将构成违法。

4. 地方议事会的开支限额是参考财政开支标准评估体系[Standard Spending Assessment(SSA)]确定的,该标准是由一个公式演算出来的数据,具体是指中央政府经评估认为该地方政府机关需要开支的数额。

5. 过渡期社区关怀特别资助(Special Transitional Grant for Community Care)是由中央政府通过财政拨款方式提供给地方政府机关的,该款项包括在中央政府通过拨款方式提供给该地方政府机关的财政资助的总额内。该资助款项是特别针对社区关怀服务拨付的,不能用于其他目的。

6. 过渡期社区关怀特别资助是一项由中央政府拨付给地方政府的转移基金(transfer of funds),该款项是基于中央政府先前承担的向居住在护理者之家的病残者提供照料服务的职责,现在转移给了地方政府机关并由地方政府机关在这些人的家中向其提供照料服务。这种职责与相应的财产的转移是从1993年开始的,但中央政府该年及次年转移支付的资金的数额无法满足我们评估的可能开支。

7. 在过去的两年中,本地方政府机关不得不减少自己大约2000万英镑的预算,该数额已经地区审计员独立验证。在1993年至1994年和1994年至1995年两个财政年度,本地方议事会所确定的预算都超过了该年度的开支限额,后来均由国务大臣压缩了上限以下。1996年至1997年度的财政预期没有发现收入增加的迹象。现呈上已经我本人过目的标记为"KB 1"的一份文件,提交这份文件就是为了解释法律允许本地方政府机关的开支与要求本地方政府机关通过自己的财政资源满足的需求之间存在的严重缺口。

是为誓(Sworn etc.)。

---

① 此处的分类虽然十分清楚,但不是出自权威法律,而只是一名伦敦自治市议事会的财务主管在一起普通司法审查案件中所作的宣誓证言中的陈述。

八、被告的社会服务主管的宣誓证言

被告-赫克托(Mr B Hector)

就案号 No.CO/4986/95 的案件的第一份宣誓证据

在皇家高等司法法院

王座分庭

皇家办公室候审案件清单

案号:CO/4986/95

事关萨奇的案件

双方当事人:

英王

与

MINTON 伦敦自治市议事会

申请人:

萨奇

立誓人赫克托的第一份宣誓证据

我叫赫克托,系办公地点位于 Minton Town Hall,High Street,Minton,E24 的 MINTON 伦敦自治市议事会的社会服务主管,兹宣誓并陈述如下:

1. 我受 MINTON 伦敦自治市议事会的雇用,担任其社会服务主管。与萨奇有关的事实以及本宣誓证据中列明的事实都是从与萨奇有关的文件中提取,或者具体向她提供服务的本机关工作人员处得到的,我相信这些事实都是真实的①。

---

① 这表明,英国司法审查中所采用的宣誓证据也可以是传闻证据。但由于该案不涉及刑事事由或者事项,因此证据的可采性的标准不是由法院掌握的,而是当事人相互之间掌握的。在这种情况下,宣誓证据的优越性是十分明显的:一项事实的验证不需要当事人在一开始就提供证据,而只需要宣誓提供其真诚相信属实的宣誓证言即可。由于双方当事人都在这一标准上提供证据,基于理性的谅解和现实的必要性,双方当事人会对对方宣誓的证据中对自己没有利害关系的内容不置可否。这样一来,这些未受质疑的证据其实就被法律推定为已经证实的事实了。这对于减少举证成本的意义简直太难以估量了。由此想到法官当庭装模作样地"一证一举、一证一质"的憨态,越发显现出制度设计的先进性对于提升整个国家的治理水平的系统性意义。

2. 萨奇女士生于 1909 年 3 月 15 日，1993 年 9 月 8 日，医院社会工作服务局（Hospital Social Work Service）将其移交给社会服务部（Social Services Department）。在其离开医院之后的 1993 年 9 月 15 日，一名入户照料组织者拜访了她。该组织者的记录显示，萨奇此前曾中风并需要一副助行架以帮助她行走。该入户照料组织者估计，以她当时的情况，需要为她提供每周 5 小时的入户照料，以帮助她购物、领取养老金、洗熨、做饭以及打扫。该组织者的记录显示，她还相信她将从流动餐车服务中得到每周 4 天的服务。

3. 从那时起直至 1995 年 9 月 29 日，每周的一、三、五都会有一名入户照料助理拜访萨奇女士，并协助她处理经评估她需要别人帮助的事务。

4. 在此期间，萨奇女士显示出她能够照料她自己的个人需要。她能够给自己洗澡或者穿衣，而且被认为反应机敏，其活动能力也已经有所提高。①

5. 萨奇女士在此期间没有与其家人联系过，也没有参加任何全天俱乐部或者午餐俱乐部的活动。一般认为她本人对于参加此种俱乐部不感兴趣。② 然而她本人确实在其家中接待大量的来访者，这些来访者都是来自一座本地教堂的她的朋友和客人。她每周还从流动餐车服务中获得 4 天的服务，该服务是由 WRVS 根据其与社会服务部签订的协议向她提供的。③ 除了去本地的商店的短暂行程，她不常外出。

---

① 这些话法官是不会相信的，一个 86 岁的老人，中过风、换过髋关节，让人难以相信可以完全自理。而这正是该案申请人的情况。既然法律已经规定了地方政府机关对这样的老人、病人、残疾人有照料的义务，被申请人方的证人以此证据证明申请人不需要这种照料服务，显然是难以服人的。从该案最终以被告同意恢复提供服务也可见一斑。不过笔者此处关心的不是证人证言是否符合常理的问题，而是想说在其宣誓证言不符合常理或者最终被本方的妥协或者承诺所背叛，在这种情况下立誓人是否应当承担作伪证的法律责任。显然，在这种情况下，没有这个必要。据此我们可以得出这样的结论，伪证罪只发生在故意作虚假陈述的场合，当然在有些国家可能还要求必须造成错判或者影响司法进程的后果，但对于英国的宣誓证据而言，显然不需要这一附加条件，因为宣誓最本质的法律含义不是法律认为上帝会惩罚那些说谎的人，而是表明法律自己要扮演这个惩罚者。

② 这种俱乐部可以解决她的做饭问题。这样说的目的是间接表明申请人有自理能力。

③ 此项服务的标准不是基于该案申请人的行为能力，而是基于其接受最低生活保障金以弥补其养老金之不足的现实。而且此种服务的形式也是社会化的，是由承担此项职能的政府部门与其他单位通过签订服务协议或者服务安排的方式实施的。

6.人们一般不怎么相信她经常需要地区护士或全科医生的家访,但她确实不时就其肺部感染而拜访其全科医生。而且她还不时光临本地区的手足病诊所。

7.萨奇女士居住在一间位于底层的卧室兼起居室的地方议事会公屋中,该公屋没有看门人。当本地方政府机关在社区关怀方面所感到的财政压力在1995年9月间变得日益明显后,曾给萨奇女士写信,征求其对取消向其提供的打扫及洗熨服务的意见。

8.在司法审查程序开始并授予强制令之后的1995年12月10日,请求法院判令按以前的水平恢复向萨奇女士提供入户照料服务,直到司法审查程序得出结论。①

是为誓(Sworn etc.)。

九、和解令备忘录②

该案皆大欢喜——和解结案。和解备忘录相当于法院和解判决:

在皇家高等司法法院
王座分庭
皇家办公室候审案件清单
案号:CO/4986/95

双方当事人:
英王
与
MINTON伦敦自治市议事会
申请人:
萨奇

和解令备忘录(MEMORANDUM OF CONSENT ORDER)

鉴于被告地方政府机关同意,其根据1970年《慢性病及残疾人法》第2条兼或1977年《全民健康服务体系法》第21条第1款的规

---

① 也就是说,在该案中,法院确实依申请人的申请向被告颁发了临时性强制令。该案作为一起紧急案件,其每一程序阶段的实际耗时不具有普遍性,但通过分析这一案件的基本案情清单,仍可以管窥英国司法审查实体的具体进程。

② 又叫和解令(Consent Order),显然这个叫法好,译法更好。

定,在 1995 年 9 月 29 日之前向申请人提供的服务被非法撤销了;并且经地方政府机关同意,恢复该服务。

法院据此判令撤销标明日期为 1995 年 12 月 17 日的《司法审查听审动议书》;申请人的诉讼费用将由被告支付,被告同时支付根据 1989 年《民事法律援助(一般规定)条例》第 107 条规定的标准所确定的税费。①

签名:_____ 被申请人诉状律师签名:_____
(双方当事人诉状律师地址、时间)

第六节 司法审查经典判例

本节将综述笔者认为最经典的英国公法判例,作为本章乃至本书的总结。本节取材的标准是,在不同的英国宪法、行政法著作中作者不介绍案情而直接讨论其内容及判例价值的案件。这些案件是笔者在初期阅读英国法著作时非常头痛的,因为不知其案情和背景,就往往不知英国学者的议论之所云。

一、温斯伯里案

1948 年的温斯伯里案,是与政府通信指挥部(GCHQ)案齐名的有关现当代英国司法审查根据的核心判例。该案的全称是 *Associated Provincial Picture Houses Ltd. v. Wednesbury Corporation*。②

该案的重要之处在于格林所作的判决,其中强调了监督管辖权同与之相对的上诉管辖权的区别。同时,格林确立了可以构成对行政自由裁量权的行使的挑战根据的数个原则,这些原则就是著名的温斯伯里原则(Wednesbury principles,或译为温斯伯里判据)。③

二、政府通信指挥部案

1985 年的政府通信指挥部案(Government Communications Headquarters,

---

① 也就是说,败诉一方不但要承担本次诉讼中胜诉一方的法律费用,还要额外支付根据有关条例规定的法律服务税,该税种显然是为法律援助服务基金准备的。
② Neil Parpworth, p. 288.
③ Neil Parpworth, p. 289.

GCHQ)的全称是:*Council of Civil Service Unions v. Minister for the Civil Service*①,但也有英国学者因该案原告而将该案简称为 CCSU 案。②从英文法学著作中的使用情况看,GCHQ 这一简称显然要比其正式的案名常见得多。

从政府通信指挥部案的全称看,并没有 GCHQ 这一缩写的原词。该案的全称还提示我们,该案并不是一起司法审查案件(没有 ex parte GCHQ),而是按照普通民事诉讼程序提起的民事宣告令之诉,原告并非当事人本人,而是一个"热心人"——公务员工会理事会(Council of Civil Service Unions)。该案实际的当事人是被被告禁止组织工会的政府通信指挥部③,这正是该案缩写的来由,英国学者比照司法审查案件中以实际申请人命名案件简称的做法,将该案简称为政府通信指挥部案。

该案是作为当时英国国内最高、最终上诉法院的贵族院于 1985 年审理的,被称为是宣告"英王特权的行使方式不能受司法挑战"的观点正式结束的里程碑式判例。④ 与 1948 年的温斯伯里案,并称为现当代英国司法审查根据的核心重要判例。⑤

该案的基本案情是:基于英王特权,英国于 1982 年发布了有关公务员的枢密院令(Civil Service Order in Council),根据其第 4 条规定,公务员事务部长获得授权以制定并发布涉及公务员就业条款的条例和指示。据此发布的一项指示禁止政府通信指挥部雇用的公务员参加工会,理由是担心工会活动会有损于这些公务员所从事的敏感的情报工作,进而危害国家安全。按照惯例(established practice),在对公务员的就业条款作出调整之前应当首先征求公务员的意见。而该案的原告,即公务员工会理事会是负责公务员参加工会事宜的咨议机构,也就是按照惯例应当咨询的对象。由于没有征求该委员会的意见,于是,作为该案的原告,该委员会诉请法院颁发宣告令,宣告公务员事务部长的这一指示因未曾履行咨询程序而非法。⑥

贵族院认定:无论是作为对英王特权的直接行使(多数参审法官持此

---

① Neil Parpworth, p. 288.
② Bradley & Ewing, p. 257.
③ Neil Parpworth, p. 50.
④ Neil Parpworth, p. 49.
⑤ Neil Parpworth, p. 288.
⑥ Neil Parpworth, p. 50.

议),还是作为对英王基于其特权而授予的权力的行使,该指示都是可以司法审查的。但是贵族院同时强调,虽然工会享有接受咨询的合法性期待,但是这一权利应当让位于具有压倒性利益的国家安全。① 这个判例再一次说明,英国的真正有价值的判例往往都是妥协的结果。该判例的价值在于确立了合法性期待的权利、拓展了合法性原则适用的范围、将英王特权的行使方式纳入司法审查范围,但是,就该案的结论而言,原告并没有从这些拓展中受益。因为在得出上述结论的同时,贵族院笔锋一转,通过将其赋予原告的合法性期待的权利与国家利益相比较,作出了并非如原告所愿的判决。但不能就此忽视该判例的价值,因为此后更多的人享受到了该案的恩泽。

在该案中,贵族院确立了英王特权的行使也必须接受法院的审查的普遍原则。而某一行使英王特权的行为是否能够成为司法审查的对象,要看其是否构成一个司法性的问题。② 在作出该案的判决过程中,迪普洛克总结出了控制行政行为的三个根据:非法性、非理性、程序失当性。③ 更为重要的是,这些名目和原则都不是排他性的,某一行政决定可以因违反多个司法审查原则而被挑战,而且法院的判决中也会对其中的多个事由予以支持。例如,对于某个基于不相关的考虑而作出的行政决定,这一不相关的考虑可能是行政决定者不适当的目的的反映。④

该案通过确立英王特权的行使也可以接受司法审查的原则,将这类权力置于与制定法授予的自由裁量权相同的基础之上。但是,并非所有的英王特权就此让位于法院的优位的管辖权。⑤

自19世纪以来,英国委任立法即面临对其规模不断扩张的担忧,这种顾虑又随着委托立法汇编制度的确立更加凸显。将所有委任立法文件统一编辑为一个系列出版物,并冠名为《成文规则及命令》(Statutory Rules and Orders)的做法始于1890年,1893年《规章出版法》(Rules Publication Act)就系统化印刷、出版、编号及后续的公开作了规定。这些措施引发了公众对委任立法与议会法律相对比例的关注。例如,1891年出版的《成文规则及命令》中,委托立法与议会法律二者的比例是2∶1;

---

① Neil Parpworth,p.50.
② Neil Parpworth,p.289.
③ Neil Parpworth,pp.289-290.
④ Neil Parpworth,p.290.
⑤ Neil Parpworth,p.50.

第二次世界大战及随后福利国家的兴起进一步激发了委任立法的增长，2008年出版的《成文法律规范汇编》中，这一比例进一步扩大到6∶1。①与此相关的是，贵族院专门成立了委任立法权力与成文法律文件改革委员会（Delegated Powers and Regulatory Reform Committee），英国2006年出台了《立法及成文法律文件改革法》（Legislative and Regulatory Reform Act）。

三、大臣蔑视法庭案

1994年的 *M v. Home Office* 案涉及作为最高上诉法院的贵族院就某一政府部长在其职权范围内所作的决定是否能够构成蔑视法庭罪一案所作的判决。该案的原告 M 是一名扎伊尔公民，他到英国后即寻求政治庇护。他被召见后被告知其申请已经被内政大臣拒绝。他的情况后来又被重新考虑，但仍然作出了他不符合政治庇护条件的决定，理由是内政部不相信 M 所陈述的事实。随后下达了 M 必须离开英国的指令。M 申请对拒绝其政治庇护的决定的司法审查许可。该项许可也被拒绝了。M 在其被指定应当离开英国的那一天向上诉法院提出了请求司法审查许可的再申请。该申请也被驳回。此后不久，M 新聘请的律师基于新的事由重新向高等法院递交请求司法审查的申请。主审法官加兰希望 M 的出境时间能够延期以便可以在次日递交申请。加兰相信他已经得到了内政大臣的法律顾问对此事的承诺。但是，M 还是经由巴黎被强制遣返回扎伊尔。当 M 还在被遣返回扎伊尔的路上时，主审法官加兰知道了这一情况，于是签发了一项训令，要求内政大臣将 M 送回英国。② 内政大臣基于其所获得的有关法律建议，且确信其作出的对 M 的政治庇护请求的处理决定的正确性，遂决定不遵照执行该训令。③

加兰随后撤回了他自己作出的训令，理由是自己没有作出该训令的管辖权。④ 从该案的后续发展看，加兰撤回自己作出的训令的决定，显然是在内政大臣明确表示不执行该训令之后。于是，M 的律师提出申请要求判处内政大臣蔑视法庭罪。⑤ 这显然是一种非常特殊的刑事追诉案

---

① Wade & Forsyth 2014, p. 725.
② Neil Parpworth, pp. 38-39.
③ Neil Parpworth, p. 39.
④ Neil Parpworth, p. 39.
⑤ Neil Parpworth, p. 39.

件。而 M 及其律师的起诉人身份显然属于无甚利害关系的一种。

高等法院布朗法官取消了 M 的律师的这一动议。① 可见这种诉讼也是向高等法院提出的。对于高等法院布朗法官取消了 M 的这一动议的决定,M 及其律师继续上诉到了上诉法院。上诉法院认可了 M 及其律师的请求:认定内政大臣本人构成蔑视法庭。② 此后,内政大臣提出了上诉。贵族院裁定:驳回其上诉。理由是,加兰法官的训令的作出是适当的。蔑视法庭的认定是不能直接针对英王的,但可以针对某一政府部门或者某一部长,无论该部门是以个人身份行事,还是行使其公务职能。因为部长必须对其部门负责,而部长一旦构成蔑视法庭就应当由该部长对此承担责任。蔑视法庭的认定是就内政大臣履行其公务职能而作出的,而不是针对其本人作出的。③

虽然贵族院最终驳回了内政大臣的上诉,但也没有完全维护上诉法院的判决。因为贵族院最终的认定是内政大臣以其履行职务的行为构成蔑视法庭,而不是其本人的行为构成蔑视法庭。贵族院的认定改变了上诉法院对蔑视法庭行为的定性,并因这一新的最终的认定将履行职务行为纳入蔑视法庭罪的范围,对于宪法、行政法的意义反而更突出了。

该案的核心判决是由伍尔夫作出的。伍尔夫认为,法院在作出蔑视法庭的认定时,其主要目标之一应当是确保"法院的命令能够得到遵循"。伍尔夫进一步指出,类似该案的实践的目的"主要不是为了惩罚某一个人,而是通过认定一项蔑视法庭的罪行来维护法律的治理"④。考虑到该案的核心不在于由上诉法院作出的认定,内政大臣以个人身份构成蔑视法庭;而在于认定内政大臣以其公务身份构成蔑视法庭,而这一认定意义显然要远远超过前者,这才是该案的核心。

该案的重要性在于,它是法庭以蔑视法庭为由将政府的部长级官员归罪的案件。贵族院的判决进一步表明了这样的论点:任何人,即使是行政机关,都不能凌驾于法律之上。坦普尔曼在该案中的原话是:"那种认为没有任何权力可以通过强制令或者蔑视法庭等诉讼程序,对某一正在履行其公务职能的部长强制施行法律的说法一旦被法院所采纳,必将产

---

① Neil Parpworth, p. 39.
② Neil Parpworth, p. 39.
③ Neil Parpworth, p. 39.
④ Neil Parpworth, p. 39.

生行政方面遵守法律仅仅是一种姿态而非一种必要的结论,这将颠覆英国内战所打出来的成果。① 英文著作中的原文比译文更具有警示力:如果没有法律程序迫使行政主体必须遵循法律,则英国就得再来一场内战。

英国学者强调,国际国内的社会环境在变,有必要重述那些被普遍接受的价值以适应这些变化。政府活动领域的转变不应当成为其在新的领域实施的公共行为(如对公共设施的规制)可以摆脱法律的束缚而只受行政或者政治的控制的借口。相关问题是,对于公民基本权利与自由(如人身自由与表达自由等)的宪法性的保障(准确地说,应是这种保障的程度)是否能够或者是否应当扩展到经济与社会权利领域(例如就业与住房)。虽然对这些权利没有宪法性保护,个人仍然应当拥有(而且政府的许多活动领域已经拥有了)由强制力保障的获得公共福利(如教育与服务等)的权利。在这些领域中非常具体的立法久已存在,而且个人通常的确保自己权利的方式,是向已经设立的裁判所申诉(如果制定法规定了这种救济权利的话),或者在没有这种申诉的权利的场合求助于司法审查。因此,在移民控制领域,设立移民裁判官及受理对移民官员的决定提出的上诉的移民服务上诉裁判所,都是基于这些原则。将任何能够作出足以影响一个人的整个未来的决定的权力授予行政官员,而这些官员的决定却不可以上诉,这种做法是根本错误并且与法律的治理原则背道而驰的。以向裁判所上诉和提起司法审查的形式存在的法律保障,具有重要的现实意义,但并不能够完全满足为所涉及的权利提供宪法性保障的要求。② 显然,英国学者认为,仅仅设立以司法审查为最后防线的救济程序,这种保障还是不够的。此处又提到了宪法性的保障,而此处讨论的核心是,对于宪法性的保障是否应当及于经济及社会权利。从前面的论述看,公民的基本权利与政治自由是没有宪法(是指英国没有成文宪法)保障的,虽然有许多现实的做法保障这些权利与自由,但英国学者不免深以为忧虑。而此处提及的经济与社会权利更是如此,虽然在某些领域已经有大量的实际工作在做,但却根本没有任何宪法性的保障,英国学者对于这种保障状态的担心比前一类权利更甚。至于英国学者所说的宪法性保障的准确含义,主要还是一种成文法的宣告,即一部写着公民权利的成文立法。英国学者的期望值显然不在于纸面上的权利,而是不仅要有尽可能完善的

---

① Neil Parpworth, p. 39.
② Bradley & Ewing, p. 101.

基于传统的救济程序的保障,还要有明示的成文立法将那些值得保障的权利统统予以明确,从而强化保障的力度。

四、内政部装备警察案

1989 年的 R. v. Secretary of State for the Home Department ex p. Northumbria Police Authority 一案,是说明英国现当代公法仍留有广阔的空间吸纳既存的英王特权,以适应现代需要的一个著名案例。内政部通知各地的警察局长,可以到某一由国务大臣主管的中央库房领取塑胶警棍和催泪瓦斯。该通知还说,获得这些装备不需要经过警察管委会的批准。警察管委会要求审查这一通知的合法性。国务大臣声称这是根据 1964 年《警察法》第 41 条规定履行制定法赋予的主管中央库房的职责,也是行使维护治安的英王特权。警察管委会则声称,根据 1964 年《警察法》第 4 条第 4 款规定,警察管委会具有排他性的装备警察队伍的权力。①

地区巡回法院拒绝了警察管委会的申请。它认为,1964 年《警察法》第 4 条第 4 款并没有赋予警察管委会独占的提供装备的权力;虽然国务大臣无权根据 1964 年《警察法》第 41 条提供装备,但他基于英王特权拥有此项权力。上诉法院认定:1964 年《警察法》第 41 条确实授权国务大臣提供装备。即使 1964 年《警察法》第 41 条并未作这样的规定,1964 年《警察法》第 41 条及第 4 条第 4 款也均没有明确地、不容置疑地禁止运用英王所享有的采取一切必要措施以维护其治域内的和平的英王特权。既然采取一切必要措施以维护其治域内的和平的英王特权早在中世纪已存在,而且这一特权并没有通过经英王同意设立独立的警察队伍的方式明确地予以放弃②,法院据此认定英王依然享有这一特权,并以此作为其决定的重要根据。而这一判例本身就成为英国法接纳英王特权的重要先例之一。之所以要特别强调制定法并没有明确地排斥英王特权的使用,是因为英国现代的议会立法至上的基本原则。如果制定法对英王特权作了明确的限制,则英王特权的行使不得违反制定法的限制。

---

① Neil Parpworth, p. 48.
② Neil Parpworth, p. 48.

五、皮诺切特将军引渡案

皮诺切特将军(General Pinochet,前智利领导人)一案涉及对裁决者独立地位的影响稍微次要一点的司法偏私的认定:法官对某一特定案件的结果具有直接的个人利益。该案主审法官之一霍夫曼的特殊身份,引起了公众广泛的议论。霍夫曼是贵族院常任上诉贵族法官,是贵族院审判皮诺切特将军案的合议庭成员。但霍夫曼同时又是大赦国际的成员,而大赦国际又是该案的一方当事人。贵族院最终裁定,在霍夫曼法官参与下作出的判决不能成立——贵族院最终同意了一项并无先例的动议:将该案交贵族院的另一上诉委员会重新审理。① 贵族院指出,如果出于案件当事人本身过错以外的原因而使其遭受不公正的审判,贵族院有权重新审理该案。②

六、英缅石油公司赔偿案

1965 年的 *Burmah Oil v. Lord Advocate* 一案是英国现代法治史上令英国学者触目惊心、寝食难安、心有余悸的一个判例,因为该案的最终结果在违反法不溯及既往原则的同时,还实际上废除了一个最高级别的普通法院(贵族院)作出的判决。普通法原则和普通法院的权威同时受到了威胁,这令英国的司法界及学术界战栗不已。第二次世界大战期间,英国政府曾经下令破坏英缅石油公司拥有的某些石油设施,以免这些设施落入即将入侵的日本军队手中。该石油公司试图从政府那里获得赔偿,于是请求贵族院裁定已经发生的破坏石油设施的行为在多大程度上属于英王特权,以及是否应当作出赔偿。贵族院以 3:2 的多数认定,英王特权涉及对军队的支配权、发动战争的权力以及所有那些在战争进行过程中的紧急情势下所必需的权力;如此广泛的剩余权力对于在战时维持统治是必要的,因为议会在战时不可能及时地制定必要的立法;该石油公司有权因其石油设施被破坏而获得相应的赔偿。③

使该案注定成为英国公法史上的经典判例的事件随后发生了——该案的判决的效果随后被 1965 年《战争赔偿法》所废止。该法完全是为了

---

① Martin Partingtonp. 247.
② Elliott & Quinn, p. 8.
③ Neil Parpworth, p. 49.

兑现政府的承诺:在该案的审理过程中,政府宣布,如果政府在该案败诉,政府将废除普通法所确立的以英王的名义提起的就战争期间的损害赔偿及财产破坏获得赔偿的权利。由于该法具有溯及既往的效力,英缅石油公司未能获得赔偿。这一插曲生动地说明了某一不合时宜的司法判决将会多么容易地被立法至上的议会所颠覆。①

七、玫瑰剧院文物保护案

在1990年的 R. v. Secretary of State for the Environment, ex p. Rose Theatre Trust 一案中,申请人是玫瑰剧院信托公司,该公司设立的目的就是为了挽救玫瑰剧院,但法院认定该公司不具有挑战国务大臣拒绝将该剧院列入历史建筑名录的行为的原告主体资格。②

八、无线电视收视许可收费案

在1976年的 Congreve v. Home Office 一案中,内政部发布通告:自1976年4月1日起,无线电视收视许可费将从12英镑增至18英镑。原告及其他几千人以老价格提前换领了新许可证,尽管他们的旧证在4月1日以后才会到期。内政部遂给这些拥有重叠许可证的人写信,要求他们补交6英镑,否则就吊销其证。③ 后来,内政部改变了立场:8个月后吊销许可证。原告拒绝交6英镑,并向法院申请宣告吊销许可证的命令违法的宣告令。④

高等法院拒绝颁发宣告令。原告上诉至上诉法院。上诉法院认定:内政大臣无权吊销该合法取得的许可证,除非该许可证的申领过程中存在过错,如付款支票被银行退回。就该案的情况而言,吊销许可证将构成滥用议会授予的权力。同时,要求补交6英镑也是非法的,因为这是一种企图在议会未授权的情况下征收赋税的行为。⑤

这个案子涉及英国行政许可、行政收费、税务行政、权利本位、信赖保护、自由裁量权等诸多领域,在英国行政法著作中反复出现,主要原因就在于该案在上述各个领域中都直观地反映了相关的法律原则。从行政许

---

① Neil Parpworth, p. 49.
② Bridges & Cragg, p. 106.
③ Neil Parpworth, p. 297.
④ Neil Parpworth, pp. 297-298.
⑤ Neil Parpworth, p. 298.

可的角度分析,该案确立的原则是,行政许可的调整不能溯及既往。事实上,该案发生前公布的无线电视收视许可费调价方案是不溯及既往的,即在调价决定生效后,原来的电视收视许可证继续有效,直到其有效期届满需要换发新证时,才适用新的费率。内政部的决定的违法之处在于,法律并没有禁止公民在无线电视收视许可证有效期届满前提前换证,也没有授权内政部对于提前换证者不予办证,而且事实上内政部已经为这些提前办证者换发了许可证。于是出现的法律问题是,在法律不禁止公民、也没有授权行政主体的灰色区间,应当以公共权力还是以公民权利为本位。对此,英国法院旗帜鲜明地选择了公民权利本位,即公民实施法律所没有禁止的行为的利益受法律保护;而公共管理机构行使法律没有明确授予的权力违法。当然,该案主审法官对内政部还是比较客气的:并未认定内政部没有管辖权,而是认定其有自由裁量权,但同时又认定该自由裁量权的行使违法。结果虽然一样,但法理上却还是有区别的,即在权利本位的实现道路上,如果存在行政自由裁量权,则自由裁量权的行使以不侵犯权利的既存状态为前提,于是这个问题又转到了信赖保护原则上。这样转来转去的结果恰恰说明,这个案子确实能够说明太多的问题,于是其判例价值在英国行政法论著及实务中反复出现。

九、冒名竞选案

这个判例本身没有太多法学的内容,但在语言学上却别有韵味。该案中法院当仁不让地对该案涉及的文字识别问题进行了判断,而没有英国人会怀疑法院的判决。其采用的法律技术就是司法认知,如法官应当知道什么叫下雨、什么叫阴天、什么叫机动车、谁是消费者,不需要"有关"部门、"有关专家"(实际上是有关部门的专家)鉴定。

1994 年的 *Sanders and Younger-Ross v. Chichester and Palmer* 一案,涉及在一次欧洲议会选举中,某候选人将自己描述为一名"白民党人"(Literal Democrat)①,于是就有人提起了选举诉讼。因为在这次选举中自民党(Liberal Democrat)候选人仅以微弱选票之差排在该"白民党"候选人之后居第二位。② 由于一个欧洲议员选区只能选举产生一名议员,

---

① "Literal Democrat"笔者译为"白民党人",英国并没有这样的一个党,但有自由民主党(Liberal Democrat)。该案就是涉及在英文中以 Literal 混淆 Liberal。
② Andrew Arden, p. 303.

因此,该涉嫌以"白民党"冒充自民党的候选人即获得了该选区选举的胜利。一旦其描述被定义为误导性的,其提名书就是违法的,其选举获胜的结果就会被取消,自民党的候选人就有可能取而代之。这正是该案的诉讼动机所在。

法院认定,监选官只能以候选人在提名书中提供的内容违反法律的规定为由,认定提名书违法。某一描述显然是一种干扰战略,尚不足以认定其"不符合法律的要求"。监选官没有义务也没有权力审查提名书字面以外的内容。[①] 即监选官对提名书的审查,限于表面审查,正如在该案中法院所认定的。该案受英国法对于文字混淆的理解的影响,即只要有一个字母不一样,就不足以构成"误导",而这就对法律上所谓的"正常"的人判断能力或者辨别真伪的能力提出了较高的要求,可能要高于汉语对足以引起"误导"的理解。类似的认识不仅可以用于商标、著作权案件的审判,即使在欺诈案的审判中也有一定的参考价值。

十、工党歧视男性案

1996 年的 *Jepson v. Labour Party* 一案中,工党为了增加本党妇女议员的数量,在推荐本党参加大选的候选人时,某些选区采取全女性候选人推荐名单。法院认定,这种做法违反 1975 年《反性别歧视法》。[②]

十一、同性婚姻继承案[③]

2000 年的 *Fitzpatrick v. Sterling Housing Association Ltd.* 一案是英国发生的一个非常具有时代意义的案件。该案由行政救助引发,但焦点问题不在于此,而在于对跨世纪的英国婚姻、家庭关系及法律观念的开创性宣告。

该案的主角是一位同性恋男子菲茨帕特里克(Fitzpatrick)先生,他已经与他的伙伴汤普森(Thompson)先生共同生活了 18 年。在这 18 年间,菲茨帕特里克先生一直照料在一次事故中受到不可逆转的脑损伤而处于严重昏迷状态的汤普森先生。汤普森先生是他们共同生活的公寓的承租人。在汤普森于 1994 年去世后,菲茨帕特里克先生申请续租并享受

---

① Andrew Arden, p. 303.
② Bradley & Ewing, p. 155.
③ Elliott & Quinn, pp. 16-17.

1977年《房屋租赁法》规定的某些保障。该法规定,如果法定的承租人死亡,则租赁可以由其配偶、与原房客如夫或者妻般同居者或者与原房客同住的某一家庭成员继续。但作为房主的负责提供廉租房的地方政府机关拒绝了这一请求。

该案引发的问题是,基于菲茨帕特里克先生与汤普森先生的亲密与相爱的关系,他是否后者的家庭成员。

上诉法院的判词堪称经典:如果忍耐(endurance)、稳定(stability)、相互依赖(interdependence)和献身(devotion)是家庭成员关系的基石,则性伙伴关系毫无疑问构成了一个家庭。

该法院同时指出,对于稳定的同性恋关系的歧视已经落后于现代社会的价值观念。也就是说,不应当将这种歧视观念运用于指导立法及法律的解释。但是法官们同时也认识到,对于法定租赁的继承的法律是深深植根于家庭是建立在婚姻及血亲关系的基础之上的,而且这一原则仅在异性伙伴同居而被视为结婚这一点上有所松动。于是,法院得出结论,通过解释家庭这个词而将同性伙伴关系包括在其中显然是错误的;三位法官一致同意法律在此应当有所转变以反映现代的价值观念,但是这种改变应当由议会实施。也就是说,法院最终的结论是法院不应当改变现有的建立在异性关系基础上的法律制度,但同时指出现行的法律应当修改以适应现代的社会价值观念,但这应当是议会的事而不是法院的事。由于在类似这样的有争议的法律与道德交叉的前沿问题上,议会也不愿意冒这样的风险,于是法律将维护传统不变。

但是,贵族院推翻了上诉法院的判决,认为上诉人不能被视为逝去的承租人的配偶;但同时指出,就法律而言,同性伙伴能够建立起该案所需要的必要的家庭关系。因此,两法院的判决殊途同归。

主题词索引

A

案卷表面错误 137—138,213—214

B

保释 123
抱怨链 006—008
被告承诺与和解 439—440
比例原则 230—233,241—242
不良行政 025—027,038—047
不正当目的 227—228
不作为的赔偿责任 466—470

C

裁判所 002—006,010,016—019,211—213,293—294
裁判所复议 010,017—018
层级复议 010,016—017
撤销并径行变更 435—439
撤销并责令重作 434—435
撤销令 091—095
程序失当 221—223,233
程序越权 233—237
出庭律师 295—304,380—406

D

大臣蔑视法庭案 514—517
低级法院 294,306—308
地方政府行政监察专员的救济 112
地方政府行政监察专员的调查程序 038—040
地方政府机关 039—043,281—283,294
对公法人行为的司法救济 215—218
对规范性文件的司法救济 145—170,171—172
对国家行为的司法救济 201—206
对排斥司法审查的制定法的反制 189—201
对委任立法的司法审查 138,144,145—170
对议会立法的司法审查 185—189
对英王特权的司法救济 206—209
对自由裁量权的司法救济 209—215
调卷令 091—095

E

恶意 228—229,465—466,475—476

F

法官独立于议会 140—143
法官造法 143,174
法律服务技巧 297—299
法律文书的送达 336—337
法律援助 114—115,286—287,299—304,341—344,396—399,406—407,492—495
法院对执行的监督 430
反对偏私的规则 248—251

非法性 223—224
非理性 223,229—230

G

高等法院 056—059,104—109,305—308
告发人 071—072,287—289
告发人之诉 071—072,082,288—289
个人独立诉讼 302
工党歧视男性案 521
公开的利弊 345—347
公平听审权 246—248
公益诉讼 071—072,283—289
公正行事的要求 176—177
公正实现的标准 177—178

H

合法性期待 222—223,242—246,375—376
合适的代理人 337—339
和解结案 414—416,510
和解令备忘录 510—511
候审案件清单 364—365,416—418

J

间接挑战 070—071
监督权与上诉管辖权 173—174
交叉询问 262,409—413
禁止侵扰 433—434
救济的分类 003—006,061,315
救济的强制执行 430—431
举证义务 259—261
举证责任 260—264
拒绝披露文件信息 258
具有公心的人 280—281

L

立案阶段的司法裁量权 310—311
立法授权 135,470—472
临时性救济 115—123
临时性强制令 081—083,116—118,120—123
临时性宣告令 120—121
履行制定法规定职能的机构 292
律师代理 295—304

M

冒名竞选案 520—521
玫瑰剧院文物保护案 285,519
免责事由 470—472
蔑视法庭 431—434,477—492,514—517
蔑视法庭的本质 477—478
蔑视法庭的表现 480—484
蔑视法庭的治罪 489—492
蔑视法庭罪的功能 478—480
蔑视法庭罪的抗辩事由 486
蔑视法庭罪的审理程序 488—489
蔑视法庭罪的适用范围 484—486
民事诉讼程序的上诉 426—428
民事诉讼的救济 065—070
默示条款 132,134—137

N

内部监察官员的救济 112
内部监察官员的调查程序 040—043
内政部装备警察案 517

P

判决 087—091,424—442,
赔偿令 058—060,102—103

赔偿与司法审查 103,473—476
赔偿责任保险 476
皮诺切特将军引渡案 518

Q

强制令 081—086,121—123
侵犯《欧洲人权公约》规定的权利 225—226
穷尽替代性救济 113—115,343—344
确定司法审查的范围的基本理念 171,180—185

R

人身保护状 077—081,110,321

S

上诉 072—077,112,173—174,425—430
上诉的标的 425—426
上诉人的范围 426
申请人的处境 339
申请人资格 086,268—269
申请许可的期限 367—378
审理保障 425
审理机关的层级 305
审理机关及其裁量权 304—313
实体裁决的司法裁量权 311—313
事实上的错误 224—225
事实上履行法定职能的机构 292—294
受委屈者 092,199—200,274—275
受影响的个人 278—279
授予许可的标准 366—367
疏忽责任 458—466
司法（对委任立法的）控制 049,053,165—170
司法裁量权的自我克制 172—173

司法公正 174—178,479,485—487
司法观与公正观 178
司法建议书 091,441—442
司法径行变更权 435—439
司法救济 001—009,048—124,171—172,200—219,305—335,432—442,477—492
司法救济的裁量性 309—310
司法救济的多样性 056—057,261
司法救济的功能定位 055—056
司法救济的基本类型 064—109
司法救济的兼容性 321—322
司法救济的竞争性 322—323
司法救济的排异性 323—335
司法救济的判决形式 432—442
司法救济的谱系 061—064
司法救济的审理依据 308—309
司法救济的实效性 053—054
司法救济形式 432—433
司法判决的特点 442
司法权及其自我克制 170—174
司法审查 001—522
司法审查（司法救济）的范围 052—053,179—218
司法审查程序 058—061,314—431
司法审查的被告 289—295
司法审查的成本因素 493
司法审查的费用 492—495
司法审查的根据 054—055,218—252
司法审查的理论基础 054—055,219
司法审查的判决 424—425,427
司法审查的申请人 276—289
司法审查的证据规则 252—265
司法审查的准备阶段 320,337—361
司法审查基础 179—265
司法审查目标 339—341

司法审查期限　113,339
司法审查请求事项　348—352
司法审查申请能力　266—268
司法审查许可申请程序　361—398
司法审查许可申请书　218—219,378—381,408—411
司法审查原理　124—178
司法审查主体　266—313
送达诉讼文书　418—419
诉前答复书　353,359—360
诉前良好行为规范　352—353,359,378
诉前调查表　357—359
诉前通牒　353—357,359—360
诉愿　009—013,111—115
诉状律师　286—287,295—304

T

特权令状　049—053,063,077—103
替代救济手段　343—344
替代性救济　110—116,322—324,343—344
听审的动议　401—402,504—506
同性婚姻继承案　521—522

W

王权诉讼　067,443—476
违宪审查制度　138—145,185
违约赔偿责任　472—473
委任立法程序　152—162
委任立法监督　145—170
委任立法权限　147—152
温斯伯里案　220—221,228,511
无线电视收视许可收费案　519—520

X

行政复议　002—006,009—020,112
行政监察专员　003—009,021—047,112
行政监察专员的独立性　030—031
行政救济　001—047
行政救济与行政监督　008—009
行政赔偿　328,441,443—476
行政赔偿程序　444,473
行政赔偿的理念　447—453
行政赔偿的责任形式　453—454
行政诉讼　048—065,306—308,338
行政诉愿的救济　112
相关性考虑　226—227
相关性原则　226—227
向部长上诉　019—020,112—113
信托义务　227
刑事诉讼程序的上诉　428—430
刑事诉讼的救济　064,070
刑事证据规则　264
刑事追诉　434
许可申请的救济　395—398
许可申请的审理　385,388,392—395
许可申请阶段的费用　494—495
宣告(性)判决　087—090,439
宣告令　087—090,118—121
宣誓证言　258—261,380—384,502—510
选举诉讼　103—110,143
训令　058—064,081—084,097—102

Y

严格责任规则　486—488
议行合一　018—019,040,143
议会(对委任立法)的控制　148—149,163—165
议会行政监察专员　003—004,021—047,112
议会行政监察专员的管辖权　033—034

议会行政监察专员的救济 112
议会行政监察专员的调查程序 034—038
议会行政监察专员的执行权 043
议会行政监察专员的职能 031—033
议会监督 018—019,153,164
议会立法否决法院判例 144—145
英缅石油公司赔偿案 518—519
英王赔偿责任 454—458
友情参加人 013,302—304
原告资格 092—093,266—276
原告资格的主观标准 274—275
原级行政复议 010—016,112
越权无效原则 124—138
越权无效原则的应用范围 129—131
越权无效原则的应用技巧 131—134

Z

责令履行法定职责 119,439
征询 259,411—413

正式听审 314—315,408—410,416—425
正式听审后的费用 495
证据披露 318,410—414
政府通信指挥部案 209,220—221,511—514
政府责任形式 432—433
支付赔偿金 026,440—441,446
执行 118—120,425—431
制定法设立的机构 291—292
中止执行 118—120
主审法庭 421—422
专门法院 305
准行政复议 009—010
咨询利害关系人 162—163
咨询上级法院 335—336
自然公正 095—096,132—135,174—178,233—242
足够的利益 269—275,280,286
阻止令 081—084,095—096,318—319

引注缩略语表(参考书目)

- **Alex Carroll**

Alex Carroll, *Constitutional and Administrative Law*, Longman(an imprint of Pearson Education) 2002, 2nd Edition.

- **Andrew Arden**

Andrew Arden, *Local Government Constitutional and Administrative Law*, Sweet & Maxwell 1999.

- **Anthony Seldon**

Anthony Seldon(Edited by), *The Blair Effect: The Blair Government 1997-2001*, Little, Brown and Company 2001.

- **Bradley & Ewing**

A. W. Bradley, K. D. Ewing, *Constitutional and Administrative Law*, Longman (an imprint of Pearson Education) 2003, 13th Edition.

- **Bradley & Ewing 2015**

A. W. Bradley, K. D. Ewing, and C. J. S. Knight, *Constitutional and Administrative Law*, Longman (an imprint of Pearson Education) 2015, 16th Edition.

- **Bridges & Cragg**

Lee Bridges, Stephen Cragg, Gerald Hyland, Beverley Lang, Thomas Mullen, and Richard Poynter(authors), Richard Poynter(general editor), *The Applicant's Guide to Judicial Review*, Sweet & Maxwell 1995.

- **Carol Harlow & Richard Rawlings**

Carol Harlow, Richard Rawlings, *Law and Administration*, Butterworths 1997, 2nd Edition.

- **Colin Turpin**

Colin Turpin, *British Government and the Constitution: Text, Case and Materials*, Butterworths 1999, 4th Edition.

- **Diane Longley & Rhoda James**

Diane Longley, Rhoda James, *Administrative Justice: Central Issues in UK and European Administrative Law*, Cavendish Publishing Limited 1999.

- **Elliott & Quinn**

Catherine Elliott, Frances Quinn, *English Legal System*, Longman 2002, 4th Edition.

- **Denis Keenan**

Denis Keenan, *Smith & Keenan's English Law*, Longman 2001, 13th Edition.

- **John Alder**

John Alder, *General Principles of Constitutional and Administrative Law*, Palgrave Macmillan 2002, 4th Edition.

- **John Hopkins**

John Hopkins, *Devolution in Context: Regional, Federal & Devolved Government in the Member States of the European* Union, Cavendish Publishing Limited 2002.

- **Lin Feng**

Lin Feng, *Administrative Law Procedures and Remedies in China*, Sweet & Maxwell 1996.

- **Martin Partington**

Martin Partington, *An Introduction to the English Legal System*, Oxford University Press 2003, 2nd Edition.

- **Michael Zander**

Michael Zander, *Cases and Materials on the English Legal System*, Butterworths 1996, 7th Edition.

- **Neil Parpworth**

Neil Parpworth, *Constitutional and Administrative Law*, Butterworths 2002, 2nd Edition.

- **P. P. Craig**

P. P. Craig, *Administrative Law*, Sweet & Maxwell 1999, 4th Edition.

- **Penny Darbyshire**

Penny Darbyshire, *Eddey & Darbyshire on the English Legal System*, Sweet & Maxwell 2001, 7th Edition.

- **Peter Leyland & Terry Woods**

Peter Leyland & Terry Woods, *Textbook on Administrative Law*, Blackstone Press Limited 1999, 3th Edition.

- **Phillips & Jackson**

O. Hood Phillips, Paul Jackson, *Constitutional and Administrative Law*, Sweet & Maxwell 2001, 8th Edition.

- **Rodney Brazier**

Rodney Brazier, *Constitutional Practice*, Oxford 1999, 3th Edition.

- **Wade & Forsyth**

William Wade & Christopher Forsyth, *Administrative Law*, Oxford University Press 2000, 8th Edition.

- **Wade & Forsyth 2014**

William Wade, Christopher Forsyth, *Administrative Law*, Oxford University Press 2014, 11th Edition.

- **Woolf & Jowell**

Woolf, Jeffrey Jowell, *Principles of Judicial Review*, Sweet & Maxwell 1999.

后记

我与英国法治的缘份，始于 2002 年的那次人权奖学金访学。该项目是早年间在中国政府前总理朱镕基与英国政府前总理布莱尔的共同推动下设立的，前后为期十年，每年由司法部代表中国政府选派十名年轻公务员、学者、律师等，赴英国诺丁汉大学人权法研究中心学习、研究人权法，我是第六批赴英学习的人员之一。该项目要求雅思成绩 7.0 分以上，因学习时间短，只有一个学期，故没有学位，报名的人并不多。当时，我刚刚考公进了当时的国务院法制办，就很幸运地分配到一个名额。但准备考试的时间只有 35 天。于是我开始没日没夜地复习，以至于累得眼睛出血，眼中至今仍在的"飞蚊"，就是那时候落下的后遗症。虽然考完博士后学业已经荒废了五年，但老底子还在，顺利地达到了及格线。

我们是 2002 年 9 月下旬到达英国，当年圣诞节前离开的。在这三个月的时间里，我最重要的工作，就是搜集当时能够找得到的各种英国宪法、行政法、法律体制方面的书籍。市面上能够买到的，基本上都是比较旧的版本，但比较便宜；最新出版的，只能从图书馆借出来，自己去复印。由于版权保护，复印店每次只允许复印两章，于是我就每次拿好几本书去复印，有一次甚至把他们的复印机都烧坏了。2002 年圣诞节我们从英国回国时，我扔掉了除穿在身上的衣服以外的所有行李，行李箱中只有这些图书和复印资料，总计 34 本，重 39 公斤。

除了搜集资料，我还争取到一次拜会英国行政法学泰斗韦德爵士的机会。因为他是英国的名流，是英王的顾问、英国的勋爵，见他是需要预约的。好在我们这个访学项目的英方牵头人哈瑞斯爵士也是一位英王顾问，当时英国公法学界仅有三位英王顾问。哈瑞斯爵士很高兴地给我写了个便签，提前与韦德爵士联系，安排好了我去见韦德爵士的事宜。

2002 年 11 月 29 日下午，我到了牛津大学法学院的女王图书馆，给门卫看过那张便签后，她就带我进了图书馆的书库，穿过一排排的书架，上了二楼,在一间相对封闭的向阳的小房间里,见到了群书环抱中的韦德爵士。我们大致谈了他的《行政法》在中国的翻译、出版情况,我特别介绍说,中译本删除了其中有关组织法部分的内容,他说这是一个遗憾,因为这曾经是英国行政法中非常重要的内容,特别是有关地方组织法那部分。随后我就谈到王名扬先生出版的《英国行政法》的主要内容及写作方法,并提到了我想写《英国行政法》的续篇的想法。交谈了一会儿,韦德爵士问我:你的英语是在哪里学的?我不无自豪地说是在中国学的,他并非完全出于礼貌地称赞了一番,随即作为进一步的奖赏,主动提出要带我去见《行政法》的第二作者福赛。于是我手里的英文版《行政法》这本书上,就同时有了他们二人的签名。韦德爵士特别强调,有这样签名的书,在英国也绝无仅有。我相信他老人家并不是开玩笑。当时,我还邀请他来中国访问,韦德爵士愉快地答应了。可惜这事儿后来就没有了下文,因为那一年他已经快90岁了,几年后,他就去世了。

2003年11月末的一个夜晚,在丽江四方街正对着溪流的一条长椅上,刘莘老师坐在我和郑全红之间,我们漫无目的地聊天。天空中飘着雨丝,不远处已是灯火阑珊,空气中弥漫着深沉、悠扬的乐曲,大家都没有回去的意思。不知怎么的,就聊到了我的写作计划。那时,我编著的《英国行政法》(中国政法大学出版社2004年版)刚杀青,本书的写作已在酝酿之中,最初计划是分为八卷本:《英国公法基础》《英国宪法》《英国司法体制》《英国行政管理体制》《英国行政法》《英国部门行政法》《英国行政诉讼法》以及作为收尾的《英国之治》。

2004年7月,《英国行政法》出版,拿到样书的当晚,我就去了王老(王名扬)家。王老仍坐在我和吕丽秋八年前上课时用的折叠饭桌前,非常认真地翻看《英国行政法》,先看了目录,用手指指着,一行一行地非常迅速地看完了十几页的目录,其阅读速度完全不像一位耄耋老人;接着又翻到后记,问了一下我父母的情况后,对我说:"他们准备把我的那几本书重版,分别叫《王名扬论英国行政法》《王名扬论美国行政法》《王名扬论法国行政法》,现在正在找人准备修订一下,说是国内找不到合适的人,准备去国外找,我看他们不用找了。"言外之意,我就是合适的人选。我当时一时失语,没有回应。王老的三本书后来都再版了,但都没有实质性的更新,王老当初的宏愿最终未能实现,但王老的话我始终记着,时常懊悔当初的失语。

在飞速发展的信息时代,三年是不短的时间,能够在三年里集中精力做一件事,委实需要相当的决心和毅力。本书对于我而言,当然是件大事,或许还会对我国宪法、行政法乃至公法界有所影响。设身处地地想,在此之前,对英国法制的了解,基本上是远观、遥望;如今则可以说是已初窥门径。对于英国的法制,我们早先的认识只能说是"望闻",如今需要的则是更精准的"问切",在此基础上还需要进一步系统地就其局部进行剖析。这样,我们对于英国模式的运行机理的了解,就会超越传统的"望闻问切式"的诊断手法,达到解剖学、细胞学直至分子生物学的水平。到了那时,我们才能够比较有把握地进行"外科手术式"甚至"显微外科手术式"的制度移植,而不再停留在"要孩子还是要洗澡水"之类的工业化初期的标准的争论上。

2005年10月12日,本书初稿大功告成。当我拖着装满了整整一个行李箱的稿子,来到应松年老师当时在国家行政学院的办公室时,把他老人家吓了一跳。

初稿封笔前夕,我在文津街9号的办公室里掩卷沉思,觉得本书最准确的定位是对英国法治运行机理系统探究的结果。我对本书所讨论的内容的篇幅的取舍主要取决于两个因素:一是重要性,二是在英文著作中所占的篇幅。其中,重要性是我从我国行政法角度所作的个人判断,而在英文著作中所占的篇幅显然是英国公法著作中对某一问题论述的规模及作者对相关内容重要性的把握。当然,实际篇幅我没有作严格的统计,很有可能因为我对某些内容比较重视或者视为中国行政法的重点、难点,而给予畸重的关注,影响了本书中内容的均衡。

2005年10月28日,我又来到王老位于惠新里的老房子里。他老人家已经卧床不起,但看见我还是很高兴。我把本书的目录拿给王老看,给他介绍本书的主要内容。他虽然看起来很吃力,但依然非常认真地翻着目录并听着我的介绍,随后非常缓慢地一字一句地说:这部书继承了一个很好的传统,开创了一个很好的体例,体系相当完整。祝你学业有成。我把王老的话记在一张纸上(因为匆忙还写错了好几个字),随后请他在上面签了名。这就是本书文前王老的签名的由来,这也是他留在世间最后的签名。不久,他就与世长辞了。但他签完名后慈祥地望着我的目光,却永远刻在我的脑海里:这目光中似乎有他对我替他完成了他的部分未竟的事业的肯定和谢意。当我再次见到他老人家时,已是八宝山的告别厅里了。我伏地跪拜,他最后望着我的目光,浮现在眼前。

时光飞逝,一晃就到了十年后的2015年。在那十年间,英国公法领域发生了许多世界瞩目的大事,有一点需要特别提醒读者:切不可对本书没有长篇累牍地跟踪介绍英国宪法、行政法领域的最新发展而苛求进而失望,更不要因此而忽视了对作为英国公法根基的基本原则、基本理念的揣摩和把握。因为本书的目的,就是探寻英国公法的现行体制及其不断衍生出来的最新成果的机理,并希望通过这一系统、全面、彻底的分析和介绍,让中国学者掌握法律理念、原则、概念等自我创新的方法和门径。

综括而言,英国公法2005年到2015年的进展,突出表现为如下七个方面:一是与欧盟法的整合;二是融入欧洲人权法体系;三是效仿欧美国家的通例完善司法体制的顶层设计;四是加大依法打击恐怖主义的力度;五是沿着统一增效的目标改革行政裁判所体制;六是不断拓展信息公开(信息自由)的实践领域;七是继续探索权力下放。这七个方面的进展,几乎都与英国法与欧洲法的整合有关,但在这令英国人为难的进程中,他们继续着他们的祖先曾经遭遇的尴尬:在无法抗拒的担心被欧洲孤立起来的恐惧中,艰难地保护着自己的独立。由此产生的一个搞笑的结果是,在对外关系方面,当包括苏格兰在内的大英联合王国的民众激烈地争论着是加入欧元区以更深入地融入欧洲,还是退出欧盟独善其身的时候,在其内部,苏格兰人却在盘算着是不是该脱离这个联合王国,而退回到其1706年以前的独立状态。

这些英国当代政治、社会领域的热点问题,无一不是英国公法领域最基本、最主要的传统议题。正是考虑到这一点,本书没有集中讨论,而是将其放在更为宏观、历史更为久远的英国公法体系中予以系统分析,重点是分析其历史渊源、脉络及不断改革创新的根源。这是我认为研究英国公法最有价值、最值得借鉴的方法论价值所在。

自2015年至今,弹指一挥间又将近十年,我的办公室六易其处,所在工作部门也一调再调,连工作单位也被合并、更名;但更为重大的历史背景是,中国法治在此期间驶入了快车道,迎来了进行时。在此期间,成文法意义上的英国的法制有变化,但是不大;体制、机制层面的英国之治更多的是原地固守,有些领域甚至大踏步倒退,如外部完成脱欧、内部寻求独立。

就万变不离其宗的英国法治的本体而言,已故著名英国学者韦德爵士对法治原则在英国宪政领域的地位的如下概括堪称经典:英国宪法是建立在法治原则基础之上的,而行政法显然是该原则最能动地运作的领域。

例如，我国对于欧盟法（EU Law）的研究，要远远超过对欧共体法（EC Law）的研究，其中一个重要原因是，我们真正向欧洲开放的过程恰恰赶上了欧盟法形成的过程。但是在英国学者看来，欧共体（European Communities）就是现在的欧盟（European Union），相应的，欧共体法就是现在的欧盟法。事实上，二者的关系，正如英国近千年法律传统中不同朝代、不同政党执政时期的法制一样，是一脉相承、不断完善的，而绝没有割裂感，甚至没有断代感，二者几乎是无缝衔接的。这突出表现在，二者都是由设在卢森堡的欧洲法院、自1957年《罗马公约》直至2009年《里斯本条约》的诸条约以及共同体职能部门的立法构建的。

再如引起广泛关注、本书也多有介绍的宪政体制改革。我仔细甄别发现，英国在这方面的"巨大"变化，更多的只是些徒具宪政新闻学价值的事件。对于形成英国公法重要分支的宪法、行政法学领域而言，2005年《宪政改革法》只不过是自1215年至2014年以来连续800年间产生的至少415部法律文献中的一部而已。许多国人之所以如此关注所谓最新进展，恰恰可能是中了某个英国人的"魔咒"：每个时代的人都有一种身处历史转折时期的错觉。

英国在此十年间发生了王权承继（2022年）、英国脱欧（2016—2020年）两件大事。但更为重要的是，英国国际地位的日益衰退，英国正以肉眼可见的速度，从一个"日不落帝国"迅速地衰落为一个孤立的地区性中等国家，其当年的政治野心、法律雄心，都随着实力的衰落而日益被边缘化了。

但千万不要被英国学者对英国法变革的喟叹所迷惑，就像不要轻信英国传统绅士对英国天气的抱怨一样：在英国人的骨子里，变革永远只不过是传统大树上每年萌发的新芽而已。对于一个现行有效的成文法源自1215年、判例渊源更为久远的英美法系的源泉之国而言，二十多年的历史变革，不可能改变英国法传统的根本，也正因为如此，英国学者更强调对英国法原理与原则的分析的重要性。

不管"窗外"如何变幻，本书的修订、校对工作始终在时断时续中坚持不辍。本书在成稿后的近二十年间，经过了两次大的增订、更新，无数次的修订、完善，最终形成目前的四卷本、七编的体系，其工作之艰辛、烦琐，非经过撰写这种大部头著作的考验的人是难以想象的。

写到最后，我要郑重地感谢北京大学出版社的蒋浩先生、陈康女士为本书出版付出的努力;感谢促成本书付梓的各位老师、领导、同事、亲人、朋友,由于难以平衡、不便张扬、避免扫兴等各方面的原因,在此不一一列出他们的名字,但他们的指导、关心、体贴和慰藉,对于我来说,是独处京华繁华之所依然能够专心于本书旷日持久的码字工作最直接的动力和养分,感恩有你们!

张越

2024年10月8日

编后记

我与这本书的缘分始于 2008 年的一个仲夏夜。

当时正值北京奥运会前夕，整座城市洋溢着澎湃激情与无限活力。在后海的一条小船上，我静静地听着作者和出版策划人聊天。水面上霓虹闪烁，四周嘈杂喧闹，他们都聊了些什么，已经记不清了，只记得最后碰杯之际，作者满怀希望地说：务必 08！希望本书能在 2008 年出版。

当时，我从事的是图书销售工作，对于这件事，我是个局外人，只是参与了作者和出版策划人的一次聚谈，还没有意识到这本书日后会与我有什么样的奇妙缘分，更不会想到我会成为这本书的责任编辑。

直到 2017 年，我已经是做了七年编辑工作的"老编辑"了，本书的策划人已退出了出版行业，才把这部书稿交到我手上。那时我才知道，2005 年作者就已完成了本书的初稿，策划编辑在审读了初稿后，建议作者对书稿的体例及部分内容进行调整，将最初的八卷本改为现在的四卷本，作者接受了建议，对书稿内容重新进行了调整、梳理。之后又因为各种各样的原因，直到 2017 年才在北京大学出版社立项通过，也正式开启了我与这本书同生共长的一段漫漫旅程。自此，我像是领养了一个朋友的孩子，盼着他（她）"快快长大"，又恐"照顾不周"（有编校错误），"自受命以来，夙夜忧叹，恐托付不效"。

"文章合为时而著。"关于本书的写作目的、写作思路、内容及写作方法，作者在前言中已详细阐明，故不赘言。仅撷取与作者十余年的交往中让我感佩至深、敬服之至的二三片断，以期读者了解这本书背后的故事，对作者有一个全面的了解。

选题立项后，我便开始着手本书的编辑工作。然而一部二千多页的大部头作品的编校工作绝非易事，其耗时费力程度可想而知。其间，因部门出版计划调整，几次被迫中断，编辑工作时断时续，然而，令我感动的是，作者对这种"计划赶不上变化"的编校节奏总是给予充分的理解和宽容，从来没有抱怨过。因为本书内容专业性较强，而我专业知识有限，对有些内容判断不准,又找不到权威、确切的判断依据,只能存疑,提出一些在专业人士看来或许很幼稚的问题,但作者从来没有因我不揣冒昧而心生不悦,总是耐心、仔细地给我说明之所以那样写的缘由;对编辑修改的地方,逐字逐句审阅,对同意修改的地方,甚至还会在旁边批注赞语"完全赞同""改得很好""这样一改表达更准确、清晰了"……他的谦逊和对我的诚挚鼓励,给了我如沐春风般的温暖与力量,让我备受鼓舞,职业荣誉感也油然而生。

记得有一次,我编辑完一卷后要退回作者处理问题,当时作者在外地,本来计划两天后返京,接到我要给他送稿子的电话后,他竟然连夜赶回北京,因买不到直达的火车票,倒了两三次车,一夜没有睡觉,下火车就直接到我办公室来取书稿,立即投入新一轮的修改工作中。每次修改完,作者都要亲自将书稿送到我手上,拎着一大摞沉甸甸的书稿,从西城或朝阳送到海淀或昌平,从不嫌麻烦,如虔诚的信徒捧着圣物般小心翼翼。我从一次次的交接书稿中,体会到作者的专注和审慎从事的态度,更深切地感受到责任的重大,如同接过了一份传承文化与思想的神圣使命,不敢有丝毫懈怠。

特别值得一提的是,作为一名实务工作者,作者长期在中央国家机关工作,事务繁多,还能趁业余时间写出如此工程浩大的著作,其刻苦、敬业、执着的态度可想而知!为了更好地完善书稿,他还专门认真学习出版编辑规范、通读《现代汉语词典》,总结多年来文字打磨的经验,出版了《公文写作基础知识与错误辨识》《公文写作错误根除与技巧提升》两本书,其用心之专、对文字的敬畏可见一斑!

"文章千古事,得失寸心知。"在近二十年的时间里,作者赓续王名扬先生开创的比较法研究方法,遍阅英国宪法、行政法等英国公法著作三十余部及部分著作的多个版本,对之进行全面解构,博采众家之长,再将其本土化,并结合我国的法律体系,用我们的语言体系细致入微地全面介绍英国公法,这远比翻译一本外文著作要困难得多。然而作者不辞辛劳,精研覃思,从一开始的章节体例调整到后来因为新的法律议案的通过、英国脱欧等而对相关内容进行更新调整,对书稿不断地进行优化、更新、完善,细碎而烦琐。为做到书中专业名词、法律法规名称、机构名称、官职名称等全书统一,作者做了一个二十八页的《勘误表》,将在审读过程中发现的问题整理出来,然后一项一项、一遍一遍逐卷检索,力求做到万无一失。他不为外界的干扰和诱惑所动,坚持不懈地认真做一件事,其恒心之坚定,在当今这个浮躁喧嚣的时代弥足珍贵。

"千淘万漉虽辛苦,吹尽狂沙始到金。"经过多年的打磨,这本书终于要和读者见面了!在本书即将付梓之际,承蒙作者抬爱,让我写点文字,为本书的编辑出版工作画个句号。做了十多年的法律图书编辑,除了版权页上的责编署名,未曾想过在别人的作品上留下自己的文字,这无异于在别人画的蛇上添足,难免有附骥之嫌。然而,本书从完成初稿到最终成书,经过了近二十年时间,一路走来,我见证了作者"博观而约取,厚积而薄发"的创作历程,书中每一个字、每一句话都凝聚着作者的智慧与心血,我虽自知浅陋,绠短汲深,但若通过我的拙笔劣文,能让读者从中看到本书背后作者的心血和努力,从我平淡无奇的文字中受到一点儿启发,引起一些思考,即使贻笑大方,又有何妨!

期待读者在翻开这本书时,能够感受到我们的用心。我们虽已尽力,但仍难免会有编校失误,如若读者诸君发现疏漏之处,还请不吝指教!

感谢我的领导和同事们在本书编辑过程中提供的帮助和支持,为了让我顺利完成这本书的编辑工作,最近两年来,尽量不给我分配其他选题,使我把大部分精力投入这本书的编辑工作中,专心把这本书做好。

感恩有你们!

陈康

2024 年 11 月 6 日